日本刀工 刀銘大鑑

飯田一雄

淡交社

日本刀工　刀銘大鑑

飯田一雄

淡交社

日本刀工 刀銘大鑑

総目次

はじめに

編纂にあたって

刀工銘鑑の定本として大正七年初版から版を重ねてきている『刀工総覧』と、その姉妹書である『図版刀銘総覧』（昭和五十九年初版）を底本とし、新たに刀工の経歴、事蹟、作柄などを紙面の許す限りの範疇で認めると共に、手拓押形を多用し、写真図版を加えて構成したのが本書である。古刀・新刀・新々刀・新作刀の刀工数四千余、銘作押形図・写真およそ四千葉を収載する。

『刀工総覧』は銘鑑としての性格上、写真図版は一切用いず、各刀工の経歴の要点を短く記すにとどめている。その図版の欠を補う『図版刀銘総覧』は押形を多用するも、各工の国別と年代のみを要約する内容である。然るに総覧の発刊から三十余年に及び、掲載刀工の経歴、事蹟、作柄など改定を要する部分が多くに生じ、銘作、代別など追記事項を加えるとともに、新たな押形・図版を多用することとなった。内容からみて多分に「事典」の要素をもつとみられるが、押形・図版の多様性もあって、「大鑑」と題した。

一般に日本刀といっているのは、平安後期からみられる反りのある湾刀を指してのものであるが、実際には直刀から湾刀への変遷過程がはっきりわかっているとはいえない。それは日本刀の発生時代そのものが判然としていないことと関連しているのである。

年紀のある遺作をみることのない奈良から平安期にかけての天国・天座・神息などの伝説上の刀工たちの実年代はとらえがたく、古押形などにみるこれらの刀工などは平安後期以降のころの同銘の後代作であって、その先人の実像はより古く遡る年代に存在したと考えることができる。本書も現存する作刀を基本に考究したものであるが、遺作が確認できないものでも、古記録にみられて傍証資料となるもの、また少しでも存在の可能性が認められるものは収録につとめている。現存する作刀の「もの本位」の範疇を少しく広げて「資料本位」となった部分がある。

◆

一、日本刀の時代区分は千三百年の歴史のうち「古刀・新刀・新々刀・新作刀」の四種に大別される。「古刀」は奈良朝の大宝ころ（七〇一年）の天国・天座の伝説上の刀工に始まり、室町末期の文禄ころ（一五九二年）まで、およそ八九〇年を算する。「新刀」は「新々刀」「新作刀」をふくめ、桃山期の慶長初年（一五九六年）から現代までおよそ四二〇年がある（詳細14、15頁参照）。

「新刀」は『新刃銘尽《あらみめいつくし》』（神田白龍子）が「慶長の年号を以て新身鍛冶《あらみかじ》の始めとするものなり」と記すことから、慶長の年号を新刀の始めとしてきている。なかに慶長をまたがる刀工がいるのであるが、室町最末期から作刀していても活動の主流が慶長年間にあるものは「新刀」の刀工として扱っている。埋忠明寿、堀川国広がその例である。

「新刀」「新々刀」の名はすでに定着しているも、明治以降、平成までのものは、いくつかの呼び名があって、うち「現代刀」は百年後になっては、あまりふさわしくなく、「新作刀」の名がよいのではないかと鑑じ、本書ではこの呼称を採っている。

一、本書に収載の刀工は、一流著名工をはじめ、二流工に若干の三流工を加えた各国各流を代表する刀工群を包含したものになる。主要刀工の大方は網羅したものであり、地方刀工もできるだけ採用することにつとめ、加えるに銘鑑漏れ刀工でも、押形が揃い資料性が高いと思われるものは補足している。新作刀は明治から平成の現代までおよそ四百工を収録している。

刀工の経歴、事蹟、作柄などは、その刀工の全生涯をたどることとなって、許される紙幅のなかでの闘いとなる。多くの先達、研究家が真摯な研究にとり組まれ、とくに昭和四十年代後半から五十年中にかけての研究の進捗は目覚ましく、その後に新たに解明された部分も多く、発見された事蹟資料などその成果は刮目されるものがある。ここに近代刀剣研究家、歴史資料研究家など各位に敬意と感謝の意を捧げるものである。

一、旧説は更改されるのが常である。年数を経て新しい発見、資料が見つかるのは必定であり、本編も例外なく、事蹟、代別、親子関係など各面にわたり旧説を改定した部分があるが、これも考究の一里塚にほかならない。いまだ解明されていない分野はなお多く、未踏の地遥かな想いがある。本編では一事蹟について、ある程度踏み込んで説いたとみられるものがある。現資料にもとづき確信のもてると思えるものに限ってのことではあるものの、推論の域を出ない部分もあるかと思われる。

歴代刀工の代替え年次は、子弟による代作代銘が施される通例にかんがみて、明確には為し難い部分がある。今後とも生没年が明かされるなど、新資料によって改定されることがあるだろう。また爾後、菩提寺が見つかり過去帳によって未詳の存在が解明されることもありえよう。

一、出典とその資料はできるだけ記述することにつとめたが、通説化して知られる範疇のもので、肯定できるものは通説のまま記述したものがある。経歴、事蹟、代替え年、生没年など現資料にもとづき知られる範疇で収録している。過去帳の記録は尊重されるが、刀工自身が自作の茎に切銘した行年、俗名などは優先して採用している。但し刀工自身の老年癖で、年齢を実際より加算して切銘することがあり、その場合の行年は実際の年齢にもとづくものとしている。

一、刀銘の字画と書体の変化は、その刀工の初期銘と晩年銘に顕著にみられる。最初期銘は、総じては切りなれないながら筆勢の気があるのに比べ、最晩年銘は、老弱の風が著しく衰勢の跡かたを見る。晩年期にはその子弟によって代作代銘がなされるのが通例である。著名な刀工銘は登録商標のようなものであり、その刀工銘のもとに注文に応じて造られ、刀剣が市場に産出される。
代銘の多くは代作であり、代作代銘には作風にも書体にも一定の規律を持つのが普通で、また代銘する字画と書体をどこか違えているのが常である。初代和泉守国貞の晩年作である楷書銘・草書銘は二代国貞（真改）と一門の高弟によって代作代銘がされているのはその好例である。

一、初代が晩年に隠居して作刀を絶ってのち、再び鎚をとって鍛刀することがある。その間に二代が代銘に当たると、初代の晩年銘には初代の自身銘と二代の代銘が短期間に併立して存在することになる。正保二年に隠居した初代仙台国包のこの年の作銘は自身銘であり正真銘と鑑じながら、永く疑問視されてきているものの一例である。

二代による初代の代銘は二代の初期銘でもあり、初代自身が切銘した晩年銘と紛れやすい。二代丹波守吉道の初期銘「丹波守吉道」は、初代吉道の同じ五字の晩年銘と近似するのであるが、仔細に見ると書体と字画がかなり異なることから初・二代の銘の判別を困難にしている一例である。しかも初代吉道は慶長年間の「伏見丹波」銘の年代が長く、常に見る「帆掛丹波」銘を切る年代がごく短い。この初代晩年の「丹波守吉道」銘が老衰の風を表していることから、これを正真銘とは見ないむきがある。これまでに初代作とされている吉道の名作の多くは二代作であることになる。二代吉道は高技量を再評価してよい名工の一人である。

一、鍛刀地の移動は主家の移封に従ってのことがあり、新天地に至って刀銘を替え、また受領によっても一新して改名することがある。三善長道が受領にさいし「道長」から「長道」に改めたのは朝廷側の都合によるにしても珍しい例である。源姓から藤原姓に転じる例もある。

一、津田助広と井上真改の合作刀（延宝三年）は、鎌田魚妙が激賞して江戸時代から著名なものでありながら、昭和年代には正真銘と認められず悲運をかこっていたが、平成年代に至り、再評価されて、いまは銘作に疑を挟む人はほとんどいないであろう。また助広と国貞の合作脇指（寛文十年頃）も大刀と同様に正真作として認知されてよく、助広（二代）の項中に押形図を収載している。

一、助広・国貞合作の脇指銘、初代国包の晩年銘、初代丹波守吉道の晩年銘などの例に見るように、常に見る画一的な規格にあてはまらない作銘をもって、正真銘と認識しない風潮は昭和年代の鑑識の範疇であったが、ここでは少しく視野を広げることによる広義な解釈をもって、銘作押形図を正真銘として採用したものがある。

一、近江守助直は親子二代があるとみてよく、初代助広の娘婿である初代、二代助広の甥である初代助直の子の二代がある。残された作刀からみて確証がもてることなのであるが、推論の範疇であろうことは否めず、越前康継の四代、五代が康意親子であり、四代康継が親康意であろうことを特定するのと同意である。今後の資料によってなお確かめられていくであろうことが、俟《ま》たれる事例である。

一、収載の押形・写真は長年の間、手元で拓写し、あるいは撮影したものが主体で、昭和三十年、四十年代の国内、地方での審査会での出品刀、その後のサンフランシスコ、ロンドンでの審査会出品刀など、国内外の資料をそれぞれの現場で拓写した押形も加えている。また刀剣春秋新聞、愛刀誌など図録に掲載したものの押形・写真がふくまれ、『図版刀銘総覧』などの図版から引用したものがあり、刀申会、刀華会、鑑和会、清和会などの出品刀を席上で拓写した押形がある。

室町・江戸時代の古書、古押形から有用なものは出典を記して引用したものがある。古押形の中には鮮明さを保ち得ないものがあるが、資料的に欠かせないと判じられるものは、あえて採用している。これら長年に及ぶ押形・写真類の保存資料は、数多の中から選抜して収載したものであり、なかには出典が未詳のままになっているものがあるかと思われる。この点については何卒御寛恕賜りたいことである。

永年にわたり、刀剣に携わる縁から多くの知友、愛刀人の知遇をいただき、斯界の一隅に後塵を拝することのできたお陰をもって、本書を上梓する機会を持つことができた。はたして日本人の日本刀を愛する心をどれほどか表意することができたであろうかとひそかに懸念している。

本書の出版に際しては、淡交社の小川美代子編集局総局長、加納慎太郎氏、土屋晴香氏らによる長年に及ぶ編集陣の熱意に負うところ大きく、心からの謝意を申し述べたい。

厳寒の世事多し箱根山を降りて七年余、恵与されたる時を得てここに起筆する。

飯田一雄　誌
（意天）

二〇一五年十二月吉日　　鶴巻の泉里にて

凡例

【配列順】

一、刀工銘は、左記の優先順をもって配列した。

1、銘の読み（五十音順）
2、銘一字目の画数（少ない順）
3、銘二字目以降の画数（少ない順）

そのうえで、同銘の刀工は、原則として左記の優先順をもって配列した。

1、年代順（古刀、新刀、新々刀、新作刀）
2、系統（家系）順
3、地域順（五畿内（京・奈良・大坂）から七道の街道順）
七道は北から南へ、北海道を始めに、北陸道、東山道、東海道、山陽道、山陰道、南海道（四国）、西街道（九州）の順。

ただし、同系統の刀工をまとめるなど、一部例外もあり、多少とも前後するものがある。

【時代区分】

一、日本刀の時代区分は平安朝期から現代まで七期に大別でき、古刀は①平安朝期（三期）、②鎌倉期（三期）、③南北朝期（一期）、④室町期（三期）に四区分し、作風の変遷につれて十分割する。
新刀・新々刀は⑤桃山期（一期）、⑥江戸期（三期）に二区分し、四分割する。⑦現代は新作刀と総称し、明治・大正・昭和・平成と四分割する。

古刀　①平安朝期（初期　中期　末期）
　　　②鎌倉期（初期　中期　末期）
　　　③南北朝期
　　　④室町期（初期　中期　末期）
新刀　⑤桃山期
新々刀　⑥江戸期（初期　中期　末期）

新作刀　⑦現代（明治　大正　昭和　平成）

一、刀工の時代区分は、刀工により年代のまたがるもの、あるいは年代が確定していないものなどがある。従っておよそ、その刀工の活躍した主年代、また年紀の確認できるものは比較的に初期年号を優先して採ることにより、年代を設定した。

一、桃山期は慶長（一五九六年）から寛永（一六四三年）まで、江戸初期は正保（一六四四年）から明暦（一六五七）まで、中期は万治（一六六〇年）から宝暦（一七六三年）まで、末期は明和（一七六四年）から慶応（一八六七年）までを一応の目安とした。

一、新作刀工は、明治生まれでも、主な活動年を採ると昭和が多く、平成がこれに次ぐ。

日本刀　年代表（略）

時代	期	年号	西暦	逆算年数	区分	
奈良		大宝 3（天国、天座）	701	1315	（上古刀）	古刀
		和銅 7（神息）	708	1308		
平安	初期	大同 4（安綱）	806	1210		
	中期	永延 2（宗近、友成、長円）	987	1029		
	末期	平治元（波平行正）	1159	857		
鎌倉	初期	元暦 元	1184	832		
		寛喜 3	1231	785		
	中期	貞永 元	1232	784		
		乾元 元	1302	714		
	末期	嘉元　3	1305	711		
		元徳　2	1330	686		
南北朝		元弘　3	1331	685		
		明徳　4	1393	623		
室町	初期	応永 34	1394	622		
		正長 元	1428	588		
	中期	永享 12	1429	587		
		文正　4	1466	550		
	末期（戦国）	応仁　2	1467	549	（末古刀）	
		文禄　4	1595	421		

時代	期	年号	西暦	逆算年数	区分	
桃山		慶長 元	1596	420	新刀	新刀
		寛永 20	1643	373		
江戸	初期	正保 元	1644	372		
		明暦 3	1657	359		
	中期	万治 3	1660	356		
		宝暦 13	1763	253		
	末期	明和 元	1764	252	新々刀	
		慶応　3	1867	149		
明治大正		明治 元	1868	148	新作刀	
		大正 14	1925	91		
昭和		昭和 元	1926	90		
		昭和 63	1988	28		
平成		平成 元	1989	27		
		平成 28	2016			

＊逆算数は平成28年起算

【銘の読み方】

一、刀工名の読みは多岐に及んで容易に解せないものがあるが、江戸時代から慣用して読みならわしたものを優先する。

刀工自身が刀銘に仮名書きしたもの、たとえば英義が〝テルヨシ〟と切っているものは、英義（てるよし）と訓読みする。『古今鍛冶備考』が正全を〝マサトモ〟と訓読みし、仮名を振っているので（まさとも）。また通称（まさたけ）ともいっているので正全（まさとも・まさたけ）と読む。通称、繁慶は（はんけい）と音読みしているが、（しげよし）とも訓読みするので、繁慶（しげよし・はんけい）と読む。

【収録の基準】

一、本文では、著名刀工のほか、二・三流の主要刀工を選別して収載し、地方刀工はできるだけ収録し、銘鑑漏れ刀工も資料性があると思われるものは採用した。

一、刀銘押形・写真は、原則として茎全景を原寸の約五〇パーセントに縮小して掲載している。なお、銘字部分のみ掲載したものもある。

一、一部の著名・主要刀工の銘作には刃文、彫り物図を補足し、また代ごとに銘字の特長を比較できる図〈代別図〉を加えた。

一、一部の主要刀工については同系統・同流派の系図を収録し、便に供した。特に本文解説と関わりの深いものについては本文中に挿入し、それ以外は巻末別頁（八三一頁～）に収載した。

一、巻頭に「刀工銘索引」、巻末に「銘画数索引」を配し、便に供した。

【表記方法】

一、各刀工の頭に、古刀は古、新刀は新、新々刀は新々、新作刀は新作の印を付し、可読の便に供した。

一、刀剣の部位名称、刃文の種類、鍛肌の種類など、作風の基本的な事項については別途図解を付した（九二六頁～）。但し、刀剣用語として定着している基本的な各単語・熟語の解説については、銘の事典としての本書の性質・主目的から逸れるため省いた。

一、一部の用語には、約束として送り仮名をつけないものもある。

平造り――平造

掃き掛け――掃掛

一、「脇指」は古くは「脇差」とも書き、両様を用いる。江戸時代にいう「脇指」は、いまの「短刀」のことで、通常刃長一尺以下の寸法のものをいう。

一、刀を「作る」は「造る」とも書き同義。刀銘には「作」、また「造之」と切るものが多い。備考など古くは「造」を用いている。

一、銘を「と切る」いう表記は作例を示す意であり、「などと切る」と同意で、また「と切銘する」と同義である。

一、旧字体「國」「廣」「壽」などが銘に含まれる場合は、原則として常用漢字「国」（一部「圀」も）「広」「寿」を用いることで統一した。ただし一部、刻字の仕方を描写すべく、例外的に旧字体を用いた箇所もある。なお、そのように描写を示す一文は鉤括弧で括り、地の文と区別した。

一、銘に続き「初代」「二代」などと大きく太字で表記したものは、これまでの研究上、その代数で確定されているものである。諸説ある場合などは、小字での表記に留めている。

一、刻字の方法として「二二」と並列に表記するものは「四」のことであり、これは四を「死」と忌む験担ぎからのものである。本文内では元の表記をできるだけ生かした。

一、本文解説中、「◆」以降の文は、その銘の後に続く各代の概略を要約して載せている。

【年号・年代】

一、年号は、「慶長」、「元和」などとのみ表記しているものは正確な年代を示すもので、「〜ころ」と付したものは、ほぼ適確な年代を示す。「という」は「と言われている」「と伝える」などの意で、曖昧な伝承のさまを伝えるものである。

一、「桃山期（慶長）」と年代を設定したものは、その刀工が慶長・元和・寛永の年号を切っている場合、比較的に初期年号である（慶長）を採っている。新作刀はその刀工の活動期の主要年代を優先する。

【地名】

一、刀工の出身地・居住地などの地名は、記録に残る当時の地名表記を優先した。

一、一部の主要刀工の解説において、出身地・居住地などの当時の地名と照合可能なよう、現在の地名を追記した。

【古書との関係】

一、古書から用例を引いた場合、書名を略称したものがある。

新刀弁疑――弁疑

古今鍛冶備考――備考

新刃銘尽後集――後集（続集とも）

古刀銘尽大全――大全

元亀本刀剣目利書――元亀本

校正古刀銘鑑――校正

一、「銘鑑」の要素をもつ内容の類書は、江戸期以前の古剣書の大方が含まれるが、江戸期のものは、主に「校正古刀銘鑑」「古今銘尽」「古今鍛冶備考」を底本とし、新しくは「日本刀銘鑑」「刀工総覧」から引用する部分があって、これらを総じて「銘鑑」と呼称している。

日本刀工 刀銘大鑑 本文頁の構成と使い方

銘の読みと漢字の双方から検索しやすくしています。

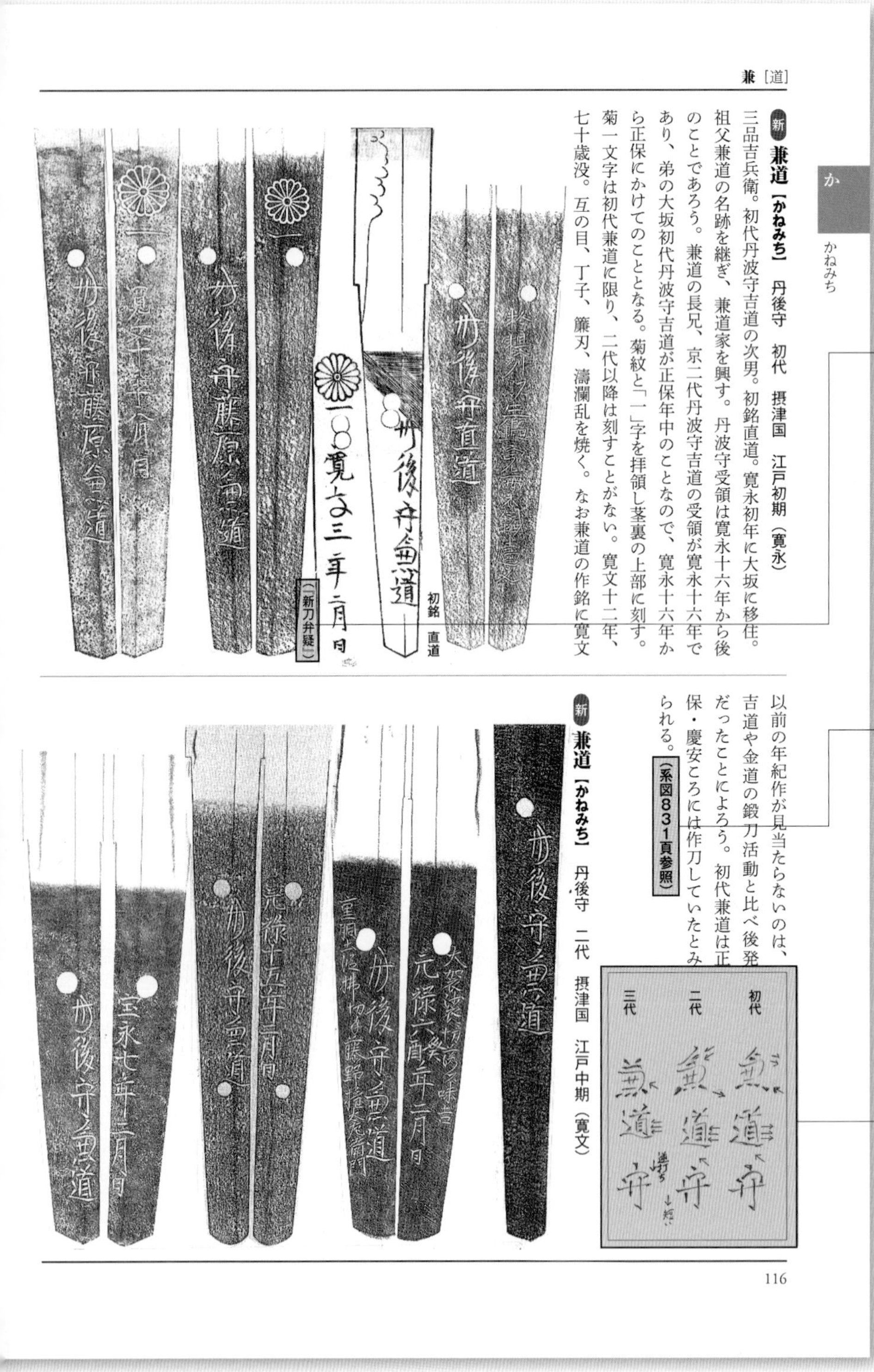
兼［道］
か
かねみち
新 兼道【かねみち】 丹後守 初代 摂津国 江戸初期（寛永）
三品吉兵衛。初代丹波守吉道の次男。初銘直道。寛永初年に大坂に移住。祖父兼道の名跡を継ぎ、兼道家を興す。丹波守受領は寛永十六年から後のことであろう。兼道の長兄、京二代丹波守吉道の受領が寛永十六年であり、弟の大坂初代丹波守吉道が正保年中のことなので、寛永十六年から正保にかけてのこととなる。菊紋と「一」字を拝領し茎裏の上部に刻す。菊一文字は初代兼道に限り、二代以降は刻すことがない。寛文十二年、七十歳没。互の目、丁子、簾刃、濤瀾乱を焼く。なお兼道の作銘に寛文以前の年紀作が見当たらないのは、吉道や金道の鍛刀活動と比べ後発だったことによろう。初代兼道は正保・慶安ころには作刀していたとみられる。
（系図831頁参照）
初銘 直道
（新刀弁疑）
新 兼道【かねみち】 丹後守 二代 摂津国 江戸中期（寛文）
初代
二代
三代
116

■押形図出典

掲載の押形図（拓本など）の典籍が確かな場合、記載しています。

■系図参照の注

一派の系図等を収録している場合、その頁へ導きます。

■刻銘の代別解説

一部の主要刀工において、各代の刻銘法の特徴が比較できるよう図示しています。

三品九平治、喜平次。稲荷丸と号す。吉兵衛兼道の子。初銘直道。摂州大坂住。元禄年中に江戸に移住。延宝七年紀に「三品丹後守直道」銘の作があることから、兼道の襲名は延宝七年から以降と知られる。播州姫路にても打つ。互の目に丁子が揃って入り、濤瀾乱、簾刃、菊水刃も焼く、直焼出しがある。

新 兼道【かねみち】 丹後守　三代　摂津国　江戸中期（元禄）

三品喜平次、初代兼道の門、また初代大坂丹波吉道の弟子ともいう（『新刀弁疑』）。三品丹波守兼道と切る。

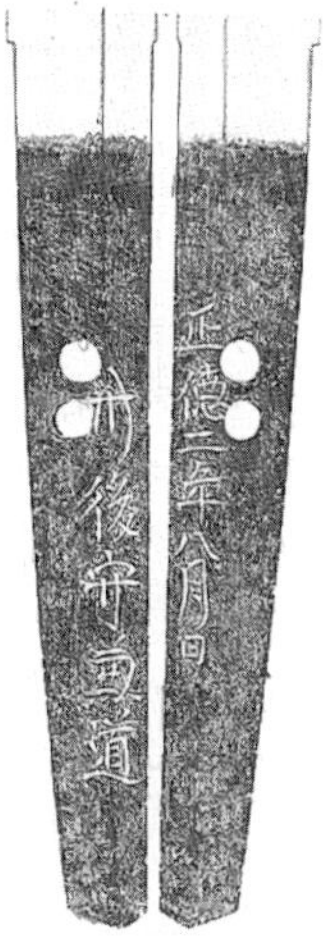

新 兼道【かねみち】 丹後守　四代　摂津国　江戸中期（享保）

三品貞衛門。初銘直道。享保十年、丹後守を受領し兼道に改める。播州三木住。享保十四年、三十九歳没。

新々 兼道【かねみち】 丹後守　五代　摂津国　江戸末期（明和）

三品左衛門介。初銘直道。源姓を称す。「丹後守五世三品左兵衛介源兼道」と切るものがある。◆六代直道（直格）は難波介、寛政ころ。七代直道（直次）は左兵衛介、文化ころ。⇩直道（六代）、直道（七代）のころ参照。

新作 兼道【かねみち】 岐阜　昭和

小島時二郎。明治三十二年生まれ。渡辺兼永門。初銘兼時。のち中山博道の「道」字をもらい「兼道」に改める。海軍受命刀匠。戦後は昭和二十九年作刀承認。作刀技術発表会出品。入選五回。美濃伝。関市永住町住。

新作 兼道【かねみち】 岐阜　平成

小島郁夫。昭和二十八年生まれ。昭和五十五年作刀承認。父兼時門。新作名刀展努力賞四回、優秀賞二回受賞。関市住。「兼道作之」。

古 兼光【かねみつ】 備前国　鎌倉末期（嘉暦）

左衛門尉。景光の子。正宗門という。兼光の年紀がある初作が元亨二年、最終とみられるのが応安七年で、この間五十二年があり、兼光二代の存在が指摘されている。校正は応永二年紀の作があるとして三代説をいうが、応永年紀の作は未見であり、後代作としてこれを除いてみれば校正も実質は二代説である。兼光の初代説は古くからあって大全は「延文五死八十三」と記し、初代の長命を伝えている。ここでは兼光の長期に及ぶ作風と作銘を見直しつつ、初・二代の作刀域の周辺をさぐることとする。兼光の作風を通観すると、嘉暦・元徳から建武・暦応にかけては兼光の前期作で、太刀の身幅は尋常で中切先、直刃に互の目交じり、片落互の目を焼き、父景光の作風に類する。

　貞和・観応ころから幅広となり太刀は切先が延び、小脇指は幅広で寸延びとなる。それが文和・延文にかけて、太刀は大切先に造り、湾れを主調に互の目を交じえるのが

初代初期銘

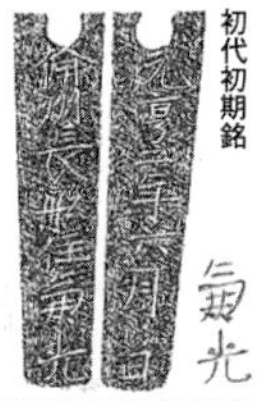

初代後期銘

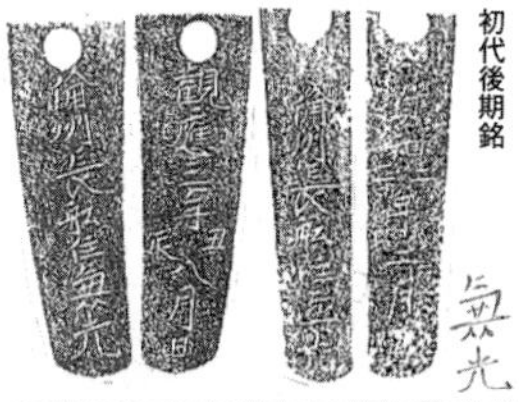

二代後期銘

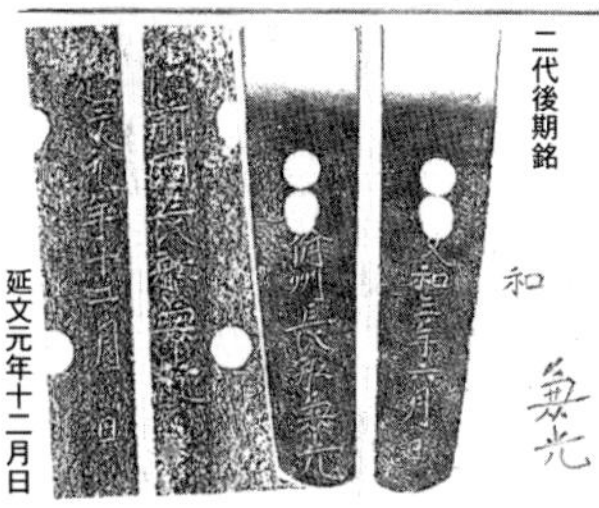

延文元年十二月日

■漢字検索見出し

この頁内の刀工銘の冒頭1字を大字で掲載。2字目以降は［ ］内に記載しています。

■刀工銘読み見出し

この頁の先頭と末尾の刀工銘の読みを示しています。

■別項目参照の注

本項の刀工が、改名を行っていたり別称があったりする場合、その関連項目へ導きます。

■刀工銘見出し

時代区分マーク（古・新・新々・新作）、銘、代別、国、時代の順に記載しています。

刀工銘索引

刀工銘を五十音順で検索できる総目次です。
＊読み→一字目の画数→二字目以降の画数の優先順に掲載（＝本編と同様の順〈一部例外あり〉）。
＊同銘刀工が複数頁にわたって続く場合は、その頁範囲を表示。
＊銘の読み方が数通りある場合は、双方の読みから検索できるよう、各頭文字ごとに項目を立てた（例：天寿【あまとし・てんじゅ】→「あ」「て」双方に表記）。

〈あ〉

アサ丸【あさまる】54
右【あきら（う）】74
果【あきら（か）】88
明弘【あきひろ】54
明光【あきみつ】54
秋広【あきひろ】54〜56
秋弘【あきひろ】56
秋房【あきふさ】56
秋義【あきよし】56
昭兼【あきかね】56
昭国【あきくに】56
昭次【あきつぐ】56
昭友【あきとも】57
昭久【あきひさ】57
昭秀【あきひで】57〜58
昭平【あきひら】58
昭房【あきふさ】58
昭麿【あきまろ】58
昭光【あきみつ】58
昭宗【あきむね】59
昭守【あきもり】59
昭吉【あきよし】59
昭嘉【あきよし】59
紹芳【あきよし（つくが）】59
晶平【あきひら】59
誠利【あきとし】59
彰光【あきみつ】60
顕国【あきくに】60
顕光【あきみつ】60
顕吉【あきよし】60
鑑盛【あきもり】61
鑑行【あきゆき】61
天国【あまくに】61
天寿【あまとし（てんじゅ）】465
天秀【あまひで】62
有国【ありくに】62
有功【ありこと】63
有綱【ありつな】63
有俊【ありとし】63
有成【ありなり】64
有平【ありひら】64
有法師【ありほうし】64
有光【ありみつ】64
在光【ありみつ】65
在吉【ありよし】65

〈い〉

家包【いえかね】65
家定【いえさだ】65
家貞【いえさだ】65〜66
家真【いえざね】66
家重【いえしげ】66
家助【いえすけ】66
家忠【いえただ】66〜67
家次【いえつぐ】67
家利【いえとし】67
家永【いえなが】68

家久【いえひさ】68
家秀【いえひで】68
家平【いえひら】68
家広【いえひろ】68
家正【いえまさ】69
家政【いえまさ】69
家光【いえみつ】69
家守【いえもり】69
家盛【いえもり】69
家安【いえやす】69
家吉【いえよし】70
家能【いえよし】70
家善【いえよし】70
一乗【いちじょう】70
一城【いちじょう】70
一文【いちぶん】70
一文字【いちもんじ】70
一秀【いっしゅう（かずひで）】71～72
一秀【いっしゅう】72
一平【いっぺい】72
一法【いっぽう（かずのり）】72～73
一峯【いっぽう】73

〈う〉

右【う（あきら）】74
宇寿【うじゅ】74
宇平【うへい】74
氏雲【うじくも】74
氏貞【うじさだ】74～75
氏重【うじしげ】75
氏繁【うじしげ】75
氏綱【うじつな】76
氏命【うじなが】76
氏信【うじのぶ】76
氏宣【うじのり】76
氏則【うじのり】76
氏詮【うじのり】76
氏春【うじはる】77
氏久【うじひさ】77
氏広【うじひろ】77
氏房【うじふさ】77～79
氏守【うじもり】79
氏吉【うじよし】79～80
氏依【うじより】80
雲次【うんじ】80
雲重【うんじゅう】81
雲生【うんしょう】81～82
雲上【うんじょう】82

〈え〉

円真【えんしん】82

〈お〉

大道【おおみち（だいどう）】400～401
沖光【おきみつ】83
起正【おきまさ】83
興里【おきさと】83
興正【おきまさ】85
興直【おきなお】86
興久【おきひさ】86
長守【おさもり（ながもり）】509
長盛【おさもり（ながもり）】510

〈か〉

果【か（あきら）】88
景一【かげかず】88

景国【かげくに】88
景貞【かげさだ】88
景真【かげざね】88
景重【かげしげ】88
景介【かげすけ】88
景助【かげすけ】88
景次【かげつぐ】89
景利【かげとし】89
景友【かげとも】89
景長【かげなが】89
景則【かげのり】90
景秀【かげひで】90～91
景平【かげひら】91
景政【かげまさ】91
景光【かげみつ】91～94
景盛【かげもり】94
景安【かげやす】94
景依【かげより】94～95
一清【かずきよ】95
一定【かずさだ】95
一次【かずつぐ】95
一寿【かずとし】95
一虎【かずとら】95
一直【かずなお】95
一法【かずのり（いっぽう）】72～73
一則【かずのり】95
一秀【かずひで（いっしゅう）】71～72
一口【かずひろ】96
一広【かずひろ】96
一安【かずやす】96
一吉【かずよし】96
方清【かずきよ（まさきよ）】594
和平【かずひら】96
和宗【かずむね】96
量慰【かずやす】96
量能【かずよし】96
堅守【かたもり（よしもり）】96
勝家【かついえ】96～97
克一【かついち（よしかつ）】804
克邦【かつくに（よしくに）】804
勝国【かつくに】97～98
勝定【かつさだ】98
勝貞【かつさだ】98
月山【がっさん】98～99
勝重【かつしげ】99
勝胤【かつたね】99
勝永【かつなが】100
勝広【かつひろ】100
勝光【かつみつ】100～103
勝盛【かつもり】103
勝吉【かつよし】103～104
包明【かねあき】104
包家【かねいえ】104
包氏【かねうじ】104～105
包清【かねきよ】105
包国【かねくに】106
包蔵【かねくら】106
包定【かねさだ】106
包貞【かねさだ】107～108
包真【かねさだ】108～109
包重【かねしげ】109～110
包助【かねすけ】110
包高【かねたか】110
包近【かねちか】110
包次【かねつぐ】110～111
包綱【かねつな】111
包利【かねとし】111～112
包俊【かねとし】112
包友【かねとも】112
包知【かねとも】112
包永【かねなが】112～113
包長【かねなが】113～114

包宣【かねのぶ】114
包典【かねのり】114
包則【かねのり】114
包久【かねひさ】115
包平【かねひら】115
包広【かねひろ】115
包房【かねふさ】116
包政【かねまさ】116
包道【かねみち】116
包光【かねみつ】116
包持【かねもち】116
包元【かねもと】116
包守【かねもり】116
包安【かねやす】116
包保【かねやす】117
包行【かねゆき】117
包吉【かねよし】118
金道【かねみち（きんみち）】203～208
金蔵【かねくら】118
金定【かねさだ】118
金重【かねしげ】119
金高【かねたか】120
金辰【かねとき】120
金利【かねとし】120
金重【かねしげ（きんじゅう）】202～203
金則【かねのり】120
金英【かねひで】120
金衡【かねひら】120
金光【かねみつ】120
金行【かねゆき】120～121
周重【かねしげ（ちかしげ）】434
兼見【かねあき】121
兼明【かねあき】121～122
兼洞【かねあき（かねたに）】143
兼秋【かねあき】122
兼在【かねあり】122
兼舎【かねいえ】122
兼家【かねいえ】123
兼宿【かねいえ】123
兼岩【かねいわ】123
兼植【かねうえ（かねたね）】143～144
兼氏【かねうじ】123～126
兼興【かねおき】126
兼音【かねおと】126
兼景【かねかげ】126～127
兼勝【かねかつ】127
兼門【かねかど】127～128
兼岸【かねきし】128
兼清【かねきよ】128
兼国【かねくに】128～129
兼圀【かねくに】129
兼先【かねさき】129～132
兼定【かねさだ】132～137
兼貞【かねさだ】137～138
兼里【かねさと】138
兼真【かねざね】139
兼包【かねしげ】139
兼茂【かねしげ（かねなり）】139
兼重【かねしげ】139～142
兼代【かねしろ】142
兼城【かねしろ】142
兼末【かねすえ】142
兼介【かねすけ】142
兼助【かねすけ】142
兼住【かねすみ】142
兼上【かねたか】142
兼位【かねたか】143
兼高【かねたか】143
兼洞【かねたに（かねあき）】143
兼植【かねたね】143
兼植【かねたね・かねうえ】143～144
兼種【かねたね】144

兼近【かねちか】144
兼周【かねちか】144
兼次【かねつぐ】144〜146
兼継【かねつぐ】146
兼嗣【かねつぐ】146
兼辻【かねつじ】146〜147
兼綱【かねつな】147
兼常【かねつね】147〜149
兼鶴【かねつる】149
兼辰【かねとき】149〜150
兼時【かねとき】150
兼得【かねとく（かねなり）】156
兼利【かねとし】150
兼俊【かねとし】150
兼歳【かねとし】150
兼富【かねとみ】150
兼福【かねとみ】150
兼友【かねとも】150〜152
兼付【かねとも】152
兼伴【かねとも】152
兼知【かねとも】152
兼豊【かねとよ】153
兼虎【かねとら】153
兼直【かねなお】153
兼中【かねなか】153
兼仲【かねなか】153
兼永【かねなが】153〜154
兼長【かねなが】155〜156
兼成【かねなり】156
兼茂【かねなり（かねしげ）】139
兼得【かねなり（かねとく）】156
兼延【かねのぶ】156
兼宣【かねのぶ】156
兼信【かねのぶ】157
兼法【かねのり】157〜159
兼則【かねのり】159〜161
兼治【かねはる】161
兼春【かねはる】161
兼久【かねひさ】161〜162
兼秀【かねひで】162
兼英【かねひで】162〜163
兼栄【かねひで】163
兼平【かねひら】163
兼衡【かねひら】163
兼広【かねひろ】163〜164
兼弘【かねひろ】164
兼房【かねふさ】164〜167
兼藤【かねふじ】167
兼船【かねふね】167
兼巻【かねまき】167〜168
兼方【かねまさ】168
兼正【かねまさ】168
兼升【かねます】168
兼舛【かねます】168
兼益【かねます】169
兼町【かねまち】169
兼松【かねまつ】169
兼道【かねみち】169〜171
兼光【かねみつ】171〜174
兼満【かねみつ】175
兼峯【かねみね】175
兼宗【かねむね】175
兼村【かねむら】175
兼用【かねもち】175
兼元【かねもと】176〜179
兼本【かねもと】179
兼基【かねもと】179
兼守【かねもり】179
兼森【かねもり】179
兼盛【かねもり】179
兼安【かねやす】180
兼行【かねゆき】180

兼令【かねよし】 180
兼吉【かねよし】 180〜181
兼良【かねよし】 181
兼善【かねよし】 182
兼義【かねよし】 182
兼自【かねより】 182
兼若【かねわか】 182〜184
兼涌【かねわく】 184
加卜【かぼく】 184
幹恵【かんけい】 184
岩捲【がんまく】 184

〈き〉

菊平【きくひら】 185
紀充【きじゅう】 185
奇峯【きほう】 186
久道【きゅうどう（ひさみち）】 561〜564
行観【ぎょうかん（ゆきちか）】 757
清興【きよおき】 186
清景【きよかげ】 186
清方【きよかた】 186
清兼【きよかね】 186
清国【きよくに】 187
清定【きよさだ】 187
清貞【きよさだ】 187
清真【きよざね】 187
清重【きよしげ】 187〜188
清繁【きよしげ】 188
清左【きよすけ】 188
清高【きよたか】 188
清堯【きよたか】 188
清忠【きよただ】 189
清種【きよたね】 189
清周【きよちか】 189
清綱【きよつな】 189〜190
清俊【きよとし】 190
清朋【きよとも】 190
清直【きよなお】 190
清永【きよなが】 190
清長【きよなが】 190
清宣【きよのぶ】 190〜191
清則【きよのり】 191〜192
清久【きよひさ】 192
清秀【きよひで】 192
清平【きよひら】 192〜193
清広【きよひろ】 193
清房【きよふさ】 193
清丸【きよまる】 194
清麿【きよまろ】 194
清光【きよみつ】 196〜201
清盈【きよみつ】 201
清宗【きよむね】 201
清安【きよやす】 201
清行【きよゆき】 201
清吉【きよよし】 202
清人【きよんど】 202
金重【きんじゅう（かねしげ）】 202〜203
金道【きんみち（かねみち）】 203〜208

〈く〉

邦彦【くにひこ】 209
国天【くにあま（こくてん）】 209
国有【くにあり】 209
国家【くにいえ】 209
国一【くにいち】 210
国悦【くにえつ】 210
国一【くにかず】 210
国多【くにかず】 210
国勝【くにかつ】 210
国包【くにかね】 210〜214

国清【くにきよ】214～218
国定【くにさだ】218
国貞【くにさだ】218～221
国実【くにざね】221
国真【くにざね】221～222
国重【くにしげ】222～228
国代【くにしろ】228
国城【くにしろ】228
国末【くにすえ】228
国助【くにすけ】228～231
国資【くにすけ】231～232
国佐【くにすけ】232
国住【くにずみ】232
国隆【くにたか】232
国武【くにたけ】233
国次【くにつぐ】233～237
国継【くにつぐ】237
国綱【くにつな】237～239
国常【くにつね】239
国照【くにてる】239
国輝【くにてる】239～241
国時【くにとき】241～243
国寿【くにとし】243
国俊【くにとし】243～246

国富【くにとみ】246
国友【くにとも】246
国儔【くにとも】246
国虎【くにとら】247～248
国永【くになが】248～249
国長【くになが】249～250
国成【くになり】250
国延【くにのぶ】251
国信【くにのぶ】251
国典【くにのり】251
国則【くにのり】252
国徳【くにのり】252
国治【くにはる】252
国久【くにひさ】252
国寿【くにひさ】252
国秀【くにひで】253
国平【くにひら】253～255
国広【くにひろ】255～258
国弘【くにひろ】258
国博【くにひろ】258
国房【くにふさ】258～261
国正【くにまさ】261～263
国昌【くにまさ】263
国政【くにまさ】263

国益【くにます】264
国路【くにみち】264
国光【くにみつ】265～273
国宗【くにむね】273～277
国村【くにむら】277～278
国元【くにもと】278
国守【くにもり】278
国盛【くにもり】278～279
国安【くにやす】279～280
国保【くにやす】280
国泰【くにやす】280
国康【くにやす】281
国靖【くにやす】281
国行【くにゆき】281～283
国幸【くにゆき】283
国吉【くによし】284～285
国義【くによし】285～286
国慶【くによし】286
圀次【くにつぐ】287
圀秀【くにひで】287
圀良【くによし】287
軍勝【ぐんしょう】287

〈け〉

啓介【けいすけ】288
厳秀【げんしゅう（ひろひで）】586

〈こ〉

昊【こう】288
高英【こうえい】288
高平【こうへい（たかひら）】403
上野介【こうずけのすけ】288
国天【こくてん（くにあま）】209
小平【こだいら】289
小天狗【こてんぐ】289
是一【これかず】289〜291
是重【これしげ】291
是介【これすけ】291
是助【これすけ】291
是次【これつぐ】291
是平【これひら】292
是光【これみつ】292
惟平【これひら】292
惟義【これよし】292

〈さ〉

左【さ】294〜295
西蓮【さいれん】295
定興【さだおき】296
定勝【さだかつ】296
定国【さだくに】296
定重【さだしげ】296〜297
定利【さだとし】297〜298
定俊【さだとし】298
定業【さだなり】298
定久【さだひさ】298
定秀【さだひで】298
定広【さだひろ】298〜299
定道【さだみち】299
定光【さだみつ】299
定盛【さだもり】299
定行【さだゆき】299
定吉【さだよし】299〜300
定能【さだよし】300
定慶【さだよし】300
貞昭【さだあき】300
貞家【さだいえ】300
貞興【さだおき】300
貞興【さだおき（さだとも）】311
貞一【さだかず】300〜301
貞和【さだかず】302
貞勝【さだかつ】302
貞清【さだきよ】303
貞国【さだくに】303〜305
貞真【さださね】305〜306
貞茂【さだしげ】306
貞重【さだしげ】306
貞末【さだすえ】306
貞助【さだすけ】306
貞慎【さだちか】306
貞次【さだつぐ】307〜309
貞継【さだつぐ】309
貞綱【さだつな】309〜310
貞利【さだとし】310
貞寿【さだとし】310
貞俊【さだとし】310〜311
貞興【さだとも（さだおき）】311
貞豊【さだとよ】311
貞直【さだなお】311
貞永【さだなが】311
貞成【さだなり】311

貞伸【さだのぶ】312
貞信【さだのぶ】312
貞法【さだのり】312
貞則【さだのり】312～313
貞徳【さだのり】313
貞晴【さだはる】313
貞英【さだひで】313
貞秀【さだひで】314
貞人【さだひと】314
貞広【さだひろ】314
貞弘【さだひろ】314
貞正【さだまさ】315
貞充【さだみち】315
貞光【さだみつ】315
貞宗【さだむね】315～319
貞村【さだむら】319
貞盛【さだもり】319
貞安【さだやす】319
貞之【さだゆき】319
貞行【さだゆき】319～320
貞幸【さだゆき】320
貞吉【さだよし】320～322
貞好【さだよし】322
貞良【さだよし】322
貞能【さだよし】322
貞善【さだよし】323
貞義【さだよし】323
貞六【さだろく】323
実家【さねいえ】323
実重【さねしげ】323
実忠【さねただ】323
実次【さねつぐ】323
実綱【さねつな】323
実経【さねつね】324
実弘【さねひろ】324
実昌【さねまさ】324
実光【さねみつ】324
実行【さねゆき】324～325
実可【さねよし】325
真雄【さねお】325
真景【さねかげ】326
真国【さねくに】326～327
真貞【さねさだ】327
真恒【さねつね】327
真利【さねとし（さねのり）】327～328
真長【さねなが】328
真利【さねのり（さねとし）】327～328
真則【さねのり】329
真平【さねひら】329
真房【さねふさ】329
真光【さねみつ】330
真元【さねもと】330
真守【さねもり】330
真安【さねやす】331
真行【さねゆき】331
左馬介【さまのすけ】331
稠助【さわすけ（しげすけ）】343
三秀【さんしゅう（みつひで）】653

〈し〉

良国【しげくに】332
茂範【しげのり】332
茂行【しげゆき】332
重鑑【しげあき】332
重家【しげいえ】332
重一【しげかず】332
重勝【しげかつ】332
重包【しげかね】332
重清【しげきよ】333
重国【しげくに】333～335
重貞【しげさだ】335

重真【しげざね】335～336
重末【しげすえ】336
重助【しげすけ】336
重純【しげずみ】336
重高【しげたか】336～337
重武【しげたけ】337
重忠【しげただ】337
重胤【しげたね】337
重次【しげつぐ】337～338
重継【しげつぐ】338
重綱【しげつな】338
重恒【しげつね】338
重常【しげつね】338
重利【しげとし】338
重俊【しげとし】338
重長【しげなが】338
重業【しげなり】339
重信【しげのぶ】339
重則【しげのり】339
重久【しげひさ】339
重秀【しげひで】339～340
重弘【しげひろ】340
重房【しげふさ】340
重道【しげみち】340

重光【しげみつ】340～341
重宗【しげむね】341
重村【しげむら】341
重安【しげやす】341
重康【しげやす】341
重行【しげゆき】341～342
重吉【しげよし】342
重能【しげよし】342
重義【しげよし】343
稠助【しげすけ（さわすけ）】343
繁定【しげさだ（はんてい）】343
繁武【しげたけ】343
繁継【しげつぐ】343
繁利【しげとし】344
繁寿【しげとし】344
繁栄【しげなが（しげひで）】344
繁久【しげひさ】344
繁栄【しげひで（しげなが）】344
繁平【しげひら】345
繁広【しげひろ】345
繁昌【しげまさ（はんじょう）】345
繁政【しげまさ】345
繁宗【しげむね】345
繁慶【しげよし（はんけい）】345

鎮定【しげさだ】346
鎮高【しげたか】346
鎮忠【しげただ】346
鎮教【しげのり】346
鎮久【しげひさ】346
鎮秀【しげひで】347
鎮政【しげまさ】347
鎮盛【しげもり】347
鎮行【しげゆき】347
鎮弘【しげひろ】347
七左【しちざ】347
実阿【じつあ】347
下坂【しもさか】348～349
寿命【じゅみょう（としなが）】467～468
純慶【じゅんけい】349
順慶【じゅんけい】349
順公【じゅんこう】350
上代刀【じょうだいとう】350
伸咲【しんさく】351
神息【しんそく】352
真改【しんかい】352～353
真了【しんりょう】354
新三郎【しんざぶろう】354
慎平【しんぺい】354

震【しん】355

〈す〉

末貞【すえさだ】355
末次【すえつぐ】355
末則【すえのり】355～356
末秀【すえひで】356
末光【すえみつ】356
末守【すえもり】356
末行【すえゆき】356
末祥【すえよし】356
季次【すえつぐ】356
介成【すけなり】356
介秀【すけひで】357
介光【すけみつ】357
左任【すけとう】357
佐寿【すけとし】357
佐光【すけみつ】357
佐之【すけゆき】357
助家【すけいえ】357
助氏【すけうじ】357
助包【すけかね】357～359
助国【すけくに】359
助貞【すけさだ】359
助真【すけざね】359
助茂【すけしげ】360
助重【すけしげ】360
助高【すけたか】360
助隆【すけたか】360～361
助武【すけたけ】361
助忠【すけただ】361
助近【すけちか】361
助隣【すけちか】362
助次【すけつぐ】362～363
助綱【すけつな】363
助利【すけとし】363
助寿【すけとし】363
助俊【すけとし】363
助友【すけとも】363
助共【すけとも】363
助直【すけなお】363～366
助永【すけなが】366
助長【すけなが】366
助成【すけなり】366
助延【すけのぶ】366
助信【すけのぶ】366～367
助則【すけのり】367
助久【すけひさ】367～368
助秀【すけひで】368
助平【すけひら】368
助広【すけひろ】368～370
助弘【すけひろ】372
助房【すけふさ】372
助政【すけまさ】372
助光【すけみつ】372～373
助宗【すけむね】373～376
助村【すけむら】376
助守【すけもり】376
助盛【すけもり】376
助行【すけゆき】376
助吉【すけよし】376～377
助良【すけよし】377
助義【すけよし】377
助依【すけより】378
祐包【すけかね】378
祐国【すけくに】378
祐定【すけさだ】379～389
祐重【すけしげ】389
祐高【すけたか】389
祐忠【すけただ】389
祐恒【すけつね】389

祐経【すけつね】390
祐利【すけとし】390
祐寿【すけとし】390
祐虎【すけとら】390
祐直【すけなお】390
祐永【すけなが】390〜391
祐成【すけなり】391
祐信【すけのぶ】391
祐春【すけはる】392
祐久【すけひさ】392
祐平【すけひら】392
祐広【すけひろ】392〜393
祐弘【すけひろ】393
祐道【すけみち】393
祐光【すけみつ】393〜394
祐宗【すけむね】394
祐盛【すけもり】394
祐行【すけゆき】394
祐義【すけよし】394
資国【すけくに】394
資縄【すけつな】394
資永【すけなが】394
資正【すけまさ】394
純貞【すみさだ】395
純成【すみなり】395
純平【すみひら】395

〈せ〉

正峯【せいほう】395
千手院【せんじゅいん】396〜397

〈そ〉

宗栄【そうえい（むねよし）】679〜680
宗寛【そうかん（むねひろ）】674
荘二【そうじ】398

〈た〉

大道【だいどう（おおみち）】400〜401
大明京【だいみんきょう】401
当麻【たえま】401〜402
高包【たかかね】402
高真【たかざね】402
高植【たかたね】402
高綱【たかつな】402〜403
高平【たかひら（こうへい）】403
高平【たかひら】403
高広【たかひろ】403
高光【たかみつ】403〜404
隆国【たかくに】404
隆重【たかしげ】404
隆豊【たかとよ】404
隆平【たかひら】404
隆広【たかひろ】404
崇光【たかみつ】404
貴勝【たかかつ】404
貴命【たかなが】405
貴道【たかみち】405
貴光【たかみつ】405
鷹成【たかしげ（たかなり）】405
鷹俊【たかとし】405
鷹成【たかなり（たかしげ）】405
鷹諶【たかのぶ】405
武国【たけくに】406
武永【たけなが】406
武則【たけのり】406
忠家【ただいえ】406
忠清【ただきよ】406
忠国【ただくに】406〜409
忠貞【たださだ】409

忠重【ただしげ】410
忠助【ただすけ】410
忠孝【ただたか】410
忠次【ただつぐ】410
忠綱【ただつな】410〜413
忠因【ただなお】413
忠久【ただひさ】413
忠秀【ただひで】413
忠広【ただひろ】414〜415
忠房【ただふさ】415
忠正【ただまさ】415
忠道【ただみち】415
忠光【ただみつ】415〜417
忠宗【ただむね】418
忠安【ただやす】418
忠行【ただゆき】418〜419
忠吉【ただよし】419〜423
忠善【ただよし】424
忠義【ただよし】424
竜義【たつよし】424
胤明【たねあき】424
胤成【たねしげ】425
胤匡【たねただ】425
胤次【たねつぐ】425
胤長【たねなが】425
胤光【たねみつ】425
胤吉【たねよし】425
種重【たねしげ】426
種広【たねひろ】426
種盛【たねもり】426
玉英【たまてる（たまひで）】426
為家【ためいえ】427
為勝【ためかつ】427
為清【ためきよ】427
為国【ためくに】428
為次【ためつぐ】428
為継【ためつぐ】428
為恒【ためつね】428
為遠【ためとお】428
為利【ためとし】429
為直【ためなお】429
為長【ためなが】429
為則【ためのり】429
為広【ためひろ】429
為宗【ためむね】429〜430
為康【ためやす】430
為吉【ためよし】431

〈ち〉

近景【ちかかげ】431
近包【ちかかね】432
近真【ちかざね】432
近忠【ちかただ】433
近恒【ちかつね】433
近信【ちかのぶ】433
近則【ちかのり】433
近房【ちかふさ】434
近村【ちかむら】434
近依【ちかより】434
周重【ちかしげ（かねしげ）】434
周広【ちかひろ】434
周麿【ちかまろ】434
親次【ちかつぐ】434〜435
親信【ちかのぶ】435
親秀【ちかひで】435
親正【ちかまさ】435
親安【ちかやす】435
親依【ちかより】435
長円【ちょうえん（ながのぶ）】436
朝尊【ちょうそん（ともたか）】484

千代鶴【ちよづる】 436

〈つ〉

次家【つぐいえ】 437
次植【つぐうえ】 437
次勝【つぐかつ】 437
次包【つぐかね】 437
次貞【つぐさだ】 437
次重【つぐしげ】 437
次忠【つぐただ】 437
次直【つぐなお】 438
次延【つぐのぶ】 438
次久【つぐひさ】 438
次平【つぐひら】 438
次広【つぐひろ】 438～439
次弘【つぐひろ】 439
次正【つぐまさ】 439
次泰【つぐやす】 439
次吉【つぐよし】 439～440
紹芳【つくが（あきよし）】 59
継定【つぐさだ】 440
継貞【つぐさだ】 440
継利【つぐとし】 440
継信【つぐのぶ】 440
継秀【つぐひで】 440
継平【つぐひら】 440～442
継広【つぐひろ】 442
継正【つぐまさ】 442
継政【つぐまさ】 442
継康【つぐやす】 442
継吉【つぐよし】 443
継義【つぐよし】 443
続吉【つぐよし】 443
勉【つとむ】 443
綱家【つないえ】 443
綱重【つなしげ】 444
綱俊【つなとし】 444～445
綱信【つなのぶ】 445
綱晴【つなはる】 446
綱秀【つなひで】 446
綱英【つなひで】 446
綱平【つなひら】 446
綱広【つなひろ】 446～449
綱宗【つなむね】 449～450
綱善【つなよし】 450
恒次【つねつぐ】 450～451
恒清【つねきよ】 451
恒遠【つねとお】 451
恒寿【つねとし】 451
恒則【つねのり】 451
恒治【つねはる】 451
恒平【つねひら】 451
恒弘【つねひろ】 452
恒光【つねみつ】 452
恒元【つねもと】 452
恒守【つねもり】 452
恒康【つねやす】 452
恒能【つねよし】 452
恒厳【つねよし】 452
常重【つねしげ】 452
常遠【つねとお】 452
常光【つねみつ】 453
常保【つねやす】 453
経家【つねいえ】 453～454
経光【つねみつ】 454

〈て〉

貞心【ていしん】 455
鉄正【てつまさ】 455
英興【てるおき】 455

英一【てるかつ】455
英周【てるかね】455
英国【てるくに】455
英貞【てるさだ】456
英胤【てるたね】456
英二【てるつぐ】456
英次【てるつぐ（ひでつぐ）】569
英辰【てるとき】456
英利【てるとし】456
英広【てるひろ】456
英光【てるみつ】456
英守【てるもり】457
英吉【てるよし（ひでよし）】457
英義【てるよし】457
照門【てるかど】458
照包【てるかね】458
照重【てるしげ】459～460
照広【てるひろ】461
照康【てるやす】461
輝邦【てるくに】461
輝助【てるすけ】461
輝信【てるのぶ】461
輝日天【てるひで】461
輝平【てるひら】461
輝広【てるひろ】462～464
輝政【てるまさ】464
輝行【てるゆき】464
輝吉【てるよし】465
天狗【てんぐ】465
天寿【てんじゅ（あまとし）】465
典太【てんた】465
伝助【でんすけ】465

〈と〉

同田貫【どうたぬき】466
東連【とうれん】466
道印【どういん】466
遠近【とおちか】466
遠政【とおまさ】466
時光【ときみつ】466
時行【ときゆき】466
時吉【ときよし】466
寿実【としざね】467
寿茂【としげ】467
寿隆【としたか】467
寿受【としつぐ】467
寿綱【としつな】467
寿命【としなが（じゅみょう）】467～468
寿長【としなが】468～469
寿格【としのり】469
寿治【としはる】469
寿久【としひさ】469
寿秀【としひで】469
寿昌【としまさ】469
寿光【としみつ】470
寿幸【としゆき】470
利重【としげ】470
利隆【としたか】470
利恒【としつね】470
利常【としつね】471
利長【としなが】471
利久【としひさ】471
利光【としみつ】471
利宗【としむね】472
利守【としもり】472
利安【としやす】472
利行【としゆき】472
俊咊【としお】472
俊一【としかず】472
俊和【としかず】472
俊胤【としたね】472

俊次【としつぐ】472〜473
俊長【としなが】473
俊秀【としひで】473
俊平【としひら】474
俊広【としひろ】474
俊弘【としひろ】474
俊光【としみつ】474
俊宗【としむね】475
俊安【としやす】475
俊行【としゆき】475
俊吉【としよし】475
寿広【としひろ】475
外藤【とふじ】475
友清【ともきよ】476
友定【ともさだ】476
友重【ともしげ】476〜478
友次【ともつぐ】478
友綱【ともつな】479
友常【ともつね】479
友長【ともなが】479
友成【ともなり】479〜480
友則【とものり】480
友久【ともひさ】480
友英【ともひで】480〜481
友弘【ともひろ】481
友光【ともみつ】481
友村【ともむら】481
友盛【とももり】481
友安【ともやす】481
友行【ともゆき】481〜483
友吉【ともよし】483
共重【ともしげ】483
具衡【ともひら】483
倫清【ともきよ】483
倫国【ともくに】483
倫助【ともすけ】483
倫光【ともみつ】483
倫賀【ともよし】484
朝国【ともくに】484
朝郷【ともさと】484
朝助【ともすけ】484
朝尊【ともたか（ちょうそん）】484
朝次【ともつぐ】484
朝長【ともなが】484
朝也【ともなり】484
朝弘【ともひろ】484
朝広【ともひろ】485
朝良【ともよし】485
豊政【とよまさ】485
豊行【とよゆき】485
虎明【とらあき】485

〈な〉

直景【なおかげ】486
直勝【なおかつ】486〜487
直清【なおきよ】487
直邦【なおくに】487
直貞【なおさだ】487
直茂【なおしげ】487
直胤【なおたね】487
直次【なおつぐ】489
直綱【なおつな】490
直寿【なおとし】490
直長【なおなが】490
直秀【なおひで】491
直弘【なおひろ】491
直房【なおふさ】491
直正【なおまさ】491〜492
直道【なおみち】492
直光【なおみつ】493
直宗【なおむね】493

直守【なおもり】 493
直行【なおゆき】 493
直吉【なおよし】 493
直能【なおよし】 494
尚定【なおさだ】 494
尚茂【なおしげ】 494
尚春【なおはる】 494
尚光【なおみつ（ひさみつ）】 494
尚宗【なおむね（ひさむね）】 494
永家【ながいえ】 494
永国【ながくに】 494〜495
永貞【ながさだ】 495
永茂【ながしげ】 496
永重【ながしげ】 496
永朝【ながとも】 496
永則【ながのり】 496〜497
永弘【ながひろ】 497
永道【ながみち】 497
永光【ながみつ】 497〜498
永盛【ながもり】 498
永行【ながゆき】 498
永吉【ながよし】 498
長景【ながかげ】 498
長量【ながかず】 498
長勝【ながかつ】 498
長国【ながくに】 499
長重【ながしげ】 499
長助【ながすけ】 499
長孝【ながたか】 499
長高【ながたか】 499
長親【ながちか】 499
長次【ながつぐ】 500
長綱【ながつな】 500
長恒【ながつね】 500
長寿【ながとし】 500
長俊【ながとし】 500〜501
長円【ながのぶ（ちょうえん）】 436
長信【ながのぶ】 501
長則【ながのり】 502〜503
長広【ながひろ】 503
長寛【ながひろ】 503
長道【ながみち】 503〜504
長光【ながみつ】 505〜508
長旨【ながむね】 508
長宗【ながむね】 509
長元【ながもと】 509
長守【ながもり】 509
長守【ながもり（おさもり）】 509
長盛【ながもり】 510
長盛【ながもり（おさもり）】 510
長行【ながゆき】 510
長幸【ながゆき】 510
長吉【ながよし】 511〜513
長義【ながよし】 513
長善【ながよし】 515
成家【なりいえ】 515
成包【なりかね】 515
成重【なりしげ】 515
成高【なりたか】 515
成綱【なりつな】 515〜516
成就【なりとも】 516
成則【なりのり】 516
成宗【なりむね】 516
斎昭【なりあきら】 516
斎典【なりのり】 516
業高【なりたか】 516
業宗【なりむね】 516
縄家【なわいえ】 517

〈に〉

二王【におう】517
日王【にちおう】517
日乗【にちじょう】517
入西【にゅうさい】517

〈の〉

延家【のぶいえ】518
延清【のぶきよ】518
延重【のぶしげ】518
延次【のぶつぐ】518
延秀【のぶひで】518
延房【のぶふさ】518
延光【のぶみつ】519
延吉【のぶよし】519
宣勝【のぶかつ】519
宣貞【のぶさだ】520
宣繁【のぶしげ】520
宣次【のぶつぐ】520
宣利【のぶとし】520
宣古【のぶふる】520
宣行【のぶゆき】520
信舎【のぶいえ】520
信屋【のぶいえ】521
信一【のぶかず】521
信包【のぶかね】521
信国【のぶくに】521〜526
信定【のぶさだ】526
信貞【のぶさだ】526〜527
信重【のぶしげ】527
信孝【のぶたか】527
信高【のぶたか】527〜530
信忠【のぶただ】530
信近【のぶちか】530
信次【のぶつぐ】530
信連【のぶつら】530
信照【のぶてる】530
信寿【のぶとし】530
信友【のぶとも】530
信仍【のぶなお（のぶよし）】536
信長【のぶなが】531
信彦【のぶひこ】531
信秀【のぶひで】531〜533
信弘【のぶひろ】533
信房【のぶふさ】533〜535
信正【のぶまさ】535
信昌【のぶまさ】535
信光【のぶみつ】535
信安【のぶやす】536
信行【のぶゆき】536
信仍【のぶよし（のぶなお）】536
信吉【のぶよし】536〜538
信良【のぶよし】538
信賀【のぶよし】538
信義【のぶよし】539
陳直【のぶなお】539
法助【のりすけ】539
法広【のりひろ】539
法道【のりみち】539
法光【のりみつ】539〜540
典真【のりざね】540
則景【のりかげ】540
則包【のりかね】541
則国【のりくに】541
則定【のりさだ】541
則実【のりざね】541
則重【のりしげ】541〜543
則末【のりすえ】543
則助【のりすけ】543

則高【のりたか】544
則忠【のりただ】544
則親【のりちか】544
則次【のりつぐ】544
則綱【のりつな】544
則利【のりとし】544〜545
則長【のりなが】545〜546
則成【のりなり】547
則久【のりひさ】547
則平【のりひら】547
則広【のりひろ】547
則弘【のりひろ】547
則房【のりふさ】547〜548
則光【のりみつ】549〜551
則満【のりみつ】551
則宗【のりむね】551
則行【のりゆき】551〜552
教景【のりかげ】552
教永【のりなが】552
教光【のりみつ】552
徳勝【のりかつ】552〜553
徳兼【のりかね】553
徳鄰【のりちか】553
徳広【のりひろ】553
徳正【のりまさ】554
徳宗【のりむね】554
徳吉【のりよし】554
徳能【のりよし】554
憲重【のりしげ】554
憲頼【のりより】554

〈は〉

八郎左衛門【はちろうざえもん】556
治国【はるくに】556
治継【はるつぐ】556
治久【はるひさ】556
治光【はるみつ】557
治守【はるもり】557
治盛【はるもり】557
治行【はるゆき】557
春光【はるみつ】557〜558
春行【はるゆき】558
繁慶【はんけい（しげよし）】345
繁昌【はんじょう（しげまさ）】345
繁定【はんてい（しげさだ）】343

〈ひ〉

日出一【ひでかず】559
日出光【ひでみつ】559
鬚継【ひげつぐ】559
久家【ひさいえ】559
久一【ひさかず】559
久勝【ひさかつ】559
久国【ひさくに】559〜560
久次【ひさつぐ】561
久利【ひさとし】561
久信【ひさのぶ】561
久則【ひさのり】561
久道【ひさみち（きゅうどう）】561〜564
久光【ひさみつ】564
久宗【ひさむね】564
久守【ひさもり】564
久盛【ひさもり】564
久安【ひさやす】565
久行【ひさゆき】565
久幸【ひさゆき】565
久義【ひさよし】565
尚光【ひさみつ（なおみつ）】494

尚宗【ひさむね（なおむね）】494
秀興【ひでおき】565
秀景【ひでかげ】565
秀一【ひでかず】566
秀国【ひでくに】566
秀貞【ひでさだ】566
秀助【ひですけ】566
秀隆【ひでたか】566
秀武【ひでたけ】566
秀忠【ひでただ】566
秀近【ひでちか】566
秀次【ひでつぐ】566
秀任【ひでとう】567
秀辰【ひでとき】567
秀寿【ひでとし】567
秀直【ひでなお】567
秀春【ひではる】567
秀平【ひでひら】567
秀弘【ひでひろ】567
秀方【ひでまさ】567
秀光【ひでみつ】568
秀宗【ひでむね】569
秀行【ひでゆき】569
秀世【ひでよ】569

英国【ひでくに】569
英次【ひでつぐ（てるつぐ）】569
英敏【ひでとし】569
英吉【ひでよし（てるよし）】457
兵部【ひょうぶ】569
平国【ひらくに】569
広家【ひろいえ】569
広清【ひろきよ】569
広国【ひろくに】569〜570
広貞【ひろさだ】570
広実【ひろざね】570
広重【ひろしげ】570〜572
広助【ひろすけ】572〜573
広住【ひろずみ】573
広高【ひろたか】573〜574
広隆【ひろたか】574
広任【ひろただ】574
広近【ひろちか】574
広次【ひろつぐ】574〜575
広綱【ひろつな】575
広辰【ひろとき】576
広長【ひろなが】576
広信【ひろのぶ】576
広則【ひろのり】576

広房【ひろふさ】576〜577
広正【ひろまさ】577〜578
広政【ひろまさ】578
広道【ひろみち】578
広光【ひろみつ】578〜580
広宗【ひろむね】580
広康【ひろやす】580
広賀【ひろよし】580〜582
広義【ひろよし】582〜583
弘包【ひろかね】583
弘邦【ひろくに】583
弘貞【ひろさだ】583
弘重【ひろしげ】583
弘近【ひろちか】583
弘次【ひろつぐ】583〜584
弘恒【ひろつね】584
弘長【ひろなが】584
弘則【ひろのり】584
弘光【ひろみつ】584
弘宗【ひろむね】584
弘村【ひろむら】584
弘元【ひろもと】584
弘安【ひろやす】584
弘行【ひろゆき】584〜585

弘幸【ひろゆき】 585
汎隆【ひろたか】 585
宏綱【ひろつな】 585
博樹【ひろき】 586
博嗣【ひろつぐ】 586
寛近【ひろちか】 586
寛重【ひろしげ】 586
寛盛【ひろもり】 586
寛安【ひろやす】 586
厳秀【ひろひで（げんしゅう）】 586

〈ふ〉

諷誦【ふうじゅ（ふうしょう）】 587
房重【ふさしげ】 587
房信【ふさのぶ】 587
房宙【ふさひろ】 587
房盛【ふさもり】 587
房安【ふさやす】 587
総宗【ふさむね】 587〜588
藤正【ふじまさ】 588
冬国【ふゆくに】 588
冬広【ふゆひろ】 588〜590

〈ほ〉

宝栄【ほうえい】 590
宝山【ほうざん】 590
宝寿【ほうじゅ】 590〜591
保昌【ほうしょう】 592

〈ま〉

舞草【まいくさ（もうくさ）】 594
誠【まこと】 594
方清【まさきよ（かずきよ）】 594
正明【まさあき】 594〜595
正商【まさあき】 595
正家【まさいえ】 595〜597
正氏【まさうじ】 597
正雄【まさお】 597
正奥【まさおく（まさおき）】 597〜598
正臣【まさおみ】 598
正景【まさかげ】 598
正蔭【まさかげ】 598
正一【まさかず】 598
正甫【まさかず（まさすけ）】 598
正勝【まさかつ】 598〜599
正包【まさかね】 599
正兼【まさかね】 599
正城【まさき】 599
正清【まさきよ】 599〜600
正国【まさくに】 600〜601
正実【まさざね】 601〜602
正真【まさざね】 602〜603
正成【まさしげ】 603
正重【まさしげ】 603〜606
正繁【まさずみ】 606
正甫【まさすけ（まさかず）】 598
正澄【まさずみ】 607
正孝【まさたか】 607
正隆【まさたか】 608
正尊【まさたか】 608
正武【まさたけ】 608
正忠【まさただ】 608
正近【まさちか】 609
正周【まさちか】 609
正親【まさちか】 609
正次【まさつぐ】 609〜611
正継【まさつぐ】 612
正綱【まさつな】 612

正恒【まさつね】612～614
正照【まさてる】614
正利【まさとし】614～615
正寿【まさとし】615
正俊【まさとし】615～618
正富【まさとみ】618
正全【まさとも（まさみつ）】618
正直【まさなお】618～619
正中【まさなか】619
正永【まさなが】619
正長【まさなが】620
正信【まさのぶ】620
正法【まさのり】620
正則【まさのり】621
正規【まさのり】621
正範【まさのり】622
正春【まさはる】622
正久【まさひさ】622
正日出【まさひで】622
正秀【まさひで】622～624
正平【まさひら】625
正広【まさひろ】625～628
正弘【まさひろ】628～630
正房【まさふさ】630～632
正道【まさみち】632
正路【まさみち】632
正光【まさみつ】633～634
正全【まさみつ（まさとも）】618
正宗【まさむね】634～636
正守【まさもり】636～637
正盛【まさもり】637
正也【まさや】637
正保【まさやす】637
正行【まさゆき】637～638
正幸【まさゆき】638～639
正幸【まさゆき（まさよし）】638
正吉【まさよし】639～640
正良【まさよし】640～641
正幸【まさよし（まさゆき）】638
正美【まさよし】641
正賀【まさよし】641～642
正義【まさよし】642～643
正慶【まさよし】643
昌国【まさくに】644
昌親【まさちか】644
昌利【まさとし】644
昌直【まさなお】644
昌広【まさひろ】644
昌行【まさゆき】644
政家【まさいえ】645
政清【まさきよ】645
政国【まさくに】645
政定【まささだ】645
政貞【まささだ】645
政重【まさしげ】645
政賢【まさたか】645
政次【まさつぐ】645～646
政常【まさつね】646～647
政俊【まさとし】647
政長【まさなが】647～648
政則【まさのり】649
政秀【まさひで】649
政平【まさひら】649
政広【まさひろ】649
政光【まさみつ】649～650
政宗【まさむね】650
政盛【まさもり】650
政行【まさゆき】650
政幸【まさゆき】650
政吉【まさよし】650
真光【まさみつ】650
将成【まさしげ】650

将長【まさなが】651
将応【まさのり】651
将充【まさのり】651
将平【まさひら】651
詮秀【まさひで】651
増盛【ますもり】651

〈み〉

三千長【みちなが】652
通英【みちひで】652
通吉【みちよし】652
道明【みちあき】652
道清【みちきよ】652
道重【みちしげ】652
道辰【みちとき】652〜653
道俊【みちとし】653
道則【みちのり】653
道守【みちもり】653
三秀【みつひで（さんしゅう）】653
光家【みついえ】653
光起【みつおき】653
光景【みつかげ】654
光包【みつかね】654
光兼【みつかね】655
光国【みつくに】655
光定【みつさだ】655
光重【みつしげ】655
光末【みつすえ】655
光夫【みつすけ】655
光忠【みつただ】655〜656
光近【みつちか】657
光恒【みつつね】657
光代【みつとし（みつよ）】660
光俊【みつとし】657
光長【みつなが】657〜658
光則【みつのり】658
光治【みつはる】658
光久【みつひさ】658
光平【みつひら】658
光広【みつひろ】658〜659
光弘【みつひろ】659
光正【みつまさ】659
光昌【みつまさ】659
光守【みつもり】659
光世【みつよ】659〜660
光代【みつよ（みつとし）】660
光吉【みつよし】661
光良【みつよし】661
盈永【みつなが】661
明寿【みょうじゅ】661

〈む〉

旨国【むねくに】663
旨秀【むねひで】663
宗明【むねあき】663
宗有【むねあり】663
宗家【むねいえ】664
宗氏【むねうじ】664
宗一【むねかず】664
宗勝【むねかつ】664
宗清【むねきよ】664
宗国【むねくに】664
宗貞【むねさだ】664
宗茂【むねしげ】664
宗重【むねしげ】664〜666
宗末【むねすえ】666
宗隆【むねたか】666
宗忠【むねただ】666
宗近【むねちか】666〜667
宗次【むねつぐ】667〜671

宗綱【むねつな】671
宗恒【むねつね】671
宗遠【むねとお】671
宗俊【むねとし】671〜672
宗寿【むねなが（むねとし）】672
宗長【むねなが】672
宗信【むねのぶ】672
宗春【むねはる】672
宗久【むねひさ】673
宗平【むねひら】673
宗広【むねひろ】673〜674
宗弘【むねひろ】674
宗裕【むねひろ】674
宗寛【むねひろ（そうかん）】674
宗房【むねふさ】675
宗昌【むねまさ】675
宗道【むねみち】675
宗光【むねみつ】675〜677
宗安【むねやす】677
宗吉【むねよし】677〜679
宗栄【むねよし（そうえい）】679〜680
宗能【むねよし】680
宗善【むねよし】680
宗義【むねよし】680
宗依【むねより】680
統景【むねかげ】681
統盛【むねもり】681
統行【むねゆき】681
村重【むらしげ】681
村綱【むらつな】681
村正【むらまさ】682〜683
村守【むらもり】684
村吉【むらよし】684

〈も〉

舞草【もうくさ（まいくさ）】594
用和【もちかず】684
元明【もとあき】684
元家【もといえ】684
元興【もとおき】684〜685
元包【もとかね】685
元清【もときよ】685
元真【もとざね】685
元重【もとしげ】686〜688
元助【もとすけ】688
元武【もとたけ】688
元近【もとちか】689
元利【もととし】689
元直【もとなお】689
元長【もとなが】689
元久【もとひさ】689
元平【もとひら】689〜690
元広【もとひろ】691
元寛【もとひろ】691
元光【もとみつ】691
元安【もとやす】691
本信【もとのぶ】691
本行【もとゆき】692
基重【もとしげ】692
基近【もとちか】692
基平【もとひら】693
基正【もとまさ】693
基光【もとみつ】693
守家【もりいえ】693〜695
守勝【もりかつ】695
守清【もりきよ】696
守国【もりくに】696
守貞【もりさだ】696
守重【もりしげ】696
守末【もりすえ】697
守助【もりすけ】697

守忠【もりただ】697
守種【もりたね】697
守近【もりちか】697
守次【もりつぐ】697〜698
守恒【もりつね】699
守利【もりとし】699
守俊【もりとし】699
守友【もりとも】699
守永【もりなが】699
守長【もりなが】699
守久【もりひさ】699
守秀【もりひで】700
守広【もりひろ】700
守弘【もりひろ】700
守房【もりふさ】701
守正【もりまさ】701
守昌【もりまさ】701
守政【もりまさ】701
守光【もりみつ】701
守元【もりもと】702
守安【もりやす】702
守行【もりゆき】702
守能【もりよし】702
林祥【もりよし】702
林喜【もりよし】702
宴行【もりゆき】702
盛篤【もりあつ】702
盛家【もりいえ】702
盛景【もりかげ】703
盛一【もりかず】703
盛清【もりきよ】703
盛国【もりくに】703
盛重【もりしげ】704〜705
盛助【もりすけ】705
盛高【もりたか】705〜706
盛忠【もりただ】706
盛近【もりちか】706
盛次【もりつぐ】706〜707
盛継【もりつぐ】707
盛恒【もりつね】707
盛常【もりつね】707
盛綱【もりつな】707
盛利【もりとし】707
盛寿【もりとし】707
盛俊【もりとし】707〜708
盛永【もりなが】708
盛則【もりのり】708
盛久【もりひさ】708
盛尚【もりひさ】709
盛秀【もりひで】709
盛広【もりひろ】709
盛正【もりまさ】709
盛匡【もりまさ】709
盛道【もりみち】709〜710
盛光【もりみつ】710〜711
盛宗【もりむね】711
盛元【もりもと】711
盛安【もりやす】711
盛行【もりゆき】711〜712
盛吉【もりよし】712
森弘【もりひろ】712
森宗【もりむね】712
師景【もろかげ】712〜713
師敬【もろたか】713
師次【もろつぐ】713
師久【もろひさ】713
師光【もろみつ】713
師宗【もろむね】713

〈や〉

薬王寺【やくおうじ】 714
保【やす】 714
安明【やすあき】 714
安在【やすあり】 714
安家【やすいえ】 714
安一【やすかず】 715
安清【やすきよ】 715
安玉【やすきよ】 715
安国【やすくに】 715〜716
安定【やすさだ】 716〜718
安貞【やすさだ】 718
安重【やすしげ】 718〜719
安末【やすすえ】 719
安周【やすちか】 719
安次【やすつぐ】 719
安継【やすつぐ】 719
安綱【やすつな】 720
安常【やすつね】 720
安輝【やすてる】 720
安利【やすとし】 721
安俊【やすとし】 721
安知【やすとも】 721
安倫【やすとも】 721〜722
安永【やすなが】 722
安延【やすのぶ】 722
安信【やすのぶ】 722
安則【やすのり】 722
安久【やすひさ】 723
安秀【やすひで】 723
安英【やすひで】 723
安広【やすひろ】 723〜724
安弘【やすひろ】 724
安房【やすふさ】 724
安正【やすまさ】 724
安光【やすみつ】 724
安満【やすみつ】 725
安宗【やすむね】 725
安村【やすむら】 725
安守【やすもり】 725
安行【やすゆき】 725〜726
安代【やすよ】 726
安吉【やすよし】 727〜729
保則【やすのり】 729〜730
保広【やすひろ】 730
保弘【やすひろ】 730
泰貞【やすさだ】 730
泰近【やすちか】 730
泰長【やすなが】 730
泰平【やすひら】 731
泰春【やすはる】 731
泰幸【やすゆき】 731
泰吉【やすよし】 731〜732
康家【やすいえ】 732
康氏【やすうじ】 732
康意【やすおき（やすよし）】 751
康国【やすくに】 732
康重【やすしげ】 732〜734
康隆【やすたか】 734
康次【やすつぐ】 734
康継【やすつぐ】 734〜742
康綱【やすつな】 742〜743
康永【やすなが】 743
康信【やすのぶ】 744
康春【やすはる】 744
康久【やすひさ】 744
康広【やすひろ】 744〜747
康宏【やすひろ】 747
康道【やすみち】 747
康光【やすみつ】 747〜750

康善【やすよし】 750
康意【やすよし（やすおき）】 751
靖要【やすあき】 751
靖興【やすおき】 752
靖繁【やすしげ】 752
靖武【やすたけ】 752
靖献【やすたて】 752
靖利【やすとし】 752
靖延【やすのぶ】 752
靖徳【やすのり】 753
靖憲【やすのり】 753
靖光【やすみつ】 753
靖宗【やすむね】 753
靖吉【やすよし】 754
大和千手院【やまとせんじゅいん】 754

〈ゆ〉

祐慶【ゆうけい】 755
行観【ゆきあき】 755
行景【ゆきかげ】 756
行包【ゆきかね】 756
行清【ゆききよ】 756
行国【ゆきくに】 756
行貞【ゆきさだ】 756
行真【ゆきざね】 756
行重【ゆきしげ】 756
行末【ゆきすえ】 756
行助【ゆきすけ】 757
行周【ゆきちか】 757
行観【ゆきちか（ぎょうかん）】 757
行次【ゆきつぐ】 757
行長【ゆきなが】 757
行信【ゆきのぶ】 757
行春【ゆきはる】 758
行久【ゆきひさ】 758
行秀【ゆきひで】 758〜759
行仁【ゆきひと】 760
行平【ゆきひら】 760〜762
行広【ゆきひろ】 762〜764
行弘【ゆきひろ】 764
行房【ゆきふさ】 764
行正【ゆきまさ】 764
行政【ゆきまさ】 764
行光【ゆきみつ】 765〜767
行満【ゆきみつ】 767
行宗【ゆきむね】 767〜768
行安【ゆきやす】 768
行吉【ゆきよし】 769
行義【ゆきよし】 769
行慶【ゆきよし】 769
幸重【ゆきしげ】 769
幸景【ゆきかげ】 769
幸国【ゆきくに】 769
幸貞【ゆきさだ】 769
幸継【ゆきつぐ】 769
幸久【ゆきひさ】 769
幸弘【ゆきひろ】 769
幸昌【ゆきまさ】 769
幸光【ゆきみつ】 770

〈よ〉

吉明【よしあき】 771
吉家【よしいえ】 771〜772
吉氏【よしうじ】 772
吉門【よしかど】 773
吉包【よしかね】 773〜774
吉清【よしきよ】 775
吉国【よしくに】 775〜776
吉定【よしさだ】 776
吉貞【よしさだ】 776〜777

吉真【よしざね】 777〜778
吉重【よししげ】 778
吉助【よしすけ】 778
吉武【よしたけ】 778〜779
吉忠【よしただ】 779
吉次【よしつぐ】 779〜782
吉綱【よしつな】 782
吉英【よしてる】 782
吉時【よしとき】 782
吉友【よしとも】 782
吉永【よしなが】 782
吉長【よしなが】 782〜783
吉成【よしなり】 783
吉作【よしなり】 783
吉信【よしのぶ】 783〜784
吉則【よしのり】 784〜785
吉久【よしひさ】 785〜786
吉秀【よしひで】 786
吉平【よしひら】 786
吉広【よしひろ】 786〜787
吉弘【よしひろ】 787〜788
吉寛【よしひろ】 788
吉房【よしふさ】 788〜790
吉正【よしまさ】 790
吉政【よしまさ】 790〜791
吉道【よしみち】 791〜797
吉光【よしみつ】 797〜800
吉宗【よしむね】 800〜801
吉用【よしもち】 801
吉元【よしもと】 801
吉守【よしもり】 801
吉盛【よしもり】 801
吉安【よしやす】 801
吉行【よしゆき】 802
吉幸【よしゆき】 802
吉広【よしひろ】 802
良一【よしかず】 802
良貞【よしさだ】 802〜803
良助【よしすけ】 803
良忠【よしただ（りょうちゅう）】 803
良近【よしちか】 803
良辰【よしとき】 803
良永【よしなが】 803
良則【よしのり】 803
良道【よしみち】 803
良光【よしみつ】 804
良行【よしゆき】 804
克一【よしかつ（かついち）】 804
克邦【よしくに（かつくに）】 804
美直【よしなお】 804
美平【よしひら】 804
祥貞【よしさだ】 805
祥末【よしすえ】 805
能真【よしざね】 805
能定【よしさだ】 805
能次【よしつぐ】 805
能直【よしなお】 806
能光【よしみつ】 806
能守【よしもり】 806
能盛【よしもり】 806
善昭【よしあき】 806
善金【よしかね】 806
善清【よしきよ】 806
善貞【よしさだ】 806
善長【よしなが】 806
善平【よしひら】 806
善博【よしひろ】 806
善盛【よしもり】 807
賀実【よしざね】 807
賀助【よしすけ】 807
賀信【よしのぶ】 807
賀正【よしまさ】 807

賀光【よしみつ】807
喜昭【よしあき】807
堅守【よしもり（かたもり）】96
義昭【よしあき】808
義明【よしあき】808
義植【よしうえ（よしたね）】808
義景【よしかげ】808
義一【よしかず】808〜809
義勝【よしかつ】809
義兼【よしかね】809
義清【よしきよ】809
義国【よしくに】809〜810
義真【よしざね】810
義重【よししげ】810
義助【よしすけ】810〜813
義純【よしずみ】813
義隆【よしたか】813
義忠【よしただ】814
義植【よしたね（よしうえ）】808
義胤【よしたね】814
義次【よしつぐ】814
義継【よしつぐ】814
義綱【よしつな】815
義輝【よしてる】815
義辰【よしとき】815
義富【よしとみ】815
義虎【よしとら】815
義直【よしなお】815
義猶【よしなお】815
義信【よしのぶ】815
義則【よしのり】816
義規【よしのり】816
義憲【よしのり】816
義春【よしはる】816
義久【よしひさ】817
義秀【よしひで】817
義英【よしひで】817
義人【よしひと】817
義平【よしひら】817
義広【よしひろ】817〜818
義弘【よしひろ】818〜820
義文【よしふみ】820
義正【よしまさ】820
義昌【よしまさ】820
義征【よしまさ】820
義道【よしみち】820
義光【よしみつ】820〜821
義宗【よしむね】821
義胷【よしむね】821
義安【よしやす】822
義行【よしゆき】822
賢正【よしまさ】822
膳清【よしきよ】822
慶任【よしとう】822
翕武【よしたけ】822
自珍【よりよし】822
依真【よりざね】822
頼国【よりくに】822
頼貞【よりさだ】822
頼次【よりつぐ】823
頼正【よりまさ】823
頼光【よりみつ】823
頼之【よりゆき】823

〈り〉

力王【りきおう】824
了戒【りょうかい】824〜825
良西【りょうさい】826
良忠【りょうちゅう（よしただ）】803
旅泊【りょはく】826

〈れ〉

〈わ〉

日本刀工　刀銘大鑑

《あ》

新 アサ丸【あさまる】 加賀国　桃山期（寛永）

「アサ丸作」「加州住人アサ丸作」と銘を切る。直刃、湾れに互の目交じり。

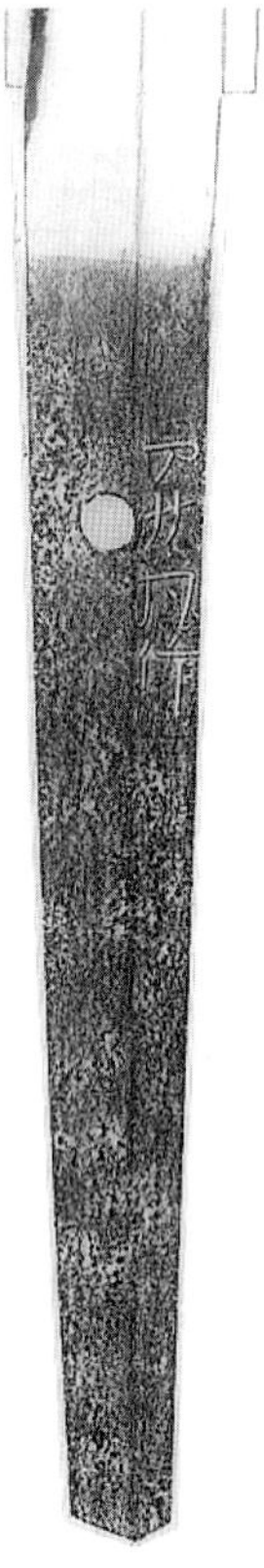

新々 明弘【あきひろ】 陸中国　江戸末期（慶応）

宍戸喜久治。大山繁定次男、のち宍戸氏の養子となる。久保田宗明門。明治四十三年九月、七十八歳没。「一関士明弘」などと切銘する。

新作 明光【あきみつ】 宮崎　昭和

木本高三郎。明治三十一年生まれ。坂田盛一郎門、刃物鍛冶として独立。昭和十六年から山地正久、山本善盛、川島忠善に刀剣鍛錬を学ぶ。同十九年、美保海軍航空隊専属刀匠。日向市富高住。

古 秋広【あきひろ】 相模国　鎌倉末期（正安）

九郎三郎。正宗門。鎌倉住。『往昔抄』に「正安二年六月日」の短刀があり、他に元徳・文和の年紀作がある。正安二年といえば新藤五国光の年代まで遡る古さがあって、これらを正しいものとみれば、常にみる初代秋広の先人が同銘で前時代にいたこととなる。

（『往昔抄』）

古 秋広【あきひろ】 初代 相模国　南北朝期（文和）

九郎三郎。広光の子、貞宗門。鎌倉住。平造の短刀、小脇指が多く、太刀は稀。古書は、広光は太刀より短刀が上手といっている。鍛えは板目に杢交じり、地沸つき地景入り、金筋に連なる。湯走り飛焼がしきりで皆焼状となる。刃文は丁子と互の目に島刃が耳形ごころ、雁股など交じり、匂を敷いて沸よくつき、皆焼を得意とする。互の目主調のもの、湾れ主調に互の目足・葉を入れ、玉焼、飛焼の盛んな出来のものもある。帽子は乱込み先尖って長く返る。

銘は「相州住秋広」と五字に切り、年紀を「応安五」「永和二」とのみで年月日を切らないのが通例で、例外的に延文・貞治年の一部のものに「相模国住人秋広」と七字銘を切り、「貞治三年十月日」「永徳三年□月九日」と年月日を切ったものがある。延文・貞治から年紀作が急に増えてくるのであるが、すでにこのころから複数の秋広銘の切り手がいるようである。掲出した「永和二」（押形図①）と「永和二」（同②）とは同じ年紀作であるが、別人の切銘とみられる。①は茎が幅広のことがあるにしても大振りの銘を切り、②は①と比べては小銘で各銘字が縦詰まりで

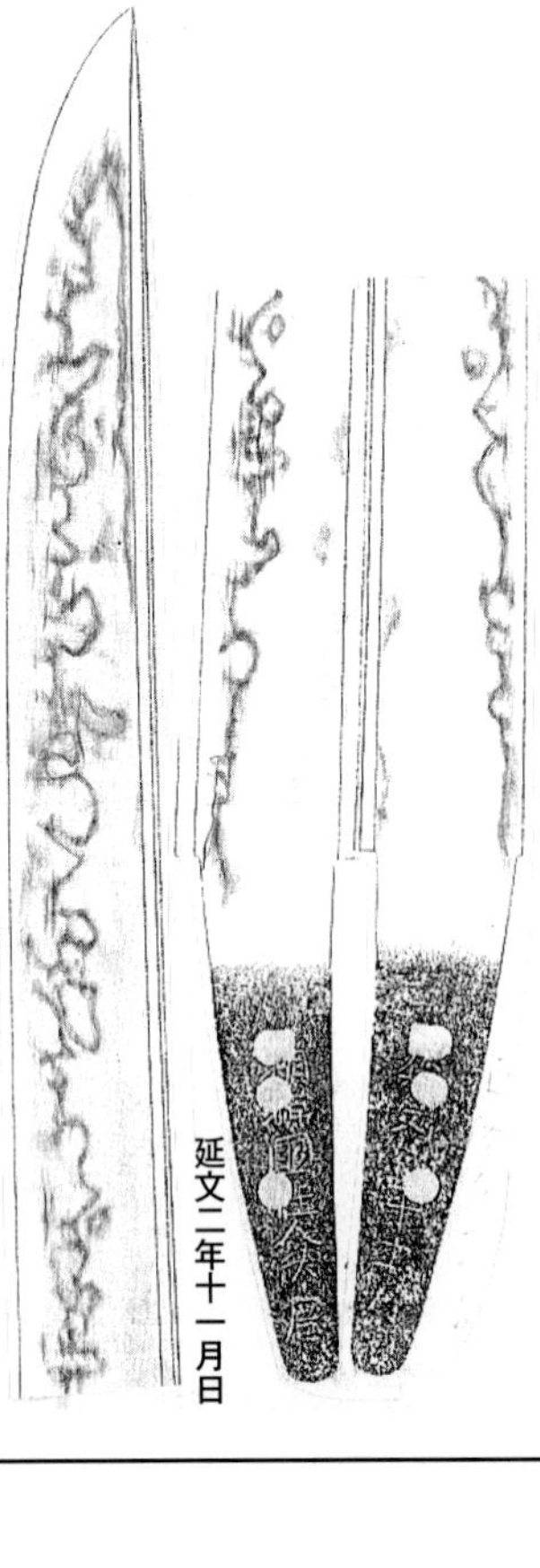
延文二年十一月日

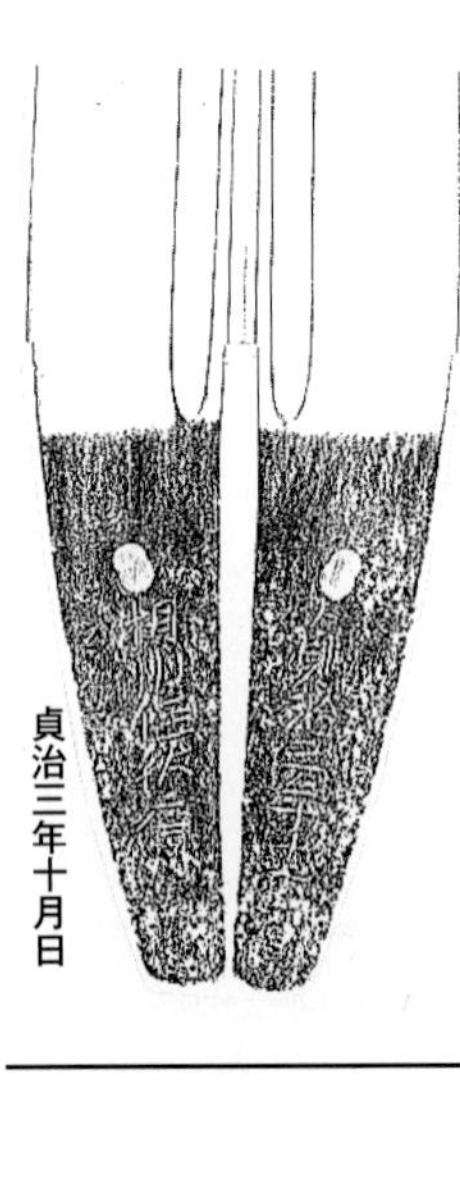
貞治三年十月日

ある。

「住」字の「主」の第一画点、「広」字の第一画点が①は上向きに（下図1）、②は左横向きに（下図2）となって、この打ち方は延文年紀から至徳年紀まで続く。このことは、すなおにみて別人二人の切銘によるものとみられ、なおすすめて考えれば秋広初・二代による切り分けか、あるいは初代の高弟による代銘が交じるものかもしれない。また「明徳三」の秋広銘は少し太鏨を用いていて、細鏨から単に太鏨に替えたとみるよりは、別人による切銘とみるのがよさそうである。初代の作銘ではありえない。

図1

図2

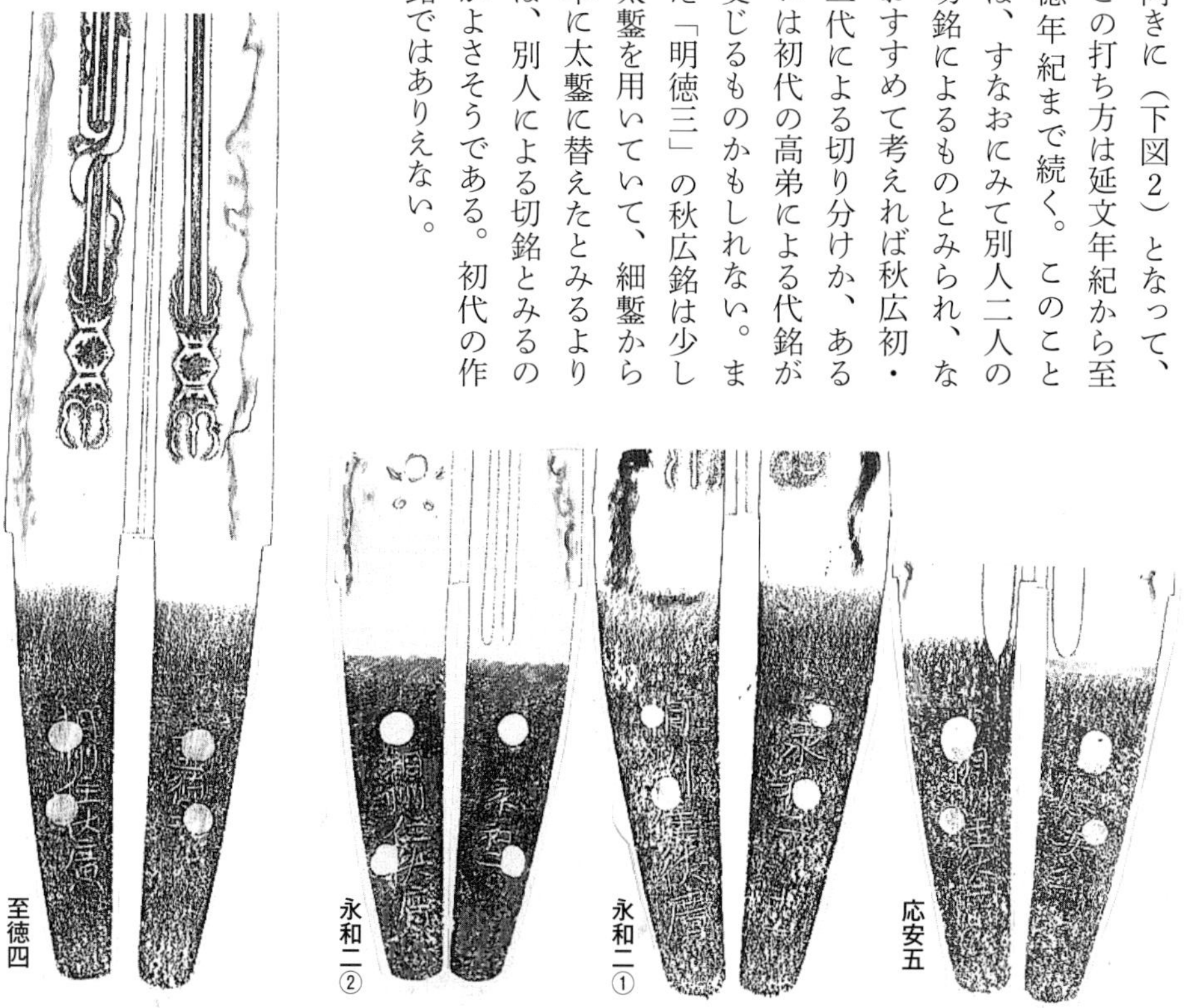
応安五　永和二①　永和二②　至徳四

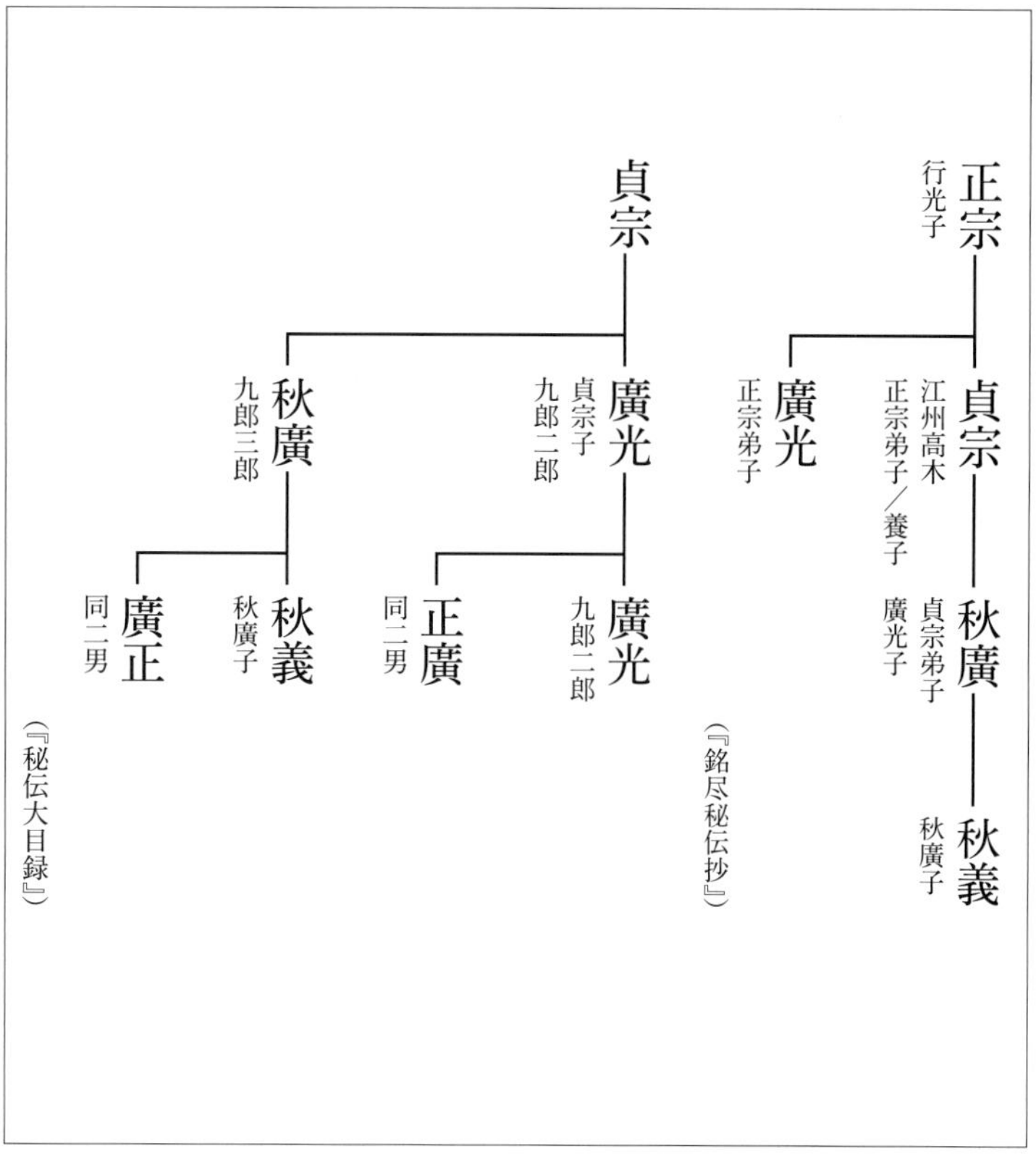

古 秋広【あきひろ】二代　相模国　南北朝期（至徳）

室町期以来の刀剣書は、いずれも秋広に二代があるとする。校正は二代を康暦とし、貞宗の弟子になった秋広が二代目であるとし、大全は二代を応永とする。応永三年紀の作は二代作となろう。『往昔抄』は、秋広は応永九年死といい、大全は応永五年八十四歳没、秋広の子秋義は応永三年、五十九歳死とある。すると秋広の作刀が応永三年以降はみられなくなっていることと合わせて、初・二代秋広の没年が応永ひと桁台であったことと知れる。親ないし師の代作代銘は親ないし師の晩年になされるのが通例であるが、初代秋広の場合は早い時期から代作代銘がされていたとみてよい数少ない例である。延文以降に初代作に混じって代作代銘が行われていたらしく、その代作者は初代秋広の子という秋義が最有力である。秋義は後に秋広を名乗っているといい、果たして二代秋広そのものになったかは即断できない。大全は秋義の弟に秋広がいるといい、この弟が二代秋広を名乗った可能性もあるからである。

二代秋広と目される「明徳三」年紀がある秋広の小太刀（重文）は島津家が鹿児島神社に寄進したものだが、終戦直後に米国に渡り、一九七八年に日本に里帰りした折、実見し拓写したもの。

二尺一寸、身幅狭めで反りやや高く小切先。小板目肌よく詰み、地沸つき地景入る。刃文は小湾れ調に小乱、小互の目交じり、小沸よくつき、ほつれ、湯走り、玉焼が飛び、佩表の上部は特に烈しく、砂流し、金筋入る。太鏨の銘は、延文から至徳に至る細鏨の秋広銘とは相違しているが、一連の銘振りに共通した手癖がみられて、延文・貞治から秋広銘を名乗る刀工の一人だったとみてよい。至徳四年紀の細鏨銘から急に明徳三年の太鏨銘に変わっている事実は否定し難い。

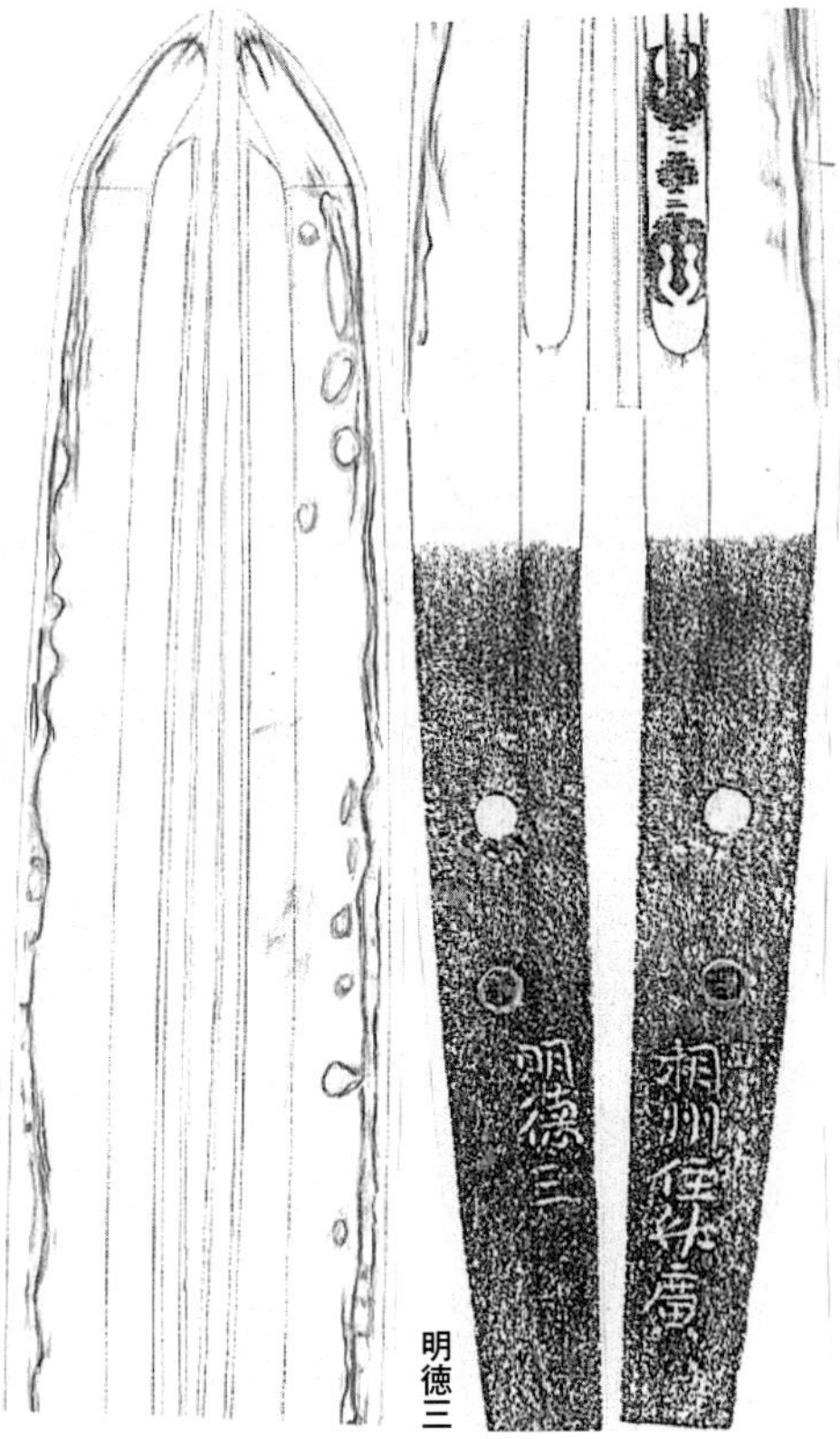
明徳三

新 秋弘【あきひろ】　上野国　江戸中期（元文）

酒井家の抱鍛冶で前橋住。のち主家の転封に従い姫路へ移住。「上州住丹治秋弘」また「播州姫路住丹治秋弘造」と切銘する。

新 秋房【あきふさ】　上野国　江戸中期（寛延）

前橋藩の抱工。酒井忠知が姫路転封のさい従い、寛延二年五月姫路に移る。「上州住源秋房」などと切銘する。互の目に尖り刃交じり。

古 秋義【あきよし】　相模国　南北朝期（応安）

九郎五郎。秋吉同人。鎌倉住。初代秋広門というが、『銘尽秘伝抄』は秋広子という。秋広が九郎三郎であり、秋義が九郎五郎なれば、秋義は九郎秋広の子となろう。『秘伝大目録』は秋吉（秋義）は子で、後に秋広と銘を打つ。鍛えは父に勝れているが小出来である、といっている。秋義の応安五年紀の銘が、秋広の永和二年紀の銘に通じて、父秋広の代作者の一人であったとみられる。自身の作刀は稀少。

（『神津伯押形』）

新作 昭兼【あきかね】　岐阜　昭和

川瀬雅博。加藤兼房門、のち栗原日本刀学院に学ぶ。海津郡南濃町志津住。

新作 昭国【あきくに】　高知　昭和

近藤勉。大正七年生まれ。栗原昭秀門。陸軍受命刀匠。土佐郡大川村住。

新作 昭次【あきつぐ】　新潟　昭和

天田誠一。昭和二年八月七日、新潟県本田村本田（現・新発田市）に天

田貞吉の長男として生まれる。昭和十五年三月、十三歳で東京に出て日本刀鍛錬伝習所に入所。栗原昭秀の内弟子として七年間修業する。昭和二十七年、伊勢神宮式年遷宮の御神宝製作に、宮入昭平の助手として奉仕する。昭和三十年、第一回作刀技術発表会に初出品して優秀賞を受賞。以後第三回、第四回と出品するも、昭和三十五年闘病生活に入り一時作刀を中断。昭和四十三年に快復して作刀を再開。昭和四十三年、自家製鋼による作品を第四回新作名刀展に出品し奨励賞を受賞。以後連続して出品し、昭和四十七年、無鑑査に認定される。同五十二年、六十年、平成八年に正宗賞を受賞する。昭和四十八年、伊勢神宮式年遷宮御神宝太刀の製作奉仕。昭和五十三年三月、新潟県無形文化財に指定される。平成二年、全日本刀匠会理事長に就任。平成九年五月二十三日、重要無形文化財保持者（人間国宝）に認定される。平成二十年、伊勢神宮式年遷宮御神宝太刀を製作する。北蒲原郡豊浦町住。直刃を得意とし、丁子に重花丁子、蛙子丁子交じり。湾れに互の目足入りなど。平成二十五年六月二十六日、八十七歳没。

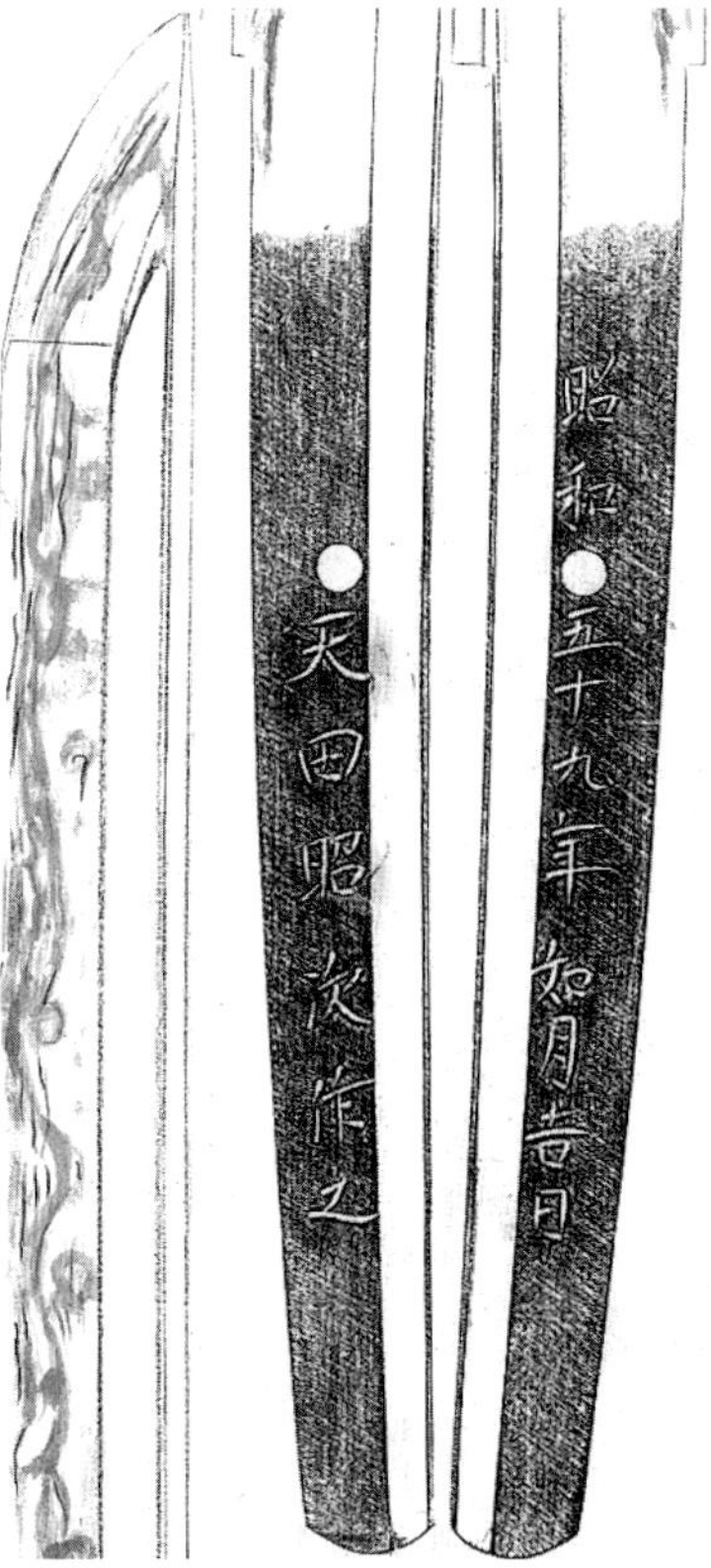

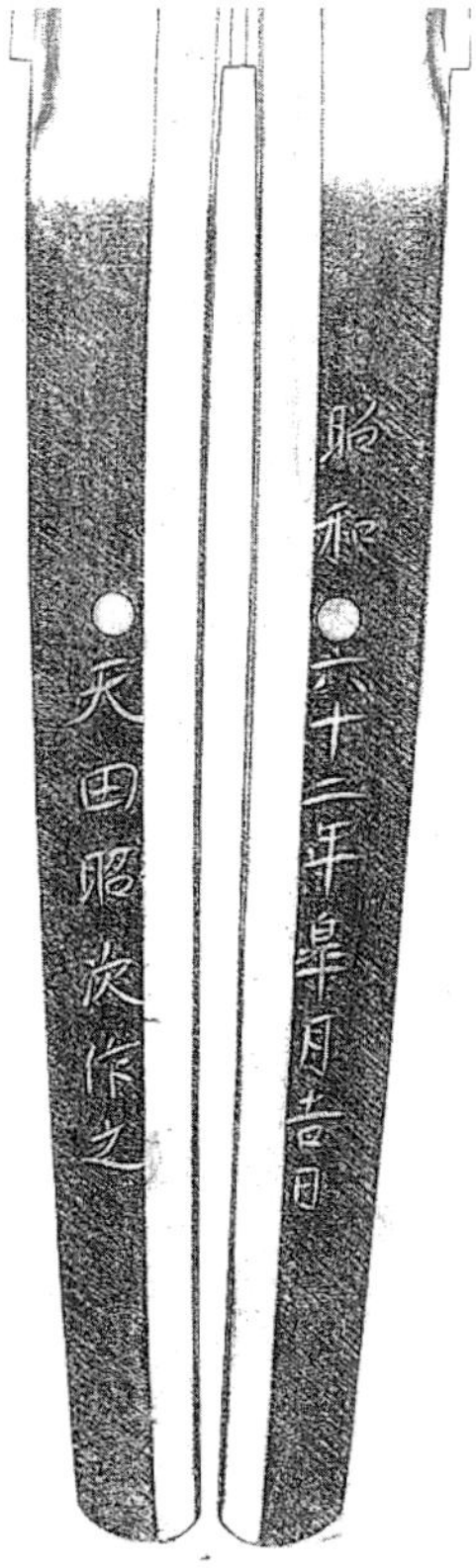

新作 **昭友**【あきとも】 静岡 昭和

秋元信一。明治四十三年生まれ。日本刀鍛錬伝習所に入所、栗原昭秀、笠間繁継に学ぶ。日本刀学院の師範を務める。第一回帝展に入選。日本刀匠協会展にて総理大臣賞、文部大臣賞を受賞。戦後は新作名刀展で優秀賞、努力賞など受賞する。大和伝、備前伝、相州伝を鍛える。熱海市下多賀住。

新作 **昭久**【あきひさ】 新潟 昭和

山上重次。明治四十三年生まれ。笠間繁継門。陸軍受命刀匠。小丁子乱の備前伝が得意。刈羽郡西山町住。

新々 **昭秀**【あきひで】 羽前国 江戸末期（享和）

高橋栄助。羽州庄内住。水心子正秀門。水生子と号す。享和から文政にかけて作る。

新作 **昭秀**【あきひで】 東京 昭和

栗原彦三郎。明治十二年、栃木県安蘇郡新合村に生まれる。少年時代から日本刀を好み、近在の二代目稲垣将応の鍛冶場を見学する。明治二十五年に上京。在学中に桜井正次、堀井秀明の鍛錬所を見学し、あるいは実技に触れるなど愛刀熱を高める。昭和三年、衆議院議員となり、昭和八年六月、赤坂永川町に日本刀鍛錬伝習所を開設。師範に笠間繁継を招き、秋元昭友、今野昭宗、吉原国家など全国の刀匠に大同団結を呼びかけ、これをとりまとめて鍛法の保持と現代刀の復興に尽力する。門下から宮入昭平、天田昭次をはじめ多数の人材が輩出する。昭和九年、日本刀展を帝展に加える建議をして実現する。自ら会長を務める大日本刀匠協会主催による新作日本刀展覧会を昭和二十年まで催す。自身での作刀もあり、昭和十年の新作日本刀大共進会では特別名誉最優秀賞を受賞する。昭和前期の新作刀発展の功労者。昭和二十九年五月五日、七十六歳没。

新作 昭平【あきひら】 長野 昭和

宮入堅一。大正二年生まれ。昭和十二年、上京して日本刀鍛錬伝習所に入所。昭和十三年、新作刀展覧会に初出品して入選。戦後は昭和三十年、作刀技術発表会で特賞受賞。昭和三十八年、重要無形文化財保持者（人間国宝）に認定される。昭和四十八年、昭平を行平に改名する。昭和五十二年、六十四歳没。⇩**行平《ゆきひら》の項参照。**

新作 昭平【あきひら】 岐阜 昭和

亀井昭平。昭和二年生まれ。兼延門。「濃州住亀井昭平作」。加茂郡富加町住。

新々 昭房【あきふさ】 出羽国 江戸末期（文化）

出羽新庄住。水生子昭秀門。直刃、互の目乱を焼く。

新作 昭房【あきふさ】 千葉 昭和

石井昌次。明治四十二年生まれ。昭和九年、日本刀鍛錬伝習所に入所。同十二年師範。昭和三十二年、館山市無形文化財、同三十七年、千葉県無形文化財に指定される。館山市安布里住。鎌倉一文字をねらいとした丁子乱を得意とする。「安房國昭房」「房州館山住昭房」と切銘する。

新作 昭麿【あきまろ】 新潟 昭和

長島平次郎。明治四十二年生まれ。日本刀鍛錬伝習所に入所、栗原昭秀に学ぶ。海軍軍属刀匠。新潟市寄合町住。戦後しばらくは作刀を中止していたが同門の天田昭次の門に入る戦後は昭和四十年代の作刀数口をみる。

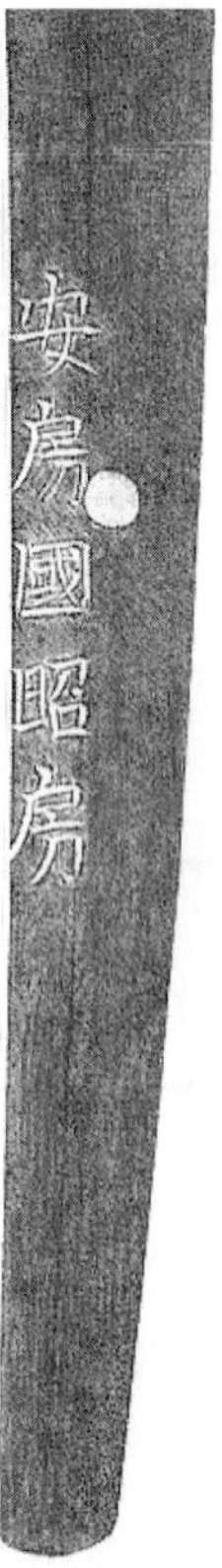

新作 昭光【あきみつ】 新潟 昭和

五十嵐正治。昭和十四年、日本刀鍛錬伝習所に入所。同十七年、陸軍受命刀匠。戦後は第一回作刀技術発表会入選。三条市北新条住。

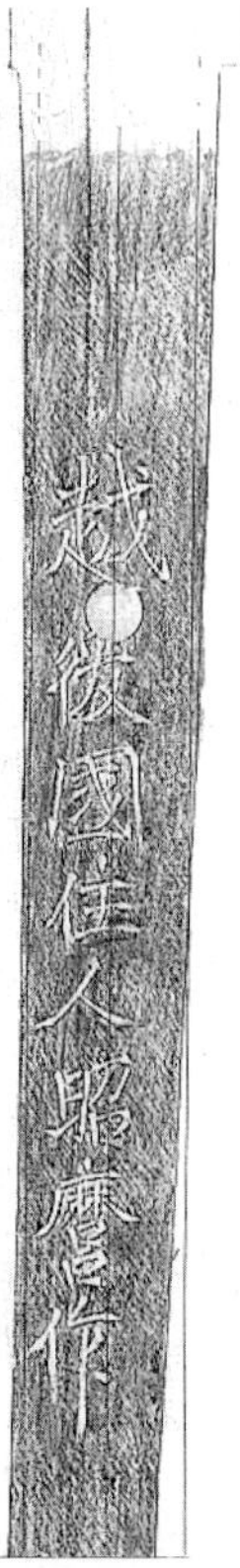

新作 昭光【あきみつ】 静岡 昭和

平川織衛。明治三十二年生まれ。昭和十八年、陸軍受命刀匠。同年日本

刀展覧会に入選。戦後は昭和三十六年、作刀技術発表会に出品し入選。御殿場市住。

新作 **昭宗**【あきむね】 東京 昭和

今野定治。明治四十二年生まれ。日本刀鍛錬伝習所へ入所、栗原昭秀の師範代を務める。直刃の山城伝を得意とする。

新作 **昭守**【あきもり】 宮城 昭和

宮城真一。大正十四年生まれ。宮城県白石市出身。昭和十五年、宮城守国門、同年に栗原彦三郎昭秀の日本刀鍛錬伝習所に入所。昭和十八年、日本刀展覧会で金賞受賞。翌十九年会長賞受賞。戦後は宮入行平門。昭和四十五年、作刀承認を受け、翌四十六年、新作名刀展に出品し奨励賞受賞。以降出品して受賞。平成二十二年、新作日本刀展入選。相州伝、備前伝を表現する。

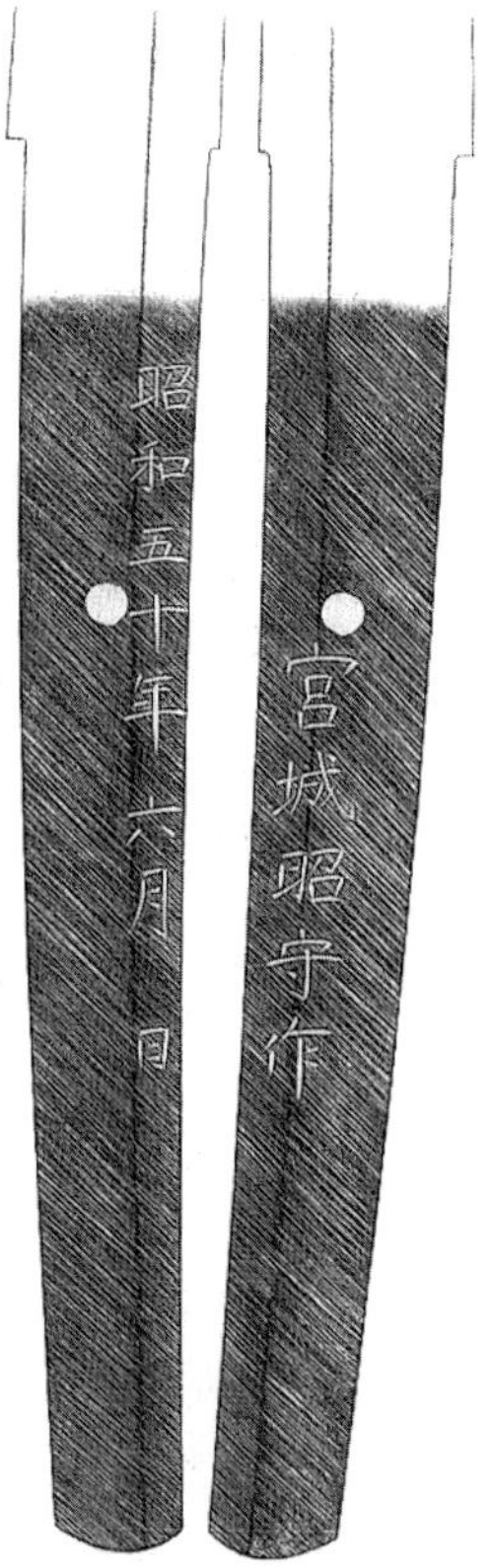

新作 **昭吉**【あきよし】**初代** 山形 昭和

藤田徳三郎。明治三十七年生まれ。初銘吉包、昭和十六年十月に昭吉に改銘。栗原昭秀門。山形市住。

新作 **昭吉**【あきよし】**二代** 山形 昭和

藤田武一郎。昭和六年生まれ。同十七年から初代昭吉に師事。昭和三十一年、作刀技術発表会に入選。山形市小白川町住。

新作 **昭吉**【あきよし】 新潟 平成

岸久人。昭和四十三年生まれ。平成十八年、新作名刀展優秀賞。平成二十二年、第一回新作日本刀展金賞第三席受賞。「昭吉作」。柏崎住。

新作 **昭嘉**【あきよし】 福井 昭和

橋本嘉彰。昭和二年生まれ。栗原昭秀門。昭和四十二年、作刀承認を得て作刀、第五・六回新作名刀展入選。越前市高瀬住。

新々 **紹芳**【あきよし・つくが】 武蔵国 江戸末期（文化）

彦坂繁次郎。三太夫。水心子正秀門、門中の貴人方六名の一人。大坂町奉行、御旗奉行、小普請組支配。和泉守を受領。文政八年六月、七十四歳没。

新作 **晶平**【あきひら】 埼玉 平成

川崎仁史《まさひと》。昭和四十三年、大分県に生まれる。平成六年、宮入行平（小左衛門）に入門。平成十一年、作刀承認、同年から新作刀展覧会に出品し、優秀賞、協会名誉会長賞、文化庁長官賞、寒山賞など受賞。平成二十二年、第一回新作日本刀展にて経済産業大臣賞。同二十三年（第二回展）、同二十五年（第四回展）に同賞受賞。同二十四年、第三回展に銀賞第二席。湾れに互の目交じり。「晶平之」。児玉郡美里町住。

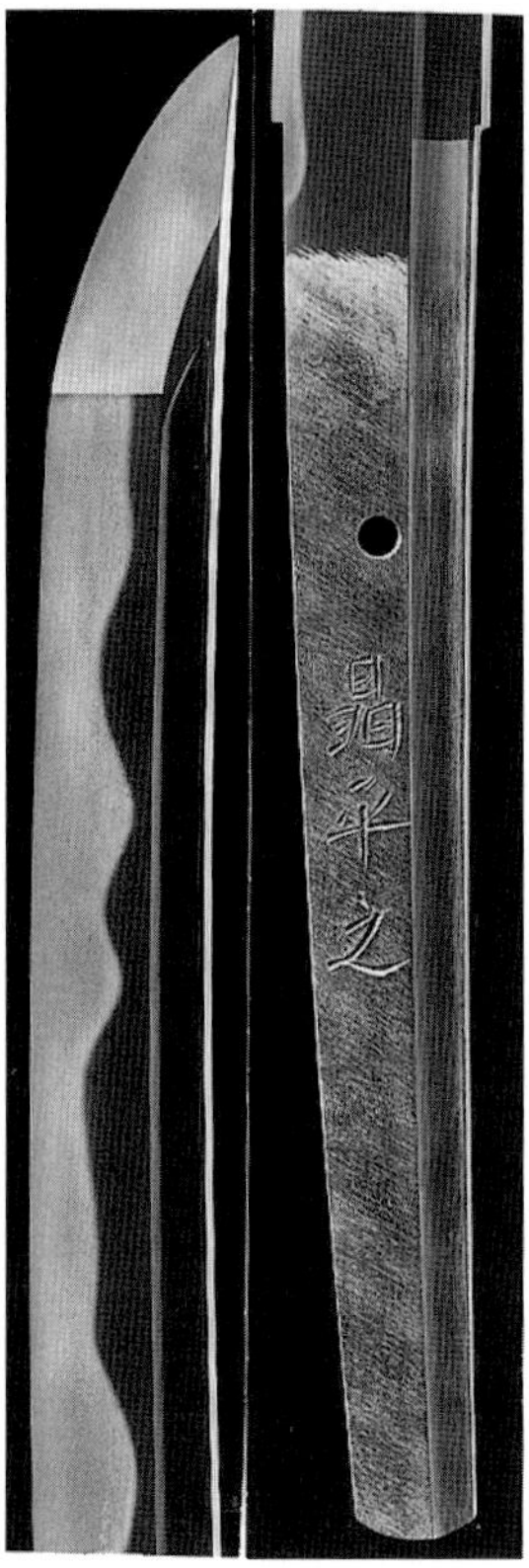

新作 **誠利**【あきとし】 愛知 昭和

加古治三。明治四十一年生まれ。小牧市上新町住。昭和二十九年作刀承認を受ける。作刀技術発表会入選十一回。美濃志津、また兼定をねらいとし、備前伝の丁子乱も焼く。

新作 **彰光**【あきみつ】　岡山　平成

横井彰二。昭和三十九年生まれ。横井崇光門。平成十三年作刀承認。新作名刀展入選。直刃。「備前国彰光」。岡山市住。

古 **顕国**【あきくに】**初代**　長門国　南北朝期（至徳）

長門左。二代安吉の子。銘鑑では文和ころに初代安吉門という顕国の名をあげているが、現存作で該当するものをみない。南北朝末から室町初（応永初年）にかけてが初代の年代であろう。応永四年紀の作がある。板目鍛えが肌立ちごころに地沸つき、刃文は互の目に湾れ交じり、沸出来で刃縁にほつれ、刃中に砂流しかかり、互の目が連れるのが特徴。「国」字の右肩に丸味があり、右肩下りに打つ。「顕国」「長州住顕国」。

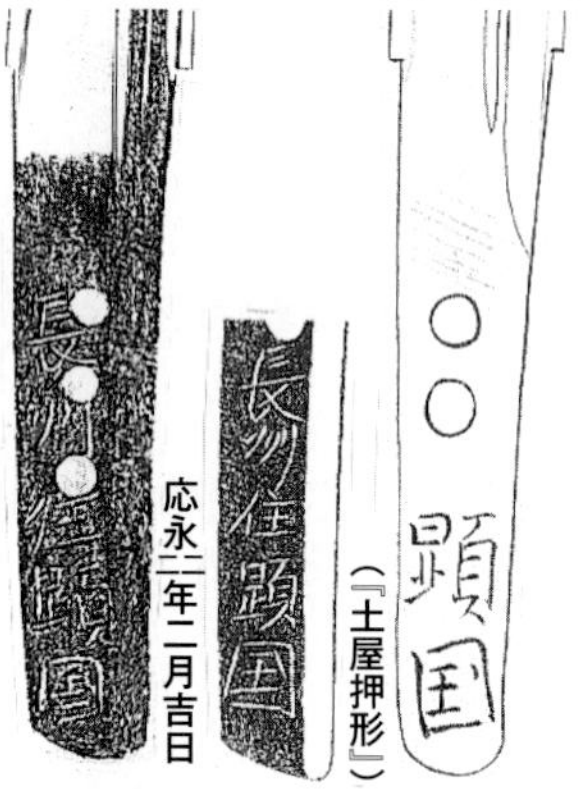

（『土屋押形』）

応永二年二月吉日

古 **顕国**【あきくに】**二代**　長門国　室町初期（応永）

左衛門尉。二代。瀬戸崎住（現・山口県長門市仙崎）。年紀がある作は応永二十一年から二十九年紀までのものをみる。「国」字の内を「玉」に切るのは顕国歴代に通じているが、「玉」の点を二代は「王」の右側中ほどに打ち、三代は右上方に打つ。「長州住顕国」「長州住左衛門尉顕国」「長州瀬戸崎住人顕国」。

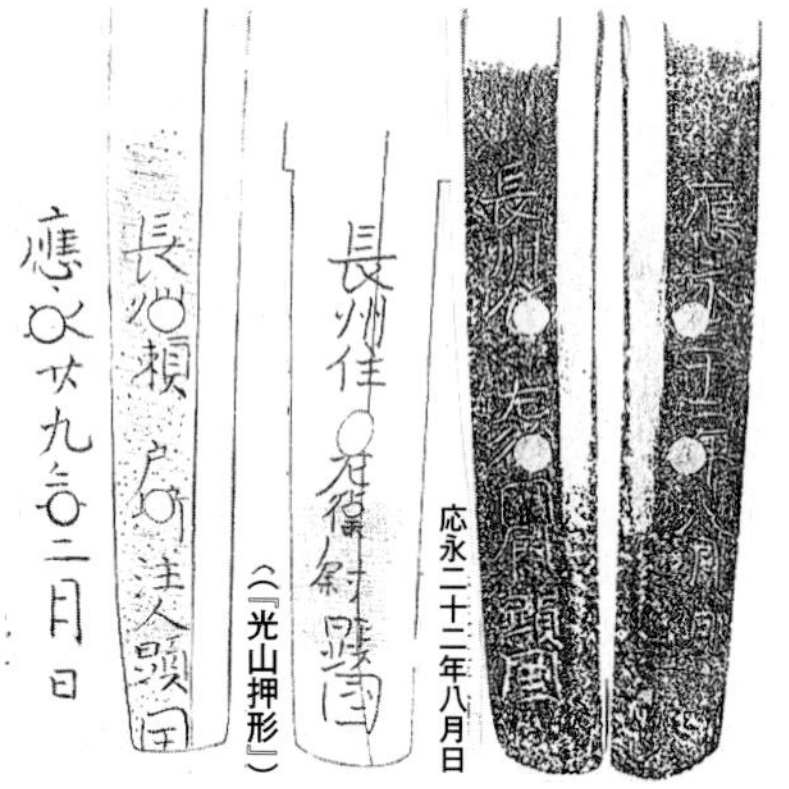

応永二十二年八月日

（『光山押形』）

古 **顕国**【あきくに】**三代**　長門国　室町初期（永享）

三代。永享初年から嘉吉・文安にかけて年紀作がある。小互の目の揃った乱刃、湾れ乱のほか直刃も焼く。「長州住顕国」。

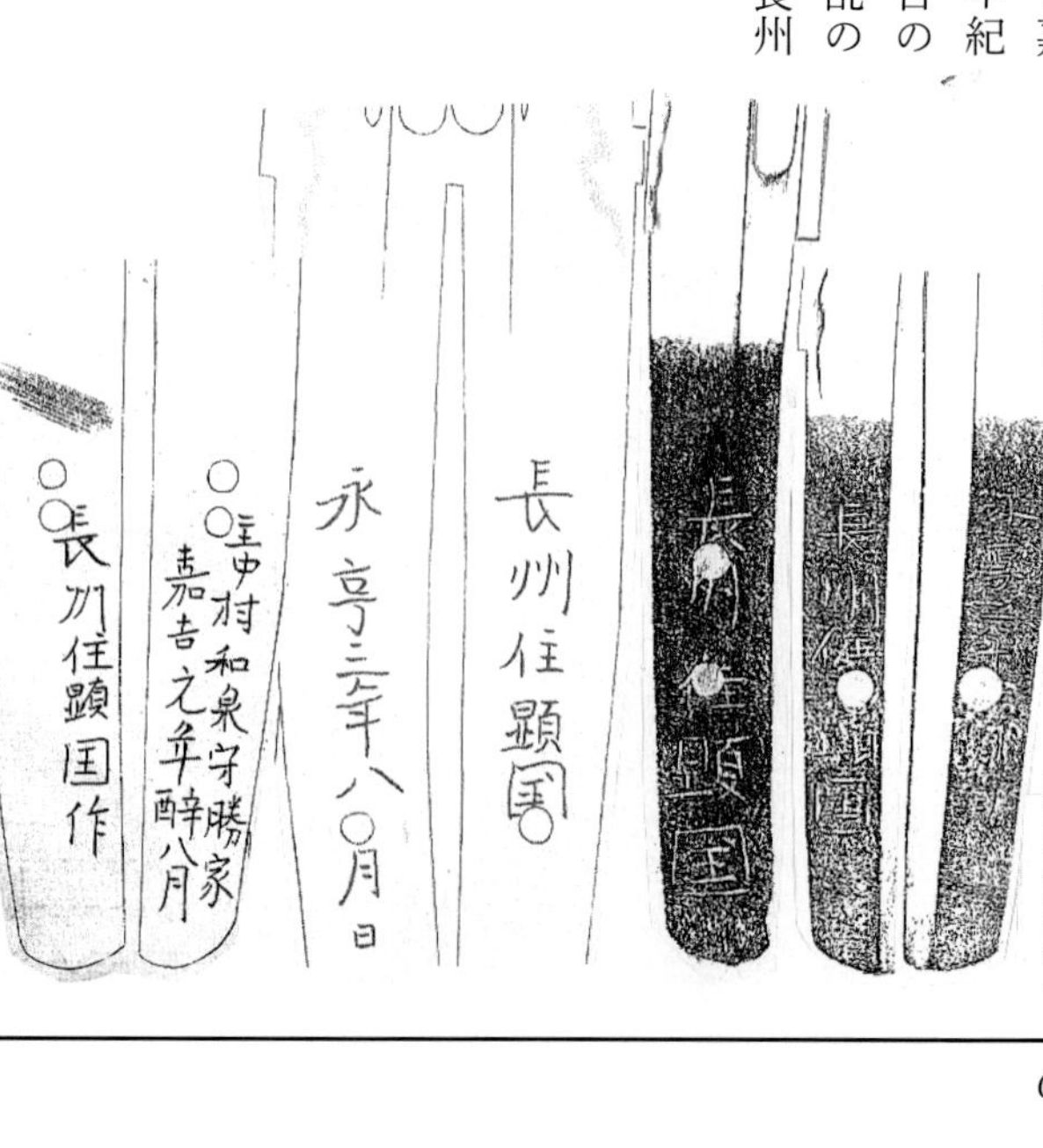

永享二年□月日

（『光山押形』）

古 **顕光**【あきみつ】　近江国　南北朝期（明徳）

甘呂俊長一門。甘呂住（現・彦根市甘呂）。板目に柾が流れ地沸つく。刃文は湾れに小互の目交じり、掃掛け、打のけかかり、刃中に砂流し烈しく、沸出来で大和風が強い。「江州甘呂住顕光」。室町期には明応のころ、同銘で「菅原顕光」と銘す工が後続する。

古 **顕吉**【あきよし】　長門国　室町初期（永享）

顕国の子。永享のころ。二代顕吉は文明のころ作刀する。「顕吉」「長州住顕吉」。

古 鑑盛【あきもり】 豊後国 室町末期（天文）

高田。二代長盛同人という。大友義鑑より「鑑」の一字を賜わったと伝える。「鑑盛」「平鑑盛」。

古 鑑行【あきゆき】 豊後国 室町末期（天文）

高田。初代天文ころ。「平鑑行」「藤原鑑行」。二代永禄、三代天正と続く。

古 天国【あまくに】 大和国 平安朝期

伝説上の刀工として知られる天国は「大宝年中三年」時の人で、「平家重代の小烏という太刀を作る」（『観智院本銘尽』）という。

古来名高い天国作と伝える御物・小烏丸は平家重代の太刀と伝承し、室町時代は伊勢家に伝わり、明治年間に宗家から明治天皇に献上されている。直刃調に小乱交じりの大和伝の作中でも特筆する優れた出来を見せる。鋒両刃（きっさきもろは）造で刀身と茎とも少しく反りをもつのは、鎬造の湾刀という日本刀様式をみせる最初の太刀姿である。それは直刀から湾刀へと推移する過渡期の姿形をみせたもので、平安前期の製作とみられる。正倉院の直刀類が奈良時代であることからすれば、少しく反りをもつ御物・小烏丸の作者天国を「大宝年中三年」とするには、年代が上がりすぎるのではないか。それは、御物・小烏丸の作者天国が、伝承する天国の大宝年中まで遡らないのではないか、との見方が生じてくる。大宝年中（飛鳥時代）から奈良、平安前期までの、それは反りのない直刀から少しく反りをもつ日本刀様式のものが作られるまでにおよそ三百年間を要し、この間、相当数の刀工群が作刀している。大宝年中には大和友光、陸奥文壽（源氏重代・髭切の作者）、藤戸、神息（和銅元年）など有名工の名をかぞえるのであるが、現存する有銘作を見ることはない。御物・小烏丸の天国の先人がいたのが、大宝年中であったろう。『元亀元年刀剣目利書』は、「銘には大宝三年天国と打つ。二尺六寸五分、

太刀 無銘 伝天国作（名物・小烏丸） 宮内庁蔵

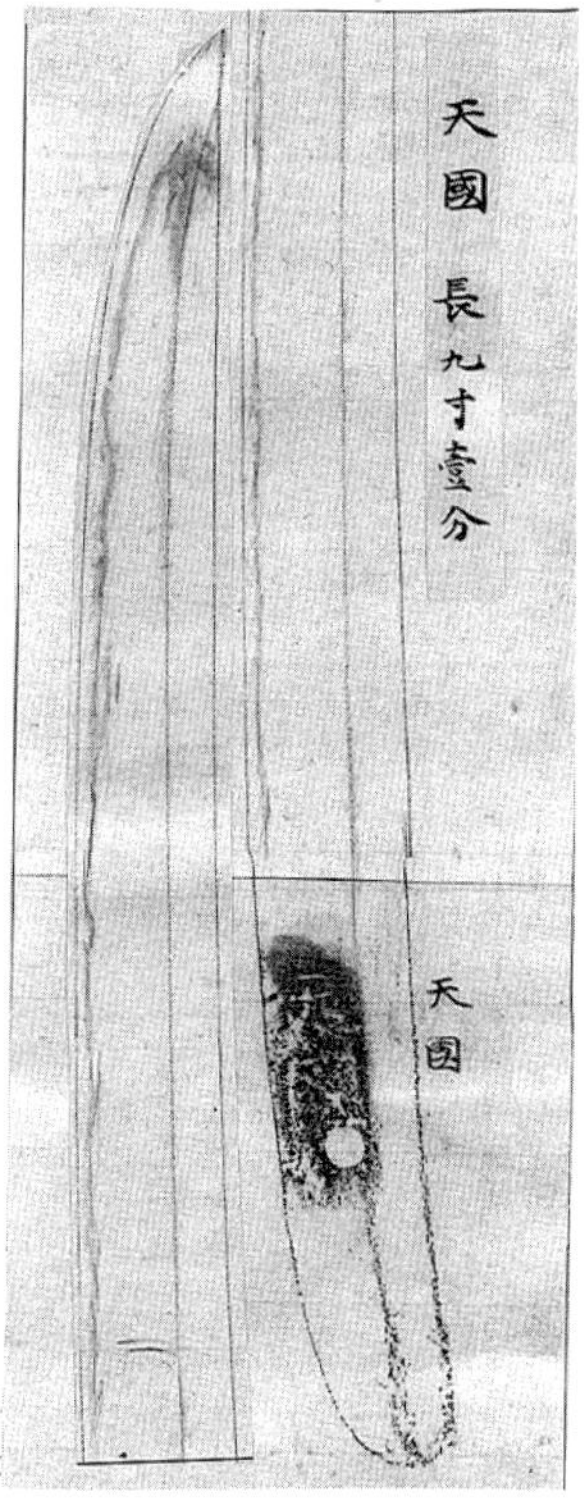

（徳川宗家伝来『短刀絵図』巻物）

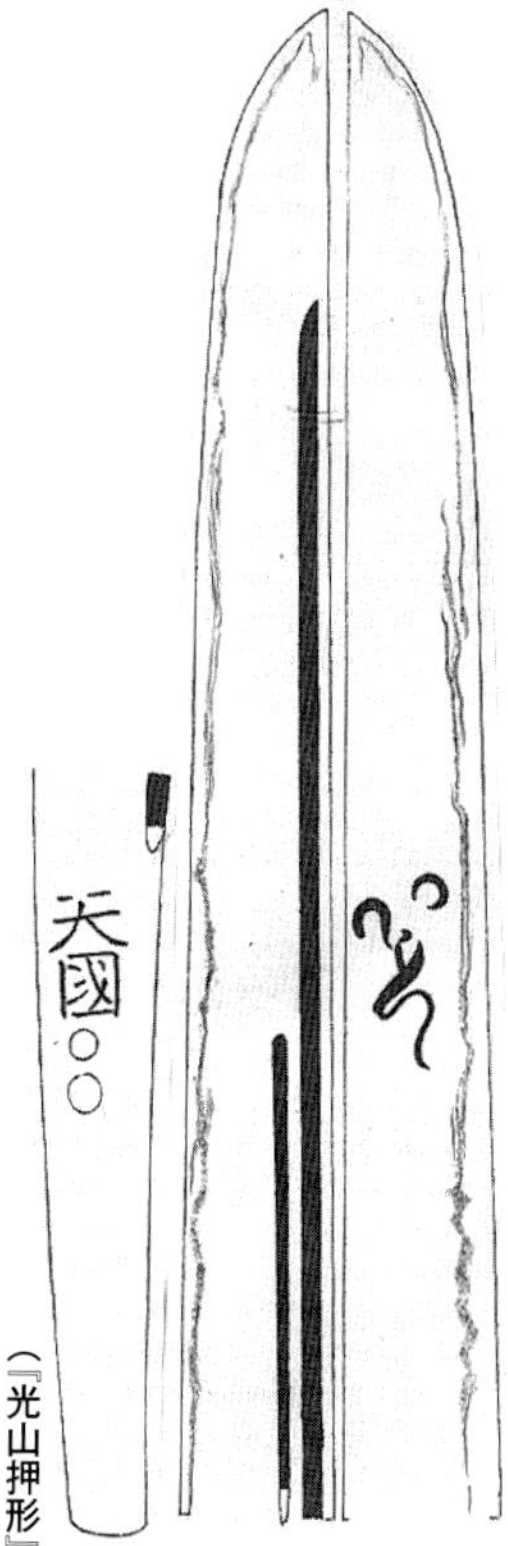

（『光山押形』）

姿は長太刀の柄を切りたるが如し」と記している。直刀だったに違いない。天国の名跡を名乗る後代の天国である御物・小烏丸は唯一知られる遺作であり、平安前期の名工の一人であって、現存する稀な例である。

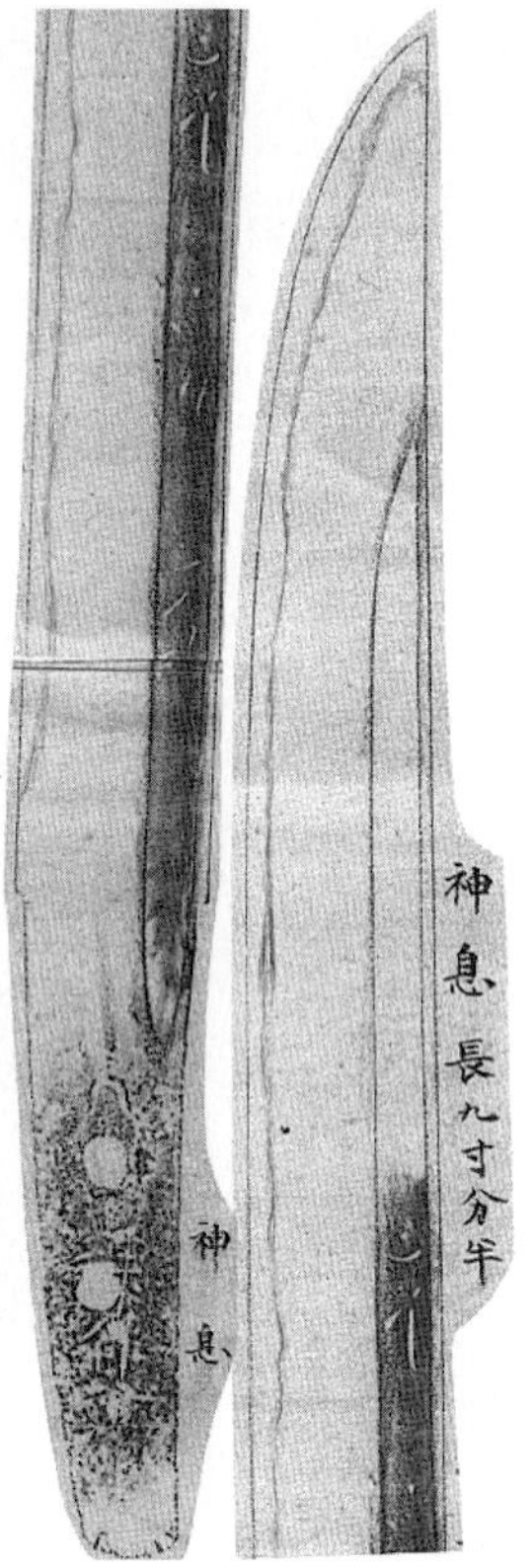

神息（和銅元年）の名跡を継ぐ後世の神息作。鎌倉期を降らぬ古作。
（徳川宗家伝来『短刀絵図』巻物）

新々 **天秀**【**あまひで**】 **武蔵国 江戸末期（文政）**
水心子正秀の晩年銘。文政元年、子貞秀に正秀の名を譲り、天秀に改銘する。文政八年九月二十七日、七十六歳没。**⇩正秀の項参照。**

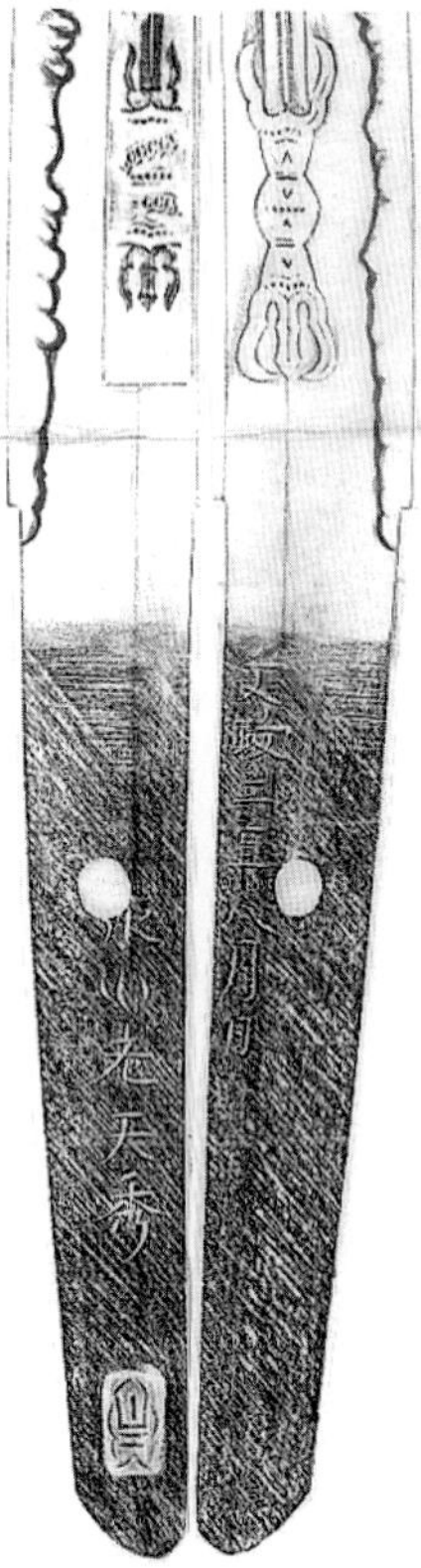

古 **有国**【**ありくに**】 **山城国 平安末期（寛弘）**
左馬尉。在国同人という。獅子有国と称す。三条宗近門。五条兼永、国永の親。法師。渡辺綱が羅生門で鬼の腕を斬った太刀の作者と伝える。「在國」。有銘の作は『古今銘尽』ほかに「宗近弟子」として掲げているが、「有國」の銘作は見当たらない。

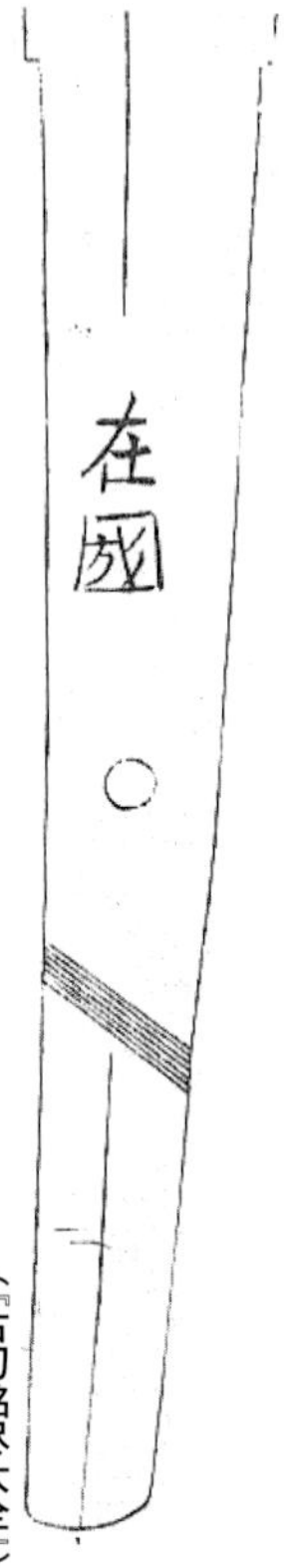

（『古刀銘尽大全』）

古 **有国**【**ありくに**】 **山城国 鎌倉中期（寛元）**
粟田口。藤五郎。国家五男。観智院本は国頼の末子で国綱弟とし、また別項で国友の子とする。九条ワカノ辻住。のち近江国金田住。重文指定で折返銘の二字を切った太刀（伊勢神宮蔵）がある。長さ一尺八寸六分、小板目肌が梨子地状に詰み、細直刃が締まって小沸よくつき、地刃の明るい作である。銘鑑によると有国には子また孫など名跡を名乗る後代がいて「有國」「粟田口有國」と銘す。「粟田口」を冠する有国には嘉元二年紀の作がある。押形図は複数の有国の銘らしく参考に掲げる。

（『刀剣銘字典』）

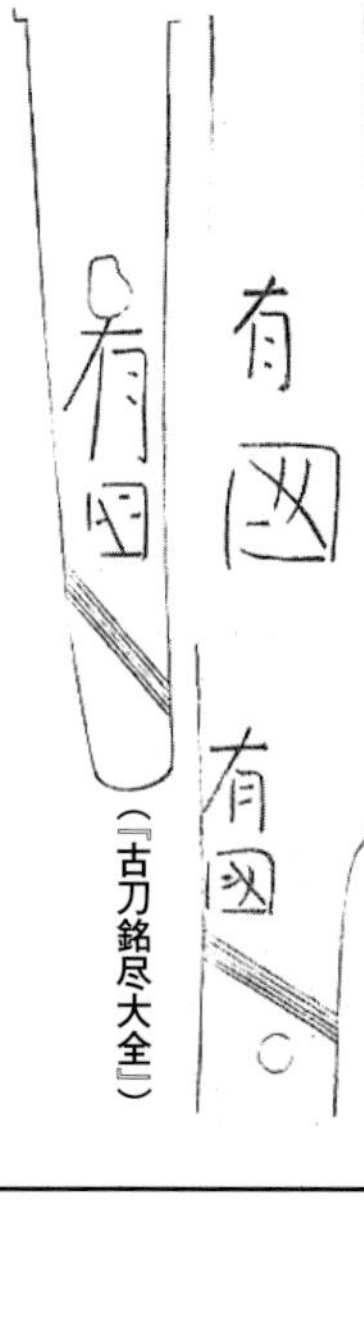
（『古刀銘尽大全』）

古 **有国**【**ありくに**】 **山城国 鎌倉末期（嘉元）**
粟田口。嘉元二年から嘉暦二年までの年紀作がある。「有國」「源有國」「粟田口有國」。

古 **有国**【**ありくに**】 **肥前国 室町初期（応永）**
延寿。肥後菊池有国の子という。南北朝末から室町初めにかけて鍛刀する。「有國」「肥州住有國」「肥州住相神浦有國」。

古 **有国**【**ありくに**】 **肥前国 室町末期（天文）**
天文ころ。「有國」「肥州住有國」。

古 **有国**【**ありくに**】 **肥後国 南北朝期（応安）**
延寿。有国の名跡を継ぐ末流が室町期を通じ肥前、肥後、豊後高田などで鍛刀する。「有國」「肥州住有國」「肥州菊池住有國」。

新々 有功【ありこと】 山城国　江戸末期（嘉永）

公卿有功の慰作。相鍛冶を森岡朝尊、大堀寿秀が勤める。有功の子有文・有任が相槌を奉るの銘作がある。文化四年従五位下。文政五年左近衛权小将に任じ、ついで权中将正三位に進む。和歌の名手として知られ、刀身に和歌の彫物が多い。「やきたちは　さやにおさめてますらおの　心ますますとぐべかりけり」と詠ず。安政元年八月二十八日、五十八歳没。直刃、互の目乱、互の目に湾れ交じり。

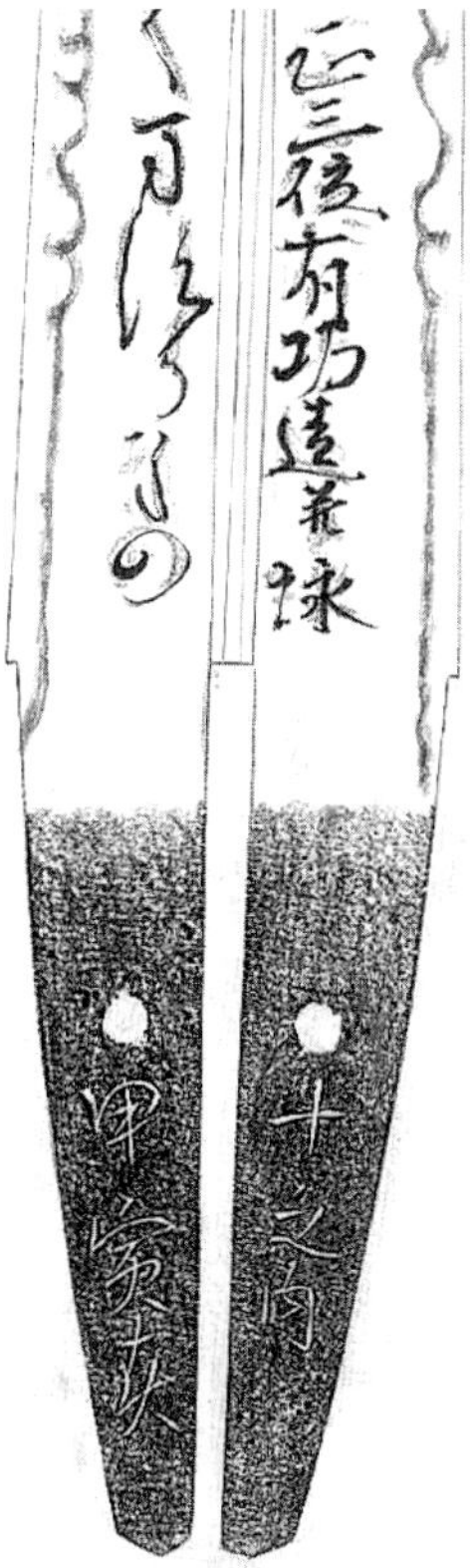

古 有綱【ありつな】 加賀国　室町中期（文安）

藤島。初代応永、二代文安、三代永正と継続する。文安二年紀の作がある。「有綱」「藤島有綱」。

古 有綱【ありつな】 伯耆国　平安末期（養和）

大原真守子、また孫、守綱の子ともいう。直刃調に小乱、小沸出来でほつれ、二重刃かかるものがある。茎鑢を大筋違いにかけ刀銘に切るほか、太刀銘に切るものもある。地刃に古青江風のものがあり、銘振りが相異するのがあることで古青江、また古備前に同銘別人がいるのかもしれない。

古 有俊【ありとし】 初代 大和国　鎌倉末期（永仁）

当麻。長兵衛。当麻国行門。奈良西の京住。「永仁六年　有俊」と書き下し銘の作がある。「永仁六年」を基にして考えると、有俊の師とする国行の年代が「正応」を遡る可能性が高くなってくる。小板目よく詰み、柾少しく交じる。直刃に二重刃が目立ってかかる。地刃よく沸え、やや荒めの沸交じる。

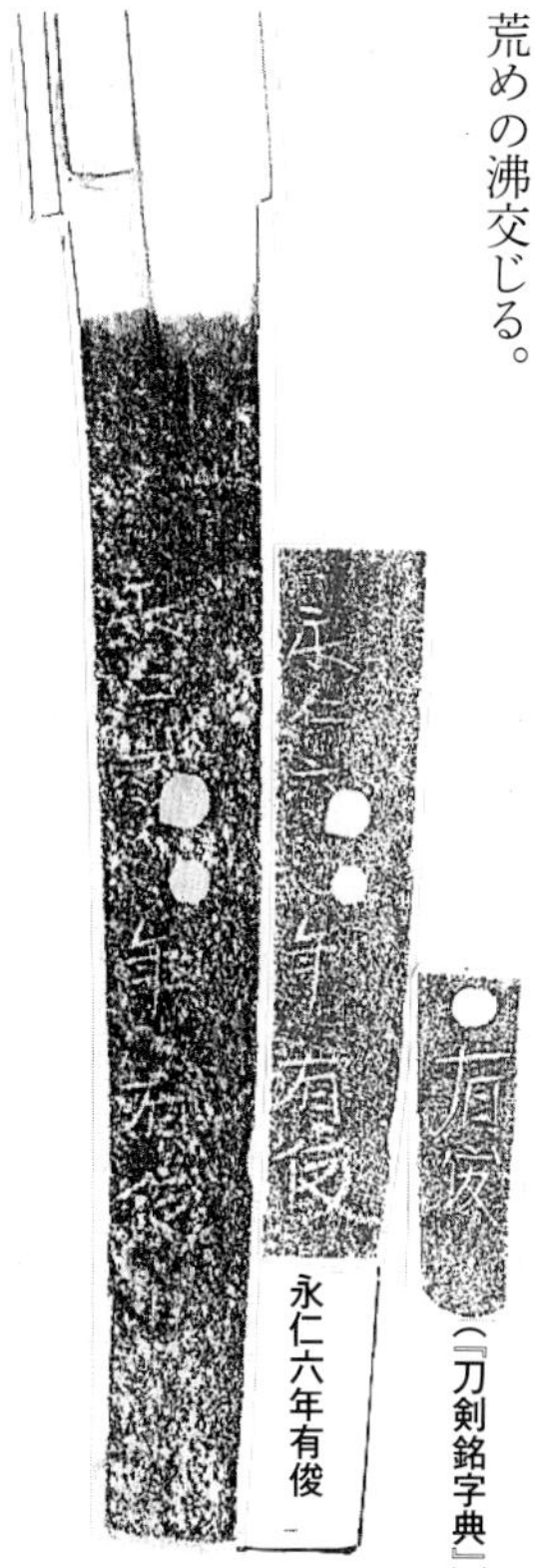

（『刀剣銘字典』）

永仁六年有俊

古 有俊【ありとし】 二代 大和国　南北朝期（建武）

当麻。長兵衛尉。長有俊という。「有俊」「長有俊」と銘す。長有俊の「長」は長兵衛の略という。有俊の名跡は貞治ころ、応永ころ、寛正ころまで続く。

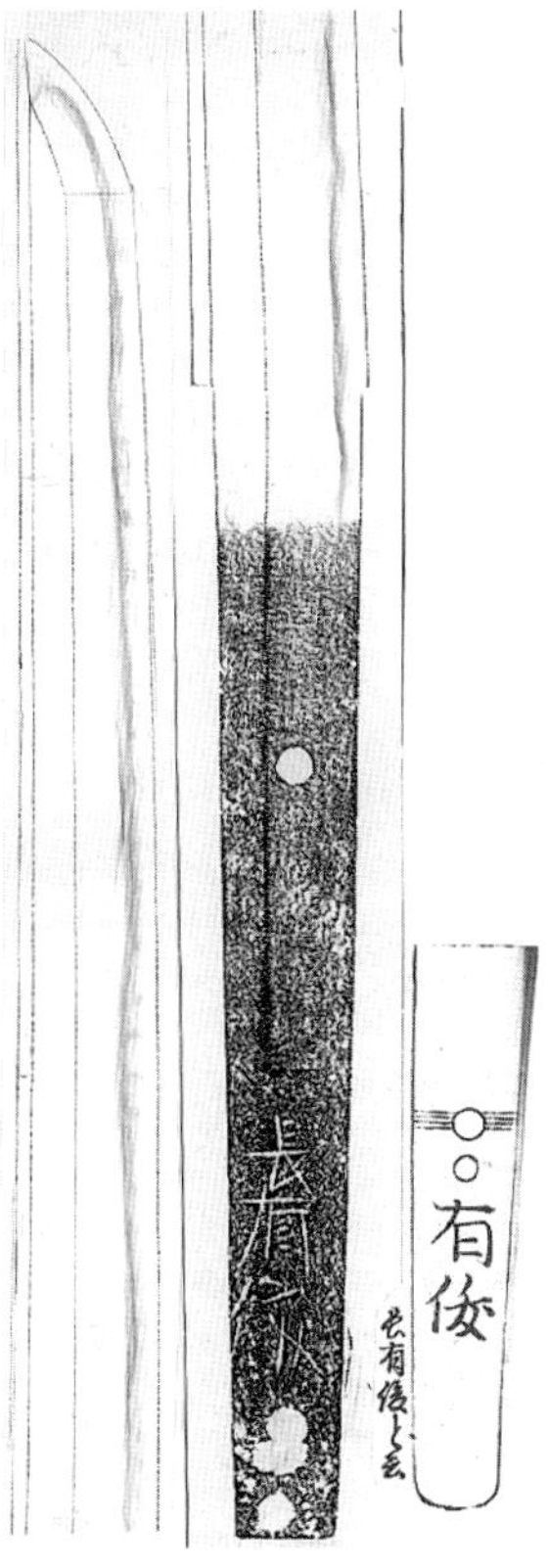

新作 有俊【ありとし】 奈良　昭和

江住庄平。昭和四年生まれ。喜多貞弘門。昭和四十九年、作刀承認。昭和五十年から新作名刀展出品、努力賞十三回。靖国神社他に奉納刀多数。大和伝の作風表現に全生を賭ける。奈良市平松住。「有俊」。直刃、小沸出来。

古 有成【ありなり】 河内国　平安中期（正暦）

三条宗近同人また子ともいう。奥州有正の門。また有国門など諸説があるが、大方は河内国で有成から一派が始まるとする。悪源太義平の佩刀「石切」の作者。重美指定の太刀一口が現存する。二尺五寸三分。再刃であるが、中直刃調に互の目足入り、湯走り、二重刃、三重刃掛かり、金筋働く出来で、姿恰好と合わせ古京物の風がある。一門の有氏、有綱、有光などの作刀は経眼しない。

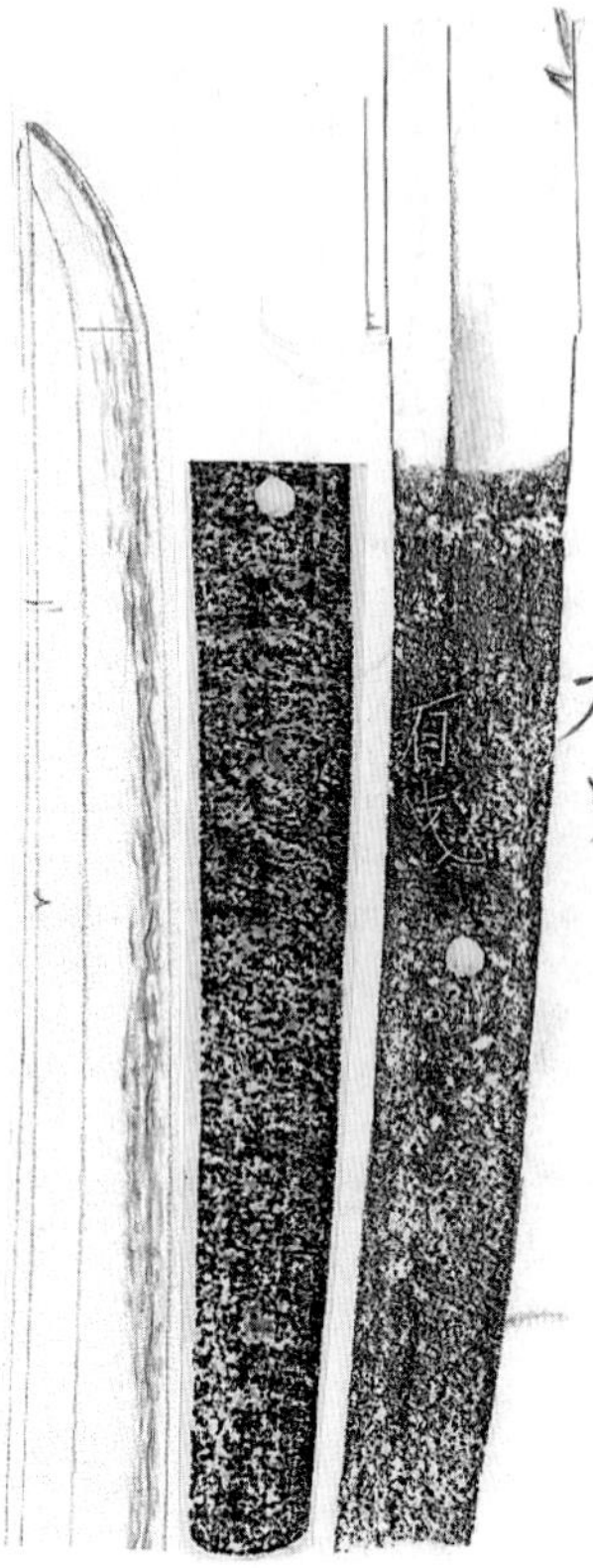

新 有平【ありひら】 加賀国　江戸初期（正保）

越中守高平（初代兼若）の次男。寛永末年ころに越後守を受領する。寛永から慶安ころまでの作刀がある。父高平の代作者の一人であったろう。現存する作品は比較的少ない。互の目乱、大湾れ、逆がかった丁子乱、直刃など。

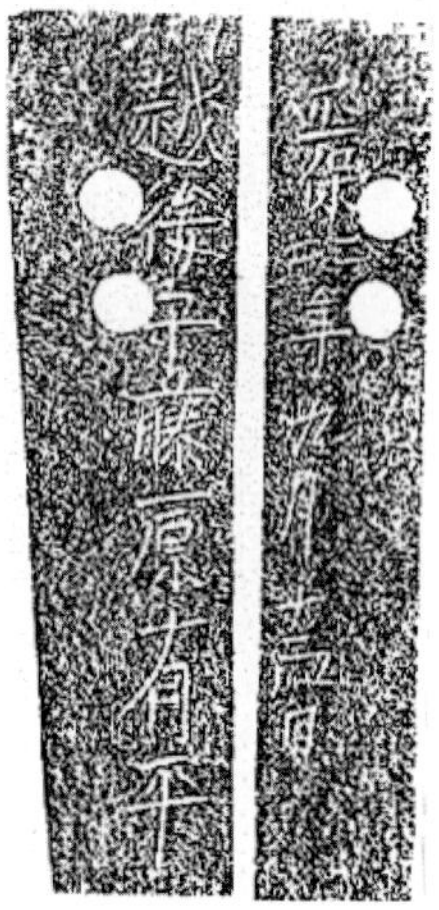

古 有法師【ありほうし】 大和国　南北朝期（嘉暦）

当麻。「アリホシ」「アリホウシ」とも。友清の三男。国行孫。同銘が南北朝期末から、室町初期（応永ころ）にかけて作刀する。

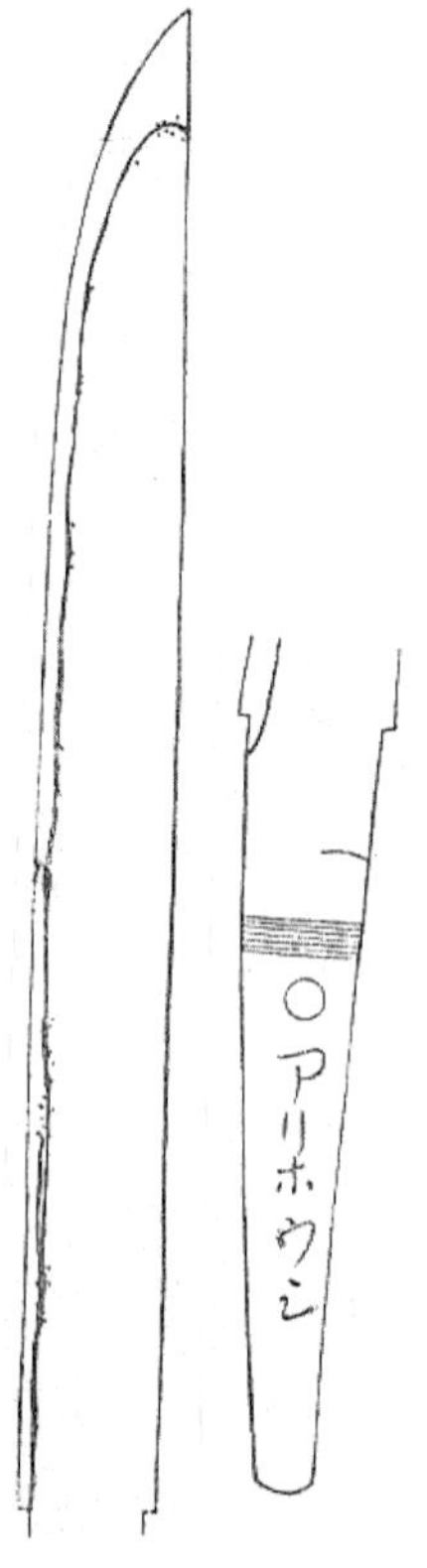

古 有光【ありみつ】 山城国　鎌倉中期（弘安）

粟田口。有国子また門という。京櫛笥《くしげ》住。「有光」。

古 有光【ありみつ】 大和国　南北朝期（康永）

当麻。国行の弟で、俊行系。「大和国住俊次男有光」の切り銘から、俊行―俊次―有光と継承する。別に友行系とする見方があることからすれば、室町期の後代の作であり、また千手院派の有光との混同によることもありえよう。

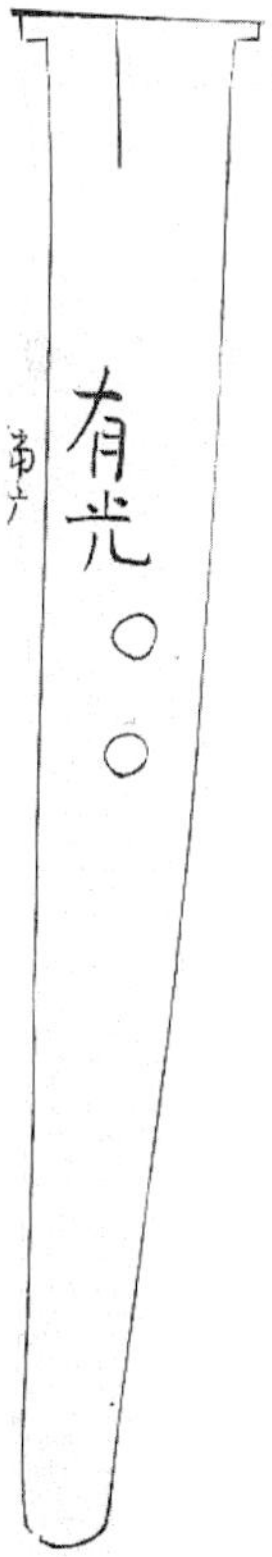

（『古刀銘尽大全』）

古 有光【ありみつ】 大和国　室町初期（応永）

千手院。有俊の子。応永ころ。「有光」「有王有光」。

古 有光【ありみつ】 山城国　室町末期（元亀）

平安城。粟田口有国の末という。鎗作りの上手。「有光」。

古 有光【ありみつ】初代 備前国　室町初期（応永）

政光の子。五郎左衛門尉。応永ころ。「有光」「備州長船有光」「備州長船五郎左衛門尉有光」。二代文安、三代明応、四代永正、五代天文、六代元亀と連綿とする。

古 在光【ありみつ】 備前国 室町末期（永正）

永正元年に出雲守を受領。互の目に丁子交じり、足・葉をよく入れ、宗光風の作。「備前國住長船在光」「備州長船藤原朝臣出雲守在光作」。

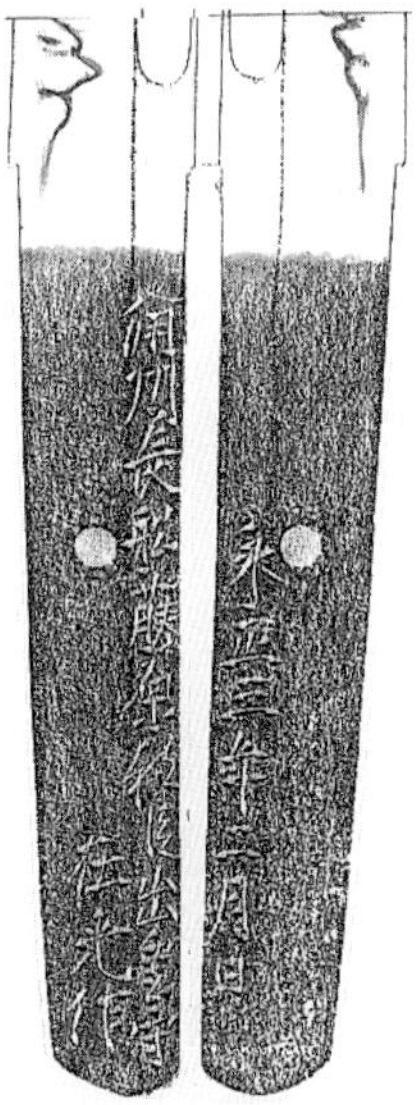

新 在吉【ありよし】 阿波守 山城国 桃山期（慶長）

堀川国広一門。一門中の最古参。阿波守の受領銘で年紀がある慶長二年は一門の作中で誰にもみない古い年紀である。この年は師国広が受領銘を切った最初の年として知られる天正十八年よりわずか七年後のことである。国広流浪の天正時代からの高弟だったかもしれない。作刀は稀少。作風は師国広に似て鍛えが肌立ちごころ、湾れに互の目を交じえ、匂口沈みごころ。

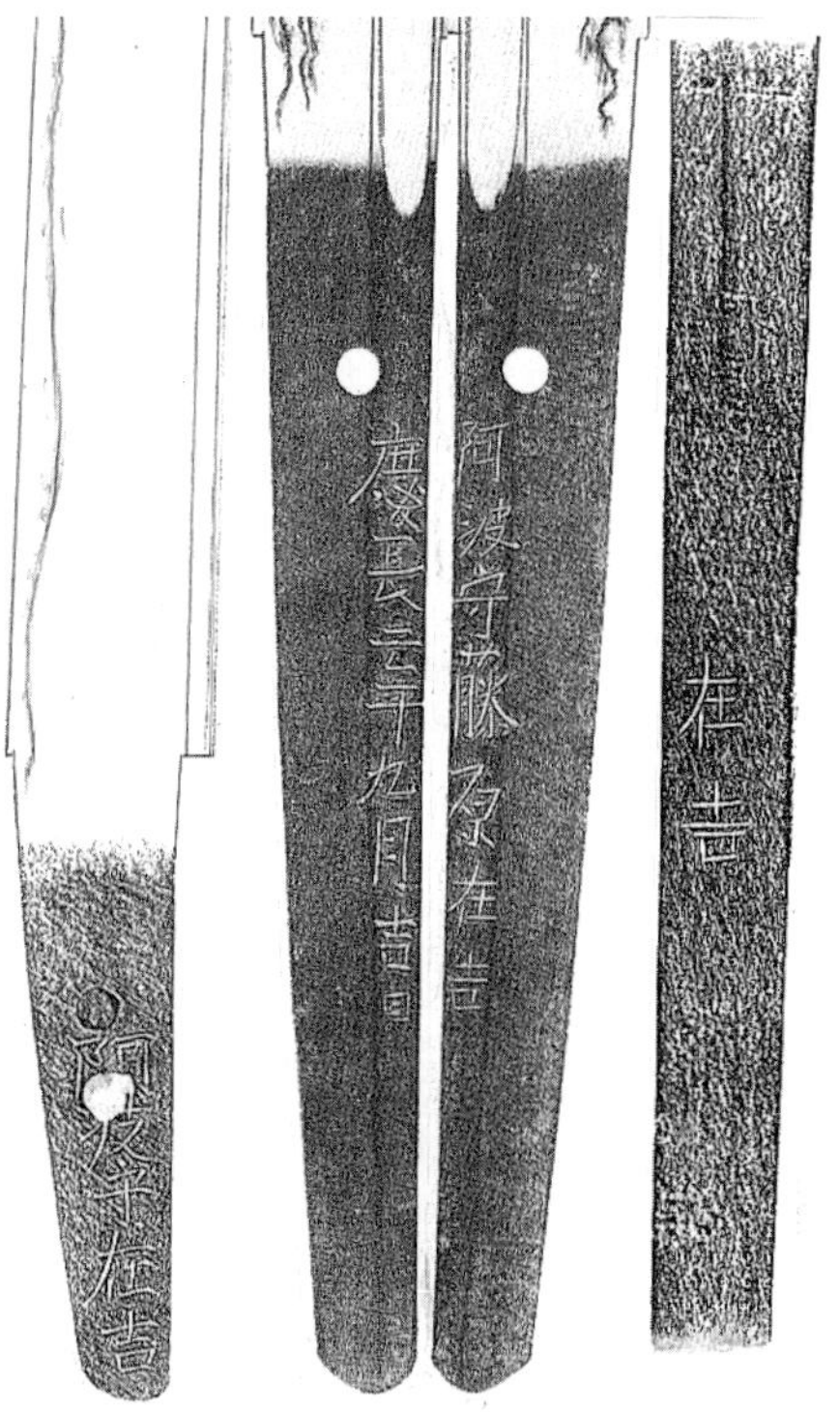

《い》

古 家包【いえかね】 備前国 室町初期（永享）

小反り。孫次郎。経家子。家包の名跡は鎌倉末の正中から暦応にかけて、なお室町期に継ぐものがある。「備州長船家包」。

新 家定【いえさだ】初代 陸前国 桃山期（寛永）

木村雅楽之助。田代長俊門。定字を〝之定〟（のさだ）に切る。美濃国の伝法を伝える。

新 家定【いえさだ】二代 陸前国 江戸初期（明暦）

木村勘三郎。初銘家国。初代国包門。のち余目倫助門。万治三年紀に家国銘の作があるので、それ以降に家定を銘す。互の目乱、逆がかる互の目交じり。刀身彫を得意とする。◆三代源兵衛家定は三代伊賀守金道（元禄五年入門）門、寛文から元禄ころ。四代清之丞、宝永ころ。四十二歳で没。家定家は四代で断絶する。

古 家貞【いえさだ】 備前国 鎌倉末期（嘉元）

長船。家真の子。嘉元のころ。「家貞」「備州長船住家貞造」。二代家貞は暦応のころ。

新 **家貞**【いえさだ】 石見国 江戸初期（正保）
安部仙七郎。石州津和野住。雲州仁田にても造る。

古 **家真**【いえざね】 備前国 鎌倉末期（嘉元）
野田刑部丞。家利の子。嘉元、延慶の年紀作がある。「備州長船住家真造」。

古 **家重**【いえしげ】 備前国 室町初期（応永）
大宮。盛景門。応永元年より末年までの年紀作がある。「備州長船家重」

古 **家重**【いえしげ】 備前国 南北朝期（康暦）
小反り。義景門。康暦二年紀の作がある。「備州長船家重」。

古 **家重**【いえしげ】 備後国 室町初期（永享）
法華一乗。永享ころ。次代に葦田川辺草戸住の同銘がいる。永正ころ。

新 **家重**【いえしげ】**初代** 陀羅尼《だらに》（松戸） 加賀国 桃山期（慶長）
松戸善三郎。初代家重は慶長ころの人で「加州住藤原家重」と切銘する。

新 **家重**【いえしげ】**二代** 陀羅尼（松戸） 加賀国 桃山期（元和）
松戸善三郎。四代目勝家の三男であったが、本家を相続し二代家重を名乗る。元和七年紀の「家重作」短刀がある。現存する作は稀少。正保元年没。

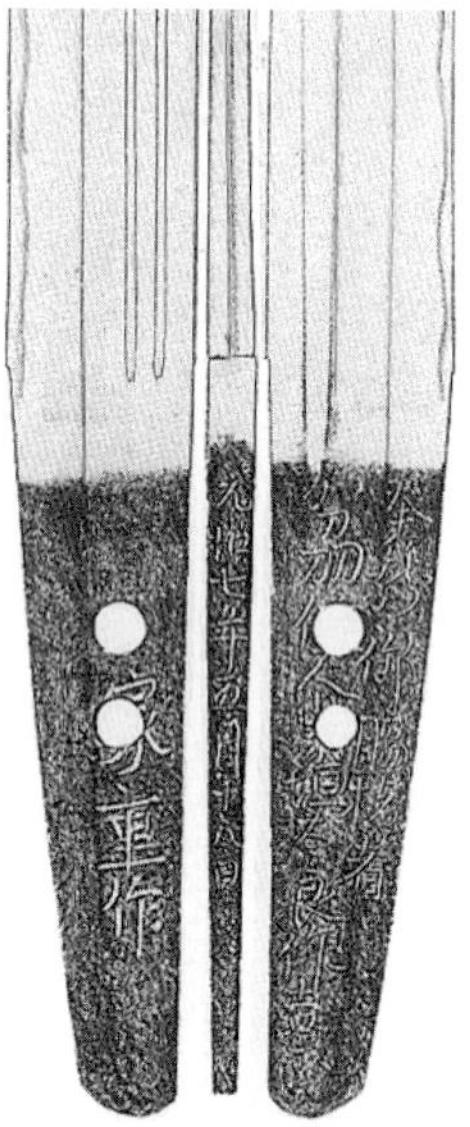

新 **家重**【いえしげ】**三代** 陀羅尼（松戸） 加賀国 江戸中期（万治）
松戸善三郎。三代家重、寛文元年、伊予大掾を受領して勝国に改銘し、藤原氏から橘氏に改める。寛文十二年没。⇩**初代勝国同人、勝国の項参照。**

古 **家助**【いえすけ】 備前国 室町初期（応永）
小反り。次郎左衛門。盛景門。腰の開いた互の目が応永備前特有の形姿をみせる。応永元年十月紀（『土屋押形』）が古く、応永末年までの年紀作がある。「家助」「備州長船家助」。同銘が二代正長、三代宝徳、四代文明と続き作刀する。

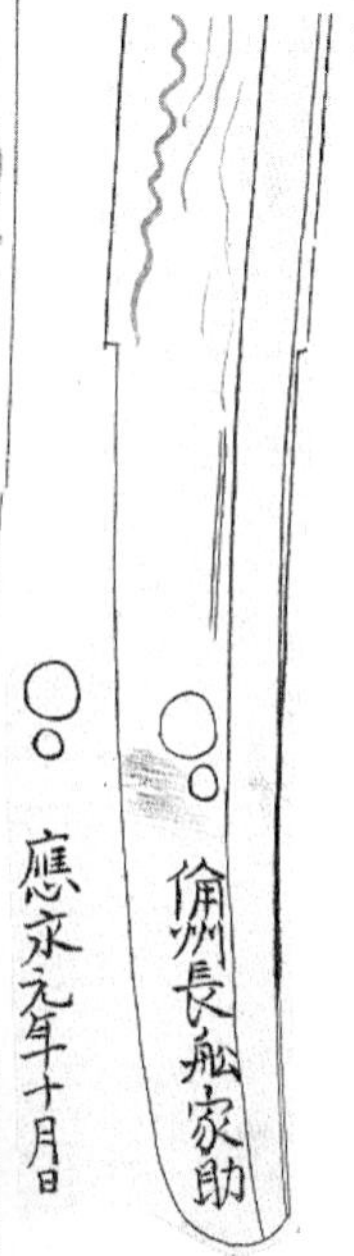

（『土屋押形』）

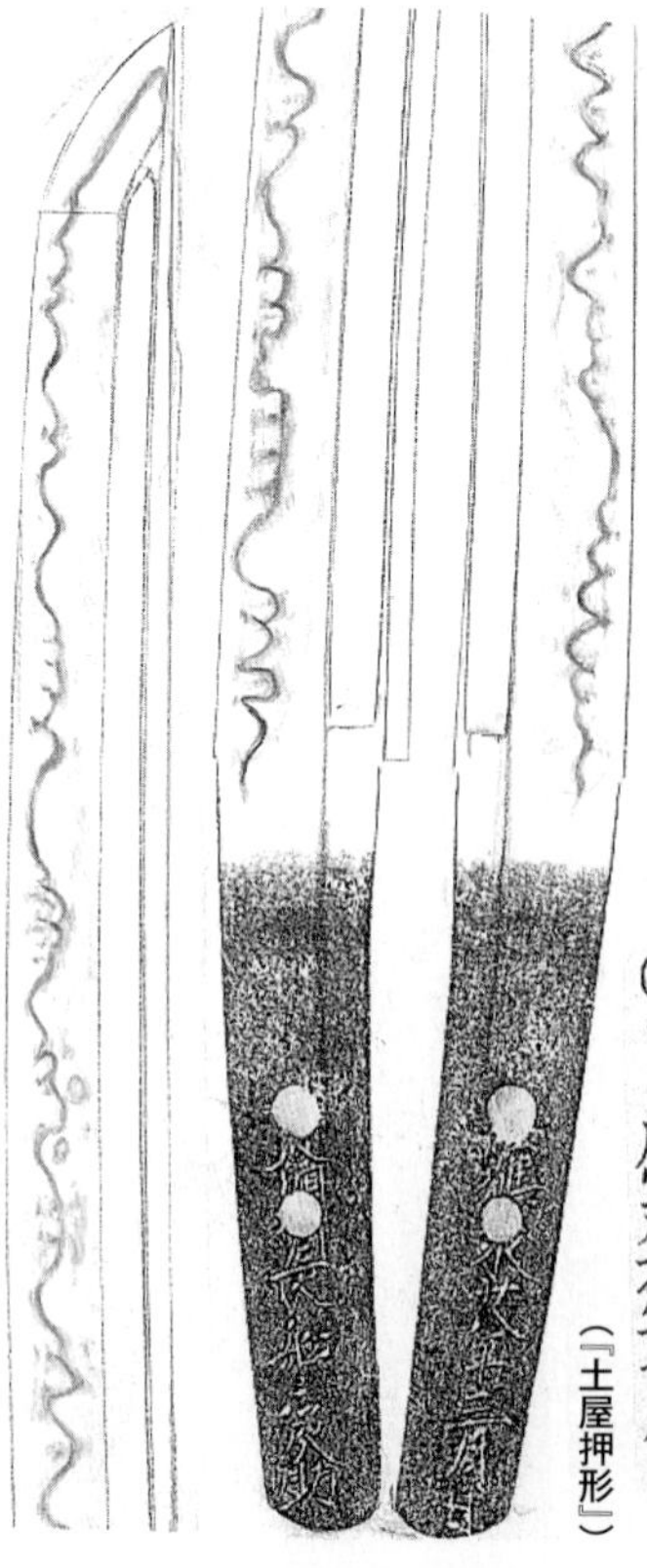

古 **家忠**【いえただ】 備前国 鎌倉初期（貞応）
古備前。よく沸づき小乱に小丁子交じりで古調な作があり、「家忠」二字と「家忠作」三字銘とがある。両銘作ともに鎌倉初期作とみられ、古備前と古一文字の作とみられる。

新 **家忠**【いえただ】**初代** 陀羅尼（洲崎《すのざき》） 加賀国 江戸初期（寛永）
通称吉兵衛。初代善三郎家重の子、洲崎姓、洲野崎とも名す。金沢住。古くは寛永八年紀からあり、晩年作に正保三年、四年、慶安三年などがある。明暦元年没。直刃、互の目に丁子、逆丁子交じり、箱がかった刃が入る。陀羅尼派であるが勝国風の三本杉はみられず、むしろ兼若の風がある。

新 **家忠**【いえただ】二代　陀羅尼（洲崎）加賀国　江戸中期（寛文）
洲崎吉兵衛。初代家忠の子。寛文十年没、早世。作風初代に似る。二代家忠の弟に七右衛門家忠（大聖寺住）がいる。

新 **家忠**【いえただ】**洲崎三代**　加賀国　江戸中期（享保）
四郎兵衛。初代吉兵衛国平の養子。吉兵衛に実子吉右衛門が生まれたため、国平の名を継がず家忠の名跡を復活させ三代目家忠を名乗る。直刃、大湾れ。

古 **家次**【いえつぐ】加賀国　室町初期（応永）
藤島。応永九年から永享三年までの作例がある。「家次」「加州藤原家次」。

古 **家次**【いえつぐ】加賀国　室町末期（文明）
橋爪派。直刃と互の目の作風が備中青江に似ているところから加賀青江と呼ばれる。加賀能美郡住。永正から大永、天文へと継続する。「家次」「家次作」「加州藤原家次」「加州能美（見）郡住家次」。

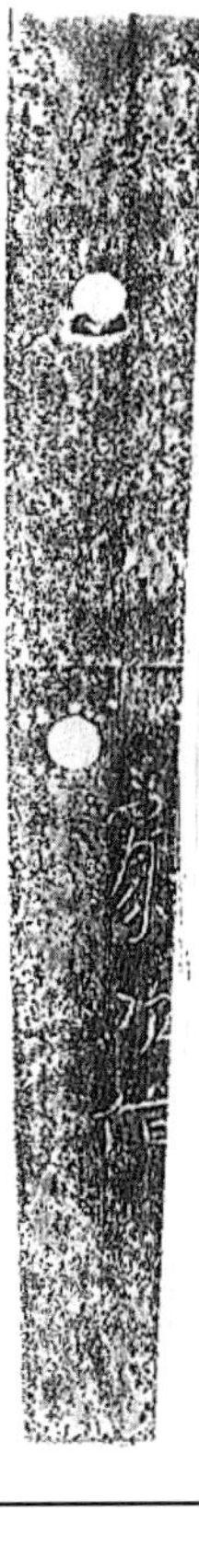

古 **家次**【いえつぐ】備前国　室町初期（応永）
「備前国住家次」「備前国住人家次」と銘し、長船住とは切らない。家次の系流は室町末期まで続く。

古 **家次**【いえつぐ】備中国　南北朝期（貞治）
青江。貞治から応安にかけての年紀作がある。「家次」「備中国住家次」。同銘が至徳、応永、享徳、明応、大永と続く。

古 **家次**【いえつぐ】備後国　室町初期（応永）
鞆三原。貞家の弟。応永ころ。「備州国住家次」「備州鞆住家次作」。同銘が長禄、明応、永正と続く。

新 **家次**【いえつぐ】加賀国　桃山期（寛永）
右作《うさく》藤島派の流れ、橋爪派。新刀期に家次は少なくとも三人が、寛永ころから貞享ころまで能美郡能美村に在住する。

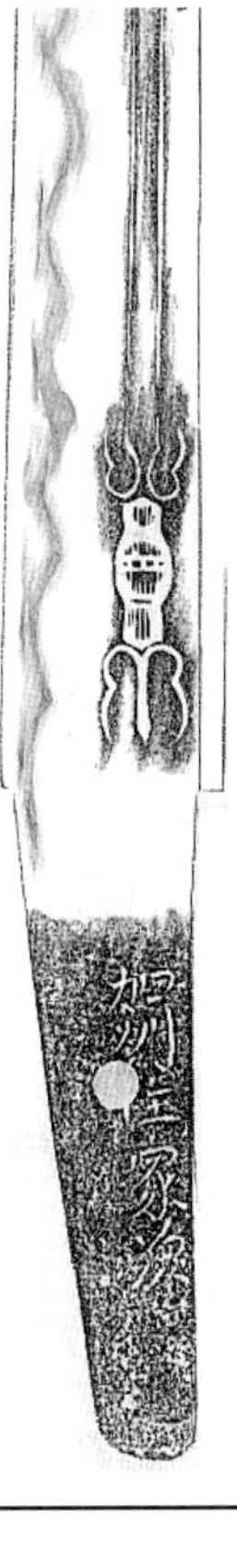

古 **家利**【いえとし】薩摩国　室町末期（天文）
波平。谷山派。天文・弘治の年紀作がある。「波平家利作」「薩州波平家利作」。

古 **家永**【いえなが】 加賀国 室町初期（正長）

橋爪派。越前にても造るという。同銘が明応、永正、天文と続く。「家永作」「加州住家永」。

古 **家永**【いえなが】 筑後国 室町初期（永享）

大石左の祖。次郎左衛門尉。左定行の末で筑州大石に住したところから大石左と呼ばれる。刀身彫を得意として唐渡天神、寒山、梅竹など絵風の彫がある。応永から永享の年紀作がある。「藤原家永」「筑州住大石家永」。同銘が文安、文明、明応、永正、享禄と継続する。

永享二年八月日

新 **家久**【いえひさ】 **初代** 美濃国 桃山期（寛永）

濃州関得印派。関住。初銘兼久のち家久に改める。飛州高山にても造る。

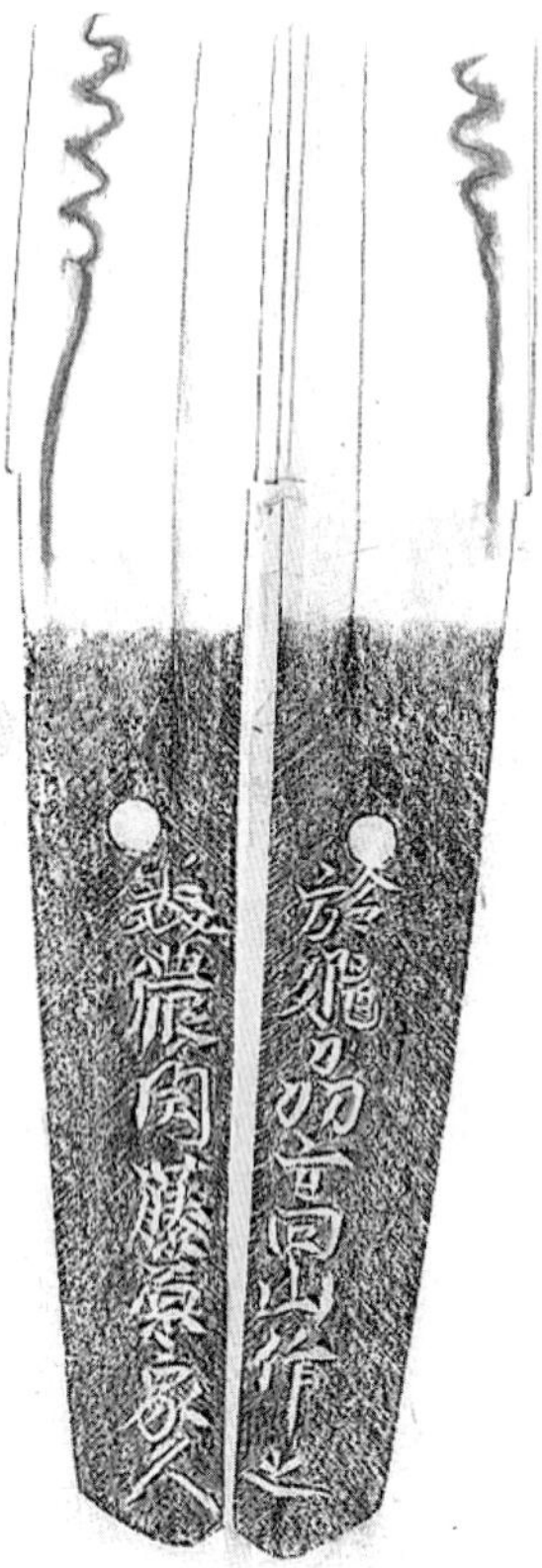

新 **家久**【いえひさ】 **二代** 美濃国 江戸初期（万治）

古市喜兵衛。関住。二代目。万治三年から天和三年ころまでの作刀がある。

新 **家久**【いえひさ】 **三代** 美濃国 江戸中期（元禄）

得印派、家久三代目。尾州犬山にても造る。相模守を受領。家久の名跡はこの代で終わり、以降は兼久に復したという。

古 **家秀**【いえひで】 備前国 室町初期（応永）

互の目に丁子交じりの刃を焼く。応永ころ。「備州長船家秀」。

新 **家平**【いえひら】 **初代** 陀羅尼《だらに》（洲崎《すのざき》） 加賀国 江戸中期（延宝）

洲崎四郎兵衛。初代家忠の次男。兄二代家忠が早世につき洲崎家を継ぐ。金沢住。年紀がある作は寛文五年から天和三年までで十八年間がある。天和三年没。湾れ調の直刃。互の目乱、三本杉。

新 **家平**【いえひら】 **二代** 陀羅尼（洲崎） 加賀国 江戸中期（元禄）

洲崎吉兵衛。正徳年中に国平に改銘する。享保十七年没。初代家平銘と比べ大銘で鏨が太い。湾れに互の目、互の目に丁子交じりの焼幅が広く、初代作より華やか。⇩**国平〈初代〉の項参照。**

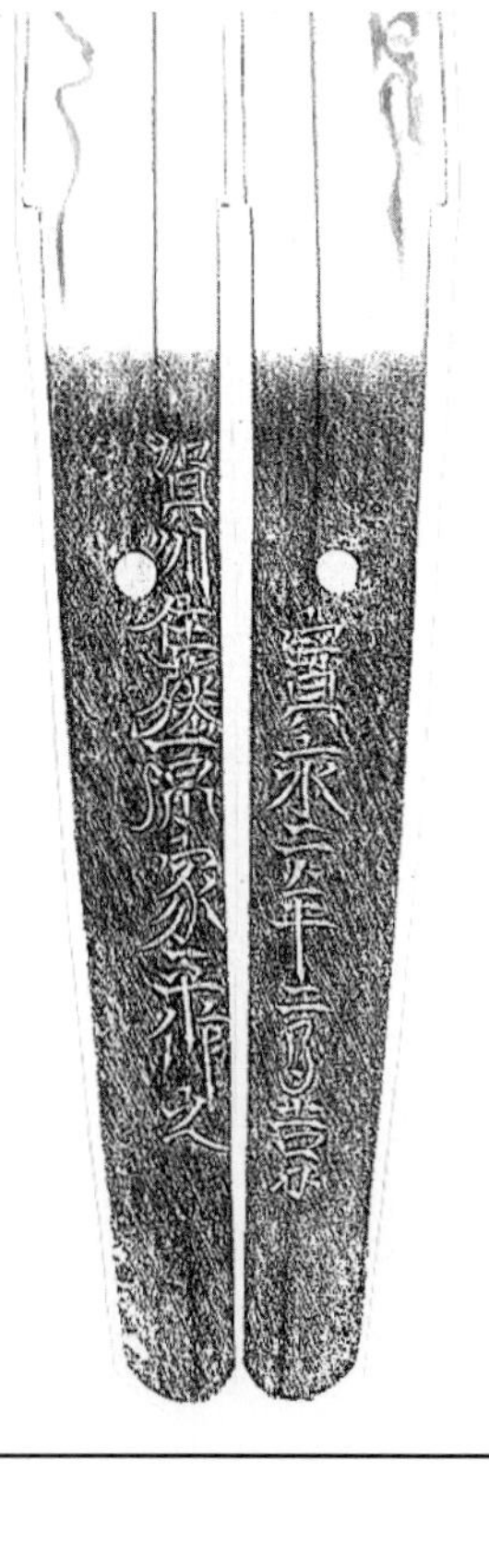

新 **家広**【いえひろ】 加賀国 桃山期（寛永）

六郎左衛門。陀羅尼派。州崎家忠門。直刃に小互の目、湾れ乱など。

古 **家広**【いえひろ】 相模国 室町末期（永禄）

小田原相州。広家子。「相州住家廣」。

古 **家正**【いえまさ】 越前国　室町初期（永享）

千代鶴。家吉の子。初代。永享ころ。「家正」。二代明応、三代永正、四代享禄、五代元亀と続く。

古 **家政**【いえまさ】 加賀国　室町初期（応永）

浅古当麻。家次子。初代応永のころ。「家政」「加州藤原家政」「加州住藤原家政」二代寛正、三代文明、四代天文、五代弘治と続く。

古 **家光**【いえみつ】 備前国　室町初期（応永）

大宮。盛景子、初代。応永ころ。二代正長、三代明応ころに続く。「家光」「備州長船家光」。

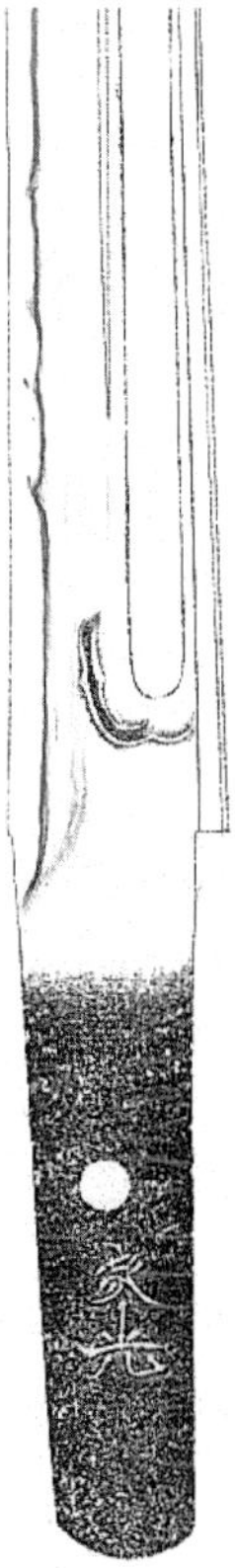

古 **家光**【いえみつ】 豊前国　室町初期（享徳）

豊前了戒。本国山城から移住した南北朝期の後代の一人であろう。筑紫了戒、豊後了戒が室町期に栄える。直刃を焼き小互の目足入り。

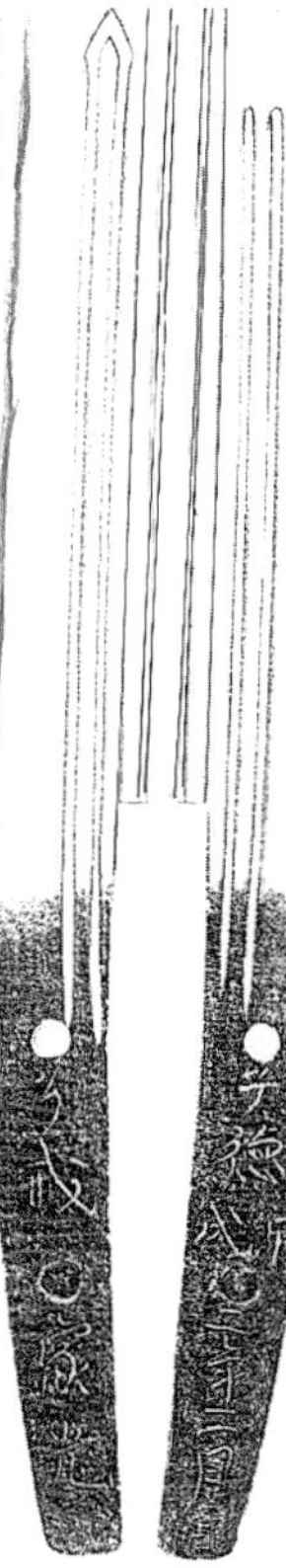

享徳申戌三年二月日

古 **家守**【いえもり】 備前国　鎌倉末期（元徳）

畠田派。初代家守は元徳のころ。「家守」「備州長船住家守」。二代家守は小反りで、応安ころ。延文から永和ころまでの年紀作がある。

古 **家守**【いえもり】 備前国　南北朝期（明徳）

小反り。三代、義景門。康暦から応永末年までの作刀がある。「備州長船家守」。同銘が四代文明、のち享禄ころに続く。小互の目に小湾れが交じり、乱れが連れて小づむ。

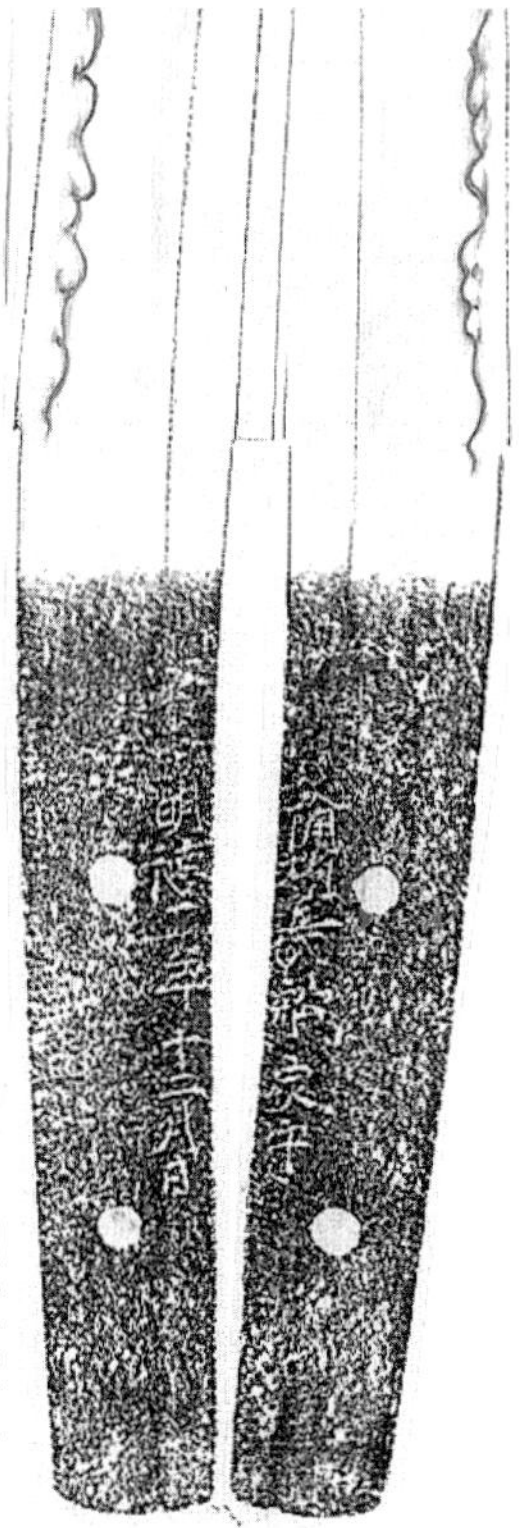

明徳二年十二月日

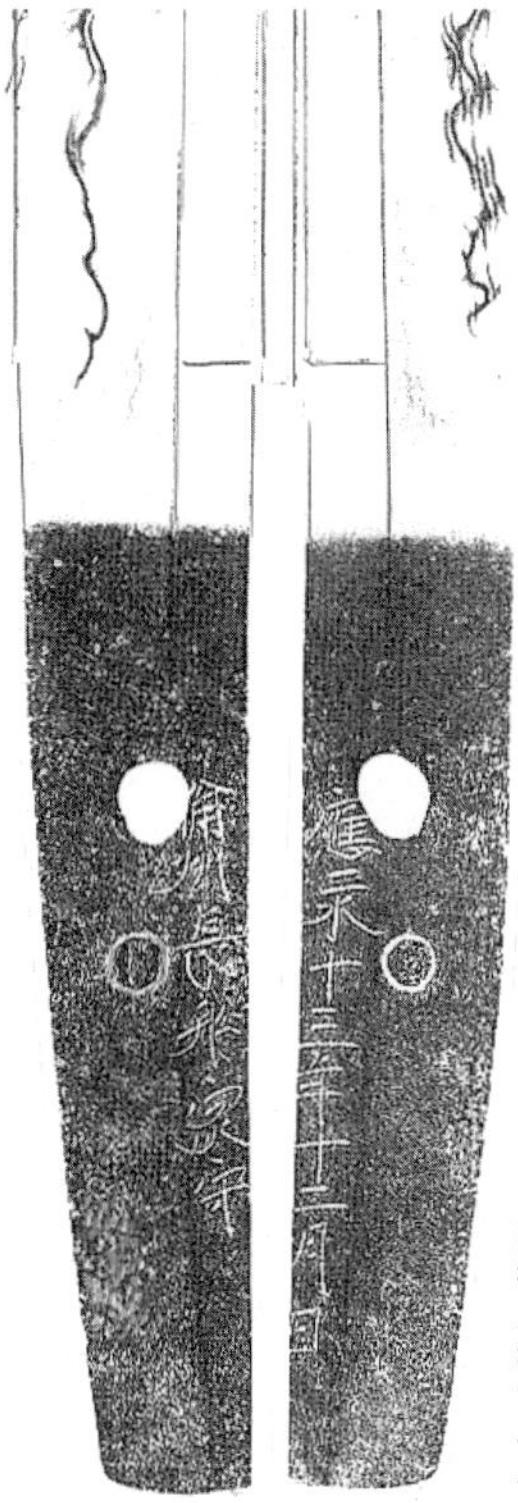

古 **家守**【いえもり】 豊後国　室町末期（大永）

高田。大永から天文ころにかけて作刀する。「平家盛」「家盛作」「高田住家盛」。

古 **家盛**【いえもり】 備前国　室町初期（応永）

岩戸一文字の末流。右恵門丞。応永のころ。「源家盛」「備州長船源家盛」「南無正八幡大菩薩右衛門丞家盛」。

古 **家盛**【いえもり】 筑前国　室町中期（文安）

金剛兵衛。文安二年紀の作がある。「源家盛」「筑州住家盛」。

古 **家安**【いえやす】**初代** 薩摩国　鎌倉中期（弘安）

波平。初代行安子、また門という。初代。『往昔抄』をはじめ古押形の諸書に載っている「薩州谷山波平草家安法師」銘の「草」は「三重野村草野」のことで、家安が「草野」で作刀したことを書したものである。

この「草」はまた姓氏に用いたものかもしれない。家安は二代正和、三代元徳、四代延文、五代応永と続き、以降十一代永禄まで連綿とする。「波平家安」「波平家安作」。

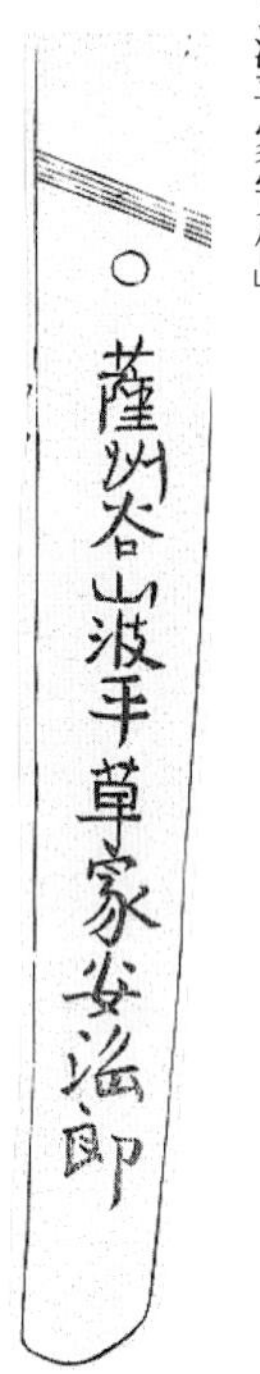

古 **家吉【いえよし】**　越前国　室町末期（天文）

千代鶴。越前と加賀に同銘があり、両国とも応永ころから名跡が続く。「家吉」「家吉作」「越州住家吉」。

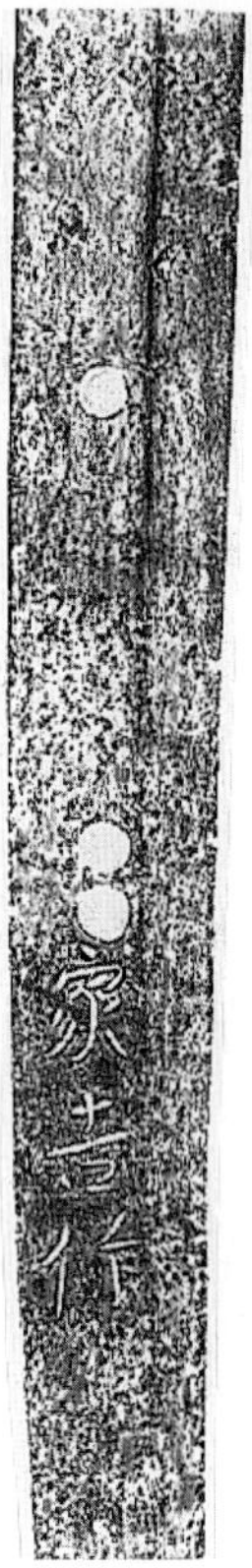

古 **家能【いえよし】**　豊後国　室町末期（文明）

了戒助太夫。文明のころ。初代家能は山城了戒の末裔で、応永のころ、山城から豊後に移り筑紫了戒と称し宇多住。文明から永正にかけてのころの作があり、この派は豊前、豊後に栄える。「了戒家能」「了戒家能作」。

古 **家善【いえよし】**　越前国　室町末期（長享）

千代鶴。のち天文ころに加州に移り作刀する同銘の工がいる。

古 **一乗【いちじょう】**　備後国　南北朝期（応安）

法華一乗。日蓮宗法師、妙典同人という。葦田郡草戸住（現・広島県福山市草戸町）。葦田鍛冶、葦田三原、また法華三原と呼ぶ。「一乗」。

古 **一乗【いちじょう】**　備後国　室町初期（応永）

法華一乗。応永年中の作がある。二字銘「一乗」とある短刀は古調で直刃に小足入り、小沸つきほつれる。鍛えは小板目に地沸が細かくつき、白気がある。「一乗」「備後国住一乗作」。

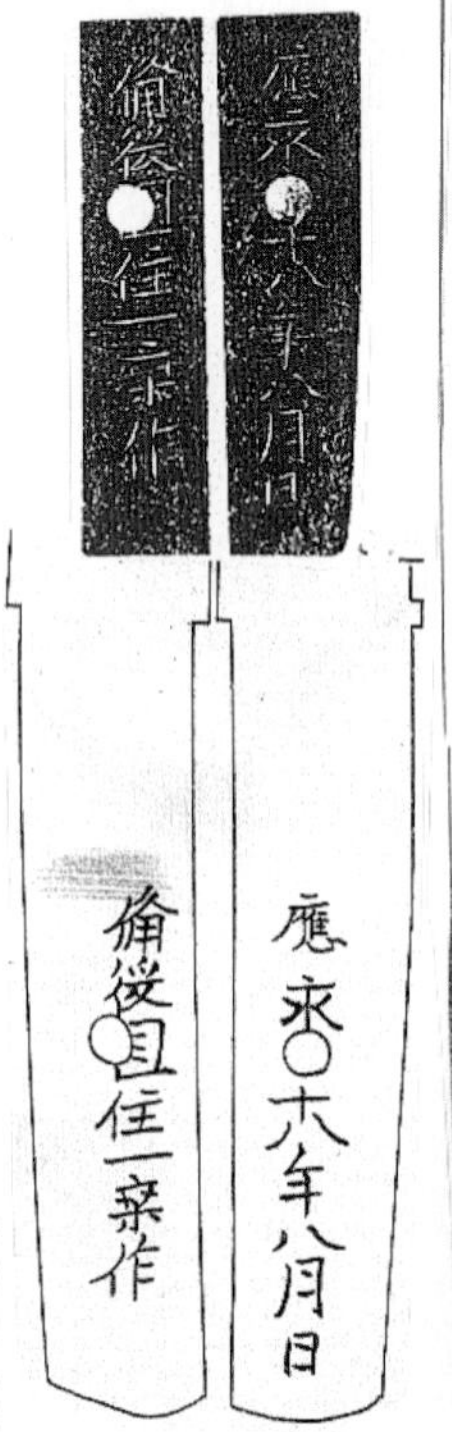

（『光山押形』）

古 **一乗【いちじょう】**　備後国　室町末期（永正）

法華一乗。嘉吉・文明のころ、草戸から尾道へ移住する。永正三年紀の押形図がある。「備後国一乗」「備後国一乗法華」。

新作 **一城【いちじょう】**　岡山　平成

川島一城。昭和四十五年生まれ。平成七年中田正直、吉原国家門。平成八年独立し、新作刀展覧会に出品し入選。平成十七年、同十八年努力賞。瀬戸内市長船町住。丁子乱、丁子が多様に変化する。

新作 **一文【いちぶん】**　東京　昭和

梅小路定雄。明治四十二年生まれ。昭和三十年より酒井一貫斎繁政に学ぶ。港区六本木住。

古 **一文字【いちもんじ】**　備前国　鎌倉初期～南北朝期（元暦～貞治）

鎌倉初期から南北朝期にかけて一文字と呼ばれる一大流派があり、鎌倉初期から中期にかけて福岡一文字、中期から南北朝期にかけては吉岡一文字が栄える。鎌倉初期の福岡一文字は「古一文字」と呼びならわしている。備前福岡の南片山から備中片山に移ったと伝える片山一文字（則房）、相州鎌倉で作刀した鎌倉一文字（助真）、備前岩戸在住の岩戸一文字（正中一文字）などがあって広く分布している。初期一文字の則宗のころは吉岡在住であり、福岡にも住するものがいて、吉岡と福岡の両地で作刀していたと伝える。大勢が吉岡に移住したのは鎌倉末期であり、地名を冠して吉岡一文字と称したものである。「一」の名の由来は元亀本が、後鳥羽院からの勅許によるものといい、一線を斜に打ち込む符牒的なものが古く、則宗と尚宗の個銘のある二例をみる。「一」字を切るのは、「一」の字ばかりのものと、「一」字と個銘のものとがあって、図②以降は明らかに文字に読める。

一文字の祖は則宗の父定則で「福岡鍛冶の元祖」（『古今銘尽』）というが、現存する作刀をみず、その子則宗を事実上の祖としている。則宗の子助宗を「大一文字」、助宗の子の助則を「小一文字」と呼称している。これら初期一文字の作は、細身で腰に踏張りがあり小切先、小沸出来の小乱に小丁子を交じえ、地に沸映りを立てる。鎌倉中期の福岡一文字を代表するのは吉房、則房、助真、吉平、吉用などで、身幅の広い猪首切先のしっかりとした造込みに、匂出来の大房丁子を華やかに焼き、鮮やかな丁子映りを立てる。鎌倉末期は福岡一文字に替わって吉岡一文字が

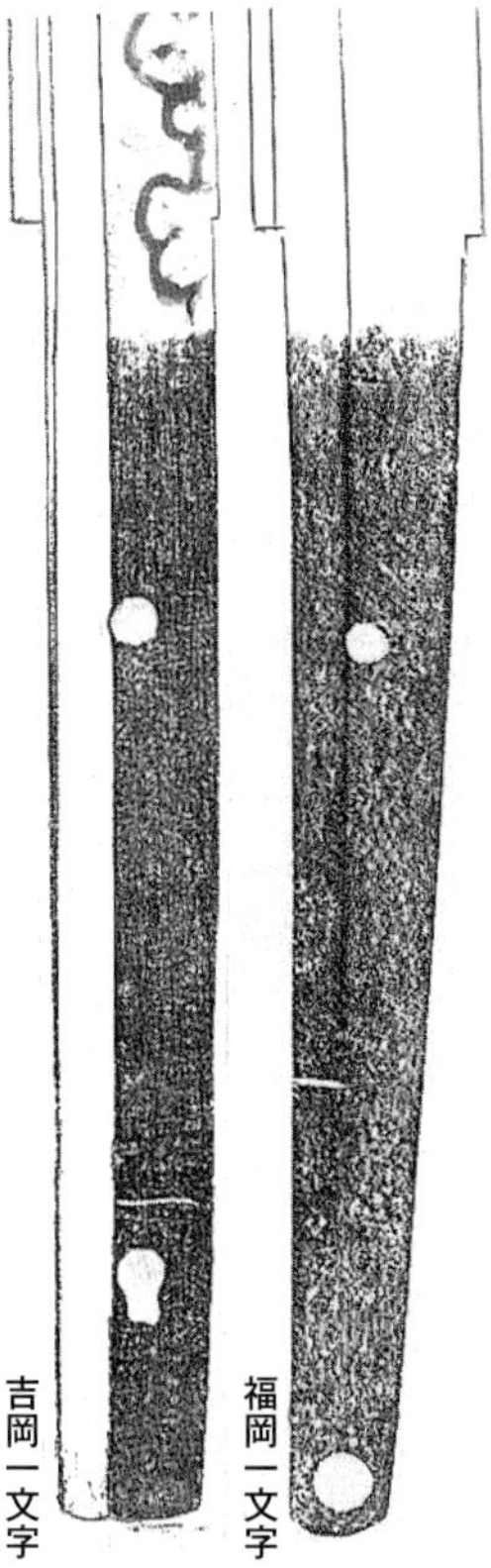

福岡一文字　吉岡一文字

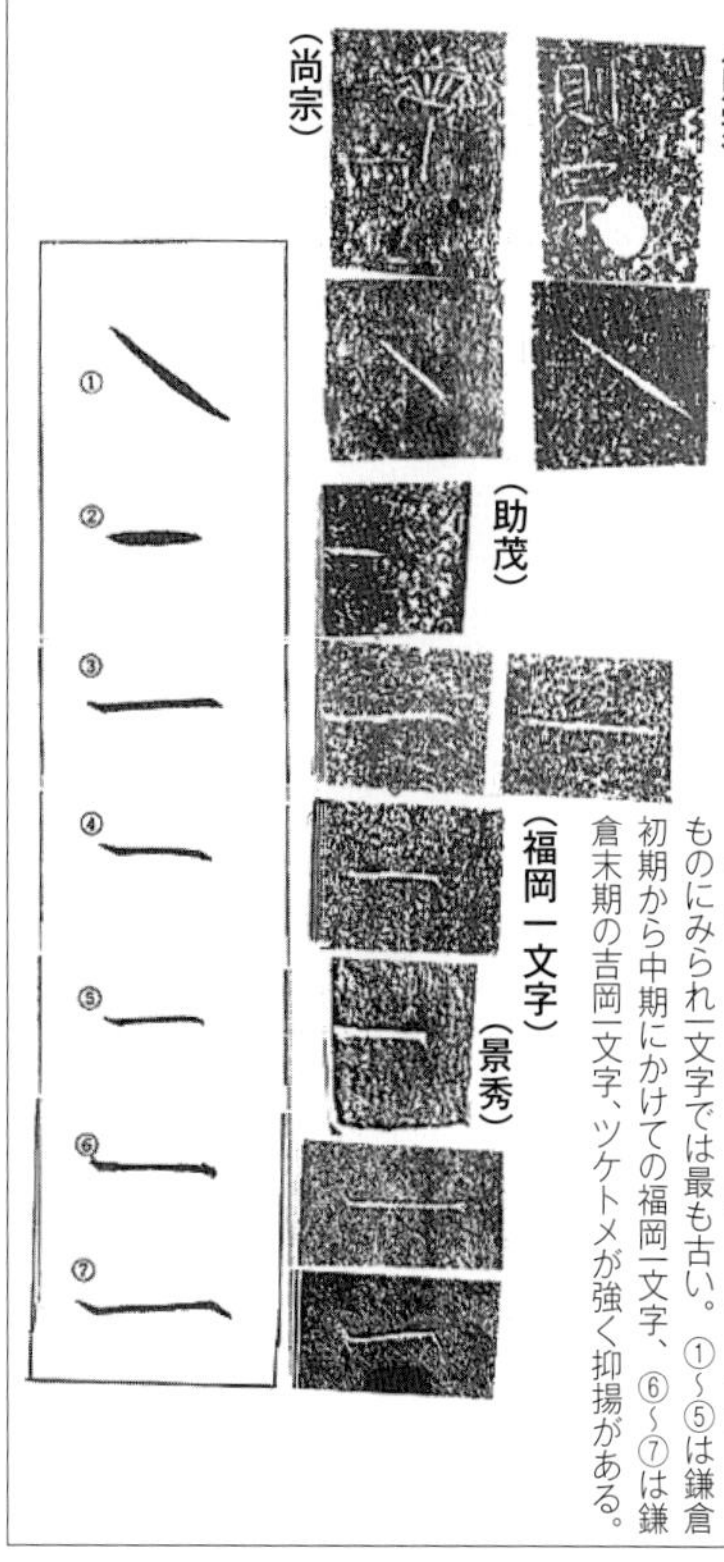

①は斜めに打ち込んだもので、文字というよりは符牒といった感じ。則宗、尚宗の個銘があるものにみられ一文字では最も古い。①～⑤は鎌倉初期から中期にかけての福岡一文字、⑥～⑦は鎌倉末期の吉岡一文字、ツケトメが強く抑揚がある。

興隆し、福岡一文字の助房系の一群が吉岡に移って活動するという。吉岡一文字は助吉、助光、助茂などが作刀する。丁子は互の目が交じり、前代の華やかな大丁子乱から小模様な作風に変わる。岩戸荘で作刀した一群に吉家、氏吉らがいて岩戸一文字、また正中一文字と呼ばれる。

新々　一秀【いっしゅう・かずひで】初代　羽前国　江戸末期（文化）

池田清内。羽前国飽海郡荒瀬郷観音村に野鍛冶池田伝兵衛富一の三男として明和八年に生まれる。水心子正秀門。文化二年、三十五歳時に酒井忠徳に抱えられる。文化五年、三十八歳で剃髪して龍軒と号す。天保十一年八月、七十歳で隠居、翌十二年五月八日、七十一歳没。直刃、互

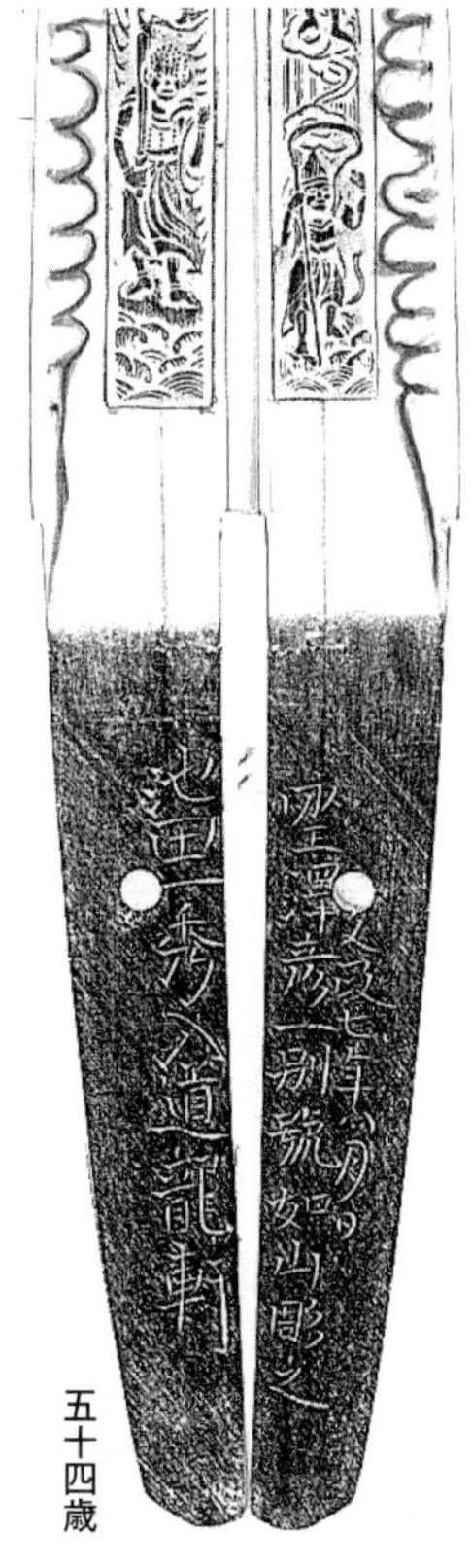

五十四歳

の目丁子乱、逆丁子乱。

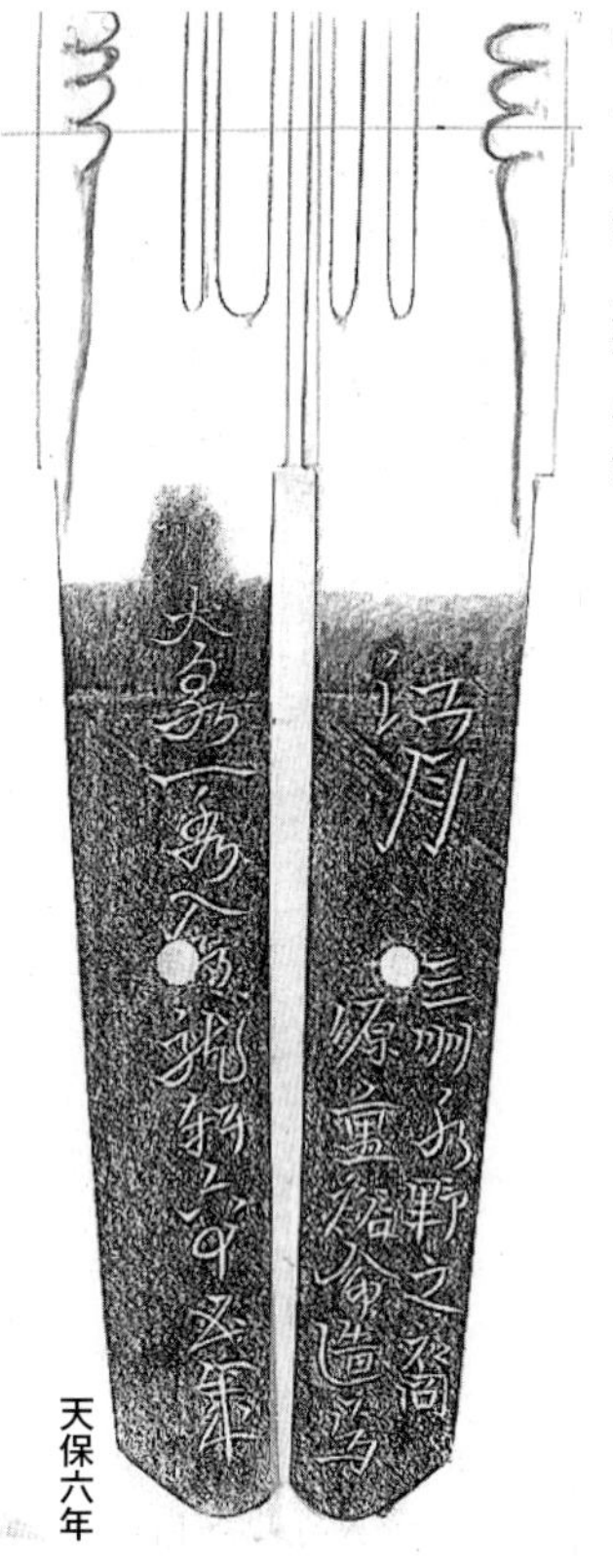

天保六年

新々 **一秀**【いっしゅう・かずひで】**二代**　羽前国　江戸末期（天保）

池田清蔵。初銘一義、のち一秀を銘す。嘉永元年四月十四日、四十二歳没。二代が家督相続をした天保五年に初代一秀と合作した一義銘の小脇指がある。

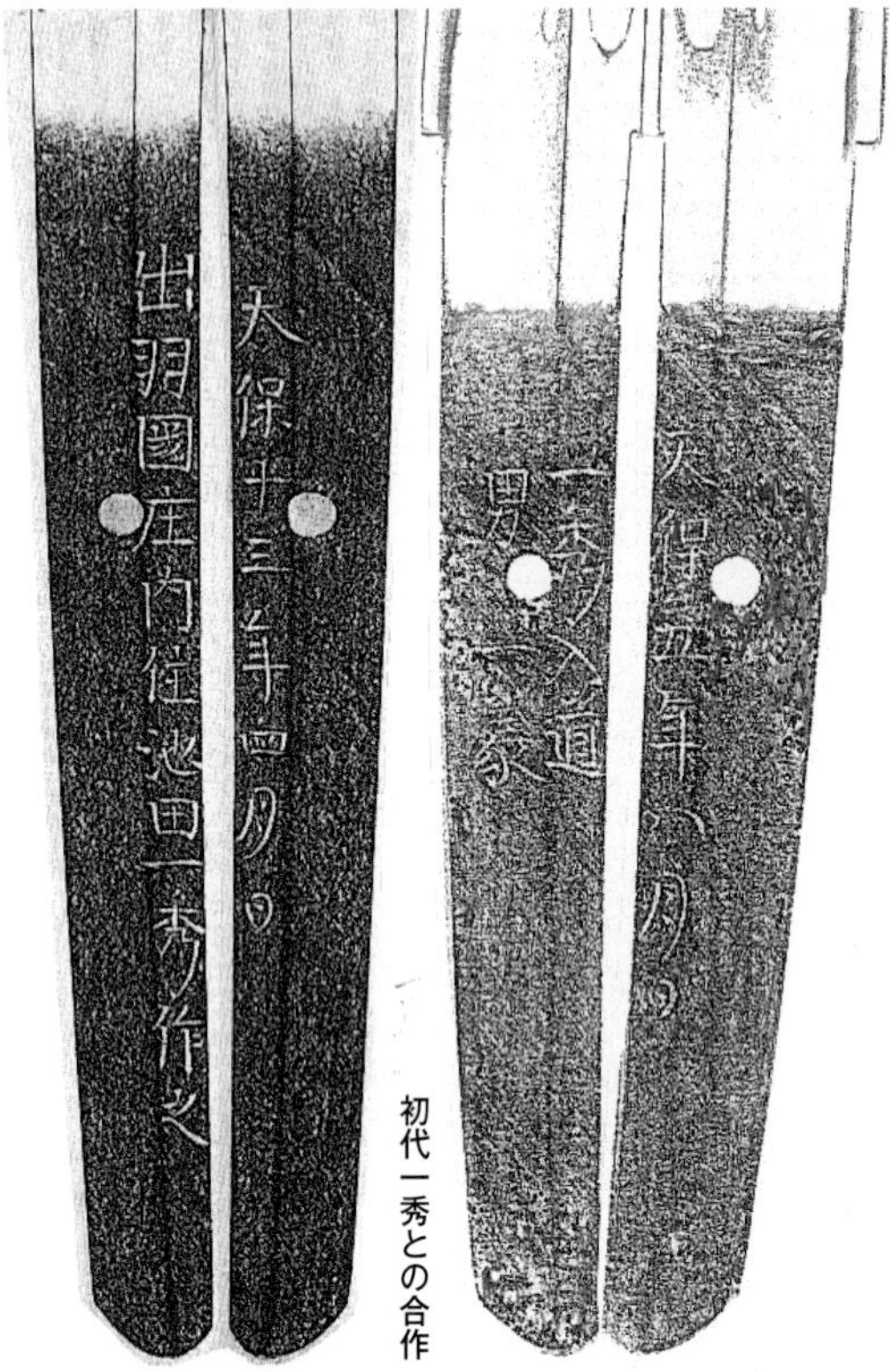

初代一秀との合作

新々 **一秀**【いっしゅう・かずひで】**三代**　羽前国　江戸末期（慶応）

池田清内。初銘綱義、一定。嘉永元年六月相続し、一秀を銘す。越後村上の庄司吉道に刃物製造法を習得し、のち江戸に出て大慶直胤に学ぶ。嘉永七年藩命により鉄砲師国友庄角の門に入り、安政二年帰郷。御鉄砲師兼職となる。明治十年隠居。明治二十九年五月九日、七十歳没。

新作 **一秀**【いっしゅう】**四代**　出羽国　明治

池田寛治。三代一秀の次男。刃物銘一秀。幼少から家業に従事するが作刀はみられず、鉄の輸入および鋼の国産化の業につく。昭和六年二月、七十一歳没。◆池田一秀家は四代寛治の代で刀工を廃業。五代龍蔵は昭和十三年、四十七歳没。六代龍彦は大正七年生まれ。

新作 **一平**【いっぺい】　長野　平成

河内一平。昭和四十八年生まれ。平成十二年、宮入小左衛門行平門。平成十七年、作刀承認。新作刀展覧会努力賞・新人賞など受賞。平成二十二年、新作日本刀展金賞第六席。同二十三年入選。同二十四年金賞第一席。同二十五年銀賞第一席受賞。「信濃住河内一平」「吉野住河内一平」。湾れ乱。埴科郡坂城町、また奈良住。

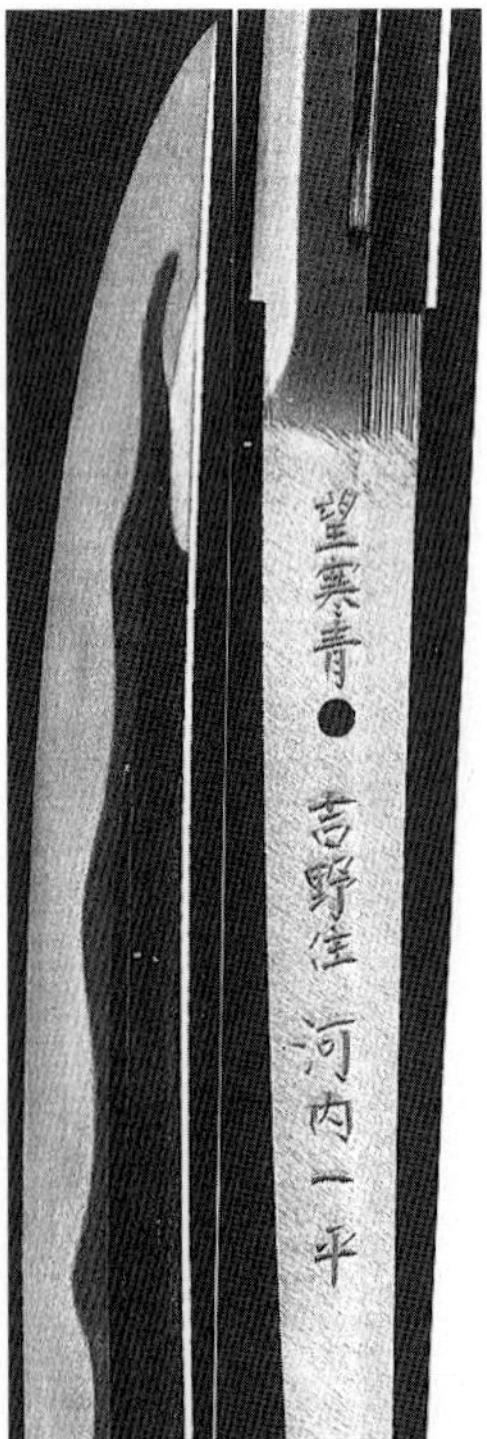

新 **一法**【いっぽう・かずのり】　対馬守　近江国　江戸初期（慶安）

本国近江蒲生郡石塔。石堂派。京に移り住む。対馬守常光とは別人で、一族の先人、慶安三年九月紀の作がある。丁子を主調に互の目交じり、丁子が連続して細かく小づむ。

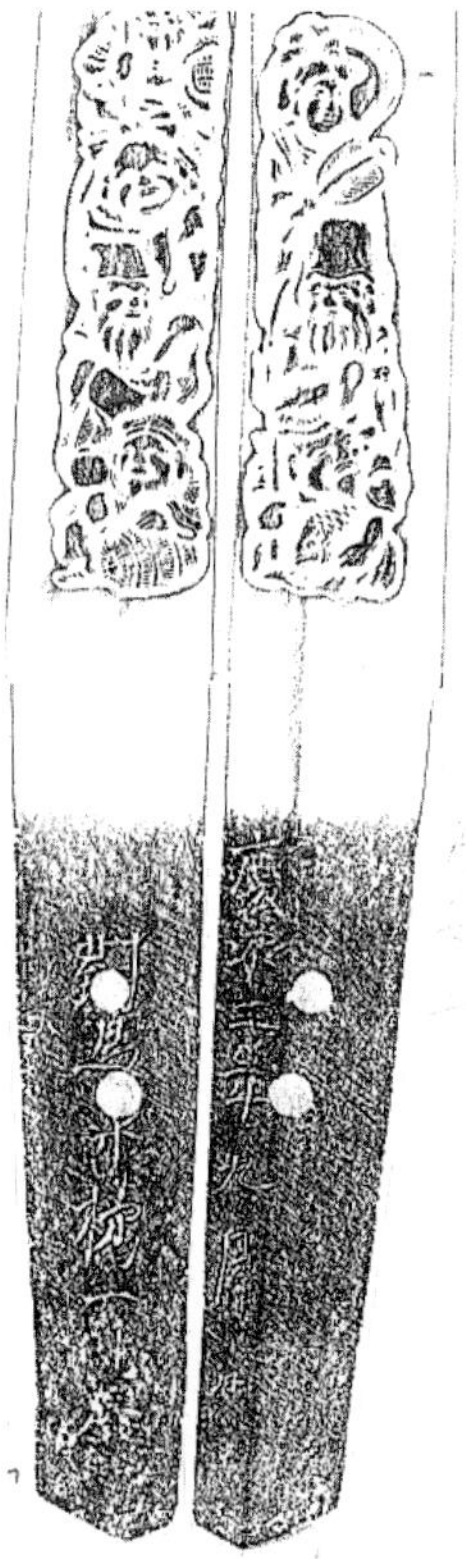

新 **一法【いっぽう・かずのり】** 山城守 近江国 江戸初期（明暦）

日置市之丞、三郎左衛門。本国近江、近江石堂派。京にも住。日置光平、常光の父といわれる。承応四年二月六日、山城大掾受領し、山城守に転任、菊紋を刻す。明暦三年二月紀の作がある。丁子に互の目、尖り互の目交じり、大房丁子が逆がかる。

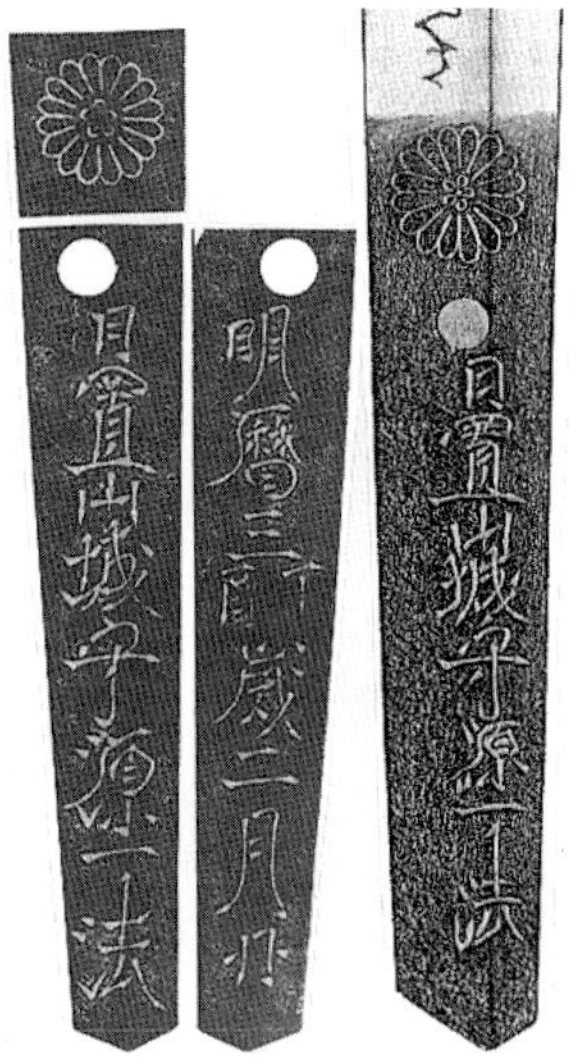

新 **一峯【いっぽう】初代** 近江国 江戸初期（正保）

近江佐々木住。近江石堂派。直刃、互の目に湾れ交じり、丁子乱など。大振りの二字銘が多い。

新 **一峯【いっぽう】二代** 近江国 江戸中期（貞享）

佐々木善四郎。初代一峯の子。近江のち江戸赤坂住。直刃に掃掛け、二重刃かかる。互の目に丁子交じり華やか。

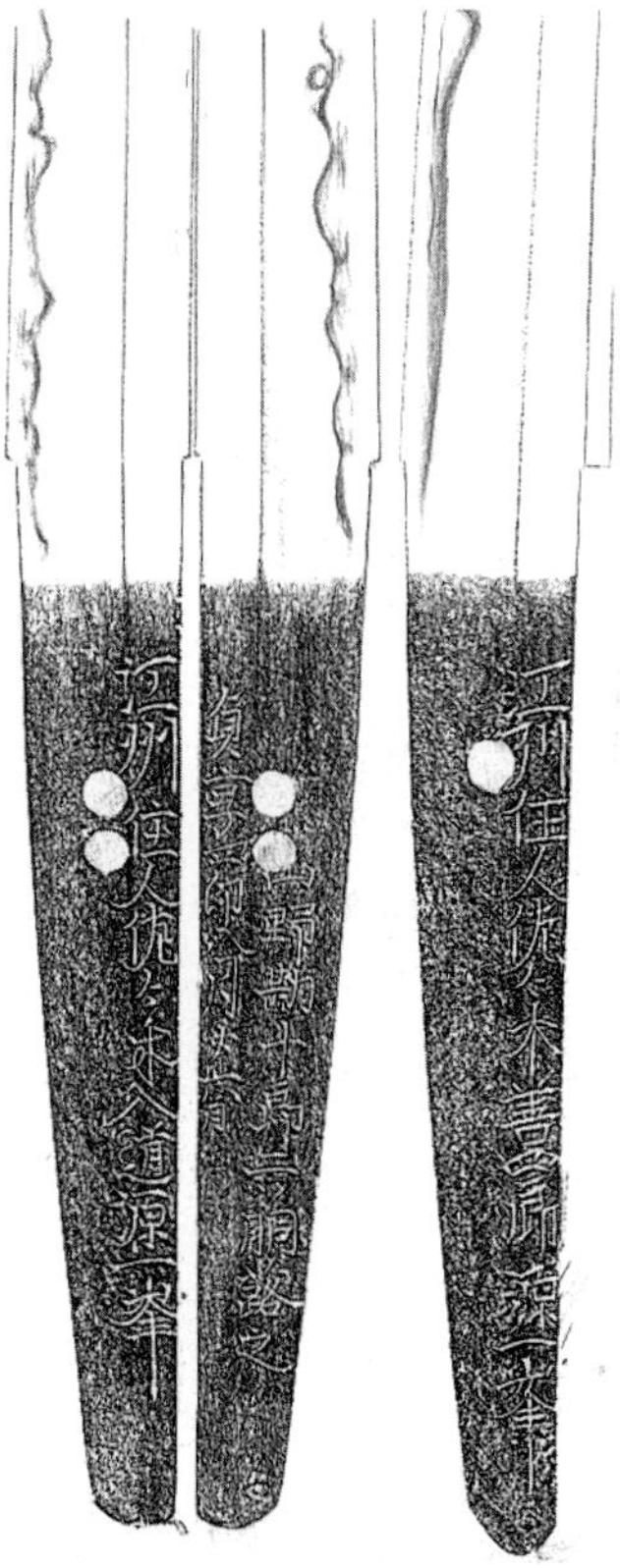

《う》

新 右【う・あきら】 播磨国 江戸中期（延宝）

鈴木宗栄の別名。「右」とも「右作」とも称し、右五郎という。元禄七年、六十一歳時から「右」に改める。筑州左文字はいまの「右」の意なりとして、姫路藩主松平直矩より授かるという。「右藤原宗栄」「藤原右作是」などと切る。

⇩宗栄の項参照。

新作 宇寿【うじゅ】 神奈川 昭和

森下宇之吉。明治十六年生まれ。宮口一貫斎寿広門。横浜市神奈川区住。

新作 宇平【うへい】 宮崎 昭和

川口宇兵衛。明治三十六年生まれ。大崎善平門。都城市下水流町住。備前伝の作がある。

新 氏雲【うじくも】 尾張国 桃山期（慶長）

濃州関氏房派。尾張鳴海住。長門守を受領する。熱田神宮奉納刀に慶長十三年紀の作がある。

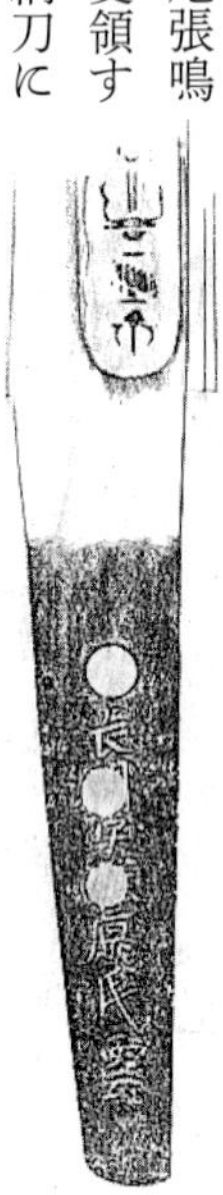

古 氏貞【うじさだ】 美濃国 室町末期（大永）

関住。初銘兼貞。和泉守兼定の門という。

古 氏貞【うじさだ】 美濃国 室町末期（弘治）

初銘兼貞。初代氏房の子、若狭守氏房の弟。関住、のち尾張へ移る。弘治元年に「権少将」銘があり、天正三年に「左近衛権少将」銘が、天正五年から「出雲守」銘がある。「権少将出雲守藤原氏貞」銘もあり、この工の代表作である〃一国氏貞〃の刀は「氏貞」と二字銘に切る。鍛え

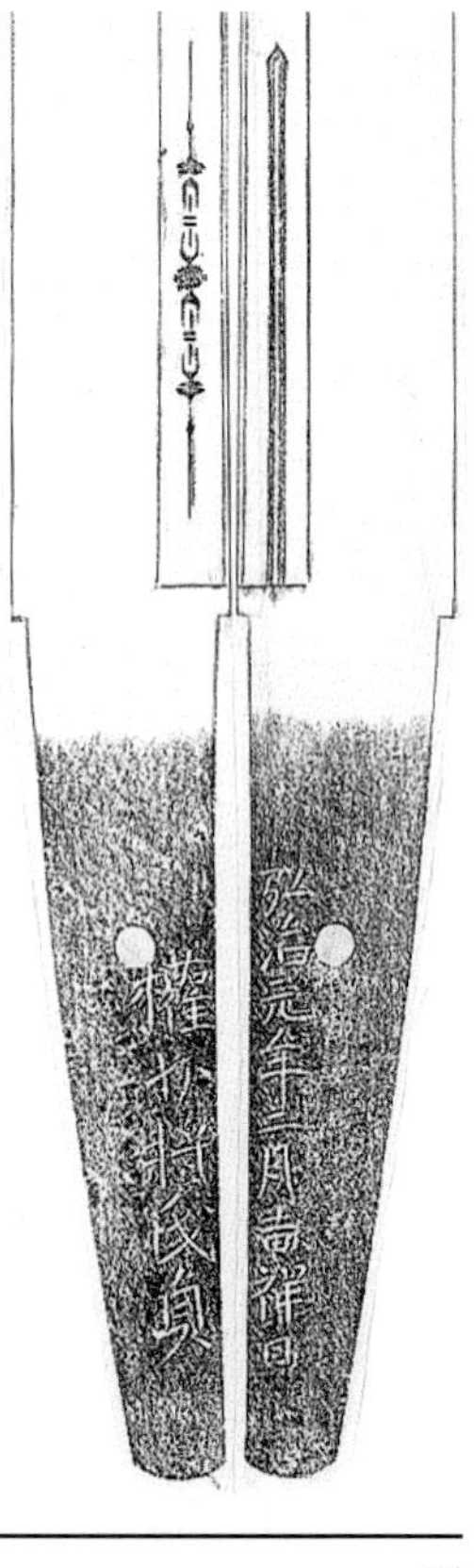

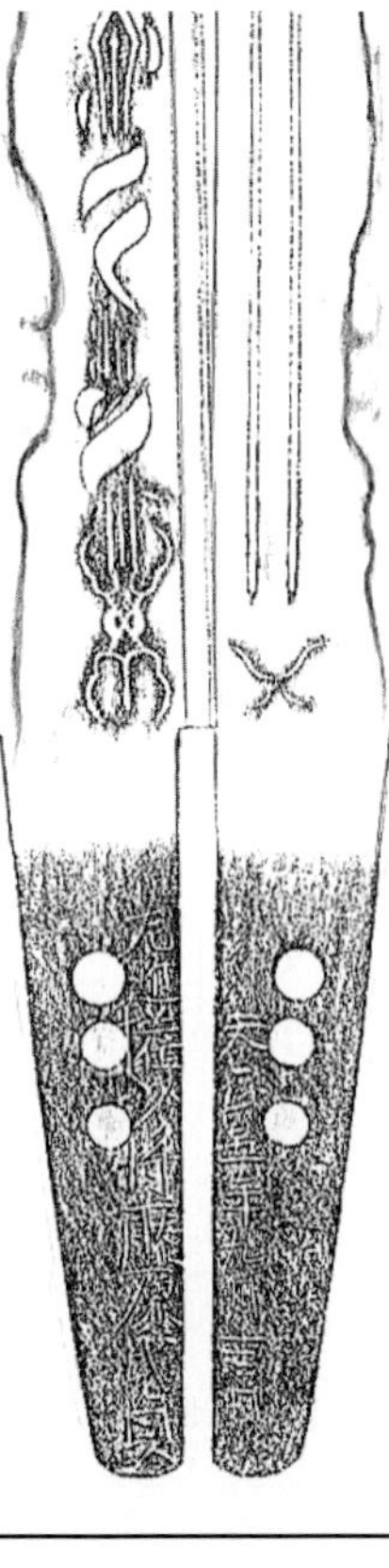

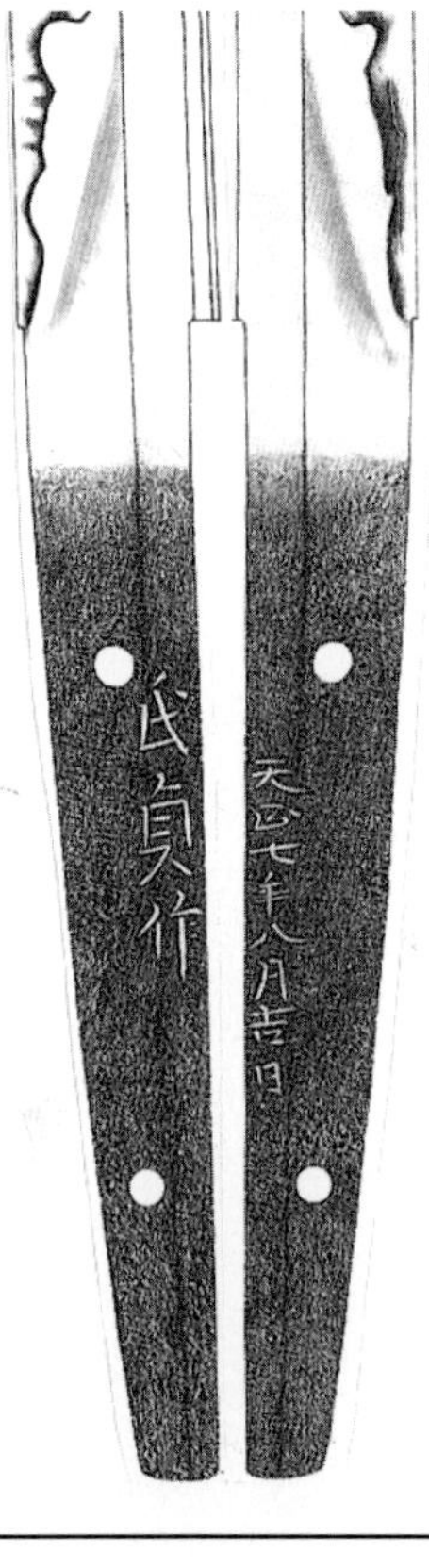

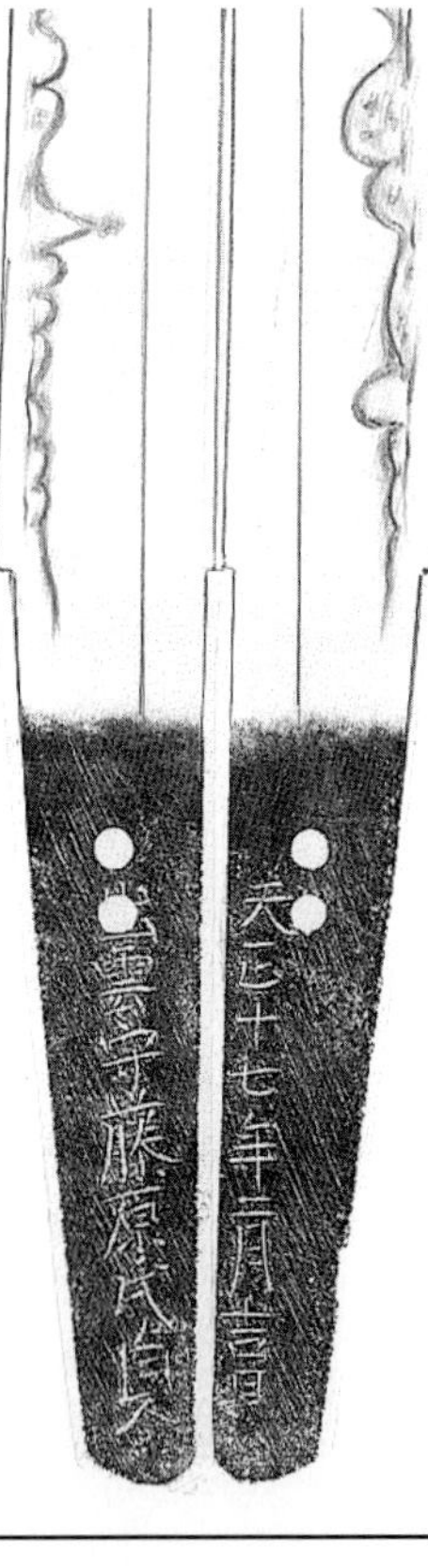

は小板目がよく詰み、柾ごころがあって地沸細かくつく。刃文は直刃、また湾れに互の目、尖り互の目交じり、足・葉よく入り、小沸つき、砂流し金筋入る。「氏貞作」「濃州関住権少将氏貞」「尾州名古屋住権少将出雲守藤原氏貞」などと切銘する。

新 氏貞【うじさだ】 大隅国　桃山期（慶長）

若狭守氏房門、のち備前守氏房門。隅州横川住。薩州にても造る。初代大銘に切るという。◆二代寛永、三代天和、四代元禄と同銘が続く。

新 氏重【うじしげ】初代 播磨国　江戸中期（寛文）

三木新兵衛。播州姫路住。はじめ大和守を受領したが藩主と同じ受領を憚り、明暦元年大和大掾に転じる。明暦三年五月紀に「播州住人大和大掾藤原氏重作」銘の広峯山奉納刀がある。奉納刀は万治元年、寛文二年紀がある。元禄四年四月十八日没。（系図920頁参照）

新 氏重【うじしげ】二代 播磨国　江戸中期（元禄）

三木新兵衛。大和大掾を受領。江戸にても造る。享保三年十一月十日没。作刀は未見。

新 氏繁【うじしげ】初代（三代氏重）　播磨国　江戸中期（元文）

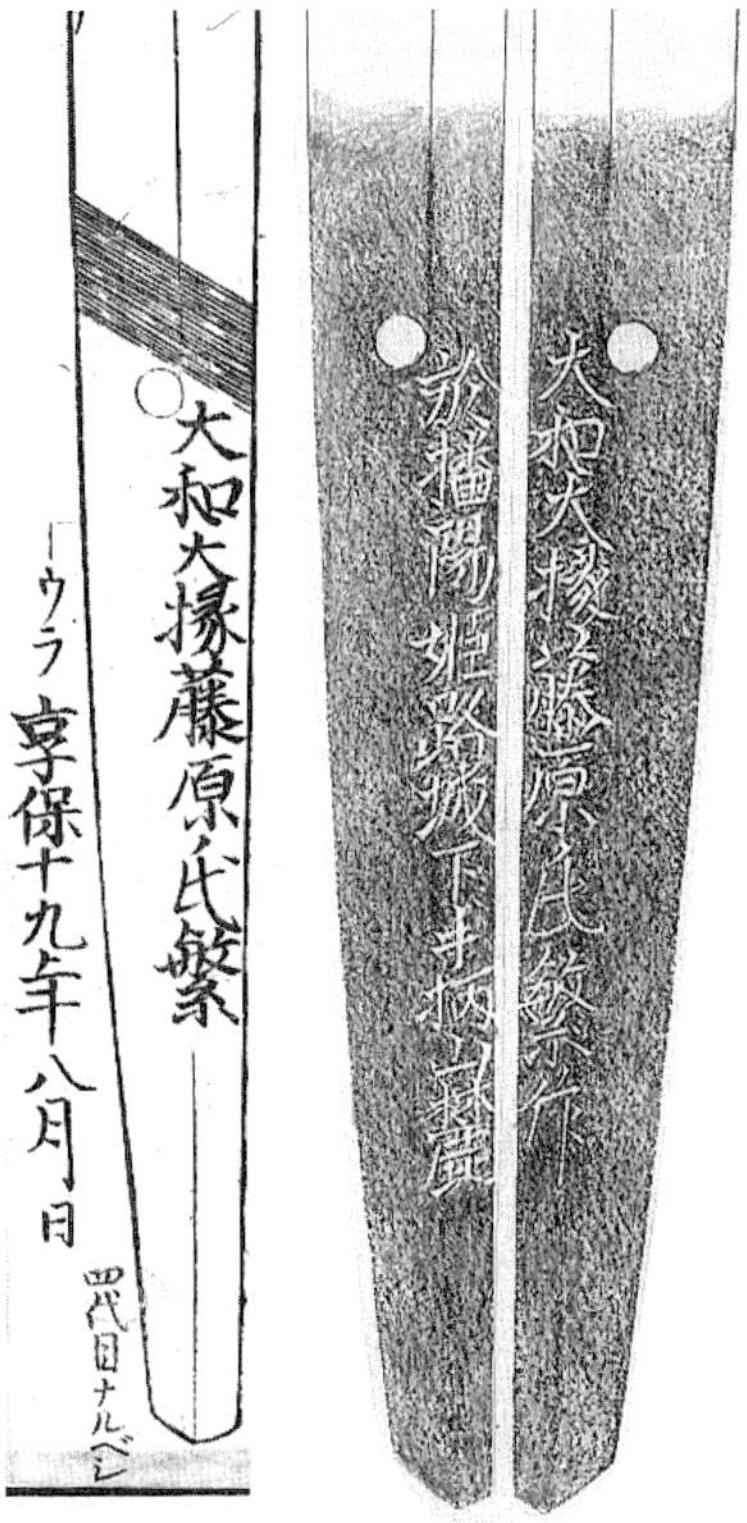

三木新兵衛。初代氏繁（三代目氏重）。大和大掾を受領し氏重から氏繁に改める。改銘は藩主の命によるという。宝暦五年四月二十六日没。

新々 氏繁【うじしげ】二代（四代氏重）　播磨国　江戸末期（明和）

三木新兵衛。初代氏繁の子。二代氏繁（四代目氏重）。手柄山を称し、隠居して入道丹霞と号す。大和大掾の受領銘を切ったものに宝暦七年紀があって初期作品は少ない。安永年紀作は比較的多く「播州手柄山麓藤原氏繁作」と銘して受領銘を切らない。後年に、潜称していた受領銘を用いなくなったのであろう。氏重、氏繁歴代中の上手。天明三年十二月二十五日没。

新々 氏繁【うじしげ】三代（五代氏重）　播磨国　江戸末期（天明）

三木新兵衛。手柄山正繁の兄。寛政二年八月十八日没。早世。家督は弟の正繁が四代（六代氏重）を継ぐ。

新々 氏繁【うじしげ】五代（七代氏重）　播磨国　江戸末期（文化）

三木新兵衛。五代氏繁は三代氏繁の子。初代氏重から七代目に当たる。父早世の後、家督は手柄山正繁が四代目（六代氏重）を継いでいたが、成長してのち五代氏繁を名乗る。文政十三年三月四日没。姫路三木氏繁家は五代（初代氏重から七代目）で断絶する。

新 氏綱【うじつな】 摂津国　江戸中期（延宝）

「聾《つんぼ》長綱」の名で知られる長綱と同人で、前銘であろう。初代粟田口忠綱門。銘鑑もれの刀銘である。⇩**長綱の項参照。**

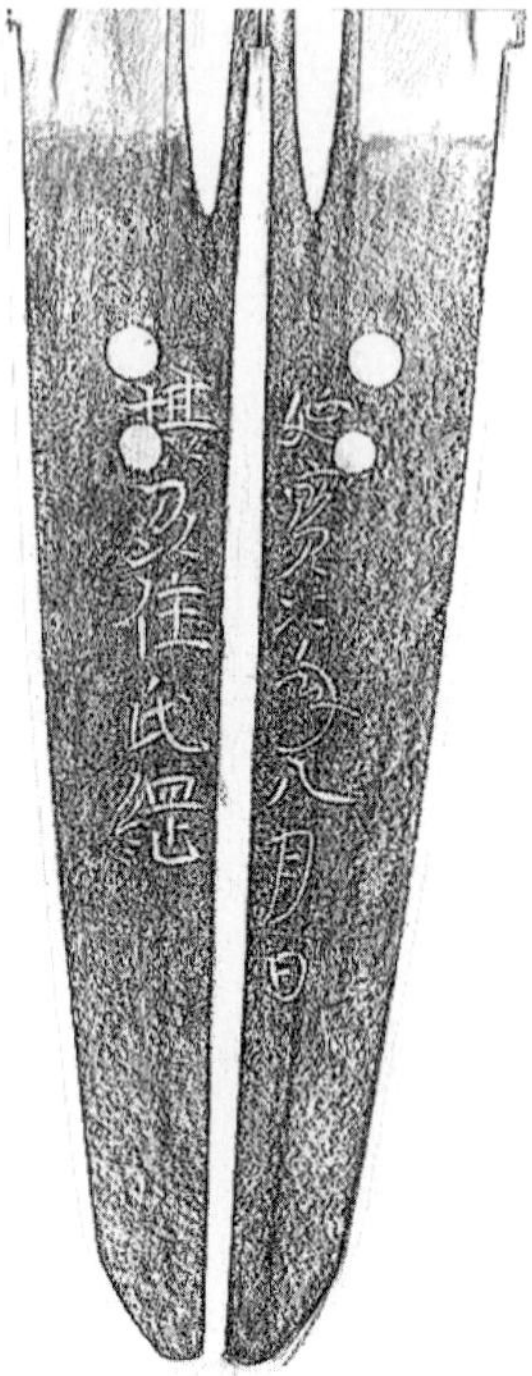

新 氏命【うじなが】 美濃国　江戸中期（寛文）

寿命の末流という。大和守を受領。濃州大垣住。尾張にても造る。

古 氏信【うじのぶ】 初代 美濃国　室町末期（永正）

濃州清水住。寿命の末流。岩捲派中の代表工で、「岩捲」とのみ二字銘を切るのと、「氏信岩捲」と切ることが多い。「濃州岩捲氏信」「清水住岩捲氏信」。

古 氏信【うじのぶ】 二代 美濃国　室町末期（天文）

作風は初代に類し、板目に柾交じり、肌立ちごころ。刃文は小沸出来の互の目乱に丁子乱交じり、砂流しかかる。「岩捲」「氏信」「濃州清水住氏信」。

古 氏信【うじのぶ】 三代 美濃国　室町末期（元亀）

濃州清水住、清水城主稲葉一鉄の鍛冶。「氏信」「岩捲」「濃州清水住氏信」。

新 氏信【うじのぶ】 美濃国　桃山期（慶長）

清水住。寿命の末裔。法橋。慶長五年紀の作がある。「岩捲」二字銘を切った同作は、幅広の豪刀で、互の目に丁子交じり、飛焼と棟焼きがあって皆焼となる。⇩「岩捲」の項参照。「岩捲」「氏信」「清水住岩捲」「濃州清水住岩捲」。氏信の末代は寛文・延宝に続き、天和ころに尾州に分派して、この地で作刀するのを石切氏信と称している。

新 氏信【うじのぶ】 岩捲　美濃国　桃山期（慶長）

濃州清水住。氏信は岩捲鍛冶を代表する一人。室町末から慶長にかけての氏信とみられ、刀身彫がある。同銘は寛文から元禄にかけて尾張へ移住した後代がある。

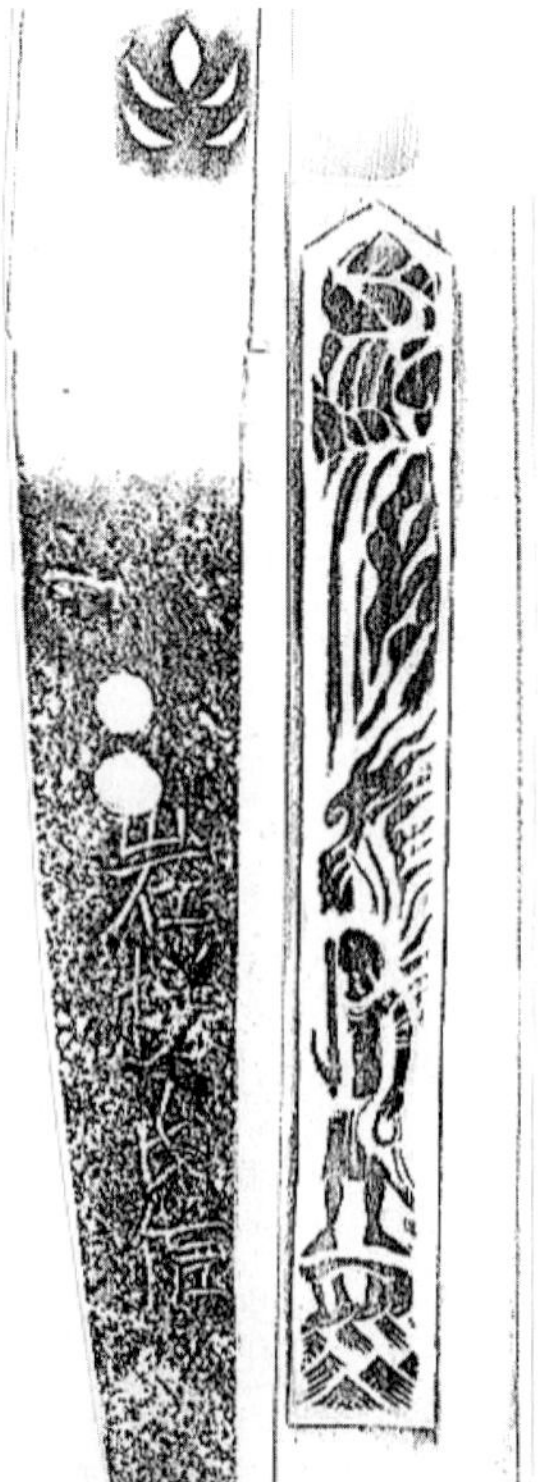

新 氏宣【うじのり】 岩捲　美濃国　江戸中期（元禄）

濃州清水住。「濃州住岩捲氏宣」また「氏宣」二字銘に切る。

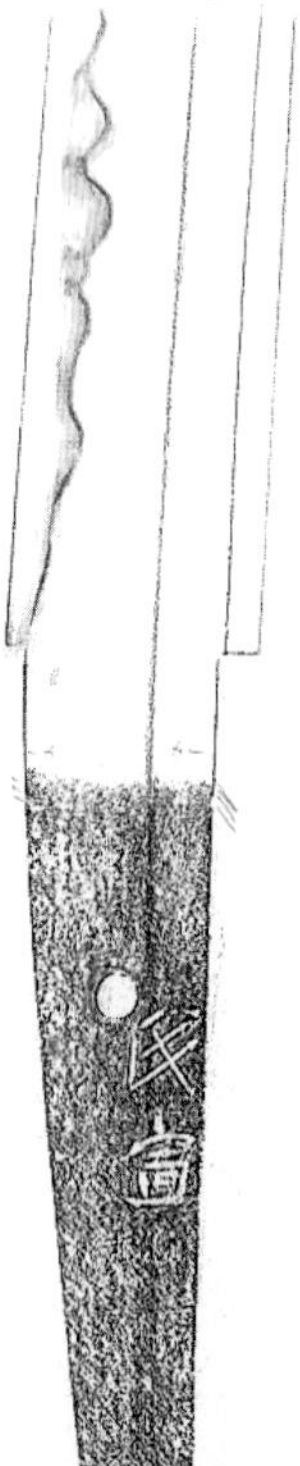

古 氏則【うじのり】 備前国　南北朝期（明徳）

吉井。景則の子。明徳元年紀があり、応永末年まで作刀する。「備州吉井住氏則」「備前国吉井氏則」。

新々 氏詮【うじのり】 土佐国　江戸末期（文久）

阿波海部氏次の八代目。幕末の勤王刀匠として聞こえ、土佐の勤王志士の佩刀を多く鍛える。万葉仮名の「建依別」は「たけよりわけ」で、土佐国の古名。明治二十一年、七十歳没。長刀が多く、直刃に小互の目交じり。

新々 氏春【うじはる】 備中国 江戸末期（慶応）
備中片山、のち岡山住。「中備産青江氏春」「東備岡山青江氏春作」。

古 氏久【うじひさ】 阿波国 室町末期（天文）
海部。天文年紀の作がある。氏久は応永ころが古く、嘉吉・文正から永禄まで同銘が連綿とするが、作刀をみるのは天文ころの工で直刃が多く、小湾れ調の穏やかな作をみる。「氏久」「阿州氏久」「阿州住氏久作」。

新 氏広【うじひろ】 紀伊国 江戸中期（元禄）
紀州石堂派。康広門。紀州からのち大坂へ移る。康広に似た丁子乱を焼く。

新 氏広【うじひろ】 越前大掾 備前国 江戸中期（寛文）
二代伊勢大掾吉広の嫡子。三郎兵衛。佐賀住。万治三年十月十七日、越前大掾を受領する。父、弟の二代吉広（初銘広永）との親子三人合作刀がある。

古 氏房【うじふさ】 美濃国 室町末期（文亀）
関住。『校正古刀銘鑑』は氏房二代説を採り、文明兼房の子に文亀元年を銘す若狭守氏房、その子に左衛門尉氏房の二人を掲げている。左衛門尉が若狭守氏房であり、その親に当たる文亀氏房が存在することとなる。若狭守氏房は善斎兼房の三男であることがわかっているので、若狭守が兼房から氏房に改銘するおり、氏房の名跡を継ぐことと関わりがあったのかもしれない。文亀元年紀の氏房作は未見であるが、文亀氏房の存在は否定し難い。⇩系図は兼房の項参照

古 氏房【うじふさ】 若狭守 美濃国 室町末期（元亀）
京三郎、左衛門尉、のち清左衛門。善斎兼房の三男。岐阜住、のち関に移る。初銘兼房。長兄石見守国房から関鍛冶の惣領職を譲り受け、善定派の嫡家となる。永禄十三年四月十九日、左衛門少尉に任じ、同年四月

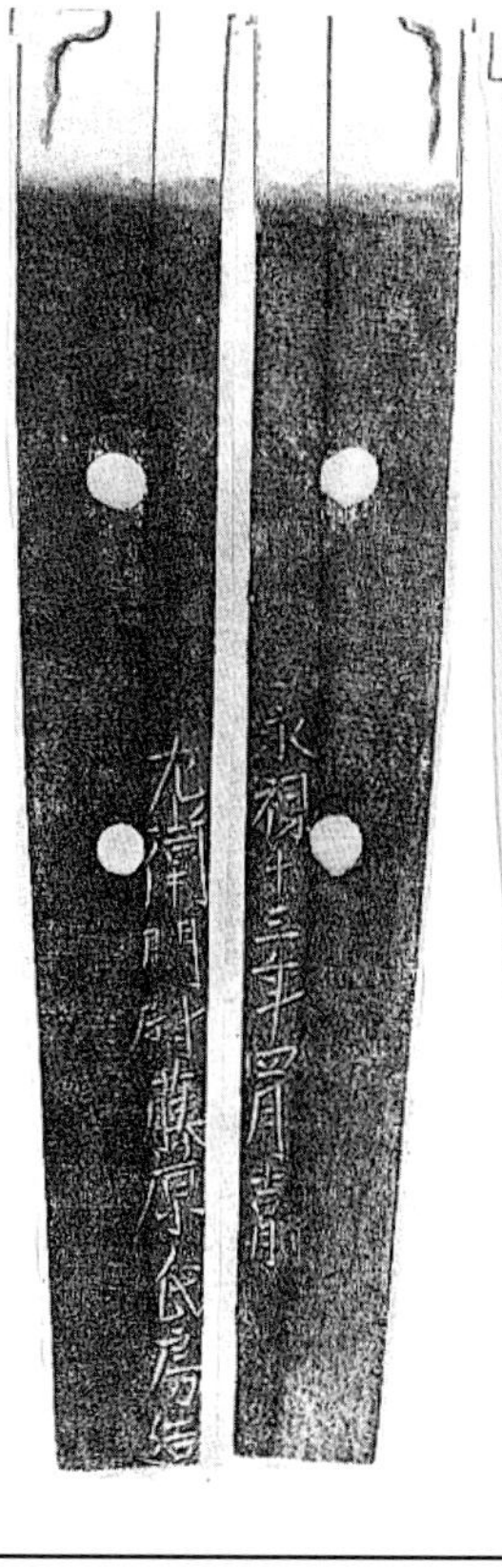

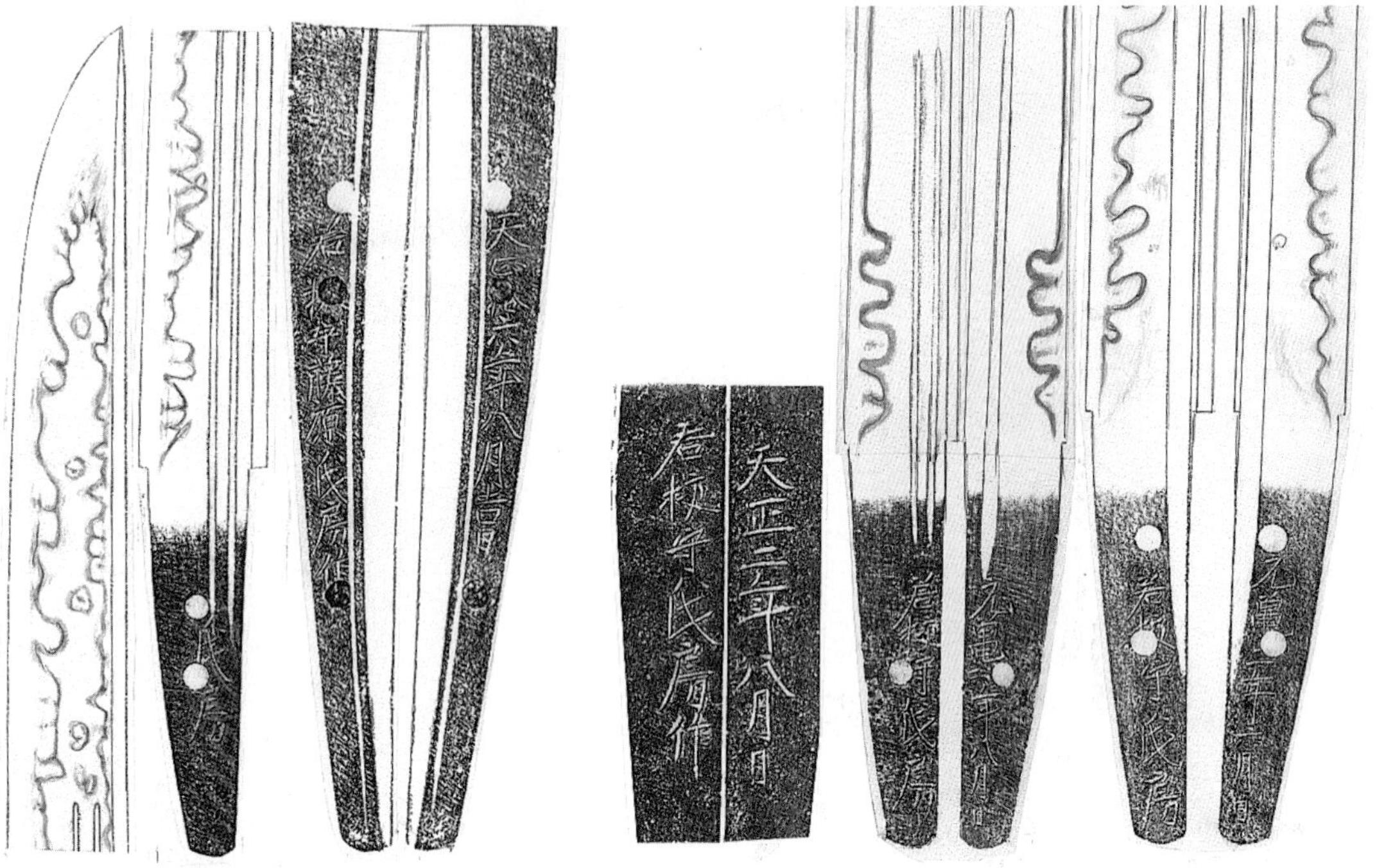

二十二日若狭守を受領し、氏房に改銘する。織田信長から信任を受け、関から岐阜城下、また安土へと移り、のち尾張清洲で鍛刀する。天正十八年五月十一日、五十七歳没。

初期作である兼房時代は互の目に丁子が交じり、飛焼がかかった末関風の作を焼き、氏房銘になってからは、湾れを主調に互の目、丁子を交じえ、飛焼を加えた皆焼もある。兼房乱は氏房時代にも得意とし、湾れや互の目に兼房丁子を交じえることが多く、腰刃にだけみせることもある。小沸をよくつけ、砂流しかかる。「兼房」「濃州関住氏房」「左衛門尉藤原氏房造」「若狭守氏房」「若狭守藤原氏房作」。

新 氏房【うじふさ】 飛騨守　初代　尾張国　桃山期（慶長）

永禄十年、若狭守氏房の嫡子として美濃国関に生まれる。幼名河村伊勢千代、のち平十郎。天正五年、織田信孝の小姓として出仕し、天正十一年信孝自害の後は浪人となり、天正十六、七年ころ父信房について鍛刀を学び、父没後は初代信高に師事して業を成す。天正二十年五月十一日、二十六歳で関白秀次の口ききで政常とともに受領して飛騨

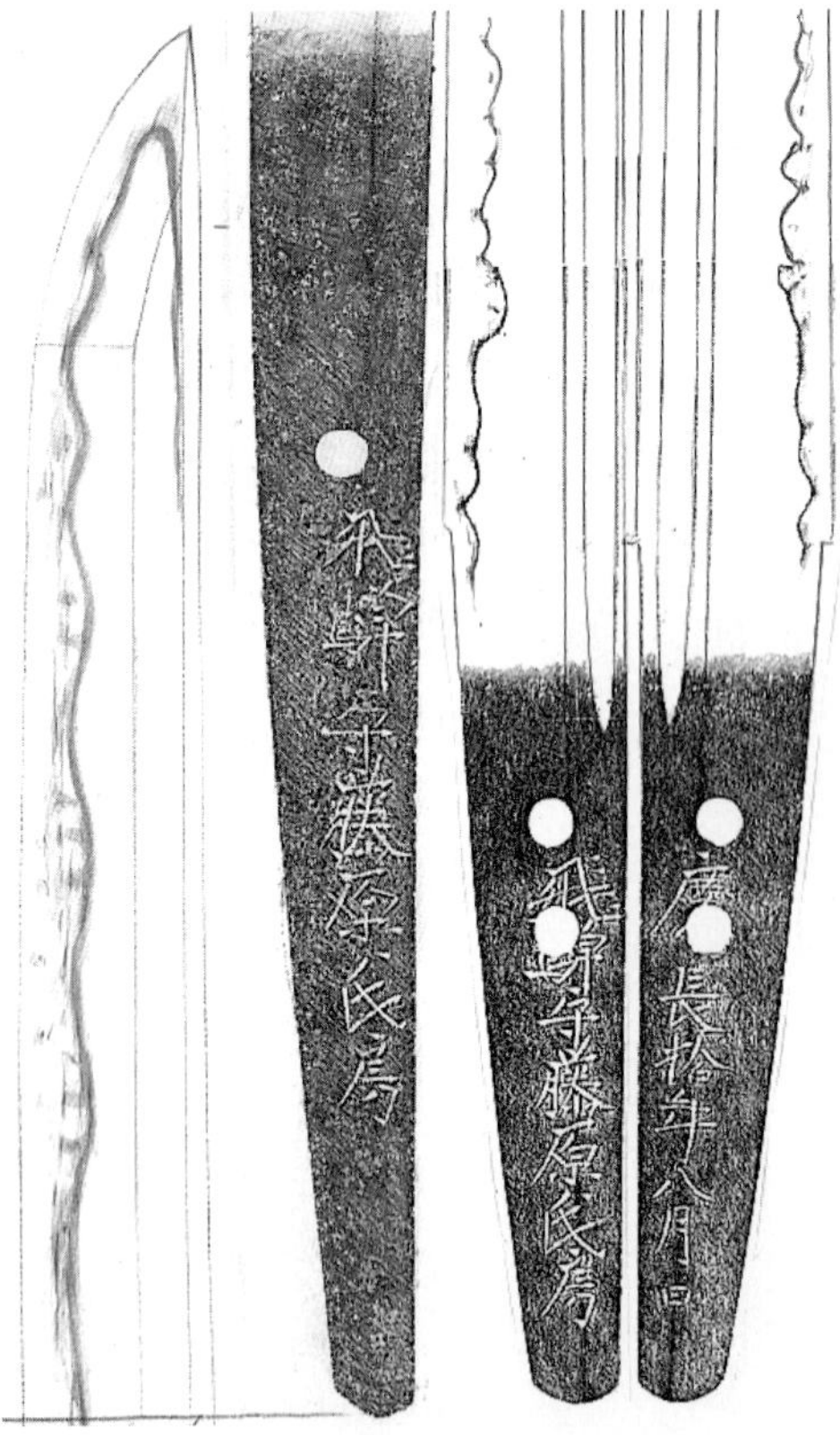

守氏房を銘す。慶長十五年名古屋城の完成を契機に名古屋城下に移り、この地で鍛刀する。寛永八年正月隠居して家督を嫡子備前守氏房に譲り、同年十月二十七日、六十五歳没。小湾れに互の目交じり、互の目丁子など末関風で匂口が沈みごころ。大乱は砂流ししきりに荒沸がついた志津風のあるもの、直刃仕立てのものもある。帽子先は尖りごころ。

新 氏房【うじふさ】 備前守　二代　尾張国　桃山期（寛永）

飛騨守氏房の嫡子。幼名伊勢千代、のち長次郎。元和七年八月二十二日備前守を受領。寛文元年、七十二歳没。湾れに互の目交じり、砂流しかかる。中直刃。

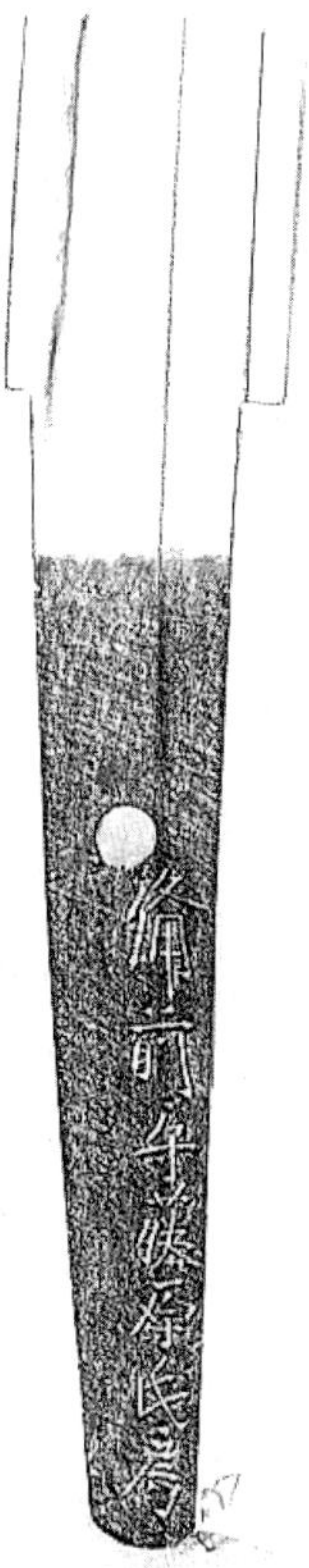

新 氏房【うじふさ】 飛騨守　三代　尾張国　江戸中期（寛文）

初代飛騨守氏房の孫。正保二年八月紀に「飛騨大掾藤原氏房」銘の作があり、慶安三年八月紀に「飛騨守藤原氏房」銘がある。正保二年八月から慶安三年八月の間に飛騨大掾から飛騨守に転任している。初代銘は大振りで太鏨に切るのに比べ、三代は小振りで比較的細鏨に切る。作刀稀少。

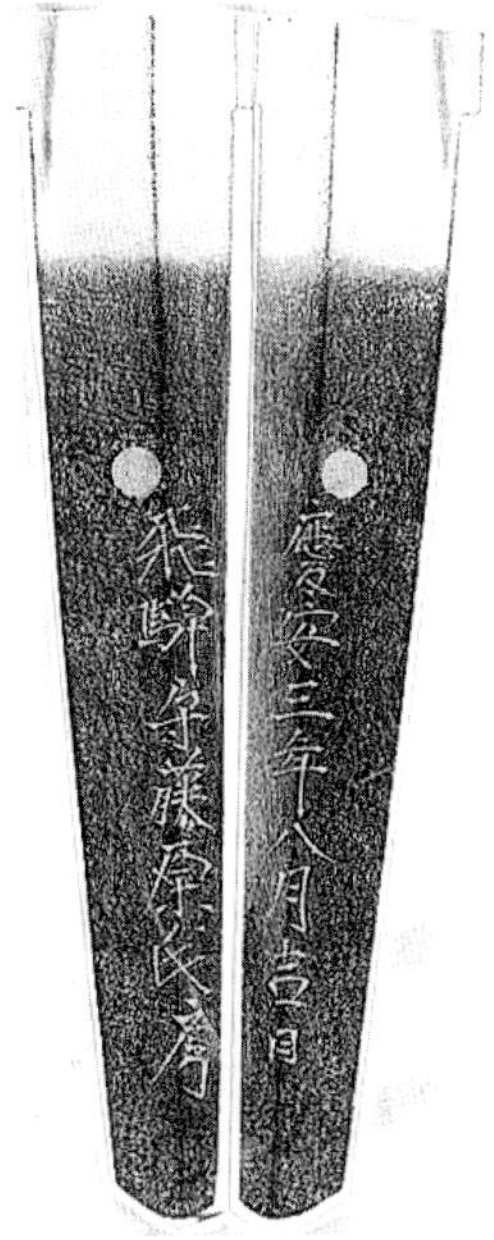

新 氏房【うじふさ】 備後守　初代　薩摩国　桃山期（慶長）

本国濃州。丸田兵右衛門。若狭守氏房門。天正十四年薩摩鹿児島に帰る。備後守を受領する。入道して道与と号す。薩州丸田派の始祖。次男正房（初代伊豆守）が薩摩相州伝を起こして二代で家を絶つが、長男氏房が三代目正房を再興して相伝を伝え、幕末、明治まで七代が継続して一門が栄える。初代氏房には慶長十六年五月紀の大薙刀が現存することで、初代の没年はこの年以降のこととなる。

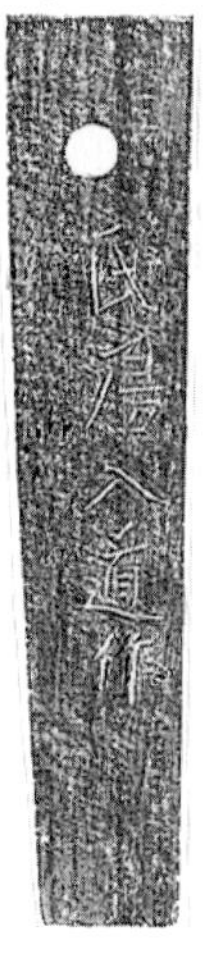

新作 氏守【うじもり】 栃木　平成

山越健一。昭和五十年生まれ。新作名刀展入選。「日光氏守作」。日光市住。

古 氏吉【うじよし】 阿波国　室町初期（応永）

海部の祖といわれる海部太郎は康暦ころの鍛冶といい、三好郡住。現存刀では南北朝期まで遡るとみられるものはなく、室町初期ころが上限であり、年紀があるのは明応から永正・享禄にかけてであり、なお天文、天正に後続する。「氏吉」。

古 氏吉【うじよし】 阿波国　室町末期（明応）

海部。三好郡住。明応年紀の作がある。小板目鍛えに柾交じり、地沸つく。刃文は湾れ調の直刃、また互の目乱、打のけ、ほつれ、湯走りかかり、小沸よくつき匂口明るい。「阿州氏吉作」「阿州住氏吉作」。

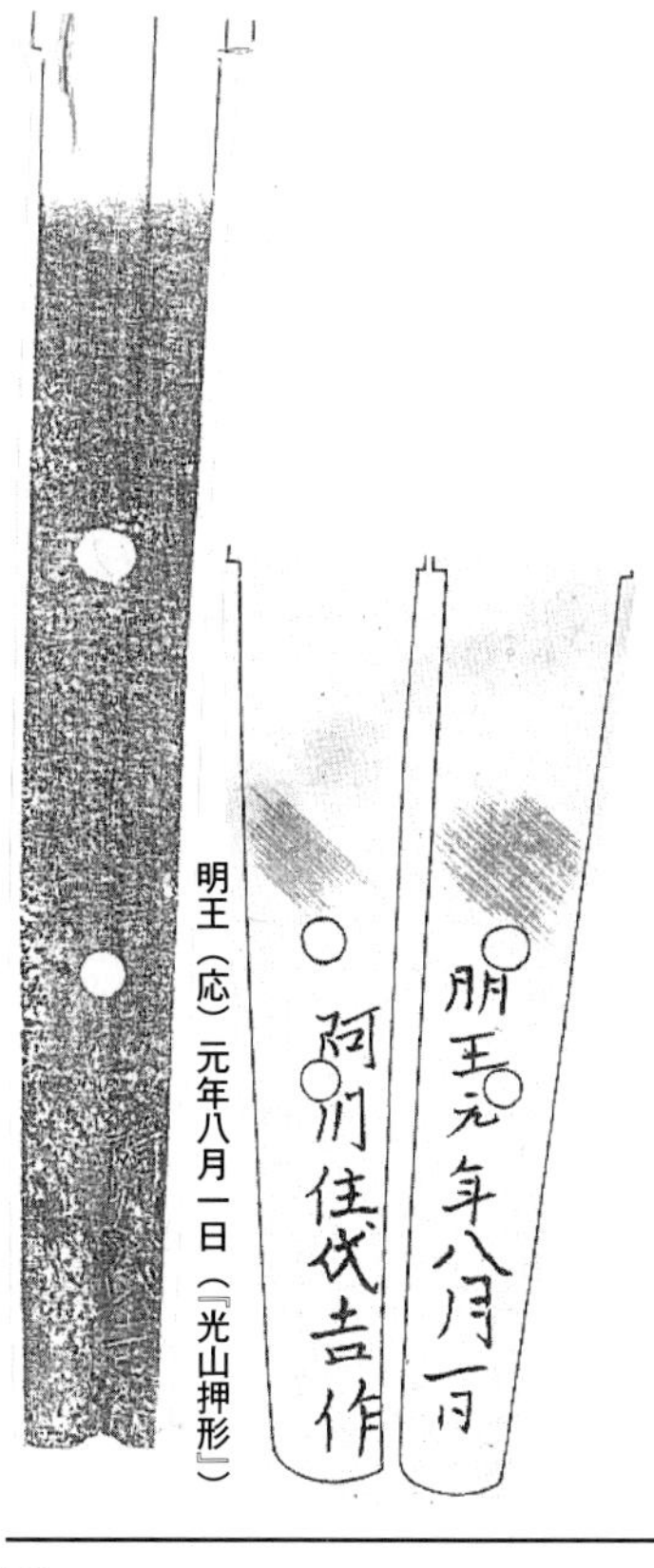

明王（応）元年八月一日（『光山押形』）

古 氏吉【うじよし】　阿波国　室町末期（永正）

海部。永正・享禄の年紀作がある。小湾れに互の目の作は匂口深く沸よくつき、荒めの沸交じり地刃ともに明るい。三好長慶指料の名物・岩切海部（二尺一寸九分）の作者。「阿州氏吉作」「阿州海部住氏吉作」。

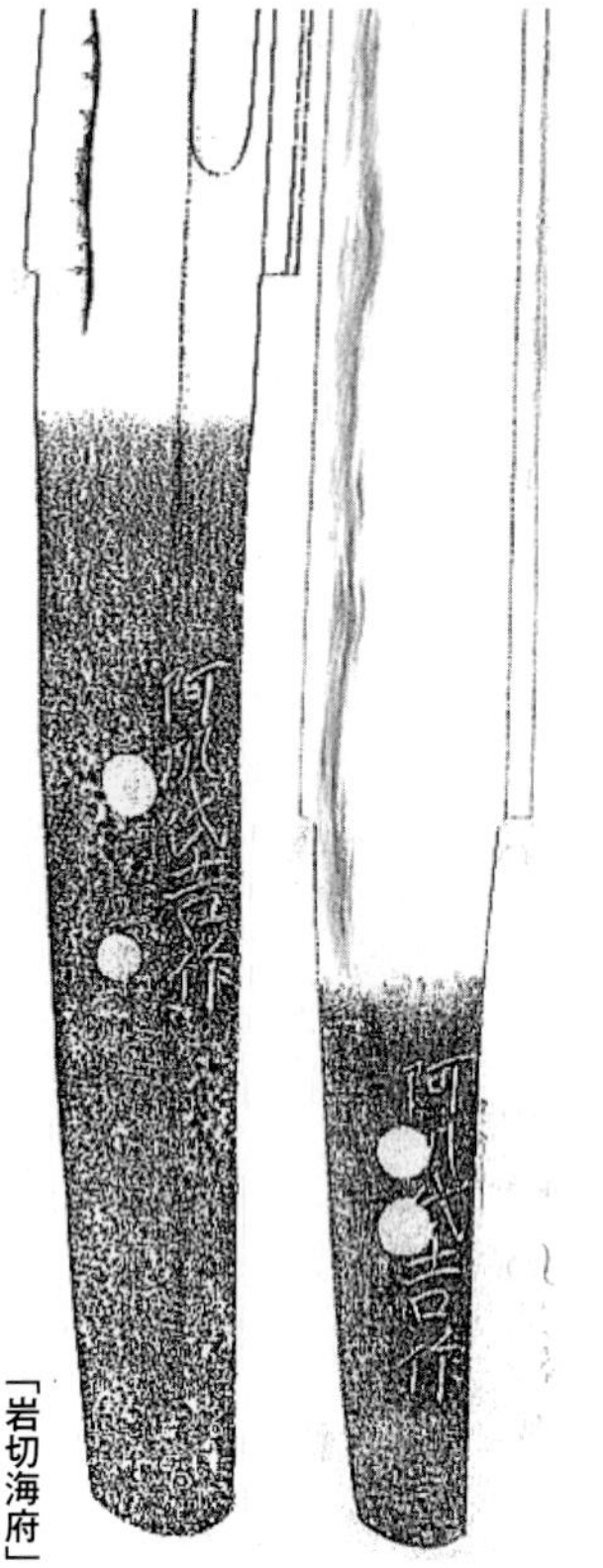

「岩切海府」

古 氏吉【うじよし】　阿波国　室町末期（天文）

海部。天文から天正にかけて同銘工が複数作刀する。「氏吉」「阿州住氏吉」「阿州氏吉作」。

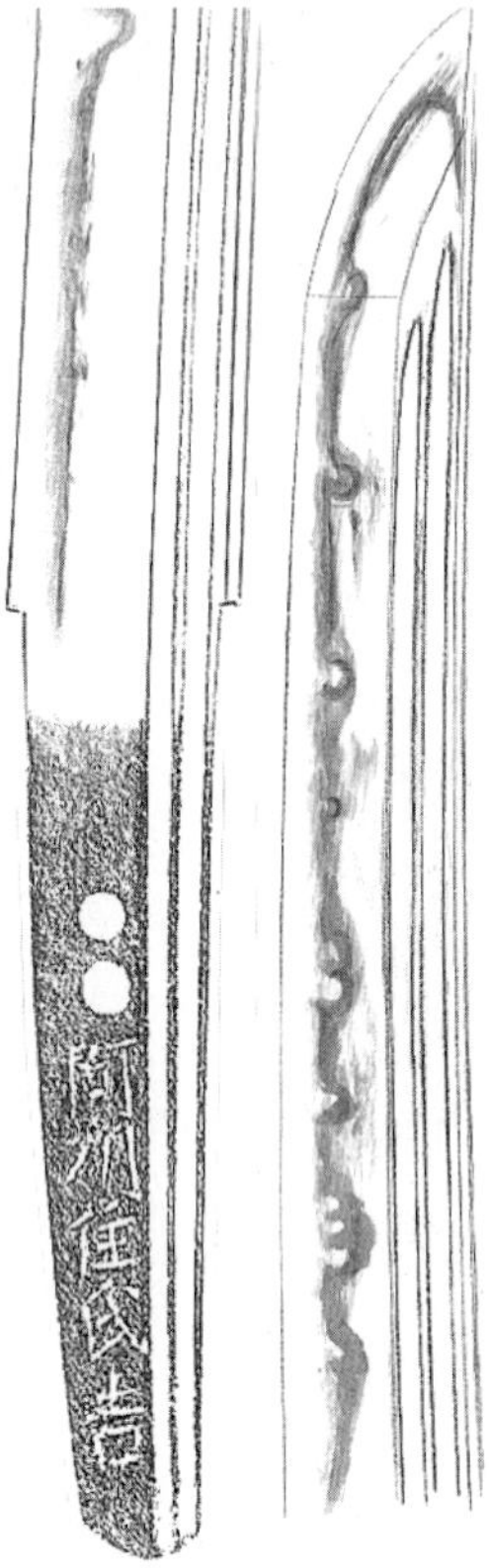

新 氏吉【うじよし】　尾張国　桃山期（寛永）

濃州関氏房派、尾張へ移住する。氏良同人。若狭守を受領。熱田神宮奉納刀に寛永十二年十一月の年紀作がある。

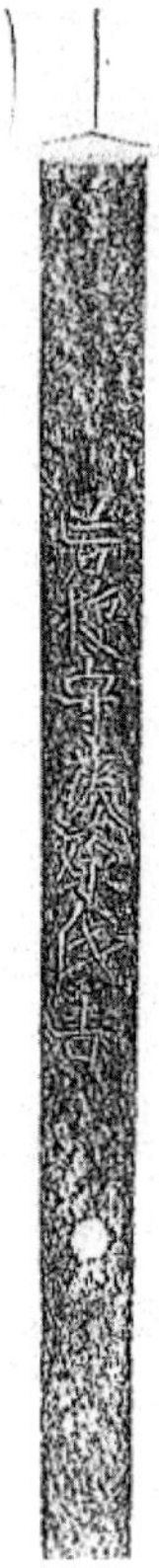

新 氏吉【うじよし】　阿波国　桃山期（慶長）

慶長から寛永にかけてのころ、俗に〝海部の山刀〟と呼ばれる片切刃造の山刀が作られる。作銘を刀身の平地に切ることが多い。「阿州住氏吉作」。

新々 氏吉【うじよし】　阿波国　江戸末期（万延）

阿州氏吉は新刀期を通じて名跡を伝え、幕末まで続き万延年紀作がある。片切刃、切刃の小脇指をままみることがある。

古 氏依【うじより】　備前国　鎌倉中期（弘安）

新田庄住。親依の一族。左兵衛尉。「弘安三年六月日」の銘作があり、以降に正安、嘉元、元亨の年紀作がある。「氏依造」「備州住左兵衛尉氏依」。

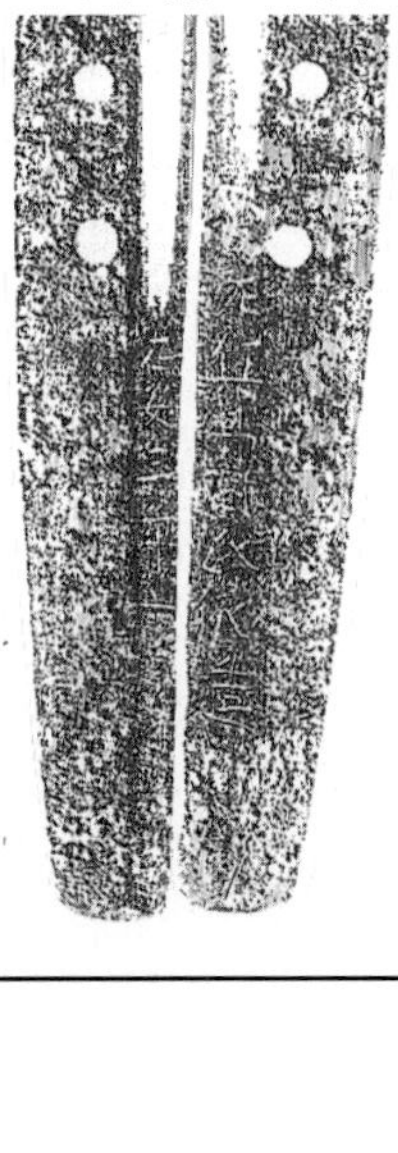

古 雲次【うんじ】　備前国　鎌倉末期（文保）

初代雲次は初代雲生の子。正和四年紀から建武二年紀までのものがある。『往昔抄』は年号のあるものを掲げていないが、「備前國住雲次」銘の押形図に「七十余迄なり」と書き込みがあり、初代雲次の行年を記している。

正和二二年十月日

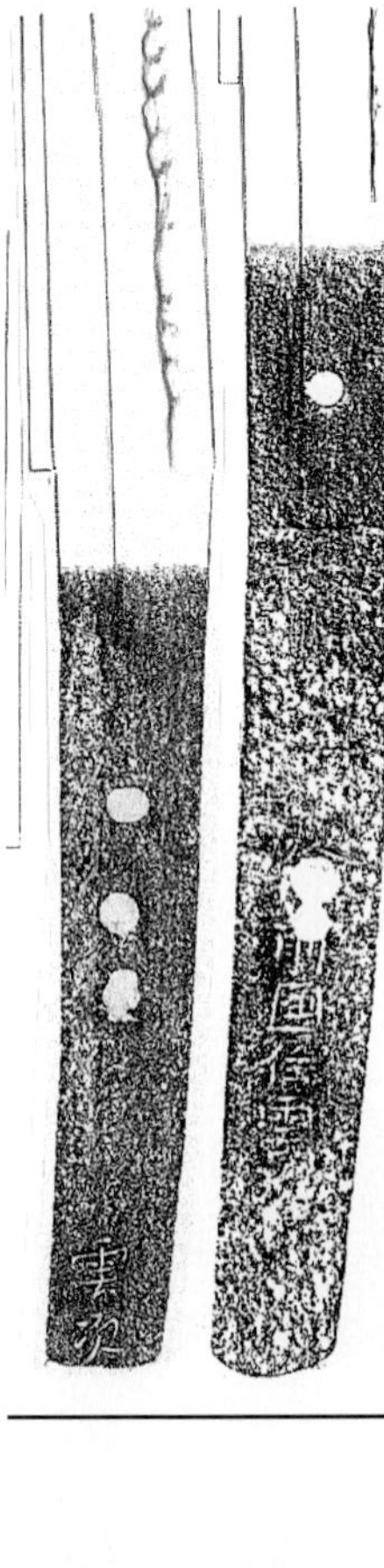

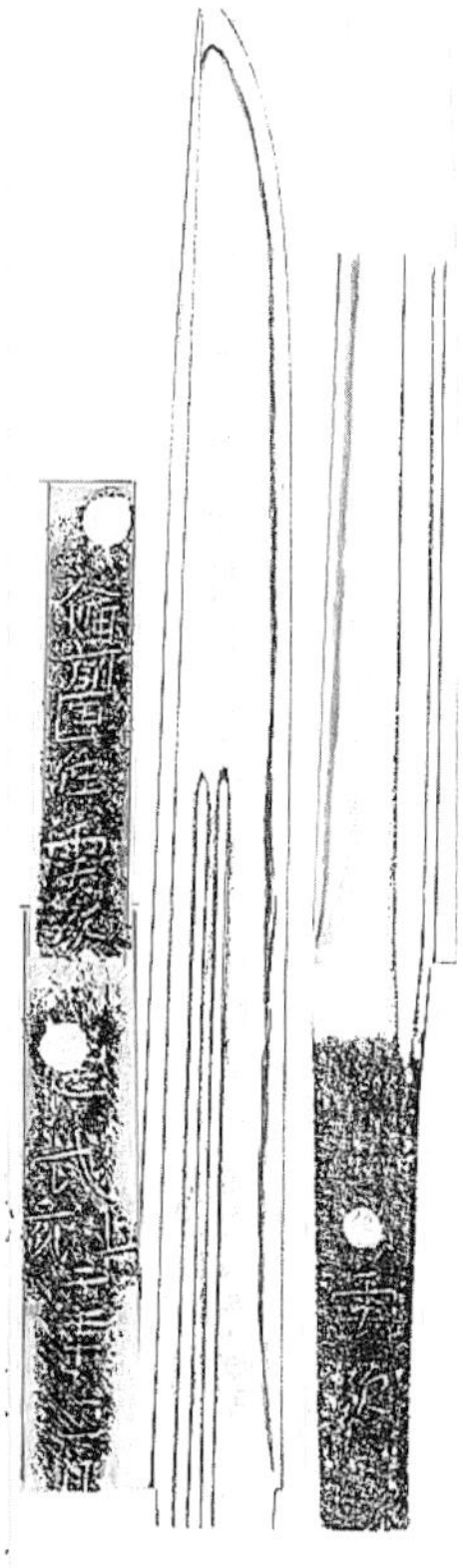
建武乙亥二年十一月（『日本古刀史』）

また同書は押形銘に但して「初」（初代）、「子」（二代）、「両人よりも後」で「三番目」（三代）まで三代の押形図を示すが、これによる代の織別には無理がある。雲次に三代があることは校正も認め、二代に応安二年、三代に永徳三年の年紀作を掲げている。銘鑑では四代、応永に同銘が続くとある。雲次の作風は宇甘物全般に通じ直刃を主調に小乱が交じり、逆ごころの刃を入れ、地刃がよく沸えて山城風がある。茎の鑢目が大筋違に切るのが一般長船物と相違する。「雲次」「備前国住雲次」「備前国住人雲次」。

古 雲重【うんじゅう】（系図881頁参照）　備前国　南北朝期（文和）

宇甘。初代雲次の子、また二代雲生の子ともいう。雲重には二代があるといい、銘尽は同銘二代のほかにも一人があるという。初代は大銘、後のは小銘を切るという。雲重の年紀作は文和二年から応安七年があり、これは初代作であろう。二代は南北朝期末の至徳ころから室町初期の応永にかけて作刀するも、現存する二代作はみられない。初代雲重の作は、鍛えが板目に小杢交じり、やや肌立つものがあり、刃文は直刃に小足入り、小互の目交じり、帽子は小丸で京風がある。「雲重」「備前国住雲重」「備前国住宇甘住雲重」。

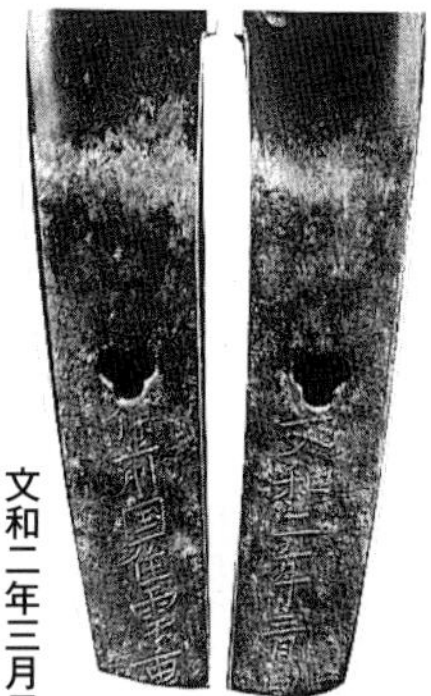
文和二年三月日

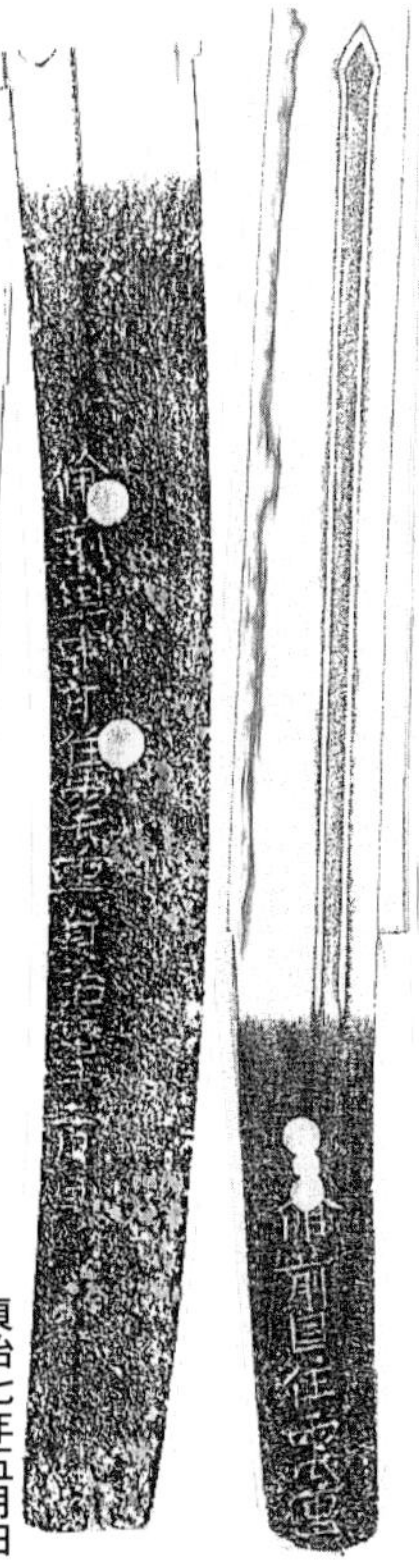
貞治七年五月日

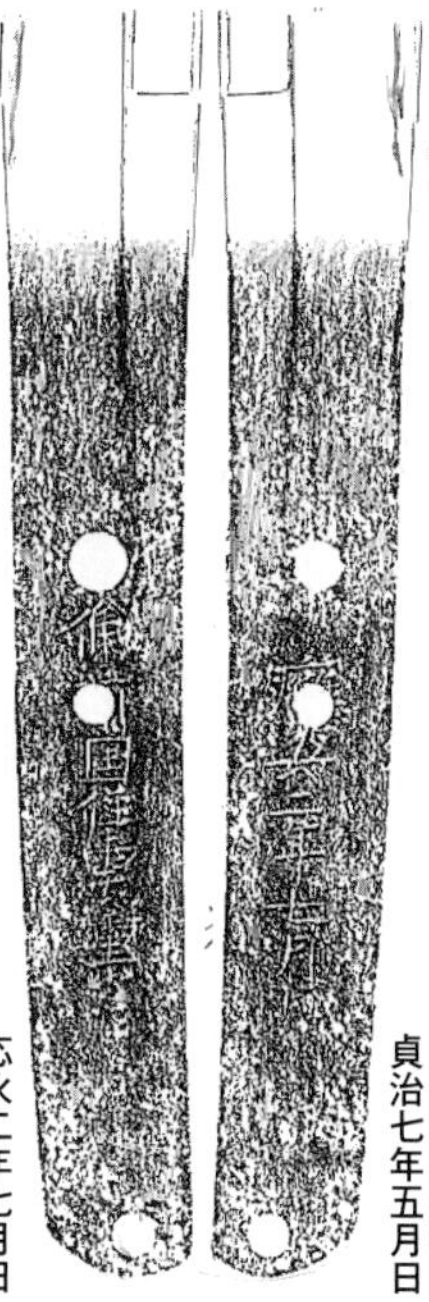
応永二年七月日

古 雲生【うんしょう】　備前国　鎌倉中期（乾元）

宇甘。雲上の子、雲次の親。初代。雲生の派を雲類、また宇甘、鵜飼と

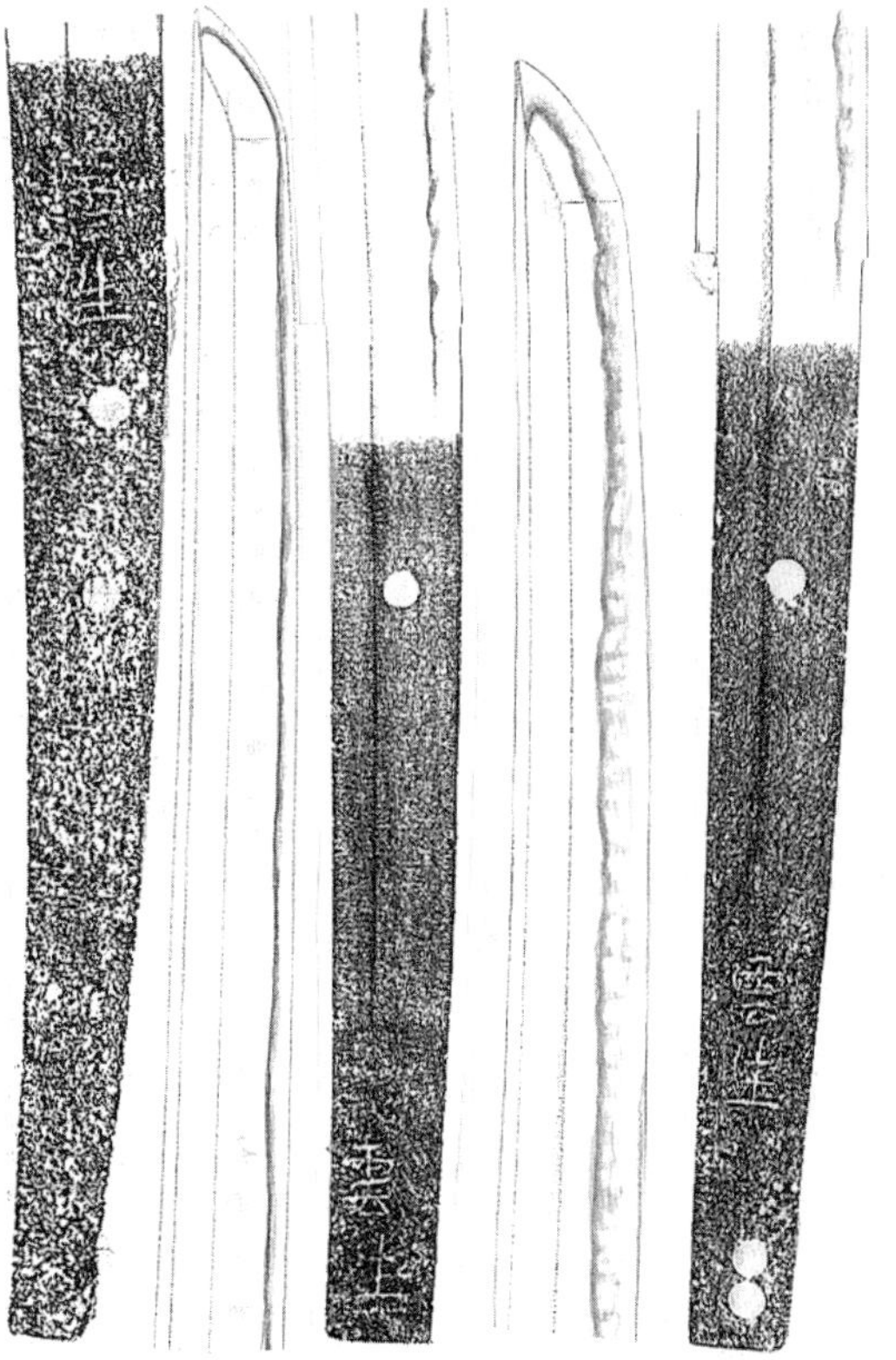

も呼ぶ。宇甘郷は鵜飼の地とは別で、宇甘は御津郡御津町宇甘東である。校正は雲生に乾元二年があるといい、『新刀古刀大鑑』には「備前国宇甘郷住人雲生作六十五才」があって、これによれば初代雲生の年代は正元、文永に遡り、初代畠田守家と同年代の人となる。宇甘派は京で作刀したと伝え、山城風があって太刀には細身のものが多い。刃文は直刃が締り、小乱の交じるものがあり、逆ごころの乱がみられる。帽子は丸く返る。「雲生」「備前国住雲生」「備前国宇甘郷住人雲生」。**（系図881頁参照）**

古 雲生【うんしょう】　**備前国　鎌倉末期（正和）**

宇甘。二代。初代雲生の子、初代雲次の兄。鎌倉最末期から南北朝初めへかけての鍛冶。三代雲生は貞治のころ。貞治元年紀に「平安城雲生」銘（『光山押形』）があり、三代雲生と同人作で平安城打ちであろうか。「備前国住雲生」「備前国雲生」「平安城　雲生」。

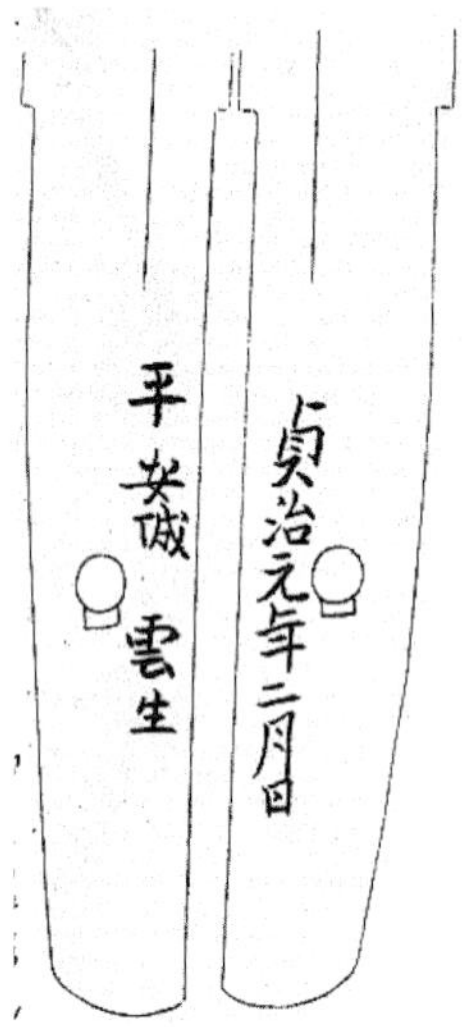

古 雲上【うんじょう】　**備前国　鎌倉中期（弘安）**

宇甘。雲生の父という。弘安ころ。作例はみない。

《え》

新作 円真【えんしん】　**武蔵国　明治**

羽山正寛、正貫、円真。浄雲斎と号す。鈴木正雄門。豊橋藩士、江戸下谷、谷中住。大正九年二月十四日、七十五歳没。匂口が締まる直刃、互の目乱など。

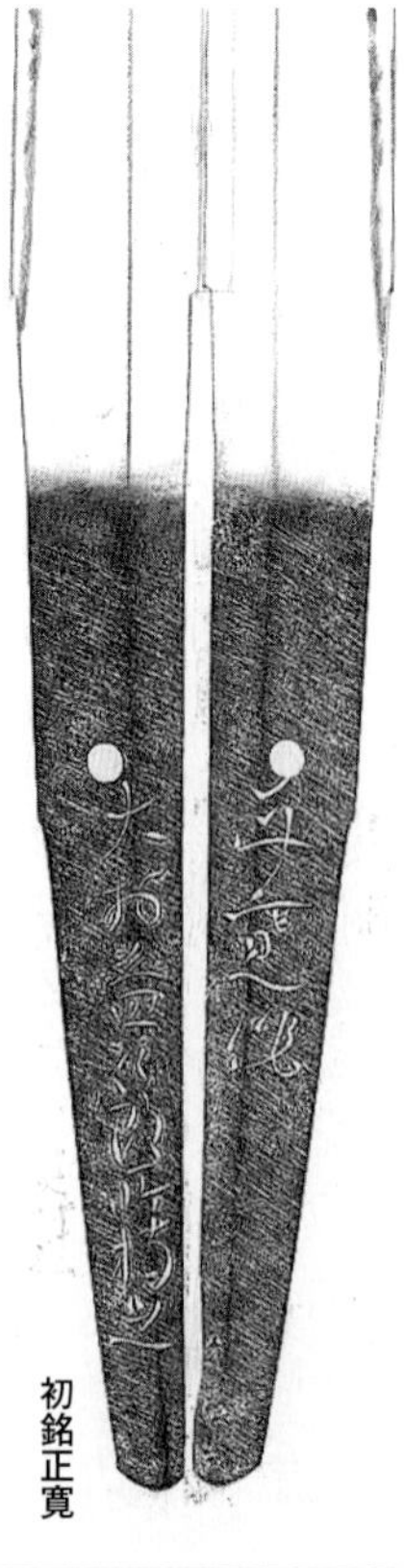

初銘正寛

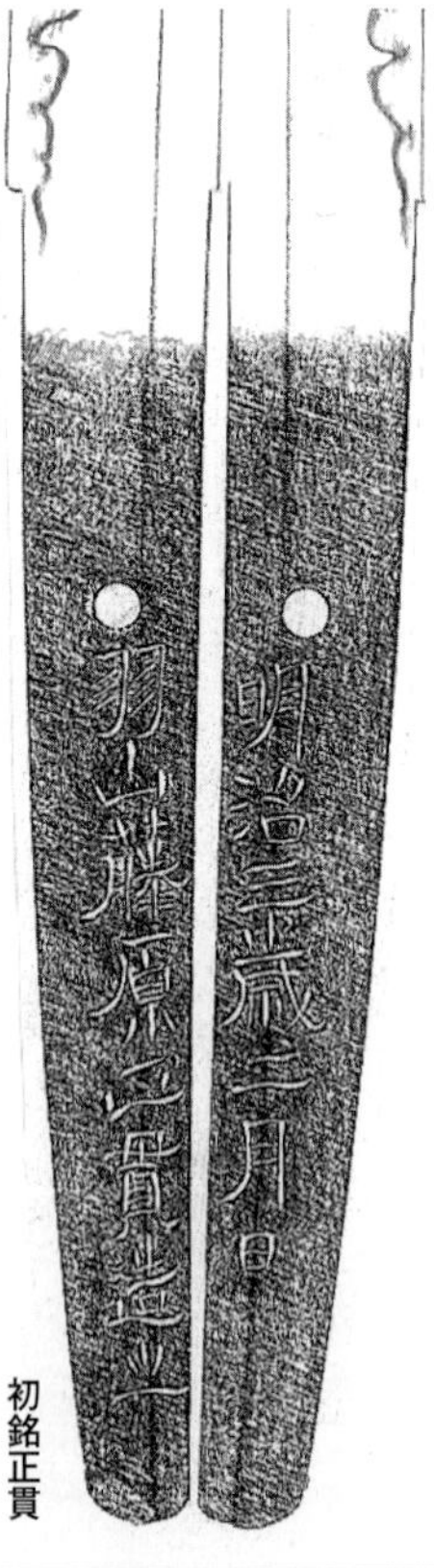

初銘正貫

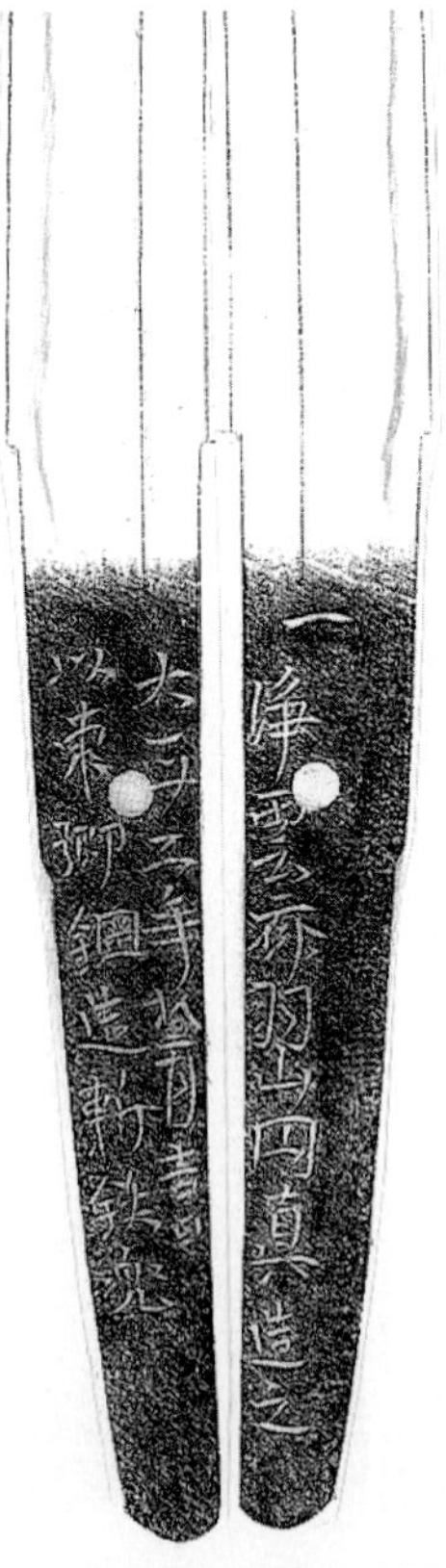

《お》

新作 沖光【おきみつ】 島根 昭和

原寛。昭和三年生まれ。初代角太郎沖光に師事。沖光は隠岐光の意で、初代が師村上正忠から受銘したものという。第二回から第六回まで新作名刀展に出品し入選。丁子乱、互の目乱を焼く。「隠岐国住人沖光作之」。隠岐郡西ノ島町住。

新作 起正【おきまさ】 東京 昭和

塚本新八。一貫斎と号す。福島県出身。越後山村正信の後裔と称す。昭和十年福島郡山から上京し日本刀鍛錬伝習所に入所。笠間繁継に師事し、のち師の女婿となる。昭和三十五年五月二十七日、四十三歳没。互の目乱、丁子乱の備前伝を得意とし、相伝の作もあり、刀身彫も手がける。その技は卓抜なものがあり、将来を嘱望されながら、戦後の鍛刀界不遇の時代にあって、早く没す。

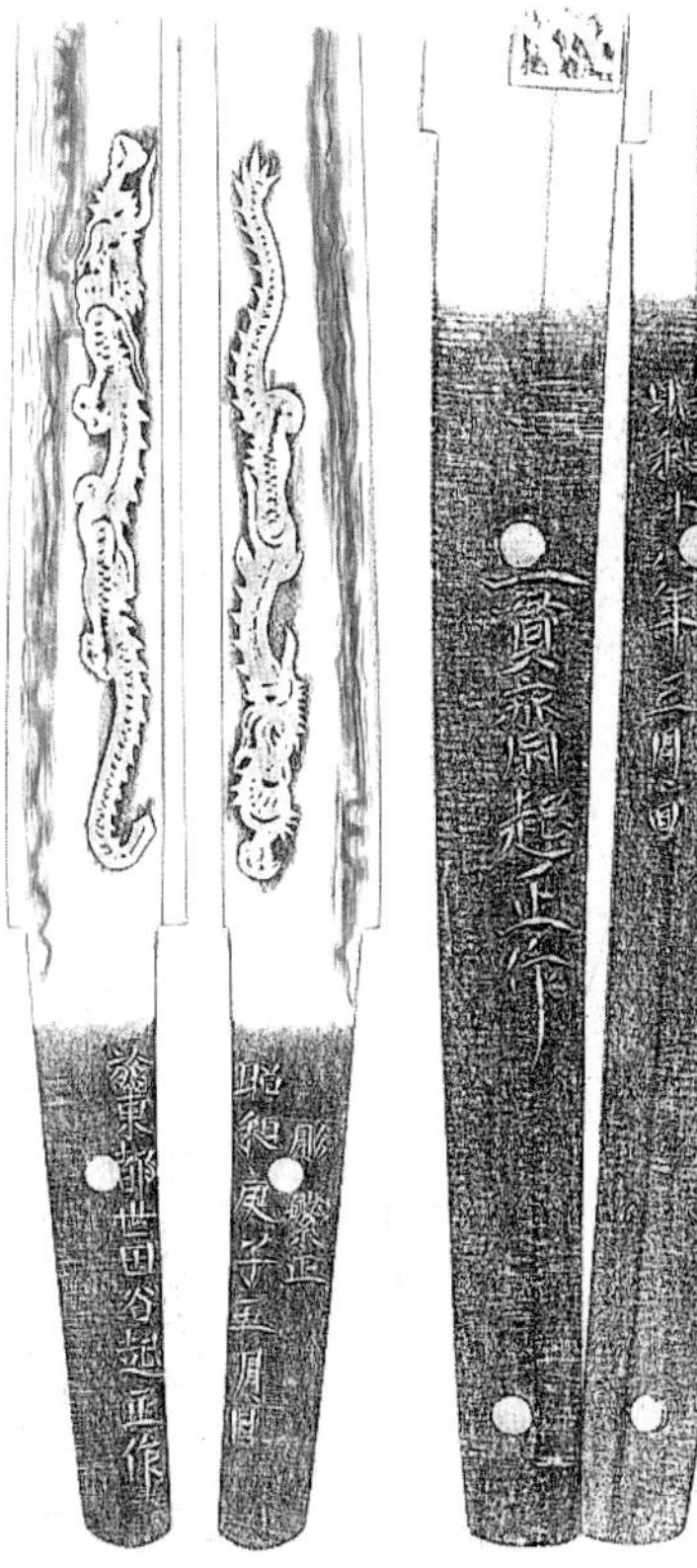

新 興里【おきさと】 虎徹 初代 武蔵国 江戸中期（寛文）

「生国は近江国長曽祢村の人で越前へ移り、のち東武へ来たり東台嶺の辺に住す」というのが『古今鍛冶備考』で、生国近江国が諸書の大方の説である。ところが、「本国越前住人…」と虎徹が切銘した脇指が現存していて、虎徹の生誕地が近江（犬上郡青柳村）とも越前（福井北ノ庄）ともとれて両説がある。長曽祢一族中の虎徹の先人が近江から越前へ移住したのは永禄・元亀のころといわれ、虎徹が慶安年間に五十歳ころで江戸へ出たとすると慶長二、三年の生まれとなるが、本国が必ずしも生国とは限らず、虎徹の場合は本国を本籍地のように用いたと考えられる。生まれが近江で、育った地が越前の可能性も残されよう。

長曽祢一族は甲冑師を専業とする雑鍛冶の集団であったが、虎徹は刀鍛冶を志向してであろう、越前から江戸へ転じている。江戸出府の時期を慶安二年ころ（『虎徹の研究』）とも、明暦一、二年の間（『虎徹大鑑』）とも諸説がある。虎徹が越前を発し、長曽祢鍛冶の故地江州長曽祢村に一時期滞在してのち、江戸に入るまでは一定期間を要していよう。ここに虎徹の兜で明暦元年八月紀がある「長曽祢奥里於武州江戸作之」銘の作が近年に見つかっている。『名甲図鑑』に所載し、同書は明暦九年と誤記しているが、「明暦元年八月」作が明らかで、これにより兜の江戸での

興里の兜（正面）
＊龍頭は欠失

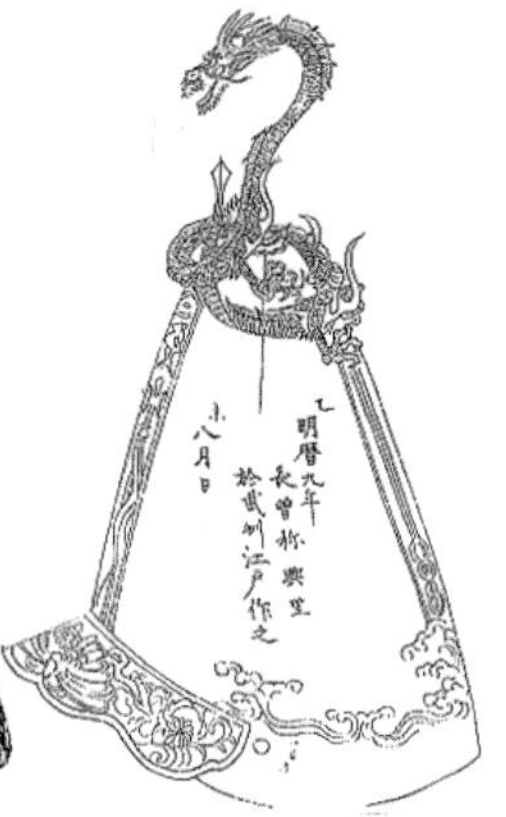

明暦元年（九年は誤記）
側面図（『名甲図鑑』）

明暦元年ころ

明暦二年三月（古鉄銘）

明暦四年八月（おく里銘）

万治三年十二月

寛文元年ころ（おく里はね虎銘）

寛文三年ころ（はね虎銘）

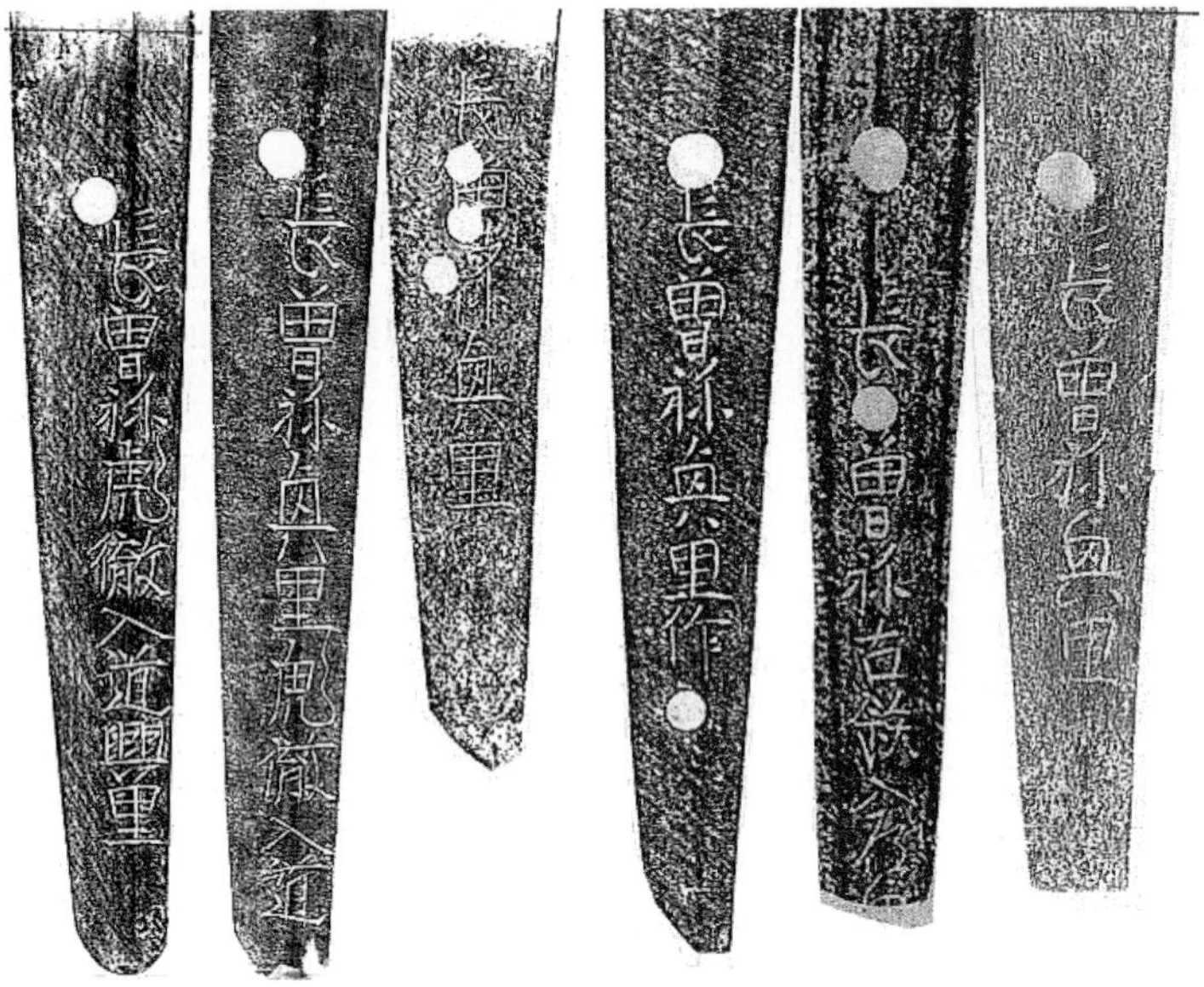

寛文五年十二月（い興はこ虎銘）

寛文十年ころ（は興銘）

寛文十二年八月

延宝五年（は興銘）

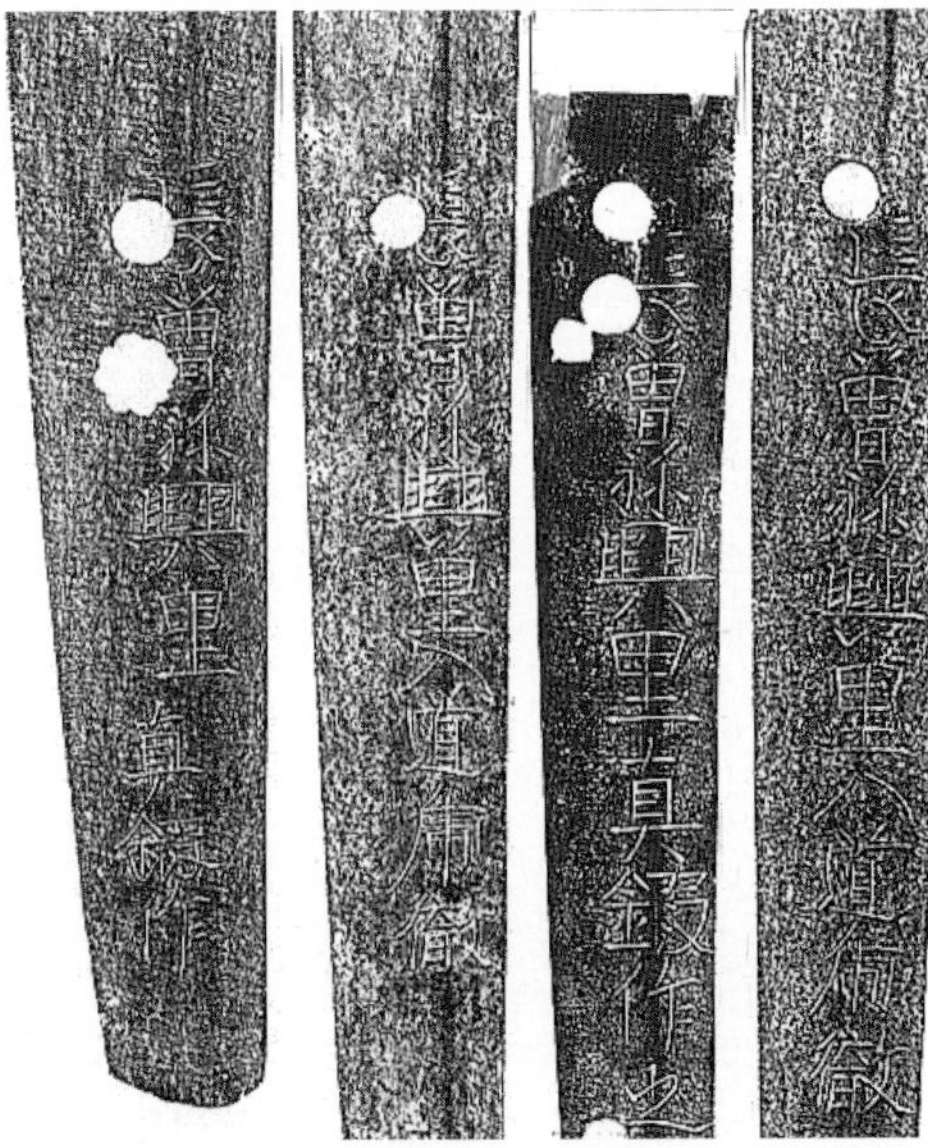

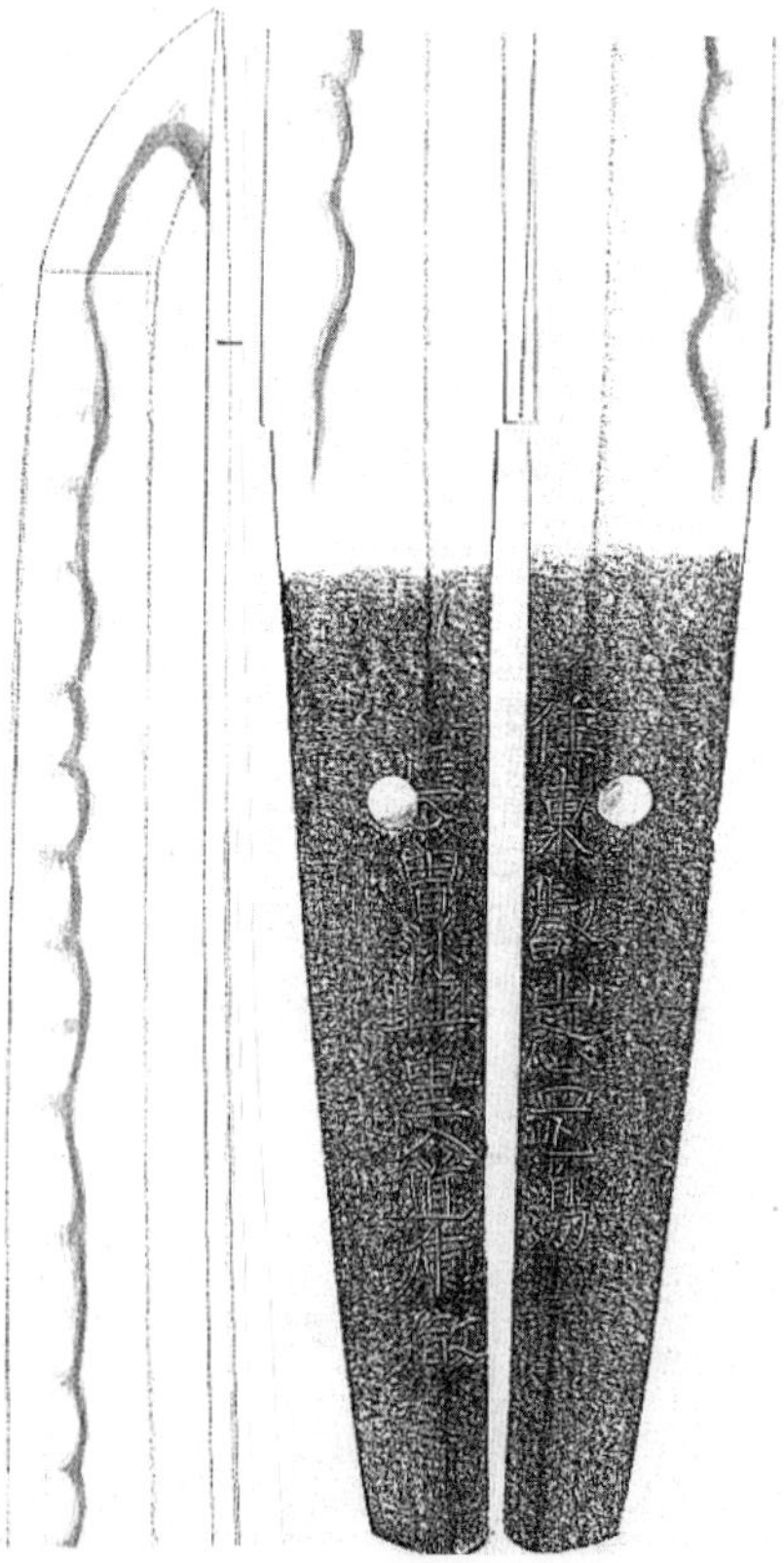

数珠刃（延宝五年ころ）

制作年が確かめられる。虎徹の作として知られる袖(「於武州江戸作之」)、鐔、大小刀《おおこがたな》などもこの時期の制作品であり、年紀がある刀の最初が「明暦二年八月」で、これも武州江戸での作である。この兜の銘作によって、虎徹の江戸入府は「明暦元年八月」以前のこととなる。遡ってみるに、江州長曽祢での駐槌を一、二年間と仮定してみれば、越前を発したのは慶安年間ではなかったろうか。その年齢は「半百に至った」五十歳のころとなる。虎徹の作刀期は明暦元年ころから延宝六年に没するまで二十三年間に及び、寛文末年を盛期に活発な活動を展開してかずかずの名作を残している。

互の目乱を基調として瓢箪刃、数珠刃、湾れ交じりの中直刃など、匂と沸に叢がなく、匂口が明るく冴える。帽子は横手の上で刃幅を狭くした、〝虎徹帽子〟と称される独特の姿を形どる。「彫物同作」などを添銘し、自身彫を示す。東叡山忍岡辺に住したことは、その作銘によって知られる。それ以前はじめ本所割下水、のち上野池の端、また湯島に住し、万治三年ころから寛文五年ころまで松平頼平に仕えて江戸吹上の邸に住すという。いま上野公園内の五条天神社境内に〝虎徹の井戸〟と伝える古井戸があって、この辺が上野お花畑で、すなわち「東叡山忍岡辺」なのかもしれない。備考がいう「東台嶺」でもあろうか。虎徹の鍛刀の師は和泉守兼重、伊勢大掾綱広、また彫刻の師に肥後大掾貞国が挙げられているが、和泉守兼重を師とする説が強い。兼重門下の越中重清の影響を受けて作刀したとの見方もある。延宝六年六月二十四日没。

新 **興正【おきまさ】** 虎徹　二代　武蔵国　江戸中期（延宝）

通称庄兵衛。虎徹興里の弟子でのちに養子となる。銘に長曽祢虎徹二代目興正と切ったものがあり、「虎徹二代目」を継いだことが確かである。延宝二年紀の作に「東叡山於忍岡辺長曽祢興正作之」があって、虎徹と同所に住居している。作刀が少ないのは、虎徹の助手役をつとめ、あるいは代作に任じていたことによろう。『新刃銘尽』によれば「当時本郷湯島に虎徹庄左衛門という者があり、虎徹の孫、興正が子なり、然れ共大小刀はきたえず」といい、興正の子庄左衛門は鍛刀のあとを継がなかったことを認めている。興正の晩年紀には寛文十三、金象嵌試銘には延宝二、延宝六など虎徹在世時のものがあるほか、最終とみられるのに元禄三年がある。作風は師に似て、互の目乱、湾れ調の直刃に太い足を入れ、数珠刃風の作もある。総じて大乱風の出来で、荒沸叢につく。

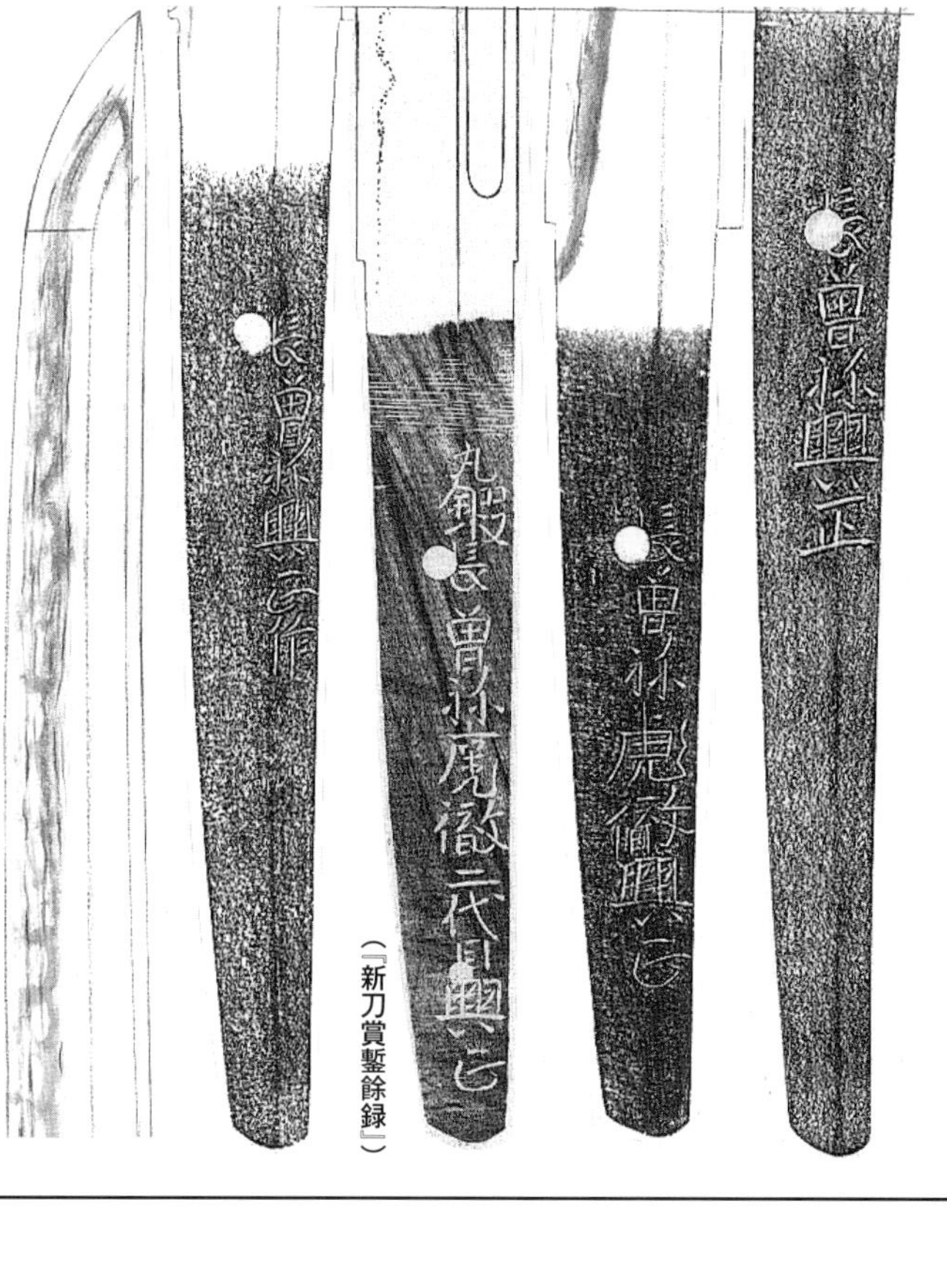

（『新刀賞鑒餘録』）

新 **興直**【おきなお】　武蔵国　江戸中期（延宝）

長曽祢興里門。師虎徹の陰にあって、また虎徹の没後は二代虎徹興正の助力者として働いていよう。興久と同じく作刀は稀。作風は師作に似る。銘の書風は細鏨で流暢、興正、興久より以上に虎徹興里の銘に近似する。

新 **興久**【おきひさ】　武蔵国　江戸中期（延宝）

長曽祢興里門。虎徹父子のよき協力者として終始したであろう。作刀稀である。互の目に湾れ交じりの刃文の頭が丸く、谷も深い。匂深く小沸よくつく。銘字細鏨で大振り。

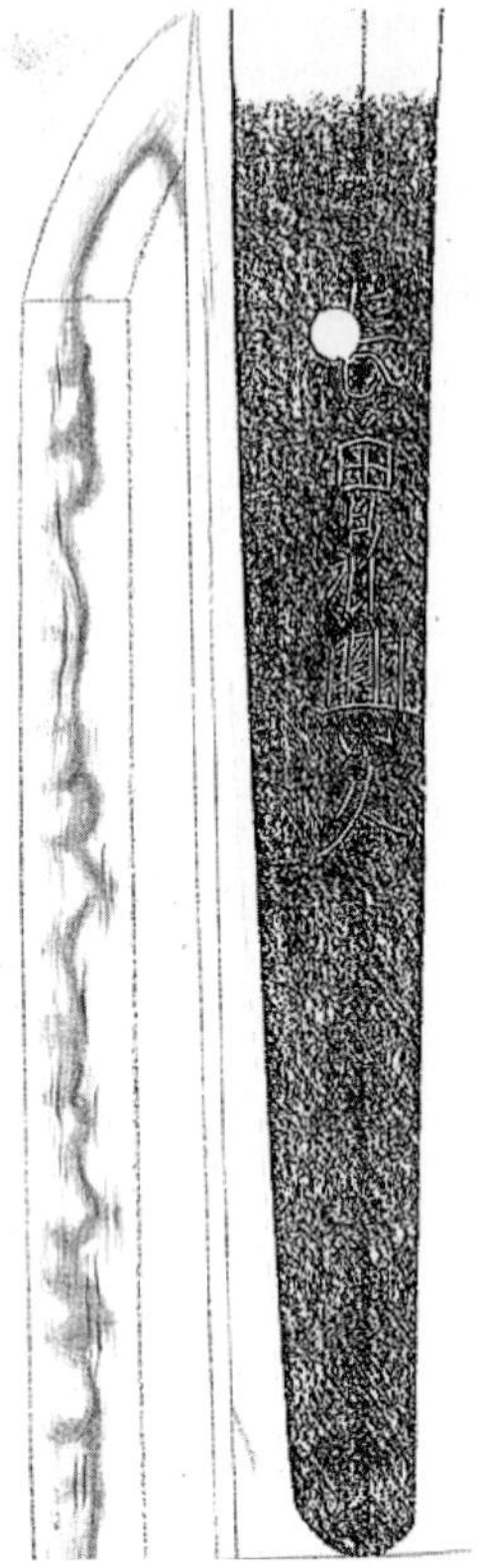

《か》

新作 果【か・あきら】 秋田　昭和

柴田政太郎。秋田県雄勝郡羽後町西馬音内《にしもない》の出身。一時期に光興と銘す。佐藤重則に学び、のち宮口一貫斎寿広に師事する。昭和九年、帝展出品入選。昭和十年、新作日本刀大共進会で特別最優秀賞受賞。昭和二十八年三月十二日没。短刀が多く、直刃を好み、左文字、来などの写し物を好む。互の目乱の相伝の作もある。

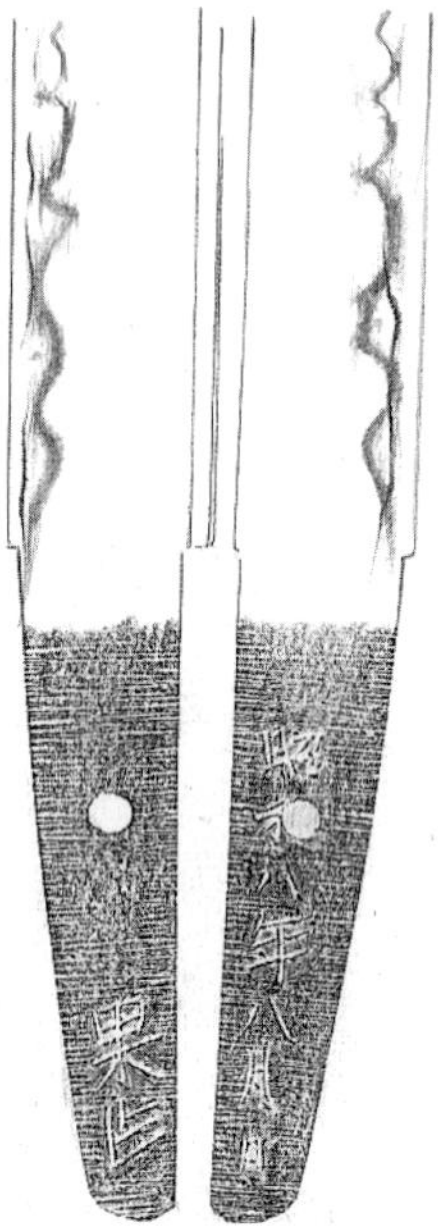

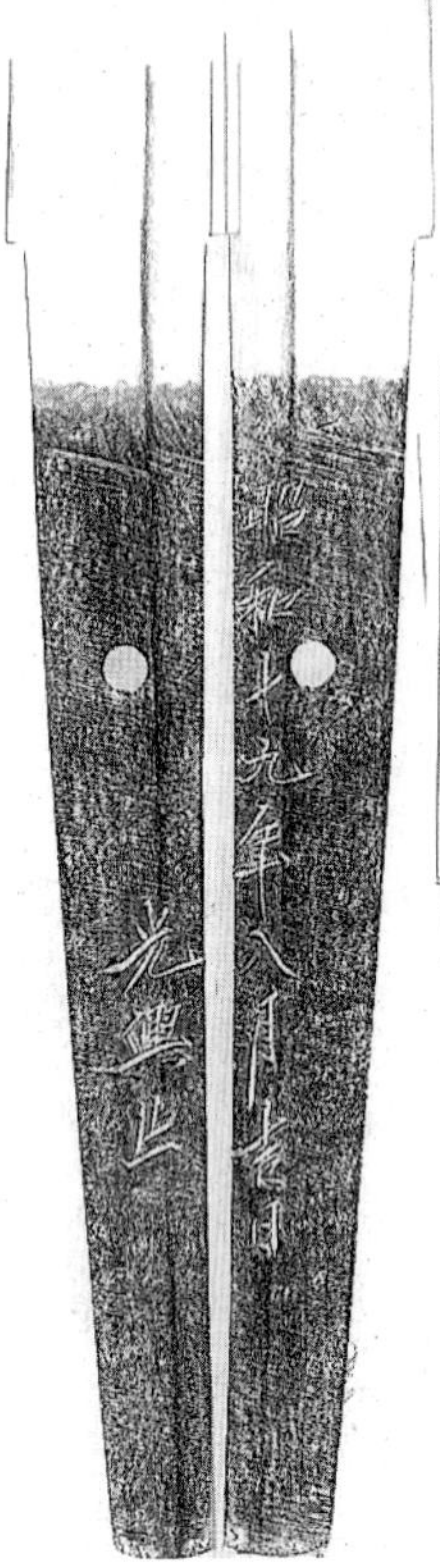

新々 景一【かげかず】 震鱗子　上野国　江戸末期（天保）

本姓深井。震鱗子克一門、のち養子となり二代目震鱗子を継ぐ。初銘景勝。武州鴻巣住。明治四年紀に七十七歳の添銘作があり、翌明治五年八月紀の脇指が、年紀がある最終作であろう。湾れに互の目交じり、直刃、師から継承の濤瀾乱を焼く。

古 景国【かげくに】 山城国　鎌倉中期（貞永）

粟田口。久国子また門という。藤左近将監。隠岐国御番鍛冶に任ず。のち備前にても造るという。「景國」「藤原景國」。

古 景貞【かげさだ】 紀伊国　室町末期（応仁）

入鹿。紀州粉川住。永享ころが古く、応仁、大永と続く。「景貞」「入鹿景貞」。

古 景真【かげざね】 備前国　鎌倉初期（安貞）

古備前。湾れ調の直刃に小乱、小足入り、小沸よくつき、湯走りかかる古雅な作風から古備前と鑑せられる。銘鑑にある長船在住で鎌倉最末期・正中ころの景真は後代であろう、同銘が室町初期にも作刀する。古備前景真は銘鑑の欠を補う新資料。

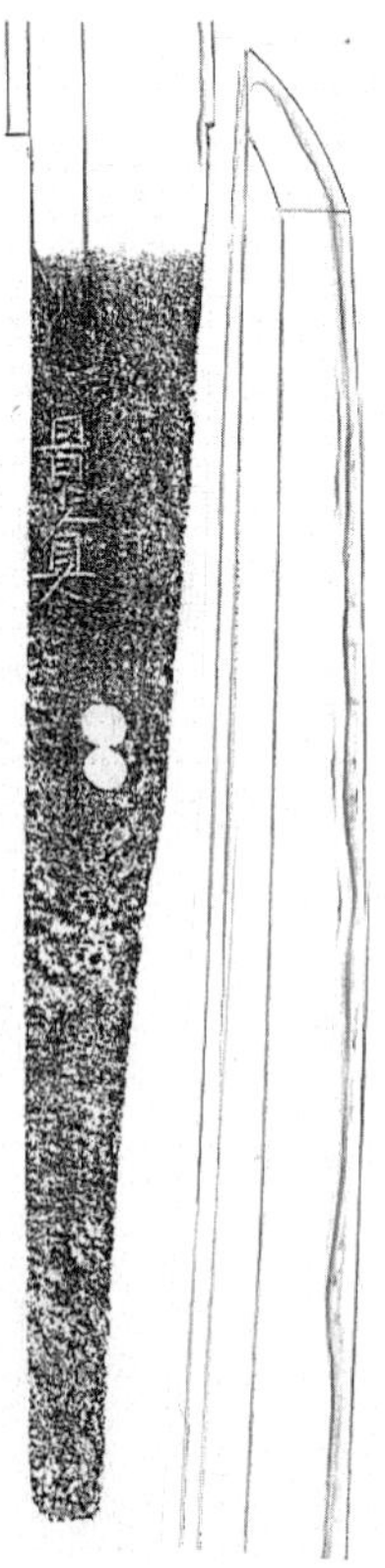

古 景真【かげざね】 紀伊国　室町初期（応永）

入鹿。実綱また実経子という。同銘が永享、文明、永正と続く。「景真」「入鹿景真」「紀州入鹿景真」。

古 景重【かげしげ】 上野国　室町末期（天文）

長谷部の末流で、本国相州から上州に移り、沼田、厩橋住。上杉家の鍛冶となり越後にても造る。「景重」「上州住景重」「上野国景重」。

古 景介【かげすけ】 肥後国　室町末期（文明）

石貫。延寿の末流。玉名住。文明ころ。「石貫景介作」「肥州玉名住石貫景介作」。

古 景助【かげすけ】 備前国　鎌倉初期（建保）

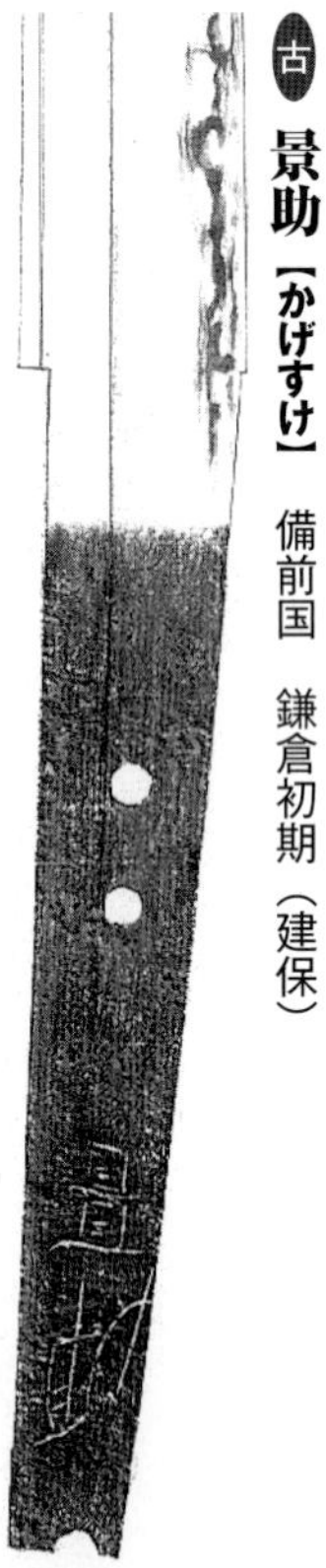

古備前。板目肌に地沸厚くつき、地景入り、地斑映り立つ。刃文は小乱に小丁子交じり、沸荒めにつき、ほつれ、湯走りかかり、金筋入る。「景助」二字を大銘に切る。

古 **景次**【かげつぐ】 備中国 鎌倉中期（天福）

古青江。直刃調に小乱、小沸よくつき、細かい砂流し、金筋入る。「景次」。同銘後代が南北朝末（康暦ころ）、室町初期（応永ころ）に作刀する。

新 **景利**【かげとし】 加賀国 江戸中期（寛文）

「加州金沢住藤原景利」などと銘す。互の目乱、丁子乱など。

古 **景友**【かげとも】 備前国 室町初期（応永）

南北朝末から室町初めにかけて作刀する。互の目乱は応永備前の作風。「備州長船景友」。

古 **景友**【かげとも】 越中国 室町末期（文禄）

藤島。互の目乱に尖り互の目交じり、小沸つき匂口締る。文禄二年紀の作がある。「越中国住景友」。

古 **景長**【かげなが】 因幡国 鎌倉末期（嘉元）

藤左衛門。粟田口吉正子とも門下ともいう。山城から因幡国宇倍野に移住し、因幡小鍛冶の祖となると伝える。有銘の景長で嘉元ころまで遡るとみられるものは見ない。

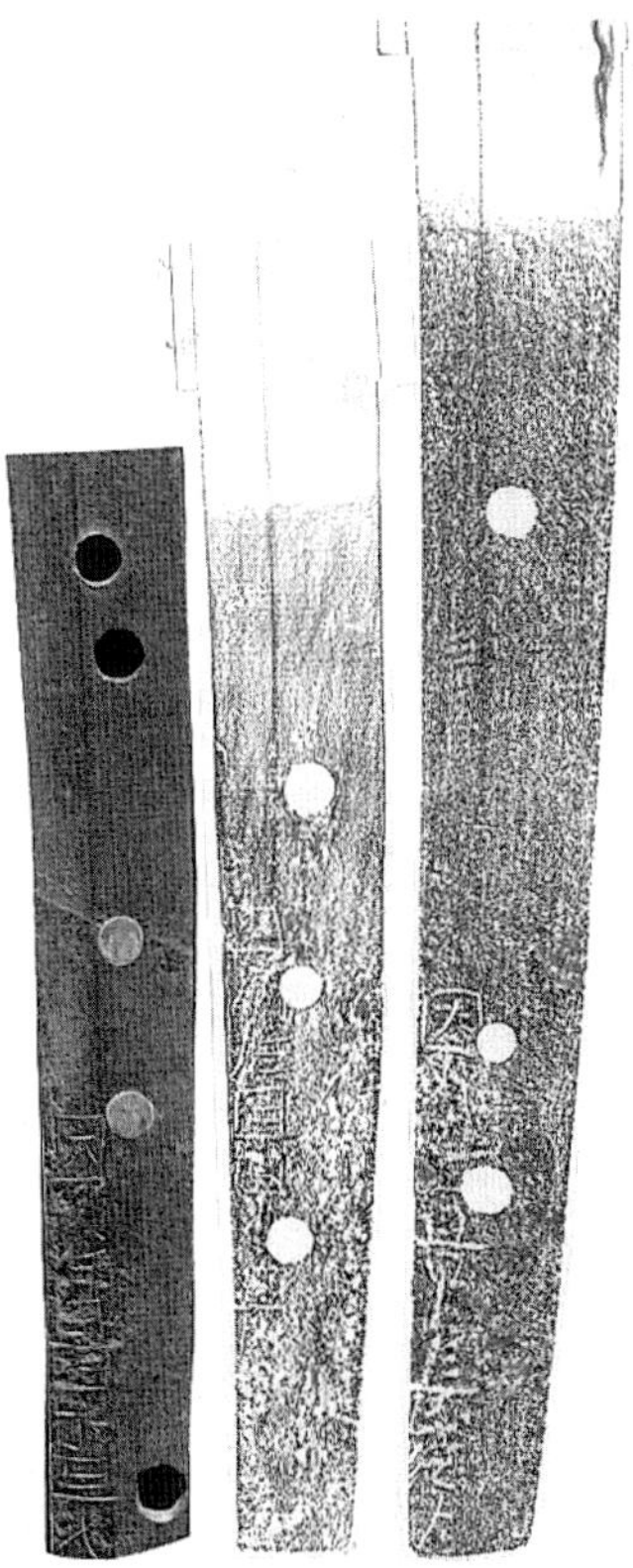

古 **景長**【かげなが】 因幡国 南北朝期（貞和）

因幡小鍛冶。南北朝初めの建武ころから貞和ころにかけて作刀する。板目が流れてよく詰み、映り立つ。刃文は直刃に互の目、小湾れ交じり、ほつれ打のけかかり、沸よくつき、細かい砂流し、金筋が入る。「因州住景長」「因州住景長作」。

古 **景長**【かげなが】 因幡国 南北朝期（永徳）

因幡小鍛冶。知頭《ちづ》郡十日市場住（現・鳥取県八頭《やず》郡智頭《ちづ》町辺）。中直刃に逆互の目を交じえた刃文が、南北朝期のころの景長作にままみられる。銘は「因州住」を小さく、「景長」の二字を大きく切る。「景長」「因州住景長」。

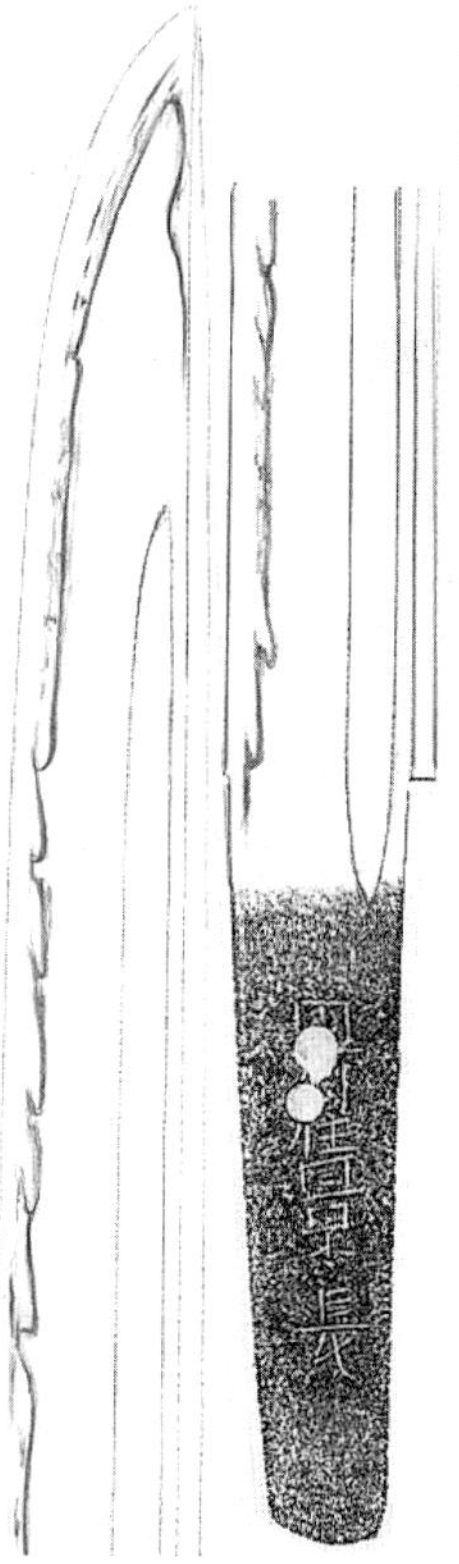

古 **景長**【かげなが】 因幡国 室町初期（応永）

因州千二澤住。千二澤は現・鳥取市国府町宮下字銭ヶ谷。作銘は小銘に切る。応永九年紀が一例あるのをみると銘を小さく、年紀は大きく切る。「因州景長」「因州住景長」「因州千二澤住景長」。

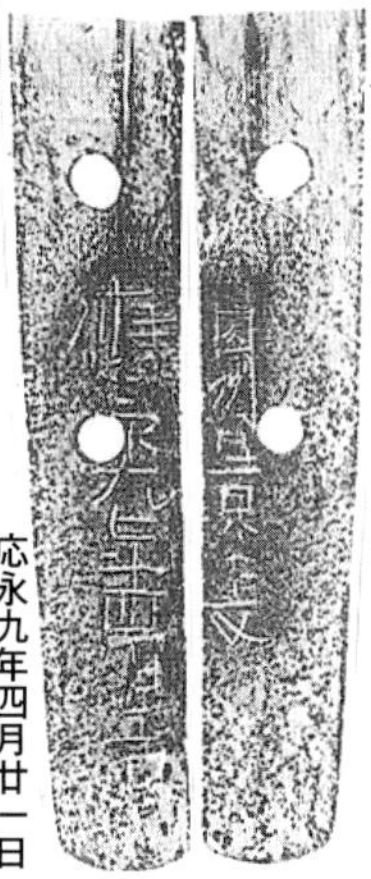

応永九年四月廿一日

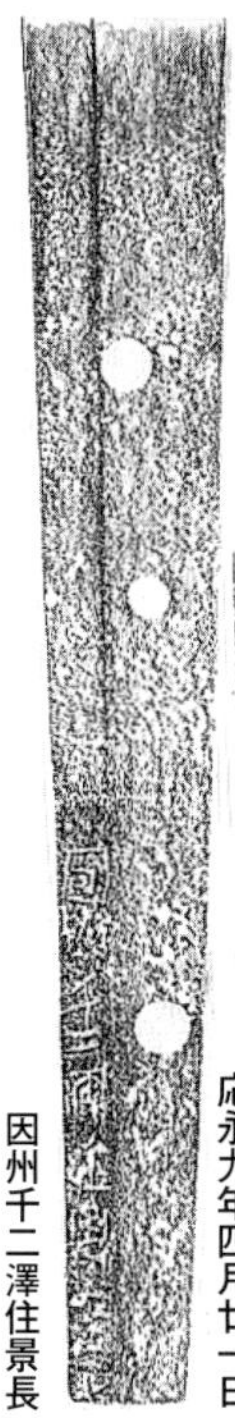

因州千二澤住景長

古 **景長**【かげなが】 因幡国 室町中期（永享）

室町期に入っての景長は応永から永享、長禄、明応、天正と継続する。

伝統的な細直刃のほか互の目乱、また大乱も焼くが、室町期後半には単調な直刃を焼いたものをみる。「景長作」「因州住景長」「因州住景長作」。

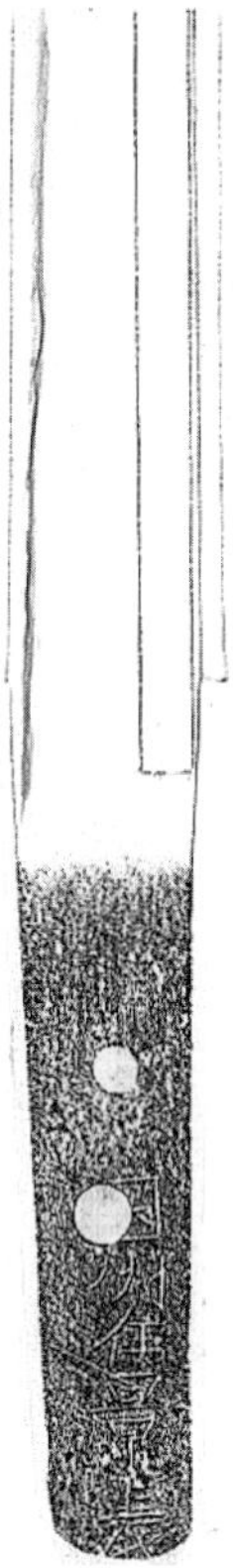

古 景則【かげのり】 備前国　鎌倉中期（弘安）

吉井。初代。景則は古備前、福岡一文字に同銘があって、名跡が古くから継承し、吉井派の景則は初代正応（『古刀銘尽大全』）という。現存する銘作に弘安四年紀の太刀があり、小乱に小互の目を交じえて連れた刃文が吉井物特有のきざしをみせていて、正応の景則と同人かとみられる。すると弘安・正応の景則の年代は吉井の祖という正和の為則（『校正古刀銘鑑』）より古くなって、吉井の祖が景則であるとの説が否定されなくなるが、景則の名跡が古備前の時代から継承し、室町期まで永く後続し、景則の名が強調されることになって、景則の祖説が生じたものであろう。

（系図888〜889頁参照）

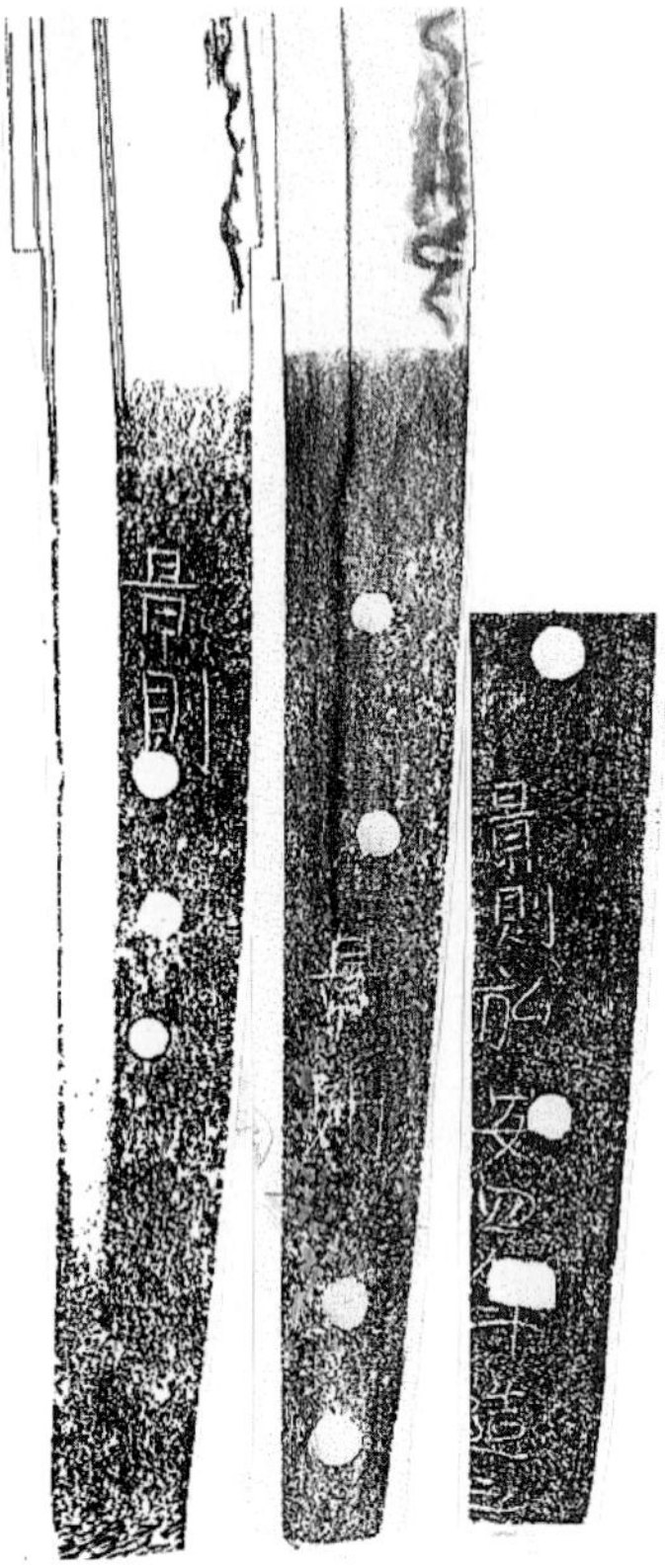

古 景則【かげのり】 備前国　鎌倉末期（文保）

吉井、藤八。二代。初代景則の子。小互の目が揃い、吉井派の作風が表われる。「景則」「備州長船景則」。

古 景則【かげのり】 備前国　南北朝期（貞和）

吉井。孫七郎。三代。貞和五年から貞治三年ころまでの年紀作があり、正平十八年紀もあるので、北朝と、のち南朝に属していたことが知られる。「備前国吉井住景則」「備前国吉井景則」。

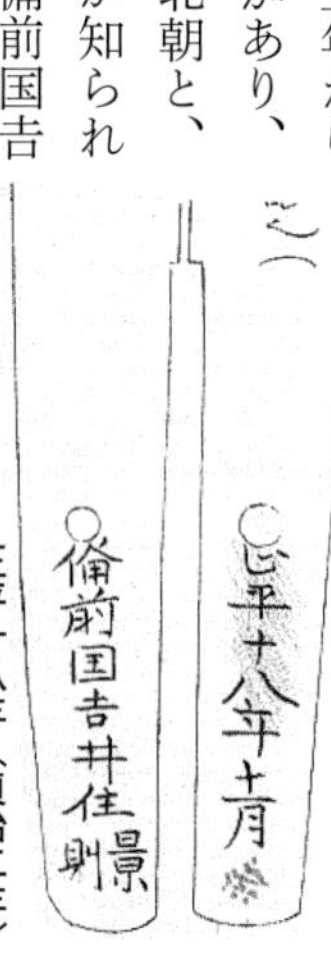

正平十八年（貞治二年）

貞治三年　甲刀三月日

古 景則【かげのり】 備前国　南北朝期（応安）

吉井。四代。永徳元年紀があり、応安の景則と同人であろうか。「備州吉井住景則」「備前国吉井住景則」。景則の名跡は室町期になって応永・正長・文明へと続き、正長のころに出雲へ移った一族がこの地でも栄えて備前吉井と出雲に後続する。

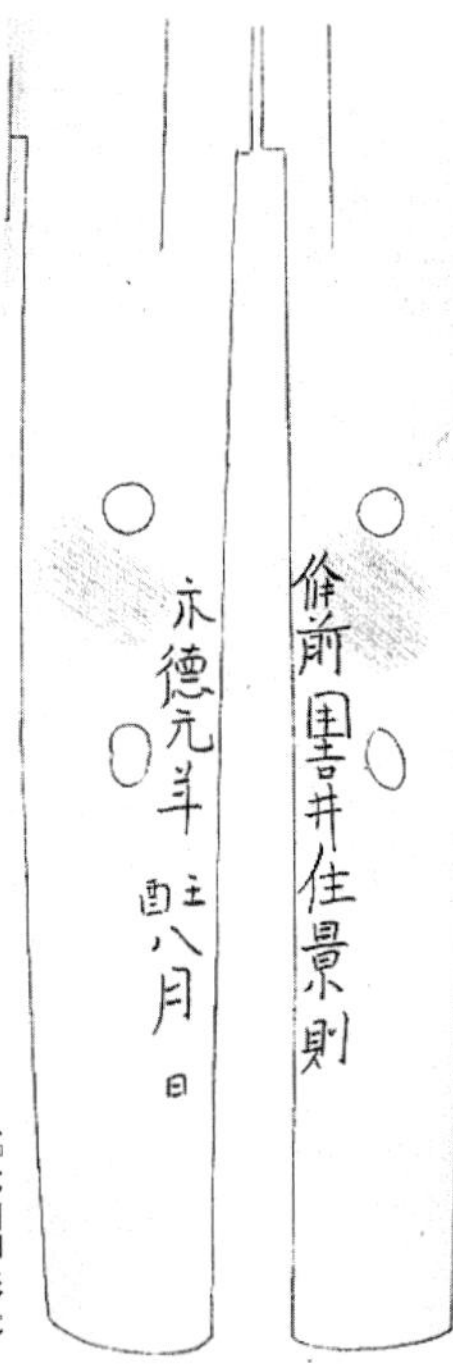

（『光山押形』）

古 景秀【かげひで】 備前国　鎌倉中期（正元）

長船。右馬允、また左馬尉とも。近忠子、光忠弟という。伊達政宗の愛刀「くろんぼ斬り」の作者として知られる。景秀の作は兄光忠に似て丁子に互の目交じりの華やいだ刃文を焼き、尖りごころの刃が目立って鋭さがある。「くろんぼ斬り」は大丁子乱が鎬に達するほどに乱の出入りが烈しく一文字風がある。「景秀」。

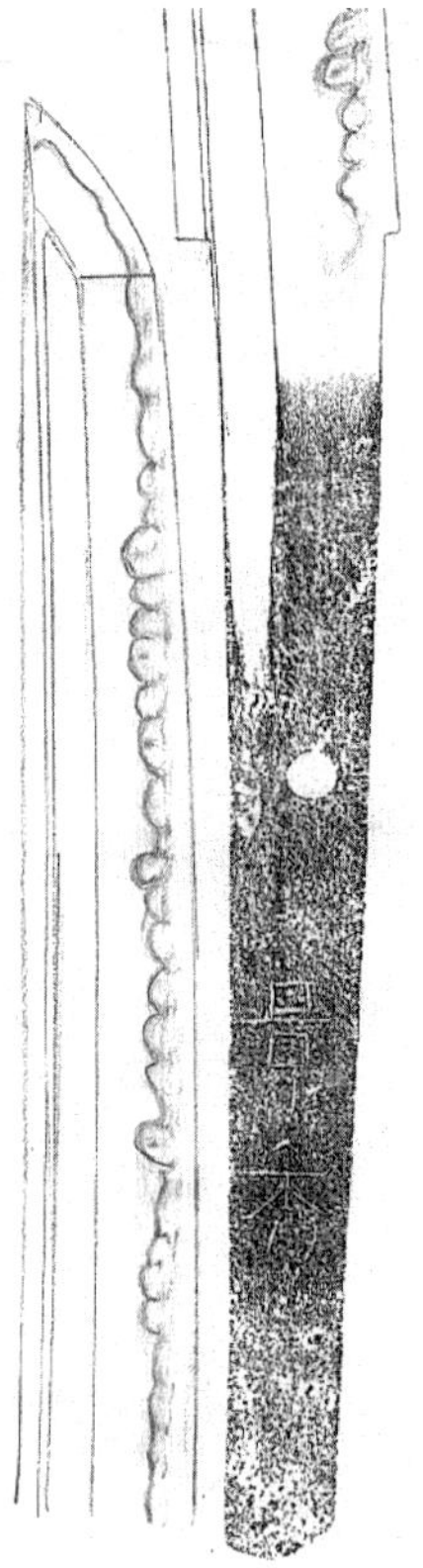

古 景秀【かげひで】 備前国　鎌倉末期（乾元）

長船。二代。初代作と比べ乱の出入りが少なく小模様になる。乾元、徳治の年紀作がある。「景秀」。同銘が吉岡一文字、大宮にいて、のち室町期（文明ころ）に継続する。

新 景平【かげひら】 加賀国　桃山期（寛永）

辻村四郎右衛門。甚六初代兼若の長男。辻村家を継ぎ四郎右衛門を襲名するが、弟又助を養子として、二代兼若は又助が相続する。年紀がある作は寛永五年から承応三年まで二十六年間があるが作刀は比較的少なく、親高平（初代兼若）の代作に任じていたことにもよろう。代作の多くは元和年間のことである。直刃、互の目乱が多く、逆丁子乱もある。刀身彫に長じて上手。

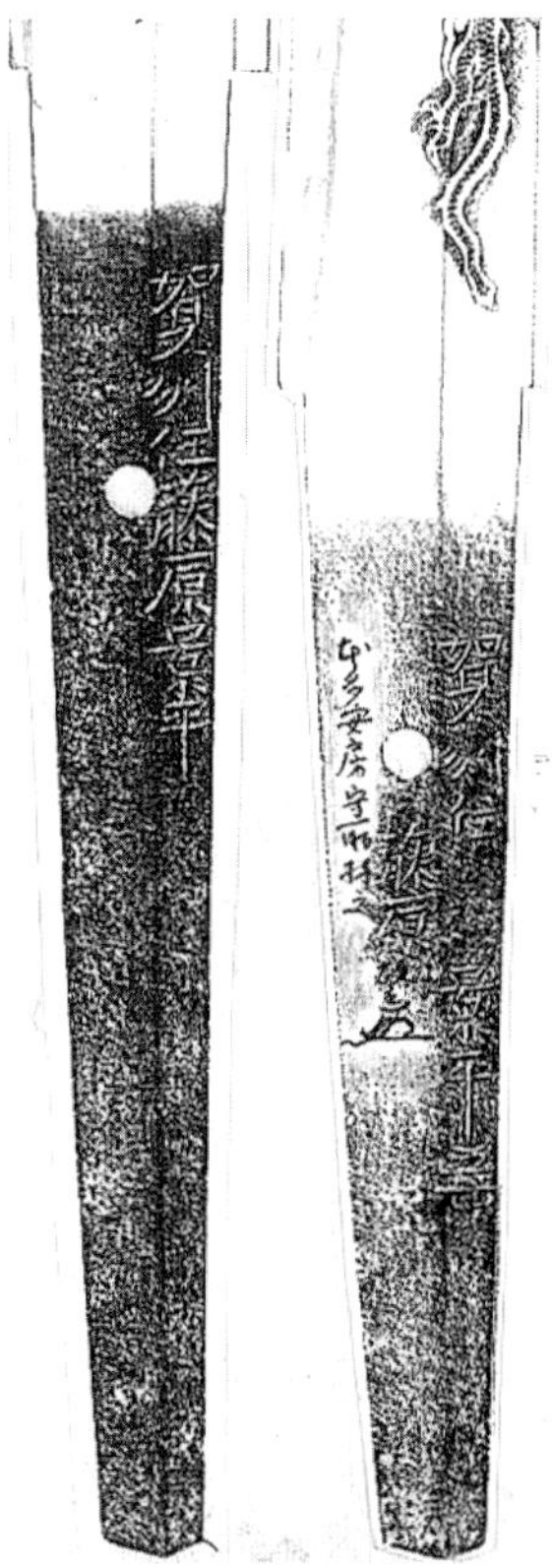

古 景政【かげまさ】 備前国　鎌倉末期（正中）

左衛門尉。進士三郎。長光の子、また真長の子とも。景光の弟とも門ともいう。文保元年から康永二年までの作刀があり、正中二年と嘉暦四年に景光との合作刀がある。直刃、また互の目に丁子交じりを焼き、景光に似た肩落互の目に丁子映りが立つ。「備州長船住景政」「備前国長船住左衛門尉景政」。

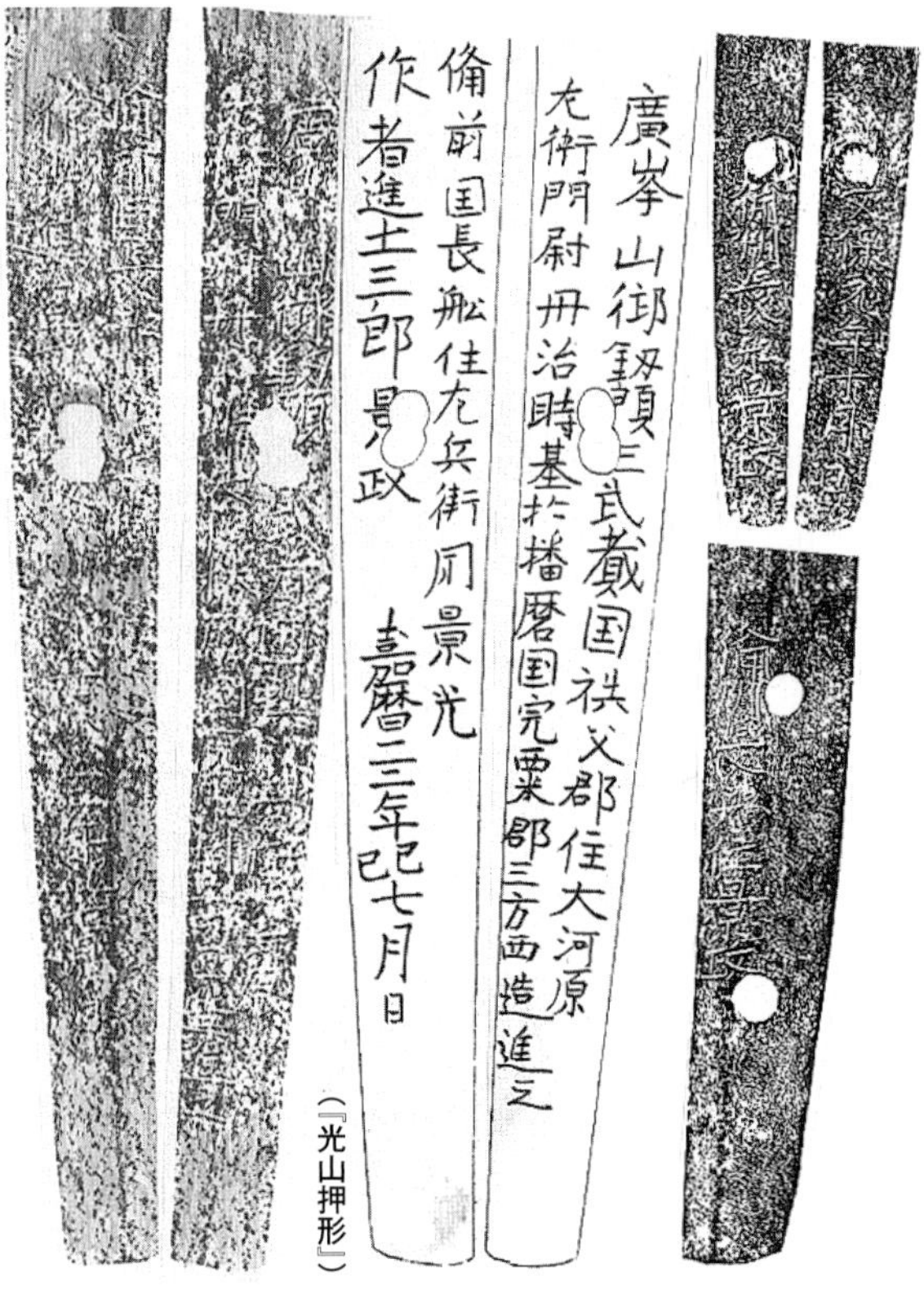

（『光山押形』）

古 景政【かげまさ】 備前国　南北朝期（延文）

大宮。盛景子または弟という。「景政」「備州長船景政」。

古 景光【かげみつ】 備前国　鎌倉末期（正和）

左兵衛尉、左衛門尉。長光の子で兼光の父。長船鍛冶は光忠を祖として長光から景光へと盛期を迎え、子の兼光へと嫡流を伝える。景光は嘉元元年から貞和四年まで四十四年間に及ぶ製作期がある。この間、作刀は比較的多く、太刀、短刀を主に薙刀、剣などがある。太刀は長光ほどの華やかな丁子乱はなく、中丁子、小丁子に互の目を交じえ、多少とも逆がかった刃がかならず交じり、直刃に小足入りの淋しいものもある。肩の落ちた互の目を並べる肩落互の目を得意とするが、これは父長光から始まるもので、短刀にある片切刃造りは長光にはみられず、景光の個性的な造りであろう。景光には長銘が多く、二字銘は少ないが、長光はその逆で二字銘が多く、長銘が少ない。刀身彫は長光には簡素なものがあるが、

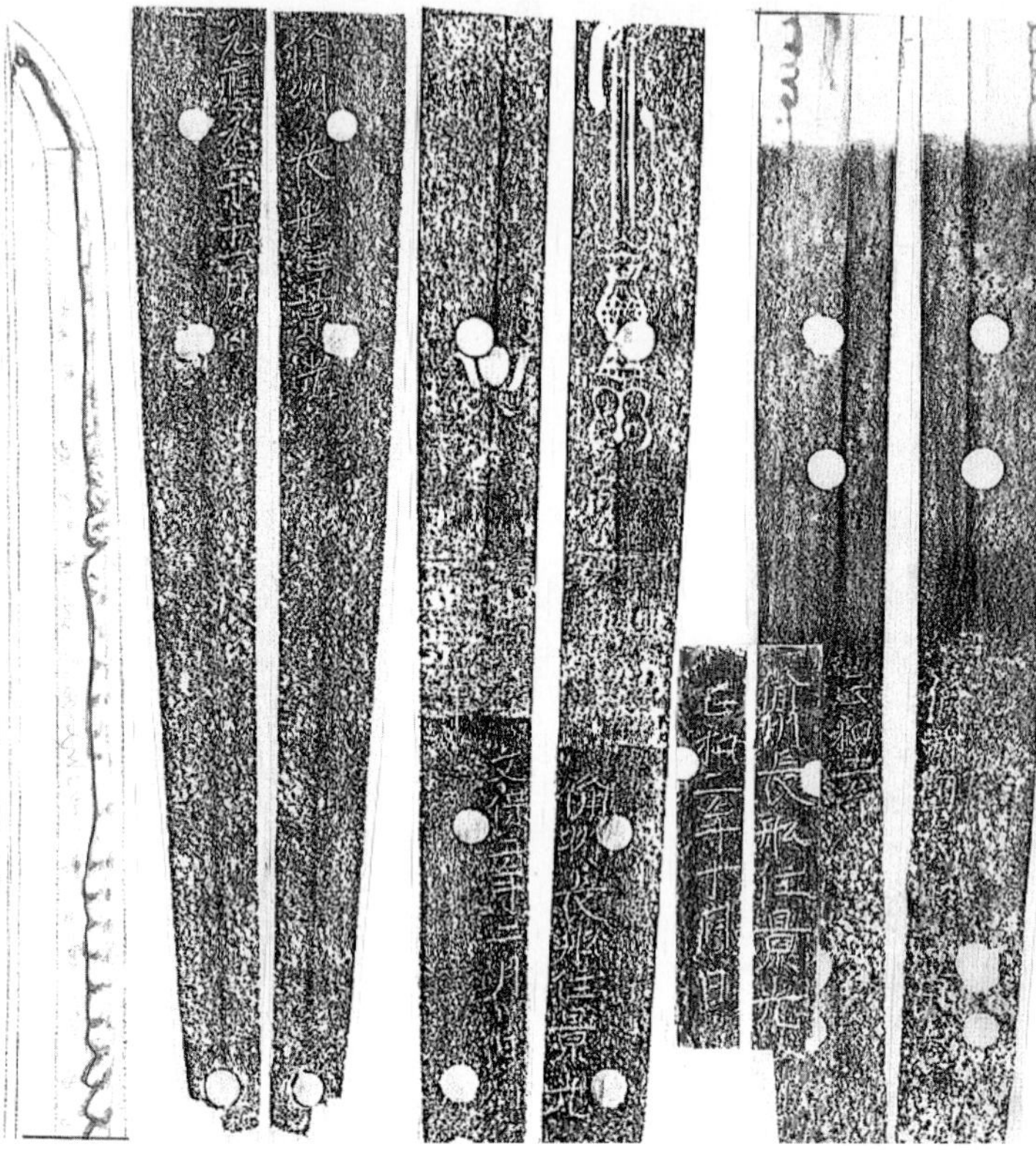

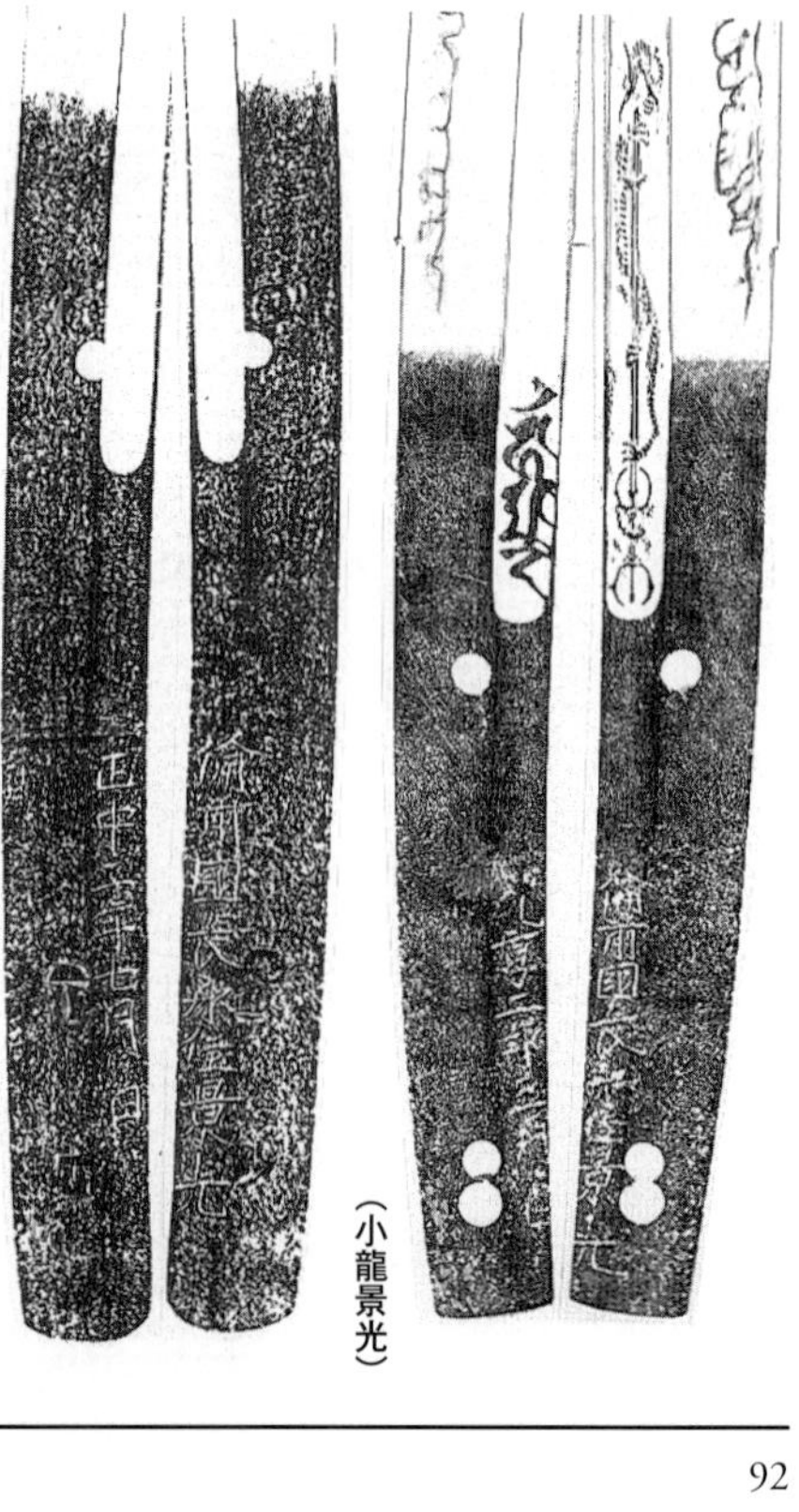

（小龍景光）

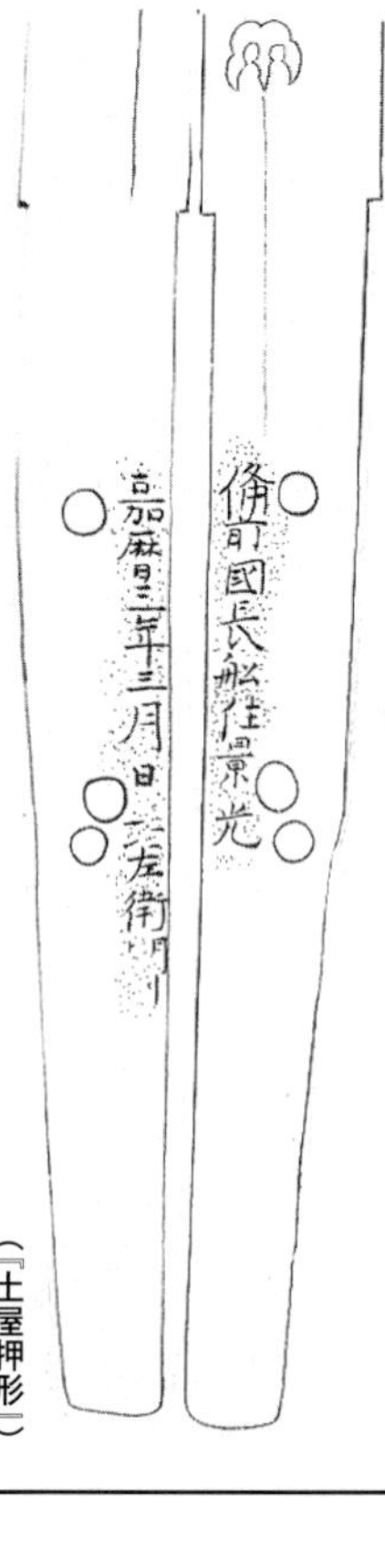

（『土屋押形』）

景光には立不動や倶利迦羅など緻密なものをみる。彫物の名手である。「景光」「備州長船住景光」「備前國長船住左衛門尉景光」「備前國長船住左兵衛尉景光　作者進士三郎景政」。

古 景光【かげみつ】 備前国　南北朝期（応安）

兼光門。応安元年、永徳三年紀がある。景光の初作とみられる嘉元元年紀（『往昔抄』）から応安元年までは六十五年、永徳三年までは八十年があって、この間に景光が一人とするには無理があり、二人以上の景光がいると考えられる。『往昔抄』は初（初代）、後（二代）、両人よりも後（後代）の三人の景光の押形図を掲げる。初代嘉元元年、二代正中二年の年紀を示し、後代（三代目）は南北朝期のようである。江戸時代になってから

は景光三代説は強くなり『校正古刀銘鑑』は次の系図を掲げる。

（初）景光 正安 嘉元四 元弘二 ——（二）景光 建武二 ——（三）景光 応安元

初（初代）

後（二代）

両人よりも後（後代）

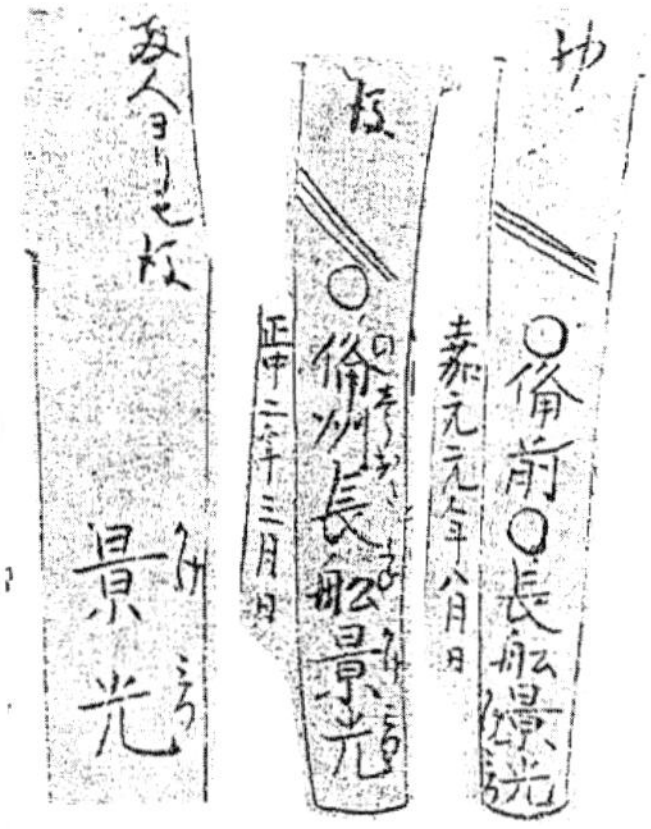

後代の景光

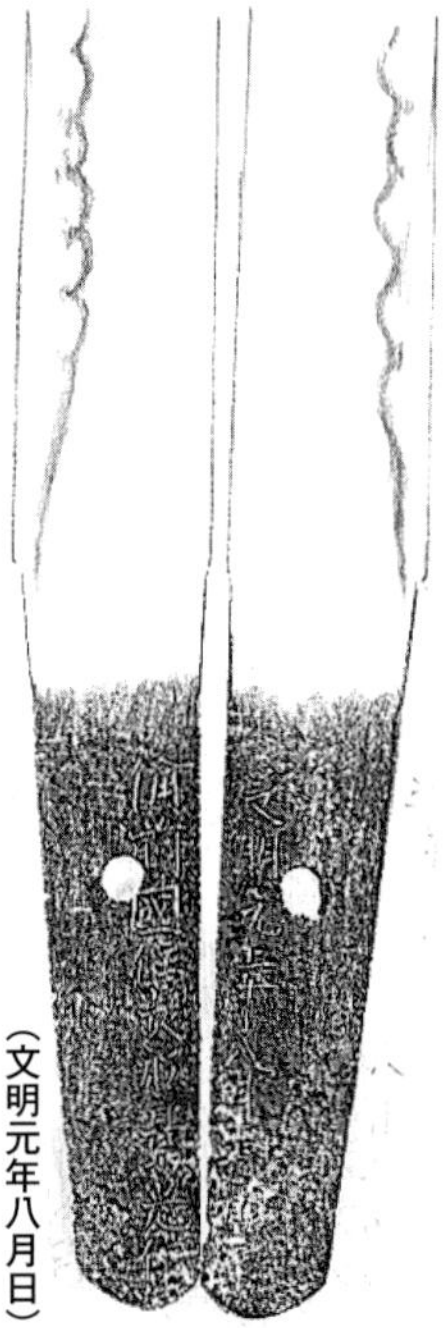

（文明元年八月日）

他に『鍛冶銘早見出』などいずれも校正と同調であり、早見出はなお大銘を切る応永の景光がいるとする。応安・永徳の年紀がある景光は年代的にみては三代目に該当する。問題は応安元年以前にもう一人の景光がいたとみねばならないことである。初代景光の最終年紀とみられる建武元（元弘四）年から応安元年まで三十四年があって、この間にもう一人の景光、それは二代景光がいたであろうことである。それは校正の二代建武二年の景光であり、『往昔抄』の後（二代）景光に相当する。景光の作刀の盛期は元亨のころで、小龍景光太刀をはじめ、謙信景光など名作が作られたのがこの時期であるが、元亨から正中にかけてのころに銘振りに変化が生じている。景光の年紀作で建武から以降の現存作をみることがないので、二代景光の存在を確かめるに至らず、今後の検討に俟ちたい。

銘鑑によると景光の後代に応永、文安、大永、天正、応仁と室町期に連綿とする。掲出の「文明元年八月吉日」年紀作は末備前の一作例である。「景光」「備前國長船景光」「備州長船景光」「備前國住長船景光作」。

古 景光【かげみつ】 加賀国 南北朝期（康暦）

加州真景の子。左馬助。『古今銘尽』は真景系に景光・友重・行光の三人の子を掲げ、各代とも名跡が継承する。初代景光には康暦年紀の作がある。「景光」「加州住景光」。

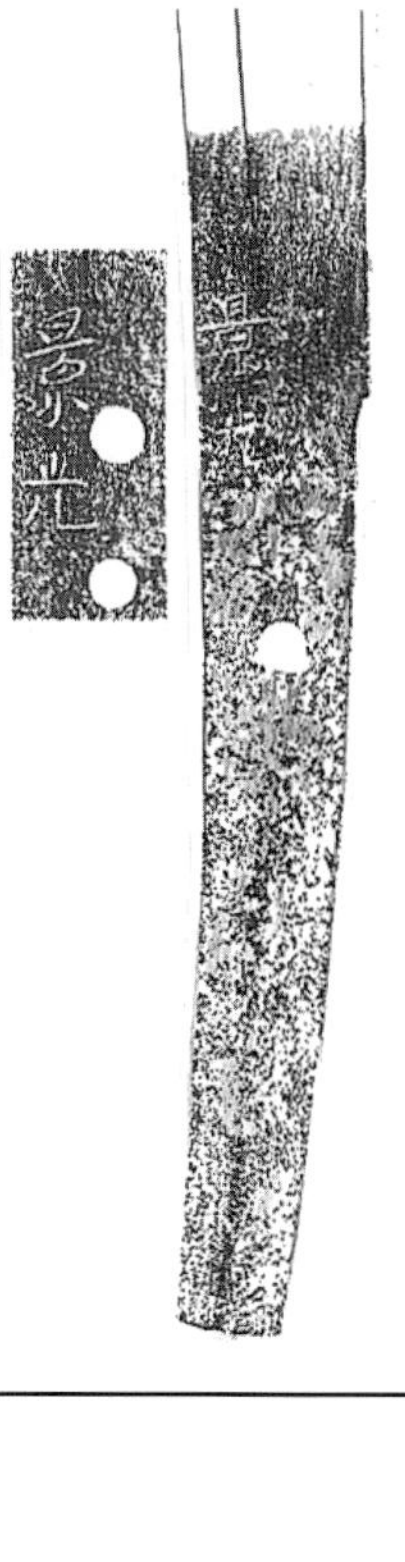

古 景光【かげみつ】 加賀国　南北朝期（康暦）

左馬助。真景の子、藤島友重門。初代。石川郡相川住。康暦二、六年紀の作がある。「景光」「加州住藤原景光」。二代は応永ころ、南左馬助。藤島友重の弟という。以降は康正から永正にかけて名跡が続く。

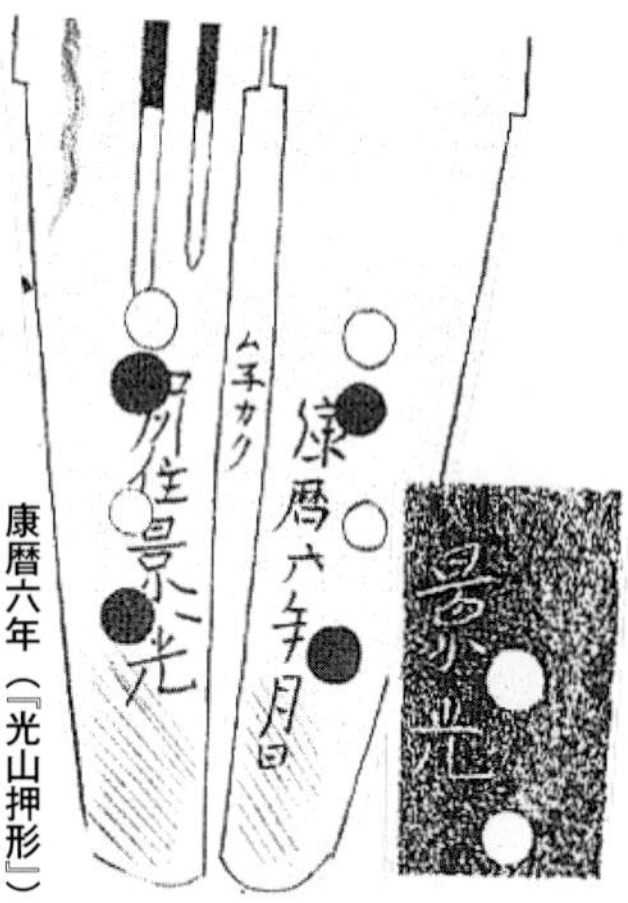

康暦六年（『光山押形』）

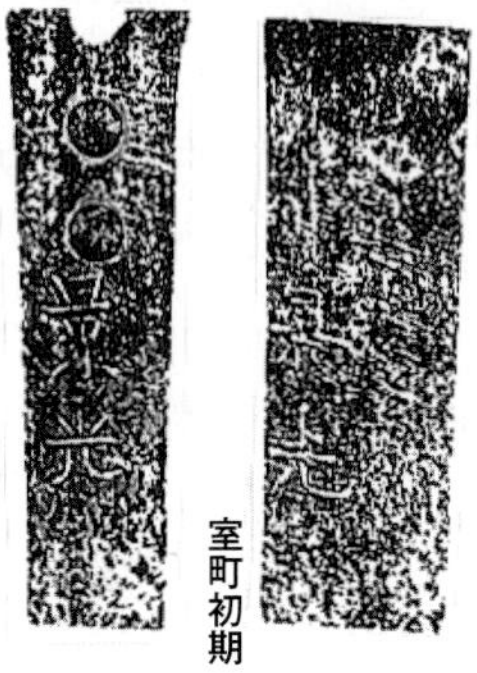
室町初期

古 景光【かげみつ】 加賀国　室町初期（応永）

二代景光。直刃に小互の目足入り。備前景光と異なり小沸がつき、匂口締り気味。「景光」「加州住藤原景光」。加州景光は康正、文明、永正と同銘が続く。

古 景光【かげみつ】 紀伊国　室町末期（明応）

入鹿。粉河住。室町中ころから末の明応ころにかけて作刀をみる。「景光」「入鹿景光作」。

古 景盛【かげもり】 豊後国　室町末期（天文）

平高田。文次郎、太郎左衛門。守重の子。「景盛」「平景盛」「豊州高田住藤原景盛」。

古 景安【かげやす】 備前国　鎌倉初期（貞応）

古備前。義憲門。直刃調に小乱、小丁子交じり、小沸よくつき古調な作。「備前國景安」「備前國住人景安」。

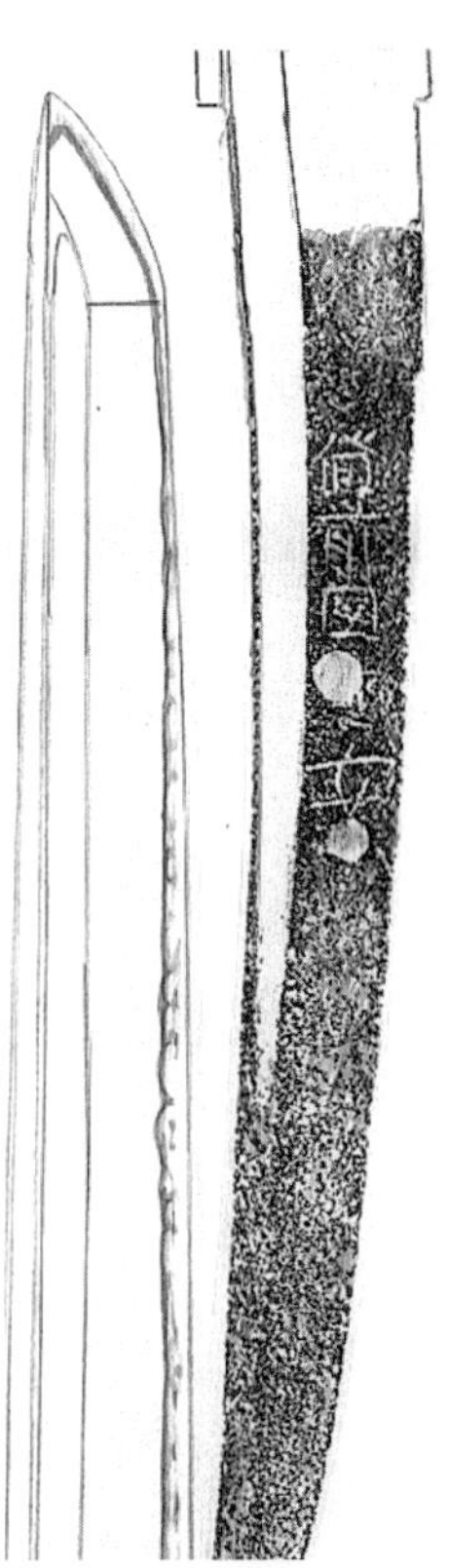

古 景安【かげやす】 備前国　鎌倉中期（貞永）

福岡一文字。大振り、やや太鏨で二字に切る景安は古備前の長銘景安の流れを汲むものであろう。古備前景安に似て直刃調に小乱、小丁子を交じえるが、角張った小乱を加えるのが特徴。同銘の他作には古備前ものより丁子が大模様なものがあるが、総じては焼幅が狭めで古調さがある。「景安」。

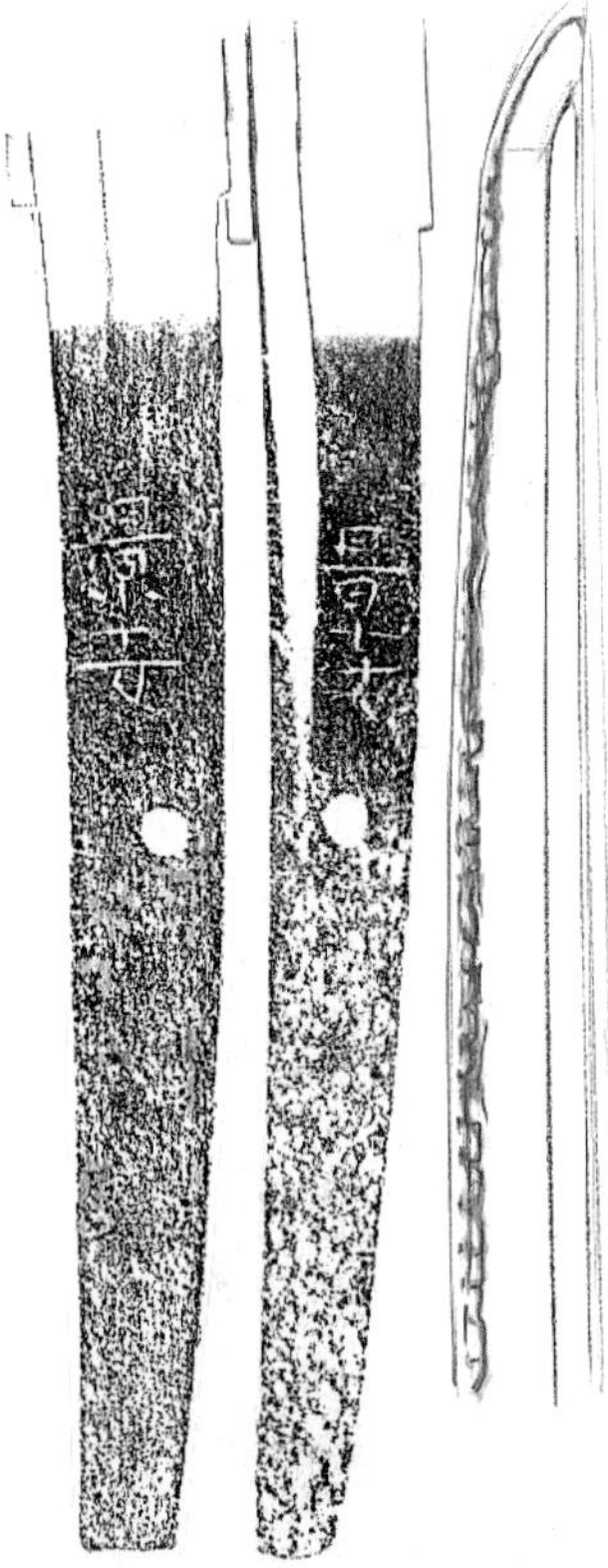

古 景依【かげより】 備前国　鎌倉中期（寛元）

古備前。太銘に二字「景依」に切る。新田庄景依の先人か。「景依」「景依造」。

古 **景依**【かげより】　備前国　鎌倉中期（弘安）

新田庄住。左近将監、左衛門尉。景秀の子という。古備前景依の後継者か。「景依弘安八十月五」の銘作があり、正応、永仁、乾元の年紀作がある。

景依弘安八（年）十月五

古 **一清**【かずきよ】　周防国　室町末期（永正）

二王。永正、天文のころ。「一清」「防州住一清」。

新々 **一定**【かずさだ】　羽前国　江戸末期（慶応）

三代目池田一秀の初銘。綱義同人。嘉永元年相続し一秀を銘す。⇩**一秀〈三代〉の項参照。**

新々 **一次**【かずつぐ】　越後国　江戸末期（慶応）

池田清次。二代一秀の次男。越後村上住。与惣右衛門一成の門。水心子正秀に学ぶ。鉄砲工となり、また鉄鐔製作に専念するほか、刀剣の鍛造に当たる。

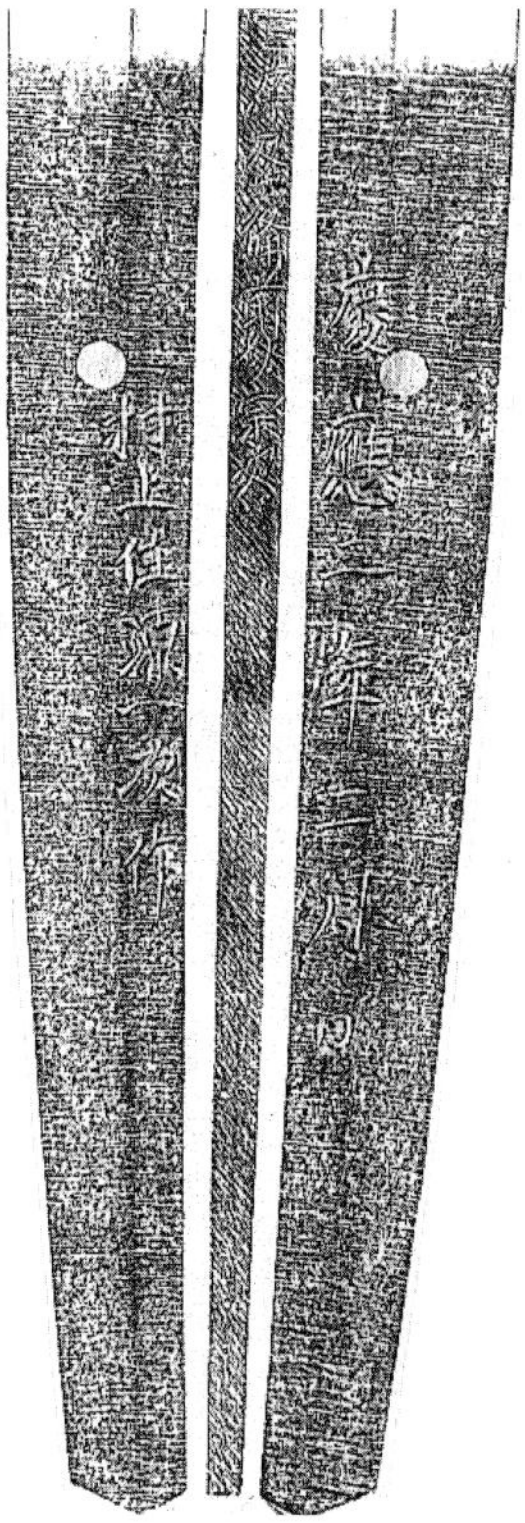

新々 **一寿**【かずとし】　羽前国　江戸末期（安政）

渋谷氏。池田一秀門。羽州米沢住。

新 **一虎**【かずとら】　武蔵国　江戸中期（宝暦）

安国門、江戸住。江戸水田国重の老後銘。山城守を受領。「百国入道一虎」を銘す。鎗の上手。直刃に二重刃かかる。互の目乱、湾れに互の目交じりなど。

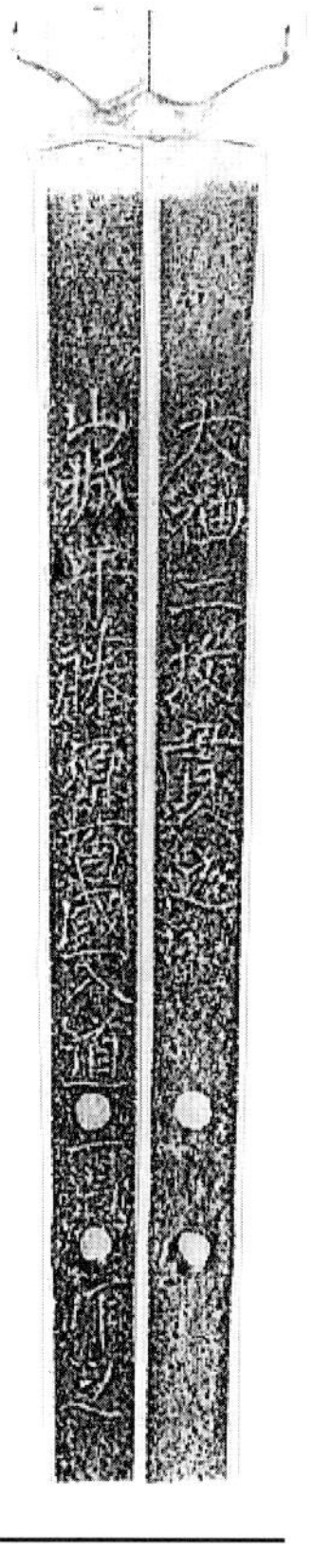

新々 **一直**【かずなお】　出羽国　江戸末期（天保）

佐藤兵四郎。庄内大泉住。柳斎、舜斎と号す。天保から慶応にかけての作がある。直刃、互の目乱を焼く。信家写しの鉄鐔を好んで作る。

新々 **一則**【かずのり】　信濃国　江戸末期（慶応）

石堂運寿是一門。高遠藩内藤家の抱工。直刃、互の目に丁子交じり。

新作 **一則**【かずのり】　愛知　昭和

中野錬治。明治三十三年生まれ。二代広三郎一則の子。祖父は運寿是一門の作太郎一則（初代）で信州飯田の出身。東加茂郡足助住（現・豊田市足助町）。「三陽真子山麓住藤原一則作之」。

新 **一口【かずひろ】** 山城国 桃山期（慶長）
「一口」「山城国山崎一口」と打つ。

新々 **一広【かずひろ】** 羽前国 江戸末期（天保）
伊藤藤兵衛。羽州庄内住。池田一秀門。鍛造もするが鐔製作が多い。

古 **一安【かずやす】** 大隅国 室町末期（文明）
波平。板目に柾流れ、綾杉肌があり、直刃が湾れかかる。「一安」「隅州住波平一安」。

新々 **一安【かずやす】** 出羽国 江戸末期（天保）
清水延平。池田一秀門。出羽庄内住。天保から安政にかけての作例がある。

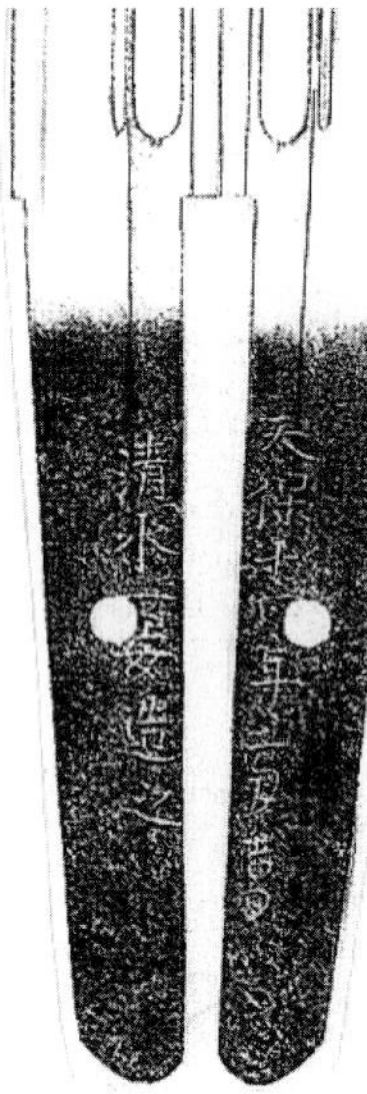

新作 **一吉【かずよし】** 佐賀 昭和
中尾一吉。昭和十四年生まれ。父三治郎忠次に学び、昭和三十年から作刀開始。新作名刀展出品。昭和三十九年優秀賞、四十年奨励賞、四十一年努力賞、四十二年奨励賞を受賞し、以降も受賞を続ける。佐賀県多久市住。肥前忠孝をねらいとし、古作では山城来、備前一文字を目標とする。相伝の清麿写しもある。

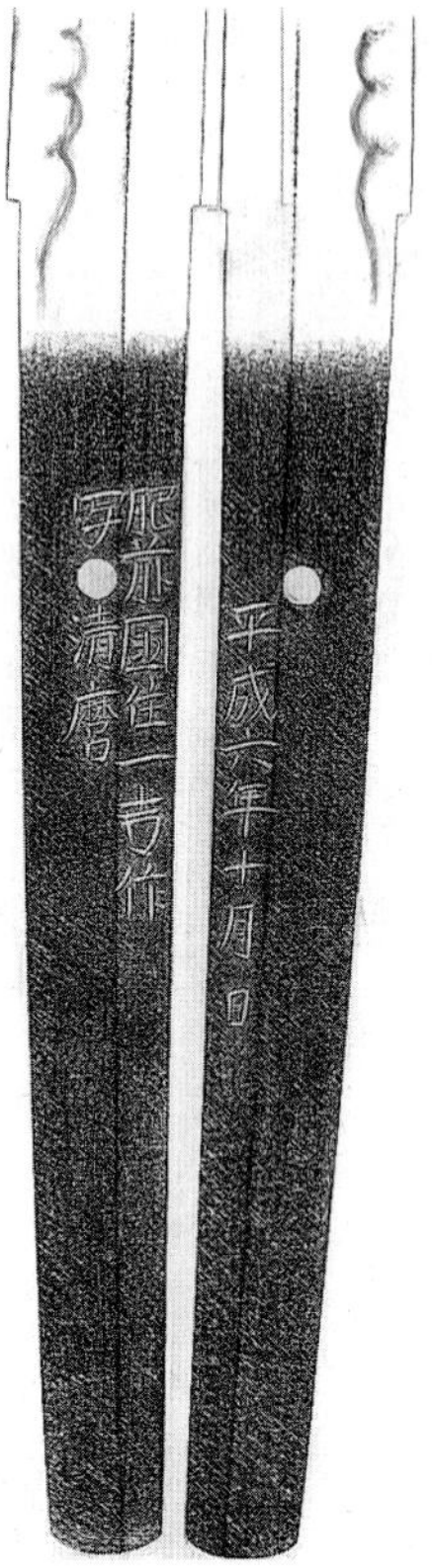

新作 **和平【かずひら】** 神奈川 昭和
大久保十和《とわず》形。昭和十八年生まれ。昭和三十六年、宮入行平に入門。昭和四十二年、作刀承認。同年、新作名刀展へ初出品して以降、文化庁長官賞、名誉会長賞、理事長賞、薫山賞など受賞。藤沢市住。小湾れに互の目。平成十五年二月、六十歳没。

新作 **和宗【かずむね】** 岐阜 平成
岡本克博。昭和二十四年生まれ。平成二十一年、新作名刀展入選。「自扇和宗」加茂郡川辺町住。

新々 **量慰【かずやす】** 常陸国 江戸末期（嘉永）
水戸藩士。久米新七郎長量の慰作。「常州水戸住量慰」「水府近臣久米量慰作」と切銘する。

古 **量能【かずよし】** 豊前国 室町末期（永正）
筑紫了戒。宇佐住。永正ころ。「了戒量能」。

古 **堅守【かたもり・よしもり】** 豊後国 室町末期（明応）
平高田。直刃に小互の目足入り、小沸出来。「堅守」「豊州高田平堅守」。

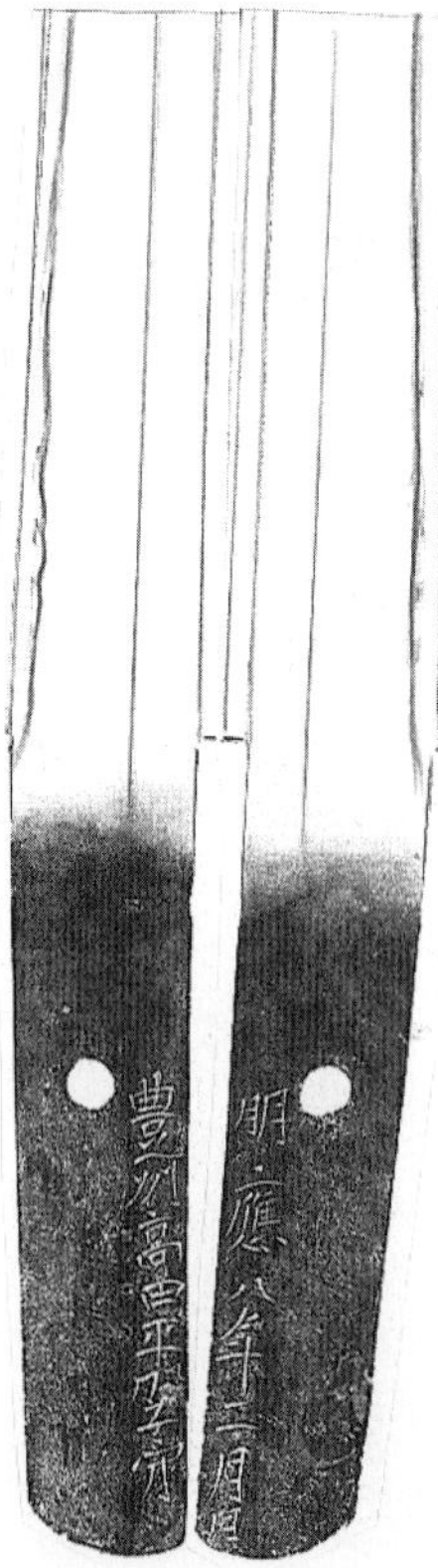

古 **勝家【かついえ】** 加賀国 室町中期（享徳）
陀羅尼派の祖。三郎右衛門。越前千代鶴派の国次子、また門人という。越前から加州能美郡能美村橋爪に移住した国次一門はこの地で栄え、勝家の名跡は新刀期に及び寛永の彦市まで継続する。「勝家」「加州住勝家」。

古 **勝家【かついえ】** 加賀国 室町末期（明応）

新助。明応ころ。直刃に互の目足入り、小湾れに互の目足・葉入り、沸よくつき砂流しかかる。「勝家」「加州住勝家」。

古 勝家【かついえ】 加賀国 室町末期（永正）

忠助。橋爪。三代。家次門。能貞とも銘すという。「勝家」。四代は善五郎で天文ころ。五代は出雲守を受領し、天正ころ。この代より陀羅尼を名乗ると伝えている。

新 勝家【かついえ】 陀羅尼 加賀国 江戸初期（正保）

勝家は加賀国陀羅尼の祖と伝え、室町初期から名跡が続き新刀期に及ぶが、彦市勝家の代に血脈が絶える。彦市はのち勝重と改銘し、貞享ころに六十八歳で没するという。勝家の名跡は初代勝国の次男善八郎が継いでいる。善八郎勝国は藤原氏からのち橘氏に名乗りを替えている。勝家銘で年紀があるのは慶長十四年、同十七年が古く、彦市勝家の先代忠介勝家の作であろう。（系図919頁参照）

彦市勝家

新 勝家【かついえ】 陀羅尼 加賀国 江戸中期（延宝）

松戸善八郎。初代勝国の次男。陀羅尼勝家は彦市勝家の代に嗣子がなく家系が絶えたが、善八郎勝家が名跡を継ぐ。元禄五年六月没。延宝から貞享ころまでの作刀がある。

古 勝国【かつくに】 越中国 室町末期（延徳）

宇多。延徳のころ。「宇多勝國」。

古 勝国【かつくに】 備前国 室町末期（大永）

互の目に丁子交じりの刃を焼く。大永ころ。「備州長船勝國」。

新 勝国【かつくに】 陀羅尼（松戸）初代 加賀国 江戸中期（寛文）

松戸善三郎。二代家重の子、初銘家重（三代目）。万治四年七月十一日、伊予大掾を受領し勝国に改銘する。家重銘時代は藤原氏を、勝国銘になってからは橘氏を称す。勝国は陀羅尼派を代表するばかりでなく、加州新刀中でも屈指の上手。伝統の美濃伝を墨守し、関の三本杉を再現する。茎の鑢目を片筋違いにかける。寛文十二年六月没。

初銘家重

新 勝国【かつくに】 陀羅尼（松戸）二代 加賀国 江戸中期（延宝）

松戸善助、のち善三郎。初代勝国の長男。延宝から元禄の間。直刃、また三本杉刃は規則正しく形どる。茎の鑢目を鷹の羽にかける。宝永二年九月没。◆三代勝国は享保年紀の作がわずかにある。享保十七年没。四代は宝暦三年没。五代は文化六年没。六代は天保九年没。いずれ各代とも作刀は少ない。

新々 **勝国【かつくに】** 陀羅尼（松戸） 七代 加賀国 江戸末期（安政）

松戸栄次郎。三代から六代までの陀羅尼家は流名を存続するのみで、不振を続けてきたが、幕末に七代勝国が出て気を吐くの感がある。家流の三本杉刃には重きをおかず、互の目乱を主調とした刃文を表現する。早くに父を失い、他流の師について技を学んだことによるといわれる。明治十三年九月二十一日没。

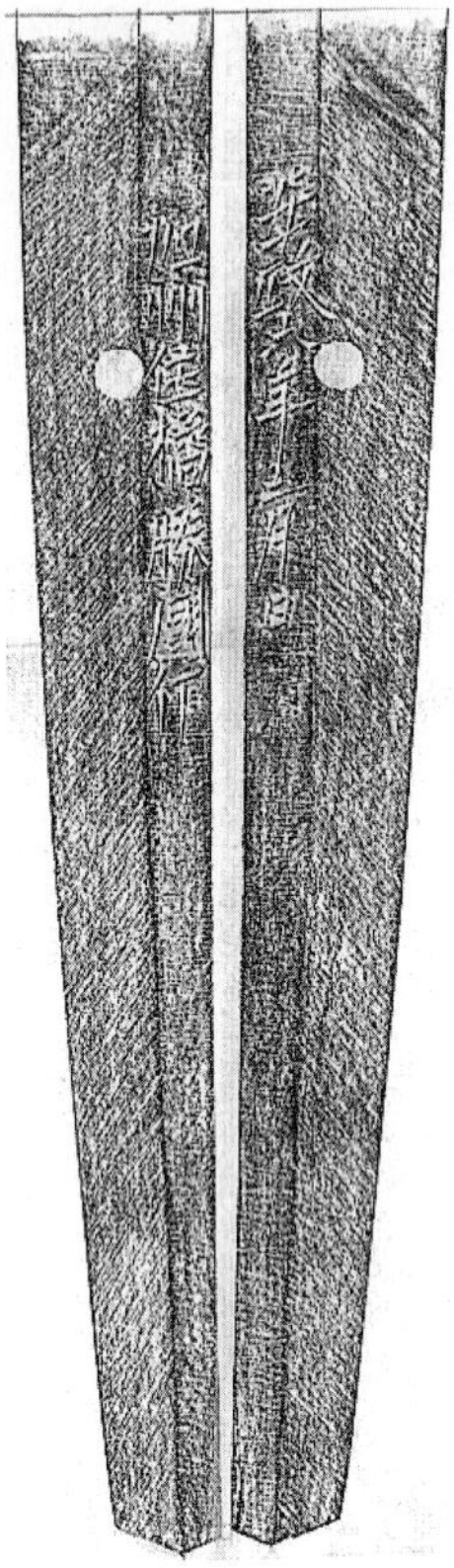

新々 **勝国【かつくに】** 常陸国 江戸末期（安政）

鬼塚九郎。水戸住。安政七年、二十九歳の作がある。尖り互の目の焼頭が揃う。

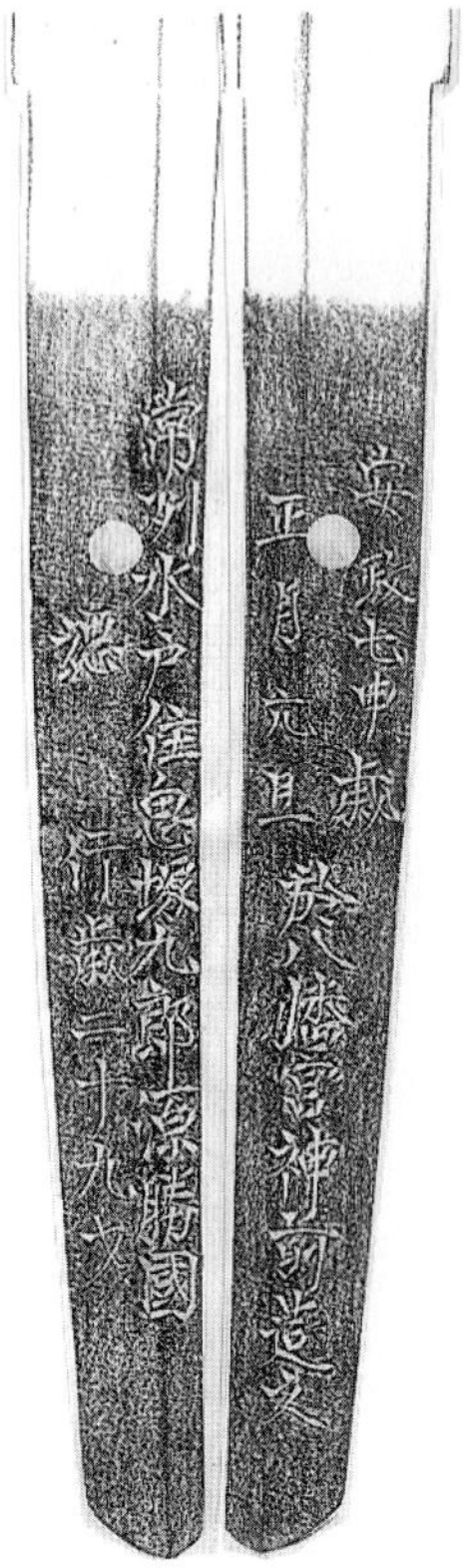

新 **勝定【かつさだ】** 陸前国 江戸中期（享保）

三左衛門。奥州仙台住。京三代伊賀守金道門。

古 **勝貞【かつさだ】** 常陸国 室町末期（天文）

左兵衛。来光包の末裔と伝える。東条庄高田住。「常州東条庄高田住勝貞作」。二代勝貞は天正ころ、下野にても造る。

古 **月山【がっさん】** 出羽国 平安末期（保元）

月山は出羽の名山で羽黒修験の道場として知られ、これを銘とする刀工群が平安時代から継続して鍛刀する。古銘鑑は秀衡入道の鍛冶という鬼王丸を掲げ保元のころといい、〝切居丸《きりすえまる》〟の作者という。鬼王丸は月明とも王とも打つというが、いずれの銘のものもみられず、月山銘の作は、南北朝期を遡るとみられる現品は未見である。

古 **月山【がっさん】** 出羽国 鎌倉初期（元暦）

鬼王丸の子。古舞草。のち出羽住。大全は「羽州山形月山」とも打つという。「鬼王丸」。

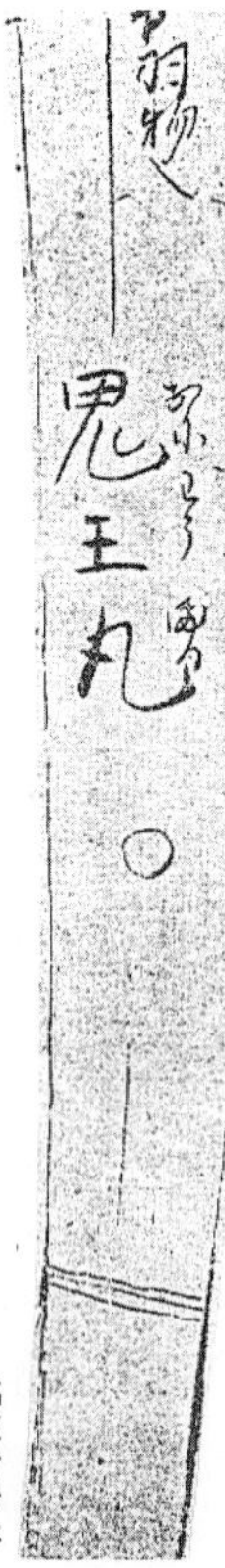

（『往昔抄』）

古 **月山【がっさん】** 出羽国 鎌倉初期（建久）

諷誦《ふうしょう》月山という。のち出雲に下る。一族が常陸、相模、遠江、摂津、伯耆、豊前、筑前など各地に分派する。諷誦は俘囚《ふしゅ》からの転化で蝦夷人の一部族の出であ

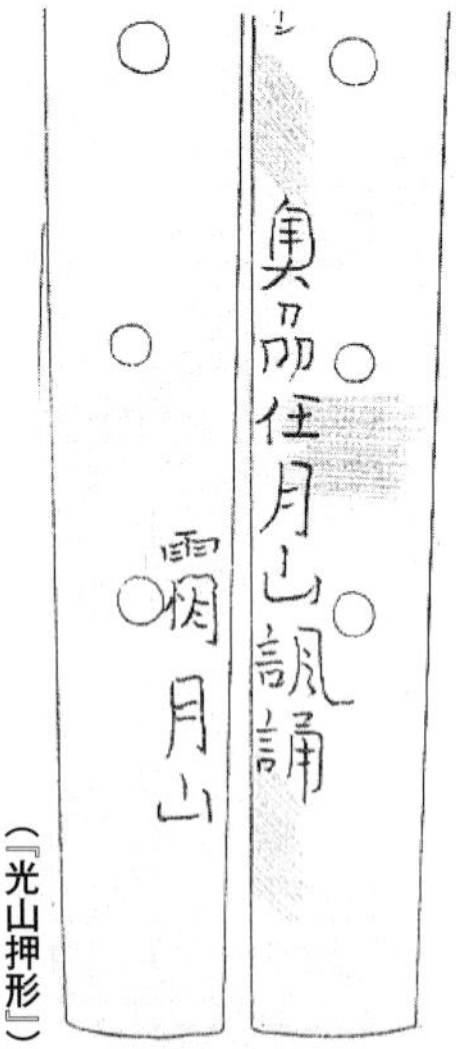

（『光山押形』）

ることを自称したものであろう。後代まで通称する。鎌倉時代は貞応、天福、正元、弘安、正中と続き、かなりの数鍛造されたであろうが、遺例をみない。

古 **月山【がっさん】** 出羽国　室町期（応永～永禄）

南北朝期には平泉にも住す月山がいるし、貞治ころには軍勝がいて知られる。作刀の残るのは南北朝末ころからのもので、室町期に入り応永、永享、宝徳から以降、天文、永禄に至る工が個銘を切る。なかでは文明二年、明応九年がある月山は年紀のあるのが珍しく、永正の月山近則は技が優れて一般の月山と違い垢抜けた作風である。月山と二字に銘するものが多く、月山を冠して月山利安（応永）、月山正次（文亀）、月山吉久（永正）などと銘す。鍛法が独特で綾杉肌を示し、刃文は直刃仕立てで、地刃ともに冴えがなく沈みがちなのは北国物特有の景である。永正ころには村山之郡谷地に住す月山俊吉がいる。

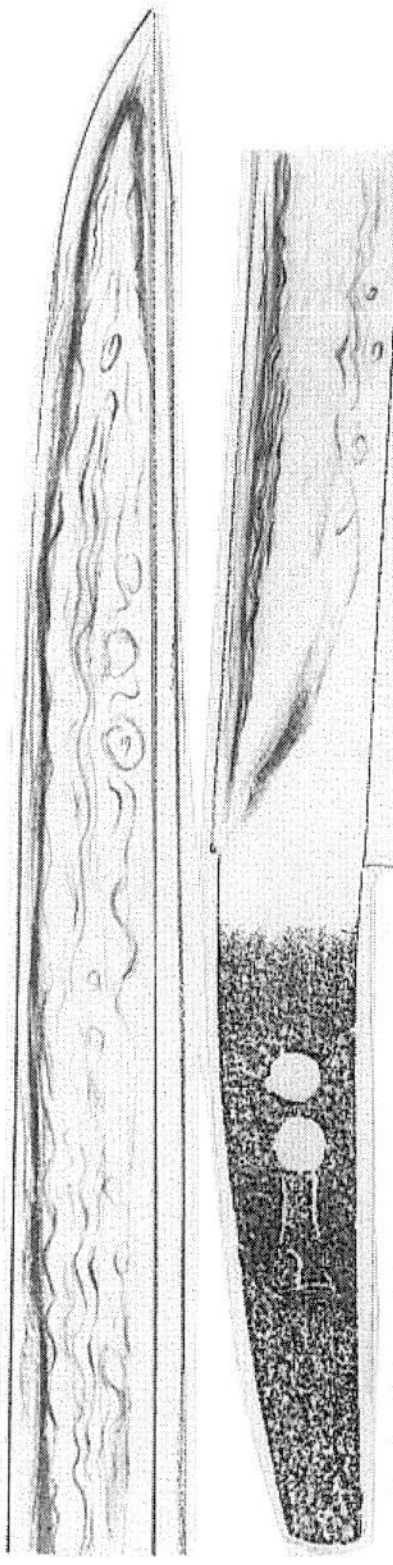

文明二年八月吉日

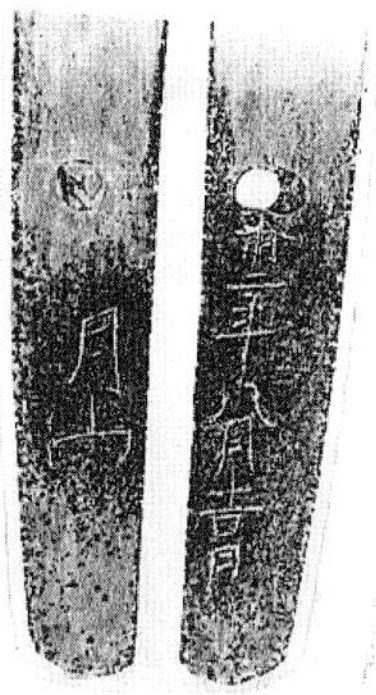

古 **勝重【かつしげ】** 下野国　室町末期（天文）

得二郎住。上州、武州にても造る。天文ころ。「野州住勝廣」「下野國得二郎住勝廣」。

新 **勝重【かつしげ】** 三河国　江戸中期（万治）

三州岡崎住。「三州住藤原勝重」と切る。二代は元禄ころ、「古今鍛冶勝重」と切銘したものがある。

新 **勝重【かつしげ】** 尾張国　江戸中期（寛文）

松岡彦五郎。伊勢千五派。桑名住のち名古屋の関鍛冶町に移住する。三河守を受領する。互の目に丁子交じり。

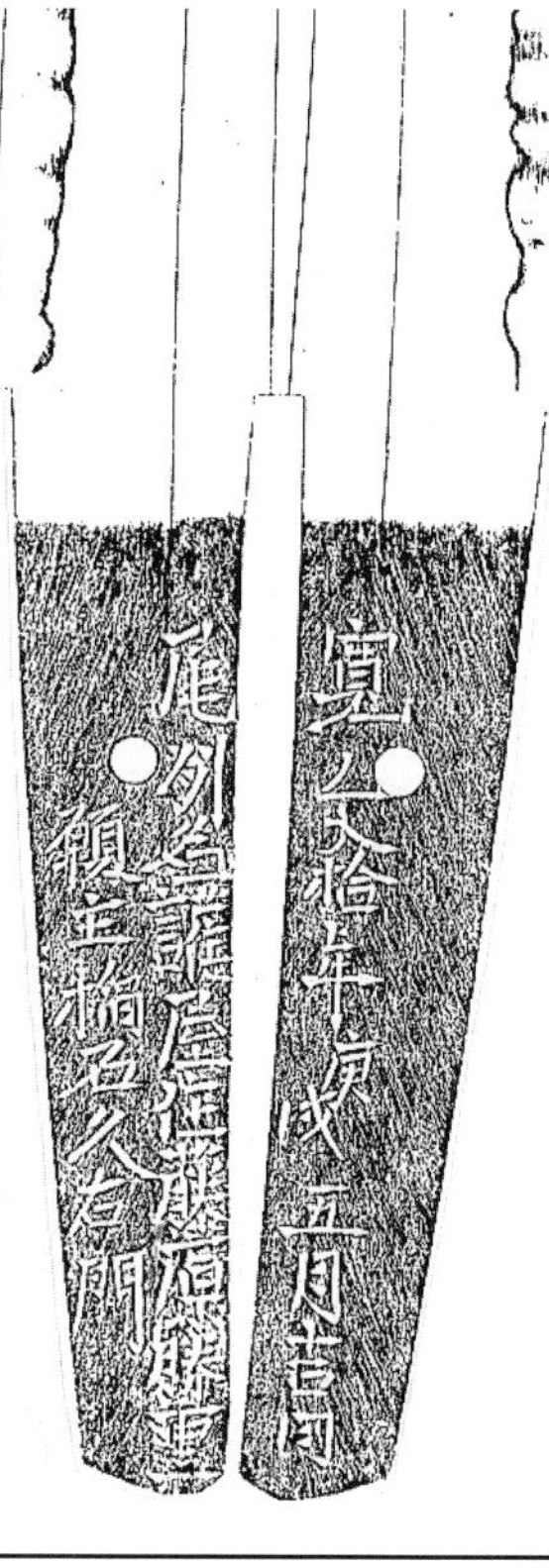

新 **勝重【かつしげ】** 尾張国　江戸中期（寛文）

伊勢桑名住、のち尾張名古屋へ移る。千子一派。互の目乱、尖り刃が交じり美濃関風。

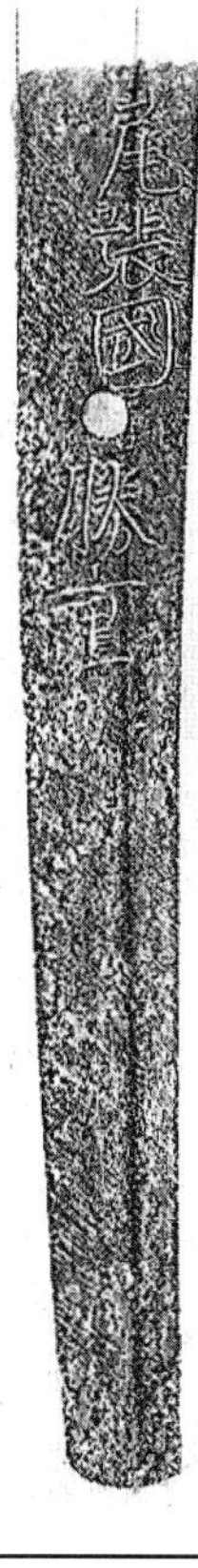

新々 **勝胤【かつたね】** 越後国　江戸末期（天保）

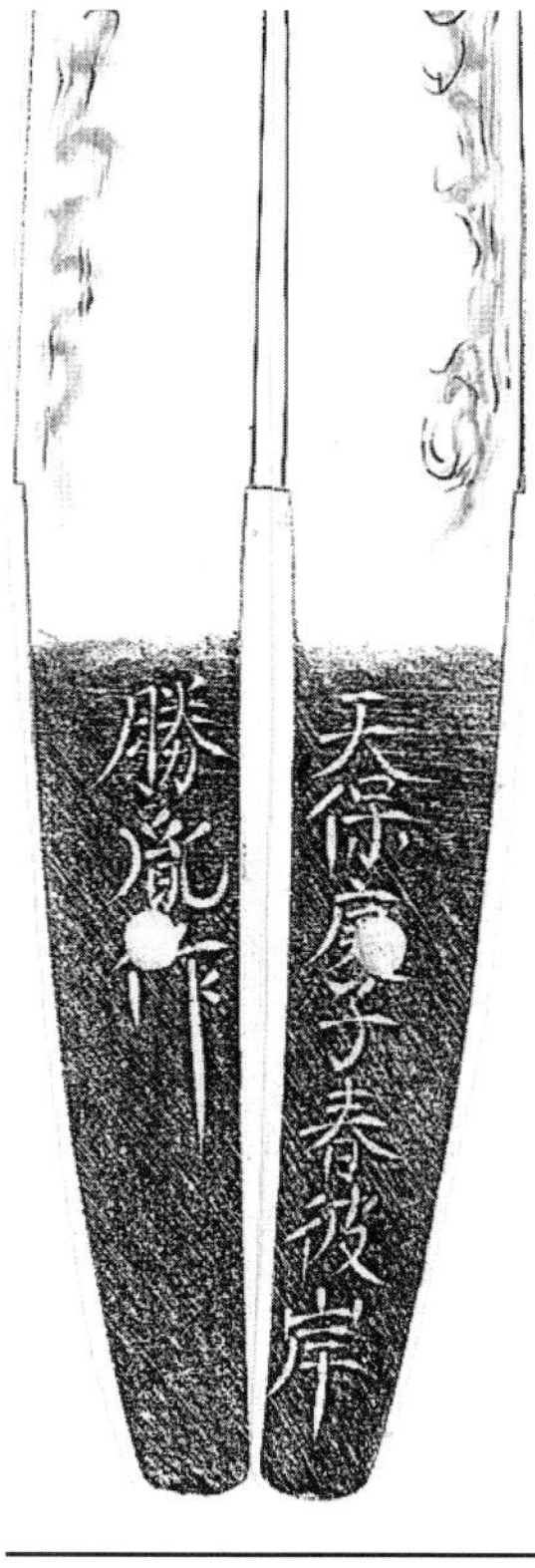

後藤鯉助。「越後住勝胤」銘の作がある。大慶直胤門。大丁子乱。

新々 勝永【かつなが】 常陸国　江戸末期（安政）

大江勝永。助川城主山野辺家の家老。寒河江忠左衛門勝永の慰打ち。大慶直胤門。

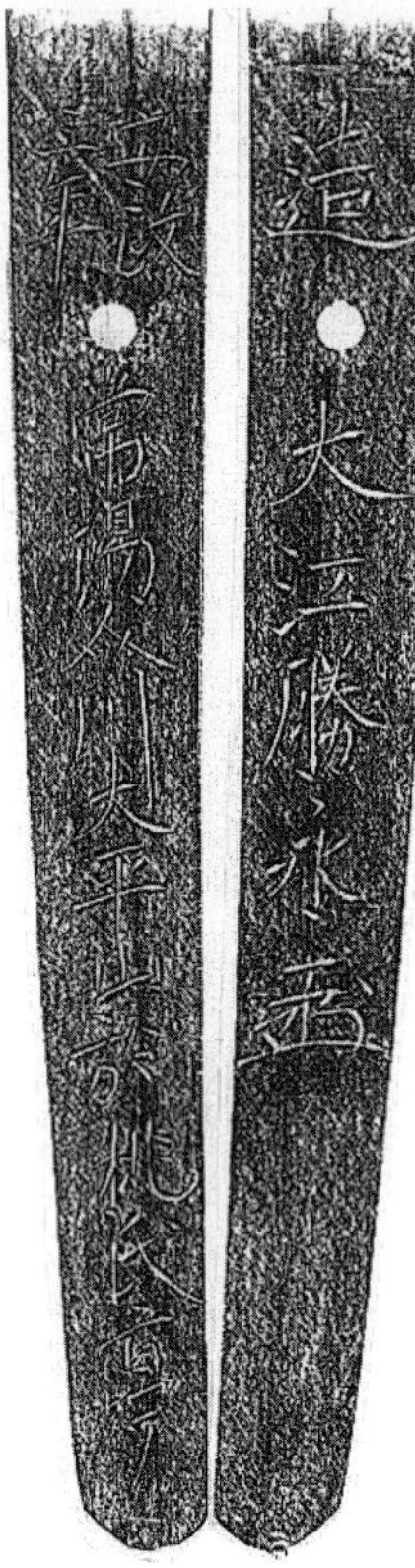

新々 勝広【かつひろ】 土佐国　江戸末期（天保）

関田真兵衛。土佐藩工。紫虹子寿秀門。天保年紀の作がある。直刃、湾れを焼く。◆二代は嘉永ころ。

古 勝光【かつみつ】 備前国　室町初期（応永）

『古今鍛冶銘早見出』によると、勝光初代は応永で右衛門尉、二代は嘉吉、三代は文明で右京亮、四代は明応で彦兵衛尉、五代は永正で次郎左衛門尉、六代は享禄で修理亮、七代は元亀で藤左衛門尉、藤兵衛尉は明応で三代目の二男とあり、この内容は『校正古刀銘鑑』とほぼ同じくする。

勝光初代には応永六年、二代には永享二年紀のものがあるというが、現存する初・二代の作は年紀のないものも含めて未見である。勝光の作刀は文明年紀がある右京亮のものからみられるが、応永・嘉吉年代に同銘の先人が存在したことを窺わせる。藤兵衛尉は彦兵衛尉の弟と伝えてきているが現存する作刀が確認できず不明な工である。早見出は「三代目（右京亮）の二男」といっていて、次郎左衛門とのかかわりにおいて注目される。次郎左衛門は右京亮の子であると考えられ、藤兵衛尉が右京亮の二男であることが正しければ次郎左衛門と藤兵衛尉は同人とみられてくるが、そうみるにはなお資料が乏しい。（系図891頁参照）

古 勝光【かつみつ】 備前国　室町末期（文明）

右京亮。六郎左衛門祐光の長男、左京進宗光の兄。作刀は文明二年から明応九年に至る間、三十年がある。長享二年には足利義尚の近江征伐に際し、浦上氏に従い長船一門六十余名を率いて参戦したときの近江打ち、また平安城打ち（長享二年）があり、その他美作、児嶋（文明十六・十七年）、備中草壁（文明十八・十九年）にて作刀する。勝光・宗光は単なる鍛冶集団ではなく、戦闘に加わる一大勢力を構成していたとみられる。右京亮勝光と左京進宗光が兄弟であることは、「靭負郷之住長船勝光　舎弟宗光」（『日本刀の近代的研究』）で知られ、勝光が兄、宗光が弟であることは明らか。また文明三年紀に「備前國住長船右京亮勝

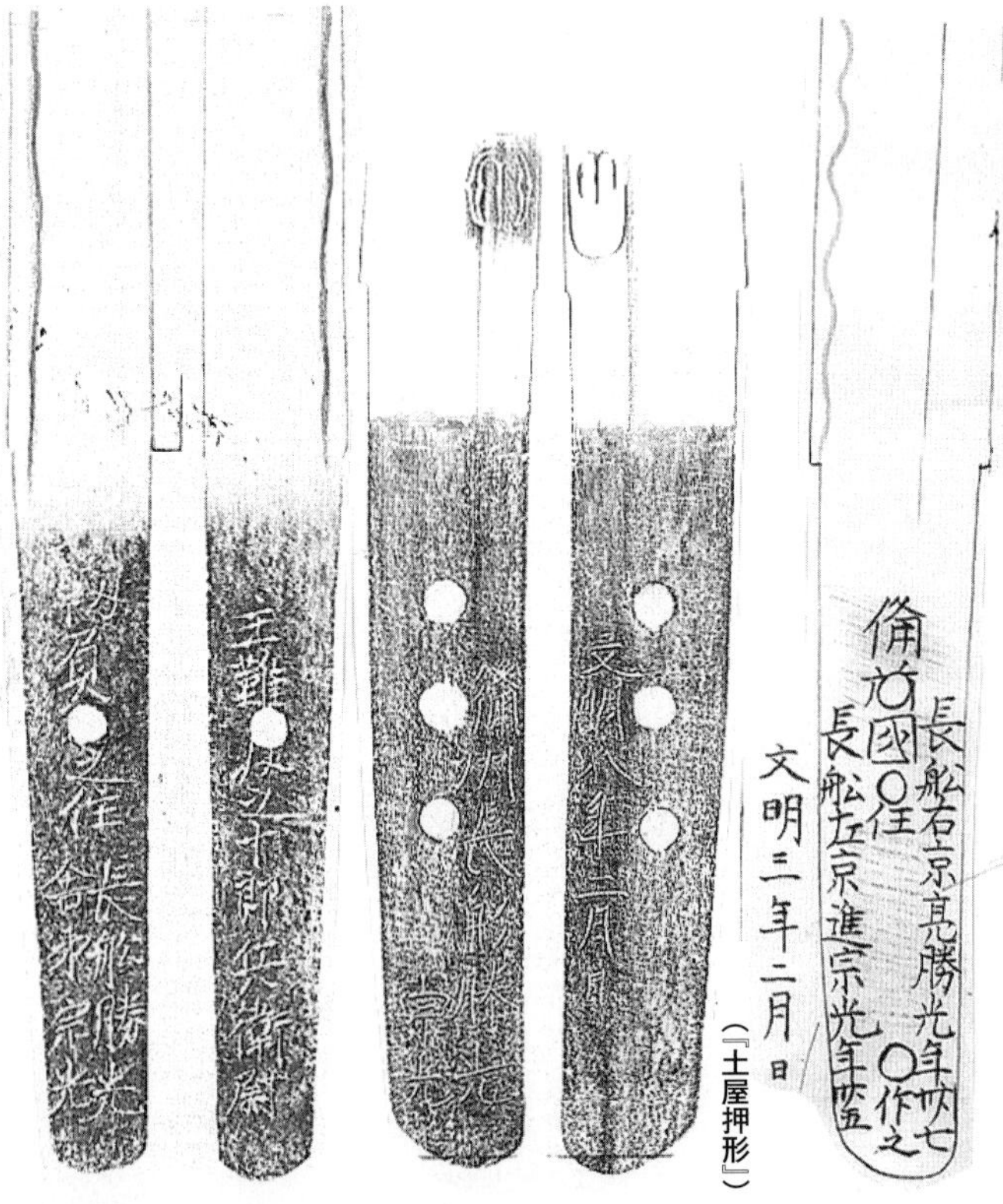

（『土屋押形』）

光年卅七作之　長船左京進宗光年卅五」（『土屋押形』）銘の合作があって勝光・宗光が兄弟であることを確かめられる。小板目がよく詰んだ鍛えに、互の目を主調に丁子交じり、小沸をつけ、刃中よく働く。「勝光」「備州長船勝光」「備州長船勝光江州御陣作」「備前國住勝光備中於草壁作」。

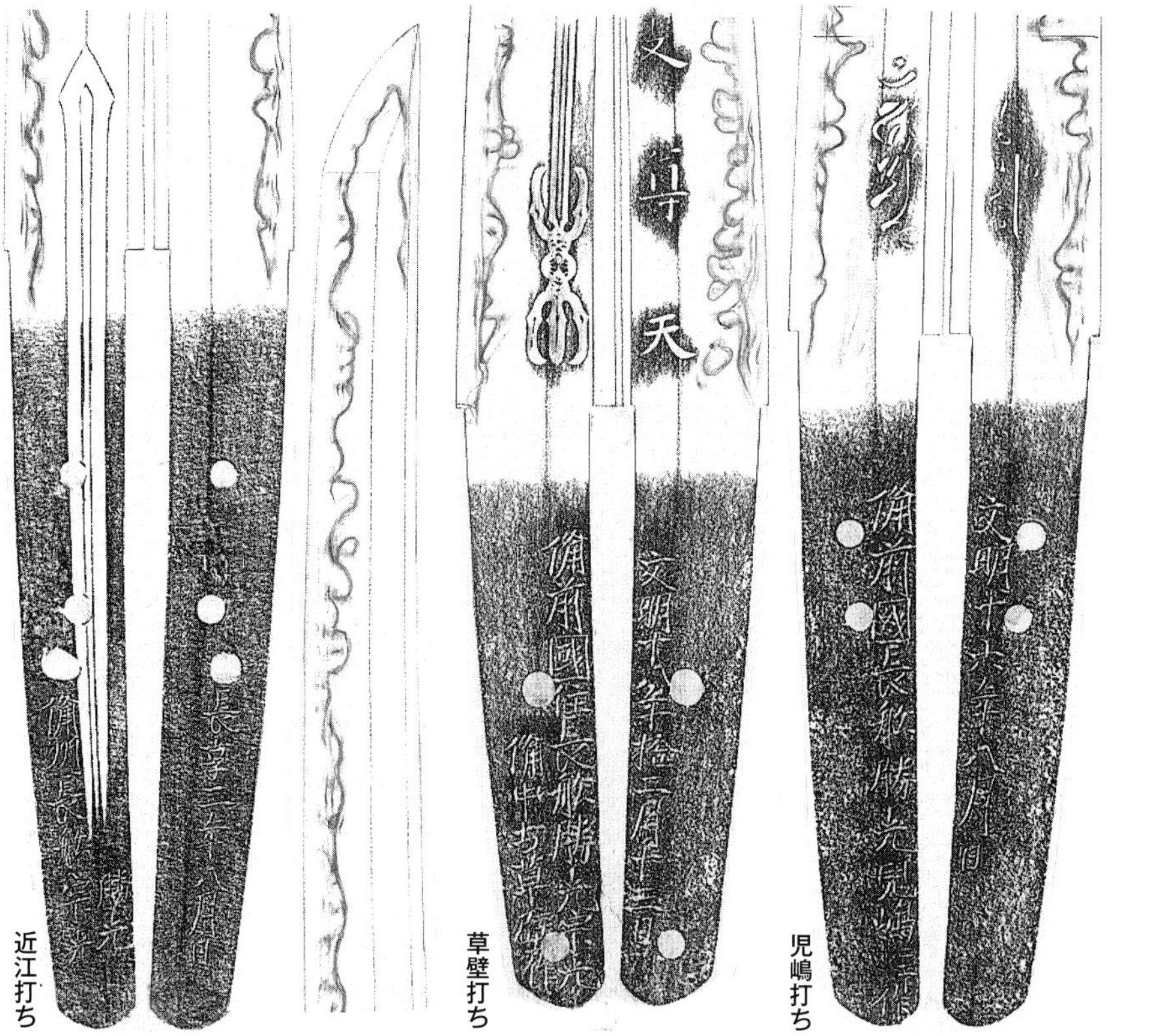

児嶋打ち

草壁打ち

近江打ち

古 勝光【かつみつ】　備前国　室町末期（明応）

彦兵衛。右京亮勝光の子、次郎左衛門勝光の兄という。明応年紀の作があるというが、俗名入りの作刀は未見である。「備前國長船彦兵衛尉勝光」銘の作があるという。その他藤兵衛（明応）は彦兵衛の弟といい、修理亮の子藤左衛門（元亀）は勝光嫡流。左近（天正）、太郎兵衛（永禄）などがいる。

古 勝光【かつみつ】　備前国　室町末期（文亀）

次郎左衛門尉。右京亮勝光の子、彦兵衛勝光の弟。次郎左衛門は右京亮の孫という説（校正の系図などによる）があるが、年代的にみては子とみるのが自然である。右京亮の最終期とみられる作が明応九年であり、子である次郎左衛門はそれより十一年前の延徳元年には作刀が始まっていて、両者が延徳から明応年間を通じて自身作をそれぞれ同時期に作り上げているのである。こうした年代の接近は親子ならではのものといえよう。

次郎左衛門の作刀は俗銘を切ったものでは延徳元年八月が古く、天文九年八月（岡山県安賀・八幡神社蔵太刀）まで五十一年間がある。この間の前半である延徳から永正初めまでは「二郎左衛門」を銘し、後半は「次郎左衛門」を名乗り、両者の中間（永正三年～七年）には「二郎」と「次郎」の両手を用いている。両者を同人とみてよいだろう。勝光・宗光を

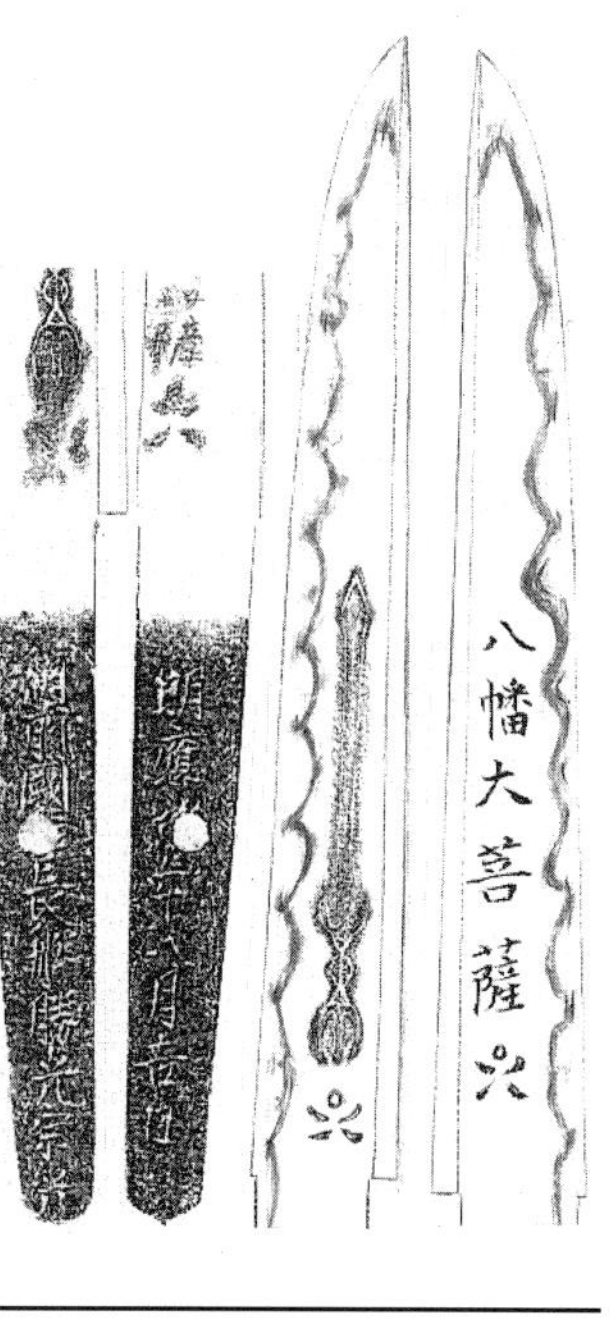

明応九年八月吉日

含め末備前刀の集団は分業化が進み、銘切りの専業者、いわゆる銘切師が参画していたことはよく知られている。しかしその実態はよくつかみ得ていないのが現況であるが、一族一門の近親者なり、高足によって銘切りが代行されていたことは窺い知られる。勝光は永正三年二月紀に「長船二郎左衛門尉勝光」、永正三年八月紀に「長船次郎左衛門尉勝光」銘がある。同年の作であるが、両者の銘振りには懸隔するものがあって、互いに別人の切り手による銘と鑑じられる。そのこともあってか「二郎」を親とし「次郎」を子とする見方があって、次郎左衛門二人説が生じるが、銘切り専業者の存在によって切銘が代行されるであろうことを考えれば、「二郎」と「次郎」は同人であって別鏨の銘のものがあり得るのではなかろうか。次郎左衛門は一人で、その名跡は子の修理亮勝光が後継している。

次郎左衛門は右京亮の子で、彦兵衛の弟であることに異論がない。彦兵衛の弟に藤兵衛がいて、早見出は「三代目（右京亮）の二男」といっていることからみると彦兵衛の弟に次郎左衛門と藤兵衛がいることとなり、二男に藤兵衛と次郎左衛門の両人が該当してくることもありえて、結論は今後の資料に俟ちたい。次郎左衛門勝光の技は末備前中でも出色のものがあり、与三左衛門祐定に迫るほどのものがある。互の目に丁子を交じえた複式の刃文が華やかで、匂本位に小沸をつけて刃中に足・葉をよく入れて働きがある。素剣、梵字、倶利迦羅、神号など刀身彫をよ

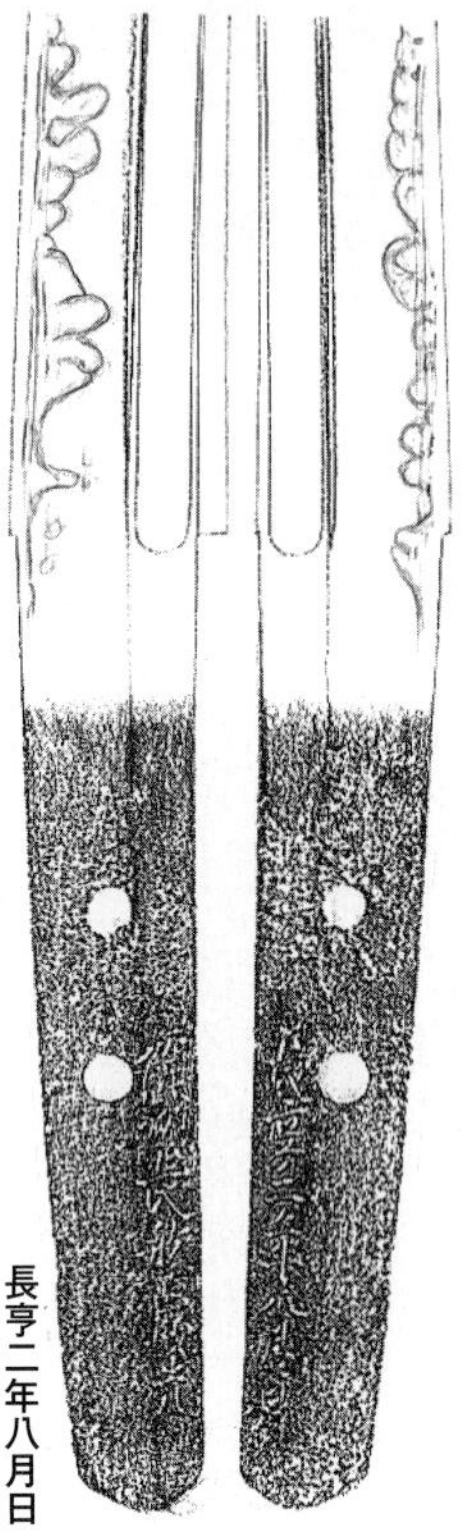
長享二年八月日

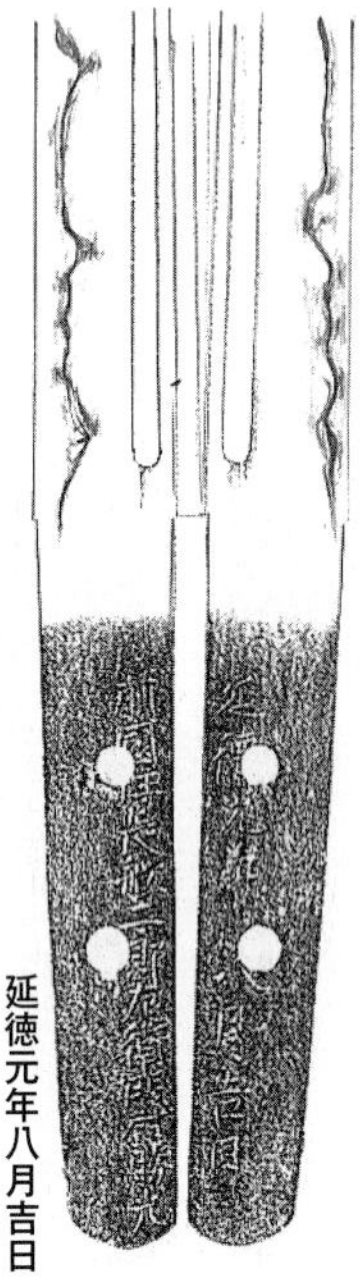
延徳元年八月吉日

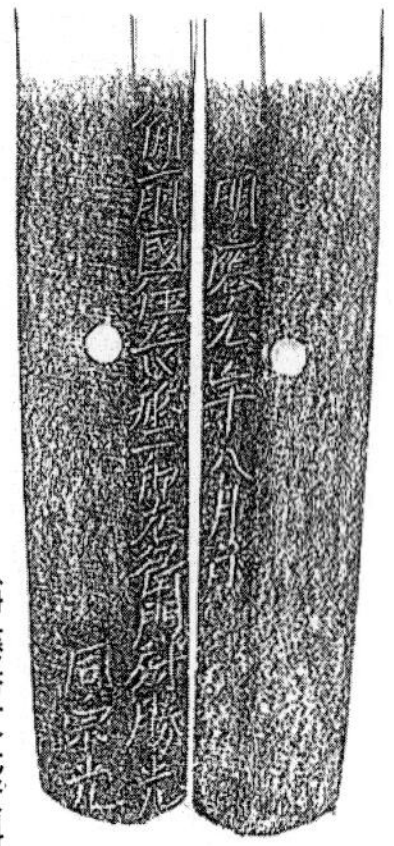
（伊藤秀文氏資料）

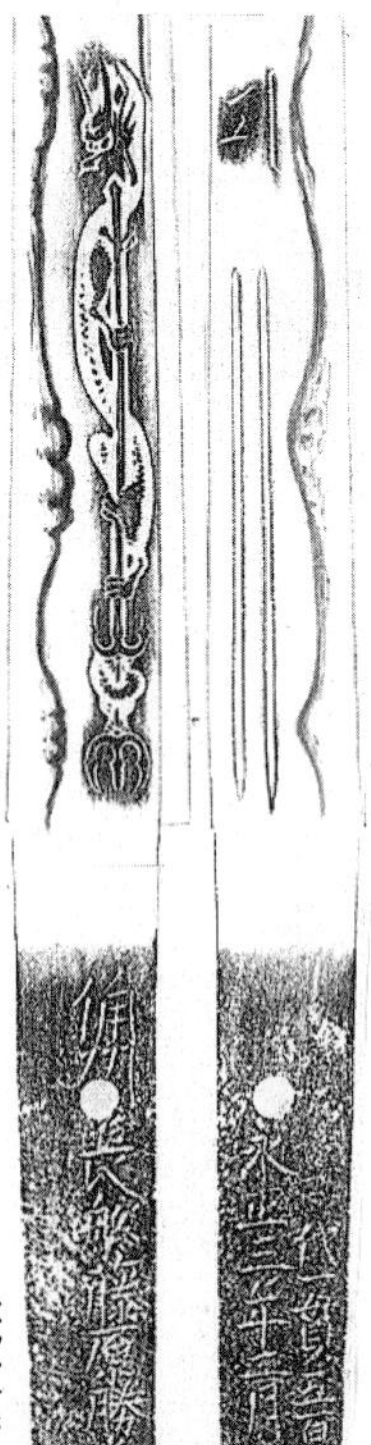
（代一貫五百文）

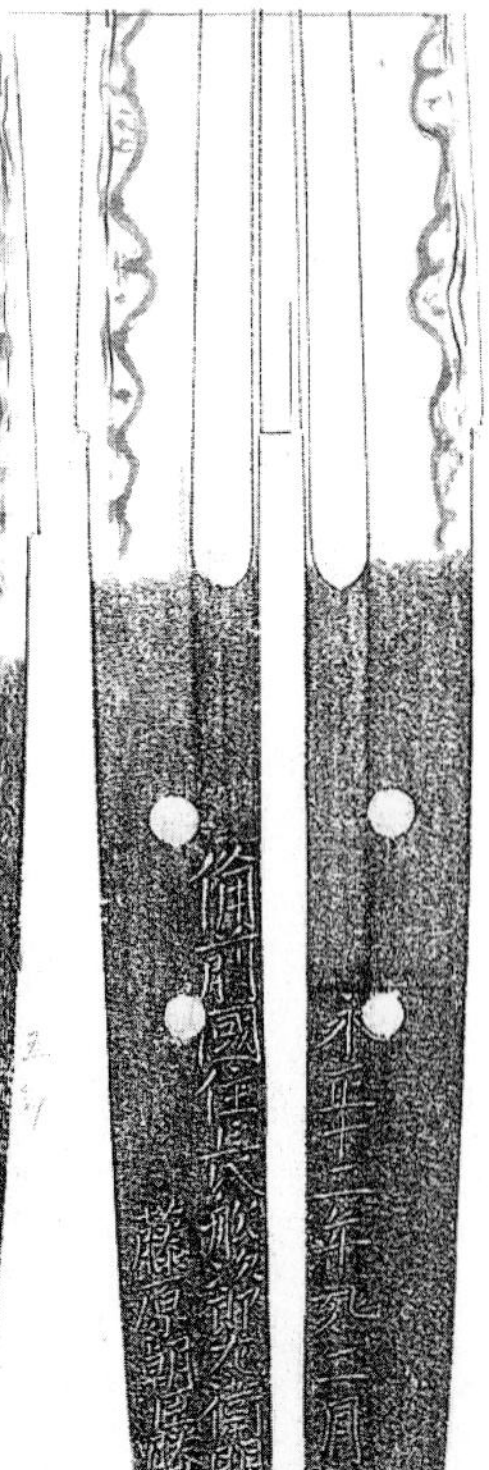

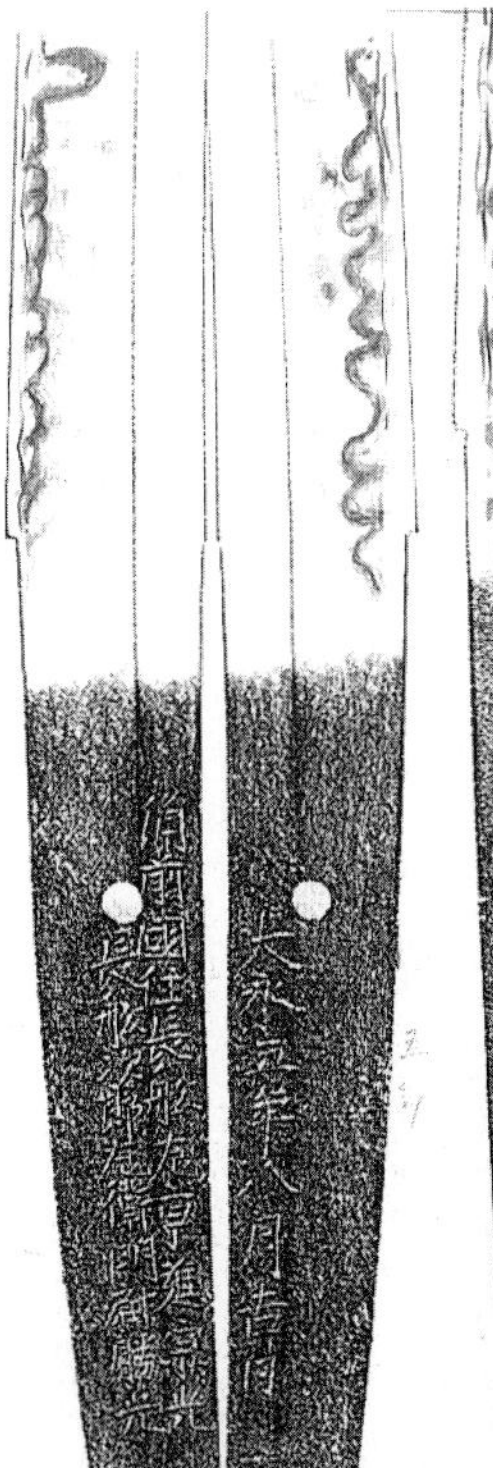

くする。「備前国住二郎左衛門尉勝光」「備前国住長船次郎左衛門尉藤原勝光作」「備前国住長船二郎左衛門尉勝光同左京進宗光」。

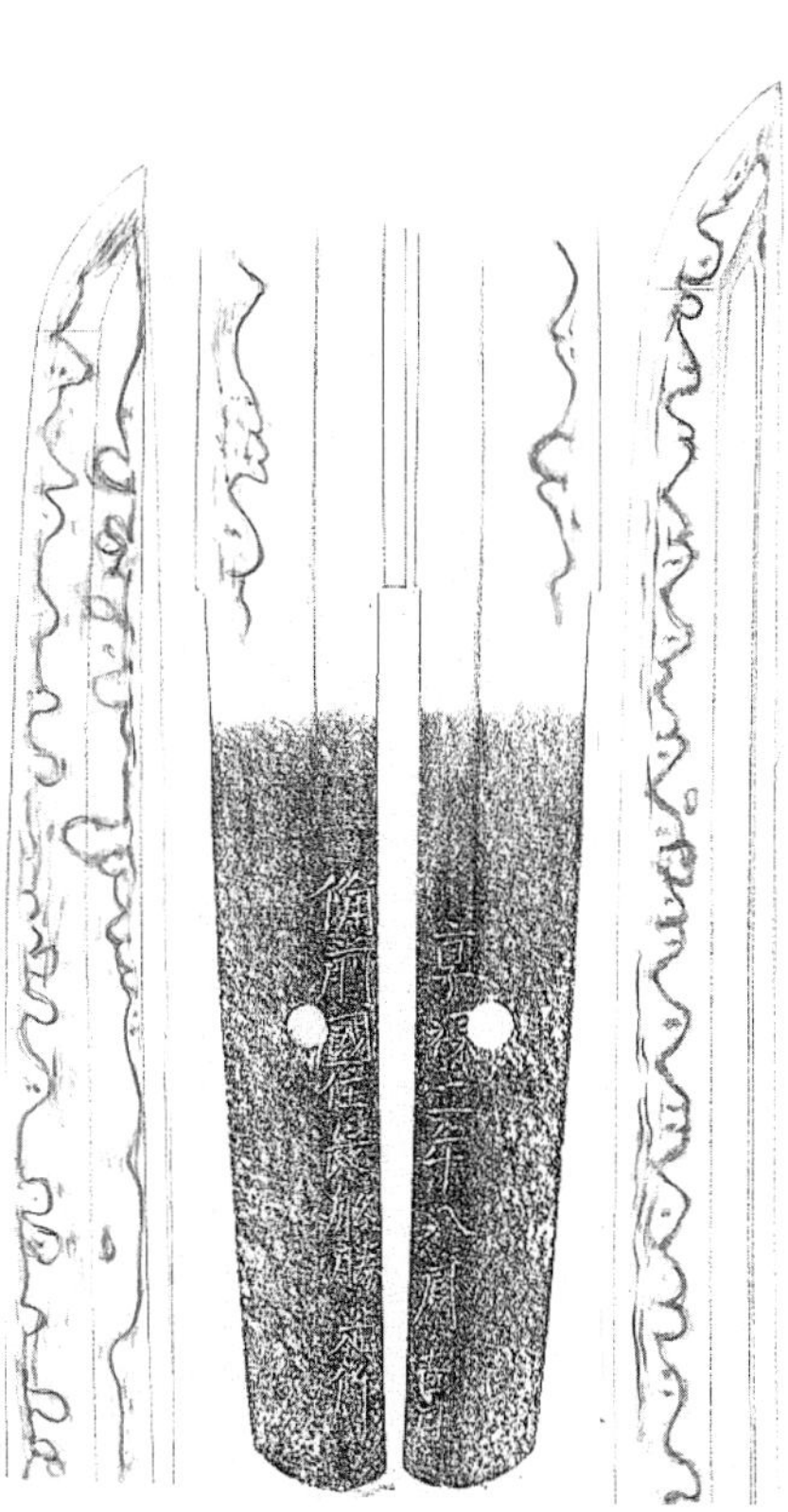

古 **勝光【かつみつ】** 備前国 室町末期（享禄）

修理亮。次郎左衛門勝光の子。享禄年紀の作があり、父次郎左衛門との合作（享禄二年紀）がある。小互の目が連れ、小沸よくつき、ほつれ、湯走り、匂尖りなど微細に変化する。作刀は少ない。「備州長船勝光」「備州長船修理亮勝光」「備前國長船修理亮勝光作」。

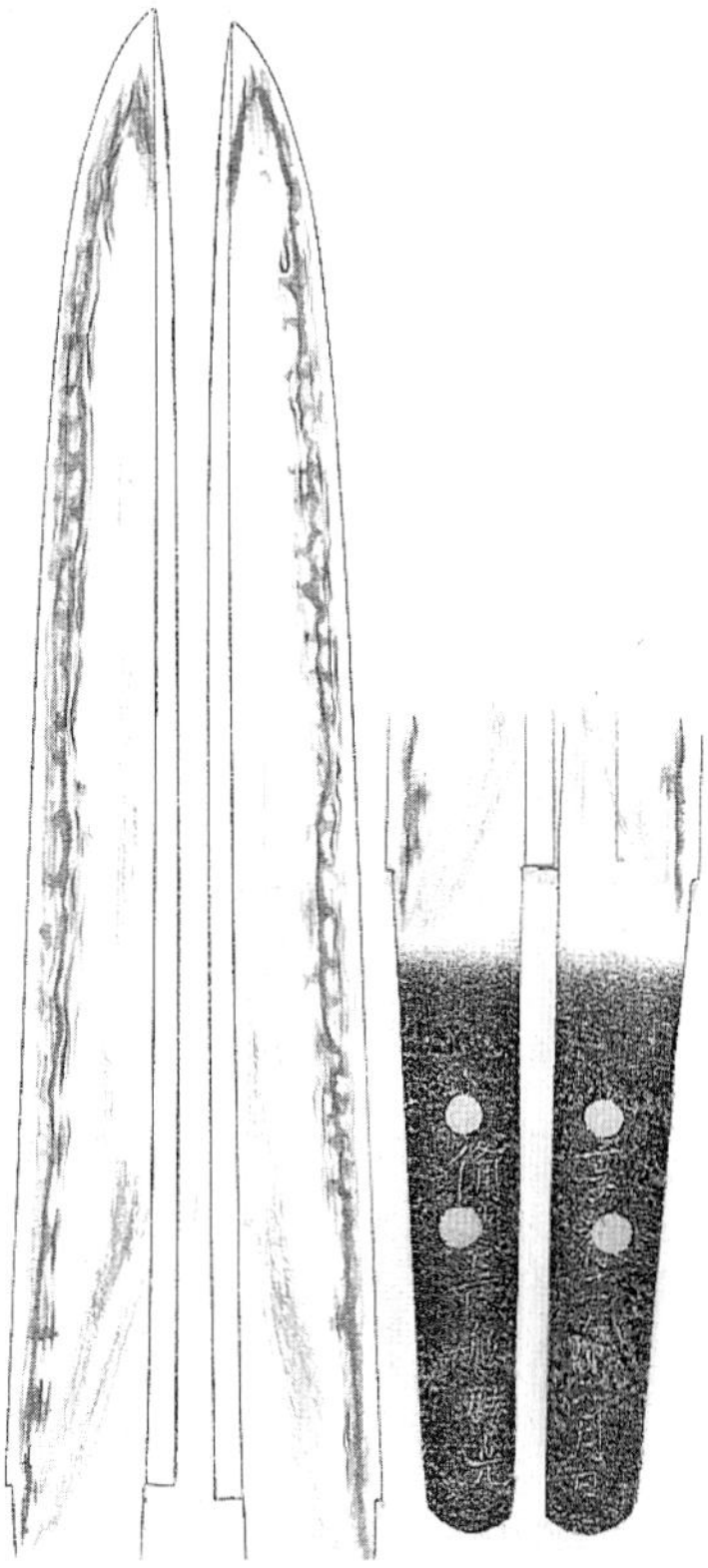

古 **勝光【かつみつ】** 備前国 室町末期（享禄）

六郎次郎。享禄五年、天文九年紀の作がある。次郎左衛門の子修理亮勝光の代の人で一族であろう。「備州長船六郎次郎勝光」「備前國住長船六郎次郎勝光同國於佐伯荘延原九郎左衛門作之」。

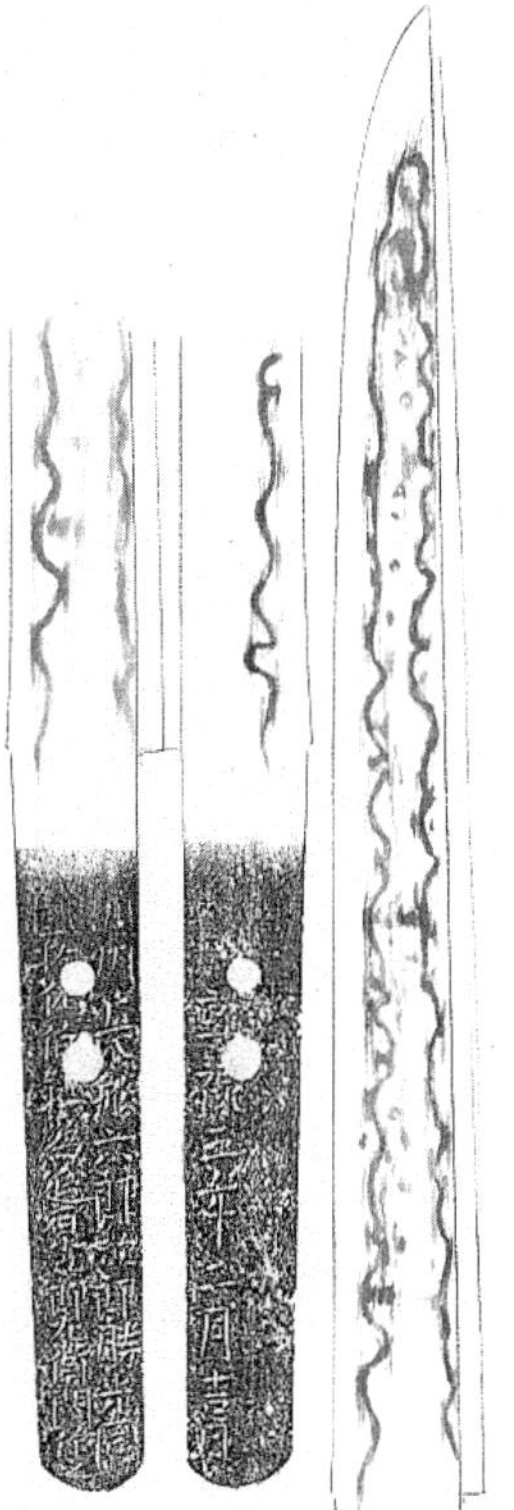

古 **勝盛【かつもり】** 豊後国 室町末期（永禄）

平高田。鎮景の弟。「勝盛」「平勝盛」。享禄四年紀の作は先代に当たろう。

新 **勝吉【かつよし】初代** 伊勢国 桃山期（慶長）

千子。正重門。桑名住。互の目乱、皆焼。「勢州桑名之住勝吉作」。

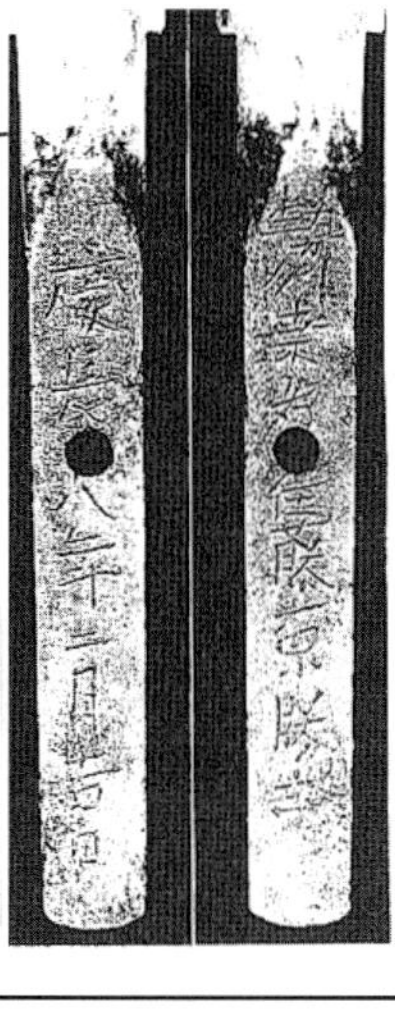

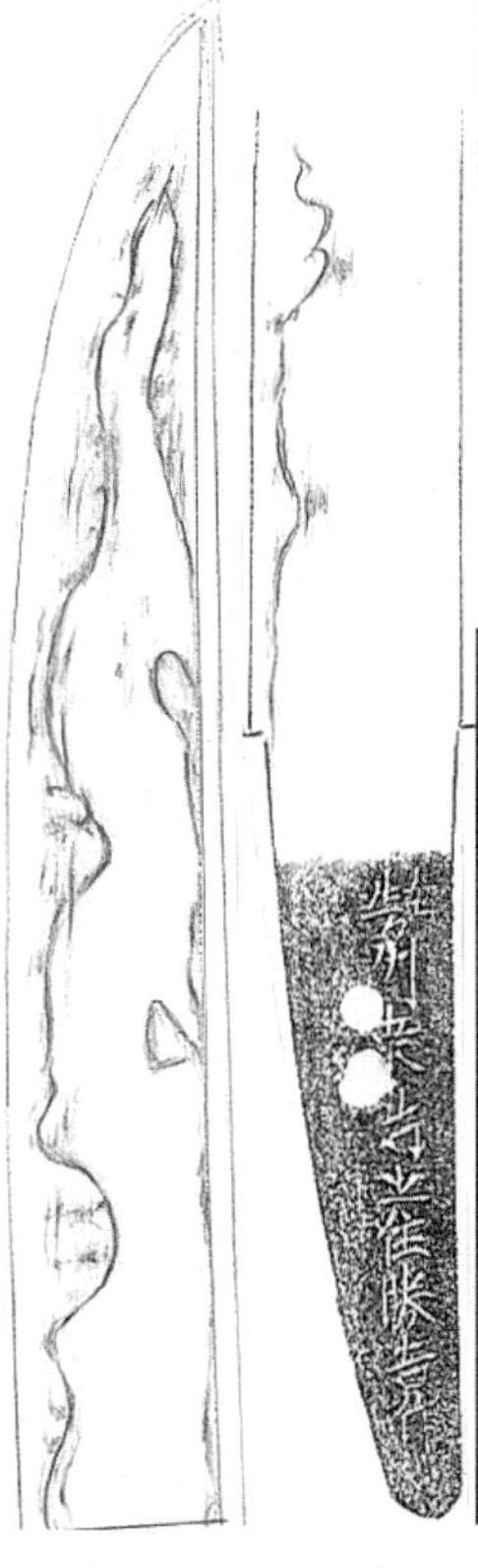

新 **勝吉【かつよし】二代** 伊勢国 江戸中期（寛文）

千子。重郎左衛門。二代。播州姫路にても造る。「勢州桑名藤原勝吉」「於播州姫路作之」。三代勝吉は元禄ころ。

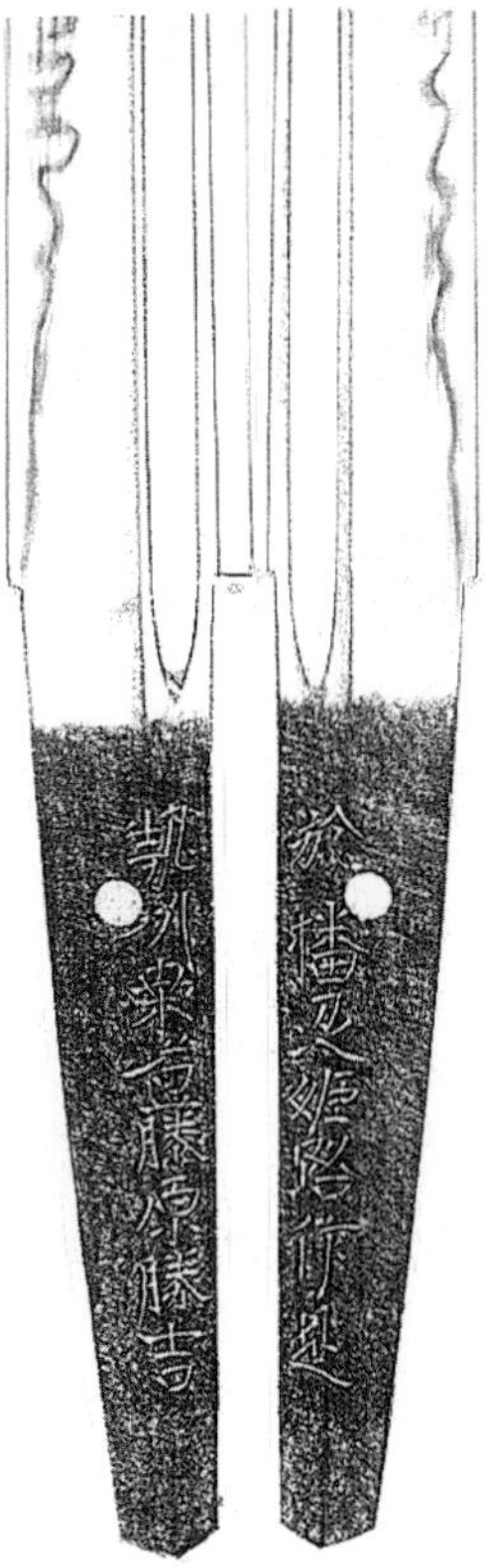

新 勝吉【かつよし】 伊勢国 桃山期（慶長）

重郎左衛門。千子正重の門。勢州桑名住。播州姫路にても造る。互の目乱、尖り互の目交じり。

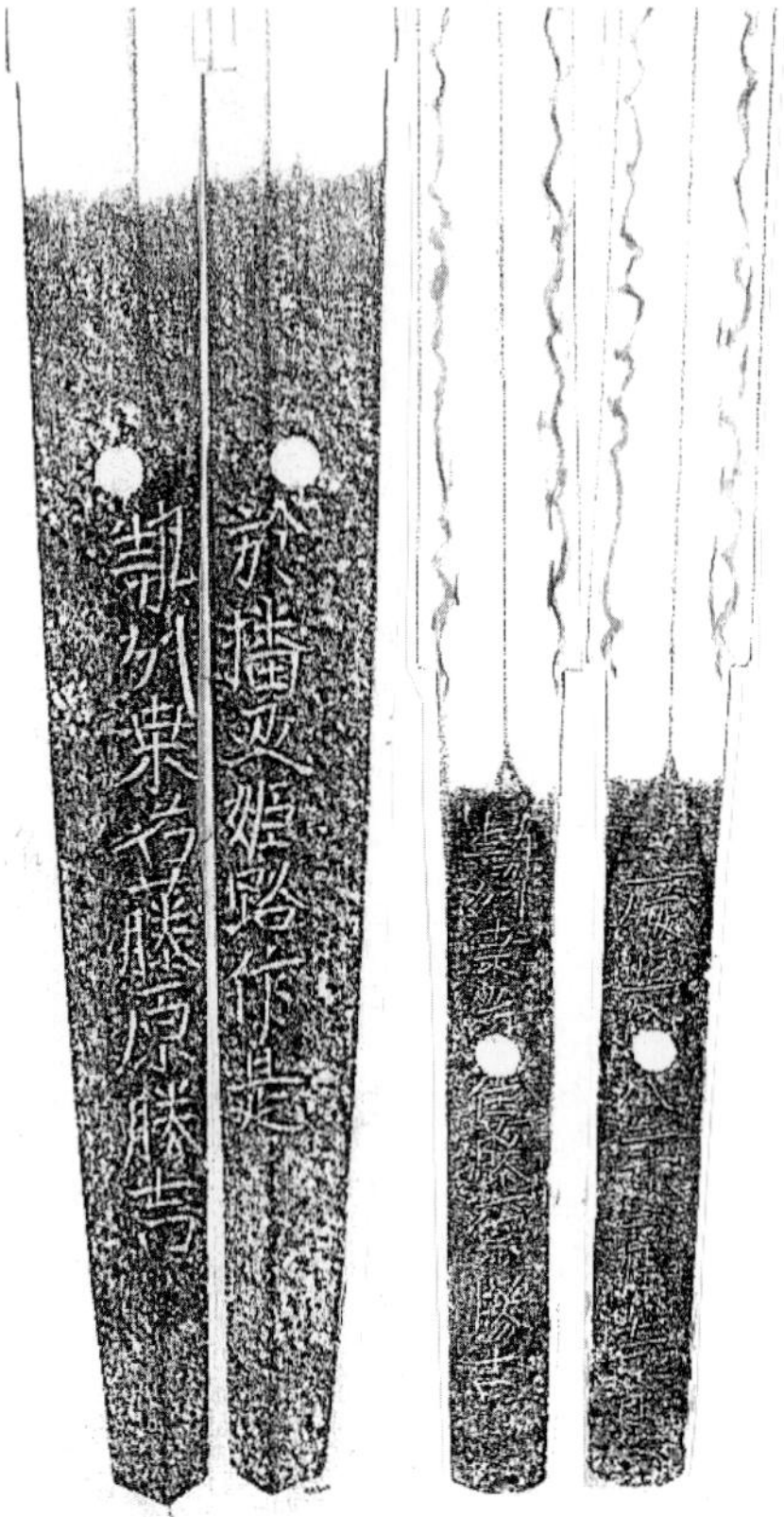

新 包明【かねあき】 大和国 江戸中期（元禄）

中川三九郎。初銘正吉。陸奥守包保の甥。銘を左文字に切る。郡山住。

古 包家【かねいえ】 備前国 鎌倉末期（正和）

長船住。正和四年紀の作があり、直刃仕立てに互の目足入り。「備州長船住包家」。

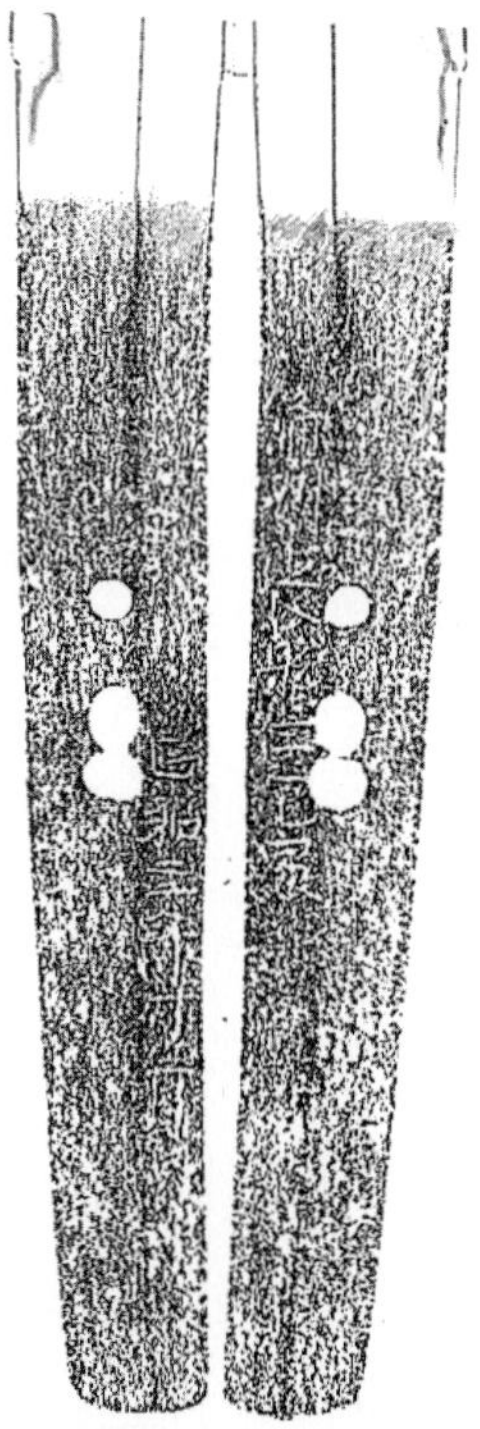

古 包氏【かねうじ】 初代 大和国 鎌倉末期（元応）

千手院。大和志津。重弘の末という。助次の子。奈良動住。元応のころに濃州多芸郡志津に移り兼氏に改める。志津三郎同人。大和での作を大和志津、美濃の作を志津と呼ぶ。初代の有銘作は現存せず、大磨上げ無銘で「大和志津」と極められた作刀をままみる。濃州へ移った初代包氏の年代を観応とする説があるが、それは次代の包氏であろう。初代包氏を元応ころとみるのが妥当である。

古 包氏【かねうじ】 二代 大和国 南北朝期（観応）

初代包氏が濃州へ移住後、大和に残り作刀を続ける一類がいて、その代表工が二代目に該当する包氏であったろう。古押形に「観応 元年八月日包氏」銘があり、現品が昭和初期まで残っていたというが、いま所在が知れない。また延文五年紀のものもあったが、これも行方知れずである。観応から延文・貞治にかけて作刀する。穏やかな小互の目調の小乱に、砂流しかかる。⇩**志津三郎兼氏の項参照。**

（『古刀銘尽大全』）

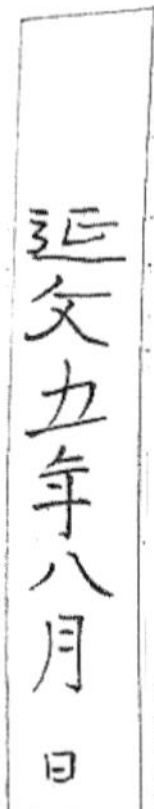

（『古今銘尽』）

古 **包氏**【かねうじ】 大和国　南北朝期（正平）

大和志津。三郎兼氏が濃州志津へ移住後もひき続き大和にて作刀した工の一人で、「正平十二年十月日」の年紀作がある。

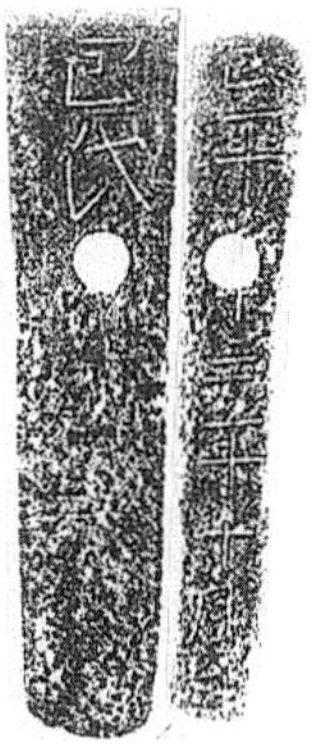
正平十二年十月

古 **包氏**【かねうじ】 大和国　室町末期（永正）

包氏の名跡は室町末期まで続き、「包氏」「包氏作」と銘す。直刃が浅く湾れた尋常な作が多い。

古 **包清**【かねきよ】**初代** 大和国　鎌倉末期（嘉暦）

手掻。初代包永の子。嘉暦二、同四年の作がある。「包清　嘉暦二（四）年三月十一日」の短刀は、平造り内反り、直刃が浅く湾れ小互の目交じり、匂深く小沸よくつき、金筋入り、帽子先尖り心に先掃きかける。茎中央に銘と年紀を一行に書き下す。

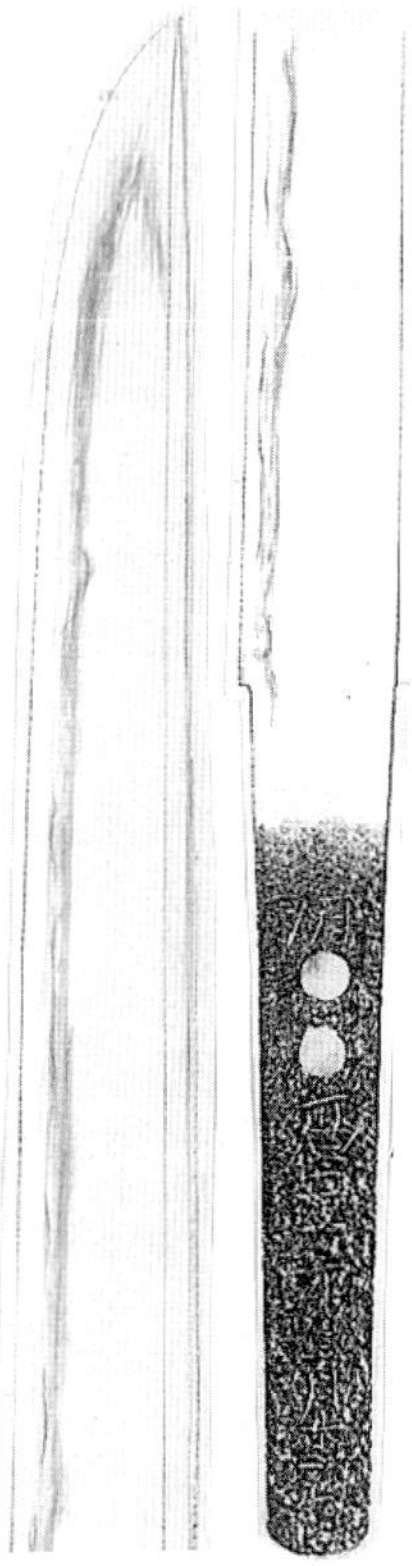
包清　嘉暦二年三月十一日

古 **包清**【かねきよ】**二代** 大和国　南北朝期（応安）

二代包永の子。包利の門という。「左衛門尉平《なら》包清」銘の短刀がある（桜井市・談山神社旧蔵）。直刃に小互の目足入り、湯走り、二重刃かかり、金筋入る。『古刀銘尽大全』に包清は「同銘二代、また永正頃一人」とあるが、室町初期、また後期になお後続する数工がいる。

左衛門尉平包清

古 **包清**【かねきよ】 大和国　室町末期（永正）

直刃、また互の目交じり。板目に柾流れ地沸つき、白気心のあるものが多い。永正・享禄年紀の作がある。

（『光山押形』）

古 **包清**【かねきよ】 大和国　室町末期（天文）

「包清」「手掻住包清」「南都住藤原包清」などと銘する工が複数いる。室町期の手掻物を末手掻と総称する。室町期に入った大和物は末手掻が大勢を占め、尻懸がこれに継ぐものの、他派は衰退して作刀が少ない。

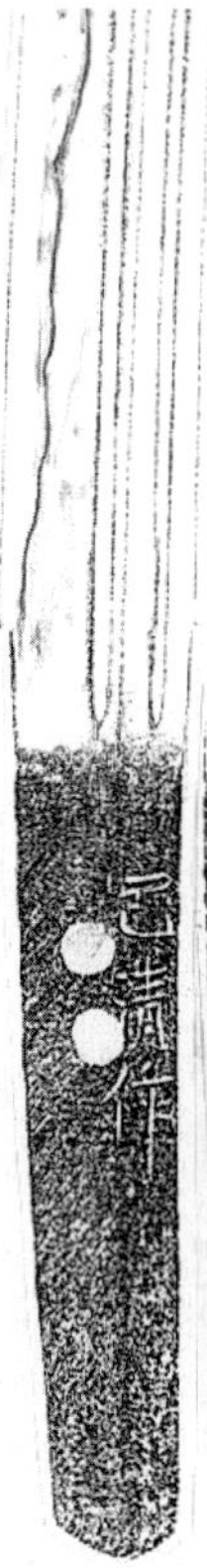

古 **包国【かねくに】** 大和国　鎌倉末期（元応）

当麻。七郎右衛門、七郎入道。俊行門。「包國」。

古 **包国【かねくに】** 大和国　南北朝期（応安）

手掻。包永の門流に応安ころの包国があり、永和ころに続く。「包國」。

古 **包国【かねくに】** 大和国　室町初期（永享）

手掻。包光子。永享年紀の作がある。「包國」「包光子包國」。同銘が文明、永正、天正と続き、新刀期に継承する。

新 **包国【かねくに】** 大和国　江戸中期（延宝）

筒井九右衛門。筒井紀充の父。初銘包満。初代大坂丹波守吉道の門。直刃、互の目に丁子交じり。

新 **包国【かねくに】** 紀伊国　桃山期（慶長）

本国和州手掻、大和手掻包永の末裔という。大和から駿河府中へ移り、駿河打ちの作が残り、のち紀州和歌山へ移住する。初代南紀重国の前銘とも父ともいうが明らかでなく、重国の兄とみるむきがある。『新刀弁疑』に、九郎三郎重国（初代南紀重国）の兄弟に九郎次郎重国がいて、両人が紀州和歌山へ移り、世に駿河文珠と唱えるとの記載がある。九郎次郎重国の前銘が包国とする見方もある。湾れごころの直刃を焼き、大和伝の作を現す。⇩**南紀重国〈初代〉の項参照。**

新 **包蔵【かねくら】** 常陸国　桃山期（寛永）

初代包蔵は助右衛門。本国大和文珠派。初代国包門。古作保昌の柾目肌、直刃に喰違刃、二重刃かかった作風を表す。初代から七代寛政まで続き、「奥州仙台住藤原包蔵」「包蔵」などと切銘する。初代から三代までは「銘不打」で作刀をみない。四代包蔵の宝永元年紀に塩釜宮奉納刀、五代包蔵の享保五年紀に亀岡八幡宮の奉納刀がある。

古 **包定【かねさだ】** 大和国　南北朝期（永徳）

手掻。文珠派の祖文珠四郎包次の子。初代。永徳のころ。「包定」。

古 **包定【かねさだ】** 大和国　室町初期（応永）

手掻。包永の孫という。二代応永ころ。「包定」。三代嘉吉、四代応仁、五代は包俊子で文亀ころ。

新 **包定【かねさだ】** 大和国　江戸中期（延宝）

文珠又三郎。江戸本所に移り作刀する。京にても打つ。河内守を受領する。初代。和州手掻包永末孫を称し切銘する。寛文末年から貞享ころまでの年紀がある。互の目乱、中直刃など。◆二代包定は宝永ころに紀州に移る。

新 **包貞【かねさだ】** 越後守　初代　摂津国　江戸初期（承応）

山田平太夫。本国和州。伊賀守包道門。最も古いとみられる年紀のある作に慶安四年二月があり、降っては寛文四年八月がある。この間十三年を算するが、初代は延宝ころまで作刀する（『古今鍛冶備考』）という。晩年には坂倉照包が代作に当たっていることは現存する作刀からみて明らかであり、鍛刀期間をなおのばすこととなる。越後守を受領する。互の目乱を主調とした沸出来の刃文が細かく小づむものが多い。銘字は骨ばって角味がある独特の鏨使いをする。寛文八年ころからのちの銘は丸味があり、坂倉照包の代銘作品とみられる。

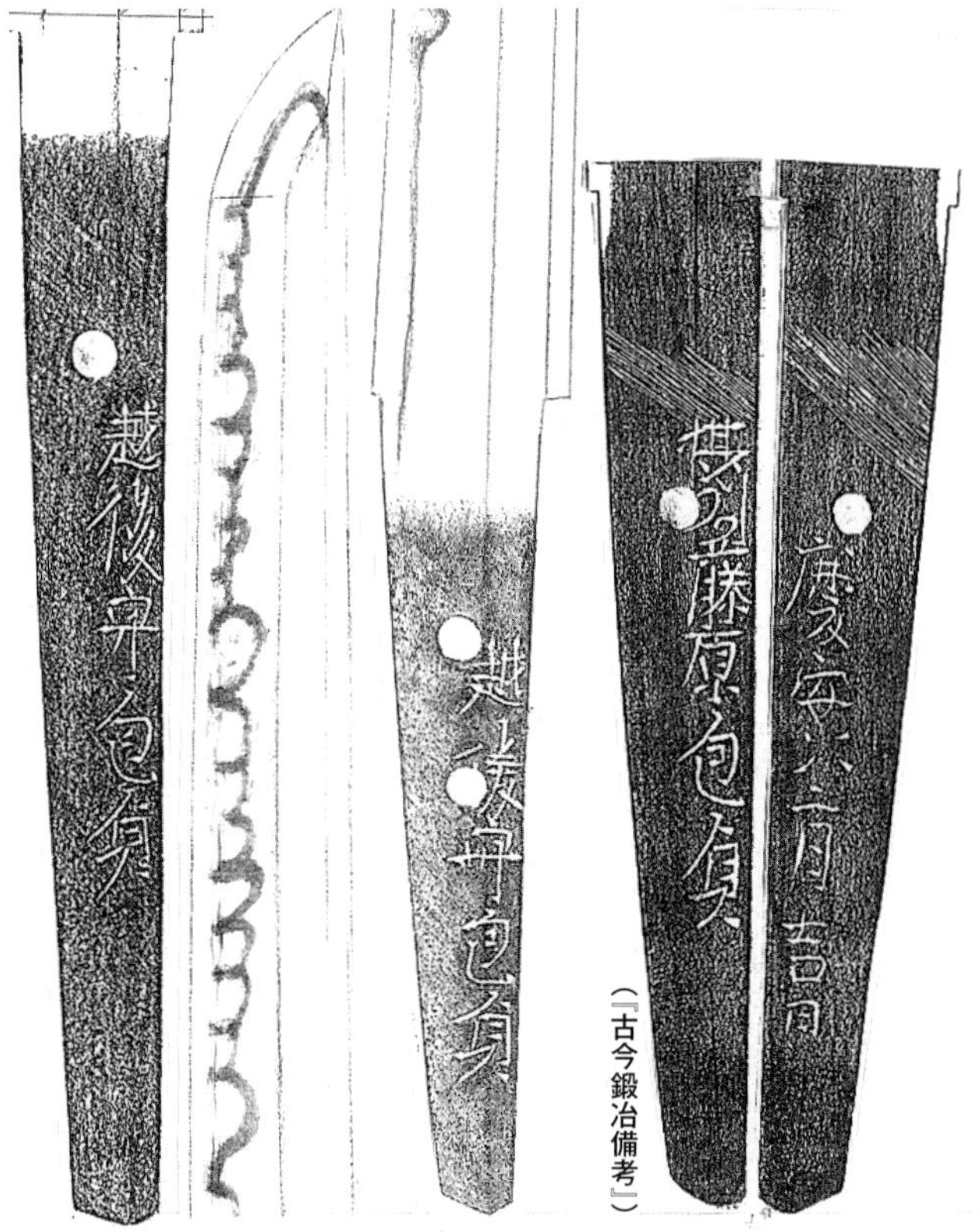

（『古今鍛冶備考』）

- 初代越後守包貞　山田平太夫／慶安～延宝
  - 二代越後守包貞　山田岩松／天和・貞享
    - 越後守照包　貞享
  - 坂倉言之進照包　延宝・天和
    - 越後守包貞　寛文・延宝
    - 坂倉越後守照包　天和・貞享

新 **包貞【かねさだ】** 越後守　摂津国　江戸中期（寛文）

坂倉五郎、言之進。初銘輝包。美濃照門の一門、大坂に出て初代越後守包貞に入門し、のち養子となるという。寛文五年紀の作から越後守包貞

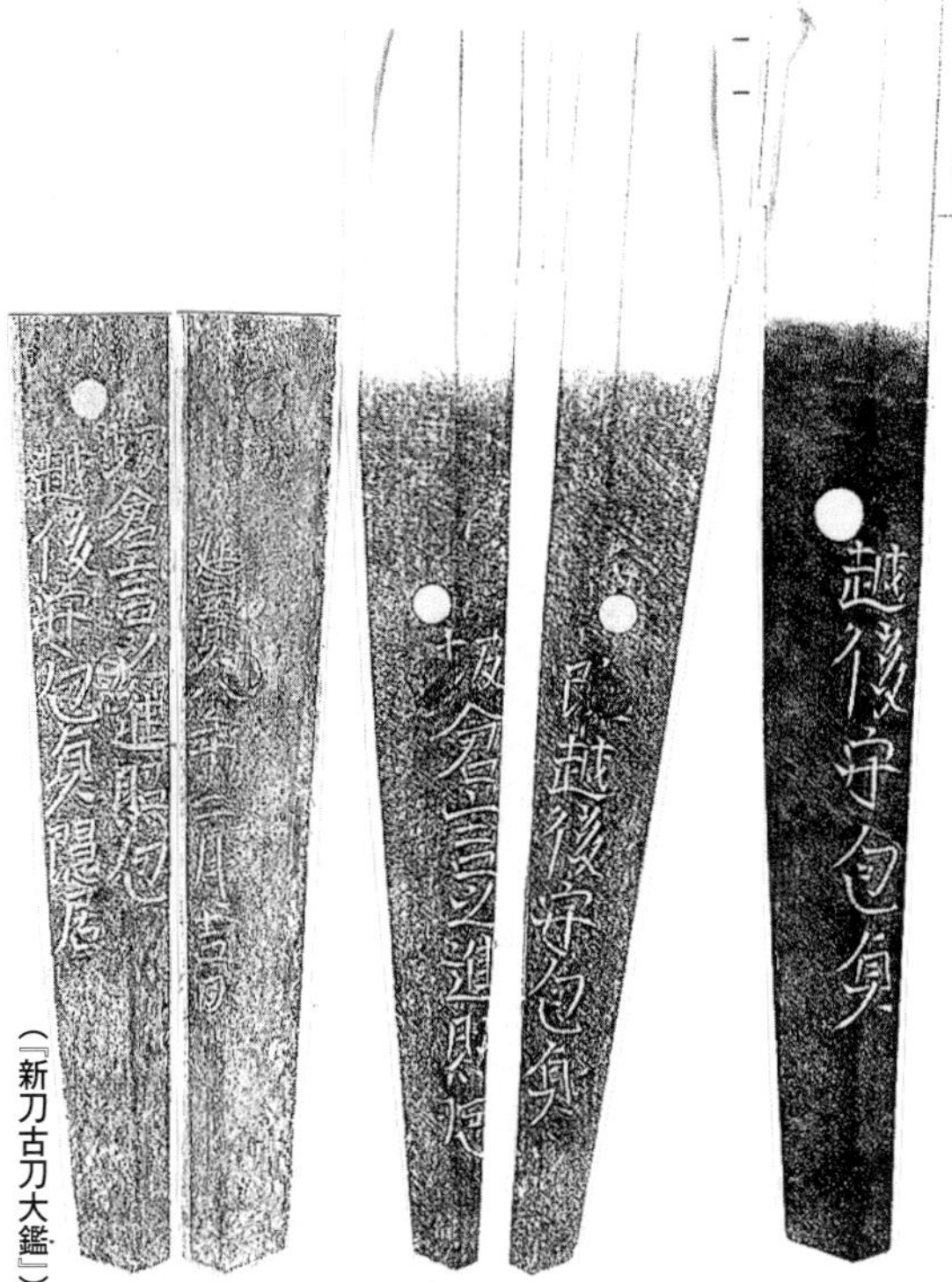

（『新刀古刀大鑑』）

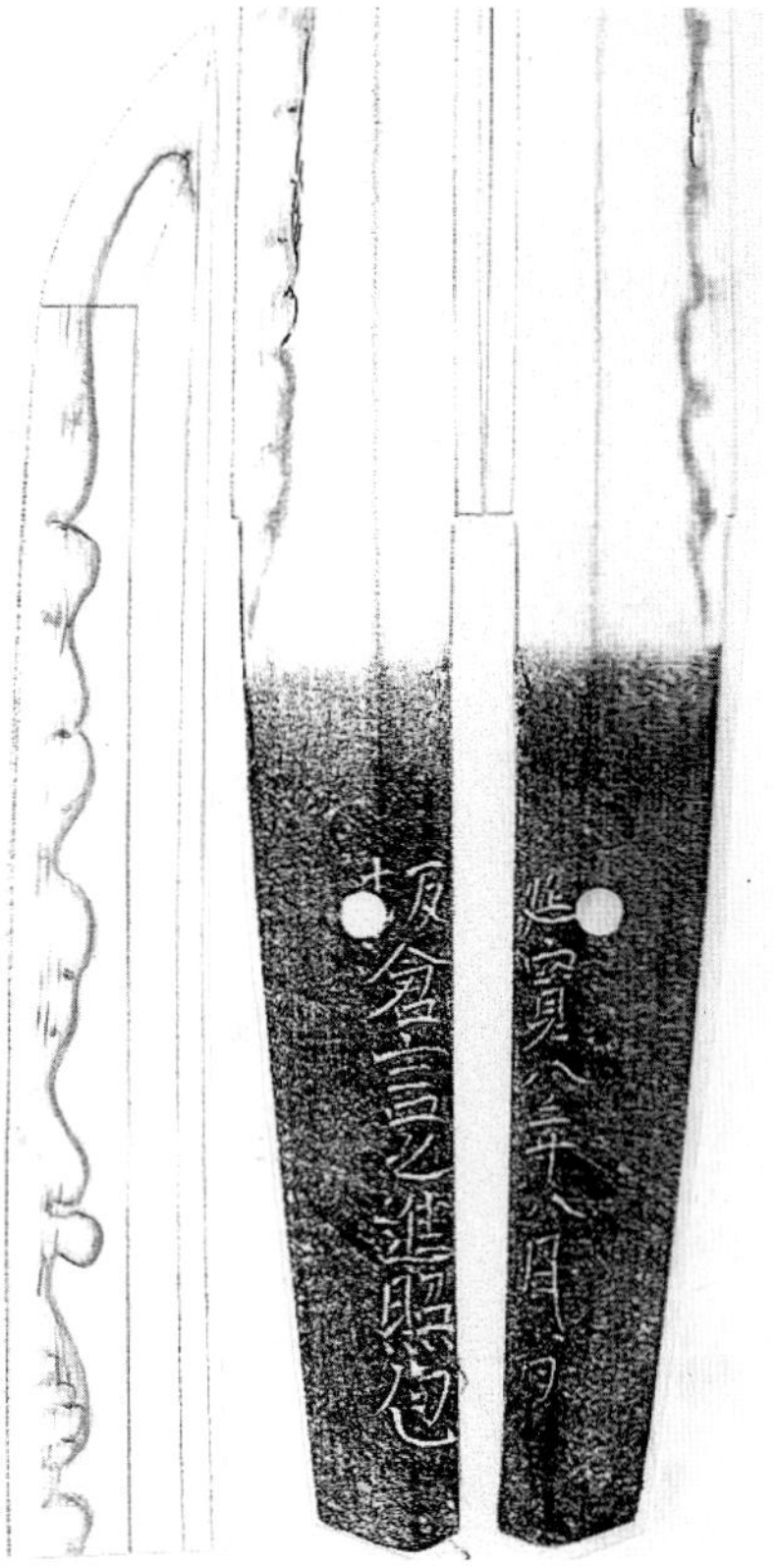

を銘して作刀し、延宝七年八月紀の作に「坂倉源照包作之」（裏）、「越後守包貞」（表）銘があって延宝七年ころから坂倉照包を銘す。このことは初代包貞の実子岩松が成人したため、延宝七年ころに包貞の名跡を岩松に譲り、自らは本名の坂倉氏に復したことを意味する。翌延宝八年二月の作に「坂倉言之進照包、越後守包貞隠居」と切ったのは「包貞が隠居して照包と名乗る」の意で、同じころの「改越後守包貞」「坂倉言之進照包」も「包貞を改め照包」を銘したもの。天和四年、貞享元年紀には「坂倉越後守照包」と切銘していて、再び越後守を称している。この越後守は潜称であろう。初期作は丁子乱、大湾れに互の目などがあり、照包銘の作には濤瀾乱が多い。助広の濤瀾と比べ、波の傾斜が急であり、刃文の谷に砂流しのかかるのが見どころ。⇩**照包〈坂倉言之進〉の項参照。**

新 **包貞【かねさだ】** **岩松（二代越後守）　摂津国　江戸中期（貞享）**

山田岩松といい、初代包貞の老後の子。坂倉照包の後見により二代目包貞を襲名する。「越後守包貞」のち「越後守照包」を銘す。天和二年二月紀の作銘に二種があり、照包銘と併立して存する包貞銘が岩松包貞であり、少ないながら現存する同作を確認できる。

（『古今鍛冶備考』）

貞享ころ

古 **包真【かねさだ】初代**　和泉国　室町末期（永正）

才次郎。四代手掻包真の門。大和から泉州へ移る。永正二年紀の作がある。「泉州住包真才次郎作」。

古 **包真【かねざね】初代**　大和国　南北朝期（康応）

手掻。初代包長の子。二代包長の子とも門人ともいう。奈良住。直刃が湾れかかり、小互の目足入り、匂深く小沸よくつき、湯走り、二重刃かかり、刃中に金筋入る。小板目肌詰み、地沸つき、映り立つ。「包真」「藤原包真」。**（系図836頁参照）**

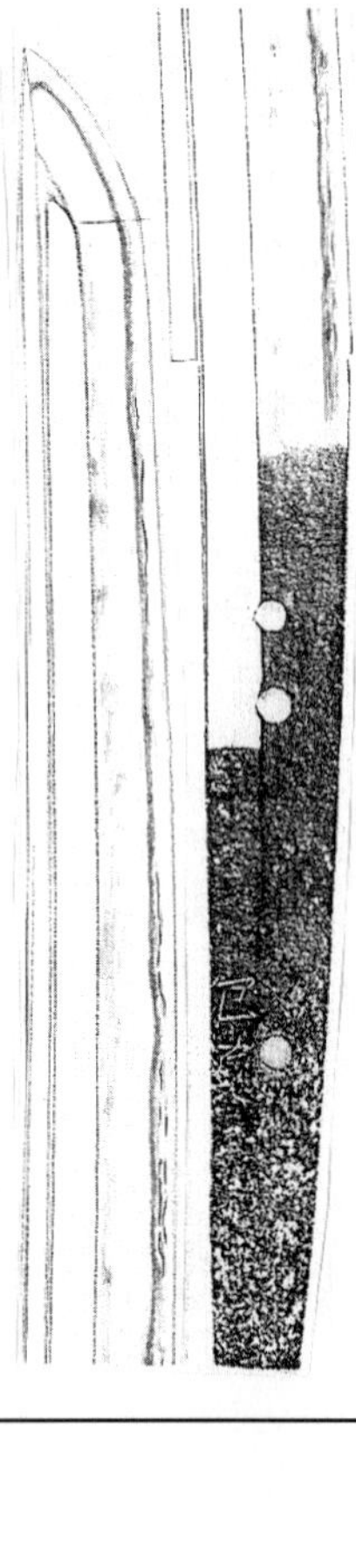

古 **包真【かねざね】二代**　大和国　室町初期（応永）

手掻。初代包真の子。包吉門。文珠派の祖という。応永年紀の作がある。

直刃、互の目乱。「包真」。

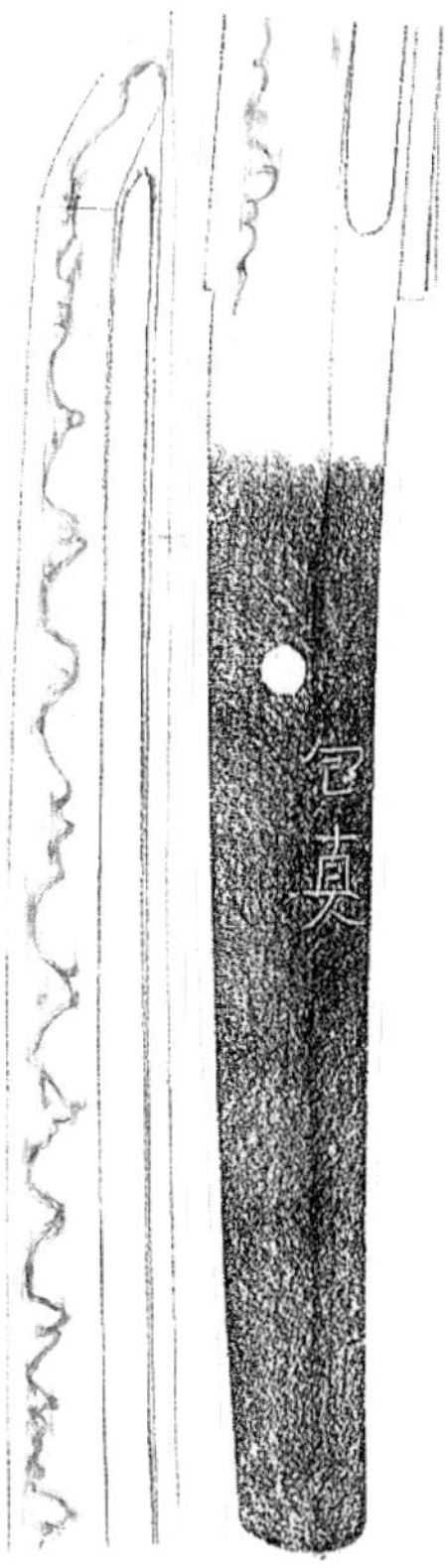

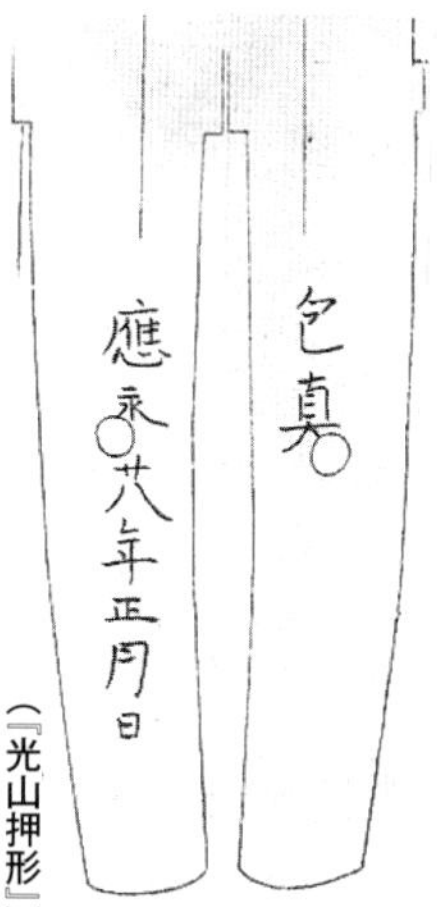

『光山押形』

古 包真【かねざね】**三代**　大和国　室町初期（永享）

手掻。永享から享徳ころまでの作がある。「包真」「大和國藤原包真」。

古 包真【かねざね】**四代**　大和国　室町中期（康正）

手掻。殊四郎。康正から文明ころまでの作がある。「包真」「藤原包真」「大和国住珠四郎藤原包真」。銘に「長禄二二年二月日　生年四十七」と切った作がある。

大和国住殊四郎藤原包真（長禄二年二月日　生年四十七）

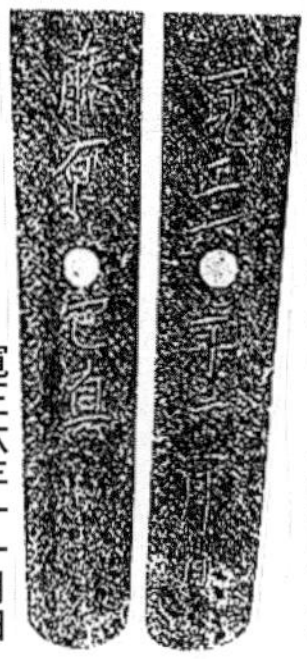

寛正六年十一月日

『土屋押形』

古 包真【かねざね】**五代**　大和国　室町末期（永正）

包真は明応ころ以降、天文、天正のころにかけ、複数の工が活動し、門葉が各地に派生して栄える。二代門の才次郎包真（正長ころ）は伊賀へ、四代門の才次郎包真（永正ころ）は泉州へ、また濃州赤坂へ移った包真（永正ころ）がいて作刀する。「包真」「南都住藤原包真」「大和國藤原南都住包真」。

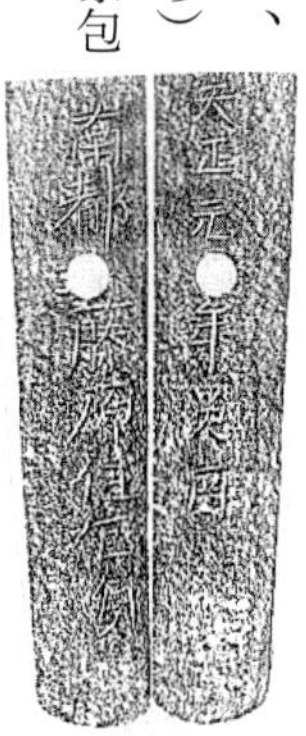

古 包真【かねざね】　和泉国　室町末期（享禄）

三好次郎、二郎、才次郎。享禄二・三年紀の作がある。「泉州住包真作」。

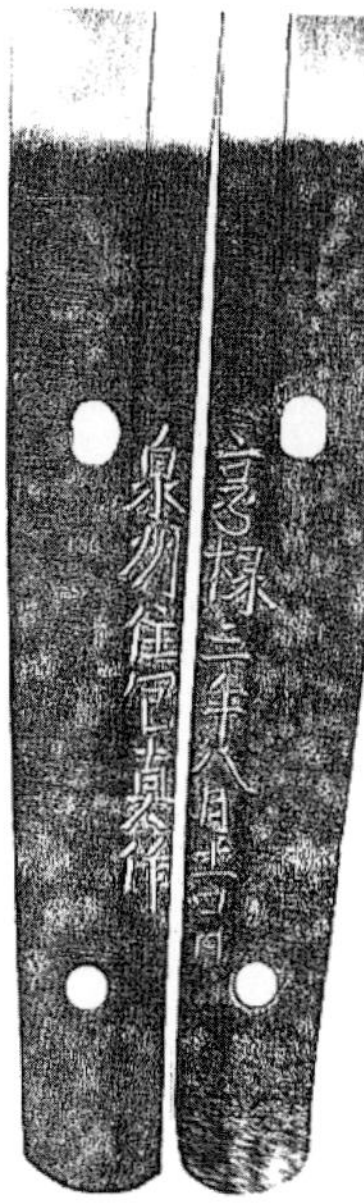

古 包重【かねしげ】　播磨国　鎌倉末期（正応）

本国大和。小川住。包吉の父という。包重の名跡は文保、貞和、応安、正長と続く。「包重」。

古 包重【かねしげ】　大和国　室町初期（応永）

手掻。直刃がほつれ、小互の目足入り。板目に柾交じり、地沸つき、棒映り立つ。応永九年から同十七年紀の作がある。「包重」「大和國包重」。

応永十三年三月日

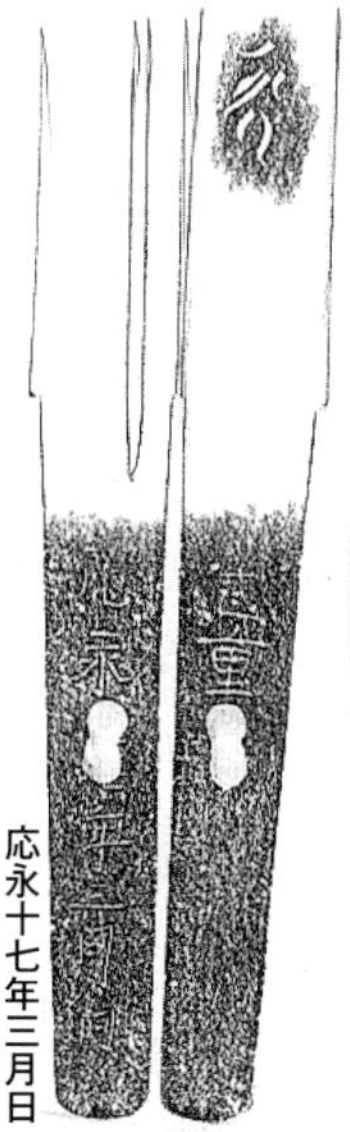

応永十七年三月日

古 包重【かねしげ】　大和国　室町末期（永正）

手掻。孫四郎包真の子。槍作りの名手。「包重」。

新 包重【かねしげ】 大和国　江戸中期（延宝）
文珠派。京にても造る。互の目乱を焼く。陸奥守包重（摂州）とは別人。

新 包重【かねしげ】 摂津国　江戸中期（寛文）
三代右陸奥包保の初銘。万治元年十二月、「鍛冶藤原包重」で陸奥大掾を受領、陸奥守に転任してのち包保に改める。⇩右陸奥包保〈三代〉の項参照。

新 包重【かねしげ】 陸前国　江戸中期（寛文）
二代包重は初銘包茂。遠田郡涌谷住。初代仙台国包門。初代包重が天正ころに涌谷に移住し、二代から後続してこの地で鍛刀する。寛文九年紀の作がある。

新 包重【かねしげ】 肥後国　江戸中期（貞享）
延寿の末流という。隈本住。貞享二年紀の作は二代目。初代は寛文ころ。

古 包助【かねすけ】 備前国　鎌倉初期（承元）
古備前。後鳥羽院番鍛冶十一月番。小乱小丁子。福岡古一文字同人ともいう。「包助」。福岡一文字包助は宝治、弘長と続き、吉岡一文字は元応ころに作刀をする。

古 包助【かねすけ】 備前国　室町初期（応永）
長船。一文字から和気鍛冶への流れを継ぎ長船に同化していった包助は、応永ころに作刀するものがある。腰の開いた互の目乱を焼く。「包助」「備州長船包助」。

新 包高【かねたか】 讃岐国　桃山期（寛永）
東包高。讃州高松住。石清尾《いわせお》八幡宮社前にて造り、その旨切銘する。寛永十四年から承応二年までの年紀作がある。加賀守を受領する。互の目乱に尖り刃交じり、中直刃が浅く湾れる。◆二代寛文・延宝、三代元禄ころ。

古 包近【かねちか】 備前国　鎌倉初期（建暦）
古備前。近包の子。「包近」。

古 包近【かねちか】 備前国　鎌倉初期（承久）
福岡一文字。後鳥羽院番鍛冶。二十四人番の五月番。「包近」。

古 包次【かねつぐ】 備中国　鎌倉初期（建暦）
古青江。守次の子、貞次門。青江四郎。小乱に小互の目が小模様で逆がかり、小沸つく。「包次」と大振り太鏨の二字銘を切る。包次の名跡は貞永ころ、建長ころから正和ころへと続く。

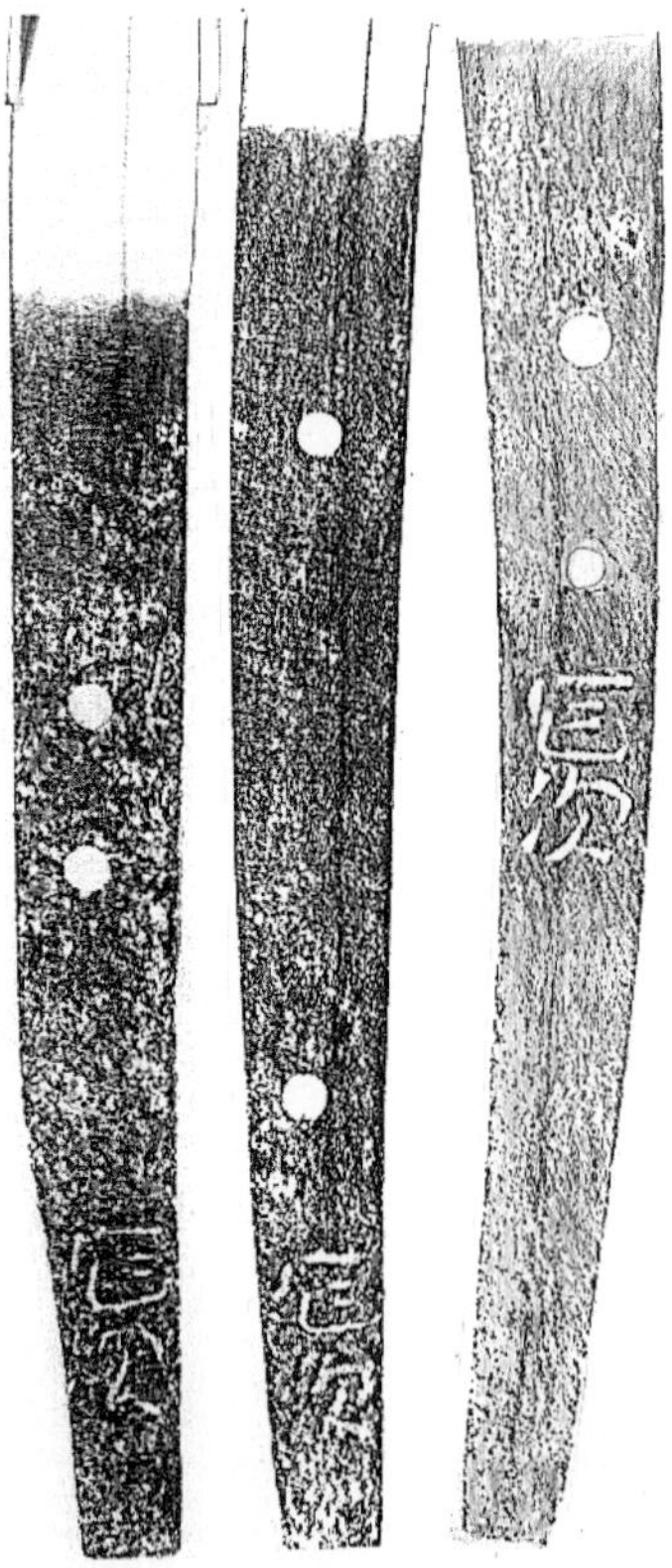

古 包次【かねつぐ】 **初代** 大和国　鎌倉末期（嘉暦）
手掻。初代包永の子。文珠四郎と号す。文殊派の祖。後に包吉と打つと

いう。文保元年紀から暦応五年紀までの作がある。元弘三年七月紀の短刀は直刃に小互の目足入り、刃縁ほつれ、打のけかかる。「包次」「大和国住人包次作」「大和国藤原住左衛門尉包次」。

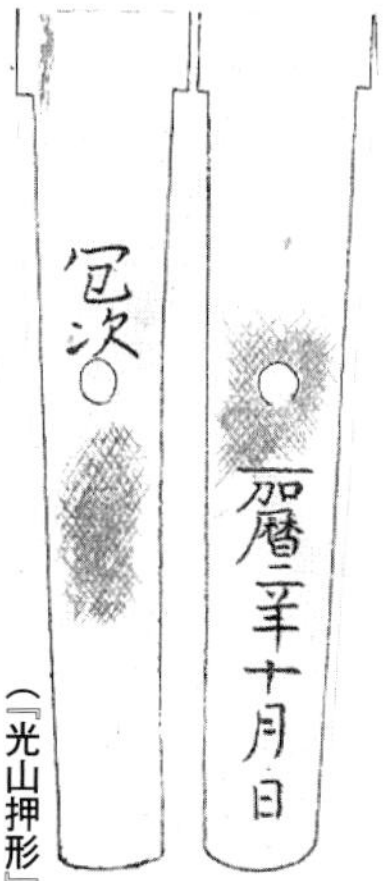
（『光山押形』）

暦応庚辰正月日
大和国住人包次作

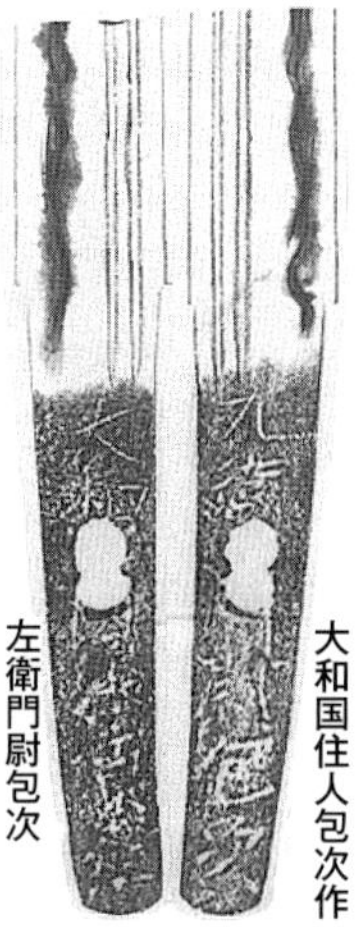
左衛門尉包次
大和国藤原住

古 **包次【かねつぐ】二代**　大和国　南北朝期（貞治）
左衛門尉。手掻包清の子。包永の門。「包吉」「大和國藤原住　左衛門尉包次」。

古 **包次【かねつぐ】三代**　大和国　南北朝期（応安）
手掻。明徳年紀の作がある。「包次」「大和國住包次」。

古 **包次【かねつぐ】四代**　大和国　室町初期（応永）
手掻。応永十七年紀の作がある。「包次」「大和國住包次」。

古 **包次【かねつぐ】**　大和国　室町末期（天正）
長禄ころから天正にかけて、後代の包次が作刀する。「包次」「大和之住包次作」。

大和之住包次作

新 **包次【かねつぐ】**　摂津国　江戸中期（寛文）
文珠六兵衛。左陸奥包保門。本国大和、城州にても造る。甲割包次と切るものがある。湾れ乱、互の目乱。

二代右陸奥との合作

新 **包次【かねつぐ】**　信国吉助四代　筑前国　江戸中期（正徳）
信国作左衛門。信国吉助三代重貞の子。「筑前住源信国包次作」「源信国包次」と切る。信国吉助の系流は四代包次から後続するものがない。

新 **包綱【かねつな】**　粟田口　摂津国　江戸中期（延宝）
忠三郎。初銘兼綱。初代粟田口忠綱門。のちに江戸へ移住する。

古 **包利【かねとし】**　大和国　鎌倉末期（正応）
手掻。平三郎。初代包永の子とも、門人ともいう。また包永同人で初銘ともいう。元亀本は手掻派の頭に位置づけて、初代包永より古く前時代の人とみている。

古 **包利【かねとし】**　大和国　南北朝期（貞和）
手掻。平治郎。二代包永の弟で、手掻派中で包永に次ぎ、重きをなしていたようである。

古 **包利【かねとし】**　大和国　南北朝期（貞治）
手掻包永門。のち包永に改めるという。貞治三、応安三年紀の作が古押型にみられるが、現品で南北朝期から遡る年代作が残されているのをみない。

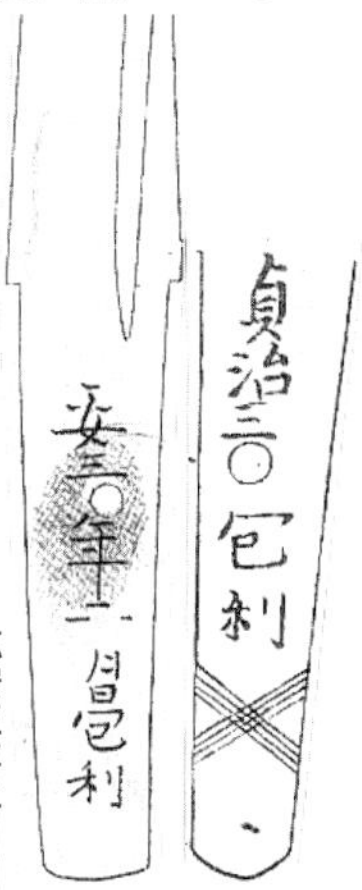
応安三年二月日
（『古今銘尽』）

古 包利【かねとし】　大和国　室町初期（応永）

手掻。応永ころの「包利」銘の作刀があり、長禄ころとみられる後代作がある。「天界文殊四郎包利」を銘す。

古 包俊【かねとし】初代　大和国　南北朝期（永徳）

手掻。初代包行門。直刃に小互の目足入り、刃縁ほつれ、小沸つく。板目に柾流れ、白気映り立つ。「包俊」。

古 包俊【かねとし】二代　大和国　室町中期（享徳）

手掻。応永から享徳にかけて作刀する。のち応仁・文明ころに三代がいて、なお以降に同銘が続く。小銘を切る。「包俊」。

古 包友【かねとも】初代　大和国　南北朝期（建武）

手掻。包氏一門。奈良動（由留木《ゆるき》）住。大和から美濃に移り、兼友に改めるという、兼友同人説がある。

古 包友【かねとも】二代　大和国　南北朝期（貞治）

手掻。初代包友の子、また門人とも、また初代包友と同人とみての兼友同人説がある。貞治を遡るとみられる包友の作刀は経眼せず、直江志津兼友の平造小脇差がある。浅く湾れた直刃に互の目交じり、足と葉入り、板目よく詰み、白気ごころがある。

古 包友【かねとも】三代　大和国　室町初期（応永）

先代の包友が美濃に移った後も大和に残り、包友の名跡を後継した工の一人。「包友」「大和国包友」。

応永十七年紀の作がある。なお後続する永享ころの包友がいる。

新々 包知【かねとも】　陸前国　江戸末期（文久）

「陸奥国仙台住藤原包知」銘のほか、二字銘、草書銘にも切る。直刃、互の目乱を焼く。

古 包永【かねなが】初代　大和国　鎌倉末期（正応）

手掻派の祖。天蓋平三郎。初銘包利という。東大寺専従の鍛冶集団で、東大寺輾磑門前に在住するという。鎬幅広く、鎬筋高く、中切先の造込みが包永に限らず、大和鍛冶全般に共通した特徴で、生ぶの姿のときは腰元に踏張りがつく。小板目がよく詰み、柾目が目立たず京物のような肌

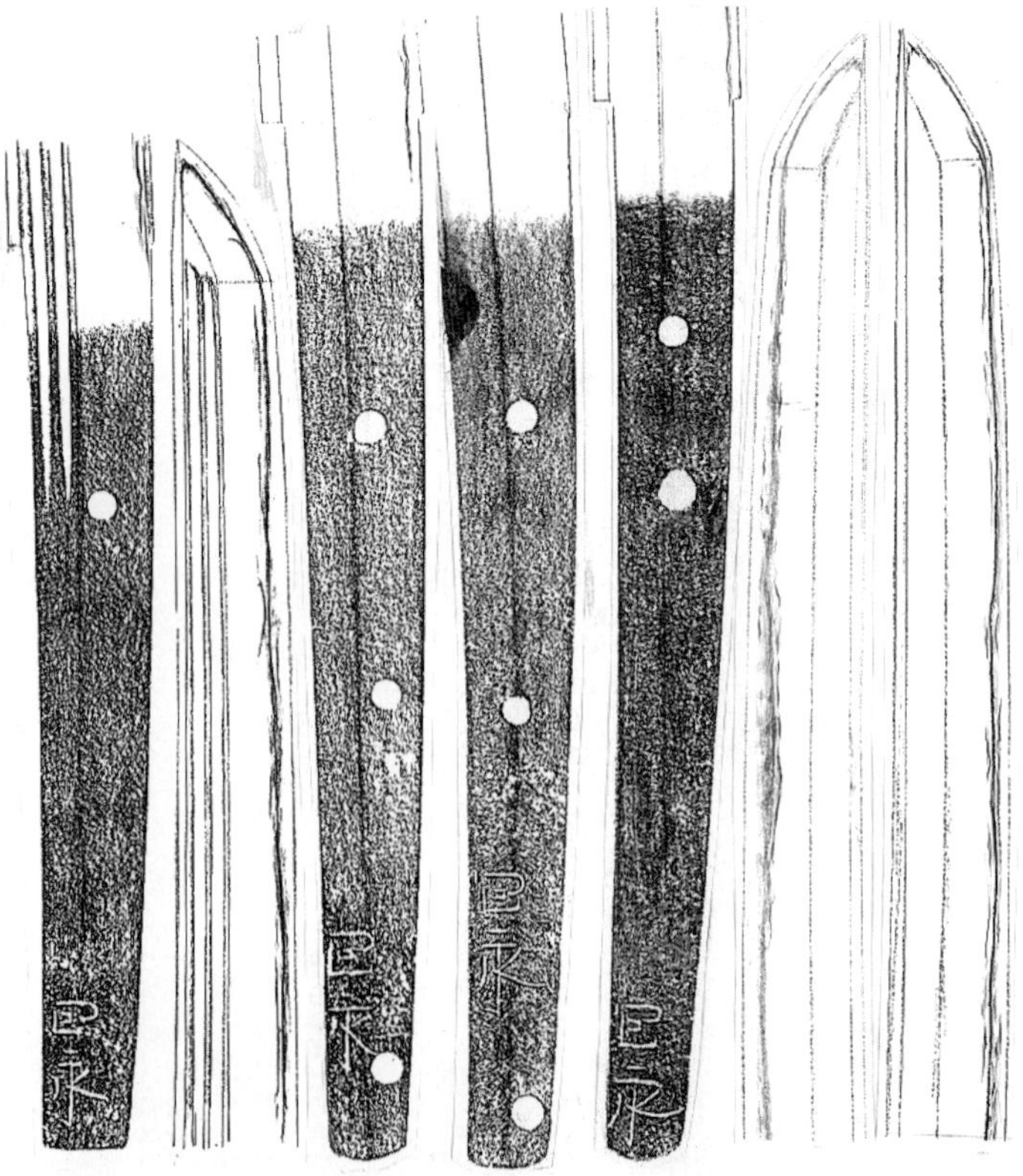

合いのもののほうが多く、板目に柾交じり、地沸が強くつき、地景の入るものがある。刃文は直刃が浅く湾れ、小互の目足入り、焼出しを狭く先へいって乱れ、焼幅を広げ、沸強くなる。表裏の刃を著しく変えて焼くものがあり、片面を大模様な刃が乱れたのを「児手柏」と呼称する。名物「児手柏《このてかしわ》」は細川幽斎の愛刀で、のち水戸徳川家に伝わり、関東大震災で焼け身となる。万葉集の「なら山の児手柏のふた面に、かにもかくにも、佞人《ねじけひと》の友」の古歌にその名の由来がある。大和奈良坂にある柏の葉は、風にひるがえると手を打ち返すように表裏のかたちを変えるところから名づけられたもの。

包永の地刃は沸強く冴え、湯走り、二重刃のかかるところに荒沸つき、元亀本は包永の沸を「真の塗り物の上に砂金を振りかけたるが如し」といっている。二字銘に「包永」と目釘孔の上、棟寄りに切る。生ぶ茎のものは二口が知られているだけで、他は磨上げて茎尻に二字銘が残っている。大和鍛冶中の名手。（系図832頁参照）

古 包永【かねなが】二代　大和国　鎌倉末期（嘉暦）

平次郎。元亀本は、初代は大銘で鑢荒く、後のものは小銘で鑢細かである、といっている。古銘尽によれば茎の鑢は桧垣《ひがき》である。

（『古今銘尽』）

包（以下切）（『埋忠押形』）

古 包永【かねなが】三代　大和国　南北朝期（貞和）

平四郎、助三郎。貞和・延文・貞治の年紀作があり、直刃に小互の目交じりの刃を焼く。「貞和□年五月日包（以下切れ）」「貞治六年正月日包永」の短刀がある。『往昔抄』が掲げる「大和國住人包永」の長銘作は「助三郎」と特定していて三代に擬せられる。包永は室町期まで同銘が続き、応永、文安、長享、大永ころに作刀する。いずれも作行きに大和物本来の特徴を失い、末物然とした作になる。

貞和□年　五月包

（『古今銘尽』）

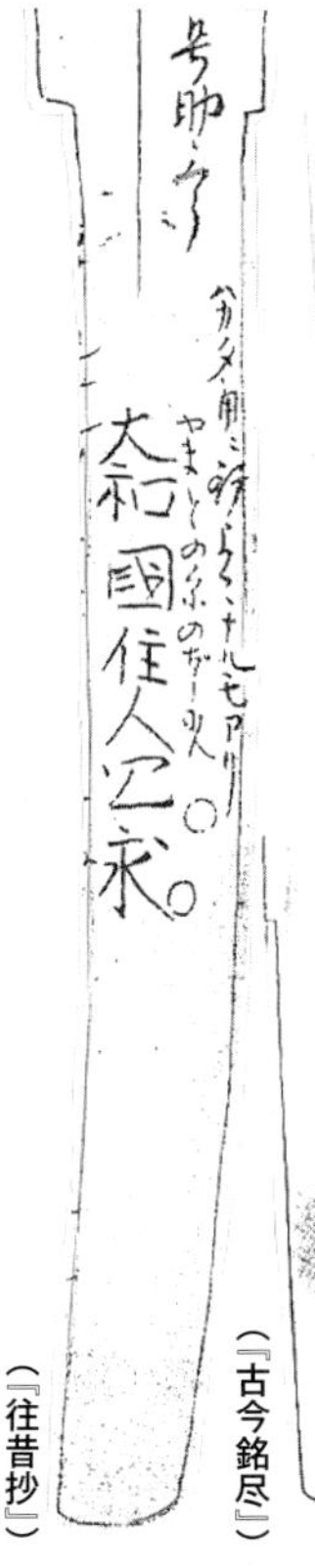

（『往昔抄』）

新 包永【かねなが】　摂津国　江戸中期（延宝）

右陸奥包保門。「摂州住包永」と切る。「甲割」を添えたものがある。直刃、大互の目乱。

新 包永【かねなが】　土佐国　江戸初期（正保）

土佐高知住。肥後熊本にても造る。「土佐高知住藤原千力包永」「藤原千力包永」と切る。直刃、直刃に互の目交じり。

古 包長【かねなが】初代　大和国　南北朝期（貞和）

手掻。二代包永の子、また門人ともいう。初代包真の親。二代包長は永和ころ。後代が伊勢雲林院に移ってこの地で栄える。

古 包長【かねなが】　大和国　室町初期（応永）

小沸出来の直刃がほつれる。板目に柾交じる。応永四年紀の作がある。「包長」。

古 **包長**【かねなが】 伊勢国 室町末期（文亀）

文亀ころに大和から伊勢雲林院に移った包長が後続し、天正ころにも作刀する。互の目乱、皆焼。板目肌立つ。文亀三年、永正三年紀の作がある。「包長」「勢州雲林院住包長」。

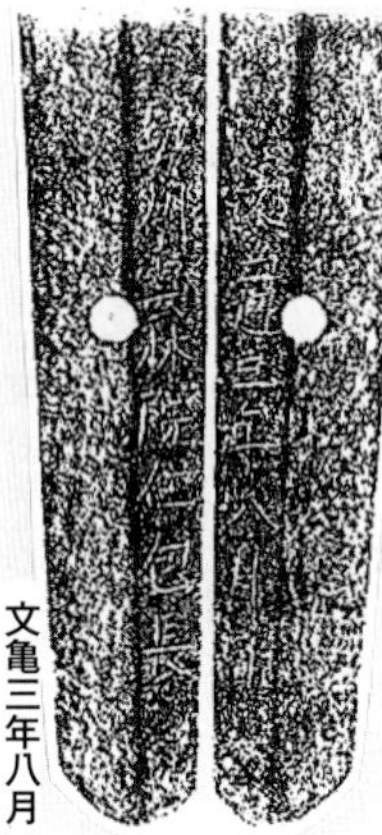
文亀三年八月

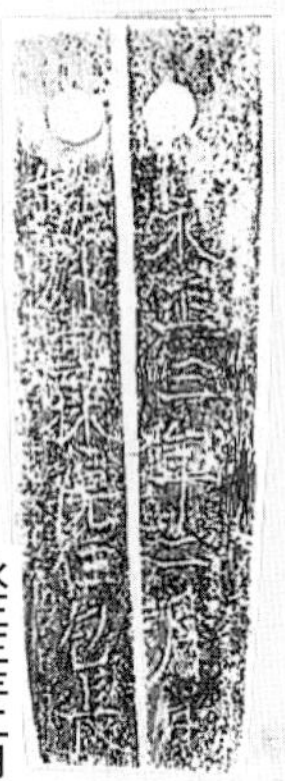
永正三年二月

古 **包宣**【かねのぶ】 大和国 室町末期（文明）

手掻。直刃に小互の目足入り、ほつれ、小沸つく。「包宣」。

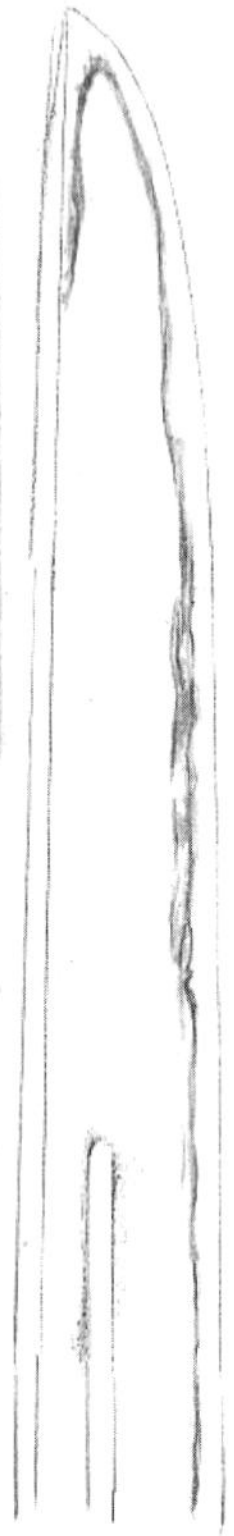

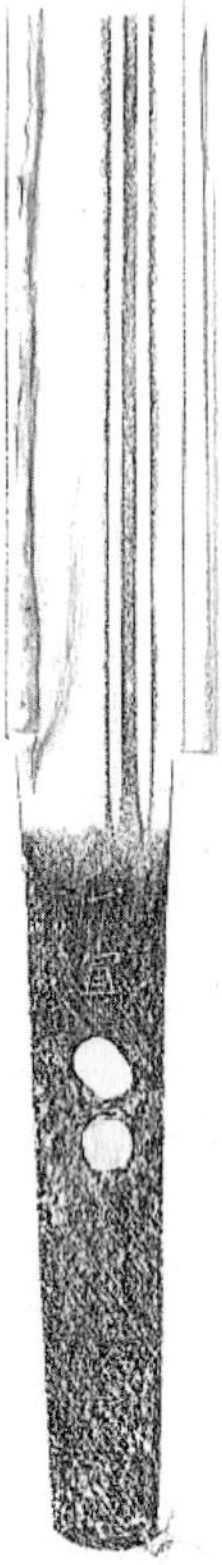

古 **包宣**【かねのぶ】 大和国 室町末期（永正）

手掻。小銘に切る。「包宣」「和州住包宣」。

新作 **包典**【かねのり】 奈良 平成

小守良典。昭和十八年生まれ。江住有俊門。平成二十年作刀承認。新作名刀展入選、努力賞。「包典」。桜井市住。吉井川の源流の砂鉄からの自家製鋼を目指し、郷里西粟倉村に和鋼研究所を建設する。

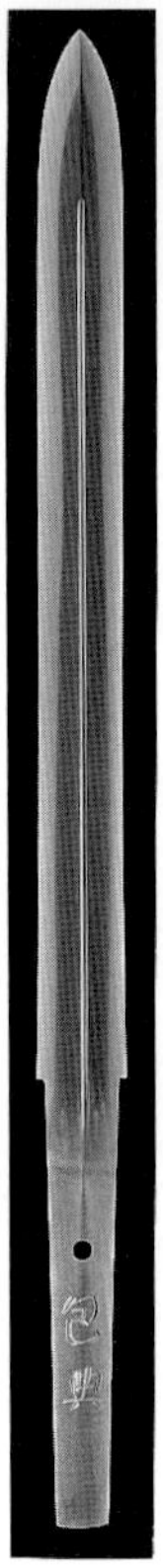

新 **包則**【かねのり】**初代** 越前国 桃山期（元和）

新八、三河弥兼則の子、二代兼則の弟。寛永十九年、六十八歳没。「越前国住包則」などと切銘する。

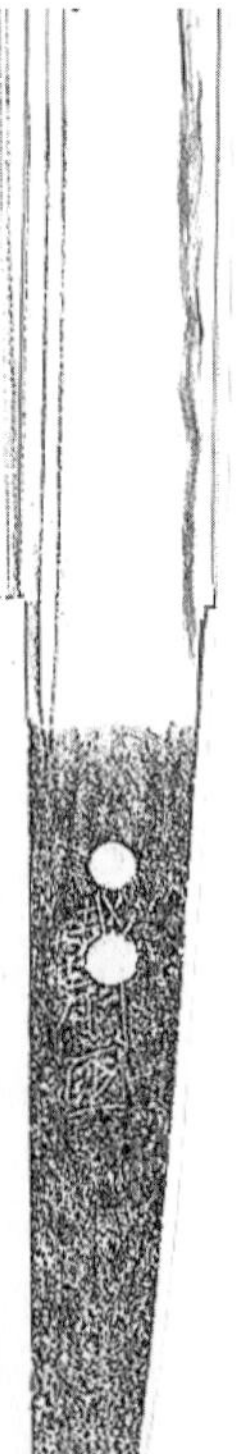

新 **包則**【かねのり】 筑後守 二代 越前国 江戸中期（寛文）

下坂市左衛門、越前一乗住、鋤元に牡丹花を刻したものがある。湾れに互の目足を入れる。「筑前大掾藤原包則」「筑後守藤原包則」などと切る。

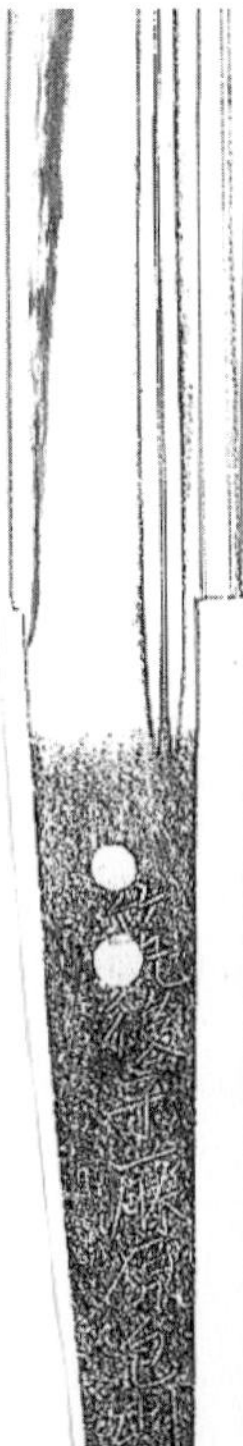

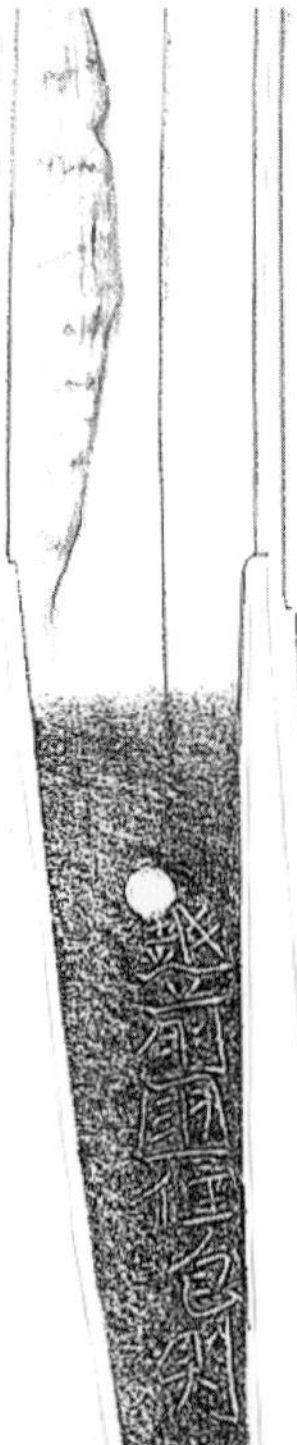

新 **包則**【かねのり】 大和大掾 三代 越前国 江戸中期（貞享）

大和大掾を受領、江戸にても造る。湾れを主調に互の目を交じえる。

新作 **包則**【かねのり】 東京 明治

菅原志賀彦。幼名沢次郎。天保元年八月二十五日、伯耆国河村郡大柿村に生まれる。元横木氏、のち宮本氏。嘉永四年、横山祐包に入門、七年間にて業を成し、包則と改める。文久三年、京堀川にて鍛冶を開業。有栖川宮の知遇を得る。慶応二年、孝明天皇の太刀を鍛え、その功により翌三年三月二十三日、能登守を受領。明治三十九年四月、帝室技芸員に任ぜられる。大正十五年十月二十四日九十七歳没。安政三年紀から大正十四年までの作がある。因州鳥取、京、東京にて造る。直刃が多く、互の目乱、丁子乱、また逆丁子乱など。

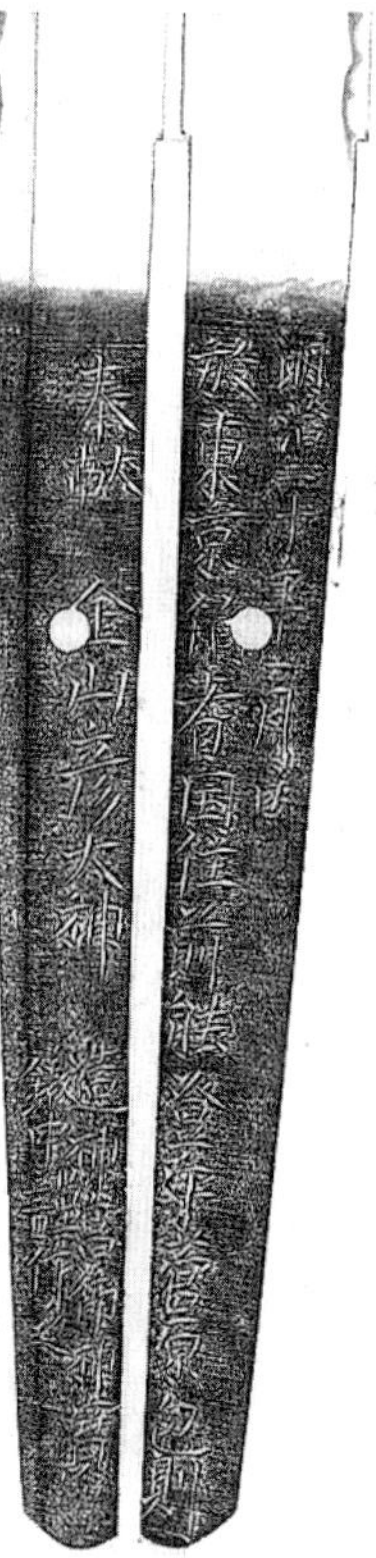

明治二十年　五十九歳

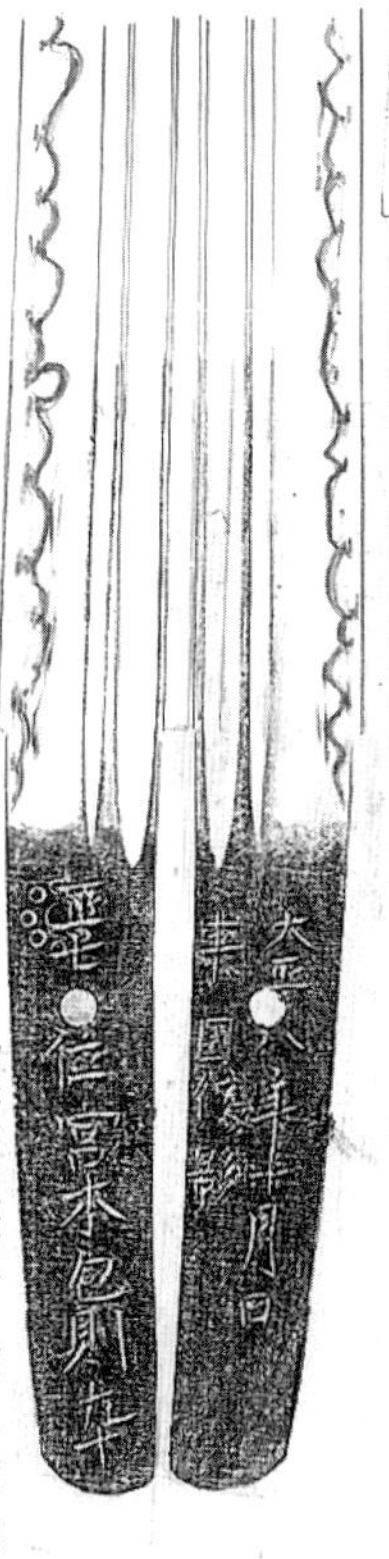

九曜文　正七位　九十（九十歳）
来国俊影（写し）

古 包久【かねひさ】　大和国　室町初期（永享）

手掻。永享ころ。「包久」「藤原包久」。

古 包久【かねひさ】　大和国　室町末期（文亀）

手掻。和州南部住。山城にても造る。「包久」「大和国住藤原包久作」「包久、包助、包守於山城」。

新作 包平【かねひら】　兵庫　平成

秋庭正己。昭和二十九年生まれ。昭和四十九年宮入行平門、のち昭和五十二年、高橋次平に師事。昭和五十四年作刀承認。豊岡市出石町住。「但馬国包平」。

古 包平【かねひら】　備前国　平安末期（承保）

古備前。信房子という。高平、助平と共に古備前三平の一人として知られる名工。備前岡山・池田家伝来の「大包平」の名作がある。国宝・名物「大包平」は長さ二尺九寸四分。名物帳には「寸が長き故名付ける」とある。鎬造りが幅広で猪首切先、堂々とした体配。鍛えは小板目肌が詰み、地沸つき、乱れ映りがかすかに立ち、刃文は小乱に小丁子交じり、小沸よくつき、刃中に小足・葉入り働きが多い。「備前国包平作」と有銘で、この手の銘に二字「包平」と切るものもある。古来、包平には同銘が数人いるといわれており、「二字銘の包平は河内国秦包平なるべし」（元亀本ほか）といい、広直刃を焼き沸が多いという。「秦包平」と銘するものがあるといい、大包平と同作の包平とは別人のようである。「包平」「包平作」「備前国包平作」。

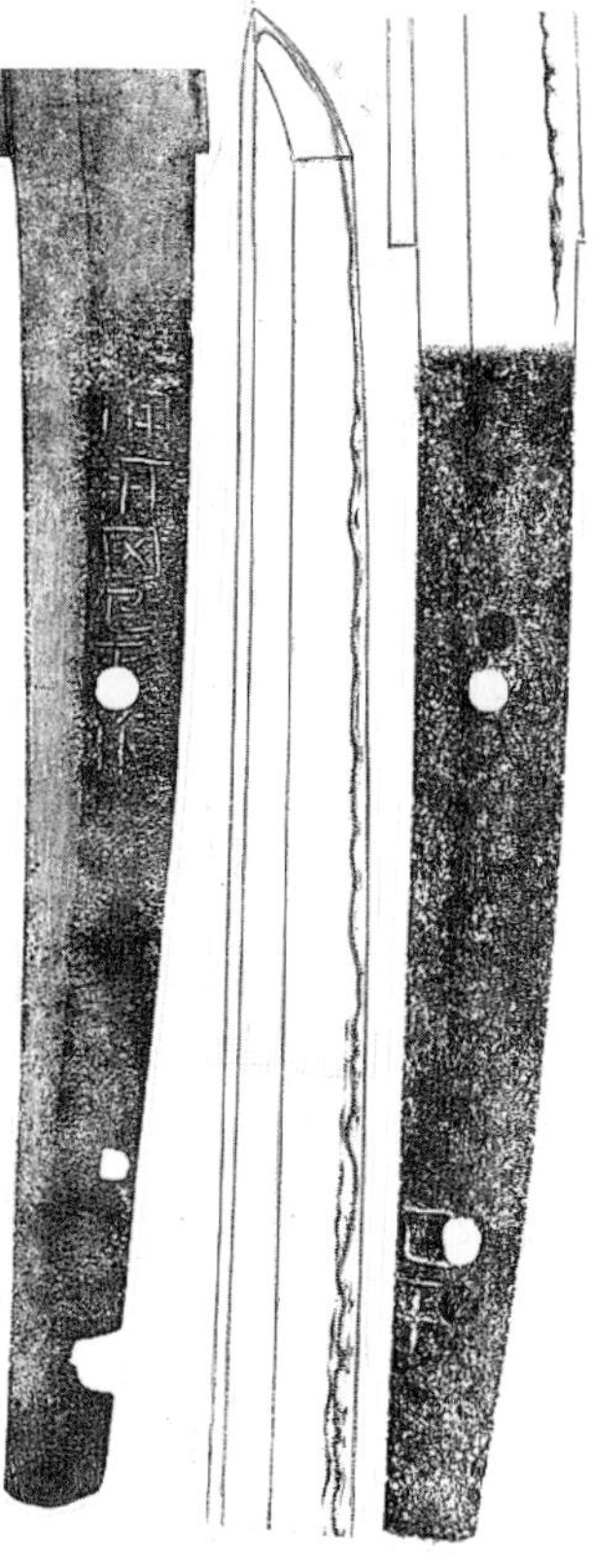

名物　大包平

新 包広【かねひろ】　大和国　江戸中期（寛文）

文珠太郎兵衛。弘包門。「若狭守藤原包広」「包広」と切る。京また大坂にても造る。互の目乱を焼く。

新 包広【かねひろ】　越前国　江戸中期（正徳）

越前下坂兼広同人。近江大掾受領後に包広と切るという。「近江大掾藤原包廣」などと切銘する。

古 包房【かねふさ】 大和国　室町末期（永正）
手掻。和州雲林院《うじい》住。永正・大永のころ。「包房」「和州雲林院住包房」「南都住藤原包房」。

古 包政【かねまさ】 大和国　室町初期（永享）
手掻。永享のころ。「包政」「輾磑包政」。包政の名跡は室町末まで、明応・弘治ころへ続く。「藤原包政」と銘す。

新 包道【かねみち】 伊賀守　初代　摂津国　桃山期（寛永）
黒岡辰左衛門。本国大和のち大坂住。初代左陸奥包保門。互の目乱、湾れ乱。直刃に互の目足入り沸よくつく。

新 包道【かねみち】 伊賀守　二代　摂津国　江戸中期（寛文）
黒岡辰右衛門。初銘包昌。二代目包道を継ぐ。寛文二年十一月伊賀大掾受領、のち伊賀守に転任。寛文・延宝の年紀作がある。大振りに切銘する。

古 包光【かねみつ】 大和国　室町初期（応永）
手掻。包吉子。三代包永門。「包光」「大和国包光」。

古 包光【かねみつ】 大和国　室町末期（永正）
手掻。文明・長享ころにかけて作刀する。「大和國南都住藤原包光作」。

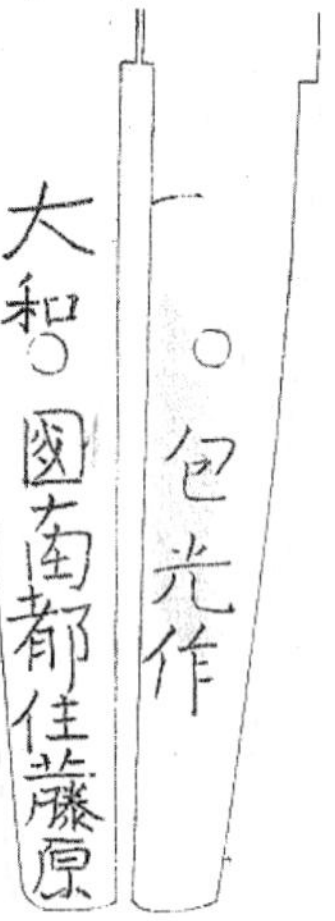

（『光山押形』）

古 包光【かねみつ】 大和国　室町末期（永正）
手掻。奈良住。明応から永正にかけての年紀作がある。「大和国藤原包光」。

古 包光【かねみつ】 備前国　室町末期（文明）
長船。永享ころのものがあるというが、作刀をみるのは室町末ごろ。「備州長船包光」。

古 包持【かねもち】 大和国　南北朝期（暦応）
手掻。三代包永門。検校という。

古 包持【かねもち】 大和国　室町初期（応永）
手掻。応永から文明ころにかけて数工がいる。直刃に小互の目足入り。「包持」。

古 包元【かねもと】 大和国　室町末期（文明）
手掻。文明ころ。直刃がほつれ、打ちのけかかる。板目に柾交じる。「包元」「包元作」。

新 包元【かねもと】 大和国　江戸中期（元禄）
室町期（文明ころ）の手掻包元の名跡を継いだ包元が元禄ころに作刀する。「包元」「和州南都住藤原包元」と銘す。播磨にても打つという。

新 包守【かねもり】 大和国　江戸初期（承応）
文珠長兵衛。文珠弘包門。坂陽に住。「和州南都住文珠四郎藤原包守」「豊後守藤原包守」など切り、承応二・四年紀の作がある。◆二代清左衛門包守、貞享ころ。大和南都住、のち坂陽住。

（『新刃銘尽後集』）

新作 包安《よしやす》【かねやす】 奈良　平成
沢井美保。昭和二十一年生まれ。昭和三十九年、月山貞光、小林善次門、のち平成四年、江住有俊に学ぶ。平成十七年作刀承認を受け、新作刀展覧会に初出品し新人賞・努力賞、同十八年剣の部で努力賞。大和伝の作刀研究を続ける。「包安」。奈良市住。

新 包保【かねやす】初代　摂津国　桃山期（慶長）

本国大和。手掻包永の末という。大坂に移住。左文字に切り二字銘に打つ。文禄から慶長ころまで造るという。

新 包保【かねやす】　左陸奥　二代　摂津国　桃山期（寛永）

陸奥大掾を受領、のち陸奥守に転じ「陸奥守包保」と打ち左文字に切る。左陸奥と称す。大坂住、江戸にても造る。寛永ころから承応ころまでの作がある。直刃にほつれ、二重刃かかり大和風が強く、互の目乱は丁子交じり、焼幅広く華やか。沸がよくつき砂流しかかる。銘を逆字に切り、鑢目を逆筋違にかけるのは左利き刀工の利を活かしたもの。なお三代包保が初銘の包重銘を左字に切るのは、二代の模倣にすぎない。

新 包保【かねやす】　右陸奥　三代　摂津国　江戸中期（寛文）

團九太夫。生国丹波、大坂へ出て二代陸奥守包保の門、初銘包重。のち養子となり包保を襲名する。万治元年十二月十三日、包重の名で陸奥大掾を受領、のち陸奥守に転任する。初め「陸奥守包重」を左文字の逆字に切り、「陸奥守包保」に改めてからは右字に切る。師の〝左陸奥〟と区別して〝右陸奥〟と呼称する。水野家に抱えられ親子ともども信州松本へ移る。親二代は年老いて作刀がなく、三代包保のみ作刀に励むという。寛文から元禄の間。「甲割」の添銘作がある。直刃は打のけ、ほつれて大和風がある。互の目乱は濤瀾乱のきざしがあるが、尖りごころの互の目交じり、砂流し烈しくかかる。

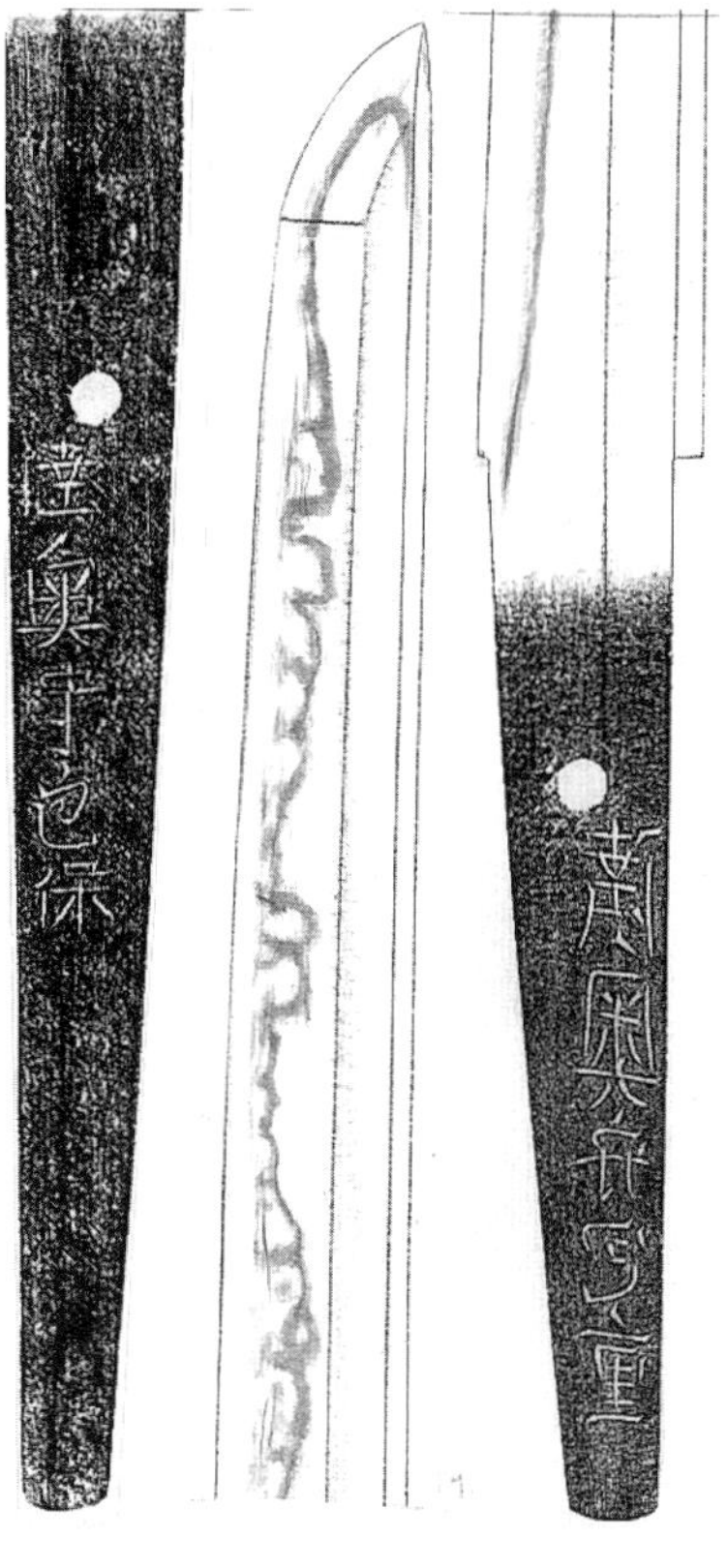

古 包行【かねゆき】初代　大和国　南北朝期（貞治）

手掻。初代包永の子で、二代包永の弟。古押型は「包行」二字銘の太刀を掲げる。

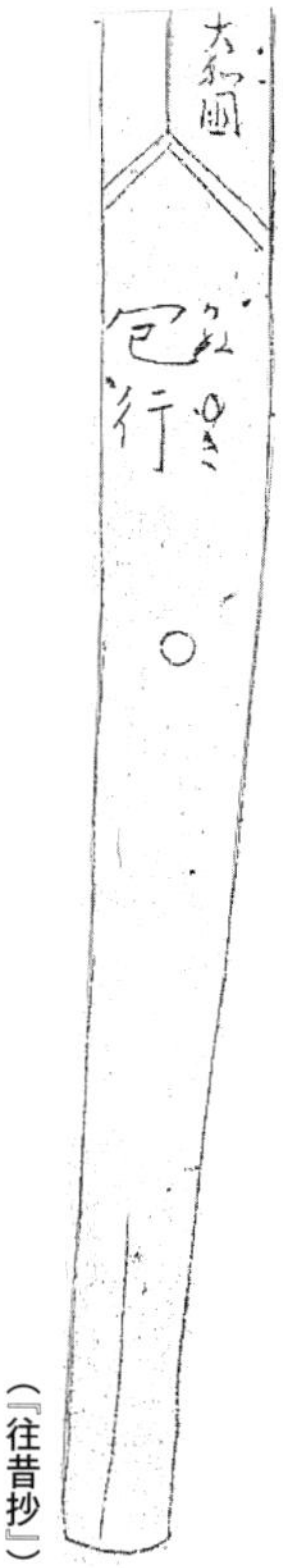

（『往昔抄』）

古 包行【かねゆき】　大和国　室町初期（応永）

二代包行を永和と伝えるが、初・二代に該当する作刀はみることなく、応永ころ以降のものをみる。「包行」「大和国包行」と銘す。直刃に小互の目交じり、刃縁ほつれ、打ちのけかかる。板目に柾目交じり、大肌の交じったものがある。

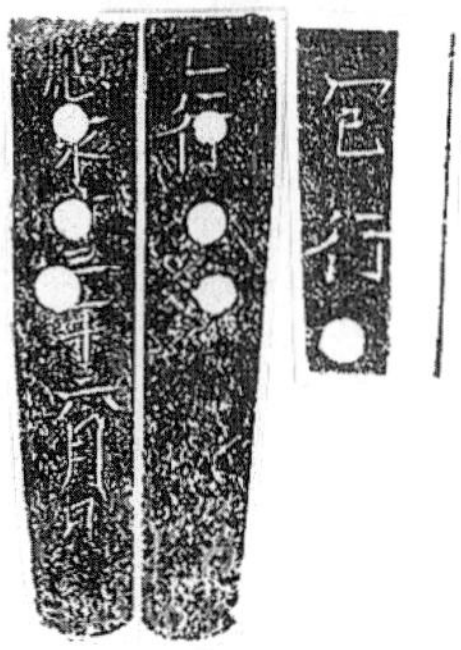

古 包吉【かねよし】初代　大和国　南北朝期（暦応）

手掻包永の子。また門ともいう。元亀本は「包次のちに包吉と打つ同作也」としている。包次には元弘三年紀の短刀があるので、両者を同人とすれば、包次は鎌倉末（文保ころ）から南北朝初期（暦応ころ）にかけてであり、包吉は南北朝後半（文和ころ）で、文殊四郎を名乗ったころとなる。

古 包吉【かねよし】二代　大和国　南北朝期（康暦）

手掻。龍王と号す。「康暦元年八月日　包吉」銘の太刀があり、応安から永徳にかけての年紀作がある。「包吉」「大和国住藤原包吉」「龍王包吉」と銘す。包吉はのち美濃関に移り、兼吉と改め、関七流の一つ善定派の祖となると伝える。

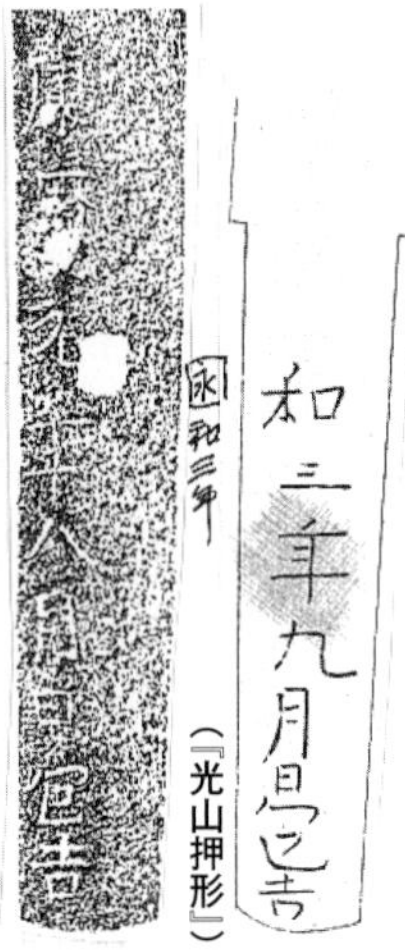

（『光山押形』）

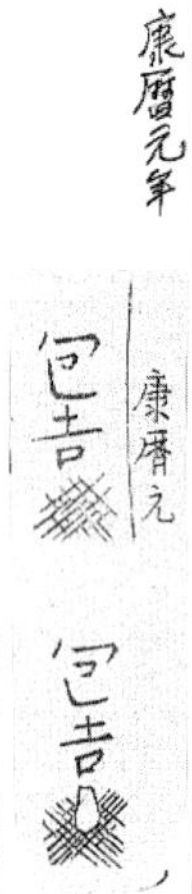

（『古今銘尽大全』）

古 包吉【かねよし】三代　大和国　室町初期（応永）

手掻。先代包吉が美濃へ移住して兼吉と改めたため、包吉の名跡は大和で引き継がれ、室町末期まで栄える。直刃にほつれ、互の目乱。板目に柾交じり、沸づく。「包吉」「藤原包吉」「藤原包吉作」。

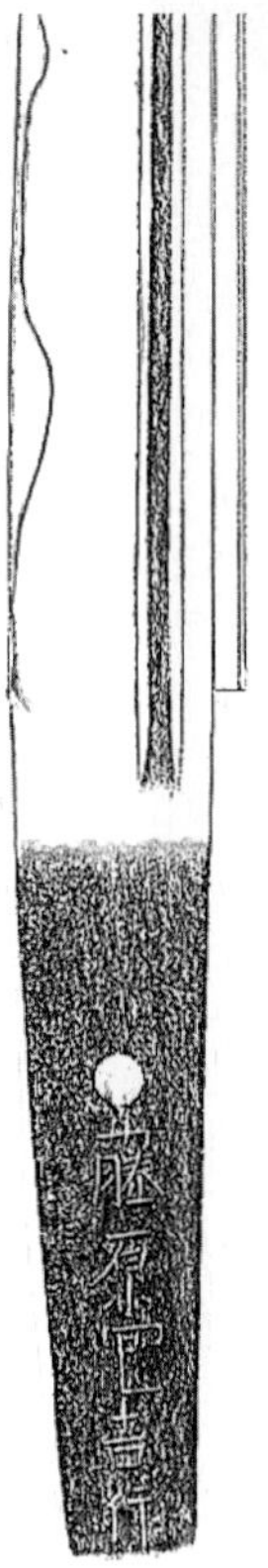

古 包吉【かねよし】　大和国　室町末期（明応）

手掻。享徳から明応・永正、さらに永禄へと同銘が継続する。直刃、互の目乱。板目に柾交じり、なかには保昌風の柾目の強くかかるものがある。「包吉」「和州住包吉」「南都住包吉」などと銘す。

新 包吉【かねよし】初代　陸前国　桃山期（寛永）

安部甚右衛門。柴田また若林住。初代仙台国包門。仙台藩工となる。本国大和文珠派。初代は元和・寛永ころ。湾れに互の目交じり、刃中に砂流しかかる。◆二代市兵衛包吉（万治ころ）、三代八之丞包吉（元禄ころ）、四代包幸（享保ころ）、五代治兵衛包幸（寛保ころ）、六代八之丞包幸（明和ころ）、七代平吉包幸（寛政ころ）、八代幸七包幸（天保ころ）。

新 金蔵【かねくら】初代　美濃国　江戸中期（寛文）

美濃関住。江戸にても造る。互の目乱。「大和守藤原金蔵」と切り、寛文年紀作がある。大和守を受領した同銘者が江戸神田住、元禄ころの人がいて、初代の一族であろうか。

新 金蔵【かねくら】二代　美濃国　江戸中期（享保）

関住。江戸にても造る。二代目。「常陸守藤原金蔵」と切銘する。

新 金定【かねさだ】　美濃国　江戸中期（元禄）

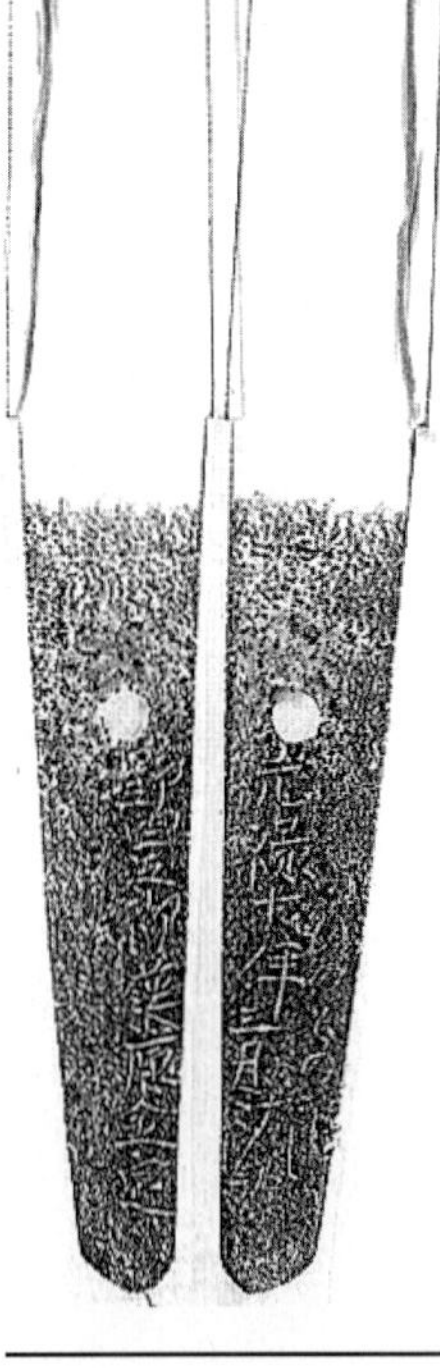

野田五郎。濃州関住。尾張名古屋にても造る。金道とも打つという。

古 **金重**【かねしげ】 美濃国 南北朝期（暦応）

関鍛冶の祖といわれる元重の子で、法号道阿弥、越前敦賀の清泉寺の僧と伝え、美濃に来て関に住す。元重には確かな作刀がみられないので、金重を事実上の関鍛冶の祖とみなしている。正宗十哲の一人。正応ころに正宗の弟子になると伝え、鎌倉末期の工とする古伝書が多いが、年紀がある作は暦応・貞和があり、応安年紀の小脇指が現存する。年紀がない作も含めた有銘作によっては、年代の上限は南北朝初めのようであるが、未見のものに鎌倉末期まで遡る古作があるのかもしれない。太刀は押形古資料にみるのみで、現存するのは平造小脇指である。

幅広で重ね薄く、浅く反る。板目に柾交じり、地沸厚くつき、地景入る。刃文は小湾れに小互の目交じり、匂勝ちで小沸つき、湯走りがあり、砂流しかかる。物打辺から上部が皆焼になるものがあり、帽子を大丸に造り、長谷部に紛れる華やいだ作もある。「金重」の「重」字の縦線を「里」から上方に突き出て切る。（系図855頁参照）

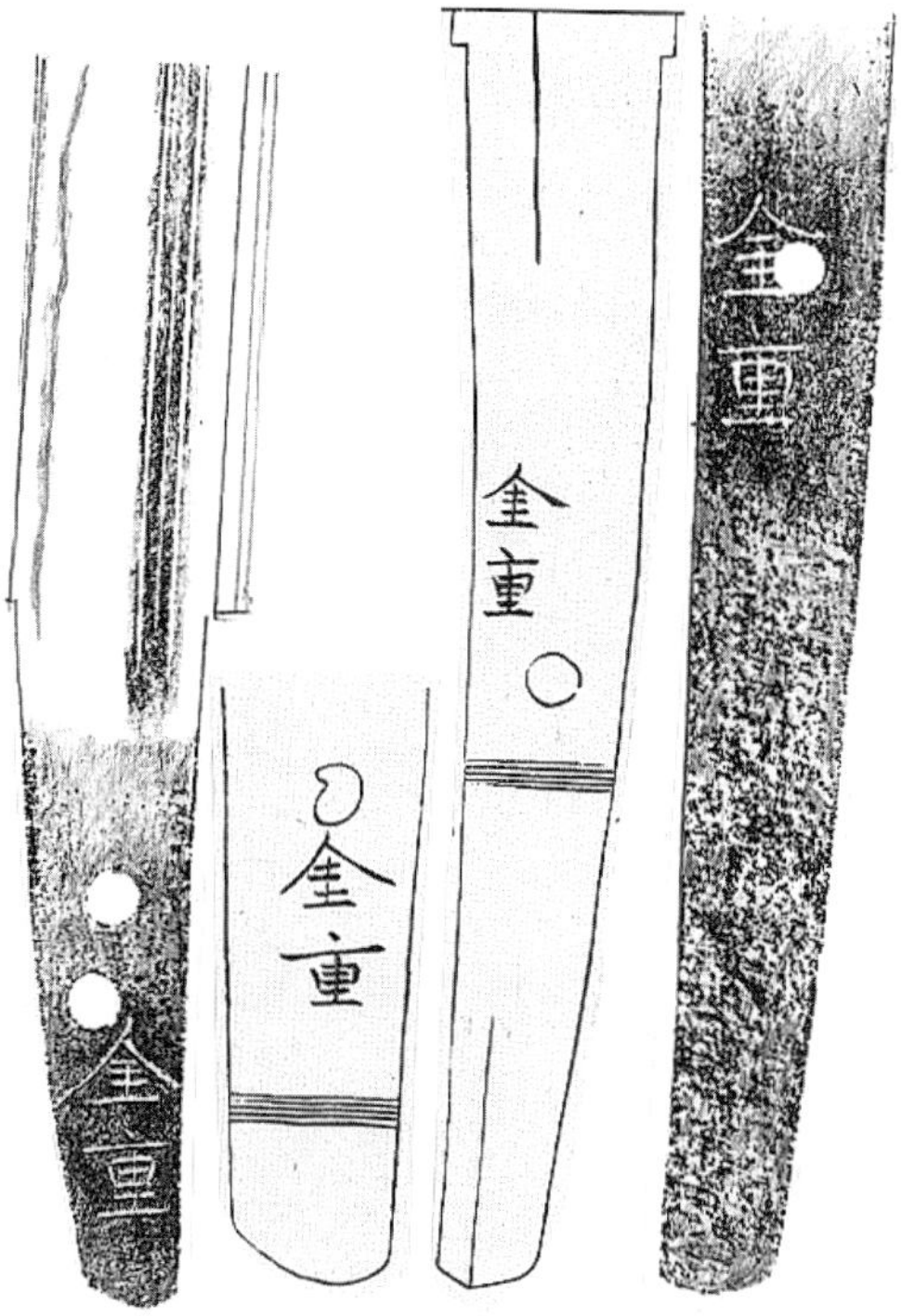

古 **金重**【かねしげ】**二代** 美濃国 南北朝期（貞治）

金重有銘で年紀があるのは暦応三年から応安二年までで、この間およそ三十年がある。初代は鎌倉末からこの三十年間の前半の貞和ころまでが作刀期と考えられ、二代には貞治・応安の年紀があって、この期の後半

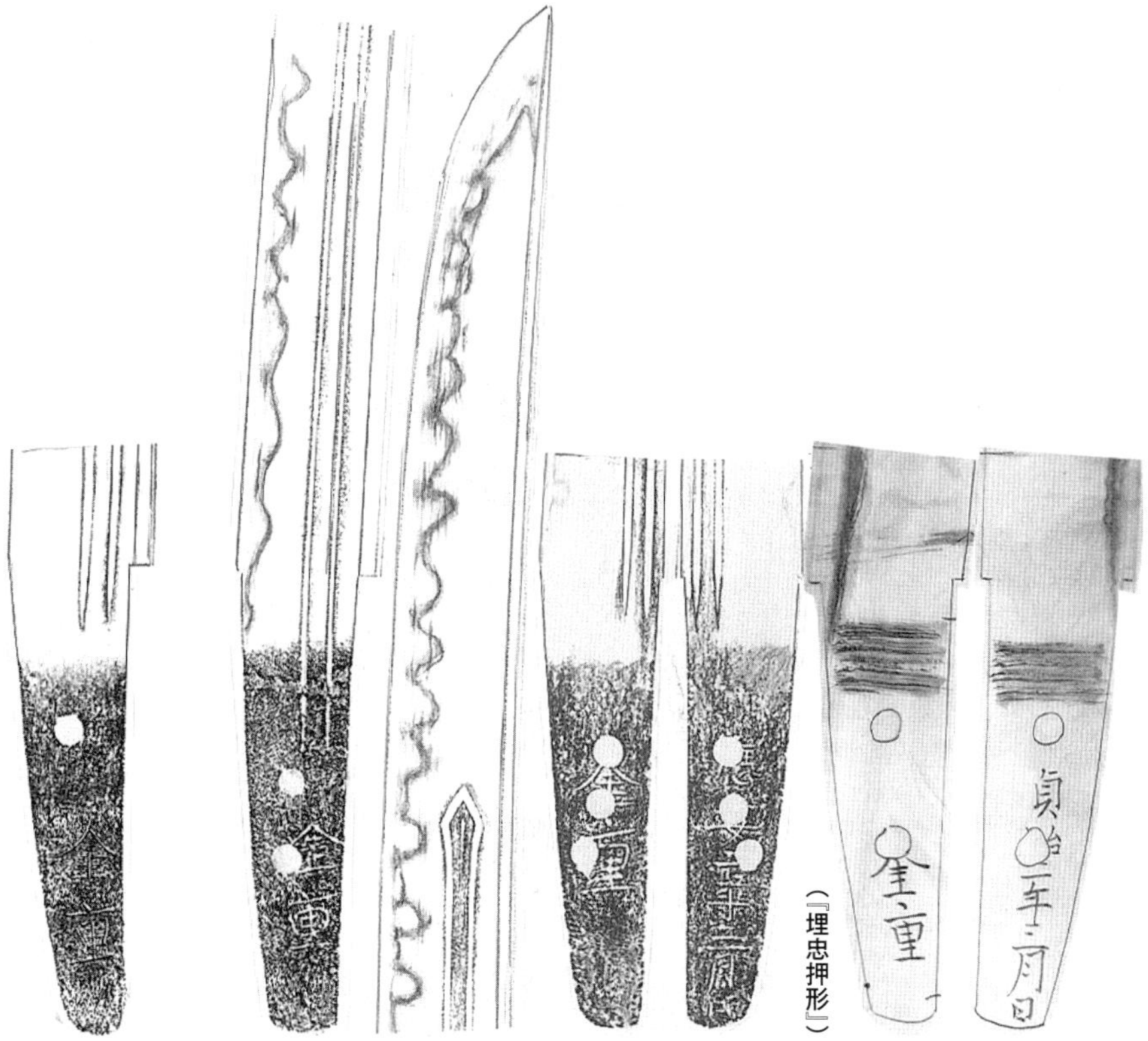

（『埋忠押形』）

を占める。太刀は少なく、平造小脇指があって、幅広で重ね薄く寸延び、しっかりとした造りが多く、身幅尋常なものもある。小板目に柾交じり、地沸つき地斑・地景入る。刃文は直刃、互の目、湾れを焼き、匂勝ちで小沸つき、砂流しかかる。「金重」の「重」字の第二画横線の下を「里」字に切る。

古 金高【かねたか】 美濃国　室町末期（文禄）
岐阜住。豊後守を受領。文禄ころ。互の目乱に尖りごころの刃交じり、小沸つく。「濃州関住金高」「豊後守藤原金高」。

新 金高【かねたか】 美濃国　桃山期（慶長）
濃州岐阜住。互の目乱に尖り刃交じり末関風。

新 金高【かねたか】 美濃国　桃山期（寛永）
岐阜住。豊後守を受領した金高同銘が、寛永ころから元禄ころまで複数工がいて作刀する。湾れに互の目、尖り刃交じり。薩摩守金高、伊賀守金高など別人がいる。

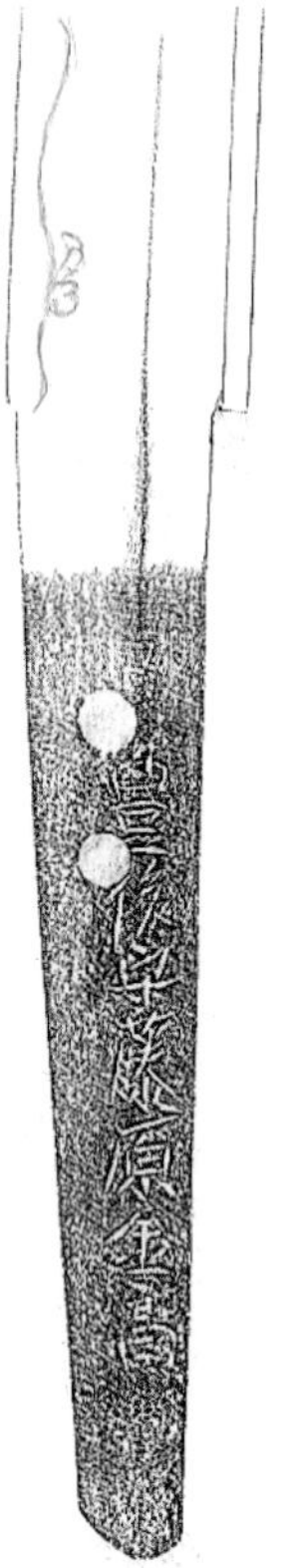

新 金辰【かねとき】 三河国　江戸初期（承応）
関得印派。美濃関、江戸にても造る。「因幡守藤原金辰」と細鏨に切る。因幡守を受領した別人の金辰は江戸神田住、貞享ころの人。

新々 金利【かねとし】 美作国　江戸末期（文化）
多田三郎左衛門。初銘慶鎮、のち金利。尾崎助隆門。姫路から美作へ移り、津山藩工となる。互の目乱。濤瀾乱。

新 金則【かねのり】 越前国　江戸中期（天和）
越前金次門。「越前国住金則」。直刃に小湾れ交じり。

新 金英【かねひで】 美濃国　江戸中期（元禄）
美濃関。慶長十七年、父が受領した下総守を名乗る（『諸職受領調』）。京・江戸・甲斐にて造る。「下総守藤原金英」。

古 金衡【かねひら】 美濃国　室町末期（天文）
関。岐阜にても造る。互の目乱、尖り刃交じり。「濃州住金衡」。

古 金光【かねみつ】 美濃国　南北朝期（応安）
関金重の子、金行の弟。腰開きごころの互の目乱、小沸つき砂流しかかる。美濃関からのち備後へ移る。「金光」二字銘に切る。

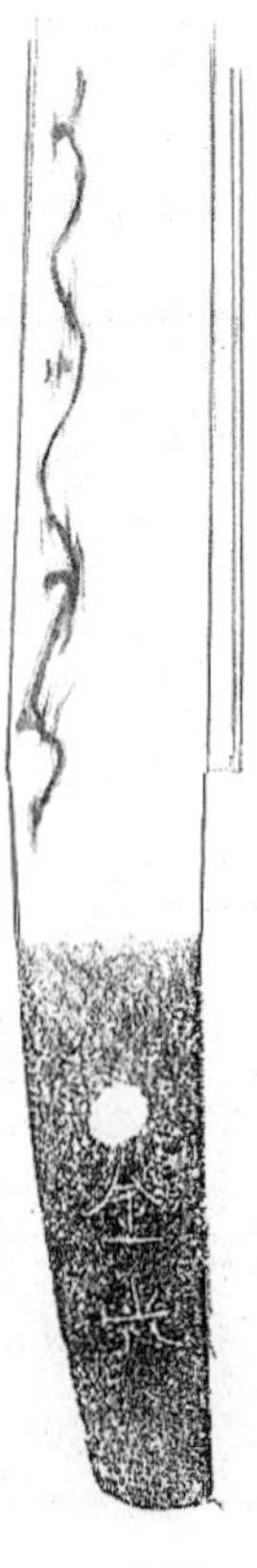

新々 金光【かねみつ】 紀伊国　江戸末期（元治）
浅野金光、本国美濃関。長寸で豪壮な幕末に盛行した武用刀を造る。直刃、湾れ、互の目に湾れ、三本杉刃を焼く。

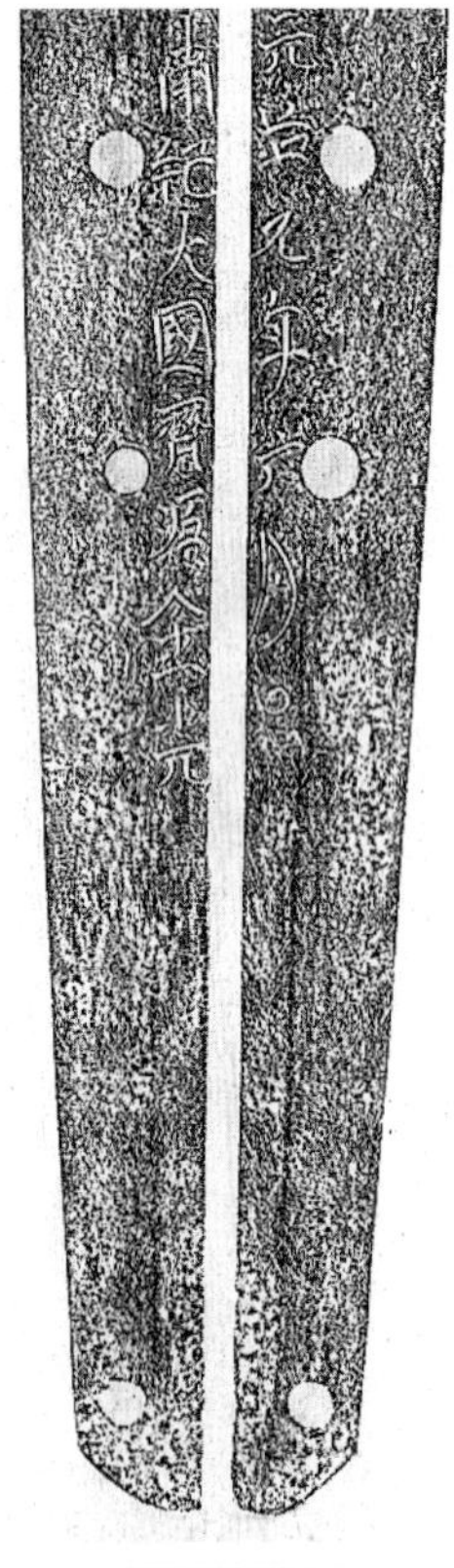

新 金行【かねゆき】 越後国　江戸中期（享保）
近藤太郎。半太夫、越後村上住、のち宝永年間に榊原氏に従い姫路に移る。「越後村上住金行作」「於播州手柄山麓金行作」。享保初年の年紀作

がある。

古 金行【かねゆき】 美濃国 南北朝期（応安）

右衛門尉。本国越前、美濃関へ移る。初代金重子、二代金重弟という。応安五年紀の作がある。「金行」。

古 金行【かねゆき】 備後国 室町初期（応永）

一乗。葦田郡草戸住。兼安の子。応永ころ。「一乗金行作」。

古 兼見【かねあき】 美濃国 室町末期（天文）

関。初代応永から文明、永正、大永と連綿し、天文九年、同十二年紀がある。次代の天正ころの兼見は岐阜住。天文ころの兼見は細直刃、匂口締り小沸つく。「兼見」「濃州関住兼見」。

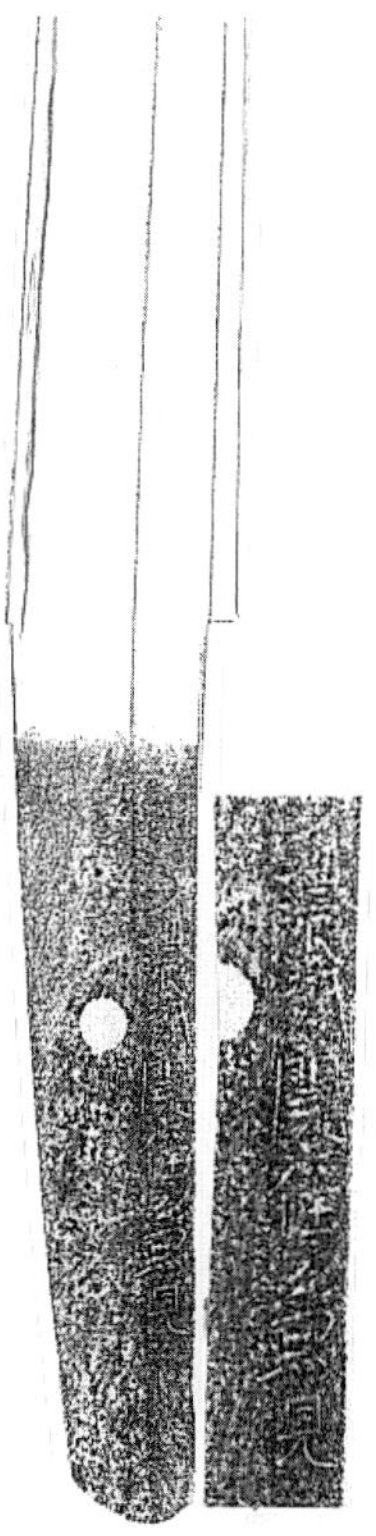

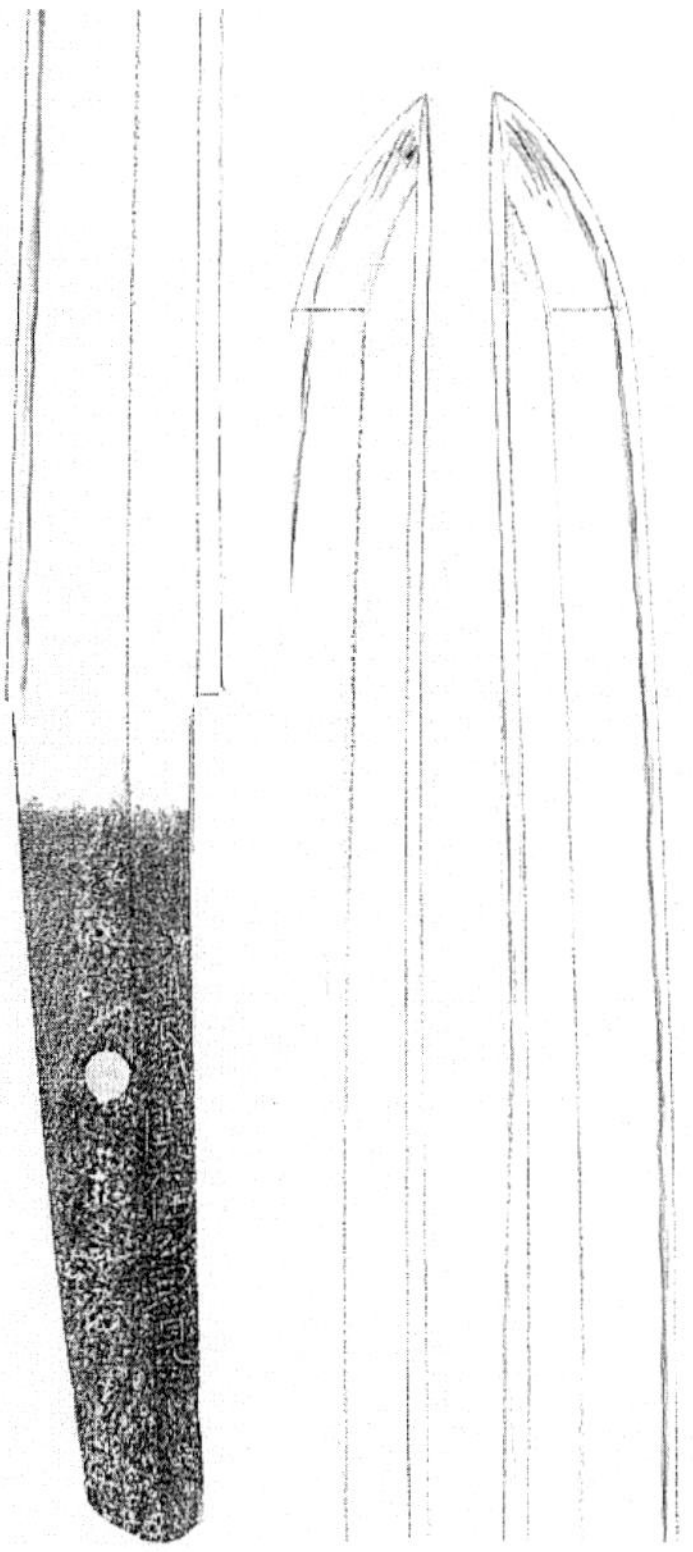

古 兼見【かねあき】 美濃国 室町末期（天文）

関。鍛え板目に柾流れ、刃文は湾れ主調に互の目交じり、互の目乱に尖り刃交じりなど末関風の作。「兼見」「濃州住兼見作」。濃州兼見は応永ころからあり、文明、永正、大永から天正につづく。なかでは天文年紀の作が比較的多い。

古 兼明【かねあき】 美濃国 室町初期（応永）

右衛門尉。備考などは二字銘に打つ永和ころと応永ころの兼明を載せているが、いずれも現存するものはみない。永和・応永を同人とみて初代とすれば次代の文安兼明が二代で以降四代まで後続する。遠江高天神へ移住し、高天神兼明を称する工は次代からである。

古 兼明【かねあき】 美濃国 室町中期（文安）

右衛門四郎。大和千手院の系流右衛門次郎（兼弘）の子という。関鍛冶の祖兼光から四代目（『元亀本目利書』）との見方もある。美濃関住。のち遠江高天神に移る。直刃、また湾れを焼き、ほつれ、打のけかかり、小沸つき匂口締る。「兼明」「高天神兼明作」。

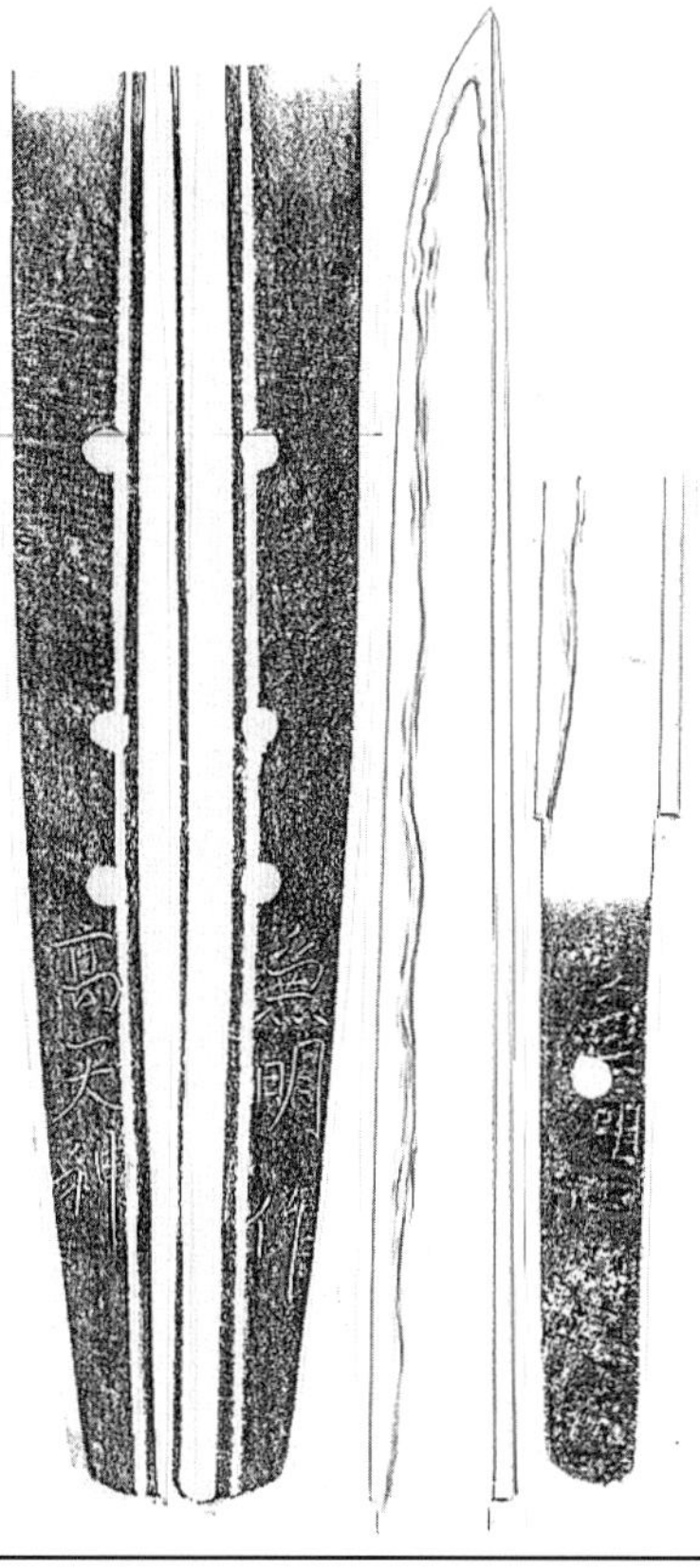

古 兼明【かねあき】 美濃国 室町末期（明応）

関住。文安兼明と文亀の兼明との間に年代の開きがあり、明応二年紀の兼明はその間に入る年代作である。右衛門四郎とは別人か、あるいは文亀兼明の前銘で関での作か、今後の検討に俟ちたい。

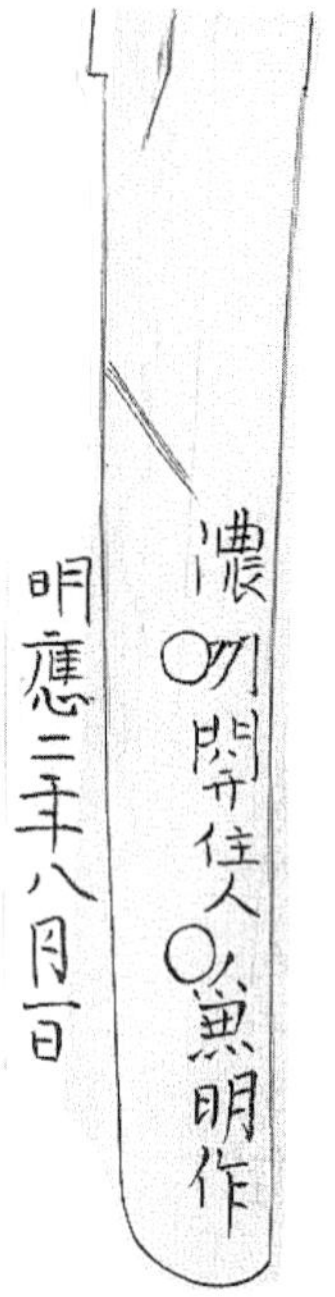

新作 **兼明**【かねあき】 岐阜 昭和

栗山鍵次郎。明治二十一年生まれ。渡辺兼永門。加茂郡富加《とみか》町住。陸軍受命刀匠。昭和四十一年八月没。

古 **兼明**【かねあき】 遠江国 室町末期（文亀）

高天神。右衛門四郎。文安兼明の子。大全は仙阿（二代兼友か）の子で、兼明と打つのが四代あるとしている。応永を初代、文安を二代とすれば文亀・永正の兼明は三代目に当たる。美濃関から遠江に移り高天神城下住。駿河にても造る。のち武田信虎から一字をうけて虎明と改めるという。鍛え板目に柾交じり、地沸つく。刃文は直刃、また浅い湾れに小互の目、小足入り、小沸出来でほつれ、打のけかかり、細かい砂流し入る。「高天神兼明」「兼明」。

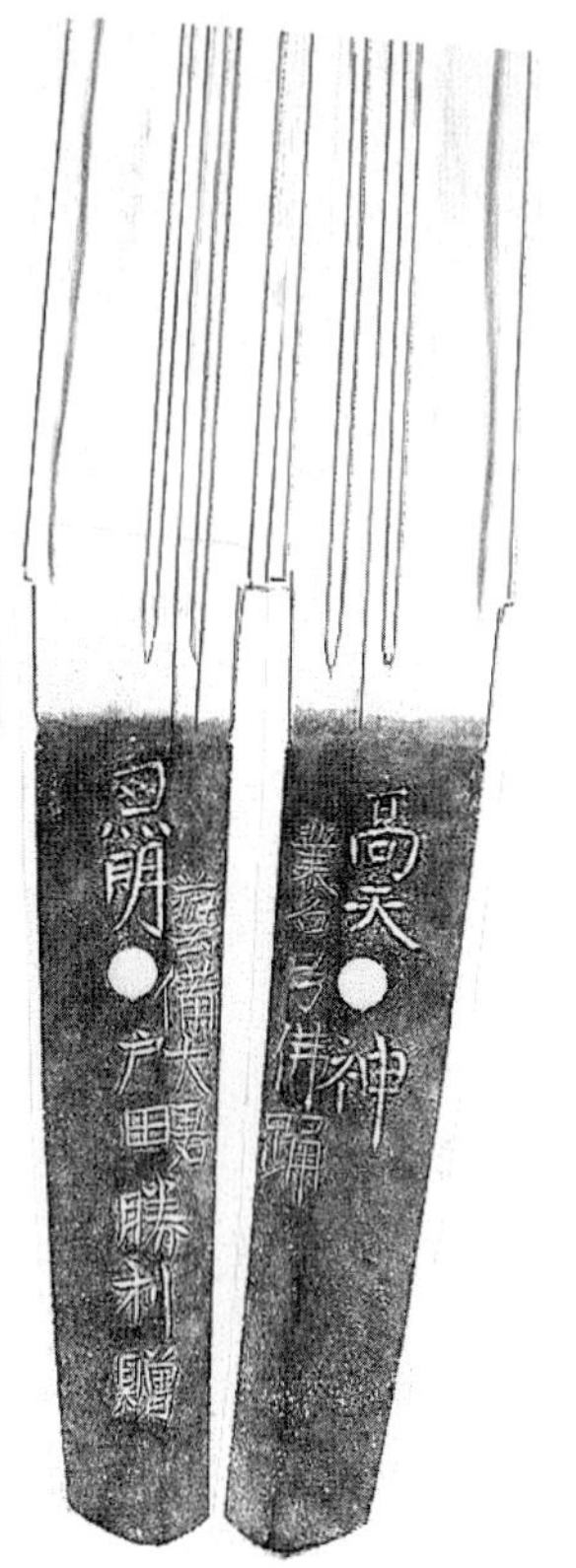

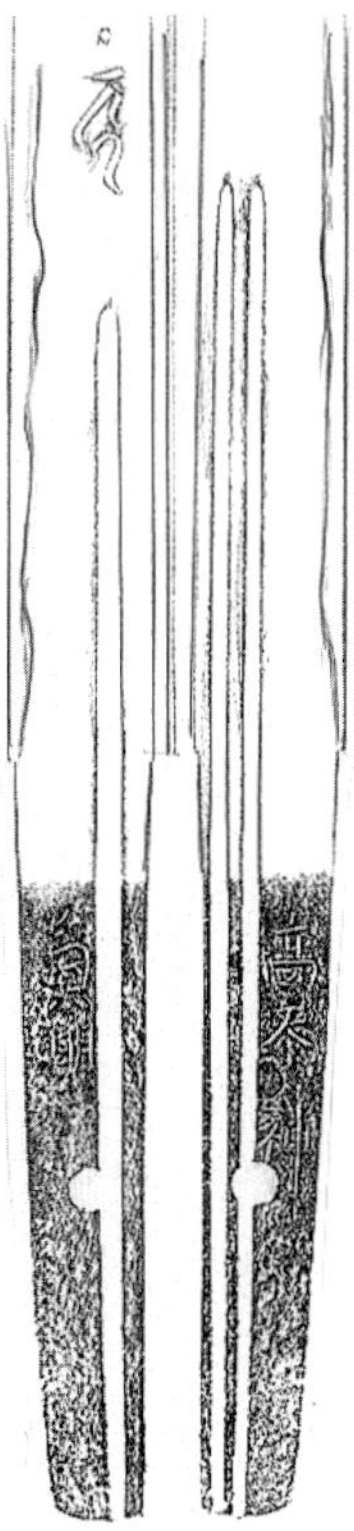

古 **兼明**【かねあき】 遠江 室町末期（天文）

高天神。四代目に当たる。遠江からのち駿河へ移るという。鍛え小板目に柾交じり、よく詰み地沸つく。刃文はゆったりとした湾れに互の目、矢筈乱交じり、匂口明るく小沸つく。「兼明」。天文のころ、同銘兼明が関で鍛刀している。

古 **兼秋**【かねあき】 美濃国 南北朝期（応安）

直江志津。四郎右衛門。「兼秋」「四郎右衛門尉兼秋」。

古 **兼秋**【かねあき】 美濃国 室町中期（永享）

直江。四郎左衛門。兼行の子。「兼秋」。

古 **兼秋**【かねあき】 美濃国 室町末期（天文）

関住。永正ころの孫四郎兼秋に次ぎ、天文ころの兼秋が作刀する。互の目乱に尖り互の目、矢筈乱を交じえる。「兼秋」。

古 **兼在**【かねあり】 美濃国 室町中期（永享）

左衛門五郎。室屋関の祖。兼信子、善定兼吉の門。小板目がよく詰み、地沸つき。棒映り立つ。刃文は直刃に小互の目交じり、小沸つき匂口明るい。二代長禄、三代文亀から天正に同銘が続き、新刀期に後続する。

古 **兼舎**【かねいえ】 美濃国 室町末期（永禄）

関住。三阿弥派兼舎は明応から永正、天文、永禄へと続き、新刀期以降も関で連綿とする。各代とも「兼舎」「濃州関住兼舎」などと切銘する。

古 **兼舎**【かねいえ】 甲斐国 室町末期（天正）

源三郎。本国美濃関。三阿弥派。府中一条住。武田家に招かれ信州飯田、のち府中へ移る。武田家の鍛冶となり信舎に改める。「兼舎」「甲州住兼舎」。二代兼舎は慶長ころ、信州松本で鍛刀する。

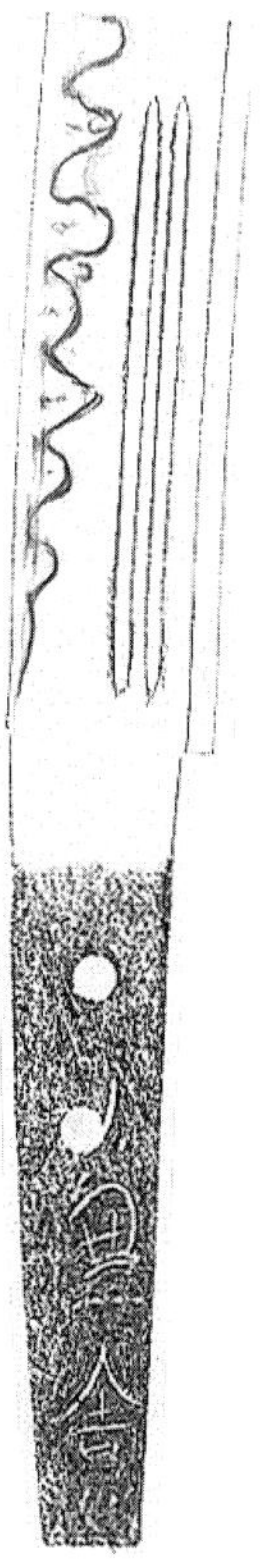

古 **兼家【かねいえ】** 美濃国 室町初期（応永）

関。善定。二郎五郎、法名明阿。兼吉門。「兼家」「濃州関住兼家」。

古 **兼家【かねいえ】** 美濃国 室町中期（宝徳）

関。善定。宝徳ころ。次代兼家は兼則子といい、康正ころ。次いで兼長弟という永正ころの兼家と続く。なお天文、天正と同銘が後続し、新刀期は寛永ころに越前園部に移り作刀する。

古 **兼宿【かねいえ】** 美濃国 室町末期（天文）

関。兼宿は初代長享から永正、天文と続き、天文ころから天正ころにかけての作刀が歴代中で比較的多い。「兼宿」「濃州関住兼宿作」。

古 **兼岩【かねいわ】** 美濃国 室町末期（天文）

永享から文明、永正と続き、天文・永禄にも同銘が複数工いて鍛刀する。互の目に丁子交じり、大互の目乱、皆焼などを焼く。「兼岩」「濃州関住兼岩作」。

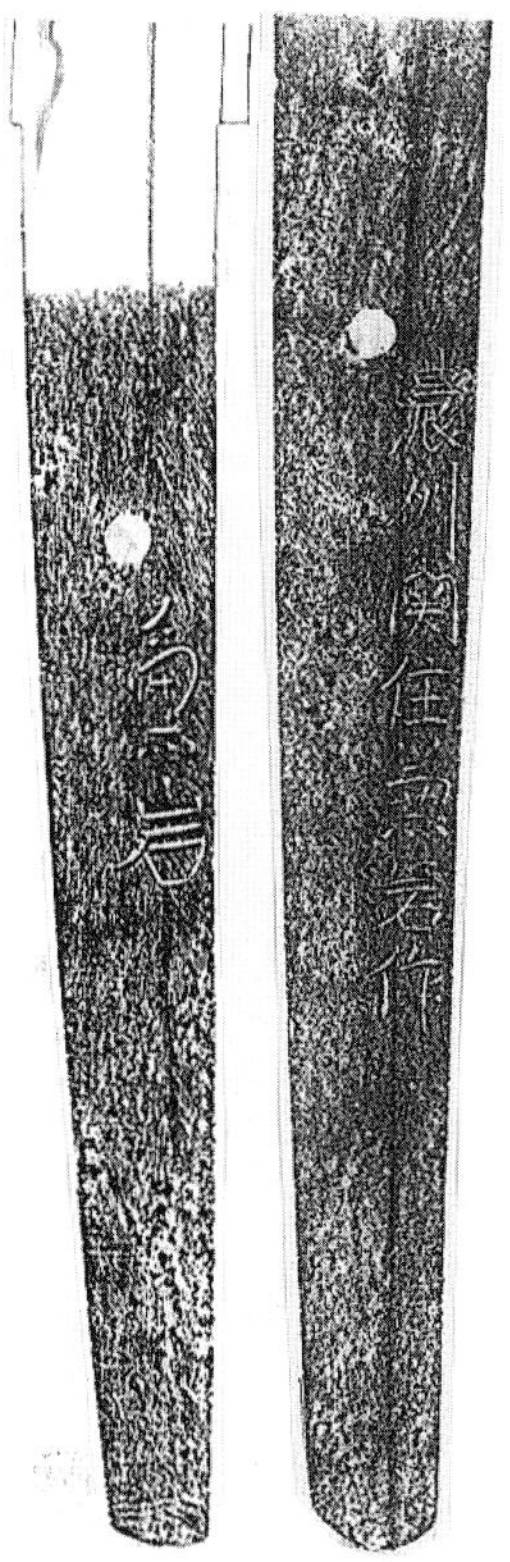

古 **兼氏【かねうじ】初代** 美濃国 鎌倉末期（元応）

志津三郎。本国大和、千手院、また手掻派の出ともいう。初銘包氏。大和で打つのを大和志津と称す。鎌倉末ころ、美濃国野上に移り、さらに多芸郡志津山（現・岐阜県海津《かいづ》郡海津町）へ移住し、この間に兼氏と改銘する。元応ころに相州鎌倉にて正宗門となってから兼氏と改めたとの説もある。兼氏は鎌倉最末期から南北朝末まで少なくとも三人の工がいるようで、その名跡は室町末期まで続き、さらに江戸期を通じて直江、関、赤坂でも作刀し、尾張へ移った工もいて、幕末までその名跡を伝えている。南北朝期に直江に分派した一群の工を直江志津と呼んでいる。

兼氏有銘の太刀は身幅、切先ともに尋常で、短刀は細身で小振り、内反りとなる。刃文は小模様な互の目主調の乱刃を焼く。正宗門下となっ

（『光山押形』）

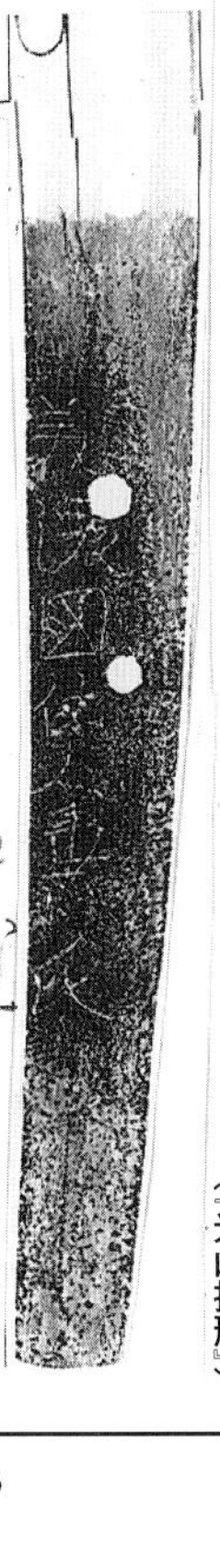

（『鍛刀随録』）

たのちの作とみられるものは、湾れに互の目を交じえ、耳形、矢筈形の刃がみられ、地景と金筋が働いた作となる。稲葉志津の作は掲出の刃文にみるように湾れに大模様な互の目が焼き深く、玉焼・棟焼をみせて、沸烈しくつく。鍛えは板目に柾流れ、地景が著しく太く流れる。地刃の烈しい出来から正宗の作風に近似して正宗門下を首肯させるほどといわれる。生ぶ茎の表に「志津」と光徳の朱銘があったものがいまはほとんど剝落している。銘は「兼氏」二字銘が多く、「美濃国住人兼氏」と七字長銘がある。細鏨で小銘に切り、次第に大きめとなる。「兼」の右肩が角ばるものから、晩年銘と思われる長銘は丸味がつき、大銘となる。「兼」字の二本の縦線の右側の線が長く、上方に突き抜けて横線に達し、「氏」の最終画の点を右下から左上に向けて打つのが共通する。（系図852頁参照）

名物・稲葉志津

古 兼氏【かねうじ】二代　美濃国　南北朝期（康暦）

初代兼氏子、また門という。志津住。南北朝初期から中期ころにかけての兼氏の作は、身幅が広く寸法が長く、中切先が延びたもの、大切先に造るものがあり、この手の太刀には無銘の極め物が多い。大振りに切銘した作に片面を片切刃で大切先に造るものがある。鍛えは小板目肌が詰むものが多く、柾ごころの交じるもので、地沸がつき地景が入る。刃文は互の目調の小乱に砂流し、ほつれかかる大和風のもの、湾れ乱れに互の目交じりの美濃風のもの、それに耳形、矢筈形の刃が交じった相州風のものなど多様で、いずれも沸がよくつき掃掛、砂流しなど刃縁と刃中に変化が多い。「兼氏」二字銘で大振りに、短刀は茎いっぱいに切る。

「兼」字の右肩を、はじめは丸味をつけて、のち鋭く角張って打つ。書風は右肩下りである。「氏」字の最終点を右上から左下へ向けて打つ。二代初期銘として掲げた「兼」字の右肩に丸味をもつ銘は、「花形見」と金象嵌がある短刀と同じ銘で、この手を初代の晩年銘とみる説があるが、力感のこもった切銘であり、

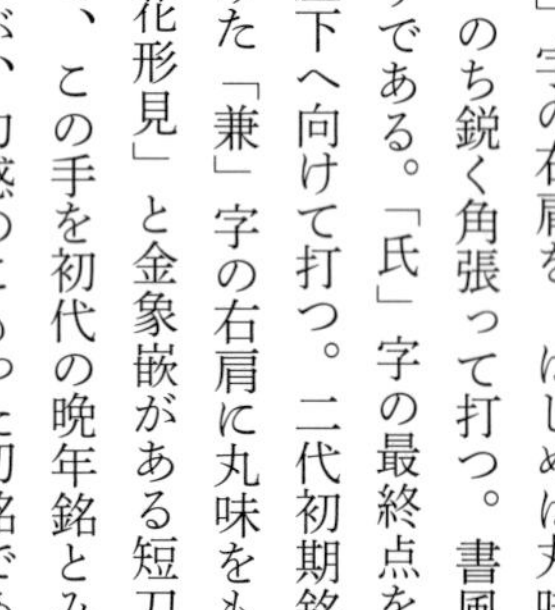

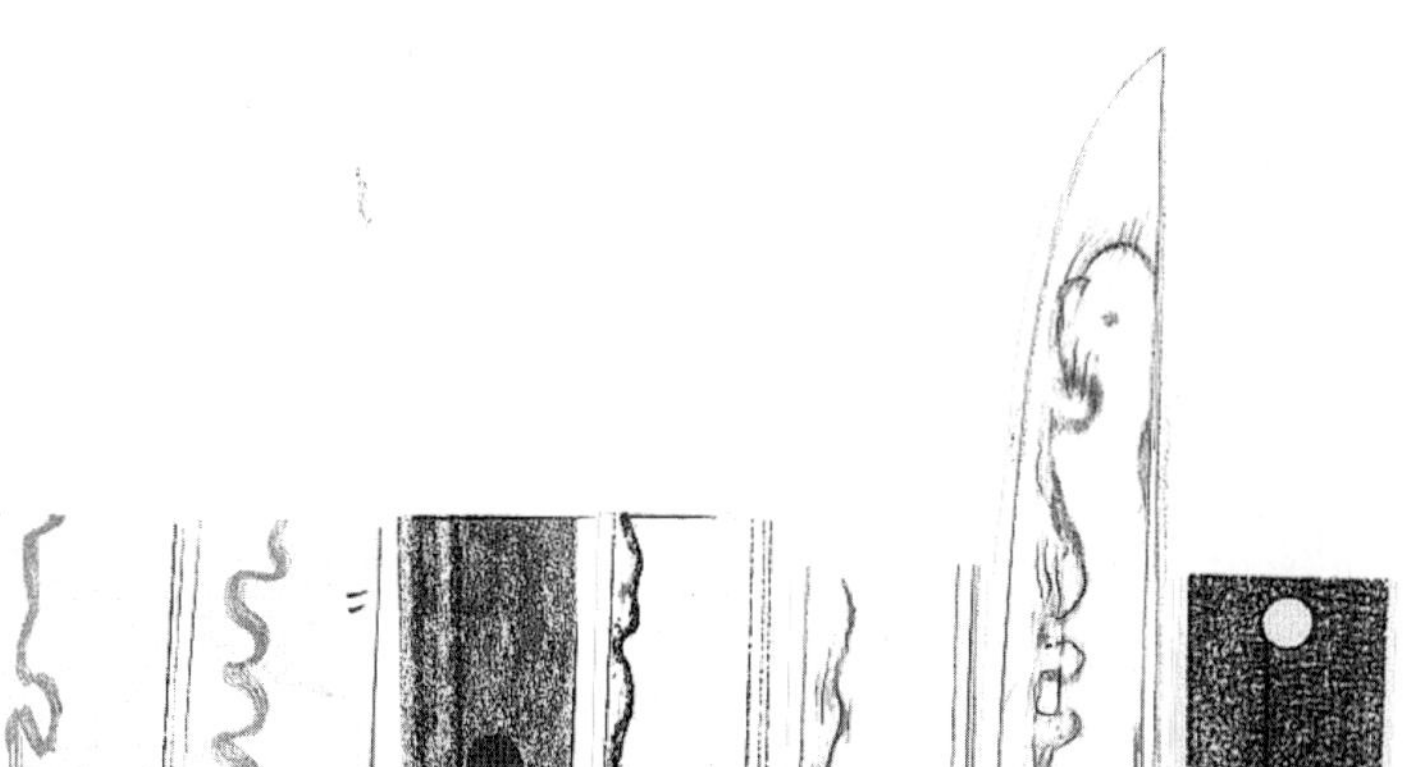
『光山押形』

作技がかならずしも熟成したものとはいいきれないところからみて、二代の若銘とみておきたい。「氏」の最終点を打つ向きは二代銘に共通した打ち方であり、初期のころの「兼」字の右肩の丸味がある書風は初代の銘作を継承したものではなかろうか。

古 **兼氏【かねうじ】** 美濃国　南北朝期（康永）

兼氏で古押形を含め年紀があるのは康永が唯一で、系図（852頁参照）には「康永二年」がある。『光山押形』には「美濃国志津住兼氏」「康永□□九月日」があって、この図によれば「兼」字の下側が「人」を二人並べた書体で、他の兼氏に類をみない。系図は康永二年のほか貞治元年を掲げる兼氏は家俊の子で志津住、初代兼氏の甥に当たる。年代的には二代兼氏とほぼ同年代で、康永の兼氏が少し先輩だったようである。ただし康永の兼氏の現品は経眼しない。

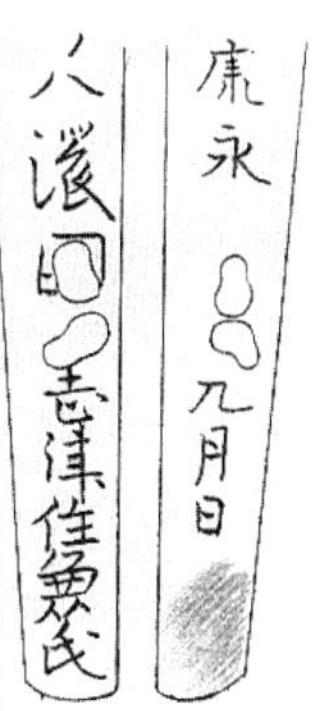

康永二年（『光山押形』）

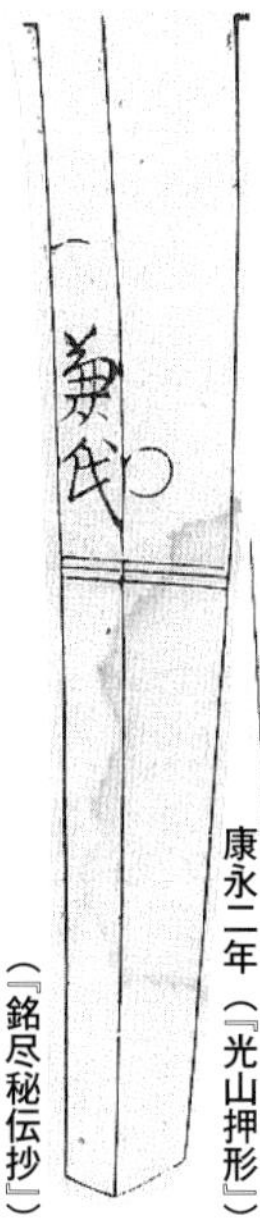

（『銘尽秘伝抄』）

古 **兼氏【かねうじ】三代** 美濃国　室町初期（応永）

前時代に直江に移っていた兼氏一族は、たび重なる洪水に見舞われ、直江の地から関に移り、また赤坂に移住している。三代目に該当する兼氏の作刀は稀少である。「兼氏」「美濃国住人兼氏」。

古 **兼氏【かねうじ】** 美濃国　室町末期（文明）

赤坂住。直江から赤坂に移住してきた一族の一人。直刃、互の目乱を焼く。「兼氏」「濃州住兼氏」。

古 **兼氏【かねうじ】** 美濃国　室町末期（天文）

関住。天文三年から同二十四年ころまでの年紀作があり、その前後にわたり複数の工が作刀している。「兼氏」「濃州関住兼氏」「美濃国住人名字かん五郎兼氏造之」。

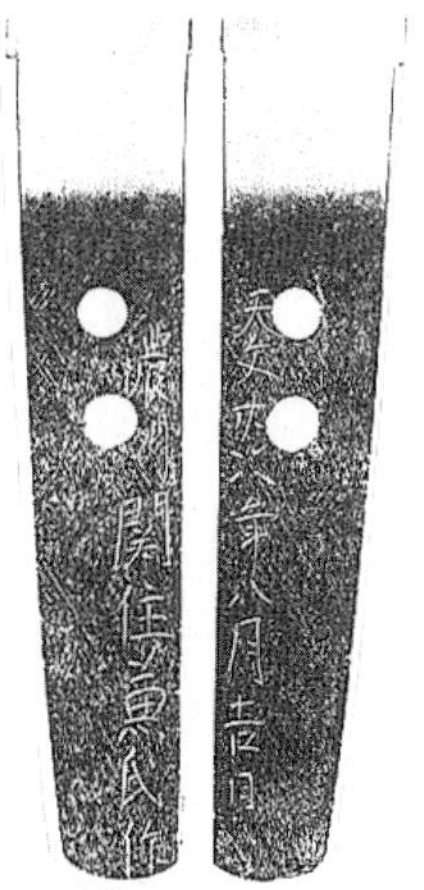

古 **兼氏【かねうじ】** 美濃国　室町末期（天正）

清水住。本国大和という。「兼氏」「兼氏作」。天正年間から文禄へかけて複数の工がいて作刀する。

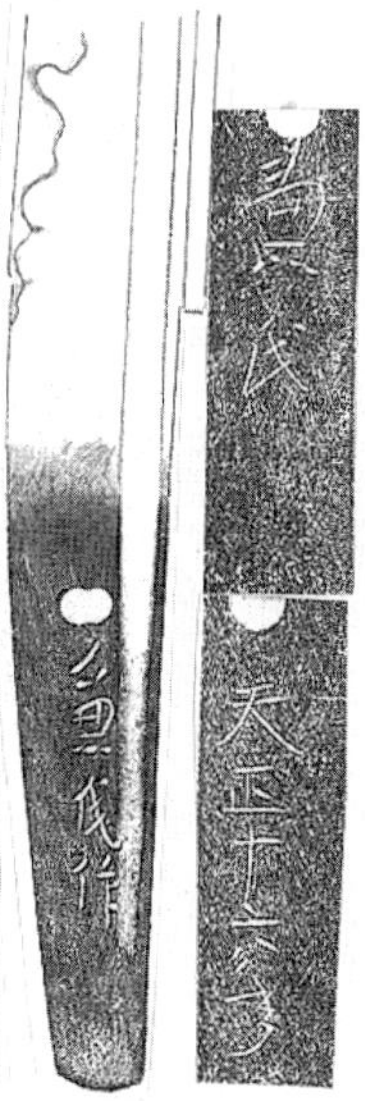

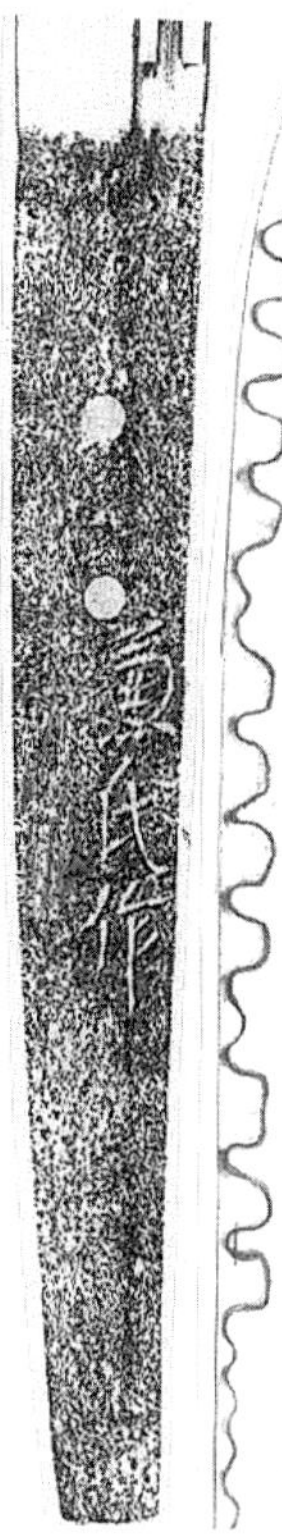

新 **兼氏【かねうじ】** 美濃国　桃山期（慶長）

本国濃州清水。尾張犬山住。赤坂兼氏の末流といわれ、文禄ころから寛永ころまで美濃と尾張で鍛刀する。湾れに互の目、尖り互の目交じる。「尾州犬山住兼氏」。

新 **兼氏【かねうじ】** 美濃国　江戸中期（寛文）

遠山甚十郎。大垣住。「志津三郎兼氏」と切銘する。新刀期の兼氏は大垣、岐阜、関に分かれ、尾張に分派する。大垣の兼氏は遠山姓を用いる。

新 **兼氏**【かねうじ】 美濃国 江戸中期（元禄）
遠山藤右衛門。大垣住。「濃州大垣住志津三郎兼氏」「志津三郎兼氏」と切銘する。

新 **兼氏**【かねうじ】 美濃国 江戸中期（享保）
遠山又左衛門。兼氏二十三世孫と称す。大垣住、尾張にても造る。直刃、湾れに互の目乱。

新 **兼氏**【かねうじ】 尾張国 江戸中期（元文）
治兵衛兼氏。又左衛門兼氏子。「尾州住三郎兼氏」などと切る。

古 **兼興**【かねおき】 美濃国 室町中期（文正）
関。奈良派。兼興同銘は永正、天正におり、新刀期に続く。「兼興」「美濃国関住兼興」。

古 **兼音**【かねおと】 美濃国 室町末期（明応）
六郎左衛門、のち右衛門。法名道慶。三阿弥兼長の孫。嘉吉から明応ころまで作刀し、明応四年紀に「年七十四」と切ったものがある。刃文は直刃、また互の目に丁子交じり、小沸よくつき、匂口明るい。「兼音」「濃州関住六郎左衛門尉兼音作」「濃州関住左衛門尉兼音年七十四」。

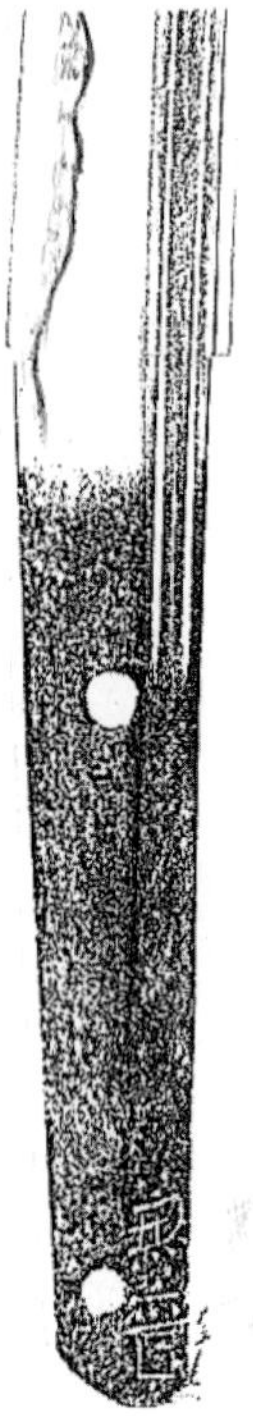

古 **兼音**【かねおと】 美濃国 室町末期（大永）
彦四郎。法名道宗。三阿弥兼邦門。兼音は同銘が天文、永禄、天正と続き、新刀期へ入って慶長に藤四郎が鍛刀する。

古 **兼景**【かねかげ】 美濃国 南北朝期（貞和）
直江。孫次郎。建武とも貞和ともいうが、兼景の作刀で応永を遡るとみられるものは未見である。兼行（明徳）の子と伝えているが、年代的には無理で、むしろ応永の兼景が兼行の子に該当しよう。

古 **兼景**【かねかげ】 美濃国 室町末期（永正）
銘鑑によると文安から文明、明応、天文へと兼景は連綿とし、永禄ころには関から清水城下に移住する人もいる。新刀期に入っては甲州、美作津山へ派生する兼景がある。「兼景」「濃州関住兼景作」「濃州住兼景」。

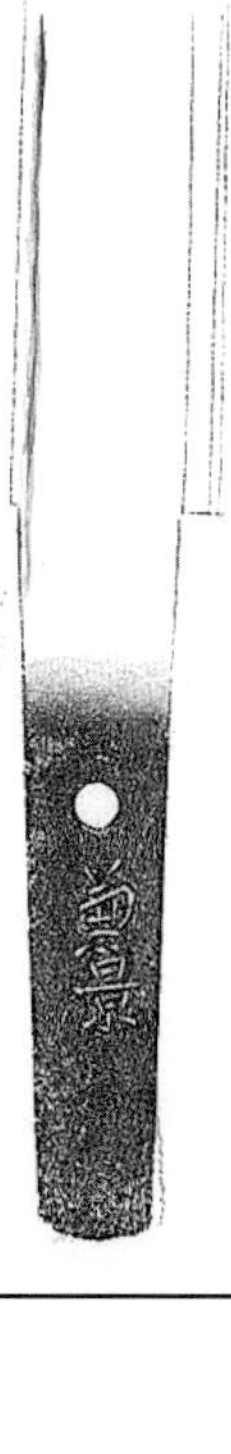

新 **兼景**【かねかげ】 美濃国 江戸中期（元禄）
美濃関。「兼景」「濃州住藤原兼景」。

新 **兼景**【かねかげ】 甲斐国 桃山期（慶長）
平井新左衛門。本国美濃関。「甲州府中住兼景」。

新 **兼景**【かねかげ】 甲斐国 江戸中期（万治）
平井長左衛門。甲州府中住。兼景二代目。◆三代は平井新左衛門、貞享ころ。

新 **兼景**【かねかげ】 斉藤家 初代 美作国 桃山期（元和）
斉藤長右衛門。本家初代。本国美濃関、直江志津十七代の孫という。先祖兼友の作風を模し、互の目に尖り刃交じりの刃を焼く。「美作國住兼景」と切銘する。

新 **兼景**【かねかげ】 斉藤家 二代 美作国 江戸中期（寛文）
又太夫。「美作國津山住兼景作」と切銘する。備考は三船とも打つといい、

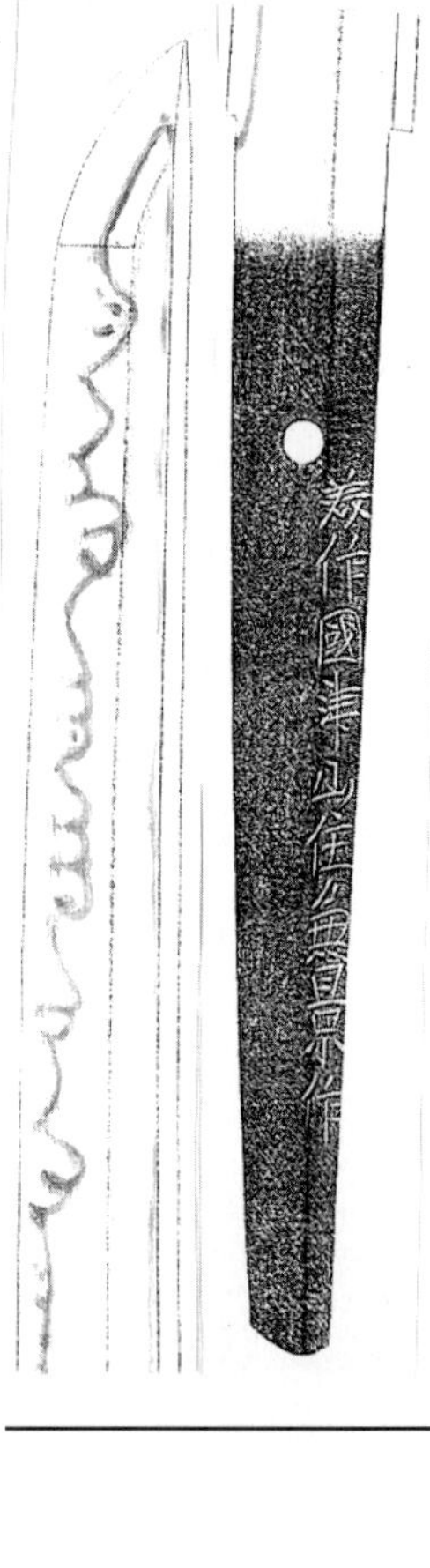

享保五年に六十六歳という。互の目に尖り互の目交じり。

新 **兼景**【かねかげ】 斉藤家 三代 美作国 江戸中期（享保）

三船三太夫。二代又太夫に子がなく、三船家から養子に入り斉藤家を継ぎ、三代兼景を名乗る。「美作国津山住兼景」などと切る。

新 **兼景**【かねかげ】 斉藤家 四代 美作国 江戸中期（宝暦）

茂一郎。三代三太夫の子。「平井茂一郎道延叟作之」「同長右衛門兼景四代嫡孫也」と切銘したものがある。宝暦十三年九月没。美作兼景は二・三代の作が比較的多く、四代以降は少ない。

新 **兼景**【かねかげ】 山本家 初代 美作国 桃山期（元和）

山本新五衛門。互の目尖り刃の美濃関風の作。彫物を好む。元和二年紀の作がある。

新 **兼景**【かねかげ】 山本家 二代 美作国 桃山期（寛永）

山本弥一郎。直刃、大互の目を焼く。「作州津山之住兼景」などと切る。

新 **兼景**【かねかげ】 山本家 三代 美作国 江戸中期（寛文）

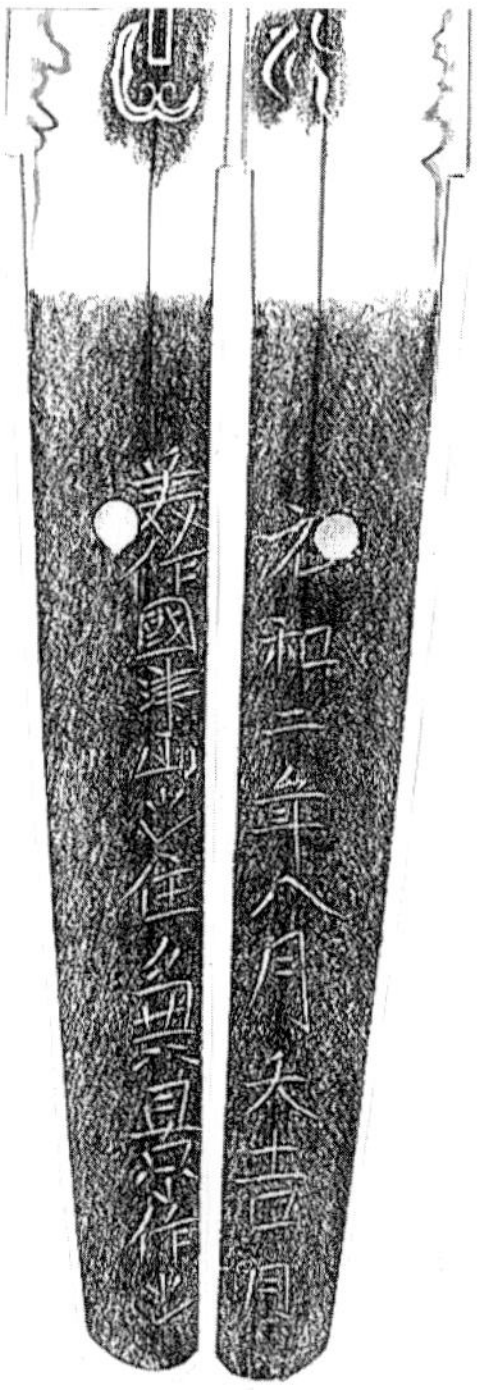

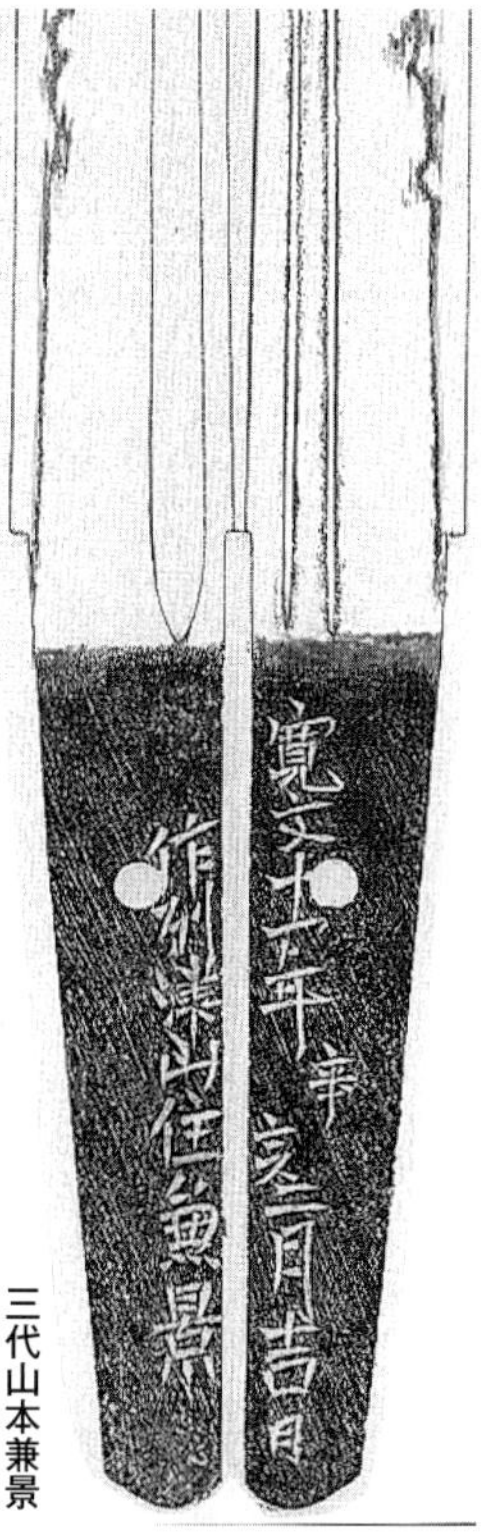

三代山本兼景

寛文十一年紀の作刀がある。互の目の頭を揃え、砂流しが烈しくかかる。

新 **兼景**【かねかげ】 難波家 初代 美作国 桃山期（寛永）

難波宗右衛門。初代長右衛門兼景の弟。兄長右衛門と共に美濃から移住する。別家して難波家兼景を成す。「美作国津山住兼景」などと切銘する。大互の目、丁子乱。◆二代寛文、三代元禄ころに続く。

古 **兼勝**【かねかつ】 美濃国 室町末期（延徳）

関。兼谷の子。「兼勝作」「濃州関住兼勝作」。

古 **兼勝**【かねかつ】 美濃国 室町末期（永禄）

同銘が明応、永正、天文と続き、永禄から天正以降は新刀期へ後続する。「兼勝」二字銘が多く「濃州関住兼勝」とも銘す。

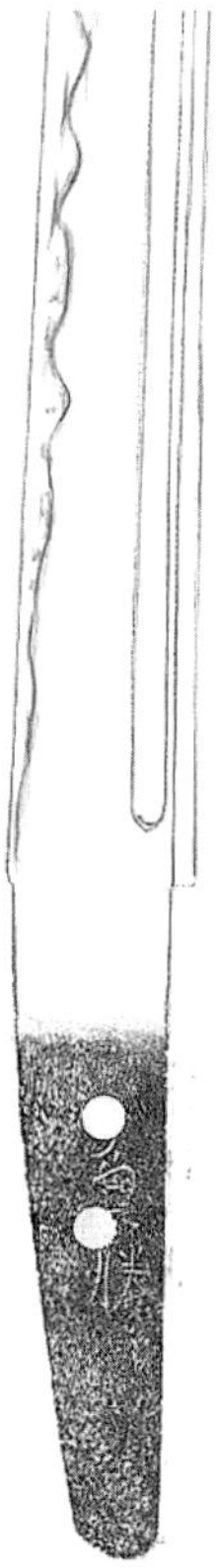

古 **兼門**【かねかど】 美濃国 室町初期（正長）

関。清治郎。善定兼吉の子という。「兼門」「濃州住兼門」。

古 **兼門**【かねかど】 美濃国 室町末期（大永）

明応ころの清四郎兼門から以降、同銘が永正、大永、天文と続く。天文ころの三井文右衛門兼門は甲州逸見谷戸村に駐鎚する。

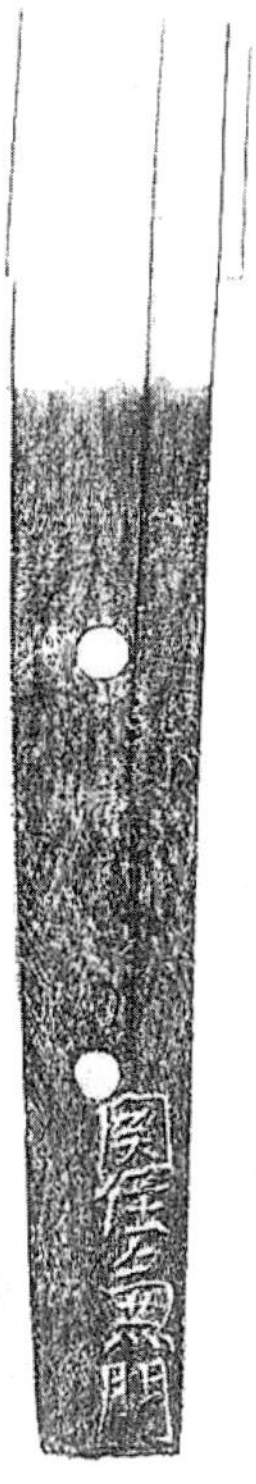

新 兼門【かねかど】 備中守　美濃国　江戸中期（万治）

三井惣右衛門。美濃善定派。備中守を受領する。善定家嫡家であった氏房が尾州名古屋に移り飛騨守氏房の没後は、兼門家が関鍛冶の惣領頭を務める。

新 兼門【かねかど】 美濃国　江戸中期（寛文）

江戸中ごろ以降、関鍛冶頭の兼門を名乗るものに三井金左衛門、武藤宗九郎（旧姓三井）、同惣九郎など数工がいる。善定兼門の「善定」を「善条」と切るものがある。「関之住兼門」「善条作」。

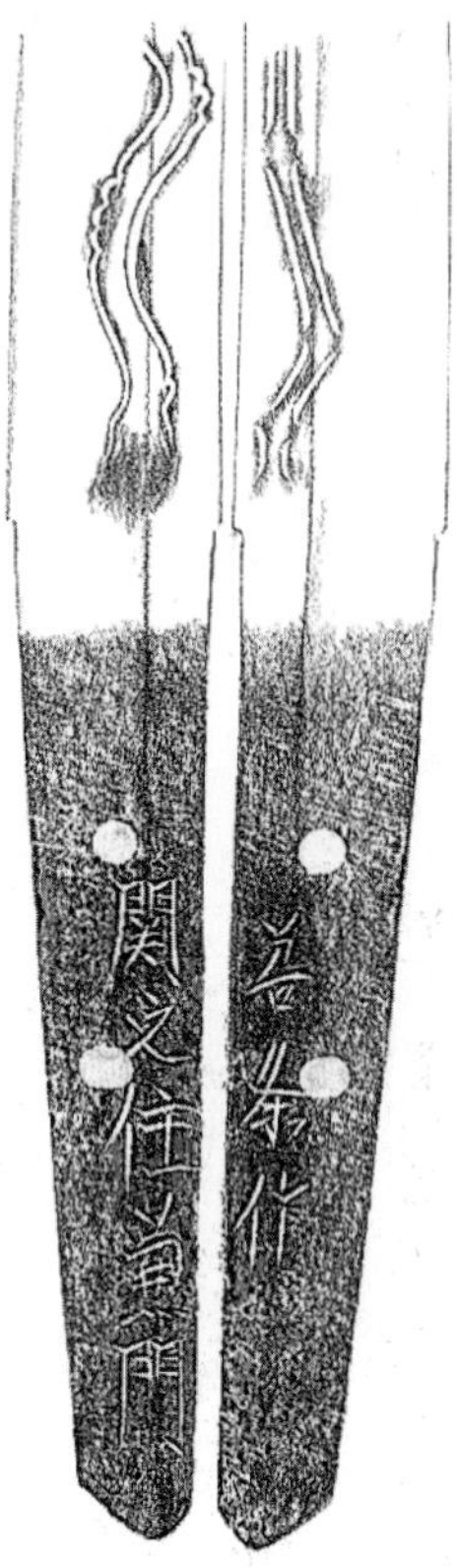

古 兼岸【かねきし】 美濃国　室町末期（享禄）

関住。永正ころの兼岸は兼常門。享禄ころの兼岸は兼房門。互の目乱に尖り互の目、矢筈交じり。「兼岸」「濃州関住兼岸」。

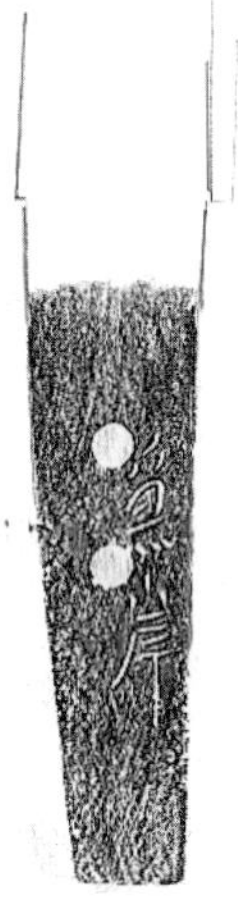

古 兼清【かねきよ】 美濃国　室町末期（応仁）

直江兼清は南北朝期の貞治ころ。左衛門尉兼清は兼行の子で応永ころ。なお永享と続くが、作刀をみるのは応仁ころの兼清で、互の目乱に尖り互の目が目立って交じる。「兼清」「濃州関住兼清作」。天文ころの兼清は「濃州関住源左衛門尉兼清」と切銘する。

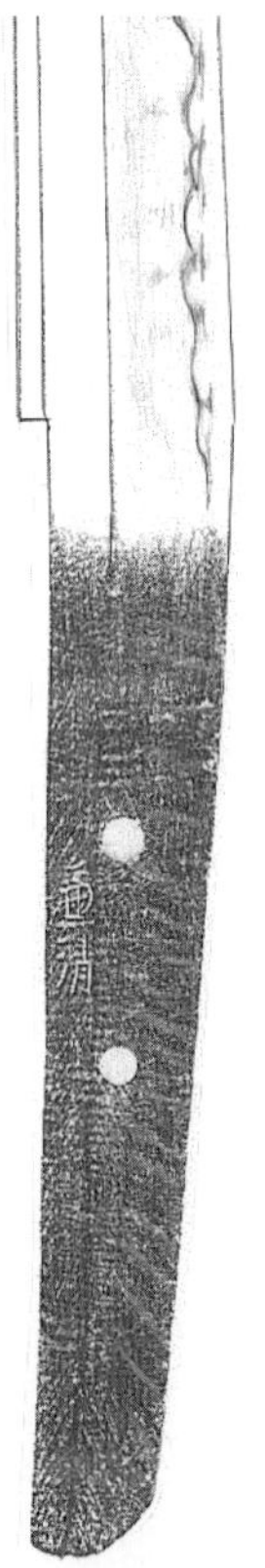

古 兼清【かねきよ】 美濃国　室町末期（天正）

関住。直刃に小互の目足入り、ほつれ、二重刃かかるのと互の目乱とがある。「兼清」「濃州関住兼清」。

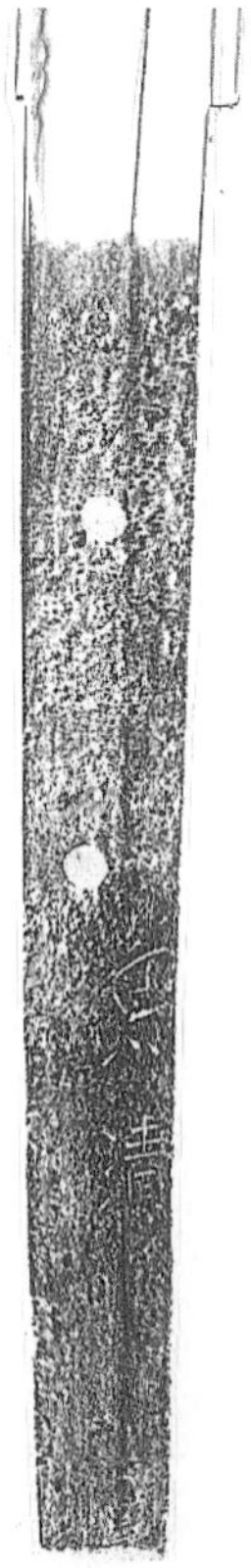

古 兼国【かねくに】 美濃国　南北朝期（明徳）

当麻左衛門。直江住。大和当麻系の鍛冶で直江兼友の門。法名常椿。「兼国」「濃州住兼国」。

古 兼国【かねくに】 美濃国　室町初期（永享）

関住。又四郎。三阿弥兼長の子。法名道阿弥。「兼国」「濃州住兼国作」。

古 兼国【かねくに】 美濃国　室町中期（享徳）

清二郎。三阿弥派。享徳三年紀の作があり、文明にかけて作刀する。直

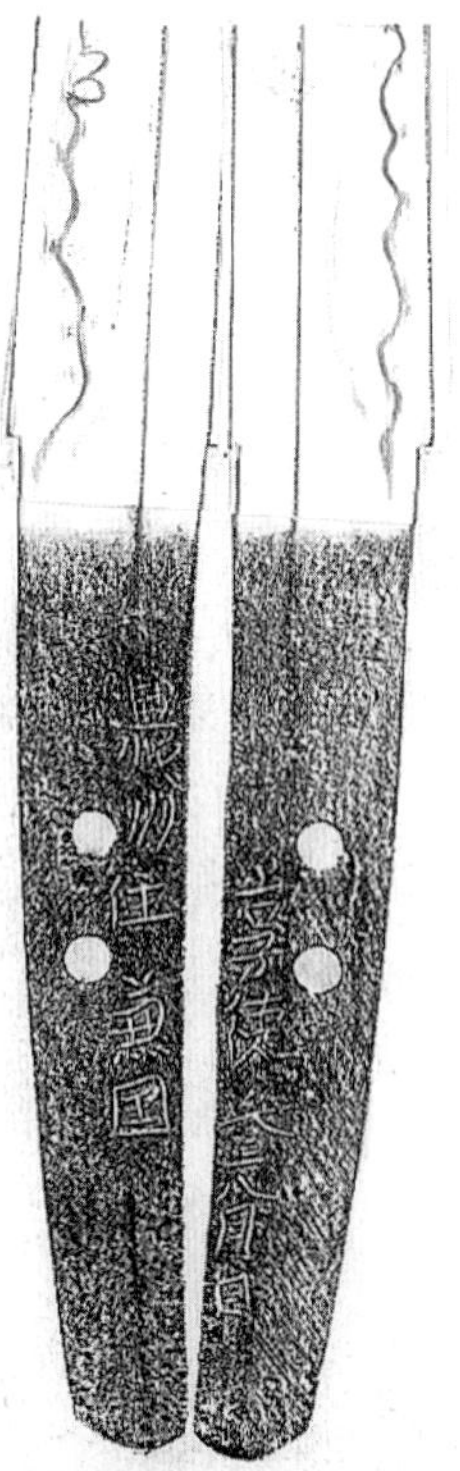

刃に小互の目足入り、互の目に尖り互の目交じり、小沸細かくつき匂口明るく、締りごころ。「兼国」「濃州住兼国」。「国」字を略体に切る。

古 **兼国【かねくに】** 美濃国 室町末期（永正）

甚八郎。法名常見。三阿弥派。直刃に小互の目足入り、小沸叢なくつき、匂口明るい。「兼国」「濃州関住兼国」。次代の天文ころの兼国は、播州別府、また三木淡川荘にて造る。

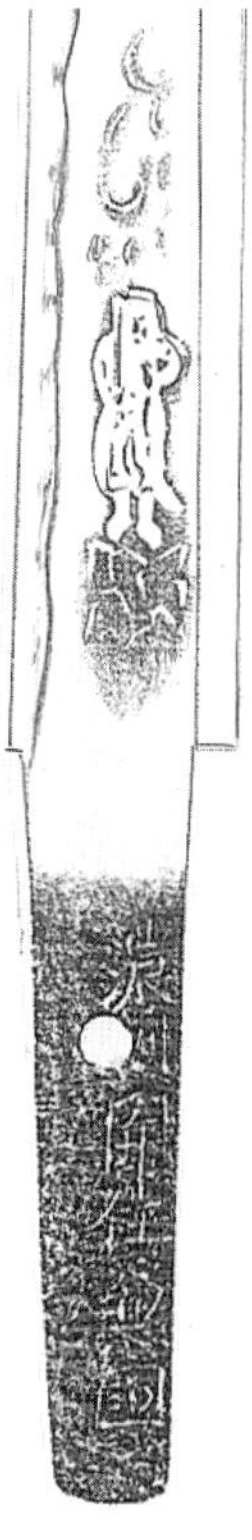

新作 **兼国【かねくに】** 岐阜 昭和

小川仙太郎。明治六年生まれ。小坂兼吉門。大正三年師兼吉没後、関日本刀鍛錬所の二代目所長となり門弟の育成に当たる。昭和十四年七月十四日没。武儀郡武芸川町住。

新作 **兼国【かねくに】** 岐阜 平成

尾川光敏。昭和二十八年生まれ。父尾川兼圀門。平成三年作刀承認。平成六年から新作名刀展出品、努力賞、優秀賞、文化庁長官賞、高松宮賞など受賞し平成二十一年から無鑑査となる。平成二十三年、岐阜県伝統文化継承功労者に顕彰。同年、新作日本刀展に銀賞第四席受賞。「美濃國住兼國作」。濤瀾乱。岐阜県山県市住。

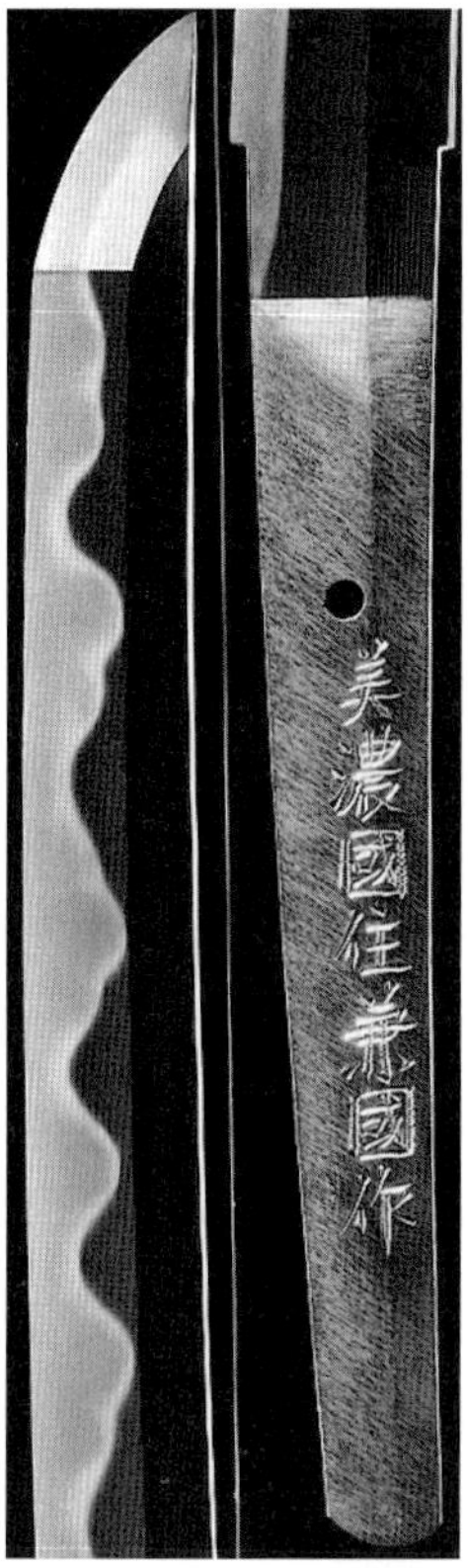

新作 **兼国【かねくに】** 東京 平成

加藤清志。昭和十九年生まれ。祖父加藤兼国、父真平につき学ぶ。東京都目黒区碑文谷住。直刃、互の目に尖り互の目、湾れ交じりなど。

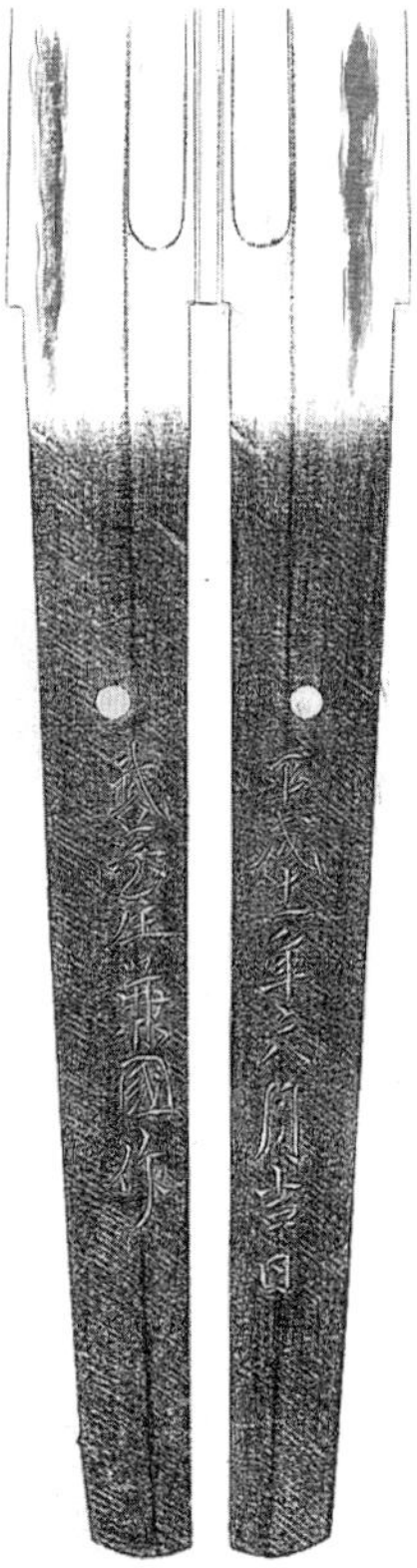

新作 **兼圀【かねくに】** 岐阜 平成

尾川邦彦。大正十四年生まれ。小川兼圀、金子孫六兼元門。陸軍受命刀匠（圀忠）。平成十二年、文部大臣表彰。同二十年、岐阜県重要無形文化財認定。平成七年から同十七年まで新作名刀展で努力賞、優秀賞、高松宮賞、協会名誉会長賞など受賞。同十八年無鑑査。平成二十二年、新作日本刀展で銀賞第二席・功労賞受賞。濤瀾乱刃。「濃州武八幡住兼圀謹作」。岐阜県武儀《むぎ》郡武芸川《むげがわ》住。平成二十四年十一月二十六日、八十七歳没。

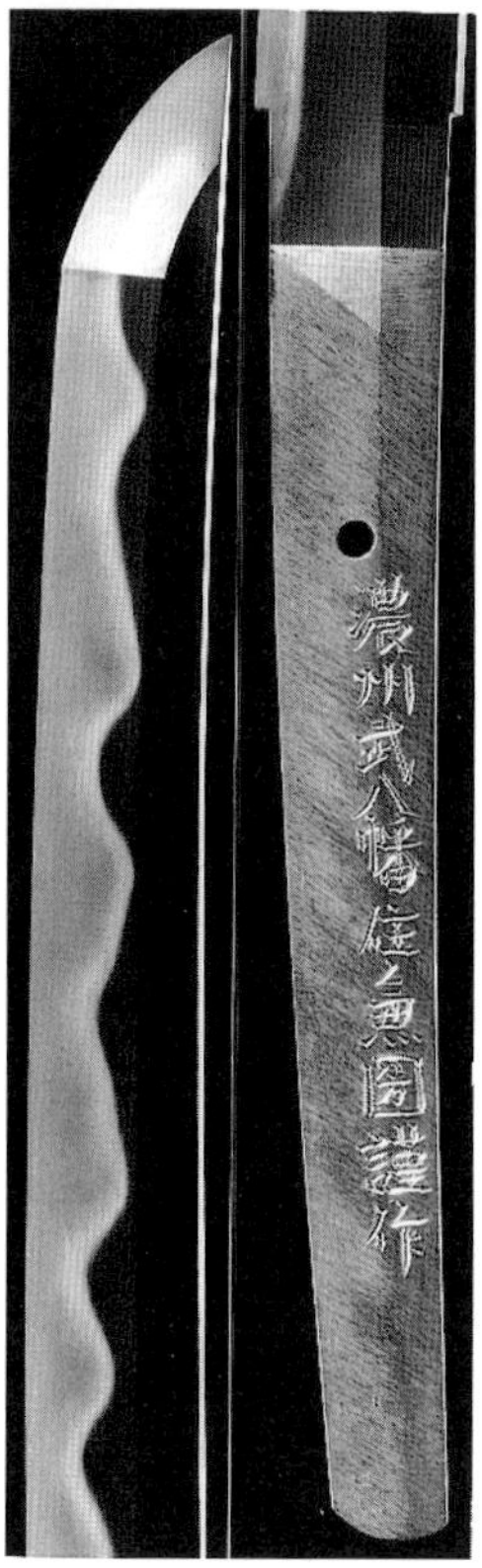

古 **兼先【かねさき】初代** 美濃国 室町末期（永正）

右衛門四郎。関住。善定兼吉の子。『美濃刀工銘鑑』が収載する天文八年五月紀がある「従兼吉五代　兼先三代作」銘は「兼吉五代に引きつづいて兼先三代作」とみて、次の系図を構成する。

初代兼吉（康応）━二代兼吉（応永）━三代兼吉（永享）━四代兼吉（文明）━五代兼吉（永正）
（四代兼吉より）初代兼先（永正）━二代兼先（大永）━三代兼先（天文）

兼吉五代の系図は『校正古刀銘鑑』の兼吉系図とほとんど一致する。校正は二代目を、応永と永享の年号の人を同一とみているが、これを別人として二代と三代に分かつと、兼吉は五代が連綿としたことになる⇩**兼吉の項参照**。善定兼先家は五代兼吉の永正年間に善定兼吉家から分かれ別家を興したとみられる。永正十五年に五代兼吉が没してのちは、兼先家が名跡を長く継続し、因州や越前へ分派している。

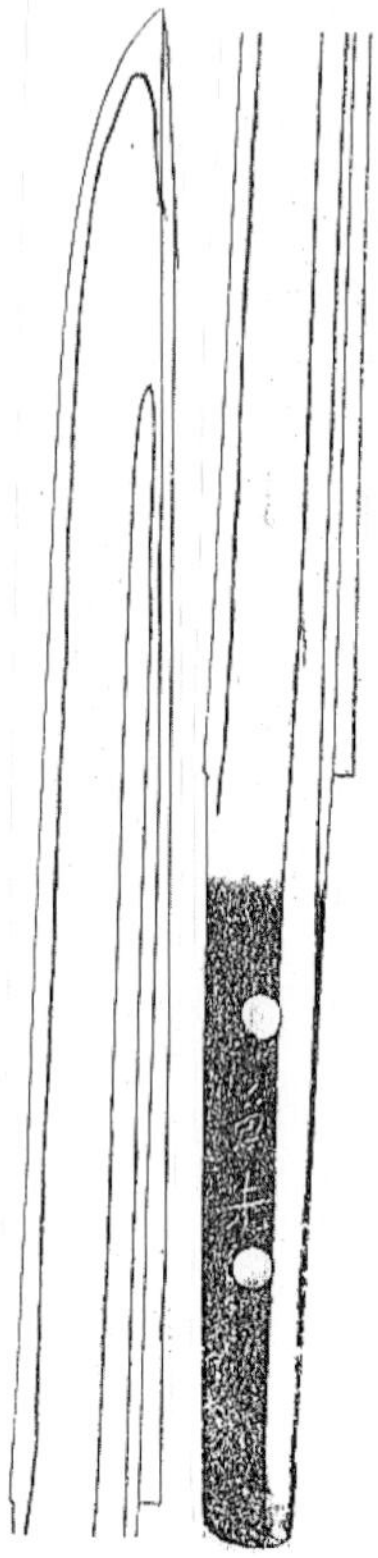

古 兼先【かねさき】二代　美濃国　室町末期（大永）

関住。善定派。右衛門四郎兼先の子。佐州五十里住兼先と同人という。大永三年、六年紀の作がある。「兼先」「濃州関住兼先」。

古 兼先【かねさき】三代　美濃国　室町末期（天文）

関住。善定派。天文五年から同二十年紀までの作がある。兼定との合作は本工であろう。初代の項で掲げた「兼先三代作」は本工であり、兼吉子または門人であろう。「兼先」「濃州兼先作」「従兼吉五代兼先三代作」。

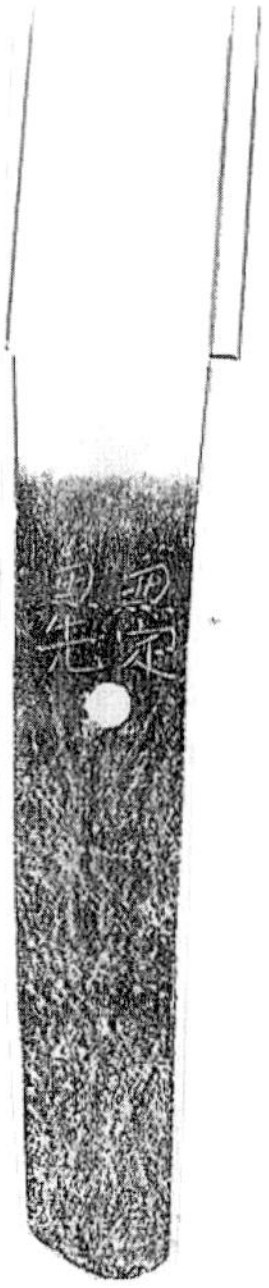

古 兼先【かねさき】　美濃国　室町末期（天正）

関住。日置伊助。のち備前に移る。因州兼先の祖。「濃州関住兼先」「大明国良蔵為今世守身作」と切銘したのはこの工であろう。「兼先」「兼先作」。

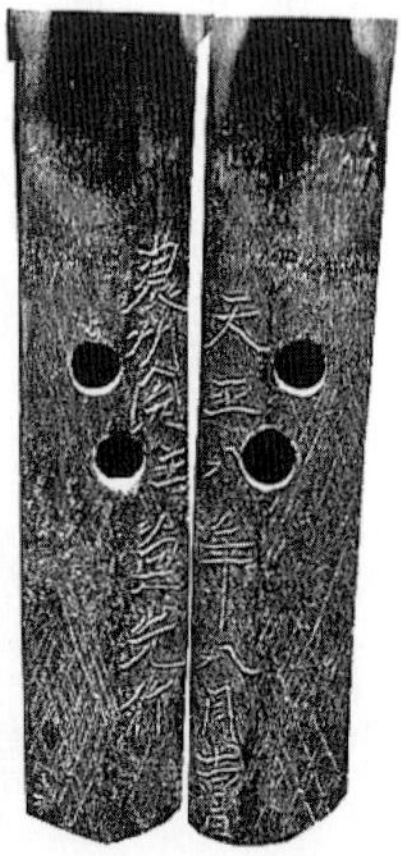

新 兼先【かねさき】初代　美作国　桃山期（慶長）

本国美濃。赤坂千手院派。互の目に丁子。「作州住兼先作」銘で慶長二十年紀の作がある。

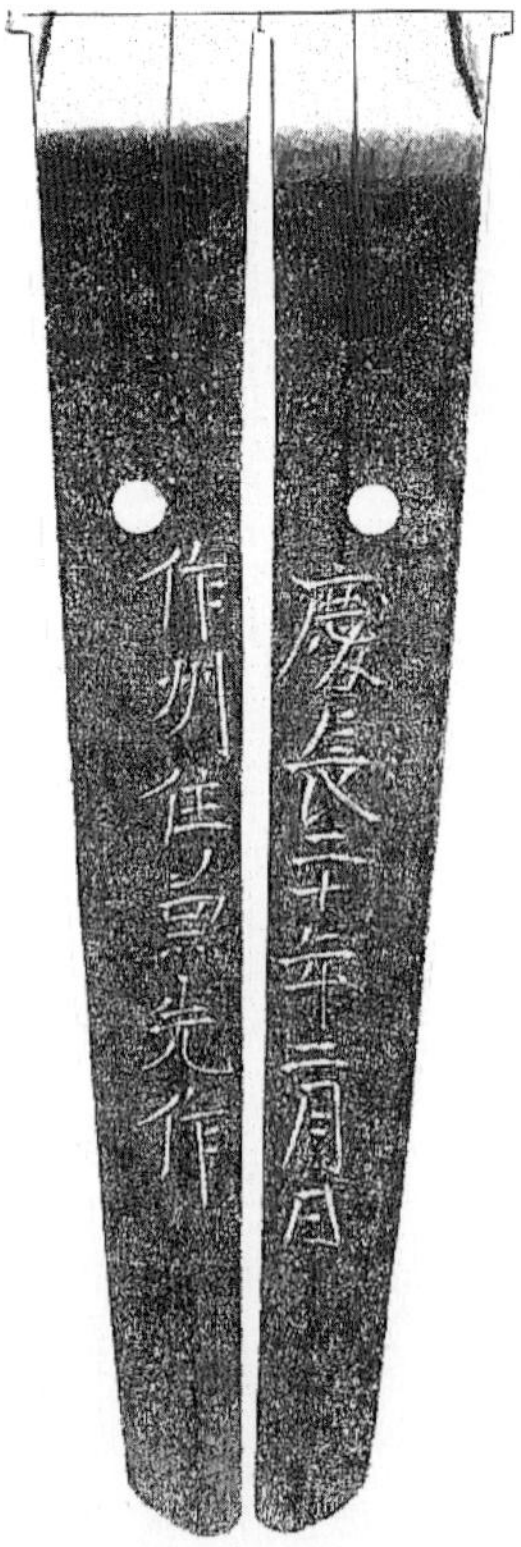

新 兼先【かねさき】　美作国　江戸初期（明暦）

「美作国津山住兼先」などと切銘し、明暦三年紀の作がある。年代的には美作兼先二代目。

新 兼先【かねさき】　美作国　江戸中期（寛文）

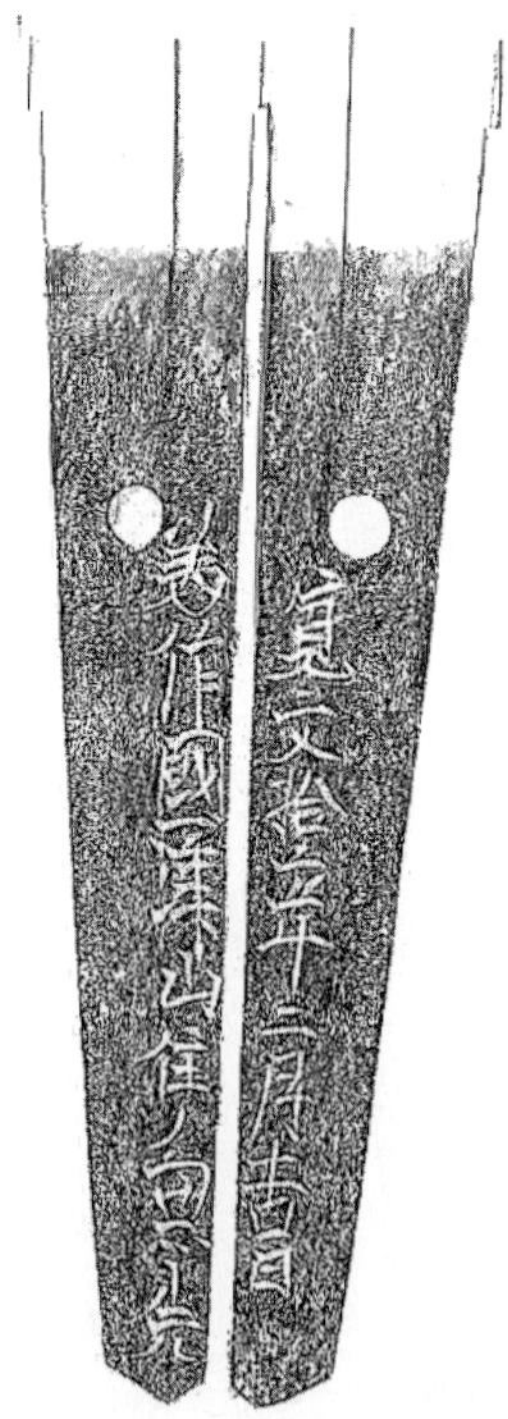

寛文十二年紀の作がある。美作津山住。慶長を初代とすれば三代に該当する。

新 **兼先**【かねさき】 美作国　江戸中期（元禄）

長田半助。元禄・宝永年紀の作がある。宝永の年号を切るのは四代目の作（『新刀一覧』）とある。「作州津山住兼先」などと切る。互の目に尖り互の目交じり。

新 **兼先**【かねさき】 美作国　江戸中期（宝暦）

和助。五郎左衛門（籐吉）の父。享保から宝暦にかけて、同銘兼先は新五左衛門、市右衛門、五郎左衛門など（「諸職人作料値段定帳」『作州記』）が複数いて活動をする。

新々 **兼先**【かねさき】 美作国　江戸末期（天明）

川村五郎左衛門。籐吉。和助兼先の子。長田氏と別家するという（『古今鍛冶備考』）。津山藩工として活躍し、兼先の掉尾を飾る上工。「美作隺山城下藤兼先」と切銘する。水心子正秀門。

新 **兼先**【かねさき】 **初代**　因幡国　桃山期（慶長）

日置惣右衛門。伊助兼先の子。生国備前。父伊助兼先は美濃から備前に移住する。のち因幡へ移り、「因州住兼先」と切銘する。

新 **兼先**【かねさき】 **二代**　因幡国　桃山期（寛永）

日置宗十郎。惣右衛門兼先の子。備前から因州鳥取城下鍛冶町に移る。『新刀弁疑』は美作国津山より因州鳥取に来住するといい、『新刀一覧』は、作州から因州に移ったのは元和中ころという。二代宗十郎の代に、次男筋の三治が別家して本家筋と別家筋に分かれ、それぞれ作刀するというが、その識別は明らかでなく、いま両家を総じて年代的に区分して八代までを類別する。「因州住兼先」。直刃、互の目。

新 **兼先**【かねさき】 **三代**　因幡国　江戸中期（寛文）

日置兵右衛門。初銘兼次。寛文・延宝年紀の作がある。三代から以降は代々家督相続前に兼次を名乗る。

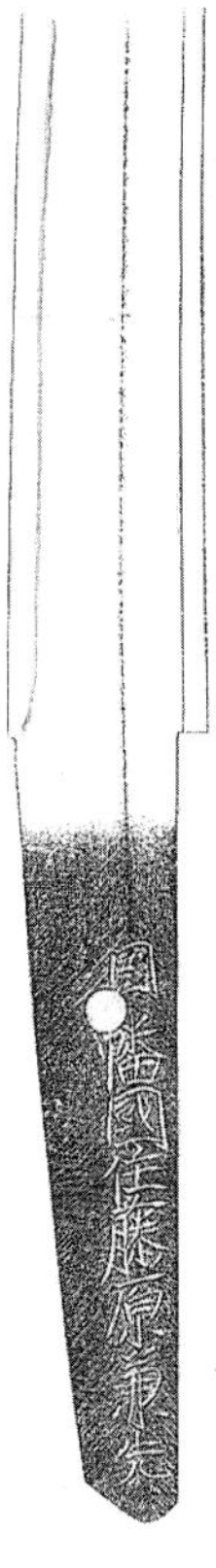

新 **兼先**【かねさき】 **四代**　因幡国　江戸中期（貞享）

日置兵助。貞享・元禄の間。鳥取住。

新 **兼先**【かねさき】 **五代**　因幡国　江戸中期（延享）

四代兵助の子。父と同じ兵助、また広助、直助尉を称す。延享三年に一代限り藤か氏に改め「因幡国住藤か兼先」と銘す。

新々 **兼先**【かねさき】 **六代**　因幡国　江戸末期（文政）

日置矢三郎。琨竜子寿実の門。妙一、妙一峯雪入道と称す。因州兼先六代目に当たる。嘉永二年七月二日、七十二歳没。文政から弘化ころまでの年紀作がある。

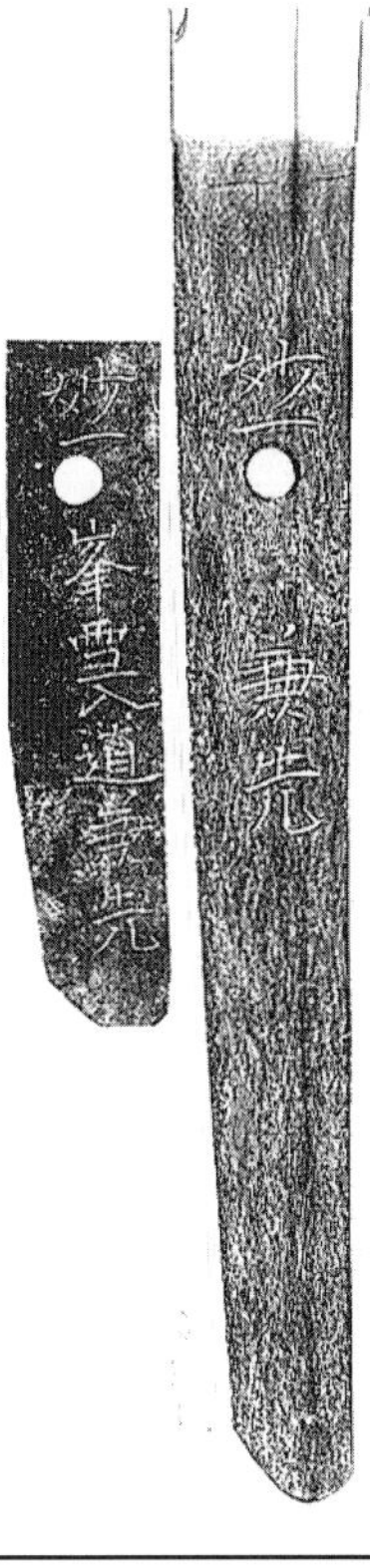

新々 **兼先**【かねさき】 **七代**　因幡国　江戸末期（天保）

日置留次郎。広次郎。嘉永七年、四十一歳没。

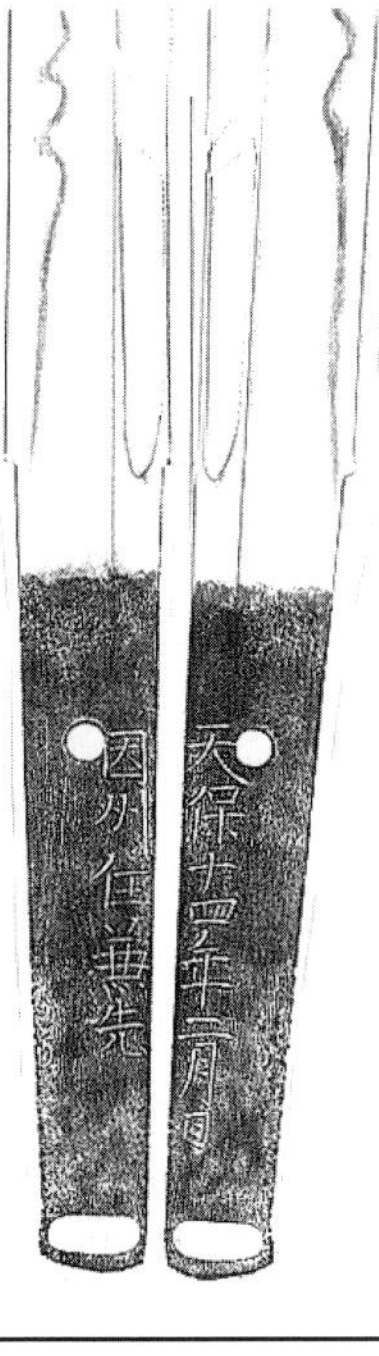

新々 **兼先**【かねさき】 **八代**　因幡国　江戸末期（文久）

日置仁平。初銘兼次。七代兼先の養子となり、八代目を継ぐも、兼先を名乗らず、兼次で通す。従って八代目は兼次。明治四十三年、七十一歳没。

⇩兼次〈美濃（嘉永）〉の項参照。

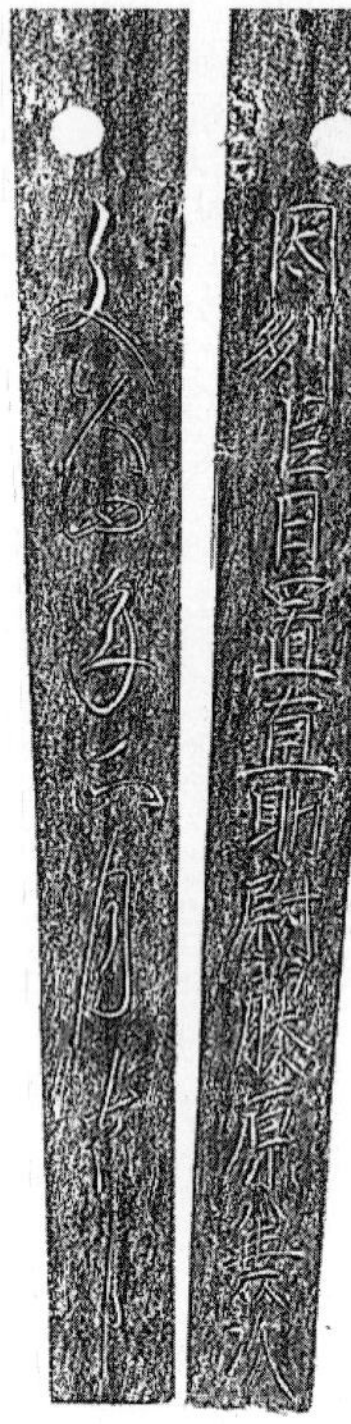

新 兼先【かねさき】 下坂　越前国　桃山期（慶長）

初代越前康継の父という濃州小山関広長の門。江州西坂本住。慶長を遡る下坂一門中の古作で、初代康継の先輩に当たる。天正年中に近江から筑後に移り、さらに越前に転任した同銘兼先がいる。

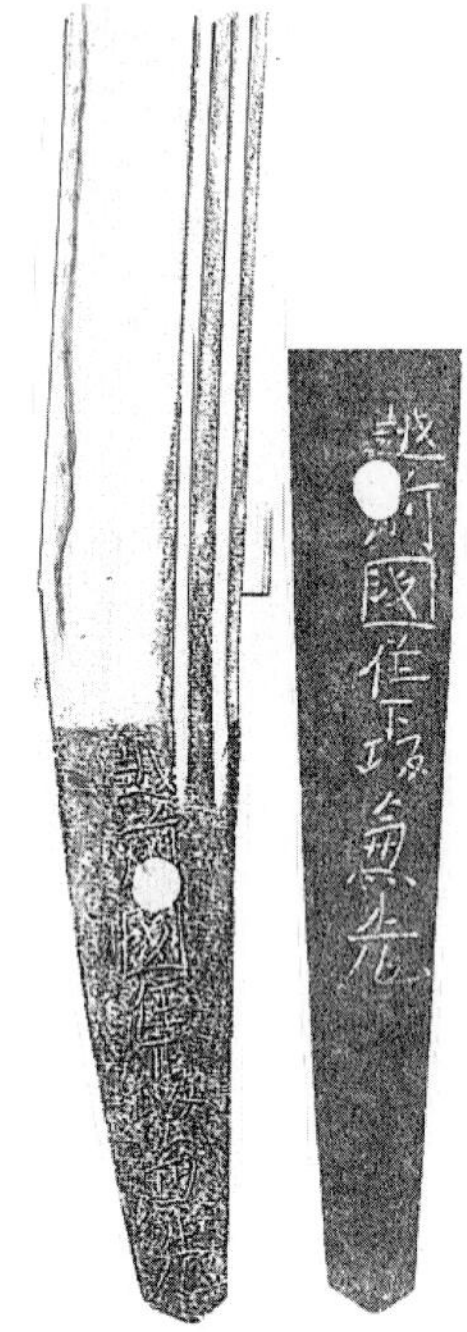

新 兼先【かねさき】 因幡国　桃山期（寛永）

日置九郎右衛門。因州鳥取住。寛永初年の年紀作がある。「因州鳥取住兼先」などと銘す。

新 兼先【かねさき】 因幡国　江戸中期（延宝）

日置弥右衛門。延宝ころ。「因州鳥取住兼先」などと銘す。

新 兼先【かねさき】 因幡国　江戸中期（宝永）

広直刃調に小互の目足入り。銘鑑もれ刀工であるが、『新刀一覧』が詳ではないとしながらも、因州兼先三代目ではないかと記載している。参考に掲出する。

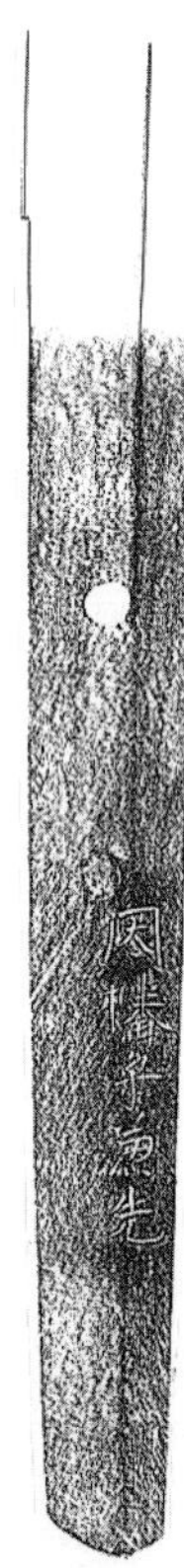

古 兼定【かねさだ】初代 美濃国　室町中期（康正）

兼定の出自については大和が本国で、関に来住したとも、三阿弥派兼長の子、また兼常、兼信の子ともいい諸説がある。和泉守兼定（之定《のさだ》）の父。信濃守を受領し、菊紋を切るという。『室町期美濃刀工の研究』は享徳四年紀の兼定（之定）と、文明四年紀の兼定（疋定）を掲げている。この両工を一人の兼定としてみると、初代兼定は初め〝之定〟に切り、のち〝疋定〟に切銘していたことになる。『土屋押形』には康正四年紀の〝之定〟を載せ、中直刃の図を添えている。年紀はないが掲出の小銘の二字兼定は初代作と鑑じられるもので、直刃が少し湾れて尖り互の目を交じえ、ほ

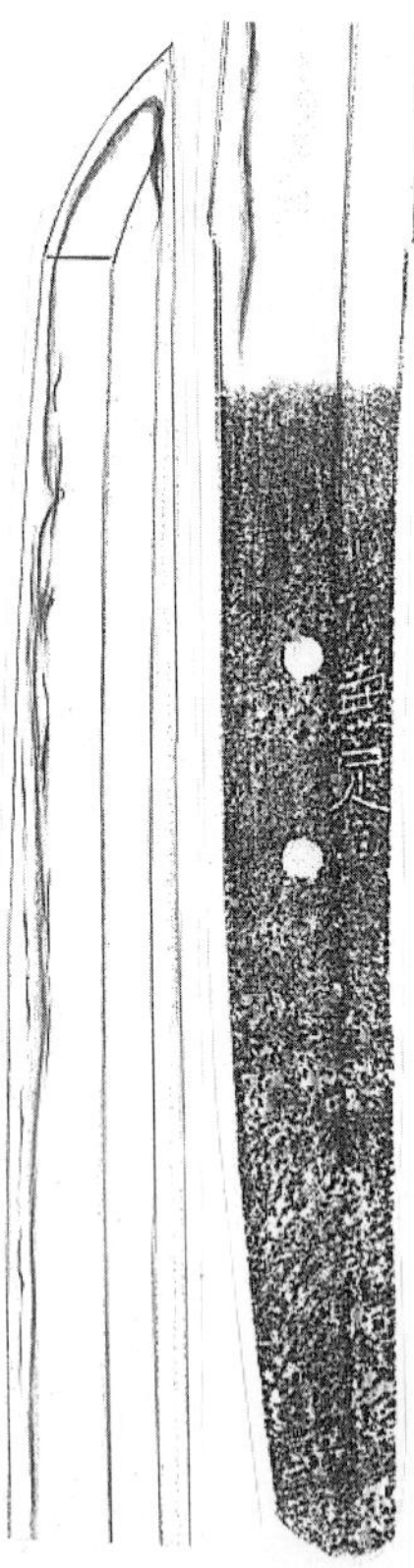

康正四年（『土屋押形』）

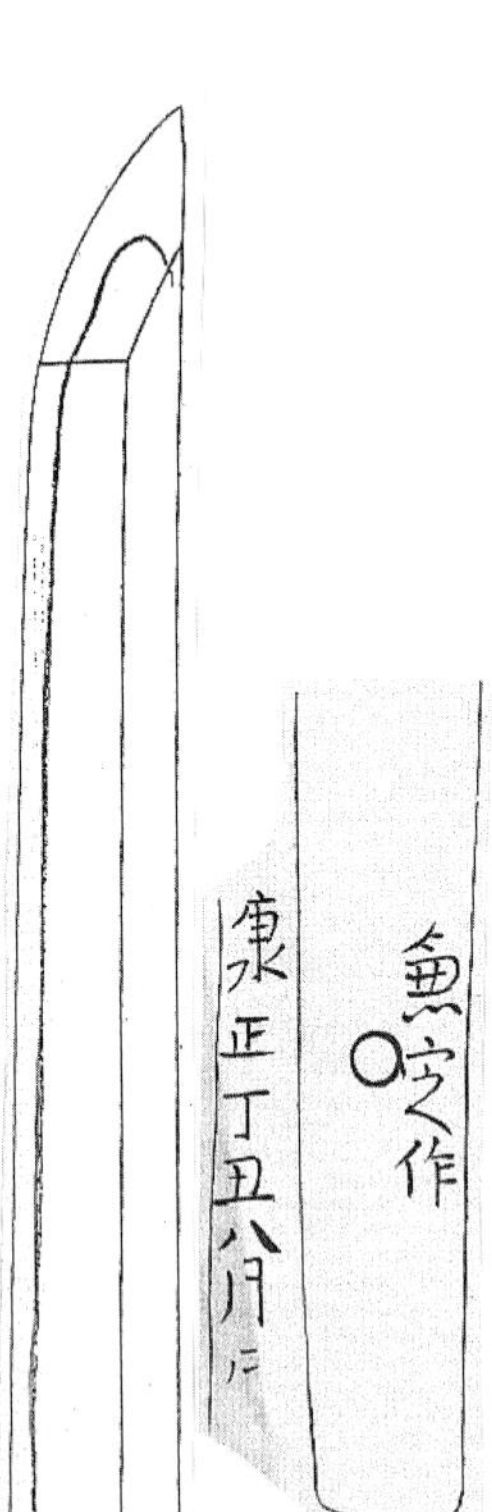

つれ、打のけかかる古雅な作調である。銘鑑によると文明十二年紀があるといい、このころが初代作の年代の下限らしく、二代兼定の作刀が明応二年紀（疋定銘）から始まるまで初代兼定の作刀はみられない。（系図859頁参照）

古 兼定【かねさだ】二代　美濃国　室町末期（永正）

三品吉右衛門。生国は甲州で関に来て初代兼定の門に入り、のち養子となり二代を継ぐとも、また初代の子ともいう。年紀があるものでは明応二年八月から大永六年正月までの作刀があり、この間三十四年を算する。

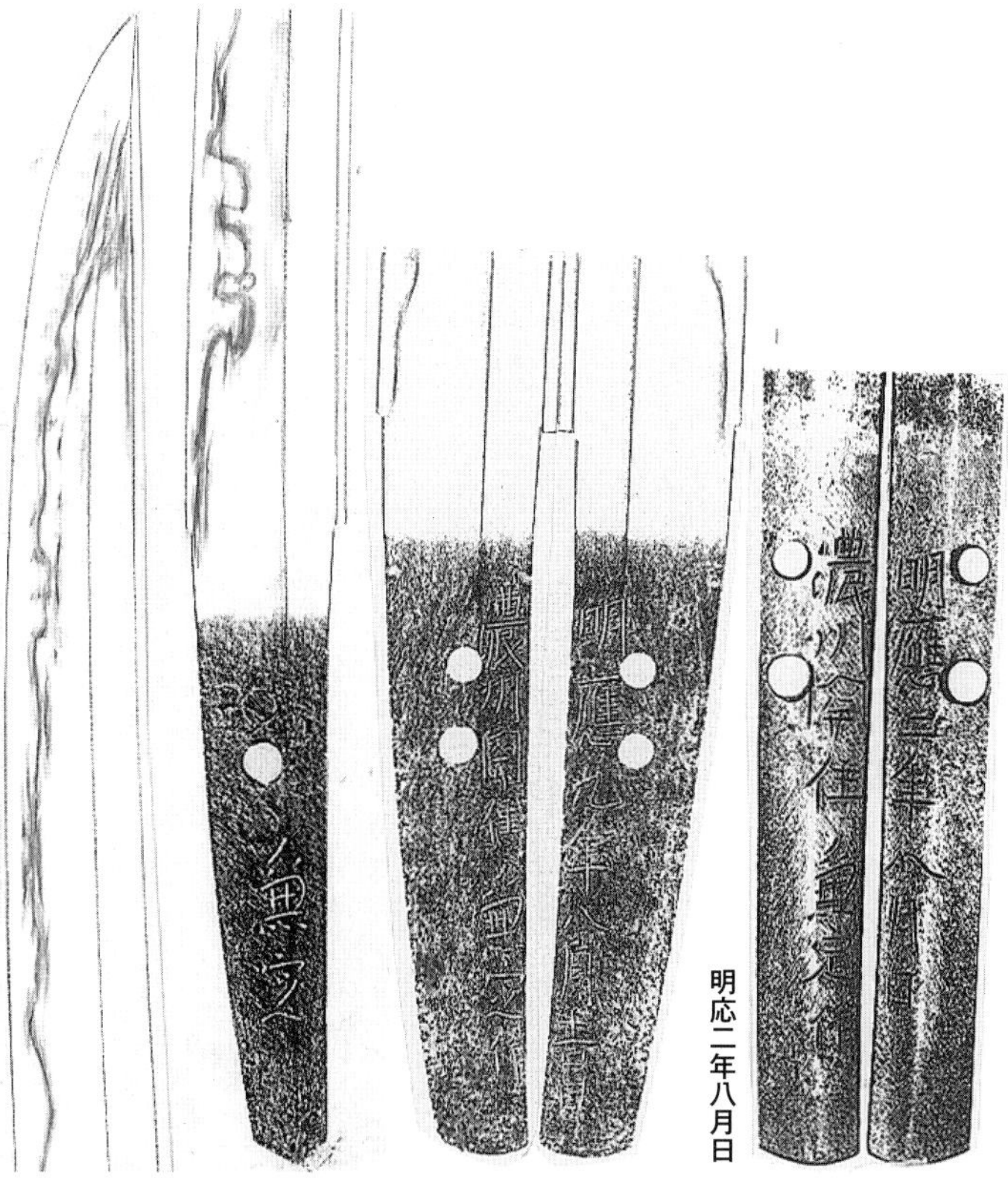

明応二年八月日

はじめは兼定の〝定〟字を楷書に切り、明応九年八月紀の作から草書の〝之〟に切り、この銘を「之定《のさだ》」といっている。上手の工として誉が高く、孫六兼元と双璧をなす。永正七年二月に「和泉」を受領して「和泉藤原兼之作」と切銘し、ほどなくして和泉守に転じている。永正九年二月紀に「和泉守藤原兼之」銘の作があるが、それより早く、和泉守の受領は永正七年中のことであったろう。永正十四年の初めには伊勢山田で作刀し、茎に菊花紋を刻している。天文五年三月一日没。

鍛えは板目肌が詰み、柾を交じえて地沸つき、白気映り立つものが多

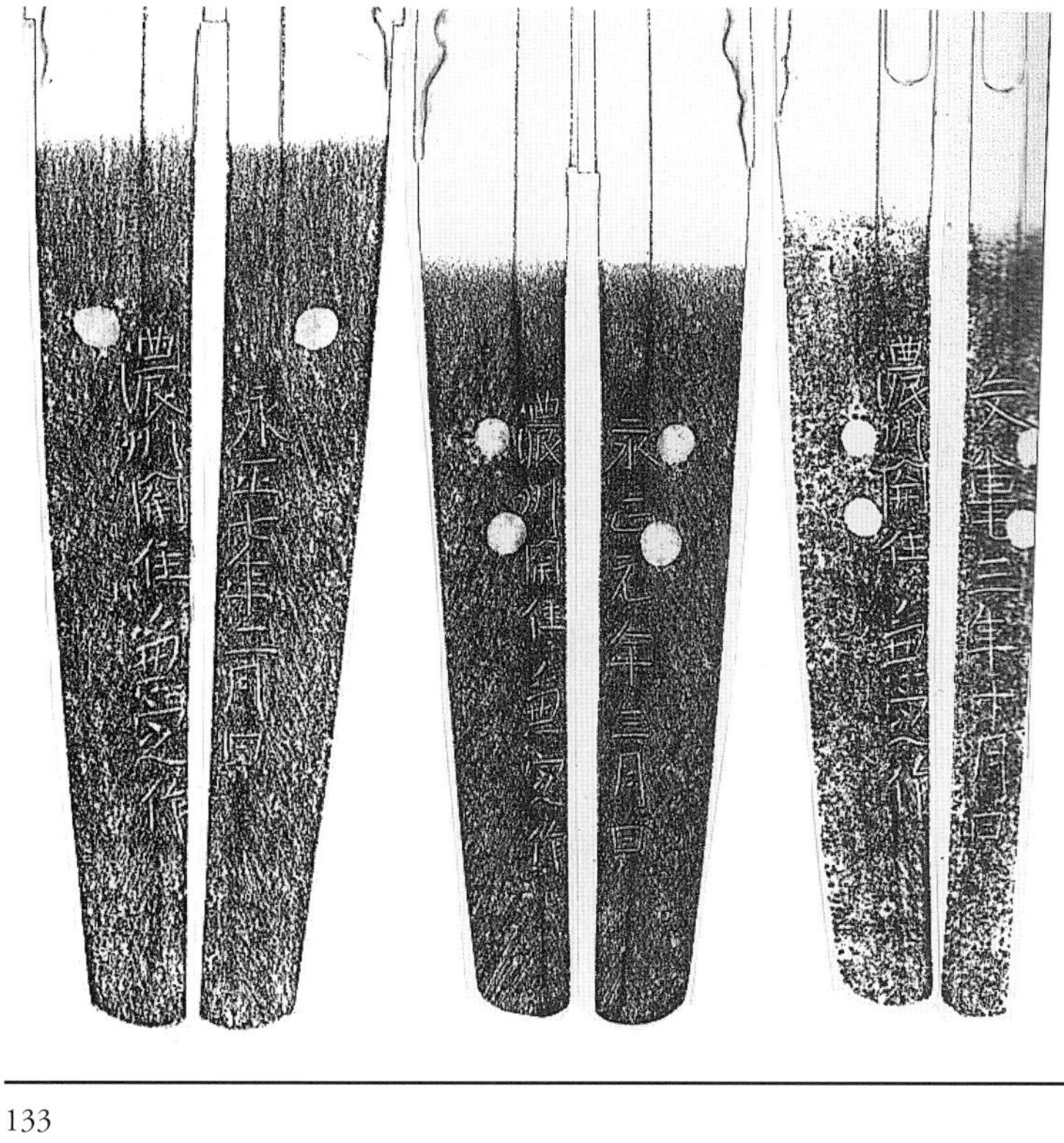

い。刃文は直刃に小互の目交じり、互の目に丁子、尖り刃、矢筈乱が交じるものもあり、匂口締りごころに小沸をつけ、砂流しかかる。「兼定」「兼定作」「和泉守兼定」「濃州関住兼定作」。

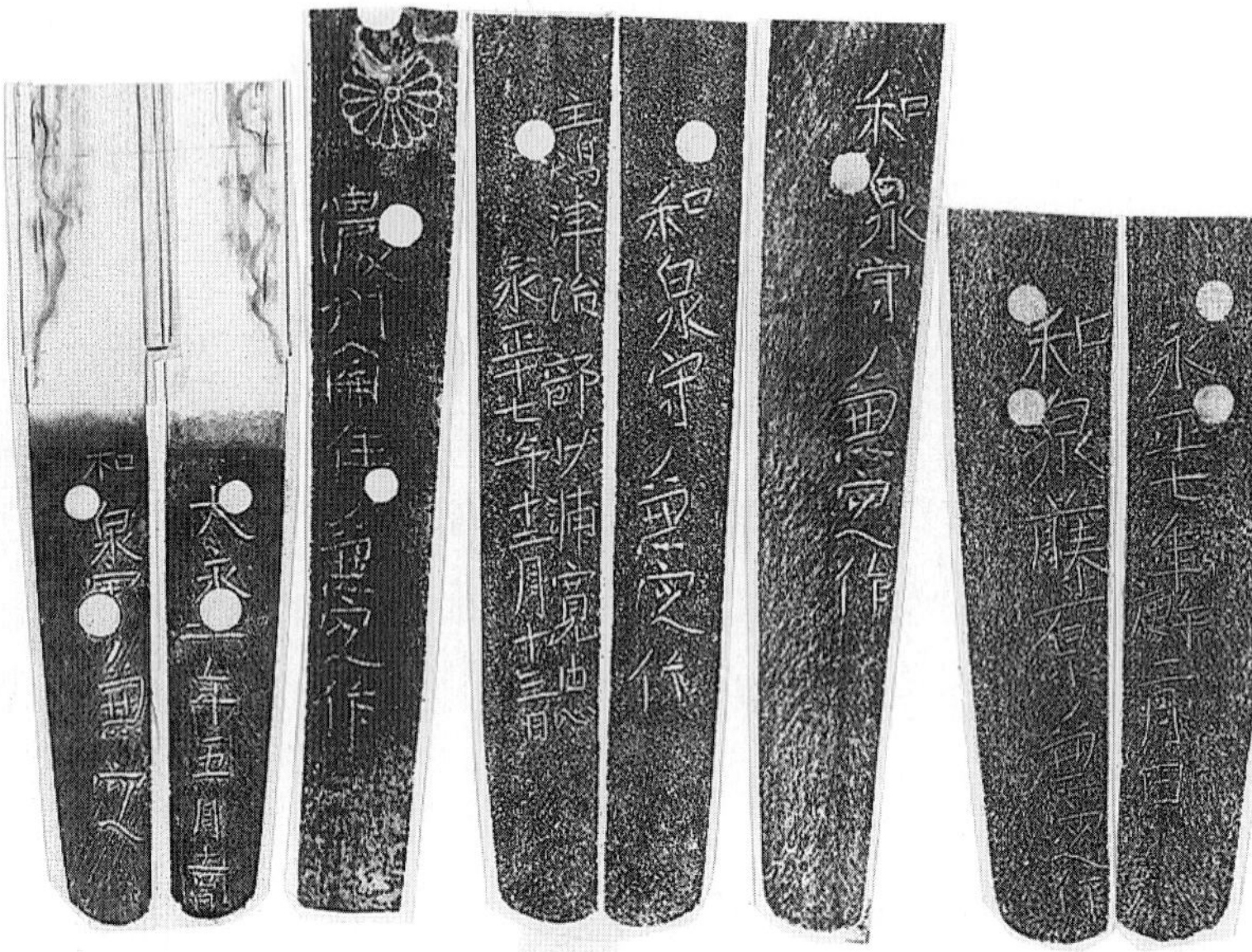

古 兼定【かねさだ】三代　美濃国　室町末期（大永）

二代兼定の子とも門下で養子になったともいう。「定」字の冠の下を「疋（ひき）」に切るので「疋定（ひきさだ）」と呼ばれる。二代と同じく和泉守を受領したと伝えるものの現品からは確認できないが、「和泉守兼定」（『土屋押形』）と切った「疋定（ひきさだ）」銘がみられる。三代兼定の作刀は永正元年八月紀のものから大永七年八月紀のものまでみられる。二代作の年紀がある最終は大永六年正月紀なので、三代の作刀期は二代と併行して、二代の鍛刀期内だったことになる。三代の

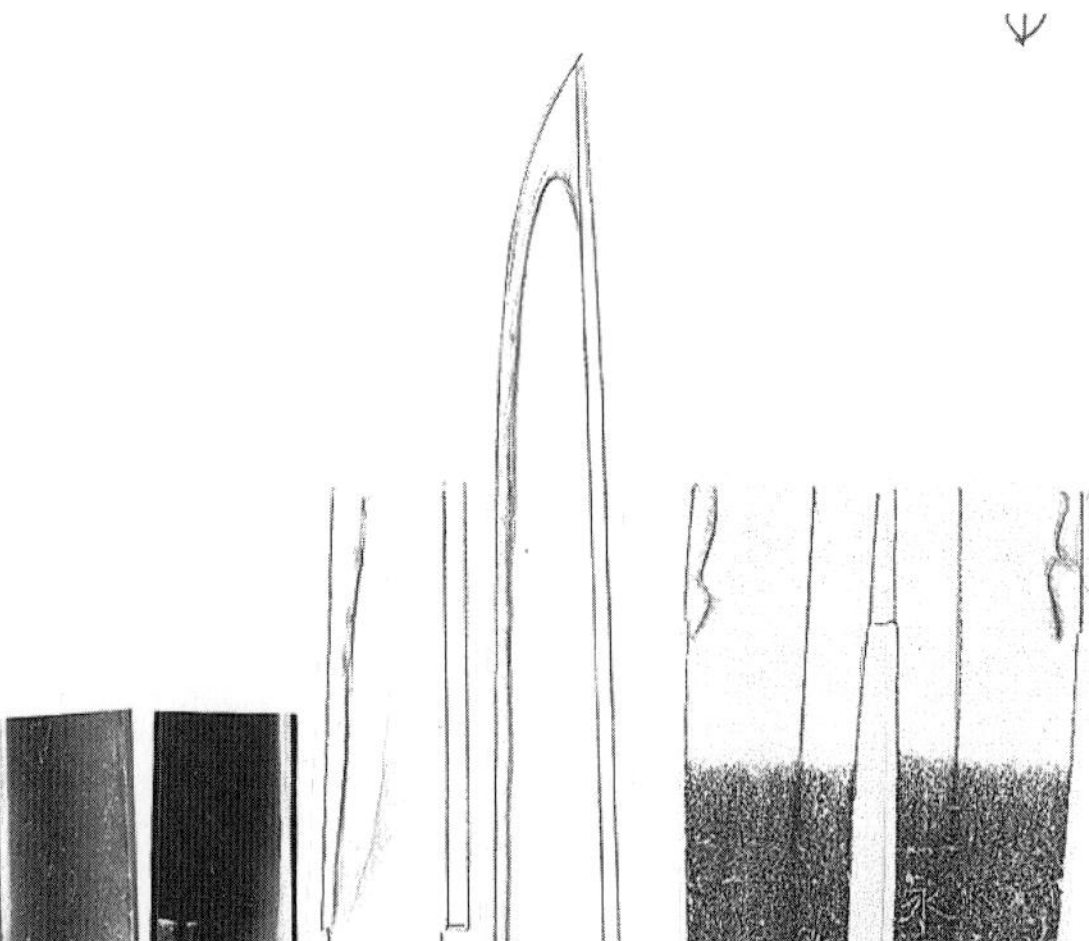

永正十八年八月

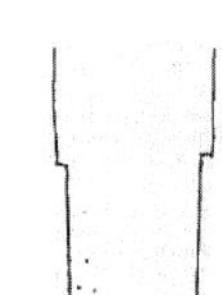

（『土屋押形』）

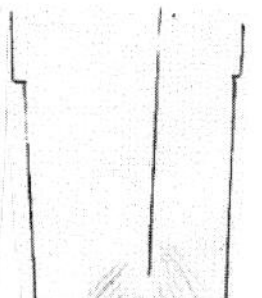

（『土屋押形』）

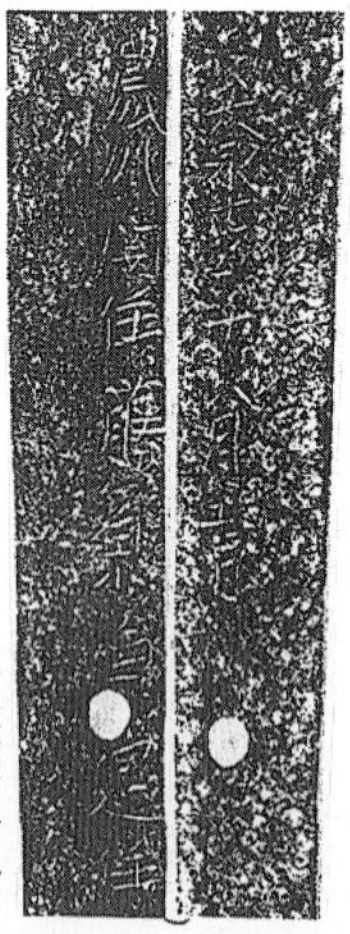

大永七年八月吉日
（『図版刀銘総覧』）

最終とみられる大永七年八月紀の刀は老齢の銘を示して弱々しく、その後の三代の作刀をみることはない。長命だったらしい二代兼定は天文五年に没したと伝え、大永六年正月から後の作刀をみないが、三代兼定は二代の鍛刀期内に活動し終えているようである。

古 兼定【かねさだ】四代　美濃国　室町末期（天文）

関住。天文から天正の間、兼定を名乗る同銘の工が複数いる。一族一門のほか赤坂の地にても作刀する兼定があって、それぞれを一概には特定しがたい。残された作刀と諸資料からみて、二代兼定（之定《のさだ》）の最終とみられる作は大永六年正月紀であり、三代兼定（疋定《ひきさだ》）の最終は大永七年八月紀であって、それ以降に二代と三代の作刀をみることがないのであるが、大永七年より六年後の天文二年八月になって別人の兼定銘の作が出てくる。この別人こそが四代とみることは、二代と三代の作刀が絶えたのちのことだけに年代的にみても無理がない。

四代の作刀期は天文・弘治の間であろう。『古刀銘尽大全』は四代兼定を認め「彦□弘治ころ五十才　同銘追々有二字モアリ」としている。仮に弘治元年五十歳とみて、天文二年八月紀の作刀時に四代兼定は二十八歳に当たる。四代兼定とみられる作には「濃州関住兼定作」と「兼定」銘があって、年紀があるものでは「天文二年八月日」から「天文二十三年十二月吉」までがみられる。「兼」字の右肩に丸味をもち、二代の若銘の「兼」字に似せた切銘である。この間、四代とは別人の之定銘の作や、二字銘に疋定を切った兼定がいるなど混交の風がある。なお兼定後代に永禄七年八月紀（疋定銘）、天正十七年三月紀（之定銘）の作例があるなど、文禄から新刀期へと名跡が後続し、各地へと分派する。

疋定　天文二年八月日（『鍛刀随録』）

疋定　天文廿一年七月吉日

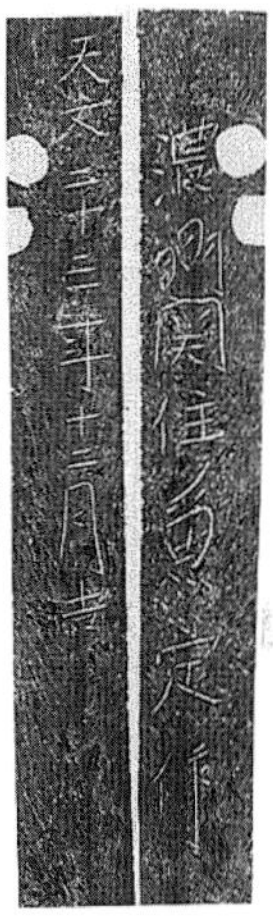

疋定　天文二十三年十二月七日

之定（別人）天文二十一年二月

古 兼定【かねさだ】　美濃国　室町末期（大永）

関住。三品吉左衛門。二代兼定門。「兼定」「兼定作」「濃州関住兼定作」「濃州関住吉左衛門尉兼定（之定）作」。

古 兼定【かねさだ】　美濃国　室町末期（弘治）

角左衛門。三品姓。兼定門下の一人で、他に「濃州関住兼定」「三品角左衛門尉作之　弘治二年正月吉日」と銘した脇指がある。鍛えは小板目がよく詰み、地沸よくつく。刃文は互の目に丁子が目立って交じり、焼幅広く足長く入り、小沸つく。〞之定〟銘を切る。「和泉守兼定」。

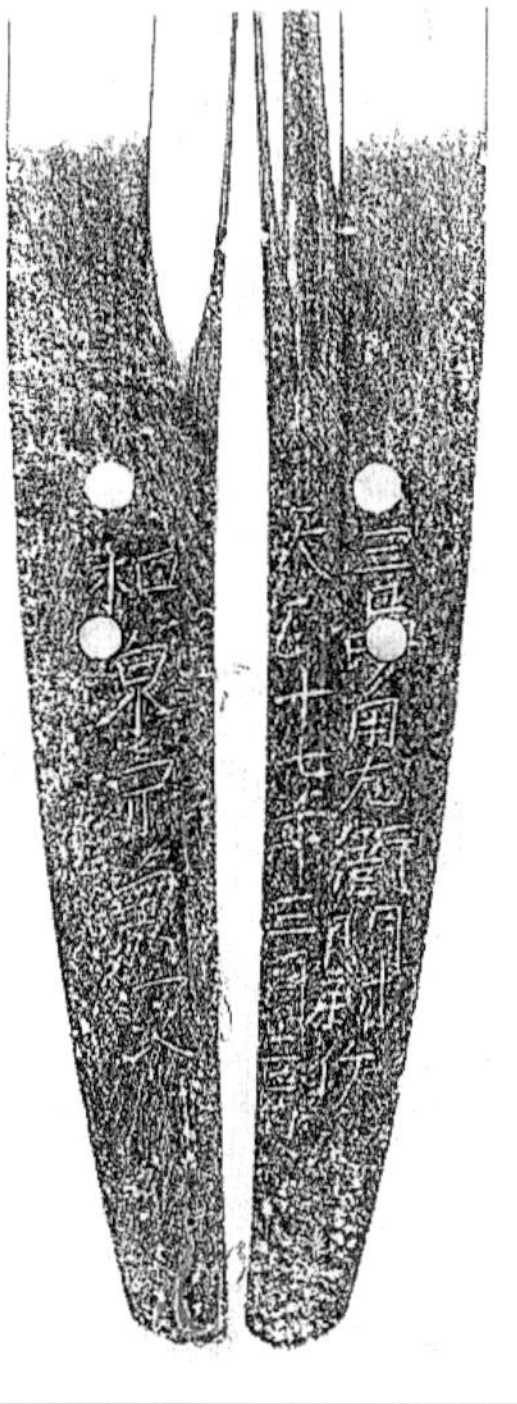

古 兼定【かねさだ】　美濃国　室町末期（弘治）

清水住。古川清右衛門。三代兼定の子。弘治二年に奥州会津領主・芦名

盛氏に招かれ会津兼定の初代となるという。「奥州住兼定」は濃州清水から会津に移った兼定ではなく、その子、また門人といわれる。「兼定」「濃州清水住兼定」大振りな銘を切る。

古 **兼定**【かねさだ】 美濃国 室町末期（永禄）

赤坂住。関から赤坂へ移った工がこの地で鍛刀する。

古 **兼定**【かねさだ】 美濃国 室町末期（天正）

関住。又四郎。「兼定又四郎」と銘す。

新 **兼定**【かねさだ】 美濃国 桃山期（慶長）

濃州清水から会津に移住した古川清右衛門の一派で、会津に移住せず清水に残って鍛刀する。

新 **兼定**【かねさだ】 信濃守 美濃国 江戸中期（元禄）

濃州関住、信濃守を受領する。

新 **兼定**【かねさだ】 会津 初代 岩代国 桃山期（天正）

古川清右衛門、三代関和泉守兼定の子、弘治二年、奥州芦名家に招かれ会津花畑に移住する。「奥州住兼定」と切銘する。寛永二年三月没。

新 **兼定**【かねさだ】 会津 二代 岩代国 桃山期（慶長）

古川孫一郎。清右衛門兼定の子。慶長六年に蒲生家に抱えられ、寛永四年以降に秀行公の命により綱房と改める。寛永十四年八月二十日没。

新 **兼定**【かねさだ】 会津 三代 岩代国 桃山期（寛永）

古川孫右衛門。加藤氏に仕え、のち保科家の抱工となる。寛永六年二月八日没。

新 **兼定**【かねさだ】 会津 四代 岩代国 江戸中期（寛文）

古川孫右衛門。寛文八年五月二十七日、近江大掾受領。宝永四年に入道して「兼定入道」と切銘し、入道兼定と呼称される。正徳三年正月没。直刃、また互の目乱を焼く。歴代中の上手。

新 **兼定**【かねさだ】 会津 五代 岩代国 江戸中期（享保）

古川数右衛門。幼少に家督を継いだため、先代の門人兼友の後見をうける。享保二十年三月没。◆六代近江、のち兼氏に改銘、宝暦二年没。七代治大夫、天明六年没。八代近江、文化十二年没。九代与惣右衛門、兼氏に改銘。天保四年没。

新々 **兼定**【かねさだ】 会津 十代 岩代国 江戸末期（嘉永）

古川業蔵《じょうぞう》。初銘兼定、のち嫡男友弥が文久三年に和泉守を受領したのち兼氏に改める。四代兼友門。のち近江に移る。嘉永七年ころから十一代による代作代銘がある。直刃が多く、板目肌立つ。明治二年九月十日、七十六歳没。

新々 **兼定**【かねさだ】 会津 十一代 岩代国 江戸末期（慶応）

幼名友弥、のち清右衛門、初銘兼元。嘉永五年十六歳で会津藩出仕。文久三年十二月、和泉守を受領し、兼定に改める。慶応四年八月に家督相続。明治二年九月から同七年九月まで越後加茂で鍛刀し、若松へ帰る。この間の作を〝加茂打ち〟と呼ぶ。明治九年、四十歳で福島県に奉職し、以後十数年は作刀がない。明治二十五年六月、五十五歳で皇太子に一刀を献納する。明治三十六年三月二十八日、六十七歳没。会津十一代は会津兼定家の掉尾を飾る上工。沸匂の深い直刃の大和伝、互の目乱に金筋の入った相州伝の作などがある。

加茂打ち

古 **兼貞**【かねさだ】 美濃国 室町初期（応永）

七郎右衛門。法名貞阿。奈良派の七郎久阿の子。生国若州。山城から美濃蜂屋に移住した達磨派の正光に学ぶ。応永末年から嘉吉ころまで作刀するというが、残された作刀をみない。（系図858頁参照）

古 **兼貞**【かねさだ】**初代** 美濃国 室町末期（文明）

蜂屋初代。達磨正光の孫。蜂屋は現・美濃加茂市蜂屋町上蜂屋、のち関で鍛刀する。

古 **兼貞**【かねさだ】**二代** 美濃国 室町末期（明応）

蜂屋二代。初代兼貞子。明応六・八年紀の作がある。「兼貞」「濃州関住兼貞」。

古 **兼貞**【かねさだ】**三代** 美濃国 室町末期（大永）

蜂屋。右衛門尉。和泉守兼定の門。和泉守を受領。年紀があるものでは天文六年八月から同十一年八月紀までがある。中直刃に小互の目、小足入り、小沸よくつき、棒状に白気映りよく立つ。小板目肌よく詰み精美。「兼貞」「濃州住兼貞」「和泉守兼貞」。

古 **兼貞【かねさだ】四代** 美濃国 室町末期（天文）

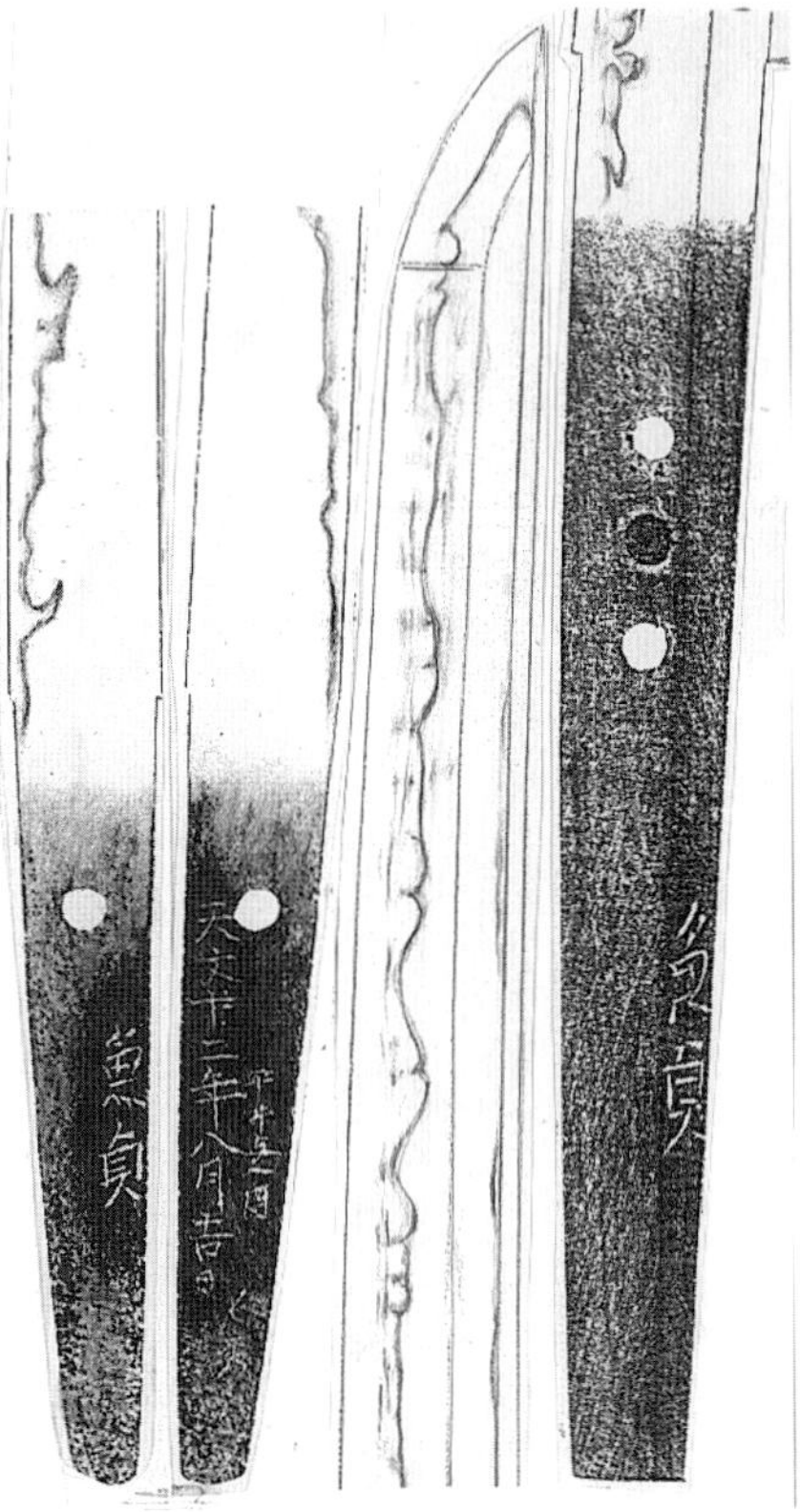

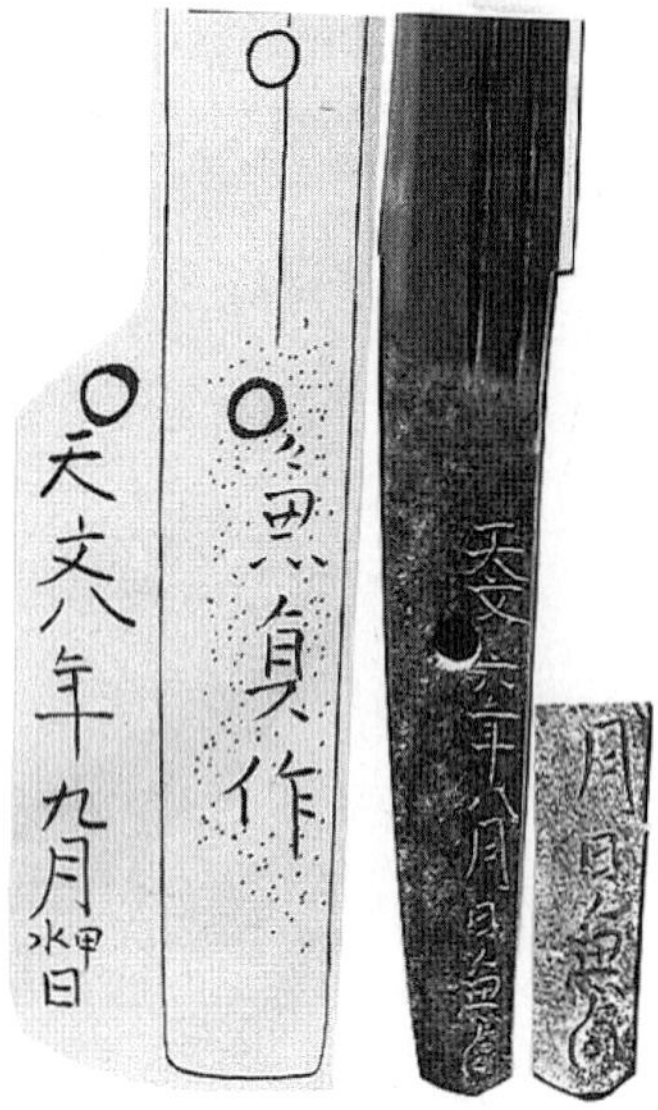

（『土屋押型』）

蜂屋。右衛門尉。伊勢山田、朝熊岳にても打つ。のち越後へ移るという。和泉守を受領する。直刃、また湾れに互の目、足・葉しきりに入り、匂口締り小沸つき、細かい砂流し、金筋入る。小板目肌よく詰み、地沸つき、白気映り立ち精美。四代作で年紀がある最も早いのは天文十二年八月で、以降同十八年八月までのものをみる。「兼貞」「関住兼貞作」「和泉守藤原兼貞」「兼貞於朝熊岳作是」。

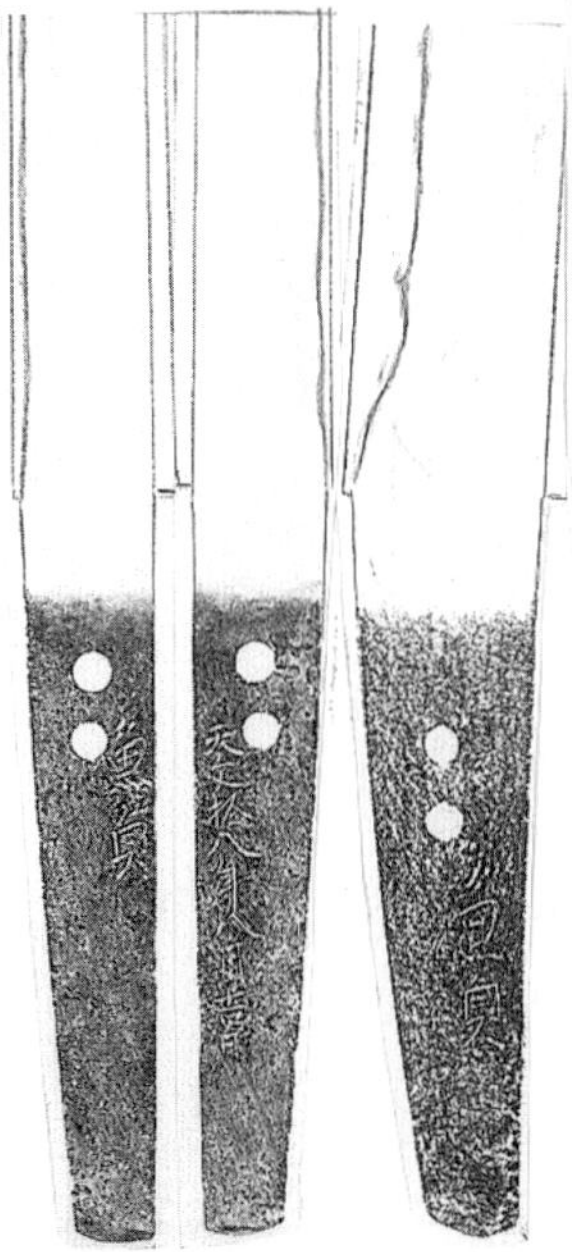

古 **兼貞【かねさだ】五代** 美濃国 室町末期（永禄）

蜂屋。永禄、天正年紀の作がある。中直刃に小足入り、小沸よくつき、ほつれ、喰違刃かかる。小板目肌よく詰み、柾流れ、地沸つく。「兼貞」。

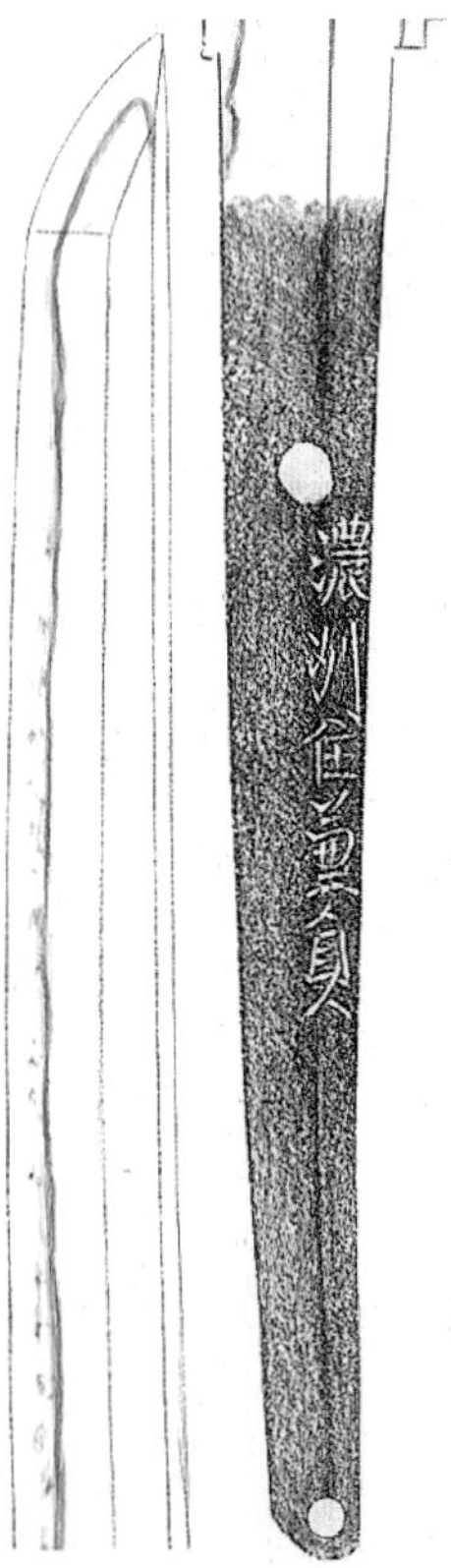

古 **兼里【かねさと】** 美濃国 南北朝期（明徳）

関。直江兼行の子、金重門。直江のち関住。明徳ころ。「兼里」。

古 **兼里【かねさと】** 美濃国 室町中期（嘉吉）

直江。直井太郎。兼次子。兼友孫。嘉吉ころ。「兼里」。同銘が応仁、永正、天文から天正と続き、新刀期へ連綿とする。

古 **兼真**【かねざね】 美濃国 室町初期（正長）
赤坂千手院。兼植弟、七郎右衛門。赤坂住、のち関へ移る。「兼真」。

古 **兼真**【かねざね】 美濃国 室町中期（長禄）
関。同銘が長禄から永正、永禄へ続く。「兼真」「濃州関住兼真」。

古 **兼包**【かねしげ】 美濃国 室町初期（応永）
直江。右衛門四郎。兼則子、兼友の孫。善定派、のち関へ移る。「兼包」「兼包作」。

古 **兼包**【かねしげ】 美濃国 室町末期（文亀）
関。善定派。室町初めのころに直江から関に移住し、同銘が永享から康正、明応、文亀と続き、永禄から以降は新刀期に後続する。「兼包」「濃州関住兼包」。

古 **兼茂**【かねしげ・かねなり】 美濃国 室町末期（長享）
関。兼包の子。長享ころ。次いで永正五年紀があり、天文、天正へ同銘が続く。「兼茂」。

古 **兼重**【かねしげ】 備前国 南北朝期（建武）
長船真長の孫。長義の弟というが、兼重には建武元年紀の作があることから、むしろ長義の兄であろう。「兼重」「備州長船兼重」「備前国住人兼重」

古 **兼重**【かねしげ】 尾張国 室町末期（永禄）
藤五郎。本国美濃関。尾州山田住。清洲にても打つ。「兼重」。

古 **兼重**【かねしげ】
美濃国 南北朝期（貞治）
直江志津。兼友、兼次とほぼ同時代で、兼重はやや後輩に当たる。貞治三年紀がある。

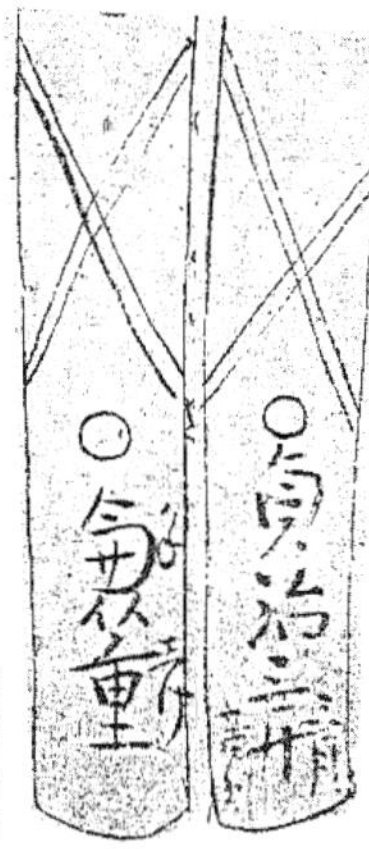
（『往昔抄』）

古 **兼重**【かねしげ】 美濃国 室町中期（永享）
左衛門次郎。関善定。初代兼吉子。法名道阿。足利義教の許により関鍛冶の頭領となる。「兼重」「濃州住兼重」「濃州関住兼重作」。

古 **兼重**【かねしげ】
美濃国 室町中期（嘉吉）
右衛門。善定。「兼重」「濃州関住兼重作」。

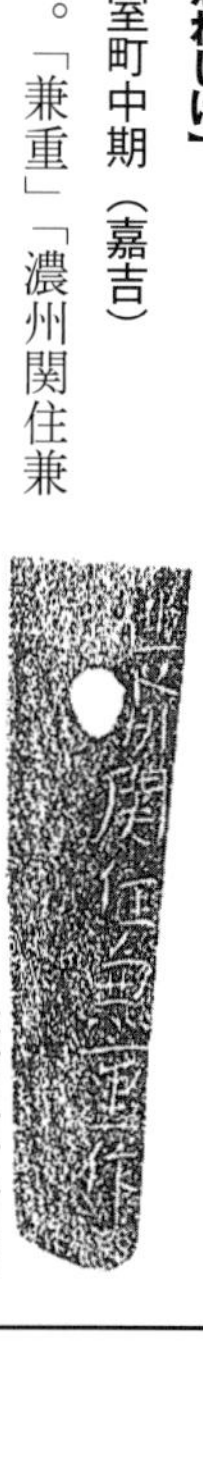
嘉吉二年八月日

古 **兼重**【かねしげ】 美濃国 室町末期（長享）
清右衛門。善定。兼吉の子。小沸出来の直刃に小足入り。「兼重作」「濃州住兼重」。

古 **兼重**【かねしげ】 美濃国 室町末期（永正）
善定。鎗作りの名手。加藤清正の大身鎗を作る。「兼重」「濃州関住兼重作」。兼重は享禄から永禄と続き作刀する。

新々 **兼重**【かねしげ】 伊勢大掾 加賀国 江戸末期（安政）
木下甚之丞。甚太郎兼久の子。安政六年、伊勢大掾を受領。清次郎清光と並び加州新々刀の双璧と称えられる。文久二年六月、四十七歳没。湾れに互の目足入り、互の目に箱がかった刃、尖り刃交じり、沸匂よくつく。

新 **兼重**【かねしげ】 和泉守 初代 武蔵国 桃山期（寛永）
辻助右衛門。本国越前、矢ノ根鍛冶の出身で寛永中に東武へ来るといい（『古今鍛冶備考』）、千手院盛国の子（『新刃銘尽』）とも、また生国丹波貝原で千手院盛国の門人ともいう（『本朝新刀一覧』）。これらを総じて要約すると、「兼重は千手院盛国の一族で、越前または丹波から寛永年中に江戸へ来る」となる。千手院盛国・守正とは作風と銘字に近似性があっ

て、同族の可能性が高い。寛永三年八月紀に「武州江戸住兼重」銘の作があるので、兼重が江戸へ出たのは寛永三年八月より以前のこととなる。寛永三年ころ和泉大掾を受領、ほどなく和泉守に転任する。寛永初年から正保末年ころまで作刀期は二十数年間ある。

兼重は江戸刀工中の先人で法城寺一派。大和守安定、また虎徹より年代がより遡り、虎徹の師匠との説が強い。近年まで和泉守兼重と上総介兼重が同人とされてきたのは『新刃銘尽』の記述を引用した誤伝であって、同書の改訂版『新刃銘尽続集』では両者を別人とみて、「上総介は和泉守よりは優れて上手なり」と訂正している。それでも兼重一人説が根強く伝えられてきたなかで、和泉守と上総介は同人に非ず（『刀剣美術』第六三号菅原一衛氏）との提起があり、『長曽根虎徹新考』（小笠原信夫氏）は両者が別人であることを明らかにしている。ここではさらに三代兼重が提されよう。湾れかかった広直刃に互の目交じり、互の目の頭が丸く、足を揃えて入れ、匂口が明るく小沸よくつき、砂流しかかる。初代銘の「重」字は、縦線が上方に突き出ず「里」字を形どるのが特徴（図参照）。

（『古今鍛冶備考』）

初期銘（寛永初年）「上州住次重作」と合作

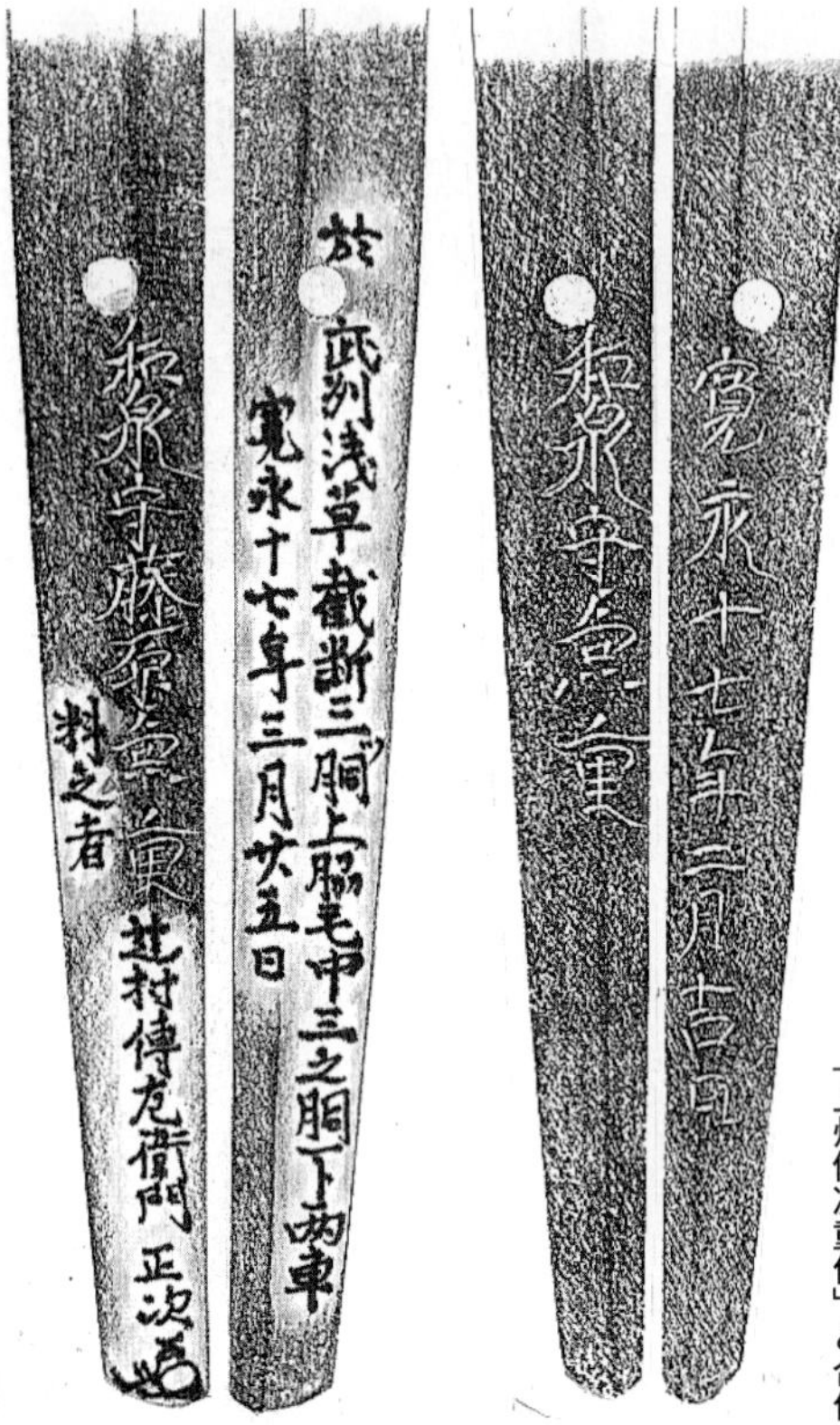

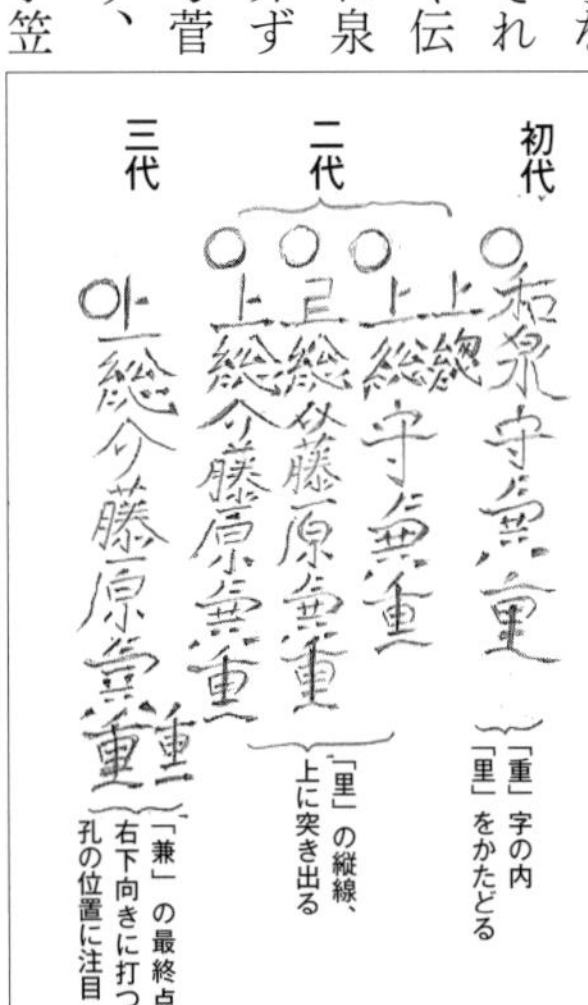

新 **兼重**【かねしげ】上総介　二代　武蔵国　江戸中期（万治）

寛永二年生まれ。二代兼重。慶安の初め初代兼重の受領銘、和泉守を銘して「和泉守兼重」と切っていたが、抱主である藤堂高久が承応三年十二月に「和泉守」を叙任するに及び、同じ受領銘を用いることを「藤堂泉州の家に憚る」（『新刃銘尽』）として、「上総守」に改めるという。『町人受領記』によれば、万治元年七月一日に上総大掾に任じており、万治四年中の短期間、「上総介」に転じて用い、寛文二・三年の間、再び「上総守」に復するが、さらにそれ以降は「上総介」を常用する。上総国は藤堂家の領国の一つで受領銘にも「守」を避け、「上総守」から「上総介」に転用したと推される。よって初代兼重は和泉守、二代兼重は上総介を通称とする。

二代兼重は長期の鍛刀期をもち、慶安初年から貞享末年までおよそ四十年間がある。ちなみに貞享四年には六十三歳である。寛文・延宝に集中して江戸三代康継（寛文七年）、法城寺正弘（延宝ころ）、法城寺氏照（延宝・天和ころ）、四代康継（貞享ころ）との合作がある。互の目

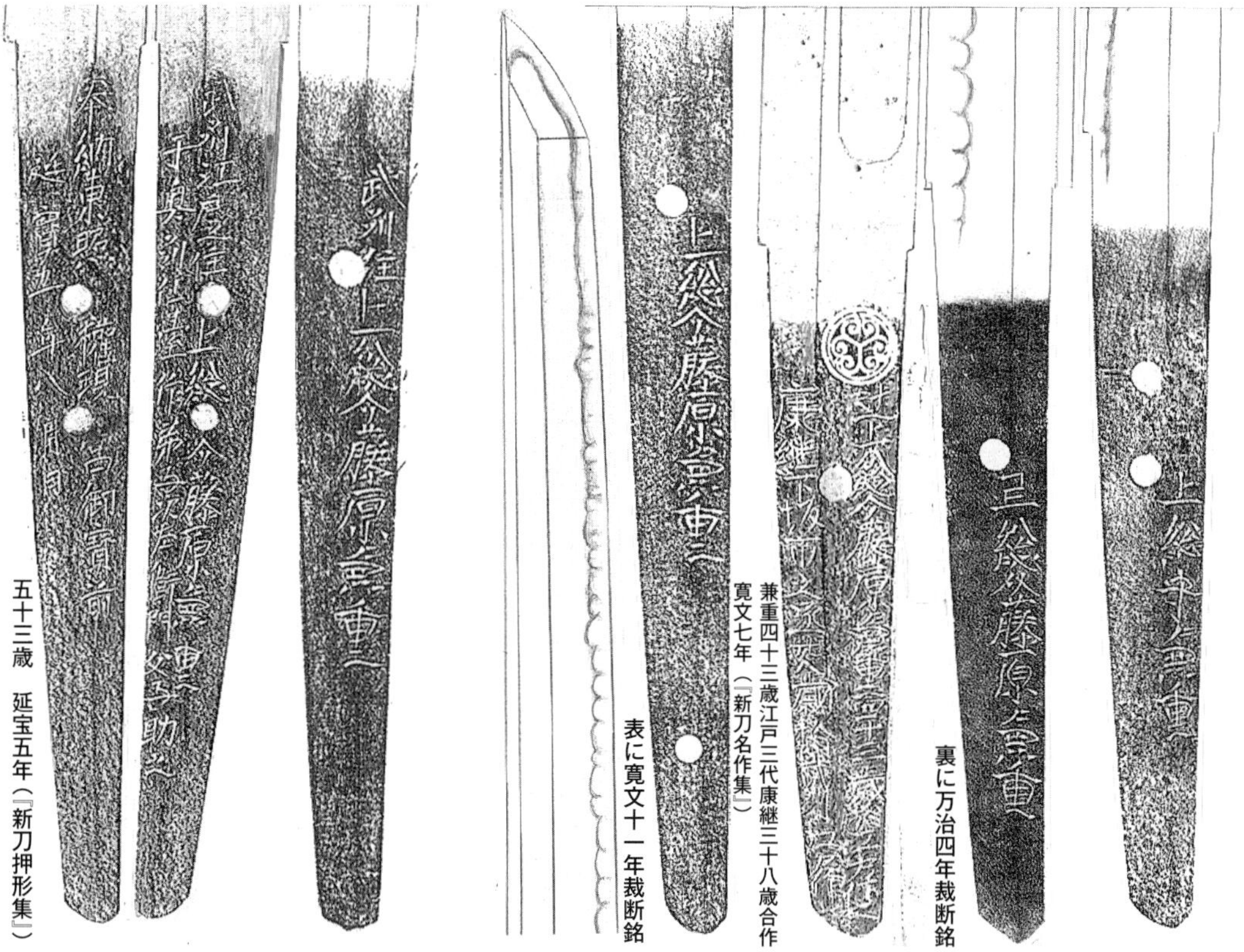

裏に万治四年裁断銘

兼重四十三歳江戸三代康継三十八歳合作
寛文七年（『新刀名作集』）

表に寛文十一年裁断銘

五十三歳　延宝五年（『新刀押形集』）

乱の足を太く入れ、沸と匂が深く、匂口が明るく冴え、砂流しかかる。上作は虎徹の数珠刃に迫る作がある。

新 **兼重【かねしげ】**　上総介　三代　武蔵国　江戸中期（貞享）

辻助九郎。初銘兼常、上総介兼重の子、三代目兼重。延宝末年ころの作で表に「辻上総介兼重」と「同助九郎兼常」の親子両銘があり、裏銘に「越前守法城寺橘正照」の合作刀がある。二代兼重の作刀期は長く、その晩年に三代が代作をしていた期間もまた長かったであろう。三代の自身銘とみられる兼重銘は天和・貞享から元禄にかけて十年足らずの間しかみない。

二代父の互の目乱に似て、やや小づみ、小湾れを交じえる。二代に劣らぬ上手。兼重に三代目がいることを記した書の初見は『和漢刀剣談』（新井玉英、天保五年）で、三代兼重の直筆の手紙があって、その記述から三代兼重の存在が説かれたものである。ただしこの書では三代兼重の作銘がどのようなものかは正しくは示されていない。

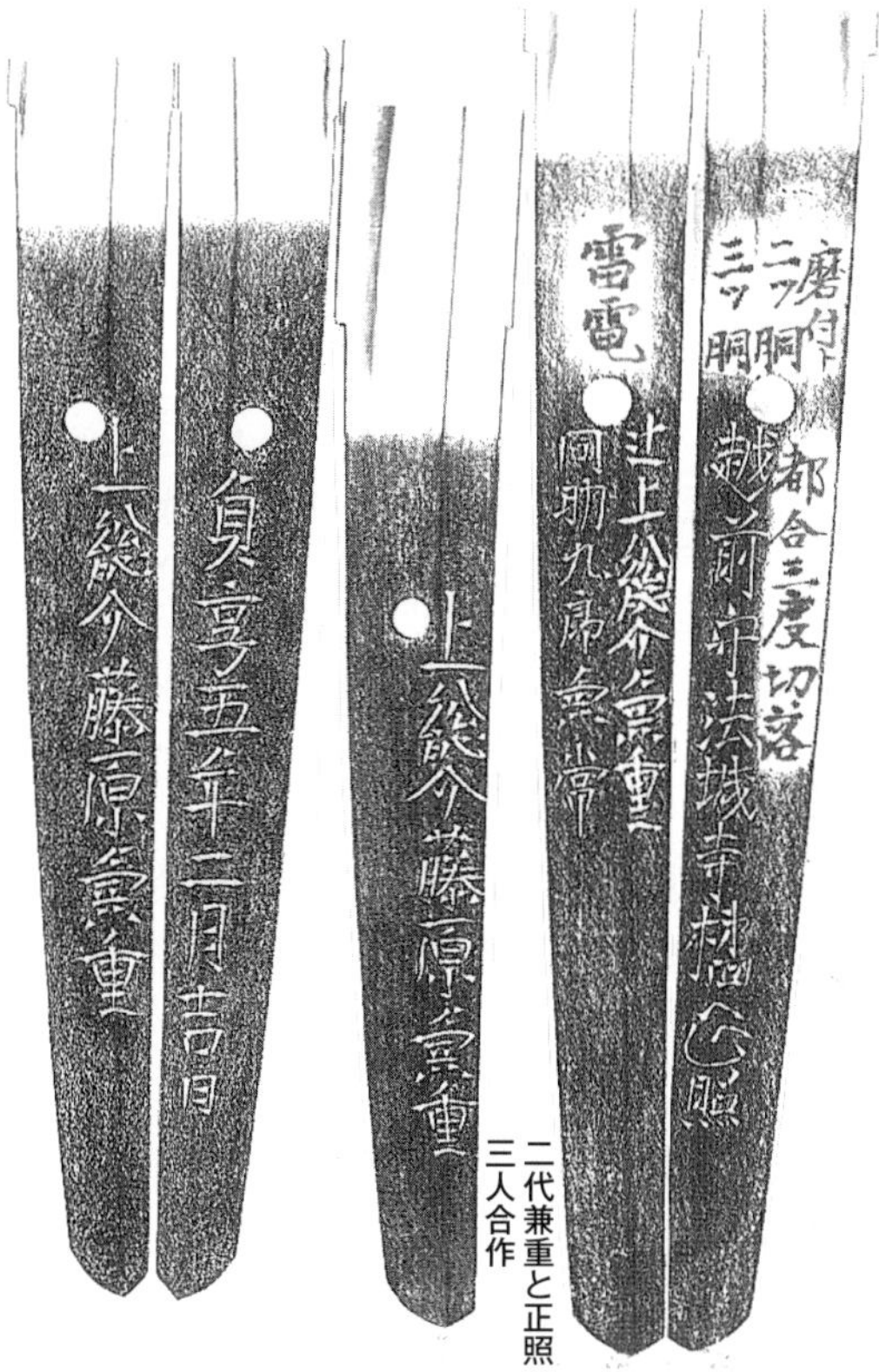

二代兼重と正照三人合作

新作 **兼重**【かねしげ】　岐阜　昭和
森田勇。明治三十三年生まれ。水田清次郎国重門。初銘兼正。昭和十一年、兼重に改める。陸軍受命刀工。美濃加茂市住。

古 **兼代**【かねしろ】　美濃国　南北朝期（貞治）
直江志津。仙心。「兼代」。

古 **兼代**【かねしろ】　美濃国　室町末期（大永）
関。奈良太郎。兼房の子。兼常門。大永ころ。貞治ころの兼代から同銘が続き、享徳、大永、天文ころに作刀する。「兼代」「濃州関住兼代」。

古 **兼城**【かねしろ】　美濃国　室町中期（永享）
関。直刃にほつれ、二重刃かかる。「兼城」。

古 **兼末**【かねすえ】　美濃国　室町末期（延徳）
関。直刃に小互の目足入り、ほつれ、二重刃かかる。小沸出来。「兼末」「濃州関住兼末作」。

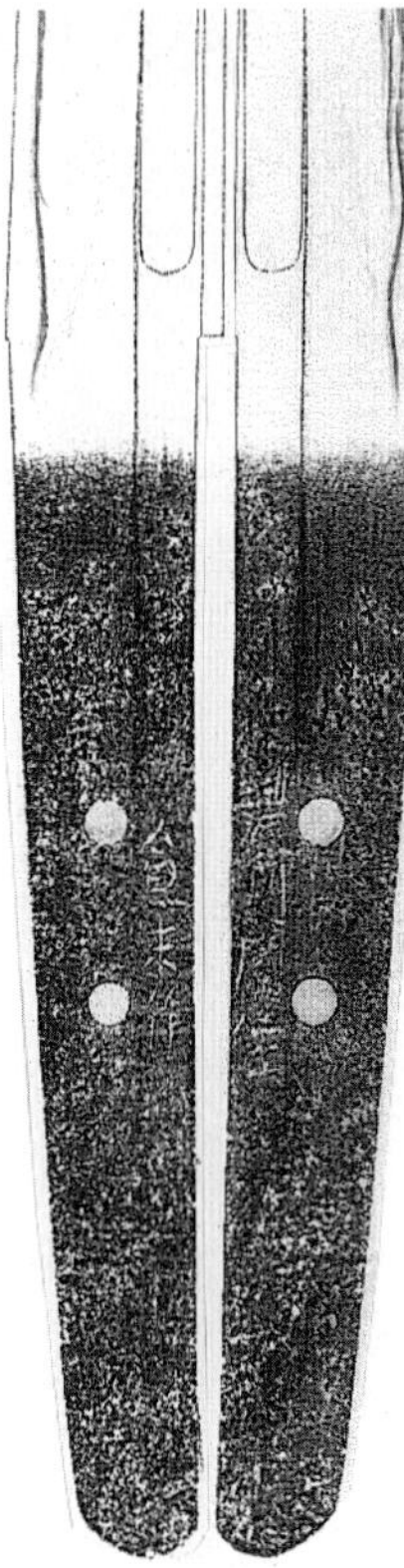

古 **兼介**【かねすけ】　美濃国　室町末期（長享）
関。右衛門次郎。兼弘門、兼宣弟。「兼介」「濃州兼介」。長享二年紀の作がある。応永の兼介は直江。永享兼介は関住。長享の兼介以降は天文、永禄ころに作刀する。

古 **兼助**【かねすけ】　美濃国　室町末期（大永）
関。右衛門次郎。石見守を受領する。大永ころ。「兼助」「濃州関住兼助」「濃州関住石見守兼助」。兼助は永享ころに一人。延徳ころに兼春の子という兼助がいて、いずれも関で作刀する。

古 **兼助**【かねすけ】　三河国　室町末期（文明）
薬王寺。本国美濃、三州三河住。「兼助」。

新 **兼助**【かねすけ】　美濃国　江戸中期（寛文）
弥右衛門。関住。武州にても造る。「濃州関住兼助」と切る。同銘二代は同じく子の弥右エ門で、貞享ころの人。

古 **兼住**【かねすみ】　美濃国　室町末期（永正）
奈良派。十郎左衛門。関兼幸の弟で兼貞の子という。「兼住」「兼住作」。

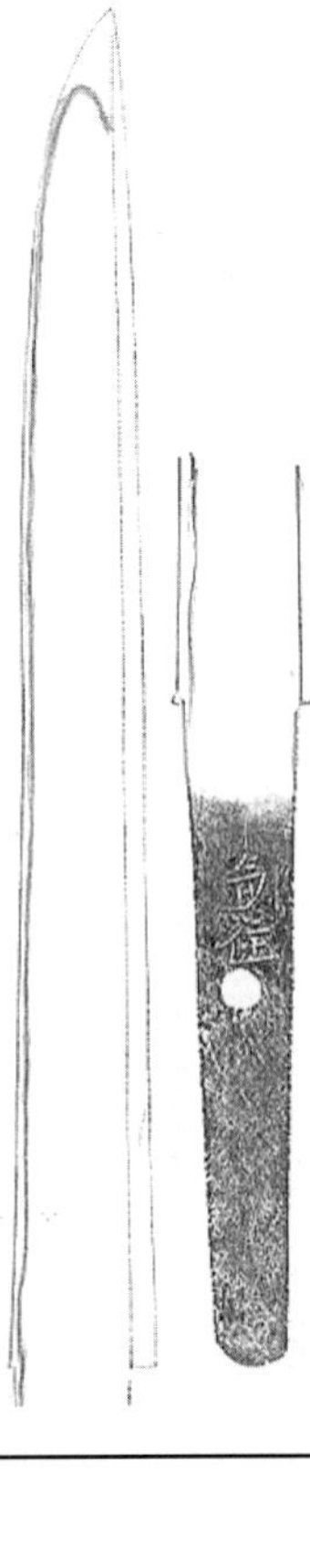

古 **兼住**【かねすみ】　美濃国　室町末期（天文）
天文から天正にかけて複数の同銘工がいて、なかに「関住奈良太良藤原兼住」と切銘する工がいる。兼住は新刀期以降も連綿とする。なかに小刀の鍛造を専門とする工がある。

古 **兼上**【かねたか】　美濃国　室町末期（永正）
関。六郎。良賢兼実の子、また三阿弥兼行の子ともいう。「兼上」「濃州住兼上」「濃州関住兼上」。兼上のはじめは大和国千手院の出で、南北朝の建武ころから永和、明応、永正と続き、のち天文・永禄年間に同銘が作刀する。

古 **兼位**【かねたか】　美濃国　室町中期（永享）
関。十郎右衛門。永享ころ。同銘が天正ころにも作刀する。

古 **兼高**【かねたか】　美濃国　室町末期（天文）
三阿弥派。兼国の子という。「兼高」「濃州関住兼高」「濃州関三阿弥兼高」。

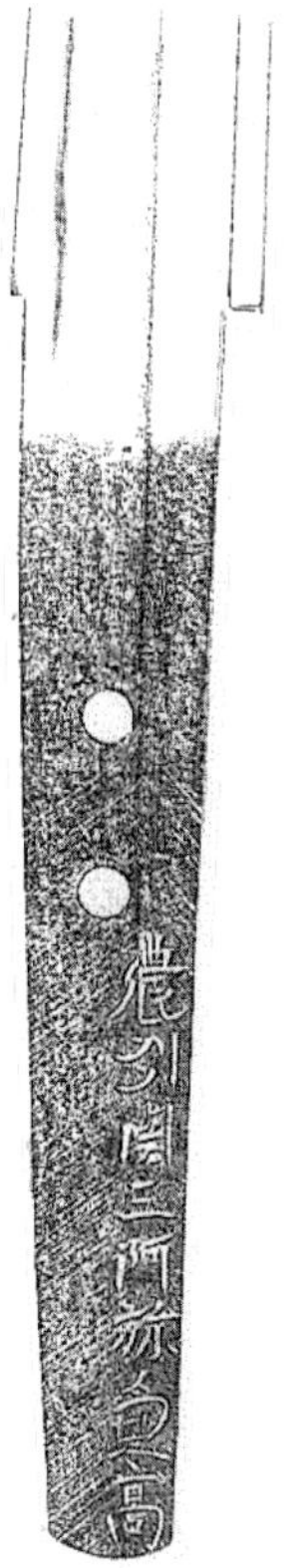

新 **兼高**【かねたか】　三阿弥　美濃国　桃山期（寛永）
美濃関の三阿弥派を代表するのが兼高で、初代は天文ころ。本工の武蔵守兼高は寛永ころ。「濃州関住三阿弥武蔵守藤原兼高」などと切る。兼高は同銘が桃山期から江戸末期近くまで十数名をかぞえる。一門は出羽酒田、駿河、越前などへ分派し、尾張信高はその分流という。

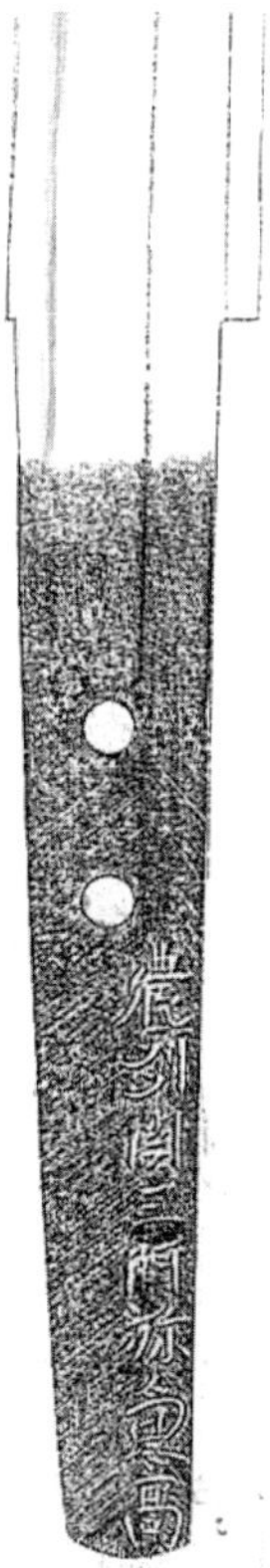

新 **兼高**【かねたか】　三阿弥　美濃国　江戸中期（万治）
濃州関住。越前北宅庄へ移る。万治二年九月二日、陸奥大掾を受領。陸奥守に転任する。初代武蔵守兼高門、弟ともいう。互の目に丁子交じり、飛焼かかる、直刃に小足入り。江戸初期の兼高は陸奥守兼高と二代武蔵守兼高が上手。「濃州関住三阿弥武蔵守藤原兼高」。

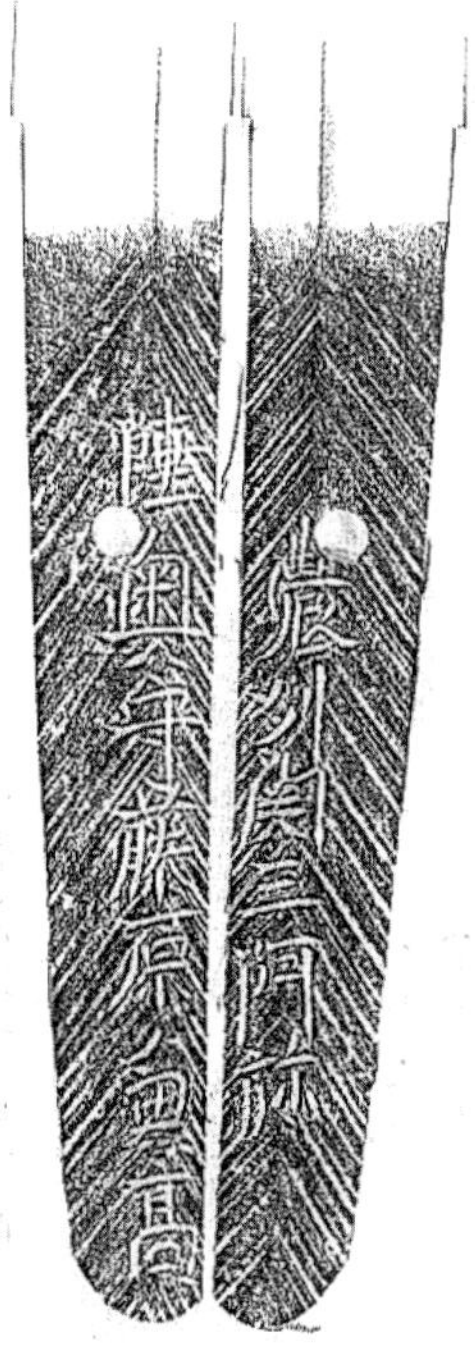

新 **兼高**【かねたか】　出羽国　江戸中期（延宝）
出羽酒田住。濃州関三阿弥兼高の分流。「出羽国酒田住兼高作」と切る。

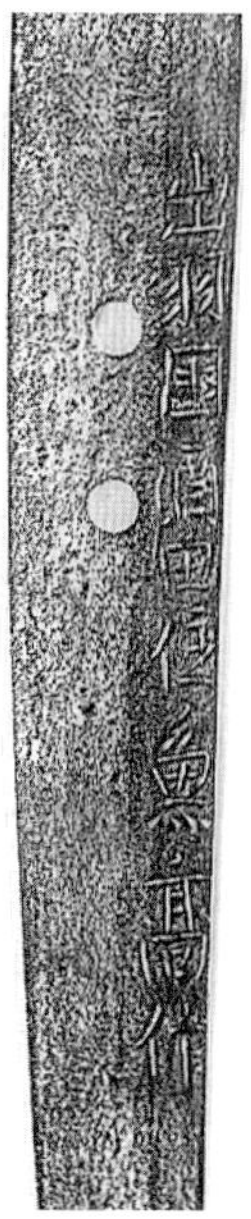

新作 **兼高**【かねたか】　岐阜　昭和
桑山隆。昭和三年生まれ。渡辺兼永門。関市東新町住。昭和十七年から作刀を始め、戦後は新作名刀展入選六回。直刃、湾れに互の目足入り。

新 **兼洞**【かねたに・かねあき】　美濃国　桃山期（慶長）
関善定派。慶長ころに又八郎、里右衛門、忠七郎、清蔵、源助などの兼洞がいる。享保以降は小刀専門鍛冶になっていて、幕末弘化ころまで同銘が続く。

古 **兼植**【かねたね】　美濃国　室町末期（天正）
関。応仁、文亀に同銘があり、天正ころにまま作刀がある。「兼植」「濃州住兼植」。

新 **兼植**【かねたね・かねうえ】**初代**　越前国　桃山期（慶長）
越前兼法門、越前一乗住、入道して道本と号す。寛永十四年、六十八歳没。小湾れに小互の目足入り、櫃内に真の倶利迦羅など濃密な刀身彫がある。

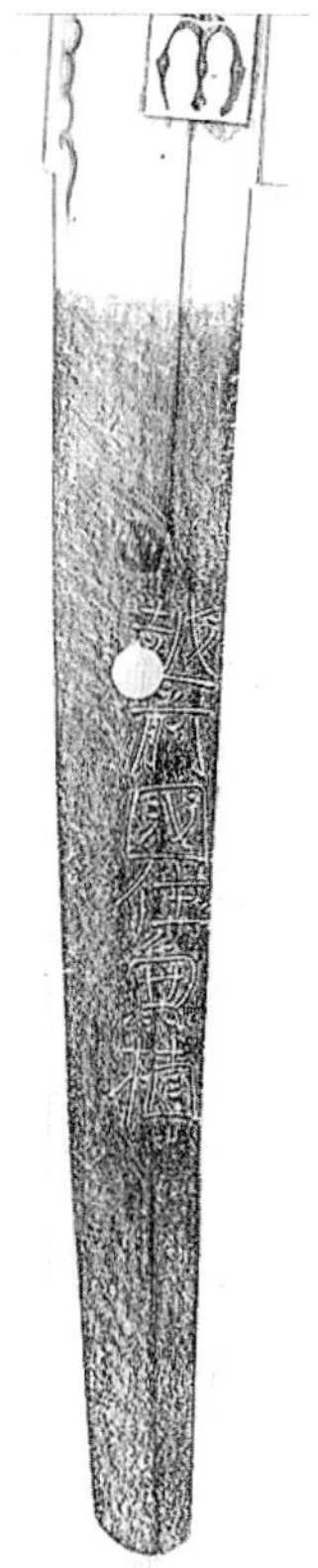

新 兼植【かねたね・かねうえ】二代　越前国　桃山期（寛永）

五左右衛門。兼植二代目。加州にても造る。寛永のころ。

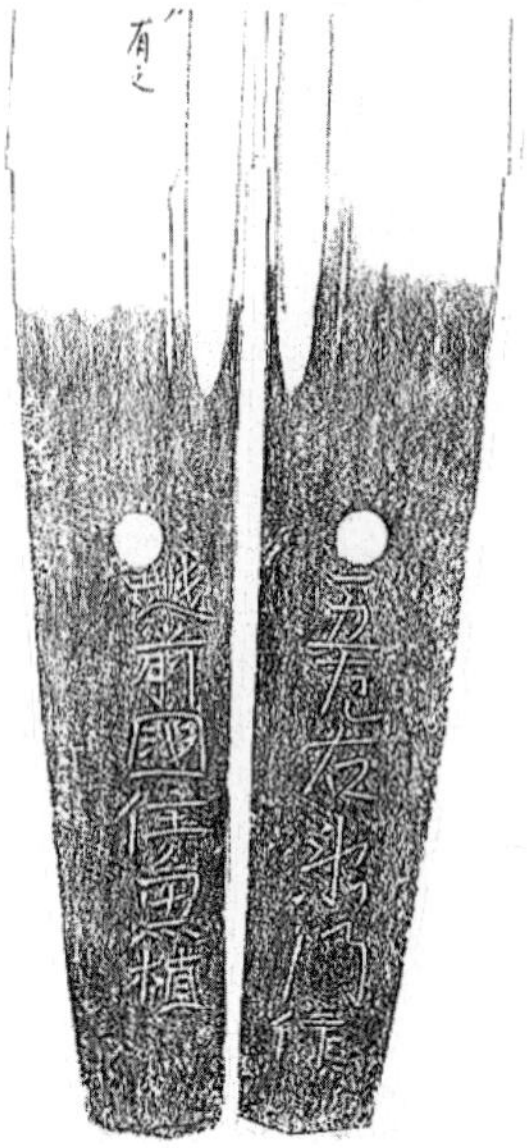

新 兼植【かねたね・かねうえ】三代　越前国　江戸中期（延宝）

常陸守を受領し「越前国住常陸守兼植」と切銘する。延宝七年紀の作がある。

新 兼植【かねたね・かねうえ】　越前国　江戸中期（寛文）

「越之前州住兼植」と切銘する兼植がいる。鍛え肌立ち、皆焼刃を焼く。

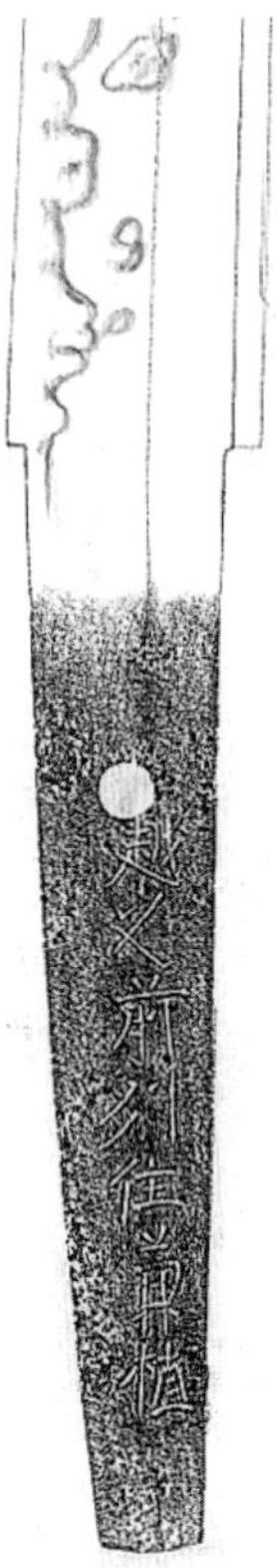

新 兼植【かねたね・かねうえ】　武蔵国　江戸中期（天和）

越前関兼植の子。寛永のころ江戸に移住して同銘が後続する。天和ころ。

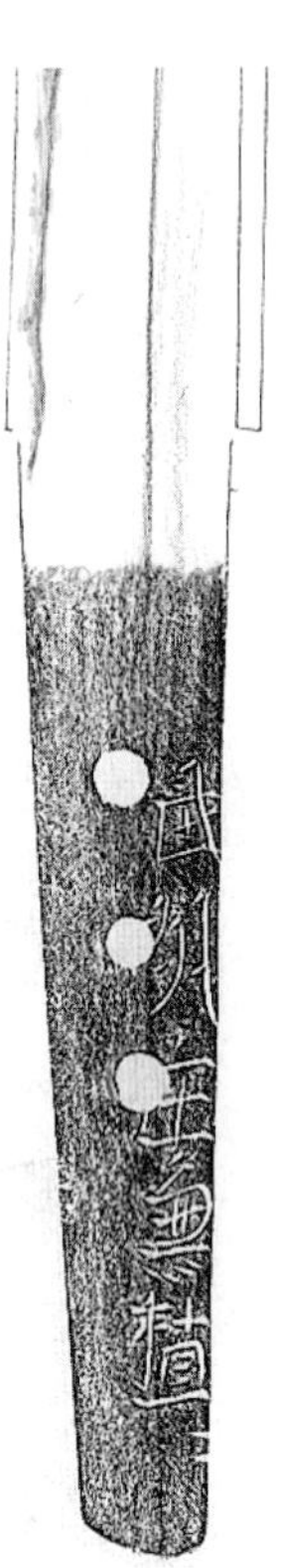

古 兼種【かねたね】　美濃国　室町末期（天正）

関。善定派。室町初め応永ころから文安、明応、大永と続き、天正ころの作刀が比較的多い。「兼種」「濃州関住兼種」。

古 兼近【かねちか】　美濃国　室町末期（永正）

関。太郎、兼正の子。「兼近」「濃州住兼近」。同銘が明応ころ、また天文ころにもいて造る。

古 兼周【かねちか】　美濃国　室町末期（長享）

関。長享ころ。同銘に兼資子、天正ころに作刀する。「兼周」「濃州住兼周作」。

古 兼次【かねつぐ】初代　美濃国　南北朝期（貞和）

直江志津。初代兼氏の子、また門人ともいう。直江、のち信州住。初めは身幅尋常な造りに直刃を焼き、のち観応元年紀の作にみるように幅広で長寸の大振りな造りになる。鍛えは板目に柾交じり、よく詰み地沸がつき、白気映り立つ。刃文は互の目乱に尖り刃交じり、匂深く小沸よくつき、砂流し、金筋入る。「兼次」の二字を大振りに切る。

（『土屋押形』）

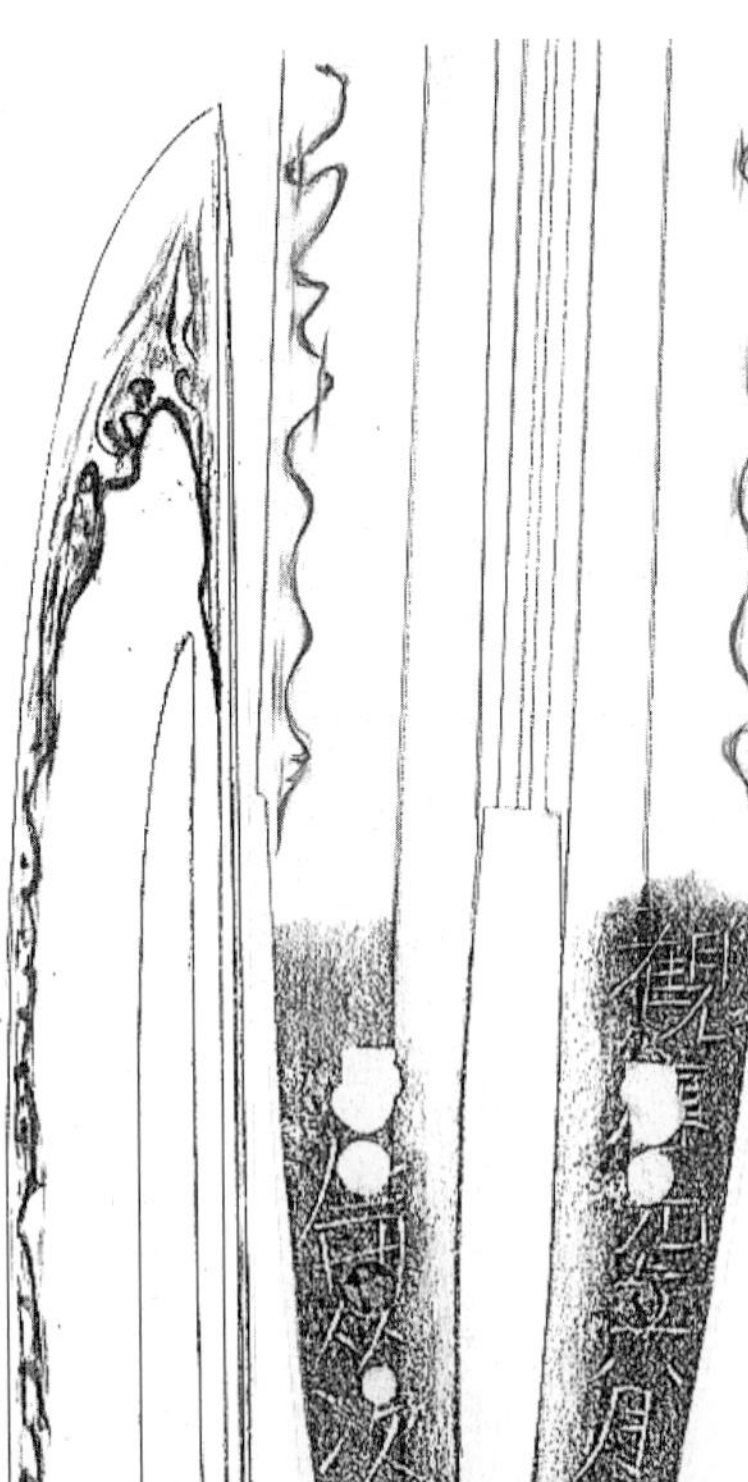

古 **兼次【かねつぐ】** 美濃国　南北朝期（嘉慶）

直江。兼俊子。嘉慶ころ。

古 **兼次【かねつぐ】** 美濃国　室町初期（応永）

直江。兼友の孫、仙阿（二代兼友か）の子。法名道正。鎌倉最末期から応永にかけて複数の兼次がいる。このうち二代目に該当する工がいるであろう。

古 **兼次【かねつぐ】** 美濃国　室町初期（正長）

中直刃に小互の目足入り、逆がかった刃を交じえ、匂口締りごころの尋常な作。正長ころ。

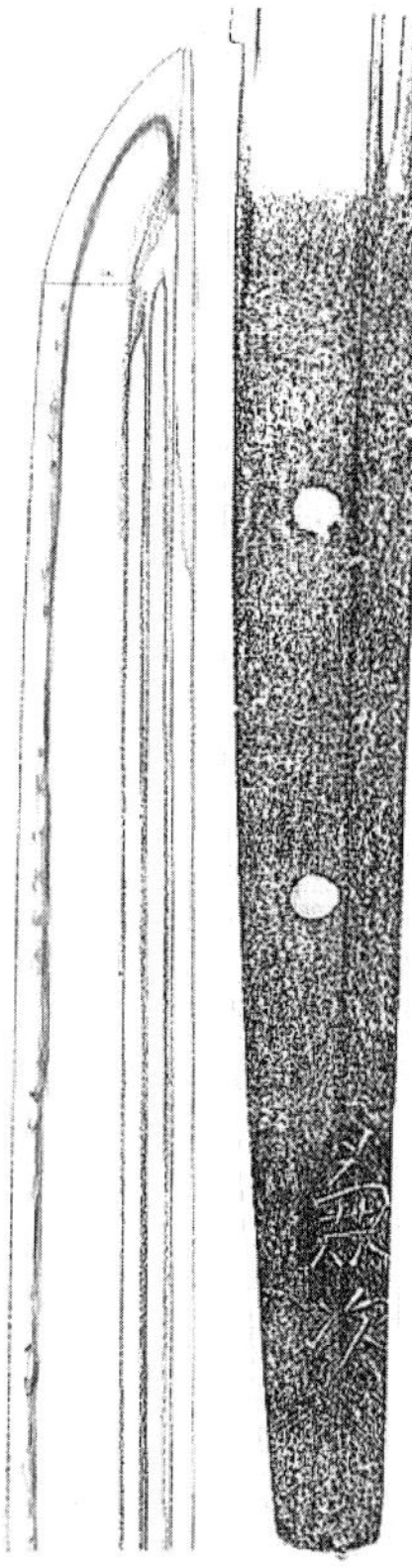

古 **兼次【かねつぐ】** 美濃国　室町末期（永正）

嘉吉・明応・永正の年紀作がある。室町末期になると直江志津の個性をなくし、末関一般の作柄を表わすものとなる。刃文は互の目を主調に、尖り刃、兼房風の丁子を交じえたものをみる。

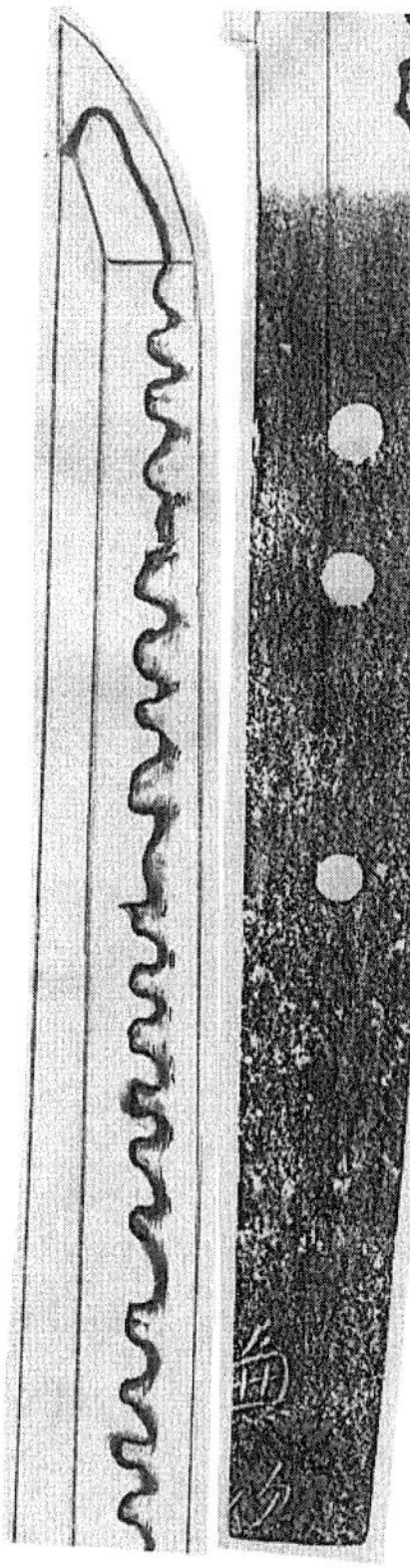

古 **兼次【かねつぐ】** 日向国　室町末期（天文）

日向国。天文のころ。直刃にほつれ、打のけかかり、匂口沈む。「日州住兼次」。

新 **兼次【かねつぐ】初代** 陸前国　江戸初期（明暦）

熊谷次左衛門。次左右門。河内守国次門、のち江戸へ出て和泉守兼重の門に入る。鍛肌を工夫し相州伝を表現する。白魚山大徳寺の宝剣は「奥州仙台住熊谷次左右門兼次子弟太郎」「延宝三暦五月吉祥日造之此銘打也」と銘を切ったものがある（『刀剣美術』第四四九号佐藤一典氏）。初代次左右門兼次と太郎（二代兼次）との親子合作がなされた延宝三年に、二代太郎兼次は十六歳である。

新 **兼次【かねつぐ】二代** 陸前国　江戸中期（天和）

熊谷太郎。のち次左衛門。初代の子。元禄三年、三十一歳で家督相続。上総介兼重（二代兼重）門。

新 **兼次【かねつぐ】三代** 陸前国　江戸中期（享保）

熊谷三吉、七兵衛。二代の子、五代安倫門。

新々 **兼次【かねつぐ】四代** 陸前国　江戸末期（文化）

熊谷三五郎、次郎左衛門。三代七兵衛の養子。源姓を切る。直刃、浅い湾れを焼く。

新々 **兼次【かねつぐ】五代** 陸前国　江戸末期（嘉永）

熊谷七兵衛。青龍子と号し「青龍子兼次」と銘すほか「延寿」また「蓬萊」を冠して切銘する。弘化から明治初年まで作刀する。歴代兼次中の上手、広直刃の仙台大和伝を得意とする。沸、匂が深く、ほつれ、砂流しかかり金筋が働き相伝が加味する。

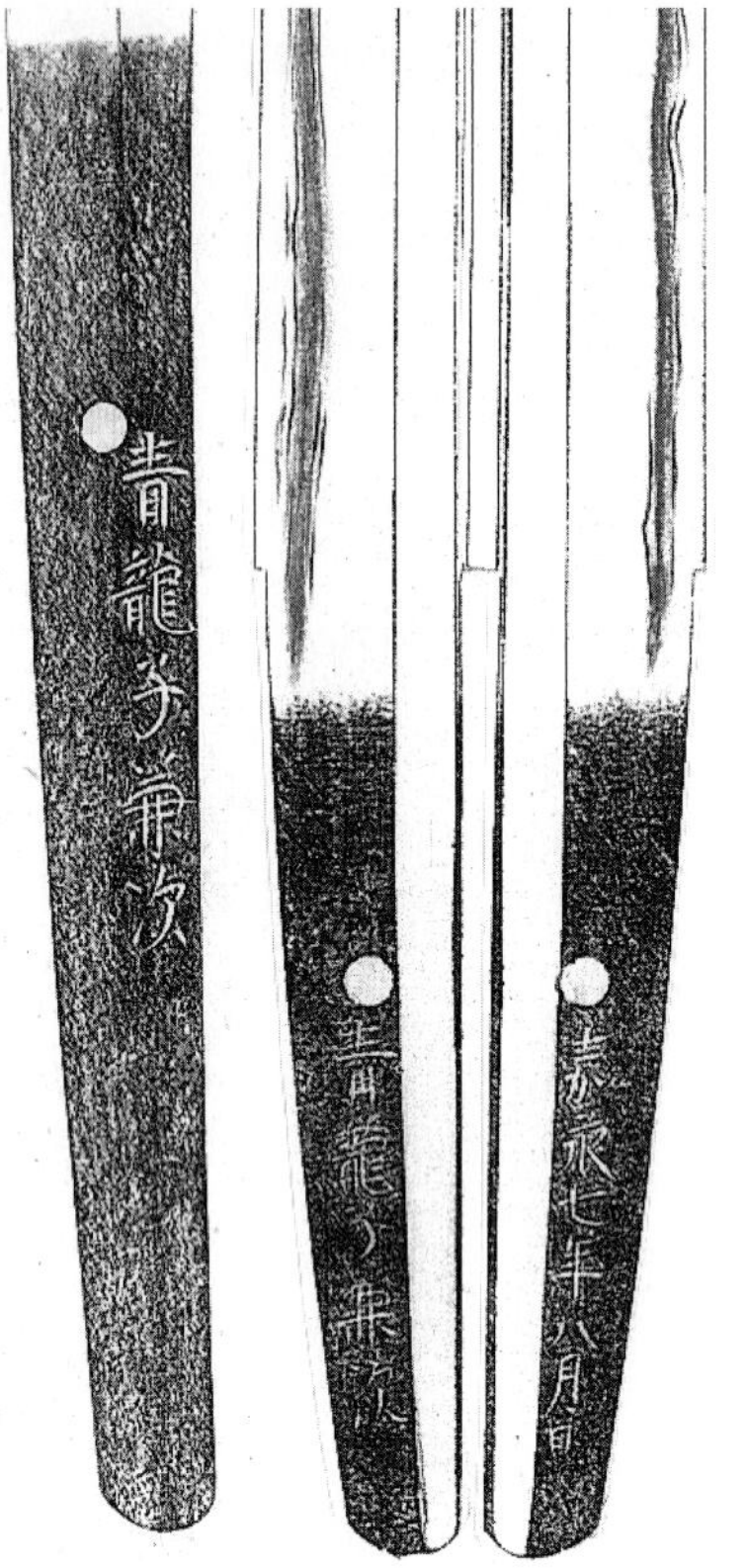

新 兼次【かねつぐ】 美濃国　桃山期（寛永）

関住。川戸関派。「濃州関住兼次」また「兼次」二字にも切る。

新々 兼次【かねつぐ】 美濃国　江戸末期（嘉永）

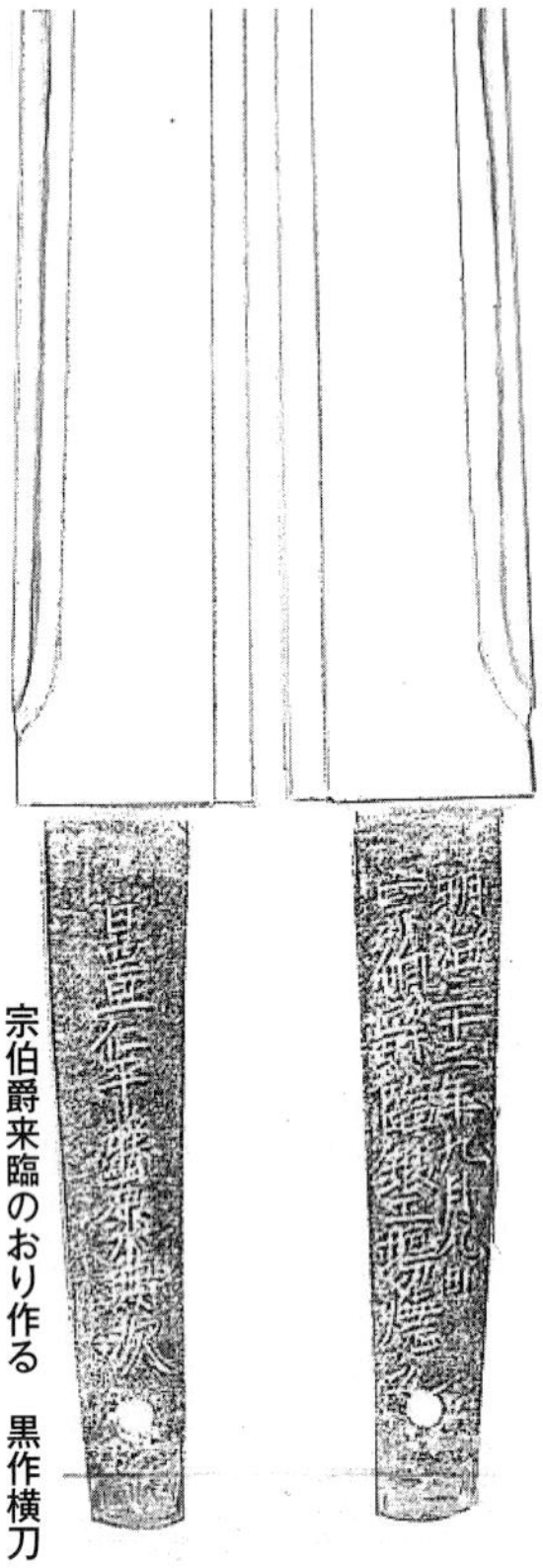

宗伯爵来臨のおり作る　黒作横刀

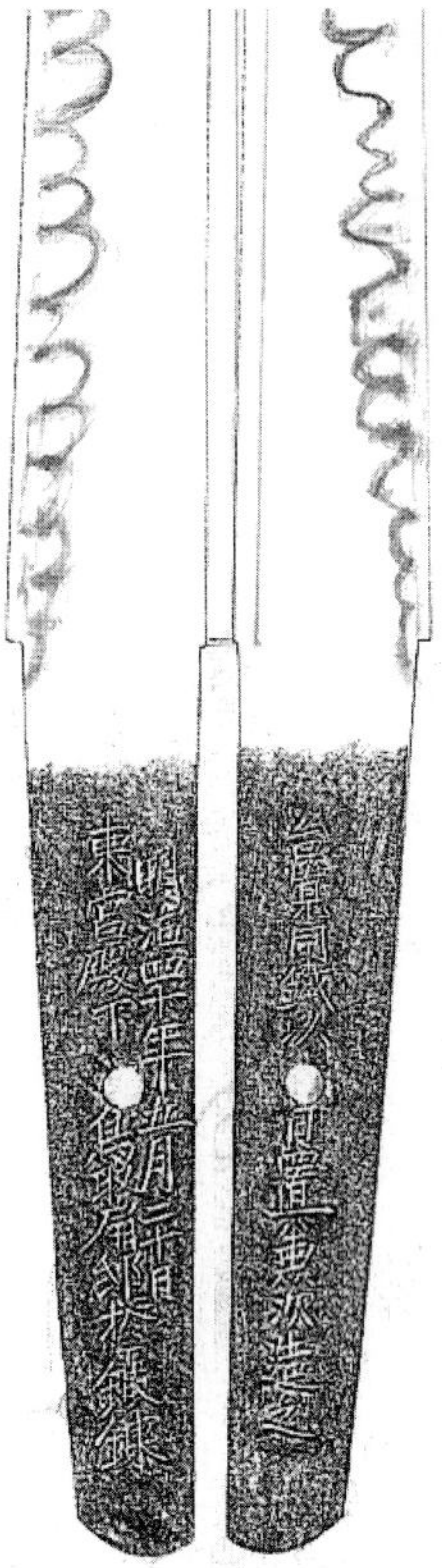

東宮殿下（大正天皇）台覧のおり同じ地鉄で鍛える

日置仁平。直助。七代の養子となり兼次と銘す。兼次は兼先嫡流の前銘であり、家督相続後は兼先を名乗るのが通例であるが、兼次のみ終始兼次を通す。祐包のち高橋長信門。因幡藩工。直助尉を称す。明治十九年、伊勢神社の日本刀製作に宮本包則と共に奉仕する。明治四十三年二月八日、七十一歳没。⇩**兼先〈八代〉の項参照。**

新作 兼次【かねつぐ】 岐阜　昭和

塚原太郎。大正八年生まれ、関市長住町住。陸軍受命刀匠。昭和五十三年、五十九歳没。

古 兼継【かねつぐ】 美濃国　南北朝期（応安）

直江志津。兼氏門。応安ころ。「兼継」。次代は直江兼継が応永ころに作刀する。

古 兼継【かねつぐ】 美濃国　室町末期（永正）

関住。同銘が長禄、文明、永正から天正へと連綿する。「兼継」「兼継作」「濃州住兼継」。

新作 兼継【かねつぐ】 群馬　昭和

今井憲三郎。松永兼行門、師の没後、兄弟子の兼友門。昭和十六年、日本刀鍛錬伝習所に入り、笠間繁継に学ぶ。陸軍受命刀匠。甘楽郡南牧村住。龍珉斎と号す。昭和四十六年、七十七歳没。

新作 兼嗣【かねつぐ】 熊本　平成

木村兼定。昭和二十六年生まれ。昭和四十六年から父兼重に学ぶ。新作刀展覧会入選十三回、努力賞一回、平成十六年、優秀賞受賞。「以自家製鉄鍛之　肥後国八代住兼嗣謹作」。八代市住。

古 兼辻【かねつじ】 美濃国　室町末期（永正）

関住。永正ころ。兼辻はのち天文、永禄、天正から新刀期へと後続する。「兼辻」「濃州関住兼辻」。

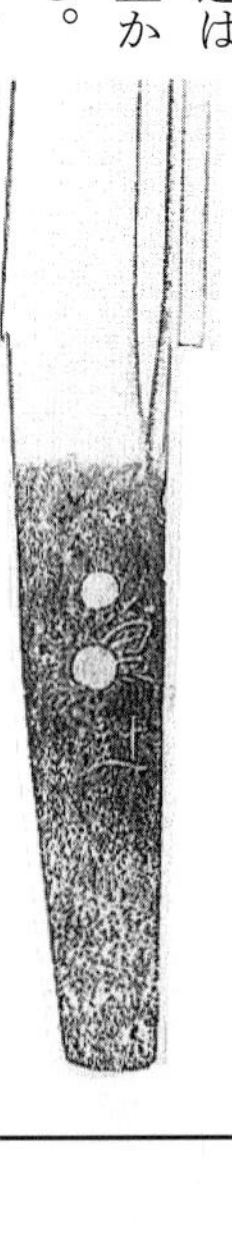

新 **兼辻【かねつじ】** 美濃国　桃山期（慶長）
美濃関住。互の目に尖り互の目交じり、白気映り立つ。

古 **兼綱【かねつな】** 美濃国　室町中期（宝徳）
四郎兵衛。徳永派。又四郎兼宣の子。「兼綱」「濃州住兼綱」。

古 **兼綱【かねつな】** 美濃国　室町末期（文明）
関住。徳永派。文明から明応にかけて作刀する。直刃に小互の目足入り。「兼綱」「濃州関住兼綱」。

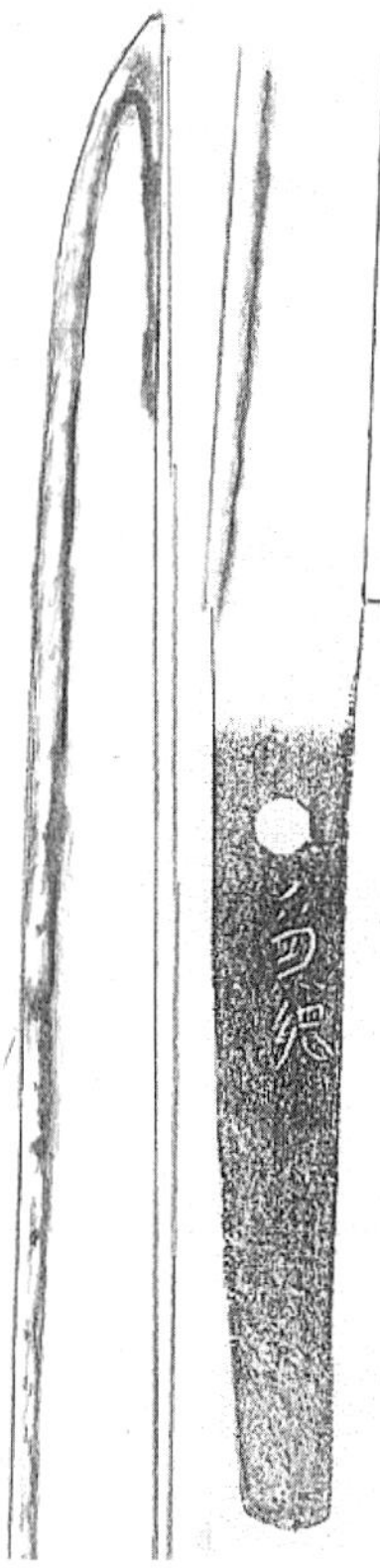

古 **兼綱【かねつな】** 美濃国　室町末期（永禄）
岐阜住。永禄から天正にかけて作刀する。直刃、また互の目乱、尖り刃交じる。「兼綱」「濃州岐阜住兼綱」「濃州小倉之住兼綱」。

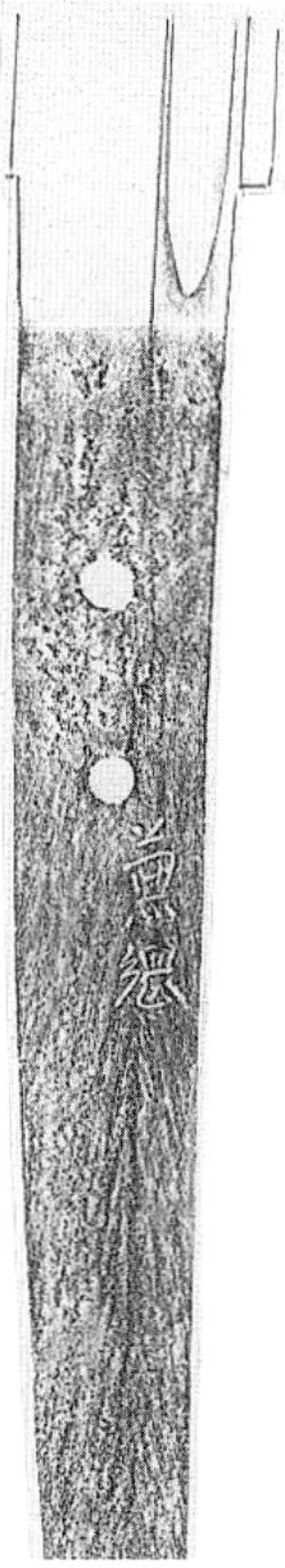

古 **兼綱【かねつな】** 石見国　室町初期（応永）
出羽《いずは》住。応永ころ。「石州出羽兼綱作」。兼綱は直綱の弟という応安ころの鍛冶がいて、応永以降に明応、永正と同銘が続く。

古 **兼常【かねつね】初代** 美濃国　室町初期（応永）
奈良派。奈良太郎。左衛門尉。兼常の後裔武藤助右衛門家の兼常系図（『美濃刀大鑑』）によると、兼常の先祖は大和千手院行信で、行信から二代の重弘の子が文永九年に美濃国に来住したことに始まるという。中治郎兼永を関鍛冶の元祖としている。応永二・三年紀の兼常作があるというが、未見である。

兼常（応永二年）――兼常（嘉吉）――兼常（文明）――兼常（大永）――兼常（天正七年）
（『校正古刀銘鑑』）

古 **兼常【かねつね】二代** 美濃国　室町初期（永享）
兼家の子。永享・嘉吉のころの人で、永享三年紀の短刀が現存する。細直刃が匂出来で小沸がつく。「兼常」「濃州住兼常」。

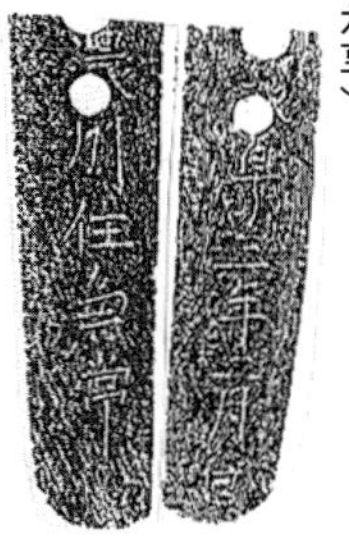

古 **兼常【かねつね】** 美濃国　室町末期（文明）
康正ころから文明にかけての工で、斬味がよいことで知られる上手。「兼常」「濃州関住兼常」。

古 **兼常【かねつね】** 美濃国　室町末期（大永）
永正・大永ころの鍛冶。関住。初代兼定の門という。大永三年紀の作がある。

（『本朝鍛冶考中心押形』）

ある。「兼常」「濃州関住兼常」。

古 **兼常**【かねつね】　美濃国　室町末期（天文）

関住。兵三郎、のち納戸助右衛門。関鍛冶総領事。元亀二年、織田信長より鍛冶諸役免許の朱印状を受く。天正年間に関の地に千手院を再建する。天正十六年十月没。法名元沢。「兼常」「濃州関住兼常」。

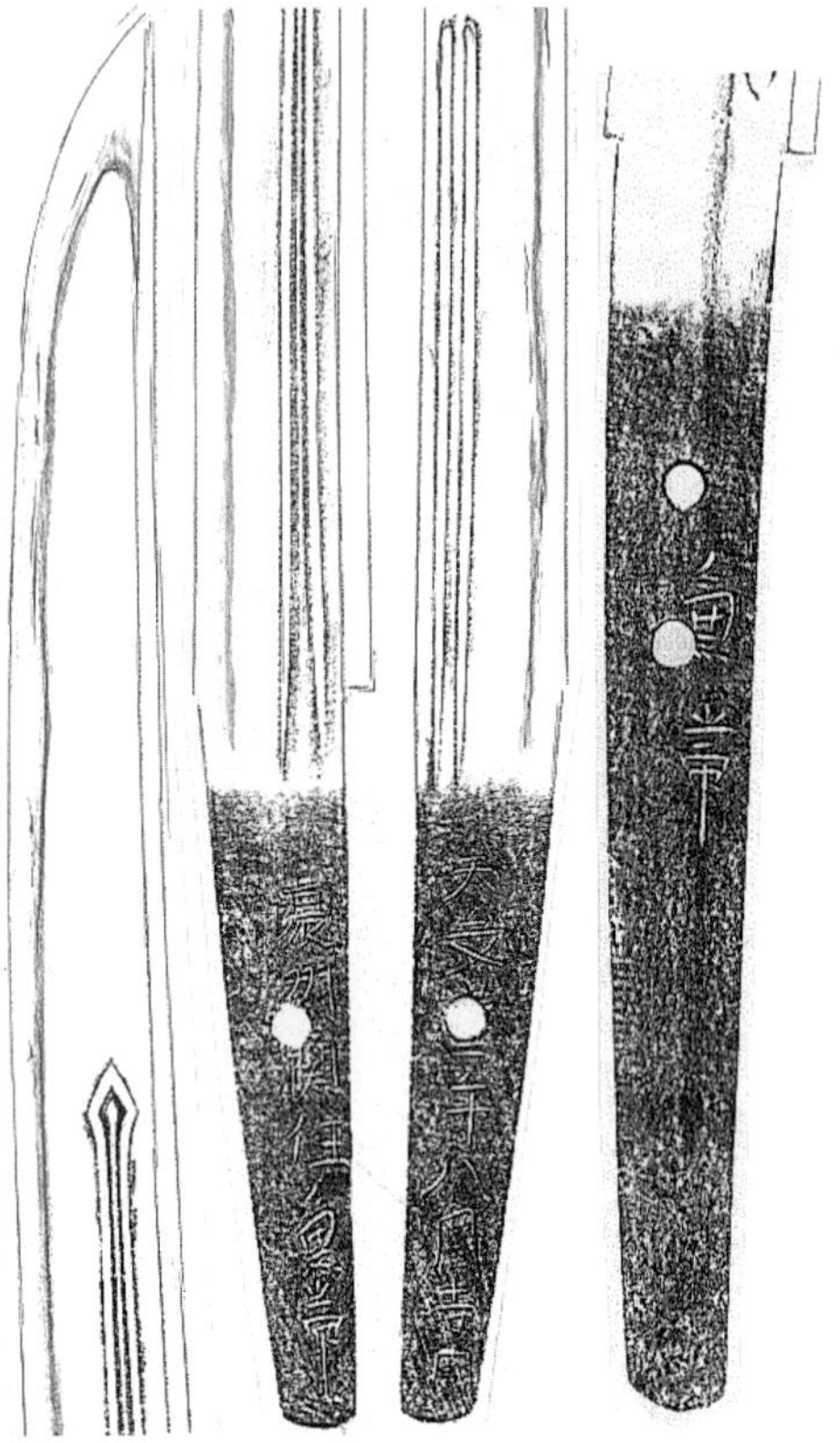

古 **兼常**【かねつね】　美濃国　室町末期（天文）

関住、のち濃州小倉住。直刃、互の目に丁子交じり、逆がかった丁子が交じり、小沸よくつき、細かい砂流しかかる。帽子小丸で返り寄る。「兼常」「濃州関住兼常作」「濃州小倉之住兼常」。

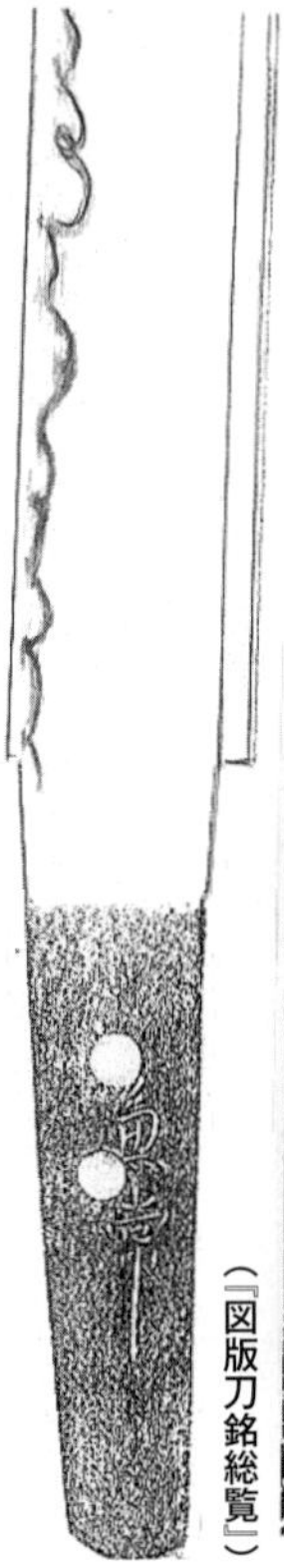

（『図版刀銘総覧』）

古 **兼常**【かねつね】　美濃国　室町末期（天正）

納戸助右衛門。助治郎。関徳永派の祖、尾張政常入道の親。兼常九代という。

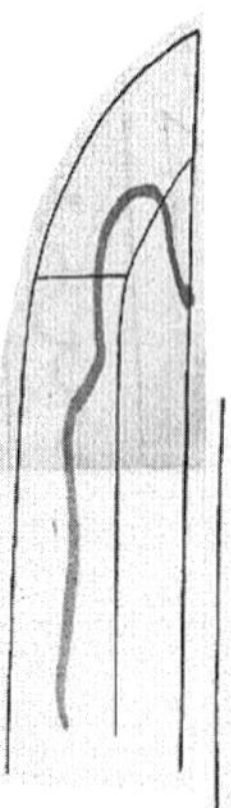

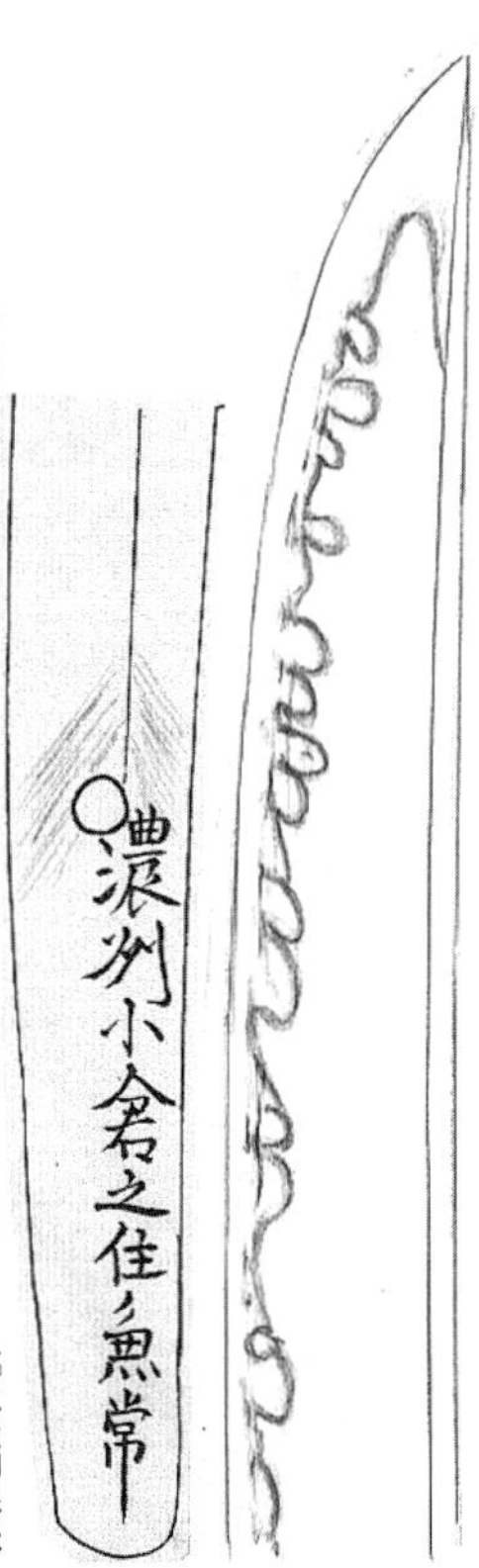

（『土屋押形』）

古 **兼常**【かねつね】　美濃国　室町末期（天正）

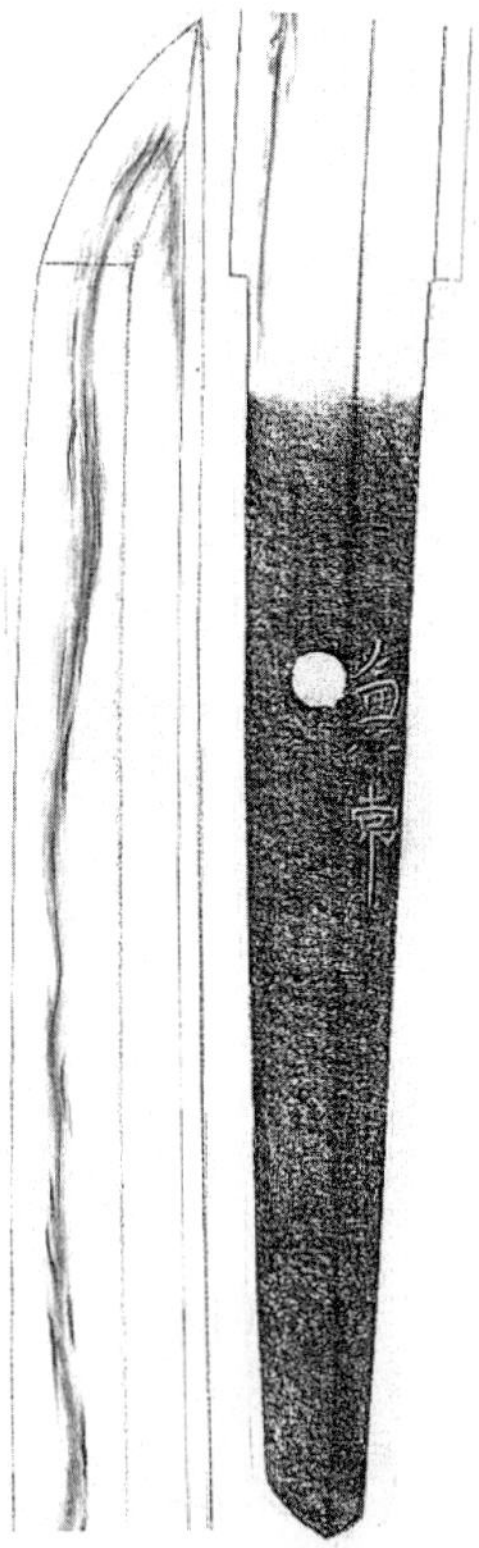

兼常は大和千手院また手掻包永の末流という応永ころの奈良太郎を祖とし、室町末から江戸中ころまで同銘多数の工が作刀している。越前、尾張、武州など各地に派生しているうち、尾張三作の一人相模守政常の初銘が兼常で、助右衛門兼常の子、納土左助がいる。二字銘兼常は天正から慶長にかけての作例をみる。

新 **兼常**【かねつね】　美濃国　江戸初期（正保）
武藤又治郎。関住。兼常十代目。明暦元年八月二十八日没（『美濃刀工銘鑑』）。この代から納戸姓を武蔵に改める。中直刃、互の目乱など。

新 **兼常**【かねつね】　美濃国　江戸中期（寛文）
武藤助右衛門。兼常十一代目。寛文七年正月、一族十数人を連れて関から上有知に移住する。延宝八年十二月十三日没。◆兼常十二代目は武藤又市（正徳四年没）。十三代目は武藤助右衛門（享保三年没）。十四代宗助（寛延二年没）。十五代重左衛門（宝暦十一年没）。十六代金兵衛（文化三年没）と続く。

古 **兼常**【かねつね】　出雲国　室町末期（永禄）
関三阿弥派の一人で、出雲へ出向する。鎗の鍛造を得意とする。

新 **兼常**【かねつね】　武蔵国　桃山期（元和）
本国美濃、江戸へ移り神田住。上総介兼重の子辻助九郎兼常とは別人。互の目乱、小湾れ、尖り刃交じる。

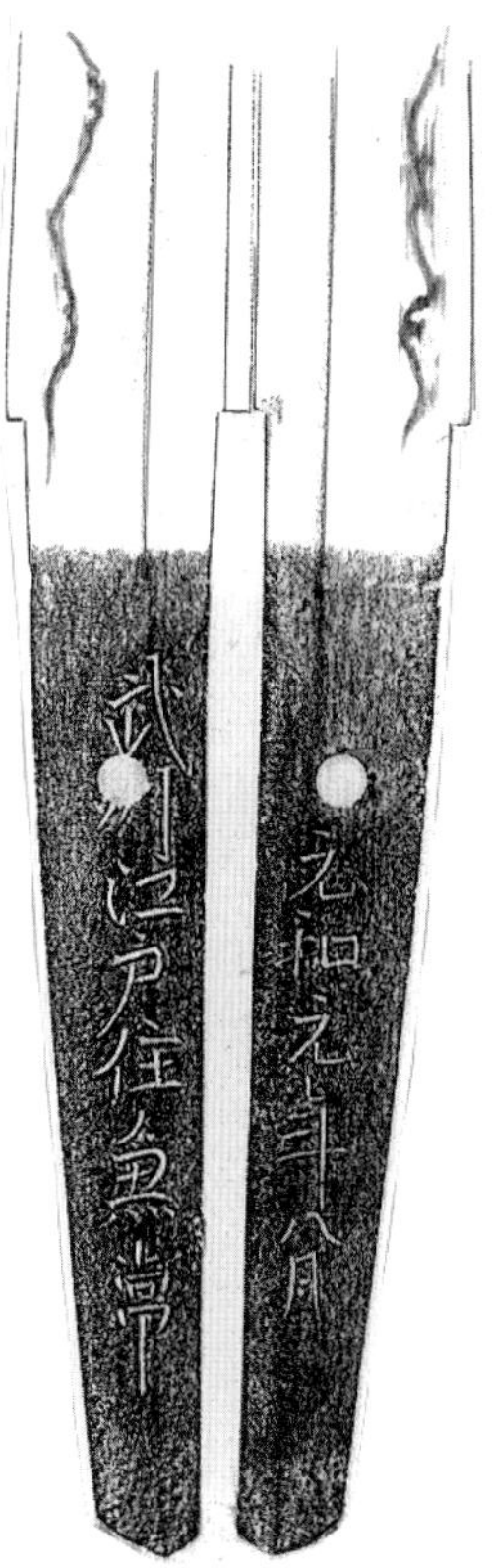

新 **兼常**【かねつね】　越前国　桃山期（元和）
越前丸岡住、また一乗谷住とも。美濃関の系流。末関風の作。

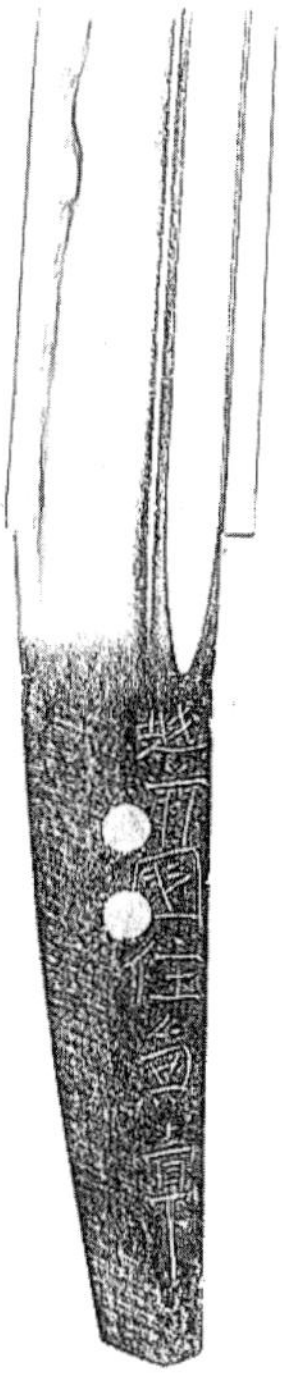

古 **兼鶴**【かねつる】　美濃国　室町末期（永禄）
関住。永禄ころ。「兼鶴」「濃州関住兼鶴」。

古 **兼辰**【かねとき】　美濃国　室町末期（天文）
関。兼代の子。弥三郎。今市住、のち上杉氏の鍛冶となり、越後春日山にて造る。天文ころ。「兼辰」「兼辰作」。

古 **兼辰**【かねとき】　美濃国　室町末期（天文）
関住。金子小次郎、三郎右衛門。孫六を称し、兼元を銘す。永禄七年四月没。

古 **兼辰**【かねとき】　美濃国　室町末期（天文）
得印派兼辰一門は天文から文禄にかけて各地に派生し、越前、上有知、また赤坂に移り鍛刀する。慶長以降の新刀期も同銘が関の地に連綿する。

古 **兼辰**【かねとき】　美濃国　室町末期（永禄）
関。弥三郎兼辰の子。父と共に上杉氏の鍛冶となる。永禄ころ。「兼辰」

「越後国春日山住兼辰作」。

新 兼辰【かねとき】 美濃国 桃山期（慶長）

得印派兼辰一門は天文から文禄にかけ関から美濃上有知、また越前に移住している。この作は関在住時のものであろう。のち上有知へ移る。

新 兼辰【かねとき】 美濃国 桃山期（寛永）

金子小兵治。金子孫六門。孫六家の鍛冶廃業につき、その名跡を継ぐという。関住。◆同銘が寛永から貞享にかけて関で鍛刀する。武蔵守兼辰（寛永）、相模守兼辰（寛文二年受領）、常陸守兼辰（貞享）など。そのほか、得印派の兼辰が江戸中期から末ころにかけて鍛刀する。

新作 兼時【かねとき】 岐阜 昭和

小島寛二。兼道子。大正十四年生まれ。父が兼時から兼道に改名したので、二代目兼時を襲名する。海軍受命刀匠。関市永住町住。

古 兼利【かねとし】 美濃国 室町初期（応永）

直江。兼俊の子。永和から応永にかけて造る。作刀をみるのは得印派兼久の子で永正ころの兼利。直刃、また互の目乱を焼く。「兼利」。

新 兼利【かねとし】 美濃国 桃山期（慶長）

彦十郎、室屋関派。慶長ころ、「兼利」二字銘に切る。

古 兼俊【かねとし】 美濃国 南北朝期（貞治）

直江志津。直江六郎。兼氏の子、また弟ともいう。多芸郡直井住。法名寿阿。

古 兼俊【かねとし】 美濃国 南北朝期（永徳）

銘鑑には永徳ころに一人、のち応永ころに三阿弥兼俊が作刀する。「兼俊作」。

古 兼俊【かねとし】 美濃国 室町末期（文明）

関。三阿弥。兼元の兄、兼則孫という。「兼俊」。

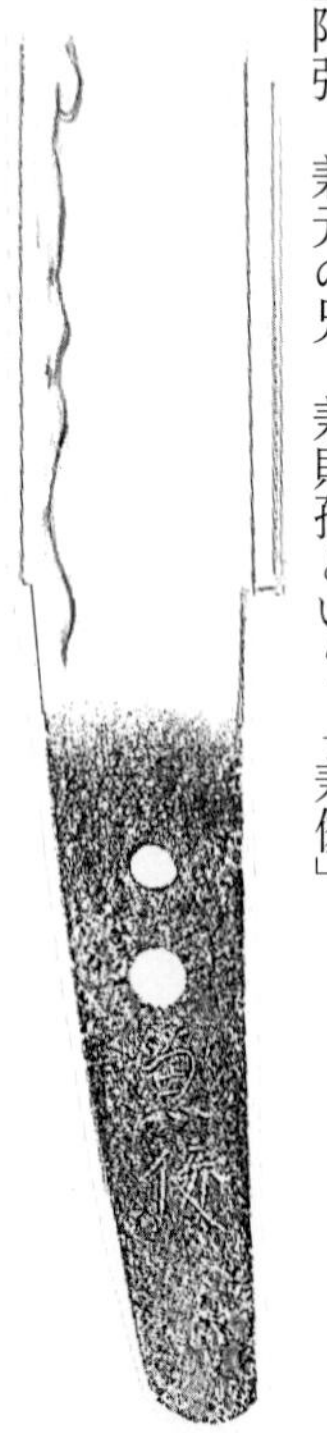

古 兼歳【かねとし】 美濃国 室町末期（明応）

関。明応ころ、のち永禄ころに同銘がある。「兼歳」「濃州関住兼歳」。

古 兼富【かねとみ】 美濃国 室町末期（永正）

関。次郎左衛門。兼長子。永正ころ。次郎左衛門の前時代には文安ころに、降っては永禄ころに同銘がいる。

古 兼福【かねとみ】 美濃国 室町末期（天文）

関。室町中ころにも同銘があるが、作刀の多くは天文ころ。「兼福」「濃州住兼福」。

古 兼友【かねとも】初代 美濃国 南北朝期（貞和）

直江志津。右衛門尉、右衛門三郎。初代兼氏の子、また門人ともいう。法名敬阿。大和手掻派の鍛冶で初銘包友、兼氏に従って美濃に移り兼友に改めたと伝えている。貞和ころから弘治ころまでの工で、応安四年紀があり、南朝の弘和の年紀がある。大振りで幅広の小脇指があり、延文・貞治ころの作行きを示すもののほか、身幅尋常な造りのものもある。鍛えは板目に柾交じり、地沸つき、白気映り立つものがある。刃文は湾れに互の目、小沸よくつき砂流し、金筋入る。「兼友」と細鏨の二字銘のほか、「濃州住兼友」の五字銘がある。（系図853頁参照）

古 **兼友【かねとも】二代**　美濃国　南北朝期（康応）

直江。藤九郎。元亀本に右衛門兼友（初代）の子に「仙阿」がいて「銘知らず」としているが、この工が二代兼友に該当しそうである。南北朝最末期ころの作とみえる二字銘の太刀二振りをみている。湾れ調の直刃に互の目をしきりに入れ、逆足・葉が目立ち、砂流し、金筋が働いた出来である。

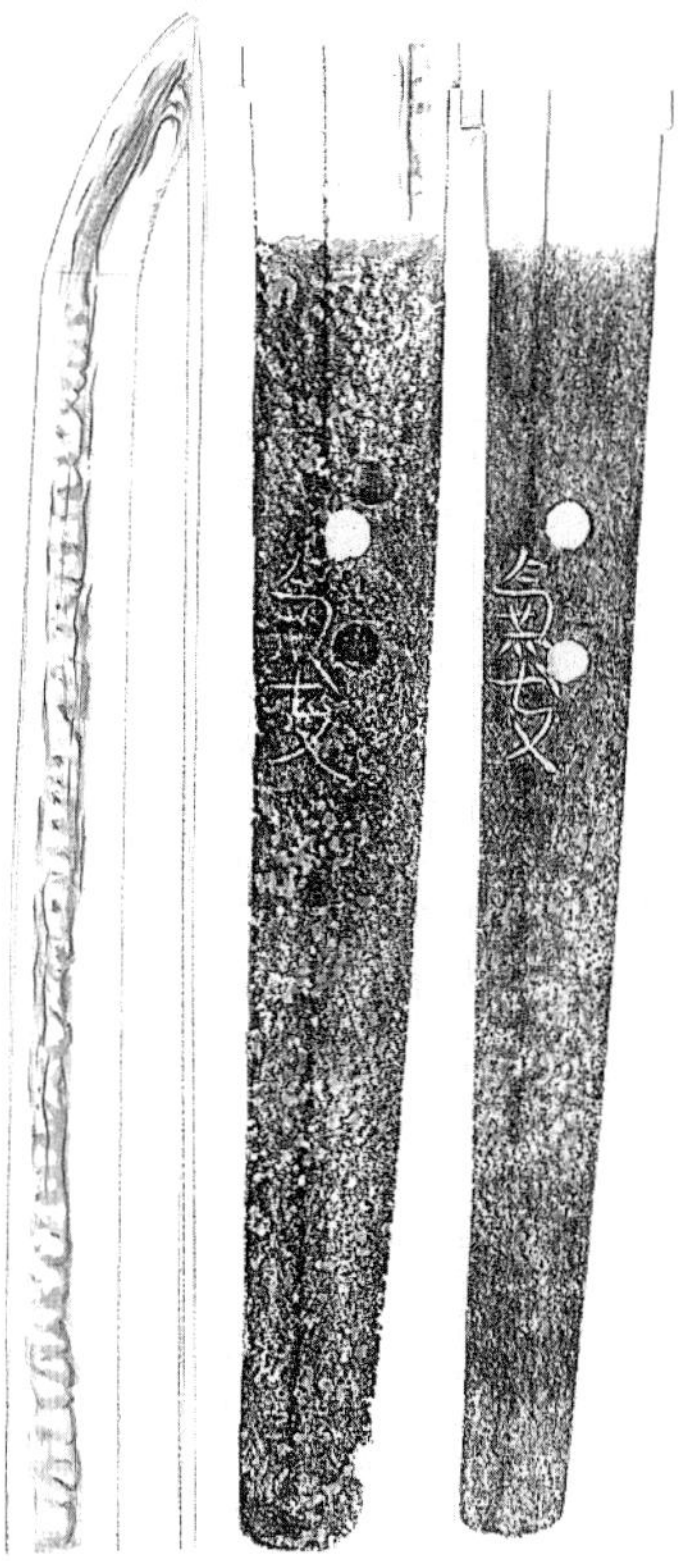

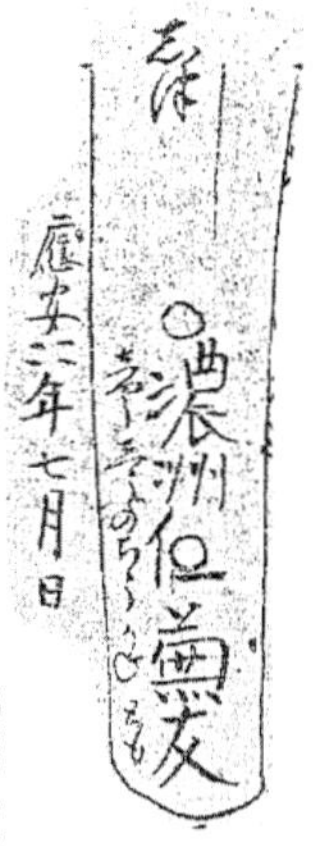

『往昔抄』

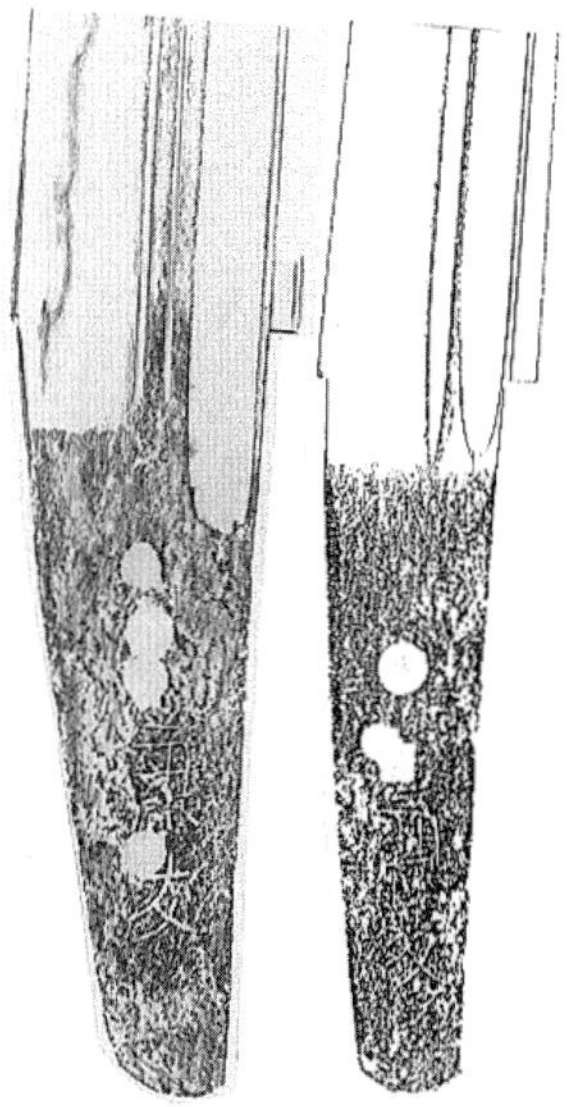

古 **兼友【かねとも】**　美濃国　室町中期（寛正）

三阿弥派。小沸出来の互の目乱、直刃を焼く。「兼友」。

寛正二年八月日

古 **兼友【かねとも】**　美濃国　室町末期（明応）

関住。直刃に小足入り、匂口締りごころに小沸つく。「兼友」。

古 **兼友【かねとも】**　美濃国　室町末期（大永）

関住。兼光の子。「兼友」「兼友散位与太郎作」。

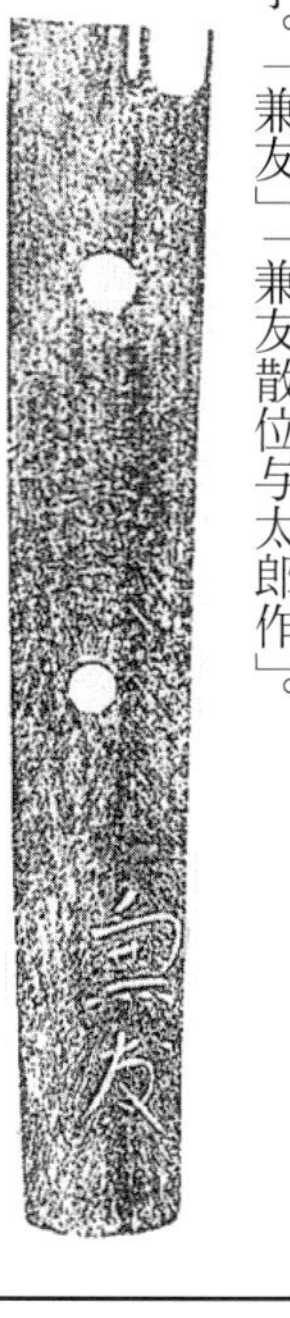

古 **兼友【かねとも】**　美濃国　室町末期（天文）

関住。和泉守を受領。「兼友」「和泉守兼友」。

古 **兼友【かねとも】**　美濃国　室町末期（天文）

和泉守兼友とは別人。天文から元亀・天正にかけて複数の同銘工がいる。「兼友」。

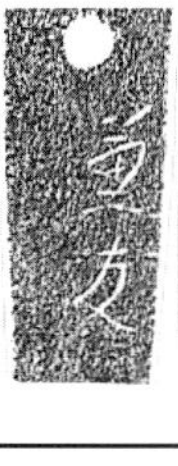

古 **兼友【かねとも】**　美濃国　室町末期（天正）

関住。友安兼友という。天正二、六年紀がある。「兼友」「兼友作」。

古 **兼友【かねとも】**　尾張国　室町末期（文禄）

本国美濃、関住、のち犬山住。「肥後守輝廣」と改銘し、安芸広島に移住する。文禄のころ。「関住兼友作」「尾州犬山住兼友」。

新 兼友【かねとも】初代　岩代国　江戸中期（元禄）

鈴木半兵衛。今津四代近江大掾兼定の門。初銘兼信、また兼常、のち天和ころから兼友に改銘する。〝爺《じい》兼友〟また〝祖父《じい》兼友〟といわれている。享保十年正月、八十一歳没。小湾れに互の目足入り、直刃を焼く。

四十七歳

新 兼友【かねとも】二代　岩代国　江戸中期（享保）

孫内、のち半兵衛、初銘兼常また兼富、享保四年家督を相続し兼友に改める。宝暦九年十二月没。作刀稀少。◆三代兼友は天明七年没。四代兼友は寛政ころ。五代兼友は文化ころ。

新々 兼友【かねとも】六代　岩代国　江戸末期（天保）

外之助のち半兵衛、初銘兼信、のち兼友を継ぐ。五代兼友の養子。文化から天保ころまで鍛刀する。

新々 兼友【かねとも】七代　岩代国　江戸末期（慶応）

繁八、初銘兼勝。六代兼友の養子となり、兼友を継ぐ。角元興の門に入り、さらに運寿是一に師事する。「陸奥藤原兼友」、「運寿兼友」などと切銘する。互の目乱に丁子交じりの刃を焼く。明治三十年十二月、五十七歳没。

新作 兼友【かねとも】　群馬県　昭和

桐渕又一。龍珉斎と号す。松永龍珉斎兼行に師事、昭和十二、三年に日中戦争の進展と共に軍刀の需要が増して活動は盛期に及ぶ。龍珉斎兼宗はじめ多数の門下を養育する。陸軍受命刀匠。終戦直後に没。富岡町七日市住。

古 兼付【かねとも】　美濃国　室町末期（永正）

関。応永、文安と続き、永正元年紀の作があり、天正に後続する。「兼付」「濃州住兼付」「濃州関住兼付作」。

古 兼伴【かねとも】　美濃国　南北朝期（貞治）

直江志津。兼氏門。「兼伴」。

古 兼伴【かねとも】　美濃国　室町中期（康正）

関。善定派、兼吉門。康正ころから応仁、永正、天文、文禄へ同銘が後続する。「兼伴」「濃州住兼伴」「濃州関住兼伴作」。

古 兼知【かねとも】　美濃国　南北朝期（応安）

直江。応安という。「兼知」。

古 兼知【かねとも】　美濃国　室町末期（明応）

関。善定派。永享、享徳、明応と続き、永正ころの兼知は得印派、天文ころの工に後続する。明応ころの作は直刃に小互の目足入り、ほつれ、打のけかかる。「兼知」「濃州関住兼知」。

古 **兼豊**【かねとよ】 美濃国 室町末期（天正）
関。永正から天正ころまで同銘が複数いて作刀する。「兼豊」「美濃国住人兼豊」。

新々 **兼豊**【かねとよ】 伊勢大掾 加賀国 江戸末期（慶応）
木下甚吾。甚之丞兼重の弟。慶応二年、伊勢大掾を受領する。明治四十年、七十七歳没。直刃、互の目乱に箱乱、湾れ交じり、荒沸交じり。

新々 **兼虎**【かねとら】 信濃国 江戸末期（安政）
山浦隼太之助。幼名秀作、兼平、勇。山浦真雄の子。一信斎、一法斎、直心斎などと号す。弘化元年、出府して剣を真心陰流島田虎之助に学ぶ。嘉永二年正月、江戸にて叔父山浦清麿に師事し、同年暮には上田に帰る。初銘行宗。安政三年、兼虎に改める。安政六年、松代に移り上田藩工となる。明治四年、家督を相続し、再び上田に移る。明治二十八年八月九日、七十一歳没。小沸がよくつき互の目乱に足入り、砂流しがかかる。直刃にほつれ、二重刃かかる。

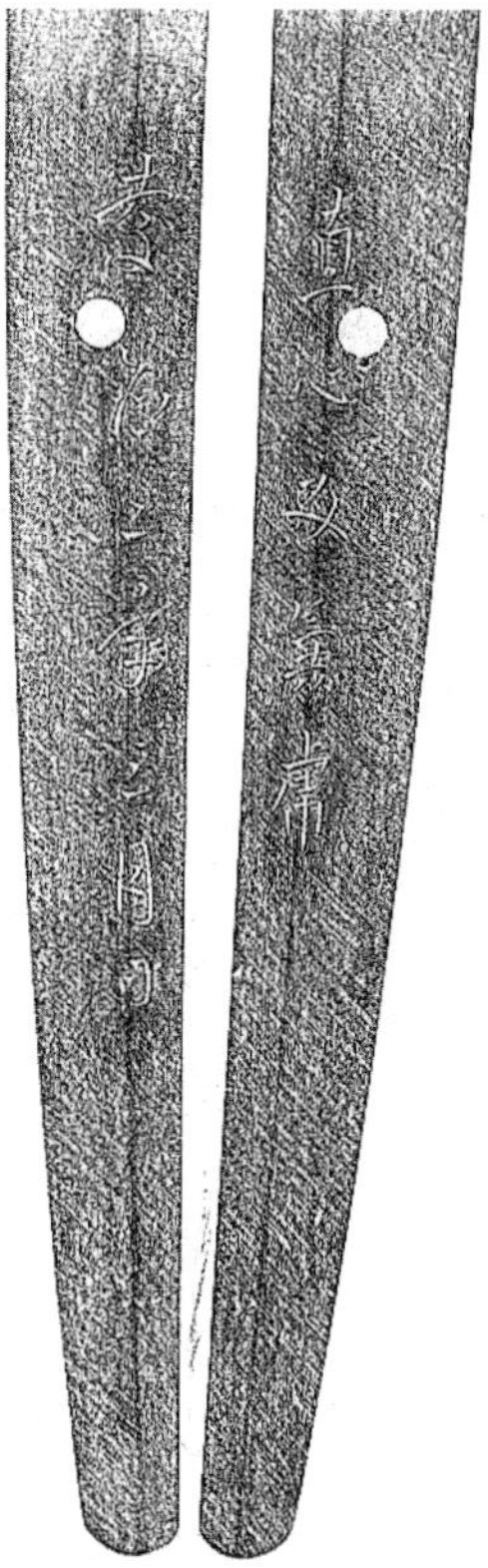

初銘行宗

父・真雄との合作

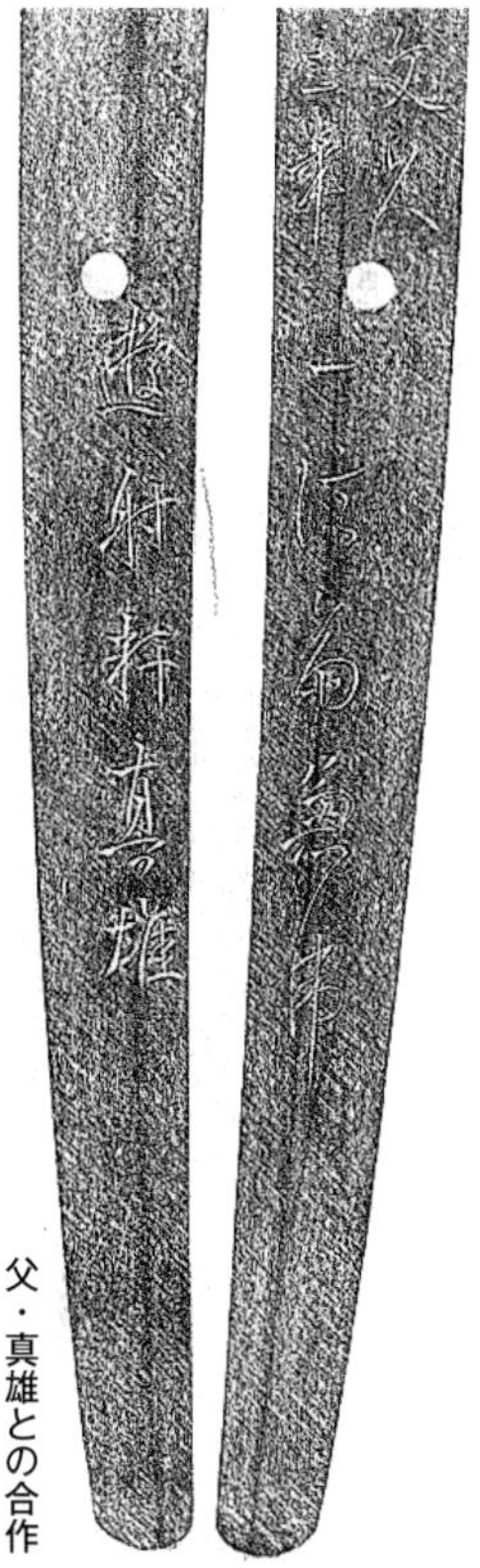

古 **兼直**【かねなお】 美濃国 南北朝期（康暦）
直江。左衛門三郎。兼重の子。康暦ころ。兼直は名跡が室町期を通じて続き、応永から以降には関に住す。「兼直」。

古 **兼直**【かねなお】 美濃国 室町末期（文明）
関。左衛門次郎は文明ころ。左衛門太郎は文亀ころ。善定派に属す兼直は永正、天文、永禄と継続し、天正ころには越前へ移住する。「兼直」「濃州関住兼直作」。

新 **兼中**【かねなか】 武蔵守 越前国 江戸中期（天和）
山本姓。本国美濃。越前一乗谷住。のち江戸へ移住する。兼元の末といい、伝統の三本杉刃、互の目乱を焼く。

古 **兼仲**【かねなか】 美濃国 室町末期（文明）
関。善定。兼吉の子。互の目乱に尖り刃交じり。「兼仲」「濃州関住兼仲」。

古 **兼永**【かねなが】 五条 山城国 平安末期（長元）

平三郎。忠次郎。三条在国（有国とも）の子。兼永・国永は兄弟で、兼永が兄、国永を弟とするのと、両者を親子とみる見方がある。元亀本に兼永は「有国の子也、三条に住す」と記すのが正しければ、兼永は三条にも五条にも住したことになる。五条坊門住。細身、小切先の太刀姿が優美で腰反り、小板目肌が詰み、地沸よくつき、地景入る。小沸出来の小丁子に小乱交じり、「兼永」と二字に銘す。

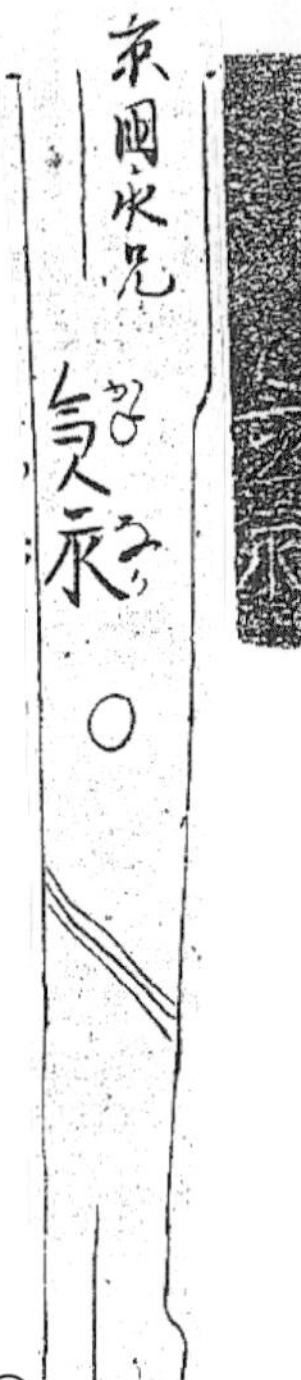

（『往昔抄』）

古 兼永【かねなが】 美濃国　南北朝期（延文）

美濃関。本国大和。忠次郎。元亀本をはじめ古剣書の系図は兼永を関鍛冶の祖と記す。初代兼永は春日明神を関に勧請した鍛冶で、神事能を始めると伝える。手掻包永同人との説がある。初代兼永の作刀はみられないので、事実上の〝関鍛冶の元祖〟というのが兼光（右衛門尉）であり、この工は兼永の子、また孫に当たる。

古 兼永【かねなが】 美濃国　室町中期（文安）

関住。初代兼永から名跡が続くとされるが、作刀がみられるのは室町中ごろからである。二字に小銘を切る兼永は小板目肌よく詰み、白気映り立ち、刃文は細直刃に小互の目交じり、匂口締り、小沸つきほつれ、打のけかかる。「兼永」。

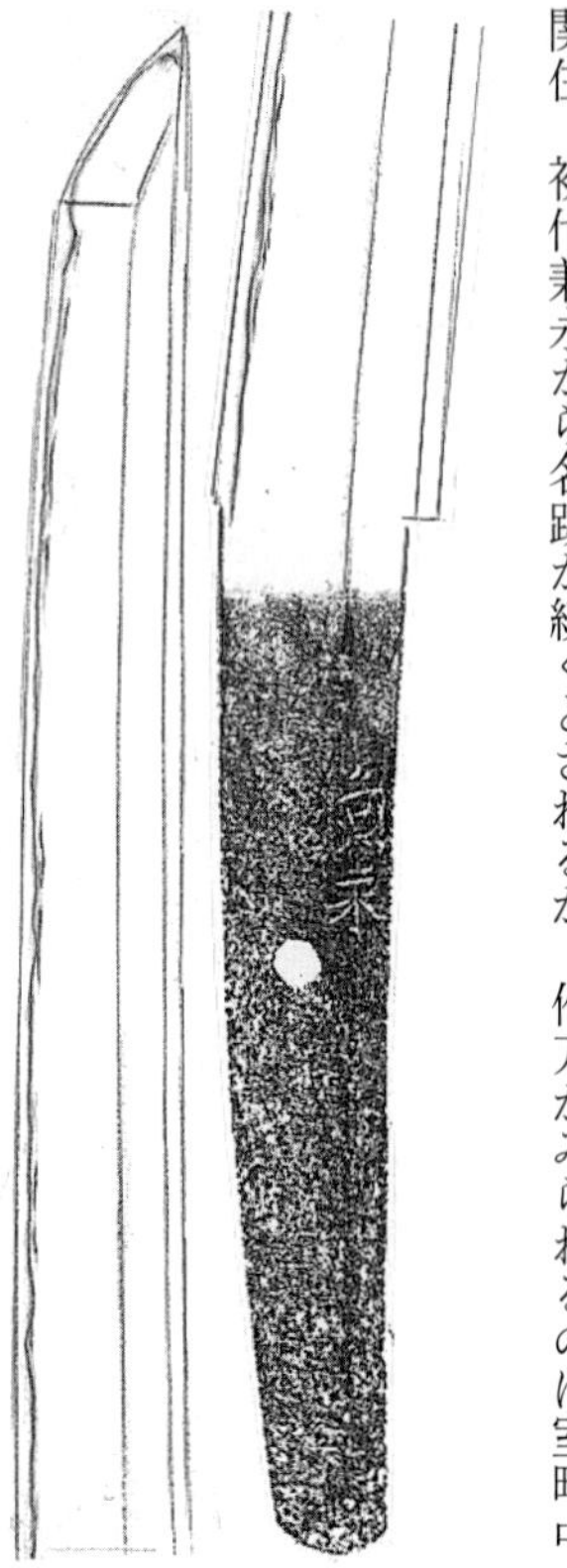

古 兼永【かねなが】 美濃国　室町末期（明応）

関住。明応二年紀の作がある。小板目が詰み柾交じり、白気映り立つ。直刃に小互の目交じり、小沸つく。「兼永」「濃州関住兼永」。

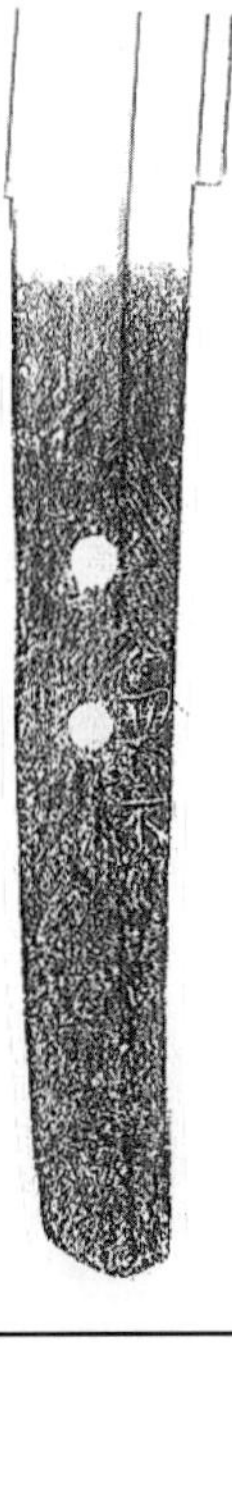

古 兼永【かねなが】 美濃国　室町末期（永禄）

関住。川戸左衛門。身幅広く重ね厚め、長寸で健体な刀を造る。板目に柾流れ、地沸つく。小湾れに互の目足入り、尖り互の目交じり、ほつれ、湯走りかかる。大銘を切る。「兼永」「濃州関住兼永」。

新作 兼永【かねなが】 岐阜　昭和

渡辺万治郎。明治五年生まれ。関鍛冶渡辺兼綱門、のち養子となる。小坂兼吉に入門。昭和十二年、日本刀鍛錬塾を開設し門弟の養成に尽力する。昭和十五年、日本刀匠総帥の称号を受ける。昭和年代の関鍛冶の指導者として重きをなす。昭和二十一年十月、七十四歳没。

新作 兼永【かねなが】 岐阜　昭和

河村永治郎。明治二十年生まれ。ステンレス刀の創始者で、緻密な刀身彫を得意とする。関市金屋町住。昭和十八年八月、五十七歳没。「奈良太郎藤原兼永　彫物同作」と切る。◆永治郎子、河村寛が父没後に二代兼永を継ぐ。昭和五十一年、六十二歳没。

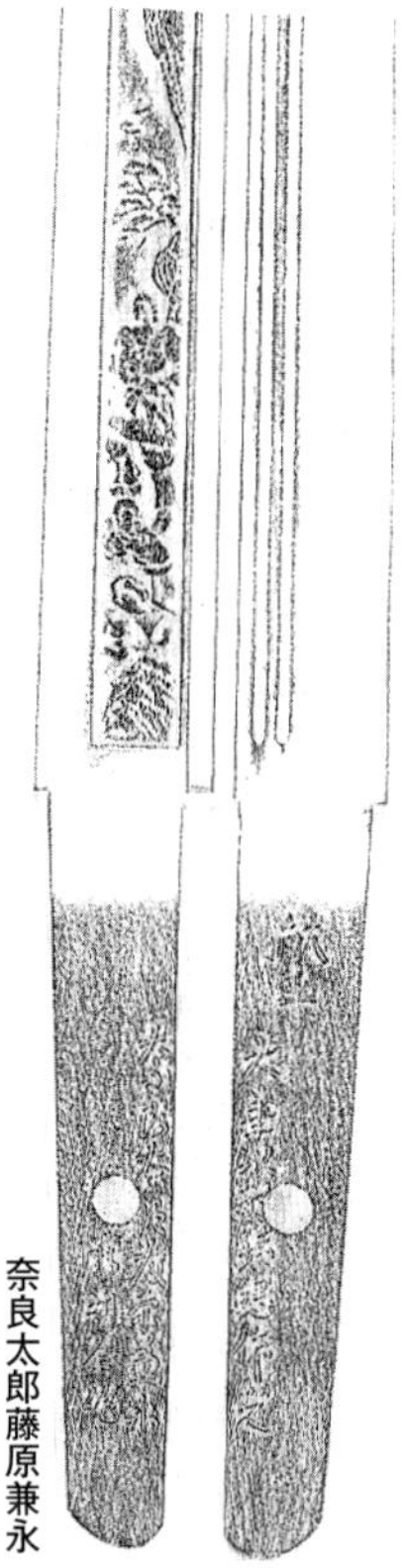

奈良太郎藤原兼永

古 兼長【かねなが】 美濃国　室町初期（応永）

関。三阿弥派。六郎太夫、兼則の長男。入道して道慶と号す。応永六年紀の作がある。小湾れ調の直刃に小足入り、小沸よくつき砂流し、金筋入る。

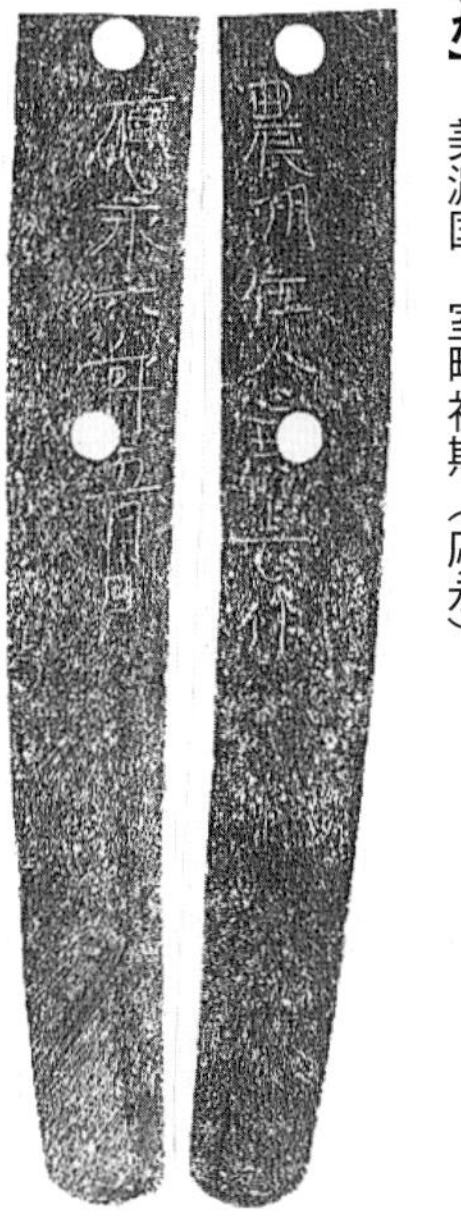

古 兼長【かねなが】 美濃国　室町末期（文明）

関。三阿弥派。鍛えは板目に柾交じり、肌立ちごころ。刃文は互の目乱、直刃を焼く。「兼長」。

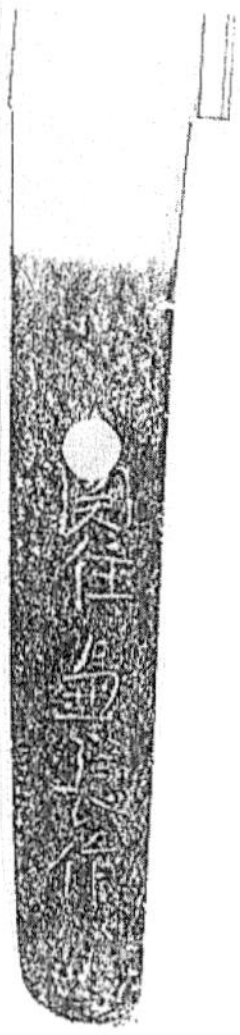

古 兼長【かねなが】 美濃国　室町末期（永正）

関。三阿弥派。永正から天文にかけて同銘が複数工いる。和泉に移った工もいて「泉州住兼長」と銘す。「兼長」「兼長作」「関住兼長作」。

古 兼長【かねなが】 美濃国　室町末期（天正）

元亀・天正のころ関から小山へ移って鍛刀した一群がいて「小山関」と呼ばれている。「関住兼長」「濃州関住兼長作依桂民部大輔殿御望作」。

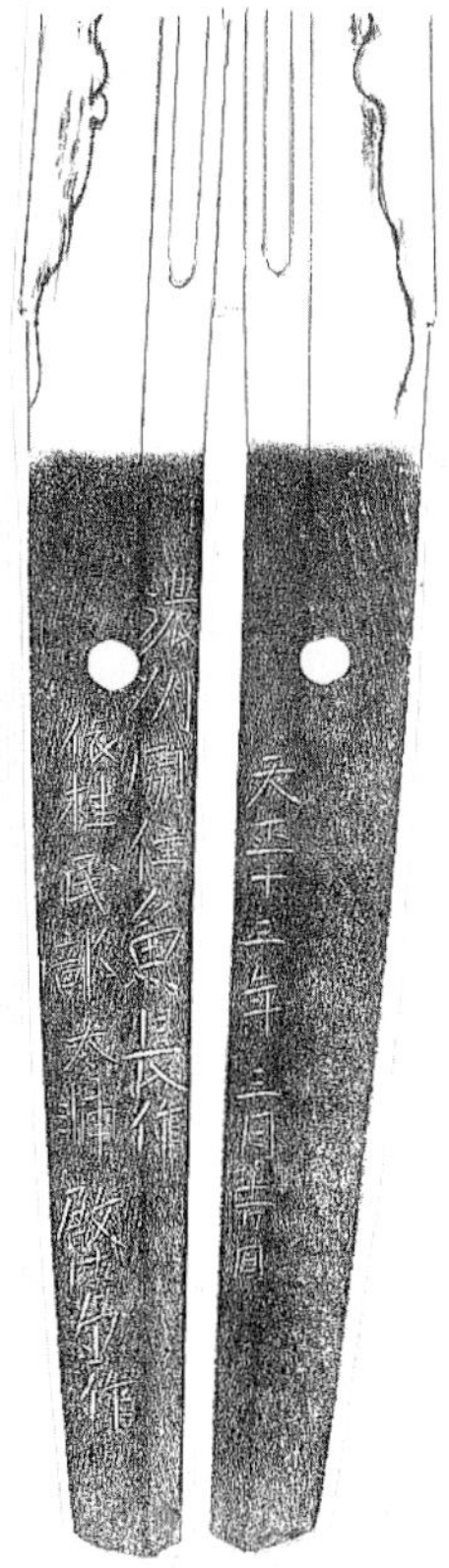

古 兼長【かねなが】 備前国　南北朝期（貞治）

長重の子、また兼重の子ともいう。貞治五年紀の平造小脇指に相州風の皆焼があるが、大磨上無銘の極めものに互の目に丁子交じりの皆焼ほどではないが、華やかな出来のものをみる。兼長には二代説があって、長義門は二代兼長で、至徳以後の作を二代とみるのであるが、いま初・二代を識別するには諸資料が少ない。『往昔抄』は兼長を「明徳年中まで存命」としていて、長義の没後、一門中で最も長く生存した一人である。「備州長船住兼長」。

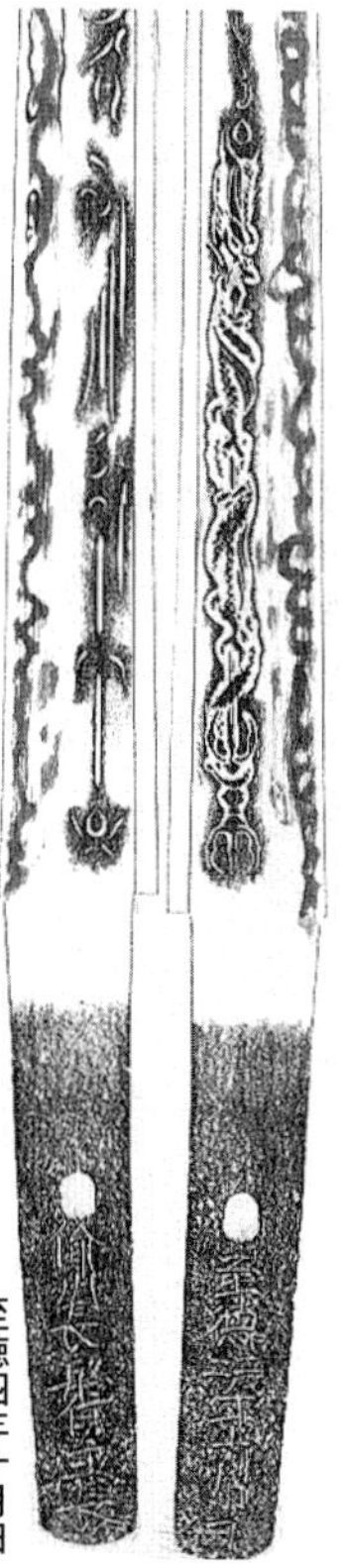

至徳四年十月日

新 兼長【かねなが】 武蔵国　江戸中期（元禄）

三四郎かね長。武州神田住。兼長を「かね長」と切った作がある。

新作 **兼長【かねなが】** 岐阜 昭和

山田長蔵。渡辺兼長門。日本刀鍛錬塾開設に尽力する。陸軍受命刀匠。昭和四十六年二月、八十一歳没。

古 **兼成【かねなり】** 美濃国 室町末期（天文）

関。応永から以降は天文ころに活動する工がいる。天正ころの兼成は駿河に移住する。「兼成」「濃州関住兼成作」。

新 **兼成【かねなり】** 美濃国 江戸中期（寛文）

大坂にても造る。天正ころの兼成の末流。

新作 **兼成【かねなり】** 岐阜 昭和

後藤良三。大正十五年生まれ。関兼成の末流。「濃州関住兼成鍛之」などと切銘する。渡辺兼永の日本刀鍛錬塾出身。関市本町住。

古 **兼得【かねなり・かねとく】** 美濃国 室町末期（天正）

関。左衛門。互の目乱が大模様。「兼得」「兼得作」「濃州関住兼得」など銘す。兼得は奈良派で、永正ころの工から永禄へと後続し、新刀期（三阿弥派）の初めにかけ関で作刀する。

古 **兼延【かねのぶ】** 美濃国 南北朝期（応安）

直江志津。兼氏門。兼俊の弟という。「兼延」。

古 **兼延【かねのぶ】** 美濃国 室町末期（文明）

関。善定。室屋関の祖兼在の子という。濃州関小山から、のち尾州山田庄内の志賀に移住し志賀関とも山田関とも呼ばれる。文明十四年紀の刀があり、校正は明応三年の作があるといい、この工が文明から明応にかけて作刀していたことが知られる。銘鑑は兼延に数代があるとし、康正ころの兼延をあげていて、康正を初代とすれば、文明・明応は二代、天文が三代とみなせられる。

古 **兼延【かねのぶ】** 尾張国 室町末期（天文）

志賀関。直刃、互の目に尖り刃交じり、大互の目乱などあり、沸づき、砂流しかかる。「兼延」「濃州志賀住兼延作」。

新作 **兼延【かねのぶ】** 岐阜 昭和

丹波修司。明治三十六年生まれ。父兼信に学ぶ。刀身彫の巧手。昭和十五年に陸軍受命刀匠。昭和四十八年十一月、岐阜県重要無形文化財に指定される。加茂郡富田町住。広直刃、湾れ刃など。

古 **兼宣【かねのぶ】初代** 美濃国 室町中期（嘉吉）

又四郎。関平賀住。徳永派の祖兼弘の子で平賀に住したことから平賀関と呼ばれる。「兼宣」。

古 **兼宣【かねのぶ】二代** 美濃国 室町末期（文明）

平賀住。徳永派。文明二年、四年の作がある。身幅狭めで重ね薄く、短寸の刀が多い。板目に柾交じり、よく詰み地沸つく。小互の目乱、尖り互目交じり、小沸つき、砂流しかかる。「兼宣」「関住兼宣」。◆三代永正、

四代天文、五代天正ころからのち、新刀期に続く。

古 **兼信**【かねのぶ】 美濃国 南北朝期（応安）

左衛門次郎。直江志津。兼氏の子で兼次門という。「兼信」。

古 **兼信**【かねのぶ】 美濃国 室町初期（応永）

関善定派。左衛門次郎。直江志津の系流が善定派に受け継がれたのは、左衛門次郎兼信の子が善定派の門に入ったことによろう。兼信は嘉吉、応仁、明応、永正と続き、新刀期に入って田代源一兼信が鍛刀して代々栄える。

古 **兼信**【かねのぶ】 美濃国 室町末期（天文）

源一（郎）兼信。関住。天文四年紀の作は小板目に柾交じり、よく詰む。刃文は小互の目に尖り互の目交じり、小沸つき、砂流しかかる。「兼信」「濃州関住源一兼信」。

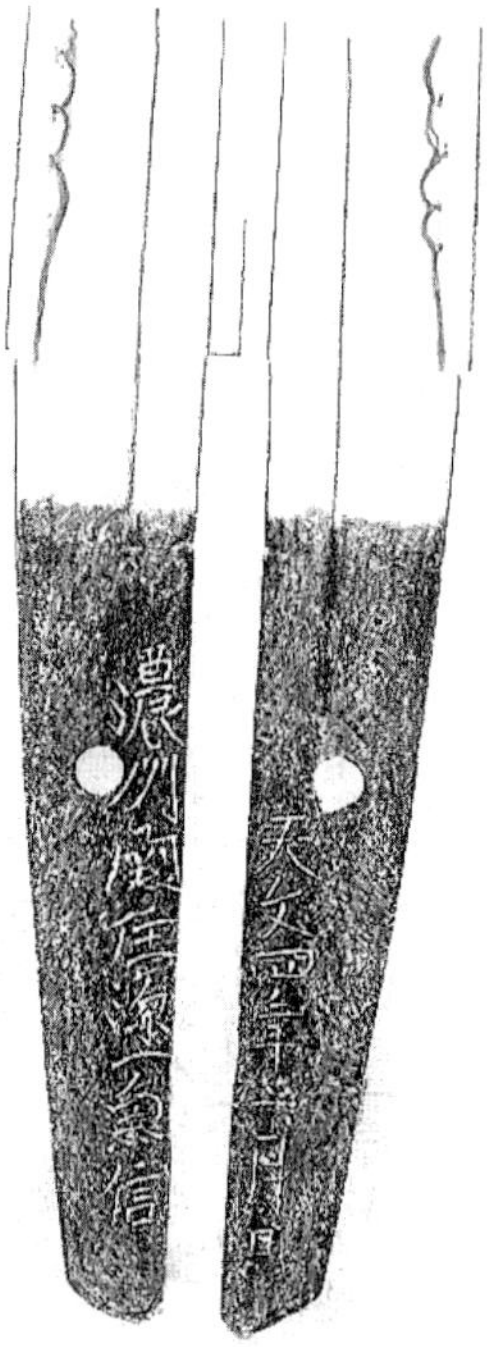

新 **兼信**【かねのぶ】 美濃国 桃山期（寛永）

田代源一郎。濃州神戸《ごうど》住。「大和守兼信」と打つものあり、「源一大和」と呼称する（『古今鍛冶備考』）。大和守を受領した兼信は別人がいて、源一郎兼信の子の代に当たり、三本杉刃を焼く。

新 **兼信**【かねのぶ】 美濃国 江戸初期（承応）

田代角兵衛。「濃州神戸住田代角兵衛藤原兼信」と切る。角兵衛兼信は寛文ころ以降、同銘が継続する。

新 **兼信**【かねのぶ】 美濃国 江戸初期（明暦）

関住。陸奥守を受領。「濃州神戸住陸奥守藤原兼信」などと銘す。尖り互の目、三本杉。

新 **兼信**【かねのぶ】 美濃国 江戸中期（寛文）

濃州神戸住。田代源一。「兼信」「濃州住田代兼信作」。

新 **兼信**【かねのぶ】 美濃国 江戸中期（寛文）

角兵衛。濃州神戸住。大湾れに互の目足入り、小沸つき、砂流しかかる。「兼信作」「濃州住田代角兵衛兼信」。

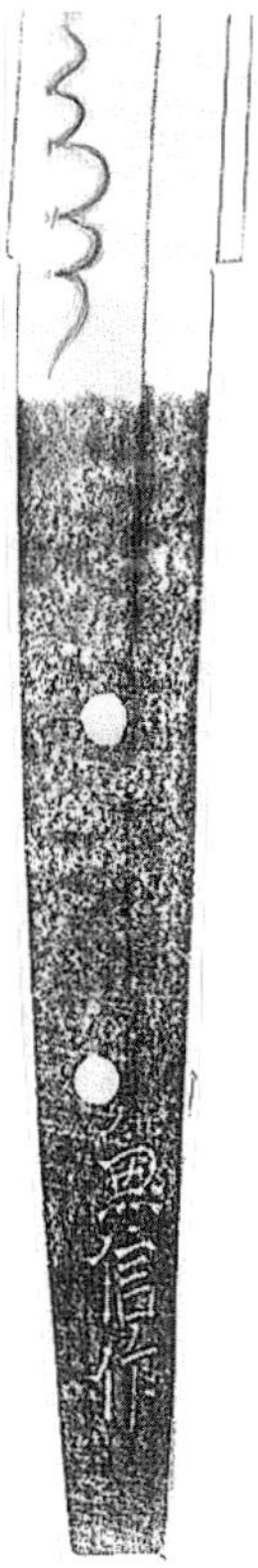

新作 **兼信**【かねのぶ】 群馬 昭和

塚越継延の義弟。野鍛冶の出身で昭和十五年から継延に学ぶ。陸軍受命刀匠。

新作 **兼信**【かねのぶ】 岐阜 平成

丹羽清吾。昭和二十八年生まれ。新作名刀展入選。「濃州住兼信彫同作」。加茂郡家加町住。

古 **兼法**【かねのり】 美濃国 室町中期（康正）

銘鑑によると右衛門四良、兼永子。赤坂千手院の鍛冶で康正の人という。次いで古いのが介右衛門兼法で明応といい、奈良太郎、法名仙心同人と

する。掲出の「濃州関住藤原奥州守兼法」（長さ二尺一寸）の銘作は、平成三年に実見したもので、室町前期まで遡る年代作と鑑じられる。直刃に互の目を交じえた作が一般関物の風を脱した古雅な作行きを示す。明応八年紀がある兼法銘は奥州守銘より太めで「濃州関住兼法作」と切る。奥州守銘は細鏨であるが、力感がある。

古 **兼法【かねのり】** 美濃国　室町末期（大永）

関住。兼常門。大永ころという。三代兼定との合作がある。「兼法」「関住兼法」。

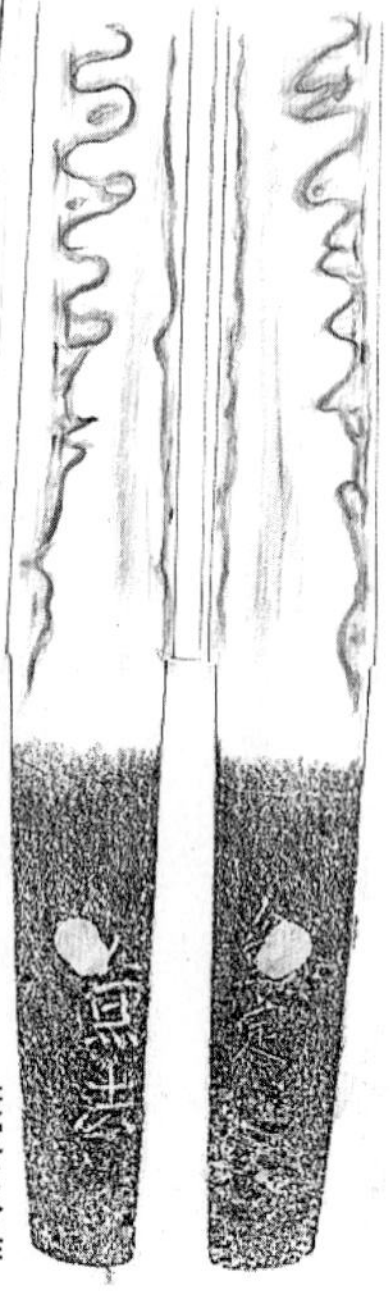

兼定と合作

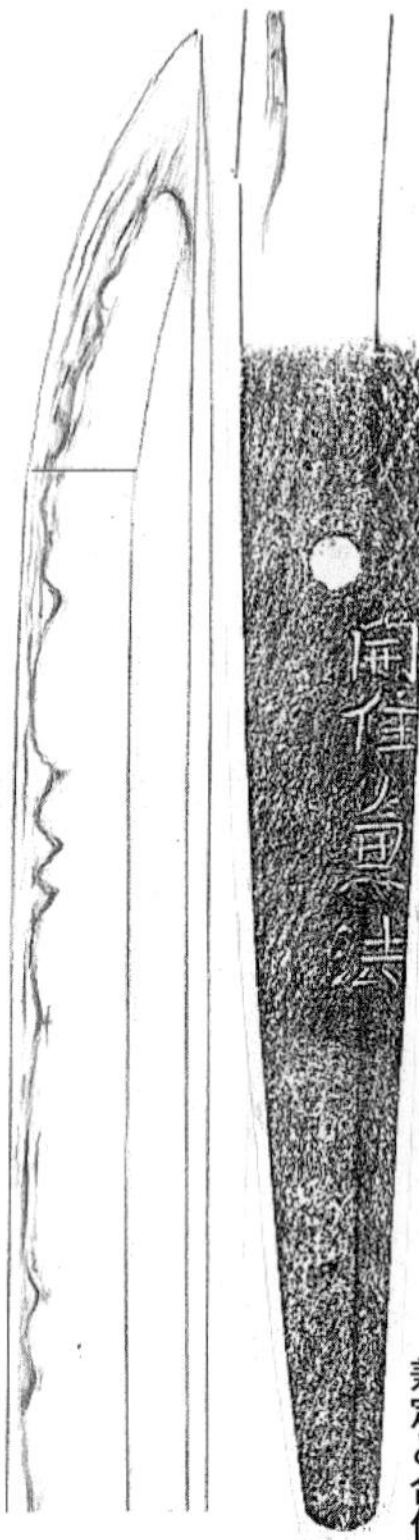

古 **兼法【かねのり】** 美濃国　室町末期（天文）

天文六年から十二年紀までがある兼法は関からのち越前へ移住する。天文五年に朝倉孝景に招かれて越前松岡に移り、朝倉家滅亡後は柴田勝家に仕えて一乗谷に移ると伝える。天文七年紀に「濃州関住兼法作」銘があり、天文十年紀に「越前一乗住兼法作」がある。「濃州関住兼法」「兼法」「兼法作」。

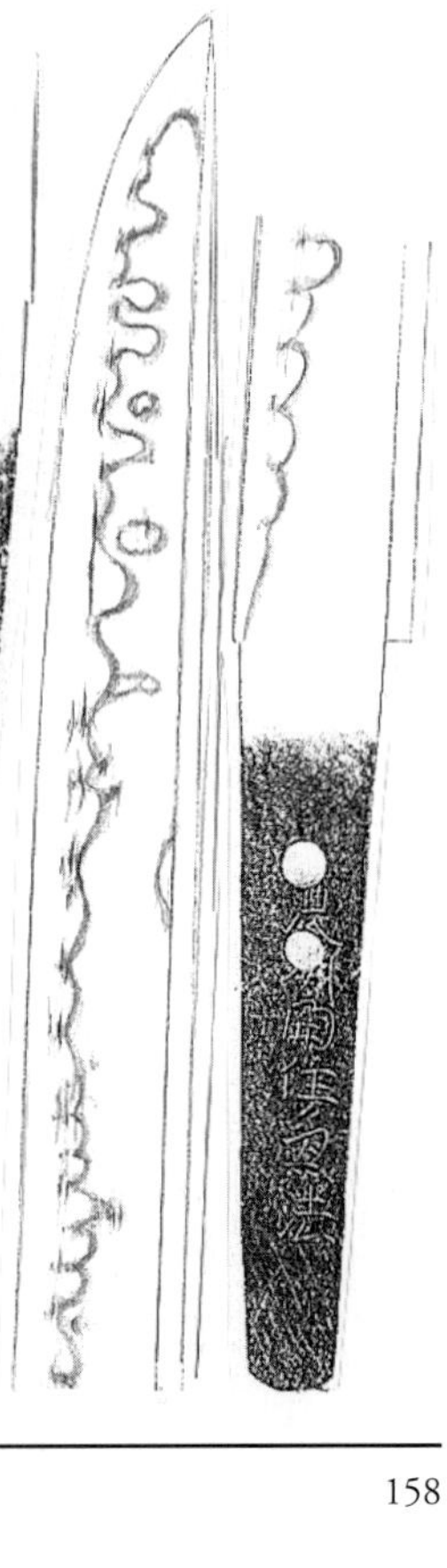

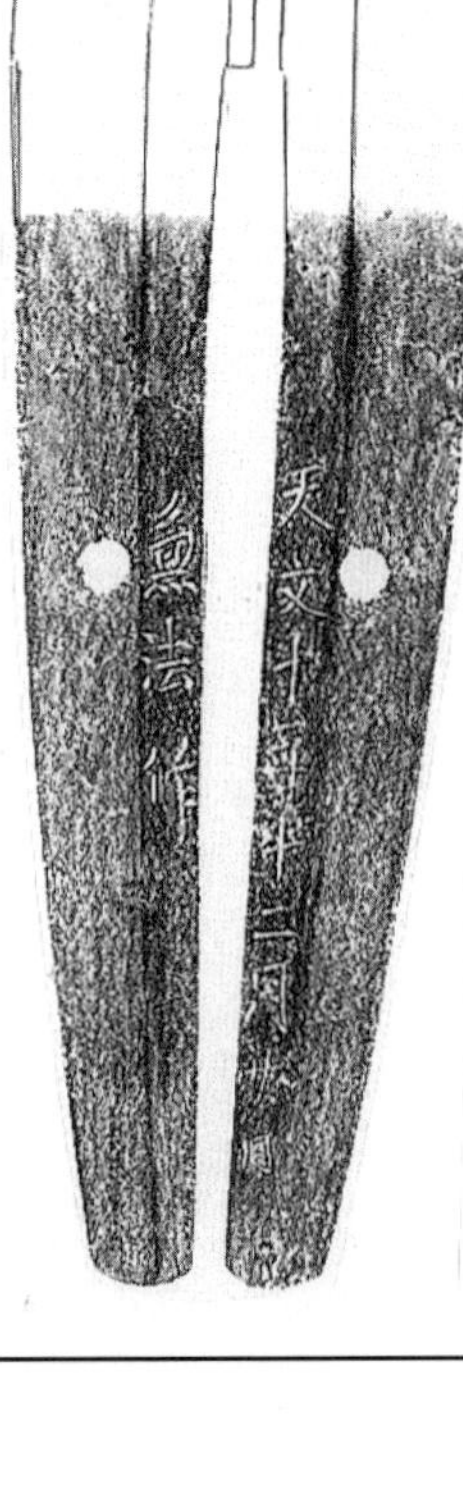

古 **兼法【かねのり】** 美濃国　室町末期（永禄）

天文から永禄へかけての兼法で、短刀と寸延び小脇指を好んで造る。小湾れに互の目、尖り互の目交じり、皆焼状の刃も焼く。「兼法」。

古 **兼法【かねのり】** 美濃国　室町末期（天正）

美濃関の鍛冶は各地へ分派して、なかでも兼法一門の動きははげしく越前、遠州、信州などへ移住している。天正七年二月紀がある兼法は大振りの銘を切る。関からのち信州伊那へ移るという。「濃州関駿河住藤原兼法」（薙刀）は天正七年紀の兼法とは別人で、駿河へ移住した工の作刀例である。

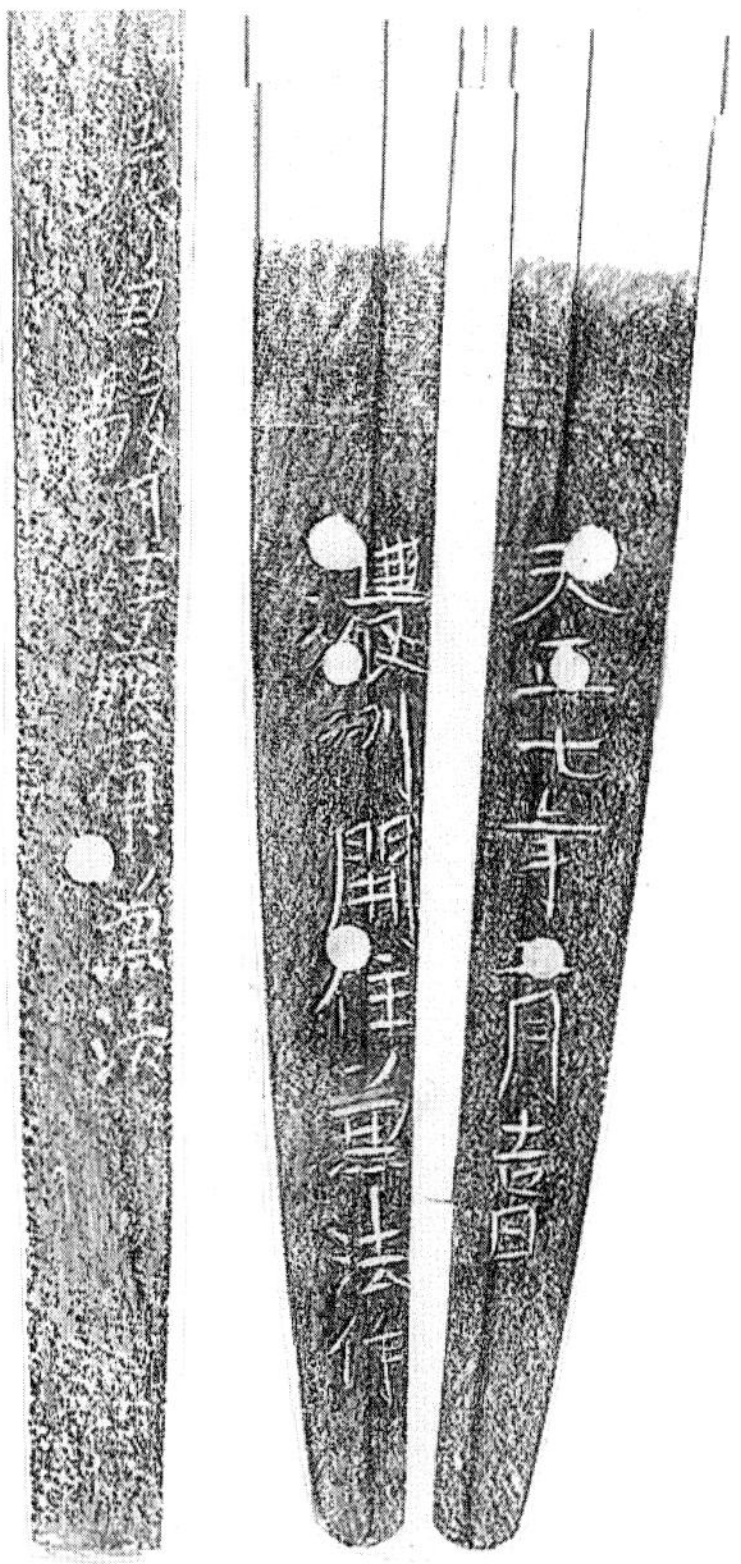

古 **兼法**【かねのり】 美濃国 室町末期（天正）

天正年中は複数の兼法が関で鍛刀している。天正六年紀がある兼法（『光山押形』）は天正七年紀の大振りの銘の工とは別人である。互の目乱に尖り互の目、矢筈乱など交じり、小沸つき、砂流しかかる。

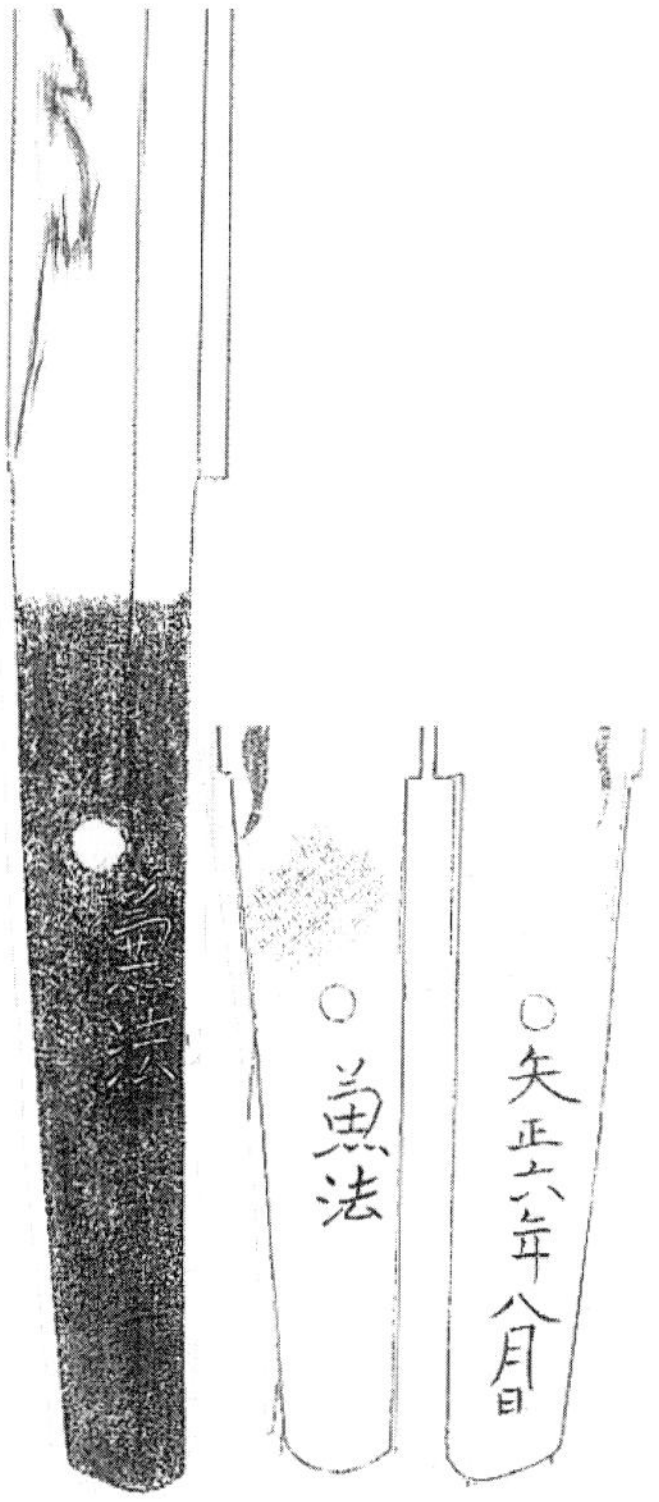

新 **兼法**【かねのり】 駿河国 桃山期（慶長）

助右衛門兼法。天正ころの濃州関兼法の子の代に遠州浜松に移住した一門。「濃州関駿河住藤原助右衛門尉兼法」と切るものがある。

新 **兼法**【かねのり】 越前国 桃山期（慶長）

本国美濃関、兼法四代目という。天正ころに関から移住し越前一乗谷に住。慶長五年紀の作がある。初代大和大掾正則は兼法門。互の目に湾れ、尖り刃交じり、匂口沈み末関風の作。

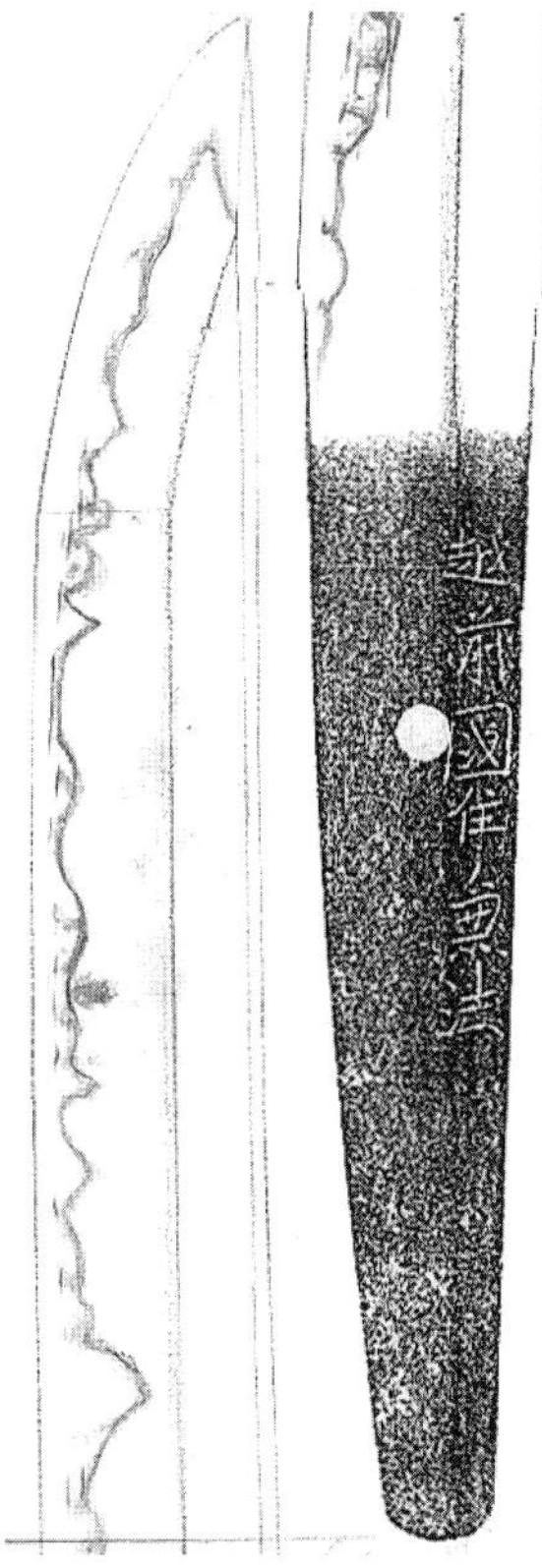

古 **兼則**【かねのり】 美濃国 南北朝期（応安）

銘鑑の上から兼則の最も古いのが南北朝期の応安であり、次いで室町初期の応永があげられる。応安の兼則は直江志津、兼氏の門、四郎右衛門。応安二・三年の作があるというが、作刀は未見である。

古 **兼則**【かねのり】 美濃国 室町初期（応永）

直江。兼友の子、六郎左衛門、法名三阿弥。三阿弥派の祖という。関鍛冶系図では初代兼則は応永三十三年、六十八歳没（『刀工大鑑』）といい、二代兼則は初代の子で永亨こ

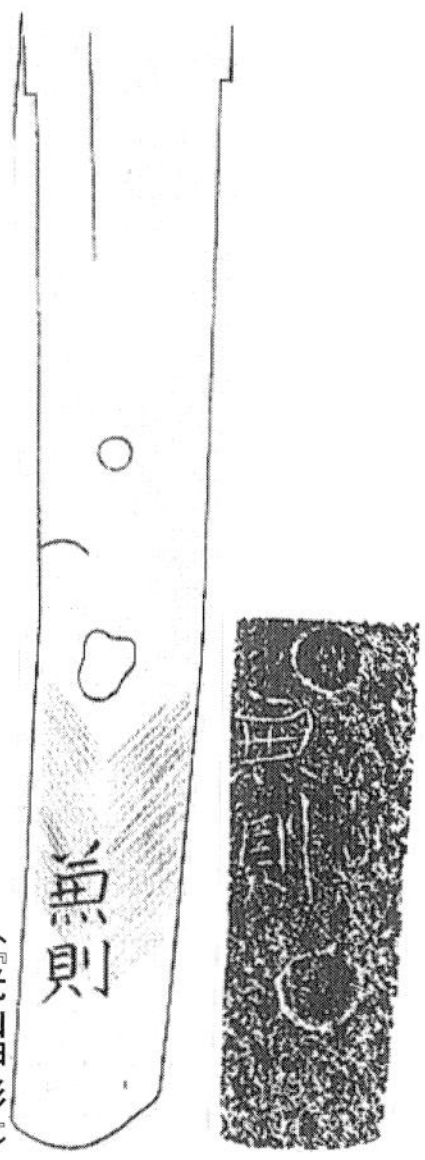

（『光山押形』）

ろ、作刀は稀であったという。作刀の上から初・二代の識別は明確ではないが、「兼」字の草冠を二点に打つのを応永兼則（掲出銘）、太刀銘に二字に打つ（『光山押形』）のを永享兼則にあてて後考に俟ちたい。

古 兼則【かねのり】 美濃国　室町末期（明応）

関住。三阿弥派。文亀・永正のころから兼則の作刀は多くなっていく。鍛えは板目がよく詰んで冴えたものと、板目が肌立ち流れるものがある。刃文は直刃と乱刃の両手があり、乱れは互の目に丁子交じり、大互の目乱があって、飛焼かかり皆焼状になった華やかな出来がある。

古 兼則【かねのり】 美濃国　室町末期（天文）

三阿弥。関住。天文十三年紀の作は焼幅広く、丁子に互の目交じり、足と葉がよく入り、沸出来で細かい砂流しかかる。天文十七年紀は湾れに互の目と丁子交じり、ほつれ、玉焼を加え、湯走りかかり、よく沸える。「兼則」「藤原兼則」「濃州関住人兼則作」。初代春日山兼則とは同年代であるが別人。

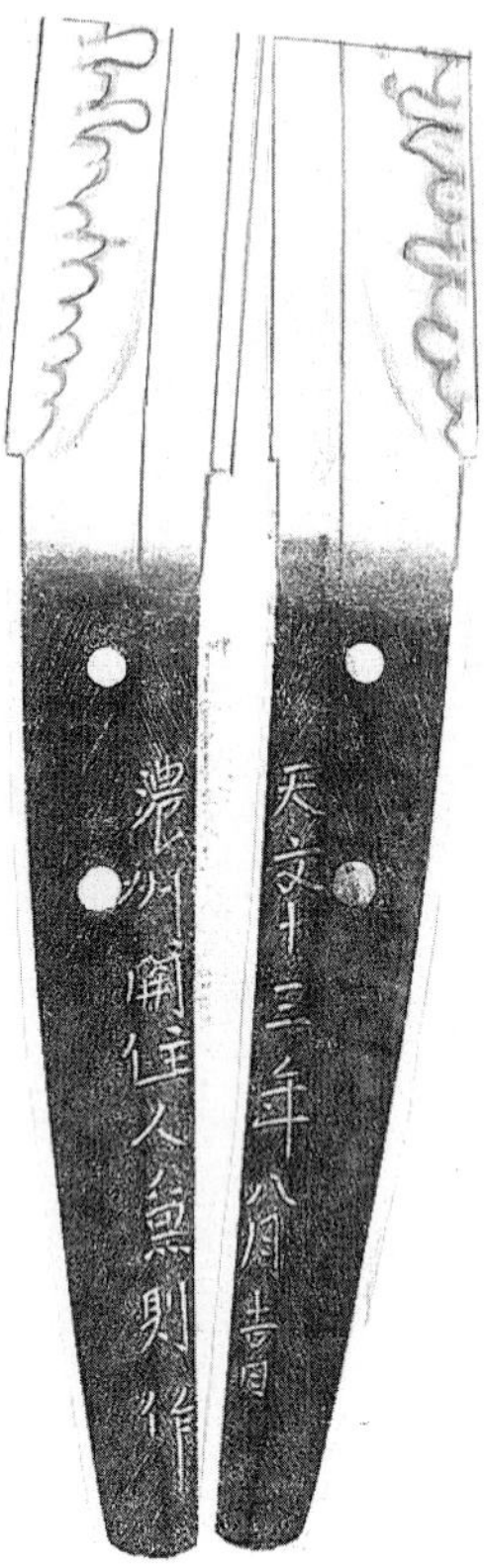

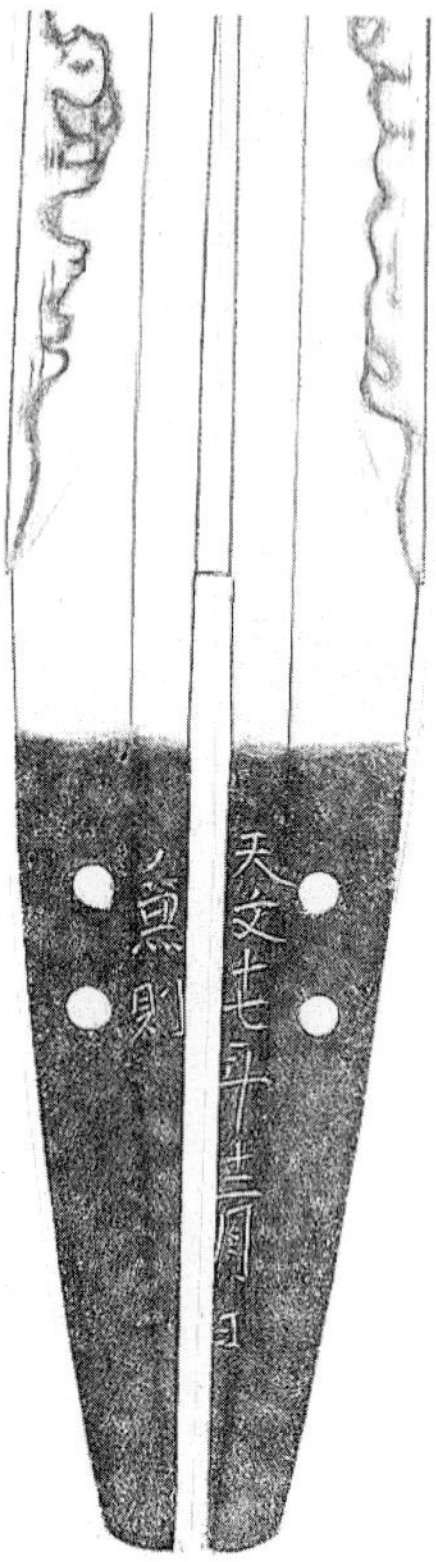

古 兼則【かねのり】 美濃国　室町末期（天正）

関住。三阿弥派。天正・文禄のころにも複数の兼則が鍛刀し、うち関から越前一乗谷へ移った工がいて新刀期へ続き、越前兼則の名を馳せている。

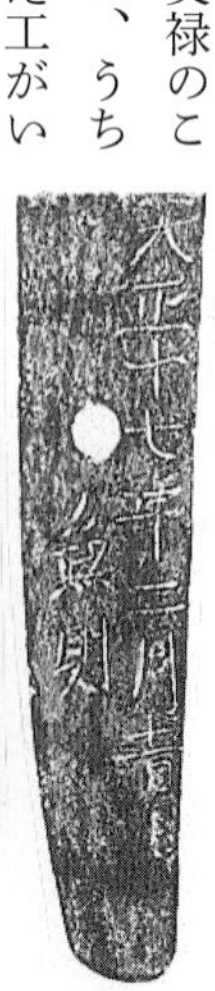

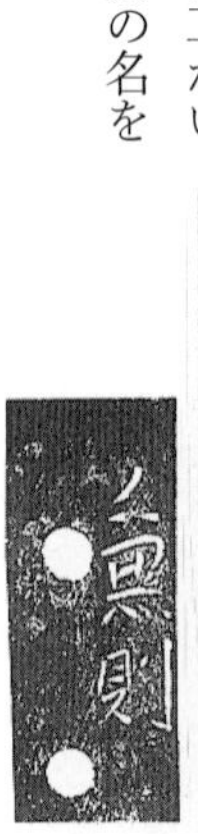

古 兼則【かねのり】 越後国　室町末期（天文）

関鍛冶は室町末ころに近隣他国へ移住するものが多く、越前、加賀、越中、能登など北陸各地へと移っている。越後春日山城下に移った吉右衛門兼則もその一人で、初代天文、二代天正と伝える。掲出の春日兼則は初代作であり、のち新発田へ移った兼則は二代作で「越後国新発田住」「兼則吉右衛門尉造」と切る。初代兼則の作刀は幅広で大切先の豪刀、大板目肌が立つ。刃文は互の目が小づみ、尖り互の目交じり、砂流しかかり、荒めの沸つく。「越後国春日住兼則」「吉右衛門尉造」と切銘する。

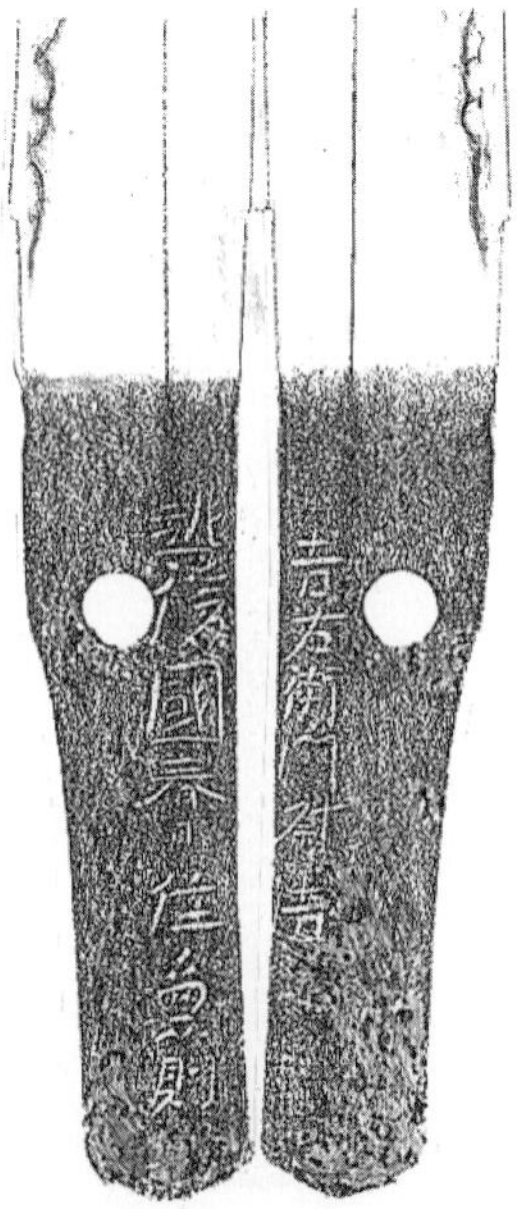

新 兼則【かねのり】 越前国　桃山期（寛永）

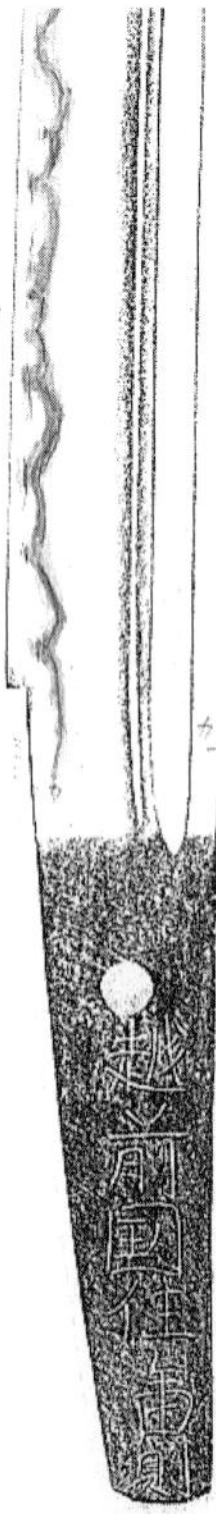

本国美濃関、越前に移住し一乗谷住。寛永ころ、また寛文ころに同銘が数人いる。寛永ころの刃文は互の目がよく沸えて匂口が明るい。

新 **兼則**【かねのり】 炭宮 加賀国 桃山期（寛永）

炭宮作兵衛。美濃から越中富山を経て寛永ころに加州炭宮に移住する。炭宮系図では三代目兼則で、兼法同人。寛永八年正月紀の作刀がある。

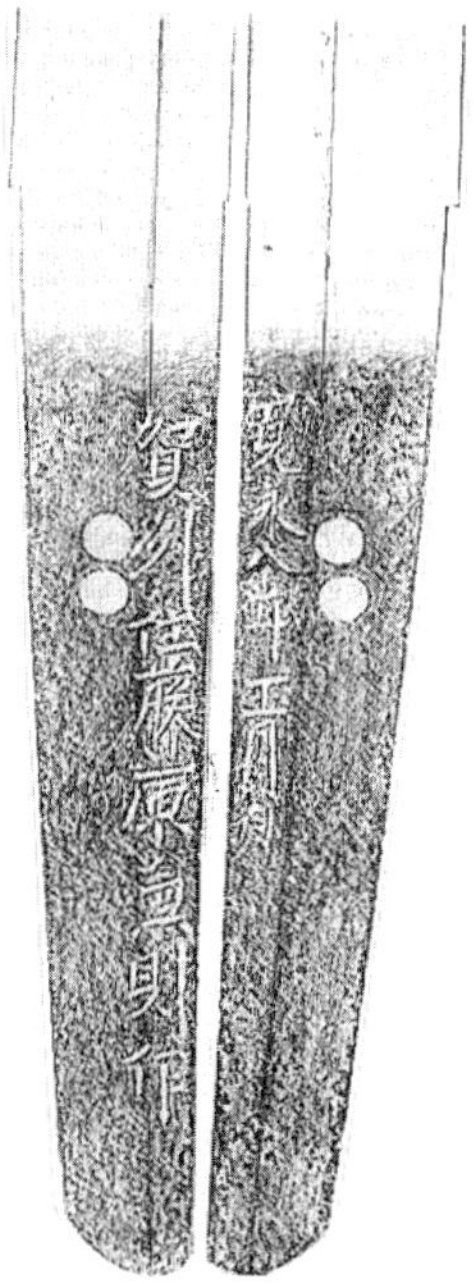

新 **兼則**【かねのり】 炭宮 加賀国 江戸中期（貞享）

炭宮作之丞。作兵衛兼則の子。金沢観音下住。作之丞兼則の作刀は物切れのすること（大業物）で聞こえ高い。直刃に小互の目、尖り刃交じり、小沸つく。炭宮系図では四代目。

新作 **兼治**【かねはる】 岡山 平成

松永耕治。昭和二十三年生まれ。上田祐定門。平成十五年作刀承認。湾れに小互の目交じり。「兼治」。総社市住。

古 **兼春**【かねはる】 美濃国 室町中期（長禄）

三阿弥派。四郎兵衛。兼行の子。長禄、文正、文明の年紀作がある。「兼春」「関兼春」「濃州関住兼春作」。

古 **兼春**【かねはる】 美濃国 室町末期（永正）

関。蜂屋住。永正から天文にかけて蜂屋で作刀する兼春がいて、天文ころの工は関兼長の子という。蜂屋関と称す。

古 **兼春**【かねはる】 美濃国 室町末期（天文）

三阿弥派。天文から永禄にかけて作刀する。湾れに互の目、丁子、尖り刃交じり、三本杉、皆焼などを焼く。「兼春」「兼春作」「濃州関住兼春」。

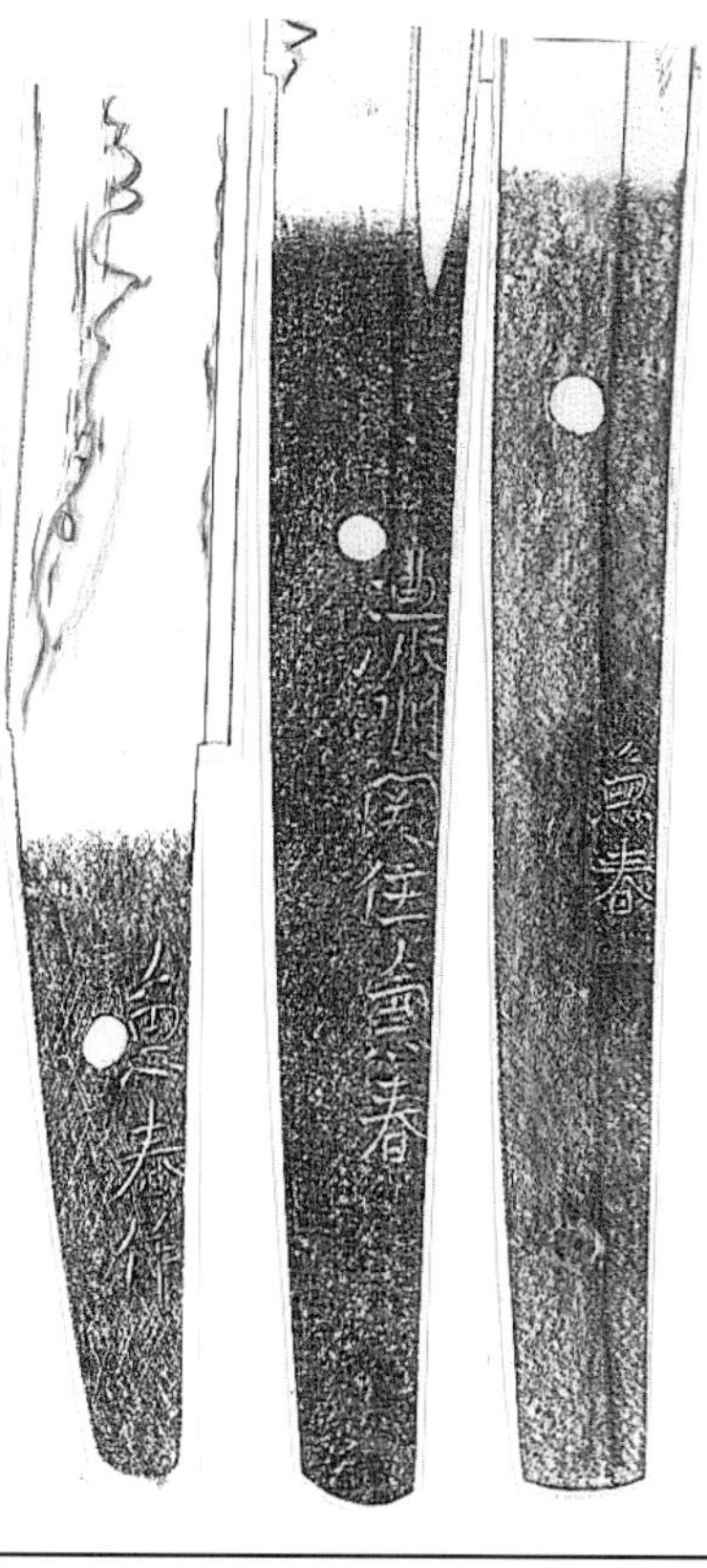

新 **兼春**【かねはる】 炭宮 加賀国 江戸中期（寛文）

炭宮作兵衛。宗兵衛兼春の子で三代目。承応三年の瑞龍寺奉納刀工の一人に列している。互の目乱に小湾れ交じり、小丁子に尖り互の目交じりなど。兼春家は四代八兵衛（貞享ころ）で絶えている。初代竹右衛門（寛永ころ）、二代宗兵衛（承応ころ）の作刀は未見。

古 **兼久**【かねひさ】 美濃国 南北朝期（永和）

直江。太郎左衛門、のち六郎左衛門。法名道和。直江志津兼俊の子、また門人という。

古 **兼久【かねひさ】** 美濃国 室町初期（応永）

六郎左衛門。直江のち関住。応永二十七年紀の作に「濃州関住」と切銘しているので応永末年には関に住していたことになる。得印派の祖。鍛え小板目肌よく詰み、小沸つき精美。刃文は直刃がほつれ、二重刃かかり、匂出来で小沸つき、焼出しから映り立ち白気映りに連なる。「兼久」「濃州住兼久」「濃州関住左衛門尉兼久」。

古 **兼久【かねひさ】** 美濃国 室町中期（文安）

関住。得印派。孫太郎。道阿兼久の孫。平賀で鍛刀する。京でも造るという。

古 **兼久【かねひさ】** 美濃国 室町末期（文明）

文明から永正にかけて得印派の兼久は関と平賀に分かれて複数の工が鍛刀する。関には文明ころの兼久、兼勝の子という文亀の兼久、明応ころ平賀住の兼久など知られた工が活動する。作刀は末関全般に通じる作行きで直刃と互の目、丁子の作がある。「兼久」「関住兼久」「濃州関住兼久」。

古 **兼久【かねひさ】** 美濃国 室町末期（天文）

関。得印派。平賀住。天文から天正にかけての作刀がある。平造の小脇指が多く、板目に柾交じり、肌立つものが多い。匂口の締った互の目乱に尖り刃、小丁子など交じり、棟を焼き皆焼状になるものもある。「兼久」「兼久作」「濃州関住兼久」。

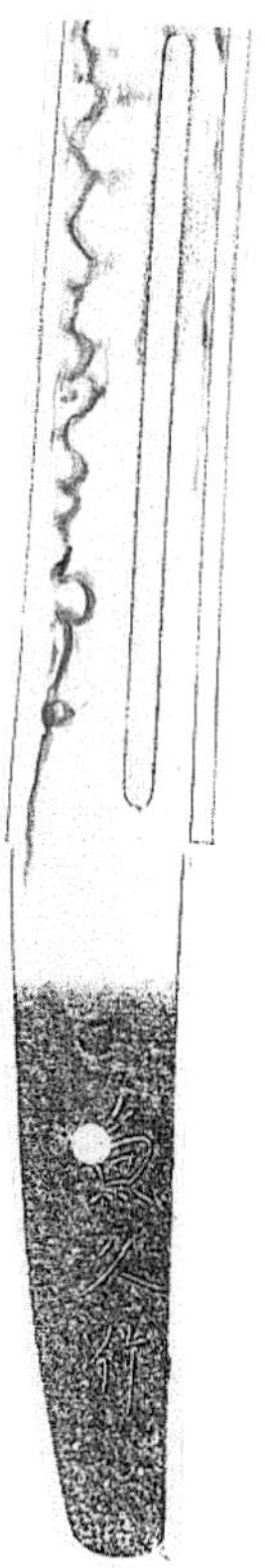

新 **兼久【かねひさ】** 美濃国 桃山期（慶長）

孫四郎。関住。得印流。慶長年紀の作がある。同年代に兼久の同銘の喜兵衛、清右衛門、忠兵衛などの作があり、兼久の名跡は江戸後期、文政ころまで続く。

新々 **兼久【かねひさ】** 八代 加賀国 江戸末期（文政）

木下甚太郎。松戸泰平門。兼久八代目。木下系は初代甚吾兼久が濃州関から金沢に元亀ころに来住して、二代以下江戸期を通じ連綿とするが、作刀は六代甚之丞兼重（寛政三年没）あたりからで、七代甚三郎までの作はほとんど見ることなく、八代甚太郎が加州新々刀の先駆者として活動する。文化ころから作刀があり、弘化三年、五十二歳没。直刃、湾れ、箱がかった互の目、矢筈乱交じる。

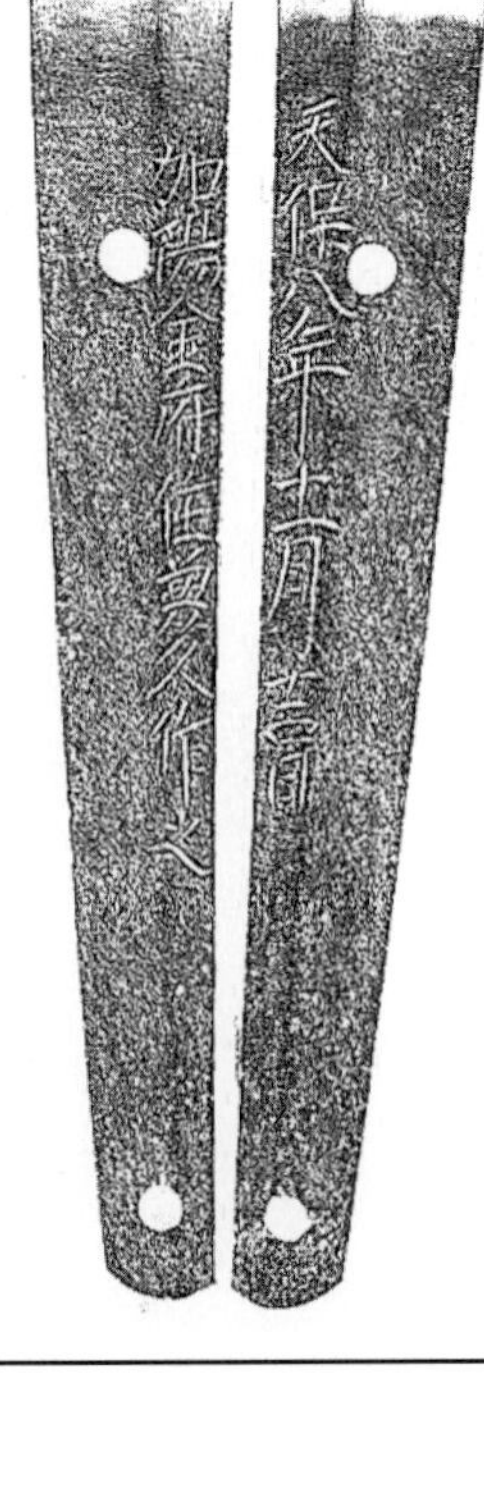

新作 **兼久【かねひさ】** 福島 昭和

松永久一。大正元年生まれ。高野正兼門。陸軍受命刀匠。双葉郡広野町住。「五社山村鹿住杉永兼久作」。

新作 **兼秀【かねひで】** 岐阜 昭和

中田勇。大正二年、長野県生まれ。川島正秀門、のち渡辺兼永に入門。昭和十一年、日本刀鍛錬塾の塾生長。陸軍受命刀匠。戦後は昭和二十九年から鍛刀再開。作刀技術発表会入選、新作名刀展努力賞受賞。関市鋳物師屋住。

古 **兼英【かねひで】** 美濃国 室町末期（天文）

関住。互の目乱が三本杉刃状となる。「兼英」「濃州関住人兼英」。

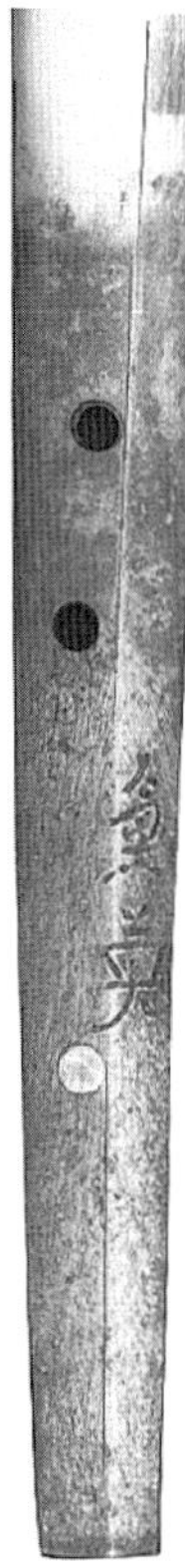

古 **兼英**【かねひで】 美濃国 室町末期（文禄）

関住。文禄ころから慶長の間に鍛刀する。湾れに互の目足入り、小沸よくつき、砂流しかかり金筋入る。「兼英」「濃州関之住兼英」。

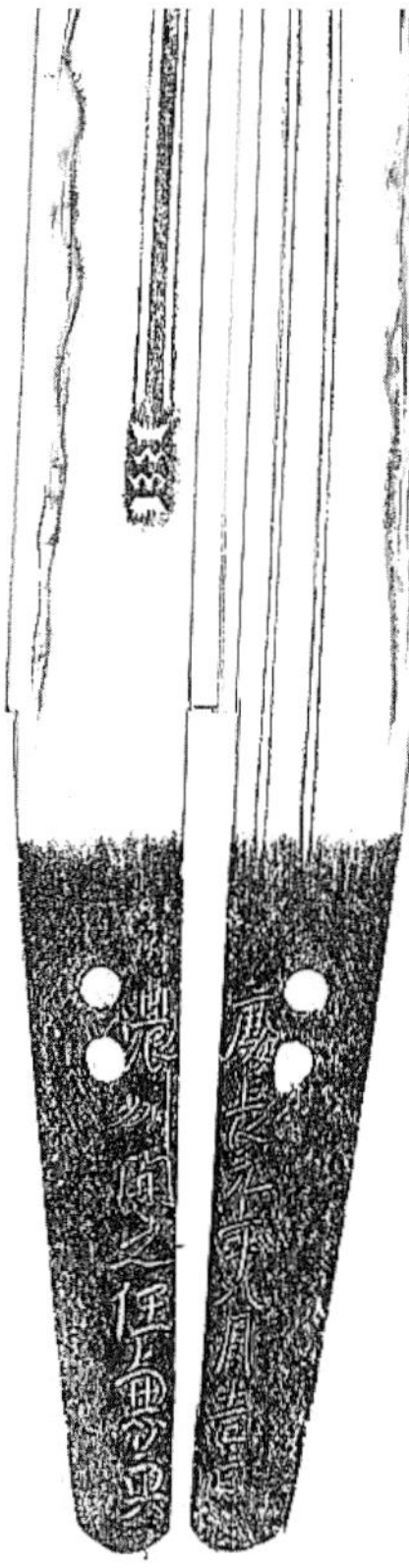

新 **兼英**【かねひで】 美濃国 江戸中期（享保）

関住。奈良派。新刀期の兼英は享保ころが多く、金太郎、九兵衛、平吉、市兵衛、七兵衛などが鍛刀する。降っては江戸末期、寛政ころに同銘工が複数いる。

古 **兼栄**【かねひで】 美濃国 室町末期（天正）

関住。互の目に尖り互の目交じり、皆焼。「兼栄」。

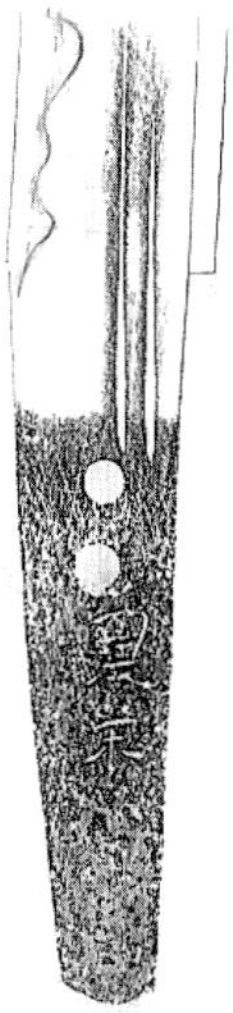

古 **兼栄**【かねひで】 日向国 室町末期（天文）

天文ころ。直刃に小互の目が匂口沈む。「日州住兼栄」。

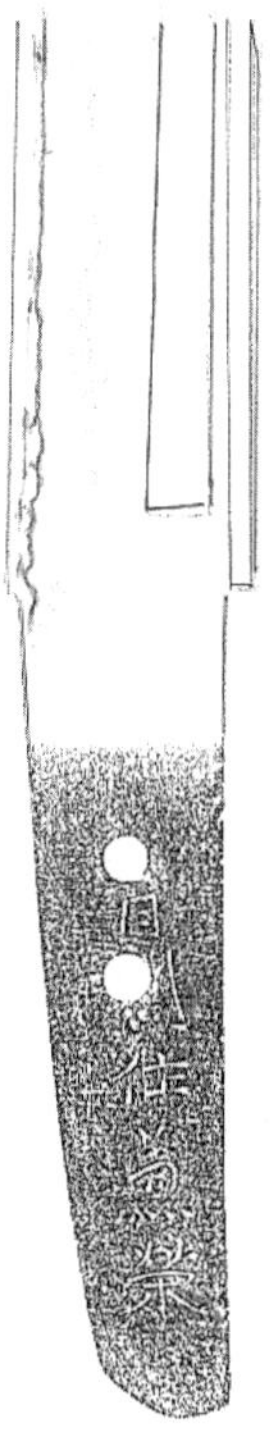

古 **兼平**【かねひら】 河内国 南北朝期（永徳）

秦氏。河内古鍛冶の源流は平安朝期に遡ると伝え、兼平はその末流という。銘鑑には永徳二年紀の作があり、降っては室町初期に正長元・二年紀があるとするが、兼平作は稀少であり、河内古鍛冶の遺作は未見である。

古 **兼平**【かねひら】 美濃国 室町中期（文安）

関。兼則孫、兼守の弟という。文安ころ。兼守子の兼平は法名道竜、文明ころ。兼光子の兼平は天文ころで、のち尾張に移住する。「兼平」。

古 **兼衡**【かねひら】 美濃国 室町末期（天正）

文安・宝徳ころの兼衡は関住。天正ころは岐阜住。「兼衡」「濃州岐阜住兼衡」。

新 **兼衡**【かねひら】 美濃国 江戸中期（寛文）

濃州岐阜住、天正の兼衡の末。直刃に小互の目足入り、ほつれ、打のけかかる。

古 **兼広**【かねひろ】 美濃国 室町末期（長享）

右衛門次郎。法名金阿。長享ころ。「兼廣」「濃州関住兼廣」。

古 **兼広**【かねひろ】　美濃国　室町末期（大永）
関住。湾れ調の直刃、小互の目足入り。「兼廣」「濃州関住藤原兼廣作之」

新 **兼広**【かねひろ】　大和大掾　初代　肥前国　江戸中期（寛文）
六郎左衛門国広子。六郎兵衛。寛文七年、大和大掾を受領。のち大和守に転じる。宝永二年八月十八日、七十七歳没。

新 **兼広**【かねひろ】　遠江守　二代　肥前国　江戸中期（元禄）
広貞の子、大和大掾兼広の養子となり二代目を継ぐ。相右衛門、のち平次兵衛。元禄十一年に受領する。

新 **兼広**【かねひろ】　安芸国　江戸中期（元禄）
高橋次郎太夫、のち八衛門。伊勢津にても造る。冬広末流。初代元禄、二代勘右衛門（享保ころ）、三代新蔵（宝暦ころ）、四代次郎太郎（寛政ころ）。

新々 **兼広**【かねひろ】　羽後国　江戸末期（慶応）
「羽州秋田住兼廣」「羽後住兼廣」などと銘し、安政から明治初年までの作刀がある。兵蔵鍛冶と称す。小互の目、尖り互の目など美濃関風がある。

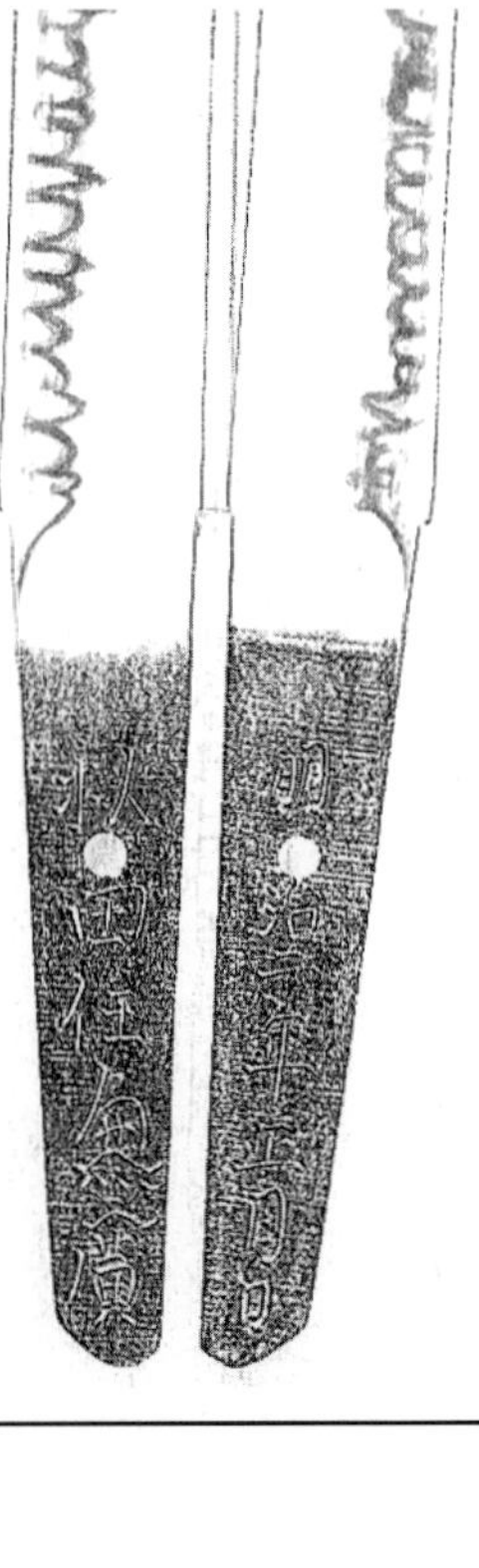

古 **兼弘**【かねひろ】　美濃国　南北朝期（明徳）
奈良派。奈良太郎の子、また左衛門次郎の子ともいい、法名金阿。徳永兼弘の兄とも従兄ともいう。大和手掻包永（三代）の子で、初銘包弘、応永ころに関に移り兼弘に改めるという。宝徳二年、八十歳没という。「兼弘」。

古 **兼弘**【かねひろ】　美濃国　室町初期（応永）
関。右衛門次郎。奈良派満吉の孫、仙心の子。徳永派の祖。南北朝末の永和の人ともいうが、作刀の主年代は室町初期の応永ころから永享ころにかけてとみられる。兼弘の名跡は明応から永正、天文、永禄へと続く。「兼弘」「濃州関住兼弘」。

新作 **兼弘**【かねひろ】　岐阜　平成
伊佐地督。昭和十六年生まれ。平成二十一年、同二十二年新作名刀展入選。「濃州関住兼弘作」。関市住。

古 **兼房**【かねふさ】**初代**　美濃国　室町中期（康正）
清左衛門。関善定派。法名善和。清次郎兼吉の孫、左衛門二郎兼重の子。元亀本系図が示す「惣領也」は、善定一門の嫡系として関鍛冶の惣領職を任じるもので、兼房家が代々これを称している。古銘鑑には永享・嘉吉の兼房をあげるが、作刀はみられず、康正元年紀の作があるという。
（系図856頁参照）

古 **兼房**【かねふさ】**二代**　美濃国　室町末期（文明）

清左衛門。法名善登。文明元年、同十二年、同十四年の年紀作があるうち、文明元年の銘は後のものより少しく鏨太であり、別人の手になるものとみられる。すると文明元年紀は初代銘の可能性が考えられるのであるが、他に初代銘がみられず、ここでは文明元年から同十四年までの銘を同列に二代銘としてみておきたい。文亀元年二月没。

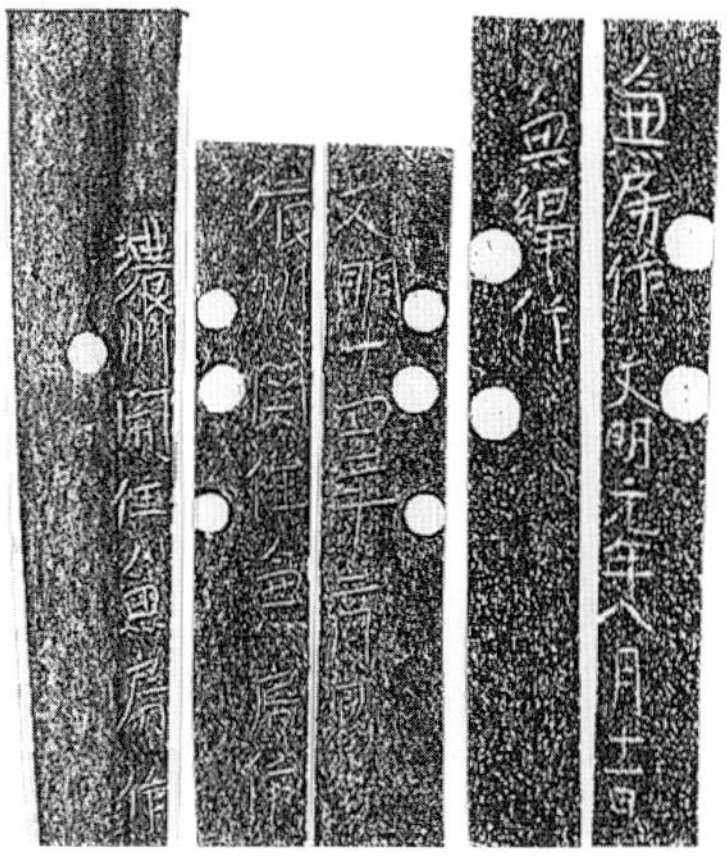

古 **兼房**【かねふさ】**三代**　美濃国　室町末期（永正）

清左衛門。法名善斎。関住、伊勢松坂にても造る。作刀は小板目が詰み、柾を交じえ、白気映り立つ。直刃に小互の目足入り、小沸よくつき、匂口明るい。永正七年五月没。「兼房」「兼房作」「濃州関住兼房作」「関之住兼房於勢州松坂作之」。

古 **兼房**【かねふさ】**四代**　美濃国　室町末期（大永）

清左衛門。関住、のち岐阜にても作刀する。大永二年七月没。先代が永正七年に没してから十二年間しかなく、四代の作刀は少ない。

古 **兼房**【かねふさ】**五代**　美濃国　室町末期（天文）

清左衛門。法名善応。関住、岐阜でも作刀し、のち尾州犬山で作刀する。大永七年ころ、石見守を受領する。病身のため思うように作刀ができず、惣領職を若狭守氏房に譲ったという。永禄三年五月没。「兼房」「濃州関住兼房」「石見守藤原兼房」。

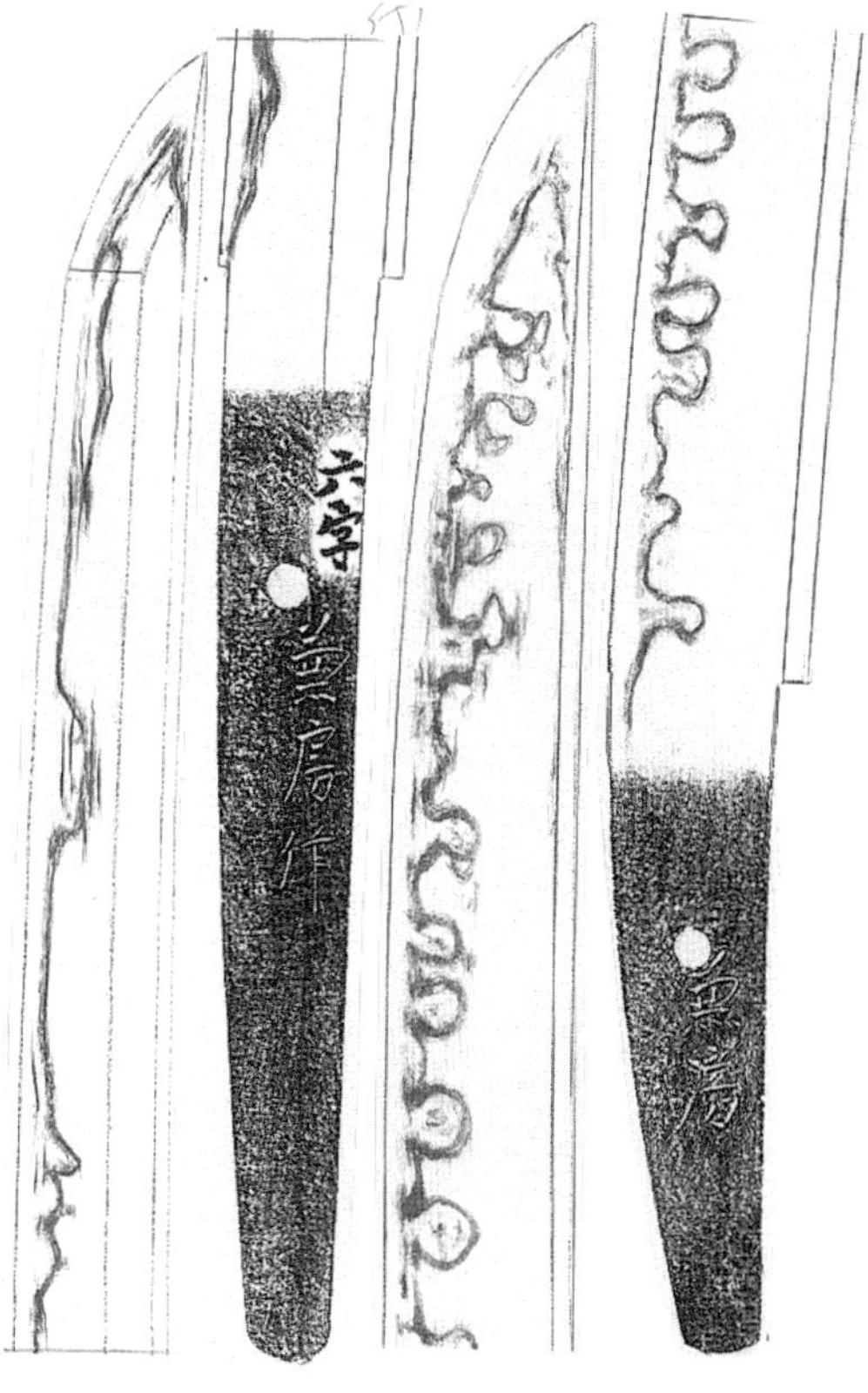

古 **兼房**【かねふさ】　美濃国　室町末期（天文）

清次郎。善斎兼房の次男。関住。河内守を受領して清房に改める。大銘を切る。「兼房」「濃州関住兼房作」「河内守藤原清房」。

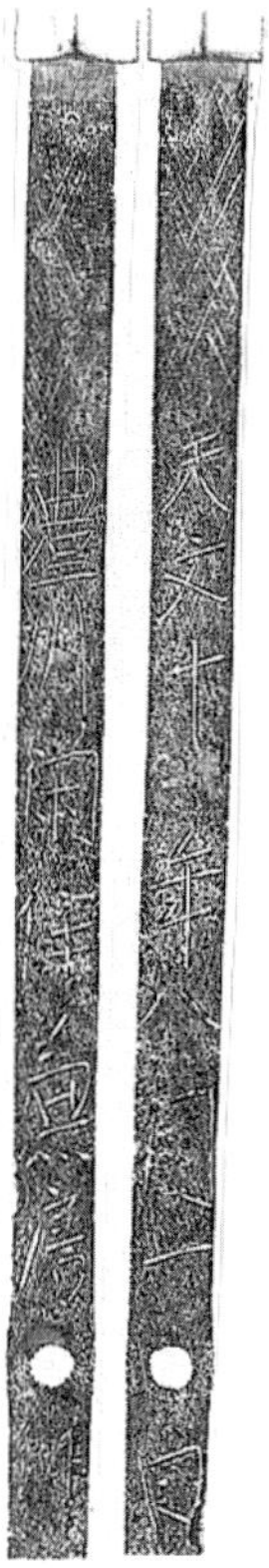

古 **兼房**【かねふさ】**六代**　美濃国　室町末期（永禄）

京三郎、のち清左衛門。善斎兼房の三男、弘治二年に長兄石見守兼房より惣領職を譲られて善定嫡家を継ぐ。永禄十三年四月、若狭守を受領し氏房と改める。⇩**若狭守氏房の項参照。**

刀と短刀ともに身幅が広く、先反りのついたものが多く、刀は中切先が延びる。鍛えは板目に柾交じり、地沸つき、白気映りの立つものがある。刃文は匂が締って丁子の頭がくるっと丸くなった兼房乱を得意とし、尖り互の目、矢筈かかった乱刃など交じり、直刃も焼く。「兼房」「兼房作」「濃州関住兼房作」「関住藤原氏房」「若狭守藤原氏房」。

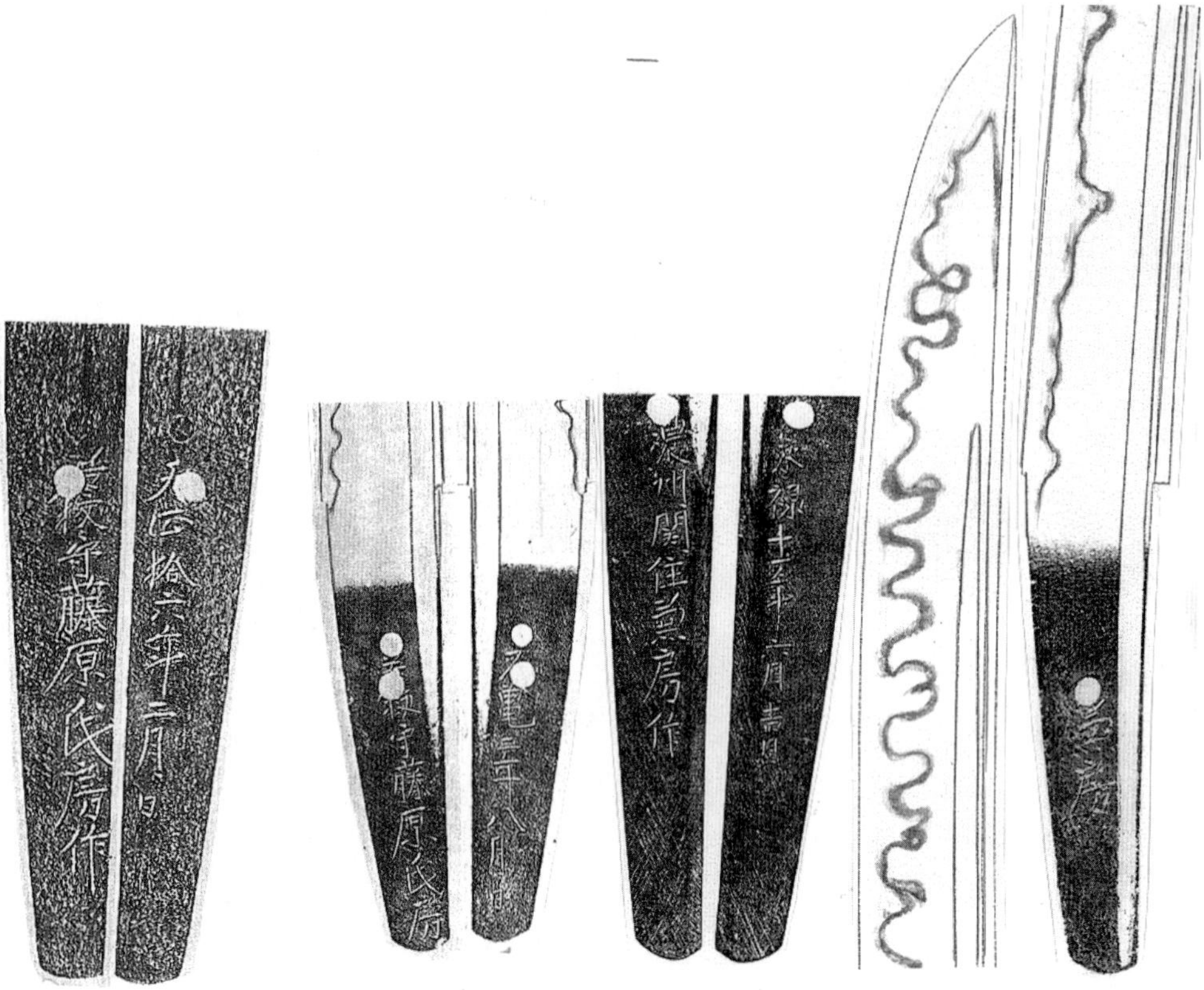

古 **兼房【かねふさ】** 美濃国　室町末期（天文～天正）

兼房は関鍛冶の惣領家として室町期を通じ盛況を極めた。永正・大永の間は比較的作刀数が少なく、天文・永禄年間に作刀が集中し、永禄から天正にかけては関から尾張、信濃、三河、また神戸《ごうど》などに移り、あるいは駐鎚するなど派生して栄え、その名跡は新刀期に及んでいる。兼房には二字銘に切ったものが多く、長銘のものもあるが、年紀がある作が少ないため、同時期に複数の鍛冶が存立していることで、個々の識別を困難にしている。天文から天正にかけて作銘の異なる数種の兼房銘を掲げるにとどめよう。

〈兼房銘各種〉

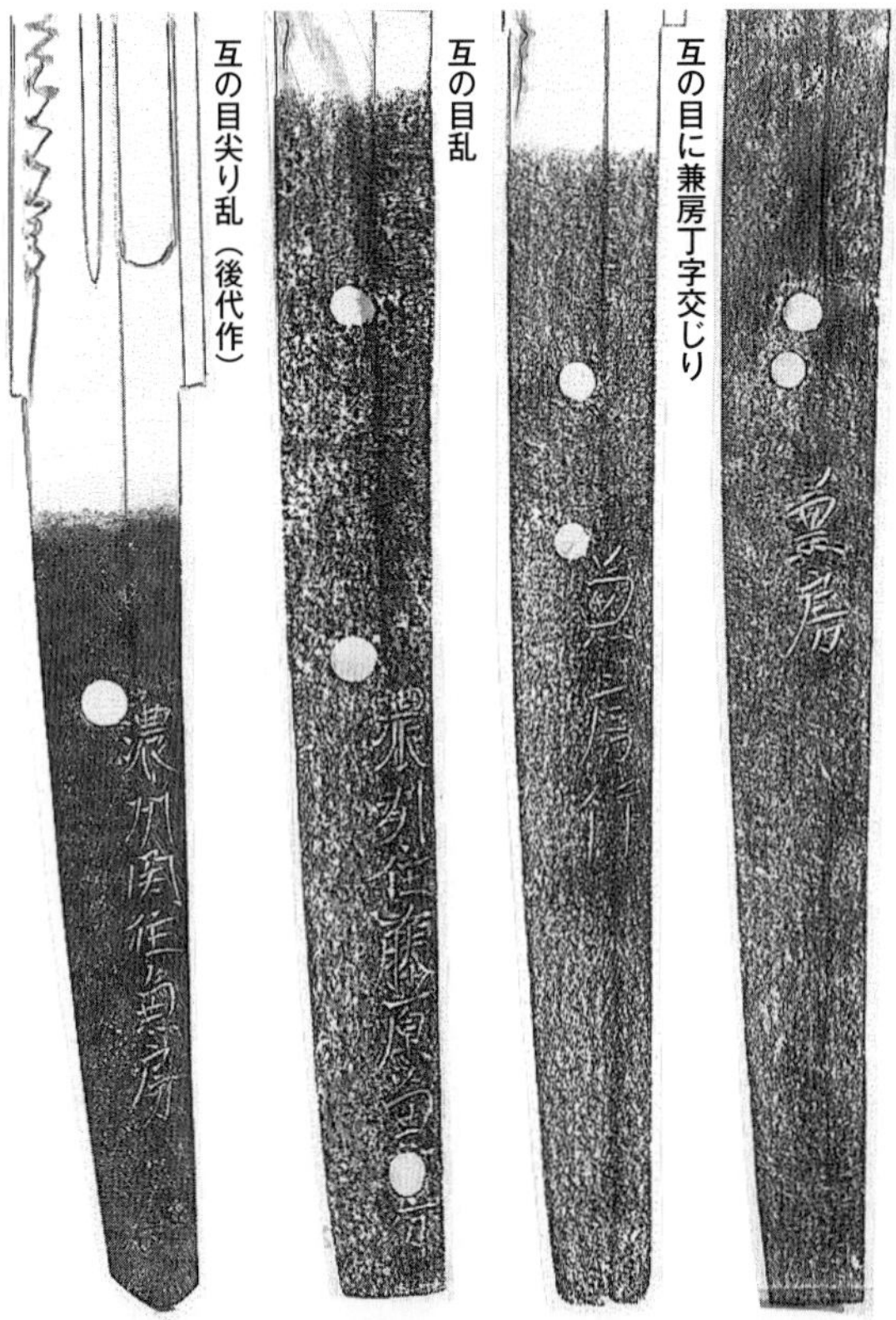

湾れに互の目交じり

互の目に兼房丁字交じり

互の目乱

互の目尖り乱（後代作）

古 兼房【かねふさ】 美濃国　室町末期（天正）

関住。天正八年紀に「肥藤助兼房」と切銘したものがある。「藤」を切るのは、他に「濃州関善良兼房」「藤」と銘したものがある。「善良」は「善定」派の工を自認したものであり、「藤」は「藤原」の姓の意であろうか。

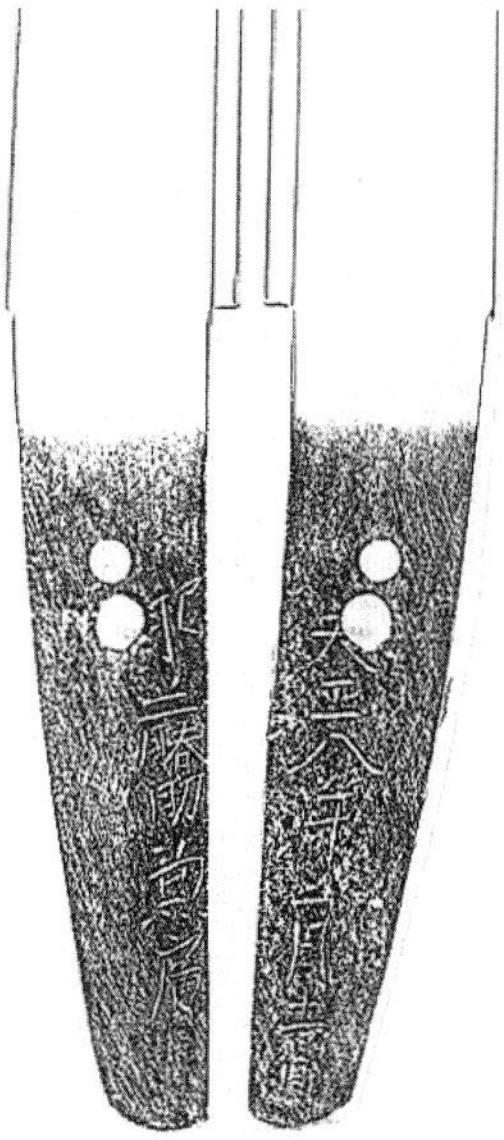

新作 兼房【かねふさ】 岐阜　昭和

加藤鉀一。関住。名流兼房から二十三代目を称す。明治三十二年生まれ。帝展入賞。戦後は作刀技術発表会で優秀賞受賞。昭和五十二年七月一日没。

新作 兼房【かねふさ】 岐阜　昭和

加藤孝雄。鉀一兼房の長男。大正十一年生まれ。父鉀一兼房に師事。二十四代兼房。昭和三十年作刀承認。作刀技術発表会に出品し入選、薫山賞、優秀賞八回、努力賞十五回受賞。平成九年、岐阜県重要無形文化財保持者。湾れに互の目交じり、丁子乱に尖り互の目交じりなど。関市住。「藤原兼房作」「平成十八年春八十五才作」。

昭和五十七年作

新作 兼房【かねふさ】 岐阜　平成

加藤賀津雄。昭和三十二年生まれ。孝雄兼房の長男。二十五代藤原兼房。月山貞一門。初銘貞房。平成十七年から新作刀展覧会出品、薫山賞、優秀賞二回、努力賞九回受賞。互の目乱連れる。関市住。「二十五代藤原兼房作」。

新作 兼房【かねふさ】 岐阜　平成

加藤正文。昭和五十三年生まれ。二十六代藤原兼房。父賀津雄兼房に師事。平成十八年作刀承認。平成十九年から新作刀展覧会に出品し、努力賞・新人賞受賞。互の目乱。関市住。「二十六代藤原兼房作」。

古 兼藤【かねふじ】 美濃国　室町中期（文安）

墨股住。兼勝同人という。文安ころ。墨股鍛冶は永禄ころに兼正、その子兼森などがいて「濃州墨股住兼森」などと銘す。永禄ころの兼森に和泉守を受領した工がいる。「兼藤」「濃州墨股住兼藤」。

古 兼船【かねふね】 美濃国　室町初期（応永）

関。良賢派。同銘が応永から文安、文亀と続き、享禄のころ尾州山田に移住する。「兼船」「濃州住兼船」。

古 兼船【かねふね】 尾張国　室町末期（永禄）

山田関。濃州関の良賢派の工が尾州山田（現・名古屋市西区）に移り鍛刀する。山田は関近郊の地ともいう説があり、「濃州住」と銘したものもある。兼船には濃州打ちと尾張打ちがあって、総じて山田関の称がある。天文から天正ころにかけての作刀がある。「兼船」「兼船作」「濃州住兼船」。

新 兼巻【かねまき】 加賀国　桃山期（寛永）

敷村清蔵。二代五郎右衛門兼巻の子、金沢住、のち寛永十七年ころ前田

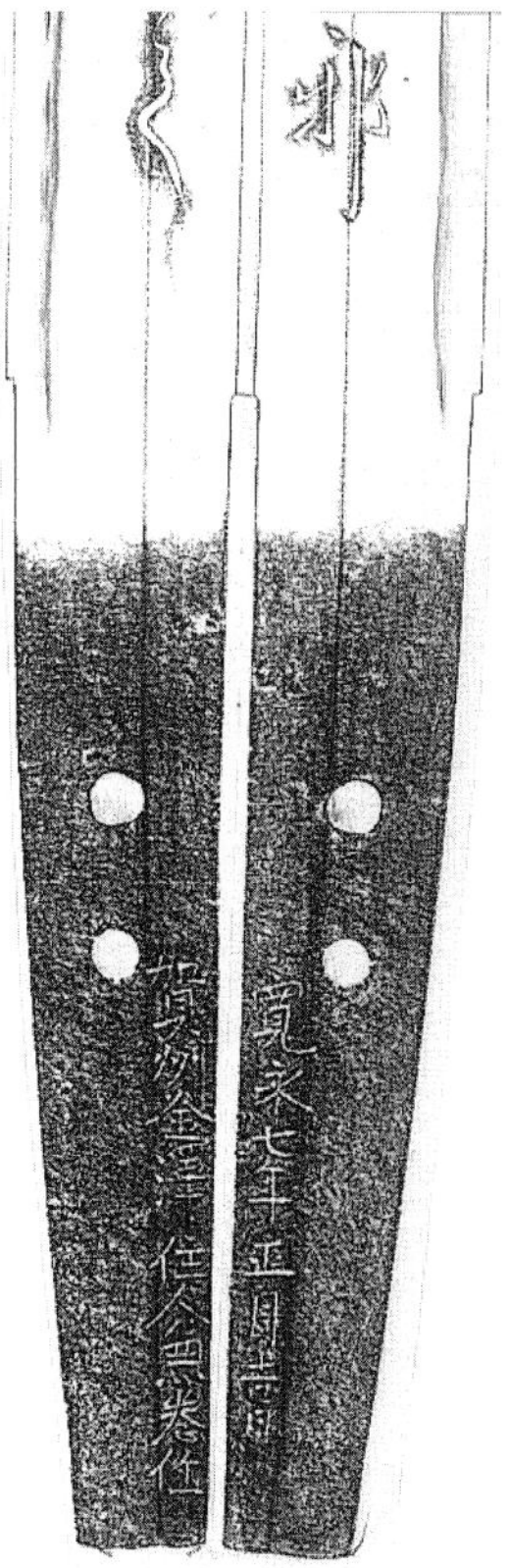

利常が小松城に隠居後、小松に召されて移る。小松兼巻と称される。承応四年没。兼巻系は初代喜斎兼巻（天正）から六代兼巻まで続くが、作刀は三代清蔵兼巻の他ほとんどみられない。二代五郎右衛門（元和）、四代八兵衛兼春（寛文）の作がわずかにみられる。作刀は寛永初年から承応にかけて。中直刃に小互の目足入り、ほつれ、喰違刃が交じる。

古 **兼巻**【かねまき】　美濃国　室町末期（元亀）

喜斎。関。三代兼定門。天正のころ越中加賀へ移り、後続する兼巻一門が高岡、また金沢で栄える。互の目に尖り互の目交じる。「兼巻」「濃州関住兼巻」。

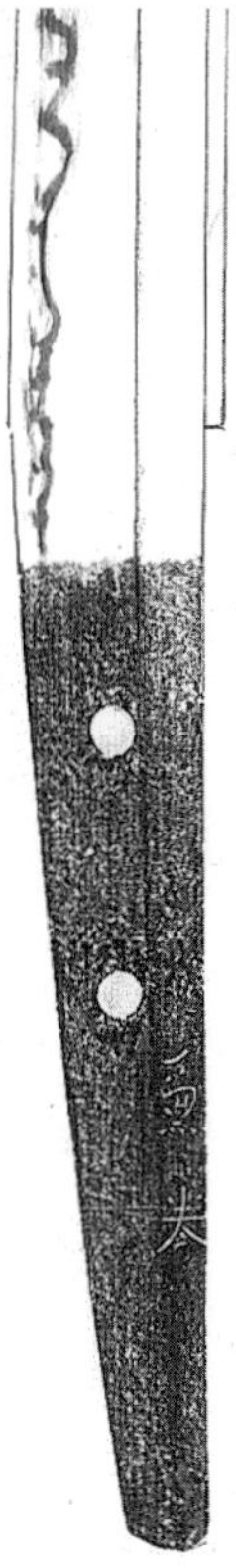

古 **兼方**【かねまさ】　美濃国　室町末期（永正）

関。善定派。甲州大石和《いさわ》にても造る。永正二年紀の作がある。兼方は永正からのち天文、元亀と続き、新刀期は元禄ころまで後続する。「兼方」「濃州関住兼方作於甲州大石和」。

古 **兼正**【かねまさ】　美濃国　室町初期（正長）

又次郎。三阿弥派。兼正は直江派の工で、永徳から明徳、応永と続き、正長の兼正は関住で、直江兼友の次男という。直江から関への移住に伴い三阿弥派の一翼を形成したものであろう。正長からのち同銘が文明、永正、天文、天正と後続し、なかに蜂屋へ移住する工もある。「兼正」「関住兼正」「濃州関住兼正」。

古 **兼正**【かねまさ】　和泉国　室町末期（永正）

加賀四郎派。同派の初祖光正は加州藤島から泉州堺に移り、この地に同族が栄える。作刀は稀少。「兼正」「泉州住兼正」。

新 **兼正**【かねまさ】　越前国　江戸中期（延宝）

服部吉兵衛。濃州関兼法五代の孫という。越前一乗谷住、のち江戸、彦根に住して造る。「下総大掾藤原兼正」。互の目乱。

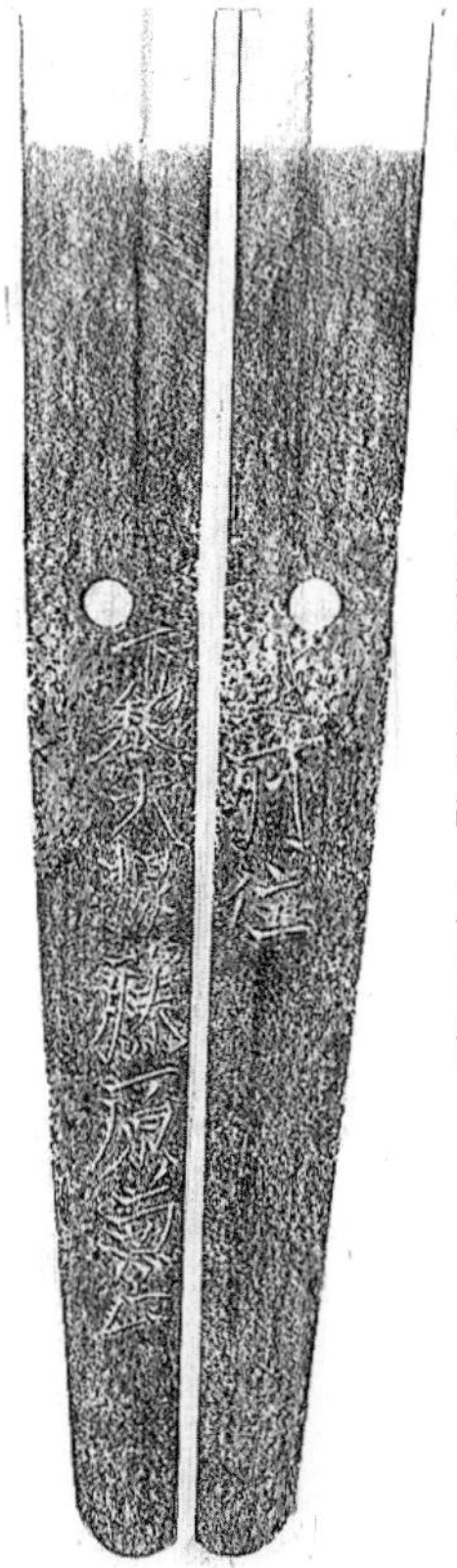

新作 **兼正**【かねまさ】　岐阜　昭和

大野正己。大正十二年生まれ。吉田正明の弟。大野家の養子となる。森田兼重門。関市梅ヶ枝町住。

新作 **兼正**【かねまさ】　愛知　昭和

竹内兼三郎。陸軍受命刀匠。春日井市鳥居松町住。「尾州高蔵寺住竹内兼正」などと切銘する。

古 **兼升**【かねます】　美濃国　室町末期（天正）

奈良太郎派。兼升は応仁、永正、天文、天正へと名跡が続き、「升」字を「枡」とも「舛」とも切る。天正の兼升は関、また岐阜住。小湾れに小互の目、尖り刃を交じえ、匂口締り小沸つき、砂流しかかる。「兼升」「濃州関住兼升」「濃州岐阜住兼升作」。

新 **兼舛**【かねます】　美濃国　桃山期（寛永）

良賢派。与三左衛門。慶長のころに弥一郎、孫右衛門、惣七郎、源十郎、又次郎の兼舛がいる。寛文ころには大坂に移住した播磨守兼舛が鍛刀する。

古 **兼益**【かねます】 美濃国　室町末期（享禄）

小湾れに互の目足入り、匂口深く小沸よくつき、ほつれ、砂流ししきりにかかる。「兼益」「濃州関住兼益作」。

古 **兼町**【かねまち】 美濃国　室町末期（永禄）

関住。互の目乱を焼く。永禄九年紀がある「上月吉日」は「上春」で「正月」の意であろう。「兼町」「濃州関住兼町」。

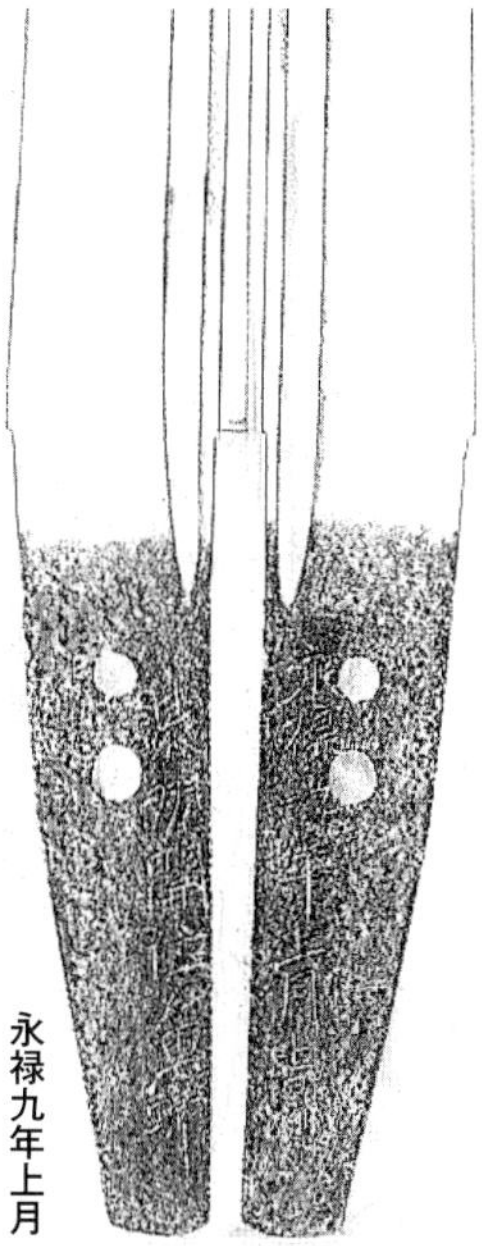

永禄九年上月

古 **兼松**【かねまつ】 美濃国　室町末期（永正）

関。兼松は宝徳、文明から永正の四郎兵衛へ続く。四郎兵衛兼松は兼綱の初銘で、兼宣の子とも、兼介の子ともいう。永正からのち、天文、天正と同銘が後続する。「兼松」「関住兼松」。

古 **兼道**【かねみち】 美濃国　室町末期（天文）

関。師宅の末兼阿の子。三阿弥兼高の一門という。「兼道」「濃州関住兼道」。新刀の兼道（寛永）に続く。

古 **兼道**【かねみち】 美濃国　室町末期（永禄）

関。室屋派、実阿の子、志津三郎兼氏九代の孫という。初銘兼道。年紀がある初作に天文十六年紀があり、次いで永禄五年紀がある。永禄十二年春、奥州の刺史に任じられ陸奥守を受領し、「大」の一字を賜り大道に改銘する。文禄二年二月、二条関白の御供で伊賀守金道、和泉守金道、越中守正俊、丹波守吉道の四子を伴い上京、京西洞院に居を定め鍛刀に励す。兼道の上京を永禄二年とする説が古くからあるが、これは文禄二年の誤認であろう。永禄二年から文禄二年までは三十五年があって、この間に兼道は関と岐阜で作刀している。陸奥守を受領したのが永禄十二年なので、受領に先立ち京にのぼっていたことはありえることで、永禄二年の上京は必ずしも否定はできない。しかし一家を挙げての京への移住は文禄二年のこととなる。

天正二十年（文禄元年）二月には「陸奥守大道」銘の作が、天正十九年二月には「濃州岐阜住大道」と岐阜での作がある。また上京の翌年の文禄三年二月には初代伊賀守金道が、同四年三月には初代来金道がそれぞれ受領をしていることと合わせて、文禄二年の上京年は首肯される。陸奥守大道の作刀は上京後からはみられない。天文十六年紀の兼道銘の初作とみられる年から天正二十年までの作刀歴は四十六年があって長期に及ぶ。没年は明らかでないが、長命者であったろう。

⇩**陸奥守大道の項参照。**

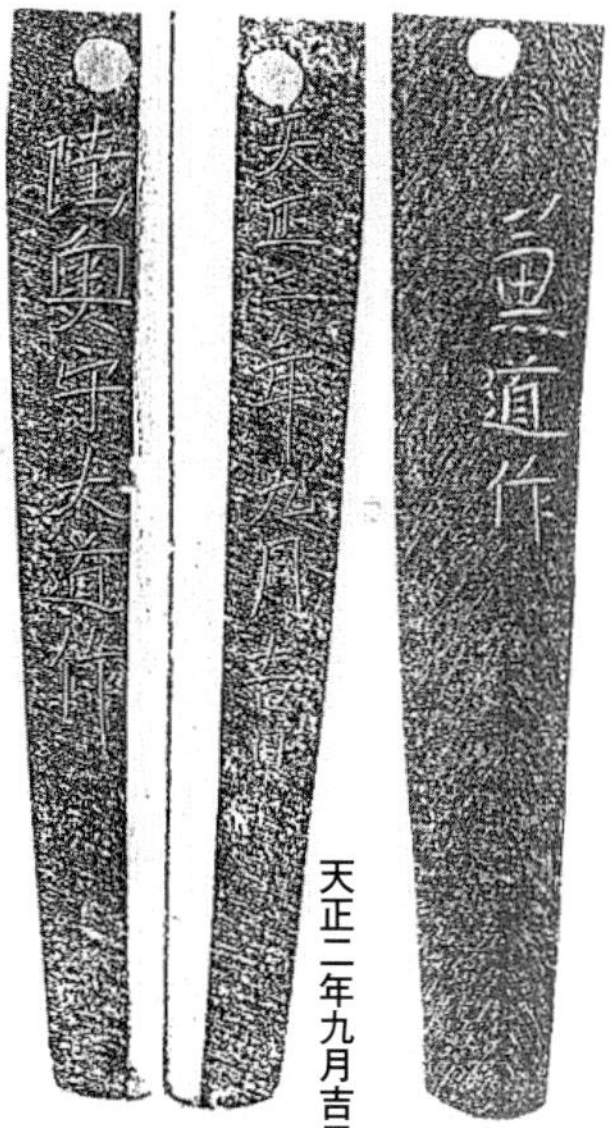

天正二年九月吉日

新 **兼道【かねみち】** 丹後守　初代　摂津国　江戸初期（寛永）

三品吉兵衛。初代丹波守吉道の次男。初銘直道。寛永初年に大坂に移住。祖父兼道の名跡を継ぎ、兼道家を興す。丹後守受領は寛永十六年から後のことであろう。兼道の長兄、京二代丹波守吉道の受領が寛永十六年であり、弟の初代大坂丹波守吉道が正保年中のことなので、寛永十六年から正保にかけてのこととなる。菊紋と「一」字を拝領し茎裏の上部に刻す。菊一文字は初代兼道に限り、二代以降は刻すことがない。寛文十二年、七十歳没。互の目、丁子、簾刃、濤瀾乱を焼く。なお兼道の作銘に寛文以前の年紀作が見当たらないのは、吉道や金道の鍛刀活動と比べ後発だったことによろう。初代兼道は正保・慶安ころには作刀していたとみられる。**（系図901頁参照）**

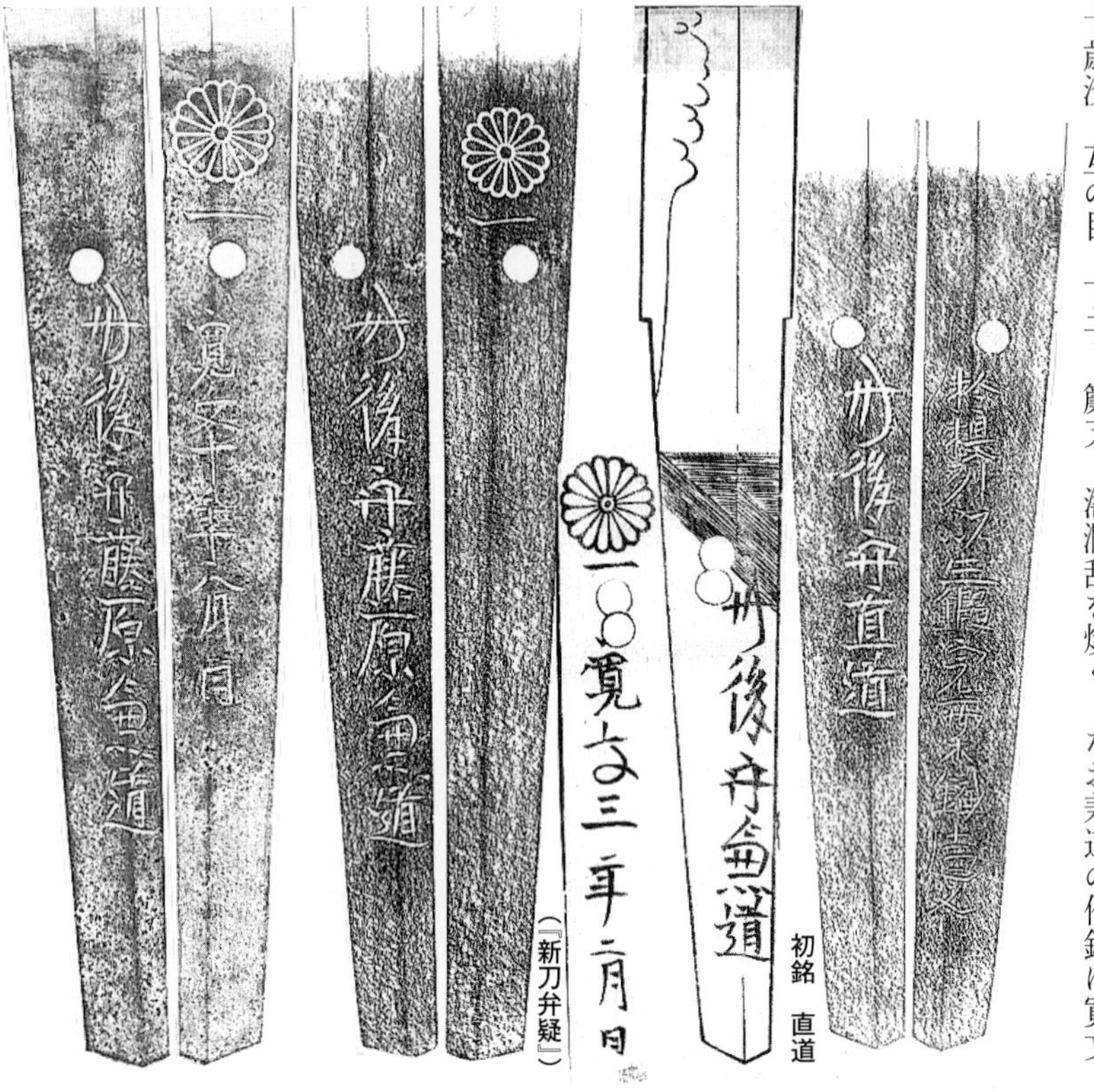

初銘　直道

（『新刀弁疑』）

新 **兼道【かねみち】** 丹後守　二代　摂津国　江戸中期（寛文）

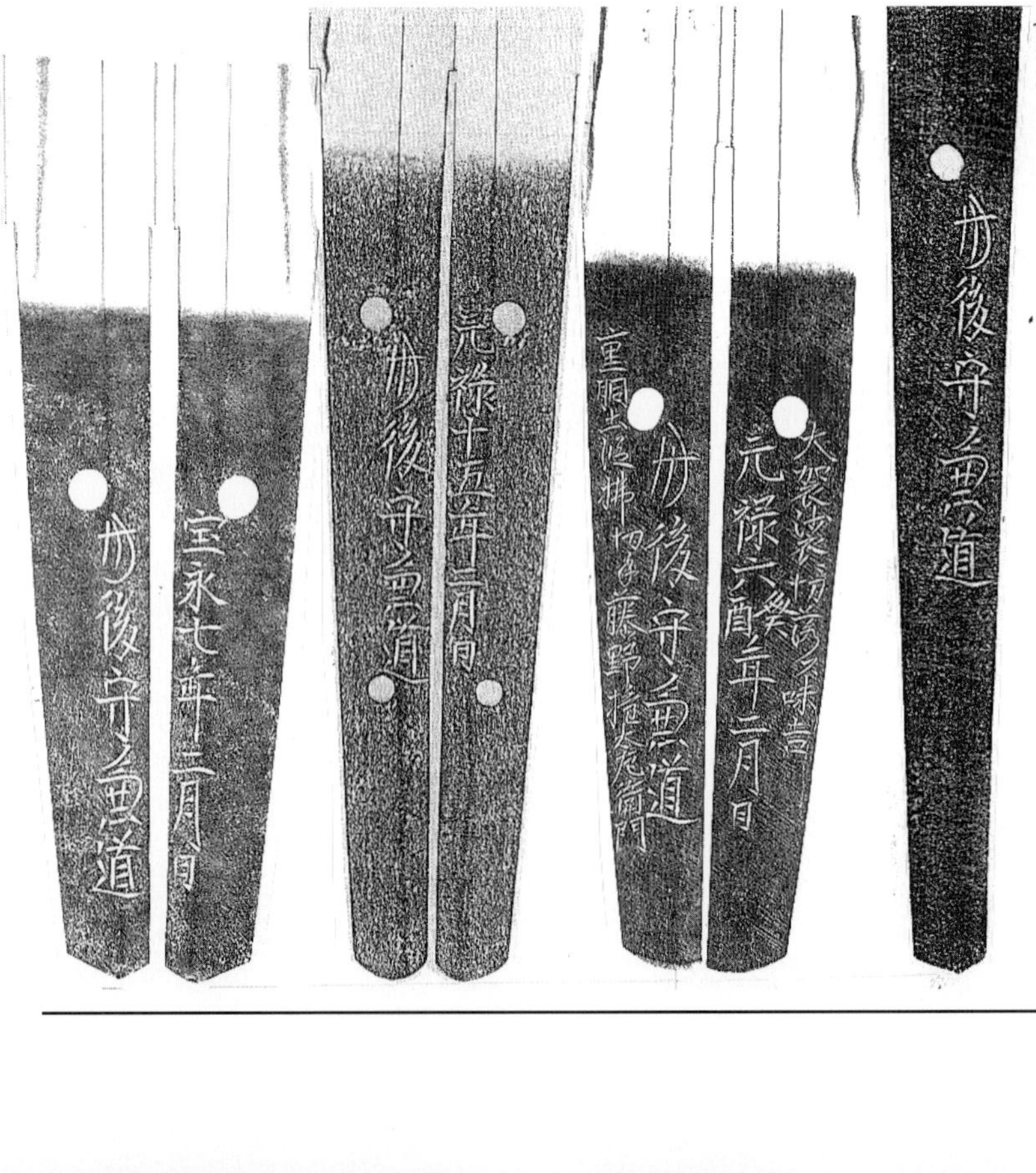

三品九平治、喜平次。稲荷丸と号す。吉兵衛兼道の子。初銘直道。摂州大坂住。元禄年中に江戸に移住。延宝七年紀に「三品丹後守直道」銘の作があることから、兼道の襲名は延宝七年以降と知れる。播州姫路にても打つ。互の目に丁子が揃って入り、濤瀾乱、簾刃、菊水刃も焼く、直焼出しがある。

新 **兼道【かねみち】** 丹後守　三代　摂津国　江戸中期（元禄）

三品喜平次。初代兼道の門、また初代大坂丹波守吉道の弟子ともいう（『新刀弁疑』）。三品丹波守兼道と切る。

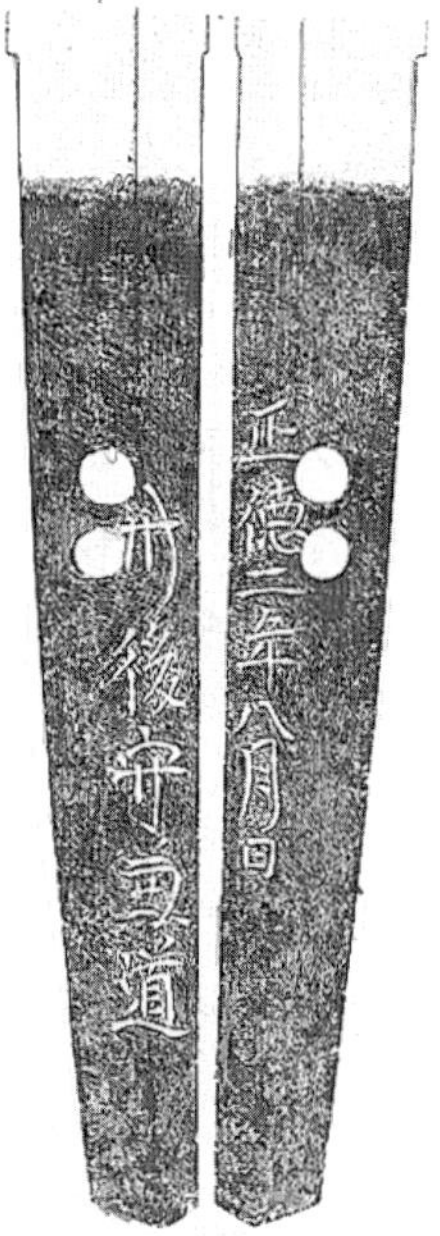

新 **兼道【かねみち】** 丹後守　四代　摂津国　江戸中期（享保）

三品貞衛門。初銘直道。享保十年、丹後守を受領し兼道に改める。播州三木住。享保十四年、三十九歳没。

新々 **兼道【かねみち】** 丹後守　五代　摂津国　江戸末期（明和）

三品左兵衛介。初銘直道。源姓を称す。「丹後守五世三品左兵衛介源兼道」と切るものがある。◆六代直道（直格）は難波介、寛政ころ。七代直道（直次）は左兵衛介、文化ころ。⇩**直道（六代）、直道（七代）の項参照。**

新作 **兼道【かねみち】** 岐阜　昭和

小島時二郎。明治三十二年生まれ。渡辺兼永門。初銘兼時。のち中山博道の「道」字をもらい「兼道」に改める。海軍受命刀匠。戦後は昭和二十九年作刀承認。作刀技術発表会出品。入選五回。美濃伝。関市永住町住。

新作 **兼道【かねみち】** 岐阜　平成

小島郁夫。昭和二十八年生まれ。昭和五十五年作刀承認。父兼時門。新作名刀展努力賞四回、優秀賞二回受賞。関市住。「兼道作之」。

古 **兼光【かねみつ】** 備前国　鎌倉末期（嘉暦）

左衛門尉。景光の子。正宗門という。兼光の年紀がある初作が元亨二年、最終とみられるのが応安七年で、この間五十二年があり、兼光二代の存在が指摘されている。校正は応永二年紀の作があるとして三代説をいうが、応永年紀の作は未見であり、後代作としてこれを除いてみれば校正も実質は二代説である。兼光の初代説は古くからあって大全は「延文五　死八十三」と記し、初代の長命を伝えている。ここでは兼光の長期に及ぶ作風と作銘を見直しつつ、初・二代の作刀域の周辺をさぐることとする。兼光の作風を通観すると、嘉暦・元徳から建武・暦応にかけては兼光の前期作で、太刀の身幅は尋常で中切先、直刃に互の目交じり、片落互の目を焼き、父景光の作風に類する。

貞和・観応ころから幅広となり太刀は切先が延び、小脇指は幅広で寸延びとなる。それが文和・延文にかけて、太刀は大切先に造り、湾れを主調に互の目を交じえるのが

初代初期銘

初代後期銘

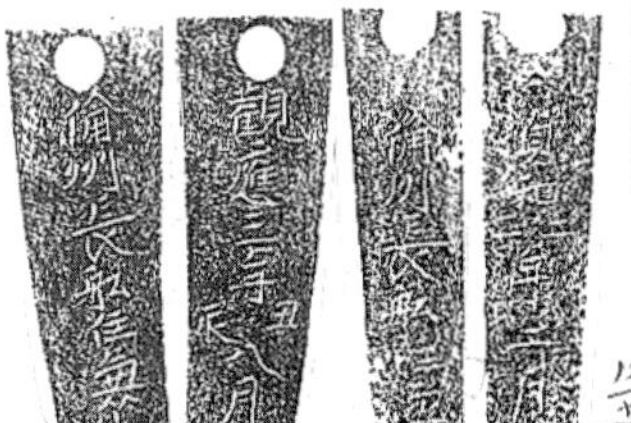

二代後期銘

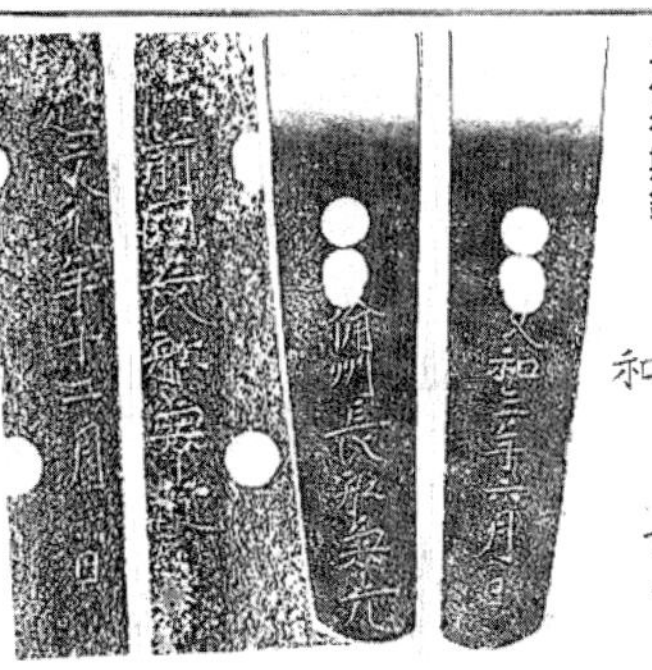

延文元年十二月日

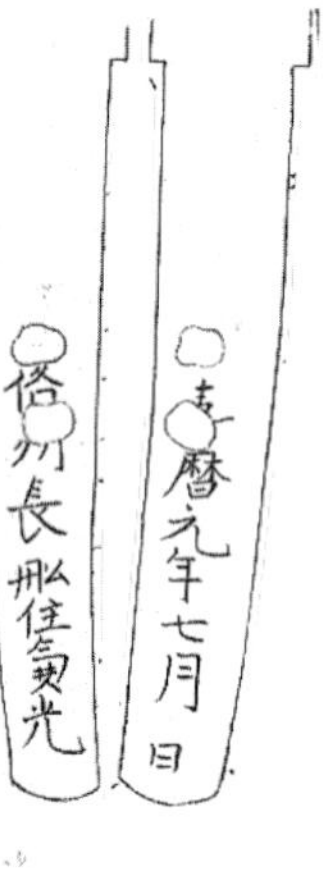
（『光山押形』）

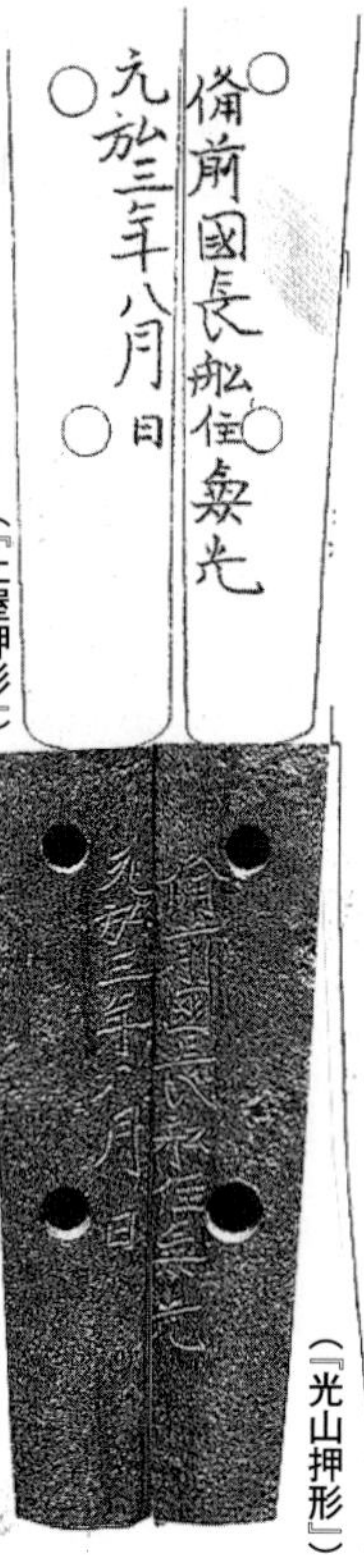

（『土屋押形』）

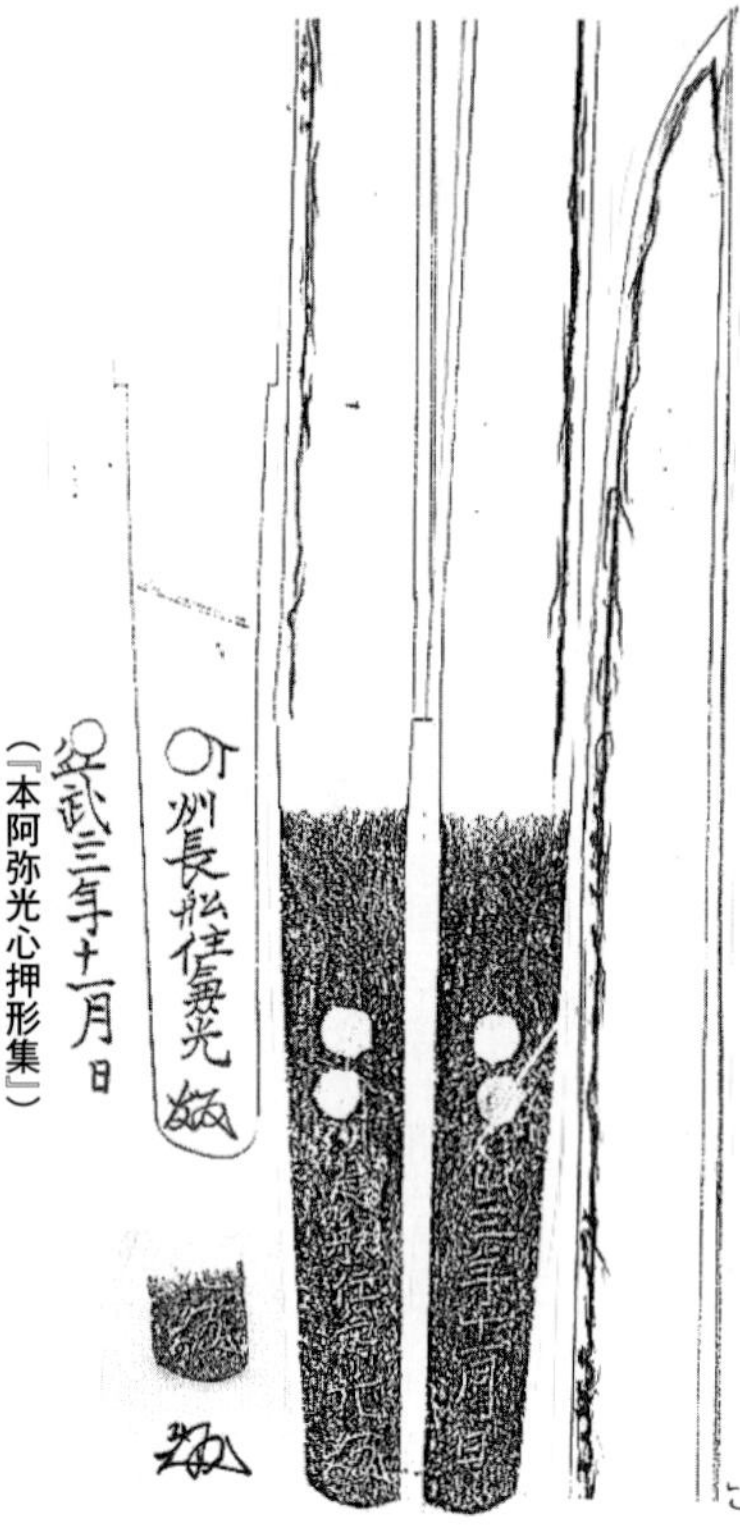
（『本阿弥光心押形集』）

多くなる。地刃は沸え地景がよく入り、映りはみられず、相伝の作風をみせて、直刃を主調とする前期作とは著しく相違する。この作風の変化を初・二代の代替わりとみて、貞和・観応ころから後を二代作とみるのであるが、この変化は兼光に限らず時代の風潮とみる向きもあって、一概にはいい切れないものの、兼光の作風に大きな変化が生じていたことは否めない。その最も強調された時期が文和・延文のころであったろう。作風からみた初・二代の代替わりの時期を示すものでもあろう。初代作の年紀がある最終とみられるのが「文和三年五月」なので、それ以降を二代作とみることができる。⇩**兼光の初・二代の年代表は８７７頁参照。**

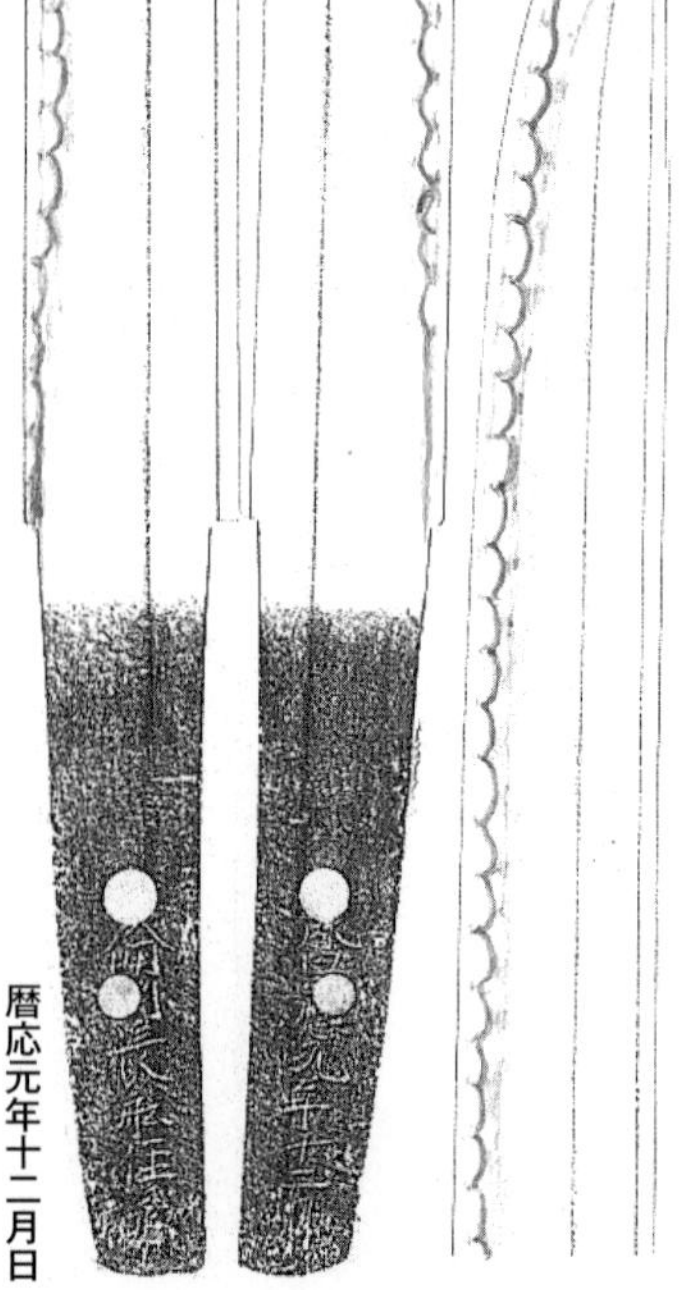
暦応元年十二月日

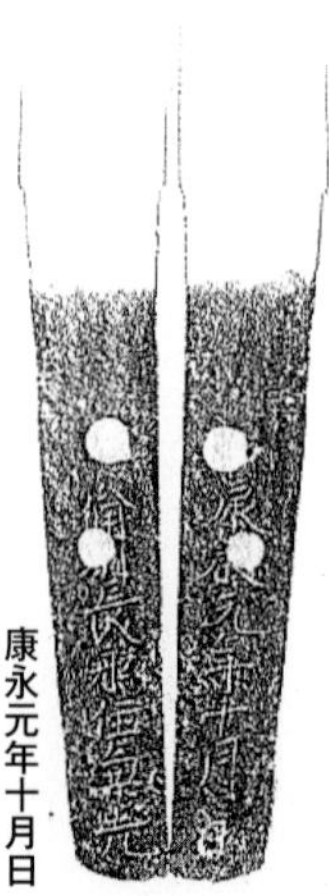
康永元年十月日

古 兼光【かねみつ】 備前国　南北朝期（文和）

初代兼光子。二代。年紀がある二代作の最初は「建武二年十月」で、最終とみられる応安七年まで三十九年間がある。初代の年紀作が「文和三年五月」で終わっており、同じ年の六月に二代作があるので、文和三年が初・二代の代替えの時期とみなせる。作風からみた変化が文和・延文とするのとほぼ一致する。兼光の作風については初代の項で通観したが、ここでは作銘を主に兼光初・二代をみてみると、初代は「備州長船住兼光」また「備前国長船住兼光」と切銘することが知れる。初期銘である「元亨二年」と「元徳二年」「正慶元年」は「兼」の字が同字画で「元弘三年」から以降は小異はあっても大差がなく相似の銘振りである。いずれの年代も「長船住兼光」と居住地に「住」を加えるのが共通し、「兼」字の右肩が角張るのが特徴である（⇩**初代項の筆図参照**）。この手の銘作は兼光銘の作刀の前半の大部分を占めて、これを初代銘とみることができる。年紀があるものでは「元亨二年六月」から「文和三年五月」までの三十一年間である。

「備州長船兼光」「備前国長船兼光」と「住」を切らず、「長船」を姓のように用いる一群の兼光銘がある。この「長船兼光」は兼光銘全般の後半の大部分を占めるもので、現存する作では「建武二年十月」から「貞治五年八月」までが、銘鑑によれば「応安七年」があって、この間三十九年がある。初代とみられる「住兼光」が元亨二年から三十一年間、二代銘とみられる「長船兼光」は建武二年から三十九年間の作刀期とほぼ同年数であり、建武二年から文和三年までは初・二代がそれぞれに「住兼光」（初代）と「長船兼光」（二代）を切り分けて作刀している。初・二代銘は門下による代銘があったりするので、銘作を一律に織別はし難いのであるが、二代銘は「兼」字の右肩の角をとって切る特徴があるなど、個々に小差の違いがみられて、「住兼光」と「長船兼光」を初・二代に分

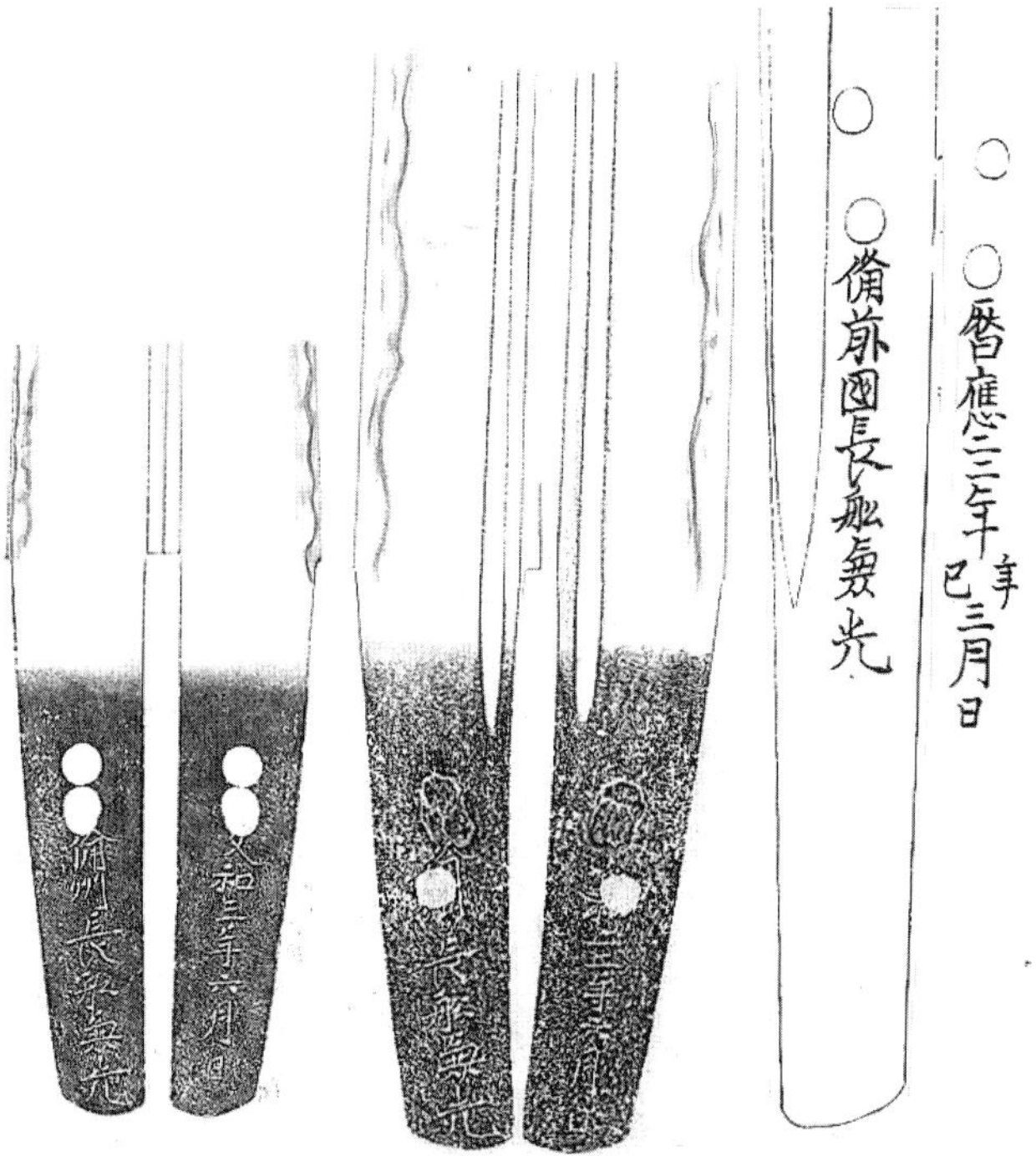

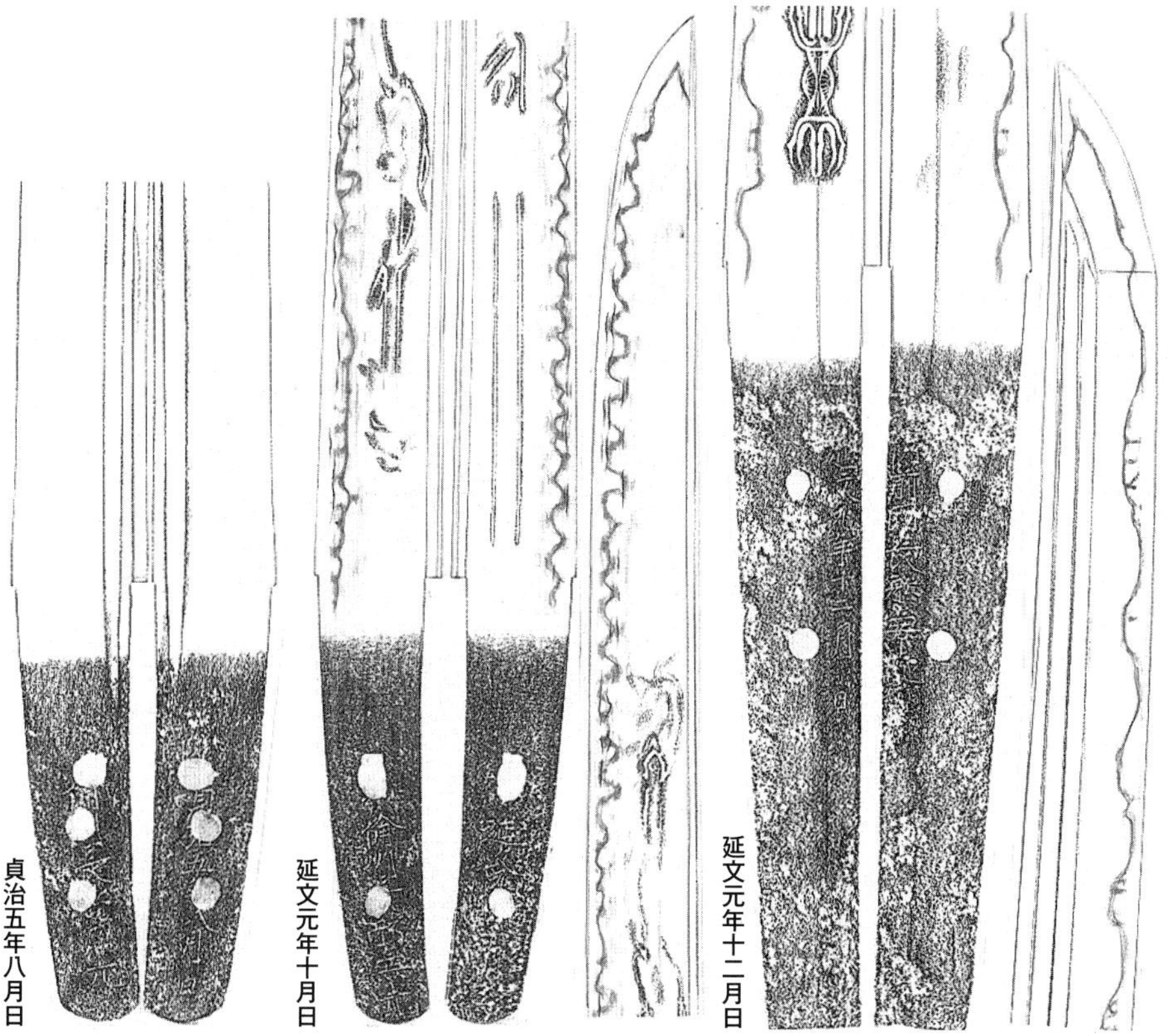

延文元年十二月日

延文元年十月日

貞治五年八月日

けてみることが可能である。このように銘作によって兼光をみてくると、初・二代の境が「文和三年」であり、それ以降が二代作となってくる。『古刀銘尽大全』が兼光の没年を「延文五　死八十三」とするのと年代的にみては整合性がでてきて、初代作の最終とみられる「文和三年」からほどなくの「延文五年」に初代が没したこととなる。初代のその後の作刀は皆無であり、延文五年の翌「延文六年三月」に二代作があり、以降「応安七年」まで二代作が続く。兼光は鎌倉最末から南北朝初めにかけては景光、近景が健在で同時期に作刀して長船鍛冶の隆盛を続け、以後は二代が継承して長船の命脈を保って栄えた感がある。

古 **兼光【かねみつ】** 美濃国　南北朝期（永和）

右衛門尉。本国大和。初銘包光。手掻包永の子で、永徳のころに和州兼氏と同時に美濃関へ移り、兼光と改め、関鍛冶の祖となる。関では兼光・兼永・金重を祖鍛冶とし、元重を元祖としている。右衛門兼光の作刀は現存するものをみない。

古 **兼光【かねみつ】** 美濃国　室町初期（応永）

左衛門尉。関。善定兼吉の子という。『銘尽秘伝抄』は兼光の子を兼吉（法名善定）として応永のころに二代があるとする。ここにいう兼光は初代右衛門尉のことであろう。善定兼吉の父は包吉とも、祖父が兼友であるとも諸説があるが、兼光と後の善定派とは有縁である。「兼光」。

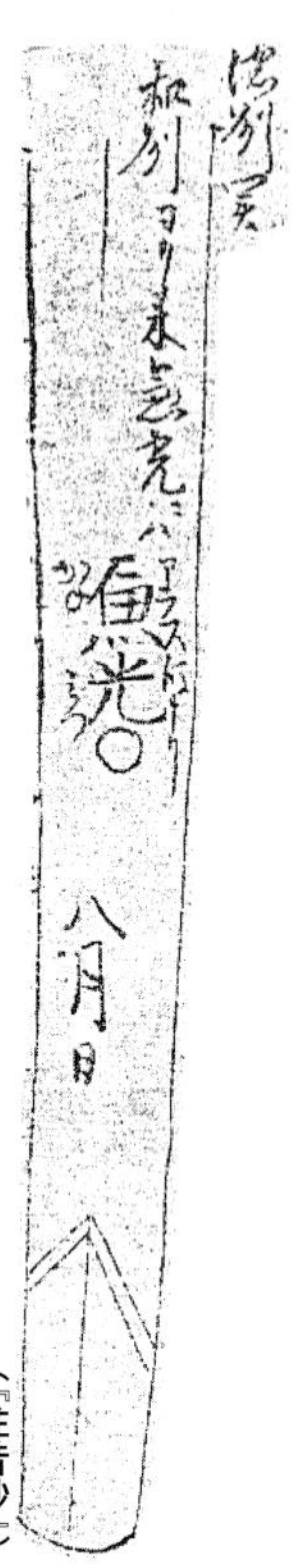

（『往昔抄』）

古 **兼光【かねみつ】** 美濃国　室町中期（永享）

元亀本によれば兼光―奈良太郎―左衛門次郎と後続する。室町期の兼光を銘する工は善定派、奈良派に複数がいる。永享から以降は寛正・文明・文亀・永正・大永の各代で作刀する。作風は関鍛冶一般と同様で、尖り互の目乱を焼く。「兼光」。

新 **兼光【かねみつ】** 美濃国　江戸中期（寛文）

濃州関住。得印派。兼光正統と打つことがある。寛文から貞享の間。三本杉刃を焼く。

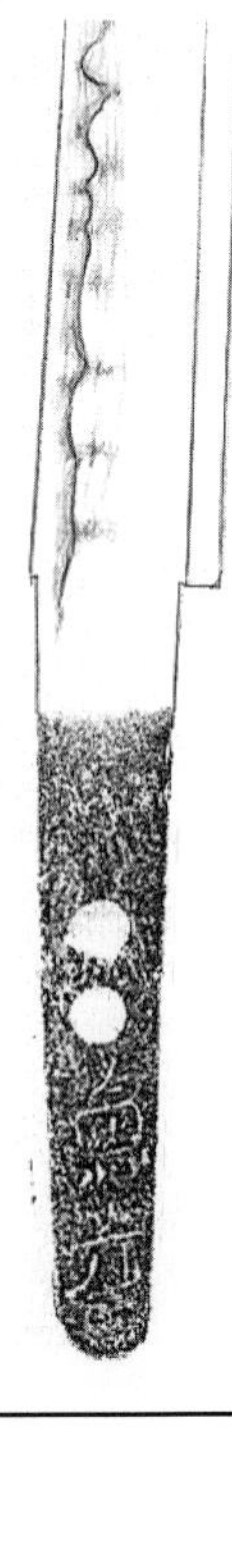

古 **兼光【かねみつ】** 越後国　室町末期（文禄）

高田住。末関鍛冶の流れで越後高田で作刀する。

新 **兼光【かねみつ】** 摂津国　江戸中期（享保）

兼近門平、のち三品紋太夫。生国信州松本、大坂へ出て丹後守兼道門、のち養子となる。享保七年、但馬守を受領。摂州尼崎住。四代目丹後守兼道は享保十四年、三十九歳の若さで没し、但馬守兼光が五代兼道を後継することになったが実現していない。享保十七年、江戸へ下った兼光は帰国した同じ年中に没。

新作 **兼光【かねみつ】** 熊本　平成

木村光宏。昭和五十四年生まれ。平成十五年、作刀承認。平成二十二年、

新作日本刀展で銀賞第三席。同二十三年、同展で佳作。同二十四年、同展で銀賞第三席。同二十五年、同展で銀賞第一席受賞。「肥後國八代住兼光作」、八代市住。丁子乱。

古 **兼満**【かねみつ】 美濃国 室町初期（応永）
関。善定兼吉の弟、清三。応永ころ。以降同銘が享徳、文明、天文、永禄と続く。現存刀をみるのは天文から永禄ころへの作刀で直刃、また互の目乱を焼く。「兼満」「濃州関住兼満」。

古 **兼峯**【かねみね】 美濃国 室町末期（弘治）
関。善定派。兼宗の子。兼岑同人という。前時代の明応ころに兼常門の兼峯が作刀する。「兼峯」。

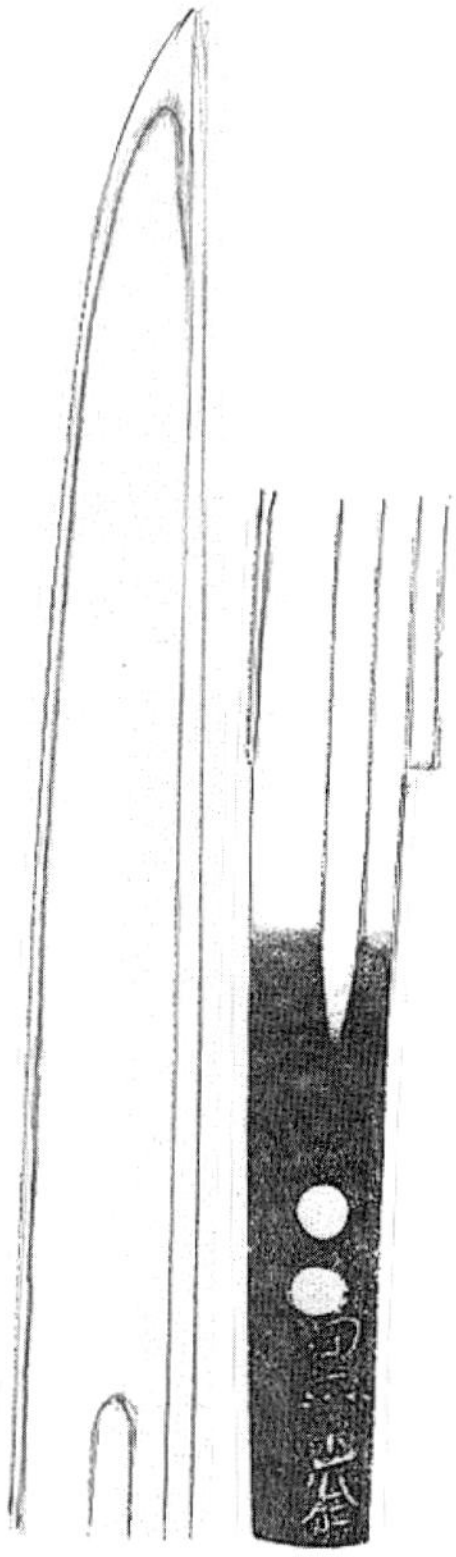

古 **兼宗**【かねむね】 美濃国 室町中期（長禄）
清三左近。法名良見。善定兼吉の弟兼満の子。良賢派の祖。「兼宗」「濃州関住人兼宗作」。

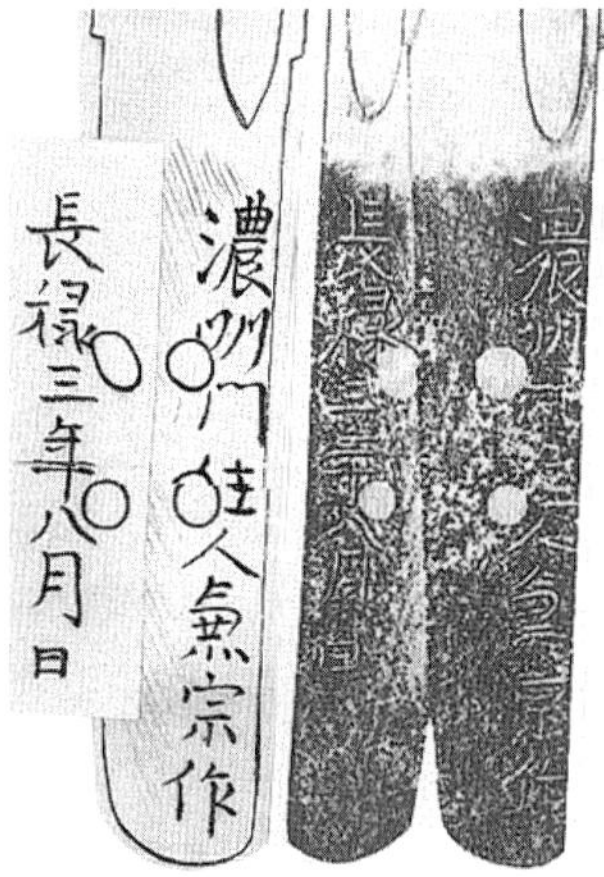

古 **兼宗**【かねむね】 美濃国 室町末期（天正）
良賢。天正七年紀の作がある。「兼宗」「濃州関住兼宗」。

新々 **兼宗**【かねむね】**初代** 越後国 江戸末期（天保）
長岡藩牧野家抱工。勘五郎という。文政七年、十代会津兼定、兼友に学ぶ。天保七年、藩御用鍛冶になる。

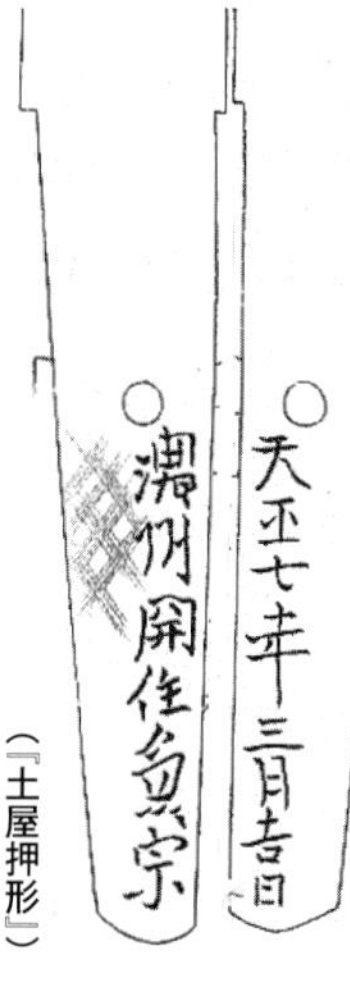

（『土屋押形』）

新々 **兼宗**【かねむね】**二代** 越後国 江戸末期（万延）
昌七郎。嘉永二年、会津兼友、元興大助の門に入り、四年で帰国。安政二年、二十六歳で長岡藩工となる。互の目に丁子交じり。明治三年紀の作まである。

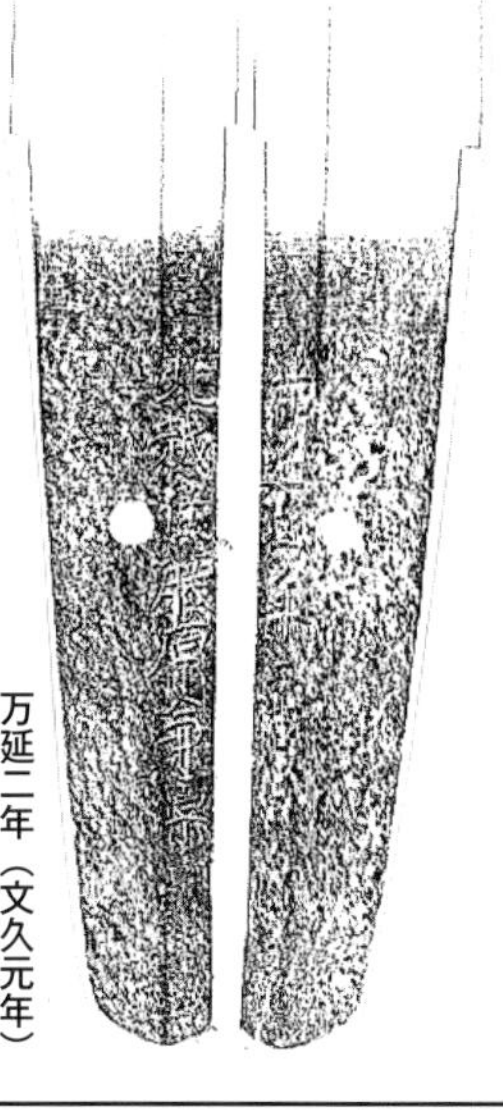
万延二年（文久元年）

新作 **兼宗**【かねむね】 群馬 昭和
桐渕一夫。兼友門、のち養子となる。龍珉斎を襲名する。養父兼友に協力し終戦まで鍛刀する。陸軍受命刀匠。

古 **兼村**【かねむら】 美濃国 室町末期（永正）
関。良賢派。初代兼村は文明ころで、伊勢村正の父との伝えがある。作刀をみるのは永正から天文ころにかけてで、互の目乱を焼く。互の目が二つ・三つ一団となって表裏を揃え、匂口締る風がある。「兼村」「濃州関住兼村」。

古 **兼用**【かねもち】 美濃国 室町末期（文明）
関住。直刃にほつれ、二重刃かかる。文明ころ。「兼用」。

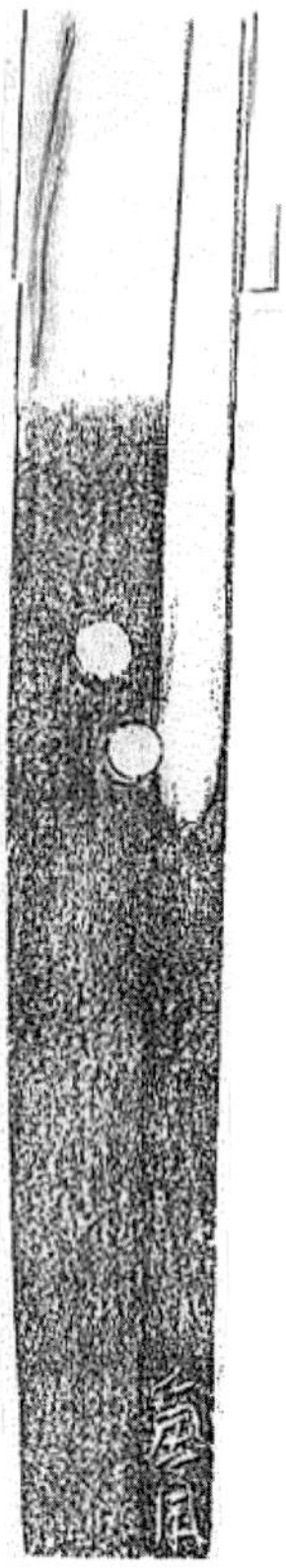

古 兼元【かねもと】 美濃国　室町中期（文安）

銘鑑や系図によると六郎兼元が応永にいて関住。次いで太郎左衛門兼元が文安で、校正には文安二年紀の作があるとしている。文安の兼元は応永兼宗の子という。（系図860頁参照）

古 兼元【かねもと】 関　美濃国　室町中期（文正）

関住。太郎左衛門。三阿弥兼則の孫。行満子。法名清閑。文正ころから文明年間に作刀するという。このころは関鍛冶の主流が赤坂へ移る以前で、赤坂初代兼元の親の年代である。年紀がある作は見られないが、直江志津に紛うほどの古調な作のものがあって、初代作の明応を遡ると鑑じられる。鍛え小板目詰み、地沸つき冴える。刃文は小湾れに互の目、尖り互の目交じり、小沸よくつき、ほつれ、湯走りかかり、砂流し、金筋働く。「兼元」二字銘を切り、初代銘に近似するが小異がある。

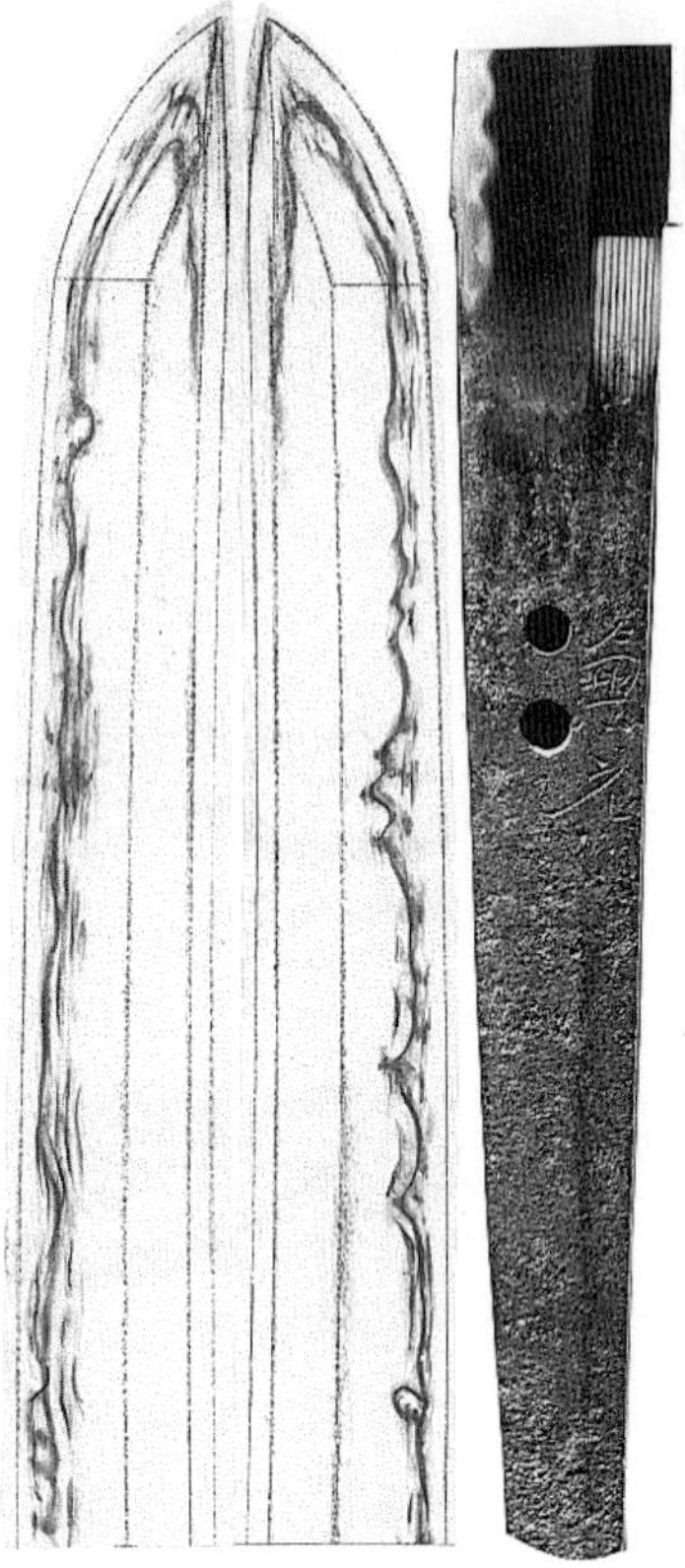

古 兼元【かねもと】初代 美濃国　室町末期（明応）

赤坂住。初代。太郎左衛門。清閑兼元家から分かれ、関から赤坂へ移り、代々孫六を屋号として栄える。年号があるものでは明応六年から「赤坂住」を、天文七年紀まで初・二代を通じて切る。赤坂居住の期間は四十年余を算し、天文の中ころには再び関へ戻っている。それは三代の時代になってからとみられ、天文十四年に「濃州住兼元」と、同二十年には「濃州関住人兼元作」と切銘している。初代の作刀は明応初年から、年紀が

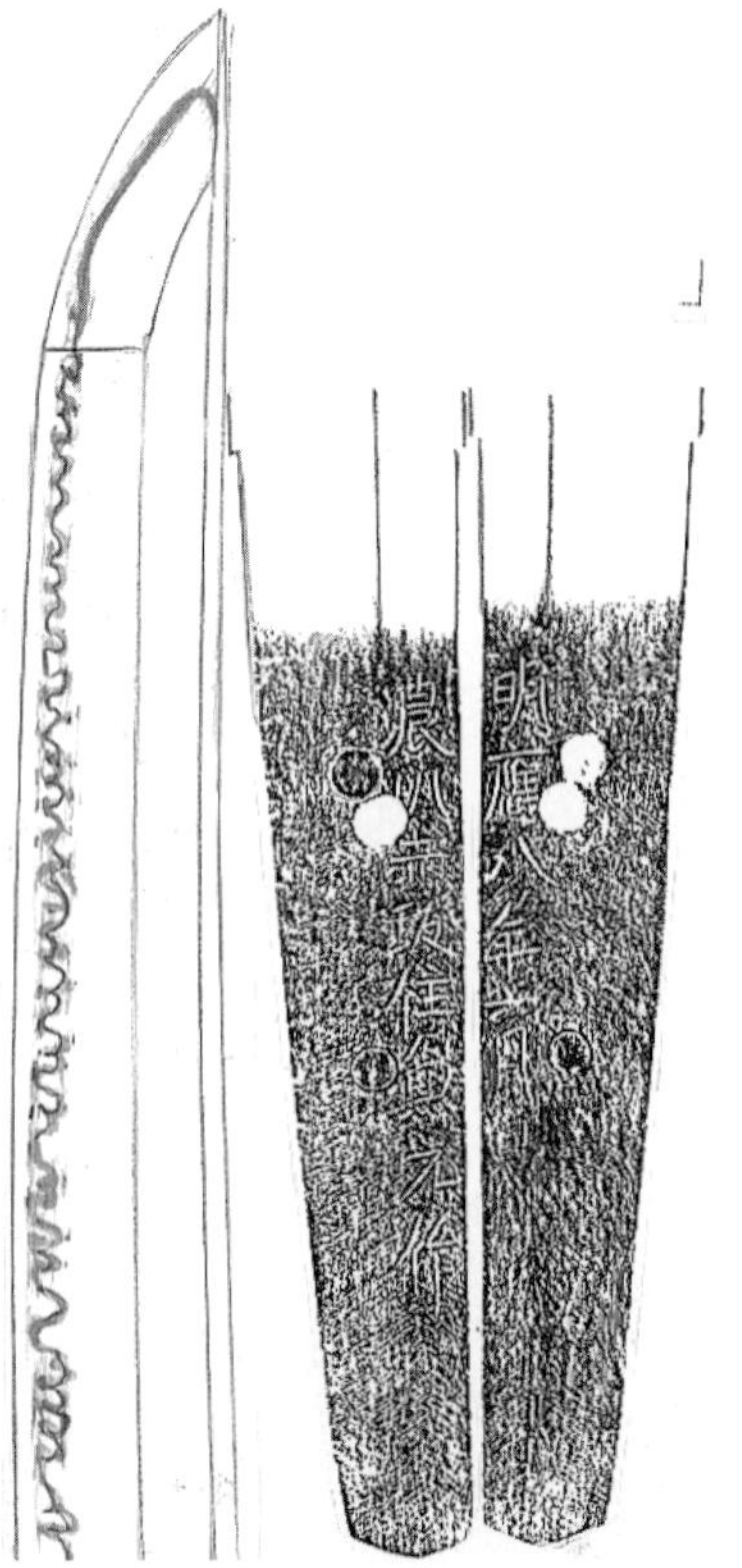

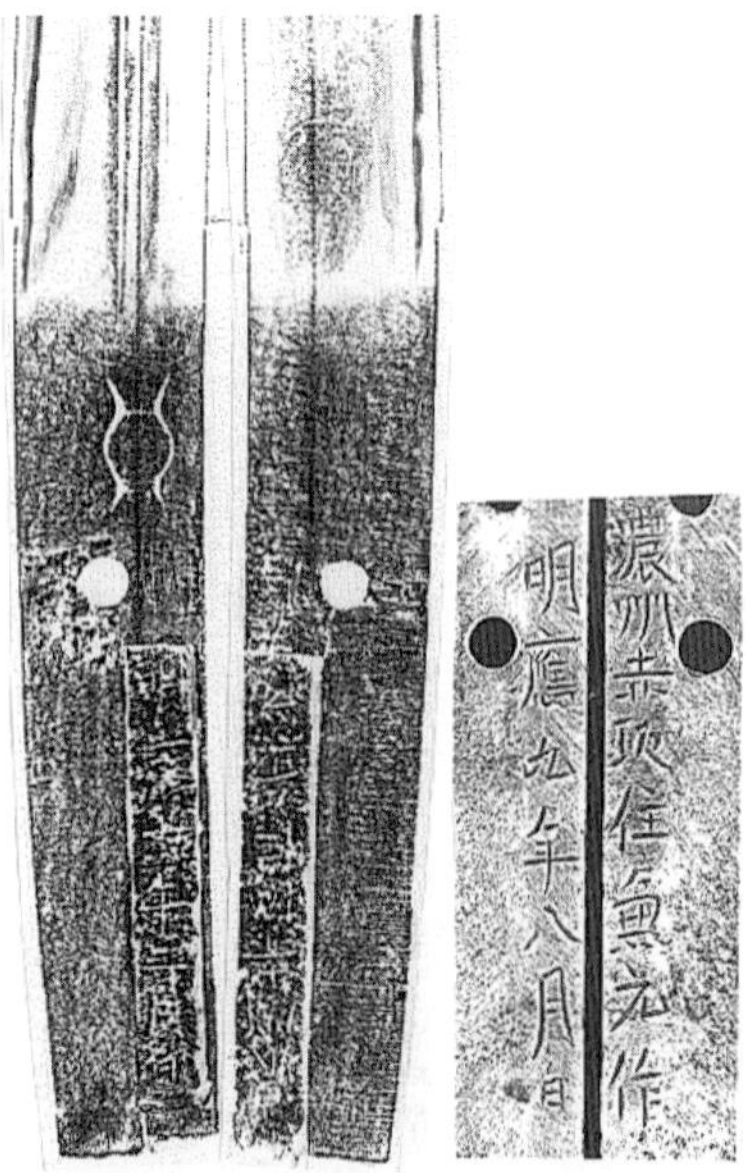

あるものでは明応六年八月紀からで、永正九年二月紀までがあり、なお校正には永正十三年が、『土屋押形』には大永三年二月の押形図がある。これらを通算すると明応初年から大永三年まで三十余年がある。作刀は身幅尋常か細めの姿で概して優しいものが多い。鍛えは板目に柾交じり、地沸つきよく詰む。刃文は互の目に尖り刃、小丁子交じり、打のけ、湯走りかかり、刃中に砂流しかかる。二代作と比べては総じて小模様で、互の目が不規則に変化して、頭に丸味がある。銘は小振りに切る。「兼元」「濃州赤坂住兼元作」。（系図860頁参照）

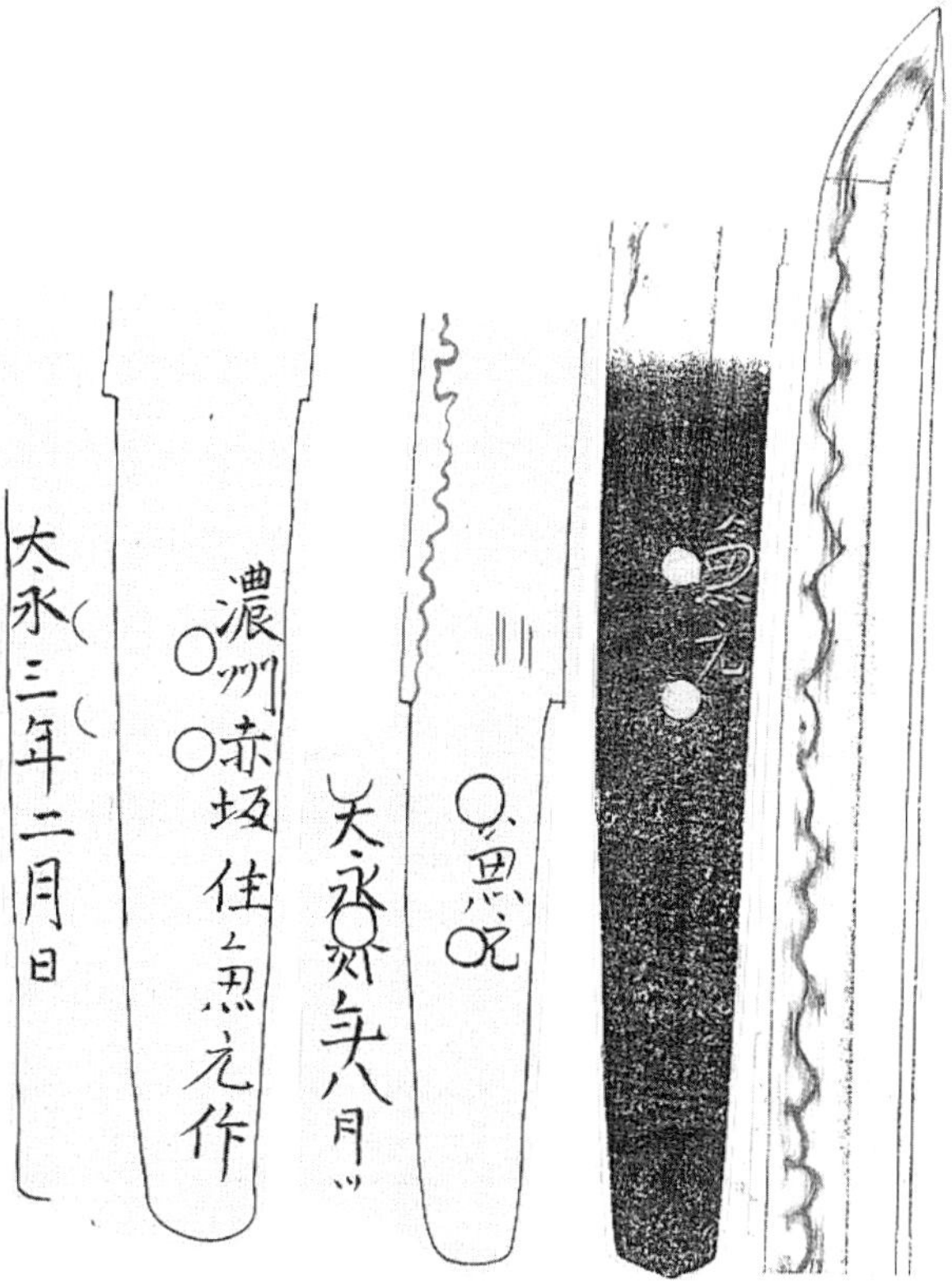

（『土屋押形』）

古 兼元【かねもと】二代　美濃国　室町末期（大永）

二代兼元を通称孫六と称している。兼元家中で随一の名工であり、末関鍛冶を代表して和泉守兼定（之定《のさだ》）と双璧をなす。兼定（之定）は永正から大永、兼元は大永・享禄に作刀し、ほぼ同時代に兼定は関で、兼元は赤坂を本拠地に活動して繁栄し、同銘が後続する。関鍛冶系図によると兼元は之定と兄弟の契約を結んだといい、両者の親密な間柄を語っている。孫六といえば二代兼元を指すほどであるが、赤坂と関の両兼元家ともに孫六を称し、代々が屋号としていたようである。兄弟筋には〝まご六兼元〟を名乗る工もいて、よほど世に歓迎された名号だったらしい。二代兼元は赤坂で鍛刀し、終始「赤坂住」と切銘している。年紀があるものは大永七年から天文七年までであり、その前後に鍛刀した年数を加算しても二十年間に満たないようである。残された数量からみて、また

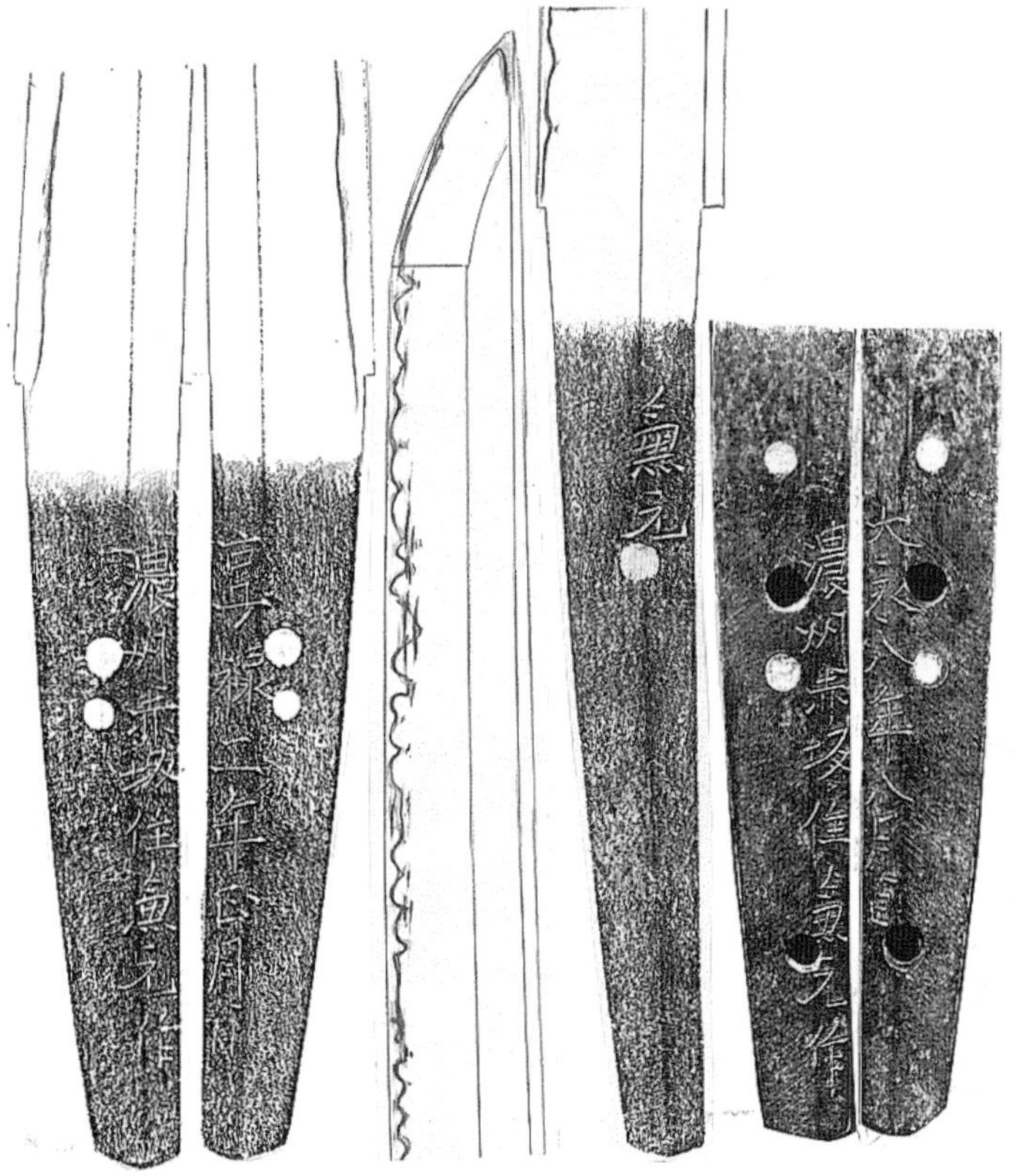

上作ばかりを鍛え上げたのをみても、よほど精力的な活動をとげたものと考えられる。

作刀は身幅広く、やや広めのものが多く、重ねが薄く、切先が延びる。平肉を落として鋭さをもつ。鍛えは板目に柾交じり、白気映りの立つものがあり、総じて明るく冴える。刃文は互の目に尖り刃交じり、三本杉刃を得意とし、後代の作が規則的な刃状を呈するのと異なり、不規則で変化があり、刃型に丸味を帯びるのが特徴である。銘はほどよい大きさで筆勢があり、「兼」字の右肩が角味をもち、「元」字の第三画の抜き鏨に力感がある。「兼元」「濃州赤坂住兼元作」。

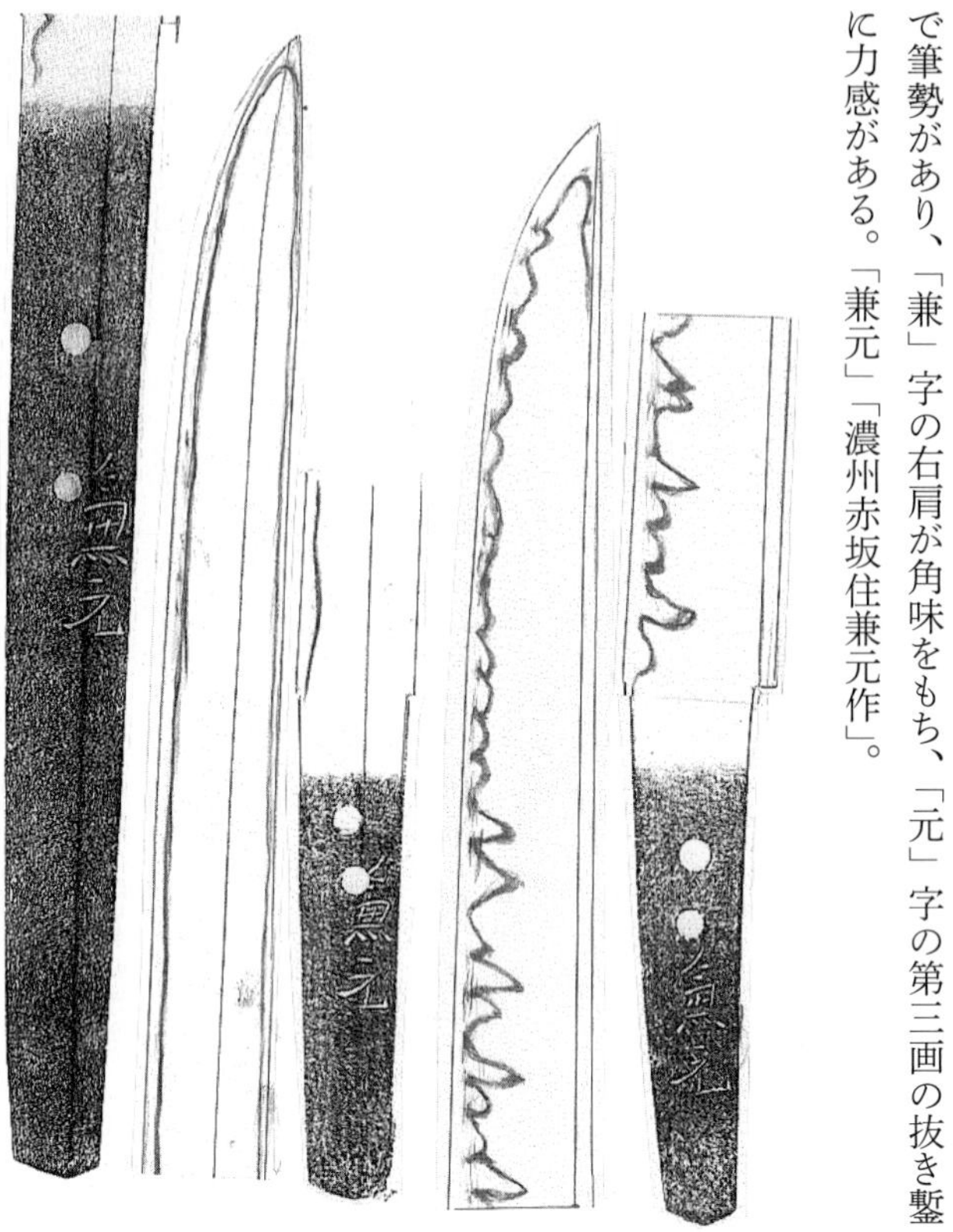

古 兼元【かねもと】三代　美濃国　室町末期（天文）

赤坂鍛冶孫六系図は三人の兼元に同銘二代、あわせて五代。関鍛冶系図は同銘五代を掲げ、校正は兼基を含めて兼元五代の他数代を挙げている（系図860頁参照）。天文から永禄にかけて兼元を名乗る工が赤坂と関に複数いて、「遠州高天神虎明　濃州赤坂住孫六三代兼元於駿州富士郡」と切銘するものがあり、「関住三代目兼元」があって、赤坂と関ともに三代兼元の存在を知らしめるものがある。三代兼元は天文年間の後半が作刀期であろう。二代で年紀があるもので知られる最終が「天文七年二月」なので、三代作はそれ以降に作刀が始まることとなる。「濃州関住人兼元作」「天文廿年辛亥三月日」銘がある刀は年代的にみて三代作と考えられる。二代銘に近似して小異がある。「関住人」と切銘があることから、赤坂兼元家は関へ戻って関で鍛刀していたこととなり、その時期は三代兼元の代のころとみられる。

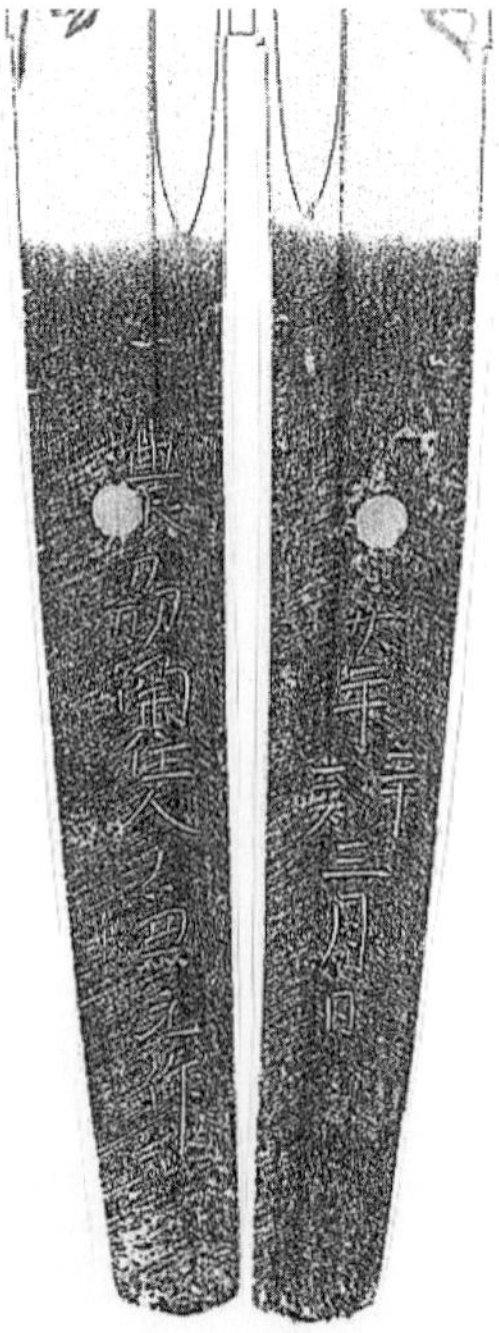

古 兼元【かねもと】関三代　美濃国　室町末期（永禄）

関鍛冶三代目。永禄三年紀がある。兼元三七郎、関兼国子に該当しよう。鍛え板目に柾交じり、肌立ち地沸つく。尖り互の目が三本杉風となり、匂勝ちで小沸つき、砂流しかか

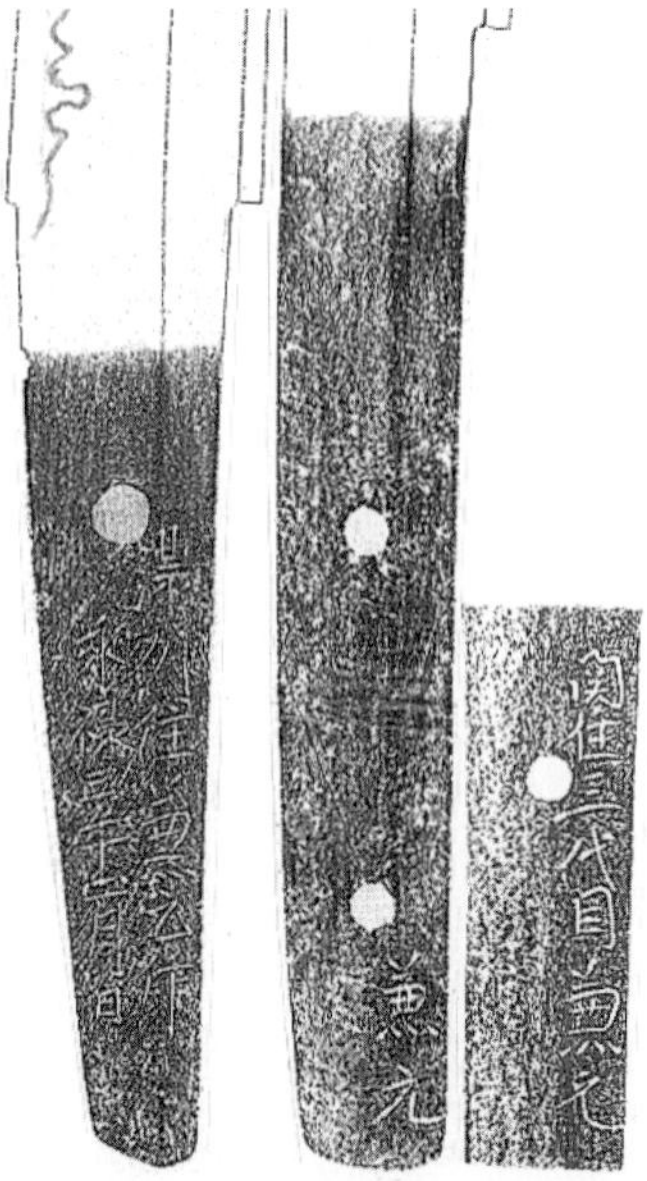

る。「兼元」「濃州住兼元作」「関住三代目兼元」と銘し、「兼」字の草冠を三画の点に打つのが特徴。なお「関住藤原兼元」「元亀二年二月日」銘（『室町期美濃刀工の研究』）の脇指は、年代的には関兼元の四代目に該当しよう。

古 **兼元**【かねもと】 まご六　美濃国　室町末期（永正）

関鍛冶、孫六家。「まご六兼元」「兼元まご六作」と銘す。赤坂鍛冶二代兼元と同人との説があるが、「兼元」銘からだけみては初代銘に類して近い。年代は初代兼元と同じで永正年間から大永にかけての工である。三本杉刃を焼く。

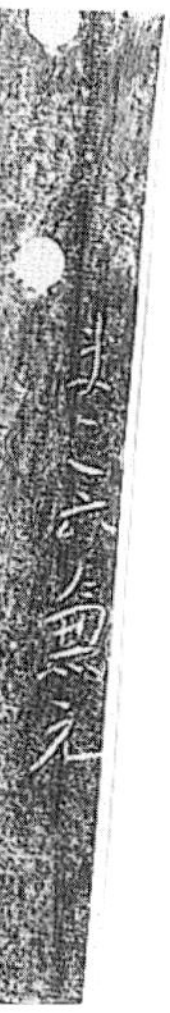

新 **兼元**【かねもと】 美濃国　桃山期（慶長）

奈良派。与助。関住。三本杉を焼く。兼元の名跡は新刀期に入ってから奈良派と得印派に引き継がれている。

新 **兼元**【かねもと】 美濃国　江戸初期（明暦）

赤坂住。田代源一兼元。「濃州住兼元七代之孫」と切銘するが、孫六四代ともいう。寛文二年紀に、八十九歳作と切った銘のものがある。三本刃杉を焼く。

新々 **兼元**【かねもと】 陸奥国　江戸末期（安政）

田代源一兼信の末。越後加茂にても造る。安政七年、十六歳作の脇指がある。万延、文久の年紀作がある。「奥州住兼元」「会津住兼元」「奥州会津住兼元」。

新作 **兼元**【かねもと】 岐阜　昭和

金子達一郎。大正十三年生まれ。得印派の金子孫六家の嫡流。孫六を号す。日本刀鍛錬塾に入り、渡辺兼永に師事。昭和十九年、二十七代兼元を襲名。海軍受命刀匠。関市稲口住。

古 **兼本**【かねもと】 美濃国　室町初期（永享）

関。永享から応仁、永正と続き、永禄ころの兼本は兼子孫六兼元同人ともいう。「兼本」。

古 **兼基**【かねもと】 美濃国　室町末期（天文）

孫六兼基は兼宗の子で、文安とも文明ともいう工がいる。いま現存する兼基作は天文ころで、初代兼元の弟子とも二代兼元の弟ともいう。作刀は身幅広め、重ね薄く、中切先延びる。板目に柾交じり、白気映り立つ。尖り互の目が三本杉風となり、不規則な刃状から二代兼元の年代を降らない。「兼基」二字銘を切る。

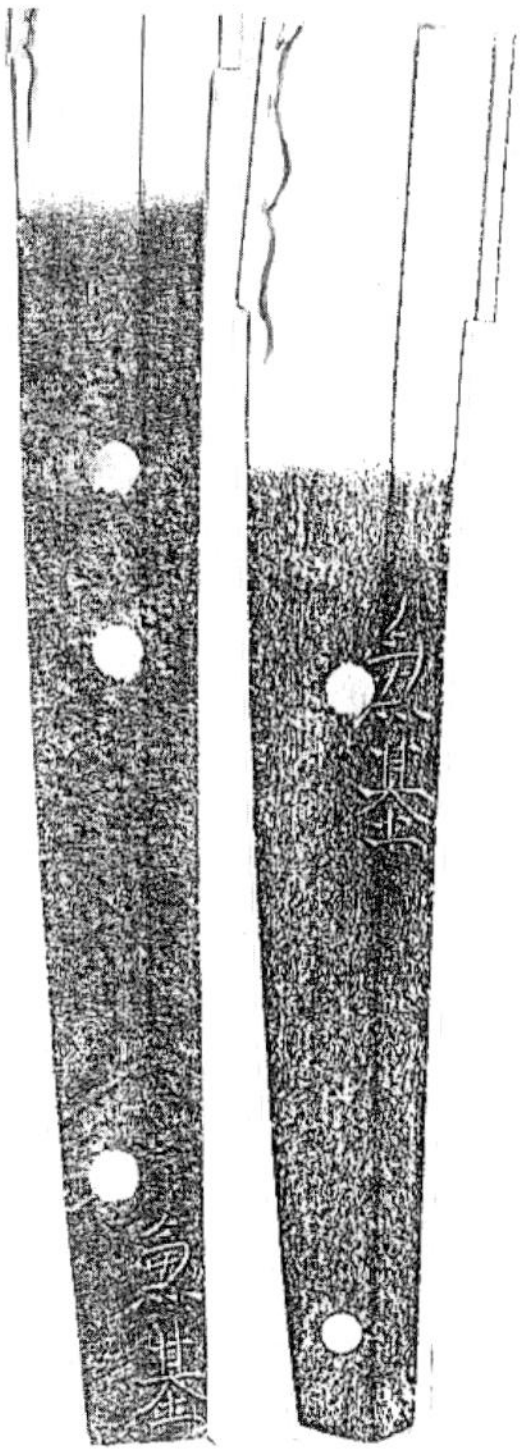

古 **兼守**【かねもり】 美濃国　室町初期（永享）

関。行満子、兼則孫。永享ころ。兼守は同銘金次郎が文明ころ、次いで永正ころにいて、天正ころには尾張へ移り作刀する工がある。「兼守」「兼守作」「濃州関住兼守」。

古 **兼森**【かねもり】 美濃国　室町末期（明応）

関、墨俣住。兼正門。「兼森」。

古 **兼盛**【かねもり】 美濃国　室町末期（天文）

赤坂関。互の目乱、尖り互の目交じり。天文ころ。「兼盛」。

古 **兼安**【かねやす】 美濃国　室町初期（永享）

関。又六、法名得印。直江志津兼俊の孫、道阿兼俊の養子。得印派の祖。「兼安」。兼安は同銘が南北朝期の応安ころにあるが作刀は未見であり、永享ころから以降、明応から天文にかけての作がある。永禄ころのものに「濃州関住人兼安」と銘したのがある。

新 **兼安**【かねやす】 相模守　美濃国　江戸中期（寛文）

後藤七郎兵衛、源一。本国美濃関、江戸へ出て大村加卜門に入る。相模守を受領。甲州にても造る。互の目、丁子乱など。

古 **兼行**【かねゆき】 美濃国　南北朝期（明徳）

直江志津。奈良五郎。直江志津兼友の弟。明徳ころ。二代直江五郎は兼友の子、応永ころ。三代四郎五郎は兼則門、康正ころ。以降は文明、永正と後続し、新刀期に入っては江州彦根に移る工がいる。「兼行」「関住兼行」。

新作 **兼行**【かねゆき】 群馬県　明治

松永兼行。富岡の諏訪神社の宮司。社庭内に鍛冶場を設ける。門下に龍珉斎兼友、今井兼継などがいる。明治四十四年没。

古 **兼令**【かねよし】 美濃国　室町末期（永禄）

関住。永禄七年紀の作がある。「兼令」「濃州関住兼令」

新 **兼吉**【かねよし】 摂津国　江戸中期（寛文）

小倉市作。初銘兼満。本国美濃、尾州犬山にても造る。「坂尾善定丹波守兼吉」などと切銘する。

古 **兼吉**【かねよし】 **初代** 美濃国　南北朝期（康暦）

清次郎。善定派の祖。法名善定または善良。本国大和。手掻包吉の子、父と共に美濃関に移り、のち兼吉に改める。関鍛冶系図また元亀本などでは直江兼友の娘の子としている。大全も同様であり、大全は兼吉同銘が三代続くとしている。兼吉家譜には初代は八十三歳没とあるので、永享の初年までは生存していたこととなる。康暦元年、康応元年紀の作が

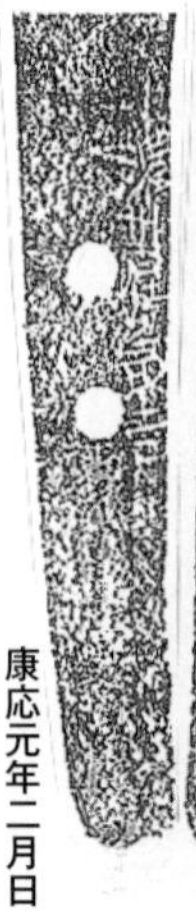

康応元年二月日

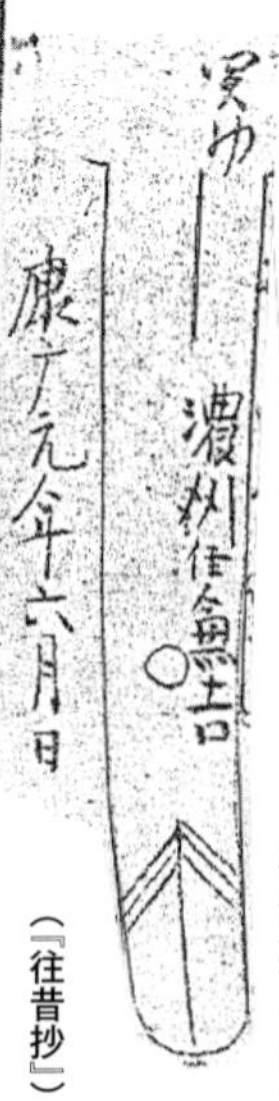

（『往昔抄』）

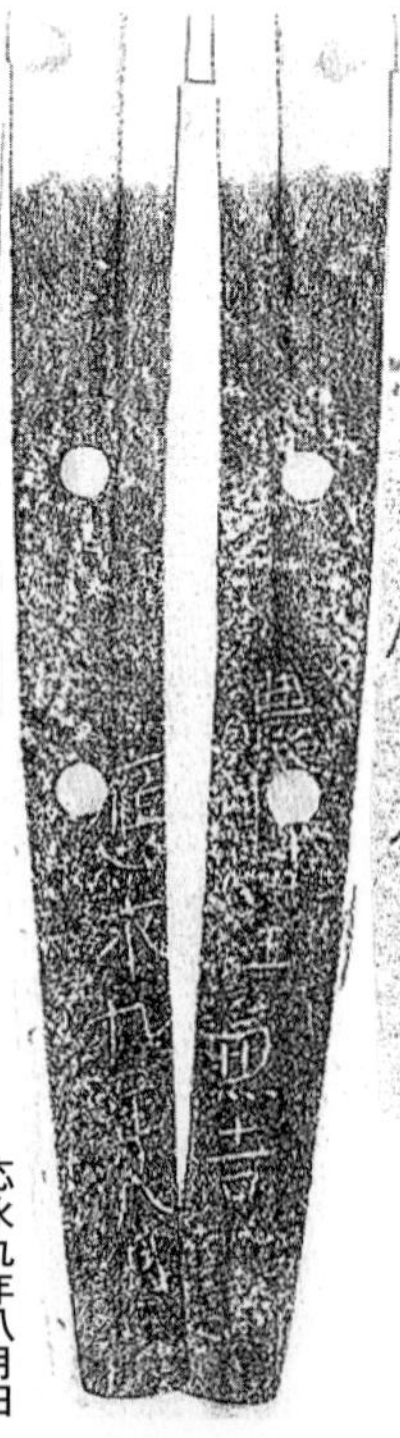

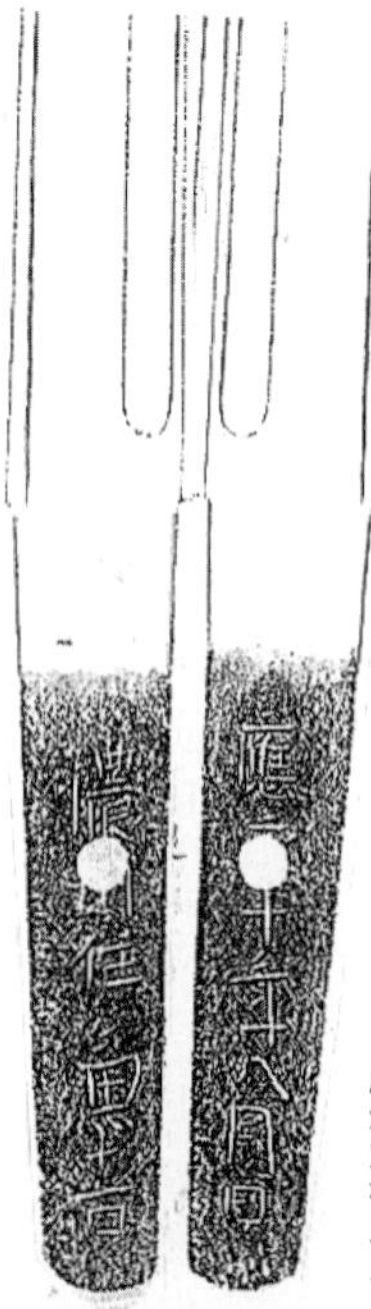

応永九年八月日

あり、応永十年ころまで作刀していたようである。応永十三年がある「濃州住兼吉」銘は二代作であろう。太刀は身幅尋常か細めで姿が優美、小切先に造る。小板目に柾交じり、よく詰み地沸一面につき、白気映り鮮やかに立つ。刃文は直刃に小互の目、小足入り、小沸よくつき匂口冴え、刃縁ほつれ、喰違刃かかる。室町期の関鍛冶中の名手。「兼吉」「濃州住兼吉」。

古 兼吉【かねよし】二代　美濃国　室町初期（応永）

（系図854頁参照）

関善定。左衛門次郎。初代兼吉の子。初銘兼信、のち兼吉に改める。年紀があるものでは応永十三年から永享にかけてのものがある。鍛えが優れ、直刃主調の刃文が冴えて、初代に劣らぬ上手の工である。「兼信」「兼吉」「濃州住兼吉」。初代の銘よりはいくぶん小銘で、「住」「兼」「吉」の字間をあけて切る。

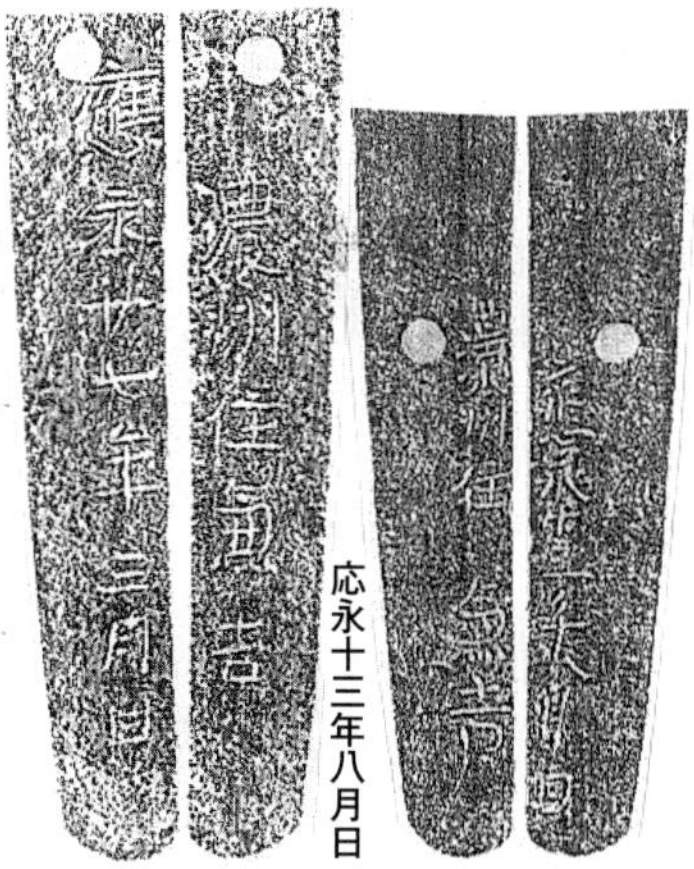

応永十三年八月日

古 兼吉【かねよし】三代　美濃国　室町初期（永享）

関善定。清次郎。初代兼吉の娘の子。初銘兼光、のち兼吉に改める。宝徳二年十月、七十五歳没。「兼光」「兼吉」。

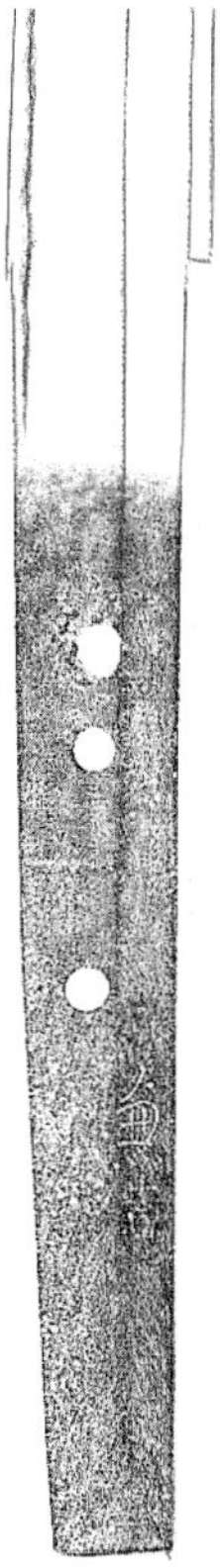

古 兼吉【かねよし】四代　美濃国　室町末期（文明）

久造。善定派。関住。兼房の子という。文明六年四月、二十五歳没。「兼吉」。

古 兼吉【かねよし】五代　美濃国　室町末期（永正）

関善定。左右衛門。永正十五年没。「兼吉」「濃州住兼吉」「濃州和泉守兼吉」「濃州関之住兼吉」。

（『土屋押形』）

古 兼吉【かねよし】　美濃国　室町末期（大永）

関善定。大永元・二年紀の作がある。「兼吉」「兼吉作」「濃州住兼吉」。

新作 兼吉【かねよし】　美濃国　明治

小坂兼次郎、のち金兵衛、還暦の年道孝に改める。真勢子と号す。天保八年、善定派の太兵衛兼吉の子として関に生まれる。嘉永三年、父が没し、伯父富蔵兼吉に学ぶ。安政三年、江戸に出て奥州南部家抱工、岩野道利に入門、安政五年関に帰り家督を継ぐ。明治元年、飛騨高山藩の御用鍛冶となる。廃刀令後、一時金物商に転業したが、日清、日露の両役で感ずるところがあり、関鍛冶の技術と日本刀の鍛造技を後世に伝えんと、明治四十年、関の刀神を祭る春日神社門前に関刀剣鍛錬所を開設する。小川兼国、渡辺兼永、丹羽兼信、山田兼光ら古参の門弟ほか数多くの人たちを養成し、関鍛冶の隆盛をもたらす。大正三年十一月三日、七十七歳没。現代関鍛冶の祖。直刃の山城伝、三本杉の美濃伝、一文字また長光を写した備前伝は互の目交じりの丁子乱を表出する。

新作 兼吉【かねよし】　愛知　昭和

松原正蔵。大正十年生まれ。中田兼秀の弟。海軍受命刀匠。葉栗郡木曽川町住。昭和四十一年没。「伊奈波兼吉作之」などと切銘する。

古 兼良【かねよし】　美濃国　室町末期（天正）

関住。板目に柾交じり、直刃、また互の目乱に尖り刃交じり。「兼良」「濃州関住兼良」。

古 **兼善【かねよし】** 美濃国　室町末期（天文）

関。善定派。兼吉子とも兼義子ともいう。天文ころ。「兼善」「濃州関住兼善」。

古 **兼義【かねよし】** 美濃国　室町末期（天正）

関、善定派。永正ころに兼光の子の兼義がいる。次代の兼義には天正六年紀の作があり、直刃、また互の目乱を焼く。「兼義」「濃州関住兼義」。

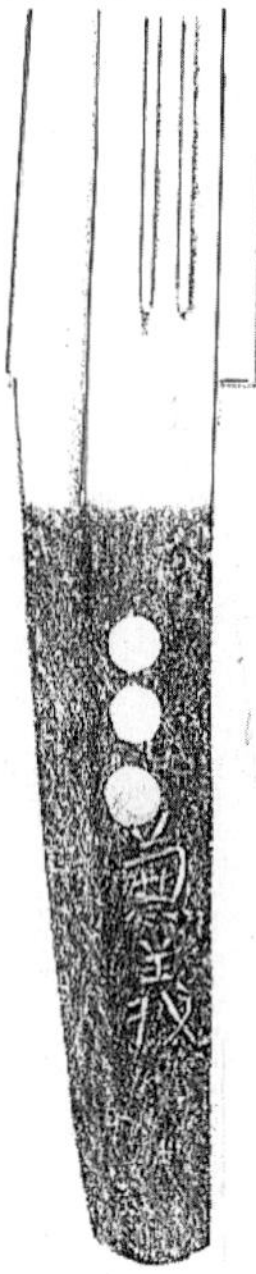

古 **兼自【かねより】** 美濃国　室町末期（明応）

関。兵衛次郎。清閑兼元の門。明応ころ。湾れに小互の目足入り、互の目乱。「兼自」「濃州関住人兼自作」。同銘が元亀、天正のころに後続する。

古 **兼若【かねわか】** 美濃国　室町末期（天正）

辻村四方助。初代加州兼若の父。濃州関住、慶長年中に尾張犬山へ移住し「尾州犬山住兼若」と切銘する。のち加州金沢へ転任する。

新 **兼若【かねわか】** 甚六　初代　加賀国　桃山期（慶長）

辻村甚六、四郎右衛門。四方助兼若の子。本国美濃関からか、あるいは父四方助が尾州犬山で駐槌しているので尾州犬山の地からか加州金沢に来住する。年紀がある賀州打ちでは慶長十二年紀が古く、金沢来住はそれ以前のこととなる。元和六年ころ、越中大掾を受領して高平と改銘する。「越中守藤原高平」の作銘に「元和七年正月吉日」の年紀があるので、越中守転任は元和七年正月から以前のこととなる。元和六年中に越中大掾を受領し、同年に越中守に転じたであろう。作刀は慶長十二年二月から寛永五年二月まで二十二年間があり、晩年は長男景平、二代兼若などによる代銘作がある。寛永五年没。初期作は互の目乱に尖りごころの刃、

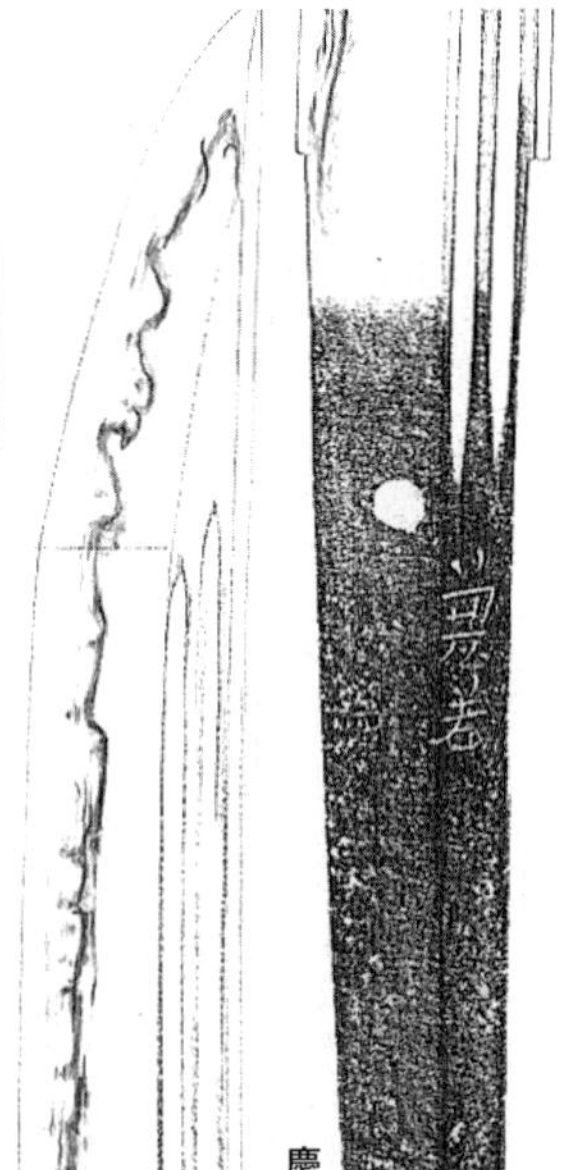

慶長十三年頃　初期銘

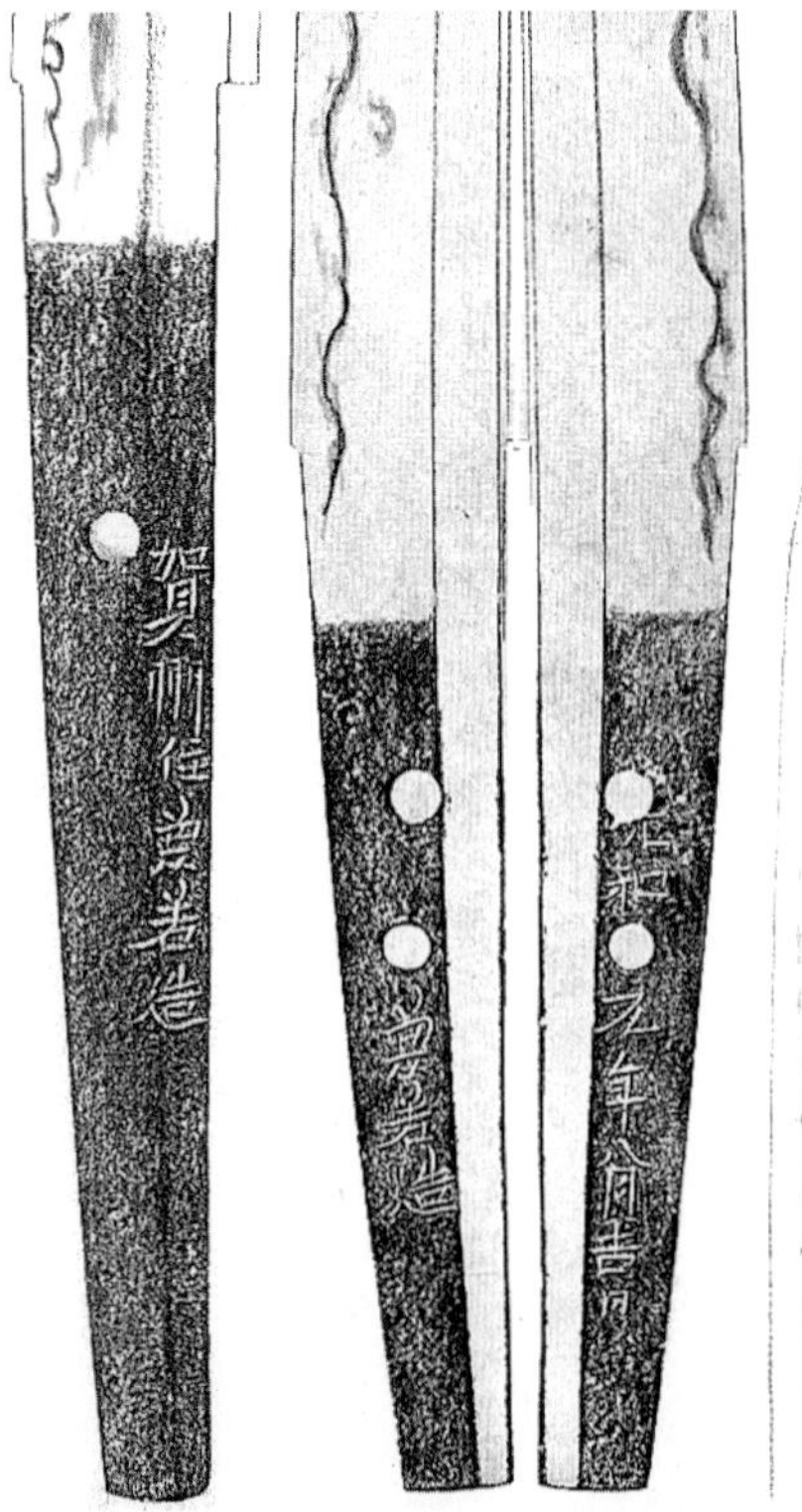

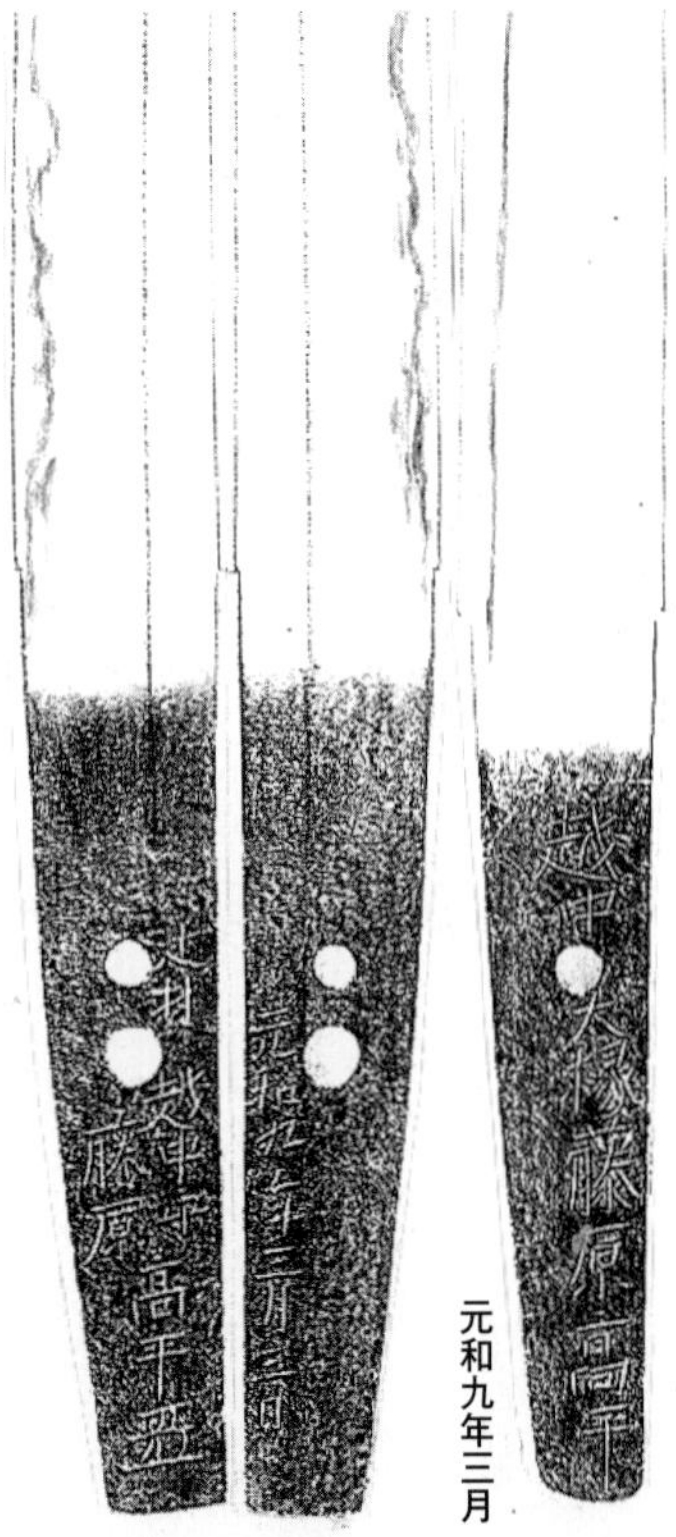

元和九年二月

箱がかった刃が交じる美濃伝の風が強い。中期以降は互の目に丁子、大乱の華やかなもの、大湾れ、直刃もあって多彩。短刀造りの名手。加州新刀を代表する名工で「加賀正宗」と賞される。（系図918頁参照）

新　兼若【かねわか】　又助　二代　加賀国　江戸初期（明暦）

辻村又助。甚六初代兼若の三男。長兄景平に嗣子がなく、そのため景平の養子となり、二代兼若を襲名する。年紀がある作は寛永五年から延宝四年まで四十八年間があり、晩年は三代兼若の代銘作がある。延宝五年正月、六十六歳没。互の目乱、箱乱、直刃のほか逆丁子の烈しい作などがある。

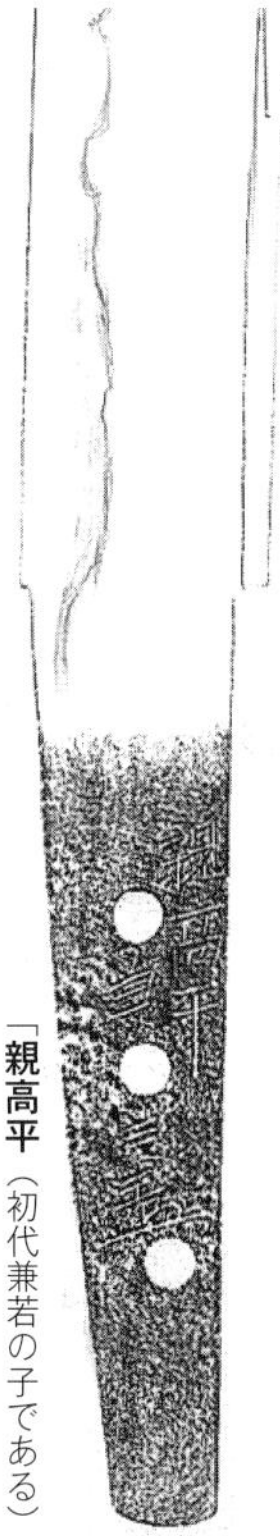

「親高平（初代兼若の子である〈花押〉」の意を表したもの

新　兼若【かねわか】　四郎右衛門　三代　加賀国　江戸中期（延宝）

辻村四方助、四郎右衛門。又助二代兼若の長男。延宝五年正月父の没後に兼若を襲名する。年紀がある作は延宝五年から宝永四年まで三十年間がある。晩年は四代兼若が代作に当たっている。宝永八年五月没。互の目乱、箱乱、湾れに互の目交じり、逆丁子、稀に直刃がある。

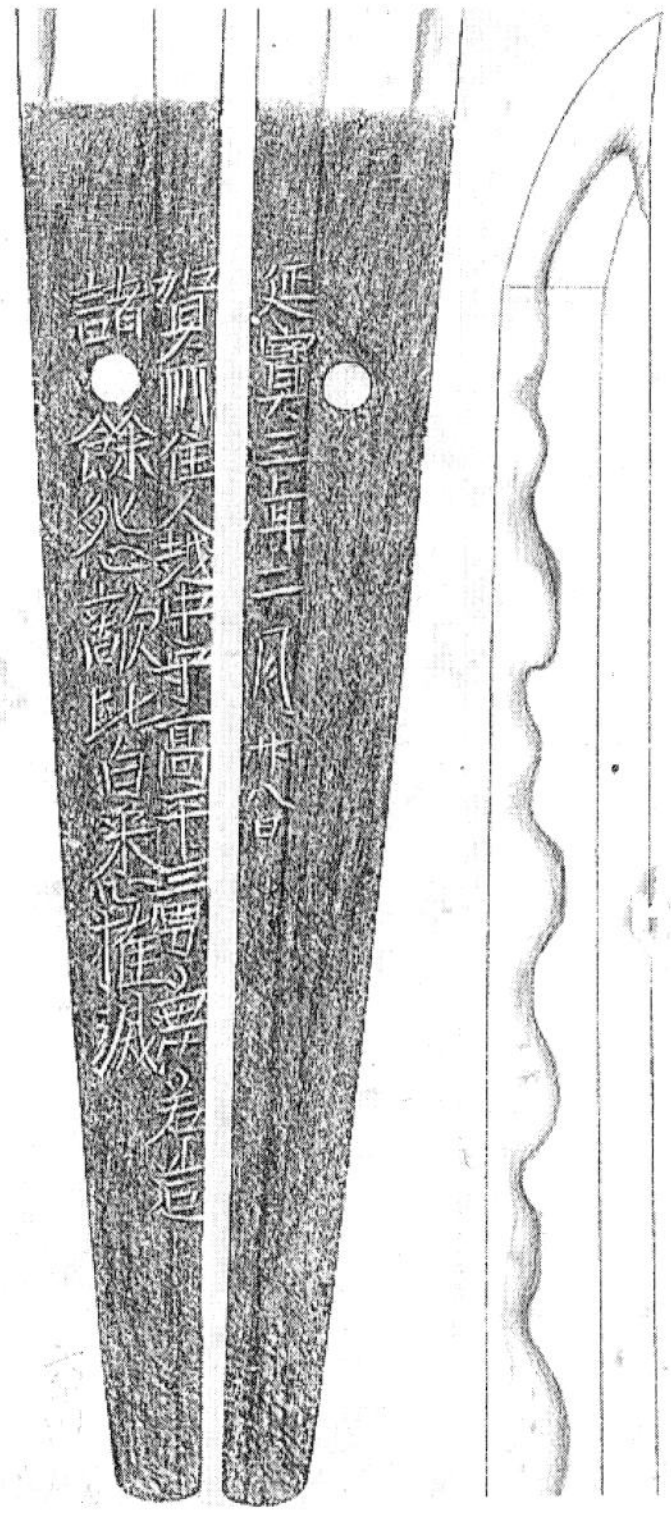

新　兼若【かねわか】　甚太夫　四代　加賀国　江戸中期（享保）

辻村甚太夫。のち四郎右衛門。三代兼若の長男。正徳二年から元文二年までの年紀作があり、この間二十五年を算するが、作刀は少ない。互の目乱、箱乱、直刃など。◆五代甚太夫兼若は刀匠を止め、他業に転じたという。

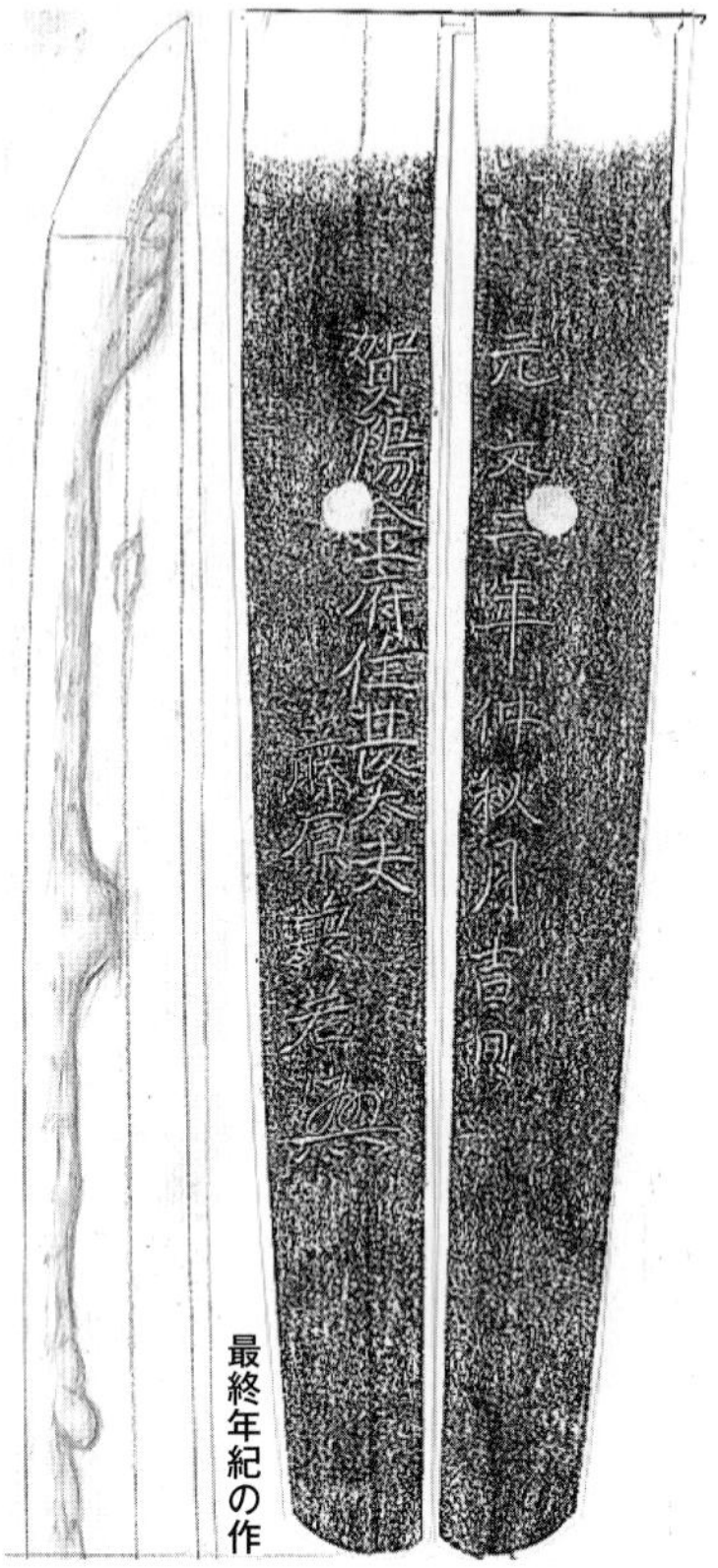

最終年紀の作

古　兼涌【かねわく】　美濃国　室町末期（天文）

関住。文明から天文ころまで同銘工が複数いて、いずれも互の目乱を焼く。「消」は「涌」（わく）字の略か。

新　加卜【かぼく】　大村　武蔵国　江戸初期（正保）

大村治部左衛門。初銘義博、また義秀とも号す。越後高田藩主松平光長に仕え、のち水戸義公（光圀）に侍医兼御咄衆として抱えられ、水戸で鍛刀する。晩年の元禄十二年水戸家を退き、江戸鉄砲州に住す。もともとは外科医であったことから鍛刀は慰作であり、作刀は少ない。正保元年の作から貞享ころまで活動期は長期に及び、元禄末年に八十余歳没という。武蔵守吉門（卜伝同人）は弟子。丁子乱の備前伝、湾れに互の目乱が大模様な相州伝の両様がある。

新作　幹恵【かんけい】　山口　平成

岩政幹雄。昭和二十二年生まれ。堀井俊秀門流、竹島久勝に師事。平成元年作刀承認。直刃。「周防石城山麓岩政幹恵作」。柳井市住。

新　岩捲【がんまく】　美濃国　桃山期（慶長）

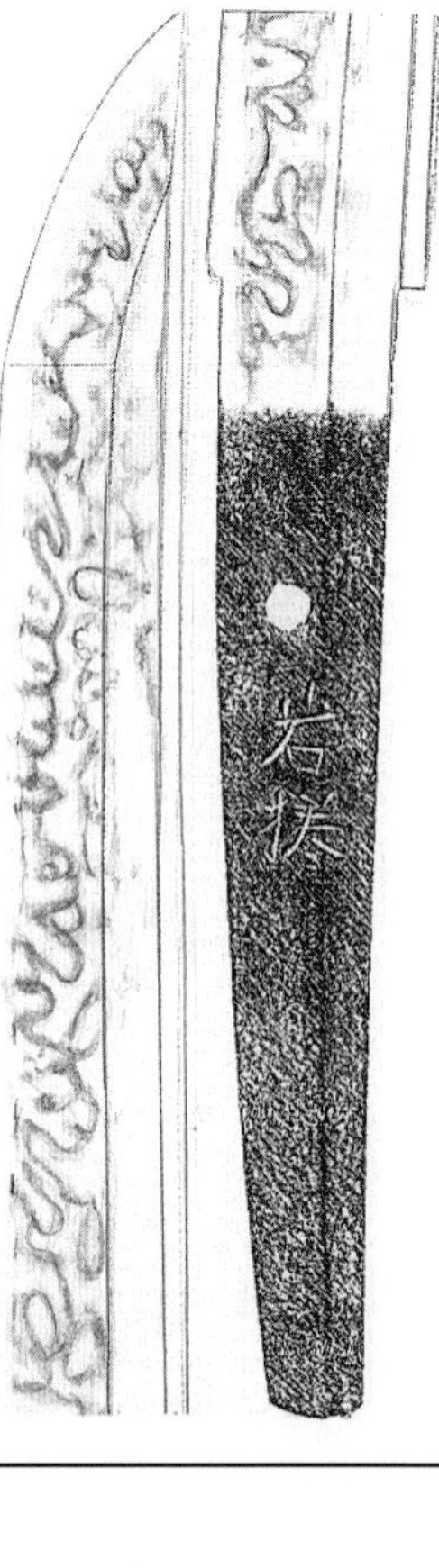

濃州清水住。西郡寿命の末。慶長ころの氏信同人、「岩捲」とのみ切り個銘を入れないものがある。慶長氏信は法橋に叙任する。慶長五年紀の作がある。⇩氏信の項参照。

《き》

新 菊平【きくひら】 伊賀守　肥前国　江戸初期（明暦）

明暦三年九月十八日、伊賀掾受領、のち伊賀守に転任する。入道して法橋に叙せられ「大法橋伊賀守入道源菊平」と切る。銘に冠して小型の菊紋を刻すものがある。加州辻村系の「加州住源菊平」と有縁か。互の目に丁子交じり、沸、匂が深い。

新 菊平【きくひら】 加賀国　江戸中期（寛文）

辻村氏。「加州金沢住源菊平」などと切る。

新 紀充【きじゅう】 筒井　大和国　江戸中期（宝永）

六十歳

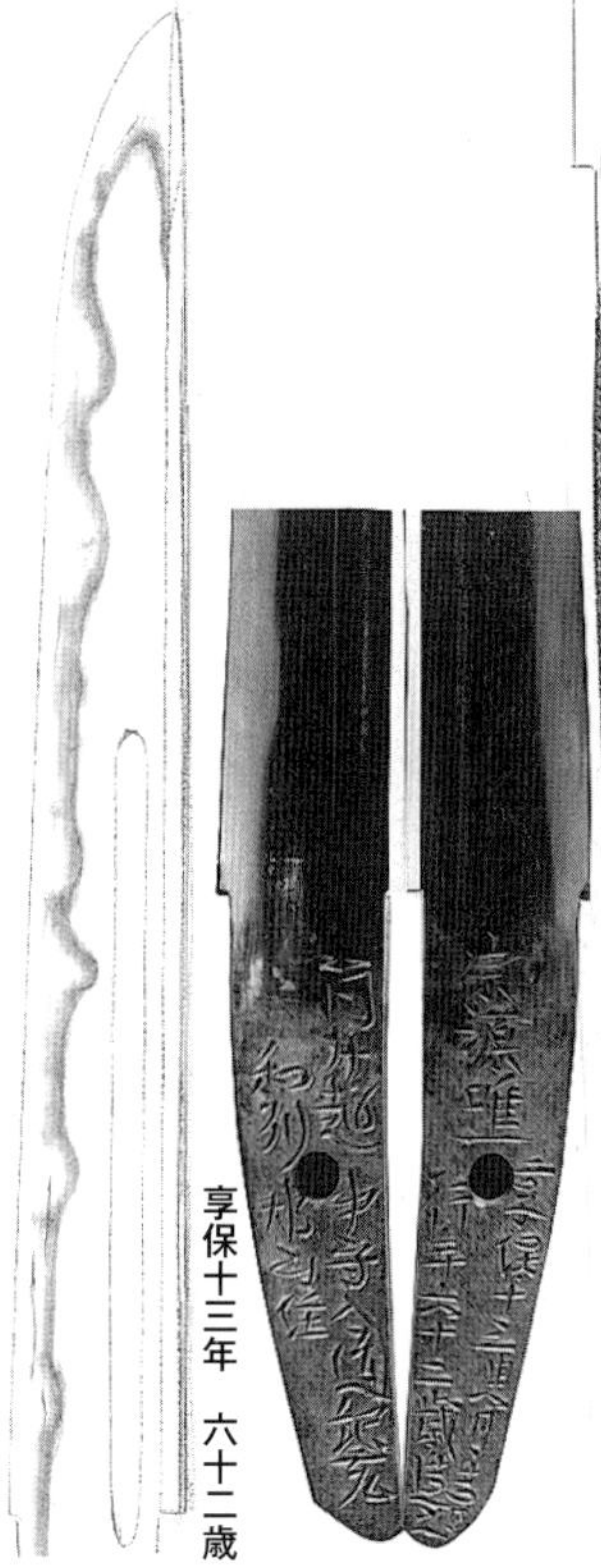
享保十三年　六十二歳

筒井輝邦。大和手掻派の系流で越中守包国の子。初銘包国。元禄六年春ころまで輝邦、のち紀充と切銘する。「享保十三年、六十二歳」「延享元年、七十八歳」と行年を切ったものがある。河内横小路住、のち大和郡山九条に移り鍛刀する。享保十一年紀に河内国作がある。享保十三年紀に和州郡山住の作があるので、享保十一年から十三年の間に転住している。元禄から享保後半までの作がある。湾れに互の目交じり、濤瀾乱風の大互の目乱など匂深く荒めの沸がつき、砂流しかかる。流暢な草書体で切銘する。⇩輝邦の項参照。

新 奇峯【きほう】 井上　摂津国　江戸中期（天和）

井上真改の子。奇峯は良忠（真改嫡子）の道号で老後の銘として、良忠と奇峯同人説が古くからあるが、奇峯は良忠とは別人。井上姓を切り、真改が受領した菊紋を刻す。中直刃調に浅く湾れて小互の目交じる。荒めの沸交じる。

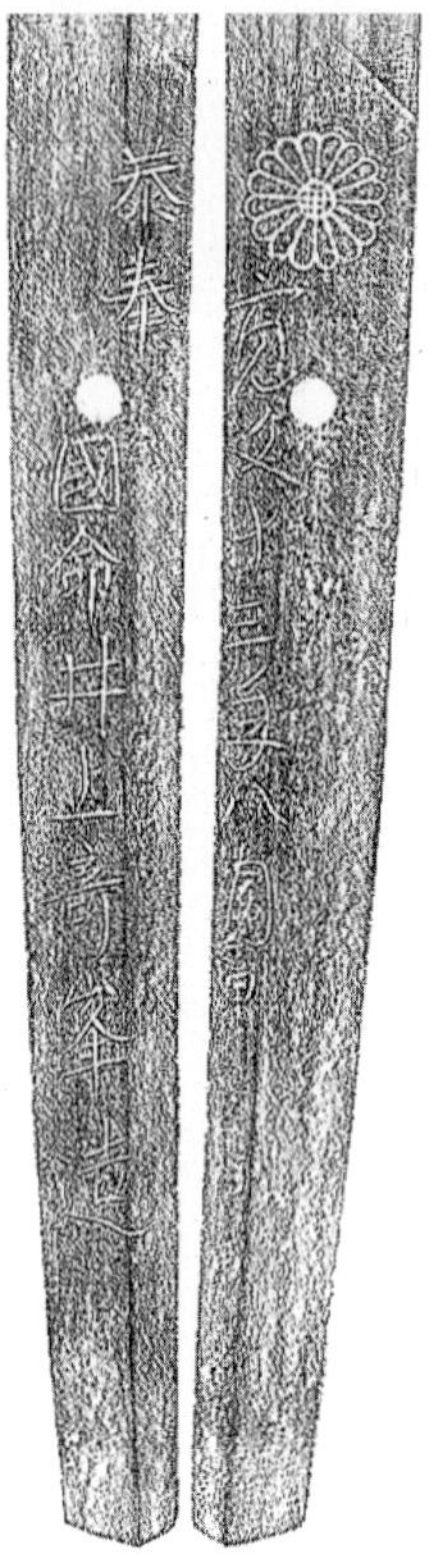

新 清興【きよおき】 薩摩国　江戸中期（享保）

中村掃部兵衛。自現坊、慈眼坊と称す。『鍛冶秘伝記』の著書がある。宝暦九年、八十一歳没。

古 清景【きよかげ】 備前国　室町初期（応永）

長船。清景は南北朝期（貞和ころ）からの名跡を継ぎ、応永ころに作刀する。「清景」「備州長船清景」。

古 清景【きよかげ】 周防国　室町初期（応永）

二王。応永・永享ころ。板目に柾流れ、白気がある。直刃にほつれごころがあり、小沸つく。「清景」「二王清景」。鎌倉中期で清綱の子という清景が古く、正応、嘉暦、永徳と続くが、作例をみるのは応永・永享ころのものである。

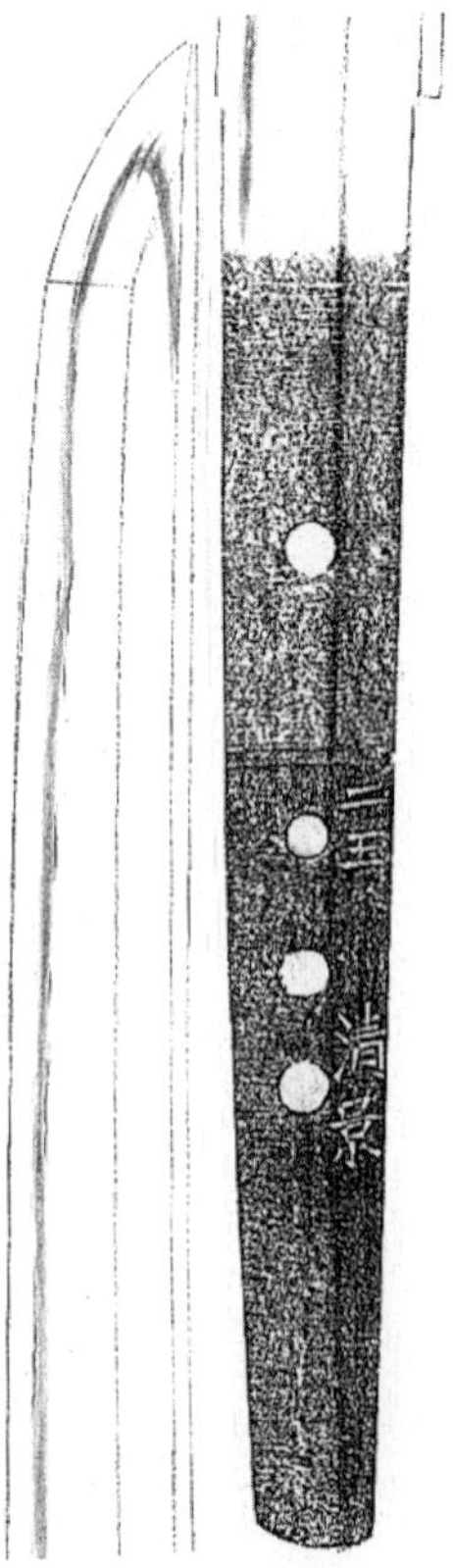

新 清方【きよかた】 薩摩国　江戸中期（延享）

中村清右衛門。主馬首安代の兄。薩州喜入住。延享三年四月、伊勢守を受領。天明二年六月十四日、八十五歳没。

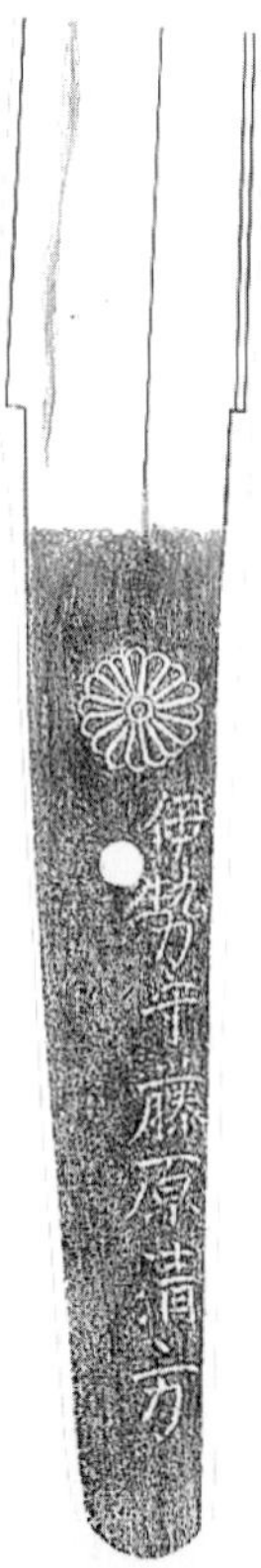

新作 清兼【きよかね】 愛知　昭和

筒井清一。明治四十年生まれ。三河岡崎住。のち尾張長久手住。栗原昭秀門。昭和十七年、陸軍受命刀工。戦後は昭和二十九年ころから作刀をみる。昭和五十年ころから庖丁正宗写しの短刀を好んで制作する。

古 **清国**【きよくに】 肥後国　室町末期（文禄）

木下姓。同田貫。伊倉住により伊倉同田貫の称がある。国勝と同じく左馬介（助）という。同田貫中で正国と双璧をなすというが、作刀稀少。加藤清正から清の一字を受けるという。

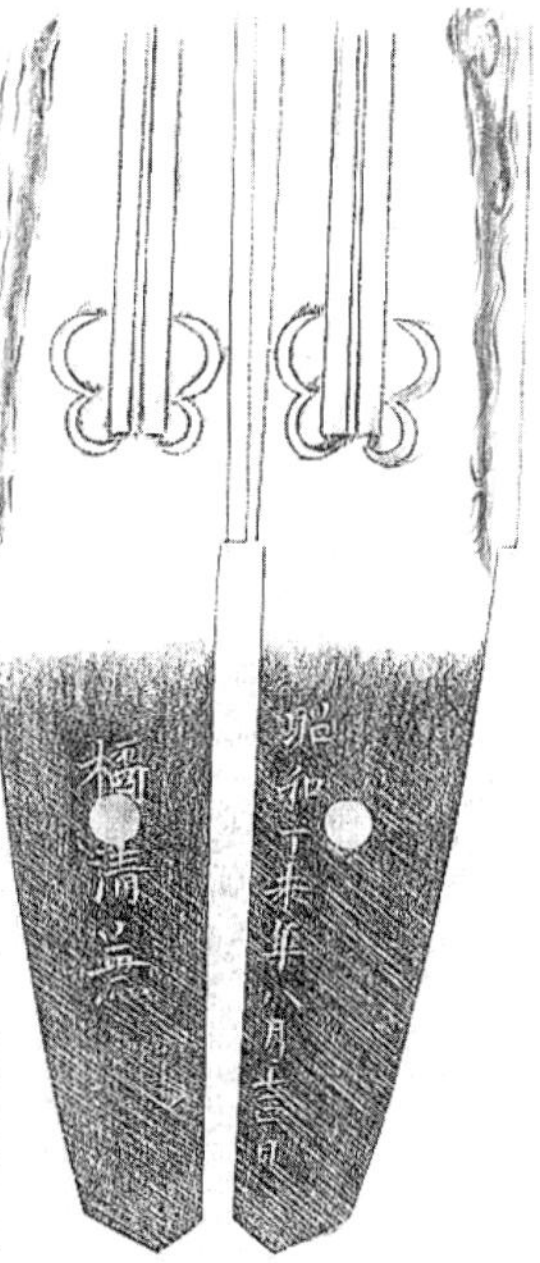

昭和五十三年

古 **清定**【きよさだ】 周防国　室町末期（天文）

二王。小互の目に小丁子交じり、また直刃を焼く。「清定作」「二王清定」。

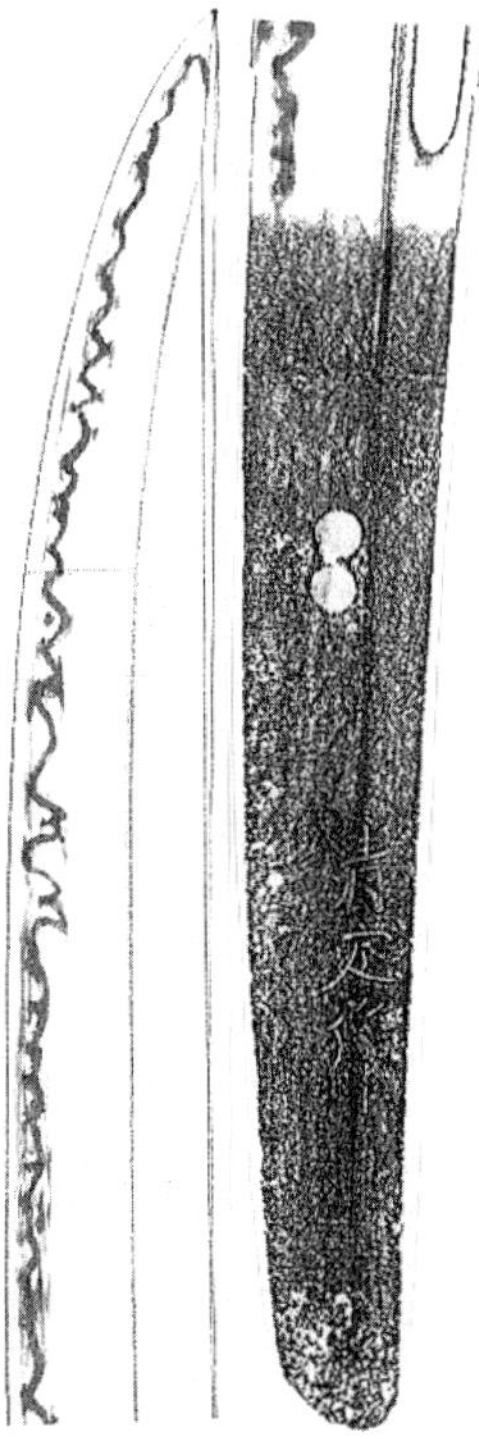

古 **清貞**【きよさだ】 周防国　室町初期（嘉吉）

二王。南北朝期の貞治ころから作刀するというが、実見するのは室町期になってからで嘉吉・文安ころの作がある。「二王清貞」同銘が大永、天文、永禄に続く。

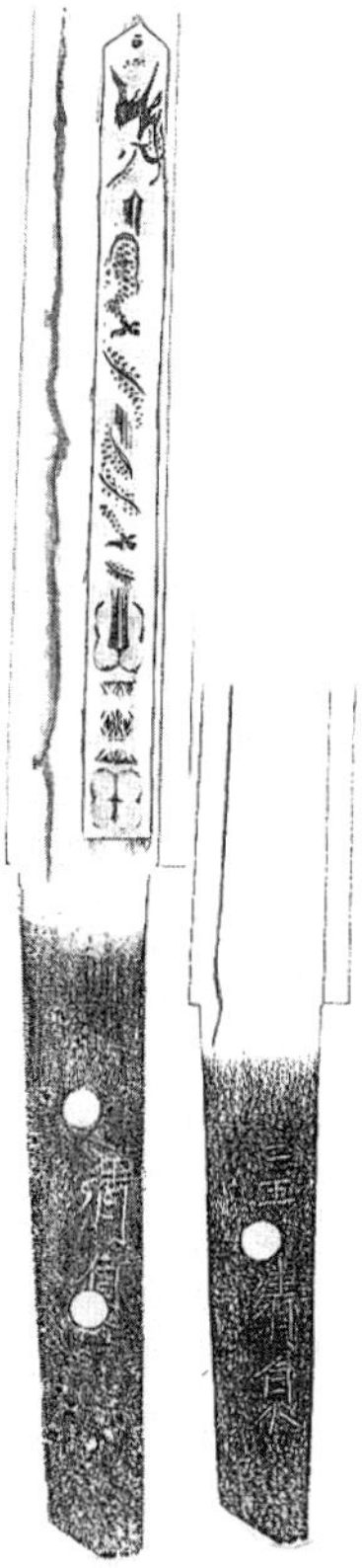

古 **清真**【きよざね】 周防国　鎌倉中期（建長）

仁王三郎。二王派の元祖といい、本国大和から来ると伝える。銘尽は清綱の祖父、元亀本は清綱の親という。「清真」「二王三郎」。

古 **清真**【きよざね】 周防国　室町初期（永享）

二王清真の名跡は鎌倉期から室町期まで継続しているが、作刀をみるのは室町に入ってからで、のち長州に移った清真がいるようである。「清真」「二王清真作」。

新々 **清重**【きよしげ】 上野国　江戸末期（慶応）

荒木直江。天保十一年、上野国群馬郡京ヶ島村島野に生まれる。江戸に出て斎藤清人に学ぶ。慶応三年八月、摂津守を受領。駿府松平家の藩工となる。その後帰郷して鍛冶を止めるが、日清、日露戦役のさい再び鍛刀する。大正八年七月、八十歳没。直刃の大和伝の作が多く、互の目乱、互の目に丁子交じりの相伝の作もある。

古 **清重**【きよしげ】 周防国 室町中期（寛正）
二王。同銘が南北朝期末からあり、寛正ころに比較的多くみる。以降は大永、永禄ころにある。「二王清重」。

新 **清重**【きよしげ】**初代** 長門国 江戸初期（正保）
長州長谷川系清重の初代。長谷川八左衛門。父清高と共に備前国から長州萩に移り毛利家抱工となる。松崎八幡宮奉納の大太刀（三尺六寸）は寛永廿一年紀がある。直刃、互の目乱。承応三年没。◆二代勘兵衛は須佐清重家を興し、三代は太兵衛が継ぐが鍛冶不向きで欠員。四代金槌清重は須佐清重中の上手という。五代以降、幕末まで八代が後続する（『更生長門新刀銘鑑』羽根文雄氏）。

新 **清重**【きよしげ】**二代** 長門国 江戸中期（寛文）
長谷川勘兵衛。八左衛門清重の子。二代清重。萩住、のち長州阿武郡須佐に移り益田家の抱工となる。須佐清重家の初代。宝永元年八月没。直刃がほつれる。小互の目が連れた備前吉井派の作風をみせる。

新 **清重**【きよしげ】 長門国 江戸中期（寛文）
二代勘兵衛清重の弟。初代と同名の八左衛門を名乗る。寛文九年以降、石州益田染羽に移り、益田長谷川系清重の初代となる。

新々 **清重**【きよしげ】 長門国 江戸末期（文久）
宮内清重。長州須佐住。長谷川清重家から分家した宮内清重家は宝暦・明和以降に鍛冶棟領職を継ぎ幕末まで活動する。

新々 **清繁**【きよしげ】 石見国 江戸末期（享和）
吉井八左衛門。初銘清重、吉井清則の末という。石州浜田のち益田住。寛政五年江戸に出て手柄山正繁の門に入り、清繁と改める。直刃、互の目に丁子交じり、濤瀾乱風の大互の目乱。

古 **清左**【きよすけ】 薩摩国 室町末期（文亀）
波平。佐藤清左。備前に出て長船清光に学び、備前伝を薩摩に導入し薩摩長船と呼ばれる。直刃に小互の目交じり、また互の目乱、丁子乱を焼いて末備前風。「波平清左」「薩州住清左」。

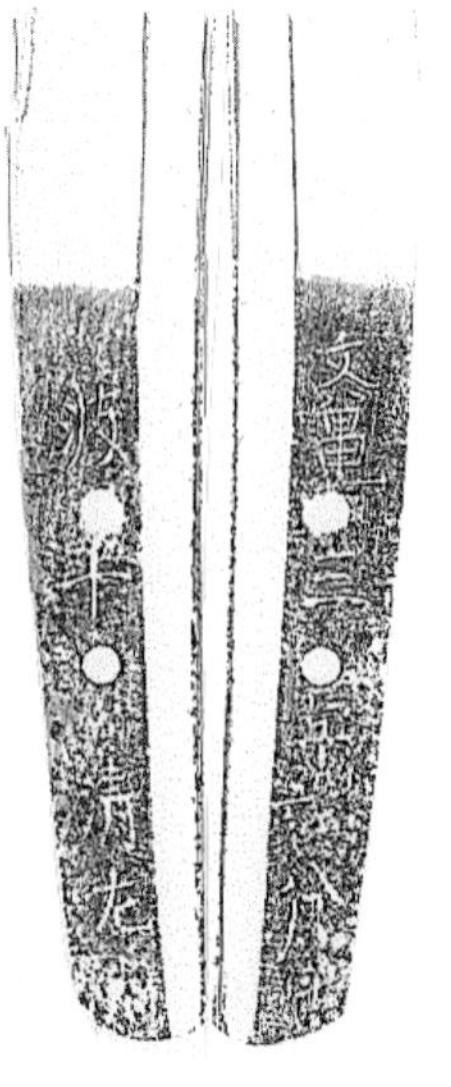

新々 **清高**【きよたか】 周防国 江戸末期（文久）
岩部源清高と同人か。周防のち江戸住。慶応四年紀の作がある。

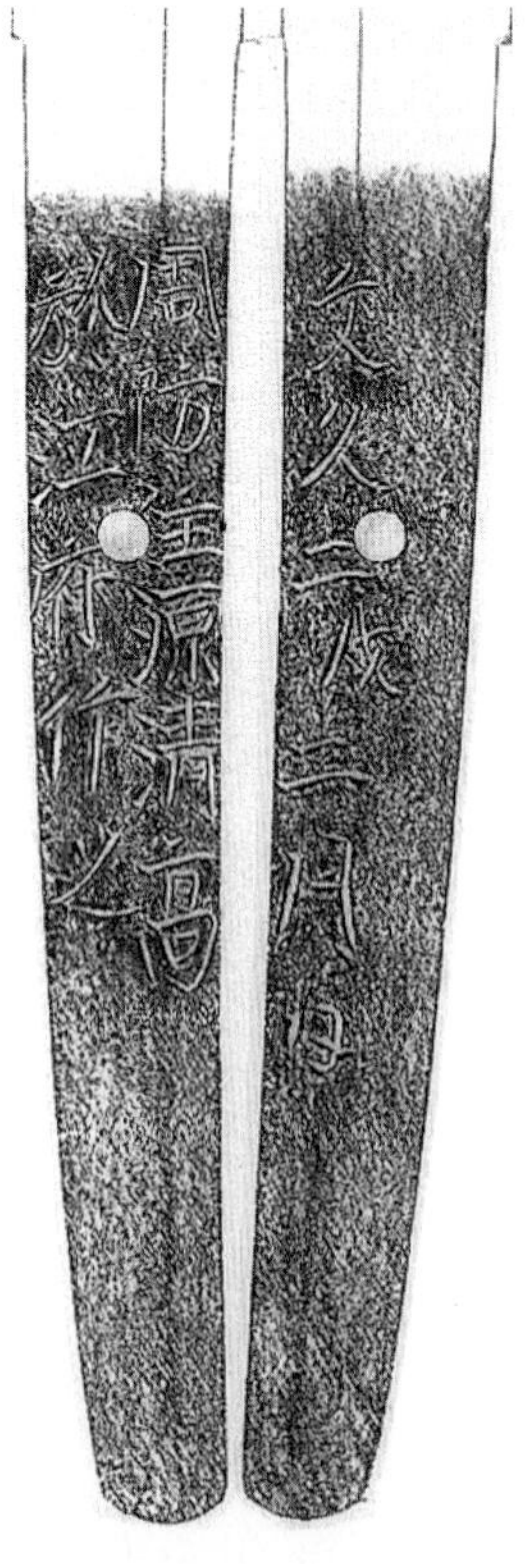

新 **清堯**【きよたか】 野田 武蔵国 桃山期（元和）

野田繁慶の初銘。鉄砲の作に清堯を銘すが、稀に刀剣にも切銘する。

⇩繁慶の項参照。

古 清忠【きよただ】 周防国 室町末期（文明）

二王。清忠の名跡は鎌倉末期に遡り、正応、元徳、至徳と続く。作刀を経眼するのは永享ころからで、文明ころから永正にかけての作例がある。「清忠」「二王清忠」「防州清忠作」。

新 清忠【きよただ】 長門国 江戸初期（明暦）

玉井宅太夫。古作二王清綱の末孫。長州萩住。小互の目に小丁子交じり、直刃など。新刀二王派では最も古く、明暦三年の年紀作がある。

新々 清忠【きよただ】 長門国 江戸末期（文政）

玉井清忠。本国周防。河内介を受領。「長州豊浦剣工玉井河内介清忠」などと切銘し、文政七年紀作に六十三歳と銘したものがある。

古 清種【きよたね】 周防国 室町中期（長禄）

二王。長門にても造る。「清種」「二王清種」。

新作 清周【きよちか】 沖縄 昭和

兼浜昇。昭和二十六年生まれ。昭和四十九年、宮入清宗門。昭和五十五年、作刀承認。南城市大里大城住。

古 清綱【きよつな】 周防国 鎌倉初期（元仁）

仁王三郎。清真子また孫という。宗三郎。周防国木崎村の仁王堂が戦火で焼失した際、鉄の大鎖を清綱の太刀で斬り仁王像を助け出したことから、それ以降は仁王三郎と号し、その子孫を二王という。文永二年紀がある清綱の先代に当たるが、該当する作刀は未見である。

古 清綱【きよつな】 周防国 鎌倉中期（文永）

仁王三郎。清真孫という。本国筑前。吉敷郡仁保荘住。厳島神社蔵の太刀（重文）に文永二年三月紀があるのが清綱の作として最古の年紀である。元仁清綱を初代とすれば二代に該当するが、元仁ころの作刀がみられないことから文永清綱を実質初代とする見方がある。『往昔抄』はこの清綱を「祖父清綱」として初代に掲げ、三代のほか二人がいて都合五人の清綱があるとする。「清綱」。

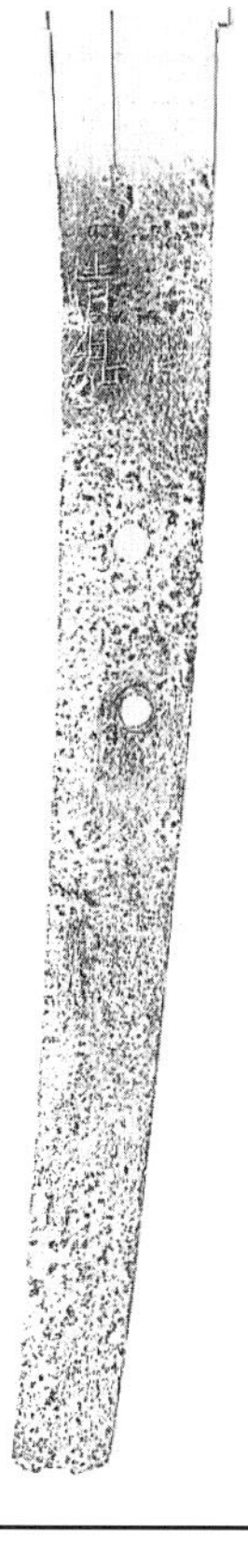

清綱 文永二年三月（『神津伯押形』）

古 清綱【きよつな】 周防国 鎌倉中期（永仁）

宗三郎清綱の子。太刀は鎬造、身幅と重ね普通で反りが深く、鎬筋が高い。鍛えは板目に柾が流れて、大和伝風が強い。刃文は直刃、また小互の目が連れて匂口がうるんだ感じのものと、やや淋しく締ったものとがある。「清綱」。文永清綱を初代とすれば、この工は二代に該当する。

古 清綱【きよつな】 周防国 鎌倉末期（元徳）

鎌倉末期から南北朝期にかかるころの作例がある。太刀は直刃に小互の目足入り、短刀は小互の目が連れて小丁子を交じえ、総体に逆がかって匂勝ちで、小沸が細かく、砂流しかかる。茎の鑢目は鷹の羽で、綱字を縄に切る。「清綱」。

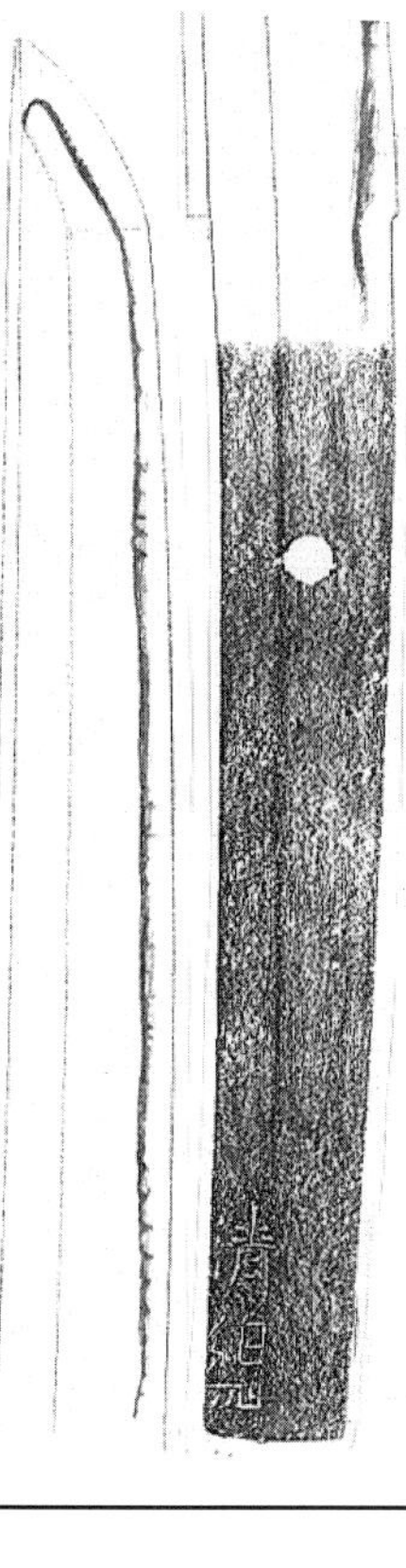

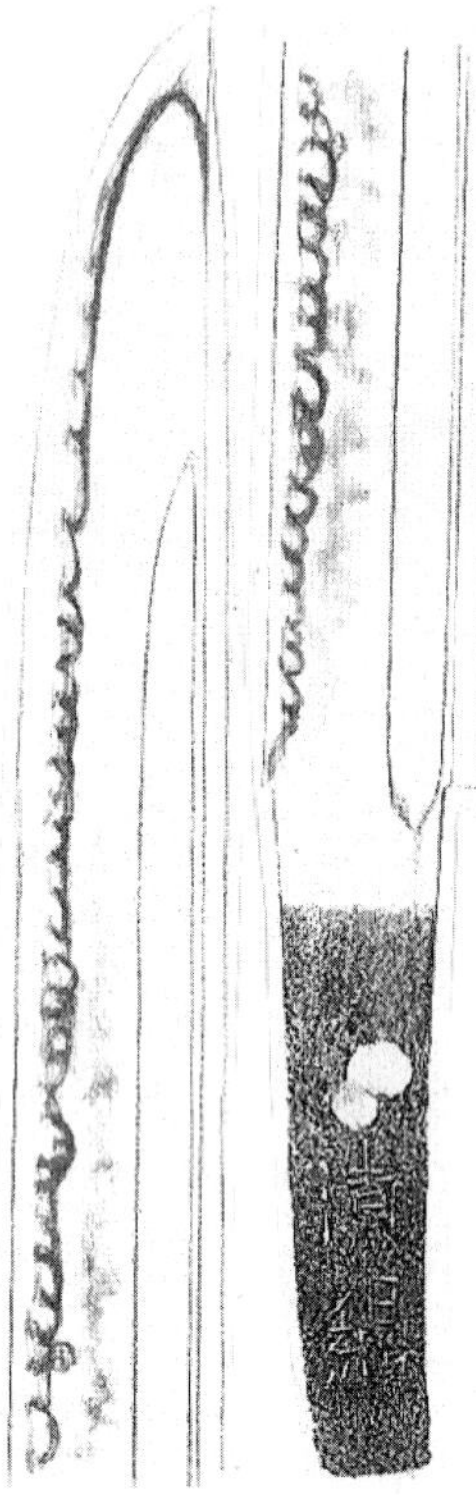

古 **清綱**【きよつな】 周防国　南北朝期（貞和）
建武から貞和ころにかけての作刀がある。二王の故地は吉敷郡仁保荘から玖珂郡玖珂町玖珂に移ったようである。「清綱」「防州玖珂住清綱」。

古 **清綱**【きよつな】 周防国　室町初期（応永）
二王。鎬幅広く、鎬筋高い造込みが大和風であり、室町期まで作風を墨守する。鍛えは板目に柾交じりでよく詰んだものと、肌立ちごころのものがある。「清綱」「二王清綱」。室町期の清綱は応永以降、永享、文明、永正とその名跡を伝える。

新 **清綱**【きよつな】 周防国　江戸中期（寛文）
「周防国二王三郎清綱朝臣」と切る。安芸国にても造る。

新作 **清俊**【きよとし】 長野　昭和
和泉英明。昭和三十四年生まれ。宮入清宗門。昭和六十三年、作刀承認。新作名刀展努力賞、新作日本刀展入選。東筑摩郡波田住。小湾れに互の目交じり。「清俊作之」。

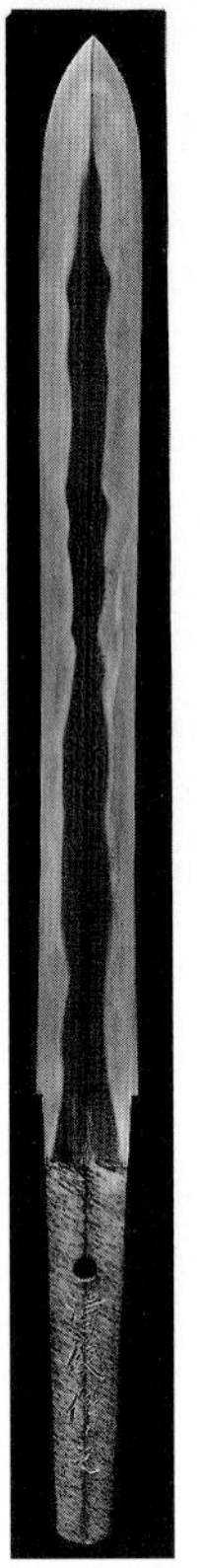

新作 **清朋**【きよとも】 東京　平成
松井健。昭和四十六年生まれ。平成二十一年、同二十三年、新作名刀展入選。「清朋作」。東久留米市住。

新作 **清直**【きよなお】 長野　平成
松川隆。昭和三十年生まれ。昭和四十七年、宮入清平門。平成十年から新作刀展覧会出品、優秀賞六回、努力賞八回受賞。平成二十二年、新作日本刀展銀賞第一席。平成二十三年、新作名刀展短刀の部で努力賞。同二十四年、同展脇指と短刀の各部門で入選。湾れ調の直刃に互の目、互の目乱など。長野県佐久市住。「信濃住清直作之」。

古 **清永**【きよなが】 周防国　室町末期（文明）
二王。応永年紀のものからみられ、長州にても造る。直刃に小互の目、小足の入った淋しい出来が多い。櫃内に仁王、鶴亀などの濃密な刀身彫がある。「清永」「二王清永作」。同銘が宝徳、文明、永正と続く。

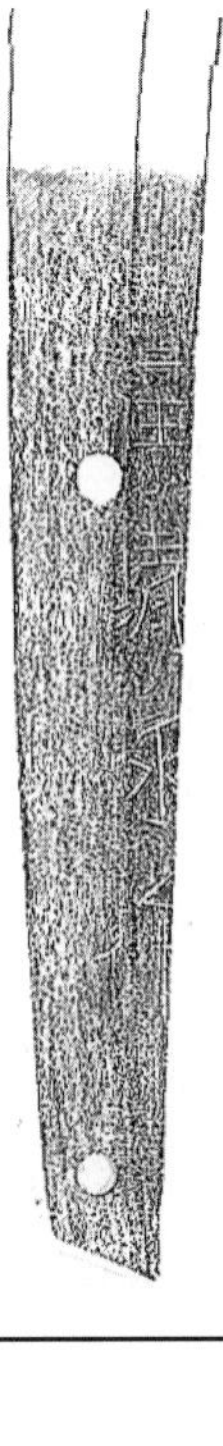

古 **清長**【きよなが】 周防国　鎌倉末期（正応）
二王。清綱の弟。吉敷郡仁保荘住。正応ころという。「清長」。

古 **清長**【きよなが】 周防国　南北朝期（建武）
二王。清景の子。同銘は文和から応永、永享、天文と続く。

新 **清宣**【きよのぶ】 **初代** 美濃国　桃山期（元和）
得永派。関住。初銘兼宣。慶長十六年三月十八日、近江大掾を受領して清宣に改め、のち近江守に転ず。慶長から寛永三年ころまでの作刀がある。関鍛冶の鍛冶頭を務め、善定派の兼門と共に関鍛冶を代表する。直刃、小湾れに互の目交じり。

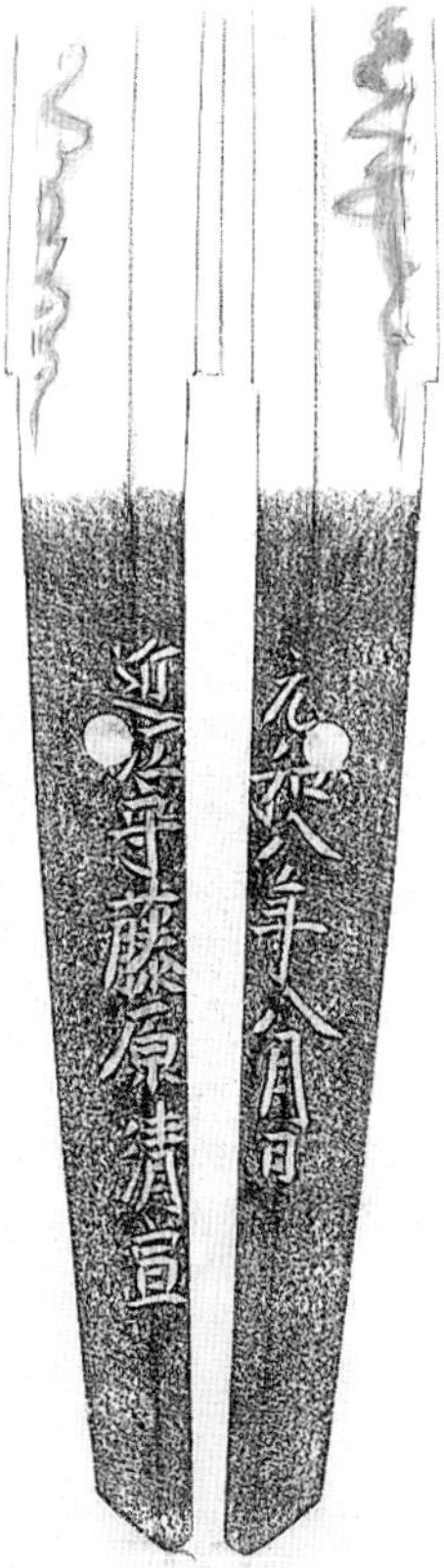

新 **清宣**【きよのぶ】二代　美濃国　江戸中期（寛文）

徳永派。初代清宣の子。正保二年十一月七日備中掾を受領、のち備中守に転ず。正保から延宝ころまで作刀する。中直刃に小足入り。◆三代忠右衛門は受領がなく、元禄から享保ころ、関鍛冶の鍛冶頭を勤める。

古 **清則**【きよのり】　備前国　南北朝期（文和）

吉井。文和・延文のころに作刀がある。「清則」「備前国住吉井清則」。

古 **清則**【きよのり】　備前国　室町初期（応永）

吉井。景則の子。応永年紀の作がある。法名道永。清則一族で出雲へ移住した清則は代々道永を名乗る。匂出来の互の目乱を焼き、頭が揃う気味がある。「清則」「備前国吉井清則」。

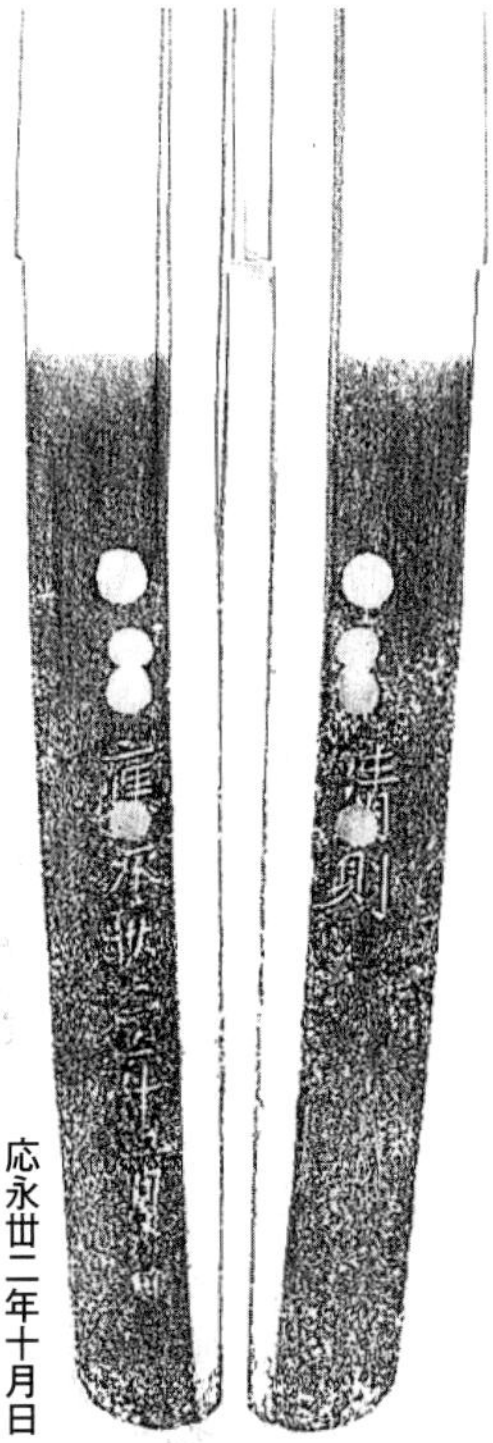

応永廿二年十月日

古 **清則**【きよのり】　備前国　室町初期（永享）

吉井。吉則の子。永享から享徳ころまでの作がある。「清則」「藤原清則」「備前国吉井清則」。

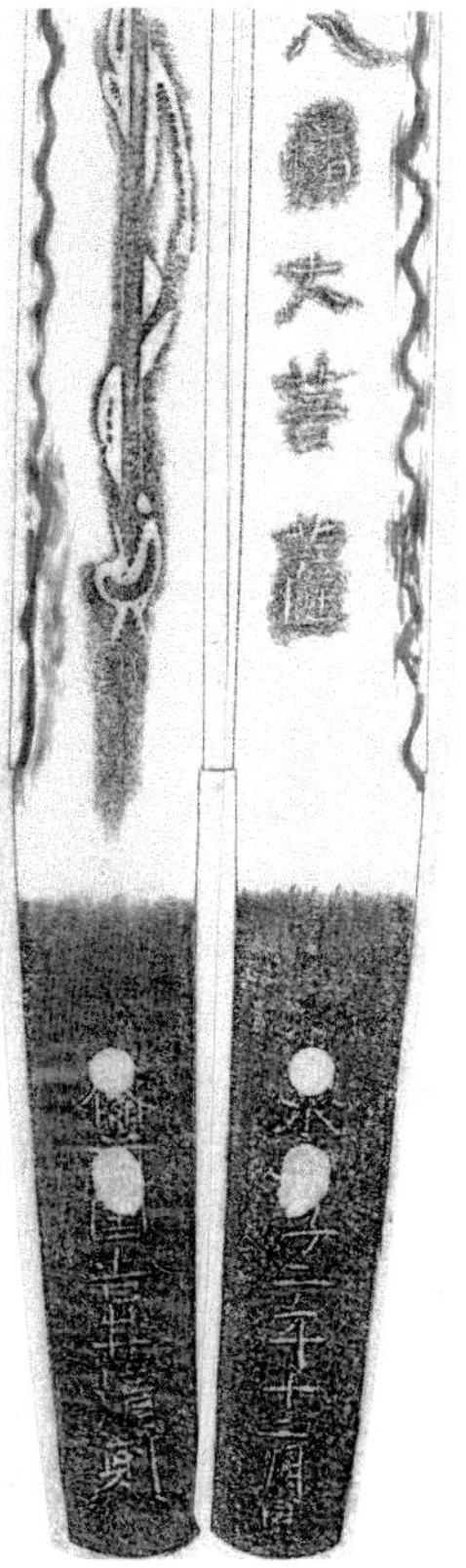

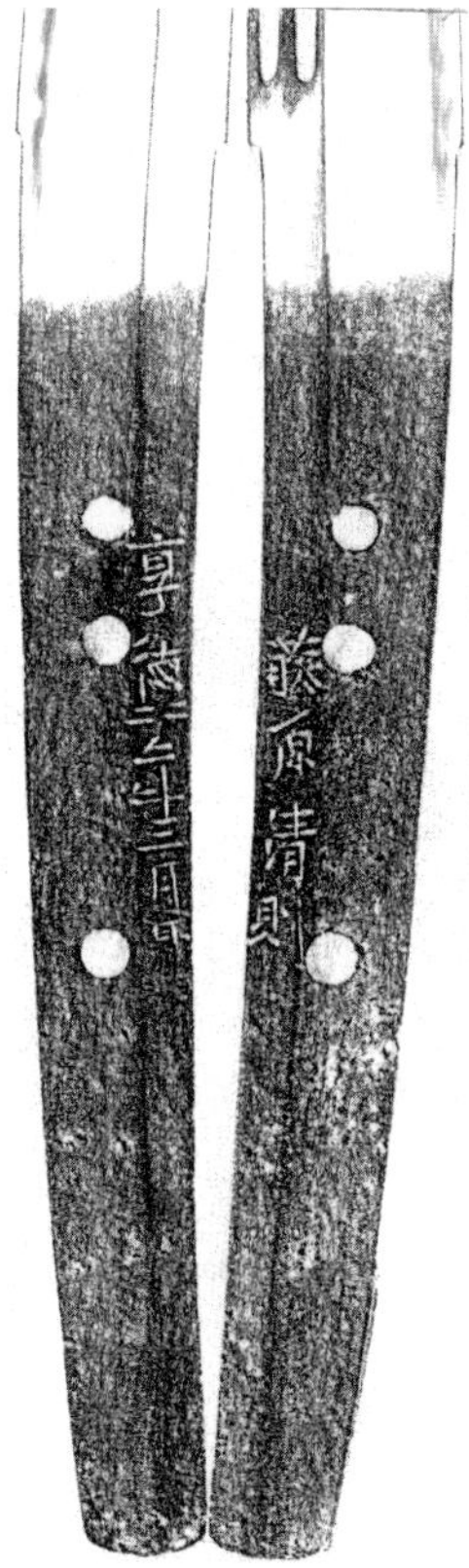

古 **清則**【きよのり】　備前国　室町中期（寛正）

吉井。清則子、吉則孫。長禄ころから文明にかけて作刀する。「清則」「藤原清則」「備前国吉井清則」。

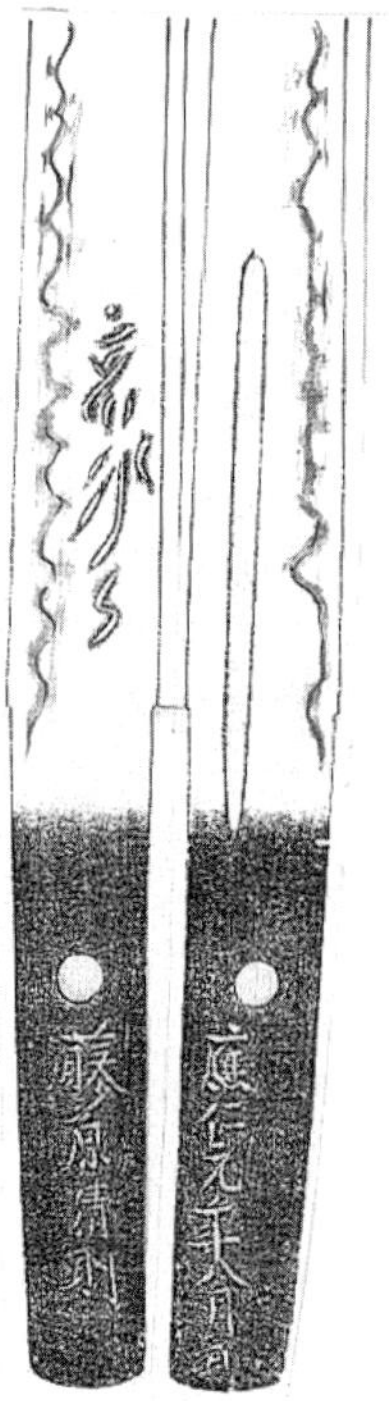

古 **清則**【きよのり】　出雲国　室町初期（応永）

出雲道永。備前吉井派の応永清則の一族で室町初期のころ、備前から出雲へ移住する。応永清則の法号道永から道永派と称し、代々道永を名乗る。出雲道永の作は備前吉井派と同じく互の目を揃えた焼の頭が丸い。「清則」「藤原清則」「雲州住清則作」。同銘が康正・文明・明応・永正と継続する。

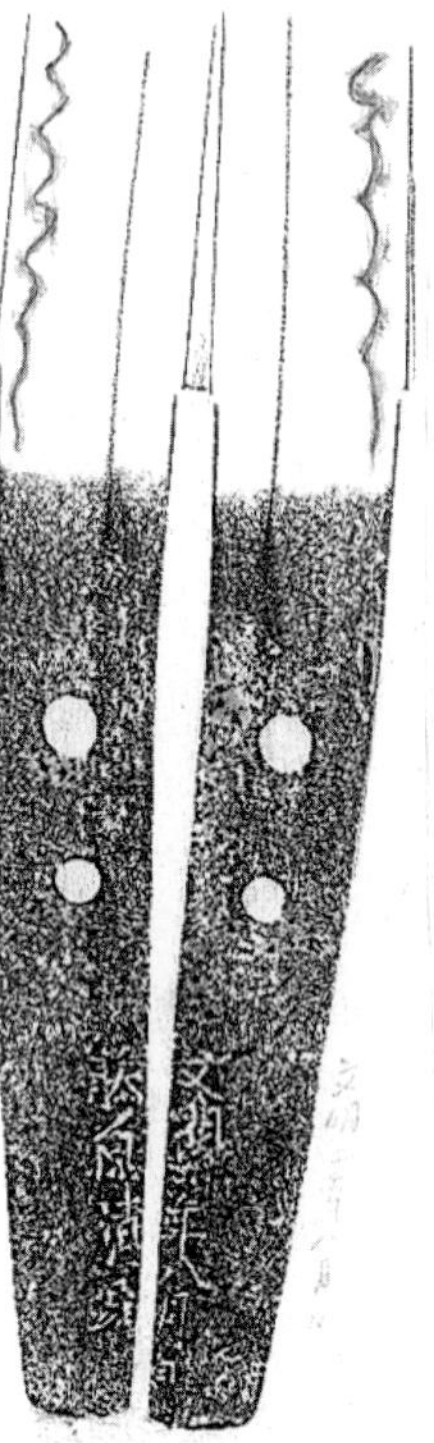

文明二年八月日

古 **清久**【きよひさ】　周防国　鎌倉中期（正応）

二王。正応元年紀の作例がある。「清久」「藤原清久」。後代が室町期に入って文明年紀を切る。

藤原清久正応元九月一日

新々 **清秀**【きよひで】　筑後国　江戸末期（文化）

青木清兵衛。青木清凞門。山城にても造る。弘化二年、近江介を受領。嘉永二年三月七日、六十四歳没。

古 **清平**【きよひら】　周防国　室町末期（文明）

二王。吉敷住。二王の祖という清平は清綱の父で文応とし、豊後より来るという。同銘は弘安から応永へ続くが、経眼するのは文明ころのものである。「清平」「二王清平作」。

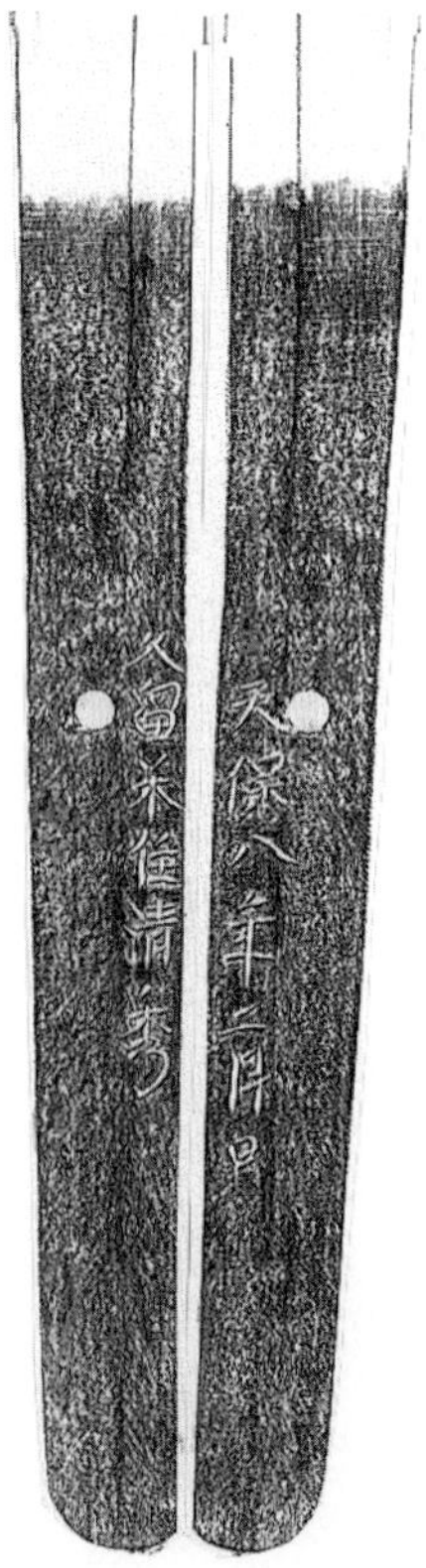

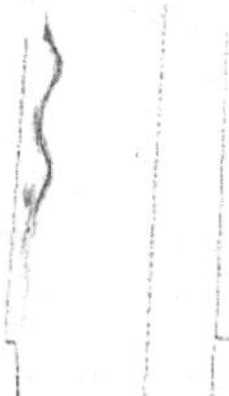

新 **清平**【きよひら】**初代**　加賀国　江戸中期（寛文）

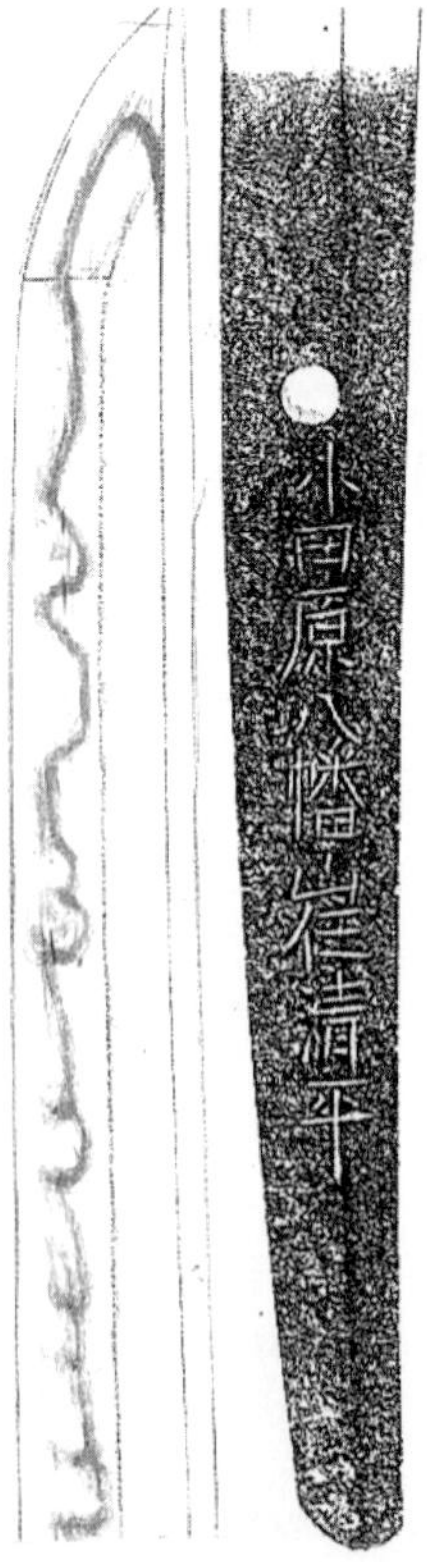

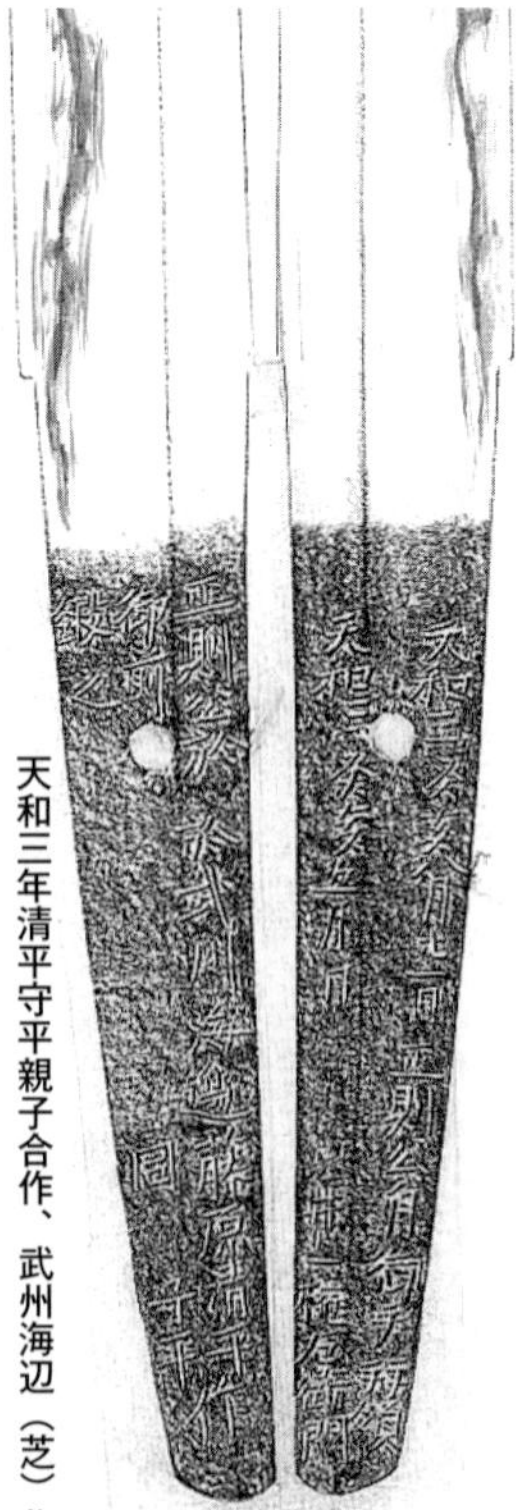

天和三年清平守平親子合作、武州海辺（芝）作

辻村五郎右衛門。越中守高平（初代兼若）の四男。承応二年より以前に江戸へ出る。稲葉家に抱えられ相州小田原城下へ移り、「相州八幡山住清平作」などと切銘する。稲葉家に抱えられた期間について『加州新刀大鑑』は寛文二年より貞享二年までの約二十四年以上と記している。稲葉家が越後高田に転封になった貞享二年十二月から後、清平は小田原から江戸へ移る。元禄九年紀に七十七歳と切った作があり、最終年紀とみられる元禄十五年仲秋銘の江戸打ちは八十三歳に当たる。承応から元禄十五年まで五十年に及ぶ長期の鍛刀活動を続ける。直刃、大湾れ、互の目に丁子、尖り刃交じりなど。

元禄六年、七十四歳作

新 清平【きよひら】二代　武蔵国　江戸中期（宝永）

辻村清兵衛。初代清平の子、初銘守平。のち清平を襲名する。寛文二年生まれ、親清平の四十三歳のときの子。相州小田原で生まれ、のち江戸へ移る。元禄四年紀に守平三十歳と切った作があり、享保二年に「辻村相模守藤原清平作之」銘の作がある。作刀は稀少。互の目乱、湾れ乱れなど。

新 清平【きよひら】　長門国　江戸中期（享保）

玉井新右衛門。平右衛門正清の子。長州萩住。享保年紀の作がある。

新作 清平【きよひら】　長野　昭和

宮入栄三。初銘清平、のち清宗。大正十三年生まれ。昭和十六年、宮入行平門。行平弟。坂城町無形文化財に認定される。昭和三十四年一月作刀承認。昭和四十年、新作名刀展で努力賞。同四十二年から四十五年まで奨励賞、同四十六年から五十一年まで努力賞、奨励賞を受賞。清麿風の互の目乱。平成十五年五月二十六日、七十九歳没。

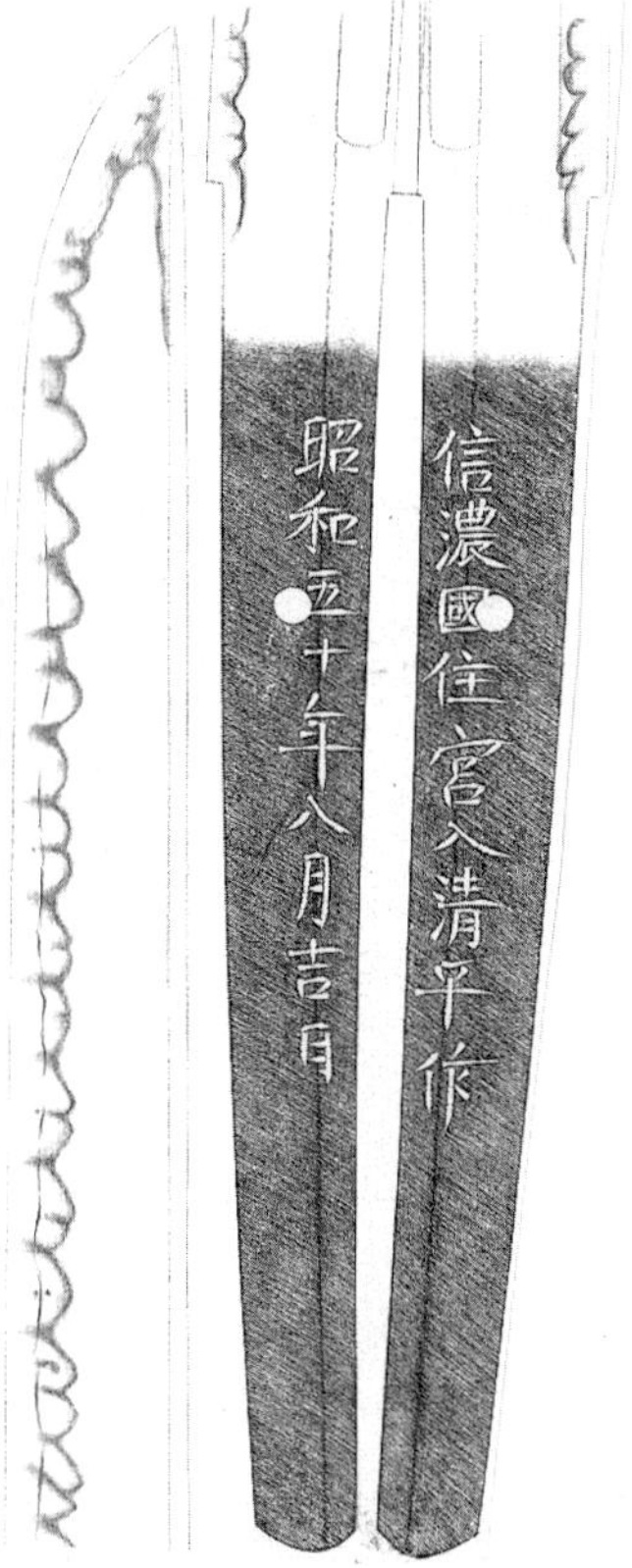

平成十二年作

新作 清広【きよひろ】　福井　平成

森国利文。昭和四十二年生まれ。平成二十三年、同二十四年、同二十五年、新作名刀展努力賞受賞。丁子乱に重花丁子交じり。「越前住森国清廣作」福井市住。

新 清房【きよふさ】　薩摩国　江戸中期（元禄）

中村清右衛門。中村清行の長男。「薩州喜入住清房」などと切銘する。享保十九年十月、六十八歳没。

新作 清房【きよふさ】　岩手　平成

山口武。昭和七年生まれ。昭和三十年、会津若松の鍛冶職長嶺重延に師事し、同三十八年、安本吉光刀匠に学び、同三十九年、隅谷正峯の門に入り鍛刀技を身につける。同四十七年、盛岡で独立する。昭和四十五年、第六回新作名刀展に出品、努力賞を受賞してから連続して毎年受賞。奨励賞、名誉会長賞、高松宮賞、毎日新聞社賞など多数を受賞し、同六十一年無鑑査となる。平成五年、岩手県無形文化財、平成十二年、文部大臣賞を受賞する。岩手県盛岡市住。石川県松任町にても造る。互の目に丁子交じり、青江写しの逆丁子乱など。

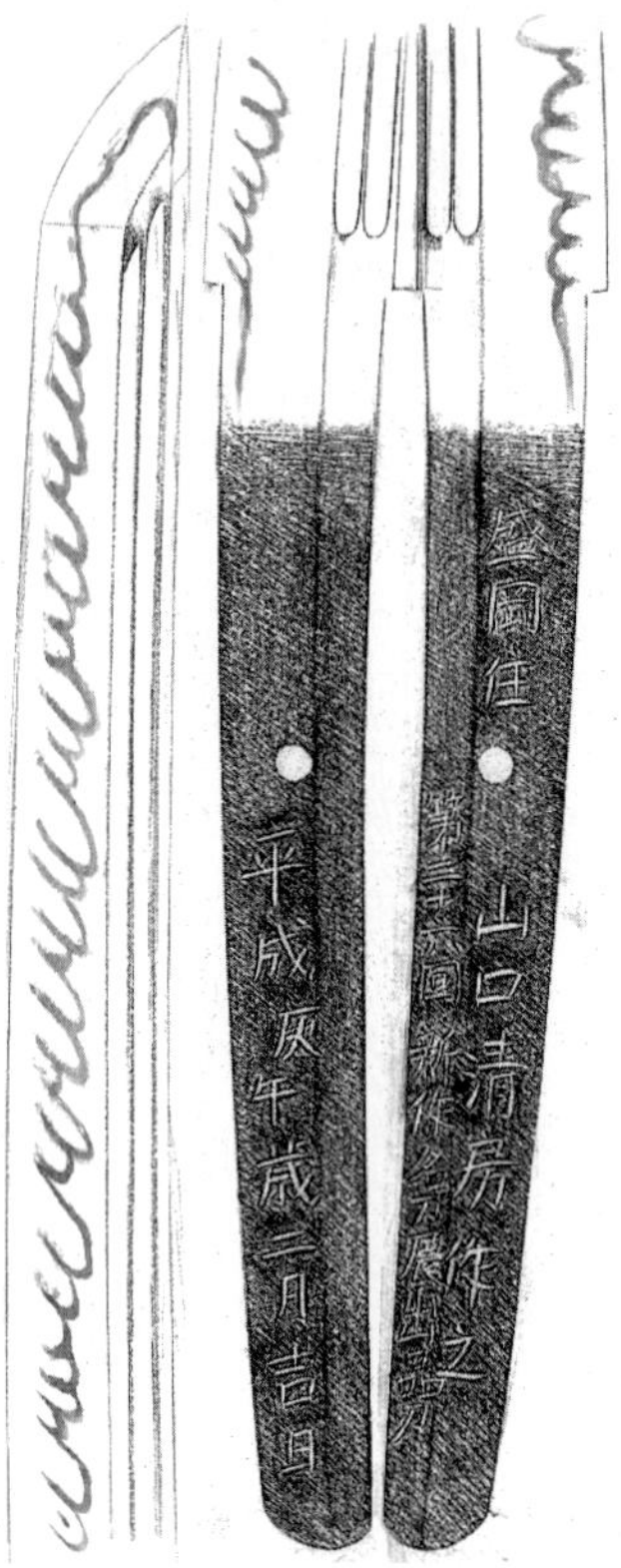

新作 清丸【きよまる】 山形 明治

斎藤永四郎。斎藤清人の子。荘内住。江戸に出て父清人に学ぶ。明治初年の作をみる。互の目乱、逆丁子交じる。

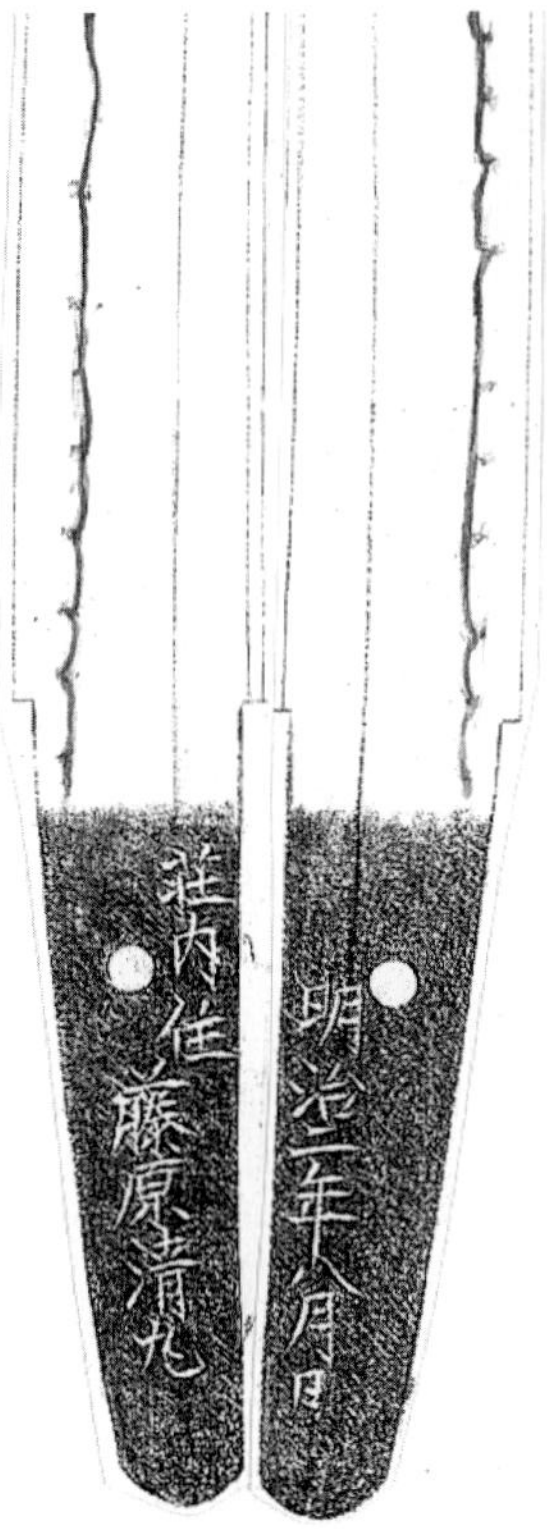

新々 清磨【きよまろ】 武蔵国 江戸末期（弘化）

山浦内蔵助環。一貫斎と号す。信州小諸赤岩村に文化十年三月六日、山浦昌友の次男として生まれる。文政十二年六月二十六日、兄・真雄と共に河村寿隆に入門。初銘正行、環、次いで秀寿。天保二年、同五年江戸に出府し、幕臣で兵法家として名高い窪田清音に師事する。作刀技に非凡の才があることを見い出された正行は清音の後援を得て鍛刀に専念する。天保三年から同五年まで赤岩また松代海津城下で鍛刀。この期は小刀なども造った正行の研鑽期で、天保六年、江戸に移住する。天保十年から武器講の作刀をするが、この武器講は長くは存続せず、天保十三年前半に長州に出奔し萩城下で鍛刀する。正行の長州出奔の時期につき諸説があるが、天保十三年二月紀の作に「於吾妻正行」と切り、天保十三年八月紀に「於萩城山浦正行造之」の銘作があるので、正行の江戸から

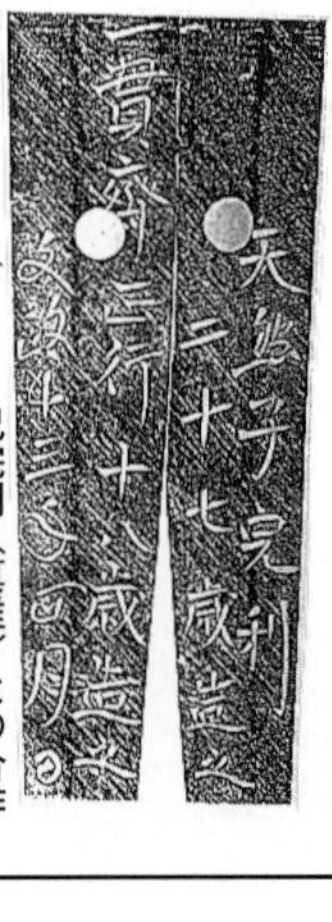

兄完利（真雄）との合作

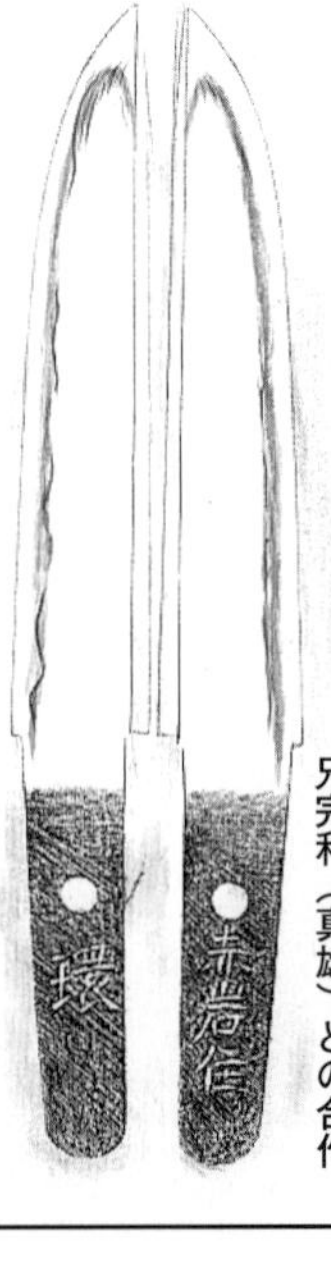

天保三年ころ

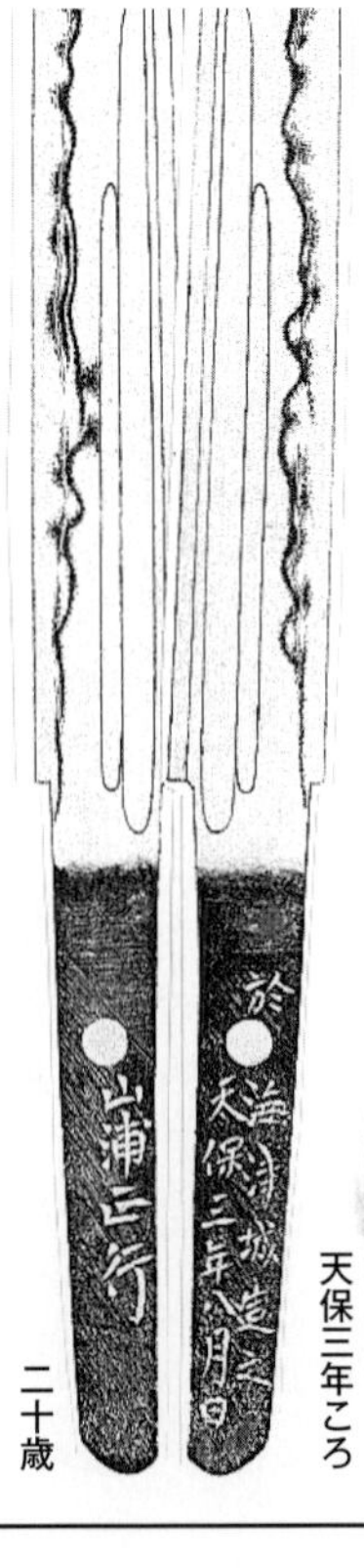

二十歳

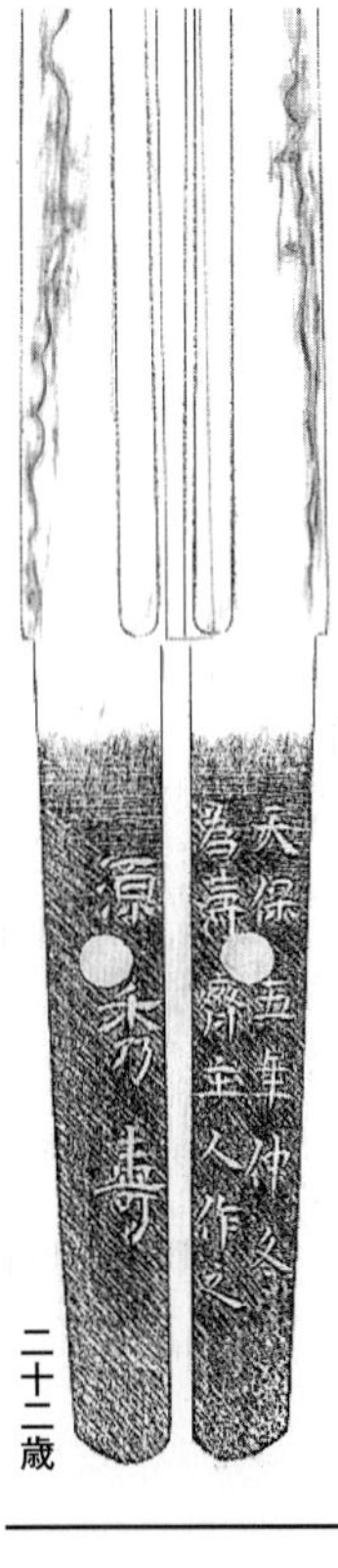

二十二歳

清 [麿]

きよまろ

の出奔は天保十三年二月から八月の間とみられる。萩では長州藩家老格の村田清風の支援を得て鍛刀に専念する。萩打ちの期間は短く、天保十五年に長州を発って江戸に向かい、途中郷里信州へ立ち寄ったのが同年七月ころ。兄・真雄の鍛冶場で八月から十二月まで兄弟で昼夜をわかたず談じ「或は鍛え、或は試む、いささか其の極る所を得て帰府す」(『山浦家譜断片』)という。

弘化二年江戸へ戻り、窪田清音に前罪を詫びて許され、四ッ谷伊賀町に住。弘化三年秋に正行から清麿に改銘。「弘化三年八月日」の銘作には源正行と源清麿の二通りの銘がみられる。大成して〝四ッ谷正宗〟と

長州打ち｜於萩城山浦正行造之｜天保十三年八月日

江戸打ち｜天保十三年二月日於吾妻正行

二十七歳｜山浦環正行｜天保十三年十二月日主伴景徳

天保五・六年ころ｜山浦環

三十一歳｜山浦正行制之｜天保十四年三月日

｜源正行｜弘化三年八月日

三十四歳｜源清麿｜弘化十□年八月日

弘化四年｜清麿｜嘉永□年八月日

四十一歳

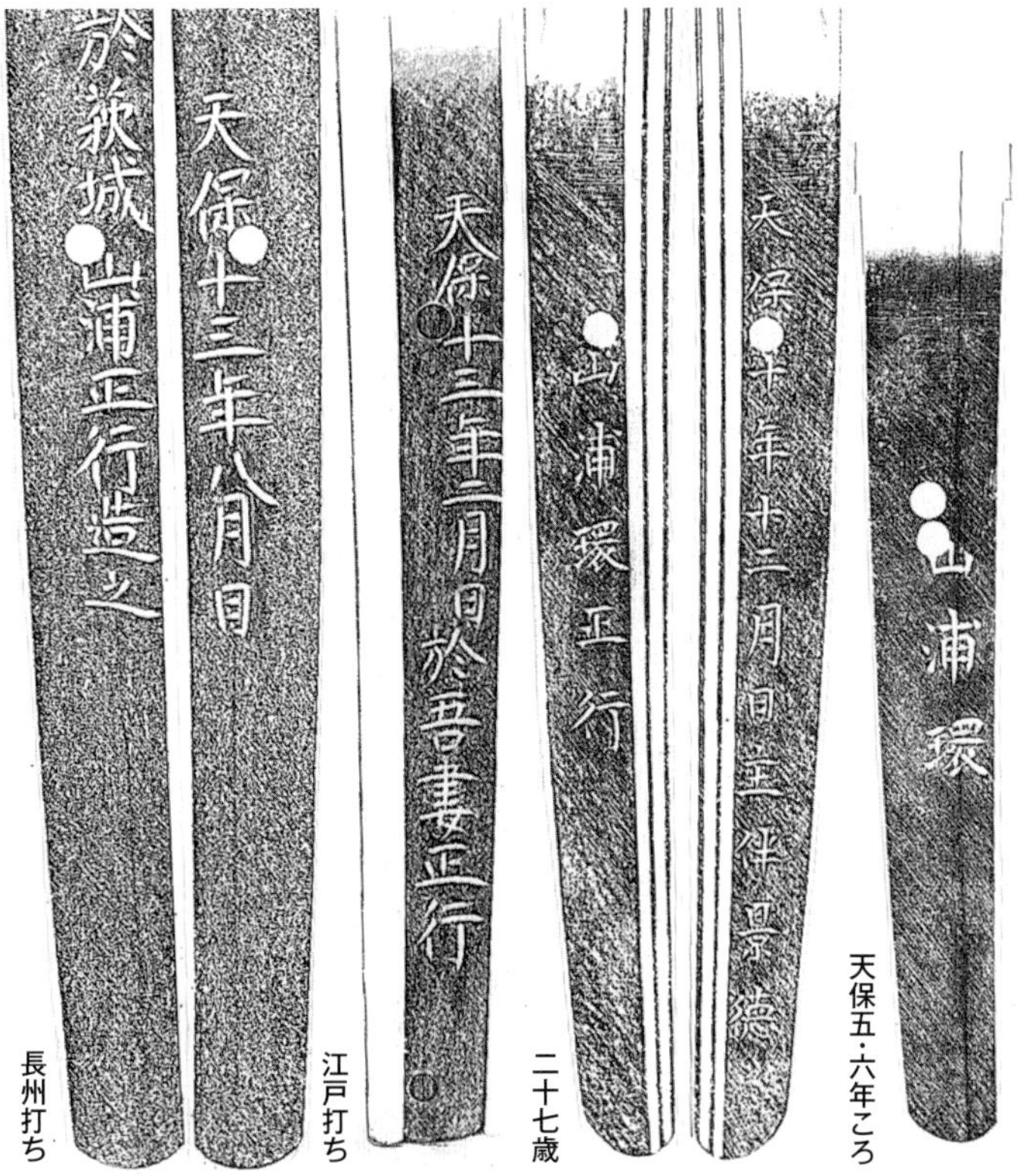

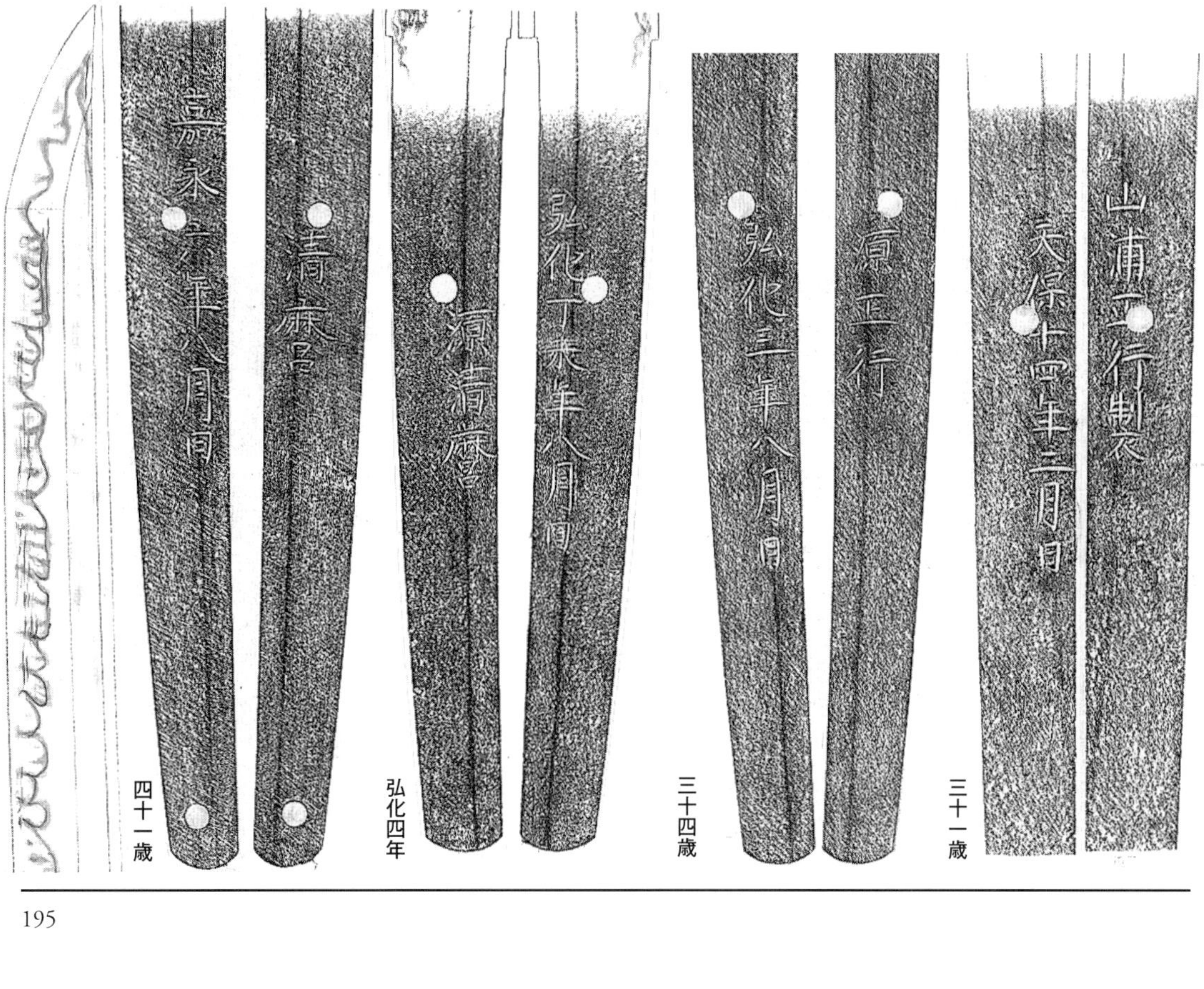

讃えられる。嘉永七年十一月十四日自刃し、四十二歳で没。初期作は師寿隆に似て匂口の締った重花丁子を焼く。江戸へ出てからは互の目に丁子を交じえ焼の広狭が烈しい華やかな刃文に、砂流し、金筋がしきりにかかった志津、あるいは左文字をねらいとしたとみられる作が多い。帽子は乱れ込み、先が尖って返り、鋭さがある。

古 清光【きよみつ】 備前国 南北朝期（貞治）

銘鑑には正和、貞治の清光があり、貞治年紀の短刀が現存するという。室町期になっては応永四、文安二年紀のものがあるとするが、未見である。室町後半になって文明十九年紀から文亀（左衛門尉清光）、大永にかけてのおよそ四十年間は散発的に作刀がなされていたにすぎない。この時期は同じ長船でも、勝光・宗光一家が盛況を極めていて、清光一家の活動の余地はほとんどなかったといってよい。それが天文になって清光一家が活発な活動を開始し繁栄をとげることになったのは、五郎左衛門清光の存在によるところが多い。

享禄年間を境に勝光・宗光一家は衰退に向かい、清光一家が台頭していったのであり、天文から永禄の間に最盛期を迎える。五郎左衛門清光は三代が継続しており、初代の子の孫右衛門、与三左衛門など俗銘を名乗る清光は十余名を数え、祐定一家と並んで栄え、天正年中まで作刀を続ける。（系図892頁参照）

古 清光【きよみつ】 備前国 室町末期（文明）

勝兵衛。備考は勝光の兄で文明・文亀の工という。初代五郎左衛門清光の先代に当たり、「文明十九年二月日」の年紀作が該当しよう。小湾れに互の目足入り、逆がかった刃が交じり小沸よくつく。のちの清光作とは異なる地味な出来である。「備州長船清光作」。

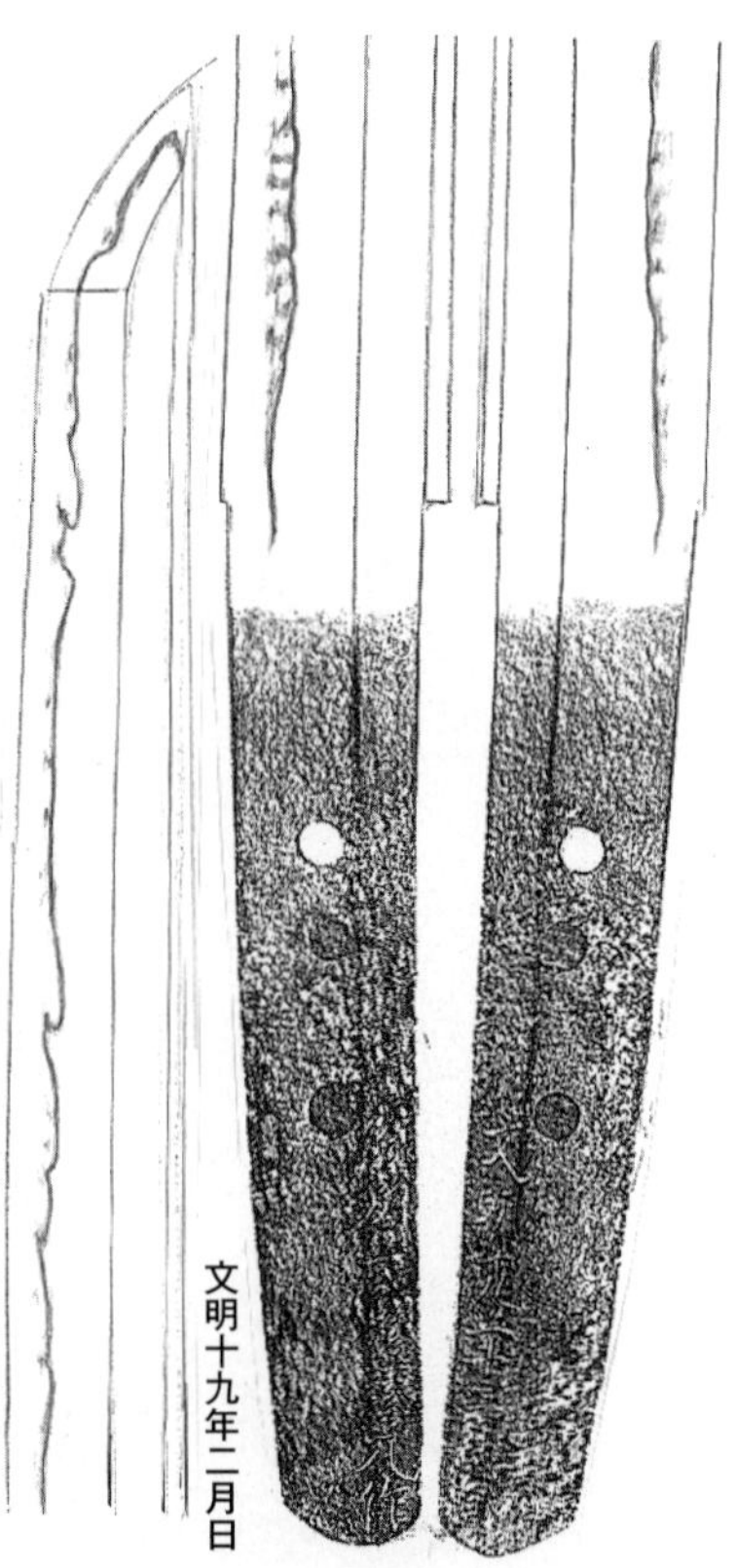
文明十九年二月日

古 清光【きよみつ】 備前国 室町末期（文亀）

五郎左衛門。初代。野村姓。勝兵衛清光の子。清光中の上手である二代に該当する五郎左衛門の親であろう。文亀から大永にかけての年紀作があるが作刀は少ない。広直刃がほつれ、二重刃かかり、刃中は葉・小足入り、砂流しかかる。「備州長船清光」「備前國住長船五郎左衛門尉清光」。

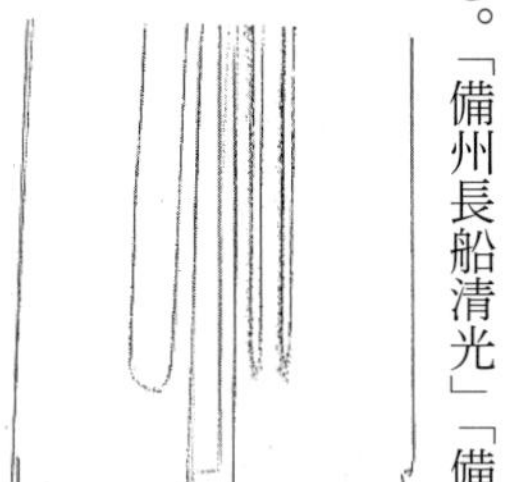

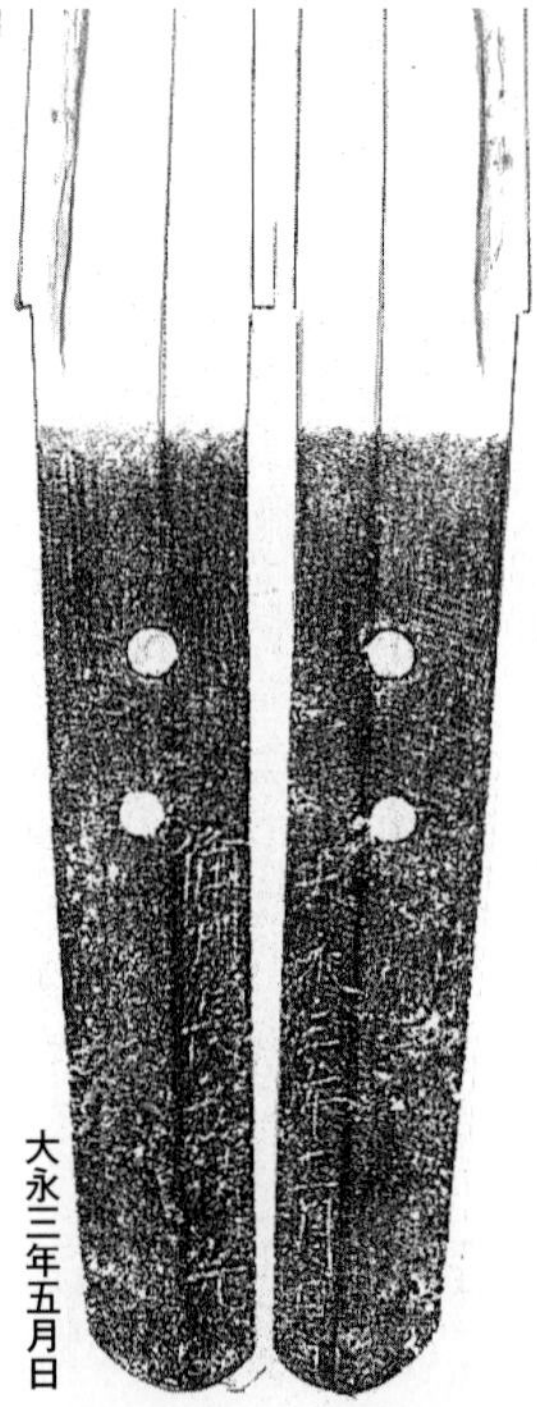
大永三年五月日

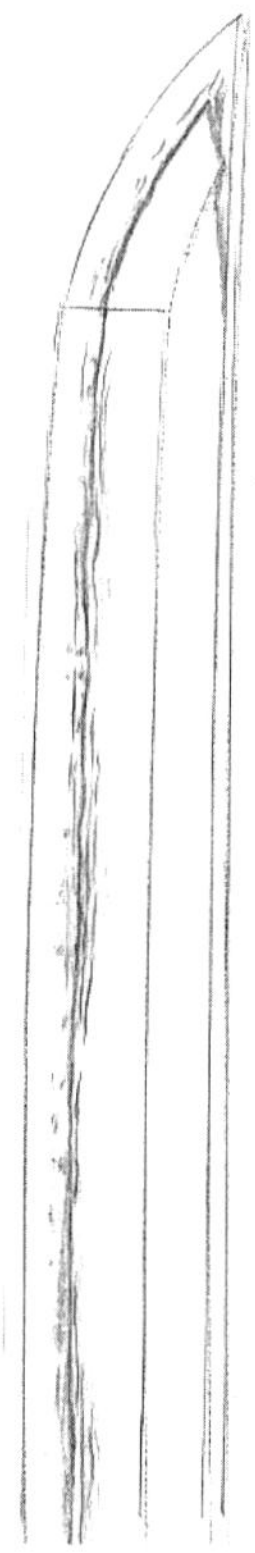

古 清光【きよみつ】　備前国　室町末期（天文）

五郎左衛門。二代。清光中の上手で、制作数も多いが、俗銘を加えた入念作もまた多い。五郎左衛門の俗銘を切銘した作で古いのは享禄三年紀があり、俗銘があって最終とみられるのに永禄二年紀をみるが、俗銘のない銘では永禄五年八月がある。享禄三年から永禄五年まで三十三年があって、この間に間断なく作刀を継続している。永禄五年から以降は五郎左衛門の銘作はみることがなく、孫右衛門と与三左衛門の作刀が急激に増えてくる。五郎左衛門の事実上の後継者は孫右衛門清光だったらしく、三代目五郎左衛門は天正になってから作刀がみられ、天正三年、四年紀のものなどわずかに残されたものをみる。

　刀は身幅が広く中切先に造り、しっかりとしたものが多い。大湾れ、互の目乱は刃中が働き、得意とする広直刃は足・葉を入れてこれも変化が多い。「清光」「備州長船清光作」「備前国住長船五郎左衛門尉清光作」。天文三年紀の初期作で祐定と合作した脇指に「左衛門尉清光」の銘作例があるが、これは「五郎左衛門尉清光」銘と同意のものであろう。

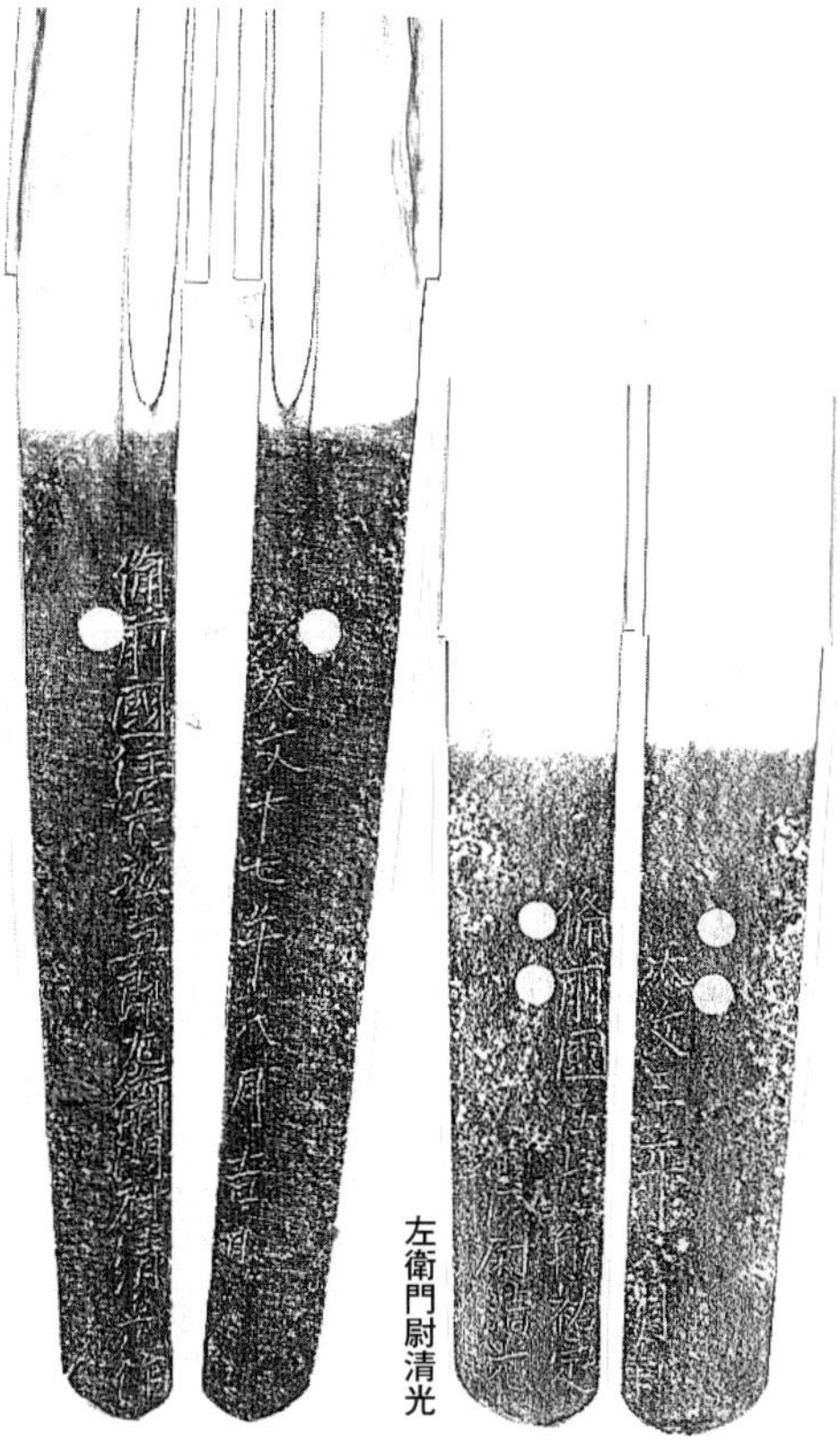

左衛門尉清光

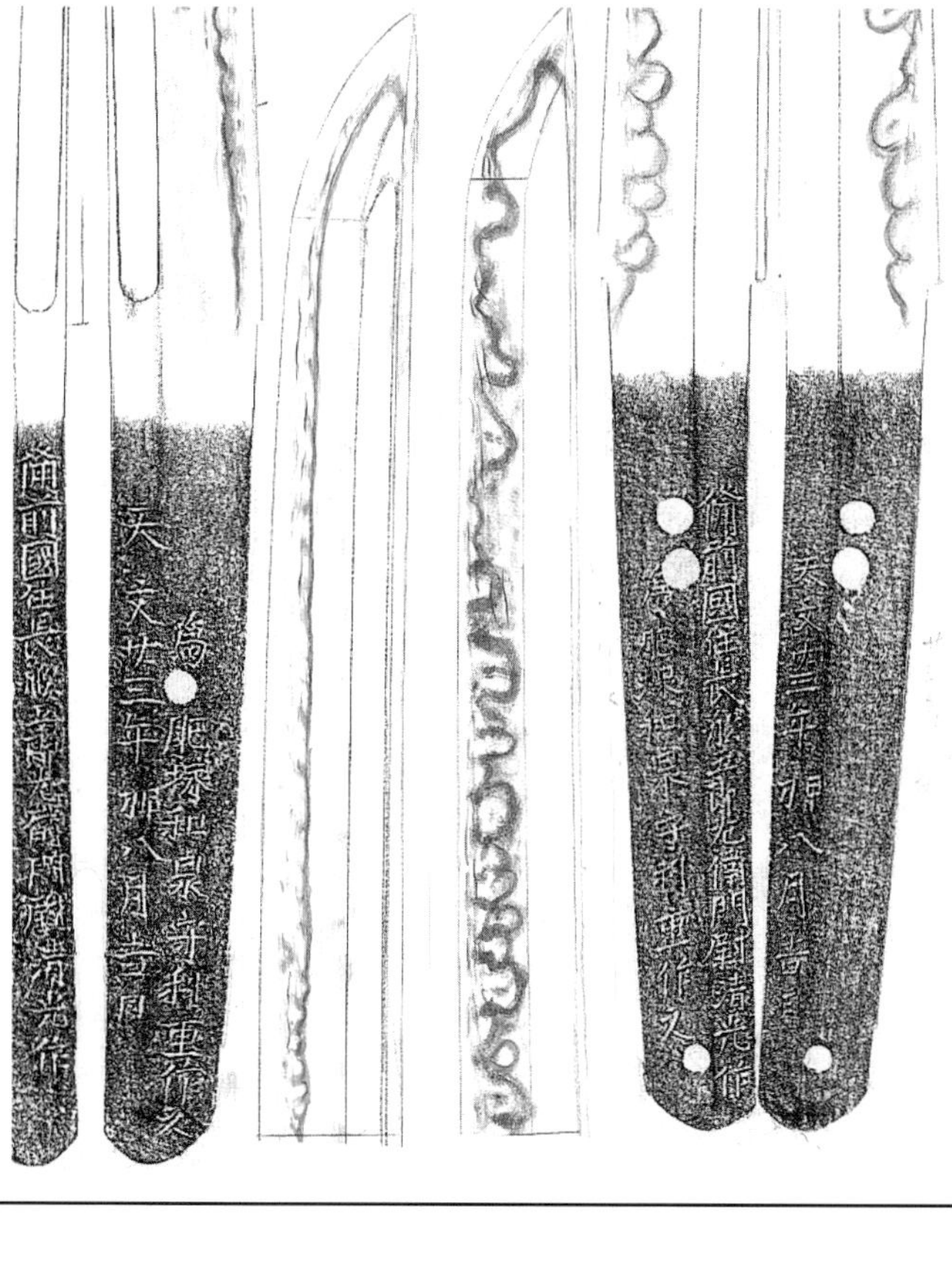

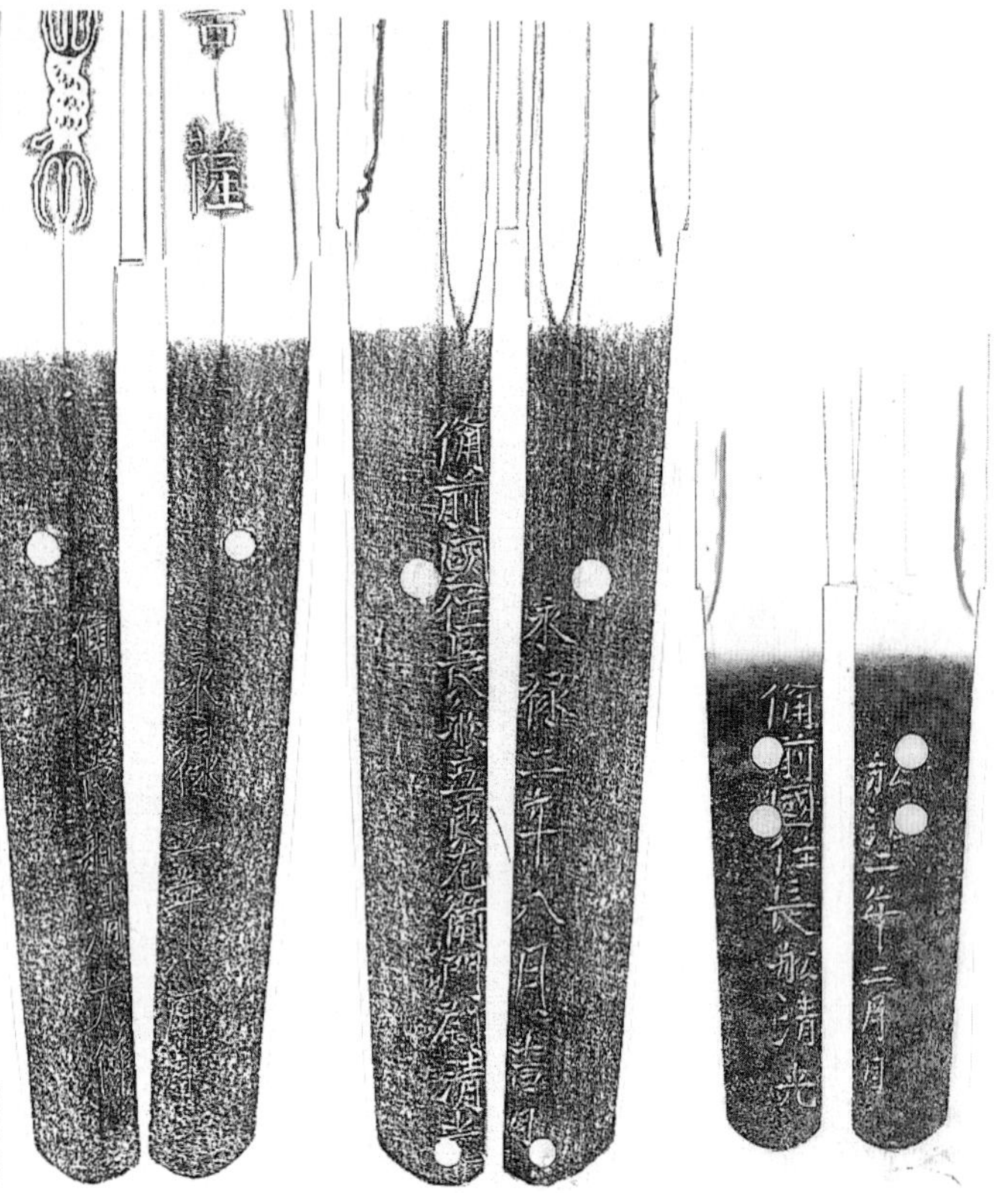

最終年紀

古 清光【きよみつ】 備前国　室町末期（天文）

源五郎。天文二年から弘治・永禄にかけて俗銘入りの作がある。孫右衛門より早くに自身作があるのは、清光一門の先輩であることを示す。「備前國住長船源五郎清光」。

永禄元年八月吉日

古 清光【きよみつ】 備前国　室町末期（永禄）

孫右衛門。初代五郎左衛門子、二代五郎左衛門の弟。清光一門の実力者だったようで、二代清光が永禄五年ころ以降に作刀を絶ってからは、孫右衛門清光が替わって作刀に当たる。備考は清光二代が勝兵衛、三代が五郎左衛門、四代が孫右衛門であり、孫右衛門を五郎左衛門の跡を継いだ清光嫡流としている。俗銘がある年紀作は永禄二年紀からみられ、元亀二年紀までがあり、天正に入ってからは三代清光の出番となっている。孫右衛門の俗銘の入らない清光の銘作はかなりの数にのぼろう。直刃と乱刃が五郎左衛門の作と変わらず、技量が高い。「備前国住長船孫右衛門尉清光」。

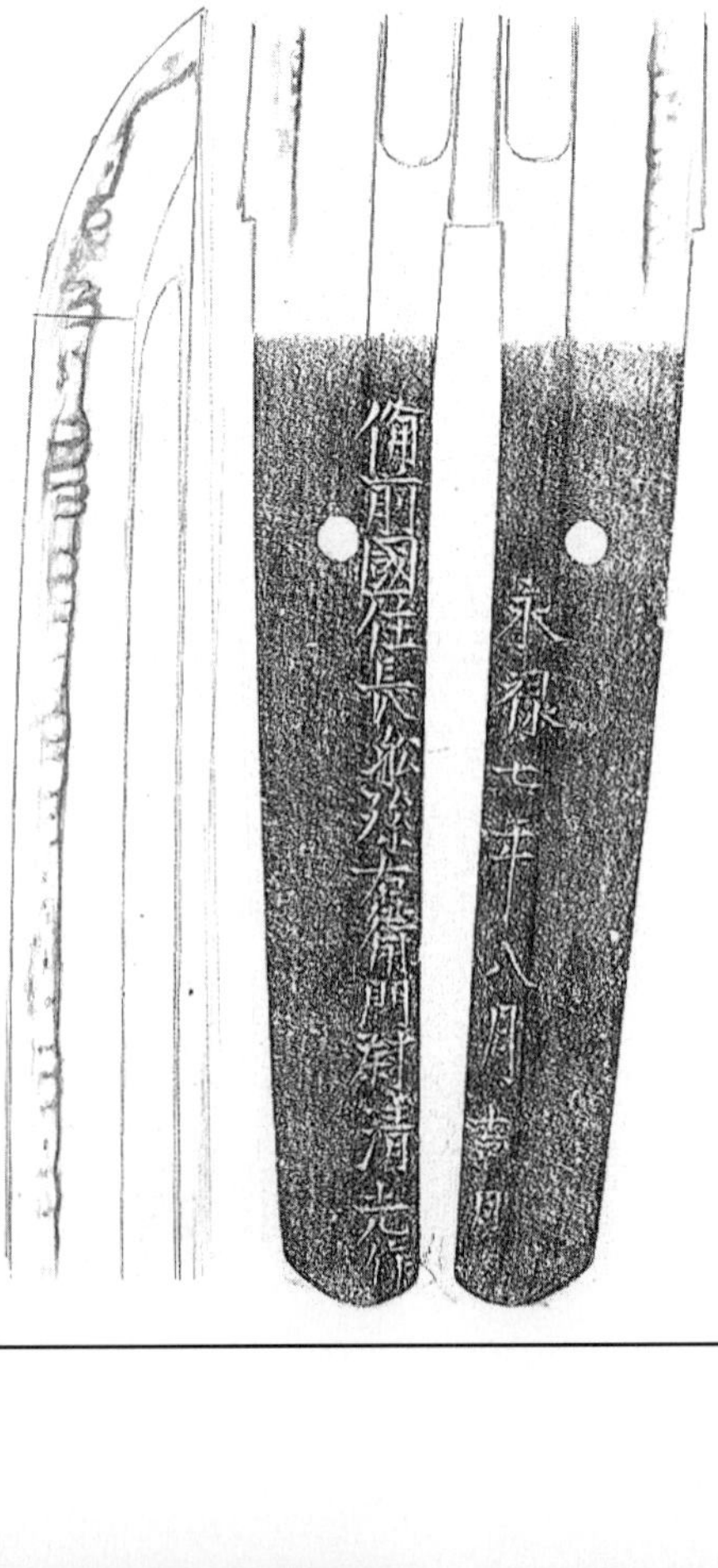

古 清光【きよみつ】 備前国　室町末期（永禄）

与三左衛門。初代五郎左衛門子。「五郎左衛門息、備前国住長船与三左衛門尉清光作之」と切銘したものがあり、五郎左衛門の子であることを自認している。孫右衛門清光の弟であろう。天文末年から永禄年間に至る年紀作がある。「備前国長船与三左衛門尉清光作」「備州長船与三左衛門尉清光」。

古 清光【きよみつ】　備前国　室町末期（天正）

五郎左衛門。三代。天文の五郎左衛門の子。父五郎左衛門の作が永禄五年以降にみられなくなってのち、しばらくは五郎左衛門銘の作刀に接しない。天正三年、四年の五郎左衛門清光は三代目に該当しよう。ごく短期間に作刀したようである。直刃調に小互の目足入り。「備州長船清光」「備前國住長船五郎左衛門清光」。

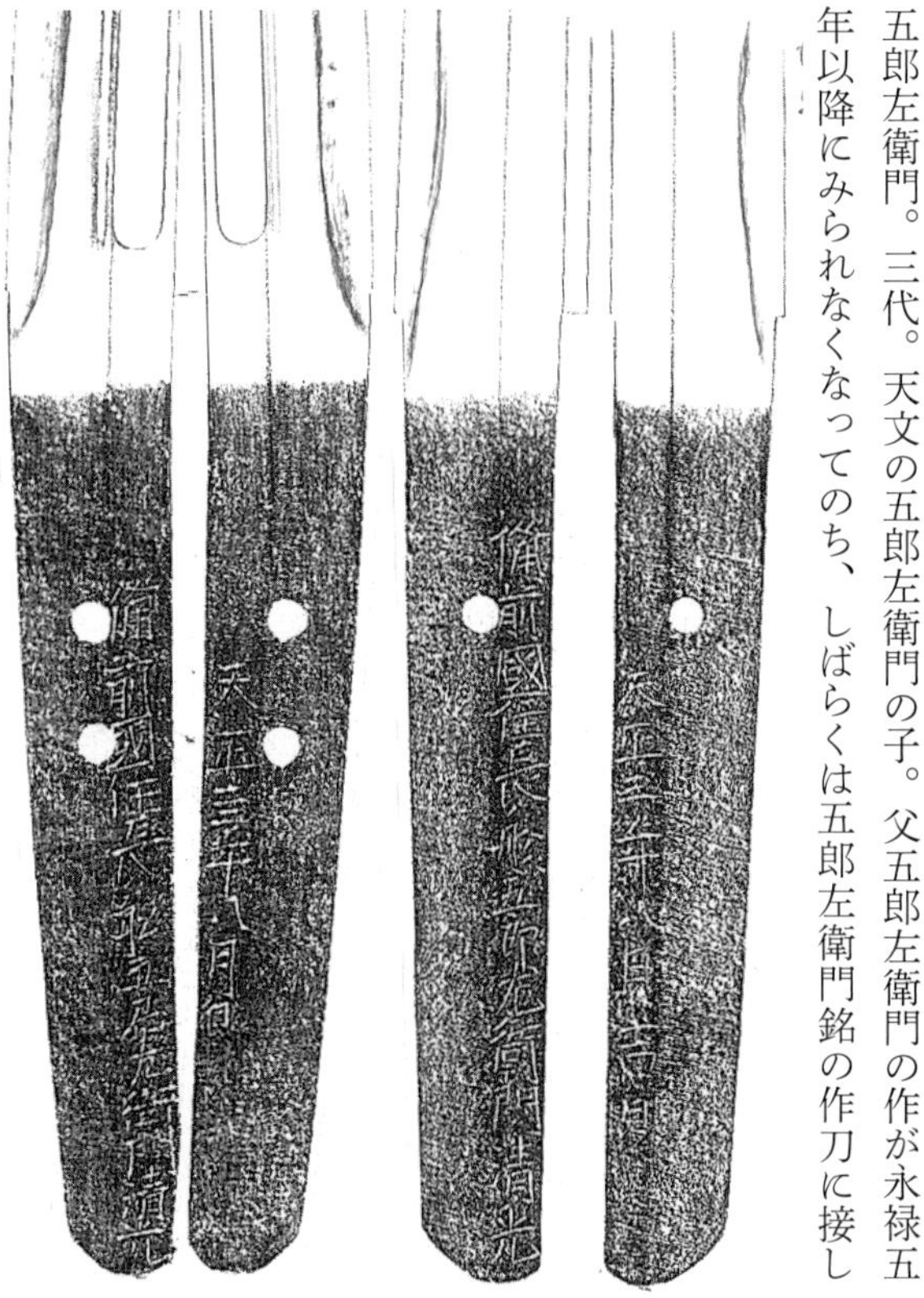

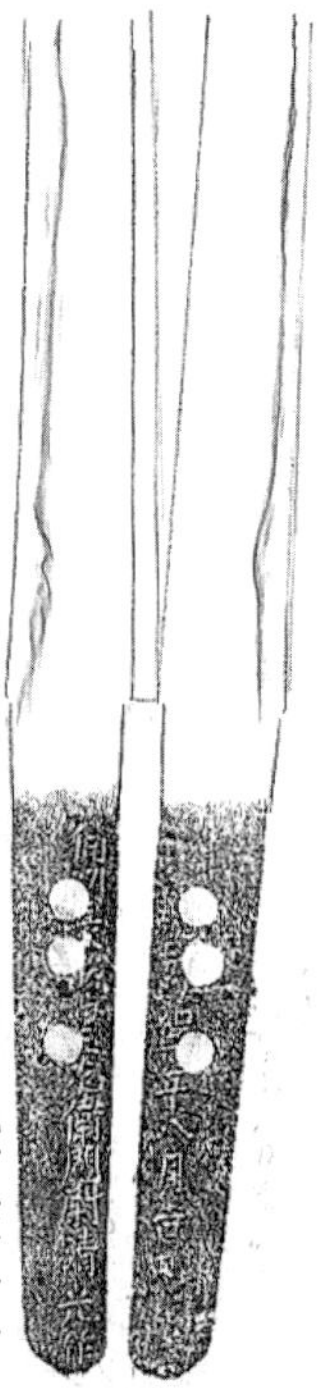

弘治二年八月吉日

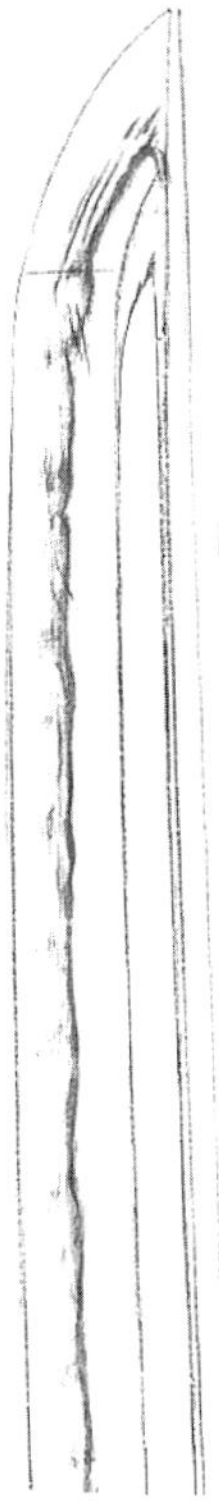

古 清光【きよみつ】　備前国　室町末期（天正）

甚六。天正七年紀の作がある。三代五郎左衛門清光と同年代の人で末備前清光の末期刀工の一人である。互の目が小づみ沸よくつく。「備前国住長船甚六清光」。天文から天正にかけて俗銘を切る清光は他に左衛門（五郎左衛門と別人として、天文）、左兵衛（永禄）、彦兵衛（永禄）、三郎左衛門（永禄）、五右衛門（永禄）、弥右衛門（永禄）、新拾郎（天正）、新九郎（永禄）、孫兵衛（天正）、七郎右衛門（天正）、八右衛門（天正）などがいる。

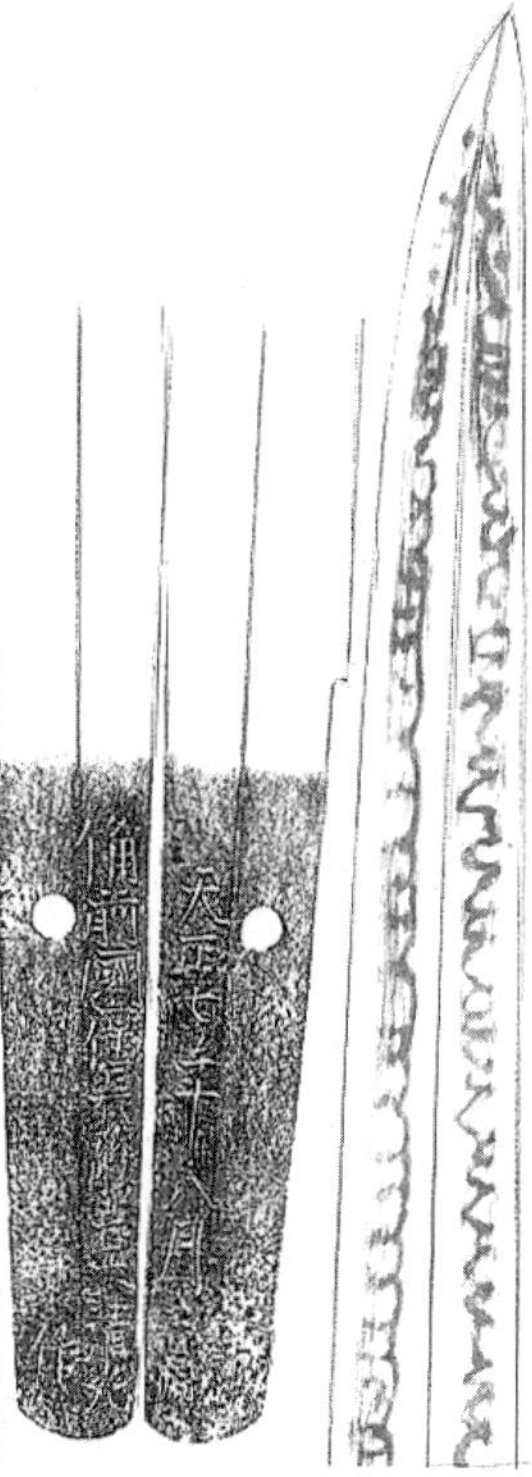

甚六清光作

古 清光【きよみつ】　周防国　室町末期（文亀）

二王。文亀から天文ころにかけての作がある。清光の名跡は鎌倉末の正安ころ、二王宗六に遡り、以降建武、貞治、正長と継承する。作刀をみるのは室町末のものである。「二王清光」「二王清光作」。

古 **清光【きよみつ】** 加賀国　室町中期（文安）

藤島。藤五郎。行光の子。越前から加州泉村に移るという。文安から文明にかけての工。「清光」。

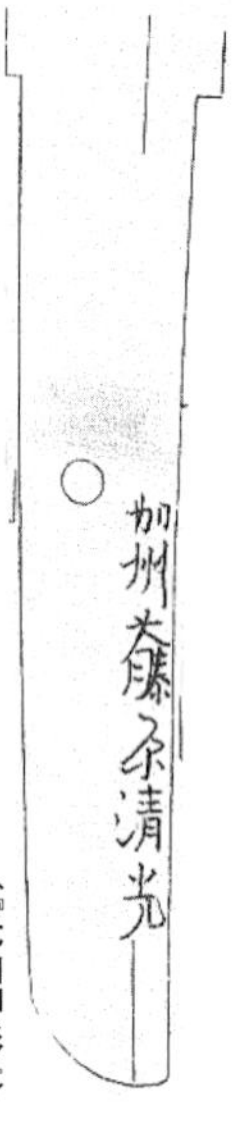

（『光山押形』）

古 **清光【きよみつ】** 加賀国　室町末期（明応）

藤島。藤三郎。明応三年紀の作がある。「清光」「加州住清光」。

古 **清光【きよみつ】** 加賀国　室町末期（永正）

藤島。藤五郎。泉村住。永正年紀の作がある。「清光」「加州住人藤原清光」。文安清光を初代とすると永正清光は三代。四代藤三郎は天文、五代藤三郎は永禄、六代作助（のち作右衛門）は天正ころと継続し、のち越中高岳（高岡）に移住する工もいる。

新 **清光【きよみつ】** 非人　初代　加賀国　江戸中期（延宝）

初代非人清光。長兵衛。清光は越前藤島の流れで、南北朝期からその名跡が新刀期まで続く。同銘が加州金沢、越中富山、また高岡などに居住する中で、「非人清光」と称美される清光が著名である。加賀藩の救済施設である非人小屋は〝御小屋〟と呼ばれて金沢郊外の笠舞にあり、ここで長兵衛清光親子は三代にわたり鍛刀している。作刀は寛文から貞享ころまであり、初代長兵衛（加州清光系図では六代目）に延宝九年紀があり、この年にはすでに〝御小屋〟入りしていたことが知られる。長兵衛清光は貞享四年没。直刃、互の目足入り。茎先を片削ぎに造る。

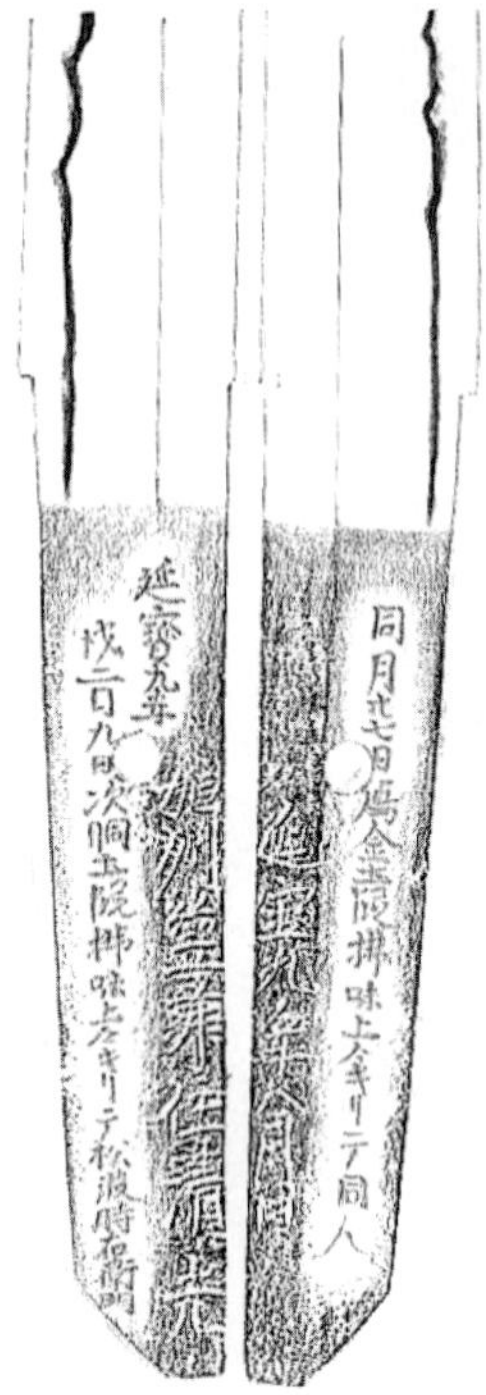

新 **清光【きよみつ】** 非人　二代　加賀国　江戸中期（元禄）

長右衛門。笠舞住。初代長兵衛清光の子、二代非人清光。「加州金沢住泉小二郎六代長右衛門尉清光作」銘で元禄十五年紀の作があり、これによれば初代が泉小二郎清光で、長右衛門清光は六代を自称（加州清光系図では七代目）している。享保八年没。

新 **清光【きよみつ】** 非人　三代　加賀国　江戸中期（享保）

長兵衛。三代非人清光。のち更生して笠舞から金沢に復す。寛延二年五月紀に「加州住藤原清光」銘があり、晩年作は金沢在住時とみられる。宝暦四年、六十四歳没。

新々 **清光【きよみつ】** 十二代　加賀国　江戸末期（文久）

非人清光三代のあと、九・十・十一代清光は作刀が稀少で、幕末の名人と地元で賞される十二代清次郎清光が作品を残す。嘉永ころから慶応にか

けて作刀がある。父助四郎清光が文政十三年三十六歳で早世したため、祖父小次郎清光の後見により家督を相続する。明治九年、五十六歳没。直刃、互の目乱、互の目に尖り刃、丁子を交じえる。

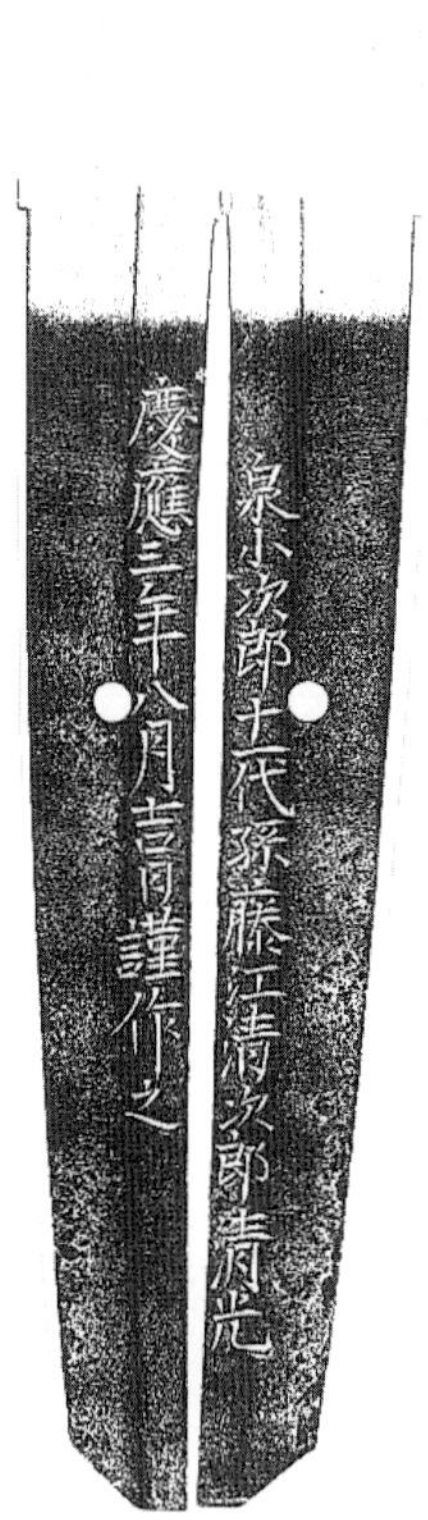

新々 清光【きよみつ】 十三代　加賀国　江戸末期（慶応）

藤江儔太郎。初銘清一。慶応四年、十七歳作の刀がある。廃刀令に遭遇したため、せっかくの技を発揮できないまま、昭和二年、七十七歳で没す。

新 清光【きよみつ】 播磨大掾　越中国　江戸中期（延宝）

越中富山住。伊右衛門。小四郎重清の子。播磨大掾を受領する。加州の非人清光とは別人。直刃、互の目に丁子交じりの刃が小づむ。兄近江大掾行光との合作がある。

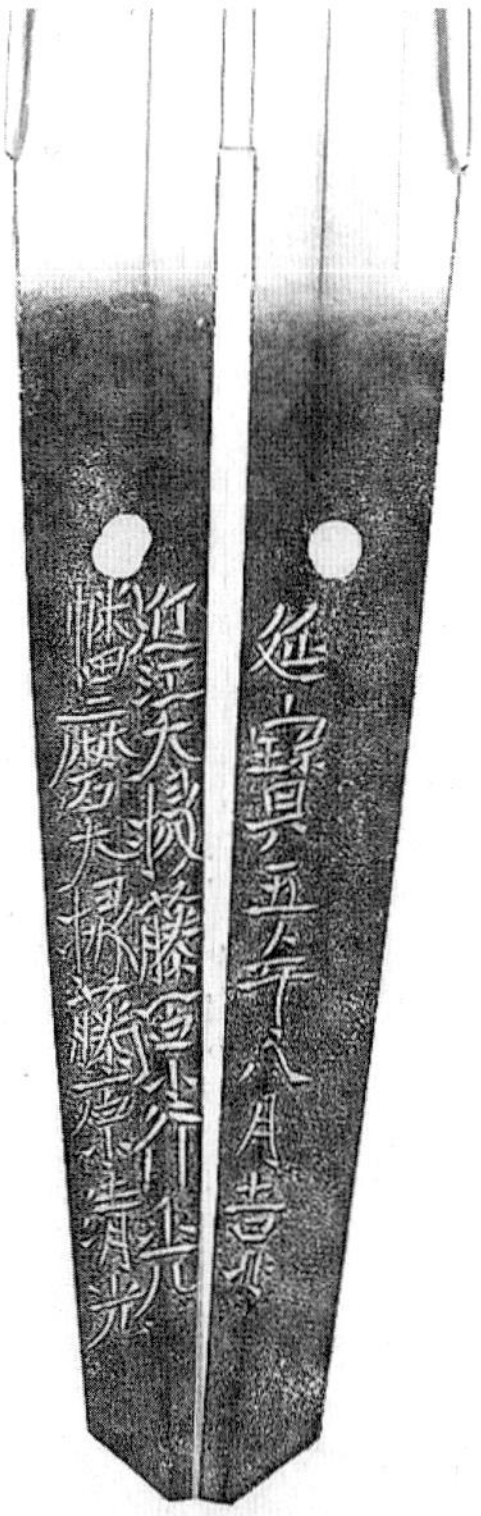

新作 清光【きよみつ】 和歌山　昭和

川上敏夫。大正二年生まれ。川上清季門、のち宮口寿広、恒寿に学ぶ。東牟婁郡那智勝浦町住。「那智住川上龍子清光」。

新 清盈【きよみつ】 薩摩国　江戸中期（元禄）

宮原清右衛門。主水正正清の初銘。⇩正清の項参照。

新作 清宗【きよむね】 長野　昭和

宮入栄三。宮入行平（昭平）の弟。初銘清平、のち清宗。平成十五年、七十九歳没。⇩清平の項参照。

古 清安【きよやす】 薩摩国　室町末期（天文）

波平。清安の名跡は南北朝期の永和ころにはじまるが、作刀をみるのは室町末期になってからのものである。直刃を焼く。「波平清安作」。

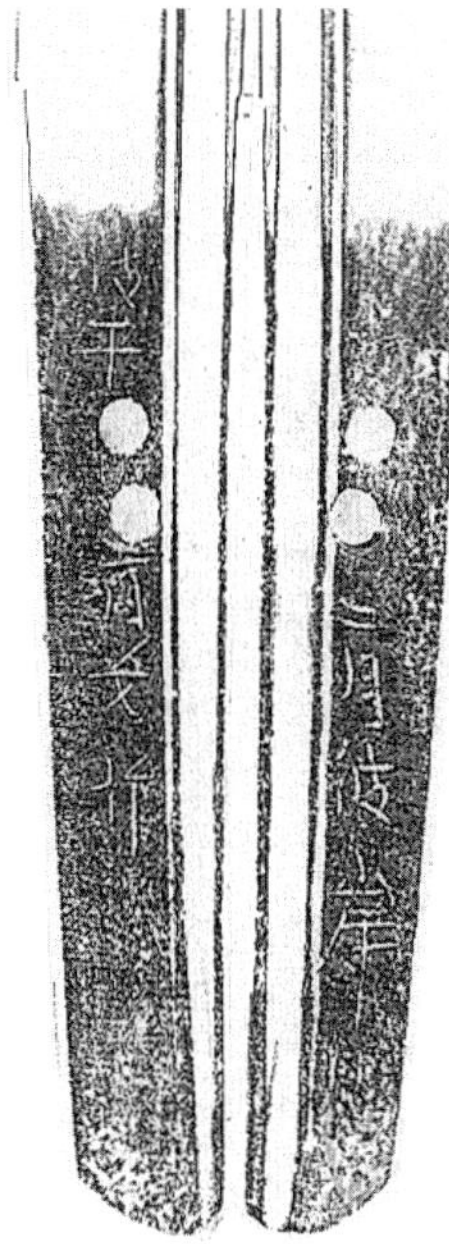

新作 清行【きよゆき】 長野　平成

古川信夫。昭和二十三年生まれ。昭和四十七年、宮入清平（清宗）門。昭和五十三年、作刀承認。同年から新作名刀展に出品し、薫山賞、協会会長賞、全日本刀匠会会長賞などを受賞し、無鑑査となる。平成十九年、須坂市指定無形文化財。同二十二年、新作日本刀展に金賞第五席。同二十三年、同展に銀賞第三席受賞。「信濃國清行」。須坂市住。湾れに小丁子交じり。平成二十七年一月二十日、六十七歳没。

古 清吉【きよよし】 備前国 室町初期（応永）
長船。応永ころ。「備州長船清吉」。

新々 清人【きよんど】 武蔵国 江戸末期（慶応）
斎藤一郎。小市郎。文政十年、羽前温海《あつみ》の温泉宿に生まれる。野鍛冶斎藤小四郎の養子となる。嘉永五年四月、二十六歳のとき、江戸に出て清麿の門に入る。同郷の先輩船田一琴の斡旋によってである。師清麿が嘉永七年十一月に亡くなるまで二年半ほどが師から受けた指導期間で、清人はこの短い間のなみなみならぬ精進により業を成す。安政三年二月から江戸小川町で開業、安政五年、庄内酒井家に五人扶持で召し抱えられる。慶応三年六月京に上り、同七月十三日、豊前守を受領する。ほどなくして郷里温海温泉に帰った清人は、明治三年に再び東京に出たが、まもなく廃刀令が発布されたのを機に鎚を棄てて郷里に帰る。

明治初年は二年から八年ころまでの作刀があり、最終年紀とみられるのに明治三十年、七十一歳の作がある。明治三十四年十月三日、七十五歳没。互の目乱を主調に小湾れ、互の目丁子交じり、匂深く沸よくつき砂流しかかり、金筋の入るものもあり、乱出来が多い。直刃に柾鍛えの大和伝の作もある。

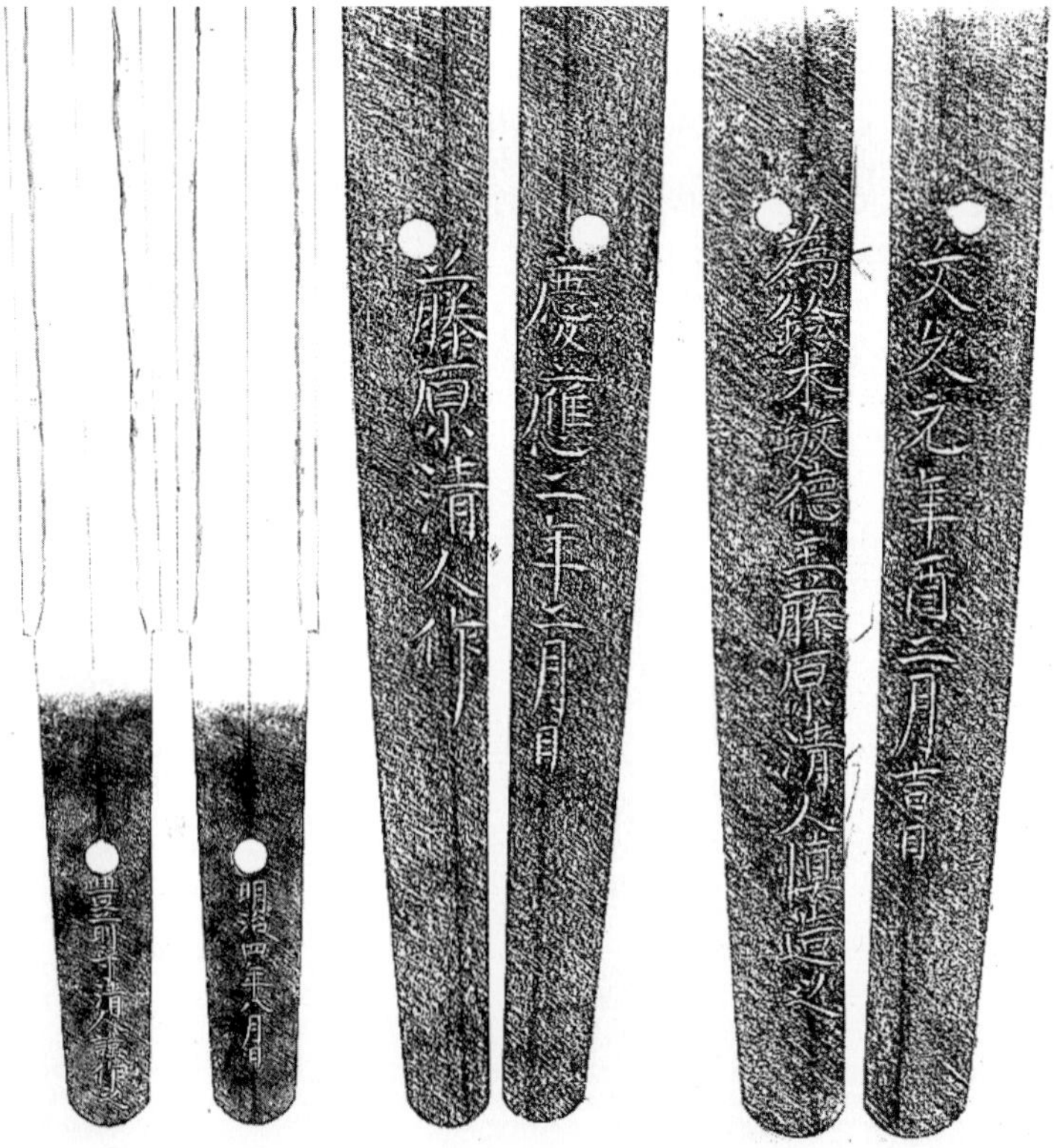

新 金重【きんじゅう・かねしげ】 播磨国 江戸中期（寛文）
多田与三左衛門。本国美濃関、播州国府住。金重丸と号す。京、江戸にても造る。寛文から正徳までの作刀がある。互の目乱に尖り刃が交じる。

「播陽国衙壮金重」と切る。

新々 **金重**【きんじゅう・かねしげ】 山城国 江戸末期（天保）

大和宇陀金重の二代目。近江介を受領し、菊紋を刻す。「宇多近江介金重」とも切る。小湾れに互の目乱、砂流しかかる。

新 **金道**【きんみち・かねみち】 和泉守 初代 山城国 桃山期（慶長）

関兼道の次男、初代伊賀守金道の弟。文禄四年十二月二日、和泉守を受領（『口宣案』）。京西の洞院住。慶長五年十二月七日没。鎌倉時代の名家、山城国「来」の家を興し、来字を冠して銘す。文禄四年の受領年から慶長五年の没年まで五年間しかなく、作刀数が少ない。受領前の作に「来金道」「藤原来金道」と切った作がわずかにあり、受領銘があるものに「和泉守来金道」と切った大身鎗の作一例がある。これまで初代和泉守来金道の存在を疑問視し、二代越後守来金道、また三代栄泉金道に儀して混同する諸説があったが、初代和泉守来金道の存在は疑いない。◆（初代）和泉守来金道―（二代）越後守来金道―（三代）栄泉来金道

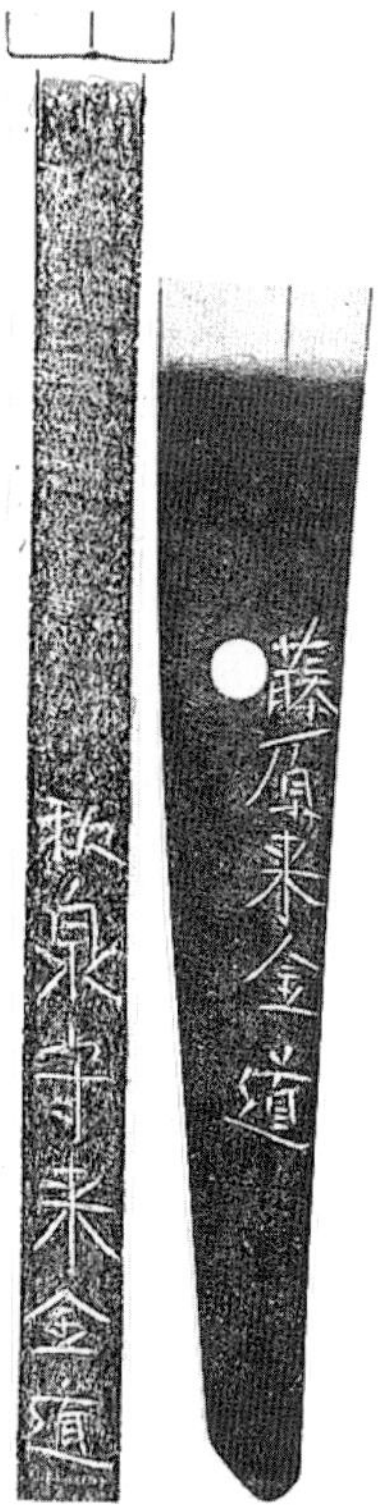

（『刀剣と歴史』第五三〇号）

新 **金道**【きんみち・かねみち】 越後守 二代 山城国 桃山期（慶長）

初代来金道が慶長五年十二月七日没（『鍛冶金道系図』）なれば、慶長九年七月紀がある越後守来金道は年代的にみても二代目に該当する。初代に継ぎ作刀期が短かったようである。三代作が慶安ころからみられるまで、慶長後半から元和・寛永の四十年間の来金道の動行は明らかではなく、わずかに二条家本は元和二年に和泉守を受領した来金道がいると伝えるが、その作刀はみられない。直刃に湾れ、小互の目交じり、沸出来で刃中に砂流しかかる。久道の門人の予州国輝が書き写した記録によると、和泉守来金道家の二代目が越後守来金道で、「万治三庚子年正月十一日死ス」とある。

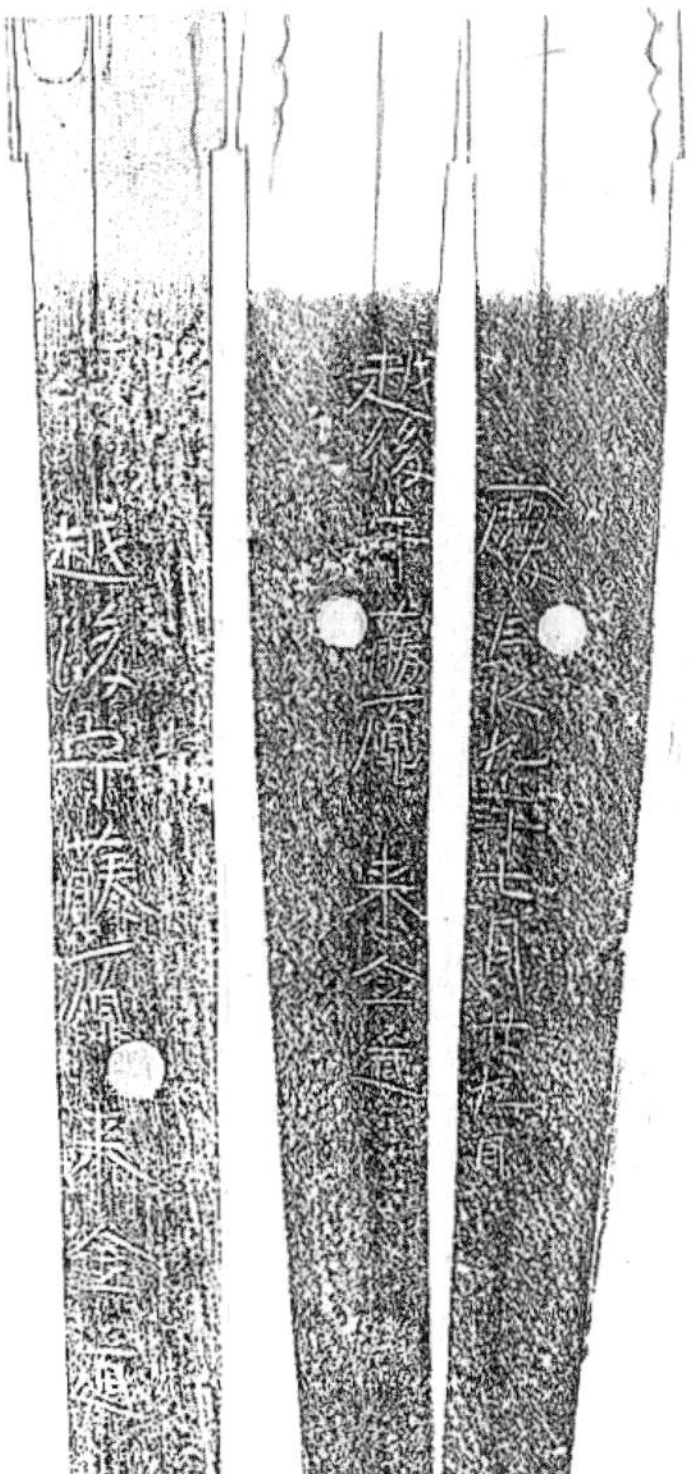

新 **金道**【きんみち・かねみち】 和泉守 三代 山城国 江戸初期（慶安）

和泉守受領は正保三年十一月十六日。入道して法橋に任じられ、栄泉と号し「大法師法橋来金道」「大法師法橋来栄泉」などと切銘する。裏菊紋、枝菊紋を刻す。作刀は慶安ころから天和・貞享に及び、歴代中で作刀数が最も多い。晩年は四代との親子合作がある。元禄三年二月二十一日没。湾れに互の目交じり、匂深く小沸がつき、砂流しかかる。帽子は浅く湾れて先小丸、また尖って返る三品伝統の形姿をみせる。

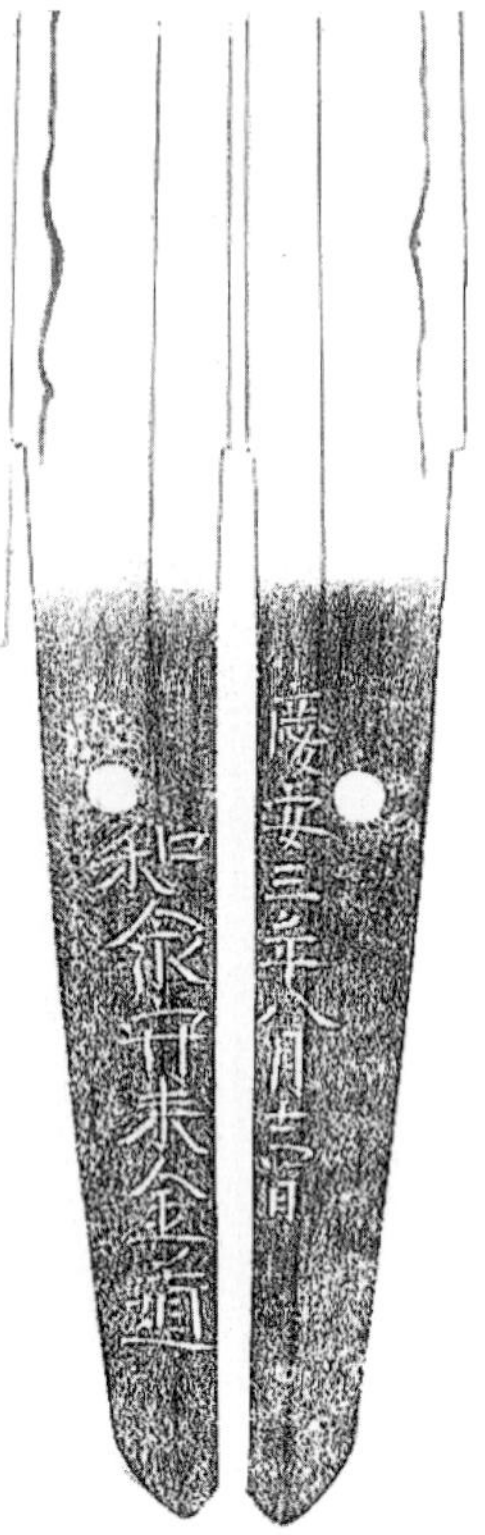

新 金道【きんみち・かねみち】　和泉守　四代　山城国　江戸中期（元禄）

元禄五年十一月五日、和泉守を受領。天和・貞享の間、父三代栄泉との合作が多く、技菊紋を刻す。自身作は稀で、作刀歴が短い。元禄十五年十二月六日没。四代金道は病弱で子がなく、二代久道の子が養子に入り五代金道を継ぐ。

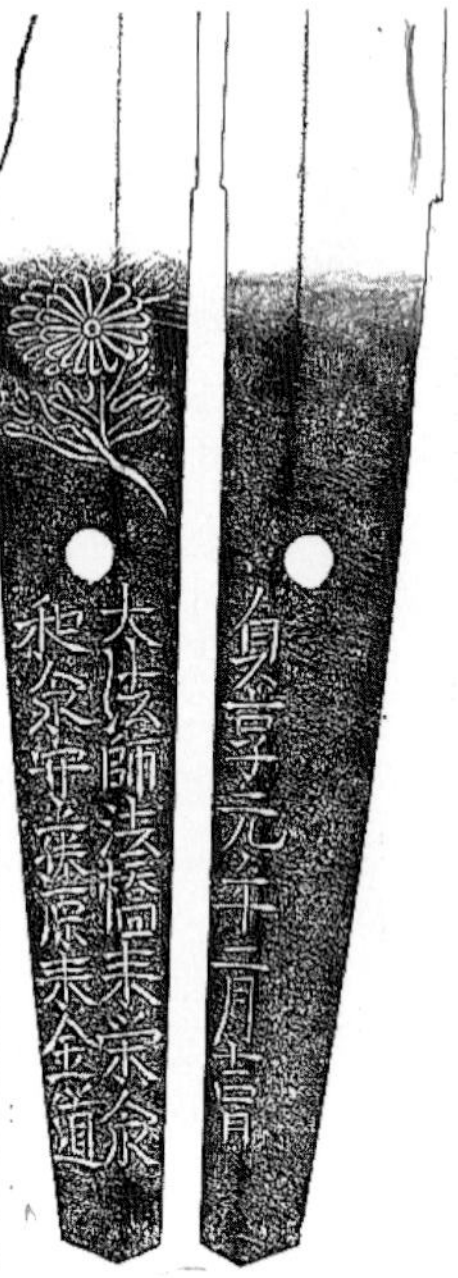

三代来栄泉（金道）との合作

新 金道【きんみち・かねみち】　和泉守　五代　山城国　江戸中期（享保）

三品長四郎。享保六年、将軍吉宗の命で伊賀守三代金道の代理として御浜御殿で鍛刀の栄に浴す。二代久道との合作刀を打つ。二代久道（三代栄泉金道の次男）と五代金道（二代久道の長男）は親子での合作となる。来金道家と近江守久道家は養子縁組みの交流が深く、両家各代とも合作刀をみる。元文三年三月二十日没。

享保十五年作

二代久道との合作

新 金道【きんみち・かねみち】　和泉守　六代　山城国　江戸中期（寛延）

三代久道（二代久道次男）と六代金道とは叔父と甥の間柄で、合作をする。来金道家は寛延ころから後の作刀をみることがない。

新 金道【きんみち・かねみち】　伊賀守　初代　山城国　桃山期（慶長）

関兼道（陸奥守大道同人）の嫡男。文禄二年、父兼道に同道し、弟来金道、丹波守吉道、越中守正俊と共に美濃から上京。文禄三年二月、伊賀守を受領。慶長十九年、徳川家康の命により千振りの陣太刀を造り納めた功により、永代「日本鍛冶之宗匠」の称号を受ける『鍛冶金道系図』

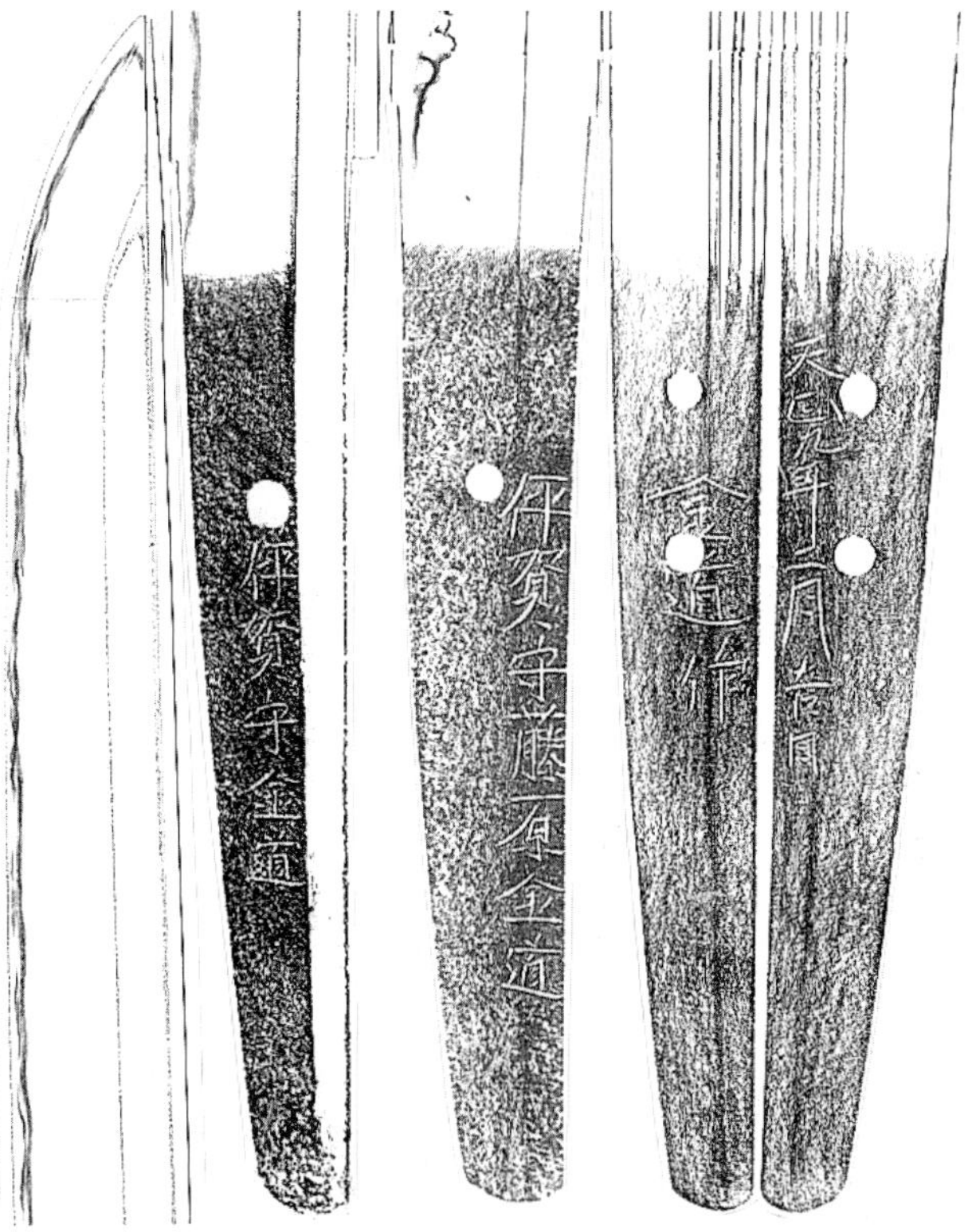

初代金道
賀守金道

二代金道
賀守金道
賀守金道
初代没後、自身受領までの銘（寛永六年～寛永十四年）
自身受領後の銘

三代金道
賀守金道
道
三代惣匠銘
三代宗匠銘

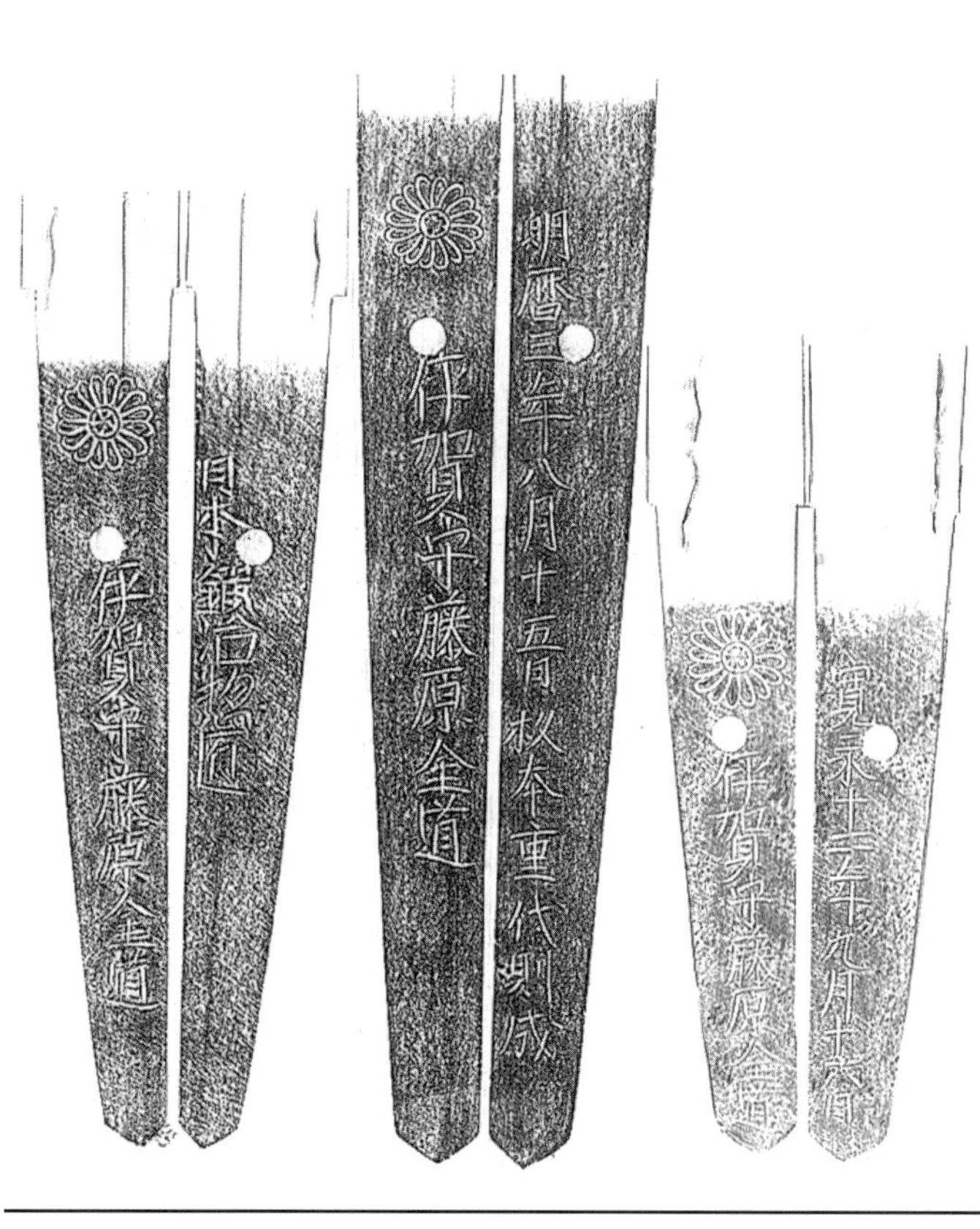

では二代金道が号を勅許）。三品家の頭領として、一門の繁栄をはかる。寛永六年十二月十一日没。天正九年二月紀の刀は美濃国での作。三品帽子と称せられる中たるみ、先が鋭く尖って返る独特の型の帽子を考案する。小湾れに小互の目、尖り刃交じり、砂流しかかる。

新 **金道【きんみち・かねみち】** 伊賀守　二代　山城国　江戸初期（明暦）

三品勘兵衛。寛永十四年九月、伊賀守を受領。菊紋を勅許され刀銘に冠して刻し「日本鍛冶惣匠」を切る。俗に「丸惣伊賀」また「ツンボ伊賀」と呼び、「惣」字の「勿」の右肩に丸味がつく。三代金道は角味がある。寛永十四年より前にある伊賀守受領銘の作は、初代の受領銘を僭称したもの。長命者。延宝八年十月二十一日没。小湾れに小互の目、尖り刃交

じり、頭の丸い互の目に飛焼を入れたものもある。沸づき、砂流しかかる。

新　金道【きんみち・かねみち】　伊賀守　三代　山城国　江戸中期（元禄）

勘兵衛を襲名。享保元年六月二十八日、三十歳で伊賀守を受領（『鍛冶金道系図』）。享保七年九月、吉宗将軍の命で浜御殿で鍛刀し、朝廷からの御用に奉仕する。三代は「惣匠」銘から、のち「日本鍛冶宗匠」に改め、「惣領宗匠」とも切る。享保十一年六月二十一日、七十歳没。作風二代に似る。

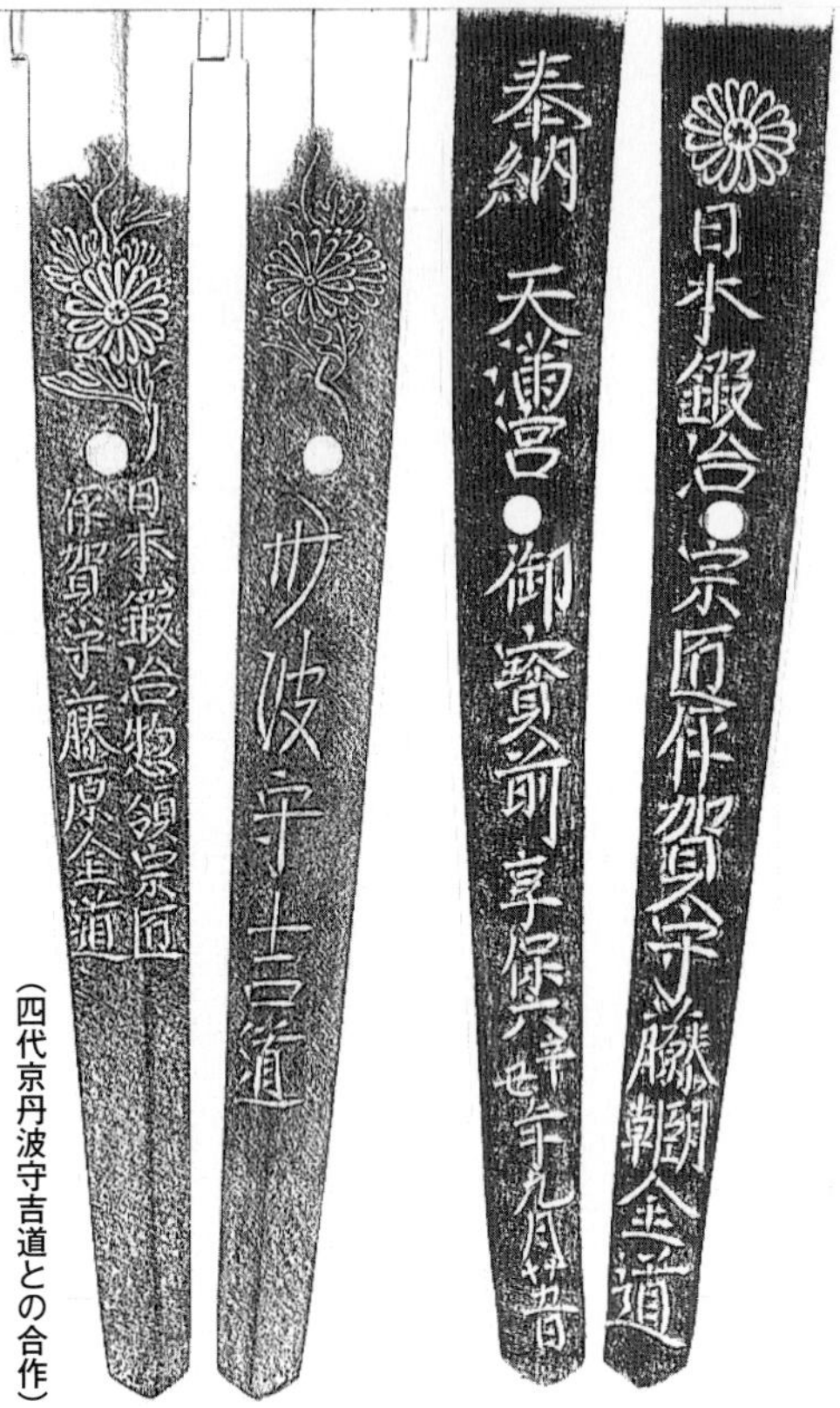

（四代京丹波守吉道との合作）

二代　三代

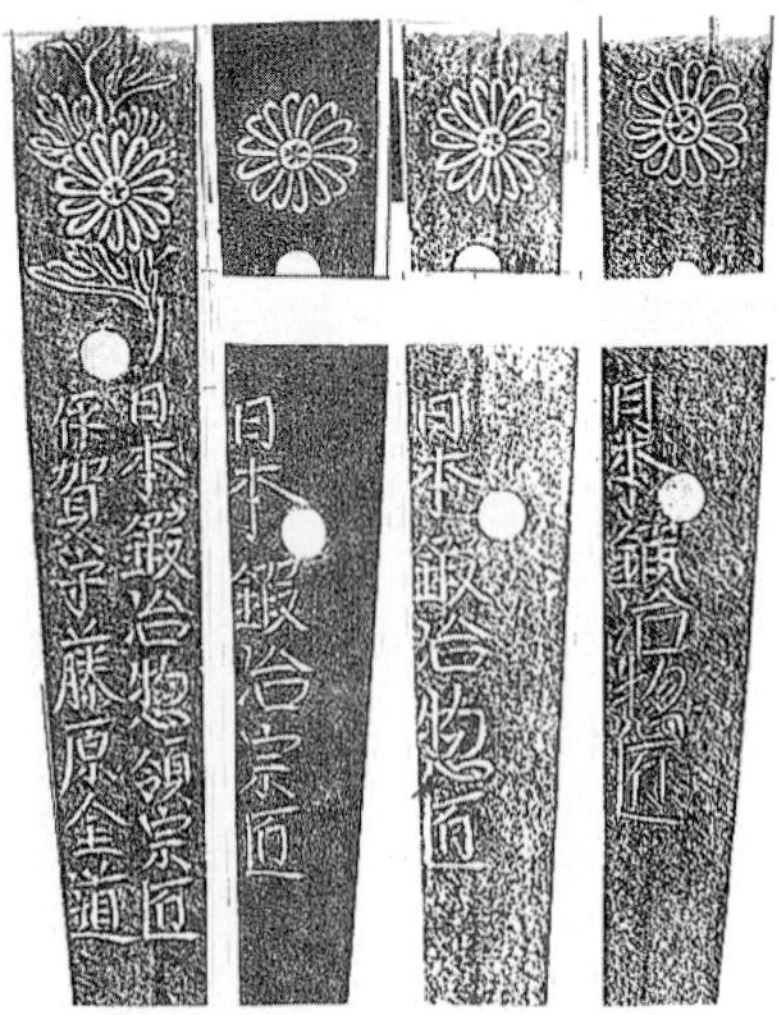

二代　丸惣伊賀

三代　惣匠

三代　宗匠

三代　惣領宗匠

新　金道【きんみち・かねみち】　伊賀守　四代　山城国　江戸中期（享保）

三品勘兵衛。享保十六年三月、三十七歳で伊賀守を受領。宝暦六年九月十日、六十二歳没。互の目乱に尖り心の刃交じる。作刀少ない。

伊　六画に切る

藤　草冠を四画に分けて切る。ただし後代にも同字画がある。

新々 **金道**【きんみち・かねみち】 伊賀守 五代 山城国 江戸末期（安永）

三品右膳。宝暦十三年十月、三十六歳で伊賀守受領。寛政四年二月、六十五歳没。茎に切る「雷除」は、二代金道が菊紋と共に勅許されたと伝えるが、作品にみられるのは五代金道からである。安永から寛政初めまでの年紀作があり、草書銘が多く、楷書銘も切る。

草書銘

天明四年

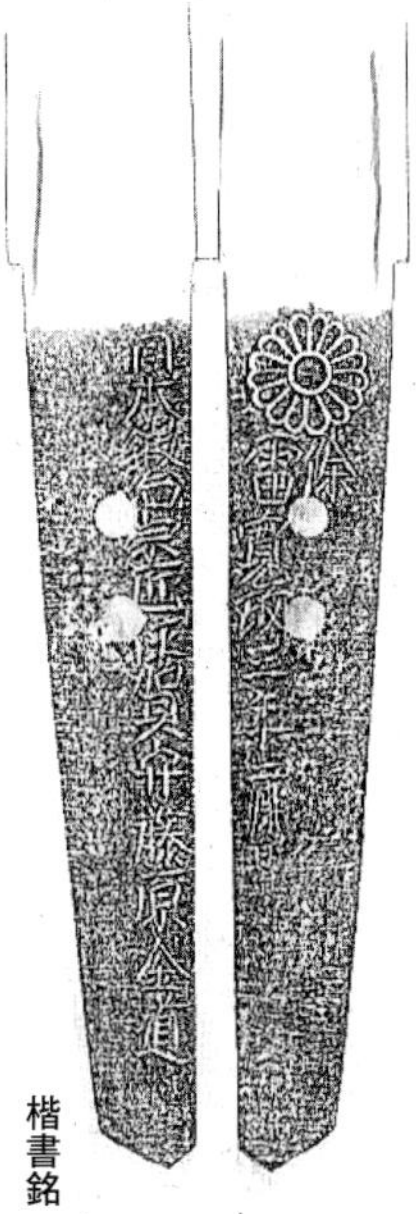
楷書銘

新々 **金道**【きんみち・かねみち】 伊賀守 六代 山城国 江戸末期（享和）

三品勘兵衛。寛政十一年十月、三十七歳で伊賀守を受領。父五代が没した年の翌寛政五年紀の作からあるが、父生前に代作にあたる。草書銘が流暢、楷書銘ともに切る。寛政・享和から文化年中に作刀する。

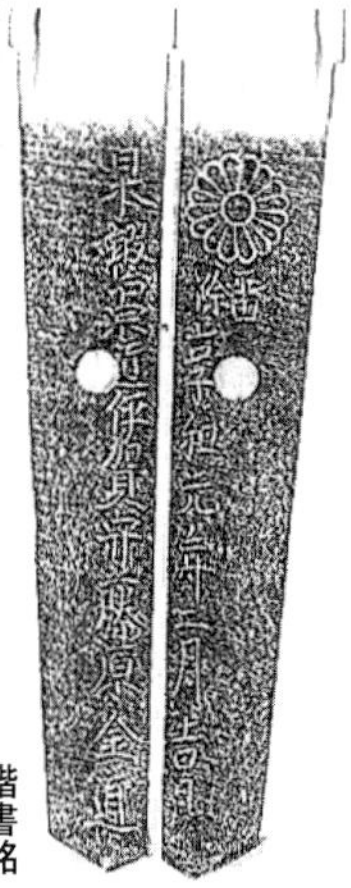
楷書銘

草書銘

新々 **金道**【きんみち・かねみち】 伊賀守 七代 山城国 江戸末期（文化）

文政八年二月、伊賀守受領。文政二年紀の作図がある。

（『新刀銘集録』）

新々 **金道**【きんみち・かねみち】 伊賀守 八代 山城国 江戸末期（文政）

文政十年十二月、伊賀守受領。浜部寿格門。京、のち上州へ移り吾妻郡蟻川村の刀匠蟻川浪右衛門家に追鎚する。安政三年正月二十七日没。

八代（進定）

新々 **金道**【きんみち・かねみち】 伊賀守 九代 山城国 江戸末期（天保）

天保六年十月、伊賀守受領。九代金道は刀工から白銀師に転じ、「刀剣御用は土州朝尊が名代を勤む」（『服部押形』）と伝え、南海太郎朝尊が九代金道の代作代銘に当たったという。

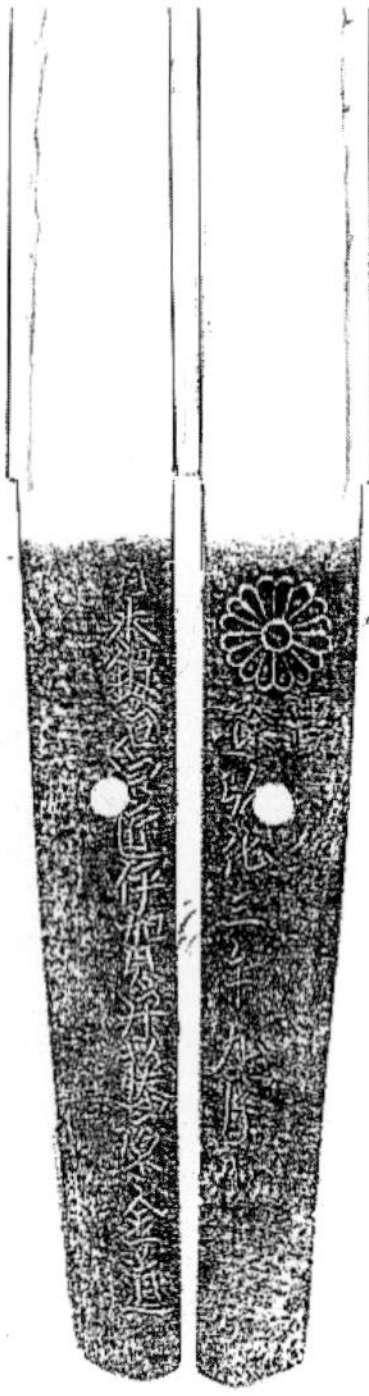

新々 **金道**【きんみち・かねみち】 伊賀守　十代　山城国　江戸末期（弘化）

天保十五年（弘化元）七月、伊賀守受領。二条家本の受領年からみて天保十一年紀は九代金道の作とみたい。この銘は嘉永五年二月紀の図（『新刀銘集録』）の銘と酷似していて、これに「十代の孫」とある説を採る。

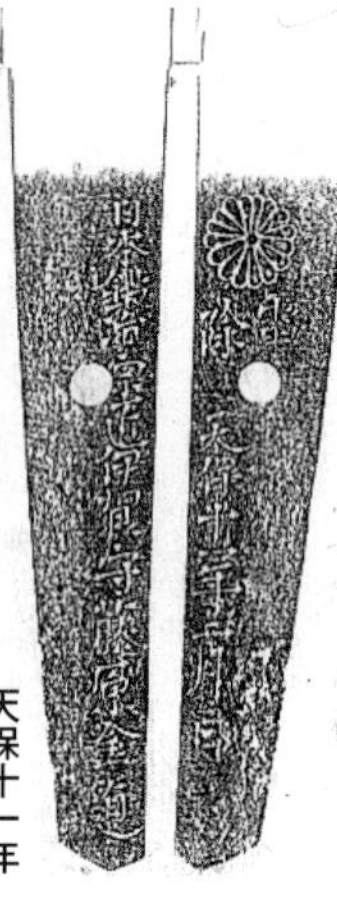

天保十一年

嘉永五年

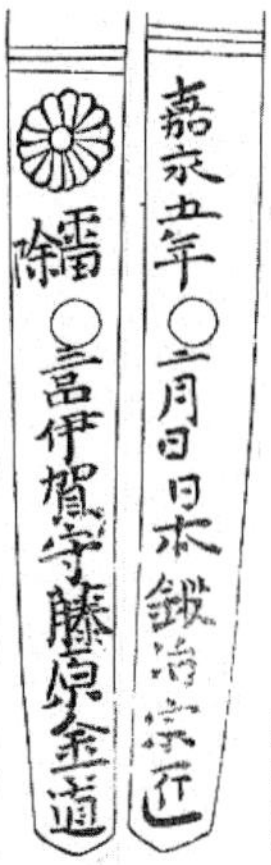

（『新刀銘集録』）十代の孫

新々 **金道**【きんみち・かねみち】 伊賀守　十一代　山城国　江戸末期（慶応）

類似の銘に「慶応二年二月」紀の刀があり、年代的には十一代に当たる。行書体で大振りの銘を切る。

十一代（推定）

《く》

新々 **邦彦【くにひこ】** 武蔵国 江戸末期（弘化）

竹中一介。初銘国光、国虎。生国但馬。浜部寿幸の門。江戸住、備前にても造る。「竹中邦彦作」。

新作 **国天【くにあま・こくてん】** 福岡 平成

小宮治気。昭和五十五年生まれ。河内国平門。平成十六年、作刀承認。平成十八年、新作名刀展努力賞・新人賞。同二十一年、同展努力賞。同二十二年、新作日本刀展に入選し技術奨励賞受賞。同二十三年、新作名刀展努力賞、同二十四年、同展優秀賞。同二十五年努力賞受賞。「三池住国天作之」。福岡県大牟田市住。

新 **国有【くにあり】** 薩摩国 江戸中期（享保）

豊後高田から移住してきた田中国行の流れという。享保ころと天明ころの二者がいる。「薩陽鹿児府住国有」。

古 **国家【くにいえ】** 山城国 鎌倉初期（元暦）

粟田口派の祖。藤林弥九郎。国頼の子。本国大和。国家の作刀は経眼せず。その子に国友、久国、国安、国清、有国、国綱の六人兄弟がいて、六人の工の作刀が現存する。なかでも後鳥羽院御番鍛冶を務めた国友、久国、国安の三工の名が高く、次代の則国、その子また弟子に国吉、国光、吉光をあげていて、いずれの作刀も高雅で格調が高い。うち特に吉光は名人の誉れがある。（系図838～839頁参照）

古 **国家【くにいえ】** 肥後国 南北朝期（建武）

延寿。鎌倉末から南北朝初めにかけて作刀する。「国家」。同銘が貞治、至徳ころにある。

新作 **国家【くにいえ】** 東京 昭和

吉原勝吉。明治二十六年、茨城県生まれ。野鍛冶出身で、十七歳のとき上京し、刃物鍛冶職人として独立する。昭和八年、日本刀鍛錬伝習所の一番弟子として入所し、笠間繁継に師事。陸軍受命刀工。吉原義人・荘二（国家）の祖父。昭和四十五年五月二十日、七十五歳没。

昭和十六年十一月八日作

新作 **国家【くにいえ】** 東京 平成

吉原荘二。初銘恒家。昭和二十年、吉原将博の次男として東京都世田ヶ谷区に生まれる。義人の弟。祖父国家に学ぶ。昭和四十年、作刀承認。翌四十一年、第二回新作名刀展に初出品し努力賞受賞。以降連続して奨励賞、毎日新聞社賞、協会名誉会長賞、文化庁長官賞などを受賞。昭和五十七年無鑑査となる。同年国家を襲名、二代目国家を名乗る。伊勢神宮式年遷宮御神宝太刀の製作は、昭和四十五年第六十回、昭和六十年第六十一回、平成十八・十九年第六十二回に奉仕する。平成十年葛飾区指定無形文化財、同二十年に東京都指定無形文化財に認定される。同年全日本刀匠会会長、同二十一年日本刀文化振興協会理事。「武蔵住國家作」「吉原荘二作之」。東京都葛飾区住。丁子乱、逆丁子乱。

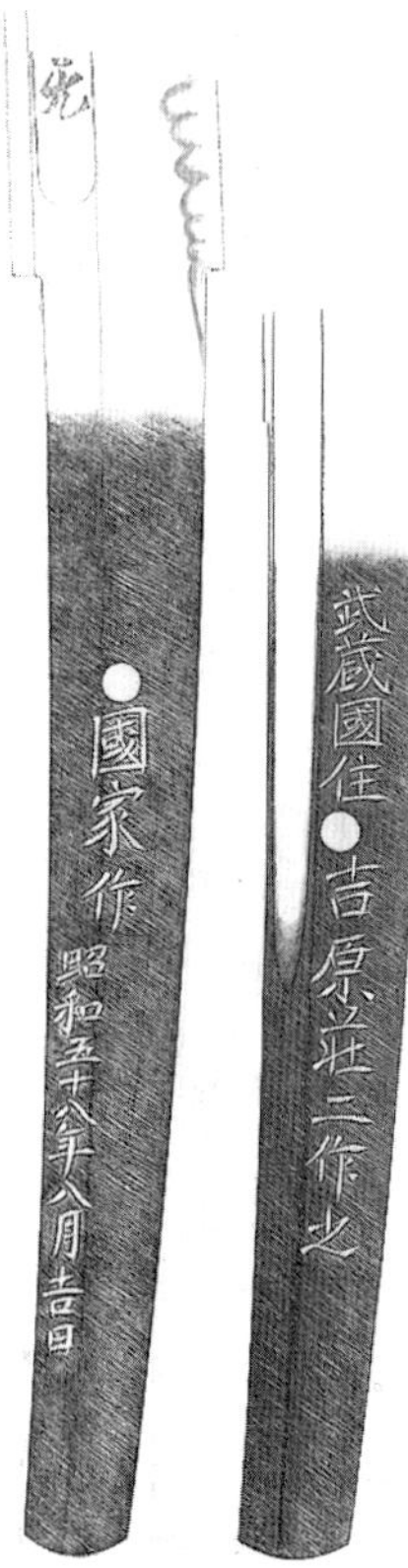

新作 **国一**【くにいち】兵庫 平成
高見一良《かずよし》。昭和四十八年生まれ。平成四年、河内国平に入門、同十一年独立。平成十年、作刀承認。同十年〜十三年、新作名刀展入選。平成十四年、同二十年、新作刀展覧会優秀賞。同十五年〜十七年努力賞。同十八年、新作名刀展で全日本刀匠会会長賞。同十九年、同展協会会長賞。同二十一年、同展薫山賞。同二十二年、同展特賞第一席受賞。同二十五年、優秀賞受賞。新作日本刀展では平成二十三年に金賞第二席受賞。「貞徳」。丁子乱華やか。兵庫県佐用郡佐田町住。丁子乱に重花丁子、蛙子丁子交じる。

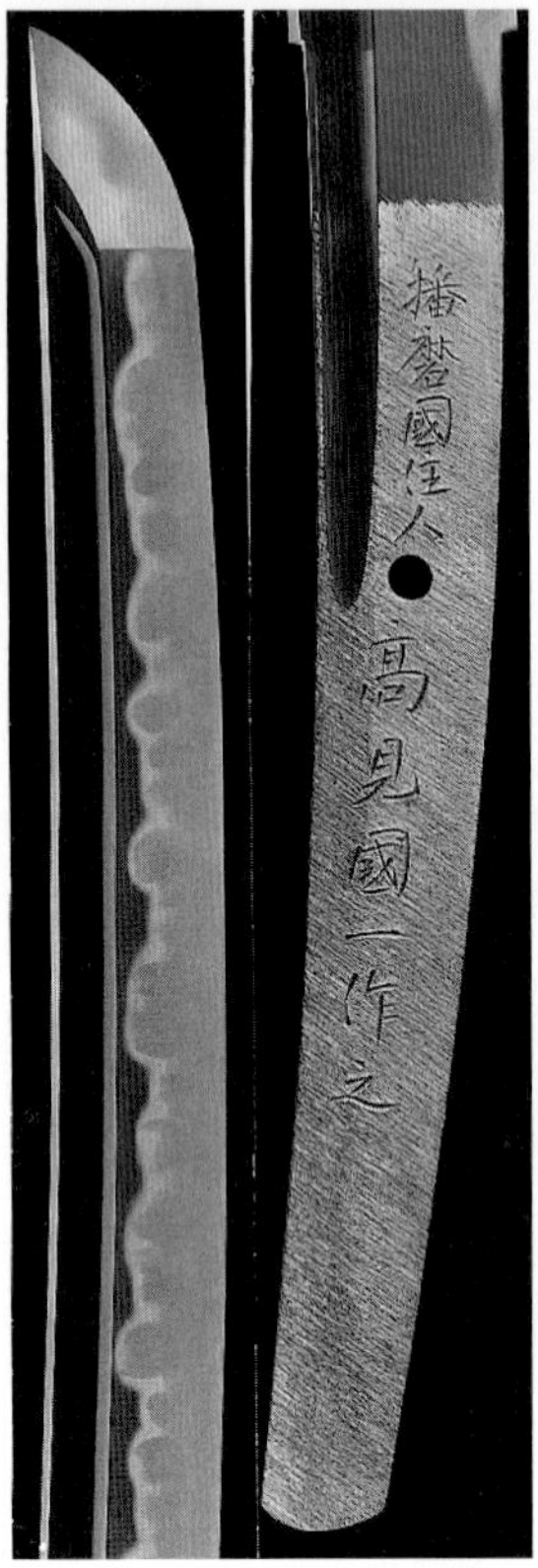

新作 **国悦**【くにえつ】和歌山 平成
清田裕希。昭和五十年生まれ。平成十二年、作刀承認。河内国平に師事。同十八年、新作名刀展入選。同十九年努力賞受賞。互の目に丁子乱交じり。「紀州有田清水八幡住清田次郎国悦」。有田郡清水町住。

新 **国一**【くにかず】尾張国 桃山期（慶長）
本国美濃関。三阿弥派。「三阿弥国一」。

新々 **国多**【くにかず】陸奥国 江戸末期（元治）
山内国多。盛岡住。「以餅鉄盛岡住山内藤原国多作」。

古 **国勝**【くにかつ】肥後国 室町末期（天正）
小山左馬介兵部。同田貫派。加藤清正より正の字を賜り正国に改銘するという。互の目に丁子交じり、沸よくつく。鍛えは板目に柾流れ、白気ごころがある。「肥州住藤原國勝作」。

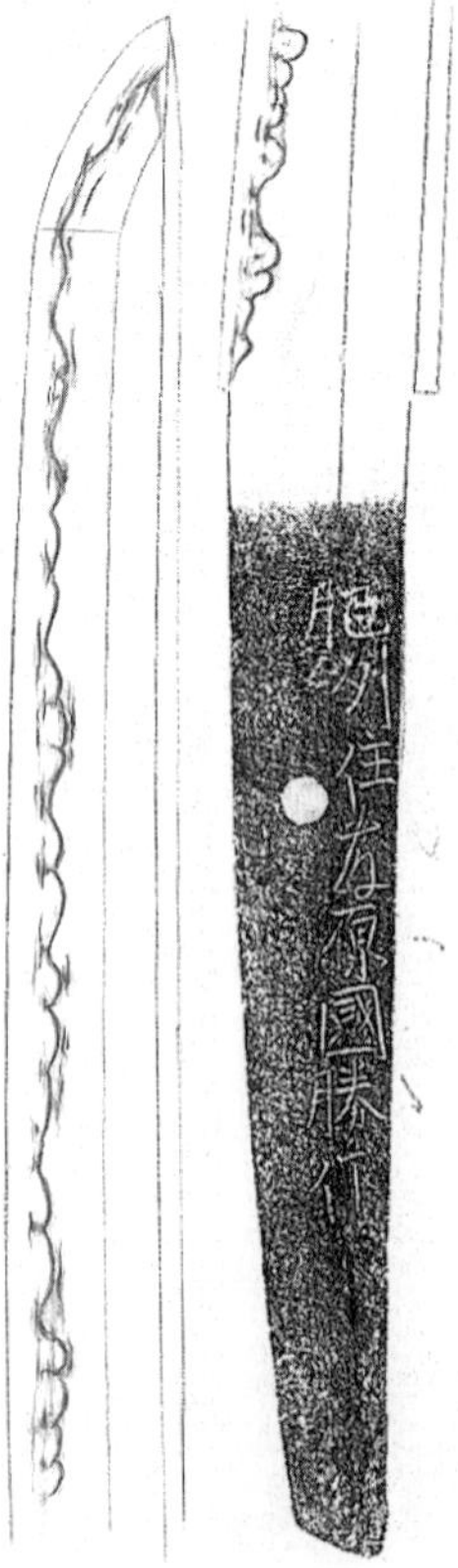

新 **国勝**【くにかつ】紀伊国 江戸中期（元文）
九郎三郎。初銘重勝。四代目重国の子。「紀州住文珠国勝」。直刃、互の目乱。

新々 **国勝**【くにかつ】紀伊国 江戸末期（明和）
文珠金助。五代目国勝の子、南紀重国六代目を継ぐ。「於南紀文珠国勝」。

古 **国包**【くにかね】備前国 鎌倉中期（建長）
古備前。高包の子。銘鑑には元暦と建暦ころの鎌倉初期に同銘の先人がいるが、現存するもので該当するとみられるのは建長ころの国包である。「国包」。

新 **国包**【くにかね】山城大掾 初代 陸前国 桃山期（慶長）
本郷源蔵。吉之允。文禄元年宮城郡国分若林に生まれる。大和保昌五郎貞宗の末流という。藩主伊達政宗の命にて慶長十九年上京して越中守正

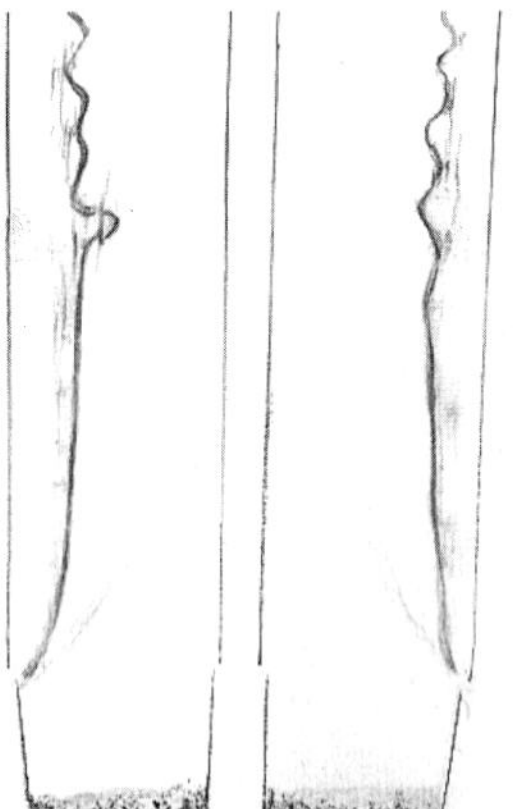
三十七歳

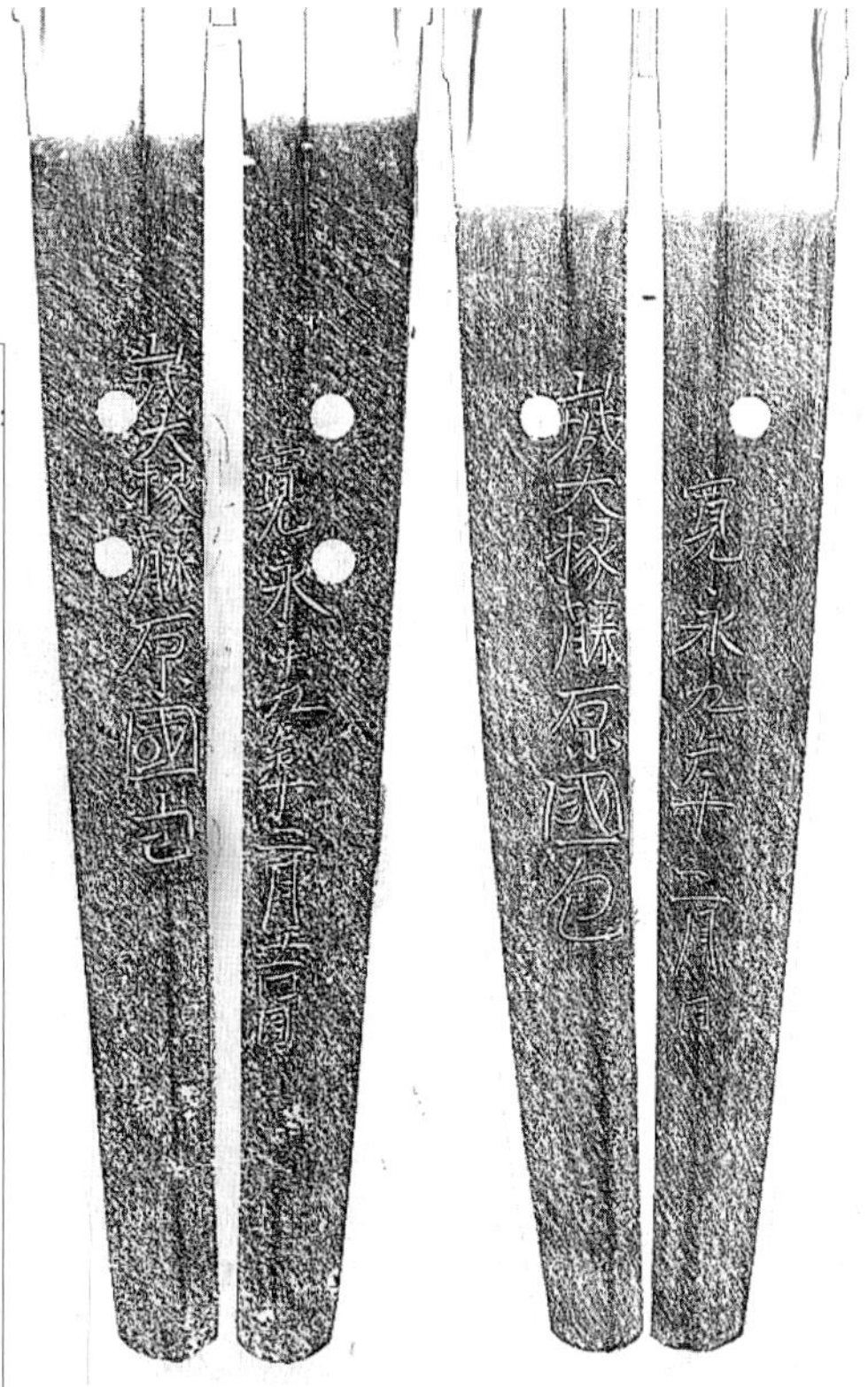

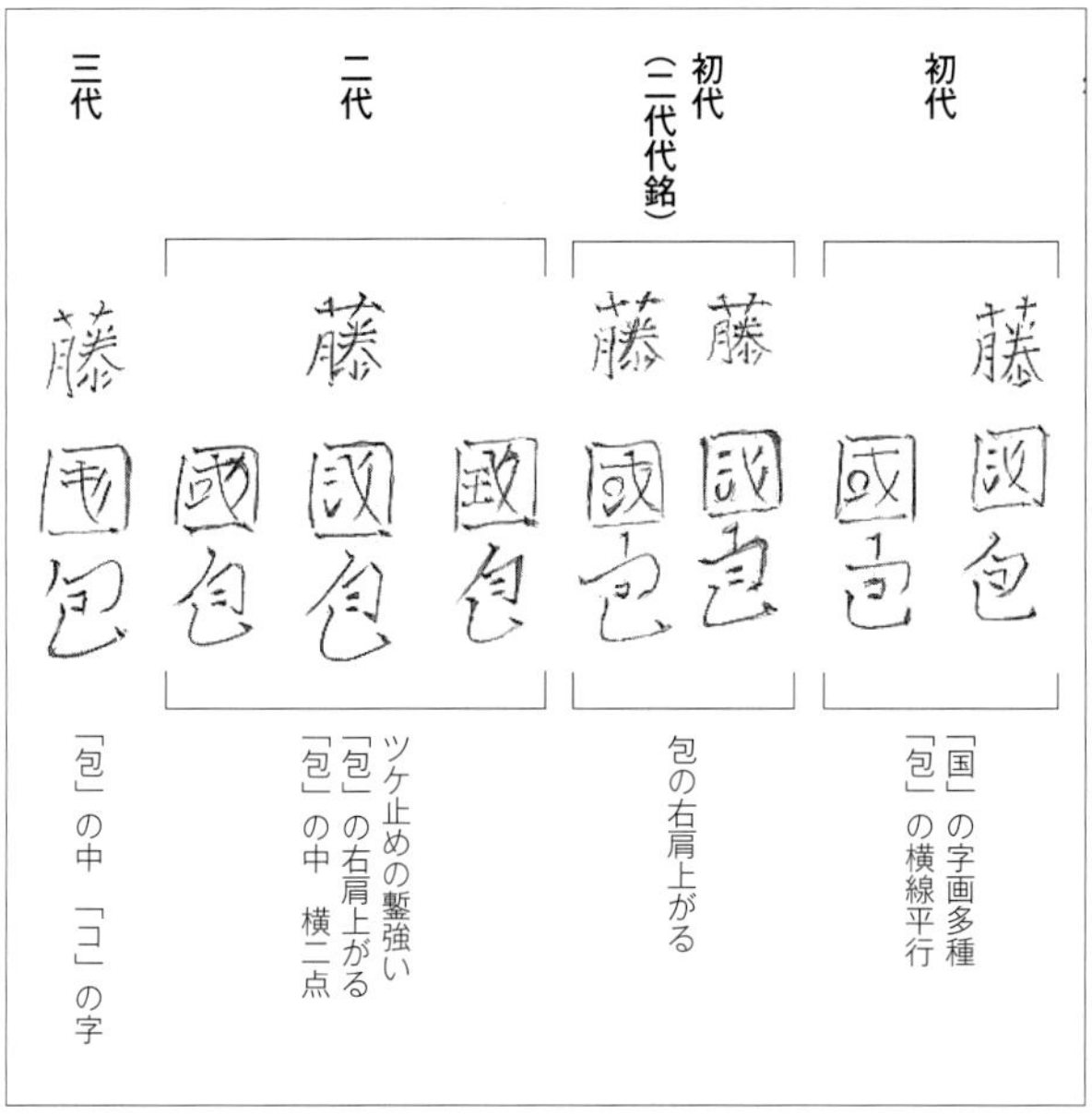

初代
「国」の字画多種
「包」の横線平行
初代（二代代銘）
包の右肩上がる
二代
ツケ止めの鏨強い
「包」の右肩上がる
「包」の中　横二点
三代
「包」の中「コ」の字

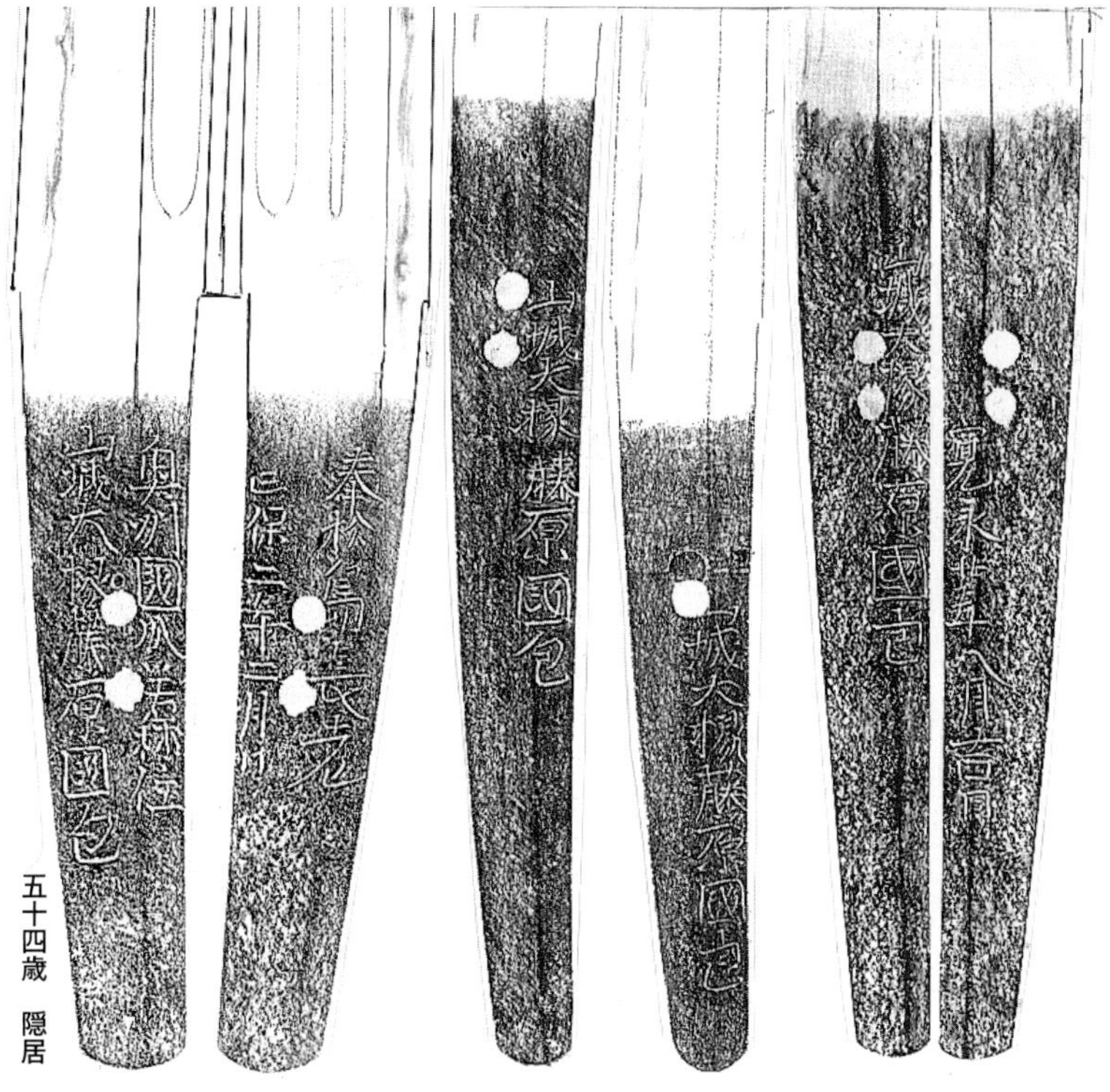

五十四歳　隠居

俊に入門。元和五年帰国。寛永三年山城大掾を受領する。寛永十三年、入道して用恵と号す。正保二年、五十四歳で隠居し、用恵国包と隷書体で切銘する。隠居後も作刀を続ける。晩年には二代国包の代作代銘がある。寛文四年十二月三日、七十三歳没。

国包入道の信仰の師は松島瑞巌寺の雲居《うんご》禅師で〝仁沢用恵〟の諱《いみな》は国包に与えた師の偈《げ》によるものと伝えている。保昌貞宗の末流を称するように、保昌そのままの柾目鍛で、中直刃にほつれ、二重刃かかる。互の目乱もある。

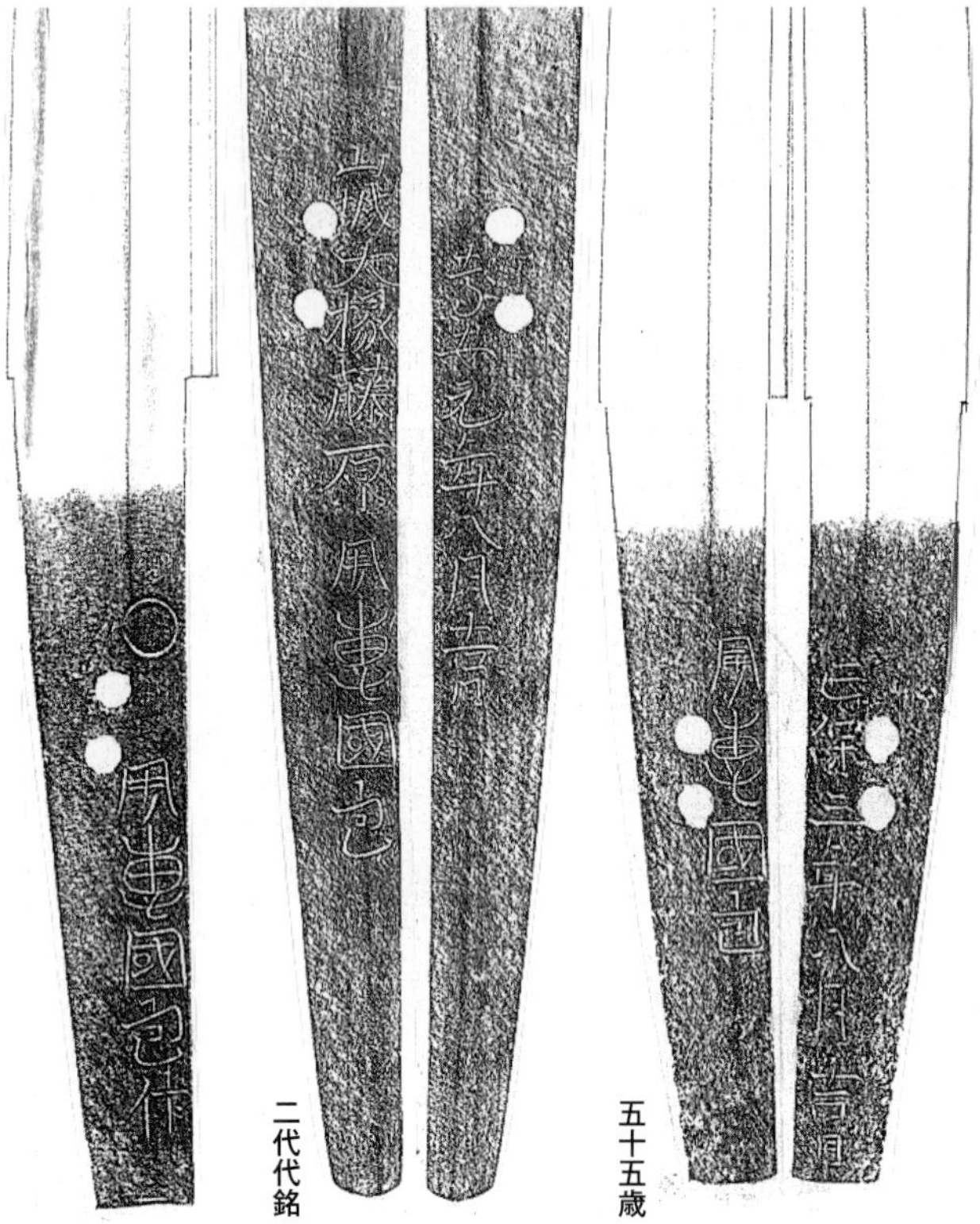

五十五歳

二代代銘

丸の内輪は円相を表す。晩年は目釘孔を二個あて開けることが多く、孔の周囲に鏨を加えている。禅宗に帰依しての円転自在さを表意したものか

新 国包【くにかね】 山城守　二代　陸前国　江戸中期（寛文）

本郷吉右衛門。初代国包の嫡子。正保二年、三十四歳で家督相続する。寛文七年、山城守を受領。寛文十二年七月二日、六十一歳没。作技は初

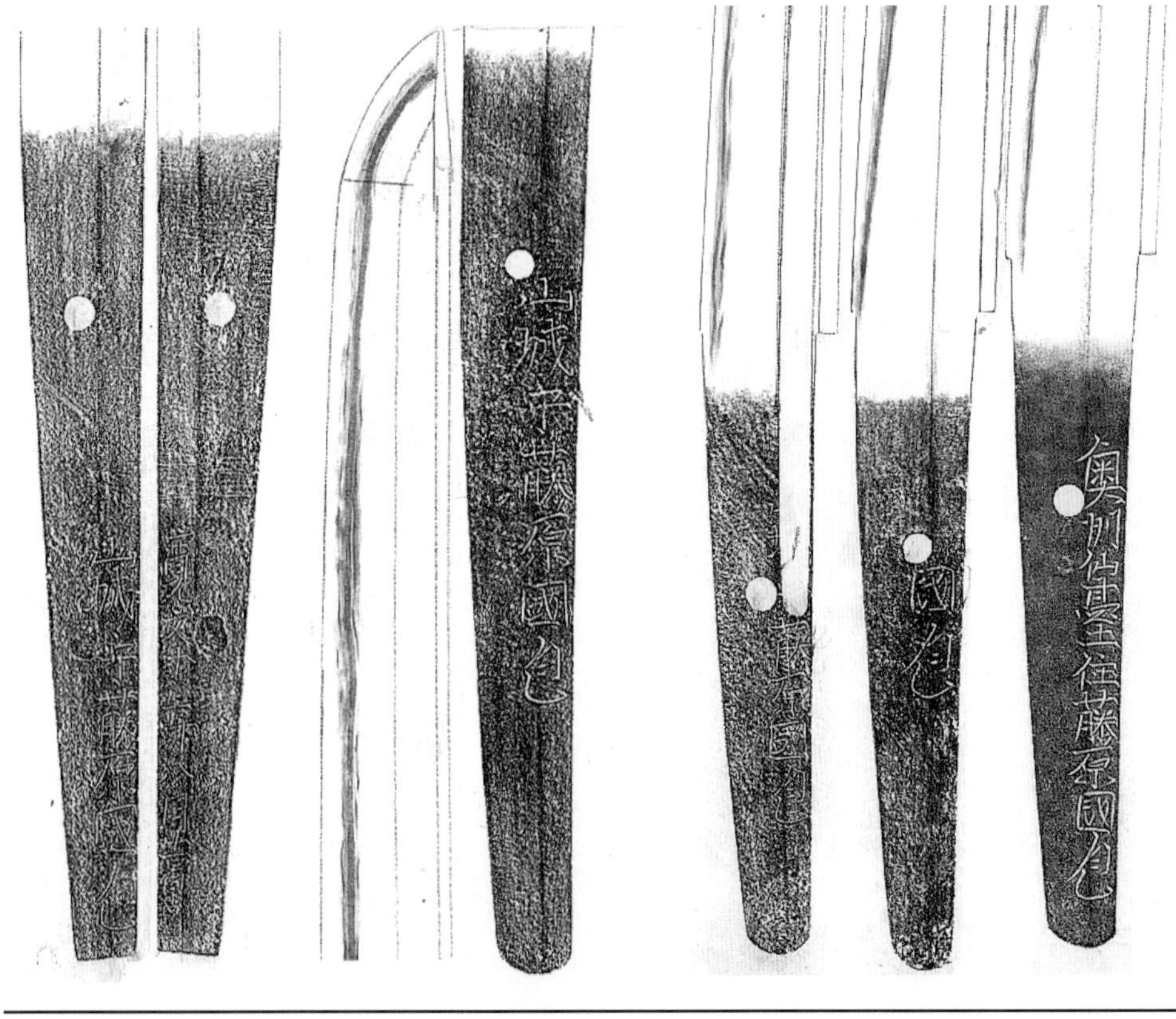

代に迫り、作風は初代に似て大和伝の直刃のほか、大湾れに互の目交じりの刃を焼く。

新 国包【くにかね】 三代　陸前国　江戸中期（貞享）

本郷源治郎。二代国包の嫡子。寛文十二年、三十九歳で家督相続し、元禄十年、六十六歳で隠居。山城守の受領はない。二代の晩年に山城守の代銘をしたことから三代が受領したとの説があるが、これは誤伝である。宝永三年十一月七日、七十三歳没。

新 国包【くにかね】 四代　陸前国　江戸中期（貞享）

本郷源十郎。三代源治郎国包の弟。元禄十年、四十一歳で家督相続。元禄十五年八月十五日、四十六歳没。「奥州住国包」「国包」と切銘するというが、作刀は未見。◆五代三郎兵衛国包。宝永四年没。六代権十郎国包。享保十二年、三十四歳没。七代源十郎国包。寛保元年、四十一歳没。八代吉右衛門国包。宝暦四年、二十三歳没。九代半蔵国包。包蔵とも。のち江戸法城寺国吉門。宝暦十三年没。

新々 国包【くにかね】 十代　陸前国　江戸末期（天明）

本郷源之助。九代半蔵国包の子。包幸門。のち江戸へ出て水心子正秀の門に入る。安永末年、二十二歳のころに水心子正秀との合作が、また天明二年紀に同じく合作があり、天明四年紀に江戸での作がある。安永末年から天明四年まで少なくも五年間は江戸の師の許にいたことが知られる。帰仙後まもなくしての天明六年六月二十五日、二十九歳で没。

国包銘は水心子正秀が切銘

新々 国包【くにかね】 十一代　陸前国　江戸末期（享和）

本郷源蔵。壺屋左次兵衛の弟。十代源之助国包が天明六年に早世してのち、嗣子として十一代目を相続する。包幸また騰雲子包光の後見によるものであり、鍛刀技も学んだであろう。文化十三年三月二十九日、五十歳没。

新々 国包【くにかね】 十二代　陸前国　江戸末期（天保）

本郷源兵衛。十一代源蔵国包の嫡子。騰雲子包光門。弘化五年二月二十二日、四十九歳没。作刀は天保から弘化の間であり、後代国包中では十三代と共に比較的多くみられる。

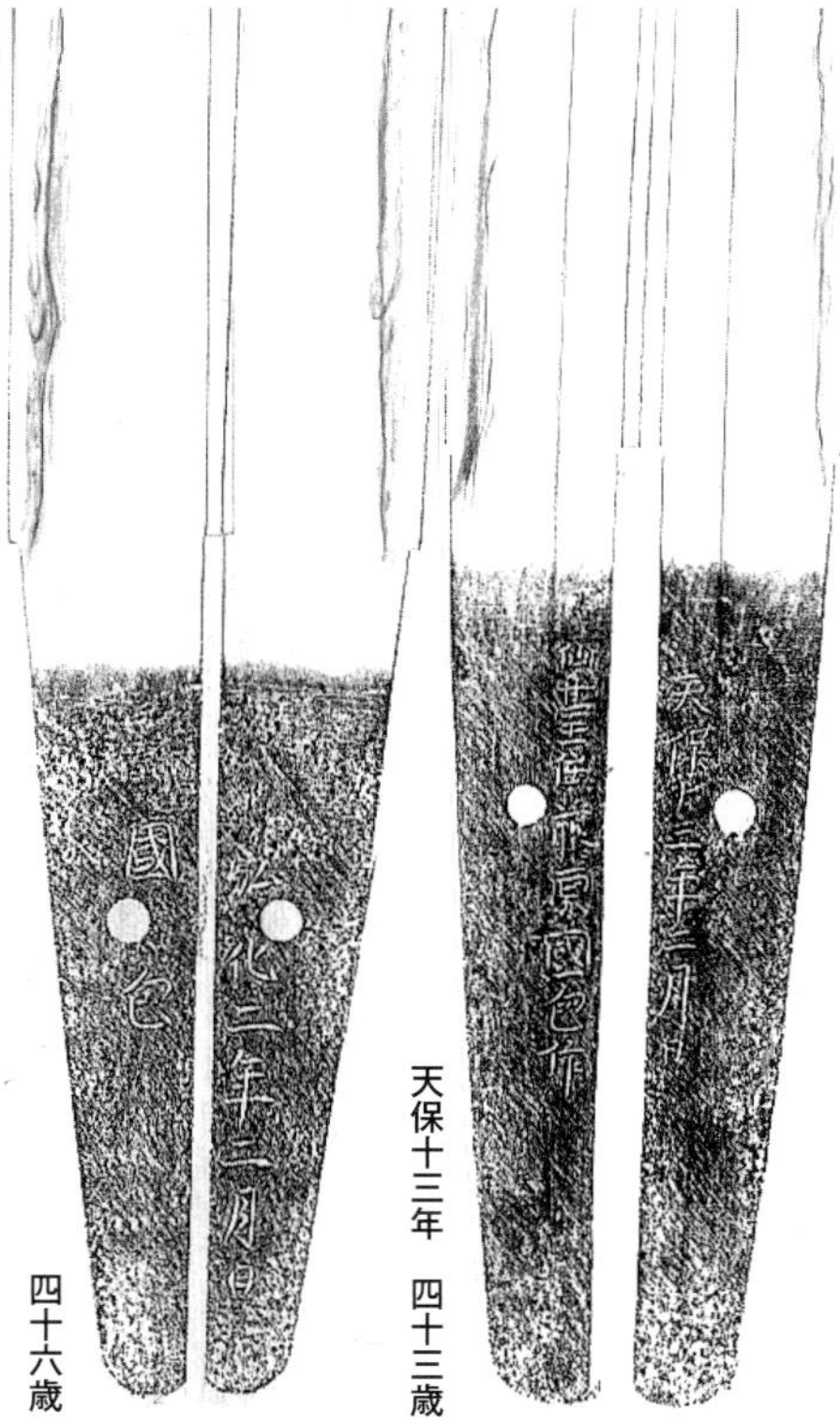

天保十三年　四十三歳

四十六歳

新々 国包【くにかね】 十三代　陸前国　江戸末期（安政）

本郷栄助。十二代源兵衛国包の嫡子。直刃、柾肌の保昌伝を墨守する。匂口が締り気味。明治十三年六月十六日、六十一歳没。

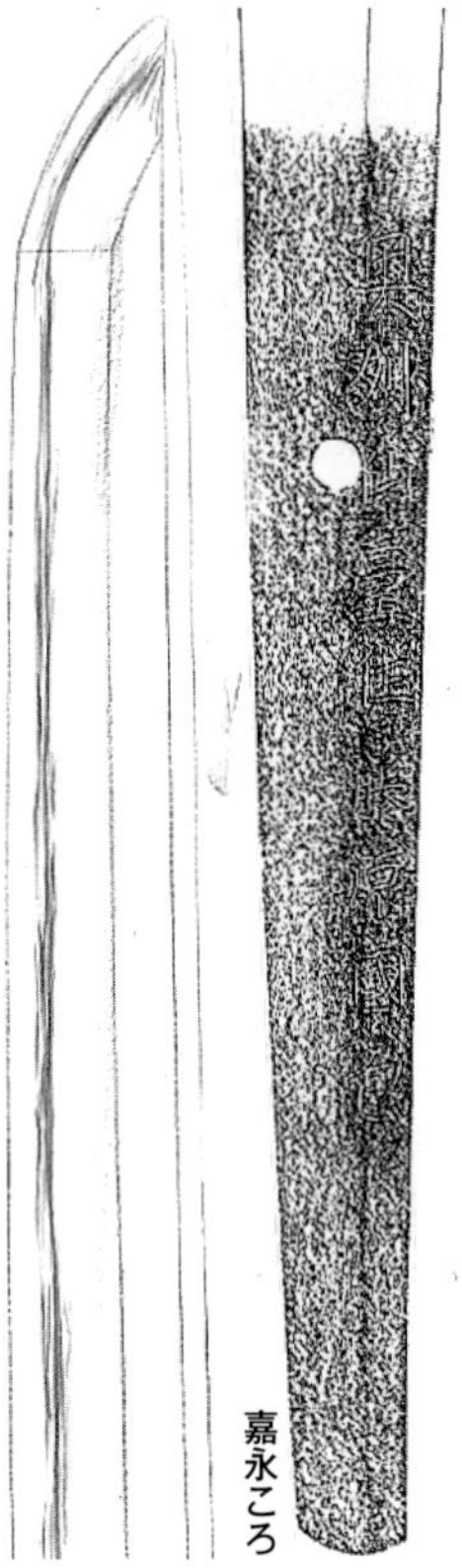

嘉永ころ

新々 **国包**【くにかね】　十四代　陸前国　江戸末期（慶応）

本郷栄治。十三代栄助国包の次男。明治十五年、三十歳で末弟の十三郎に家督を譲り隠居する。作刀は慶応から明治にかけてわずかにみられ、大正四年に注文打ちの脇指がある。その銘文に「十四世仙台住藤原国包」とあって、恐らくこの作を最終にしてであろう刀工家国包は終焉する。大正七年五月十三日。六十六歳没。

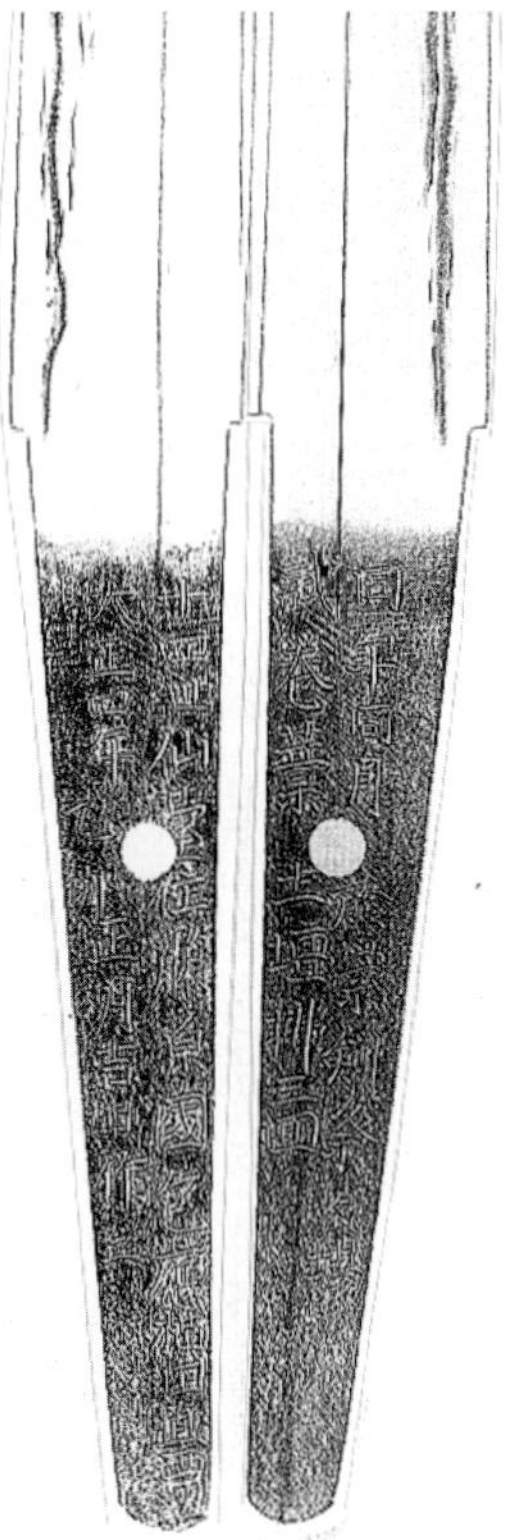

古 **国清**【くにきよ】　山城国　鎌倉初期（文暦）

粟田口。林藤四郎。四郎兵衛。国家の四男。九条岡の辻、江州鎌田にても打つという。指定品では重文一、重美一の太刀二口の遺品がある。重文の太刀〈押形図（右）参照〉は佐竹家の伝来品で、生ぶ茎が雉股形となる。小板目がごく詰まり、地沸よく練れて、沸映り立つ。刃文は小乱が小模様で小丁子、小互の目交じり、砂流し、金筋入る。兄国安の作に近似してなお古調である。「国清」と二字銘に切り、細鏨とやや太鏨とがある。古押形には「清」字の「青」の字画を替えたものがあり〈押形図（左）参照〉、名跡を継ぐ二代、あるいは別人が存在する余地が残される。

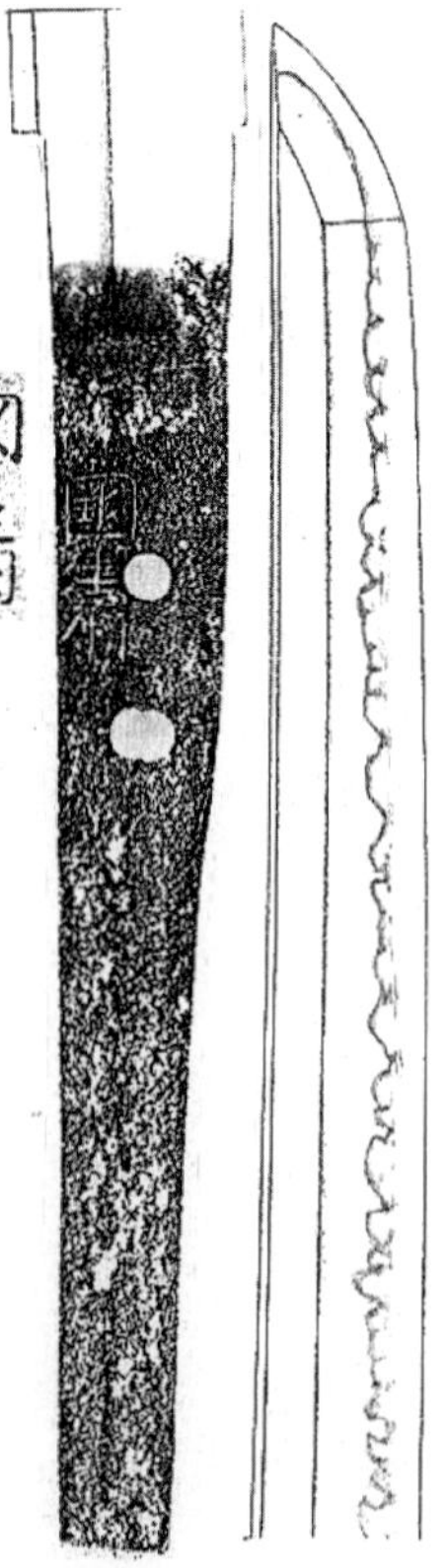

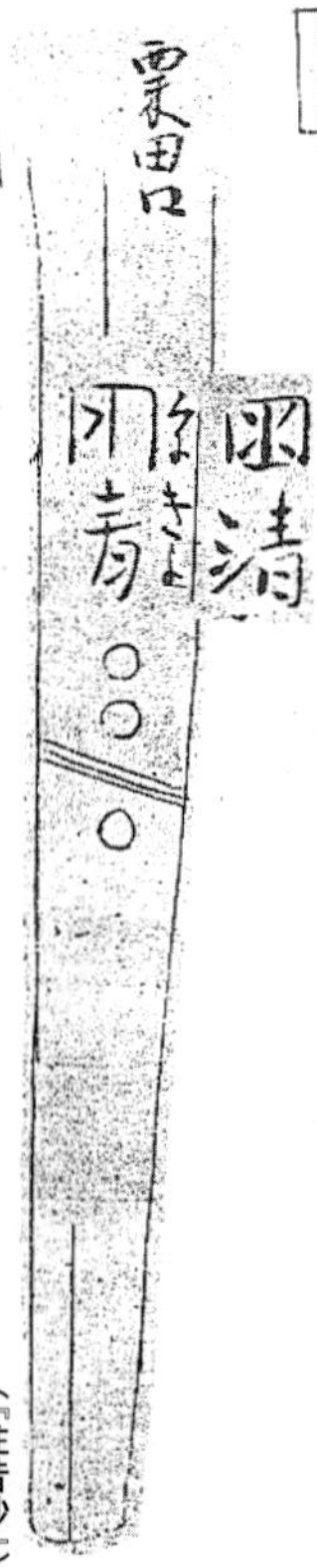

（『往昔抄』）

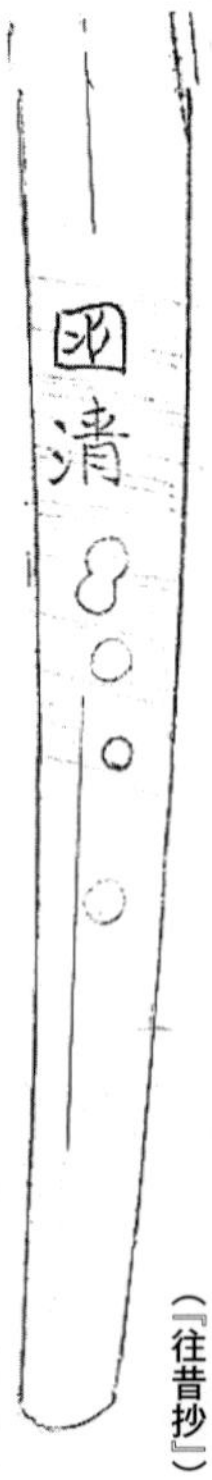

（『本朝鍛冶考中心押形』）

古 **国清**【くにきよ】　大和国　鎌倉末期（嘉暦）

当麻。俊行の子。嘉暦二年紀（『校正古刀銘鑑』）の短刀と延文五年紀の太刀がある。この間に三十三年間があるので、国清二代説も生じるが、一代で作刀期が長きに及ぶ例もあるので、即断はしがたい。「藤原國清」と切銘する。

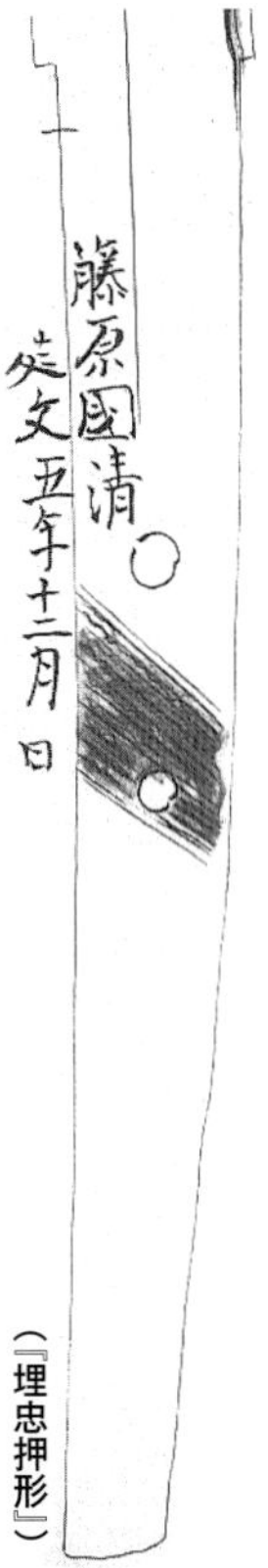

（『埋忠押形』）

古 **国清**【くにきよ】　肥後国　南北朝期（正平）

延寿。国吉の子。正平、延文の年紀作がある。小沸出来の直刃が小湾れかかり、小互の目交じり、刃にそって棒映り状に白気立つ。「国清」「肥州菊池住国清」。名跡は明徳、応永（右馬允）と続く。

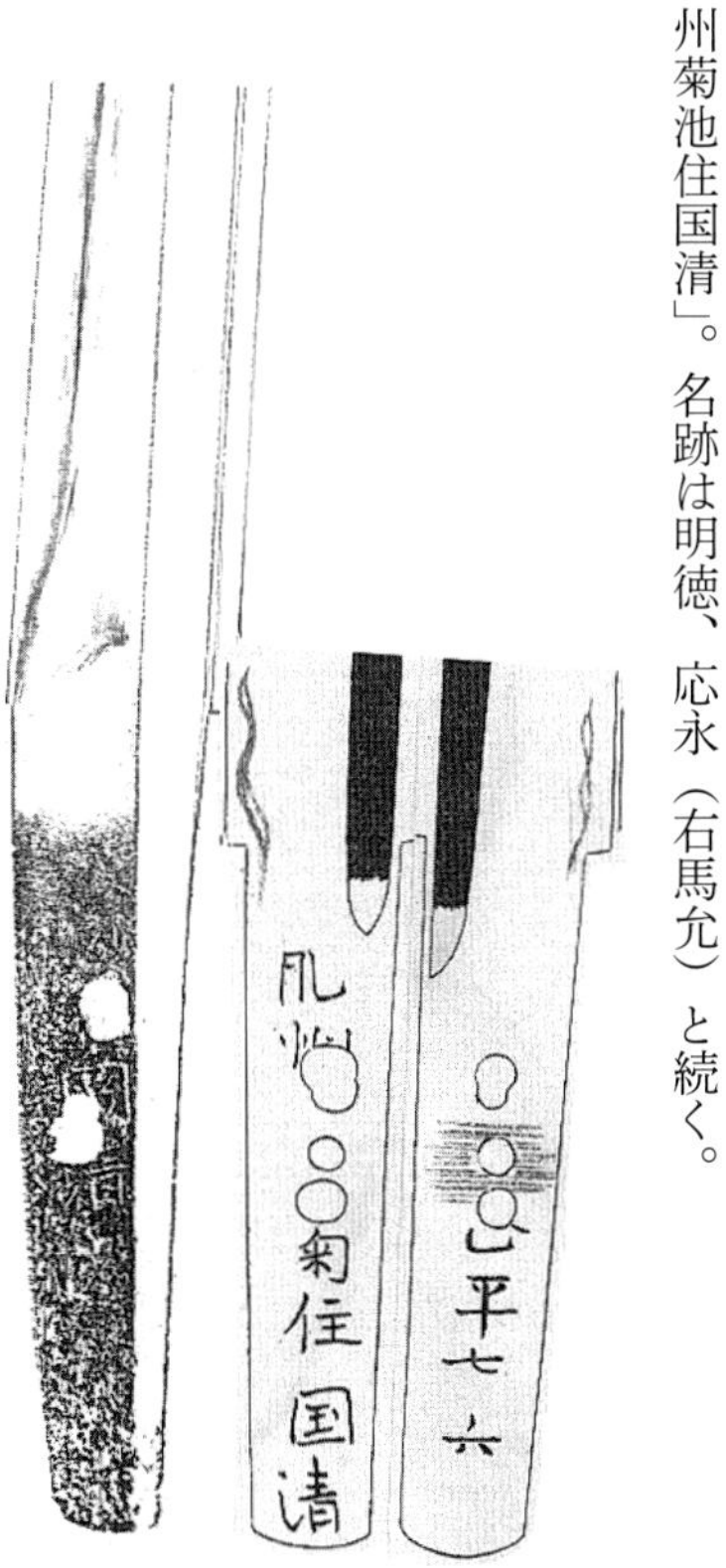

古 国清【くにきよ】 越中国 室町中期（永享）

宇多。国久の子。ゆったりとした湾れに小互の目足入り、細かい砂流し、金筋入り、地刃よく沸えて冴える。「宇多國清」。宇多国清は応永、永享に続き文明ころに同銘が作刀する。

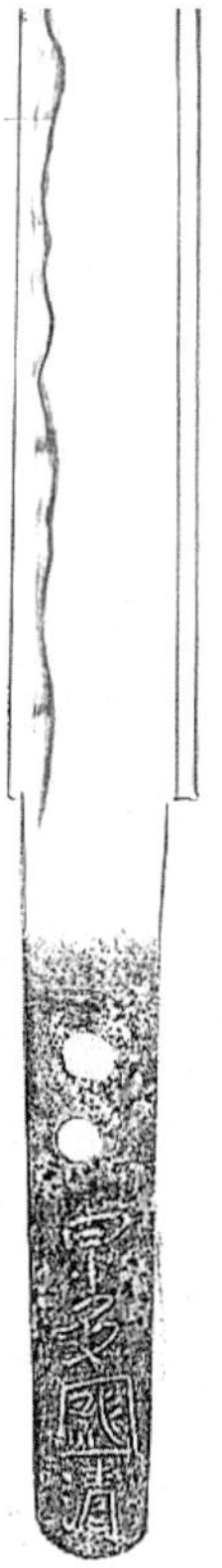

新 国清【くにきよ】 越中国 江戸中期（元禄）

越中播磨大掾清光の子、またはその一門。播磨守を受領。「播磨守藤原国清」と切る。

新 国清【くにきよ】 山城守 初代 越前国 桃山期（寛永）

島田吉左衛門、また孫之助。彦八郎助宗の嫡男で、初銘助宗。堀川国広門。師の没後、信州に帰国、松平忠昌の抱工となる。寛永元年に藩主の越前北の庄への移封に伴い越後高田から越前福居に移り、浜町に住す。寛永四年二月、山城大掾受領、「藤原菊國清」と宛名書（『越前人物志』島田文書の宣旨）があり、大掾受領のとき「藤原」姓と十六葉の「菊紋」を拝領し国清と銘する。翌五年、山城守に転じ「寛永五年二月」紀の山

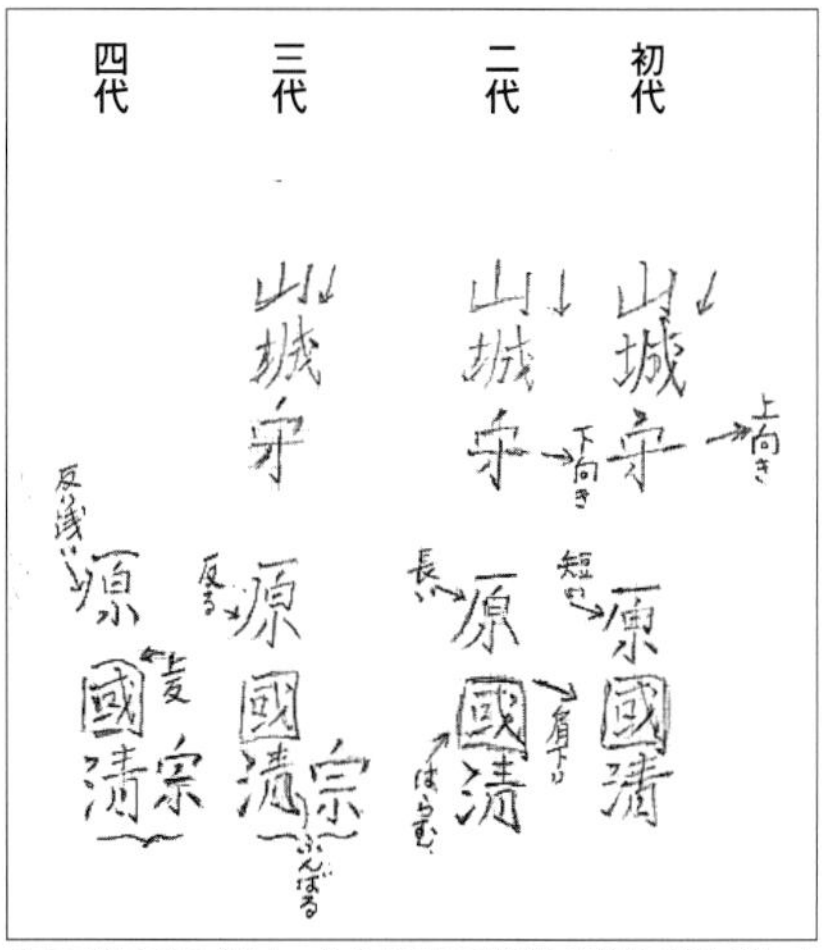

◆初代国清の銘は、やや細鏨で鏨運びが伸び伸びとする。とくに横線に筆勢があり、右上方にはねあげる風がある。二・三代より心もち大振りに切る。二代国清は初代に比べて鏨運びに伸びがなく、やや堅い感があり、右肩下がりの癖がある。三代国清は二代に似るが、「菊一」を切る。四代は総じて小づんだ銘振りになる。初代・二代は菊紋。三代・四代は菊紋に一字を切る。

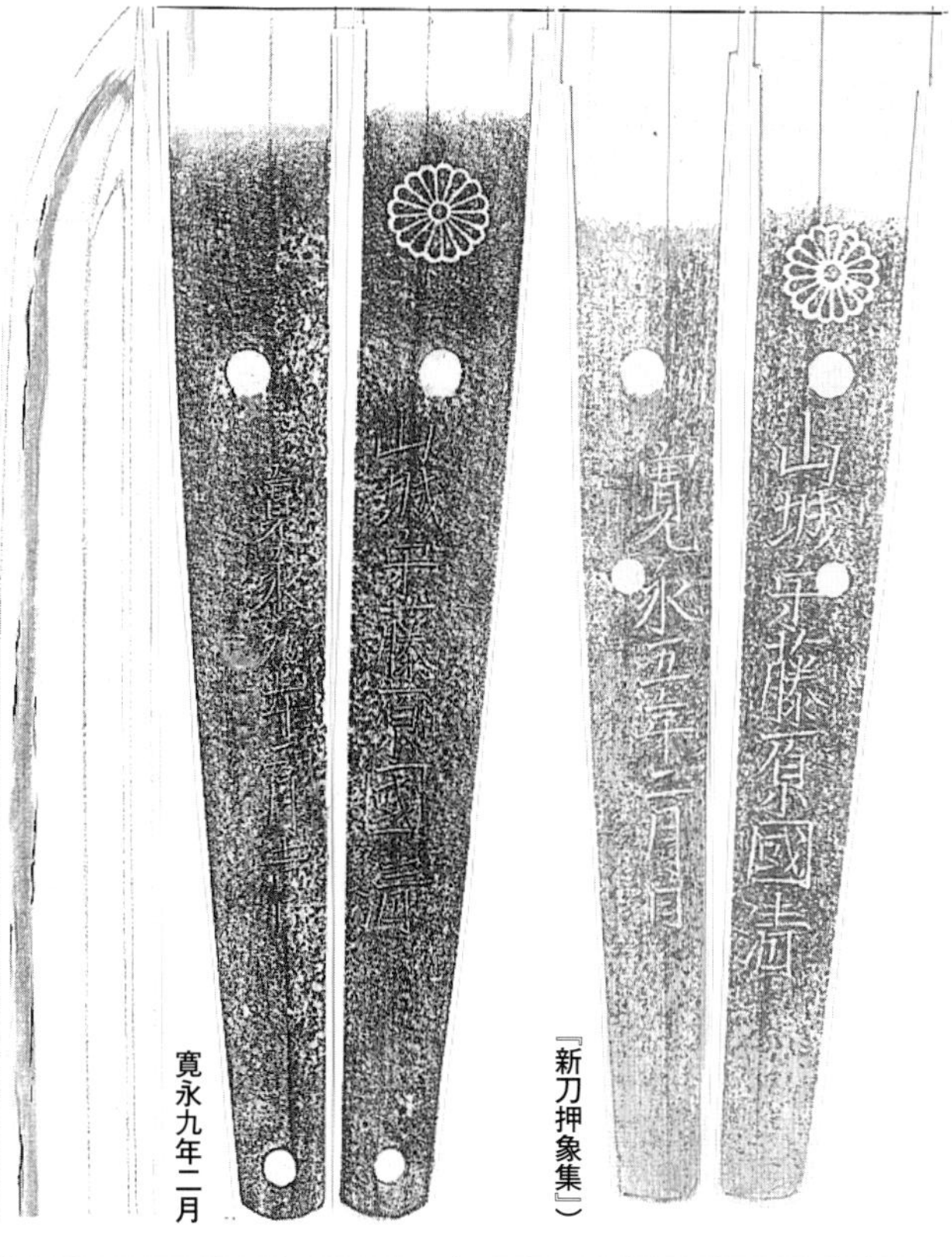

寛永九年二月

（『新刀押象集』）

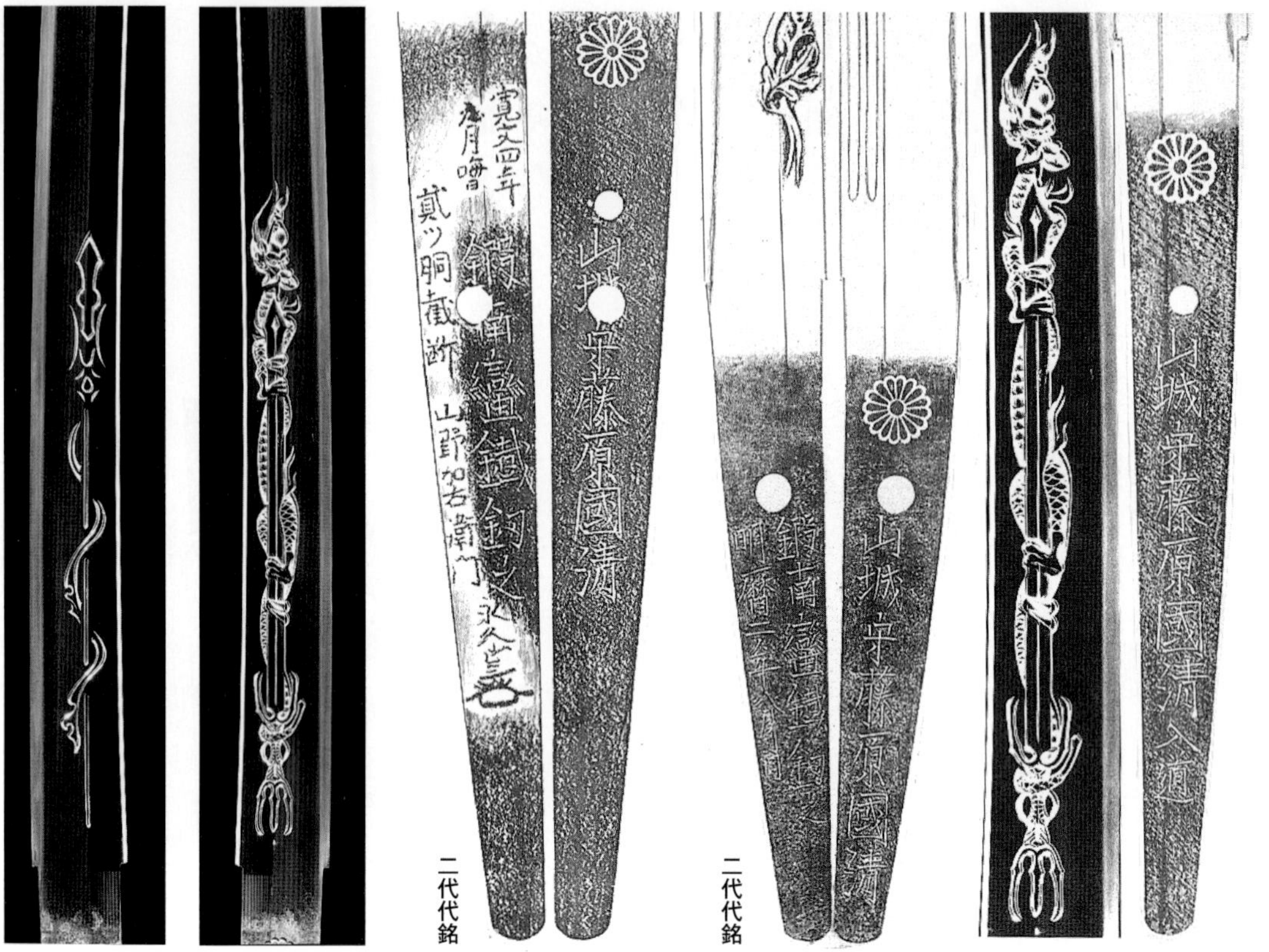

二代代銘

二代代銘

城守受領銘の作がある。藤原国清入道銘を切った晩年作に自身銘のほか、二代新兵衛尉の代銘作がある。寛文五年三月一日没。中直刃を得意とし、乱刃もあり、小板目肌がよく詰み、地沸が細かく美麗ななかに、やや黒味を帯びた肌合いをみせる。太刀銘に切るのが通例。茎の上部に菊紋を刻し、長銘のときほとんど「藤原」姓を欠かさない。（系図900頁参照）

新 国清【くにきよ】 山城守　二代　越前国　江戸初期（万治）

初代国清の孫。吉左衛門、また新兵衛。初代国清の嫡男市左衛門は、初

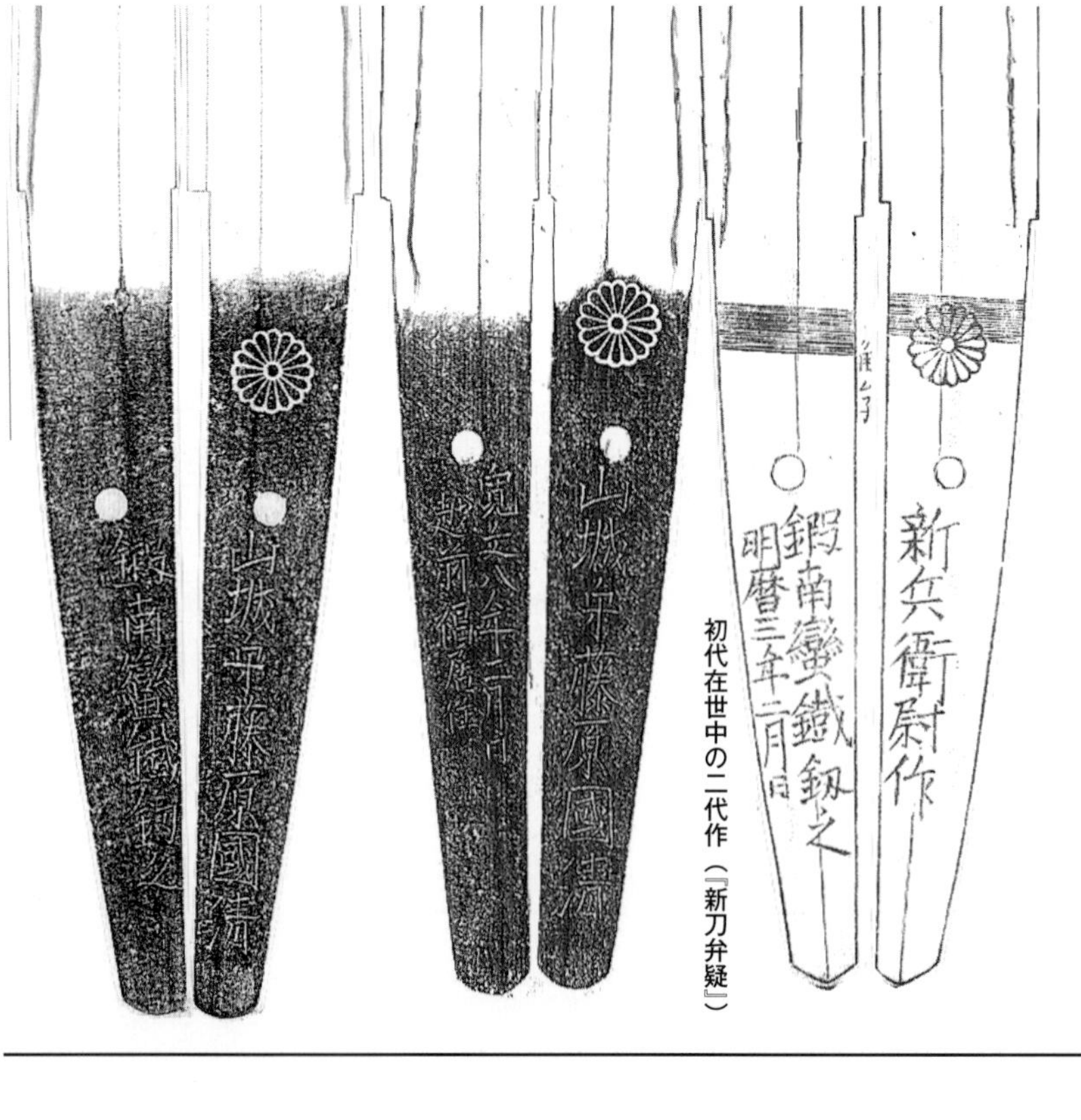

初代在世中の二代作（『新刀弁疑』）

代存命中の明暦元年九月に二子を残して早世する。二子のうち嫡男は越前藩士となり、次男吉左衛門が名跡を継ぎ二代国清を相続したが、病身のため短期間で初代妹の子新兵衛国宗（三代国清）に家を嗣がせる（清円寺の『島田家過去帳』清水範夫氏調べ）。

二代は父市左衛門が明暦元年九月に没した後、寛文十年ころまでの十年余、刀工としての活動期はあったが、作刀数は比較的に少ない。自身作は初代国清が没した寛文五年の翌六年から八年間の短期に集中している。それより以前（明暦から寛文初年）には、初代国清の助力をし、代作にも当たっている。元禄十年十一月一日没。なお、二代国清の兄、吉左衛門（島田山城）は百五十石どりの越前藩士で、国清家中で重きをおいた人物である。作刀をすることもあったらしく、国清銘の作刀中に紛れているものがあるかもしれない。

新 国清【くにきよ】 山城守　三代　越前国　江戸中期（延宝）

島田新兵衛、初銘国宗。初代の父彦八郎助宗の外孫（『新刀弁疑』）、すなわち初代国清の妹の子で、多病であった二代国清の存命中に三代目を継ぐ。寛文十一年、四十九歳で山城守を受領、「菊紋」に「一」字を冠し、国宗を銘す。延宝初年に国清に改める。「菊紋」に「一」字の「菊一」は、「菊一文字」の意で、三代からの名乗りである。刀身彫に「技菊紋」を、茎に「一」字を切ったものもある。

三代国清の祖父島田助宗は、番鍛冶一文字助宗の末葉と称し、「菊一文字」は国清歴代がその意を体したものという。三代国清の存在は判然としないままにきていて、まま二代国清と入れ替わって紛れがちである。二代は多病だったこともあり、比較的作刀が少なく、三代は初代に次ぎ作刀が多く、作技も初代に次ぐ上手。元禄十三年七月四日、七十八歳没。

中直刃を得意とするのは初代からの伝統技で、同じく刀身彫も好んで彫り、緻密で巧みである。技菊、梅樹、倶利迦羅、不動明王などのほか、素剣に梵字の箇素な彫物もある。それらの施彫は専門の彫師によるものではなく、自身彫とみられているが、一門のうちの上手の工の手になるものがあるかもしれない。

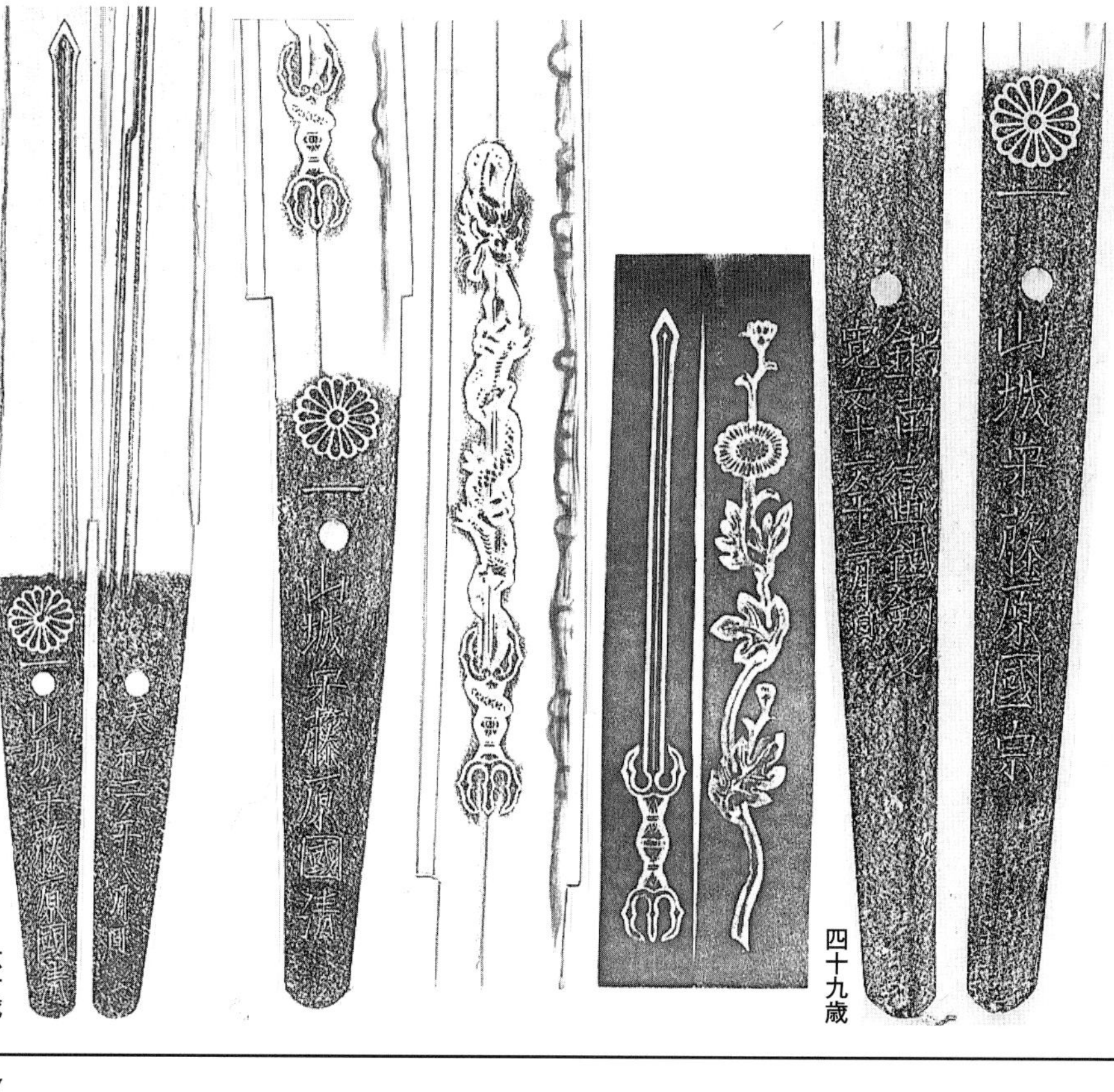

四十九歳

六十歳

新 国清【くにきよ】 山城守 四代 越前国 江戸中期（享保）

九八郎。また新右衛門。三代国清の嫡男。初銘国宗、のち国清を銘す。島田文書（『越前人物志』）によると、島田国清は九代が明治まで続く。島田家は二代国清のとき浜町・国清家と、三代国清の子安町（もと鍛冶町）・国宗家の二家に分立している。国清家の作刀は四代までで、五代から以降の作をみない。四代作で享保元年紀がある年は四代が三十七歳で、このころから以降、すでに鍛刀界は全国的に衰退期に入りつつあったこともあり、四代作は稀少である。宝暦二年九月十八日、七十三歳没。

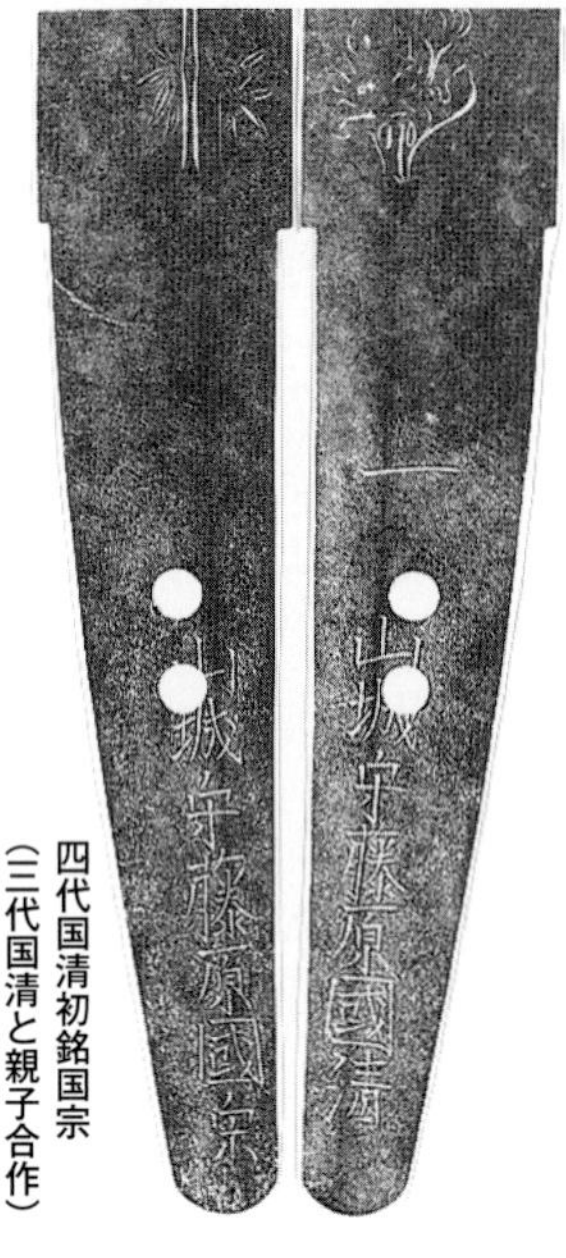

四代国清初銘国宗
（三代国清と親子合作）

新 国清【くにきよ】 下坂 越前国 江戸中期（延宝）

山城守国清とは別人の、下坂鍛冶の一人。

新 国定【くにさだ】 岩代国 桃山期（寛永）

古川孫太夫。入道兼定の弟。河内大掾を受領。万治三年没。直刃、互の目乱、湾れ。

新 国定【くにさだ】 岩代国 江戸中期（寛文）

吉川孫右衛門。初銘国貞。初代孫太夫国定の子。元禄二年没。「河内大掾藤原国定」。

古 国貞【くにさだ】 備前国 鎌倉中期（正嘉）

備前二郎。国真の子、備前三郎国宗の兄。互の目に丁子交じり、焼きに出入りがあって烈しい出来は三郎国宗に似る。「国貞」。

古 国貞【くにさだ】 肥後国 南北朝期（嘉慶）

延寿。国泰また国資の門。嘉慶のころ。「国貞」「肥州菊池住国貞」。

古 国貞【くにさだ】 越中国 室町初期（応永）

宇多。初代国房門。応永ころ。「宇多国貞」同銘が文亀、享禄と続く。

新 国貞【くにさだ】 和泉守 初代 摂津国 桃山期（元和）

天正十八年、井上良光の嫡男として日向飫肥に生まれる。作之允、又五郎。慶長中ころ堀川国広の門に入り、実技を越後守国儔に学ぶという。和泉守の受領は元和九年九月十五日、三十四歳のときである。独立して大坂へ移住したのは元和七年八月以前で、寛永末年まで二十余年間に着々と地歩を築き、国貞一派を形成して栄え、同門の兄弟子初代河内守国助

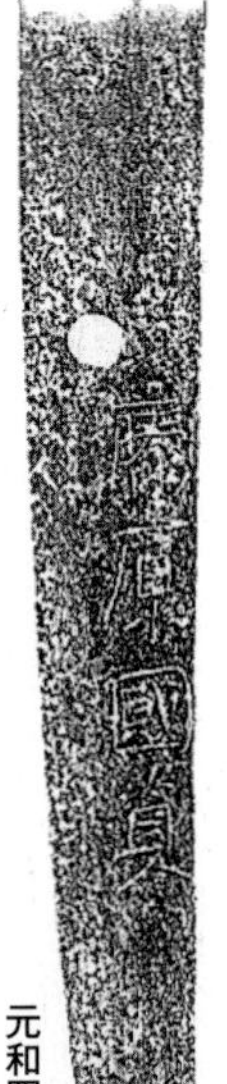
元和四・五年

三十二歳

と並んで大坂新刀の礎石を成した。正保二年から隠居し、以後七年半の間は有能な多くの門下と二代目国貞による代作代銘が行われ、いわゆる楷書銘、草書銘（道和銘）の優れた作がある。慶安五年（承応元）五月五日、六十三歳没。法名道和。

互の目に丁子交じりの刃文が多く、物打辺りから上部が華やぐ。◆初代門下と二代国貞による初代作代銘は、草書銘（道和銘）が正保二年から慶安三年まで五年間、楷書銘は慶安元年八月から同五年まで四年間続く。通算して正保二年から慶安五年までの七年間が代作代銘のなされた期間である。代作者は下総守国義、山上国隆、加賀守貞則などが主として当たり、二代国貞は正保二年に十五歳であり、二代による代作の数はわずかである。

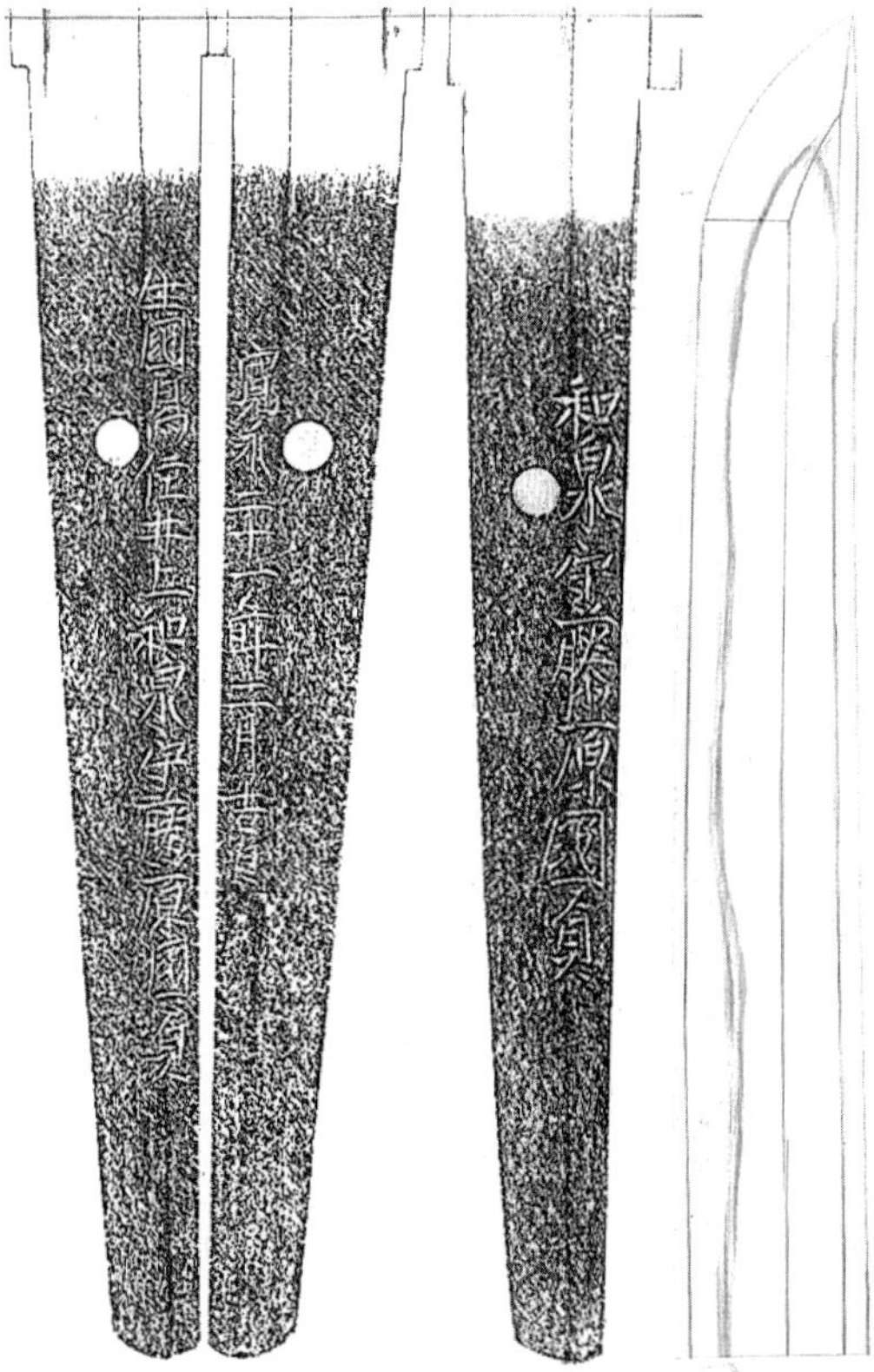

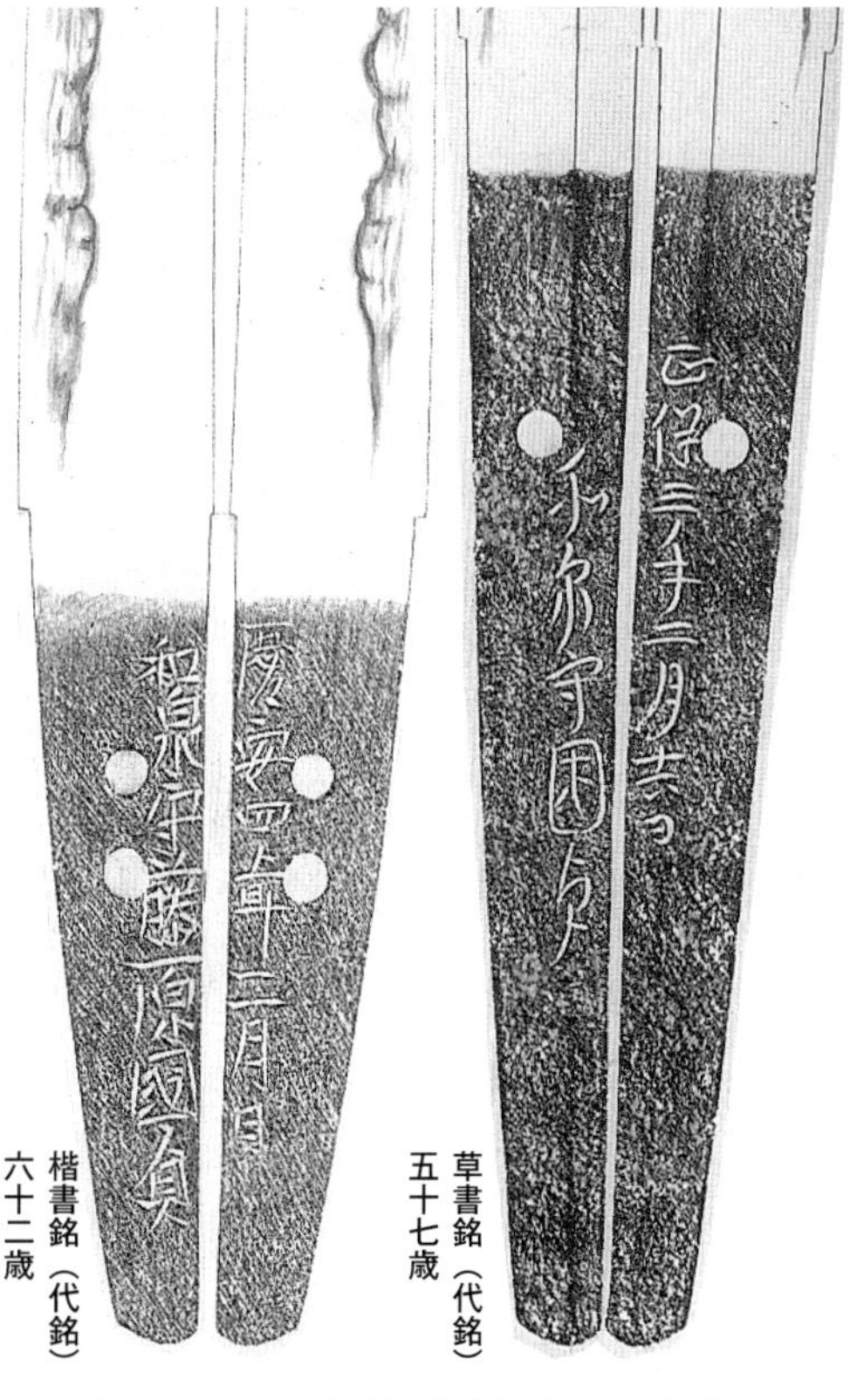

草書銘（代銘）五十七歳

楷書銘（代銘）六十二歳

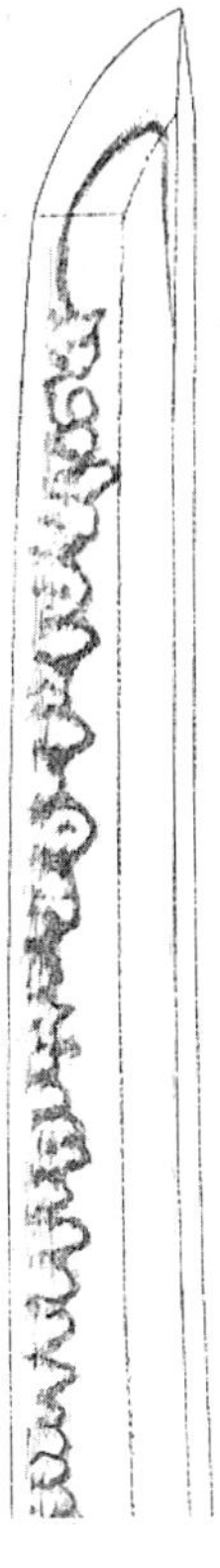

新 **国貞【くにさだ】** 和泉守　二代　摂津国　江戸中期（寛文）

井上八郎兵衛。良次。初代国貞の次男。寛永八年生まれ。中江藤樹に陽明学を学び、同門の師熊沢蕃山から真改の名づけをもらう。正保二年、十五歳で初作があり、この年父国貞は隠居していて、実技を初代の高弟山上国隆に学ぶ。承応二年、二十三歳で家督を相続。万治三年十二月、和泉掾を受領し、ほどなく和泉守に転ず。十六葉菊花紋は万治四年二月から刻するのをみる。寛文十二年八月、真改に改銘。天和二年十一月九日、五十二歳没。湾れ刃、直刃の匂口が明るく冴える。津田助広と双璧をなし〝大坂正宗〟と尊称される名人。⇩**真改《しんかい》の項参照。**

草書銘
正保三・四年

師国隆との合作
慶安二年ころ

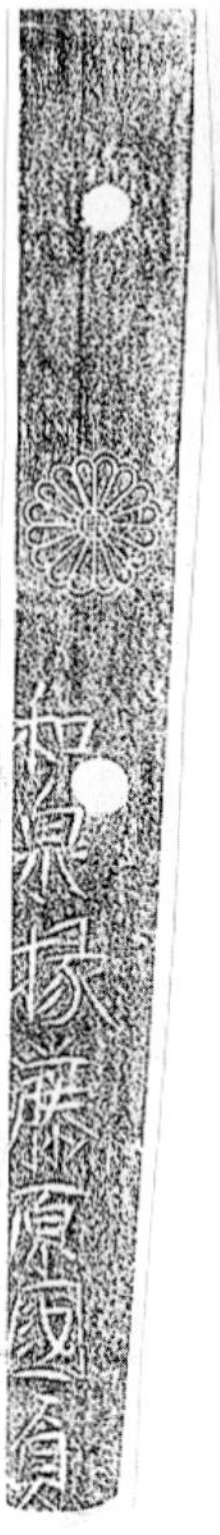
万治三・四年

最終年紀

新 国貞【くにさだ】 井上　三代　摂津国　江戸中期（元禄）
井上団右衛門、門平、門兵衛。井上真改の嫡子良忠《りょうちゅう》。父没後に日州飫肥に帰る。のち三代和泉守国貞を継ぐ。宝永三年九月、五十七歳没。
⇩井上良忠の項参照。

新 国貞【くにさだ】 和泉守　四代　摂津国　江戸中期（享保）
二代国平子、川崎作兵衛、のち門平。初銘国義。三代和泉守国貞門、のち養子となり四代和泉守国貞を継ぎ、「和泉守国義」のち「和泉守国貞」を銘すとみられる（『井上真改大鑑』）。**⇩国義（和泉守）の項参照。**

和泉守国義

四代国貞とみられる銘（『井上真改大鑑』）

新 国貞【くにさだ】 岩代国　江戸中期（万治）
治郎兵衛、のち三太夫。会津二代河内大掾国貞の弟、会津兼定系中興の祖といわれる。「国貞」二字銘ばかりを切る。元禄十年十二月十六日没。

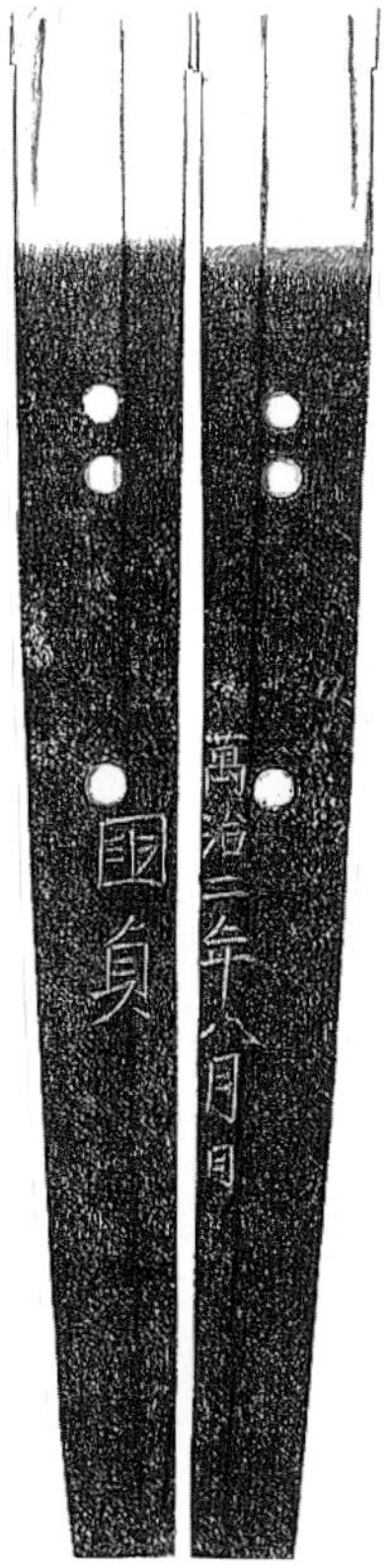

会津国貞（万治ころ）

武州国貞（奥州中村にも住）

真改国貞（寛文ころ）

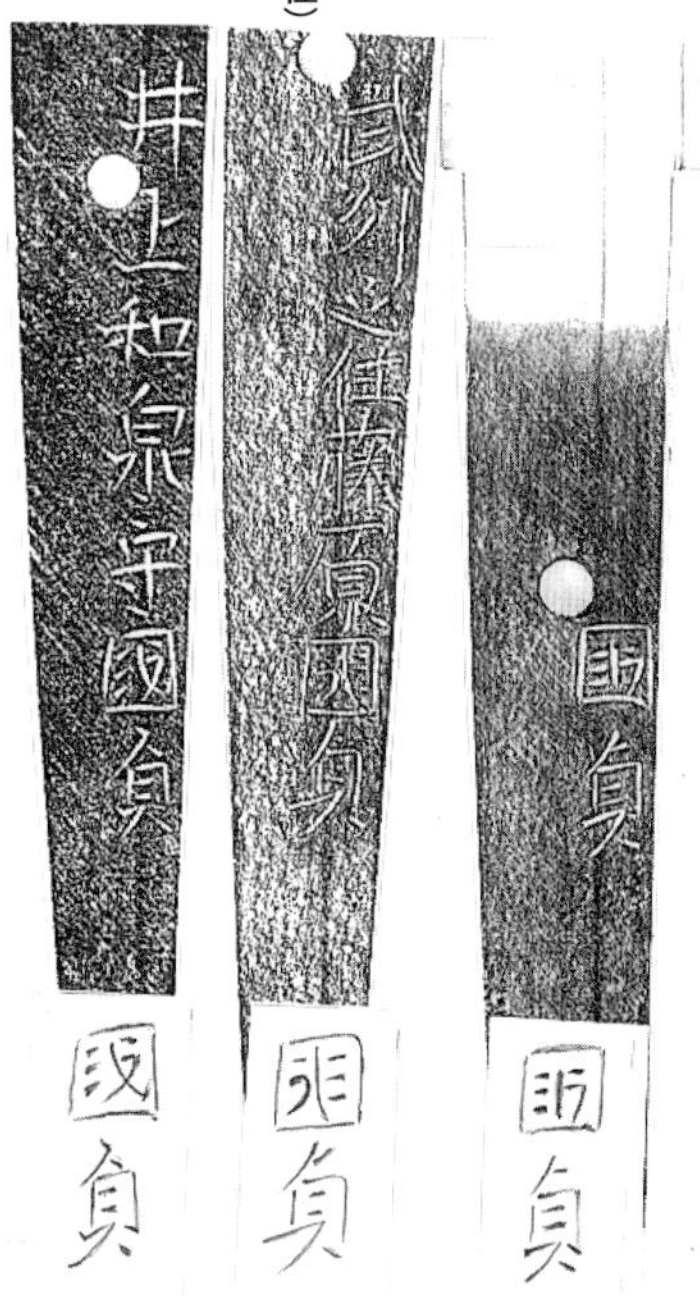

新 **国貞**【くにさだ】 武蔵国 江戸中期（宝永）

奥州中村の出身で、「奥州宇多郡中村住国貞」とも切り、「国貞」二字銘もある。武州江戸住。⇩国貞（岩代国）項の図参照。

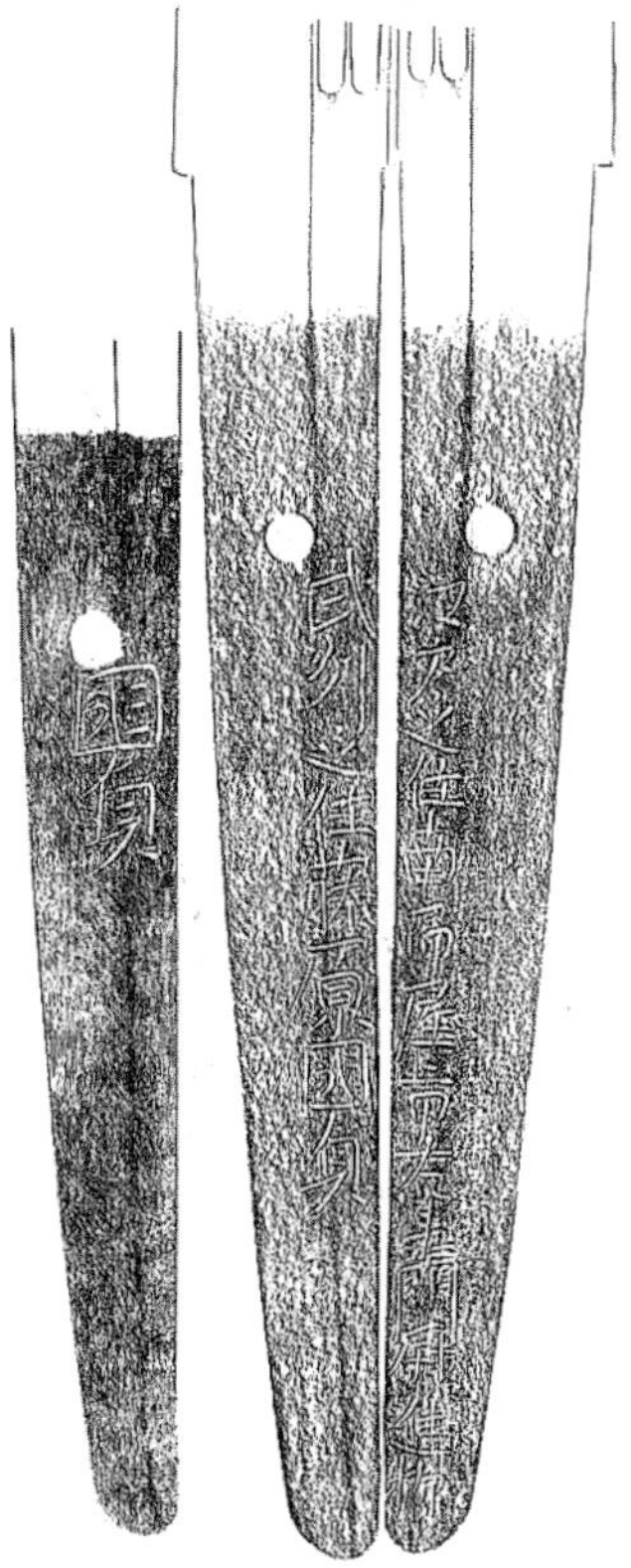

新 **国実**【くにざね】 摂津国 桃山期（寛永）

本国美濃。一門の国実が尾張（寛文）、江戸（元禄）、大坂に移り鍛刀する。小互の目乱に尖り刃交じり。

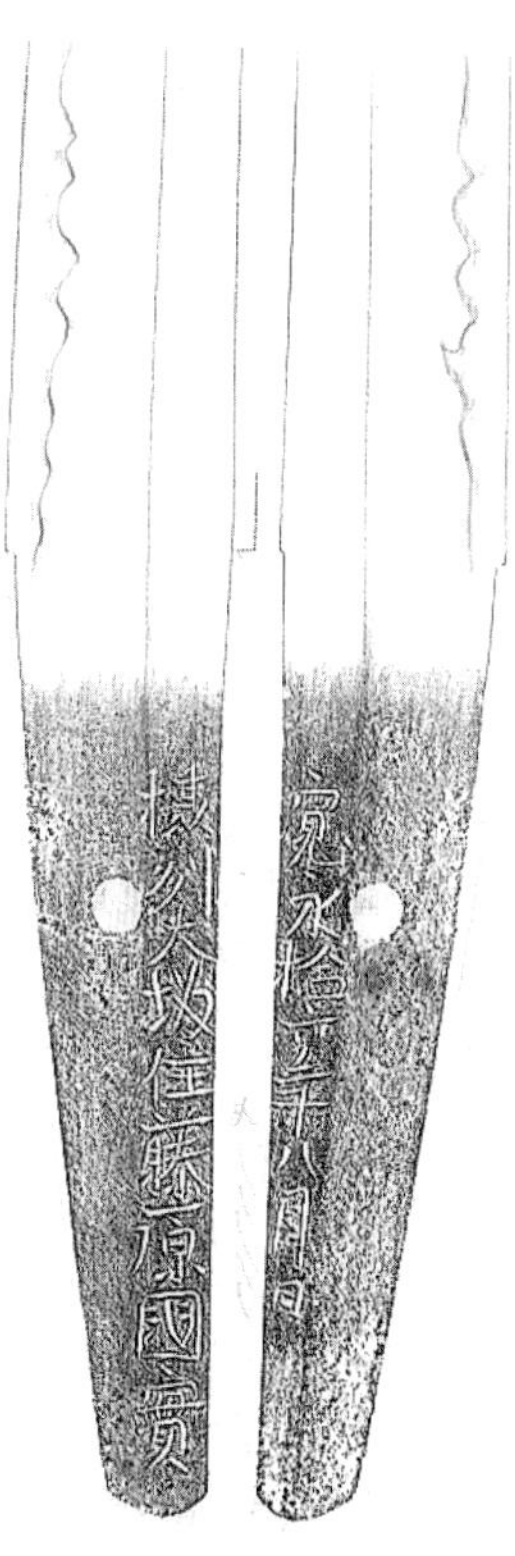

新 **国実**【くにざね】 美濃国 江戸中期（寛文）

濃州大垣住。江戸、大坂、尾張で鍛刀するのは、同銘で一門の別人の手になるもの。寛文ころから元禄ころまで国実銘の作刀がある。

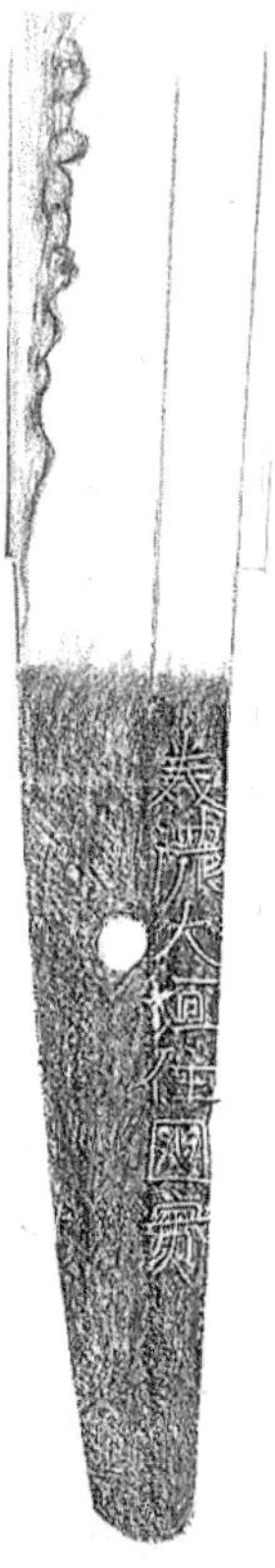

古 **国真**【くにざね】 備前国 鎌倉中期（建長）

備前太郎。権守。国真の子、備前三郎国宗の兄。初銘国永、のち国直とも打つという。直刃調に互の目、丁子足入り、小沸つき、ほつれ、湯走りかかる。細鏨で大振りの二字銘を切る。

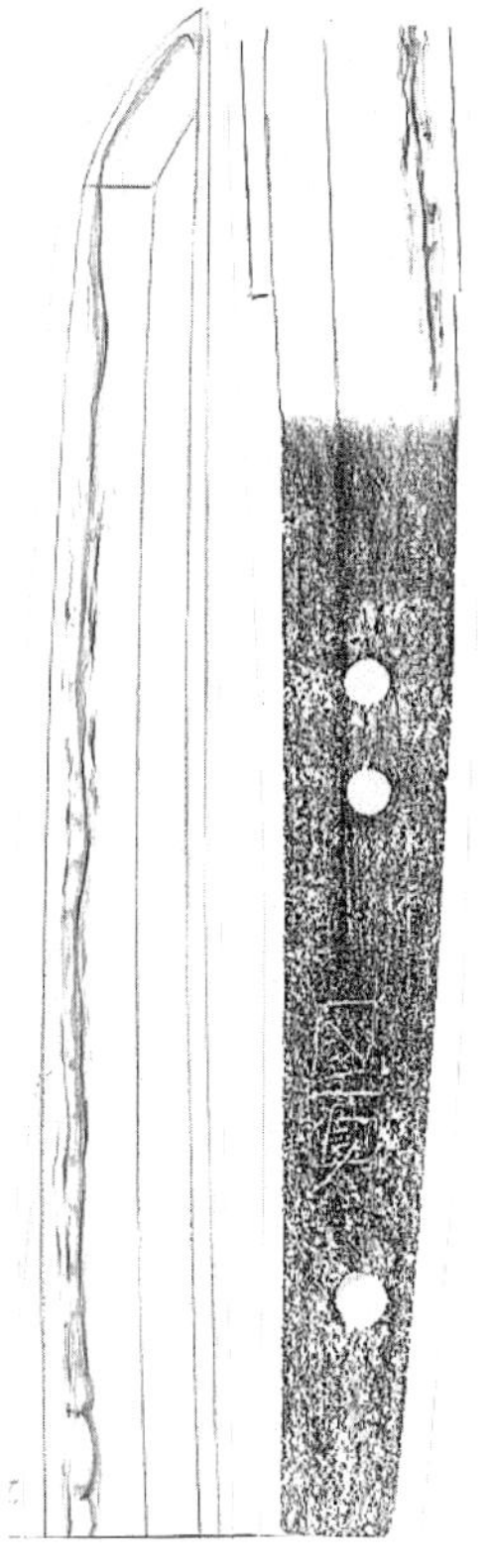

古 **国真**【くにさね】　山城国　鎌倉末期（正和）

来。藤五郎。国俊子。正和元年紀の作があるというが、現存するのは南北朝期とみられるのが時代の上限である。短刀は身幅が広く、重ね薄く寸延びで総体に反る。板目に流れ柾交じり、地沸つき、地斑入り、沸映り立つ。刃文は小湾れ調の直刃に小互の目足入り、小沸よくつき、湯走りかかり、金筋入る。別に皆焼ごころの華やいだ相州物風の作がある。「来」字の第二画・第三画の点を右から左方へ打つ打ち方は、来国次の鏨向きと同じである。

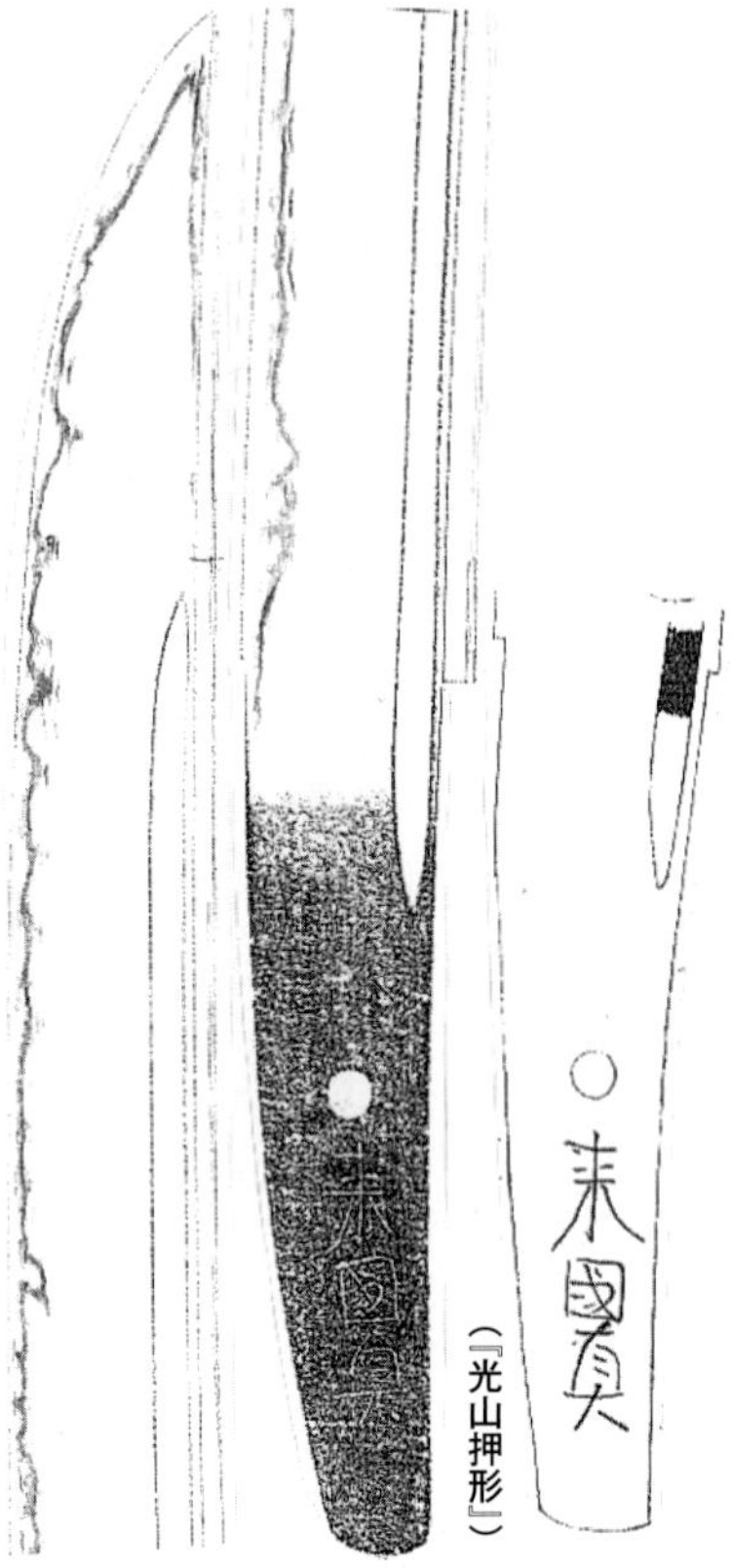

（『光山押形』）

古 **国重**【くにしげ】　新藤五　相模国　鎌倉末期（元応）

新藤五太郎。国光長男、のち国光を銘す。古伝書に国重二字銘の押形を散見し、嘉暦二年紀のものがあるが、現作はみない。元亀本は「たがね細し」といっている。押形からだけみては「国」字が横広がりのようである。

古 **国重**【くにしげ】**初代**　山城国　南北朝期（建武）

長谷部長兵衛。本国大和。国重の祖先は大和の初瀬《はつせ》の出身といわれ（はせべ）に転化した長谷部一族という。父国重が千手院重信と伝えることから国重は千手院の出身ともいう。大和から相州鎌倉へ移り鎌倉長谷部郷住。新藤五一門に加わり、正宗門説がある。のち暦応のころに京五条坊門猪熊に移り鍛刀する。国重には嘉暦、建武二年の年紀作があると伝えるが、現存する作刀からはみない。初代とみられるのは、いずれも無銘で、それとみられるものばかりである。

名物へし切長谷部（重要指定文化財）は同作中で格段の優れた技量を持つ名作で、建武国重に該当するとみられるものの一口である。へし切り長谷部の長さは二尺一寸四分。身幅広く、大切先で、反りが浅い、大磨上げで、光徳の金象嵌銘がある。小板目肌が詰み、地沸つき、地景入る。

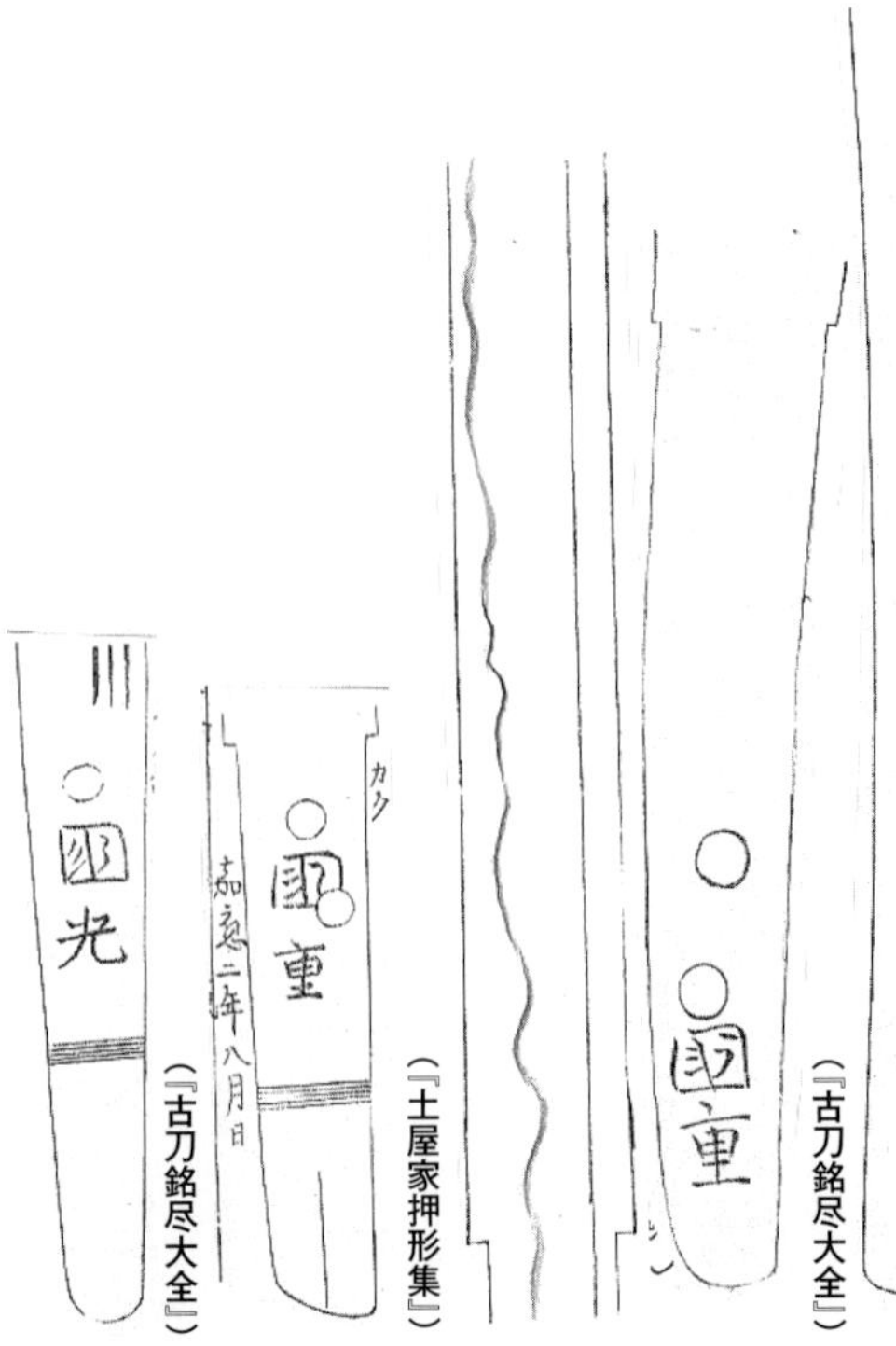

（『古刀銘尽大全』）

（『土屋家押形集』）

（『古刀銘尽大全』）

刃文は皆焼、匂い深く小沸よくつく。信長の愛刀だったもので、秀吉へ渡り、黒田長政が拝領し、以来同家に伝来する。「へし切り」の名は、観内という茶坊主を信長が手討ちにする折、膳棚の下に隠れたのを、上からへし切りにした大切れ物であるところから名付けられた。（系図844頁参照）

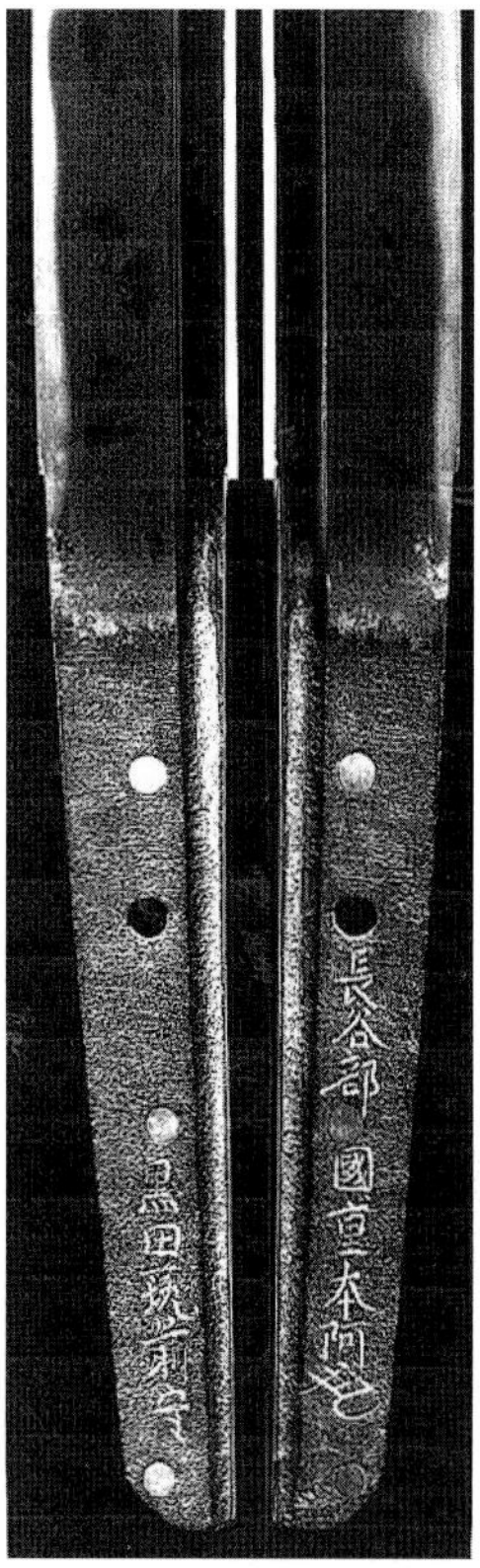

古 国重【くにしげ】二代　山城国　南北朝期（文和）

長兵衛、また長兵衛次郎。初代国重の子。はじめ国信と打つという。京油小路住。貞和から応安ころまでの作刀がある。太刀は少なく、短刀、平造小脇指が多い。重ねをごく薄く造るのがこの派に共通した特徴になっている。鍛えは板目に柾を交じえ、肌たち心に地沸をつけ、地斑映り立つ。柾肌は刃寄りと棟寄りに目だってかかるのが見所。刃文は小湾れに互の目交じり、湯走り、飛焼かかる程度のものがあるが、多くは湾れに大互の目が交じり、飛焼、棟焼きが盛んで、皆焼状になる烈しい出来が持ち前である。帽子はくるっと大きく丸く返る。

国重の銘は二通りがあり、比較的前期作とみられるものは「国」のなかが「玉」「王」となり、後のものは普通の書体（別枠図参照）となる。『往昔抄』は前者の「王」と切るのを「大和前」と、後者の図のように切るのを「大和後」といっている。前者は大和での作であり、後者は大和から移った後の京での作の意であろうか。大和での作とみる銘文のものはみられないが、大和から相州へ移り、京に定住す

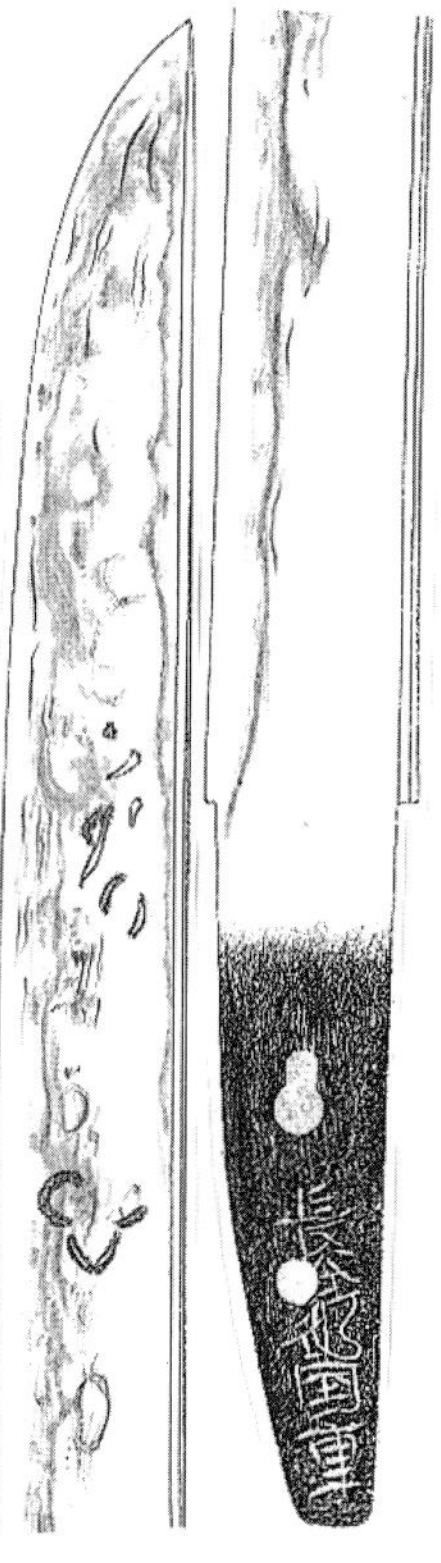

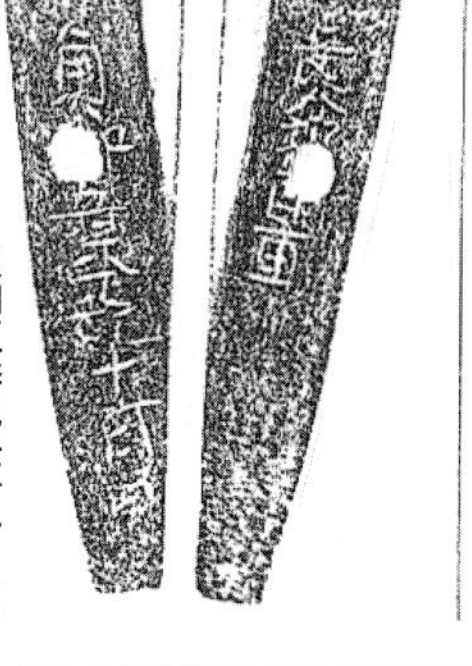

貞和五季己丑十一月日

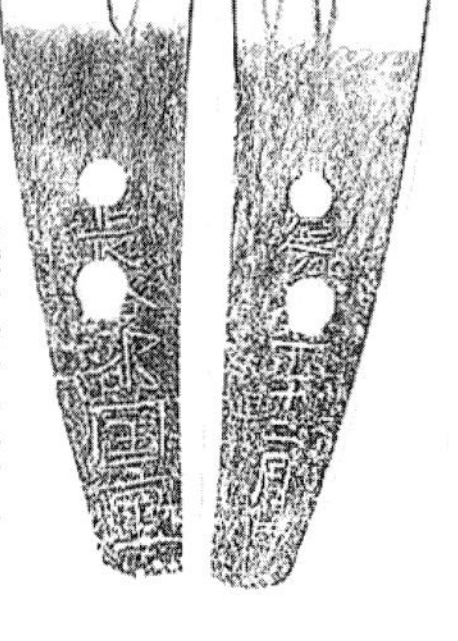

延文二年己巳十二月日

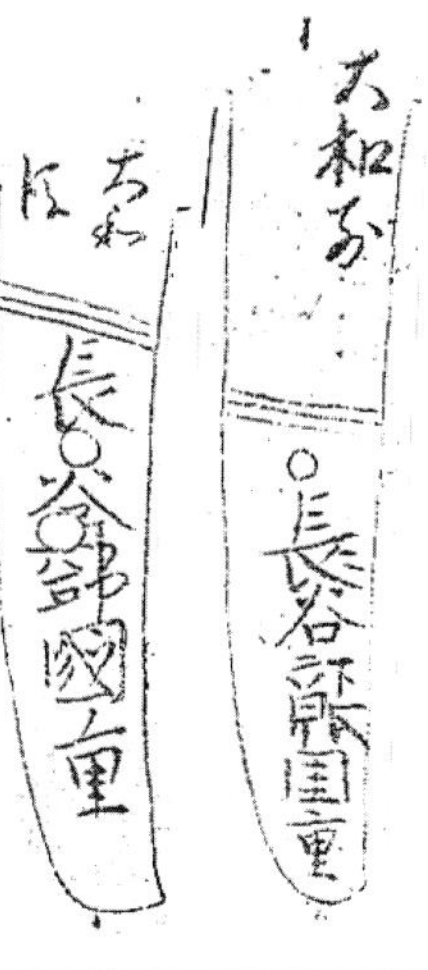

（『往昔抄』）

る前の作、つまり前期作が「大和前」なのかもしれない。残されたものからは前者の作のほうが多い。国重を名乗る工は、貞治ころに国重の弟子に一人、天王寺に「摂州住国重」と打つ工など、複数の国重がいるようであるが、それに該当する作刀は古押形のほかみられない。

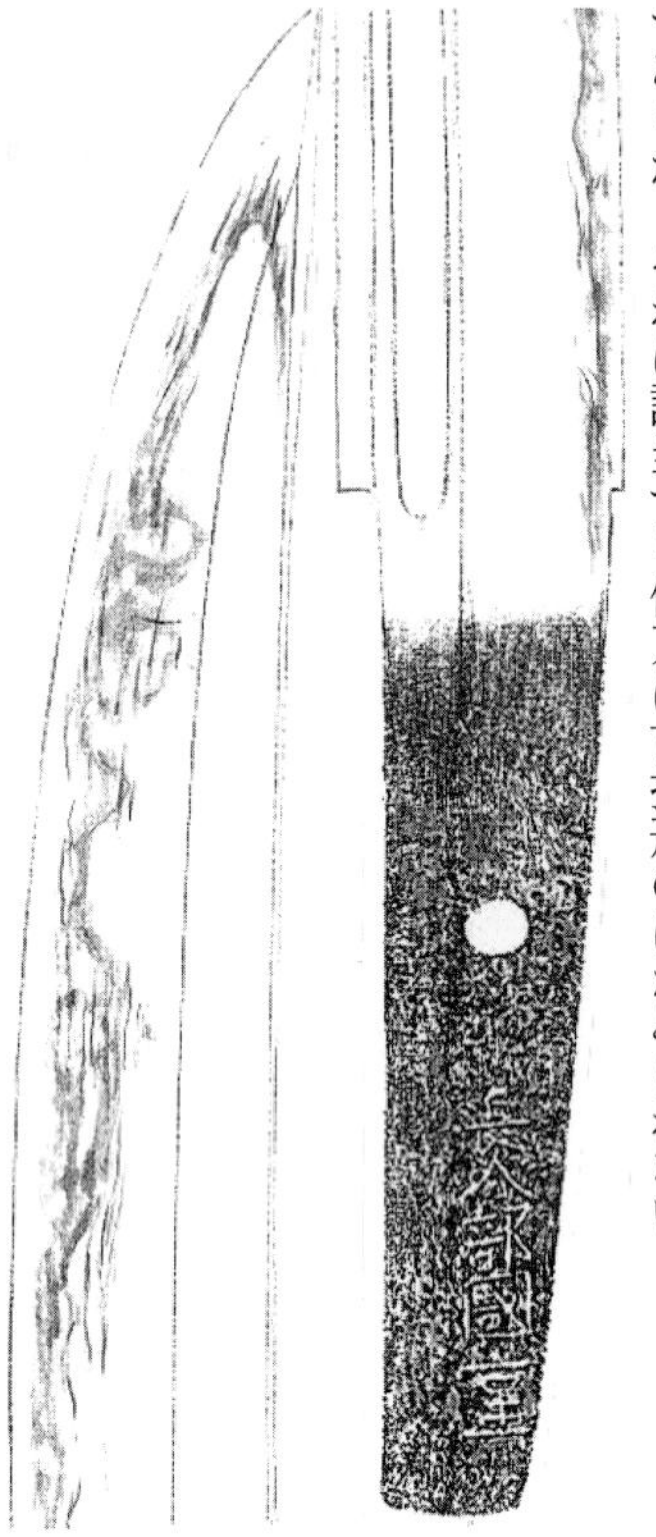

古 国重【くにしげ】三代　摂津国　室町初期（応永）

六郎左衛門。摂州天王寺住。伊丹にても作る。「長谷部六郎左衛門国重」と切り、応永廿四年紀のものがあり、俗名と年代から国重三代と鑑じられる。「応永貳年八月日」の国重は「国」字が楷書体で常のものと異なる字画であるが、茎の形状と銘字の類似性から三代と同列にみる。応永年代には国信の子に国重を名乗る者など複数の国重がいたようである。

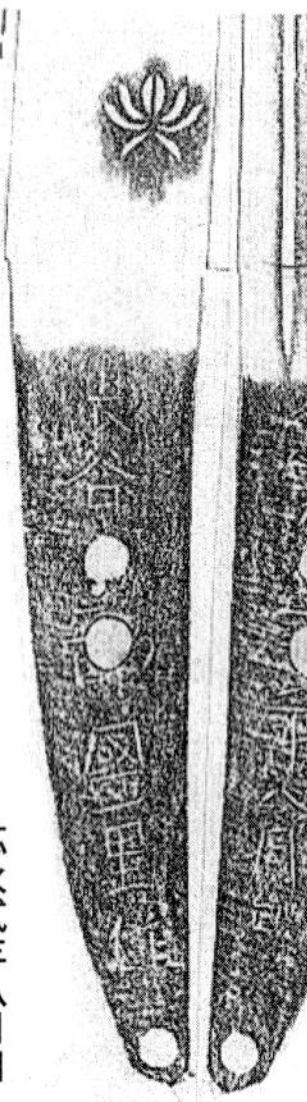

応永貳年八月日

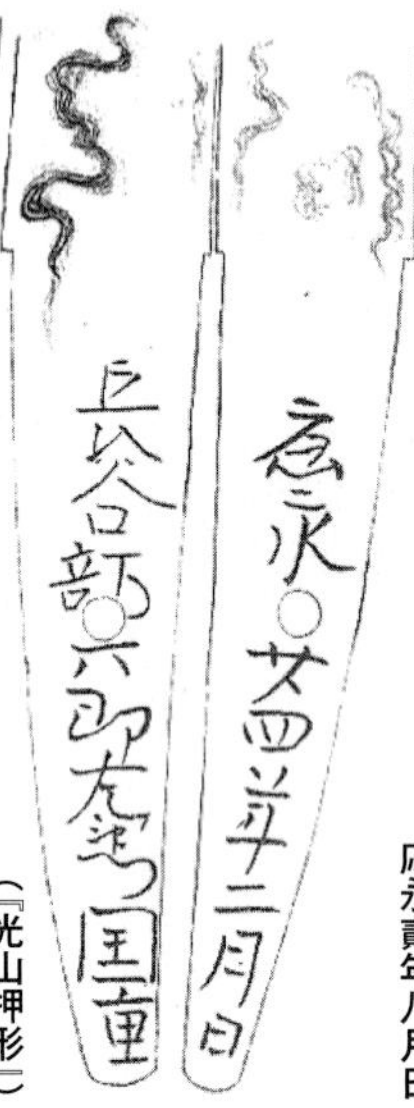

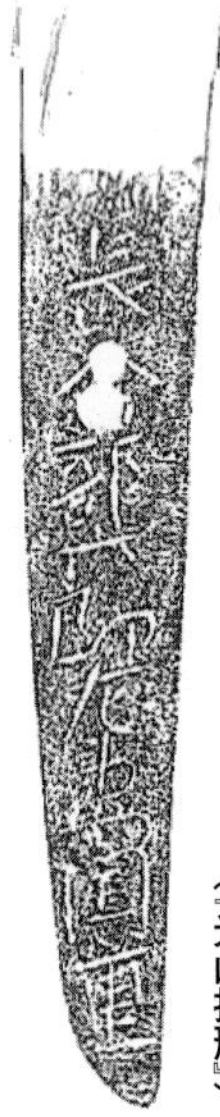

（『光山押形』）

古 国重【くにしげ】　肥後国　南北朝期（正平）

延寿。国家子。国村の孫。正平のころ。「国重」二字銘を打つ。同じ南北朝期の康暦ころに兵部国重が作刀して「肥後国菊池住国重」と銘す。

古 国重【くにしげ】　肥後国　室町初期（応永）

延寿。同銘が応永以降永享、文亀、天文と継続する。「国重」「肥州住国重」。

古 国重【くにしげ】　美濃国　室町初期（応永）

美濃千手院。仙阿門、四郎丸。板目肌流れて肌立ち、地沸つき、白気映り立つ。刃文小湾れに互の目と丁子交じり、湯走り、飛焼かかり刃中よく沸えて荒めの沸つく。南北朝末から応永にかけての作。

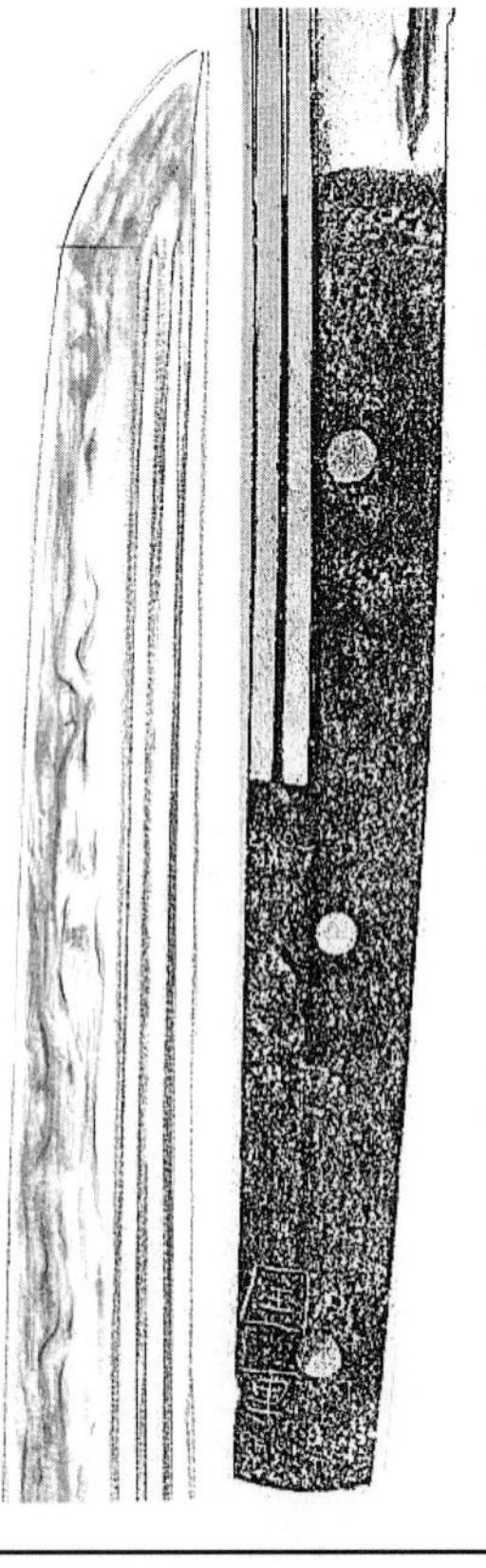

古 国重【くにしげ】　越中国　室町中期（永享）

宇多。国光子、国房門という。小板目肌詰み、地沸つき白気映り立つ。直刃仕立てに小互の目足入り。応永から永享にかけての作で、以降同銘が文明、永正、天文と続く。

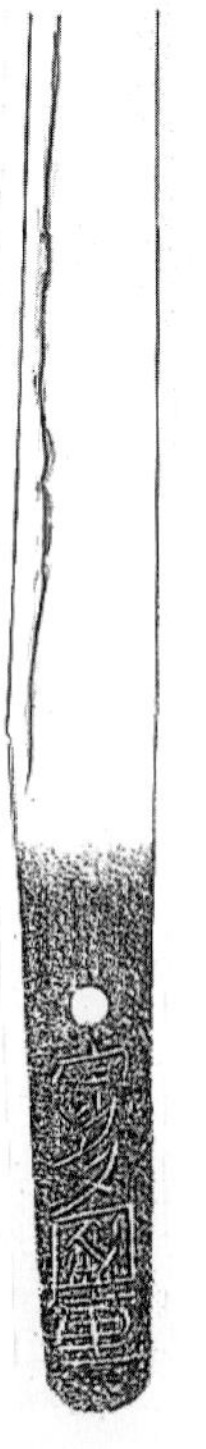

古 **国重**【くにしげ】 備中国 室町末期（永正）

辰房左衛門尉。松山水田の祖。備中荏原住。大永六年七月二十七日没（『刀工総覧』）。「備中国荏原住国重」「備中国井原住左衛門尉国重」。

古 **国重**【くにしげ】 備中国 室町末期（天文）

大月三郎左衛門尉。河野与太夫為家の子。備後辰房派の出身で、松山水田の祖はこの工であるとの説がある。「備中新見住三良左衛門尉国重」「備中國荏原住辰房国重」「備中国住国重」。

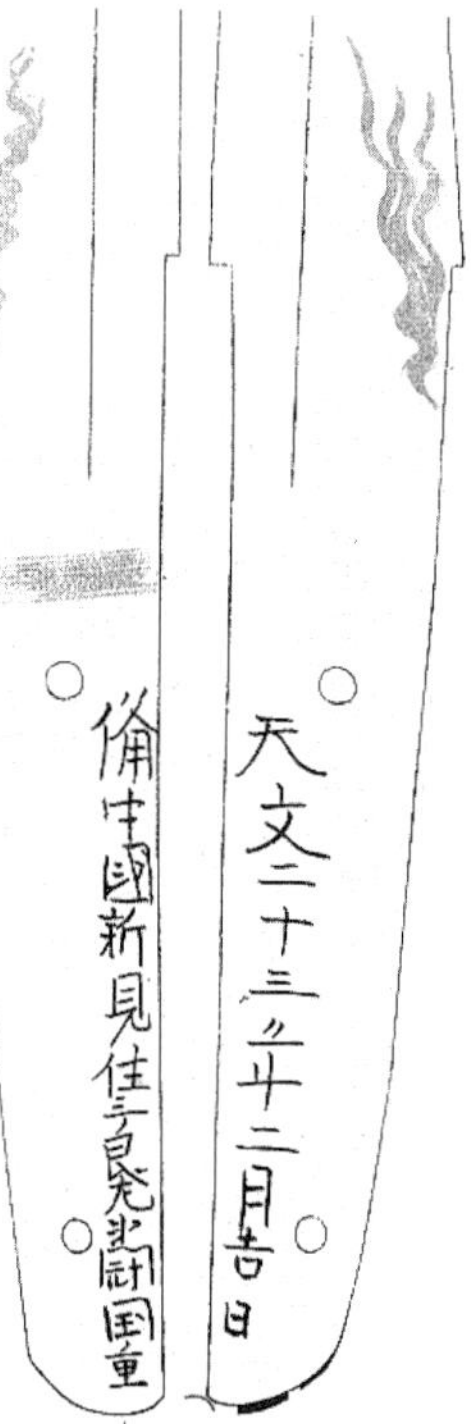

（『光山押形』）

古 **国重**【くにしげ】 備中国 室町末期（永禄）

藤四郎。三郎兵衛国重の弟。荏原住（現・岡山県井原市井原町）。「備中国荏原住藤四郎国重作」。

新 **国重**【くにしげ】 備中国 桃山期（天正）

水田。大月又三郎。元亀・天正から文禄年紀があり、なお慶長にかかる年紀作がある。「備中國呰部住大月又三郎国重作」「備中國後月郡荏原住大月又三郎國重」。

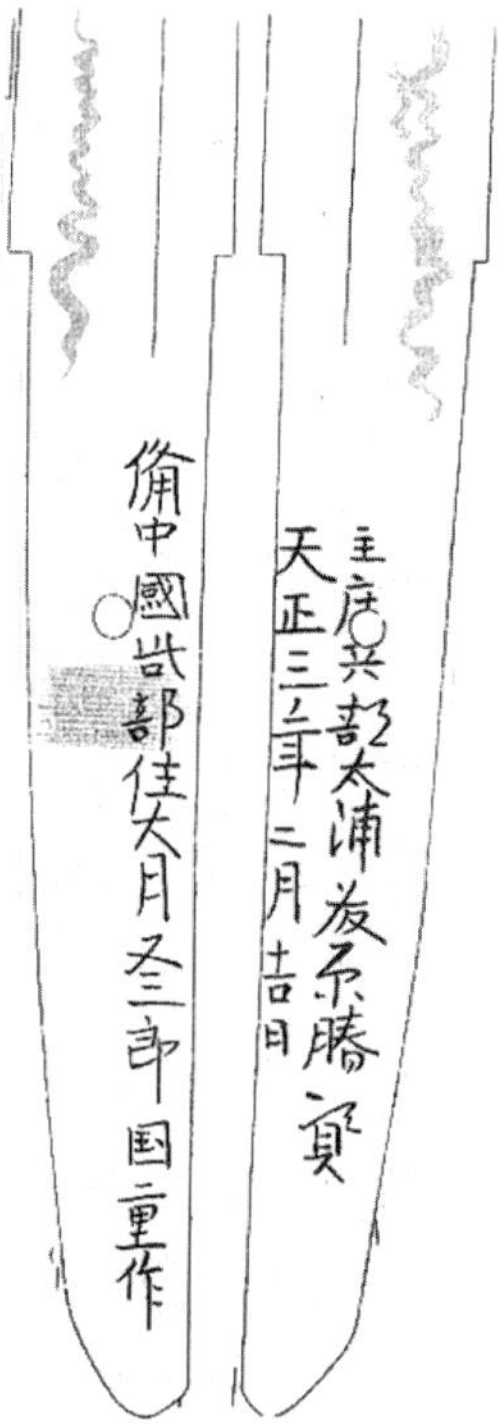

新 **国重**【くにしげ】 備中国 桃山期（天正）

水田。佐藤拾助。井原住（現・岡山県井原市井原町）。天正から慶長初年までの年紀作がある。「備中國井原住佐藤拾助國重作」。

天正十四年二月吉日

新 **国重**【くにしげ】 水田 初代 備中国 桃山期（天正）

大月左兵衛。三郎左衛門の嫡男。備中松山城下水田村住。永禄年間、毛利元就に抱えられ芸州郡山城下に移り、天正二年、呰部《あざえ》に移住する。水田国重の祖。大月与五郎国重の祖父に当る。「備中住大月左兵衛尉國重作」「備中國英賀郡呰部住大月左兵衛尉國重作」「備中國呰原辰房左

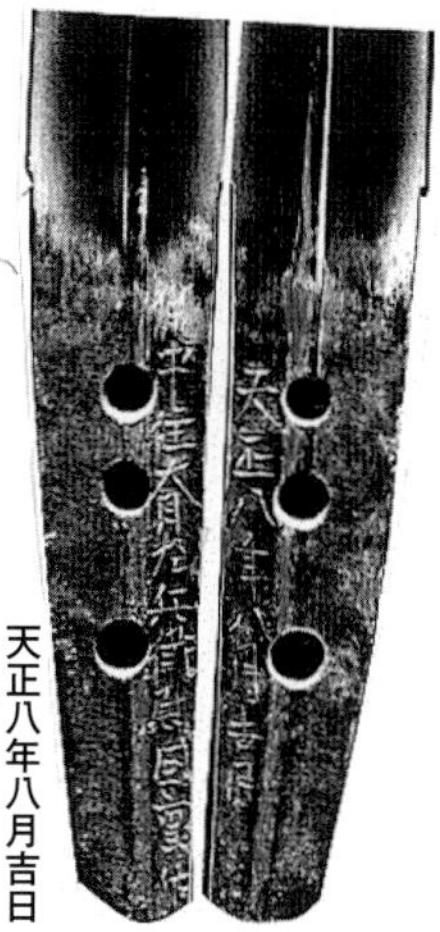

天正八年八月吉日

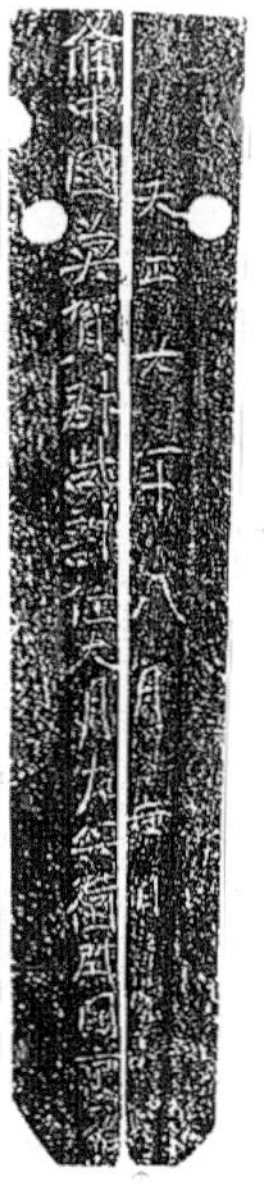

天正廿年八月吉日

兵衛尉國重」「備中國住左兵衛入道國重」。

新 **国重**【くにしげ】 水田　二代　備中国　桃山期（慶長）

大月三郎兵衛。水田の祖左兵衛国重の子。互の目に丁子、尖り互の目交じり、棟を焼き、飛焼かかり皆焼状となる。匂深く小沸、荒沸つき烈しい出来。慶長八年から同十七年、元和二年紀の作がある。長男与五郎、次男市蔵との親子三人合作がある。「備中國大月三郎兵衛尉國重作」「備中國呰部住大月三郎兵衛尉國重作」。

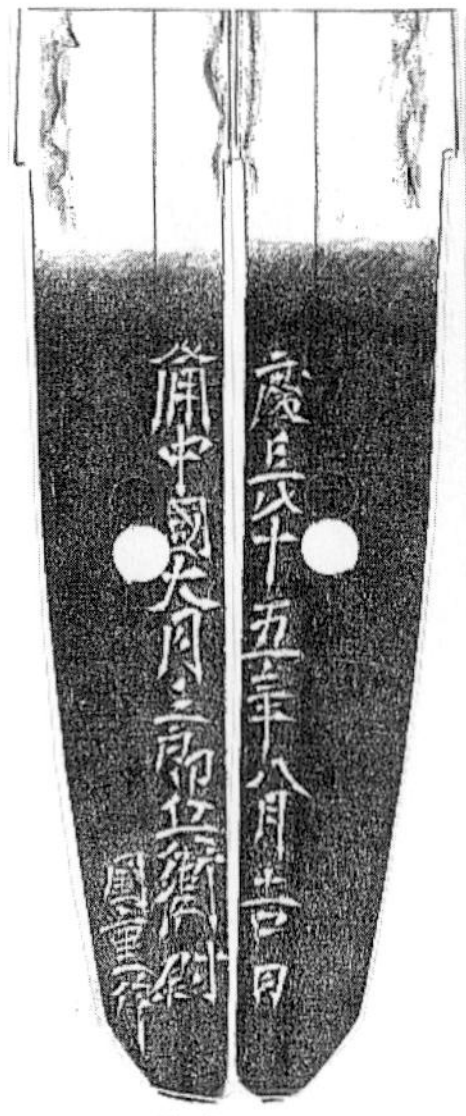

新 **国重**【くにしげ】 水田　三代　備中国　桃山期（寛永）

大月与五郎。有明と号す。二代三郎兵衛国重の嫡男。初め「大月与五郎」を銘し、「大月与五」から「大与五」と略称し「大与五国重」の名乗りで親しまれている。荒沸小沸多く匂深く、地鉄に潤いあり、則重のような地肌の作がある。相州伝の名手で、水田派を代表する上工。寛永三年紀が古く、同十五年の作まである。

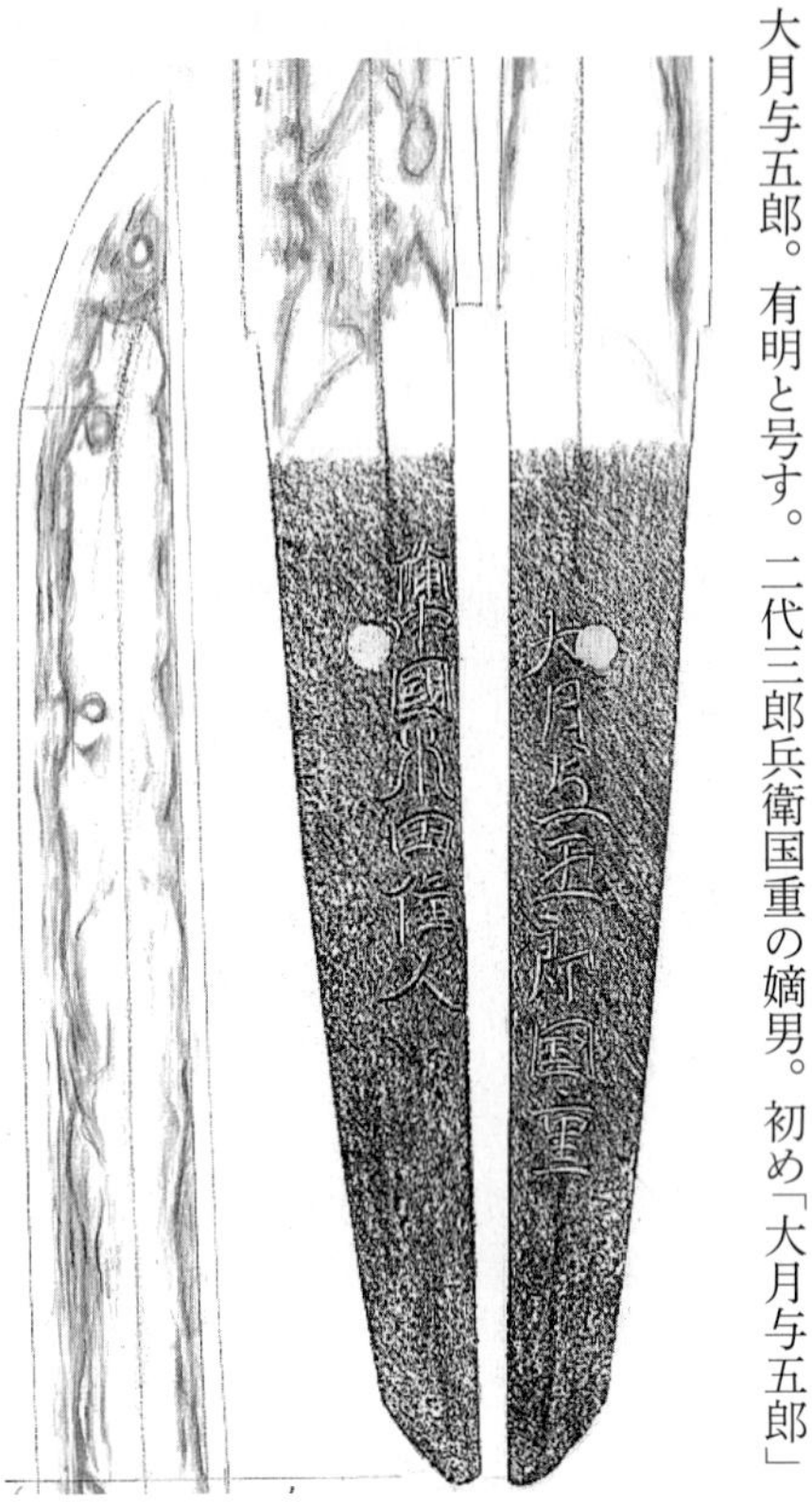

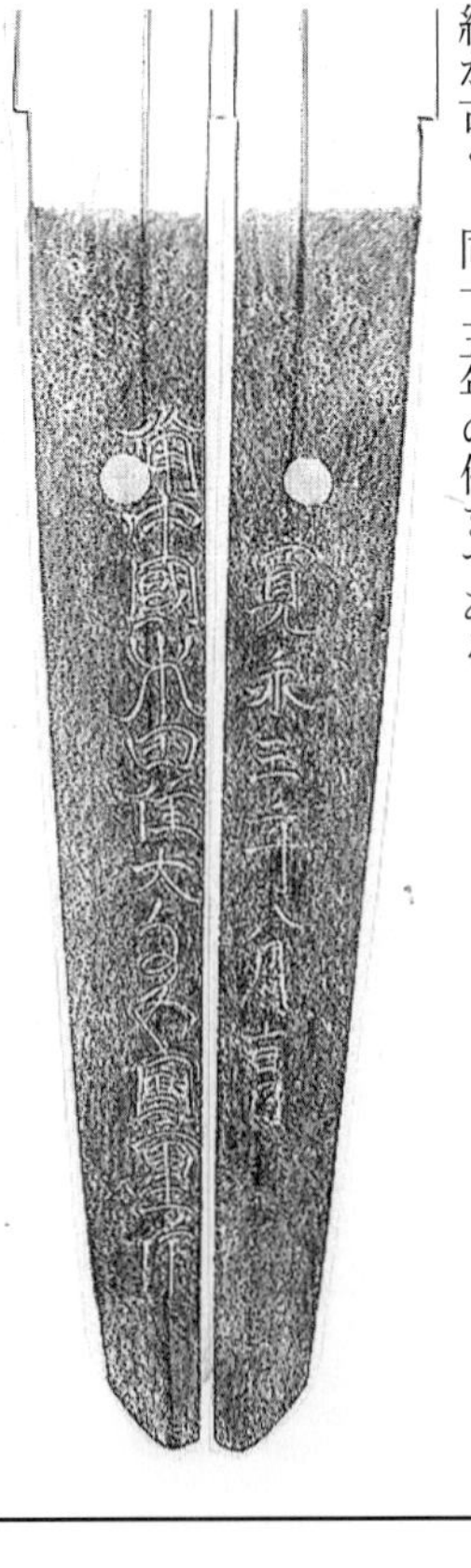

新 **国重**【くにしげ】 水田　四代　備中国　江戸中期（寛文）

大月勝兵衛、また庄兵衛。大与五の実子、八郎左衛門が後見し、四代国重を継ぐ。河内大掾受領。貞享四年十二月没。

新 **国重**【くにしげ】 下原　武蔵国　桃山期（寛永）

三代山本康重の次男が元和三年に分家し、国重家を興す。山本市右衛門、但馬。下原鍛冶。◆初代寛永。二代は山城大掾、寛文。三代元禄。四代六左衛門は但馬守を受領、享保。五代宝暦、幕末まで九代が連綿とする。

新 **国重**【くにしげ】 摂津国　江戸中期（天和）

大月長兵衛。備中水田派。鬼神丸、不動と号す。大坂へ出て中河内国助の門に入り、池田に住するところから氏となし、「池田鬼神丸不動國重」と銘す。大坂のほか、江戸、奥州岩城、羽州秋田、また薩州にても造る。

新 国重【くにしげ】 武蔵国　江戸中期（享保）

大月太兵衛。備中井原住、のち江戸へ出て作刀する。幕命によって打つという。江戸水田・伝五郎国重を相鍛冶とした合作刀があり、湯島天神社奉納刀と伝える。

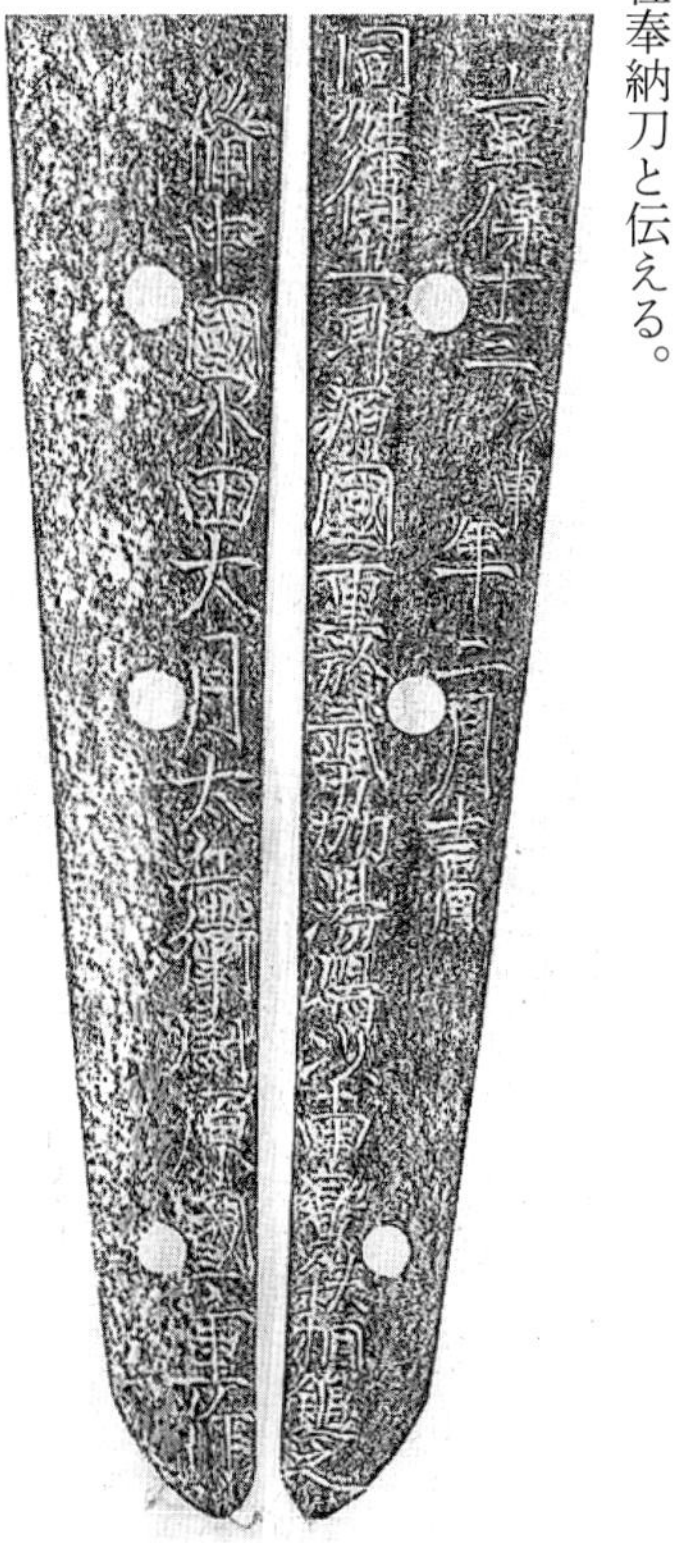

新 国重【くにしげ】 武蔵国　江戸中期（享保）

大月伝五郎。江戸水田。「備中国水田住国重」と切り、のち江戸にては「於武州江戸大月伝五郎源国重作之」と銘す。太兵衛国重との合作刀は、享保十三年紀で、武州湯嶋での切銘がある。⇩太兵衛国重の項参照。

新 国重【くにしげ】 備中国　桃山期（寛永）

大月八郎左衛門、のち市蔵。大与五国重の弟。正保二年十二月十五日、山城大掾受領。松山城下水田に住、江戸にても造る。兄与五郎国重没後、与五郎の子が幼少のため、八郎左衛門が後見し四代国重を継がせる。呰部《あざえ》水田の初代理兵衛為家との合作がある。互の目に丁子交じり大乱れ、荒沸つき華やか。

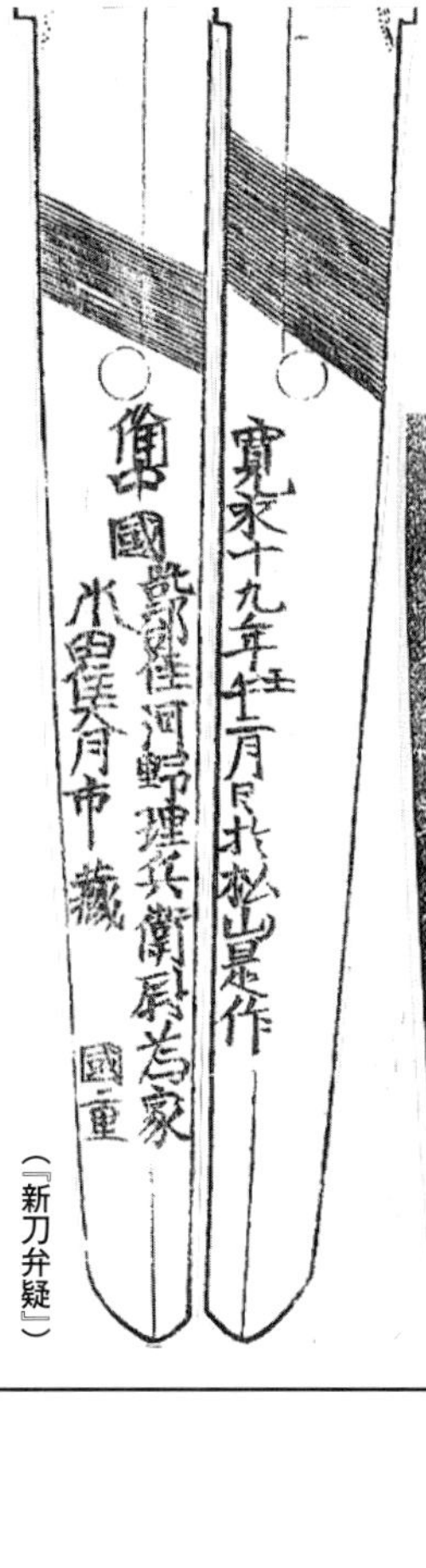

（『新刀弁疑』）

新 国重【くにしげ】 備中国　江戸初期（明暦）

大月伝七郎、左兵衛。三郎兵衛国重の門。作州津山にても造る。江戸に下り国光と改める。備中水田の系流が江戸に派生し、江戸水田の称がある。「山城大掾源国重」を銘す。

新 国重【くにしげ】 備中国　江戸中期（寛文）

大月喜兵衛。左兵衛（伝七郎）国重の子、八郎左衛門の門。

新 国重【くにしげ】 備中国　江戸中期（寛文）

大月市兵衛。三郎兵衛国重の門。英賀郡水田住。寛文七年紀の作がある。

新 **国重【くにしげ】** 備中国 江戸中期（延宝）
大月与五右衛門。備中水田派。備後福山、阿波にても造る。

新 **国重【くにしげ】** 備中国 江戸中期（延宝）
大月茂右衛門。備前岡山住。八郎左衛門国重の門。

新々 **国重【くにしげ】** 羽後国 江戸末期（安政）
宮崎茂吉。円龍子と号す。中山一貫斎義弘門。矢島生駒藩抱工。

新々 **国代【くにしろ】** 薩摩国 江戸末期（明和）
根本与四郎。法城寺吉国の次男。「薩州住法城寺橘国代」。互の目乱を焼く。

新作 **国城【くにしろ】** 青森 昭和
長尾国城。一心斎と号す。明治四十一年生まれ。曾祖父より代々刀工。昭和七年から鍛刀をはじめる。陸軍受命刀匠。戦後は昭和三十一年から作刀技術発表会に出品し入選。北津軽郡鶴田住。

古 **国末【くにすえ】** 相模国 鎌倉末期（元応）
来の六郎。来国俊の子、また弟ともいう。相模国比企谷に住み「比企来」と称す。直刃に逆足入り、匂勝ちに小沸つく。

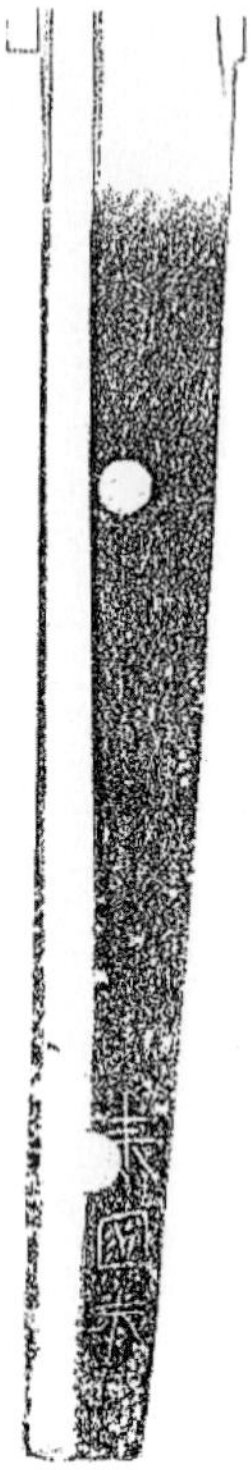

古 **国助【くにすけ】初代** 駿河国 室町末期（天文）
島田義助の二男。天文ころ。「国助」「駿州島田住国助」。

古 **国助【くにすけ】二代** 駿河国 室町末期（天正）
島田。広助の子。天正ころ。「国助」「国助作」。

新 **国助【くにすけ】** 河内守 初代 摂津国 桃山期（寛永）
小林姓。石塔（石堂）鍛冶但馬守国助の子と伝え、伊勢国神戸の出身。京に上って堀川国広門に入り、直接の指導は越後守国儔から受けたといわれる。師国広の没後、初代国貞と「相携えて大坂に下り」、大坂鍛冶の始祖となる。河内守受領は元和九年、ないし寛永元年ころとみられる。一門からは嫡男二代国助、次男武蔵守国次、三男肥後守国康、娘婿の子隼人進国輝、初代の弟石見守国助など人材が輩出して、その名跡が後続し、また門下からそほろ助広が一家をなし、名工津田助広が生まれるな

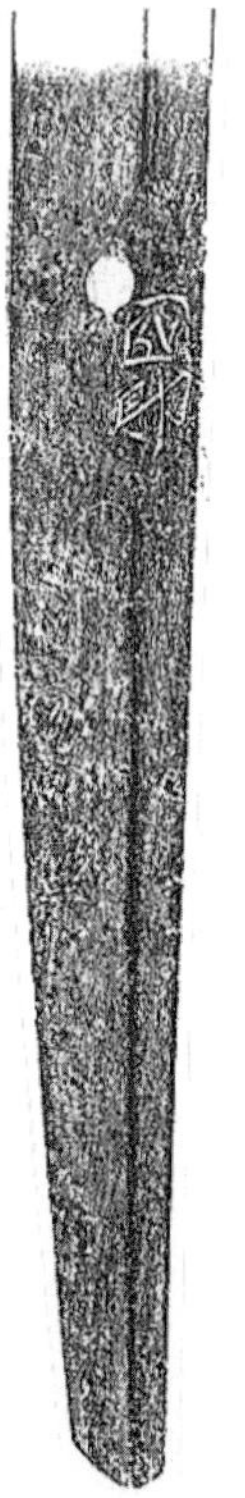

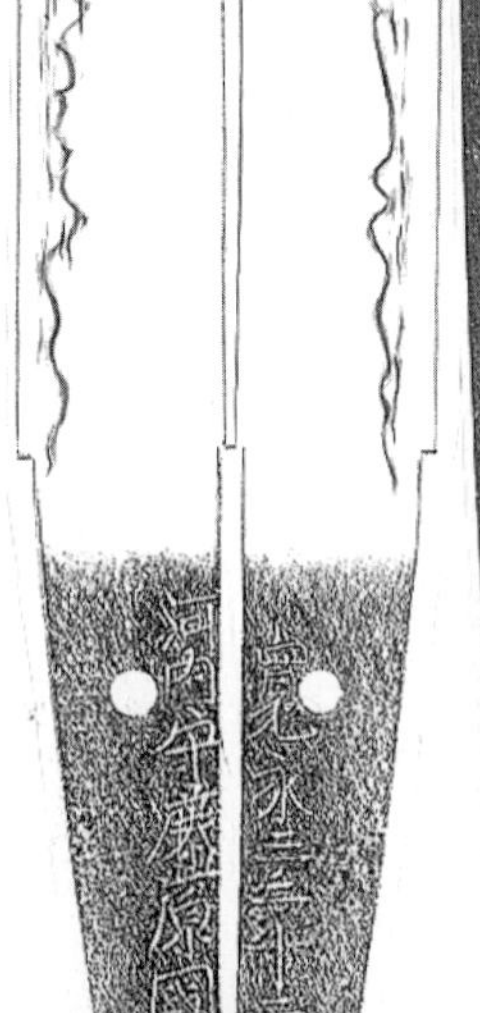

ど、小林一家一門は有力な一派を形成し隆盛をきわめている。正保四年五月三十日没。大坂市北区天満寺町、龍梅寺に葬る。法名国岩源佐。

脇差が多く、刀がこれに次ぎ、短刀は稀少。小湾れに互の目、丁子が交る刃文が多い。京から大坂への移住時期は元和五・六年であろう。大坂市街地の整備は元和元年六月から同五年までの四年間に行われている。初代国助の最古の年紀作が元和七年八月であり、年紀はないが、それより以前とみられる作があることから、元和五・六年が移住の時期とみられる。

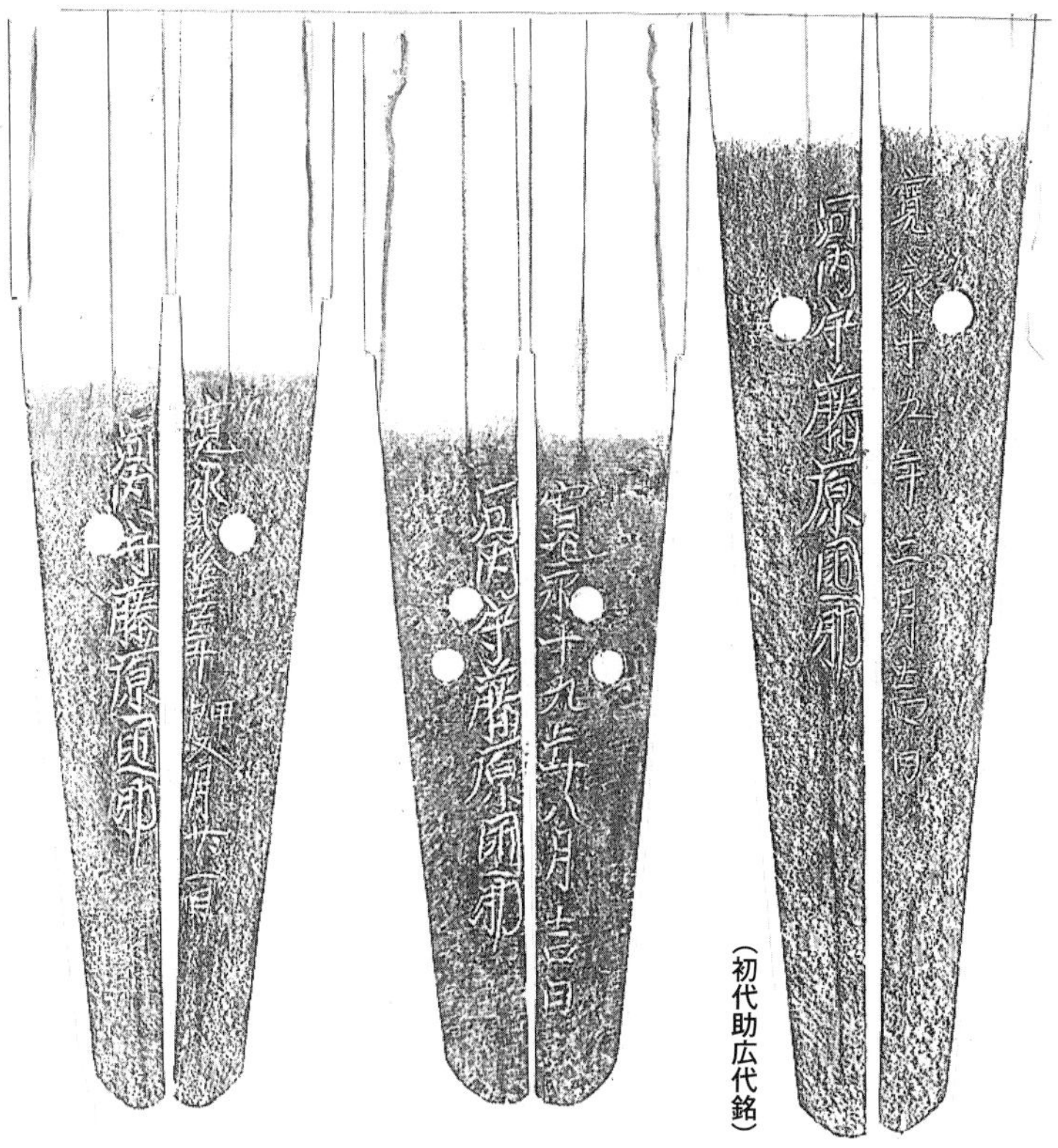

（初代助広代銘）

新 国助【くにすけ】 河内守　二代　摂津国　江戸中期（寛文）

小林六之丞。初代国助の嫡男。初代と三代の中間に位置するところから〝中河内〟と俗称している。大坂内本町東住。「重ね丁子刃の名人」と称され、丁子の形が握り拳の姿をしているところから拳形丁子と呼ばれて親しまれてきている。最も古い年紀に正保四年八月があり、最終とみられる年紀が元禄九年二月で、この間四十九年間がある。大坂新刀の著名工中で、一竿子忠綱と並ぶ長期の鍛刀歴を持つ。初代作が沸出来で匂口が沈みがちなのと比べ、匂本位で小沸をつけ匂口が明るく冴えた丁子乱の秀抜さ

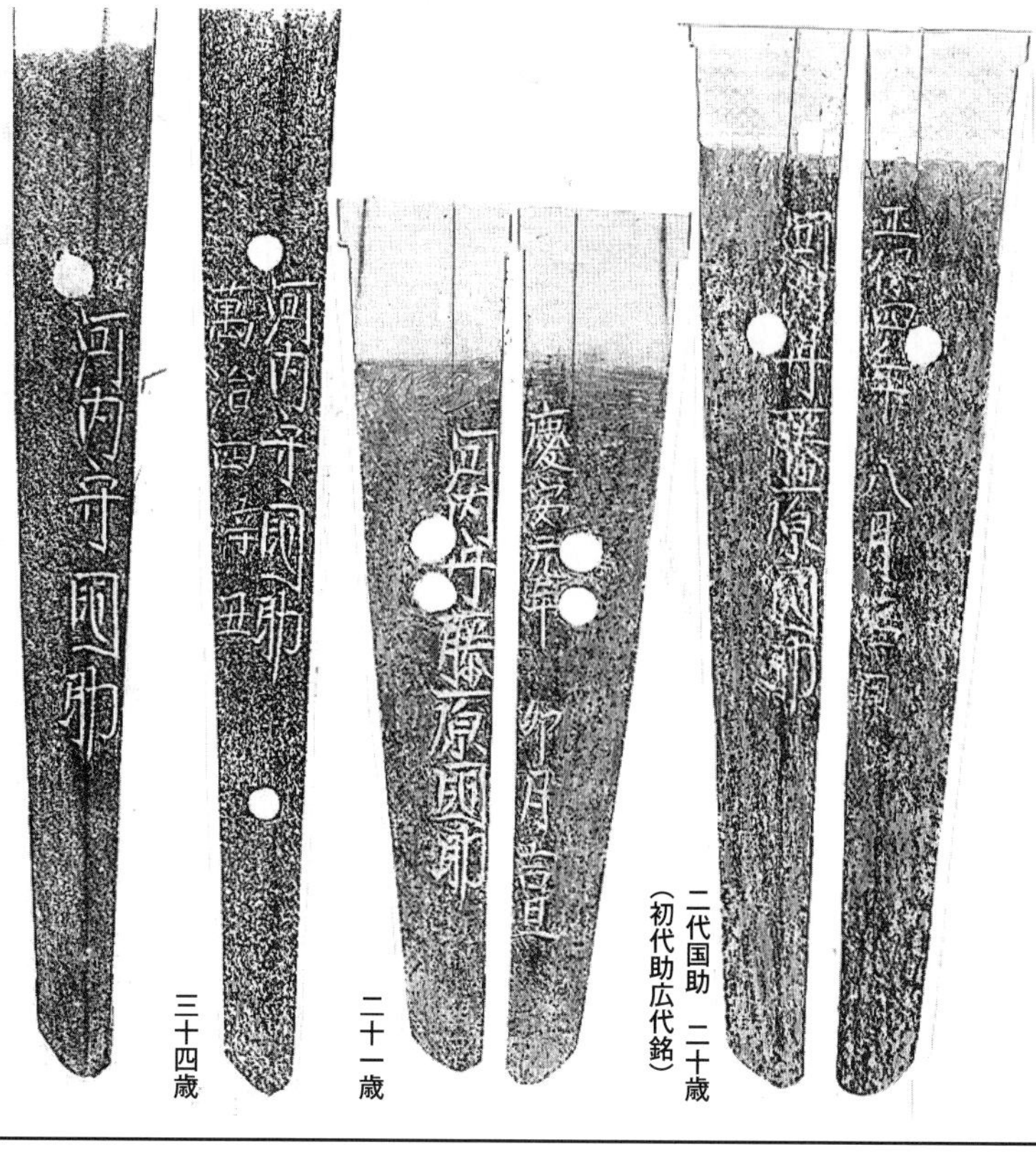

二代国助　二十歳
（初代助広代銘）

二十一歳

三十四歳

は初代を凌ぐほどのものがあって、大坂新刀群の中でも華麗さがきわだち一つの開花をみせたものである。万治四年八月四日、河内守を受領。元禄十一年八月二十一日没、享年七十一歳。

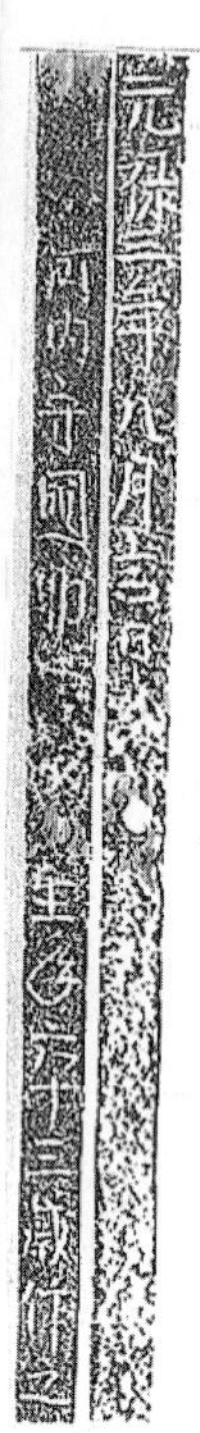

六十三歳

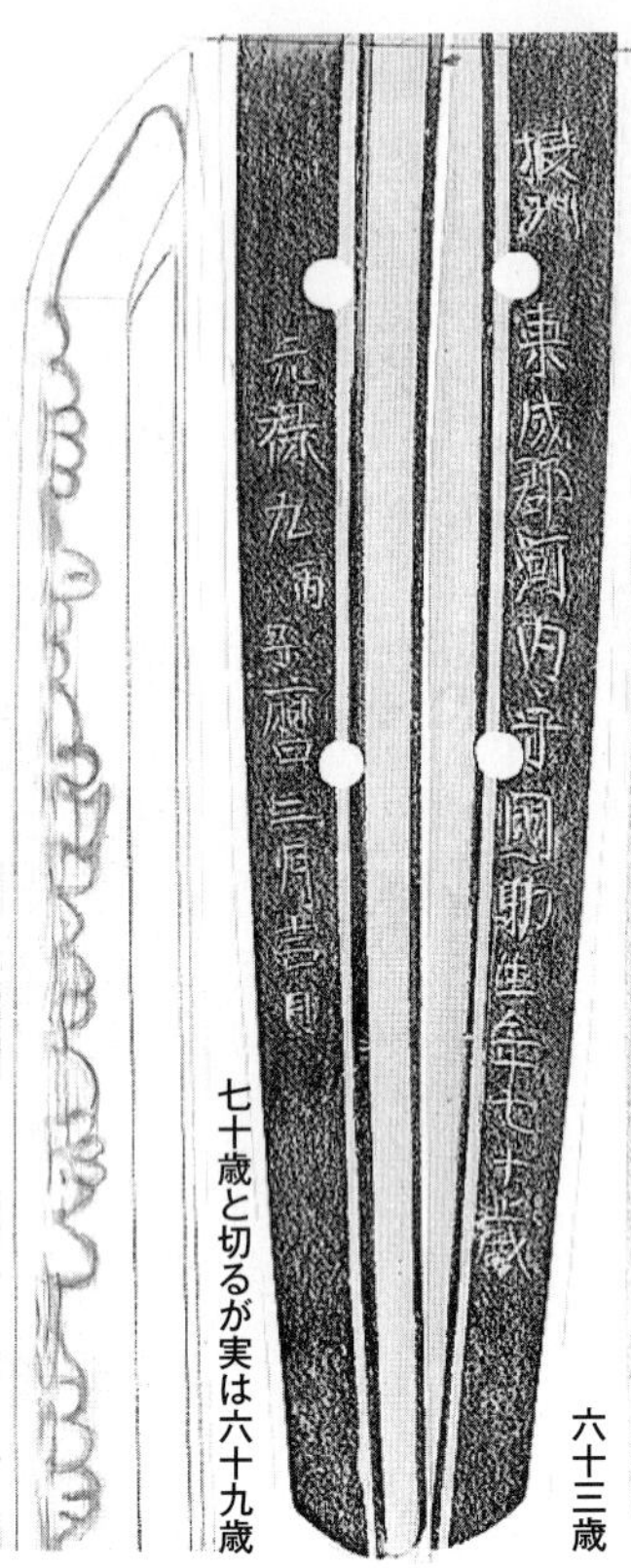

七十歳と切るが実は六十九歳

新 **国助**【くにすけ】 河内守 三代 摂津国 江戸中期（元禄）

小林六之丞。宝永二年二月二十七日、四十三歳没。二代国助が元禄十一年に没してから七年後に没しており、鍛刀期間が短く作刀は少ない。二代晩年に代作をしていた期間が長かったことにもよろう。作風は二代に同様で、父中河内に劣らざる上工と称され江戸時代の評価が高い。『新刀賞鑒餘録』は「京大坂では三代作を中河内と称して取扱われ両作が紛らわしく、百年後には混雑することを嘆く」と記して三代、四代の押形を出している。三代で年紀がある元禄九年、三十四歳作の鎗の銘を基準に三代作を見直すと「国助」の二字が個性的で二代でも四代でもない書体をみることができる。◆三代銘は二代、四代と比べ、総じて一字ずつの字間が離れて縦詰まりとなる。「国」字の最終画横線が第一画・第二画縦線から離れて右下方へ流れる。「助」字の第一画線が反り、左下方に向いて開く書体が初代銘に似る。

（『新刀賞鑒餘録』）

（『新刀弁疑』）

三十歳

三十四歳広大銘

新 **国助**【くにすけ】 河内守 四代 摂津国 江戸中期（正徳）

三代国助が四十三歳の若さで没し、四代は若年で名跡を継承できなかったためであろう、四代小林伊勢守国輝の養子となって学び、のち国助家を継ぐ。四代国助は兄弟が多く、いずれも同銘を切る作がある（『新刀賞鑒餘録』）という。正徳四年紀の国助銘で筆致の異なる二種の作銘があって、同銘で一人が四代、他の一人が別人であることを示している。また他に江戸へ移った太郎兵衛国助（元文ころまで存生）がいるという。

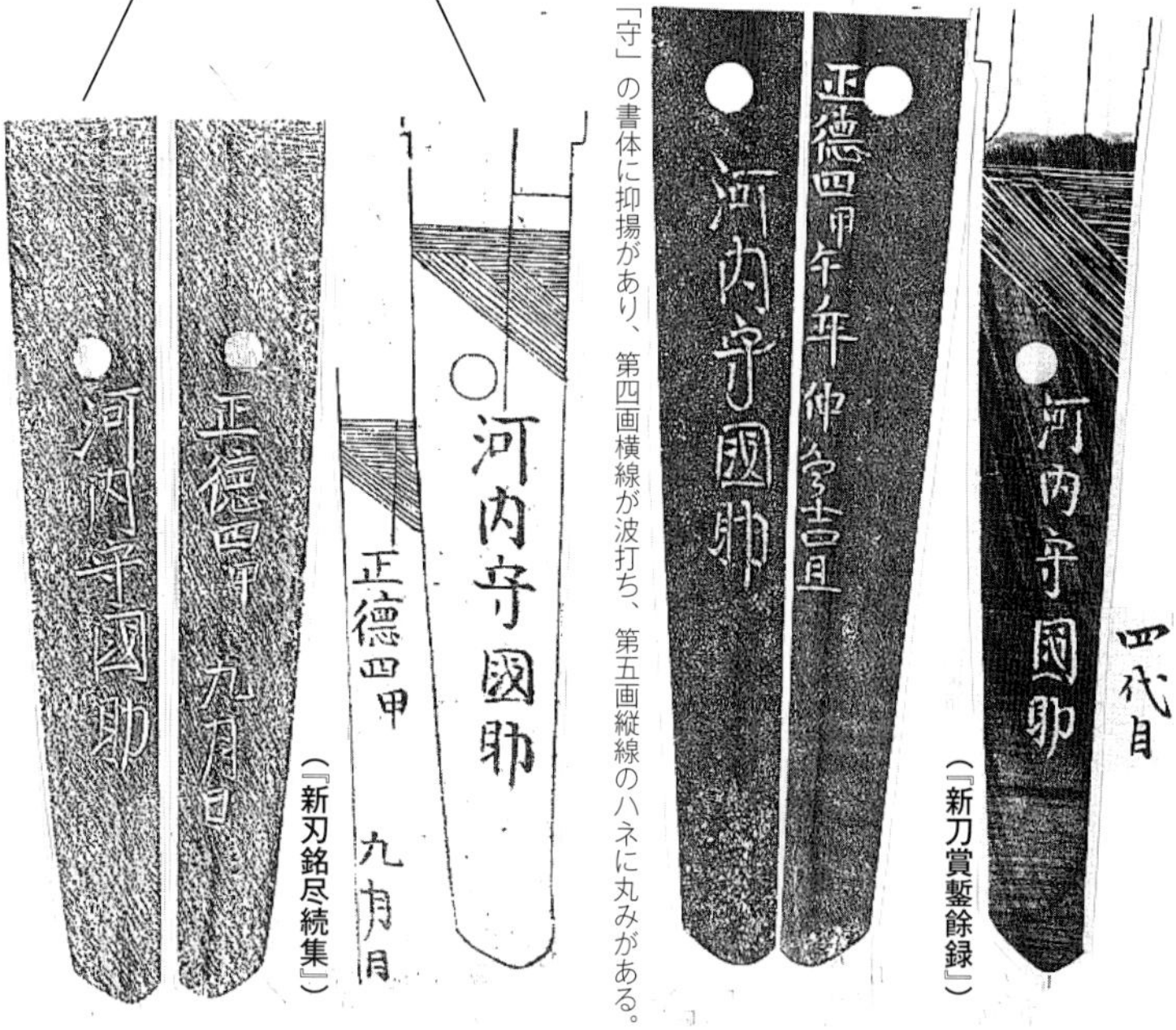

（『新刀賞鑑餘録』）

「守」の書体に抑揚があり、第四画横線が波打ち、第五画縦線のハネに丸みがある。

四代と別人

（『新刃銘尽続集』）

正徳四甲九月の銘作は、『新刃銘尽続集』は四代としているが別人であり、四代の兄弟の手になるものとみられる。

新 **国助【くにすけ】** 石見守　初代　摂津国　江戸中期（寛文）

小林源之丞。初代河内守国助弟。堀川国広門。坂陽からのち勢州神戸へ移住する。石見大掾を受領、のち石見守に転じる。作風初代河内守国助に似て、拳形丁子を焼く。

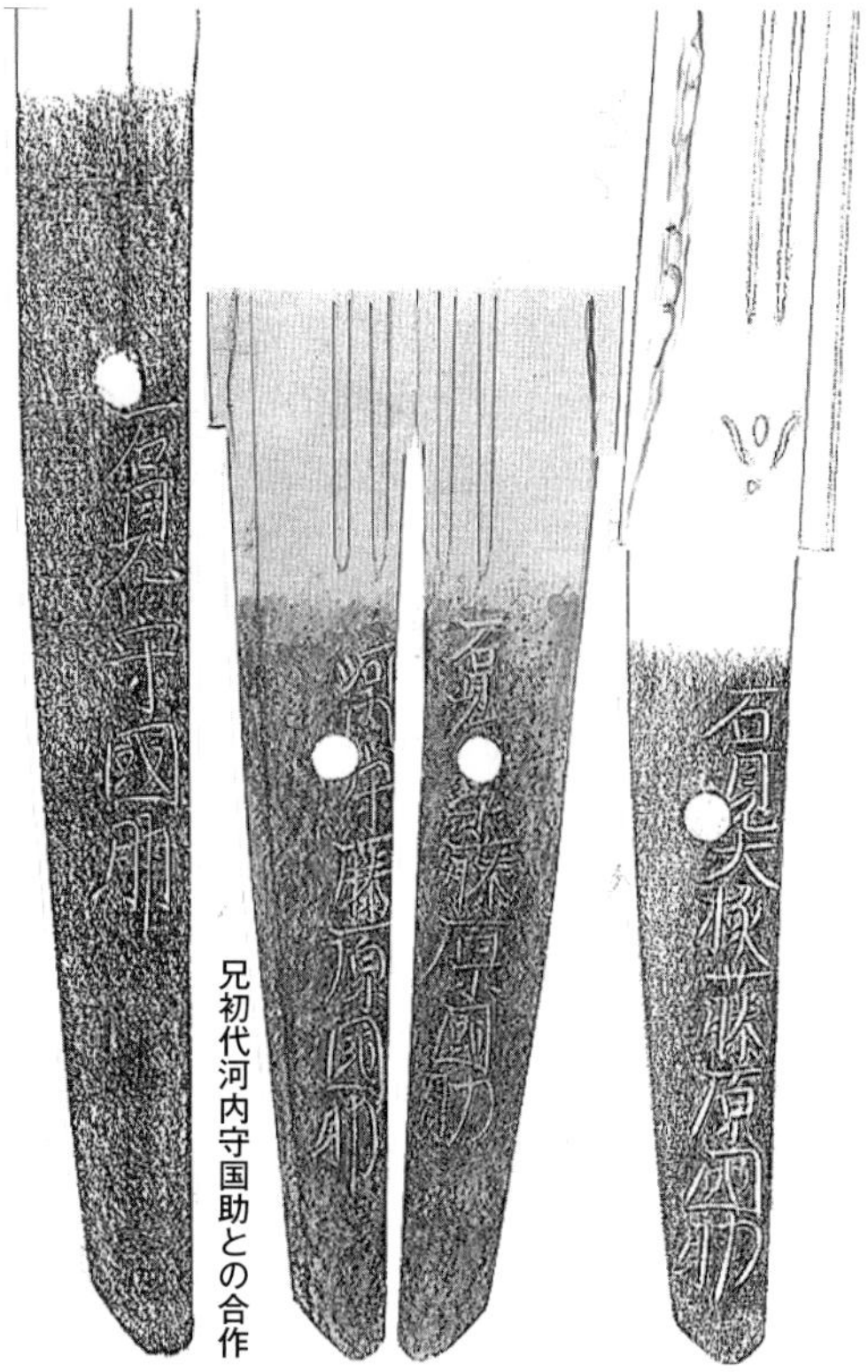

兄初代河内守国助との合作

新 **国助【くにすけ】** 石見守　二代　摂津国　江戸中期（貞享）

小林市之丞。江戸また豊後杵筑にても造る。石見守を受領。作風初代に似て、拳形丁子、丁子足入りの刃文を焼く。

古 **国資【くにすけ】** 肥後国　鎌倉末期（嘉暦）

延寿。国村の子。小沸出来の中直刃を焼く。嘉暦二年紀の作がある。「国資」。

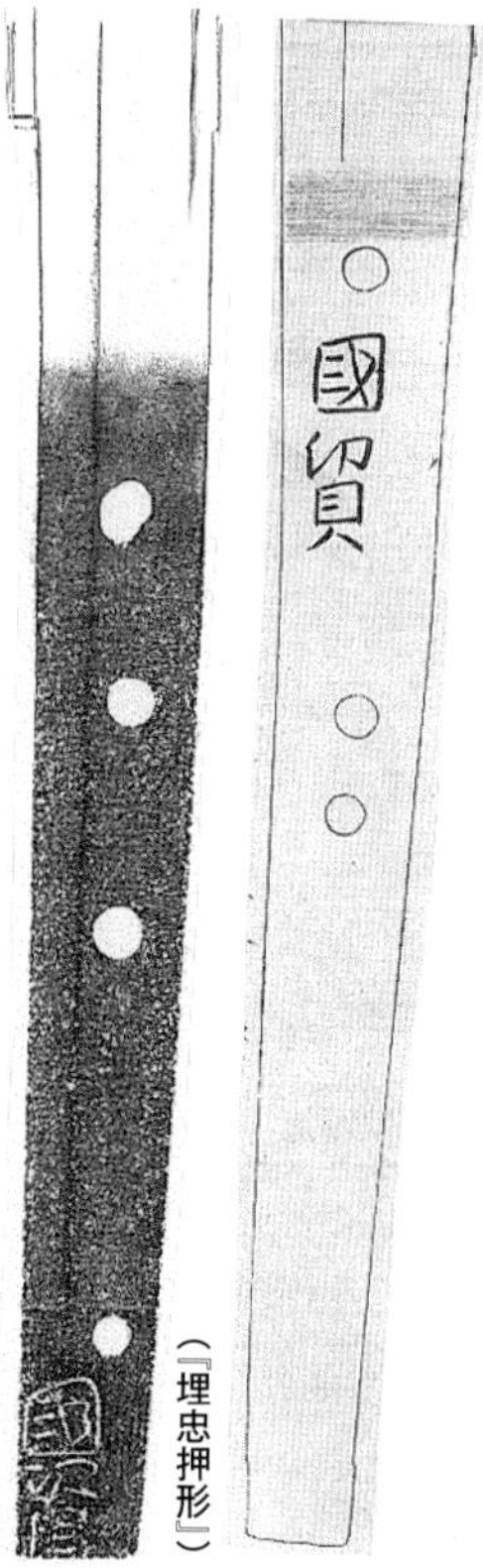

（『埋忠押形』）

古 **国資**【くにすけ】　肥後国　南北朝期（正平）

二代国資。正平のころ。初代国泰の子。「國資」「肥州住菊池國資」。三代嘉慶、四代応永と継承する。

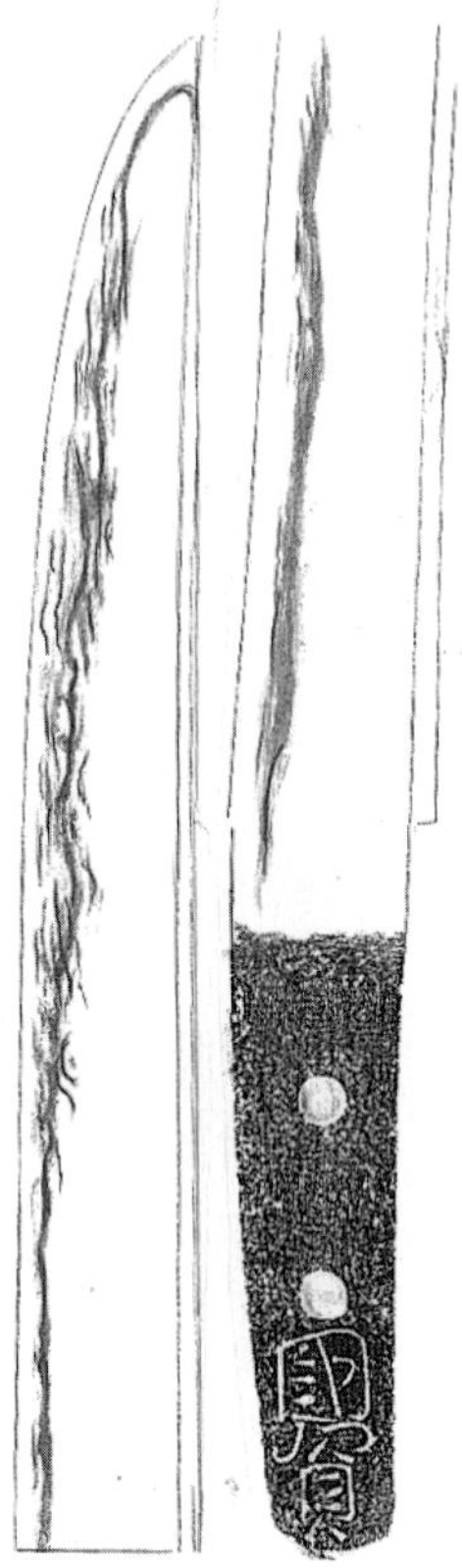

新 **国佐**【くにすけ】　安芸国　江戸中期（寛文）

桑原六兵衛。則房門、のち中原弥右衛門の門に入る。相州伝の復古につとめる。◆二代国佐は彦四郎慶栄。宝暦二年没。

新々 **国住**【くにずみ】　伊予国　江戸末期（寛政）

国吉門人。江戸にても造る。「予州松山臣藤原国住」。直刃、直刃に互の目交じり。

新 **国隆**【くにたか】　播磨守　摂津国　江戸中期（寛文）

本国豊後国森、山上姓、初代和泉守国貞の高弟の一人。二代国貞の鍛刀の師。国隆は酒好きで、二代国貞とは酒飲み友達の仲でもあったという（『井上真改大鑑』）。慶安二年ころに二代国貞との合作刀があり、それぞれ表裏を自身で切り分けている。寛文四年七月十一日、播磨大掾受領、のち播磨守に転任する。師初代国貞の晩年期の作、草書銘、楷書銘の代作者の一人、自身作は稀少。湾れに互の目、丁子交じりの匂口が深く明るい。

慶安二年ころ
（真改国貞十九歳）

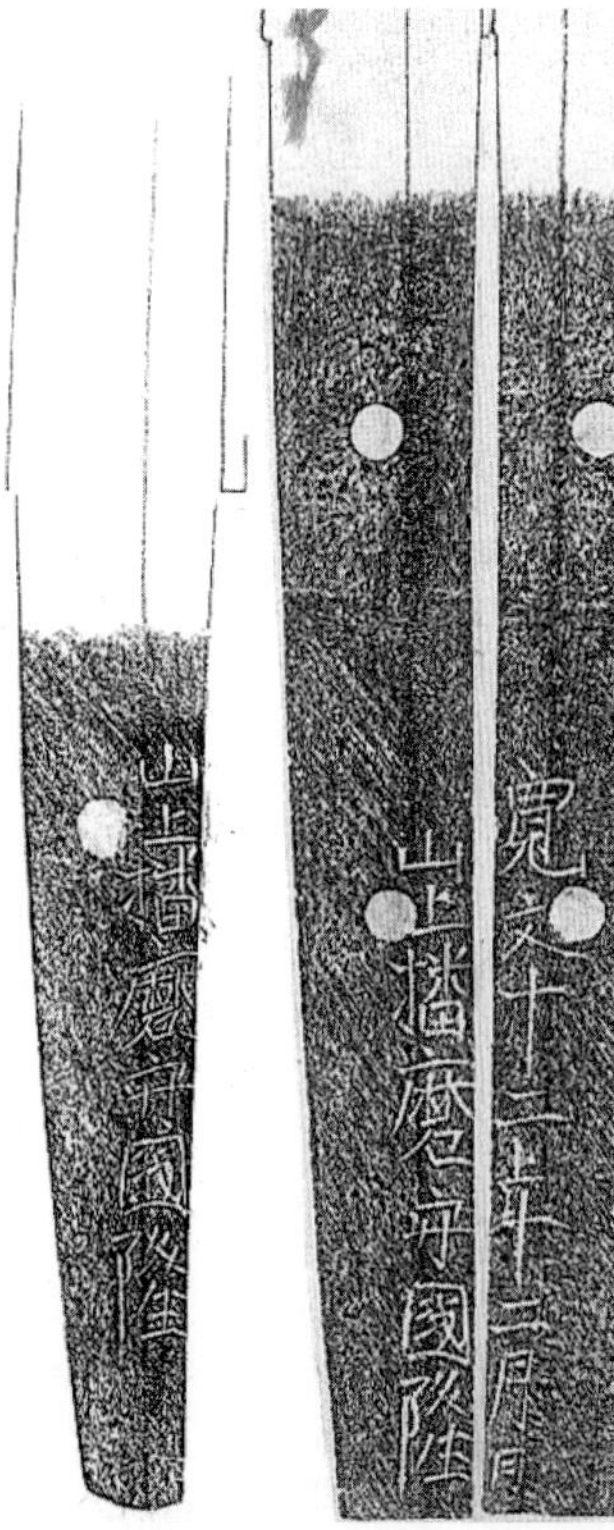

新 **国隆**【くにたか】　根本　磐城国　江戸中期（元禄）

長左衛門国家の子。根本伝三郎。初代和泉守国虎弟。初代加賀守貞則門。初銘貞平、のち国隆。国隆（貞平）の代表作に八坂神社奉納刀がある。

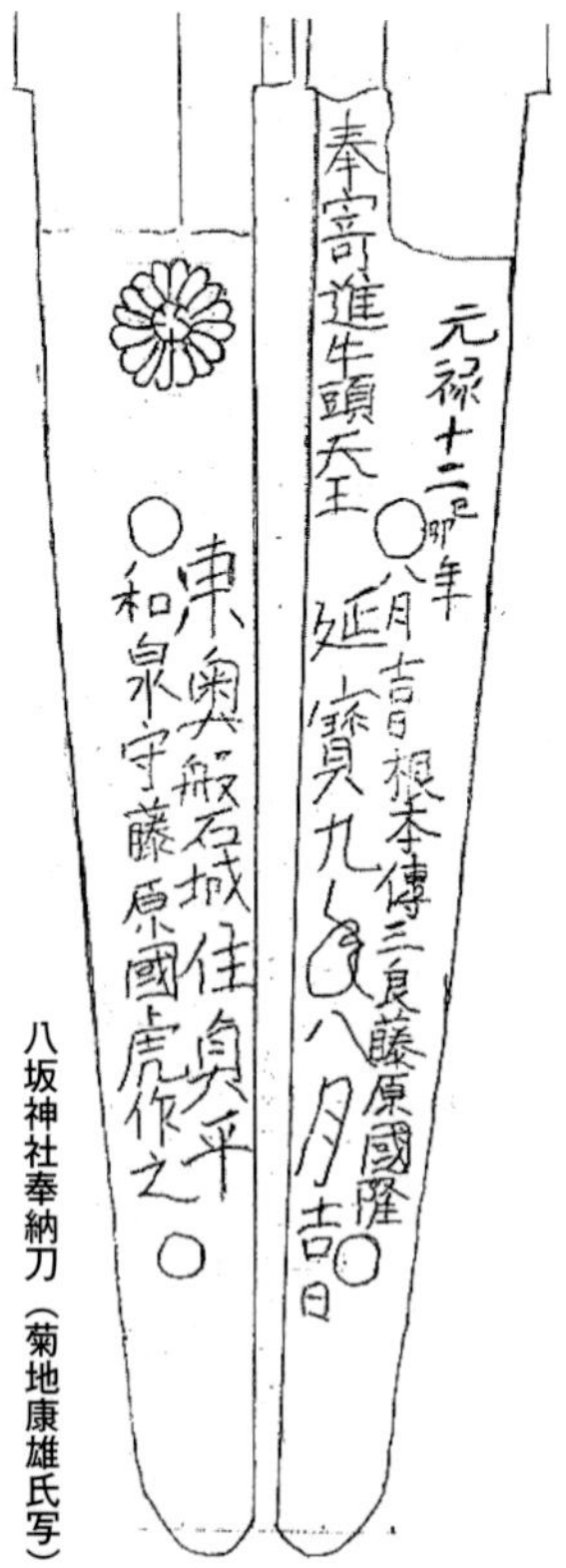

八坂神社奉納刀（菊地康雄氏写）

延宝九年八月に「東奥磐城住貞平」と切った作刀に、のち元禄十二年八月に国虎と国隆が連名で切銘し奉納したものである。二代和泉守国虎は初代国虎が没したとき、わずか八歳だったため、国隆が後見して二代国虎を継ぐことを得ている。享保六年三月六日没。

新 国武【くにたけ】 山城国　江戸初期（慶安）

堀川国広門。三条吉則末裔。出雲大掾吉武の父。

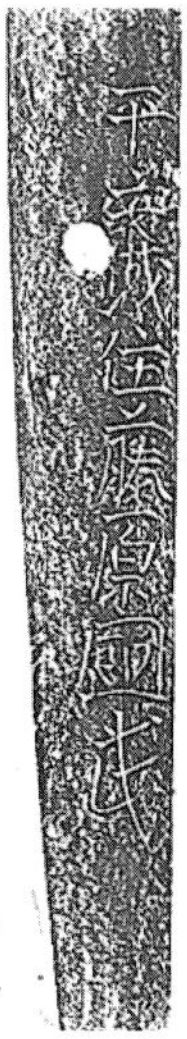

新 国武【くにたけ】 大和国　江戸中期（貞享）

村田権兵衛。河内守国助門。大和郡山住。初銘「上野守助包」。のち「大和守菅原国武」。能州本多家の抱工。

新々 国武【くにたけ】 三河国　江戸末期（慶応）

耿々斎と号す。「三州住耿々斎国武」。小沸出来の直刃を焼く。慶応三年紀作がある。

古 国次【くにつぐ】 山城国　鎌倉末期（元応）

兵衛尉、三右衛門。来国俊門、のち婿となる。来国光と相弟子で従兄弟といわれる。鎌倉来の称がある。嘉暦から正慶にかけての作があるというが、来国次の年紀作は実物からはみられない。名物「源」（来国次）の古押形（掲出図）に「来源国次」「藤原秀祐　正慶元年十一月廿五日」と年紀作がある。今村長賀の書き込みに、この国次は北条氏綱の脇差で、湾刃、蜘手切作と号すという。幅広で大振りのものは来国光にもみられるが、より以上に来国次に多くみられる。

板目が肌立ちごころに地景が入り、地沸が強くかかる。刃文は直刃もあるが、乱れ刃が多く、湾れに互の目交じり、焼きが深く湯走り、飛焼かかり、よく沸える。来一門中で覇気が強いところが来国次の持ち前である。大全は「文永十一年鎌倉へ下り正宗の弟子になったのが二十八歳時である」といい、年齢は別においても「鎌倉来」と称する所以がある。

国次の作は地刃の沸が強く地景・金筋の働きに相伝があるなど、古来正宗門説がある。

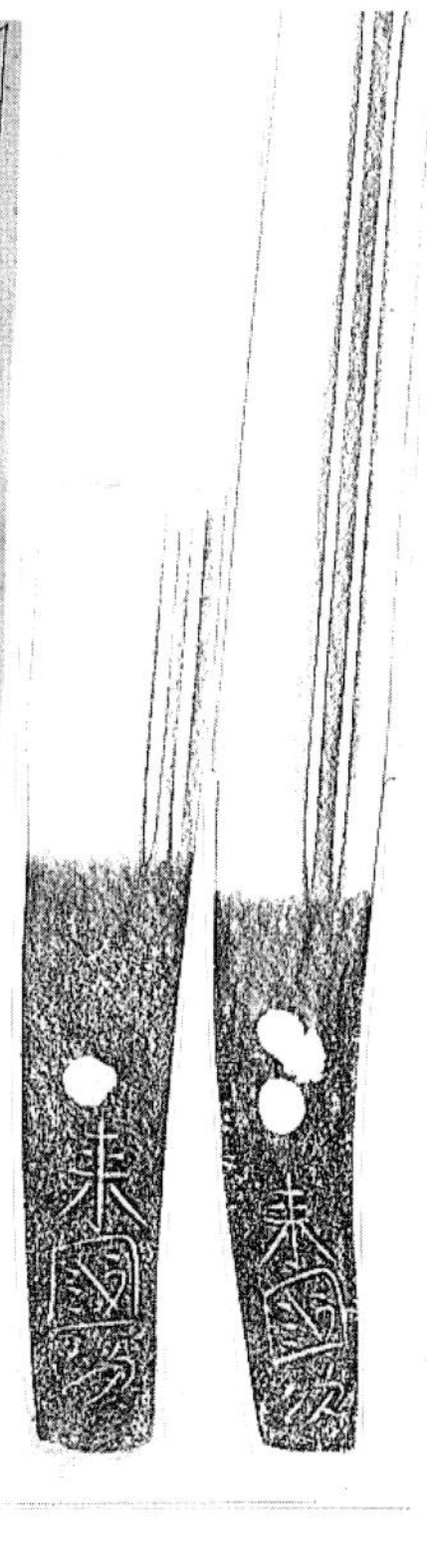

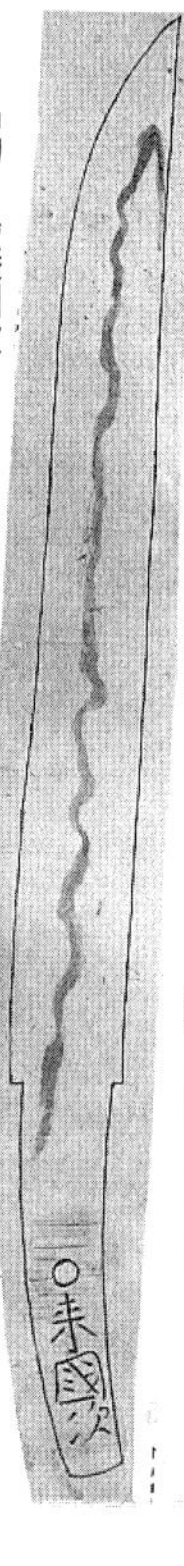

名物・鳥養国次

『光徳刀絵図』大友本

名物・源来国次

来源国次藤原秀祐
正慶元年十一月廿五日

（今村長賀資料）

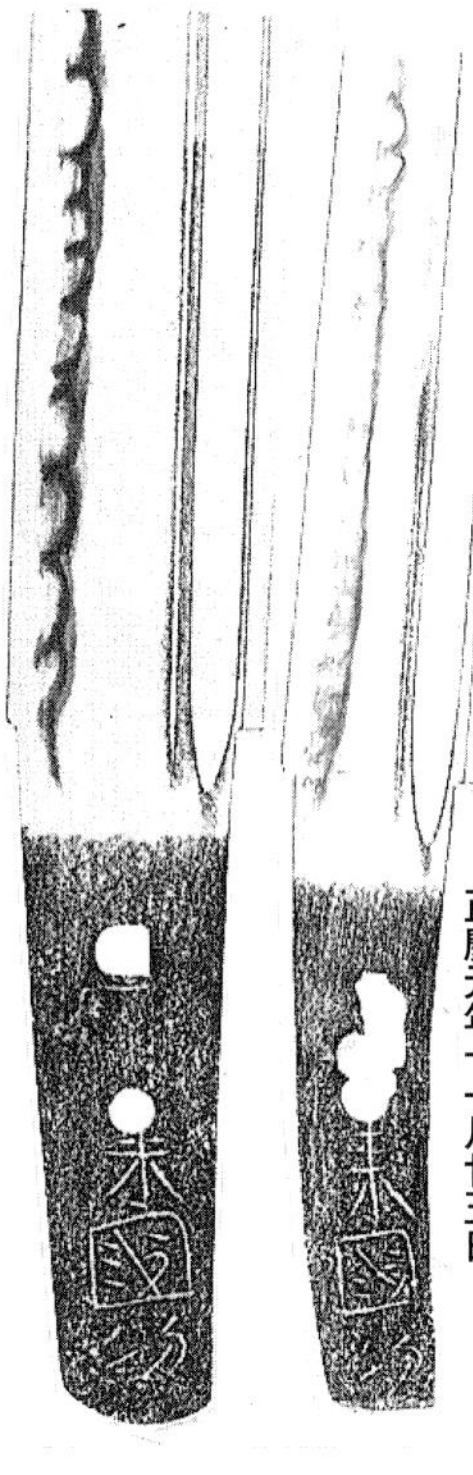

古 国次【くにつぐ】 肥後国　南北朝期（元弘）

延寿。左衛門尉。元弘年紀の作がある。「国次」「左衛門尉藤原国次」。

古 国次【くにつぐ】 加賀国　室町初期（応永）

千代鶴。能美郡橋爪住。本国越前。応永ころ。「国次」。

古 **国次【くにつぐ】** 越中国　南北朝期（延文）

古宇多。古入道国光の子とも弟ともいう。延文に次ぐ国次は至徳から応永と伝えるが、いずれも現品は未見である。『土屋押形集』が宇多の部類に収める国次は、応永ころを降らないものとみられ参考に掲げる。

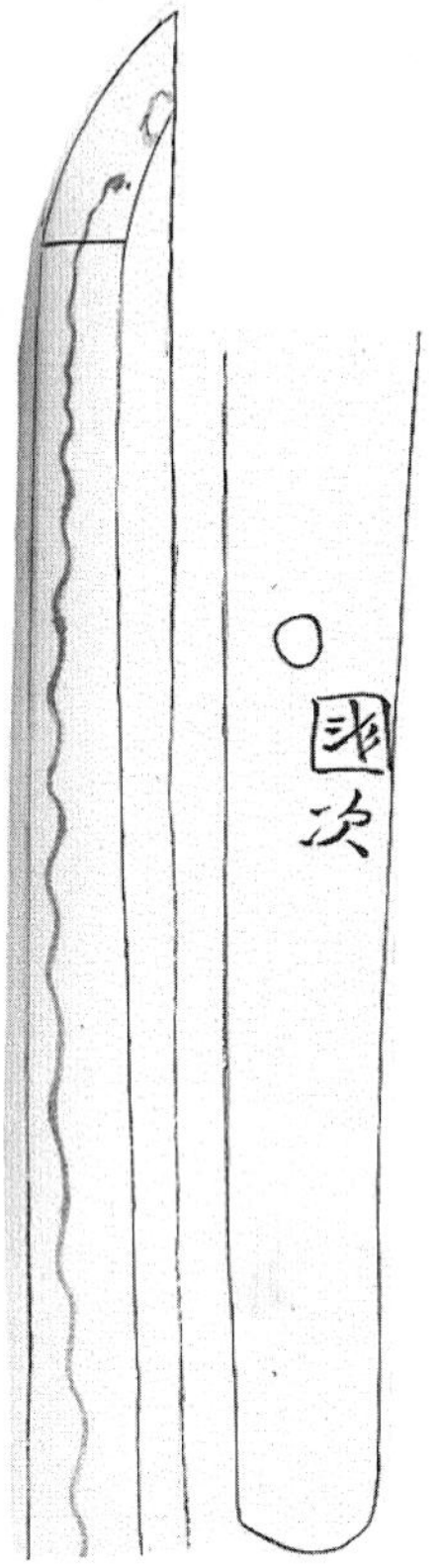

古 **国次【くにつぐ】** 越中国　室町中期（永享）

宇多国房の子。正長・永享のころ。板目に柾交じり、よく詰み地沸つく。直刃に小互の目交じり、小沸つき、ほつれ、打のけかかる。「国次」「宇多国次」。

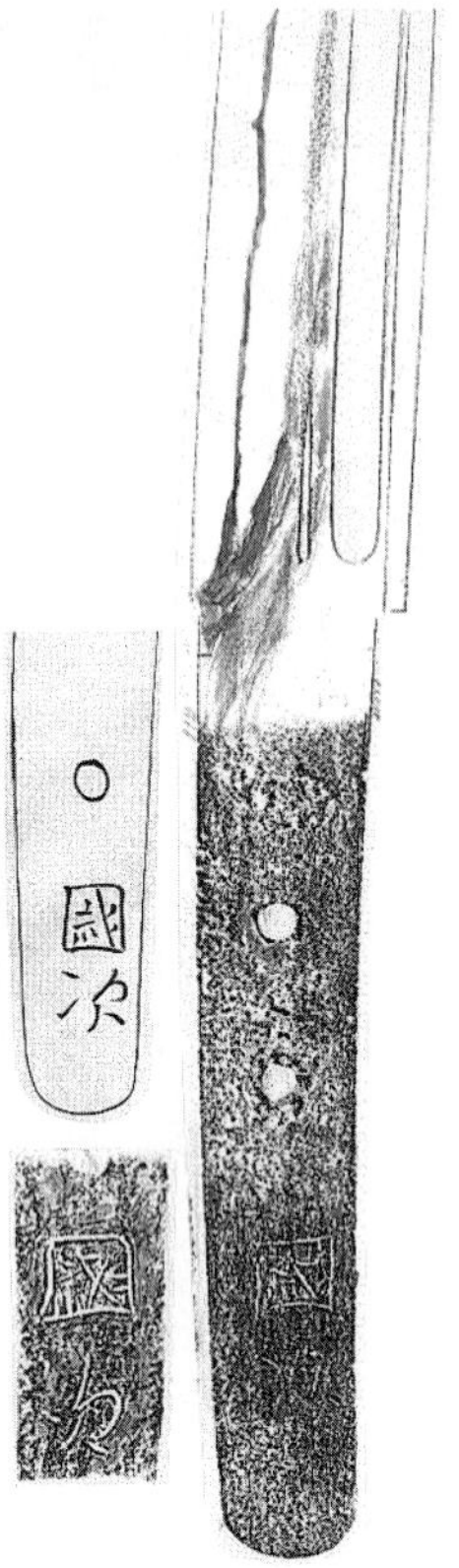

（『土屋押形』）

古 **国次【くにつぐ】** 越中国　室町中期（文明）

宇多。鏡宮住。細直刃、また互の目乱を焼く。文明二、十七年紀がある。小銘を切る。「国次作」「宇多国次作」。

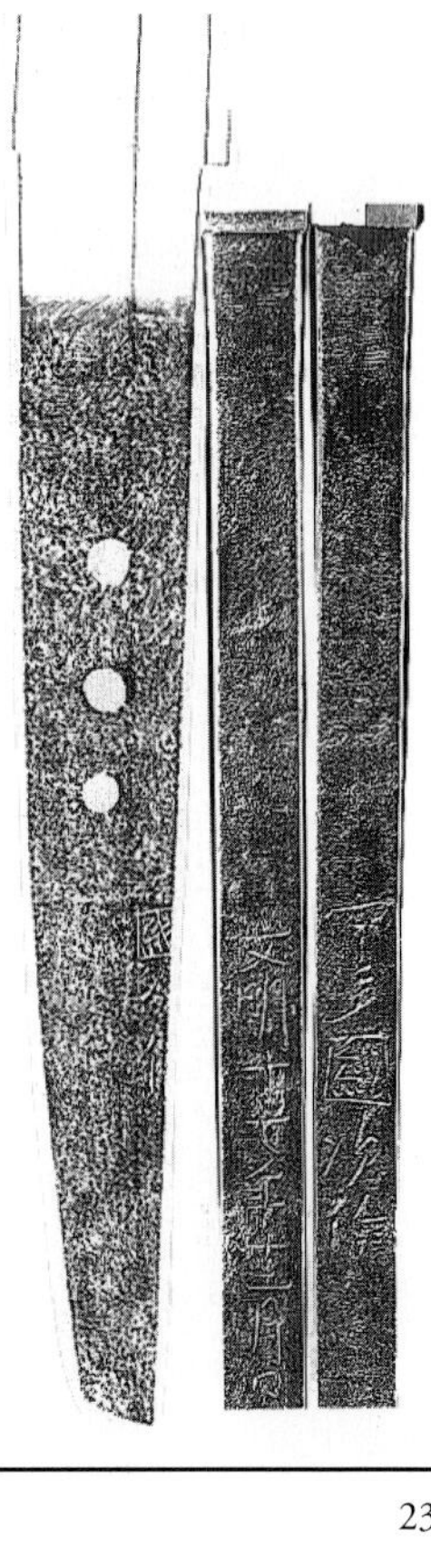

古 **国次【くにつぐ】** 越中国　室町末期（天文）

宇多。明応から天文にかけて複数の国次が作刀し、なお元亀・天正に後続する。天文・元亀年紀の作がある。なかに「宇ツタ（津田）」と読める変わり銘の国次があるが、やはり「宇多」と判ずべきか。「国次」「宇多国次」。

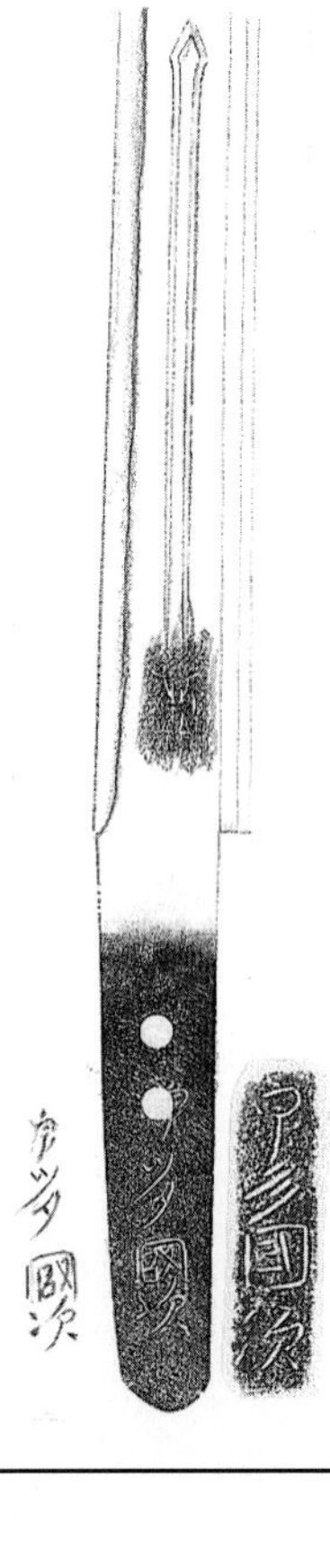

古 **国次【くにつぐ】** 紀伊国　室町中期（宝徳）

簀戸《すど》国次と称す。紀州粉河住（現・和歌山県紀の川市粉河）。粉河寺の寺工。初代正長から数代が続き天正に至る。初代作は直刃が多く、のち乱刃は晩年作に焼くという。互の目乱、皆焼状の作もある。「国次」。

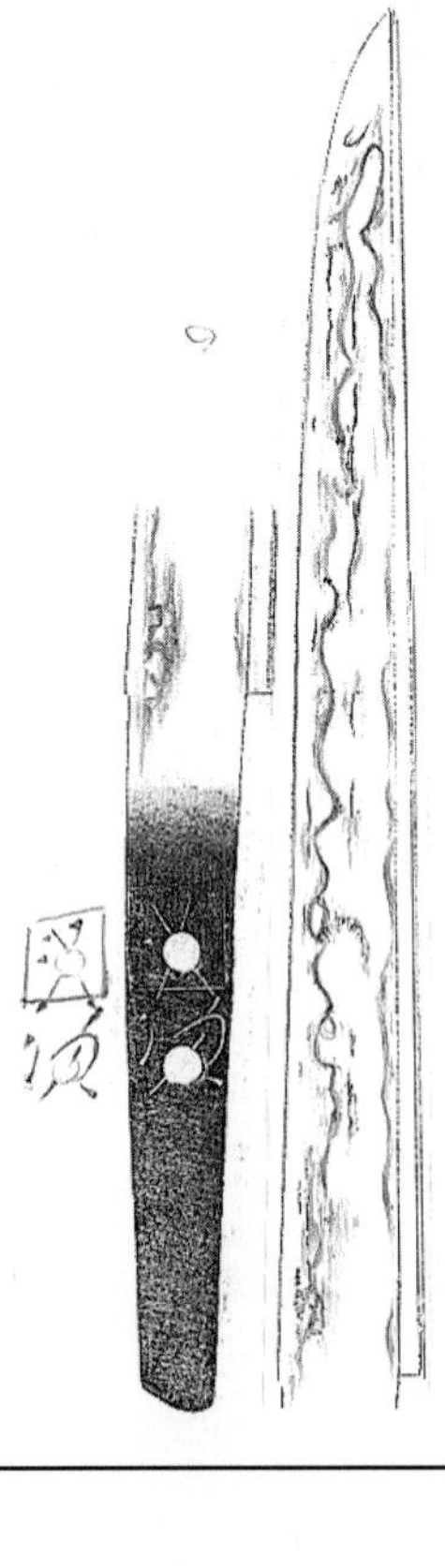

古 **国次【くにつぐ】** 紀伊国　室町末期（文明）

粉河住、また簀戸住。直刃、また互の目乱を焼く。「国」の内を※の字に切る。「国次」「紀州粉河寺国次」。明応五年六月の年紀作がある。◆次代の国次には永正十三年紀の作があり、相州国次同人説があるが、銘振りが相異する。しかし、簀戸国次には末相州風の皆焼状の作があって、相州駐鎚説は否定しがたい。

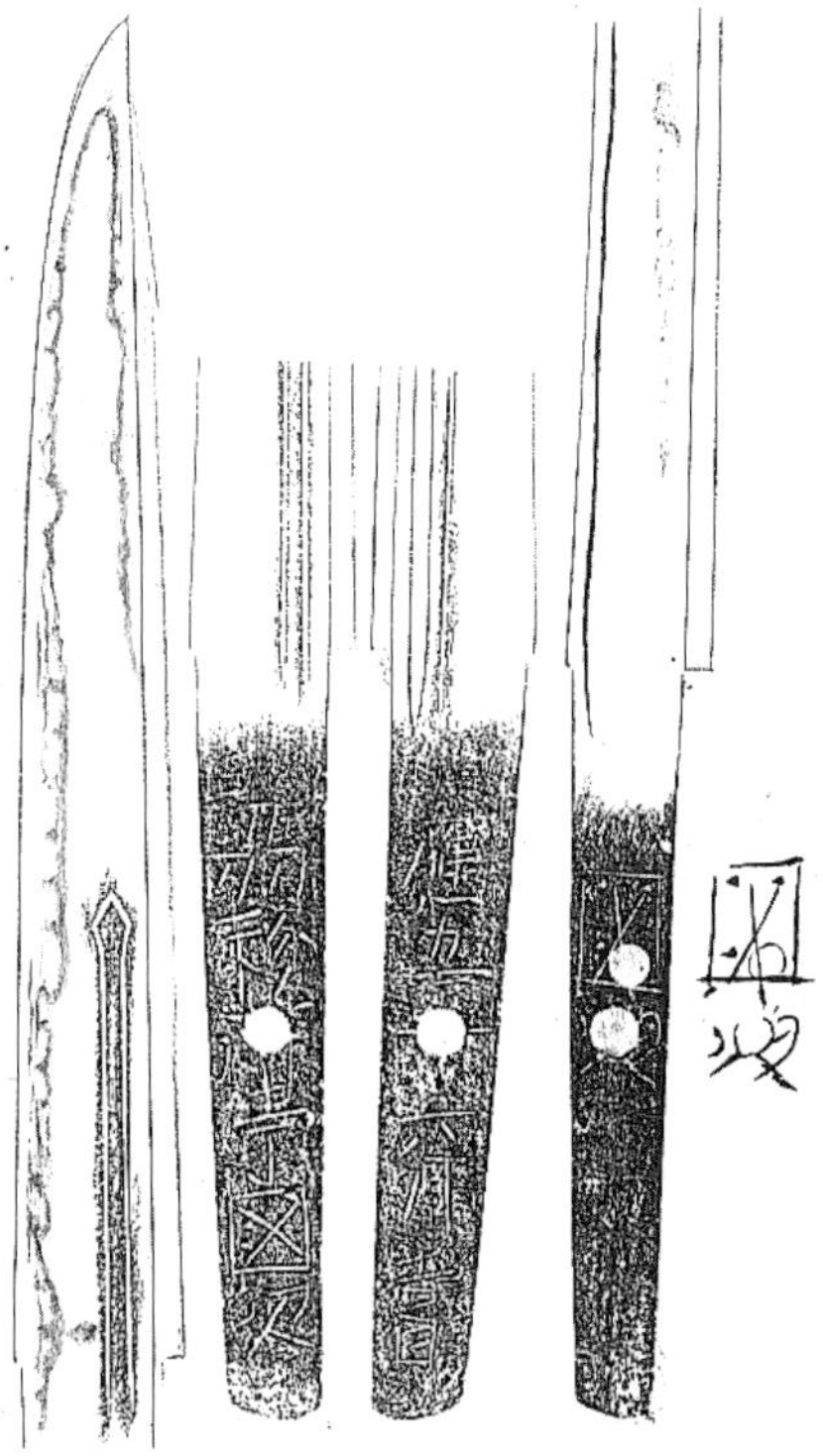

古 **国次【くにつぐ】** 相模国　室町末期（永正）

藤左衛門。鎌倉鍛冶。紀州簀戸国次の相州打ちとも、同人であるとの説もある。

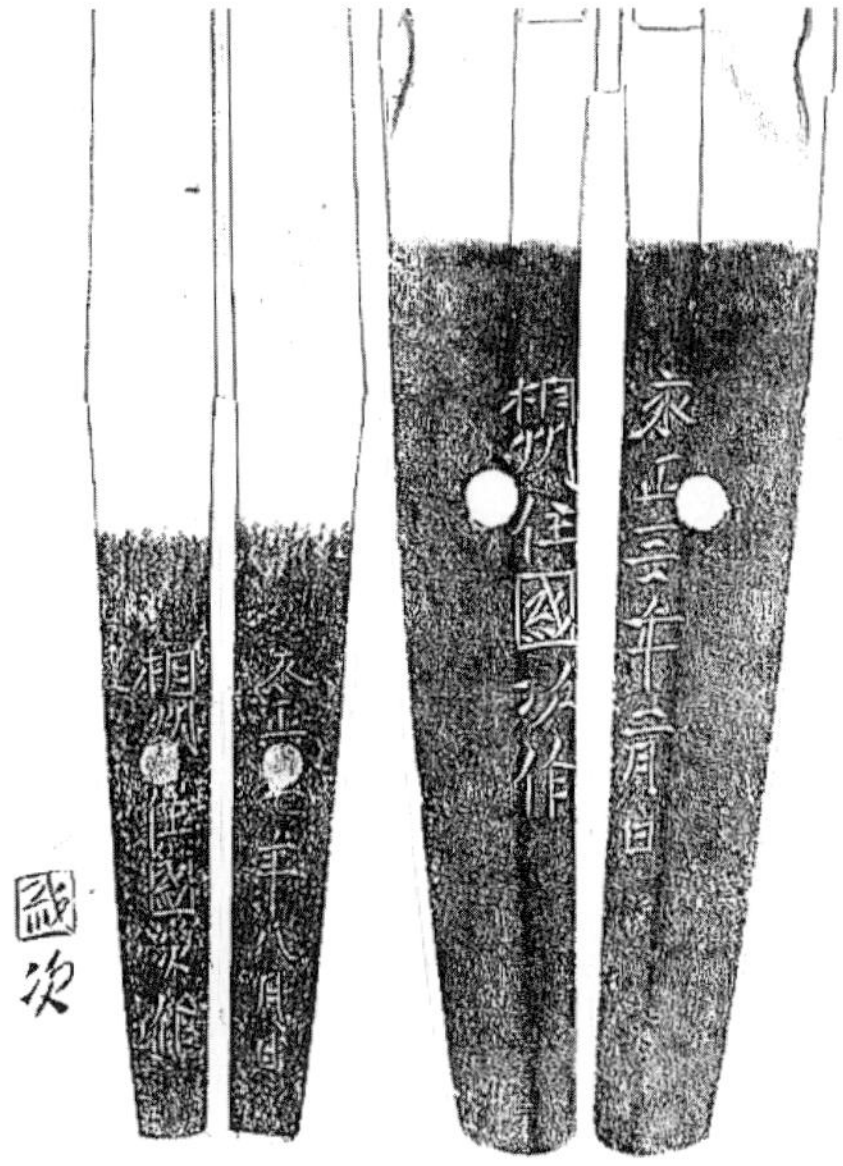

古 **国次【くにつぐ】** 美濃国　室町末期（明応）

山田関。国の字の中を民と切るので「民国次」と呼ぶ。初代明応ころ。二代永正、三代天文ころ。「国次」。

新 **国次【くにつぐ】** 越前大掾　山城国　桃山期（寛永）

出羽大掾国路門。越前松岡住。京のち肥後熊本へ移住する。江戸でも作刀する。越前大掾を受領、のち越前守に転任。晩年に入道して寿徹と号す。国路の代作をして自身作が少ない。国路との合作がある。国路の三人の

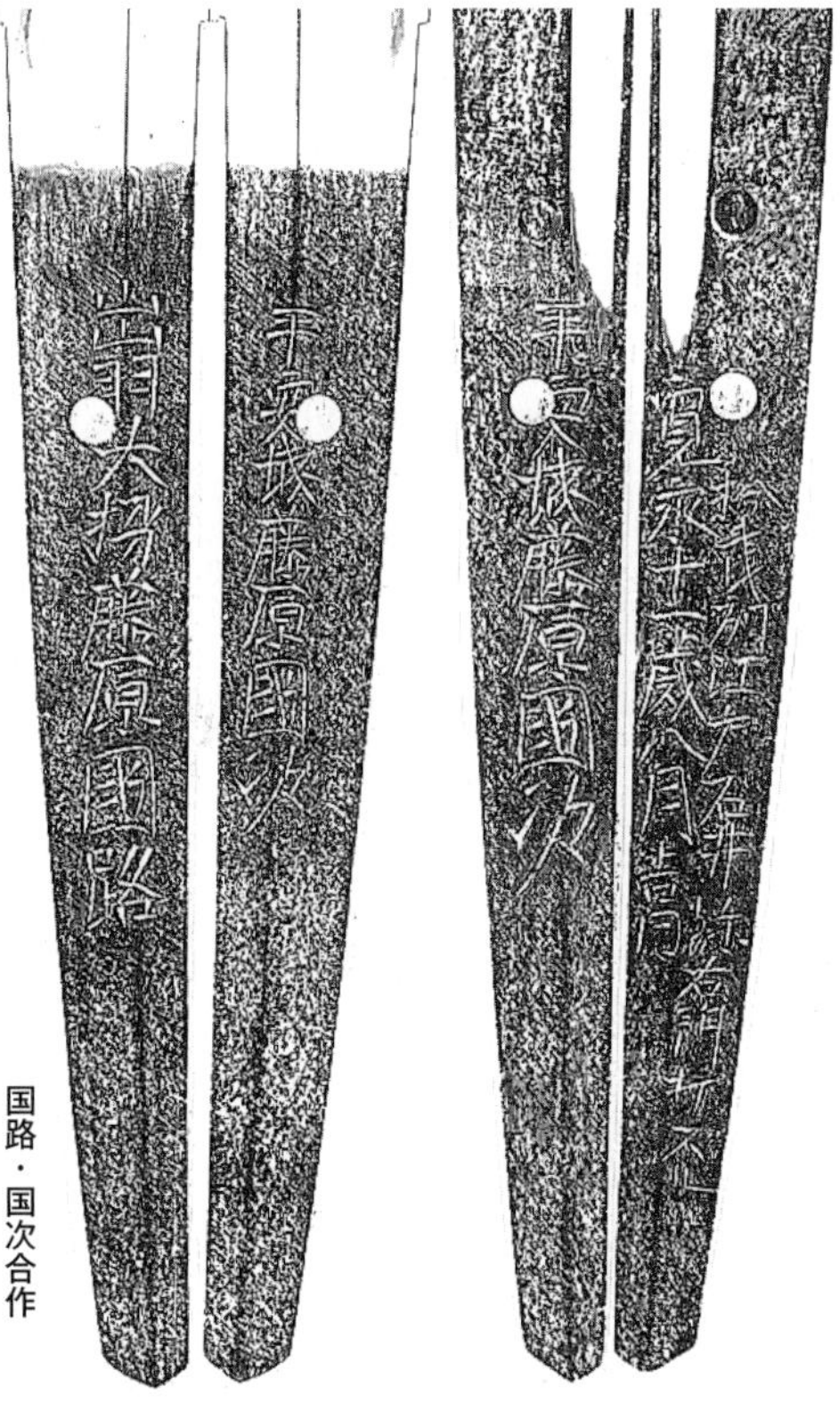

国路・国次合作
（国路銘も国次切銘）

高弟の内、最も師に近い先輩で、信濃大掾忠国、出雲大掾吉武は後輩。

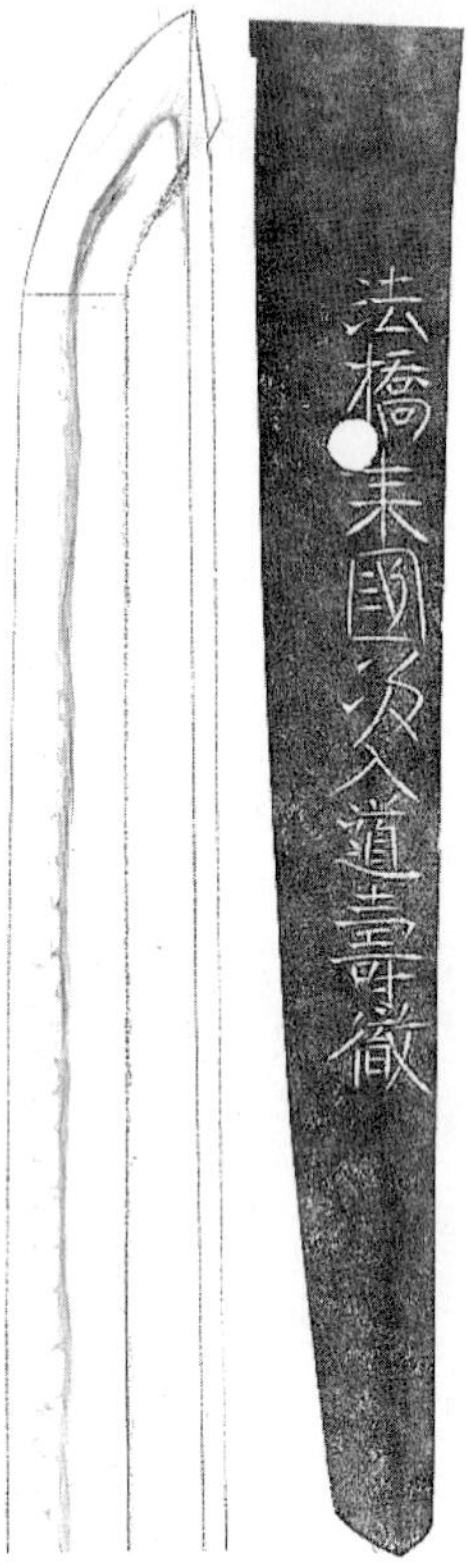

新　国次【くにつぐ】　山城国　桃山期（寛永）

田中家系図によれば実昌の三男。堀川国広の弟、甚之丞という。ゆったりした湾れに小互の目交じり。

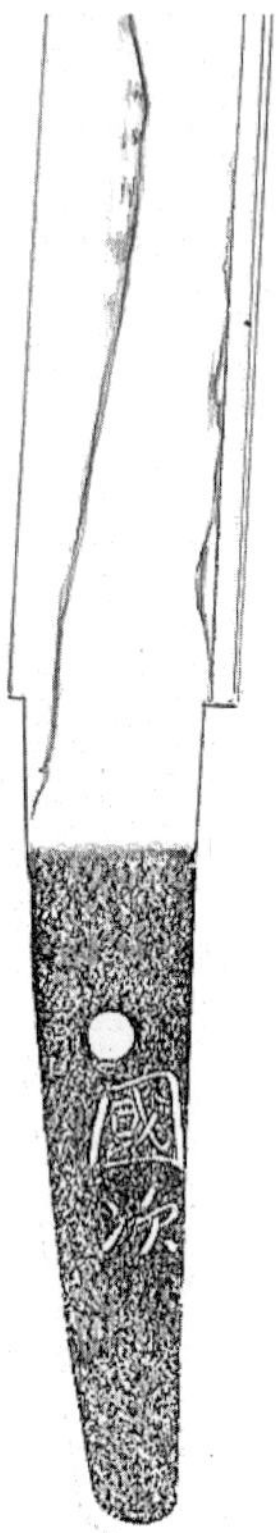

新　国次【くにつぐ】　武蔵守　摂津国　江戸中期（延宝）

小林八郎左衛門。初代河内守国助次男。初銘国光。武蔵大掾を受領。のち武蔵守に転じる。

新　国次【くにつぐ】　山城大掾　初代　越前国　桃山期（寛永）

山田七郎兵衛。越前下坂派。福井住。初代大和大掾正則弟とも長男ともいう。寛永五年法橋に叙され高鉄と号す。寛永六年六十五歳没。

新　国次【くにつぐ】　山城大掾　二代　越前国　江戸初期（慶安）

山田甚助。寛永六年山城大掾受領。京、江戸、信州松代にても造る。湾れに直刃、刃縁にほつれ、打のけかかる。

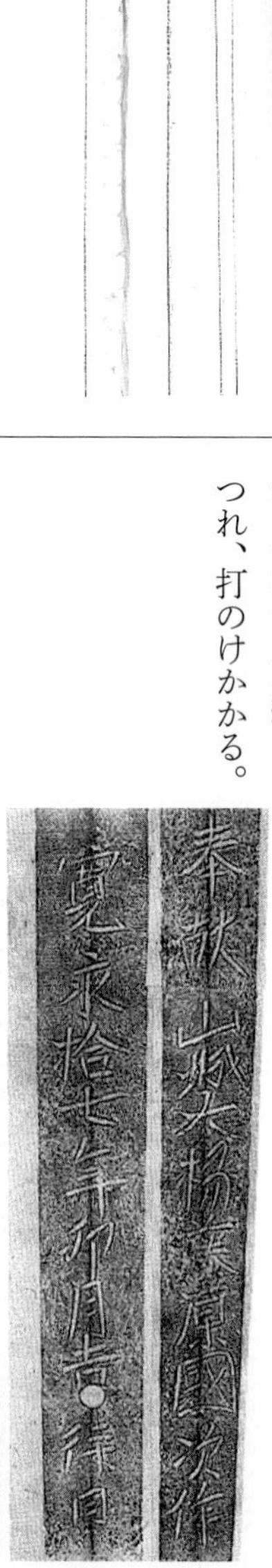

日光東照宮奉納刀

新　国次【くにつぐ】　山城大掾　三代　越前国　江戸中期（寛文）

山田七郎兵衛。寛文元年山城大掾受領。江戸にても造る。直刃に小足入り、打のけ、ほつれる。

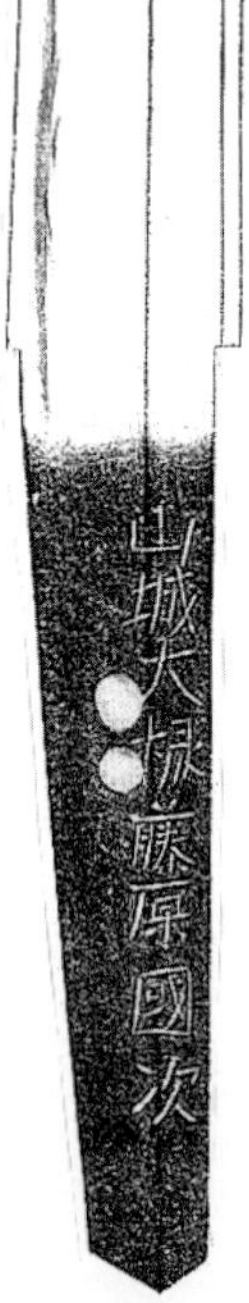

新　国次【くにつぐ】　備中国　江戸中期（寛文）

備中水田派。山内住、のち備後福山へ移る。

新 国次【くにつぐ】 相模守　越前国　江戸中期（元禄）

宇多三郎太夫。越前下坂派。のち江戸へ移り、法城寺派に入る。

新 国次【くにつぐ】 河内守　初代　陸前国　江戸初期（正保）

大友姓。休哲と号す。田代清貞門、また江戸住正富門。奥州名取住。江戸にも住。河内守を受領。万治四年一月二日没。直刃が湾れかかり喰違刃交じり、互の目乱。

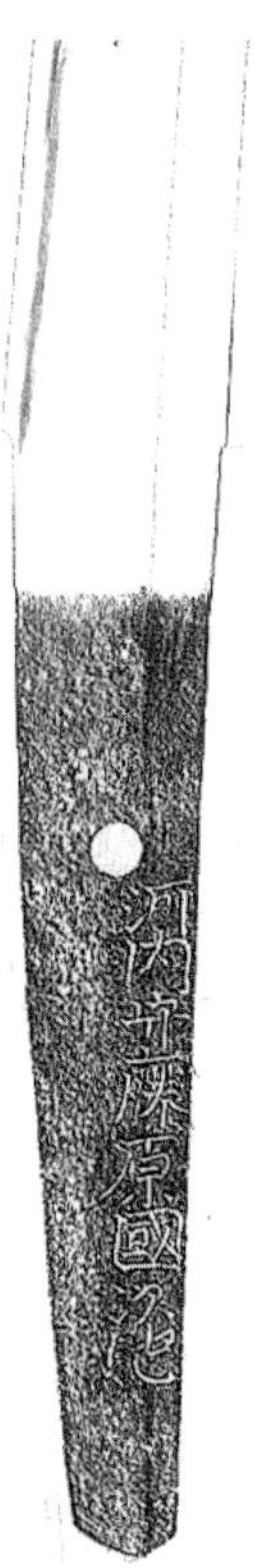

新 国次【くにつぐ】二代 陸前国　江戸中期（万治）

大友藤八郎。初銘安次。初代倫助の子で、安倫の弟。兄安倫と共に江戸へ出て大和守安定の門に入る。河内守国次の養子となり二代国次を継ぐ。

⇩陸前国安次の項参照。◆三代次郎助重次（寛文～元禄）。四代伝之允重次（元禄）。五代伝三郎国次（享保）。六代惣十郎国次（宝暦）。七代藤助国次（享和）。八代惣十郎国次（天保）は藤田継平門。

新々 国次【くにつぐ】 萬歳　九代　陸前国　江戸末期（安政）

大友慶之助。河内守休哲国次の末孫、九代目。「萬歳」の二字を切銘に入れるものが多く、「萬歳国次」の名がある。文政ころから作刀があり、安政七年三月紀に「仙台住萬歳国次　悴重次造之」と切った親子合作がある。仙台城下定禅寺門前に住。歴代国次中で作刀をみるのは初代国次の他九代国次が比較的多い。直刃、また互の目乱を焼く。

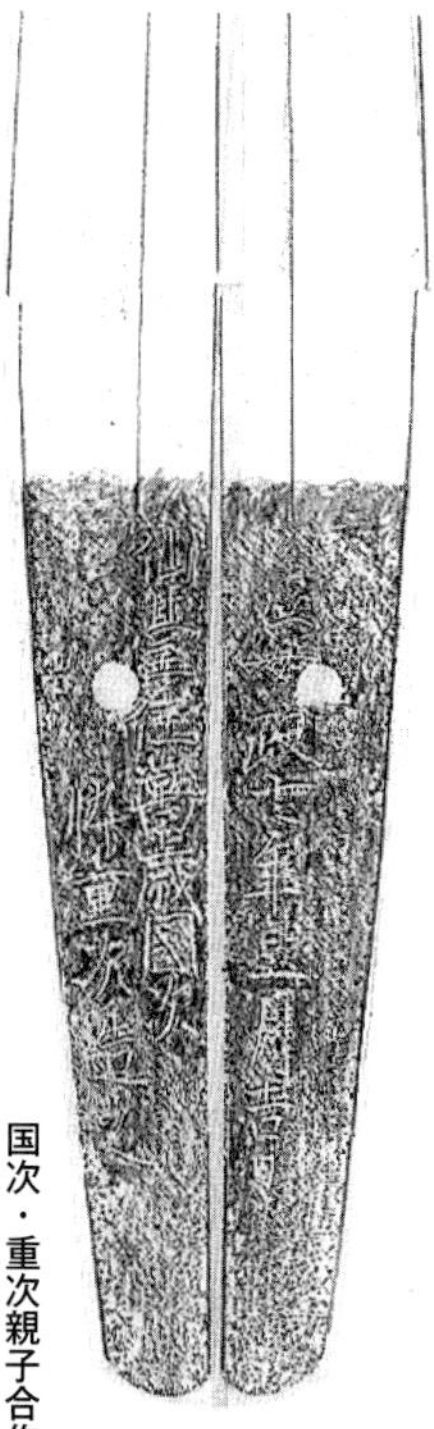
国次・重次親子合作

新 国次【くにつぐ】 平安城　武蔵国　江戸中期（貞享）

京のち江戸住。「平安城藤原来国次」とも切り、来を自称する。直刃、二重刃かかる。

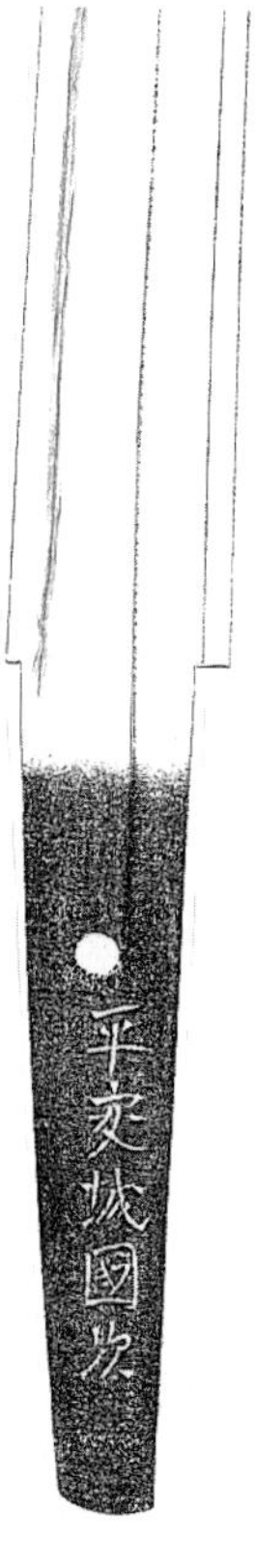

古 国継【くにつぐ】 備前国　鎌倉初期（承久）

古備前。焼幅広く小乱に小丁子を焼く。「国継」。

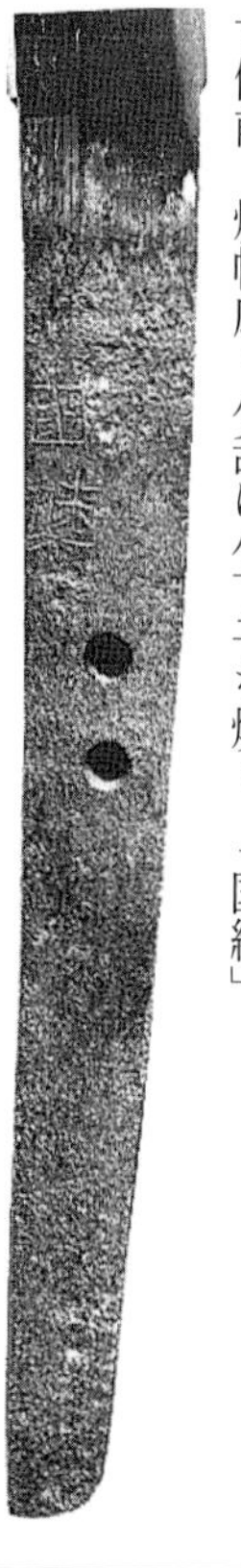

古 国継【くにつぐ】 大和国　鎌倉中期（弘安）

大和千手院。「弘安元」紀の剣がある。直刃調に小互の目足入り、ほつれ、打のけしきりにかかり、刃中砂流し、金筋入る。「国継」。

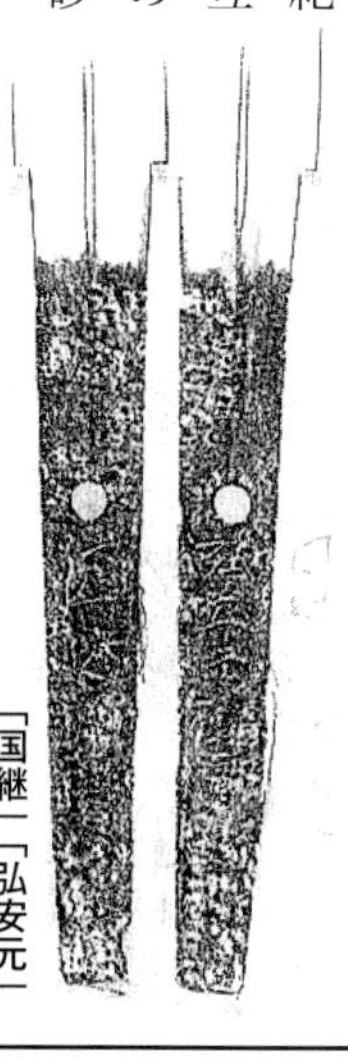
「国継」「弘安元」

古 国綱【くにつな】 山城国　鎌倉中期（建長）

粟田口。国友六男。藤六左近。左近将監。左近入道。隠岐国御番鍛冶。建長年間、北条時頼の招きにより鎌倉へ下向し、鎌倉鍛冶の開祖の一人となる。他に備前国から一文字助真と三郎国宗が鎌倉に下向している。相州山内住。能阿弥本は「四十二歳より鎌倉に住し新藤五国光をもうける」とあり、新藤五国光は国綱の子とも孫ともいう。

初期の作は細身で小切先。鍛肌はよく詰んで細かな沸がよくつき、刃文は小乱、京物の優雅な風情がある。相州打ちとみられる後年の作は太刀幅が広めで中切先。板目が大きめで肌立ち、地沸が厚く、刃文は乱れ主調の焼幅が広く、沸が強く、砂流し、金筋が入り、総じて華やかさが目立ち、豪壮な風が強い。

現存する作刀は「国綱」と二字銘の太刀ばかりであるが、古押形には「山内住藤原国綱」と長銘の太刀がある。有銘作は少なく、指定刀では重文二、重美二の太刀ほかがある。国綱は時頼の佩刀、鬼丸太刀の作者として名高い。元亀本は鬼丸を「善鬼国綱」と号するともしている。鬼丸国綱は長さ二尺五寸八分、生ぶ茎の曲線が美しく、腰元で反って力強い。小板目の肌に地景が入り、広直刃調に小乱れ、小丁子交じり、小沸よくつき、腰刃を焼く。鬼丸の名号の由来は、時頼が病に冒されたとき、この太刀が自ら抜けて、火鉢の足金物にある小鬼の頭を切り落としてより、時頼の病は快癒し、鬼形の夢も見なくなったという。よって北条家重代として伝え、新田義貞の手に移る。のち足利将軍家に伝わり、義昭から秀吉へと渡り、家康の手に入る。秀吉も家康も本阿弥家に〝指置〟つまり保管を委ねていたが、明治時代になり、徳川家から明治天皇に献上し、御物となっている。革包太刀がつき、鬼丸拵えと呼ばれる。

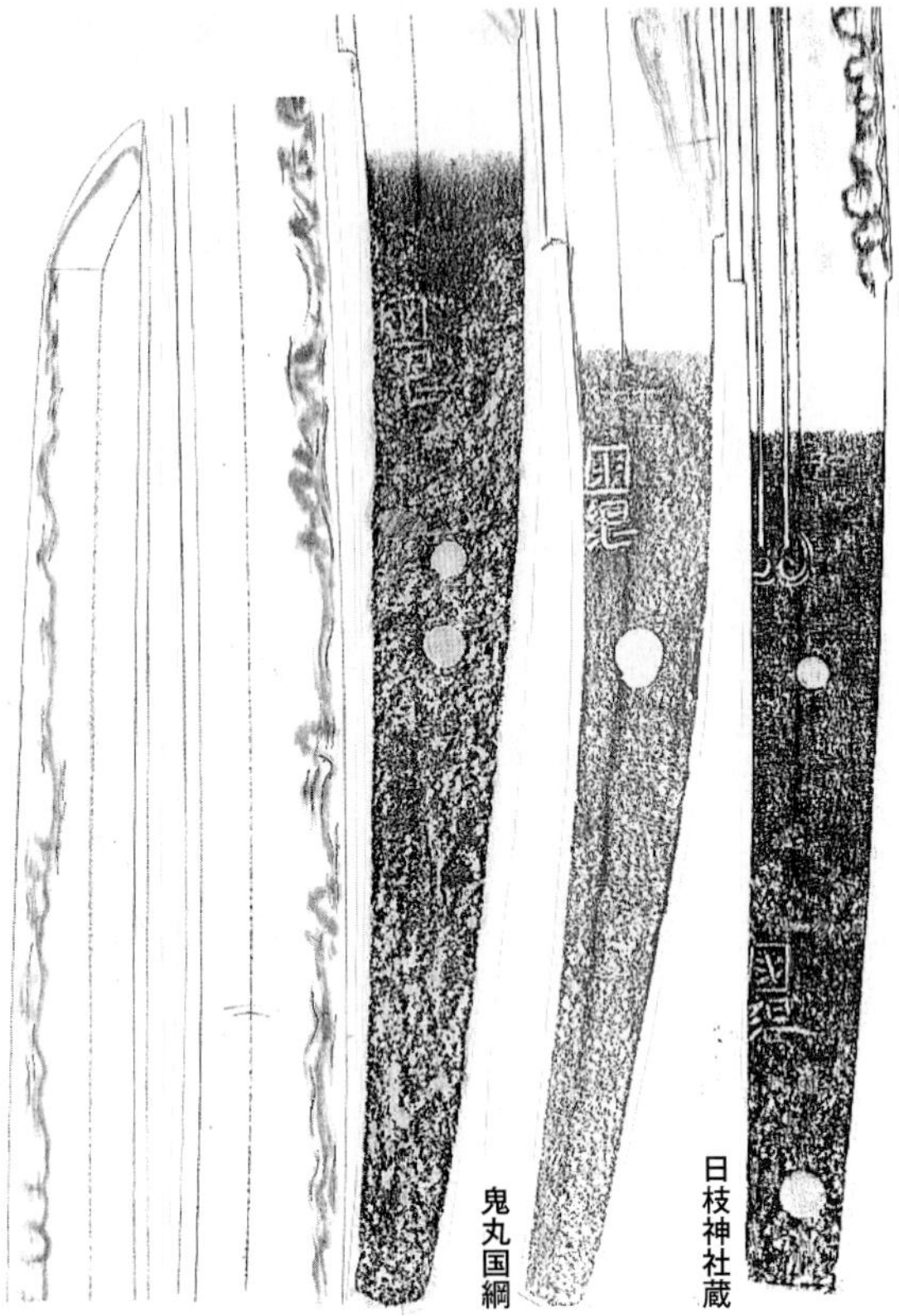

日枝神社蔵

鬼丸国綱

古 **国綱【くにつな】** 豊後国　鎌倉末期（嘉暦）

豊後行平門流の有平門で文暦（一二三四年）ころとも、また光恒の子で嘉暦（一三二六年）のころ、行平から五代目にあたる鍛冶という。地刃の作からみて行平風が強く、行平の末流の工とみて『愛刀美術館No.91』（得能一男氏）で紹介した太刀である。国綱は古備前、粟田口、延寿をはじめ鎌倉期に十数工がいるが作風と銘に該当するものが見当たらず、大全が収載する豊後国の項中の国綱銘と類似することもあって、ここに掲げるものである。板目鍛えが大模様で肌立ち、柾交じりの地色に黒味があり、区際から焼出し映りが立つ。刃文は小互の目に小丁子交じり、よく沸えて匂が深く、うるみごころがあり、焼落としがみられる。茎上部に「国綱」二字を小銘に打つ。

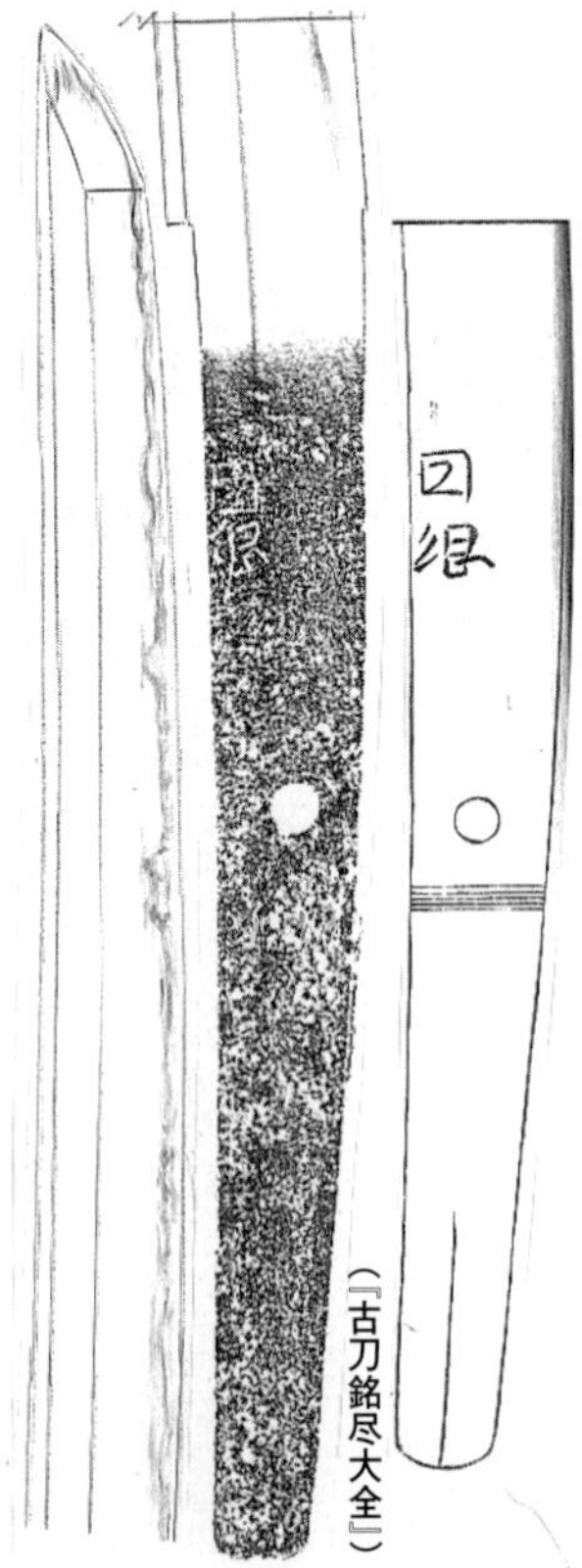

（『古刀銘尽大全』）

古 **国綱【くにつな】** 肥後国　南北朝期（正平）

延寿。国吉の門。国友子という。左衛門尉。正平年代の作がある。小沸出来の直刃に小互の目交じり、細かい砂流し、金筋入る。「国綱」「菊池住国綱」「肥後左衛門尉国綱」。

古 国綱【くにつな】 肥後国　南北朝期（応安）

延寿。兵衛三郎四郎。左衛門国綱の子。応安のころ。永徳二年紀の作がある。「国綱」「菊池住国綱」「肥州菊池住国綱」。国綱は同銘が応永、永享、文明、永正と継続する。

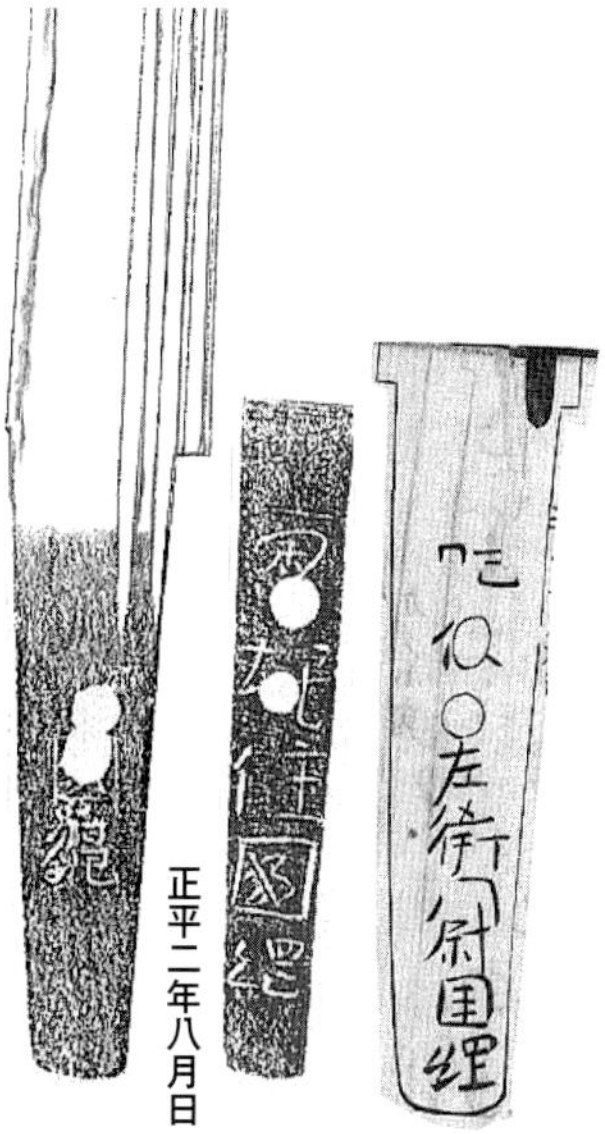

正平二年八月日

新 国綱【くにつな】 相模守　初代　越前国　江戸初期（慶安）

多兵衛。越前下坂派、初代兼植門。越前からのち江戸へ移る。直刃、互の目がほつれ、飛焼かかる。

新 国綱【くにつな】 相模大掾　二代　越前国　江戸中期（貞享）

相模守国綱の子。越前下坂派。江戸へ移住する。茎に〝向い鶴紋〟を切る。

新 国綱【くにつな】 備中国　江戸中期（延宝）

五郎兵衛。備中水田派、大月与五郎の子勝兵衛国重門。山内住。

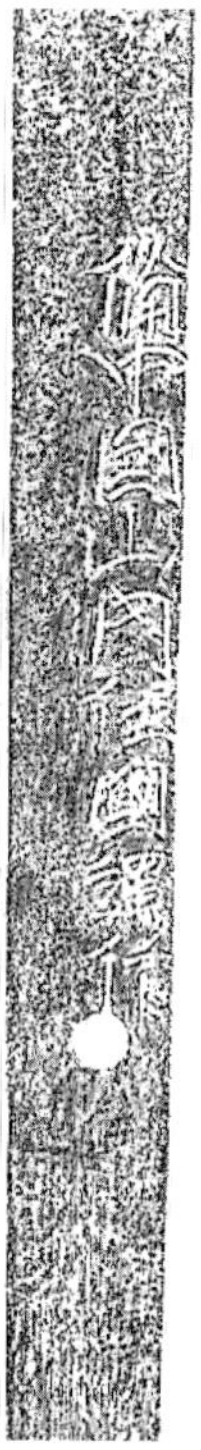

新 国綱【くにつな】 阿波国　江戸中期（寛文）

直刃、湾れに互の目交じり。「阿州徳島住国綱」。

新 国常【くにつね】 美濃国　江戸初期（万治）

作之進。岐阜住。奈良派兼常の子という。上野守を受領し「上野守藤原国常」と切る。◆二代目国常は貞享ころ、はじめ下野守国常、のち上野守国常。

新 国照【くにてる】 伯耆守　薩摩国　江戸中期（延宝）

根元平八。江戸法城寺金右衛門吉次の子、江戸のち薩摩に移る。大坂にても造る。

新 国輝【くにてる】 伊勢守　初代　摂津国　江戸初期（正保）

クワンツル伊勢守次郎兵衛国吉の男（『国吉系図』）、また念仏次郎兵衛の子（『新刀賞鑒餘録』）ともいう。初代河内守国助の養子となり、小林姓を名乗り、伊勢守を受領。小林隼人進という。隼人進は国輝嫡流の通称であり、著名な三代目隼人進国輝の祖父に当たる。明暦元年九月没。初代国輝の現存する作刀は確認されない。

新 国輝【くにてる】 伊勢守　二代　摂津国　江戸中期（寛文）

小林伊勢守。法名浄安。三代目国輝の伊勢守受領が寛文十二年春であることにもとづけば、寛文八年の作は二代作となる。なお三代目隼人進国輝で受領銘のないものの年紀は「寛文十年十二月」（『新刀賞鑑餘録』）からみられる。互の目、直刃を焼く。寛文十年、十二年紀があり、「小林伊勢守国輝」の七字を大振り太銘に切るのは同銘別人である。

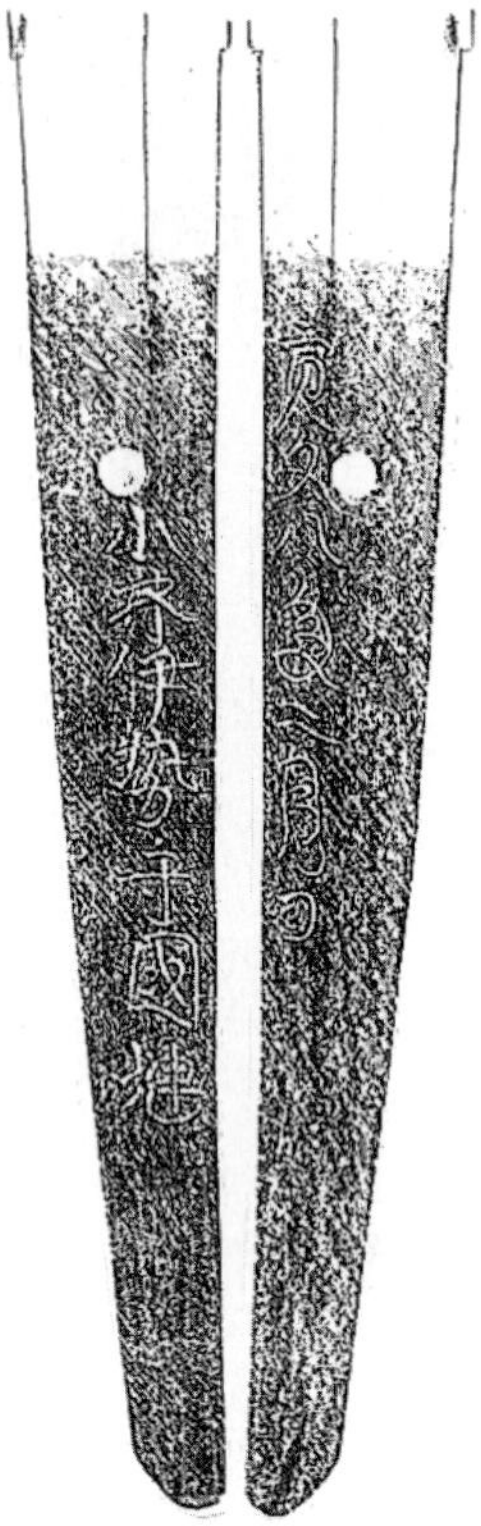

新 **国輝【くにてる】**　伊勢守　三代　摂津国　江戸中期（延宝）

世に知られる隼人進国輝は、龍海寺系図（同寺石碑の国輝系図）からみて三代目に当たる。貞享元年十一月没。寛文十一年秋ころ伊勢大掾を受領。同十二年春ころ伊勢守に転じる。年紀がある最初の作とみられるのが「寛文十年十二月」で、没年の貞享元年まで十四年間がある。比較的作刀年数が少ないが、旺盛な鍛刀活動を継続して多くの優れた作を世に

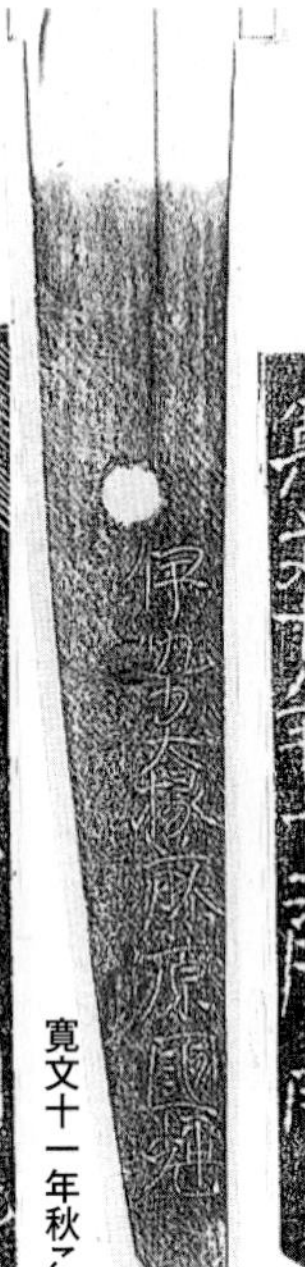

寛文十一年秋ころ

（『新刀賞鑑餘録』）

出し、国輝家中興の祖と謳われ、その技が賞されている。天和二年に津田助広、井上真改が没した後の大坂鍛刀界は、一竿子忠綱と並んで三代国輝が覇を唱えて代表的な存在をなしている。小林本家の河内守国助は備前伝の丁子乱を墨守したなかで、国輝は一族中で津田助広の濤瀾乱をとり入れ、匂口の深い沸出来の刃文を表出している。国輝の濤瀾乱は湾れに互の目が交じり、乱と乱の間が開く傾向がある。

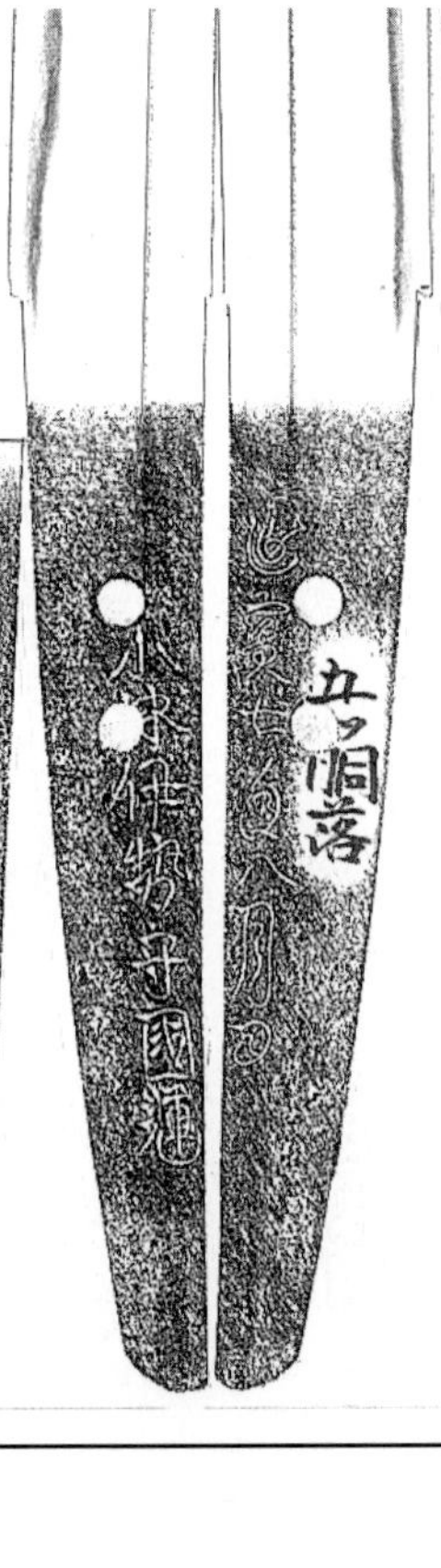

四代国輝代銘

新 **国輝【くにてる】**　伊勢守　四代　摂津国　江戸中期（元禄）

小林隼人進。初銘国英。久太郎町二丁目住。享保九年七月没。貞享二年八月紀の初銘「小林隼人進国英」から没年の享保九年まで四十年間があ

阿州徳島打ち

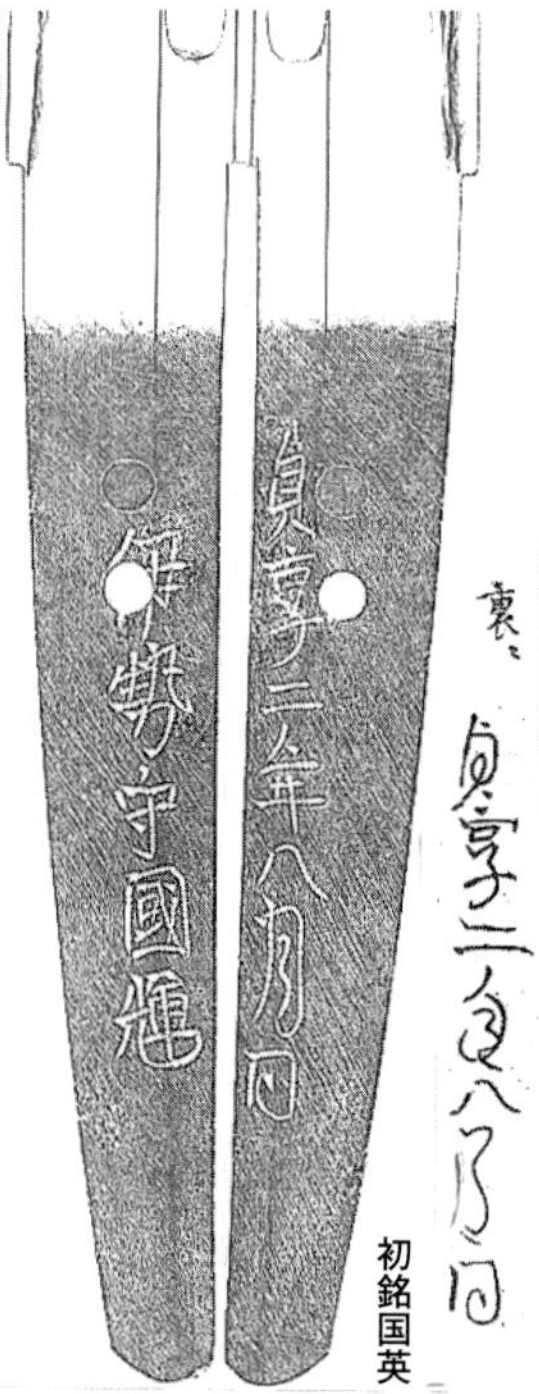

初銘国英

り、かなりの作刀を残し活発な鍛刀活動を続けて、長命だった。本家の四代国助は若くして四代国輝の許で修業し、また分派した伊予松山家の三代国輝が幼少のため寄宿するなど、小林家は四代国輝の双肩に負うところが大きかった。元禄・宝永から以降、鍛刀界が衰退の一途をたどるなか、四代国輝の存在は大きな位置を占めるものがあった。三代が中興した小林国輝家を継ぎ、さらにその名を世に広めた功績は大きい。四代目国輝の技は三代隼人進に遜色なく、茎先を御幣に造るのは四代の考案による。阿波徳島で駐槌する。

新 **国輝【くにてる】** 和泉大掾　初代　伊予国　江戸中期（寛文）

三好太郎兵衛。初銘長清。藤四郎長国門。寛文三年三月一日に和泉大掾を受領し、国輝と改める。元禄九年、七十歳没。

新 **国輝【くにてる】** 和泉大掾　二代　伊予国　江戸中期（元禄）

三好五郎右衛門。伊勢守国輝門。陸奥守輝政同人。元禄年中に摂津から松山に移り、三好家を継ぎ国輝に改める。**⇩輝政の項参照。**

新 **国輝【くにてる】** 和泉大掾　三代　伊予国　江戸中期（正徳）

三好藤四郎。幼くして父と死別したため、大坂へ出て伊勢守国輝の許で修業し、独立後は国輝を襲名する。◆四代藤四郎国輝（元文）。五代庄右衛門国輝（明和）、初銘国次。

古 **国時【くにとき】** 肥後国　鎌倉末期（文保）

延寿。初代。国村の子。文保から延元にかけての年紀作がある。年紀があるもので最終とみられるのが「延元三年八月」の銘（『光山押形』）である。翌年の「延元四年十二月十三日」の作銘は銘の筆致（**⇩国時〈二代〉の項参照**）などからみて別人のもの、すなわち二代銘とみられる。建武二年の国時銘にもみるように初代銘は概して大振り、二字銘が多い。二代銘は初代に比べては小振りであり、少しく細鏨である。「國時」「肥州菊池住國時」。

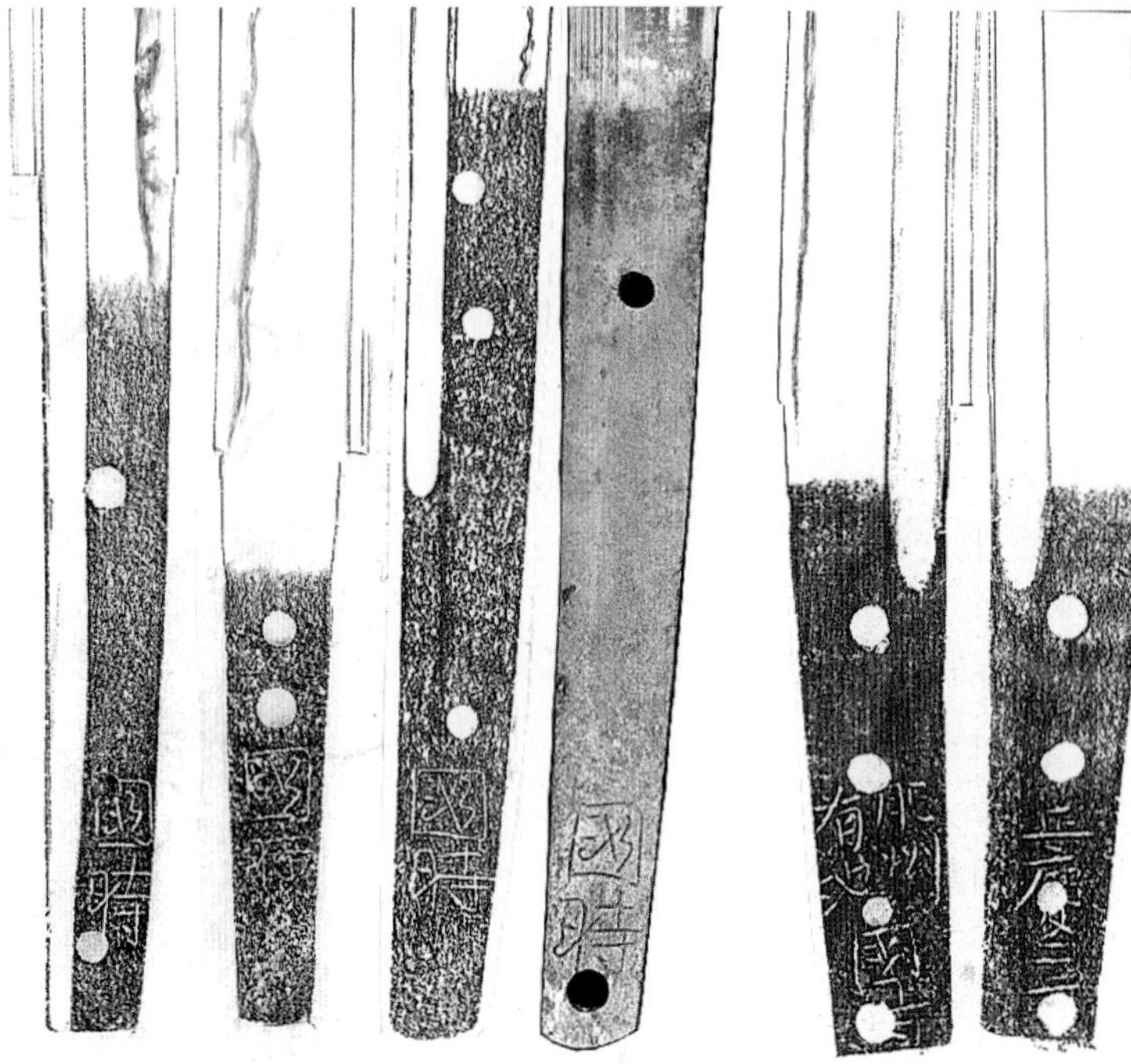

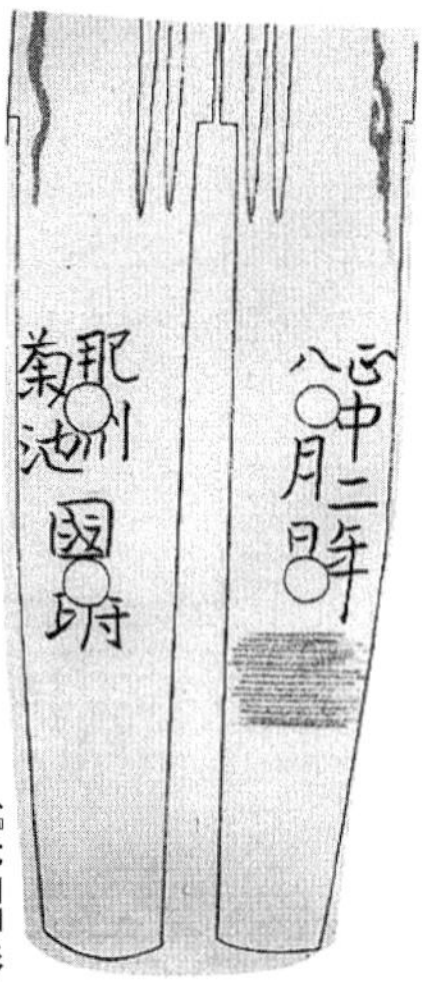

（『光山押形』）

古 国時【くにとき】

肥後国　南北朝期（延元）

延寿三郎。二代。国吉の子。建武二年から正平中ころまでの年紀作がある。初代作に似て中直刃を焼き、小互の目交じり、小沸むらなくよくつき、ほつれ、喰違刃、湯走り状に二重、三重にかかり、金筋入る。「国時」「肥州菊池住国時」。

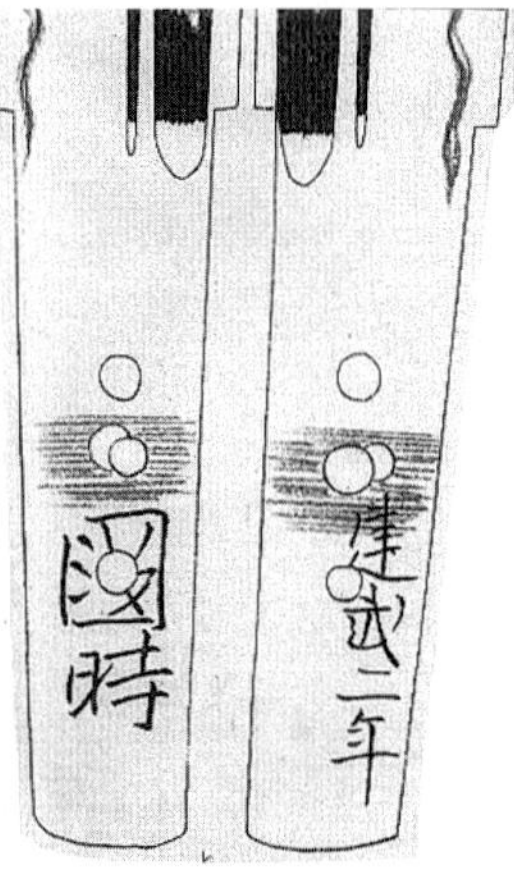

（『光山押形』）

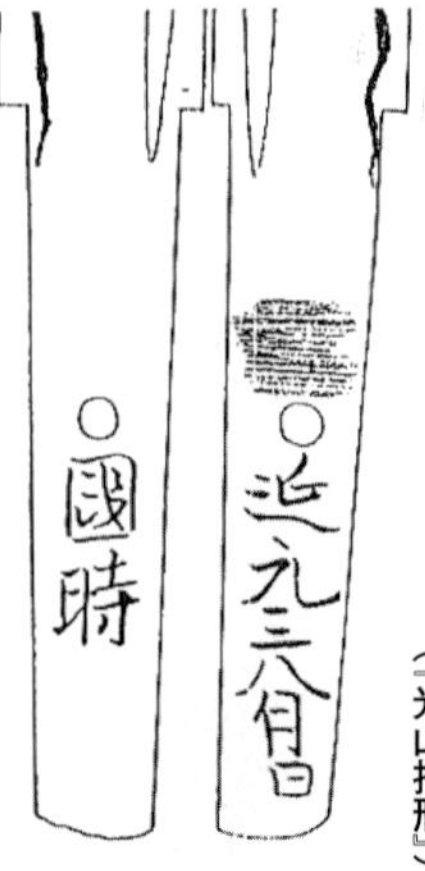

延元二（年）八月日（『光山押形』）

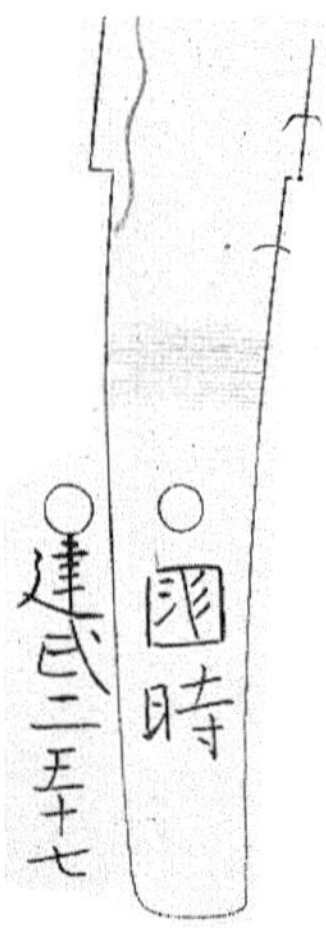

（『埋忠押形』）

延元四（年）十二（月）十三（日）

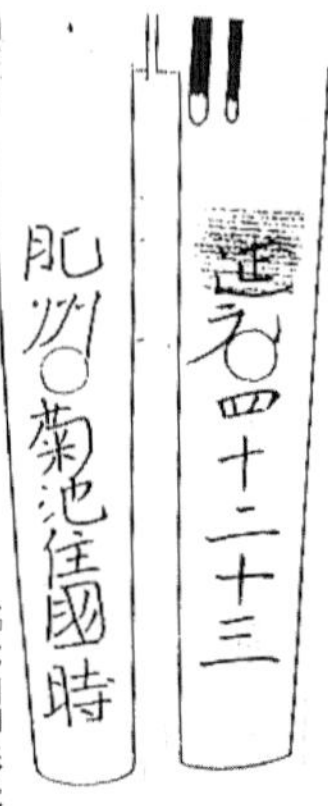

（『光山押形』）

古 国時【くにとき】 肥後国　南北朝期（建徳）

延寿。三代。建徳二年紀の作があり、南北朝最末期から応永にかかるころが作刀期であろう。延寿派の作刀年紀に南朝年号が多く切られているのは、抱主の菊池氏が南朝側であったことによろう。「国時」「肥州菊池住人国時」。四代国時は明徳ころ。

古 国時【くにとき】 肥後国　室町初期（正長）

延寿。銘鑑では五代が正長で、正長元年紀の作があるという。作銘を実見していないのでこれに該当するとはいいきれないが、大振りの「国時」二字銘で室町初期を降らない作を実見している。直刃に小互の目足入り。「国時」。

古 国時【くにとき】 肥後国　室町末期（永正）

末延寿。室町期に入っての延寿は個々の特色を見分け難く、鍛えが小板目のきれいなものと柾ごころの目立つものがあり、直刃の匂口が淋しいもので、中ごろ以降には互の目乱もみる。銘鑑では六代寛正、七代文明、八代永正、九代天文と続く。「國時」「肥州菊池住國時作」。

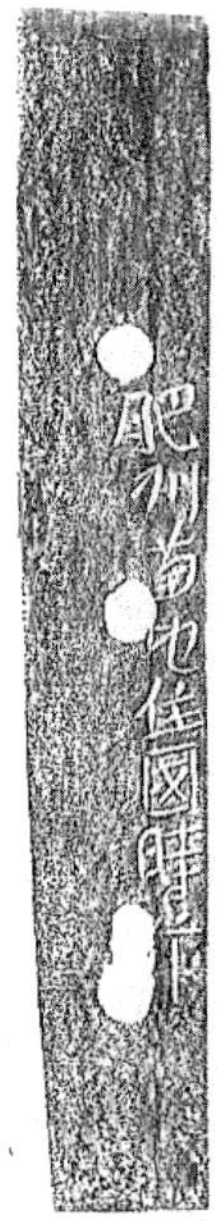

新 国時【くにとき】 紀伊国　江戸初期（明暦）

本国日向。堀川国広門。紀伊和歌山に移住し作刀する。互の目に丁子交じり、沸つき砂流しかかり、親国貞の作風に類す。

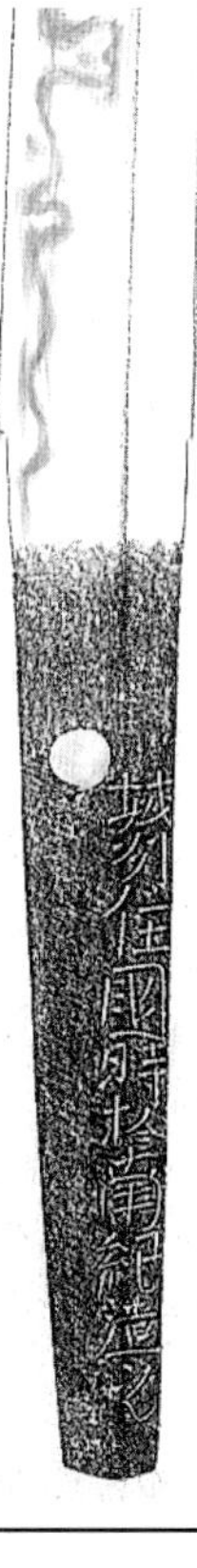

新作 国寿【くにとし】 岩手　昭和

菊地清太郎。明治二十二年生まれ。初銘清家、国安。盛岡市の新藤義国門堀越刀匠に学ぶ。陸軍受命刀匠。海雲斎と号す。遠野市新町住。

新作 国寿【くにとし】 豊後国　明治

右八郎。小川国正八代の末。明治七年没。「小川源国寿」と切る。

古 国俊【くにとし】 山城国　鎌倉中期（弘安）

来孫太郎。初祖国吉の子国行が来太郎、その子の国俊を孫太郎と称す。『元亀元年刀剣目利書』は「来国俊」の条に「国俊は仁治元年生まれ、永仁のころは五十歳、元応のころ八十ばかりなり、九十歳まで生存す。中堂来に八十五歳と打ちたる刀ありと」とある。八十五歳の刀は残されていないが、正和四年紀に「生年歳七十五」と銘した太刀（徳川美術館蔵）があり、また元亨元年で八十一歳に相当する遺作が現存する。『古刀銘尽大全』は「康永三年、百五歳死」としていて、はたして百五歳は据えおいてみたとしても、来国俊がたぐいまれな長寿者であったことに変わりはない。

国俊が長命で作刀期が長かったことを事由の一として二字国俊、来国俊を別人とする二代説があるが、二字に切る「国俊」は初期作であり、壮年に「来」を冠して「来国俊」と銘したと見る来国俊一人説が有力である。二字国俊で唯一年紀がある作に弘安元年紀の太刀（東京国立博物館蔵）があり、この年が三十八歳。「来国俊」で正和四年紀に「生年歳七十五」とある太刀とは縦一線でつながり、その年代差は一人の国俊とみることに無理がない。二字国俊と来国俊を別人とみる二代説は、両者の作風の違いによるところが多い。二字は幅広で猪首切先の姿が堂々として丁子主調の刃文を焼くのに対し、来国俊は細身の姿が優しく、小切先に造り、刃文は直刃仕立てに小互の目、小乱まじりの穏やかな作調である。二字国俊が前期作であり、来国俊が壮年から後の後期作であることは、年代による作風の変化ととらえて不自然さはない。

銘は、はじめ「国俊」と二字に切って年紀がある最初のものが弘安元年、

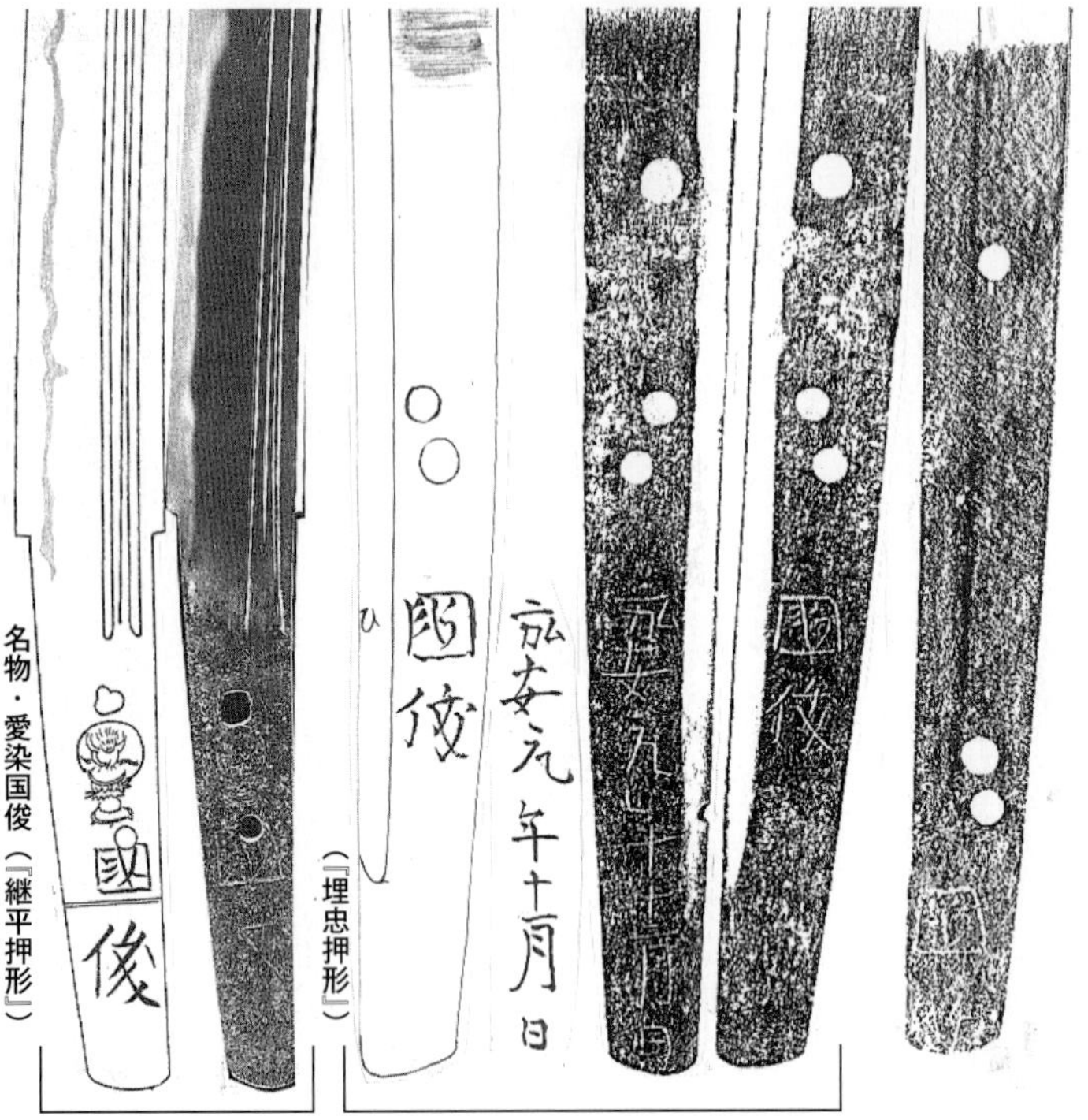

三十八歳

（『埋忠押形』）

名物・愛染国俊（『継平押形』）

三十八歳であり、「来国俊」と三字に切ったのが正応三年、五十歳である。弘安元年から正応三年までの十二年の間に二字から三字に切り替えている。つまりこの間に「国俊」は「来」を冠して「来国俊」と銘するようになった。正応五年八月には「来孫太郎作」と切銘する。正応三年から以降は常に「来国俊」と切り、併行して「来源国俊」のち「源来国俊」と切る。「来源国俊」と切るのは正安三年、六十二歳からという。来国俊、来国光、来国次の三者は「来」の字形を意識的に変え

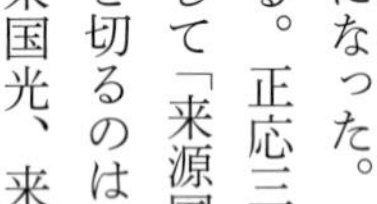

正応三年三月一日　五十歳

五十六歳（『土屋押形』）

来国俊　正和二年八月日　七十三歳

来国俊　正和二二年十月十三日　生年歳七十五　七十五歳

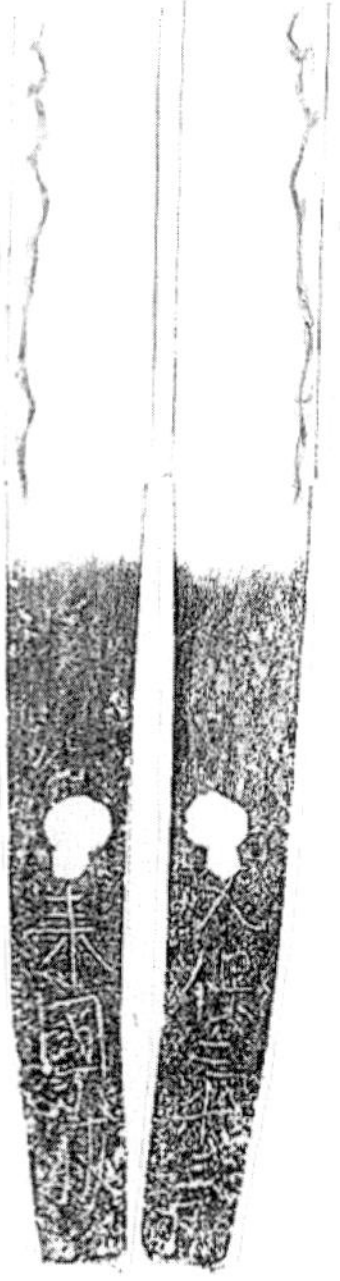

源来国俊　文保二年三月

源来国俊　文保二年七月

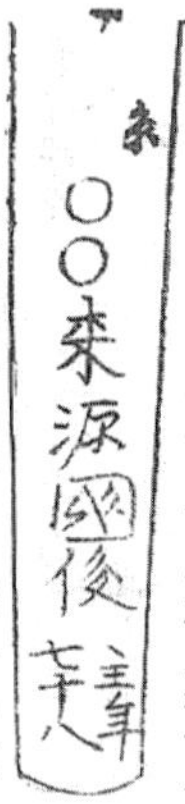

文保元年丁丑七月日（『古今銘尽』）

源来国俊（『長谷川忠右衛門押形』）八十歳

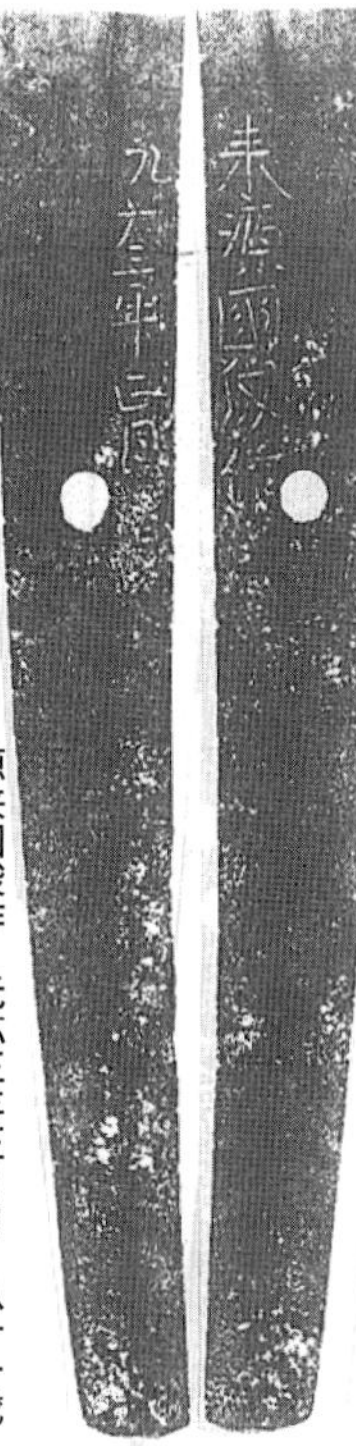

源来国俊作　元応三年正月日　八十一歳

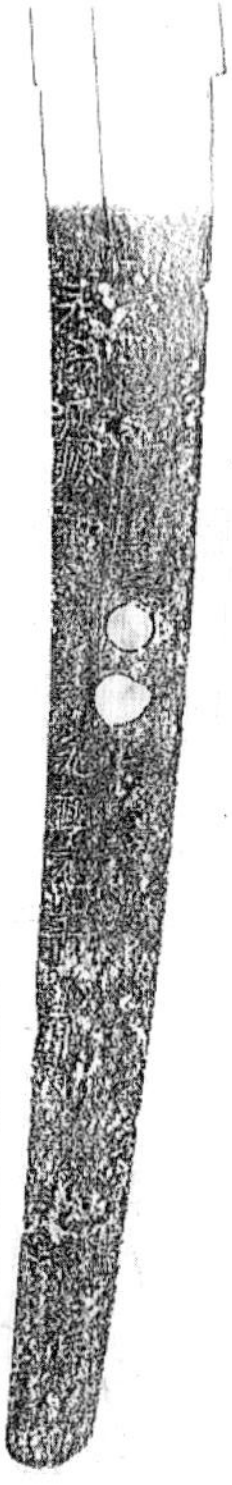

源来国俊　元亨元年十二月日

て打つのが約束事のようである。来国俊は「来」の横三線を右から左へと逆鏨で打つ。来国俊の晩年は来国光、来国次らによる代作代銘が施されていたことが確かである。掲出図の「文保二年三月」と「文保二年七月」は別人の切銘と鑑じられる。三月の手は「源来国俊」と切り、上の出来が乱刃で常の来国俊の直刃調のものとは別の趣をもち、銘の書風と合わせて門下の代銘と見られる。七月のほうは来国俊の自身銘とみられ、この年七十八歳でなお鎚を振るっていたことが思われる。なお元亀本は来孫太郎国俊に三代があり、「始め上手也、次劣れり、三代目は弟子で丹波畑に住し畠ヶ国俊といい　下手也」としている。ここでいう「劣れる二代目」なる者は作刀のみか、その存在すら分明ではない。**（系図840～841頁参照）**

新作 **国俊【くにとし】**　大阪　大正

延寿太郎。延寿国村から十七代後胤と称す。大正五年、六十三歳と切銘する。大正七年紀の作がある。互の目に丁子交じり。

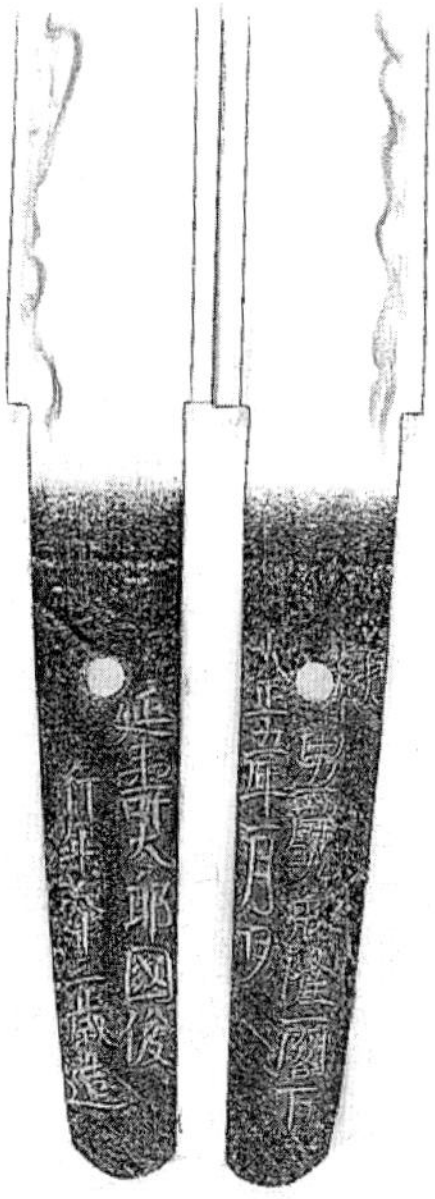

新作 **国俊【くにとし】**　青森　昭和

二唐広。明治三十九年生まれ。堀井俊秀。栗原昭秀に学ぶ。初銘昭広。

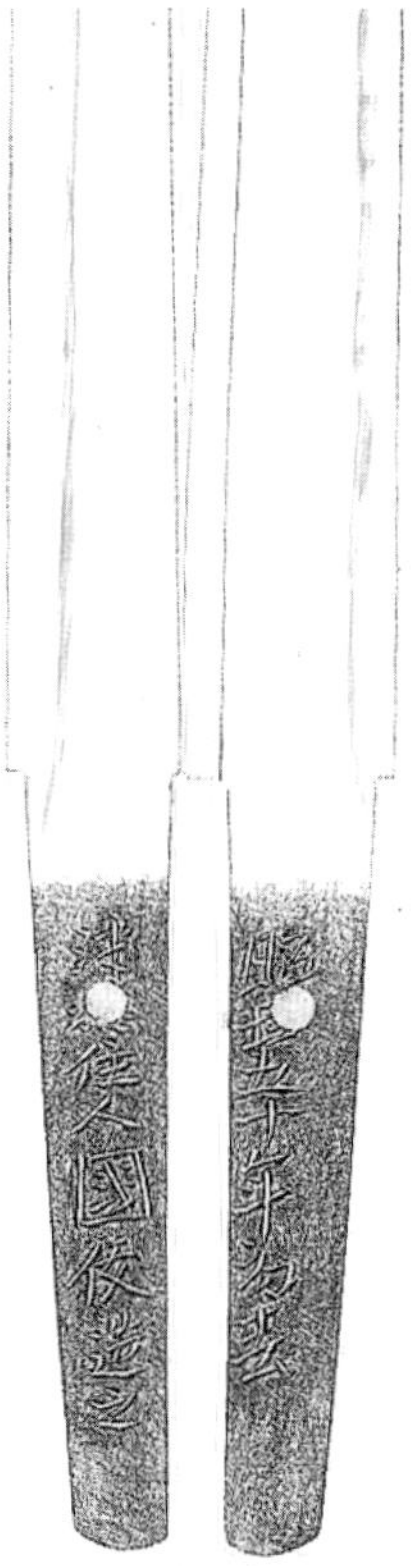

昭和十七年、日本刀匠協会主催の展覧会で総理大臣賞。同十八年に陸軍大臣賞を受賞、陸軍受命刀匠。戦後は昭和二十九年から作刀技術発表会に出品し、二十九、三十、三十五年に優秀賞、三十一、三十二、三十七年特賞を受賞。昭和三十八年、弘前市無形文化財指定。昭和四十八年、青森県無形文化財指定。二唐家は津軽藩工として刀剣のほか鉄砲、大砲などの製作に従事する家柄で、国俊で五代目に当たる。弘前市紺屋町住。山城伝、粟田口伝、備前伝をよくする。

新作 国俊【くにとし】 山口　昭和

藤村松太郎。明治二十年生まれ。松龍子と号す。栗原昭秀門。直刃に二重刃かかる。岩国市錦見《にしみ》住。昭和四十年十一月十五日、七十四歳没。

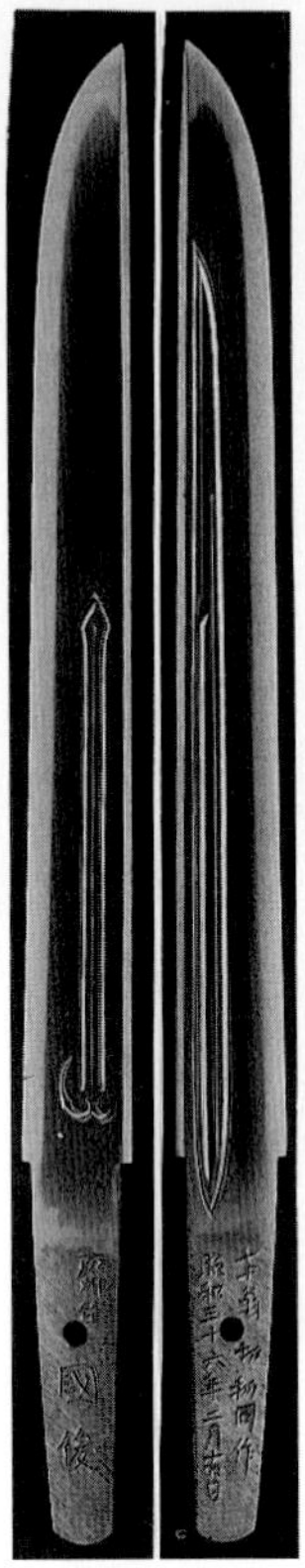

新 国富【くにとみ】 摂津国　江戸中期（天和）

日向国の出身。井上真改門。師が天和二年十一月に没した後、日向に帰国する直前に真改宅打ちの刀と脇指がある。

新 国富【くにとみ】 長門国　江戸中期（元禄）

長門萩住。佐渡大掾、のち佐渡守を受領。松江にても造る。直刃に喰違刃交じり。

古 国友【くにとも】 山城国　鎌倉初期（建久）

粟田口。藤林与三衛門。祖国家の子。国家の作刀はみられず、国友が事実上の祖。本国大和添上郡丹波市という。現存するのは、熱田神宮蔵の重文の太刀と、重要刀剣指定の太刀の二口が知られる。細身で小切先の姿が優美。細直刃に小乱、足入り、匂口うるみ心に地刃よく沸えて古調。鏨細く小振りな「国友」二字銘を切る。「藤林」の作銘は古伝書にみるのみで、現作はみない。（系図838～839参照）

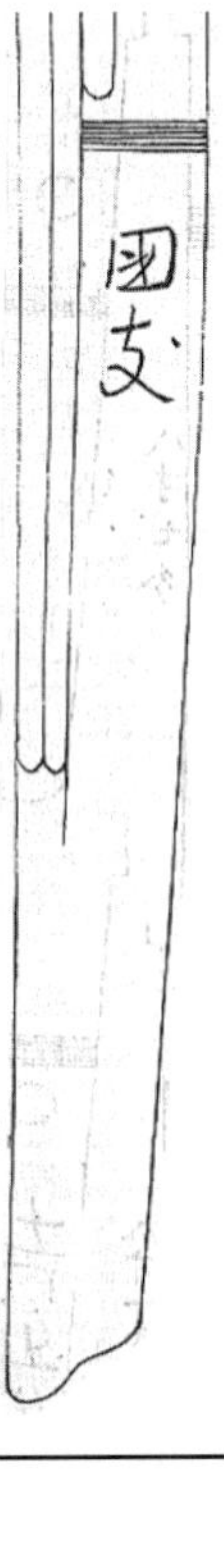

（『古刀銘尽大全』）

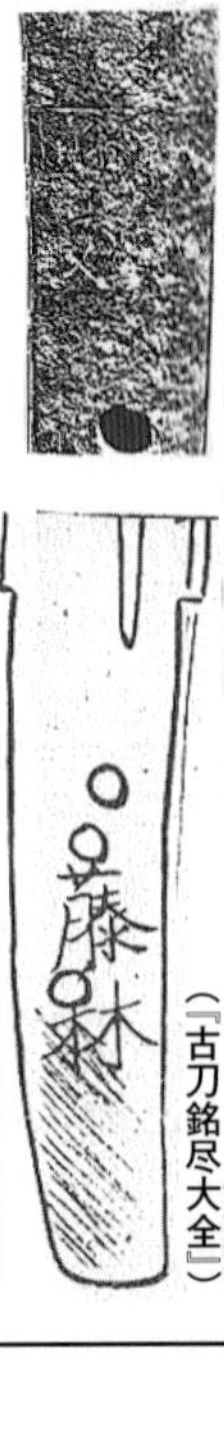

（『光徳刀銘図』大友本）

古 国友【くにとも】 肥後国　鎌倉末期（文保）

延寿。左衛門尉。菊池住。二字国俊門という。『校正古刀銘鑑』は文保二年紀の作があるといい、応長に遡る年紀作もあるという。重文の太刀一口があるが、作刀は稀少である。銘鑑では南北朝期（正平ころ）に二代があるという。

新 国儔【くにとも】 越後守　山城国　桃山期（元和）

生国日向国飫肥。国広の甥。「正弘・国儔は日州より上方へ随い来た弟子」（『新刀賞鑑余録』）で、京一条堀川住。初代国貞、国助の直接的な指導

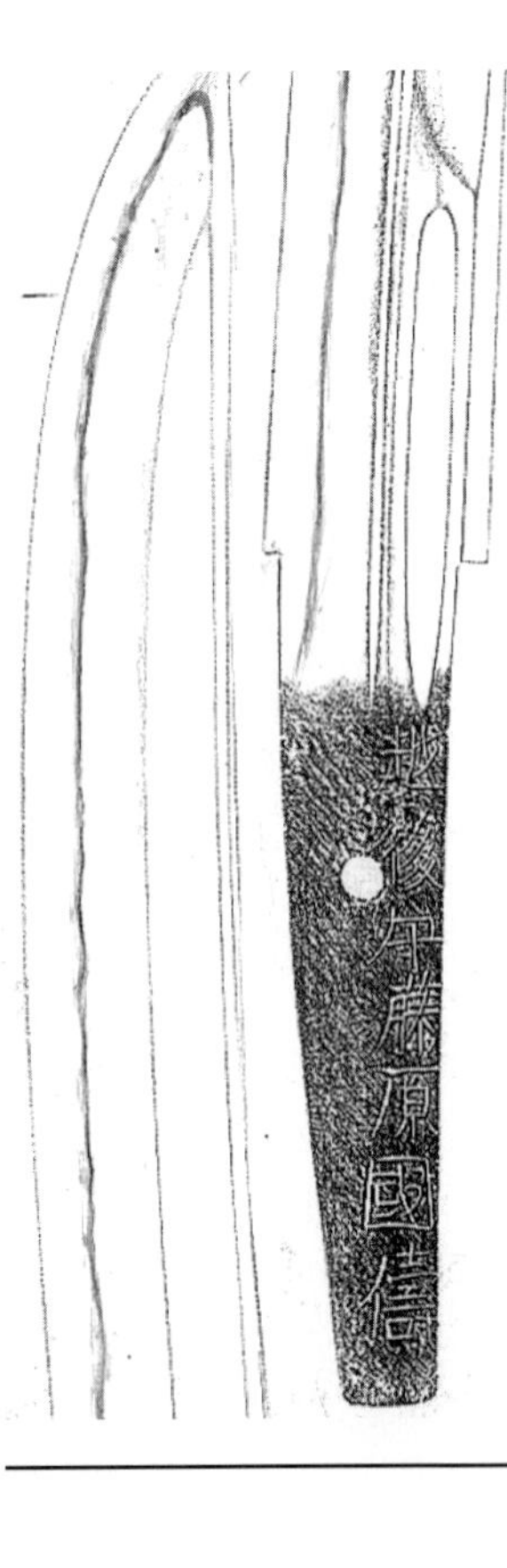

者であったといわれ、国広の師範代の立場にあり、国広の代作者の一人。師の陰にあって自身の作刀数は少ない。脇差が比較的多く、刀は少ない。湾れを主調に互の目を交じえた刃文が師国広の作に似る。焼きの高い華やかなところは一門の出羽大掾国路と類する。匂口が沈んだものが多い。刀身に比して茎の寸が詰まり、茎先がくるっと丸味を帯びる。「越後守藤原国儔」と七字名に切る。

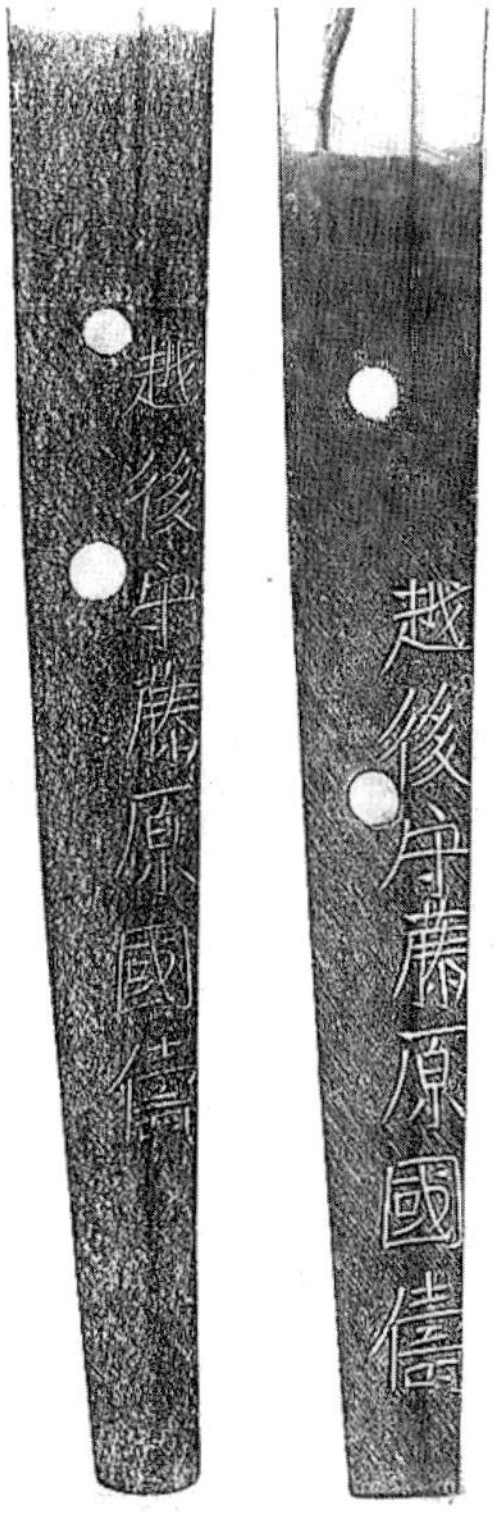

新 **国虎【くにとら】**　和泉守　初代　磐城国　江戸中期（延宝）

根本庄太夫。初銘貞平。根本国家の子として磐城鍛冶町に生まれる。初め加賀守貞則門、のち伊賀守金道（二代）門に入る。江戸時代から井上真改門と伝えてきているが、貞則の師が国貞・真改であるところから直接的な師弟関係ではなくも、孫弟子とみなされてきたものであろう。延宝に入った真改は作技の最盛期を迎えて名声がつとに高く、その名に結びつけたものに違いない。貞平（国虎）は延宝二年、平藩の抱工となり平に移り来た貞則に学び、師名から貞の一字を授かり貞平と銘す。延宝四年正月、内藤義春に取り立てられ、同年九月京に上る。二代伊賀守金道に学び金道家の秘伝を伝授される。延宝八年十月、師金道が没した翌九年に一時帰郷している。なお延宝八年には貞平の師加賀守貞則が没している。

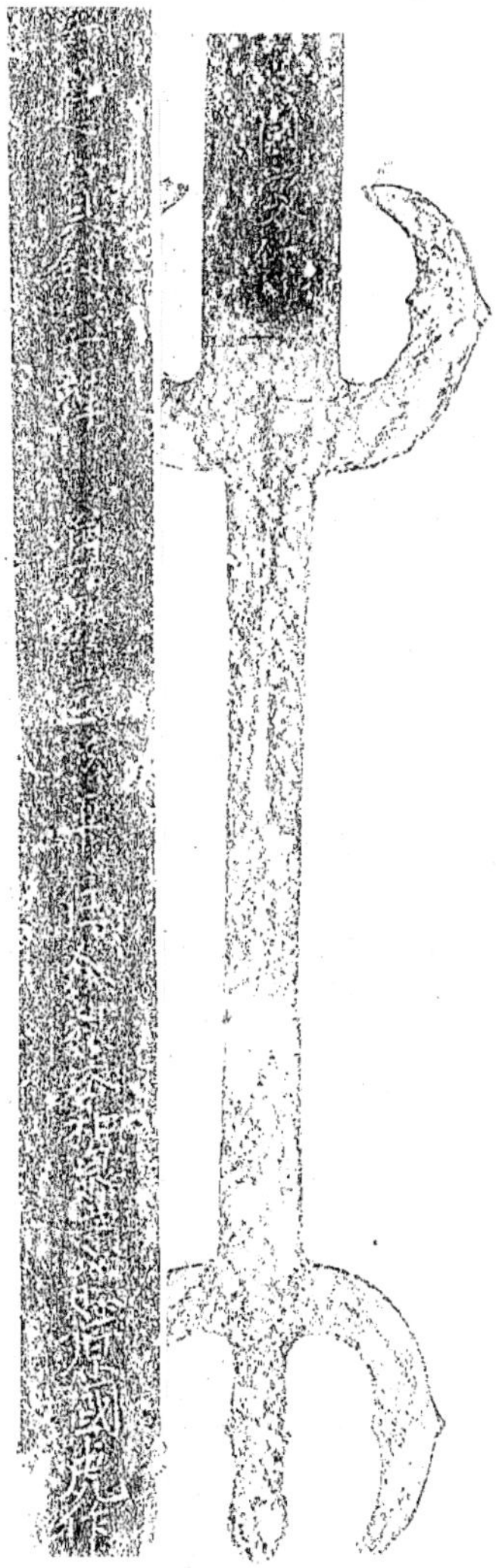

根本□□国家作

奥州磐城平住人根本和泉守藤原国虎作

貞亨五年　石森観音堂奉釼
（国虎の父国家との合作）

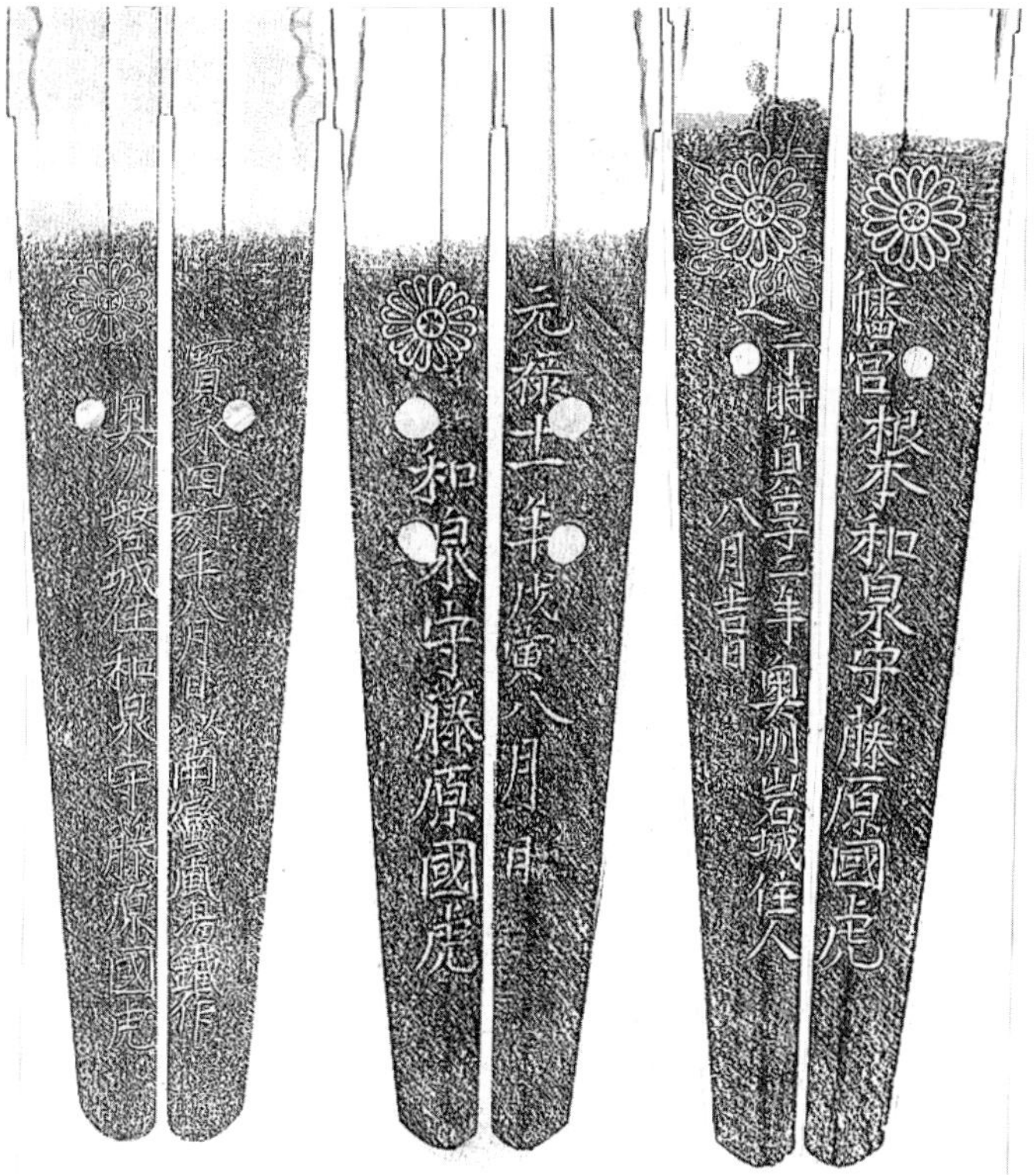

天和四年二月、内藤藩の抱工となり、藩主の号「風虎」の一字「虎」を賜り、国虎と改銘する。国虎は堀川国安の門流と伝え、国安より三代のちが国虎（『根本氏系図』）に当たる。貞享元年十月十三日、和泉守を受領し、菊紋を拝領する。朝鮮国王への贈刀打ちは全国各地から二十四工が選ばれ、奥州からは初代国虎と二代貞則が栄誉の選定を受ける。宝永七年三月に幕命が下り、同年十一月に薙刀一振りを差し出している。初代国虎が五十四歳のときである。正徳三年八月四日、五十六歳没。互の目の刃文が華やか。直刃も焼く。

新 国虎【くにとら】 和泉守　二代　磐城国　江戸中期（元文）

初代国虎の子国敦。幼名鬼一郎。通称八三郎のち庄太夫。初代父が没した正徳三年に国敦はわずか八歳だったため、叔父伝三郎国隆（貞平）が後見して二代国虎を継ぐ。二代国虎の子藤太郎は早世し、「鍛冶伝絶ユ」（『磐城技芸家小伝』）とあるが、なお国虎の二女の子から再興するものがいて、文化・文政ころに後代国虎が鍛刀している形跡がある。延享四年、内藤氏が日向延岡に移封になったおり、辞して従わず、磐城にとどまる。作刀は稀少。明和五年七月二十日、六十三歳没。

古 国永【くになが】 肥後国　南北朝期（至徳）

延寿。菊池住。至徳ころ。「国永」「肥州菊池住国永」。

古 国永【くになが】 五条　山城国　平安末期（天喜）

弥太郎。三条在国（有国とも）の子。五条兼永の弟とも、子ともいう。五条住。国永は古来、声価が高く、三条宗近に継ぐ上手。現存する数少ない国永の作中で白眉と目されるのが、名物・鶴丸国永（御物）である。鶴丸の名号は付帯する拵えに鶴丸紋が付されていることからのもの。長さ二尺六寸、反り九分。腰反り踏張りがある太刀姿が優美。小板目肌よく詰み、地沸つき精美。直刃調に小乱れ、小丁子を交じえ、匂い深く小沸厚くつき、金筋入る。地刃健全で格調が高い。鶴丸国永は北条家代々の太刀で、織田信長の愛刀となり、のち仙台・伊達家に伝来し、明治に至り明治天皇に献上される。

国永の銘には四通りがあり、図①から④まで国構えのうちを四様に画す。同人による年代の変遷とみるほか、同名二代がいるとみられる。その他、古書には後代の大和国永（千手院）がいるらしく、大和物が混入している可能性もありえよう。図⑤の「合田口（粟田口）等利伝（砦）国永作」は五条兼永の作と伝えて重美に指定されている太刀であるが、五条国永後代（建長ころ）の粟田口国永であろう。⇩**別項・粟田口国永の項参照。**

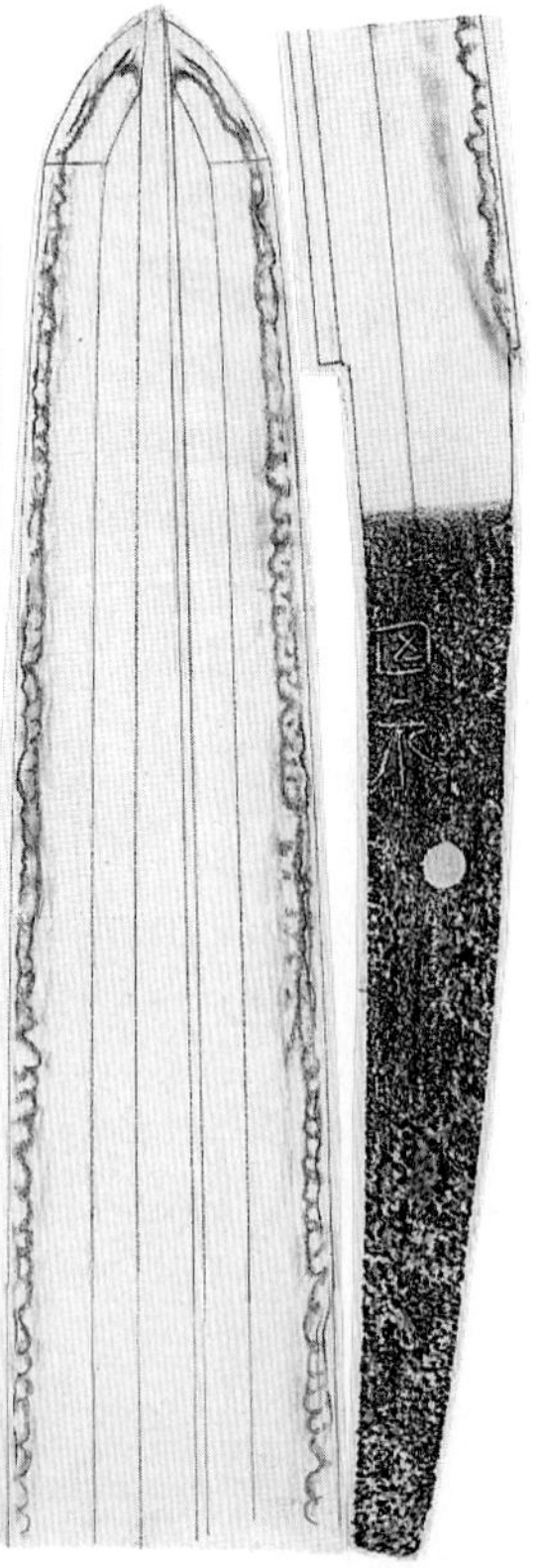
御物・鶴丸国家

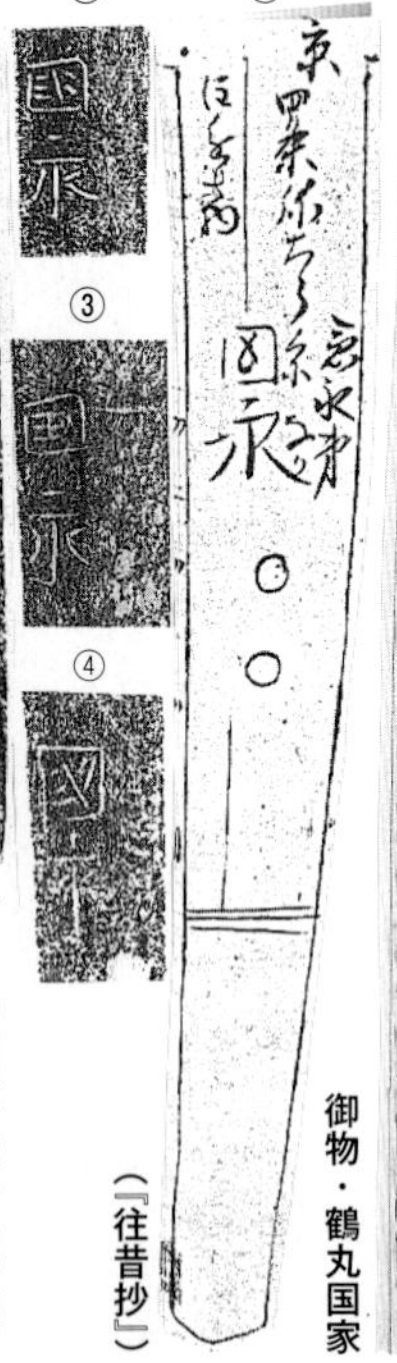
①②③④
（『往昔抄』）

⑤
合田口等利伝（砦）国永作
（粟田口国永作）

古 国永【くになが】 粟田口 山城国 鎌倉中期（建長）

粟田口。五条国永の後代（建長ころ）が、五条から粟田口へ移り、粟田口の発祥となったと考えられるのが、合田口（粟田口）兼永である。年代的には五条国永の二代ないし、三代に擬せられるが、丁子に小乱刃の作風からは綾小路定利に似たところがあるし、また粟田口国安に近い（『日本刀銘鑑』薫山）との見方もある。「合田口等利伝国永作」は「粟田口呰国永作」と読める。五条国永の銘には数種あって、同一人とばかりは限らず数代があって、その後代が粟田口派の形成にかかわることがあったと考えられる、その遺作の一刀である。⇩**五条国永の項参照。**

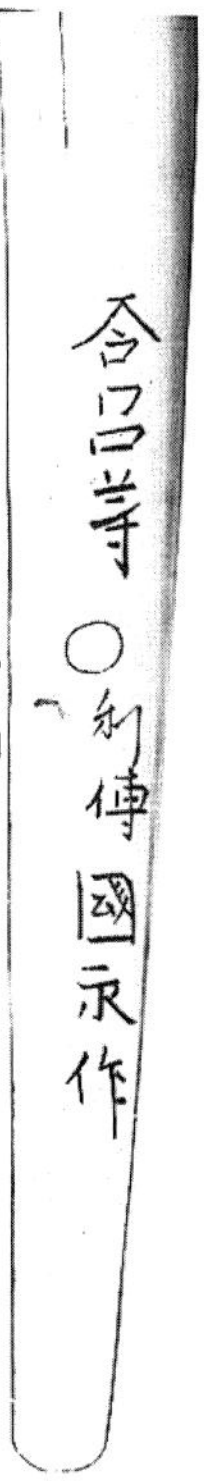

（『古刀銘尽大全』）

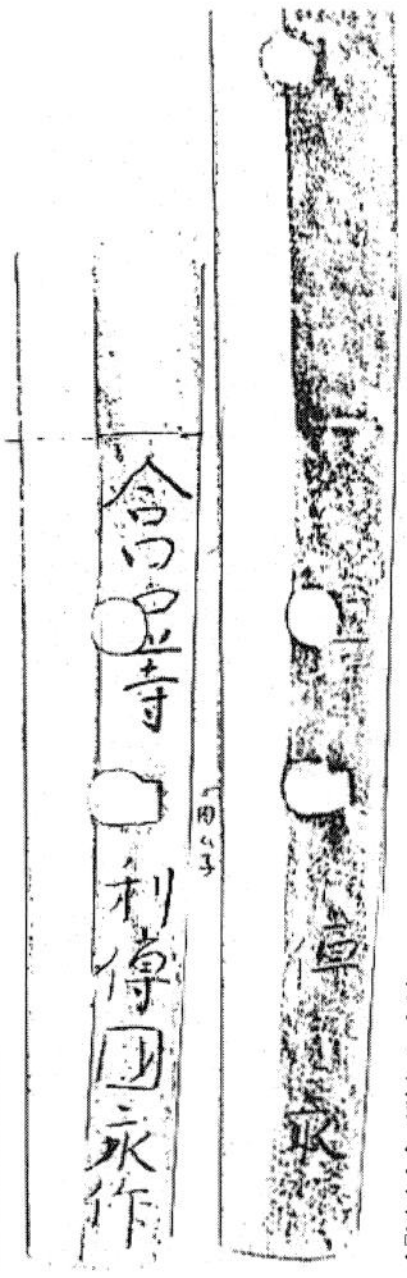

（『今村押形』）

新 国永【くになが】 陸中国 江戸中期（享保）

山内角平。新藤国義門。「奥州南部住国永」「奥州盛岡住国永」などと銘す。享保十六年没。大湾れ、大互の目乱の相州伝、荒沸がつく。

古 国長【くになが】初代 摂津国 鎌倉末期（元徳）

来国末の子、また孫という。来国俊門。摂津中島にて打つところから中島来の称がある。初代は鎌倉末期から南北朝初めにかけて作刀したであろう。元徳年紀の作があるという（『校正古刀銘鑑』）。恵林寺蔵の太刀（重文）は代表的なもので、作風が古調である。腰反り踏張りがあって、小切先が延びた太刀姿が優美。小板目が肌立ち、地沸厚くつく。刃文は直刃調にほつれ、喰違刃があって、匂口沈みがちに沸づく。来派の伝統を受けた作で来国光に似る。

古 国長【くになが】二代 摂津国 南北朝期（延文）

中島来。摂津中島住。備州長船にて造るのは「藤原国長」と打つ（『古今鍛冶備考』）、淡路にても造るという。現存する多くは二代作で、延文・応安年紀がある。備考は三代目は銘を小振りに打ち、永亨ころの人という。太刀が少なく、平造寸延び短刀が比較的多い。身幅が広く、反りをもった南北朝期の恰好を示す。小湾れに互の目、また大乱を焼き、相伝の作風をみせる。

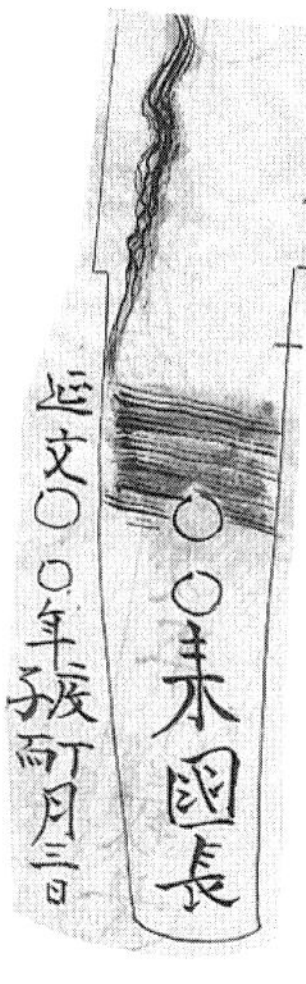

（『埋忠押形』）

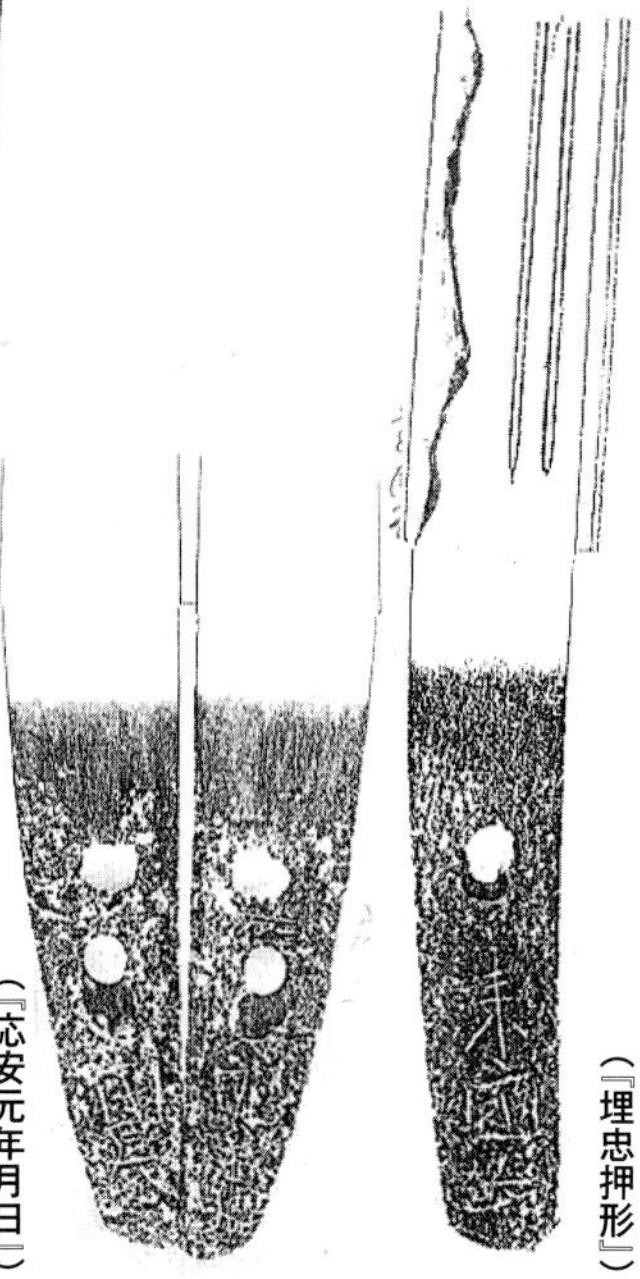

（『応安元年月日』）

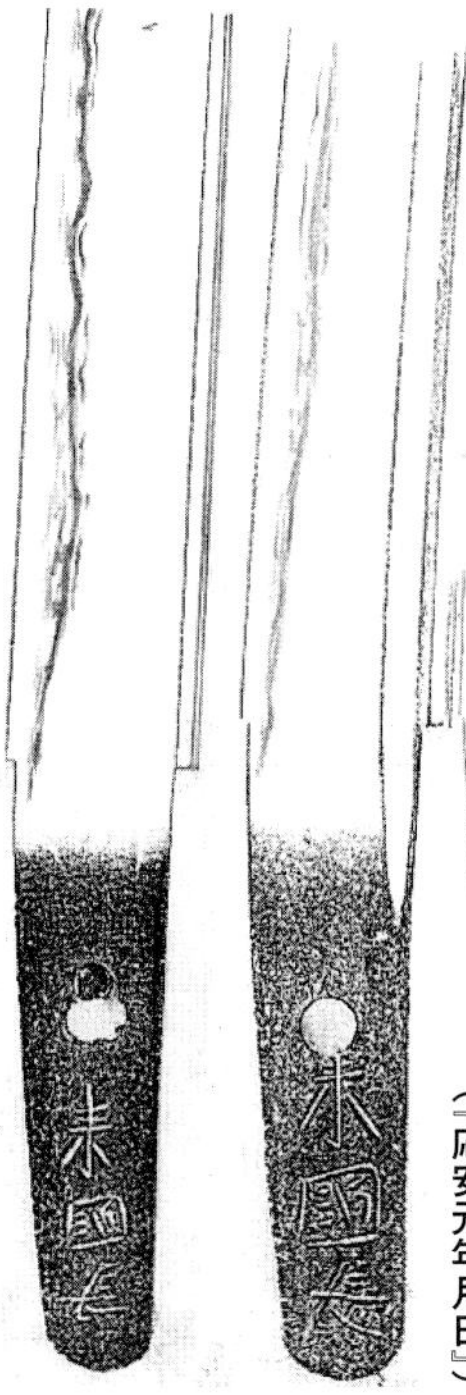

古 **国長【くになが】** 山城国 南北朝期（延文）
平安城。後三条ともいう。平安城光長派。延文から康安にかけての年紀作がある。「菅原国長」「京都住人菅原国長作」。

古 **国長【くになが】** 越中国 室町末期（天文）
清左衛門。三代。板目に柾交じり、肌立つものが多い。互の目乱に、ほつれ、打のけ、飛焼かかり、刃中に足・葉入り、砂流しかかる。「宇多国長」。国長歴代中で享禄・天文ころの作刀が多い。初代国長は応永国房門で永享ころ。二代文明、三代天文、四代天正と続く。

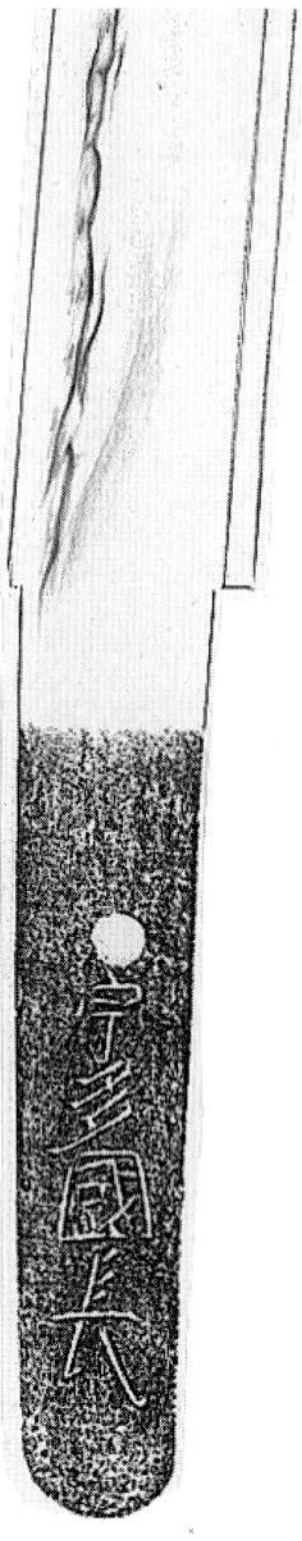

古 **国長【くになが】初代** 美濃国 南北朝期（延文）
赤坂千手院の祖。泉水を称す。越前敦賀より濃州赤坂へ移住する。「国長」「泉水」。

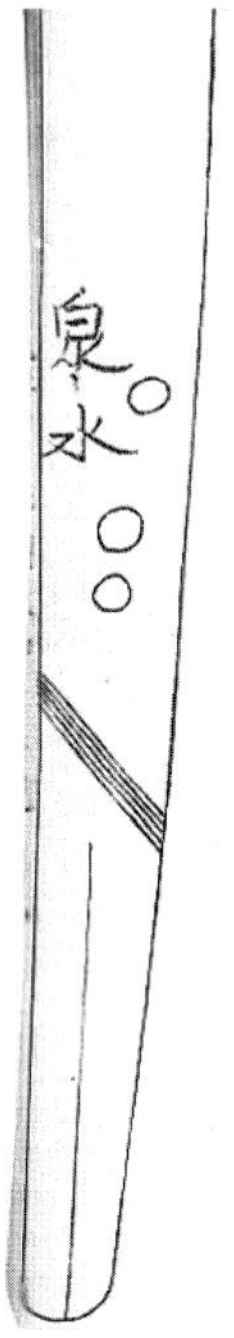

（『古刀銘尽大全』）

古 **国長【くになが】二代** 美濃国 南北朝期（永和）
赤坂千手院。国長二代。泉水の子という。法名道印。永和から康応にかけての年紀作がある。「国長」「濃州住藤原国長」「濃州住千手院道印」。

（『往昔抄』）

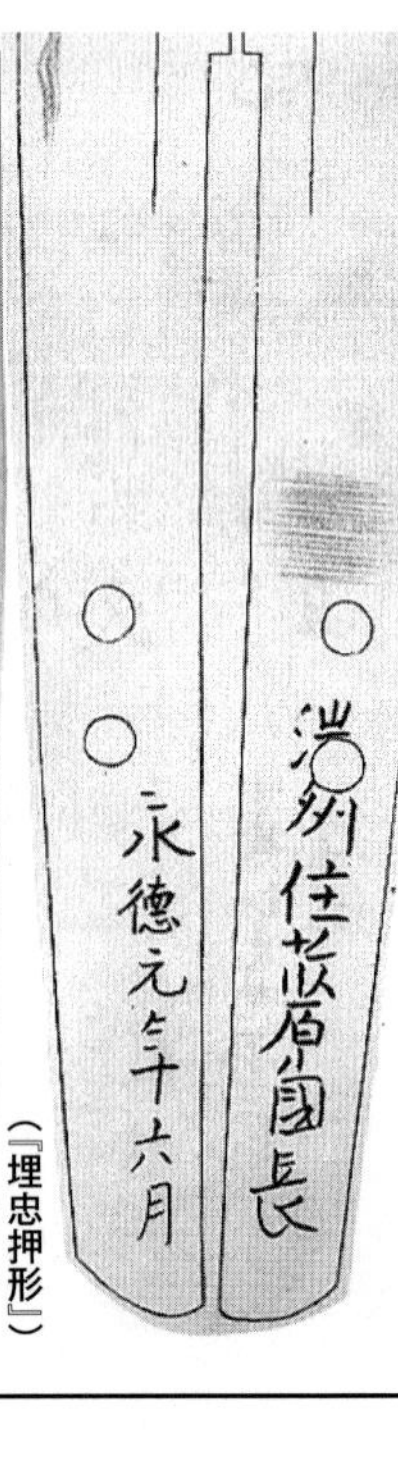
（『埋忠押形』）

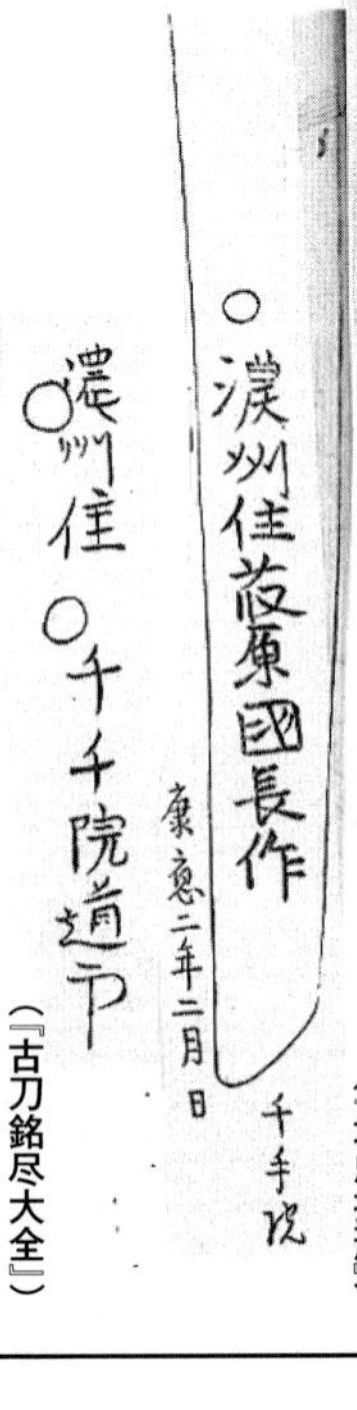
（『古刀銘尽大全』）

古 **国長【くになが】三代** 美濃国 室町初期（応永）
濃州赤坂本庄住。応永十二年紀がある。「国長」「濃州赤坂国長」◆赤坂千手院国長は四代嘉吉から文明・明応、その後も大永・永禄と続く。

（『往昔抄』）

古 **国長【くになが】** 日向国 室町末期（永禄）
飫肥住。永禄のころ。堀川国広との合作がある。「旅泊庵主国廣」「国長」。

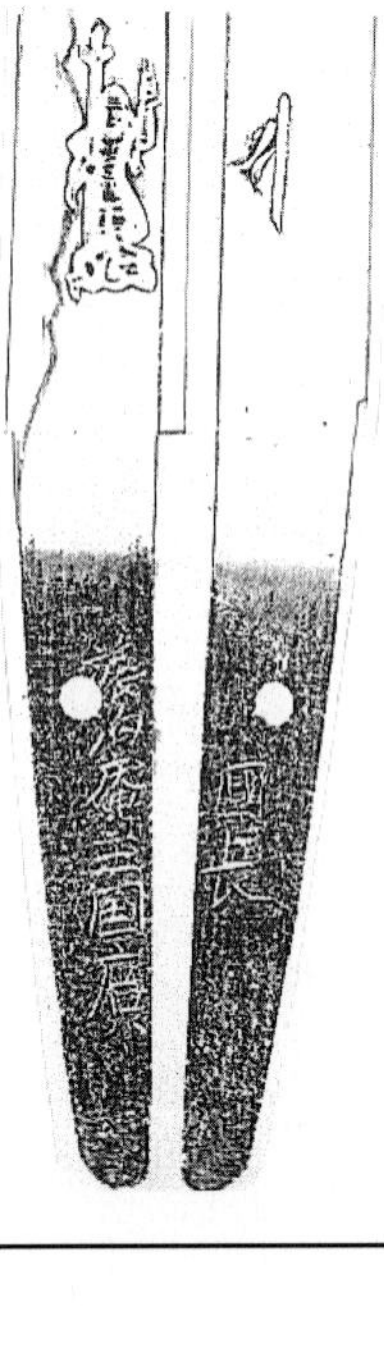

古 **国成【くになり】** 越中国 室町末期（文明）
宇多。板目に柾流れ、よく詰み、白気映り立つ。小湾れに互の目、物打

辺から焼幅広く、飛焼かかり皆焼状となる。匂口沈む。「宇多国成」。

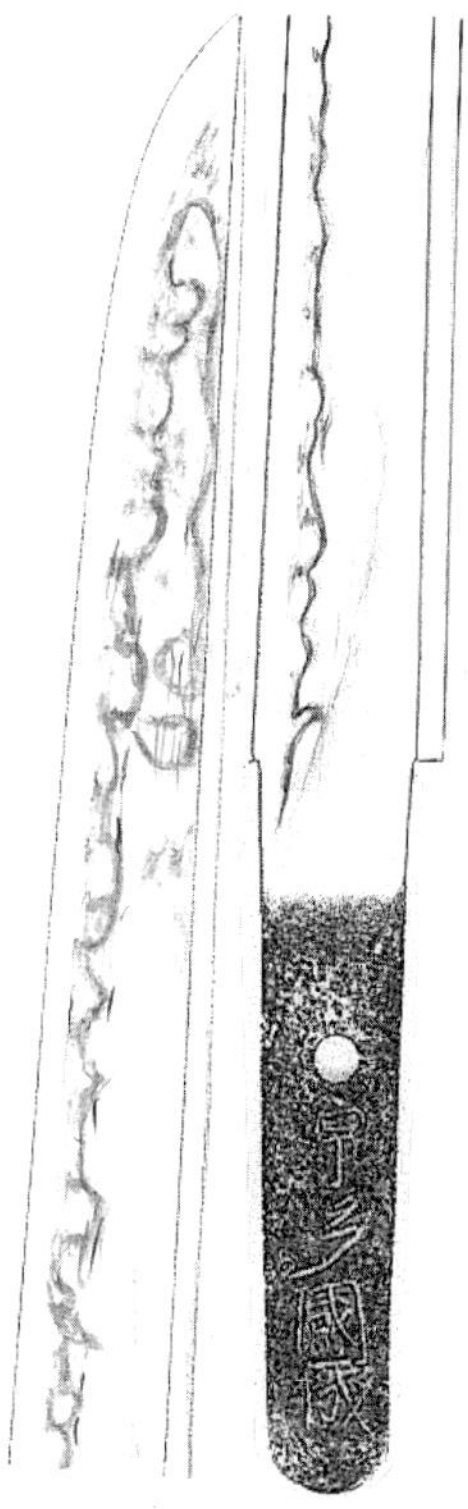

古 国延【くにのぶ】 山城国 鎌倉中期（正応）

粟田口。藤三、五郎左衛門尉。国吉門。次代の正和ころに右馬允国延がいて、のち藤四郎左近と名乗り、鎌倉山内へ移り作刀する。

古 国信【くにのぶ】 肥後国 鎌倉末期（嘉暦）

延寿。国村の門。菊池住。長寸の太刀は直刃を主調に小湾れ、尖り小互の目交じり、小沸よくつき匂口が明るい。小板目の鍛えに白気映りが丁子乱状に鮮やかに立つ。「國信」。

古 国信【くにのぶ】初代 山城国 南北朝期（文和）

長谷部。初代国重の子。本国大和、千手院派。後国重に改めるという。京五条住。相模にても打つという。文和二年から建徳二年までの作刀がある。平造小脇指が多く、特に幅広で寸延び、大振りの造りが目立つ。湾れに互の目、丁子が交じり烈しい動きを見せ、飛焼、棟を焼き、皆焼となる。銘は茎の中央に楷書に丁寧に打つ。

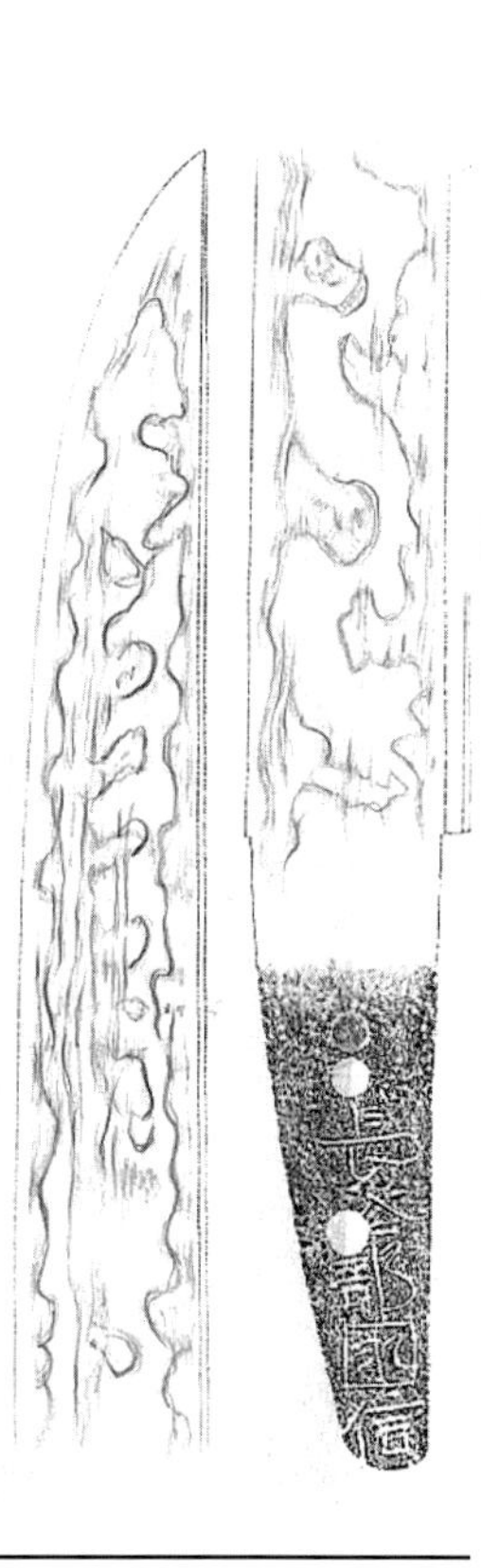

古 国信【くにのぶ】二代 摂津国 室町初期（応永）

長谷部。国信の子。攝州天王寺住。応永年代には二代のほか、国信を銘す別人がいるようである。大全は本国大和に同銘三代目がいるとしている。

新 国信【くにのぶ】 新藤 二代 陸中国 江戸中期（宝永）

新藤平兵衛、平八。初代新藤信国の子。筑前信国の系流で江戸から盛岡へ移る。作刀稀少。元文三年八月十二日没。◆三代信勝（天明）。四代信吉（寛政九年没）。五代信家（文化）以下、元右衛門（明治）まで後続する。

新作 国典【くにのり】 岡山 平成

山本睦典。昭和三十一年生まれ。上田祐定門。平成七年作刀承認。小湾

れに互の目。「備前長船国典作」。岡山市住。

古 国則【くにのり】 備中国　室町末期（大永）

松山水田の祖という。大永のころ。「備中国住国則」。

新 国徳【くにのり】 山城国　桃山期（寛永）

小林姓。堀川国広門。『鍛冶銘早見出』は、「城州住橘国徳」と橘姓を示しているが、伊吹八幡宮への奉納刀には藤原姓を切っている。この奉納刀（『刀剣美術』一二四号）には寛永二年紀があり、筑後掾の受領銘があって、国徳が筑後掾を受領したことがわかる。

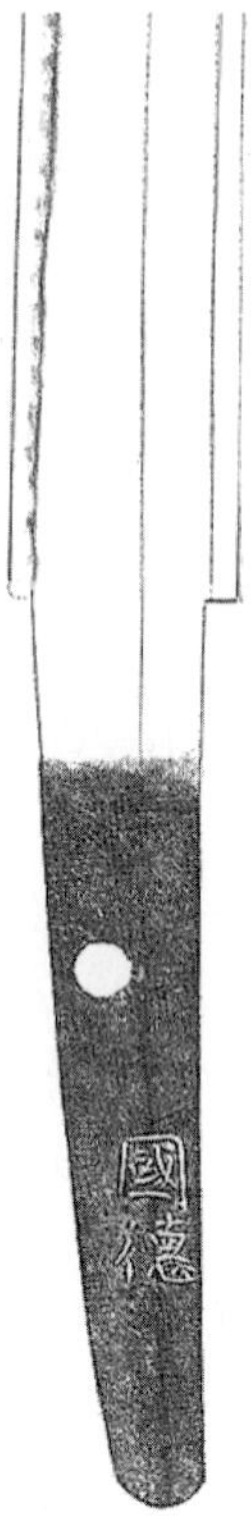

古 国治【くにはる】 肥後国　室町初期（正長）

末延寿。左衛門尉。菊池千本鎗を造る。正長元年紀の作がある。「肥州菊池住国治作」。

新作 国治【くにはる】 青森　昭和

山内太郎治。大正五年生まれ。父清光に学ぶ。津軽住。陸軍受命刀匠。戦後は新作名刀展第一回から第五回まで入選。

古 国久【くにひさ】 初代 越中国　室町初期（応永）

右衛門三郎。法名浄慶。初代国房の子。二代国房の弟。鍛えは小板目がよく錬れて、地沸よくつき地景入り、白気映り立つ。刃文は直刃が浅く湾れて小互の目交じり、小沸厚くつき、地刃ともに冴える。

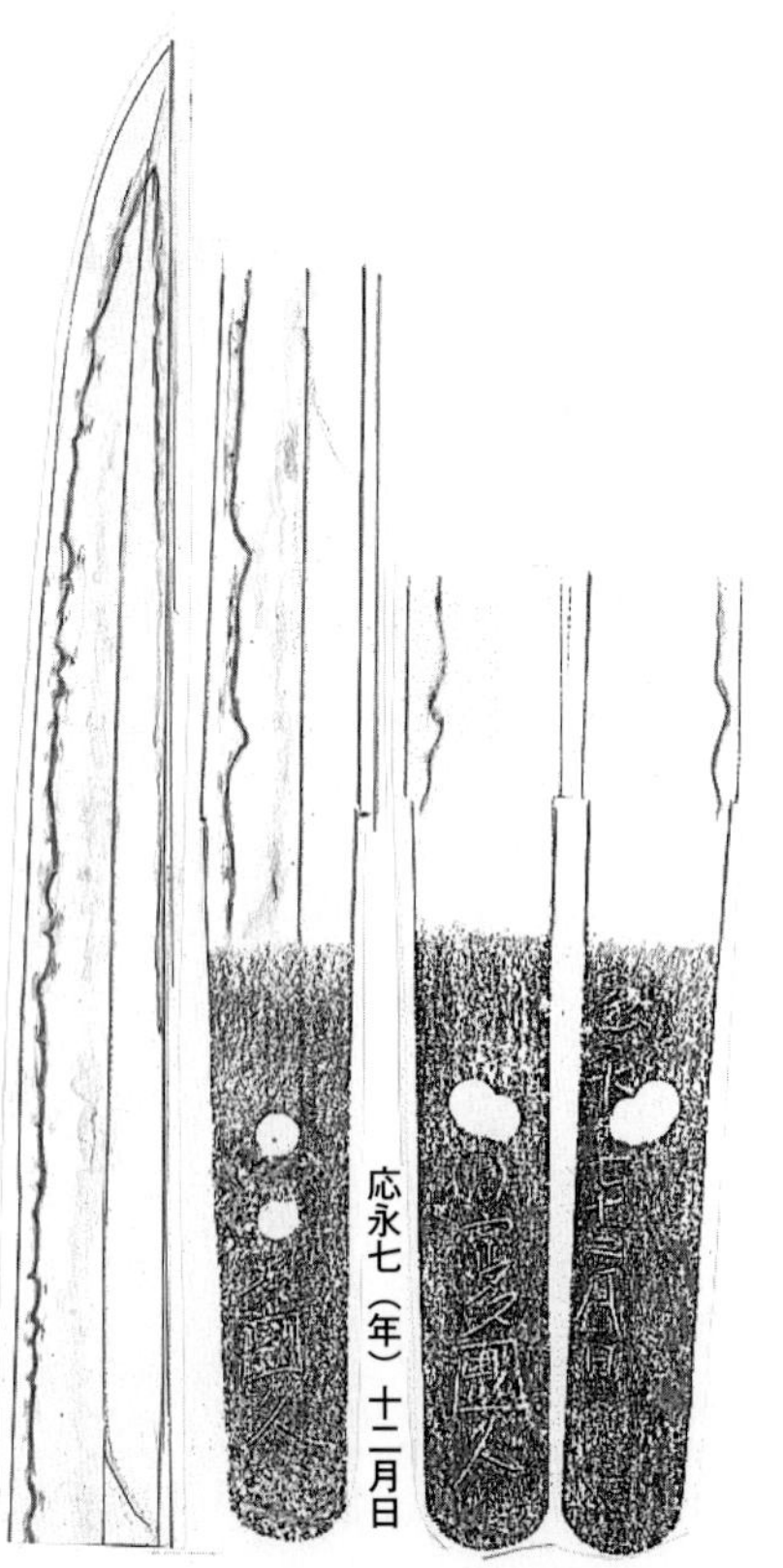

応永七（年）十二月日

古 国久【くにひさ】 二代 越中国　室町中期（宝徳）

初代国久の子。宝徳二年紀の作がある。「宇多国久」「国久」。国久は三代文明、四代永正、五代天文、六代弘治と連綿とし、直刃また互の目乱を焼き、箱がかった小互の目、尖りごころの乱を交じえ、刃縁にほつれ、打のけかかるものが多い。多くは「宇多国久」の四字を銘す。

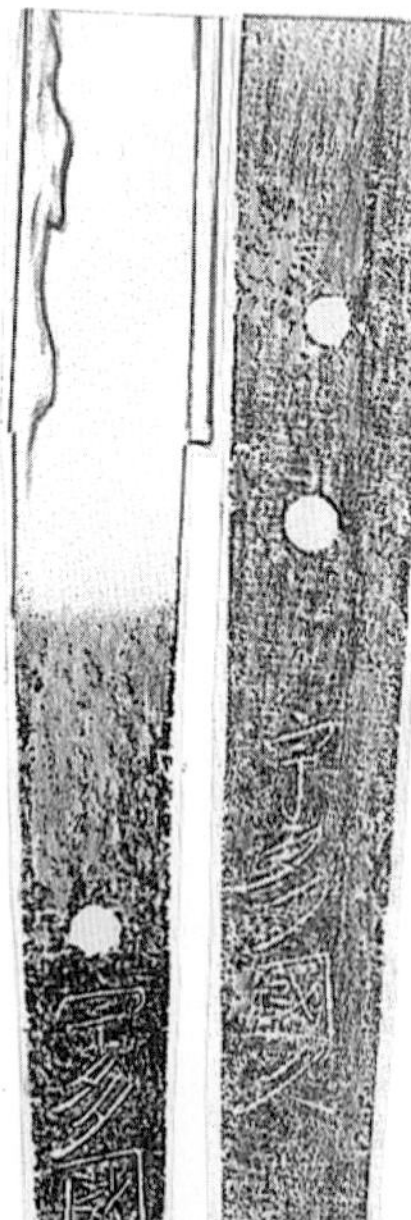

新作 国寿【くにひさ】 群馬　平成

石田智久。四郎国寿と称す。昭和五十二年生まれ。河内国平門。平成十三年作刀承認。同年新作刀展覧会に初出品し努力賞・新人賞受賞。平成二十二年、同二十三年、同二十五年新作日本刀展入選。富岡市下丹生

住。丁子に尖り互の目交じり、逆丁子乱。「上州住人四郎国壽造」。

古 国秀【くにひで】 山城国　鎌倉末期（元応）

来彦太郎。来国次子、また門人という。鎗の制作を得意とする。直刃がほつれ、二重刃かかり、小沸よくつく。小板目肌に柾交じり、よく練れて小沸つき、沸映り立つ。

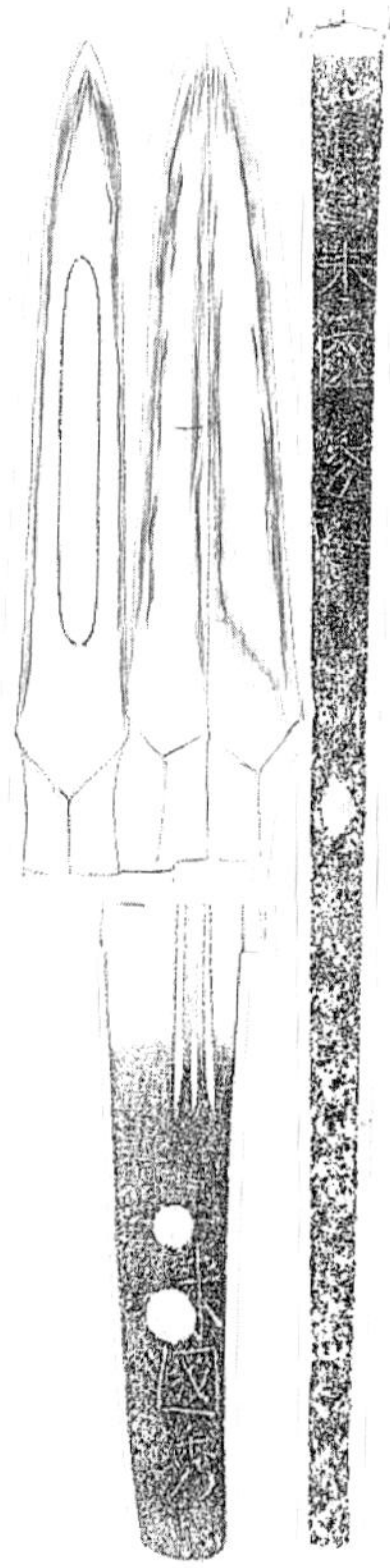

古 国秀【くにひで】 越中国　室町初期（応永）

宇多。初代国房門。越前府中にも住。越前国秀と同人であろう。「宇多国秀」「越前国府住国秀」。

新々 国秀【くにひで】 羽前国　江戸末期（享和）

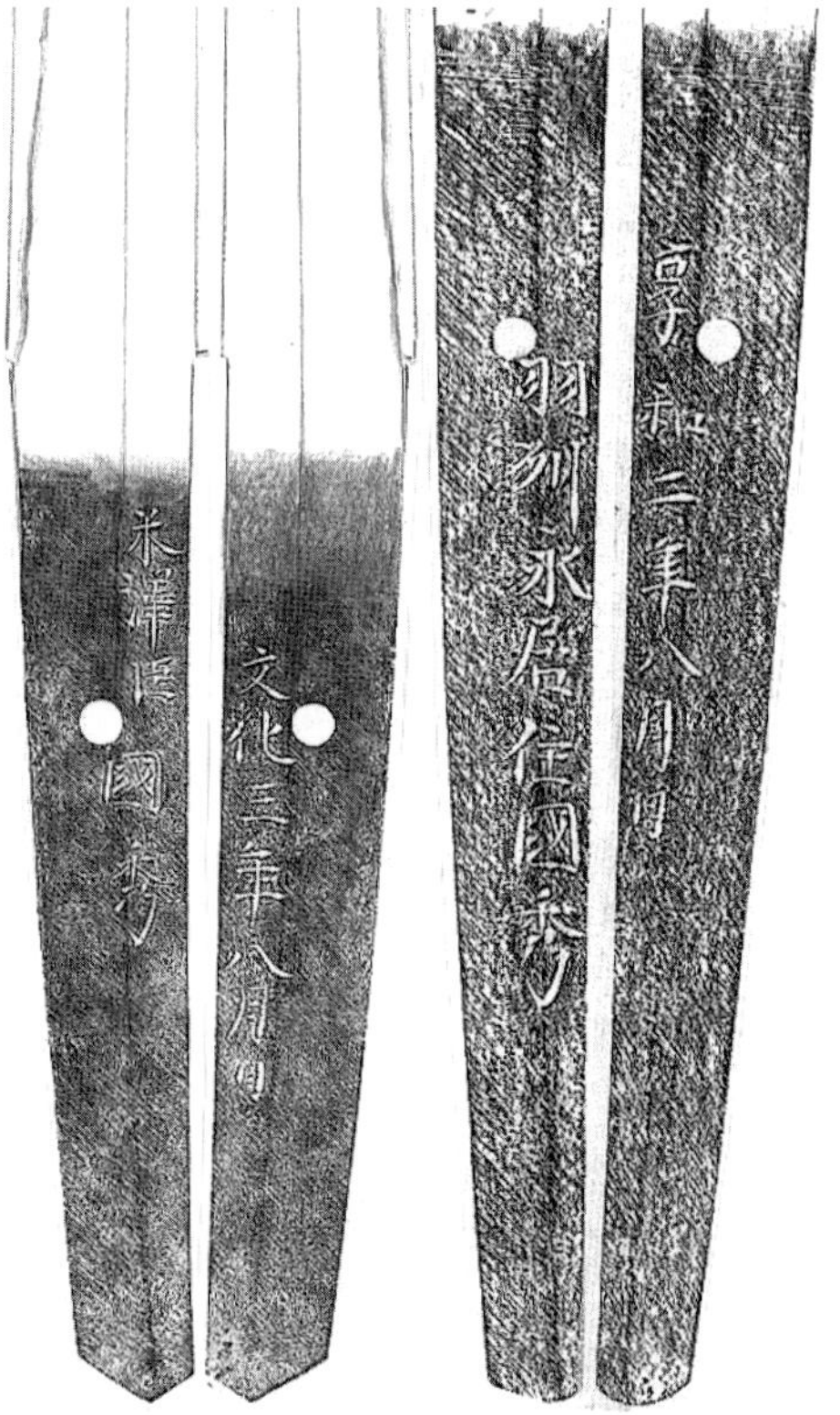

加藤助四郎。初銘正道。羽州永居住また米沢住。綱英、初代綱俊の父。鈴木治国門のち水心子正秀の門に入る。互の目丁子乱、濤瀾乱風の大互の目乱。

新々 国秀【くにひで】 肥後国　江戸末期（文化）

田中寿助。国信の子。初銘国延。水心子正秀の門人となり国秀と改め、国日出とも銘す。江戸でも造る。細川藩工。肥後菊池住、のち熊本城下へ移る。寛政二年紀から天保二年二月紀までの作刀がある。豪壮な体配の刀を好み、直刃が多く、丁子乱刃は少ない。相州伝の大乱、関風の尖り互の目、稀に三本杉刃を焼き作域が広い。

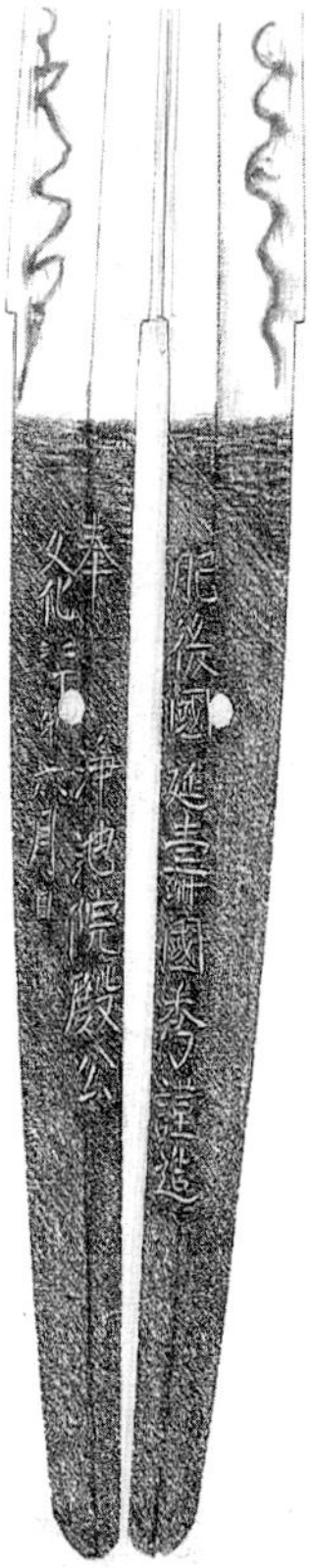

古 国平【くにひら】 山城国　南北朝期（延文）

長谷部。京猪熊住。初代国重の子。延文・貞治の年紀作がある。湾れに

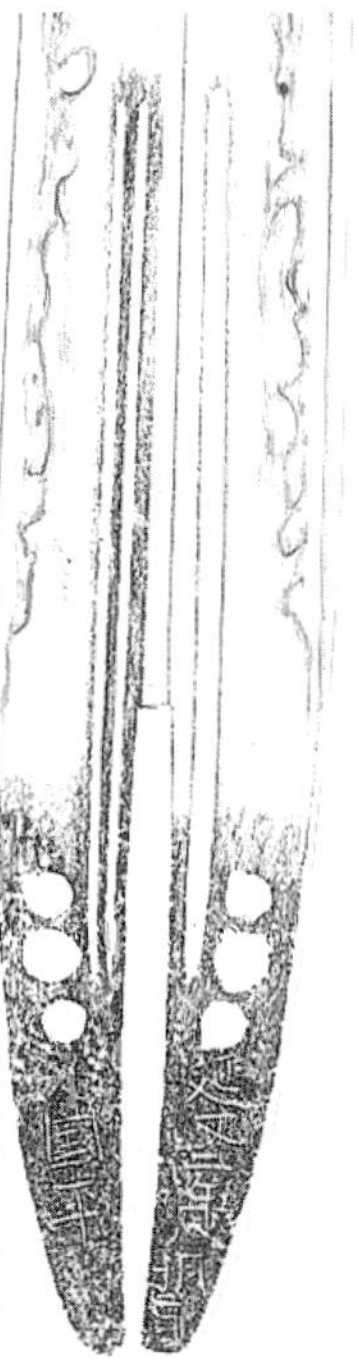

延文二年八月十二日

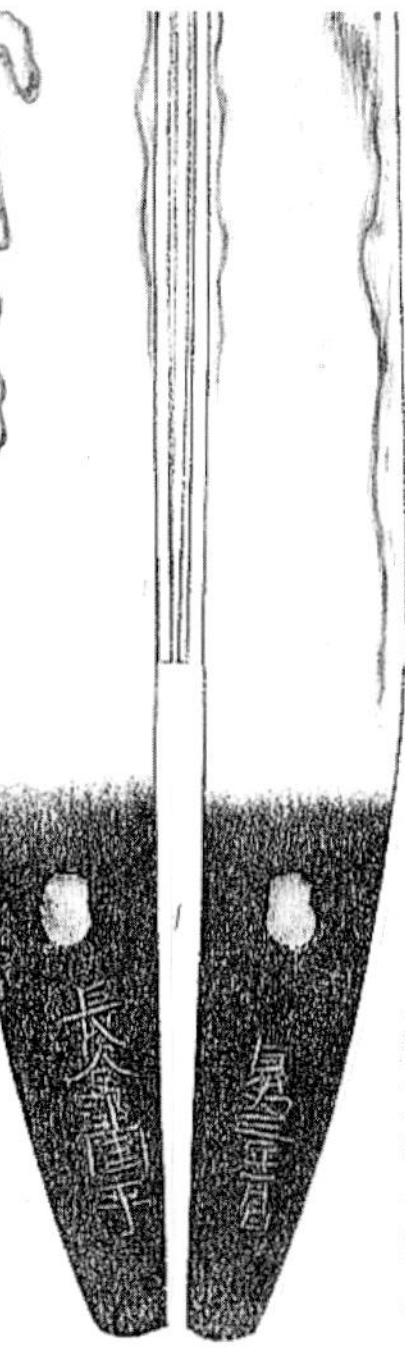

貞治三年二月日

互の目、丁子、逆がかった刃、箱がかった刃交じり、飛焼かかり棟を焼き、皆焼状となる。

古 **国平【くにひら】** 越中国　室町末期（明応）

宇多。国清門。明応年紀の作がある。「宇多国平」。

新 **国平【くにひら】初代** 摂津国　江戸中期（延宝）

河崎作兵衛。和泉守国義の父。初代国貞門。のち日州飫肥へ移る。湾れ調の直刃、匂口深く沸よくつく。

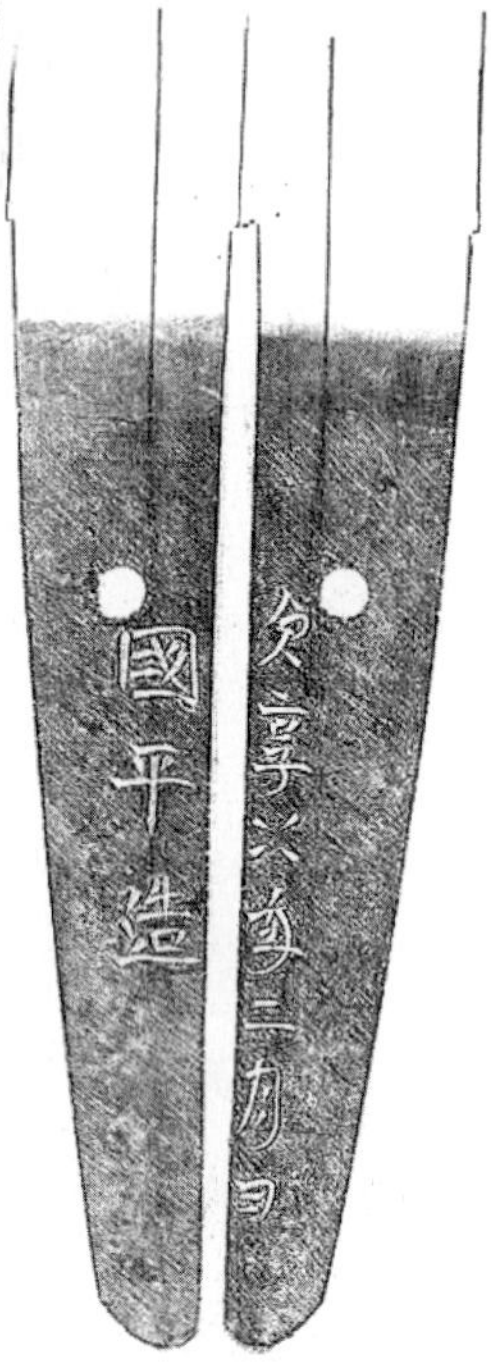

新 **国平【くにひら】二代** 摂津国　江戸中期（貞享）

二代目国平は井上真改門。年紀があるものに、天和二年から元禄五年まで「国平造」の三字銘がみられる。「国」字を八画に切り独特な字画である。

新 **国平【くにひら】三代** 摂津国　江戸中期（正徳）

国平銘で年紀のある作は寛文から正徳の間にみられ、二代ないし三代がいるとみられる。正徳五年紀がある「国平作」は三代目に該当しよう。「国」字を楷書に切る。

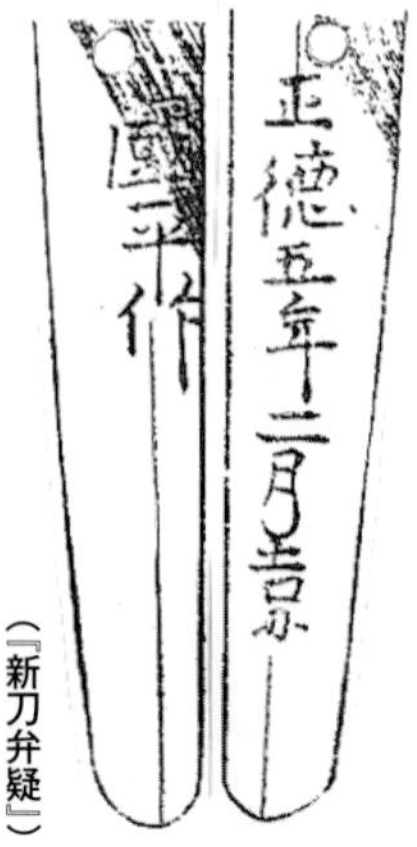

（『新刀弁疑』）

新 **国平【くにひら】** 陀羅尼《だらに》（洲崎）　初代　加賀国　江戸中期（正徳）

洲崎吉兵衛。初代家平の子。初銘家平（二代家平同人）、正徳年中に国平に改銘。享保十七年二月没。◆二代国平は吉右衛門（初銘家弘）、宝暦八年没。三代国平は橘蔵、安永六年没。四代国平は藤三郎、天保六年没。五代国平は吉郎、慶応三年没。二代以下作刀は少ない。

新 **国平【くにひら】** 豊後国　江戸中期（寛文）

豊州高田住。初銘義行、豊平。山城大掾を受領。互の目乱、湾れに小互の目交じり。

新 **国平【くにひら】** 薩摩国　江戸中期（寛保）

奥次郎左衛門。のち惣兵衛。初銘中金、中ころ包善。奥忠清の従弟で、丸田惣左衛門正房門。享保六年浜御殿での鍛刀奉仕に正清、安代が江戸へ向かったおり国平は後見役として同伴する。宝暦十年、八十六歳の作

享保九　二月

刀があり長命者。湾れに互の目、大互の目交じり、沸よくつき砂流しかかる。

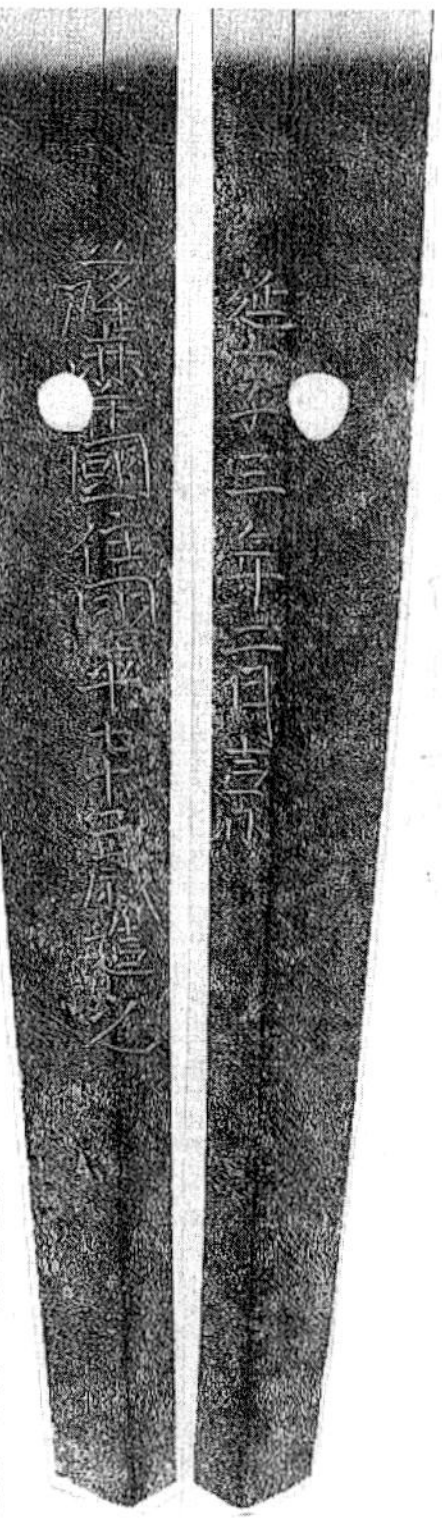
延亨三年　七十二歳

新作 **国平【くにひら】**　奈良　平成

河内道雄。昭和十六年、第十四代河内守国助の次男として大阪に生まれる。昭和四十一年、宮入昭平に入門して相州伝を、昭和五十九年、隅谷正峯に入門して備前伝を習得する。新作刀展覧会、並びに新作名刀展で高松宮賞、文化庁長官賞、毎日新聞社賞など多くの受賞歴をもち、平成十七年に奈良県無形文化財に認定される。昭和五十九年、第六十一回、平成十九年、第六十二回式年遷宮太刀製作に奉仕。藤ノ木古墳出土刀剣の復元（昭和五十四年）、石上神社七支刀の復元（平成十八年）のほか、リトアニア共和国アリスト市にて鍛錬実演と講演（平成十七・十九年）をする。平成九年、同十七年には東京芸大にて日本刀制作についての講演をするなど各方面で活躍する。大和伝、山城伝、備前伝、相州伝を表現する。

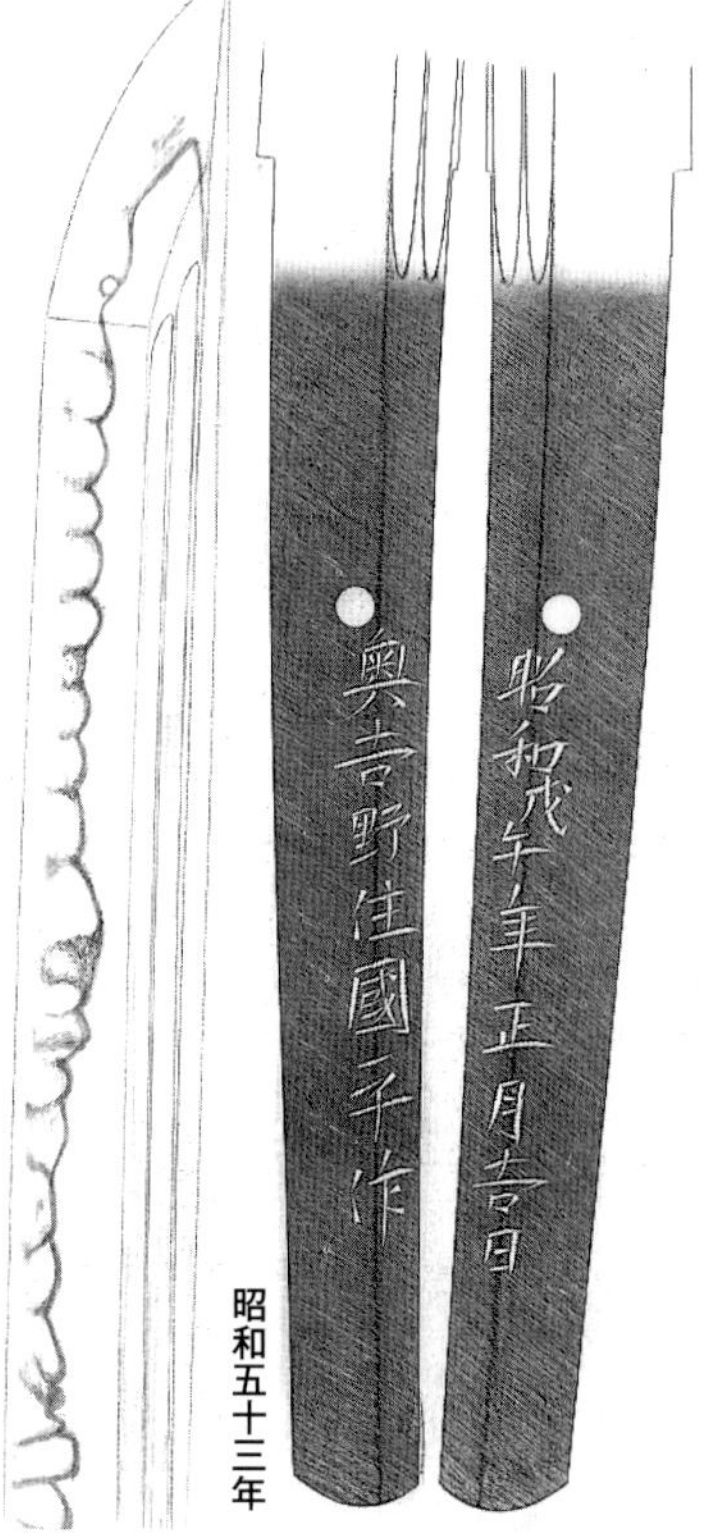

昭和五十三年

古 **国広【くにひろ】**　相模国　鎌倉末期（元亨）

藤源次一文字派。江間藤源次太夫。鎌倉一文字助真の子、国弘の初銘。江間は源間と同じで三浦郡の古邑、三浦氏に属す。新藤五国広とは別人。直刃を焼く。「相州住藤源次太夫國廣」。

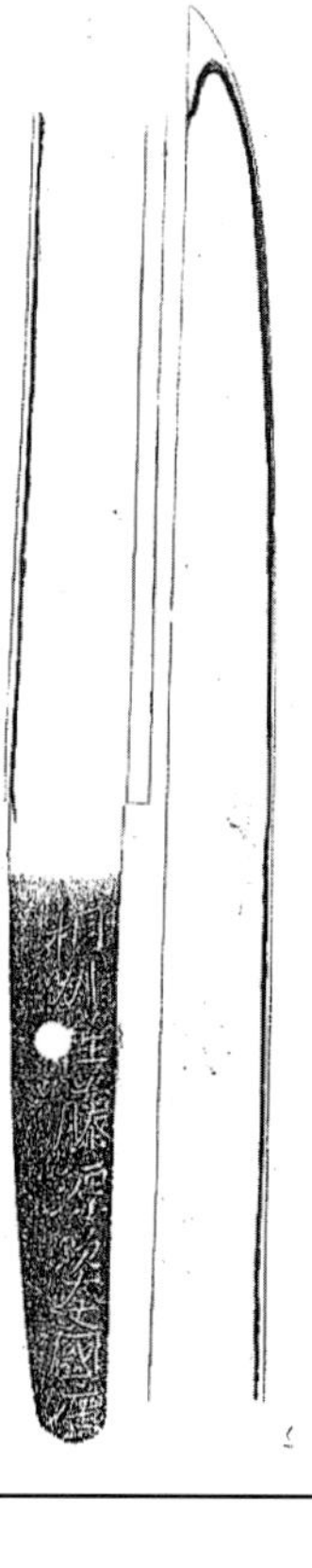

古 **国広【くにひろ】**　新藤五　相模国　鎌倉末期（元亨）

新藤五次郎。新藤五国光の次男。のち国光を銘す。二代国光の子国重（太郎）、国広（次郎）、国泰（三男）の三兄弟のうち国重、国広は自作銘もあるが、のち国光を名乗ってその作銘を残している。なかでは国広の自作銘と国光銘とみられるものの数が兄弟中では比較的多い。『秘伝抄』は国広を後継者とみて二代目（二代説にもとづき）といっていて注目される。校正は国泰を三代目に擬している。国泰の国光銘とみられる作刀は経眼しないので、はたして三代目に該当するのが国泰か否かは判然としない。あえて継承者をおかずに、各自が「国光」を名乗って作刀していたとも考えられる。

国広の国光銘は「国」字の内を左字に打つ。「國廣」二字銘のほか「國廣鎌倉住人」と長銘に、少し大銘に打つ。中直刃、広直刃を焼き、「帽子は父のよりも丸く、刃方へ寄りて

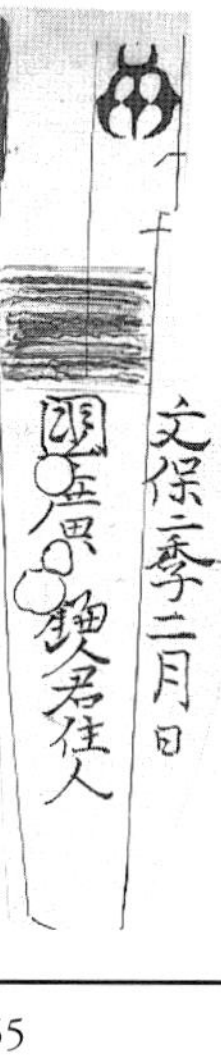

（『埋忠押形』）

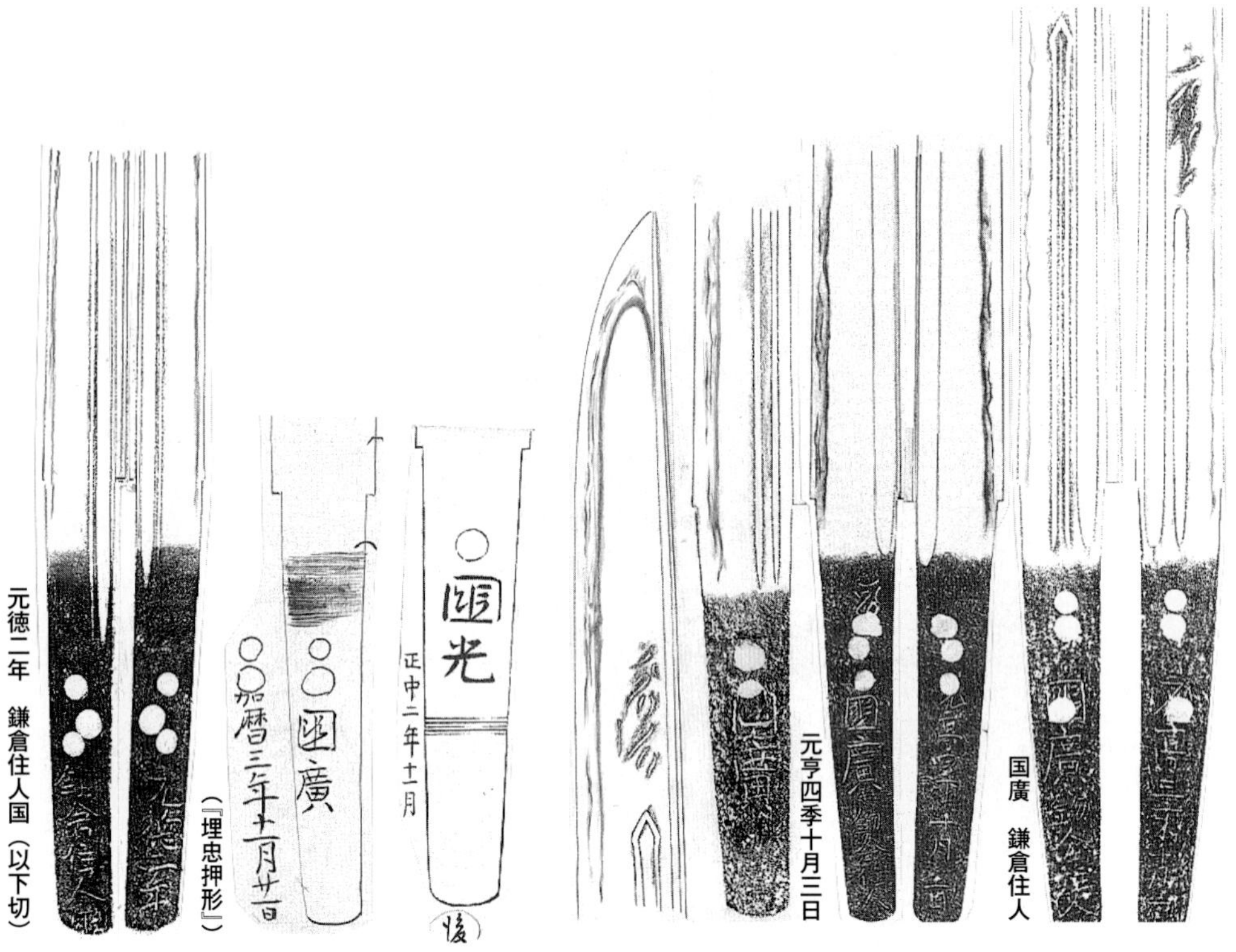

国廣　鎌倉住人

元亨四季十月三日

正中二年十一月

（『埋忠押形』）

元徳二年　鎌倉住人国（以下切）

浅く返る」（『秘伝抄』）といっている。

新 国広【くにひろ】　信濃守　山城国　桃山期（慶長）

日向国飫肥の出身。父は旅泊と称し、国広も旅泊を継ぎ「旅泊庵主國廣」を銘す。父旅泊は古来、国昌（天正）と伝えられるが、実昌（天正）とも、また年代的には実忠(永禄)ともみられるが定説がない。天正五年十二月、仕えていた伊東家の没落後、諸国を流浪してのち京師に上る。日州に在住して作刀したのは天正四年から同十七年ころまでで、「日州古屋住国廣作」の作刀が数例現存する。この間天正十二年二月の作刀銘に「山伏之時作之」とあるので、山伏として鍛刀していた時期があったとみられる。その後、天正十八年二月に野州足利学校で鍛刀しており、長尾顕長の注文作には「九州日向住國廣作」とあって、受領銘はない。同年八月紀の

五十六歳

作に「日州住信濃守國廣」と切った作例があり、これには受領銘をみる。これによって天正十八年八月には「信濃守」を受領していたことが知られる。この年に国広はすでに六十歳である。

天正十八年七月、北条氏直が豊臣秀吉に降伏し、北条氏に味方した長尾顕長は切腹。長尾家滅亡後、国広は足利を去って京に上る。天正十九年八月紀があり「藤原國廣在京時作之」と切った短刀によって、この時期に国広は京に在ったことがわかる。国広が京に定住したのは天正十九年（文禄元年）以降のことで、慶長四年八月紀の幡枝八幡宮への奉納刀があって、慶長四年にはすでに京に定住しており、それ以降の作銘から「洛陽一条住」が明らかである。慶長十九年四月十八日、八十四歳没。国広の作刀年限は天正四年から慶長十八年まで三十八年間があり、長期に及ぶ。

国広の高い技は定評があり、『古今鍛冶備考』は国広を「新刀鍛刀の祖」

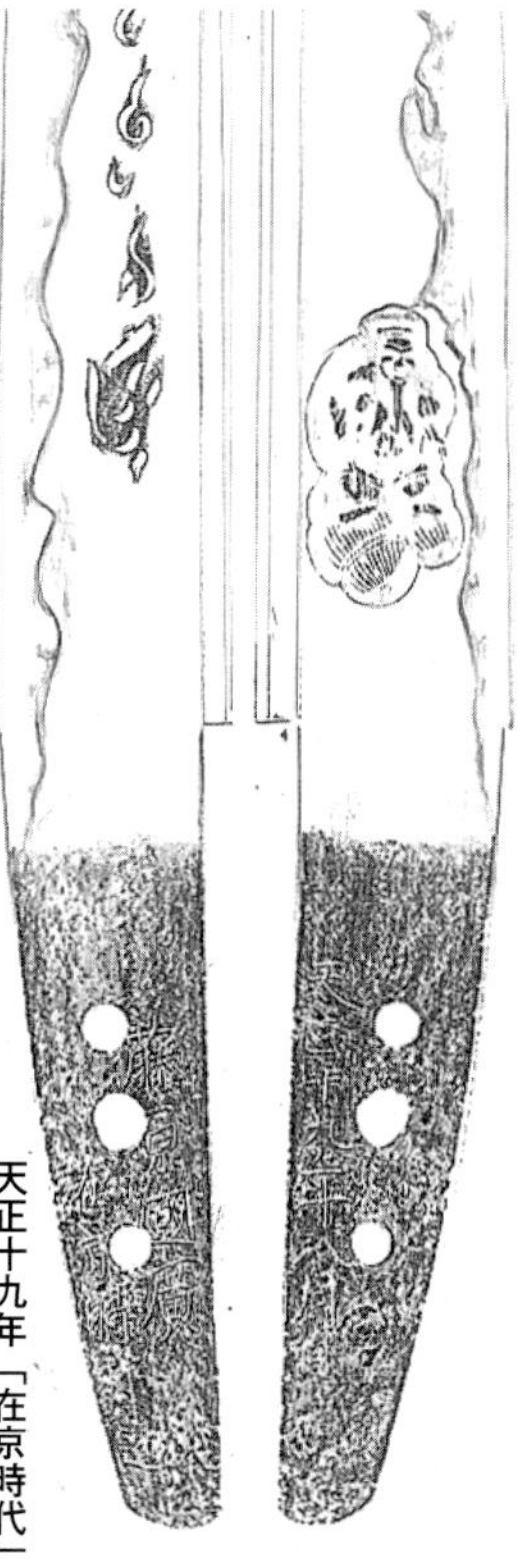

天正十九年「在京時代」六十一歳

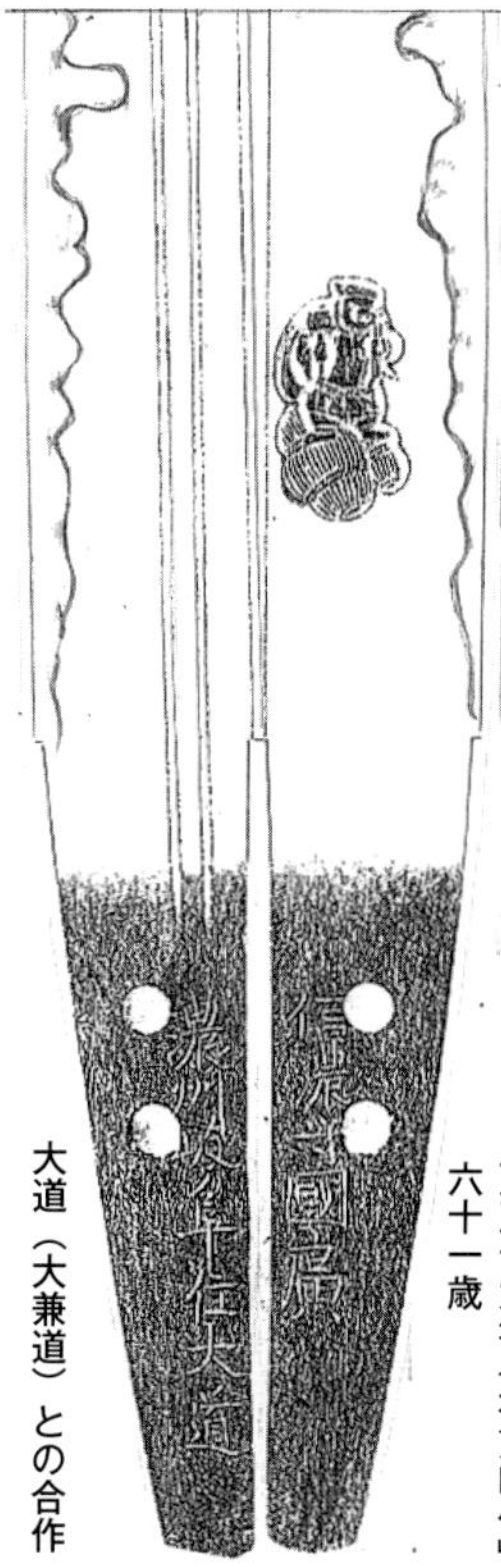

大道（大兼道）との合作

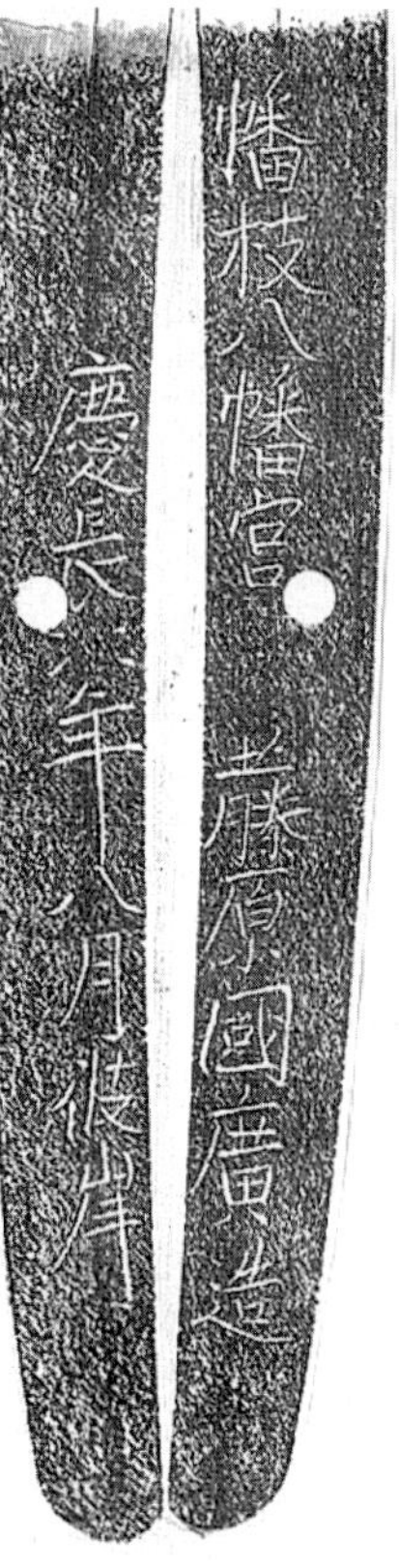

六十九歳

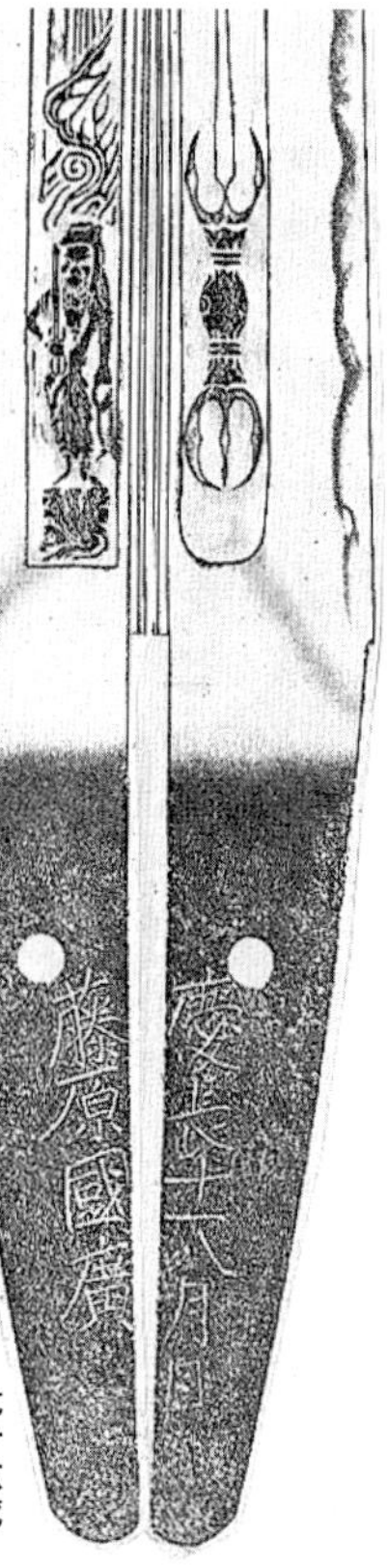

七十六歳

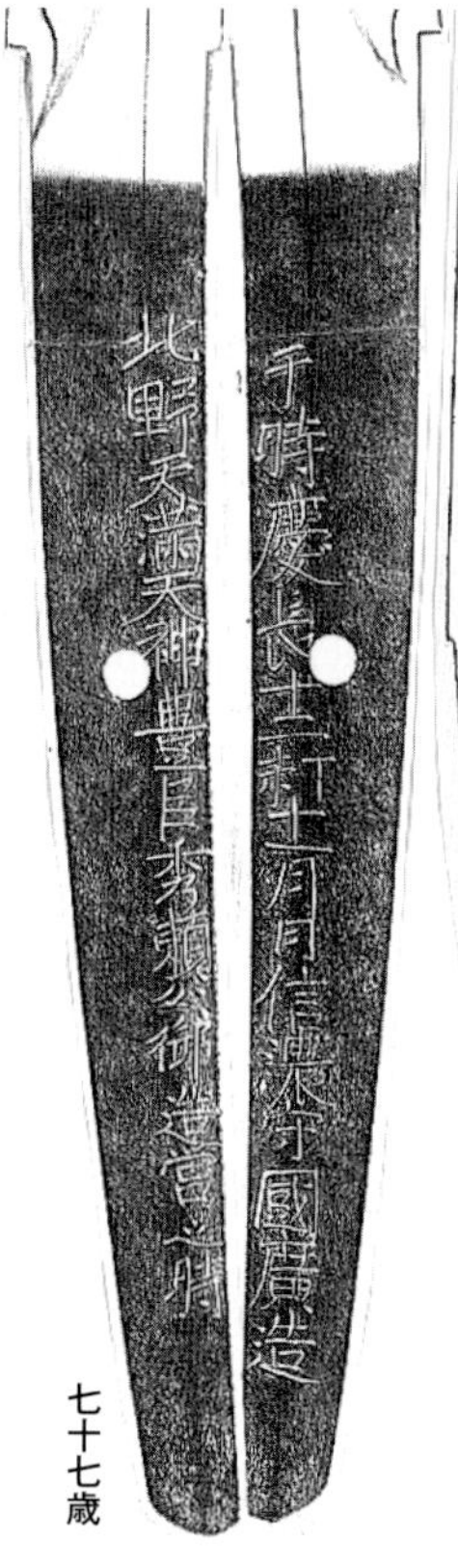

七十七歳

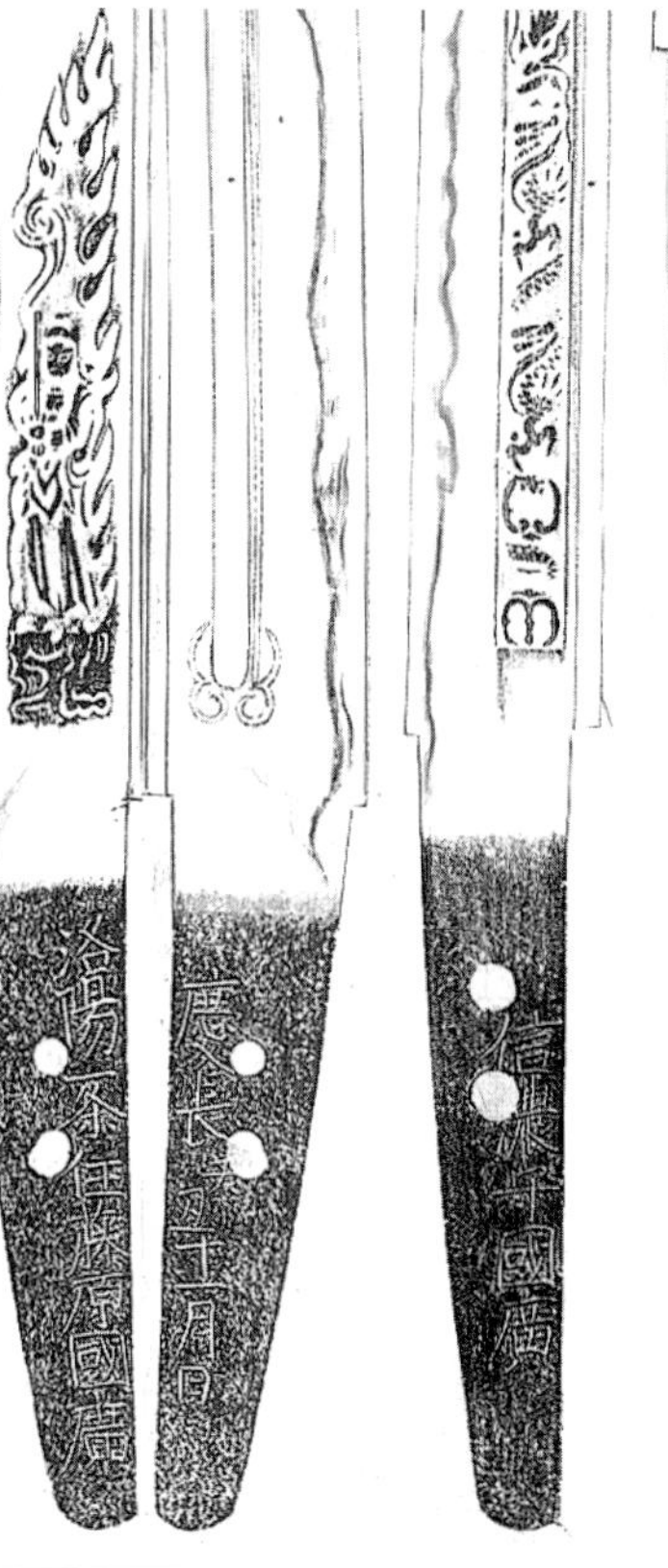

慶長十八年　八十三歳

と、『鍛冶銘早見出』は「新刀冶工の祖」と評している。遍歴多彩な生涯は異色で圧巻である。一門は層が厚く、同郷日州の後輩で半ば形成し、一族近親のものが多く、いずれもが優れた技を発揮して堀川物の声価を一層高めている。国広の晩年である慶長後半からは、一門による代作代銘がなされている。天正時代の本国での作〝古屋打ち〟は、末相州物あるいは末関風がみられ、湾れに互の目、尖り刃が交じり、匂勝ち締りごころに叢沸がつく。鍛えは板目が肌立つ。

慶長時代の〝堀川打ち〟は天正打ちよりも大模様な刃文で、相州上工に範をとったものが多く、匂深く沸づくものと、匂口が沈みごころのものとがある。物打辺の焼幅が広くなる。板目肌が立ちごころのものを〝ザングリ〟といって堀川物の肌合いを表現している。刃区から茎にかけて焼出しを焼込み、水景映りの立つものが多い。刀身彫も上手で、比較的初期作に多く、晩年作には少ない。（系図847頁参照）

新 国広【くにひろ】 肥前国　江戸初期（正保）
橋本六郎左衛門。惣右衛門広貞の長男。寛永から万治三年紀までの作がある。「肥前国佐賀住国廣」。

新 国広【くにひろ】 越前国　江戸中期（寛文）
越前下坂派。山城守を受領。鋤元に菊、葵を切る。

新 国広【くにひろ】 陸奥国　江戸中期（天和）
三善勘七。奥州中村住。尾州伯耆守信高門。天和三年津軽藩工となる。「奥州津軽住国広」などと切銘する。矢の根のほか、剃刀、ハサミなども造る。

古 国弘【くにひろ】 越中国　室町初期（応永）
小七郎。初代国房子、国光門。直刃に小互の目足入り、小沸つく。「宇多國弘」。

古 国弘【くにひろ】 筑前国　南北朝期（正平）
左。吉弘の子という。大左の門で、のち婿になったという。息浜住（現・福岡市博多区沖浜町）。刃文は湾れを主調に互の目交じり、匂深く小沸よくつき、砂流し、金筋かかる。正平十一年から延文五年までの年紀作がある。「国弘作」「筑州住国弘」「筑州息浜住国弘」。

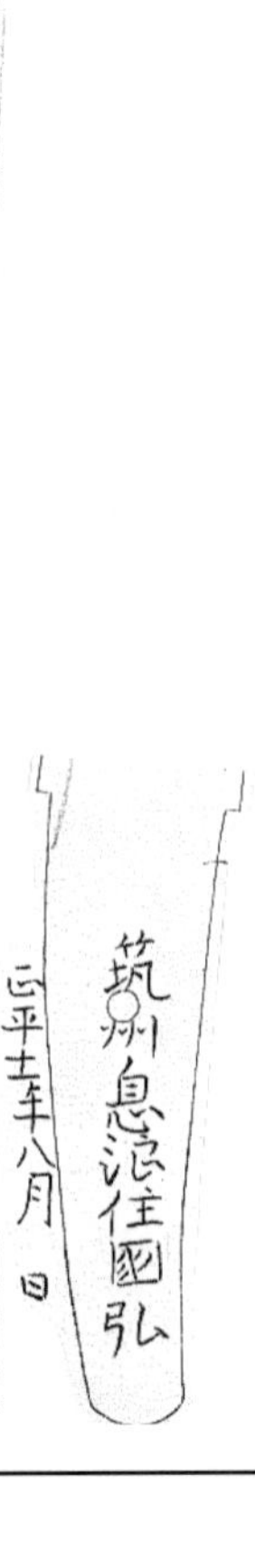

『埋忠押形』

『古今銘尽』

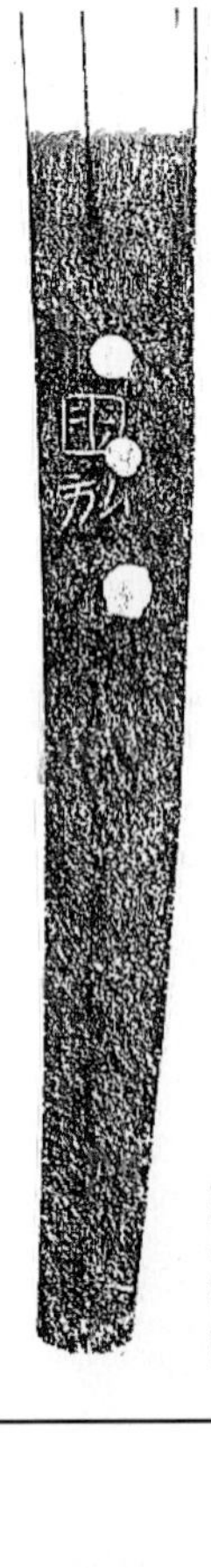

新 国博【くにひろ】 越前国　江戸中期（延宝）
下坂五郎兵衛。卜翁と号す。大村加卜門。越前住のち江戸赤坂へ移り、水戸にても造る。直刃に湾れ、互の目交じり。

古 国房【くにふさ】初代 越中国　南北朝期（応安）
古入道国房の子。初代。父と共に大和宇多郡から越中宇多に移り、宇多派隆盛の原動力となる。年紀がある作は永徳元年（『光山押形』）があり、康応元年紀の短刀が現存する。作風に二様があり、一の刃文は互の目を主調に小湾れ、角味のある刃など交じり、匂深く沸よくつき、ところどころに荒沸交じり、細かい砂流し、金筋入る。二の刃文は直刃主調に小湾れ交じり、小互の目足と葉が入り、ほつれ、打のけ、湯走りかかり、沸よくつき砂流し、金筋が働き大和伝を現わす。この二様の作とは別に康応元年紀がある作は異風である。棟を焼き、湯走りと飛焼が烈しく皆焼状になり、相伝かかった作風は越中国の先人である則重の風格を思わせる。

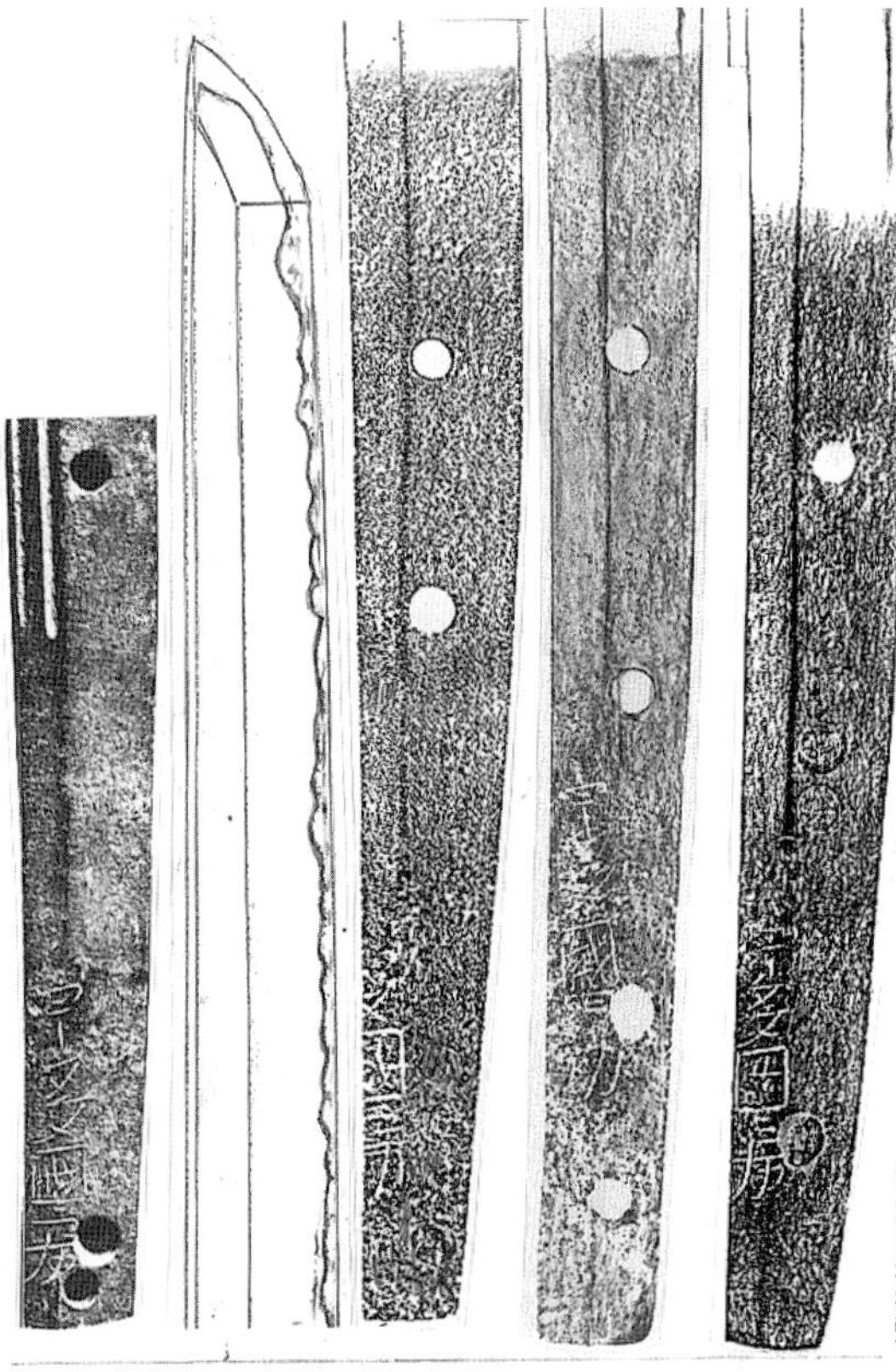

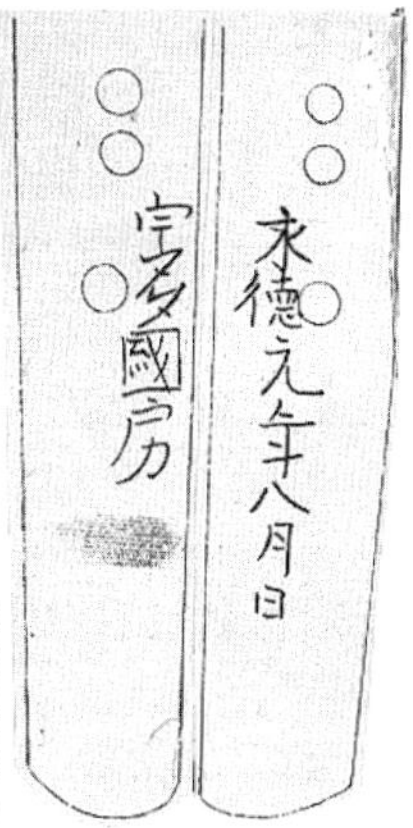

（『光山押形』）

「宇多國房」と四字銘に切る。永徳元年のものは書写の押形であるが、小銘で、「房」字の内が「方」でなく「力」と字画する。宇多の作は総じて、地刃が明るいものと、地刃が黒ずんだものとがある。地刃の明るいのは越中国の先人、義弘の流れを、黒ずんだ作風は則重の流れを汲んだものとの二通りの出来がある。これは室町後期まで続く宇多物の伝統的な作調とみることができる。（系図850～851頁参照）

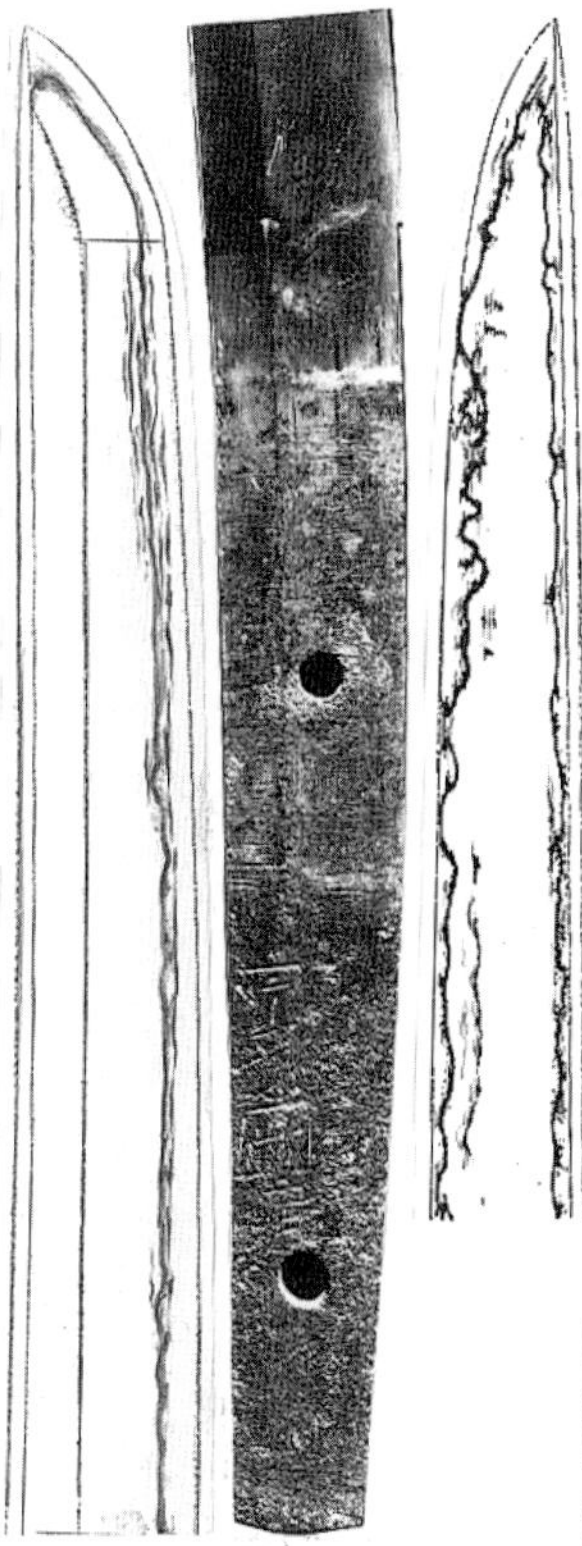

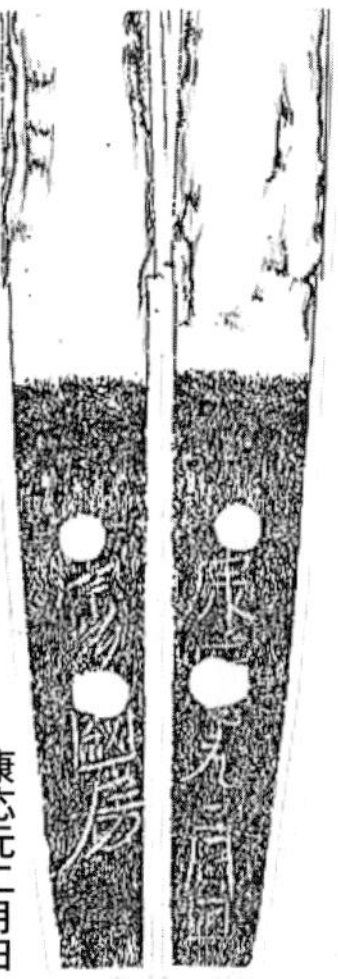
康応元二月日

古 国房【くにふさ】二代　越中国　室町初期（応永）

八郎。初代国房の子。二代。大全によると四人兄弟の長兄とある。南北朝末ころから応永年中に作刀する。応永十二年紀の作がある。この短刀は長さ九寸五分、平造で幅広、重ね厚く、先わずかに反る。小板目肌よく詰み、地沸つく。直刃が湾れかかり、小互の目足入り、小沸つき、刃縁がほつれ、打のけかかり、刃中に砂流し、金筋入り、焼出しから棒映りが立つ。北国物にありがちな鍛肌に黒味のある状がみられず、地刃が明るい作である。「宇多國房」と四字を大振りに切る。なお、初・二代の境はかならずしも明確ではなく、初代生存中の南北朝最末期に、二代による切銘のものがあるかもしれない。

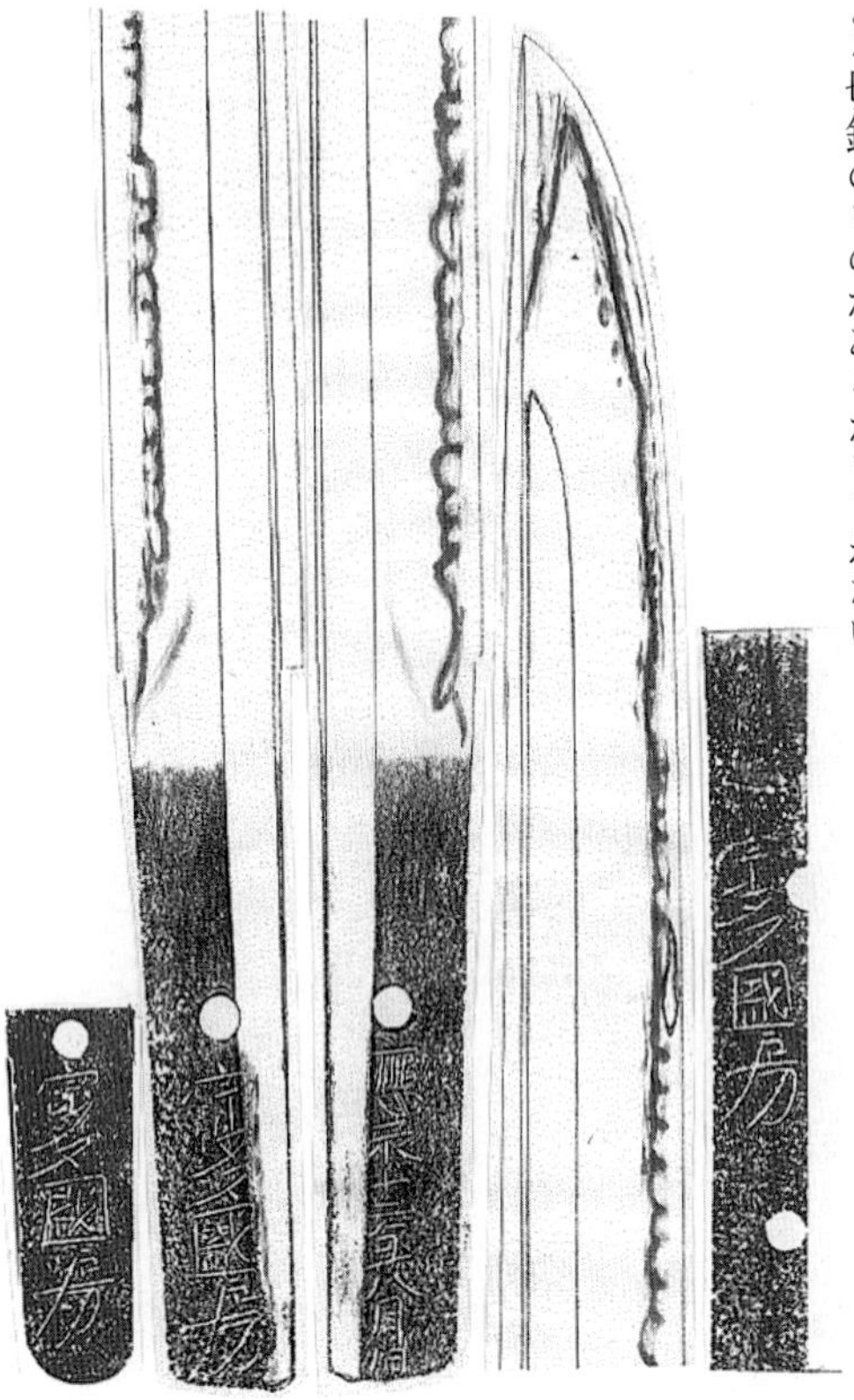

古 **国房**【くにふさ】**三代**　越中国　室町中期（文安）

応永国房の子、古入道国房の孫で三代目。康正二年紀の作がある。「宇多国房」。

古 **国房**【くにふさ】　越中国　室町末期（応仁～永正）

四代応仁、五代文明、六代永正と続くが、いずれも作刀が少ない。応仁ころという友次との合作がある国房は四代目であろうか。「国」字を諧書に切る書体は歴代にみない。「宇多国房」「宇多国房　友次」。

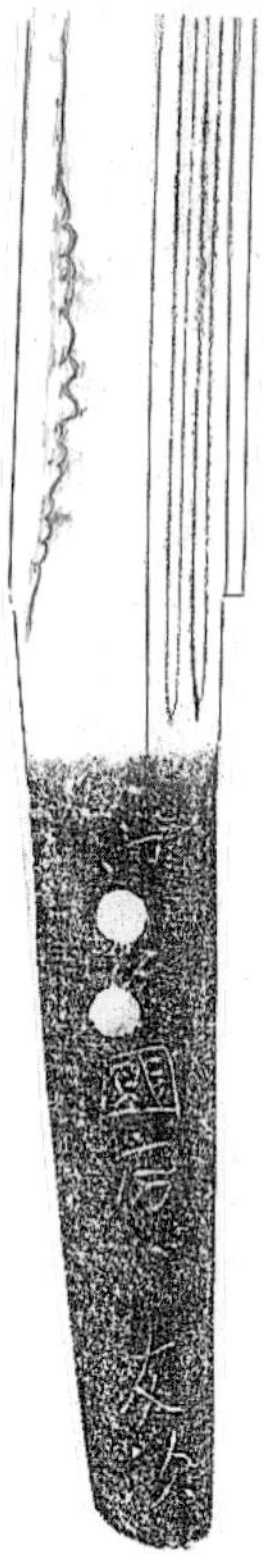

古 **国房**【くにふさ】　肥後国　南北朝期（正平）

延寿。兵衛三郎国綱門。八郎。正平二十三年紀の作がある。「国房」「菊池住国房」。二代は応永ころで、応永五年、十五年紀の作がある。

新 **国房**【くにふさ】**初代**　伊予国　桃山期（元和）

小野小市。初銘国林《くにもり》。宇和島刀匠豊後高田の肥前守鎮正門。宇和島藩工。元和元年三月、伊達家の移封に従い仙台から移住する。寛永三年八月紀に「イヨノ住クニフサ」銘の鎗があり、寛永十六年二月紀に「筑後掾藤原国房」の受領銘の作があるので、筑後大掾の受領は寛永三年から同十六年の間である。直刃に互の目足入り、互の目に丁子など堀川風の作。

新 **国房**【くにふさ】**二代**　伊予国　江戸中期（寛文）

小野小市。初銘国林《くにもり》。初代大和守吉道門。大坂にても造る。筑後大掾のち筑後守受領。享保十九年十二月十三日没。互の目に丁子。

師初代大和守吉道との合作

新 **国房【くにふさ】三代**　伊予国　江戸中期（貞享）

小野小市を襲名する。筑後守を受領する。大坂に出て近江守忠綱門となる。互の目に丁子。享保十七年十二月七日没。◆四代国房（享保）、五代国房（宝暦）、六代国房（寛政）は草書銘に切る。七代国房（文化）水心子正秀門。八代（安政）小野岩次郎、固山宗次門。江戸麻布にても造る。

新 **国房【くにふさ】**　伊予国　江戸初期（正保）

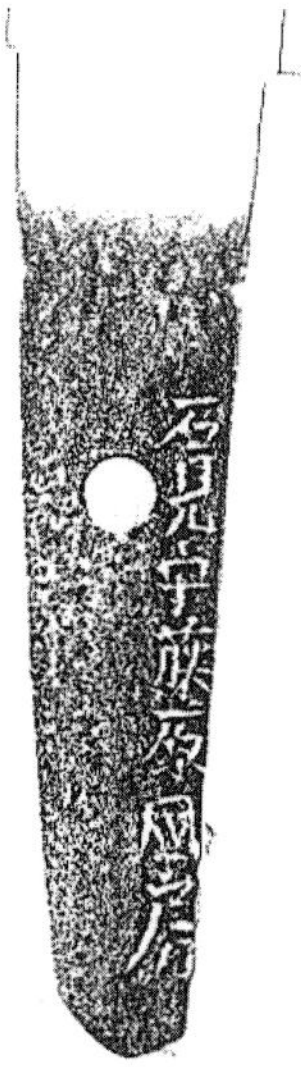

伊予宇和島刀工、小野小市国房の初代が石見守を受領したとの説があるが、石見守国房は小市国房とは別人で一族であろう。寛永・正保ころの人。作刀稀少。

古 **国正【くにまさ】**　伊予国　南北朝期（建武）

国吉子、建武ころという。伊予古作は鎌倉期末まで年代が遡るというが、現存作は応永年紀がある国正から以降のものばかりで、大永ころの作がある。「国正」「予州住国正」。

古 **国正【くにまさ】**　肥後国　南北朝期（応安）

延寿。菊池住。「肥州住国正」「肥州菊池住国正」。次代国正は国綱の子、応永ころ。

古 **国正【くにまさ】**　越中国　室町初期（享徳）

宇多。初代国房門。初代享徳ころ。二代は二代国房の子で文明ころ。「国正」「宇多国正」。

新 **国正【くにまさ】**　山城国　桃山期（寛永）

堀川国広門。二字銘に切った刀、脇指がわずかながら現存している。一門中の後輩。互の目に丁子、小湾れ交じり、沸つき、砂流し、金筋入る。

新 **国正【くにまさ】**　但馬守　初代　武蔵国　江戸中期（延宝）

甚之丞。法城寺。但州法城寺国光の後裔。但州弘原から江戸に移る。但馬守貞国の子という。互の目乱、直刃、沸匂が深く虎徹の作風に似る。

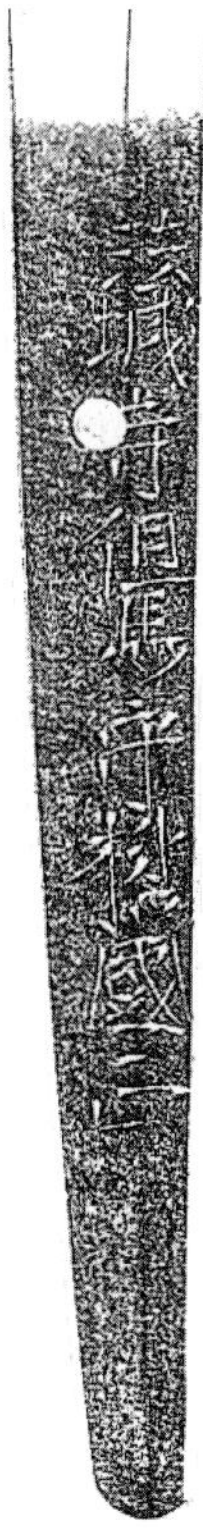

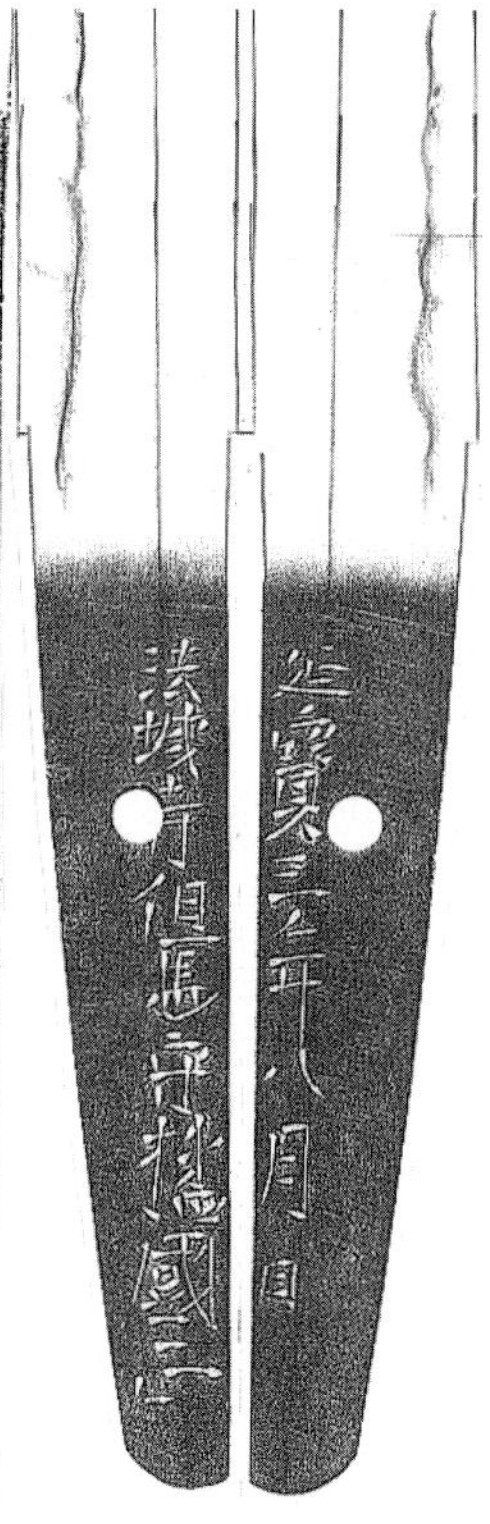

新 国正【くにまさ】二代　武蔵国　江戸中期（元禄）

甚之丞。幕府の抱鍛冶となる。茎に葵紋を刻すのは、幕府の下命による場合に限るとみられる。二字に「國正」と切るものがある。

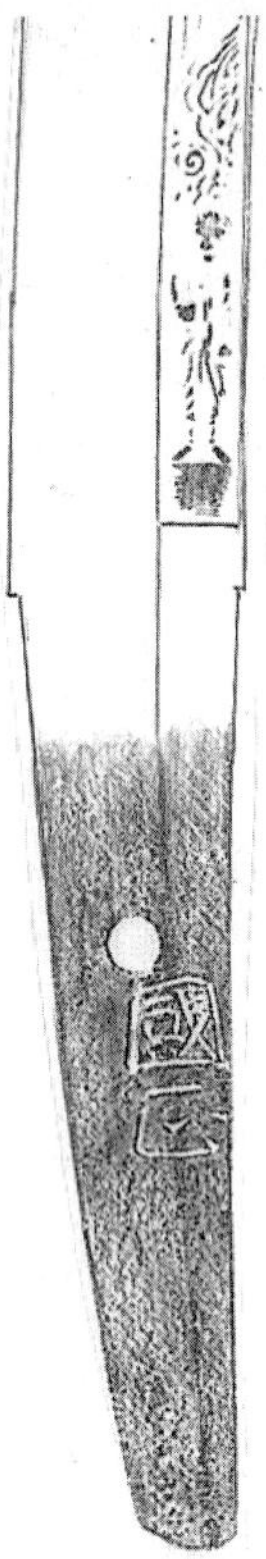

新 国正【くにまさ】　但馬守　三代　武蔵国　江戸中期（享保）

源兵衛。享保中に藤原姓に改めるという。享保十三年四月十七日吉宗将軍が日光東照宮参拝の折り、法城寺国正に献納を命じ奉納した刀がある。これには葵紋を刻し、藤原姓を切る。

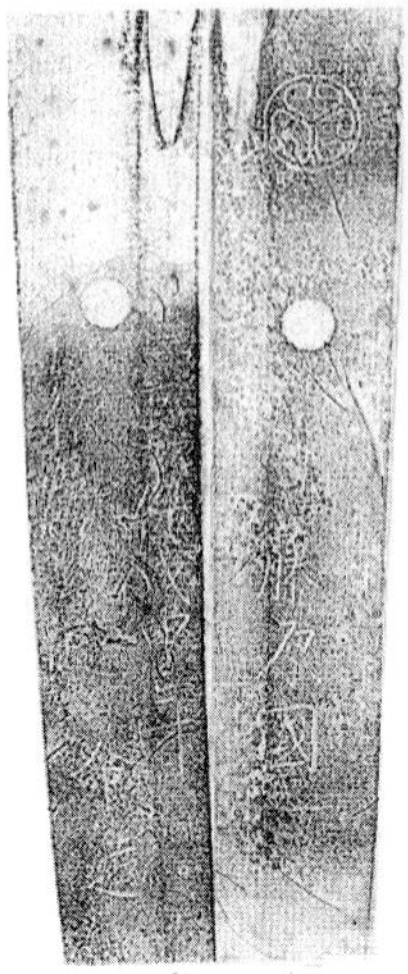

藤原國正
享保戊申年依献納之命造
（享保十三年、吉宗参拝奉納）
（『二荒山神社日光東照宮宝刀記』）

新々 国正【くにまさ】四代　武蔵国　江戸末期（安政）

藤五郎。初銘光正。徳川家定が安政三年、久能山東照宮に奉納した太刀は「（葵紋）藤原國正」と切銘する。法城寺派、幕府御用鍛冶。直刃を焼く。◆五代明治。「国正」と切る。

新 国正【くにまさ】初代　伊予国　江戸初期（慶安）

西本市右衛門。本国土佐幡多郡二宮、幼時に父に伴われ予州宇和島に移住する。筑後守国房の門、のち備中守康廣、また大和守安定門に入る。慶安五年三月、二十五歳で伊達藩に抱えられ、寛文四年十月、駿河掾を受領、のち駿河守に転任する。宝永二年十月二十四日没。互の目乱、大湾れに互の目足入り、直刃など。

新 国正【くにまさ】二代　伊予国　江戸中期（元禄）

初代の嫡子。西本市右衛門。元禄十年相続して二代目駿河守国正を銘す。互の目に丁子、大互の目乱など。◆三代国正は早逝して作刀をみない。

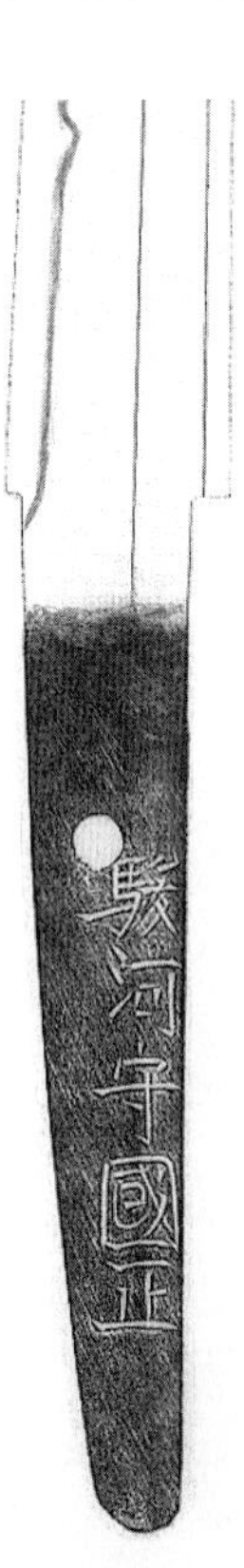

新々 国正【くにまさ】四代　伊予国　江戸末期（安永）

宇和島新城村の出で養子となり、四代目を相続し、駿河守藤原国正を銘す。安永十年三月紀の奉納刀に「予州宇和島住西本駿河守藤原国正作之」と切る。寛政十二年十月四日没。◆五代宇兵衛国正（享和）は駿河守の受領がない。六代藤吾国正（文化）は文化四年相続、文化九年、七代肥前近江守忠吉門。七代牧太国正（天保）は天保十一年相続。八代国正（文久）は備前祐包門。

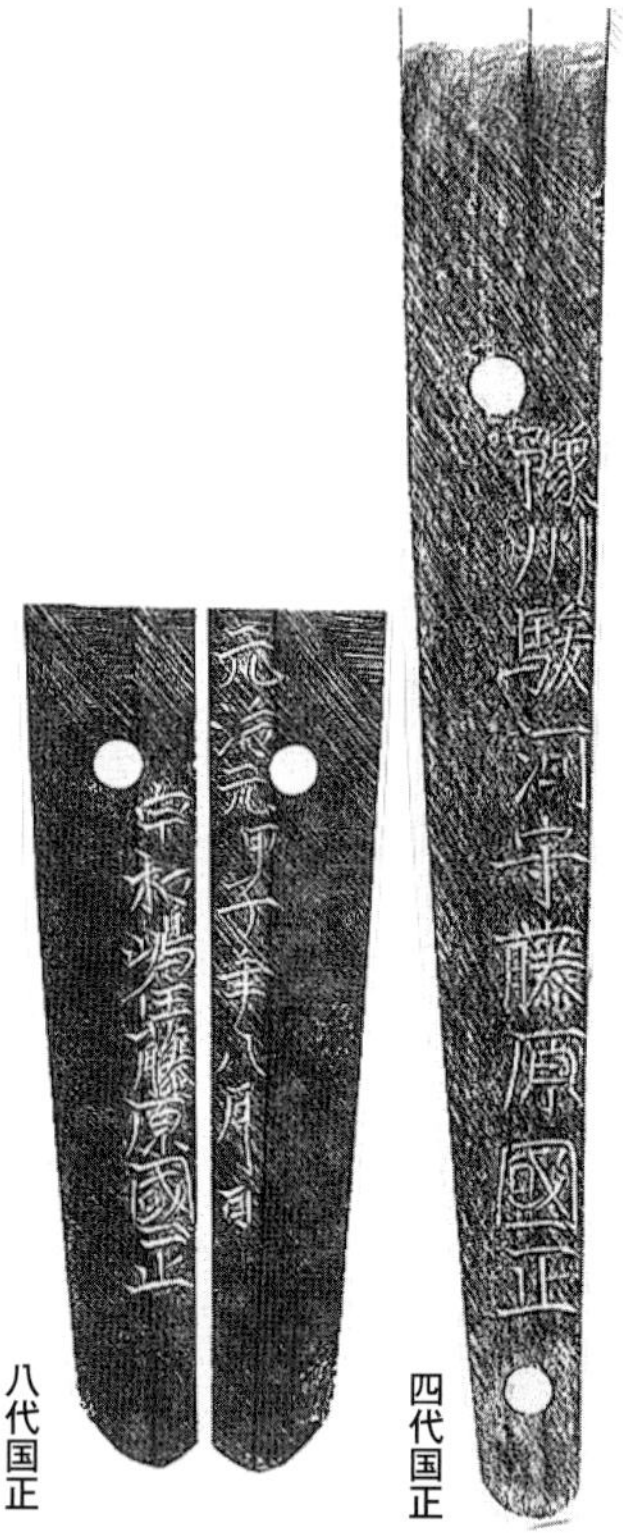

四代国正

八代国正

新 国正【くにまさ】 豊後国　江戸中期（貞享）

八兵衛。江戸法城寺国正の一門。竹田の中川家に抱えられ豊後竹田へ移住する。◆二代国正は十太夫（享保ころ）。後代に右八郎（文政ころ）、宇八（嘉永ころ）が作刀する。

新作 国正【くにまさ】 宮崎　平成

松葉一路。昭和三十四年生まれ。昭和五十八年、小林康宏門、師の早世により安藤広清に師事。のち河内国平に学ぶ。初銘景清。平成元年、作刀承認。翌二年から新作名刀展に出品し努力賞二回、優秀賞六回、寒山賞・薫山賞各二回、刀匠会会長賞一回、協会会長賞五回ほか短刀の部でも入賞を重ねる。長船長義を作刀の理想として幅広、大切先の体配に、丁子に互の目交じり、焼に高低がある作を表出する。平成二十三年、第二回新作日本刀展金賞第一席。同二十四年、第三回同展で銀賞第一席受賞。「日州住國正作」。日向市住。

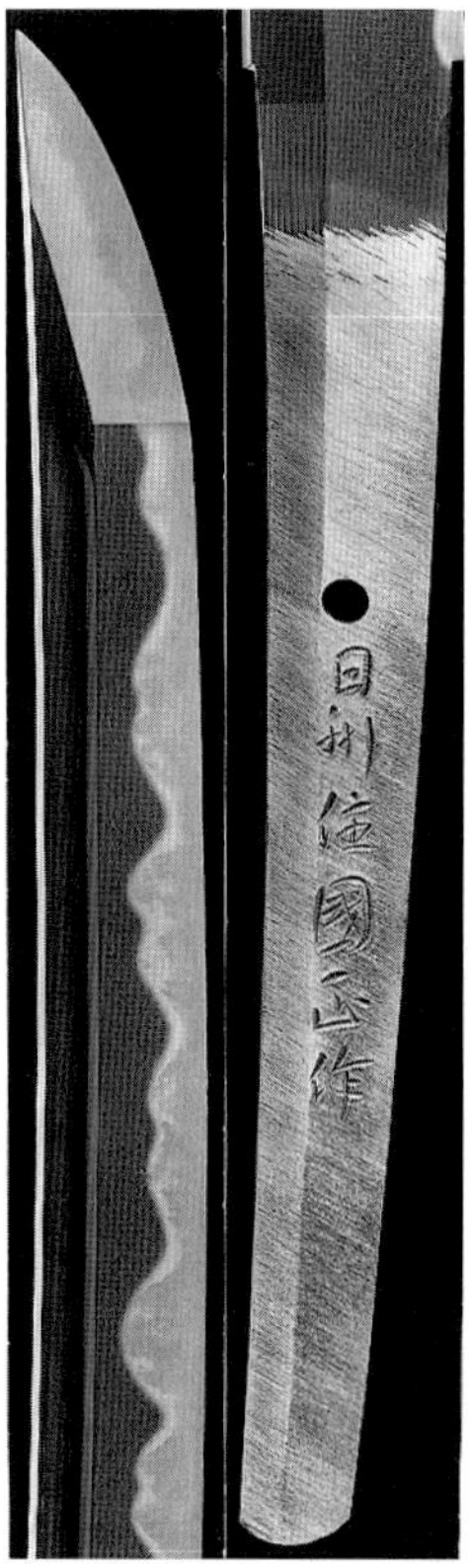

新 国昌【くにまさ】 日向国　桃山期（天正）

堀川国広の父と伝えるが、国昌には天正十四年紀の作があり、国広と同年代なこともあって、国広の父とすることに疑問が生じてくる。国昌は国広の一族で日州時代の先人であると見るべきである。地刃は国広の古屋打ちの風がある。

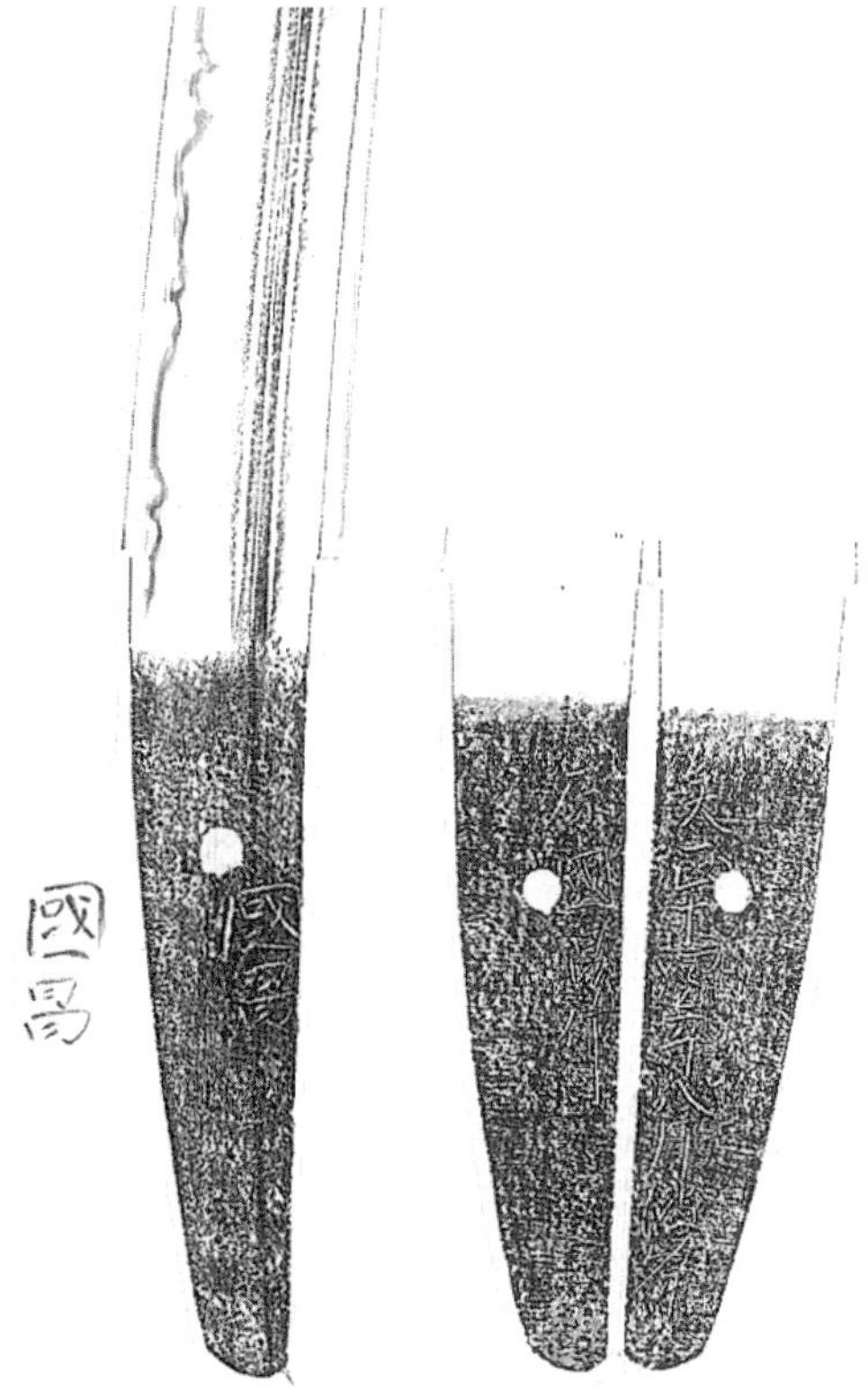

新 国政【くにまさ】 山城国　桃山期（慶長）

堀川国広一門。田中家系図によれば、実昌の次男で国広の弟、慶長五年に名誉の戦死を遂げたとある。『本朝鍛冶考』は、大隈掾正弘の項で、正

弘は国政（国改と誤記）の男という。

新 国益【くにます】 土佐国　江戸中期（延宝）

木村平右衛門。生国河内国八尾。大坂二代丹波守吉道門。のち上野守吉国の養子となり山口に改姓。山内家抱工。初代。上野大掾受領。師吉道の丁子乱の刃文を継ぐ。

新 国益【くにます】 土佐国　江戸中期（元禄）

土佐高知住。二代。丁子乱に拳形丁子交じる。

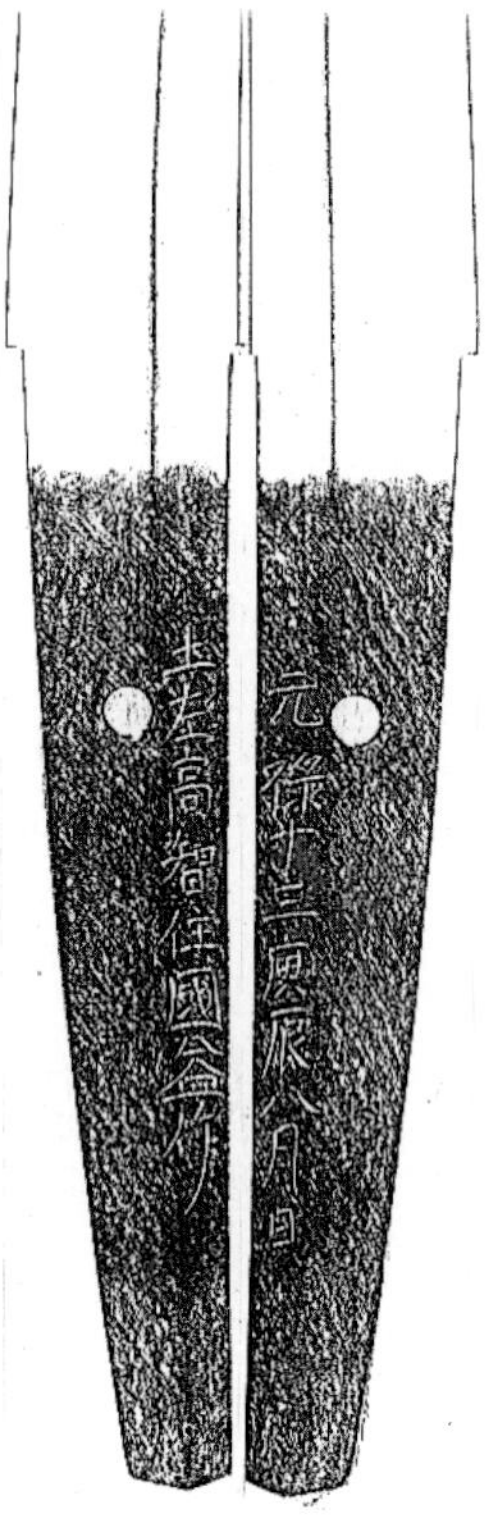

新 国路【くにみち】 出羽大掾　山城国　桃山期（元和）

天正四年生まれ。京西洞院夷川住。堀川国廣門、初銘国道。慶長十四年ころ国路に改める。慶長十八年十月十日、出羽大掾を受領。「来国光」に私淑し「来国路」を初期作、また晩年作にも切る。慶安五年、七十七歳の自身銘からのち、複数の高弟による代作代銘がなされ、寛文二年紀がある八十七歳までの十年間行われる。国路は一代で五十五年余の鍛刀期をもち多作である。美濃伝を得意として柾鍛えを交じえ、華やかな乱刃が多く、丁子が重なりあう形姿から〝重ね餅〟の呼称がある。三品帽子を形どる。

二代国路、三代国路は名跡のみで、確かな作刀をみることがない。なお二代国路が伊賀守金道門との説（『本朝新刀一覧』）があり、国路の金道門説が流布したのであるが、国路が受領にあたり金道と交流を深め、師弟の礼をとったのであろう。その時期は初代伊賀守金道の晩年、国路

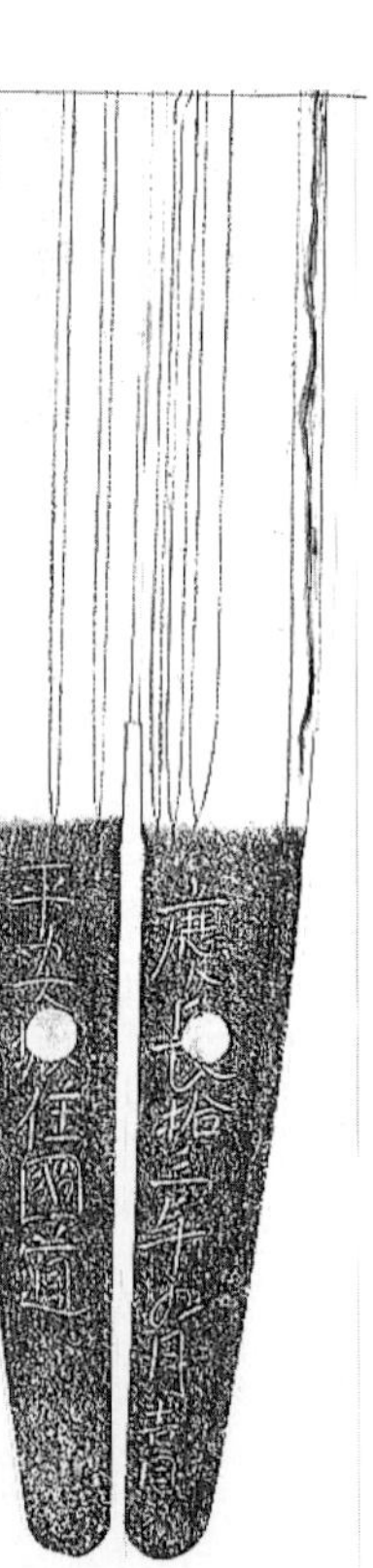

三十三歳

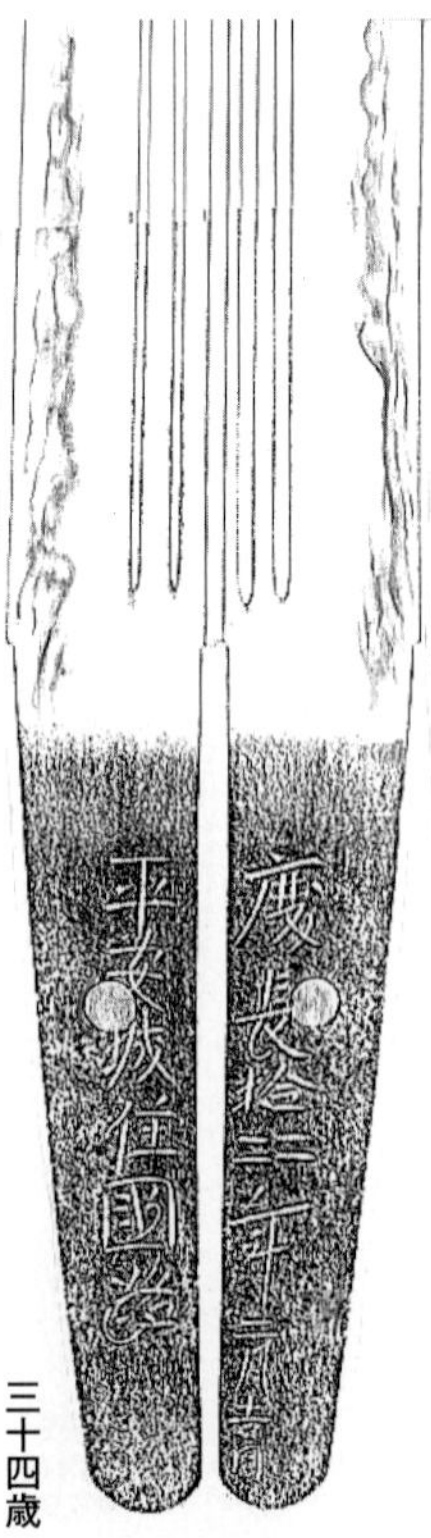

三十四歳

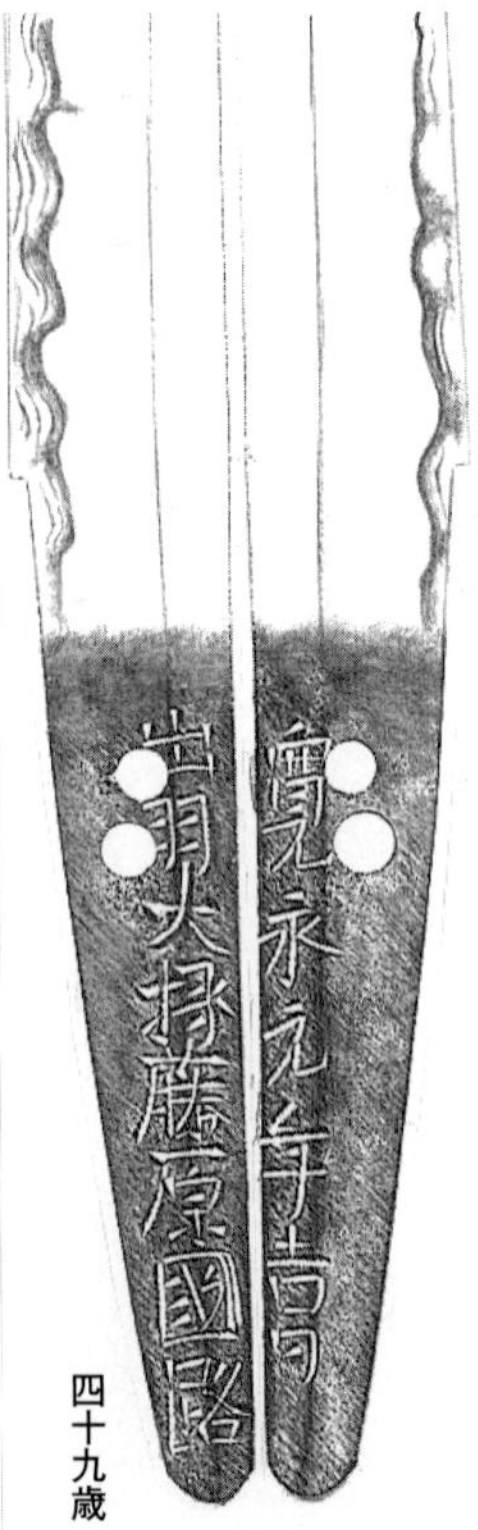

四十九歳

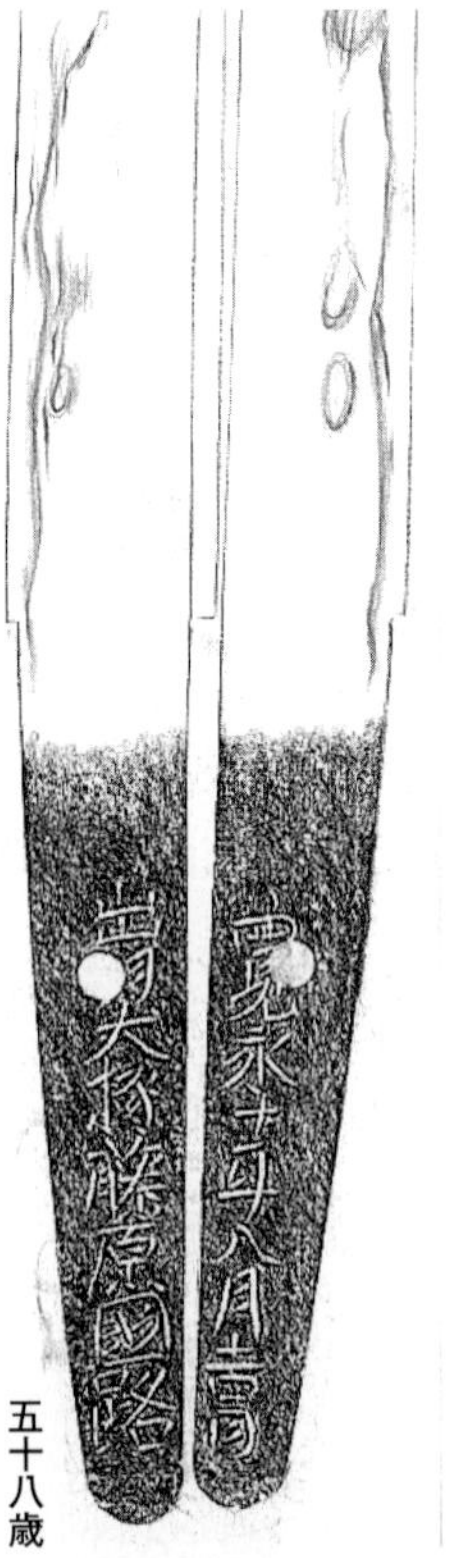

五十八歳

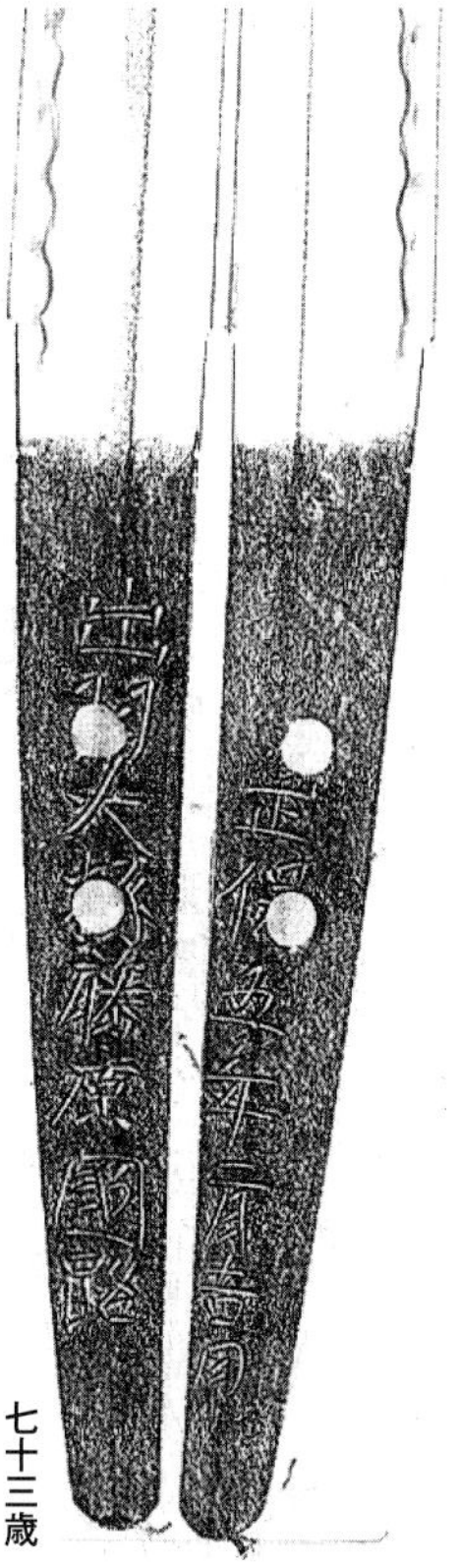
七十三歳

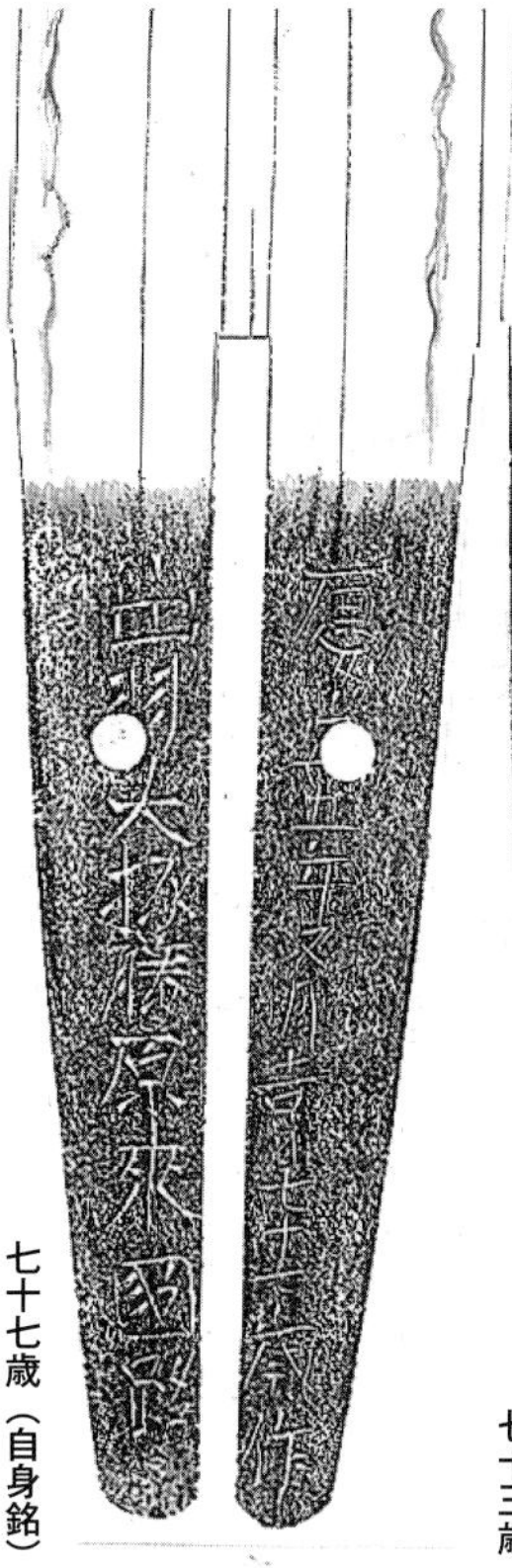
七十七歳（自身銘）

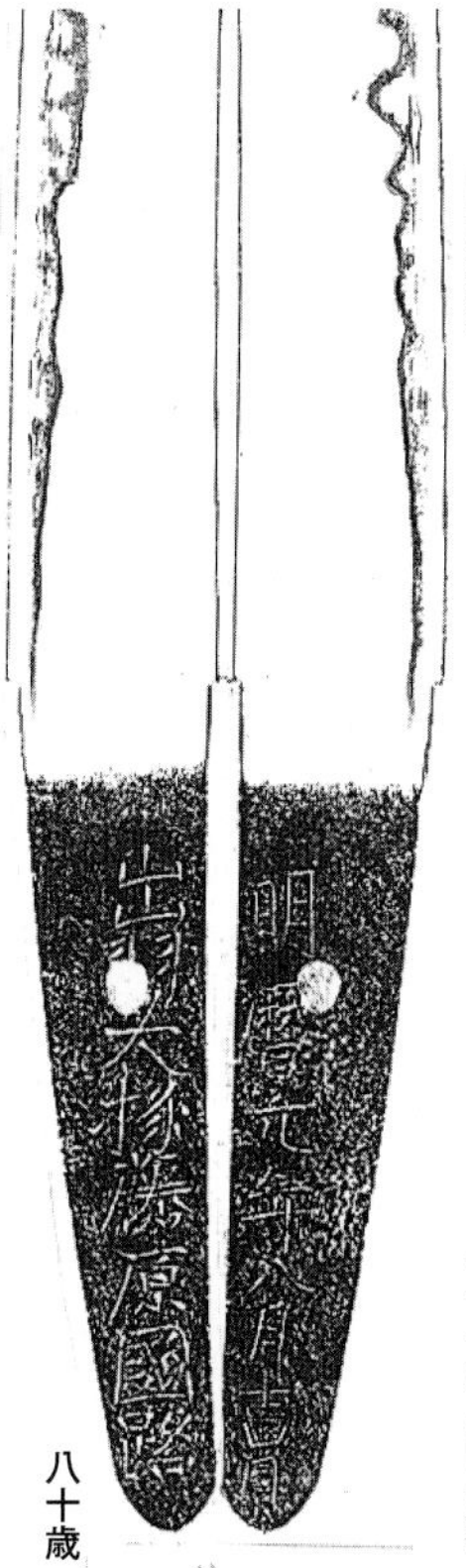
八十歳

八十四歳

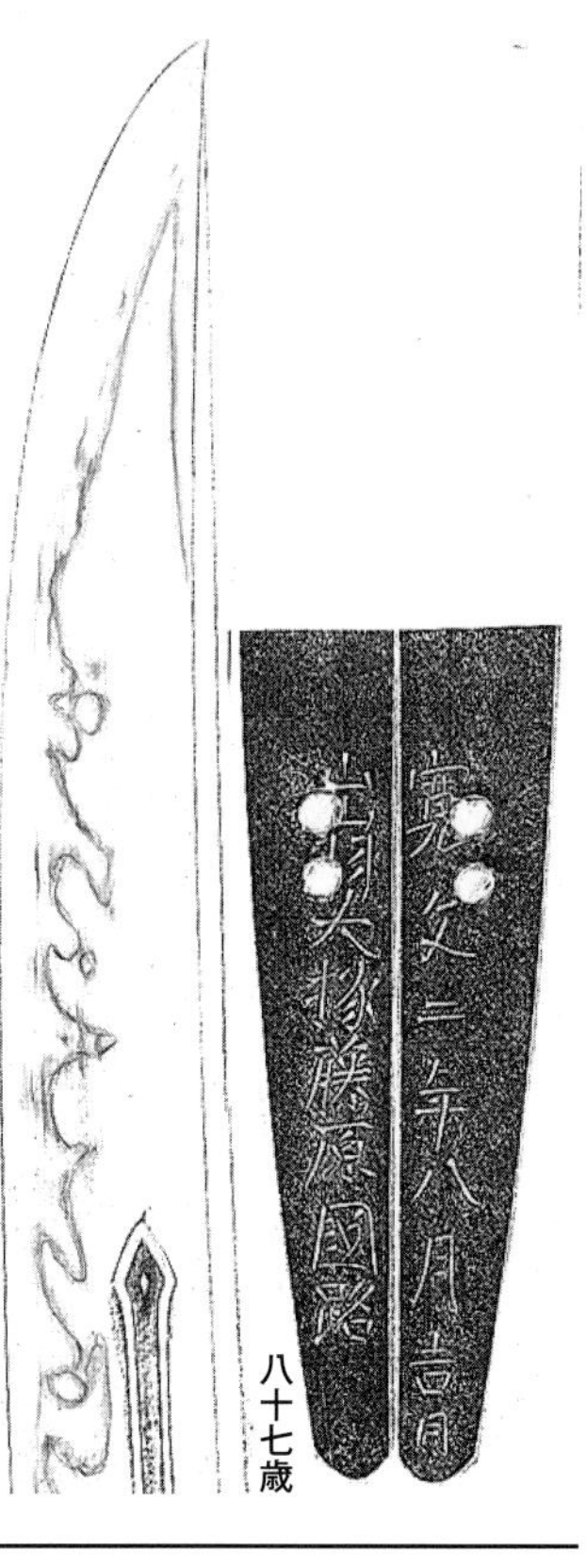
八十七歳

が三十八歳時に受領したころのことである。◆『諸職受領調』によれば「国道は祖父（出羽大掾国路）が慶長十八年十月十日に頂載した受領名を只今に名乗っている由」の口宣案を写している。この国道は出羽大掾国路の孫に当たる三代目に該当する。三代目国道は存在したらしいのであるが、二代国路と同じく、いまその作刀を確認できない。

古 国光【くにみつ】 粟田口 山城国 鎌倉中期（正応）

粟田口。藤兵尉、左兵衛尉。則国の次男、国吉の弟。粟田口国光は新藤五国光とは同銘別人である。両者を同人とみる説の多くは、粟田口国光が鎌倉に下向して新藤五国光となったというのであるが、確かに粟田口は鎌倉に下向していても、新藤五を伴ってのことであり、新藤五国光は粟田口国光の子か門人であろう。また新藤五国光が国綱の子であるとする見方が古来からあるが、元亀本は粟田口国光が国綱の子とみていて、この説のほうが、年代的にも無理がない。国綱の年代が古く、新藤五国光との年代差が離れすぎているからである。国綱の老後の子が粟田口国光であり、その子が新藤五国光と見て、系図にまとめると次のようである（次頁参照）。

粟田口・新藤五系図

- 国宗
- 国綱――国光（親　粟田口）――国光（初代　新藤五）――国光（二代　新藤五）
  - 国重（進藤五太郎）
  - 国広（進藤五次郎）
  - 国泰（進藤五／三男）

- 国宗（本国備前新藤五郎）
- 国綱（粟田口同人　元久　藤六左近）――国光――国光（弘安　相模国鎌倉　住人　新藤五　永仁三年）
  - 国光（国泰同人　新藤五長谷部　新藤五　文保二年）
  - 国広（相模国鎌倉住人長谷部　元徳三年）
  - 国重（相模国鎌倉住人長谷部　嘉暦二年）

（『校正古刀銘鑑』）

粟田口国光の現存する作刀は少なく、代表的なものに重文指定の養老寺の太刀、黒川古文化財研究所の太刀の二口がある。いずれも細身で、小板目が細かくよく詰み、地沸つき、沸映り立つ。刃文は細直刃に小沸出来で雅趣に富む。年紀があるものでは、永仁二年が古く、降っては元亨三年がある。この間、約三十年があり、新藤五国光の作刀年とほぼ併行して、なお長く、古い。「粟田口左兵衛尉国光」銘の剣の押形（『山城鍛冶』佐藤寒山）には年紀を永仁とも正和ともしてあるが、詳しくは「永仁二年十二月日」（『相州伝名作集』本間薫山）の年紀があって貴重である。

新藤五国光の最も古い年紀は「永仁元年十月三日」であって、「鎌倉住人新藤五国光作」と銘がある。両手を比べてみると、粟田口と新藤五の作風と銘が明らかに相違して別人であることが知れる。時代が降って「元亨二年六月日」に新藤五、「元亨三年十月日」に粟田口の年紀作があり、新藤五は直刃、粟田口は乱刃の盛んな出来で、両者の作銘が相違していることがわかる。

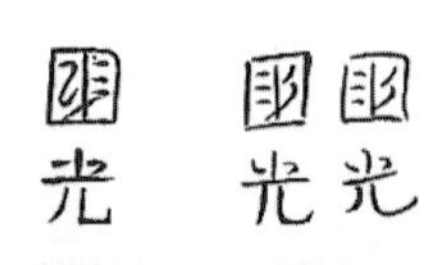

（新藤五国光の銘）　（粟田口国光の銘）

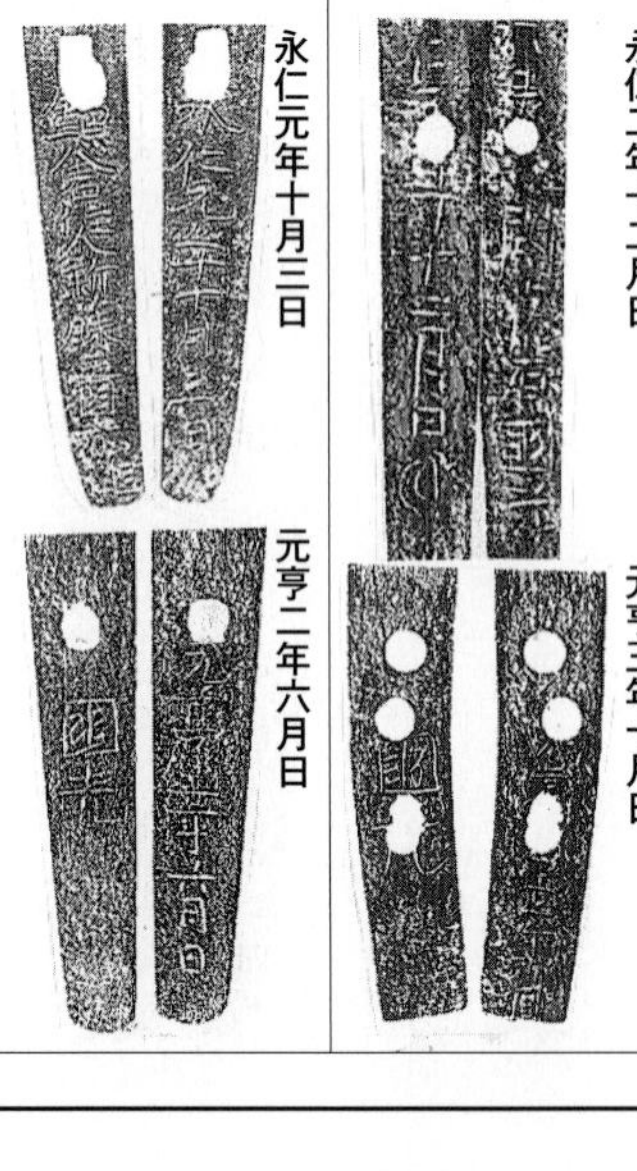

（新藤五国光）　永仁元年十月三日　元亨二年六月日

（粟田口国光）　永仁二年十二月日　元亨三年十月日

左兵衛尉藤原国光　永仁二年十二月日（『山城鍛冶』）

（『土屋押形』）

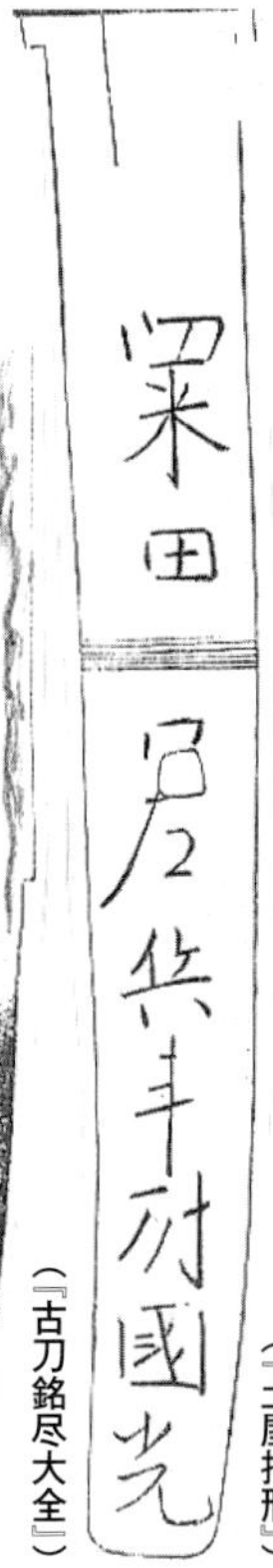

（『古刀銘尽大全』）

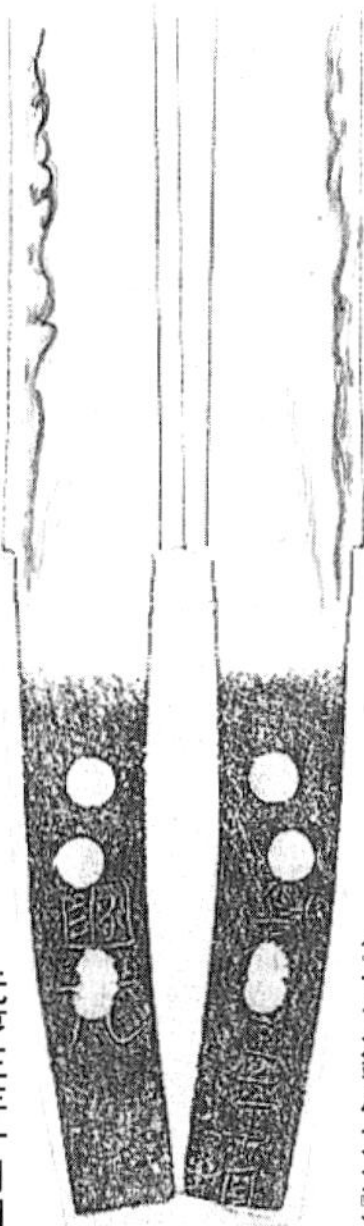

元亨三年十月日

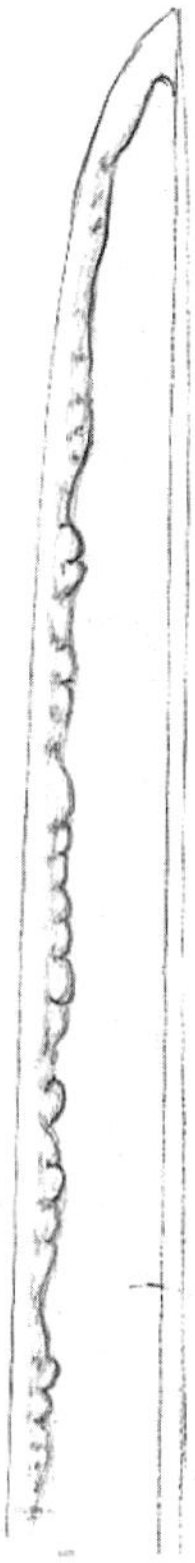

古 国光【くにみつ】初代　山城国　鎌倉末期（文保）

次郎兵衛尉。来国俊の子。了戒の弟。来国光の作に正和二年紀があり（『校正古刀銘鑑』）、降っては貞治二年紀のものがある（『日本刀銘鑑』）としている。正和二年から貞治二年までは五十年あって、一刀工の製作期間としては長すぎる。古伝書の多くは初・二代の境を建武で区切るもの、また二代の年代を康永とするものがある。現存する作銘から見て、初・二代の銘の識別は決め手を欠くが、南北朝期初めを境として多少の相違がみられることから、元弘・建武を二代の初めとみておきたい。

来国光は作域の広い人で、腕達者との評が高い。太刀、短刀ともに細身もあり、身幅の広いものもあり、短刀には冠落造もある。刃文は直刃も乱刃もあり、小乱調の小ずんだ互の目乱のもの、また大模様の華やい

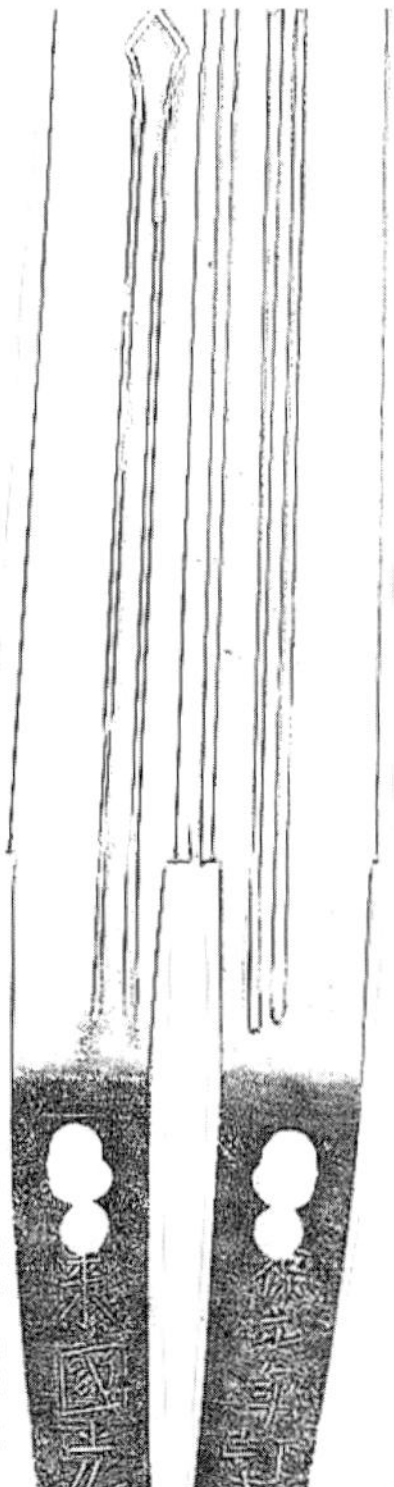

□（文）保元年丁己七月

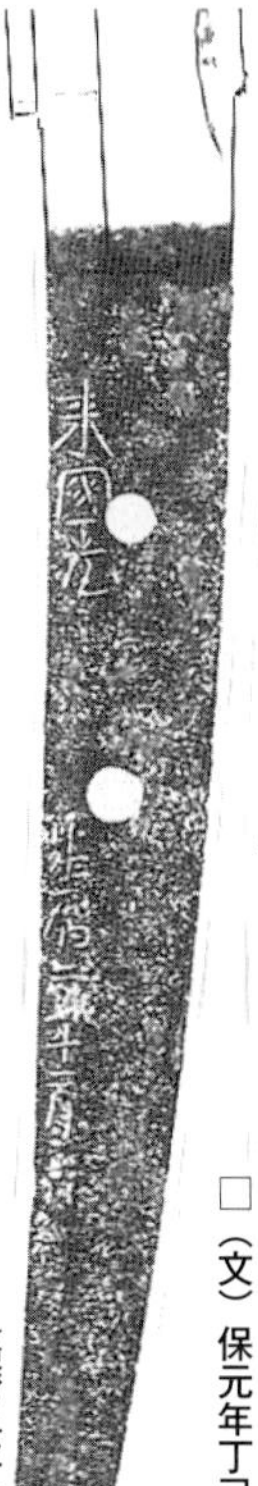

嘉暦二年二月日

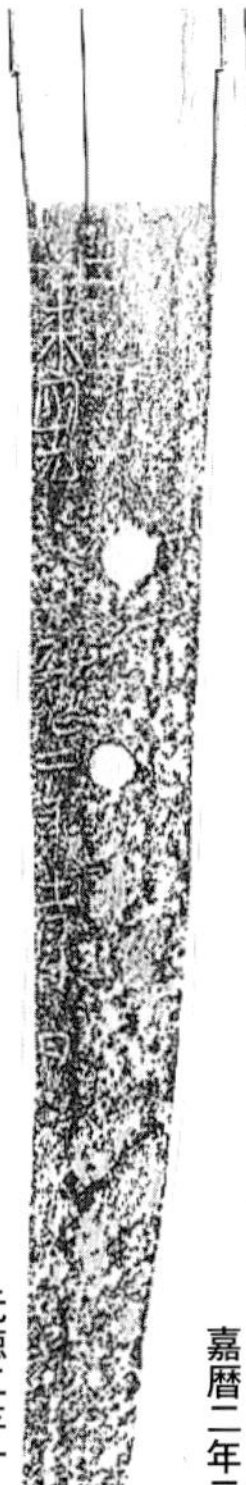

元徳二年十一月日

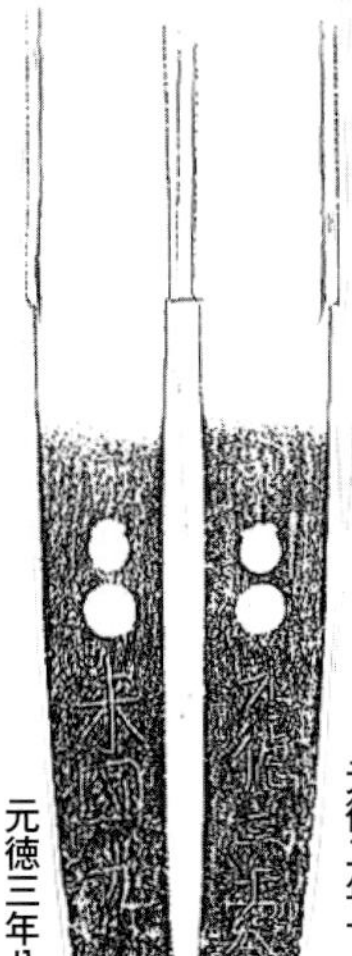

元徳三年八月日

だものもある。大乱のものは沸が強く、相州伝を帯びた迫力のある作をみせている。古伝書は乱刃は若いころ、直刃は老後のころのものとしている。銘字は概して太刀銘は小さく、短刀の銘は大きく切る傾向がある。

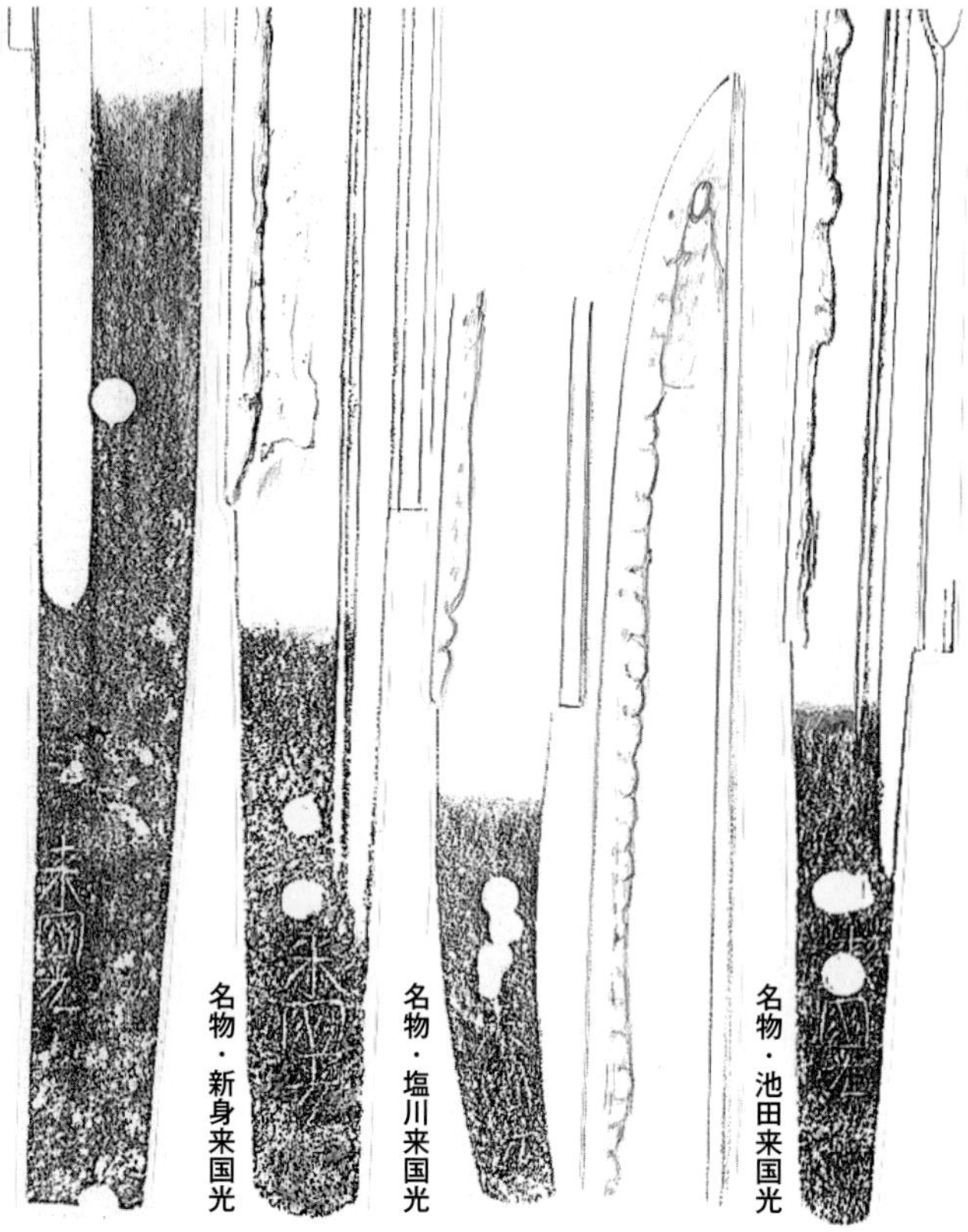

名物・池田来国光

名物・塩川来国光

名物・新身来国光

古 国光【くにみつ】二代　山城国　南北朝期（康永）

来兵衛尉。初代来国光の子。光重門という。南北朝期の二代作とみられるものは直刃、また湾れかかった直刃を焼いたものが多い。

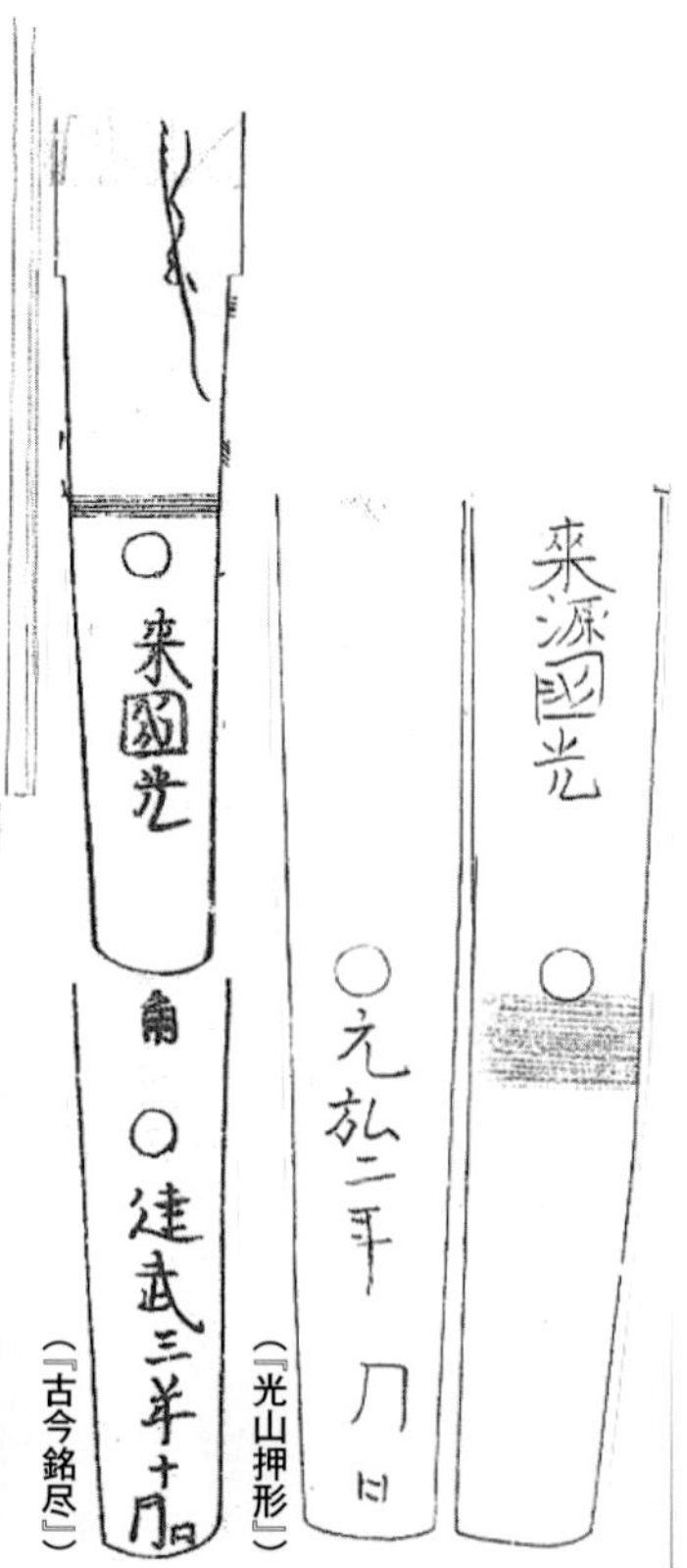

（『光山押形』）

（『古今銘尽』）

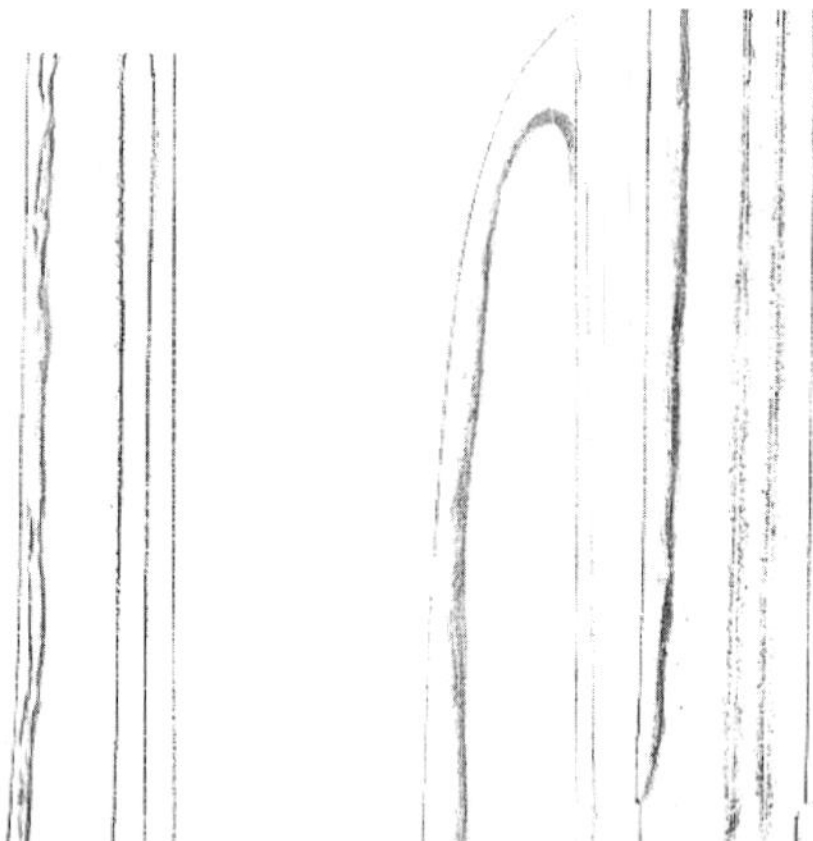

観応二年六月

古 国光【くにみつ】　新藤五　初代　相模国　鎌倉中期（永仁）

新藤五。新藤太郎。鎌倉鍛冶の始祖となる。古説は山城から粟田口国綱、備前から国宗と助真が鎌倉に下向したと伝え、彼らの門から新藤五国光が出たという。新藤五国光は粟田口国綱の子とも孫ともいい、備前三郎国宗の在京時の弟子ともいうが、国光の作風には粟田口風が強くあって、国宗、助真の作とは結びつく必然性がなく、国光門下の正宗が相州伝を完成させるその作風の前駆をなすのが新藤五国光である。新藤五国光は粟田口国光の子、または門人であろう。国綱に従って粟田口国光と共に、鎌倉に下向したのではなかったか。国綱の子国光とは粟田口国光であって新藤五国光ではないであろう。

　新藤五国光の最古の年紀が永仁元年であり、降っては元応二年、元亨二年の短刀がある。銘鑑には元徳三年があるとしているので、永仁元年から元徳三年まで約四十年間を算し、なおこれに前後があるであろうことを加算すれば、この期間はさらに延長することとなる。この長期間をみることから、国光には初・二代が存在すると考える。よって国光二代説が成り立つのであるが、室町期の多くの古伝書は一代説であり、江戸時代の『古今銘尽』とその系流のものも同じくであるが、『校正古刀銘鑑』のみは三代説を採っている。校正は国綱と国光の間が長く開きすぎていることから、この間にいま一人の国光を加えるものであり、この説は一概には否定し難いところがある。「いま一人の国光」とは初代国光の父であり、国綱の子に当たる国光を指してのもので、三代説の初代に当たる。別の見方からすると、初代国光の父であろう「親国光」を認めて置くもので、即ち粟田口国光に該当する人となり、その子に初代新藤五国光がいる。（系図864～867頁参照）

　このように一代説、二代説、三代説があるのは、国光の作刀が鎌倉期の著名な他工と比べて数多くがあり、その銘字に数種があって、しかも書風に小異があることからも、複数の国光の存在が考えられてくる。いずれの説も国光の子に国重〈太郎〉、国広〈次郎〉、国泰〈三男〉の三人を掲げており、彼らは後に「国光」と打つ、とは古来からの説である。

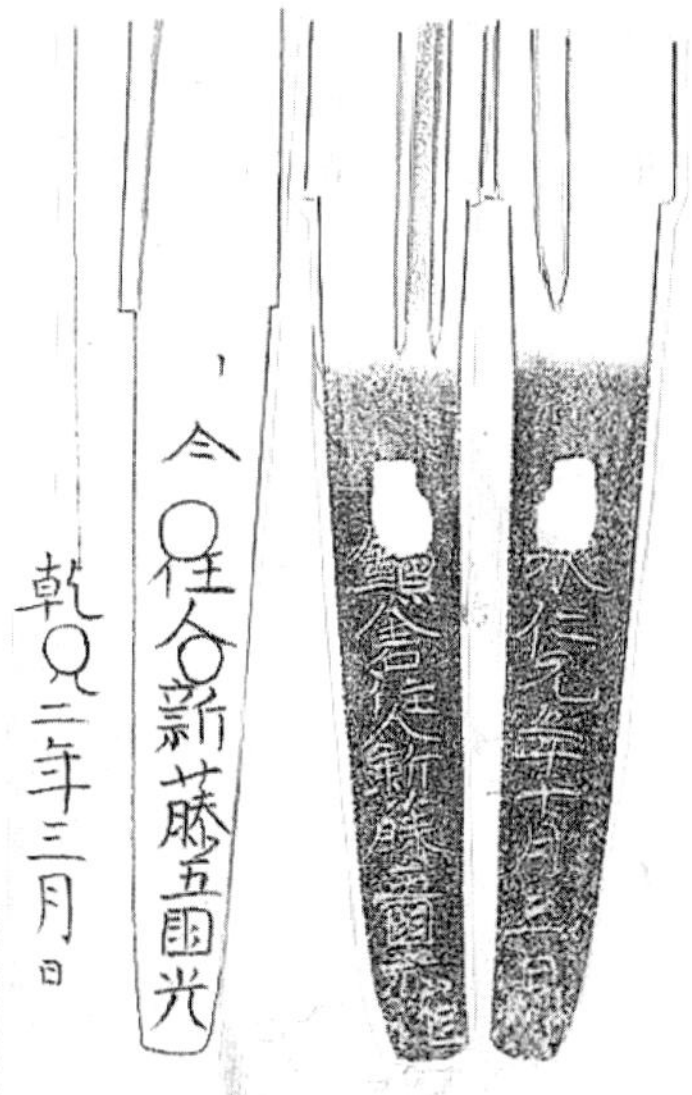

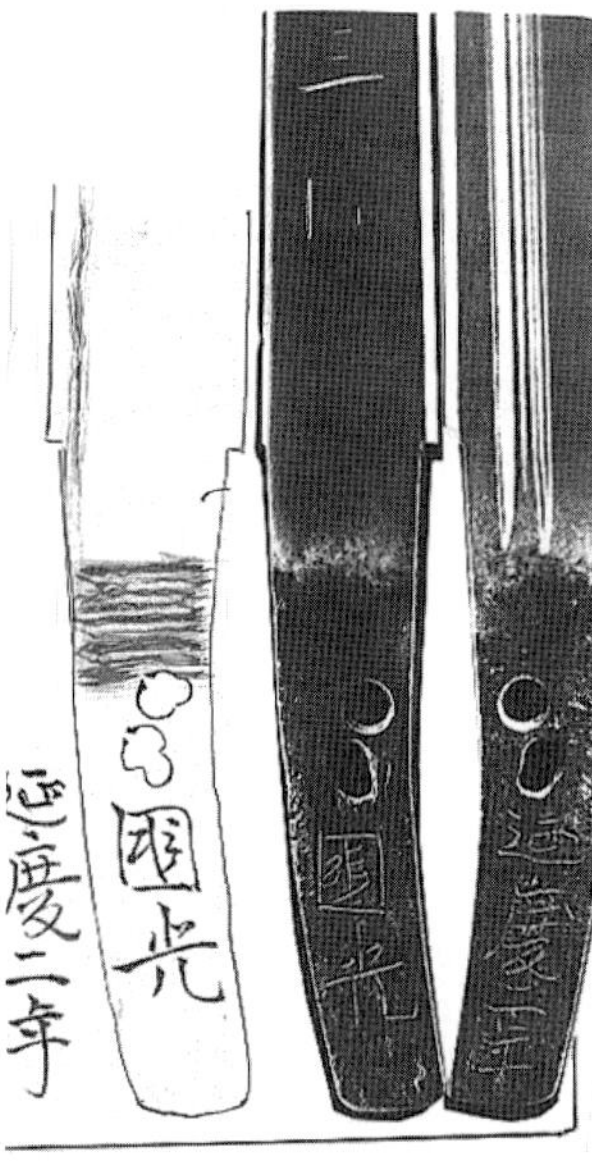

（『土屋押形』）

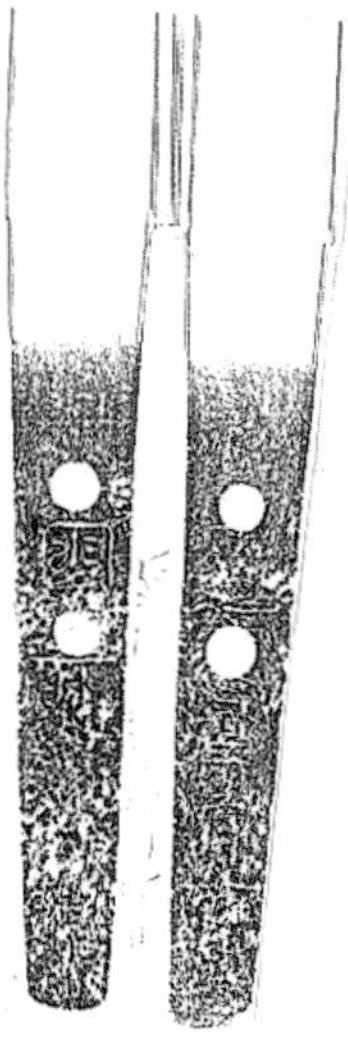

延慶三年二月吉日

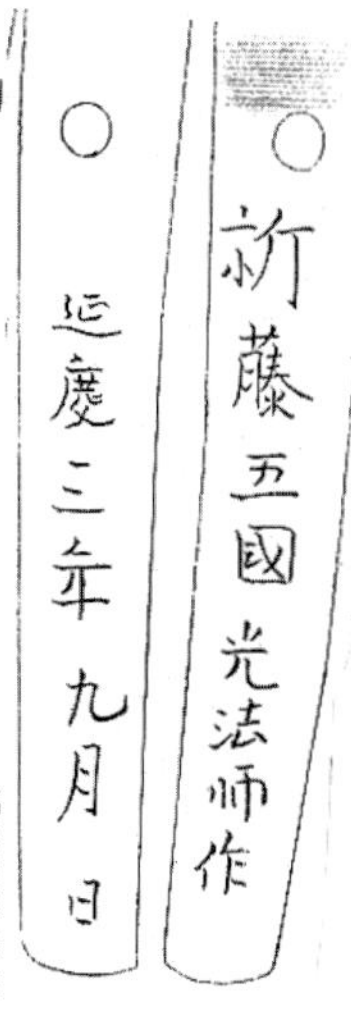

（『光山押形』）

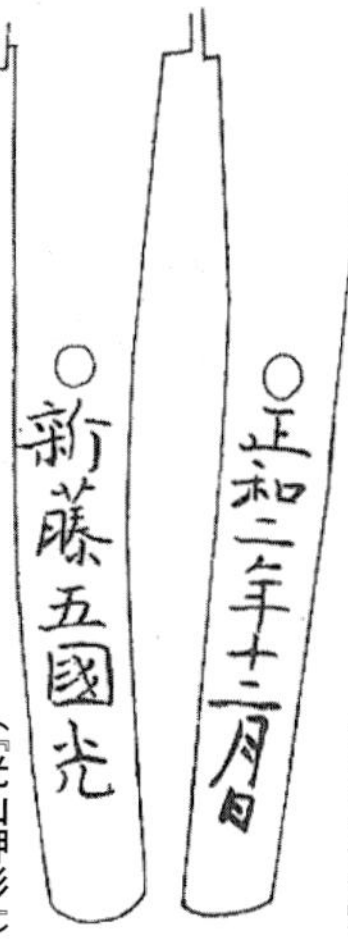

（『光山押形』）

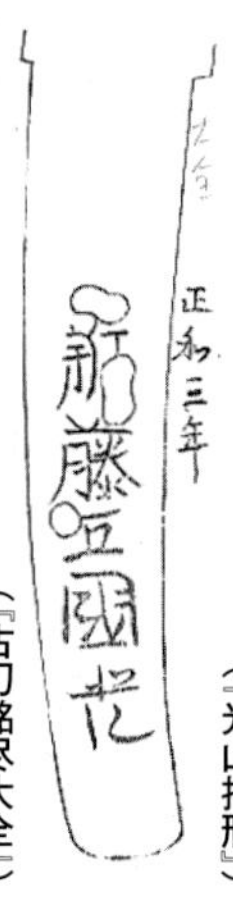

（『古刀銘尽大全』）

ただし元亀本など一部の書は「国広」「国重」の二人が後に国光と打つという。この三兄弟は父国光の晩年には代作代銘に当たっている。また国光を名乗って自作を世に出すほか、三代国光を称するものがいたのかもしれないが、それを証する確かな形跡は残されていない。

作刀は短刀が多く、太刀は稀である。短刀の名手として名高く、粟田口吉光と双璧をなす。作風は「鎌倉物の始めなりといえども、地肌の鍛え、刃の風情いずれも粟田物のかたぎを変えず」（『銘尽秘伝抄』）とあり、一見して粟田口物風である。短刀は浅い内反りを常として、細直刃、中直刃が多く、稀に糸直刃がある。区下《まちした》を深く焼き込む手癖がある。小沸がよくつき「真砂をふるいかけたように、はぜやかにきらめく」（『元亀本』）の評が鮮やか。彫物が得手で、表に剣、裏に樋と梵字を彫るのが多く、剣先尖る。銘は「国光」二字銘が多く、「新藤五国光法師作」の長銘があり、長谷部姓を切った国光長銘がある。「国光」の「国」字の内左を左字に「Z」形に切り、「光」の第一・第二・第三画の冠字を「北」字に似た北冠に切るので「左字北冠」といっている。

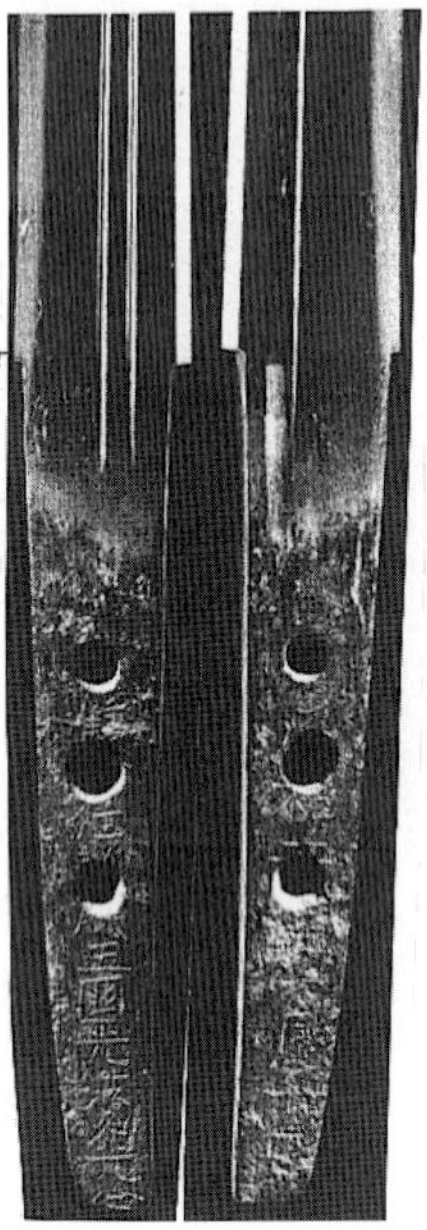

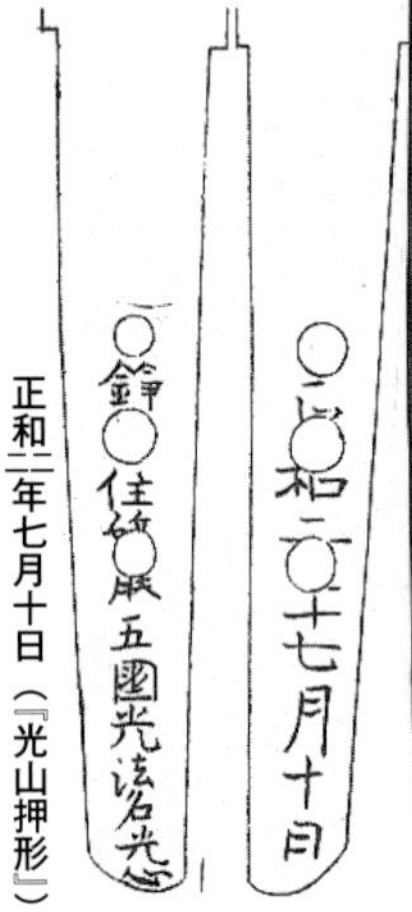

正和二年七月十日（『光山押形』）

古 国光【くにみつ】 新藤五　二代　相模国　鎌倉末期（正和）

新藤五。新藤太郎。光心国光の子。延慶三年紀に「新藤五國光法師作」銘があり（『光山押形』）、正和四年紀に「鎌倉住新藤五国光法名光心」の短刀（黒川古文化財研究所蔵）があることは、延慶ころから正和年間のころが初代国光の晩年に当たると同時に、正和ころ以降は、二代国光の時代へと移行していくことを示している。初代晩年のころは二代によって代作代銘が施されている。「正和五年十一月三日」紀の銘は二代国光であることが判然としていて、正和五年にはすでに二代の時代に代替わりをしていたこととなる。

初代国光の作刀期は永仁元年から正和四年ころまでの約二十二年間が

正和五年十一月三日

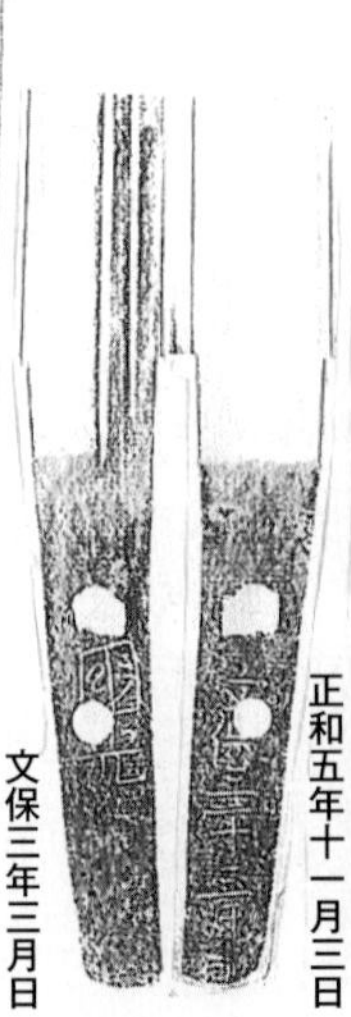

文保三年三月日

元応二年三月廿日

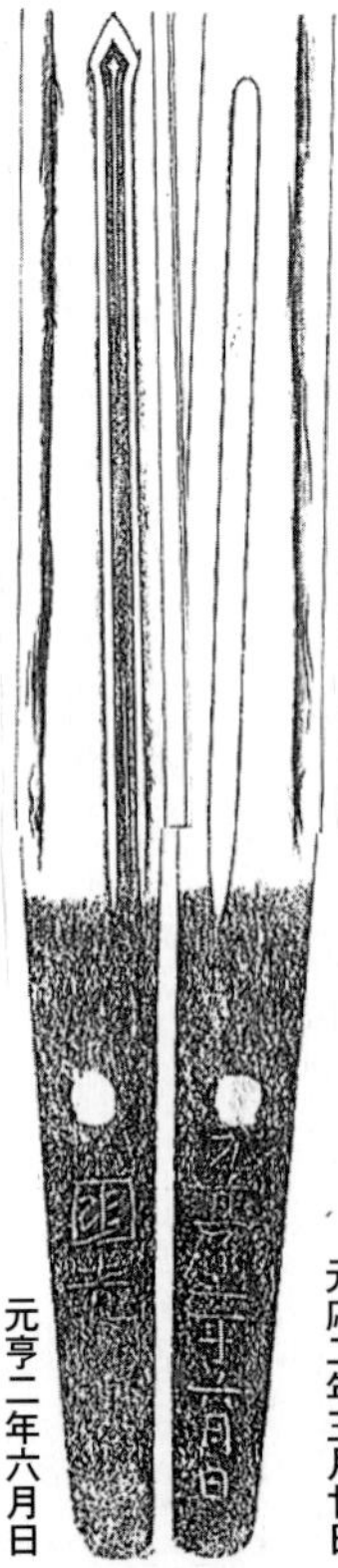

元亨二年六月日

ある。二代新藤五は正和五年ころから元徳三年まで約十六年間がある。こうしてみると二代の作刀期が初代より短く作刀数も少ないのであるが、国光の代表的な作刀は二代銘に多くみられ、二代は初代に優るとも劣らぬ技倆の持ち主だったこととなり、あるいは初代に優るものがあったのかもしれない。作風は初代同様で、粟田口風が強く、なお一段と地刃の沸が強い。地に地景、刃に金筋が入って覇気がある。帽子から沸がこぼれて連なり、これを「翁の髭」と称して、その働きを賞している。（系図864~868頁参照）

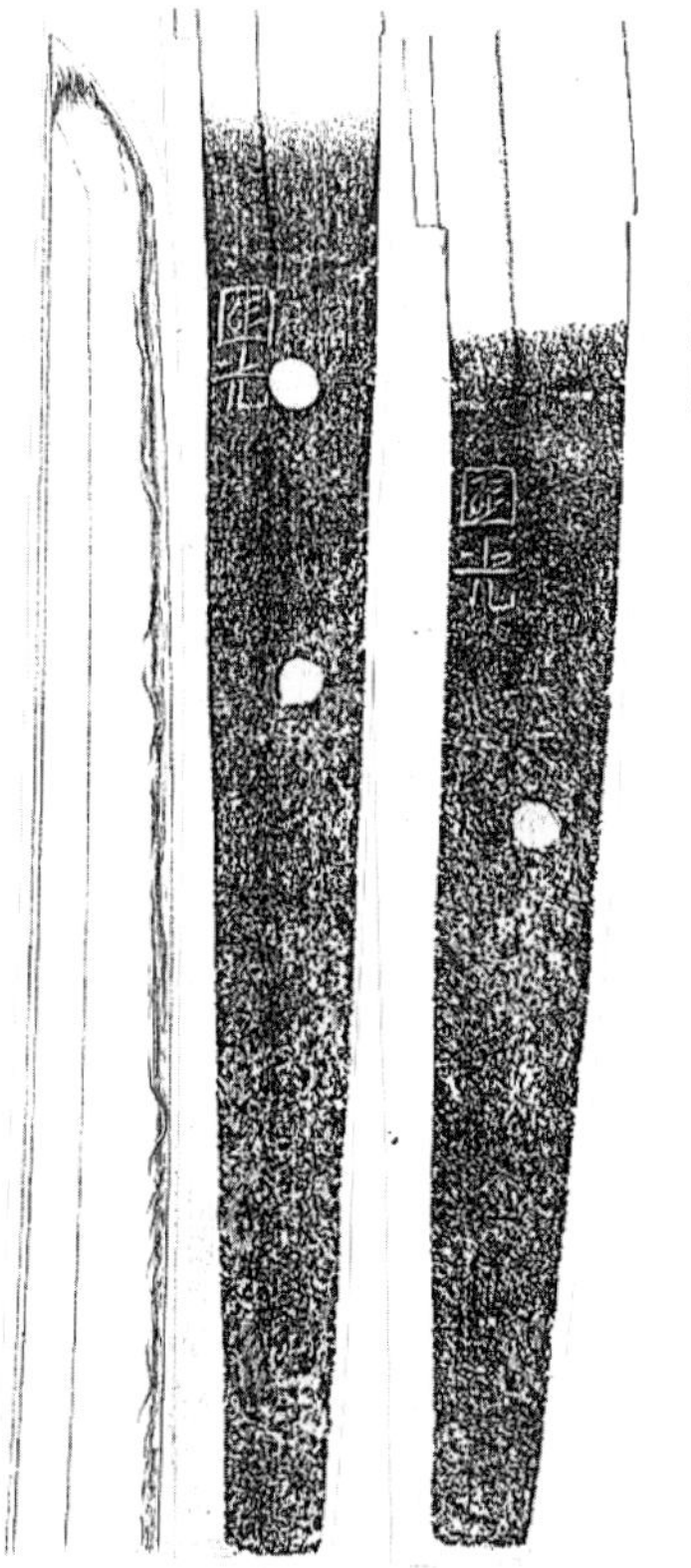

古 国光【くにみつ】 大和国　鎌倉末期（弘安）

保昌派の祖。保昌五郎。高市郡住。貞光同人という。保昌貞吉また貞宗の親という。現存する作刀をみないが、江戸時代には作刀が残されていたらしく、古書が掲げる押形の写銘を参考に、次に見てみる。

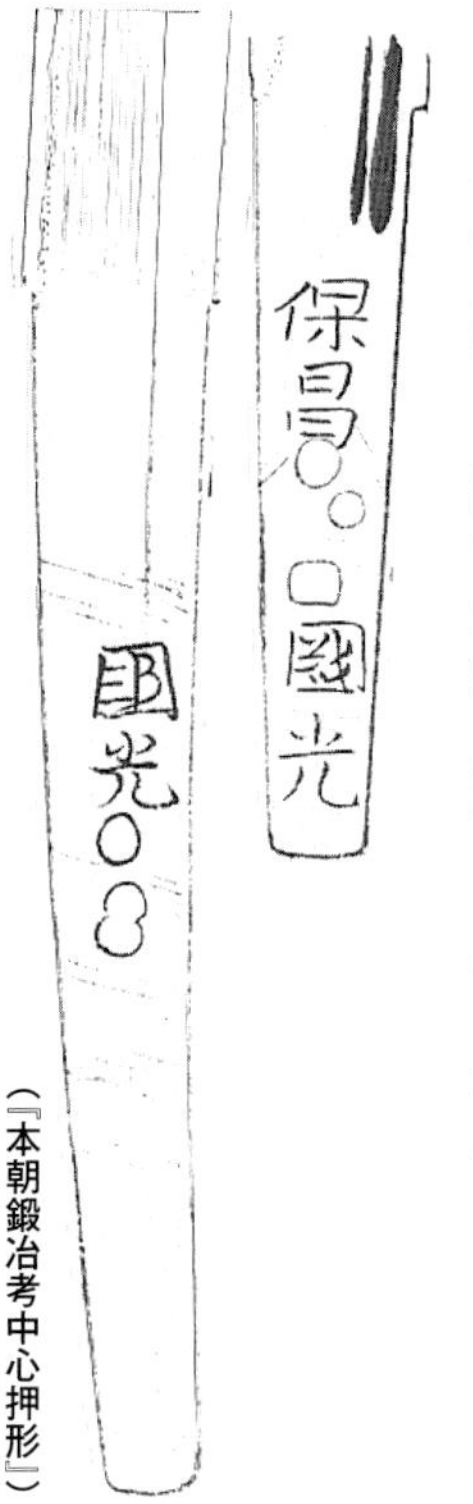

（『本朝鍛冶考中心押形』）

古 国光【くにみつ】 越中国　鎌倉末期（文保）

古入道。本国大和宇陀郡、鎌倉末の文保ころに越中宇津に移住し、この地に定着して一門が繁栄し、北陸道きっての大流派を形成する。宇多派の祖。古入道、すなわち初代国光の年代を古銘鑑は文保という説である。宇多国光の子である国房が康安、国宗が応安で、両人が南北朝期の中ごろであれば、その父である国光は南北朝初期を遡る年代となり、鎌倉末の文保であることは肯定できる範疇である。大全は「同銘が後に有」として代のあることを認めており、現存する作刀に照らして、初代文保、二代康安、三代応永ころとみて、無理はない。

『光山押形』所載の「宇多国光」太刀（『特別重要刀剣』）は細直刃に小足入り、小沸よくつき、ほつれ、打のけかかり、金筋入る古調な出来で、大和の古作を思わせる作。小振りの四字銘を切り、「国」字の内を草書体に切るのが後代銘にはみられず古雅である。「宇多国光」。（系図850頁参照）

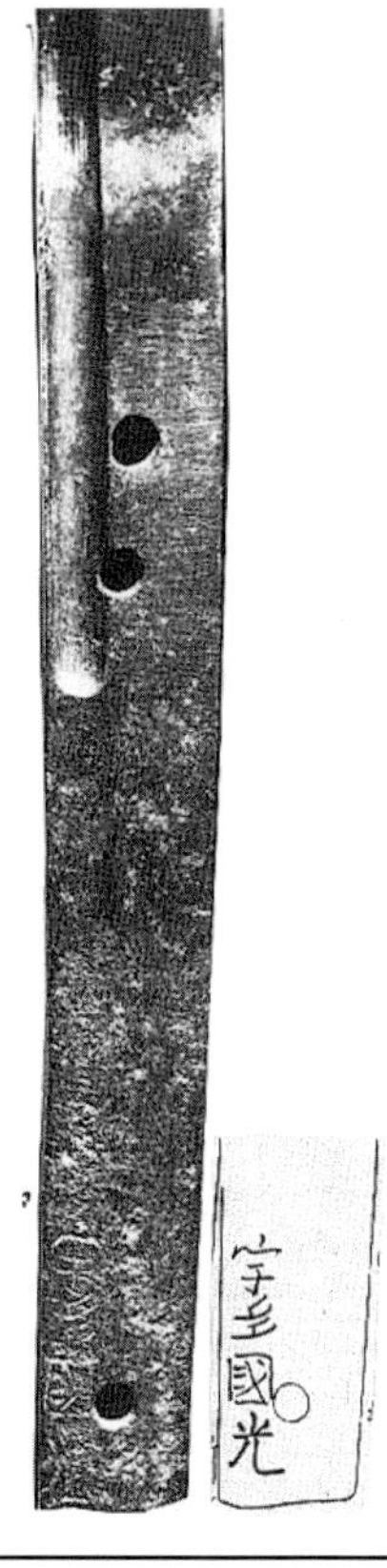

（『光山押形』）

古 国光【くにみつ】 越中国　南北朝期（康安）

初代国光の子、二代。太刀は小板目肌よく詰み、地沸細かくつき、沸映り立つ。刃文は小湾れ調の直刃に小互の目足入り、小沸よくつき、匂口冴え、金筋入る。短刀は沸映りが一面に立ち、小沸出来の中直刃を焼く。「宇多国光」の「光」字の上半分が、「谷」字の頭の形をみせて独特な書風となる。

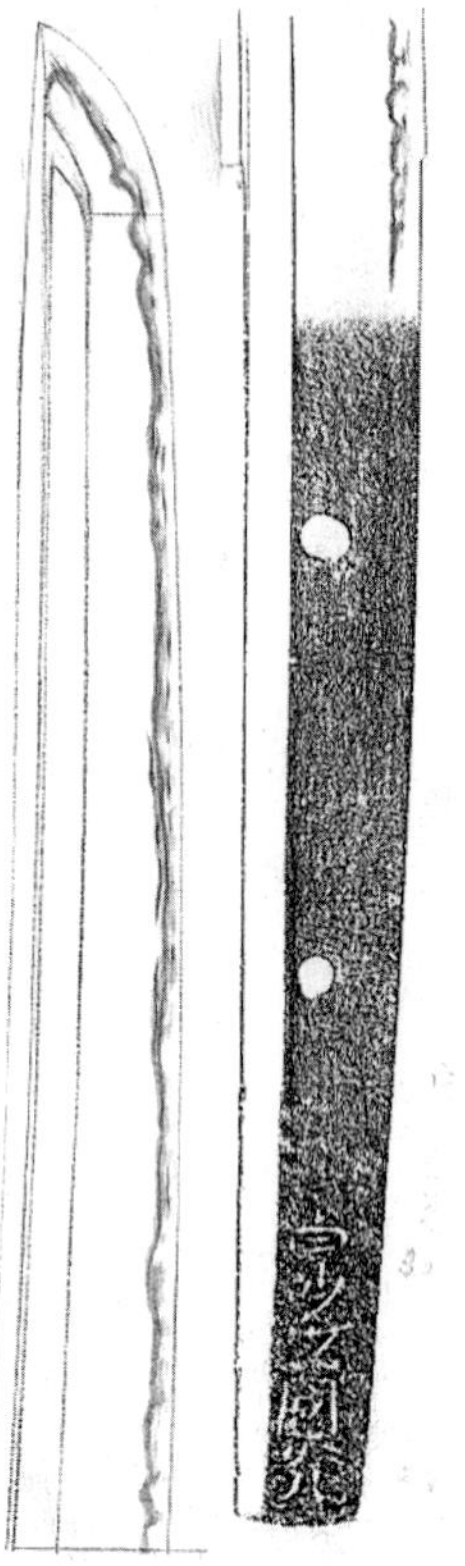

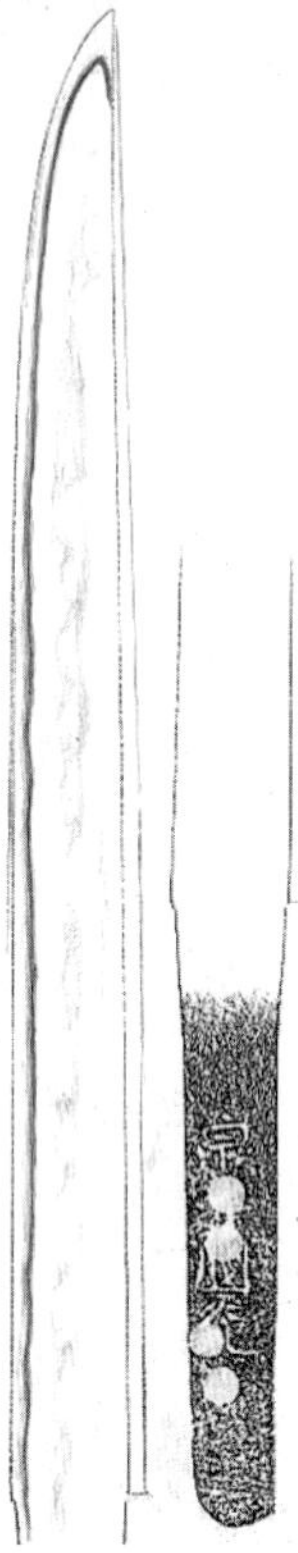

古 国光【くにみつ】 越中国　室町初期（応永）

三代目。応永ころ。二代銘に似るが小異があり、「多」字が大様で、書風が特異。「宇多国光」。

古 国光【くにみつ】 越中国　室町中期（享徳）

享徳から文明、明応にかけて複数の同銘工がいて作刀する。「国」字の内を草書体に切るのは、古入道国光の書体を復活させてのもので、「光」字も同様に諧書で切る工がいる。「宇多国光」。

古 国光【くにみつ】 但馬国　南北朝期（貞治）

法城寺。初代。朝来《あさご》郡台庄住（現・兵庫県朝来市和田山町室尾）。相州貞宗門。京信国、長船元重と並んで国光を貞宗三哲と称するが、作風の類似性からみて貞宗門説は現在では肯定されない。国光は長刀《なぎなた》の名手として聞こえるが、長刀で有銘作は存在せず、ほとんどが磨上げ無銘の〝長刀直し〟と称する刀ばかりである。その刃文は華やかな丁子乱を焼くのが常である。銘鑑には貞治年紀のものを載せていて、短刀の作は沸出来の地味な直刃か小乱で、長刀直しの丁子乱とは大いに異なる。

古 国光【くにみつ】 但馬国　室町初期（応永）

二代。隼人助。法城寺住。南北朝末から応永年中の作がある。「但州住国光」の寸延び平造短刀があり、現存をみないが「但州住隼人助国光作」の応永二十五年紀の作がある（『埋忠押形』ほか）。短刀は板目が流れて肌立ち、地沸つく。刃文は湾れかかった直

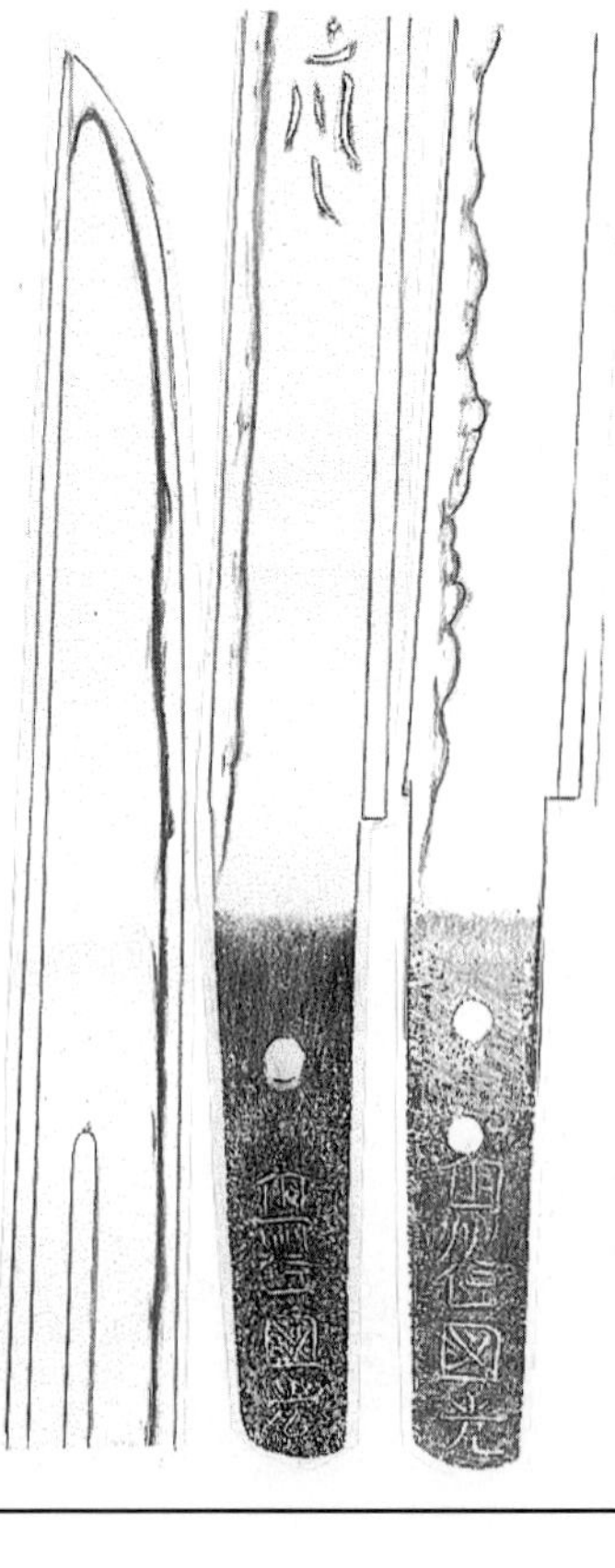

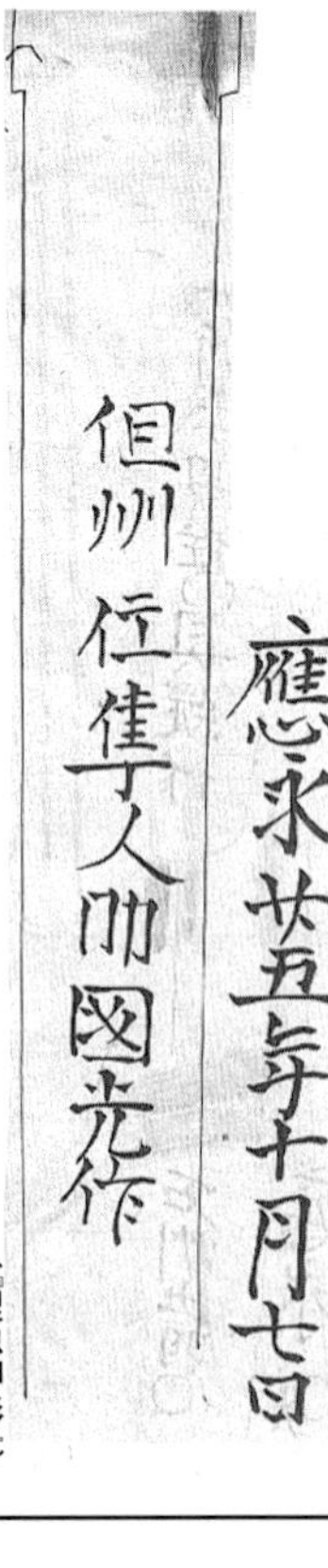

（『埋忠押形』）

刃と、互の目乱の両手があり、よく沸えて刃中に細かい砂流し、金筋入る。

古 **国光【くにみつ】** 美濃国　室町末期（永禄）

赤坂千手院。永禄ころ。「国光」。

新 **国光【くにみつ】** 法城寺　武蔵国　江戸中期（延宝）

助右衛門。江戸法城寺。本国但馬、越前に住、のち江戸へ移る。延宝六年から貞享二年までの年紀作をみる。直刃、湾れに互の目足入り、沸匂よくつく。但馬守国正の銘作に似る。

新々 **国光【くにみつ】** 陀羅尼（洲崎）　加賀国　江戸末期（慶応）

洲崎幸次。五代吉郎国平の子。慶応年紀の作がある。大正二年没。

新々 **国光【くにみつ】** 陸奥国　江戸末期（慶応）

会津若松住。松軒元興、また村田松龍斎国宗門。「真慶國光」「奥州岩城平住國光」「岩代國吉田村住平安國光」などと切る。中直刃。

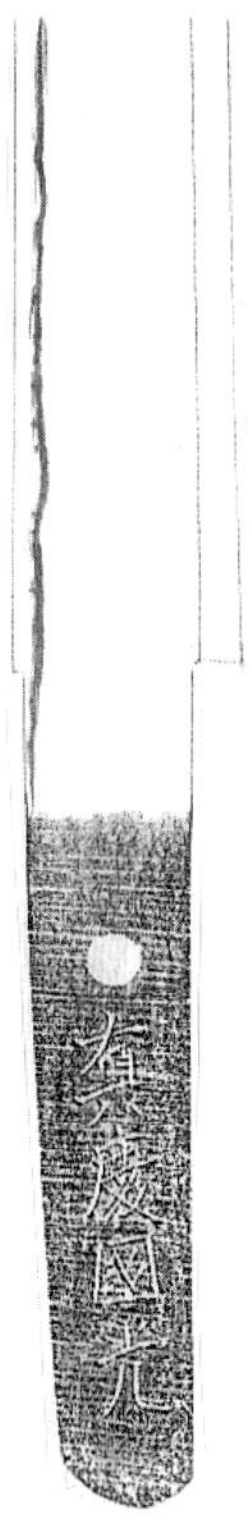

新作 **国光【くにみつ】** 宮城　昭和

三浦省吾。権平国光子。水戸一流斎吉光門。初銘国正。仙台市新河原町（現・若林区南材木町）住。陸軍受命刀匠。直刃に柾目肌の大和伝を得意とする。昭和四十三年、六十七歳没。

新作 **国光【くにみつ】** 福岡　昭和

小宮四郎。明治二十七年生まれ。昭和九年、大日本刀匠協会発足時より会員。同十八年、佐世保海軍より筑紫軍刀鍛錬支所長に任。終戦まで鍛刀する。大牟田市住。

新作 **国光【くにみつ】** 福岡　平成

小宮早陽光。昭和三十四年生まれ。新作名刀展努力賞。「三池住四郎国光作」。大牟田市住。

新作 **国光【くにみつ】** 佐賀　昭和

柴田常治。明治二十八年生まれ。昭和十七年、座間鍛錬所に入所し栗原昭秀に師事。陸軍受命刀匠。唐津住。

新作 **国光【くにみつ】** 青森　平成

中畑新吾。昭和四十一年生まれ。父貢（刀銘国広）門。新作名刀展十三回入選。短刀小品展五回入選。平成五年から作刀し製作数一六〇口。平成二十二年八月十七日、四十三歳没。「津軽住国光作」。南津軽郡住。

古 **国宗【くにむね】** 備前国　鎌倉中期（正元）

直宗派。直宗孫。国真の三男、初代。藤五郎。備前三郎。嫡男国真が太郎、次男国貞が次郎、三男国宗が備前三郎と号す。新田庄和気住、また鎌倉山内住。相州に下向し鎌倉鍛冶の草分けの一人となる。新藤五国光の師という。国宗は大全によると九十七歳といい、長命者だったらしく、鎌倉中期の正元ころから末期の正安ころまで鍛刀していたと思われ、その年代の上限は国綱（建長ころ）とほぼ同じくしている。国宗には年紀のある作刀が稀少で、嘉元三年五月から徳治三年三月まで「中原国宗」銘のものが、また「正和」の年紀に「備前住長船」銘のものなど数例がある。

　国宗には二代あるいは三代があることは古伝書が伝えて諸説がある。『天正本目利書』は「備前三人、此内二人は備前三郎父子、又一人長船にあり近きもの」として、三郎国宗父子のほか長船に一人親族であろう同銘がいるとする。銘尽は系図中で「備前三郎と云、其の後鎌倉へ下り四ノ進藤五郎と名乗る父子二代あり」とし、銘寄せの項中では「後宗に上り、同備前弥五郎一人、内長船に一人」とする。父子二代の子が弥五郎国宗（初代の孫とも）であることは他書も伝えており、他に国宗が長船に一人いる、といっている。ここでいう国宗は備前三郎父子二人の他に長船に一人、合わせて三人の国宗がいることとなる。

では残された作刀からみてみると、初代作は太刀は身幅が広く元と先の差が少なく猪首切先に造り、頑丈な体配が鎌倉中期独特で、丁子乱に蛙子丁子を交じえ焼幅の出入りが烈しい華麗な刃文を焼く。時代が下り鎌倉末期に近づくと華やかさが影をひそめ、身幅も尋常なものが多くなり、互の目を交じえた地味な刃文へと変化する。「刃染み」は刃中に小さく現れる白染みで、国宗の特徴とされる。健全なものにはほとんど見られないことから、製作当初からのものではないであろうといわれる。初代作は二字銘ばかりで、棟寄りに切り、二代銘より大振りである。「宗」字の第三画、第六画の返りに丸味がつくのが独特。「国宗」。（882～883頁系図参照）

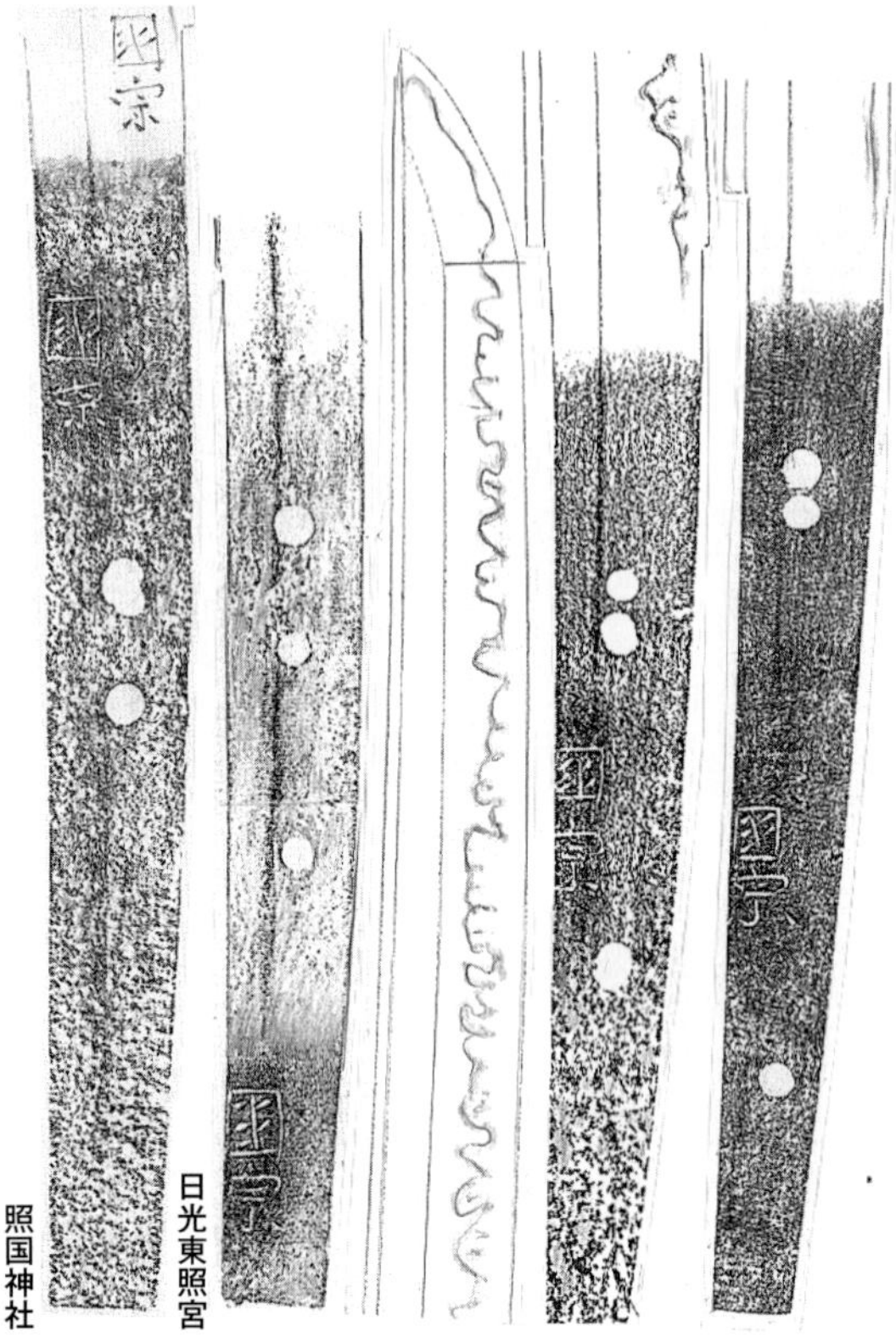

日光東照宮

照国神社

古 国宗【くにむね】 備前国　鎌倉末期（嘉元）

備前三郎国宗の子。二代。長光門。古伝書は国宗に父子同銘二代があると伝え、校正は正応から延慶四年紀のものまであると年代を設定する。元亀本は二代目は備前三郎の子で政宗といい、後に国宗に改銘したとする。『鍛冶銘字考』の系図は他書にはみられぬもので、備前三郎国宗の弟に藤五郎定宗とその子の弥五郎定利の父子を掲げる。「弥五郎」は備前三郎国宗の子とも孫ともいい、小反弥五郎と同人との見方もあって諸説が

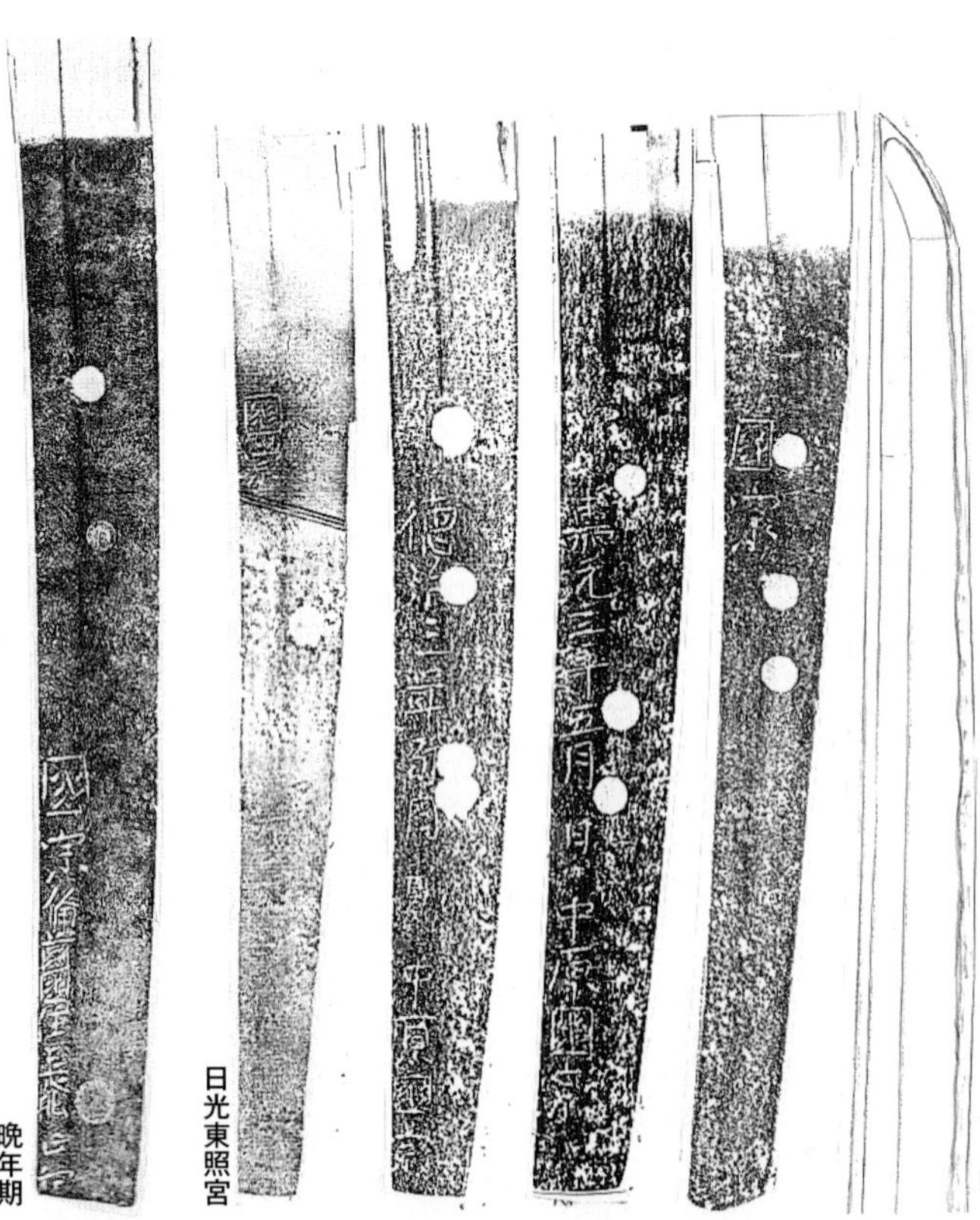

日光東照宮

晩年期

あるが、弥五郎国宗が二代である可能性が強い。

国宗で年紀のあるのは嘉元三年から徳治三年紀の「中原国宗」銘のものに、延慶四年があるというが、延慶四年は現品がみられず銘文が明らかでない。校正がいうように二代を正応から延慶四年までの人としてみると、嘉元・徳治の「中原国宗」は二代の晩年作となる。「中原国宗の一考察」（備前刀研究、平成三年一月、田住實氏）の詳細な論考で、中原国宗は二代国宗の晩年作であろうと結論して傾聴に値する。嘉元・徳治・延慶に次ぐ国宗の年紀作が「国宗 備前国住長船 正和」銘のものである。この正和年紀の銘作は二代とみるほか、二代とは別人で三代ともいわれるのは、銘の書体がそれまでのものとは異質とみられてのことである。

中原国宗は「国」字が縦長のものが、徳治年紀では縦詰まりとなり、少しく小銘に切り、正和の国宗銘の「備前国住」の「国」字につながる。「備前國住長船　正和」銘は老弱の風が強く、国宗にとっては切りなれない銘文だけに、一見しては異風にみえるが丁寧な鏨運びが慎重である。正和の国宗銘は中原国宗銘につぐ二代国宗の最晩年銘であろう。但し「國宗」の二字は別人の切銘かもしれない。

太刀は身幅と重ね尋常で小切先。小板目が詰むのと肌立ちごころのものがあり、地沸つき、映り立つものがある。直刃に小乱、小互の目交じり、足入り。国宗本来の華やかな丁子乱はみられず、隠やかな刃文を形どる。

「國宗」「中原國宗」「國宗　備前國住長船　正和」。

古 国宗【くにむね】 備前国　南北朝期（延文）

小反弥五郎。三郎国宗の孫。天正本、銘尽は備前に三人の国宗がいて、備前三郎父子のほか、また一人長船にいて、その者は「近きもの」としている。三郎父子の近親者の一人で同銘を名乗っていたものとみられる。小反は南北朝期後半の長船の一派を形成する刀工群で、小反弥五郎と称するものがいて、光山押形など古押形本などに収載があり、古くから知られていたものらしく、小銘を切る。「備州長船住國宗」。

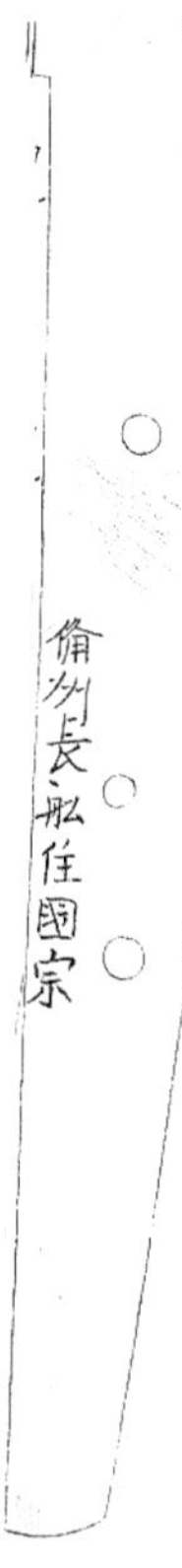

（『光山押形』）

古 国宗【くにむね】 伯耆国　鎌倉末期（永仁）

伯耆国宗。小鴨住。備前三郎国宗門。太刀が数口あり、板目が肌立ちごころに地沸つき、刃文は直刃調に小乱が目立ち古調さがある。「伯耆國住國宗」の長銘があるというが、みるのは「國宗」の二字銘ばかり。「國」の右肩に丸味がつき、内右側を「う」の字に切る。

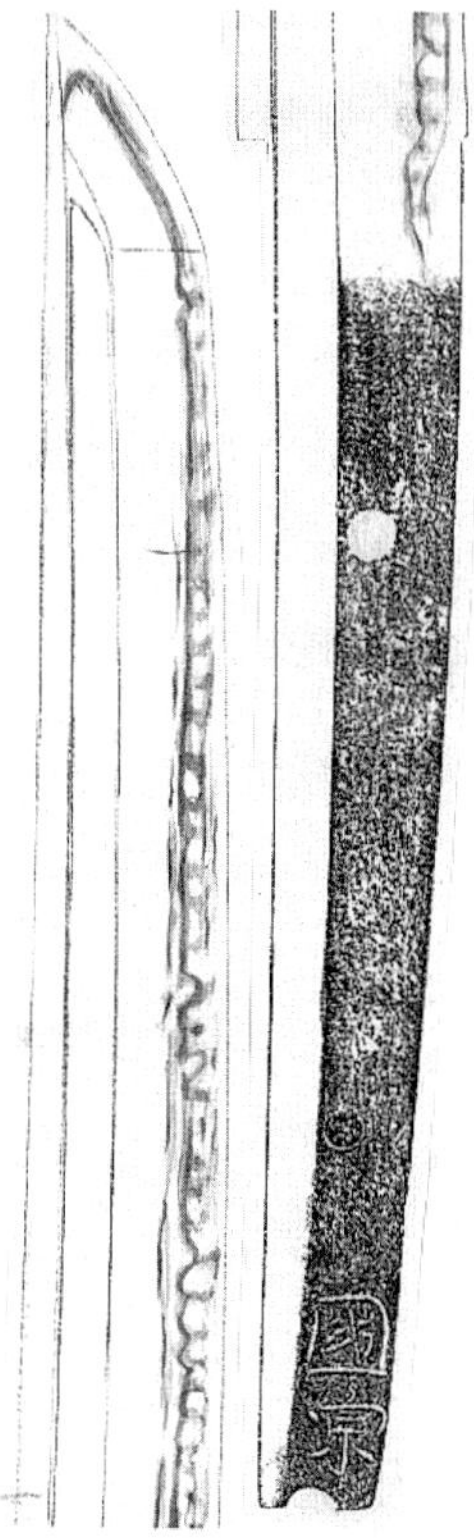

（『図版刀銘総覧』）

古 **国宗【くにむね】** 来　山城国　鎌倉末期（元応）

来国俊子。来倫国門という。元応まで遡るとみられる国宗の作はみられず、経眼するのは銘鑑にいう文和ころの作で、年代的には二代目に該当する。掲出の短刀は、八寸九分。平造わずかに反る。小板目に柾交じり、地沸つき、白気ごころがある。刃文は互の目が連れた中に角張った刃が交じり、小沸つき、匂口沈みごころに、砂流し、金筋入る。

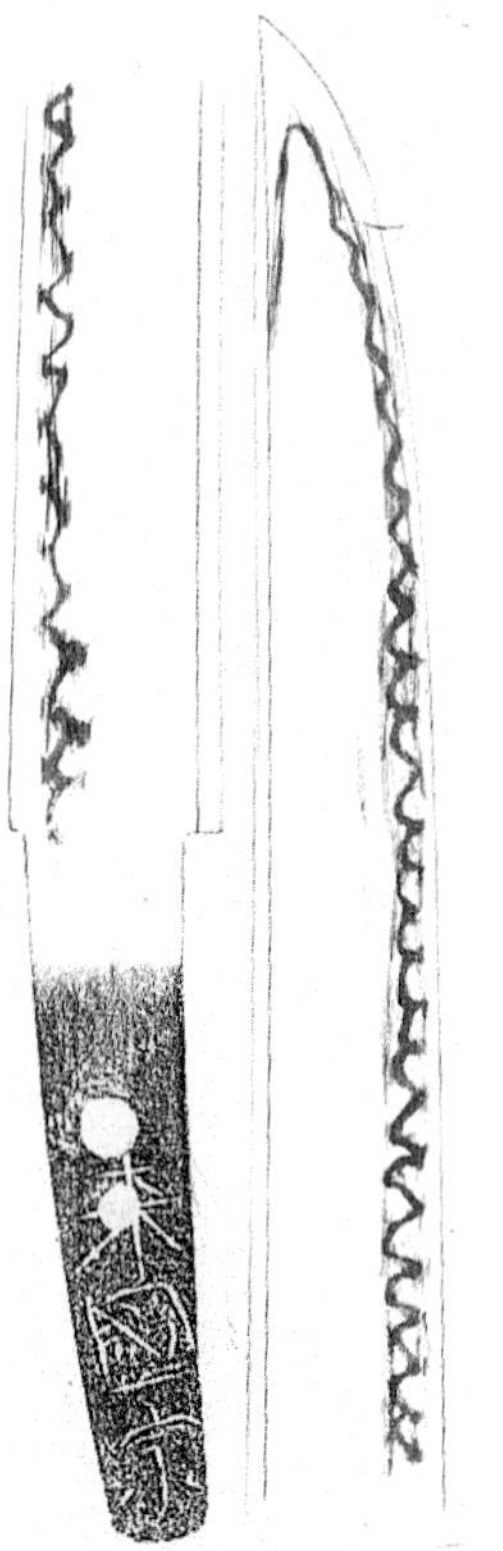

古 **国宗【くにむね】初代** 越中国　南北朝期（永徳）

右衛門尉。古入道国光の子、初代国房の弟。太刀は身幅尋常で鎬筋が高く、反り深く踏張りつき中切先詰まる。板目に柾交じり、肌立ち、小互の目乱にほつれ、湯走りかかり、よく沸える。「宇多國宗」。

古 **国宗【くにむね】二代** 越中国　室町初期（応永）

左衛門尉。国宗の子。二代。平造で無反り、寸延びの短刀がある。直刃、また小互の目交じり、ほつれ、打のけかかる。「宇多國宗」。

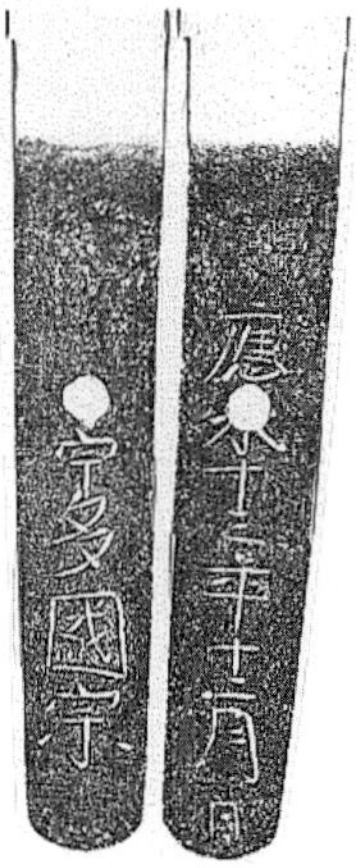

古 **国宗【くにむね】三代** 越中国　室町中期（宝徳）

三代。永享から宝徳にかけての工。作刀稀少。「宇多国宗」。

古 **国宗【くにむね】四代** 越中国　室町末期（文明）

国友（国宗門）の子。四代。文明、長享年紀の作があり、銘鑑には明応三年、天文六年紀の作があるという。国宗の作刀の多くは四代作である。五代は明応とする説もあり、後代は天正ころのものもあって、四代以降は複数の国宗銘の作刀がある。「宇多國宗」。

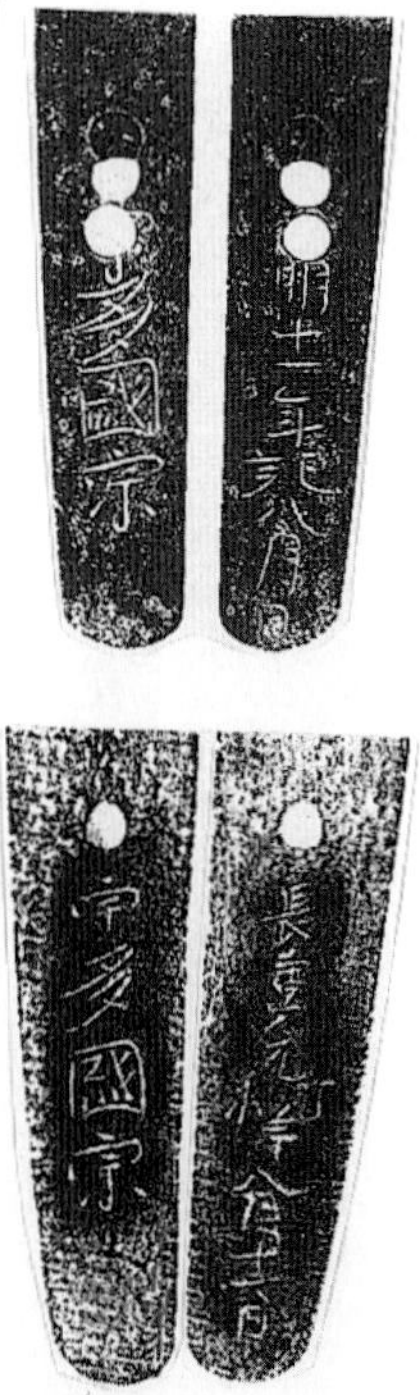

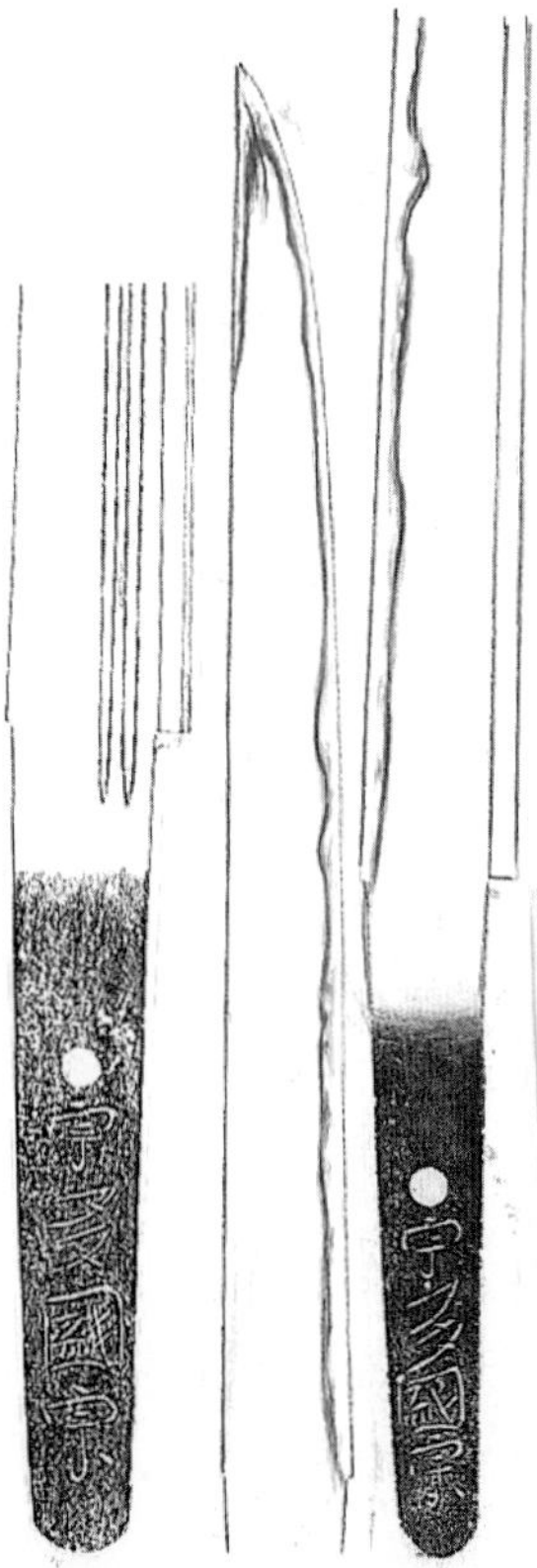

新 **国宗【くにむね】** 播磨国　江戸初期（承応）

播州賀東郡光明寺住。越中宇多の後裔。承応三年紀の作がある。直刃に互の目交じり。

新 **国宗【くにむね】初代**　備前国　江戸中期（万治）

茂右衛門。多門兵衛正成の子。岡山住、備中にても造る。互の目に小丁子交じり。

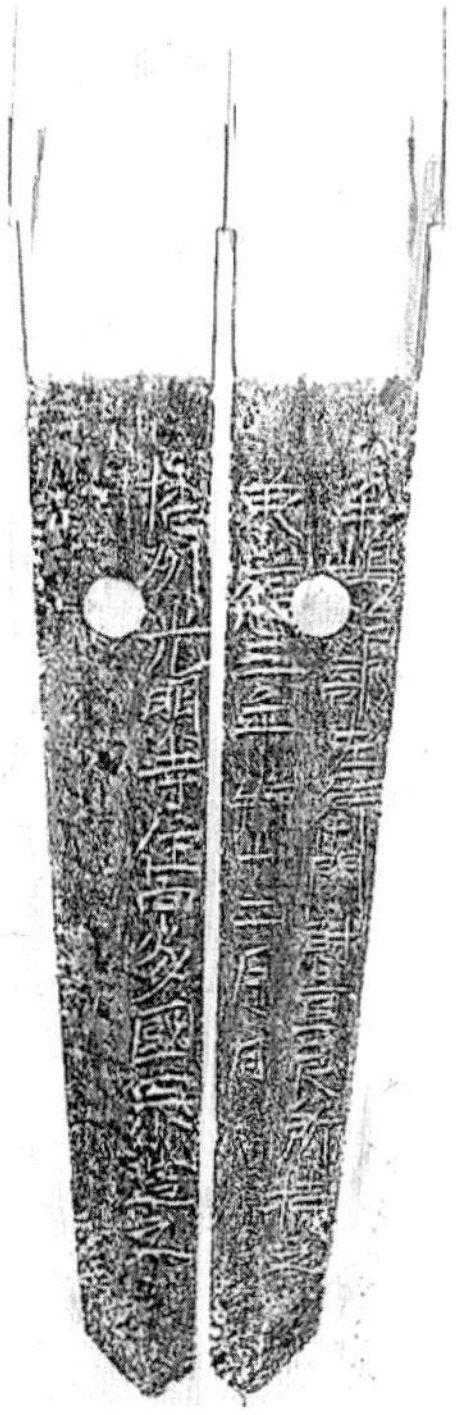

新 **国宗【くにむね】二代**　備前国　江戸中期（貞享）

彦左衛門。茂右衛門の子。岡山住、長船にても造る。

新 **国宗【くにむね】**　法城寺　但馬国　江戸中期（寛文）

但州出石住。江戸法城寺の本国但州にとどまって江戸へ出なかった一人であろう。「城」の字を「成」と切る。

新々 **国宗【くにむね】**　岩代国　江戸末期（弘化）

村田伝次。国明子。松軒元興門。明治三年六月没。直刃、互の目乱。

新々 **国宗【くにむね】**　肥後国　江戸末期（慶応）

肥後延寿の末裔。万宝子と号す。文久・慶応ころ。小互の目乱に尖り刃交じり、長寸豪壮な造りが多い。

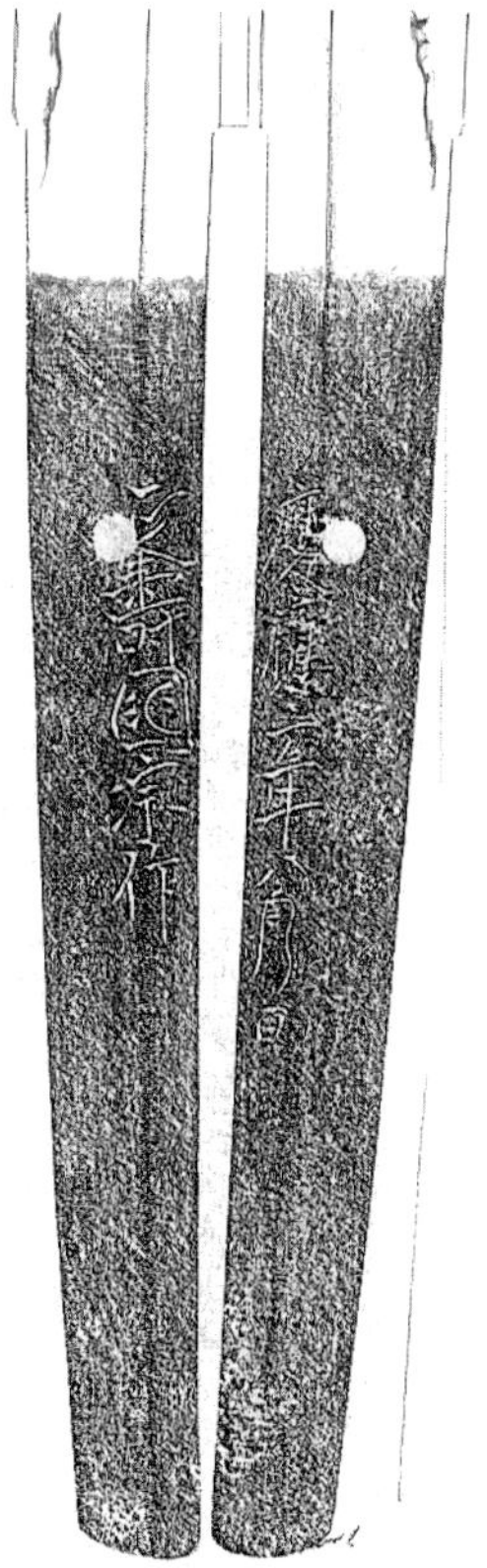

新作 **国宗【くにむね】**　愛媛　平成

藤田宗久。三郎国宗。昭和三十八年生まれ。新作名刀展入選。「国宗」。新居浜市住。

古 **国村【くにむら】**　肥後国　鎌倉末期（正和）

延寿太郎。延寿派の祖。来国行の孫で国俊の甥、元亀本は国俊の妹の子とある。大和国弘行の子、弘行は国俊妹の夫で国行の婿という。国村は元応のころ、山城から肥後国菊地郡に移住して延寿派の開祖となり、この地に一門栄えて名跡が継続する。太刀は元幅が広く、腰反り踏張りがあり、先幅は目立って細く小切先となる。地は小板目に柾流れ、地沸細かにつき、白気立つ。刃は小沸出来の中直刃がほつれ、二重刃かかるものがあるが、総じては刃中に働きが少なく隠やかな風がある。小銘で「国村」二字銘を切る。正和五年紀が『光山押形』にあって古く、正中、建武年紀の作がある。（系図894頁参照）

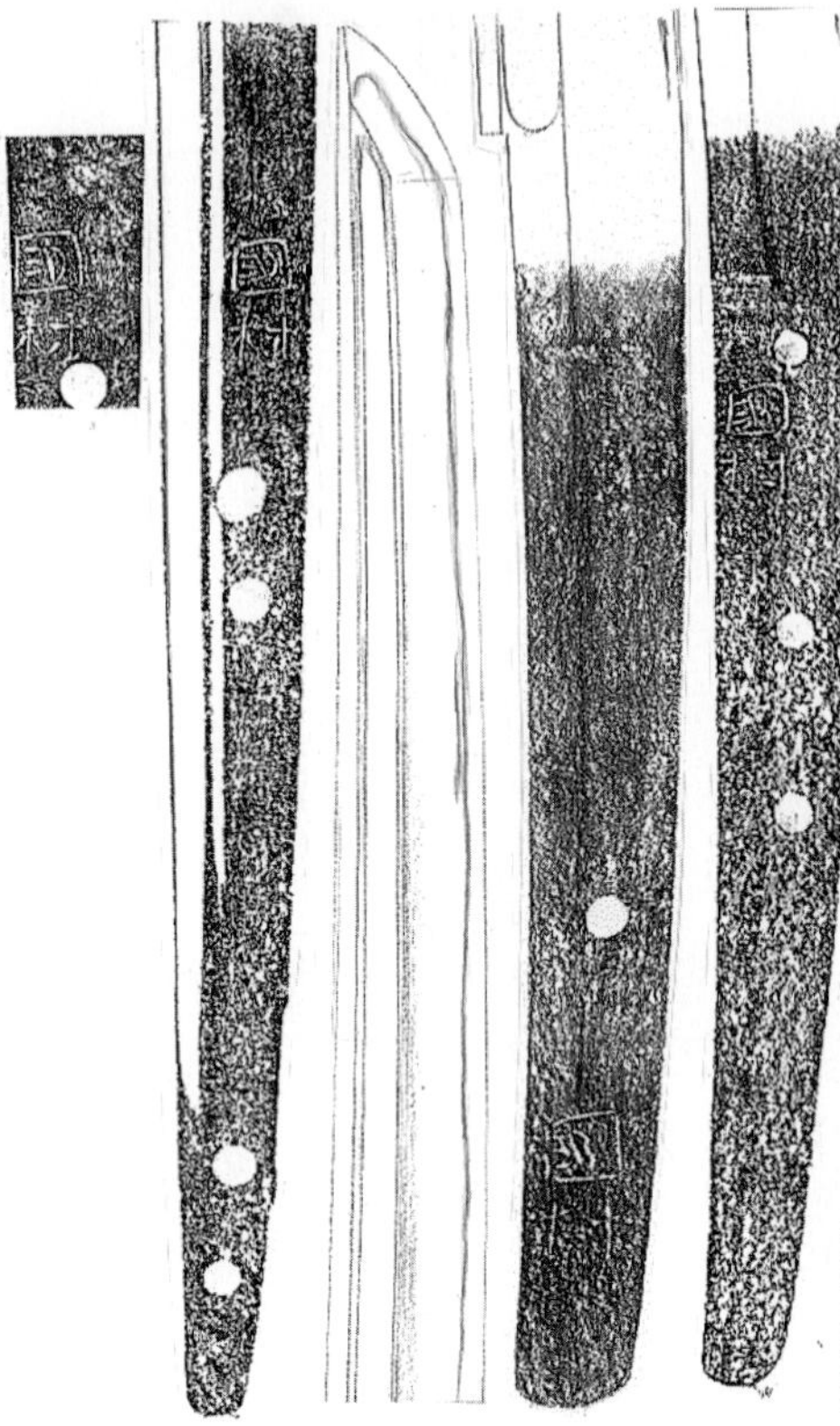

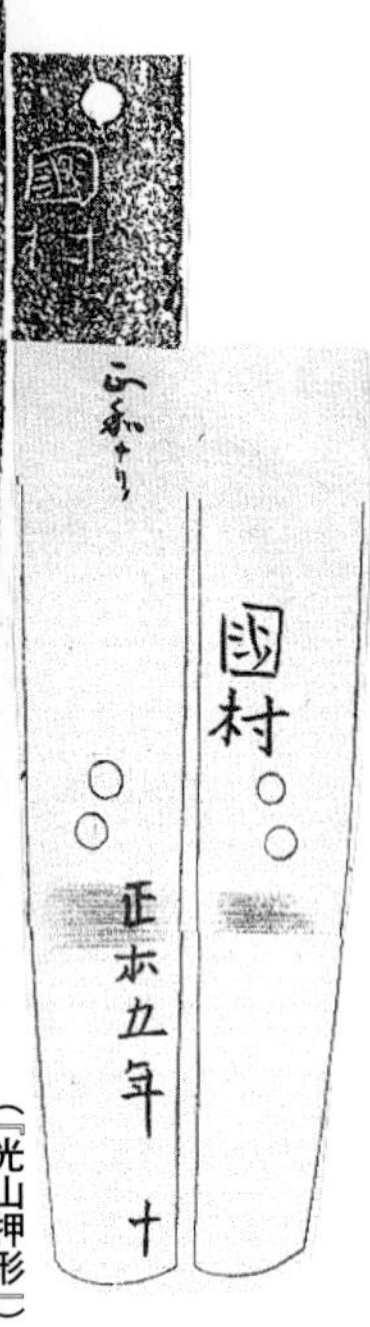

（『光山押形』）

古 **国村**【くにむら】　肥後国　南北朝期（延文）

二代。四郎。国吉の子という。延文ころ。「国村」「肥州菊池住人国村」。三代応永から文明ころの末延寿まで後続する。

古 **国元**【くにもと】　肥後国　南北朝期（応安）

延寿。菊池住。応安ころ。「肥州菊池住國元作」。国元は以降明徳の文大夫、享禄の末延寿へと継続する。

古 **国守**【くにもり】　越中国　室町初期（正長）

宇多。初代国房門。「宇多国守」。

古 **国守**【くにもり】　肥後国　室町末期（弘治）

末延寿。左兵衛尉、国政の子。弘治二年紀の作がある。板目に柾流れ、白気映り立つ。中直刃に小互の目足入り、小沸つき、ほつれ湯走りかかり、匂口沈む。「國守」「菊池住人國守」「肥州菊池住國守」。

古 **国盛**【くにもり】　備前国　鎌倉初期（建永）

大宮派の祖。本国京大宮住。『往昔抄』に「建永四年七月一日国盛」の刀銘図があり、この図は江戸時代の諸書も引用していて、世に広く知られていたものらしい。これによれば、鎌倉初期にすでに大宮派が派生していたこととなる。

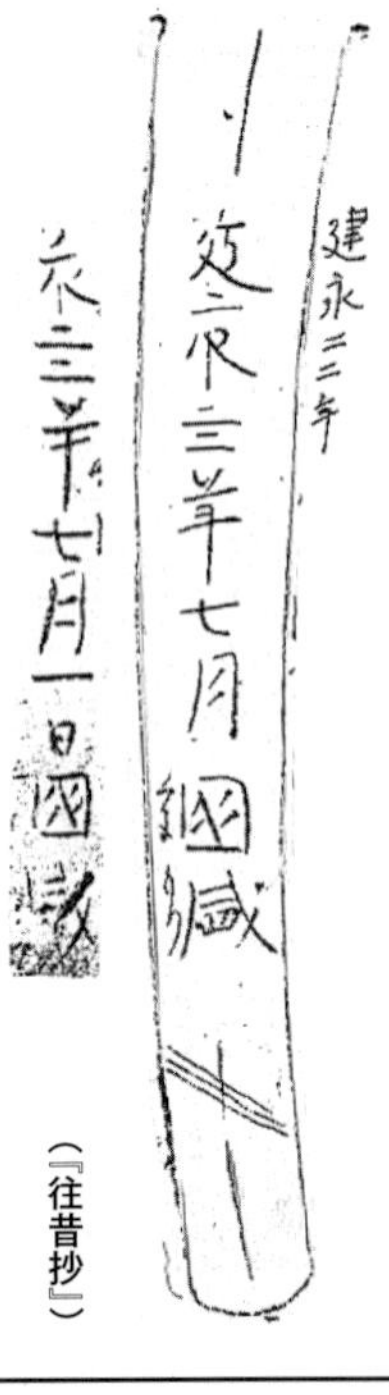

（『往昔抄』）

古 **国盛**【くにもり】　備前国　鎌倉中期（永仁）

大宮。初銘宗延。京から備前に移るという。「国盛」二字銘の作例がある。名跡は南北朝期に続き、延文三年紀の作があり、室町初期には応永四年紀がある。

新 国盛【くにもり】 山城国　桃山期（寛永）

堀川国広一門。堀川住とあるので、国広の京定住時代の門人であろう。

古 国安【くにやす】 山城国　鎌倉初期（承久）

粟田口。国家三男、久国弟。藤三郎、林三という。山城守。後鳥羽院御番鍛冶。粟田口六人兄弟中では、比較的作刀が残されているが、太刀があって、短刀は稀。細身で優美な古調さのあるものと、身幅が広めで中切先の強さを窺わせる二様の太刀姿のものとがある。刃文は直刃調に小乱、小丁子、小互の目が交じり、乱れの間が近く、互の目が連れる傾向がある。

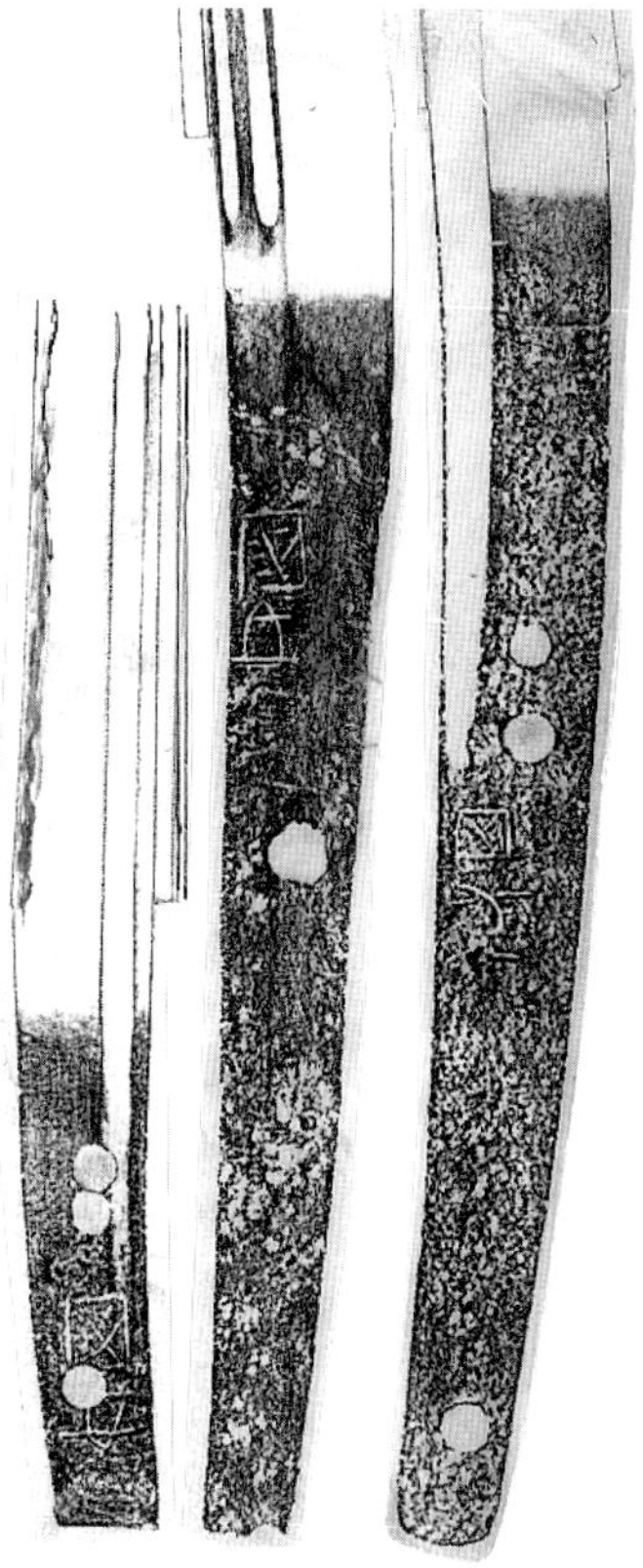

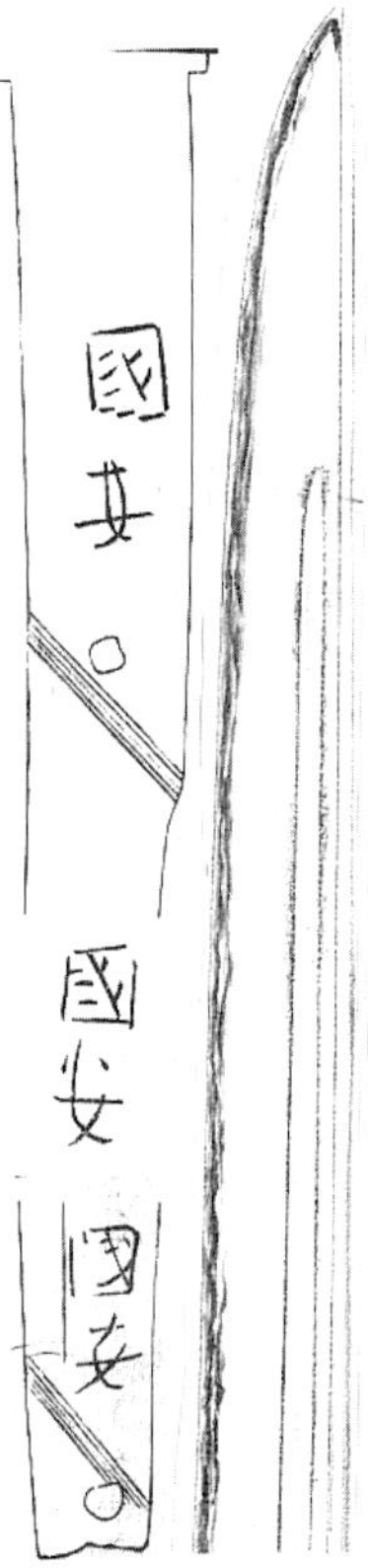

（『古今銘尽大全』）

刃縁に湯走り、二重刃かかり、刃中に金筋、砂流しが働く。匂口はうるみごころがあり、久国の匂口が冴えるのと相違する。鍛えは肌が詰んだものと、大肌が交じり、柾肌が肌立つものとがあり、地沸つき、地景が入り、沸映り立つ。銘は二字に「国安」と切る。「安」の字が見所で、流暢な書体に変化がある。古銘鑑は鎌倉中期の建長ころに同銘二代がいるとするが、現存する作刀からは識別できない。

古 国安【くにやす】 備前国　鎌倉中期（建長）

古備前。真恒の一流。建長のころ。「国安」。

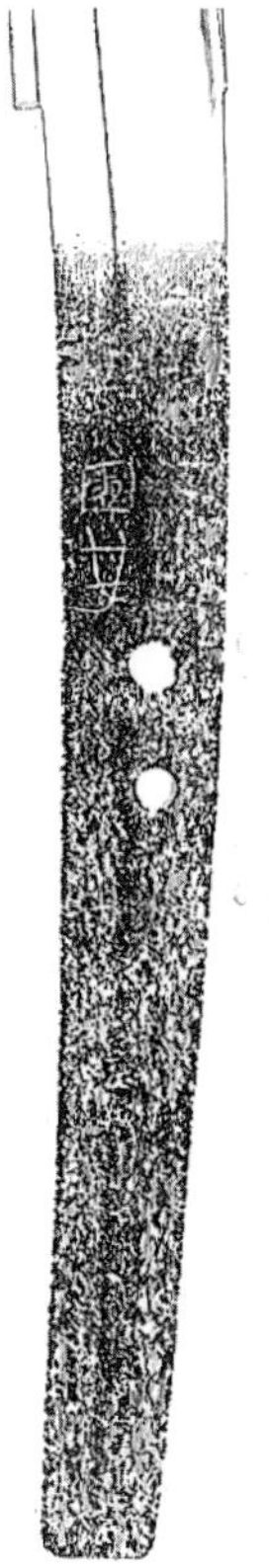

古 国安【くにやす】 来　摂津国　鎌倉末期（元徳）

中島来。来国俊門、また来国末の子とも孫ともいう。摂州中島へ移る。のち淡州三立崎に移り、淡路来と称す。元徳二年紀の作があるという。短刀がわずかに残り、太刀はみない。平造寸延び短刀に互の目乱を焼く。

（『埋忠押形』）

（『土屋押形』）

古 国安【くにやす】 越前国　南北朝期（貞治）

越前来。中島来国安門、生国山城、のち越前に移り鍛刀したことから越前来と呼ばれる。幼名を千代鶴丸といったので国安の系流を千代鶴派とも称し、国安を千代鶴の祖と伝える。「国安」「越州住国安」。同銘が嘉慶ころ、敦賀住の工があり、室町期に入って応永年紀の作がある。

古 **国安【くにやす】** 越中国 室町初期（応永）

宇多。国宗子、初代国房門。「宇多国安」。

新 **国安【くにやす】** 山城国 桃山期（元和）

三郎太夫（『田中家系図』）。また根本源右衛門（『磐城技芸家小伝』）。堀川国広の末弟。本国日向国飫肥。「正宗の刀を偽作し、兄国広の訴えで罰せられ、慶長七年鳥居家の磐城封入に従って移り、のち放免され京に住す」（『美術漫評』）と伝承する。和泉守国虎の末孫家に伝わる『根本氏系図』によると初代国安から二代国平、三代国家、四代国虎と継続している。寛永九年八月没。受領はなく、二字銘ばかりを切り、勝手上り鑢を切る。残された作はあまり多くなく、作技は国広門下中で屈指の上手。

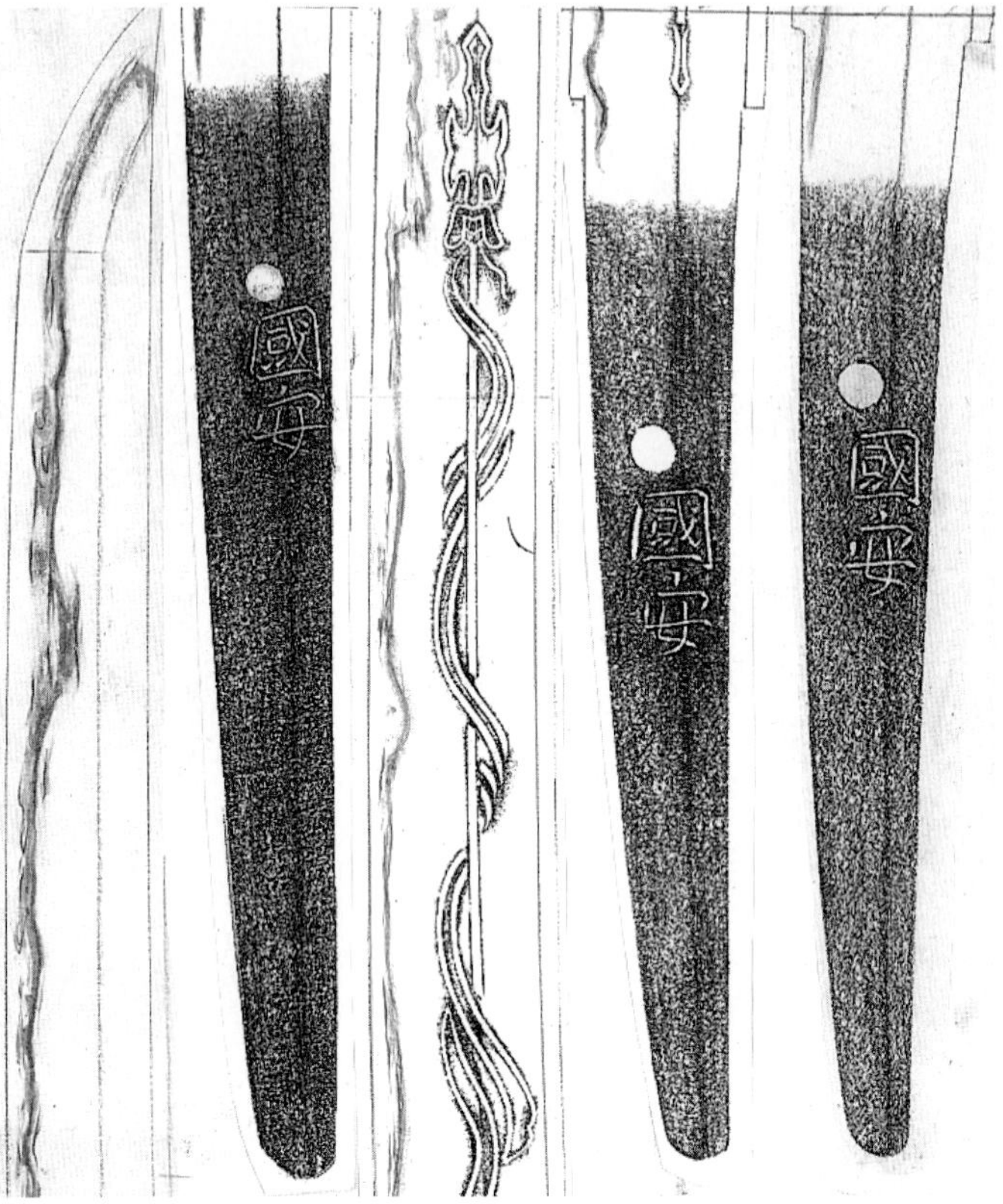

志津写し、貞宗写しの刀に優れた作がある。

新 **国安【くにやす】** 越前国 江戸中期（貞享）

直刃、互の目乱。「越前住千代鶴来国安」などと切銘する。

新 **国保【くにやす】** 大和国 江戸中期（延宝）

奈良住。包保門。手掻包永末葉と称す。「出羽守藤原国保」。

古 **国泰【くにやす】** 新藤五 相模国 鎌倉末期（嘉暦）

新藤五国光の三男。『校正古刀銘鑑』は三代目国光を国泰同人としている。のち国光と銘したというが国泰自身銘も、国光銘とみられる作刀も経眼しない。

（『古刀銘尽大全』）

古 **国泰【くにやす】** 肥後国 鎌倉末期（延慶）

延寿。国村の子。鎌倉末の延慶から年紀作があり、南北朝の初め正平初年まで作刀がある。「國泰」「菊池住人國泰」。

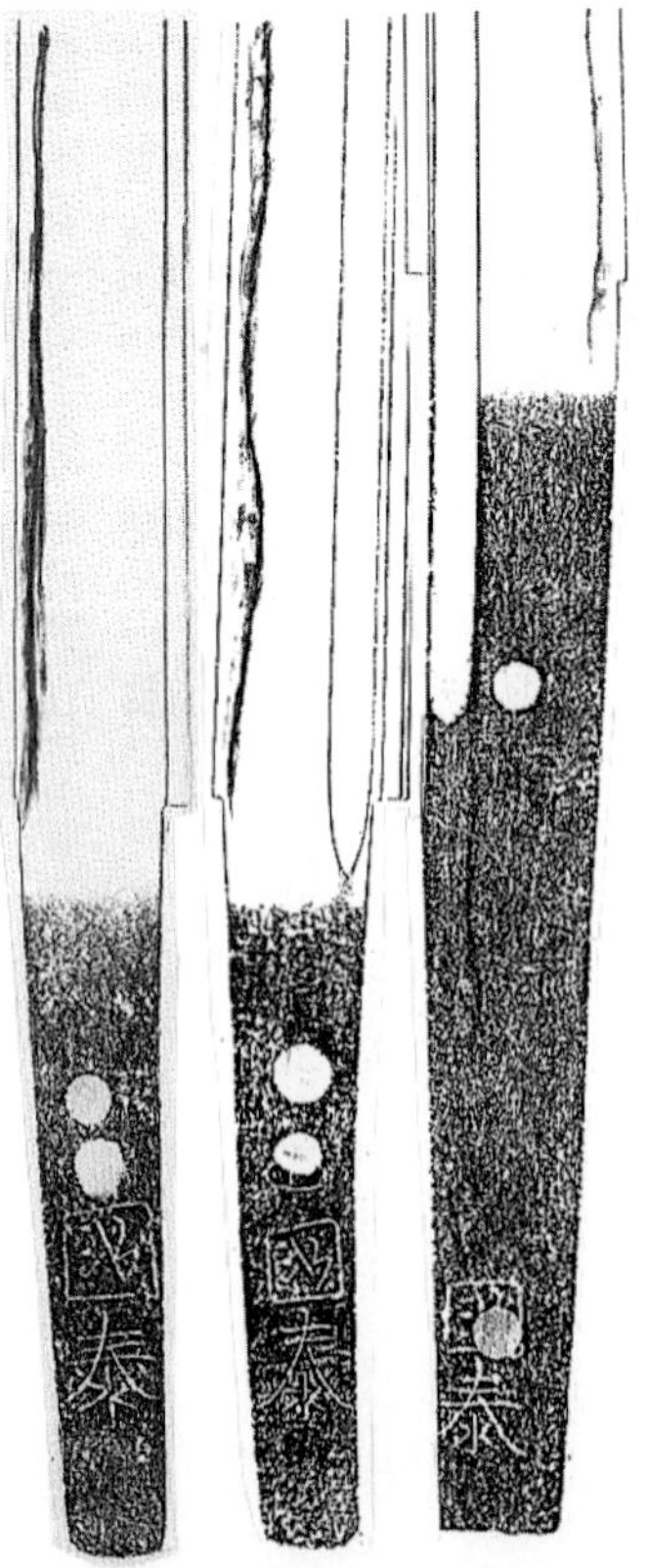

古 **国泰【くにやす】** 肥後国 南北朝期（正平）

二代国泰。南北朝の初頭、建武から年紀作があり、正平五年紀は二代作であろう。南北朝の初めは初代作と重なって初・二代の作刀があるようである。「國泰作」「肥州國泰作」「肥後國菊池住國泰作」。

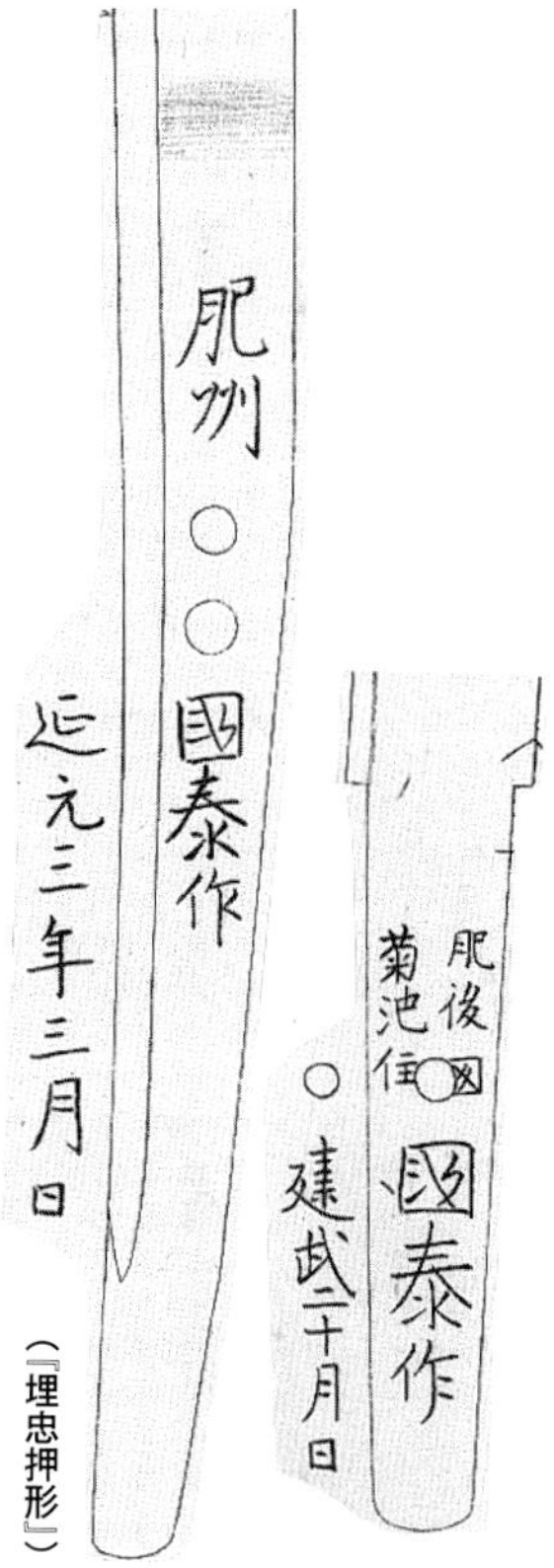

（『埋忠押形』）

新 国康【くにやす】 肥後守　初代　摂津国　江戸中期（延宝）

小林源左衛門。初代河内守国助の三男、中河内の弟、肥後大掾を受領。のち肥後守に転じる。作風は中河内に似た、拳形丁子を得意とする。

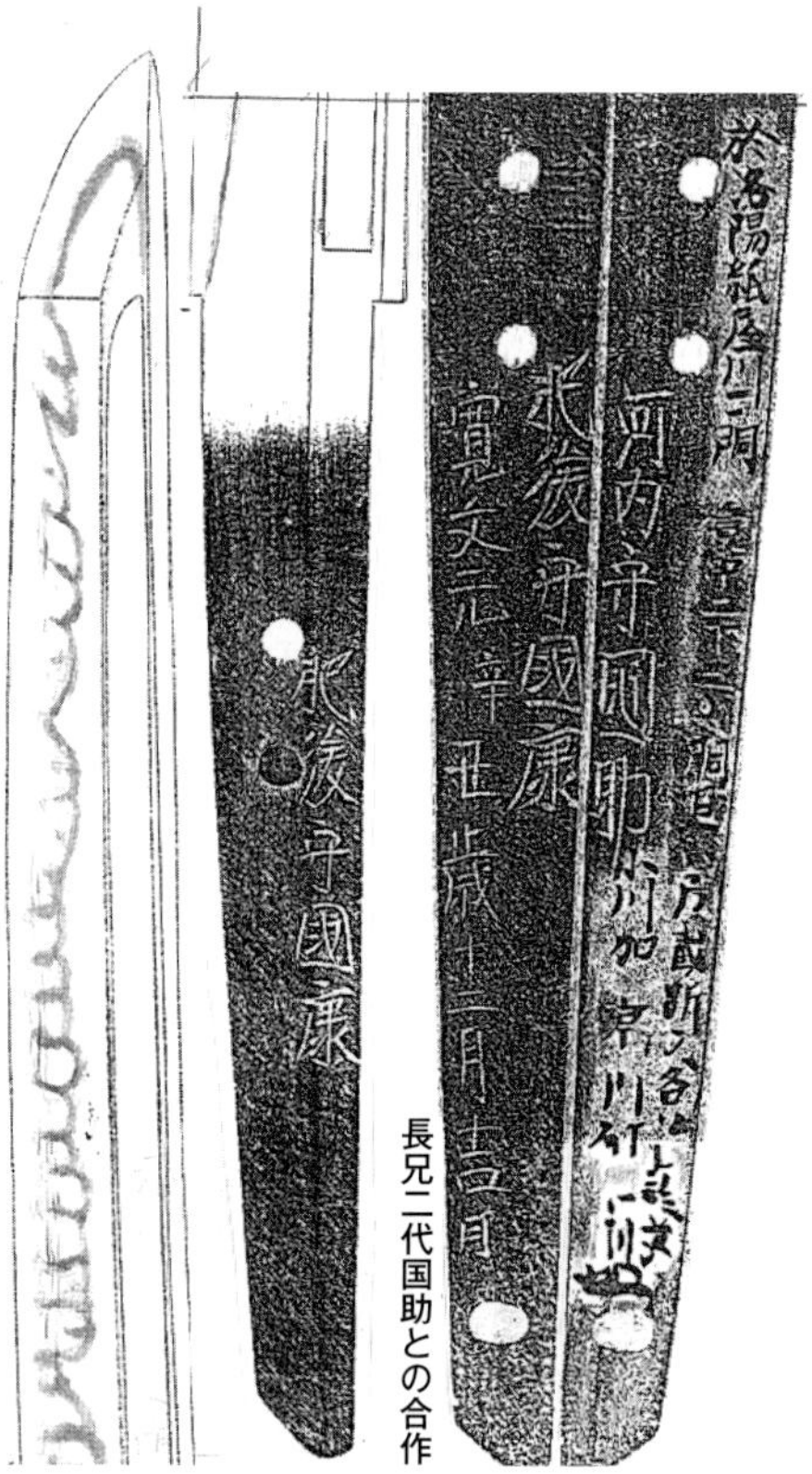

長兄二代国助との合作

新 国康【くにやす】 肥後守　二代　摂津国　江戸中期（元禄）

小林安之丞。初代国康の子。江戸にても作刀する。天和から元禄の間の人。

新作 国靖【くにやす】 石川　昭和

藤田五三郎。明治三十二年生まれ。堀井秀明、また宮口一貫斎寿広門。金沢住。終戦まで作刀する。

古 国行【くにゆき】 山城国　鎌倉中期（康元）

来太郎。来派の始祖国吉の子。国吉の確かな作刀がみられず、そのため国行が事実上の来派の祖とみなせられる。京四条住。観智院本に「せんそのかち　かららいよりきたる」とあり、国吉が「来の先祖で高麗人と言う」といい、国吉の作刀について「国行にははるかに劣るが　ことのほか古びた出来である」といっている。『長享銘尽』では高麗から来たのは来太郎（国行）で面影丸の作者として知られ、「来」の字を賜るという。「来」の字を打つのは孫太郎（来国俊）からであるとしている。確かに国行は「来」を冠さず、来国俊から「来」を名乗って作銘に切っている。来の高麗渡来説は伝承の域を出ないが、一概には否定し難い。

太刀は比較的多く、短刀は稀。太刀幅は広めで輪反り（中間反り）、元幅と先幅の開きが少ない。地鉄は小板目が詰むのと、大肌心のものがあり、地沸を厚く敷いて、沸映り立つ。刃文は広直刃調に浅く湾れて小丁子、

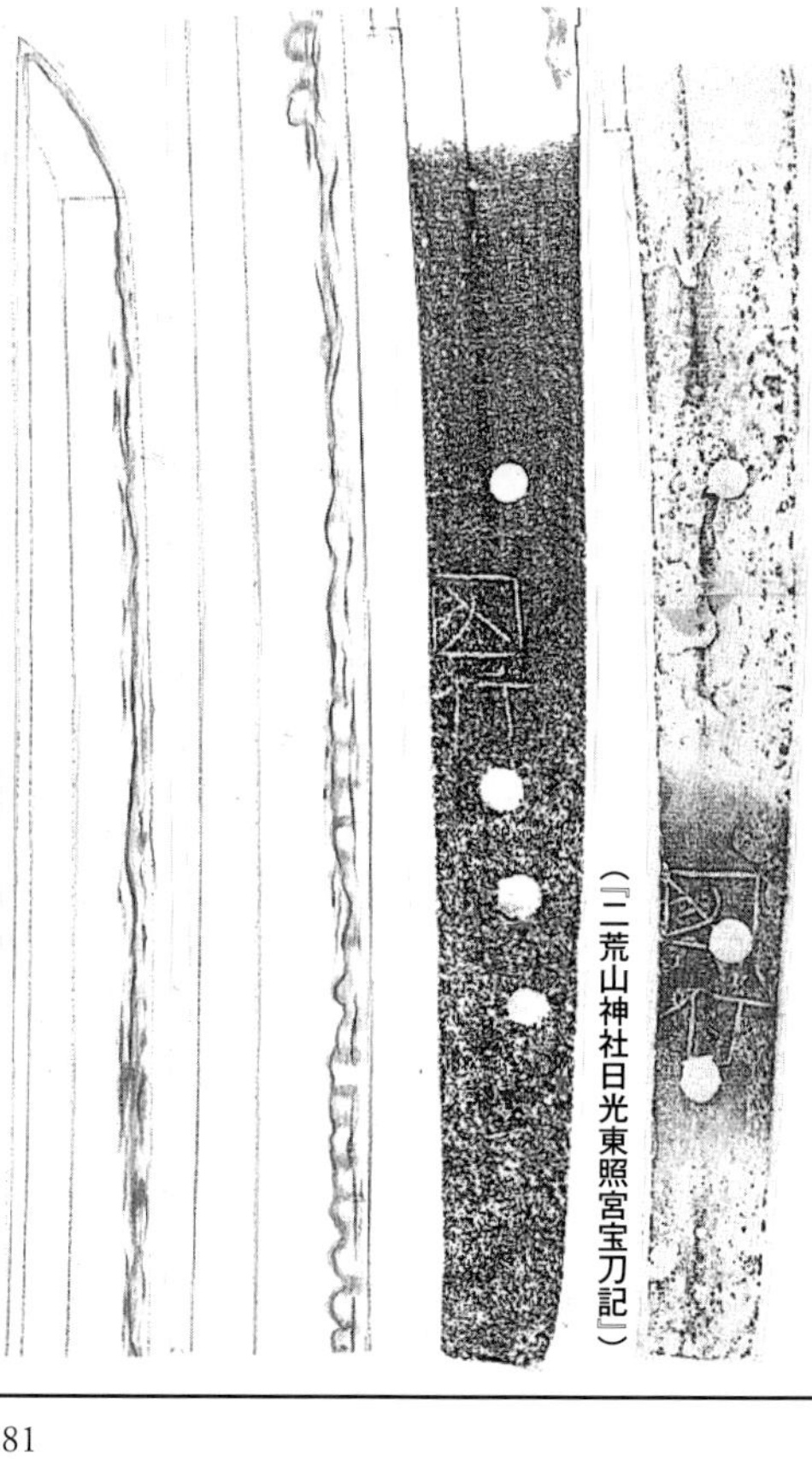

（『二荒山神社日光東照宮宝刀記』）

小互の目、小乱交じり、なかに焼頭が角味をもち、雁股状を呈した、蕨手丁子と称する刃が独特で、国行の刃文の見所になっている。匂口明るく、小沸よくつき、棟焼きがあるのは、のちの国俊、国光、国次にも見られる来派の特色となっている。太刀には棒樋を彫るものが多い。

銘は二字に「國行」と打つ。「銘は左字にうつ」（『観智院本銘尽』）とは、国構えの内が左側に寄った形をいっている。大銘と小銘がある。前期作は大銘で「國」字の国構えが角張る。後期銘は小銘で肩に丸味があって、裾広がりに書す。（系図840～841頁参照）

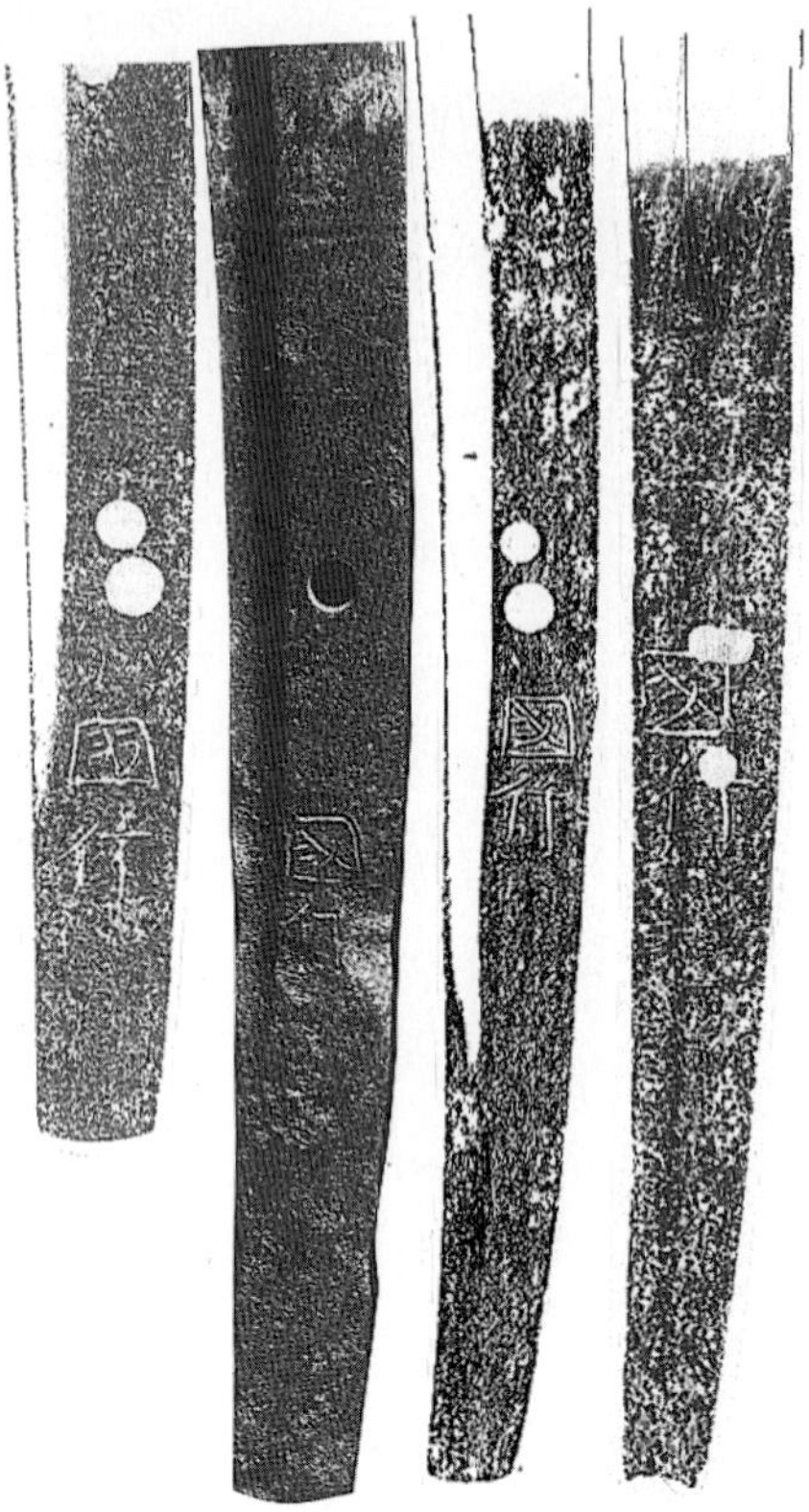

古 国行【くにゆき】 備中国　鎌倉中期（正元）

古青江。大筋違鑢をかけ、二字「國行」と細鏨に切る。正元のころ。

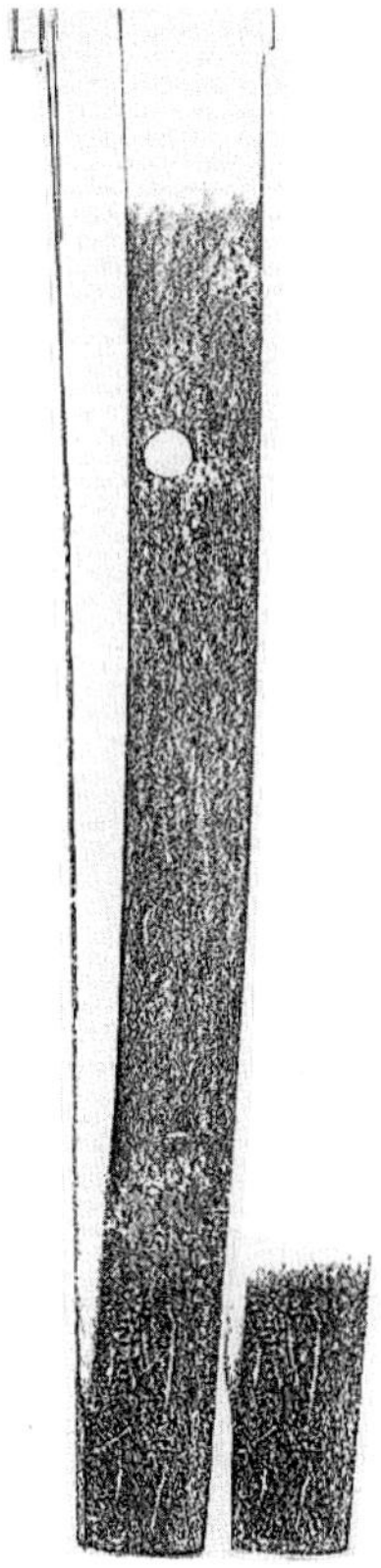

古 国行【くにゆき】 大和国　鎌倉中期（正応）

兵衛尉。当麻鍛冶の実質の祖。当麻派の成立が国行の正応ころとされる年代を遡ることは、「宝治弐年　当（以下切れ）」と切銘した作刀からも確かめられる。国行以前は「当麻」とばかり銘していて、個名を切るのは国行から始まっている。国行の有銘作は、太刀二口（国宝太刀一、重文小太刀一）が知られ、「国行」と二字に銘す。国宝の国行は、長さ二尺三寸二分強、反り四分五厘。元身幅広く、鎬高く、反り浅く中切先。小板目よく詰み柾肌少しく交じり、地沸つく。刃文は中直刃に小互の目足入り、小沸よくつき、ほつれ、二重刃かかる。二重刃かかる部分にやや荒めの沸がつくが、総じては小沸出来。この作調は重文の小太刀も同様で、直刃を焼いて格調が高く、穏やかで、一見して山城風がある作である。

国行で生ぶ茎の作は現存するのをみないが、古絵図の銘作に「祖父当麻也」と但したものを掲げ、直刃が物打辺から上の焼幅を広げ、互の目

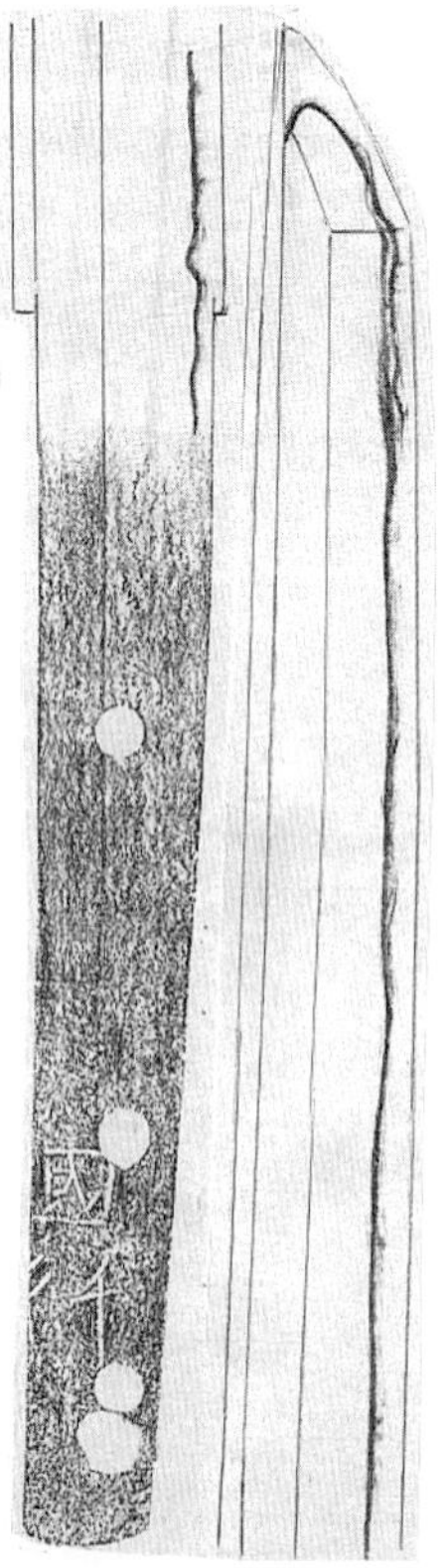

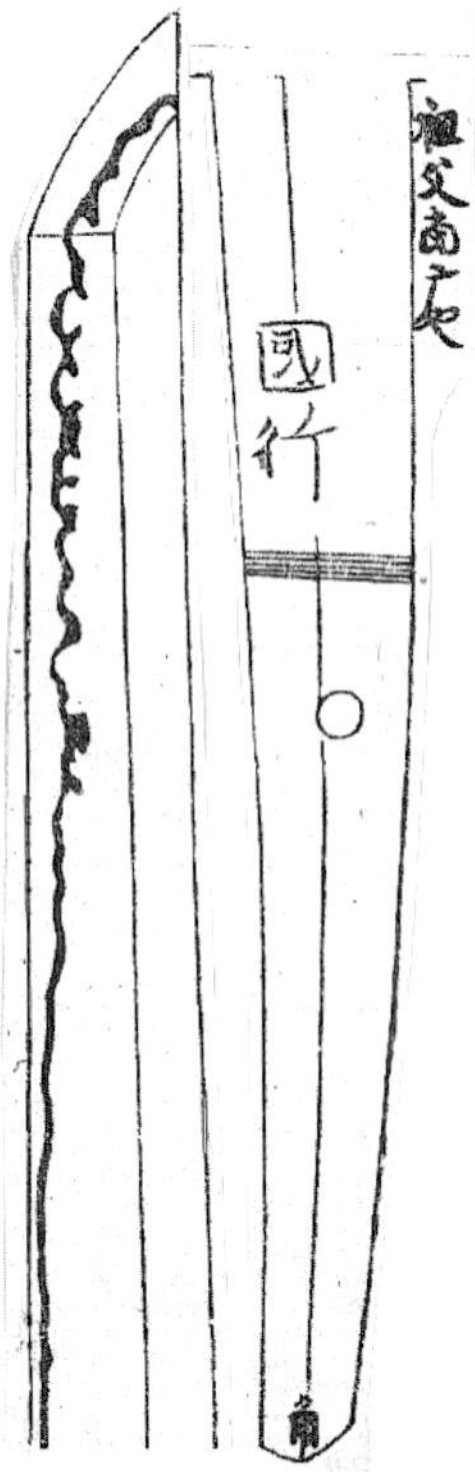

（『古今銘尽』）

の目立った刃文を焼いている。茎先は「角」とあり、古銘尽では「剣頭」といっている。茎先が尖った入山形を呈していたもののようである。上部当麻などの短刀は片山形である。

古 国行【くにゆき】 美濃国　南北朝期（応安）

赤坂千手院。越前敦賀から美濃赤坂へ移住する。その時期は応安六年十月から同七年八月の間であることは、応安六年紀に越前作があり、同七年紀に濃州作がある（『埋忠押形』）ことで知られる。このころは越前敦賀から美濃へ鍛冶が移動していた時期で、国行より早く暦応のころには金重が敦賀から美濃へと移っているし、爲継は応安二年に美濃へ移住している。「越州住藤原國行」「越州敦賀住國行」「濃州住藤原國行」。

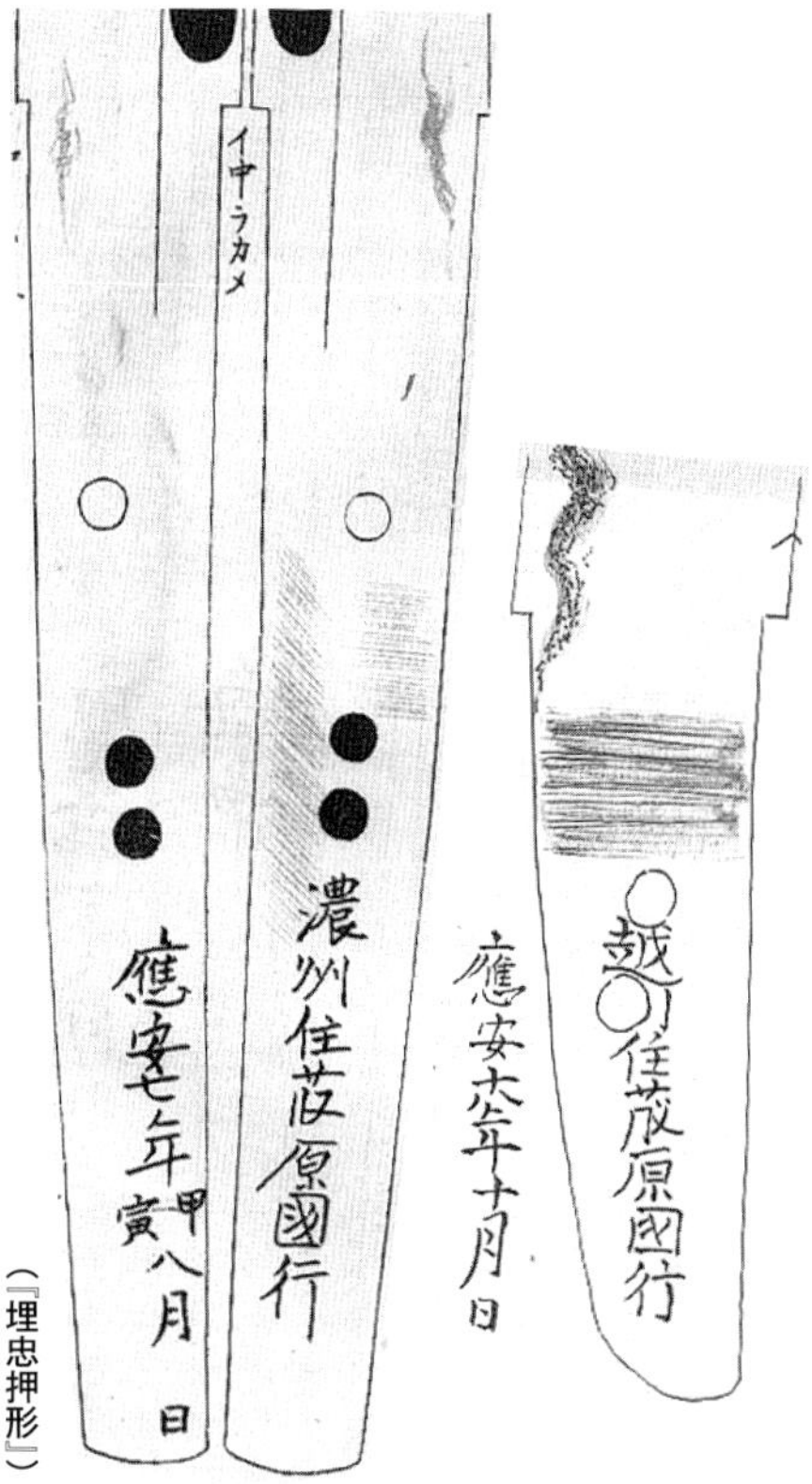

（『埋忠押形』）

古 国行【くにゆき】 大和国　室町初期（応永）

古銘尽には、鎌倉最末期の正中・元徳ころに複数の国行がいて作刀し、室町期に続くというが、いずれも現存する作品を確認できない。後代作で「当麻」とのみ切銘するものが該当するのかもしれない。

古 国行【くにゆき】 美濃国　室町初期（応永）

左衛門次郎。初代国行の子。越中にても造る。

古 国行【くにゆき】 山城国　室町末期（明応）

了戒。明応ころ。「国行」「了戒国行作」。

新 国行【くにゆき】 豊後国　江戸中期（寛文）

大和大掾を受領。直刃、互の目乱、湾れに互の目交じりなど。「豊後府内住大和大掾藤原国行」などと銘す。

新作 国行【くにゆき】 福岡　平成

宇戸敏之。昭和五十二年生まれ。新作名刀展入選。「宇戸敏之作」。京都郡みやこ町住。

新 国幸【くにゆき】 摂津国　桃山期（寛永）

堀川国広門。摂州尼ケ崎。また柱本住。国広没後、尼ケ崎へ移住し独立したものであろう。浅い湾れに互の目を交じえて焼く。

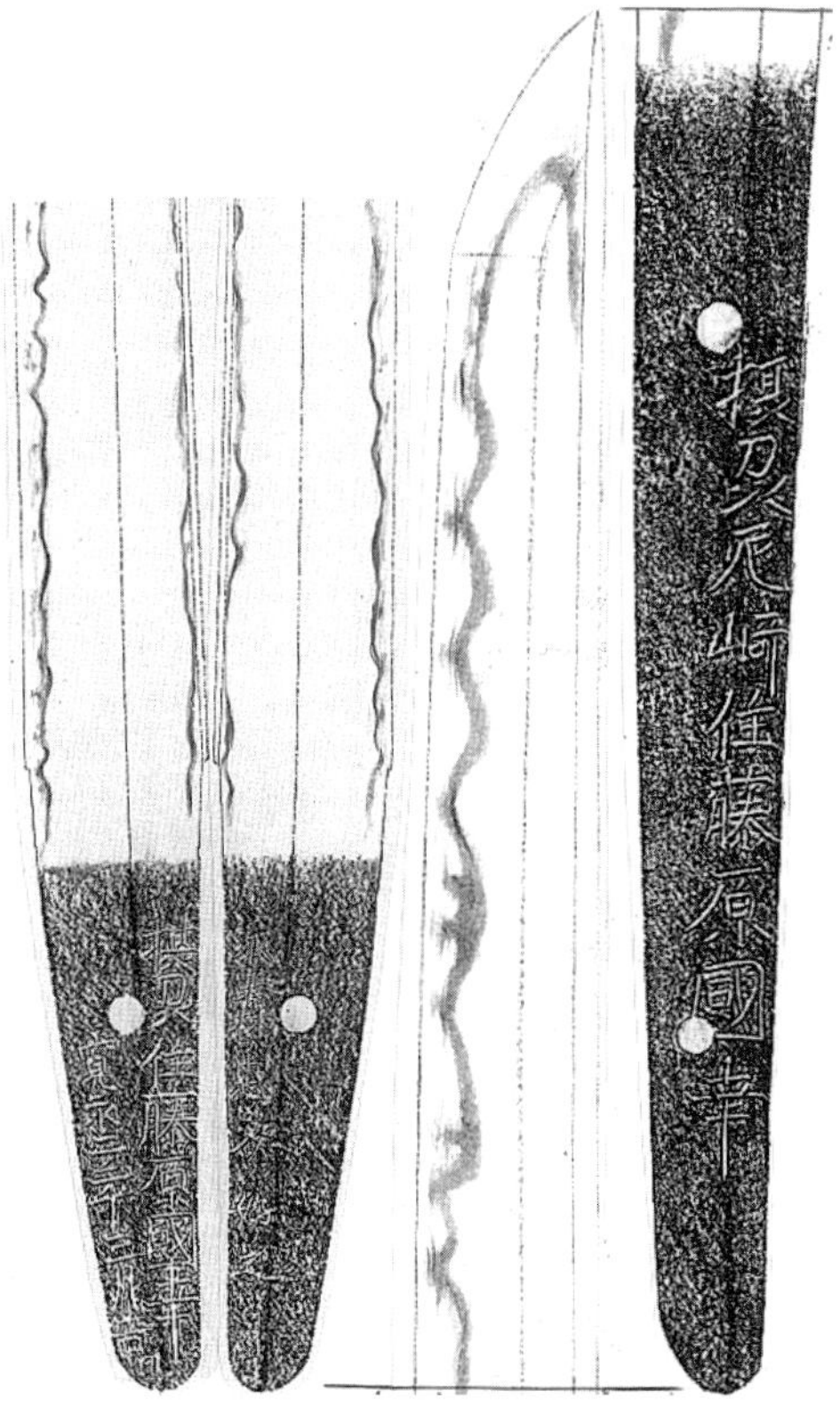

古 **国吉【くによし】** 大和国　鎌倉初期（文治）

千手院。中次郎。重弘子。金王丸と号し、「金丸国吉」「金王丸国吉」と銘す。

古 **国吉【くによし】** 大和国　鎌倉中期（寛元）

千手院。金王丸の次代。のち山城へ移るという。

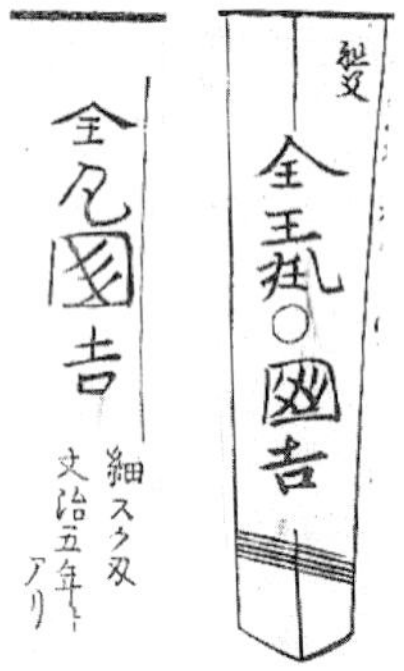

古 **国吉【くによし】** 大和国　鎌倉末期（正中）

千手院。「国吉」「大和住国吉」「金王丸国吉」と銘す。

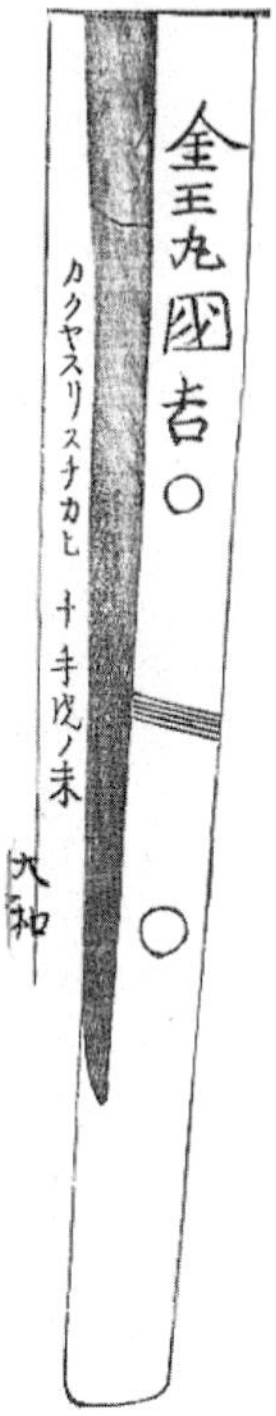

古 **国吉【くによし】** 山城国　鎌倉中期（宝治）

粟田口。左兵衛尉。則国子。吉光の父という。太刀は寡作であり、短刀が比較的に多く、剣、打刀が稀にある。吉光と並び短刀の名手として知られる。短刀は小振りで内反りのもの、幅広で寸の延びた平造がある。銘は「國吉」と二字銘に切る手が多く、「粟田口國吉」「左兵衛尉藤原國吉」と長銘にも切る。鏨が太く、また細い二手があり、大銘と小銘がある。年紀があるのに弘長二、建治四、弘安元～七年紀がある。作刀初期は宝治ころまで遡るとみる。名物・鳴狐の作者として知られる。鳴狐の小太刀（重文）は一尺七寸八分、平造、反りが高い。小板目が詰み、地沸が厚くつき、沸映り立つ。広直刃に小互の目交じり、足・葉よく入り、二重刃が目立ってかかる。上州館林・秋元家伝来のお家名物である。

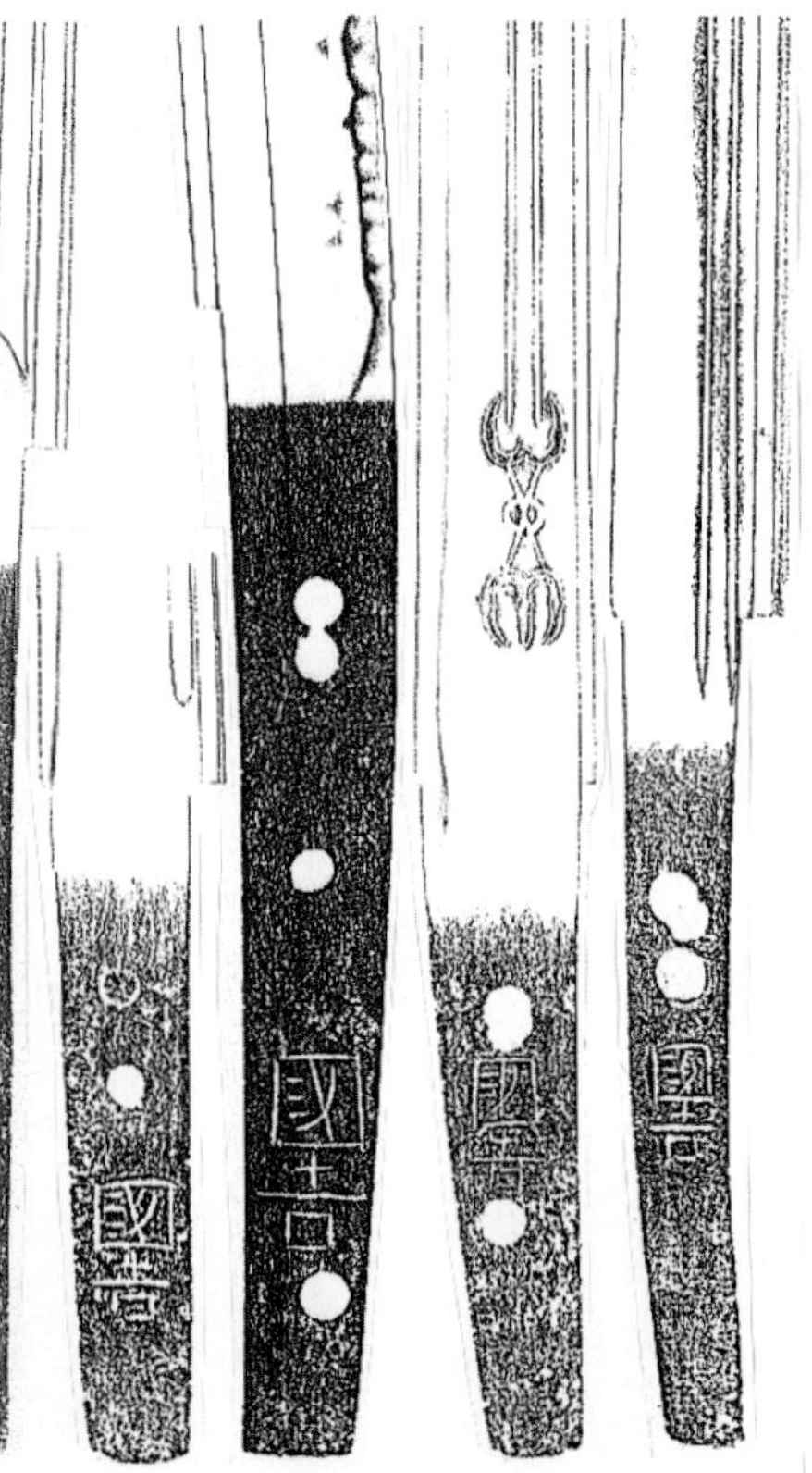

号鳴狐小太刀

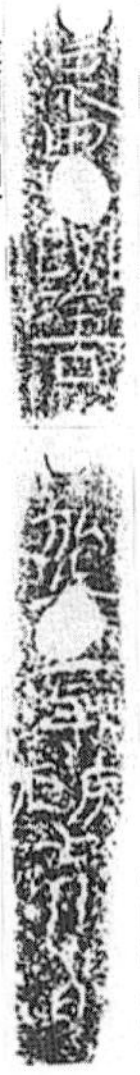

粟田口国吉
弘安三年庚辰七月日（『刀剣銘字典』）

左兵衛尉藤原国吉
（弘安七年二月十六日）

古 **国吉【くによし】** 肥後国　鎌倉末期（元徳）

延寿。国村の子、二郎。鎌倉最末期の元徳から南北朝期中ころまで作刀

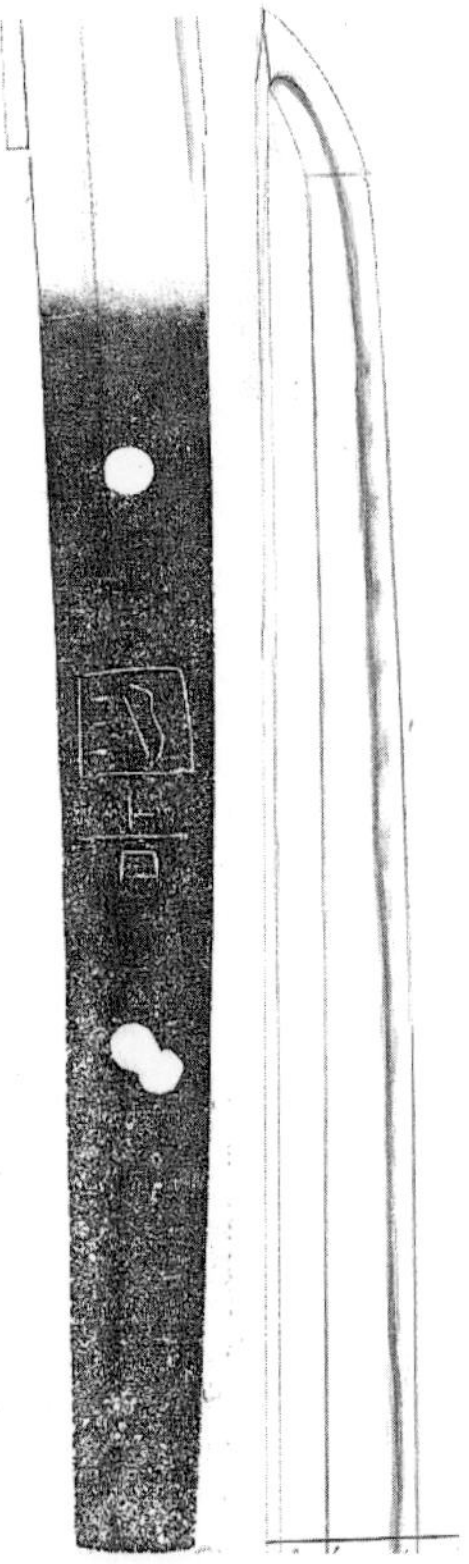

する。元徳二年、正平九年紀の作がある。板目に柾が流れて、白気ごころがあり、中直刃に小互の目が交じり、ほつれ、二重刃かかる。「国吉」「菊池住国吉」「肥後菊池住国吉」。

古 国吉【くによし】 肥後国　南北朝期（永徳）

延寿。国吉二代。五郎左衛門。永徳から応永にかけて作刀する。「国吉」「肥後国住国吉」。

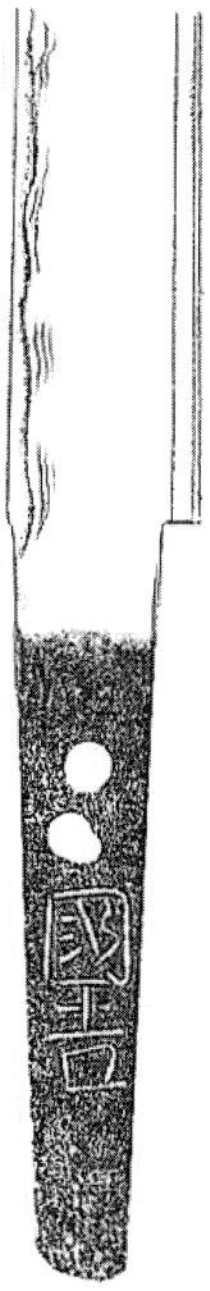

古 国吉【くによし】 越中国　室町初期（永享）

宇多。国久子。永享ころ。「国吉」「宇多国吉」。同銘が永正ころに続く。

古 国吉【くによし】 越後国　室町末期（明応）

桃川。「越州桃川住国吉」を銘する明応ころの鍛冶のほか「越後国府中住国吉作」と銘する永正ころの工がある。

新 国吉【くによし】 陸奥国　江戸中期（寛文）

来伝右衛門。江戸法城寺国正門。相模守を受領する。寛文五年津軽藩工となる。元禄十三年、八十歳没。◆伝之丞は養子。元禄十一年父から来国友と命名される。同銘国吉は幕末まで継続する。

新 国吉【くによし】 近江守　武蔵国　江戸中期（貞享）

弥兵衛、宅太夫。江戸法城寺、肥後守正次門。近江守を受領。

新作 国吉【くによし】 青森　昭和

二唐国吉。昭和三年生まれ。主呂義信子。昭和三十三年から作刀技術発表会に出品し入選。東津軽郡蓬田村住。

新 国義【くによし】 豊後守　源　山城国　江戸中期（寛文）

初代信濃守信吉の弟。寛文末に若州小浜へ移住、江州彦根にても造る。「国」字の内を「豆」の字画に切るのは高井信吉派中では、他に和田駿河守平国義、弾正忠源国義がいる。

寛文八年二月

新 国義【くによし】 豊後守　藤原　山城国　江戸中期（天和）

初代信濃守信吉の次男。二代信濃守信吉の弟。初代信吉の三男越前守信吉との合作がある。「豊後守源国義」は別人で、初代信吉の弟。

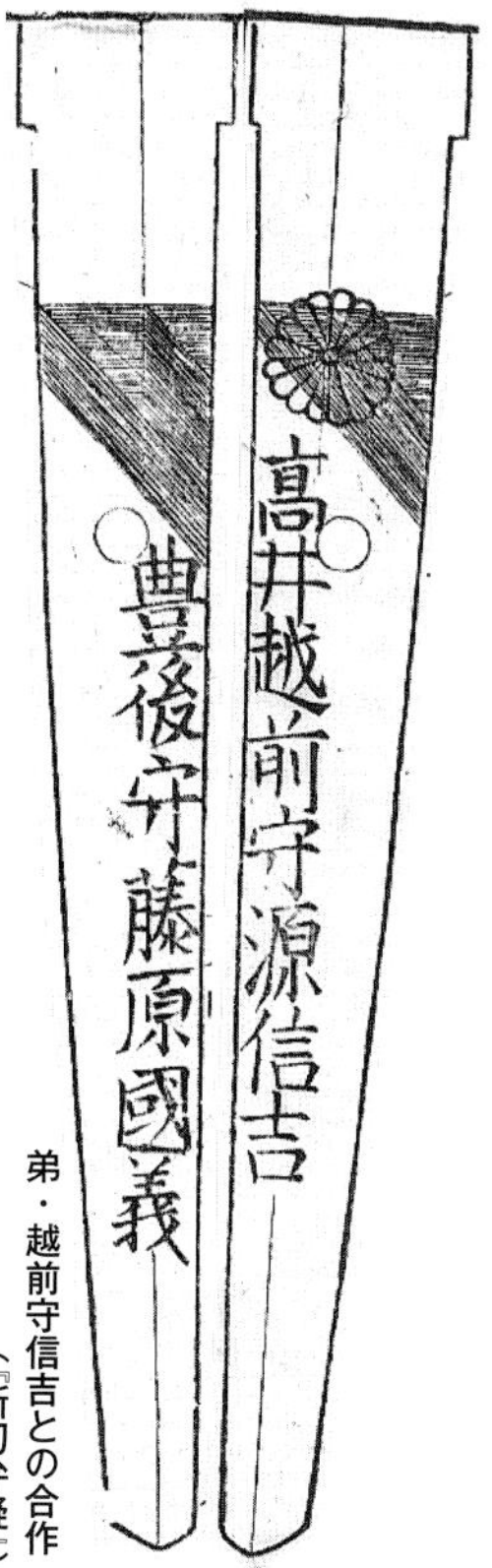

弟・越前守信吉との合作
（『新刀弁疑』）

新 国義【くによし】 下総守初代　摂津国　江戸初期（承応）

鈴木作之丞。国吉同人で長友作之丞ともいう。初代和泉守国貞の高弟で、門下中最も先輩。慶安三年十二月紀に石州浜田での作がある。初代国貞

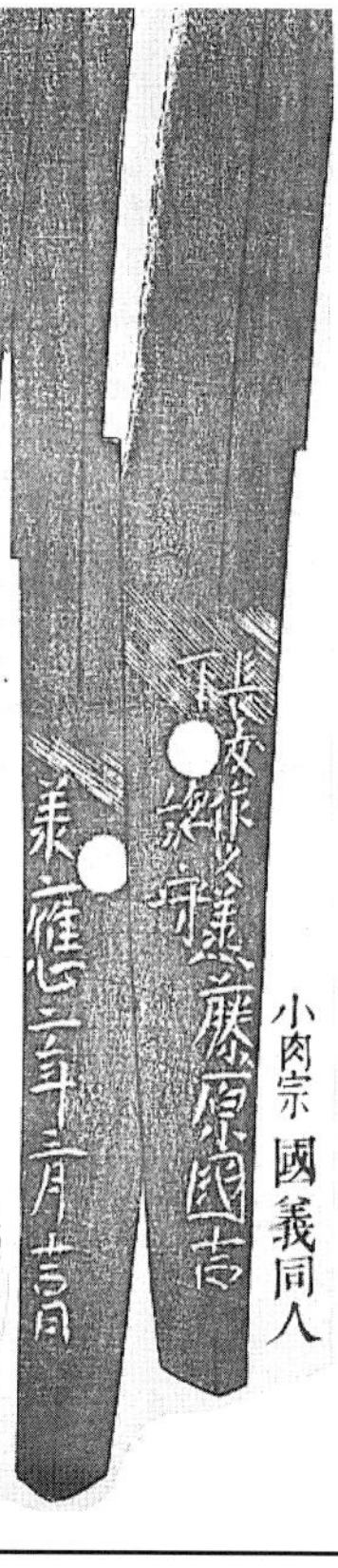

（『古今鍛冶備考』）

の晩年期に山上国隆、加賀守貞則などと共に代作代銘に当たり、草書銘、楷書銘の作刀を鍛える。のち本国の日州飫肥に帰る。

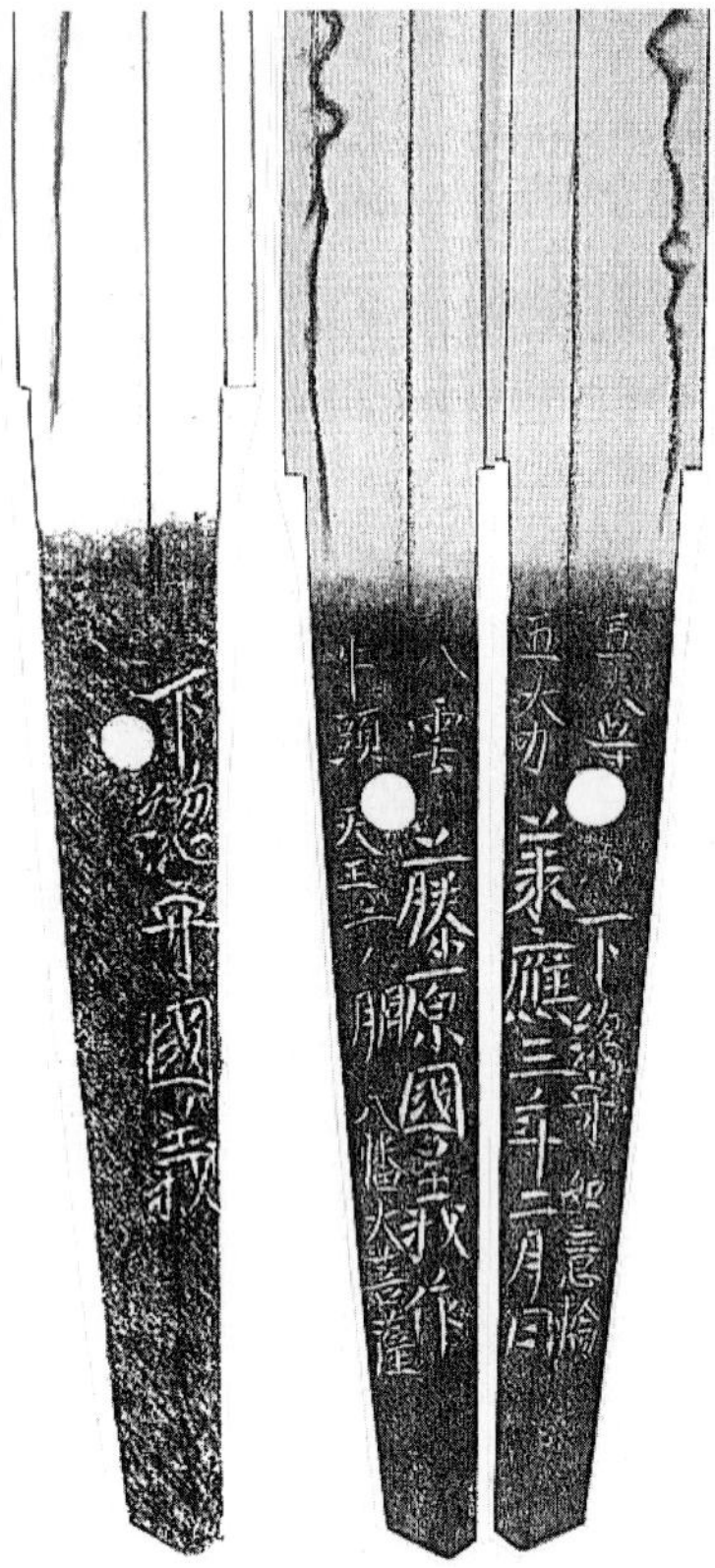

新 **国義**【くによし】 下総守二代 摂津国 江戸初期（明暦）

鈴木伴之丞。二代国貞門。「守」の最終画の点の向きが初代の打ち方と逆になる。

新 **国義**【くによし】 和泉守 摂津国 江戸中期（享保）

川崎作兵衛、のち門平。二代国平の子。三代和泉守国貞門、のち養子となり四代和泉守国貞を継ぐとみられる。国義のち国貞。⇩**和泉守国貞〈四代〉の項参照。**

新 **国義**【くによし】 新藤 初代 陸中国 江戸中期（天和）

新藤治郎兵衛。筑前信国吉助の次男。初銘吉寛。新藤と号す。延宝年間に江戸に出て南部重信に抱えられ盛岡藩工となる。天和元年に盛岡に移り下小路に住。「新藤源国義」と切るものが多い。初期の江戸打ちは「新藤国義於武州造之」。盛岡移住後は「奥州源国義」「奥州盛岡住源国義」。晩年は「新藤国義」「源国義」などと切銘する。延宝八年から元禄十一年紀までの作刀がある。直刃、互の目に太い足入り、互の目丁子など。元禄十一年十二月一日没。⇩**新藤〈二代〉以降は義国の項参照。**

新 **国義**【くによし】 駿河守 平 日向国 江戸中期（寛文）

和田姓、和田弾正忠源国義は子であろう。

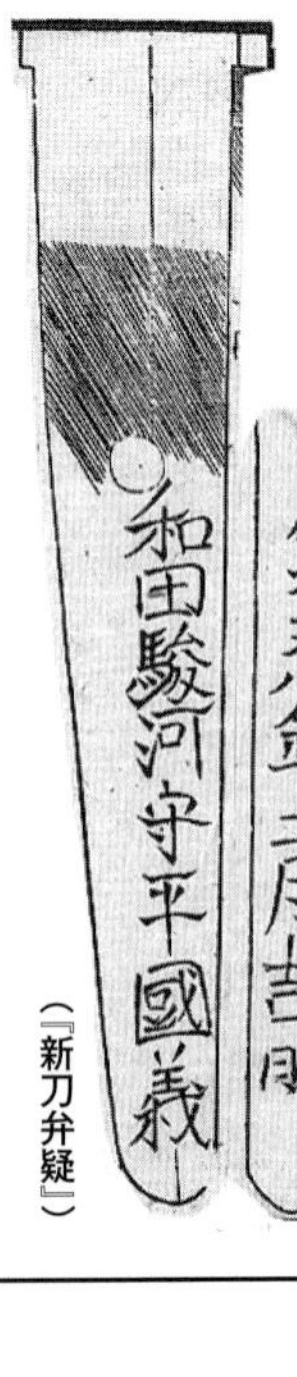

（『新刀弁疑』）

新 **国義**【くによし】 弾正忠 日向国 江戸中期（享保）

和田姓、源氏を切る。駿河守国義の子、井上弾右衛門国貞門。大坂からのち日州飫肥へ移住。

新作 **国慶**【くによし】 秋田 昭和

鈴木吉太郎。明治三十七年生まれ。柴田果門。昭和十四年、新作日本刀展出品、銀牌二回、金牌三回受賞。戦後は昭和三十年から作刀技術発表会に出品、十四回入選。由利本荘市住。

新 **国慶**【くによし】 肥前国 江戸中期（延宝）

佐々木平馬尉。平馬允とも。国吉同人。唐津、のち長崎住。

新 圀次【くにつぐ】 和泉守 越前国 江戸中期（貞享）

越前下坂派。のち江戸住。茎に鶴丸文と亀文を刻す。貞享から元禄の間。

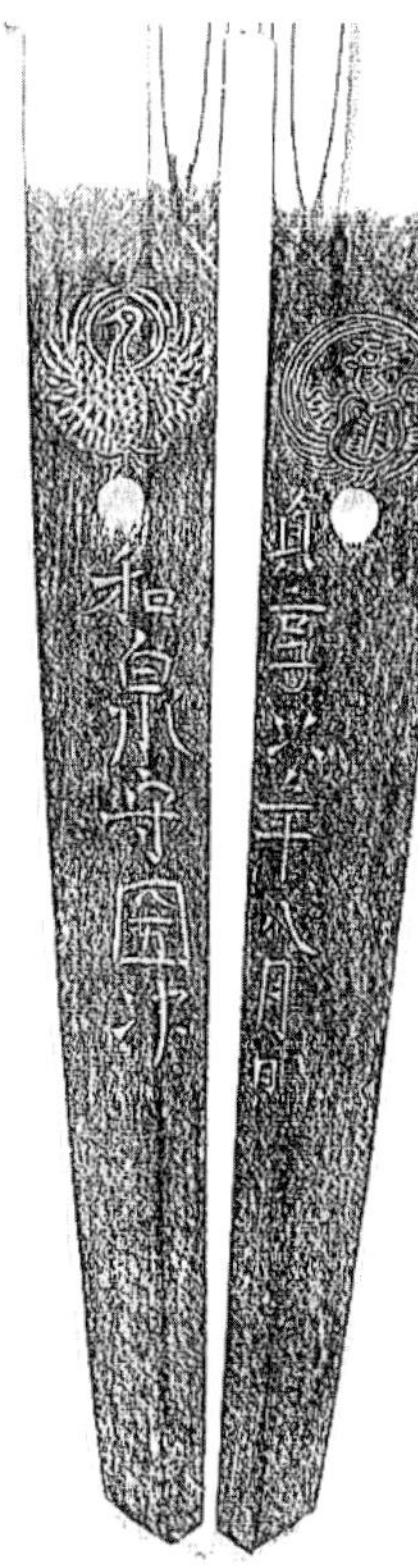

新々 圀秀【くにひで】 上野国 江戸末期（天保）

立花隼人。圓龍子と号す。一貫斎義弘門。上州安中藩工。江戸、相州鎌倉、また越後でも造る。天保十四年以降に鎌倉に永住し、文久二年紀の作がある。鎌倉に移ってから「国」を「圀」に改め「八方くにひで」と呼ばれる。互の目乱、小湾れ、尖り互の目交じり。

新々 圀良【くによし】 七代 伊予国 江戸末期（天保）

岡本真金。初名安太郎、治郎九郎隆国の嫡子。文政四年、水心子正秀の門に入る。大洲の加藤家に抱えられ、大洲と江戸下谷の藩邸で作刀する。弘化五年三月二十九日、四十五歳没。

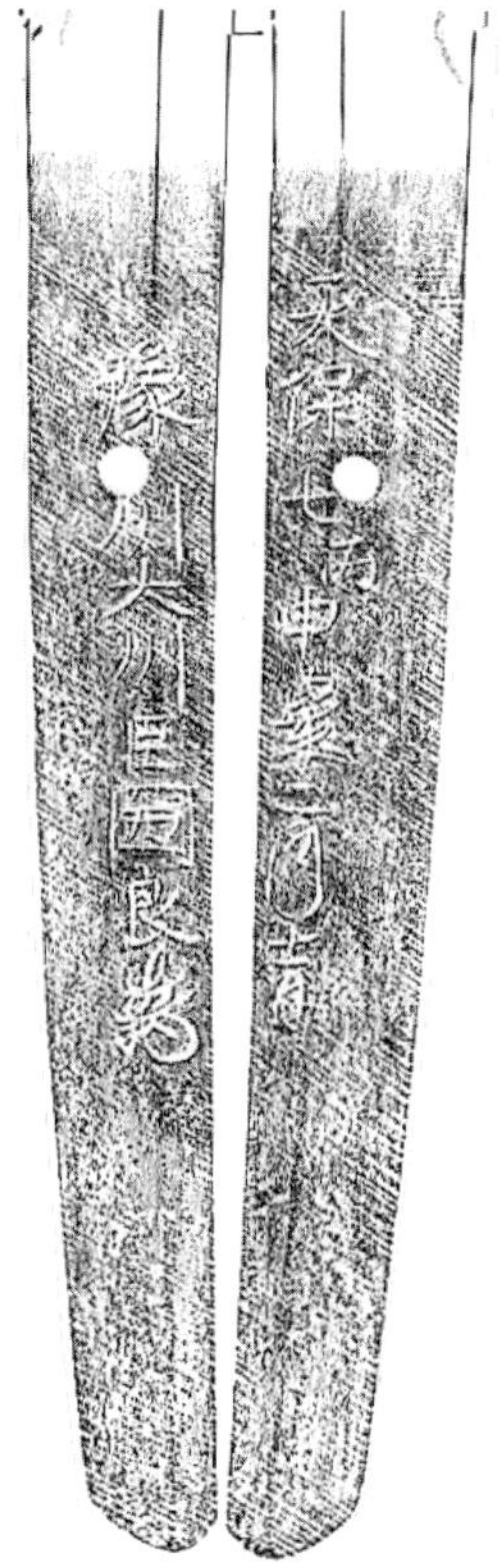

古 軍勝【ぐんしょう】 出羽国 南北朝期（貞治）

月山。筑紫にても造る。貞治六年紀の作がある。高良八幡住（現・福岡県久留米市）。「軍勝作」「軍勝南無高良八幡大菩薩」。

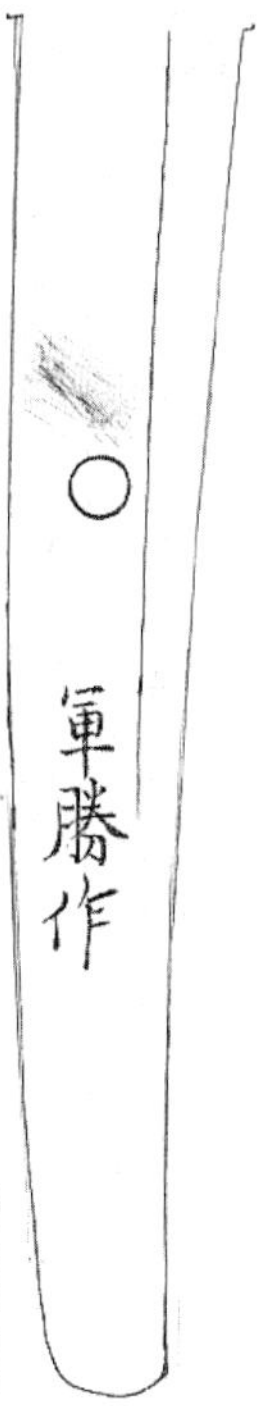

（『土屋押形』）

《け》

新作 啓介【けいすけ】 兵庫 平成

藤井啓介。昭和三十五年生まれ。二十七代金子兼元門。平成三年作刀承認。互の目に尖り互の目交じり。志津兼氏を目標に作刀。平成二十三年、新作名刀展入選。「丹波笹山住啓介作」。篠山市住。

《こ》

新作 昊【こう】 秋田 昭和

柴田清太郎。明治三十九年生まれ。柴田果の子。戦後、作刀技術発表会九回、新作名刀展六回入選。雄勝郡羽後町住。

新作 高英【こうえい】 広島 平成

胡子英策。昭和三十四年生まれ。三上貞直門。平成十五年作刀承認。湾れ乱。「胡子作」。広島市住。

新 上野介【こうずけのすけ】 肥後国 桃山期（慶長）

菊池武光六代の孫で、延寿国村の伝を継承するという。初銘正国、のち「同田貫上野介」と個銘を入れずに切り、晩年は再び個銘を切り「九州肥後同田貫上野介正国」（慶長十八年）と銘す。信賀同人との説があり、正国銘よりなお以前（永禄ころ）の銘となるが、「同田貫正国」また「同田貫上野介」と信賀銘（⇩**信賀の項参照**）とは共通性が乏しい。同田貫派の刀工は加藤清正に抱えられ、その名の一字を授かり清国、正国などを銘し、文禄から慶長末年まで一門が大いに栄える。同田貫は一門の通称で、

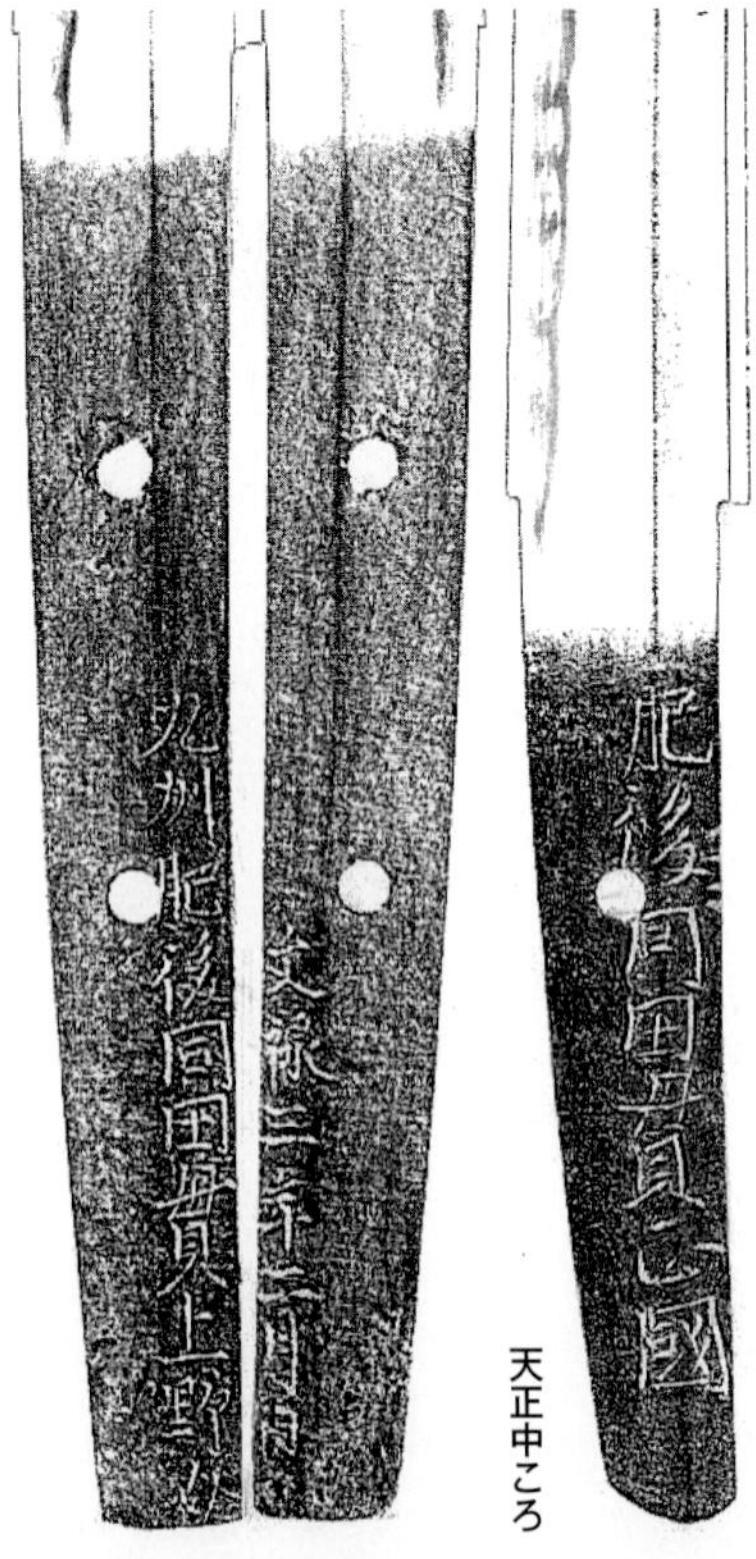

天正中ころ

個銘を入れるのは兵部、又八、左馬介、貫右衛門など多士がいるのであるが、加藤家の断絶により後続を断つ。のち幕末に至りわずかに名跡を復すものがみられる。「菊池住上野介」「菊池住同田貫上野介」と切銘するものがある。菊池は菊池郡城北村碑方で菊池氏の居城があったところ。

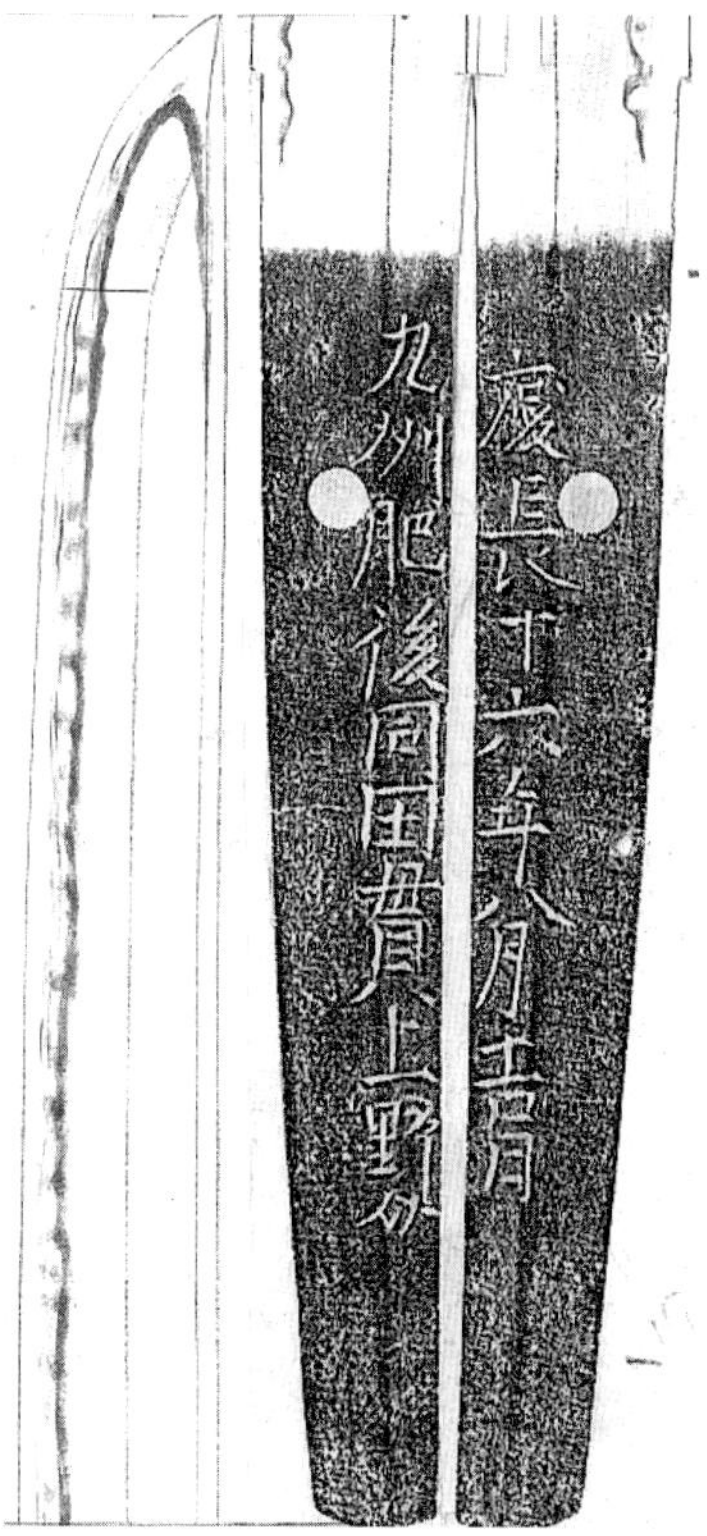

新作 小平【こだいら】 埼玉 平成

小島寛。昭和三十二年生まれ。昭和五十六年作刀承認。柳川昌喜(直弘)門。新作名刀展入選。「慶雲直弘」「慶云」。本庄市住。

新々 小天狗【こてんぐ】 摂津国 江戸末期(弘化)

平助。紀州熊野新宮にても造る。月山貞吉門。

新 是一【これかず】 武蔵大掾 初代 武蔵国 江戸初期(承応)

川上左近。生国江州蒲生。初銘是勝。備前福岡一文字助平の後胤と称す。是一の代に江戸へ移住。江戸石堂派の重鎮として派を形成し、同銘が後続して栄える。門下から福岡石堂是次が出て、福岡石堂派が分派する。慶安五年紀から延宝五年紀の作までみられる。丁子乱を得意とし、匂深く小沸をつけ、足と葉がよく入り、地には乱れ映りが立つ。鍛えに柾肌が交じるのは新刀期を通じての共通性で、特に鎬地に目立つ。

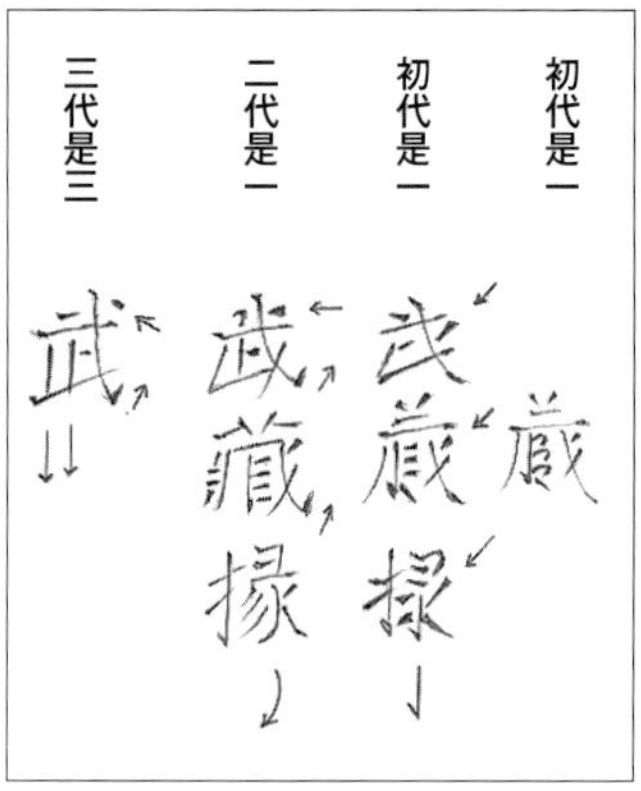

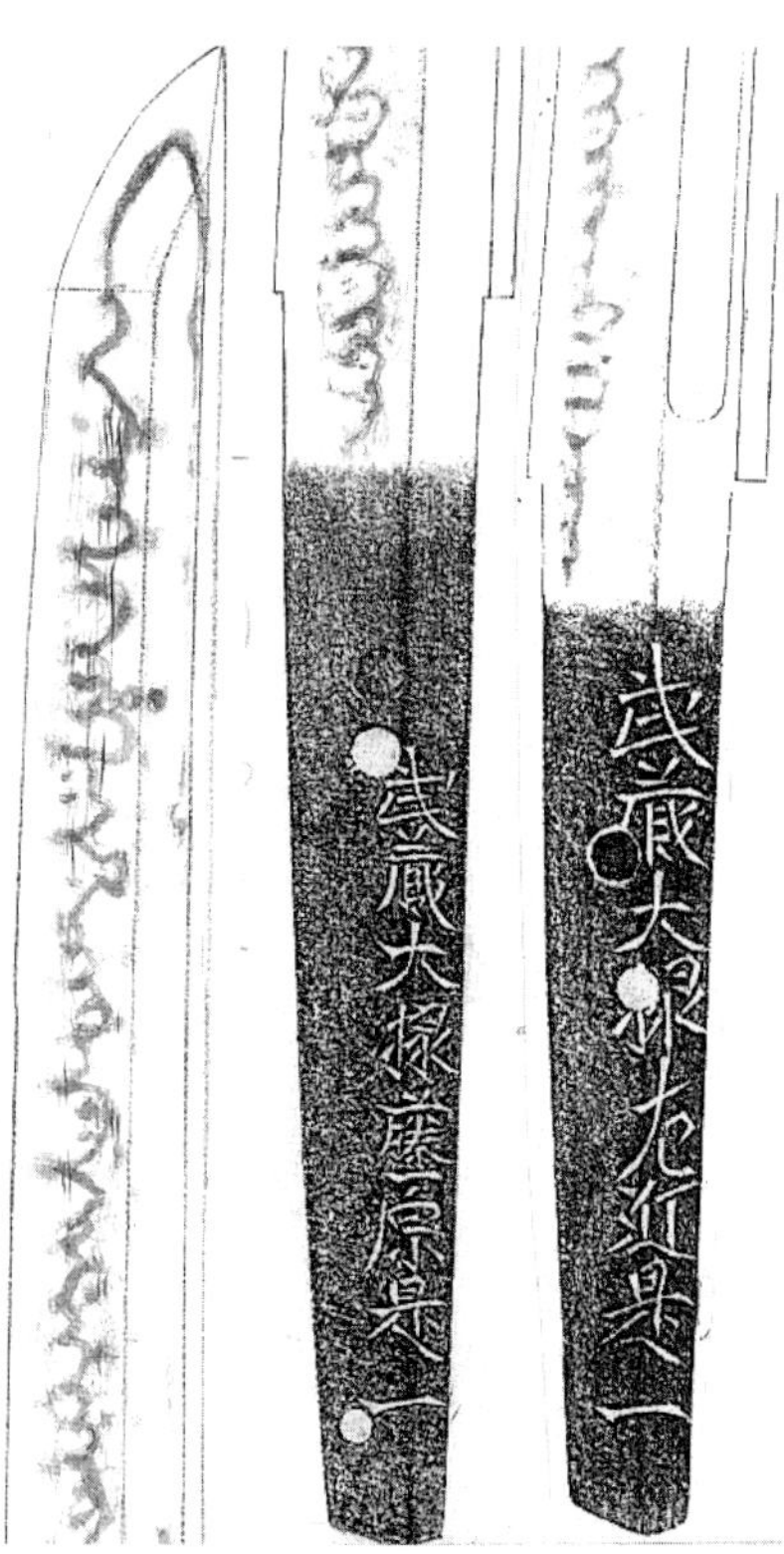

新 是一【これかず】 武蔵大掾 二代 武蔵国 江戸中期(延宝)

川上忠兵衛、通称甚平。初銘是長。延宝初年から宝永ころまでの作刀がある。作風は初代に似た丁子乱がやや小模様の風がある。鍛えに柾肌を

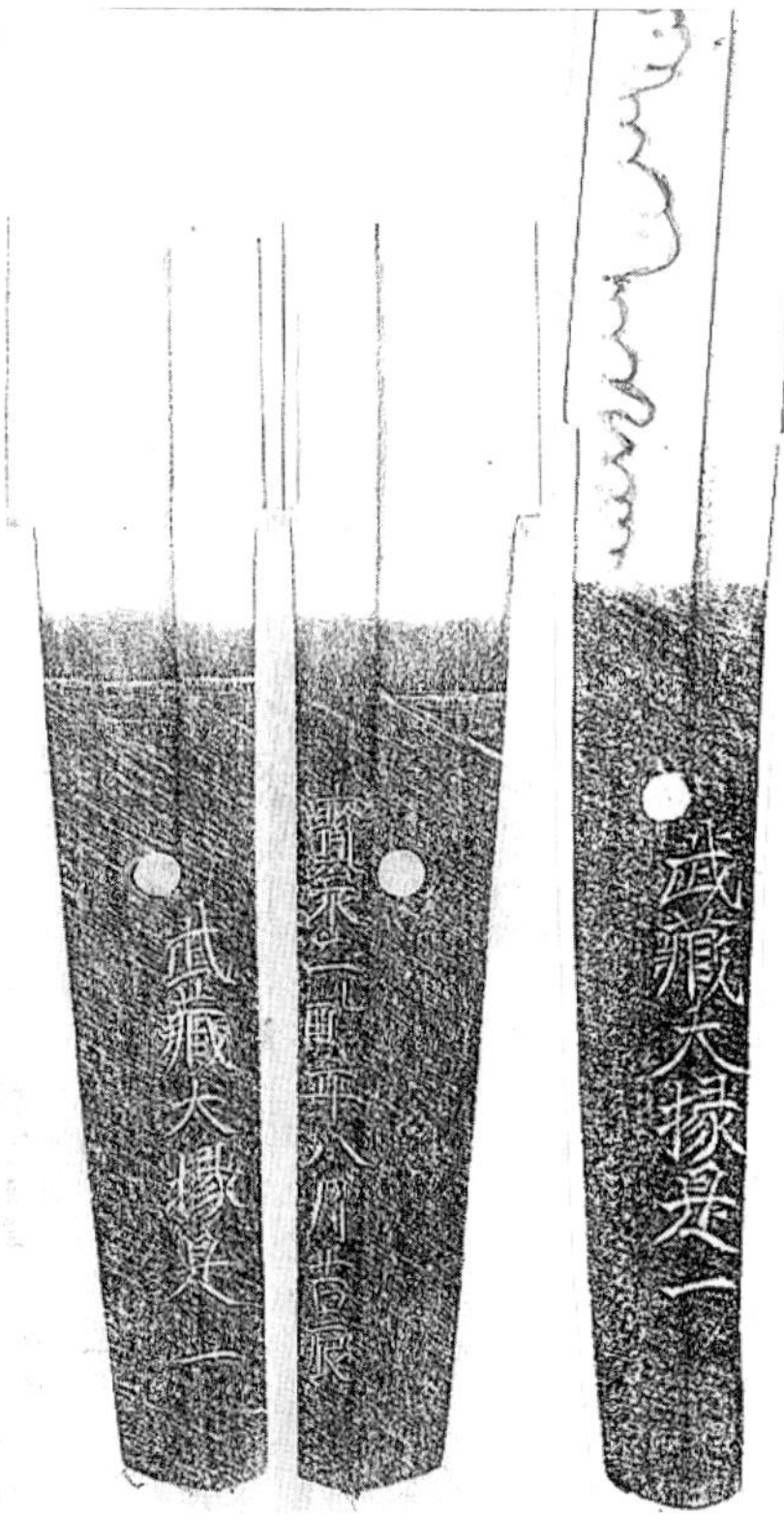

交じえるのも父と同様。

新 是一【これかず】 是三　三代　武蔵国　江戸中期（享保）

川上安之丞、左近。通称甚平。入道して是三と称す。幕府抱工となる。宝永ころから宝暦ころまで鍛刀する。銘を細鏨小銘に切る。作刀は少ない。◆武蔵大掾受領は三代から以降はなかったらしい。四代門三郎是一（明和）、五代仙十郎是一（寛政）、六代重次郎是一（文政）と続く。四代以降の作刀はほとんどみない。

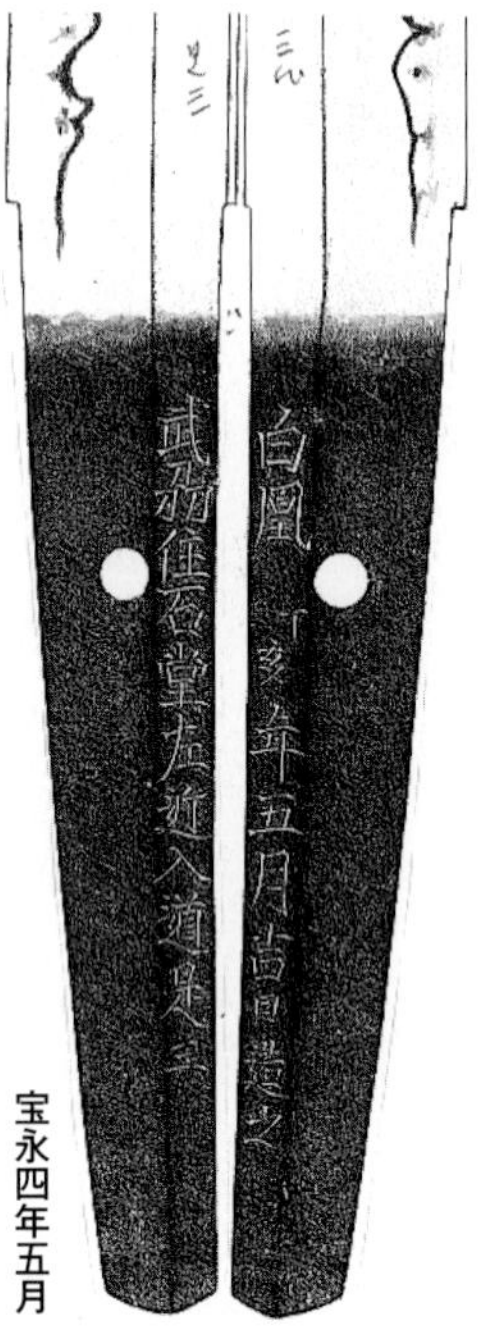

宝永四年五月

新々 是一【これかず】 運寿　武蔵国　江戸末期（嘉永）

是一 前名政太郎一秀、父綱俊と合作
（一秀二十二歳、綱俊四十四歳）

三十六歳、「八雲」は象嵌

加藤政太郎、助三郎、俗名八郎。初銘一秀。文政三年、長運斎綱俊の三男として生まれる。是一は綱俊の甥と諸書が記すが子である。是一自筆の『刀剣造法免許巻』に「加藤綱俊忰《せがれ》」と自認し、「重次郎六代石堂是一」の養子になったと記述する。天保十二年、二十二歳時に石堂家を継ぎ、七代石堂是一を襲名している。運寿斎と号し、明治二年に龍泉斎と改め

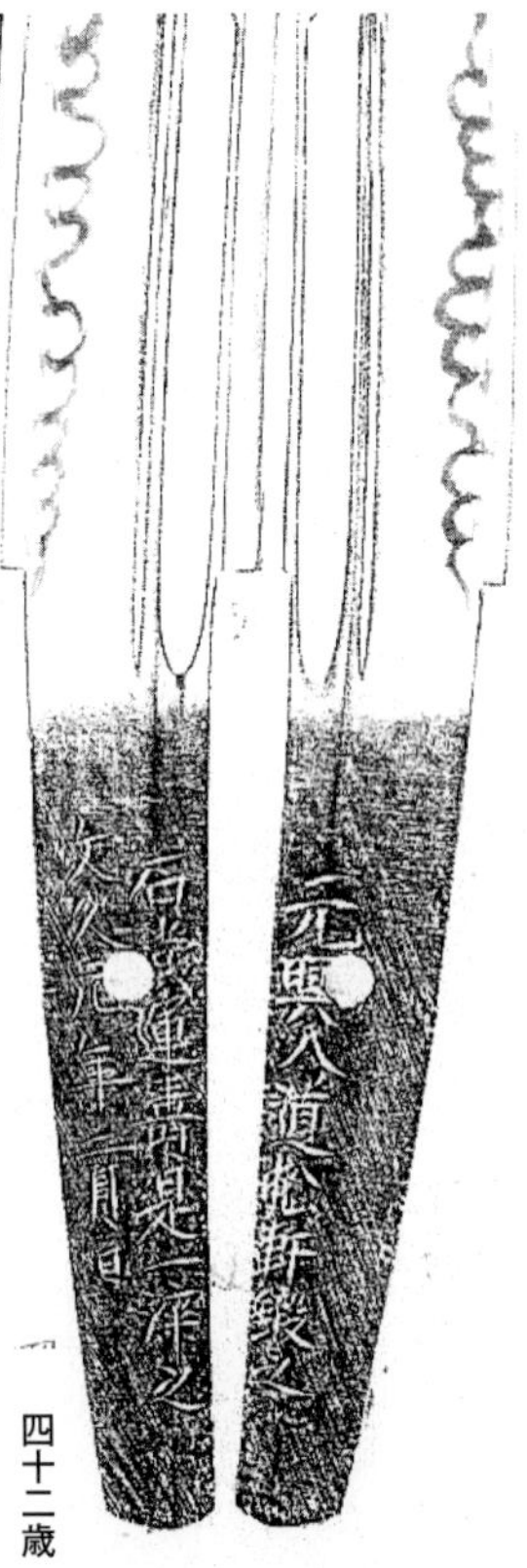

四十二歳

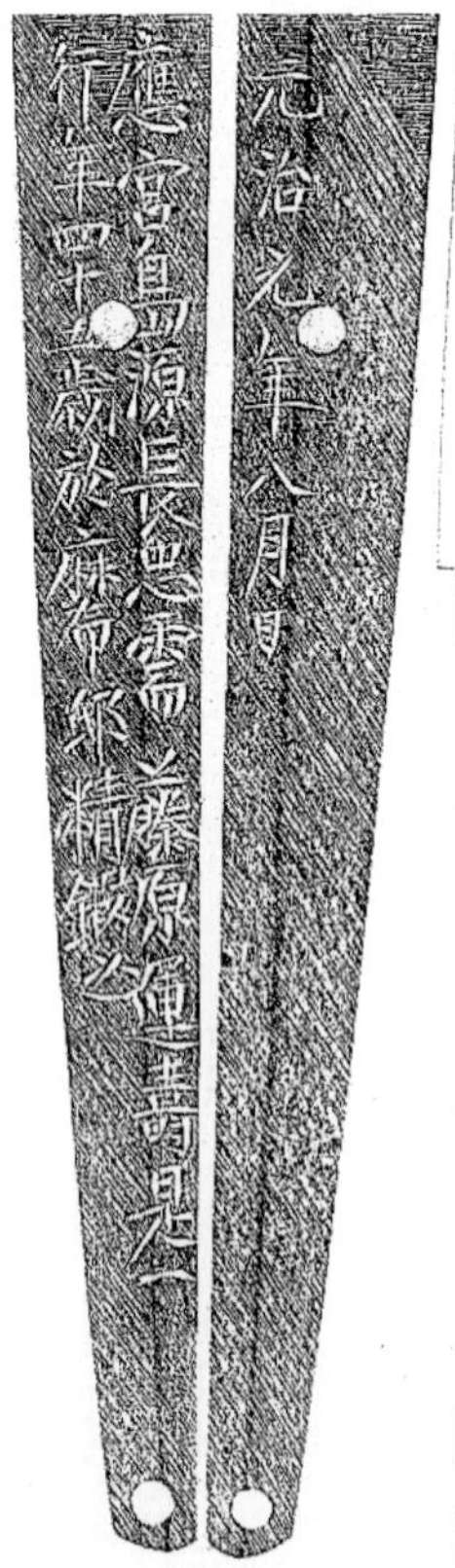

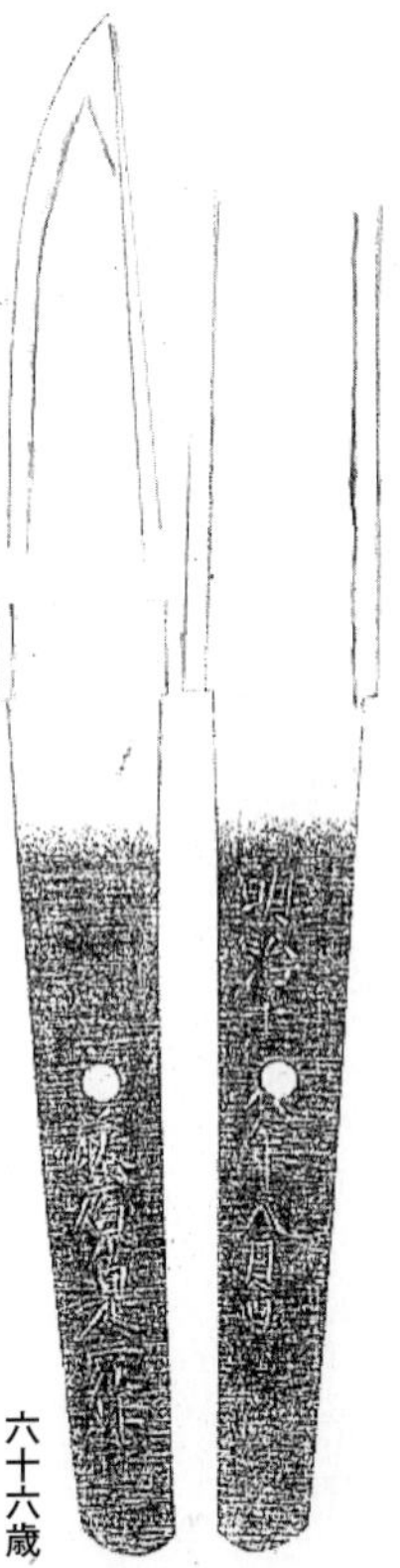

六十六歳

る。江戸麻布北新門前に住。天保十四年に御浜御殿で鍛刀し、その功により葵紋を切ることを許される。嘉永五年、安政二年に葵紋を切った作例をみる。備前福岡一文字助平後胤と称す。石堂家中興の名手。明治二十四年十一月二十四日没、享年七十二歳（明治二十四年八月、七十三歳翁と切るのは、古老癖によるもの）。直刃は稀。備前伝の作を得意とし、丁子に互の目、尖り刃を交じえ乱映りが立つ。相州伝は大乱刃で地沸が荒く地景が入り、金筋が働く。

新作 **是一**【これかず】八代　武蔵国　明治

石堂光一。初銘綱秀。八代是一を相続する。明治二十四年十月二十九日、運寿是一（七代石堂）に先立ち四十九歳で没。

古 **是重**【これしげ】大和国　鎌倉末期（正和）

千手院。重業の子。是重は「行信より二代目」（『正長銘尽』）とも、「重利千手院の子孫也」（『古今銘尽』）ともいう。名跡が南北朝期まで続き、「千手院是重」「和州住是重」と切銘する。

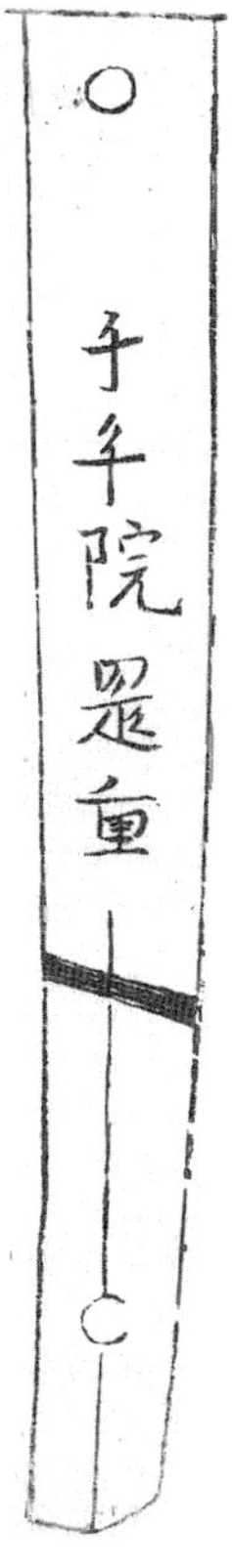

（『古今銘尽』）

古 **是重**【これしげ】加賀国　室町初期（正長）

藤島。正長ころ。降って明応ころにも同銘がある。「加州住是重」。

古 **是介**【これすけ】備前国　鎌倉初期（承元）

福岡一文字。承元二十四人番鍛冶。小乱、小丁子の刃文が古雅で古備前風。「是介」。

古 **是介**【これすけ】備前国　南北朝期（貞治）

丹藤太。是吉門。貞治ころ。「備州長船住是介」。

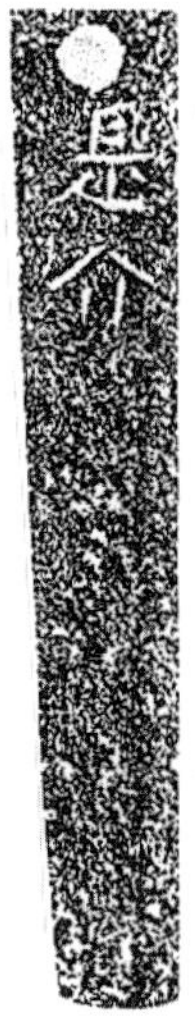

古 **是助**【これすけ】備前国　鎌倉初期（建久）

古備前。建久ころ。是助を銘するものは備前の各流と各時代に複数工がある。同じ古備前でも助包の親というのが建保ころ、福岡一文字では助房の子が鎌倉中（宝治ころ）に、助則門人で鎌倉中（建長ころ）に、南北朝期（応安ころ）に長船鍛冶がいる。「是助」「備前国是助」。

古 **是助**【これすけ】備前国　室町初期（応永）

長船。応永廿年紀の作がある。「備州長船是助」。

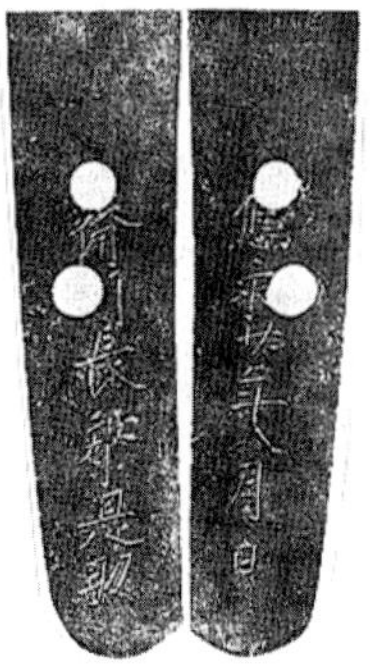

新 **是次**【これつぐ】筑前国　江戸中期（寛文）

一平、半三兵衛。初銘一英、友国。備前一文字則宗十六代の孫という利英の子。明暦元年、江戸に出て武蔵大掾是一の門に入り、備前伝の秘奥

初銘一英

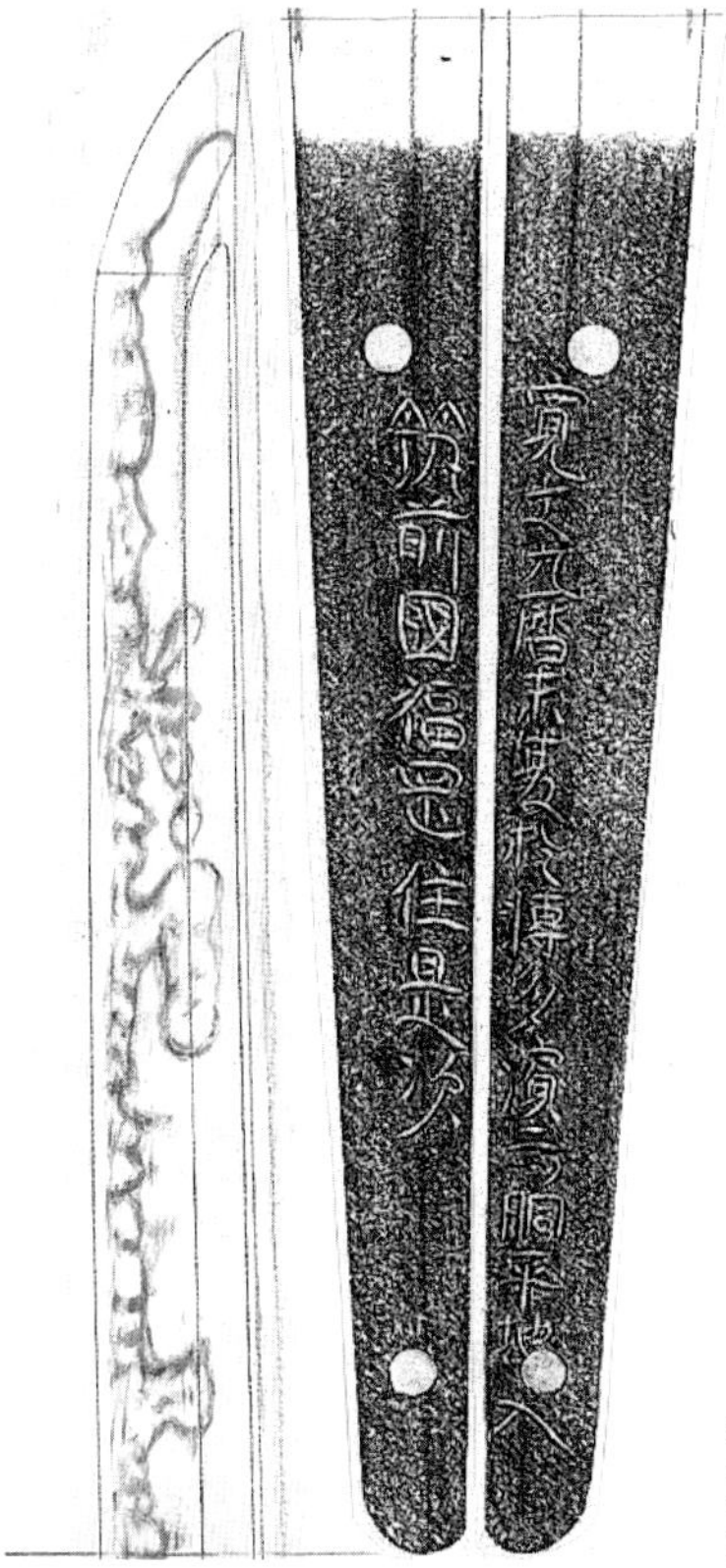

を伝授される。在府すること三年にして筑前に下向する。黒田家に抱えられ、御家人に准じる待遇を受ける。福岡石堂派の祖。是次の嫡男利次は延宝八年、二十七歳で父に先んじて没したため、従弟守次が嫡家を相続する。天和元年三月三日、五十三歳没。丁子に重花丁子、逆丁子交じり小沸つく。直刃が浅く湾れたもの、また砂流し、金筋が烈しく入った相伝上作を思わせるものがある。

新 **是平【これひら】** 加賀国 江戸中期（寛文）

辻村高平の弟。直刃、互の目乱。「加州金沢住藤原是平」などと切銘する。

古 **是光【これみつ】** 備前国 室町末期（延徳）

長船。播州佐田郡にても造る。長享から永正に至る間の年紀作がある。初代は信長の子で応永年紀の作があるというが、作刀をみる多くは延徳ころから後の末備前時代の作である。「備州長船是光」「備前国住人是光」「是光」。

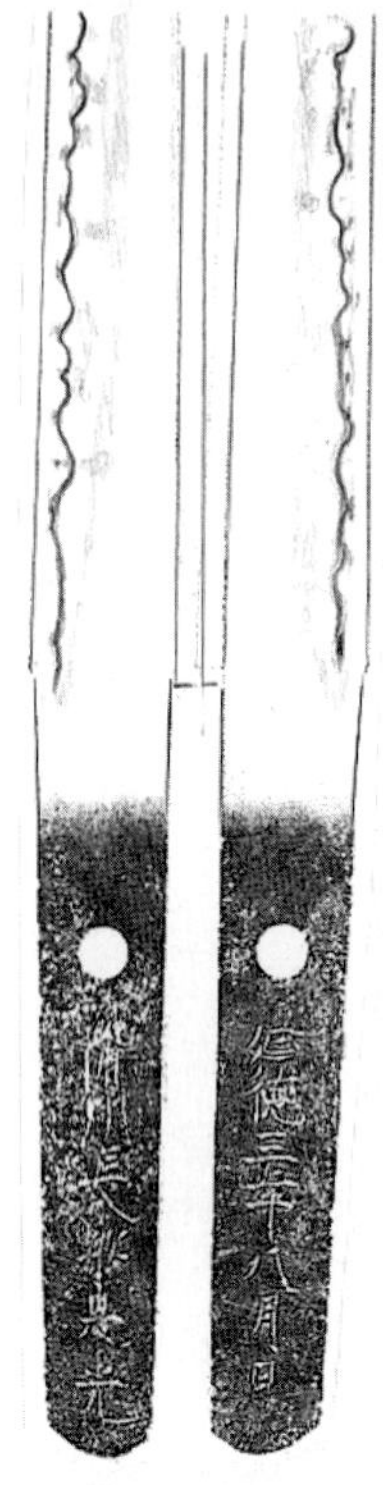

新作 **惟平【これひら】** 北海道 平成

渡辺徹。昭和二十四年生まれ。宮入行平門。昭和五十四年作刀承認。新作名刀展努力賞三回。平成二十二年、新作日本刀展入選。同二十三年新作名刀展入選。同二十四年、同展努力賞受賞。「伊達住惟平作」。伊達市住。

新作 **惟義【これよし】** 熊本 昭和

大塚惟義。大正五年生まれ。前銘「菊池住源盛龍」。金剛兵衛盛高靖博門。陸軍受命刀匠。菊池郡合志町住。

《さ》

古 左【さ】　筑前国　南北朝期（暦応）

慶源左という。左衛門尉。左衛門三郎。法名慶源。実阿の子。隠岐浜住（現・福岡市博多区沖浜町）。左文字、大左と呼称される。正宗十哲の一人。建武五年から貞和三年までの年紀作がある。現存する太刀は「江雪左文字」一刀のみであるが、古押形には「左」また「筑前住左」と銘する太刀数点がある。現存する短刀は比較的多く国宝二、重文四、重美四があり、順慶左文字（刀）、小夜左文字（短刀）、義元左文字（三好宗三左文字、刀）などの名作を残す。江雪左文字太刀は北条氏の武将岡野江雪斎が所持したところからの名で、のち徳川家康に移り、紀州徳川家に伝来した名刀である。

刃文は湾れを主調に互の目を交じえ、匂と小沸深く、砂流し、金筋が働き、それが地景に連なる覇気のある作である。大左の初期の作風は地刃の穏やかな伝統的な九州物らしさを表わしたものが、のちには地刃の働きと冴えをみせた乱刃に変化するところに、正宗の影響がみられるという。「左」「筑州住左」「左筑州住」「筑州住源左」。

桶狭間で今川義元が所持していたのは左文字の太刀と松倉江の刀の大小であった。織田信長は義元を破り手中にした大小のうち、二尺六分五分の左文字を大磨上げ、二尺二寸一分半にし金象嵌を入れて所持する。名物帳に所載する三好宗三左文字（義元左文字）がそれで、この太刀は今川家重代の名宝で義元が秘蔵する愛刀であった。『本阿弥光心押形集』

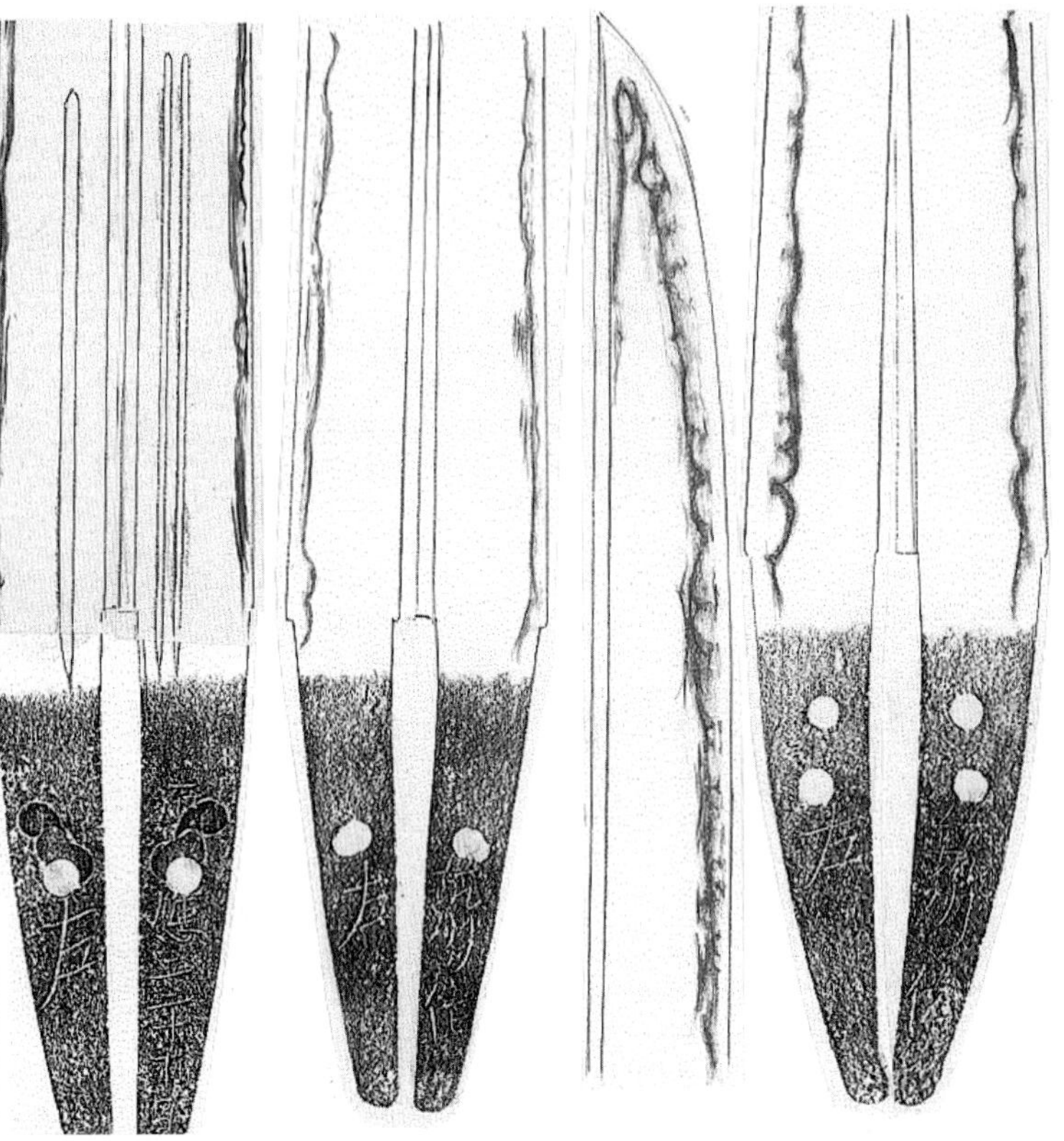

暦応二年十月

筑前（左）安吉・長州安吉系図

- 左安吉（初代／建武／正平十二年）―左安吉（二代／小銘／筑州住／永和四年）―左安吉（三代／応永十七年）
  - （同人）長州安吉（初代／正平十七年／貞治五・七年）―安吉（二代／道元／永和五年／永徳二年）―安吉（三代／府中住／応永元年）―安吉（文明）

康永三年十二月日
（『古今銘尽』）

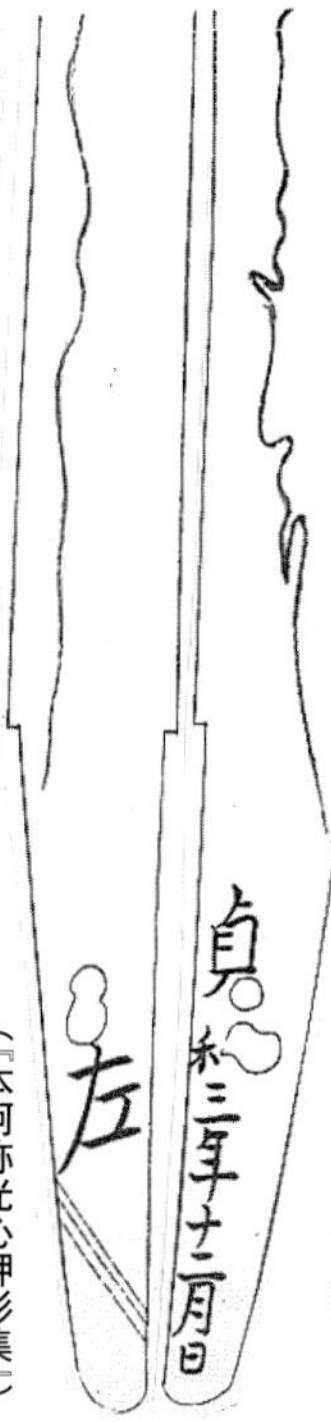

（『本阿弥光心押形集』）

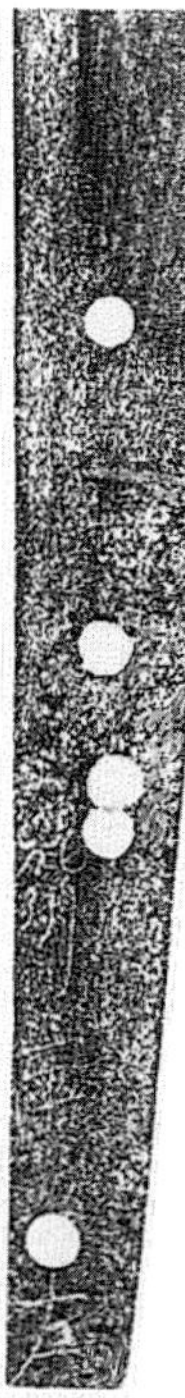
（江雪左文字）

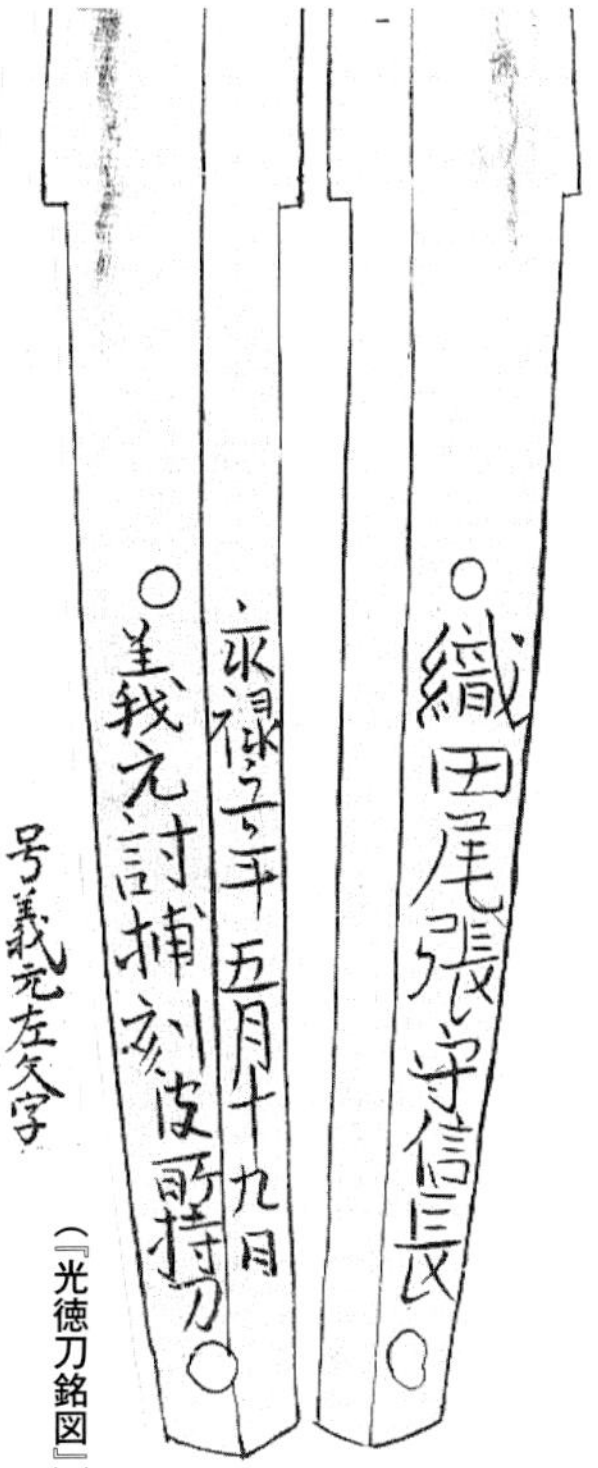

（『光徳刀銘図』）

（『本阿弥光心押形集』）

（静嘉堂文庫蔵）は桶狭間戦の四年前の弘治二年に書かれた押形集で、今川家の蔵刀をいくつも所載するなかに「筑州住左」の太刀が描かれている。桶狭間戦ののち大磨上げされる以前の、生ぶの太刀の様態が知られる。また同書には義元が帯びていた小刀《しょうとう》の方の刀（二尺五寸五分）が松倉江であり、「越中松倉江」と有銘作であったこともわかる。なお義元左文字は徳川将軍家に伝わり、明暦の大火で焼けたが焼直しされ、いま京都・建勲神社に蔵されている。松倉江は行方が知れず、伝承のあとかたもみられない。（系図895～896頁参照）

古　左【さ】　筑前国　室町初期（応永）

大左の名跡を継ぐ後代の「左」で、応永十七年の作があり、銘に年紀を書き下して切る。

古　左【さ】　肥前国　室町初期（永享）

平戸左。伊佐早（諫早）住。永享ころ。「肥前伊佐早住左」。

古　左【さ】　安芸国　室町初期（応永）

銘鑑によると応永ころに芸州左があり、安吉の子という。また文明ころに筑後に大石左がいて、いずれも「左」の一字を銘す。掲出の行書体に切銘する「左」は系統を特定できないが二例を同人の銘とみて参考に掲げた。

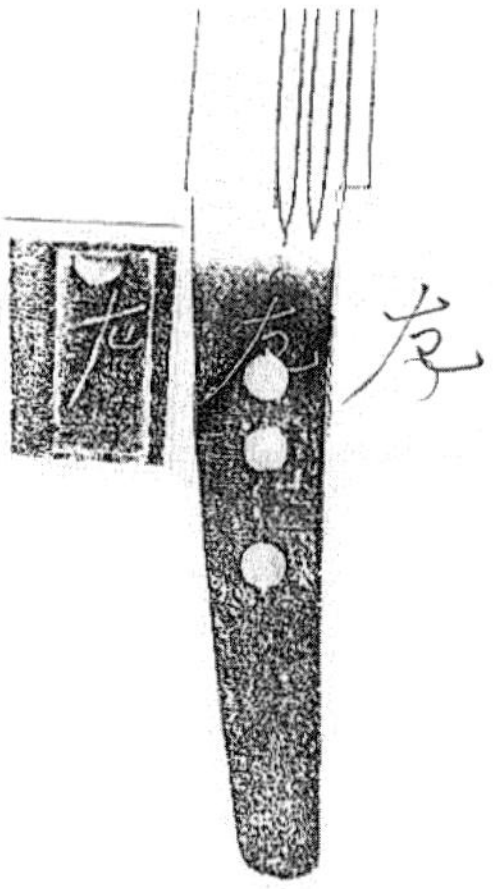

古　西蓮【さいれん】　筑前国　鎌倉末期（文保）

良西子。実阿の父という。国吉、入道して西蓮法師。弘安の役を経て蒙古襲来に備え、外冦防備を強化し設置された博多談議所に属して、同所で鍛刀する。その銘文の太刀は『光山押形』に所載があり、「文保元年二

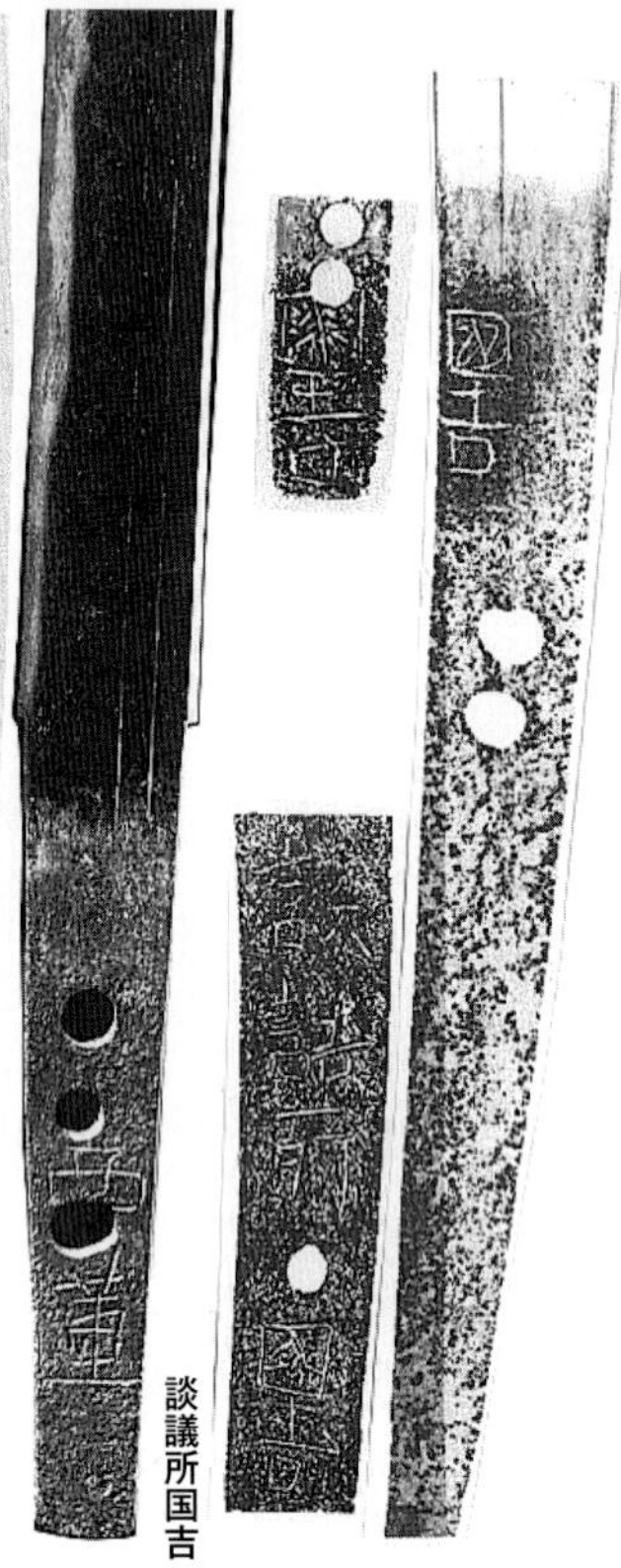
談議所国吉

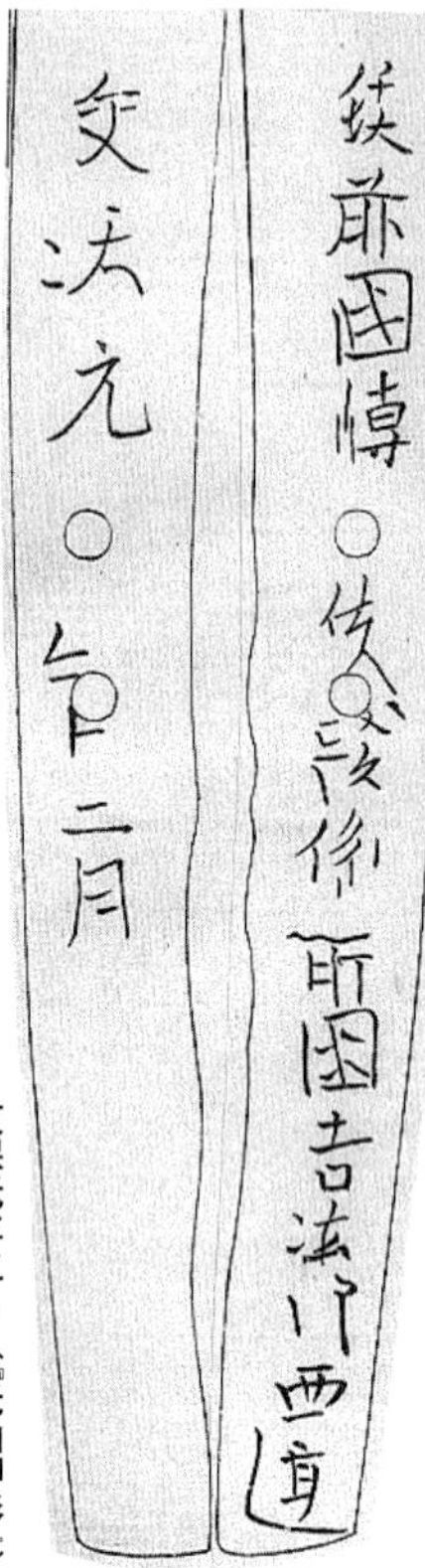
文保元年二月（『光山押形』）

文保元年二月（『光山押形』）

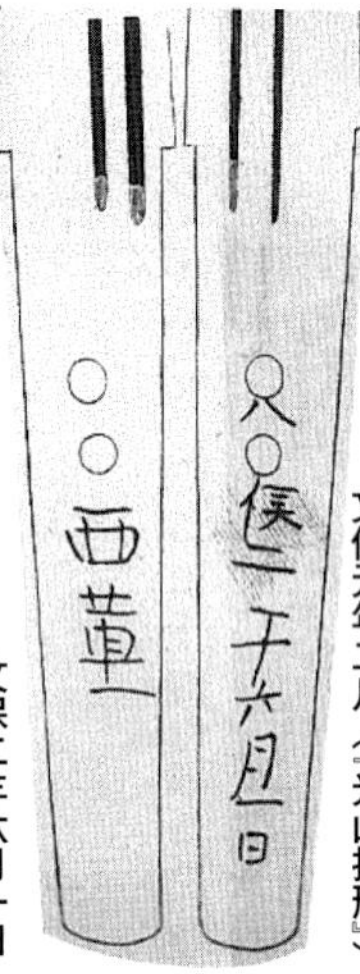
文保二年六月一日

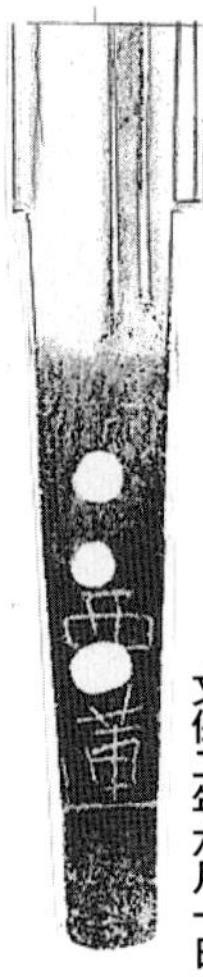

月」と判読できる。博多談議所の設置は弘安九年といわれ、文保元年までは三十年ほどがあるが、この間、西蓮による談議所での鍛造は長期に及んだようである。西蓮には嘉元四、文保元・二年紀があり、子という実阿には嘉暦、元弘、建武の年紀作があるので、西蓮の年代は鎌倉末期とみることができる。銘尽は西蓮が二人いて、二代目が貞応・弘長の間の人といい、初代が建保・承久で鎌倉初期という。初・二代とも時代の上げすぎの感があるが、鎌倉末の西蓮の前時代にいま一人の西蓮がいるとする見方は、触れるにとどめておきたい。「国吉」「西蓮」「談議所西蓮作」「筑前国博多住人談議所国吉法師西蓮」「筑前国博多談議所西蓮法師国吉」。（系図895～896頁参照）

新々 **定興【さだおき】**　磐城国　江戸末期（安政）
雲龍子と号す。磐城住。安政二・六年紀の作がある。湾れに小互の目足・葉入り。

古 **定勝【さだかつ】**　下野国　室町末期（元亀）
得次郎派。得次郎村住（現・宇都宮市徳次郎町）。元亀ころ。「野州得次良住薬師寺定勝」。

古 **定国【さだくに】**　山城国　室町初期（応永）
源五郎、源左衛門。信国門。五条住。「八幡大菩薩定国」「定国」。

新々 **定国【さだくに】初代**　筑前国　江戸末期（文政）
又左、又助。筑前信国より二十代孫という。下村信八子で十九代吉清の養子となる。水心子正秀門。黒田家抱工。直刃、互の目乱、刀身彫の上手。慶応元年六月十二日没。

新々 **定国【さだくに】二代**　筑前国　江戸末期（安政）
七左衛門、久左衛門。筑前信国二十一代義昌に師事。安政五年八月、三十二歳没。

古 **定重【さだしげ】**　大和国　鎌倉中期（文永）
大和千手院。重弘また吉行の子という。

古 定重【さだしげ】 大和国　南北朝期（康永）

大和千手院。康重子。「千手院定重」と銘す。

（『古今銘尽』）

古 定重【さだしげ】 大和国　室町初期（応永）

大和千手院。「定重」「千手院定重」と銘す。

古 定重【さだしげ】 美濃国　南北朝期（康永）

赤坂千手院。大和千手院派。大和から美濃赤坂へ移る。

古 定重【さだしげ】 美濃国　室町中期（康正）

赤坂千手院。「千手院定重」と銘す。

古 定重【さだしげ】 美濃国　室町末期（永正）

赤坂千手院。康道の子。

古 定利【さだとし】 綾小路　山城国　鎌倉中期（寛元）

綾小路。弥太郎。了阿弥。綾小路派の代表工。京四条綾小路住。京四条は来国行と同住地で、国行とはごく近在であったという。古伝書の多くは定利の年代を文永とし、なお遡って宝治とするものがある。定利の作は姿格好と地刃の状が古雅で、来国行よりも古くみられ、古書によっては定利を国行の父というものもあるほどだが、これは仮説にすぎず、国行の父は国吉とされている。このように定利を国行よりも古くみるのは、定利の作風の古雅さからきている。定利は三条また五条派の出ではないかとみる向きがあって、綾小路で別派を形成したものと考えられる。作風の上からみて、三条また五条から綾小路定利へ、そして来国行への流れが見うけられる。

　太刀は細身で、元幅に比して先幅が狭まり、小切先の姿が優美。刃文は小乱に小丁子、小互の目交じり、総じて小づむ風があり、匂口うるみごころに小沸よくつき、湯走り、二重刃がしきりにかかる。鍛えは板目がよく詰み、地沸つき、地景入り、ねっとりとして柔らかな味を持つ。銘は「定利」と二字に切り、「定」字を草書体に大きめに、「利」を行書体に小さめに切る。「定」字が個性的で、第三画の返りがくるっと丸く、「之」のZ（ゼット）の字形が流暢である。晩年に向かうにつれ、書体が大振りになる傾向がある。

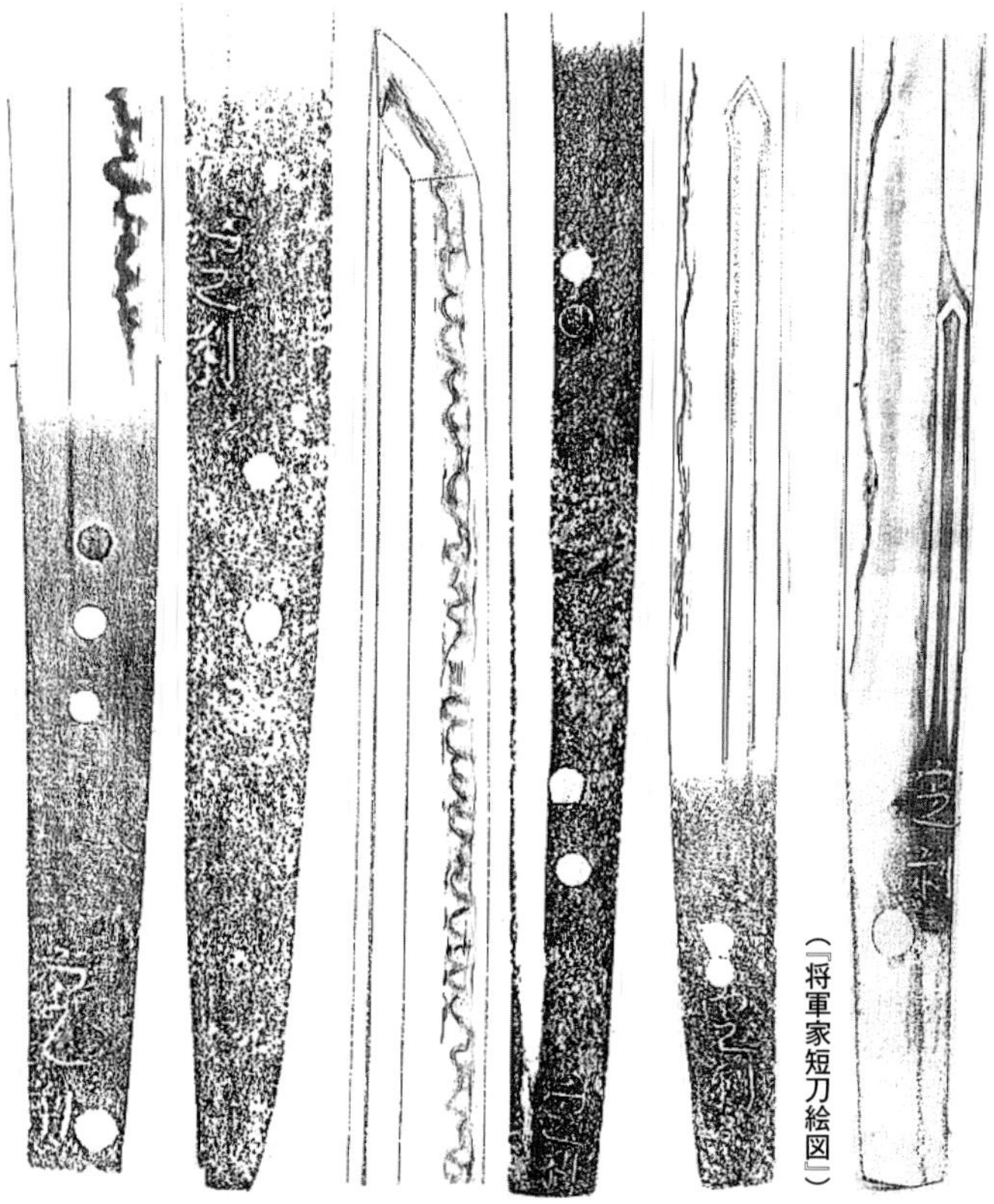

（『将軍家短刀絵図』）

新々 **定利**【さだとし】 陸前国 江戸末期（安永）

惣右衛門。仙台明珍派。明珍宗定の流れを汲む甲冑工で、刀と鐔も造る。中直刃がほつれる刃を焼く。

古 **定俊**【さだとし】 備前国 鎌倉初期（建保）

古備前。真恒門、助包の子という。「定俊」。同銘定俊は弘恒子が嘉禎ころ、古備前の末流という工が弘安ころ、福岡一文字行吉の子が文永ころ、同福岡一文字流の工が文保ころ、南北朝期末の応安に降って小反に属する定俊などがいる。「備前国住定俊」。

古 **定俊**【さだとし】 山城国 鎌倉中期（弘安）

了阿弥。五郎入道。了戒派の祖という。定利の子。弘安ころ。「定俊」。

古 **定業**【さだなり】 山城国 鎌倉中期（弘安）

綾小路。綾小路定利子、また門という。錦小路住。「定業」。同銘定業が嘉暦ころにいる。

古 **定久**【さだひさ】 備後国 室町末期（文明）

辰房。尾道住。文明ころ。「備州住定久作」。

古 **定秀**【さだひで】 豊後国 平安末期（嘉応）

行平の師。豊後彦山の学頭賢聖。生国は豊前国という。太刀は元幅広く腰に踏張りがあって反り高く、先幅が狭まり小切先。板目鍛えがよく錬れて軟らかい地金にうるおいがあり、地景が入る。刃文は細直刃に小湾れ、小乱交じり、刃縁ほつれ、打のけかかり、小沸つき匂口がうるみ、焼落としがある。「僧定秀」「豊後國定秀作」「豊後國僧定秀作」。

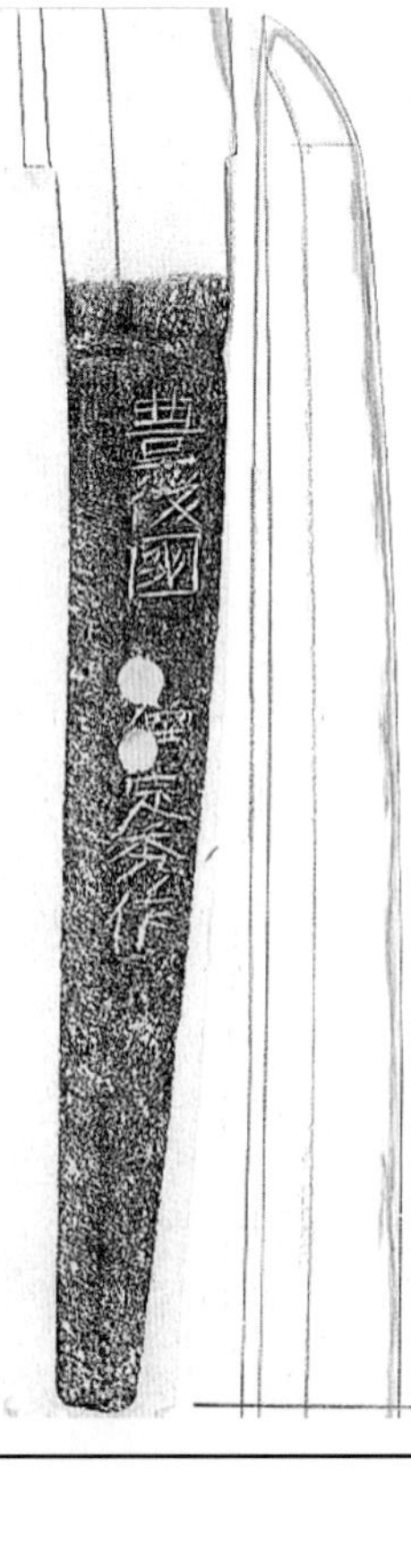

古 **定広**【さだひろ】**初代** 相模国 室町末期（永正）

島田義助門。明応ころに北条早雲に従い小田原城下に移る。定広には永正八年紀の作があって、この年は、永正十八年に義助が一門を引きつれ小田原に移ってきた時期よりかなり早い。定広は小田原相州の先駆けをなす工である。「相州住定廣作」。

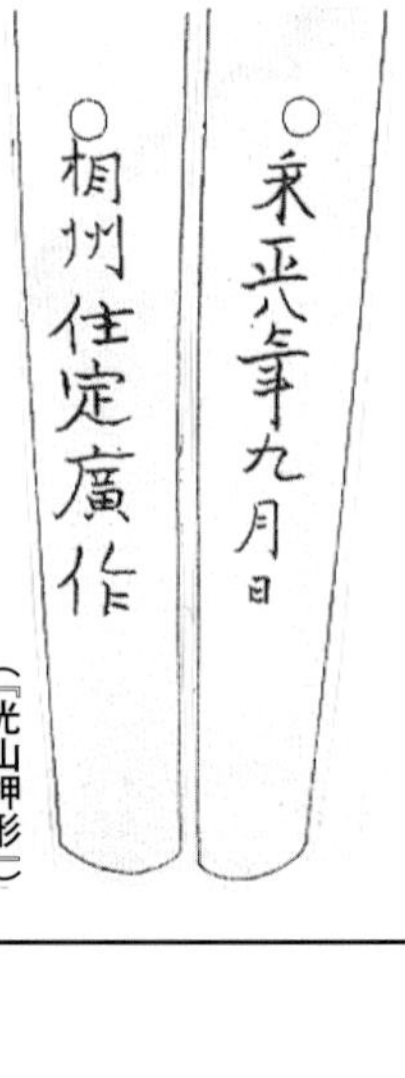

（『光山押形』）

古 **定広**【さだひろ】**二代** 相模国 室町末期（天文）

初代定広子。島田義助門。本国駿河、富士郡下方住。のち小田原に帰り、「小田原シフヤ」と称す。「駿州富士郡下方住定廣」。

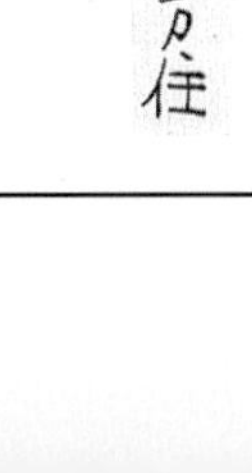

（『古刀銘尽大全』）

新 **定広**【さだひろ】 尾張国 江戸中期（享保）

本国美濃。尾張名古屋住。近江大掾受領、のち近江守に転任する。

新々 定広【さだひろ】 備後国　江戸末期（慶応）
宍戸定広。備後三次住。嘉永から慶応年紀の作がある。

新 定道【さだみち】 尾張国　江戸中期（延宝）
本国濃州関。三阿弥兼則の末裔。伊賀守金道門。尾州名古屋住。越前守を受領。「三品越前守源定道」などと切る。互の目乱など。

古 定光【さだみつ】 豊前国　室町初期（応永）
信国。京三代信国子。京から豊前宇佐に移り、筑紫信国派の祖となる。子孫は豊前、豊後の両国に分派して栄え、新刀期に及ぶ。「定光」「信国」。

古 定盛【さだもり】 豊後国　室町末期（天文）
平高田。彦助。長盛の子。二代。「平定盛」初代は永正ころ。三代は天正ころで、日向にても造るという。

新 定盛【さだもり】 山城国　江戸中期（寛文）
本国美濃。名古屋にも住。伊賀守金道門。寛文三年九月近江大掾受領、のち近江守に転任する。互の目丁子乱。

古 定行【さだゆき】 筑前国　南北朝期（正平）
左。大左の門、また行弘門ともいう。筑前からのち安芸に移ったので安芸左、また芸州左と称す。「定行作」「筑州住定行作」。定行の末は応永ころに肥前平戸に移り、平戸左と呼ばれて作刀する。

古 定行【さだゆき】 備後国　室町末期（天文）
其阿弥《ごあみ》。尾道住。天文ころ。「備後国住藤原定行」「備後尾道住人其阿弥定行」。

古 定吉【さだよし】 山城国　鎌倉中期（弘安）
綾小路。定利の子。太刀は身幅が広めに腰反り、踏張りがあり、中切先が猪首切先の形を見せる。鍛えは小板目が詰み、地沸つく。刃文は小乱、小互の目、小丁子交じり、小沸をよくつけ、総体に小づんで、うるみごころがある。銘は「定」字に比べ「吉」字を小さめに切るのも、定利譲りの字形である。

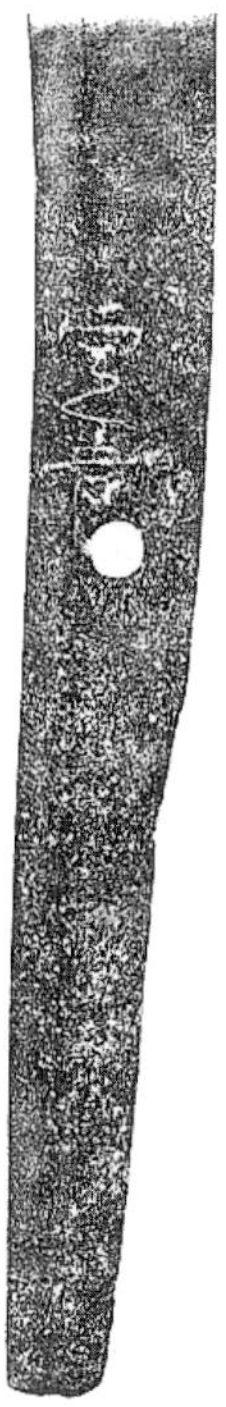

古 定吉【さだよし】 相模国　室町末期（永正）
定広弟。駿州島田から小田原城下に移る。永正ころ。島田刀工の小田原入りの初期刀工。二代は小田原住、天文ころ。三代天正ころ。「相州住定吉作」「定吉」。

新々 **定吉【さだよし】** 備後国 江戸末期（天保）

備後尾道住。長船祐永門。互の目に丁子、足・葉入り。

古 **定能【さだよし】** 豊後国 室町末期（明応）

筑紫了戒。文明から明応ころ。直刃に小足入りの淋しいものが多い。「了戒定能作」。

古 **定慶【さだよし】** 豊後国 鎌倉初期（建保）

良順。豊後行平の子。建保ころ。「豊後国定慶作」。

（『古刀銘尽大全』）

新作 **貞昭【さだあき】** 大阪 昭和

水野昭治。昭和六年生まれ。初銘正忠。父正範に学び、昭和四十年、月山貞一門。貞昭と改める。大阪府堺市住。

古 **貞家【さだいえ】** 備前国 室町初期（応永）

長船。応永年紀の作がある。二代は嘉吉、文安ころ。「備州長船住貞家」「備前国長船住貞家」。

古 **貞興【さだおき】** 大和国 鎌倉末期（元徳）

保昌。貞宗の子といい、貞吉門という。中直刃に小互の目足入り、刃縁しきりに掃掛、打のけ、二重刃かかり、柾肌がよれるように通り、地刃よく沸えて地景入る。「貞興」「藤原貞興」。

古 **貞興【さだおき】** 但馬国 南北朝期（応安）

法城寺。国光門。応安ころ。「但州住貞興」「貞興」。同銘が次代応永ころにある。

新々 **貞一【さだかず】初代** 摂津国 江戸末期（慶応）

月山弥五郎。天保七年二月、江州犬上郡須越村に塚本七兵衛の子として生まれる。七歳で貞吉の養子となり、十一歳ころから鍛刀修業を始め、十五歳のとき刀身彫を施して非凡の技を発揮し、のちのちまで彫刻を最も得意とする。雲龍子、水顕斎、水勇子と号す。明治の廃刀令によりほとんどの刀工が転業するなか、貞一は鍛刀一途の歩みを選び困窮を続けるが、次第に軍刀の需要が増して鍛刀の業態を整える。幕末の豪壮な体配の刀から、軍刀身の身幅の狭いものへと変わり、備前伝の丁子乱の作が多くなる。

明治三十九年四月四日、帝室技芸員に任命される。翌四十年、伊勢神

三十歳

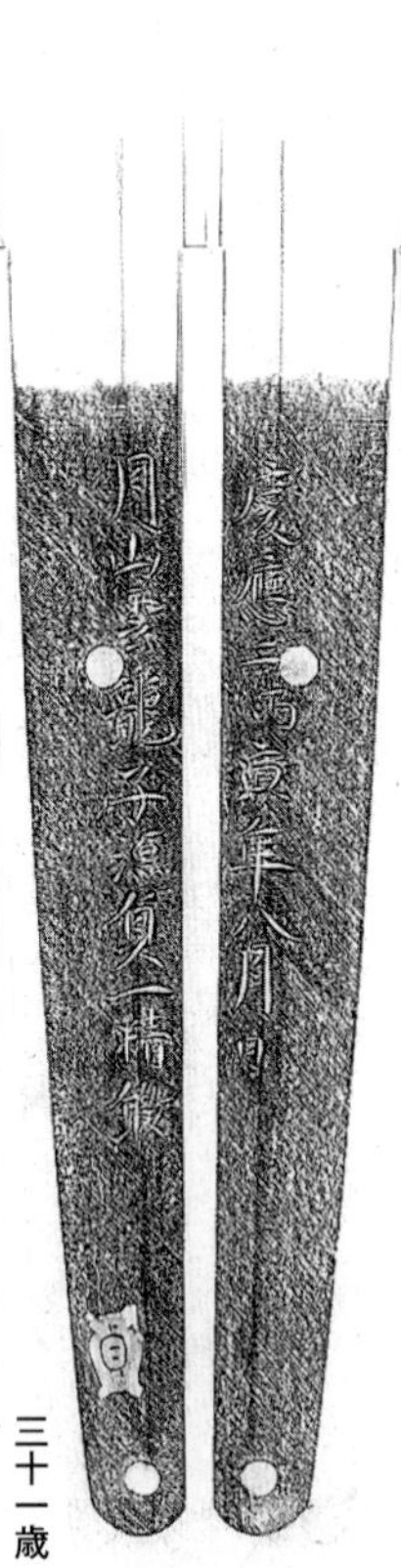

三十一歳

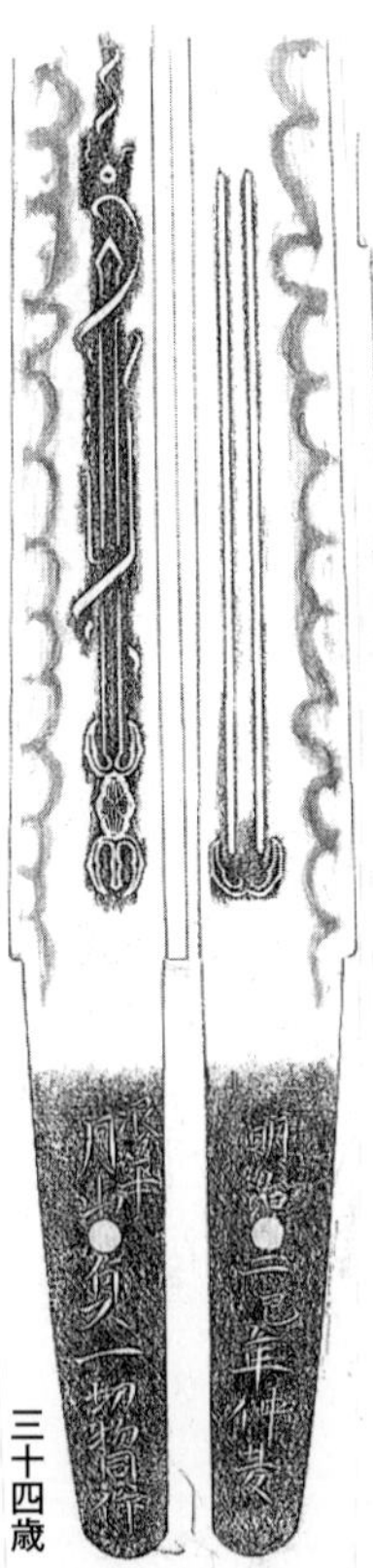

三十四歳

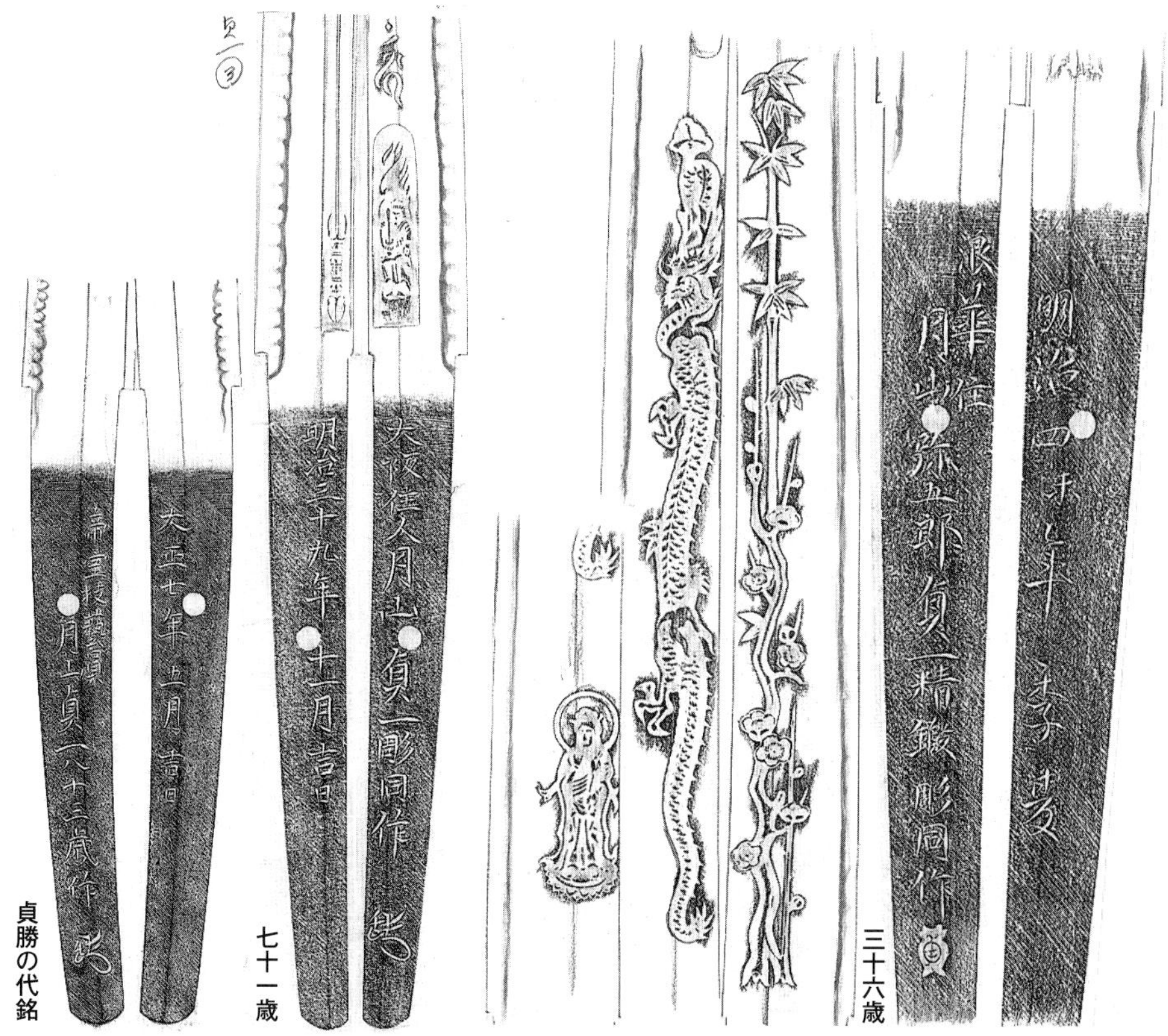

三十六歳

七十一歳

貞勝の代銘

宮式年御料の太刀（三尺余）を謹作。大正七年七月十一日、八十四歳没。嘉永三年の作から大正七年の没年まで、六十八年の鍛刀期を算し、奥州月山に倣った綾杉伝の直刃をはじめ、丁子乱、互の目丁子、逆丁子乱など備前伝、相州伝、山城伝、大和伝に通じる。彫刻は倶利迦羅、龍虎、不動明王、梅龍など密彫があり、名手の誉れが高い。「彫同作」「切物同作」などと銘す。

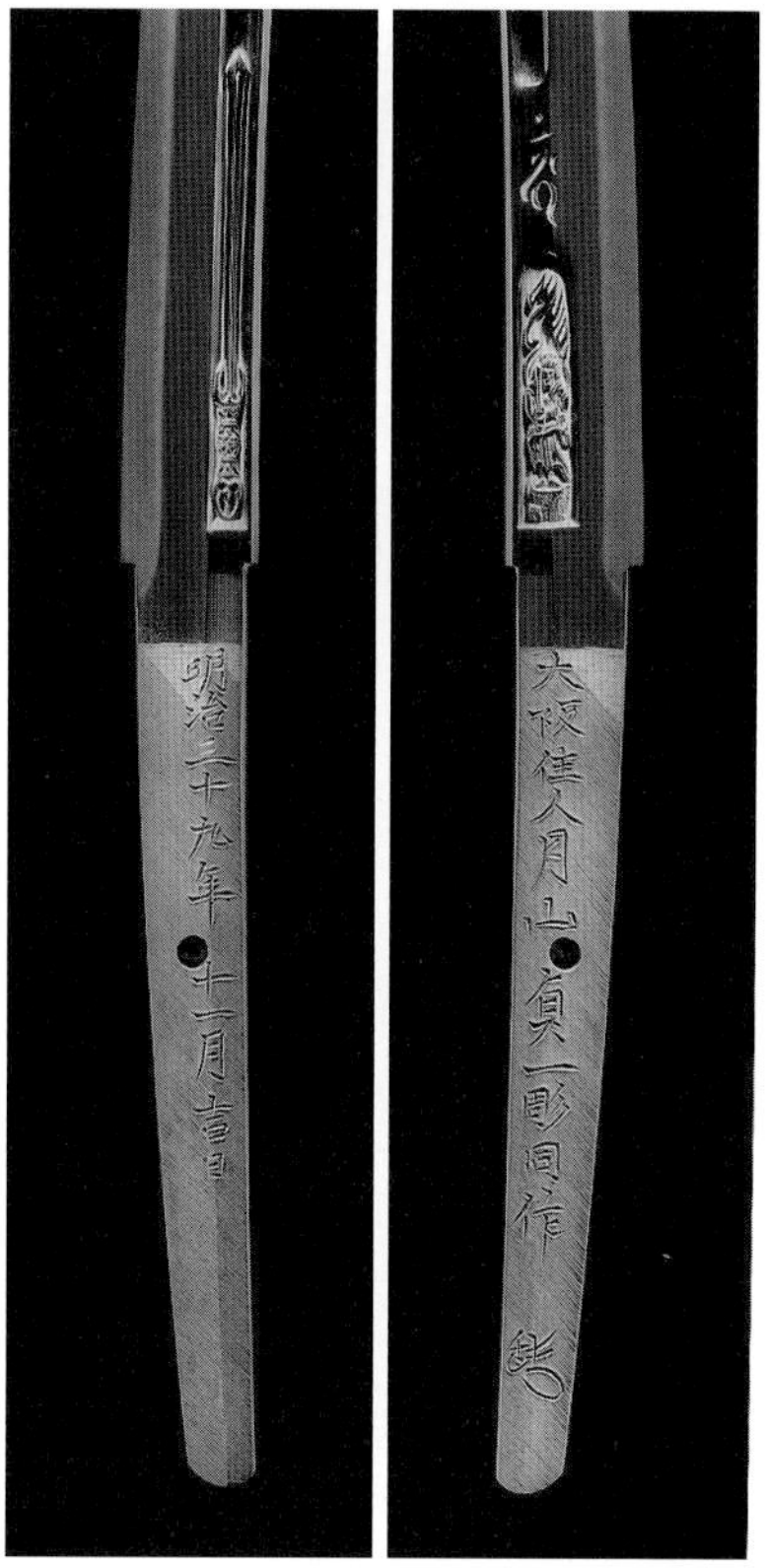

新作 貞一【さだかず】二代 奈良 昭和

月山昇。初銘貞光、貴照。明治四十年十一月八日、貞勝の第三子として生まれる。昭和四十一年十一月八日、二代貞一を襲名する。大正七年、祖父貞一が没したとき十一歳で、このころから正式に鍛刀の道を歩み、父貞勝より月山伝、並びに五ヶ伝を学ぶ。大正十二年、十六歳で大阪美術協会展に初出品し入選する。昭和二年、皇太神宮式年御料の御神宝、昭和四年、昭和天皇の大元帥刀などを父と共に謹作する。昭和十八年、奈良県櫃原の月山日本刀鍛錬場に移り終戦を迎える。昭和三十一年、貞光を改め貴照と名乗る。昭和四十年に奈良県桜井市茅原に鍛刀場を移る。

昭和四十二年、第三回新作名刀展に日本号鎗を写した作を出品し正宗賞を受賞、以後三年連続して最高賞を受賞し、同四十五年から無鑑査となる。昭和四十五年、奈良県無形文化財の保持者に認定され、翌四十六年四月、重要無形文化財の技術保持者に認定される。昭和四十八年、紫

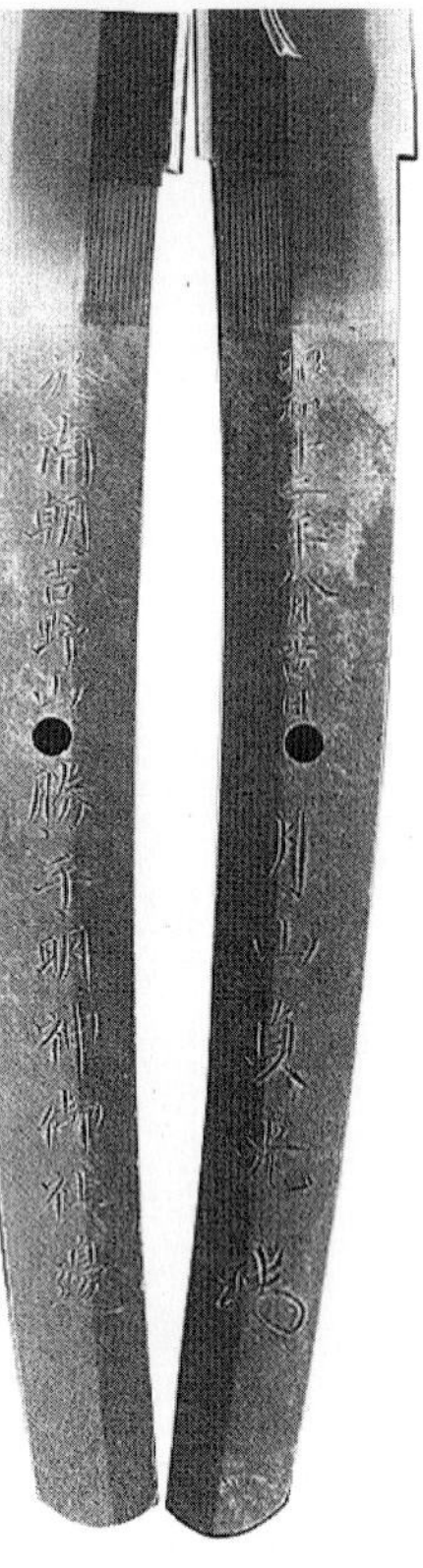
昭和十二年貞光、三十歳

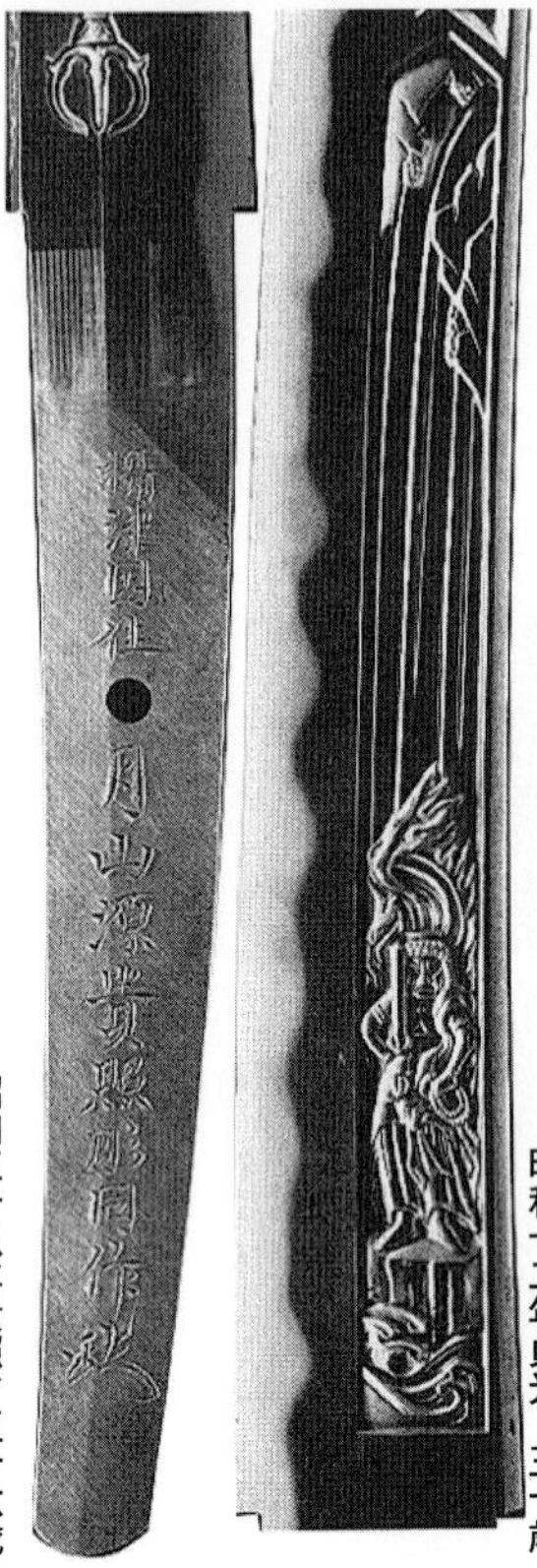
昭和三十八年貴照、五十六歳

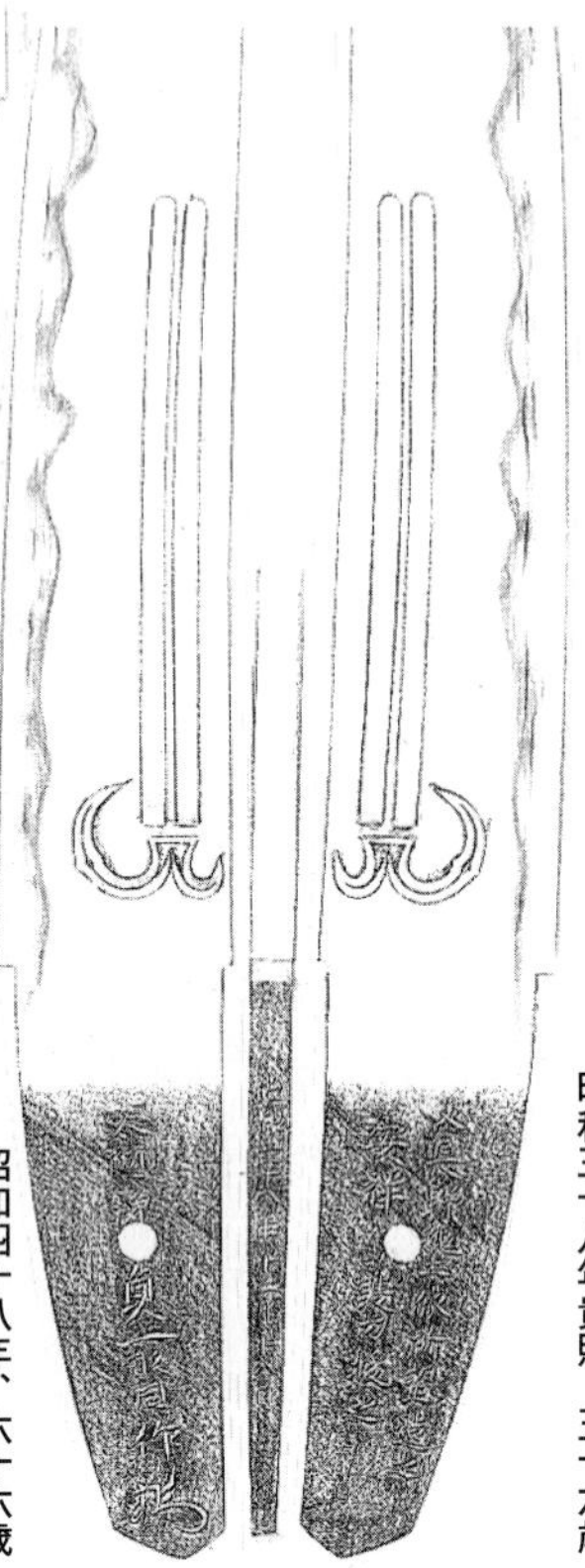
昭和四十八年、六十六歳

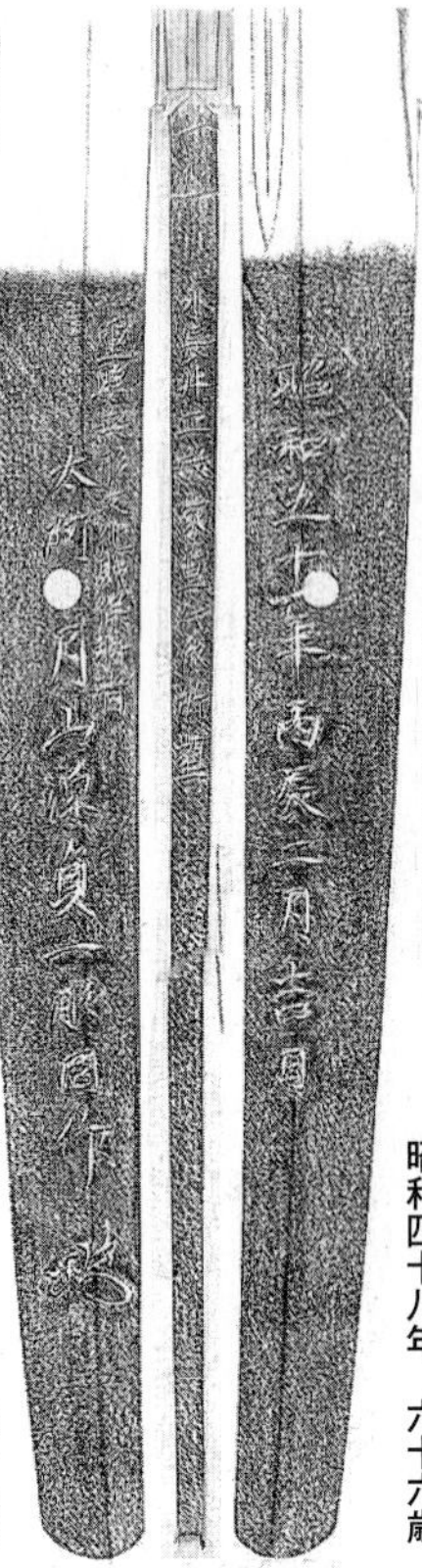
六十九歳

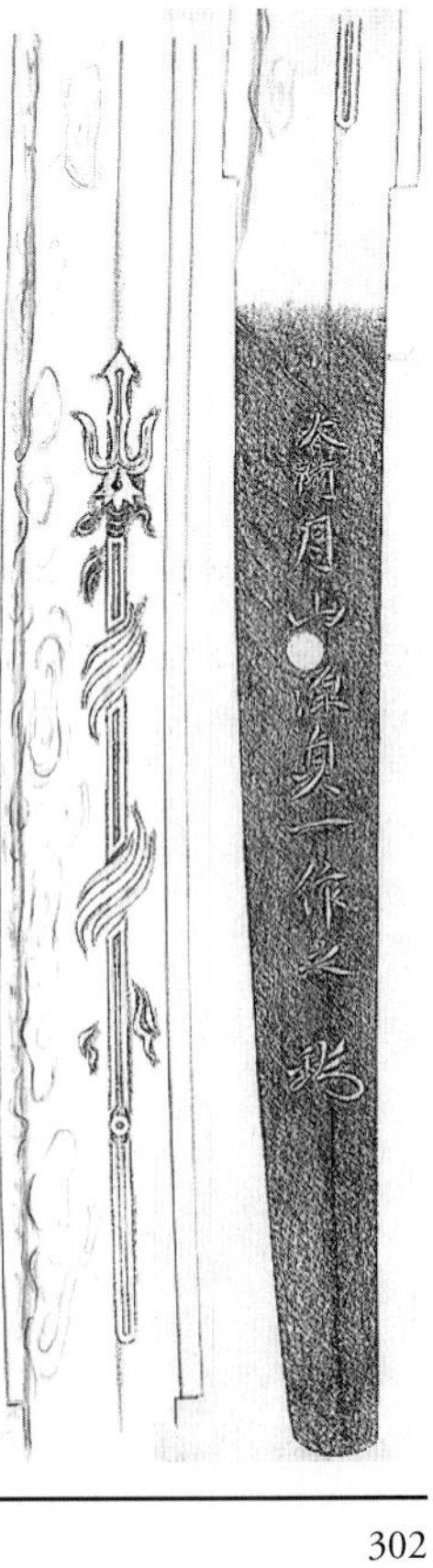
月山伝（綾杉鍛え）

綬褒章を受賞。昭和五十三年、全日本刀匠会理事長。平成七年四月一日、八十七歳没。家伝の綾杉鍛えに優れ、伝統的な五ヶ伝の鍛法を存分に発揮する。刀身彫刻を得意としその技の評価が高い。

新作 **貞和**【**さだかず**】　**和歌山　平成**

安達和喜。昭和三十九年生まれ。安達貞行門。昭和五十九年、作刀承認。相州伝、大和伝を主に研究。「龍神住源貞和彫同作」。田辺市龍神村住。

新作 **貞勝**【**さだかつ**】　**大阪　大正**

月山英太郎。貞一の長子。明治二年、大阪市東区鎗屋町に生まれる。幼

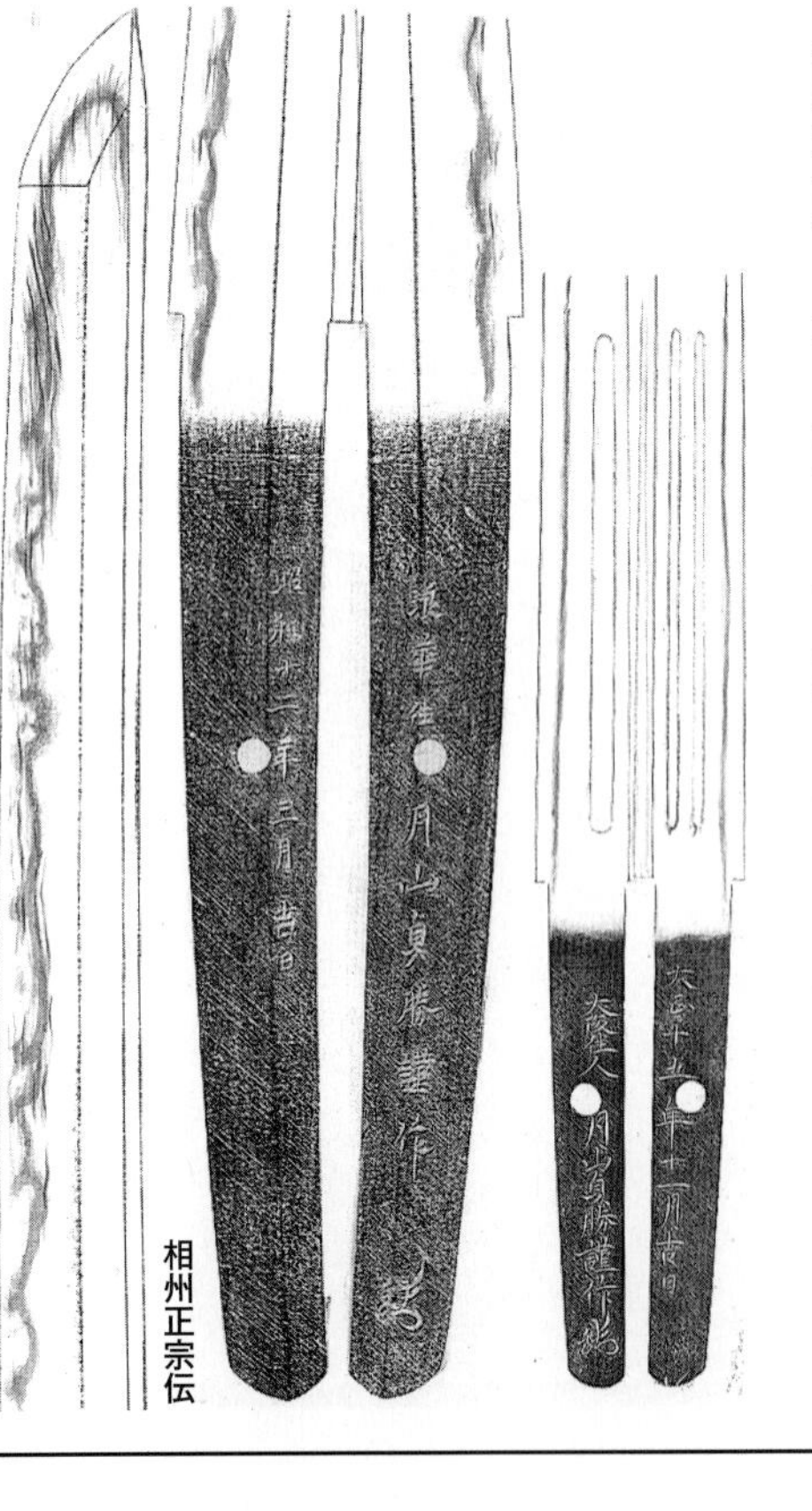
相州正宗伝

くして父貞一に鍛刀を学び業を成す。宮内省の皇室御用刀、伊勢神宮式年の御料太刀、また天皇陛下の大元帥刀をはじめ皇太子殿下、皇室の御守護刀などを精鍛する。昭和十八年十二月四日、七十四歳没。家伝の綾杉肌鍛刀のほか備前伝の作を得意として丁子乱を焼き、彫刻も巧み。貞一の晩年には代銘作をものする。大正四年ころから昭和十七年ころまでの作刀がある。

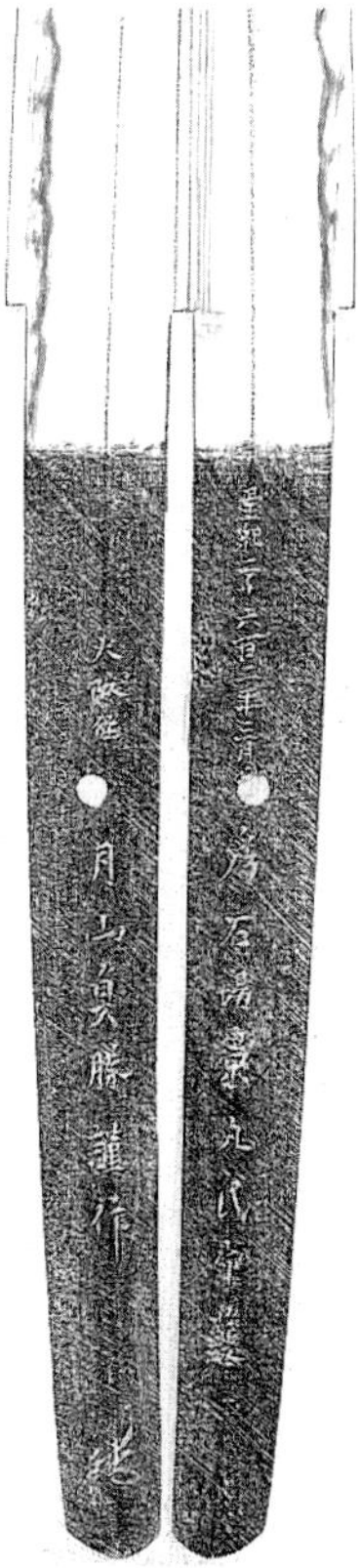

古 **貞清**【さだきよ】 大和国 鎌倉末期（元亨）

保昌。祖国光の子とも、貞宗の子ともいう。元亨年紀の作がある。平造短刀は大振りと、小振りの両手があり、無反りで重ねが薄い。柾鍛え。中直刃に小互の目足入り、刃区の辺を焼込むものがある。「貞清」「藤原貞清」「大和国住藤原貞清」。

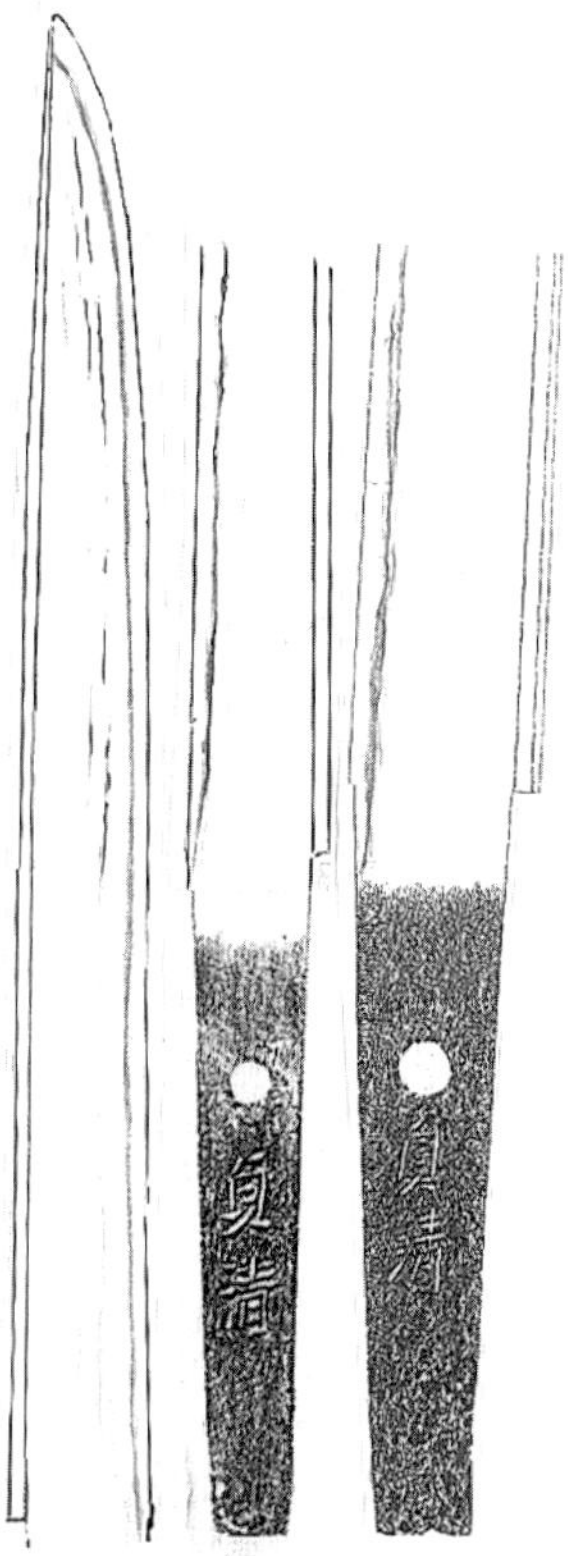

古 **貞清**【さだきよ】 大和国 室町初期（応永）

保昌。高市住。直刃に柾肌を表出する保昌派伝統の地刃を墨守する。

古 **貞清**【さだきよ】 薩摩国 室町末期（天文）

波平。天文十四年紀の作がある。「薩州住貞清」。

古 **貞国**【さだくに】 筑前国 南北朝期（応安）

左。国弘の子。応安のころ。小湾れに互の目を焼き、地景と金筋が働く。「貞国」「筑州住貞国」。

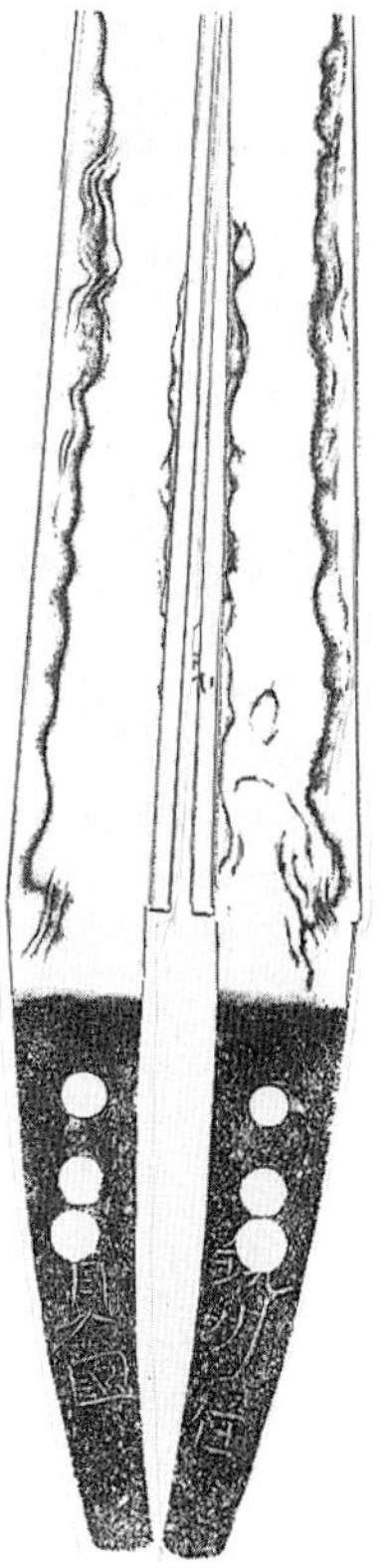

古 **貞国**【さだくに】 備後国 室町初期（永享）

五阿弥。尾道住。「備後尾道住貞国」。同銘が文明ころ辰房派にいる。

新 **貞国**【さだくに】 肥後大掾 越前国 桃山期（慶長）

越前下坂派。初銘国兼。肥後大掾を受領、のち肥後守に任じたというが、

（『江州刀工の研究』）

肥後守銘の作は未見である。肥後大掾の受領銘を切る越前下坂に康継、兼法、貞国のほか国康、正勝がいて相互に密接な関係があったとみられる。兼法は肥後大掾銘が一刀あるが康継の肥後大掾銘とは小差があり、国康と正勝は銘振りに大差があって、この三者を除外すると貞国のみが康継の肥後大掾銘と酷似する。貞国は越前生まれとも、また肥後同田貫正国の兄で生国肥後から越前へ移住した（『刀剣美術』第80号久野繁雄氏）ともいい、虎徹の師、また康継の師、親兄弟、康継同人との諸説がある（『新刀鍛冶綱領』）。

虎徹の師説は『越前人物志』から出たもので、貞国には慶長十四年紀が古く、虎徹の年紀の最古が明暦二年であり、この間五十年の開きがあって、貞国の年代が古く虎徹との師弟説は無理がある。また康継師説も首肯し難い。康継同人説を採るのは『江州刀工の研究』（岡田孝夫氏）で、貞国が肥後大掾を銘してのち、慶長十七・八年ころ江戸へ召し出され授名賜紋の栄を受けてから肥後大掾藤原康継、のち越前康継を銘したというものである。「肥後大掾貞国」の年紀作は慶長十四年八月から同十七年二月までみられ、貞国の年代は康継を遡って古い。初代康継の最古の年紀は慶長十八年八月でこの年康継は六十歳。元和七年九月没なので慶長十八年から没年までの康継の作刀期は八年間でしかない。康継が「越前下坂」を代表して肥後大掾を受領したのが文禄年中といわれ、康継銘がある慶長十八年まで二十年ほどの間、「肥後大掾藤原下坂」を切銘したのが康継であり、貞国であったことは、両人が同時期に同銘を切っていたであろうことから別人とみねばならない。しかし貞国と康継を同人とする見方は肥後大掾貞国―肥後大掾下坂―肥後大掾康継―越前康継への一連の作刀の流れに添うところがあり、一概に否定し難いのであるが、結論をみるには、慶長十四年ころから以降の貞国の実体が明かされるのを待たねばならないであろう。

平造の短刀が比較的多く、互の目乱のほか直刃調の湾れがほつれて足入り。刀身彫が緻密で記内彫と同種のもののほか、自身彫とみられるものがある。

新 **貞国【さだくに】**　肥後大掾　越前国　桃山期～江戸初期

肥後大掾貞国には初代を除き数種の銘作が認められる。『越前人物志』は三代同銘があるとするが、年紀がある作が少なく、代別を判然とはしにくい。慶長十七年紀の剣の作以降のものが多く、二代があるとすれば元和から寛永初年にかけてであろう。二代は初代に比べ太め大振りに切銘するとの説がある。

①小銘で異風、②貞字の第二画が縦長で大銘、③国字が楷書、④初代初期銘に似るが異体。いずれも参考まで四様を掲出。

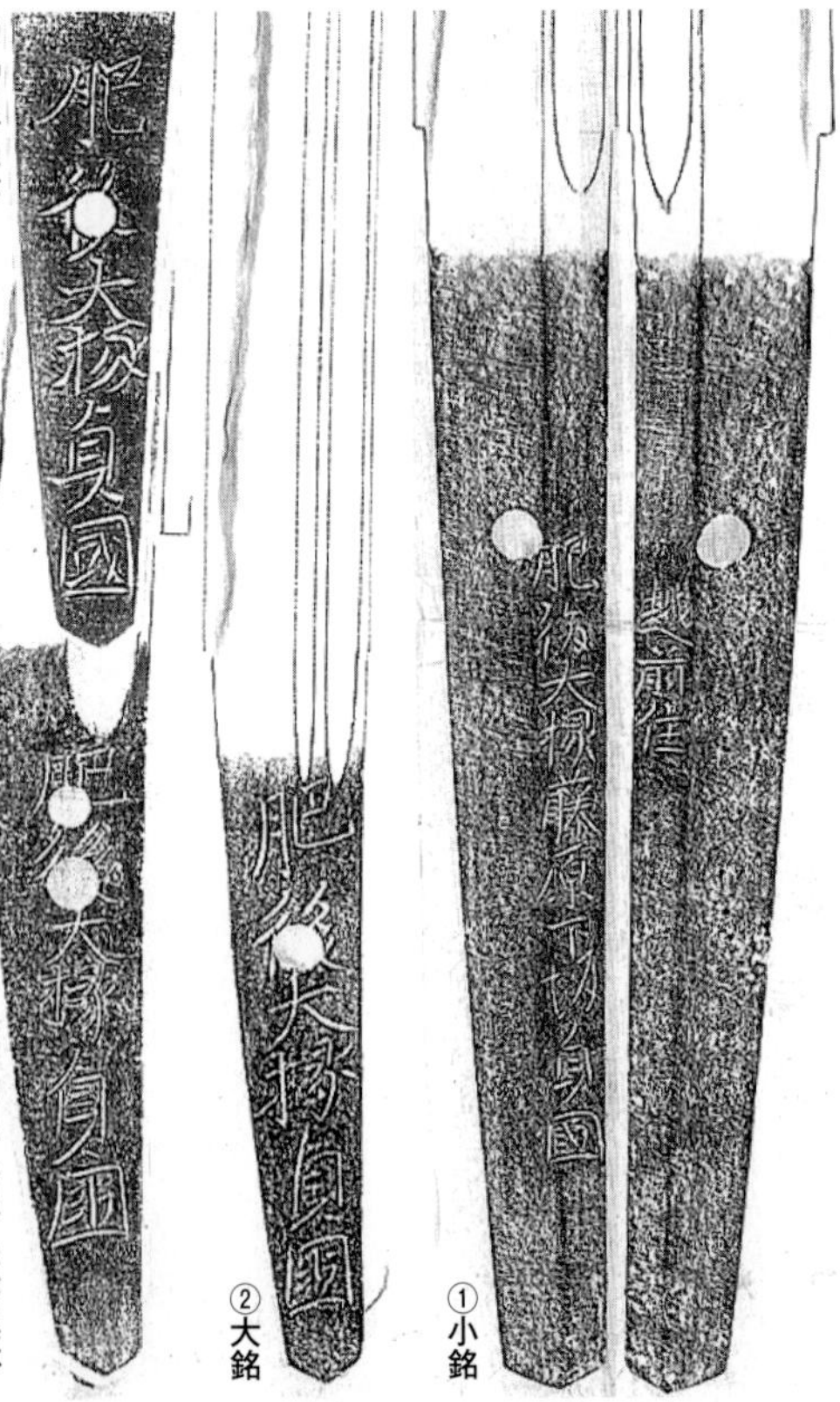

①小銘　②大銘　③「国」字が楷書（國）　④「国」（國）字が異体

新 **貞国【さだくに】**　摂津国　江戸初期（承応）

田口次郎兵衛。初代国貞、また真改門。江戸法城寺派の出身。江戸法城寺貞国とは別人で有縁。

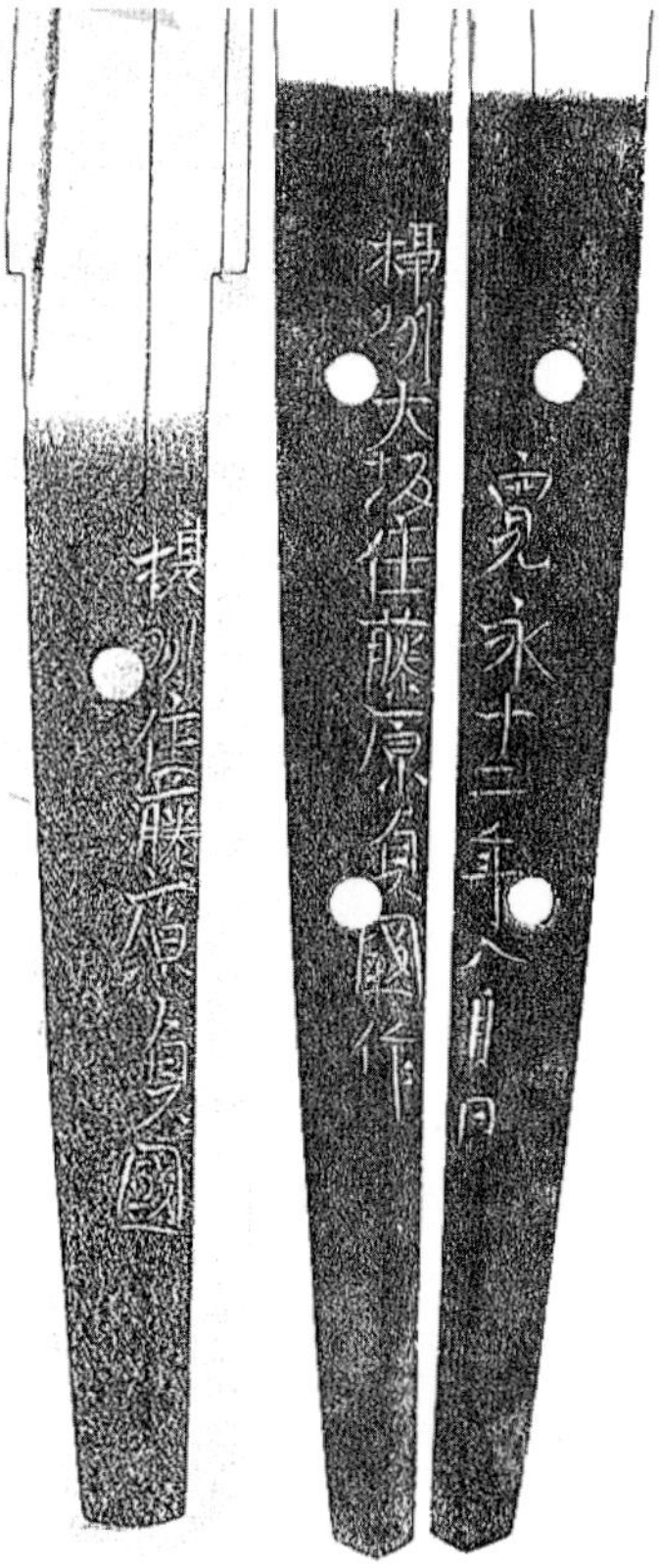

新 **貞国**【さだくに】 但馬守 初代 武蔵国 江戸初期（万治）本国但州弘原、法城寺正弘の弟と伝え、兄弟ともに江戸に移住する。江戸法城寺派中で正弘に次ぎ重きをなす。寛文五年四月に幕命により日光東照宮へ宝刀を献上している。直刃、湾れ、互の目が交じり足が揃って入り、匂が深く沸がよくつく。「国」（國）字を図のようにする。万治二年から寛文初年までの年紀作がある。

新 **貞国**【さだくに】 但馬守 二代 武蔵国 江戸中期（寛文）貞国二代目。寛文年紀では四年が古く、「寛文七年八月廿七歳作」がある。「国」（國）字を図のように切る貞国が二代に擬せられる。作位は初代と同等で上手。明和三年紀がある貞国は、貞国の名跡を名乗る後代であろう。

古 **貞真**【さだざね】 備前国 鎌倉中期（宝治）福岡一文字。宗吉系、宗忠子とも宗長子ともいう。沸出来の刃文が直刃仕立てのものと、小乱主調のものとがあり、直刃の手には映りがみられず古調である。乱刃も大丁子がみられず小模様な丁子が目立つことから古備前とする見方がある。貞真は宝治ころとされるが、銘尽などは承久・貞応のころとして、あるいは鎌倉初期まで年代が遡る工かもしれない。

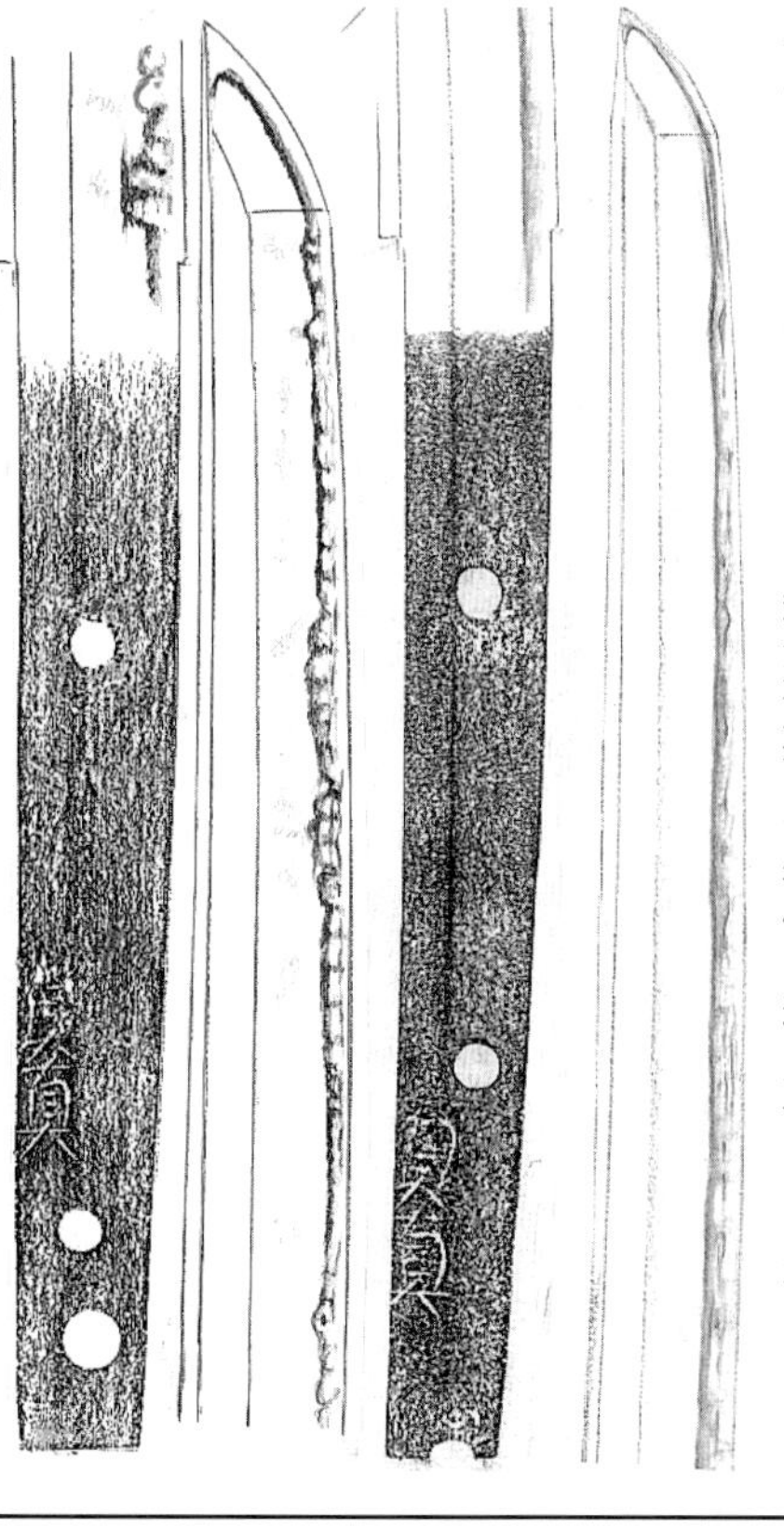

古 **貞真**【さだざね】 大和国 南北朝期（暦応）保昌。貞宗の子。「貞真」「藤原貞真」「和州高市住貞真」。同名が室町期に続き、寛正ころに作刀する。

新作 貞真【さだざね】 奈良 平成
川瀬祐二郎。昭和五十六年生まれ。平成二十二年、新作日本刀展金賞第四席・新人賞受賞。「大和国住川瀬貞真彫同作」。桜井市茅原住。

新作 貞茂【さだしげ】 和歌山 平成
安達茂文。昭和三十三年生まれ。月山貞一門。昭和五十四年作刀承認。相州伝の古作、特に南紀重国を目標にする。「南紀住龍神太郎源貞茂彫同作」。日高郡龍神村住。

新 貞重【さだしげ】 対馬守 尾張国 江戸初期（明暦）
鈴木市左衛門。貞幸門。承応四年四月対馬掾受領、のち対馬守に転任する。名古屋住、大坂にても造る。直刃、互の目乱。

新 貞重【さだしげ】 出雲守 初代 越前国 桃山期（元和）
下坂。出雲守を受領し、「下坂出雲守藤原貞重」などと切る。直刃、湾れに小丁子、小互の目交じり。
◆二代は寛文ころ、同じく出雲守を受領して切銘する。

新作 貞重【さだしげ】 愛媛 昭和
今井竹重。明治二十四年生まれ。徹心入道と号す。高橋義宗、昭和九年から高橋貞次門。昭和十年、新作日本刀展で総裁名誉賞受賞。日本学院名誉鍛錬師範。丁子乱の備前伝を焼く。西条市大町住。

新作 貞重【さだしげ】 愛媛 昭和
今井清見。初代貞重子、二代目。大正十二年生まれ。蛟龍子、鉄心入道と号す。昭和十三年、高橋貞次に入門。昭和十八年、小倉陸軍造兵廠指定刀匠。西条市大町住。

古 貞末【さだすえ】 石見国 室町中期（享徳）
長浜住。石州貞行の子。文安二年紀の平造小脇指は大湾れにほつれ、打のけかかり、小沸よくつく。「貞末作」「石州長浜住貞末」。

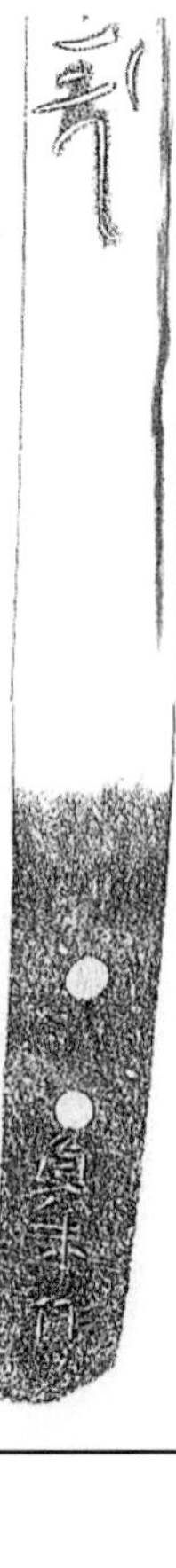

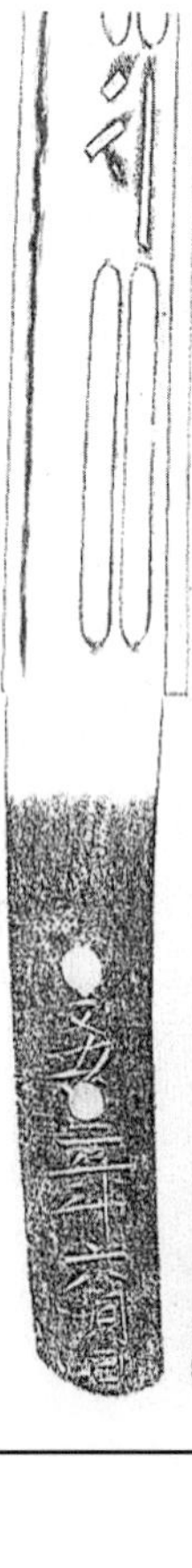

古 貞助【さだすけ】 相模国 室町末期（天文）
島田。康国子、定広門。初代天文ころ。「相州住貞助」「相州小田原住貞助」。二代は天正ころ。

古 貞助【さだすけ】 駿河国 室町末期（永正）
駿州島田。初代永正、二代天文と伝える。「貞助作」銘の短刀は匂口が締った直刃を焼く。

新作 貞慎【さだちか】 滋賀 平成
川原慎一。昭和四十三年生まれ。月山貞一門。平成六年作刀承認。湾れ乱。「貞慎作」。神崎郡永願寺町住。

古 **貞次【さだつぐ】** 備中国　鎌倉初期（承元）

古青江。守次の子。左兵衛亮。後鳥羽院御番鍛冶二月番に任ずる。小沸がよくついた直刃に小乱足が逆ごころを交じえる。鍛えは小板目に杢が交じり、地沸がつき地景入る。青江特有の澄肌といわれる地斑が黒く表われ、縮緬肌と呼ばれるちりちりとした肌が顕著にみられる。茎の鑢目が大筋違で刀銘に切るのは、貞次の時代の他国の刀工にはほとんどみられず、刀銘に切るのは古青江の特徴の一つとなっている。「貞次」二字を太鏨で打ち、小銘のほかやや大きめに切るのは、同人で年代による差であろうか、二様の銘がある。

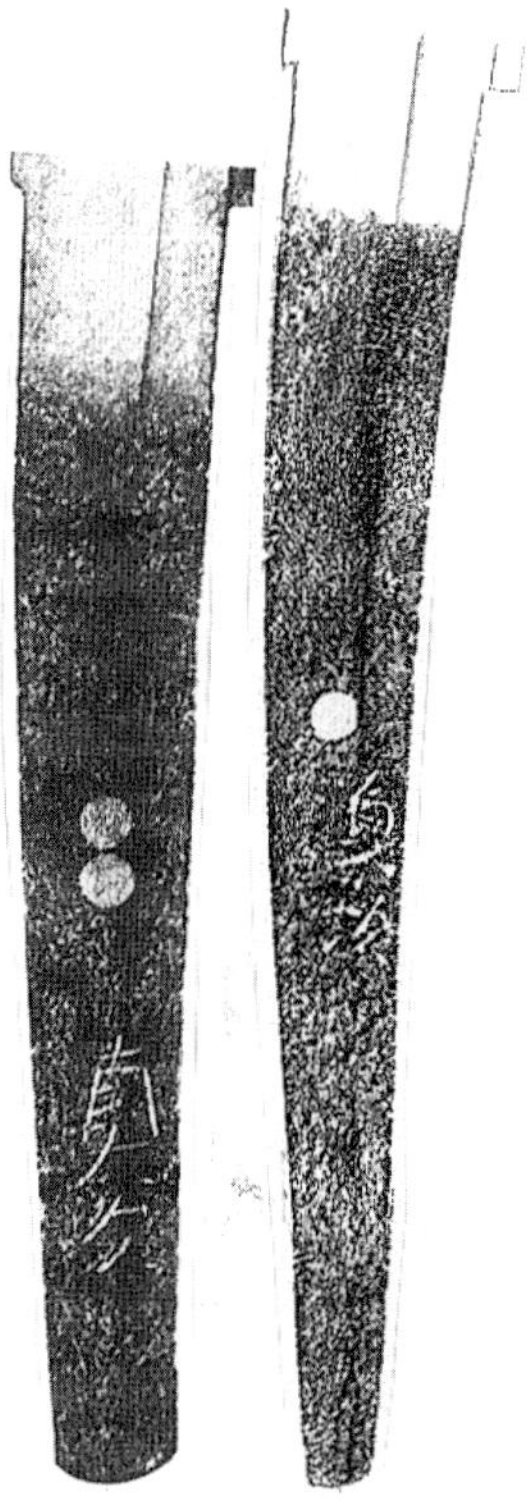

古 **貞次【さだつぐ】** 備中国　南北朝期（元弘）

青江。右衛門太郎。助次の子。大隅権介。鎌倉末は嘉暦三年、元徳元年があり、南北朝期は元弘、延元、興国、正平（南朝年）、貞和、文和、延文（北朝年）の年紀作がある。小沸出来の中直刃が締りごころで、逆足が入るもの、逆丁子に互の目交じりの作がある。鍛えは小板目に杢交じり、地沸が細かくよくつき、青江特有の地斑が表われ澄肌がみられる。「備中国住人貞次作」「備中国住大隅権介貞次作」「備中国住大隅権介平貞次」。

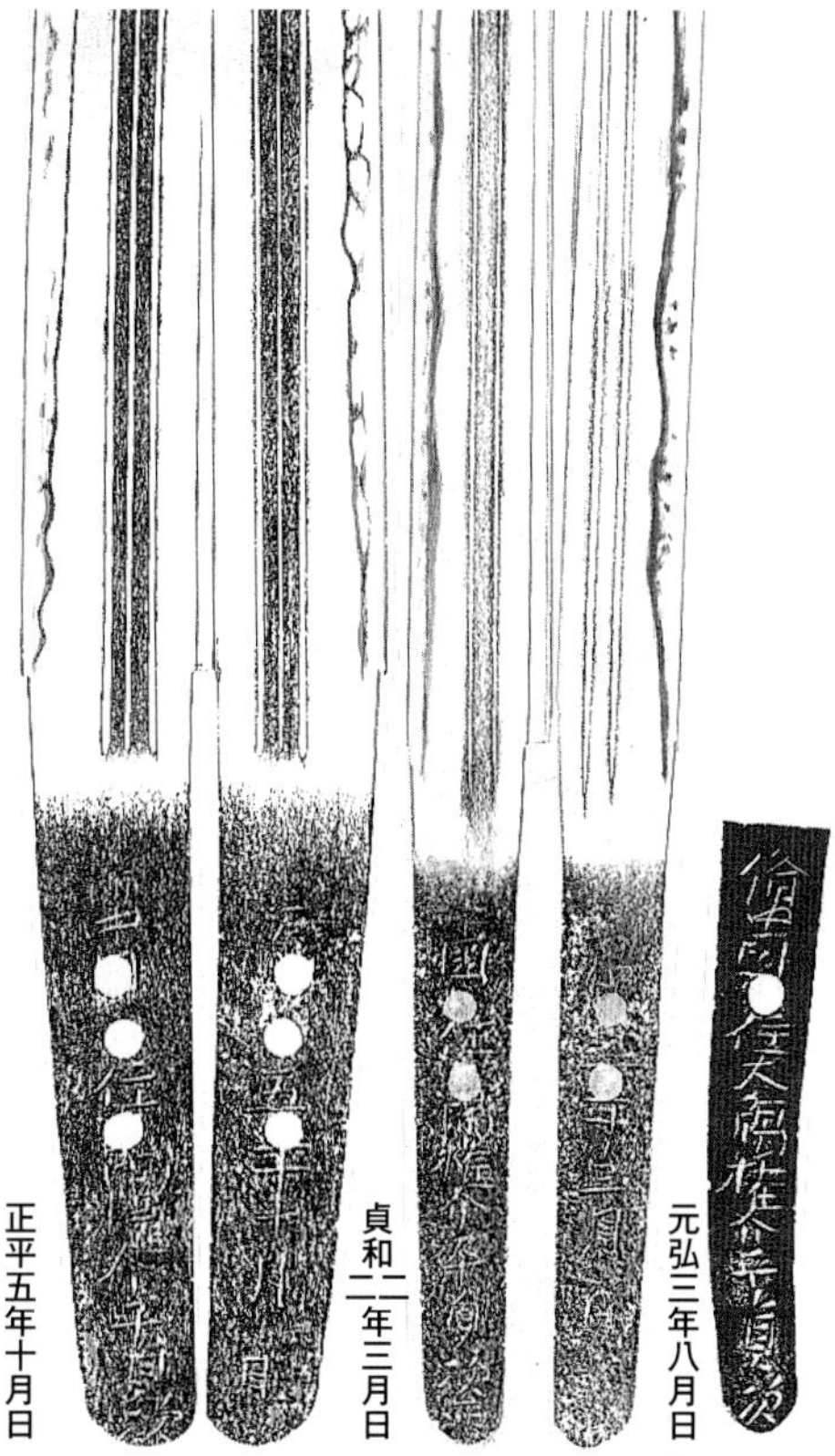

元弘三年八月日

貞和二年三月日

正平五年十月日

古 **貞次【さだつぐ】** 備中国　南北朝期（貞治）

青江。雑賀太郎。兵衛尉。貞治から至徳ころまでの鍛冶で、備中猪俣に

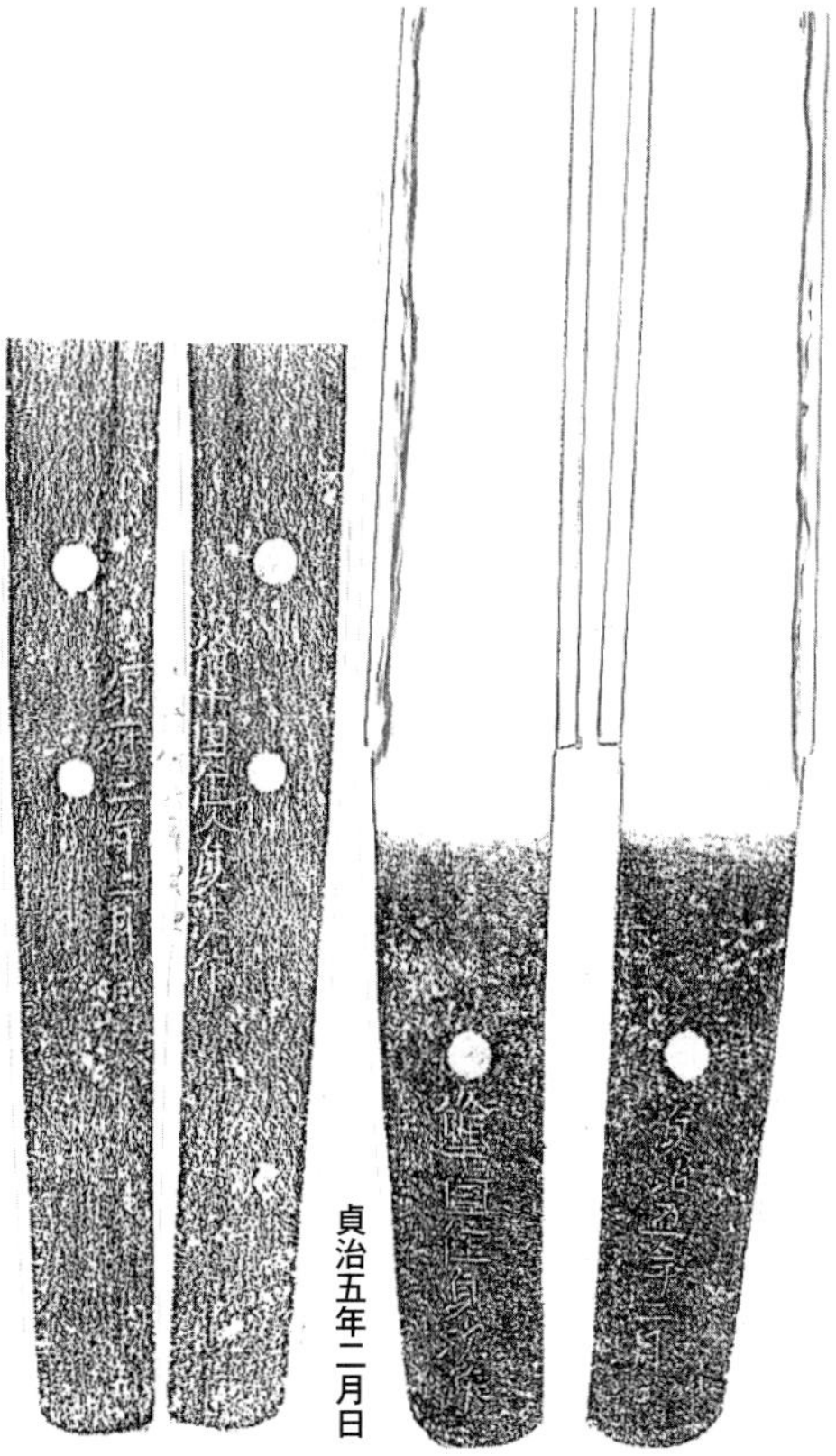

貞治五年二月日

も住す。幅広で重ね薄く寸の延びた平造脇指があり、直刃に小互の目足入りのほか、逆丁子乱のものもある。「備中国住貞次作」「備中国猪俣住貞次」。兵衛尉貞次の子の代である応永ころに「衛門太郎貞次」がいる。

古 貞次【さだつぐ】　備後国　南北朝期（康永）
鞆三原。鞆鍛冶の祖という。備中青江から応永ころに備後草戸に移住すると伝える。康永三年紀の作がある。「貞次」「備州住貞次」。

古 貞次【さだつぐ】　備後国　室町初期（応永）
五阿弥。尾道住。鞆に移るという。「貞次」「備州住貞次」。

古 貞次【さだつぐ】　備後国　室町中期（享徳）
鞆三原。享徳・康正の年紀作があり、鞆鍛冶の作例はこの年代のころからみられる。「鞆貞次」「備州鞆住貞次」。同銘が文明、天文と続く。

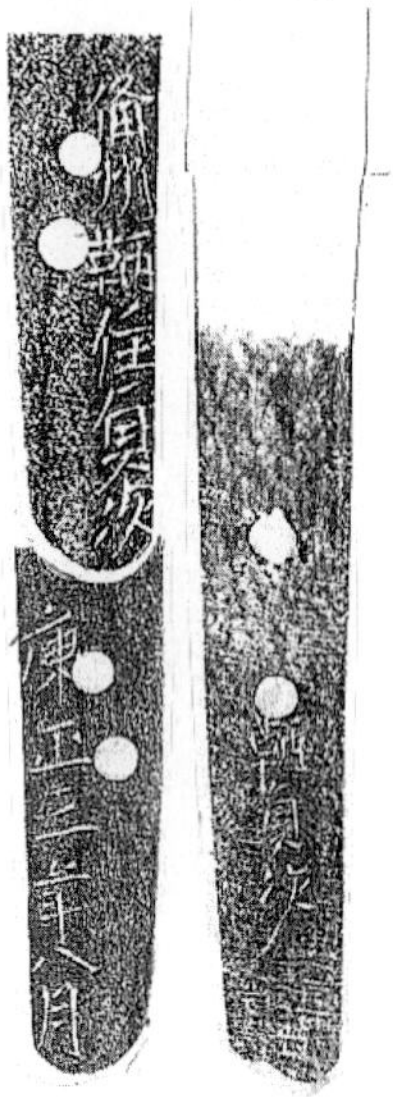

古 貞次【さだつぐ】　薩摩国　室町末期（元亀）
波平。清左系に入り備前伝を表意し、丁子乱を焼く。天文八年、十六年紀があり、少し大振りの銘を切る工のほか、「薩州住貞次作」の尋常な大きさの切銘工がいて、天文から元亀にかけて同銘数工がいるようである。「波平貞次作」「薩州住貞次作」。

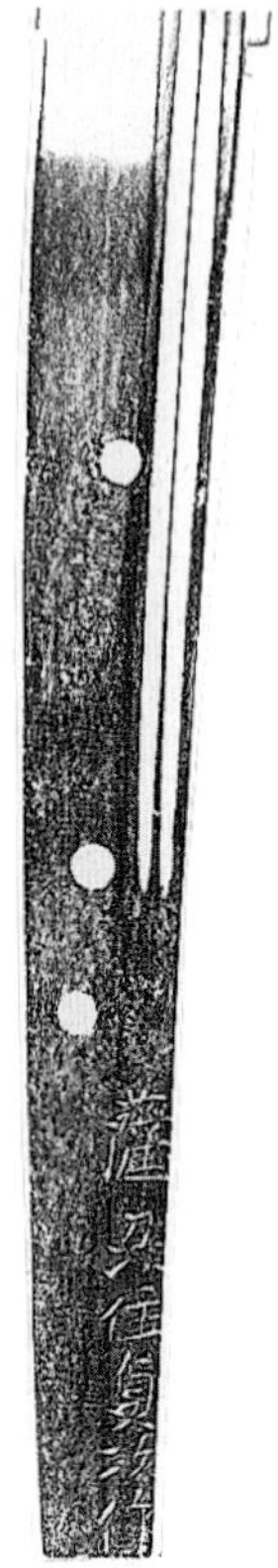

新 貞次【さだつぐ】　日向守　初代　越前国　桃山期（寛永）
一乗住兼常の子。下坂。初代越前康継門。日向大掾受領、のち日向守に転ず。初銘貞道。豊原住。湾れに互の目交じり、大互の目乱など。彫物が多い。

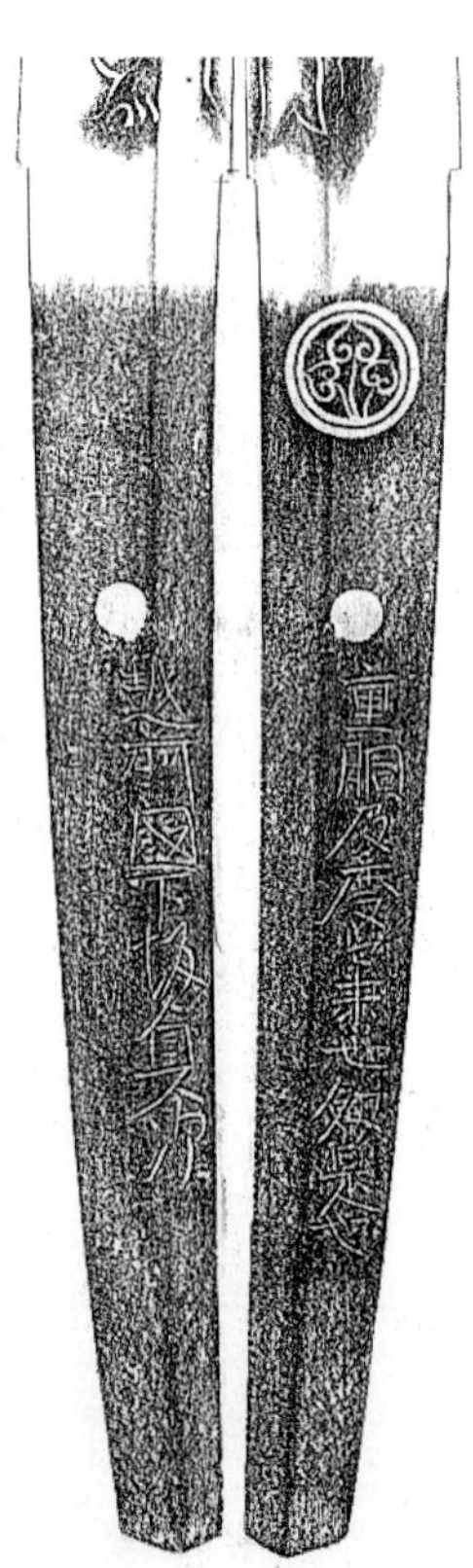

新 貞次【さだつぐ】　日向守　二代　越前国　江戸中期（寛文）
下坂。豊原住。二代。「越前住日向守藤原貞次」などと切銘する。

新 貞次【さだつぐ】　伊賀守　摂津国　江戸中期（貞享）
鈴木甚右衛門。加賀守貞則の弟。生国肥後、初代国貞の門に入り、二代国貞（真改）にも学ぶ。寛文・正徳の間。

新 貞次【さだつぐ】　肥前国　江戸中期（元禄ころ）
尾張から肥前大村に移り、一ノ瀬尾張と称す。「肥前国大村住藤原貞次」。

新作 貞次【さだつぐ】　愛媛　昭和
高橋金市。明治三十五年、愛媛県西条市に生まれる。月山貞一・貞勝門。大正九年に独立し、中央刀剣会の養成工となる。昭和三十年、重要無形文化財保持者（人間国宝）の日本刀部門の第一号に認定される。備前伝、相州伝、大和伝に通じ、刀身彫を得意とする。大正十年ころから没年の昭和四十三年までの作刀がある。作刀数は少ない。松山市道後住。昭和四十三年八月二十一日、六十六歳没。

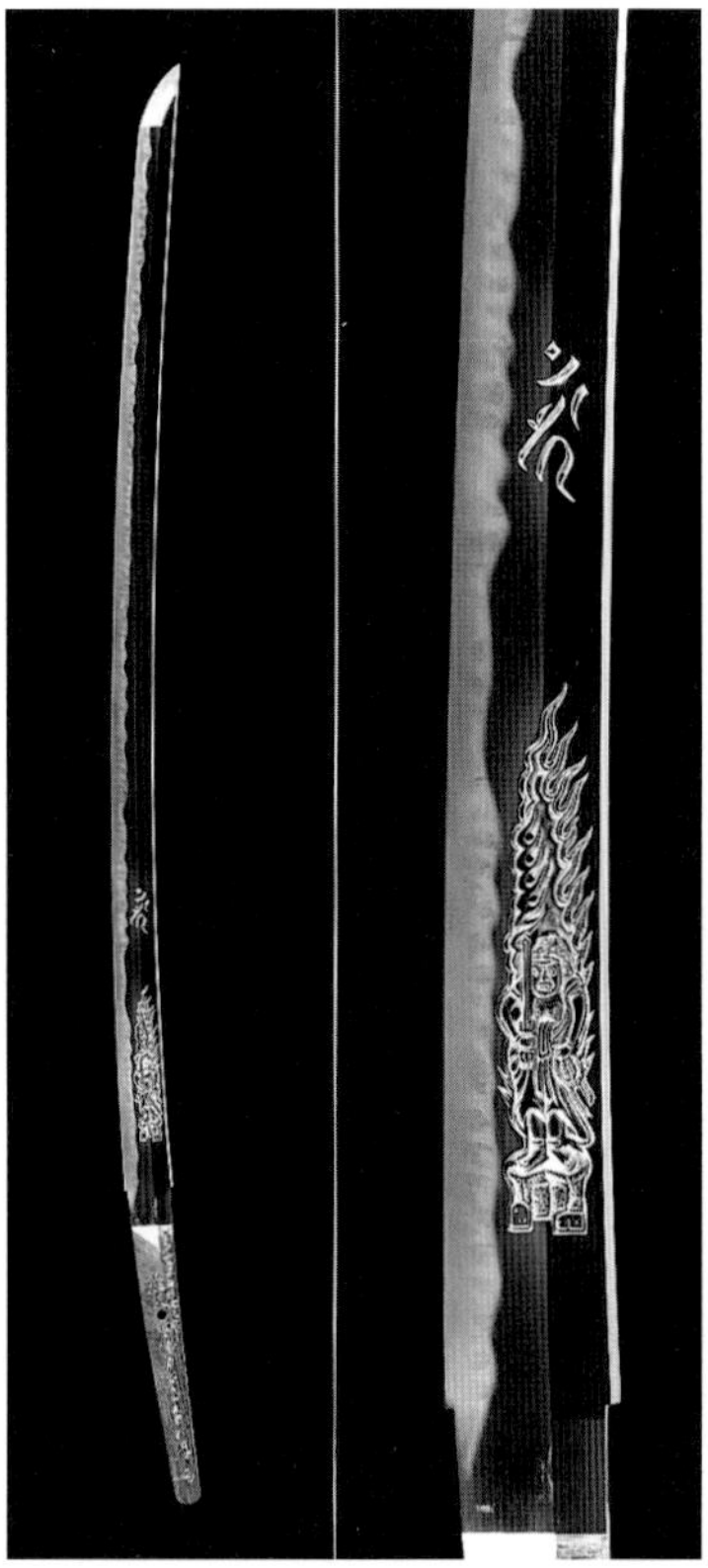

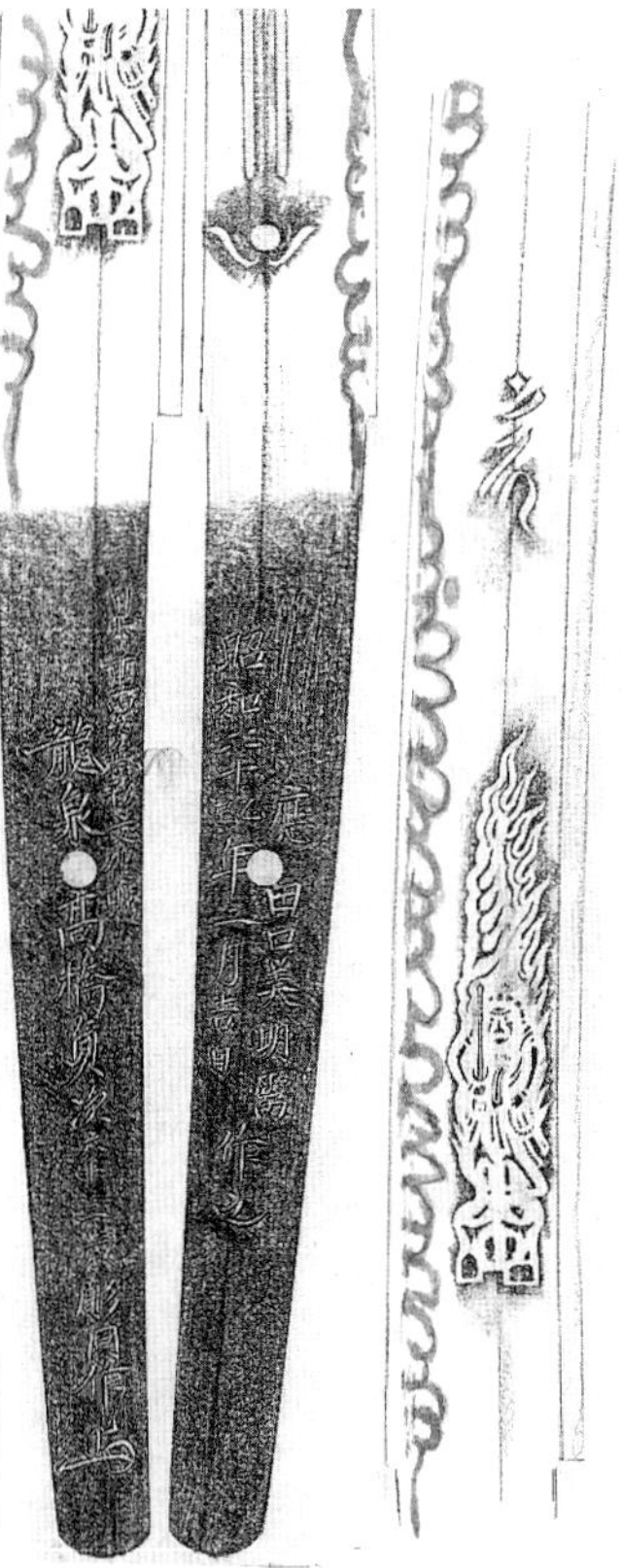

昭和四十年

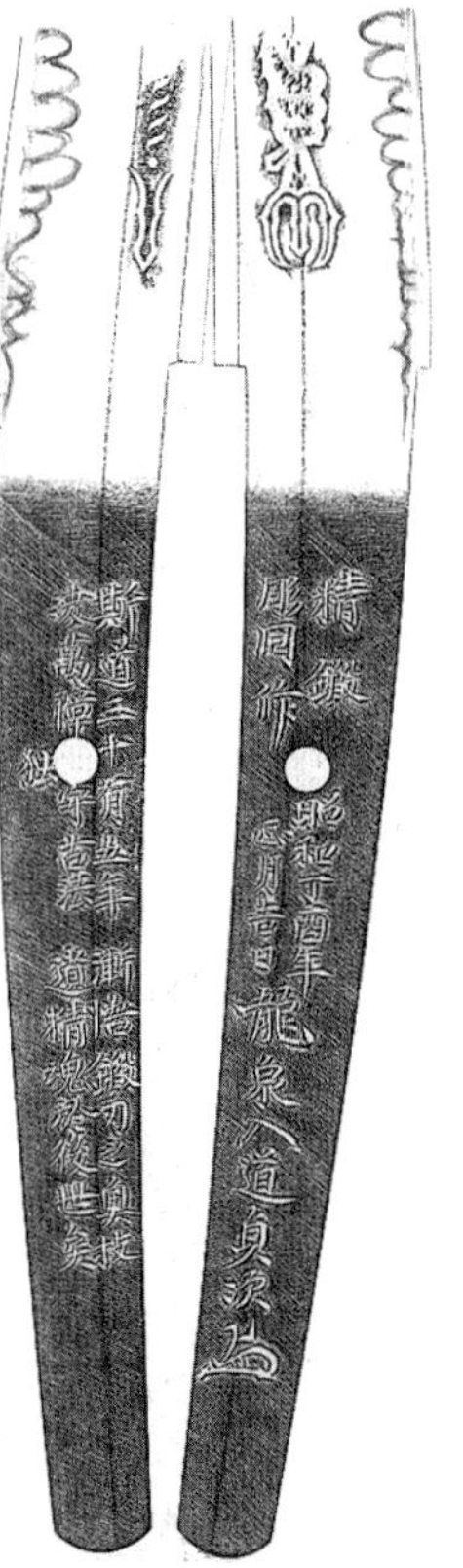

昭和三十二年

新作 **貞次【さだつぐ】**　新潟　昭和

渡辺源次。大正八年生まれ。父貞作に学ぶ。昭和十三年、新作日本刀展銀牌、翌十四年、金牌受賞。戦後は新作名刀展連続十四回入選。短刀の製作に専念する。雲龍子と号す。北魚沼郡湯之谷村住。「貞次作」。

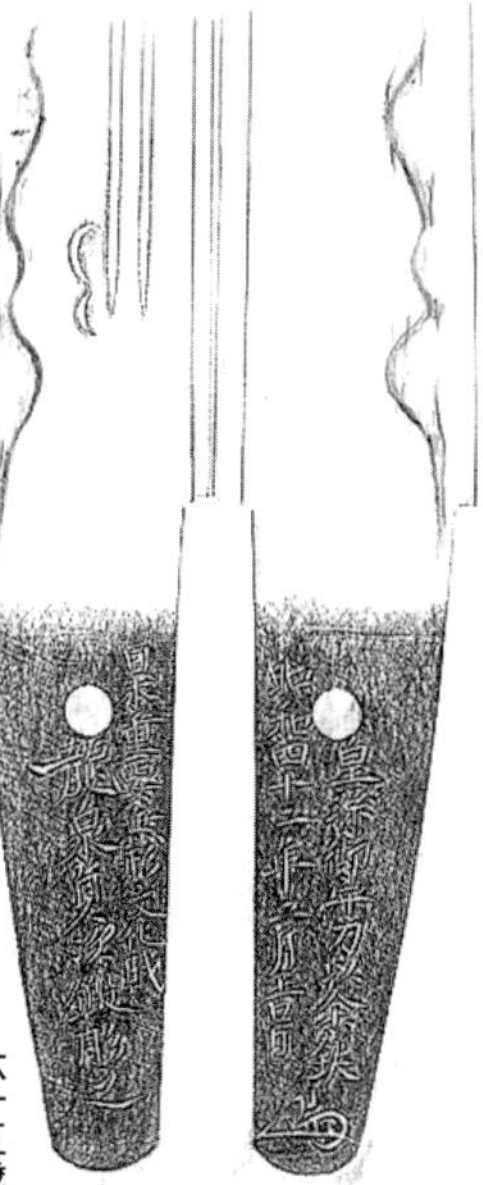

六十五歳

古 **貞継【さだつぐ】**　大和国　鎌倉末期（正応）

保昌。紀州徳川家伝来の太刀（重文）が一振り残されている。これによれば保昌として最も古調さがあり、併せて特段に優れた技量の持ち主であることを示している。直刃が浅く湾れ、足・葉入り、打ちのけ、二重刃かかる。

古 **貞綱【さだつな】**　伯耆国　鎌倉初期（元暦）

大原。真守の子で元暦前という。板目に杢交じり肌立ち、地沸つき地景入り、乱れ映り立つ。互の目に丁子、小乱交じり、小沸つき砂流しかかり金筋入る。茎は大筋違にかけ、太刀銘に切る。「貞綱」。

古 **貞綱【さだつな】**　備中国　鎌倉中期（文永）

古青江。文永四年紀の作刀がある。「貞綱」「備中国住人貞綱」。

古 **貞綱**【さだつな】 石見国　南北朝期（正平）

石州初代直綱の子。高津住。初代。正平、文和の年紀作がある。「貞綱」。

二代貞綱は明徳ころ。

古 **貞綱**【さだつな】 石見国　室町初期（応永）

初代貞綱の子。三代。南北朝最末期から応永年中に作刀する。応永十八年から同二十八年までの年紀作がある。「貞綱」「石州出羽貞綱」「石州出羽貞綱作」。四代貞綱は康正ころ。

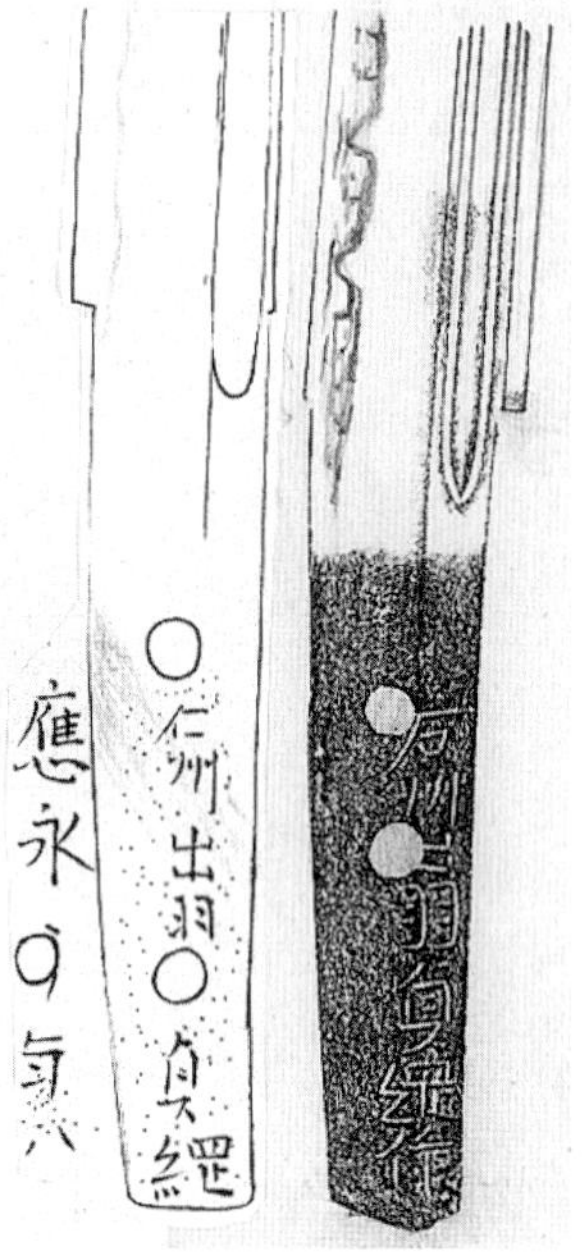

新作 **貞利**【さだとし】 奈良　平成

月山清。昭和二十一年、二代貞一の三子として生まれる。父貞一につき鍛刀技と彫技を学ぶ。昭和四十四年、大阪工業大学卒業。同年、第五回新作名刀展に初出品し入選、翌四十五年、第六回新作名刀展で奨励賞、翌四十六年に名誉会長賞を受賞する。以降高松宮賞、文化庁長官賞などを受賞し、昭和五十七年無鑑査に認定される。平成十五年、奈良県指定無形文化財の認定を受ける。第六十一回、第六十二回伊勢神宮式年遷宮御太刀の謹作奉仕。平成十五年には春日若宮社の御神宝太刀を謹作する。月山歴代の刀匠展を昭和六十三年に大阪市立美術館、アメリカ・ボストン美術館で開催するなど、歴代月山の業績を広報して一般の日本刀への理解を増進する。長年に及び全日本刀匠会会長を務める。桜井市茅原住。直刃、湾れに互の目。

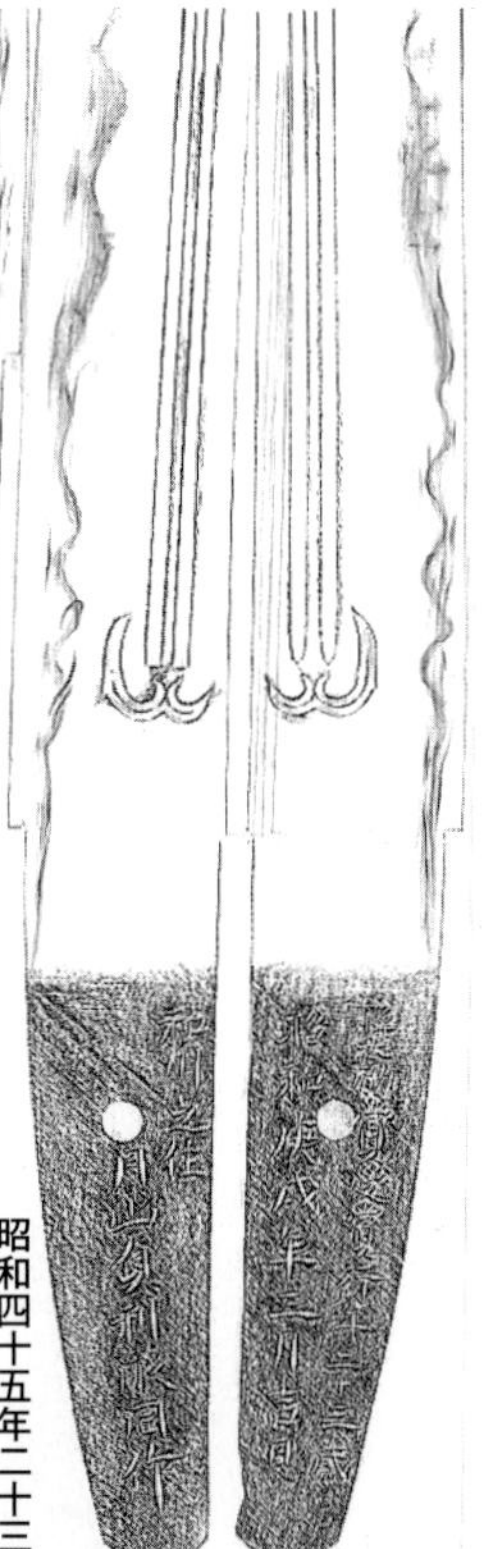

昭和四十五年二十三歳

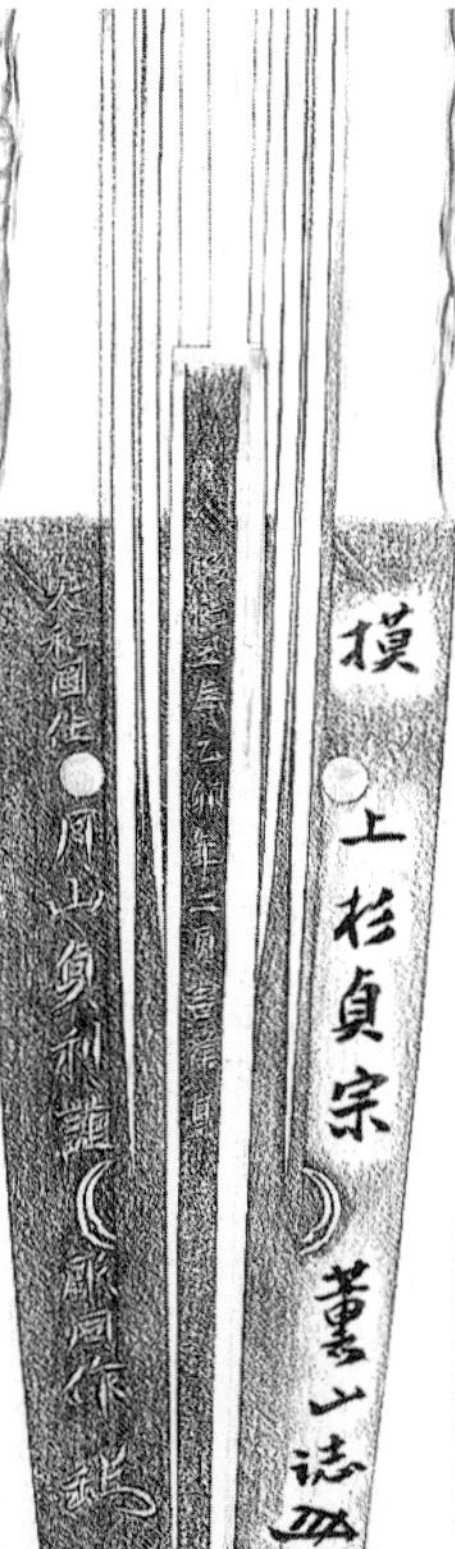

昭和五寿（五十）年二十八歳

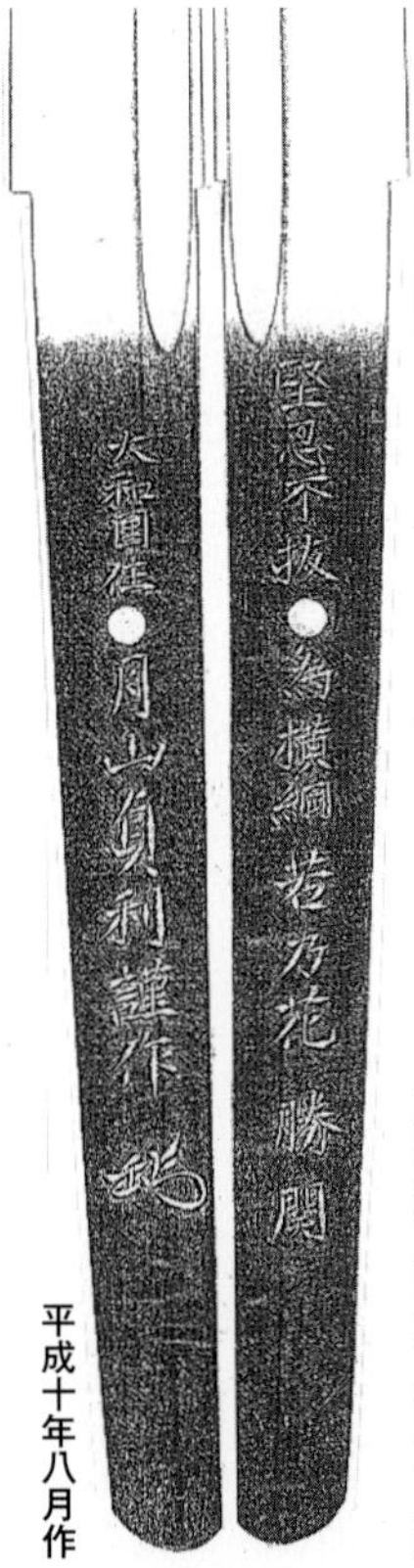

平成十年八月作

新々 **貞寿**【さだとし】 越後国　江戸末期（嘉永）

松井英太郎。貞英の子。水心子正秀門。鳳斎と号す。高田藩工。直刃、互の目乱。大板目肌に地景が入り、則重風の肌合いのものがある。

新作 **貞寿**【さだとし】 徳島　昭和

小島浩。昭和四年生まれ。父の号清心子を継ぐ。昭和十六年、玄武斎鍛刀所入所。同四十三年、月山門の水竜子貞重に師事。小松島市住。

新々 **貞俊**【さだとし】 陸前国　江戸末期（安政）

佐々木貞俊。白石貞俊とも銘す。一流斎と号。奥州仙台より水戸へ移る。

水戸東条庄高田の臣。水戸藩工となる。嘉永年紀から慶応・明治までの作がある。藤原姓、「原」一字にも切り、「源」の略字ともいう。直刃、また互の目乱。

新々 貞俊【さだとし】 常陸国　江戸末期（元治）

平井友右衛門。本国奥州。清心子、また一流斎と号す。白旗山にて鍛刀し、また「定俊」とも切る。

古 貞興【さだとも・さだおき】 大和国　南北朝期（貞治）

保昌。貞清の子。地刃ともに典型的な保昌の作技を示し、帽子焼詰めて沸強い。刃区の上を焼き込むのは先代と同様で、この手癖は保昌貞清にもみる。「貞興」「藤原貞興」。

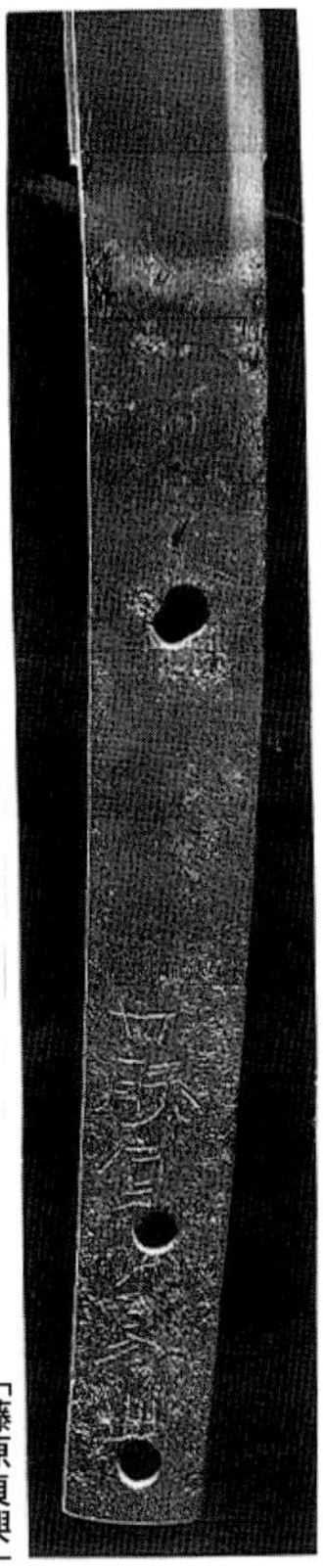

「藤原貞興」

『埋忠押形』

新作 貞豊【さだとよ】 滋賀　平成

田中諭《さとる》。昭和四十八年生まれ。平成六年、月山貞一、貞利門。平成十一年作刀承認。新作刀展覧会入選五回、新作名刀展入選四回、ほかに平成十六年、新作刀展覧会短刀の部で努力賞受賞。平成二十二年、新作日本刀展入選。「矢崎帰帆住田中貞豊作」「近江国貞豊」。直刃、ほつれ、打のけかかり、綾杉肌。

新作 貞直【さだなお】 広島　平成

三上孝徳。通称高慶。昭和三十年島根県瑞穂町に生まれる。昭和四十九年、月山貞一に入門。昭和五十五年、三上貞直日本刀鍛錬道場を開設し独立。昭和五十六年、新作刀展覧会に初出品し、のち努力賞三回、優秀賞一回、薫山賞二回、毎日新聞社賞一回、文化庁長官賞二回、高松宮賞二回などを受賞する。平成十八年四月、広島県無形文化財に認定される。湾れに互の目、足入り。山県郡北広島町住。

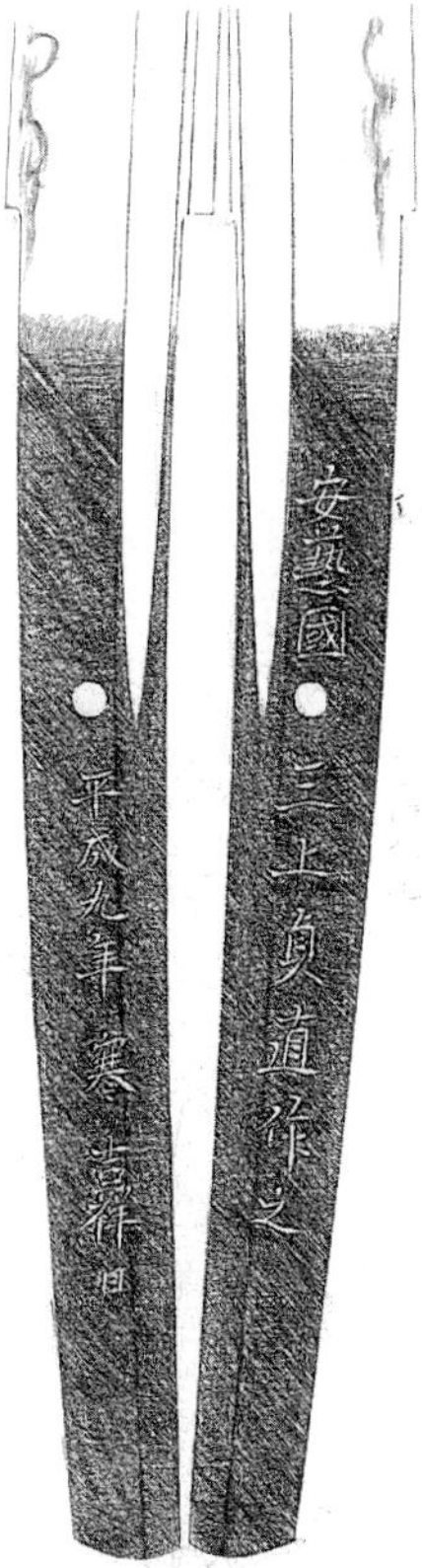

新作 貞永【さだなが】 島根　平成

小林力夫。昭和二十三年生まれ。小林貞善門。昭和四十七年作刀承認。平成二十三年・同二十四年、新作名刀展入選。丁子に重花丁子。「出雲国住小林貞永作之」。仁多郡奥出雲町横田住。

新作 貞成【さだなり】 富山　昭和

大西久松。明治四十年生まれ。昭和十二年から日本刀講座に学び、諸師の指導を受ける。名古屋造兵廠の受命刀匠。越中八尾町住。

新作 **貞伸**【さだのぶ】　奈良　平成

月山一郎。昭和五十四年生まれ。月山貞利門。平成十八年、作刀承認。同十九年から新作名刀展出品、新人賞・努力賞受賞。平成二十二年、新作日本刀展銀賞第五席。平成二十三年、同展銀賞第一席。同二十四年、同展銀賞第二席。同二十五年、同展銀賞第三席受賞。小湾れに互の目足入り。桜井市住。「大和国住月山貞伸」。小湾れに互の目、直刃。

新 **貞信**【さだのぶ】　摂津国　江戸中期（寛文）

江戸法城寺と有縁。但馬守を受領。摂州生玉住。江戸にても造る。井上真改門という。「摂州生玉住城山橘貞信於武江城下作」などと切る。

新作 **貞法**【さだのり】　島根　昭和

小林貞俊。昭和十六年生まれ。小林貞善門。昭和四十五年作刀承認。重花丁子乱。「出雲国住小林貞法作之」。奥出雲町住。

新 **貞則**【さだのり】　加賀守　初代　摂津国　江戸中期（延宝）

生国肥後菊池。鈴木佐右衛門。初代和泉守国貞門。師の晩年に高足の一人として初代下総守国義、山上国隆と並び、代作代銘に当たる。草書銘、楷書銘の作刀者の一人。初代貞則が代作代銘したとみられる楷書銘の作刀で最終年紀とみられるのが慶安三年二月である。師国貞が没したのが慶安五年（承応元）五月であることからみて、独立したのは慶安三年二月以後、承応年間にかけてであったろう。独立後の一時期、京堀川に住み、延宝二年に平藩内藤家の抱工となり、奥州磐城平好間に移住する。延宝八年没。小湾れに互の目、大湾れに互の目交じり、匂深く沸よくつく。

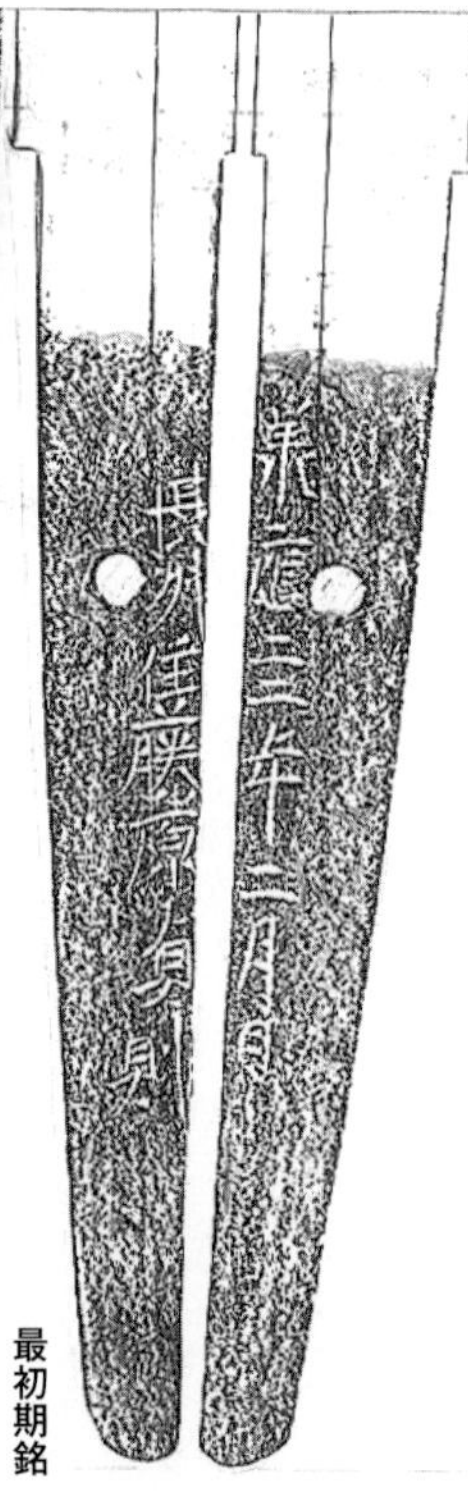
最初期銘

飯野八幡宮奉納刀

最晩年銘

新 貞則【さだのり】 加賀守　二代　磐城国　江戸中期（元禄）

天和三年、初代貞則の養子となり二代貞則を相続する。井上真改門。内藤家に五人扶持十五俵で抱えられる。宝永七年三月、幕命により朝鮮国王に贈る薙刀を初代国虎と二人が選ばれて鍛える。正徳四年隠居、享保九年病没（『鈴木加賀守由緒』）。最も早い年紀に天和二年十月があり、最終のものに享保二年八月がある。この間三十四年の長期を算す。隠居してのち再び鍛刀しているのは、子が家業を継続しなかったことによろう。鈴木家三代目は、初銘善蔵といい、内藤藩の扶持を得ていたが、刀は打たず、貞則の名跡は二代で絶ち、後続するものがなかった。

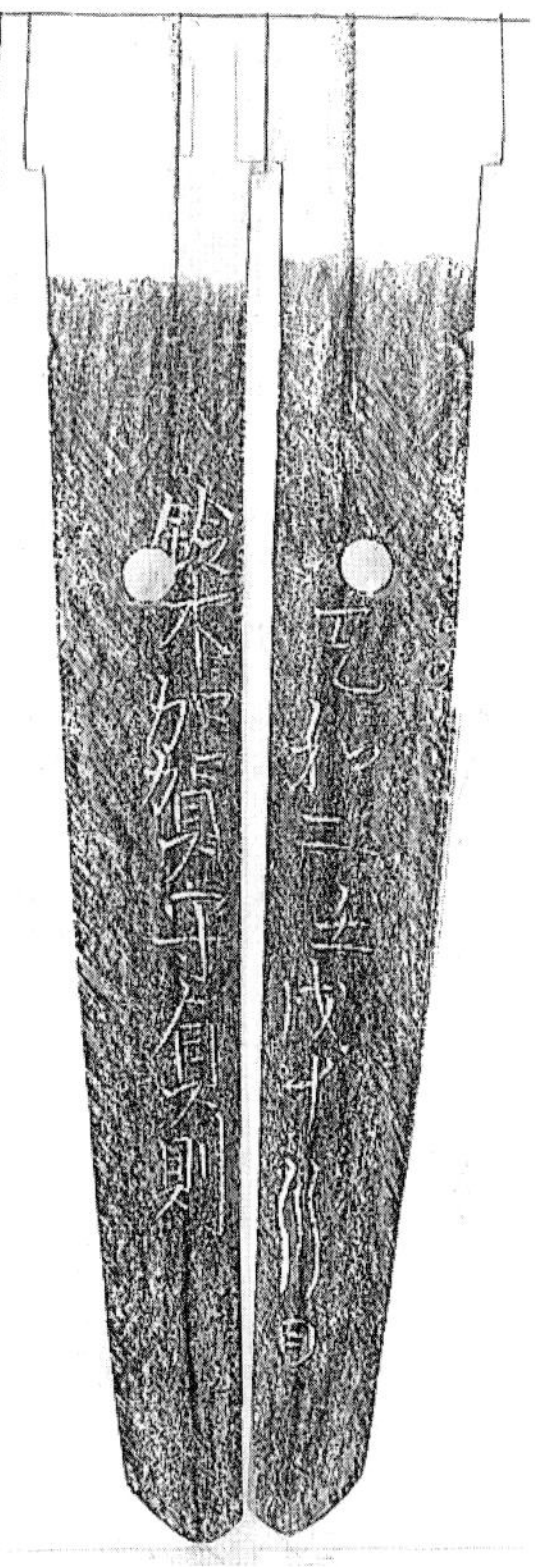

新作 貞徳【さだのり】 千葉　平成

田中文徳。昭和四十七年生まれ。平成三年月山貞一・貞利門。平成九年、作刀承認。平成十一年独立し、同年に新作刀展覧会出品。努力賞・新人賞受賞。平成十五年、同十八年同展入選。「貞徳」。船橋市習志野住。湾れに互の目交じり。

新々 貞晴【さだはる】 摂津国　江戸末期（慶応）

水口貞晴。剣竜子、剣斎子と号す。月山貞吉門。幅広で大切先の豪壮な造りに直刃、互の目乱など師貞吉の作に類似する。

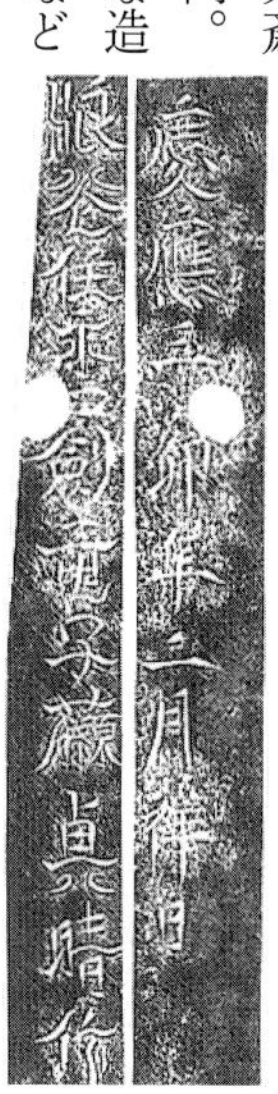

新々 貞英【さだひで】 羽後国　江戸末期（文政）

松井平吉。鉄心斎と号す。水心子正秀門。秋田住、のち越後高田へ移り越後藩士。文化ころから天保ころにかけて作刀。直刃が多く、互の目乱、ほつれ、砂流しかかる。

新々 貞英【さだひで】 陸奥国　江戸末期（文久）

本国水戸。陸奥国涌谷住、白石また金山にても造る。佐々木氏、一流斎と号す。

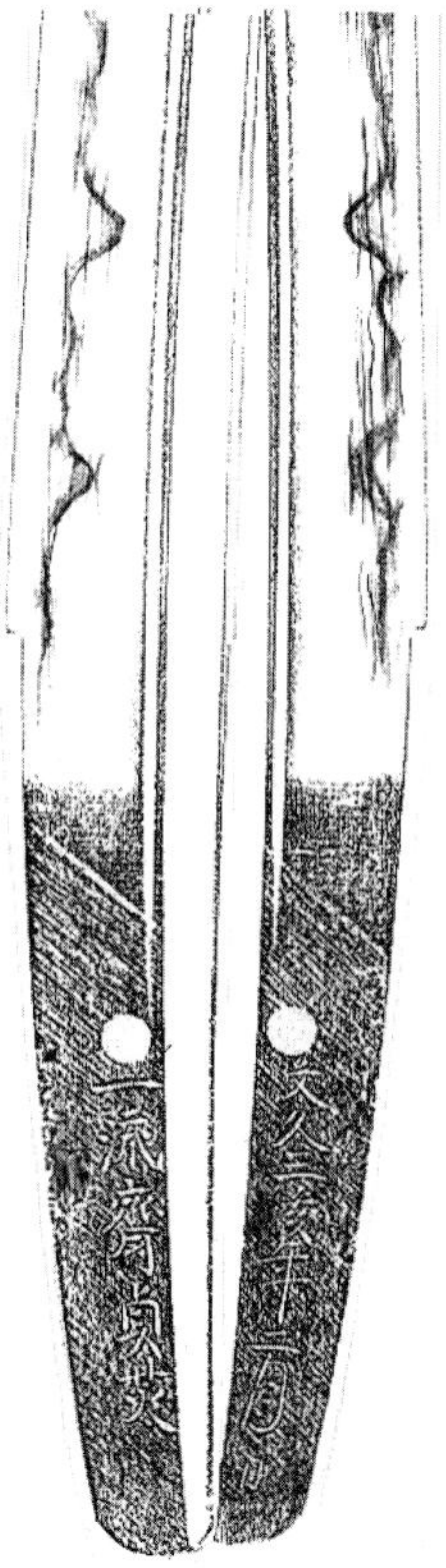

古 **貞秀【さだひで】** 肥前国　南北朝期（応安）

平戸左。平戸左衛門。左貞吉門。筑前より肥前平戸に移り平戸左と呼ばれる。「貞秀」「筑州住貞秀」。子の貞秀は平戸から筑後大石へ移り、大石左と呼ばれる。永徳のころ。

新々 **貞秀【さだひで】** 摂津国　江戸末期（安政）

椙本広之進。本国出羽、のち京に住、また摂州尼ヶ崎住。雲仙子と号し、月山貞吉門。安政から慶応四年紀までの作がある。

新作 **貞秀【さだひで】** 北海道　昭和

進藤貞英。大正八年生まれ。源秀明門。室蘭瑞泉鍛刀所所属。「箱館七重浜住人源貞秀」などと切る。

新作 **貞人【さだひと】** 静岡　平成

榎本栄七郎。昭和二十九年生まれ。榎本貞吉子。昭和五十四年、作刀承認。平成八年、新作刀展覧会出品、努力賞。以降入賞。貞吉の綾杉伝、相州伝などを表現する。三島市住。

新 **貞広【さだひろ】** 加賀守　越前国　江戸中期（延宝）

高柳姓。越前下坂派、大坂また京にても造る。正徳二年に七十二歳と切った近江守継平（二代）との合作刀がある。この年継平は三十七歳で、貞広の近親で後輩。

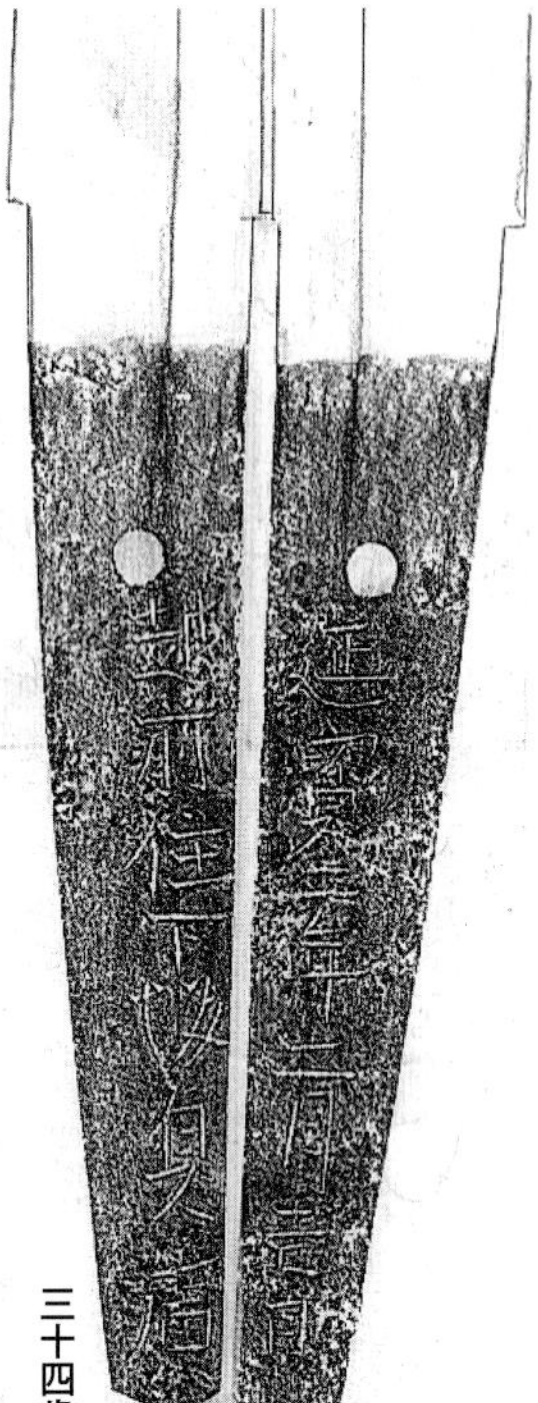

三十四歳

五十七歳

新作 **貞弘【さだひろ】** 奈良　昭和

喜多弘。大正十一年生まれ。昭和十六年、月山貞勝に入門。同十八年、海軍省御用刀匠。奈良柳生下町住。法隆寺斑鳩の里に和州日本刀鍛錬研究所を設け、門人を養成する。五ヶ伝に通じ、とくに相州伝の作は覇気があり、皆焼も焼く。

新々 **貞弘【さだひろ】** 羽後国　江戸末期（文化）

山田喜代助。水心子正秀門。佐竹右京太夫の抱工。秋田鍛冶の先人の一人。享和ころから文政ころまでの作刀がある。互の目に丁子交じりの備前伝、互の目の揃った吉井備前風のものがあり、沸づいた互の目丁子の相州伝の作もある。

古 **貞弘【さだひろ】** 筑前国　南北朝期（応安）

左。筑前弘安門。応安ころ。「芸州住貞弘」「安芸国住貞弘」。

古 **貞正**【さだまさ】　備前国　室町初期（応永）
長船。景光の末流で貞国子という。応永ころ。「備州長船貞正」。同銘が寛正、永正ころに作刀する。

新作 **貞充**【さだみち】　兵庫　平成
田公剛。昭和五十五年生まれ。月山貞利門。平成十六年、作刀承認。同年、新作名刀展入選。平成二十二年、新作日本刀展入選。「丹波住田公貞充作」。丹波市住。綾杉肌の表現をはじめ、相州伝を主に鍛造。

古 **貞光**【さだみつ】　大和国　南北朝期（文和）
保昌。貞吉の子とも、貞宗の子ともいう。直刃がほつれ、柾肌がよく詰む。「大和国住貞光作」「大和国藤原貞光」。

古 **貞光**【さだみつ】　大和国　室町末期（明応）
保昌。直刃に小足入り、匂深く小沸つく。板目よく詰み柾交じり、地沸つく。「大和国貞光作」と銘した明応六年紀の短刀をみる。

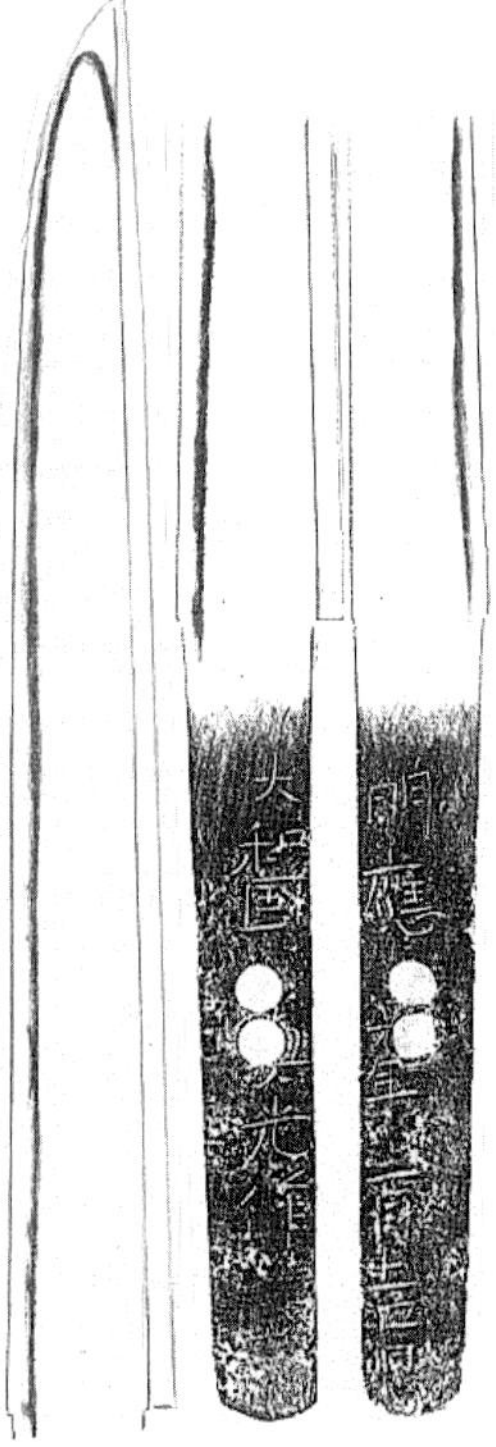

古 **貞光**【さだみつ】　備前国　南北朝期（貞治）
小反り。久右衛門。重吉子。文和から永徳にかけての年紀作がある。「備州長船貞光」。二代貞光は倫光門、至徳。三代以降は応永、嘉吉に作刀する。

古 **貞光**【さだみつ】　美濃国　室町初期（永享）
若狭五郎。生国若狭。三阿弥兼長門となり濃州に移り、のち兼貞に改銘するという。「貞光」「濃州住貞光」。

古 **貞光**【さだみつ】　美濃国　室町末期（永正）
関。兼国子。永正二年紀の作がある。「濃州関住藤原貞光」「貞光」。同銘が天文ころにある。

新々 **貞光**【さだみつ】　山城国　江戸末期（慶応）
堀井貞光。龍雲斎と号す。月山貞一門。「平安城住堀井龍雲斎貞光作」などと切る。

新々 **貞光**【さだみつ】　陸前国　江戸末期（文久）
佐々木貞光。一友斉。一流斎と号す。貞光の「光」を「炗」と、一友斉を「弌習斎」と銘す。涌谷住。貞俊と近親で合作刀がある。直刃、互の目乱が三本杉刃風になる。

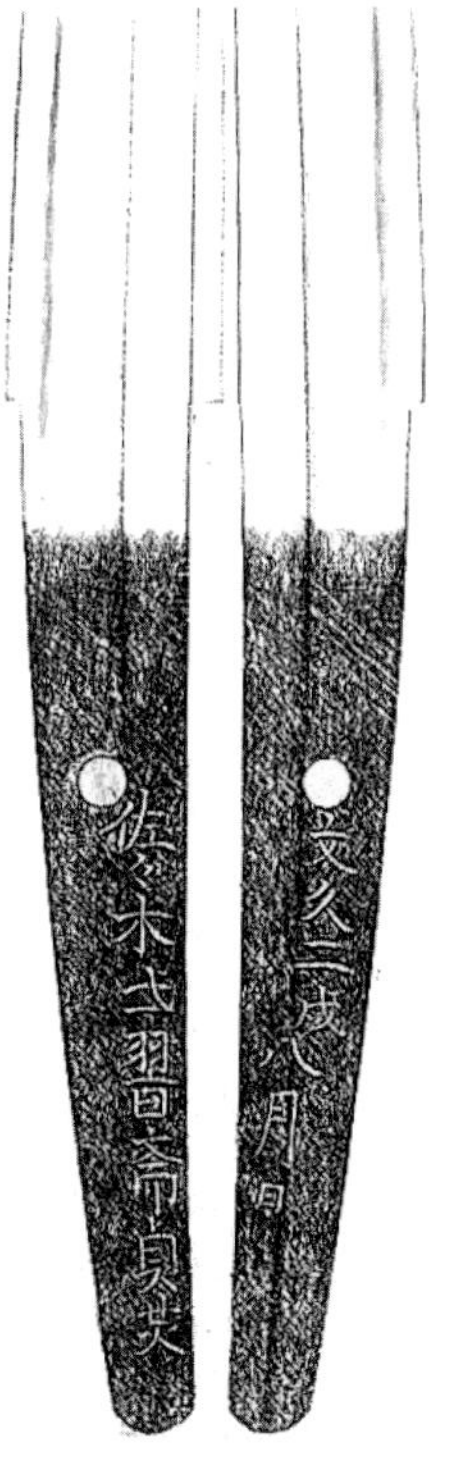

古 **貞宗**【さだむね】　大和国　鎌倉末期（文保）
保昌。国光の子とも、貞吉の子ともいう。保昌五郎。太刀は少なく、短刀ばかりをみる。九寸余の寸延びの短刀は中直刃がほつれ、よく沸え金筋が入る。柾目が揃い地沸が一面につく。重美に指定の短刀は「保昌貞宗作」と五字に切り、大振り、太鏨に切る。古来、貞宗には偽銘作が多く、正真物は稀少である。保昌の祖国光（貞光同人）から貞宗、貞吉いずれも保昌五郎を称するところから、保昌五郎は保昌代々の嫡流の通称だっ

たようである。名物帳に貞吉を指して「保昌貞吉」とはいわず、「桑山保昌五郎」といい、古書の類の多くは、貞宗の個銘を言わず「保昌五郎」というが如くである。（系図834頁参照）

（『土屋家押形集』）

古　貞宗【さだむね】　高木　近江国　鎌倉末期（元応）

彦四郎。初銘光弘、助貞。俗に高木貞宗と称す。相州貞宗の生国江州高木での作で、のち正宗に学んで鎌倉へ移る。相州貞宗の正真とされる有銘作は現存が確認されず、いずれも極められて貞宗作とするものばかりであり、高木貞宗は二口の短刀が現存し「江州高木住貞宗」と銘する。古書の押形に残されている高木貞宗の年紀作は、尾張徳川家にあった嘉暦二年紀（『土屋押形』）が古く、建武二年紀（『鑑刀随録』）暦応（『木屋押形』）があって、これらにもとづけば高木貞宗が鎌倉最末期から南北朝初期にかけて作刀していたこととなる。

私見をもってすれば、貞宗は鎌倉末に正宗の門に入り、嘉暦のころには貞宗を名乗っていたと考えられ、そのころは高木在であったろう。高木貞宗は相州貞宗の前期作であり、相州貞宗は後期作となろう。三種ある能阿弥本の一は「貞和観応ころに近江の六角判官が相州貞宗を召して、高木に住まわせた」とあり、別の一は「江州高木に住す間に高木ノ彦四

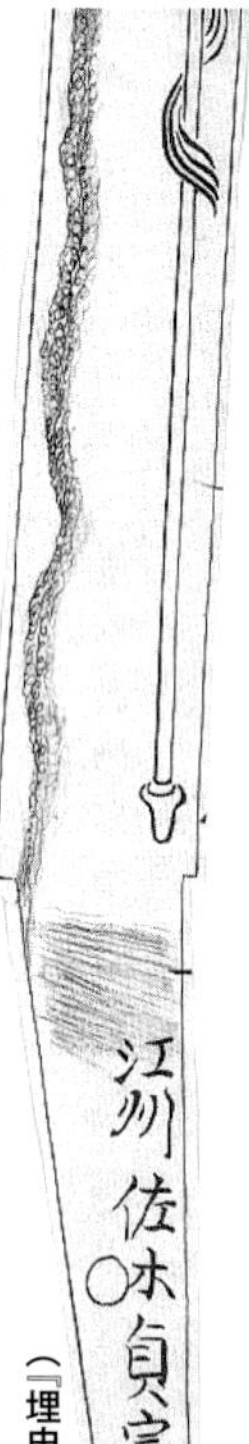

（『埋忠押形』）

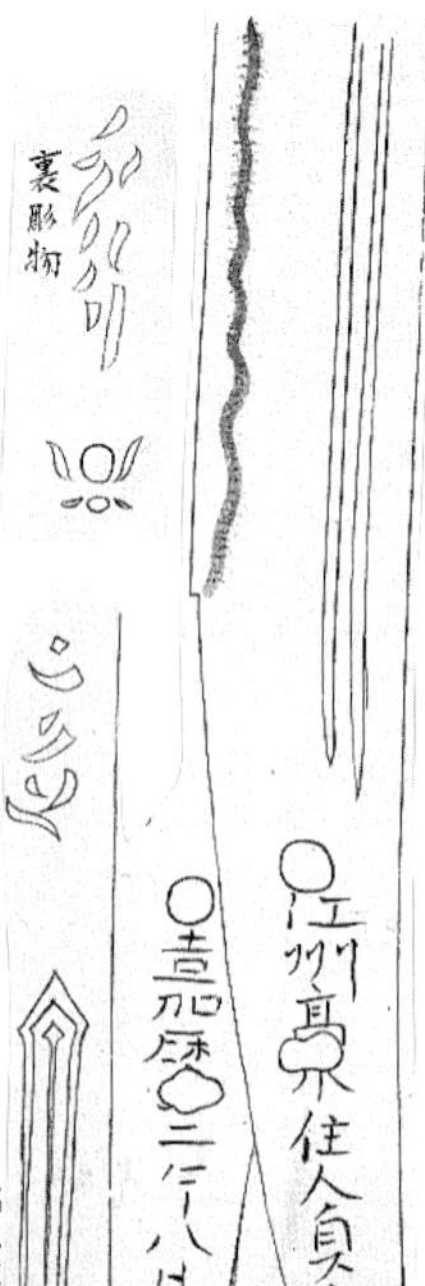

（『土屋押形』）

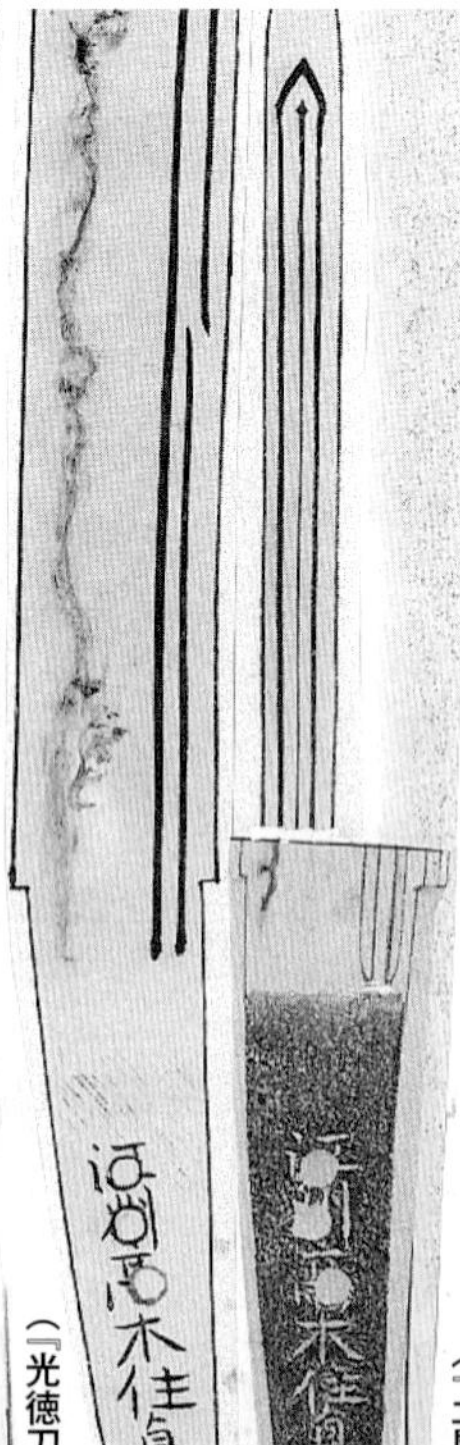

（『光徳刀絵図』）

（『埋忠押形』）

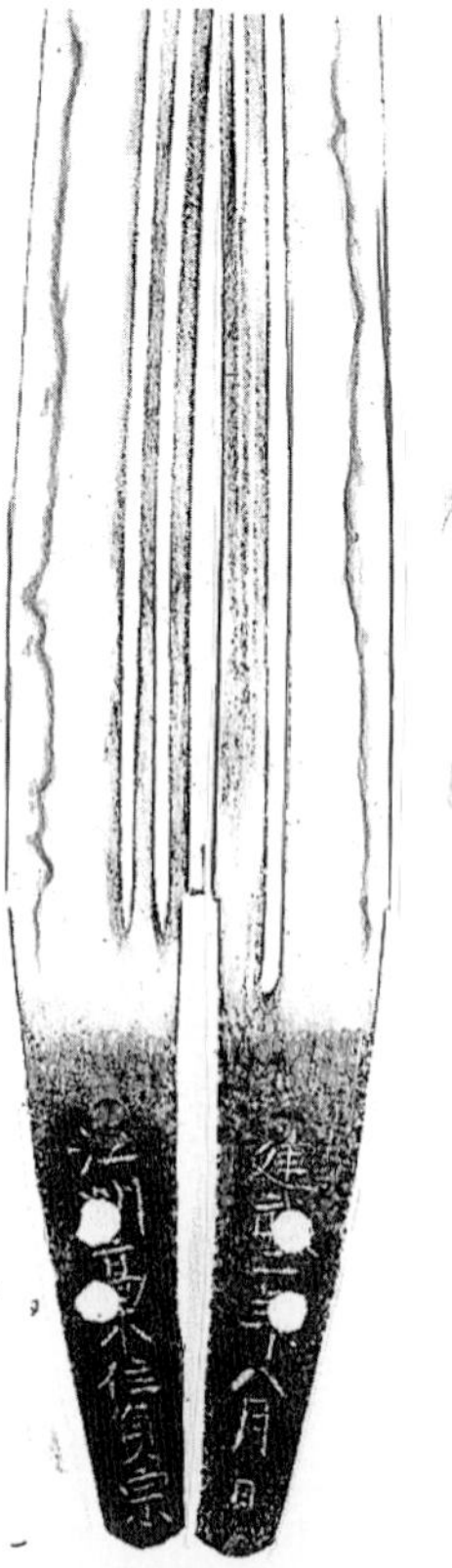

郎と号す、五郎入道子なり」とあって、江州高木に住したのは相州貞宗であることを記している。『銘尽秘伝抄』は正宗の養子説をとり、「養子になる前に、江州にて打出したものは出来も少しあさく、茎の形も変わり、銘も大略は高木とばかり打つものが多い」といっていて、これも貞宗の江州打ちを認め、江州打ちはのちの相州打ちのものより、出来が劣るという。貞宗が高木から鎌倉へ移った時機は諸説があるが、「江州高木住人貞宗」銘で嘉暦二年紀があり、「相模国住人貞宗」銘に元徳二年紀の作があることにもとづけば、鎌倉最末期の嘉暦・元徳のころであり、なお高木住銘に建武・暦応年紀の作があって、これが正しいものとすれば、下っても南北朝初期が高木から鎌倉への過渡期であったろう。この時期に江州打ちと相州打ちを交互に繰り返していることを何とみるべきであろうか。貞宗が高木と鎌倉の間を往復して作刀していたのち、鎌倉に定住したのかもしれない。

高木貞宗の短刀は長さ九寸、平造で重ね薄く、浅く反りつく。小板目に地沸つき、大湾れに小乱、互の目交じり、よく沸つき、荒めの沸交じり、湯走りかかり、金筋入る。元亀本は貞宗の作技について、「江州に住するころは太刀を多く作り、鍛えも柾目で肌が荒く、鎌倉へ下向してから上手になる」といっているように、前期作の江州打ちと、後の鎌倉打ちとの作にはかなりの落差があることを伝えている。初銘の光弘、助貞銘の作はみられず、「江州佐木貞宗」銘があり、「江州高木住貞宗」銘を比較的多くみる。

古 貞宗【さだむね】　相模国　鎌倉末期（元応）

彦四郎。生国近江。正宗の長男、また正宗の門人でのち養子になるという。備考は正和・貞和の間の人としている。現存する貞宗銘で正真と確認されるものをみないが、古押形には数多の有銘作があり、うち年紀があるものでは元徳二年紀（『古今銘尽』）が古く、元弘・建武の作がある。いずれも現存するものをみず、真偽のほどは定かでないが、元弘二年紀の短刀は太閤の指料で光徳刀絵図に収載されているなど、一概に否定し難いものがあって、押形図を参考に掲げてある。貞宗作として極め伝えられてきているものはすべて無銘で、それらによれば師正宗の作風をよく継ぎ、地刃がよく沸えて地景・金筋が働き正宗そのままの出来をみせるが、正宗ほどの覇気には及ばない。

大磨上げの太刀は身幅が広く、大切先のものが多く、短刀は寸延びで九寸五分以上のものから尺余で浅く反るのが多い。片切刃造は刀にも短刀にもあって、正宗にはみない造込みである。身幅と切先ともに尋常な正宗の姿恰好を大振りに強調した風がある。

鍛えは小板目に中板目が交じり、よく詰むのと肌立ちごころのものが

（『古今銘尽』）

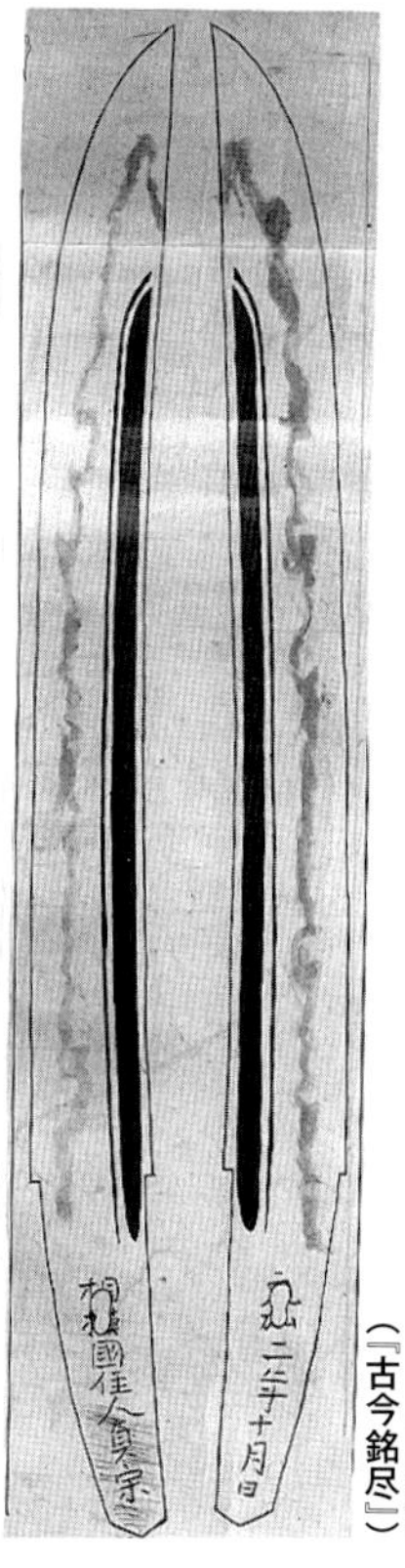
（『光徳刀絵図』大友本）

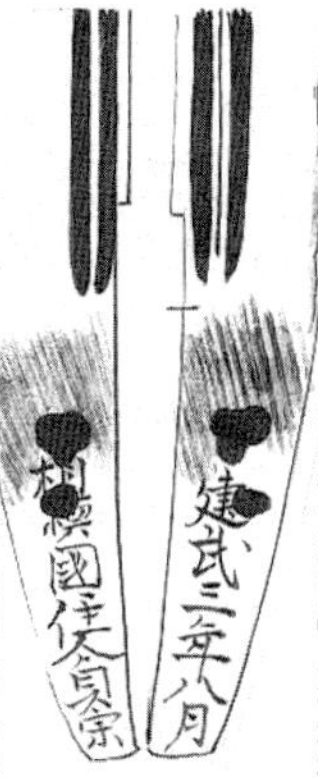
（『埋忠押形』）

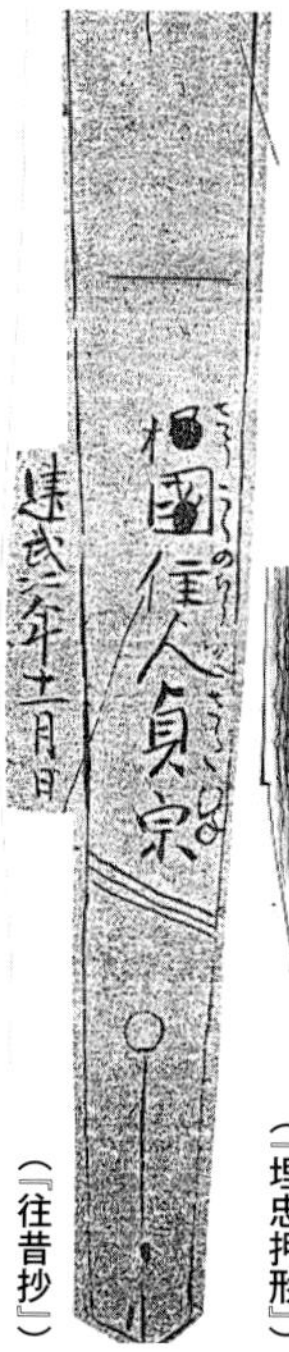
（『往昔抄』）

あり、よく沸づき地景が入る。刃文は大湾れを主調に小乱、互の目が交じり匂深く、沸よくつき砂流しかかり、金筋・稲妻が働く。地刃の変化と烈しさでは正宗ほどでなく、総じて穏やかな風がある。なかには徳善院貞宗のごとく湯走り、玉焼がしきりで皆焼状を呈した華美な作もあって、正宗の上作に肉迫するほどのものがある。彫物はほとんどの作にみられて上手であり、二筋樋が多く、剣に梵字を配したもの、蓮台、鍬形、香箸などを組み合わせて表裏に彫ったものがあり、彫込みが深く、剣先が鋭い。茎の先を剣形に造るのが正宗のそれと同様であるが、鎬の線が先にいって棟寄りになる正宗と比べ、貞宗のは刃寄りになる。

貞宗の作刀期は鎌倉最末期から南北朝初期へかけてであろう。前半は近江高木打ちであり、後半は相州鎌倉打ちとみられる。高木貞宗は相州貞宗の門下で両者を別人とみる説は、高木貞宗の現存する有銘作を延文・貞治ころと鑑じるところからきている。すると建武ころとみる相州貞宗の年代より降ってくる高木貞宗を相州貞宗の門下となし、また貞宗二代説が生じてくるのである。高木貞宗は相州貞宗より年代が古く、室町時代以来の古伝書の多くが、高木貞宗が相州貞宗の前銘であるとする説にはさほど無理がない。⇩**高木貞宗の項参照。（系図868～869頁参照）**

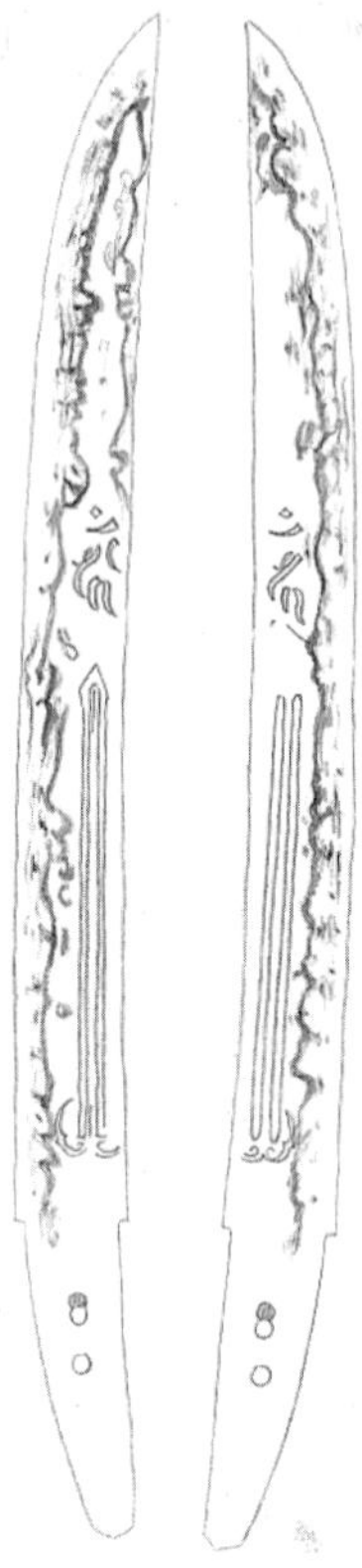

古 貞宗【さだむね】 越中国　南北朝期（建武）

大全は「越中宇多一家」として宇多鍛冶系図のほか、貞宗を頭領とする別系図を掲げる。貞宗は建武ころで「宇多トハ打タズ」とあるように、貞宗とその一流は宇多を冠することなく、ほとんどが二字銘である。越中では古入道国光を祖とする宇多鍛冶と、貞宗を頭とする越中鍛冶の二流が併存し、南北朝から応永にかけて最も栄え、室町中ごろから後は宇多鍛冶が主流を占めて、越中鍛冶が宇多鍛冶に同化していったようである。貞宗の一流は砺波郡川崎村に住。なお文明ころの友次に「宇多」を冠して「宇多友次」と銘したものがあるという。**（系図848頁参照）**

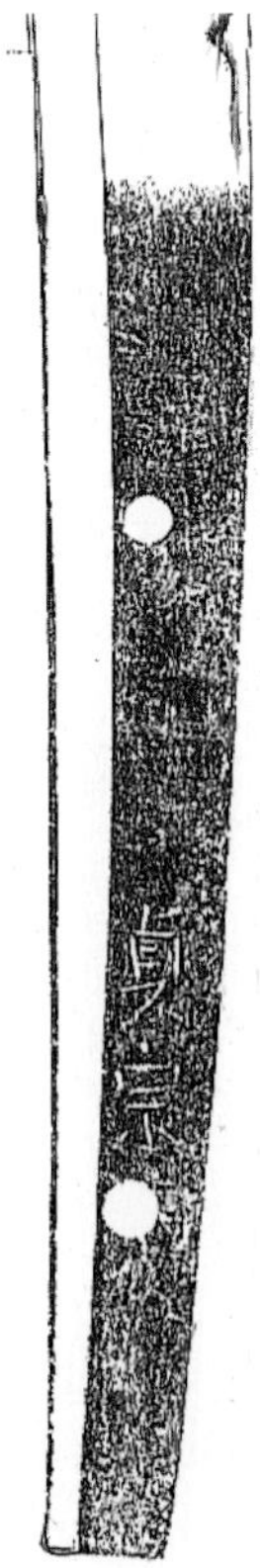

古 貞宗【さだむね】 肥前国　室町末期（天文）

平戸左。与四郎。天文のころ。互の目乱、皆焼を焼く。「貞宗」。

新々 貞宗【さだむね】初代 大隅国　江戸末期（天明）

松元十郎左衛門三男。宝暦三年、藩命により竹迫《たかば》間正左衛門の跡を継ぐ。

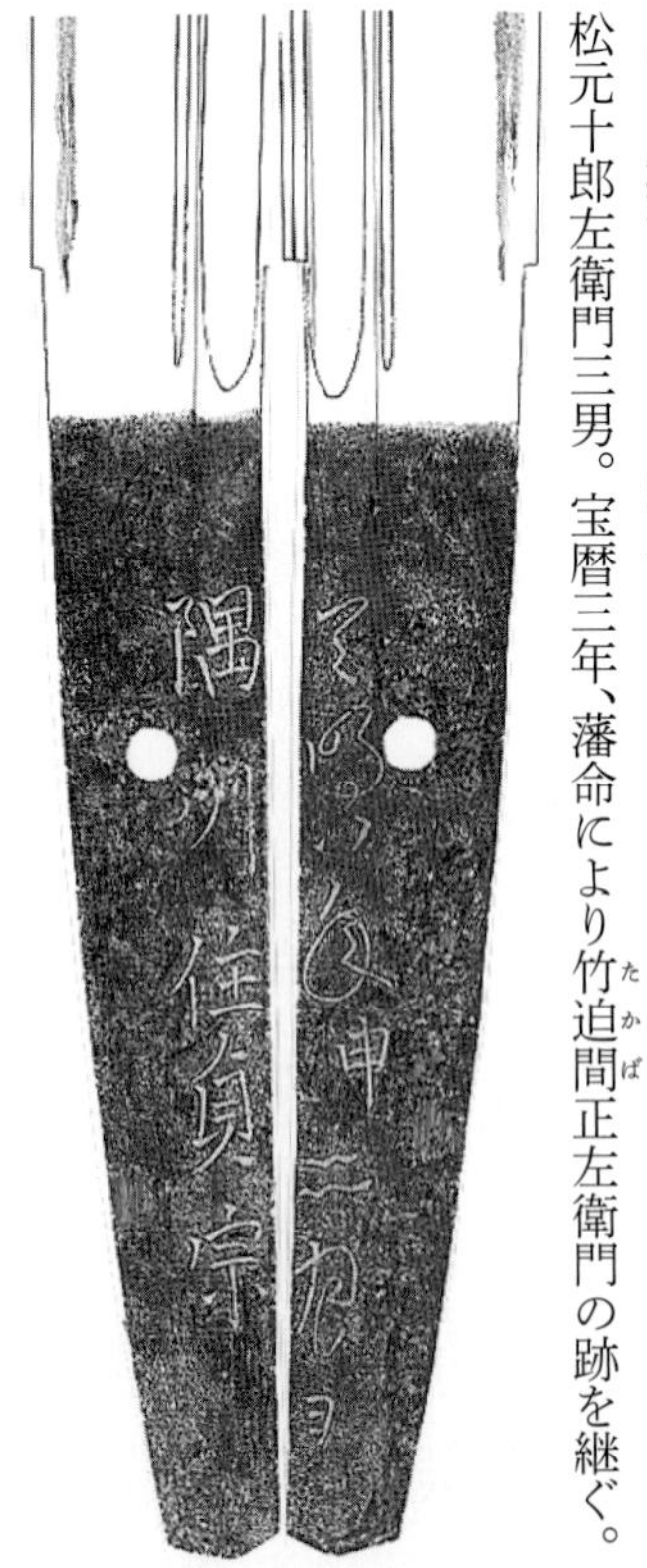

伊地知正良門。初銘良時。寛政三年、五十七歳没。湾れに互の目足入り。「隅州住貞宗」と切銘する。

新々 貞宗【さだむね】二代 大隅国　江戸末期（天保）
生駒一継。通称長太郎、貞次郎。竹迫間貞宗の子貞朋の門に入り、のち師より貞宗の名を許される。二代目貞宗。隅州加治木住。安政六年二月、五十八歳没。湾れに互の目、沸つき、飛焼、棟焼がある。

古 貞村【さだむら】 大和国　南北朝期（貞和）
保昌。貞吉の子。中直刃に小互の目足入り。「貞村」。

古 貞盛【さだもり】 筑前国　南北朝期（正平）
金剛兵衛。博多冷泉住。正平年紀の平造短刀があり、板目に柾が流れ、直刃を焼く。茎先を卒塔婆頭の尖った形に造るのが独特。金剛兵衛盛高と同年代で一族であろう。「冷泉貞盛」「筑州住冷泉貞盛」。

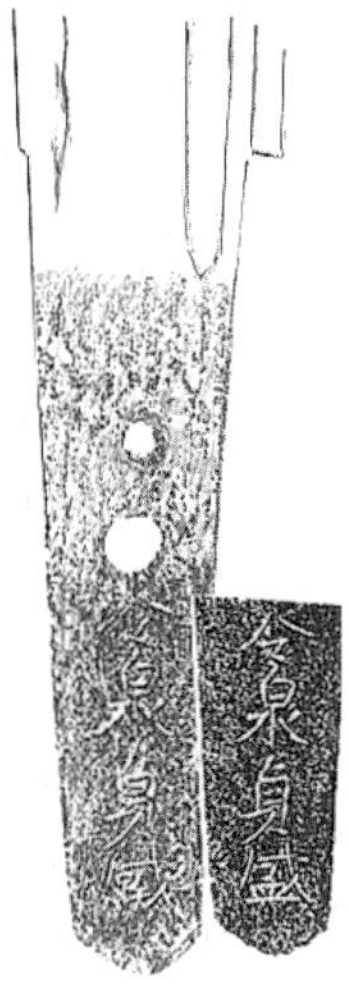

新 貞盛【さだもり】 薩摩国　江戸中期（寛保）
弓削藤右衛門。正平の子、奥元貞門。

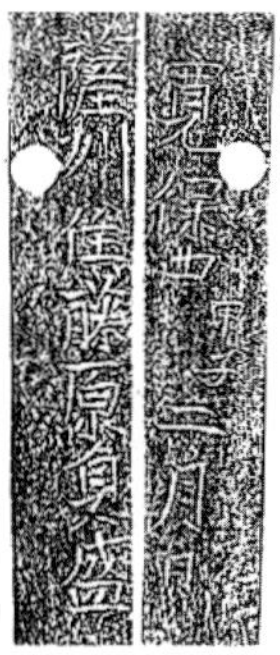

古 貞安【さだやす】 薩摩国　室町末期（天文）
波平。貞安は鎌倉末期の徳治から名跡が続き、室町期は明応、天文に作刀する工がいる。直刃調に小互の目乱を焼く。「波平貞安作」。

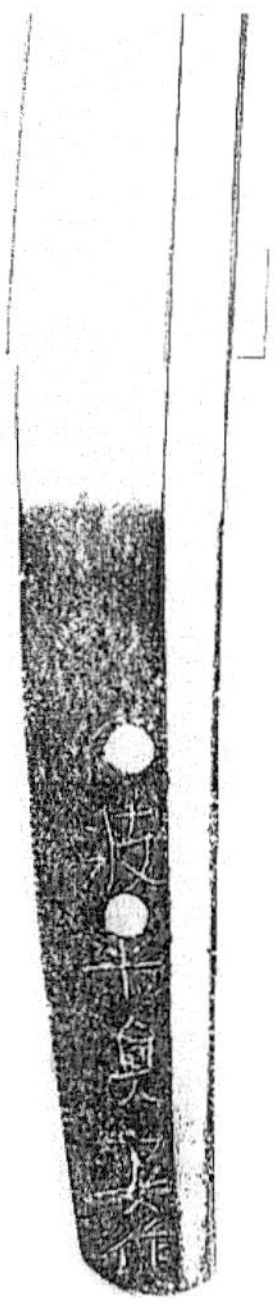

新々 貞之【さだゆき】 加賀国　江戸末期（文政）
隠岐（尾木）長右衛門。文政から天保年紀の作刀があり、刀身彫刻も手がける。がまの図の鐔を得意として、〝開運〟の二字を切り付ける。奇行に富むことで知られる。互の目乱、小湾れに小互の目、尖り互の目交じり。

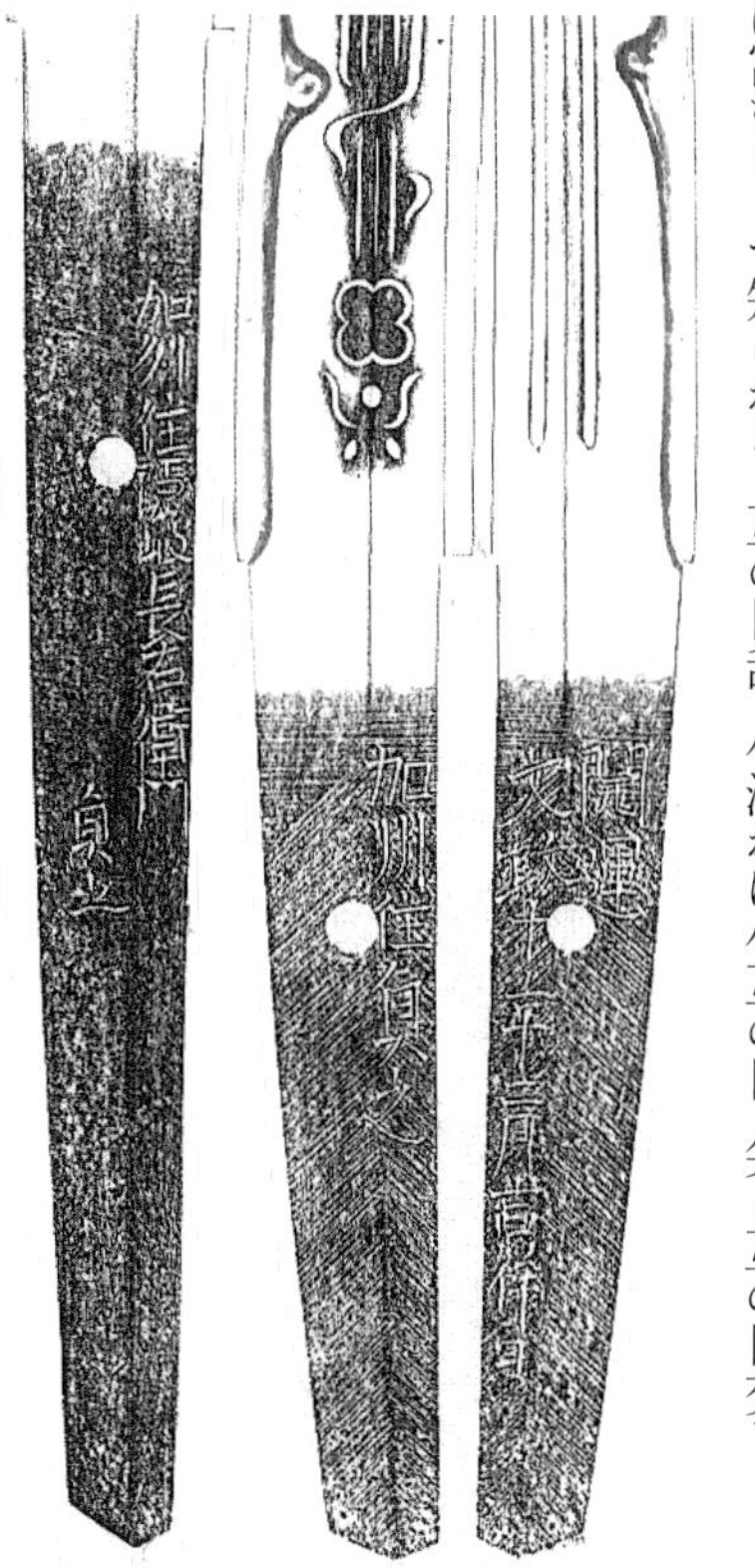

古 貞行【さだゆき】 大和国　南北朝期（貞和）
保昌。貞吉の子。「藤原貞行」「和州高市郡貞行」。同銘が室町期に続き、康正二年紀の作がある。

古 貞行【さだゆき】 備前国　鎌倉末期（応長）
福岡一文字。一文字末期の刀工郡の一人で応長のころ。丁子に互の目交じり、小沸よくつく。「貞行」。

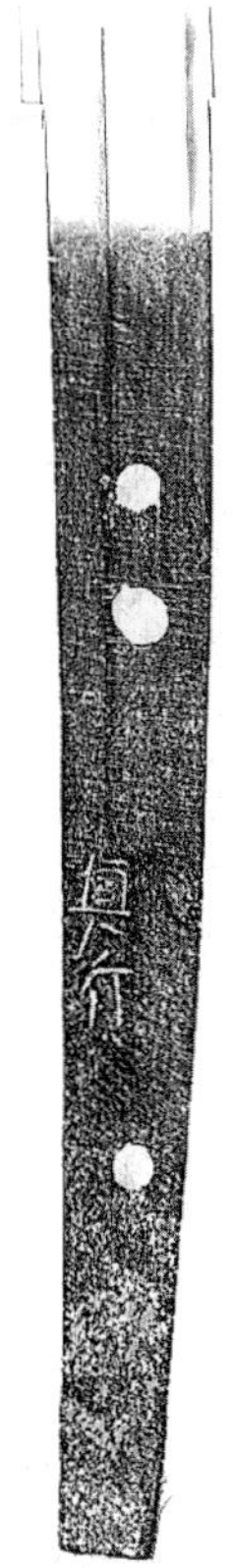

古 貞行【さだゆき】 備後国　室町末期（長享）
五阿弥。尾道住。長享ころ。「備後国尾道住貞行」。

古 貞行【さだゆき】 石見国　室町中期（康正）

初代貞行は直綱の門で応永ころ。二代は石州長浜住。康正二年紀の作がある。「貞行」「石州貞行」「石州長浜住貞行」。

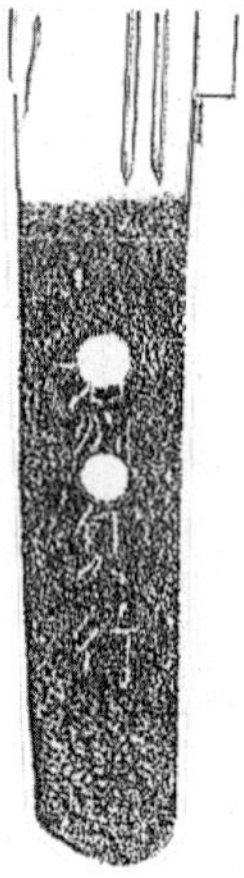

古 貞行【さだゆき】 豊後国　室町初期（応永）

高田。友行子。応永・永享の年紀作がある。「豊州住貞行」「豊後高田住貞行」。同銘が応仁ころに続く。

新 貞行【さだゆき】 大和大掾　豊後国　江戸初期（承応）

大和大掾を受領。直刃、互の目乱、大湾れなど。刃縁にほつれ、喰違刃かかる。◆二代貞行は天和ころ。別に万治ころに同銘がいる。

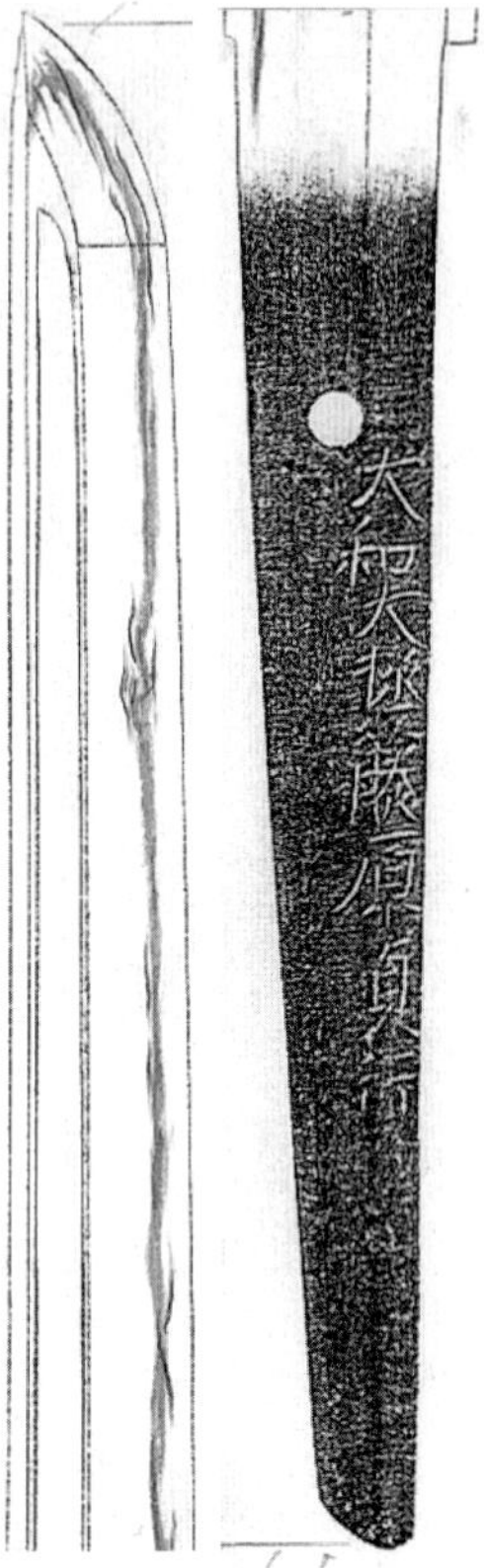

新作 貞行【さだゆき】 広島　昭和

川崎貞行。明治四十年生まれ。桜井正次門。海軍受命刀匠。筑紫軍刀鍛錬所広島支所主任。御調郡御調町住。

新作 貞行【さだゆき】 和歌山　昭和

安達貞楠。明治四十二年生まれ。川野貞心門。陸軍受命刀匠。日高郡龍神村住。

新作 貞行【さだゆき】 高知　昭和

山村貞行。明治四十二年生まれ。山村善貞門人。南国市国分住。

新 貞幸【さだゆき】 越中守　初代　尾張国　江戸初期（明暦）

尾州名古屋住。明暦から寛文年紀の作がある。二代は元禄ころ、江戸へ移る。

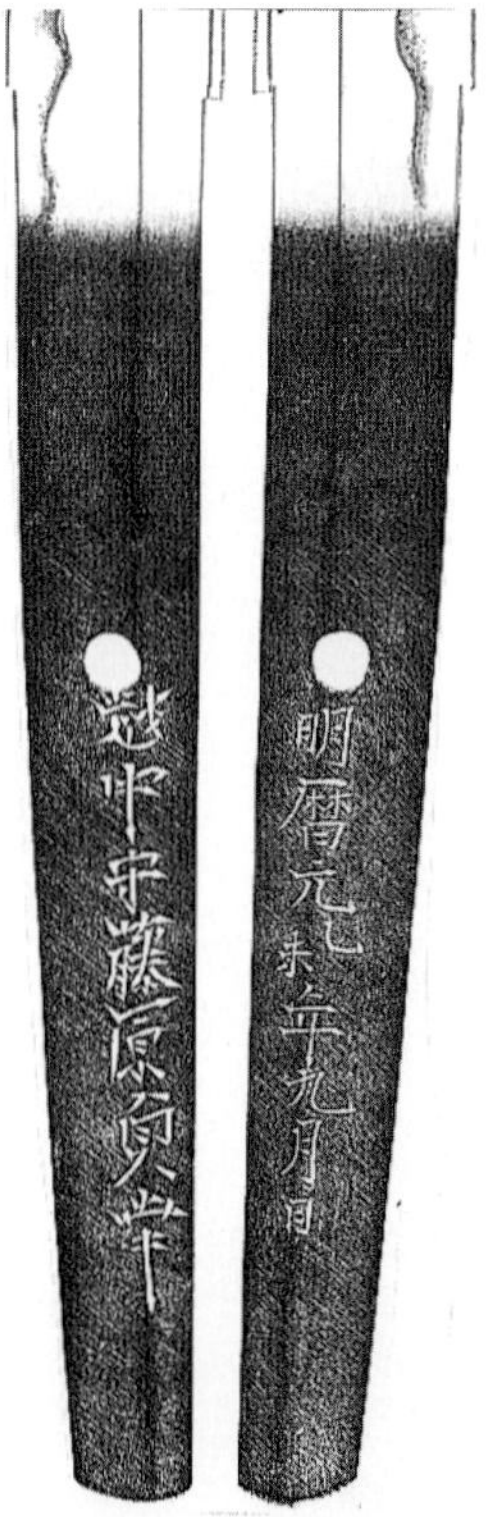

新作 貞幸【さだゆき】 広島　昭和

脇中芳男。大正八年生まれ。昭和九年、月山貞勝に入門。同十四年に応召されるまで修業を続け、五ヶ伝を習得する。呉市阿賀南住。

古 貞吉【さだよし】 大和国　鎌倉末期（文保）

『高市　住金吾藤貞吉』
「元亨二二甲子十月十八日」
桑山保昌

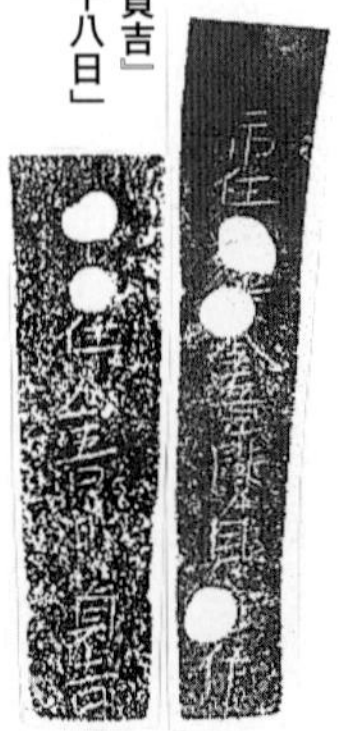

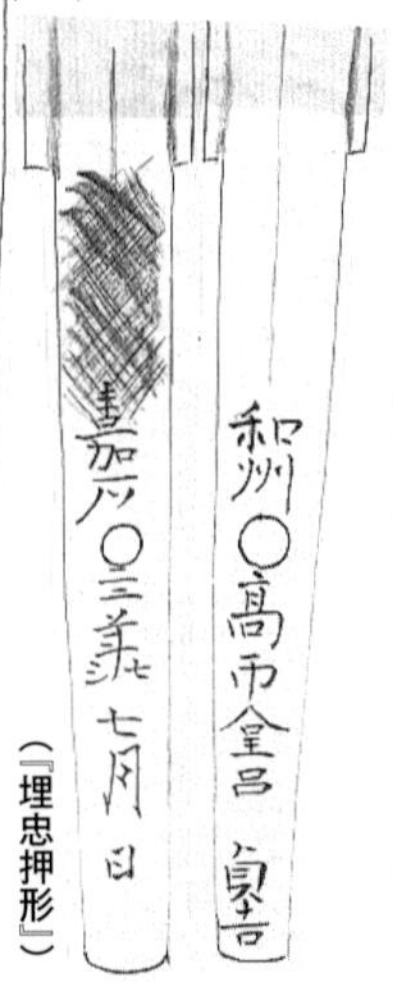

（『埋忠押形』）

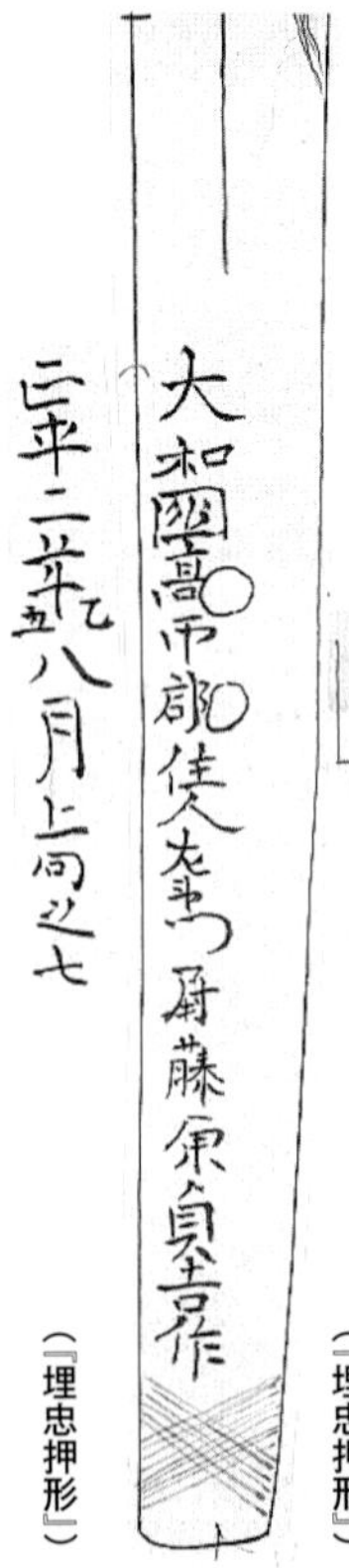

（『埋忠押形』）

保昌五郎。金吾。左衛門尉。国光の子、また貞宗の子ともいう。高市郡住。文保元年から貞和三年〈正平二年〉にいたる作刀がある。造りは常に大振りで、短刀は寸延び、身幅が広く、重ねが厚い。鍛えは柾目が整然と揃って、地沸つく。直刃は上にいくにつれて焼幅広く、沸も強くなり、刃縁ほつれ、刃中に砂流し、金筋入る。帽子は焼詰めて、先掃掛、特に沸が強くかかる。刀身彫りが比較的多く、素剣の肩が張って、彫り口が深い。茎の鑢目は桧垣にかけて先切り、長銘に切るものが比較的多く、藤原姓で「藤原貞吉」と銘すが、「保昌貞吉」とは切らない。「高市住金吾藤貞吉作」「和州高市金吾貞吉」。

保昌中の双璧とされるのが、名物・桑山保昌五郎〈国宝〉と、前田家のお家名物、大保昌である。桑山保昌五郎は長さ八寸五分。「高市住金吾藤貞吉」と有銘で、名物帳（芍薬亭本）の書き込みでは年号、月日があるが「不見」とあって、判読できなかったらしいが、その後一般に読みならわした年紀は「元亨二二甲子十月一八日」である。桑山伊賀守の

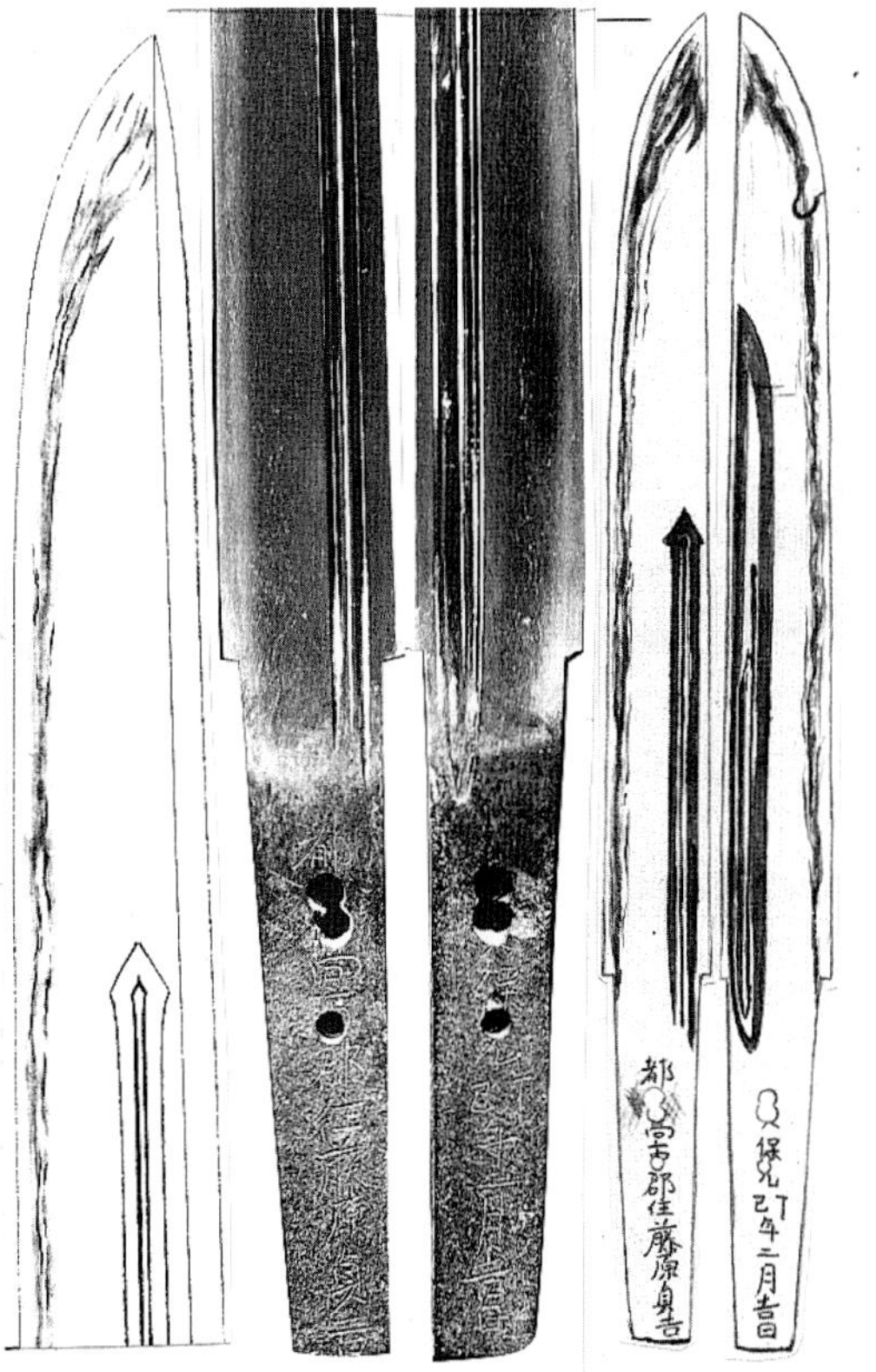

ち前田利常所持。平造、内反り、重ね厚く頑丈な造り。柾目肌が整い、直刃が少し湾れ、物打ち辺の焼幅広く沸強い、帽子焼詰め、さかんに掃掛、金筋かかる。表に素剣、裏に菖蒲樋の彫りが深い。名物帳には保昌では唯一、桑山保昌五郎が収載されている。

大保昌は、前田家のお家名物である。長さ九寸三分半、「南都高市郡住藤原貞吉」「文保元丁巳年二月吉日」と有銘。文保元年は、保昌貞吉の年紀では最も遡る。大保昌の名は、長寸で大振り、重ねが厚い堂々とした体配から名づけられたものであろう。

古 貞吉【さだよし】 筑前国　南北朝期（文和）

左。左安吉の子。文和元年の年紀作がある。「貞吉」「筑州住貞吉」。

古 貞吉【さだよし】 三河国　室町中期（宝徳）

三河左。三河盛国子。筑前左文字の末流で三州岡崎の薬王寺に住したことから三河左と呼ばれる。「三河国佐竹住貞吉」「久原住貞吉」「三州佐竹薬王寺久原貞吉」。

新々 貞吉【さだよし】 摂津国　江戸末期（文久）

月山弥八郎。出羽国村山郡竹川の刀匠、奥山弥三郎貞近の長男として天明元年に生まれる。奥州月山鬼王丸の末裔という。文政初年、江戸に出て水心子正秀の門に入り、天保四年、大坂に移住し鎗屋町に住。明治三年二月十九日、九十歳没。文政から慶応四年ころまでの作刀がある。幅広で大切先の豪壮な体配のものが多く、直刃、互の目乱、丁子乱など、綾杉肌を家伝として月山肌とも称し、この肌合いのときはおおむね小沸のついた直刃を焼く。

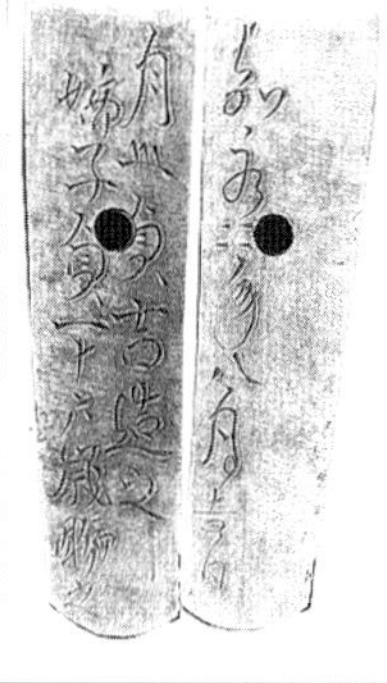

貞吉六十九歳造、貞一十六歳彫

八十一歳（貞一代銘）

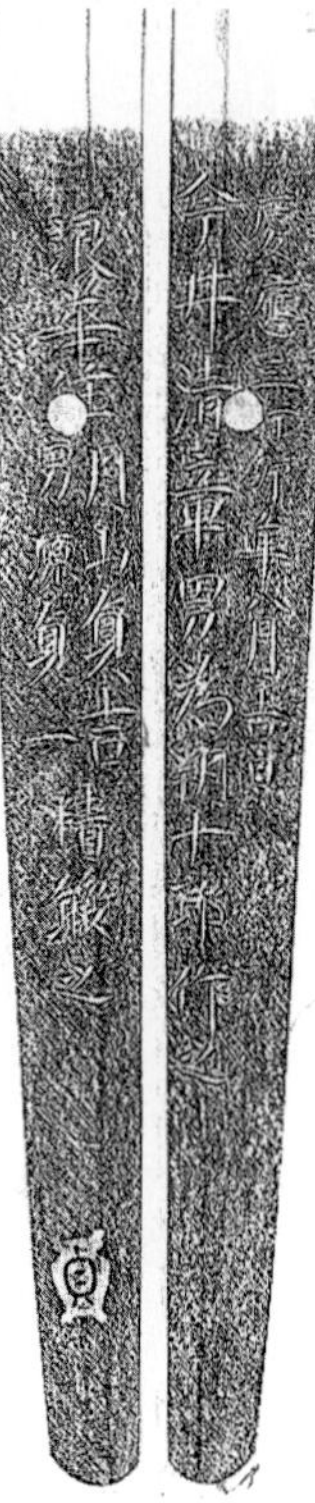
貞吉八十七歳、貞一三十四歳（貞一切銘）

新作 **貞吉**【さだよし】 新潟 昭和

天田貞吉。天田昭次の父。農鍛冶から独学で鍛刀技を習得する。第一回新作名刀展で文部大臣賞受賞。新潟県北蒲原郡豊浦町住。昭和十二年四月二十一日、三十八歳没。

新作 **貞吉**【さだよし】 静岡 昭和

榎本吉市。明治四十一年生まれ。湧水心と号す。昭和三年、月山貞勝門。大阪鎗屋町、のち吉野山の月山鍛刀所で修業。のち石切神社鍛刀所へ移る。昭和十八年、伊豆三島の服部鍛刀所で軍刀を鍛える。軍刀銘は「頼吉」。戦後は新作名刀展に出品し奨励賞、努力賞など受賞し、平成八年、無鑑査となる。師伝の月山綾杉伝のほか大和伝、相州伝を表現する。伊豆三島住。平成十二年、九十二歳没。

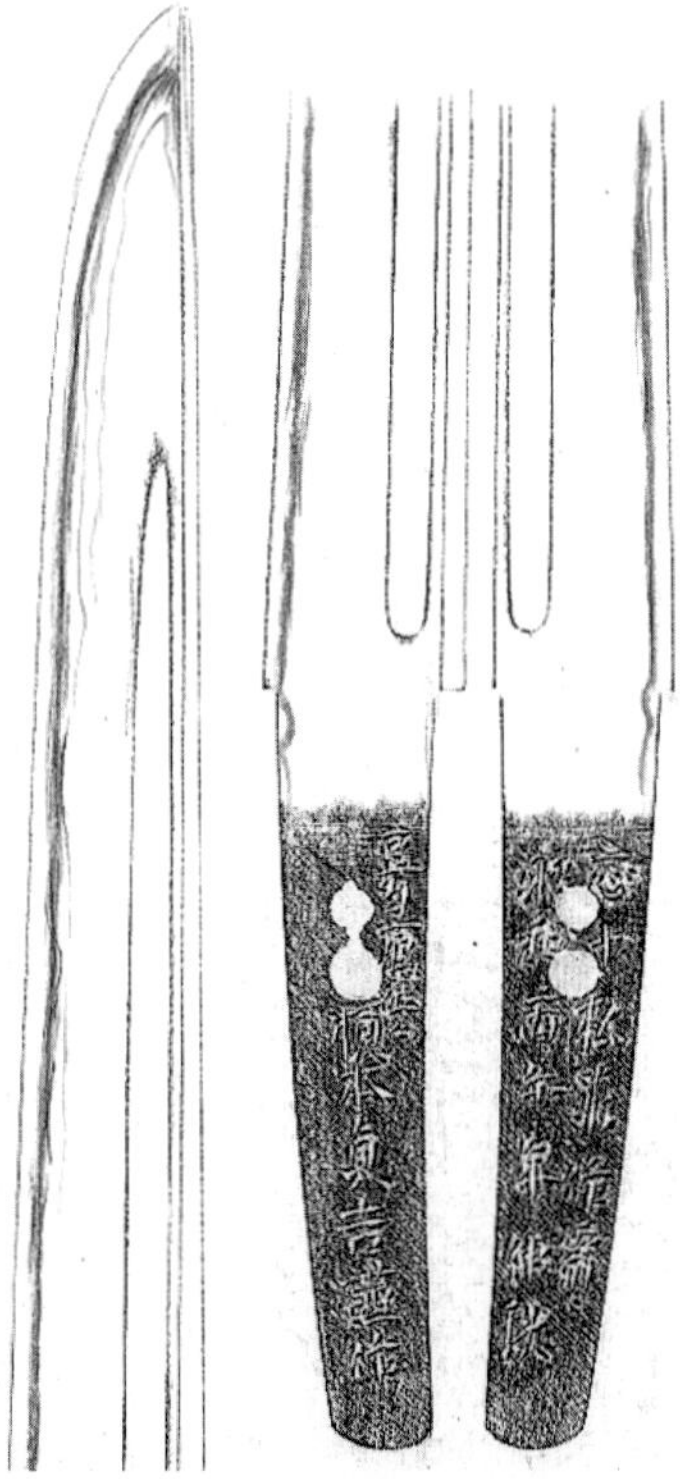

古 **貞好**【さだよし】 大隅国 室町末期（天文）

銘鑑漏れ。天文十九年紀がある。「隅州住貞好作」。

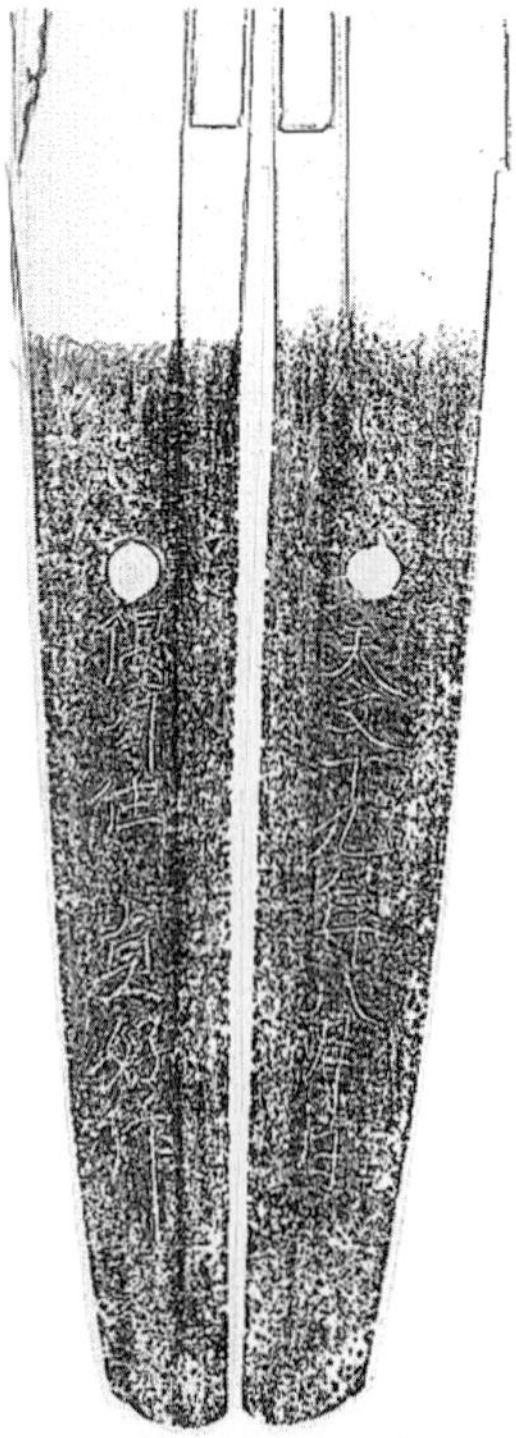

新作 **貞良**【さだよし】 山口 昭和

西本良雄。大正元年生まれ。高橋貞次門。陸軍受命刀匠。備前伝の丁子乱を焼く。

古 **貞能**【さだよし】 豊後国 室町末期（天文）

筑紫了戒。板目に柾流れ、白気映り立つ。中直刃に小足入り、ほつれかかる。天文十五年紀の作がある。

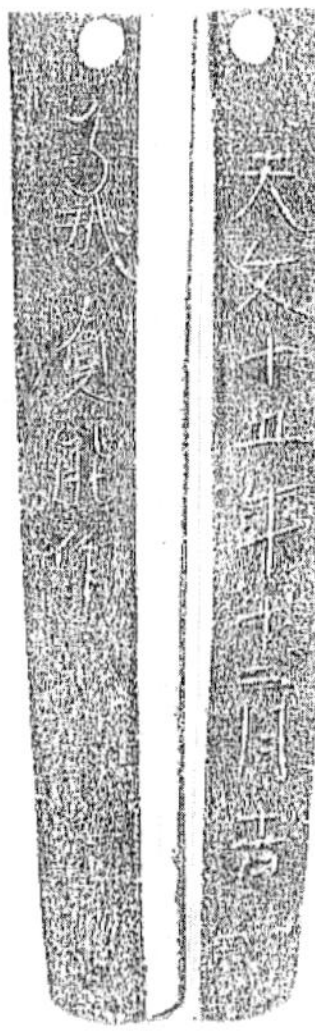

新作 貞善【さだよし】 島根　昭和
小林大四郎。明治三十六年生まれ。初銘善次、のち貞善。川島善左衛門忠善門、のち昭和四十年、月山貞一門。仁多郡横田町住。

新作 貞義【さだよし】 静岡　平成
榎本栄市郎。昭和二十六年生まれ。昭和四十五年榎本貞吉に入門。貞義のち竜義に改む。昭和五十年作刀承認。新作名刀展で努力賞、奨励賞、優秀賞受賞。「倣志津伊豆国住榎本竜義三拾九才作」（平成三年）。湾れに互の目交じり。三島市大宮町住。

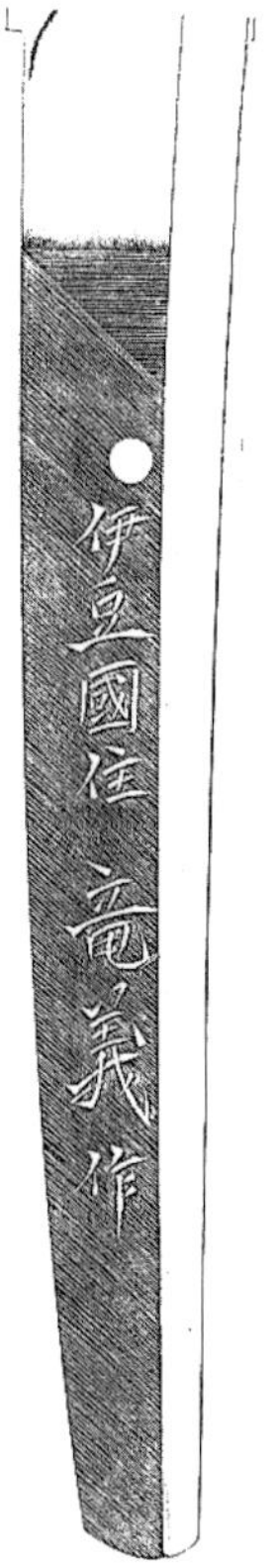

新作 貞六【さだろく】 新潟　昭和
今井弥一。天田貞吉門。新潟県北蒲原郡五十公野村住。昭和六十年六月没。

古 実家【さねいえ】 備後国　室町初期（永享）
法華一乗。草戸住。永享三年紀の作がある。「実家作」「備後国草戸一乗実家作」。

古 実重【さねしげ】 但馬国　南北朝期（明徳）
辰房。本国備後。糸井住（現・兵庫県朝来市《あさご》）。「但州糸井住辰房実重」。実重の祖は南北朝期（延文ころ）の入鹿実重で紀州根来寺の鍛冶と伝え、但州実重から後に備後に一族は移ったらしく、「備後尾道住辰房重実」を銘する鍛冶が嘉吉、延徳ころに作刀する。

古 実忠【さねただ】 日向国　室町末期（永禄）
実昌の子。国広の親といい、祖父ともいう。年紀がある作は永禄三年から天正三年までで、国広の年紀作は天正四年からはじまる。この年紀作からみると、実忠が親で国広が子という年代差には無理がない。鍛えは小板目肌が詰み、地沸つく。刃文は焼幅広く互の目に丁子、小湾れ、矢筈風の乱など交じり、湯走りかかり、飛焼かかる。小沸出来で叢沸つく。「実忠」「日州住実忠」「日州古屋之住実忠作」。（系図847頁参照）

古 実次【さねつぐ】 紀伊国　南北朝期（応安）
入鹿（現・三重県熊野市）。実綱の子、また門ともいう。鍛えが柾を揃え、直刃にほつれた景は大和風が強い。鎗の上手と伝える。「実次」。

古 実次【さねつぐ】 紀伊国　室町初期（応永）
入鹿。熊野住。応永年紀の作がある。柾肌が大和保昌風であり、直刃がほつれる。「入鹿実次」「熊野山住藤原実次」。同銘が嘉吉、大永、永禄と続く。

古 実綱【さねつな】 紀伊国　南北朝期（応安）
入鹿。本宗子という。本国大和。入鹿派の祖は、文保ころの手掻包貞、正応ころの千手院、あるいは応安ころの大和仲真を入鹿派とする説などがあって、大和から紀州へ移住してきた鍛冶とみられる。本宗は系図上の祖で、実綱また実次らが紀州入鹿に移住してきたものかもしれない。「実綱」「入鹿実綱」。

古 実綱【さねつな】 紀伊国　室町初期（応永）
入鹿。入賀（入鹿）住。応永年紀の作がある。「実綱」「入鹿実綱」「入鹿住藤原実綱」。応永以降は嘉吉、大永、永禄と続く。いずれの代も直刃に柾肌をみせた大和色の強い作風を墨守している。

古 **実経**【さねつね】 紀伊国 室町初期（永享）

入鹿。実次子。永享ころ。「入鹿実経」。

古 **実弘**【さねひろ】 紀伊国 室町中期（応仁）

入鹿。小板目鍛えに小杢交じり。互の目乱に尖り刃交じり、棟を焼き下げる。「実弘」。同銘が永正に続く。

古 **実弘**【さねひろ】 石見国 室町末期（享禄）

直刃また小互の目乱を焼く。享禄ころ。「実弘」「石州住実弘」。

古 **実昌**【さねまさ】 日向国 室町末期（天文）

国広の祖父で、実忠の父という。日州古屋《ふるや》（現・宮崎県東諸県郡綾町古屋）住。日州古屋一門の祖に当たる。板目鍛えに杢交じり、地沸つき、白気映り立つ。刃文は直刃に小乱、小互の目交じり、匂勝ちに小沸つく古調な作。系図によれば実昌――実忠――国広（広実同人）の流れがみられる。田中家系図などは実忠――実昌と逆転したものもあるが、年代からだけみても実昌が実忠（年紀作は永禄三～天正三年）より古いことは否定されない。国広の前銘が広実で、国広と広実同人とは肯定されないが、実忠と国広が直結して結ばれることは、銘振りの酷似したことなどから親子

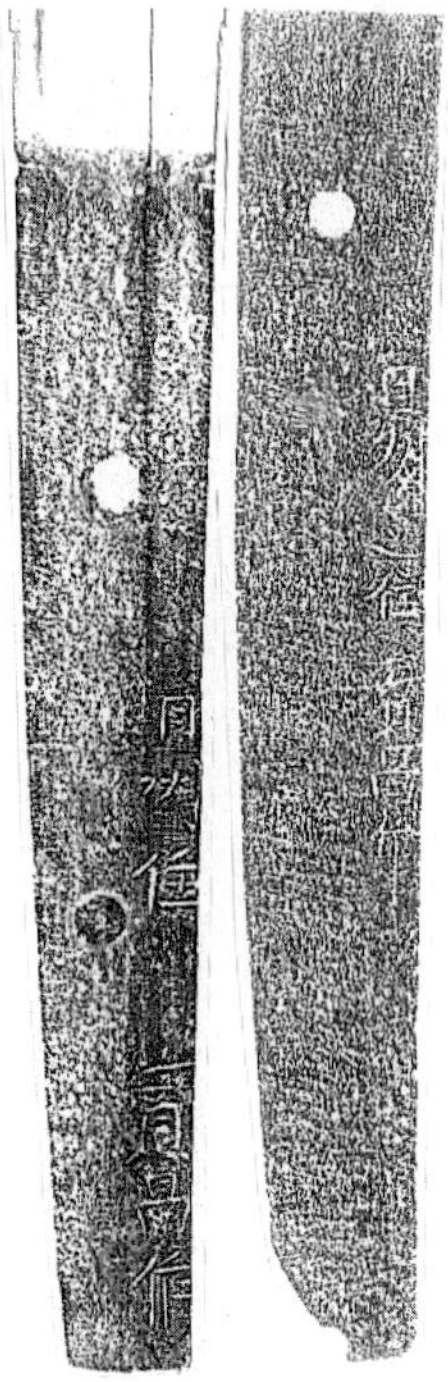

関係を含め、近縁の関連を挙げられよう。「日州実昌作」「日州之住実昌作」。（系図847頁参照）

古 **実光**【さねみつ】 備前国 室町初期（応永）

新左衛門尉。備考は応永から文安の間の工という。応永十四年紀に盛光・康光との三人合作がある。盛光・康光の作に類して、刃が小づむ感がある。「備州長船實光」「備州長船實光盛光康光」。二代實光は文安ころ、文安・宝徳・長禄・延徳年紀がある。

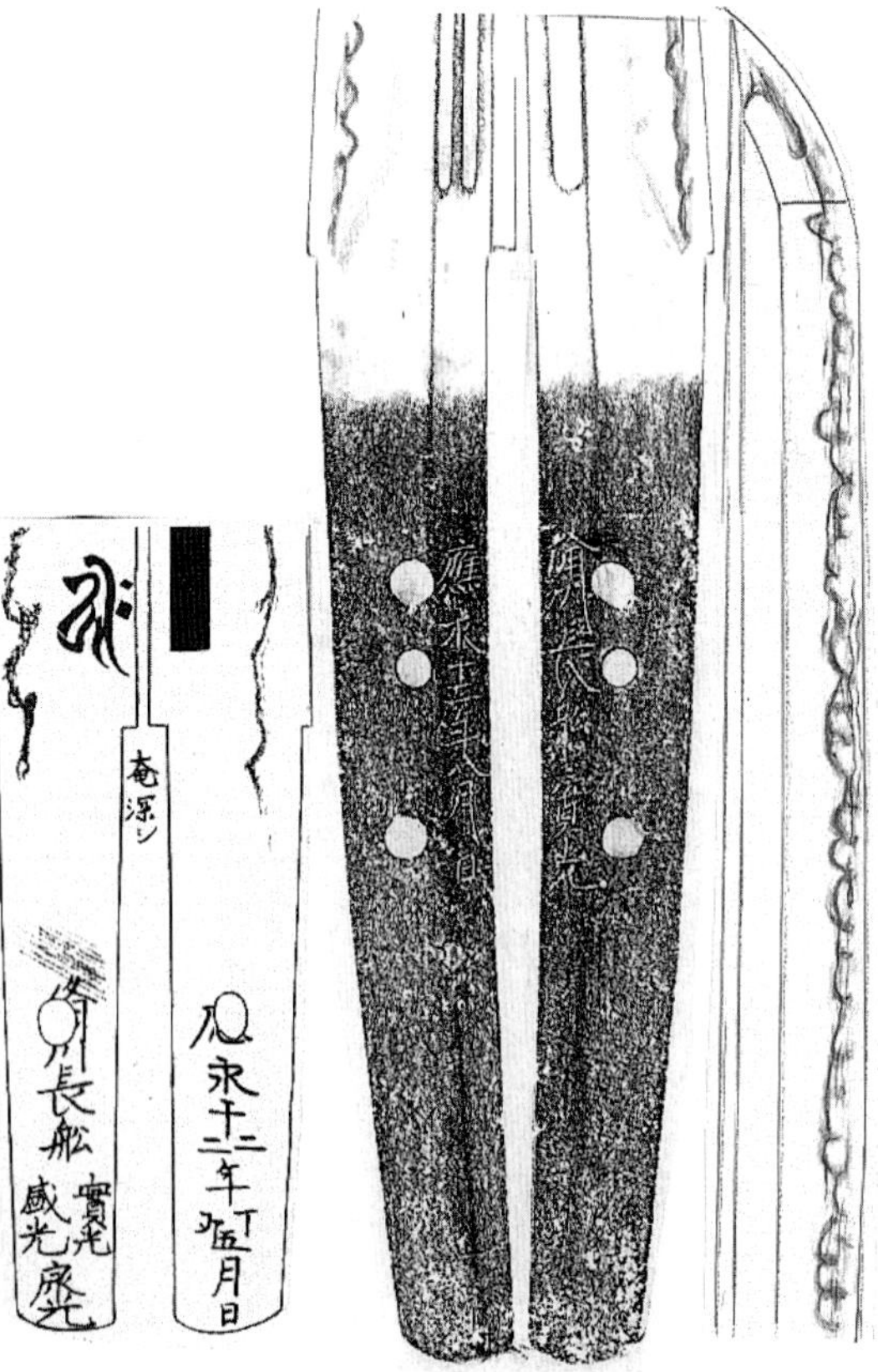

（『光山押形』）

古 **実行**【さねゆき】 豊後国 南北朝期（応安）

友行子、初代。応安ころ。「実行」。二代は応永ころ。直刃また小湾れに小互の目足入り、小沸よくつく。

古 **実行**【さねゆき】 豊後国 室町中期（文安）

高田。永享から宝徳ころへかけての鍛冶で、文安五年紀の作がある。「藤

原実行」「豊後州高田住実行」。同銘が文明、永正、永禄、天正と連綿とし、新刀期に続ぐ。

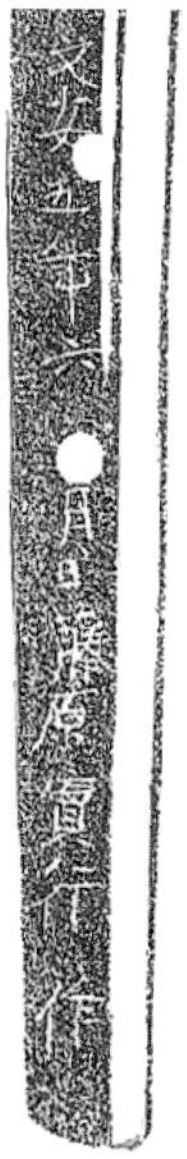

新 **実行【さねゆき】初代**　豊後国　桃山期（元和）

初代久三郎。直刃、互の目乱を焼く。「豊州高田住藤原実行」などと切る。

新 **実行【さねゆき】二代**　豊後国　江戸中期（寛文）

庄左衛門。久三郎実行の子。直刃、互の目に丁子交じりを焼く。三代弥治右衛門（延宝）、四代九郎右衛門（天和）、五代市右衛門（享保）以下九代嘉永まで後続する。

古 **実可【さねよし】**　紀伊国　室町初期（応永）

入鹿。応永ころ。「実可」「入鹿実可」。古くは永徳ころにあり、降っては文亀ころに「紀州住実可」と切る同銘工がある。

新々 **真雄【さねお】**　信濃国　江戸末期（天保）

山浦昇。幼名駒次、また喜太夫。小県郡赤岩の名主、山浦治右衛門昌友の嫡男として文化元年八月二十八日に生まれる。弟に山浦清麿がいる。文政十二年六月、河村寿隆に入門。文政十三年正月、天然子寿昌と銘す。

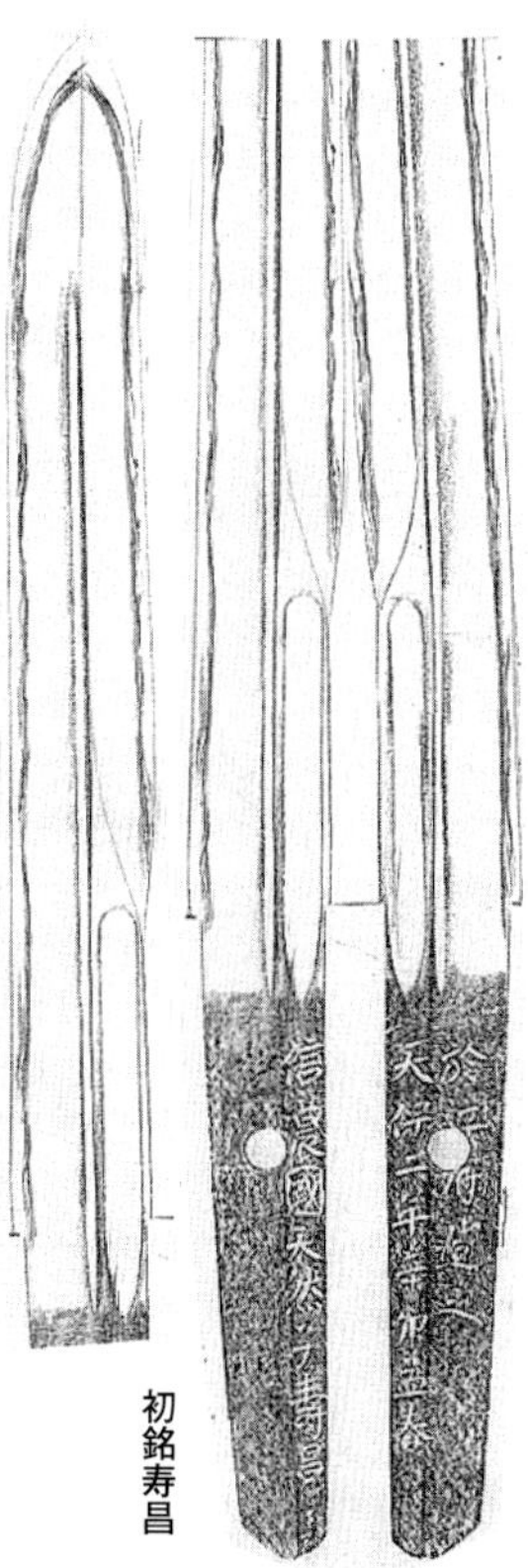

初銘寿昌

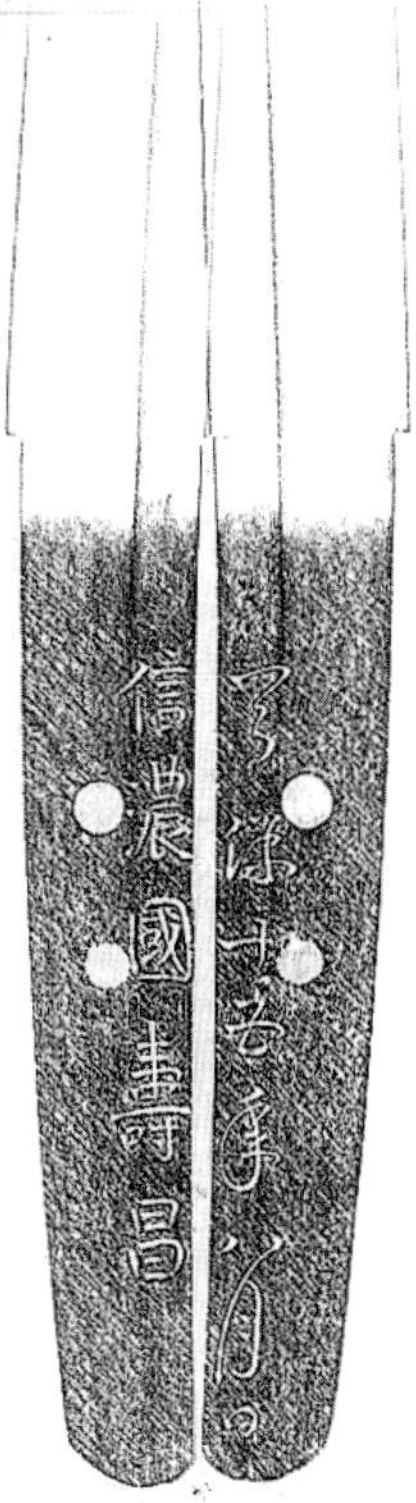

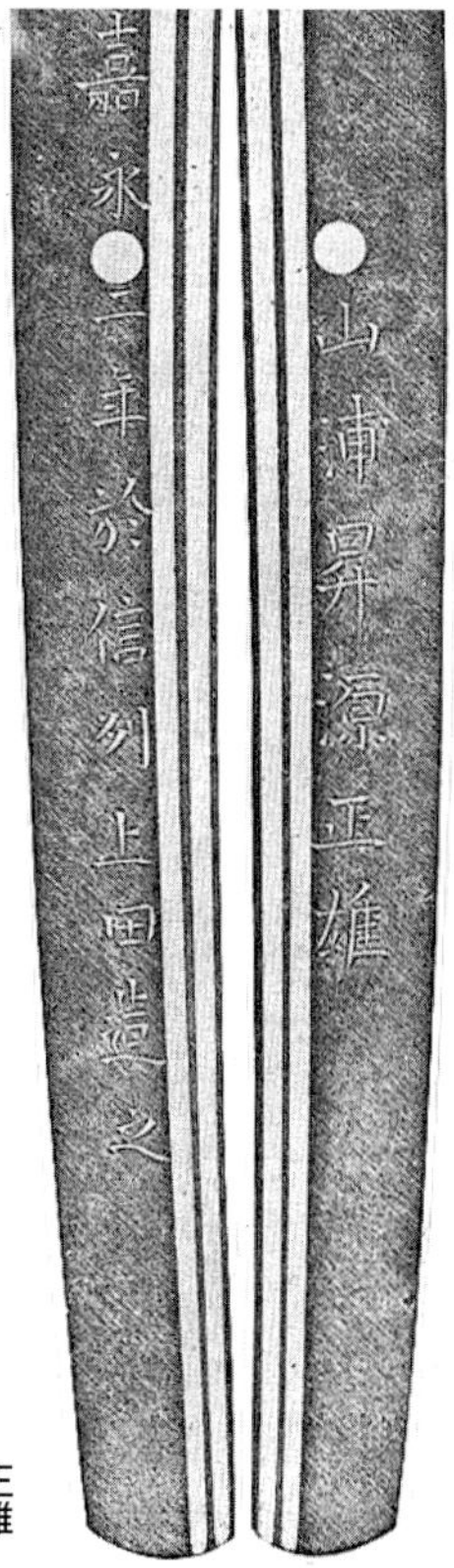

正雄

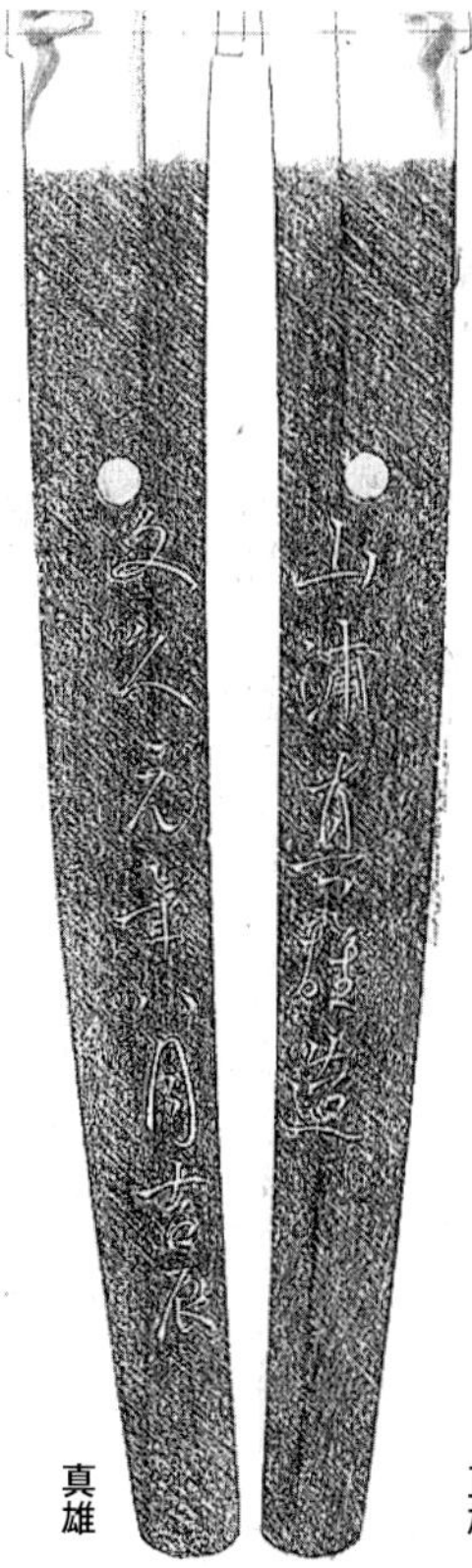

真雄

同年四月、天然子完利と銘し、弟一貫斎正行との合作脇指がある。この年完利二十七歳、正行十八歳である。天保九年ころから小諸藩の御用を務め、のち上田藩、嘉永六年に松代藩の抱工となる。匂出来に小沸の交じった互の目乱に金筋と砂流しを交じえた作は、清麿に比べては隠やかであるが、斬味は抜群なものがある。

　嘉永六年三月二十四日、松代藩で行われた直胤、真雄の両作による荒試しで、直胤刀は四、五太刀目に折れたが、真雄刀は上々の首尾で好評を博し、武用第一の真雄の面目をほどこすものがあった。真雄はほとんど終生、信州の郷里近くで鍛刀し生涯を送っている。

　切銘はかなりの変化をみせ、初期は完利、寿昌と銘し、嘉永から慶応まで正雄、また真雄であり、明治になって寿長と改めている。安政二年に真雄銘を楷書体から草書体に変え、文久三年から遊射軒を号し、明治元年には遊雲斎寿長と改銘している。明治七年五月十八日、七十一歳没。

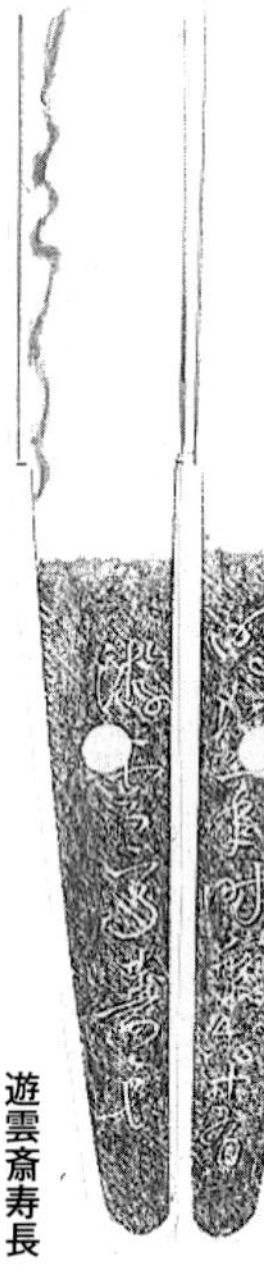

遊雲斎寿長

古 真景【さねかげ】 加賀国　南北朝期（貞治）

越中則重門という。古銘鑑は泉州、伯州にても造り、老後の永徳ころには越後に移って鍛造するとある。年紀がある作は貞治、応安があって、南北朝中期ごろからが作刀期とみられる。則重の年紀がある最終が鎌倉最末期の嘉暦三年なので、則重と真景とには年代の開きがあり、師弟関係に疑問が呈せられるが、両者の作風に類似性があって、なんらかの関連のあることは否定し難く、何人かを介しての間接的な影響が考えられよう。鍛えは地景のよく入った板目肌が松皮肌を呈し、互の目調の小乱がよく沸えて砂流しかかり、則重伝ともいうべき北陸鍛冶の働きある作風をみせる。「藤原真景」「賀州住真景」「賀州住藤原真景」。

（貞治六年十月日）
藤原真景

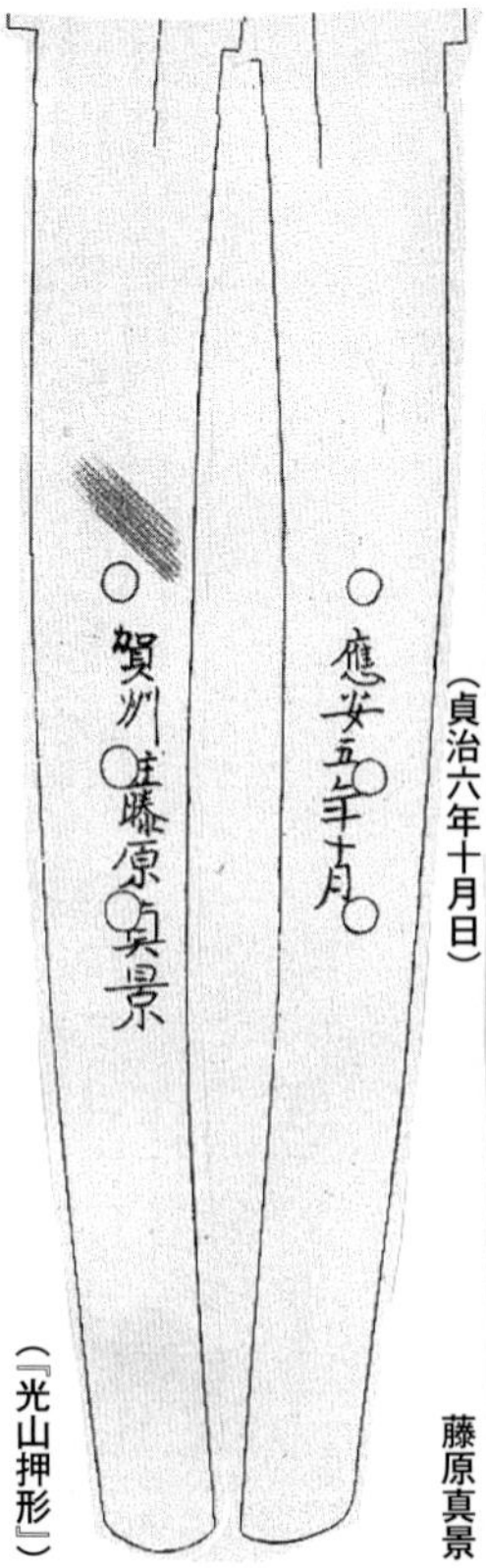

（『光山押形』）

古 真景【さねかげ】 加賀国　南北朝期（永徳）

真景二代。加州岩滝住(現・石川県能美郡辰口町)。永徳年紀の作がある。細直刃、また大乱を焼き、地景が目立たない。「真景」「加州岩滝住真景」。

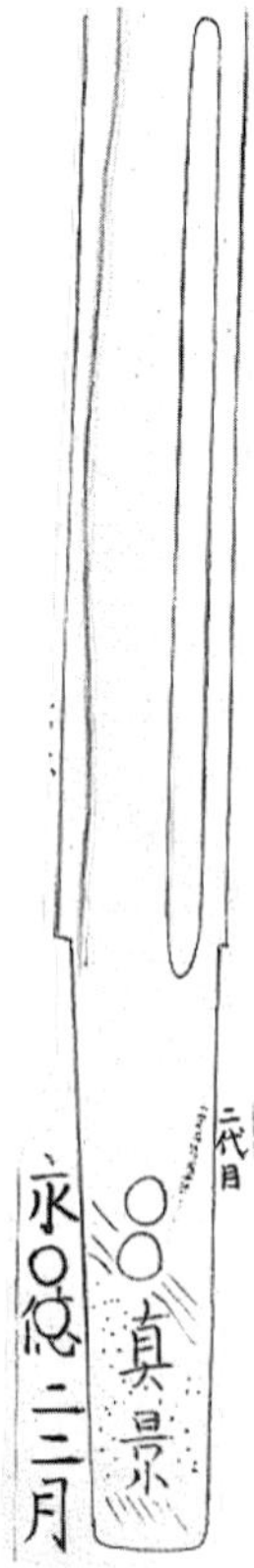

（『光山押形』）

古 真国【さねくに】 備前国　鎌倉中期（文永）

古備前系の鍛冶で雲類の一人ともいう。文永のころ。「真国」。

古 真国【さねくに】 越中国　室町中期（嘉吉）

宇多国久系。初代応永、二代嘉吉という。「国」字を草書体に切る真国は大乱、皆焼の華やいだ刃文を焼く。「宇多真国」。

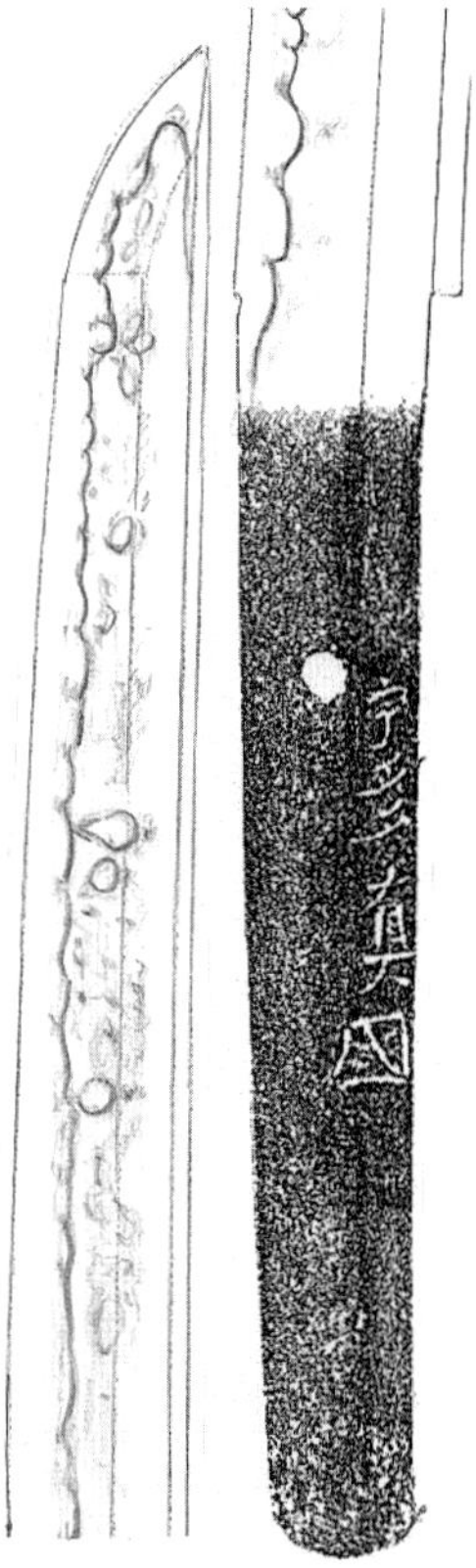

古 真国【さねくに】 越中国 室町末期（天文）

藤左衛門。国真の子、また門という。三代文明から、四代天文ころまでが、真国の作刀を比較的多くみる。「真国」「宇多真国」。

新作 真国【さねくに】 東京 昭和

加藤亦蔵。羽山円真門。明治四十五年、堀井胤明門。初銘信明。西村日本刀鍛錬所主任刀匠。目黒区中目黒住。

古 真貞【さねさだ】 備中国 南北朝期（応安）

青江。応安年紀の作があり、次代に応永年紀がある。「備中国住真貞」。

古 真恒【さねつね】 備前国 鎌倉初期（正治）

古備前。恒次の子とも近包の子ともいう、正恒の孫。真恒は久能山東照宮蔵の大太刀（国宝）が現存する故に令名が高く、大包平と並んで古備前物中で最も長寸でかつ健全である。作刀からみて平安末から鎌倉初めにかけての鍛冶であるが、古剣書は平安中ころまで年代が上り、長暦、延久、承暦などとしている。この年代が正しいものとすれば、いま知られる真恒より古い先代がいることになるが、真恒に限ってはその作例をみない。直刃が湾れかかり、小乱に小丁子が交じり、小沸がよくつく刃文を焼く。「真恒」。

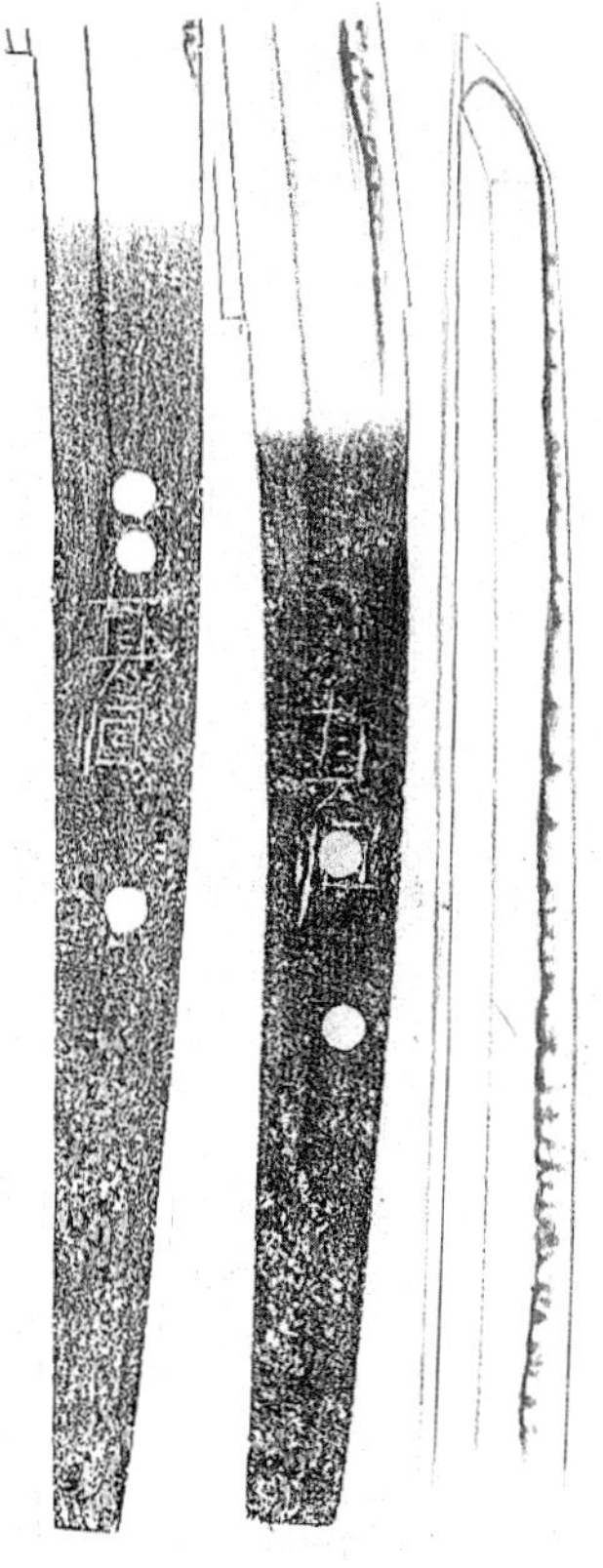

古 真恒【さねつね】 備中国 鎌倉末期（嘉元）

青江。嘉元ころ。「真恒作」。

古 真利【さねとし・さねのり】 備前国 鎌倉初期（安貞）

古備前。貞真門。沸出来の小乱が古調で古備前物にみえる作が該当しよう。片山一文字といわれる真利の前代の工であろう。

古 真利【さねとし・さねのり】 備前国 鎌倉中期（貞永）

福岡一文字。高津右馬允。則房子、また門。のち備中片山へ移住して則房の養子になるともいい、片山一文字の称がある。『往昔抄』の真利の押形に「後新作」とあるのが正しければ、この二字真利が「後代」の人であり、前代に古備前真利がいることを示している。またこの工は備前か

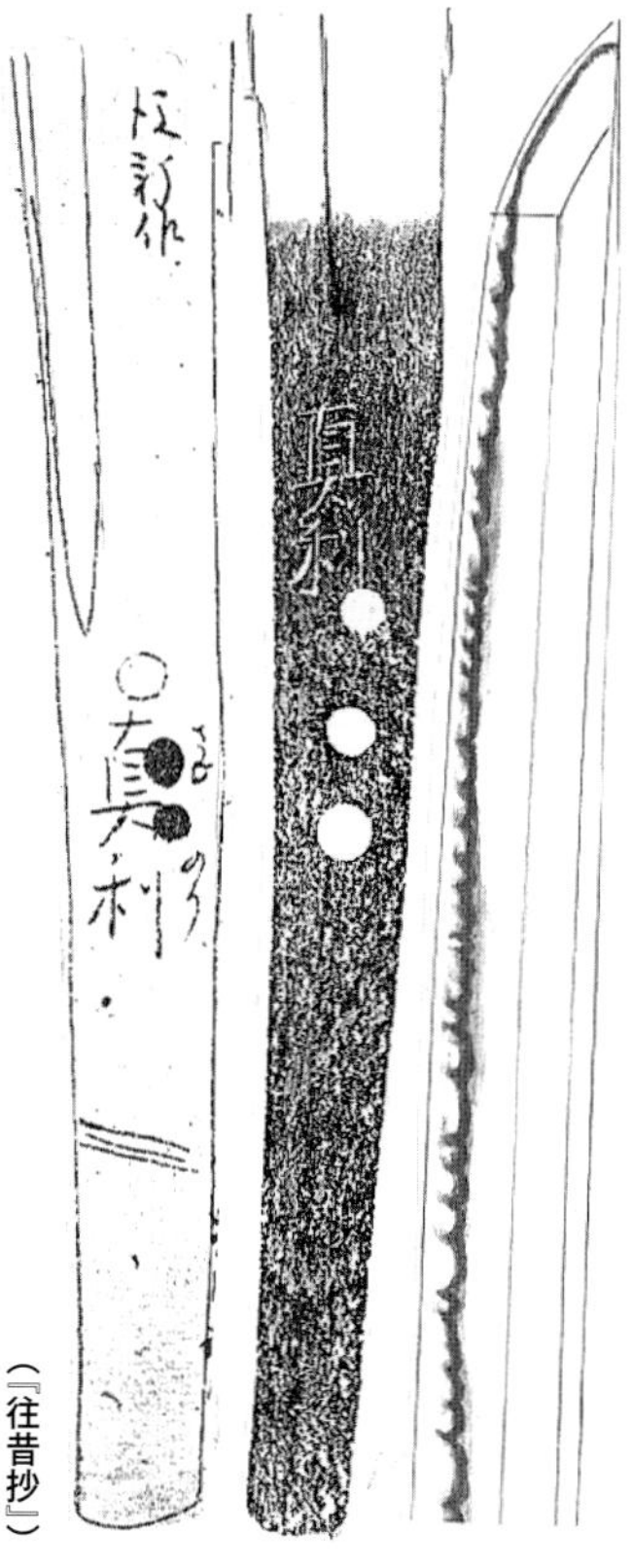

（『往昔抄』）

ら備中片山へ移り、二代則房になると伝えている。小丁子が逆がかる刃を焼く。「真利」。

古 真利【さねとし・さねのり】 備前国　鎌倉中期（宝治）

片山一文字、のち長船に移る。焼幅広く丁子に互の目を交じえた刃を焼く。「真利造」と銘し、裏に「備前国長船」と切ったのは、鎌倉中期に長船派が台頭するそのきざしを示したものにほかならず、「備前国長船住真利造」とも切銘する。三代目に当たる真利は長船真利同人とみている。

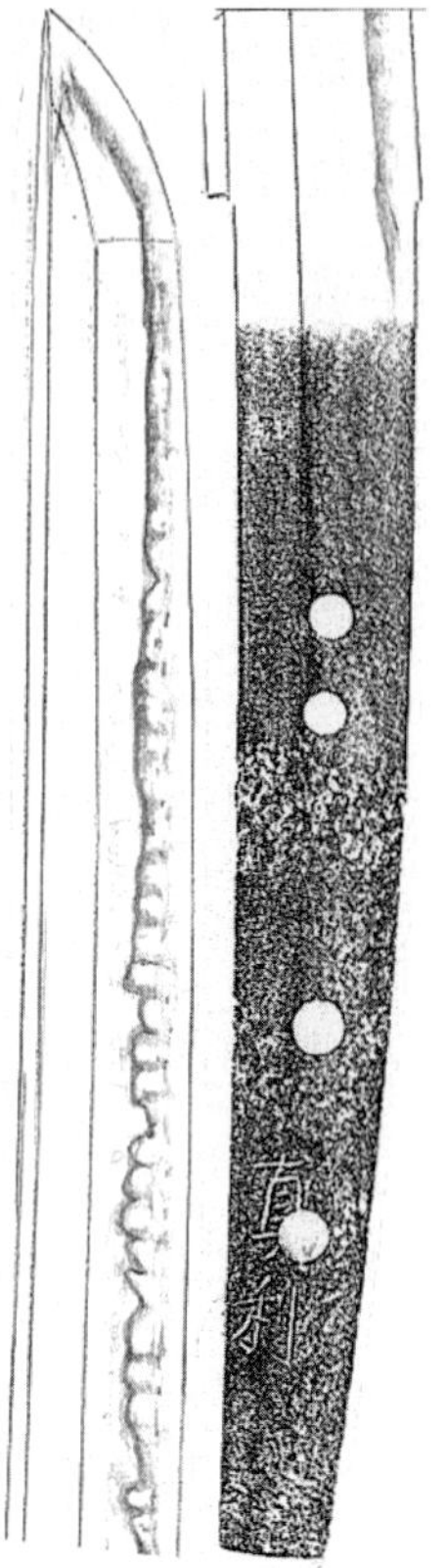

古 真長【さねなが】 備前国　鎌倉末期（正安）

平四郎。光忠の子で長光の弟、長光門であろう。平左近将監（『観智院本銘尽』）。校正は文永九年紀がある真長をあげており、この年代は文永八年紀（『往昔抄』）がある光忠と近接し、光忠の子であることを有力にする。真長で年紀がある現存作は正安二年紀が最も古く、延慶三年紀まで十年間ほどと短い。校正が正和二年紀があるというのを加えても十三年間しかない。それほど短いのは文永九年紀から作刀がある正安二年紀までの二十九年間、全く作刀がみられない時期があるからである。真長の前半期は作刀の空白域なのであるが、この間は兄であり師である長光が作刀する最盛期に当たっていて、真長は長光の陰にあって助力していた時期ではあるまいか。正安三年紀の長光太刀は真長の代銘（『名刀図鑑』第十九集）と指摘され、正安年中に真長は長光の代作代銘に当たると共に、自作を世に送り始めるのである。実質の作刀期が短いにもかかわらず作刀数が多いのは、短期に集中して作刀に当たったことによろうが、晩年には景光らによる代銘がなされてもいる。

作風は長光に似るが丁子が小づみ乱の間が近いものと、直刃仕立てに小足入り、匂口が締った淋しい出来とがあり、乱れ映りよく立つ。掲出した雉子股茎の二字銘真長は直刃に小乱が交じって古調であり、地刃がよく沸づくなど最古の年紀がある正安二年紀のものよりかなり年代が遡る作である。「長」字の第五画横線が右上方にはね上がるように打つのが特徴。徳治二年十一月紀の「備州長船住真長」は小振りの銘で景光の代銘であろう。「真長」「備前国長船住人真長造」「備前国長船住人平真長造」「備州長船住真長」。

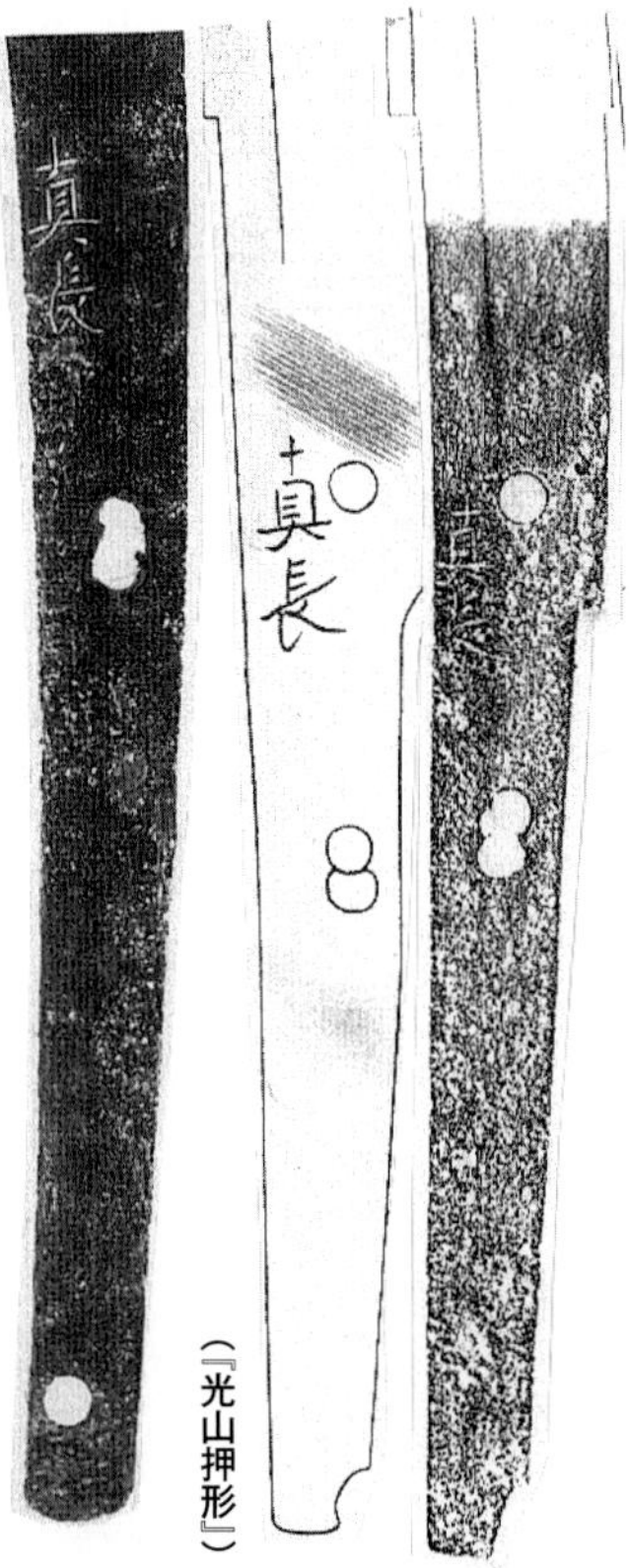

（『光山押形』）

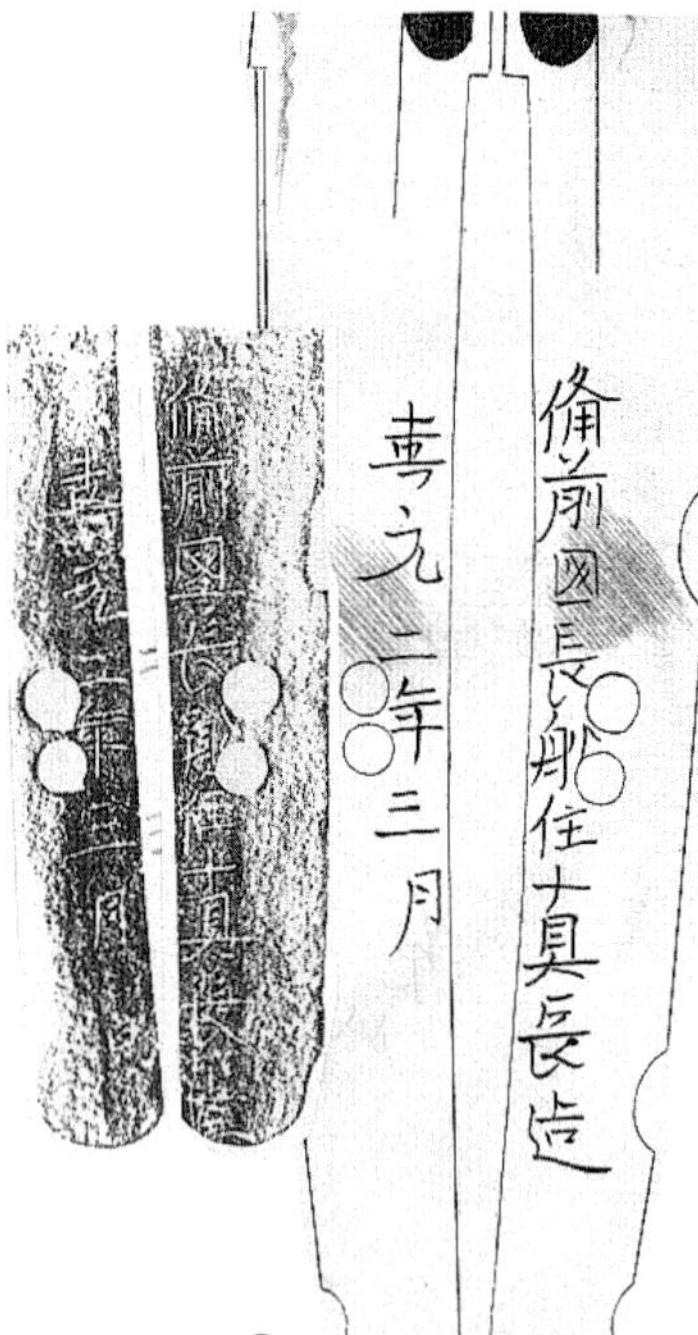

（『光山押形』）

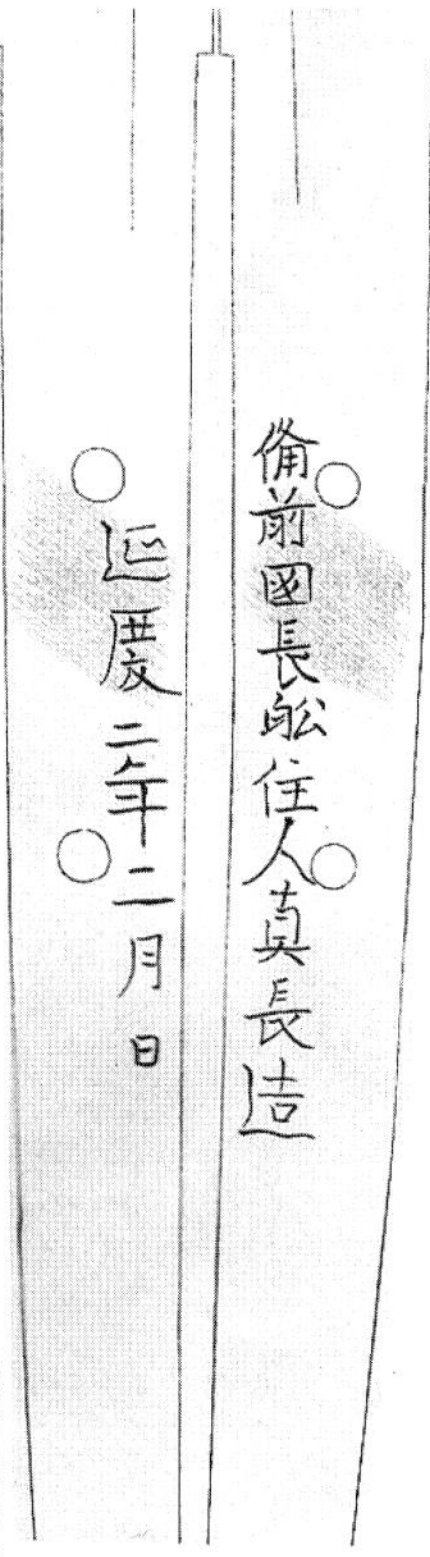

（『光山押形』）

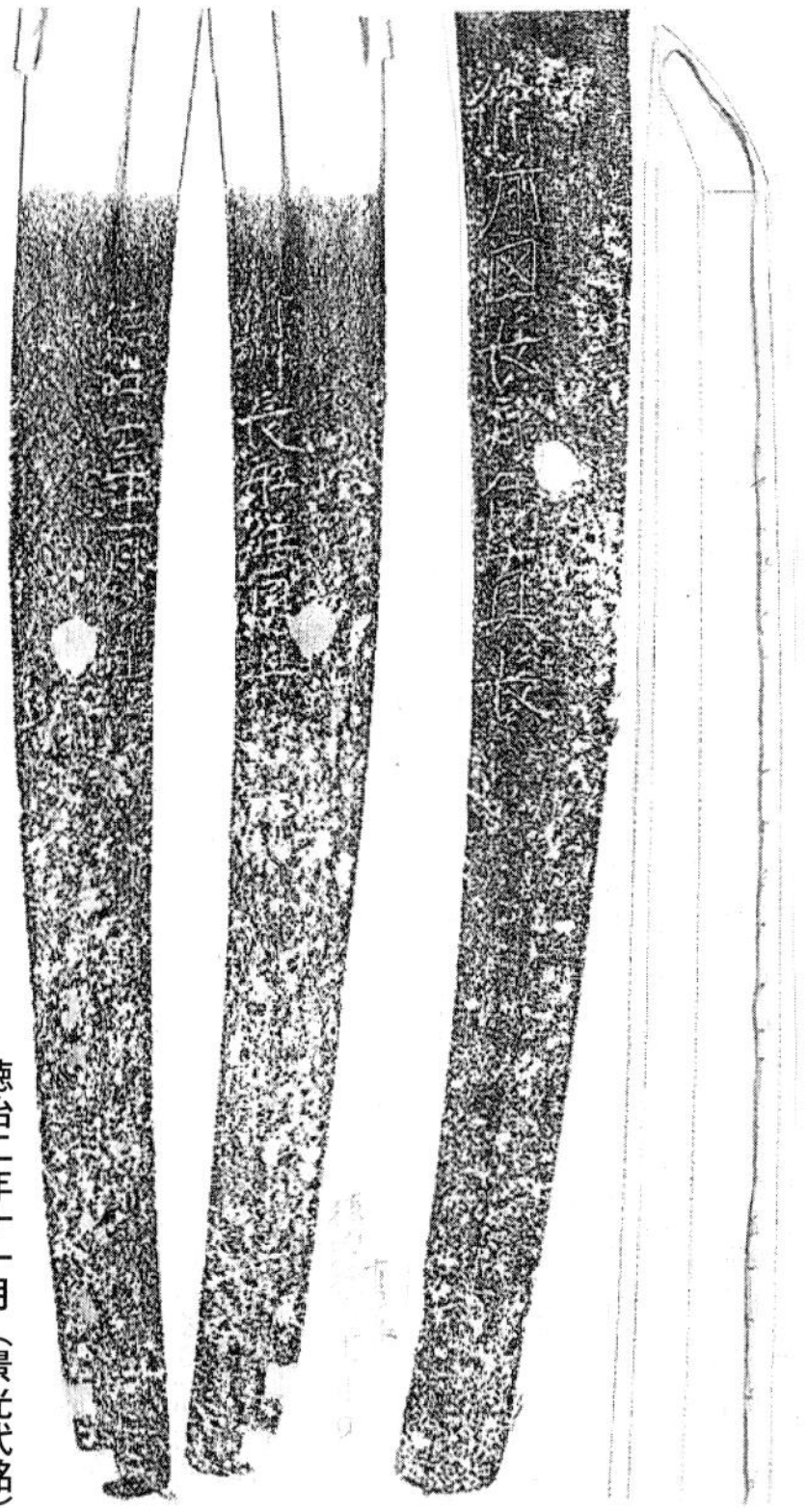

徳治二年十一月（景光代銘）

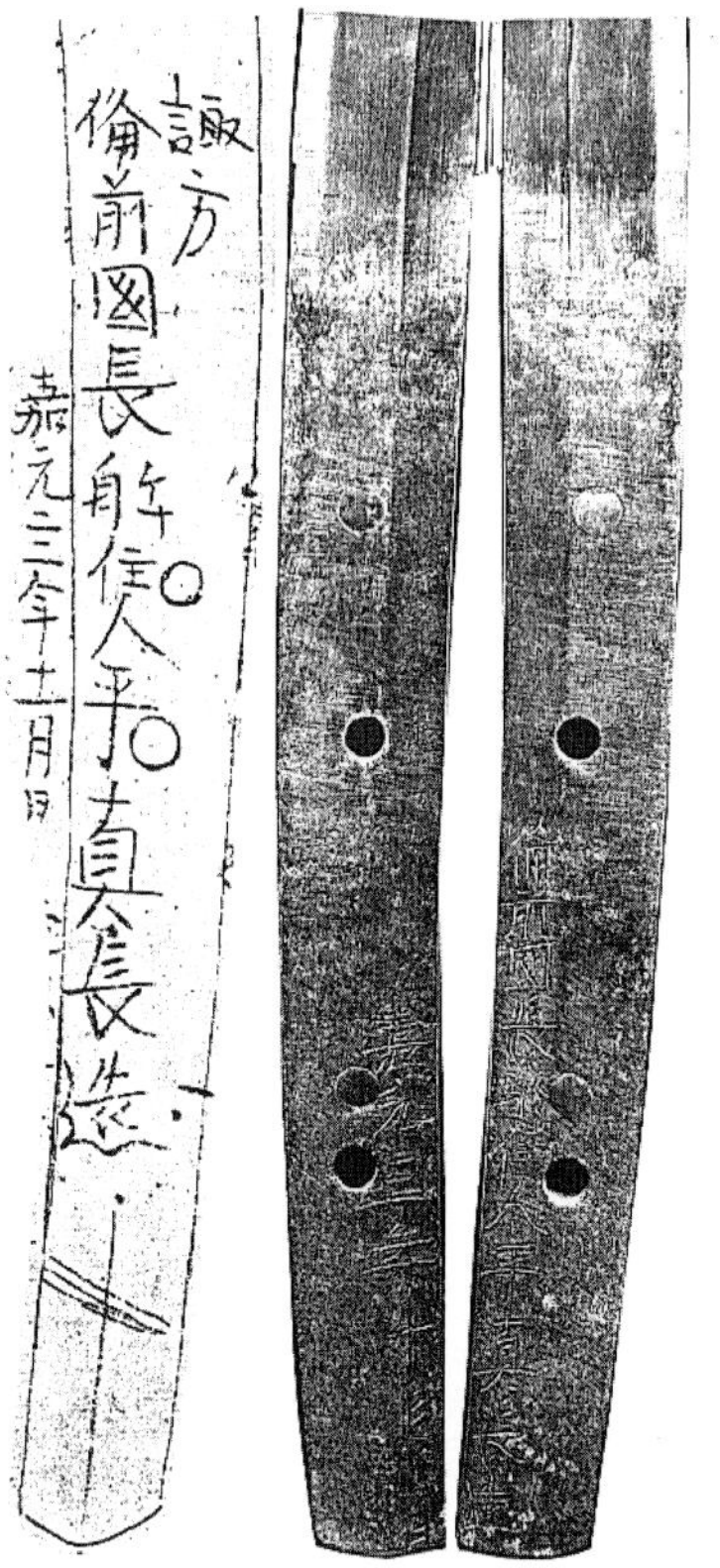

（『往昔抄』）

古 **真則【さねのり】** 備前国 鎌倉末期（文保）

長船。真恒の曾孫という。吉井派の祖ともいう。初代景則の弟という貞和の真則より古く、鎌倉末に先代の真則がいたこととなる。現存する作に文保ころまで遡るとみられる古作がある。「真則」。

古 **真則【さねのり】** 備前国 南北朝期（貞和）

吉井。貞和二年から正平十四年（延文四年）までの年紀作がある。「備前国吉井住真則」「備前国吉井住人真則」。

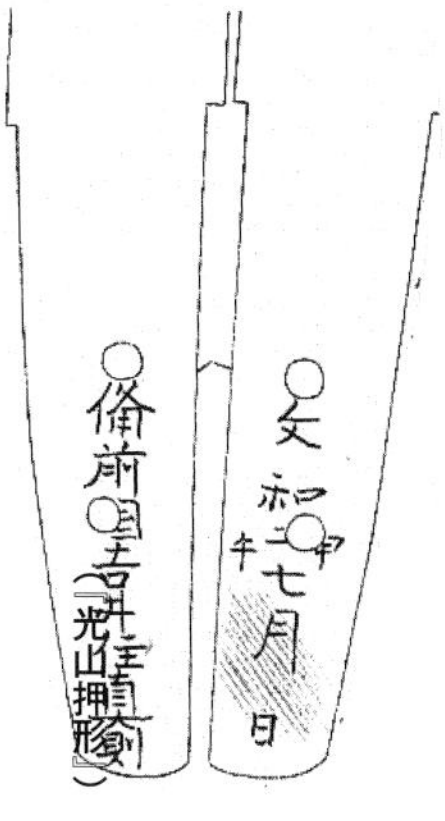

（『光山押形』）

正平十四年十月日（延文四年）

新作 **真平【さねひら】** 東京 昭和

加藤真平。大正四年生まれ。加藤兼国子。父兼国、伯父真国に学ぶ。昭和九年、陸軍受命刀匠。昭和二十年、二代兼国を襲名。昭和四十年長男清志に兼国を譲り、再び真平を銘す。目黒区碑文谷住。

古 **真房【さねふさ】** 備前国 鎌倉初期（承久）

古備前、真恒の子。承元二十四番鍛冶という。「真房」。同銘が同じ古備前で弘長ころ。長船景秀門で元応ころにある。

古 **真光**【さねみつ】 備前国 鎌倉末期（正応）

長船。左近将監。長光子、また門という。鎌倉中期の弘安ころから同期末にかけての鍛冶である。南北朝期初めの正慶年紀のものがあることから、弘安ころから正慶にかけて二人の真光がいたことも考えられる。上杉家蔵の太刀（重文）は長光門下の真光作とみる向きがある。「真光」「備前国長船住人真光」「備前国長船住左近将監平真光」。同銘が室町期に明徳、享徳、長享と続く。

古 **真元**【さねもと】 越中国 室町初期（応永）

正利門。越中国砺波郡住（現・富山県砺波市）。能登国珠洲崎（現・石川県珠洲市）にても造る。矢根の製作を得意とするという。「真元」「越中砺波郡住真元」「能登珠洲崎住真元」。

古 **真守**【さねもり】 伯耆国 平安末期（保延）

伯耆安綱の子。月卿雲客と号す。平忠盛の佩刀〝抜丸〟の作者。古銘鑑は年代を弘任、承和、嘉祥という。実作によれば嘉祥など平安前期までは年代が遡るとはみられず、平忠盛の年代が保延ころとすれば、真守の年代は平安後期のころとなろう。父である安綱の年代が平安中期のころの永延とみられているので、安綱と真守の親子関係を年代的にみては、安綱が永延、真守が保延とみることはさほど無理なく考えられる。

鍛えは板目に杢交じり、流れて肌立ち、地沸つき地景入り、地斑映り立つ。刃文は小湾れ調の直刃、小互の目に小乱交じり、沸よくつき砂流し、金筋入り、匂口うるみごころがある。真守の銘振りには数種があって、同銘が数代あるらしいが、年紀のあるものがなく、代別には至らない。三字銘の「真守造」は長銘の真守とは別人であろう。「真守造」「大原真守」「伯耆国大原真守造」。「勝」「行忍」の字を添えたものがある。

古 **真守**【さねもり】 備前国 鎌倉末期（正応）

畠田。弥次郎。右馬允。初代守家の子、家助の子とも、守家の弟家安の子ともいう。大銘に切る真守が初代で建長とし、小銘の真守を二代正応とする説があるが、建長まで遡るとみられる作はみられない。年紀作は建治が古く、真守は文永から正応にかけてのころが鍛刀期であったろう。大銘の初期作とみられるものは、華やかな守家そのものの大丁子乱を焼くが、鎌倉も最末期に近づくと丁子より互の目が主となり、さらには直刃に互の目足入りの小出来なものへと変化する。棟に寄せて二字に「真守」と切り、「備前国長船住人左馬允真守造」（正応五年紀）の長銘がある。

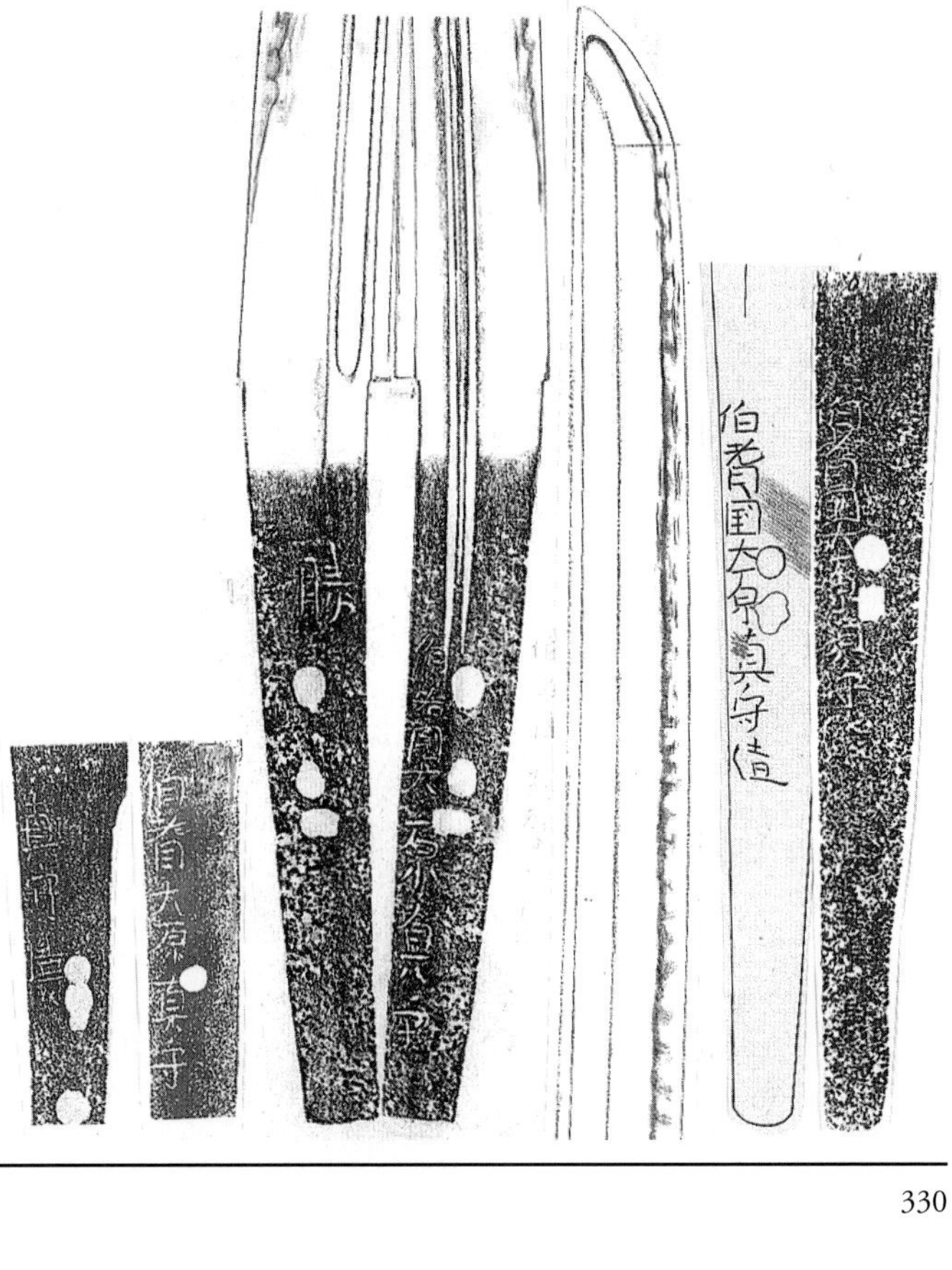

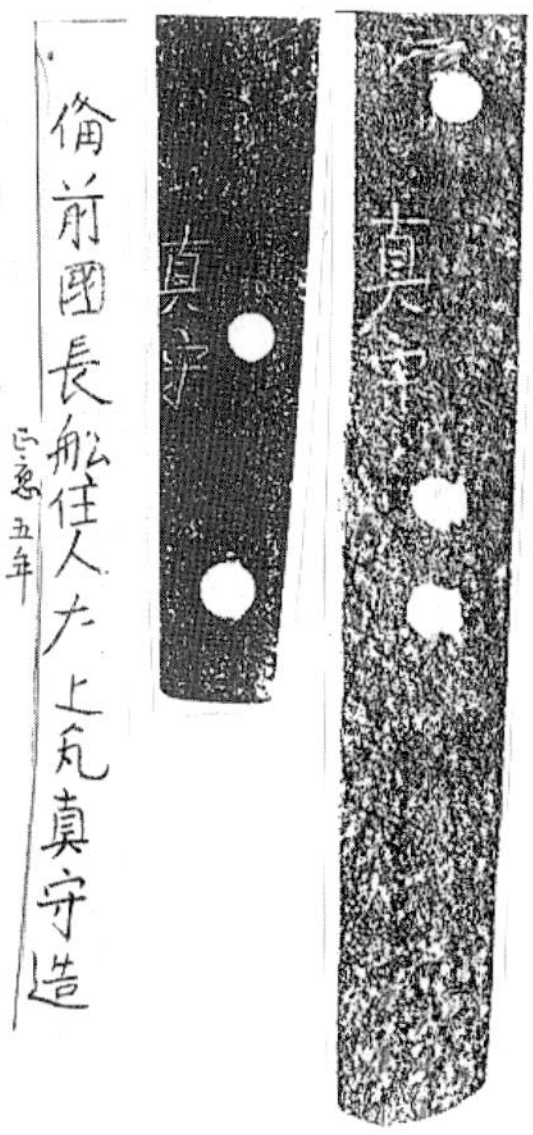

（『古刀銘尽大全』）

古 真安【さねやす】 薩摩国 室町末期（享禄）

波平。銘鑑では真安は鎌倉末期の正中から名跡が続き、室町期は文明、享禄に作刀する工がいる。享禄五年紀がある真安から後は後続するものがなかったようである。「波平真安作」「薩州住藤原真安作」。

古 真行【さねゆき】 備前国 鎌倉中期（文応）

福岡一文字。宗吉門。「真行」。同銘は鎌倉末期（延慶ころ）、南北朝期（正中、永和ころ）にあり、室町（応永）になって畠田の末流がある。

古 左馬介【さまのすけ】 肥後国 室町末期（天正）

同田貫。国勝同人。小山住（菊池郡戸崎村小室木下）。上野介と共に同田貫派を代表する。鎬造が幅広で切先が伸びた豪刀を造り、直刃また互の目乱を焼く。沸づき匂口沈む。「同田貫左馬介」「肥州住藤原国勝作」。

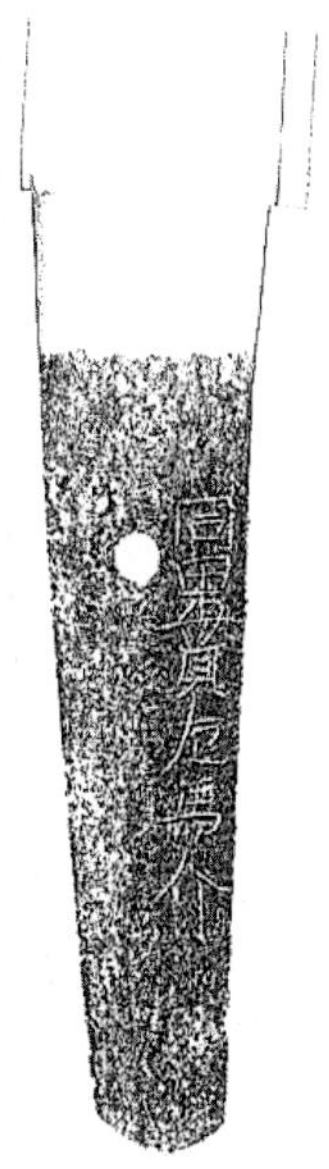

《し》

古 **良国**【しげくに】 備前国 南北朝期（貞治）
小反り。安部重吉門。貞治ころ。「備州長船良国」。

新作 **茂範**【しげのり】 神奈川 平成
小沢茂範。昭和四十二年生まれ。高野行光門。平成十七年作刀承認。平成二十二年、同二十四年、新作名刀展入選。「相州住茂範」。足柄上郡開成町住。

新 **茂行**【しげゆき】 越後国 江戸中期（元禄）
越後村上藩主堀左京亮直長の慰作。水田一派、大月左内国信が相鎚を務める。寛保三年三月二十三日、四十六歳没。直刃、互の目乱。

古 **重鑑**【しげあき】 薩摩国 室町初期（応永）
薩摩の重鑑は応永から享徳、明応、天文と続き、天文ころに隅州に分派した鍛冶がいたようであり、隅州同人がいるかもしれない。「薩州住重鑑」「波平重鑑」「隅州高隈住重鑑」。

古 **重鑑**【しげあき】 大隅国 室町末期（天文）
波平。薩摩にても造る。天文年紀の作がある。「隅州住重鑑作」「隅州高隈住重鑑」。

古 **重鑑**【しげあき】 豊後国 室町末期（天文）
平高田。のち日向に移住する。「平重鑑」「日州之住重鑑作」。

古 **重家**【しげいえ】 備後国 室町末期（大永）
辰房。大永ころ。直刃に小足入り。「備州住重家」「備後国尾道辰房重家」。

古 **重家**【しげいえ】 備前国 南北朝期（貞治）
小反り。重吉子。延文から応安にかけての年紀作がある。「備州住重家」「備州長船重家」。

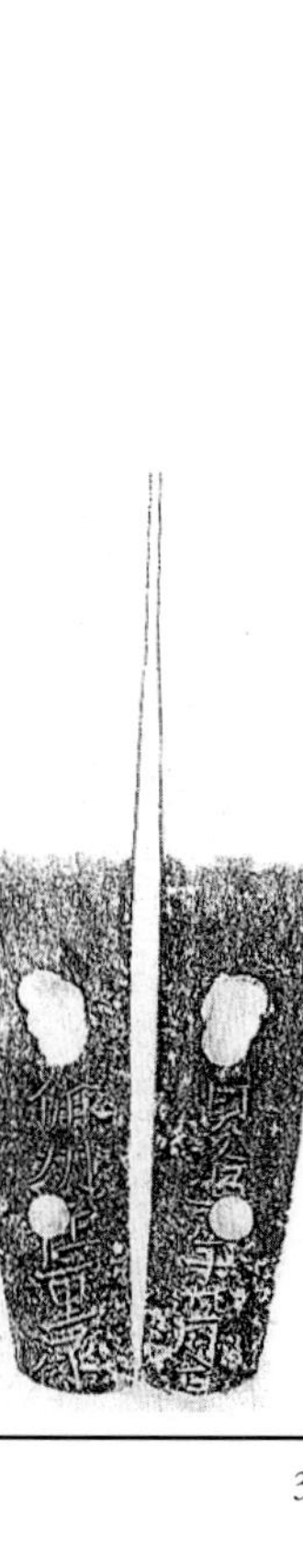

貞治六年十一月日
重家

新々 **重一**【しげかず】 羽後国 江戸末期（安政）
清水重一。清水子と号す。横手住。直刃、尖り互の目を焼く。

古 **重勝**【しげかつ】 備後国 室町末期（文明）
辰房。重光子。文明ころ。二代は天文ころ。「備後尾道住辰房重勝」。

古 **重勝**【しげかつ】 下野国 室町末期（天文）
得次郎。天文ころ。「野州住重勝」。

新 **重包**【しげかね】 信国吉次 三代 筑前国 江戸中期（宝永）

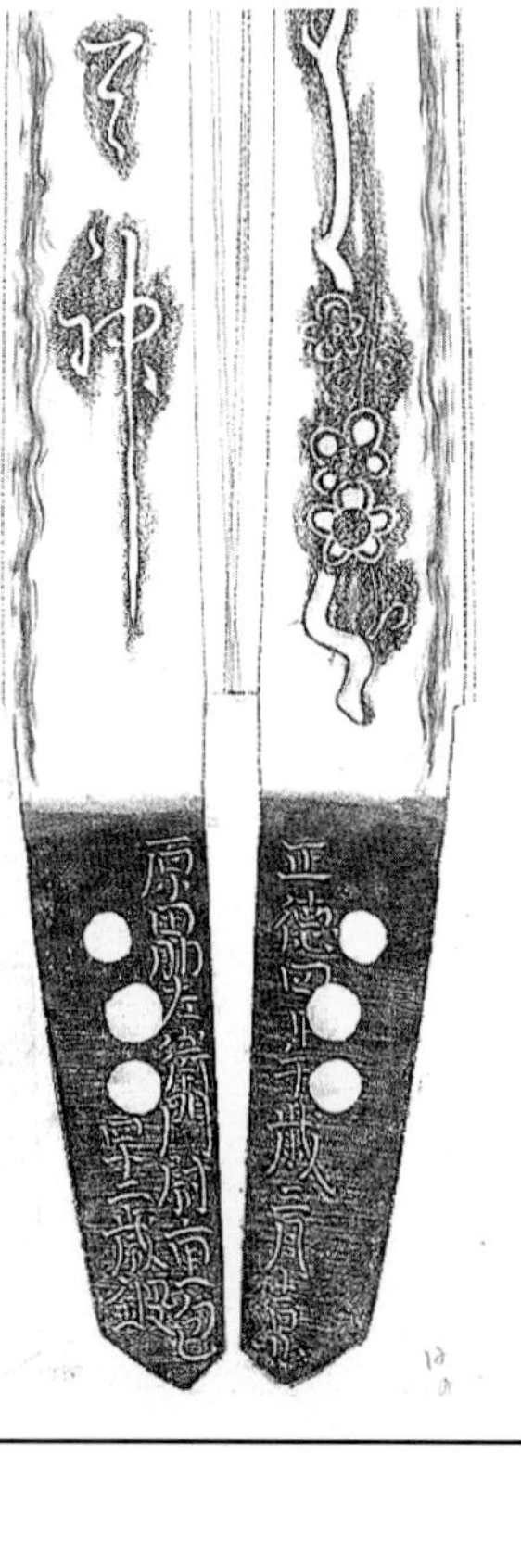

四十九歳

原田助左衛門、助六。初銘吉之、重包、のち正包と改銘する。信国吉包の子、筑前元祖信国より十五代と称える。享保六年、将軍吉宗の召しにより正水正正清、一平安代と共に江戸の浜御殿で鍛刀し、その技が認められ一葉葵紋を切ることを許される。帰国後に名を正包に改め、享保六年八月紀に一葉葵紋を切った正包銘の作がある。享保十三年十二月十日、五十六歳没。

互の目に丁子、湾れを交じえ、沸がよくつき砂流しかかるのが持ち前で、大乱の華やいだ作もある。刀身彫も巧みで、作技は筑前信国中で屈指の上手。重包銘で年紀があるのは元禄から享保初年までのものが多く、享保七年以降の正包銘の作はほとんどみない。

新 重清【しげきよ】 越中国　江戸初期（明暦）

小四郎、又兵衛。越中の与兵衛清光の子。高岡、富山にも住。江戸に出て和泉守兼重の門に入る。越中清光派を代表する上手の工。匂の深い中直刃、互の目乱を焼く。茎先が片削ぎ形となり、この形が虎徹の初期作にみる片削ぎ茎と類似するなど、重清の作風が虎徹の作風形成に影響を与えたとみられる。「越中国住藤原重清」「明歴元年十一月吉日武州於江戸作之」銘の刀から明歴元年には江戸で作刀していたことが知られる。

明暦二年四月裁断銘

古 重国【しげくに】 越中国　室町初期（応永）

山城信国門という。初代重国は則重子で建武ころ、二代は真景門で永徳ころと伝えるが作刀はみられず、応永ころの重国の作は山城信国風で、その影響がみられる。「重国」。

古 重国【しげくに】 越前国　室町初期（応永）

越州国行門。敦賀住。応永ころ。越中重国同人ともいう。「越州重国」「越州敦賀住重国」。

新 重国【しげくに】 南紀　初代　紀伊国　桃山期（元和）

文珠四郎、九郎三郎。包貞の子で大和手掻包永の末裔と称す。大和から駿河府中へ移り、慶長末年ころ徳川家康に抱えられ切米六十石を給され

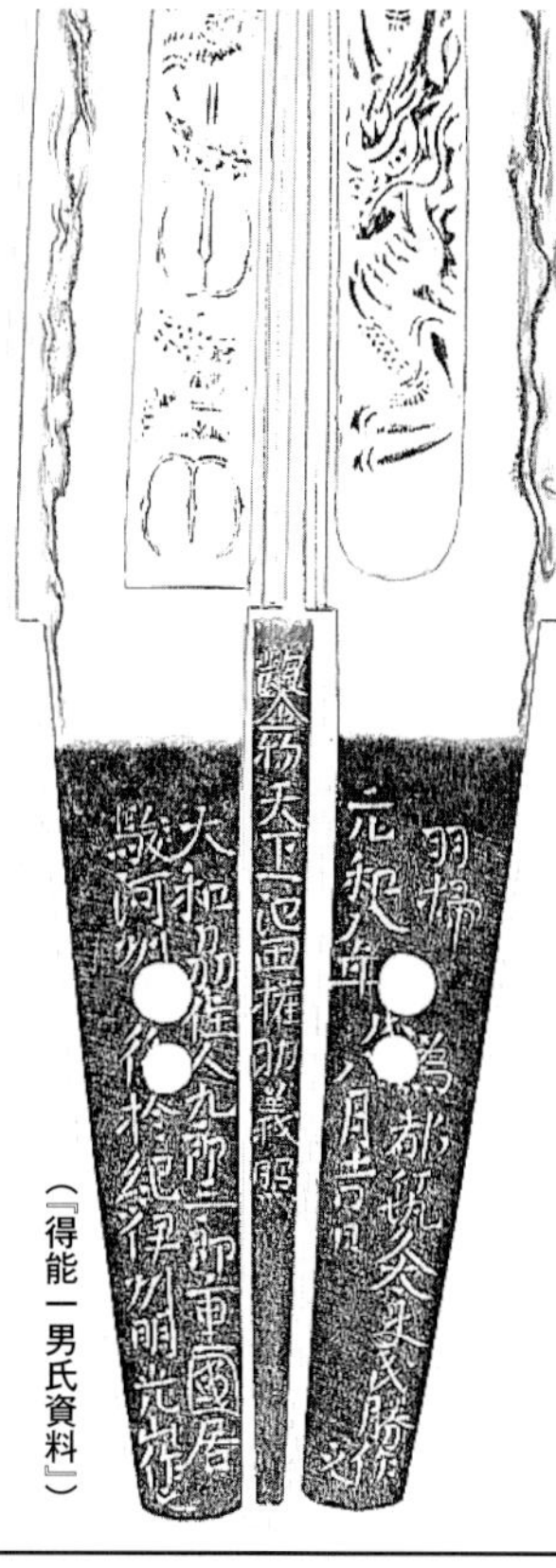

（『得能一男氏資料』）

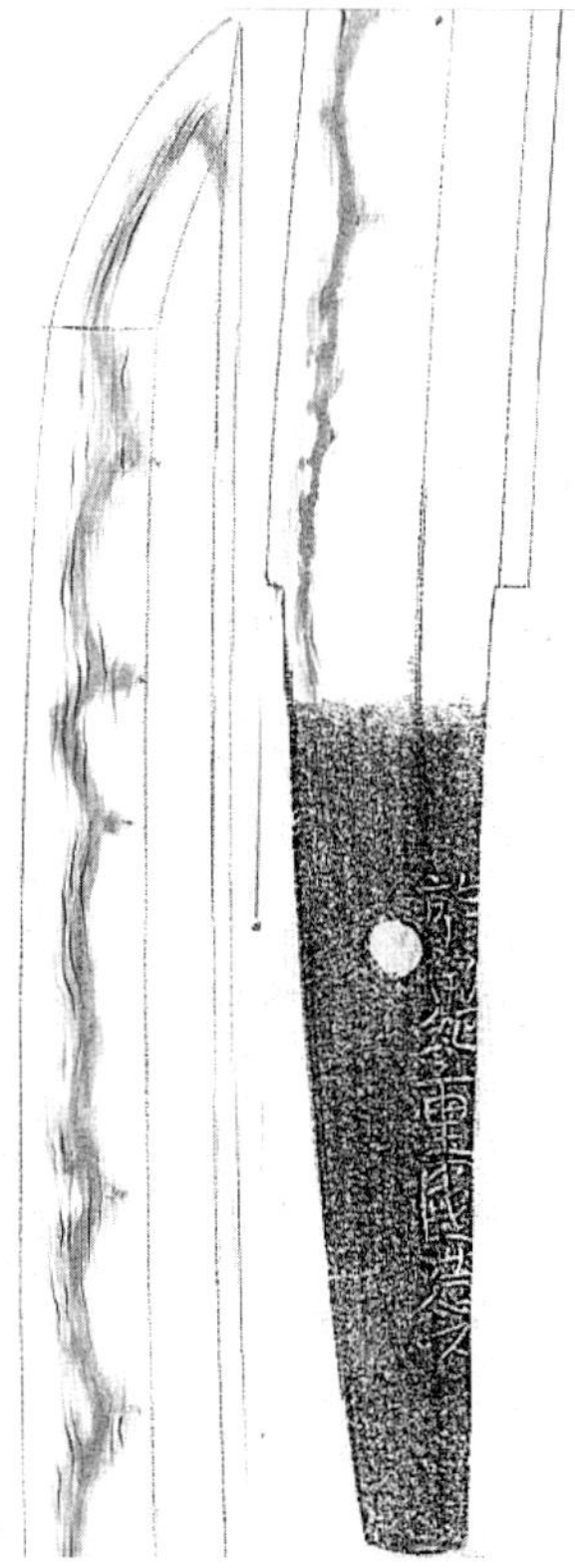

相州伝乱刃

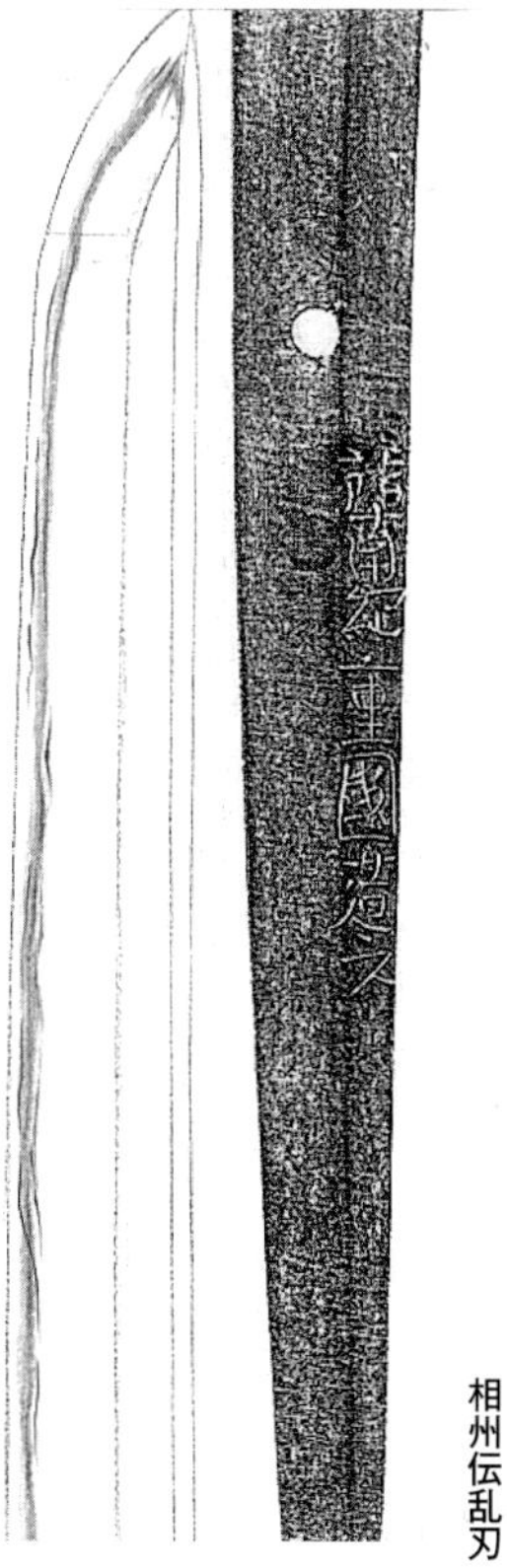

大和伝直刃

し
しげきよ～しげくに

る。元和五年八月、徳川頼宣の紀州転封に従い和歌山に転住する。重国に改銘したのは紀州和歌山へ移ってからと説かれてきたが、「元和五巳未歳」と年紀がある重国銘の駿府打ちの作があることから、元和五年前半より以前に重国を銘していたこととなる。改銘前は包国といわれているが、重国の駿府打ちの作と同時期に「和州手掻付包国於駿府造之」の銘作があって、重国と包国は別人とみられ、重国の前銘が包国とは考えられなくなる。

『新刀弁疑』は九郎三郎重国の弟に九郎次郎重国がいて両人共に紀州和歌山へ移り、よって世に駿河文珠と称うという。九郎次郎重国が、正しく九郎三郎重国の兄弟であったとすれば、この九郎次郎重国が包国を銘して作刀を残した人となる。これらをもってすれば、包国は九郎三郎重国の兄弟で、九郎次郎重国の前銘であり、両人は同時期に駿府で作刀していたと考えられる。寛永十四年没。

重国の刀には磨上げ、また区《まち》送りされたものが多いのは、もともと長寸だったため後世に手が加えられたのであろう。鍛えは板目肌が流れごころに柾がかり、総体に肌立ちごころのものと、地肌のよく詰んだものとがあり、地沸がよくつき地景が交じる。大和伝の直刃がお家芸であるが、比較的初期の作には乱刃の相州伝の覇気に満ちた作がある。寛永初めころから同七年ころにかけてが最も充実した作刀の時期で、このころに特に優れた作がある。彫刻は巧みなものをみるが、濃密なものは池田権助義照など専業の彫刻師の手になるものである。

新 重国【しげくに】 南紀 二代 紀伊国 江戸中期（寛文）

文珠金助、平四郎。二代銘のほとんどに「文珠」が入るので、世に「文珠重国」と呼ぶ。父と同じく紀州藩工となり紀州頼宣の鍛刀相鍛冶を務めるという。正保から寛文ころまで二十余年間の活動期があり、長命な鍛冶であったろう。延宝四年十月十日没。大和伝の直刃のほか、乱刃の上手といわれるように互の目がよく沸づき砂流し、金筋がかったもの、尖り互の目、箱がかった互の目が交じるもの、また丁子乱の盛んな出来のものなど作域が広い。

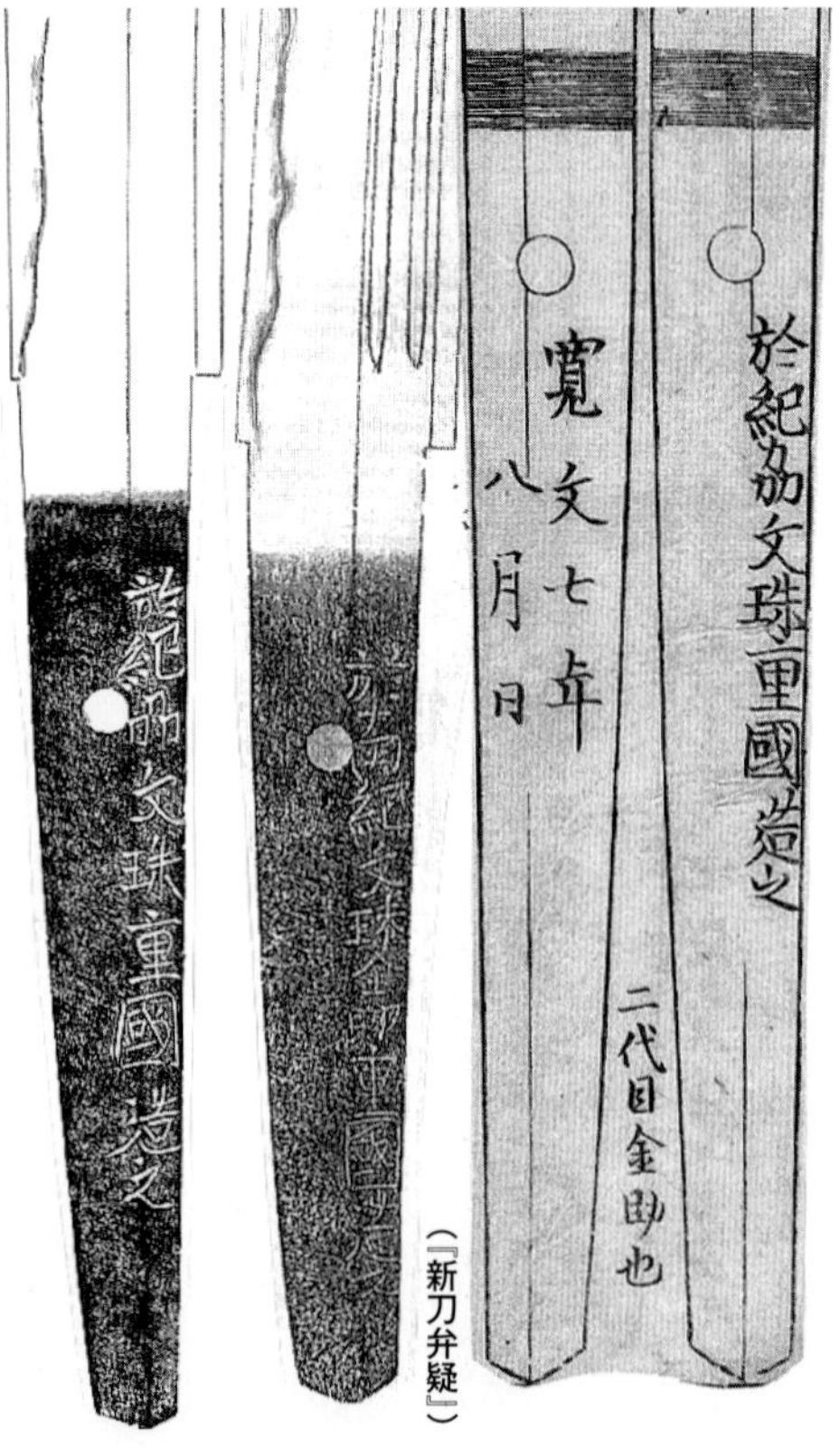

（『新刀弁疑』）

新 重国【しげくに】 南紀 三代 紀伊国 江戸中期（延宝）

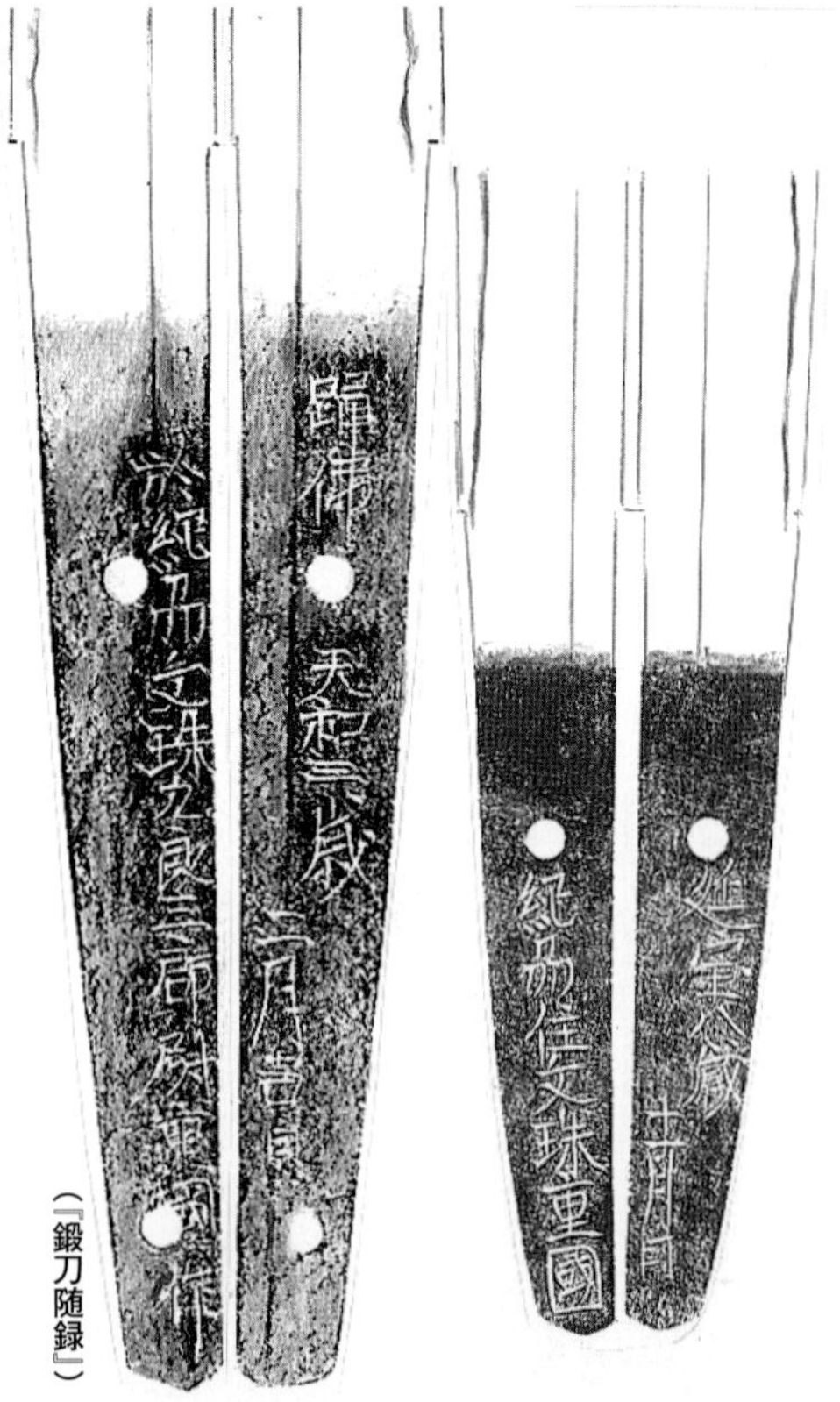
（『鍛刀随録』）

四郎兵衛、九郎三郎。延宝元年紀の作刀に行年四拾三歳と銘したものから、寛永八年生まれと知れる。濃州岐阜にても造る。直刃、互の目乱、互の目が小づみ、尖りごころの刃、丁子が交じる。

新 **重国【しげくに】** 南紀　四代　紀伊国　江戸中期（宝永）

金助。須佐神社の奉納刀に元禄三年紀で廿七歳と切ったものから、寛文四年生まれと知れる。貞享ころから長期の鍛刀期がある。直刃、互の目が連れて小づむ。享保十五年六十七歳没。◆五代国勝（享保）、六代国勝（明和）、七代国勝（天明）、八代重国（享和）、九代重国（文政）、十代重国（安政）、十一代重国（慶応）まで連綿とする。

古 **重貞【しげさだ】** 但馬国　室町中期（文安）

法城寺。平田藤八。応永重貞の子。文安ころ。「但州法城寺重貞」。

古 **重貞【しげさだ】** 備後国　室町末期（文明）

辰房。重光子。文明ころ。「備後国住辰房重貞」「備後国尾道住辰房重貞作」。次代同銘が永正ころにある。

新 **重貞【しげさだ】** 信国吉助　三代　筑前国　江戸中期（貞享）

作右衛門、作左衛門。信国吉助三代目、二代吉貞の子。小湾れに互の目、丁子交じり。**◆信国吉助（二代）⇩吉貞の項参照。**

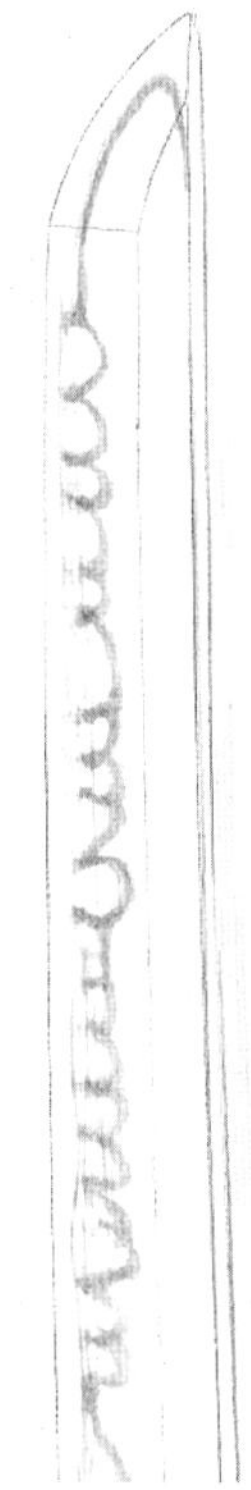

古 **重真【しげざね】** 備前国　鎌倉末期（嘉暦）

次郎兵衛。初代。初代元重弟、また門。嘉暦から暦応までの年紀作がある。「重真」「備州長船住重真」。

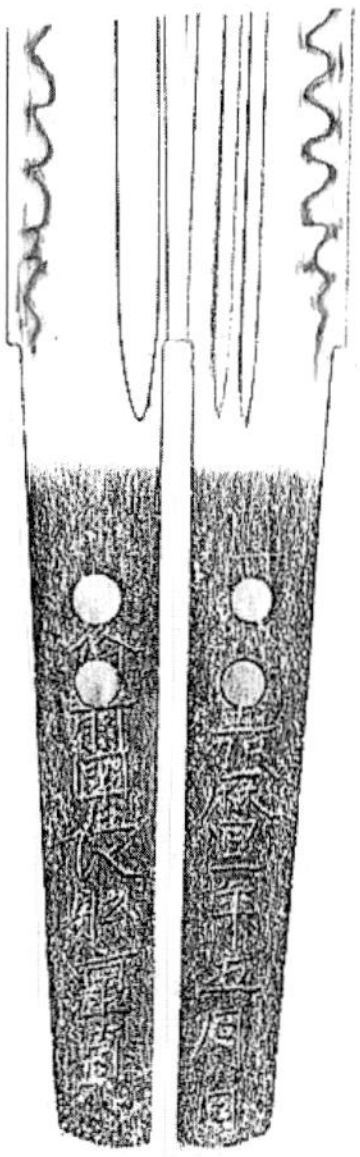

古 **重真【しげざね】** 備前国　南北朝期（貞和）

左兵衛。二代。二代元重弟、貞宗門という。小銘に切る。貞和から延文までの年紀作がある。はじめ肩落互の目を焼き、のち直刃調の互の目、丁子交じり、また丁子に互の目交じりの華やかな作がある。逆足かかるものが多い。「重真」「備州長船住重真」「備州長船住左兵衛尉重真」。重真の名跡を継ぐ応永年紀を切る工がある。

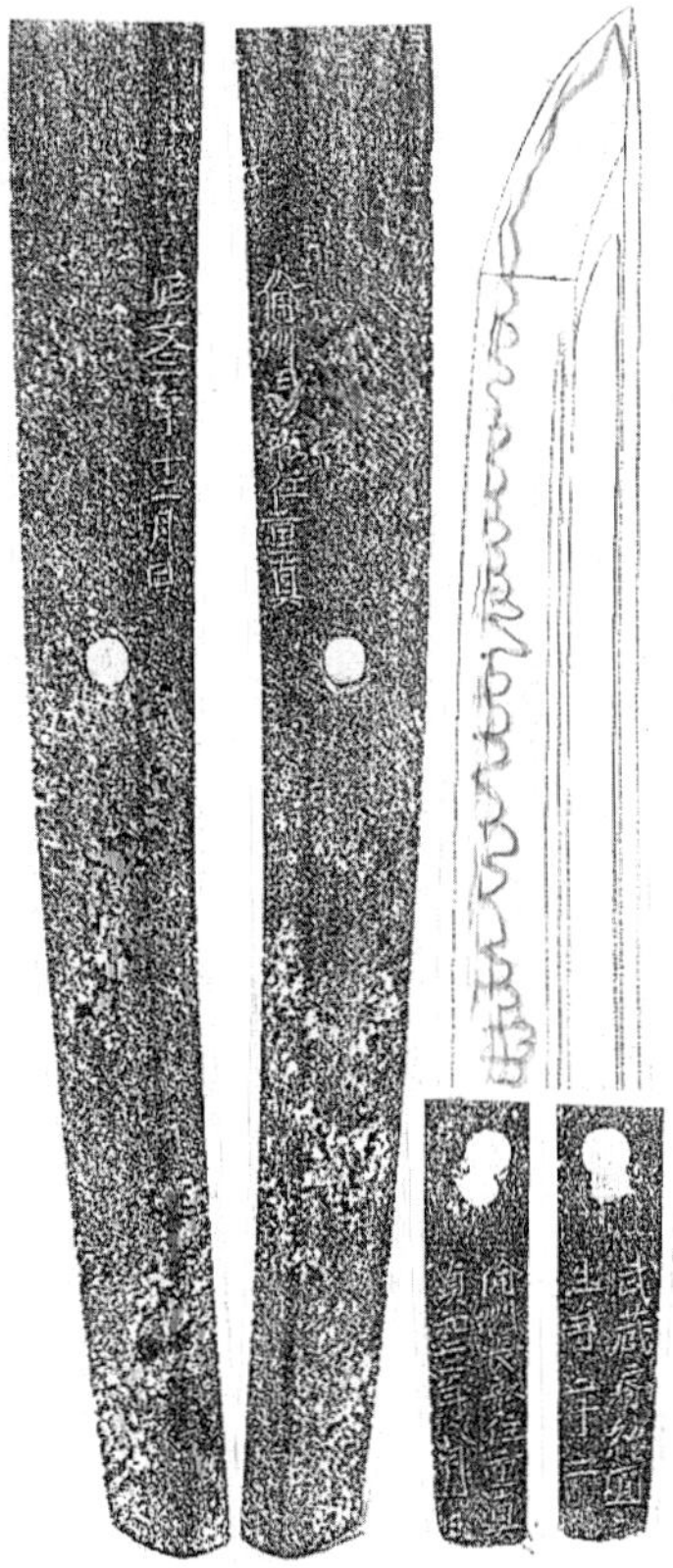

古 **重真**【しげざね】　但馬国　室町初期（永享）
法城寺。平田藤八。「但州住重真」。

古 **重末**【しげすえ】　備前国　室町初期（応永）
応永備前。応永九年紀があり、同末年までの作がある。「備州長船重末」。

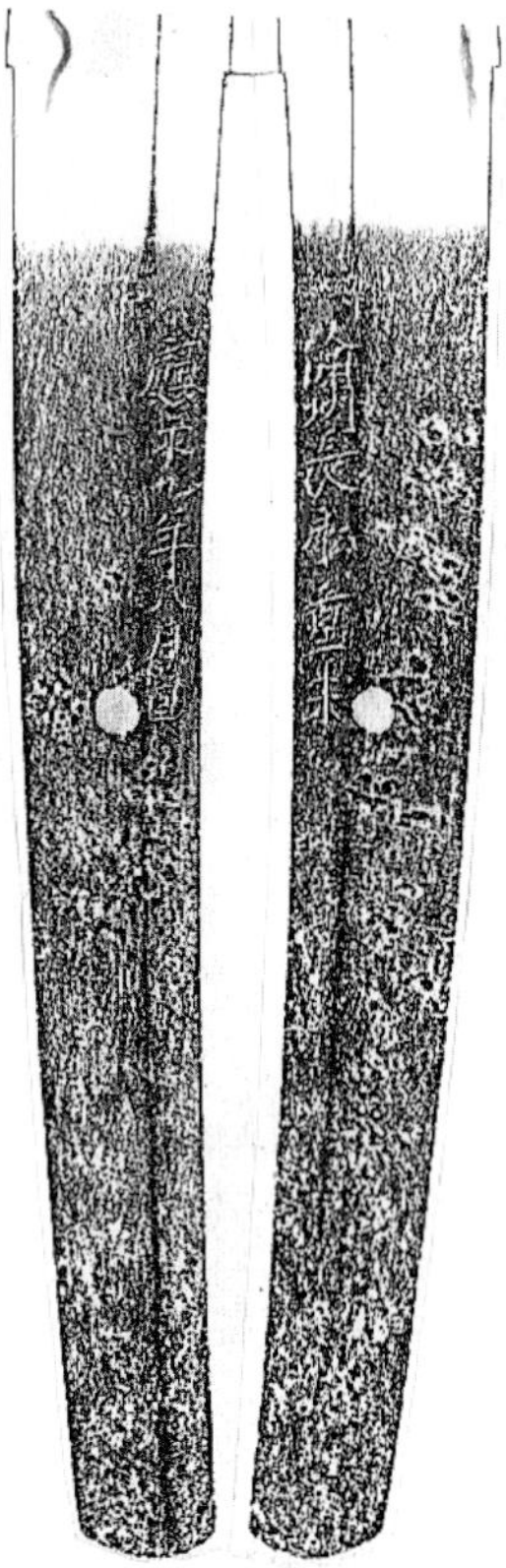

古 **重助**【しげすけ】　備前国　鎌倉末期（嘉暦）
和気。備前和気庄に住した刀工郡の代表工。嘉暦三年紀の作がある。和気は古備前刀工の故地と伝える。「重助」「備前国和気庄住重助」。

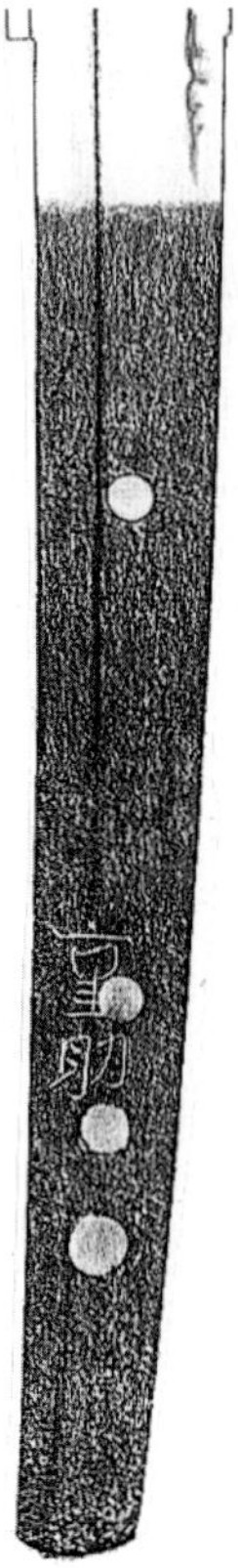

古 **重純**【しげずみ】　薩摩国　室町中期（長禄）
波平。板目が流れ綾杉風、直刃また互の目乱の匂口沈む。「波平重純」。

新 **重高**【しげたか】　播磨大掾　初代　越前国　桃山期（慶長）

年紀があるのに慶長十六、元和六、寛永十三年などがある。信州飯田の出身、関兼則の門。天正ころ兼則の越前移住に従い移る。播磨大掾を受領する。

新 **重高**【しげたか】　播磨大掾　二代　越前国　江戸初期（正保）
越前福井住、江戸にても造るという。正保から明暦ころにかけての年代である。広直刃、湾れに互の目交じり。

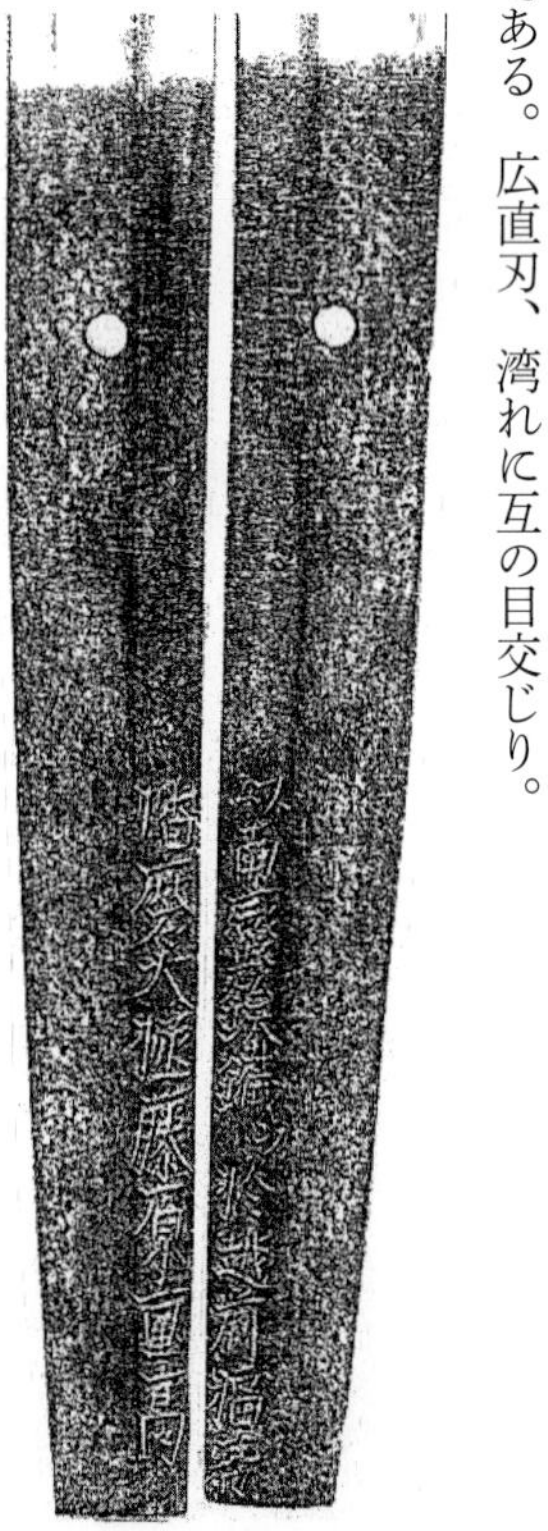

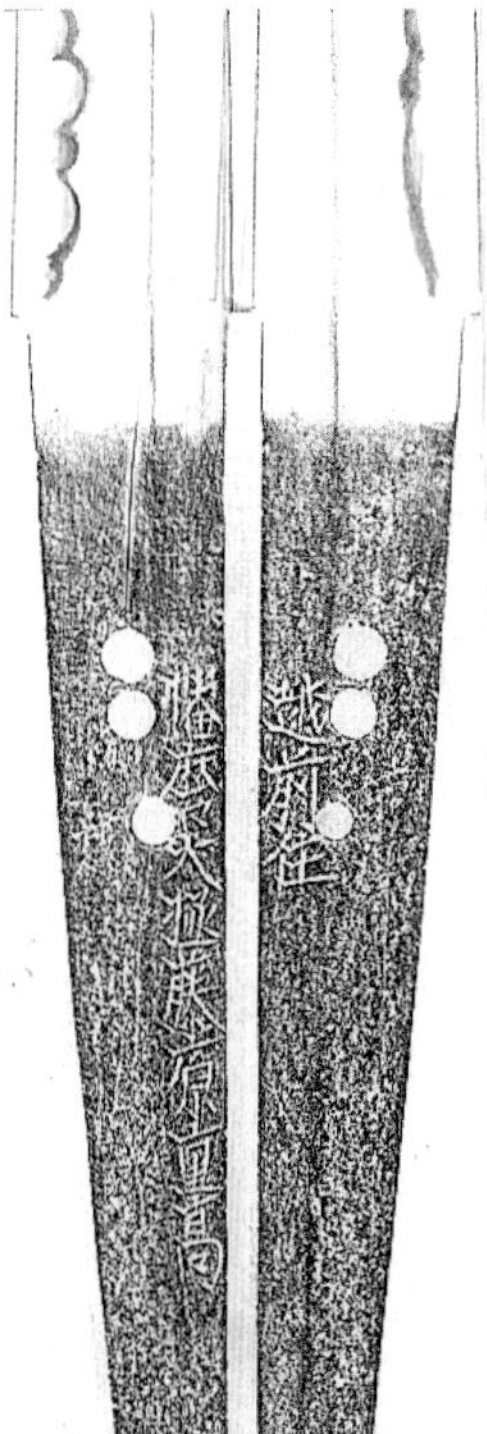

新 **重高**【しげたか】　播磨大掾　三代　越前国　江戸中期（寛文）
重高歴代中で初代に次ぎ作品が多い。寛文十年紀があり、以降天和ころまで作刀する。直刃、湾れに互の目交じり、互の目乱などがある。

新 重高【しげたか】四代　越前国　江戸中期（元禄）

四代からは播磨大掾の受領がなく、「越前住藤原重高」とのみ切銘する。

◆元禄ころに日向大掾を受領し「越前住日向大掾藤原重高」と切る人がいて、四代または五代重高の年代に相当する。五代重高（享保）、六代重高（延享）、七代重高（明和）、八代重高（天明）、九代重高（寛政）、十代重高（文化）、十一代重高（嘉永）と続く。

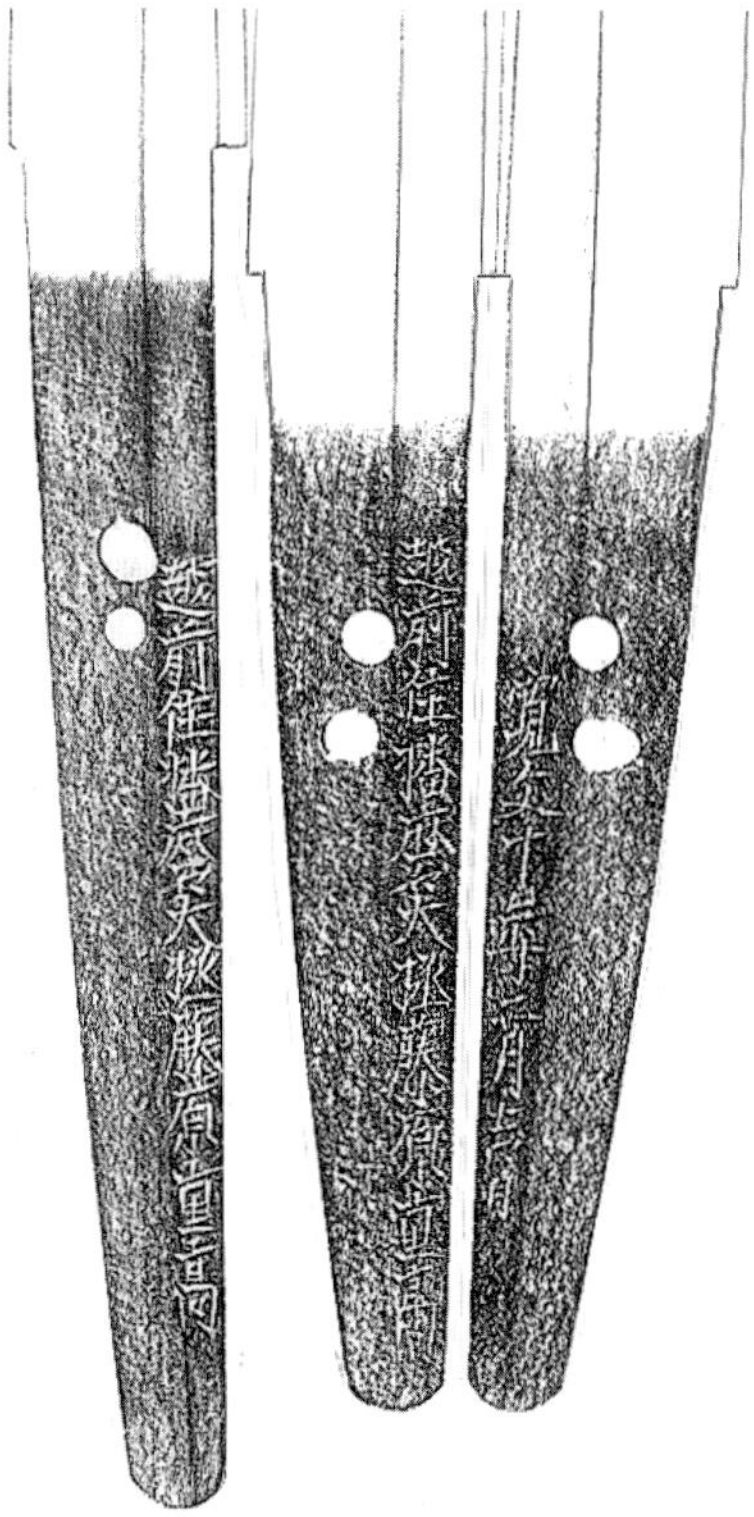

古 重武【しげたけ】　薩摩国　室町末期（永禄）

波平。中直刃に尖り互の目交じり。「永禄十二年二月吉日」の年紀作がある。「薩州住重武作」。

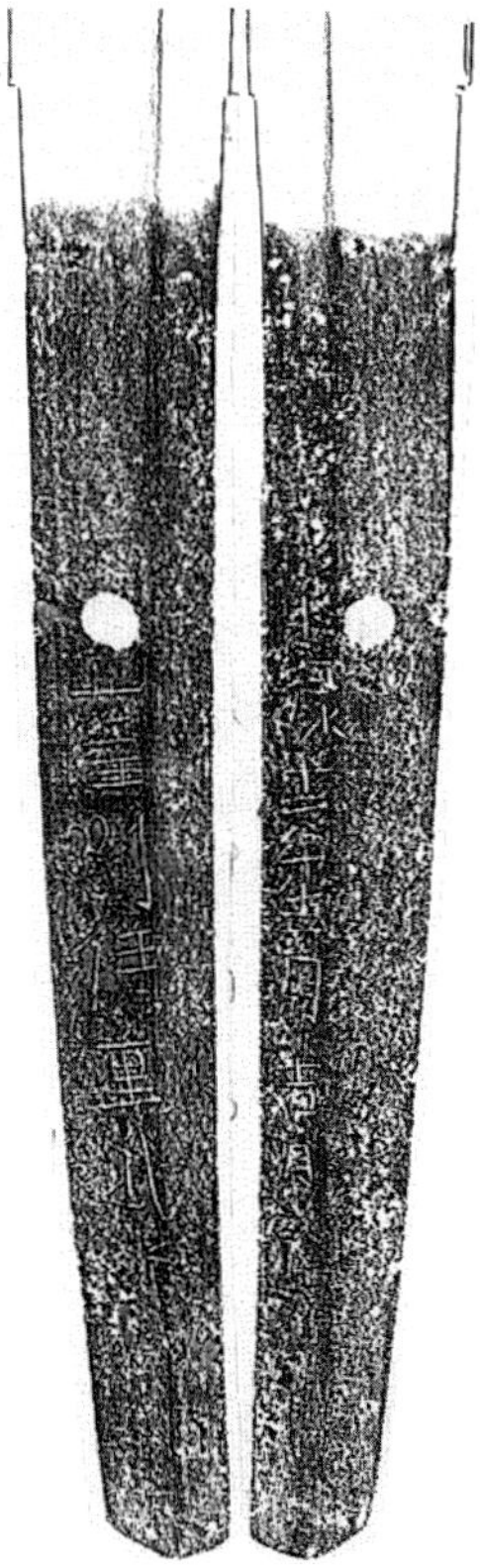

新 重忠【しげただ】　尾張国　桃山期（寛永）

尾張住、江戸にても造る。播磨守を受領。

新々 重胤【しげたね】初代　武蔵国　江戸末期（弘化）

沢原亘。白河藩工。大慶直胤の高弟。文化十二年から嘉永四年までの作がある。嘉永五年七月十六日没。互の目に丁子、大互の目乱。

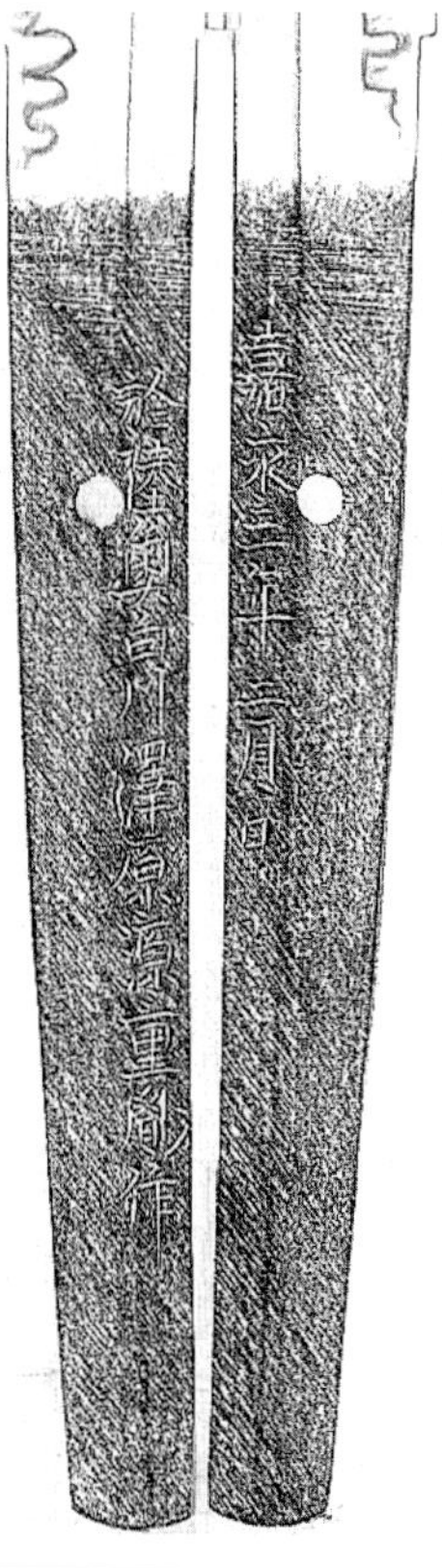

新々 重胤【しげたね】二代　武蔵国　江戸末期（安政）

沢原伝治。重胤二代目。安政二・三年紀の作がある。文久元年八月二十九日没。重胤初・二代の没年は菩提寺関川寺（白河市）の墓碑名から知られる（『刀剣美術』誌第四〇四号丸山栄一氏）。

古 重次【しげつぐ】　備中国　鎌倉中期（文永）

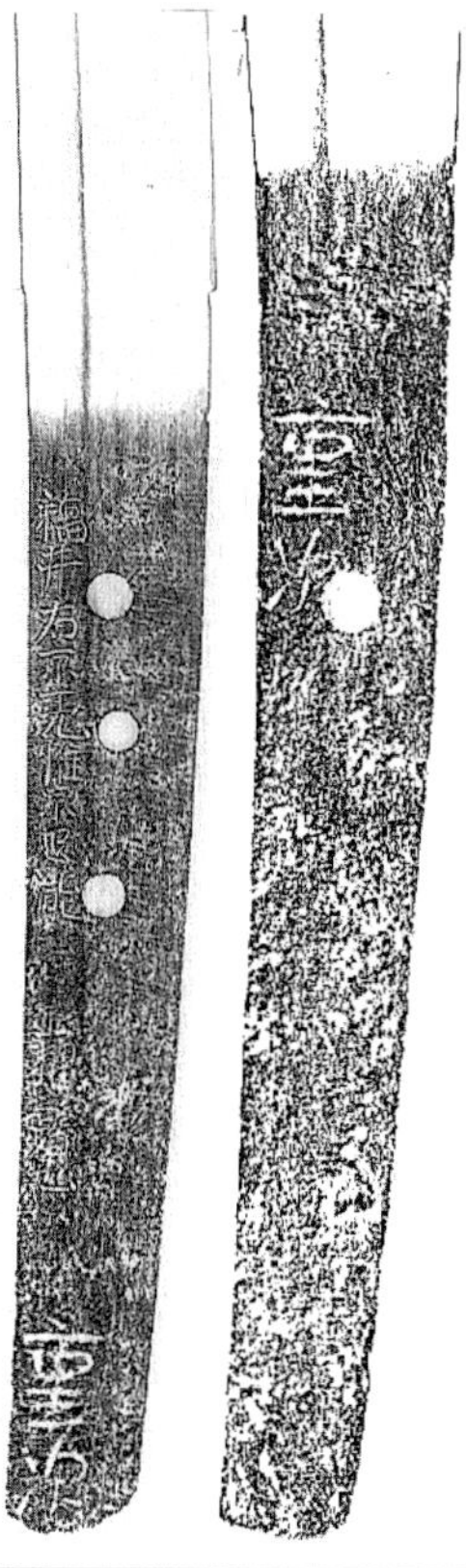

古青江。盛次子で俊次門。小丁子に小互の目交じり、小沸つく。丁子映り鮮やかに立つ。「重次」二字を佩表に銘す。南北朝期になって建武ころに左兵衛尉重次が、延文ころには「備中国住重次」と銘す同銘工がいる。

古 **重次**【しげつぐ】 薩摩国　室町末期（天文）

谷山。出水住。天文・永禄年紀の作がある。「薩州住重次」「波平重次」。

新 **重継**【しげつぐ】 加賀国　桃山期（寛永）

八太夫。越前貞次門。寛永ころに越前から加賀に移住。重次とも銘すという。矢の根鍛冶の出身。丹後大掾を受領し「加州住丹後大掾藤原重継」と切る。

古 **重綱**【しげつな】 備前国　南北朝期（貞治）

長義子、また門人という。貞治・応安の年紀作がある。「備州長船重綱」。同銘二代が応永年紀を切る。

古 **重恒**【しげつね】 備前国　鎌倉中期（建長）

古備前。小湾れ調の直刃に小乱、小丁子交じり、小沸よくつき、腰刃を焼く。建長五年紀の作がある。「重恒」。

新 **重常**【しげつね】**初代** 越前国　江戸中期（寛文）

本国播州北宅庄。越前兼常門。越前豊原、のち加州住。丹後大掾を受領し、「加州住丹後大掾藤原重常」と切る。直刃、互の目乱に尖り互の目交じる。

新 **重常**【しげつね】**二代** 越前国　江戸中期（元禄）

丹後大掾、のち丹後守を受領。二代目。「丹後守藤原重常」、裏に「越前豊原」と切る。

新 **重利**【しげとし】 武蔵国　江戸中期（享保）

山本小兵衛。下原派。『刀工総覧』に「武蔵下原五代康重五男重利」があり、注文打ちの剣に「上ル享保三戊戌年正月吉日」の年紀がある。中直刃に小互の目足入り。ほつれ、打のけかかり、匂口沈む。

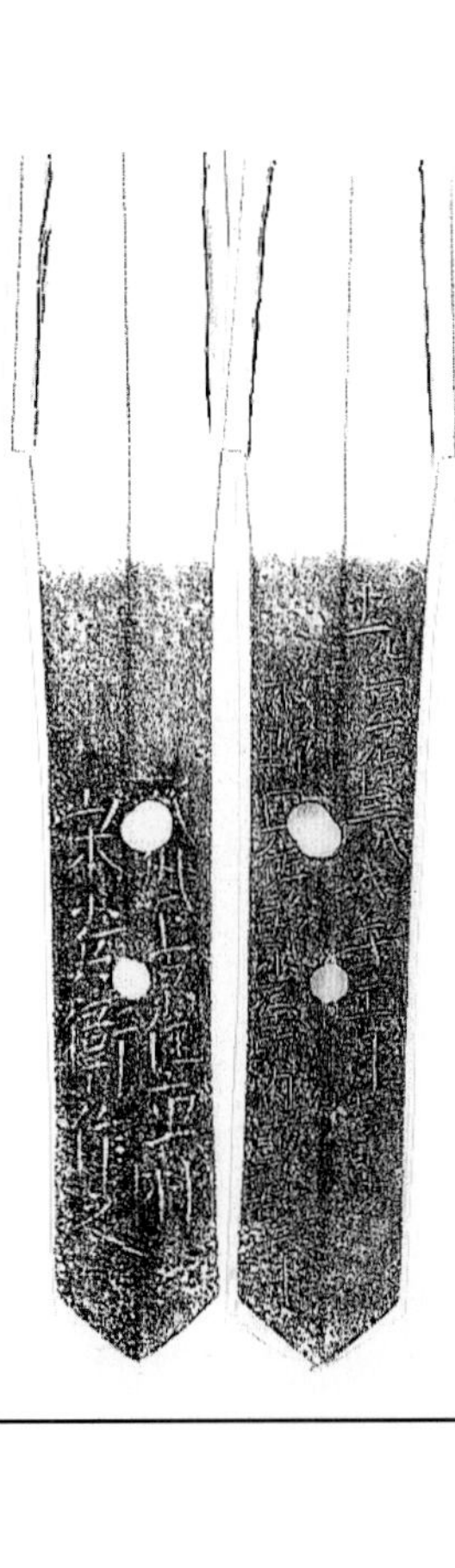

新作 **重利**【しげとし】 宮城　大正

淀川喜一郎。「仙台住喜一郎重利之鍛」などと銘す。昭和十四年一月没。

新作 **重利**【しげとし】 宮城　昭和

淀川長次。喜一郎子。昭和十八年陸軍受命刀匠。「仙台住淀川左重利」などと切る。「左」は「左利き」で酒飲みを自称したものという。昭和二十一年九月、四十七歳没。

新作 **重利**【しげとし】 東京　平成

佐藤利美。昭和十九年生まれ。平成十八年から新作名刀展入選。「八王子市住重利」。八王子市住。

古 **重俊**【しげとし】 備後国　室町中期（寛正）

辰房。重光子。尾道住。重俊は南北朝期（延文ころ）からあるが、作刀がみられるのは室町中期ころからで宝徳、寛正、永正の年紀作がある。「備州住辰房重俊」「備後国住人辰房重俊」。

新々 **重長**【しげなが】 羽後国　江戸末期（寛政）

下坂重長。越前下坂の末流。真名古住。「出羽於秋田」「下坂重長」と切る。

古 重業【しげなり】 大和国 鎌倉中期（嘉禄）
千手院。行信流。重弘の親。「重業」と銘す。

古 重業【しげなり】 大和国 鎌倉末期（永仁）
千手院。康重子。「大和国重業」と銘す。名跡が室町初期の応永ころまで続く。

古 重信【しげのぶ】 山城国 南北朝期（嘉慶）
長谷部。二代国重門。板目に柾が流れ、棟寄りと刃に近く柾肌が目立つ。互の目に小乱交じり、棟を焼く。「長谷部重信」。次代が応永ころに作刀する。

古 重則【しげのり】 備前国 鎌倉末期（正中）
和気。和気荘住。鎌倉末期の正中から嘉暦ころにかけての鍛冶。「備前国和気荘住重則」。

古 重則【しげのり】 備前国 南北朝期（康応）
吉井。景則子。南北朝末期のころ。「重則」「備前国吉井住重則」。同銘が永享、文安、弘治と続く。

古 重則【しげのり】 備後国 室町末期（永正）
辰房。重則は古くは鎌倉末期からあるが、作刀は室町末期ころからみられる。尾道住。「尾道住重則」「備州尾道住重則」。

古 重久【しげひさ】 備前国 鎌倉中期（文暦）
福岡一文字。久宗の子。銘鑑は文暦とも文永ともいい、いわゆる古一文字の鍛冶である。作風は直刃調に小乱、小丁子が小沸出来で古様さがあって、古備前風である。「重久」。

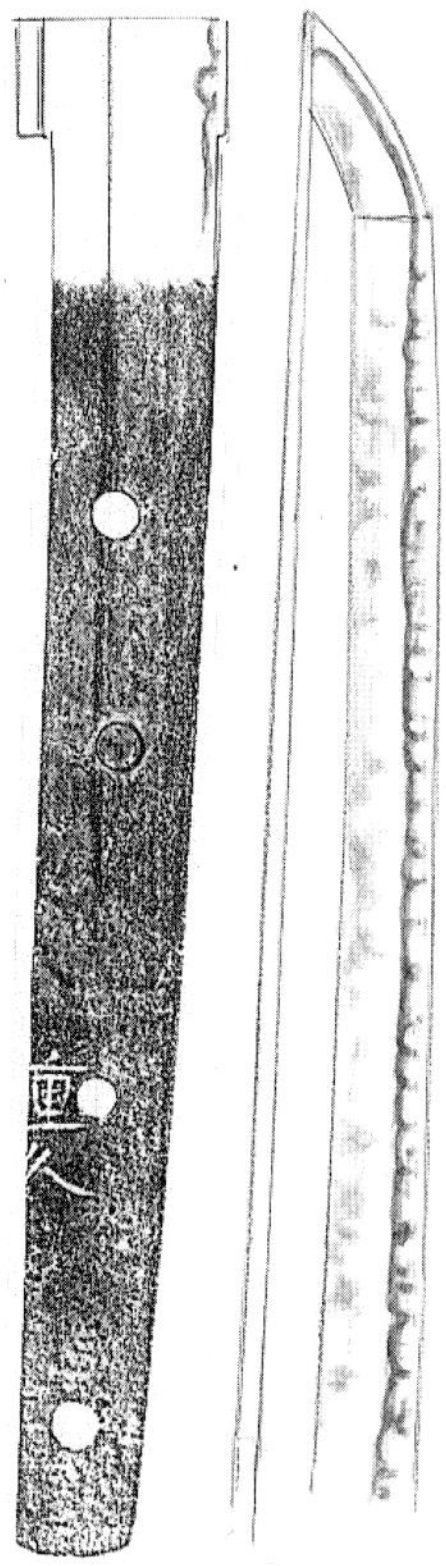

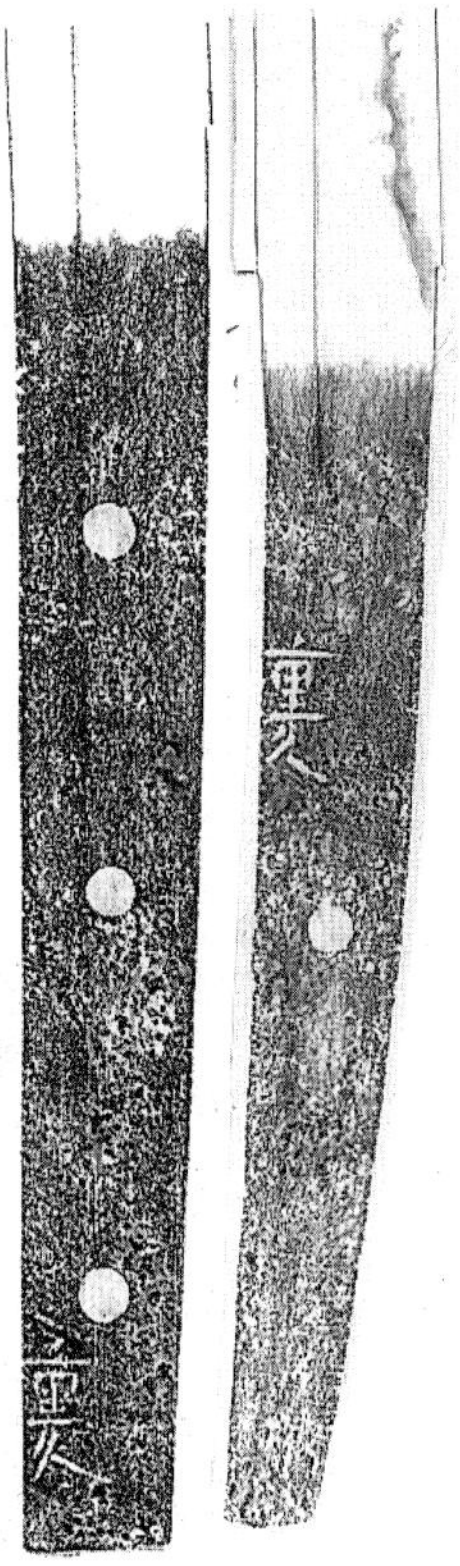

新 重久【しげひさ】 信国吉政 四代 筑前国 江戸中期（享保）
平四郎。吉政子。享保八年正月没。早世。

古 重秀【しげひで】 備前国 室町初期（応永）
長船。秀景の子で近景の孫という。南北朝末期ころから応永にかけて作刀する。「備州長船重秀」。

新々 重秀【しげひで】 肥前国 江戸末期（天保）
林多門。肥前大村藩士。大慶直胤、またその門、沢重胤に学ぶ。天保から安政ころまでの作刀がある。明治五年十二月、六十歳没。

新作 **重秀**【しげひで】　埼玉　昭和

四分一二三《ふみ》。大正元年生まれ。初銘昭重、のち重秀。栗原昭秀門の佐藤昭則に学ぶ。夢舟と号し鐔の作がある。熊谷市柿沼住。

古 **重弘**【しげひろ】　大和国　平安末期（仁平）

千手院藤太郎。行信と並んで大和千手院一流の祖（『元亀本』）とするものと、重弘を行信の後代とみて鎌倉中期の文応ころの人とするものがあるが、古銘尽では重弘を行信の次代におく見方が多い。重弘には数代があるようで、後鳥羽院番鍛冶を務めた藤太重弘（承元ころ）がいる。また藤太ともその子ともいう重弘が老後に赤坂へ下り泉水と打つ（『古今銘尽大全』）といい、美濃赤坂千手院派の発祥となった重弘がいるようである。もともと古千手院鍛冶の有銘作が少ないのは、寺院に隷属していたことから、個々に作銘を切ることがなく、個銘を切るようになったのは鎌倉中期以降になってからのことと思われる。古千手院鍛冶で確かな有銘作に接することはなく、古書の銘作図に後代の重弘銘の作をみるばかりである。

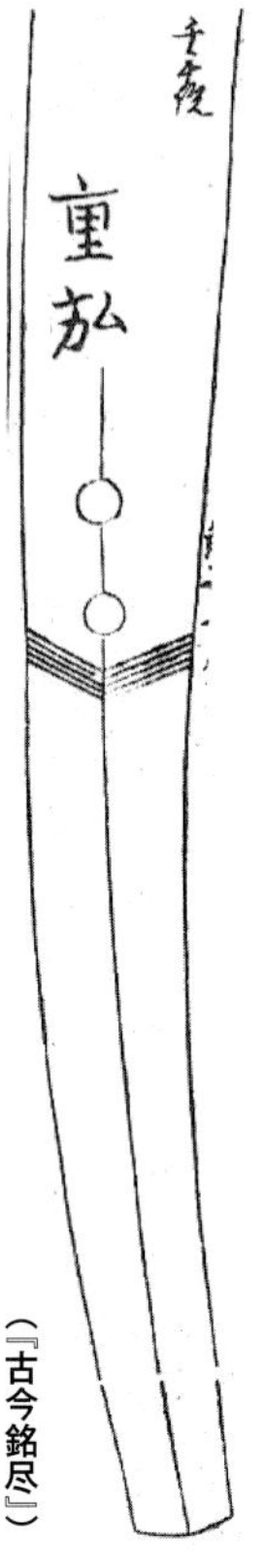

（『古今銘尽』）

新々 **重房**【しげふさ】　岩代国　江戸末期（元治）

会津重隆の弟。天龍子正隆門。互の目乱に尖り互の目交じり。

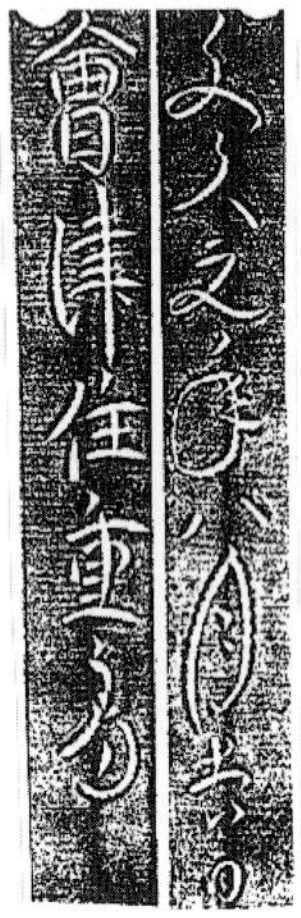

古 **重道**【しげみち】　美濃国　室町末期（天正）

室屋関。関のち岐阜住。天正ころ。「濃州住重道」。

古 **重光**【しげみつ】　山城国　南北朝期（永徳）

達磨。京綾小路住。初銘正宗、入道して達磨といい、達磨入道正宗と呼ぶ。達磨派の祖という。「重光」「達磨」「正宗」「城州住達磨重光」。

古 **重光**【しげみつ】　備前国　南北朝期（貞治）

長船。義光門。三代。至徳年紀の作がある。「備州長船重光」。初代重光は応長ころで長光子という。二代は暦応ころで景光の子と伝える。

古 **重光**【しげみつ】　備前国　室町初期（応永）

長船。四代。直刃に小互の目足入り、小づんだ互の目乱を焼く。応永年紀の作がある。「備州長船重光」。

古 **重光**【しげみつ】　備前国　室町中期（長禄）

左兵衛尉。五代。直刃に小互の目足入り。長禄から文明に至る年紀作がある。「備州長船重光」「備州長船住左兵衛尉重光」。同銘が六代永正、七代天文、八代天正と続く。

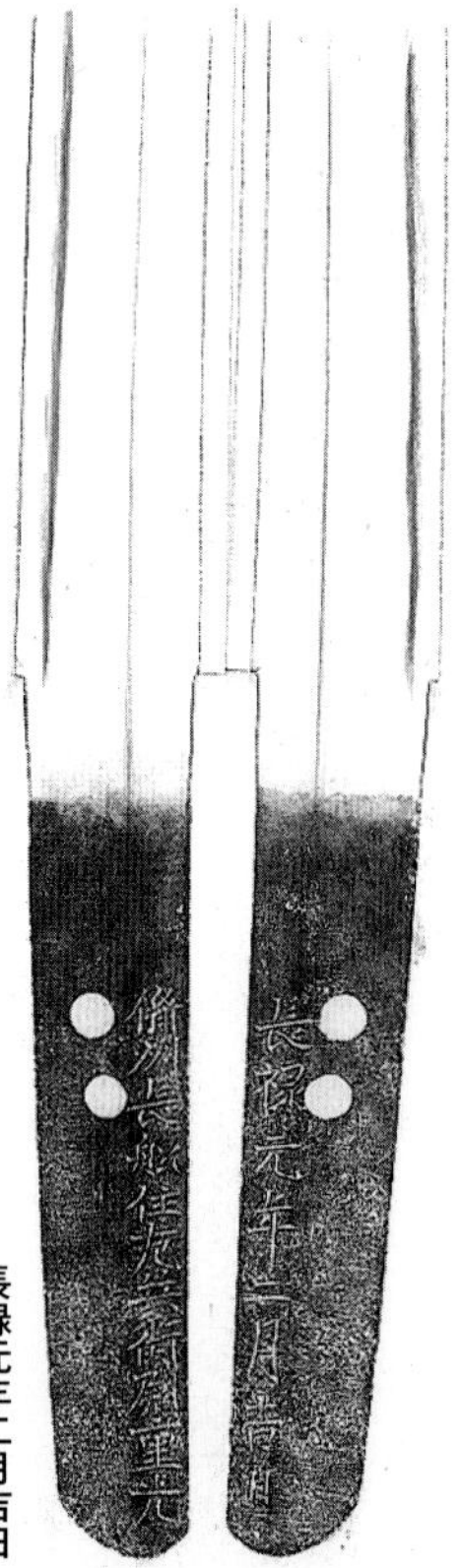

長禄元年二月吉日

古 **重光**【しげみつ】　備後国　室町初期（応永）

辰房。二代。応永年中から永享にかけて作刀する。直刃、小湾れに互の目交じり、また皆焼もある。「備州尾道住重光」「備後国尾道住重光作」。重光は辰房派の代表工で、初代至徳、二代応永、三代嘉吉、四代明応と継続する。

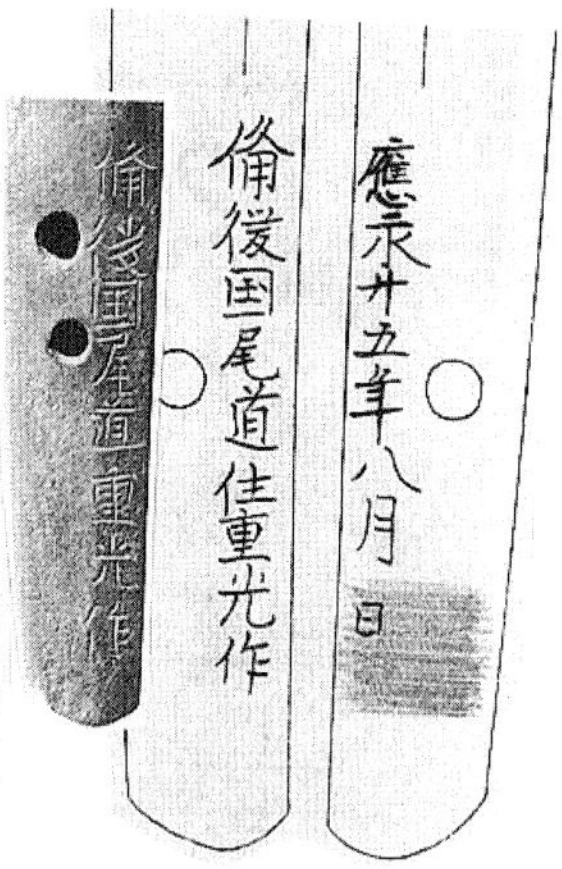

応永二十七年二月日

新作 重光【しげみつ】 山梨　平成

伊藤重光。昭和二十八年生まれ。宮入昭平、榎本貞吉門。昭和五十四年作刀承認。昭和五十五年、新作名刀展入選。平成二十二年、新作日本刀展入選。同二十四年、新作名刀展短刀の部に南紀重国写し（彫同作）小脇指で努力賞受賞。甲府市住。「甲斐国重光彫同作」。

新作 重光【しげみつ】 土佐　明治

「土州住金次郎左衛門小松重光」などと切る。明治ころ。

新 重宗【しげむね】 筑前国　江戸中期（元禄）

平助吉政。平四郎重宗。三代目筑前平四郎吉政の晩年銘。⇩**三代筑前吉政の項参照。**

新作 重宗【しげむね】 宮城　昭和

和泉薫。山形の刀工太郎子、月山重宗と称す。淀川重利門。平成四年、八十七歳没。

古 重村【しげむら】 大和国　鎌倉初期（承元）

藤太郎。千手院重弘の弟。「重村」。

新々 重村【しげむら】 播磨国　江戸末期（慶応）

大江五郎兵衛。播州手柄山正繁門。直刃が湾れかかり、小互の目足入り。

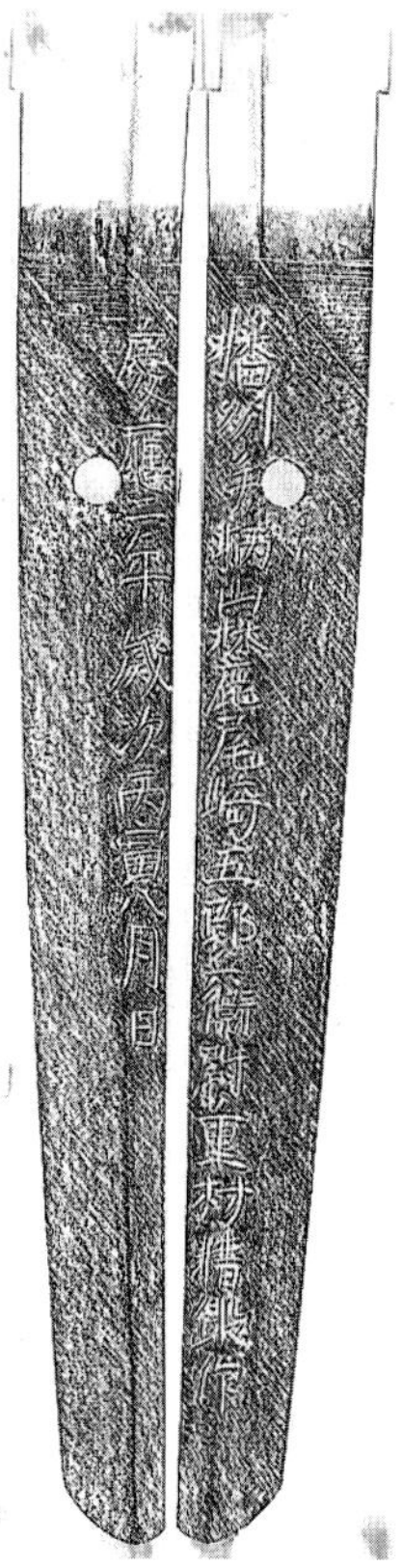

古 重安【しげやす】 備後国　南北朝期（貞治）

辰房。尾道住。延文から明徳にかけての年紀作がある。

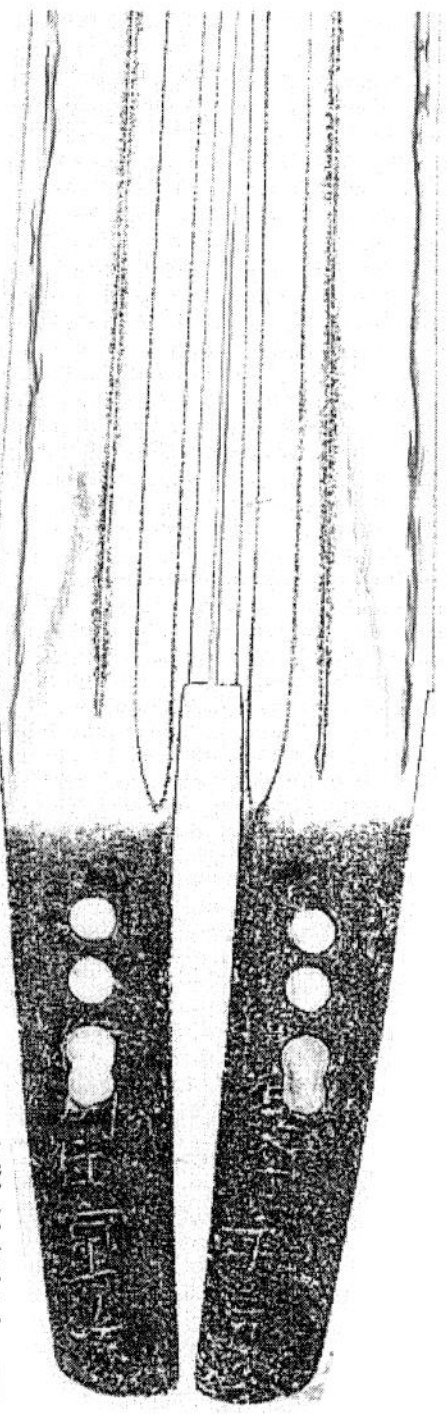

延文六年二月日

新 重康【しげやす】 摂津国　江戸中期（万治）

紀州石堂康重門。明暦三年三月上総大掾を受領、のち上総守に転任。互の目に丁子乱。

古 重行【しげゆき】 大和国　鎌倉初期（天福）

千手院。行平三郎。行重門。古千手院で個銘の入った現存する最古の太刀は、生ぶ茎に「大和国住人重行」（東京国立博物館蔵）と判読でき、長さ二尺四寸五分、反り八分五厘。細身で、腰反り踏張りが強く、鎬幅が広く、鎬筋が高い。小切先の太刀姿が古雅である。板目に柾が流れ地沸つく。

刃文は直刃に小乱、小丁子を交じえ、刃中に足・葉がよく働き、金筋入る。刃縁に打のけ、ほつれかかり、匂口が沈みごころ。帽子焼詰める。

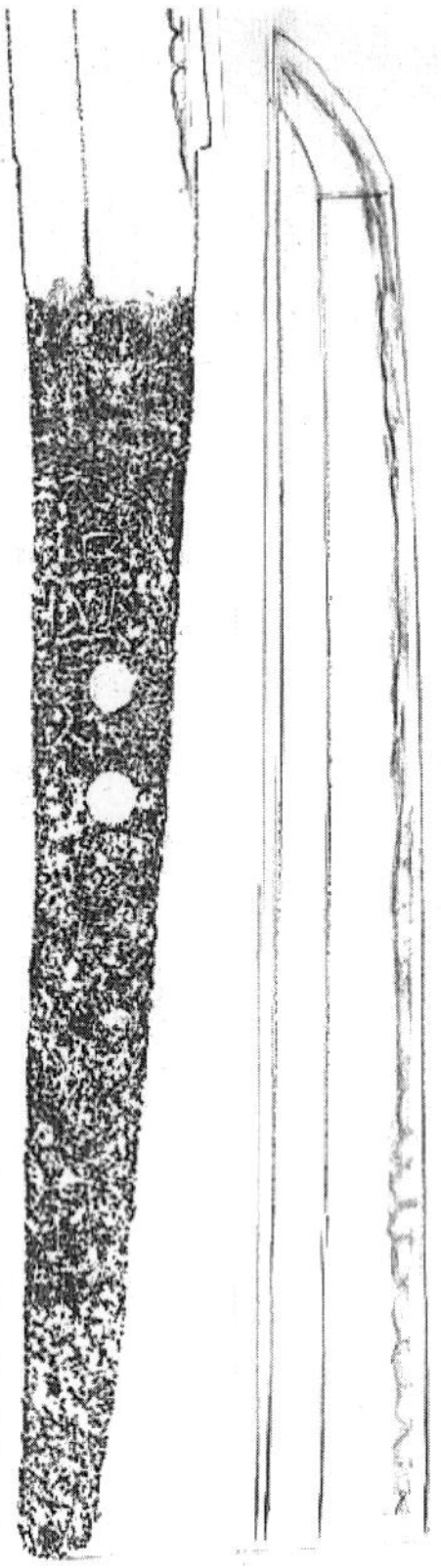

大和国住人重行（末永雅雄氏資料）

新 重行【しげゆき】初代　豊後国　桃山期（寛永）

豊後高田。新刀期初代。「豊後国藤原重行」と切る。

新 重行【しげゆき】二代　豊後国　江戸中期（寛文）

四郎左衛門。二代。寛文五・六年紀の作がある。「豊州高田住藤原重行」と切る。

新 重行【しげゆき】三代　豊後国　江戸中期（延宝）

弥左衛門。三代。直刃、互の目に丁子交じりなど。「藤原重行」などと切る。◆四代重行（宝永）が続く。

古 重吉【しげよし】　備前国　鎌倉末期（延慶）

安部重吉。長船景秀の子。塩田住。延慶のころを初代とする長船小反物《こそりもの》の祖。二代久左衛門重吉が建武ころ、三代が貞治ころでこれより「小反の内なり」（『古刀銘尽大全』）としている。掲出の「備前国重吉」は南北朝期末から室町にかけての四代明徳ころの作であろう。直刃が締って

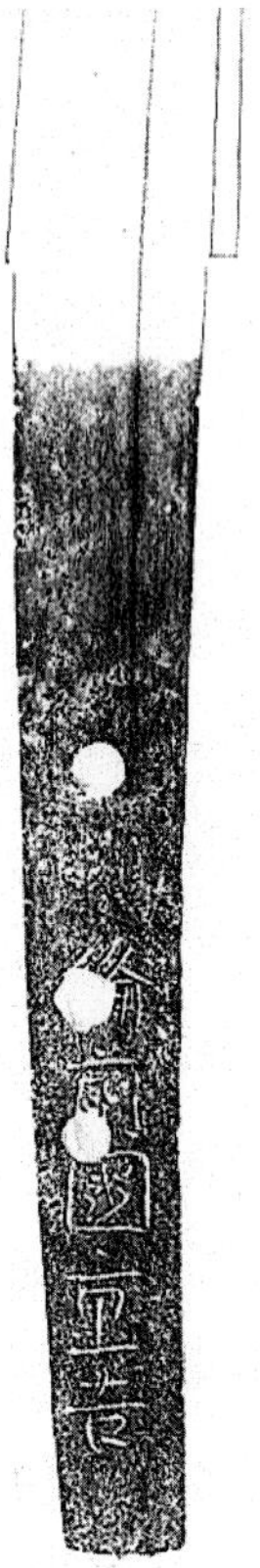

働きがなく作技は劣るが好参考銘である。

小反物は長船在住で南北朝末期の刀工を一括した呼称であるが、漠然としていて用語が明確ではない。『如手引抄』は「長船に雑鍛冶が群がり集まる所」といい、『粉寄論』は「兼光、元重などより少し位劣りて見える一流のこと」とする。『撰学抄』は「こぞり物一類」として五十五工をあげているが、大全の系図では百七十工ほどを掲げる。小反物には幅広で大切先のものはなく体配は尋常であり、地刃の出来は兼光に似て、刃は小づみ、互の目が小模様となる。

古 重吉【しげよし】　大和国　鎌倉末期（元亨）

大和千手院。剣（重文）に「重吉入道作」「元亨二二正月七阿闍梨　頼宣」と銘文がある。

古 重吉【しげよし】　上野国　室町末期（永禄）

永禄十年紀があり、互の目乱に飛焼かかり皆焼状になる。「重吉作」。

古 重吉【しげよし】　出羽国　室町末期（天文）

月山。谷地住。天文ころ。「重吉入道作」「月山重吉入道作」。

古 重吉【しげよし】　薩摩国　室町末期（天文）

石神。重純の子。重吉入道。大隅国でも造る。「波平重吉」「薩州住重吉作」。

新 重吉【しげよし】　下原　武蔵国　江戸中期（寛文）

下原派。武州御岳神社に奉納刀がある。小丁子に小互の目交じり、飛焼かかる。

古 重能【しげよし】　豊前国　室町中期（長禄）

筑紫了戒。山城了戒の門流という。南北朝期末の能定を祖に室町期になって門葉が栄え、豊前、豊後で鍛刀する。直刃を主調に小互の目交じりの

刃を焼く。「了戒重能作」。

新 **重義【しげよし】** 埋忠　山城国　桃山期（寛永）

埋忠彦次郎。埋忠明寿の弟。明寿の嫡子が早世のため埋忠家二代目を継ぐという。法橋、明真と号す。埋忠家は彫金を主業とし鍛刀は従のため作刀は稀。七左衛門重義を名乗る後世の鐔工・金工はこの重義の末流であり、稀少ながら作刀する工人がいる。

新 **重義【しげよし】** 埋忠　山城国　江戸中期（宝永）

桃山期の重義の名跡を継ぐ宝永三年紀の作刀がある。「埋忠」を「梅忠」に切る。互の目に丁子足入り。

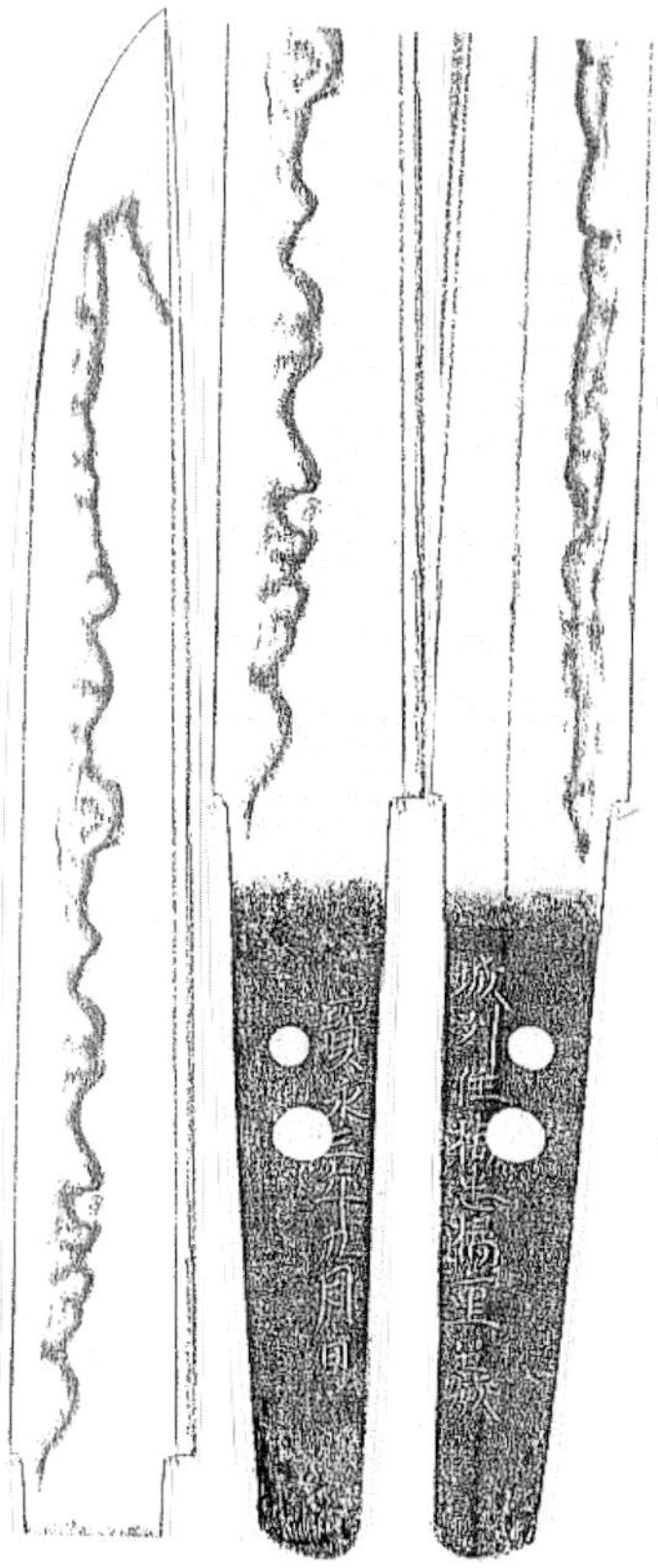

新作 **稠助【しげすけ・さわすけ】** 東京　明治

有栖川宮威仁親王の慰作。桜井正次を相鍛冶に兵庫県舞子の別邸で鍛刀する。明治四十年代に「稠助作」また「日出丸」と銘す。〝さわの宮〟と呼ぶ。

新 **繁定【しげさだ・はんてい】** 武蔵国　江戸中期（寛文）

下原。野田繁慶門ともいう。直刃、互の目乱を焼く。「武州下原住繁定」などと切る。

新々 **繁武【しげたけ】** 若狭国　江戸末期（寛政）

三木勝之進。本国播磨。はじめ後藤七郎武清。京に出て黒田鷹諶の門に入り、のち手柄山正繁に師事し繁定、また繁武に改める。濤瀾乱風の大互の目乱。

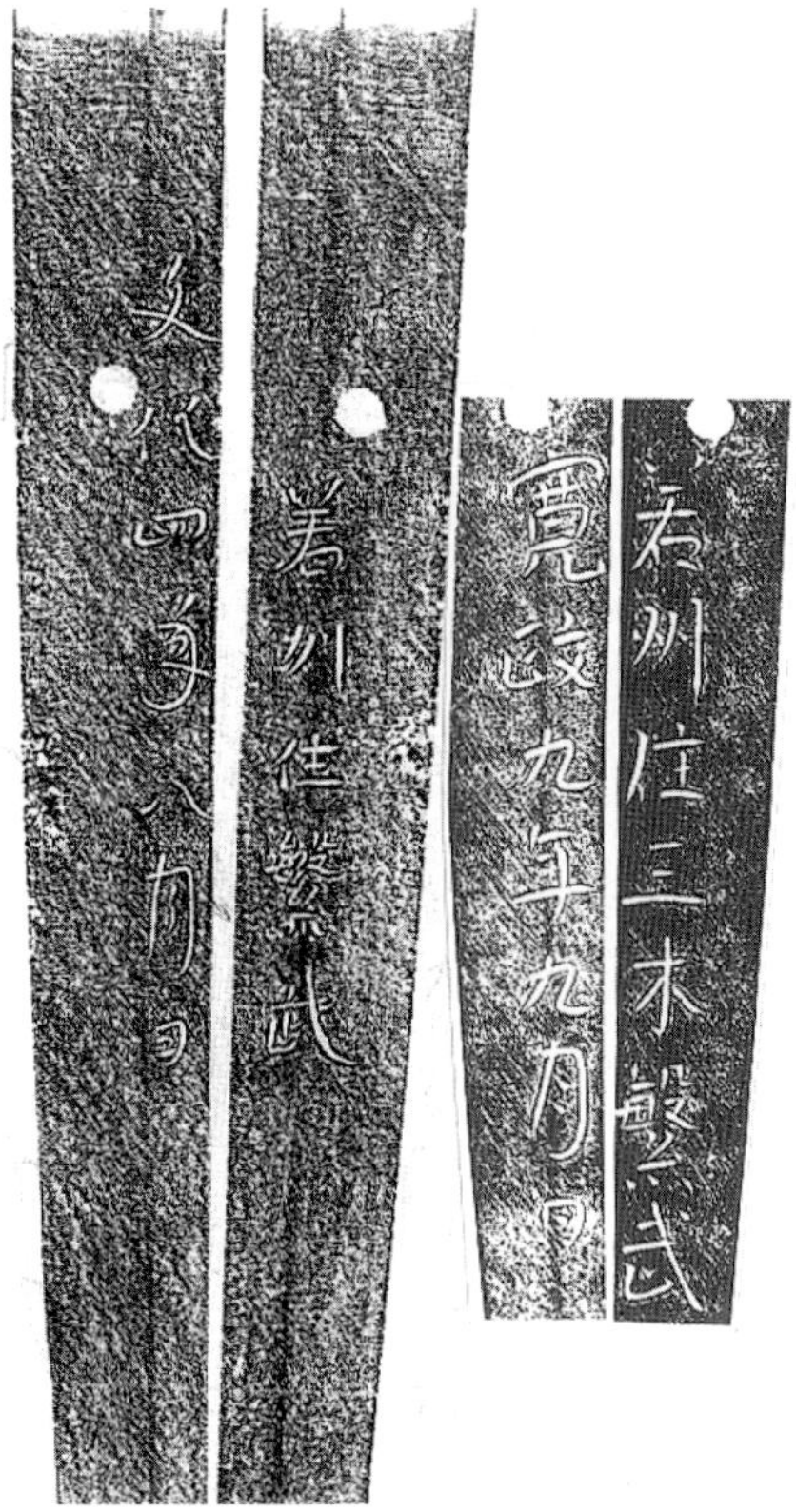

新作 **繁継【しげつぐ】** 東京　昭和

笠間義一。一貫斎と号す。明治十八年、静岡県に生まれる。明治三十八年、伯父宮口繁寿に入門、同四十一年、師の名跡を継ぐ。昭和八年、栗原昭秀が日本刀鍛錬伝習所を開設するにあたり、繁継を師範として招き、繁継は古式鍛刀法を伝習生に教える。宮口寿広、酒井繁正、塚本起正、森岡正尊は伝習所時代の内弟子で、他多数の門人を養成する。渋谷・常盤松の頭山満邸内で鍛刀し、のち千葉鎌ヶ谷に移る。昭和四十年三月十二日、八十歳没。備前伝、相州伝に長じ、特に備前伝の丁子乱、逆丁子乱を得意とし、刀身彫が巧み。伝習所時代に師栗原昭秀の代銘をする。

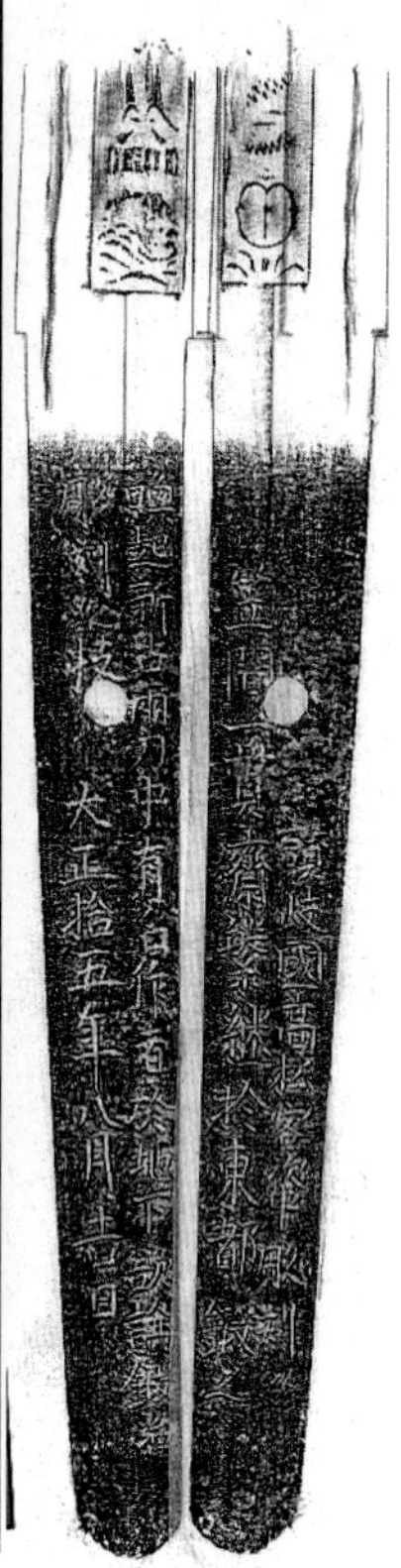

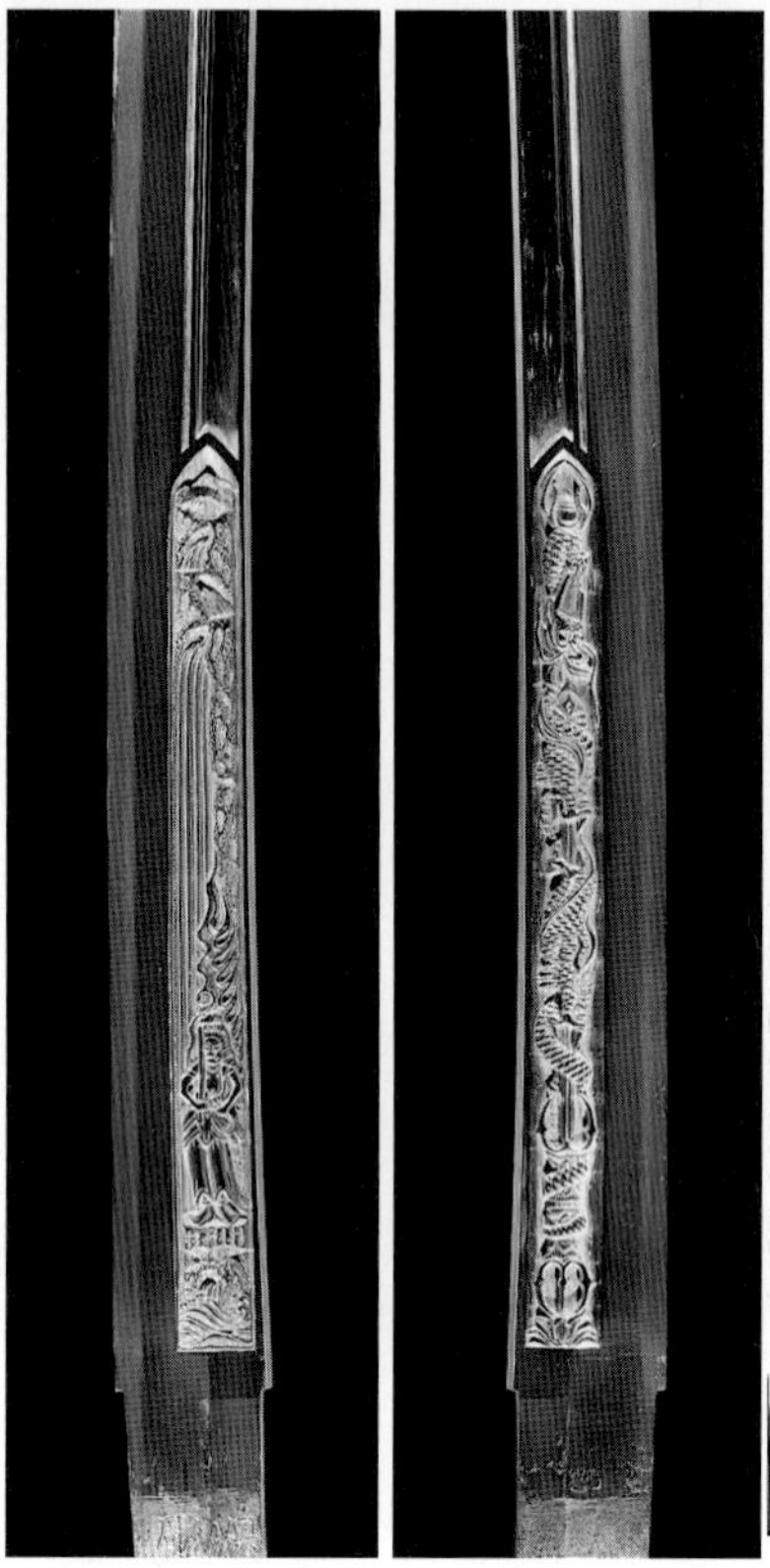

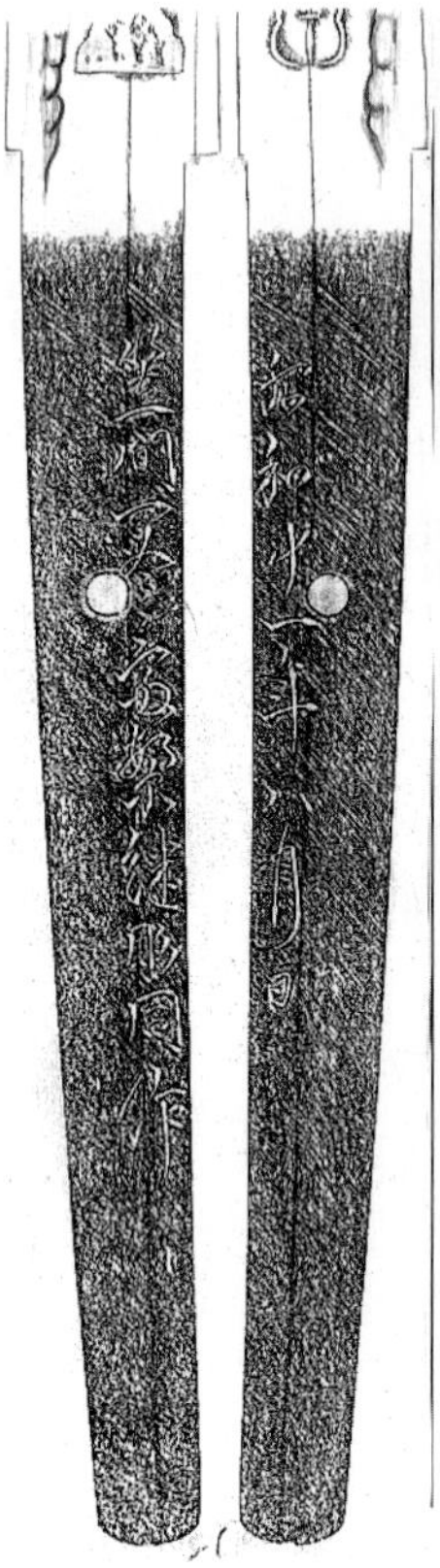

新々 **繁利【しげとし】** 武蔵国　江戸末期（享和）

手柄山正繁門。武州繁利と切銘する。

新々 **繁寿【しげとし】** 駿河　江戸末期（慶応）

宮口八郎。天保九年、静岡に生まれる。初銘「寿俊」、一貫斎と号す。宮口寿広の父。笠間繁継の従兄弟。鳥取にて浜部寿格一門に入り、業を成して静岡に帰り「繁廣」に改める。のち「繁壽」に改銘。静岡市車町住、東京は豊島区住。明治三十九年一月二十五日、六十九歳没。

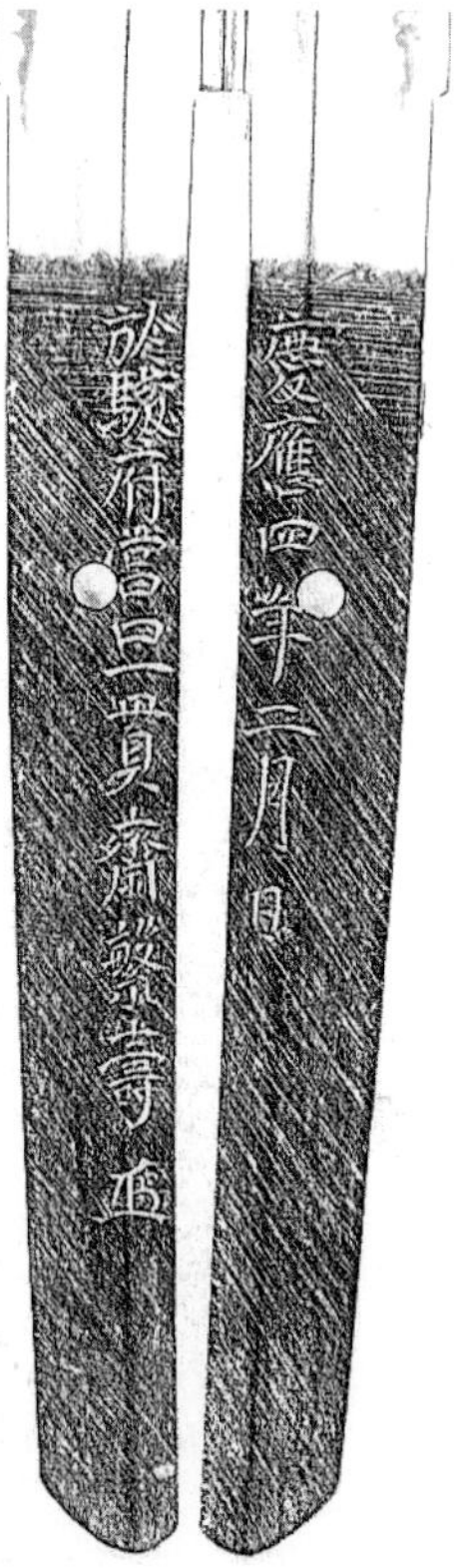

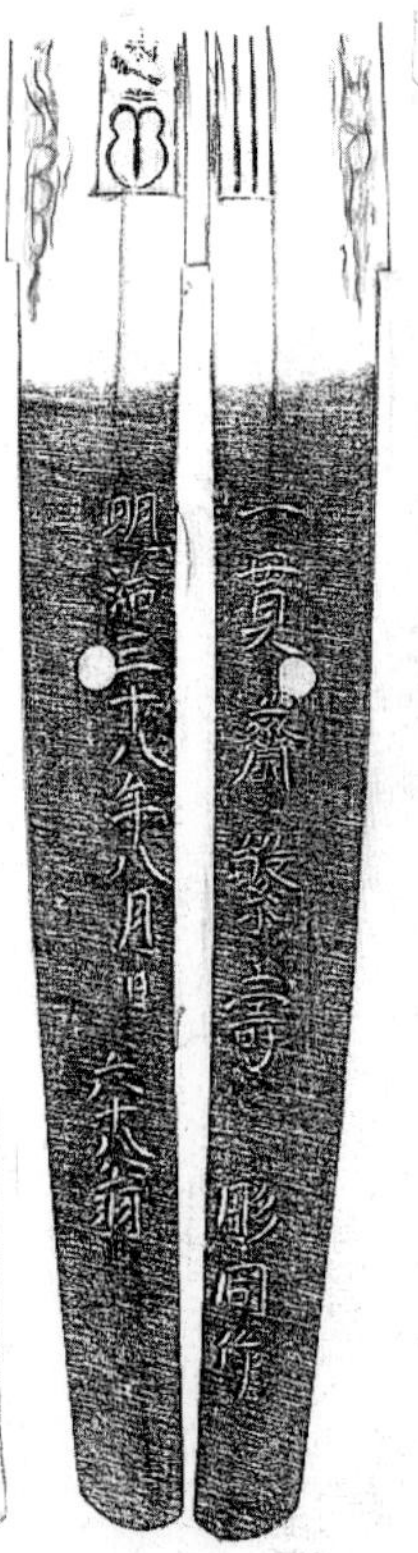

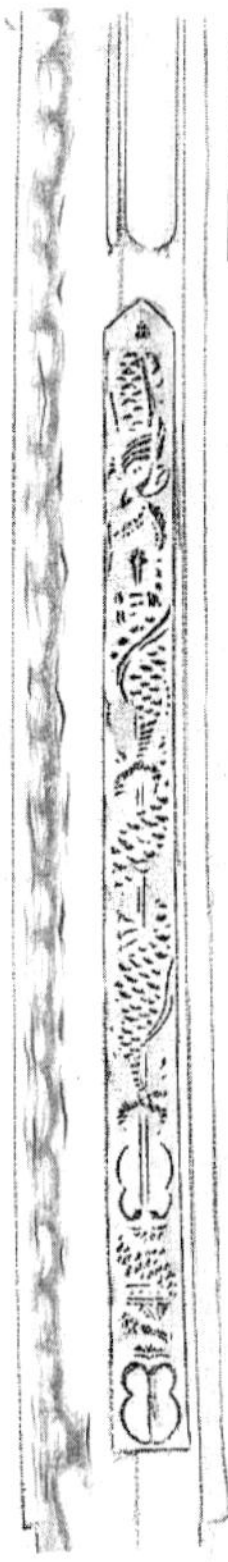

新々 **繁栄【しげなが・しげひで】** 丹波国　江戸末期（寛政）

藤田東作郎。初銘繁高、繁長、のち繁栄。繁広の門。丹波篠山青山家の抱工。陸奥大掾を受領する。文化初年没。濤瀾風の大互の目乱。

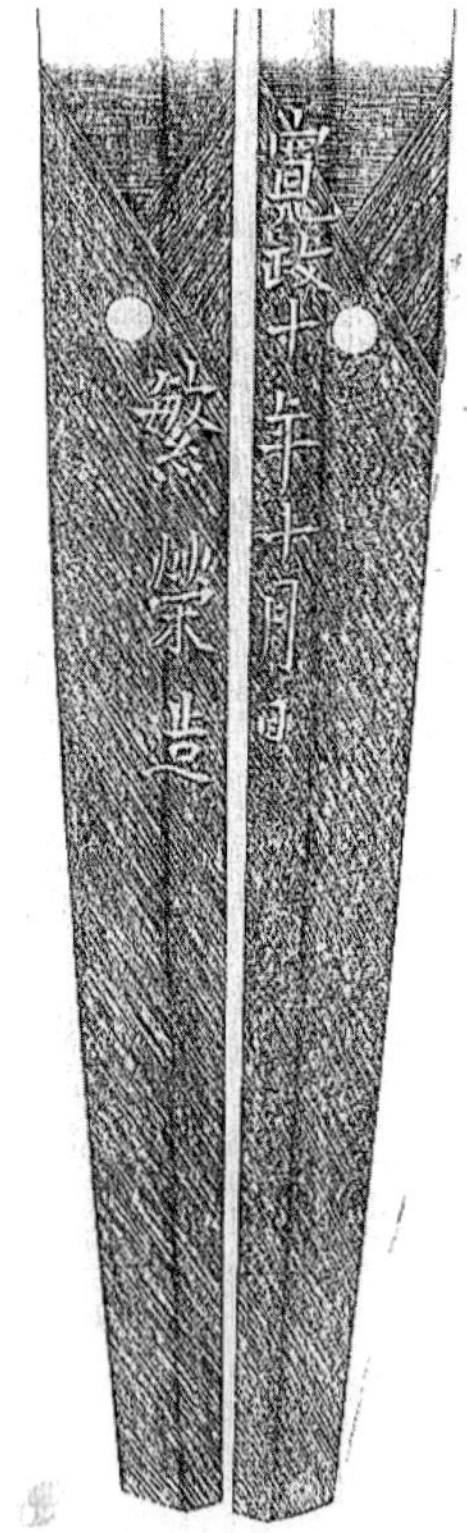

新作 **繁久【しげひさ】** 埼玉　昭和

竹花久司。昭和二十四年生まれ。昭和四十六年酒井一貫斎繁政に入門。

昭和五十二年作刀承認。同五十三年に独立。新作名刀展で優秀賞、努力賞、薫山賞など受賞。埼玉県比企郡滑川町住。

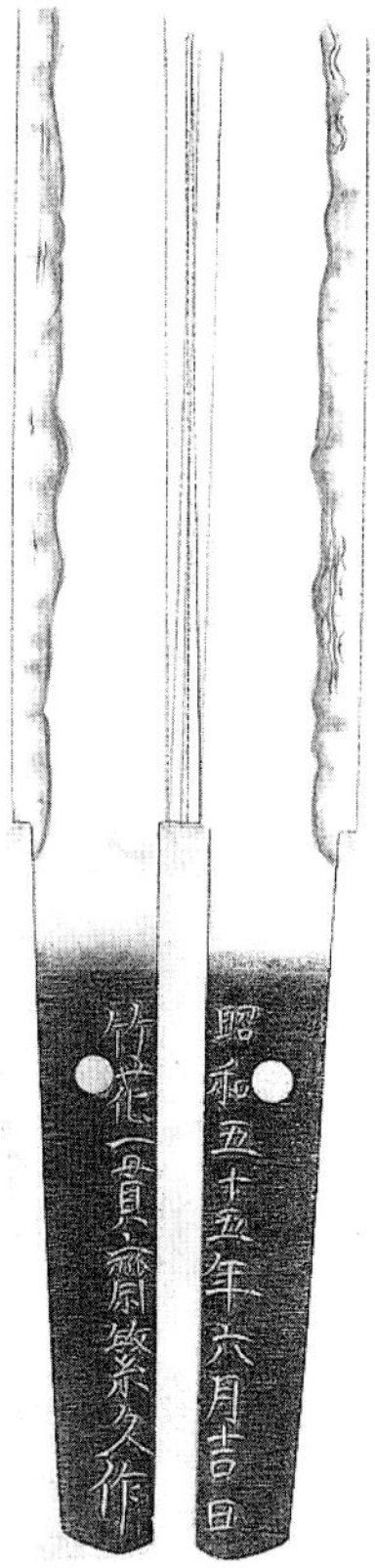

新作 繁平【しげひら】 新潟 昭和

渡辺繁美。昭和十七年生まれ。新潟県南魚沼市出身。昭和四十年、宮入行平に入門。新作名刀展入選。平成二十三年努力賞。

新々 繁広【しげひろ】 播磨国 江戸末期（寛政）

加藤主水。初銘繁直。寛政のころ江戸に住し光明山正照と銘す。手柄山正繁の弟。六代金道の養子となり京都住。文化三年ころから加東繁広と切る。文政初年に肥後熊本へ下る。

新 繁昌【しげまさ・はんじょう】 武蔵国 桃山期（寛永）

繁慶門。駿州安西住。のち江戸に移住する。刀はみられず短刀数口が残されている。いずれも「繁昌」の二字銘がある。師繁慶に似た作風が穏やかで、整った出来であり、〝ひじき肌〟はおとなしい。

新作 繁政【しげまさ】 東京 昭和

酒井寛。初銘繁正。明治三十八年、静岡県音羽町に生まれる。大正十年、笠間繁継に入門。昭和八年、日本刀鍛錬伝習所に入所。宮口靖廣に学ぶ。同十一年、大倉鍛錬道場に移籍。同十七年独立し自宅に鍛錬所を開設。昭和十六年、陸軍受命刀匠、同十八年、海軍受命刀匠に認定される。昭和五十六年、新作名刀展で無鑑査となる。昭和二十八年、同四十八年、伊勢神宮式年遷宮の御神宝を謹作奉仕。初期作は丁子乱、逆丁子乱。戦後は互の目乱、丁子乱など備前伝、相州伝、山城伝を表現する。板橋区東山町住。平成七年九月十四日没。

新々 繁宗【しげむね】 陸奥国 江戸末期（寛政）

盛宗左太郎。舞草森宗の末裔という。手柄山正繁門、のち水心子正秀に学ぶ。奥州津軽、また弘前住。江戸にても造る。

新 繁慶【しげよし・はんけい】 野田 武蔵国 桃山期（元和）

小野氏、野田姓、善四郎清堯。生国三河、江戸に出て鉄砲鍛冶胝宗八郎に学び鉄砲を張る。徳川家より給を受け鉄砲職に従事し、八王子に住す。

慶長十二年七月、家康が駿府に隠居するに従い駿府に移り、この地で鉄砲製作と鍛刀にも従事する。このころに鉄砲鍛冶から刀鍛冶への転向があって鉄砲には清堯と銘し、刀剣には稀に清堯銘の作刀がある。元和二年家康の没後、再び江戸に帰り、鉄砲町に住して鍛刀し、繁慶と改銘する。

湾れ調に互の目、また大乱を交じえ沸匂が深く、地刃の境がはっきりとせず、砂流し金筋がしきりとかかる。硬軟の鉄を混ぜ合わせた鍛え中に黒い太い地景がしきりに入る〝ひじき肌〟また〝松皮肌〟が現われて独特の肌合いを呈す。この作風は正宗十哲の一人越中則重に私淑したためといわれ、相伝上位の作を再現したとされる。茎の仕立てが個性的で、形姿が薬研型、鑢目は指表が大筋違、指裏が逆大筋違、棟を桧垣に仕立てる。すくい鏨で彫銘を刻す。「繁」字の右側がロマタ（ロ又）になるものが多く、後年はルマタ（ル又）になる。

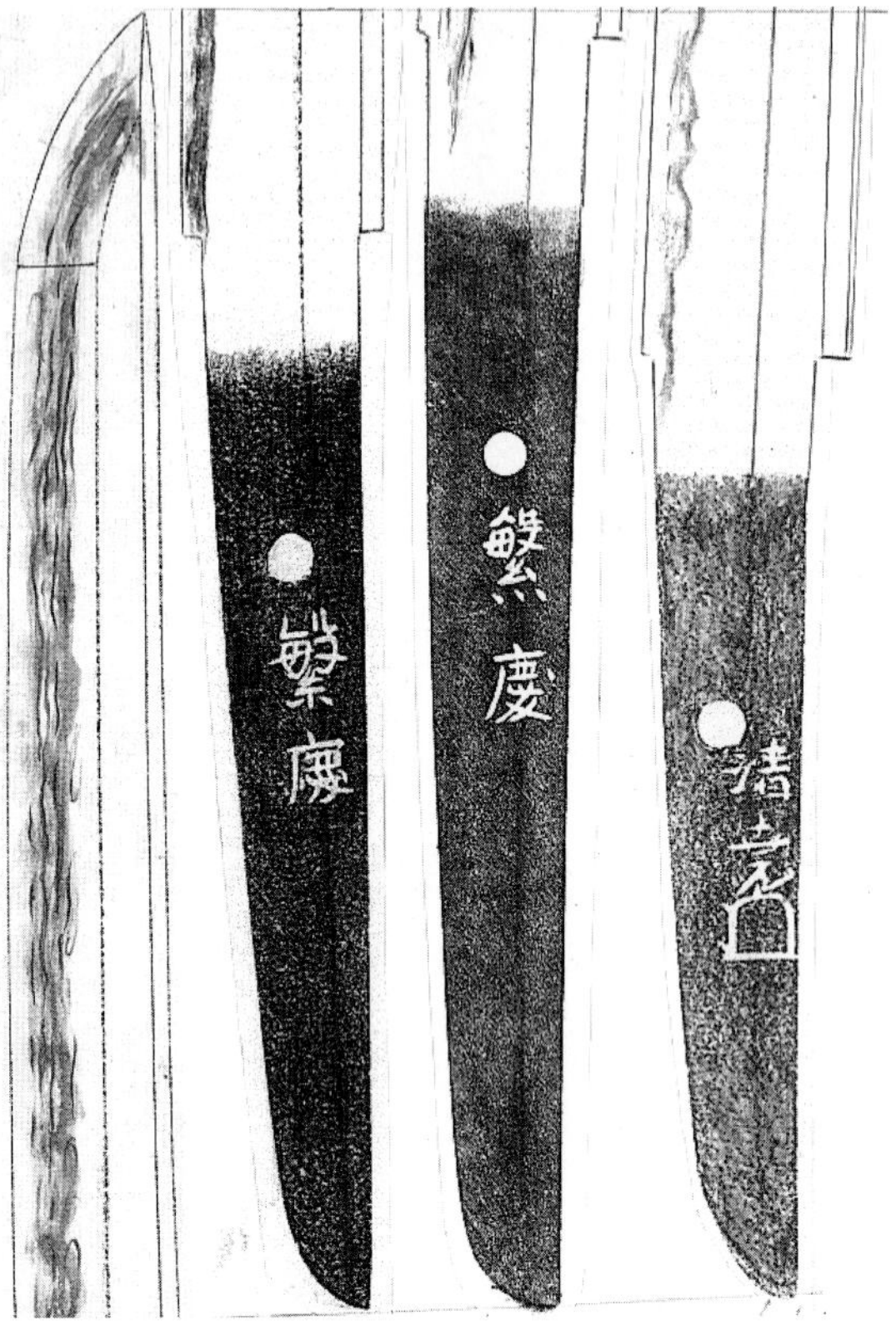

古 鎮定【しげさだ】 豊後国　室町末期（弘治）
平高田。弘治ころ、次代は天正ころに作刀する。「鎮定」「平鎮定」。

古 鎮高【しげたか】 豊後国　室町末期（天文）
平高田。景盛子。天文ころ、次代は文禄ころ。「平鎮高」「平鎮高作」。

古 鎮忠【しげただ】 豊後国　室町末期（天文）
平高田。景盛子という。初代天文。二代天正。「平鎮忠」「藤原鎮忠」。

新 鎮忠【しげただ】 豊後国　桃山期（慶長）
高田。肥前守鎮政の弟。鎮政と共に名張高田を代表する鍛冶。本国の豊後高田から紀州を経て、伊賀国名張に移り鍛刀したので「名張高田」とも、また紀州で石堂鍛冶に学んだことから石堂風が強く表れて「伊賀石堂」とも呼ばれる。広直刃調に小足・葉の入ったものと、丁子乱の華やかな作とがある。慶長八年紀があり、寛永末ころまでの年紀作がある。「肥前守藤原鎮忠」「藤原朝臣肥前守鎮忠作」。二代は寛文ころ。名張住。

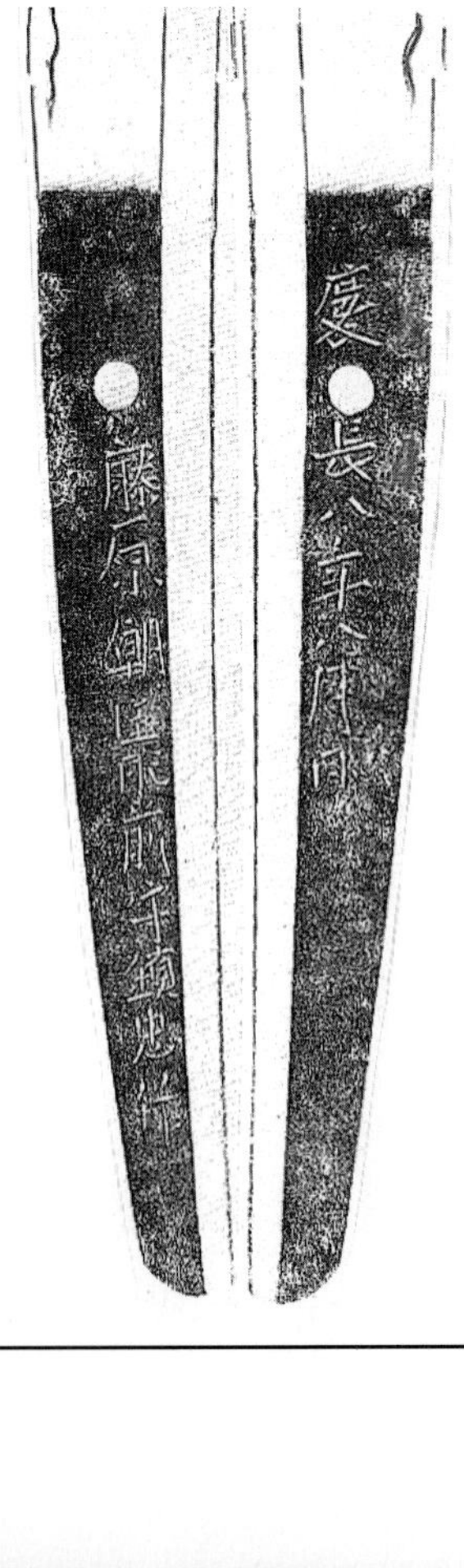

古 鎮教【しげのり】 豊後国　室町末期（天文）
平高田。豊筑の領主大友義鎮の抱工。鎮の一字を賜わり改銘する。初代鎮教には「権藤」の薙刀の作がある。「平鎮教」。二代鎮教は天正ころ。

古 鎮久【しげひさ】 豊後国　室町末期（永禄）
平高田。初銘盛縄、大膳といい、法号連祐。のち伊予にても造る。「平鎮久」「平鎮久連祐」「与州住平鎮久」。

古 **鎮秀【しげひで】** 豊後国 室町末期（天文）
高田。初代天文、二代永禄、三代天正ころに続く。「平鎮秀」「藤原鎮秀」「豊後高田住藤原鎮秀」。

古 **鎮政【しげまさ】** 豊後国 室町末期（天文）
高田。初代天文、二代天正ころ。以降新刀期になり伊賀名張に移る。

新 **鎮政【しげまさ】** 伊賀国 桃山期（寛永）
本国豊後高田、伊賀石堂の称がある。鎮正同人。鎮忠の兄。肥前守を受領する。互の目乱、互の目に丁子交じり。

古 **鎮盛【しげもり】** 豊後国 室町末期（享禄）
平高田。増盛子。初代。享禄ころ。「平鎮盛」「豊州高田住平鎮盛」。

古 **鎮行【しげゆき】** 豊後国 室町末期（天文）
平高田。大友義鎮より鎮の一字を賜り鎮行を名乗る。「平鎮行」「豊後高田住平鎮行」二代鎮行は鎮盛の子で天正のころ。

新 **鎮弘【しげひろ】** 伊賀国 江戸中期（元禄）
伊賀石堂。名張住。紀州にても造る。「肥前守藤原鎮弘」と切る。丁子乱を焼く。

新 **七左【しちざ】** 埋忠 山城国 桃山期（寛永）
七左、七左衛門は重義代々の俗名。寛永ころから江戸後期まで作刀は稀にあり、鐔・小刀の作がある。

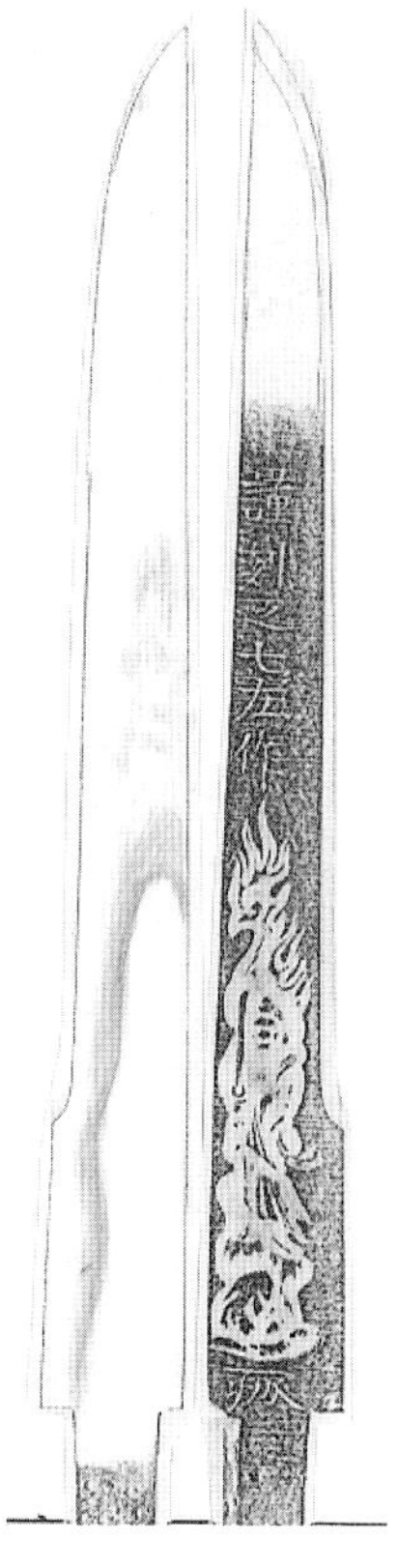

古 **実阿【じつあ】初代** 筑前国 鎌倉末期（弘安）
西蓮の子。大左の父。銘尽は実阿が二人いて、二代同銘あり、とする。祖父と孫に当たる。初代は祖父実阿で弘安から正応の間の工、「實阿」と二字ばかりに打ち、横鑢を切る。「七十五まで存生」とある。銘尽は次に女子、次いで二代孫実阿を嘉暦（元暦とあるのは誤記であろう）ころにおいている。初代実阿は豊後長円を祖とする一族で、父西蓮の筑前移住に伴い豊後から筑前宇美に移住し、さらに博多に出て博多談議所で西蓮と共に鍛刀に従事している。「實阿」。

（『往昔抄』）

古 **実阿【じつあ】二代** 筑前国 鎌倉末期（嘉暦）
初代実阿の孫に当たるところから二代を孫実阿という。嘉暦二年、元弘三年、建武二年紀の作例がある。二代銘は初代と同銘があって見分けがたしと銘尽が記しているが、二代は長銘で「弥陀實阿」とも「弥陀佛」とも打つといっている。太刀は板目に柾が流れて肌立ち、白気がある。刃文は細直刃が沸づき、ほつれ、打のけかかり、匂口にうるみごころがあるのは、古作九州物の全般に通じるところ。大振りに「實阿作」と三字銘を切る。「筑前国宇美實阿作」「弥陀實阿」「實阿作」。

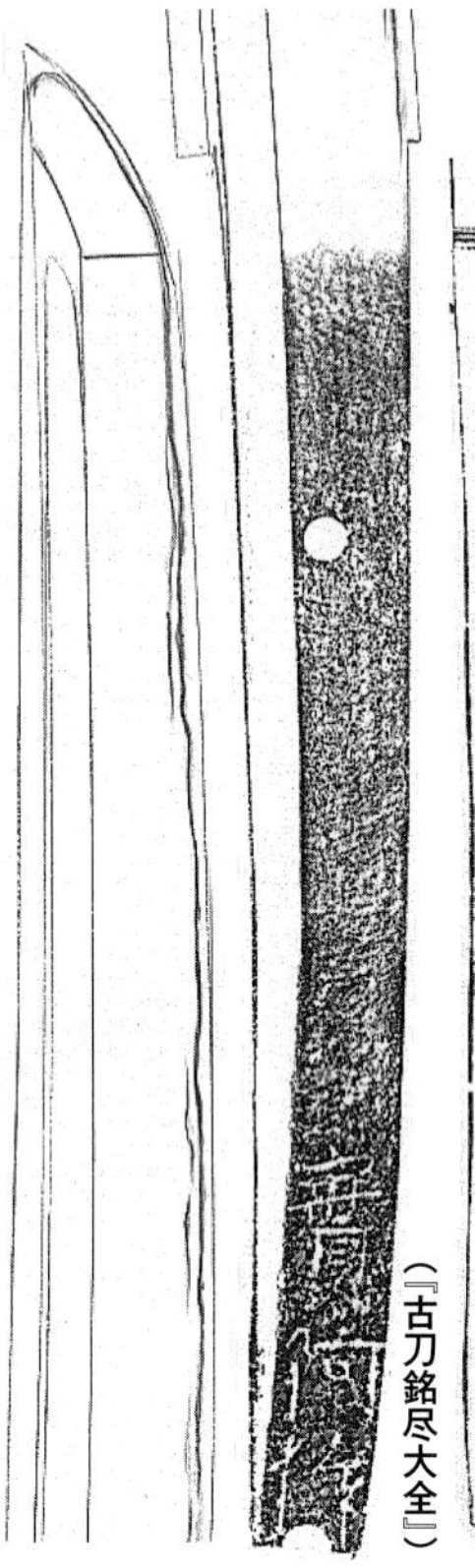
（『古刀銘尽大全』）

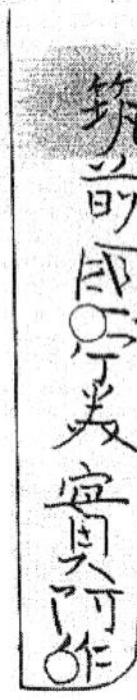
（『光山押形』）

新 **下坂【しもさか】**　近江国　桃山期（慶長）

「江州志賀郡西坂本八郎左衛門入道下坂」が下坂の祖という（『古今鍛冶備考』）。下坂村に住したところからの名で、下坂八郎左衛門は広長とも康綱ともいい、広長は美濃の赤坂千手院系の鍛冶で越前康継の父とも兄とも伝えている。「下坂八郎左衛門」銘の鎗に慶長五年紀があるのが、「下坂」を冠して知られる年紀の上限であり、八郎左衛門は九州筑後に下向して慶長八年紀の薙刀を造っている。⇩八郎左衛門の項参照。

このことは慶長五年ころ以降、「下坂」が各地に派生していったこと、その源流をなしたのが下坂八郎左衛門であることを示している。刀銘の「下坂」は姓であり、一派の呼称として用いられたとみられる。越前下坂は「肥後大掾藤原下坂」銘の康継の初銘を含み、多くの下坂鍛冶が用いている。各地には「下坂」とだけ二字に切ったもの、国名を入れ「山城国住下坂作」と切ったもの、また俗名を加えたものなど多様である。江州西坂本の下坂に発した下坂刀工郡は、全国各地に散在して江戸後期まで活動を続けている。多くは有縁の大名に従って各地に移動したのがはじめであり、会津下坂は江州から筑州へ、さらに会津へと加藤家の転封に従い移住した例である。下坂を名乗る各地の主な鍛冶群は次のようである。

◆越前下坂、会津下坂、飛驒下坂、京下坂、勢州下坂、遠州下坂、紀州下坂、丹波下坂、芸州下坂、讃州下坂、阿州下坂、予州下坂、筑前下坂、筑後下坂、肥前下坂、薩州下坂。

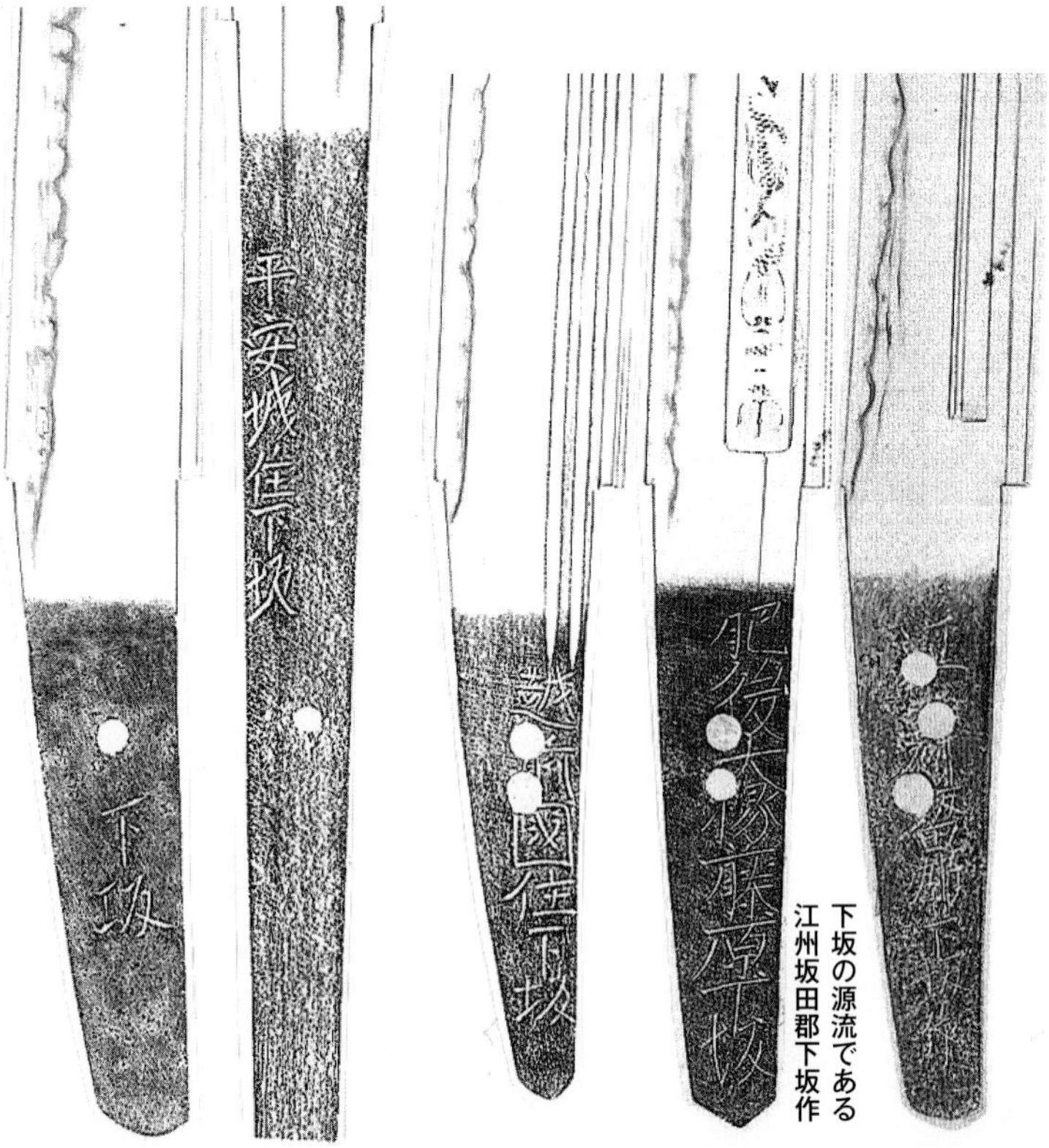

下坂の源流である
江州坂田郡下坂作

新 **下坂【しもさか】** 為康　岩代国　桃山期（寛永）

会津下坂は寛永四年、加藤嘉明の移封に従い筑州松山から会津に移り、初代為継から幕末の長直まで十代が連綿とする。為継は甚兵衛といい豪柄十郎左衛門の子、下坂八郎左衛門康継に養育されたという（『会津の刀匠』会津若松史第十一巻）。会津下坂は槍、薙刀の作を数多く遺しており、寛永十二年九月紀がある薙刀が造られた年は初代為継が六十歳、二代為勝が二十一歳に当たる。為康は正保四年五月二十日、七十余歳没。

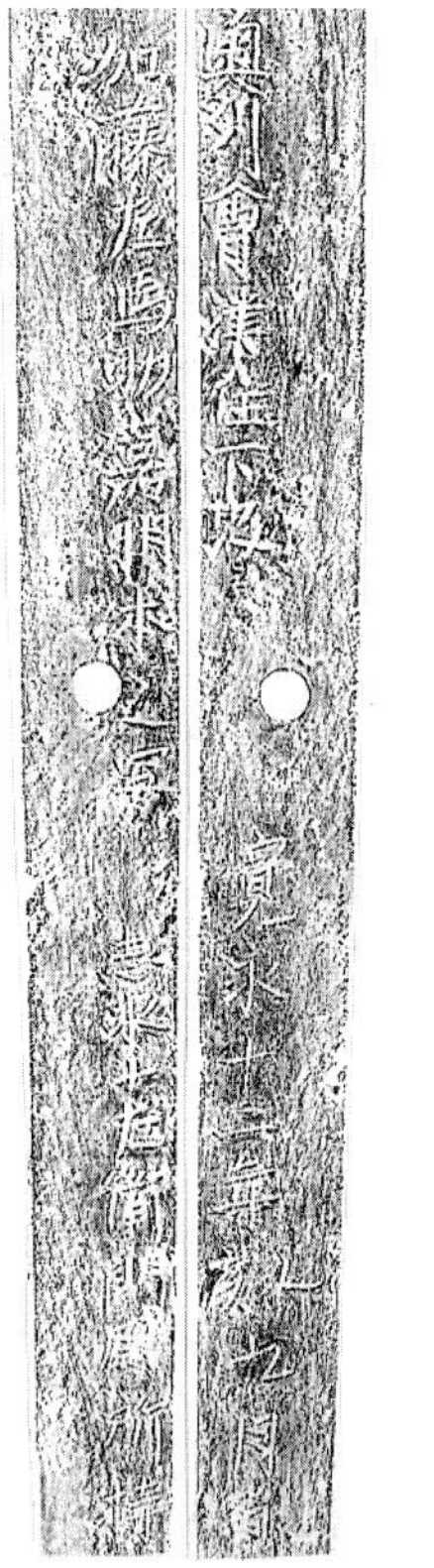

新々 **純慶【じゅんけい】** 薩摩国　江戸末期（文久）

谷山義純。本国日向。のち鹿児島移住。文久三年紀の作がある。

古 **順慶【じゅんけい】** 備前国　鎌倉中期（弘安）

順慶は初代長光の入道銘であるとするのが古来の通説で、『往昔抄』は順慶の押形図に注して「備前初（初代）長光入道シテノ銘也」とし、元亀本は「此作ニ法名准慶（順慶）ト打タル在」として、長光と打つものよりなお賞翫なりとする。かく古伝書の記述は大勢が一致していたのであるが、『日本古刀史』（本間順治著）は順慶は長光にあらずとしており、順慶と長光の別人説は定着してきている。別人説は順慶の大部分の刃文が沸づいて長光銘のものより古調であり、銘の書風が長光とは全く相違していることにもとづいている。順慶の作のほとんどは沸づいた小乱が古備前風であるが、掲出した③丁子乱には長光風が強いものがある。銘は小銘から中字銘、そして大銘へと変わっている。総じて細鏨なのは晩年銘によるものであろう。丁子乱の頭の丸い形、焼頭が地に煙りこみ尖るところなどに長光と近似した作をみれば、順慶が長光とは別人としても、ごく近親の者だったことは否定できない。

室町中期の銘鑑『鍛冶銘字考』（享徳元年写本）は長光の弟に宗光、長光の子に長宗を、また元亀本は光忠の弟に安忠をあげるなど、長光の一族、一門に現存作をほとんどみないものの、銘鑑にのる数多の工がいて、その中に順慶を銘したものがいた可能性は考えられなくはない。しかし、順慶が初代長光の法名であるとする古説を捨て切れないのは、正応の左近将監長光を二代と仮定すれば、それ以前の文永・建治の先代に初代長光が存在し、その晩年に順慶を名乗った工がいたであろうとする見方のためである。その場合、長光三代説が生じ、初代順慶長光、二代左

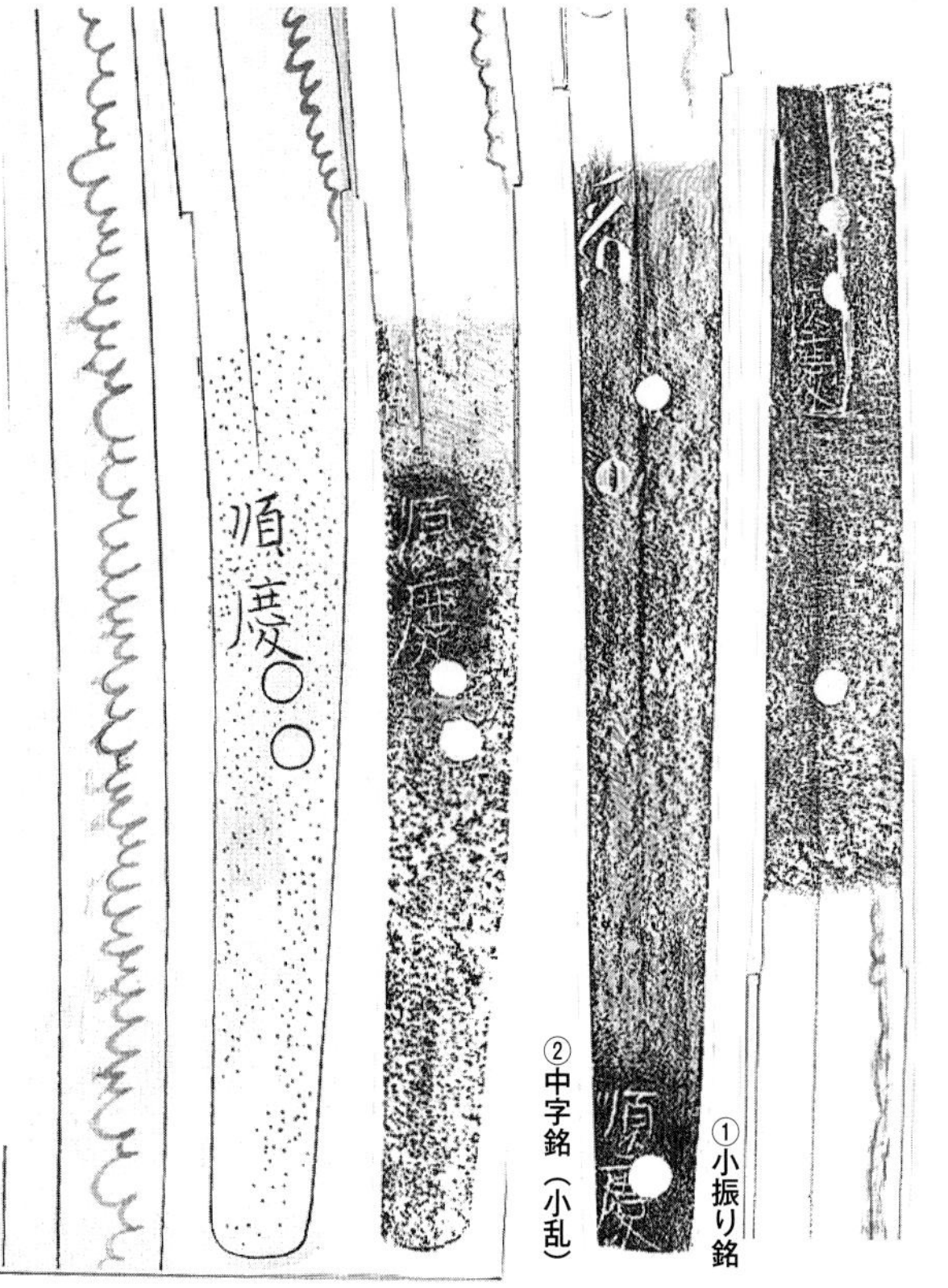

①小振り銘　②中字銘（小乱）　③丁子乱（長光風）

し
しもさか～じゅんけい

近将監長光、三代が嘉元から以降の長光という仮説が成り立つ。

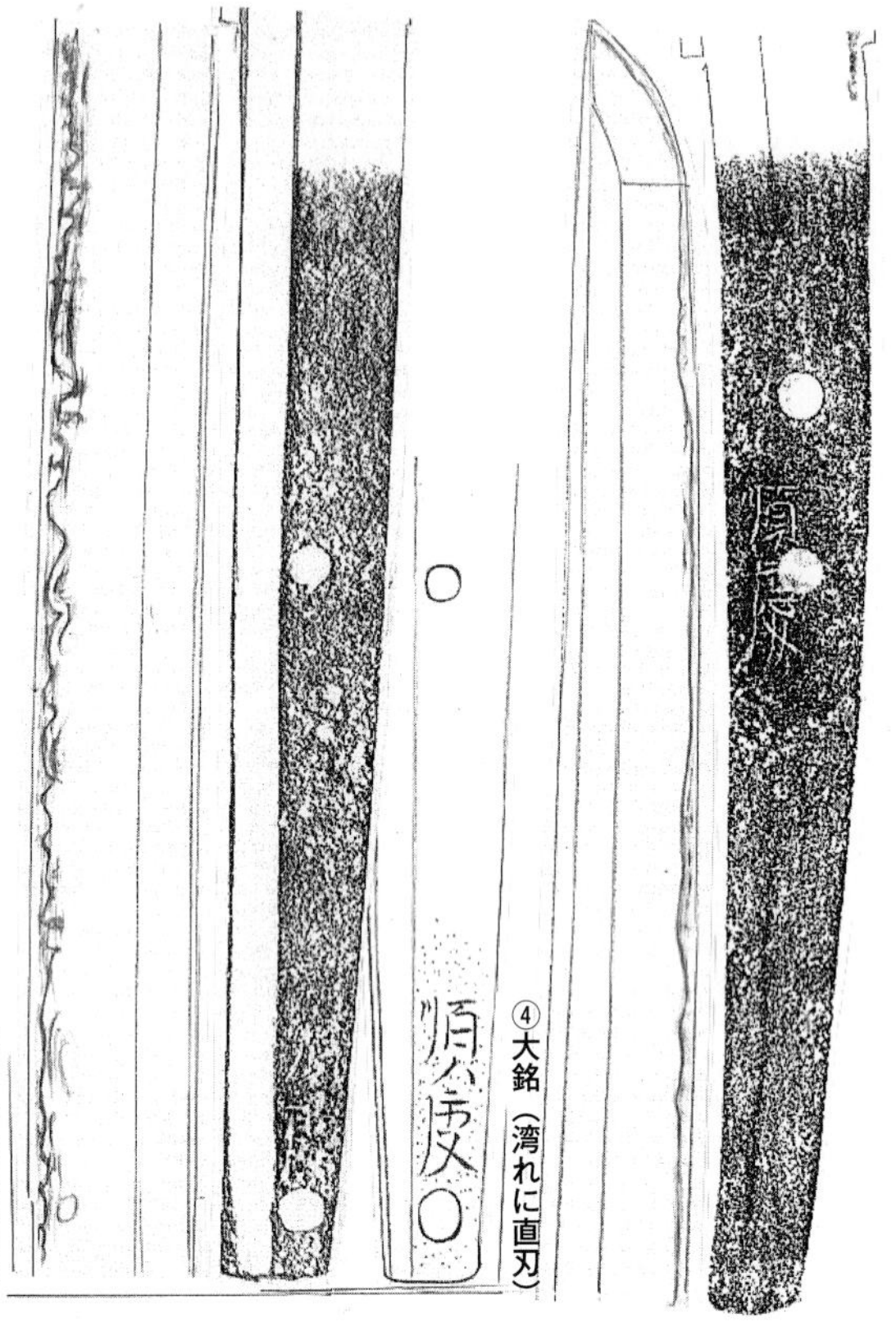

④大銘（湾れに直刃）

⑤小乱（古備前風）

新々 順公【じゅんこう】　常陸国　江戸末期（弘化）

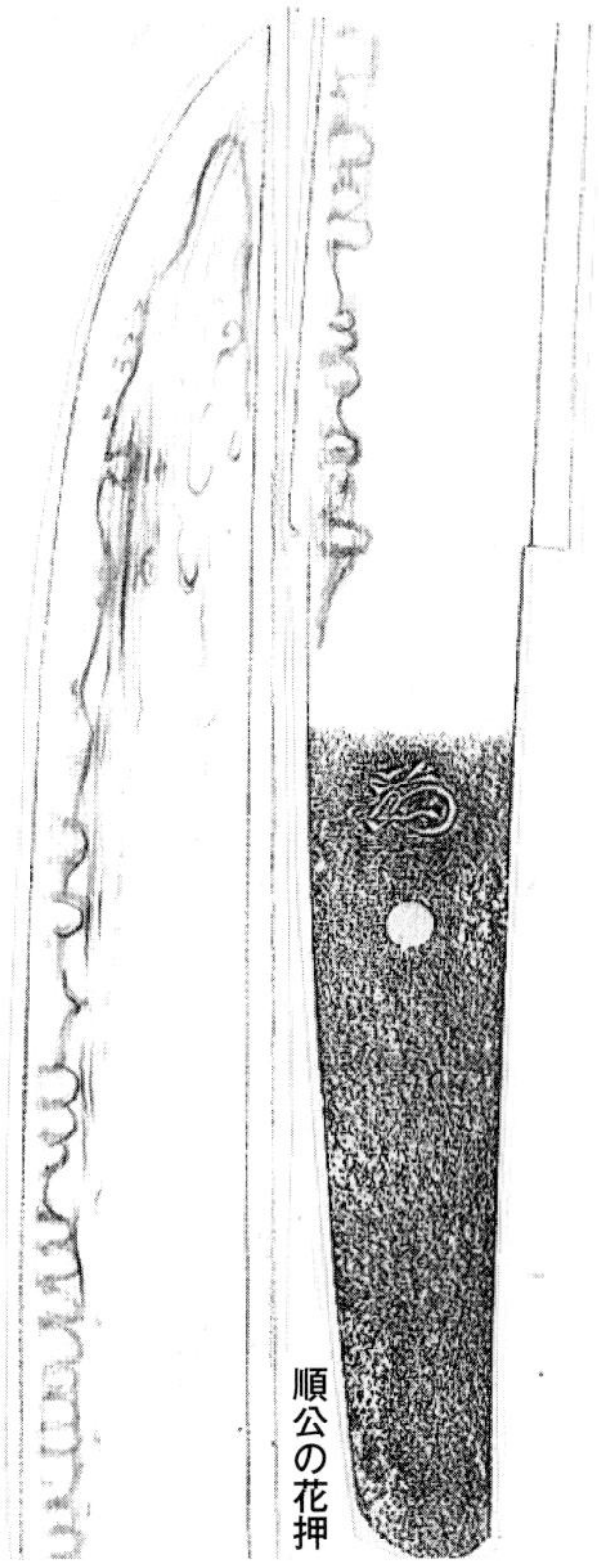

順公の花押

徳川慶篤。幼名鶴千代。水戸九代藩主烈公の子。諡名を順公という。弘化元年、十三歳で襲封。明治元年四月、三十七歳没。刀剣の慰作は烈公より少ない。茎の上部に花押を刻す。相鍛冶は藩工の関内徳宗、横山祐光とみられる。互の目に小丁子、小湾れ交じり、ほつれ、二重刃かかる。

古 上代刀【じょうだいとう】　古墳時代～奈良時代

上代刀の遺品には古墳出土の刀剣のほか、伝世品として小村神社の環刀大刀、四天王寺の丙子椒林剣、七星剣などがあり、正倉院の刀剣類がよく知られている。

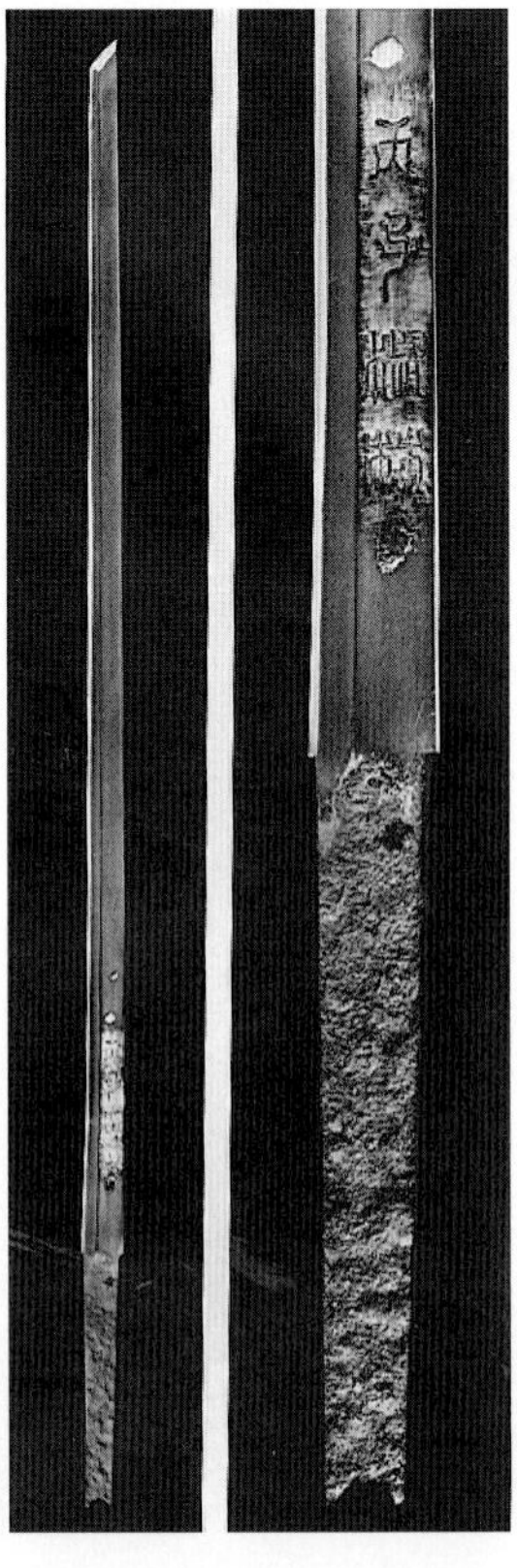

国宝　丙子椒林剣（四天王寺蔵）

上代刀は平造のものが古く、次いで切刃造があり、正倉院刀には鋒両刃造のあるのが注目される。地鉄は板目肌が流れ、柾目が多く、よく詰んで精美なもの、板目が荒く肌立ったものもある。刃文は直刃がほとんどで、小乱の交じるものがある。刃沸がよくつき、二重刃、三重刃がかかり、金筋が働くなど、のちの大和物の源流をなすものとみられている。中世日本刀の鍛造法はすでに古墳時代に発達していて、日本刀の祖型が出来上がっていたといわれる。正倉院の刀剣が最も優れた技術を示したものと評価が高いが、上野古墳出土大刀（拓写上図、斉藤氏蔵）の直刀は、地刃の出来が群を抜いて優れ、後期古墳時代の刀剣鍛造法が、ここまで

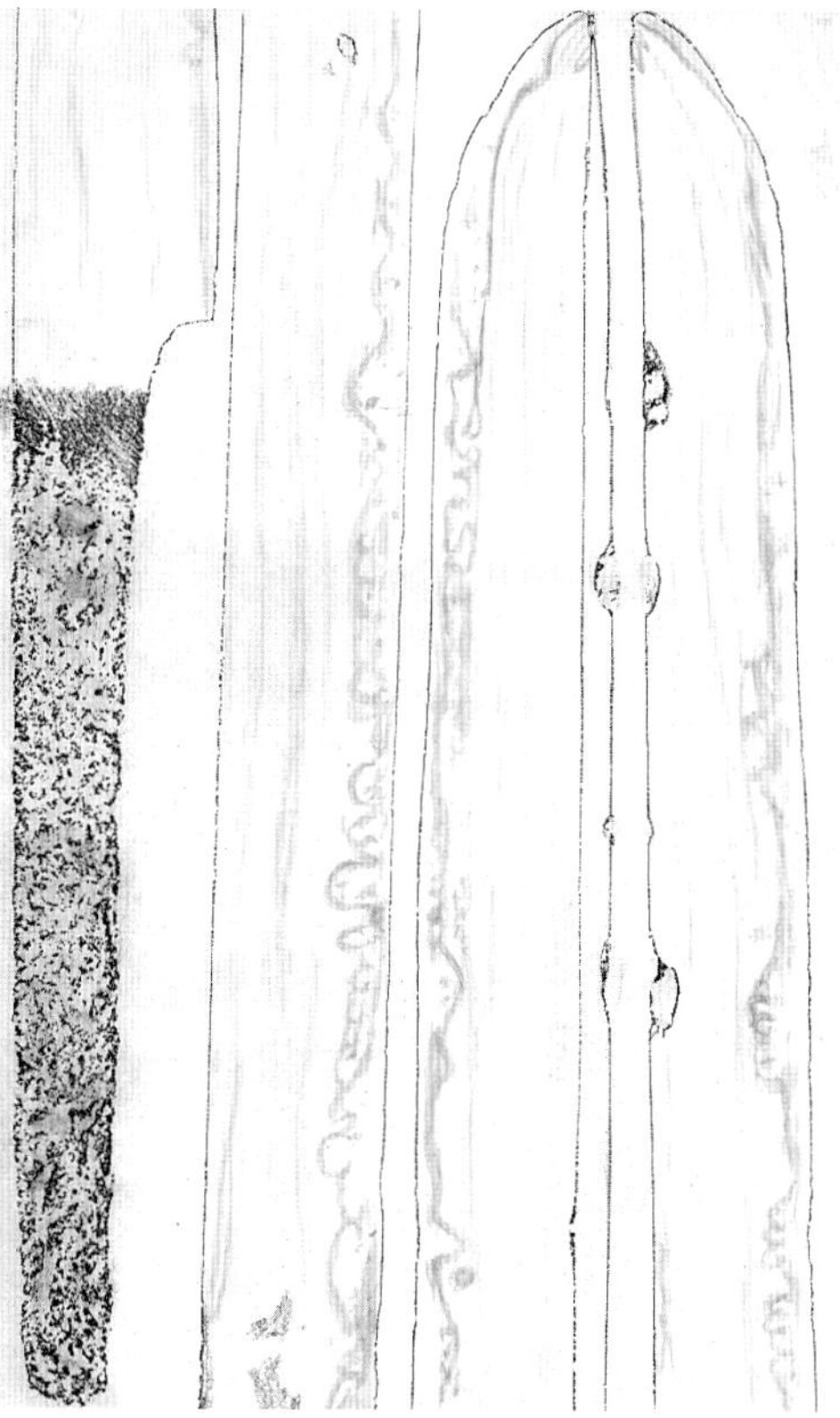

上野古墳出土大刀

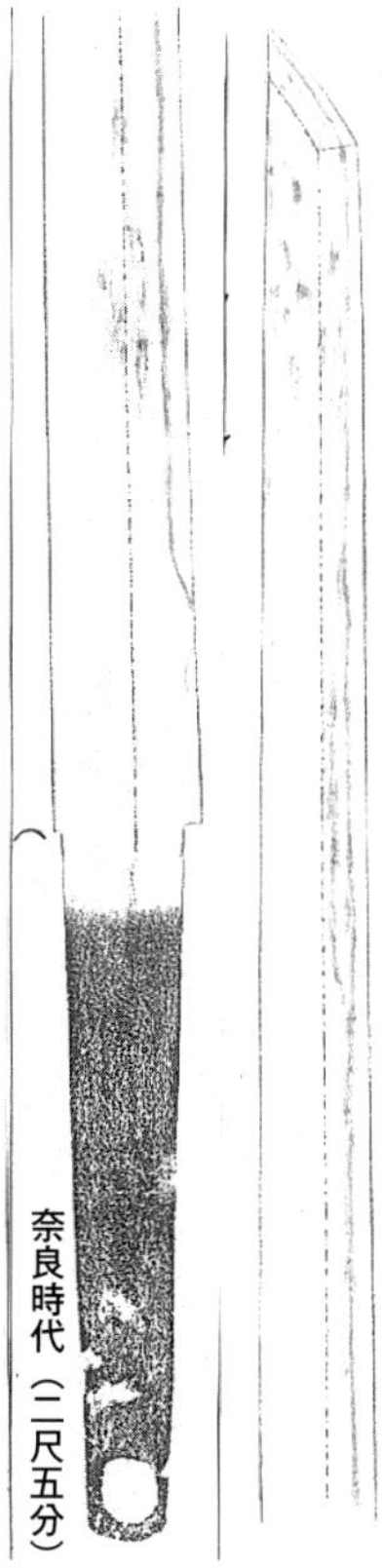

奈良時代（二尺五分）

奈良時代　二尺六寸強

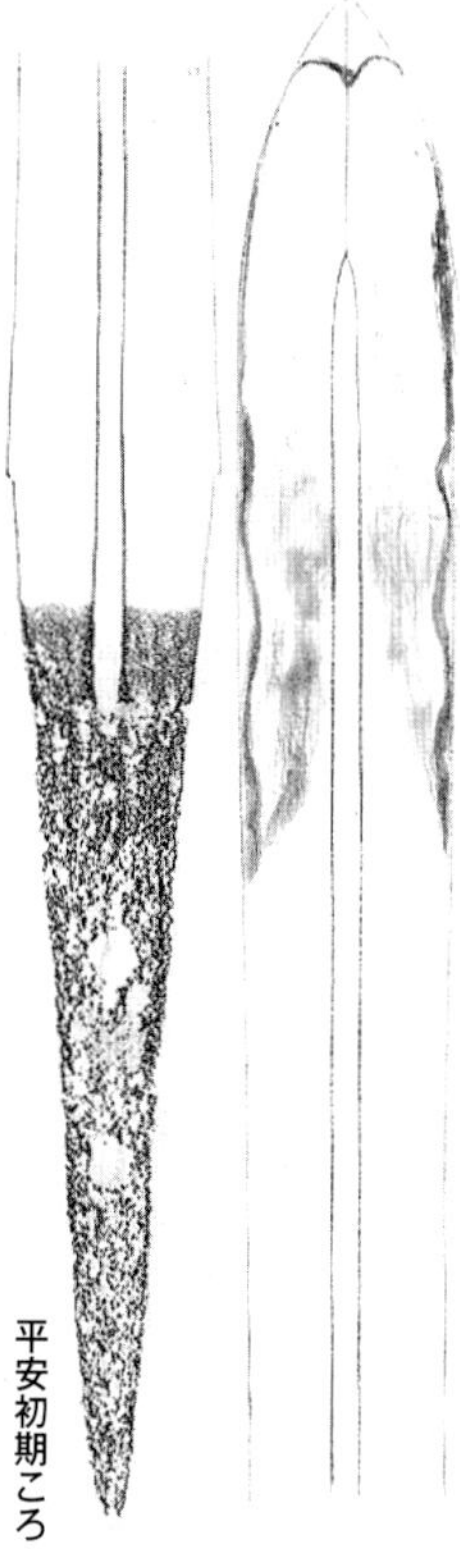

平安初期ころ

発達していた事実を証し示したものといえる（『ＭＵＳＥＵＭ』３０６号日本上代の武器　末永雅雄）。

上野古墳出土大刀は平造が幅広で、長さ二尺八寸一分。多くの上代刀の淬刃が直刃に湯走り程度なのに比べて互の目と丁子が目立ち、小湾れ、小乱交じり、湯走りかかり、二重刃、三重刃を呈し、沸よくつき匂い口比較的明るく、帽子乱れて先焼き詰める。鍛えは板目肌に小板目交じり、ところどころ大肌まじり、地沸つく。

新作 伸咲【しんさく】　岡山　平成

赤松伸咲。昭和三十四年生まれ。隅谷正峯門。平成二年独立。同年に新作名刀展に出品し優秀賞・新人賞。平成二十二年、新作日本刀展入選。腰の開いた互の目乱など備前伝を能くする。「備中住伸咲作之」「吉備国伸咲作之」。倉敷市住。

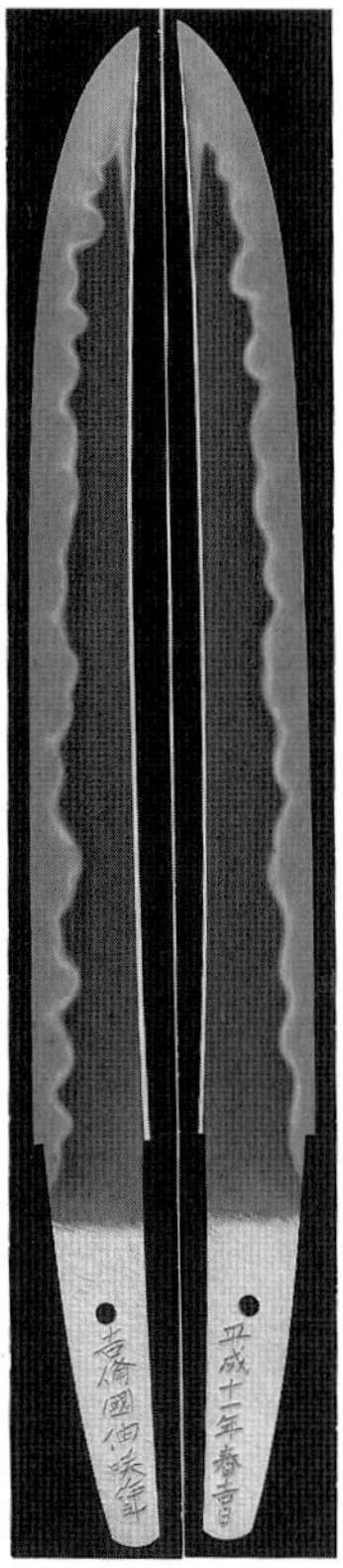

神[息] 真[改]

古 神息 [しんそく] 豊前国 奈良朝期（和銅）

龍王。宇佐八幡宮の社僧。天国、天座と並ぶ日本最古の鍛冶で、奈良朝時代の人と伝えている。平城天皇の御剣"宝動"や、"おもなし丸"の作者という。神息は宇佐宮に隷属する鍛冶集団の総称名といわれ、大和の千手院、当麻などと同様の性格をもち、個人銘を称するのは鎌倉期になってからであったろう。元亀本は、神息は「百歳まで存生す」とある。宇佐八幡宮には平安末期から鎌倉初期とみられる神息作の小太刀が残されているという。掲出の短刀は『将軍家短刀絵図』（吉祥寺蔵）に所載があるもので鎌倉期を降ることはないようである。

神息 長九寸分半

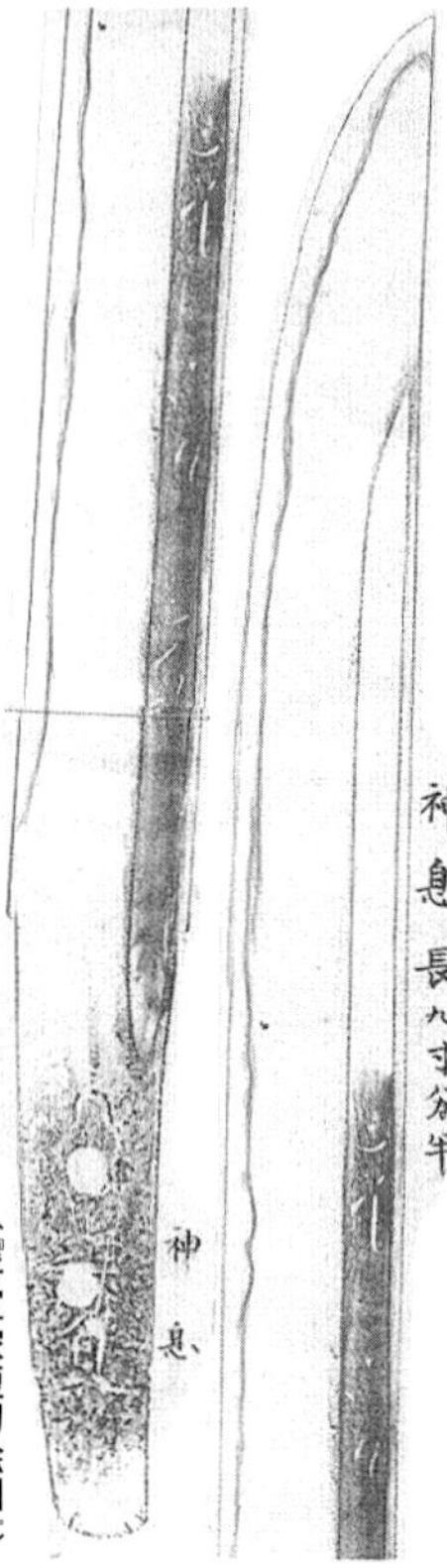

（『将軍家短刀絵図』）

新 真改 [しんかい] 井上・和泉守 二代 摂津国 江戸中期（延宝）

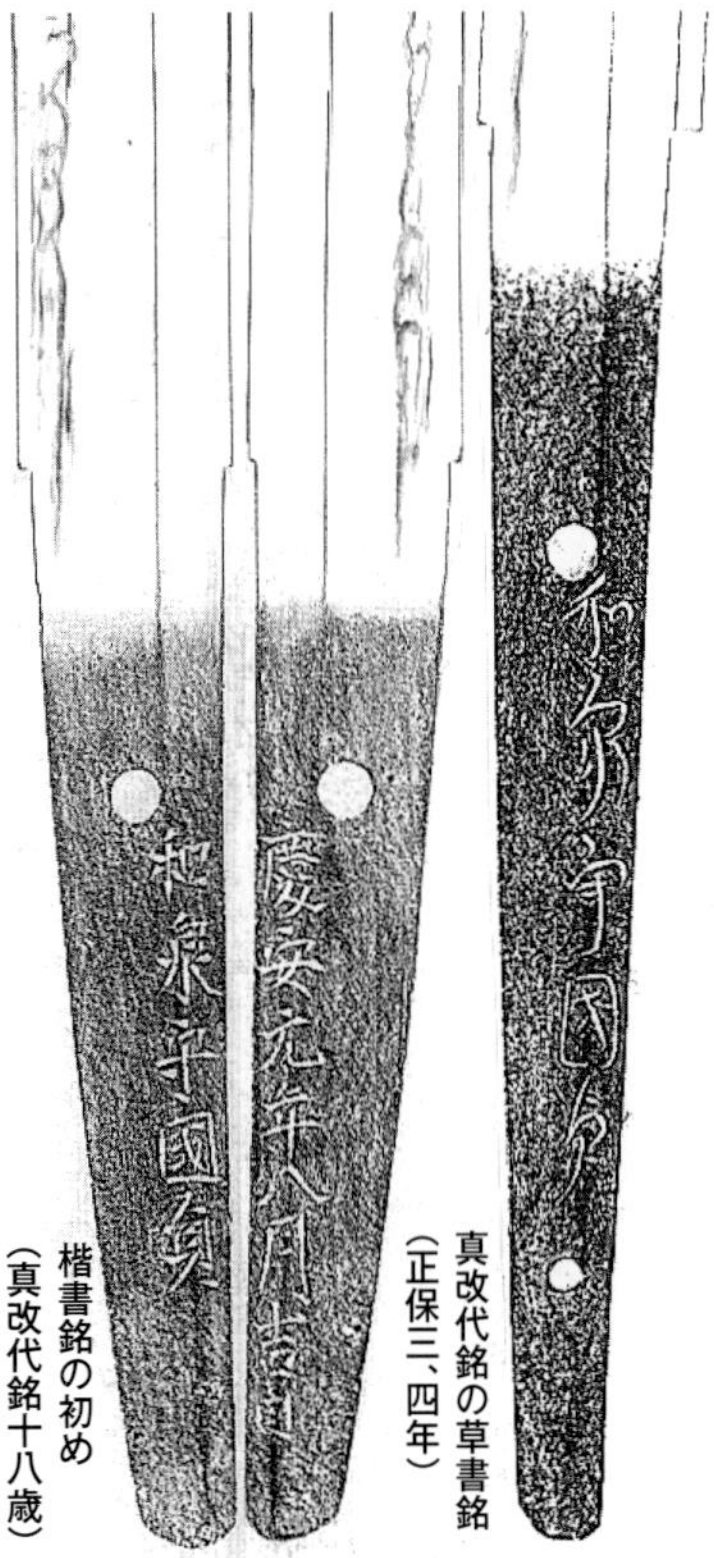

真改代銘の草書銘
（正保三、四年）

楷書銘の初め
（真改代銘十八歳）

菊紋の蕊（しん）が丸点

菊紋の蕊（しん）が格子

二十九歳

二十四歳

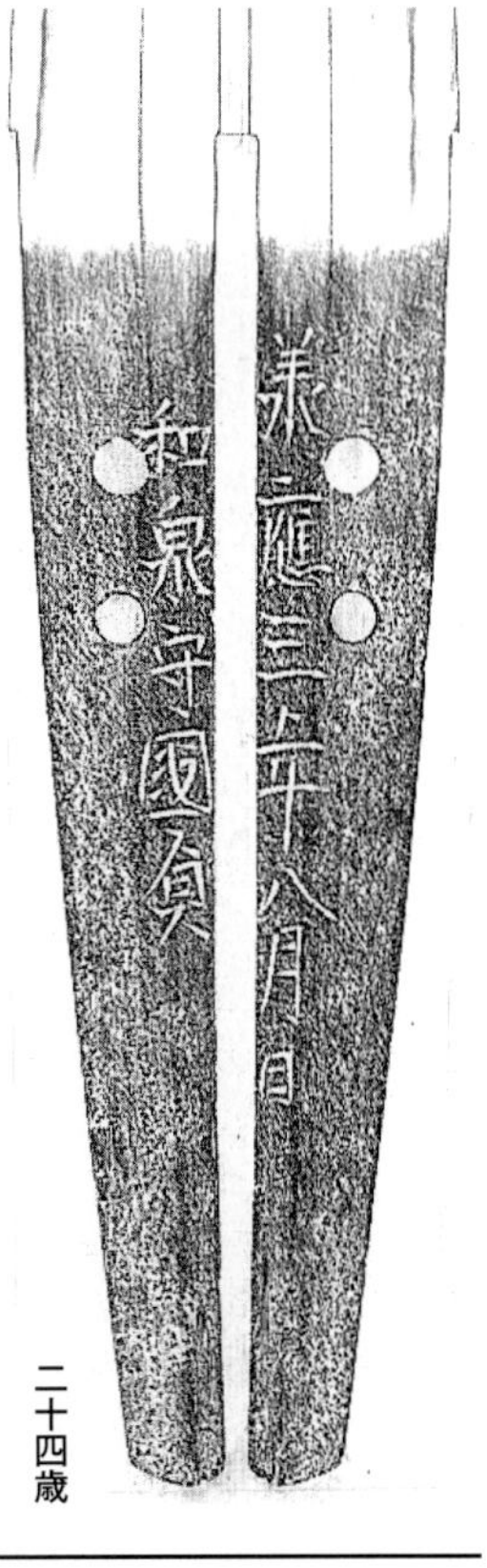

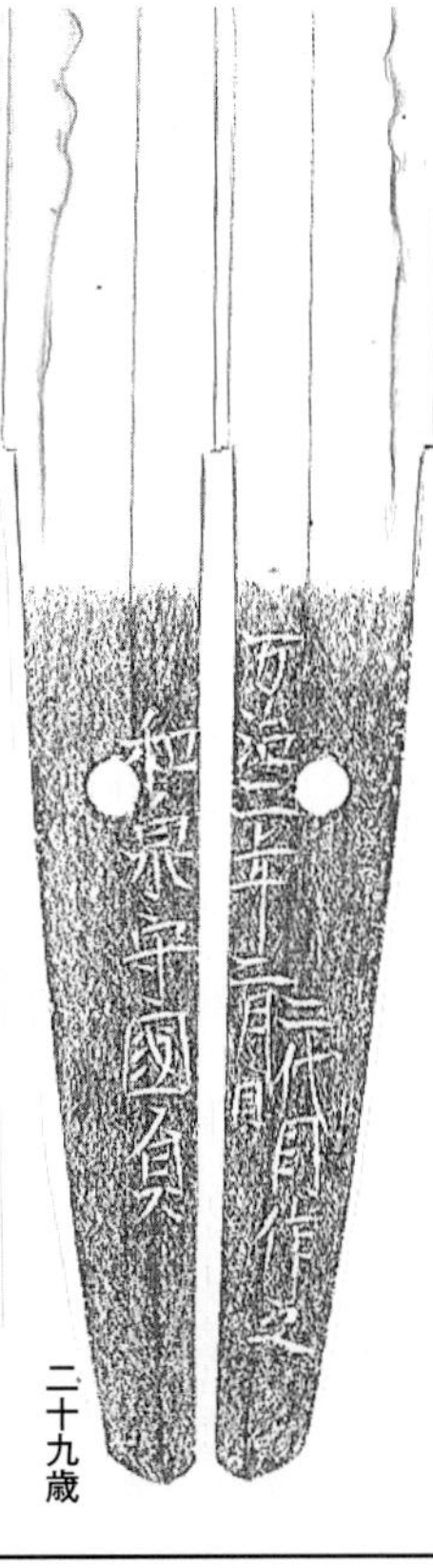

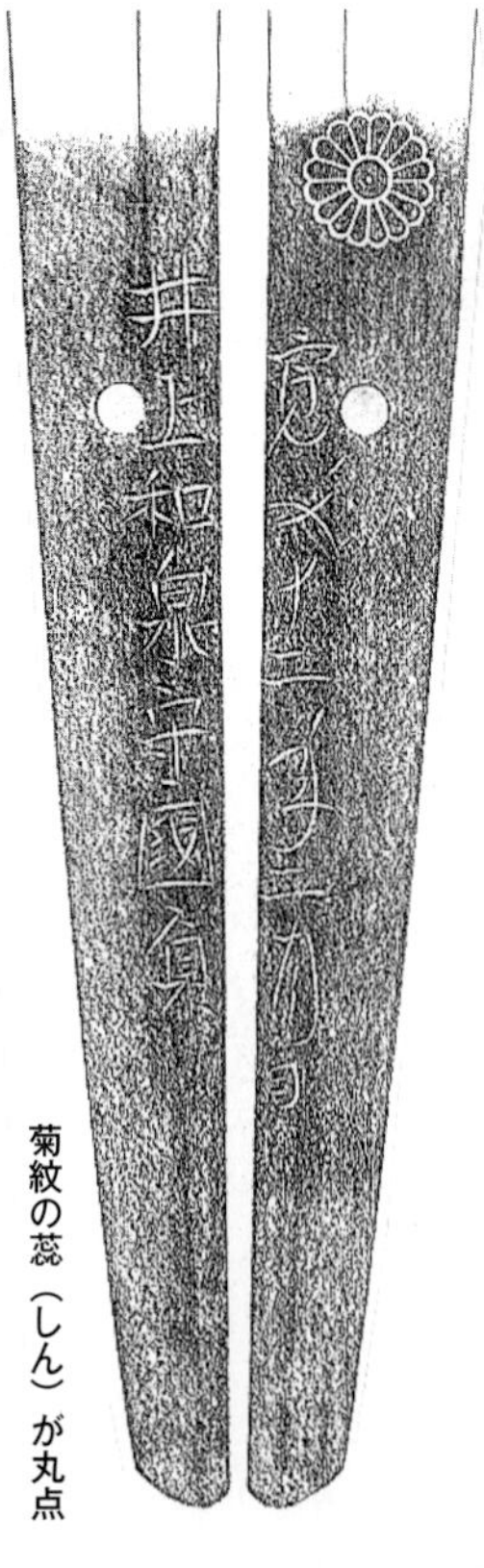

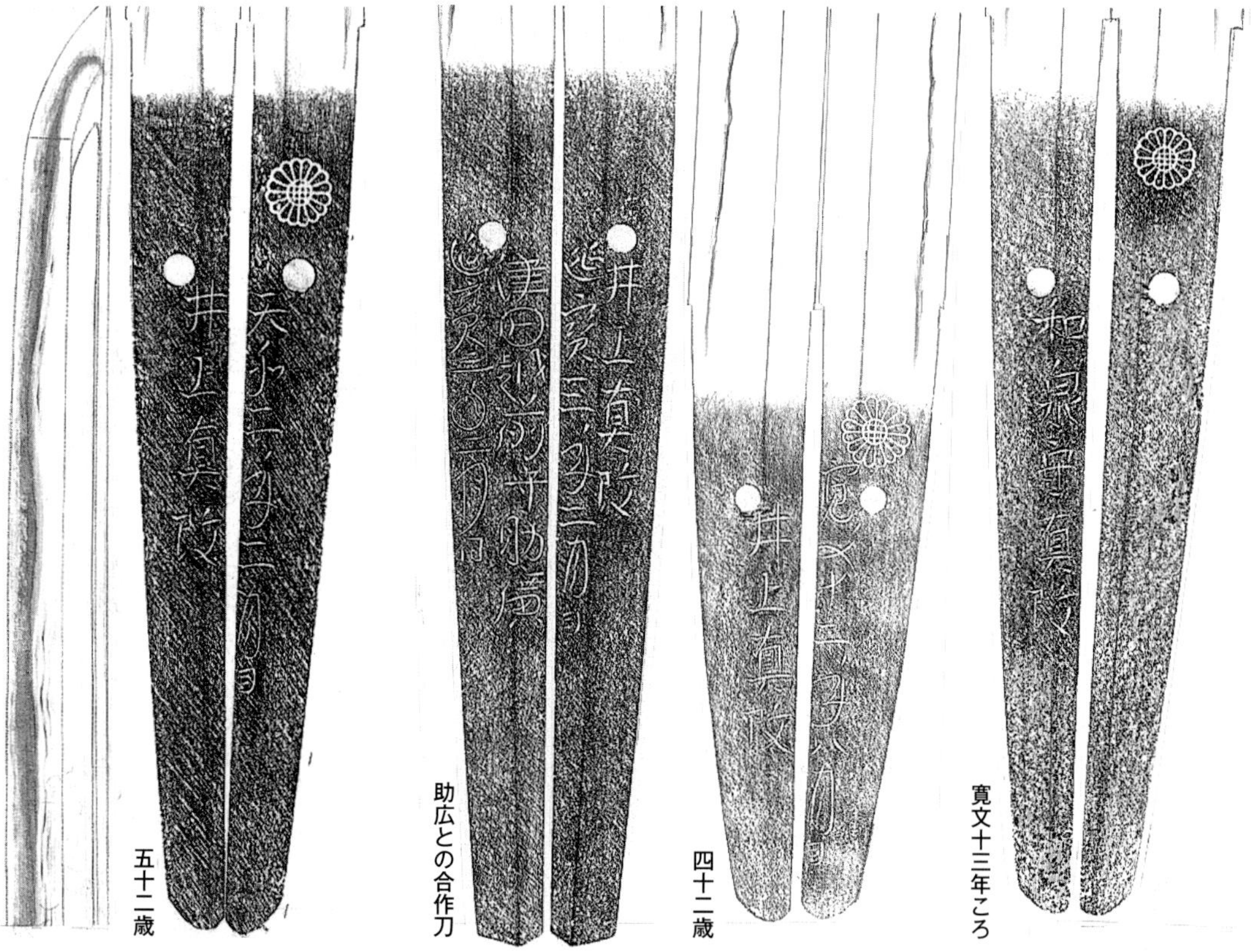

五十二歳　助広との合作刀　四十二歳　寛文十三年ころ

初代国貞の次男として寛永八年大坂に生まれる。八郎兵衛、また良次。大坂御小人町《おしょうにんまち》（現・大阪市中央区南新町）住。十二歳から慶安元年八月までのおよそ六年間、中江藤樹の門に入り陽明学を修める。正保二年、十五歳から初作があり、この年父国貞は隠居しており、初代の高足山上国隆に実技を学ぶ。承応二年五月十三日、二十三歳で家督を継ぎ、藩主伊東裕久の上意により和泉守を、その直前に和泉掾を受領する。和泉掾に任じたのは万治三年十二月十二日（『町人受領記』）で、ほどなく和泉守に転じているが、「和泉守国貞」の受領銘はすでに承応から万治二年にかけて用いている。寛文十二年八月、四十二歳のとき真改に改銘、同門の師・熊沢蕃山の名づけにより、心身ともに〝真に改める〟とされる。茎の十六葉菊花紋は万治四年二月の作から刻すのをみる。天和二年十一月九日夜半、五十二歳没。匂口が明るく、冴えた湾れ刃、直刃調の刃文に覇気があり、〝大坂正宗〟と讃えられる。津田助広と双璧をなす名工。

新々 **真改【しんかい】** 高井　紀伊国　江戸末期（文久）

高井八郎左衛門、初銘神改。紀州和歌山海草郡神野住。文久二年紀に三十七歳と切った作がある。身幅広く長寸で豪刀を造り、直刃、湾れ刃、互の目乱刃を焼く。

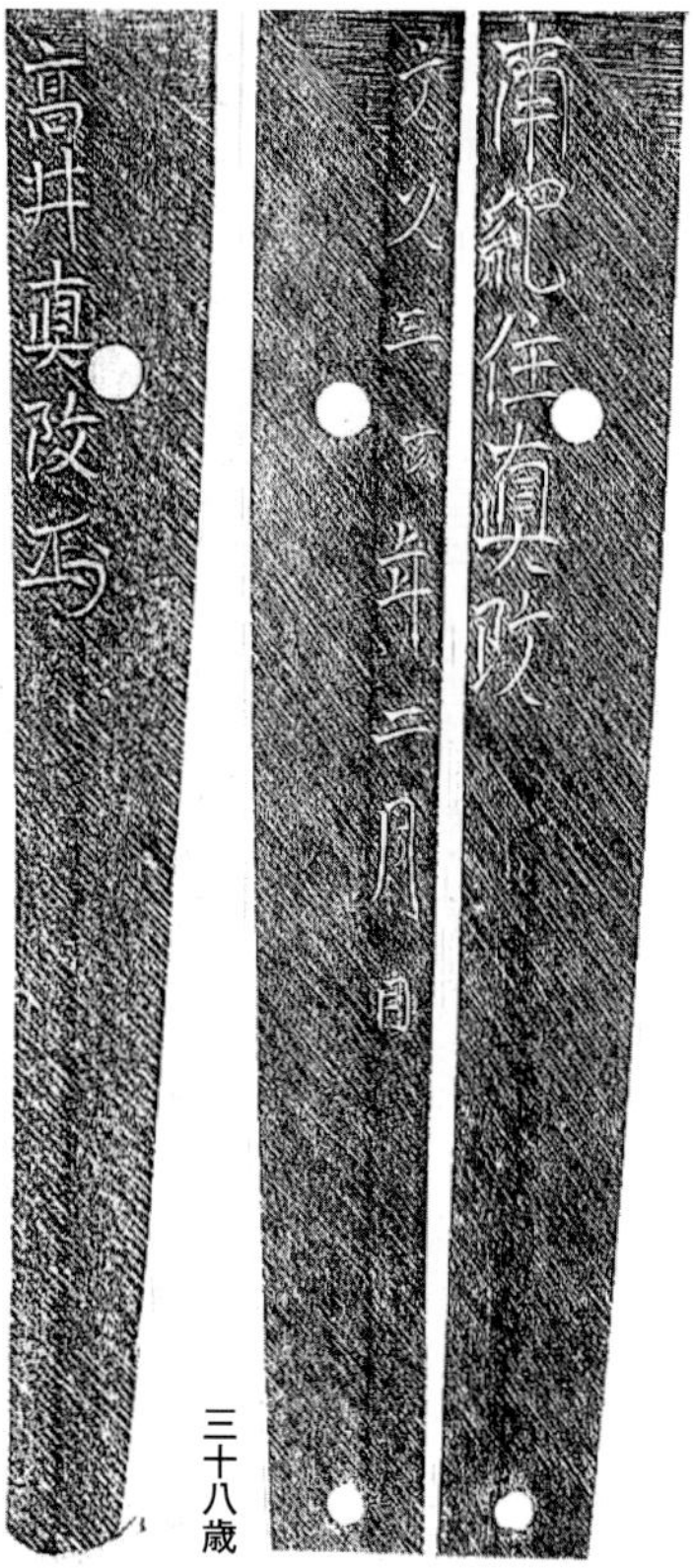

三十八歳

新 **真了**【しんりょう】 土肥 初代 摂津国 江戸中期（貞享）

土肥作左衛門。初銘正重。肥前平戸藩杉浦家の抱工。延宝四年以前に大坂へ出て井上真改門となる。天和二年、真改没後に平戸へ帰る。天和・貞享が作刀の盛期。直刃調に浅く湾れ、互の目足入り。

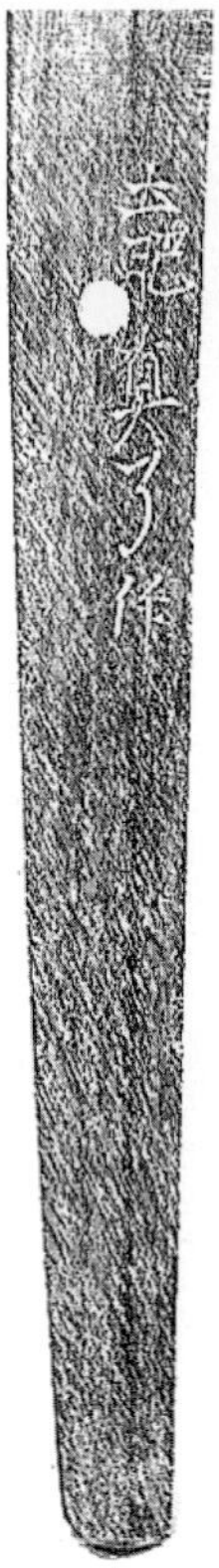

初代

二代

アタリ鏨を強く打つ

新 **真了**【しんりょう】 土肥 二代 摂津国 江戸中期（元禄）

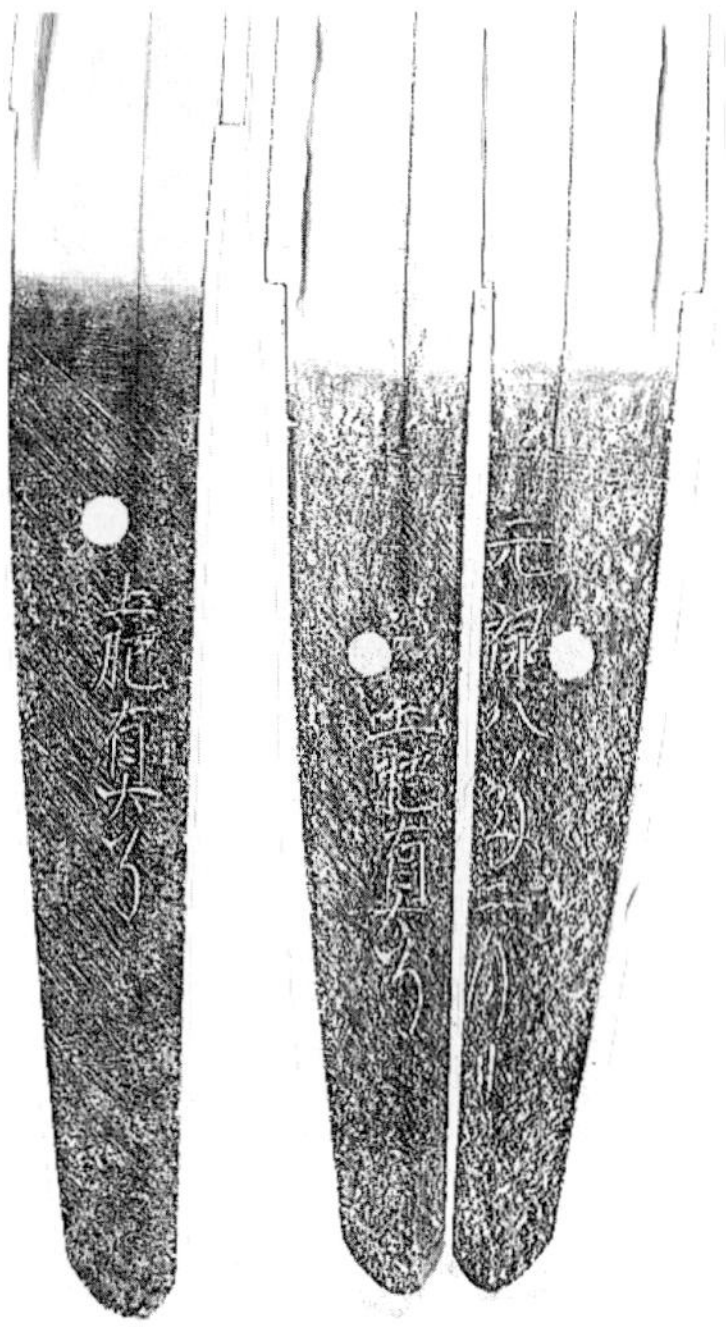

土肥作之丞。享保五年、四十八歳ころまで生存し、元禄十四年紀の作に作之丞二十九歳と記す（『新刀弁疑』）。これによれば元禄五年紀がある年は二代真了が二十歳であり、貞享年紀の作銘のものと筆致が異なる。元禄初年から二代作が始まるとみられる。作刀は初代より二代作が多い。作風初代に同様。◆三代真了は重助といい、宝暦ころ。四代は大六といい寛政ころ。同銘七代が明治まで続く。

古 **新三郎**【しんざぶろう】 伯耆国 室町末期（天正）

湯下（弓削）新三郎は伯州倉吉住正綱同人という。正綱は広賀の一門で、〝弓削〟（小鴨氏の岩倉城下）からおこるといい、古くは〝湯下〟といっていたようである。初代正綱の元和を遡る天正年紀が好資料。「伯州涌嶋住湯下新三郎」。

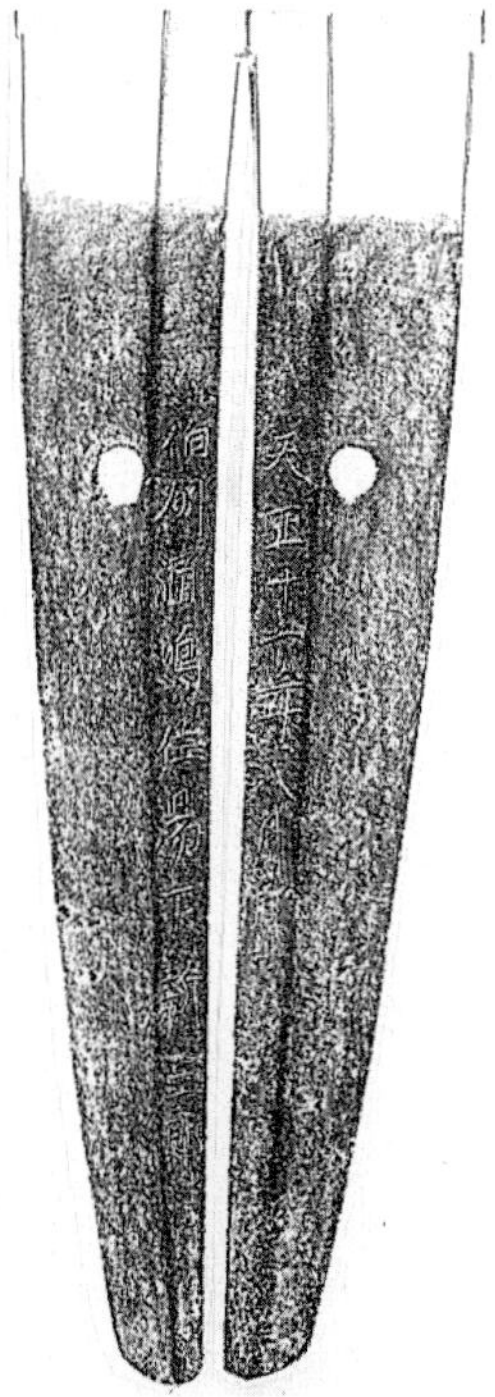

新作 **慎平**【しんぺい】 栃木 平成

加藤政也。昭和三十二年生まれ。昭和五十年、宮入行平門、同五十二年上林恒平に師事。昭和五十五年、作刀承認。同五十六年から新作名刀展出品、努力賞、優秀賞など受賞。平成二十二年新作日本刀展入選・技術奨励作。平成二十三年、同二十四年、同二十五年同展短刀の部で優秀賞受賞。「慎平作」。矢板市住。湾れに尖り互の目足入り、直刃。

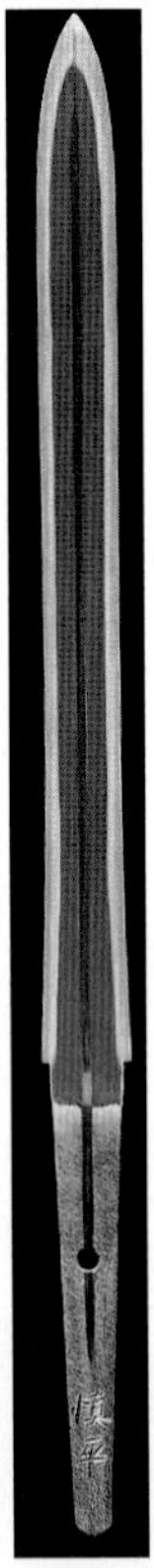

新 **震【しん】**　陸前国　江戸中期（万治）

仙台藩主伊達綱宗の隠し銘という。仙台安倫を相鍛冶に江戸品川の藩邸で作刀したと伝えるが、確かな慰作が確認できない。⇩**綱宗の項参照。**

《す》

古 **末貞【すえさだ】**　石見国　室町初期（応永）

貞綱子。応永年紀の作がある。二代嘉吉、三代以降、永正へと続く。長浜住。「末貞」「石州長浜住末貞」。

古 **末貞【すえさだ】**　肥前国　南北朝期（康永）

則末門。康永、正平の年紀作がある。「末貞」「肥州末貞」。

古 **末貞【すえさだ】**　肥前国　室町初期（応永）

散位。塚崎住。応永、永享の年紀作がある。「末貞」「塚崎住末貞」「肥前州塚崎庄堤河住末貞」。

古 **末次【すえつぐ】**　美濃国　室町末期（応仁）

関。末行門。応仁ころ。「末次」。

古 **末次【すえつぐ】**　備中国　鎌倉末期（正応）

中青江。助次門。正応元年紀の作がある。「備中国住人末次作」。末次の名跡は古青江康次の子、四郎からはじまるという。

古 **末次【すえつぐ】**　備中国　南北朝期（暦応）

中青江。暦応四年、康永四年の作がある。直刃に小足入り。「備中国住末次」「備中国青江住末次作」。貞治年紀がある末次は次代の鍛冶であろう。

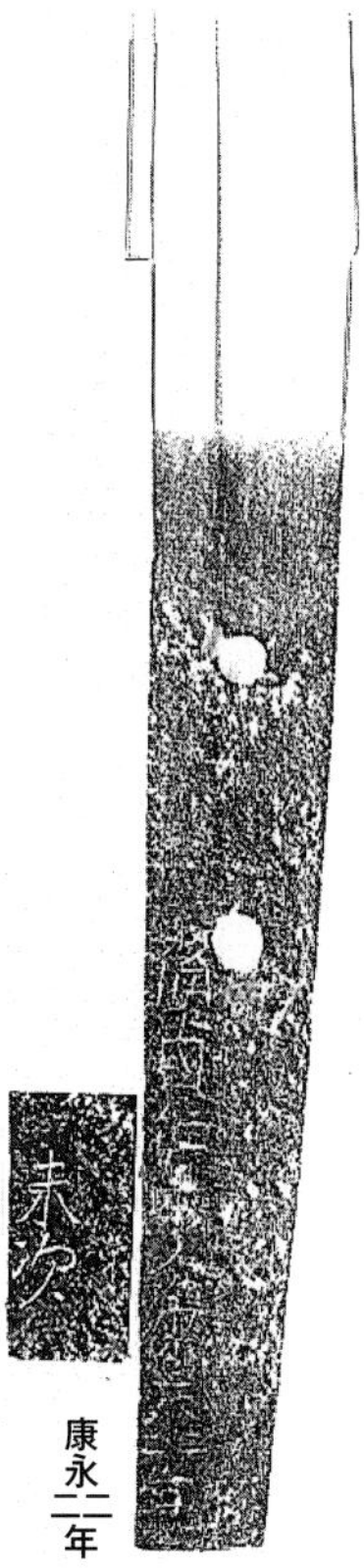

康永二年

古 **末則【すえのり】**　備前国　鎌倉末期（元亨）

福岡一文字。長則門。元亨年紀の作がある。一文字の末流で、丁子乱に互の目が交じり、盛期の大模様な風はみられない。「末則」「備前国福岡住末則作」。

古 **末則**【すえのり】 備前国 南北朝期（応安）
吉井。小互の目が連れて沸づく。「備前国吉井末則」。次代は応永ころに作刀する。

古 **末則**【すえのり】 肥前国 室町末期（文明）
散位。文明年紀の作がある。「肥州志保田末則」。

古 **末秀**【すえひで】 肥前国 室町中期（宝徳）
散位。初代。長元の子。諫早（伊佐早）住。宝徳、康正年紀の作がある。小板目鍛え詰み、柾流れて地沸つき、白気映り立つ。中直刃にほつれ、打のけかかり小沸つき、匂口沈む。「肥州住末秀」「肥前住末秀作」。

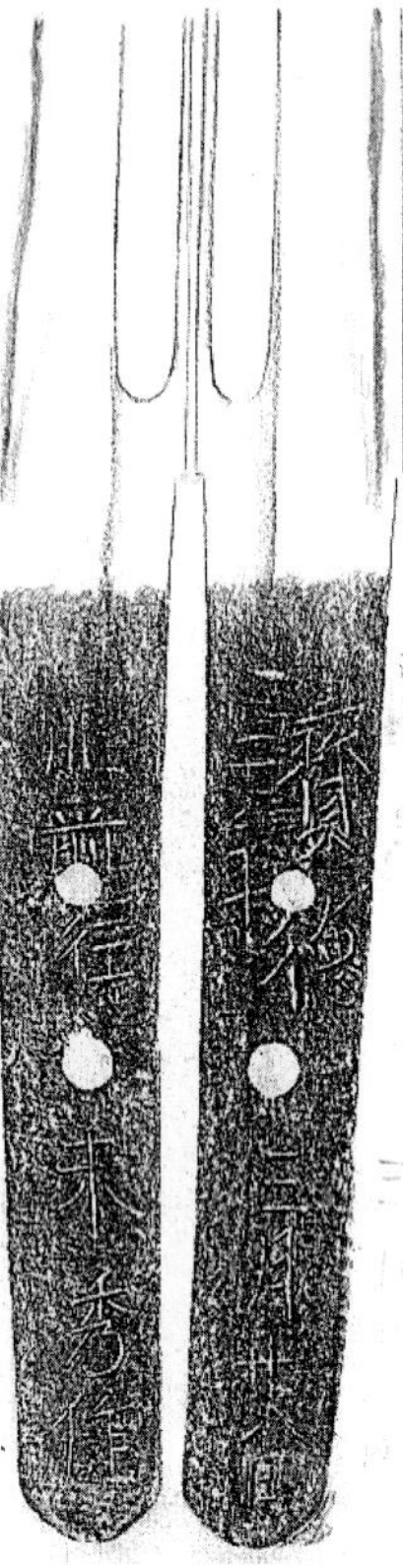

宝徳三年三月二十八日

古 **末秀**【すえひで】 肥前国 室町末期（文明）
則末の孫。二代。文明三年、同七年紀の作がある。板目鍛えに刃寄り柾目立ち、白気映り立つ。刃文は細直刃、小沸出来で小足入るが単調。銘は初代の細鏨に比べて太鏨に切る。「末秀」「肥州住末秀作」。

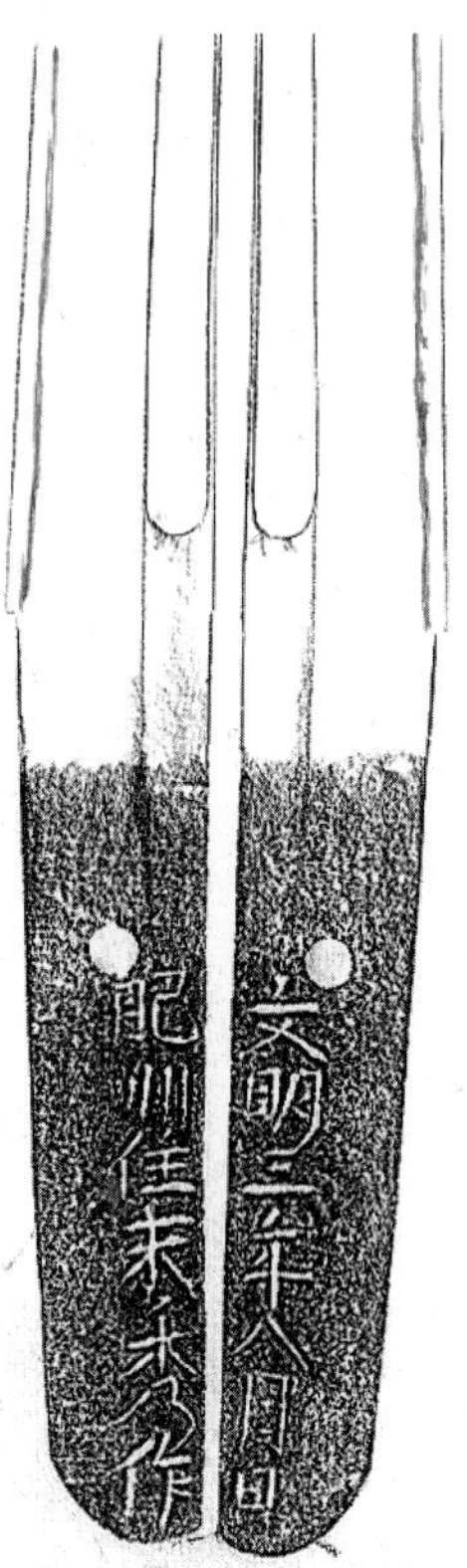

古 **末光**【すえみつ】 美濃国 室町中期（文安）
関。直刃また互の目乱。康応ころにも同銘があるが、作刀をみるのは室町期に入ってからである。「濃州住末光」。

古 **末守**【すえもり】 備前国 鎌倉中期（嘉禎）
古備前。小丁子に小乱交じり、小沸つき、乱れ映り立つ。「末守」。

古 **末行**【すえゆき】 山城国 南北朝期（文和）
来。重泰の子。来秀次門。本国大和、千手院派、あるいは当麻系で山城へ移る。直刃に小互の目を焼く。小銘に切る。

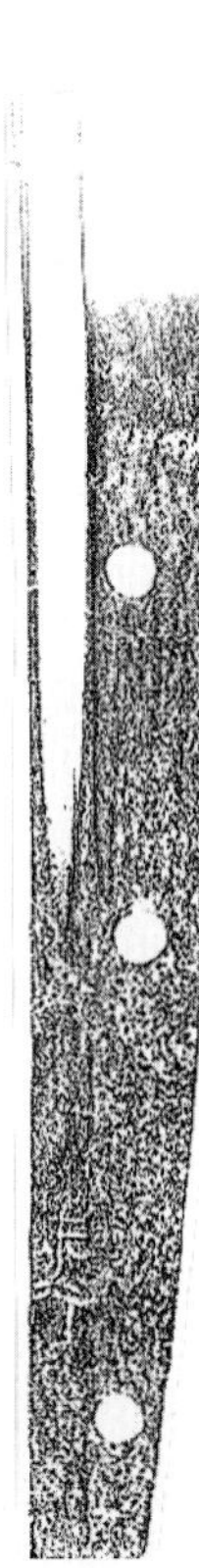

古 **末行**【すえゆき】 美濃国 室町末期（文明）
関。銘鑑には応永ころに末行がいるが、作刀をみるのは文明ころの工で、直刃、また互の目乱を焼く。「末行」。

古 **末祥**【すえよし】 石見国 室町中期（長禄）
祥末派。長浜住。後代が天文ころに作刀する。「石州長浜住人末祥」。

古 **季次**【すえつぐ】 備後国 南北朝期（文和）
法華一乗。葦田郡草戸住。文和年紀の作がある。「備州住季次」。次代は応安から永徳にかけての年紀作がある。「備後国三原住季次」と三原住を銘するのは室町後期になってからという。

古 **季次**【すえつぐ】 備前国 南北朝期（康安）
長船。康安年紀の作がある。「備州住季次」「備州長船秀次」。

古 **介成**【すけなり】 備前国 鎌倉初期（元暦）
古備前。友成子。古銘鑑が年代を長和というのは、友成を永延としてのもので、実年代は元暦ころであろう。

新作 介秀【すけひで】 東京 昭和

金子三代太郎。明治三十九年生まれ。祖父金子秀吉、父兼太郎に学び、のち栗原昭彦の門に入り、秋元昭友に師事する。初銘友秀。のち介秀と銘す。立川市住。大正十一年から作刀。昭和十五年、日本刀匠協会展に出品し入選。戦後は第一回新作名刀展から出品し入賞。

古 介光【すけみつ】 備前国 鎌倉初期（嘉禄）

古備前。友成系、介成の子。嘉禄のころ。

古 左任【すけとう】 大隅国 室町末期（天文）

佐藤左任。壹岐守。隅州惣小川住。右任同人という。長銘の掲出作がある。

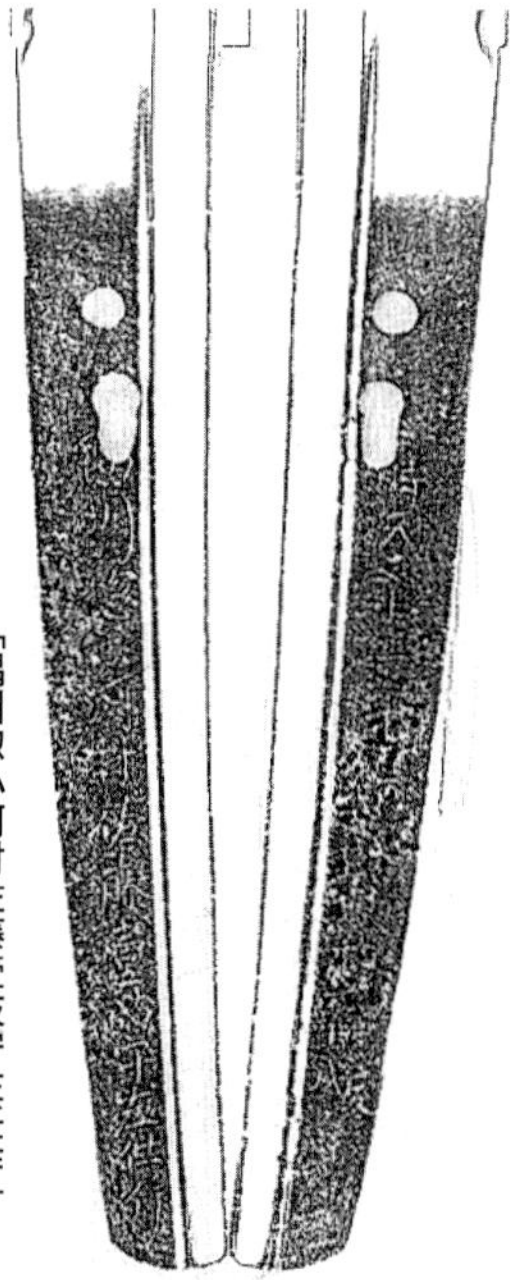

「隅州惣小河村佐藤壹岐守左任作」
「干時天文十五年丙午八月廿六日慶成」

新々 佐寿【すけとし】 讃岐国 江戸末期（文政）

「阿波住安喜佐寿」。文政二・三年紀の作がある。直刃を焼く。

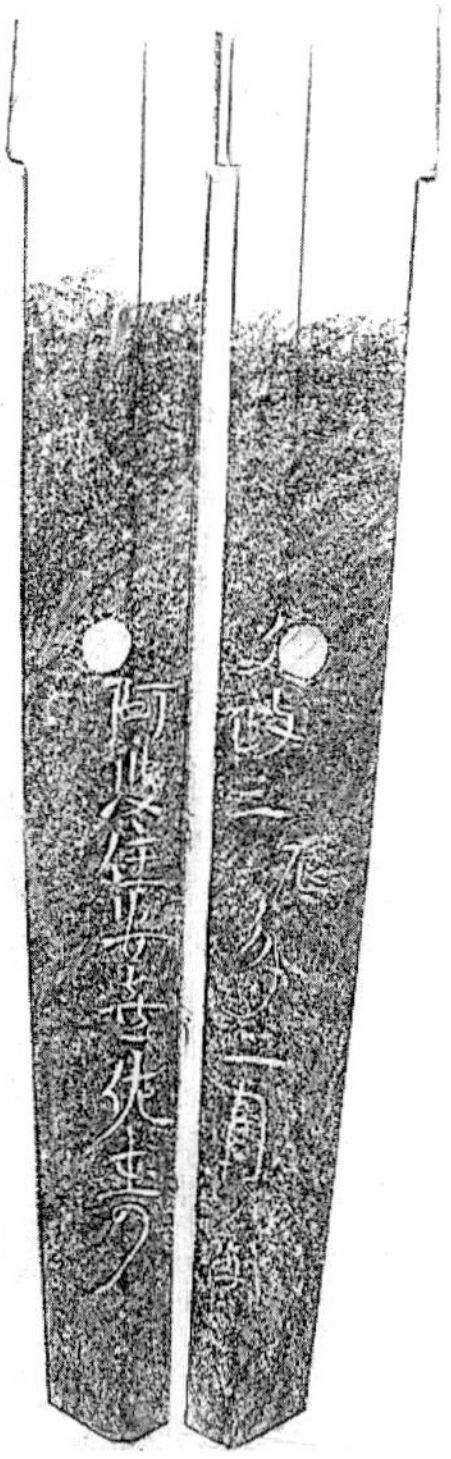

古 佐光【すけみつ】 備前国 南北朝期（永和）

小反り。光弘門。互の目が大模様で沸よくつき、金筋入る作が、常にみる小反物の作行きと異なる。「備州長船佐光」。同銘が室町期に入っては小づんだ互の目を焼き、応永・永享・文安・永正と続く。

新々 佐之【すけゆき】 摂津国 江戸末期（寛政）

安芸佐之。本国阿波。大坂へ出て尾崎助隆門に入る。

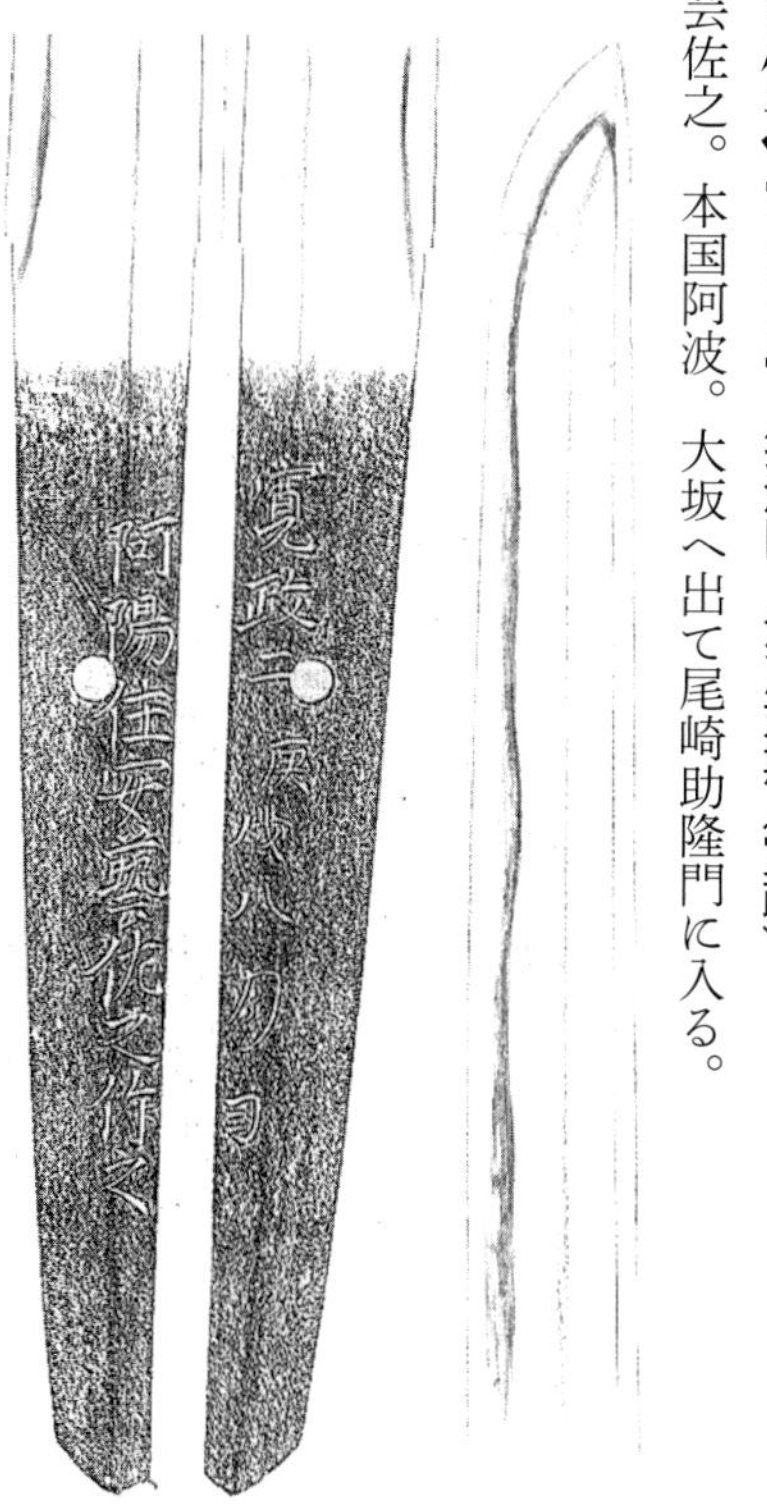

古 助家【すけいえ】 備前国 鎌倉末期（元亨）

岩戸一文字。岩戸庄住。岩戸庄に住し作刀したのが正中ころなので正中一文字ともいう。丁子乱が小模様で小づむ傾向がある。「助家」「備前岩戸庄助家」。

古 助氏【すけうじ】 大和国 室町初期（応永）

千手院助光の末流か。応永年紀の作がある。「助氏」「大和国助氏作」。

古 助包【すけかね】 備前国 鎌倉初期（元暦）

古備前。是助の子。左近将監。助包は平安末期から鎌倉初期にかけて複数工がいることは、銘振りを異にする助包銘が四ないし五通りあることから知られる。小銘に「助包」二字銘と「備前國助包作」と長銘を切る二者は、どちらも小乱を主調にして沸出来の古調な作をみせることから古備前とみられ、ほぼ同時代と考えられる。二字銘と長銘の助包とは同人の可能性も残されるが、別人のようでもあり、もし別人とすれば、助包には五通りの銘の鍛冶がいることとなろう。「助包」「備前國助包作」。

（『古刀銘尽大全』）

古 助包【すけかね】 備前国　鎌倉初期（建暦）

古備前ないし古一文字とみられる助包が、前出のものとは別にいて、「助包（花押）」を切るものは小乱に沸がよくつき、映りを立てて古調である。

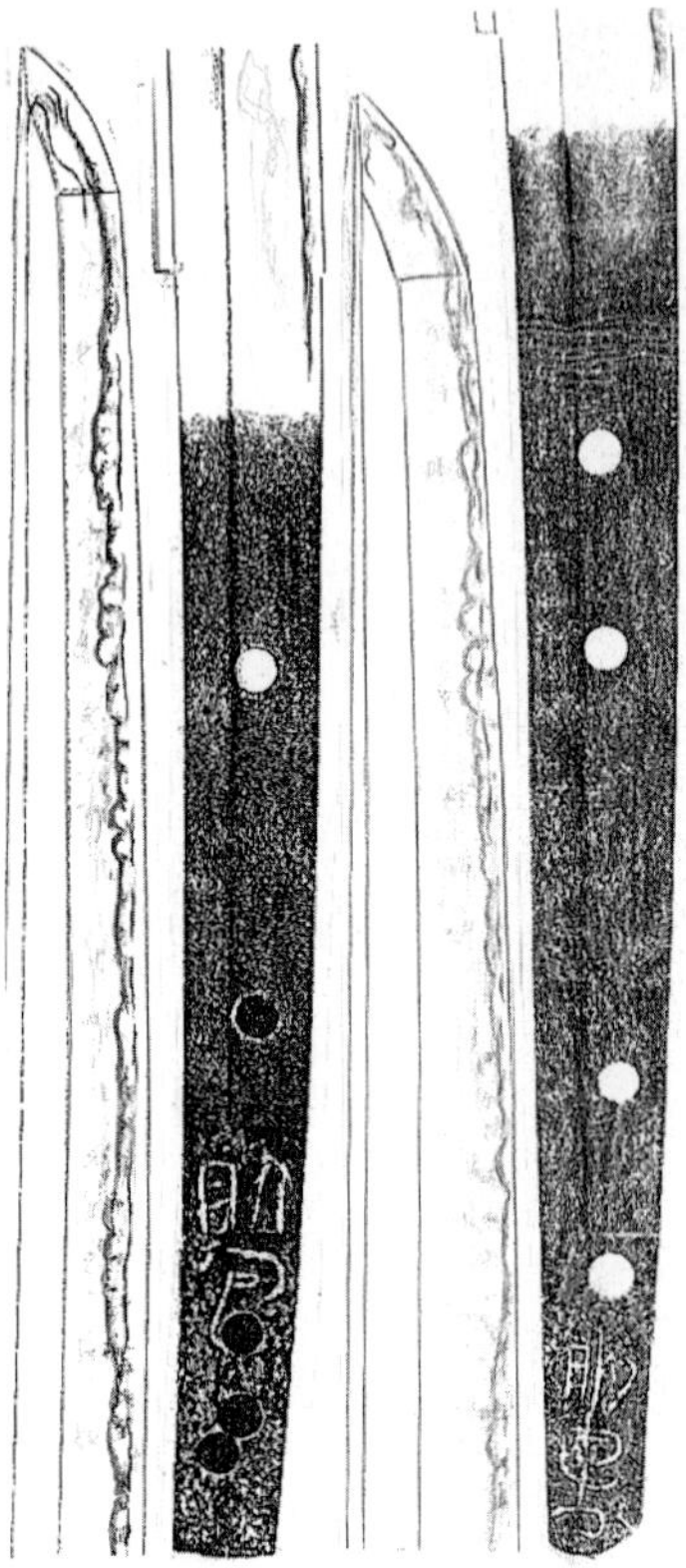

また花押助包よりは年代が少し降るとみられる中字を切る二字銘助包があって、小丁子が目立って華やかさが加わる。「助包」。

古 助包【すけかね】 備前国　鎌倉中期（貞永）

福岡一文字。助則の子。助宗門。左衛門のち右馬允。銘を大振りに角ばって二字に打つ。一文字七名人の内という。貞永のころ。沸づいた小乱刃を焼く古備前調のものから、のち匂出来の華やかな丁子乱に変わり、福岡一文字の最盛期の出来を表出する。「助包」。助包の名跡は南北朝期に続き、貞和のころ吉岡一文字に同銘を切る工がいる。

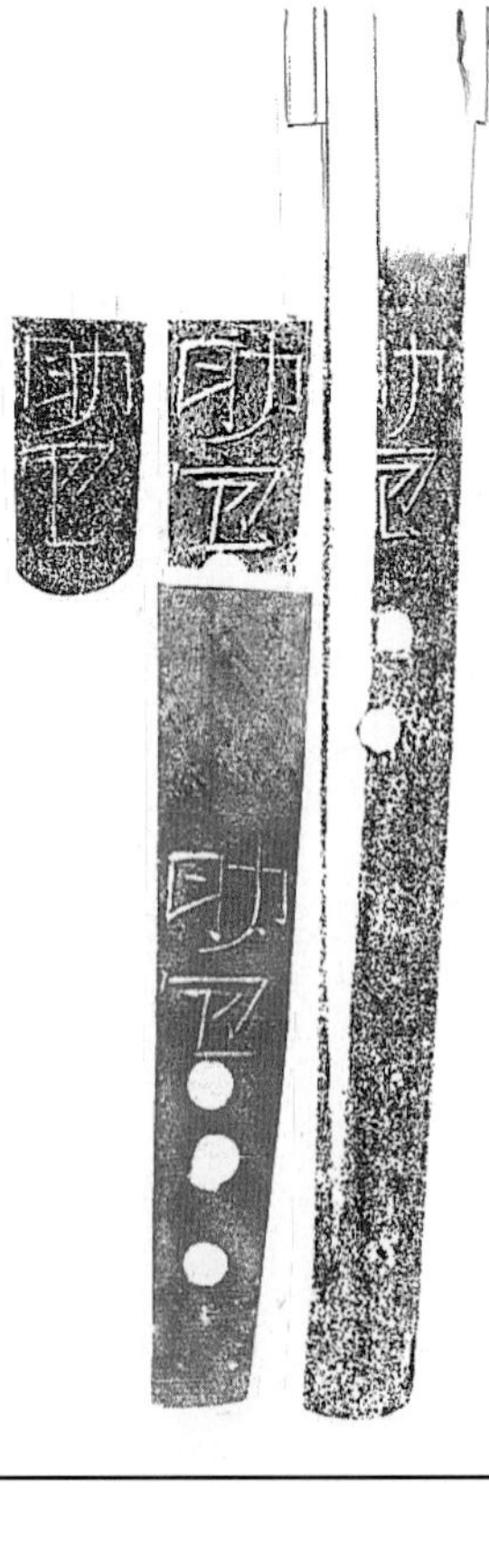

古 助包【すけかね】 備前国　鎌倉中期（建長）

福岡一文字。右馬允、助則の子。大全がいう大銘を切る助包(貞永)の子で小銘を切るものに当たる。古備前助包（元暦）の小銘とは別で代が下る。この建長の小銘助包は、丁子主調に互の目を交じえた華やかな刃文を焼く。

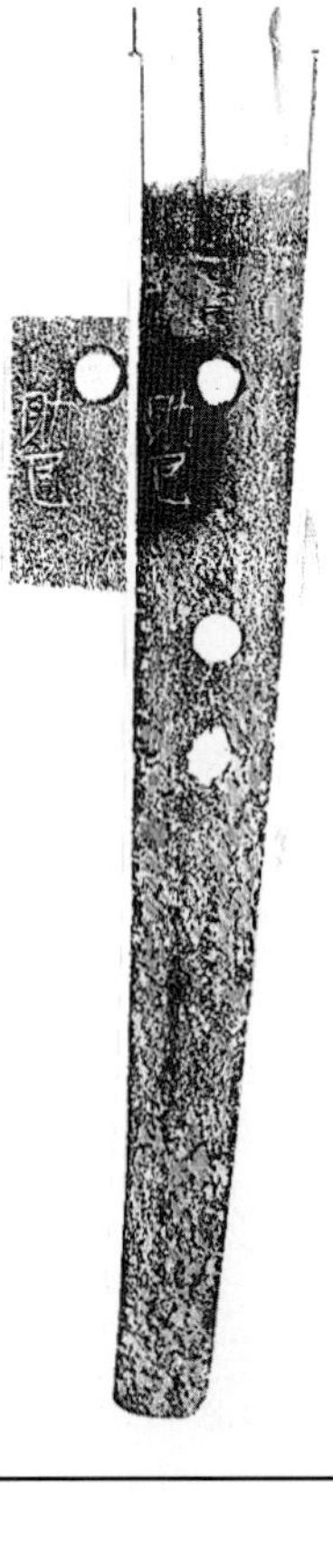

新 助包【すけかね】 摂津国　江戸中期（元禄）

菅原助包。後銘国武。中河内国助門。上野守を受領。のち大和郡山住。

新々 助包【すけかね】 摂津国　江戸末期（寛政）

前田政之允。初銘信近、のち助包から国武に改める。六代信高門、のち尾崎助隆に師事する。上野守を受領する寛政十年没。

古 助国【すけくに】 備後国　鎌倉末期（元亨）

国分寺。備前福岡一文字の末助村の子という。のち備後に移り、葦田郡国分寺住。備考は「備後国安那東条住左近奏助国」と同人であり、三原にも住とある。古三原正家の親とも伝えており、それが正しければ古三原派が助国からはじまることになる。鎌倉末期の元亨から南北朝初期の建武にかけての鍛冶である。「助国作」「国分寺助国」「備州国分寺住人助国作」。

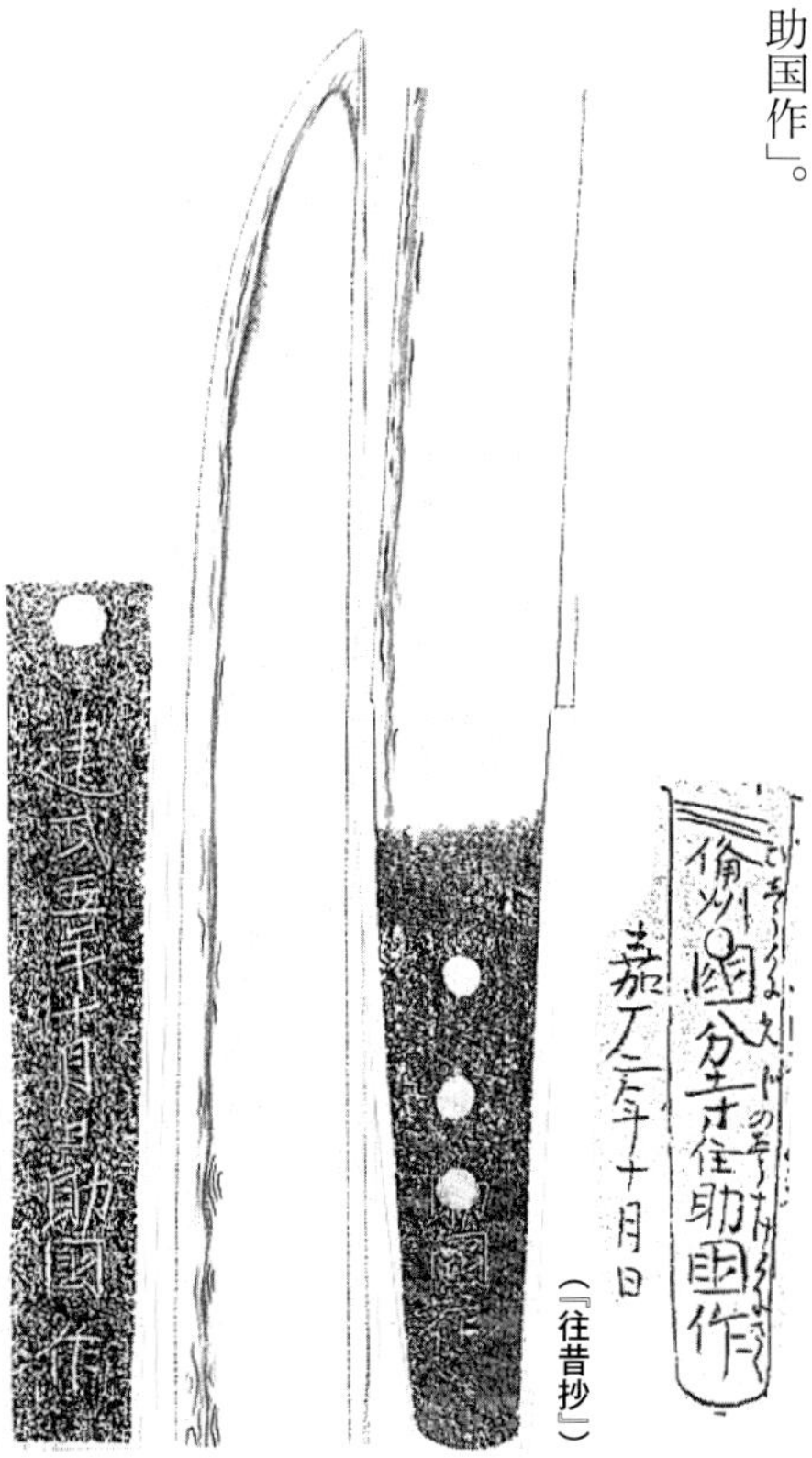

（『往昔抄』）

古 助国【すけくに】 備後国　南北朝期（文和）

国分寺。古三原正家の子。文和ころ。「助国」。

古 助貞【すけさだ】 相模国　鎌倉中期（文永）

藤源次。助真の子という。相州山内住。丁子乱、地刃が冴えて映りは目立たない。「助貞」二字小銘を切る。

古 助貞【すけさだ】 相模国　鎌倉末期（永仁）

藤源次。助真の門流。永仁ころ。鎌倉一文字助真の一族とは別人。

古 助貞【すけさだ】 駿河国　室町初期（応永）

駿州島田の祖という。本国備前、福岡一文字の後裔で駿河に来住する。鎌倉山内鍛冶の系流ともいう。「助貞」「駿州住助貞」。銘鑑には応永を降る康正ころに同銘工を掲げる。現存をみる短刀は「助貞」二字銘を打ち、康正よりなお年代が降り天正ころとみられる。

古 助真【すけざね】 相模国　鎌倉中期（建長）

福岡一文字。助成の子、また助房の子とも。藤源次。権守。初銘介真、正元年中に一門を伴って鎌倉へ下向し、山内で鍛刀したところから鎌倉一文字と呼ばれる。遠江でも造るという。元久生まれ正和五年没で百十三歳（『古刀銘尽大全』）とは信じがたいにしても長寿者だったらしい。子がなく一代限りであった（『古今銘尽』）といい、現存する助真銘に二代目の形跡はみられない。

作刀は身幅広く猪首切先の豪快な形姿が鎌倉中期の太刀姿をみせる。丁子乱に蛙子丁子を交じえ、焼幅に高低の変化があって華やかであり、

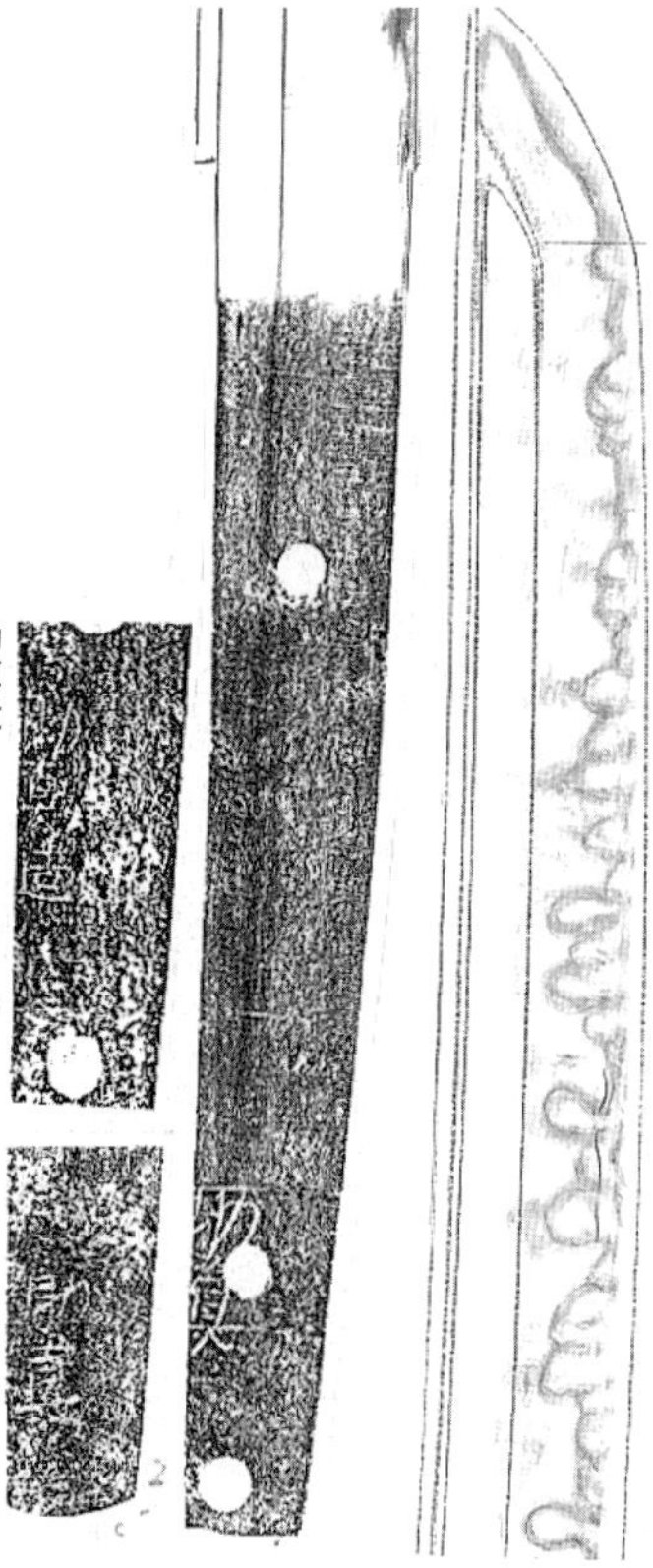

助真造

匂深く小沸よくつき、地は冴えて映りよく立つ。同じ丁子乱を焼いても匂勝ちなものが備前打ち、地刃がよく沸え映りの立たないのが鎌倉打ちと伝えている。助真の丁子乱の華麗さは同じ福岡一文字群の中にあっても、吉房、助房を凌ぐほどのものがある。銘は大きめの銘と小振りのがあって、「助真」と二字に切るものが多く、「助真造」と三字銘がある。大振りの銘が前期作といわれている。

古 **助茂**【すけしげ】　備前国　鎌倉初期（承久）

福岡一文字。則宗系成宗の子。鎺元に十六葉の菊花紋を刻す。小乱に小丁子交じり、焼きに高低があり焼幅が広いものと、直刃調に小乱・小丁子が交じりよく沸え金筋が働くものとある。「一　助茂」と小銘に切る。

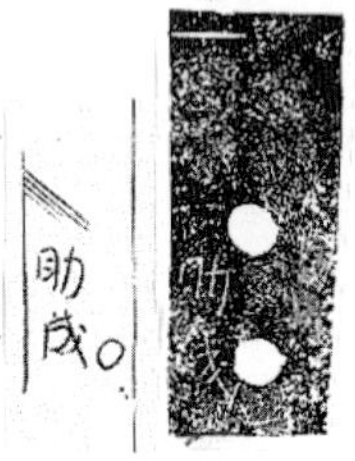

（『古刀銘尽大全』）

古 **助茂**【すけしげ】　備前国　鎌倉末期（延慶）

吉岡一文字。三郎兵衛入道。左兵衛尉。吉岡初代。鎌倉末から南北朝にかけてのころの鍛冶であろう。幅広の太刀がしっかりとして、匂出来の大丁子乱が焼幅に広狭をつけて華やかであり、南北朝期にかかるであろう作風をみせる。「一」字に、「助茂」二字大振りの銘を切るほか長銘がある。「備前国吉岡住紀助茂」「一備州吉岡住助茂」「備前国吉岡荘住左兵衛尉助茂」。

（『古刀銘尽大全』）

古 **助茂**【すけしげ】　備前国　南北朝期（貞和）

吉岡一文字。二代。三郎兵衛の子とも孫ともいう。貞和三年紀の作がある。「一助茂」「一備州吉岡住助茂」。同時代に同銘の長船在住の工がいて作刀する。

古 **助重**【すけしげ】　備前国　鎌倉中期（仁治）

福岡一文字。丁子乱華やかで乱れ映り立つ。「助重」。福岡一文字に同銘が寛元、永仁ころにあり、南北朝期の康永ころ吉岡一文字に継ぎ、さらに室町期に入って長船に属す鍛冶がいる。「備前国吉岡住助重作」「備州長船住助重作」。

新 **助重**【すけしげ】　相模国　桃山期（寛永）

小田原相州。初代作に寛永四年、七年がある。銘鑑では二代元禄とする。

新 **助重**【すけしげ】　出羽守　摂津国　江戸中期（寛文）

山本長左衛門。出羽守助信の弟。初代助広門。兄と同じ出羽守を受領。湾れに互の目、丁子交じりの刃を焼く。

新 **助高**【すけたか】　摂津国　江戸中期（延宝）

高井治兵衛。助宗弟。二代助広門。備後福山へ移住する。寛文十二年に三十二歳という。寛文八年から元禄十三年紀までの作がある。

四十一歳

古 **助隆**【すけたか】　相模国　室町末期（文明）

助高同人。助広門。同銘が永正ころにもいる。「相州住助隆」「助高」。

新々 **助隆**【すけたか】　摂津国　江戸末期（寛政）

尾崎源五右衛門。本国播磨。正栄弟。大坂に出て黒田鷹諶門となる。寛政十年十二月九日、長門守を受領。文化二年、五十三歳没。津田助広が創案した濤瀾乱は、鎌田魚妙が助広を新刀の第一と賞揚することもあって、新々刀期の初めころから助広写しの濤瀾乱が盛行する。濤瀾乱は江戸の水心子正秀を始めとして全国的な風潮をなし、備前伝、相州伝などの復興をみるなかで、大坂の助隆は助広写しの濤瀾乱に終始している。匂深く沸をよくつけ、匂口が明るく冴えた刃文は、新々刀期を代表する上工に相応しく、中には助広の本歌に迫る出来のものもある。総じては地刃の冴えに助広に一歩譲るものがあり、堅さがあるのは否めない。

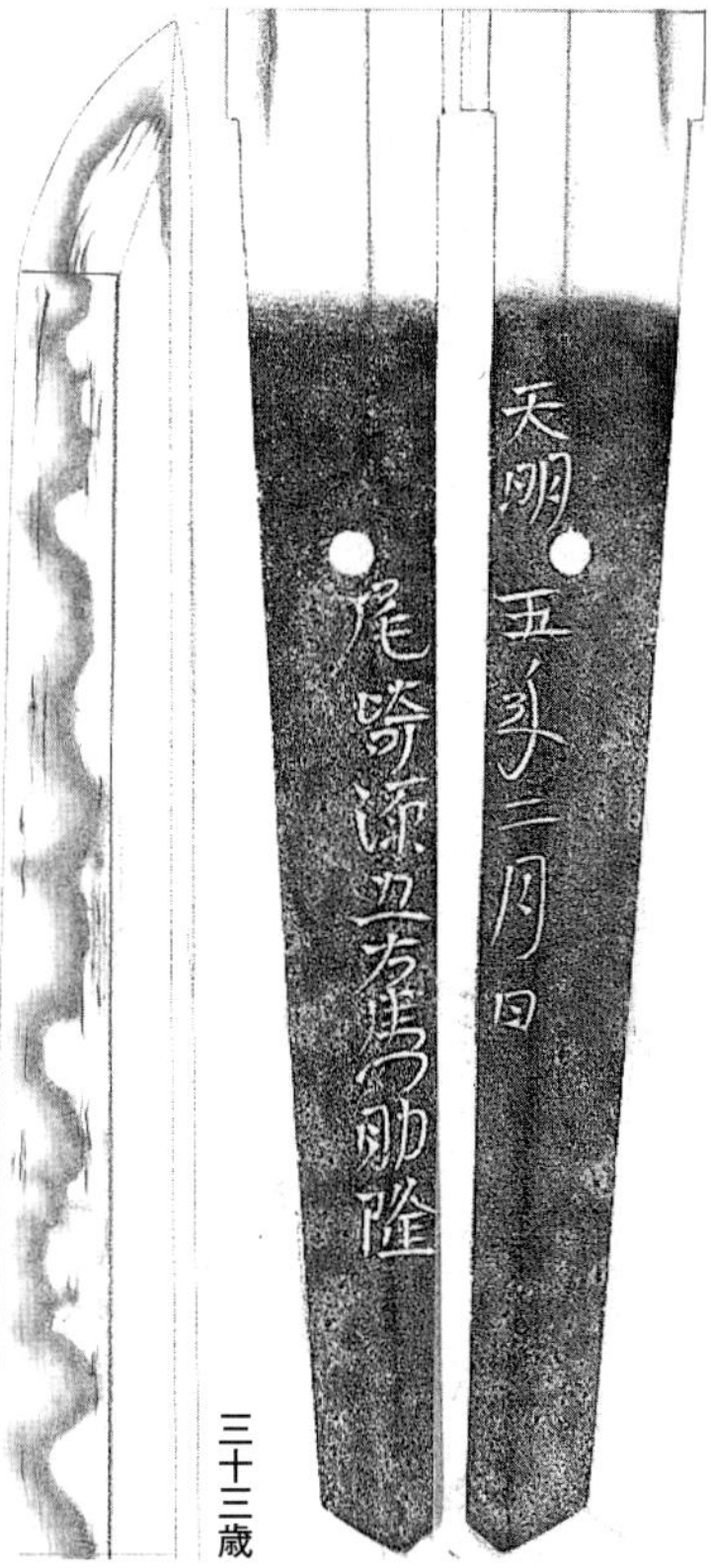

三十三歳

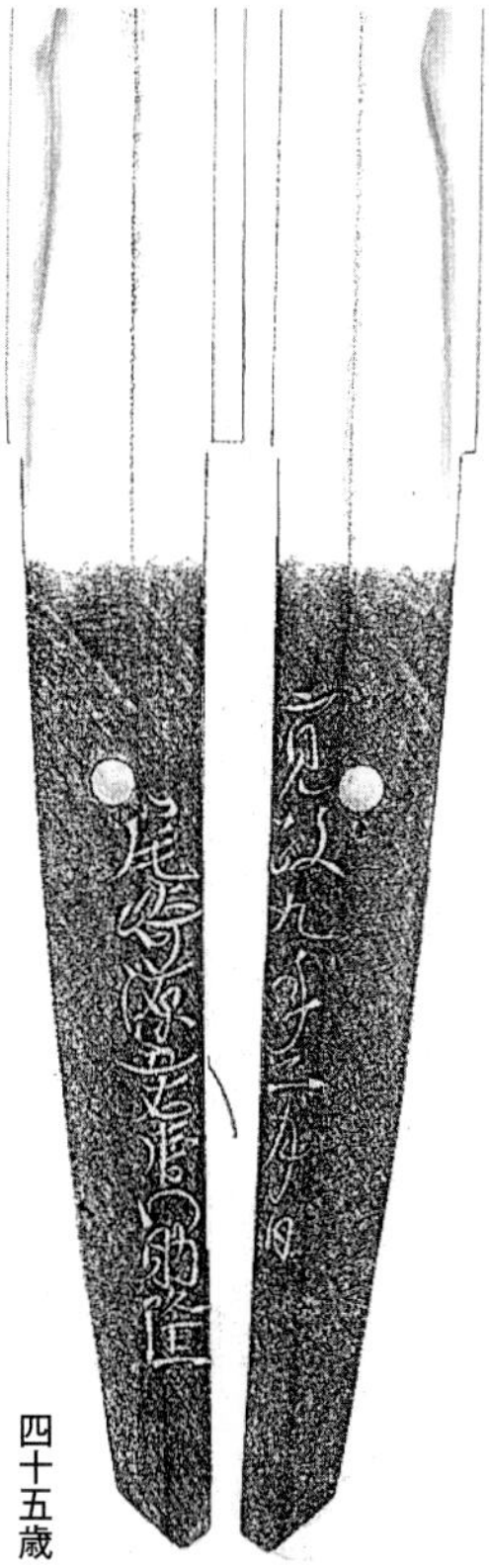
四十五歳

四十九歳

五十二歳

古 **助武**【すけたけ】　備前国　鎌倉末期（嘉元）

吉岡一文字。左兵衛尉。「備州吉岡住人左兵衛尉紀助武」。

古 **助忠**【すけただ】　備前国　鎌倉末期（永仁）

福岡一文字。永仁のころ。「助忠」「備前国助忠」。同銘が南北朝期にあり、後流が室町期の文明ころ長船にある。

古 **助近**【すけちか】　備前国　鎌倉初期（嘉禄）

古備前。助秀の子。「助秀」。同銘が福岡一文字に宝治ころ、弘長ころにいて、長船に文保、貞和ころにいるが、それぞれ現存作による識別は明瞭でない。

古 **助近**【すけちか】　備中国　南北朝期（延文）

青江。延文ころ。直刃に小足入り、逆丁子乱。「助近」「備中国住助近」。同銘が応永ころに続く。

新 **助近**【すけちか】　摂津国　江戸中期（延宝）

弥右衛門。本国摂州大坂、のち江戸へ移り、武州住助近と銘す。津田助広門。

新 **助隣【すけちか】** 武蔵国　江戸中期（延宝）

酒井弥右衛門。本国美濃、関善定派。江戸へ移る。延宝九年、七十五歳の作がある。互の目乱、尖り互の目交じり。

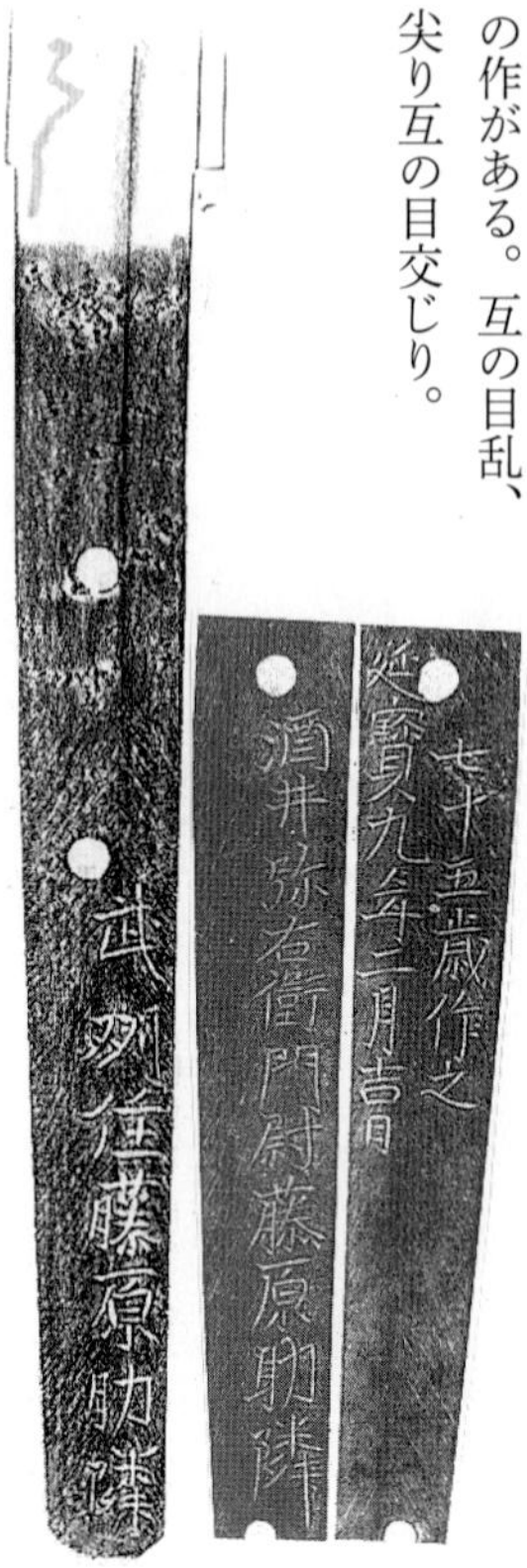

古 **助次【すけつぐ】** 備中国　鎌倉中期（弘長）

古青江。太郎。俊次の子。前時代承久のころに同銘助次がいるというが、作刀は未見である。小丁子に小乱交じり、小沸よくつき、焼の出入りの烈しい作。「助次」と二字太鏨で佩裏に切る。

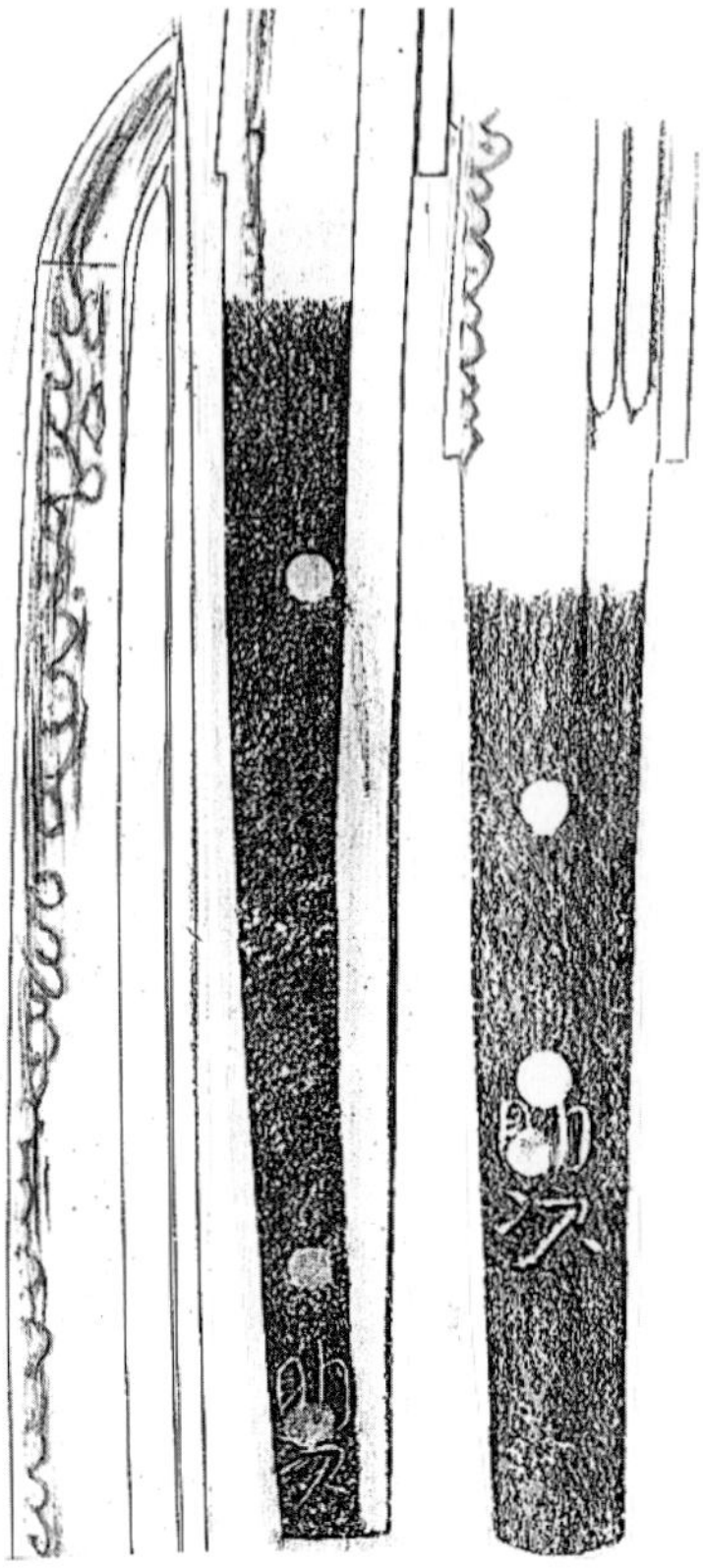

古 **助次【すけつぐ】** 備中国　鎌倉中期（永仁）

古青江。直刃と互の目乱があり、沸よくつき、金筋が働く。地映りが鮮やかに立つ。「助次」の二字は鏨太いが、弘長の助次と比べると少しく小銘に切る。

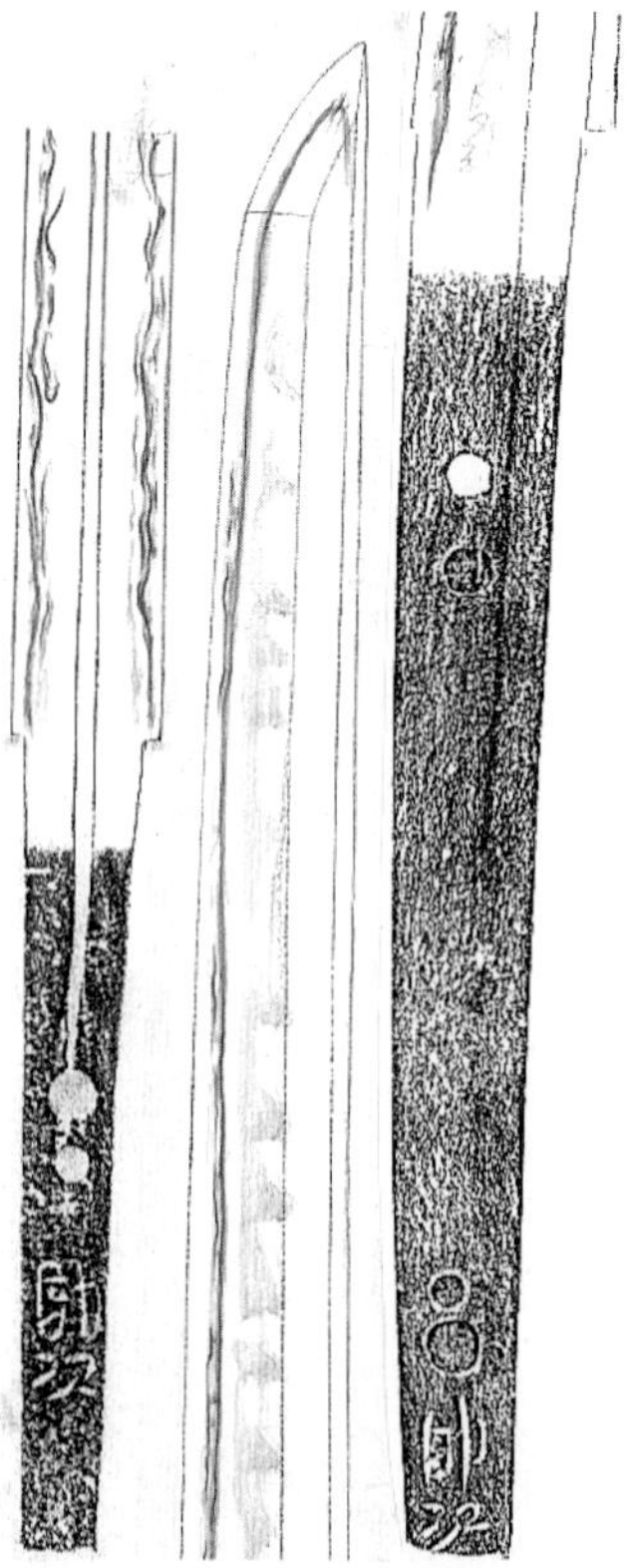

古 **助次【すけつぐ】** 備中国　鎌倉末期（正和）

中青江。直刃に逆がかった小足入り。正和元年紀に「青江住」とあるのが初見で、「万寿東庄青江」と同義であろう。正和ころの助次に「備中国万寿東庄青江助次作」「備中国子位東庄青江助次作」と切銘するものがある。子位東庄は現・岡山県倉敷市祐安の東方（青江）の地に当たる。

（『古刀銘尽大全』）

古 **助次【すけつぐ】** 大和国　南北朝期（建武）

千手院。助光の族。「助次」「大和国助次」。

古 **助次【すけつぐ】** 三河国　室町初期（正長）

薬王寺。美濃関兼春の族という。二代は延徳ころ、三代は永正ころで、この年代のころから作刀がみられる。「三州薬王寺助次」「三川薬王寺助次作」。

古 **助次**【すけつぐ】 美濃国 室町中期（嘉吉）
寿命。西郡。太郎。寿命の末流で宗次子。「助次」。

新 **助次**【すけつぐ】 越前国 江戸中期（寛文）
「越前住助次」と切る。互の目乱。

古 **助綱**【すけつな】
相模国 鎌倉中期（文永）
藤源次。左近。助真門。鍛えが肌立ちごころにざんぐりとし、丁子に互の目が交じり、助真の刃文より小模様で沸づく。「助綱」「鎌倉山内住助綱」。

新 **助利**【すけとし】 山城国 桃山期（寛永）
紀州石堂派。京に移住する。京石堂。「平安城住石道助利」と銘す。
◆京石堂二代（寛文）、三代（元禄）が続く。

新 **助利**【すけとし】 紀伊国 江戸中期（延宝）
石道八左衛門。京にても造る。京石堂。「紀州石道八左衛門尉助利」「平安城住石道助利」と銘す。

新作 **助寿**【すけとし】 鳥取 昭和
金崎義一。明治二十五年生まれ。初銘天竜子源寿光、のち天日斎源助寿と切る。昭和十二年、日本刀鍛錬伝習所入所、池田靖光に師事。陸軍受命刀匠。戦後は作刀技術発表会に第一回から出品し入選。努力賞など受賞。鳥取市浜坂住。

古 **助俊**【すけとし】 備前国 鎌倉中期（建長）
福岡一文字。則依子、また助房子という。大房丁子乱を焼く。「助俊」「備前助俊」。

古 **助俊**【すけとし】 備前国 鎌倉末期（正安）
長船。四郎左衛門。福岡一文字助俊の次代。正安ころ。「助俊」「備前国長船住助俊」「備前国長船住四郎左衛門尉助俊」。

新々 **助俊**【すけとし】 直江 常陸国 江戸末期（文久）
直江政太郎。直江助共の子。大慶直胤門。水戸藩工。明治十一年六月十四日没。

古 **助友**【すけとも】 備前国 鎌倉初期（承元）
古備前。友成の子。「助友」。同銘が福岡一文字に寛元ころ、吉岡一文字に助義の子が元応ころ。室町期に入って長船、大宮にて作刀する。

新々 **助共**【すけとも】 直江 常陸国 江戸末期（弘化）
直江新五郎。直江直政の子。水心子正秀門。天保五年七月から水戸藩工となり、父助政と共に烈公の相鍛冶を務める。助政は天保五年、徳鄰は天保六年に没した後、助共が御相手を勤める。天保から万延ころまで長期の鍛刀期がある。作風は父助政に似た互の目乱、湾れ乱。文久二年四月三日没、享年七十余歳。

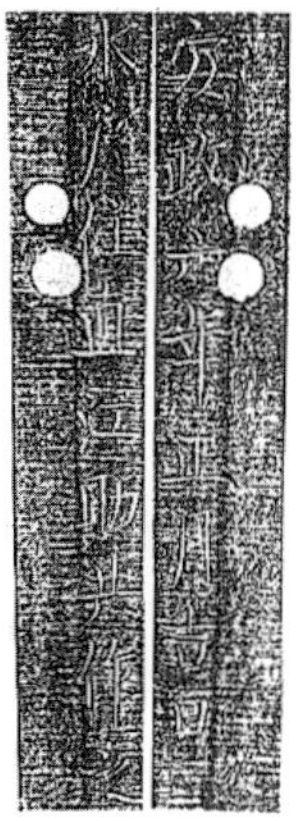

新 **助直**【すけなお】 近江守 摂津国 江戸中期（寛文～元禄）
津田孫太夫。近江国野州郡高木村の出身。大坂へ出て初代助広の門に入り、のち養子となる。二代助広の妹婿に当たる。寛文八年紀の作から「近江国住助直」、延宝二年から「近江守高木住助直」と切り、天和二年ころまで高木村に住して鍛刀し、大坂を往復しつつ、大坂にても造る。天和二年三月に二代助広が没した後に大坂に定住する。大坂鎗屋町住。津田姓は延宝三年に一時期名乗るが、常用するのは天和二年八月からで、「津田近江守助直」と切銘する。寛文九年秋ころ、近江大掾を受領、同年末

ころに近江守に転じる。その六年後の延宝三年九月に再び近江大掾を受領、同年十一月に近江守に転任する。この二度に及ぶ受領は助直を一代一人とみなしてきたことによって生じる矛盾で、寛文九年は初代助直が受領、延宝三年は二代助直が受領したものと解して無理がない。助直銘で年紀がある作刀は寛文八年から元禄六年まで二十六年間あって、この間に初・二代助直が存在するとみる。

◆初代助直

「元禄二年五十一歳と云う」という『古今鍛冶備考』が記すものによれば、助直は寛永十六年の生まれで、助広より三歳年下となる。初代助広の養子となったのが明暦ころと考えられ、明暦元年に助直十七歳である。初代作とみられるのは、寛文八年二月から延宝二年ころまで七年間ほどの短期の鍛刀域がある。寛文九年中に近江大掾のち近江守を受領する。寛文十年三月から八月の間に銘の字画と書風が変改しており（図参照）、初・二代の代替わりは延宝二年より以前の時期になされていたようである。寛文末年から延宝初めにかけてのころ、二代による代銘がなされていたであろう。

初代
二代
△

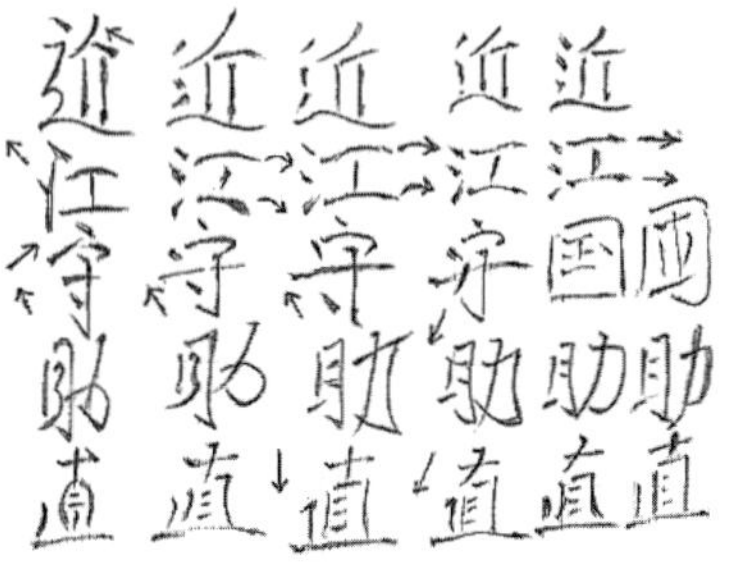

寛文九年八月
寛文十年三月
寛文十年八月～十二年六月
初代銘より大振り、やや細鏨に切る「守」の字画が変わる
延宝年
元禄年

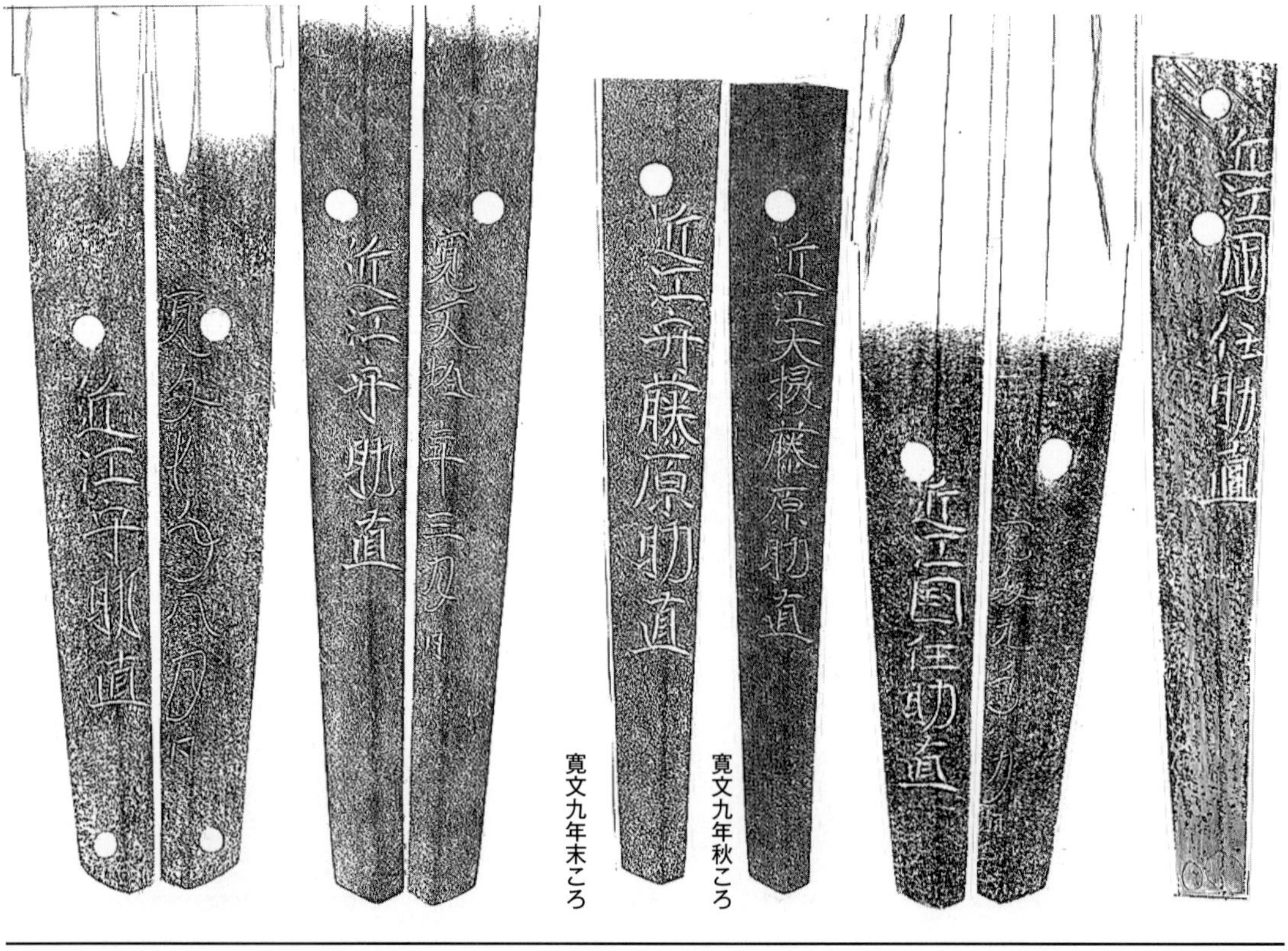

寛文九年秋ころ
寛文九年末ころ

◆二代助直

作銘からみると二代助直は寛文後半、十代の早くから作刀に携わっていたとみられる。延宝初年から元禄六年の作刀まで、およそ二十年間の鍛刀期をもち、助直銘の大部分はこの二代作とみなすことになる。延宝三年に近江大掾、転じて近江守を受領したのは、初代の受領銘を僭称したのではなく、正式な任官の手続きによったものであろう。天和年間に津田姓を銘し「江州高木」と添えるのは江州高木を生国とみてのもので、大坂定住によってあえて銘示したものである。津田助広没後、津田姓を冠して常用するのは、津田一門の総帥として一家を率いる意図を込めてのものだったに違いない。助広没後、助広の作刀に助直が追銘した脇指に、「甥近江守助直」の銘文がある。助広からみた「甥」とは助広の妹（妙洞）の婿である初代助直の子、それは二代助直にほかならない。

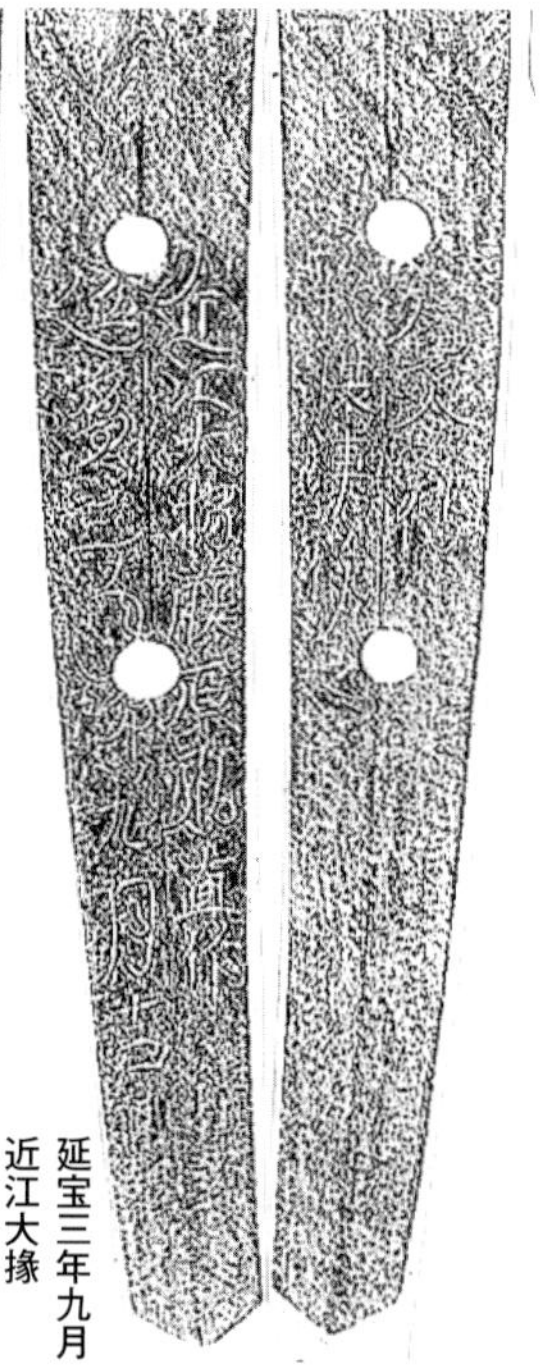

延宝三年九月
近江大掾

延宝三年十一月
津田姓、近江守

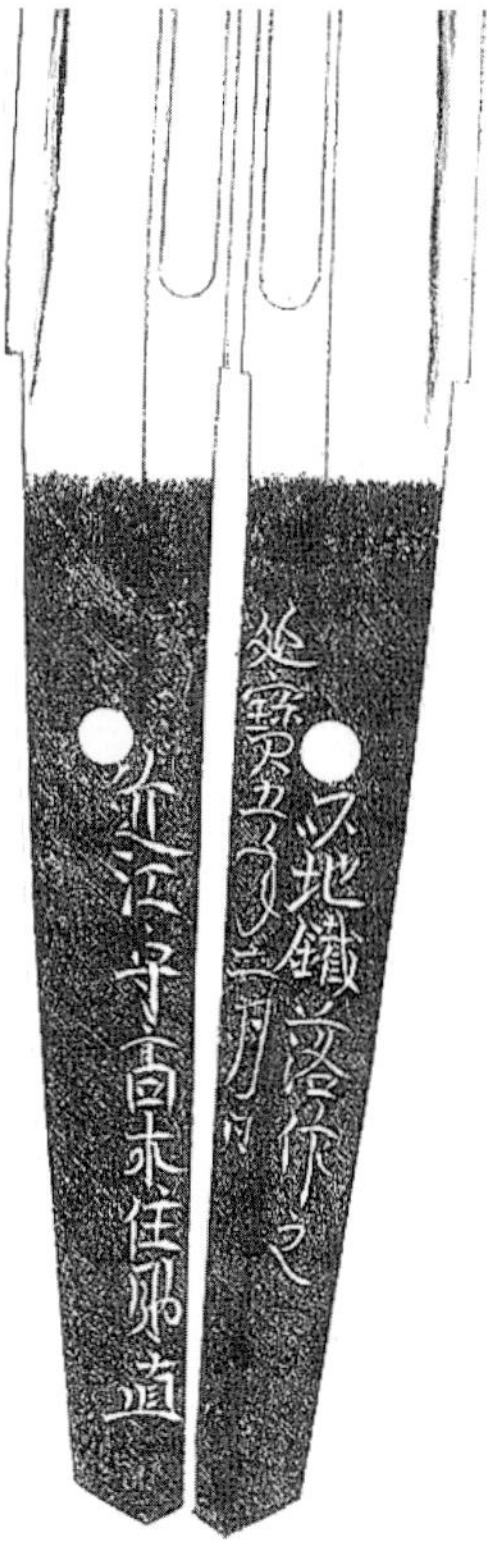

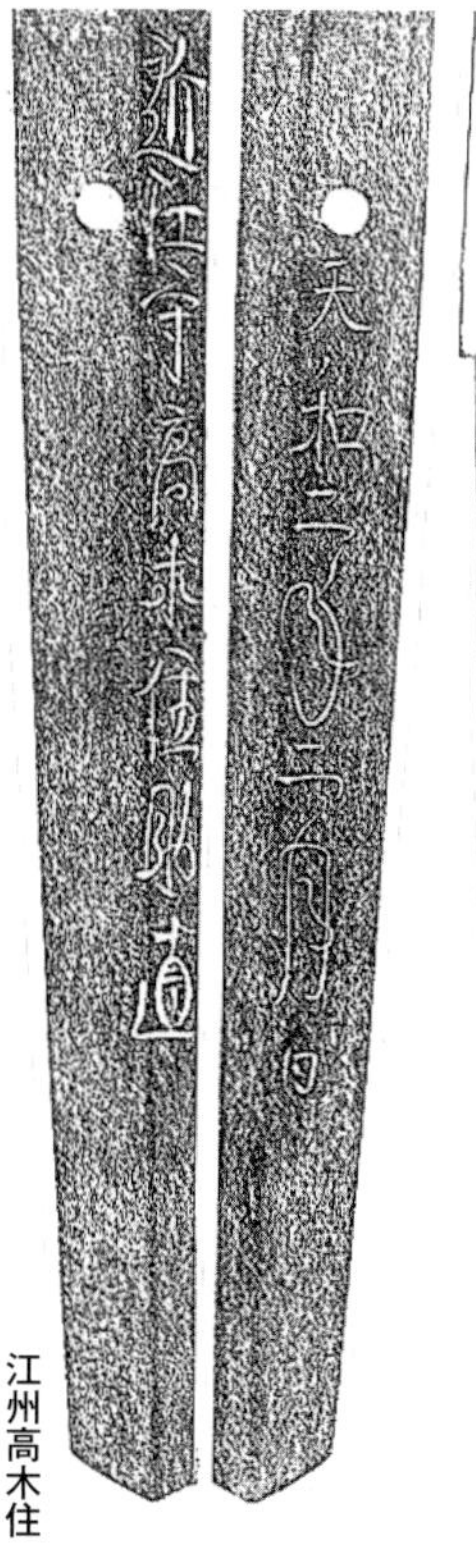

江州高木住

津田姓になり大坂住

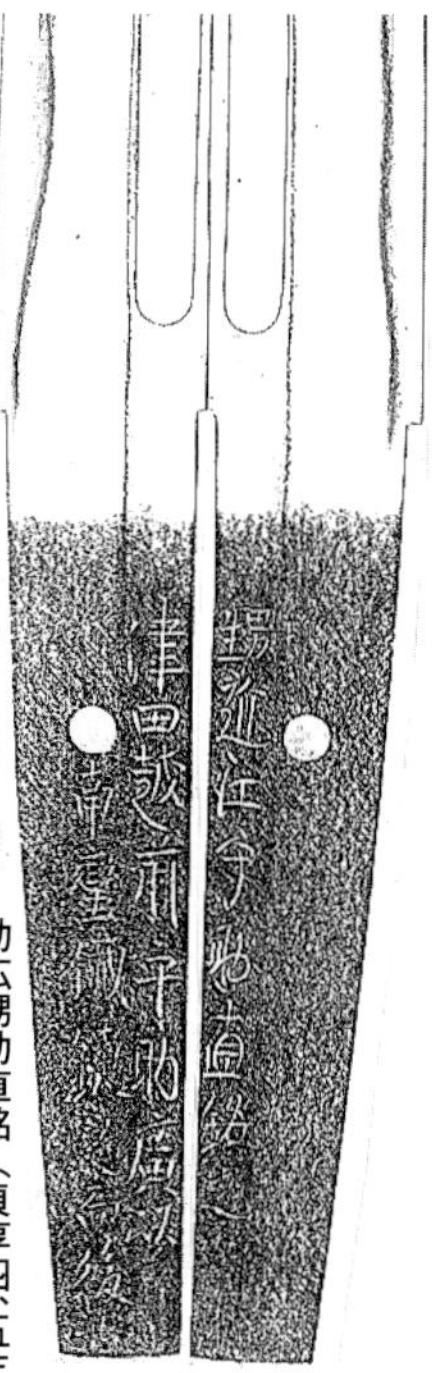

助広甥助直銘（貞享四、五年）

甥助直銘の助広の刃文

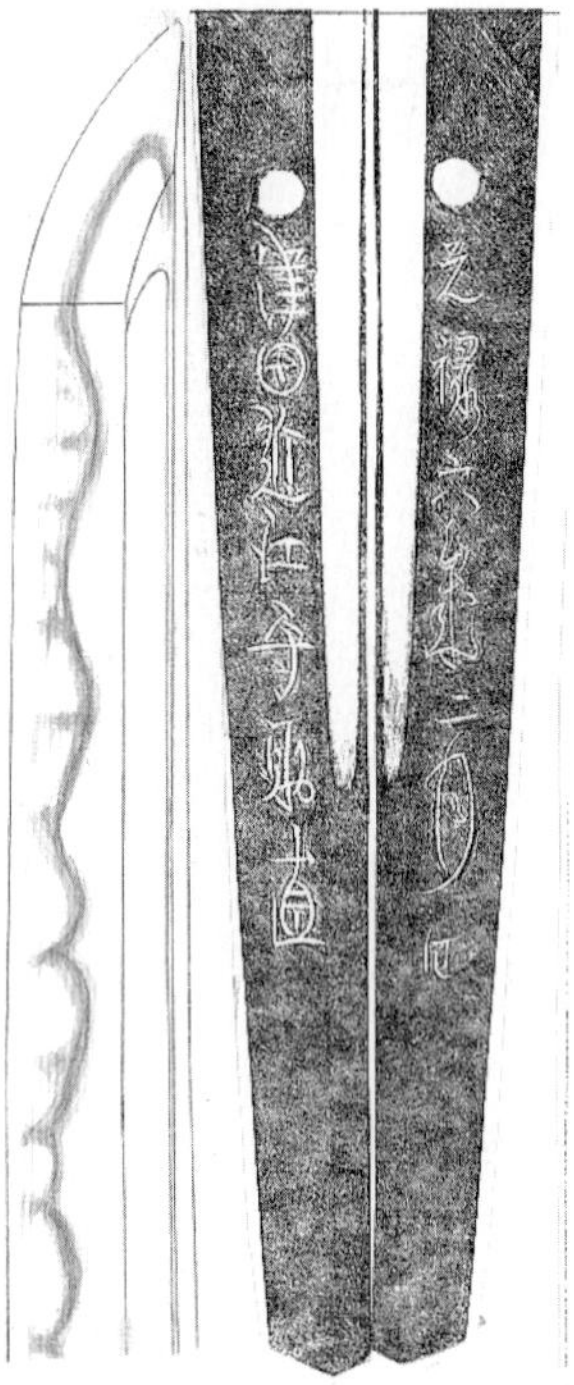

晩年の助直の刃文

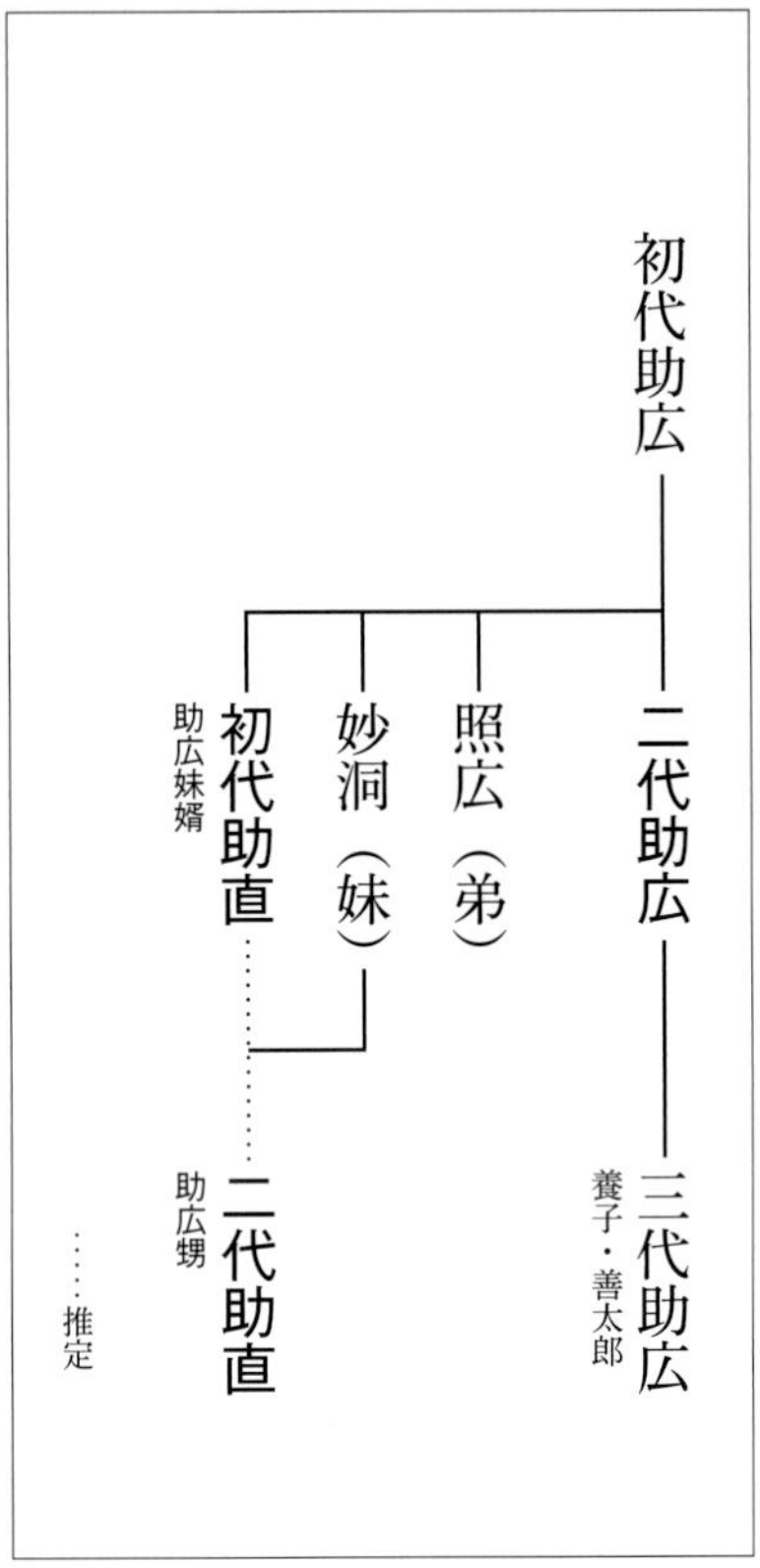

新々 **助直**【すけなお】 土佐国　江戸末期（嘉永）
栗山勘蔵。左行秀門。真十郎助秀子。

古 **助永**【すけなが】 筑後国　室町初期（正長）
大石左。永家子。正長から文安にかけての鍛冶。「筑州住助永作」。

古 **助長**【すけなが】 備前国　鎌倉中期（弘安）
福岡一文字。弘安のころ。「助長」「一助長」。同銘が吉岡一文字に文保ころ。長船に嘉元、正和、文保、貞治と続き、室町初期に応永年紀の作がある。

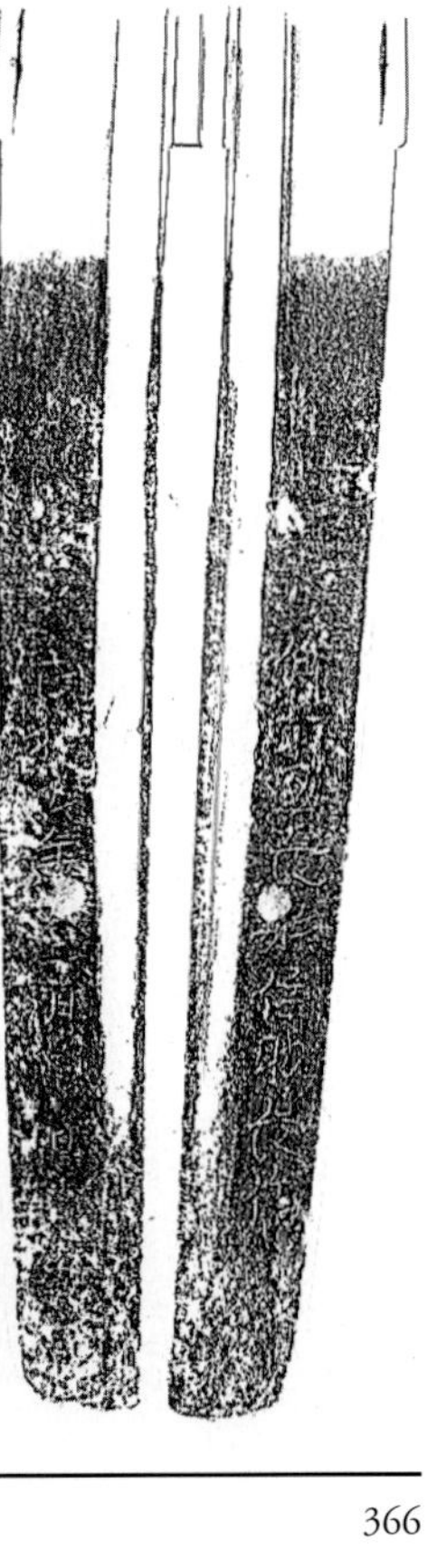

正和九年二月日

古 **助長**【すけなが】 大和国　南北朝期（暦応）
尻懸。則長の子。直刃に小互の目足入り。

古 **助長**【すけなが】 大和国　室町初期（応永）
尻懸。助弘の子、また門ともいう。「源助長」「大和国助長作」。

古 **助長**【すけなが】 近江国　室町末期（明応）
石堂。石堂派の祖という。本国備前で一文字助宗の末裔と伝える。備前から近江に移り、蒲生郡石塔寺の近くで鍛刀し石塔を名乗り、のち石堂とも石道とも銘す。備前一文字流の丁字乱を表し後代ともその風を踏襲する。「江州蒲生住助長作」。

古 **助成**【すけなり】 備前国　鎌倉初期（承元）
福岡一文字。次郎大夫。助真の親。後鳥羽院十二月番鍛冶。

古 **助延**【すけのぶ】 備前国　鎌倉初期（承元）
福岡一文字。助行子。承元十二月番鍛冶。備後守。「助延」。助延同銘は福岡一文字に文暦ころ。吉岡一文字に文保ころ。降って室町期の長船に応永と大永ころの作刀がある。

古 **助延**【すけのぶ】 大和国　室町初期（応永）
尻懸。応永年紀の作がある。「大和国助延作」「和州住藤原助延」。助延は文安、文明、永正と同銘が後続する。

古 **助信**【すけのぶ】 駿河国　室町末期（永禄）
駿州島田。助宗の一族。元助子。二代天正ころ。「助信」「駿州島田住助信」。

新 **助信【すけのぶ】** 出羽守　摂津国　江戸中期（寛文）

小林八左衛門。出羽守助重の兄。初代助広の高弟で師の代作に当たる。出羽守を受領。寛文十一年、元禄五年紀の作がある。なお、安永二年紀で「出羽守源助信作」銘があり、名跡を継いだ後代がいる。

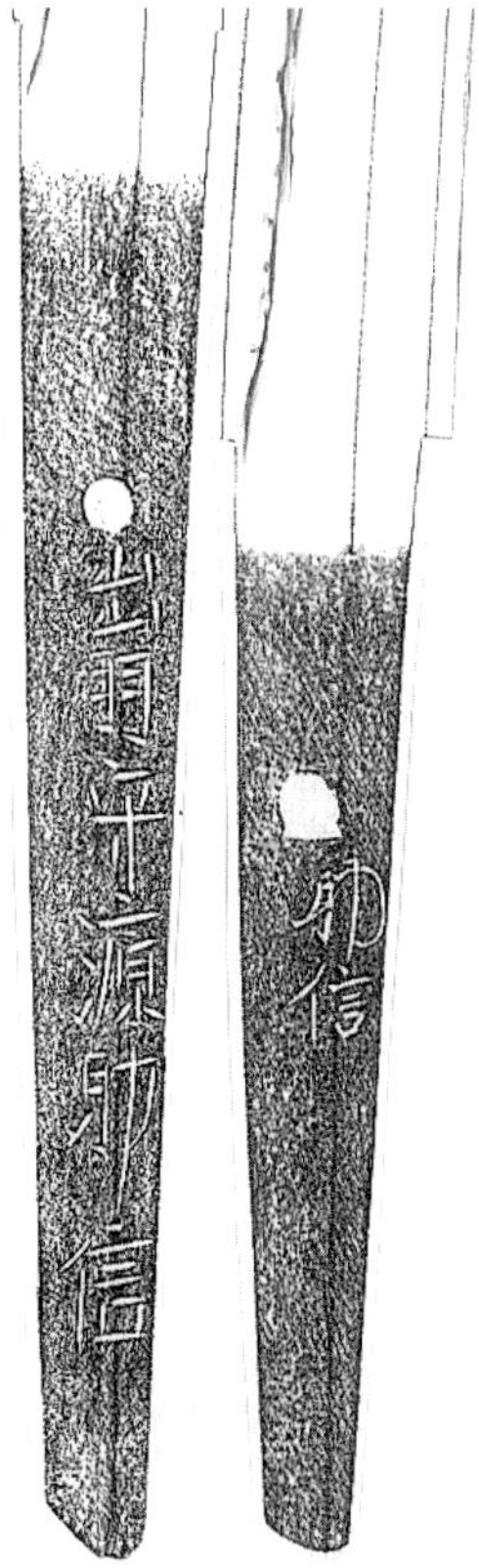

新々 **助信【すけのぶ】** 直江　常陸国　江戸末期（慶応）

直江助俊の子。作刀期は元治・慶応から明治にかかるが、廃刀令にあい作刀稀少。

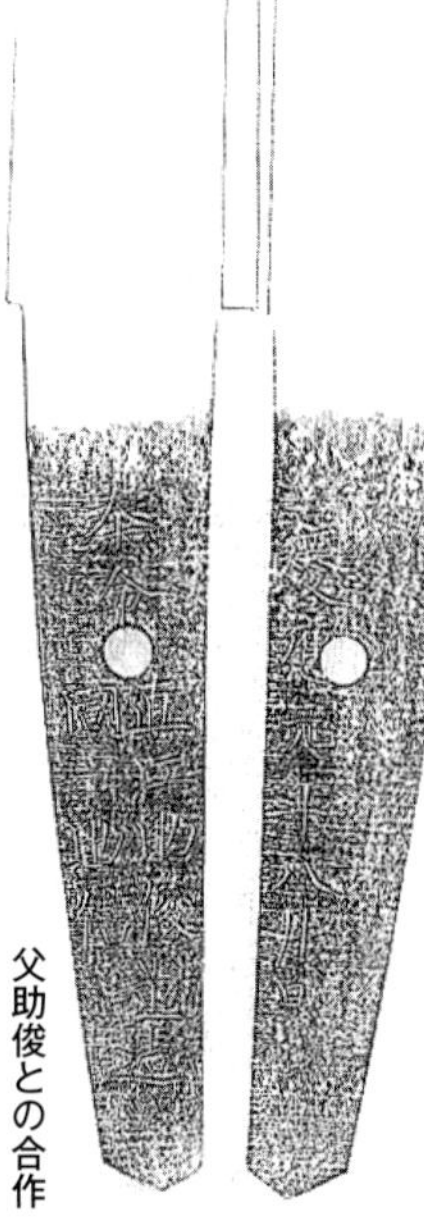

父助俊との合作

古 **助則【すけのり】** 備前国　鎌倉初期（承久）

福岡一文字。新太郎。修理亮。大一文字助宗の子で、古一文字と称す。

後鳥羽院番鍛冶。小乱に小丁子、また丁子のやや華やかなものもあり、小沸つき匂冴える。「助則」「一助則」「備前国助則造」。

新々 **助則【すけのり】** 一徳斎　甲斐国　江戸末期（文久）

田村安暉、のち義事。一徳斎と号す。文政十年、甲州八代郡相興村に神官の子として生まれる。近江の万歳久則が甲州駐鎚のおり師事し、助則と改める。年紀がある作に安政三年から明治二十九年までがある。明治四十二年九月十七日、八十三歳没。直刃に互の目、箱がかった刃、逆足入る。

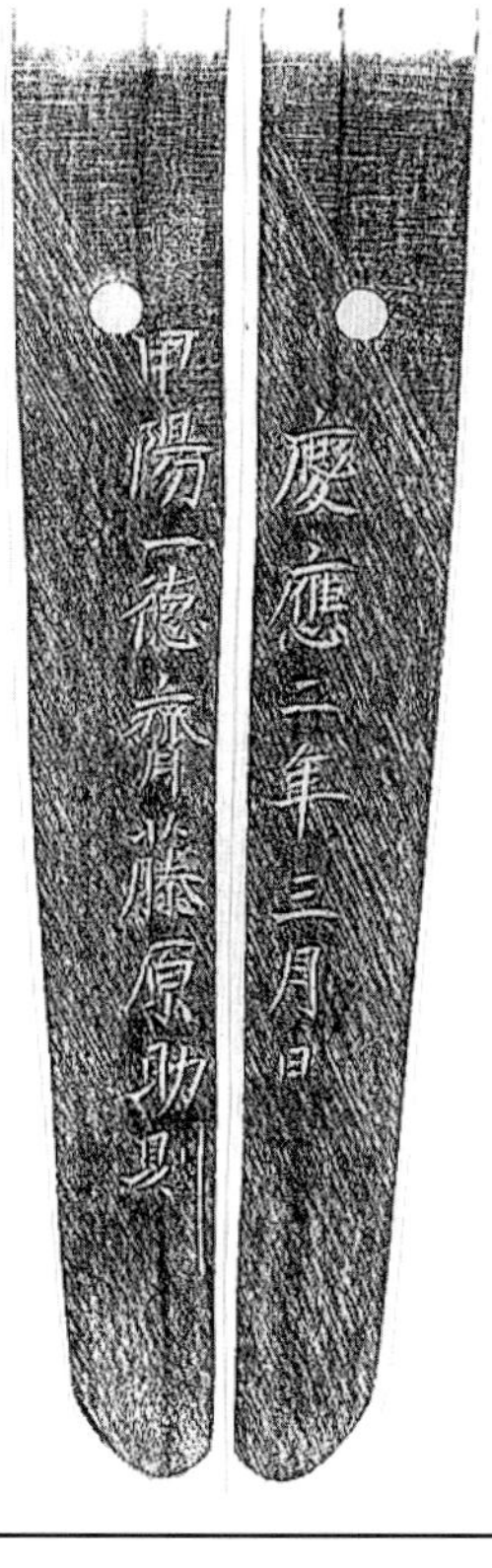

新作 **助則【すけのり】** 出雲国　明治

雲州長信門。大塚助則。明治二年紀の作がある。小丁子乱。

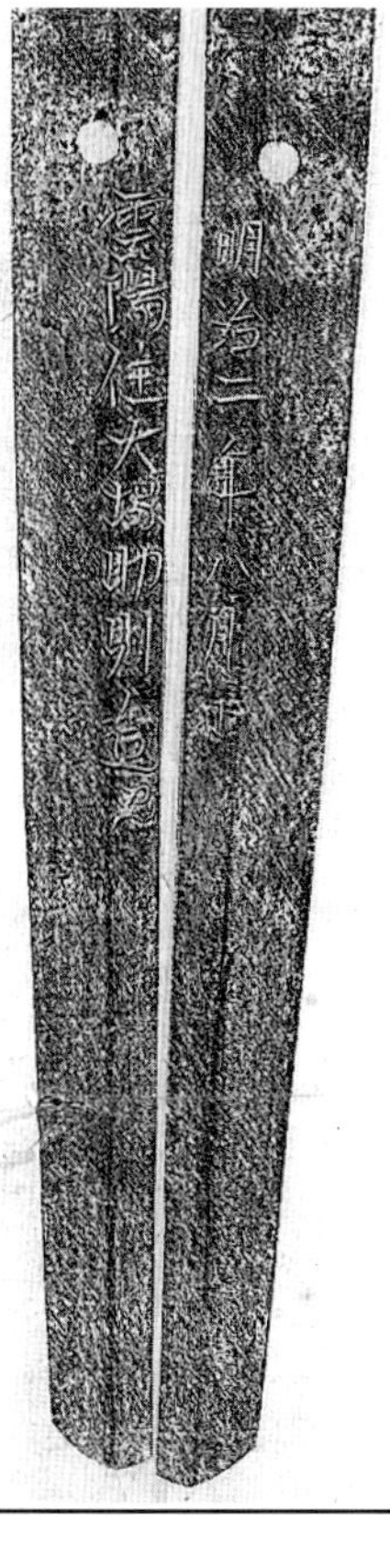

古 **助久【すけひさ】** 備前国　鎌倉末期（元徳）

吉岡一文字。元徳ころという。二代福岡一文字助久の子。正応二年紀がある長船助久と同人とみる説があるが、極め手を欠き、今後の検討に俟ちたい。

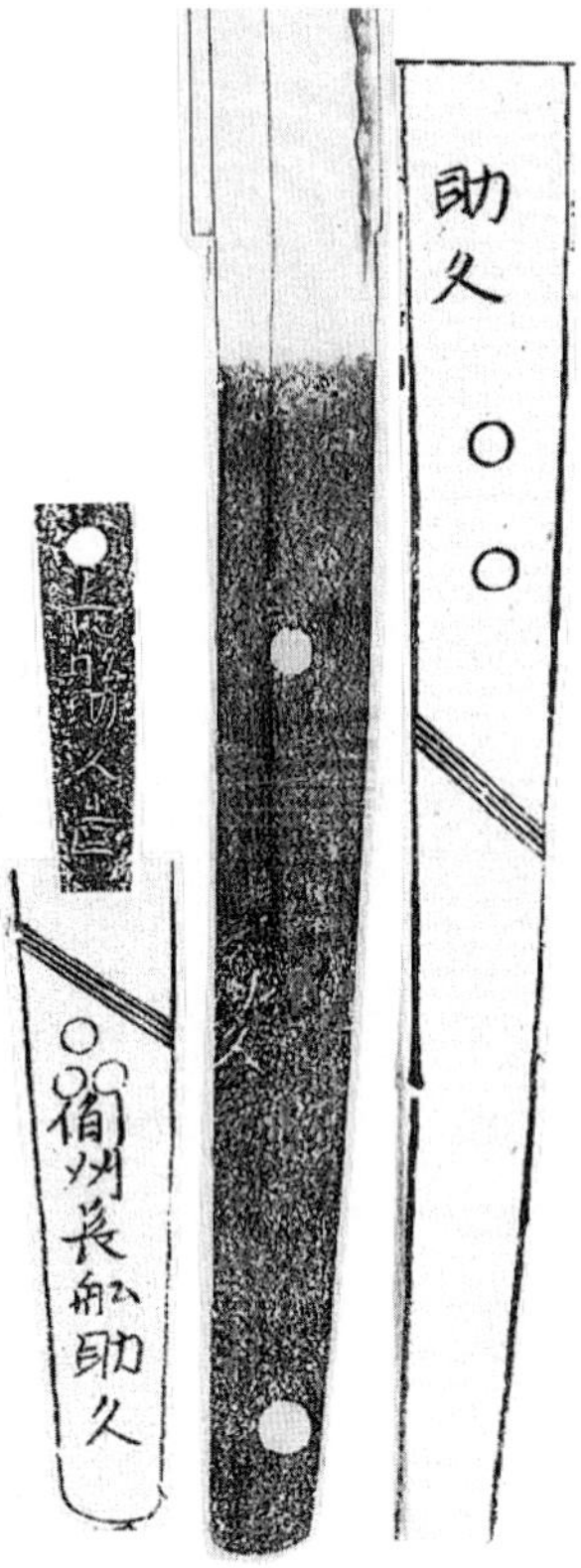

古 **助久**【すけひさ】 近江国 室町初期（応永）

近江石堂。助長子。応永、永享のころ。「江州蒲生住助久」。

古 **助秀**【すけひで】 備前国 鎌倉初期（建暦）

古備前。助友の子、友成の孫に当たる。古銘鑑は平安中期の長元・長暦とするが、これは友成を永延とみてのことで、実際は建暦ころの工であろう。

古 **助秀**【すけひで】 備前国 鎌倉中期（建長）

福岡一文字。助守の子。建長ころ。小丁子に小乱交じり、よく沸えて焼幅に高低があり、湯走り、二重刃かかり、金筋しきりに働く。「助秀」。助秀の名跡は鎌倉中期の永仁ころに、そのあと南北朝期の正平ころに吉岡一文字の工がいて、正平・貞治の年紀作がある。

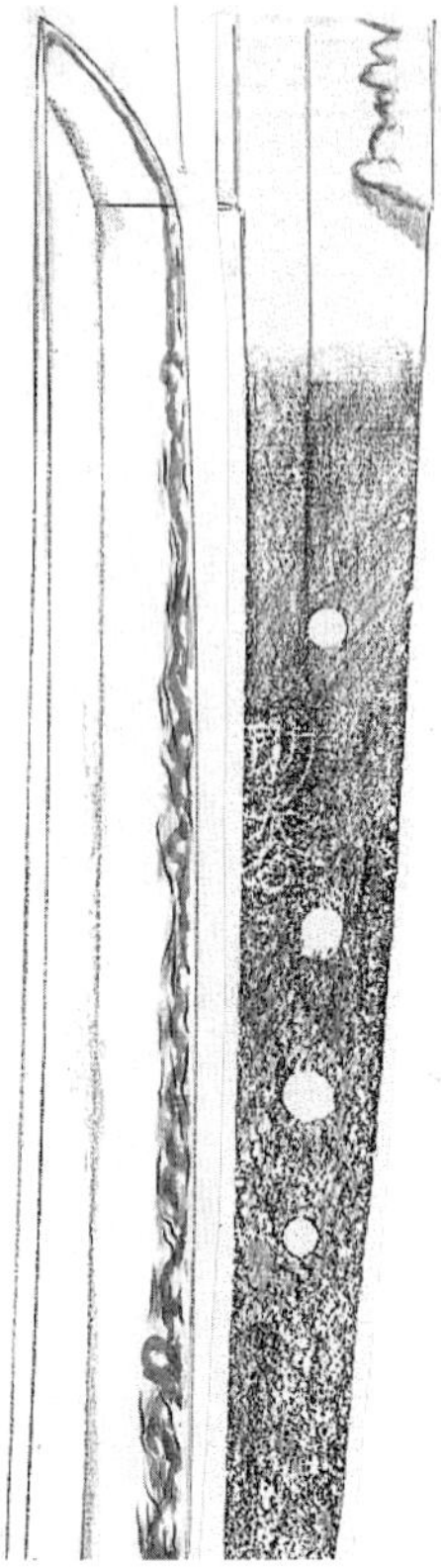

新作 **助秀**【すけひで】 高知 昭和

水田美行。明治二十六年生まれ。長運斎国光門。昭和十三年高知県産業博覧会に作刀出品。終戦まで鍛造する。

古 **助平**【すけひら】 備前国 平安中期（永保）

信房の次男という。古備前三平の一人として高平・包平と共に数えられる。永延のころと伝えるが、年代はやや降り平安中・末期のころとみられる。曾我五郎時宗が仇討したときの太刀、景清太刀、獅子王太刀などの作者という。現存する代表的なものに御物の太刀があり、小乱刃を焼きよく沸え、刃中金筋がよく働いており、映りが立たない出来（『名刀と見どころ極めどころ』）。いま一口は日光東照宮の宝刀で「備前国助平」と五字有銘の太刀があり、焼身であるが、銘が標本的な好資料。

古 **助平**【すけひら】 大和国 室町初期（正長）

尻懸。正長、永享のころ。「助平」「和州住助平」。

古 **助広**【すけひろ】 **初代** 相模国 南北朝期（康暦）

九郎次郎吉広の門。源藤次。元亨から康暦の間の人という。二代応永、三代文安と銘鑑にあるが、初代から三代までの作刀は経眼しない。

古 **助広**【すけひろ】 **四代** 相模国 室町末期（文明）

四代は文明から明応の間の人。相州鎌倉住。上総国真里谷にても造る。直刃、互の目乱を焼き、彫物を得意とする。「相州住助廣」「相模国鎌倉住助廣」「相模国住人助廣」。

古 **助広**【すけひろ】**五代**　相模国　室町末期（永正）

五代は永正ころで、広正の子という。「相州住助廣」「相模国住助廣」。

古 **助広**【すけひろ】駿河国　室町末期（永正）

駿州島田。室町期には相州に助広が代々継続しており、駿州助広とは同族の間柄で同銘を名乗っていたのかもしれない。永正ころから後の代ころに短刀の作がある。湾れ調の直刃に互の目足入りの刃を焼く。「助廣」「助廣作」。

新 **助広**【すけひろ】越前守　初代　摂津国　江戸初期（明暦）

津田弥兵衛。播磨国衛庄津田村の出身。数打師から身を起こし、一時摂州打出村に移り、大坂伏見立売町（現・大阪市中央区常盤町一丁目）住。寛永初年ころ初代河内守国助に入門。正保四年の師没後、二代国助の後見をしてのち、翌慶安元年春ころ独立する。明暦元年秋から翌年春の間に越前大掾を受領し、明暦二年秋に越前守に転じる。〝そぼろ助広〟との異称があり、ボロの布をまとうことからというが、正しくは〝そふろ〟で、音読みして〝そほろ助広〟と呼称される。その作刀に〝そ不ろ〟また〝そ不路〟と添銘がある。出典は『中庸』（第三十一章第四節）にある〝霜路の墜つる所〟の〝霜路〟（そふろ—そうろ）からの引用とみられる（『越前守助広大鑑』）。春庵と号。寛文三年十一月十六日没（妙徳寺過去帳・従前説の明暦元年没より八年後）。小づんだ丁子乱の備前一文字伝を得意とする。

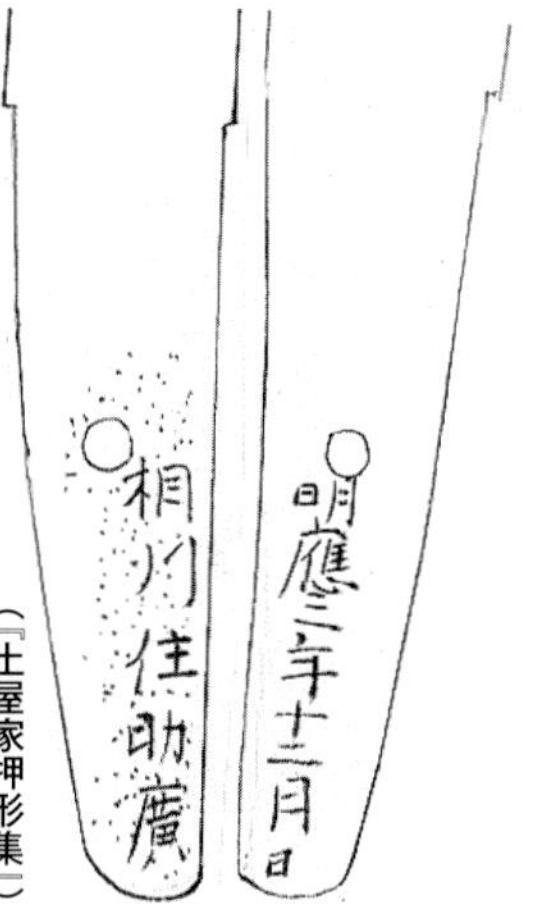

（『土屋家押形集』）

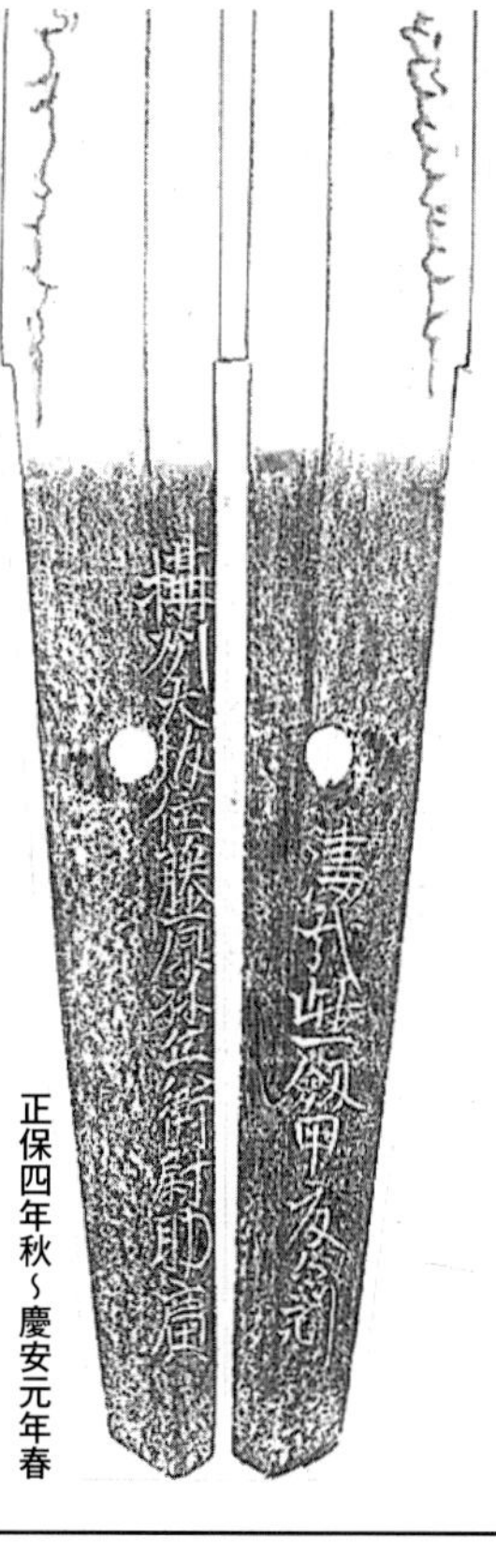

正保四年秋～慶安元年春

〝そ不ろ〟添銘

門下（助信）の代銘

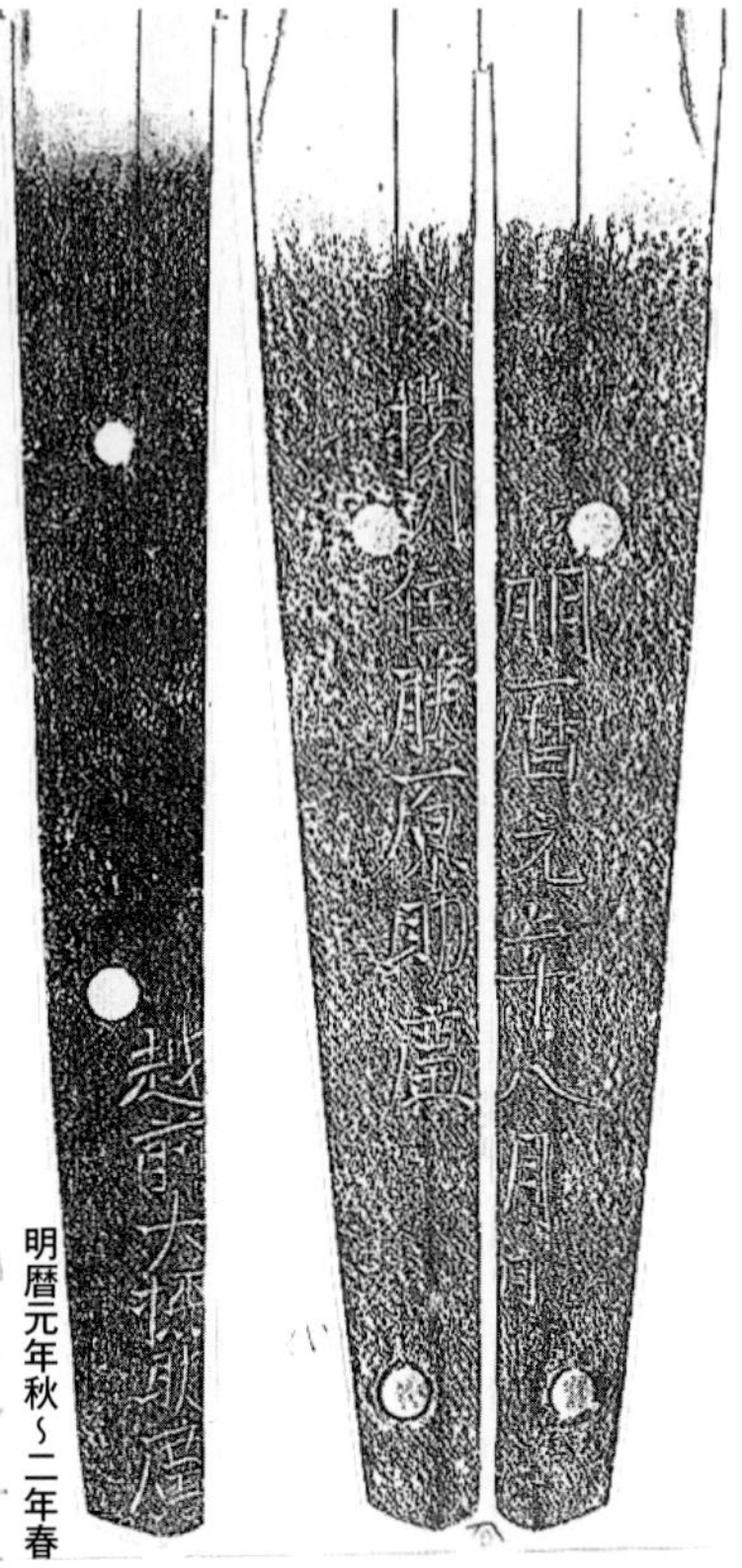
明暦元年秋～二年春

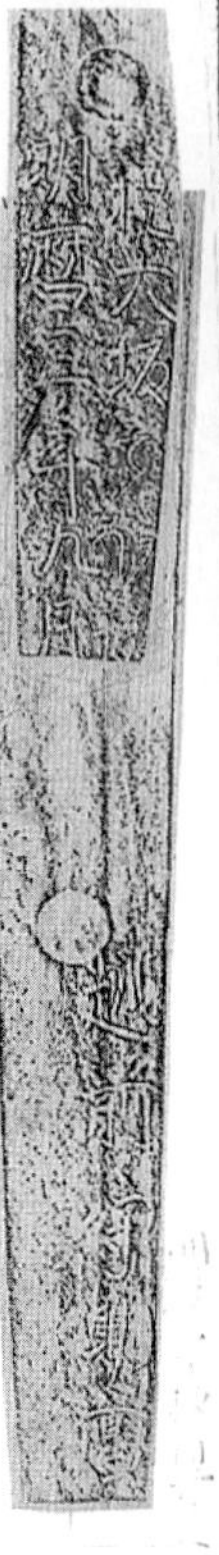
於大坂そ不路（二代銘）
（『今村押形』）

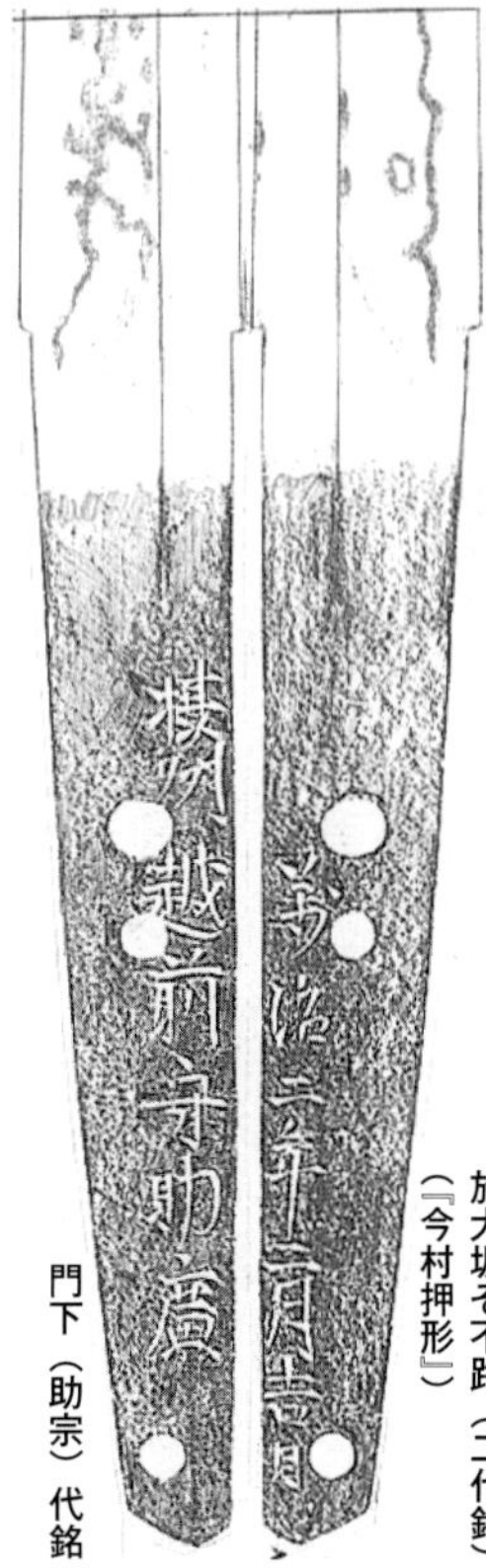
門下（助宗）代銘

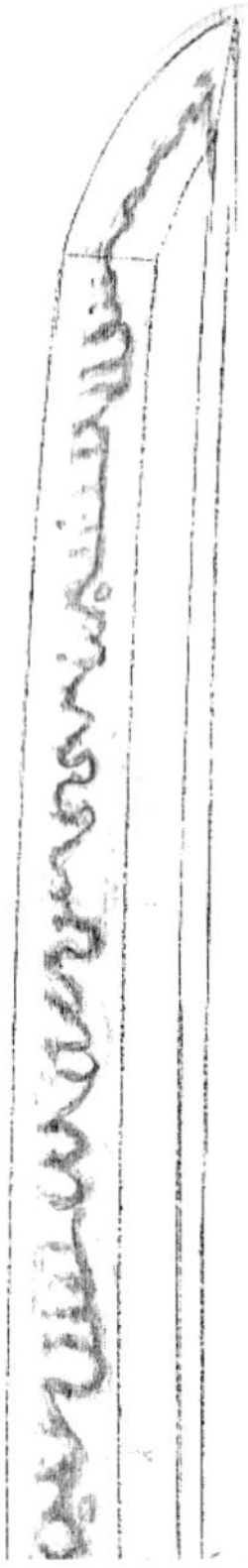
初代助広の丁字乱

新 **助広【すけひろ】** 越前守　二代　摂津国　江戸中期（延宝）

津田甚之丞。寛永十三年、初代助広の子として摂州打出村に生まれる。大坂伏見立売町住。万治元年八月十三日に越前守受領。この年二十三歳で独立し、自身作が始まる。寛文七年四月、大坂城代青山因幡守宗俊の抱工となり、寛文七年二月紀の作から「津田」姓を冠して切銘するのを〝角津田〟といい、延宝二年春三十九歳のとき表銘も草書体に切るのを〝丸津田〟という。天和二年三月十四日、四十七歳没。法名了春休賢。

濤瀾乱は胴乱とも旭瀾《あざなみ》とも呼称し、助広が創案した華麗な刃文で一世を風靡する。その波状は表裏揃いがちにゆるやかな五つの山を形成し、匂口が冴え冴えとする。濤瀾乱は丸津田銘の時代に完成し、また直刃にも真価を発揮している。鎌田魚妙が助広を「海内の名人」と賞するゆえ

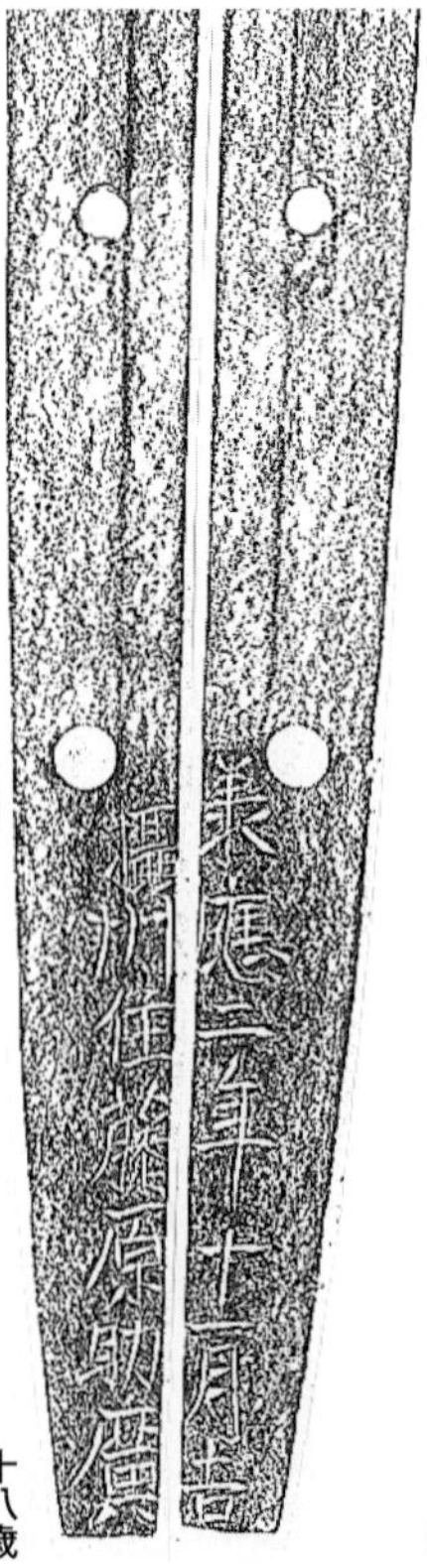
十八歳

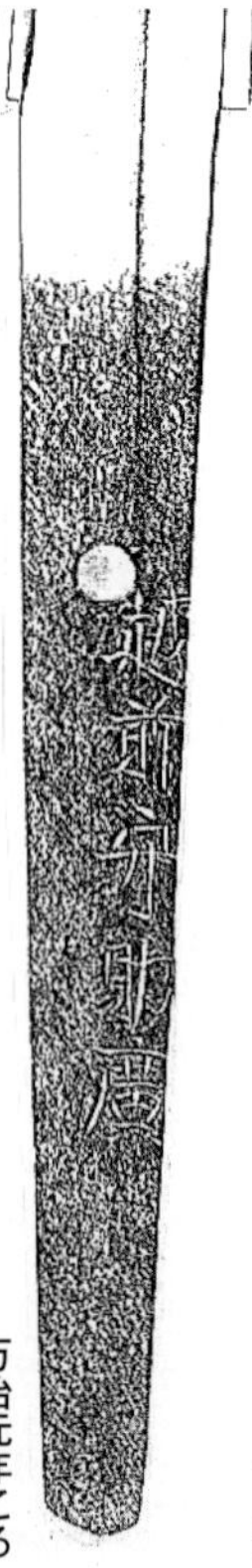
万治元年ころ

万治一、二年

万治三、四年

んである。

助広の菩提寺妙徳寺で実査した縦書霊薄には、十四日の部に「天和壬戌三月」とあって享年はみられなかった（『越前守助廣大鑑』）。同寺に別にある横書霊薄（仮帳）には「三月十四日四十六歳死」と書かれているという。四十六歳没説は助広が没したときからで『古今鍛冶備考』をはじめ諸書の多くがこれを受けつぎ、長年の間、通説化してきた。ところが「寛文十二年二月日以、三十七歳盛造之」の添銘がある作が見つかったことで、天和二年三月十四日（二月日）の助広の享年は四十七歳であると明確にされる。

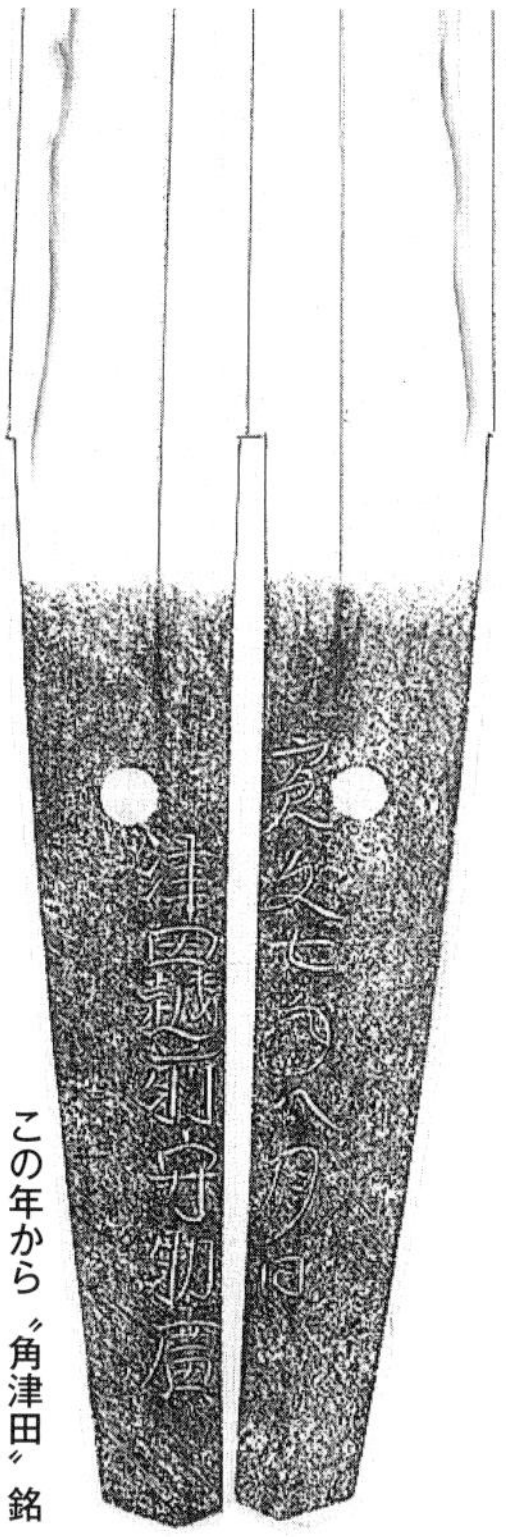

この年から〝角津田〟銘
三十二歳

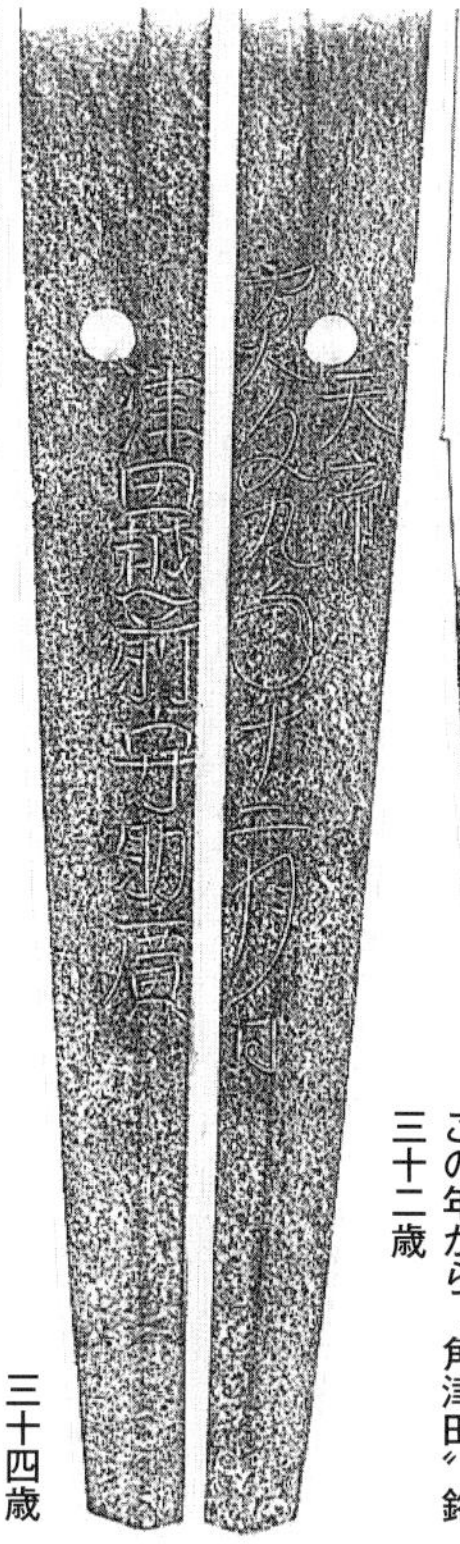

三十四歳

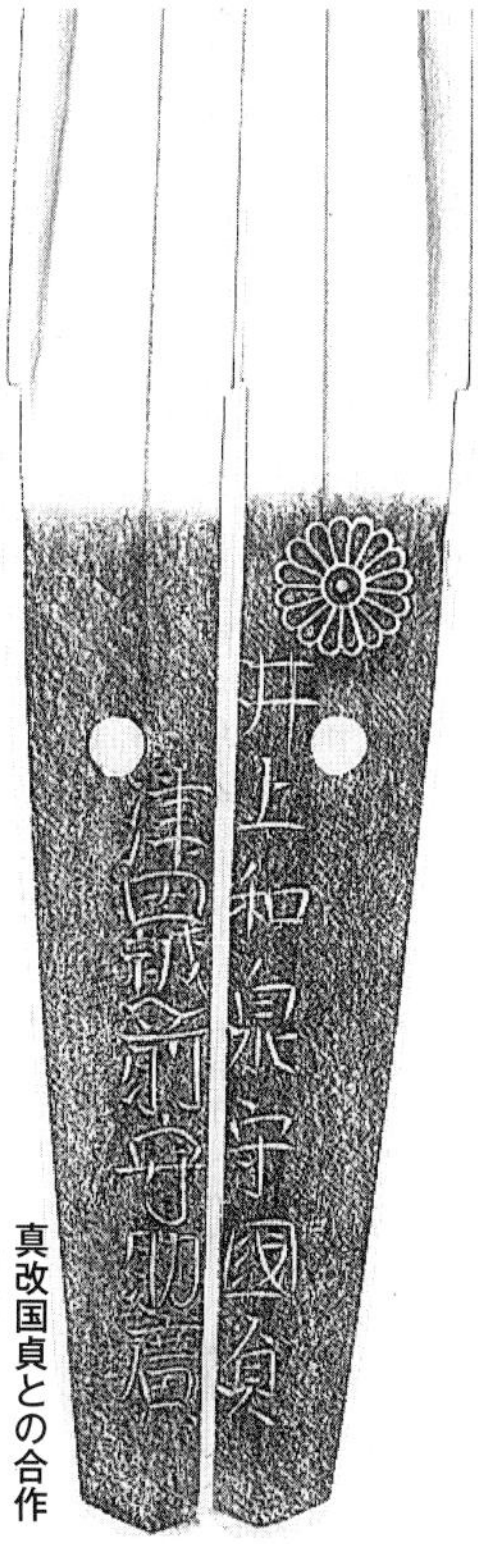

真改国貞との合作
寛文十年ころ

〝岩クダキ〟と名づける。
寛文十二年、三十七歳

延宝二年春から〝丸津田〟銘

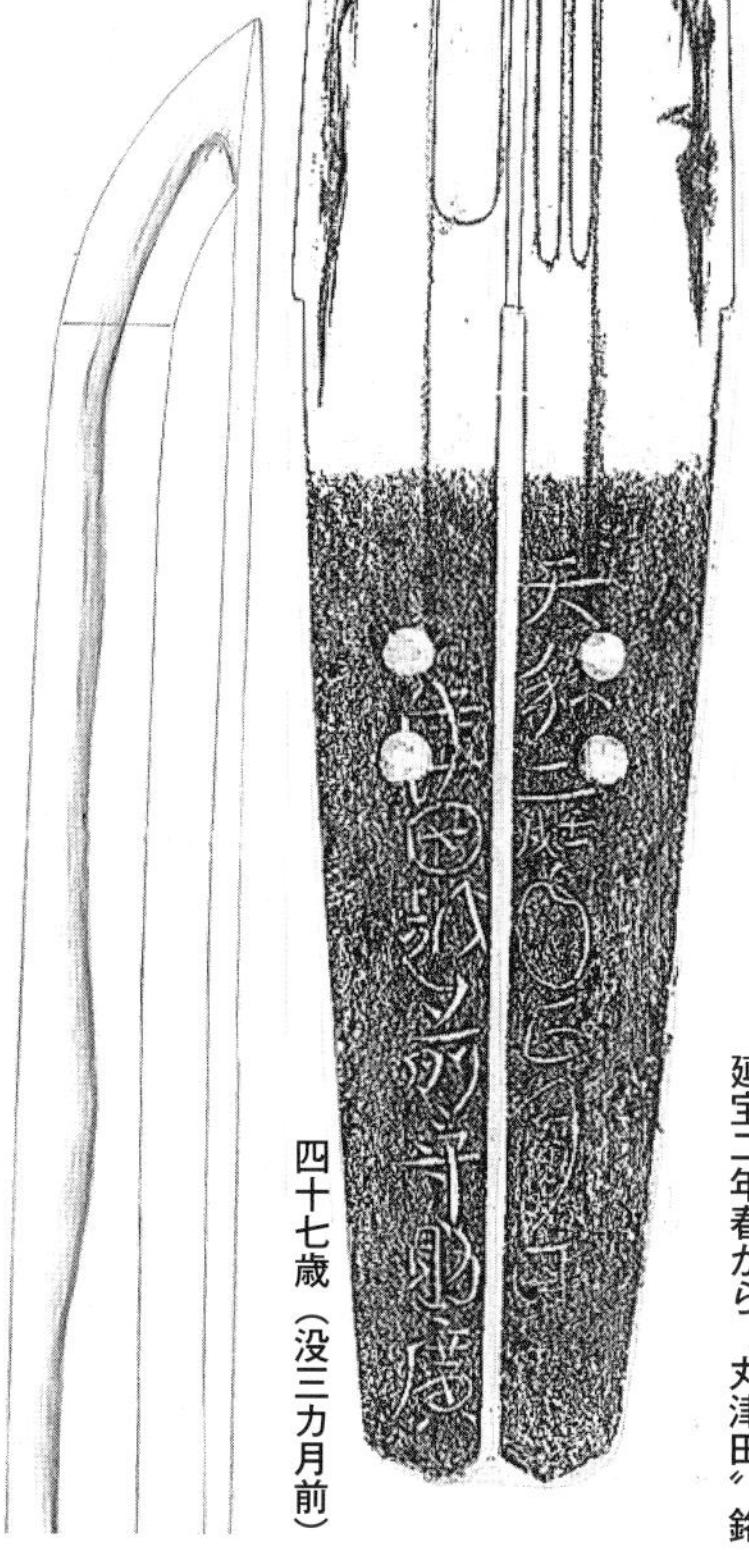

四十七歳（没三カ月前）

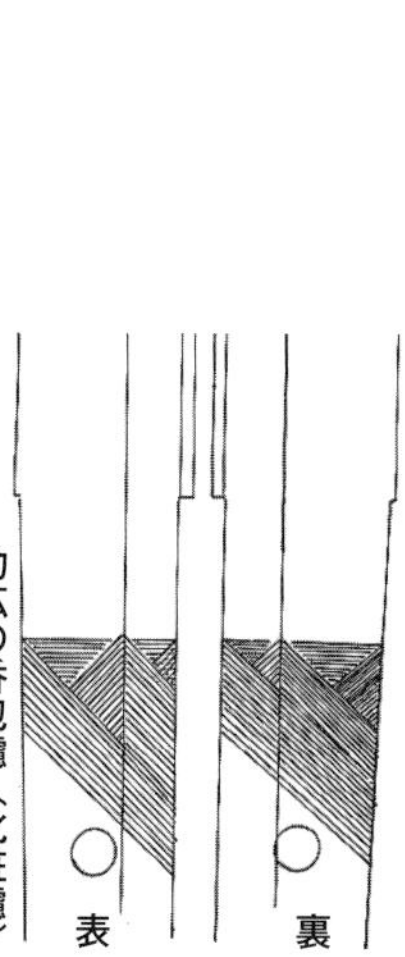

助広の香包鑢（化粧鑢）
（寛文七年八月以後）

古 助弘【すけひろ】 大和国　南北朝期（貞和）

尻懸。則成門。次代が永徳ころにもいるが、貞和・永徳ともに作刀は未見。

古 助房【すけふさ】 備前国　鎌倉中期（仁治）

福岡一文字。成宗の子。仁治ころ。「助房」「備前国住人助房」。

古 助房【すけふさ】 備前国　鎌倉中期（建長）

福岡一文字。藤左衛門。建長ころ。「助房」。藤左衛門助房は右馬允といい、のち吉岡に移り、弘安ころ。右馬允の子は弥左衛門といい、元応ころの鍛冶。

古 助房【すけふさ】 美濃国　室町末期（天正）

関。兼房の子。若狭守氏房弟。河村清四郎、のち清左衛門。初銘兼房。三州吉田城主池田三左衛門に抱えられ、三州から、のち播州姫路に移る。「助房」「濃州関住助房」。

新 助政【すけまさ】 大和守　摂津国　江戸中期（元禄）

山本平馬尉。本国淡路。大坂へ出て津田助直の門に入り、鈴木久馬と改める。大和守受領。天和・貞享から享保の間に鍛刀する。

新々 助政【すけまさ】 直江　常陸国　江戸末期（文化）

直江新八、新蔵、のち新四郎。越後直江山城守兼続の後裔、直江長次郎の子、寛政九年に父が没した後であろう、茨城郡常盤村神崎から水戸城下の吉田台町へ移住する。尾崎助隆門、文化五年に水心子正秀の門に入る。文化六年七月水戸藩工となり、烈公の鍛刀相鍛冶を務める。市毛徳鄰と共に水戸新々刀を代表する上工。寛政末年から文政まで三十年近い鍛刀期がある。互の目乱、湾れ乱の沸匂が深く匂口が明るい。天保五年五月二十三日、七十歳没。

古 助光【すけみつ】 大和国　鎌倉末期（正安）

千手院。新左衛門。正安から嘉暦にかけての年紀作がある。「助光」「千手院助光」。

古 助光【すけみつ】 備前国　鎌倉末期（元応）

吉岡一文字。助吉の子、また弟という。左近将監。鎌倉末期の永仁から南北朝初期の元弘ころにかけての工である。初期作は福岡一文字風の丁子乱が大模様で、中ころは丁子に互の目交じりがやや小さくなり、直刃

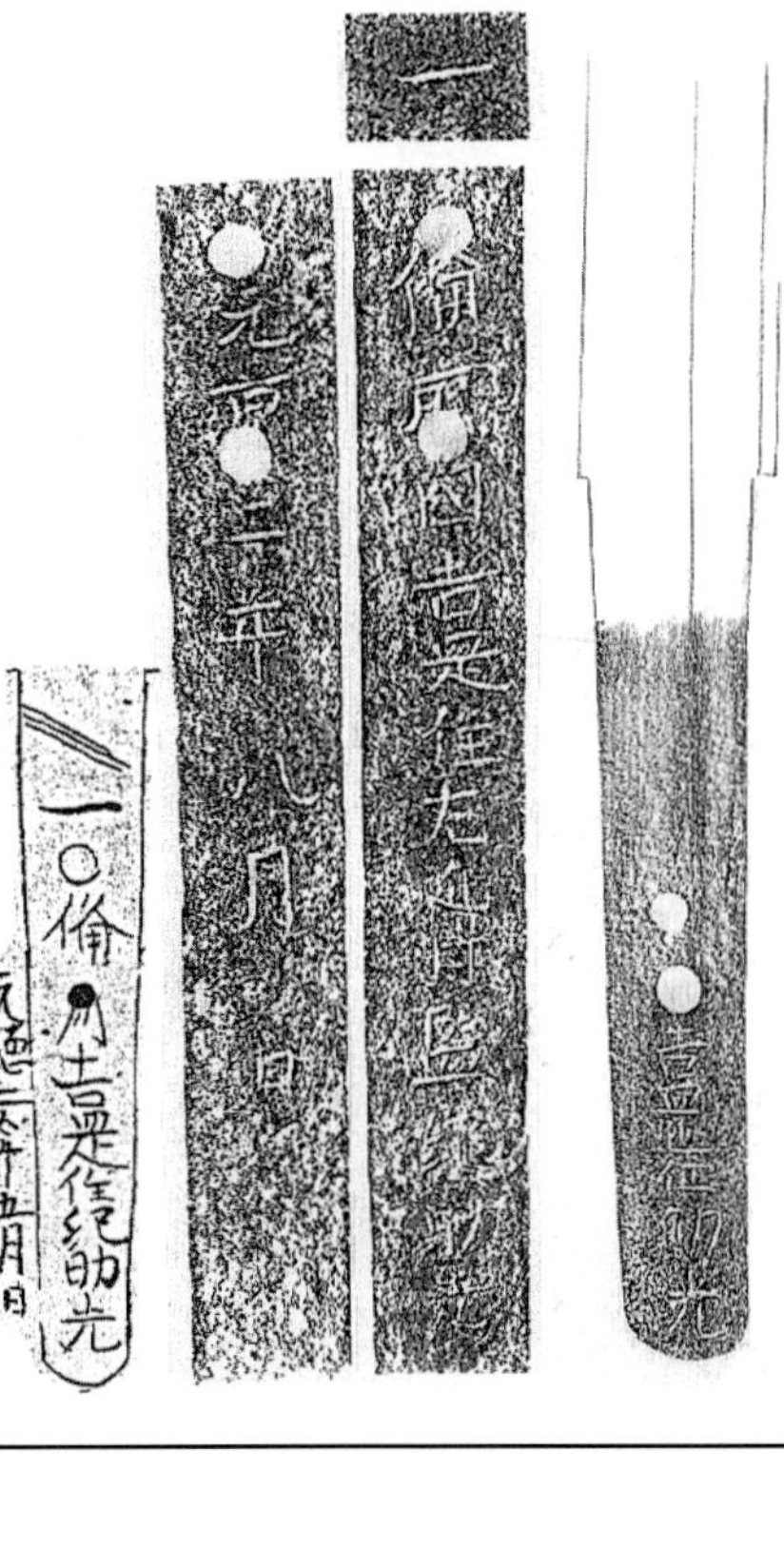
（『往昔抄』）

を焼くときは逆足が入る。「吉岡住助光」「一 備州吉岡住紀助光」「備前国吉岡住左近将監助光」。

古 助光【すけみつ】 備前国 南北朝期（建武）

吉岡一文字。二代。左衛門尉。吉岡住。建武二年紀の作があるという。作刀は稀少。「備州吉岡住左衛門尉助光」、三代助光は延文ころ。室町期に入っては同銘が長船で応永から天文ころまで連綿とする。

古 助光【すけみつ】 駿河国 室町末期（天正）

島田義助の系流輝助門。互の目に丁子、逆互の目、矢筈風の乱など交じり、飛焼かかる。帽子先尖りごころに返り長く、棟を焼く。「助光」。

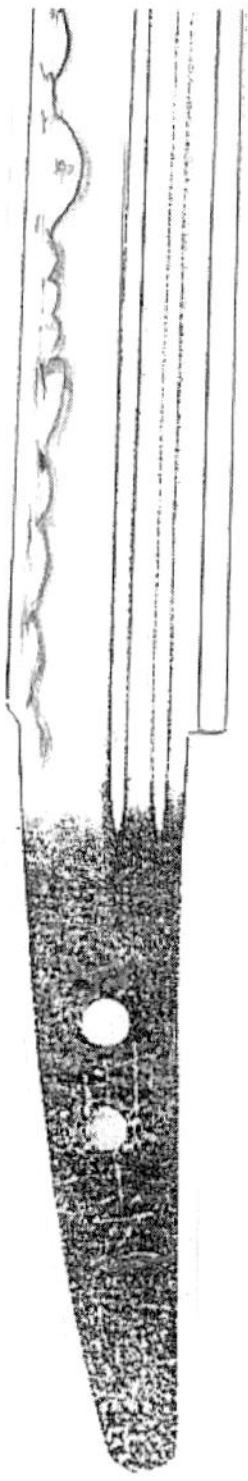

古 助宗【すけむね】 備前国 鎌倉初期（承元）

福岡一文字。修理亮。則宗の子。承元御番鍛冶。後鳥羽院御守刀「菊丸」「雁丸」の作者。「大一文字」の称がある。「助宗」。

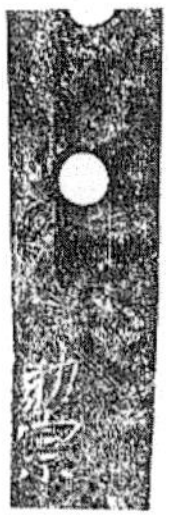

古 助宗【すけむね】 備前国 鎌倉中期（建長）

福岡一文字。助宗の子。二代。身幅が広く、丁子乱が大模様となり華やか。初代が小銘なのに比べ、やや大きめに切銘する。「助宗」。

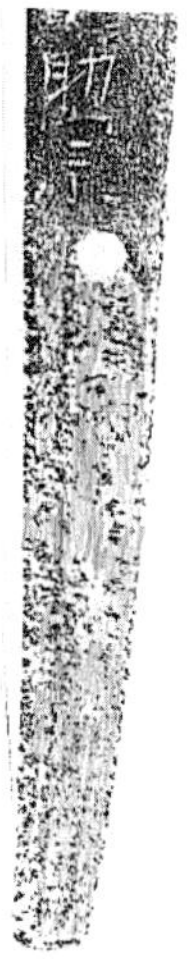

古 助宗【すけむね】初代 駿河国 室町中期（文安）

初代助宗は初代義助の弟とあるが、助宗には文安三年紀の作があり、義助の康正より古い年代なので助宗の義助弟説は成り立たない。一説に備前助宗が駿河に来住していて、助宗は義助とは別系であるともいう。文安三年紀の作は現品がみられないが、図によれば互の目乱を焼く。五条久左衛門（二代助宗）の父の年代に該当する。（系図862頁参照）

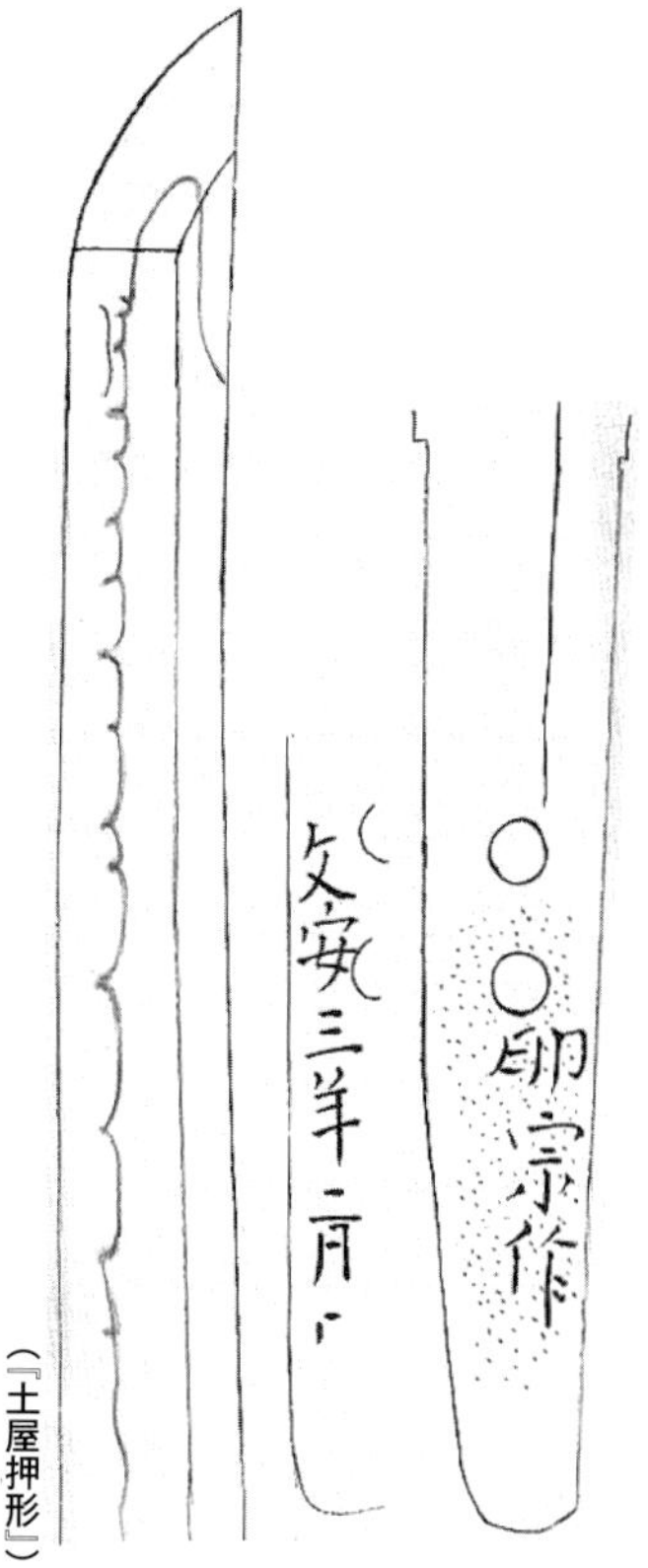

（『土屋押形』）

古 助宗【すけむね】二代 駿河国 室町末期（明応）

五条久左衛門。慶金と号す。系譜には義助の弟で明応としているが、年紀があるものでは天文十一年が古く、同二十二年紀がある。古書の多く

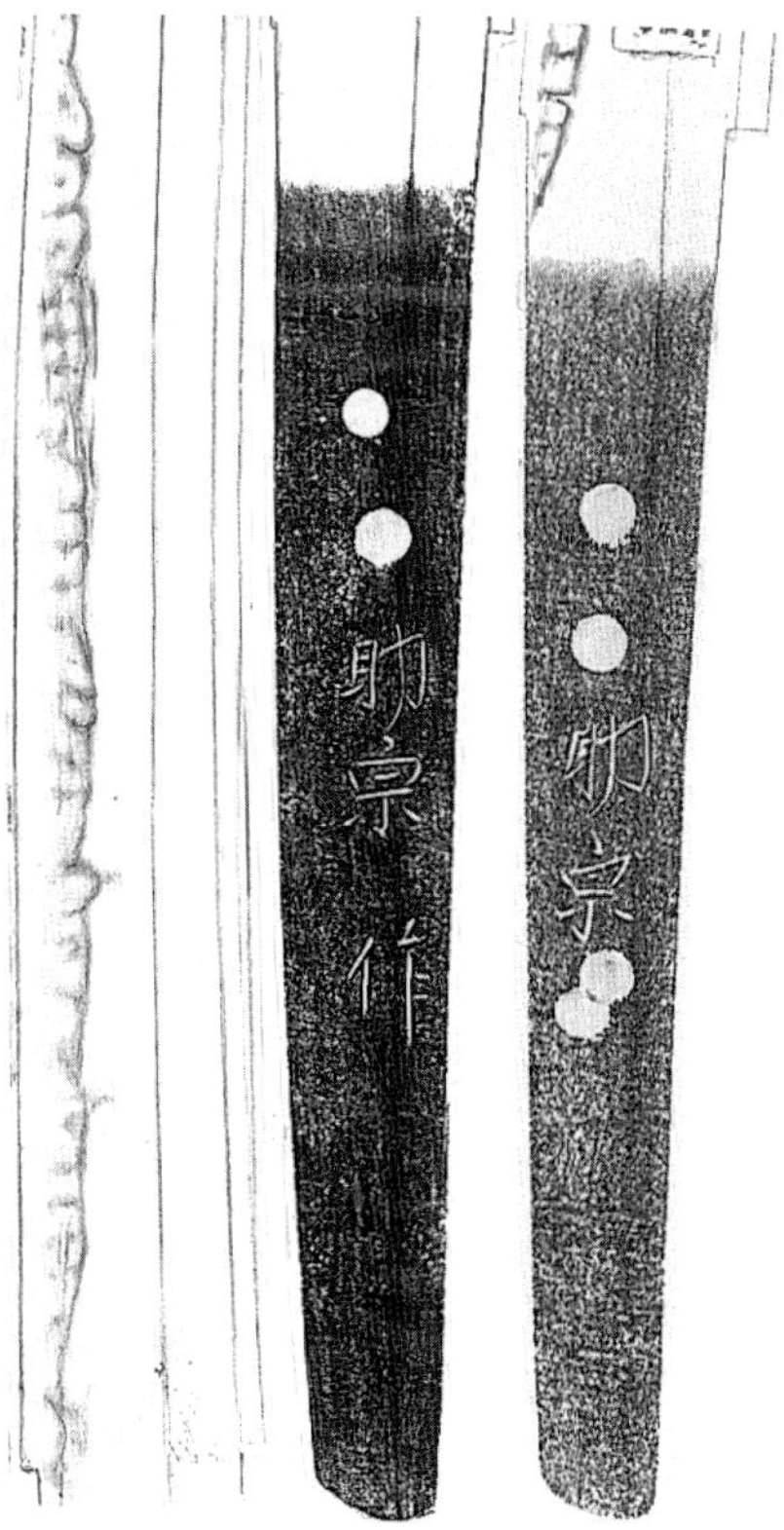

は久左衛門助宗を永正頃で初代とするが、前出（初代の項）のように初代助宗が文安であれば、久左衛門は二代助宗となる。「助宗」「助宗作」と大振りの銘を切る。

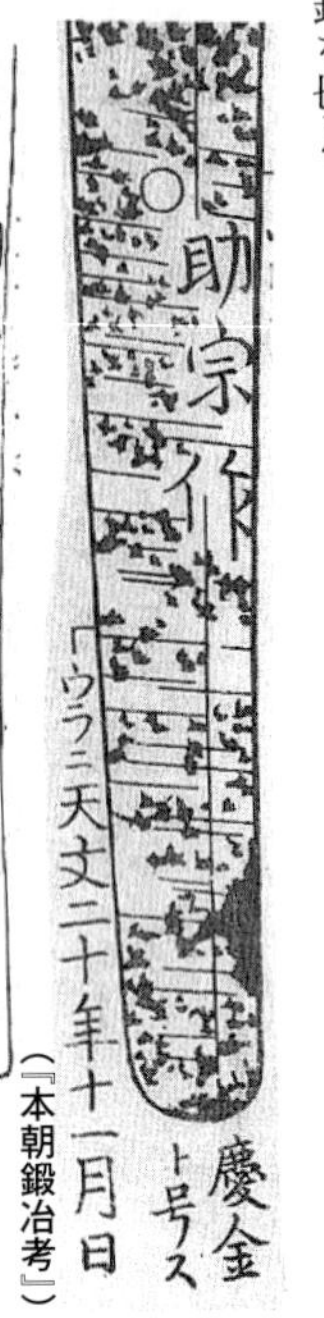

（『本朝鍛冶考』）

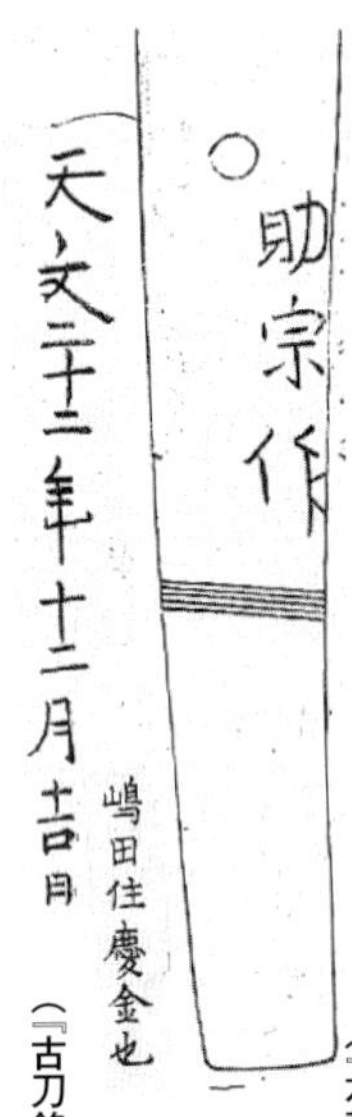

（『古刀銘尽大全』）

古 助宗【すけむね】三代　駿河国　室町末期（天文）

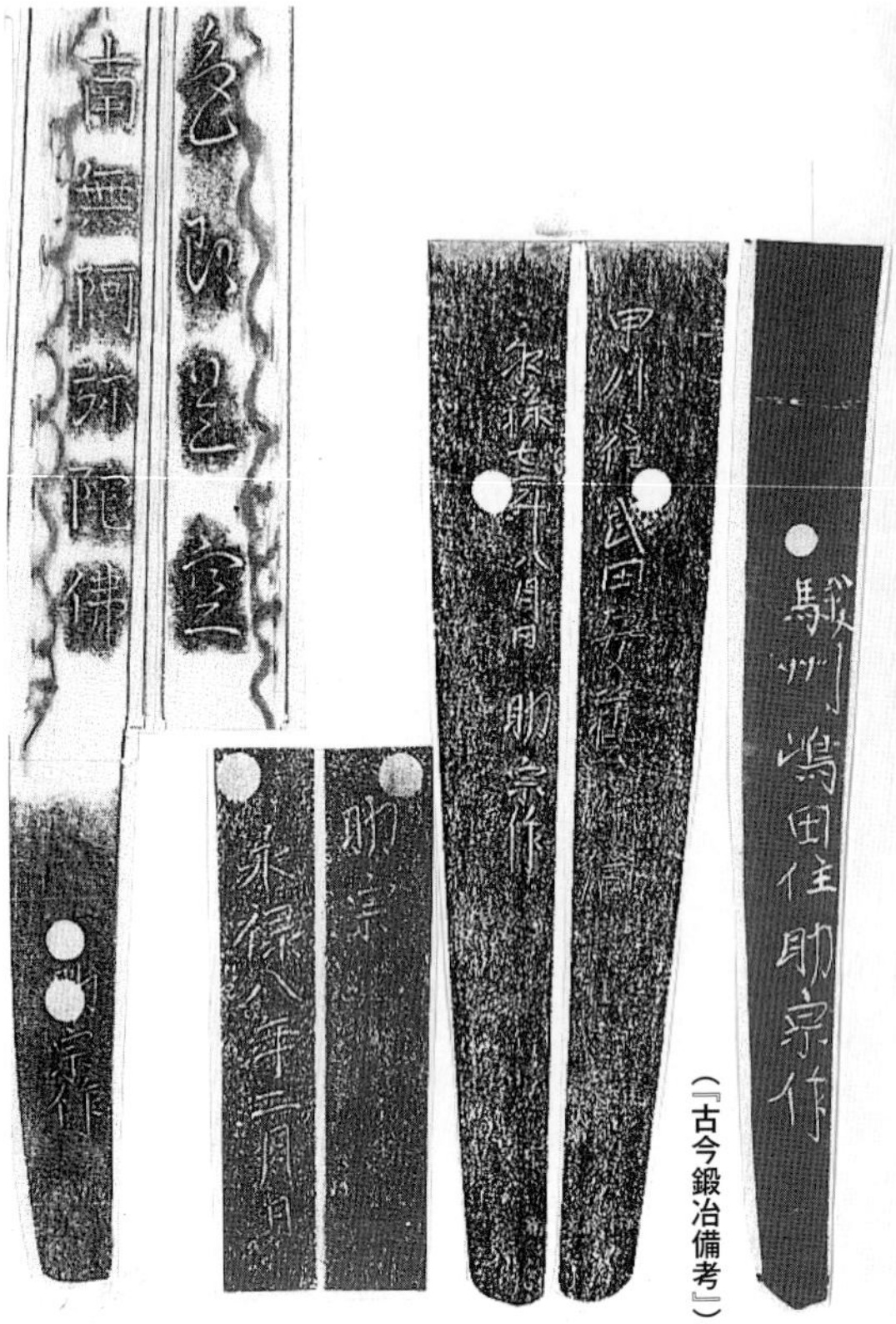

（『古今鍛冶備考』）

久左衛門。天文から永禄にかけて作刀する。その期間は長期にわたり、優れた作を残す。「おそらく」造の短刀はこの工の手になる。永禄七年紀の刀は甲州打ちで、板目に柾が流れ、地沸よくつき、地斑・地景入る。刃文は互の目に丁子交じり沸つき、匂口沈みごころ。「おそらく」は文字彫があり、裏に護摩箸を彫る。武田信玄の右手指《めてざし》と伝える。永禄七年紀の作は美濃伝、同八年紀は備前伝、「おそらく」は相州伝の作で、伝法は多岐にわたる。「助宗」「助宗作」「駿州嶋田住助宗作」と銘し、二代と比べては小振りに切る。

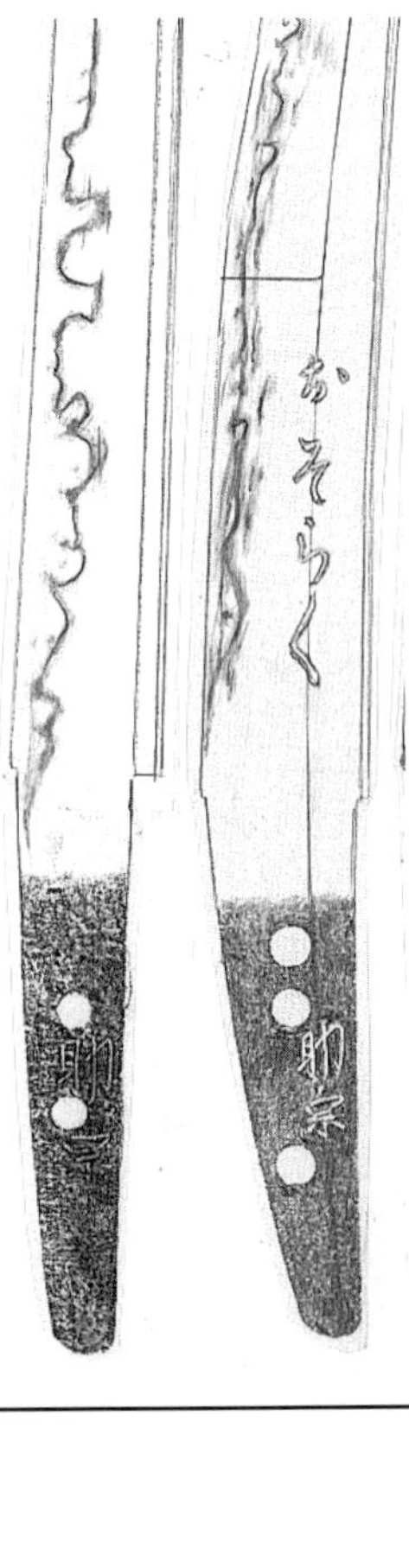

古 助宗【すけむね】四代　駿河国　室町末期（天正）

彦八。三代助宗の子。大全に弘治とあるのは、親の三代助宗が永禄とあるものより、子が古い年号となって不審である。永禄が享禄の誤記でないとすれば、三代が長命で永禄まで作刀していたが、四代は永禄より早く弘治には作刀の盛期を終えていたのかもしれない。のち信州松代に移住したのが天正年中と伝えていることと何か関連があるのかもしれない。作刀は少ない。「助宗」「駿州嶋田住助宗」。

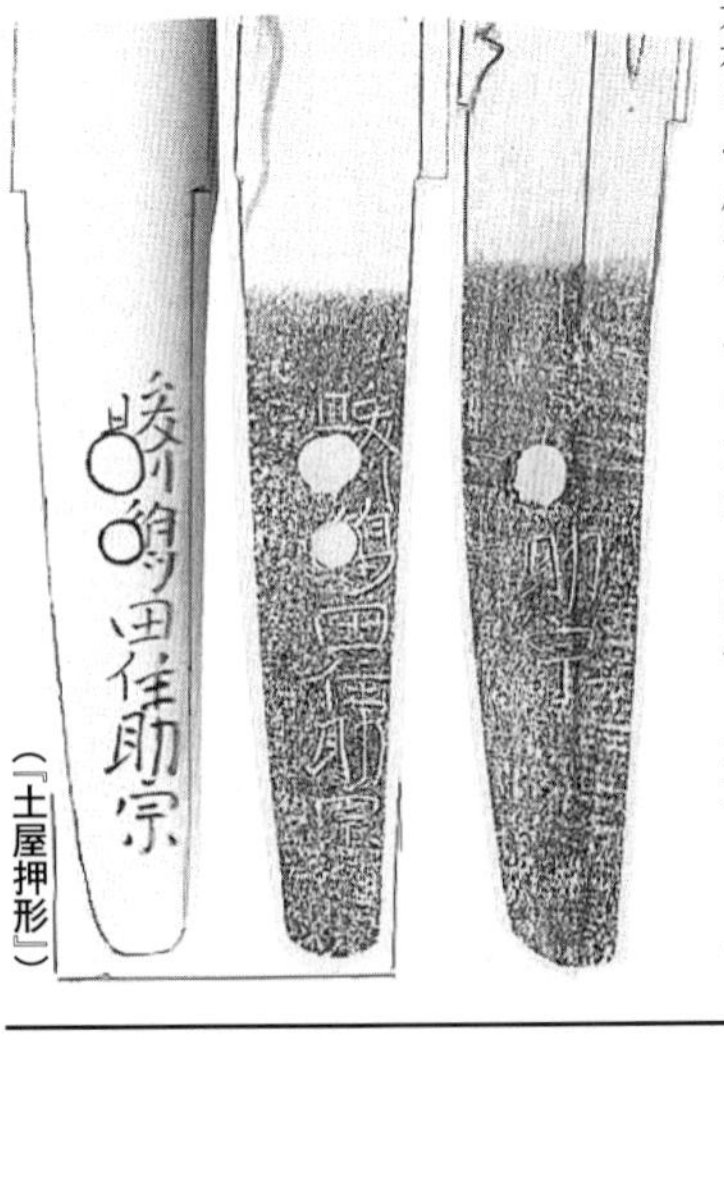

（『土屋押形』）

新 **助宗**【すけむね】　豊後守　駿河国　桃山期（寛永）

六兵衛。豊後大掾、のち豊後守を受領し、菊花紋を刻す。駿州嶋田住。助広門助宗、助高兄弟の父。一門から同族の助宗が信州、羽州へも分派する。

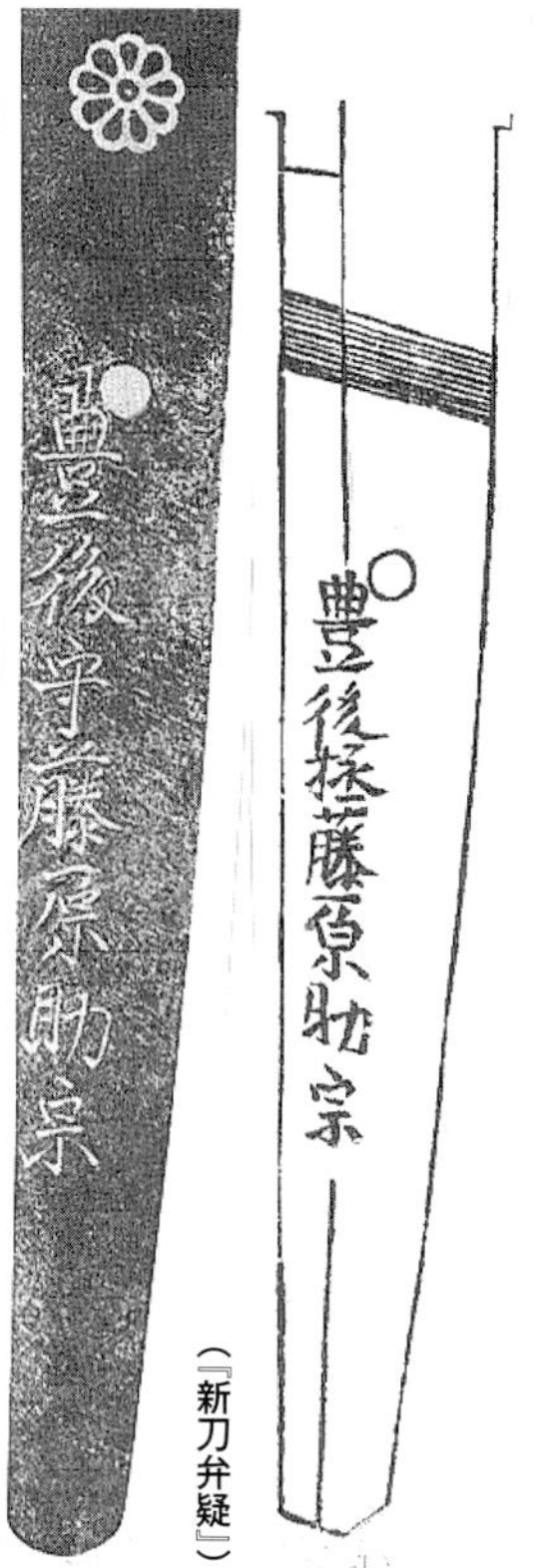

（『新刀弁疑』）

新 **助宗**【すけむね】　若狭守　摂津国　江戸初期（承応）

九兵衛。豊後守助宗子。助高兄。初代助広門。摂州住助宗と五字に切るものが多く、慶安二年紀の作がある。初代助広の高足で代作者の一人。のち備後福山住。

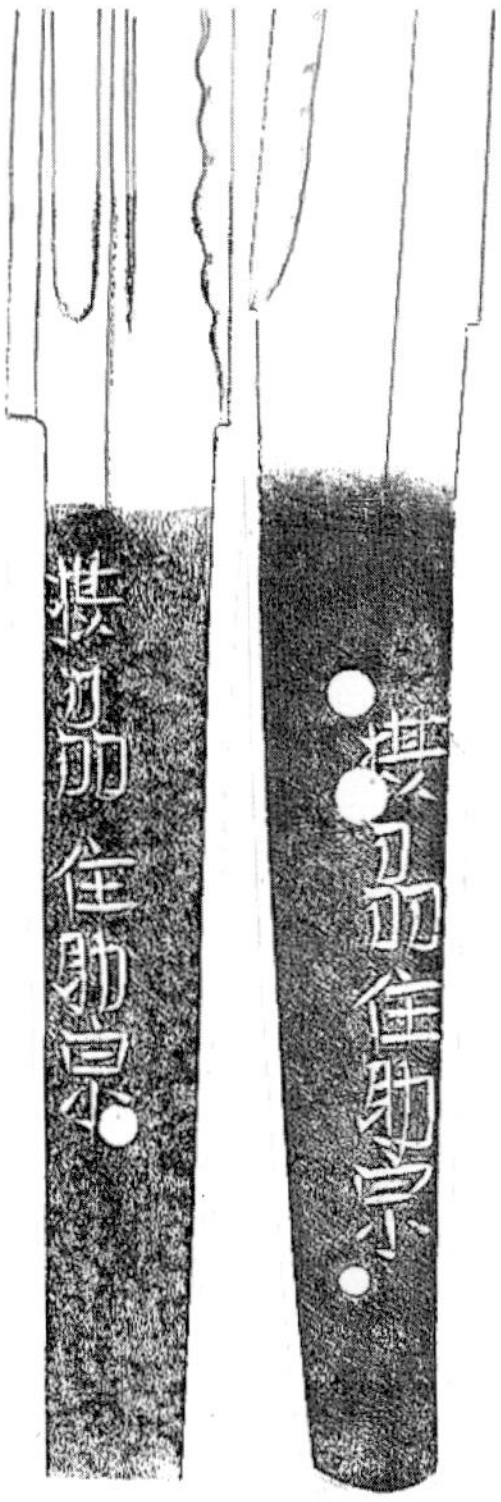

新 **助宗**【すけむね】　島田小十郎　初代　信濃国　江戸中期（寛文）

豊後守助宗の嫡男。島田小十郎と称す。信州松本住。善光寺にも住。大坂へ出て津田助広の門に入り、広助に改め、のち助広と改めるという。

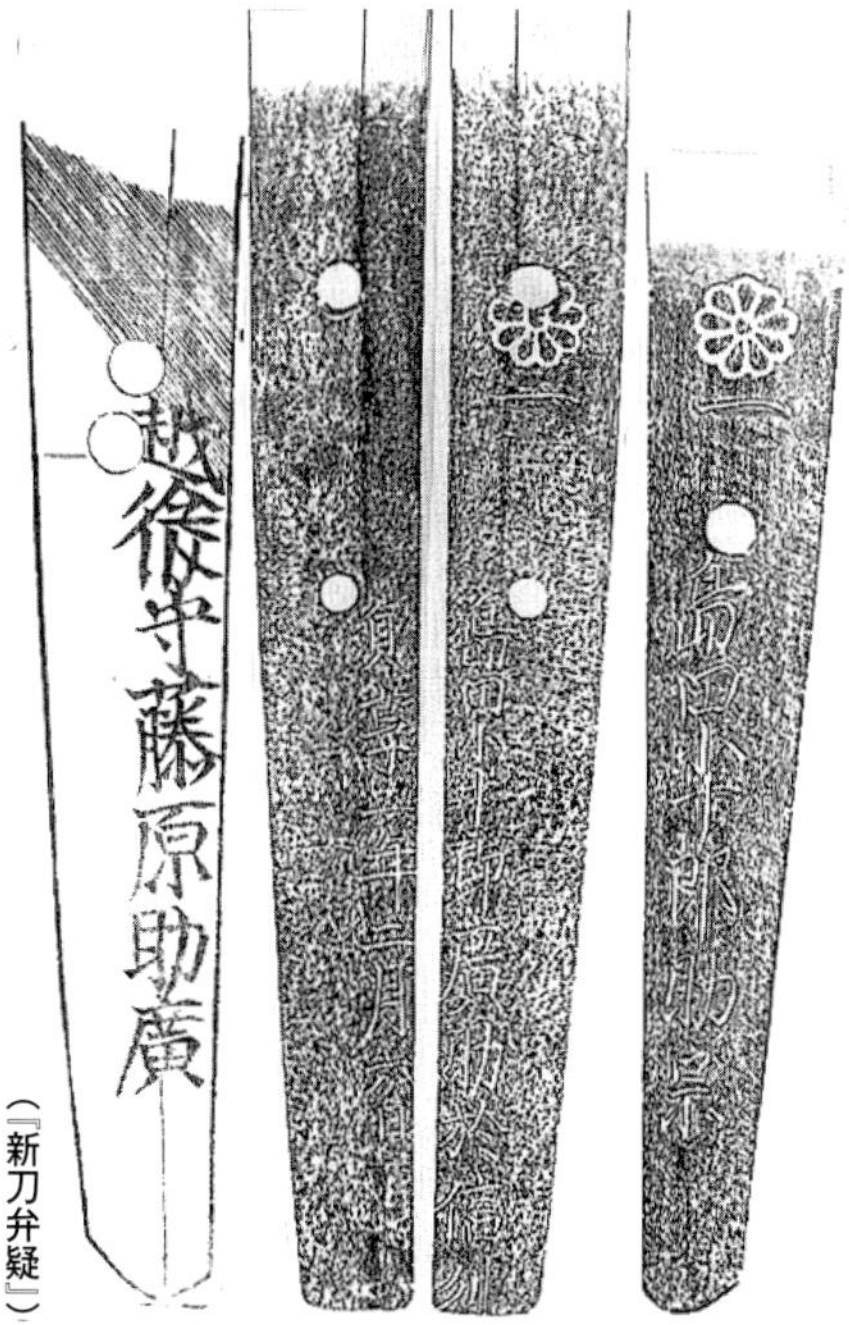

（『新刀弁疑』）

新 **助宗**【すけむね】　島田小十郎　二代　信濃国　江戸中期（元禄）

島田仁左衛門、初代小十郎と同じく、九葉菊紋に「一」文字を切る。天和・貞享から享保にかけて鍛刀する。

新 **助宗**【すけむね】　信濃国　江戸中期（元禄）

駿州から豊後守助宗の一門が信州へ移り、この地で栄える。「信州住助宗」

と銘するのは二代目島田小十郎と同人ともいうが、初代小十郎助宗の弟、また同族一門も同銘を切ることがある。

新 助宗【すけむね】 播磨大掾　駿河国　江戸中期（宝永）

播磨大掾を受領した助宗は六代目で、同銘が九代寛保ころまで続く。

古 助村【すけむら】 備前国　鎌倉初期（元暦）

古備前。沸出来の小乱刃が古調であり、「備前助村」と四字に大振り銘を切る。同銘が福岡一文字に宝治、弘安と続き、吉岡一文字に正中、長船住に南北朝期の元弘に作刀する工がいる。

古 助守【すけもり】 備前国　鎌倉中期（天福）

福岡一文字。焼幅に広狭がある丁子乱に蛙子丁子を交じえた華やかな出来が福岡一文字の盛期の作をみせる。助久の子という。「助守」「助守作」。助守には小乱刃を焼く古備前風の作、また天福助守よりやや年代の降る鎌倉中・末期ころにみえる同銘の工がいて、複数の助守が存在する。なお南北朝初期（暦応ころ）に長船に、南北朝末期（嘉慶ころ）に小反りに同銘が作刀する。

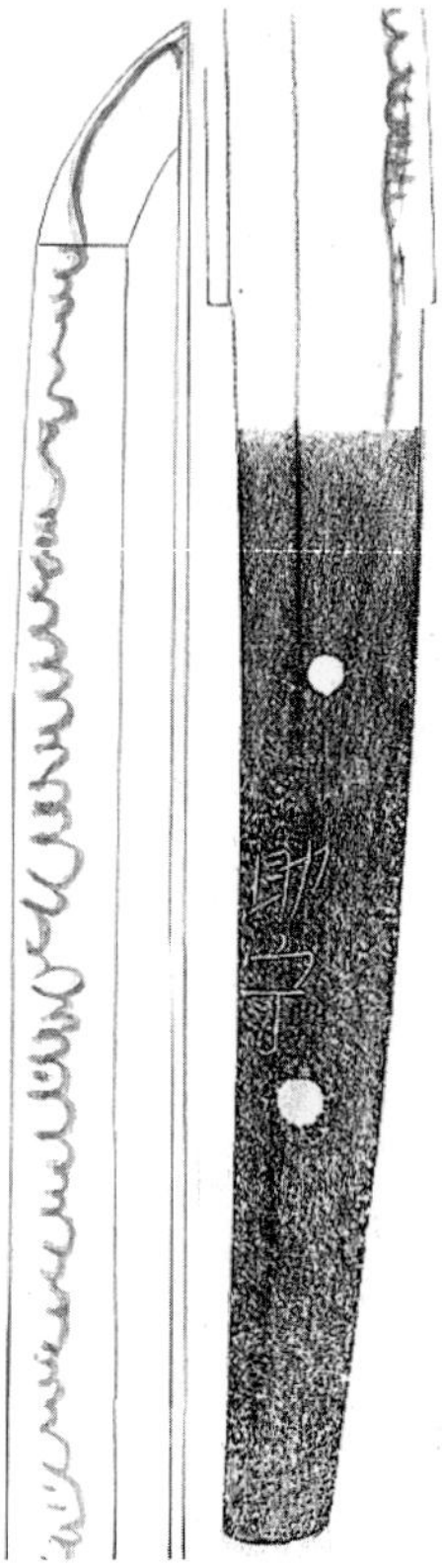

古 助盛【すけもり】 備前国　鎌倉中期（正応）

大宮。直刃に小互の目、小丁子交じり、逆足入る。「助盛作」。

古 助盛【すけもり】 備前国　鎌倉中期（正応）

大宮。正応ころ。国盛子という。「助盛作」。

古 助行【すけゆき】 備前国　鎌倉初期（元暦）

古備前。小乱刃が沸づく。元暦ころ。「助行」「備前助行」。

古 助行【すけゆき】 備前国　鎌倉中期（元仁）

福岡一文字。行国子、則宗門。太郎大夫という。「備前国助行」。助行は太郎大夫助行とほぼ同時代の天福ころ、また鎌倉末期の応長ころに同銘があり、のち吉岡一文字（元応ころ）、長船（応永ころ）にも助行を名乗る鍛冶がいる。

古 助吉【すけよし】 備前国　鎌倉中期（建治）

福岡一文字。新太郎。助房子、また助則子ともいう。吉岡一文字の祖と伝えている。鍛え小板目肌詰み、丁子映りよく立つ。刃文は小丁子乱、

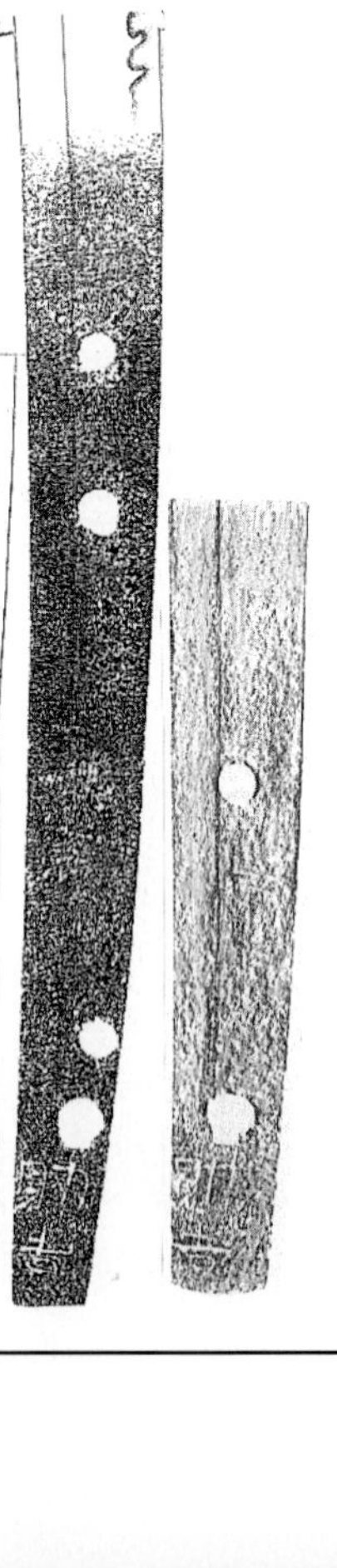

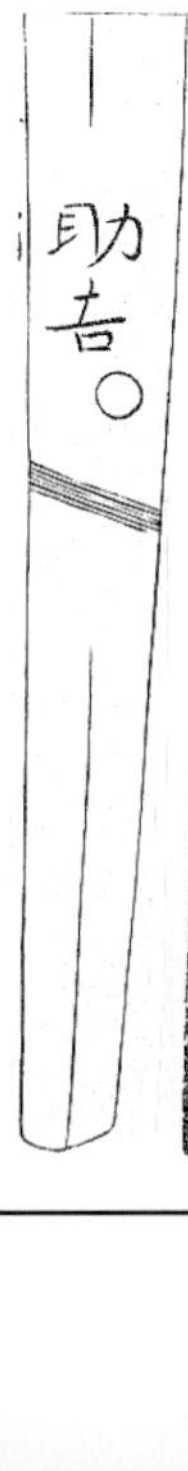

一文字助則子の助吉（『古刀銘尽大全』）

足よく入り、匂出来で沸つき金筋入る。助吉には福岡・吉岡一文字に三種以上の銘があり、中字を切る手が古く、別人に小銘と大振りの銘とがある。「上助吉」「助吉」。

古 助吉【すけよし】 備前国　鎌倉末期（延慶）

吉岡一文字。左兵衛尉。助吉には正応から暦応にかけての年紀作があり、この間に少なくも二人以上の助吉がいると考えられ、延慶二年紀がある「助吉」は小銘を切る。この小銘助吉とは別人で近親者であろう、大振りの銘を切る太刀（談山神社蔵）があって、鎌倉末期を降らない作であろう。「備前助吉」「備前国吉岡住人左兵衛尉助吉」「助吉」。

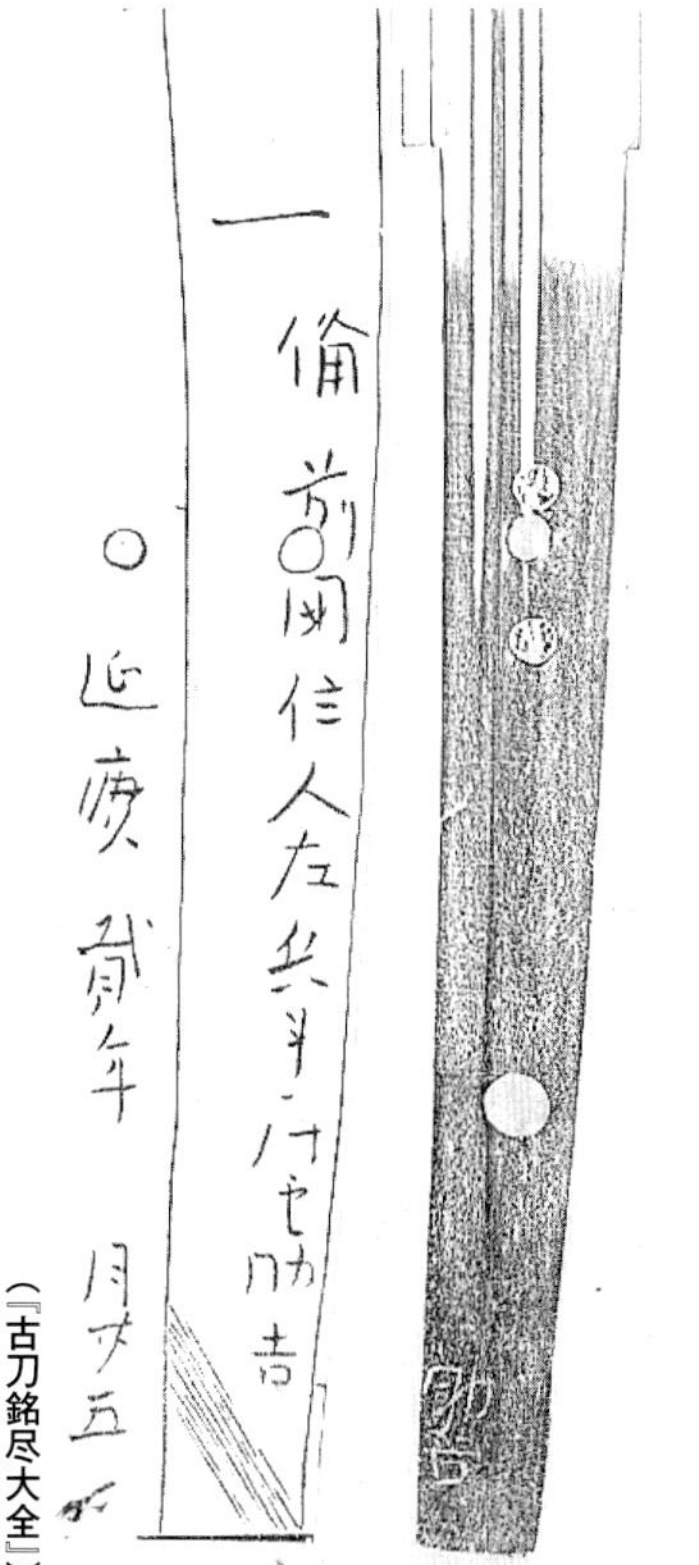

（『古刀銘尽大全』）

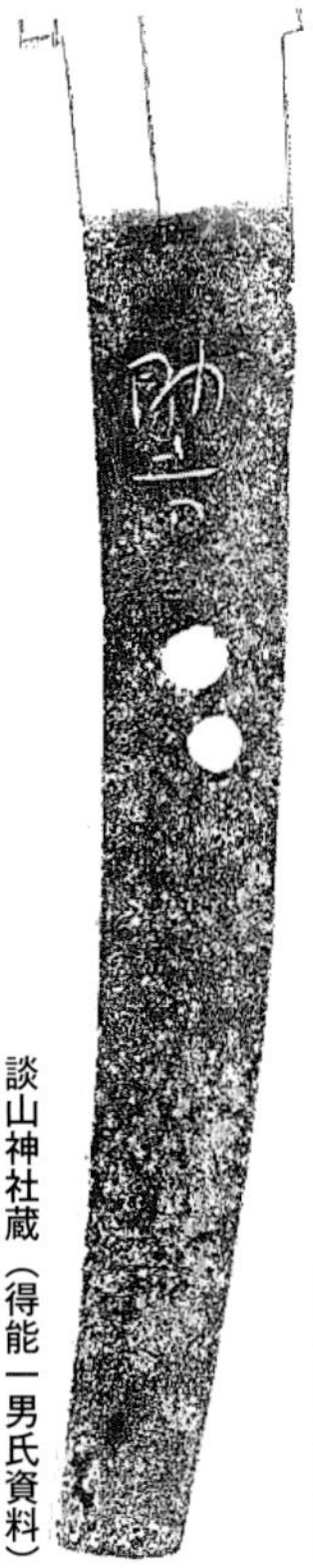

談山神社蔵（得能一男氏資料）

古 助吉【すけよし】 備中国　南北朝期（暦応）

青江。広直刃に逆足入り、逆丁子乱を焼く。暦応ころ。「備中国住助吉作」。次代同銘が応永ころにある。

古 助吉【すけよし】 大和国　室町初期（応永）

尻懸。則長門。尻懸派は「則」の一字を通字に用いるもののほか「助」字を用い、助弘、助吉、助長などがいる。直刃に小互の目を目立って入れ、よく沸えて、ほつれ、打のけかかり古調な作。応永九年・廿九年紀の作がある。「大和国助吉作」。

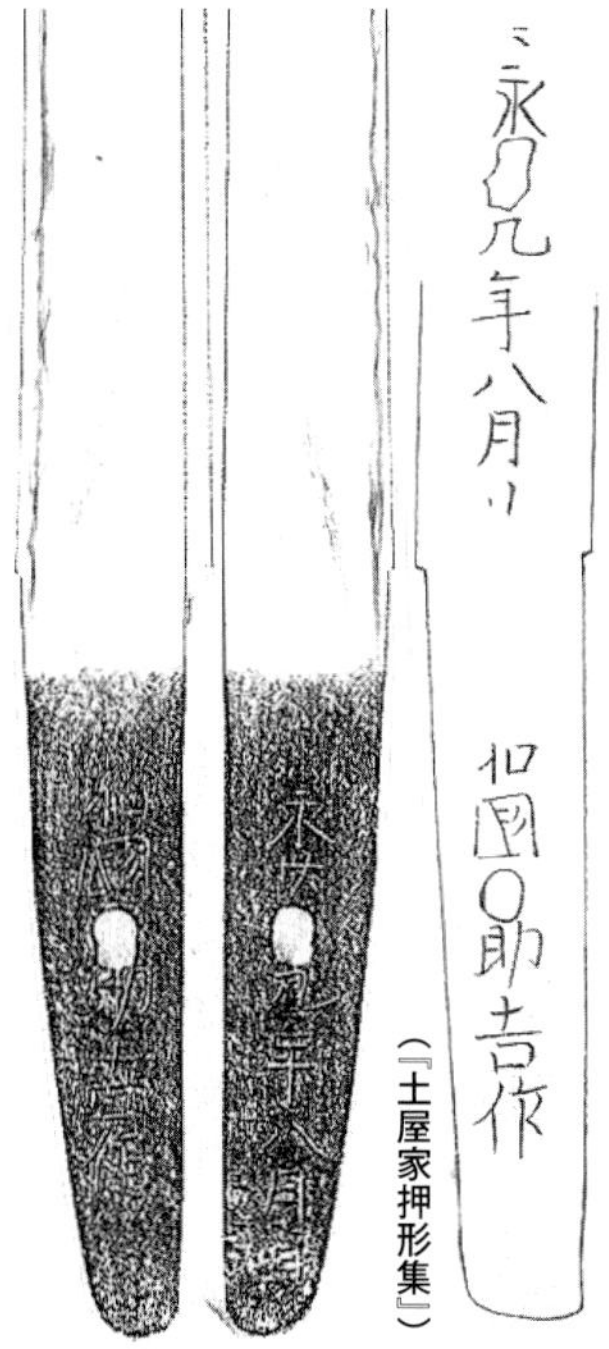

（『土屋家押形集』）

古 助吉【すけよし】 三河国　室町初期（応永）

薬王寺。大友助吉。応永ころ。「薬王寺助吉」「薬王寺大友助吉」。同銘が嘉吉、天文に続く。

古 助良【すけよし】 美濃国　室町末期（永正）

西郡住。寿命の末裔。「助良」「寿命助良」。

古 助義【すけよし】 備前国　鎌倉末期（元徳

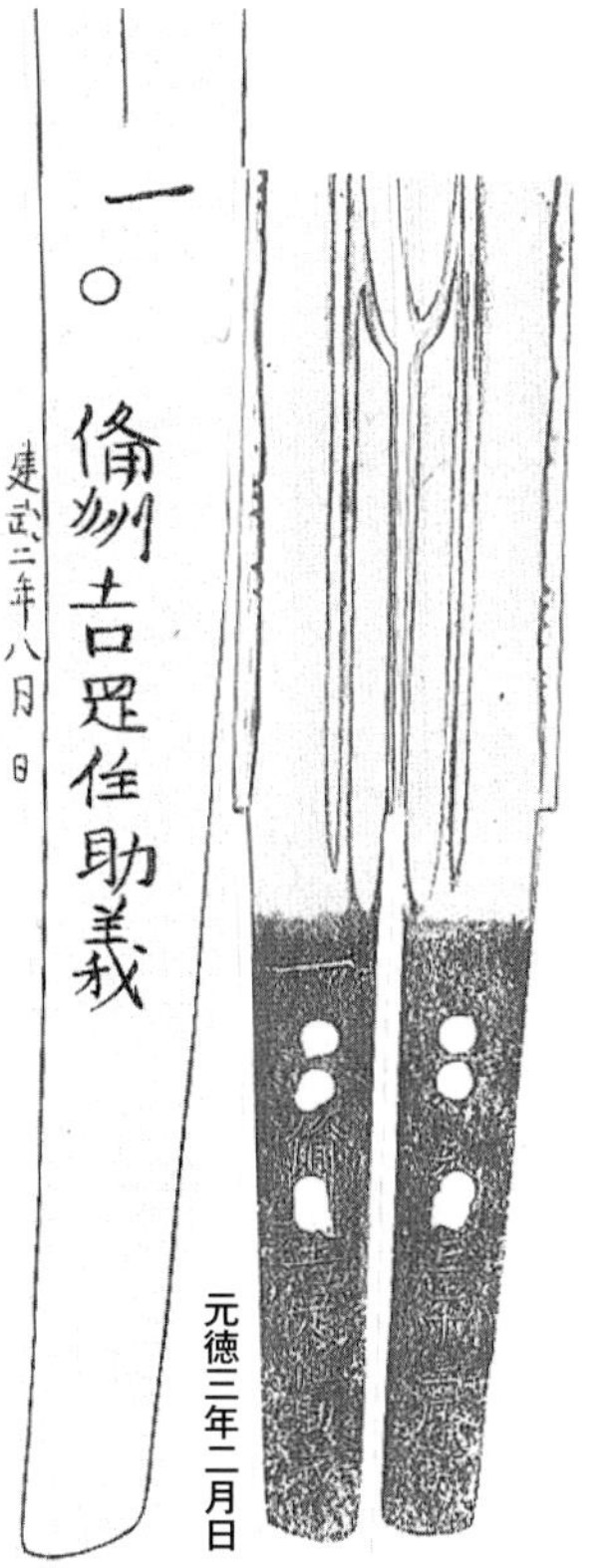

元徳三年二月日

吉岡一文字。助吉の子。左衛門尉。銘鑑では助義に三代があって、初代正応、二代元徳、三代貞和であるが、初代と三代の年紀作は経眼しない。二代には元徳三年紀の短刀が現存し、また建武二年紀の押形（『古刀銘尽大全』）があって、いずれも「一　備州吉岡住助義」と銘す。元徳三年紀の短刀は冠落造に細直刃を焼く。

古 **助依【すけより】**　備前国　鎌倉中期（文永）

福岡一文字。則依子。宗忠の系流。文永ころ。「助依」「備前国助依」。同銘が備前新田荘住、永仁ころに作刀する。

古 **助依【すけより】**　備中国　鎌倉中期（正応）

青江。直刃調に小乱交じり、沸づく。正応ころ。「助依」。

新々 **祐包【すけかね】**　備前国　江戸末期（嘉永）

横山俊吉、のち俊左衛門。雲龍子と号す。祐平の子祐盛の養子となり嫡流祐定家を継ぐ。友成五十八代孫を称す。岡山藩工。互の目、丁子、菊花丁子など匂口締る。祐包との合作に「彫包忠」と切銘した包忠は祐包の子であろう。◆二代祐包は養子の横山健治。明治・大正にわずかに作刀がある。

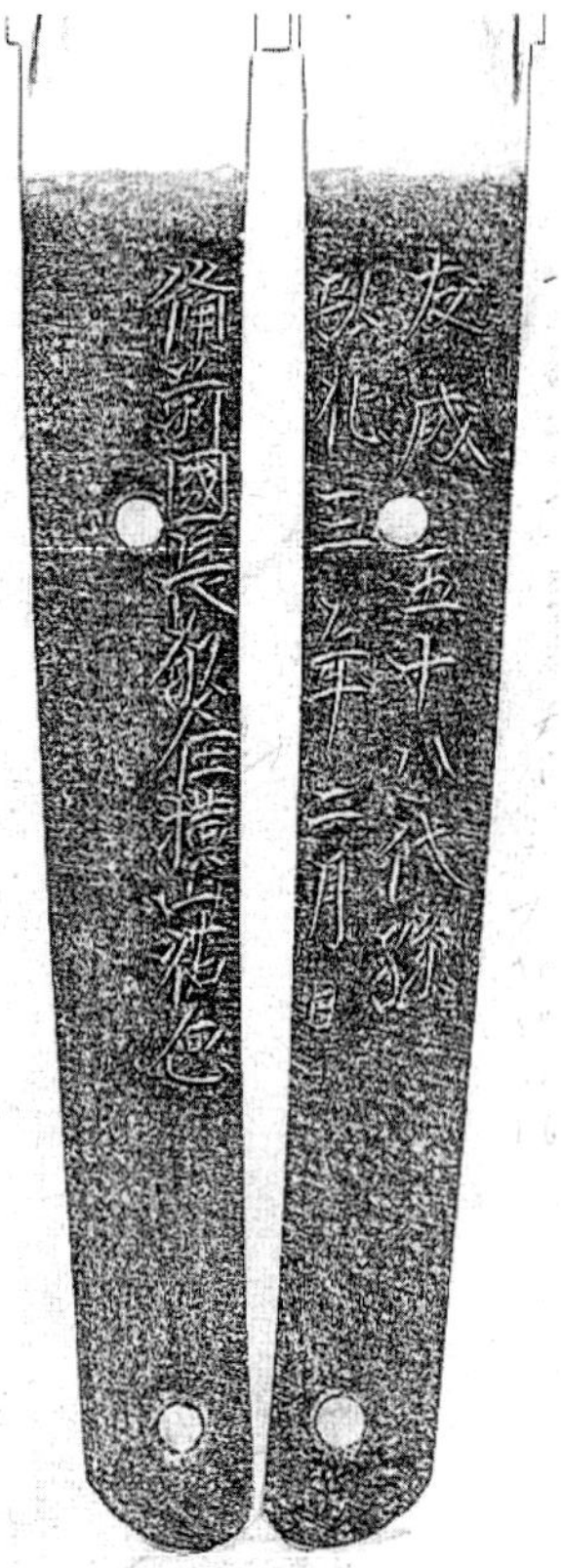

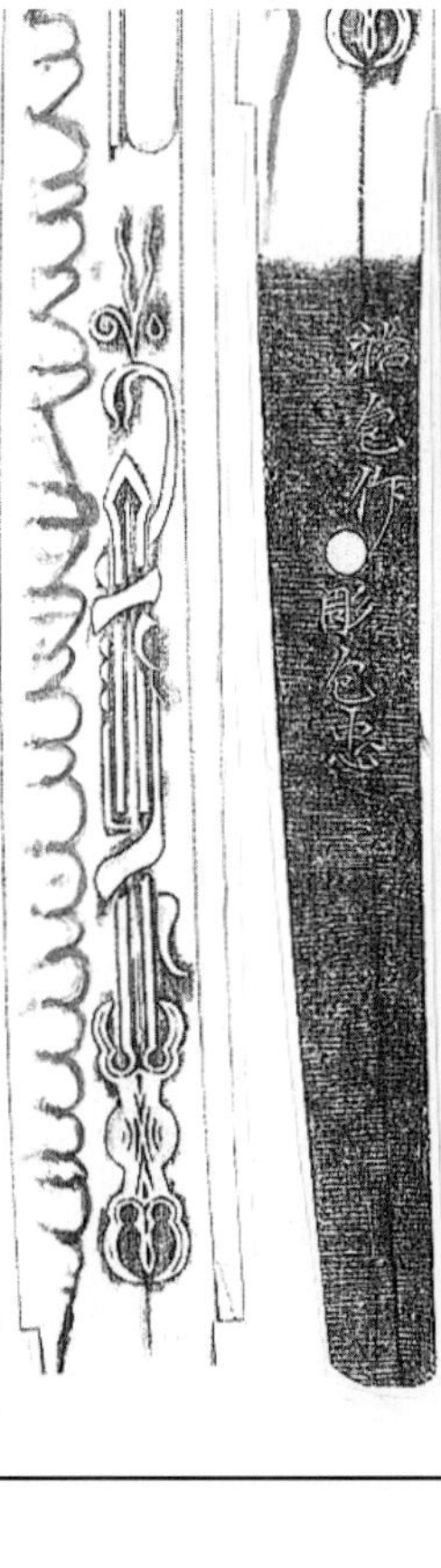

新 **祐国【すけくに】**　備前守　紀伊国　江戸中期（寛文）

花房祐国。生国紀伊。紀州から大坂に移り、大坂石堂の一翼をになう。備中守康広とは別派で、祐春、小寺祐重などの門人がいて一派を形成する。寛文三年三月一日、備前小掾を受領し、備前守に転任する。「助国」「花房備前守源祐国」とも、「きいのくにすけくに」と仮名にも切る。直刃に小足入り、互の目丁子乱、三つの乱の山が一団となる。

古 **祐定【すけさだ】** 備前国　室町初期（応永）

小反り。明徳から応永末年まで作刀する。『土屋押形』に応永元年紀の作があるのが祐定銘の作刀の初見。応永祐定について又右衛門祐定が永享、享徳にいて作刀する。「備州長船祐定」「備前国住長船祐定」。

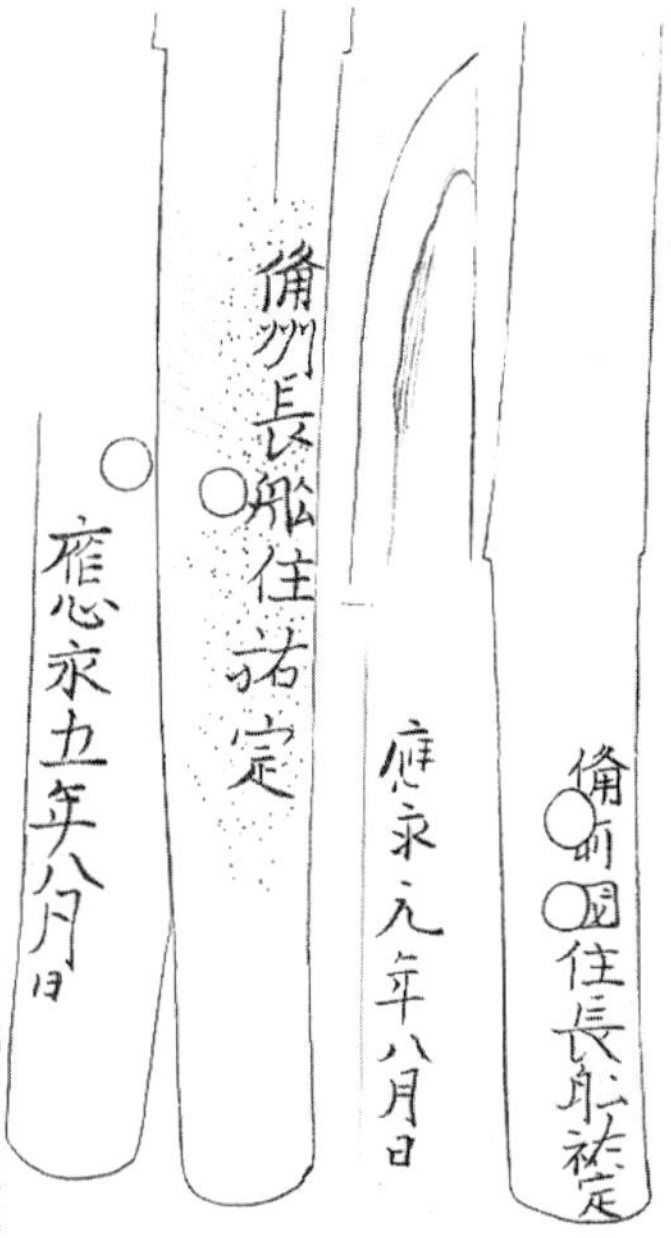

（『土屋押形』）

古 **祐定【すけさだ】** 備前国　室町中期（長禄）

長禄祐定。彦兵衛祐定の父という。康正から文明初年にかけての作刀があるが、残された数は少ない。「備州長船祐定」「備前国住人長船祐定作」。

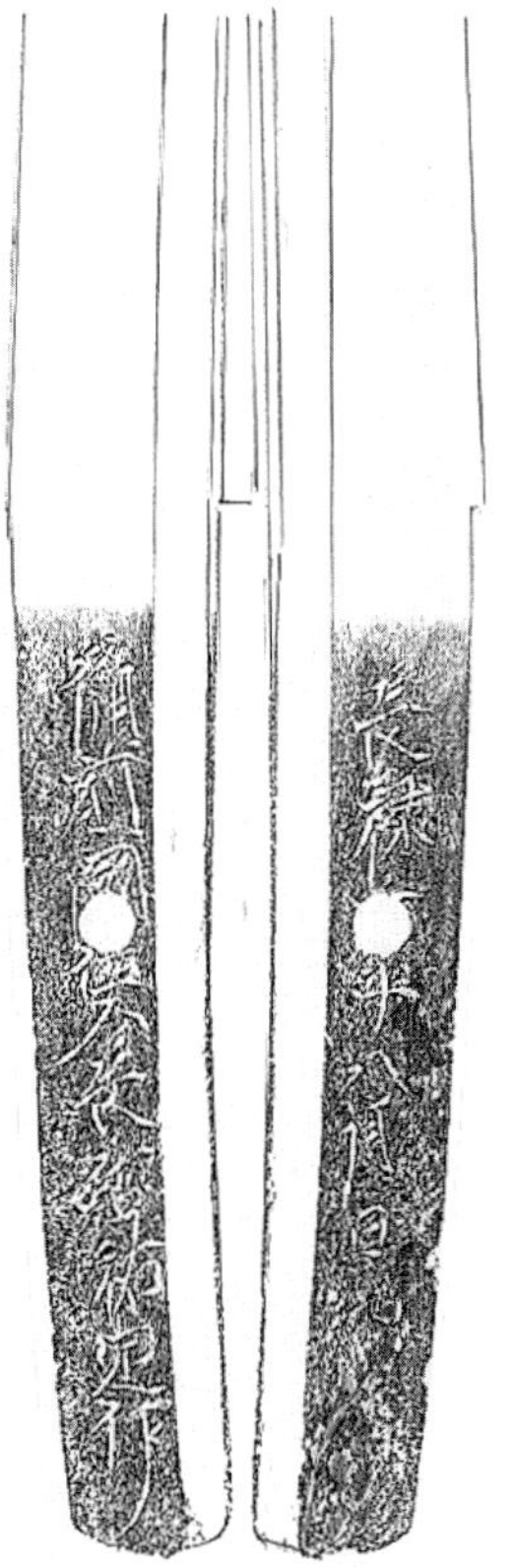

古 **祐定【すけさだ】** 彦兵衛　初代　備前国　室町末期（明応）

彦兵衛。初代。長禄祐定の子。祐定中で与三左衛門祐定に次ぐ名手。直刃に小互の目足入り、また腰の開いた互の目乱を焼く。明応から永正末年ころまでの作がある。「備州長船祐定」「備前國住長船祐定彦兵衛作」「備前國長船彦兵衛尉祐定作」。

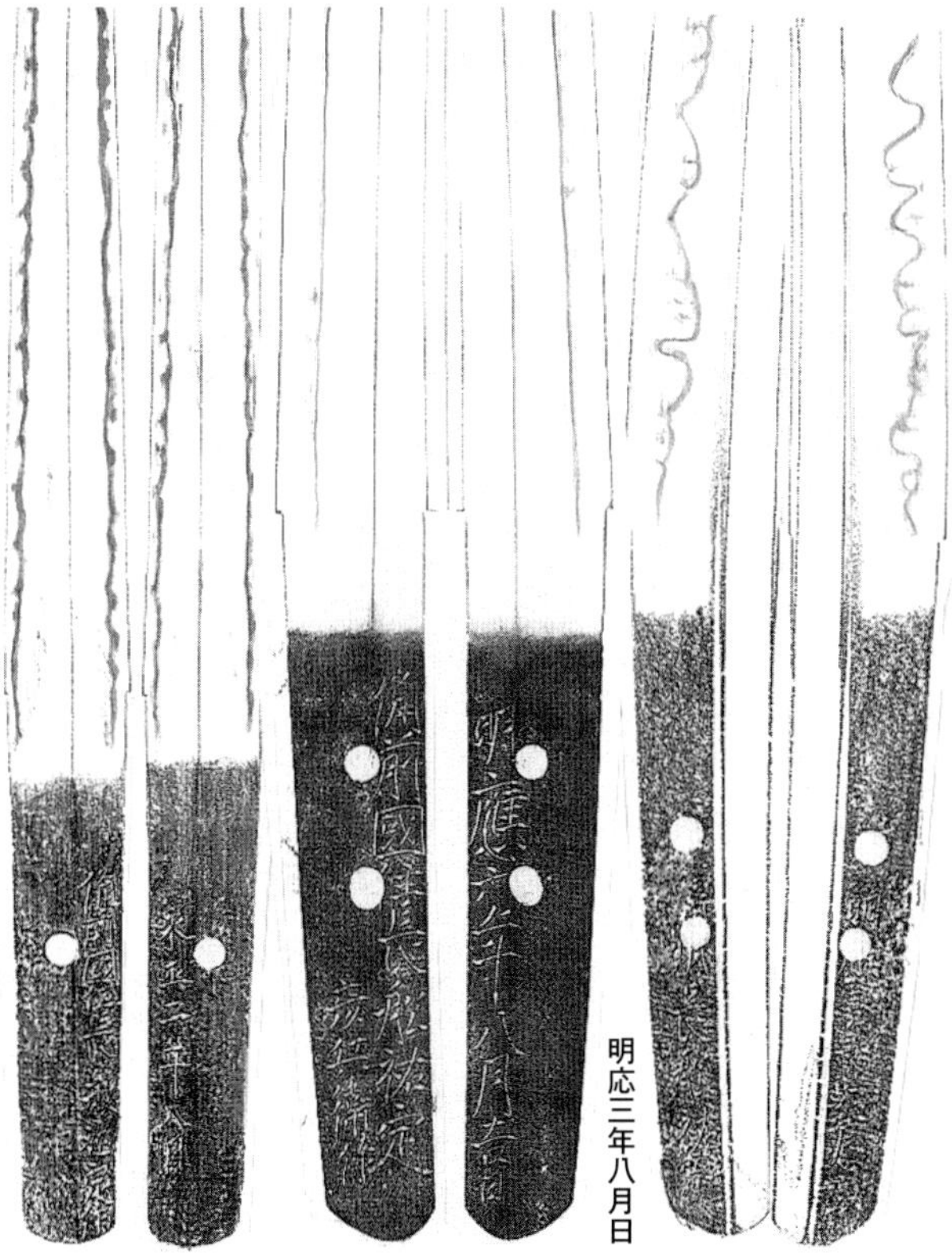

明応三年八月日

古 **祐定【すけさだ】** 彦兵衛　二代　備前国　室町末期（天文）

彦兵衛。二代。初銘彦三郎祐家。初代彦兵衛の子。天文から永禄にかけての工。「備前国住長船祐定」「備前国住長船彦兵衛尉祐定」。

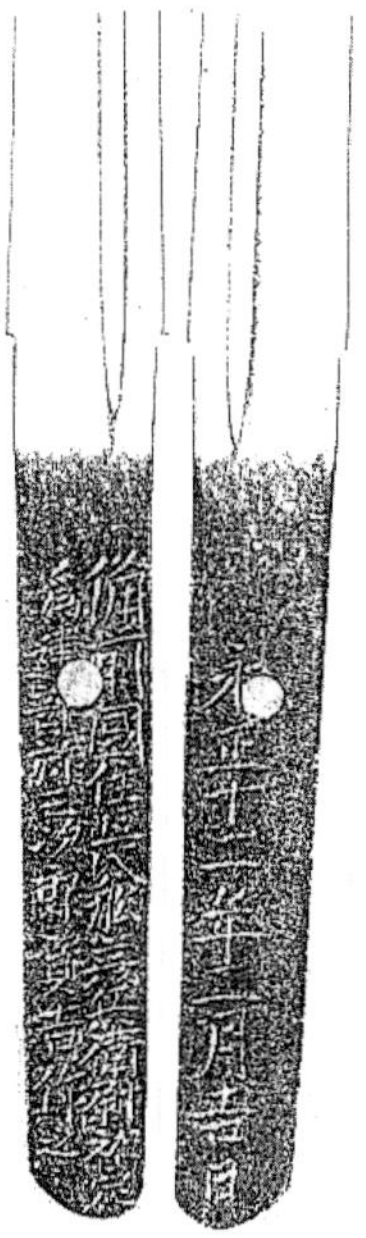

古 祐定【すけさだ】 彦兵衛　三代　備前国　室町末期（天正）

彦兵衛。三代。初銘新十郎。源兵衛祐定の子で、二代彦兵衛の養子となり、彦兵衛に改める。阿波池田の領主中村右近の抱工となり阿波へ移り、三好郡（のち上郡）大西村内池田に住。元亀・天正年紀の作がある。「備前国住長船彦兵衛尉祐定」「阿州三好郡池田住大西彦兵衛尉祐定」。三代彦兵衛の子、新十郎祐定は父と共に阿波へ行くという。

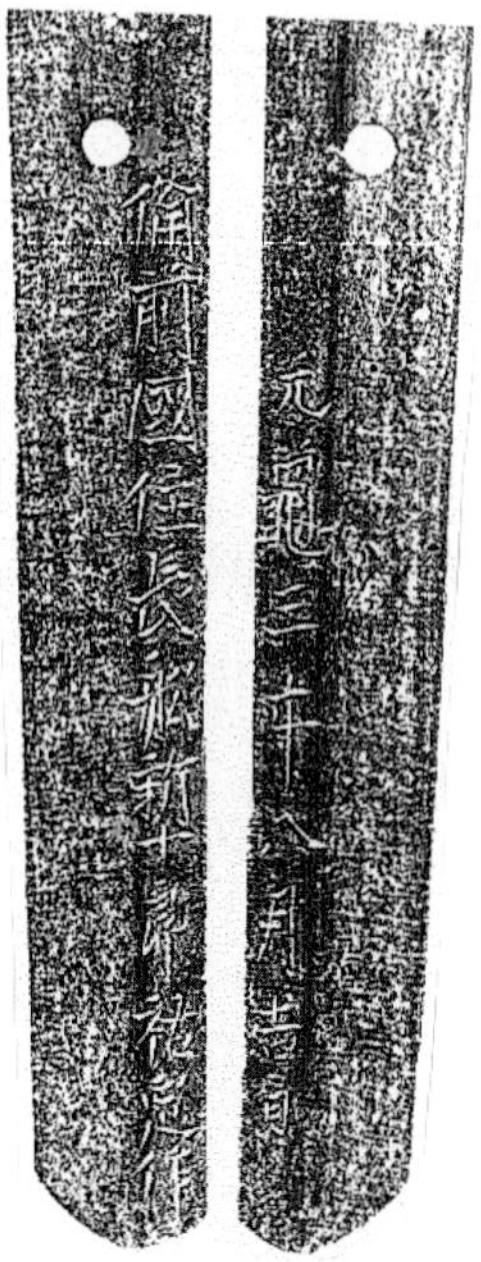

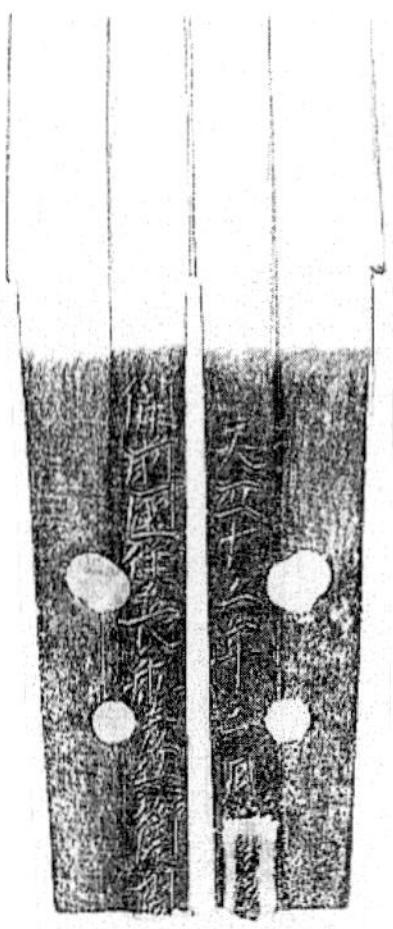

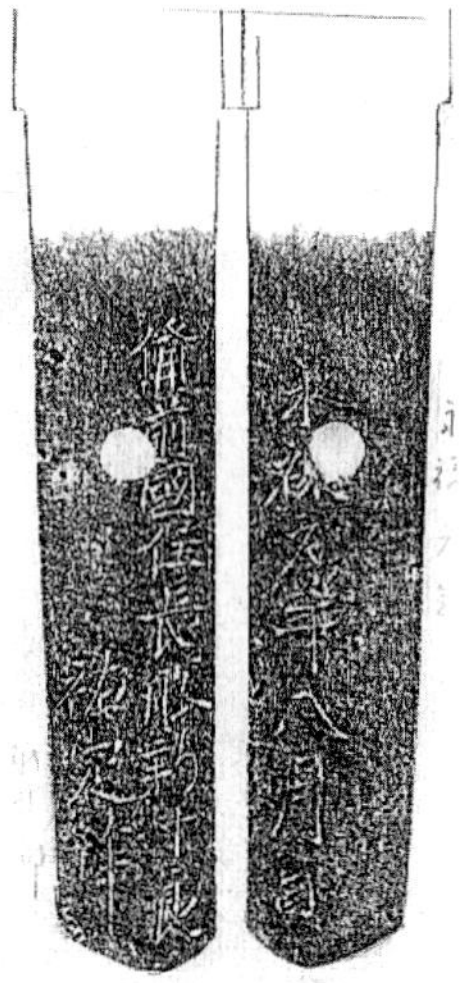

古 祐定【すけさだ】 彦左衛門　初代　備前国　室町末期（永正）

彦左衛門。初代。永正二・三年紀の作がある。「備前国住長船彦左衛門尉祐定」。

古 祐定【すけさだ】 彦左衛門　二代　備前国　室町末期（天文）

彦左衛門。二代。与三左衛門祐定門、源兵衛祐定の妻の弟。与三左衛門との合作がある。天文・永禄年紀の作があり、互の目に丁子、大房丁子が交じる華やいだ作がある。「備前国住長船彦左衛門尉祐定作」。

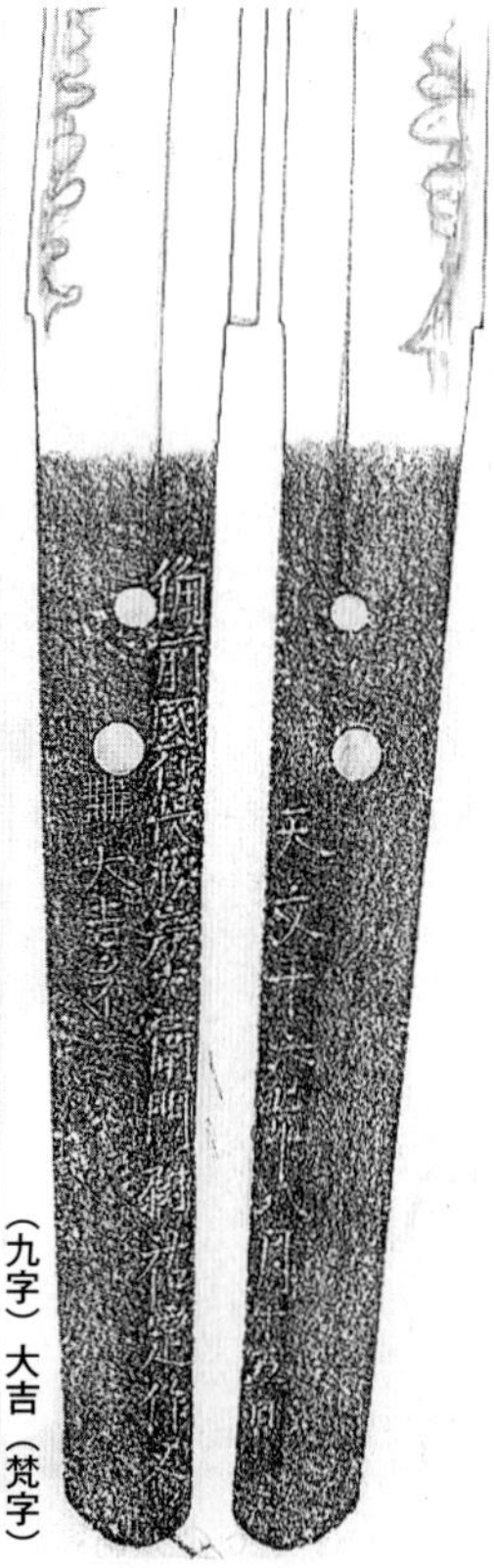

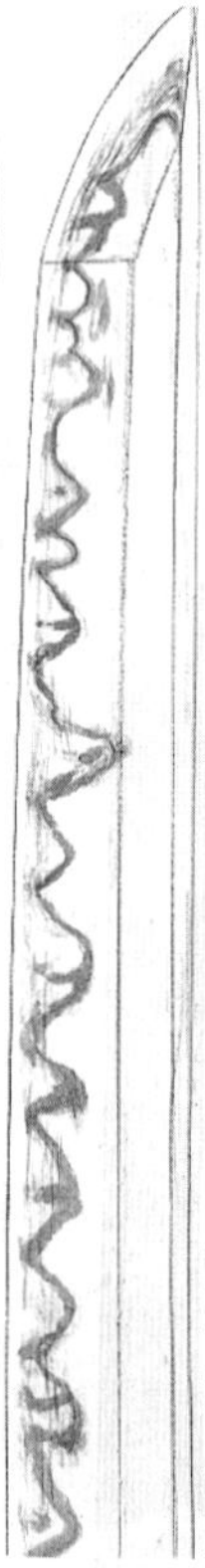

（九字）大吉（梵字）

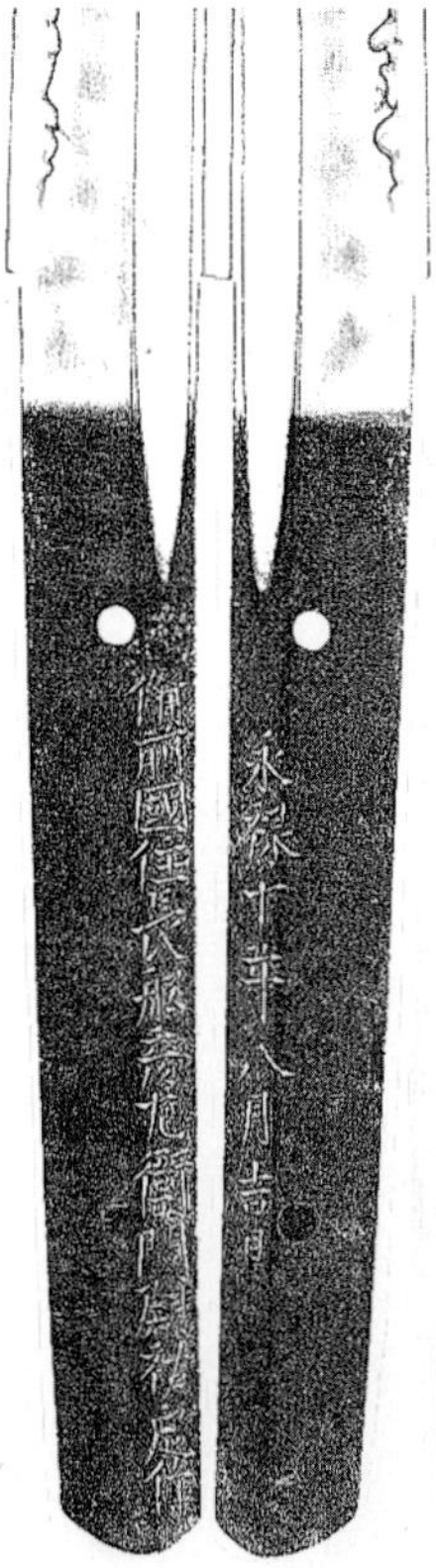

古 祐定【すけさだ】 彦左衛門　三代　備前国　室町末期（天正）

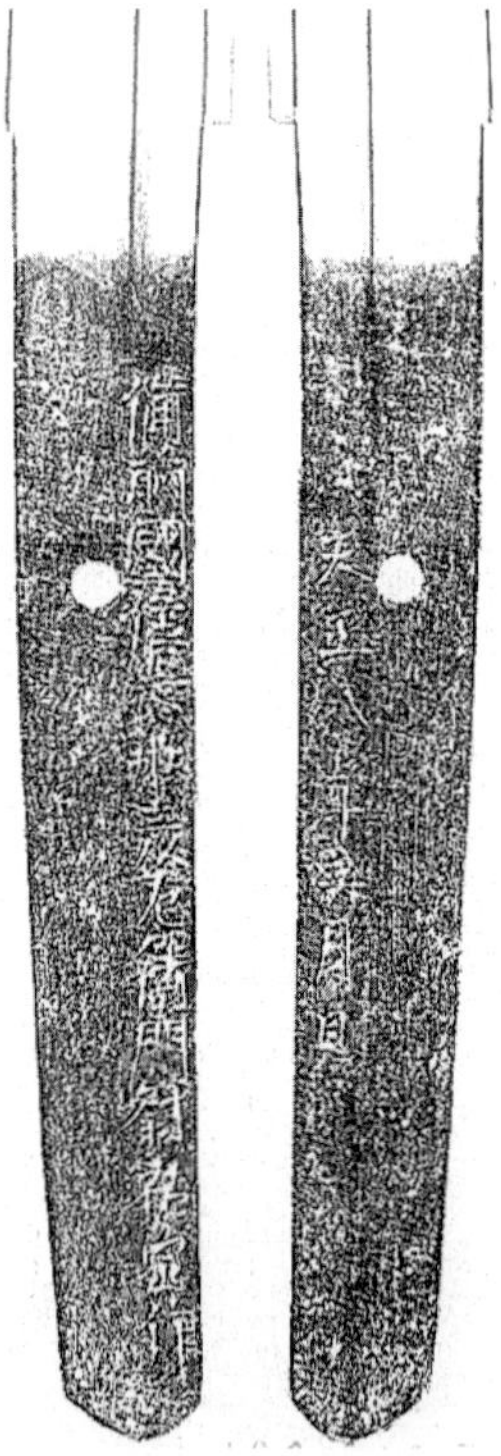

彦左衛門。三代。天正年紀の作がある。「備州長船彦左衛門尉祐定作」「備前国住長船彦左衛門尉祐定作之」。

古 祐定【すけさだ】 与左衛門　備前国　室町末期（永正）

与左衛門。彦兵衛祐定の子、備前北方住。永正二年から天正年中までの作刀があるといい、この間長期に及ぶため二代があるとする見方がある。「備州長船祐定」「備前国住長船与左衛門祐定」。

古 祐定【すけさだ】 与三左衛門　初代　備前国　室町末期（永正）

与三左衛門。初代。中川氏。初代彦兵衛祐定の子。文亀から天文十年紀までの作があり、天文六年紀に「生年七十一作」と銘したものがある。天文十一年、七十六歳没と伝える。

室町末期の末備前中で最も隆盛を極めたのが祐定一家で、なかでも名工としてその名が知られるのが与三左衛門祐定である。応仁の乱以降、末備前中でいち早く台頭したのが勝光・宗光一家で、文明から享禄に及ぶ六十余年間に繁栄をとげたが、一家は次第に衰退に向かい、替わって浦上家の支援を得た祐定と清光一家が勢力を増し、末備前後半の大勢を占めるに至る。祐定は通称を冠する者だけで校正によると十八名がおり、それぞれに代のあるものがあって加算し、通称のないものを加えるとなお相当な数に及ぶ。

与三左衛門祐定には優れた作刀が多く、互の目乱に丁子を交じえたものが目立ち、小沸をつけて、映りはあまり目立たない。大湾れ、皆焼もあって作域が広く、直刃には小乱、足入るものがある。腰の開いた互の目は焼頭が二つに割れて〝蟹の爪〟刃と俗称する独特の形姿を示す。

与三左衛門の「与」の字に四種があり、四人の与三左衛門がいるとする今村長賀説がある。四人の員数は特定しがたいまでも、複数の与三左衛門を切銘する祐定がいるようで、二代与三左衛門は「与」の字を略体に小さく切って初代と識別している（二代の項押形参照）。与三左衛門祐定の初期銘である永正初年は「馬与」の「与」（永正二年）字が変則であ

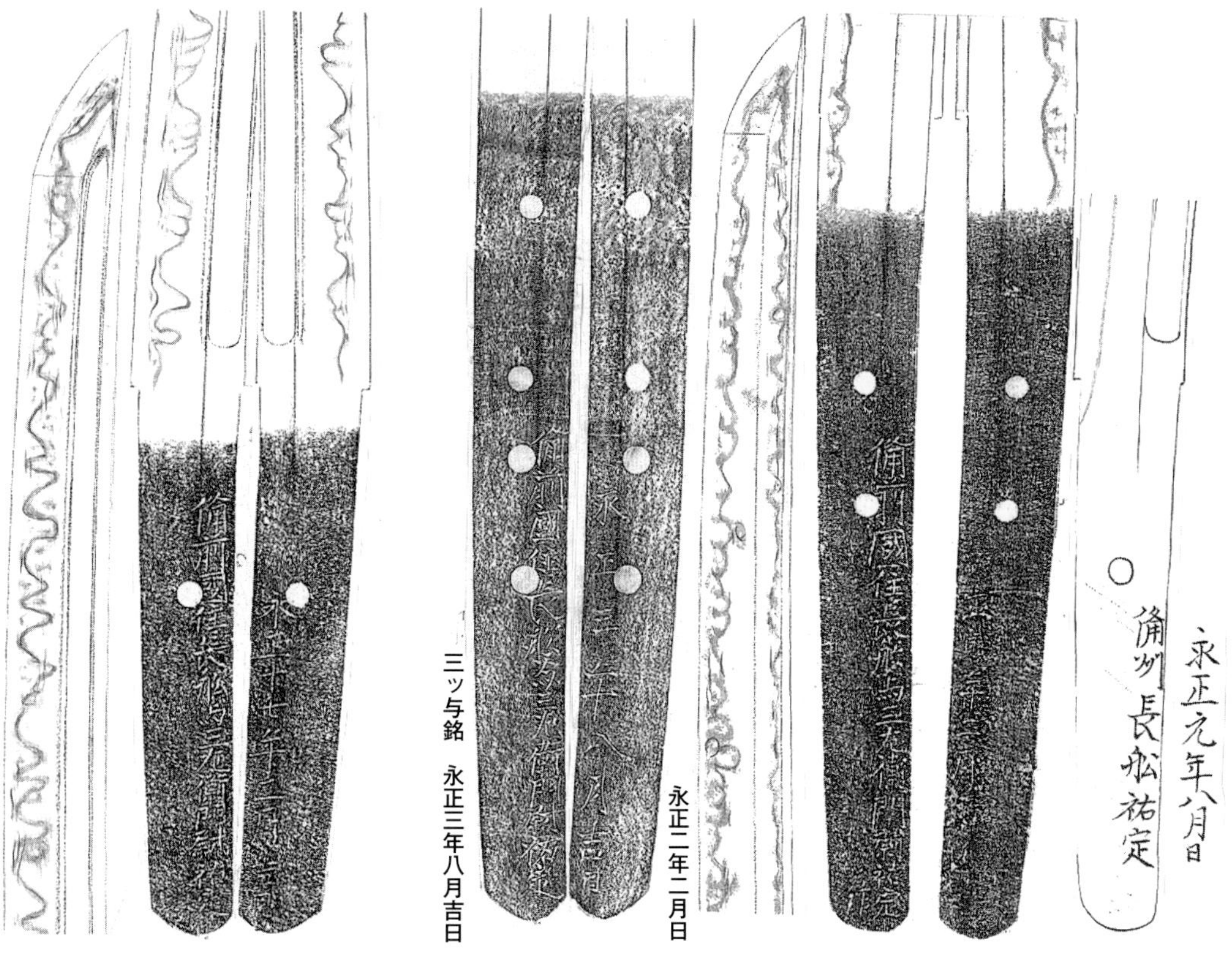

永正二年二月日

三ッ与銘　永正三年八月吉日

四ッ与銘（馬与銘とも）

り、「三ツ与」（永正三年・変り銘）に切るものがある。「一与」は大永五年から七年にかけてみられ、「馬与」（四ツ与とも）は「[illegible]」と字画して永正二年から天文末まで各年代にわたり全般に多くみられるものの、いずれも「与」の字画によって明確な識別はできがたい。「備前国住長船与三左衛門尉祐定」「備前国住長船彦兵衛同子与三左衛門尉祐定」「備前国長船与三左衛門尉祐定老年六十六作之」（天文二）。

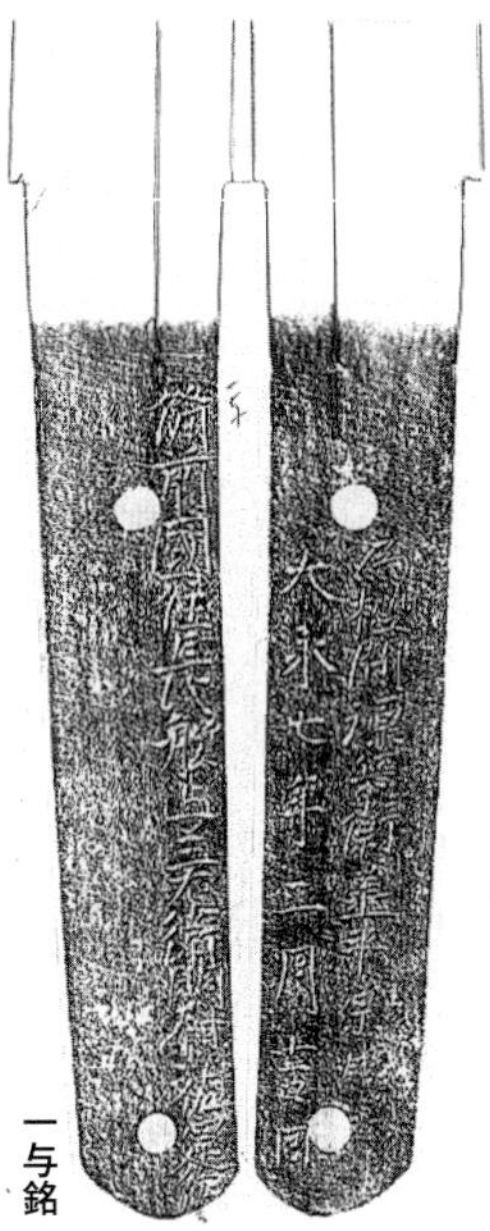

一与銘

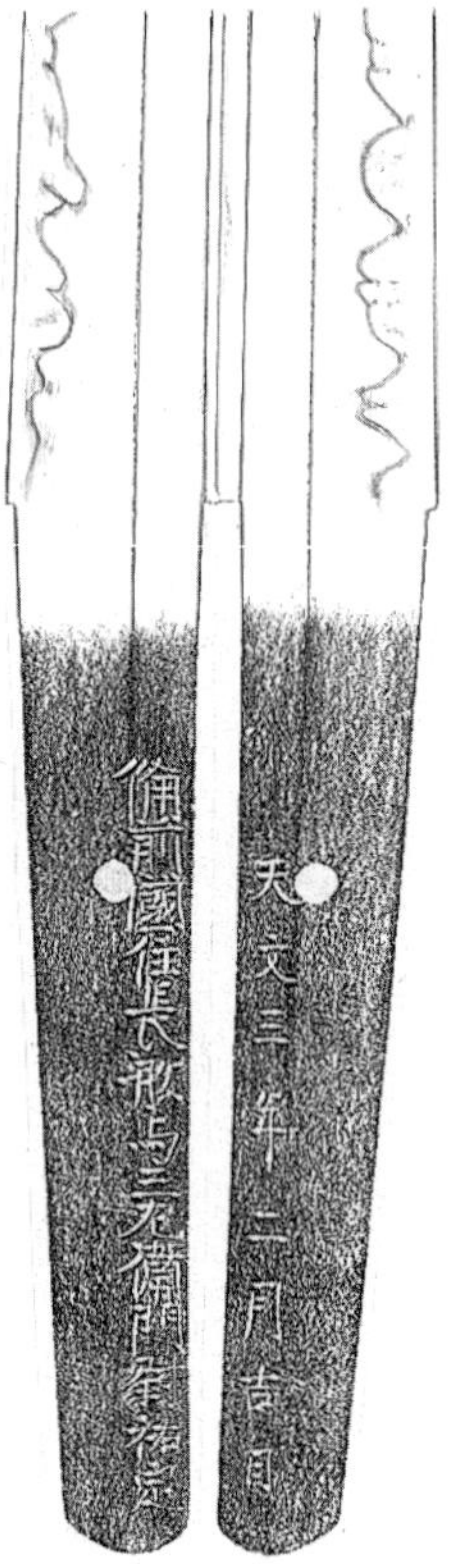

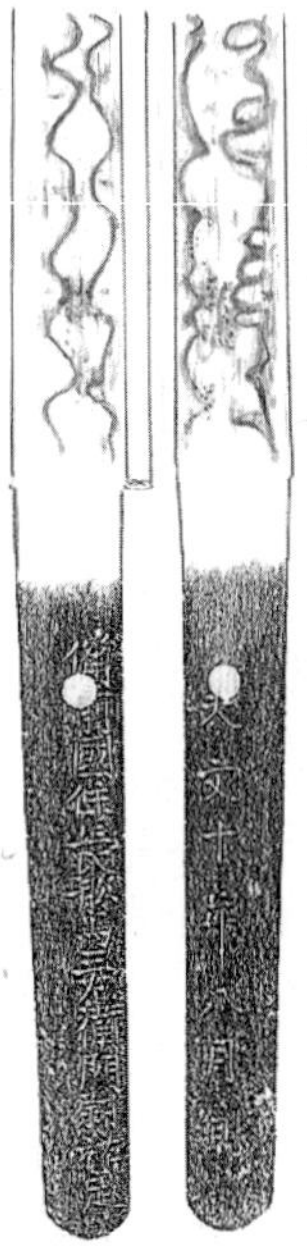

古 **祐定**【すけさだ】　弥九郎　備前国　室町末期（天文）

弥九郎。与三左衛門祐定の子。二代与三左衛門を継ぐ。天文十二年八月、三十四歳のときという。天文九・十年紀に初代与三左衛門と弥九郎祐定の合作がある。天正十八年、八十一歳没。「備前国長船弥九郎祐定」「備前国住長船与三左衛門尉同子弥九郎祐定作」。⇩**二代与三左衛門祐定の項参照。**

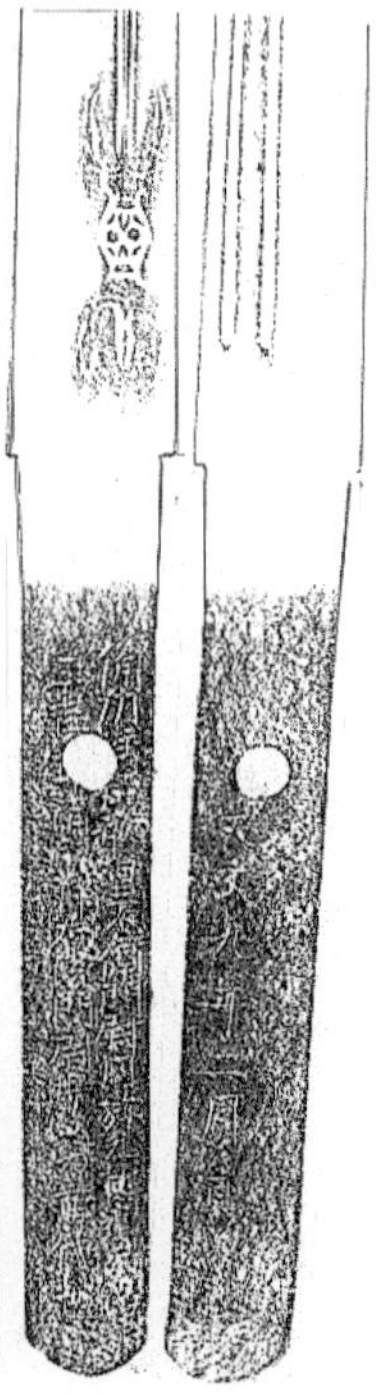

備州住長船与三左衛門尉同弥九郎祐定作

古 **祐定**【すけさだ】　与三左衛門　二代　備前国　室町末期（天正）

天正六年八月日

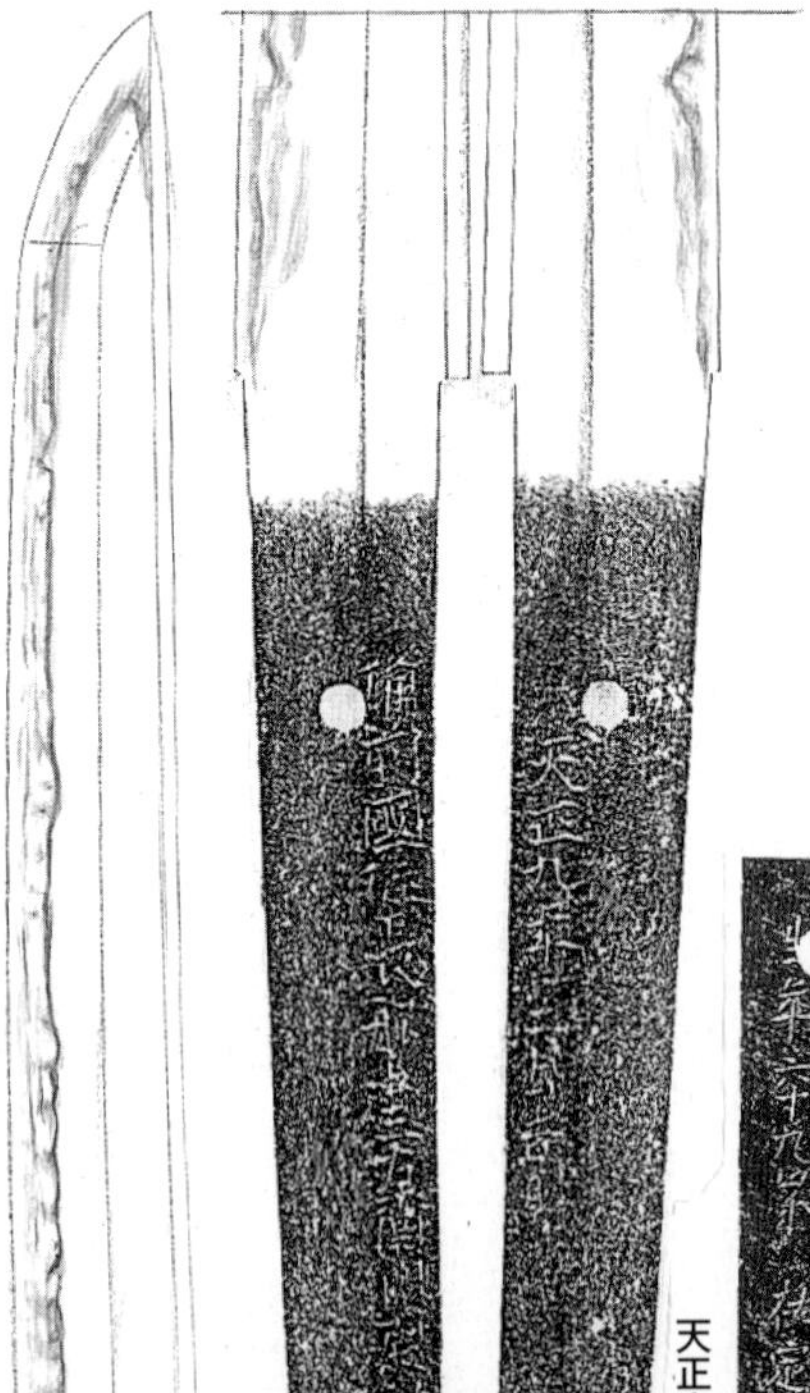

与三左衛門。二代。初銘弥九郎。初代与三左衛門祐定の子。天文九年から天正十八年、八十一歳までの作刀がある。宇喜多秀家の抱鍛冶。直刃仕立てに互の目足をしきりに入れたもの、互の目乱の華やかなものもあり、父の作風に似る。「与」の字は初代銘と替えて略体に切り、「三ツ与」にも「一与」にも切り分ける。⇩**弥九郎祐定の項参照。**「備前国住長船与三左衛門尉祐定作」「備前国住長船与三左衛門尉同子弥九郎祐定作」。与三左衛門祐定を名乗るのに初代与三左衛門の三男（二代の弟）がいて、初銘祐光。元亀ころに作刀する。

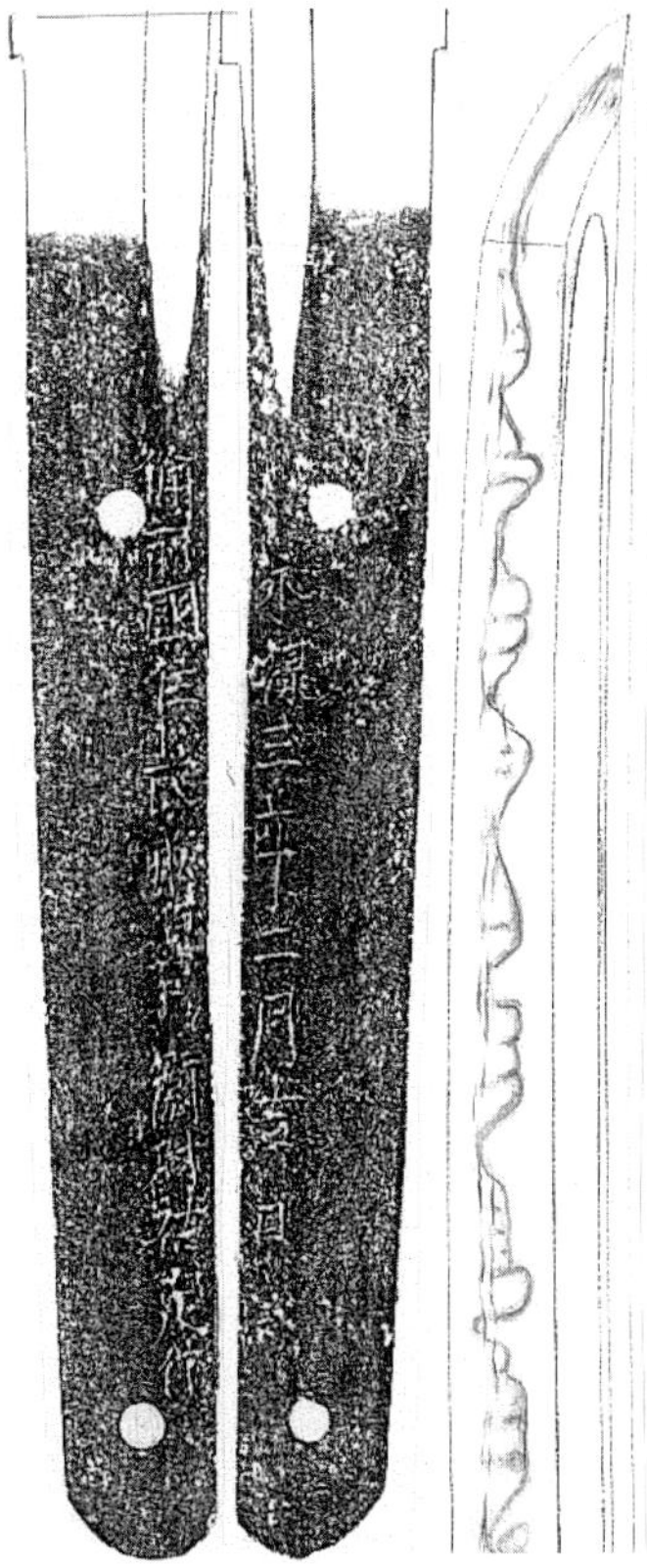

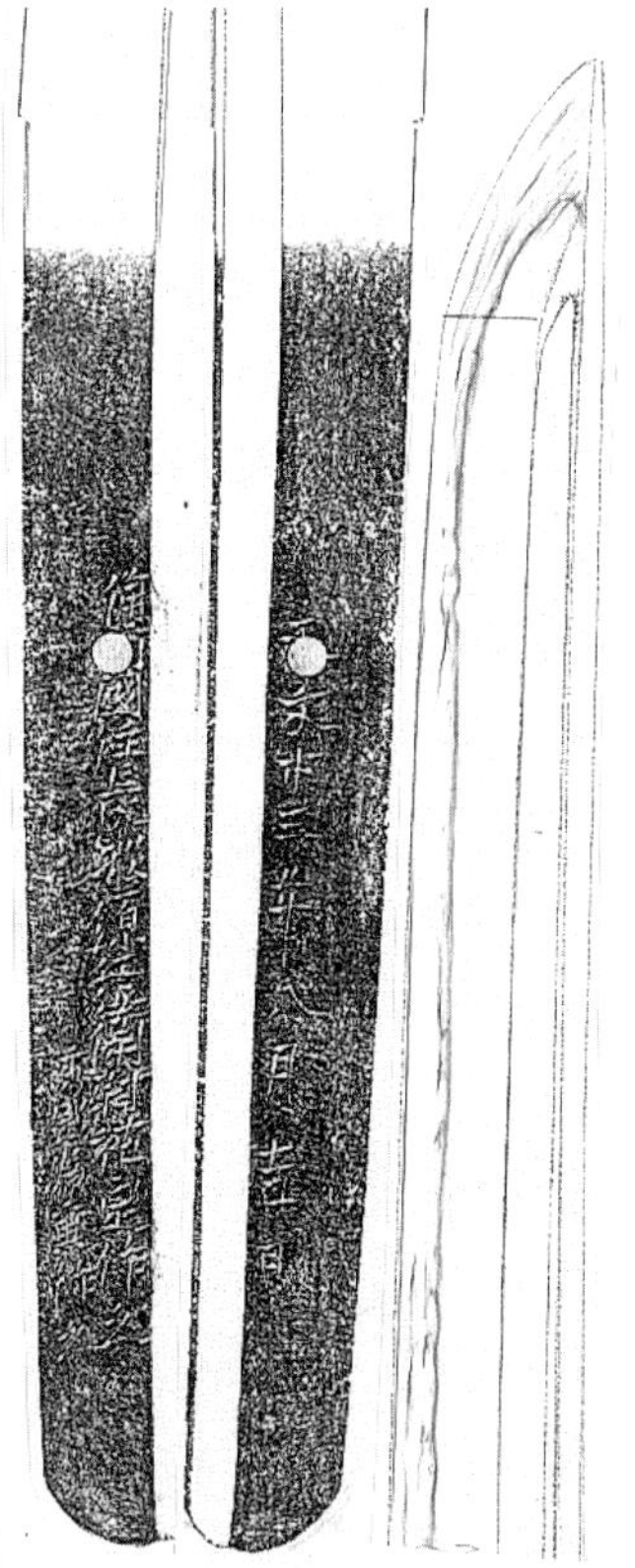

古 祐定【すけさだ】　源兵衛　備前国　室町末期（天文）

源兵衛。横山氏。初代与三左衛門祐定の子。長船住、のち天神山住。広直刃に小互の目足入り、互の目に丁子交じり、また上半分を直刃に下半分を互の目乱に焼くものがある。天文から天正にかけての間が作刀期であろう。永正年紀のものがあるというが、俗銘入りの作をふくめて未見である。「備州長船祐定源兵衛尉作」「備前国住長船源兵衛尉祐定作」。

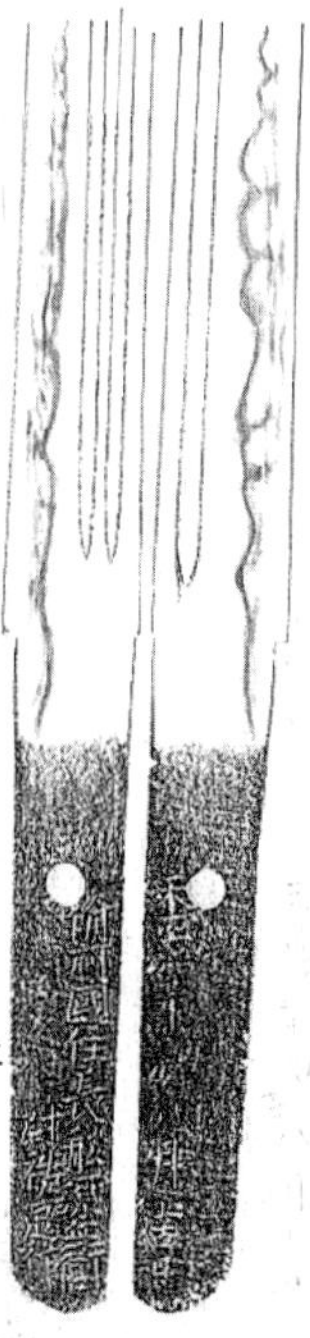

天正二年丙子八月吉日

古 祐定【すけさだ】　宗右衛門　備前国　室町末期（天文）

宗右衛門。源兵衛祐定門。天文ころ。「備前国長船宗右衛門祐定」。

古・新 祐定【すけさだ】　藤四郎　備前国　室町末～桃山期（天正～慶長）

藤四郎祐定は二代目源兵衛祐定の四男で、七郎右衛門祐定の養子となり横山祐定家の嫡流を継ぐ。与三左衛門祐定の系流を汲む藤四郎祐定は四人の男子中、嫡男七兵衛祐定、三男源左衛門祐定、四男宗左衛門祐定の三家が後続して一門が栄える。室町末期から桃山期にかけて繁栄した末備前刀工郡は、天正六年、同十九年の度重なる吉井川大洪水により長船村が壊滅状態におちいり、急速に衰退の一途をたどった中で、藤四郎祐定の門葉を主に、わずかな長船鍛冶が命脈を保って幕末まで連綿とする。藤四郎は天正の祐定と称う（『古今鍛冶備考』）という。**（系図916～917頁参照）**

古 **祐定**【すけさだ】 五郎左衛門　備前国　室町末期（天文）
五郎左衛門。享禄・天文の年紀作がある。「備前国長船住祐定」「備前国長船住五郎左衛門尉祐定」。

古 **祐定**【すけさだ】 次郎左右衛門　備前国　室町末期（大永）
次郎左衛門。大永年紀の作がある。「備州長船祐定」「備前国住長船次郎左衛門尉祐定」。

古 **祐定**【すけさだ】 七郎衛門　備前国　室町末期（天正）
七郎衛門。源兵衛祐定の一族、源兵衛の子という。初銘藤三郎、のち七郎衛門行包に改める。元亀・天正年紀に祐定銘が、文禄年紀に行包銘がある。直刃に互の目足入り、互の目に丁子交じりの烈しい作がある。「備前国住長船七郎衛門尉祐定作」「備前国長船住中川七郎衛門尉行包作」。

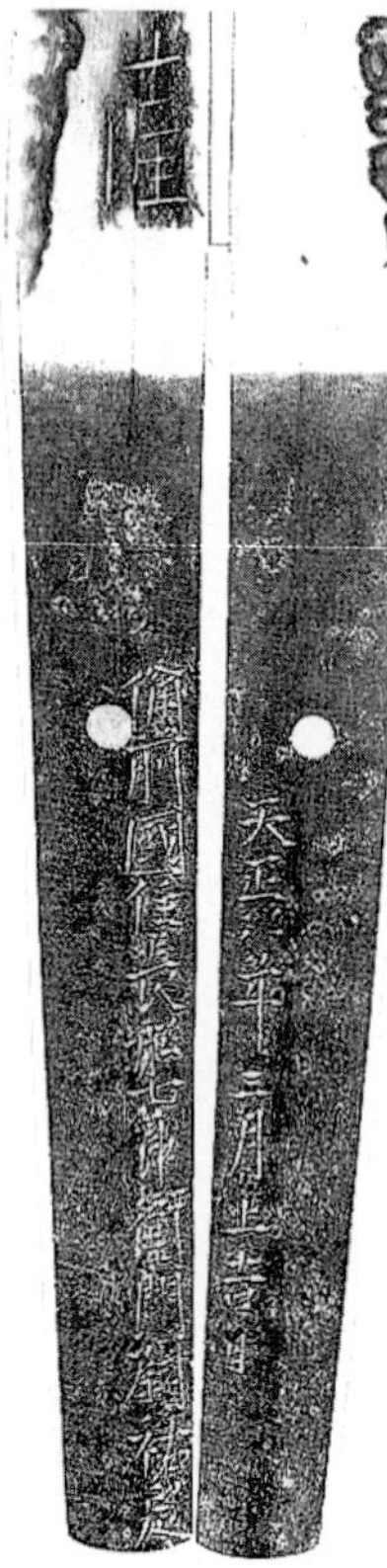
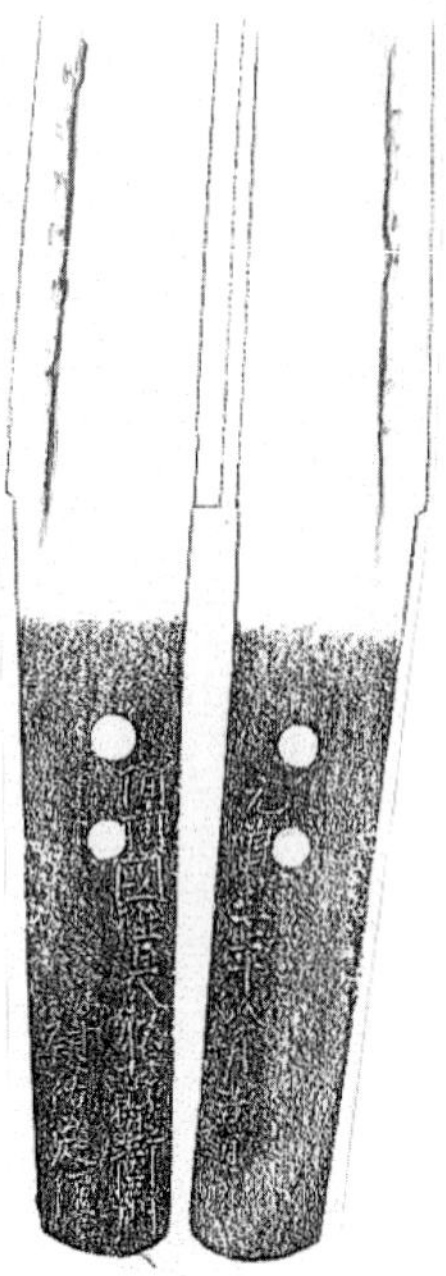

古 **祐定**【すけさだ】 八郎次郎　備前国　室町末期（天文）
八郎次郎。与三左衛門祐定門。長船住、のち美作国福渡住。「備州八郎二郎祐定」「備前国住長船八郎次郎祐定作」。

古 **祐定**【すけさだ】 次郎九郎　備前国　室町末期（天文）
次郎九郎。初代天文、二代天正。「備前国住長船祐定」「備前国住長船次郎九郎祐定」。

古 **祐定**【すけさだ】 九郎左衛門　備前国　室町末期（天文）
九郎左衛門。源兵衛祐定子、または門。長船住、のち播州姫路住。天文ころ。「備前国住長船九郎左衛門尉祐定」。

古 **祐定**【すけさだ】 宗左衛門　備前国　室町末期（元亀）
宗左衛門。互の目に丁子交じり、焼幅広く小沸つき烈しい出来。元亀ころ。「備前国住長船宗左衛門尉祐定」。

古 **祐定**【すけさだ】 藤兵衛　備前国　室町末期（永禄）
藤兵衛。与三左衛門祐定門。永禄・元亀のころ。「備前国住長船藤兵衛尉祐定作」。

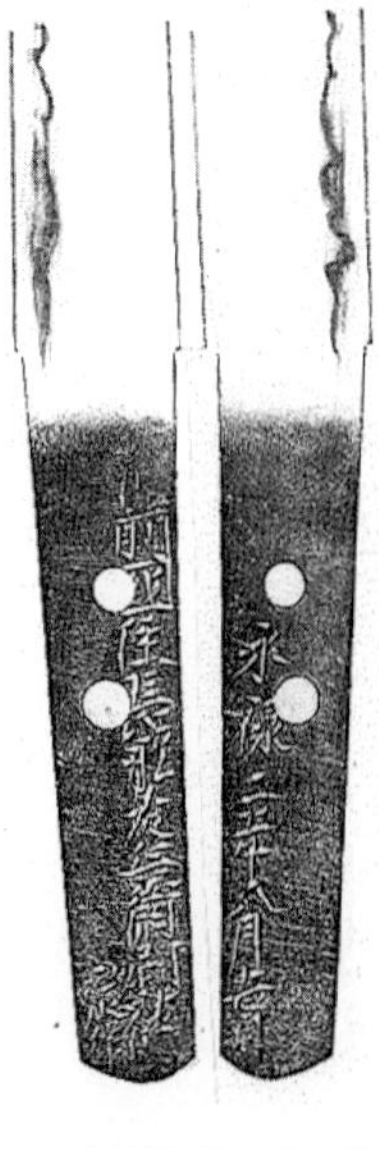

古 **祐定**【すけさだ】 宗次郎　備前国　室町末期（天正）
宗次郎。藤兵衛祐定の子。天正六年五月十二日の洪水で没という。「備

前国住長船宗次郎祐定作」。

古 祐定【すけさだ】　甚兵衛　備前国　室町末期（永禄）

甚兵衛。永禄九年紀の短刀は広直刃に小足入り、ほつれ、打のけかかる。「備前国住長船甚兵衛祐定作」。

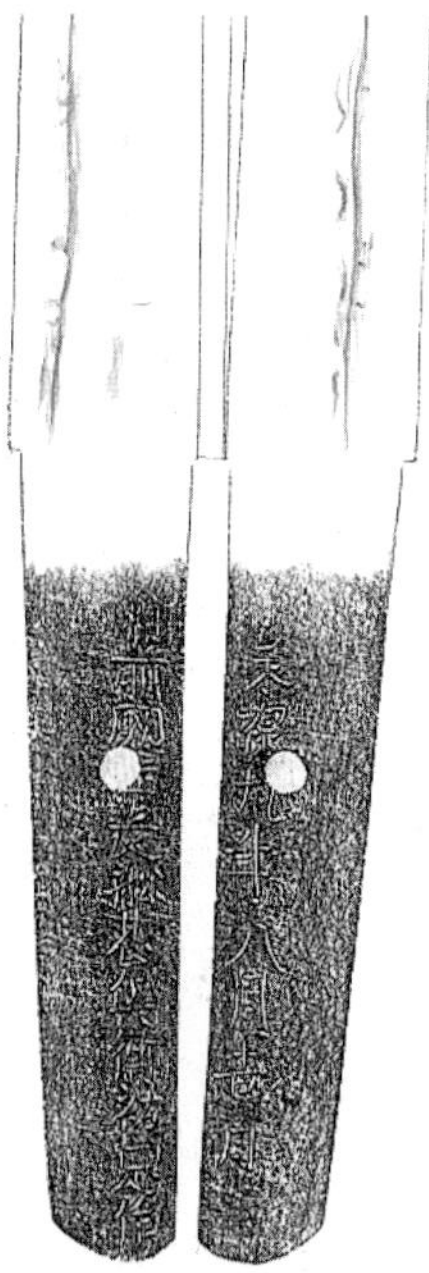

古 祐定【すけさだ】　備前国　室町末期（永正〜永禄）

室町中期以後の長船物は応永備前の時代の太刀に替わって打刀、そして脇指の全国的な流行に合わせ、打刀は短寸で片手打ちの用法に適した姿を備えるようになる。祐定一般の作風は腰の開いた互の目乱と広直刃が多く、皆焼もあり、地沸がよくつき、映りの目立たぬものがある。

　銘文は「備前国住長船祐定作」と切るのが入念な注文作で、「備州長船祐定」と切るのが量産品といわれているが、備州銘にも注文作があって、掲出の「永禄二年二月日」の「備州長船祐定」には「天神之内岡本為重代作之」と為打ち銘がある。「天神之内」とは浦上宗景が築城した天神山城のことで、宗景の武将岡本某の注文による刀であると知れる。代金が「代十貫文米八石」とあるのが参考になり、また掲出の永正十二年作の祐定（与三左衛門）作が「代五貫文」とあるのも、年代の差はあるが、かなり高額のようである。戦国時代の刀の代価は貫と疋で表すのが通例であるが、「米八石」と石で示した例は珍しい。

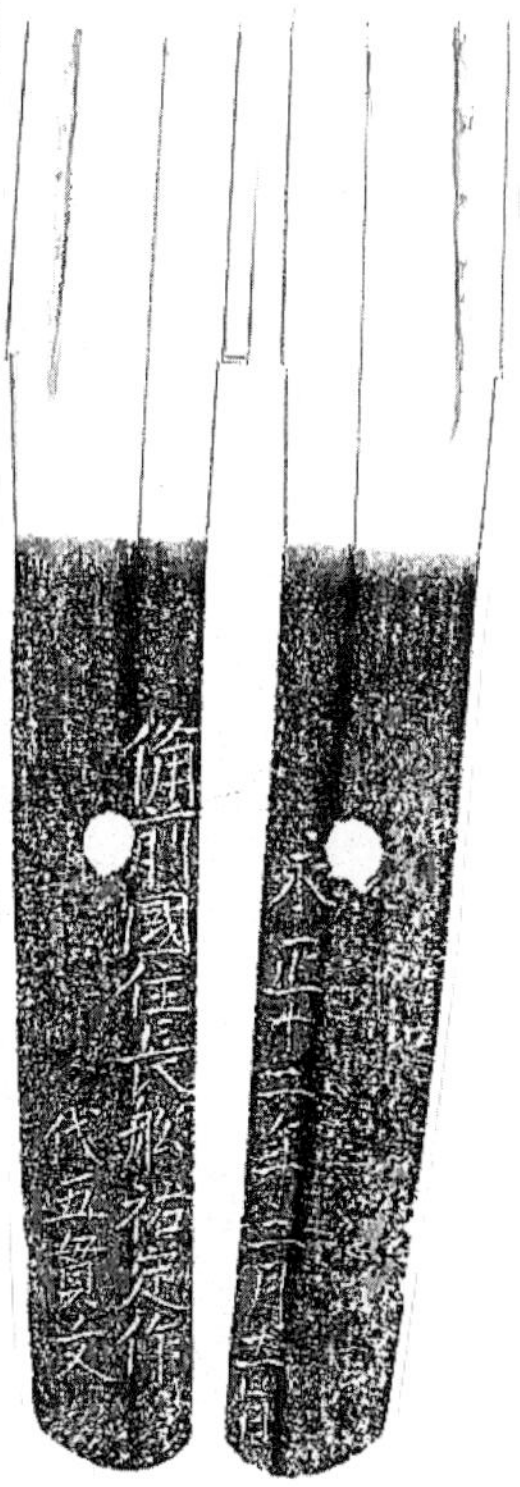

代五貫文（与三左衛門祐定）

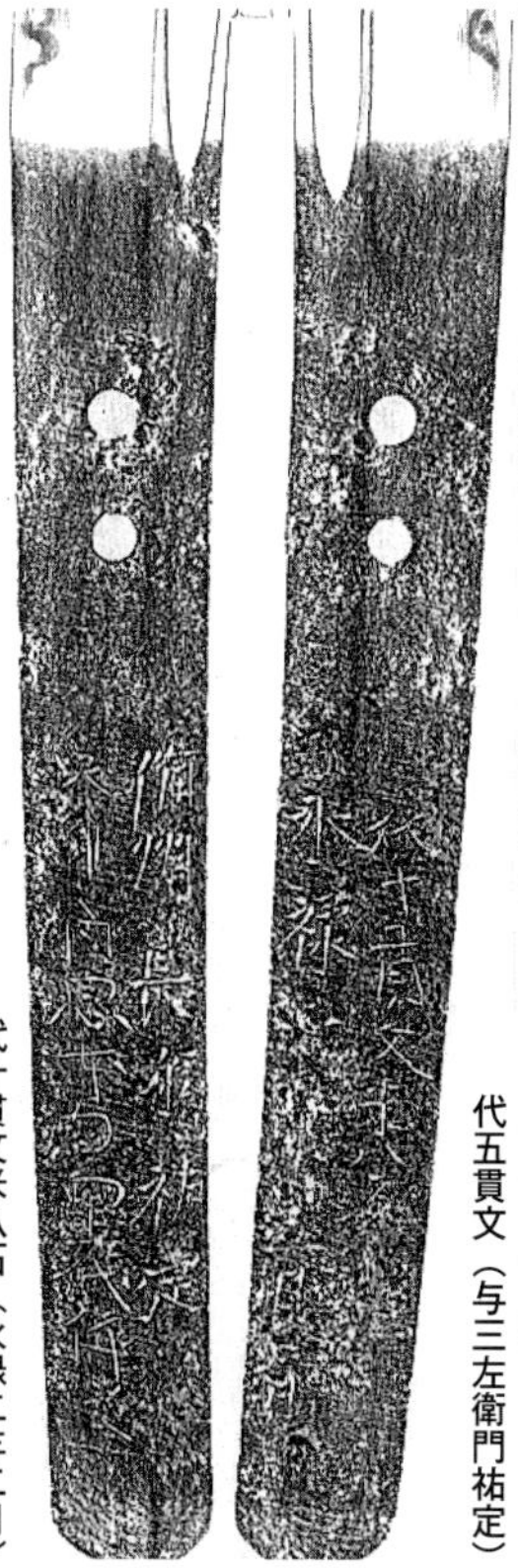

代十貫文米八石（永禄二年二月）

新 祐定【すけさだ】　次郎三郎　備前国　桃山期（慶長）

藤四郎祐定の門人という。鎌田魚妙は一書にあるとして藤三郎、次郎三郎、源三郎九郎左衛門などが横山系図外にいるとし、詳ならずと記している。丁子に互の目、蛙子丁子交じる。

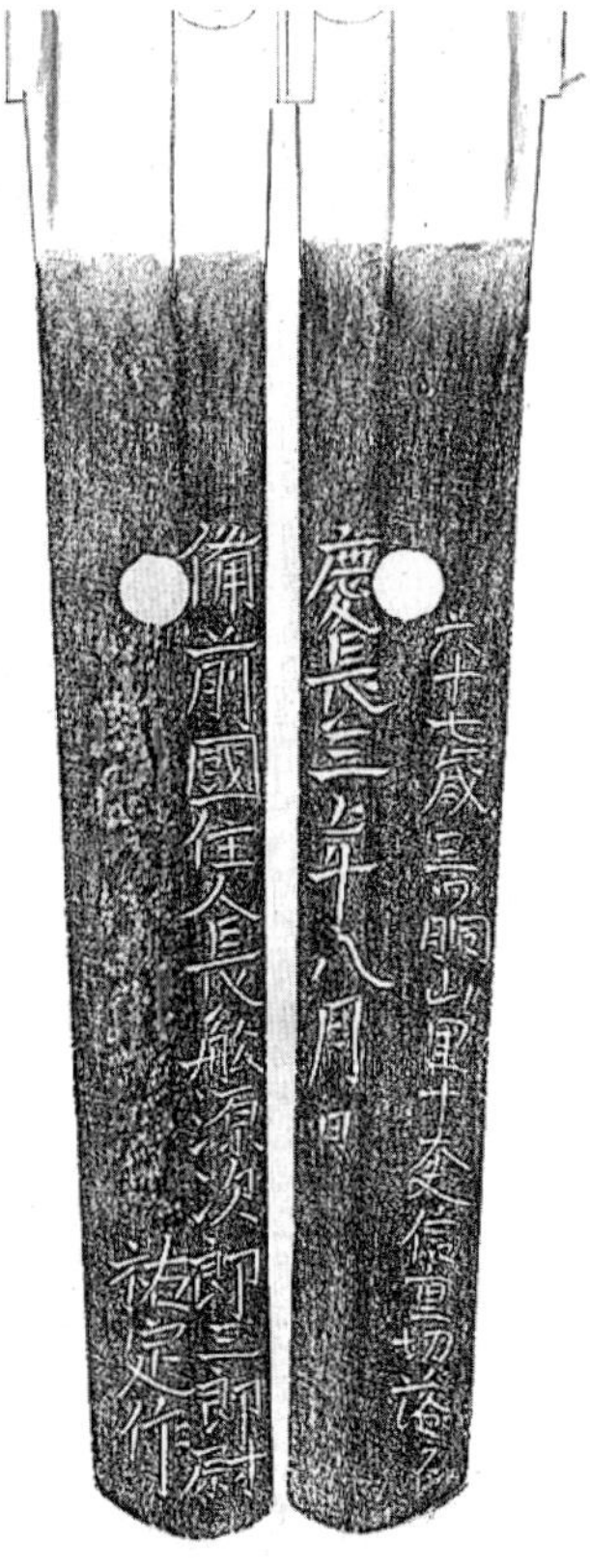

新 祐定【すけさだ】　与三左衛門　備前国　江戸初期（慶安）

二代与三左衛門祐定の弟祐光がのち与三左衛門祐定を名乗ったとも、また与三左衛門祐定の次男重兵衛が与三左衛門祐定の名跡を継いだともいわれ、慶安、承応年紀の与三左衛門尉祐定の作刀がある。祐光あるいは重兵衛の後継が複数いることは慶安と承応年紀の作銘が互いに異なることで察せられようが、名流与三左衛門を銘するだけに、親族であることに限られよう。寛文十一年紀があり難波津で作刀した与三左衛門祐定もいる。祐定の主流は新刀期に入っては与三左衛門から源兵衛、七郎右衛門を経て藤兵衛とその一族へと移り、与三左衛門を名乗る一家は傍系の小流をなして江戸中期までに名跡を絶っている（掲出の慶安三年、承応三年紀は別人祐定）。

新 祐定【すけさだ】 七兵衛　備前国　桃山期（寛永）

横山七兵衛。藤四郎祐定の嫡子。永正の与三左衛門祐定より五代孫という。寛永から寛文中ころまで鍛刀する。延宝二年六月十日、九十八歳没。直刃、小湾れに互の目、丁子、逆互の目交じり。七兵衛祐定家は藤四郎祐定本家を継ぎ、「鍛冶正統」を任じてその旨を切銘したものがある。二代目に上野大掾祐定、三代目に大和大掾祐定が知られ、後代に祐盛、祐包が出る。

八十三歳

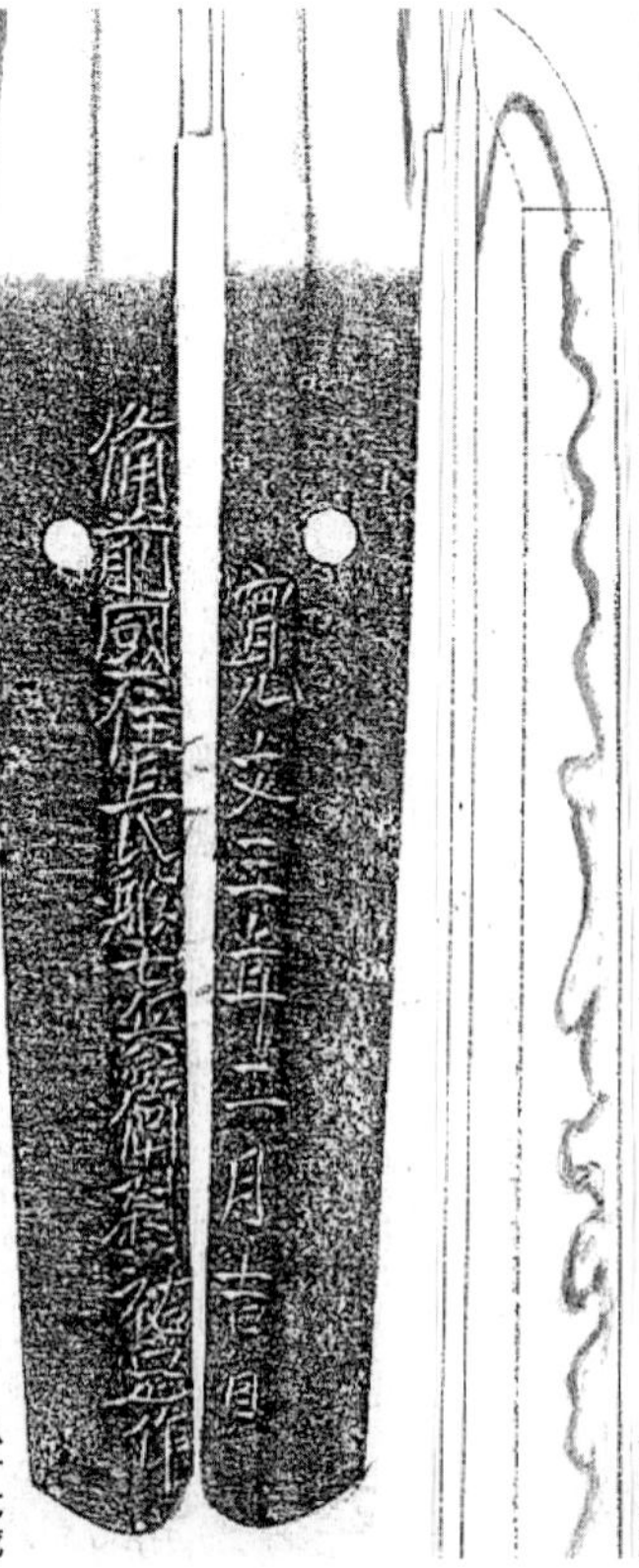

八十七歳

新 祐定【すけさだ】 源左衛門　備前国　江戸初期（承応）

横山源左衛門。藤四郎祐定の三男。嫡子平左衛門は農具鍛冶となり、男

子八人のうち五男源之進のみ鍛刀し後継する。互の目、腰の開いた乱を焼く。慶安から寛文までの年紀作がある。

新 祐定【すけさだ】 源右衛門　備前国　江戸中期（元禄）

横山源右衛門。藤四郎祐定三男の源左衛門の七男、祐定系図に農具鍛冶となったのが源右衛門とある。銘鑑もれ刀工。

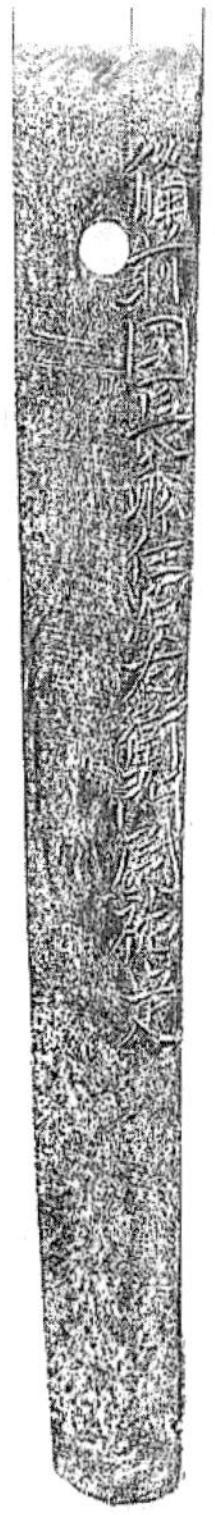

新 祐定【すけさだ】 宗左衛門　備前国　江戸初期（正保）

横山惣（宗）左衛門。藤四郎祐定の四男。元和ころから寛文七年ころまでの作がある。惣左衛門は切銘には宗左衛門尉祐定をみる。惣左衛門祐定家は幕末まで連綿とし、後代に祐平（伊勢守）、祐永（加賀介）が出て、その後久五郎祐久（明治二年没）まで続く。直刃、互の目乱、腰の開いた互の目乱。

新 祐定【すけさだ】 上野大掾　備前国　江戸中期（寛文）

横山平兵衛。七兵衛祐定の嫡男。寛文四年七月十一日、四十二歳で上野大掾を受領。万治ころから正徳ころまで五十余年の鍛刀期があり、晩年の元禄ころから弟の大和大掾祐定による代作代銘がなされる。新刀祐定を代表する上手で、上野大掾の声価は高い。享保六年十一月二十九日、八十九歳没。中直刃、互の目に丁子、末備前風の複式互の目乱もある。

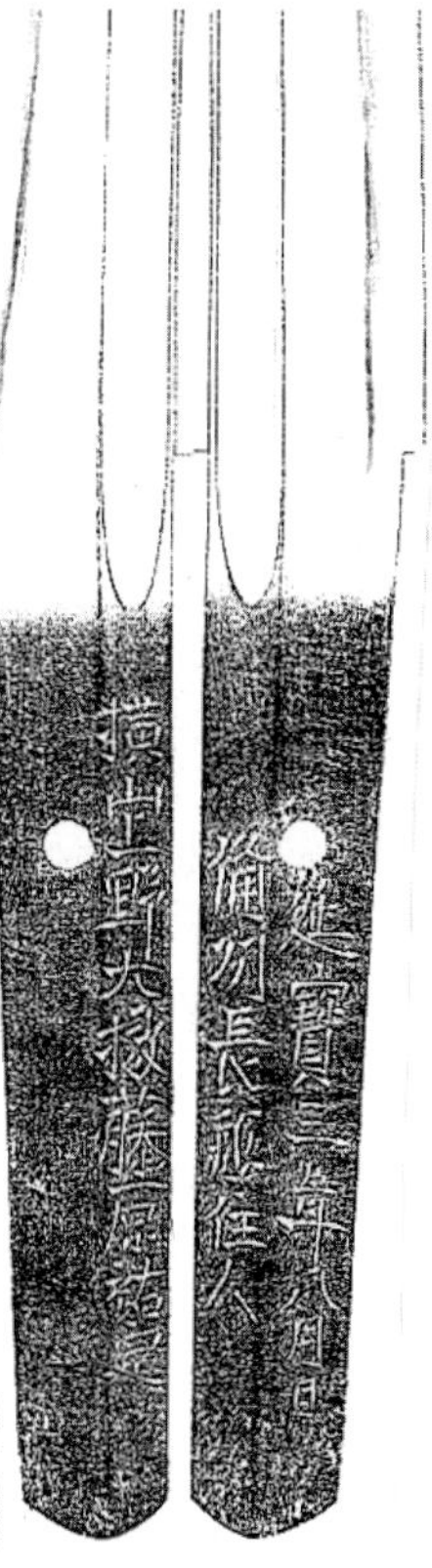

四十三歳

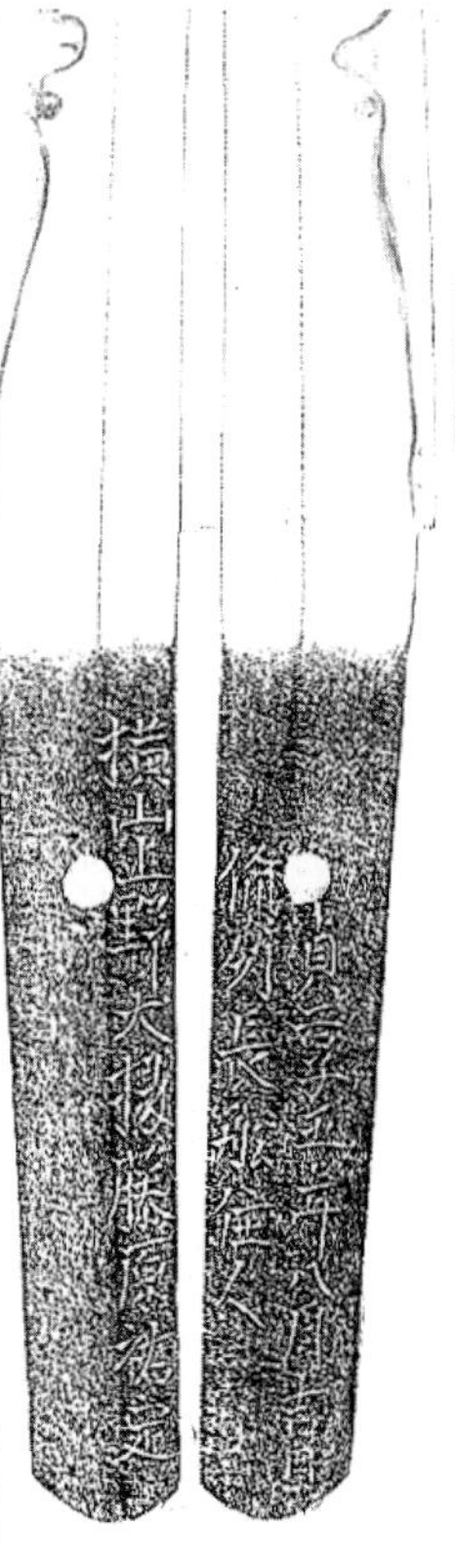

五十六歳

大和大掾祐定の代銘
六十九歳

新 祐定【すけさだ】 源之進　備前国　江戸中期（寛文）

横山源之進。源左衛門祐定の子。享保七年十月七日、七十二歳没。

新 祐定【すけさだ】 河内守　初代　備前国　江戸中期（元禄）

横山五郎、仁左衛門、また左衛門佐。初銘義光。宗左衛門祐定の子。元禄十四年五月七日、河内守を受領し、菊一を切銘する。摂州また作州津山にても造る。宝永六年十二月十九日没。直刃、互の目に丁子、蟹の爪刃が目立つ複式互の目など末備前風。

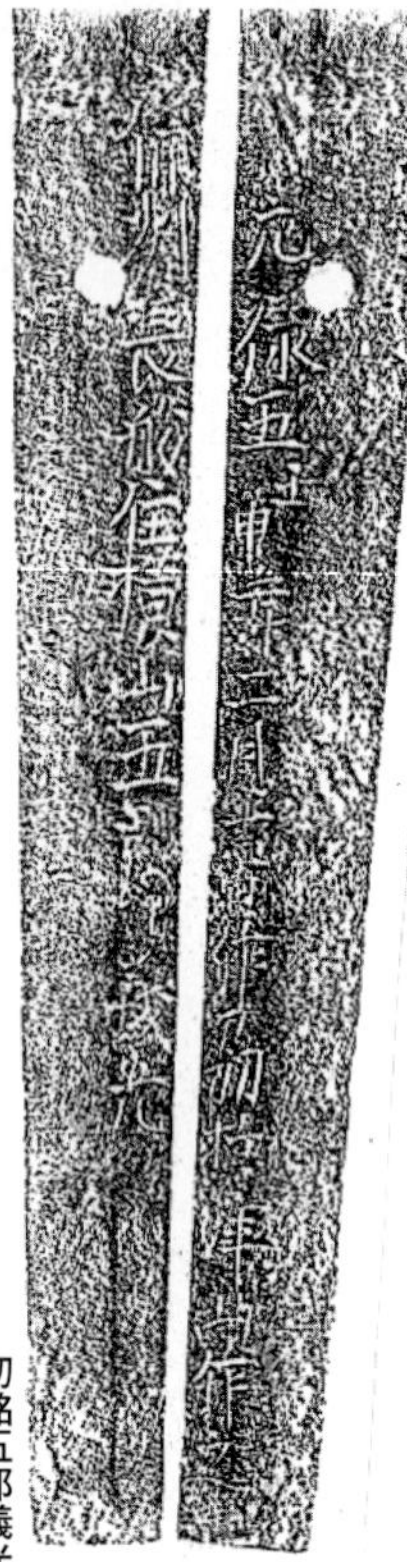

初銘五郎義光

二代代銘

新

祐定【すけさだ】 河内守　二代　備前国　江戸中期（享保）

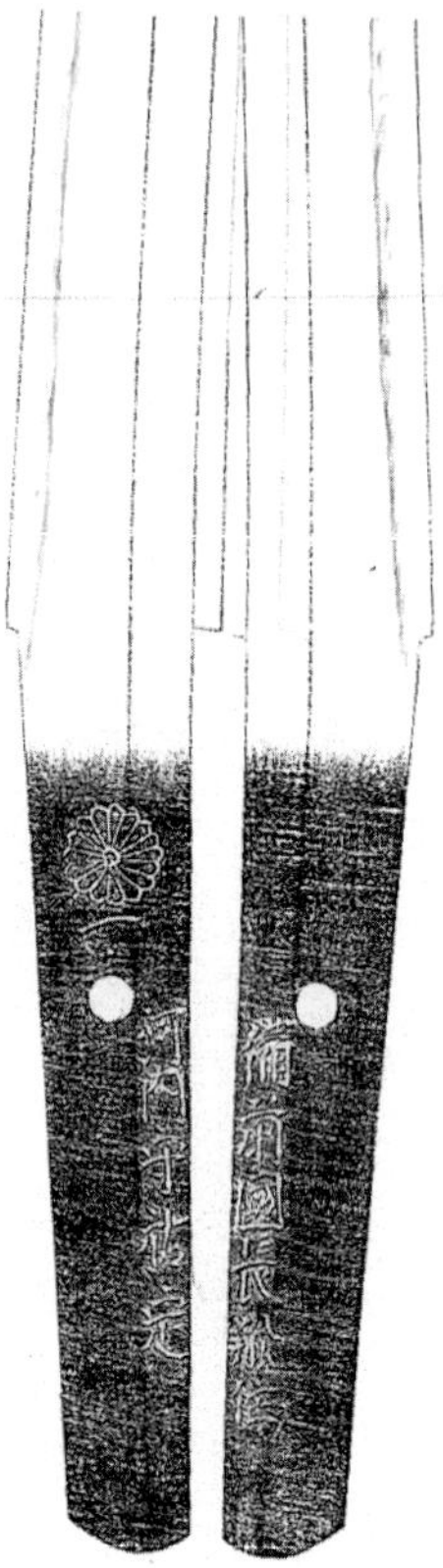

横山七郎右衛門。仁左衛門祐定の子。二代目河内守祐定を相続する。「河内守祐定」銘の作刀が多く、「横山七良右衛門尉祐定」と俗名がある銘は稀。作風初代に似る。

新

祐定【すけさだ】 大和大掾　備前国　江戸中期（正徳）

横山七之進。初銘祐信、のち七兵衛に改める。藤四郎嫡子、七兵衛祐定の第五子。長兄上野大掾祐定の養子となり、世に上野大掾二代目を称す。正徳六年六月一日、大和大掾を受領。上野大掾の晩年、元禄年中から代作代銘に当たる。自身作は享保年紀のものなどがあるが、作刀数はあまり多くない。享保十二年五月二十九日没。茎が長く、長銘に切る。脇指に反りの深いものが多い。互の目乱、直刃。

父子合作、両銘とも大和大掾が切銘

新

祐定【すけさだ】 忠之進　備前国　江戸中期（享保）

横山忠之進。河内守祐定の次男。大和大掾祐定の養子となり藤四郎祐定家の家督を継ぐ。延享二年二月二十七日、六十七歳没。直刃、互の目乱。

新 祐定【すけさだ】 源八郎　備前国　江戸中期（享保）

横山源八郎。源之進祐定の子。寛保三年七月二十七日、三十二歳没。

新 祐定【すけさだ】 後七兵衛　備前国　江戸中期（宝暦）

横山七兵衛。忠之進祐定の子。宝暦二年二月、太守継政の命により寿光と改銘。明和八年四月二十一日、五十四歳没。

新 祐定【すけさだ】 安次郎　備前国　江戸中期（宝暦）

横山安次郎、のち源八郎、また寿次。父源八郎祐定が若くして没したときわずか十一歳、七兵衛祐定に学び業を成す。◆藤四郎三男系は初代源左衛門から安次郎が四代目。五代源之進長次（寛政）、六代安之進寿次（文化）、七代茂平祐春（嘉永）と続く。

新作 祐定【すけさだ】 岡山　平成

上田範仁。昭和二十二年生まれ。河内国平門。昭和五十五年作刀承認。互の目に丁子交じり、相伝備前の作風表現に取り組む。「祐定造」。長船町住。

新 祐重【すけしげ】 美濃守　紀伊国　江戸中期（延宝）

小寺喜兵衛。紀州石堂派、花房祐国門、美濃守を受領し「紀州住石堂祐重」「小寺美濃守源祐重」などと切る。

新々 祐高【すけたか】 備前国　江戸末期（慶応）

横山祐高。久山姓。伊勢守祐永門。明治三十一年没。

新 祐忠【すけただ】 七太夫　備前国　江戸中期（宝永）

横山七太夫。七兵衛祐定の第四子、上野大掾祐定の弟。のち岡山住喜入と改める。上野大掾との合作刀に「同氏七太夫尉祐忠持之」と切銘したものがある。明治二年紀に「備陽長船住横山祐忠作」と切銘する後代作がある。

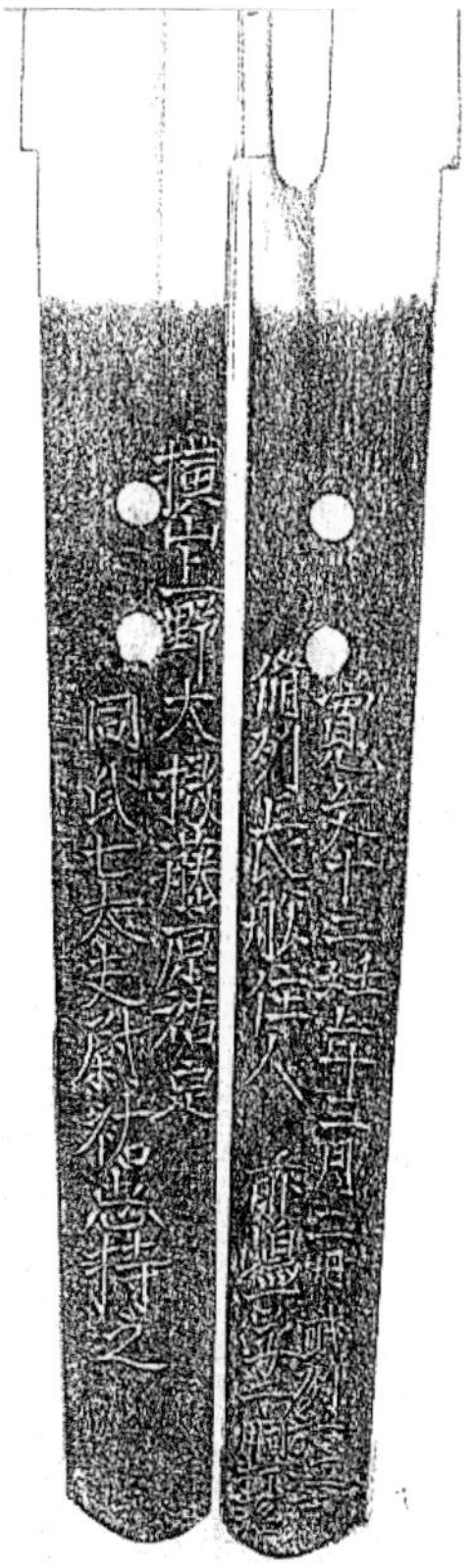

新作 祐忠【すけただ】 備前国　明治

横山七兵衛祐定の子、七太夫祐忠の後代。丁子に逆丁子交じり、長い直焼出しがある。元治年紀から明治初年までの作がある。

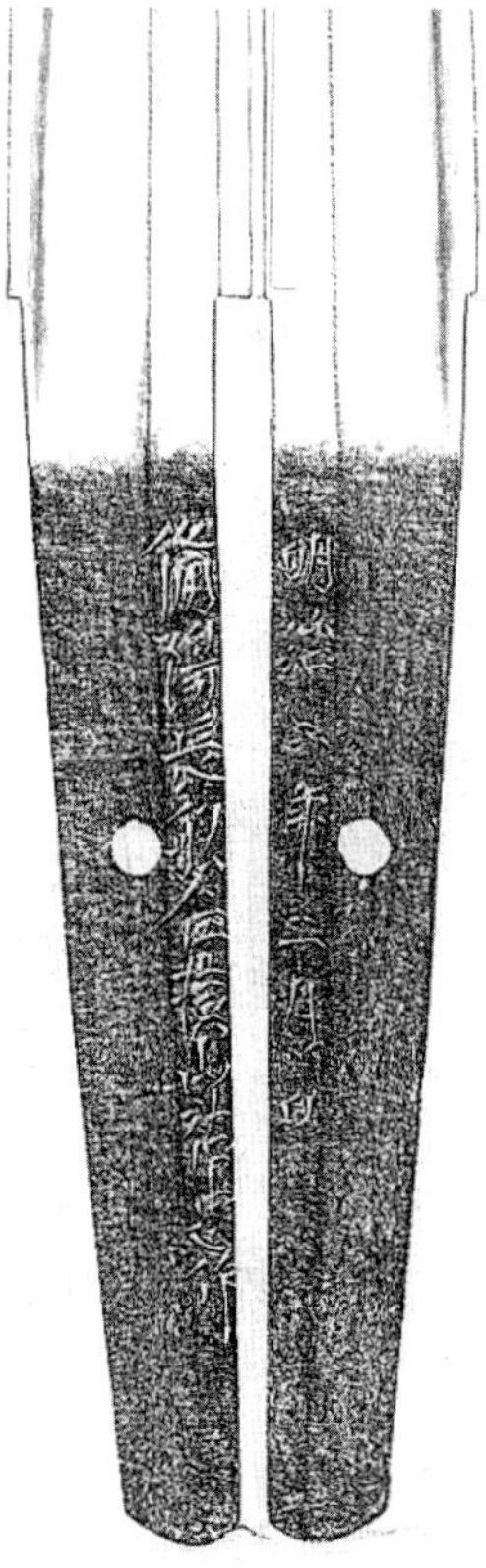

新作 祐忠【すけただ】 岡山　平成

坪内哲也。昭和三十四年生まれ。横井崇光門。平成元年作刀承認。新作名刀展努力賞。湾れに互の目、丁子乱を焼く。「祐忠」、岡山市北区神田町住。全日本刀匠会常務理事。

新作 祐恒【すけつね】 東京　昭和

加藤和明。昭和三年生まれ。祖父加藤祐国、父恒康に学ぶ。新作名刀展

第四回から出品、入選を続ける。目黒区中目黒住。

古 祐経【すけつね】 備前国　室町末期（文明）

祐光門。文明ころ。「備州長船祐経」。

新々 祐利【すけとし】 備前国　江戸末期（慶応）

大月力弥。備中の出身、伊勢守祐永門。

新々 祐寿【すけとし】 備中国　江戸末期（元治）

前田祐寿。備中水田派。松山住。文久、元治年紀の作がある。

新々 祐虎【すけとら】 信濃国　江戸末期（安政）

宮坂多平治。天龍子と号す。嘉永三年三月、山浦真雄に入門。安政五年二月、近江守金道に師礼をとり、明治二年三月、朝廷御鍛冶所詰となる。加賀守を受領。信濃国鍛冶取締に任ず。明治三十三年十月、七十二歳没。

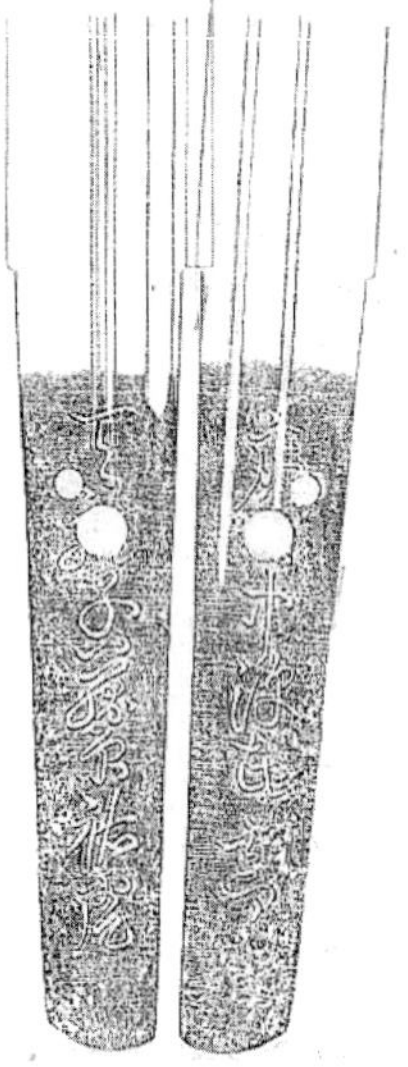

新々 祐直【すけなお】 備前国　江戸末期（文化）

源五郎祐定の子。横山源五郎、秋水子と号す。嘉永元年十月六日、八十歳没。

新々 祐直【すけなお】 備前国　江戸末期（天保）

二代目横山源五郎。前名蕃吉。初銘祐直。源五郎祐直の子。弟の祐恒との合作がある。中直刃に小足入り。明治十年七月五日、七十八歳没。

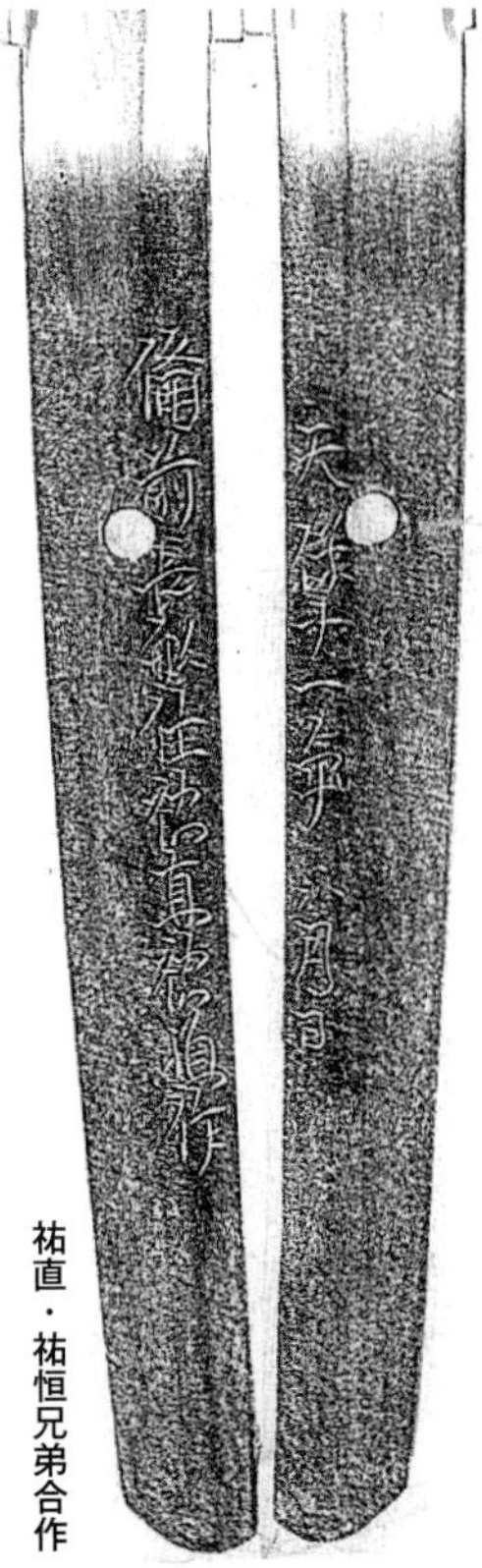

祐直・祐恒兄弟合作

新々 祐永【すけなが】 加賀介　初代　備前国　江戸末期（天保）

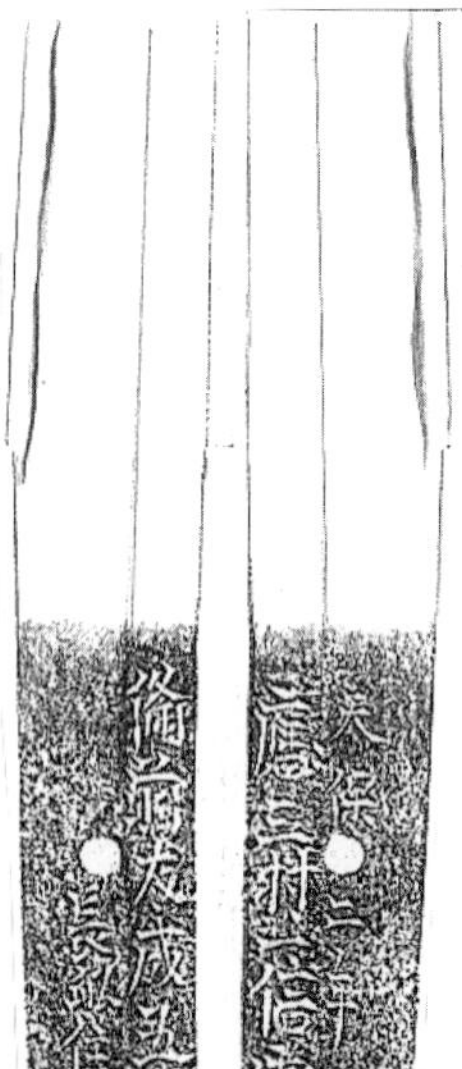

三十七歳

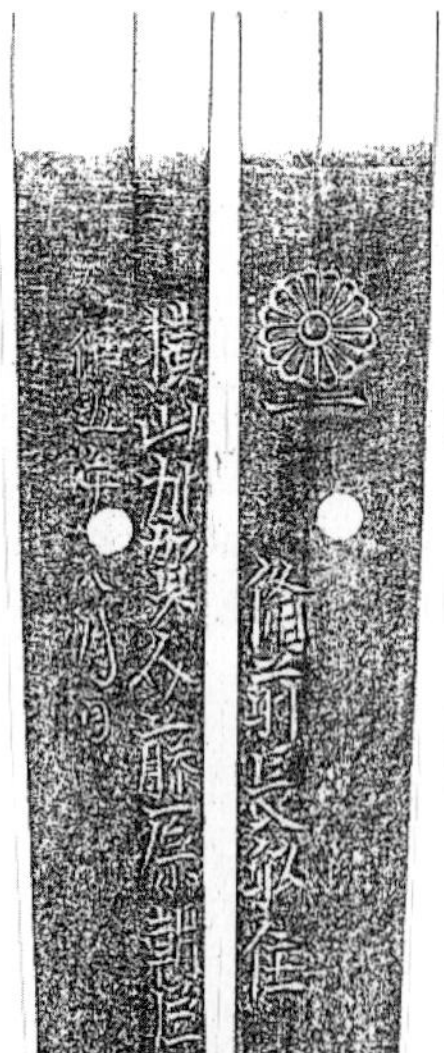

天保五年、四十歳

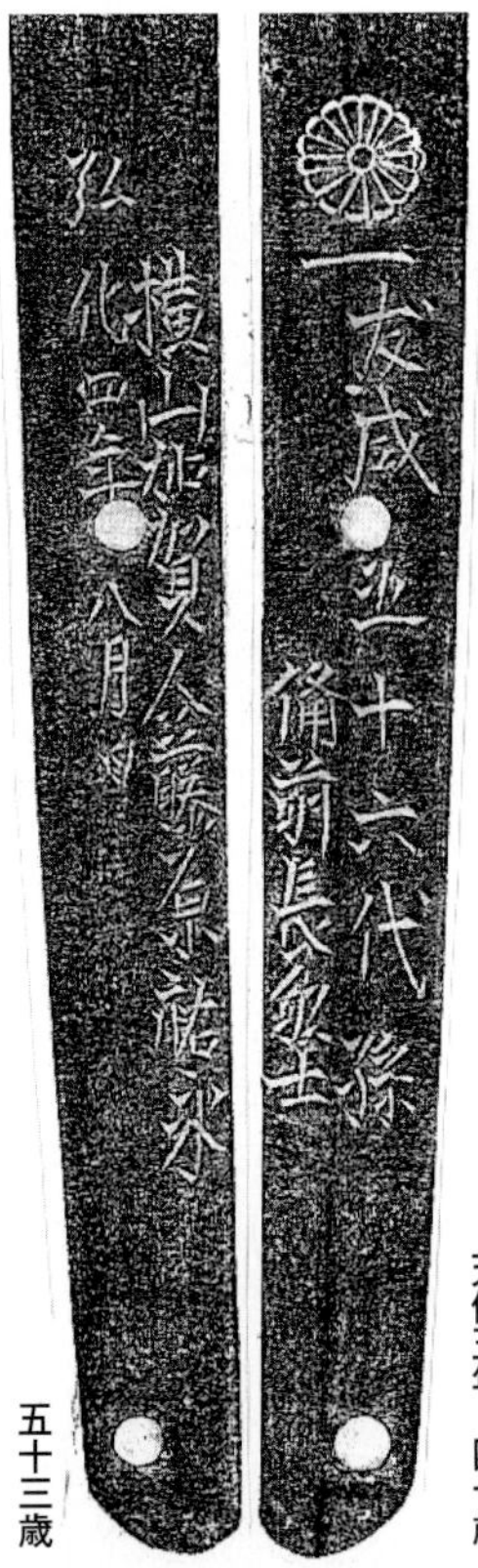

五十三歳

横山覚之介。伊勢守祐平の次男。兄祐盛は本家の後七兵衛祐定の養子となったので、祐平の跡を継ぐ。天保四年二月十三日、加賀介を受領し、菊紋と一文字を茎に刻す。友成五十六代孫を称して切銘する。天保初年から嘉永三年までの作がある。弘化ころからは代銘作が門下によってなされていよう。幕末の時流にのり祐永の作刀数は比較的多い。備前刀の掉尾を飾る上工。嘉永四年六月二日、五十七歳没。直刃に小足入り、互の目乱、拳形丁子など匂口が締り明るい。直焼出しが長い。

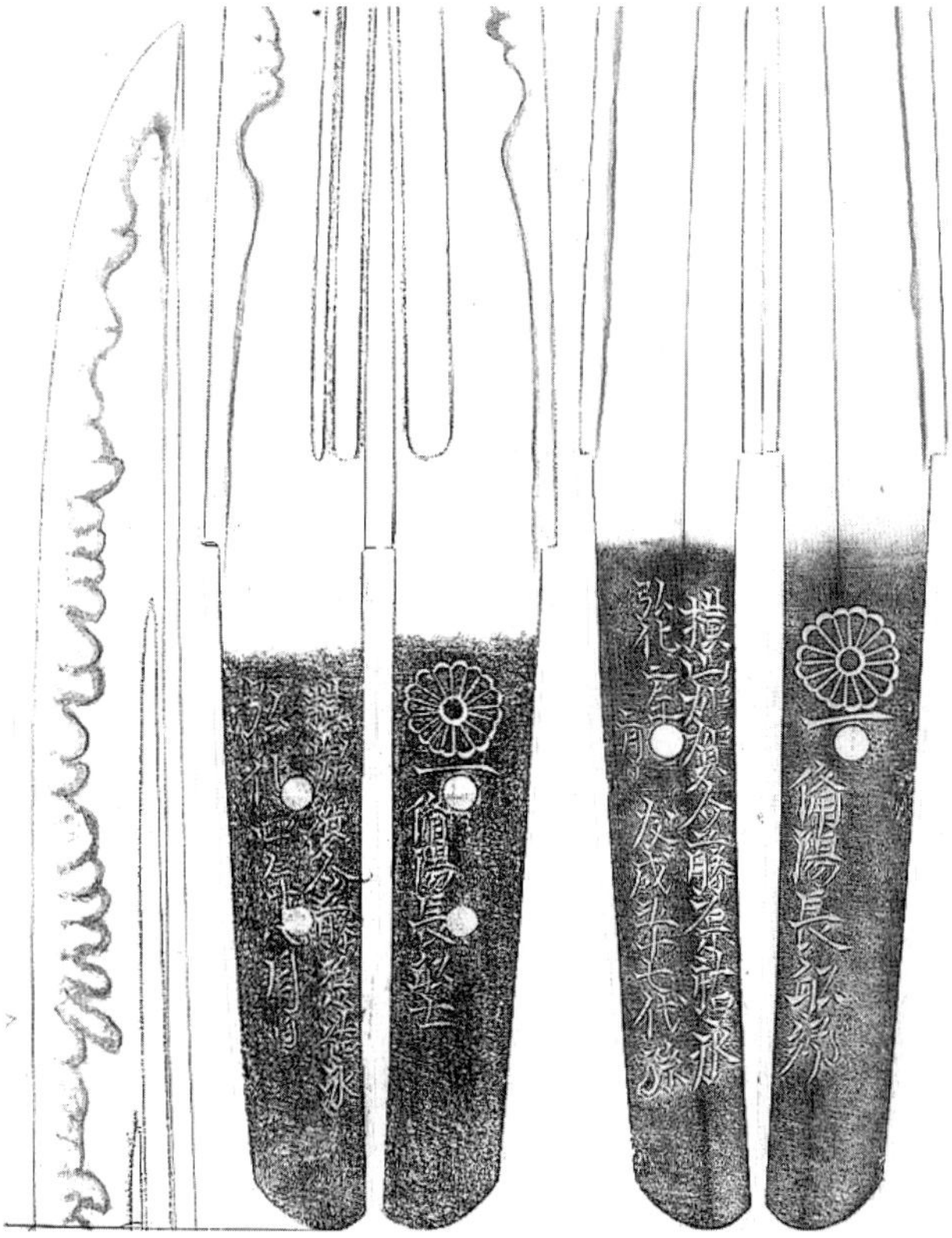

新々 祐永【すけなが】 加賀介　二代　備前国　江戸末期（嘉永）

弘化・嘉永年間に祐永の作銘からみて複数による切銘があり、うち「友成五十七代孫」を称する一連の銘を二代祐永とみるのであるが、二代祐永は初代の養子久五郎祐久であることが有力である。初代祐永は友成五十六代孫を称したが、友成五十七代孫を切銘したものに弘化二年、同四年があり、いずれも初代が嘉永四年に没する以前のものである。このことは初代の存命中に祐久は祐永を切銘していたであろうことを示す。「友成五十七代孫」は祐久が二代祐永の名乗りを表意したものとみなせる。ところが初代没後の祐永銘には「友成五十八代孫」が切られており、安政六年紀がある祐久銘には「友成五十九代孫」の切銘作がある。初代晩年の弘化・嘉永年中には、初代門下による代作代銘がなされていよう。横山祐義は友成五十八代孫を、横山祐広は祐久と同じ友成五十九代孫を称している。祐久は明治二年七月二十六日に没し、刀工としての横山宗左衛門家は終わっている。

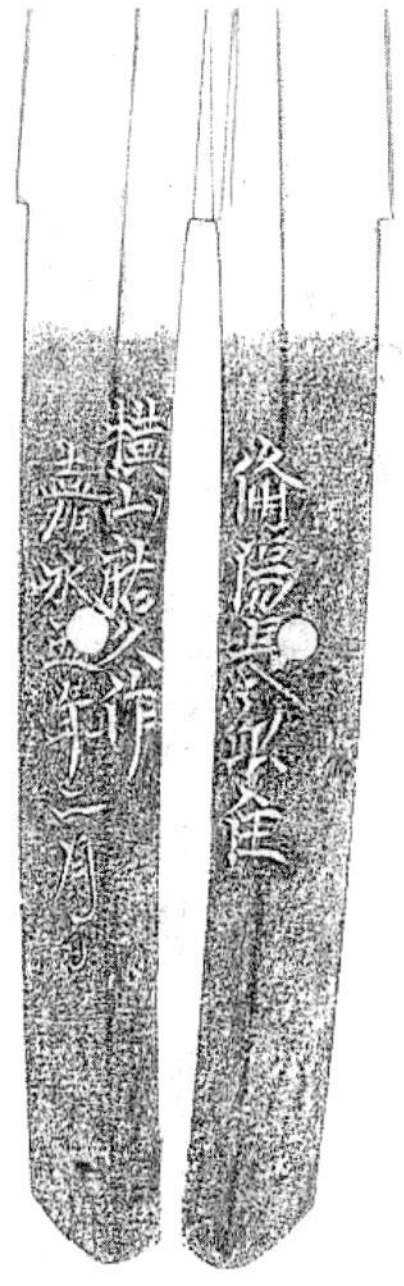

新々 祐成【すけなり】 備前国　江戸末期（嘉永）

横山祐成。備前のち備後福山住。友成五十六代孫を称す。二代祐成は友成五十七代孫を称し切銘する。

新々 祐信【すけのぶ】 備前国　江戸末期（天保）

横山辰右衛門。左近介、左近将監。友成五十六代孫と切る。互の目乱。安政四年一月二十六日没。「備陽長船住横山左近将監源祐信」。

新 **祐春**【すけはる】 美濃守 摂津国 江戸中期（延宝）

小寺久太夫、別説に小宮久左衛門という。花房祐国の甥。紀州から大坂へ移り大坂石堂の花房派を形成した一人。

新作 **祐春**【すけはる】 常陸国 明治

武弓喜太郎。水戸藩工横山祐光門。清心子、涛心子と号す。直刃、互の目、丁子乱を焼く。

新々 **祐春**【すけはる】 備前国 江戸末期（嘉永）

横山茂平。源左衛門祐定家の七代目、安之進寿次の子。天保ころから安政ころまで作刀がある。時代の需要に応じて長刀が多く、丁子乱、菊花丁子の備前伝を焼く。「友成五十六代孫」を称す。

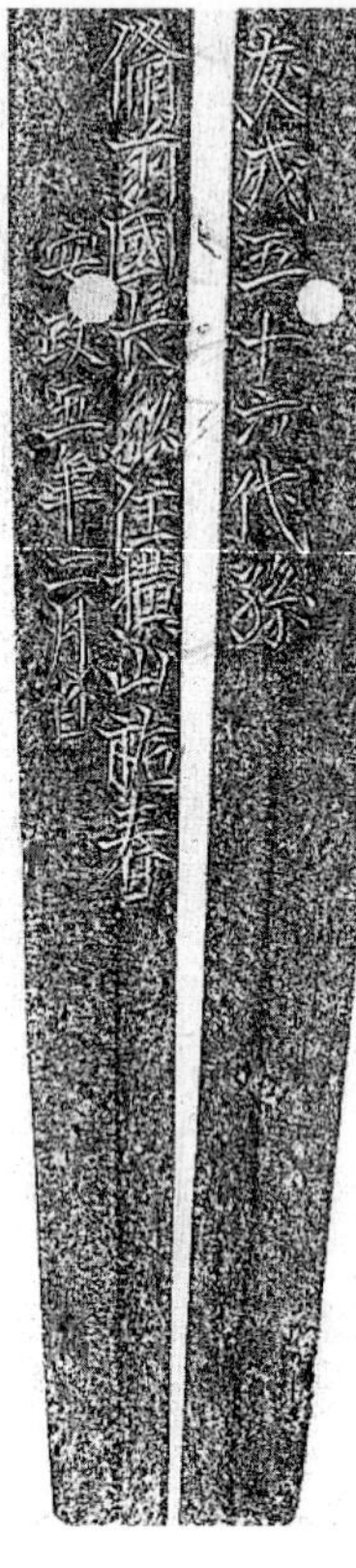

新々 **祐久**【すけひさ】 備前国 江戸末期（嘉永）

横山久五郎。初代加賀介祐永の養子。二代祐永を継いだとみられ、友成五十七代孫を切った祐永銘の作があり、また友成五十九代孫を切った祐久銘がある。明治二年七月没。⇩加賀介祐永〈二代〉の項参照。

新々 **祐平**【すけひら】 伊勢守 備前国 江戸末期（天明）

横山覚治。父二代七郎右衛門祐定が宝暦十年に若死したとき、覚治は幼少にて叔父源五郎祐定の後見にて業に努める。天明八年正月、薩州元平の門に入り祐平と改銘する。寛政二年十二月十八日、伊勢守を受領。文政十二年八月二十四日、七十五歳没。直刃、互の目に丁子交じり。

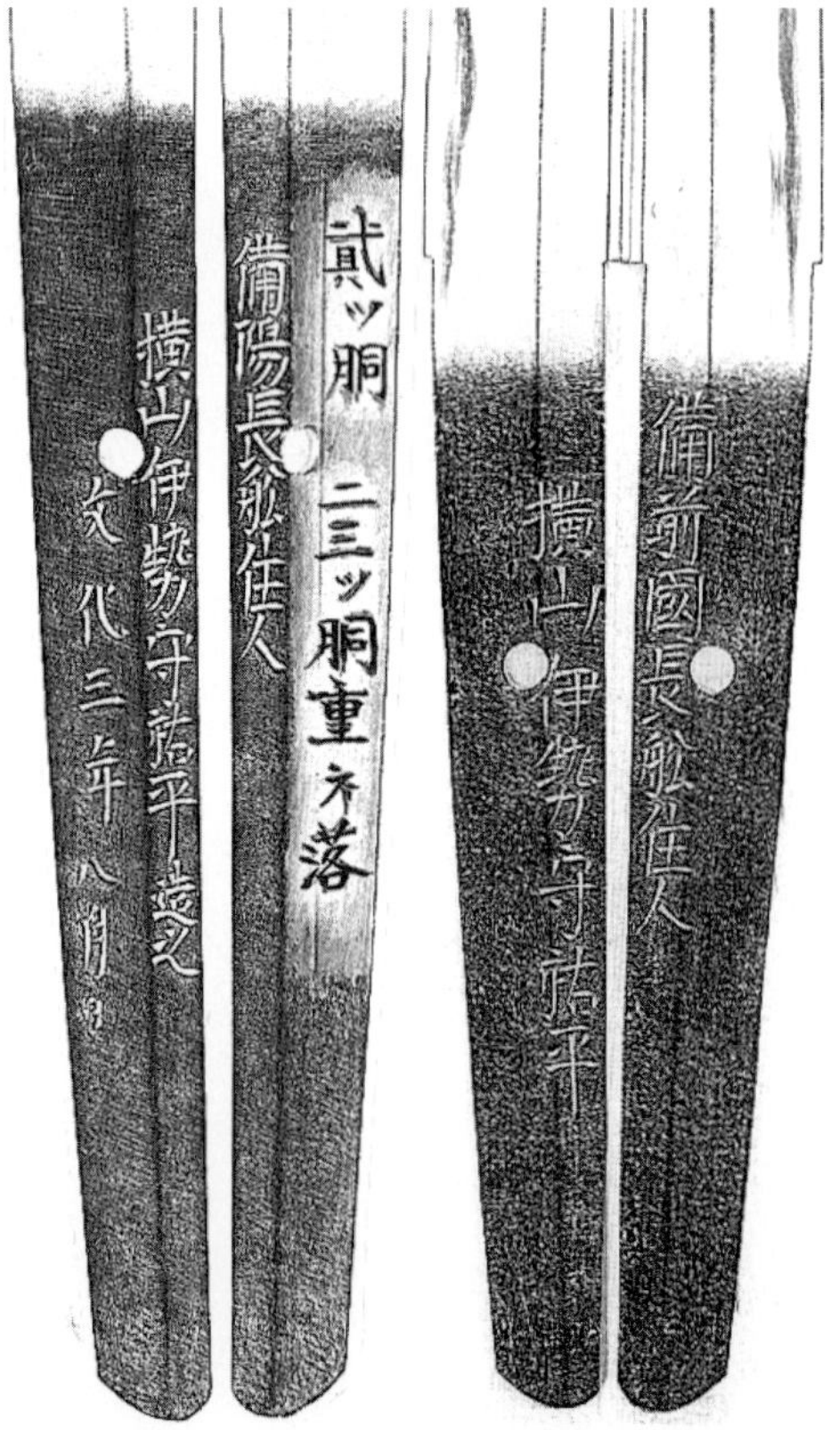

新々 **祐平**【すけひら】 備前国 江戸末期（天保）

盛岡長次郎。横山加賀介祐永門。伊勢守祐平が文政十二年に没したのち、二代祐平の名跡を継ぐ。直刃、互の目乱。

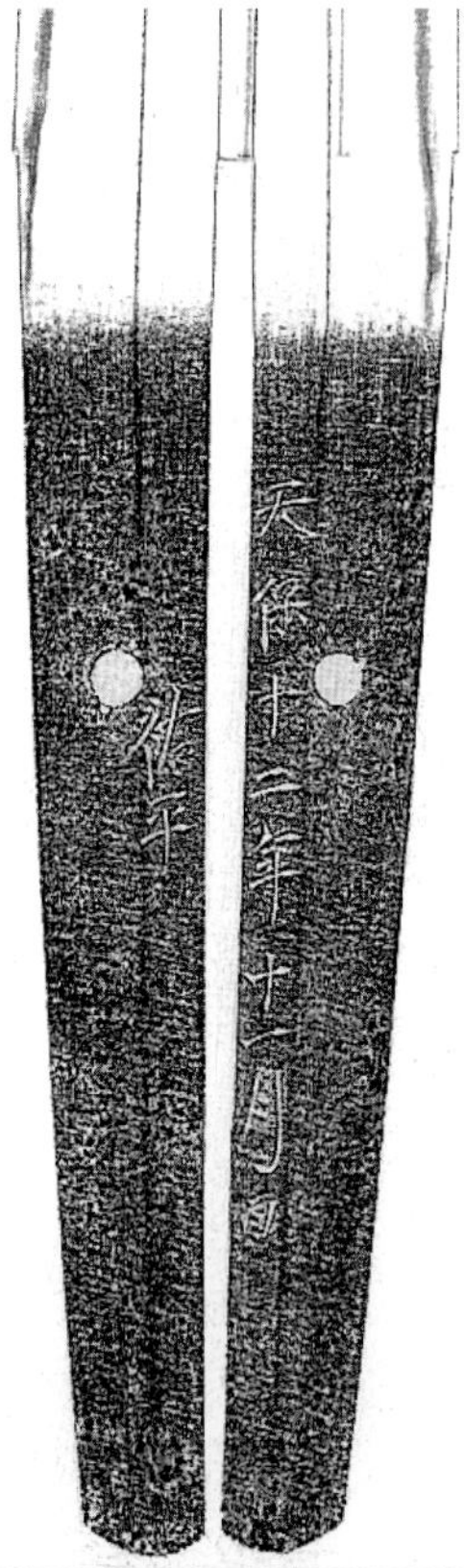

新々 **祐広**【すけひろ】 備前国 江戸末期（慶応）

横山祐広。初代加賀介祐永門。讃州の出身。友成五十九代孫を称す。初代祐永の代銘作者の一人。直刃、丁子乱、菊花丁子交じる。

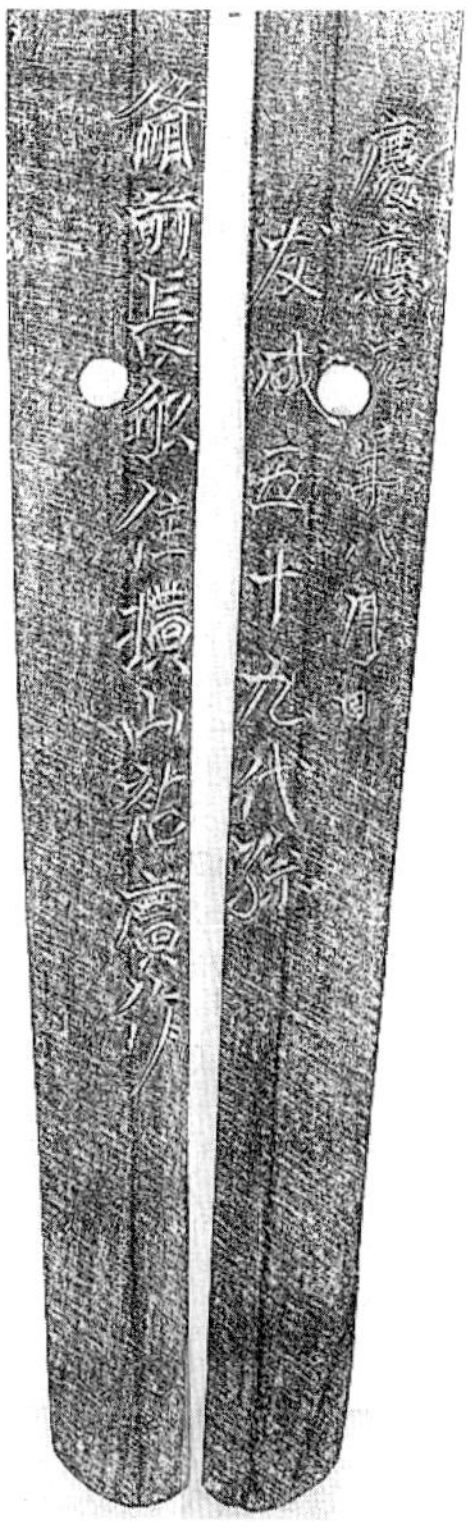

新々 **祐広【すけひろ】** 讃岐国　江戸末期（元治）

大矢根元治。健陽斎と号す。横山加賀介祐永門。明治四十二年、八十一歳没。互の目に丁子交じり、中直刃など。

新作 **祐弘【すけひろ】** 東京　昭和

富田庄太郎。天奎子祐弘と銘す。明治三十四年生まれ。伯父の加藤真国門。陸軍受命刀匠。目黒区下目黒住。

新 **祐道【すけみち】** 紀伊国　江戸中期（貞享）

新兵衛。紀州石堂派。花房祐国門。大坂にても造る。

古 **祐光【すけみつ】** 備前国　室町中期（永享）

六郎左衛門。初代。利光の子、右京亮勝光・左京進宗光の父。永享から文正にいたる間の作刀がある。直刃、また直刃調に互の目足入り、映り立つ。「備州長船祐光」「備前国住長船祐光」。

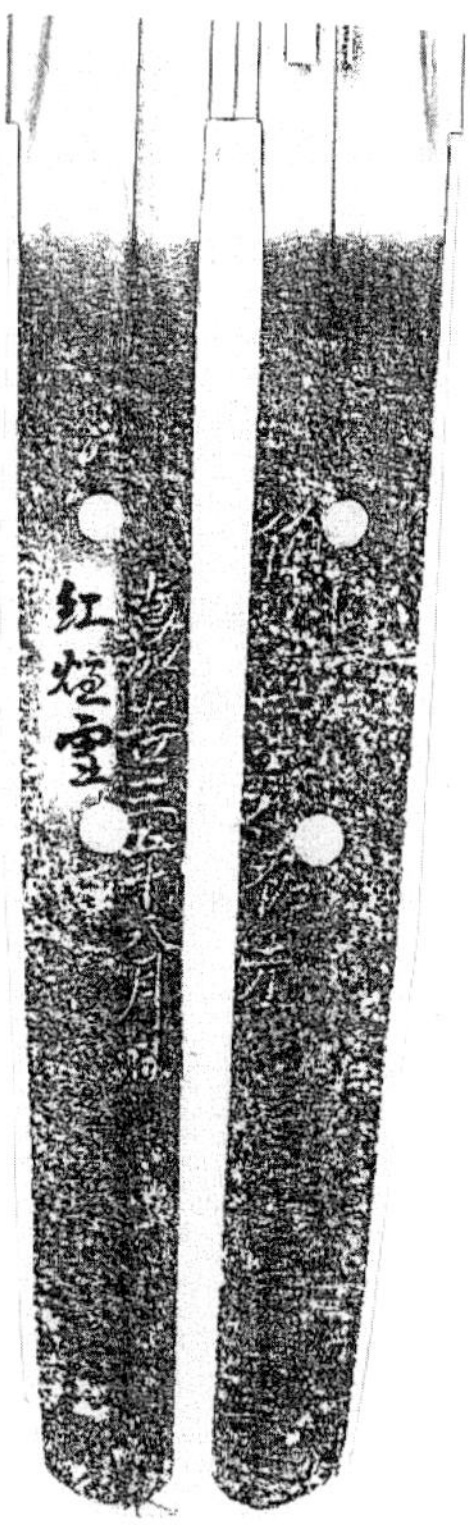

嘉吉二年八月日

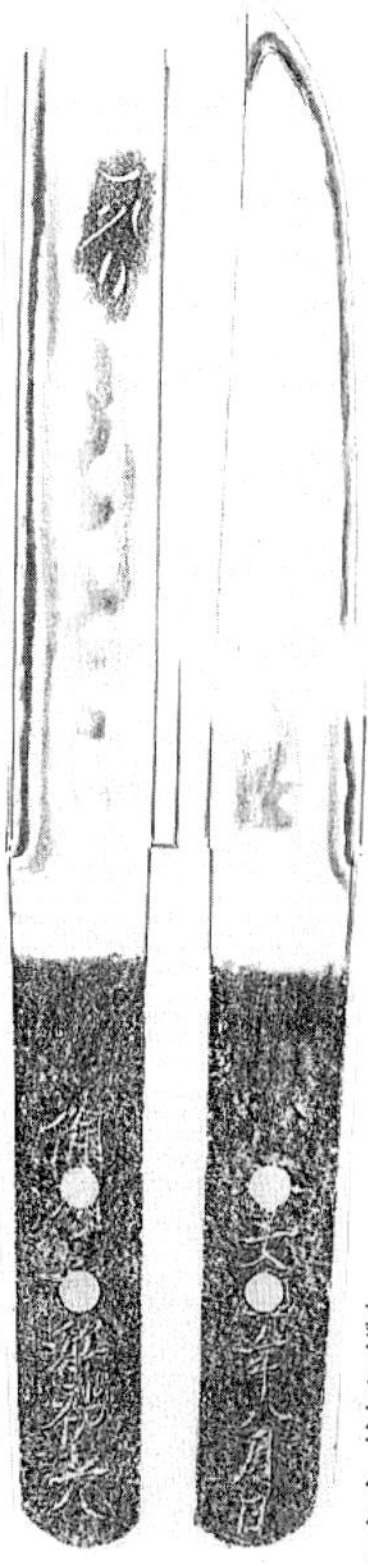

文安□年八月日

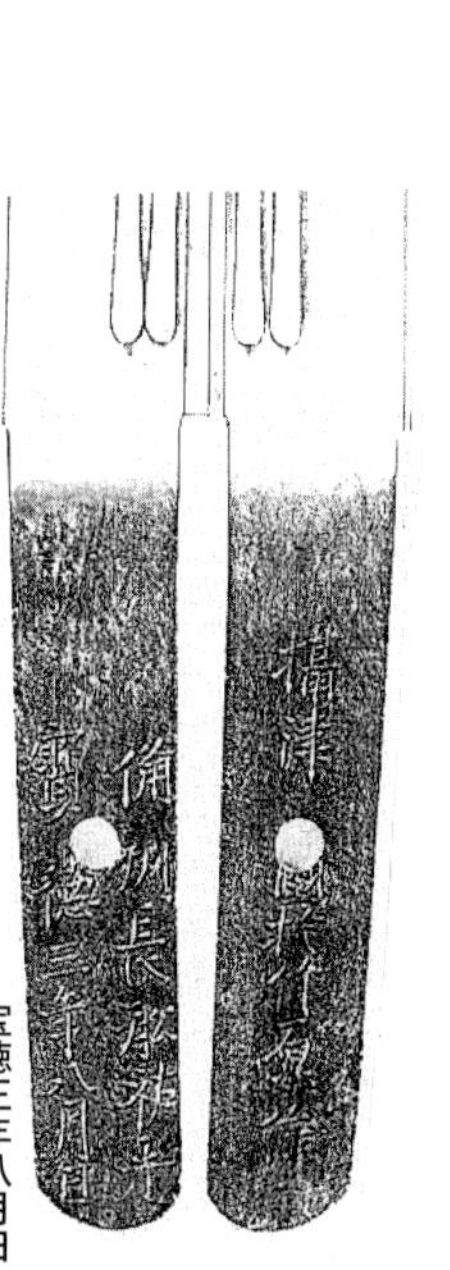

宝徳二年八月日

古 **祐光【すけみつ】** 備前国　室町末期（文明）

二代。六郎左衛門。応仁から文明末年までの年紀作がある。「備州長船祐光」「備前国住長船祐光作」。

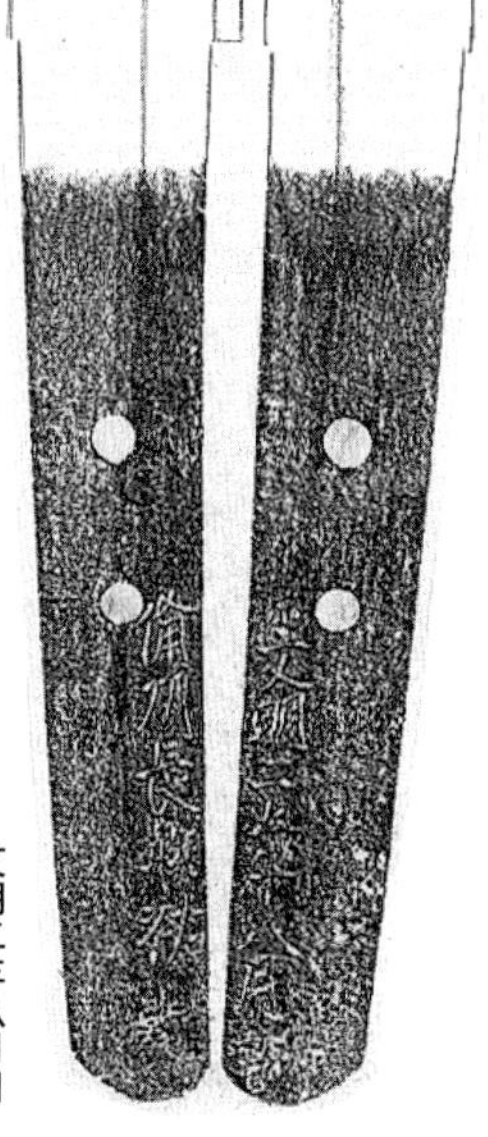

文明二年八月日

古 **祐光【すけみつ】** 備前国 室町末期（永禄）

与三左衛門。初代五郎左衛門清光の子、二代五郎左衛門の弟。永禄八年紀に「備前国住長船祐光作　清光五郎左衛門尉息」と切銘があることから初代清光の子であることが知られる。作風は清光に似て広直刃、また互の目乱を表出する。「備州長船与三左衛門尉祐光」「備前国長船与三左衛門尉祐光作　清光五郎左衛門尉息余也」。祐光同銘は大永ころに次郎左衛門があり、三代則光門という。新右衛門祐光は初代天文、二代天正と続く。新吾祐光（永禄）、新左衛門祐光（元亀）などが作刀する。

新々 祐光【すけみつ】　常陸国　江戸末期（安政）

横山嘉十郎。田口権右衛門の子、幼名三次、のち祐光。江戸青山に生まれ、嘉永二年ころに水戸城下に入る。徳川斉昭の抱工となり、白旗山武器制作所で鍛刀し、また江戸駒込の水戸家別邸である向丘邸で鍛刀する。互の目、丁子の備前伝を表出する。明治六年七月十三日、五十四歳没。

新作 祐光【すけみつ】　滋賀　昭和

竹下善自。大正四年生まれ。父栄太郎祐光、沖芝正次に師事。陸軍受命刀匠。蒲生郡日野住。昭和三十九年から新作名刀展出品、入選を続ける。

古 祐宗【すけむね】　備前国　室町末期（永正）

彦兵衛祐定門。腰開きの互の目乱、師の作風を継ぐ。「備前国長船住助宗」。二代は永禄ころ。

新々 祐宗【すけむね】　備前国　江戸末期（慶応）

横山祐宗。伊勢守祐永門。慶応四年紀の作がある。

新々 祐盛【すけもり】　備前国　江戸末期（文政）

伊勢守祐平の子。本家の後七兵衛祐定の養子となる。

新 祐行【すけゆき】　紀伊国　江戸中期（天和）

森右衛門。紀州石堂派、花房祐国門。大坂にても打つ。

新々 祐義【すけよし】　備前国　江戸末期（元治）

横山義左衛門。初代加賀介祐永の門。備後福山の出身。桜井正次の師。「備前友成五十八代孫」「友成五十八代之苗裔」を称す。

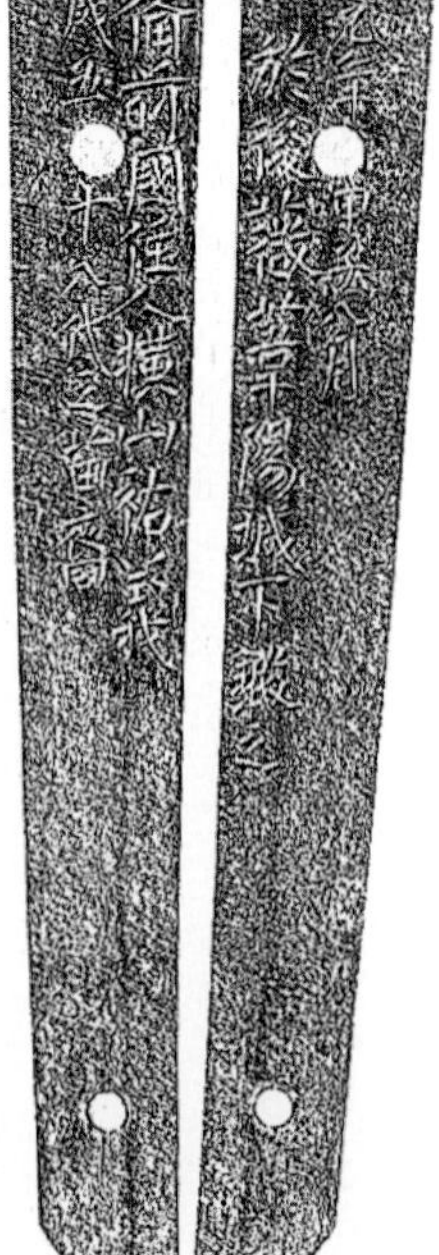

古 資国【すけくに】　肥後国　室町末期（天正）

同田貫。身幅が広く長寸、大切先の豪刀を造る。直刃調に小互の目を交ぜて荒めの沸つき、匂口沈む。「肥後国同田貫資国」。

古 資縄【すけつな】　和泉国　室町末期（弘治）

加賀四郎。文明ころに同銘があり、弘治年の鍛冶は次代であろう。綱字を縄に切る。「資縄作」。

古 資永【すけなが】　和泉国　室町末期（永正）

加賀四郎。永正ころ。「資永作」。

古 資永【すけなが】　筑後国　室町末期（明応）

大石左。家永の弟。「資永」「筑州住大石藤原資永」。

古 資正【すけまさ】　和泉国　室町末期（文明）

加賀四郎。本国加賀。藤島派の鍛冶で、室町初めのころ泉州堺に移住してきたと伝え、文明から明応、永正、永禄と代が継続するというが、作刀をみるの

は稀少である。一門では資永、資縄を稀にみるが資利、資則、資次、資光などの作をほとんどみない。「資正作」。

古 **純貞**【すみさだ】　薩摩国　室町末期（天文）
波平。天文ころ。「波平純貞」。

古 **純成**【すみなり】　薩摩国　室町末期（天文）
波平。天文年紀の作がある。「薩州住純成」。

新作 **純平**【すみひら】　兵庫　昭和
真鍋和也。昭和二十八年生まれ。昭和五十年宮入行平門、のち昭和五十二年、河内国平に師事。昭和五十五年、作刀承認。昭和五十六年から新作名刀展に出品し入選三回、優秀賞三回、努力賞十一回。「以出雲砂鉄製剛之真鍋純平作」。多可郡多可町住。直刃、大乱、大丁子、湾れ乱など。

《せ》

新作 **正峯**【せいほう】　石川　昭和
隅谷与一郎。傘笠亭《さんりゅうてい》、両山子《りょうざんし》と号す。大正十年一月二十四日、石川県松任市辰巳町に生まれ、立命館大学理工学部在学中に日本刀を学び、昭和十六年卒業後、広島県尾道市の日本刀鍛錬研究所に入所、桜井正幸に師事する。昭和二十九年、作刀認可を受け、昭和三十一年、松任市の自宅に鍛錬所傘笠亭を開設する。新作刀技術発表会の出品は昭和三十年からで、同三十九年まで連続入賞し、正宗賞の受賞は四十・四十一・四十九年の三回を数え、その間、新作名刀展無鑑査、審査員となる。昭和三十九年、松任市無形文化財指定、同四十二年、石川県無形文化財に指

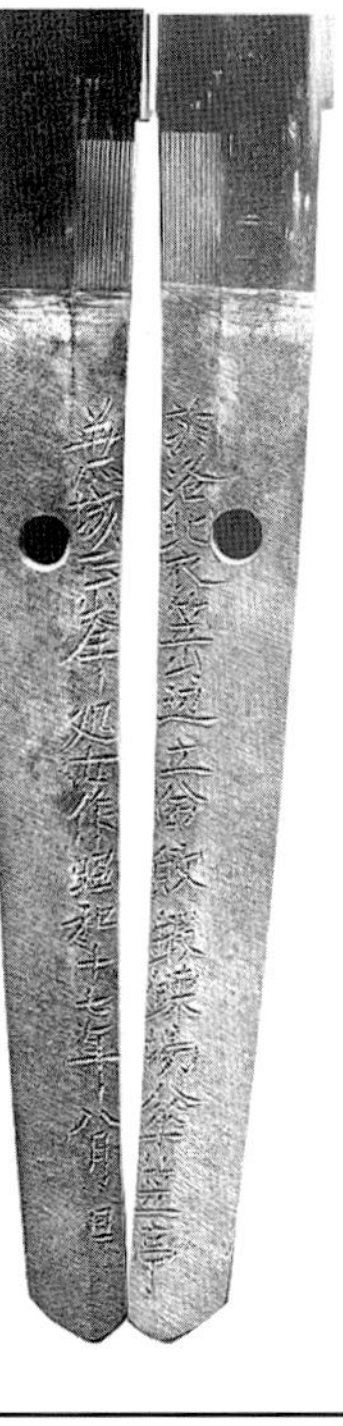
二十一歳処女作

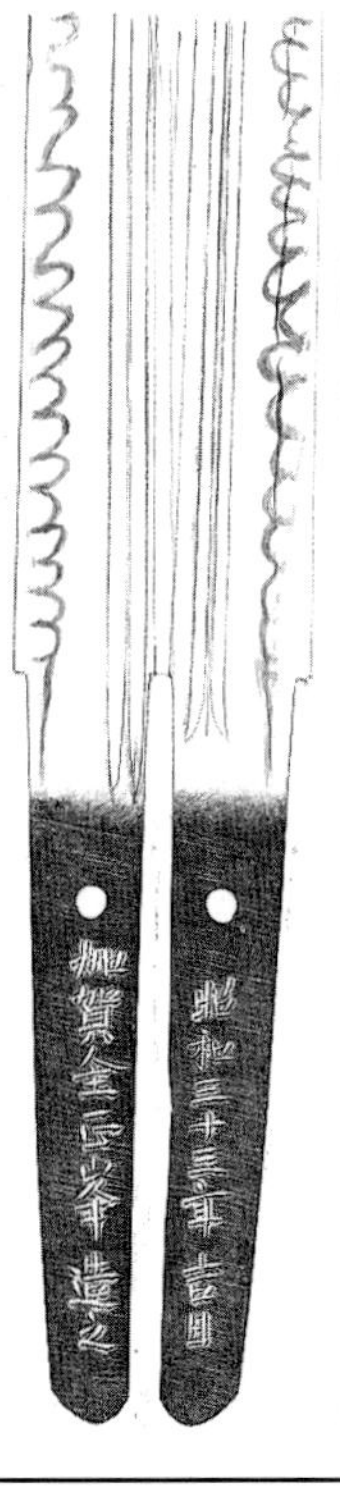

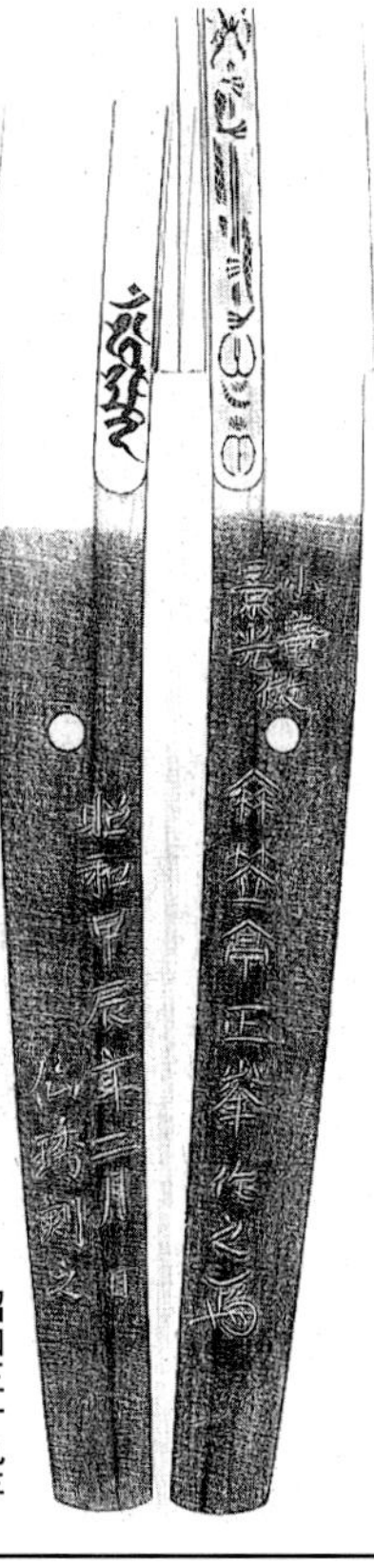
昭和三十九年

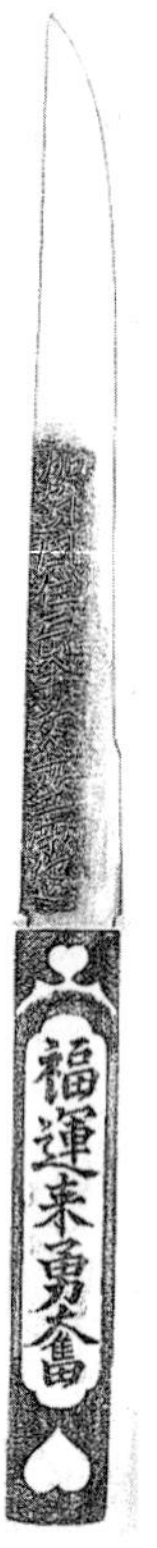

昭和四十三年彫仙琇

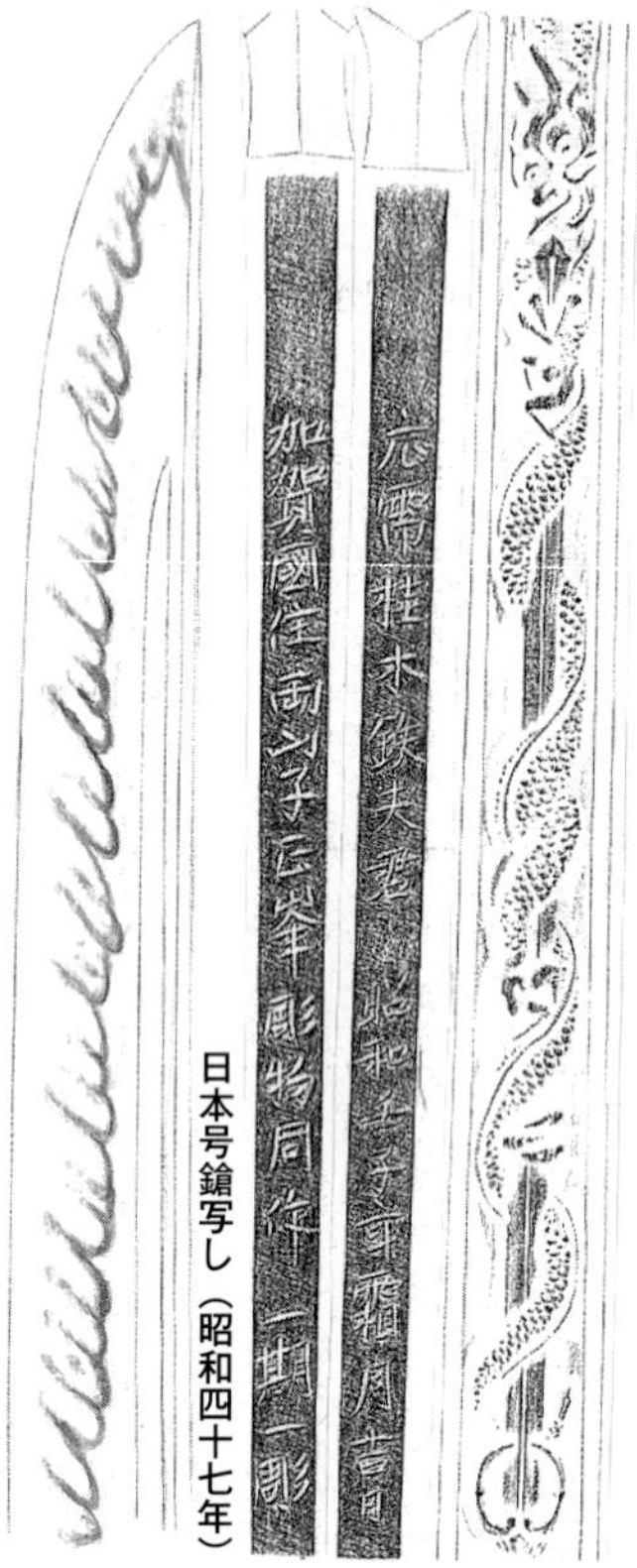
日本号鎗写し（昭和四十七年）

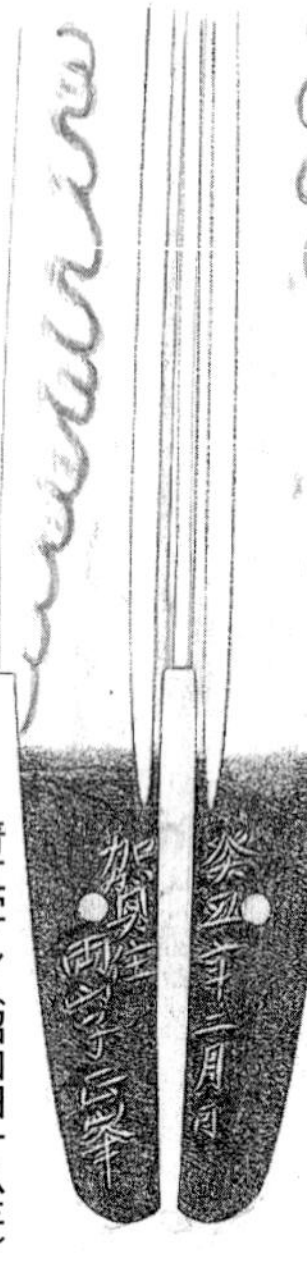
青江写し（昭和四十八年）

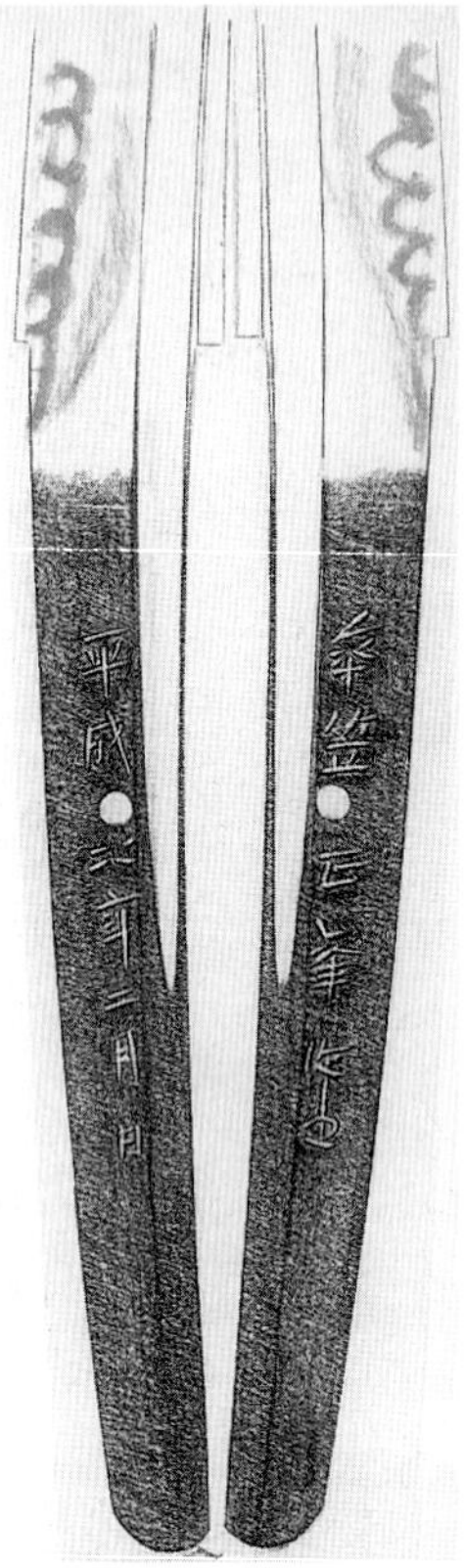

定される。

昭和四十七年、タタラによる自家製鋼を開発し、古作鎌倉期の復元に傾注、特に福岡一文字の華麗な丁子刃を彷彿とさせる作を残す。伊勢神宮式年遷宮のご神宝太刀製作は昭和四十一年、四十四年に奉仕。昭和五十六年、重要無形文化財保持者に認定される。同五十九年、全日本刀匠会理事長。平成五年、勲四等旭日小綬章受章。同十年十二月十二日、七十二歳没。備前伝を得意とする。写し物に挑戦し、小龍景光太刀写し、日本号槍写しのほか、備中青江直次（正平十八年紀）の平造小脇差は逆丁子乱の華美な出来で、昭和四十一年ころから同五十七年ころまで盛んに焼き、写し物を自家薬籠中のものとして数多くを残している。

古 千手院【せんじゅいん】 美濃国　鎌倉中期（嘉禎）
赤坂千手院。不破郡赤坂住。大和千手院重弘が美濃赤坂に配流され「泉水」と号し、赤坂千手院の祖となる。そのため「泉千手院」の名がある。銘鑑では「濃州赤坂住千手院」と銘す鎌倉中期の工が古いが、現存する作は室町初期ころからみられ、千手院とばかり切り、個銘を入れないものが多い。

古 千手院【せんじゅいん】 美濃国　鎌倉末期（正応）
赤坂千住院。法名國長。「濃州住千住院道印」と打つという。

古 千手院【せんじゅいん】 美濃国　室町初期（応永）
赤坂千住院。「千住院作」と切る。南北朝末期の康応二年紀に「濃州住藤原國長作」と銘した作がある（『古刀銘尽大全』）。

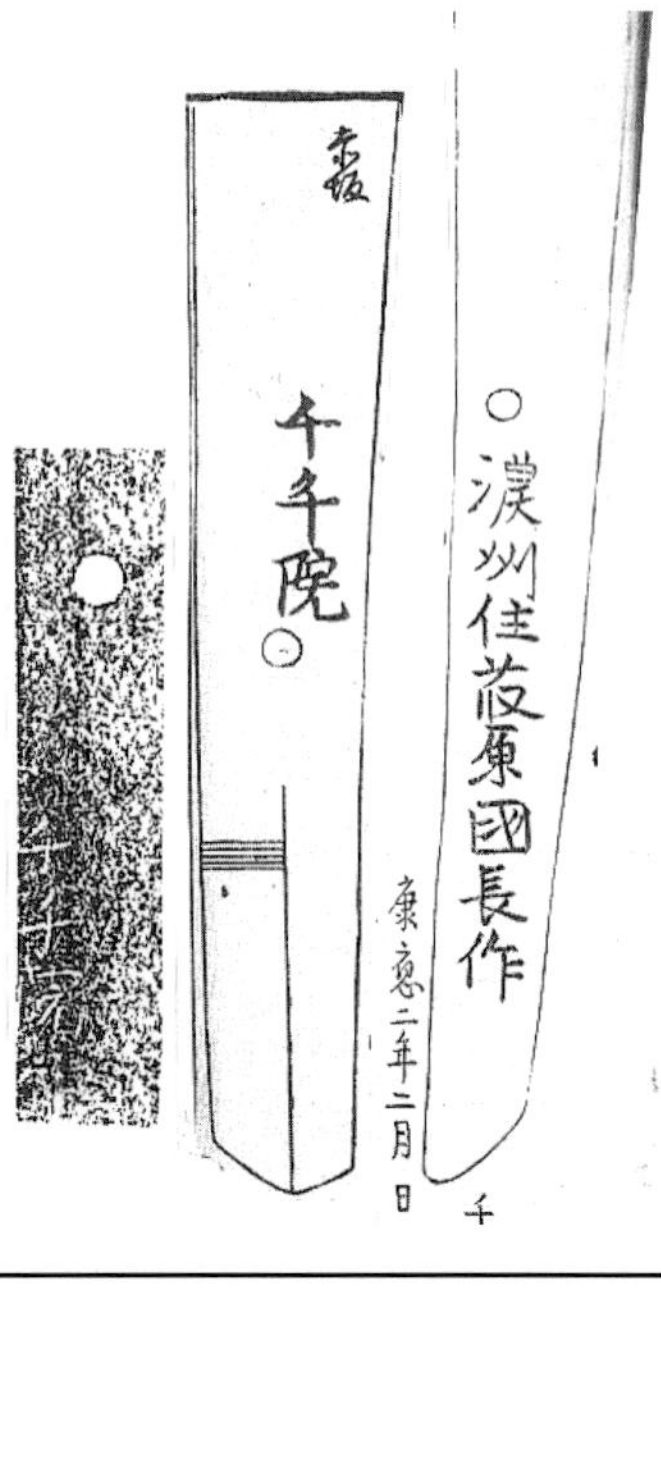

古 千手院【せんじゅいん】 美濃国　室町中期（享徳）

美濃千手院。「千手院」とばかり打つものが多く、「濃州千手院」とも打つ。長禄四年紀の作がある。

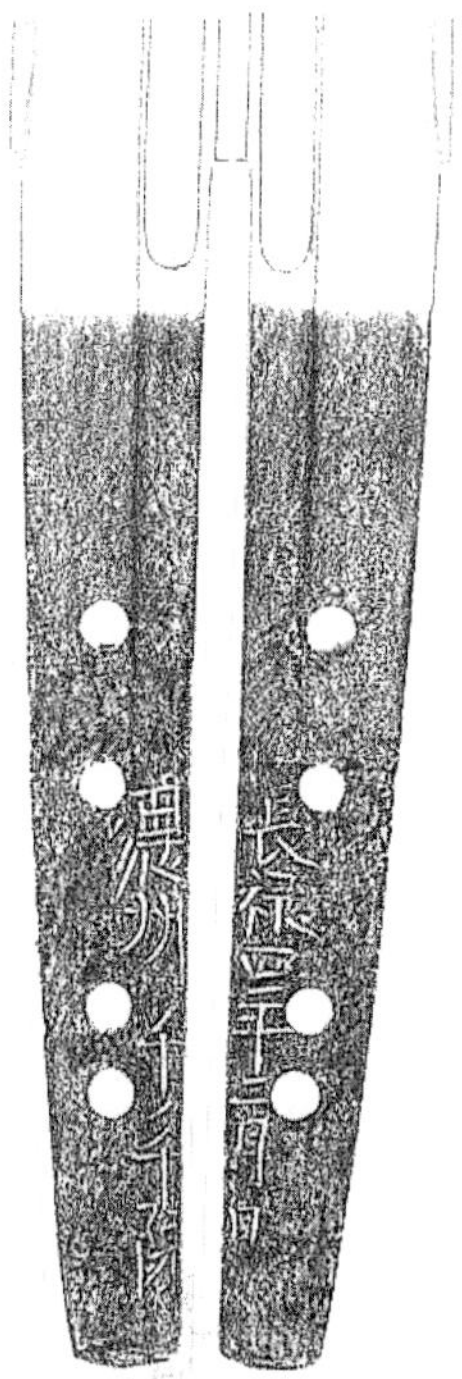

古 千手院【せんじゅいん】 美濃国　室町中期（文明）

「千手院作」と打つものが多く、長享二年紀に「千手院道印」と打つのは同人という。美濃千手院は文明から明応にかけての作刀が多い。明応ころから以降は、関鍛冶の台頭によって、赤坂鍛冶と勢力は二分され、千手院派の作刀は次第に減少していっている。

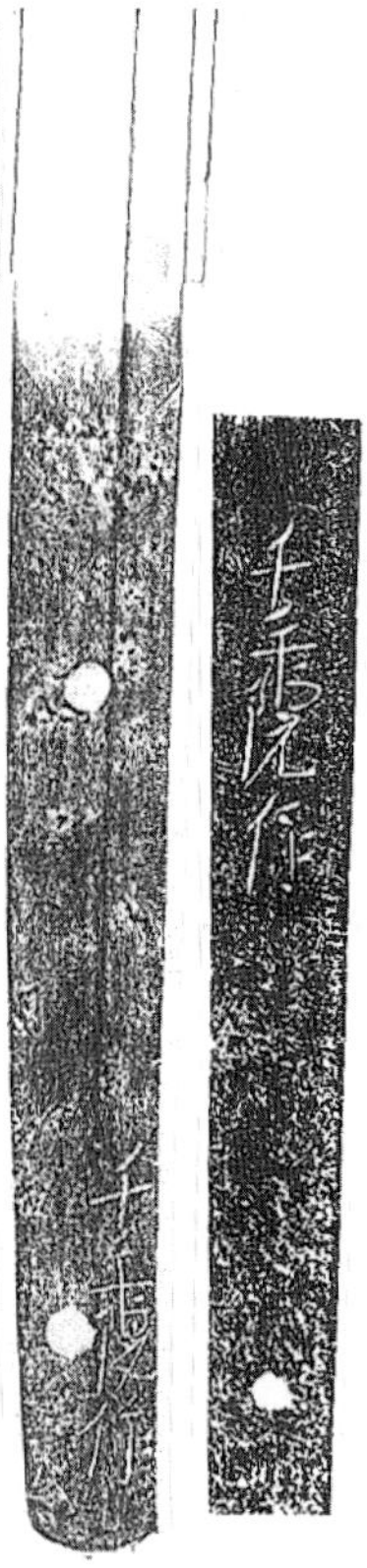

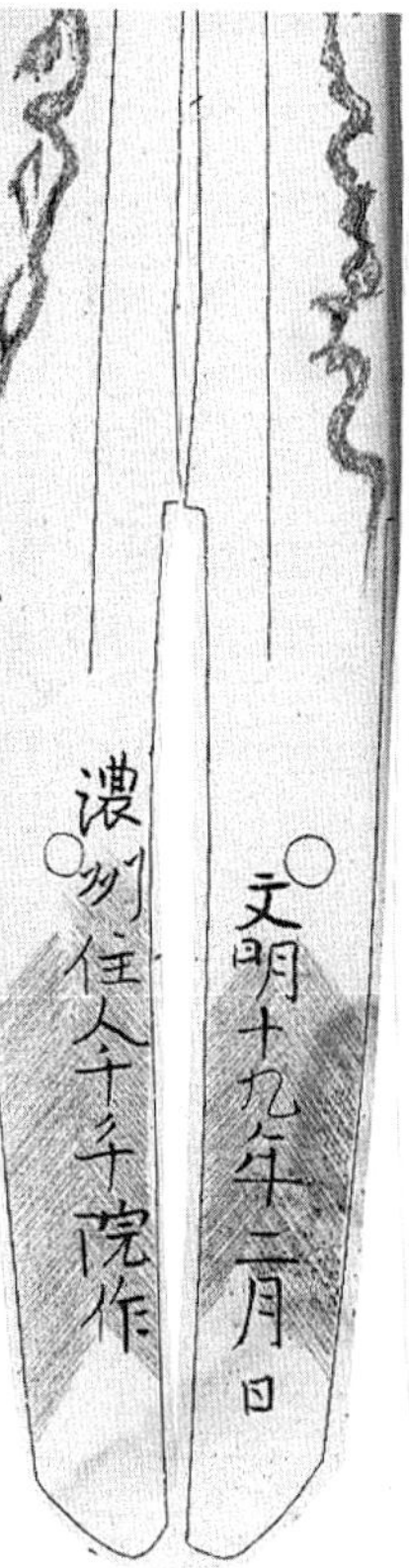

（『光山押形』）

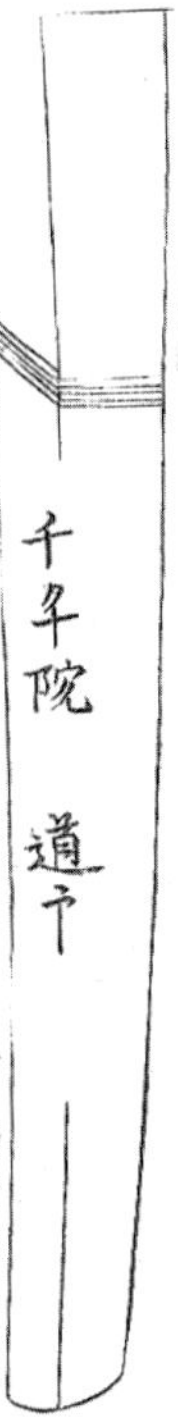

長享二年二月日
（『古刀銘尽大全』）

古 千手院【せんじゅいん】 美濃国　室町末期（明応）

「千手院」と打つほか、「和泉守千手院」と銘するものなど、明応から天文へかけて作刀するものがある。刃文は直刃、互の目乱で、刃縁がほつれ、刃中砂流しかかり、匂口沈みごころのものが多い。

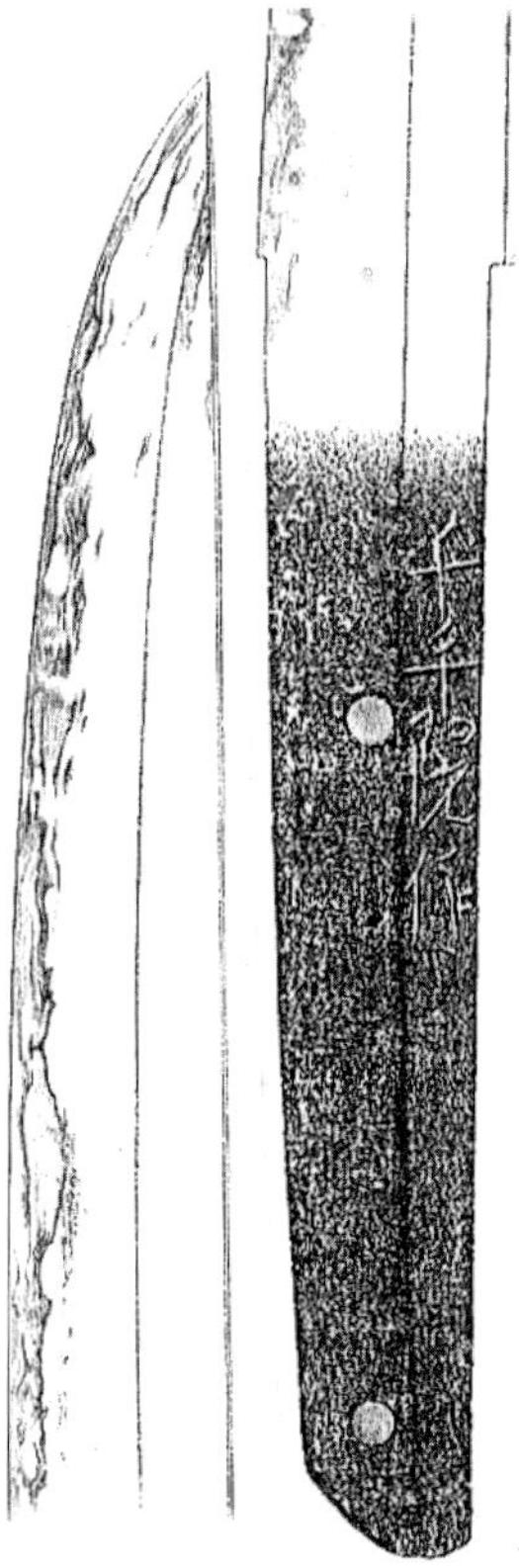

《そ》

新作 **荘二【そうじ】** 東京 平成

吉原荘二。初銘恒家、昭和五十七年国家を襲名し、二代目国家を継承する。⇩**国家の項参照。**

《た》

古 **大道**【だいどう・おおみち】　陸奥守　美濃国　室町末期（天正）

濃州室屋関。大知の孫という。初銘兼道。永禄十二年、正親町天皇から「大」字を賜り、大兼道と銘し、陸奥守を受領し大道に改銘する。濃州関、また岐阜で作刀する。文禄年中に伊賀守金道、来金道、丹波守吉道、越中守正俊の四子を伴い上京、西洞院夷川へ移住する。岐阜在住時の天正十九年ころの作で堀川国広との合作短刀に、大道が主導した作がある。湾れに互の目、大互の目乱など。

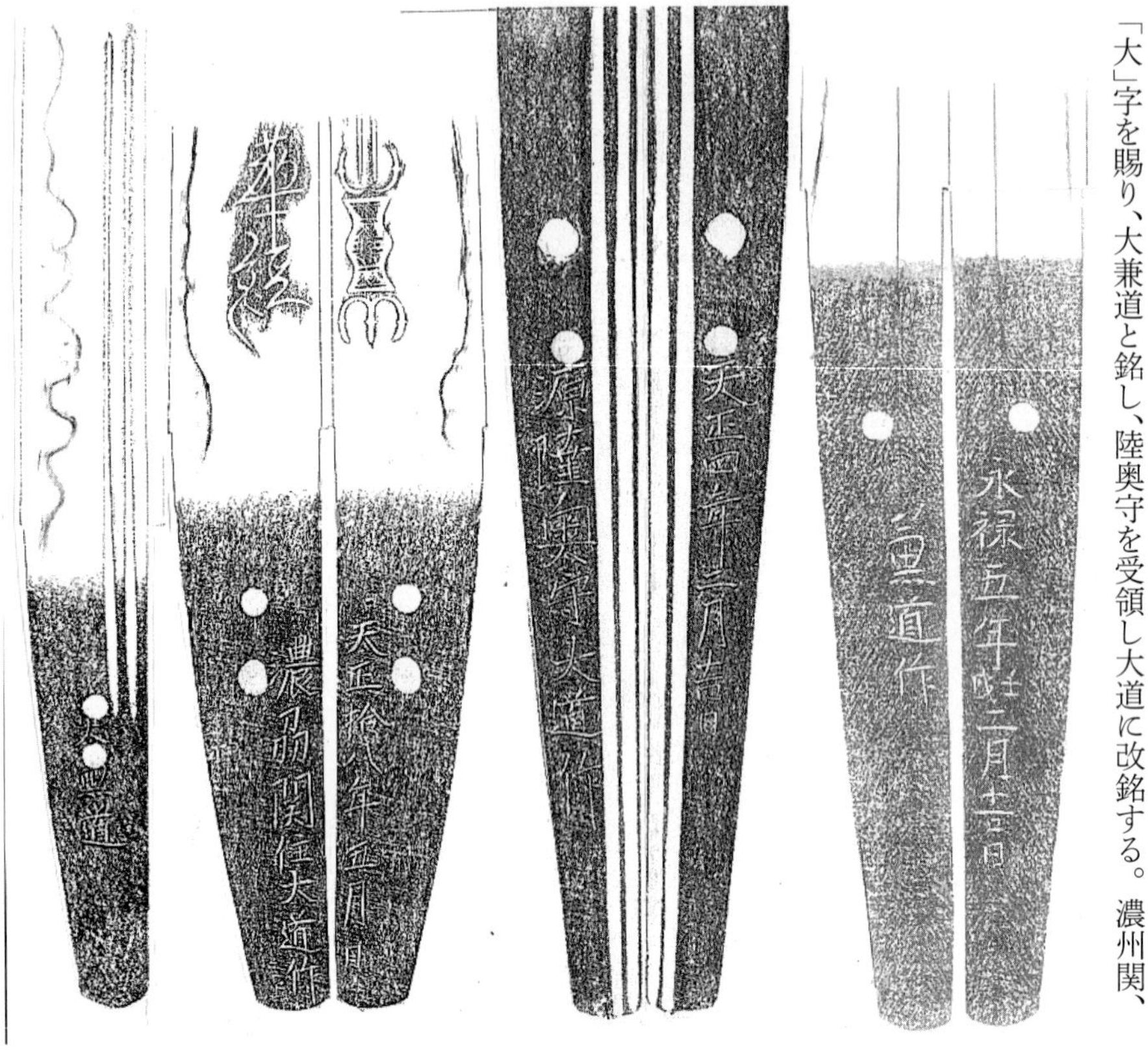

新 **大道**【だいどう・おおみち】　信濃守　初代　美濃国　桃山期（寛永）

室屋大和の末という。濃州関から岐阜に移り、伊勢にても造る。互の目に丁子、焼幅広く飛焼かかり華やかな作。

新 **大道**【だいどう・おおみち】　信濃守　二代　美濃国　江戸中期（寛文）

濃州岐阜住。互の目に小丁子交じり、初代より小模様。◆三代目信濃守大道は尾張住、元禄ころ。四代目は享保ころ。寛文から享保にかけてのころ、各地に大道が派生する。美濃に但馬守大道（寛文）、豊後守大道（寛文）、相模守大道（初代寛文、二代元禄）、駿河に藤原大道（元禄）、摂

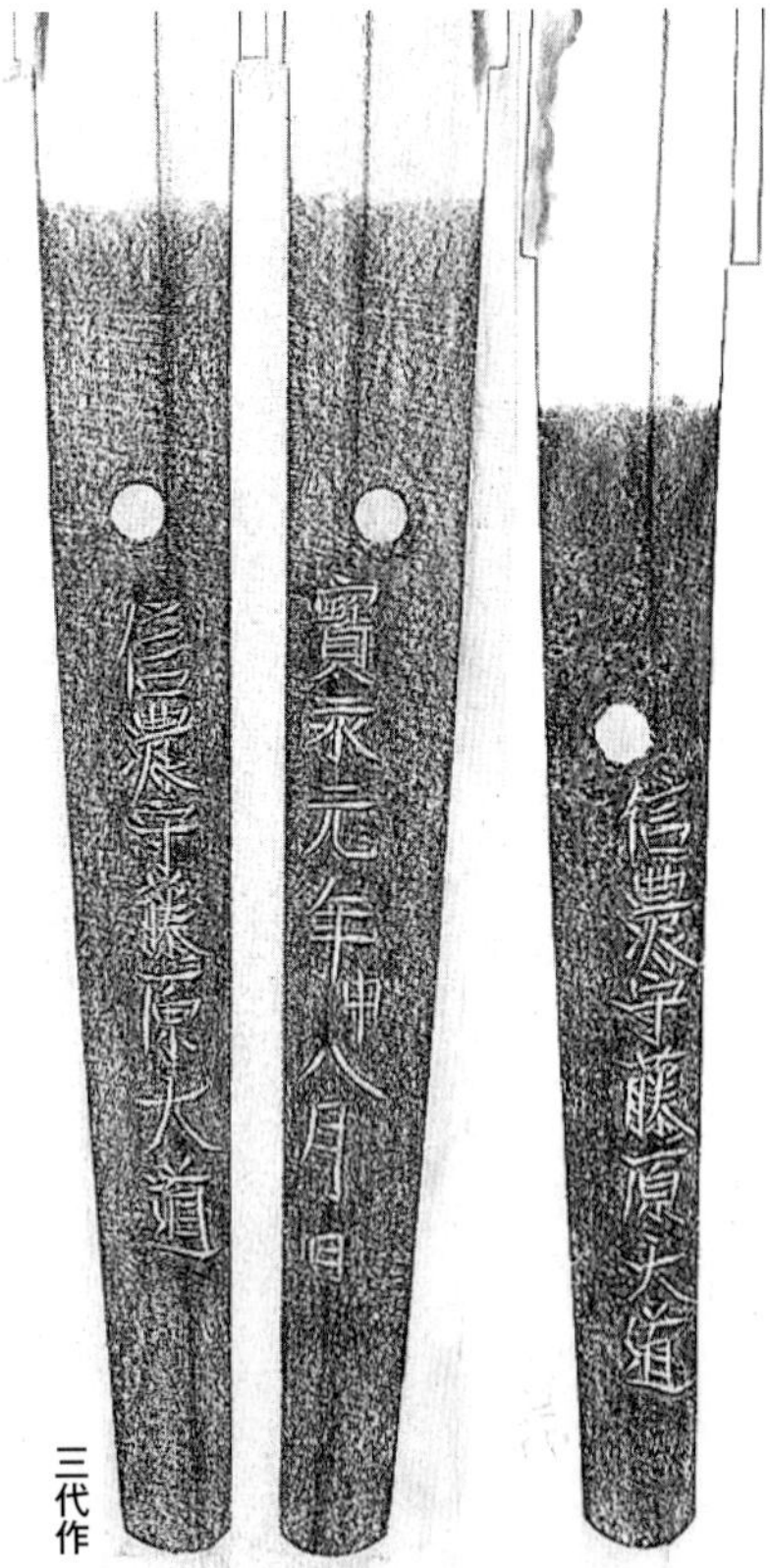

三代作

津に大道（寛文）、豊前小倉に二代左衛門尉大道（寛文）など。

新 大道【だいどう・おおみち】 伊豆守　二代　美濃国　桃山期（寛永）

初代は兼道の弟、文禄ころ。二代は岐阜住、寛永ころ。三代は寛文ころ。

新 大明京【だいみんきょう】初代 出雲国　江戸中期（寛文）

高麗弥九郎。実名国重。雲州松江白潟天神町住。直刃、互の目足入り、掃掛、打のけかかり、砂流し入る。

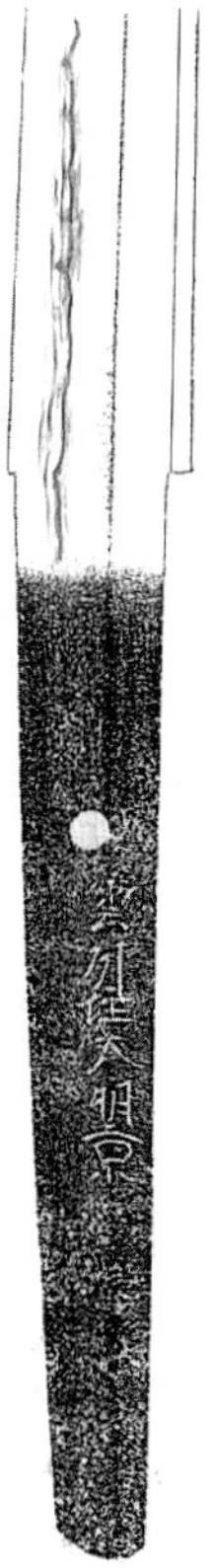

新 大明京【だいみんきょう】二代 出雲国　江戸中期（享保）

高麗治兵衛。「大明京國重」「雲州住大明京」と銘す。◆大明京は三代国安（宝暦）、四代宗家（天明）、五代宗安（弘化）と続く。

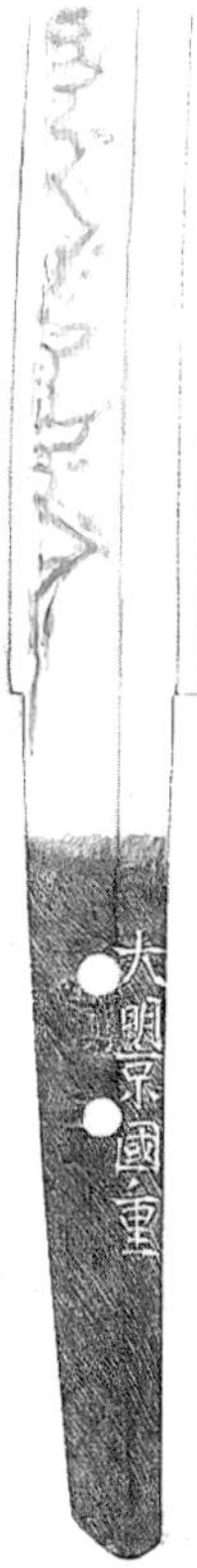

古 当麻【たえま】 大和国　鎌倉中期（宝治）

北葛城郡当麻の当麻寺に隷属していた刀工集団である。当麻は「たへま」（『古今銘尽』）と読み、現代様には「たえま」と呼ぶ。始祖とも祖父ともいう国行が古く、鎌倉中期（正応）に作刀し現存する太刀二口をみる。古銘尽の系図では国行の前時代に「当麻」とばかり名乗る工がいたことで、当麻派は鎌倉中期（宝治）の初頭から興隆していたとみられる。「宝治弐年　当（以下切れ）」の太刀（『新刀古刀大鑑』）の行方は知れないが、「宝治弐年」は国行より年代が上がり、すでにこの年のころには当麻派が活動していたことを窺わせる。

太刀は鎬幅広く、「幅一寸あれば鎬幅は四分」が大和物の掟といい、鎬筋高い。短刀は冠落造が多く、彫物を得意とし、剣先が尖り、深く彫る。板目に柾目交じり、地沸よくつく。刃文は直刃に小互の目足入り、打のけ、ほつれ、二重刃かかり、上方へ行くにつれ焼幅を広げる。沸が激しく、金筋入りの相州物風の作に、無銘で当麻極めの物をまま見るのであるが、有銘作に限ってみれば、「濡れ色あり」という色艶のある肌合いに、山城物風の穏やかな直刃調の作であることが見落とせない。古銘尽は「当麻物は数多あるが、銘を打つこと稀なり」といっている。無銘の作が多かったことは、大和物全般に通じることで、後代には量産することもあった。それだけに有銘作は貴重視される。（系図833頁参照）

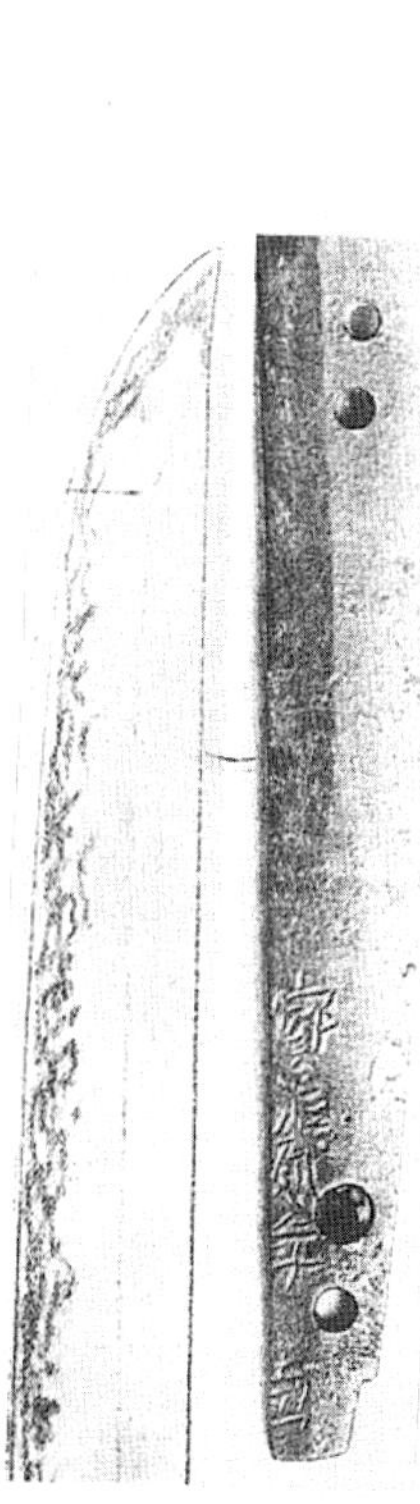

（「宝治二年　当（以下切）」）

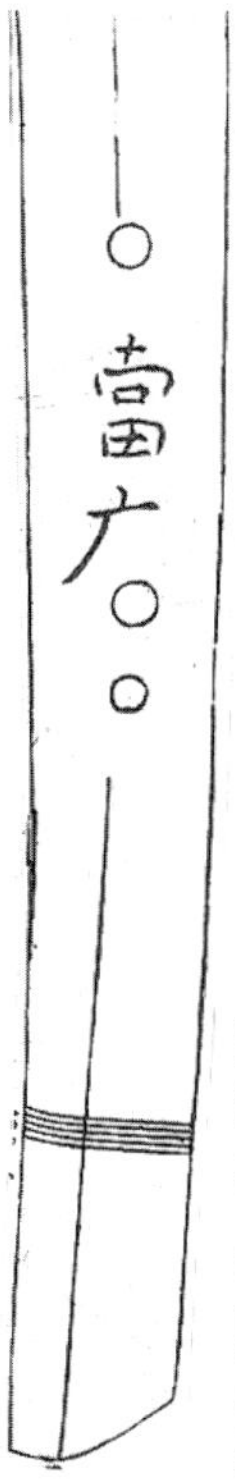

（『古刀銘尽』）

古 当麻【たえま】 大和国　鎌倉末期（正和）

鎌倉中期の文永ころから正応ころにかけて複数の当麻鍛冶が作刀する。「当麻」とのみ銘し、個銘を入れないもの、始めから無銘のままのものなど、個銘を特定できない作が多い。無銘で古極めの古作で相州行光に紛れるものに、この時代の作に擬せられるものがある。名物帳に大和物が九口あるうち、当麻は六口を占め、うち一に御物（将軍家蔵）・上部当麻（桑山当麻とも）がある。江戸時代に大和物中では当麻の声価が高かったと知られる。上部当麻は名物に二口があり、一は桑山当麻とも称し無銘（もと朱銘）。長さ八寸三分半（図参照）。徳川宗家伝来。二は朱銘「「当麻」「本阿（花押）」（光常）」、長さ八寸七分。紀州徳川家伝来。

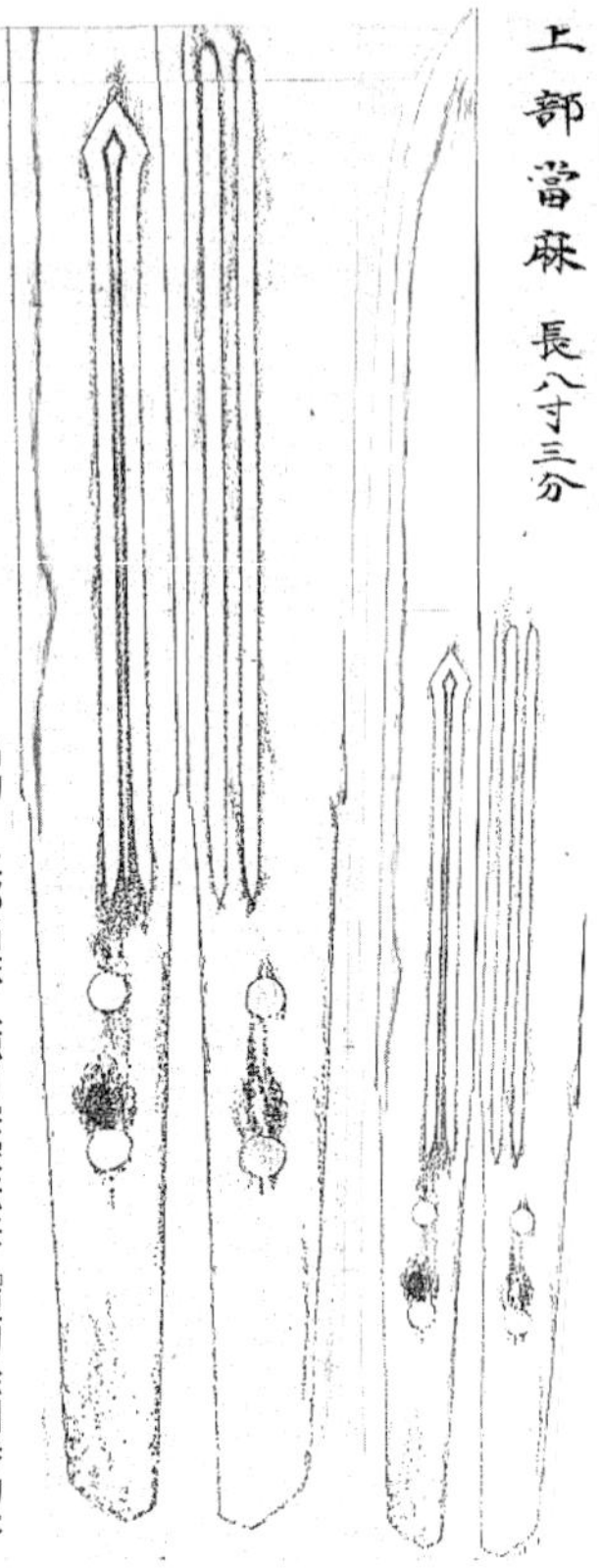

名物・上部当麻（徳川宗家伝来『短刀絵図巻物』）

古 **当麻**【たえま】　大和国　南北朝期（暦応）

「當麻」二字銘の短刀は、南北朝期の作と鑑じられ、板目に柾交じり、地沸つき地景入る。刃文は細直刃に小互の目足入り、帽子小丸に先掃かける。「當麻」「タヘマ」などと銘す。

古 **高包**【たかかね】　備前国　鎌倉初期（建保）

古備前。永包の子。建保ころ。「高包」。銘鑑には建保の高包の先代である元暦ころの鍛冶がある。

古 **高包**【たかかね】　備前国　鎌倉中期（暦仁）

福岡一文字。小振りで細鏨に銘す前出の建保ころの高包とは別人であろう。鎌倉前期に少なくとも二人の高包が作刀するとみられる。なお、年代が降り吉岡一文字に名跡を継ぐ高包が複数工いる。

新々 **高真**【たかざね】　羽後国　江戸末期（文久）

天野河内助。秋田士崎、のち保戸野に住、保戸野鍛冶と称す。佐竹藩家老渋江氏の抱工。佐竹藩士。初銘秀次、文久三年以降、高真に改める。明治四十二年、八十歳没。文久ころから明治初年まで作刀。直刃、互の目に丁子交じりの応永備前風、互の目に尖り互の目交じりの直江志津風の作など、秋田刀を代表する上手。

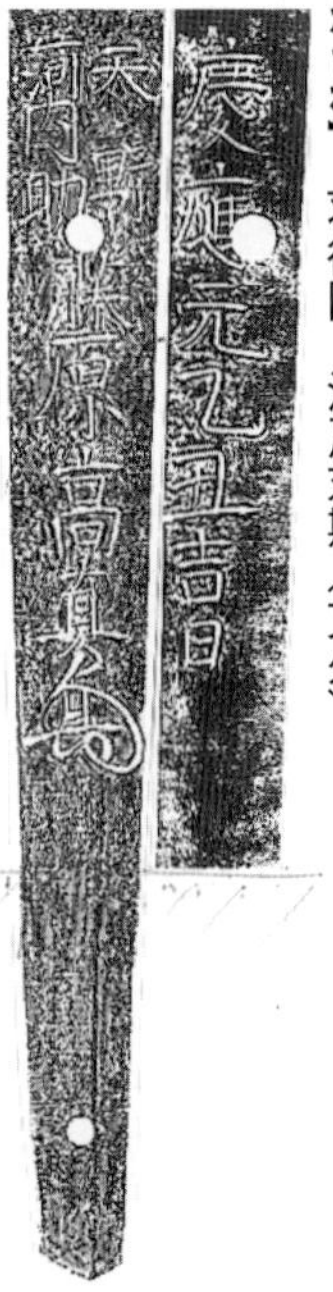

古 **高植**【たかたね】　美濃国　室町末期（永禄）

関。初代。出羽守を受領。のち大和に移る。二代目は慶長ころ、大和で作刀する。「高植」「濃州関住出羽守高植作」。二代は「和州出羽守高綱」と銘す。

古 **高綱**【たかつな】　備前国　鎌倉初期（元久）

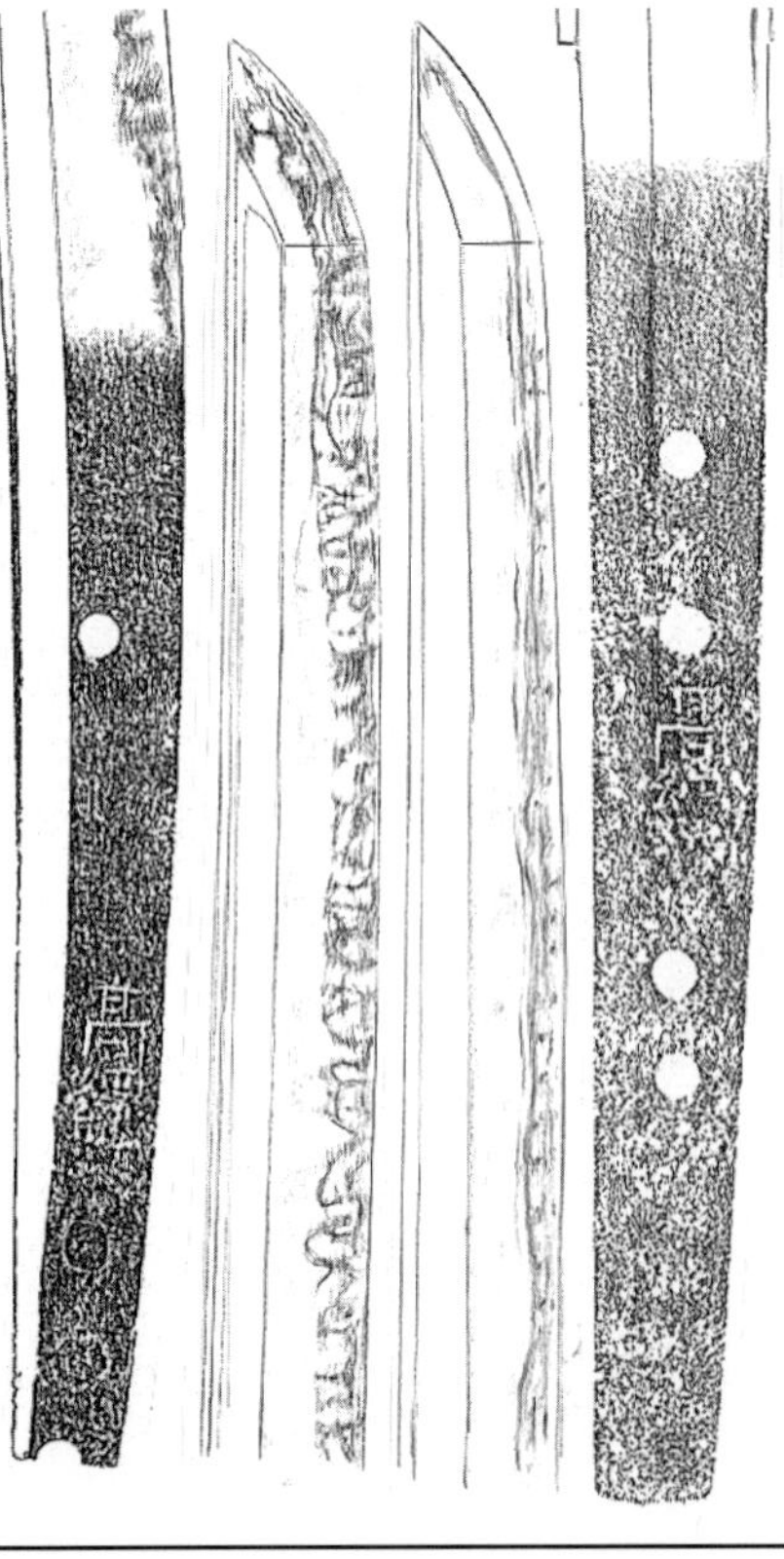
（吉川賢太郎氏資料）

古備前。高包系で高光の子とも、成高の子ともいう。直刃調に小乱、小丁子が交じるもの、焼幅が広く小丁子が目立つものとがあり、いずれも沸よくつき、砂流し、金筋が烈しくかかる。「高綱」。同銘が福岡一文字派に寛元ころ、また弘長ころにいて作刀し、弘長ころの高綱は安芸国に移るという。

古 **高綱**【たかつな】備中国　鎌倉初期（承久）
古青江。直刃調に小乱、小丁子交じり、沸よくつき、砂流し金筋しきりに働く。小板目に小杢交じり地斑入り、映り立つ。茎の鑢は大筋違い、佩裏に大振りの二字銘を切る。銘鑑には古備前高綱があるが、その流れを受けて備中にも古青江刀工で高綱を銘する工が存在したことはありえよう。

古 **高綱**【たかつな】筑前国　南北朝期（建武）
金剛兵衛。初代盛高の子。のち博多住。「高綱」。

古 **高平**【たかひら・こうへい】備前国　平安末期（永保）
古備前信房の弟、助平の兄。包平・助平と共に古備前三平の一人として高名ながら、高平のみ作刀が残らず、古押形類にも皆目みかけることがない。永延ころと伝えるが、弟の助平、また包平などとの関連から、年代は平安末期の人であろう。畠山次郎重忠の太刀「から平」を作るという。

新 **高平**【たかひら】越中守　初代　加賀国　桃山期（元和）
甚六初代兼若同人。元和六年ころ越中大掾を受領し高平と改銘。ほどなくして越中守に転任する。「越中守藤原高平」銘の作は元和七年紀のものから現存する。寛永五年没。⇩兼若〈甚六〉の項参照。

新 **高平**【たかひら】出羽守　二代　加賀国　江戸中期（延宝）
辻村伝右衛門。又助二代兼若の次男。二代目高平を継ぐ。延宝元年出羽大掾を受領、同二年出羽守に転ずる。延宝元年から元禄九年、四十六歳までの作がある。互の目乱、箱乱に玉を交じえて沸匂が深い。砂流し、金筋の入った烈しい出来もあり、兼若一門中で最も華美。

古 **高広**【たかひろ】相模国　室町末期（永正）
末相州。永正ころ。次代天文ころの高広は広正子という。「相州住高広」。

古 **高光**【たかみつ】備前国　室町初期（応永）
応永備前。応永二十七年八月紀がある。盛光一門か。「備州長船高光」。

た

たかつな～たかみつ

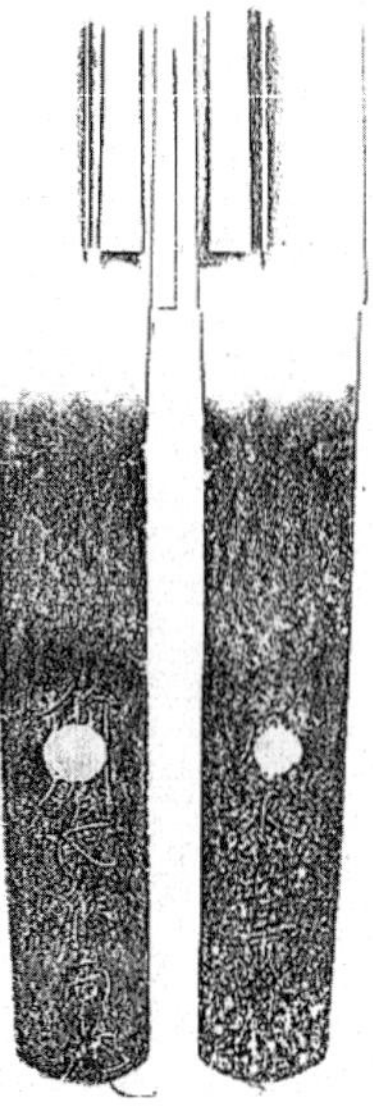

新 **高光**【たかみつ】 近江国 桃山期（慶長）

江州甲賀谷で作刀する。濃州三村のち近江に移る。慶長十二年紀に「近江国甲賀谷高光」と切ったものがある。滋賀甲賀町住。

新々 **隆国**【たかくに】**六代** 伊予国 江戸末期（文政）

岡本治郎九郎。治兵衛国豊の子。初銘国良、また助国、のち隆国。乗雲子と号す。はじめ吉田藩工の近江守久道に学び、寛政五年尾崎助隆門、寛政十年藩命により伯耆守正良の門に入る。文化七年、父国豊が隠居し岡本家を相続する。文化十四年、水心子正秀門に入り、翌年五月帰藩する。岡本家中興の祖といわれる。弘化二年九月十八日、七十二歳没。

新々 **隆重**【たかしげ】 讃岐国 江戸末期（文政）

近藤大助。尾崎正隆門。讃州高松住。

古 **隆豊**【たかとよ】 豊後国 室町末期（天正）

平高田。天正ころ。「豊州高田住平隆豊」。

新作 **隆平**【たかひら】 奈良 昭和

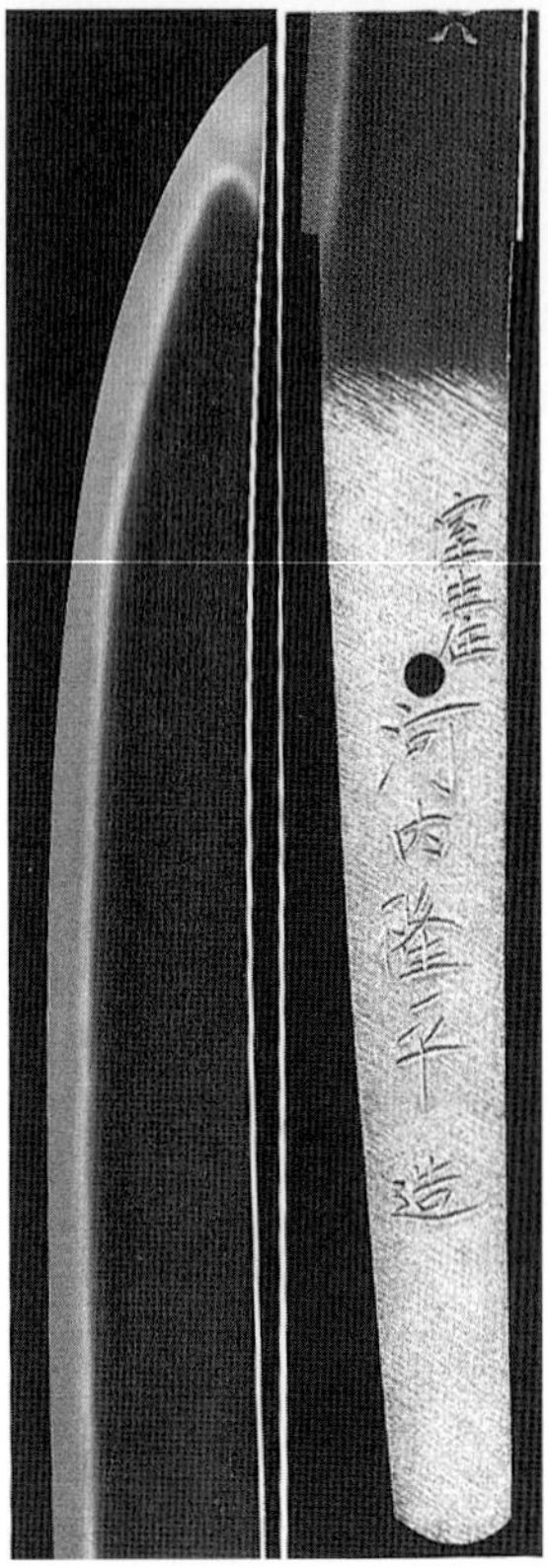

河内豊和。昭和二十七年生まれ。奈良県宇陀郡室生村出身。昭和四十七年、兄河内国平の日本刀鍛錬道場開設と同時に入門。昭和五十年、宮入行平の門に入るが、二年後の同五十二年、師の没することから国平の許に戻る。直刃。金筋、地景の働きを表出することに意を注ぐ。「室生住河内隆平造」。宇陀郡室生村住。

古 **隆広**【たかひろ】 相模国 室町末期（文明）

左衛門。助広門。文明から長享へかけての年紀作がある。「相州住隆廣」「相州住藤原左衛門尉隆廣」。

古 **隆広**【たかひろ】 相模国 室町末期（永正）

右衛門。のち陸奥へ移る。「相州住隆廣」「相模国住隆廣」「相州住右衛門尉隆廣」。

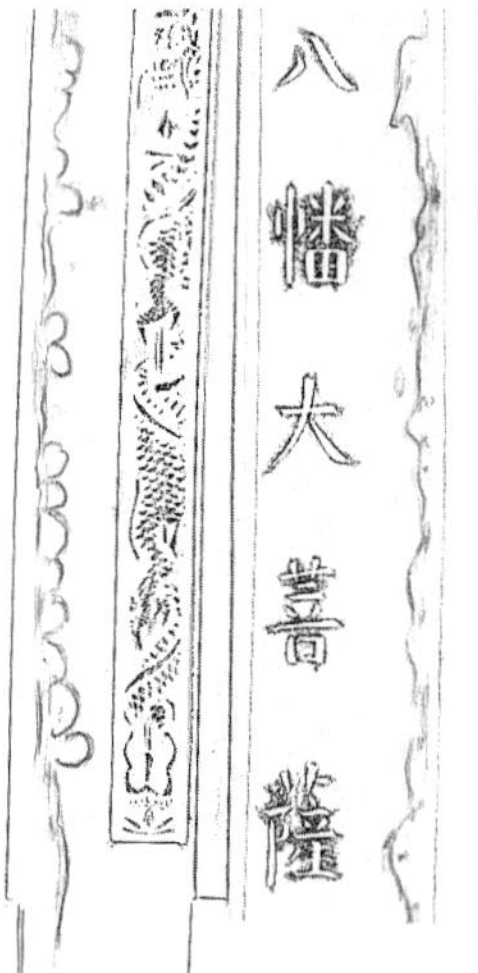

新作 **崇光**【たかみつ】 岡山 昭和

横井崇。昭和七年生まれ。竹下祐光、本阿弥宗景に師事。昭和五十二年作刀承認。互の目に丁子交じり。「備前国崇光」。岡山市住。

新々 **貴勝**【たかかつ】 美作国 江戸末期（寛政）

多田荘七郎。津山住。尾崎助隆門。「多田貴勝作」ほか二字銘にも切る。

◆二代貴勝は多田庄七。嘉永ころ。

新 **貴命【たかなが】**　尾張国　江戸中期（元禄）
「尾州住貴命」と切る。直刃、湾れ刃。

新 **貴道【たかみち】**　阿波守　初代　尾張国　桃山期（寛永）
本国濃州室屋関。尾張名古屋住。阿波守を受領。直刃、湾れに互の目足入り。「阿波守平貴道」と平姓を切る。

新 **貴道【たかみち】**　大和守　二代　尾張国　江戸初期（明暦）
濃州室屋関兼道の系流。尾張名古屋住。直刃、湾れに互の目交じり。源姓を切る。

新 **貴道【たかみち】**　信濃守　三代　尾張国　江戸中期（寛文）
「尾州信濃守源貴道」と源姓を切る。◆一流に陸奥守橘貴道（万治）、備中守貴道（享保）、播磨守貴道（享保）などのほか、「藤原貴道」（延宝ころ）と藤原姓を切った貴道がいる。

古 **貴光【たかみつ】**　備前国　室町末期（永正）
平右衛門。二代。永正・大永の年紀作がある。直刃、また互の目乱を焼く。「備前国住長船貴光作之」「備前国住長船平右衛門尉貴光」。初代貴光に長享三年紀の作がある。

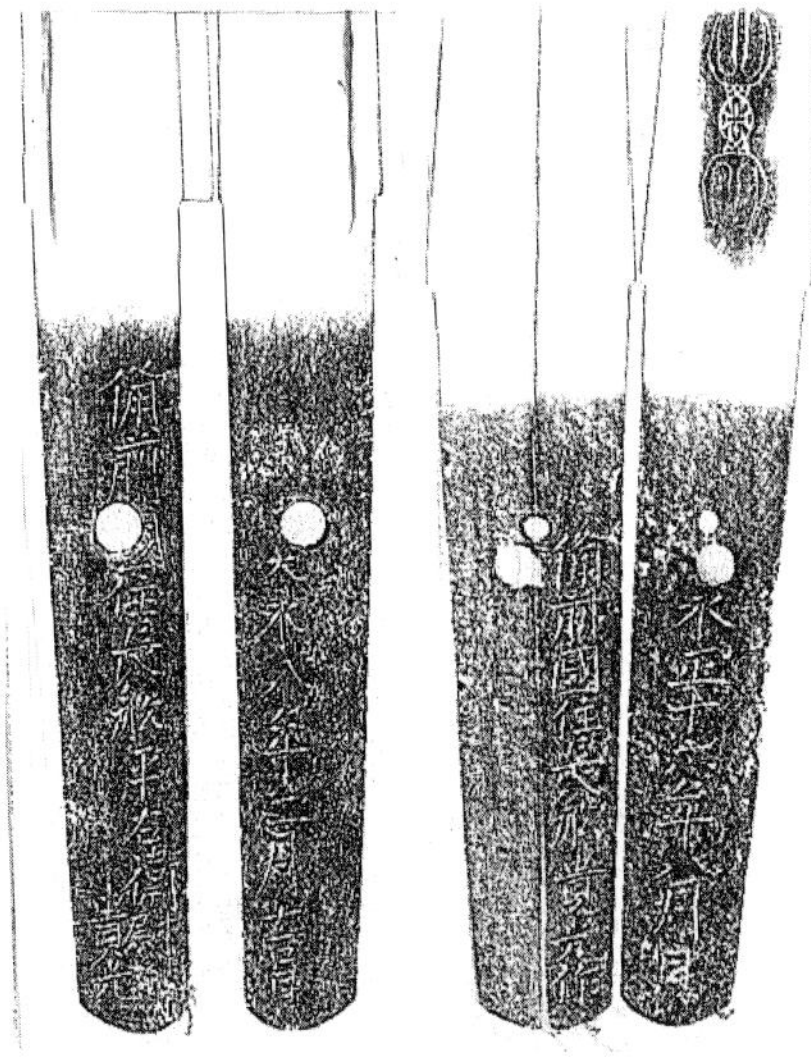

新々 **鷹成【たかしげ・たかなり】**　讃岐国　江戸末期（寛政）
多田甚作。龍藻軒と号す。高松市仏生山町住。嘉太郎に学び、のち大坂に出て黒田鷹諶門。文政七年、行年六十七の銘作がある。◆二代鷹春（天保）、甚之助。三代鷹宗（弘化）、四代鷹光（嘉永）、雲龍子、雲龍軒。五代鷹吉（文久）、兼三郎、龍藻軒。

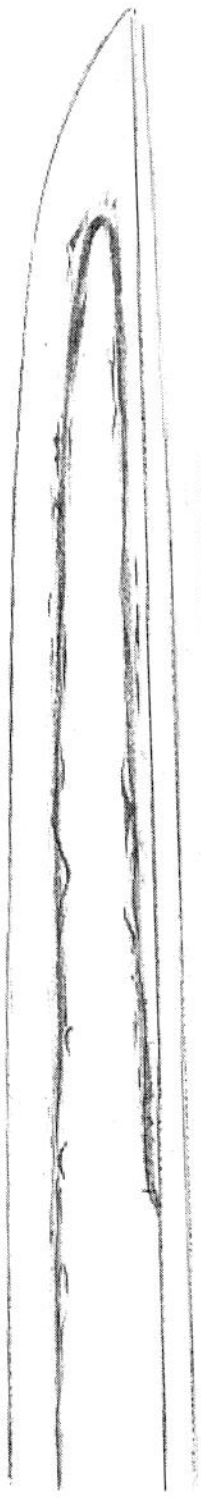

新々 **鷹俊【たかとし】**　播磨国　江戸末期（寛政）
黒田鷹諶門。播州赤穂住。直刃、大互の目乱を焼く。

新々 **鷹諶【たかのぶ】　初代**　摂津国　江戸末期（天明）
黒田源之進、のち左兵衛。黒田兼重の子。備後貝三原正近嫡流黒田助六正家六代の孫。本国播州姫路。大坂住。初銘正次。尾崎助隆の師。寛政初年没。

新々 **鷹諶【たかのぶ】　二代**　武蔵国　江戸末期（文化）
黒田源兵衛。初銘政吉。京、のち江戸に移住する。手柄山正繁の門。下総佐倉藩工となる。⇩**黒田政吉の項参照。**

新 武国【たけくに】初代　筑後国　江戸中期（延宝）

下坂太兵衛。筑前下坂二代茂勝の子。「筑州久留米住下坂武国」などと銘す。◆二代武国は太兵衛武国の子。下坂総市。伊賀守金道門、伊賀守を受領し清修と改める。

古 武永【たけなが】　筑後国　室町末期（文明）

大石左。家永子。文明年紀の作がある。「武永」「筑後国河崎住武永」「筑後住大石武永」。

新作 武則【たけのり】　愛知　昭和

橋本武平。明治四十四年生まれ。二代藤原一則門。日本刀展覧会に昭和十四年から出品し入選。戦後は新作名刀展に昭和四十年から連続入選。愛知県蒲郡市住。

古 忠家【ただいえ】　山城国　南北朝期（延文）

粟田口。藤五郎。忠吉子。京油小路住。延文三年紀の作がある。「油小路忠家造」。応永ころに「忠家」二字を切る後の工がいる。

新 忠清【ただきよ】　初代　肥前国　江戸初期（明暦）

新兵衛。初代忠吉門。互の目に丁子交じり、焼幅広く、華やかな刃文が多い。

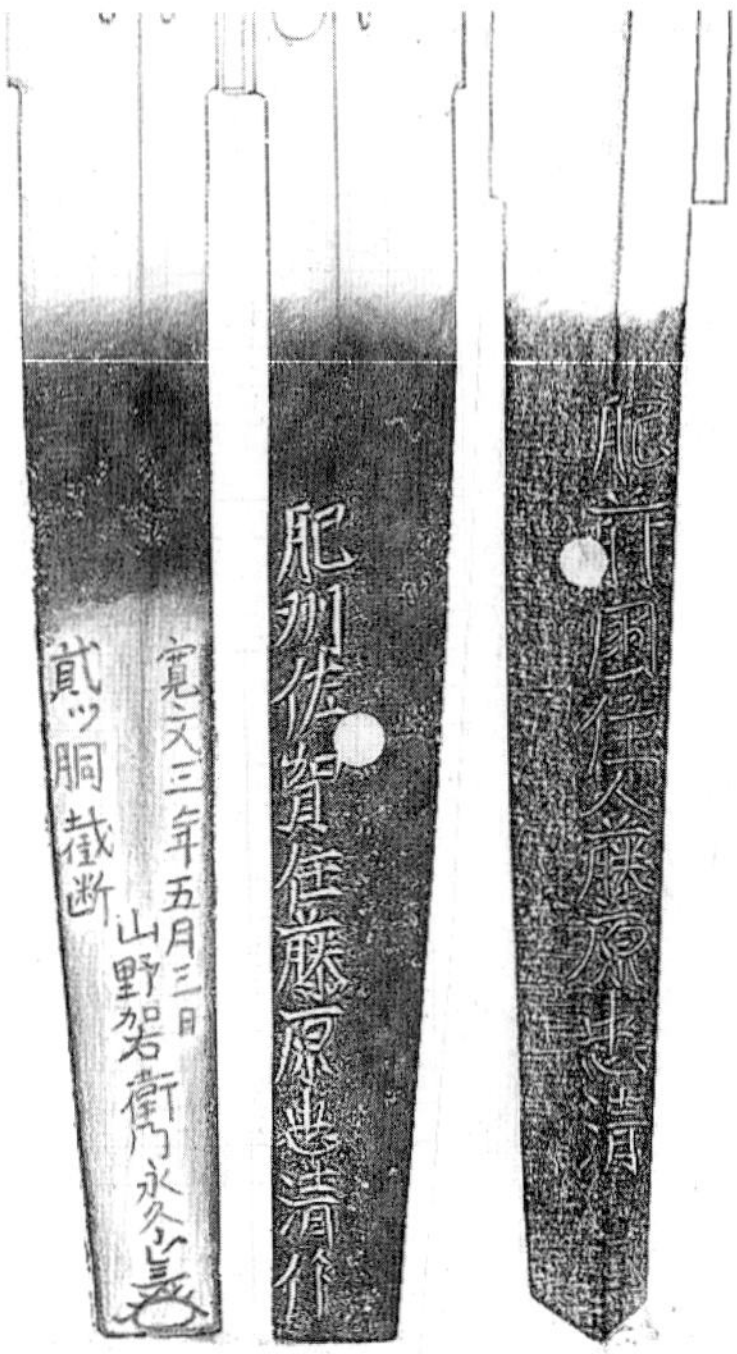

新 忠清【ただきよ】　下総大掾　二代　肥前国　江戸中期（寛文）

五郎左衛門。初銘治国。寛文五年十二月、下総大掾を受領する。七十五歳没。

新 忠国【ただくに】　信濃大掾　初代　因幡国　桃山期（寛永）

山本八郎太夫。初銘囶勝。のち刻国から忠国に改銘。出羽大掾国路門。京では師の晩年、明暦ころに代作をするが、すでに慶安元年には自身作がある。慶安三年紀に武州江戸打ちの作がある。寛永初め京から因幡鳥取へ移り、寛永八年ころ池田家の抱工となり、忠国と改める。寛永十一年八月、信濃大掾を受領。寛文六年に没するまで四十年近い鍛刀期をもつ。

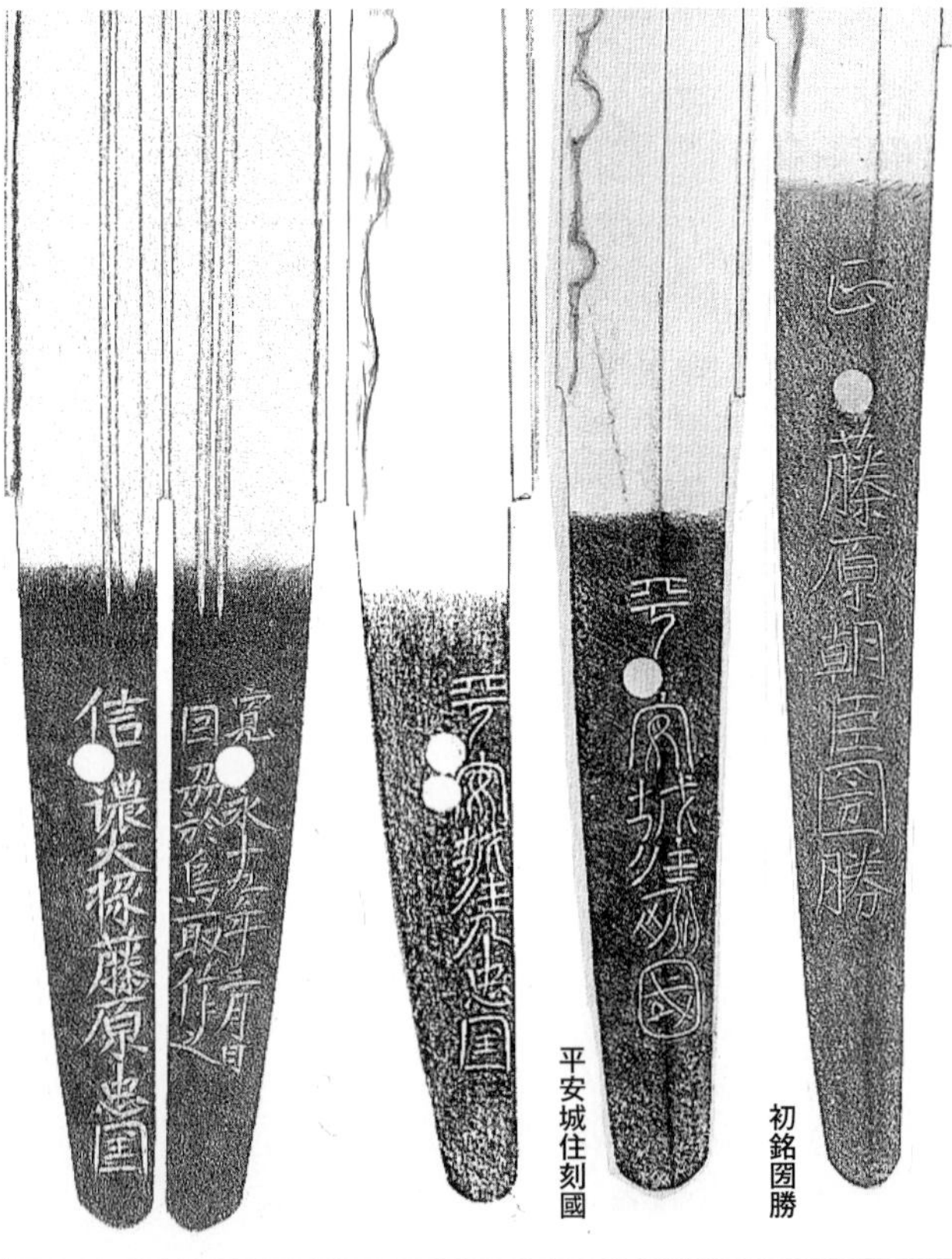

初銘囶勝

平安城住刻國

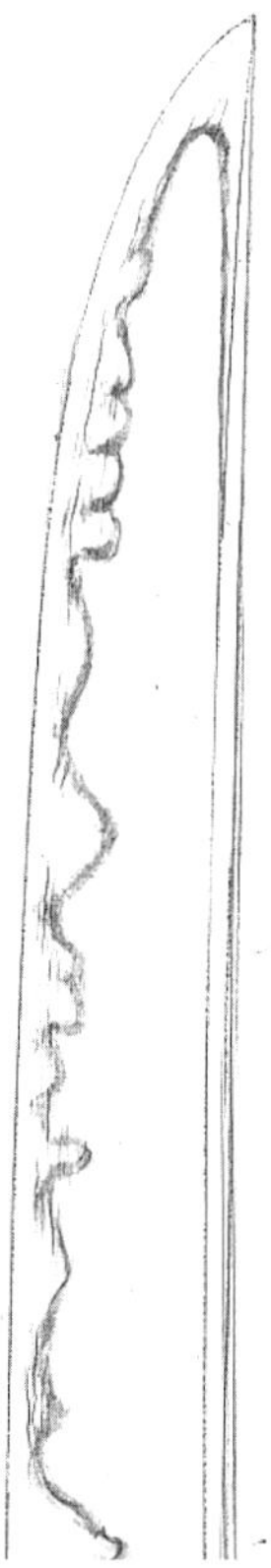

つ。初代は「国」字の内を「玉」に切るのが多い。京での初期銘に篆書体に切るのがある。中直刃が多く、湾れ乱、互の目乱など。匂深く小沸よくつき、乱刃は末関風がある。

新 忠国【ただくに】 信濃大掾　二代　因幡国　江戸中期（天和）

山本八郎太夫。正徳元年、朝鮮使節に贈る大太刀、大薙刀を鍛える。鳥取城下鍛冶町住。信濃大掾受領。宝永三年紀に「山本信濃守忠國造之」と切った信濃守受領銘が二例あるが、すぐに信濃大掾に戻っている。作刀期は天和ころから没年まで三十八年間がある。享保五年十一月、七十歳没。忠国歴代中で作刀数が最も多い。直刃を得意とし、湾れ乱、互の目乱など。互の目の先が尖らず、焼の谷ともに丸味がある。

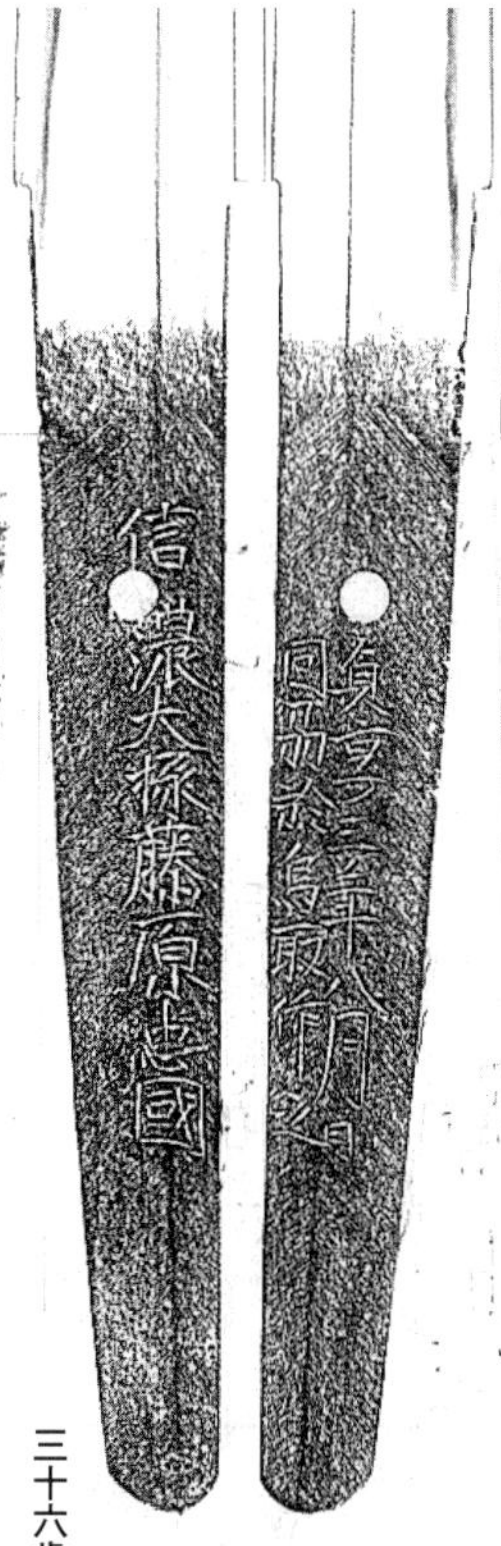

三十六歳

五十六歳
（『刀剣銘辞典』）

新 忠国【ただくに】三代 因幡国　江戸中期（享保）

山本忠次郎、のち八郎太夫。二代忠国嫡子。享保五年の年三十三歳（『古今鍛冶備考』）という。享保二十年、寛保元年紀に「因州住山本八郎太夫尉藤原忠國」と銘した作がある。三代忠国は信濃大掾の受領がないとされてきているが、延享三年紀の受領銘の作刀があることで、寛保元年八月から延享三年までの間に受領していることが明らかである。『新刀弁疑』は三代を評して「父祖に劣れども上手なり」と記している。

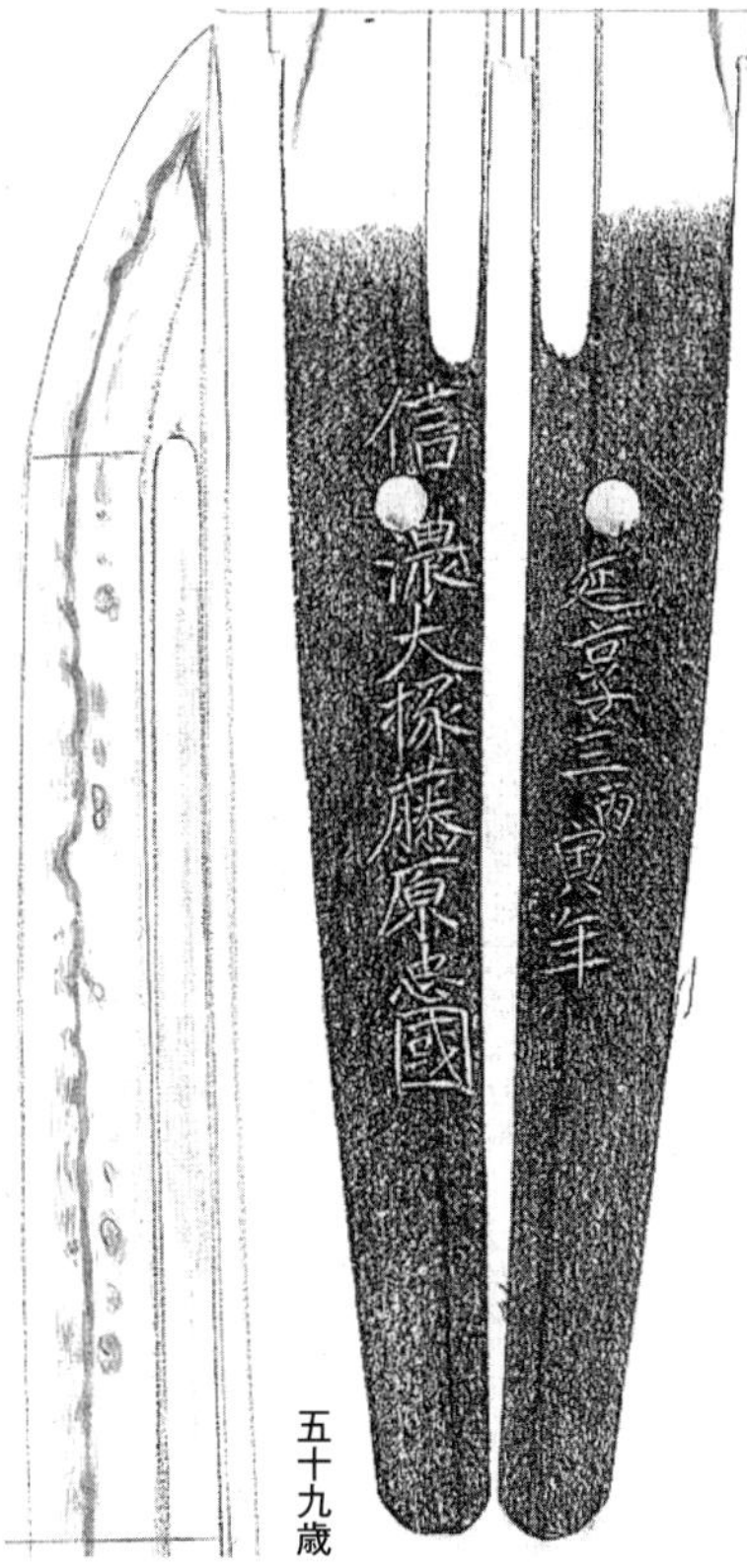

五十九歳

新々 忠国【ただくに】四代 因幡国　江戸末期（安永）

山本八郎太夫。『新刀弁疑』は寛延二年の忠国をみたが三代目ではなく、四代目ならんと記し、四代は「今（安永八年）六十余歳」という。はじめは信濃大掾の受領銘を切るが安永のころから二字銘に打つ。寛延ころ

から安永ころまでが作刀期である。

新々 **忠国【ただくに】五代**　因幡国　江戸末期（寛政）

「信濃大掾五代忠国」銘の作（『新刀古刀大鑑』）があり、寛政十年八月紀の刀がある。「山本一乗子忠國」銘の作が稀にあるが、後代幕末期・慶応ころの人である。忠国の名跡は六代文化、七代天保、八代弘化と続き、七代、八代は大坂へ転住する。九代慶応は一乗子忠国同人との見方がある。

新 **忠国【ただくに】**　播磨大掾　初代　肥前国　桃山期（寛永）

相右衛門吉家（広貞）の次男。六郎右衛門。初銘広則。初代忠吉門。寛永十一年、播磨大掾を受領、忠国と改め、のち播磨守に転ず。小城の鍋島家に抱えられ小城藩工となり橋本播磨と号す。老後に入道して播磨入道休鉄と打つ。年紀があるものでは寛永から貞享までの作があり、隠居して後も作刀を続ける。晩年には二代の代銘作がある。元禄四年四月二十二日、九十四歳没（『忠吉系図』）とあるが、「入道休鉄年八十才天和三年十二月吉日」と切る二代忠国との合作銘（『刀剣美術』第三六三号（忠国の代別）横山学氏）によれば、初代忠国が没したとする元禄四年は八十八歳となる。互の目乱の作が多く、直刃も焼く。刃中に砂流しし、金筋があり、傍肥前刀の中で初代正広に比肩する上手。

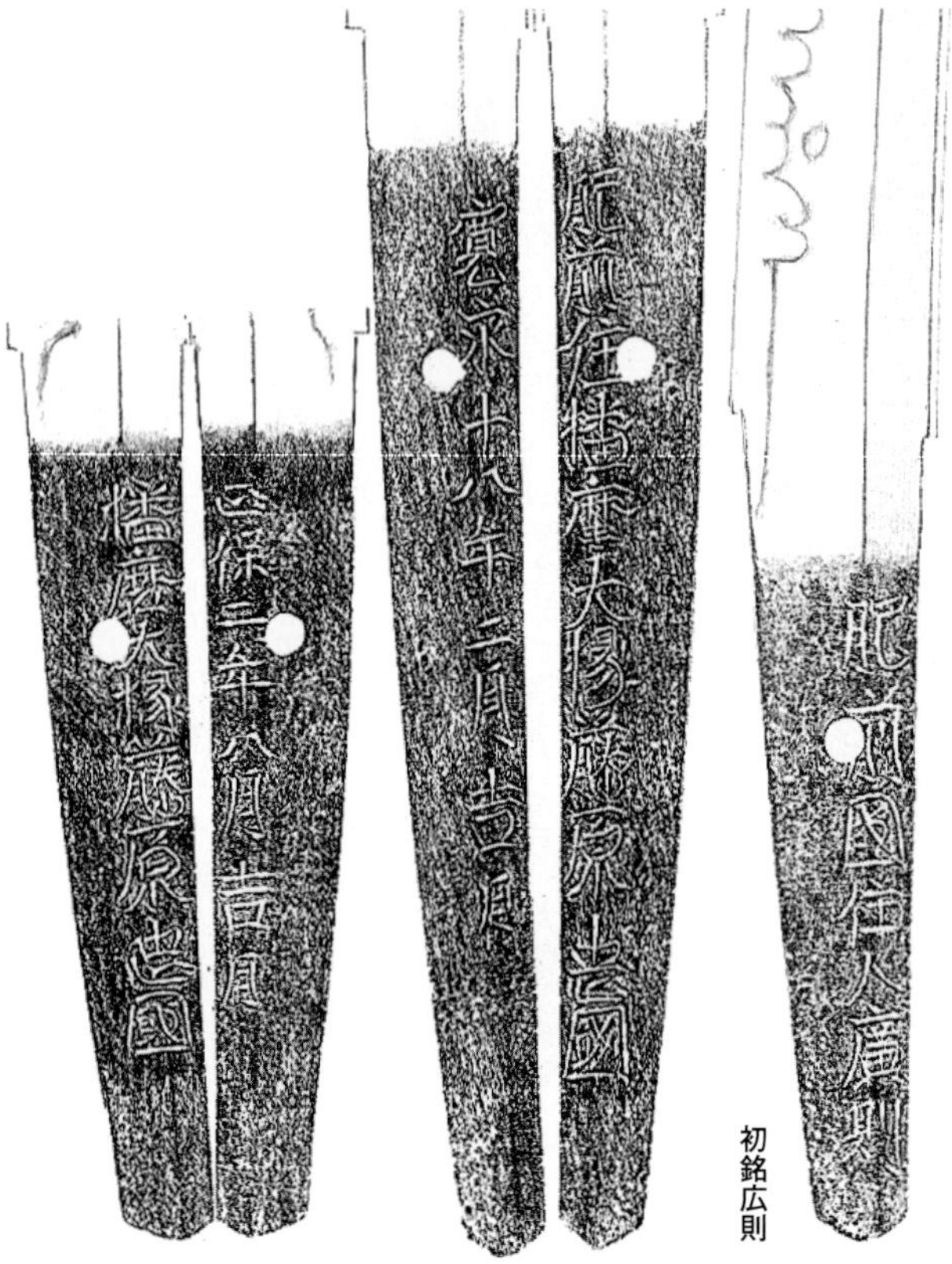

初銘広則

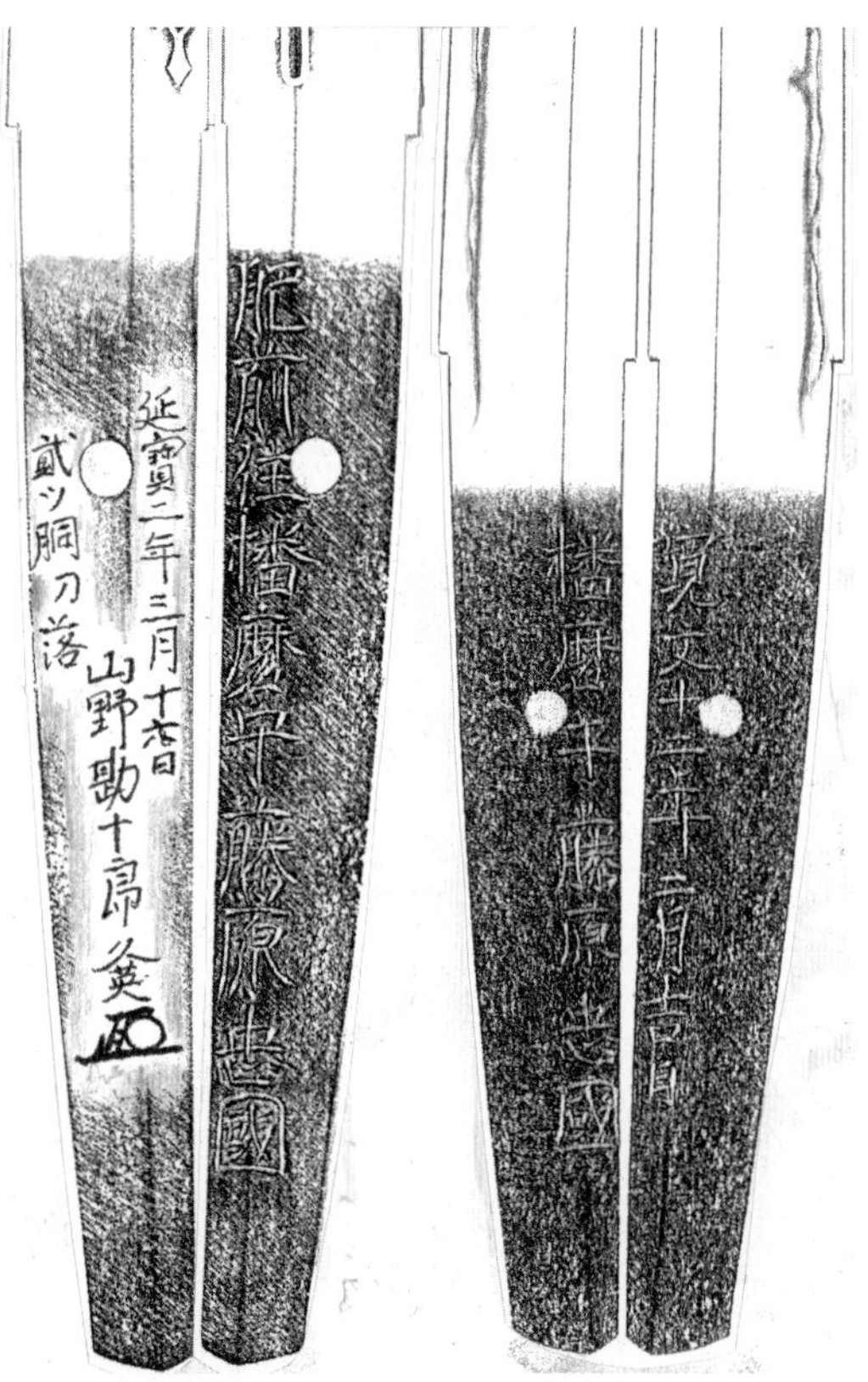

新 **忠国【ただくに】**　播磨守　二代　肥前国　江戸中期（延宝）

初代忠国子。弾左衛門。初銘治国。父隠居により忠国を襲名する。万治二年六月十七日上総大掾を受領（『町人受領記』）し、のち二代播磨守忠国を名乗る。初代忠国の晩年に二代は代銘作をなす。年紀があるものでは、延宝から元禄ごろまでのものがある。茎に抱牡丹・菊花紋を刻す。

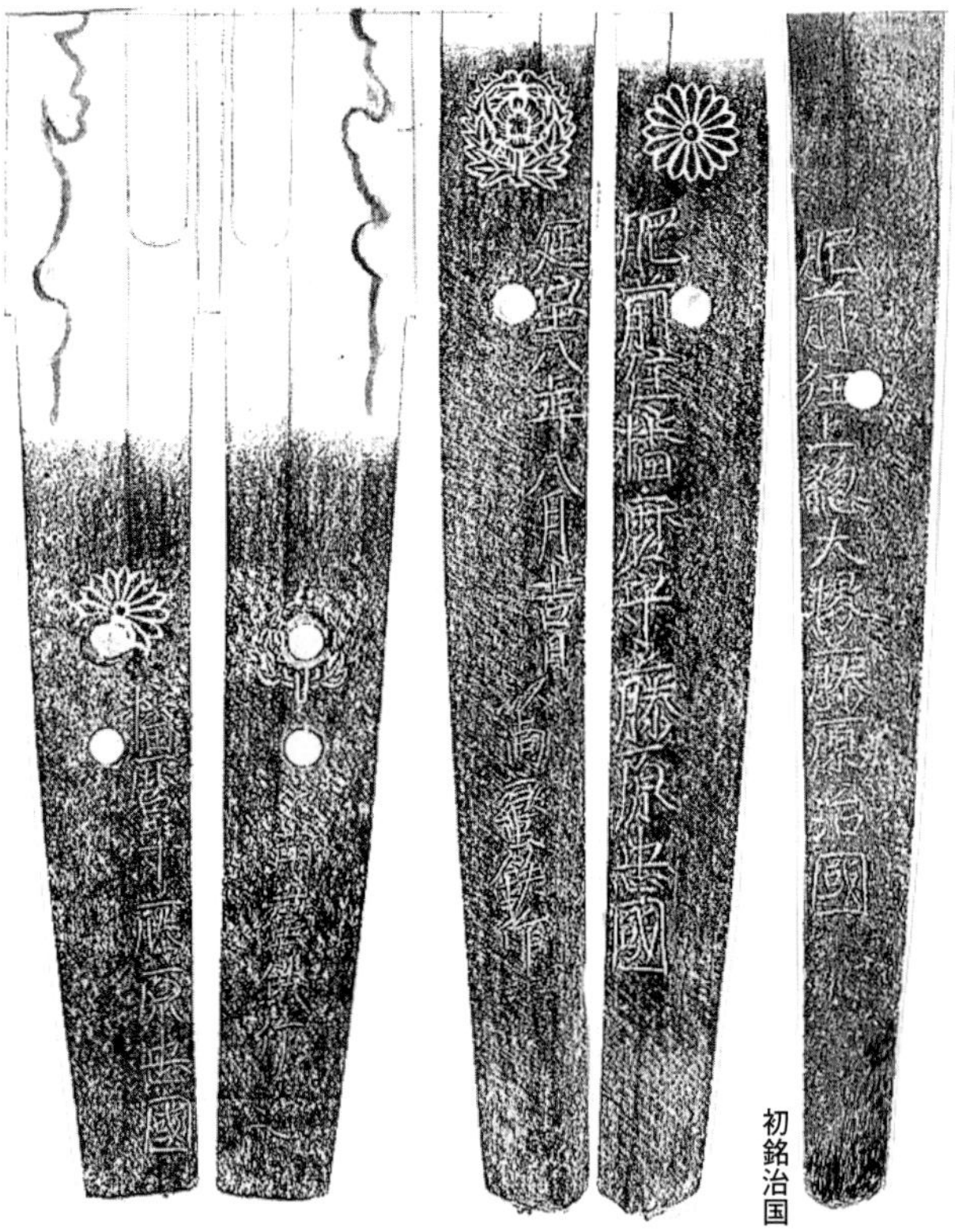

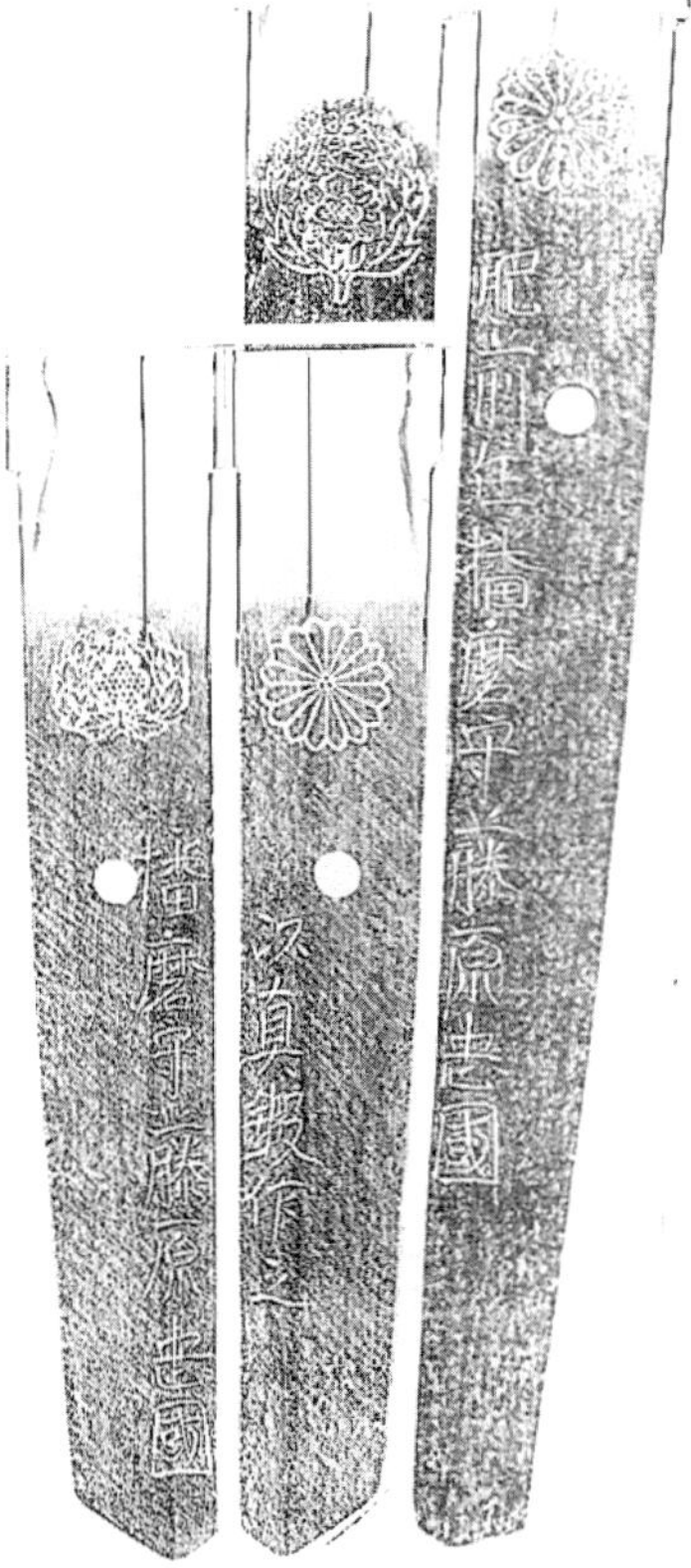

新 **忠国【ただくに】** 播磨守　三代　肥前国　江戸中期（元禄）

二代長男。相右衛門。播磨大掾受領。のち元禄八年播磨守に転任する。『古今鍛冶備考』に享保五年に四十六歳とある。これにもとづけば元禄年紀の作は三代であり、播磨守を受領した元禄八年は二十一歳である。茎に二代と同じく抱牡丹・菊花紋を刻す。

新 **忠国【ただくに】** 播磨大掾　四代　肥前国　江戸中期（正徳）

四代忠国の作に正徳四年紀がある。この年に三代忠国は四十歳なので、四代は二十歳台前半であったろう。播磨大掾を受領する。作刀は稀少。

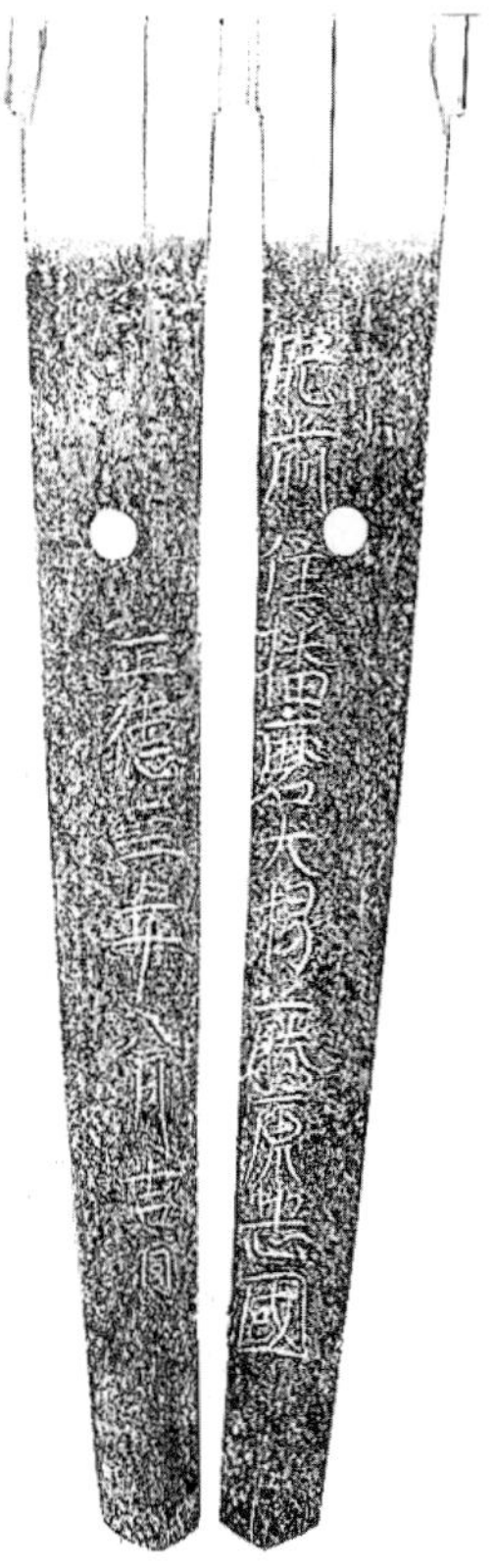

古 **忠貞【ただ さだ】** 出雲国　室町初期（応永）

仁田郡住。本国備前。初代忠貞が備前吉井から雲州仁田郡に移住したと伝える。移住は同門の忠定と共であったといい、忠定には応永二年紀の作があることから、忠貞の移住は応永初年と考えられている。現存する忠貞作は室町後期になってからである。「雲州仁田郡住忠貞」。

古 **忠貞【ただ さだ】** 出雲国　室町末期（長享）

仁田郡住。忠貞には室町初期の作刀はみられず、三代長享ころの鍛冶からみられ、末備前調の作風を表わす。「忠貞」「雲州住忠貞作」。

古 **忠貞【ただ さだ】** 出雲国　室町末期（永正）

四代忠貞に永正、大永年紀の作がある。次いで五代天文、六代文禄と同銘が続く。直刃また互の目乱を焼き、沸がつき、匂口締りがちなものが多い。「忠貞」「雲州住忠貞」「雲州仁多郡住忠貞」。六代忠貞には「雲州安部郡住忠貞」銘がある。

古 忠重【ただしげ】 備前国 鎌倉初期（貞応）
古備前。貞応のころ。直刃調に小乱、小丁子足入り、小沸つき金筋入る。「忠重」。

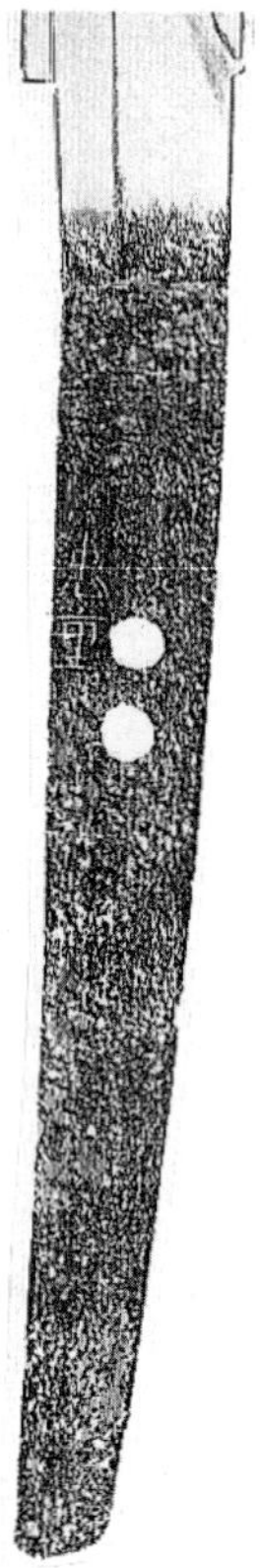

新 忠重【ただしげ】 摂津国 江戸中期（天和）
井上忠重。初代粟田口忠行門。摂州生玉荘住。江戸にても造る。直刃、互の目乱。

新 忠重【ただしげ】 和泉守 薩摩国 江戸中期（元禄）
奥忠清の三男。主左衛門、初銘秀興、のち忠重。津田助広門。鹿児島城下に住、大隅国でも作刀する。元禄二年、和泉掾受領、のち和泉守に転じる。太刀銘に切るものが多い。鎗の上手。享保十年八月二十五日、六十七歳没。⇩秀興の項参照。

新 忠助【ただすけ】 駿河国 江戸中期（寛保）
五条忠助。駿州島田鍛冶の最後の刀工という。大小刀の作がある。

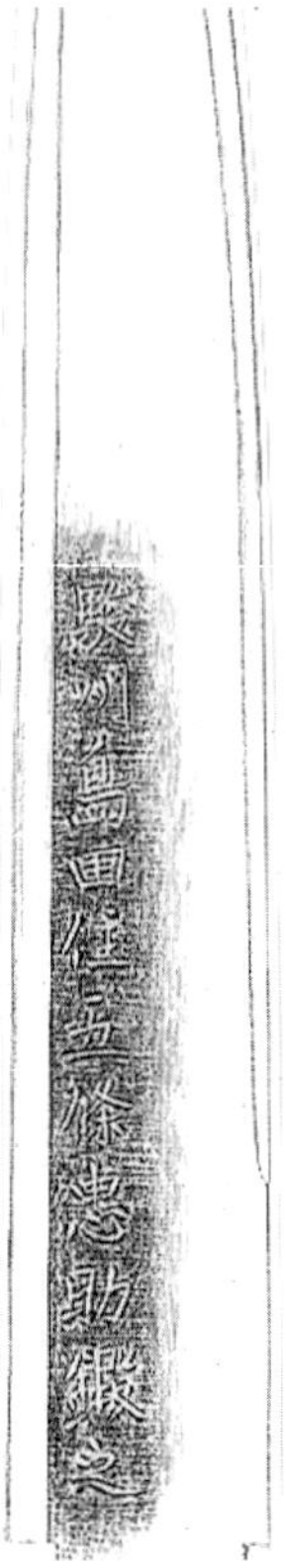

新作 忠孝【ただたか】 佐賀 昭和
井上慶昭。明治三十七年生まれ。父勘三郎国包に学び、昭和十六年、堀井俊秀系の田口正次門に入る。同十八年、小倉陸軍工廠受命刀匠。同四十五年から忠孝と称し、「肥前国白竜子忠孝」と銘す。新作刀技術発表会入選。

新 忠次【ただつぐ】 山城国 江戸初期（正保）
本国越前。下坂。大和大掾を受領、のち大和守に転ず。京伏見住。直刃、互の目乱など。◆二代目は元禄ころ、「大和守藤原忠次」と切る。

新作 忠次【ただつぐ】 東京 昭和
清水忠次。大正十年生まれ。初代吉原国家門。新作名刀展で奨励賞二回、努力賞五回受賞。新藤五国光、青江、大和保昌を目標とし、短刀を好む。全日本刀匠会発足に尽力する。東京都葛飾区住。平成十年十二月三十日、七十七歳没。

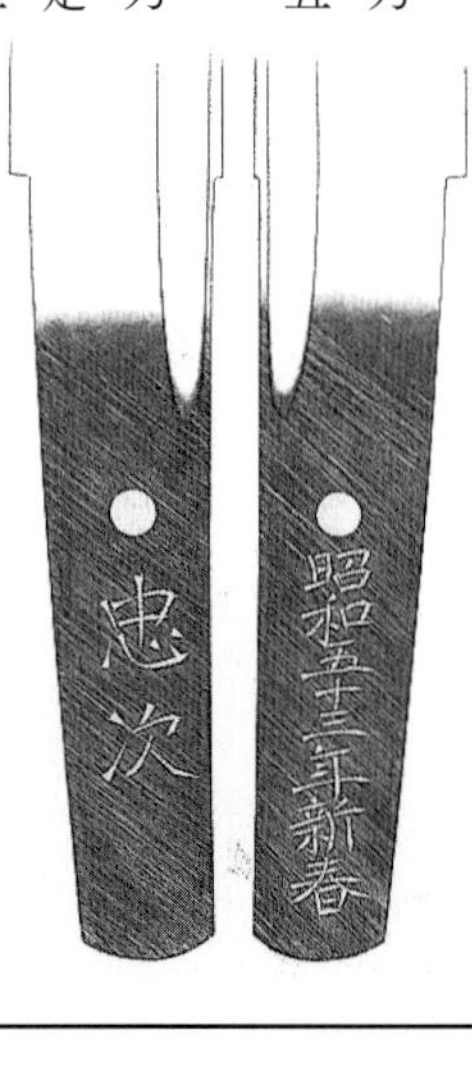

新作 忠次【ただつぐ】 佐賀 昭和
中尾三治郎。明治四十三年生まれ。堀井俊秀門。陸軍受命刀匠。戦後は新作名刀展に出品し入選。第二回展に努力賞受賞。東松浦郡肥前町住。

新 忠綱【ただつな】 山城国 江戸中期（享保）
湫村《いけむら》久兵衛尉。粟田口忠綱と同銘で、同じ粟田口住であることから、初

代忠綱と近親の一族とみられる。初代忠綱の初期銘に類似したところがあるが、別人。年代は享保ころ以降であろう。

新 忠綱【ただつな】 近江守　初代　摂津国　江戸初期（慶安）

浅井善太夫。本国播州姫路。粟田口国綱の末流という。山城国京に住し、のち大坂に移る。京在住時に「京五鍛冶」に列せられる。近江大掾受領、のち近江守に転じる。大坂移住は慶安元年か、その年よりわずか以前のことで、大坂へ移ってから活発な鍛刀活動を始める。作刀の盛期は慶安から承応・明暦の間で、万治年間に五十歳をすぎてから二代忠綱への代替り期に入り、寛文四年紀に二代との合作がある。弟忠行には万治三年紀、正綱には寛文十、十一年紀の作があり、それぞれが万治年を過ぎてから独立して作刀を残している。初代作に延宝四年紀、六十七歳の作があって、かなりの長命者であったと知れる。足長丁子の乱刃を得意とする。稀に刀身彫があるが、「彫同作」を添銘しない。

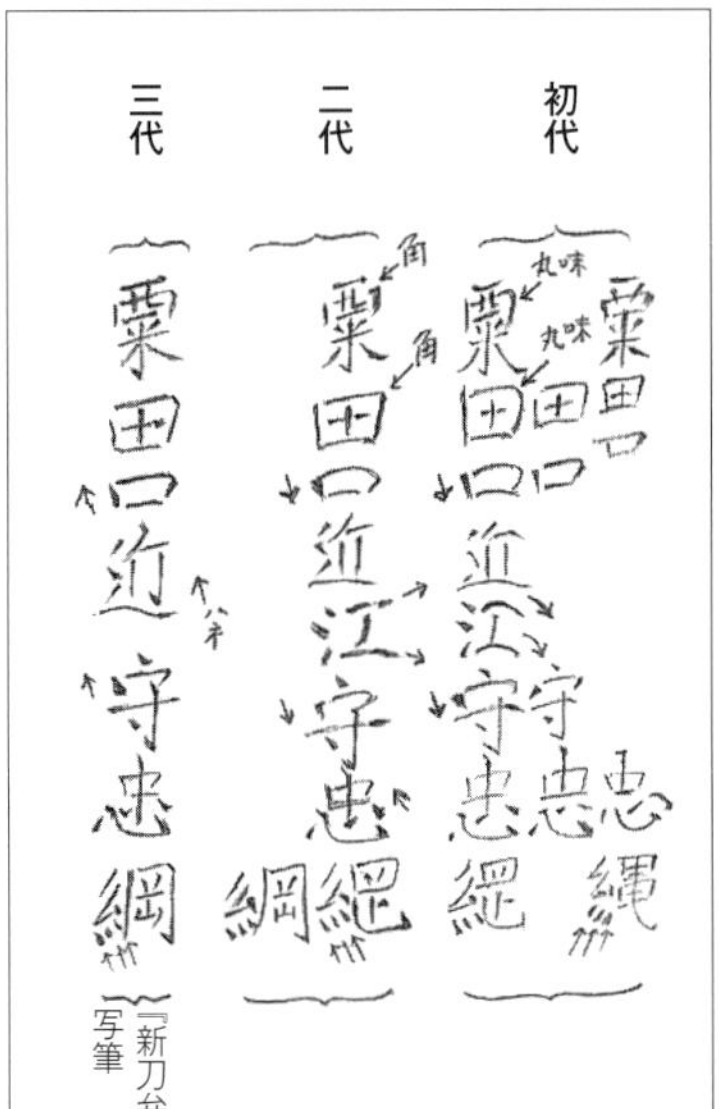

『新刀弁疑』から写筆

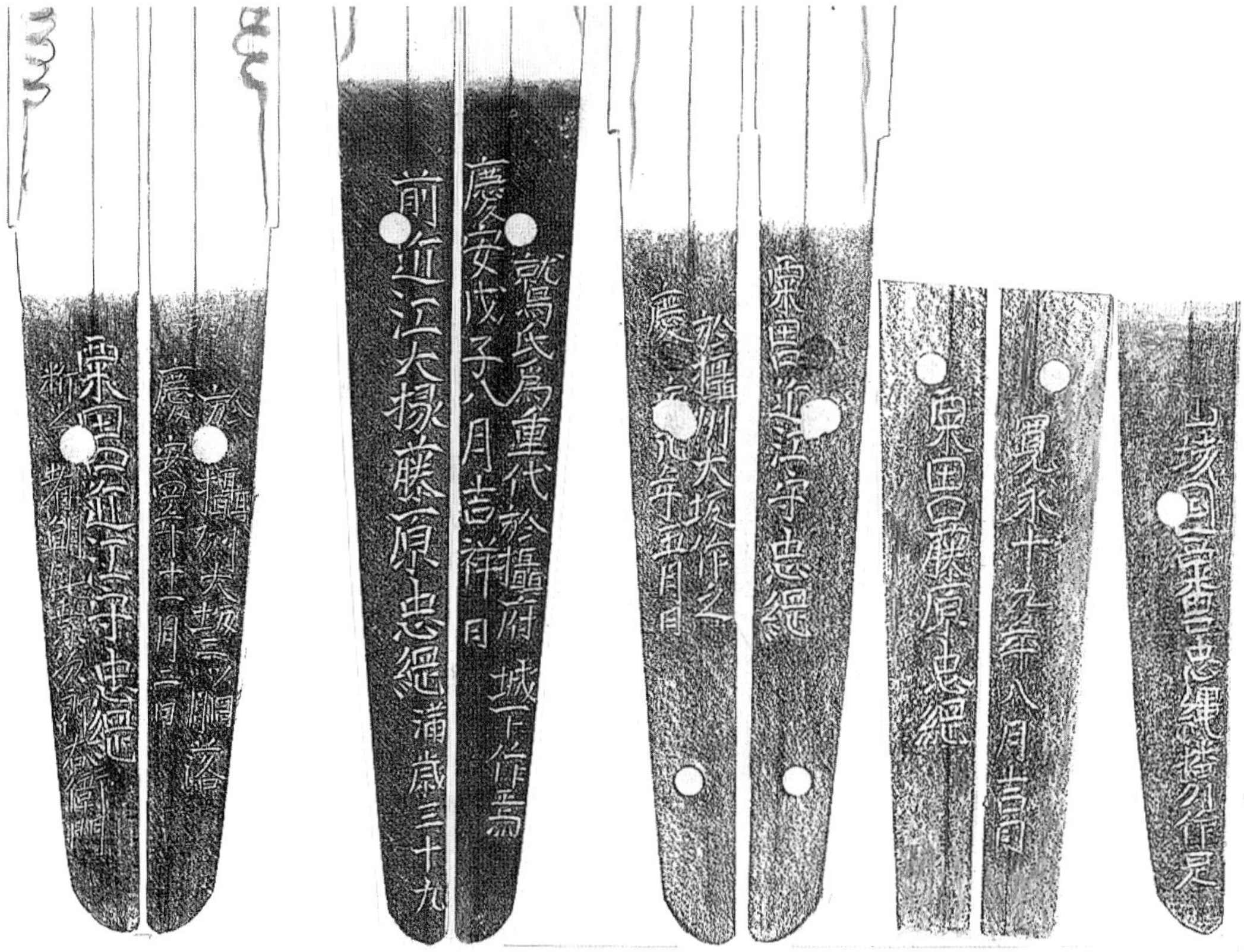

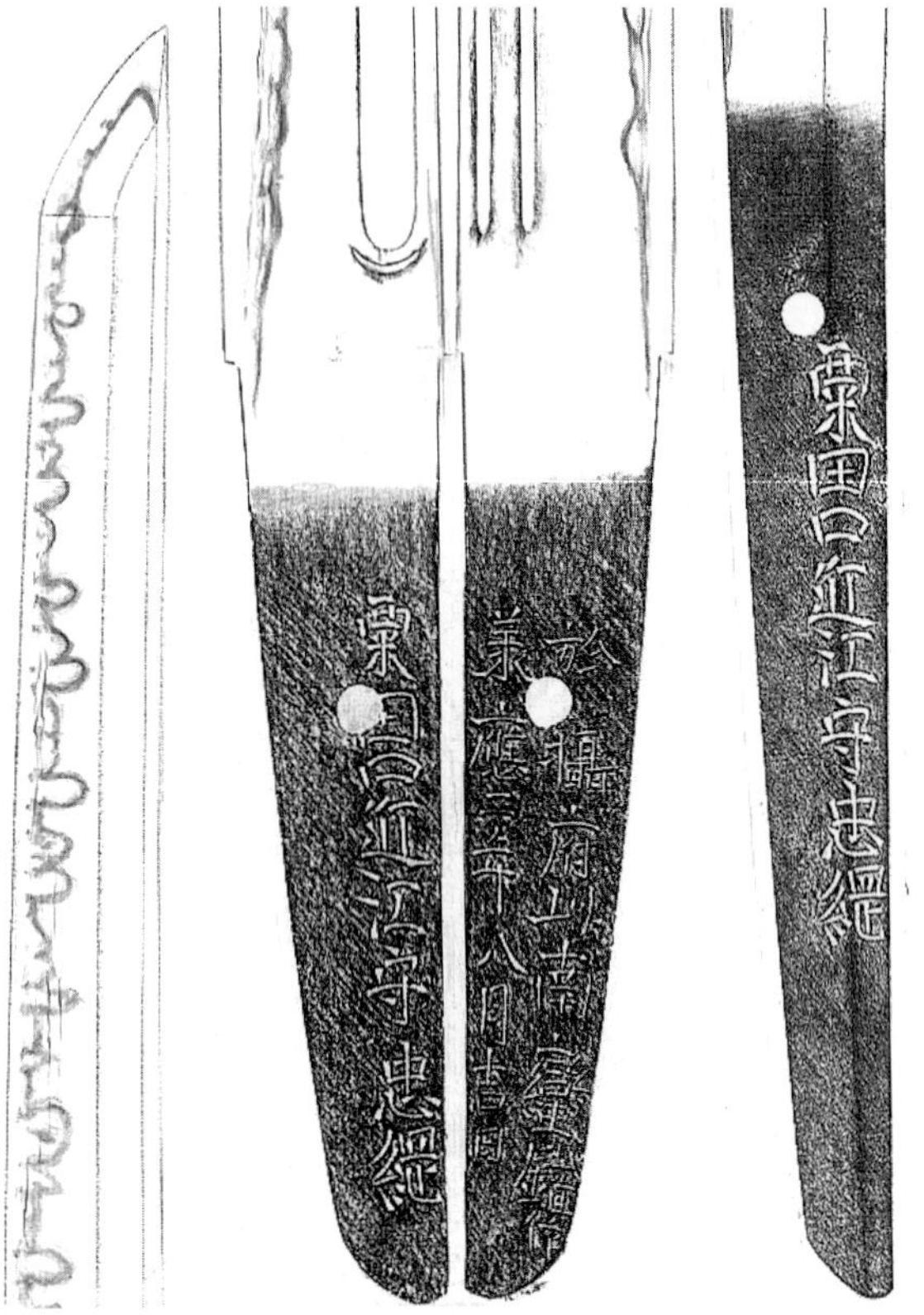

新 忠綱【ただつな】 近江守 二代 摂津国 江戸中期（元禄）

浅井万太夫。初銘忠国。一竿子また合勝軒と号す。いまは一竿子忠綱の名で知られているが、江戸時代は「万太夫忠綱」と呼称されている（『新刀一覧』）。刀身彫の名手で名高い。伏見両替町、のち常盤町四丁目住。寛文二年、十九歳時の作から享保二年紀の刀までおよそ五十五年があり、なお銘鑑には享保十二年、八十四歳の作があるという。通算しては六十五年間の鍛刀期があり、大坂新刀のみでなく、新刀期を通じて屈指の長命者の一人だったことになる。作刀の盛期は元禄・宝永年間で、一竿子を号している。残された作刀からみて一竿子は元禄三年（二年とも）から用いている。自身で刀身彫を施したときは「彫同作」「彫物同作」と茎に加刻する。これのないのは後彫であり、後彫に彫同作を追銘したものもあることは要注意である。濤瀾乱を好み、忠綱の濤瀾は傾斜が緩や

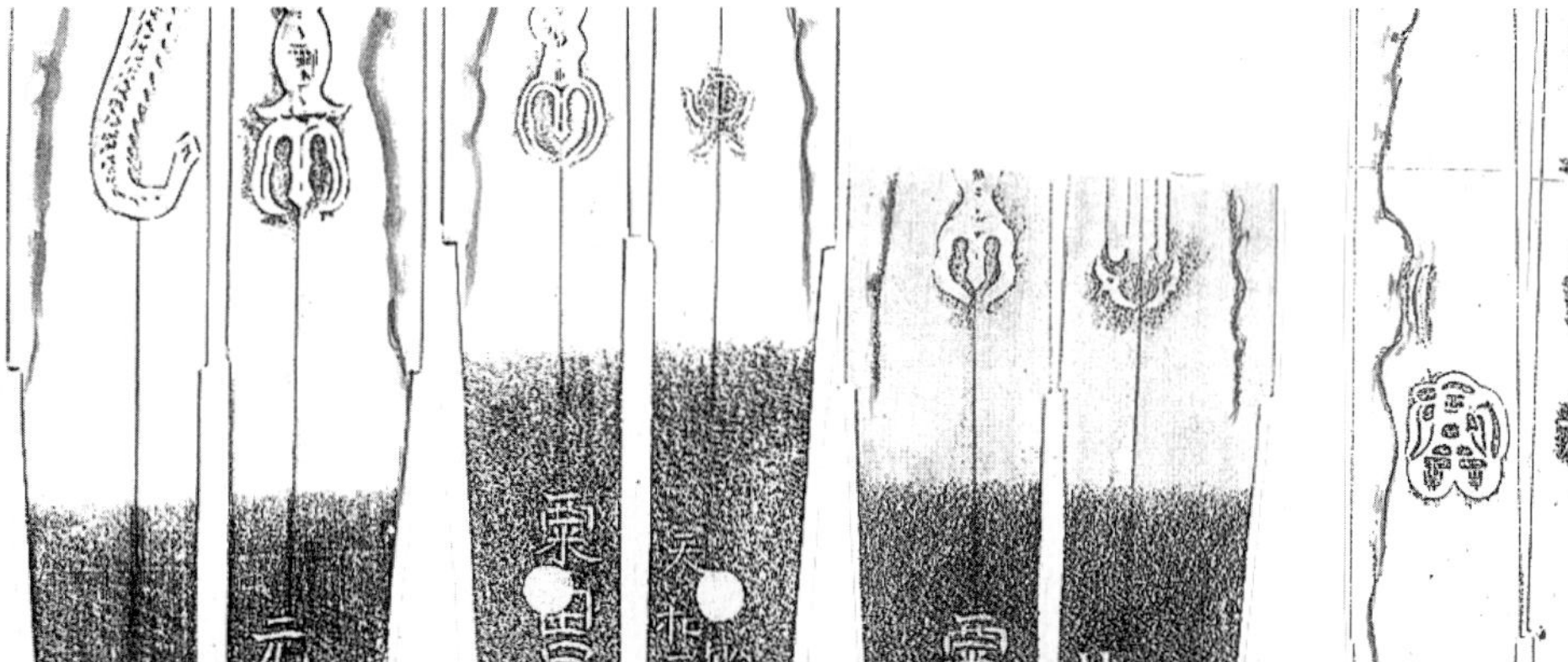

初銘忠国、二十二歳

かで、刃中に丁子が交じる傾向がある。晩年作には丁子乱が比較的多い。

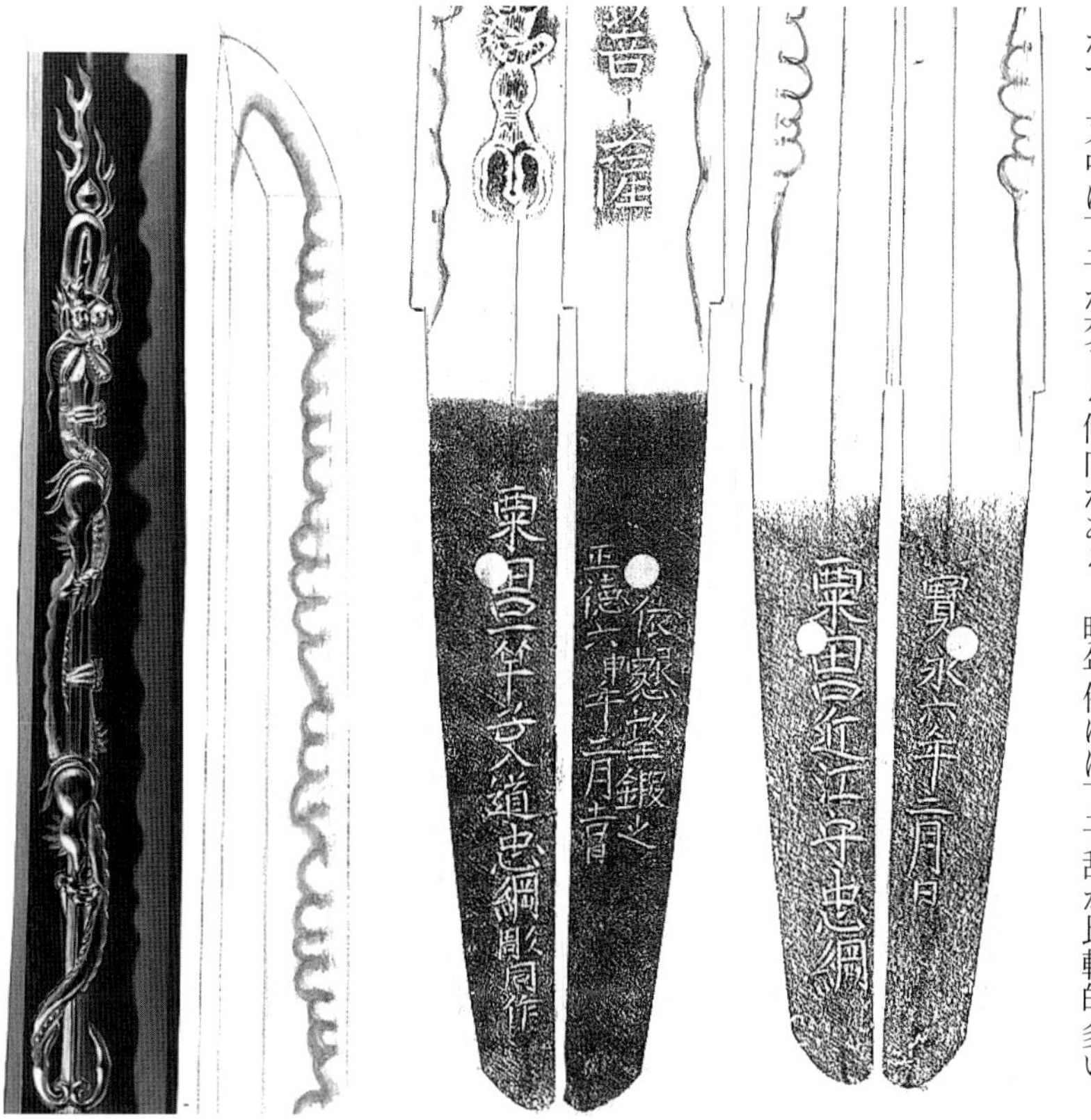

新 **忠綱【ただつな】** 近江守　三代　摂津国　江戸中期（享保）

一竿子忠綱の子で政之進という。初銘宗綱。のち忠綱を襲名し、「粟田口近江守忠綱」と銘したと伝えるが、該当する確かな現物は未見である。父一竿子の鍛刀期間が長く、その助手役に終始していて、「彫物は父に劣らざる名人也」（『新刀弁疑』）といい、一竿子の刀身彫に三代作があることを思わせる。独立後の作刀は少なかったであろう。政之進宗綱が三代目忠綱であることは江戸時代の諸書が肯定するところであるが、いま三代忠綱銘の作は確認できない。『新刀弁疑』は「銘中心父に似たり、然れども口の字に見所有り鑽父より深し」として「粟田口近江守忠綱」の茎図を揚げている（初代の項・代別図参照）。これによれば「口」の第一画、「守」の第二画点を初・二代の鏨と逆向きに打ち、「近」の第四画にハネ鏨がみられる。作刀がみつかるとすれば享保初年から元文・寛保にかけての年代のものが三代忠綱作であろう。

三代目政之進忠綱（『新刀弁疑』）

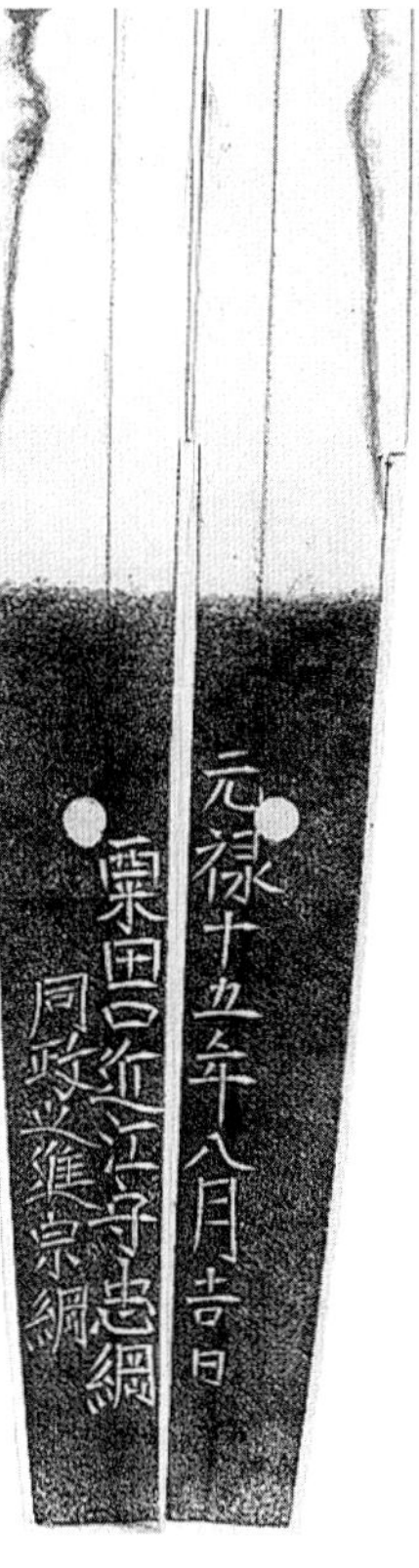

父一竿子忠綱との合作

新作 **忠綱【ただつな】** 鳥取　昭和

大原忠次郎。明治三十五年生まれ。昭和十年ころから森脇正孝に学ぶ。鳥取県西伯郡住。

新々 **忠因【ただなお】** 播磨国　江戸末期（天明）

姫路城主酒井忠以の弟で、絵師として知られる酒井抱一の慰作。天明二年紀の作がある。文政十一年十一月二十九日没。

古 **忠久【ただひさ】** 備前国　室町末期（文明）

長船。忠光門。文明ころ。「備州長船忠久」。

新々 **忠秀【ただひで】** 羽後国　江戸末期（文政）

佐藤周治。初銘正近。水心子正秀門。安政五年、七十六歳没。直刃、互の目乱、皆焼状の相伝の作がある。

新 **忠広【ただひろ】** 近江大掾　二代　肥前国　江戸初期（正保）

初代忠吉の子。平作また平作郎。のち新左衛門。父が没した寛永九年、忠広は十九歳で家職を継ぎ、一族一門を統率する立場にあった。寛永十八年七月二十二日、近江大掾を受領。父が没した翌年寛永十年紀の作から元禄六年五月二十七日、八十歳で没するまで六十年の長い鍛刀活動を続け、歴代中で最も多くの作刀を残す。

中直刃、湾刃、乱刃の三様があり、乱刃は互の目足、丁子足を揃えて長く入れる。互の目は二つあて連なるものが多く、丁子は頭が丸く、足長丁子を形どる。焼の谷に沸が多くつき、〝こごる〟のは肥前刀全般にみる沸づき方で、二代の互の目乱に顕著。帽子は初・三代に比べ返りをやや長く焼下げる。初代晩年の武蔵大掾銘時代に、二代の代作代銘作がある。銘は終生〝忠廣〟を銘して〝忠吉〟を名乗っていない。「廣」字は初・二代で字画を変えている（図参照）。

初代忠広は「廣」字の第一画の点を菱形に打つ。二代忠広は点を初め右下から左上へ、寛永十一年ころからのちは上から下へと打つ。「廣」の第十三画の点は、初・二代は逆向きに打つ。

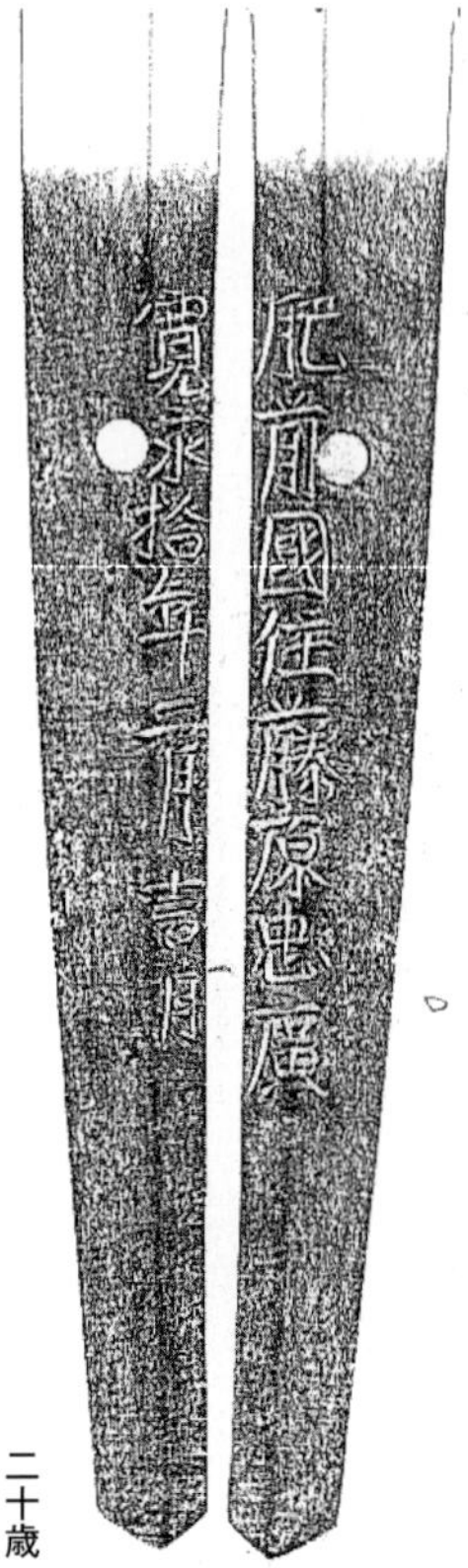

二十歳

受領直前の作

受領年の作

三十五歳

二月十五日改元

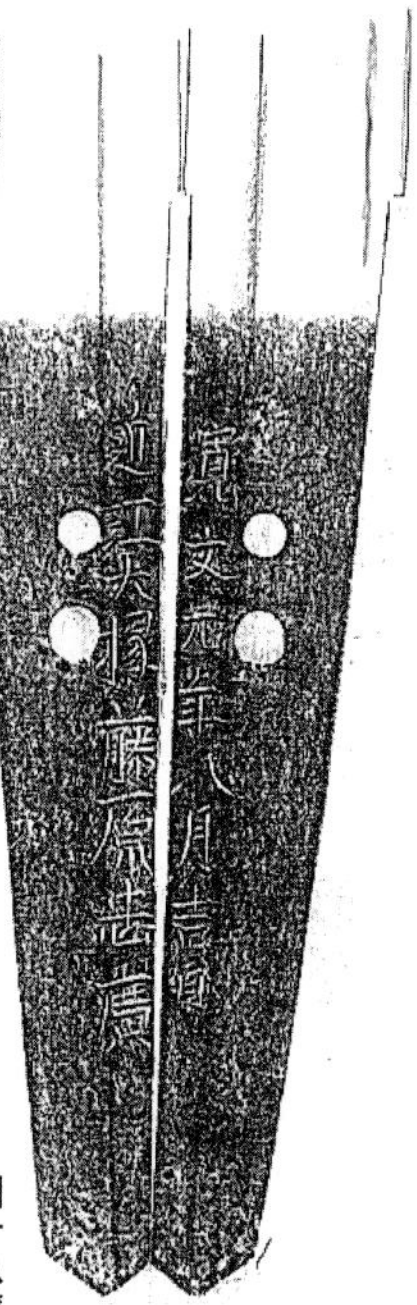

四十八歳

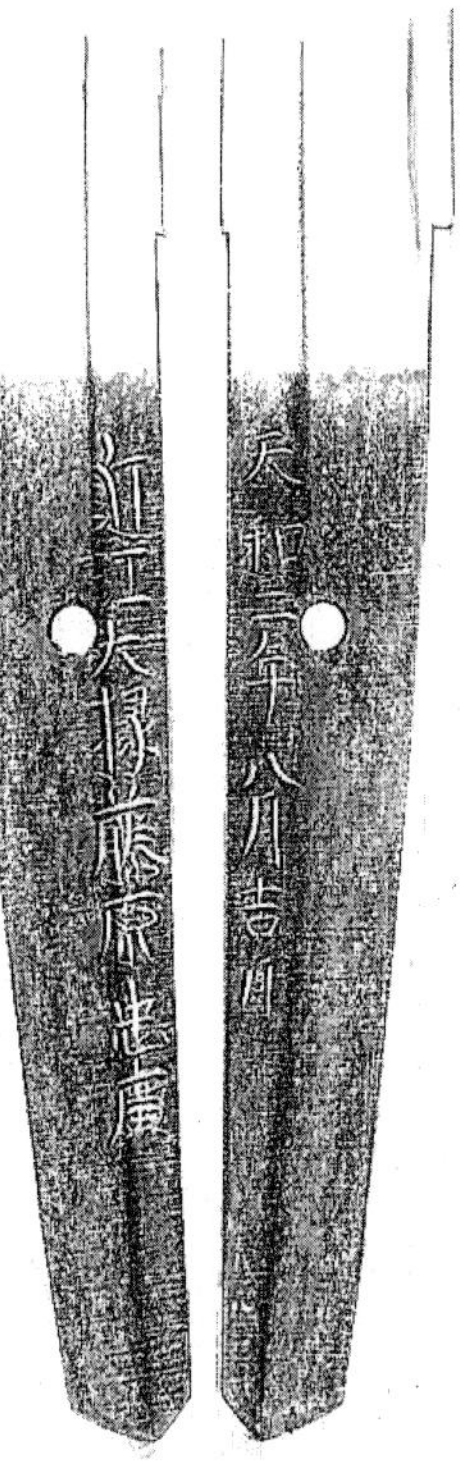

六十九歳

二代忠広の足長丁字乱

新 **忠広**【ただひろ】 駿河国　江戸中期（寛文）

駿州。新刀島田。寛文ころ。遠江守を受領する。直刃に小互の目足入り、湾れ刃、皆焼などを焼き、平造小脇指がある。「遠江守嶋田住忠廣」「駿州住遠江守藤原忠廣」。

新々 **忠広**【ただひろ】**七代**　肥前国　江戸末期（文化）

六代の嫡子。平作郎、平助のち忠左衛門。六代忠吉が文化十二年師走に没して三カ月も経ないうち、七代は病没。文化十三年二月二十八日、行年四十六。忠広また忠吉を銘す。文化十一年紀に父六代との合作刀がある。作刀は稀。

新作 **忠房**【ただふさ】 愛媛　昭和

高市忠。昭和八年生まれ。石井昭房門。昭和五十三年、作刀承認。直刃に互の目足入り。「忠房作」。伊予市住。

新 **忠正**【ただまさ】 肥前国　桃山期（寛永）

織部丞。初銘忠政。初代忠吉門。中直刃、互の目乱。◆二代忠正（天和）は忠政とも、源兵衛尉、源右衛門ともいう。

新々 **忠正**【ただまさ】 下総国　江戸末期（元治）

細川丑之助、右士之助、有志介。長寿軒と号す。近蔵忠義の嫡男。父とともに下総佐倉へ移る。万延からのち日向国で駐鎚する。延岡藩工。

新 **忠道**【ただみち】 摂津国　江戸中期（寛文）

本国越前。山城にても造る。寛文四年三月、越後掾を受領、越後守に転任し、「越後守藤原忠道」などと銘す。延宝三年に五十三歳という。

古 **忠光**【ただみつ】備前国　南北朝期（康永）

忠光は正応二年、元亨二年（『刀工総覧』）の作があるというが、作例をみない。現存する年紀作は康永二年、延文年、貞治三年、永徳元年があり、兼光門とも倫光子（『古今銘尽』）とも、また五郎左衛門則光子（『古刀銘尽大全』）ともいう。湾れ調の直刃と肩落互の目があり、乱刃は兼光風の作である。「備州長船忠光」「備州長船住忠光」。

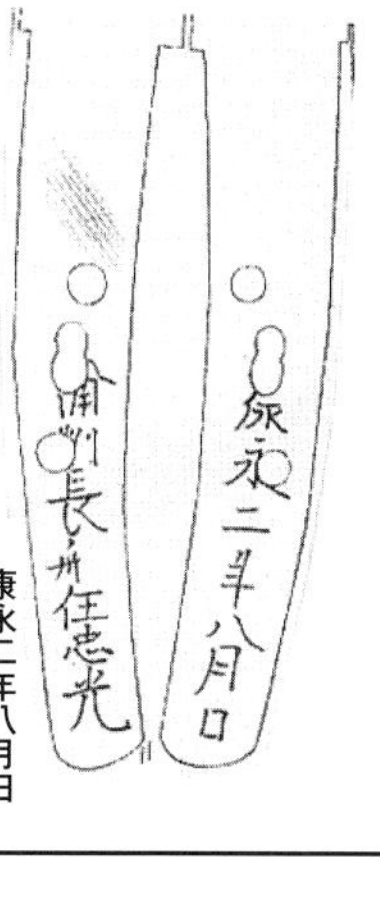

康永二年八月日
（『光山押形』）

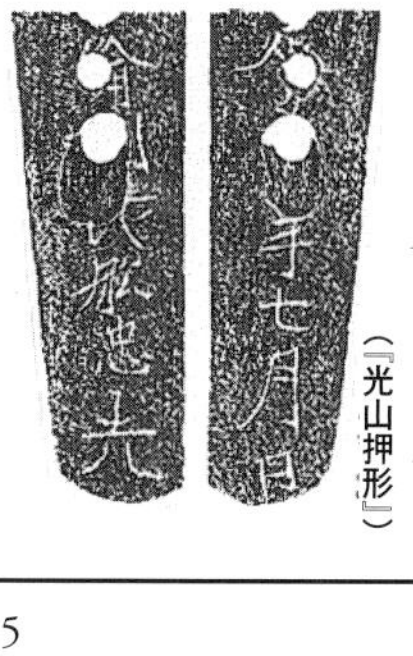

た

ただひろ～ただみつ

古 **忠光**【ただみつ】 備前国 室町初期（応永）

応永に五郎左衛門、永享に家守子という二郎左衛門がいる。大全は小反守助の系流で五郎左衛門則光の子に忠光をあげ応仁ころの人とするも、いずれも該当する作刀は未見である。

古 **忠光**【ただみつ】 備前国 室町中期（文明）

彦兵衛。初代。文明元年紀から延徳年中までの作がある。忠光作中で出色の上手である。直刃と乱刃があり、直刃は鍛えが細かくよく詰み、地沸が一面につき美麗であり、乱刃は与三左衛門祐定ほどに華やかではなく、多少とも小づみがちで足と葉がよく入り、地刃ともに明るい。「備州長船忠光彦兵衛作」「備前國住長船忠光彦兵衛作」。

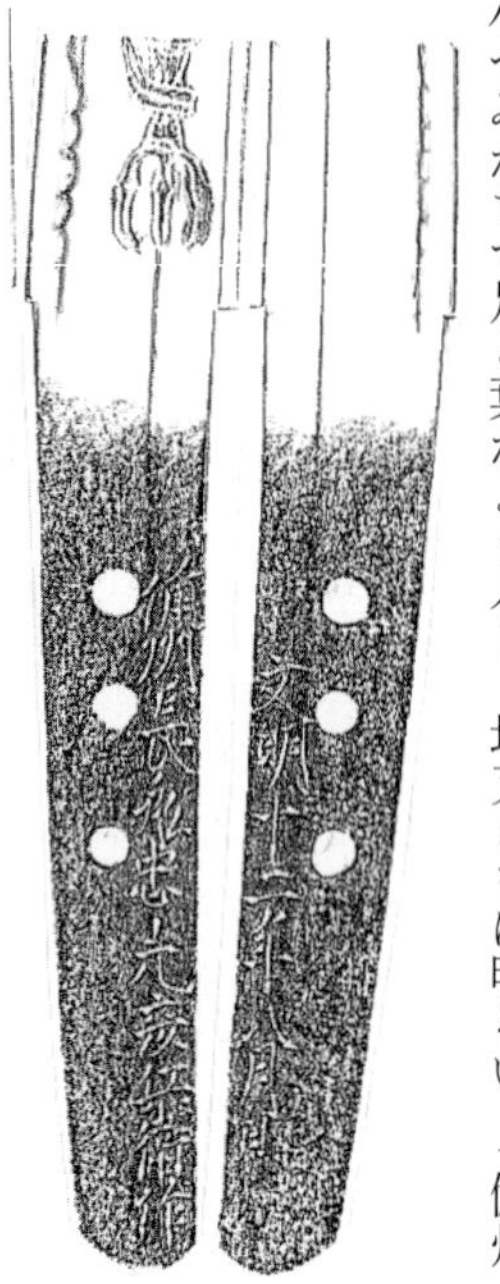

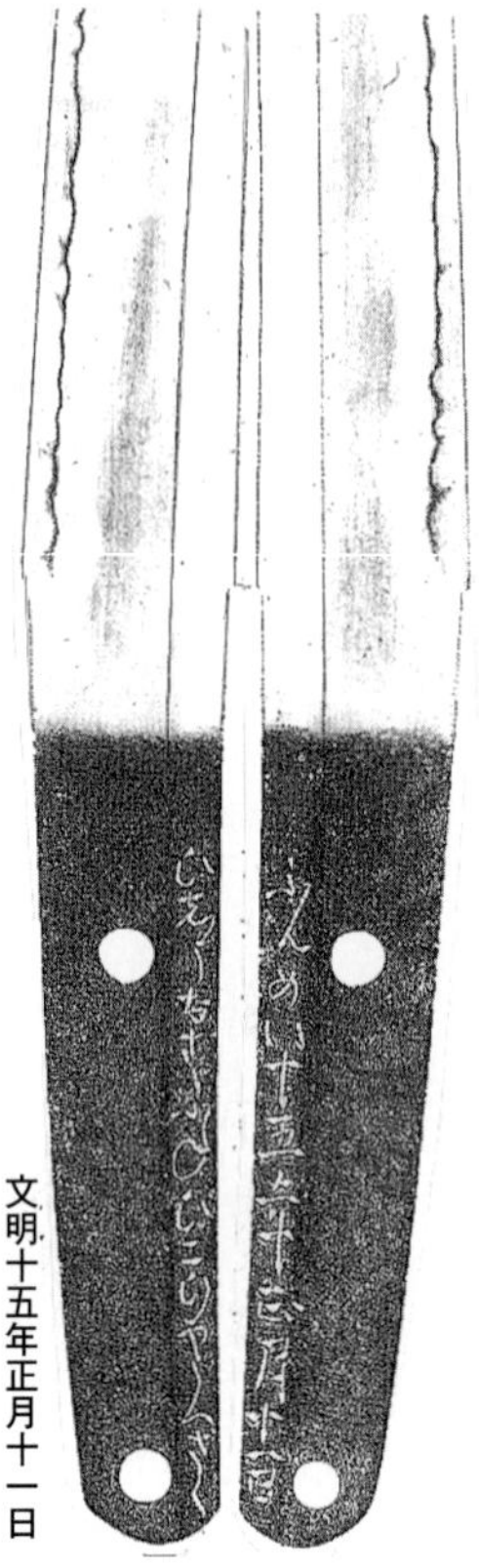

文明十五年正月十一日
備州長船彦兵衛作

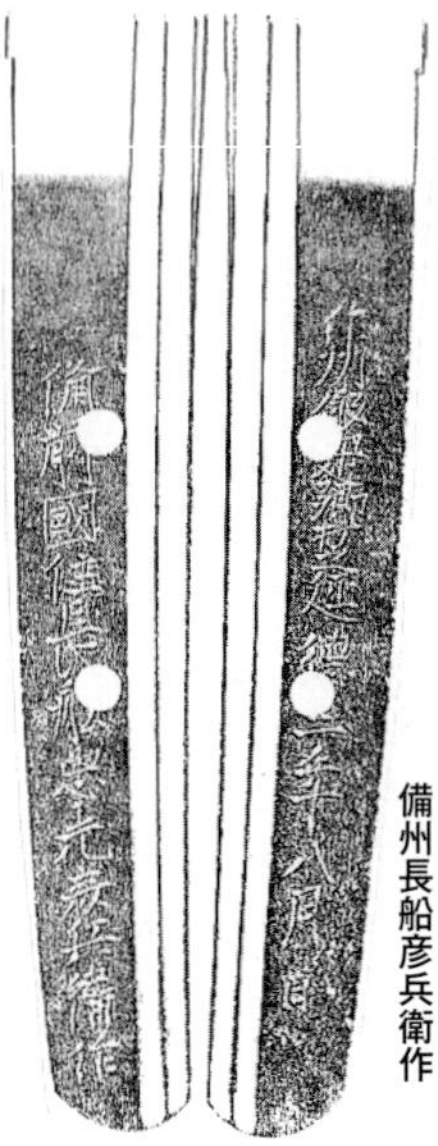

古 **忠光**【ただみつ】 備前国 室町末期（文明）

彦三郎。中河姓。彦兵衛との合作があるので彦兵衛一族の一人であろう。初代作に文明十八年紀がある。「備州長船彦兵衛尉同彦三郎忠光」「備前国住長船忠光中河彦三郎作」。彦三郎忠光は二代永正、三代天文と続く。

古 **忠光**【ただみつ】 備前国 室町末期（明応）

左京進。明応六年紀の作がある。「備前国住長船左京進忠光作」

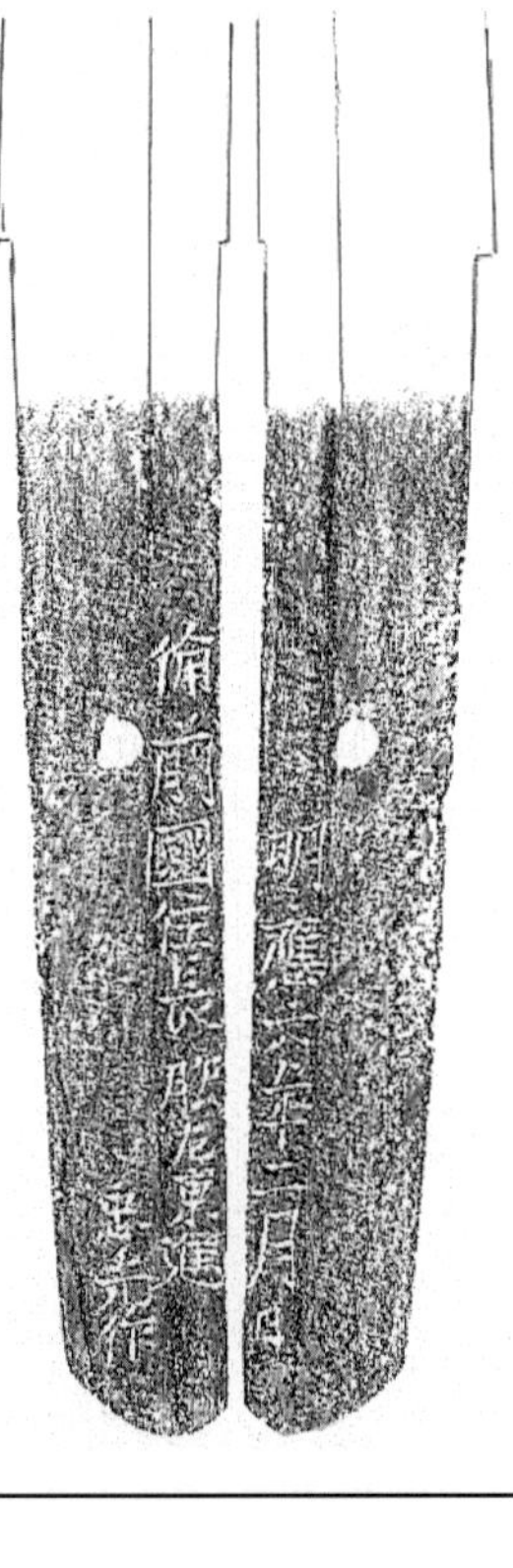

古 **忠光**【ただみつ】 備前国 室町末期（明応）

九郎左衛門。初代は延徳から明応末年までの作刀がある。初代修理亮忠光の子で、二代修理亮とは兄弟。二代は初代九郎左衛門の子で天文ころに作刀する。「備前国住長船九郎左衛門尉忠光作」。

古 **忠光**【ただみつ】 備前国 室町末期（文亀）

修理亮。文明の初代修理亮は永享の忠光の子で、忠光嫡流という。嫡流を継ぐ二代修理亮は初代修理亮の子で文亀二年の作がある。小湾れ調の直刃に互の目足・葉がよく入り、小沸つき、刃中に砂流し、金筋入る。「備

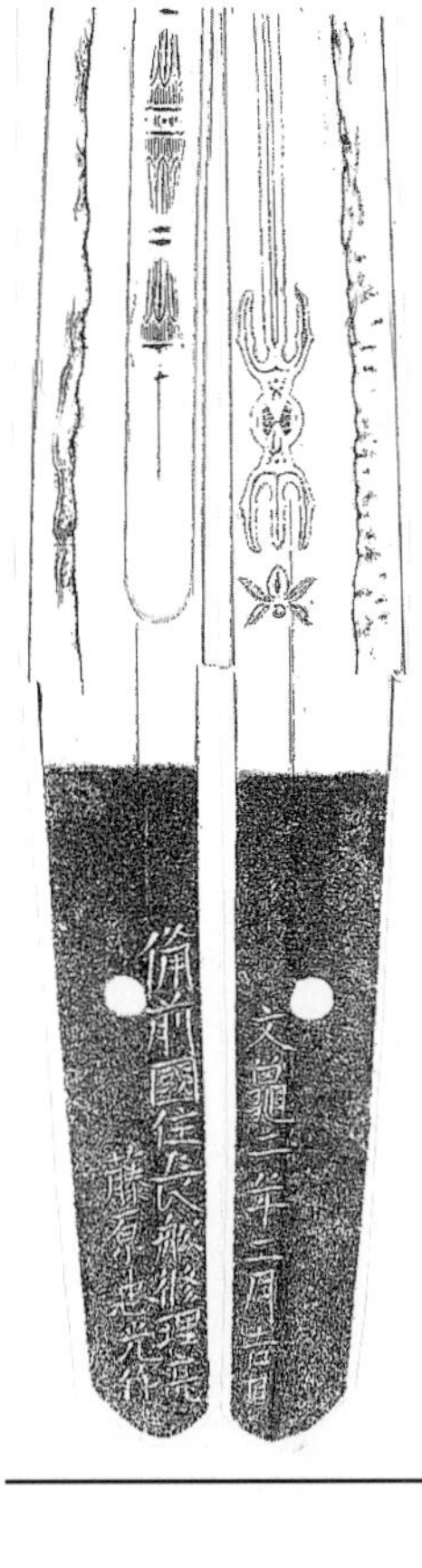

前國住長船修理亮藤原忠光作」。

古 **忠光**【ただみつ】　備前国　室町末期（永正）

平右衛門。彦兵衛忠光の子という。文亀から永正にかけて作刀する。弟又四郎との合作があり、又四郎は刀身彫をよくするようである。「備前国住長船平右衛門尉藤原忠光同又四郎作」「備前国住長船忠光於作州院庄為丹治則久作之」。

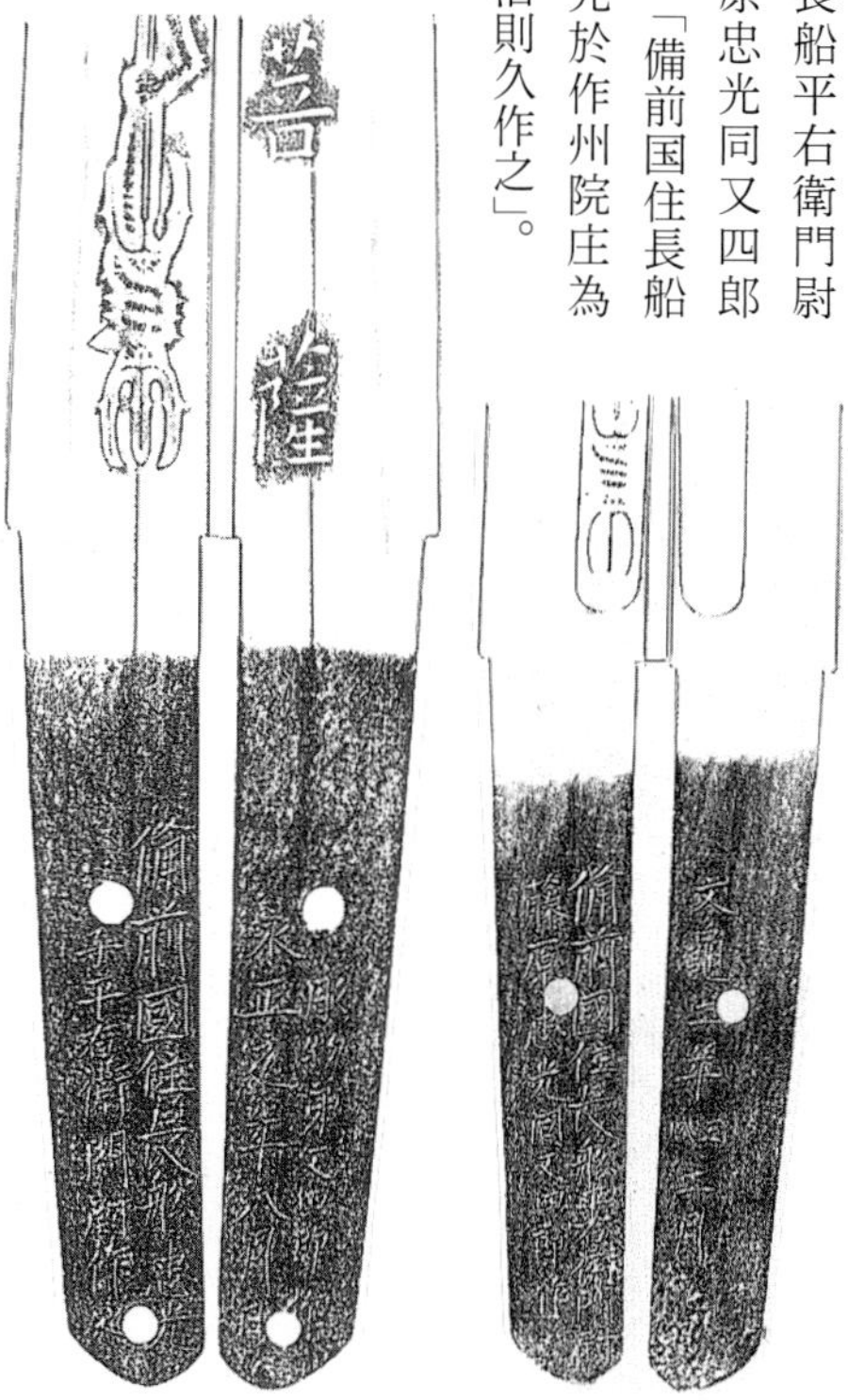

古 **忠光**【ただみつ】　備前国　室町末期（明応～天文）

忠光は彦兵衛二代が明応から永正、三代が天文年中に作刀する。「備州長船忠光」「備前国住長船彦兵衛尉忠光作」。

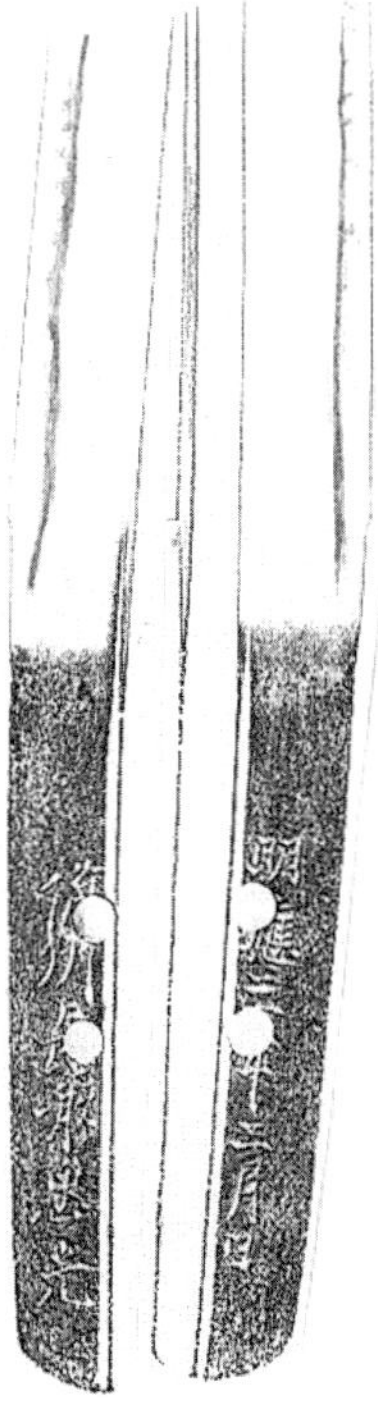

二代彦兵衛　明応三年

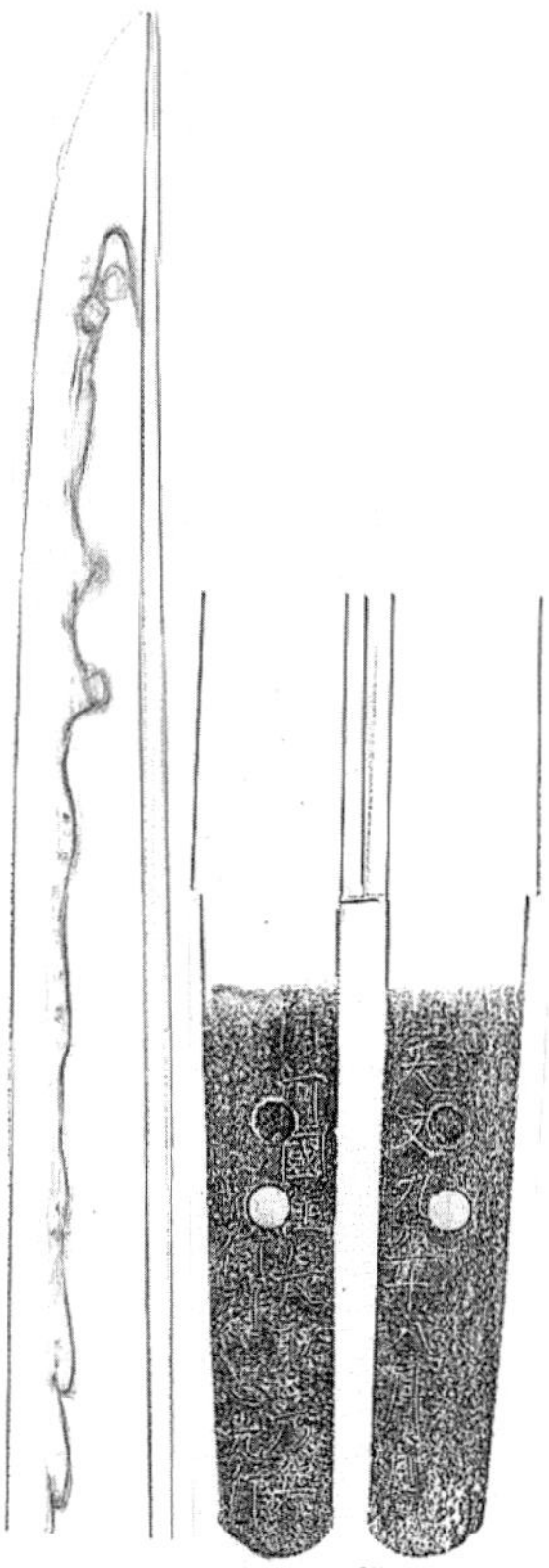

三代彦兵衛　天文九年

古 **忠光**【ただみつ】　備前国　室町末期（天文）

十郎左衛門。二代九郎左衛門の弟で、備中万寿庄鳥羽（現・倉敷市の北方）にても造る。天文二十四年に「生年六拾八歳」と刻した銘作がある。「備前國住長船十郎左衛門尉忠光作」。

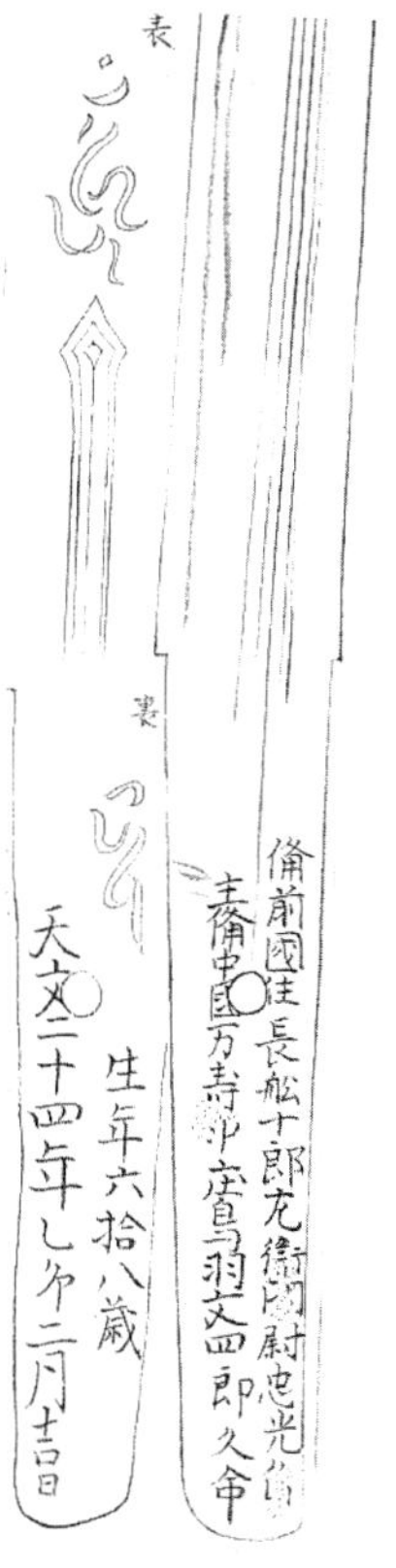

（『土屋押形』）

新 **忠光**【ただみつ】　肥後国　桃山期（慶長）

同田貫。「肥後大膳太夫忠光」と切る。互の目乱、直刃に荒沸つき、掃掛る。

新々 **忠光**【ただみつ】　肥前国　江戸末期（慶応）

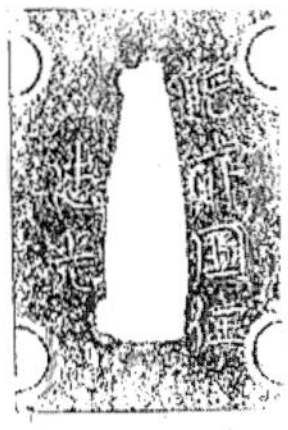

鐔の作銘

た

ただみつ

八代忠吉の次男。作刀のほか鐔、小柄などの製作、鉄砲製作に従事するなど多岐にわたり才を発揮したが、廃刀令にあい廃業する。明治二十三年七月十三日、五十五歳没。

新 **忠宗【ただむね】** 相模大掾　初代　肥前国　江戸中期（寛文）

五郎左衛門。下総大掾忠清の子。陸奥守忠吉門。寛文五年、相模大掾を受領。宝永四年、相模守に転任する。

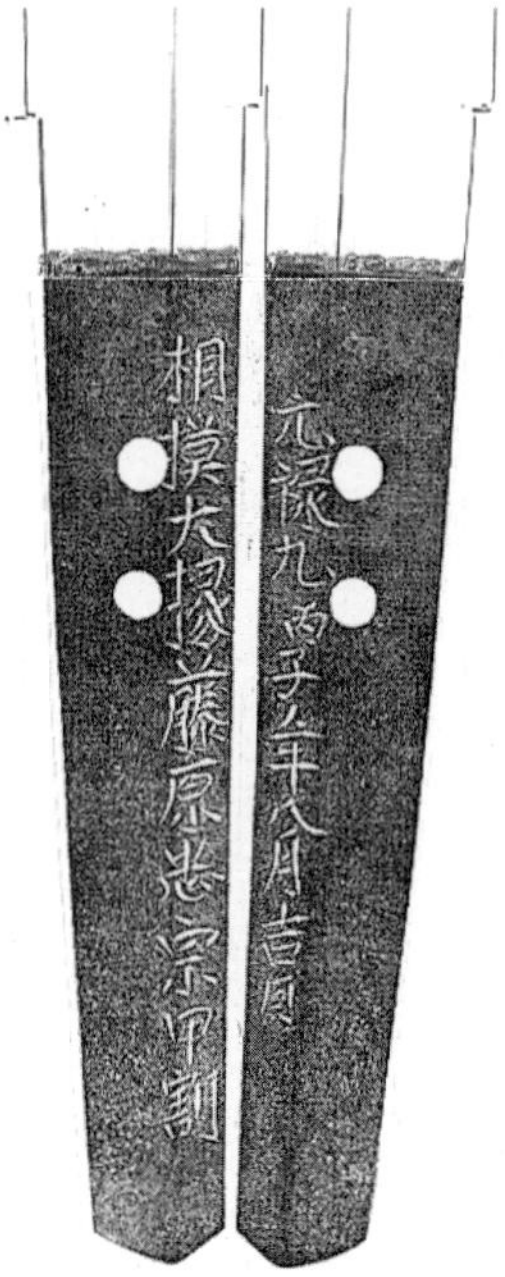

新 **忠宗【ただむね】** 相模大掾　二代　肥前国　江戸中期（正徳）

休五郎、久五郎、のち儀右衛門。二代目。直刃、互の目乱を焼く。

新 **忠安【ただやす】** 肥後国　江戸中期（貞享）

「肥後太郎忠安（花押）」と切る。湾れに互の目足入り。

古 **忠行【ただゆき】** 備後国　室町末期（文明）

其阿弥。尾道住。文明ころ。「備州尾道住五阿弥忠行」。五阿弥は其阿弥と同意で、次代に弘治年紀の作がある。「備州尾道住其阿弥忠行」と銘す。

新 **忠行【ただゆき】** 摂津守　初代　摂津国　江戸中期（延宝）

太郎右衛門。初代粟田口忠綱の弟。初代忠行には万治三年、十七歳の作があるので、一竿子忠綱とは一歳違いの弟に当たる。忠綱派は一竿子が没した後は忠行系が栄え、四代が継続する。足長丁子、互の目に丁子交じり。

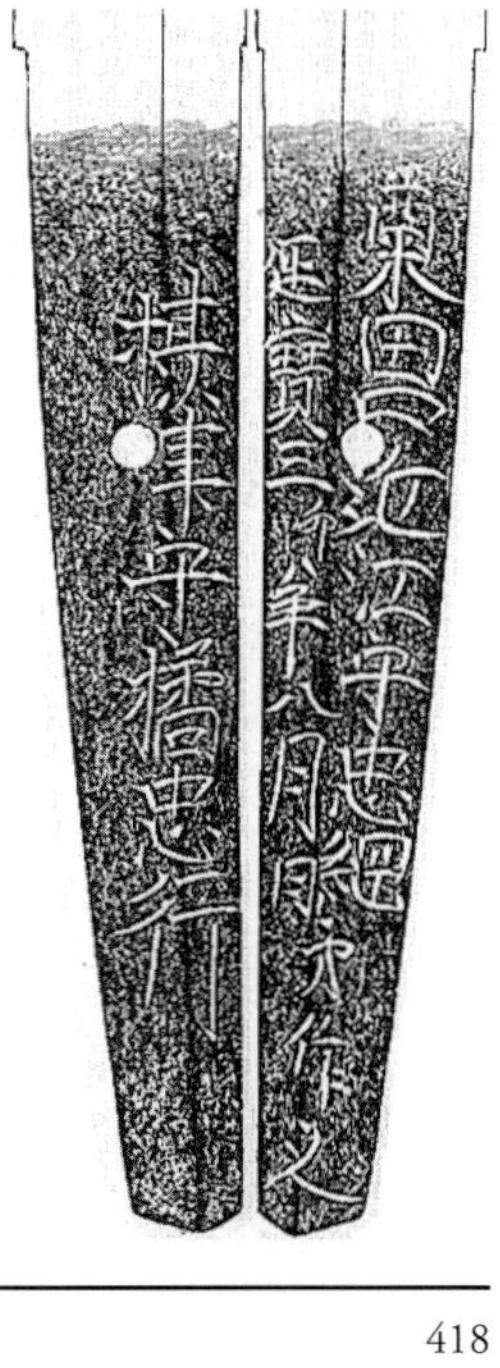

新 **忠行【ただゆき】** 摂津守　二代　摂津国　江戸中期（貞享）

新右衛門。摂津守を受領し、「摂津守源忠行」と切銘する。中直刃、足長丁子乱。

新 **忠行【ただゆき】** 摂津守　三代　摂津国　江戸中期（正徳）

三代摂津守忠行は半左衛門といい、のち江戸にても造る。直刃、互の目に丁子交じり。

新 **忠行【ただゆき】** 摂津守　四代　摂津国　江戸中期（元文）

貞右衛門。初銘忠継。初代忠行の弟。源姓のほか橘姓も切る。元文二・四・五年紀の作がある。

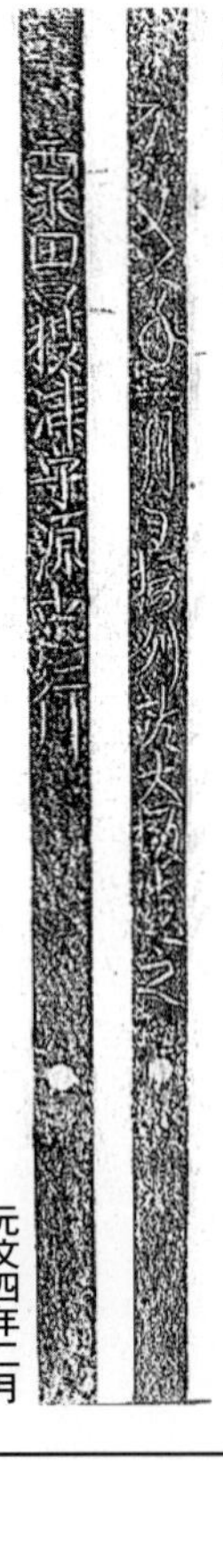

元文四年二月

新 **忠行【ただゆき】** 大和守　初代　豊後国　江戸中期（宝永）

仲摩伴平、のち新五兵衛。大和大掾、のち大和守を受領。肥後隈本にても造る。直刃、湾れ、互の目に尖り刃交じりなど。

新 **忠行**【ただゆき】　大和守　二代　豊後国　江戸中期（享保）

仲摩新左衛門。初代忠行の子、貞平の弟。享保十二年十二月家督相続。直刃、互の目乱。

古 **忠吉**【ただよし】　肥前国　室町末期（大永）

長瀬鍛冶。五字忠吉の祖。「肥前國住忠吉」銘で「大永五年八月日」の作が『土屋押形』に載っている。五字忠吉は長瀬鍛冶・橋本道弘の子として元亀元年に生まれているので、大永五年の忠吉は祖父の年代に当たる。同押形の大永五年紀の下に「鈫肥」と書込みがあるのは、日州鈫肥城主・伊東家の所蔵だったとの意であろう。現品はいま見当たらない。「肥前國住忠吉」。「吉」の字の第一画線を第三画線より短く切る（「吉」）。五字忠吉は第一画線を長く「吉」と切る。

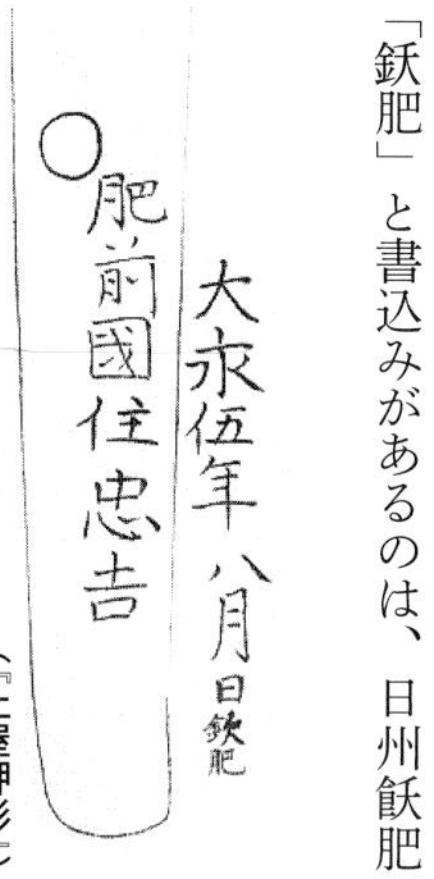

『土屋押形』

新 **忠吉**【ただよし】　武蔵大掾　初代　肥前国　桃山期（慶長）

橋本新左衛門。肥前国佐賀郡長瀬に生まれる。天正末年、鍋島直茂に取り立てられ、佐賀藩工となり、慶長元年に二十五歳で上京。埋忠明寿に入門、明寿父明欽、明寿父子に学ぶ。〝鍛捶刀《たんすいとう》〟の新鍛法を習得し、慶長三年に帰国し、佐賀城下長瀬町に転住する。元和十年二月十八日武蔵大掾を受領、藤原姓を賜る。初代は源姓も称し作銘に切るものもあるが、のちは一貫して藤原姓で通す。受領にあわせ忠吉を改め忠広を銘す。これまで直刃を得意としていたものを、武蔵大掾銘時代になってからは、互の目乱の華やかな作に変転する。直刃も継続して焼き、直刃は湾れ調があり、小互の目足入り、刃縁に喰違刃、二重刃ごころが交じり働きがある。地鉄は小板目肌の鍛えがよく詰んだ〝小糠肌《こぬかはだ》〟であり、これは肥前刀特有のもので、初代から表現する。寛永九年八月十五日、六十一歳没。

慶長初年の初期銘は小振りの詰まった五字銘を切り、僧秀岸が下書きしたといい、「秀岸銘」また「山伏銘」といって珍重する。慶長十年ころから後は自身の流暢な書体で五字に切り、「五字忠」と呼称して「秀岸銘」と区別する。慶長十八年ころから「肥前國住人忠吉作」と切り、「住人忠吉」と呼ぶ。晩年作は元和十年（寛永元年）に受領した後の銘で、「武

二十九歳

慶長十五年

慶長十八年ころ

蔵大掾忠廣」と称し、自身銘のほか、二代忠広のほか一門による代作代銘の作がある。初代作で年紀があるものは慶長五年が古く、寛永九年まで三十二年間の作刀期があり、いずれの作も高い技を発揮して評価が高い。

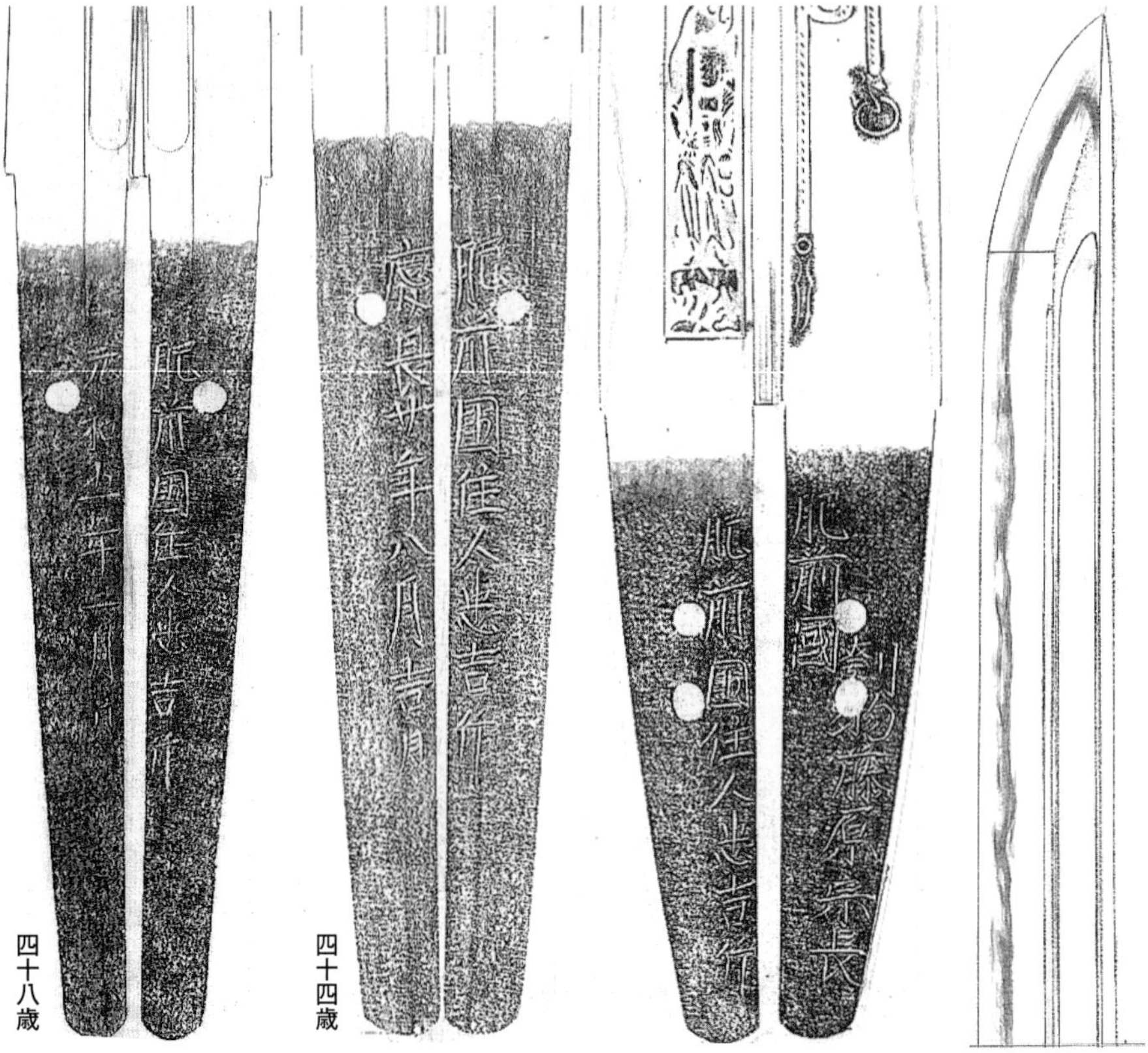

四十四歳

四十八歳

五十五歳

五十八歳

六十歳

新 **忠吉【ただよし】** 陸奥守　三代　肥前国　江戸中期（寛文）

二代忠広の嫡子。新三郎。万治三年十月二十七日、陸奥大掾受領。翌年の寛文元年八月十六日、二十五歳で陸奥守に転任する。三代は出藍の誉が高く、受領後は父二代の代作に当たるほか、合作を造るなど長命の父を支えて鍛刀活動を続ける。万治三年から貞享三年の没年まで二十六年の鍛刀期があるが、作刀は比較的少なく、いずれも精選された出来のものばかりである。忠吉各代を通じて初代に次ぐ上手と定評がある。中直刃は小沸出来で沸匂が深く、互の目乱れは丁子が交じり、焼きに出入りがあり、一律な揃った乱れではなく変化がある。小板目肌がよく詰み、地沸がつき、地景が入り、地刃ともに冴える。三代は父が八十歳で没する六年前の貞享三年正月二日、五十歳で先立つことから、父と比べて早世の感が深い。

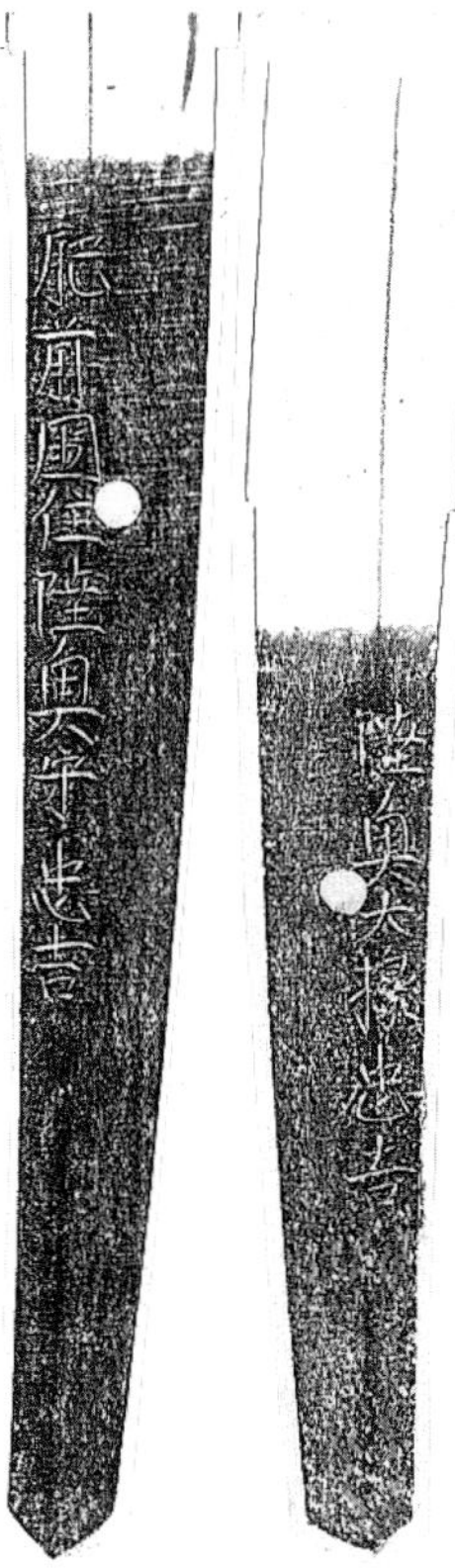

寛文四年ころ、初期銘

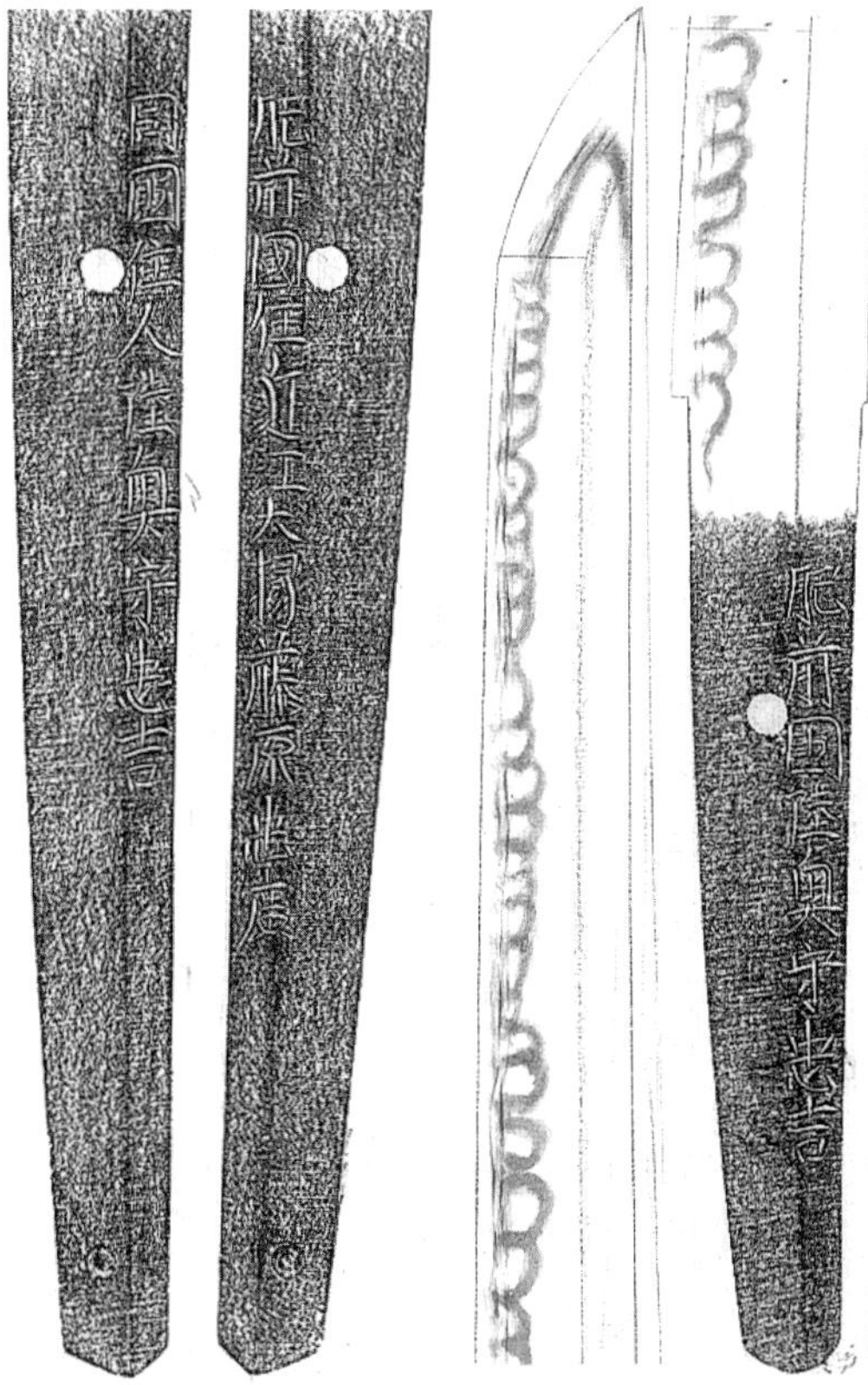

新 **忠吉【ただよし】** 近江大掾　四代　肥前国　江戸中期（元禄）

三代の嫡子。源助のち新三郎。元禄十三年三月十日近江大掾を受領。延享四年九月九日没、八十歳。父三代が没したとき（貞享三年）四代は十九歳、祖父二代忠広が没したとき（元禄六年）は二十六歳である。三代が没する貞享三年より以前の天和年間には二代忠広、三代忠吉、四代目の親子三代が健在で活動していて、忠吉家の繁栄が偲ばれる。四代は父三代の没後、元禄初年のころ、高齢な二代祖父に替わって代作代銘に当たっている。四代は宝永七年に朝鮮王国への贈答刀二十四人に選ばれるなど忠吉家の惣領職として活躍し、祖父二代と同じく八十歳の長寿を全うした。四代の作刀歴は長いが、現存する作刀は少ない。刀身彫に忠長が加刻したものがある。

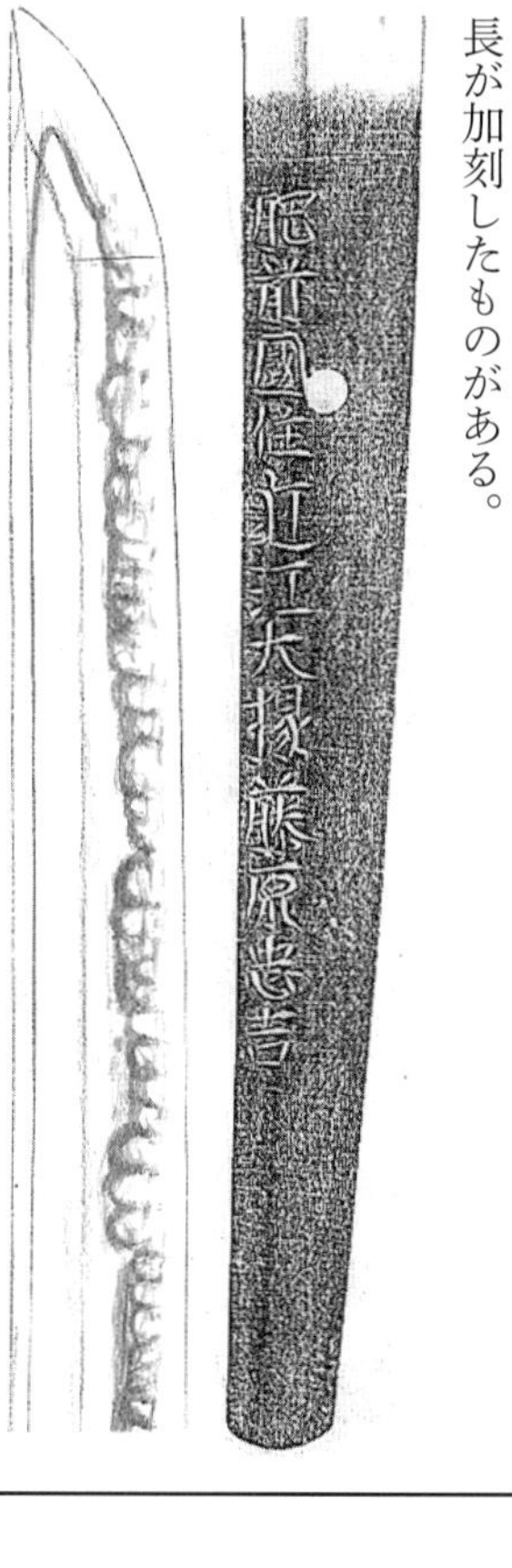

新 **忠吉【ただよし】** 近江守　五代　肥前国　江戸中期（宝暦）

四代の嫡子。新左衛門。初銘忠広、父四代が延享四年に没したのち忠吉を襲名する。寛延三年、五十五歳で近江守を受領。宝暦六年正月の年紀がある奉納刀に、近江守忠吉と忠広銘の二刀が現存する。掲出の「肥前

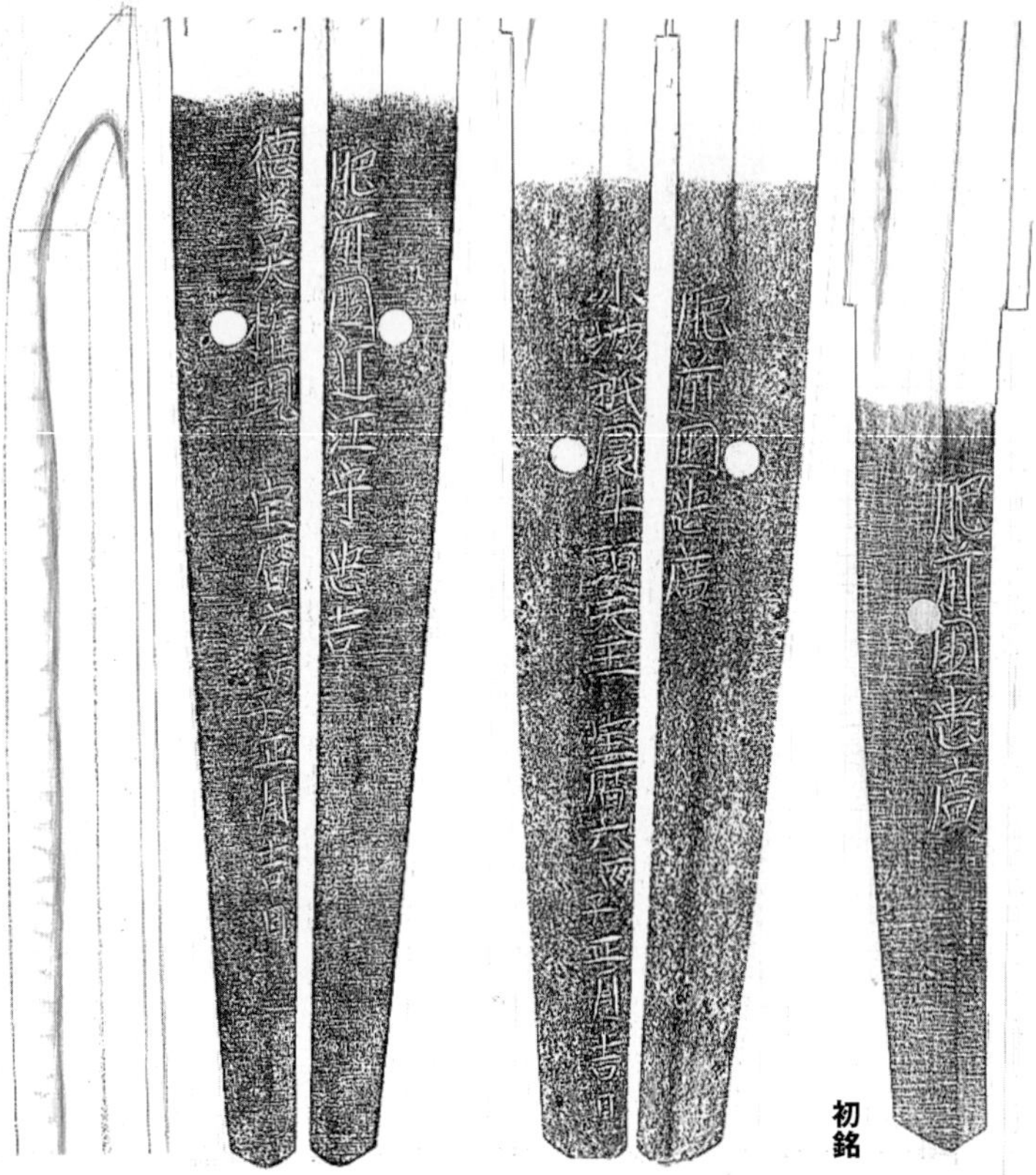

初銘

国忠廣」銘の脇指は六代が切銘するほか、二刀ともすべて五代が切銘したものだが、この年に五代は在世中で六十一歳、六代は二十一歳である。六代は初銘忠広であり、若年から自身作を世に出していたことが知られ、父五代の引立てがあったことが思われる。五代は父四代のよき協力者として作刀に励んだため自身の作刀が少ないのは、泰平の世の時代の流れに即すところがあったろう。安永四年六月十五日、八十歳没。

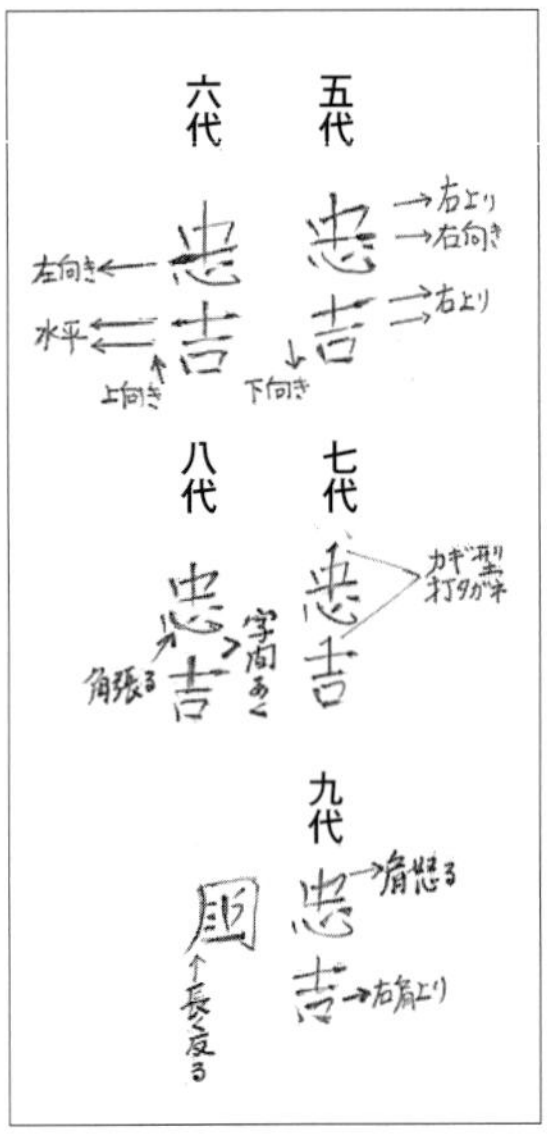

新々 **忠吉【ただよし】** 近江守　六代　肥前国　江戸末期（寛政）

五代の次男。新左衛門、初銘忠広。父五代が安永四年に没したのち忠吉を襲名する。寛政二年六月二十四日、五十五歳のとき近江守を受領する。文化十二年十二月六日没、八十歳。享年が祖父、父と三代続いて同じ八十歳であることは、長寿の家系としても極めて珍しい。

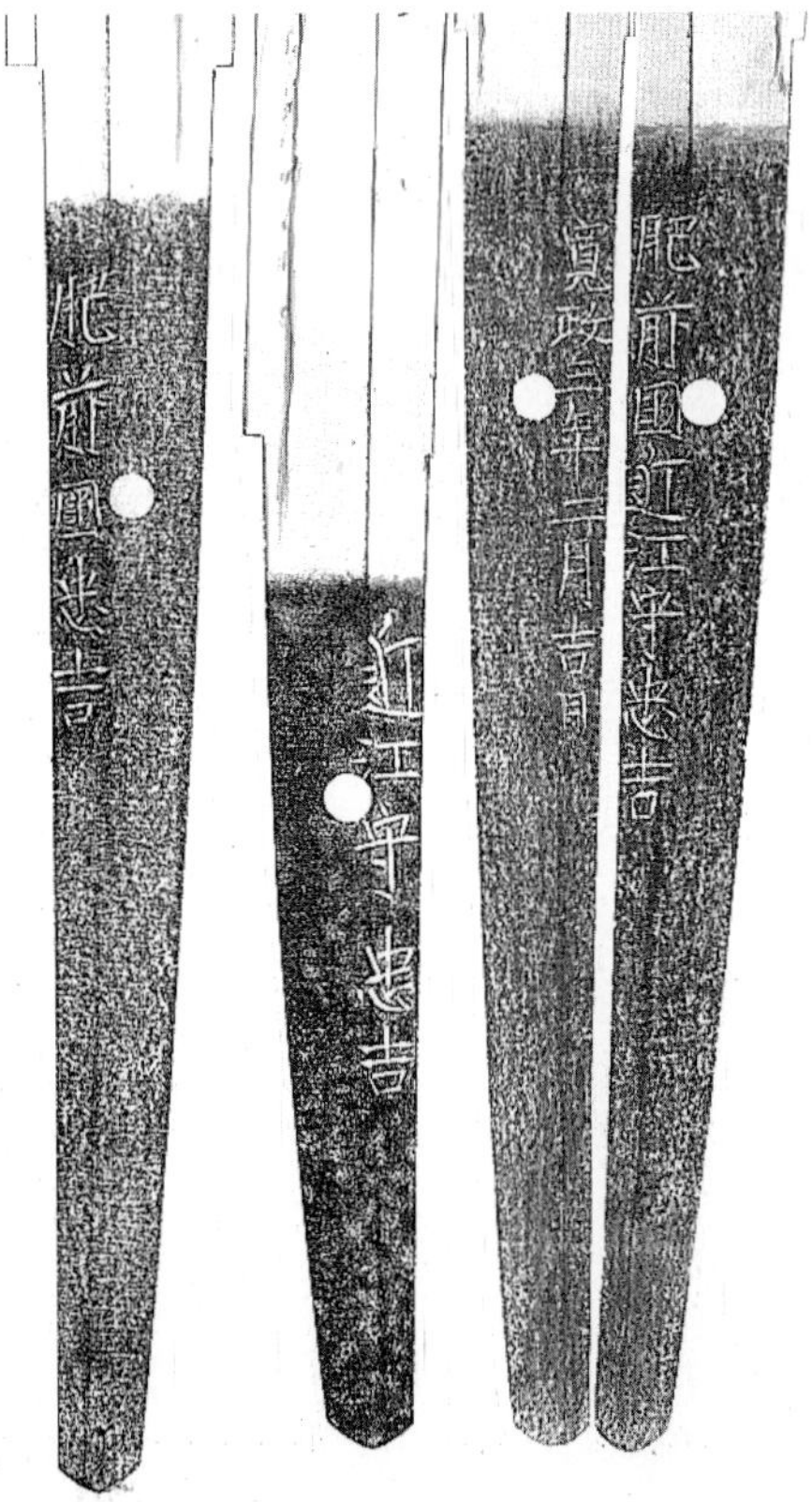

新々 **忠吉【ただよし】** **七代**　肥前国　江戸末期（文化）

橋本平作郎。平助、忠左衛門。文化十一年八月の父六代忠吉との合作刀に忠広銘を切り、翌十二年師走の父没後、忠吉を銘す。その翌十三年二月に七代は四十六歳で没しているので七代の忠吉銘は稀少。⇩**忠広〈七代〉の項参照。**

新々 **忠吉【ただよし】** **八代**　肥前国　江戸末期（嘉永）

七代忠吉には実子がなく、八代は養子。舜一郎、新左衛門、のち内蔵允。七代が没したとき、八代はわずか十六歳であり、橋本忠行の後見によって一家をなす。「肥前国忠吉」の五字銘、「新左衛門尉藤原忠吉」と長銘に切り、受領銘をみないのは、受領を辞退したためという。天保・弘化・嘉永・安政の年紀作がある。文武両道に秀で、刀剣の鑑定をよくし、趣味人としても多芸であった。忠吉家の掉尾を飾る名手であったが、廃藩により禄を失い、廃刀令を間近に鍛刀界の衰微に出会い、晩年は悲運をかこっている。安政六年五月二十六日、五十九歳没。八代は「肥前国忠吉」と五字銘を切るとき、やや書体を小振りに、字間をあけて銘す。

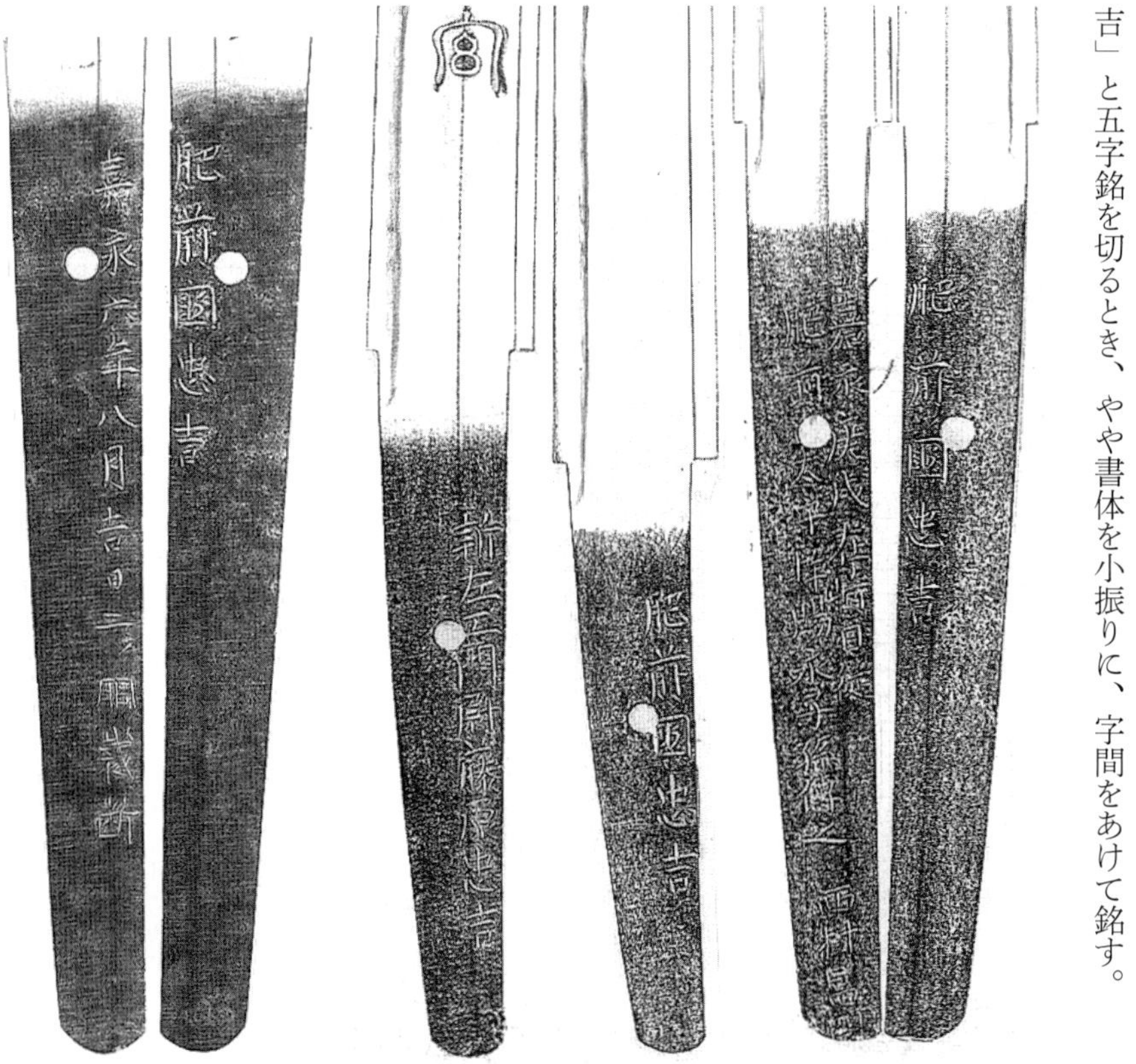

新々 忠吉【ただよし】九代 肥前国 江戸末期（元治）

八代の嫡子。百太郎、のち春平。初銘忠広、父没後に忠吉を襲名する。幕末の動乱期を経て、明治に入り廃刀令を機に廃業、禄高削減により家運衰退は避けられず、明治十三年十二月二十七日、失意のうちに四十九歳没。

八代忠吉との合作

新 忠吉【ただよし】 土佐守 肥前国 桃山期（寛永）

初代忠吉が寛永元年に武蔵大掾を受領し、名を忠広に改めたため空に浮いた忠吉銘を初代門人の土佐掾に与えた（「橋本謹一の届書」）といい、忠吉は土佐掾を受領し、その後に土佐守に転任している。『古今鍛冶備考』は、土佐の産なので「土佐忠吉」と称うといっていて、寛永首年没と記すが、寛永五年八月紀の作がある。「肥前國住人忠吉作」銘がある土佐

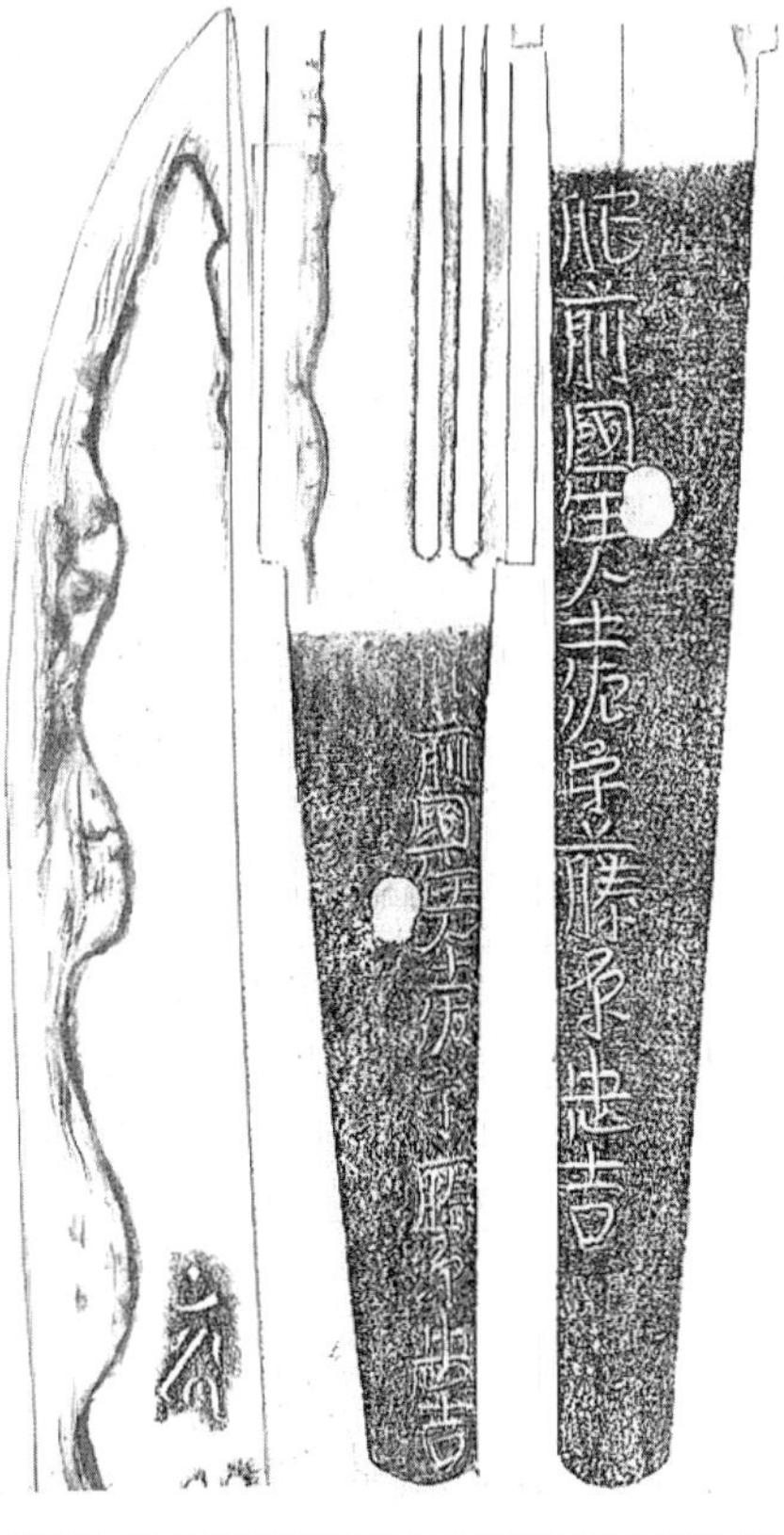

守の作から、寛永五年は確かに生存しており、この年以降に土佐掾、さらに土佐守を受領したとみることができる。土佐守忠吉には二代説があって、初代を土佐忠吉、二代が将監忠吉で、備考によれば二代は長崎に移住し、寛永末年に壮年にもならぬうちに没したという。早世だったことになる。将監忠吉の確かな作刀は未見である。湾れ、互の目に匂口が沈み、地鉄は肌立ち、荒びて、地刃ともに古雅な風がある。

新作 忠善【ただよし】 島根 昭和

川島善左衛門。昭和十二年、月山貞勝門人の初代井上貞包に師事。仁多郡三成町住。

新作 忠善【ただよし】 島根 昭和

川島真。初代善左衛門忠善の子。大正十二年生まれ。昭和十二年から父に師事する。隅谷正峯、宮入昭平と技術交流を計る。昭和四十一年、島根県無形文化財に認定される。仁多郡仁多町住。互の目に丁子足の入った長光写しの作が得意で、匂口が締って明るい。中たるみごころの帽子に品格があると評価される。

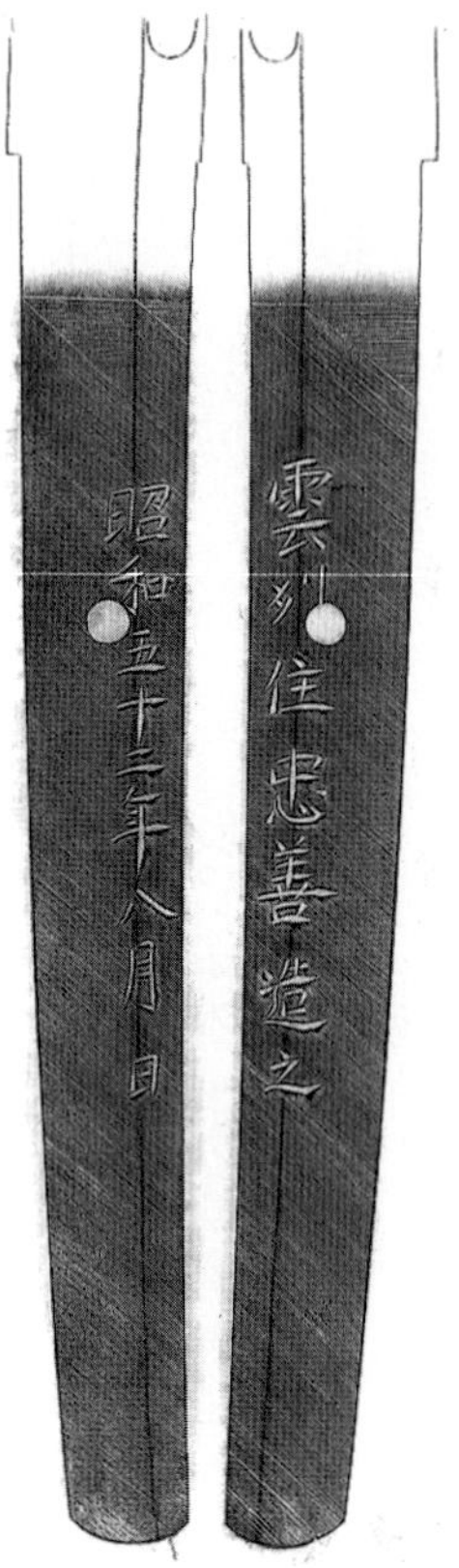

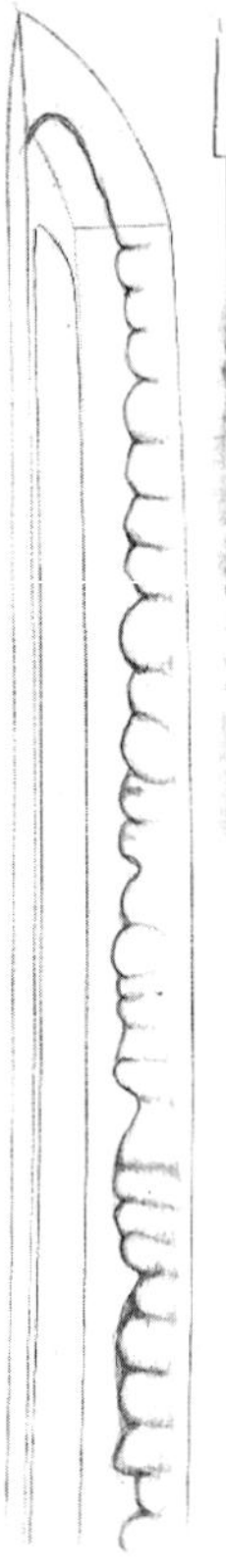

新々 忠義【ただよし】 下総国 江戸末期（弘化）

細川近蔵。初銘正行、正命。水竜子と号す。主税助正義の次男。天保七年津山藩工となり、のち佐倉藩堀田家の抱工となる。明治三年七月六日、五十六歳没。

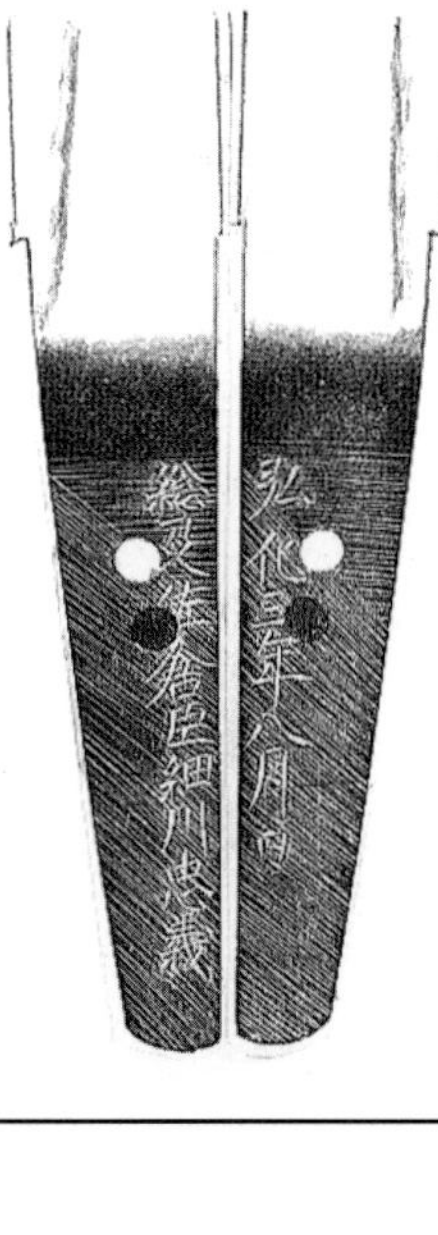

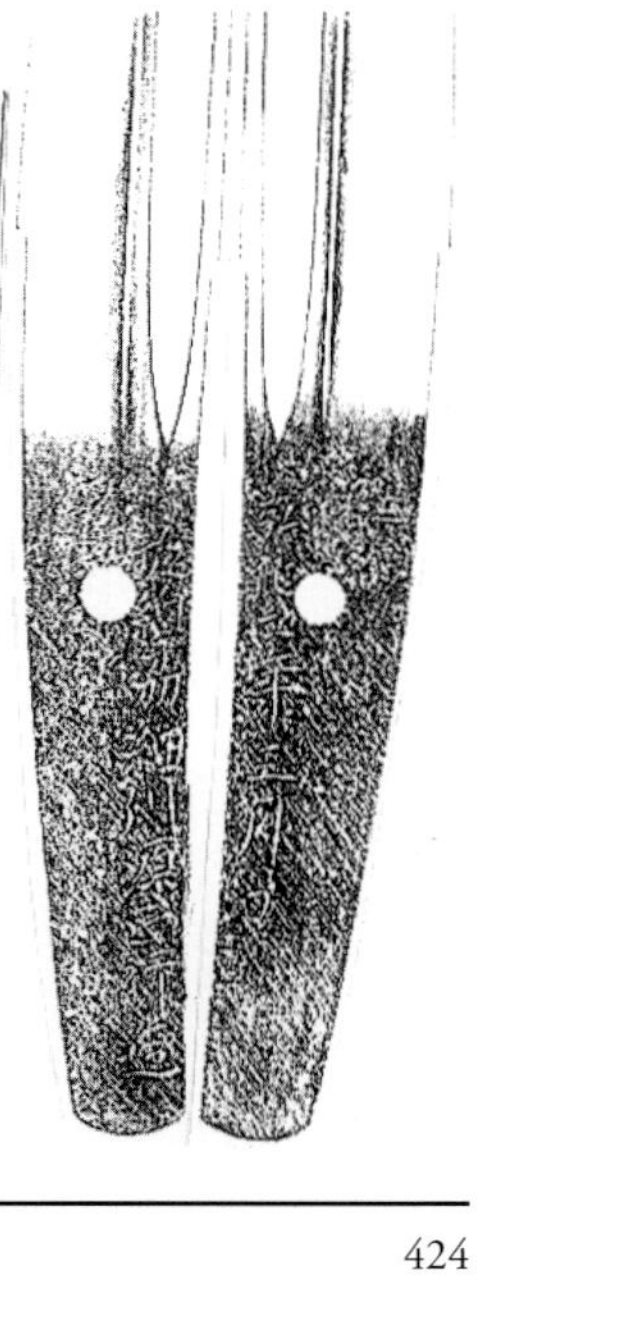

新作 竜義【たつよし】 静岡 平成

榎本栄市郎。初銘貞義。昭和二十六年生まれ。榎本貞吉の長男。昭和五十年、作刀承認。新作名刀展努力賞、奨励賞、優秀賞など受賞。三島市住。湾れに互の目。

新作 胤明【たねあき】 東京 明治

堀井五郎三郎。嘉永五年、滋賀県生まれ。堀井胤吉の甥で養子。元治元年、月山貞吉門。明治三十六年、宮内省御用刀匠。大正元年、日本刀剣保存会から近江介の称号を受ける。昭和七年室蘭に移り、日本製鋼所（現室蘭製作所）に入所。大正七年、七十四歳没。直刃、逆がかった丁子乱。

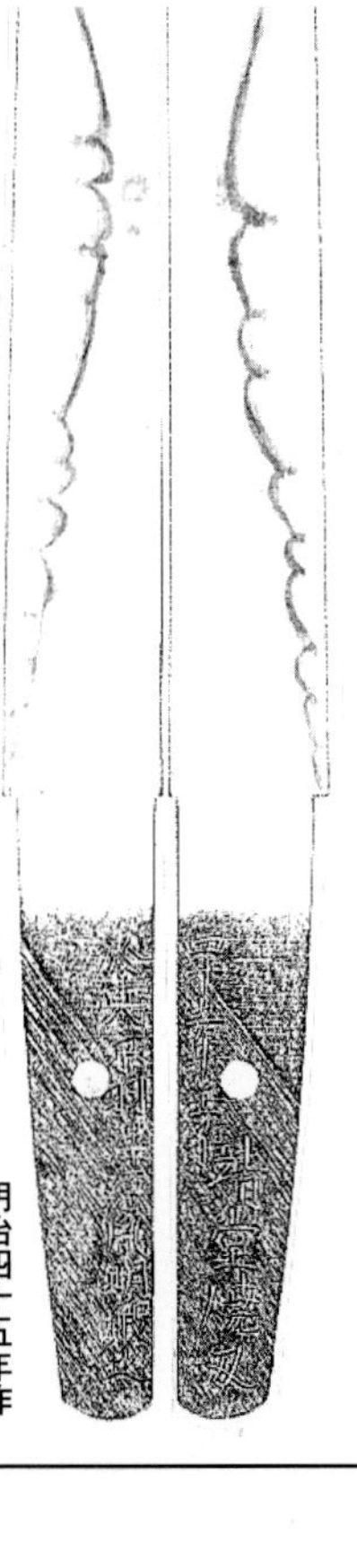
明治四十五年作

新作 胤成【たねしげ】 北海道　平成

佐々木直彦。昭和四十七年生まれ。平成十一年堀井胤次、胤匡に入門。平成十六年作刀承認。平成十八年新作名刀展入選、同十九、二十三年入選。平成二十三年、新作日本刀展入選。「佐々木胤成作」。丁子乱に蛙子丁子交じり。室蘭市住。

新作 胤匡【たねただ】 北海道　昭和

堀井重克《しげかつ》。胤次の長男として昭和二十九年生まれ。昭和四十七年、堀井信秀、胤次門。昭和五十四年、作刀承認。翌五十五年、新作名刀展に初入選。平成十四年、父胤次の死去に伴い堀井家分家二代、瑞泉鍛刀場四代目となる。平成二十二年、新作日本刀展入選。「鍛妙子堀井胤匡作」。頭の丸い丁子乱。室蘭市住。

新作 胤次【たねつぐ】 北海道　昭和

堀井胤次。大正十二年生まれ。堀井俊秀の次男。父より備前伝、相伝備前伝を学ぶ。昭和十七年、第七回新作日本刀展に初入選。同三十一年に鍛刀場を再開する。戦後は新作名刀展に出品し優秀賞など受賞。室蘭市住。平成十四年没。

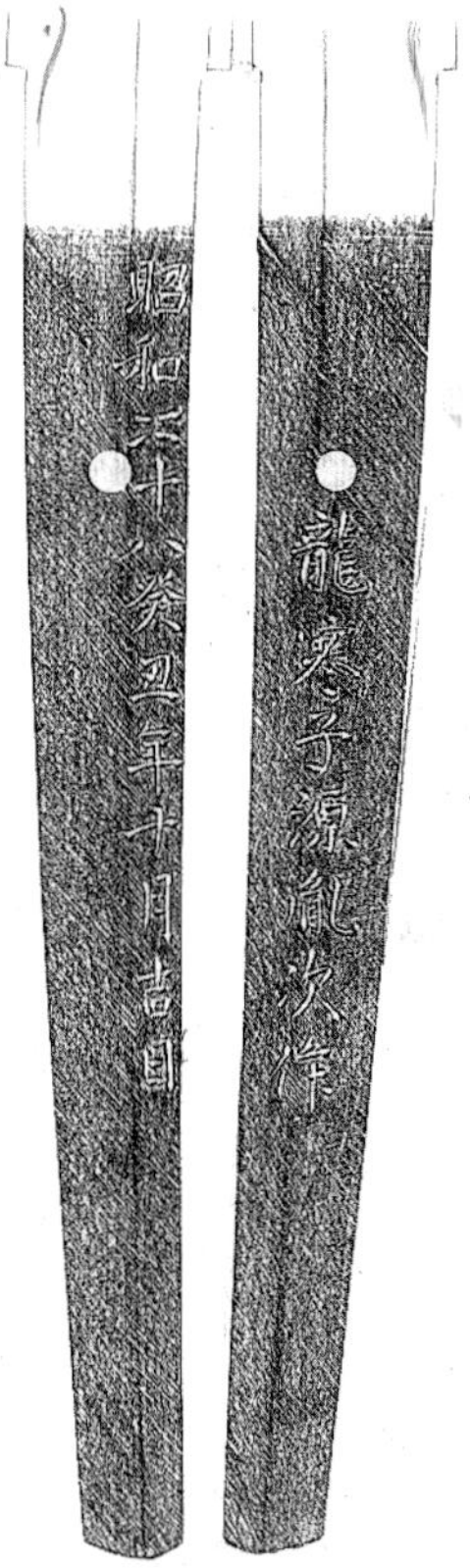

新々 胤長【たねなが】 伊豆国　江戸末期（弘化）

小駒惣太。武州黒須田村の野鍛冶の子として生まれ、大慶直胤の門に学ぶ。江川太郎左衛門英龍の抱工。反射炉の築造に、鋳造の技士沼上忠左衛門と共に胤長も参画したと伝える。互の目に丁子交じりの相州伝、丁子乱の備前伝の作がある。

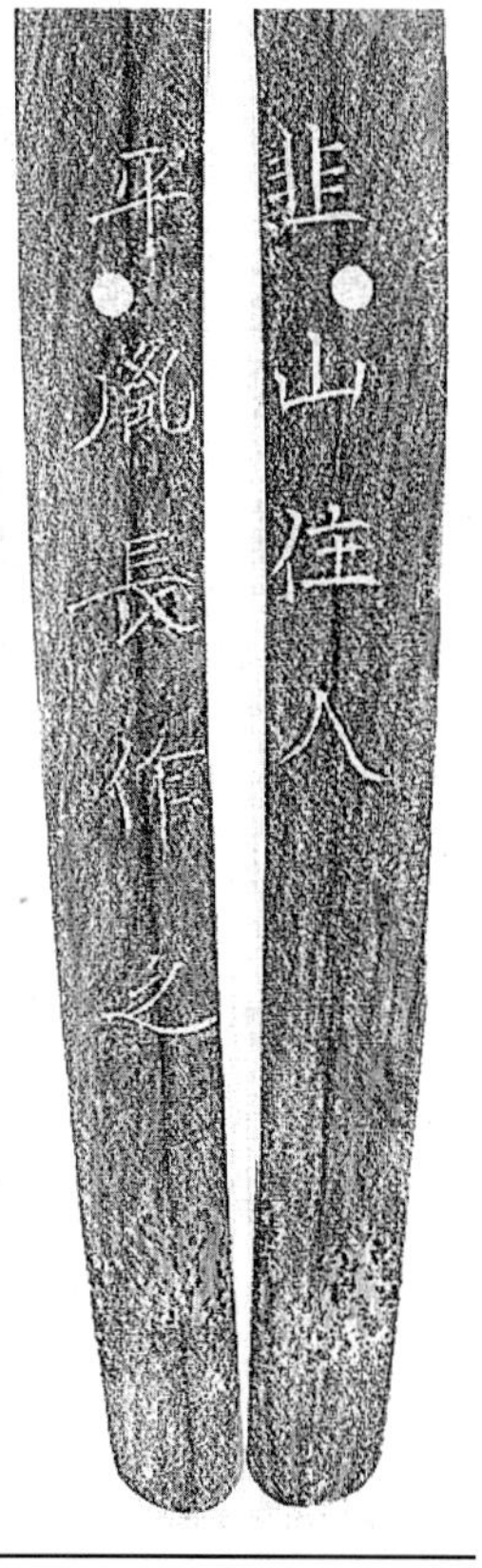

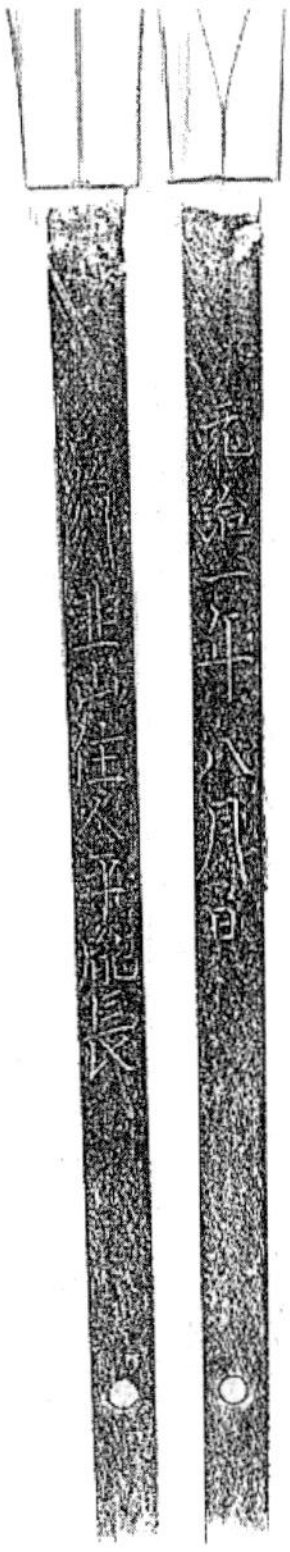

新々 胤光【たねみつ】 心慶　常陸国　江戸末期（文久）

長尾栄吉。後藤粂右衛門の長男。大慶直胤門となり、胤光と銘し、心慶と号す。土浦藩工河内守包定家を再興し長尾姓となる。明治三十四年十二月十一日、七十歳没。直胤の師風を受け、備前伝の丁子乱、相州伝の互の目に湾れ。

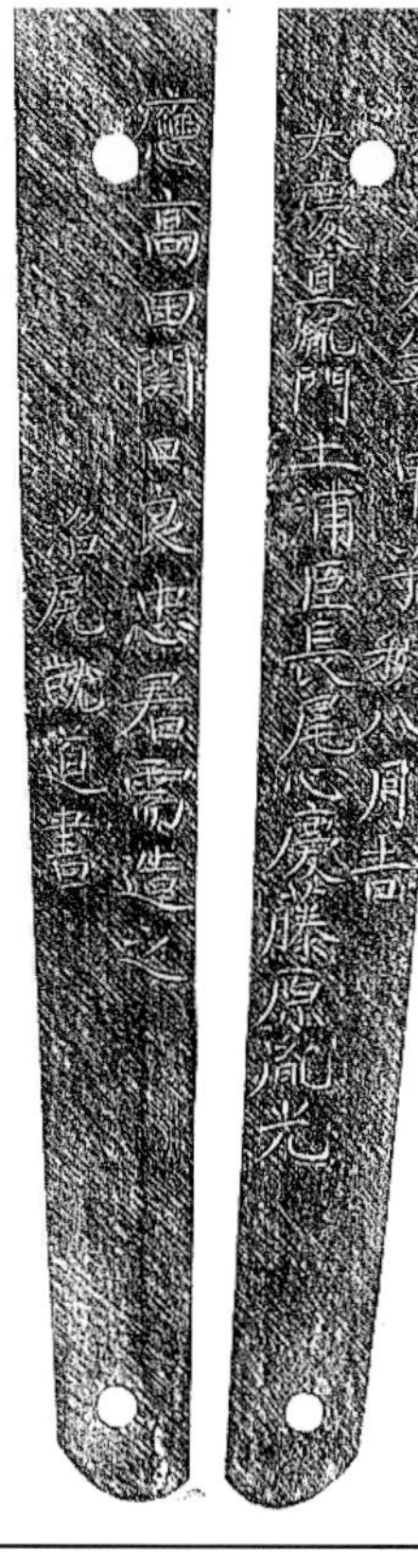

新々 胤吉【たねよし】 近江国　江戸末期（慶応）

石井吉文。幼名来助。堀井一門の祖。文政四年、近江国滋賀郡石山村に生まれる。近江国膳所（膳城）住。弘化元年、大坂に出て月山貞吉に入門、保伝斎吉文と号す。嘉永四年、月山師の紹介により大慶直胤の門に入り、

た
たねしげ〜たねよし

安政二年、堀井胤吉に改める。明治二十八年、宮内省御用刀匠。明治三十六年四月、八十三歳没。直刃、小互の目に丁子交じり。

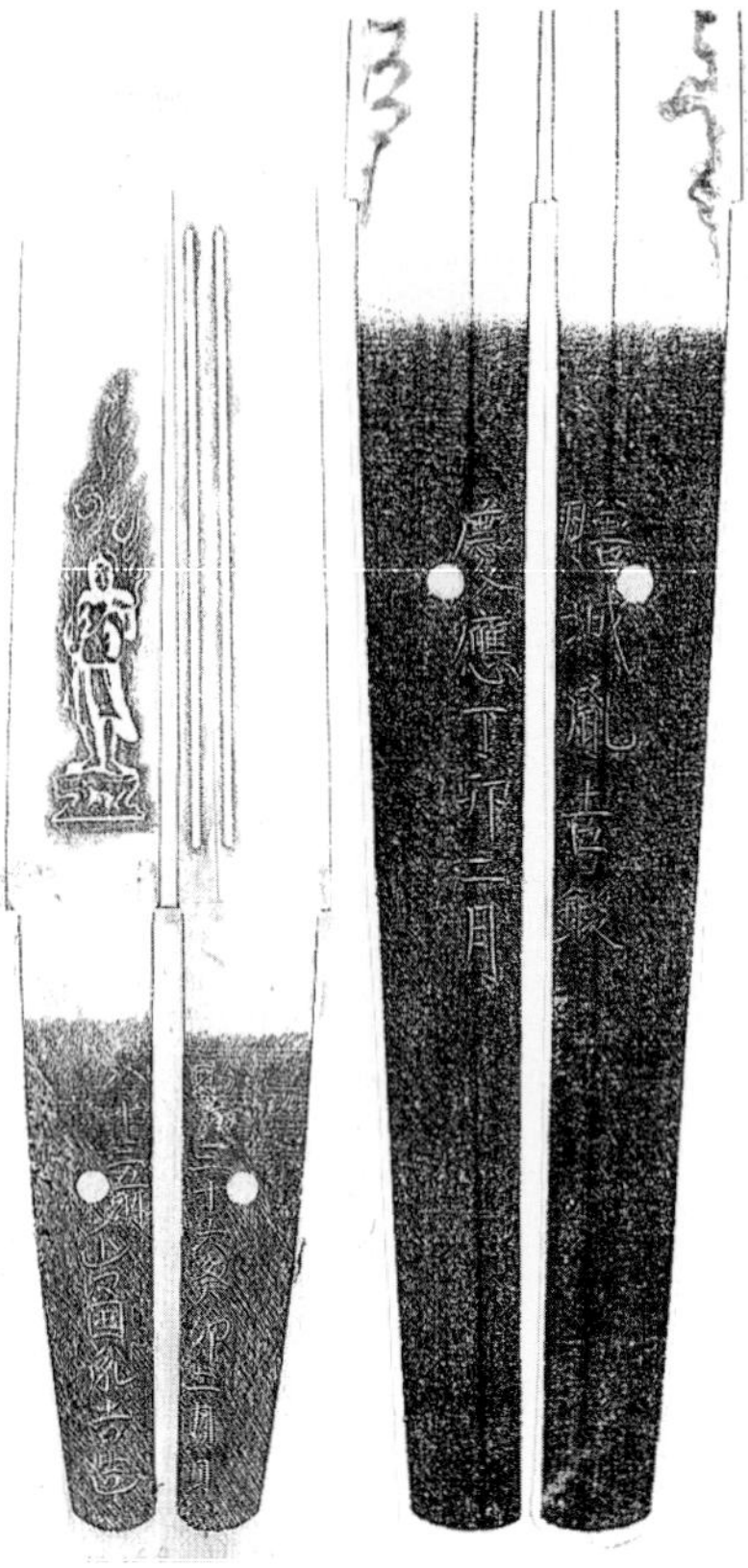

古 **種重**【**たねしげ**】 周防国 室町末期（文明）

二王。直刃に小互の目足入り、匂口締り小沸つき、ほつれ打のけかかる。

「二王種重」。

新 **種広**【**たねひろ**】 肥後大掾 初代 肥前国 江戸初期（正保）

「市太郎」、また「市太」の俗名を加えて切銘するものがある。佐賀住。肥後大掾を受領する。受領前の作に寛永十七年紀がある。市太の系流には守秀、守次、守俊、守安などがいる。同系中で種広は代表工。「肥」の巴の第二画縦線を、横線から突き出して打つ。湾れに互の目足入り。

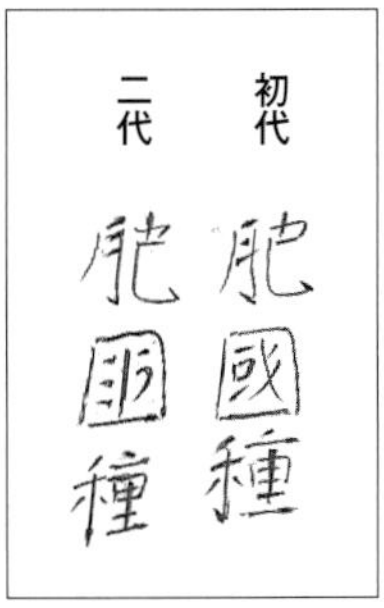

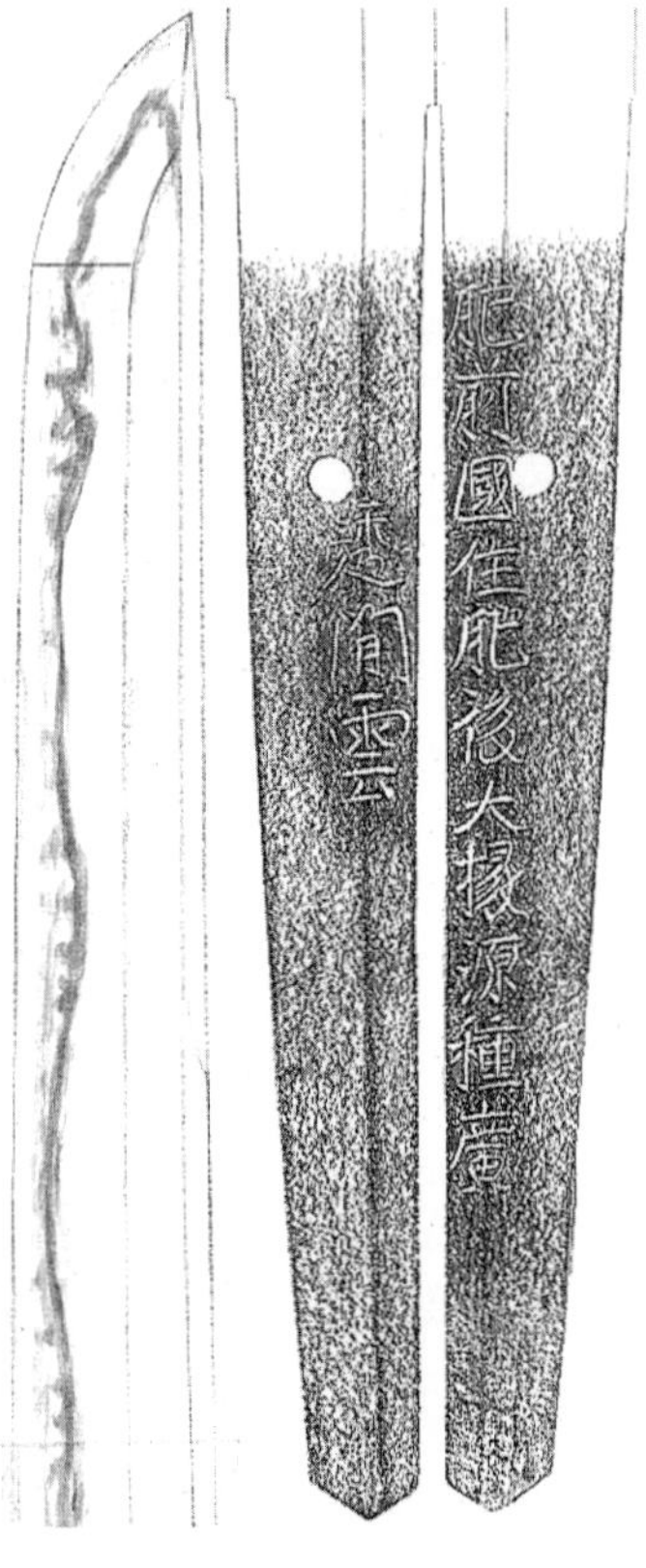

新 **種広**【**たねひろ**】 肥後大掾 二代 肥前国 江戸中期（寛文）

市太郎。寛文二年二月、肥後大掾を受領する。作刀稀少。

新 **種盛**【**たねもり**】 豊後国 桃山期（元和）

平高田。元和七年二月紀に「源種盛作」の銘作がある。直刃に小湾れ。

新々 **玉英**【**たまてる・たまひで**】 **初代** 陸前国 江戸末期（文政）

萬龍右衛門。のち新井姓を名乗り、雙龍子と号す。登米群中田町石森住。木田定義に鉄砲張りの法を学び萬定則と銘す。のち刀鍛冶を志して一関藩士武広安英に学び、また大慶直胤門に入る。『表海鍛冶伝』、『和漢刀剣談』の著作がある。文久二年九月二十二日、七十一歳没。湾れに互の目交じり、中直刃にほつれ、二重刃かかる。

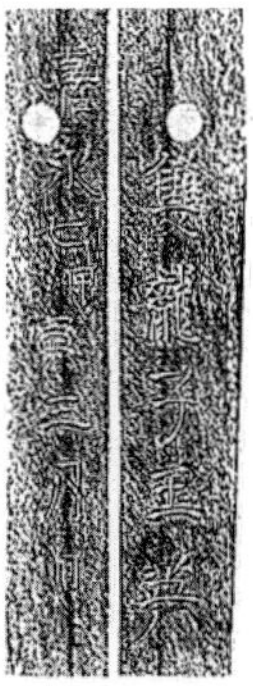

新々 **玉英**【**たまてる・たまひで**】 **二代** 陸前国 江戸末期（嘉永）

新井龍五郎。初代玉英の子。父と同じ雙龍子を号す。初銘玉秀。大慶直

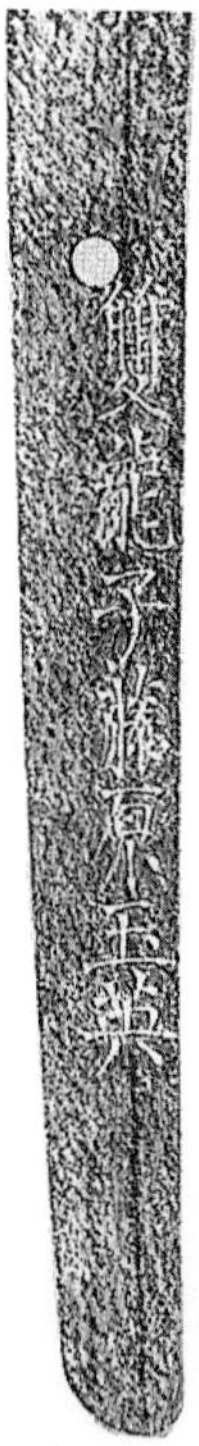

胤門。嘉永四年から直光に改め、文久二年父没後から玉英銘を用いる。直光は鉄砲鍛治でもあり、銘を「敬定」と切る。弘化四年ころから明治初年まで作刀する。直刃にほつれ、喰違い刃交じる。湾れに小互の目交じり。明治二十二年六月二十一日、六十九歳没。⇩**直光〈雙龍子〉の項参照。**

古 為家【ためいえ】 備中国　室町末期（大永）

河野与太郎。備中青江為次の末葉と伝え、英賀郡呰部《あざえ》、また松山水田に住。呰部水田の祖という。

新 為家【ためいえ】 呰部水田　初代　備中国　桃山期（元和）

河野理兵衛。三郎兵衛国重の舎弟といい、呰部水田と称う。『新刀弁疑』は、いずれのころの為家・国重かははっきりしないが兄弟が別家したという。三郎兵衛国重の大月家と、河野家の二家が分立し、大月家は松山城下に、河野家は英賀郡呰部に住し、呰部水田の名がある。両家は共に栄え大月国重と河野為家が互いに密接な関連を保ち幕末に後続する。呰部水田初代の為家は、大与五国重に次ぎ比較的作刀が多く残され、大月家の山城大掾国重（市蔵国重）との合作がある。互の目に丁子、湾れ交じり、また湾れに互の目、角互の目交じり、匂深く沸よくつき、砂流しかかり金筋入る相伝の作。湾れかかった直刃も焼く。

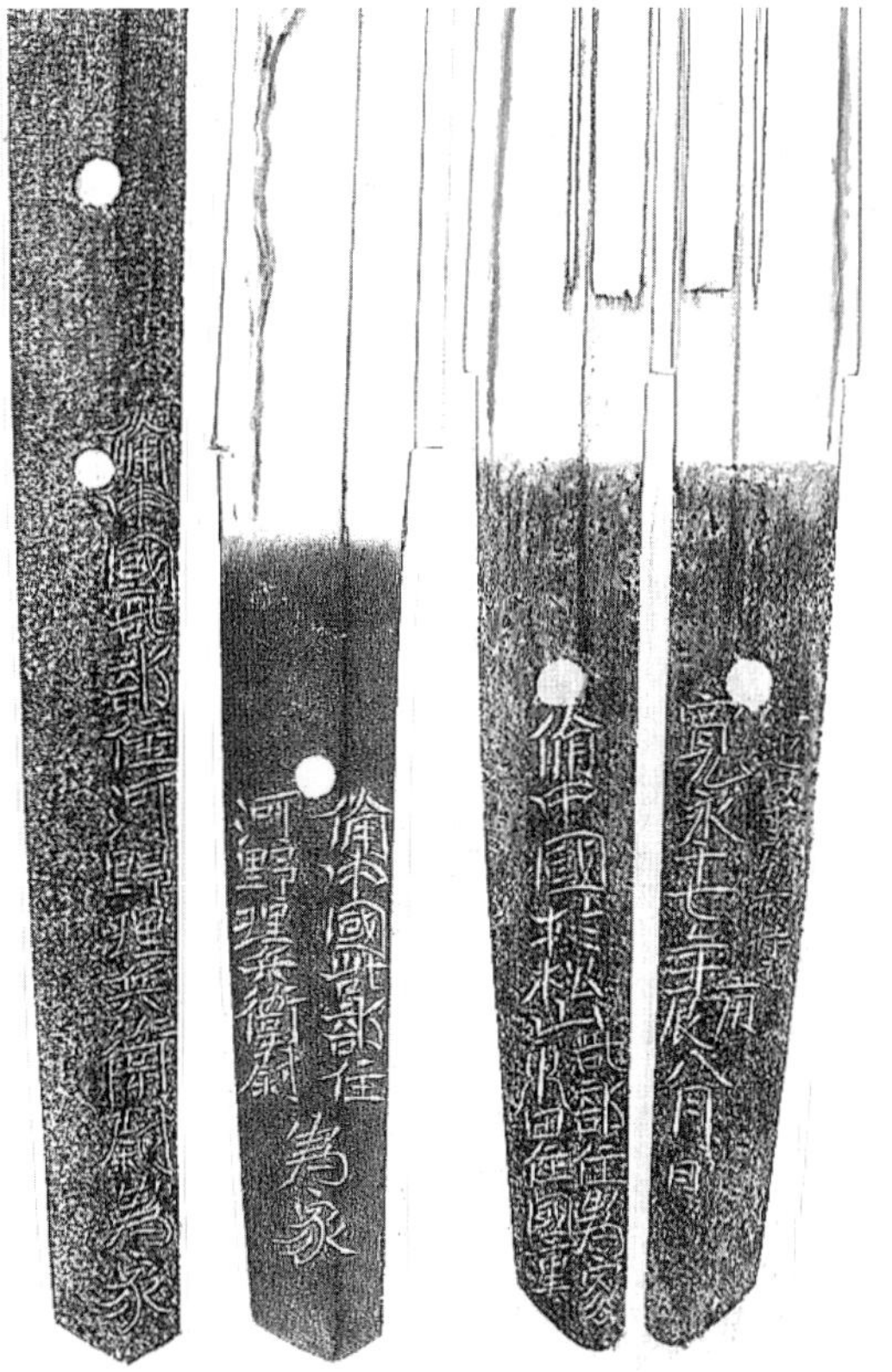

新 為家【ためいえ】 呰部水田　二代　備中国　江戸初期（慶安）

河野理兵衛。初代理兵衛為家の子。「備中国呰部住為家」と切銘する。互の目乱、荒沸つき棟を焼き皆焼状になる。

新 為家【ためいえ】 呰部水田　三代　備中国　江戸中期（寛文）

河野理兵衛。二代理兵衛為家の子。呰部水田為家は四代以降に国重を名乗り、「備中国呰部住国重」と銘す。為家の名跡は末弟の河野理兵衛家に伝わり、十二代（明治）まで後続する。

新 為家【ためいえ】 呰部水田　備中国　江戸中期（寛文）

河野与四郎。初代理兵衛為家の次男。初銘為則。「備中国呰部住河野与四郎為家」と銘す。

新 為勝【ためかつ】 会津下坂　二代　岩代国　江戸初期（万治）

下坂為康四男。九歳のち太左衛門。寛永十年、十九歳で家督を継ぐ。加藤明成、次いで保科正之に仕える。元禄三年九月、七十六歳没。

古 為清【ためきよ】 備前国　鎌倉初期（建保）

福岡一文字。宗依の子という。建保のころ。為清には小乱主調の小出来のものと、丁子乱が華やかなものとがある。「為清」。二字に切り、小銘と大銘とがある。銘鑑には元暦前に古備前があるが、現存する作はみない。福岡一文字に天福、文保がいて、南北朝に降っては延文ころに長船為清が作刀する。

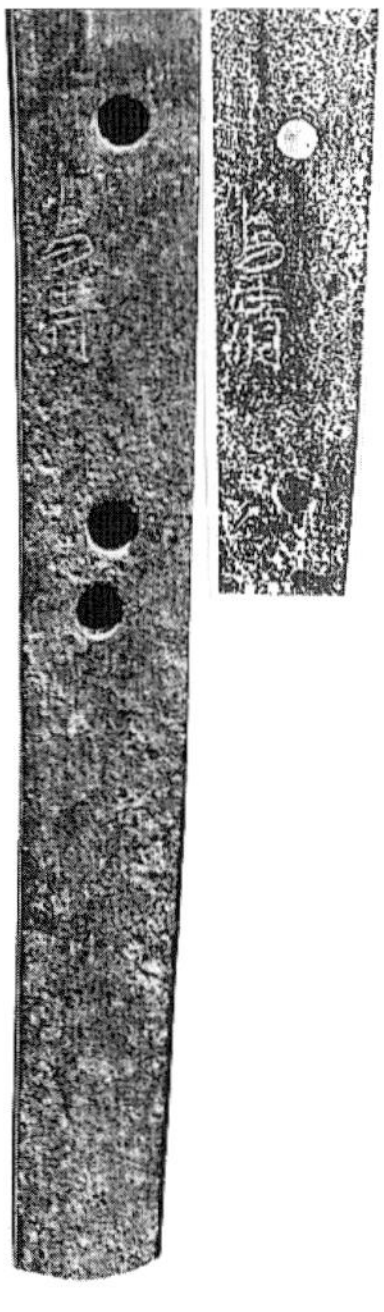

古 **為国**【ためくに】　美濃国　鎌倉初期（貞応）

美濃鍛冶として最古の貞応年紀がある。「美濃国為国上」「貞応二年三月」（「為国上」は為国たてまつるの意）。

古 **為次**【ためつぐ】　備中国　鎌倉初期（承元）

古青江。守次子。承元のころ。鍛え小板目肌よく詰み地沸つき、縮緬肌をみせ、直刃調に小乱、小丁子交じり、逆ごころがあり、よく沸えて刃中に砂流し、金筋入る。為次の代表作に岩国・吉川家の狐ヶ崎と号する太刀がある。正治二年に鎌倉幕府の命をうけ駿河国狐ヶ崎で梶原一族を追討した折に用いてその名がある。承元為次の子が寛元ころに作刀する。

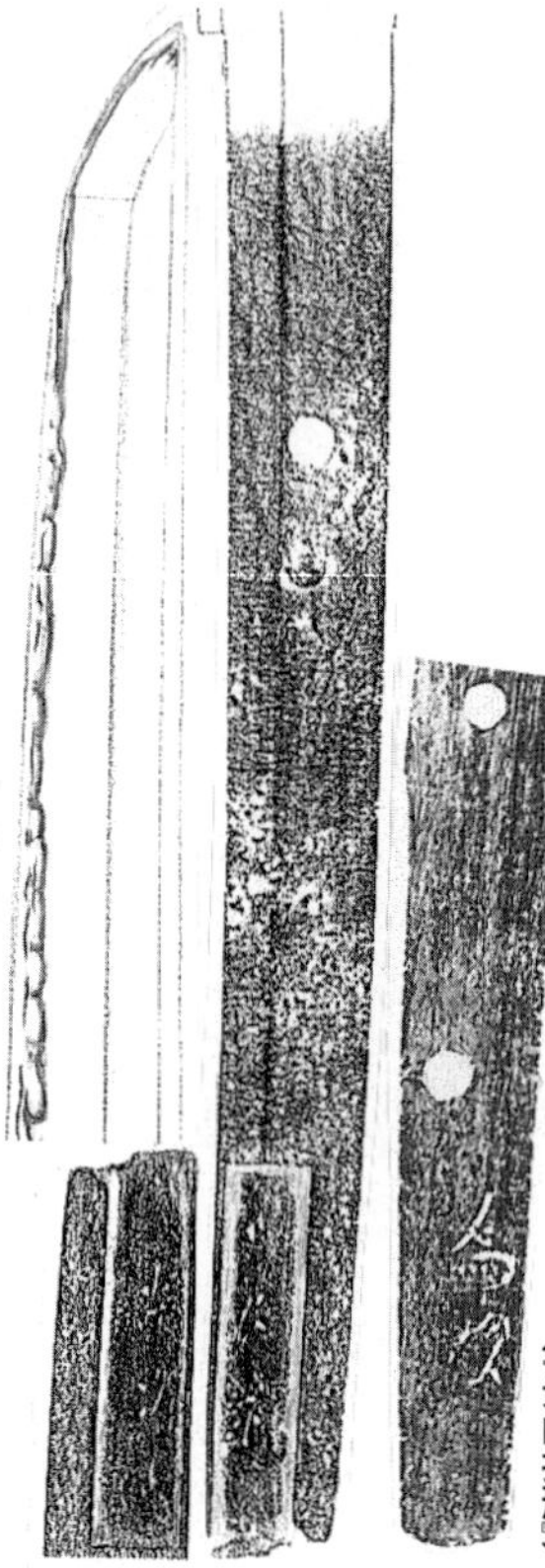

（『光山押形』）

新 **為次**【ためつぐ】　会津下坂　四代　岩代国　江戸中期（元禄）

太左衛門為利の子。甚兵衛。元禄七年家督。享保五年二月十八日没。

◆会津下坂家は十代長直の明治まで連綿とする。

古 **為継**【ためつぐ】　美濃国　南北朝期（応安）

四郎兵衛。越中の江義弘の子とも、門とも、また則重門ともいう。応安二年に越中から越前を経て美濃不破郡へ移住する。「応安二年二月」紀に「越前住」銘があり、「応安二年八月」紀に「濃州住」銘があることから、移住の時期は応安二年二月から八月の間となる。鍛えは板目に柾交じり、肌立ち、黒味がある地金が北国風を呈す。湾れ調の直刃に小互の目交じり、湯走り砂流しかかり、匂口が沈む。「越州住藤原為継」「濃州住藤原為継」「藤原爲継作」。

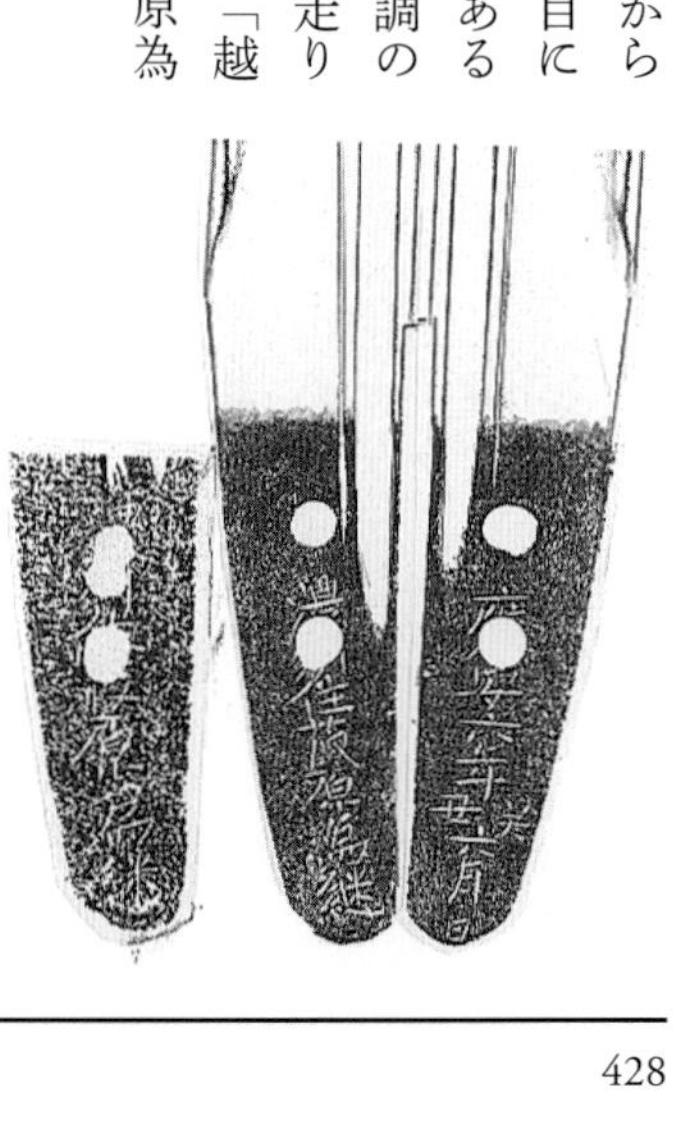

古 **為継**【ためつぐ】　美濃国　室町初期（応永）

関住。四郎兵衛。為継子、二代目に該当する。「為継」「為継作」「藤原為継」。

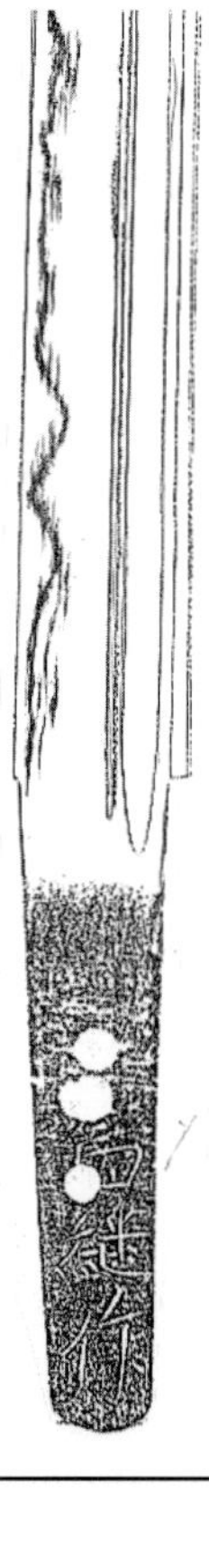

古 **為恒**【ためつね】　備中国　室町初期（応永）

青江。応永ころ。「備中国住為恒」。

古 **為遠**【ためとお】　備前国　鎌倉末期（文保）

福岡一文字。左兵衛尉。津高郡唐河（辛川）住。福岡一文字の末で文保元年紀の作がある。直刃に小足入りの刃を焼く。「備前国住為遠作」「備前国唐河住左兵衛尉菅原為遠」。

古 為利【ためとし】 備前国　鎌倉中期（正応）

備前。為利は古備前、福岡一文字と古くは承元ころから名跡が続く。掲出の小太刀は正応ころの長船物であろう。「為」字が吉井にみられる独特の書体である。中直刃また互の目乱を焼く。「為利」「備前国長船住為利」。

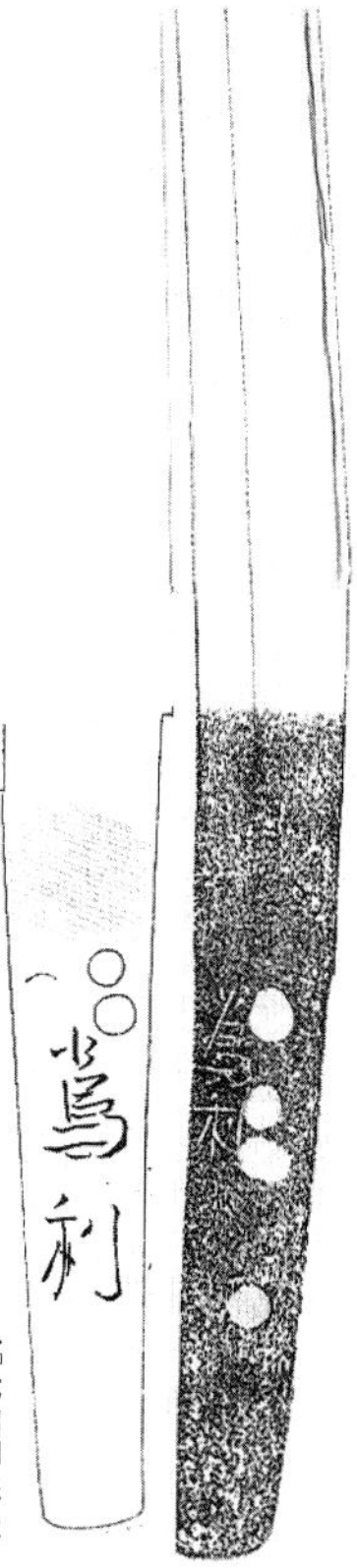

（『光山押形』）

新 為利【ためとし】 会津下坂　三代　岩代国　江戸中期（寛文）

太左衛門、のち甚兵衛。二代為勝の甥。寛文九年から藩に出仕する。宝永元年六月十三日、七十二歳没。槍、薙刀は少なく、刀、脇指が多い。

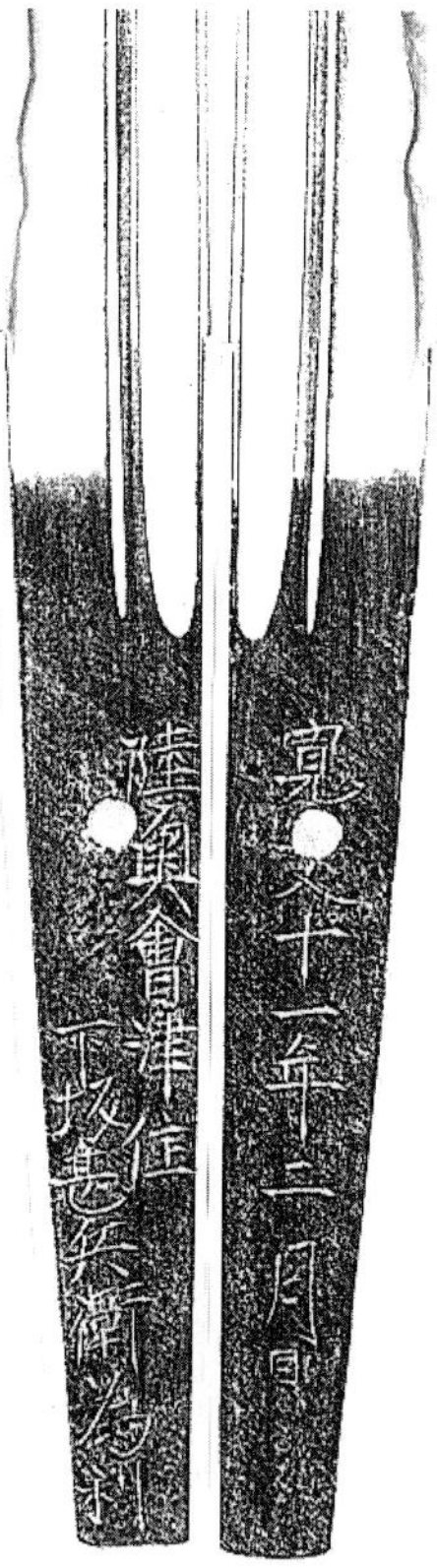

新々 為直【ためなお】 会津下坂　八代　岩代国　江戸末期（文化）

下坂大吉のち甚左衛門。会津下坂七代為隆の子、八代目を継ぐ。初銘為信。直刃、湾れに互の目。

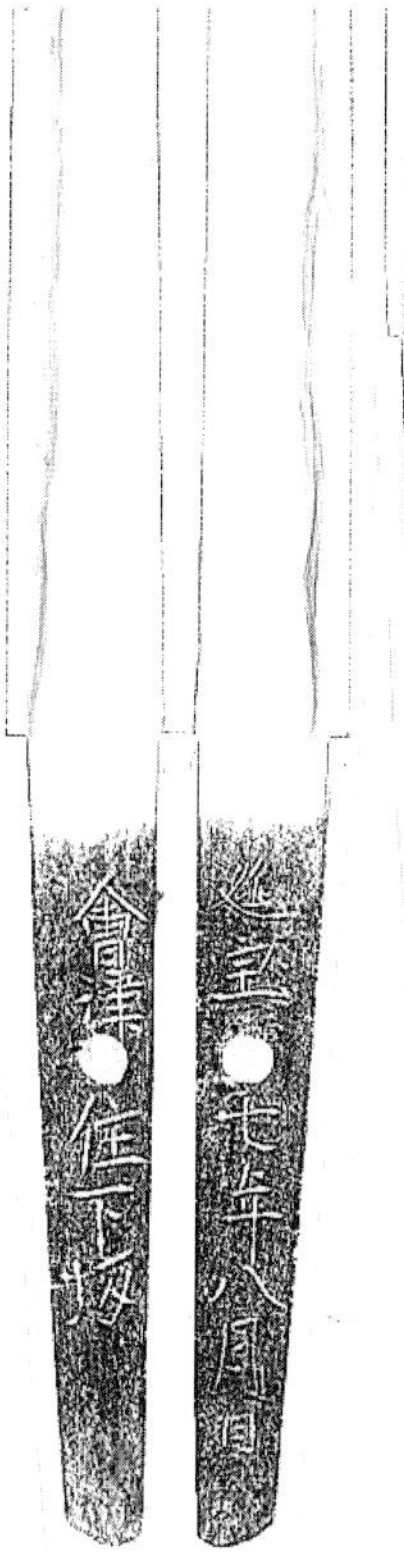

古 為長【ためなが】 備前国　鎌倉末期（嘉暦）

為遠の子。嘉暦、元徳の年紀作がある。「備前国為長」「備前国住為長」。

古 為則【ためのり】 備前国　鎌倉末期（正和）

鎌倉末期から備前吉井の地に為則を祖とする一派が栄え、名跡が室町期まで継続している。『光山押形』に正和四年紀の短刀があって古く、校正には正和三年があるというが、いずれも現存する作刀をみない。吉井の祖は『古刀銘尽大全』が景秀子の景則を載せていて、正応の人とする。景則には大振りの二字銘を切り、鎌倉時代の作とみられる太刀があるので、それが該当しよう。景則は名跡が長く続き吉井の嫡流として知られていただけに吉井の祖とする説が生じたが、実際には為則を祖とみるのが妥当のようである。（系図888～889頁参照）

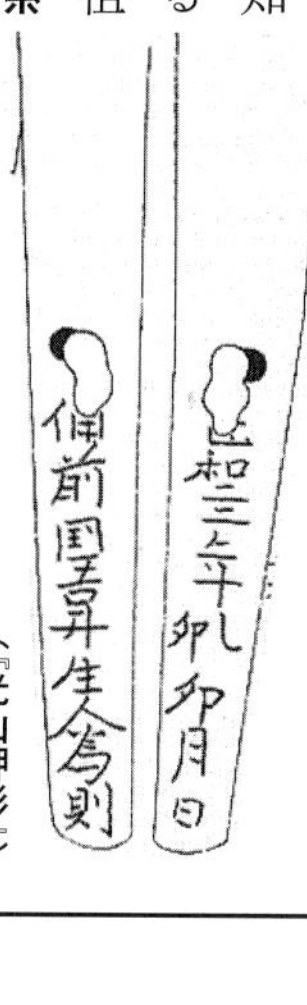

（『光山押形』）

新 為広【ためひろ】 摂津国　江戸中期（寛文）

福地多羅蔵。本国紀伊。紀州石堂派、初代康広門。相模大掾受領、のち相模守に転ず。互の目に丁子乱。

新 為広【ためひろ】 播磨国　江戸中期（延宝）

備中守為康門。互の目乱、丁子乱を焼く。「播州住藤原為廣」と銘す。

古 為宗【ためむね】 備前国　鎌倉末期（正和）

長光子、また門。景光の弟という。『本阿弥家伝鍛冶系図』（正保三年写本）は長光の嫡男に長守（後長光と打つ）、二男に景光、三男に為宗を掲げるのは、江戸時代の他書にはみない系図である。長光の子に長男長守、次男景光を掲げるのは『鍛冶銘字考』で、本阿弥家伝はこれを継承したものかもしれない。為宗は真長の系流で元亨のころ（『古今銘尽』）とも、景光の弟（『校正古刀銘鑑』）ともするなど諸説があるが、長船系図にはほとんど出てこないのが近景であり、近景の前銘として為宗が掲げられているのではなかろうかと思われる。長光の嫡男長守（二代長光）は、作刀が少なく、次男景光が長船の主流をなして隆盛を極め、三男為宗（近景）が別家を起して景光家と並び、近景家が長船の盛期を長期に及んで継続したとみる。（系図874〜875頁参照）

古 為宗【ためむね】 備前国　鎌倉末期（元亨）

長船。長元子で長光の孫という。「備州長船為宗」「備前国長船住為宗」。同銘が延文ころにあり、南北朝期には小反りで至徳ころに作刀する工がいる。

新 為康【ためやす】 会津下坂　初代　岩代国　桃山期（寛永）

下坂甚兵衛。真柄十郎左衛門子という。本国江州西坂本。下坂八郎左衛門康綱に学ぶ。慶長五年ころ加藤家に仕え予州松山に移り、寛永四年加藤嘉明に従って会津に移住する。正保四年五月二十日、八十歳没。会津下坂派は槍を多く作り、薙刀が次ぎ、刀、脇指が比較的少ない。為康の作は稀少で、末関物の作風をみせる。

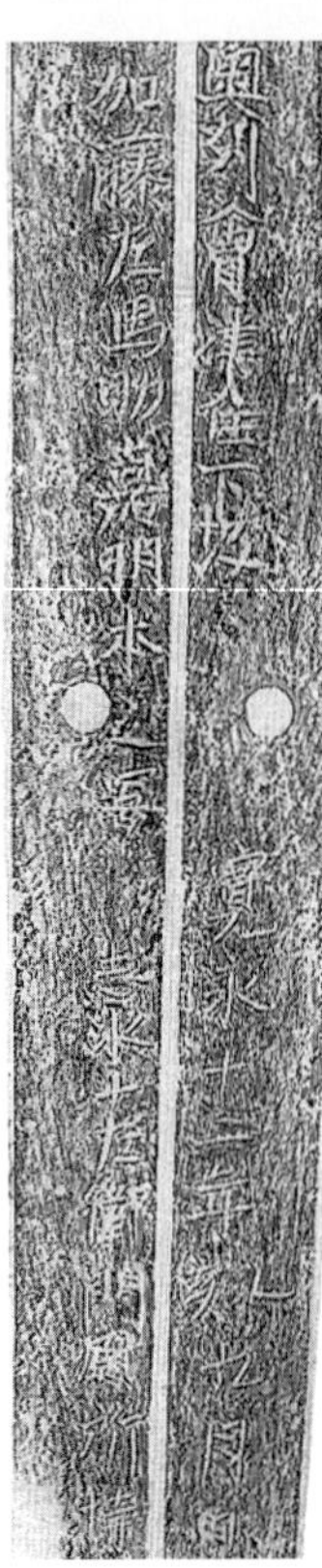

新 為康【ためやす】 土佐将監　初代　紀伊国　江戸初期（正保）

富田将監。近江国蒲生郡の出自で、紀州に移り紀州石堂の祖となる。備中守康広の父。石堂は紀州の石塔寺の門前に住したところから石塔、また石道を称すという。「土佐将監為康」と銘し、「於大江岸冨田奥州造之」と切るのもある（『新刀弁疑』）。鎺元に十六葉の菊花紋を刻す。初代為康には子の二代康広との親子合作刀がある。丁子に互の目、小湾れが交じり、沸つき砂流しかかる。直焼出がある。

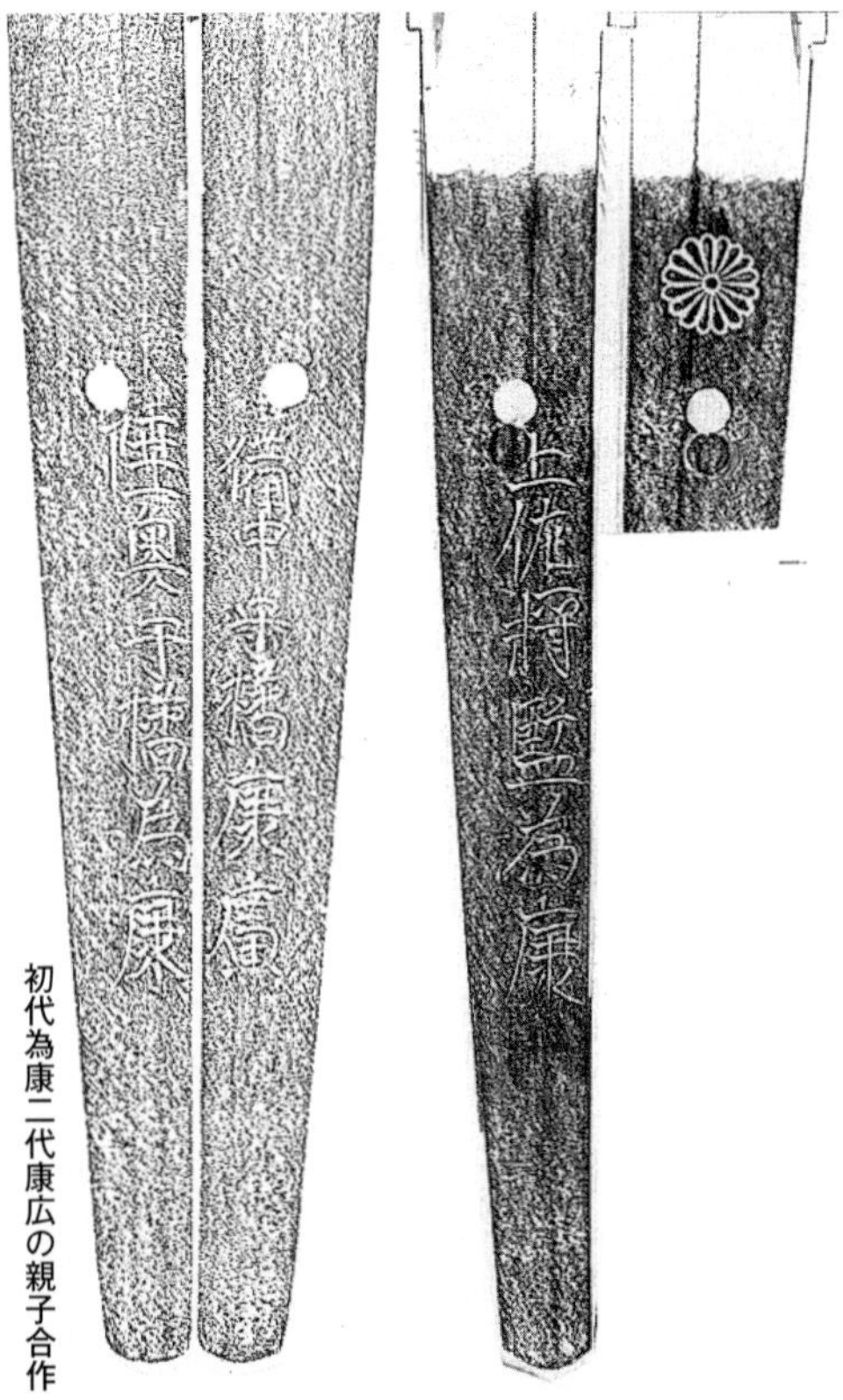

初代為康二代康広の親子合作

新 為康【ためやす】 陸奥守　二代　摂津国　江戸中期（寛文）

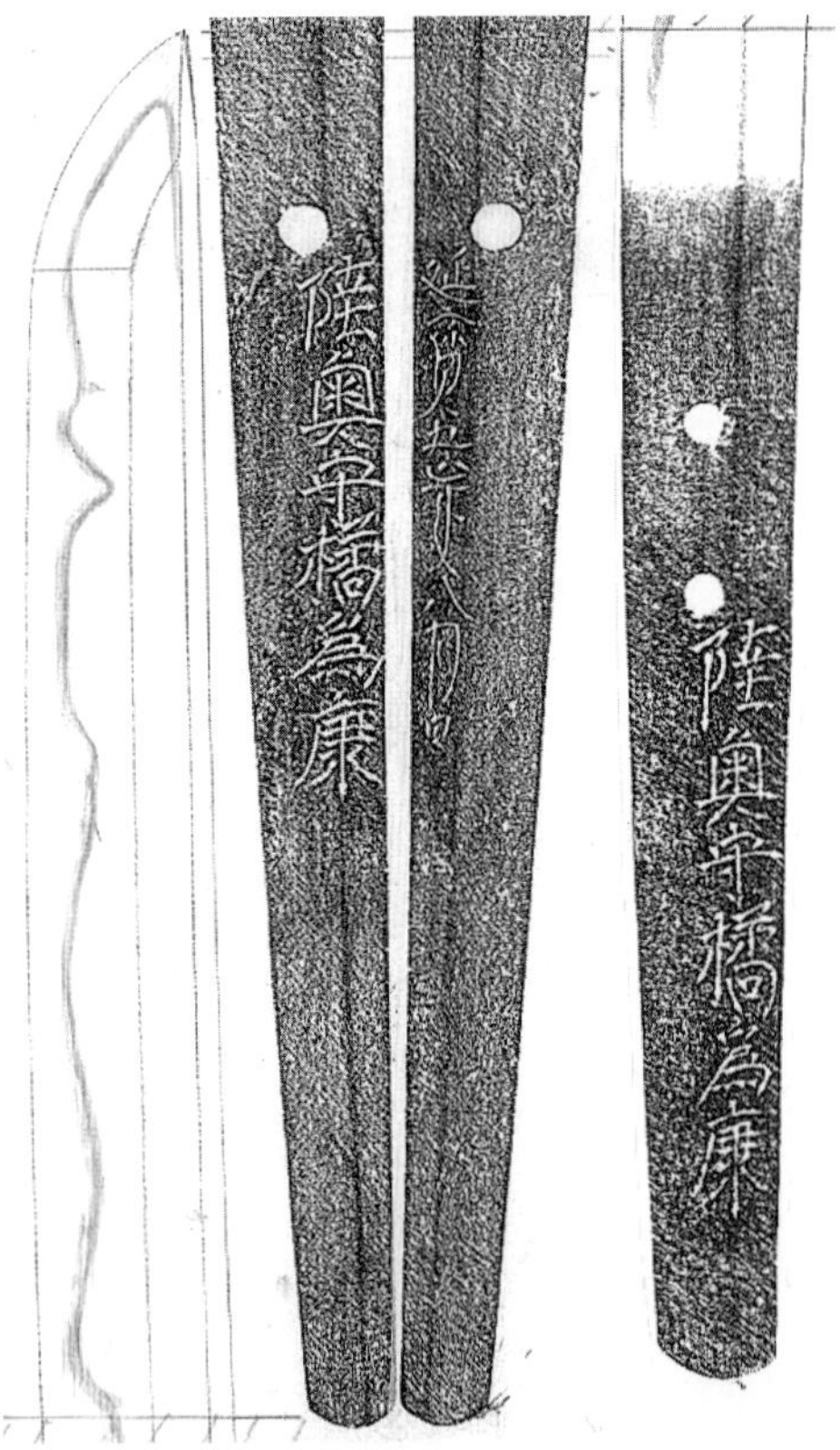

富田六郎左衛門といい、初代備中守康広の子。はじめ備中守康広、なかころに土佐将監康広、のち陸奥守為康と切銘する。紀州から大坂へ移り久宝寺町住。寛文五年三月十四日陸奥大掾受領を契機に康広から為康に改め、のち陸奥守に転任し「陸奥守橘為康」と切銘する。陸奥守為康の延宝年紀の作刀が残るが、この手の銘のものは数が少ない。丁子に互の目、湾れに互の目。

古 為吉【ためよし】 備前国　鎌倉末期（嘉暦）

長船。為吉は古備前から名跡がみられ、福岡一文字から長船にあるが、一連に継承するかは明らかでない。

《ち》

古 近景【ちかかげ】 備前国　鎌倉末期（元亨）

長光門。近恒の子。また長光の子という。三郎左衛門。嘉元元年から貞和・観応までの年紀作がある。近景の最も古いとみられる嘉元元年二月（『土

（『土屋押形』）

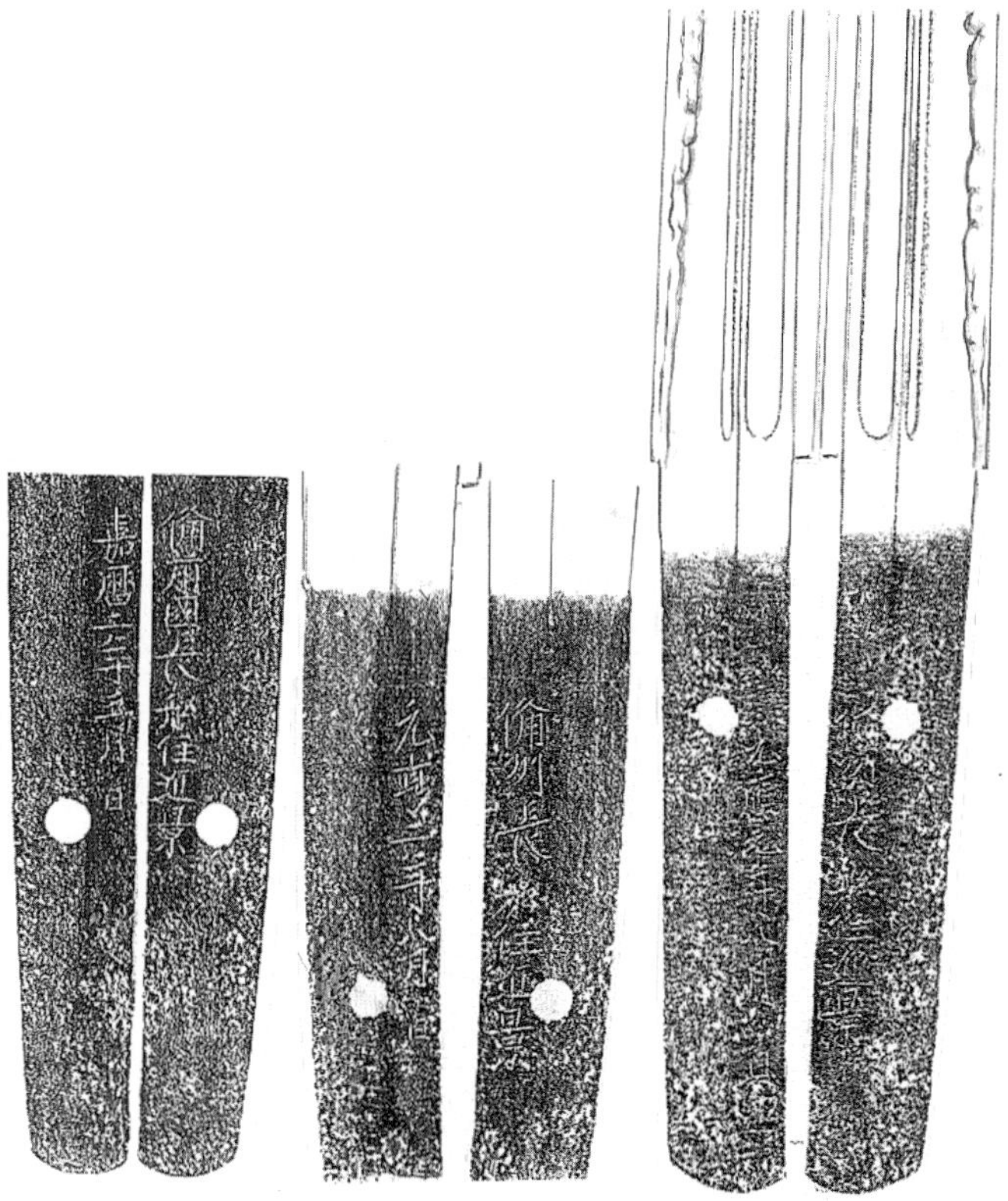

屋押形』は、景光の作（嘉元元年八月）が始まったと同じ年であり、また二代長光の作刀（嘉元元年十月）も初めて世に出る年とあって、正安から嘉元元年にかけては長光一門にとって大きく変化した年のようである。近景の最終とみられるものに貞和三・四年があり「貞和三年七月日」の銘が小振りになっていて、それまでの近景の銘とは相違する。そのため貞和からのちを近景二代とする見方がある。大全に近景は「貞和元死八十才」とする記述があるのと年代的にはさほど矛盾しない。二代は貞和元年からのち作刀が始まったこととなるが、貞和三・四年からのちの近景の作刀は未見である。⇩為宗の項参照。

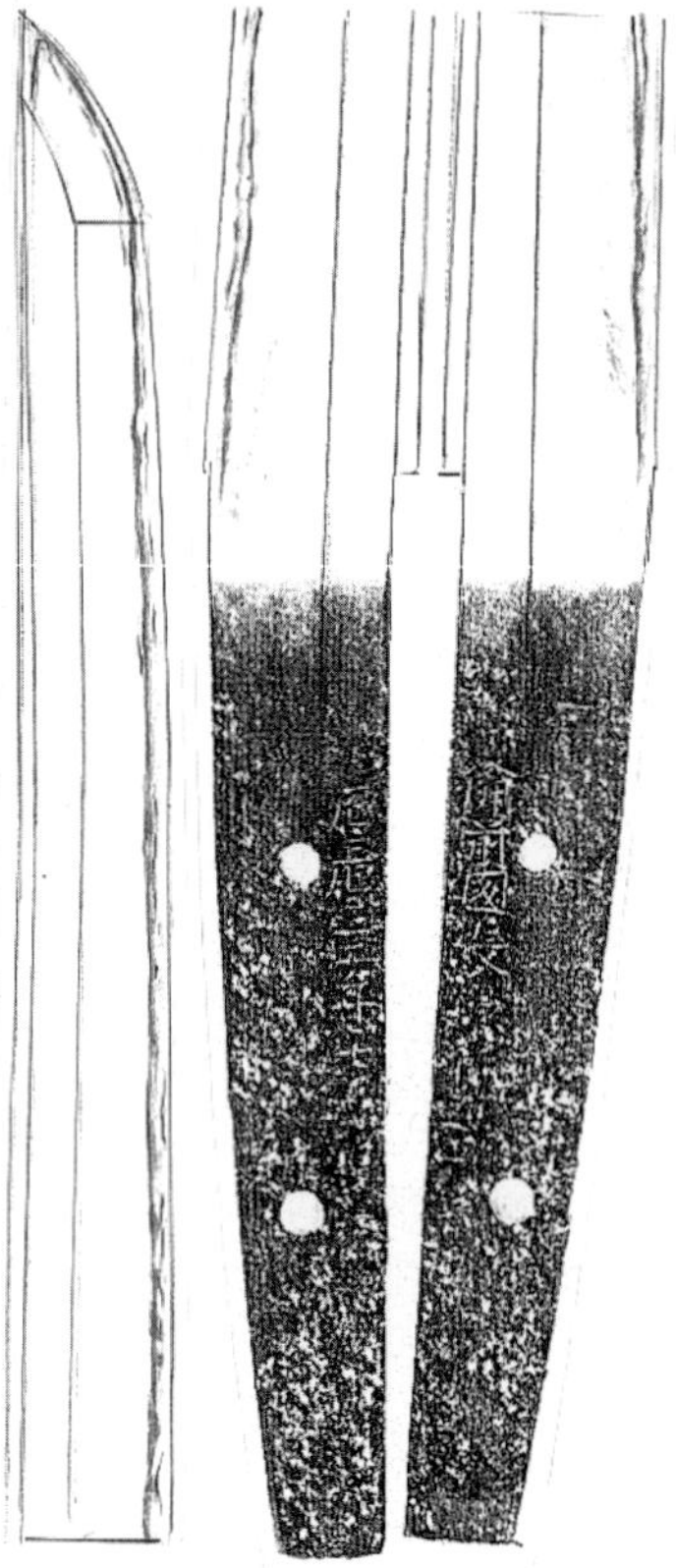

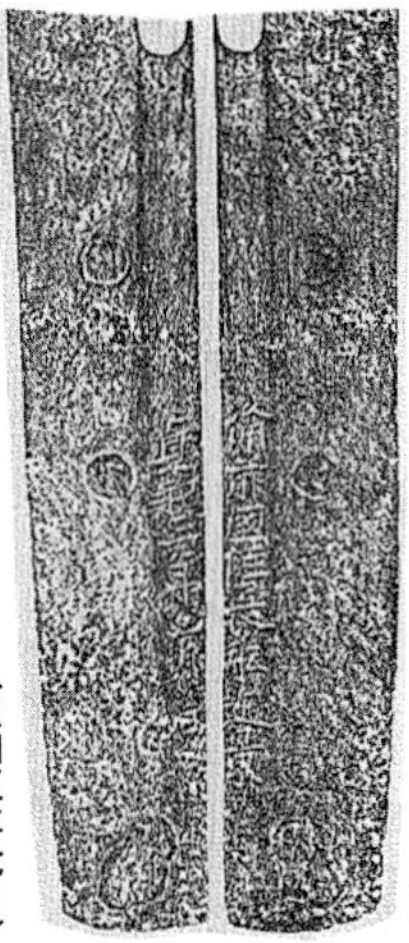

（貞和三年七月）

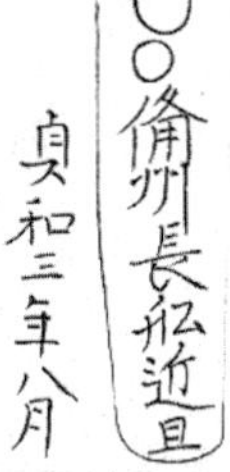

直刃、また小互の目を焼き、景光ほどに丁子の目立つものはなく、互の目主調であり、三作と比べては最も地味である。ただし、貞和三年二月の太刀は丁子が目立って焼の出入りが多く、華やかな刃文を焼いている。

近景は長船の嫡流ではないが景光と同時期に作刀が始まり（嘉元元年）、景光より作刀数が多く、作刀期も長い。また長光の作刀期（正中年中に長元・真長の代銘作がある）に近景も同時に作刀している。このことは、近景が長光のごく近親者であることを示すのであるが、著名であるにもかかわらず、古系図に近景の名がほとんど出てこないのが不審である。近景は長光子とも門ともいわれているが、『本阿弥家伝鍛冶系図』（正保三年写本）は長光長男に長宗（のち長光）、次男に景光、三男に為宗を掲げていて、この三男為宗が近景の前銘ではなかろうかと思われる。銘鑑に為宗は長光の子とも門ともあるが、近景同人とすれば長光の子であり、景光の弟となろう。為宗の名が広く知られていて、近景の名が表にはあまり出なかったのであろうか。

古 近包【ちかかね】 備前国　鎌倉初期（建暦）

古備前。銘鑑では元暦ころに近包があり、鎌倉初期から中ころにかけて小銘を切る同銘工がいる。湾れ調の直刃に小乱交じり、また小乱に小丁子の比較的華やかな刃文とがある。「近包」。正恒の子に正安の近包を掲げるのは（『古今銘尽』系図）、正恒を永延とみての年代のつり上げであるが、近包が正恒系であることを示している。同銘を名乗る近包は福岡一文字に宝治ころ、吉岡一文字系で長船住、建武ころと継続する。

古 近真【ちかざね】 備前国　鎌倉中期（宝治）

古備前。宝治ころ。「近真」。

古 近忠【ちかただ】 備前国 鎌倉初期（建久）

古備前。長船派の祖、光忠の父。校正は「六十二才にて安貞二年死」とし、『古今銘尽』は「五十才にて死去」といい、「太刀、刀はまれなり」といっている。光忠に「文永八年十一月」の年紀作（『往昔抄』）があって、この年限が光忠の晩年作であることにもとづけば、光忠が建長を遡る人であり、その父である近忠が安貞を更に遡るであろうことは否定されない。近忠は鎌倉初期の古備前鍛冶であろうとみられる。作刀は稀少らしく現存する作刀は未見であるが、『本朝鍛冶考』に押形図が一葉のっているのが唯一の例で参考になる（左図参照）。

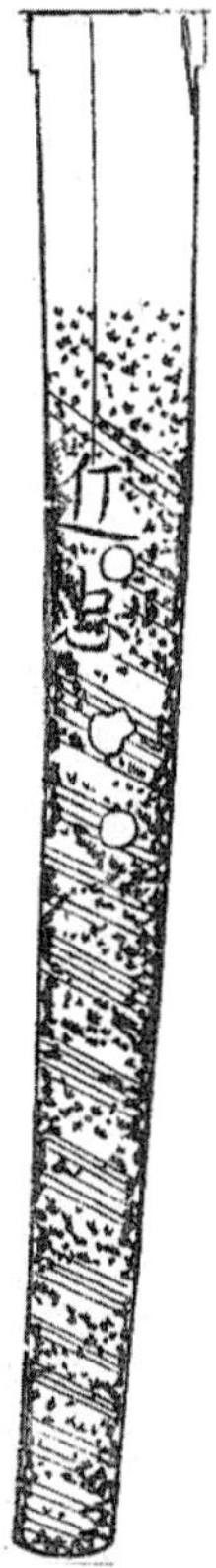

古 近恒【ちかつね】 備前国 鎌倉初期（承元）

古備前。正恒系、恒次子で正恒の孫という。「近恒」。同銘が古備前に寛喜、文応と続き、長船に正応ころ作刀する。

古 近信【ちかのぶ】 備前国 鎌倉中期（建長）

福岡一文字。建長ころ。古備前から名跡があるが、現存する作刀は鎌倉中期ごろからみられる。「近信」。

古 近則【ちかのり】 加賀国 室町初期（応永）

藤島。初代。初代行光の子。初代友重孫。泉村住。応永ころ。二代目は初代の子で嘉吉のころ。三代文明という。

古 近則【ちかのり】 加賀国 室町中期（嘉吉）

藤島。初代近則の子。二代。直刃に互の目交じり、互の目乱などを焼く。「近則」。三代は文明ころ。

古 近則【ちかのり】 出羽国 室町末期（永正）

月山。藤九郎。永正年紀の作がある。鍛えは板目で月山流の綾杉肌をみないものが多く、直刃に互の目乱もあって地刃が明るく垢抜けた状に末備前物の風があり、茎の形状も類似していて、末備前刀工との交流が窺える。寒河江郷谷地住。「月山近則」「羽州住人月山近則」「羽州住月山近則藤九郎」。

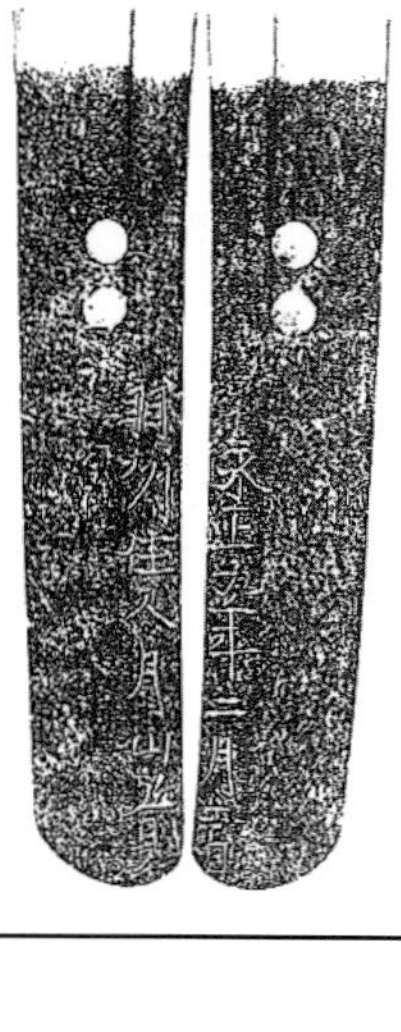

永正九年二月吉日

新々 近則【ちかのり】 常陸国 江戸末期（嘉永）

菊地豊三郎。林蔵。初銘近知。濃州関善定家の末で「関兼定家近則」「武蔵守藤原吉門孫近則」などと切る。坂東太郎卜伝の五代目川村勘三郎の養子となり川村姓を名乗り、近則と改銘する。天保十年ころ、大慶直胤が助川城に駐鎚のとき、入門する。水戸藩工。明治三年十月十二日没。

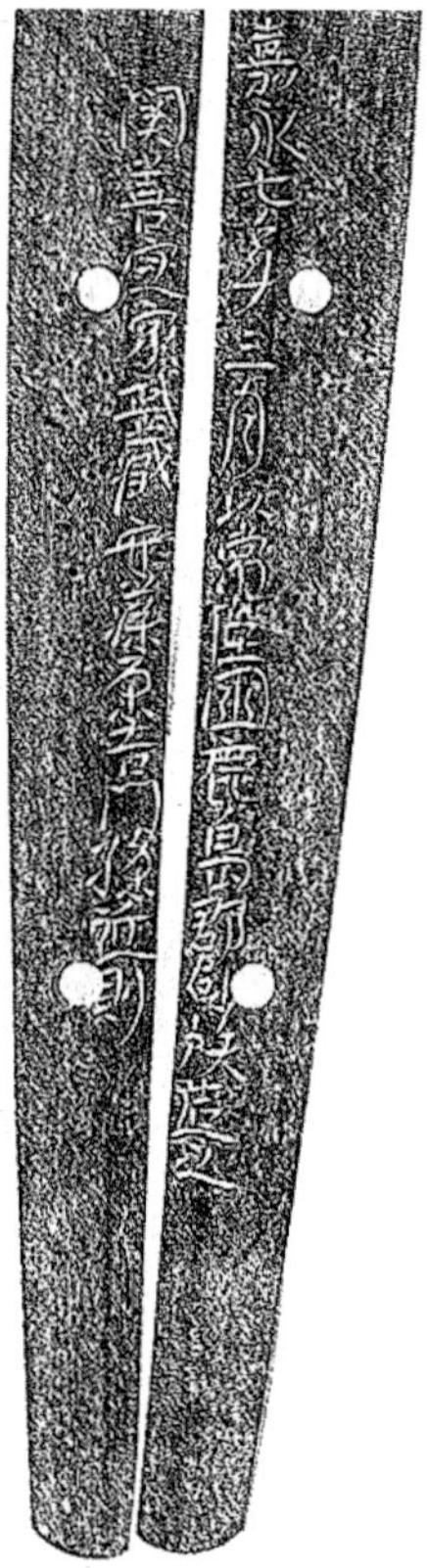

ち

ちかただ～ちかのり

古 **近房**【ちかふさ】 備前国 鎌倉初期（承久）

福岡一文字。承元二十四番鍛冶。校正は二人の近房を掲げ、初代が「近房」と二字に切り「建久」、二代が「近房作」と三字に切り、「弘安二年」と年代を記している。この承久近房は建久より少し年代が降るが同一人の範疇で、初代近房と同人であろう。匂出来の丁子乱で、丁子の中に袋がかった刃が交じり、焼きに高低がある。袋丁子の華やかさは吉房ほどではないが、吉房の大房丁子に類することで、あるいは近房が吉房一派の上工の一人ではないかとみられる。「近房」。

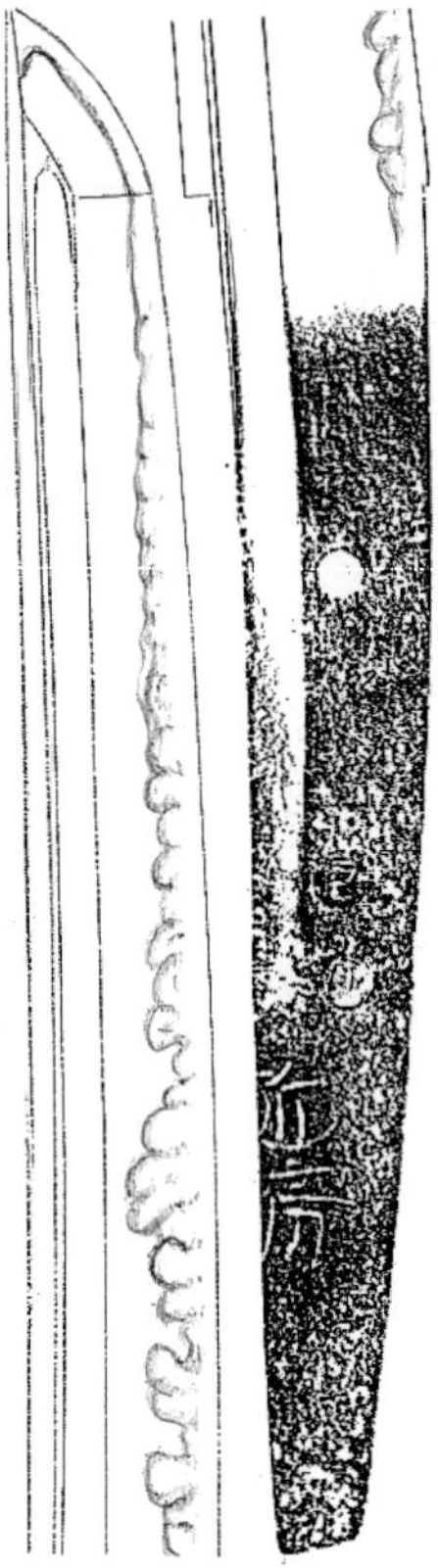

古 **近房**【ちかふさ】 備前国 鎌倉中期（弘安）

福岡一文字。二代。弘安二年紀の作があるという。三字銘に「近房作」と切る。なお近房の名跡は長船在住の近房へと、南北朝期から室町初期の応永ころまで後続する。

古 **近村**【ちかむら】 山城国 鎌倉初期（建久）

三条。宗近子とも、吉家子ともいう。小乱に小丁子が交じり、総じてうるみごころがあり小沸つく。帽子が小丸で二重刃かかる。「近村」二字銘と「宗近村上」とがあり、後者は後世に「宗」を追銘したとの説があるが確証がない。

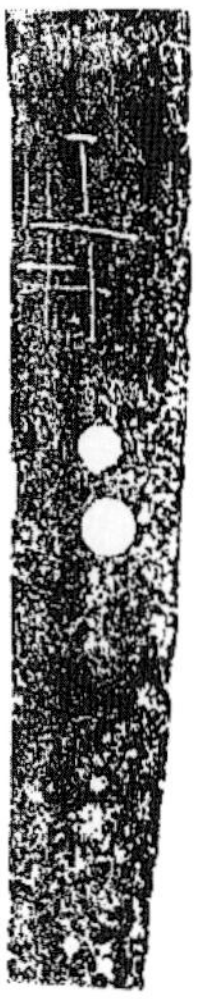

古 **近村**【ちかむら】 備前国 鎌倉中期（文暦）

古備前。正恒系。近包の子。真恒の兄。

古 **近依**【ちかより】 備中国 鎌倉末期（文保）

青江。直刃、逆丁子乱を焼く。「近依」「備中国近依」。

古 **周重**【ちかしげ・かねしげ】**初代** 武蔵国 室町末期（天文）

山本但馬。下原住。下原鍛冶の祖。初代康重の初銘。⇩**康重の項参照。**

古 **周重**【ちかしげ・かねしげ】**二代** 武蔵国 室町末期（永禄）

山本藤右衛門、内匠。二代康重同人。但馬周重の子。天正年紀の作がある。

新 **周重**【ちかしげ・かねしげ】 武蔵国 桃山期（寛永）

山本外記。周重子。「武州下原山本外記周重」などと銘す。

新 **周重**【ちかしげ・かねしげ】 武蔵国 江戸中期（寛文）

山本勘兵衛。外記周重の子、二代周重、のち外記利長。貞享四年没。◆三代（宝永）以降は山本外記利長を名乗る。四代（享保）、五代（元文）から九代（安政）まで後続する。

古 **周広**【ちかひろ】 相模国 室町末期（天文）

末相州。又四郎。藤沢次広、また小田原相州康春門。高座郡座間鈴鹿住。「相州住周広」。同銘が桃山期（寛永ころ）、武州下原にあって又四郎三代と称して作刀し、座間と下原を往復するという。

新作 **周磨**【ちかまろ】 奈良 平成

大田周作。昭和五十一年生まれ。平成二十一年、新作名刀展入選。「布都周磨」。奈良県天理市住。

古 **親次**【ちかつぐ】 備前国 鎌倉末期（乾元）

新田庄住。直刃仕立てに小互の目、小丁子が逆がかり、小板目が流れ肌立ちごころ、映り立つ。茎の鑢勝手下りの作風などから古青江風が少なく、備前物とみられ、新田庄親次であろう。新田庄の鍛冶はのち備中青江に移り、また備前長船に移住している。「備前国新田庄住親次」「親次」。

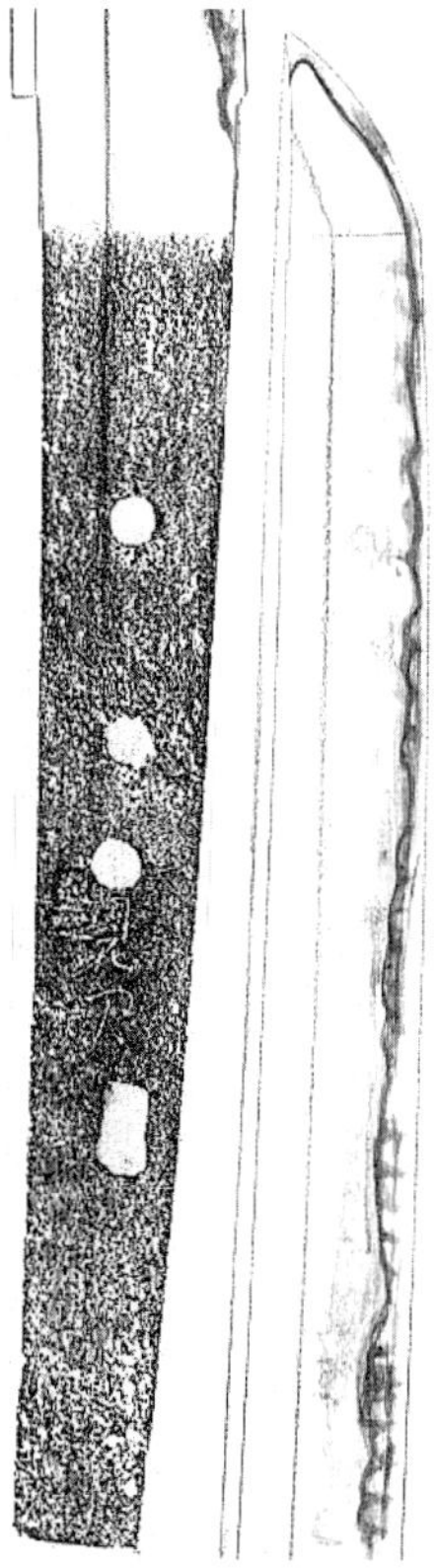

古 親次【ちかつぐ】 備前国 鎌倉末期（徳治）
左兵衛尉。新田鍛冶で新田庄から長船に移住する。「備前国長船住親次」「備前国長船住左兵衛尉藤原親次」。

元亨二年十一月日 親次

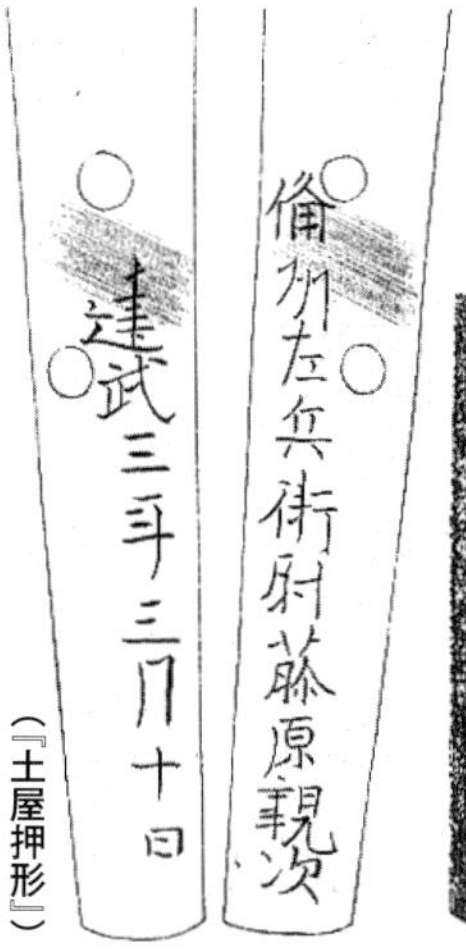

『土屋押形』

古 親次【ちかつぐ】 備中国 南北朝期（暦応）
中青江。左兵衛尉の子、吉次門という。元弘・暦応の年紀作がある。「備中国住人親次」。

古 親次【ちかつぐ】 備後国 南北朝期（貞和）
鎌倉末期から南北朝初期にかけて中青江の鍛冶が備中から備後へ移り作刀する。備後親次が法華一乗派の初祖と伝える。貞和から延文ころまでの作例がある。「備州住親次」。

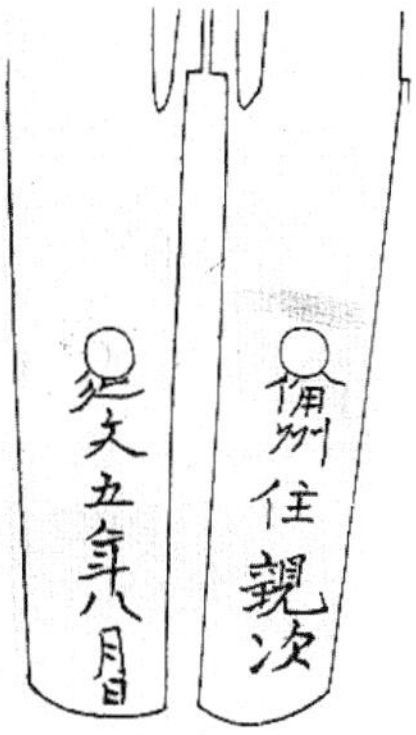

『土屋押形』

新 親信【ちかのぶ】 筑後国 江戸中期（享保）
下坂。会津祖父兼友門。初銘茂親。「九州筑後柳川住下坂五代目親信作」などと銘す。

新作 親秀【ちかひで】 静岡 昭和
太田春時。明治二十六年生まれ。初銘正弘。東京、大阪にて鍛刀技を習得する。引佐《いなさ》郡引佐町住。

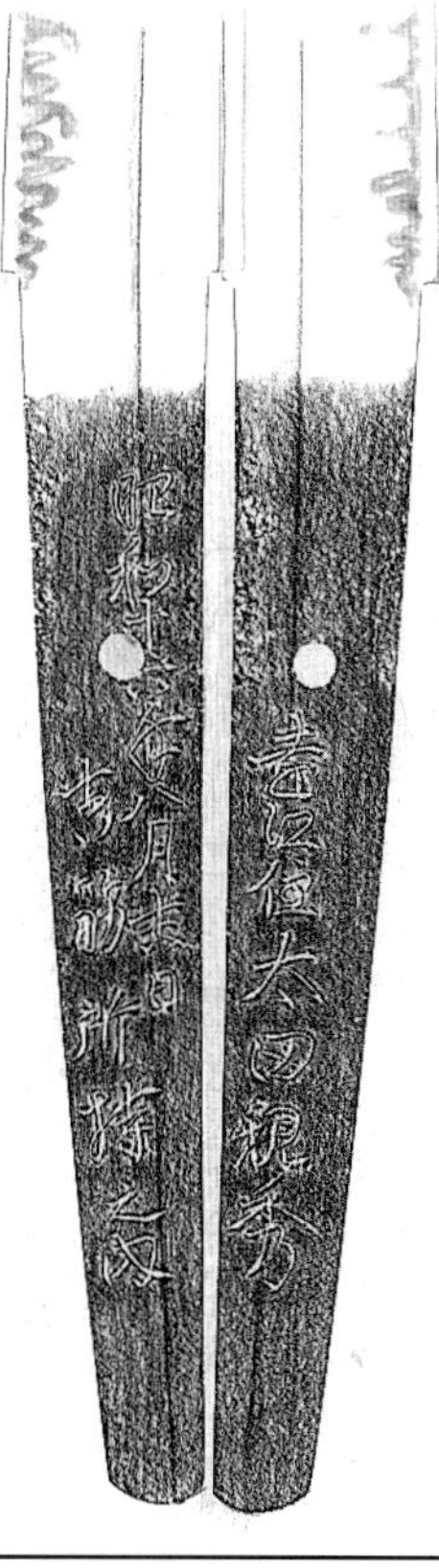

古 親正【ちかまさ】 備中国 室町末期（永禄）
五郎兵衛。本国若狭。又次郎冬広と共に備中松山に移り来たる。のち一門は芸州松山に移住する。「備中国於松山三村冬広五郎兵衛尉親正」。

古 親安【ちかやす】 薩摩国 室町初期（応永）
波平。応永ころ。次代の工が延徳ころにも作刀する。

古 親依【ちかより】 備前国 鎌倉末期（正和）
右衛門尉。正和から元徳にかけての年紀作がある。新田庄住。直刃に小足入り、刃中淋しい。「親依」「備前国住親依」「備前国新田庄住右衛門

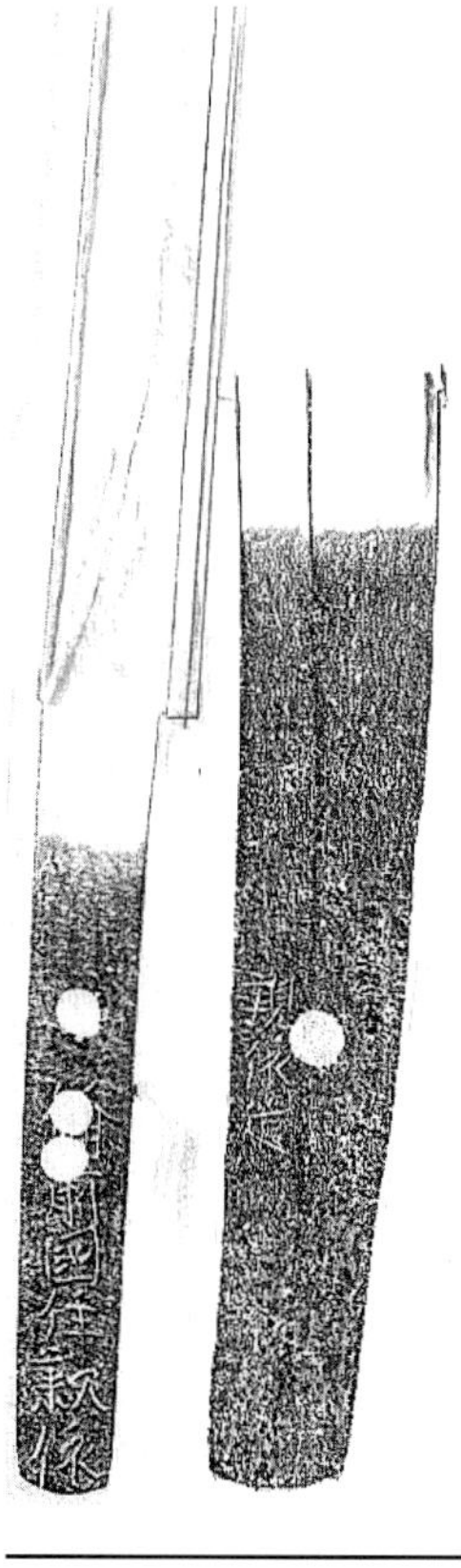

尉親依造」。

（『光山押形』）

古 長円【ちょうえん・ながのぶ】 豊前国 平安中期（永延）

古銘鑑は長円の年代を永延と伝え、校正は二代に当たる長円を元暦・建保とし、建保元年紀の作があるとする。元暦を遡る年代の作とみられるのが源家重代、源義経が奉納と伝える薄緑の太刀（箱根神社蔵）で、先年、箱根権現に展示中のもの、曽我五郎時致所用と伝える。薄緑は古調な作で折返銘である。『将軍家短刀絵図』（吉祥寺蔵）に所載する「千秋万歳」を切った長円短刀は「円」の字が略体で古雅な趣があり、松喰鶴と不動尊を彫って行平の刀身彫と通じるものがある。「長円」「千秋万歳」。

（『古刀銘尽大全』）

（『将軍家短刀絵図』）

古 長円【ちょうえん・ながのぶ】 豊前国 鎌倉中期（弘安）

永延の長円は大和同人といわれるが、鎌倉中期ころ以降の作は大和風がなく、匂口がうるみ古作九州物の風が強い。掲出の長円短刀は大徳川家伝来のもので、宝永四年、徳川家千代の御七夜の祝儀に用いられたもの（『徳川実記』）。「千秋万歳」の銘がお目出たく、長円の名と共に祝儀には最適。「圓」字が諧書で、前代の長円が草書体で切るのと対照的である。「長圓」「千秋万歳」。

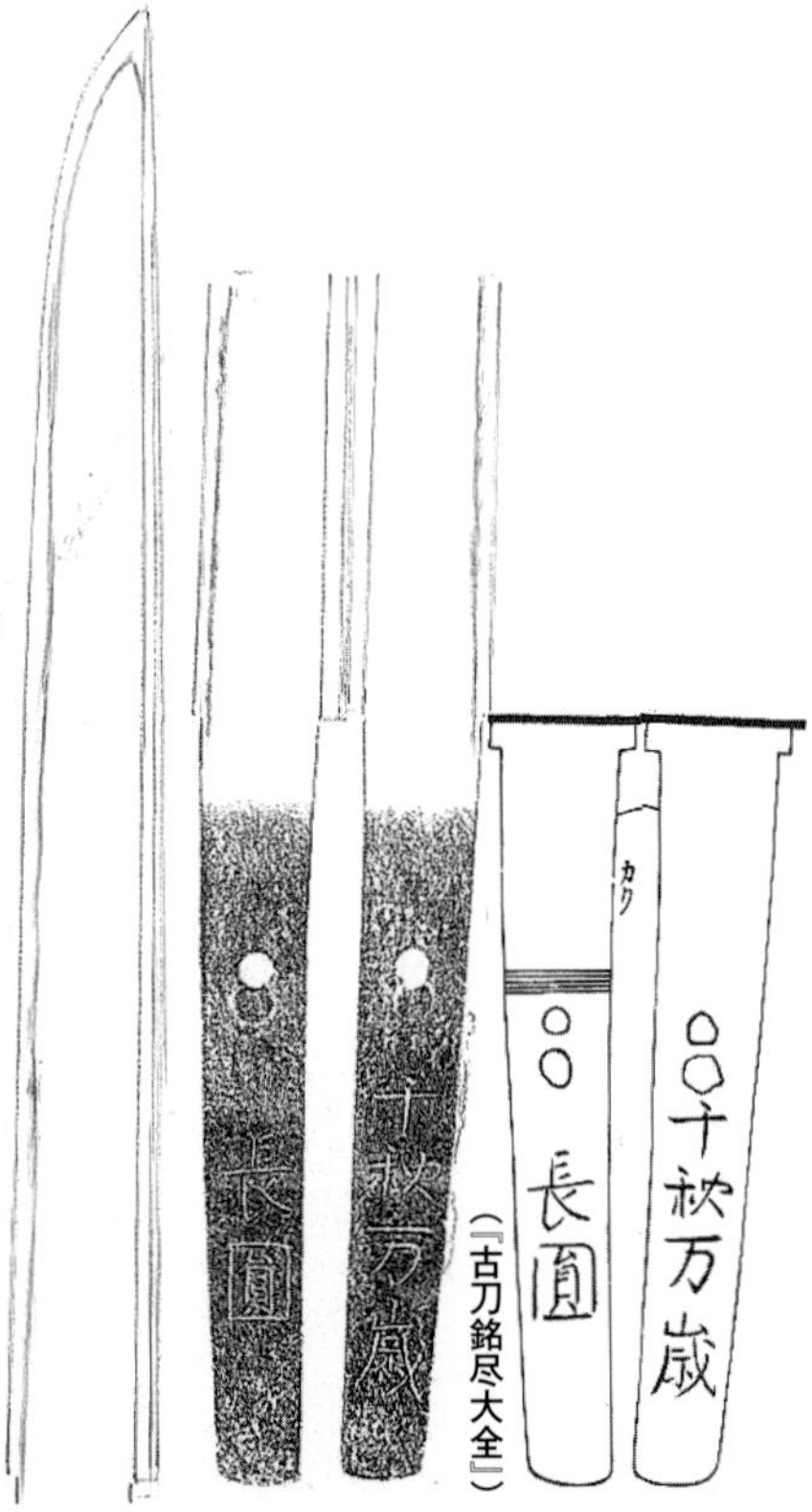

（『古刀銘尽大全』）

古 千代鶴【ちよづる】 越前国 室町初期（応永）

千代鶴。越前来国安の初銘を千代鶴丸と称したことから、この一群の派名を千代鶴派と呼ぶ。個銘を切らず千代鶴とのみ銘するものもある。鍛えは板目に柾交じり、黒味がある肌合いに地沸つき、互の目乱を焼き、飛焼、棟焼のあるものがみられる。名が尊く賞美される。室町末期の作が多く、新刀期へ続く。「千代鶴」「越前住千代鶴作」「越州住千代鶴作」。

《つ》

古 **次家**【つぐいえ】 備中国 鎌倉初期（承元）

古青江。守次子。承元の御番鍛冶。左馬尉のち備中権介に任ず。直刃調に小乱交じり、小沸出来。「次家」。

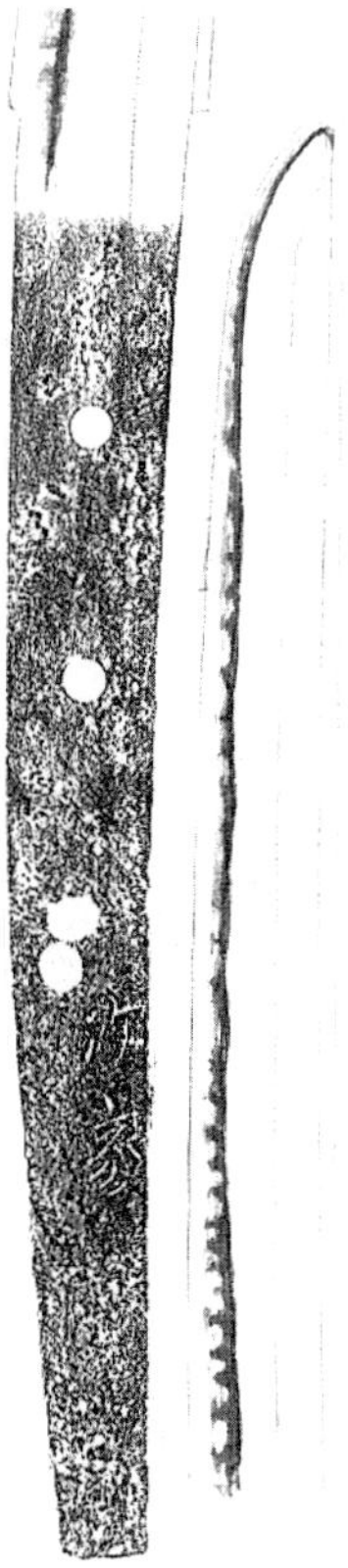

古 **次植**【つぐうえ】 備中国 鎌倉末期（嘉暦）

青江。左近将監。次植は鎌倉中期（文暦ころ）の古青江から名跡があり、同末期（嘉暦ころ）まで作刀する。「次植」「備中国次植」「左近将監次植」。

新々 **次勝**【つぐかつ】 常陸国 江戸末期（元治）

中島七郎。水戸住。初代徳勝門。直刃、小互の目乱を焼く。

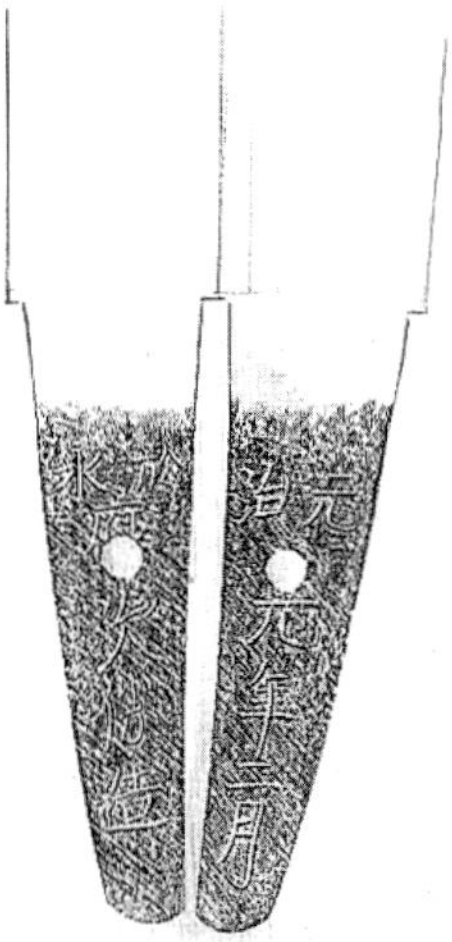

新 **次包**【つぐかね】 摂津国 江戸中期（元禄）

右陸奥包保門という。「摂州住次包」と切銘する。互の目乱を焼く。

古 **次貞**【つぐさだ】 備中国 室町初期（応永）

青江。応永年紀の作がある。年代が降った天正ころに太郎兵衛次貞が作刀する。「備中青江次貞作」「備中国松山住太郎兵衛尉次貞作」。

古 **次貞**【つぐさだ】 備後国 室町初期（応永）

五阿弥。応永ころ。初代は貞和ころというが作刀をみるのは室町期に入ってからである。「備州次貞」「備州住次貞」。

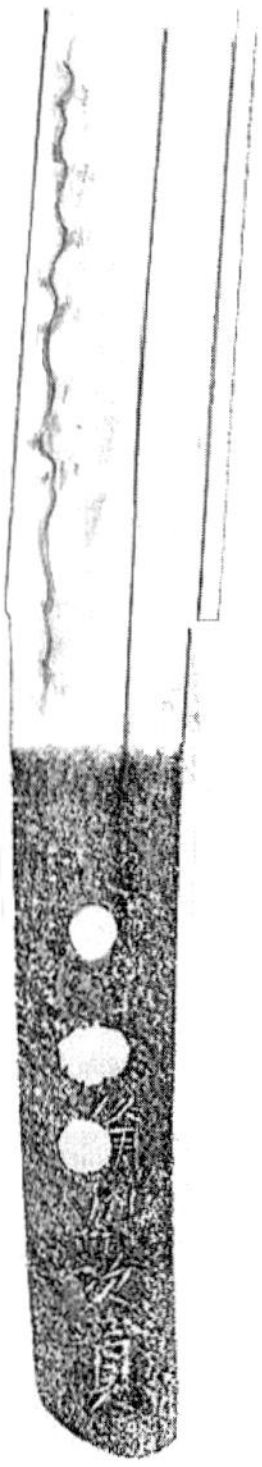

古 **次貞**【つぐさだ】 出雲国 室町末期（永禄）

雲州仁多郡住（現・島根県仁多郡奥出雲町）。初代次貞は忠貞子、また門という。二代寛正、三代天文、永禄と続くが、経眼する作は天文、永禄ころのものである。出雲と石見を往復して作刀するという。「次貞」「雲州仁多郡住次貞」「石州住次貞」。

新 **次重**【つぐしげ】 上野国 桃山期（寛永）

「和泉守藤原兼重」「上州住次重作」と切った、初代和泉守兼重との合作刀がある。銘字は全部次重が切っているところからみて、兼重と師以上の密接な関連があったであろうとみられる。寛永前期ころ。

和泉守兼重と合作

古 **次忠**【つぐただ】 備中国 鎌倉初期（貞永）

つ

つぐいえ～つぐただ

古青江。次家の子、また康次子ともいう。承元の御番鍛冶で八月番に任ず。刃文は小乱に小丁子交じり、よく沸づき、砂流し金筋かかり、焼刃幅に高低があり変化が烈しい。「次忠」と二字大振り、太鏨に銘す。同銘で建治ころに「備中国次忠」銘の作例がある。

古 次直【つぐなお】 備中国　南北朝期（貞和）

青江。吉次子。暦応から延文にかけての年紀作があり、一時期に南朝年号の正平七年を切銘したものがある。直刃調に逆足の入ったもの、逆丁子乱の烈しい出来があり、帽子は突き上げて先尖って返る。「備中國住次直作」。

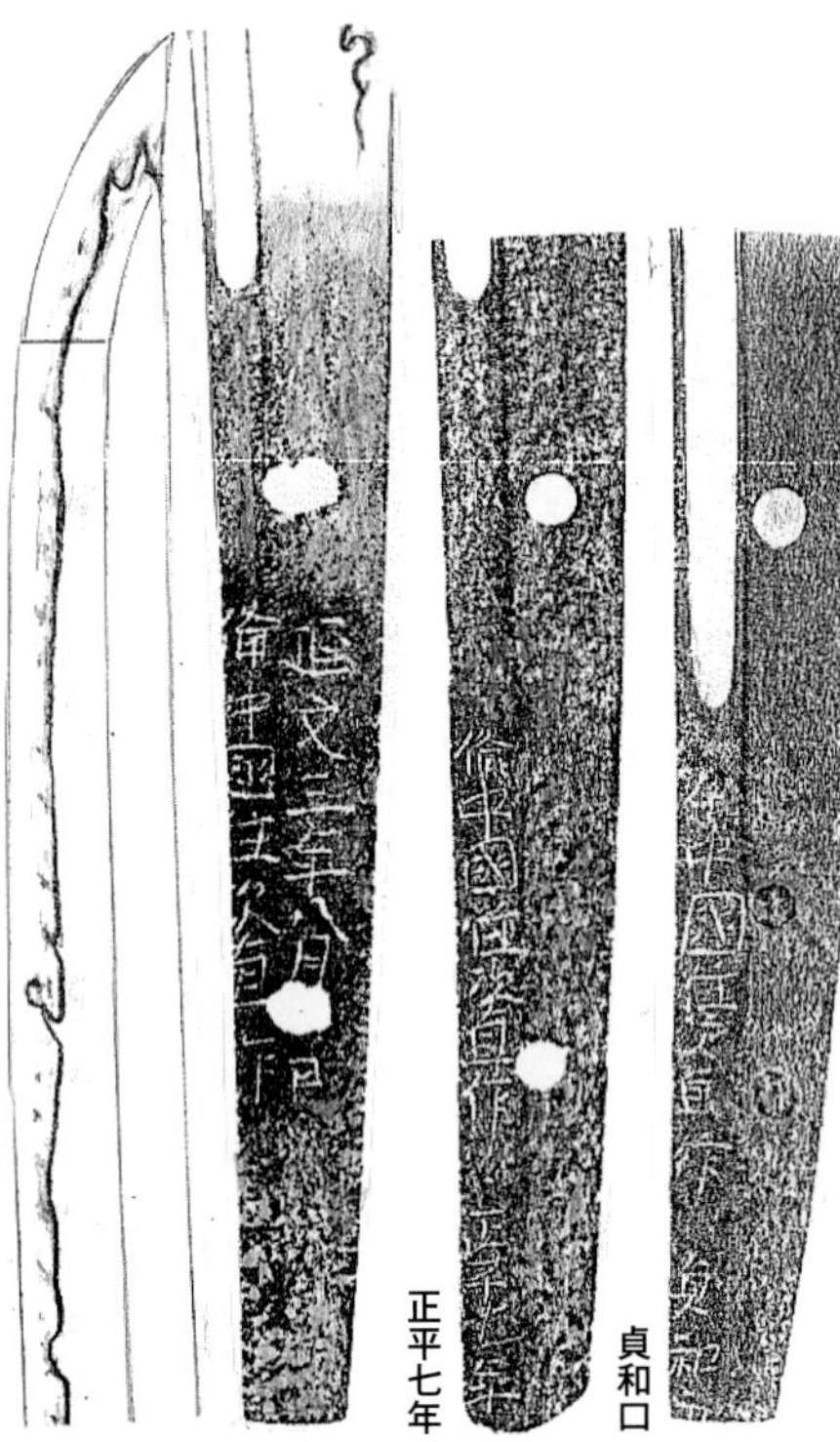

貞和口

正平七年

古 次延【つぐのぶ】 備中国　鎌倉初期（承元）

古青江。後鳥羽院番鍛冶。承元ころ。「次延」。

古 次久【つぐひさ】 備中国　南北朝期（康永）

中青江。備中水内《みのち》住（現・岡山県総社市）。直刃、また逆丁子乱を焼く。「備中国水内住次久」。

新作 次平【つぐひら】 長野　昭和

高橋次男。昭和二年生まれ。昭和三十四年、第五回作刀技術発表会から連続出品、特賞一回、優秀賞二回、奨励賞八回、努力賞五回受賞。長野県無形文化財保持者。互の目に金筋の入った相伝の作を表わす。長野県埴科郡坂城町住。平成八年八月二十六日、六十九歳没。

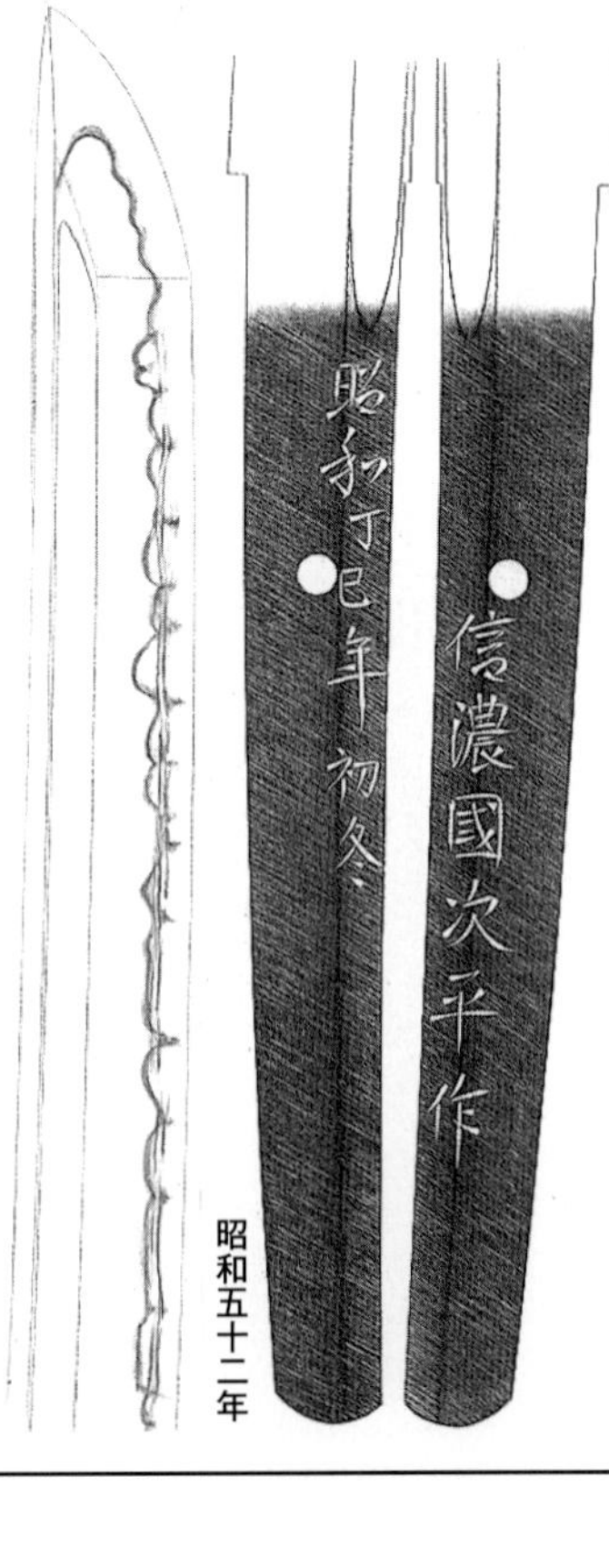

昭和五十二年

古 次広【つぐひろ】 若狭国　室町中期（文明）

冬広子、また門という。小浜住。本国相州、若狭へ移る。「次広作」「若州小浜住次広」。

古 次広【つぐひろ】 若狭国　室町末期（永正）

左衛門。永正、天文年紀の作がある。「次広作」「若州住次広」。

古 次広【つぐひろ】初代 相模国　室町中期（明応）

末相州。藤沢住。吉広派。直刃、また互の目乱を焼く。不動尊の彫は下原流で、次広門にあったという下原周重との関連を思わせる。「相州藤沢住次廣」。銘に「明応元年三月日」の年紀作がある。

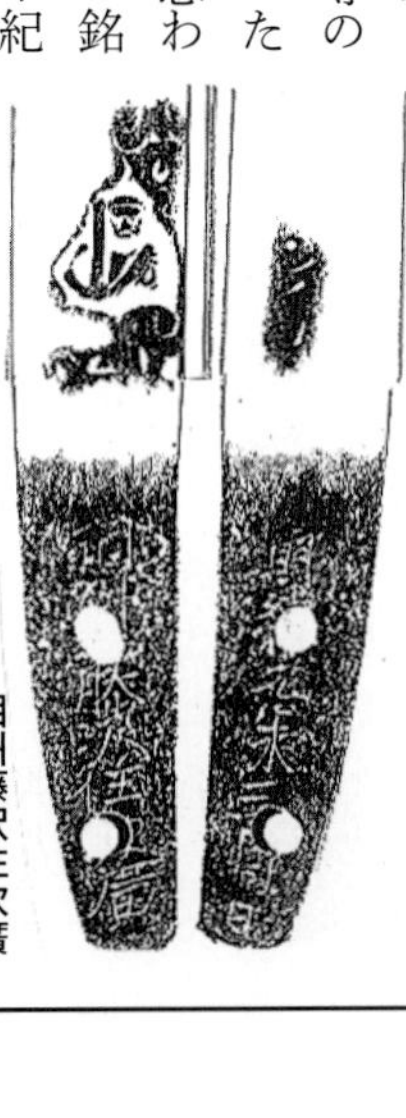

相州藤沢住次廣
明応元年三月日

つ
つぐなお～つぐひろ

古 **次広【つぐひろ】二代**　相模国　室町末期（天文）

初代次広の子。藤沢住。湾れに小互の目足正しく、飛焼かかる。「次廣」。

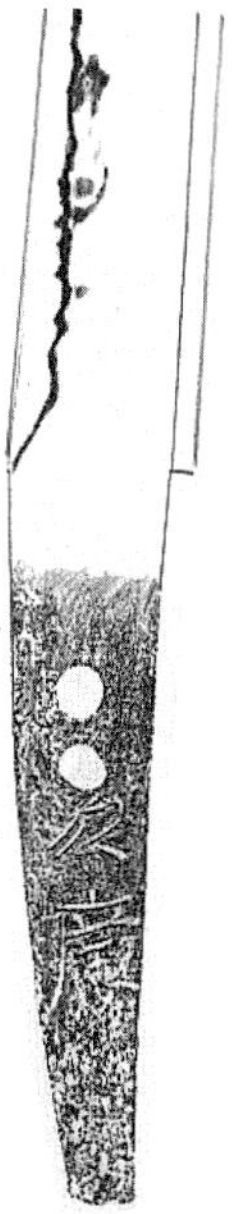

古 **次弘【つぐひろ】**　備前国　室町初期（応永）

長船。応永ころ。「備州長船次弘」。

古 **次弘【つぐひろ】**　石見国　室町初期（永享）

太郎左衛門。初代。弘次の子。直綱四代目の孫という。長浜住。「次弘」「石州長浜住次弘」。同銘が二代長禄、三代文明、四代永正、五代天文ところと続く。

古 **次正【つぐまさ】**　備中国　南北朝期（貞治）

中青江。直刃、また逆丁子乱。貞治ころ。「備中国次正作」。

新作 **次泰【つぐやす】**　千葉　昭和

松田周二。昭和二十三年、北海道北見市生まれ。昭和四十九年、高橋次平に入門。同五十四年、作刀承認。翌五十五年から新作名刀展に出品し協会会長賞、優秀賞三回、努力賞七回、高松宮記念賞、薫山賞など受賞。

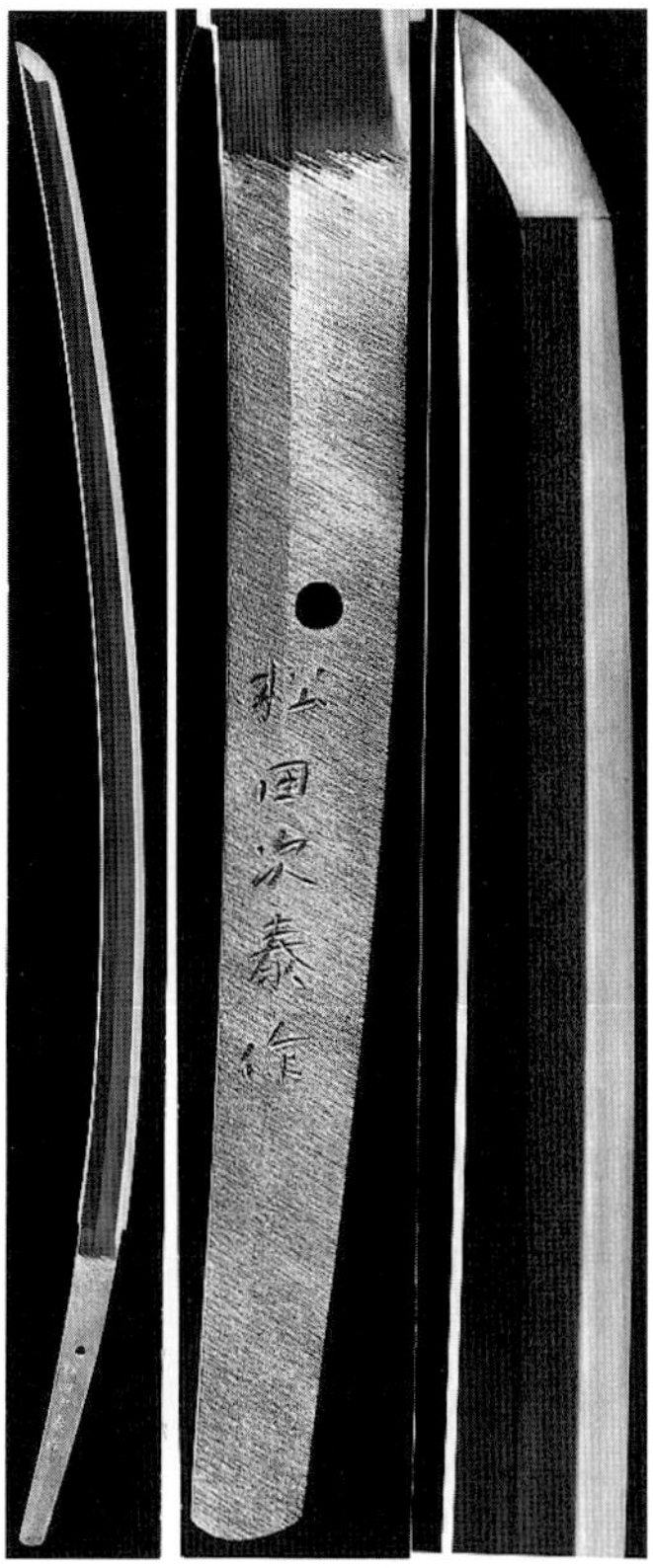

無鑑査となる。平成二十六年三月、千葉県無形文化財指定。船橋市住。

古 **次吉【つぐよし】**　備中国　鎌倉中期（暦仁）

古青江。次家の子。暦仁ころ。「次吉」。暦仁次吉の子が寛元ころ。暦仁次吉の孫が文永ころ、左近将監に任じる工がいて作刀するという。

古 **次吉【つぐよし】**　備中国　鎌倉末期（元徳）

中青江。源次郎。左近将監。鎌倉最末期から南北朝期中ごろまでが作刀域で、貞治三年紀の作があるという。直刃仕立てに互の目、小足を入れ、匂口締り冴えるものが多く、逆丁子乱もある。「備中国住次吉」「次吉」「備

（『古刀銘尽大全』）

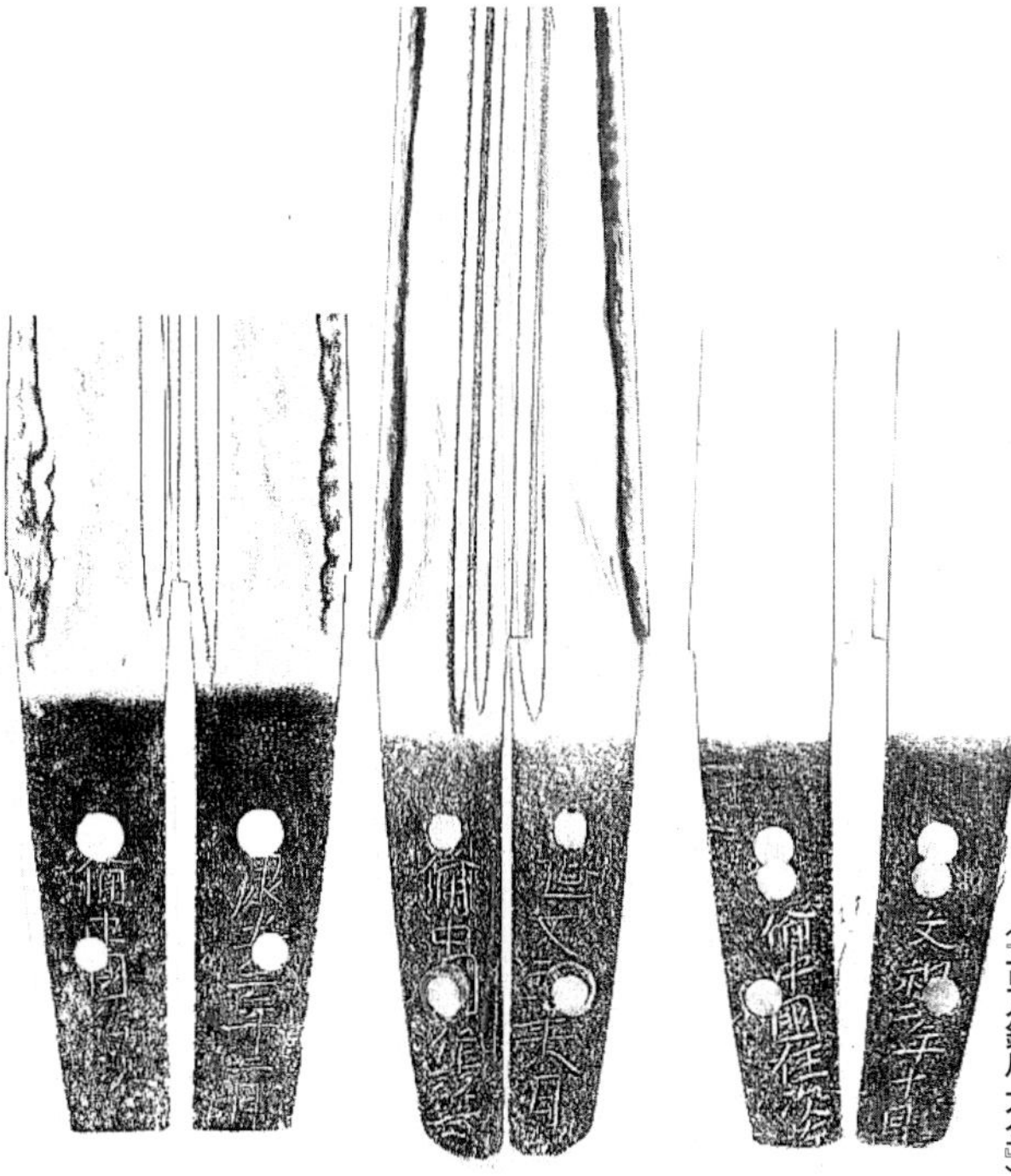

中国住次吉作」。

古 **次吉**【つぐよし】 越後国 室町初期（永享）

桃川。永享ころ。次代の天文ころに同銘の工が作刀する。「桃川住次吉」。

古 **次吉**【つぐよし】 若狭国 室町末期（永禄）

次広子、または門。小浜住。「若州小浜住次吉」。

新 **継定**【つぐさだ】 越前国 江戸中期（元禄）

康継とその門下であろう継定との合作である。継定は銘鑑もれであるが、銘作から天和・元禄を降らない人とみられる。康継は越前三代の最晩年、ないし越前五代康意の初期の年代に相当し、前者であれば三代の代作を兼ねたものとみなせる。銘の書風は三代に似るが鏨の打ち方が異質で「継」字の鏨向きが変則である。「康」の横線が一本欠落して横三本なのは歴代どの康継にもみない書体である。互の目乱を焼いて匂口が明るい。

新 **継貞**【つぐさだ】 下坂 越前国 江戸中期（寛文）

「越前国下坂継貞」と打ち、肥後求磨郡にても造る。「継」字が二代康継の銘に近似する。

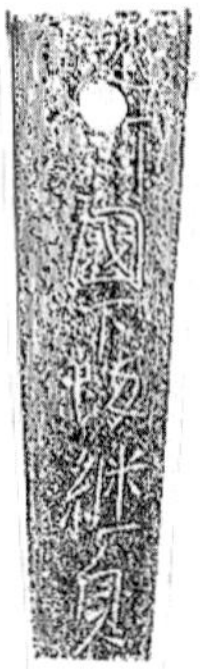

新 **継利**【つぐとし】 下坂 越前国 江戸中期（元禄）

越前国下坂、のち江戸へ移住する。元禄ころ。大湾れ刃を焼く。

新 **継信**【つぐのぶ】 武蔵国 江戸中期（享保）

下坂又兵衛。本国越前、のち江戸住。出羽大掾受領。直刃、互の目乱。

新々 **継秀**【つぐひで】 近江守 武蔵国 江戸末期（寛政）

源次。四代近江守継平門。万歳継秀と切銘することがある。天明から文化の間。直刃に小互の目足入り。

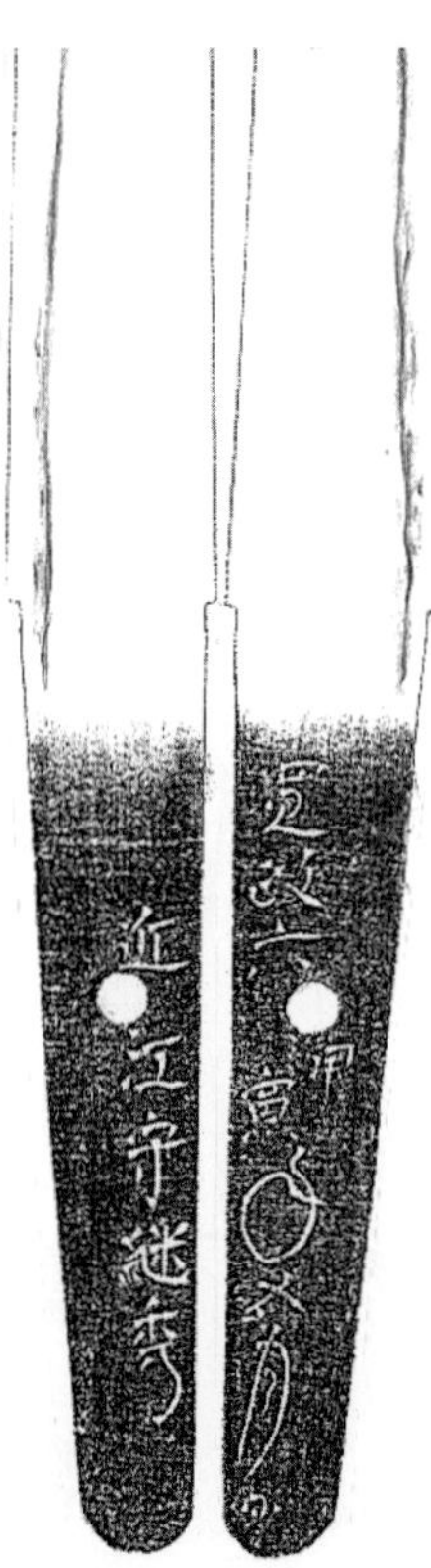

新 **継平**【つぐひら】 近江守 初代 武蔵国 江戸初期（慶安）

藤田与兵衛。越前下坂派。二代越前康継門。越前、のち江戸へ移る。近江大掾受領、のち近江守に転じる。「近江守藤原継平」「慶安四年二月日」が、これまでに知られる継平で年紀がある最も古い作である。初代継平の作刀は江戸時代後期には確認できなかったらしく、『新刀弁疑』は二代継平を指して「元祖二代目」と称し、二代目を実質初代

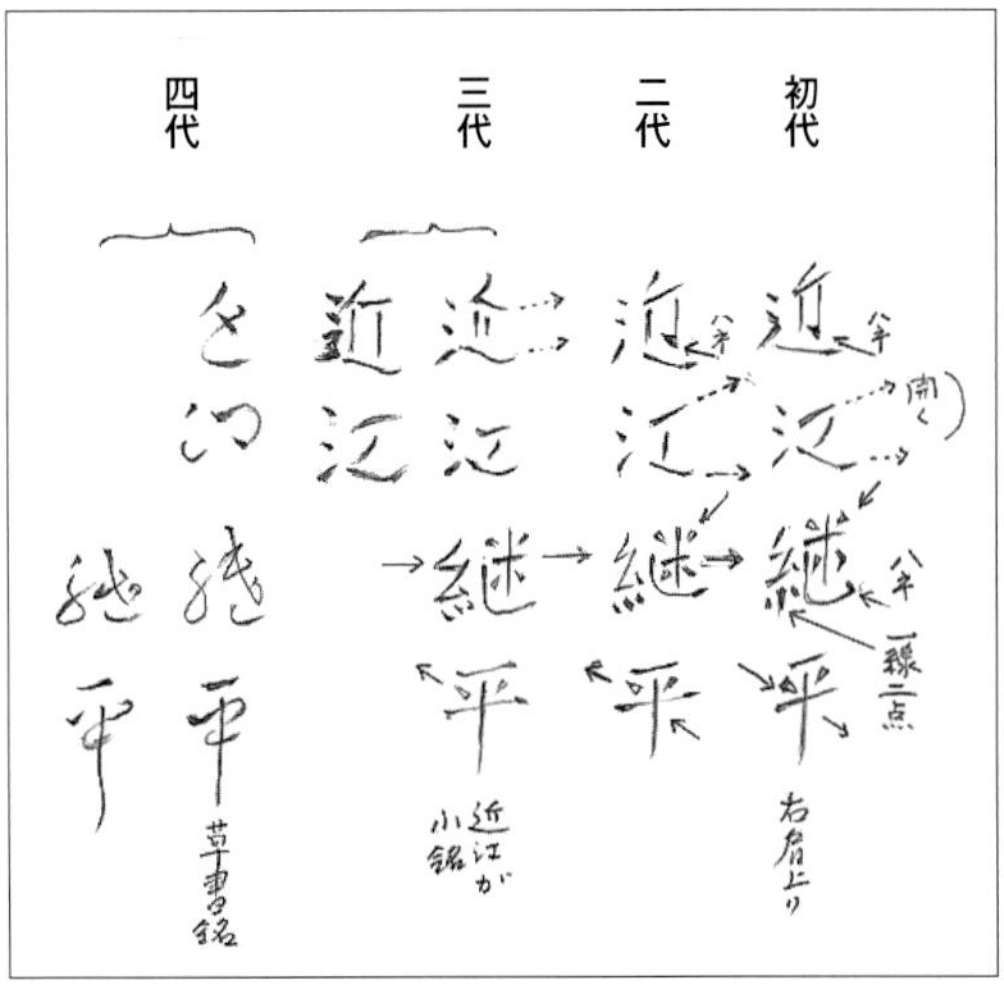

とみなしている。その記述によってであろう近代の諸書は二代継平を初代として扱っているが、延宝・天和ころの二代の年代を遡る慶安年紀の作が存在する以上、慶安の継平は初代。延宝・天和の継平は二代とみるのが妥当である。初代作は少なく、二代の技は優れて上手である。初代銘は「近」の第四画、「継」の第七画にハネ鏨を打ち、「継」の「糸」第五・六・七画を一線二点に打つ。二代以下の「糸」は三点に揃えて打つ。

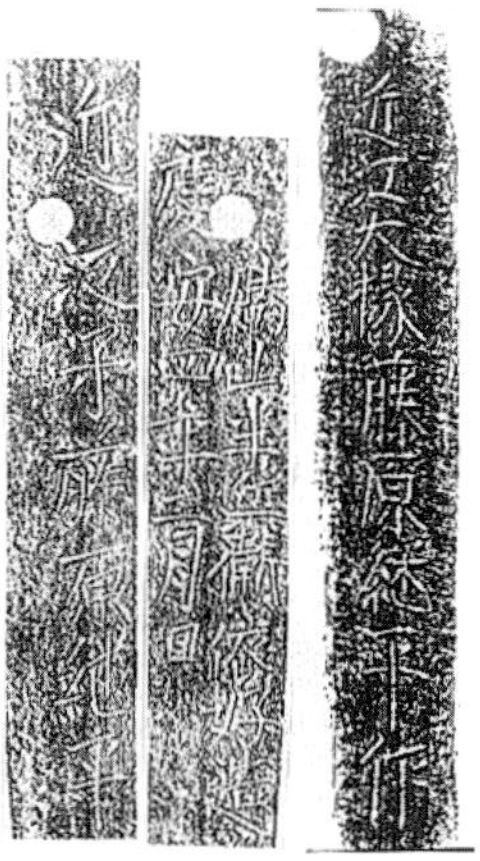

新 **継平【つぐひら】** 近江守　二代　武蔵国　江戸中期（延宝）

藤田与右衛門。越前三代康継門。江戸神田住。『新刀弁疑』は当時（安永ころ）初代作が実見できなかったらしいことから、二代を「元祖二代目」といっているが、「継平二代目成るべし上手也」ともして、本作に該当する図を揚げている。二代作には延宝八年、天和二年の金象嵌試銘のある作がみられ、延宝・天和ころ以降が鍛刀期で享保初年まで三十年近くがある。二代継平は『継平押形』の原著者。同書は将軍吉宗に献上した押形巻物で享保二年六月付のものである。直刃が多く、湾れに小互の目足入り。

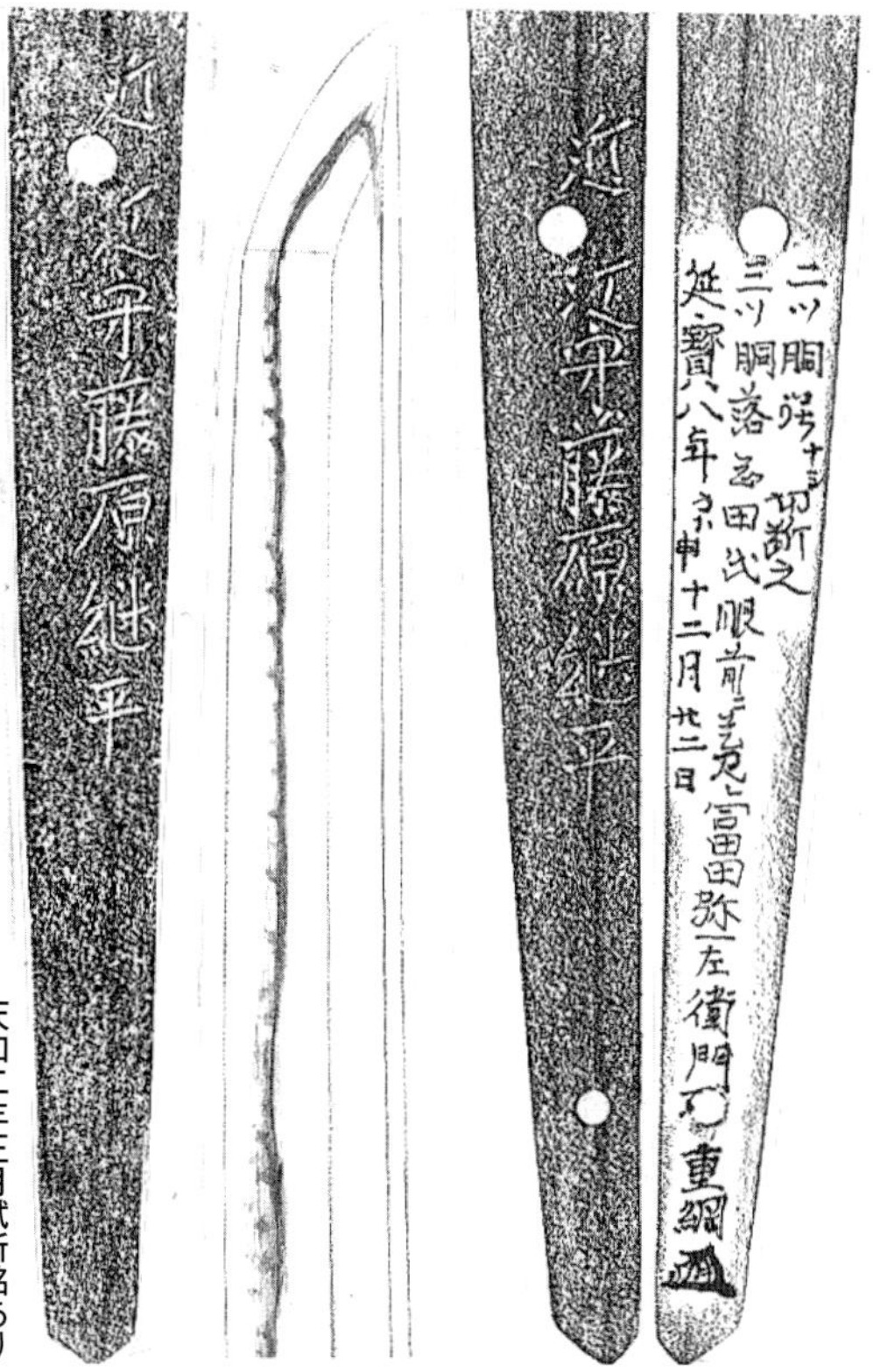

天和二年正月試斬銘あり

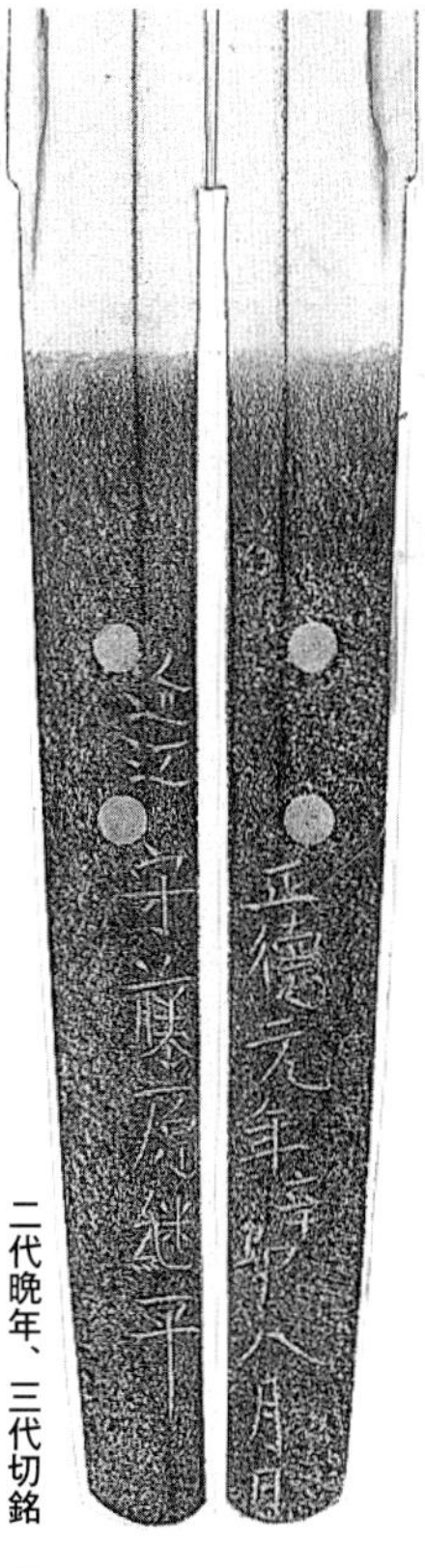

二代晩年、三代切銘

新 **継平【つぐひら】** 近江守　三代　武蔵国　江戸中期（延享）

藤田与四郎。初銘正継、青龍子と号す。黄金鍛の副銘がある。享保二十年の作があり、以降宝暦ころまで作刀する。神田明神の辺に住（『新刀弁疑』）。直刃に互の目足入り、ほつれ、砂流しかかる。三代銘は、はじめ「近江」の二字を小銘に切る。「継」字の「迷」の第七画（つり針状の部分）

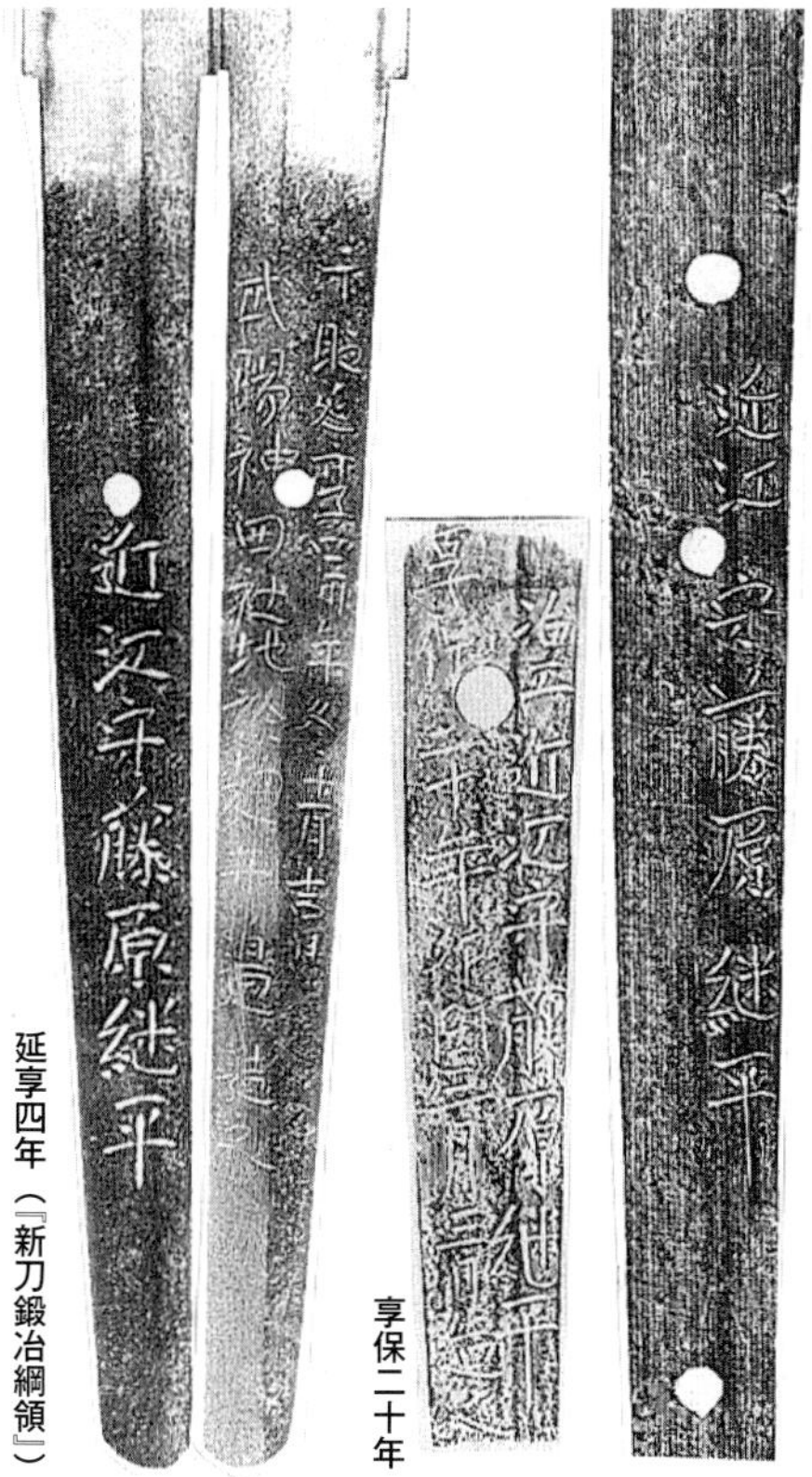

享保二十年

延享四年（『新刀鍛冶綱領』）

つ　つぐひら

の打ち始めを低い位置から切る。

新々 **継平【つぐひら】** 近江守　四代　武蔵国　江戸末期（明和）

藤田与四郎。黄金鍛の副銘作は三代作より多く、ほとんどの銘を草書体に切る。明和・安永・天明に集中して年紀作をみる。時（安永ころ）の継平は「六代目」を自称しているが、『新刀弁疑』（安永八年刊のとき）は「今の継平は四代目なるべし」と認めている。直刃が湾れかかり、小互の目足入り、ほつれ、二重刃かかり、砂流し入る。◆六代継平といわれているのは四代継平であり、五代作に該当するものは見当たらない。

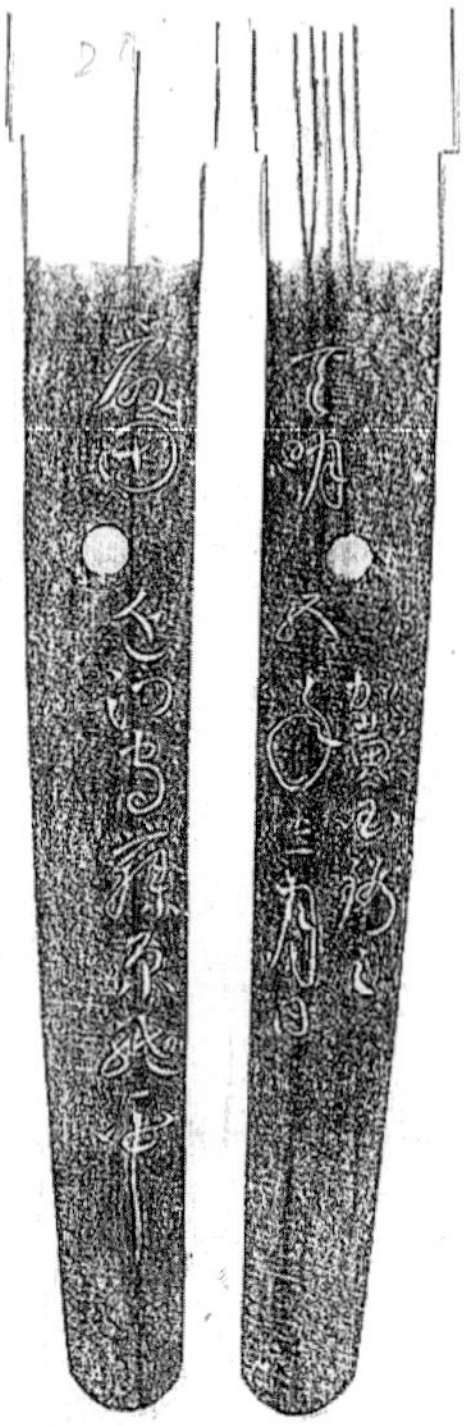

新 **継広【つぐひろ】** 近江守　初代　越前国　江戸中期（延宝）

越前下坂派。越前康継門。福井住。江戸また近江にても造る。湾れに互の目足入り、互の目に尖り刃交じり。

新 **継広【つぐひろ】** 近江守　二代　越前国　江戸中期（正徳）

元禄三年紀の脇指があり、また正徳二年三月、三十七歳で近江守受領の記念刀を奉納した次の銘文の刀がある。「正徳二年三月上旬、三十七歳で近江守を受領、記念に天満宮へ双剱を奉納した余鉄で鍛え、相鎚冶は加賀守貞廣七十二歳、同子国継がつとめる」。湾れに小互の目足入り、直刃。

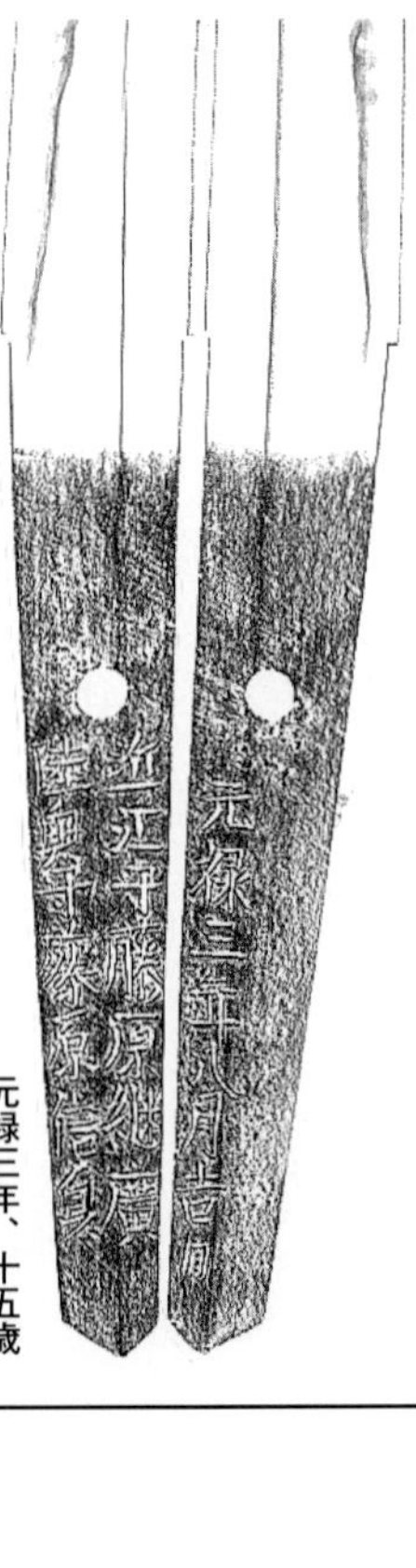

元禄三年、十五歳

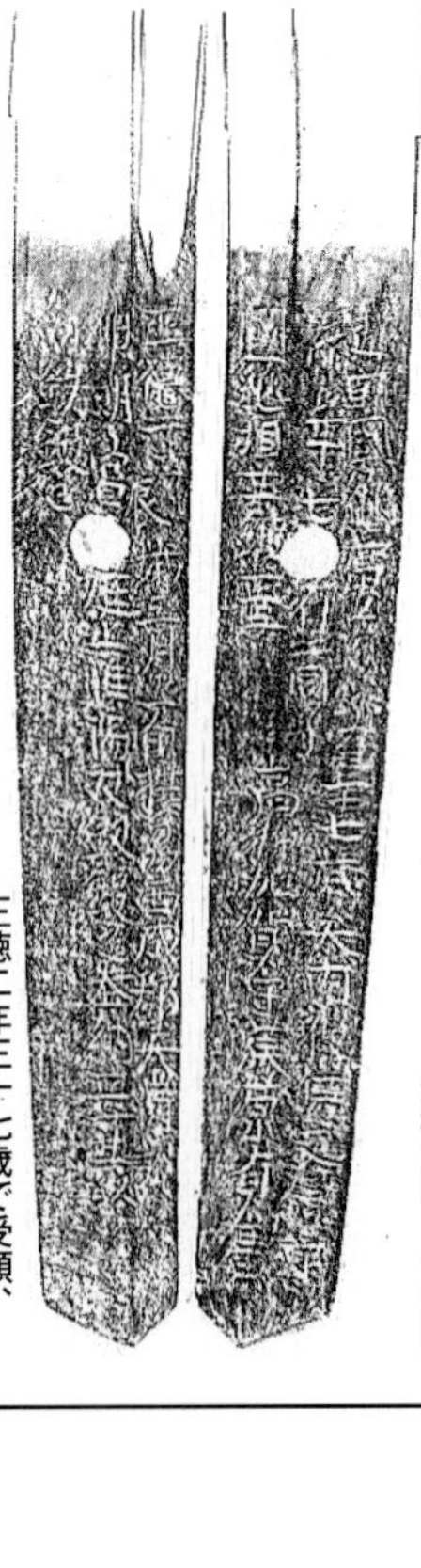

正徳二年三十七歳で受領、父加賀守貞廣七十二歳と合作

新 **継正【つぐまさ】** 下坂　越前国　江戸中期（元禄）

越前三代康継門、六兵衛。のち江戸に移住し、上野館林、野州足利にても造る。

新作 **継政【つぐまさ】** 群馬　昭和

高橋継政。富岡兼友のち笠間繁継門。陸軍受命刀匠。高崎市住。

新作 **継康【つぐやす】** 静岡　昭和

小形一二三。笠間繁継門。昭和二十年独立。焼津市住。

新 継吉【つぐよし】 下坂 越前国 江戸初期（明暦）

作銘が二代康継と近似し、とくに「継」字が同一に近い。湾れに互の目、尖り刃交じり。

新々 継義【つぐよし】 越中国 江戸末期（元治）

万歳継義。「越中富山住万歳源継義作之」と切銘する。

新作 継義【つぐよし】 群馬 昭和

今井藤太郎。笠間繁継門。陸軍受命刀匠。一龍子と号す。前橋市住。

古 続吉【つぐよし】 越後国 室町末期（永正）

桃川。長吉一門で室町中期（嘉吉ころ）から作刀があるというが、見るのは永正ころからのもので、永正二年紀がある。「桃川続吉」「越州桃川住続吉作」「越州住桃川続吉」。

新作 勉【つとむ】 福岡 平成

宗勝。昭和二年、鹿児島県出水郡高尾野町生まれ。昭和二十年、父宗正光に師事。同三十年、作刀承認。同四十三年、新作名刀展に出品し奨励賞、同五十三年、五十五年同賞受賞。昭和五十六年、文化庁長官賞、平成元年同賞。昭和五十八年以降は毎日新聞社賞、薫山賞、高松宮賞など受賞。平成九年、無鑑査に認定される。同十一年、福岡県技能労働者表彰。同十二年、文化財保護功績により表彰。福岡市博多区住。助広の濤瀾乱、虎徹の互の目乱、清麿の互の目に金筋の入った相伝の作を理想とする。平成二十七年二月二十四日、八十六歳没。

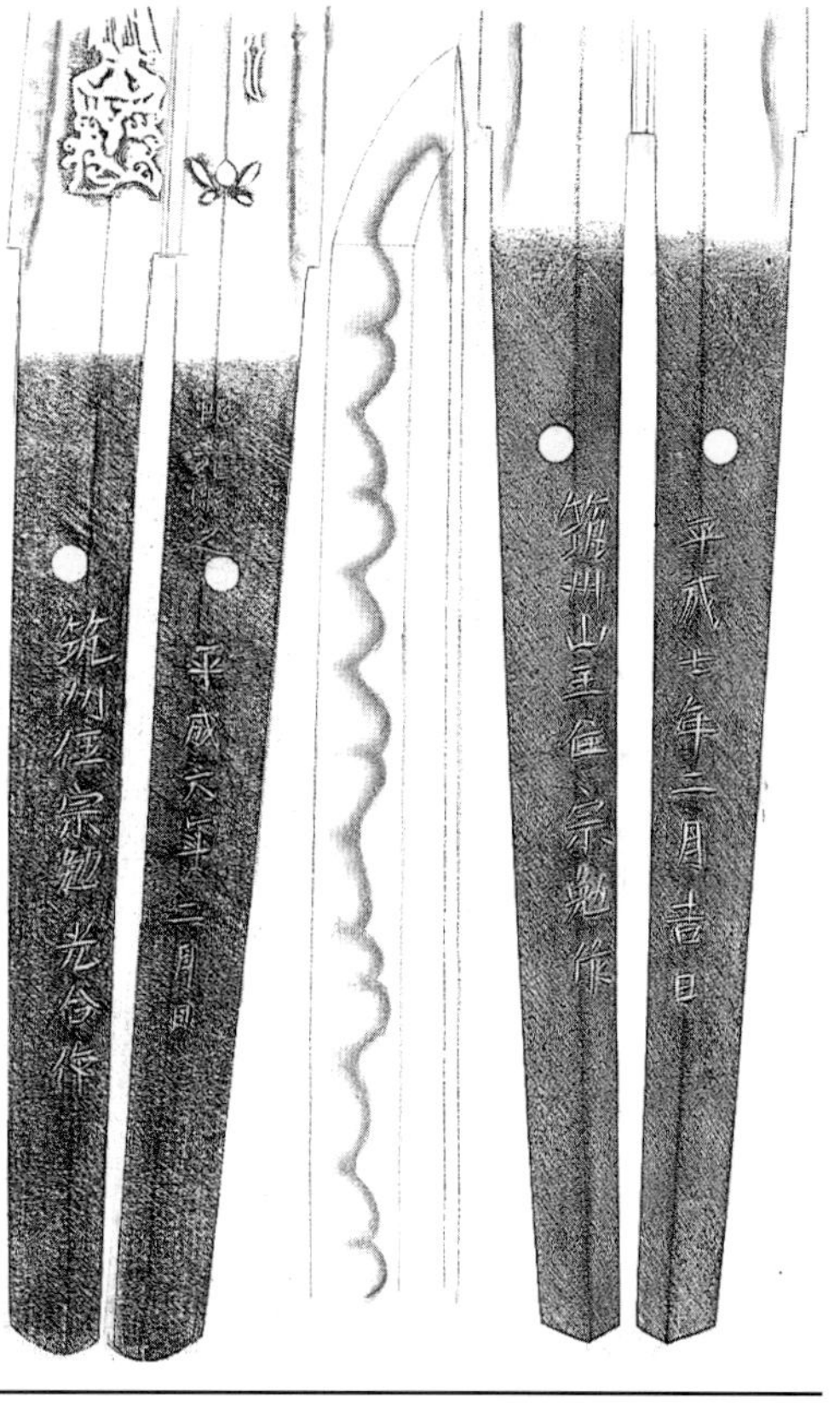

古 綱家【つないえ】 相模国 室町末期（永正）

平三郎。小田原相州。綱家は島田鍛冶で康国、綱広の兄、また兄弟子という。島田義助門。天文七年に康国、綱広と共に鶴ヶ岡八幡宮への奉納刀がある。作刀は刀が少なく、平造小脇指、短刀が比較的多い。板目鍛えが詰み地沸つき、刃文は匂出来で直刃、小互の目を焼き大丁子乱が皆焼になるものもある。「綱家作」「相州住綱家」などと銘す。天文七年紀は下図①のように切り、天文十一年紀は②「綱」字に切り替える。

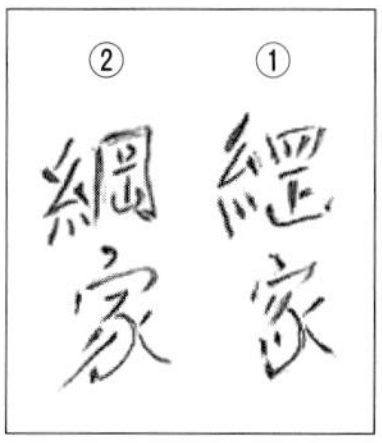

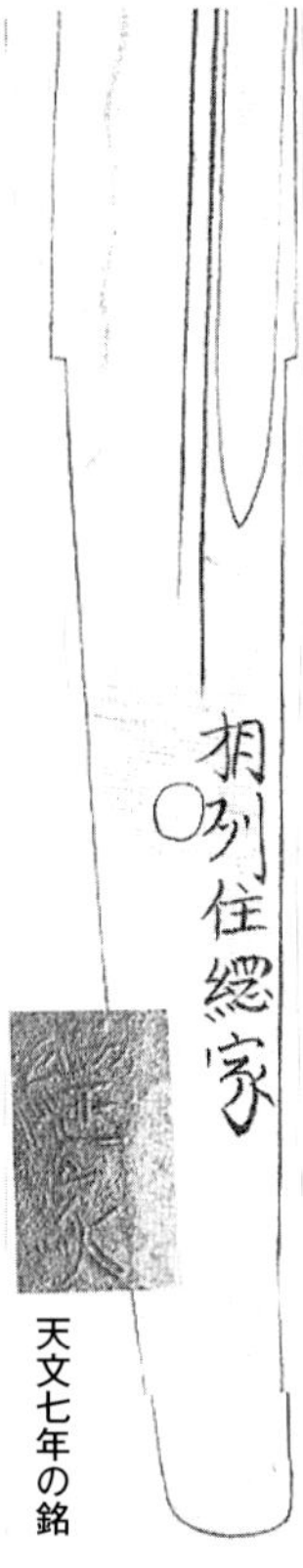

天文七年の銘

つ

つぐよし～つないえ

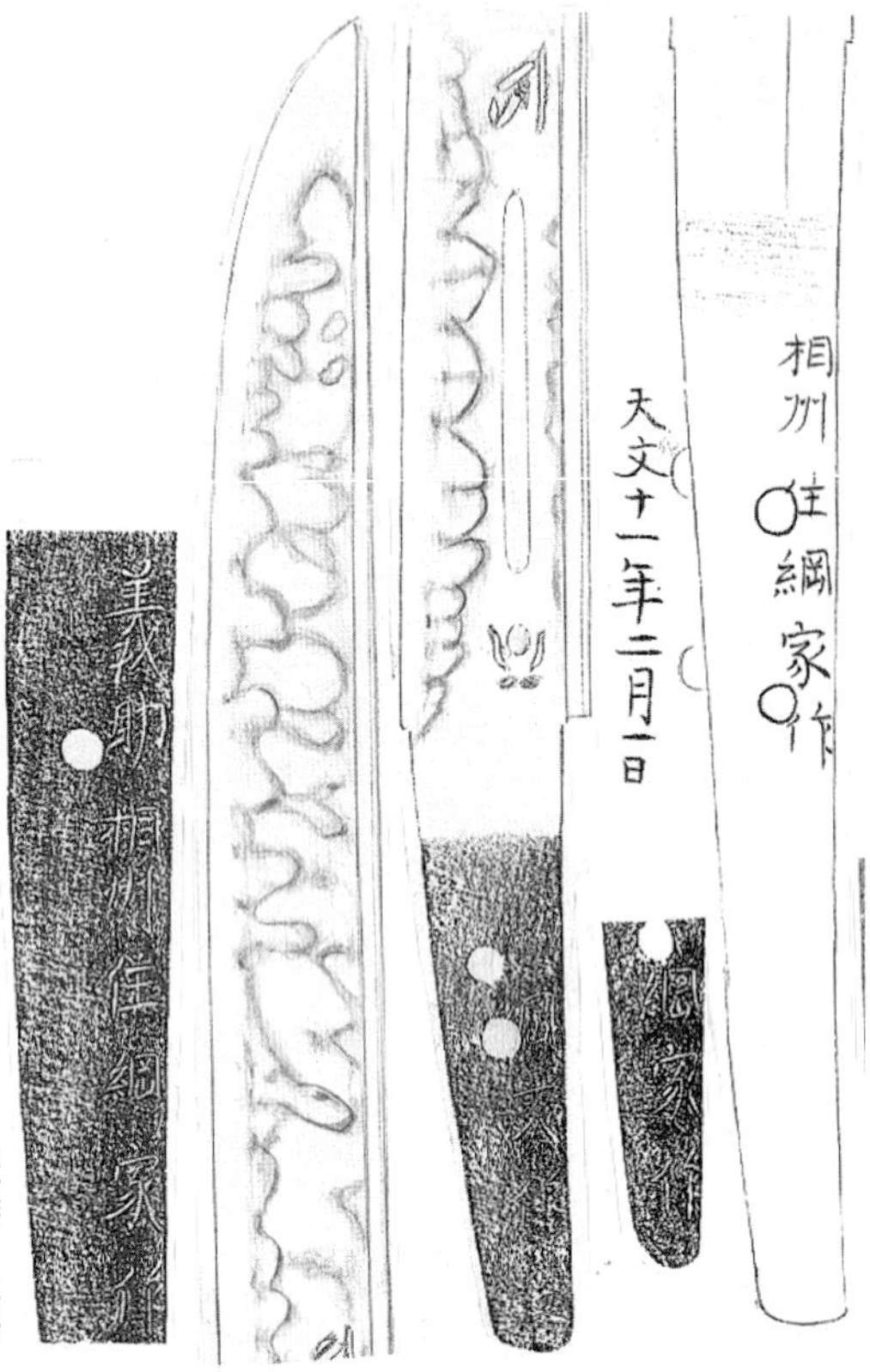

二代義助と合作

古 綱重【つなしげ】 上野国　室町末期（天正）

量重子。相州綱広門。沼田住。「上州住綱重」。

古 綱重【つなしげ】 相模国　室町末期（永禄）

綱広門。初代綱重は綱広が奥州津軽に下ったとき随行したと伝え、二代綱重が津軽住。小丁子に互の目乱交じり、飛焼かかる。「相州住綱重」。

⇩**陸奥国（寛永）綱重と同人。次項参照。**

新 綱重【つなしげ】 陸奥国　桃山期（寛永）

相州三代綱広が津軽に下ったとき随行し、そのまま現地にとどまるという。綱広の津軽駐鎚は慶長九年から十一年にかけてである。「奥州津軽住綱重作」。⇩**相模国（永禄）綱重と同人。前項参照。**

新 綱重【つなしげ】 陸奥国　江戸中期（寛文）

奥州津軽住。陸奥守を受領。寛文・延宝年紀の作例がある。三代綱広の綱重が初代とすれば、この工は二代目に該当する。「陸奥守藤原綱重」。

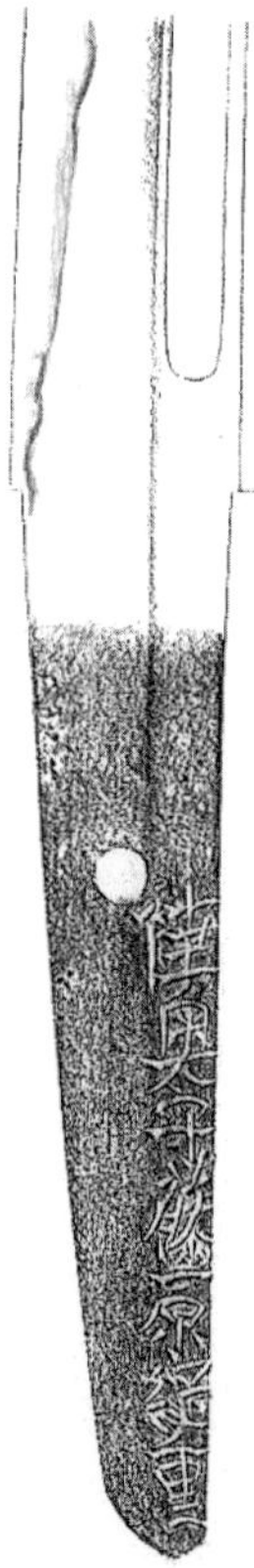

新々 綱俊【つなとし】初代 武蔵国　江戸末期（天保）

加藤八郎。本国羽州米沢。加藤国秀の子、綱英弟。水心子正秀門。文政四年紀に「米沢住」、文政五年紀に「上杉臣」と切り、のち江戸に移り

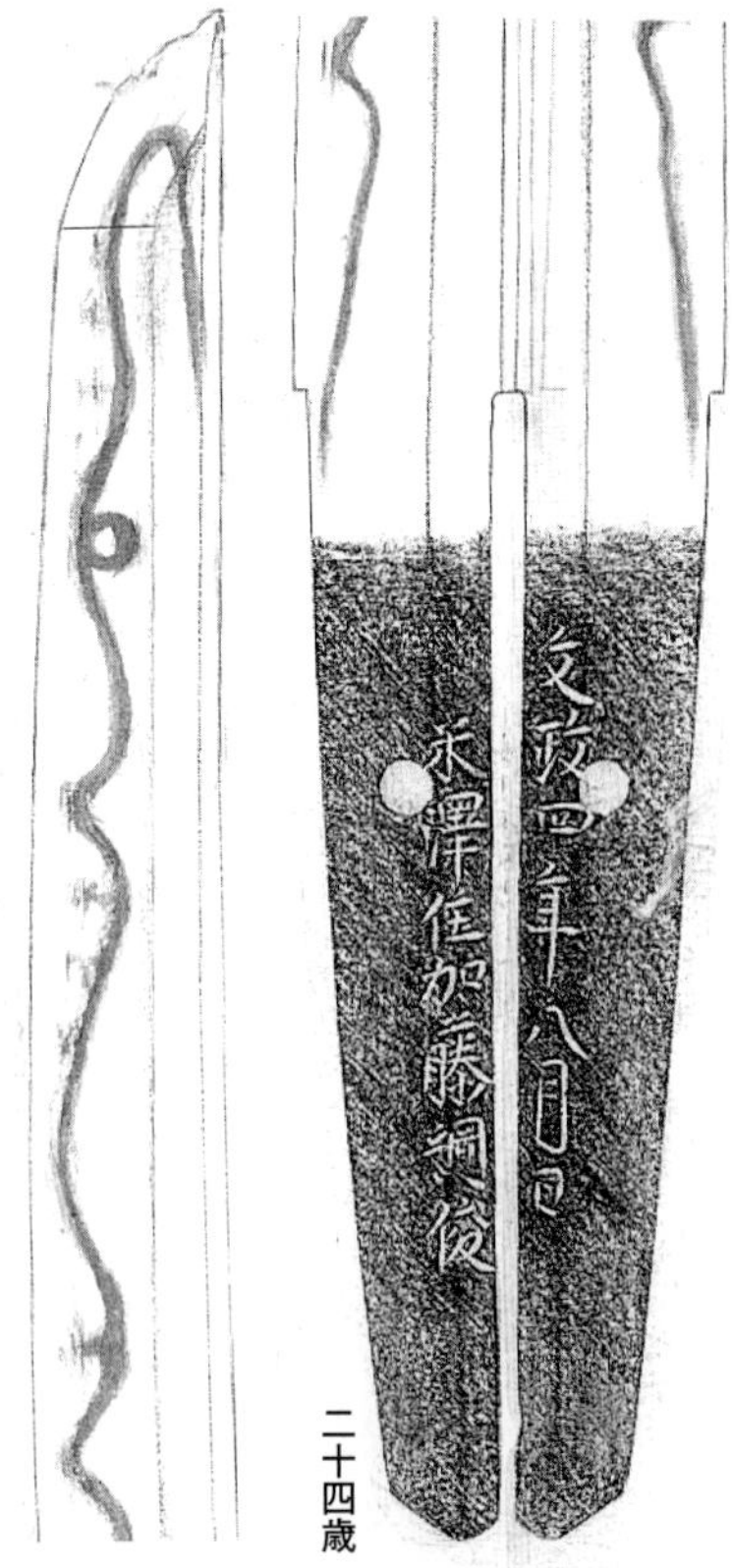

二十四歳

二十五歳

四十歳

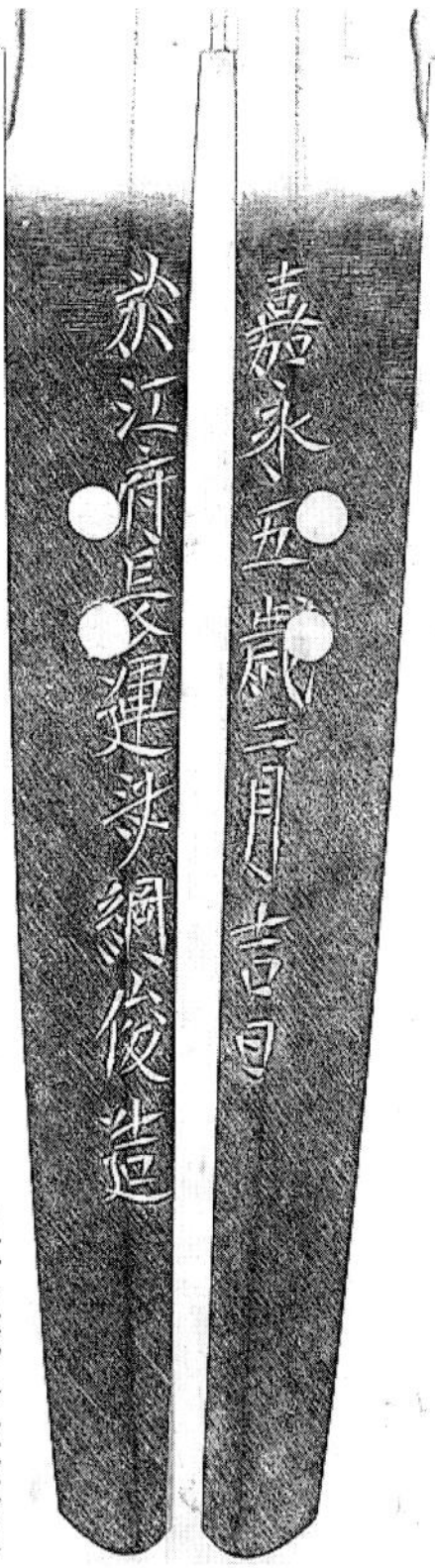

五十五歳（二代代銘）

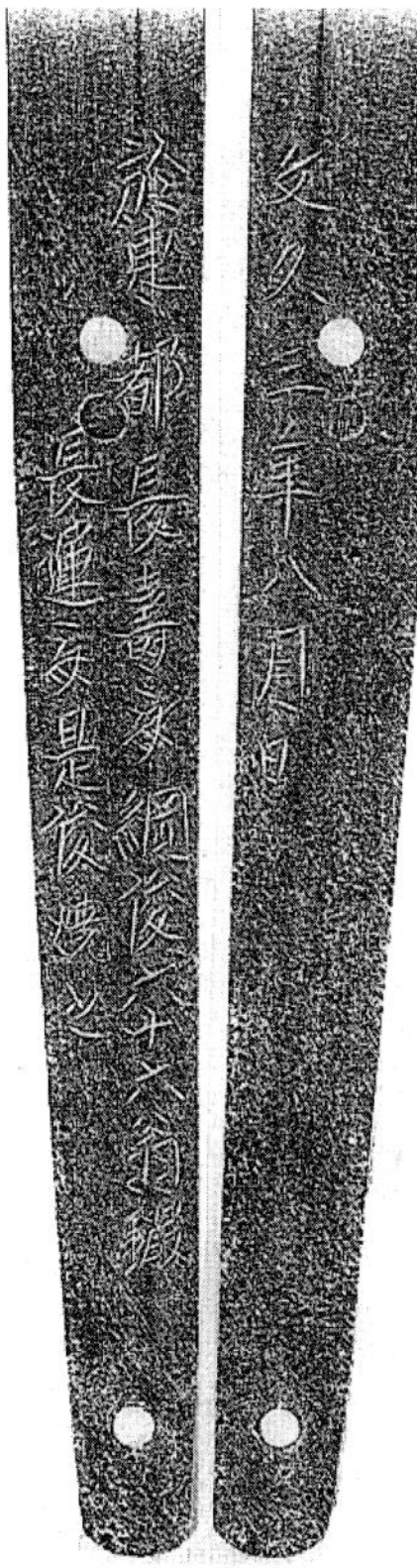

麻布住。飯倉片町の上杉藩邸内にて作刀する。嘉永三年に関西遊歴の旅に出て同年三月、四月紀に浪花打ち、同八月紀に周防宮一打ち、同十一月に東肥熊府打ちの作刀がある。安政三年春、長運斎の号を子是俊に譲り、長寿斎と改める。文久三年十二月五日、六十六歳没。濤瀾乱、互の目丁子乱が明るく、鍛えは無地風によく詰む。文化初年から没年の文久三年まで六十年近い鍛刀期がある。（系図912頁参照）

新々 **綱俊【つなとし】二代**　武蔵国　江戸末期（元治）

加藤助一郎。初代綱俊次男。初銘是俊。弘化四年、十二歳で防周盛俊に師事する。安政三年、長運斎の号を初代より譲られ、文久三年十二月、父没後に二代目綱俊を襲名する。初代との親子合作が多く、初代晩年には代銘作に任じる。日向伊東家に抱えられる。明治二十八年十一月二日、六十一歳没。初代に似て濤瀾乱風の互の目乱、互の目丁子乱など。

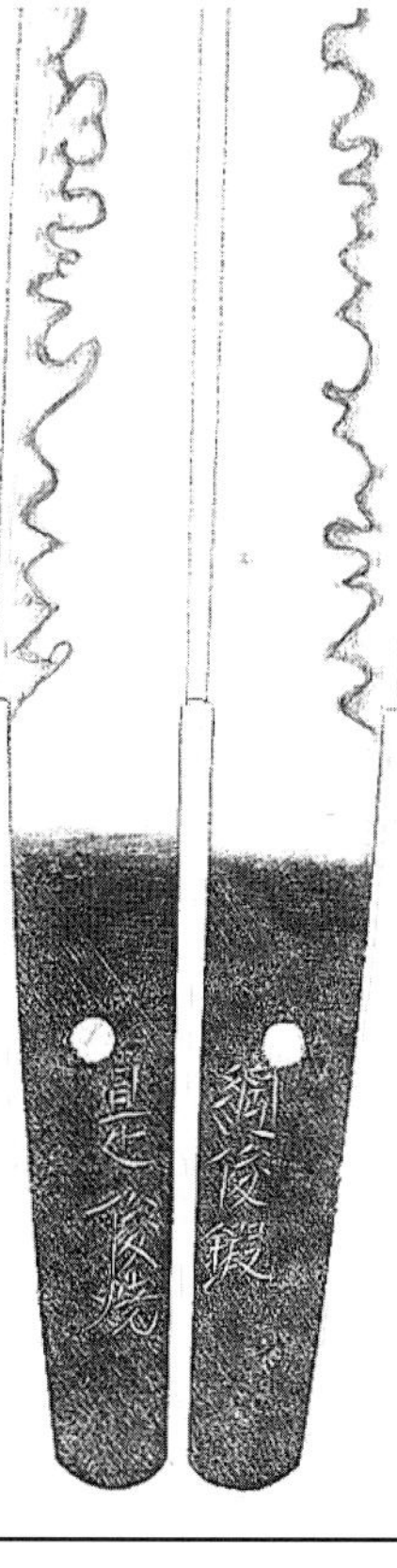

合作両銘とも是俊切銘

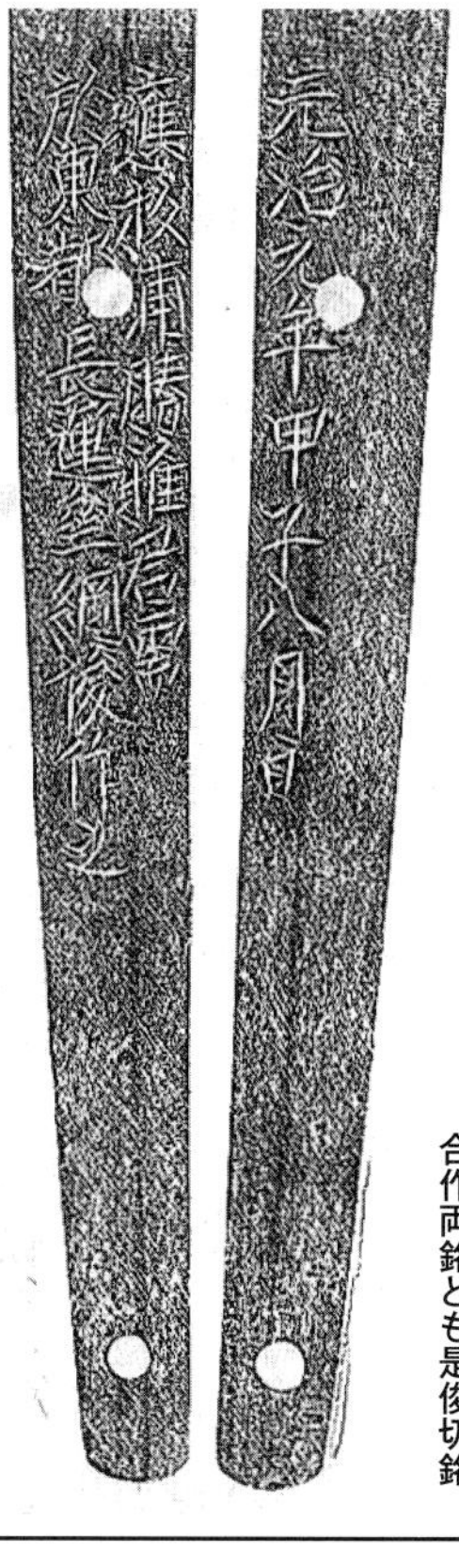

新々 **綱信【つなのぶ】**　羽前国　江戸末期（天保）

赤間喜三郎。加藤綱英門。羽州米沢住、のち江戸にて鍛刀する。師伝の

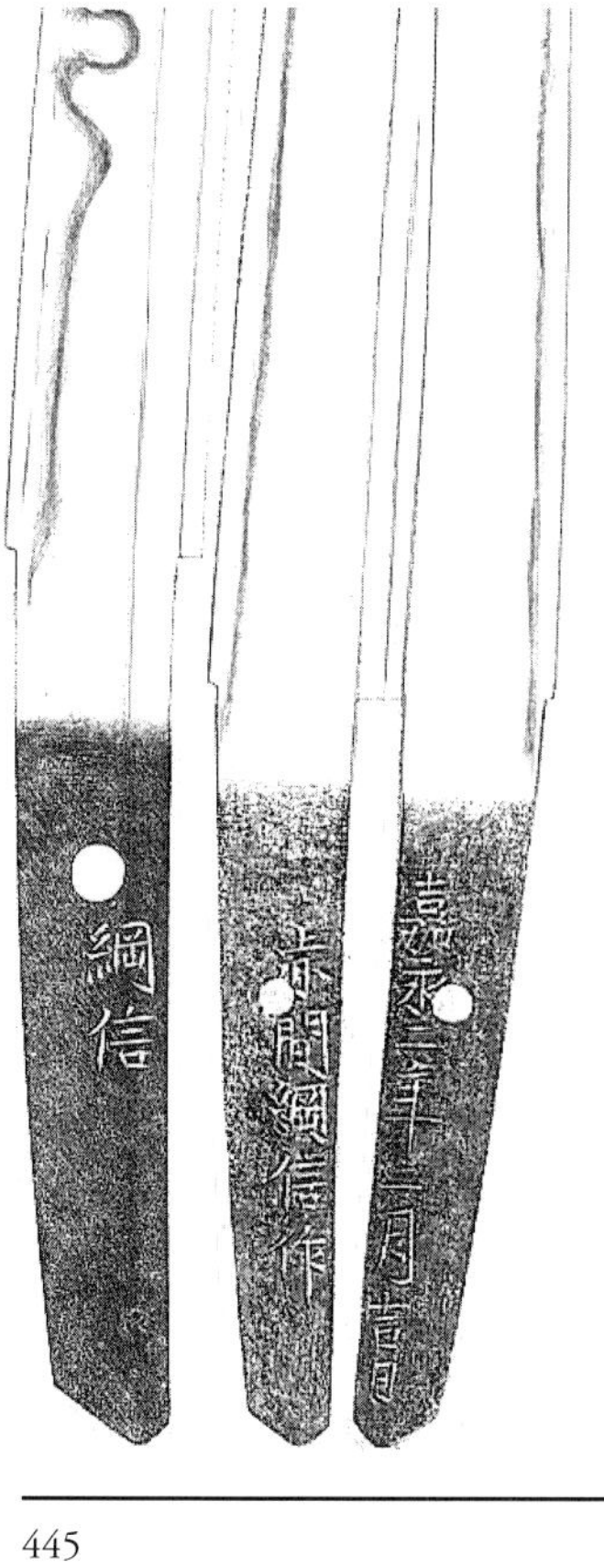

濤瀾乱刃風の互の目乱、互の目に逆丁子交じり。

新々 綱晴【つなはる】 羽前国　江戸末期（安政）

加藤綱英門。羽州米沢住。「羽州住綱晴作」と切る。

新々 綱秀【つなひで】 石堂　八代　武蔵国　江戸末期（慶応）

光一。八代目石堂是一。長運斎綱俊の三男で、七代石堂（運寿是一）の養子となり八代目を継ぐ。明治二十四年、四十九歳没。⇩是一（八代）の項参照。

新々 綱英【つなひで】 武蔵国　江戸末期（文化）

加藤助太郎。加藤国秀の子。初銘国綱。鈴木治国に学び、江戸に出て鍛刀する。米沢藩工。門下に固山宗次がいる。文化五年から同十三年ころまでの作刀がある。濤瀾乱風の大互の目乱、玉焼を交じえる。

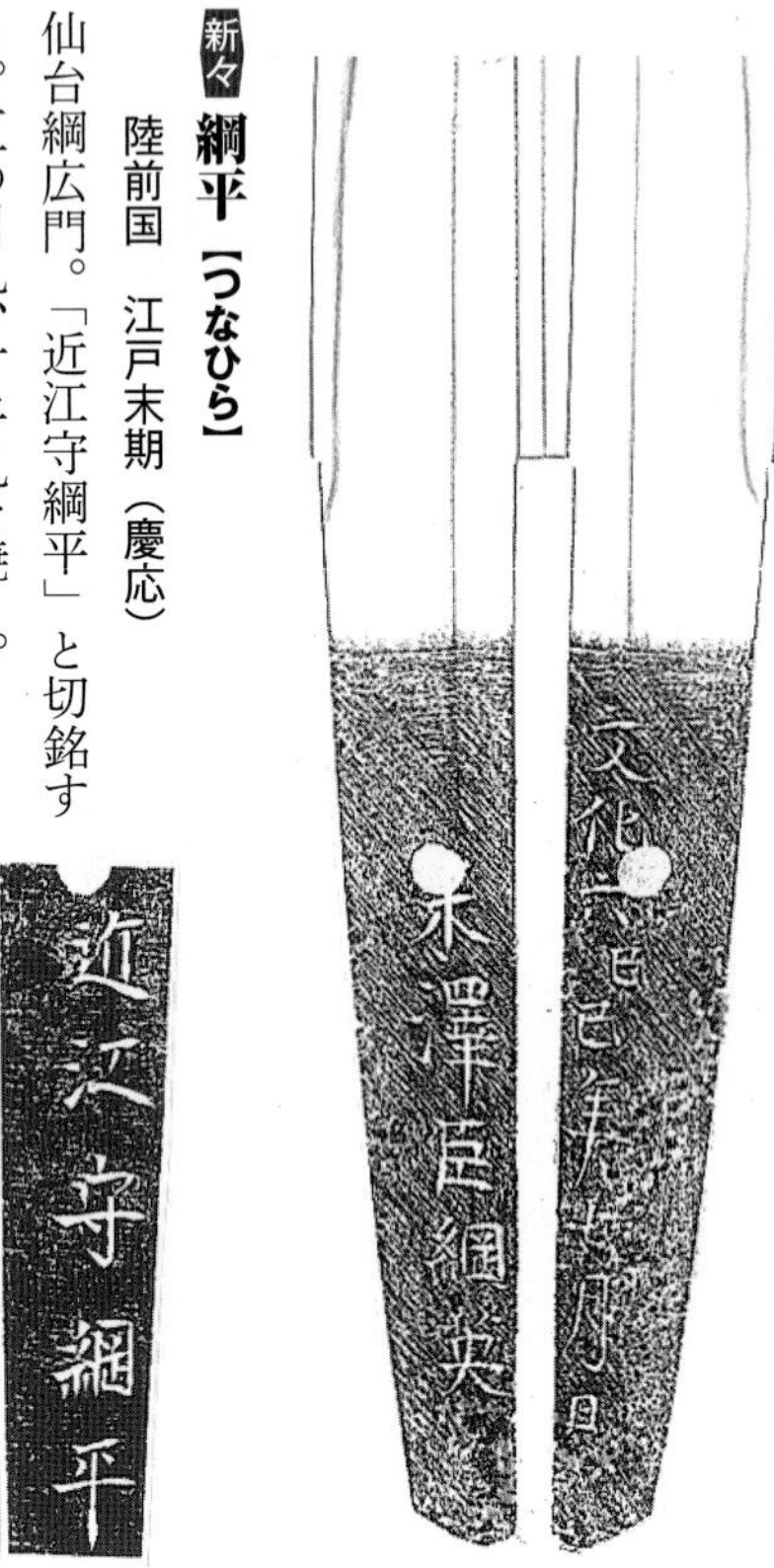

新々 綱平【つなひら】 陸前国　江戸末期（慶応）

仙台綱広門。「近江守綱平」と切銘する。互の目乱、丁子乱を焼く。

古 綱広【つなひろ】 初代 相模国　室町末期（天文）

山村姓。初銘正広。法名連向。北条氏綱に召され、小田原で鍛刀する。氏綱から綱の一字を賜わり綱広に改めるという。島田鍛冶の出身と伝え、島田義助の子で広次の養子とも、綱家の子ともいう。また綱広はもとと鎌倉の出で、相州正広（五代）が綱広と改めたともいう。綱広家は末相州を代表する名門として、幕末まで名跡が連綿として栄える。年紀があるものでは天文二年が古く、同八年があるが、現物はみられない。一説に天文二年を遡り永正・享禄から作刀するというが、そこまで年代を遡るものは古押形にもみない。作刀は刀が少なく短刀、小脇指が多い。鍛えは板目に柾流れ、肌立ちごころに地沸つく。刃文は湾れに互の目、丁子交じり、飛焼かかり皆焼になるものがある。匂勝ちで、古作相州物のような沸の強い働きのあるものはみられない。彫物は多く、とくに草の倶利迦羅が目立ち、梵字・蓮台などを加える。茎は舟形に造り「相州住綱廣」と銘す。

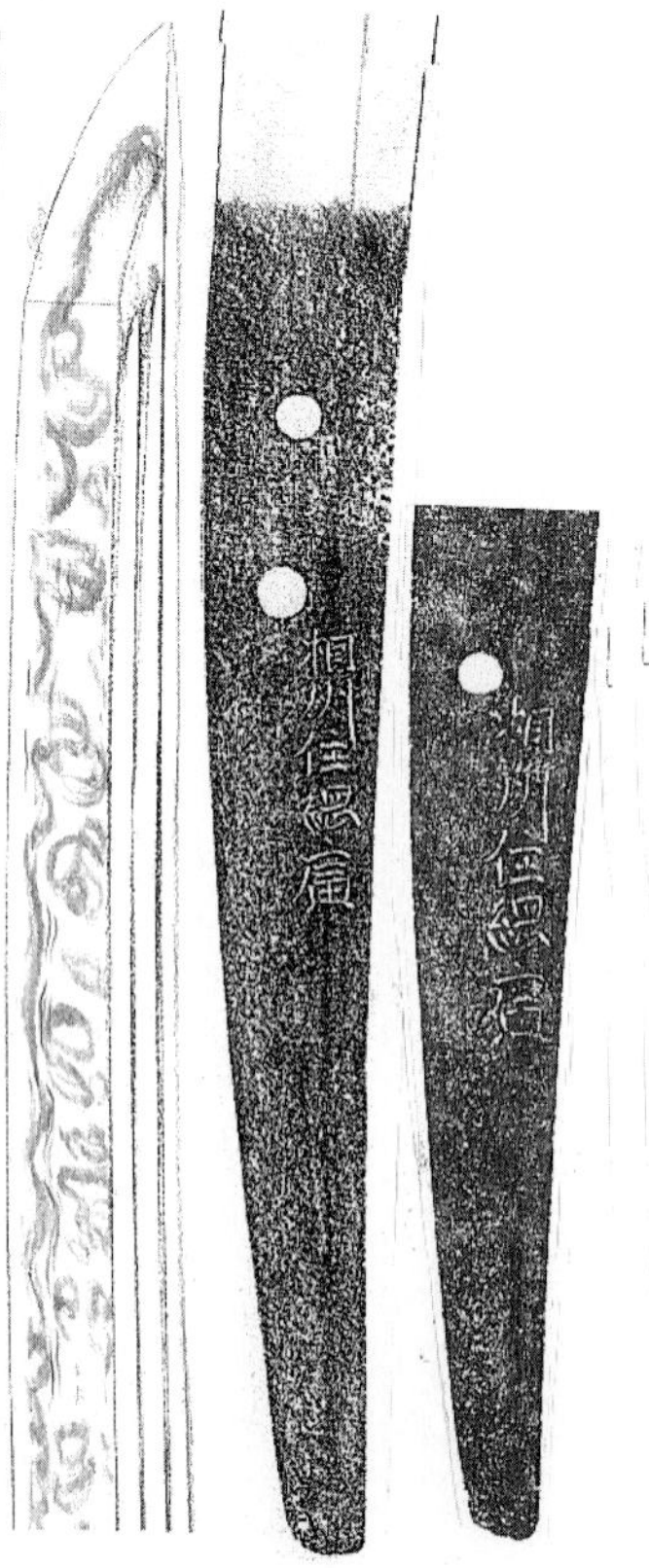

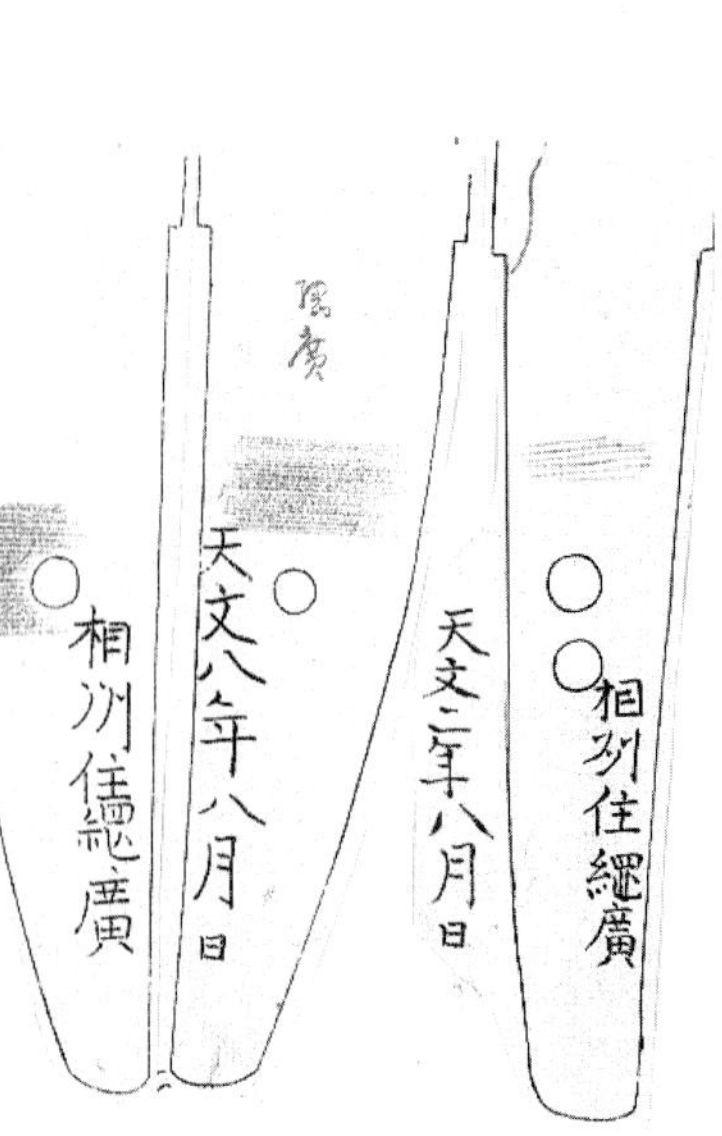

（『光山押形』）

古 **綱広【つなひろ】二代**　相模国　室町末期（天正）

山村対馬。法名宗台。上総真里谷にても造る。綱広の作で年紀がある天文年間は、二年から二十四年までがあり、この間に初・二代の作があるが代替りの時期が明らかでない。鎌倉八幡宮へ綱家、康国、綱広が奉納した刀があり、これらには天文七年紀がある。この綱広は二代でまだ若年のころに該当するが、すでに天文七年のころには二代の時代へ移行していたと考えられる。掲出の天文十七年、元亀四年紀は二代作とみられて、これから後の年紀作はみられないが、天正末年ころまで作刀していたようである。直刃、湾れに互の目交じり、飛焼かかり皆焼となるものがある。彫物を得意とする。「相州住綱廣」。

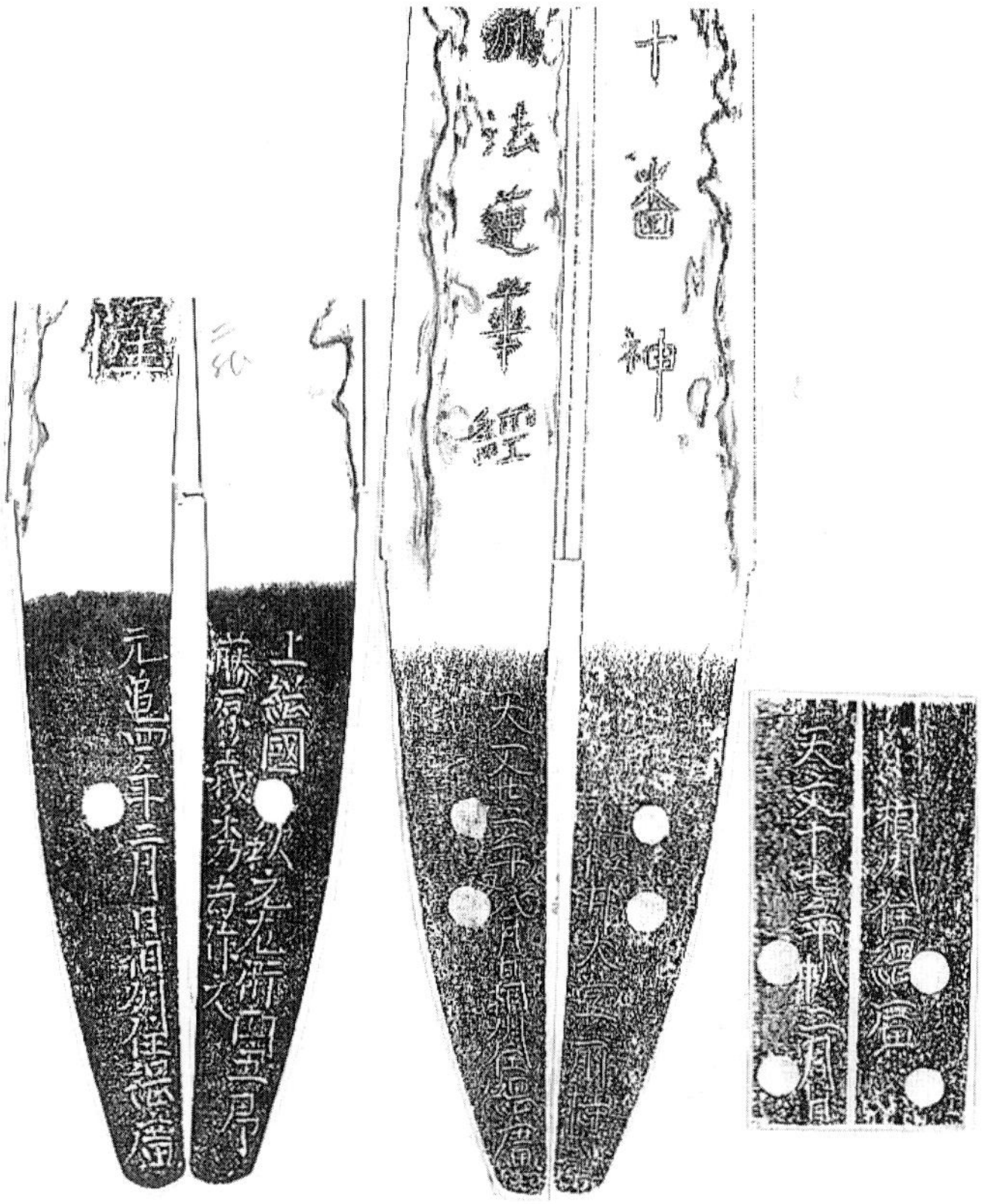

新 **綱広【つなひろ】三代**　相模国　桃山期（慶長）

山村宗右衛門。法名玉祐。鎌倉扇ヶ谷住。慶長十年、津軽藩主の招きで津軽に赴き三百腰を造る。寛永七年隠居。寛永十二年二月二十七日、九十一歳没。互の目乱に飛焼交じり、皆焼。匂出来で飛焼の玉が三ヵ月形になる。「相州綱廣」「相州住綱廣」。津軽為信の招きで津軽に赴いたのは三代綱広で、『津軽日記』は「相州住人伊勢の大掾源綱廣という名誉の刀鍛冶を呼下し」と記していることから、三代綱広は伊勢大掾を受領していたかのように受けとられかねないが三代に大掾銘の正真の作刀はみられない。山村文書の記録では五代綱広のみが伊勢大掾を受領している。

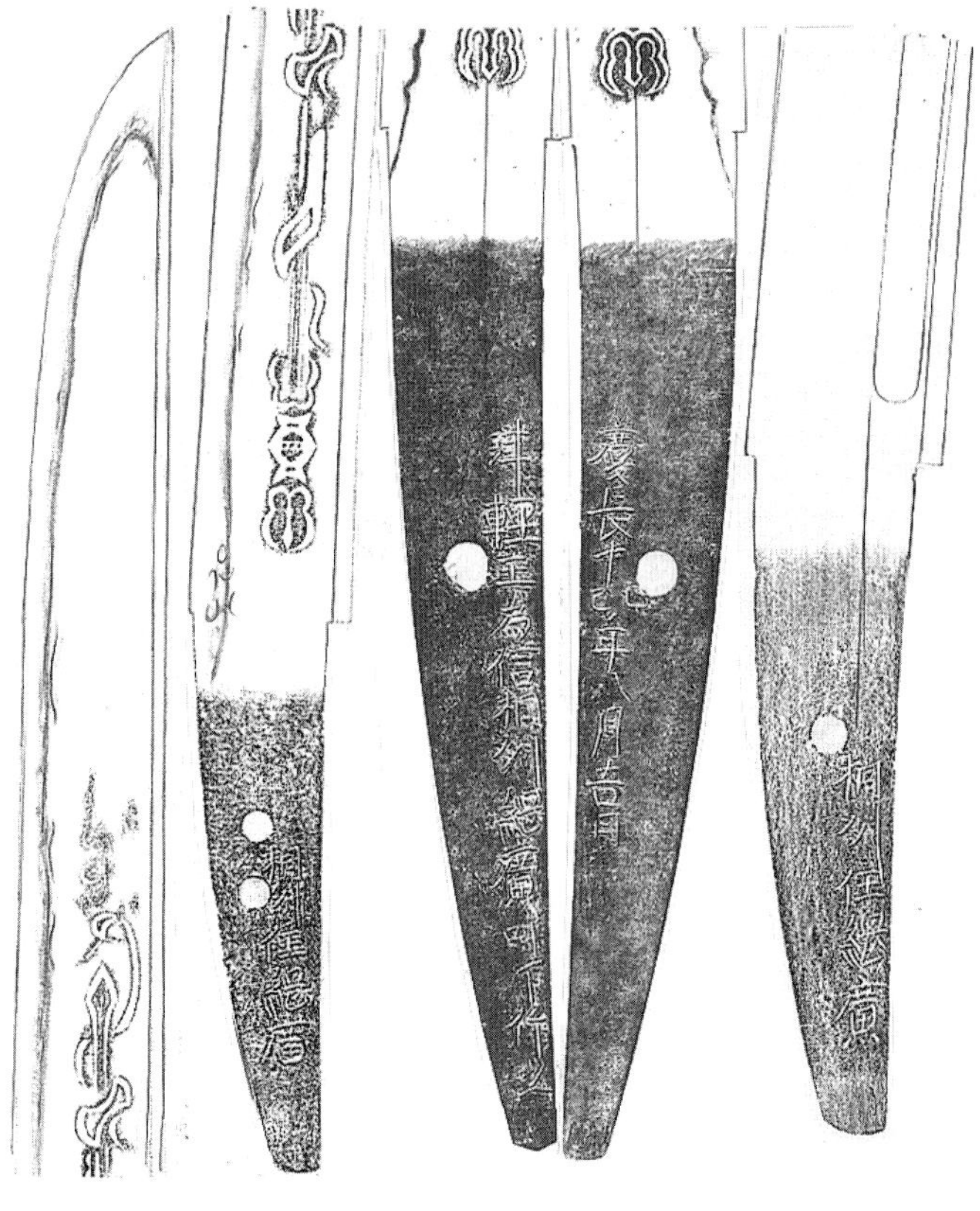

新 **綱広【つなひろ】四代**　相模国　桃山期（寛永）

山村勘右衛門。法名永珠。寛永七年相続。慶安二年隠居。承応三年六月十六日没。寛永十年八月紀で「相州住伊勢大掾綱廣」（『鍛刀隋録』ほか）銘があり、これによると四代綱広が伊勢大掾を受領していたことになり不審である。銘振りは五代のものなので「寛永」は「寛文」の誤りであろう。後世に手が加わったものかもしれない。四代は受領がなく、作刀も稀少である。「相州住綱廣」。

（寛文十年、五代）

新 **綱広【つなひろ】伊勢大掾　五代**　相模国　江戸中期（万治）

慶安二年、家督相続。法名常緑。万治三年五月十九日に伊勢大掾を受領、のち伊勢守に転ず。茎に十六葉の菊紋を切るというが未見。元禄九年隠居、同十三年三月十三日、八十三歳没。直刃が湾れかかり互の目足を入れ、沸匂が深い。匂口が明るく太い足を入れた作は虎徹に紛うほどのものがあり、虎徹の師説が出るほど。新刀綱広中の上手。「相州住綱廣」「相州住伊勢大掾綱廣」「伊勢守綱廣」「相州住伊勢守」。

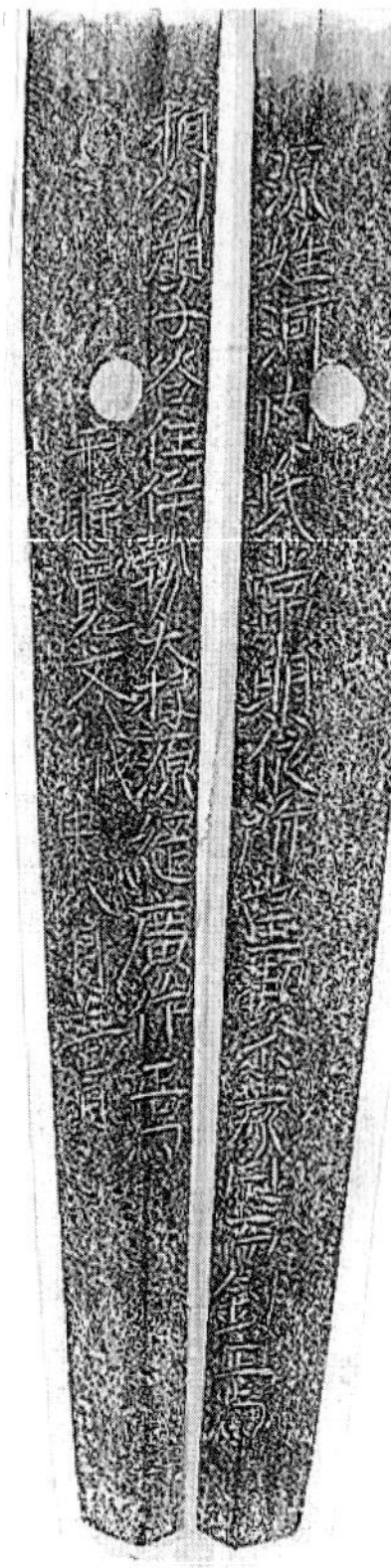

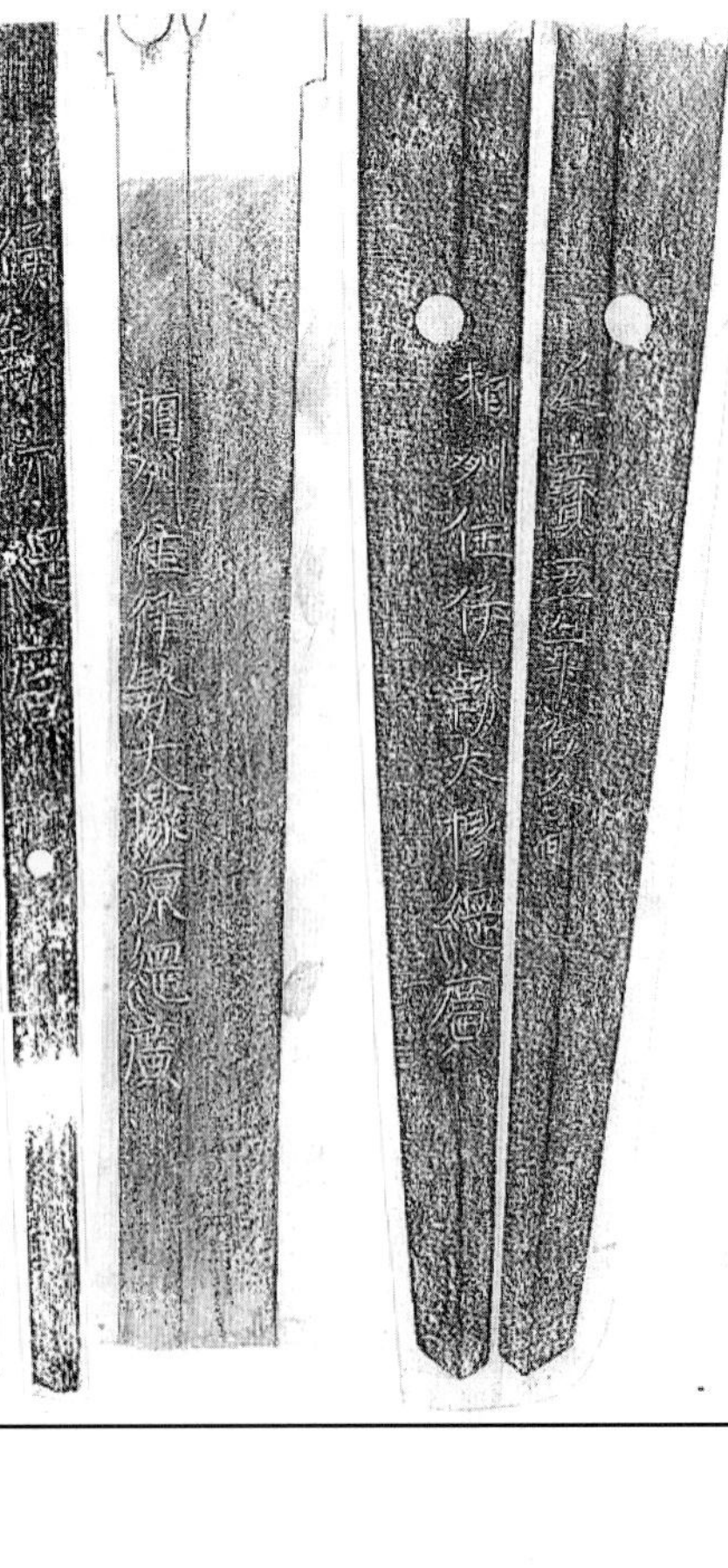
伊勢守綱広

新 **綱広【つなひろ】六代**　相模国　江戸中期（宝永）

山村弥右衛門。法名観成。江戸下谷長者町住。のち鎌倉へ戻る。元禄九年家督相続。享保七年十月没。六代から以降の作刀は少ない。◆七代勘兵衛。寛延三年没。八代宇兵衛、寛延五年没。九代勘左衛門、天保元年没。

新々 **綱広【つなひろ】十代**　相模国　江戸末期（安永）

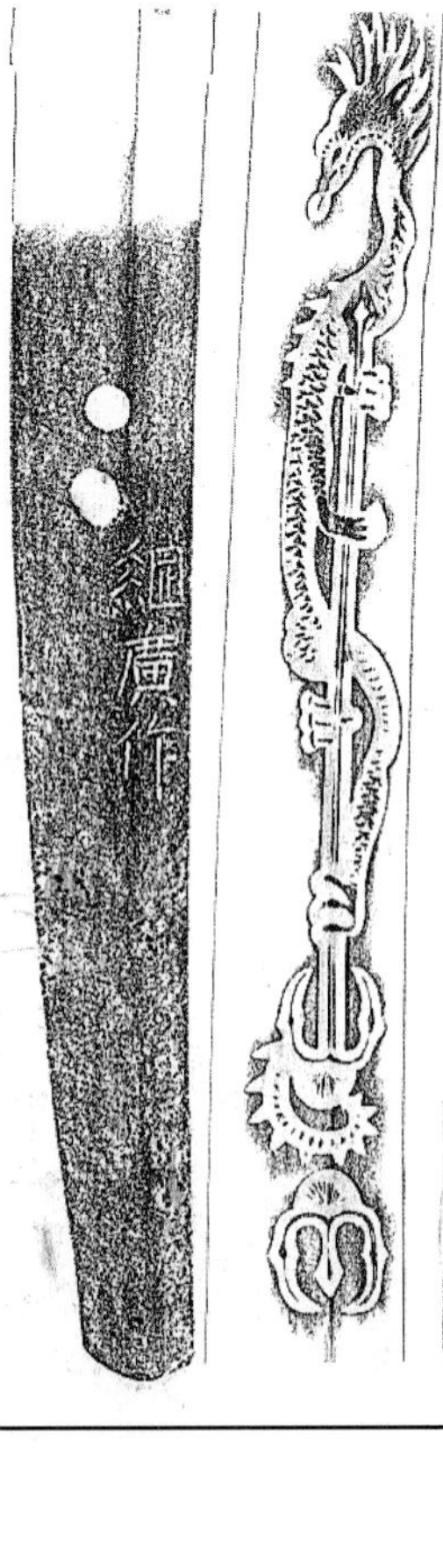

山村宇兵衛。寛政元年水心子正秀が入門し相伝の造刀法、口伝を伝授す

る。正宗十七代の添銘作がある。寛政三年七月二十三日没。

新々 **綱広【つなひろ】十一代**　相模国　江戸末期（文化）

山村勘左衛門。幼名直三郎。〔父十一代宇兵衛早世につき作刀がみられず、実質直三郎が十一代を継承。正宗十八代の添銘作がある。水心子正秀門。水心子との合作がある。天保元年十月十七日没。大乱、皆焼、荒沸つき烈しく、大板目肌に地景の現れた相伝を表現する。

新々 **綱広【つなひろ】十二代**　相模国　江戸末期（天保）

山村宗三郎。「正宗十九代孫綱廣」と切銘するものがある。明治十九年三月二十九日、八十四歳没。

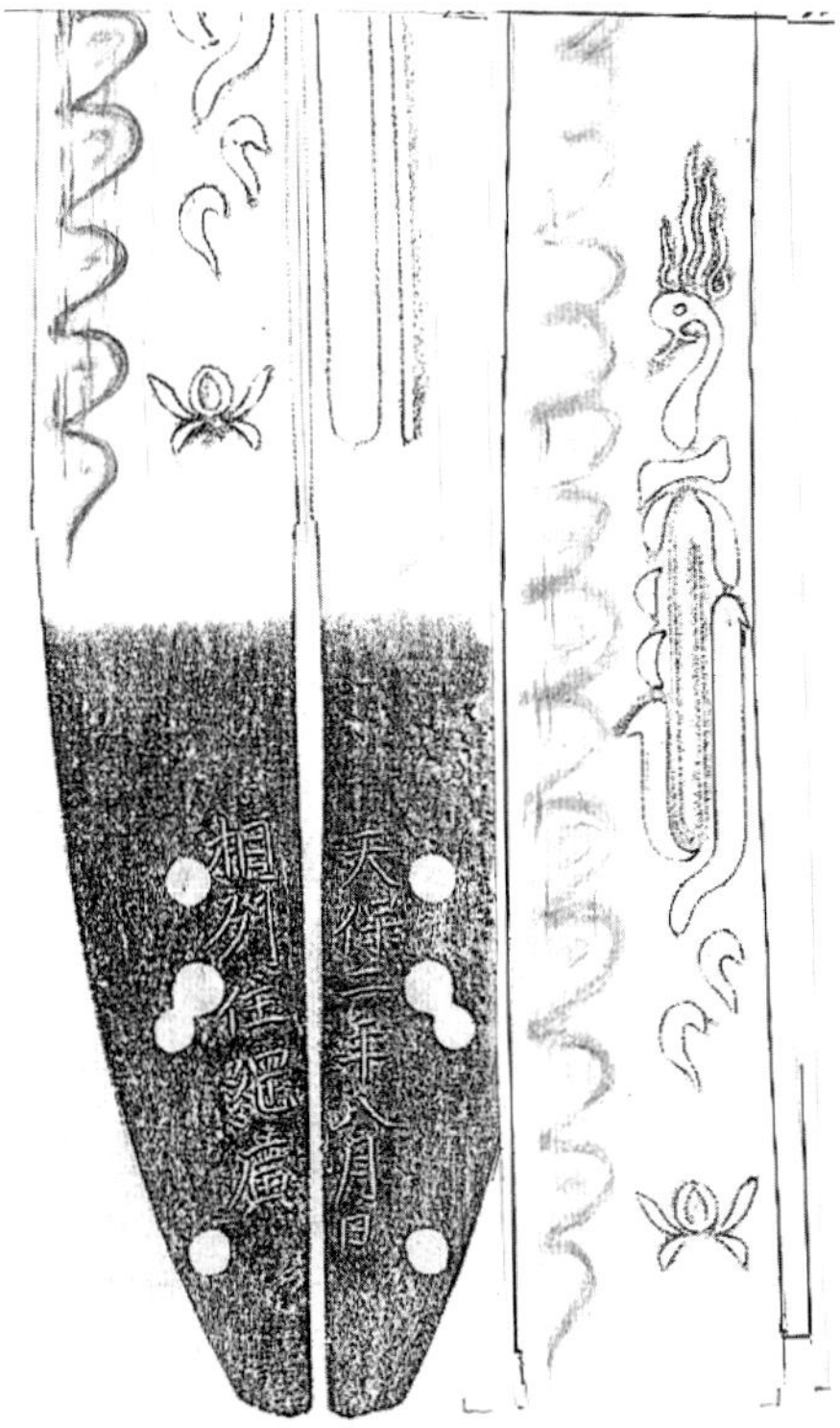

新々 **綱広【つなひろ】十三代**　相模国　江戸末期（弘化）

山村繁之丞。「正宗二十代孫綱廣」と切銘するものがある。明治元年十二月十五日没。◆十四代喜之助は明治三十八年没。十五代福太郎は昭和十年没。十六代鋼一郎は昭和二十年没。十七代剛（山村家では十八代）当代。

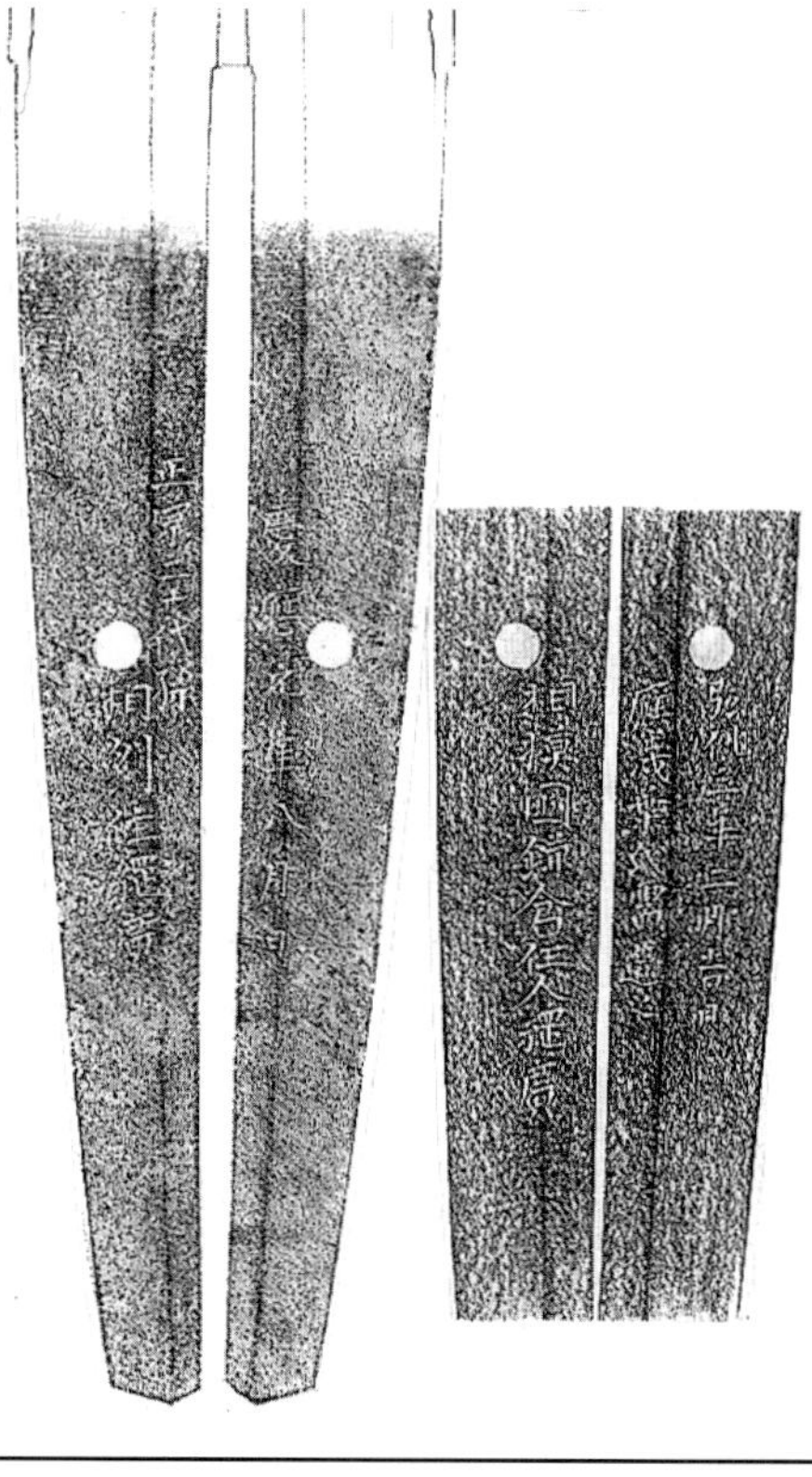

新 **綱広【つなひろ】**　山城国　江戸中期（元禄）

一法子と号す。城州住。勢州吉広同人という。元禄ころ。

古 **綱宗【つなむね】**　相模国　室町末期（永禄）

綱家門。小田原相州。湾れ調の直刃に小互の目足入り、互の目乱を焼く。「綱宗」「相州住綱宗作」。総宗と同人説があるが、総宗は別人。

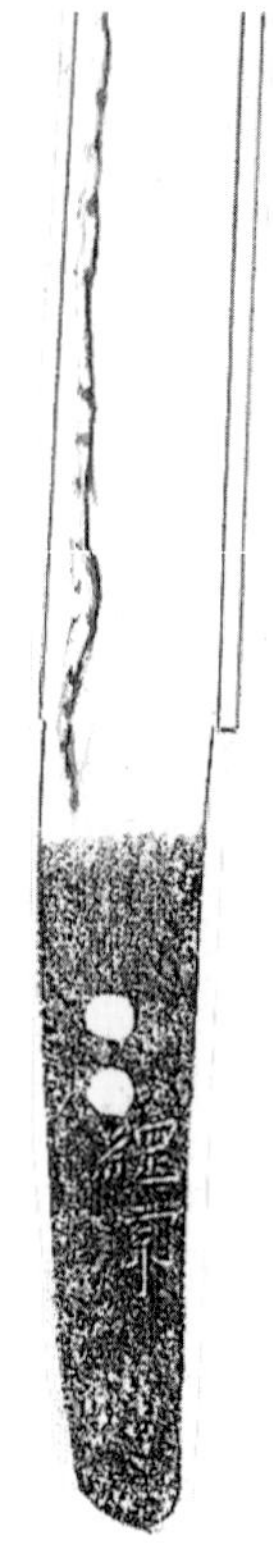

新 綱宗【つなむね】 陸前国 江戸中期（万治）

仙台藩主伊達綱宗が万治三年、隠居ののち江戸品川の藩邸で仙台安倫を相鍛冶に作刀したと伝える。多種の銘作があるが真偽のほどは定かでない。「震」は隠し銘という。

古 綱善【つなよし】 常陸国 室町末期（永禄）

綱広門。本国相州、常陸にても造る。「綱善作」「相州住綱善」。

古 恒次【つねつぐ】 備中国 鎌倉初期（承久）

古青江。守次の子。後鳥羽院番鍛冶五月番。備中守に任ず。太刀は身幅狭めで腰反り高く、小切先の優雅な姿恰好をみせ、小乱に小丁子交じり、小沸よくつく。二字銘に「恒次」と切る。

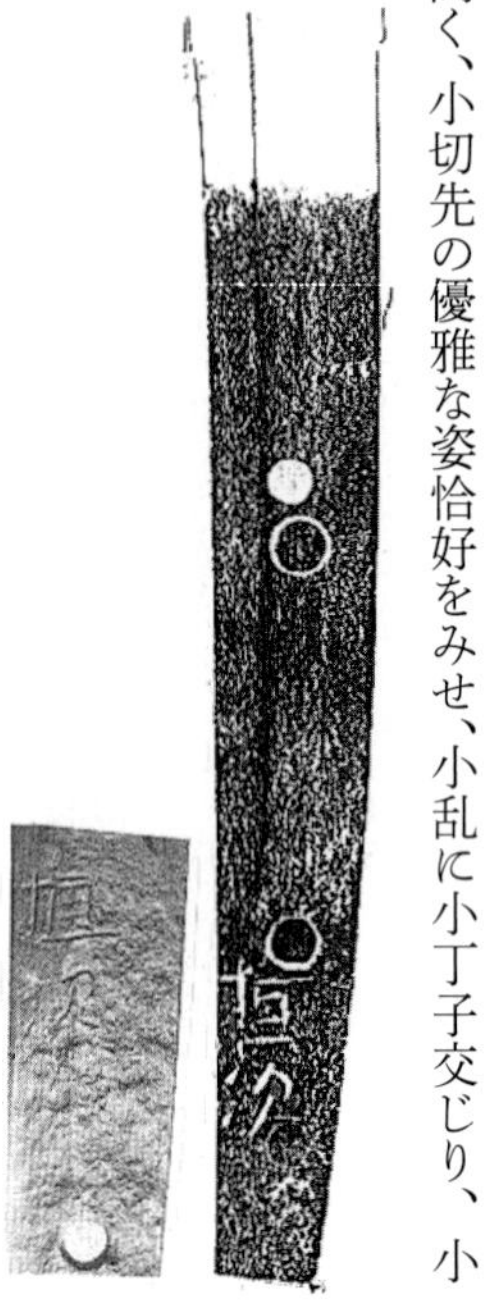

古 恒次【つねつぐ】 備中国 鎌倉中期（天福）

古青江。康次の子。小板目肌よく詰み、地沸が一面につき縮緬肌をみせる。刃文は小乱に小丁子交じり、小沸細かによくつき匂口冴える。目釘孔の下、中央に二字「恒次」と切る。

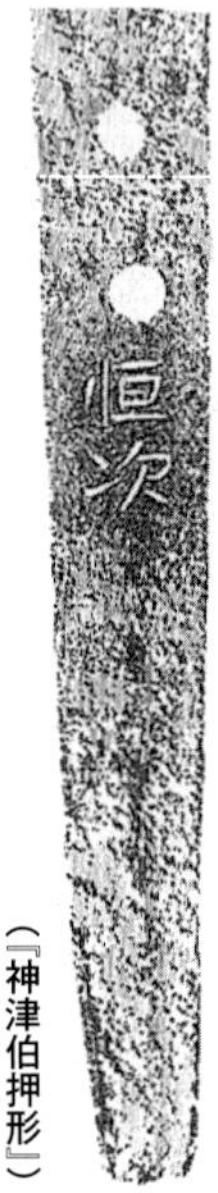

（『神津伯押形』）

古 恒次【つねつぐ】 備中国 鎌倉末期（正和）

青江。右兵衛尉。行次子。『光山押形』にある「唐住右兵衛尉恒次作」銘の「唐住」は「唐河住」であろう。青江一族は万寿庄《ますのしょう》（青江の古邑《こゆう》）を主流に唐河、また妹尾にも分派して、常遠は妹尾に、宗遠、為遠また恒次が唐河に住すなど古青江諸工の活動は広範である。銘文によると右兵衛尉恒次は万寿庄にも住していて、のち唐河に移ったものかもしれない。万寿庄住の左兵衛尉恒次とは別人であろう。「右兵衛尉恒次作」「唐住右兵衛尉恒次作」「備中国万寿庄住右兵衛尉恒次作」。

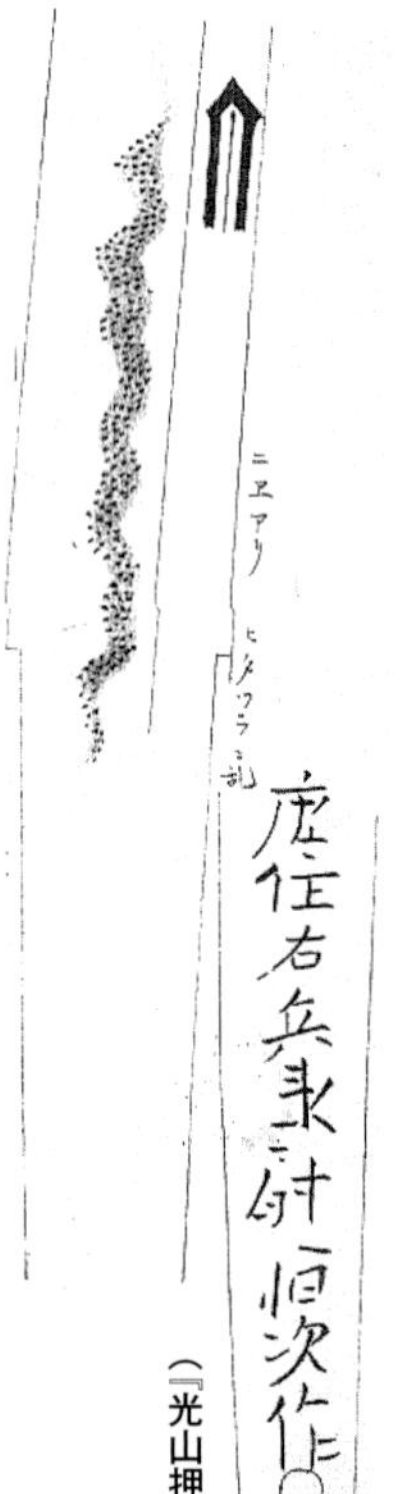

（『光山押形』）

古 恒次【つねつぐ】 備中国 鎌倉末期（嘉暦）

青江。左兵衛尉。万寿庄住。正和から元徳にかけての年紀作がある。鍛えは板目が詰んで地沸つき、地斑入り、映りの立つものがある。刃文は直刃調に互の目足がよく入り、小沸つき匂口締りごころ、互の目乱は逆ごころがあって、焼の出入りはさほど目立たない。帽子乱込み先小丸に返る。「備中國住左兵衛尉恒次」「備中國万寿庄住左兵衛尉恒次」。南北

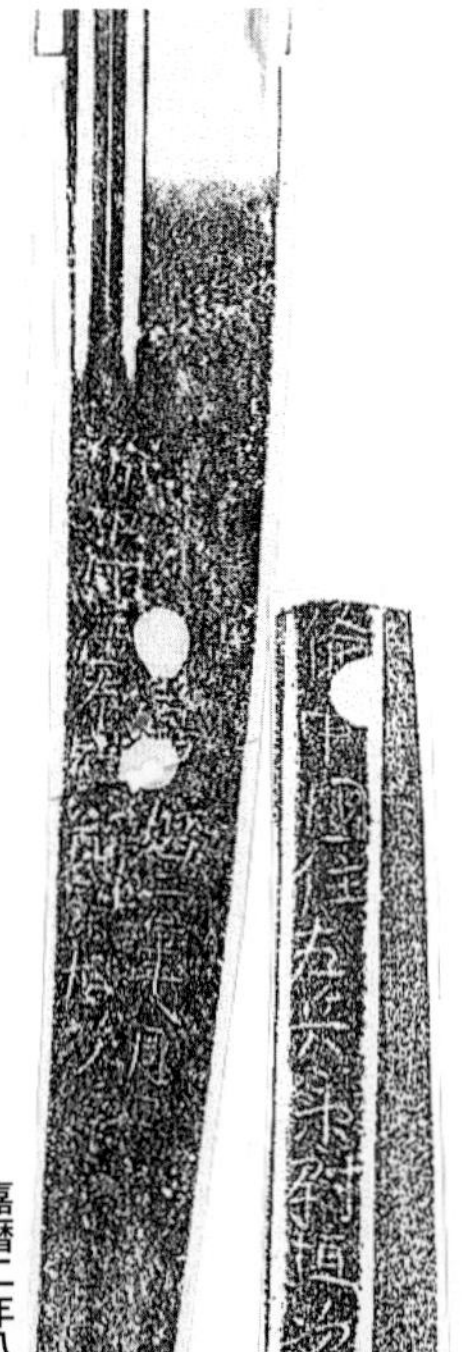
嘉暦二年八月日

朝期に入って貞和ころに「備中国住恒次」と、延文ころに「備中国万寿庄左近将監恒次」と銘する同銘工がいて、古青江恒次の名跡が後続する。

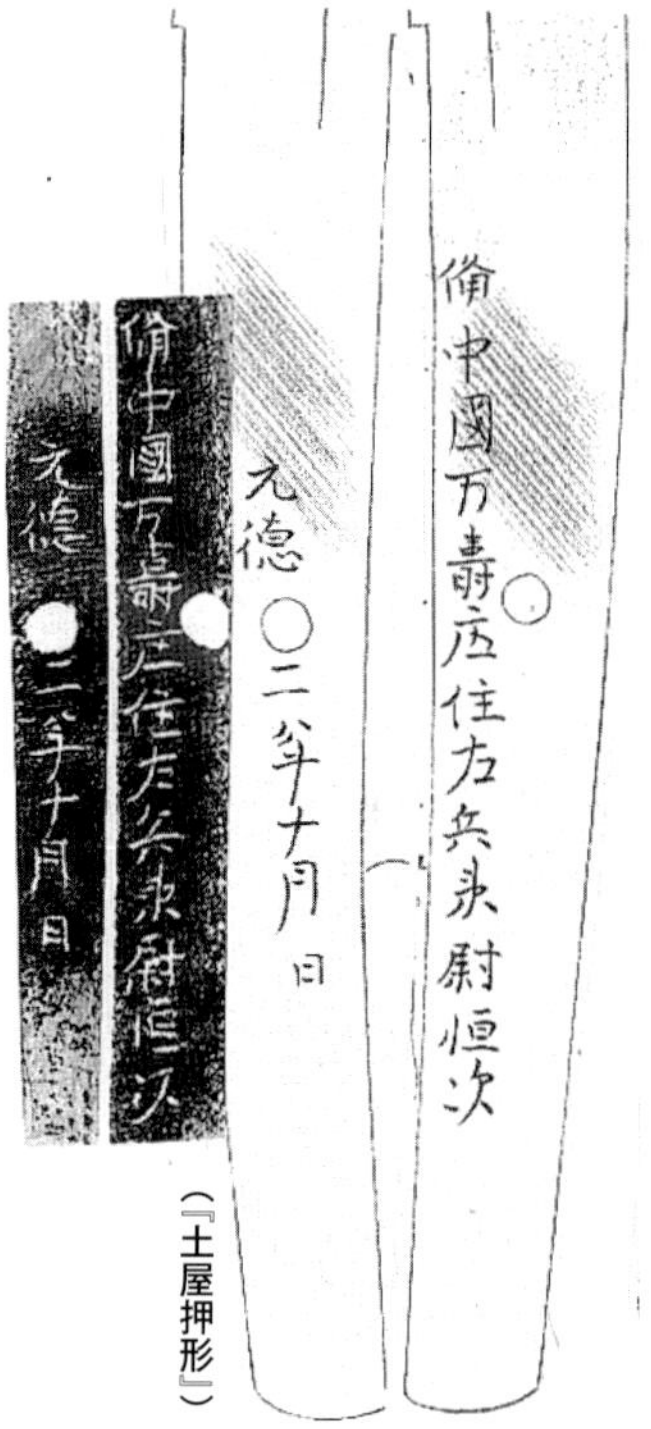

（『土屋押形』）

古 **恒次【つねつぐ】** 備前国 鎌倉末期（元亨）

左近将監。古備前正恒の系流。恒次は備中古青江が著名であるが、ほぼ同時代の鎌倉初期ころから備前にも同銘が続き、鎌倉末期の左近将監恒次がよく知られる。元亨二年紀の作があるという。

「恒次」「備前住左近将監恒次」「備前國住左近将監恒次」。

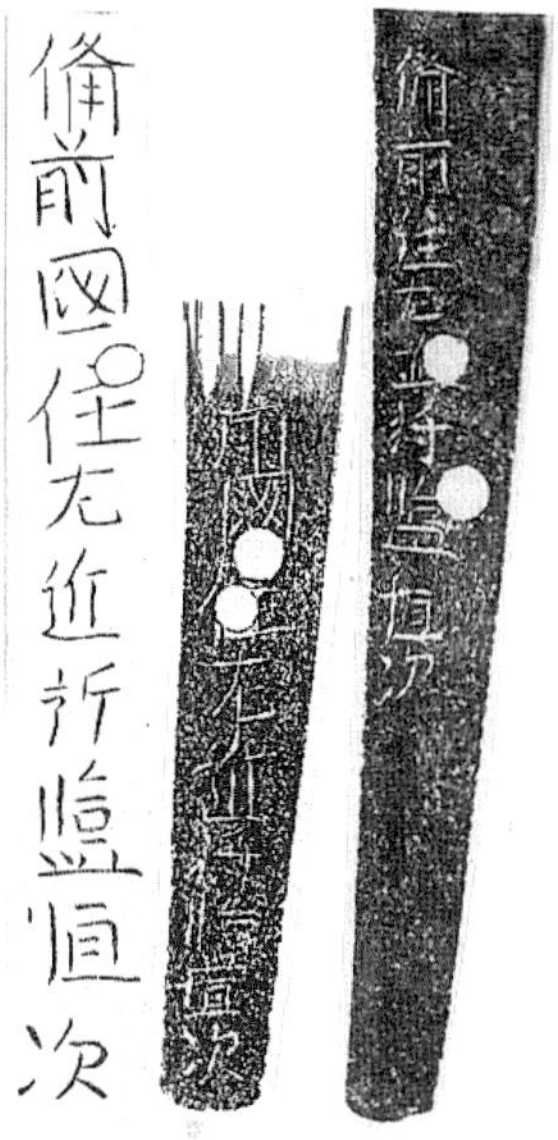

（『古刀銘尽大全』）

古 **恒清【つねきよ】** 備前国 鎌倉中期（仁治）

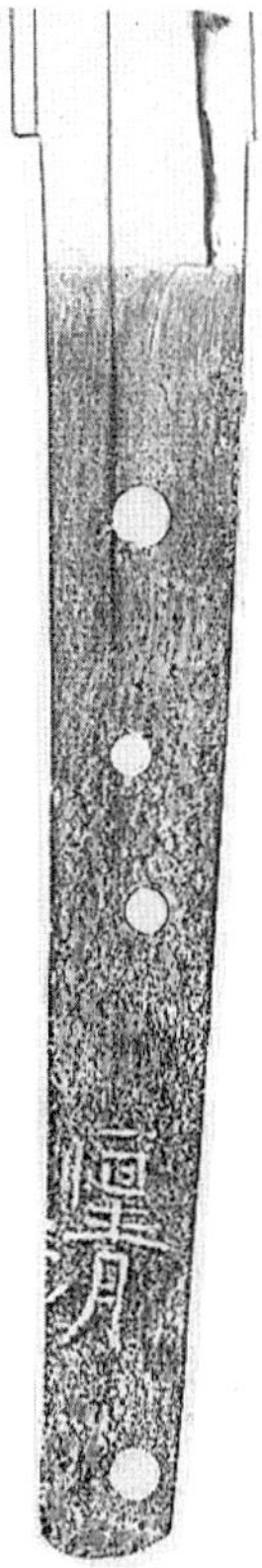

古備前。正恒系。直刃に小乱、小沸よくつき、金筋入る。「恒清」。同銘の古青江鍛冶恒清が同時代に備中国で作刀する。

古 **恒遠【つねとお】** 備前国 鎌倉初期（建仁）

古備前。正恒の子。奥州次郎。遠近の父。左近将監。直刃調に小乱が交じるもの、また小丁子が目立つものとがある。「恒遠」。

新作 **恒寿【つねとし】** 東京 昭和

宮口寿夫。昭和二年生まれ。宮口一貫斎寿広の子。昭和二十三年、東京美術学校（現・東京芸術大学）在学中、父寿広と伊勢神宮御神宝の製作に奉仕。昭和二十九年、第一回作刀技術発表会に出品し入選。以降優秀賞、努力賞など受賞。彫刻は笠間繁継に学ぶ。豊島区住。

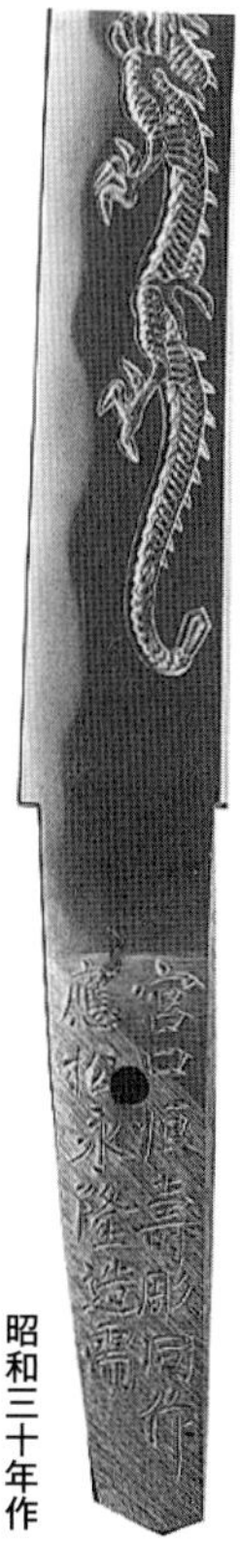
昭和三十年作

古 **恒則【つねのり】** 備前国 鎌倉中期（康元）

古備前。近恒の子。康元のころ。「恒則」。

新作 **恒治【つねはる】** 石川 平成

松田要。昭和三十八年生まれ。上林恒平門。平成八年作刀承認。同九年独立し作刀開始。同二十二年、新作日本刀展入選。「以能州古鉄恒治作之」。河北郡津幡町住。

新作 **恒平【つねひら】** 山形 昭和

上林勇二。昭和二十四年、山形県鶴岡市に生まれる。同四十二年、宮入行平門。同五十一年、東田川郡羽黒町に鍛刀場を設け独立。同六十一年、長谷堂に移住する。昭和四十八年第九回新作名刀展に初出品、同六十年まで毎年連続して出品する。文化庁長官賞、高松宮賞、薫山賞などを受賞し、昭和六十年に無鑑査となる。また平成十八・十九年には「刀身彫の部」に出品し努力賞、優秀賞を受賞する。伊勢神宮式年遷宮御神宝は太刀、鉾を制作、昭和六十三年、平成元年、同十九年に奉仕する。平成二十年四月、山形県指定無形文化財に認定される。

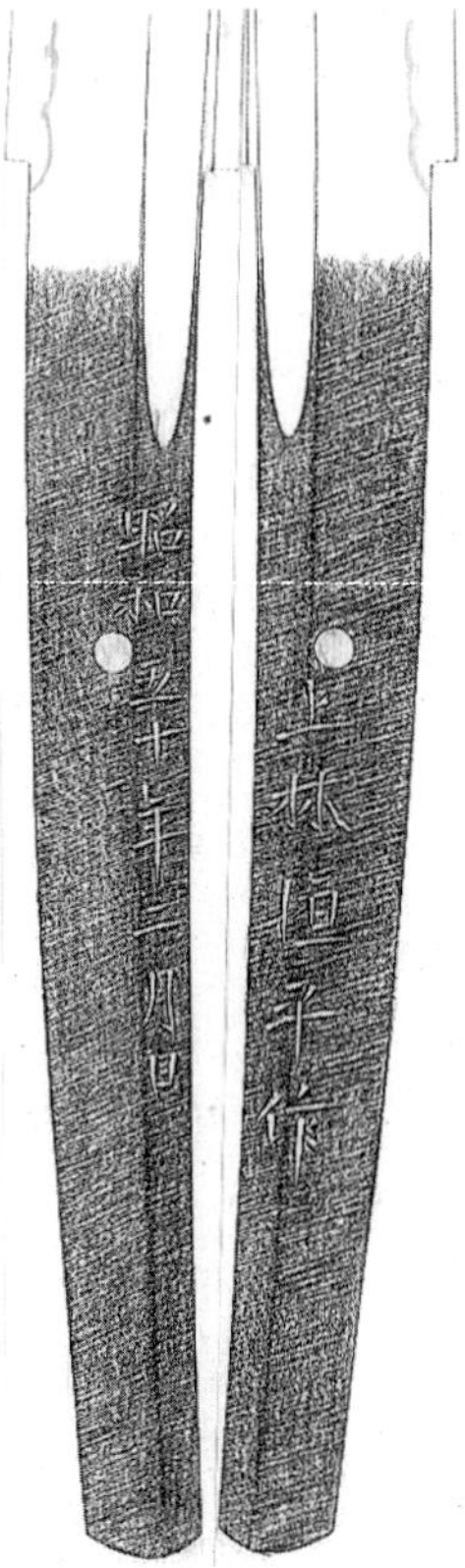

古 **恒弘【つねひろ】** 備前国 鎌倉末期（元徳）

初代は元徳ころから文和ころまでの作例があり、二代は至徳ころ、長義門という。作風は小互の目が揃って小づむ傾向があり、小反物といわれる。三代応永ころ。「備州長船恒弘」。

新作 **恒光【つねみつ】** 埼玉 昭和

小林道夫。大正十五年生まれ。昭和三十六年から八鍬靖武に学ぶ。与野市住。小互の目乱を焼く。

古 **恒光【つねみつ】** 備前国 鎌倉末期（正安）

古備前。正恒の孫で平安末期の承徳ころといい、保元ころとも、また鎌倉初期の寛喜ころとも年代に諸説がある。鎌倉末期の正安年紀の作があるほか、二字銘の作に古調な出来のものがあるなどから、鎌倉初期から末まで代があって複数工が作刀しているのであろう。「恒光」「正安二年四月日恒光」銘の太刀がある。

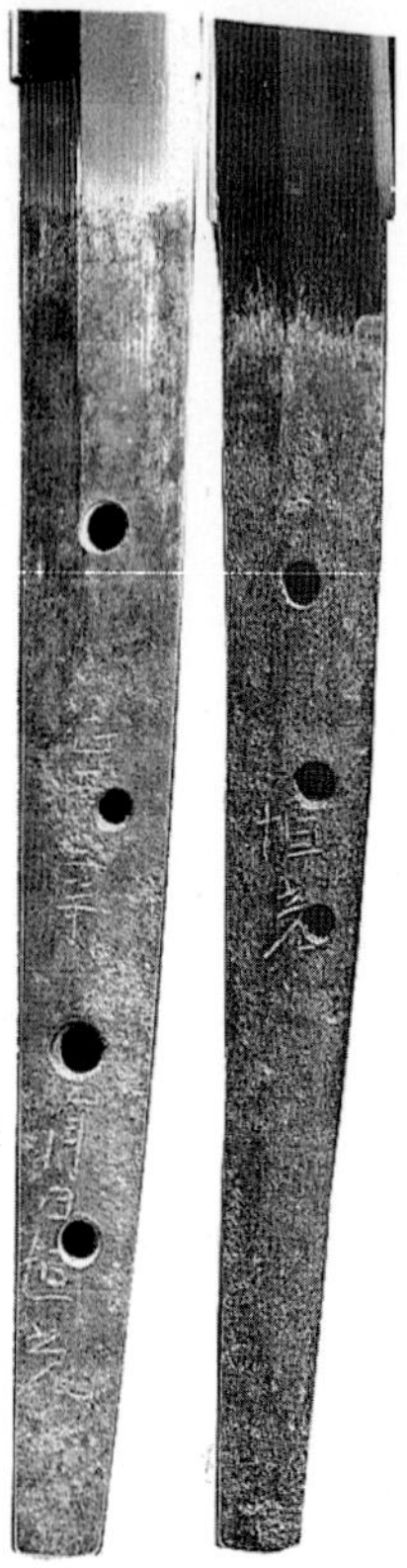

古 **恒光【つねみつ】** 備前国 室町初期（応永）

小反り。互の目乱が小づむ。応永の年紀作がある。「備州長船恒光」。

古 **恒元【つねもと】** 備前国 鎌倉中期（建長）

古備前。近恒の子。建長のころ。

古 **恒守【つねもり】** 備前国 鎌倉中期（文暦）

古備前。正恒の門流。浅い湾れ調の直刃に小乱、小丁子交じり、小沸よくつく。「恒守」。

新作 **恒康【つねやす】** 東京 昭和

加藤長之助。明治三十四年生まれ。初銘忠明。加藤祐国門。羽沢鍛刀所で胤明に学ぶ。陸軍受命刀匠。陸軍大臣賞、総裁名誉賞受賞。互の目に尖り刃交じりの美濃伝、備前伝。

古 **恒能【つねよし】** 豊前国 室町末期（文明）

筑紫了戒。宇佐住。文明ころ。次代は永正ころ、豊後国にて造る。「了戒恒能」。

新作 **恒厳【つねよし】** 群馬 平成

高橋祐哉《まさや》。昭和五十二年生まれ。上林恒平門。平成十五年作刀承認。平成二十一年新作名刀展入選。同二十四年、同二十五年短刀の部で努力賞入賞。「於長谷堂恒厳作」「上州住恒厳作」。前橋市住。直刃。

新々 **常重【つねしげ】** 播磨 江戸末期（安政）

笹尾多一郎。播州明石住。互の目、丁子乱など備前伝の作。「播州明石源常重」など。

古 **常遠【つねとお】** 備中国 鎌倉中期（宝治）

古青江。則高子とも則常子ともいう。妹尾住。銘は大きく二字に「常遠」と切る。

新 **常光【つねみつ】** 対馬守　初代　武蔵国　江戸初期（明暦）

日置市之丞。のち三郎左衛門、八左衛門。本国近江国蒲生、のち京を経て江戸四谷住。対馬守を受領、入道して対馬入道知休と号す。兄光平が源を称するのに対し橘姓を切銘する。法号を一法というと伝えるが、「山城守一法」は父であり、「対馬守一法（慶安三年紀）」は常光の先人であることから、一法は常光とは別人。元禄十一年紀に七十三歳の添銘作があり寛永三年の生まれと知れる。兄光平は元和六年生まれで六歳の年長である。作風は光平に似てやや小模様な丁子乱を焼き、丁子映りを規則正しく表わす。帽子が小丸に返るものが多い。

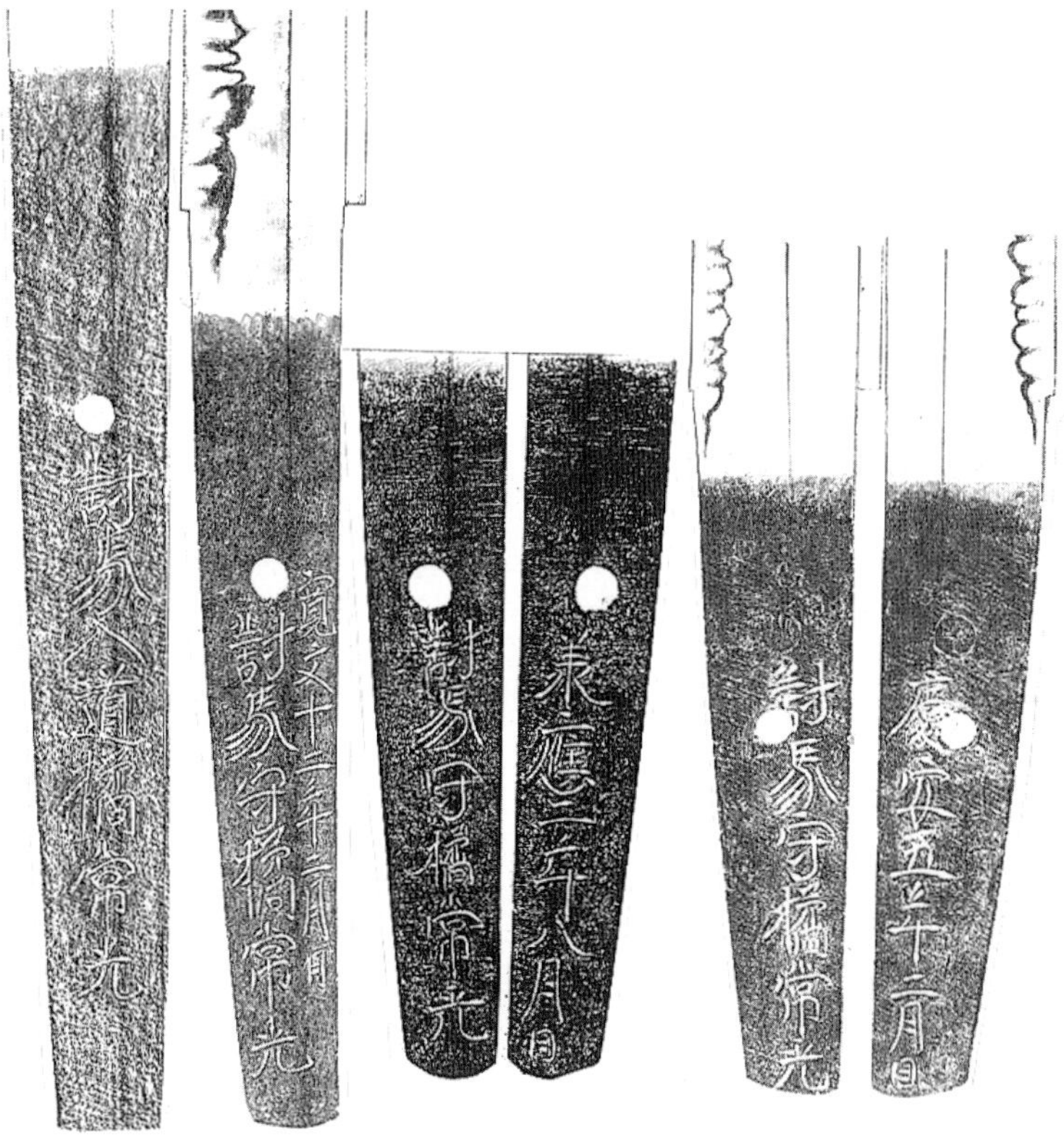

新 **常光【つねみつ】** 対馬守　二代　武蔵国　江戸中期（寛文）

日置八左衛門。江戸四谷住。対馬大掾を受領し、のち対馬守に転じる。入道して知休と号し知休入道と切銘する。丁子乱。作刀数は少ない。

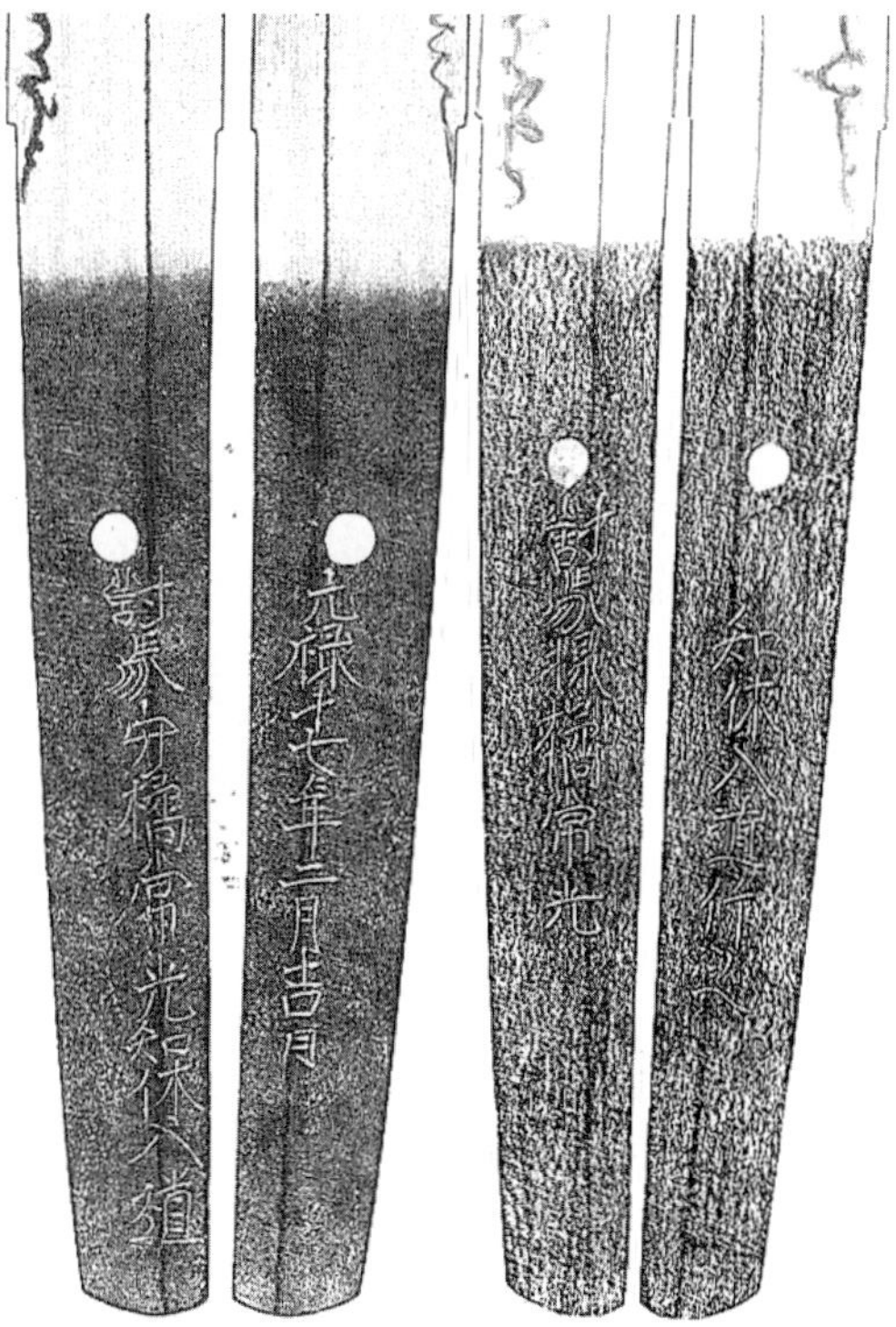

古 **常保【つねやす】** 備前国　鎌倉初期（承元）

古備前。二代正恒の子という。承元ころ。

古 **経家【つねいえ】** 備前国　南北朝期（応安）

小反り。光久子。初代。小反り派であるが、出自は畠田派で、初代経家は正応ころの守家子という。応安年紀の作がある。「備前国経家」。

古 **経家【つねいえ】** 備前国　室町初期（応永）

小反り。弥二郎。守景子。二代。常家同人という。応永・正長の年紀作がある。腰の開いた互の目に丁子交じり、常にみる小反物が小づんだ刃を焼くものより大模様である。「備州長船経家」。

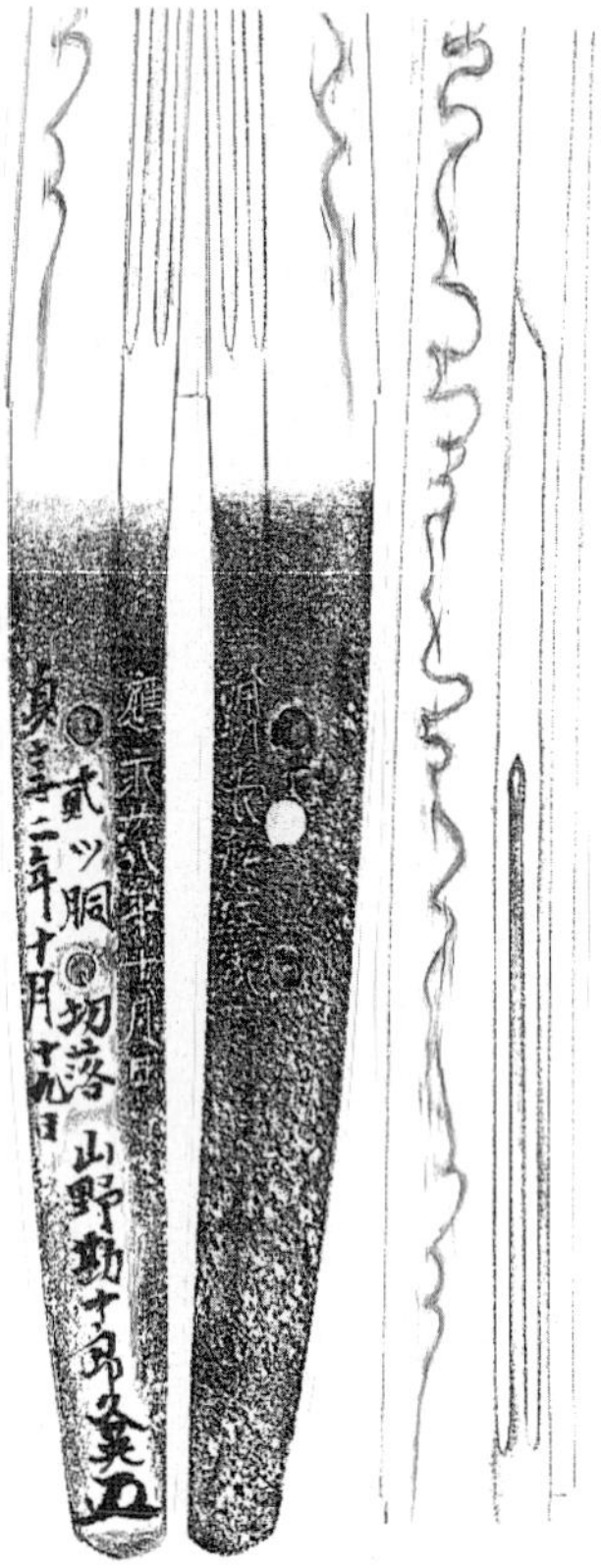

古 **経家【つねいえ】**　備前国　室町初期（永享）
応永経家の子。三代。永享から享徳にいたる間の年紀作がある。「備州長船経家」。

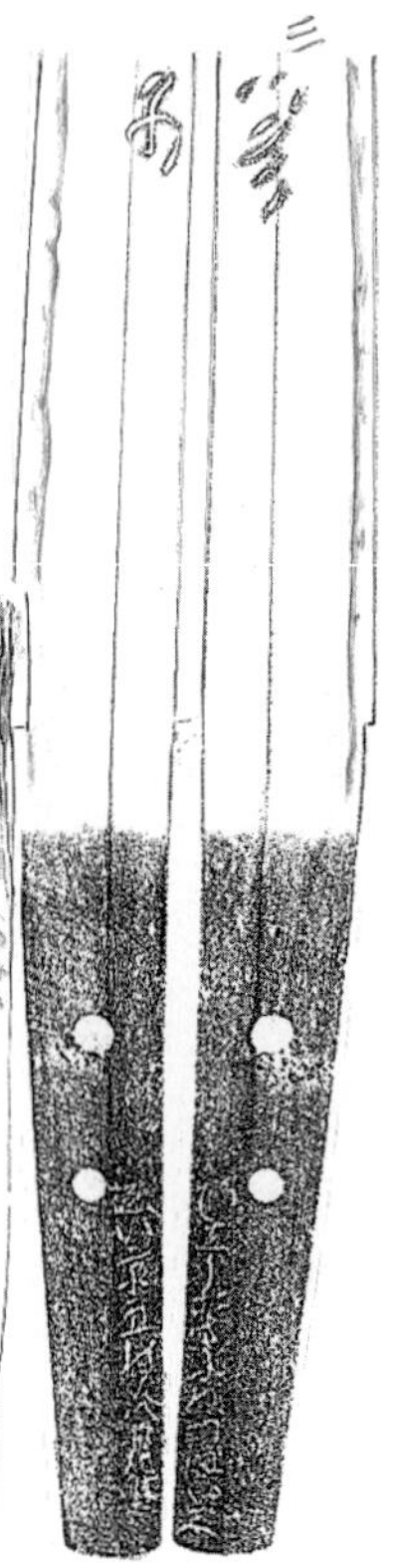

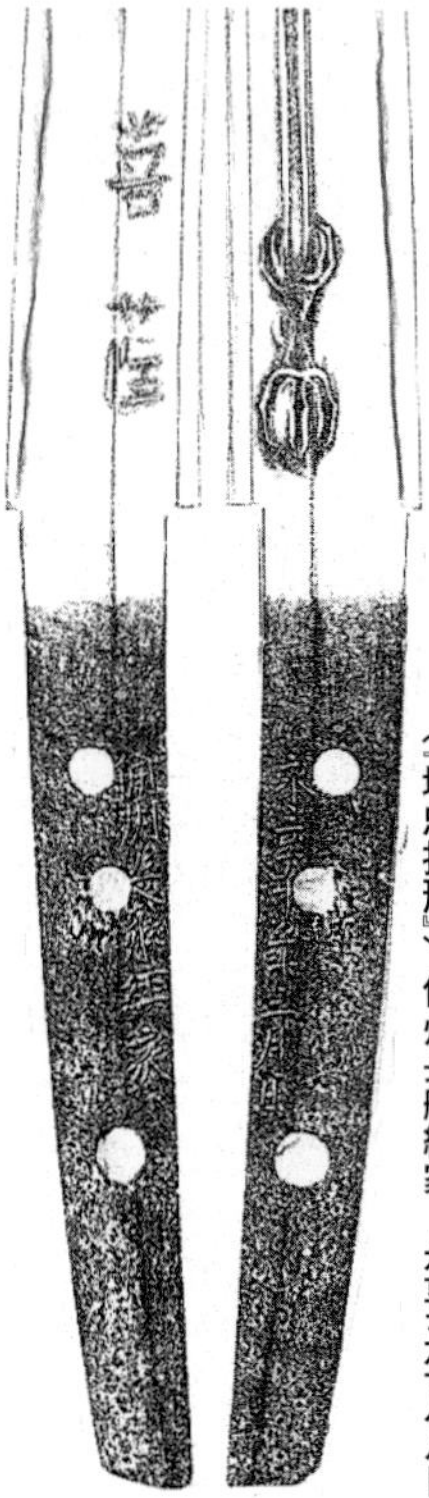

（『埋忠押形』）備州長船経家　永享五年八月日

古 **経家【つねいえ】**　備前国　室町中期（寛正）
四代。寛正から明応ころまでの作刀がある。応永経家のころの乱刃より小模様となる。「備州長船経家」「備前国住人長船経家」。

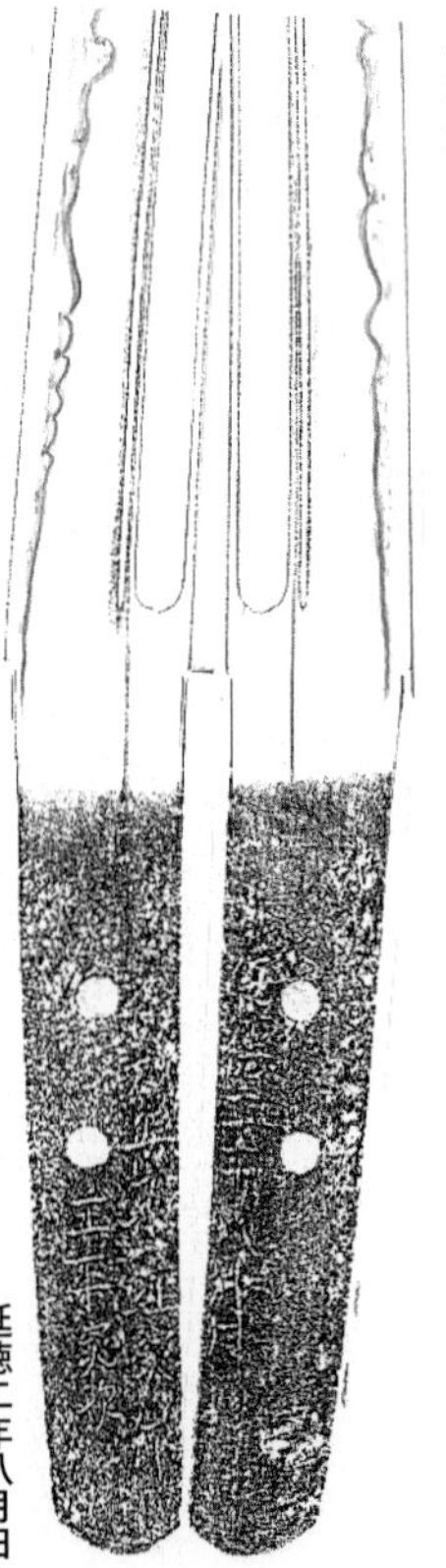

延徳二年八月日

古 **経家【つねいえ】**　備前国　室町末期（永正）
五代。永正から大永ころまでの作刀がある。「備州長船経家」。

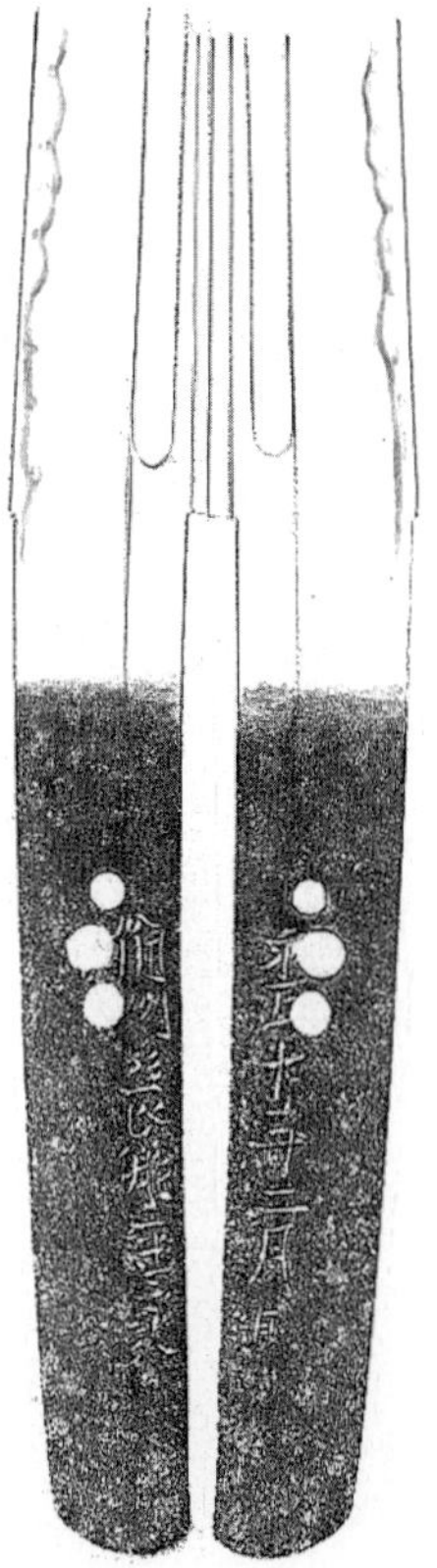

古 **経光【つねみつ】**　備前国　室町初期（応永）
小反り。互の目乱が小づみ、小沸つく。「備州長船経光」。同銘が後代にあり、文明年紀を切る。

《て》

新作 貞心【ていしん】 大阪 昭和
川野重太郎。明治四十五年生まれ。月山貞勝門。初銘水龍子貞重。昭和十年、第一回日本刀展覧会に出品し入選。同十七年、兵器行政本部受命刀匠。大阪造兵廠主任刀匠。戦後は昭和四十一年から四十五年まで新作名刀展入選。大阪市城東区住。

新 鉄正【てつまさ】 武蔵国 江戸中期（元禄）
東武住。二代目守正同人。「和泉守千手院鉄正」などと切る。⇩守正の項参照。

新々 英興【てるおき】 武蔵国 江戸末期（嘉永）
藤枝政之丞。玉鱗子英一の三男、英義の弟。鉄砲鍛冶として川越藩に仕える。柔術、砲術に秀でる。安政二年十一月二十二日、二十八歳没。

新々 英一【てるかつ】 玉鱗子 上野国 江戸末期（天保）
本姓鈴木氏。政右衛門、政之進。玉鱗子と号す。寛政元年上野国那波郡川井村生まれ、藤枝一門の祖。霞鱗子克一《よしかつ》門。英義の父。初銘輝広。天保八年養子の英二に家督を譲り、三子を率いて藤枝氏を嗣ぐため川越藩に仕え、厩橋に移住する（英一の墓碑文）。天保八年五月に川越藩工となり、鈴木姓から藤枝政右衛門と改める。藤枝家はもともと鉄砲鍛冶職のため、英一も鍛冶職にたずさわっている。英一は博覧強記にて相学、医術、眼科に通じ、鐔鍛冶、槍鍛冶、小細工鍛冶など門人百四十一人あり（『新刀銘集録』）という。晩年は身につけた医術をもって多くの人を施療し、救済に努める。天保五年紀から嘉永四年紀までの作刀がある。嘉永四年四月十日、六十三歳没。直刃、大互の目乱など沸匂が深い。「上毛住鈴木英一」「武州川越臣玉鱗子英一」などと切る（『川越藩郷土刀工伝記』中里昭義氏）。

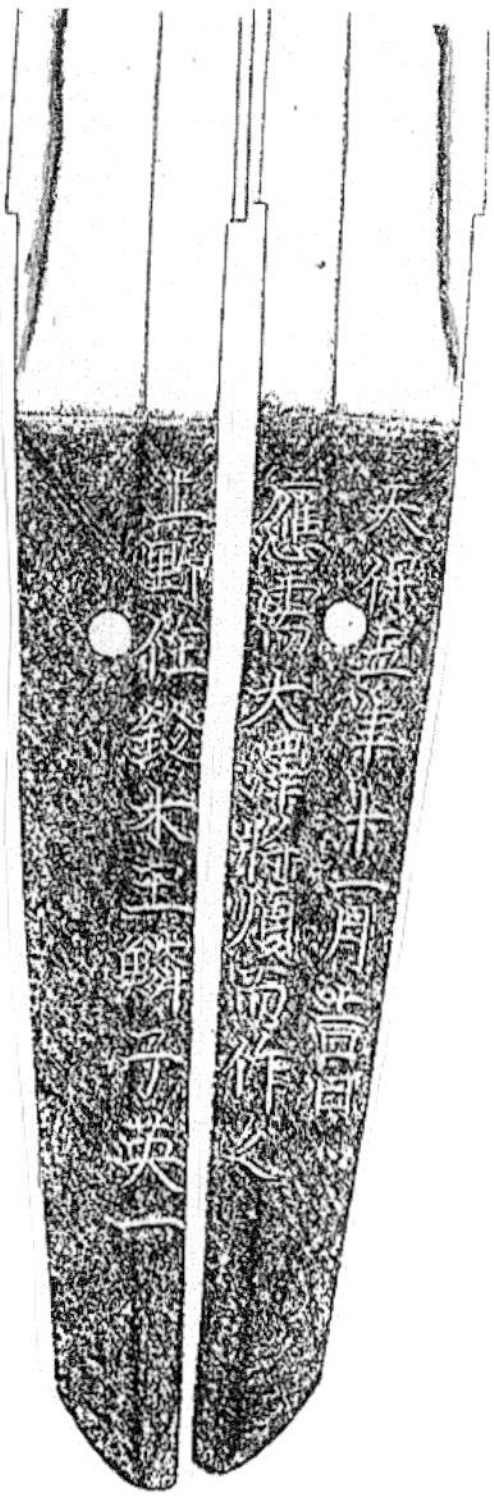

新々 英周【てるかね】 上野国 江戸末期（嘉永）
上州館林住。玉鱗子英一門。武州川越でも造る。直刃に小互の目足入り。「藤原英周」。

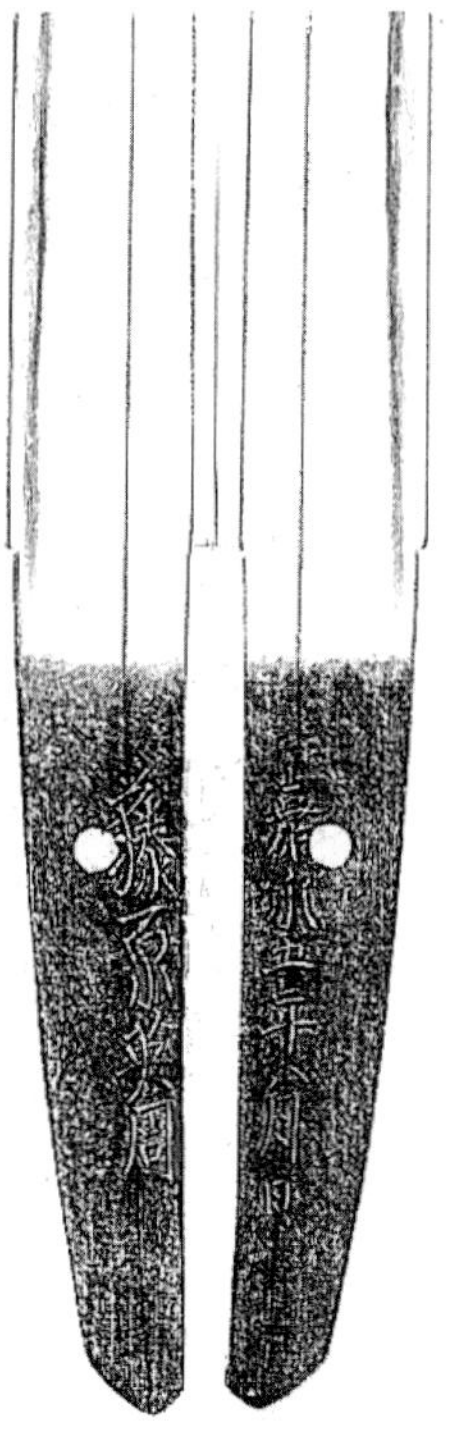

新々 英国【てるくに】 羽前国 江戸末期（明和）
「於出羽山形藤原英国作之真十五枚甲伏鍛」などと切銘する。水心子正秀の初銘、明和ころ。⇩水心子正秀の項参照。

新々 **英貞【てるさだ】**　上野国　江戸末期（嘉永）

大沢英貞。玉鱗子英一門。上州館林住。武州川越でも作る。「上毛国大沢英貞」。

新々 **英貞【てるさだ】**　上野国　江戸末期（安政）

浜田市五郎。玉伝子と号す。藤枝太郎英義門。直刃、湾れに互の目交じり。
「上毛住玉伝子英貞作」。

新々 **英胤【てるたね】**　羽後国　江戸末期（弘化）

梅山八十八。初銘正秀。大慶直胤門となり英胤に改める。

新々 **英二【てるつぐ】**　上野国　江戸末期（弘化）

鈴木亀吉郎。英綱同人。玉鱗子英一の門、のち養子。英一の嫡男英義が文政六年に生まれる前に養子となっていて、のち英二は英一から鈴木の家産を譲られて鈴木家を嗣ぐ。江川太郎左衛門に砲術を学び、川越藩の鉄砲鍛冶を兼ねていたためもあり、作刀は稀少。養父英一の助力をする。文久三年六月四日、五十六歳没。

新々 **英辰【てるとき】**　武蔵国　江戸末期（元治）

正木辰五郎、のち辰之助。政木姓にも切る。天保三年、川越仙波生まれ、藤枝太郎英義門。安政三年、二十五歳で師より皆伝を許される。江戸にても鍛刀し、文久年間に川越に帰る。大正十三年四月二十四日、九十三歳没。互の目乱、互の目に丁子交じりなど。小烏丸造、鵜の首造など本造り以外の造込みの作を得意とする。文久ころから明治五、八、三十四年紀作がある。英辰の長男得介はわずかな作刀を残し、昭和十五年、七十四歳で没。

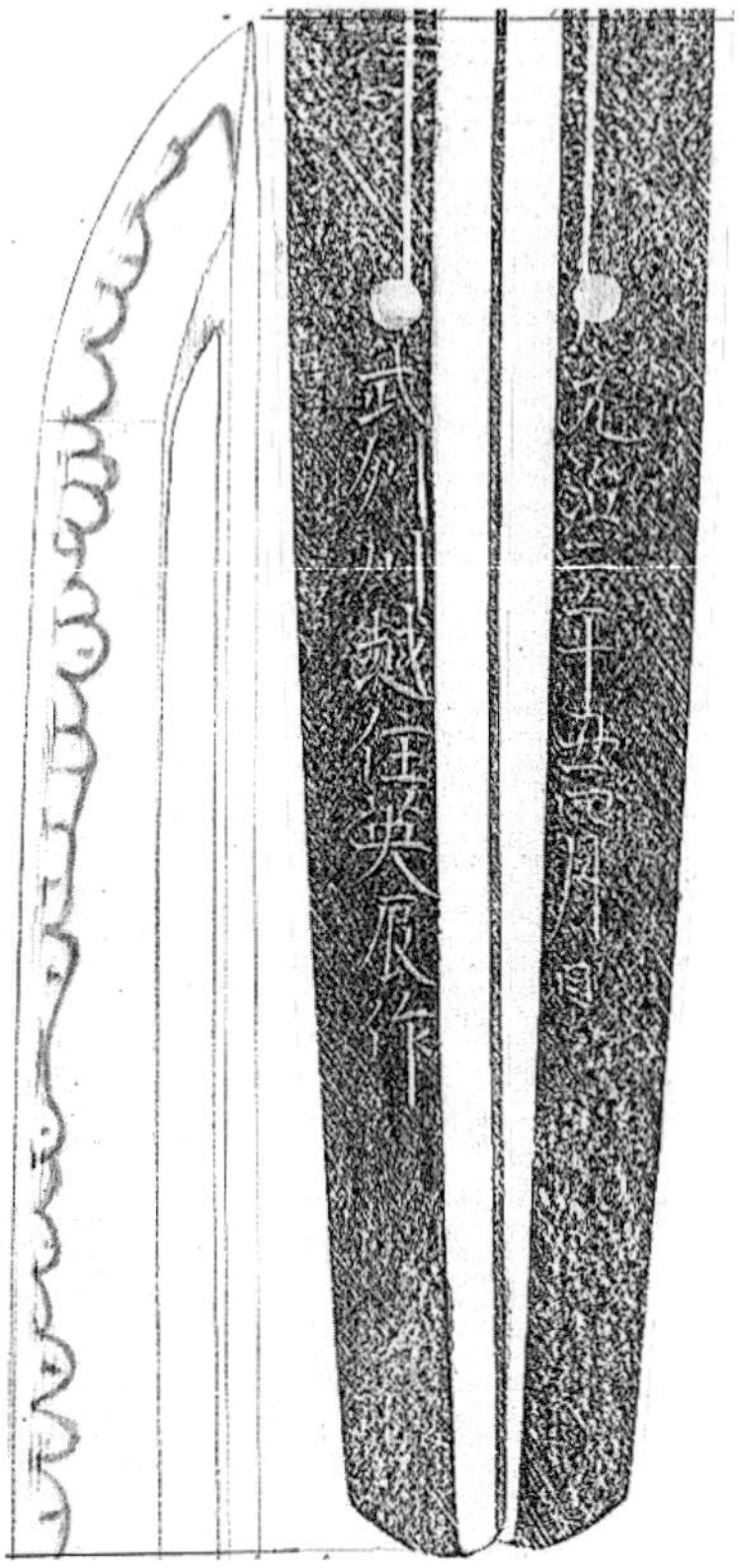

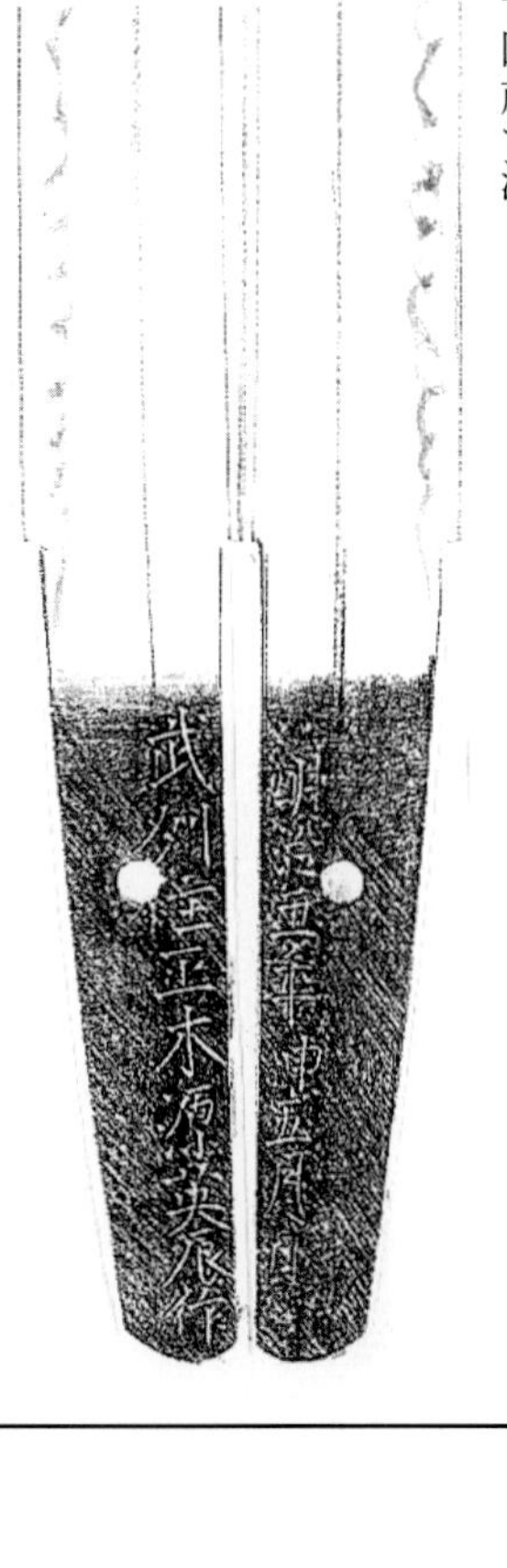

新々 **英利【てるとし】**　武蔵国　江戸末期（慶応）

政之助、勇次郎。川越藩工玉鱗子英一の次男、英義の弟。文武に通じ槍術に秀でる。江川太郎左衛門に砲術を学ぶ。安政二年、幕府に仕え、藤枝姓から鈴藤に改める。安政七年、勝海舟と共に咸臨丸に副航海長として乗船し日本船初の太平洋横断に成功する。慶応四年八月二十四日、四十三歳にて病を嘆き自決。

新々 **英広【てるひろ】**　羽後国　江戸末期（万延）

松山太郎。「出羽住松山太郎英広作」と切り、直刃を焼く。

新々 **英光【てるみつ】**　上野国　江戸末期（弘化）

山口英光。玉鱗子英一門。上州館林住、武州川越でも作る。直刃に小互の目足入り、板目に大肌交じる。「上毛館林住山口英光」。

新々 英守【てるもり】 武蔵国　江戸末期（慶応）

藤枝熊之助、兵治。藤枝太郎英義の嫡男。英義が明治九年に没したとき兵治英守は十五歳、弟寅三は十歳で兄弟とも作刀はみられず、英義の子の作刀があるとすれば養子末吉であろう。

新々 英吉【てるよし・ひでよし】 土佐国　江戸末期（享和）

伊藤丈助。尾崎助隆門、のち水心子正秀門。享和ころから文化ころまで作刀する。互の目に丁子交じり、濤瀾乱風の互の目乱。

新々 英義【てるよし】 藤枝太郎　武蔵国　江戸末期（嘉永）

藤枝太郎。文政六年、上野国下那波郡川合村に生まれる。玉鱗子英一の嫡子、英一の二代目を称す。父に鍛刀技を習い、初銘治広。藤枝一門の棟梁として活躍する。諸国を遊歴し、旅先の総州佐倉で駐鎚した治広銘に弘化四年の作がある。嘉永元年、二十六歳のころ細川正義の門に入る。その時期は二年に満たない短期間で、業を成して川越に帰り藤枝太郎と改める。嘉永三年ころ川越から江戸に出て神谷町に住、「於江都愛宕山麓」と切銘したものがある。嘉永六年十一月、松平大和守の抱工となり、文久元年、三巴紋を賜わり茎に刻す。また桜花紋も刻す。

　弘化ころから明治六年までの作刀があり、安政から慶応ころまでが鍛刀の盛期で、作刀数も多い。慶応三年、江戸から前橋に帰り、この地で

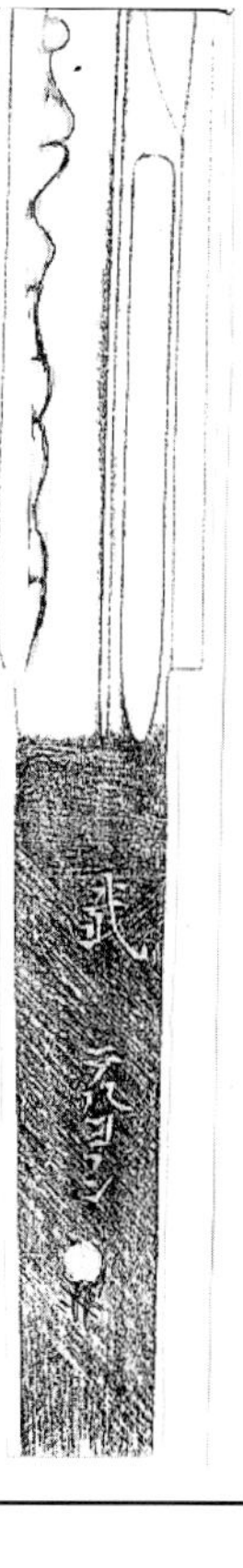

テルヨシ（英義）、嘉永六年ころ

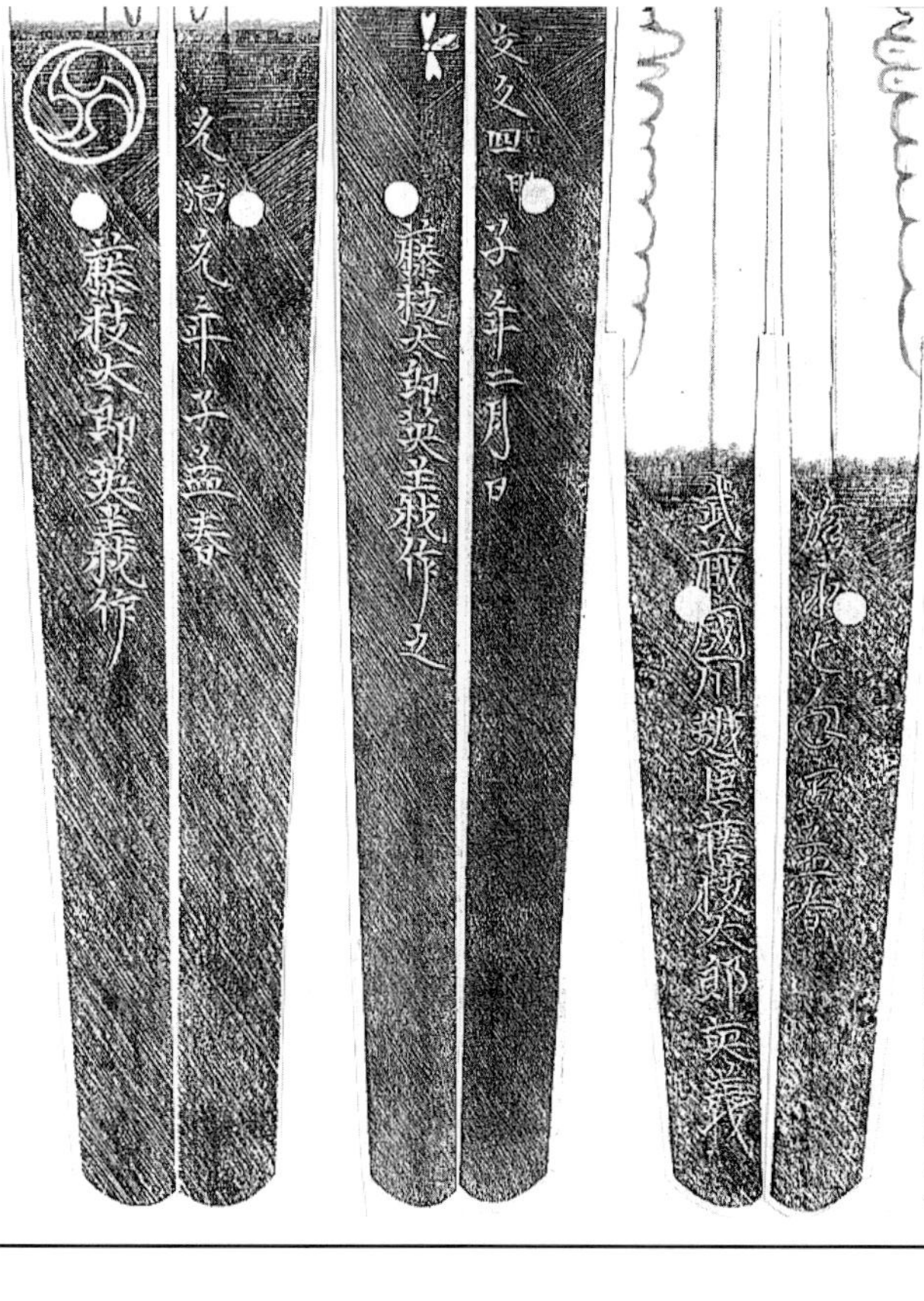

鍛刀するが、明治五年飯倉村に退き、明治六年八月紀の作がある。直刃、互の目乱、湾れに互の目、尖り互の目交じりなど。明治九年五月二十四日、五十四歳没。

藤枝英義系図

英一（玉鱗子／政右衛門／嘉永四／六十三才没）
- 英二（養子／鈴木亀吉郎／文久三／五十六才没）→ 山口末吉（養子）
- 英義（嫡男／藤枝太郎／治廣／明治九／五十四才没）
  - 英守（嫡男／藤枝兵治／熊之助）
  - 寅三（次男／大正十二／五十八才没）
  - 英辰（正木辰之助／大正十三／九十三才没）
  - 英兼（慶応／武蔵）
  - 英貞（浜田市五郎／安政／館林）
  - 忠恕（国友文助／文久／佐倉）
  - 久（森谷猪之七／文久／佐倉）
  - 英次（浜野多治平／安政／因幡）
  - 英国（郷野徳太郎／文久／伊豆）
  - 習之（武野勝之助／慶応／武蔵）
  - 英寛（安藤寛之助／安政／武蔵）
  - 永吉（大沢永吉／安政／上野）
  - 英治（中野忠次郎／慶応／上野）
  - 英久（文久／下総）
- 英利（次男／鈴藤勇次郎／慶応四／四十三才没）
- 英興（三男／藤枝政之丞／安政二／二十八才没）
- 英光（山口／弘化）

新 **照門**【てるかど】　美濃国　江戸中期（万治）

宗九郎。初銘兼門。関善定派の一方の代表者であり、関鍛冶の鍛冶頭を務める。伊勢、また江戸にても造る。万治二年ころ、丹波大掾を受領し照門と改め、ほどなく丹波守に転任する。直刃、大互の目乱が箱がかる。照門は一代限りで、次代からはまた兼門に復して同銘が後続する。

新 **照包**【てるかね】　坂倉言之進　摂津国　江戸中期（延宝）

照包は包貞と同人作

摂州五郎輝包といい、初代越後守包貞門。「師包貞老成の後は、照包をして代刀匠をなさしめ、銘までも照包に切らしむ。これを坂倉越後と唱う」。「照包は生涯受領なし」（『古今鍛冶備考』）とみるのが、諸資料と作刀に照らして的確である。照包は初代包貞の養子となり、包貞を襲名し、越後守を踏襲したとの説は当たらず、照包は初代包貞の老後の子、岩松包貞を後見して二代包貞を襲名させ、自らは包貞の名乗りを照包に改めている。古人はこれを照包の節義と云うべし、と評している。

照包への改銘は延宝七年八月から、「坂倉越後守照包」は天和四年二月からである。越後守包貞の名乗りは初代包貞の生前中は代銘とみるべきであり、初代の代作に当たっていたと解すべきである。照包の改銘は、許可なく官名継承は罷りならぬとの達しによる、とする説があるが、延宝のころは受領名の踏襲はかなり常用化しており、受領の無勅許使用を禁じる発令があったのは明和三年十一月のことで、延宝より九十年ほど後のことである。照包が師の「越後守包貞」銘の作を世に出したのは、年紀のあるものでは寛文五年から延宝七年までの十四年間ほどがあり、照包が「坂倉言之進照包」「坂倉越後守照包」を銘したのは、延宝八年二月から四年半ほどである。この間、照包は盛期を迎えて、鍛刀に専念し、名声を高めている。なお、照包と包貞を表裏に切り分けた銘は合作ではなく、両銘同人の意であり、「改越後守包貞」「坂倉言之進照包」としたのは、包貞改め照包としたもの。「坂倉言之進照包」「越後守包貞隠居」とあるのは、包貞が隠居して照包に改銘したものと同意の作銘である。

濤瀾乱が多く、匂口深く、沸がよくつき冴えた刃文が華美。刃中に砂流しがかかる。助広の濤瀾乱と比べて、やや濤瀾の傾斜が急な形姿となる。

⇩越後守包貞の項参照。

包貞は照包と同人作（『鑑刀随録』）

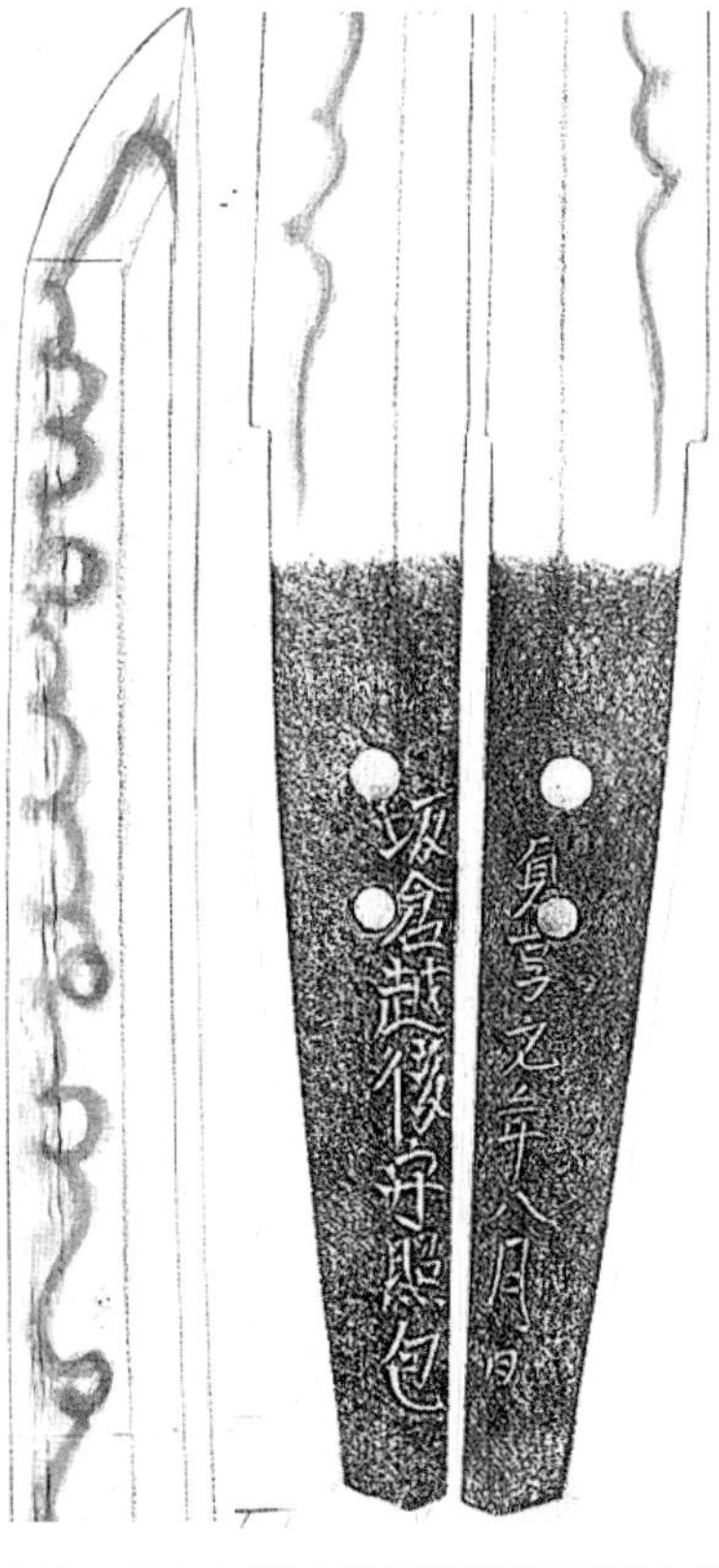

古 照重【てるしげ】初代 武蔵国 室町末期（永禄）

右近尉、源次郎。初代周重の子、康重の弟。はじめ山本長門周重。永禄初年に北条氏照から「照」の一字を授かり右近照重に改める。武州多摩郡横川村住。年紀がある作は元亀二年紀の武蔵御嶽神社奉納刀が古く、永禄から天正にかけてのものをみる。中直刃に互の目足入り、焼落し、水影が出る。板目に杢交じり、柾流れ肌立ち綾杉肌が交じる。「武州住照重作」。

（系図909頁参照）

古 **照重【てるしげ】二代**　武蔵国　室町末期（天正）

山本源二郎。初代長門の長男。初銘源次。二代照重。下原住。天正十八年に八王子城が落城し、小田原北条の滅亡につれ、抱主を失った照重は八王子を離れ甲州へ移り作刀する。二代照重の代に宇治郎が照広家、源八郎が正重家、新七郎が広重家を興してそれぞれ分立し後続する。中直刃、大互の目乱、丁子交じり、皆焼も焼き、刀身彫に秀でる。「武州住照重作」「武州住山本源二郎照重」「武州下原住山本源二郎照重」。

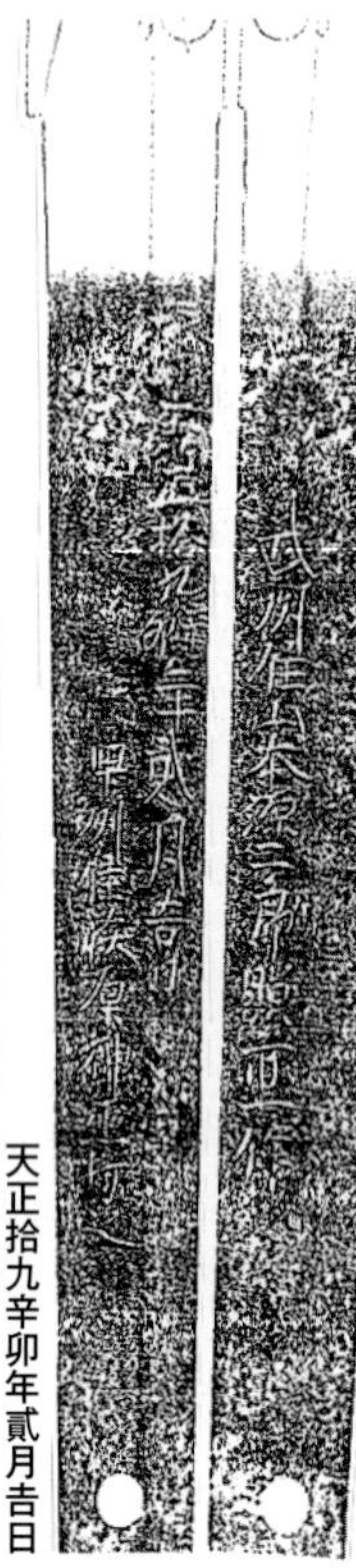

天正拾九辛卯年貳月吉日

文禄二年八月日　甲州住祢津善次打之ス

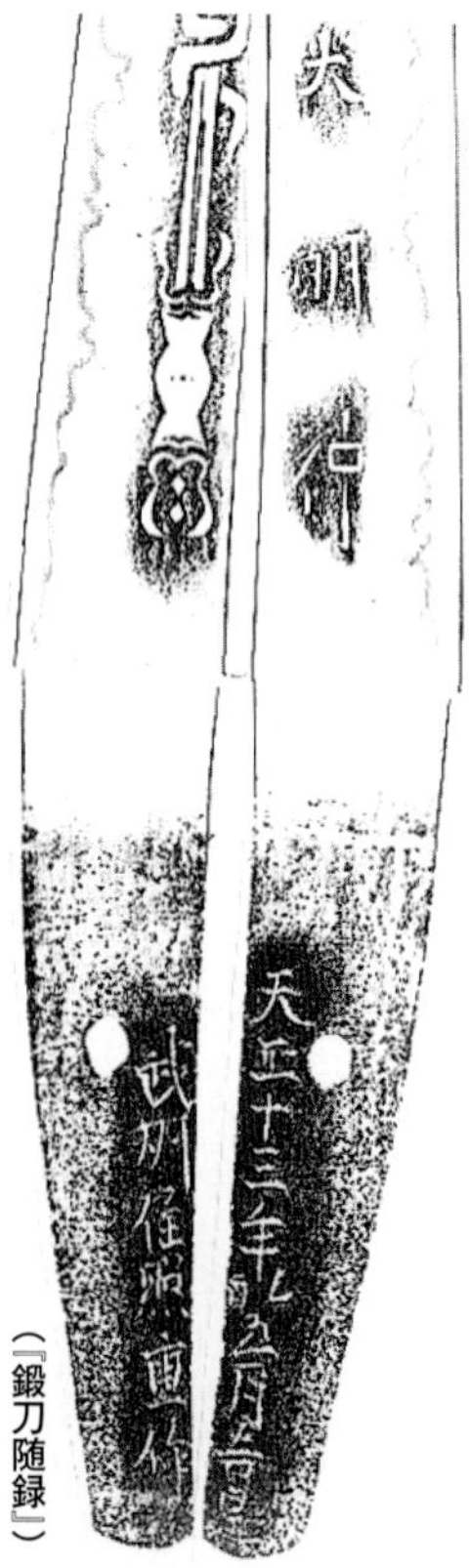

（『鍛刀随録』）

新 **照重【てるしげ】三代**　武蔵国　桃山期（慶長）

山本七郎右衛門、源二郎。新刀期へ入って照重初代。慶長十八年紀に武蔵府中大国魂神社奉納刀(鬼蛇丸太刀)がある。元和九年七月十四日没。小湾れに互の目足入り、小沸よくつき、砂流し、金筋入る。板目に杢交じり、肌立つ。刀身彫が得意。「武州住照重作」「武州下原住照重」。

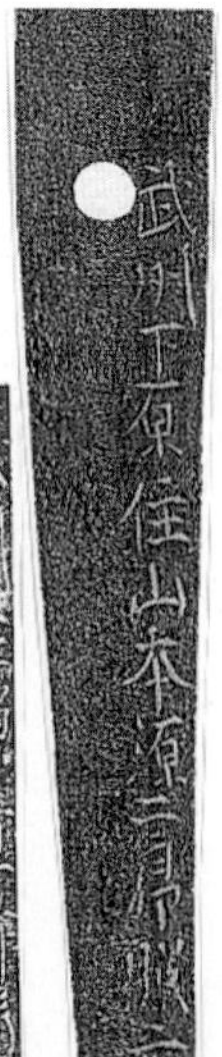

新 **照重【てるしげ】四代**　武蔵国　桃山期（元和）

山本源次郎。源次。元和九年二月紀の御嶽神社奉納刀に「下原源次郎廿五才打之」と銘した作がある。元和・寛永の年紀作があり、作刀期が長く優れた作がある。寛文二年一月二日六十四歳没。「下原住照重」。五代の作刀は僅少。六代以降は作刀が見当たらず、江戸後期からは鉄砲鍛冶

元和九癸亥年二月吉日　下原山本源次郎二十五才打之
奉納武州多東郡杣保長渕郷青梅村久下善兵衛尉

に転じたという。◆五代三左衛門は寛文十三年七月没。六代弥五右衛門は元禄十六年八月没。七代長門は享保十六年七月没。八代金七郎は宝暦十三年二月没。九代長門は享和元年十二月没。十代左内（天明ころ）、十一代多内（天保ころ）、十二代徳次郎（安政ころ）と続く。

古 **照広**【てるひろ】 武蔵国 室町末期（天正）
下原。山本宗治郎。周重子、康重弟。「武州下原住照広」。

新 **照広**【てるひろ】 越前守 摂津国 江戸中期（元禄）
津田助広の弟。助広没後、養子善太郎（三代助広）が若年のため照広が助直とともに後見する。一流と号す。元禄年紀の作刀がわずかにある。作刀少なく兄助広の助力をしていたであろう。刀身彫が得意。濤瀾乱に箱乱、逆がかった片山乱、矢筈乱など入り、玉焼を交じえる。

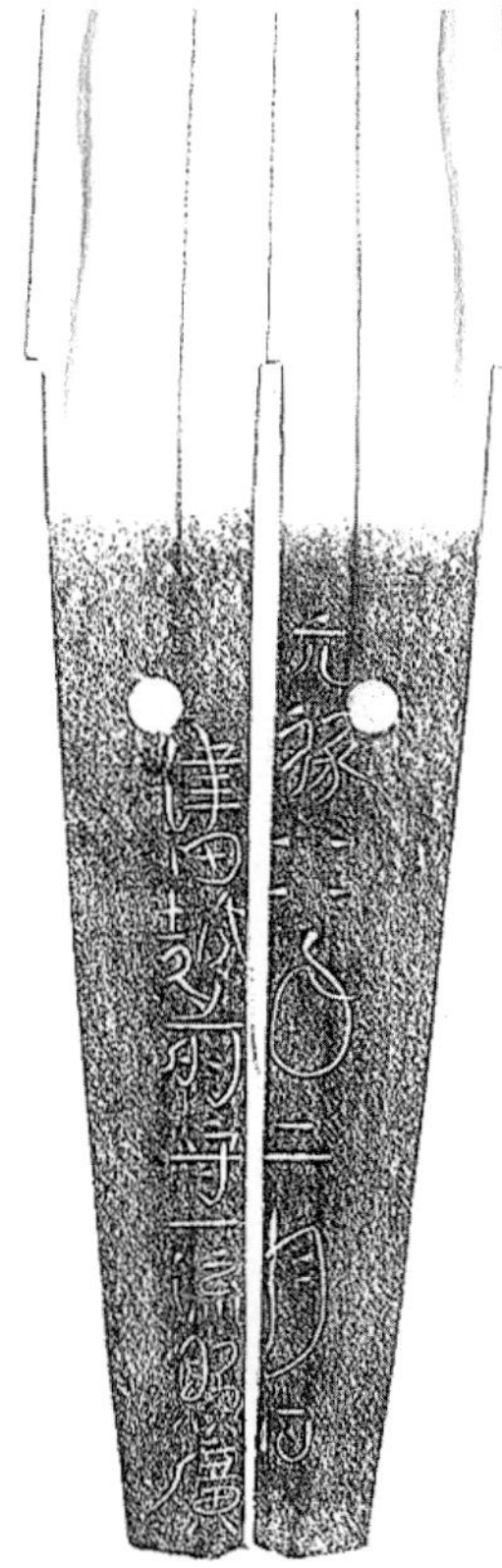

新 **照康**【てるやす】 武蔵国 江戸初期（正保）
小互の目に小丁子、尖り互の目交じり。銘鑑もれ。下原派。下原照重と康重の一字ずつをとる。

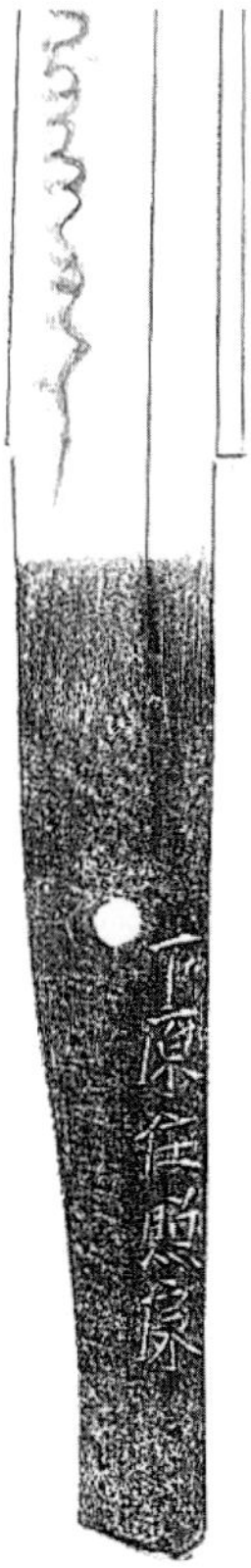

新 **輝邦**【てるくに】 大和国 江戸中期（元禄）
筒井紀充の初銘。はじめ包国と銘し、元禄六年春ころまで輝邦と銘し、のち紀充と切銘する。「筒井越中守輝邦入道紀充」⇨**筒井紀充の項参照。**

二十七歳

古 **輝助**【てるすけ】 駿河国 室町末期（永禄）
駿州島田。義助子、また輝吉子とも。二代は天正ころ。「輝助」「駿州島田住輝助」。

新々 **輝信**【てるのぶ】 肥後国 江戸末期（文政）
佐方雄助。肥後藩士。「佐方與左衛門尉友信七世孫」と称して銘す。文政・天保年紀の作がある。広直刃に小互の目足入り。

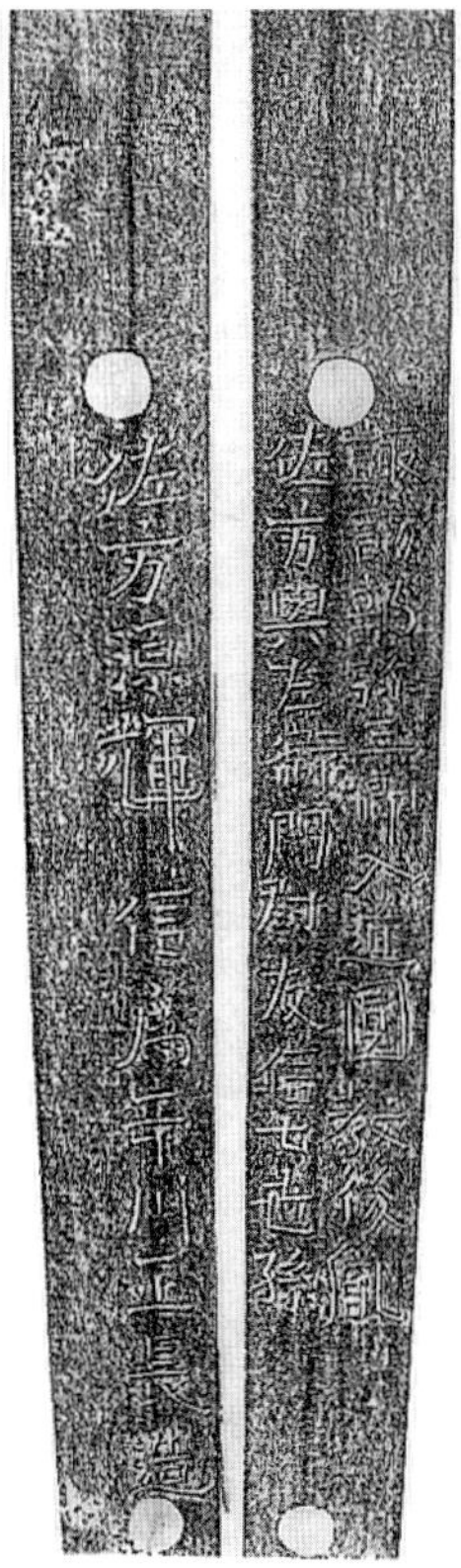

新作 **輝日天**【てるひで】 埼玉 昭和
井原福太郎。大正三年生まれ。昭和十一年、日本刀鍛錬伝習所に入所し栗原彦三郎に師事。同十五年、埼玉県鍛錬刀剣会を結成。陸軍受命刀匠。大宮市三橋住。

新作 **輝平**【てるひら】 長野 平成
上山陽三。昭和五十六年生まれ。平成十八年、宮入小左衛門行平門。平成二十三年、作刀承認。同二十四年、新作日本刀展金賞第三席及び新人賞受賞。第七回お守り刀展覧会にて佳作受賞。長野県埴科郡坂城住。「輝平」。

新 輝広【てるひろ】初代　安芸国　桃山期（慶長）

藤四郎。初銘兼友、また兼伴、のち輝広。濃州関の奈良派兼常の末孫。尾張国清洲城主・福島正則に抱えられ、禄二百石を与えられ、慶長元年に肥後守を受領する。慶長五年の福島家の転封に従い同六年三月、尾州清洲から芸州広島に移る。作刀の盛期は福島正則の尾張入国後、召抱えられた文禄四年後半から慶長五年ころまでのおよそ五年間の清洲時代で、製作数も多く、代表作もこの期に造られている。また薙刀の製作数が多いのも武用の需要に応じてのもの。芸州広島時代は福島家に従い清洲から広島に転住した慶長六年三月からのち数年の間である。この時代は二代輝広の代作代銘の作刀がほとんどで、輝広家由緒書（『知新集』）によれば「当地に移住の後は肥後守年老たれば播磨守代作すという」とあって、二代代銘の初代晩年作は、太鑿で大振り、力感のこもった切銘に一変している。

作刀は薙刀が多く、短刀と小脇差が次ぎ、刀は少ない。初期の濃州関打ちは湾れがかった直刃に小互の目、小丁子、尖り心の刃など交じり、匂口が沈んだ美濃伝の作。清洲打ちは互の目乱を主調に小乱、腰の開いた互の目など交じり、沸匂が深い。広島打ちは直刃、小湾れに箱がかった互の目交じりなど。

新 輝広【てるひろ】二代　安芸国　桃山期（元和）

甚八。初銘兼久。尾張国蟹江刑部の子。肥後守輝広の門人、のち娘婿と

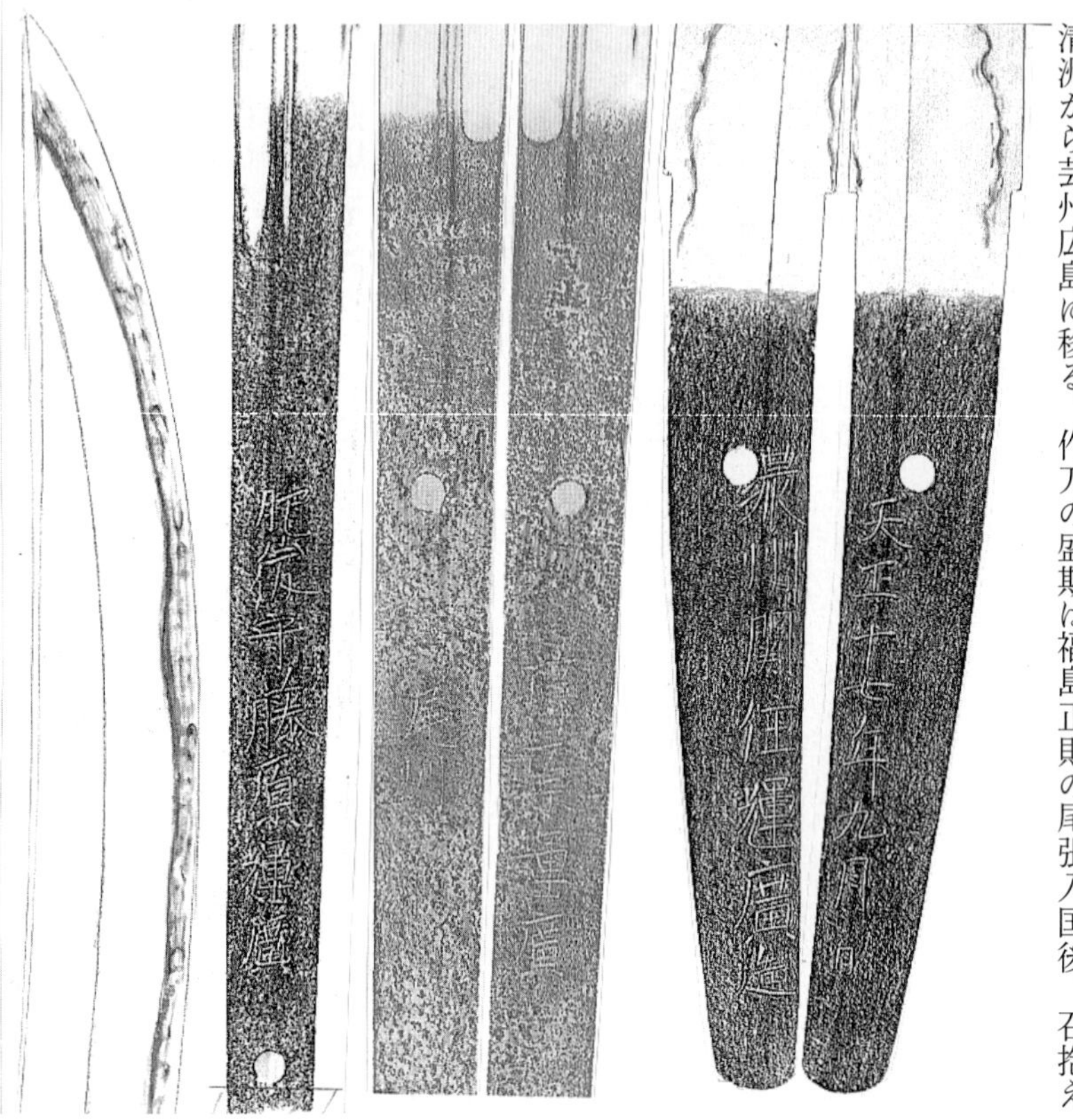

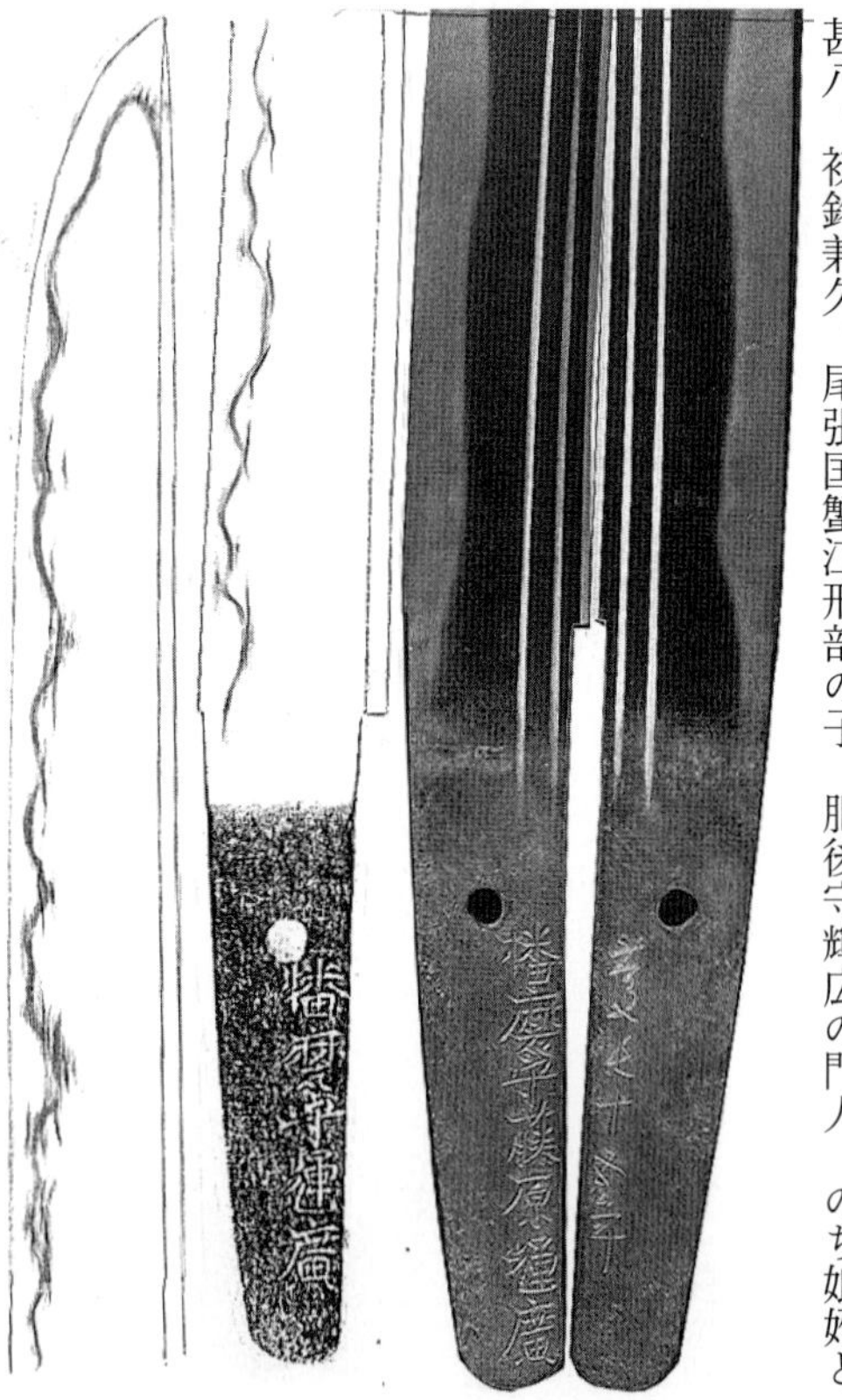

なり二代輝広を継ぐ。関兼久と名乗ることからみて、初代輝広が関で鍛刀していた天正後半ころからの門下で、師と共に清洲から広島へと移住してきたとみられる。慶長十五年六月八日、播磨守を受領する。輝広家由緒書に「福島家断絶の後浪人す」とあるのは、元和五年六月に福島正則が幕府から改易を申し渡されたことに伴い、二代輝広が隠居したものとみられる。元和五年八月に浅野家が広島城に入城したときは、すでに三代長兵衛輝広の時代に代替わりしていたであろう。三代は浅野家入国のときより年々銀五枚を賜ると記録されている。自身の作刀期は慶長十五年ころから元和五年ころまでの十年間ほどで、それより以前の初代晩年の広島時代は代作代銘に当たっていた時期である。

小湾れがかった直刃、湾れに小互の目交じり、刃中に砂流し、刃縁にほつれなど働きがある。刀身彫も上手。初代輝広が埋忠明寿の門人になったとの説は『新刀弁疑』からいわれてきているが確証がなく、年代的にも通じにくい。湾れ刃の類似性からみては二代輝広と明寿との関連性が窺われる。

新 輝広【てるひろ】三代　安芸国　桃山期（寛永）

長兵衛。二代甚八輝広の子。元和五年八月、浅野家が芸州入国のさい家督相続し、毎年銀五枚を給される。夭死したと伝える三代は鍛刀期が短く、年紀がある寛永三年から十年余りである。寛永六年に嫡子長兵衛（五代輝広）が生まれ、長兵衛幼年にして父三代輝広が没したといっているので、五代の年齢から類推して三代が没したのは寛永半ば過ぎのこととなる。輝広は初代から四代まで生没年が不明で、代替わりの時期が明らかではない。これまでに寛永九年二月から寛永十六年二月までの間の年紀作をみないが、このいわば七年間の作刀の空白域ともいえる時機に四代は相続し、三代から代替わりをしていたのではなかろうか。三代からは受領なしと伝えてきており、三代以降が播磨守を切銘しているのは譲り官であり、正式な届け出によるものではなかったようである。小湾れに互の目、尖り互の目交じり、大湾れなど。

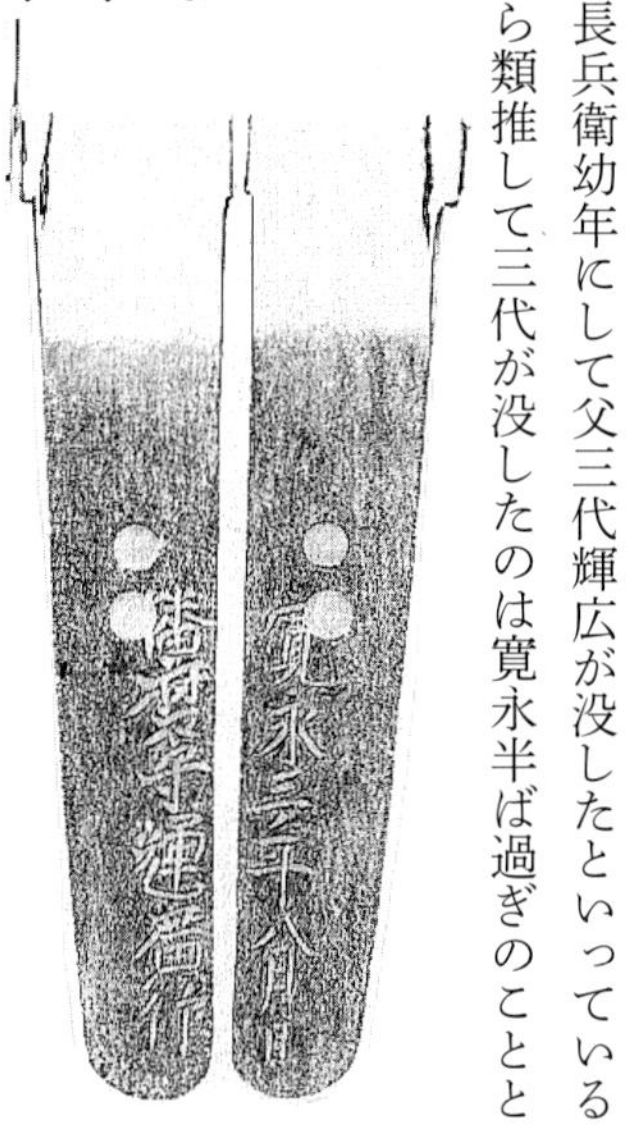

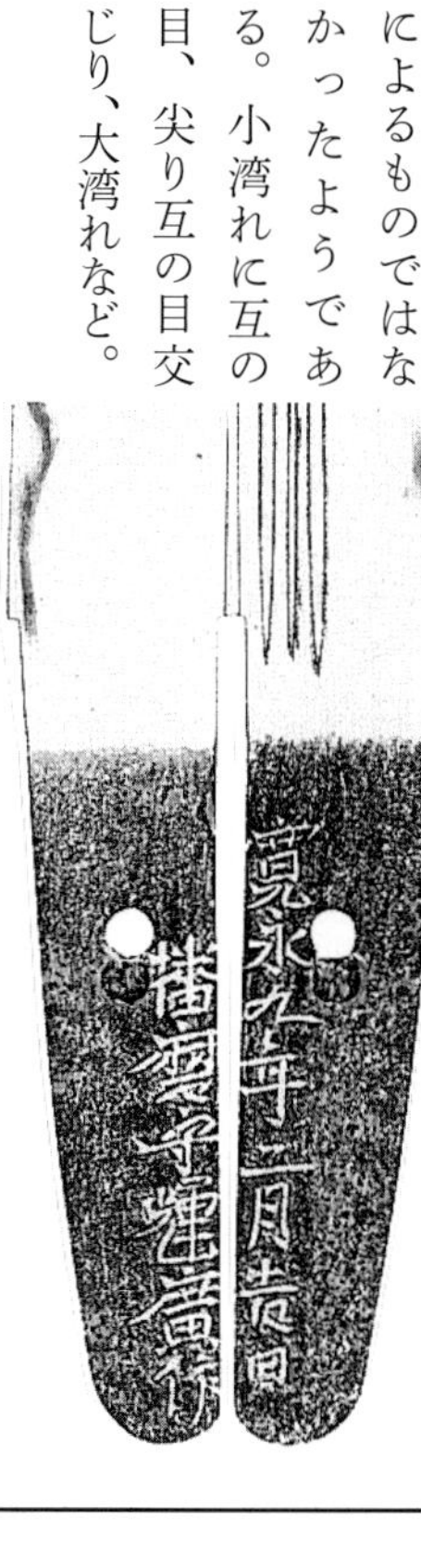

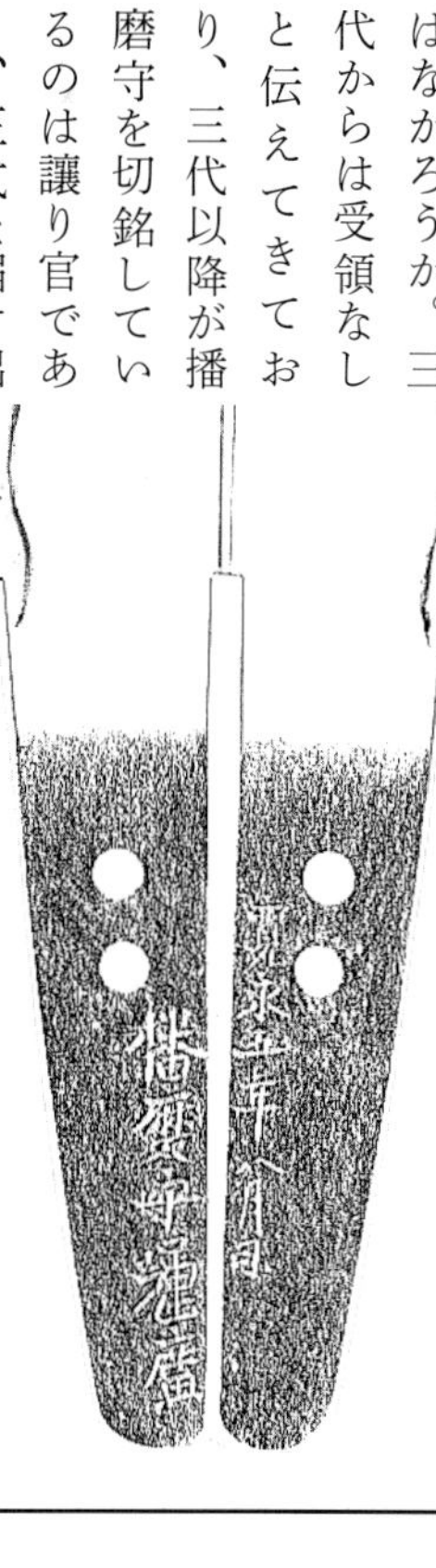

新 輝広【てるひろ】四代　安芸国　江戸初期（正保）

甚右衛門。二代甚八輝広の子で三代長兵衛の弟。兄三代の早世によりその跡を継ぎ二十年余家職を務めるが、病身のため壮年にして隠居、その後乱心して家勢衰えるという。四代の作刀年代は輝広家由緒書では正保から寛文とあり、年紀がある作刀では寛永末年から正保・慶安・明暦である。三代の没年がわかっていないので、三代と四代の代替わりの時期が明らかではなく、「寛永十九年辺りが代替りの境界線」（『刀剣美術』五三〇号藤中浩吉氏）とみられており、これにもとづけば寛永十六年紀のものは三代作となる。三代が「寛永十六年ころまで生存した可能性は薄いのではあるまいか」（『刀剣美術』二八五号井埜良雄・博允氏）という、ご両所の詳しい考察がある。寛永十六年紀の作は三振りが知られ、複数の切銘者がいて、このうち四代による若打ちの作があるとみている。三代・

四代作には二代の高弟広国、広隆により代作代銘がなされているであろう。小湾れに小互の目交じり、銘字が太め、付け止めが強く、横線に抑揚があるのが四代自身銘。

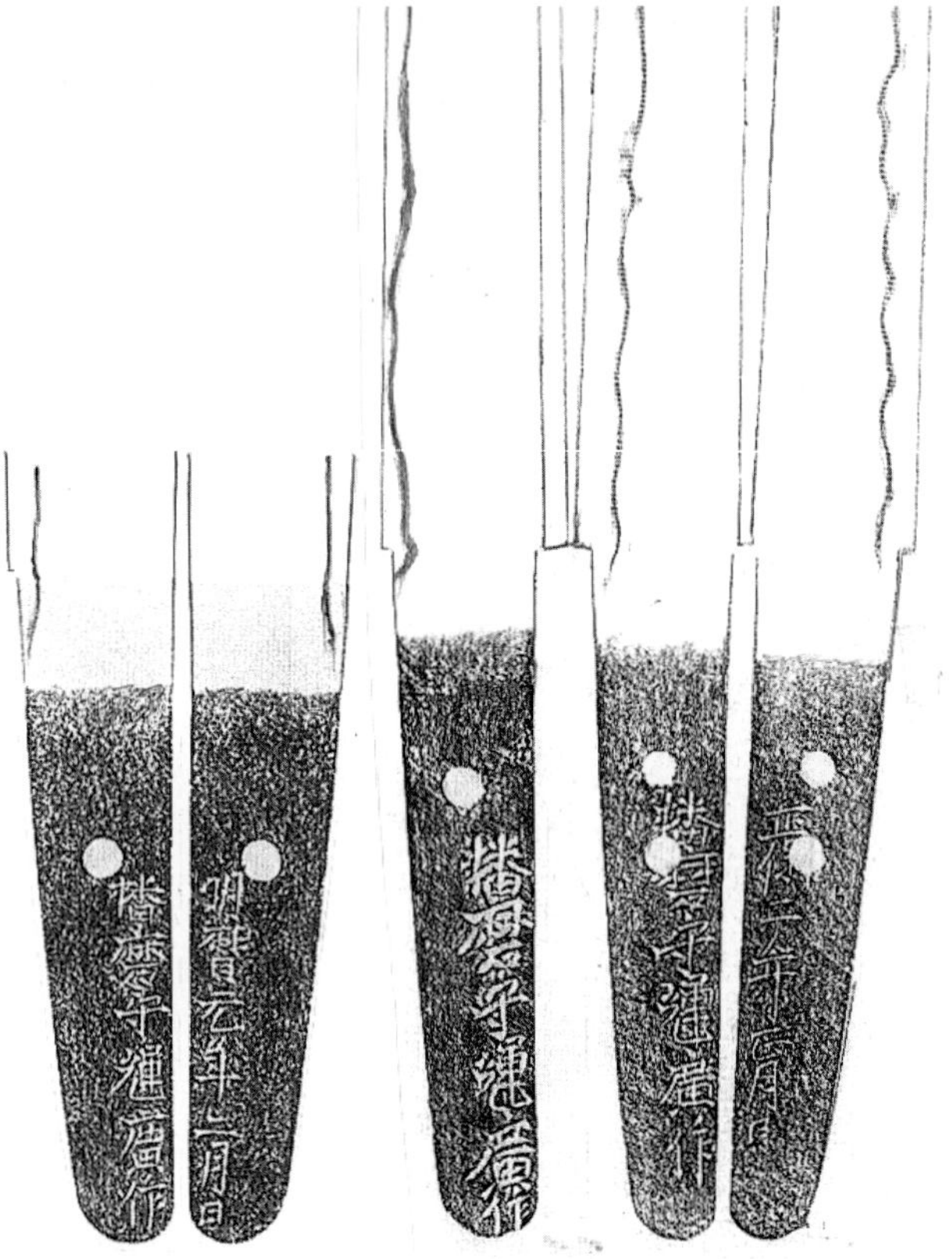

新 **輝広【てるひろ】 五代** 安芸国 江戸中期（寛文）

長兵衛。寛永六年に三代長兵衛輝広の嫡男として生まれる。幼くして父に死別したため叔父の四代甚右衛門の後見により家職を継ぐ。寛文ころは扶持を得ていたが延宝年中に召し上げられ、次第に家貧しく、年老いて嗣子なく甥の二代広国を養子とする。寛文十年正月紀に「播磨守藤原輝廣作」があるほか、作刀は少ない。正徳三年二月二十九日、八十五歳没。◆六代平左衛門（元禄）、二代広国同人。元禄十四年没。七代長右衛門（正徳）、初代広隆嫡男、正徳六年輝広の名跡を継ぐ。八代茂八（享保）、冬広八兵衛の子、享保三年輝広家を継ぐ。宝暦六年没。九代藤四郎（享保）、享保四年家督相続、享保十二年没。十代伊兵衛（元文）、享保十三年家督相続、延享五年没。十一代藤四郎（宝暦）、寛延から寛政ころまで作刀する。享和三年、七十九歳没。十二代半治郎（文化）、文化元年家督相続。輝広平治郎由緒書（『知新集』）を藩府に提出する。天保九年没。十三代宇三郎（天保）、文化元年家督相続、嘉永四年没。十四代易次郎（嘉永）、慶応元年紀の作がある。廃刀令に遇い、明治八年没。十五代勘次郎、昭和二年没。

新 **輝政【てるまさ】** 陸奥守 摂津国 江戸中期（元禄）

二代和泉大掾国輝の初銘。伊勢守国輝の門。元禄年中に伊予松山へ移り三好家を継ぎ、二代伊予国輝となる。⇩和泉大掾国輝二代の項参照。

新作 **輝政【てるまさ】** 広島 平成

久保井重太郎。昭和十九年生まれ。久保井政信に師事。昭和四十三年作刀承認。互の目に丁子交じり。「備後住久保井輝政作」。三次市住。

新 **輝行【てるゆき】** 豊後国 江戸初期（承応）

大和大掾を受領。豊後高田中で作技が優れた代表工の一人。互の目乱、大乱、匂深く沸よくつく相州伝の作。小沸つきの直刃。

新 **輝行【てるゆき】** 豊後国 江戸中期（享保）

弥三右衛門。宝永五年の鶴崎御茶屋において忠行、行恒の相鍛冶を務める。寛保二年七月没。◆同銘輝行に石見守（延宝）、伊三郎（寛政）、宇五郎のち新十郎（文化）などがいる。

新 **輝吉【てるよし】** 下総国 桃山期（寛永）

駿州島田系。天文ころに駿州から上野館林へ移った輝吉の後裔であろう。寛永三年紀の作がある。

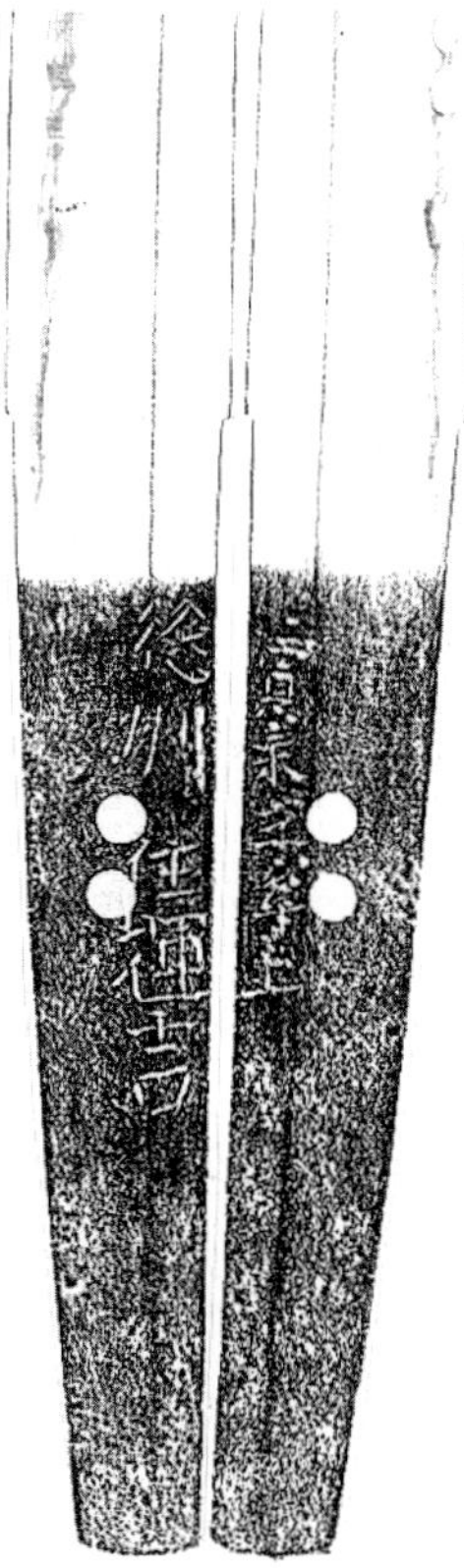

古 **輝吉【てるよし】** 駿河国 室町末期（天文）

駿州島田。義助の子。天文九年紀の作がある。天文十四年紀の刀には「駿州嶋田住輝吉廣助」と銘している（『駿遠豆三州刀工の研究』）。大全は系図中で輝吉は「輝吉廣助とも打つ」といっているのは、この刀を見た上での記述だったろう。同書の書き振りからみても輝吉と広助の合作ではなく、輝吉・広助は同一人とみておきたい。二代は天正ころ。「輝吉」「駿州嶋田住輝吉」。

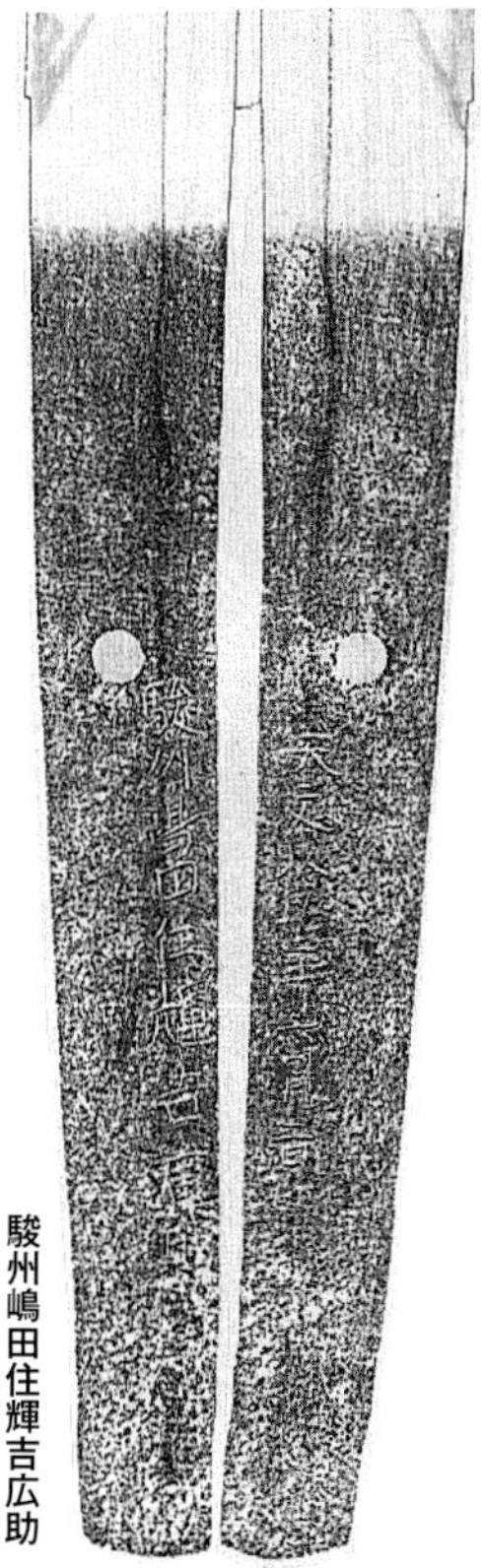

駿州嶋田住輝吉広助
天文拾四年六月二日

古 **天狗【てんぐ】** 紀伊国 室町末期（天正）

「熊野住天狗」を銘する文明ころの鍛冶があるというが、天正ころの作例をみる。「紀州熊野住天狗造」「於南紀天狗」などと銘す。

新々 **天寿【てんじゅ・あまとし】** 出羽国 江戸末期（天保）

近藤天寿。天保六年紀の作がある。「羽陽臣近藤天寿（花押）」などと切る。湾れかかった広直刃に小互の目足入り。

古 **典太【てんた】** 筑後国 室町初期（応永）

三池。世に三池伝太、また伝太光世といい、前田家の名物は大転多と呼ぶ。「三池典太」は平安朝期の承保ころから銘鑑に出るが、「典太」の有銘作は室町になってからでなければみないし、年紀作も未見である。「典太」が「光世」銘の作者と同一であるかは明確でなく、「典太光世」銘の作はみることがない。「典太」「典太作」。

⇨**光世《みつよ》の項参照。**

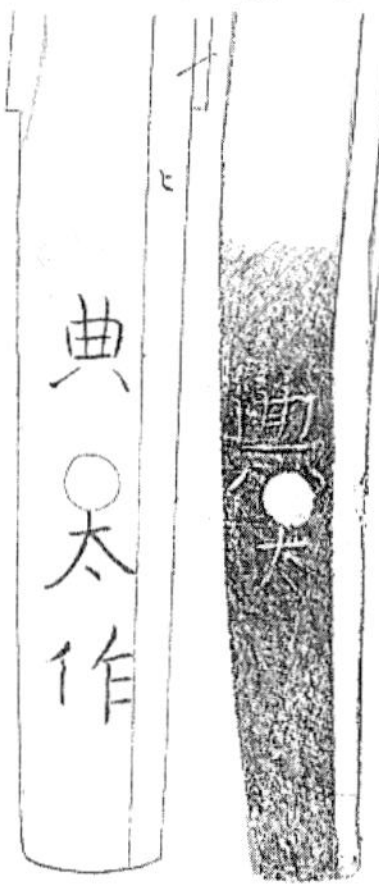

古 **伝助【でんすけ】** 駿河国 室町末期（天文）

駿州島田。二代義助の弟。三代義助の初銘ともいう。天文二十三年紀の刀がある。「伝助」「駿州島田住伝助」。

古 **伝助【でんすけ】** 駿河国 室町末期（永禄）

島田。義助弟。島田住。永禄ころ。「伝助」「駿州島田住伝助」。

《と》

古 **同田貫**【どうたぬき】 肥後国 室町末（永禄）～桃山期（慶長）

同田木とも。肥後延寿派の末裔で菊地に住し、居住地名をとって同田貫と称す。菊地郡同田貫住。同田貫の流銘のみを銘するものもあるが、同田貫何某と個銘を切るものもある。上野介が最もよく知られ、左馬介、兵部、信賀、正国、又八などが室町末から桃山期にかけて活躍する。幅広で長寸、頑丈な造りの実用刀が多く、板目に柾流れて肌立ち、直刃調に互の目を焼き、叢沸をつけて覇気の強い作が賞美される。加藤清正の抱鍛冶といわれる。「肥後州同田貫」「九州肥後同田貫」「肥後国菊地住同田貫」。⇩上野介、左馬介、兵部など各項参照。

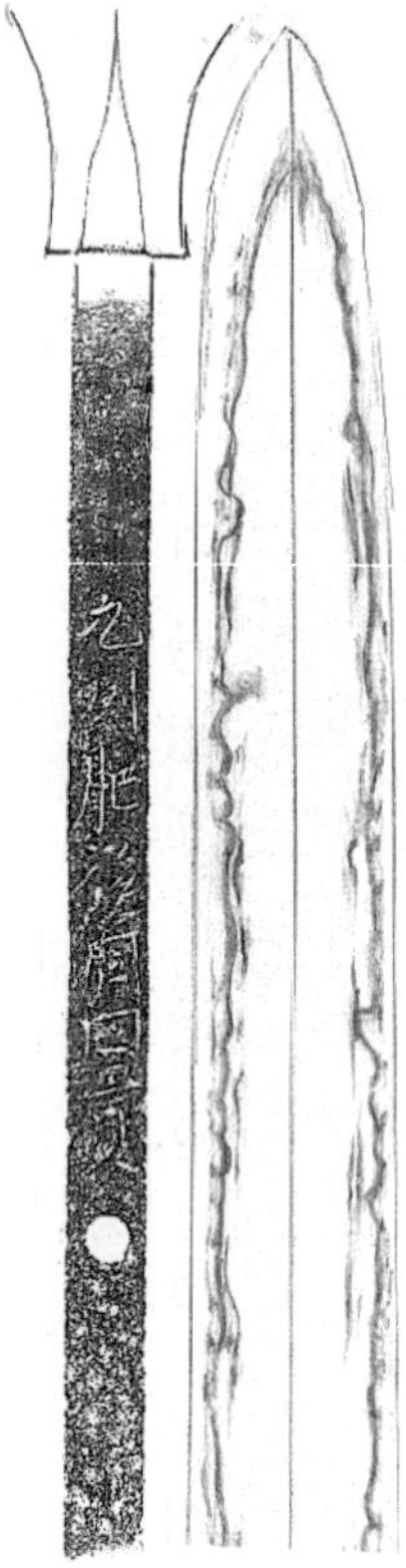

新 **東連**【とうれん】 石堂泰 武蔵国 江戸中期（延宝）

江戸石堂。秦姓。八左衛門。本国美濃。守久同人で延宝四年に入道して東連に改銘する。⇩守久の項参照。

古 **道印**【どういん】 美濃国 室町末期（文明）

赤坂千手院。国長子という。大和千手院の門流である鍛冶が美濃赤坂に移住し、法号を道印と称して鍛刀する。「千手院道印」「道印」「濃州住千手院道印」。文明、長享の年紀作がある。

古 **遠近**【とおちか】 備前国 鎌倉中期（文永）

古備前。正恒の孫。恒遠子。古銘鑑は承久、また元暦前とするものもあるが、現存するものからは鎌倉中ごろが上限である。日光二荒山神社の太刀は直刃調に小乱交じり、湯走り、二重刃かかる作が古調である。「遠近」小銘に切る。

古 **遠政**【とおまさ】 備前国 鎌倉中期（弘安）

古備前。遠近の子。奥州五郎。一説に正恒の孫で元暦前というが、現存する作からは鎌倉後期のものであろう。小丁子乱を焼く。奥州五郎と号したと伝えることからは、奥州系鍛冶と関わりがある古備前正恒との有縁を窺わせる。

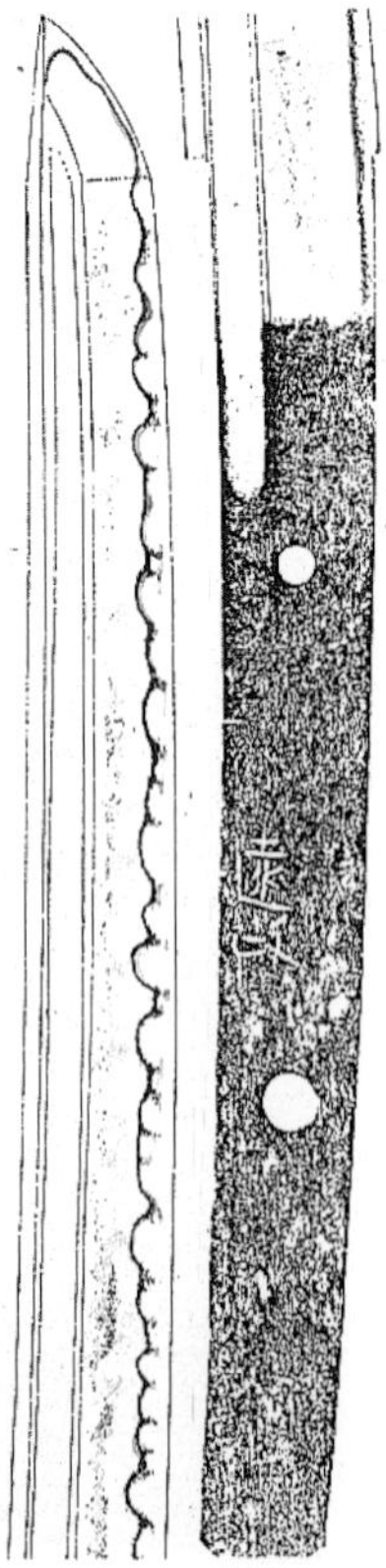

古 **時光**【ときみつ】 備前国 室町初期（応永）

長船。応永ころ。次代明応ころに同銘が作刀する。「備州長船時光」。

古 **時行**【ときゆき】 豊後国 南北朝期（応安）

高田。友行子。貞治から永徳にかけて作刀する。「時行」「豊後州高田庄住時行」「豊州高田荘住藤原時行」。

新作 **時吉**【ときよし】 薩摩国 明治

山名半之丞。東京海軍武庫所勤務。「薩州鹿府臣山名半之丞時吉」「山名

源時吉」と切る。元治ころから明治三十三年までの作がある。

新々 **寿実【としざね】** 因幡国 江戸末期（寛政）

浜部儀八郎。浜部寿格の嫡男。初銘寿国。寛政九年に寿実に改める。眠龍子と号す。寛政年中に父と共に江戸に出て作刀する。弘化三年十二月十五日、七十歳没。匂口の締った菊花丁子など父の作に似る。のち吉野川、富士見西行など技巧的な刃文を描出する。

二十二歳

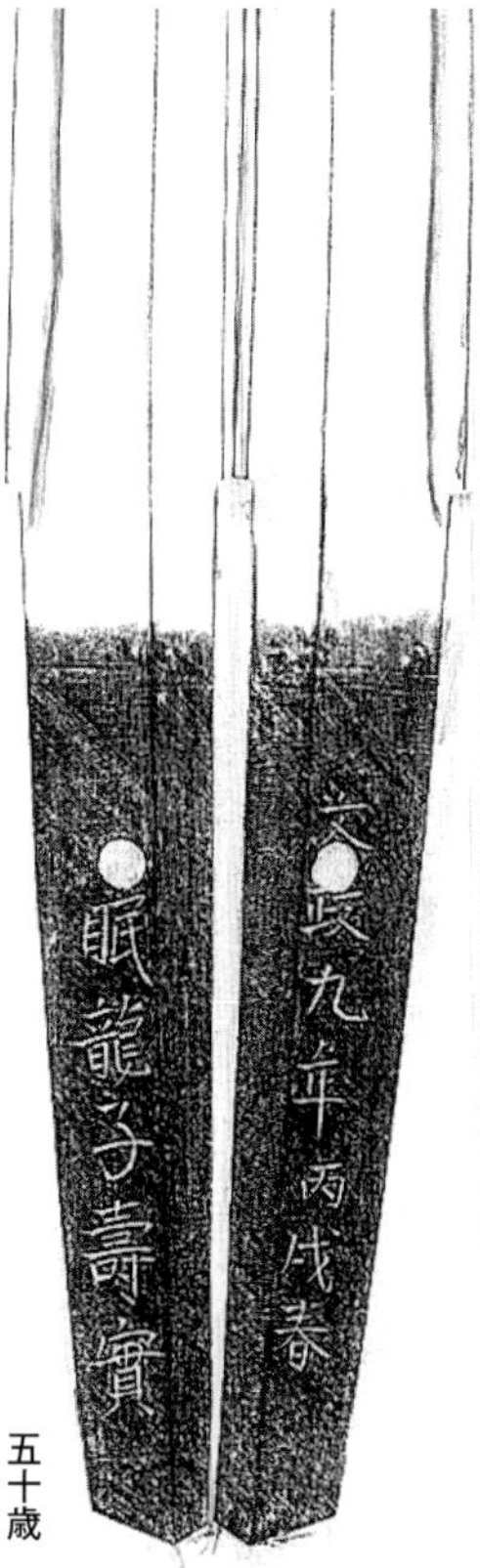

五十歳

新々 **寿茂【としげ】** 因幡国 江戸末期（慶応）

浜部寿幸門。見龍子と号す。安政ころから慶応ころまでの作刀がある。小丁子乱、湾れに互の目足入り。

新々 **寿隆【としたか】** 信濃国 江戸末期（文政）

河村三郎。生国因幡、眠龍子寿実の門。信州上田藩工、上田また諏訪で作刀する。山浦真雄・清麿の師。文化中ごろから天保初年ころまでの作がある。匂の締った菊花丁子が浜部派らしい作風を示す。

新々 **寿受【としつぐ】** 埋忠 山城国 江戸末期（享和）

埋忠明寿末流。「於晴雲山以明寿古伝梅忠寿受造」と切った脇指があり、また別に享和三年紀の作がある。

新々 **寿綱【としつな】** 因幡国 江戸末期（文政）

岩本才兵衛。浜部寿実門。伯耆鳥取の出身。伯耆にても造る。師の寿実に似た菊花丁子を焼き刃文が小づむ。

新 **寿命【としなが・じゅみょう】** 丹後守 初代 尾張国 桃山期（寛永）

近藤助左衛門。美濃清水住。慶長年中に尾張清州に移り、寛永五年に名古屋に転ず。丹後守を受領する。寛文三年、八十五歳没。

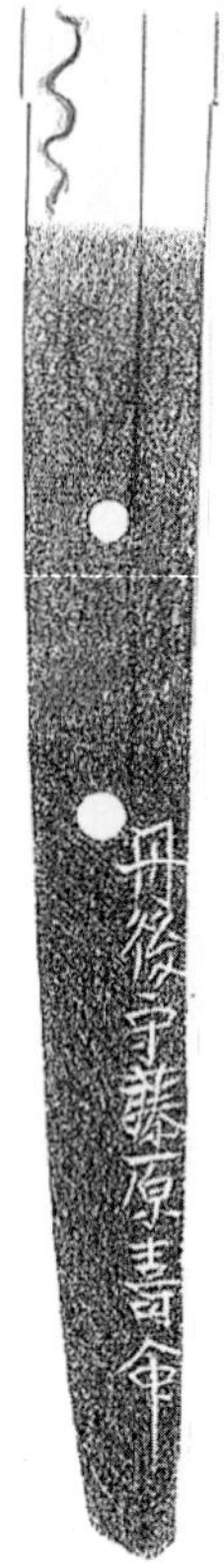

新 **寿命**【としなが・じゅみょう】 弘安斎　二代　尾張国　江戸中期（寛文）
近藤惣左衛門、初銘彦五郎。天和三年法橋に叙され、元禄十六年、八十四歳没。「法橋弘安斎壽命」「彦五郎壽命」などと切る。◆尾張寿命家は三代彦三郎、四代彦八郎、五代彦吉と続く。

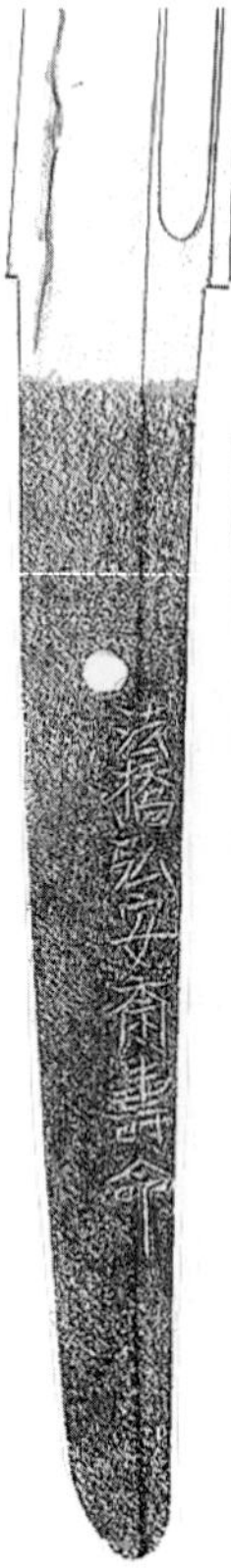

新 **寿命**【としなが・じゅみょう】 上野守　美濃国　桃山期（寛永）
美濃清水住。上野守寿命。石切清光の称がある。初代寛永、二代寛文ころ。直刃に小互の目足入り、互の目乱など匂口沈む。

新 **寿命**【としなが・じゅみょう】 美濃国　江戸初期（明暦）
美濃清水住。明暦元年紀の作がある。皆焼刃を焼く。

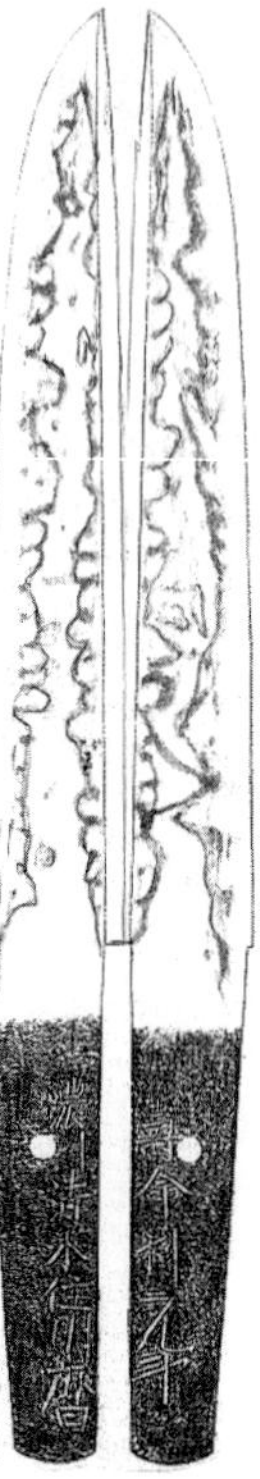

明暦元年

新 **寿命**【としなが・じゅみょう】 美濃守　美濃国　江戸中期（寛文）
美濃大垣住。上野守寿命の子。小湾れ調の直刃、互の目乱、三本杉刃など。

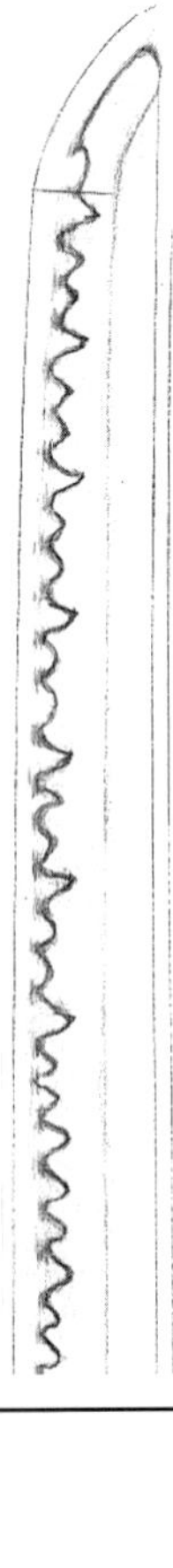

新 **寿命**【としなが・じゅみょう】 河内守　美濃国　江戸中期（寛文）
美濃大垣住、のち豊後岡に移る。河内守を受領する。直刃に小互の目足入り、ほつれ、打のけ、砂流かかる。

新々 **寿長**【としなが】 上野国　江戸末期（寛政）
須河大助。上州吾妻に生まれる。因州浜部寿格門。寛政二年紀に「於因幡師家」と添銘のある作があり、同四年紀の作まである。寛政五年没といい、帰郷はなかったようである。

新作 **寿長**【としなが】 信濃国 明治

山浦真雄の晩年、明治ころの銘。「遊雲斎寿長」と銘す。⇩**真雄《さねお》の項参照。**

新々 **寿格**【としのり】 因幡国 江戸末期（天明）

浜部権左衛門、のち九左衛門。初銘兼賀、顕憲《としのり》。日置兼光の門、江戸に出て松村昌直、鎌田魚妙に師事する。天明五年、美濃守を受領し寿格に改める。天明と寛政中に江戸にて作刀する。文化七年六月二十四日、六十六歳没。丁子乱、菊花丁子を得意とし匂口締る。

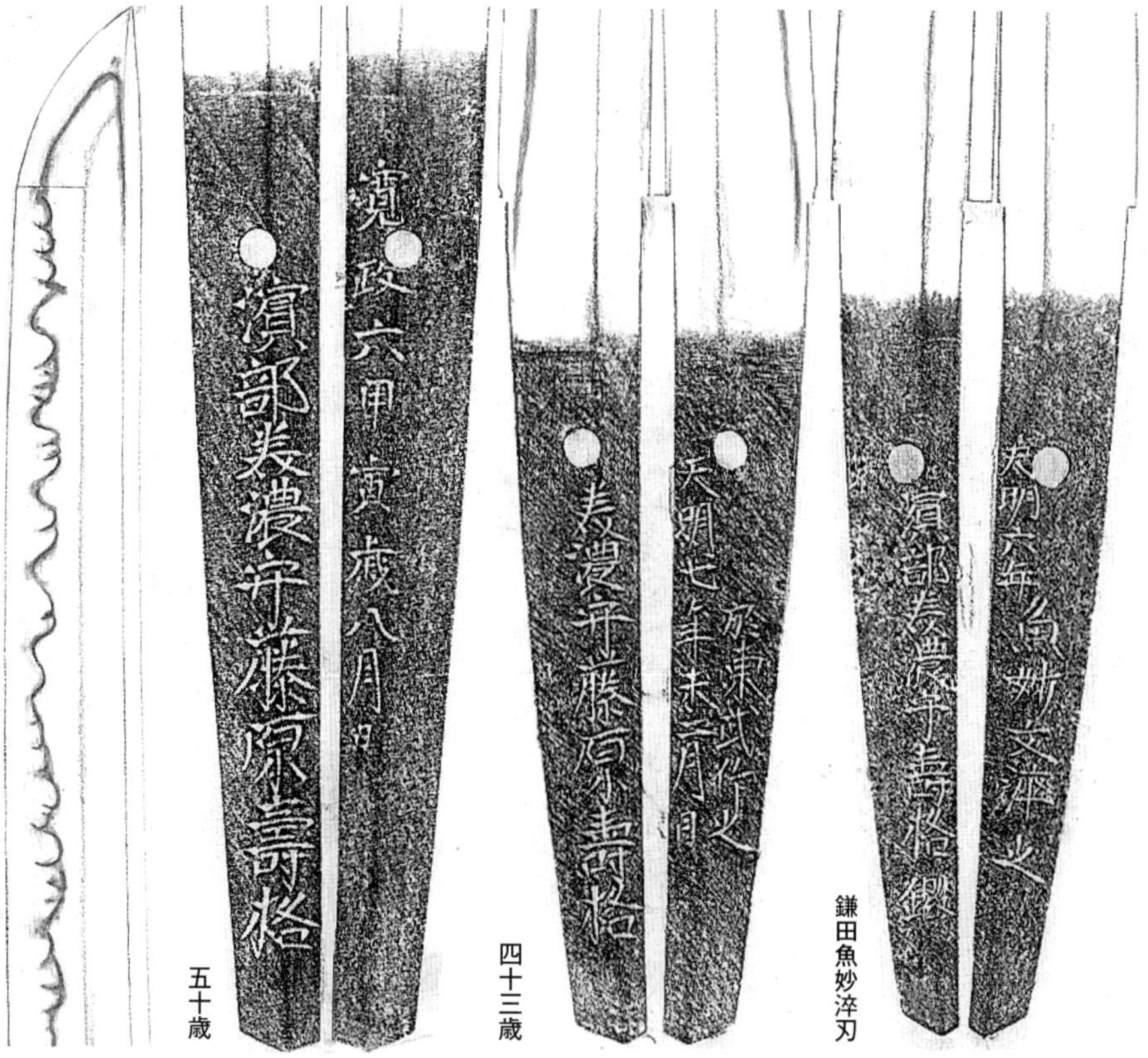

五十歳　四十三歳　鎌田魚妙淬刃

新々 **寿治**【としはる】 因幡国 江戸末期（嘉永）

三好覚三郎。見龍子寿幸の門。鳥取住。

新作 **寿久**【としひさ】 埼玉 平成

小沢久雄。昭和二十八年生まれ。父正寿に師事。同五十八年、作刀承認。平成三年、隅谷正峯に入門。同五年から新作名刀展出品、努力賞を連続受賞、寒山賞など受賞。同二十二年、新作日本刀展に出品し入選。同二十四年、新作名刀展短刀の部入選。飯能市住。湾れに互の目の相州伝の作。

新々 **寿秀**【としひで】 因幡国 江戸末期（嘉永）

浜部三代目寿幸の門。三代寿幸が没したとき、嫡子寿光が若年のため寿秀が後見する。嘉永ころから安政四年紀の作刀まである。

新々 **寿秀**【としひで】 土佐国 江戸末期（文化）

刈谷忠次。のち永尾宇太夫。紫虹子と号す。寛政十二年、水心子正秀の門に入り、文化二年帰国する。寛政から文政までの作刀がある。下野にても造る。直刃、湾れ乱、互の目乱を焼く。

新々 **寿昌**【としまさ】 信濃国 江戸末期（天保）

山浦真雄の初銘。「天然子寿昌」「信濃国寿昌」などと銘す。⇩**真雄《さねお》の項参照。**

新 **寿光**【としみつ】 備前国 江戸中期（宝暦）
横山七兵衛。八代忠之進祐定の子。九代目祐定を継ぎ、宝暦二年、藩命により寿光と改める。明和八年四月、五十四歳没。

新々 **寿光**【としみつ】 因幡国 江戸末期（文久）
浜部儀八郎。三代寿幸の子。寿秀の後見にて浜部四代を継ぐ。江戸にても造る。

新々 **寿幸**【としゆき】 因幡国 江戸末期（天保）
浜部和十郎。寿実の子。浜部家三代目。見龍子と号す。江戸にても造る。江戸麹町住。安政三年九月二十一日、五十三歳没。直刃、互の目乱、丁子乱など。

新 **利重**【としげ】 山城国 江戸中期（寛文）
京西洞院、のち摂州三田、また丹波笹山にても造る。初代久道門。万治四年十月、武蔵大掾受領、のち武蔵守に転任。◆二代出羽守利重は二代久道門。元禄ころ。丹波笹山住。

新 **利重**【としげ】 常陸国 江戸中期（享保）
石井惣五郎。川谷則利の子。水戸藩工。「常陸大目益寿入道源利重」などと切銘する。父則利にならい相伝の則重風の作。

古 **利隆**【としたか】 美濃国 室町末期（明応）
関。初代兼定門。妙全。美濃守護代・土岐家の重臣。兼定（之定）との合作がある。「利隆」「藤原利隆作（花押）」。

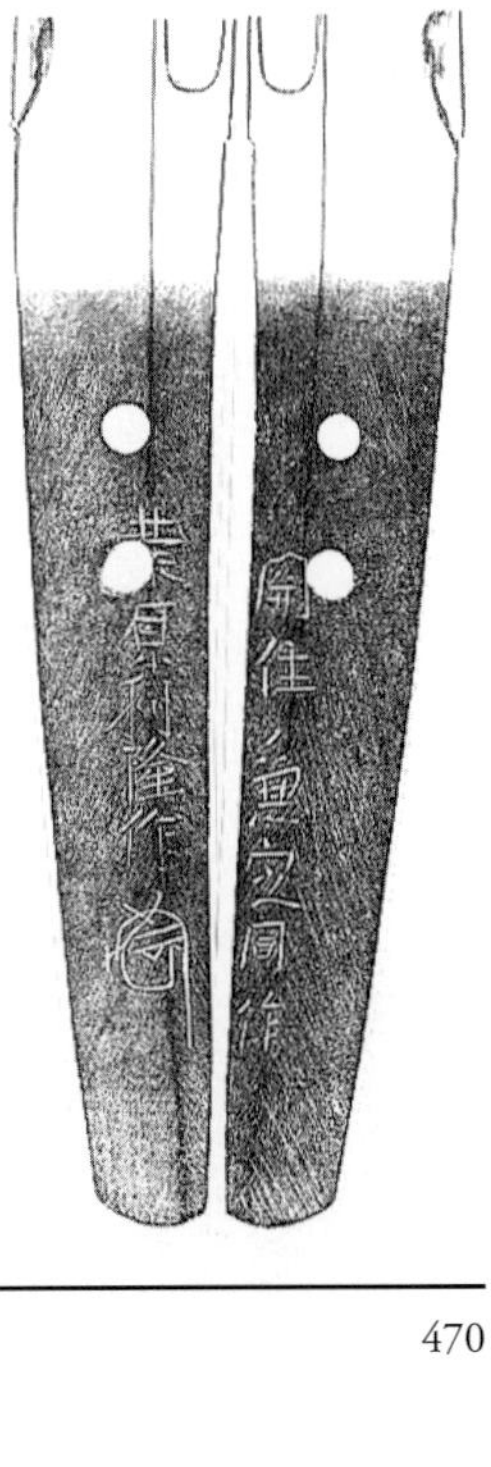

古 **利恒**【としつね】 備前国 鎌倉初期（承元）
古備前。正恒門。鎌倉前期に代があり、複数工がいるようで、備考がいう「元暦前」が古く、承元にかかるころの工とみられる。「利恒」。

古 **利恒**【としつね】 備前国 鎌倉中期（文暦）
古備前。先代利恒の子という。身幅が広く、先幅もやや増して猪首切先状となる恰好が鎌倉中期にかかる年代を示す。刃文は小乱に小丁子交じり、よく沸えて金筋入り、匂口冴える。二字太銘に切る「利恒」。同銘で古備前行恒の子が建長ころに作刀する。また南北朝期と室町初期に長船で活動する工がいる。

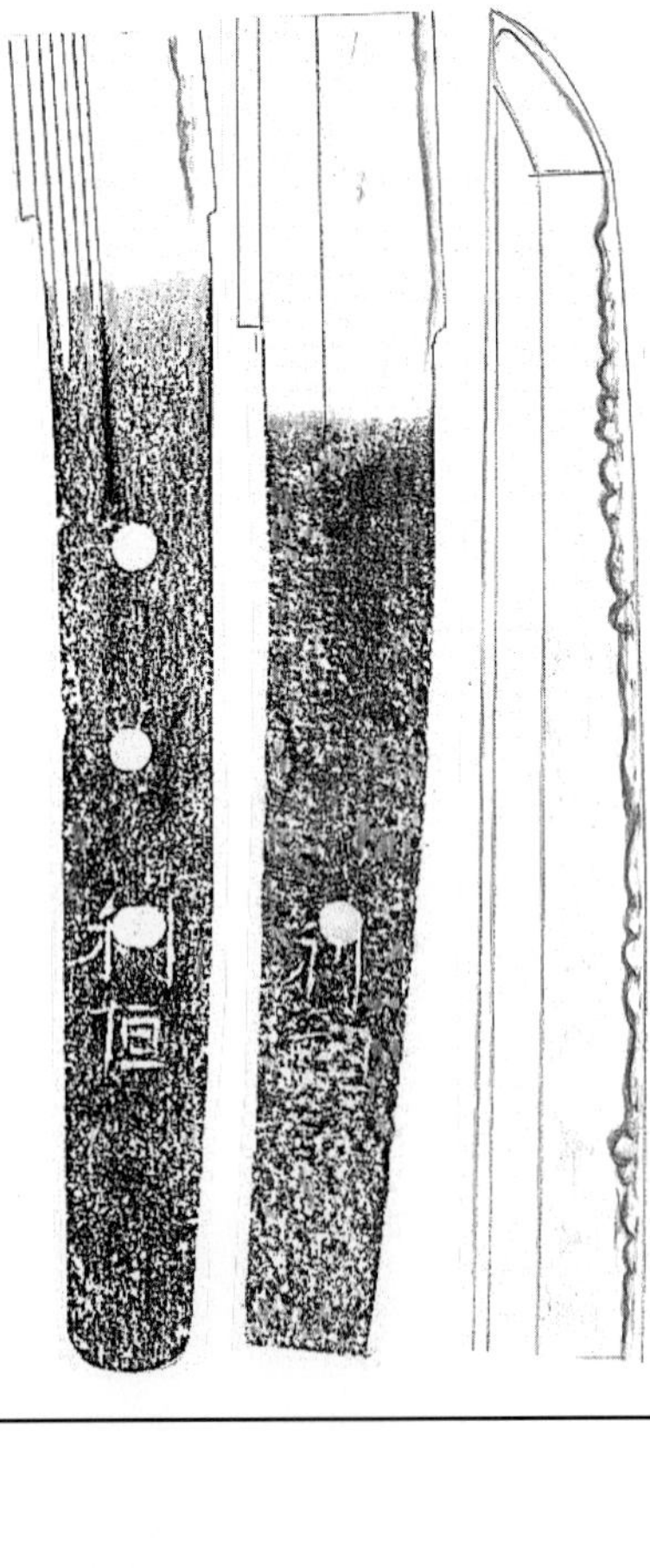

古 **利常【としつね】** 薩摩国　室町末期（天文）

波平。谷山住。天文ころ。「波平利常」。

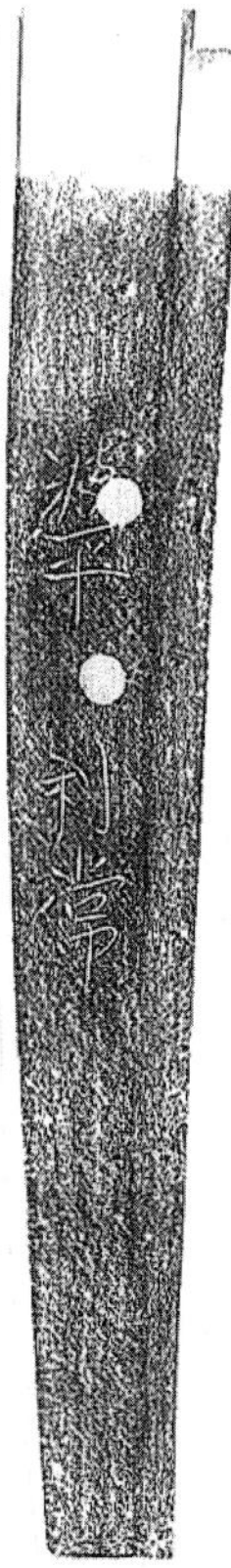

新 **利長【としなが】二代** 武蔵国　江戸中期（寛文）

三代康重の三男、左京。初代外記周重が元和九年に外記家を興す。二代外記周重が外記利長に改め、以降外記利長が幕末まで九代連綿とする。貞享四年没。

新 **利長【としなが】三代** 武蔵国　江戸中期（元禄）

山本勘兵衛。のち外記、代々外記を襲名する。大村加卜の門。貞享ころから宝永ころまで作刀する。◆四代兵太夫（享保ころ）。五代左内（宝暦ころ）。六代半蔵（天明ころ）。七代康照（寛政ころ）。八代（文化ころ）。九代（安政ころ）と続く。

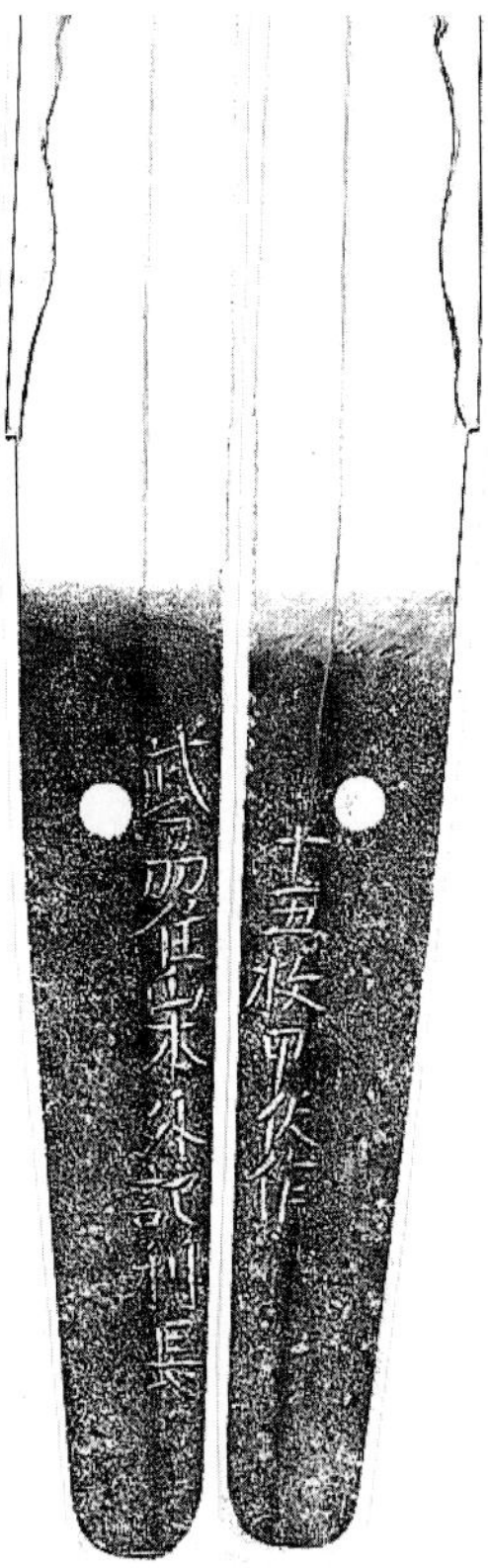

古 **利久【としひさ】** 出羽国　室町末期（天文）

月山。谷地住。「利久」「月山利久作」。

古 **利光【としみつ】** 大和国　鎌倉末期（延慶）

当麻。友行孫。延慶ころ。同銘が南北朝期に建武、康暦と続き、室町期に応永から文安と後続する。「利光」。

古 **利光【としみつ】** 備前国　南北朝期（至徳）

長船。初代利光（貞治ころ）の子。至徳・嘉慶の年紀作がある。湾れ調の直刃に小互の目足入り。「利光」「備州長船利光」。

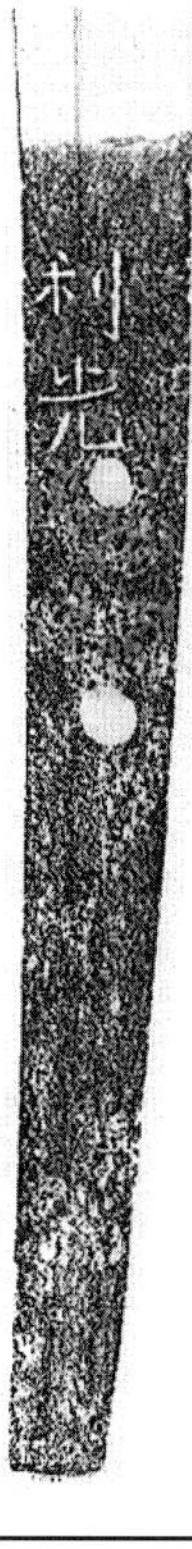

古 **利光【としみつ】** 備前国　室町初期（応永）

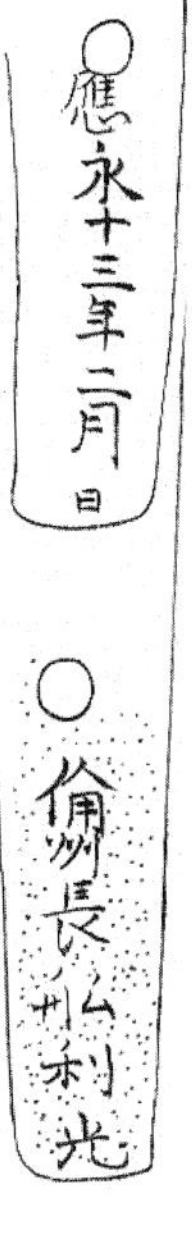

（『土屋押形』）

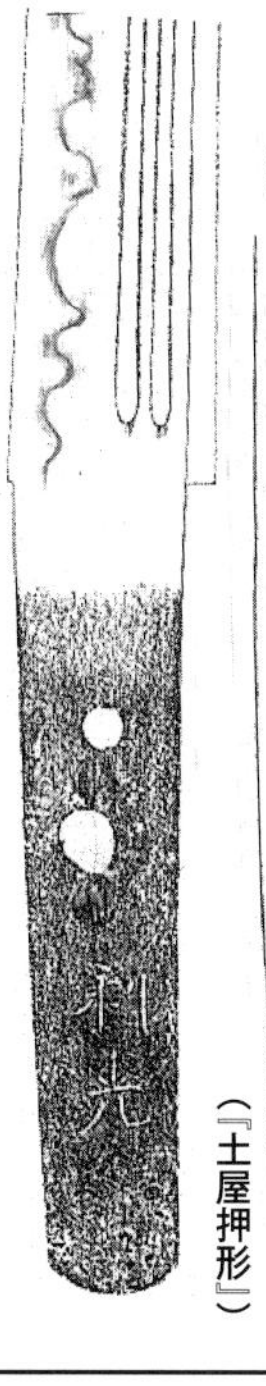

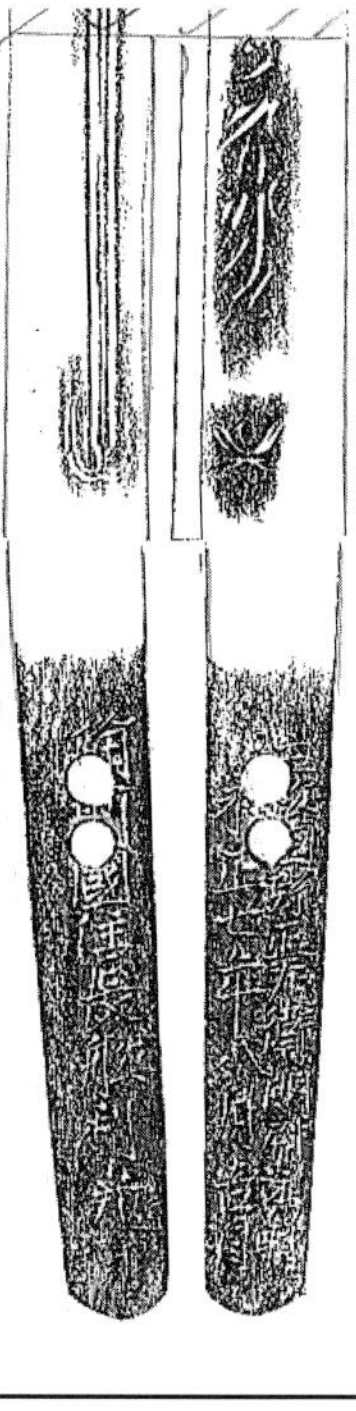

恒能の子。応永初年から末年までの年紀作がある。「備州長船利光」「利光」。◆同銘が四代宝徳、五代明応、六代永正、七代天文と続く。「利光」「備州長船利光」「備前国住長船利光作」。

新作 利宗【としむね】 千葉　平成

江沢利春。昭和三十二年生まれ。平成十八年、新作名刀展努力賞受賞。直刃。「利宗作」。南房総市住。

古 利守【としもり】 備中国　鎌倉初期（元仁）

古青江。直刃調に小乱、小丁子交じり、小沸つき、逆足入り。小板目詰み地沸つき、地斑入り、映り立つ。茎は大筋違、佩表に二字銘を切る。銘鑑には古備前利守がいるが、作風からみて古青江作であろう。

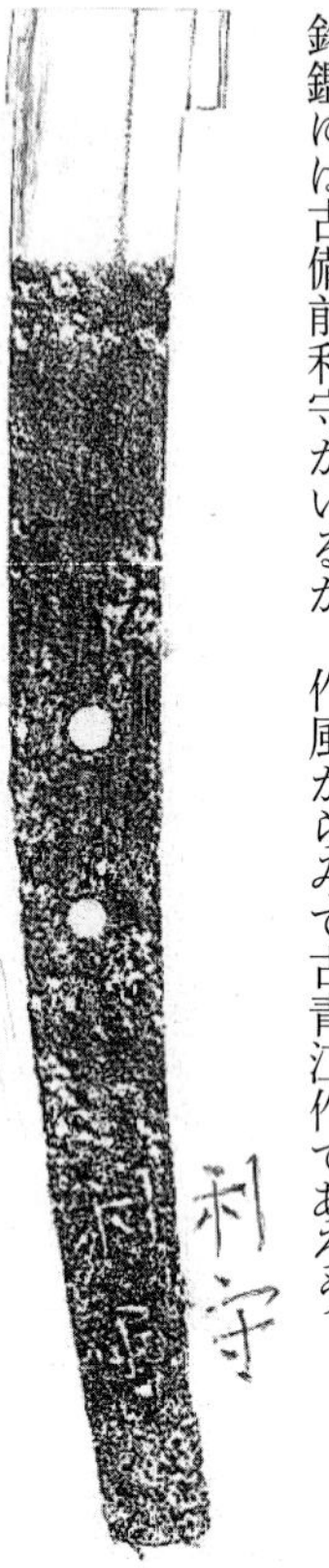

古 利安【としやす】 出羽国　室町初期（応永）

月山。谷地住。応永ころ。「月山利安」「羽州月山利安」。三代は文明ころ。

古 利安【としやす】 薩摩国　室町末期（天文）

波平。谷山住。次代は天正ころ。「波平利安」。

古 利行【としゆき】 備前国　南北朝期（建武）

長船住。岩戸一文字流か。元徳から暦応に至る作刀がある。「利行」「備州長船住利行」「備州長船住岩野利行」。

古 利行【としゆき】 備前国　南北朝期（康安）

小反り。光弘弟。康安年紀の作例がある。「備州長船利行」。同銘に文明年紀の作があり、後代であろうか。

新 利行【としゆき】 豊後国　江戸中期（貞享）

豊後高田。直刃、互の目乱。「豊後高田住藤原利行」などと切銘する。

新作 俊咊【としお】 栃木　平成

高野和也。昭和三十六年生まれ。平成二十二年、新作日本刀展入選。同二十三年同展入選。「高野俊咊作」。那須郡珂川町住。

新々 俊一【としかず】 武蔵国　江戸末期（嘉永）

矢野俊一。伊予西条藩工。江戸四谷住。初代長運斎綱俊門。長運斎、長寿斎を号す。直刃、丁子乱を焼く。

新作 俊和【としかず】 奈良　平成

藤原俊和。昭和三十九年生まれ。新作名刀展入選。「貞恒」。磯城郡住。

新々 俊胤【としたね】 丹後国　江戸末期（万延）

池田忠蔵。丹後宮津藩工。石堂運寿是一門。嘉永から慶応にかけて作刀がある。焼幅が広い互の目に丁子交じり華やか。

古 俊次【としつぐ】 備中国　鎌倉初期（建暦）

古青江。直刃調に小乱、小丁子交じり、足・葉入り、小沸よく

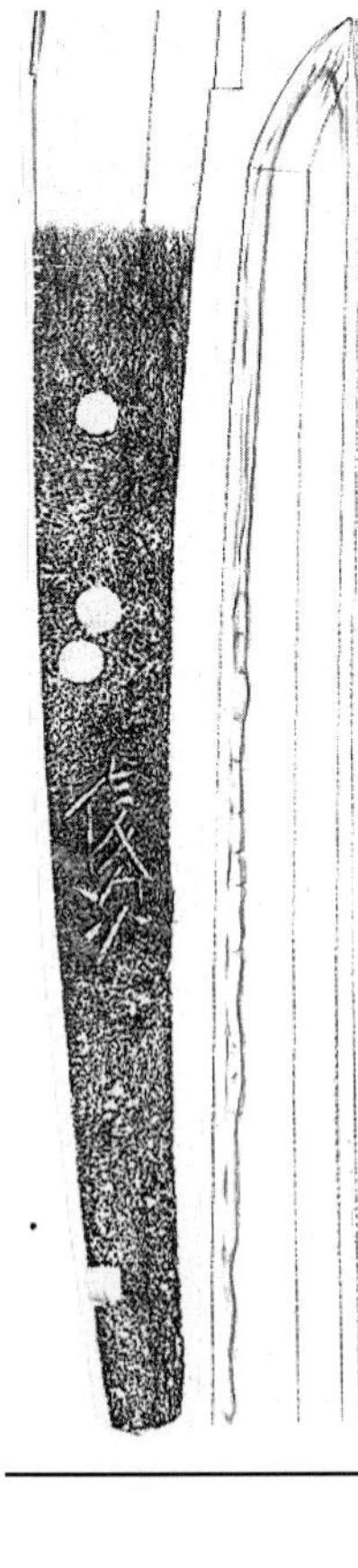

つく。大振りの二字「俊次」銘を切る。佩裏に大筋違鑢をかける。同銘が弘長、延文ころにある。

古 **俊次【としつぐ】** 備中国　南北朝期（延文）
青江。古青江俊次の名跡を継いだ工であろう。「万寿本庄住」は「万寿庄住」と同意であり好資料である。「備中国俊次作」「備中国万寿本庄住俊次作」。

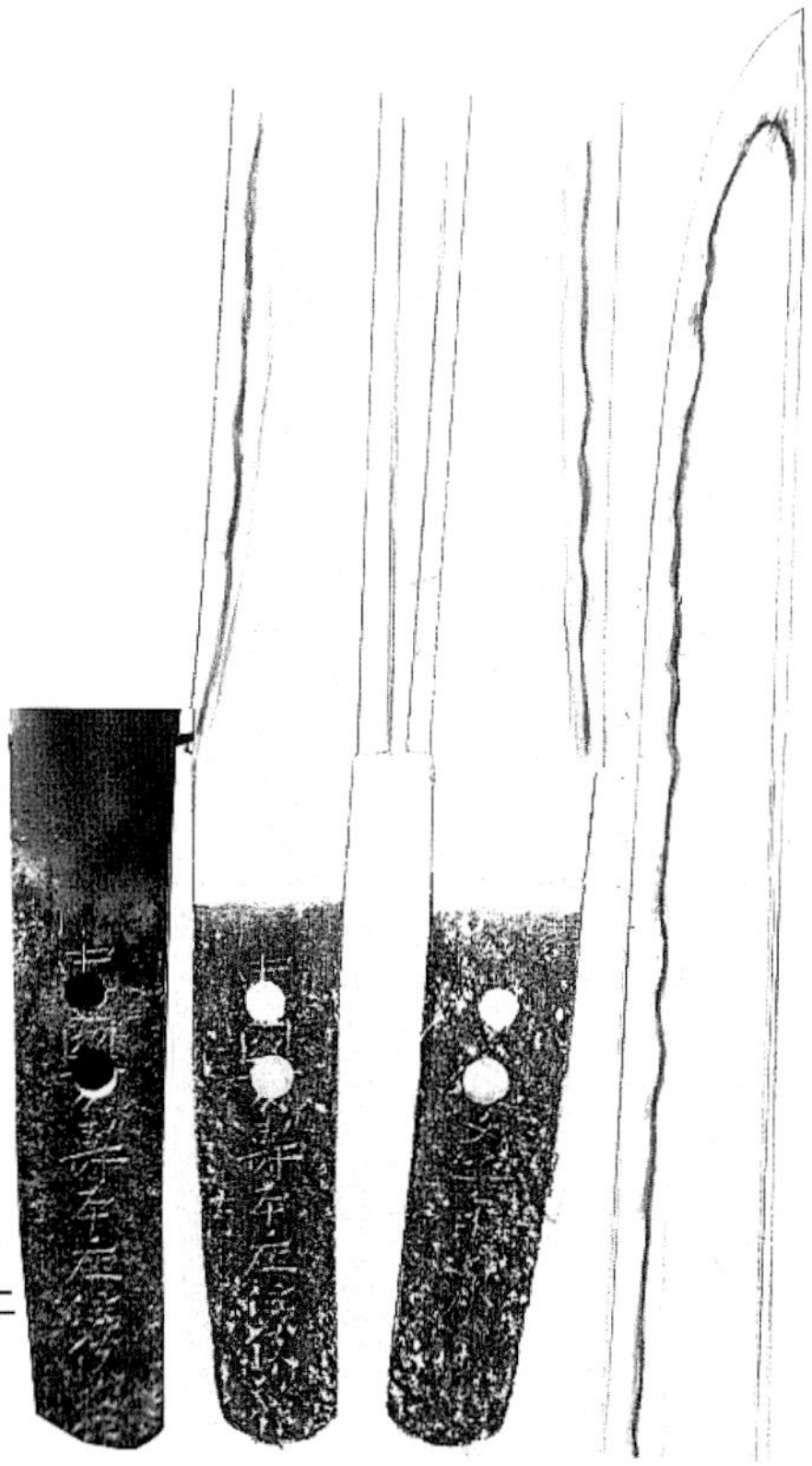

延文二年二月日

古 **俊長【としなが】** 近江国　南北朝期（延文）
天九郎。高木貞宗門。江州蒲生郡住。越前、越後にても造る。大全は貞治のころに越後に移住するという。鎗造りの上手。板目に柾が流れて大肌交じり、刃文は湾れに互の目交じり、刃縁に掃掛、刃中に砂流し烈しくかかり、地刃ともによく沸える。大和風が強い。「俊長」「江州甘呂俊長」。

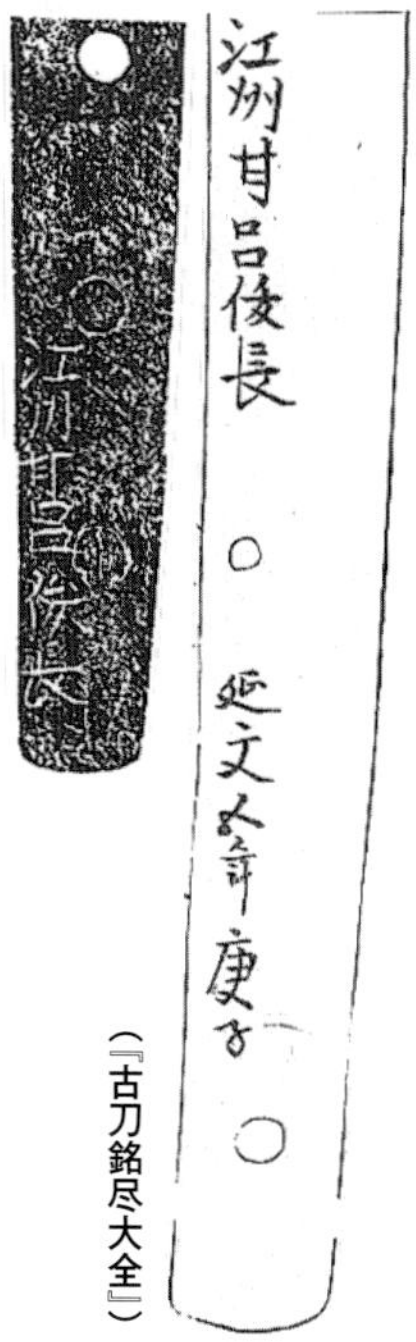

（『古刀銘尽大全』）

新々 **俊秀【としひで】** 下野国　江戸末期（享和）
八木沢忠吉。野州鹿沼住。水心子正秀門。◆二代俊秀は忠蔵。細川正義門。のち丹後宮津住。嘉永ころ。

新々 **俊秀【としひで】** 土佐国　江戸末期（嘉永）
本多種吉。左行秀門。八幡郡入野住。

新作 **俊秀【としひで】** 北海道　昭和
堀井兼吉。明治十九年、滋賀県下坂本村に生まれる。明治三十八年堀井胤明に入門、のち女婿となり、「兼明」と銘す。大正二年、刀剣保存会から水心子正秀の「秀」の一字をもらい「秀明」、また同四年には志賀太

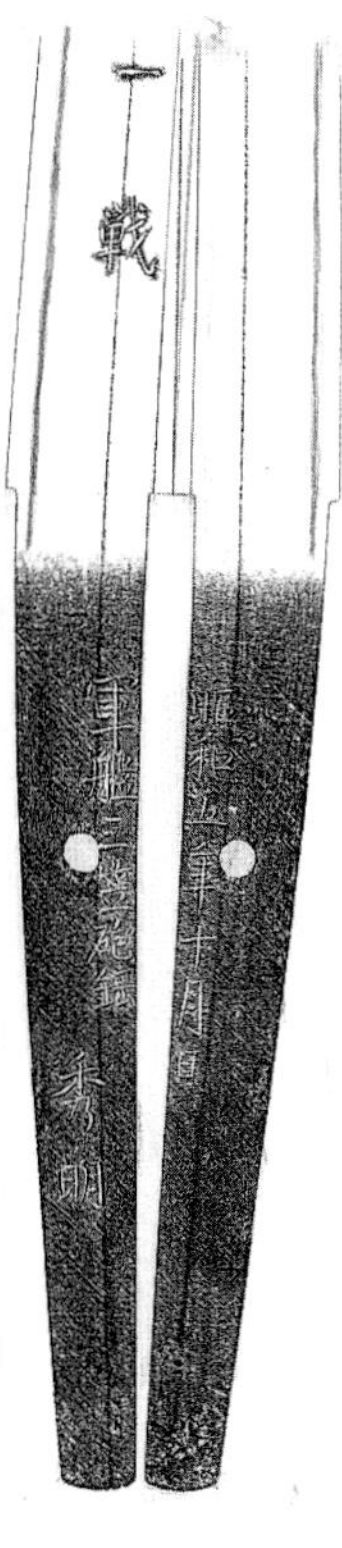

三笠保存会の注文で秀明が作刀、昭和九年作

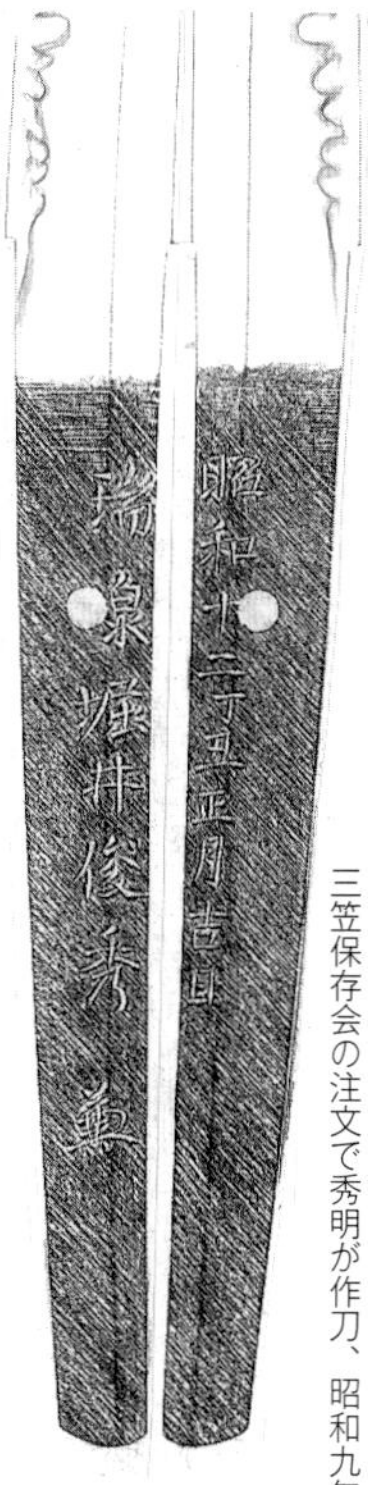

郎の称号を受ける。昭和八年誕生の皇太子の名「明仁」にはばかり「俊秀」と改銘する。大正十二年、胤明亡きあと、瑞泉山鍛刀場を継ぎ一門の繁栄をもたらす。昭和十年、新作日本刀展の審査員。同十四年には後鳥羽上皇七百年祭奉納刀を製作。楠公六百年祭には湊川神社前で御神刀を製作する。昭和十八年十月二十九日、五十八歳没。堀井一門は水心子正秀流の備前伝を得意とし丁子、逆丁子、互の目乱のほか中直刃を焼く。俊秀は相伝の沸出来の作も表現する。

新作 俊平【としひら】 群馬 平成

大隅俊平。昭和七年、太田市富沢に生まれる。昭和二十七年、宮入行平（昭平）に入門。同三十三年、新作刀技術発表会に出品してから優秀賞を連続受賞。同三十六年独立。同四十七年、無鑑査となる。同四十八年、伊勢神宮に直刃三振りを奉納。同四十九年正宗賞受賞、同五十一年、五十三年にも同賞受賞。昭和五十二年、群馬県重要無形文化財に認定される。太田市富沢、のち細谷住。平成九年六月、重要無形文化財（人間国宝）に認定される。山城伝の直刃を好み直刃一筋に進む。平成二十一年十月四日、七十七歳没。

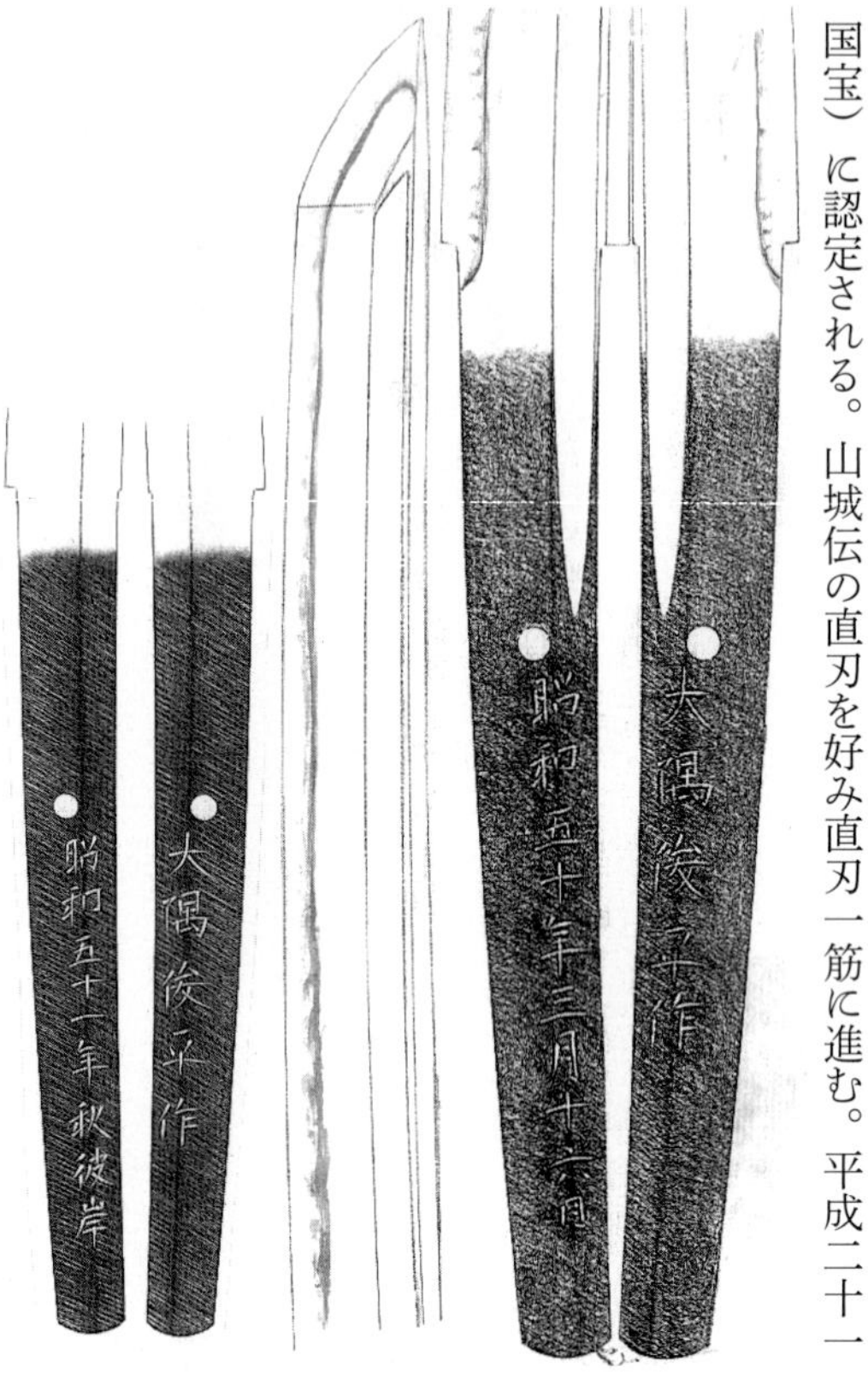

新々 俊広【としひろ】 出雲国 江戸末期（慶応）

高橋長太郎。初銘俊民。高橋長信門。松江久木住。「雲州住俊広作」などと切銘する。

新作 俊弘【としひろ】 島根 平成

高原淳。昭和五十年生まれ。小林貞法に師事。平成十一年、作刀承認。重花丁子乱。「出雲国住高原俊弘作之」。那賀郡三隅町住。

古 俊光【としみつ】 備前国 鎌倉末期（元亨）

真光の子で、長光門。元亨ころ。「備州長船住俊光」。同銘が南北朝期（貞和ころ）に吉井派の工が、室町末期（天文ころ）に長船在がある。

新作 俊光【としみつ】 山形 昭和

沼沢竹雄。大正四年生まれ。堀井俊秀門。新庄市金沢新町住。昭和十六年、紀元二六〇〇年記念奉納刀を湊川神社前にて鍛刀。「俊光作」。

新作 俊光【としみつ】 岡山 昭和

今泉済。明治三十一年生まれ。佐賀県小城郡出身。大正十三年、岡山県児島郡味野町へ移り、昭和九年ころから独学で鍛刀の研究を続け、刀工としての技を身につけた異色の努力家。陸軍受命刀工。昭和二十年、長船町に移住。同二十九年三月、岡山県重要無形文化財に認定される。同四十五年、新作名刀展に出品、無鑑査となる。「天命寿楽」と添銘する。幅広で腰反り、猪首切先の鎌倉中期の太刀姿にかなう、華やかな丁子乱

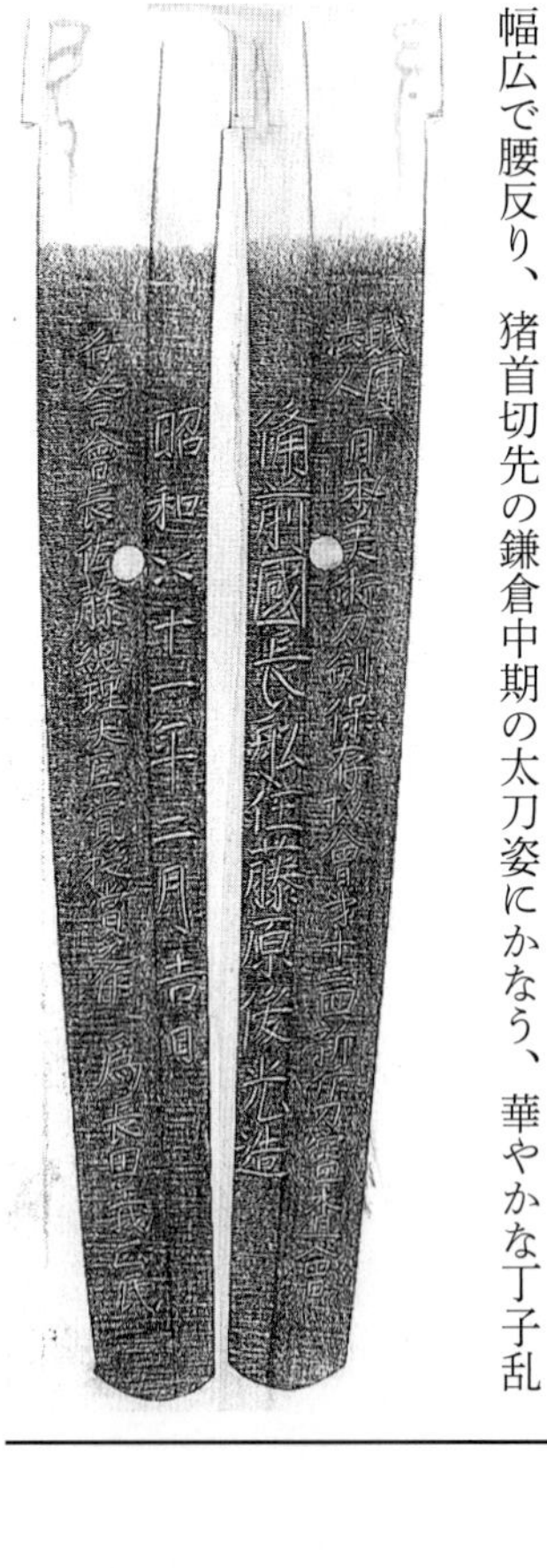

を焼く。平成七年、九十七歳没。

古 **俊宗【としむね】** 備前国 鎌倉末期（正中）

長船。刑部太夫。長光門。「俊宗」「備前国長船俊宗」。同銘が南北朝期（応安ころ）、室町初期（応永ころ）にある。

新々 **俊宗【としむね】** 土佐国 江戸末期（安政）

下村源三郎。初銘秀信。刈谷寿秀門。のち長運斎綱俊門となり、俊宗に改め、長運斎を号す。「長運斎俊宗」と銘す。

新作 **俊宗【としむね】** 岡山 昭和

大木林太郎。明治三十四年生まれ。今泉俊光門。海軍受命刀匠。戦後は昭和四十五年、新作名刀展に出品し入選。倉敷市児島小川住。

終戦の年八月、四十五歳

古 **俊安【としやす】** 羽前国 室町末期（永正）

月山。永正ころ。「月山俊安作」「出羽月山俊安作」。

古 **俊行【としゆき】** 大和国 鎌倉中期（永仁）

当麻。国行の弟。「大和國俊行」と銘す。古銘尽には名跡が元応、貞和、応永と続く。作風は「了戒に似たり」とある。

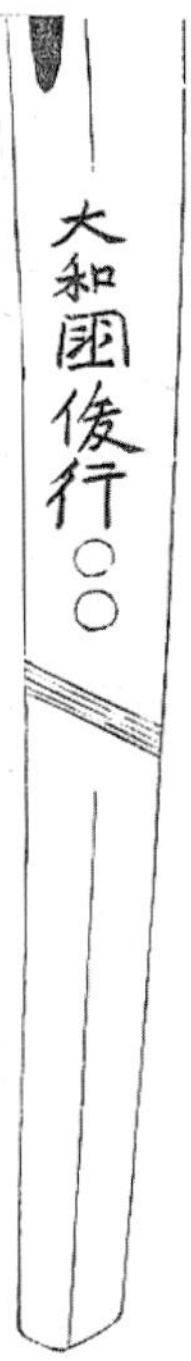

（『古刀銘尽大全』）

古 **俊吉【としよし】** 出羽国 室町末期（大永）

月山。谷地住。大永二年紀の作がある。「月山谷地住俊吉」「出羽国村山之郡北寒河江郷谷地住人俊吉作」。

新作 **寿広【としひろ】** 東京 昭和

宮口繁。明治三十年、東京小石川林町の米沢家に生まれる。父正寿と共に宮口家の養子となる。父没後、笠間繁継に学び、大正五年八月から一貫斎を名乗り寿広を銘す。昭和八年七月、荒木貞夫陸軍大臣より靖広を授名。同十一年十二月、大倉鍛錬道場の開設に当たり、同道場の主任刀匠として入所する。大倉鍛錬道場では洋鉄を材料に造刀したものには「一貫斎国護」の銘を切り、精鍛作には寿広を銘す。直刃、互の目乱。笠間繁継より学んだ刀身彫刻を得意とする。昭和三十一年三月二十一日、六十歳没。

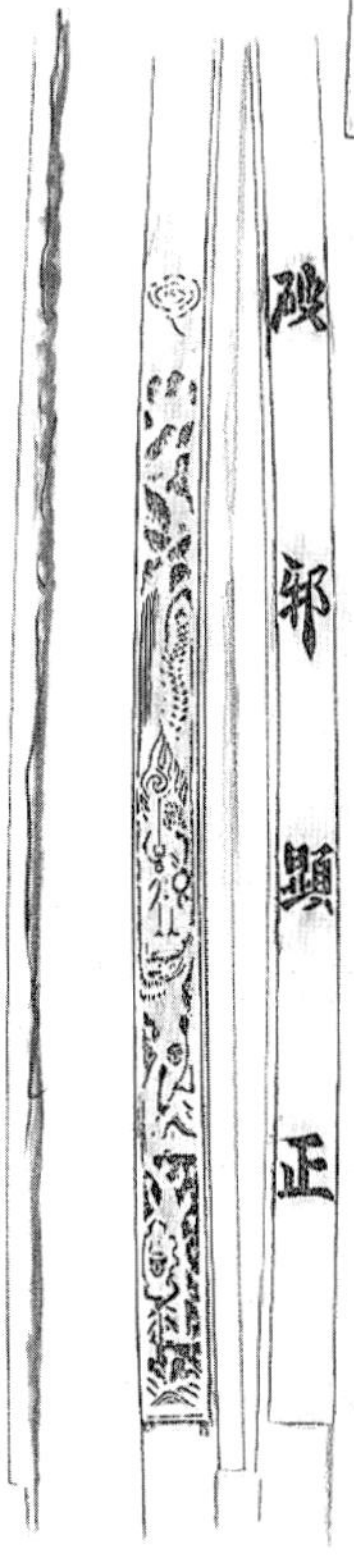

古 **外藤【とふじ】** 美濃国 室町末期（享禄）

外藤のはじめは平治のころで、濃州西郡住。古剣書によると源氏重宝の髭切《ひげきり》を模作したのが外藤で、その作は「肌柾目にて、刃を細くやくなり」とあって、大和の古作を思わせる。外藤は各代があったらしく、銘鑑には建武、永徳、応永、永享、享徳と連綿とするが、現存刀では室町期を遡るものをみない。「外藤」「外藤作」。

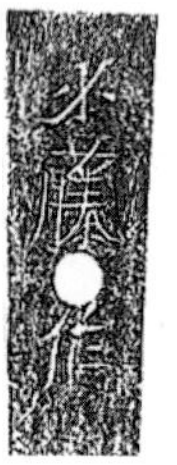

古 友清【ともきよ】 大和国　鎌倉末期（元応）

新兵衛。当麻国行の子。中直刃、互の目乱。ほつれ、喰違い刃かかり、刃中に砂流し入る。南北朝期の暦応にかけて作刀する。名跡を継ぐ次代の工の作がある。

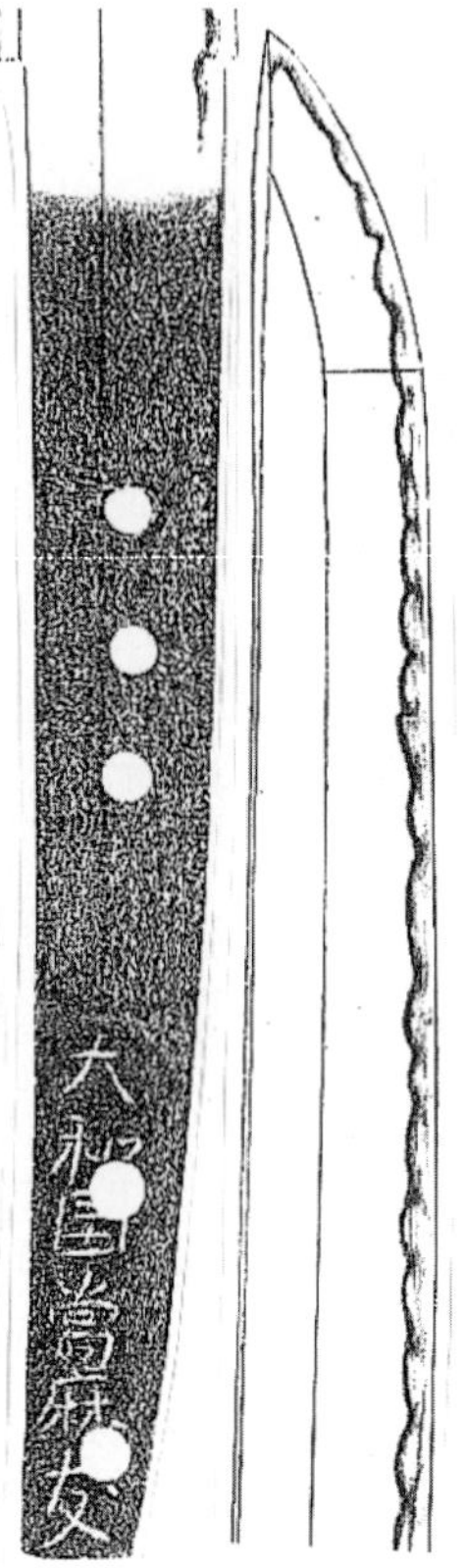

（『光徳刀絵図（毛利本）』）

（『図版刀銘総覧』）

（『古刀銘尽大全』）

古 友清【ともきよ】 加賀国　室町初期（応永）

藤島。応永ころ。室町末期（文明ころ）に同銘工がある。「藤島友清」「加州藤島友清」。

古 友定【ともさだ】 豊後国　室町中期（寛正）

高田。友定は友行の門流で、南北朝期から続き、室町後期に作刀をみる。「友定」「豊州高田住友定」。

古 友重【ともしげ】 加賀国　南北朝期（貞和）

藤島。来国俊門という。鎌倉末期の正中ころから南北朝期初めの貞和ころにかけての鍛冶で、備考や大全は本国越前という。板目に柾が流れた肌合い、互の目に小乱交じりの古雅な刃文などから大和風が強く、友重の出自を大和国とみる向きがある。恐らくは大和から越前を経て加賀へ移ってきたともいわれる。藤島はもともと越前の地名で、南北朝期初めのころには加賀に移っていたとみられる「藤嶋」「友重」。

⇨光長〈加賀国〉の項参照。（系図849頁参照）

古 友重【ともしげ】 加賀国　南北朝期（永徳）

加賀真景の門、また子ともいう。二代。南北朝後期の鍛冶であろう。作風は各代とも大和風があって、当麻あるいは尻懸流であり、茎の形状が片山形（片削形）となるのが特徴。「藤嶋」「友重」「藤嶋友重」。

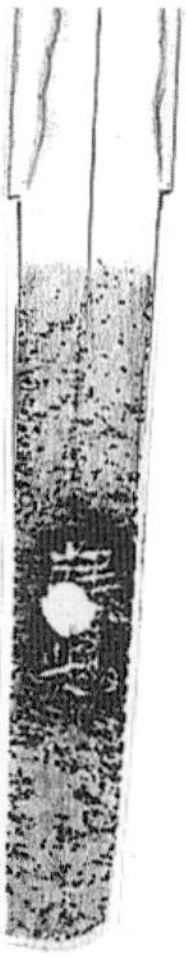

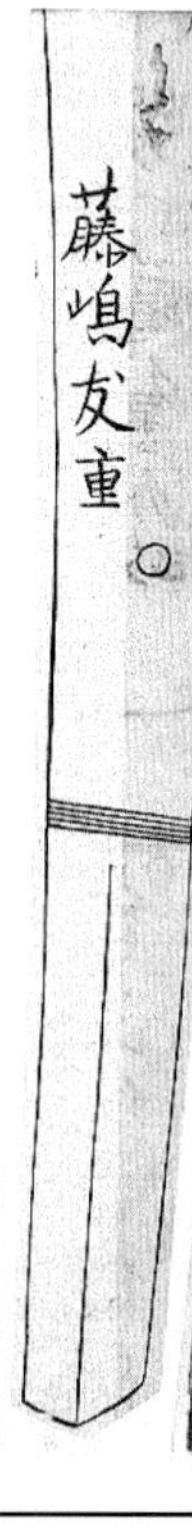

（『古刀銘尽大全』）

古 友重【ともしげ】 加賀国　室町初期（応永）

永徳友重の子。三代。応永二年から二十年までの作例がある。板目に柾交じり、よく錬れて地沸つき、黒味を帯びる。刃文は直刃に小互の目入り、ほつれ、打のけかかる。小互の目乱は角張った刃、尖り刃など交じり、小沸よくつき、総じて小模様な風情である。「藤嶋」「友重」「藤嶋友重」「加州藤島友重」。

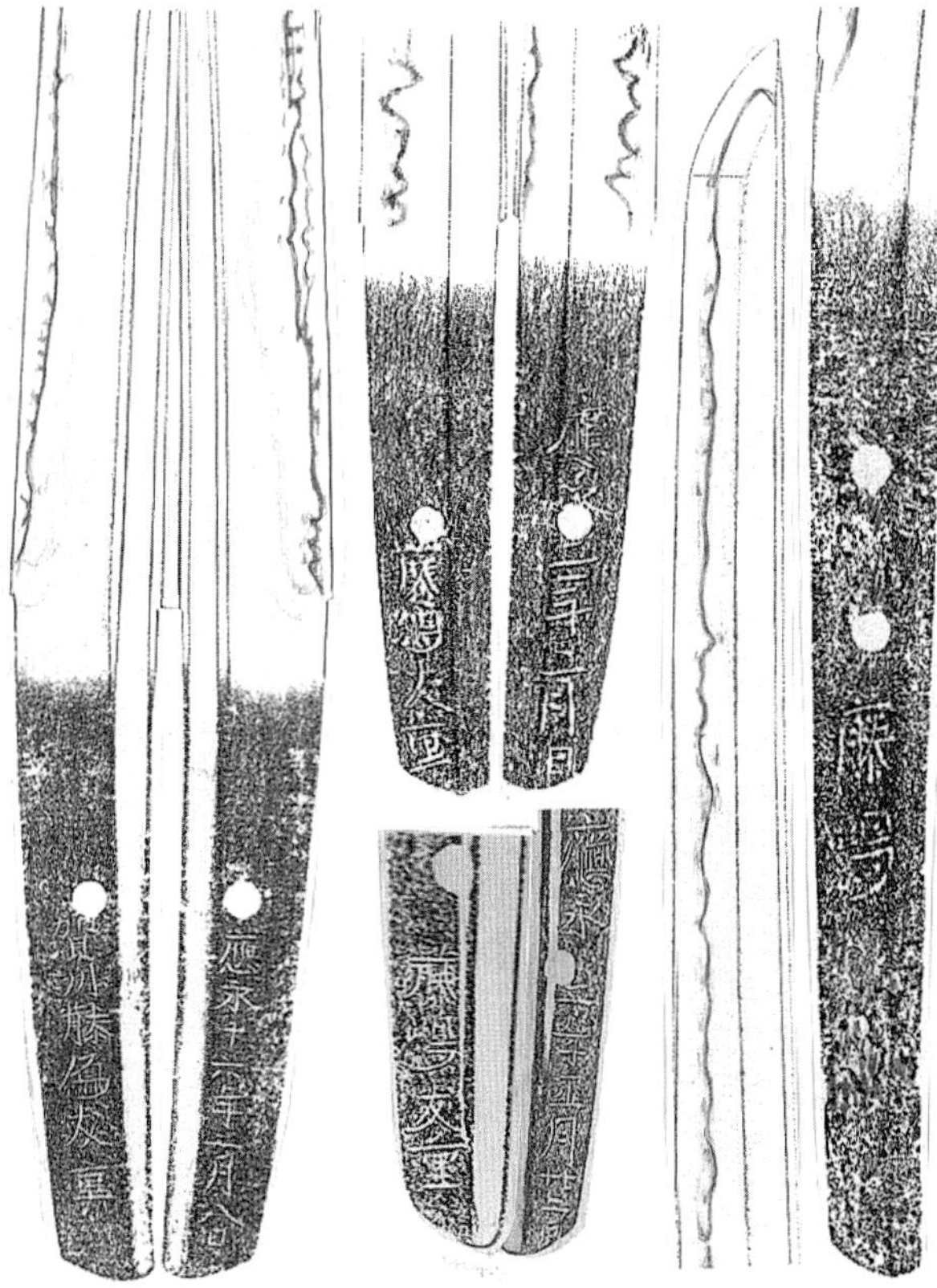

古

友重【ともしげ】　加賀国　室町中期（康正）

友重四代。文安から文明末年にかけての年紀作がある。「藤嶋」「友重」「藤嶋友重」。

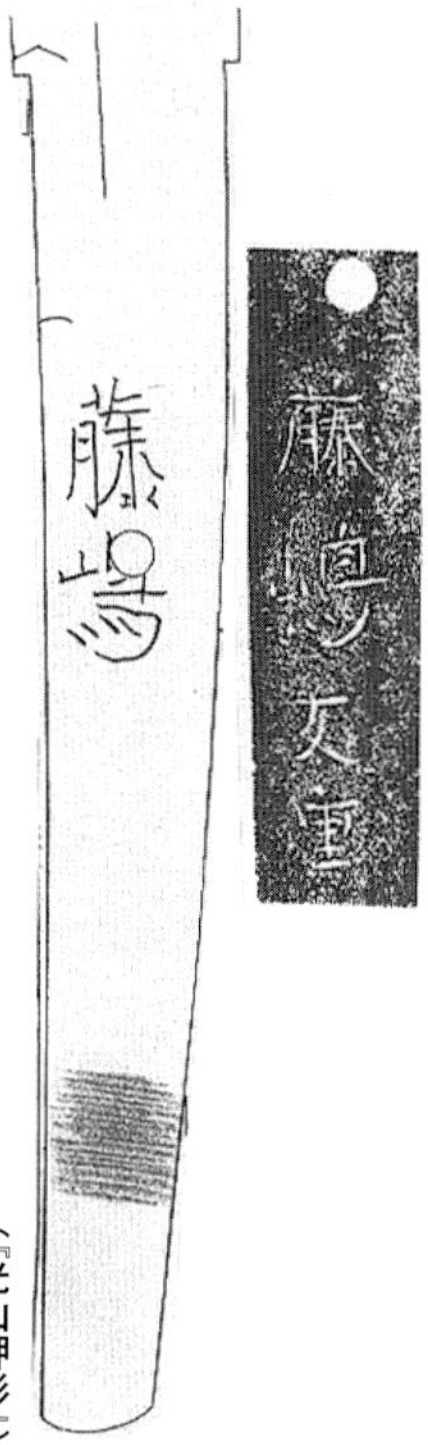

（『光山押形』）

古

友重【ともしげ】　加賀国　室町末期（永正）

友重五代。延徳元年紀があり、永正、大永ころまで作刀する。「藤嶋」「友重」「藤嶋友重」。友重は六代天文、七代天正（右衛門）、八代慶長（次兵衛）と続き、新刀期へ継続する。

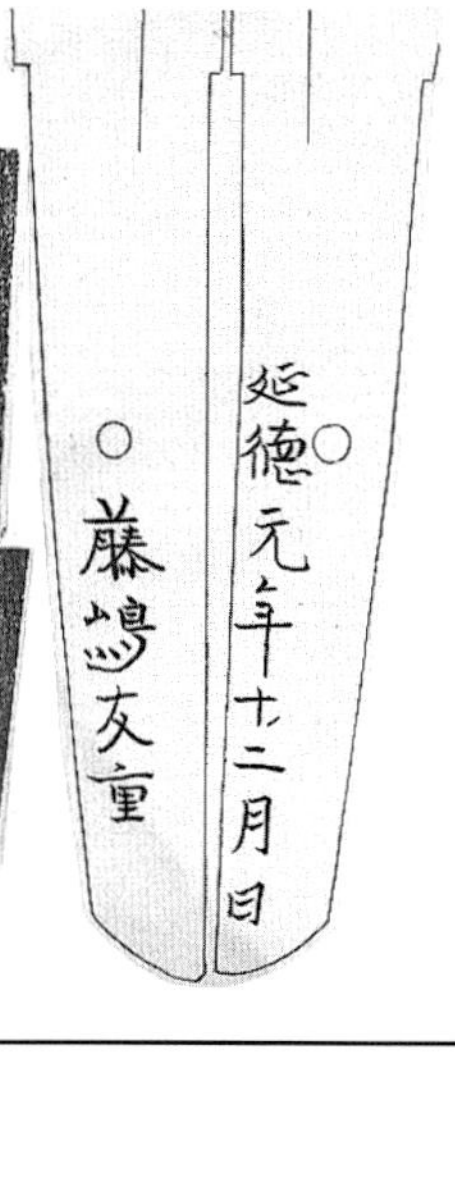

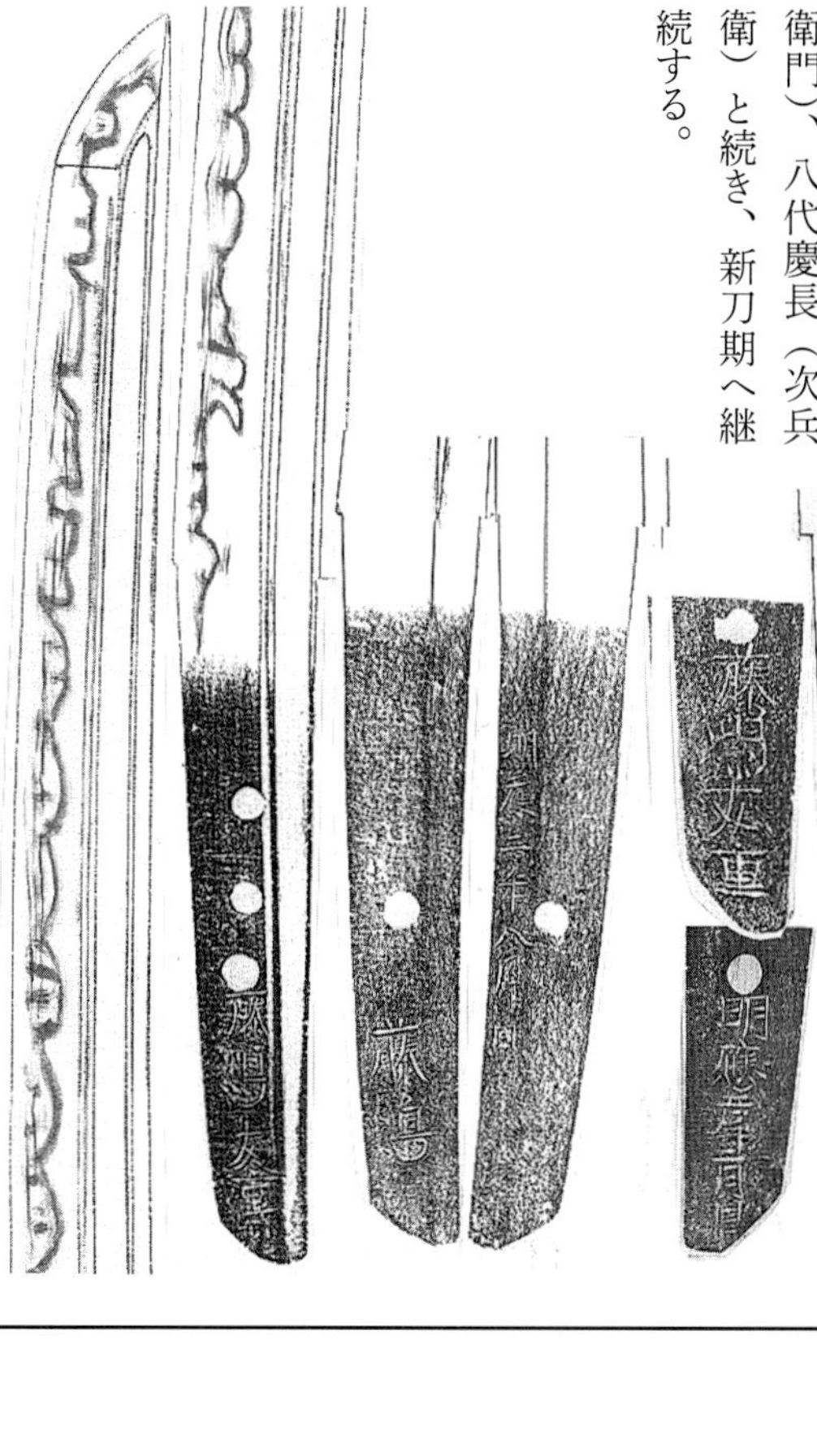

新

友重【ともしげ】　加賀国　桃山期（寛永）

友重は南北朝期、越前藤島に初祖をもち、のち加賀に移住して新刀期まで連綿とする。次兵衛友重は金沢住、寛永三年から同十三・十六年紀の作がある。三州鍛冶系図では五代目友重に該当する。

新 友重【ともしげ】 加賀国　江戸中期（寛文）

六代目に当たる次兵衛友重。寛永十九年紀の作があり、延宝ころまでかなり長期に活動する。

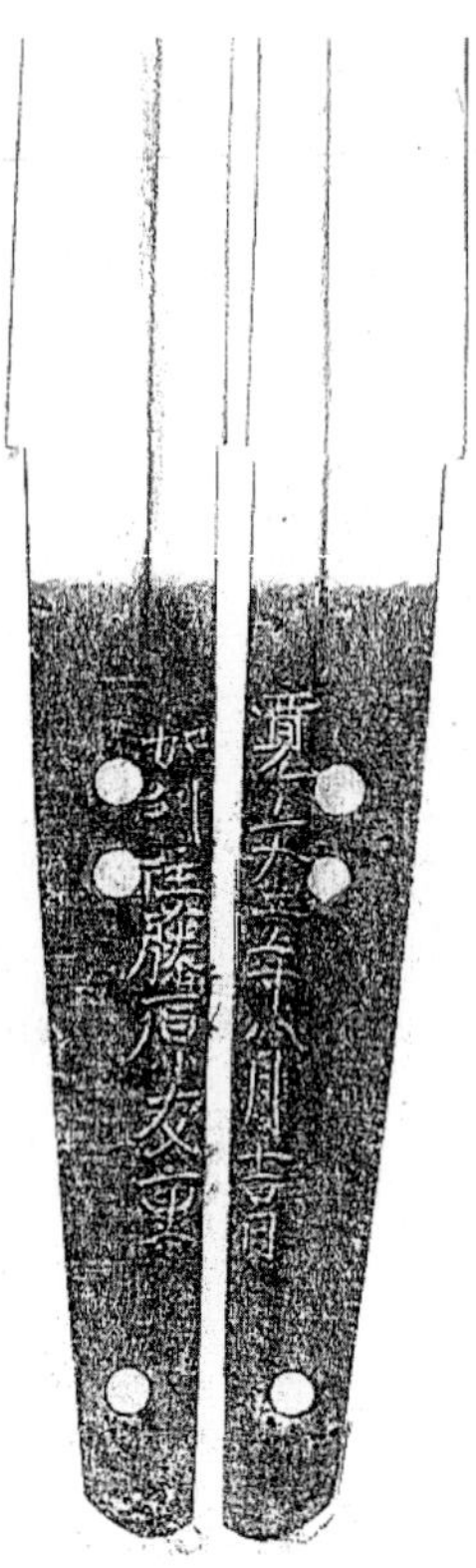

新 友重【ともしげ】 加賀国　江戸中期（貞享）

三郎右衛門。六代友重の嫡男。貞享元年紀の作がある。

新々 友重【ともしげ】 加賀国　江戸末期（元治）

仁助。磐城平、また江戸にても造る。加賀藤島の末裔。互の目に尖り刃交じる。

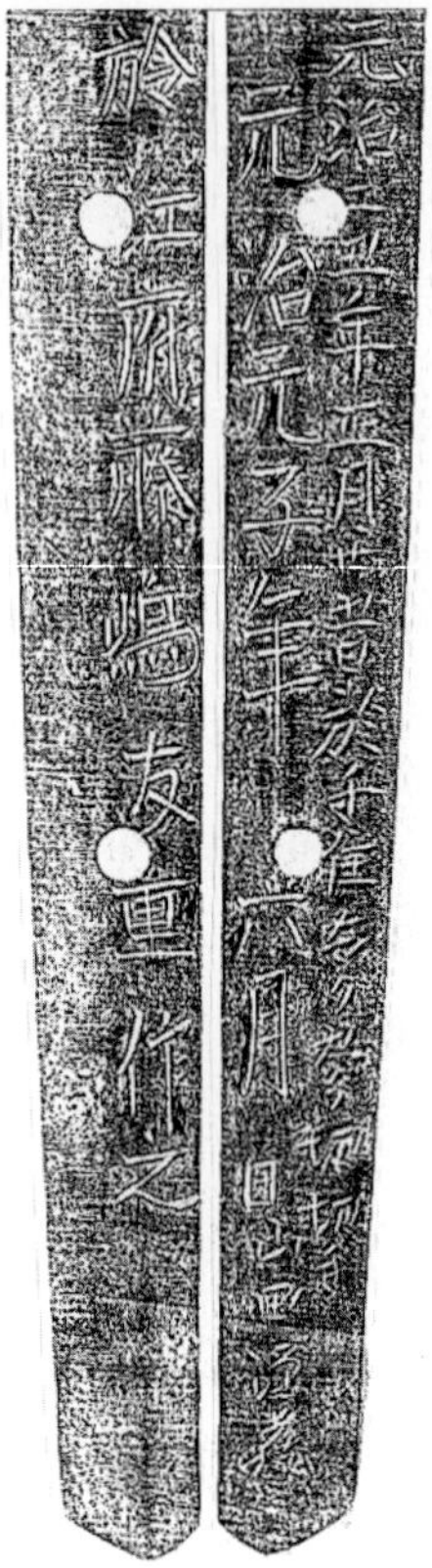

新作 友重【ともしげ】 群馬　明治

矢野林蔵。明治四十一年富岡市生まれ。竜眠斎兼友門。刀銘友重。戦後は野鍛冶、金属プレス業へ転じる。平成二年、八十二歳没。

古 友次【ともつぐ】 越中国　南北朝期（嘉慶）

古宇多友次は国光門という。別説に古入道国光が大和から越中に移り、宇多の地で栄える南北朝期より以前に、宇多鍛冶とは別の一類がいて作刀するという。この一類は友則、友久、友次など二字銘を切って「宇多」を冠さず、宇多鍛冶と一線を画している。しかし室町中期を過ぎるころには宇多鍛冶と同化して友次は宇多国光の門に入ると伝えており、「宇多国房　友次」（⇩国房の項押形参照）の合作があって、宇多国房との親密な関連を窺わせる。南北朝期末から応永にかけて二字を太銘に切る「友次」があって、互の目乱を焼く。

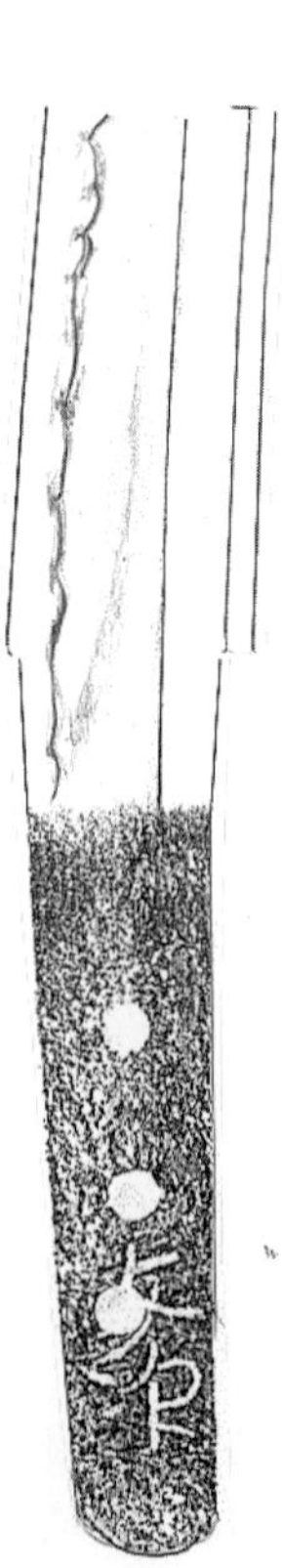

古 友次【ともつぐ】 越中国　室町末期（永正～永禄）

永享ころから文明にかけて同銘が続き、永正ころの友次は砺波郡川崎村住（現・富山県南砺市）。天文から永禄にかけ彦九郎友次が作刀する。鍛えは板目が肌立つものが多く、刃文は互の目乱に尖り互の目が交じり、沸よくつき、砂流しかかり、匂口が沈みがち。「友次」。

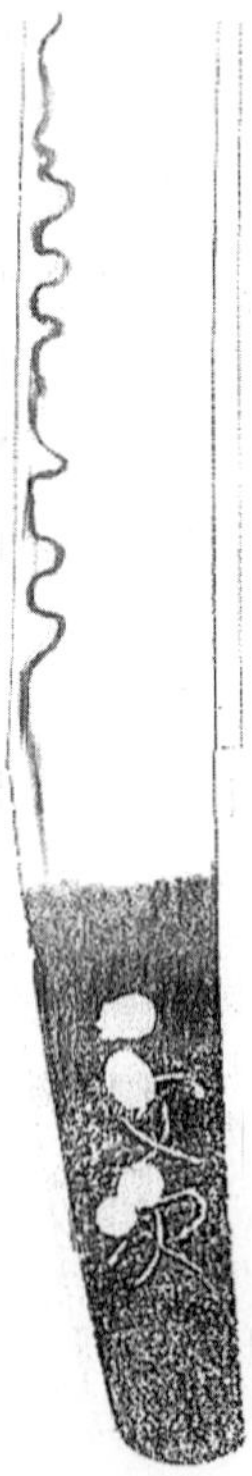

新 友次【ともつぐ】 安房国　桃山期（寛永）

重ね厚く重量がかかる体配に、互の目乱。銘鑑もれ安房刀工。

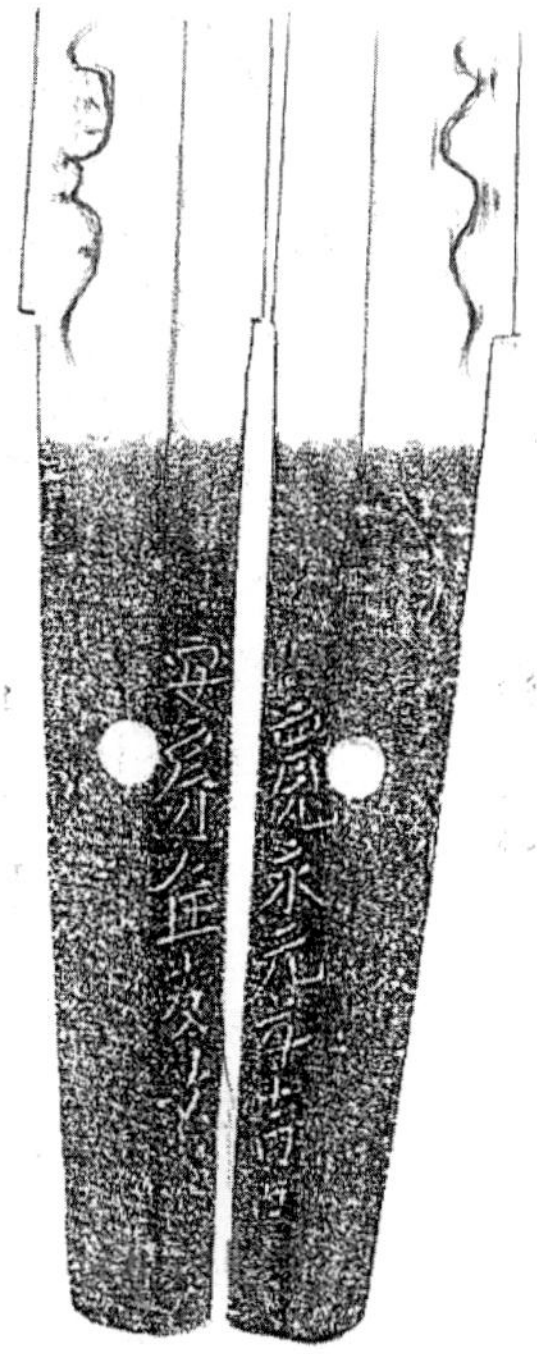

古 友綱【ともつな】 大和国　南北朝期（文和）

左兵衛。当麻友清の子。貞和から貞治にかけてのころに作刀する。「友綱」「大和國左兵衛尉友綱」と銘す。

新 友常【ともつね】 尾張国　江戸中期（寛文）

濃州関奈良太郎の末流。三代目政常門。尾張、また江戸にも住。武蔵守を受領。

古 友長【ともなが】 大和国　南北朝期（正平）

千手院。古銘鑑に正平、また文和年紀の作がある。応永ころの工は二代目という。「大和国友長」「大和国添上郡住友長」。

古 友長【ともなが】 大和国　南北朝期（応安）

当麻。弥兵衛。友長の子。「大和国住友長」。

古 友成【ともなり】 備前国　平安中期（永延）

古備前。実成の子。備前鍛冶の始祖とも、長船の太祖ともいう。正恒と双璧をなし古備前を代表する名工として知られる。古銘鑑は友成の年代を永延と伝えるが、現存するものでそこまで古いとみられる作刀をみない。最も古い製作年代とみられるのは康治・仁平のころで、平安後期に作刀している。平教経・宗盛の太刀を造り、御物鶯丸などの作者としてかずかずの名作を残している。

友成は少なくも三人はいるといわれる。銘尽は同銘三代ありとして、大方は「備前国友成」と、また「友成作」とも打つ。二代目は初代の子。この他に延慶のころに一人あり、作技は初代に及ばず、とある。鎌倉初期の嘉禎年紀があった友成よりなお年代が降る鎌倉末期の延慶ころに後代の友成がいたというのである。すると嘉禎と延慶に二人の友成がいることとなって、平安朝期に二人、鎌倉期に二人、都合四人の友成の存在を窺わせる。現存する作銘によってみては友成に数種のものがあるものの、明確な識別は難しい。なお銘鑑には延慶友成の親が文永ころにいるほか、建武年紀を切る長船友成がいるといい、友成の名跡は南北朝期に継承していたようである。

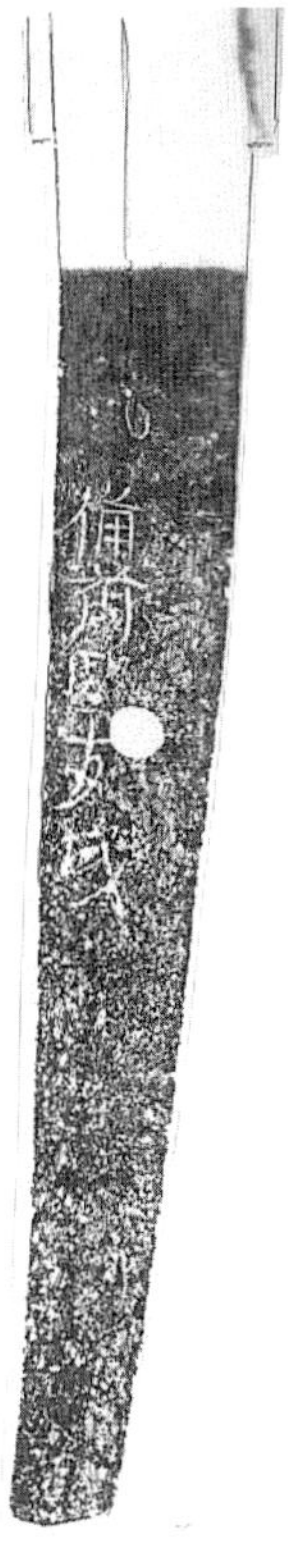

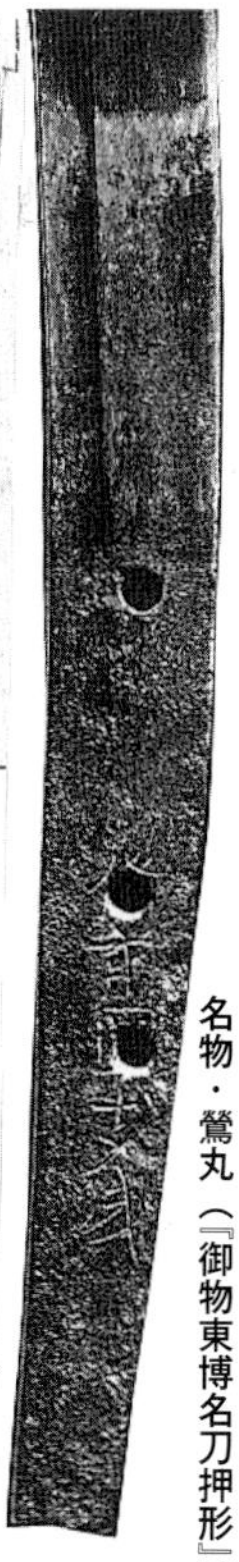

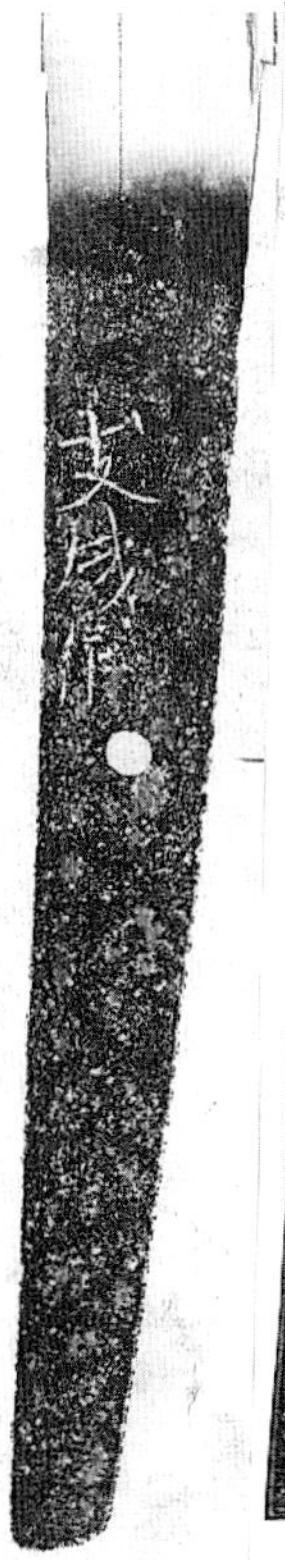

名物・鶯丸（『御物東博名刀押形』）

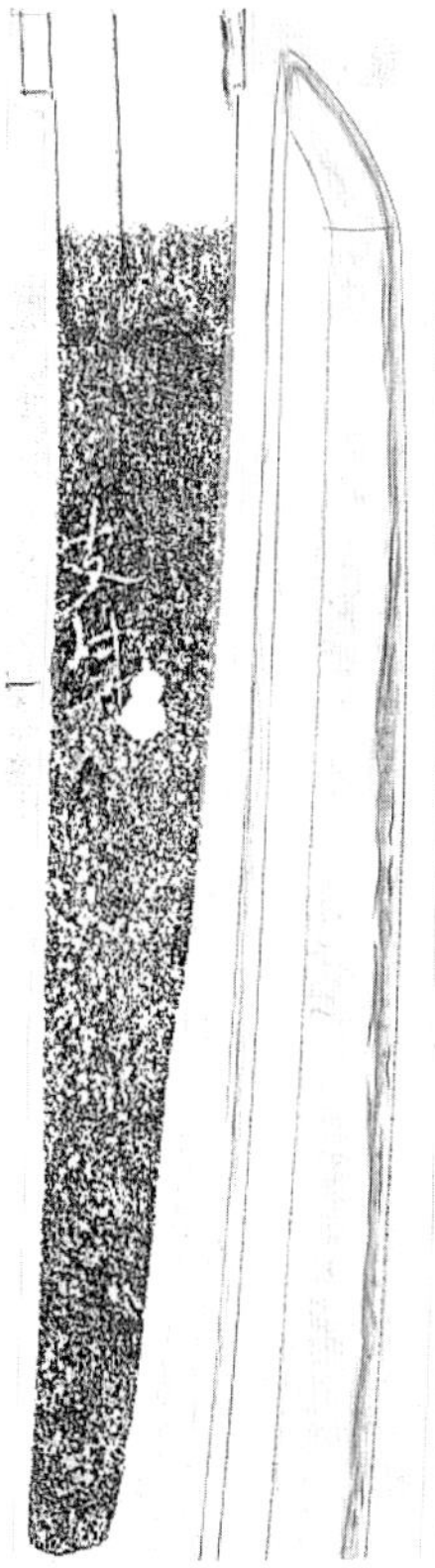

友成の作風は古備前の中でも最も古調さがあって姿が細身、腰反りが高く踏張りがあって小切先。鍛えは小板目がよく詰むのとやや肌立つものがあり、地沸がつき地景が入り、沸映りが立つ。地鉄は黒味を帯びて正恒が明るさのあるのと相違し、映りも正恒ほどには目立たない。刃文は沸出来の小乱、また小湾れ調の直刃に小乱を交じえて古調であり、やや年代の下ると思われるものは焼幅に高低の差が出て、小丁子が交じり、刃中に華やか味が加わってくる。帽子は浅く湾れて小丸に返るものが多く、のちの長船三作帽子がこの形に似ているのは、長光などがこの友成帽子に範をとったものであろう。棒樋を掻流す。「友成」「友成作」「備前国友成」「備前国友成造」。（系図873頁参照）

古 友成【ともなり】 備前国　鎌倉中期（嘉禎）

鎌倉初期の元久ころに友成が一人いることを銘鑑が記す。それより三十年ほど後の鎌倉中期の嘉禎に別人の友成がいて、年代的には元久友成と嘉禎友成が同人の可能性もあるが、作刀の現存するのは嘉禎友成のみで、「嘉禎季五月六日友成」と有銘であったものを、「嘉禎季」のみを消しとって「五月六日友成」ばかりが残る。この太刀（静嘉堂美術館蔵）は初期の友成に比べては身幅が広く猪首切先に形どり、丁子乱の焼に高低があって華やかで、一文字の刃文に近い作である。『光山押形』他の剣書に「嘉禎季」の銘が残る押形が収載されていて、生ぶの茎の風姿が偲ばれる。なお、嘉禎の年代よりさらに降った延慶友成、建武年紀の友成（長船）については前項で触れている。

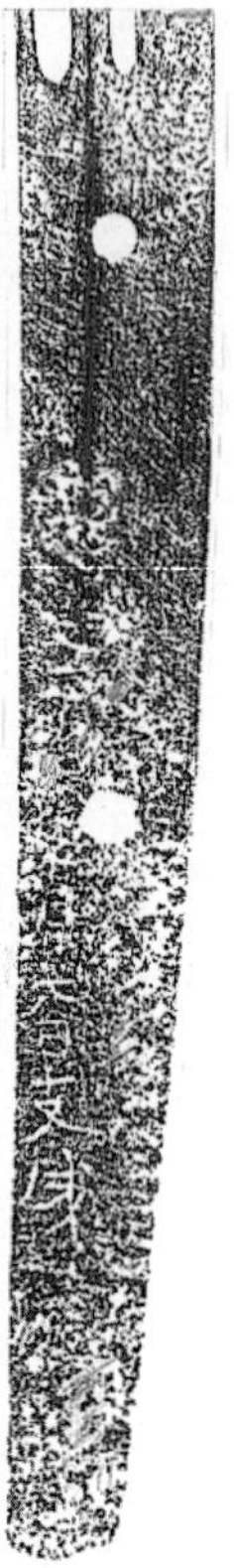

五月六日友成

（『古刀銘尽大全』）

古 友則【とものり】 備前国　鎌倉初期（建暦）

古備前。友安子。建暦のころ。

古 友則【とものり】 越中国　南北朝期（建武）

貞宗の子、則重門という。建武ころ。二代は貞治ころで左近尉といい、その子三代は友則子で永徳から応永にかけて作刀する。以降は永享、享徳、文明、永正と続く。「友則」。

古 友久【ともひさ】 越中国　南北朝期（貞治）

越中貞宗系。守吉の子、友次の親。貞治ころ。次代は友則の子とも弟ともいい、応永ころ。次の永享ころの友久は友次門とも国房子ともいう。「友久」。

古 友久【ともひさ】 越中国　室町末期（応仁）

左衛門尉。友国門。「宇多友久作」と切るものがあるといい、宇多を冠さず二字銘ばかりを切る貞宗系にあって、応仁のころになると、宇多鍛治と同化する工の一人となって宇多を冠して切銘する。直刃に棒映りが立つ。

古 友久【ともひさ】 備前国　室町末期（天文）

長船。天文ころ。「備州長船友久」。

新々 友英【ともひで】 陸前国　江戸末期（文政）

武広仲右衛門。友英のち友秀。武広安英の嫡子。父と同じく水心子正秀門。彫物を能くし、父との合作に刀身彫を加えたものがある。玉英の彫物の師。天保八年没。

新々 友英【ともひで】 舞鶴　河内国　江戸末期（安政）
大神秀行。初銘友秀、のち友英。河内国狭山住、のち江戸四谷麹町住。天保から明治三年紀までの作刀がある。幕末に盛行した長寸で幅広、大切先の豪壮な体配が多く、互の目乱、丁子乱交じりなどを焼く。

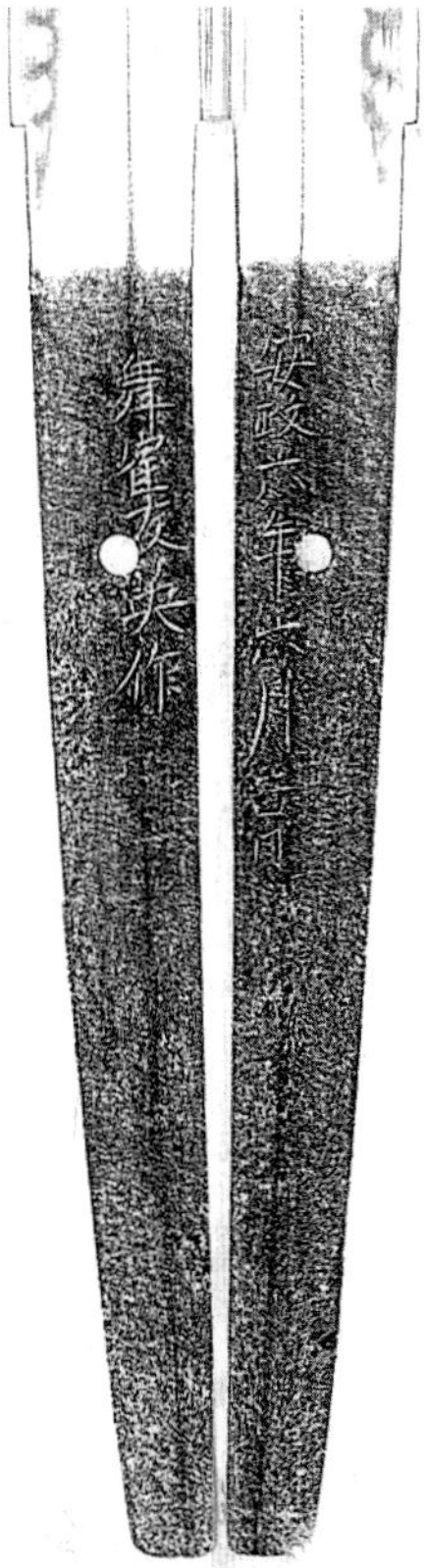

古 友弘【ともひろ】 越中国　室町初期（応永）
宇多。友弘、また国弘子という。応永ころ。「友弘」「宇多友弘」。同銘が康正、文明ころに続く。

古 友光【ともみつ】 大和国　鎌倉末期（正中）
当麻。国行子という。正中ころ。「友光」。同銘が南北朝期（応安ころ）にある。

古 友光【ともみつ】 大和国　室町初期（応永）
当麻。友行子。応永ころから文明、天文へ同銘が続く。「友行」「和州住友行」。

古 友光【ともみつ】 備前国　南北朝期（貞治）
長船。兼光門。貞治ころ。「備州長船友光」。同銘が室町期になって応永年紀があり、降っては天文ころにもある。

古 友村【ともむら】 備前国　鎌倉初期（建暦）
古備前。「友村」「備前国友村」。

古 友盛【とももり】 豊後国　室町末期（天正）
平高田。天正ころ。「平友盛」。

古 友安【ともやす】 備前国　鎌倉初期（建久）
古備前。友成の子。元暦ころともいう。

古 友安【ともやす】 薩摩国　南北朝期（応安）
波平。応安ころ。友安は室町初期応永ころに近安の子、同中期享徳のころにもある。「波平友安」。

古 友安【ともやす】 遠江国　室町初期（応永）
南北朝期（応安ころ）に友安がいるというが、現存する作は室町初期ころとみられるもので「遠州住友安」銘の短刀がある。

古 友安【ともやす】 越中国　室町末期（文明）
宇多。応永ころに同銘があるが、多くは室町後期の作である。「宇多友安」。

古 友安【ともやす】 駿河国　室町末期（大永）
島田。大永から永禄ころにかけて複数工がいるようである。「友安」「駿州住友安」。

古 友安【ともやす】 安芸国　室町末期（永禄）
佐伯荘住。永禄年紀の作がある。「安芸国佐伯荘藤原友安」

古 友行【ともゆき】 大和国　鎌倉末期（嘉暦）
当麻。兵衛尉。友清の子、国行孫。包永に作風が似るが、包永より沸が細やか。柾肌目立ち、地景入り、刃中に金筋交じり、相伝に紛う出来か

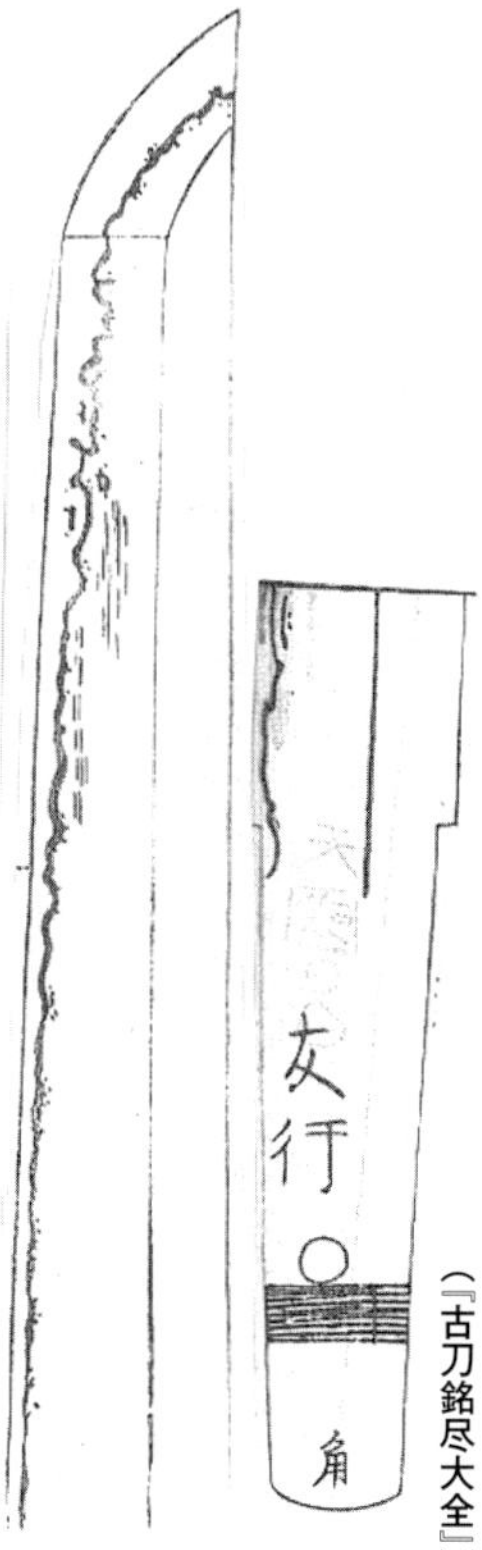

（『古刀銘尽大全』）

ら相州行光に極められた作があるという。同銘が応安、応永に続く。

古 友行【ともゆき】 越中国　南北朝期（建武）
貞宗子、建武ころ。二代貞治、三代永徳とあるが、いずれも作刀をみない。

古 友行【ともゆき】 豊後国　南北朝期（貞治）
高田鍛冶の祖。『校正古刀銘鑑』は友行に初・二代があるとして初代に建武二年、文和二年があり、二代に貞治三年、至徳元年のものがあるとしている。建武二年紀の現存作はみられないが、『光山押形』に所載があって、小湾れ調の直刃を焼いて、帽子が地蔵風に先が尖り気味である。「豊後州高田住友行」「友行」。

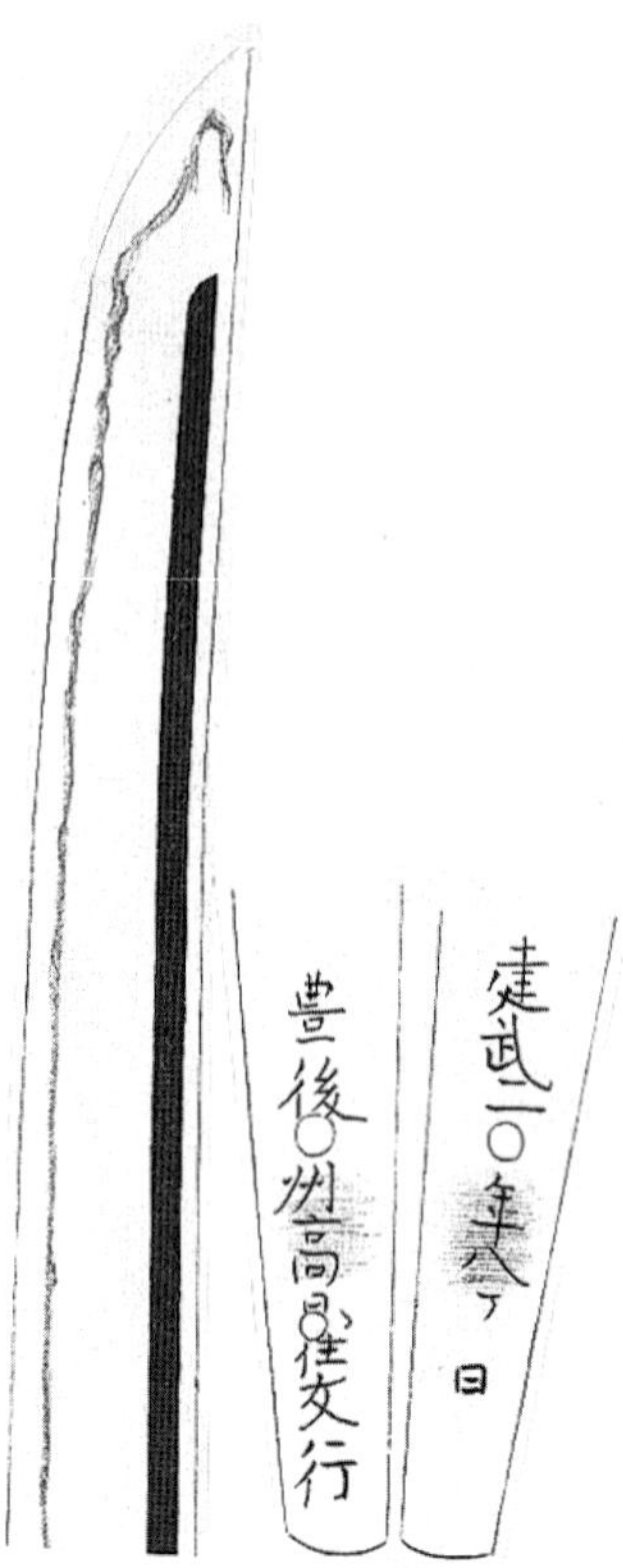

（『光山押形』）

古 友行【ともゆき】 豊後国　南北朝期（貞治）
古高田。二代。高田庄住。現存する年紀作は正平十三年（延文三年）が古く、至徳元年紀の作に及ぶ。直刃、また小互の目が角張り気味に小丁子交じりのものがあり、地鉄は冴えず、地斑ごころがある。「豊後州藤原友行」「豊州住藤原友行」「豊州高田庄藤原友行作」「豊州友行作」。

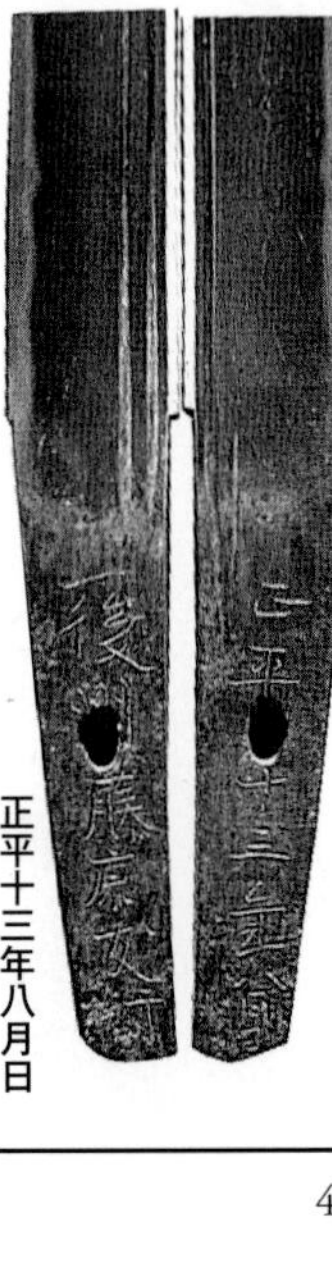

正平十三年八月日

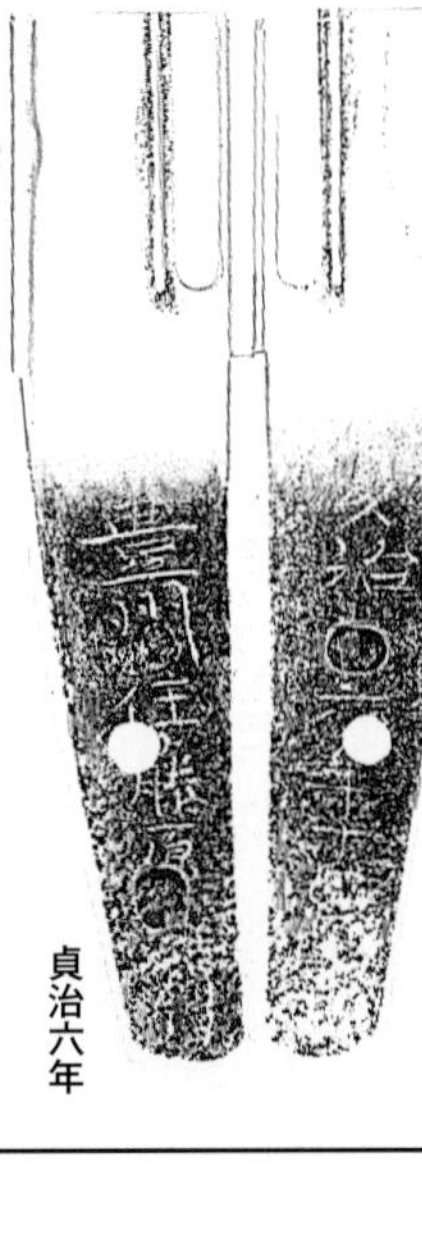

貞治六年

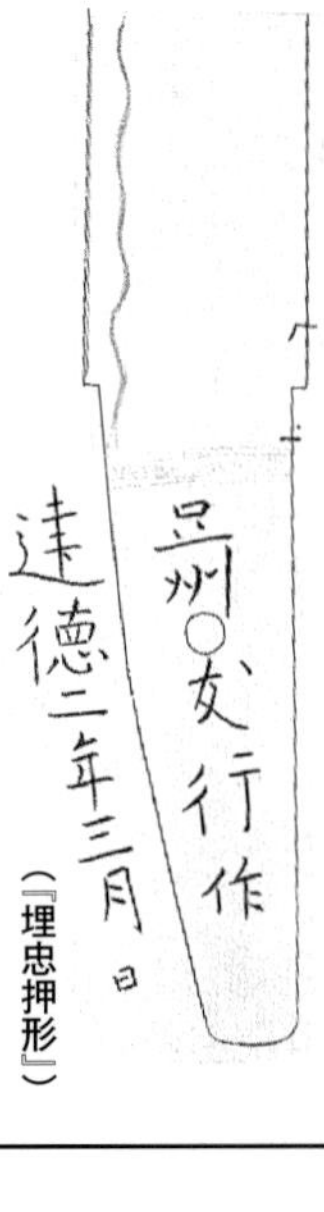

（『埋忠押形』）

新 友行【ともゆき】初代 豊後国　江戸初期（明暦）
藍沢与一兵衛。藤原重行の子、統景の孫。延宝五年、豊後国高田から豊前小倉に移住。天和三年、小倉藩工となり、小笠原忠雄公の意により行勝に改銘する。直刃、互の目乱、大湾れなど。

新 友行【ともゆき】二代 豊後国　江戸中期（寛文）
藤原高田。豊後のち豊前小倉住。直刃、互の目に湾れなど。

新 **友行**【ともゆき】**三代**　豊後国　江戸中期（元禄）

高田幸助。のち豊前中津に住す。江戸にても造る。直刃、互の目に丁子交じり。

古 **友吉**【ともよし】　大和国　鎌倉初期（建保）

千手院。忠次郎という。当麻国行の祖と伝える。千手院の鍛冶だったものが、のち当麻へ移ったとみられている。「友吉」。

古 **友吉**【ともよし】　近江国　南北朝期（応安）

甘呂。俊長門。応安ころ。「江州住友吉」「江州甘呂友吉」。

古 **友吉**【ともよし】　備前国　室町初期（応永）

長船。応永ころ。「備州長船友吉」。

古 **共重**【ともしげ】　備後国　南北朝期（応安）

古三原。正家門。応安ころ。作刀稀で、応永ころから以降の作がある。「備州住共重」。

新 **具衡**【ともひら】　美濃国　江戸中期（寛文）

本国美濃関。山城、摂津にても造る。「濃州関住具衡」「平安城住具衡」などと銘す。

古 **倫清**【ともきよ】　周防国　室町初期（応永）

二王。直刃に小互の目足入り。白気映り立つ。「二王倫清」。

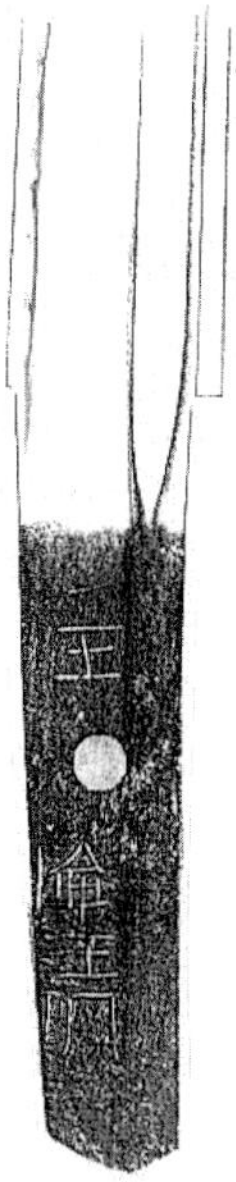

古 **倫国**【ともくに】　来　山城国　鎌倉末期（正和）

来国俊の子。国真の弟。平造、無反りの短刀、冠落造の短刀など数口が残されている。小板目が詰んで地沸つき、地斑入る。刃文は直刃が浅く湾れて小互の目、小乱交じり、ほつれ、二重刃かかり、小沸つき、匂口うるみ、了戒の作柄に似る。

新 **倫助**【ともすけ】　余目　初代　陸前国　桃山期（元和）

余目《あまるめ》清右衛門。田代長俊門。倫助は長俊の造法を得て倫祐に改める。のち島田義助門。慶長元年藩工となる。法名遊慶。寛永十六年四月没という。

新 **倫助**【ともすけ】　余目　二代　陸前国　江戸初期（承応）

余目五左衛門。初代倫助の嫡子。初銘倫助、のち倫祐に改める。余目二代目。承応三年江戸に出て大和守安定門に入り、安倫と改める。明暦元年没。早世。⇩**安倫〈二代〉の項参照。**

古 **倫光**【ともみつ】　備前国　南北朝期（延文）

兼光の弟。景光の末男という。景光の子に三男があり、長男兼光、次男義光、三男倫光で、倫光の年紀作は貞和から永和にかけてがある。湾れ

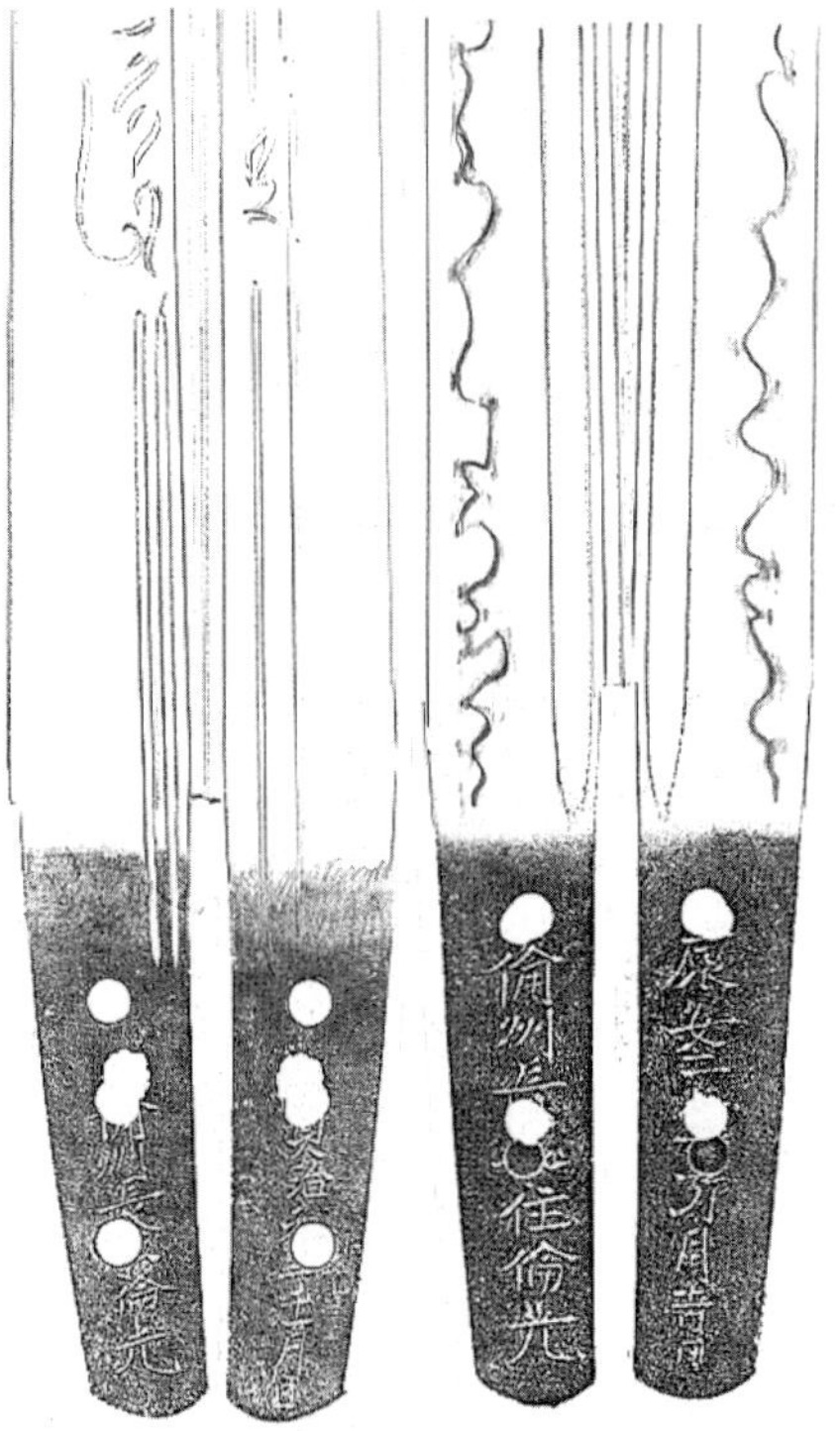

と

ともゆき～ともみつ

に互の目、丁子交じりの兼光風の作が多い。文和・延文ころは長船の頭領兼光の全盛期で、義光、倫光らは兄の助力に当たることが多かったであろう。自作は比較的に少ない。「備州長船倫光」、「備州長船住倫光」「備前国長船倫光」。

新々 **倫賀【ともよし】** 陸奥国　江戸末期（慶応）
「弘前住紀倫賀」と切銘する。弘前住。水心子正秀一門。

新々 **朝国【ともくに】** 山城国　江戸末期（安政）
森岡良吾。亦次郎、兵庫。叔父南海太郎朝尊に学ぶ。「土州住朝国造之」などと切る。明治三十四年七月七日、七十六歳没。

新 **朝郷【ともさと】** 播磨国　江戸中期（寛文）
播州朝郷。南紀にての作がある。「播州藤原朝郷於南紀作」。

古 **朝助【ともすけ】** 備前国　鎌倉初期（承元）
福岡一文字。承元二十四番鍛冶七月番。朝助銘を名乗るのは鎌倉中期（寛元、文永ころ）、同末（永仁ころ）に、なお降っては南北朝期（文和ころ）にもみられる。

新々 **朝尊【ともたか・ちょうそん】** 山城国　江戸末期（天保）
森岡友之助、朝之助のち孝之助。初銘友尊、朝高。雲匂子、のち南海太郎、また権守と号す。文化三年、土佐国高岡郡黒岩に生まれ、文政年中に京都に出て伊賀守金道の門に入る。京一条堀川住。天保年中、江戸湯島にて鍛刀する。千種有功の相鎚を務める。著書に『刀剣五行論』『新刀銘集録』『宝剣奇談』がある。自身で「ちょうそんつくる」と切銘したものがあることから朝尊は「ちょうそん」と読むのであるが、一般には「ともたか」と呼び習わしてきている。左利き刀工で「左手朝尊」と切銘したものがある。慶応元年四月七日、六十一歳没。文政・天保前半までは丁子乱、直刃、天保中ごろから重花丁子を焼く。

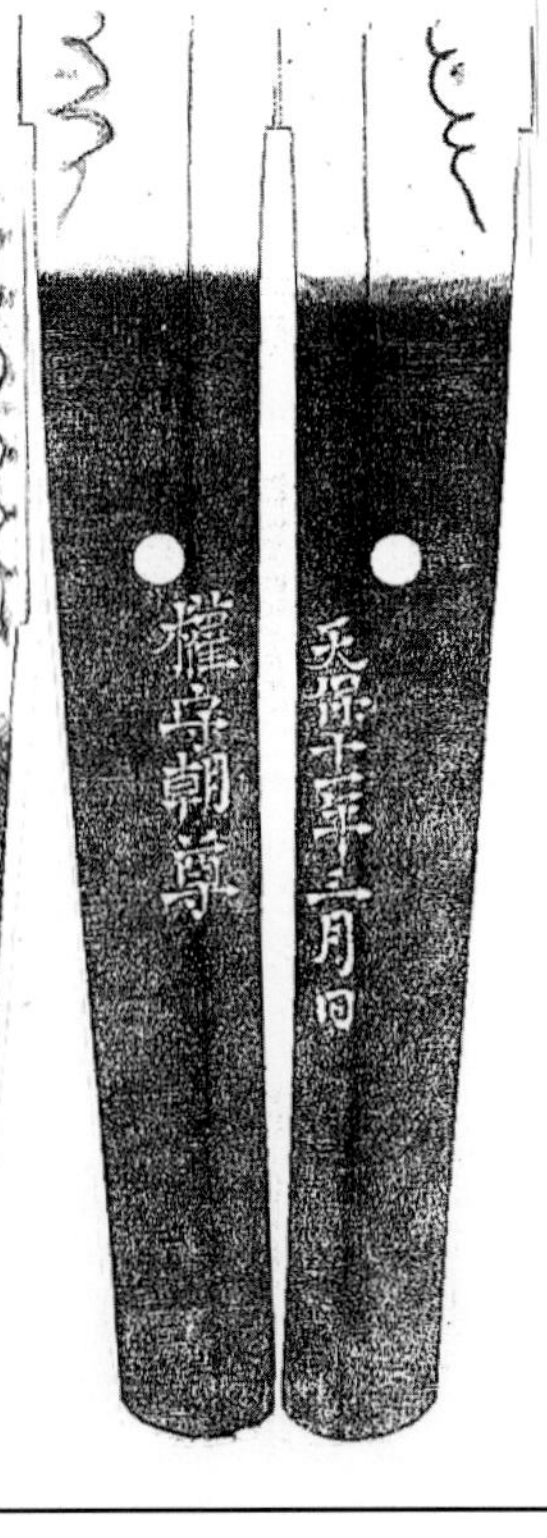

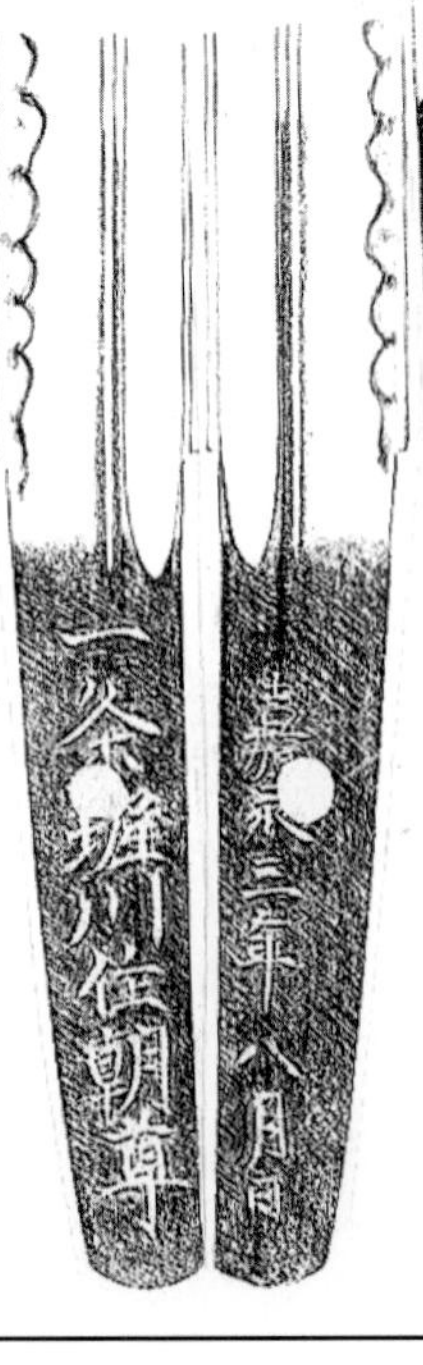

古 **朝次【ともつぐ】** 備中国　南北朝期（暦応）
青江。暦応年紀の作がある。「備中国住朝次作」。

古 **朝次【ともつぐ】** 備後国　室町初期（応永）
鞆三原。鞆住。応永・永享ころ。「鞆住朝次」。

新々 **朝長【ともなが】** 羽後国　江戸末期（嘉永）
小渡庄左衛門。南海太郎朝尊門。泰平子と号す。明治十一年没。

新作 **朝也【ともなり】** 兵庫　昭和
遠藤朝也。明治三十四年生まれ。祖父宮野義定に学び、昭和十六年、栗原彦三郎の門に入る。兵庫県日本刀鍛錬協会の作刀主任を務める。三木市福井住。

新々 **朝弘【ともひろ】** 土佐国　江戸末期（文久）
森岡朝尊門。「朝弘」。互の目に尖り互の目交じり。

新々 **朝広**【ともひろ】　土佐国　江戸末期（文久）

森岡朝尊門。南之太郎と称す。互の目に丁子交じりを焼く。

新々 **朝良**【ともよし】　土佐国　江戸末期（嘉永）

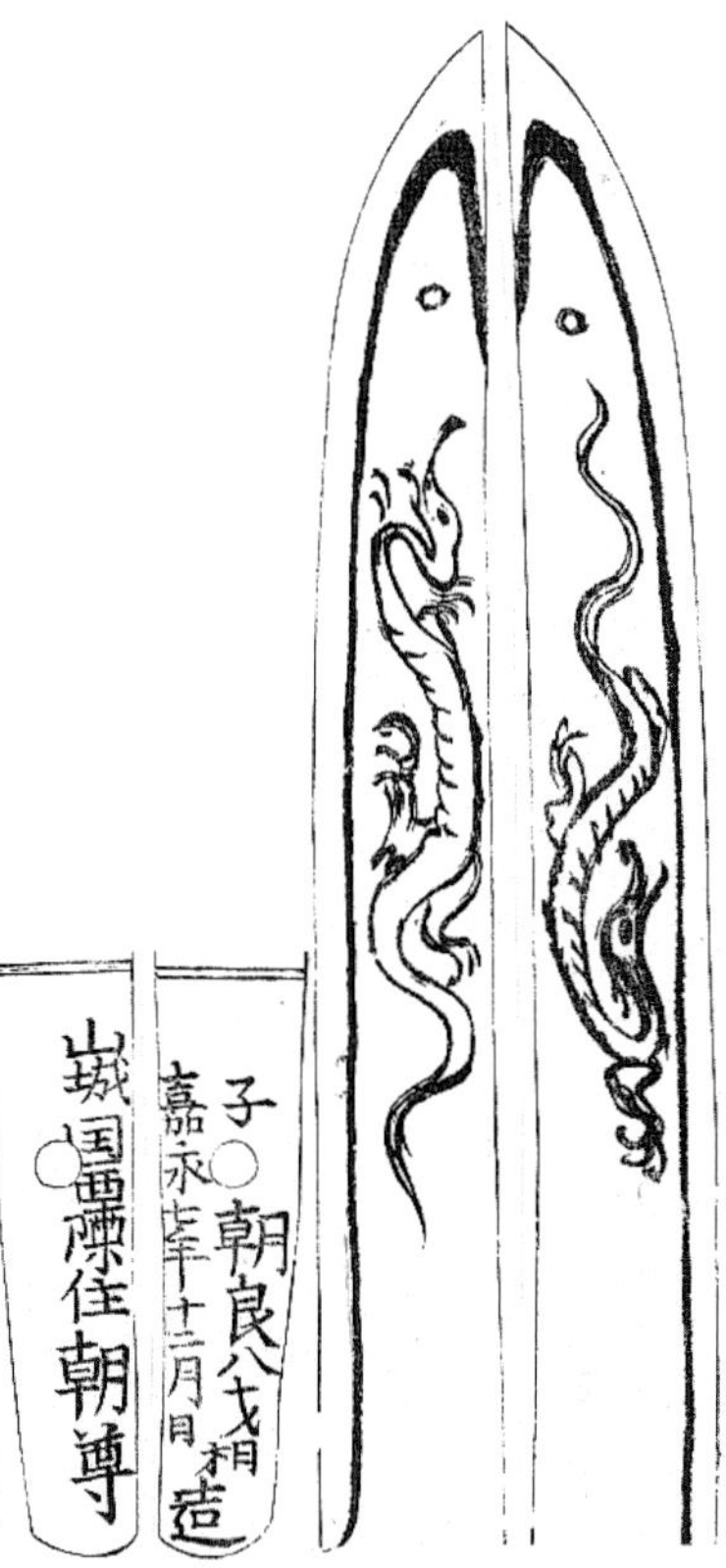

（『新刀銘集録』）

森岡虎太郎。南海太郎朝尊の子。初銘虎丸。嘉永七年「朝良八才相造」と銘した朝尊との合作がある。これは朝尊の相鎚を務めたものだが、それにしても早熟というべきであり、また「安政四年己正月十一才ニテ造之」と注記した「虎丸」銘の自身作がある。三十五歳くらいで没。直刃、丁子乱。

古 **豊政**【とよまさ】　豊後国　室町末期（天正）

高田。善兵衛。源内鎮信弟。のち伊予住。「藤原豊政」「豊後高田住藤原豊政」。同銘が新刀期に続き、寛永、寛文の年紀作がある。

新 **豊行**【とよゆき】**初代**　豊後国　江戸中期（万治）

竹田惣左衛門。二代統久子。甲輩本秀行門、のち養子となる。

新 **豊行**【とよゆき】**二代**　豊後国　江戸中期（延宝）

竹田惣左衛門。豊後甲斐本住。三代統行子。

古 **虎明**【とらあき】　駿河国　室町末期（天文）

駿州富士郡下方住。本国濃州関。高天神兼明の後銘。武田信虎より虎の一字を授かる。直刃調に小互の目足入り、匂口うるむ。「虎明」「駿州富士郡下方住虎明作」。

《な》

新々 **直景**【なおかげ】　肥後国　江戸末期（文政）

小山直景。延寿太郎と号す。同田貫派。肥後延寿国秀門。玉名住。互の目乱、互の目に丁子交じり。

新々 **直勝**【なおかつ】　万々歳　上野国　江戸末期（寛政）

板垣弥兵衛。万々歳と号し「万々歳直勝」と銘す。伊勢崎藩工。三品直道門。万々歳は藩主酒井侯より賜ったものという。家督は子の直秀が継ぎ、万々歳の称号も受け継ぐ。

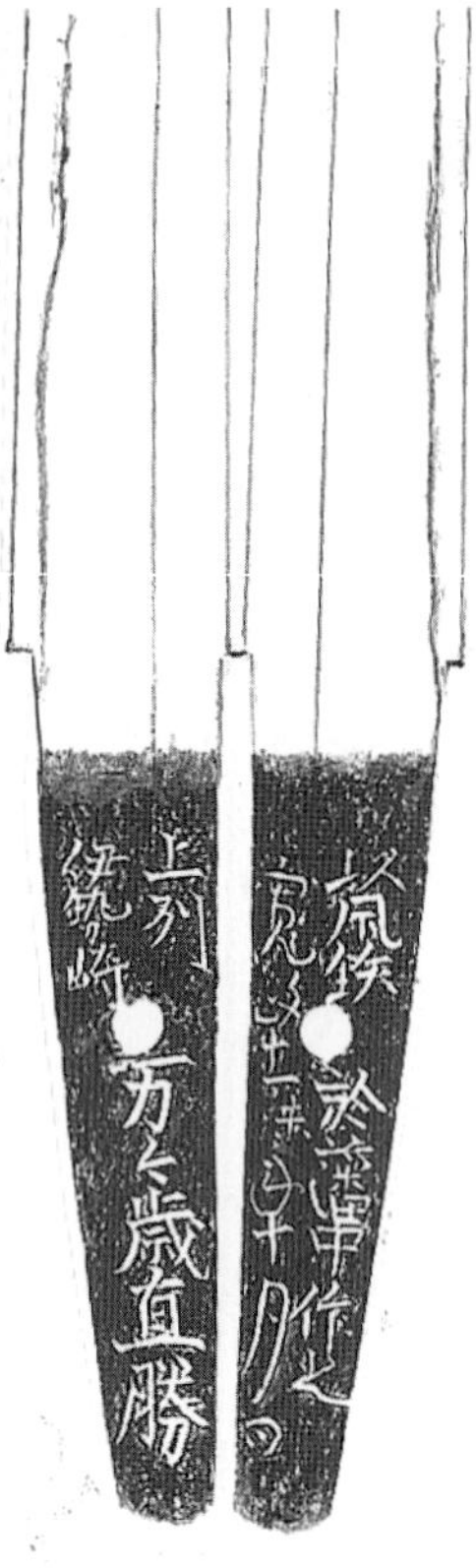

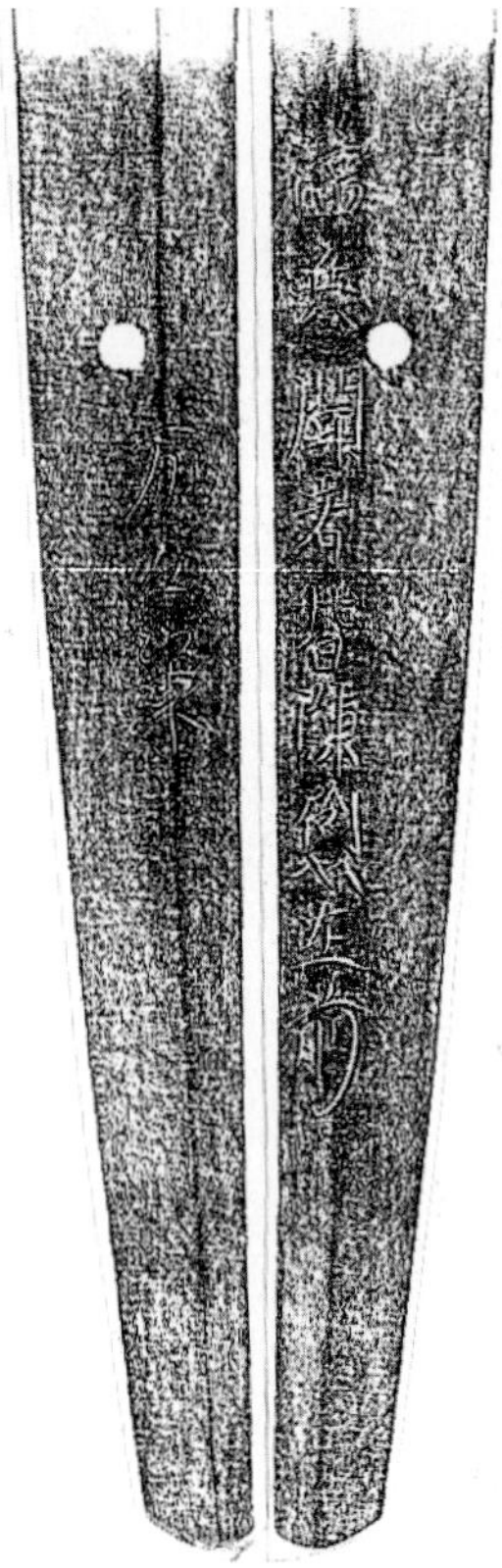

新々 **直勝**【なおかつ】　次郎太郎　武蔵国　江戸末期（天保）

伊藤正勝。文化二年、上総国山辺郡台方村（現・千葉県東金市台方）に生まれる。はじめ上総次郎、のち次郎太郎。大慶直胤の門、文政十二年ころに養子になる。荘司姓となり「於上総荘司次郎直勝」と銘す。秋元

三十四歳

四十一歳

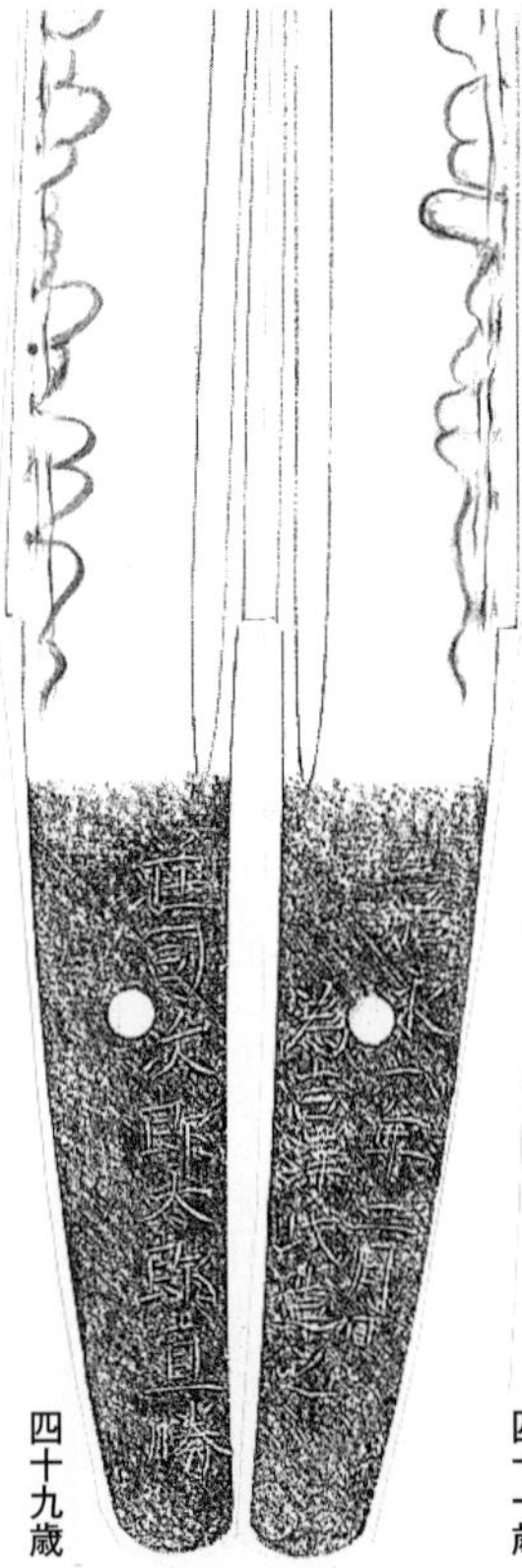

四十九歳

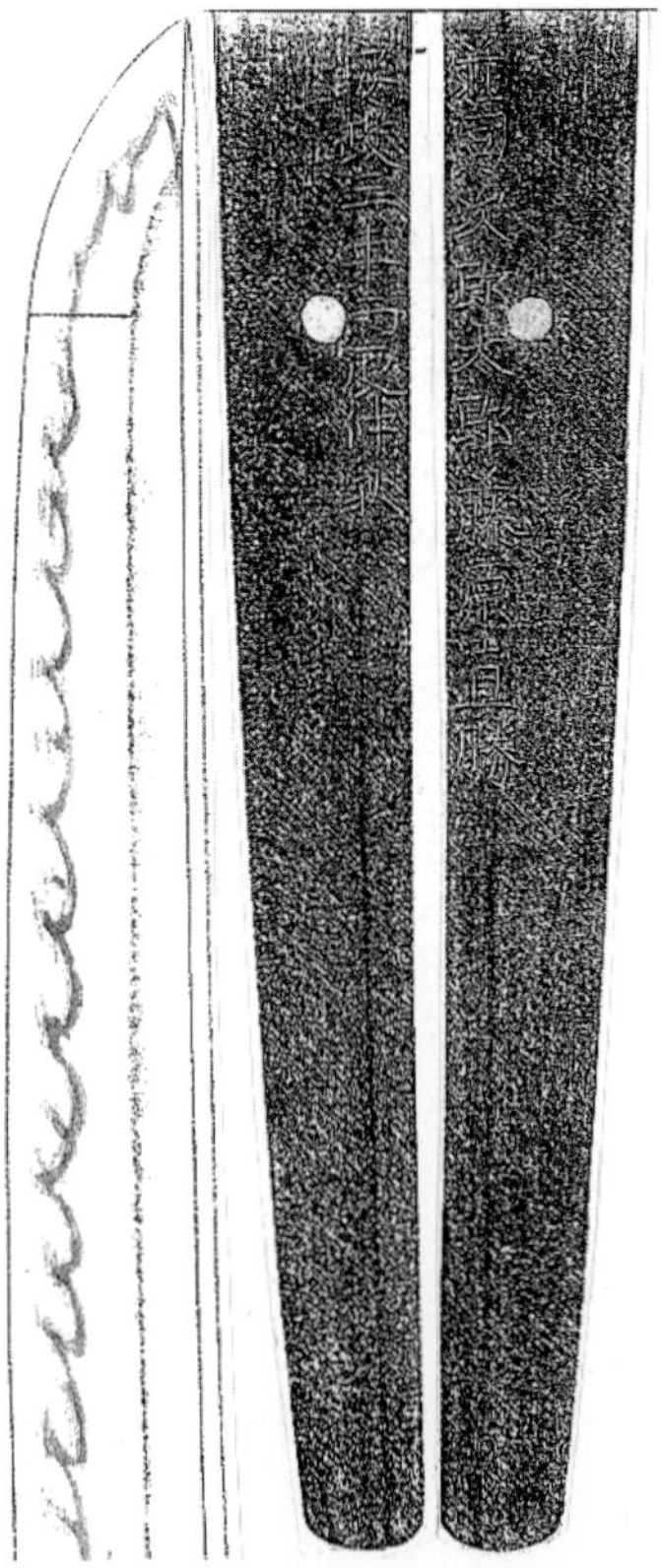

片落互の目乱

家に抱えられ館林藩工となる。江戸下谷、また佐久間町住。越後にても造る。文政ころから安政五年までの作例がある。安政五年七月二十二日、五十四歳没。前期作は身幅が広く切先が延びた体配に互の目乱の相州伝のものが多く、後期作は身幅が尋常な体配に逆がかった片落互の目の備前伝が多い。前期は銘を大振りに、後期は小銘に切る。

新々 直勝【なおかつ】 弥門 武蔵国 江戸末期（文久）

荘司弥門。次郎太郎直勝の次男。初銘直好、直諒《なおよし》。文久二年に直勝に改める。明治十七年三月三十一日、五十歳没。父が没した翌安政六年から作刀があり、明治四年ころまでみる。丁子乱が逆がかった備前伝の作が多く、匂口がうるむ傾向がある。

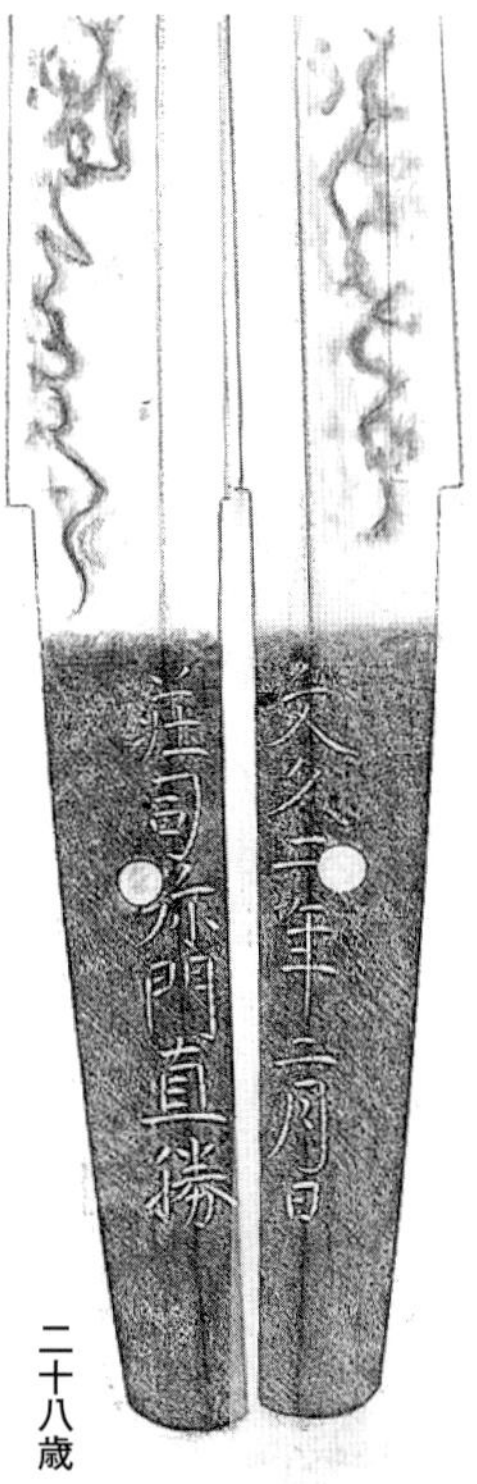

二十八歳

三十一歳

新々 直清【なおきよ】 長門国 江戸末期（文久）

玉井真吾。二王方清十代の孫と称す。長州二王系の掉尾を飾る良工。明治十一年十一月没。互の目に尖り互の目交じり。

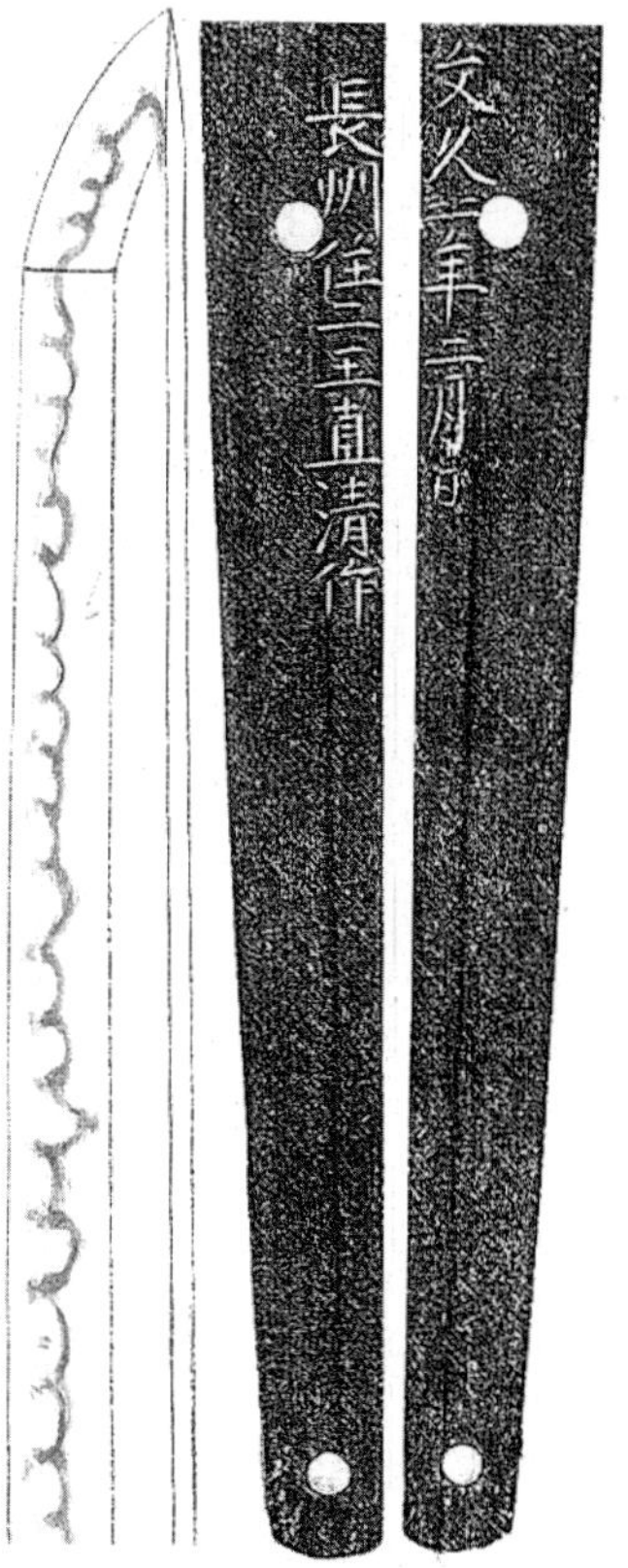

新々 直邦【なおくに】 長門国 江戸末期（天保）

玉井茂三郎。のち直国と銘す。府中住。大慶直胤門。平右衛門正清の子。伊勢にても造る。

古 直貞【なおさだ】 石見国 南北朝期（応安）

初代直綱子という。応安ころ。同銘が応永、康正ころにいる。「直貞」「出羽住直貞」。

新 直茂【なおしげ】 紀伊国 江戸中期（寛文）

寛文九年紀の作がある。初代。丹後国大道直秀の系流という。「紀州住藤原直茂作」と切銘する。◆二代直茂は宝永ころで「於南紀藤原直茂」と切る。三代は寛保ころ、初銘直家で「紀州住直茂」と銘す。

新々 直胤【なおたね】 大慶 武蔵国 江戸末期（文政）

荘司箕兵衛。安永八年、出羽国山形に生まれる。大慶と号す。はじめ鎌鍛冶であったが、寛政末年ころ出府して水心子正秀の門に入る。寛政十三年、二十三歳時の初作とみられるものから安政四年、七十九歳まで五十六年間の鍛刀期がある。はじめ日本橋、また神田に住、文化八年ころ和泉橋付近に、のち下谷御徒町に定住する。師と同じく秋元家の抱工となる。文政四年、筑前大掾を受領。嘉永元年には美濃介を改めて受領する。直胤が駐鎚した地は東海道から東山道、畿内から山陽道へと続き、文政二年から三十余年の間、精力的な行脚を続ける。

その跡は茎に刻した印に窺うことができる。イセ（伊勢）の刻印は天保三年、伊勢神宮参詣の折のものであり、シナノ（信濃）は天保七年、善光寺へ奉納時のものである。天保年間はイツ（伊豆）、エンシュウ（遠州）、ナニハ・オシテル（大坂）、ヒッチュ（備中）、弘化年間は都（京都）、嘉永年間はチヤ（備中）、宮（宮津）、助川（常州助川城）などの駐鎚地銘がある。初期作は濤瀾乱風の大互の目乱が沸づき、砂流し、金筋の働いた相州伝が多い。一文字また兼光風の備前伝、尖り刃の美濃伝、直刃の山城伝など作域広く多彩な技を発揮する。新々刀期を通じ名工の一人としての誉が高い。緻密な本荘義胤の刀身彫がある。鍛肌に渦巻状の板目肌が現れるのが特徴。安政四年五月二十七日、七十九歳没。**（系図910頁参照）**

文化七年、三十二歳

三十四歳

五十二歳

シナノ（信濃）打ち、五十八歳

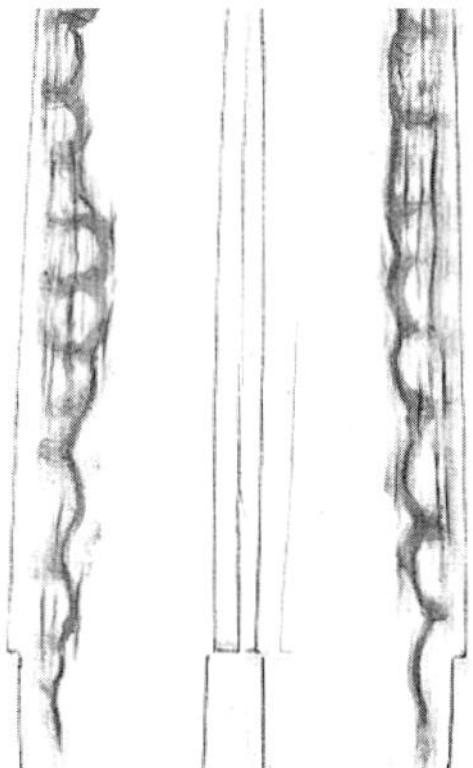

ヲシテル（大坂）打ち、六十九歳

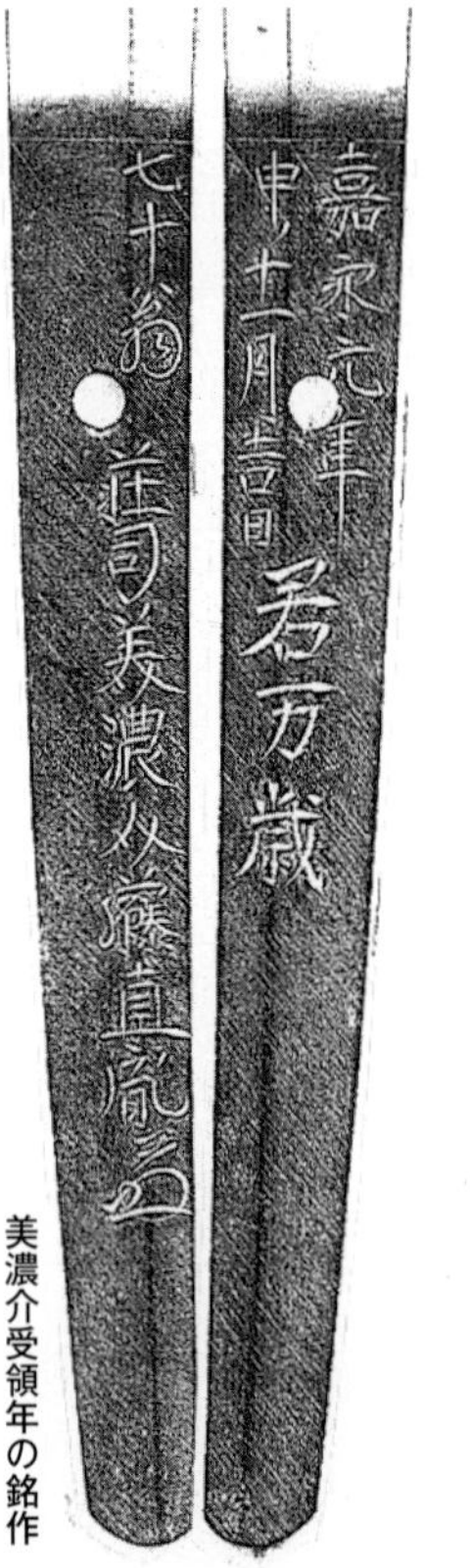

美濃介受領年の銘作

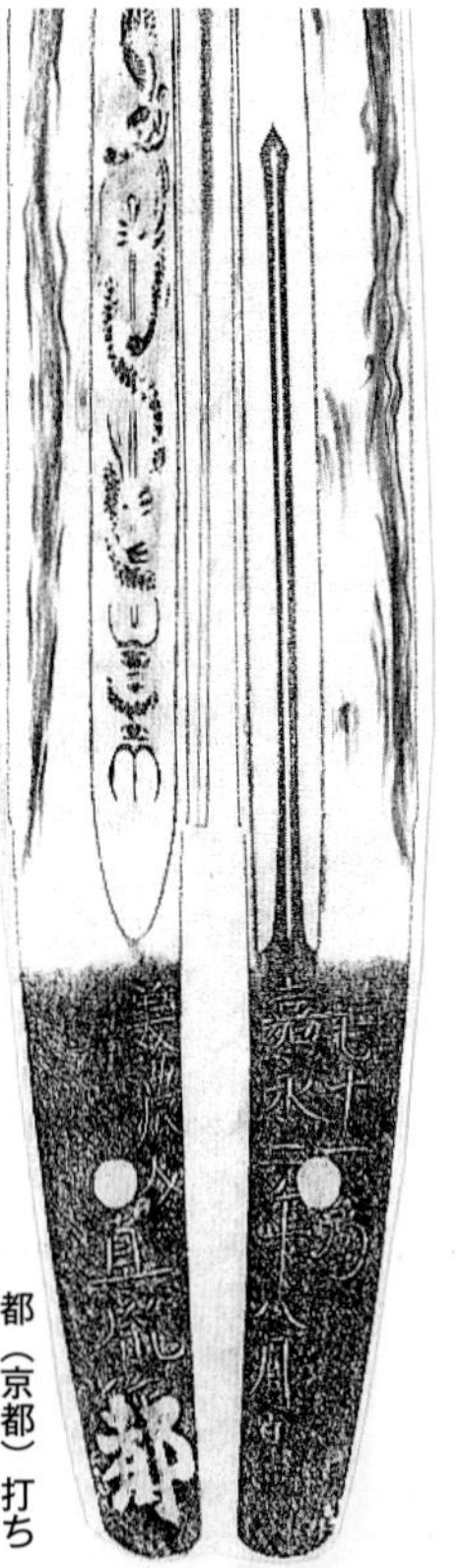

都（京都）打ち

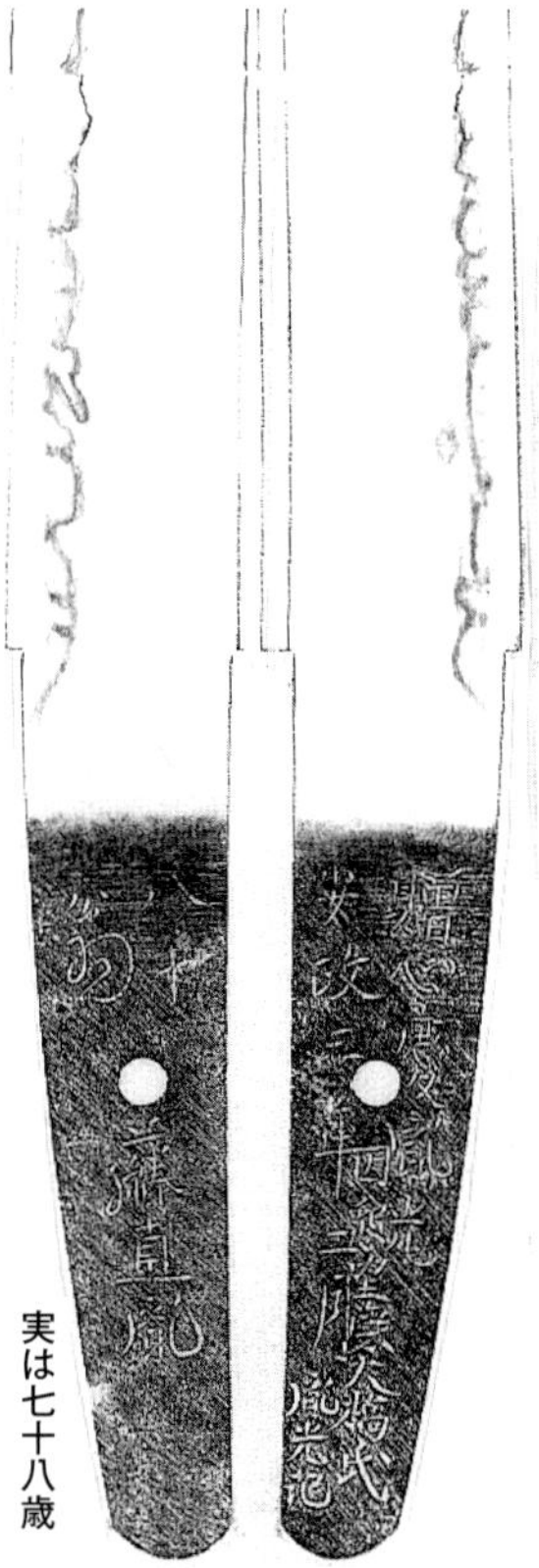

実は七十八歳

古 **直次【なおつぐ】** 備中国　鎌倉末期（嘉暦）

青江。左兵衛尉。正応・正安年紀の作があるといい、現存するものでは嘉暦から建武にかけてのものがある。初代作。小湾れ調の直刃に互の目足入り、小沸よくつき匂口冴え、金筋入る。小板目に小杢入り、地沸つき地斑・地景入り、映りよく立つ。「備中国住人直次」「備中州住左兵衛尉直次作」「備中国住人左兵衛尉直次作」。

元徳元年十二月日

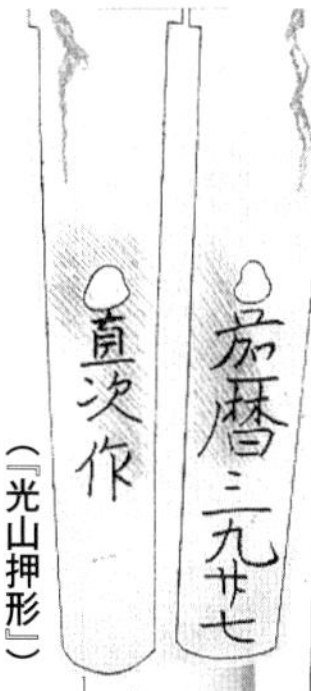

（『光山押形』）

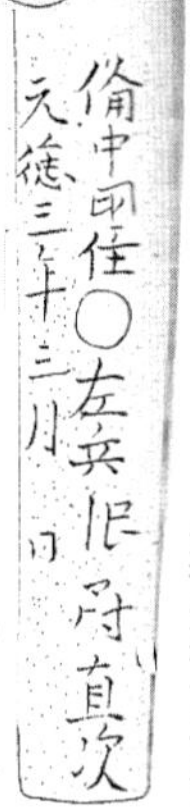

（『土屋押形』）

南無観世音

建武二年八月十八日

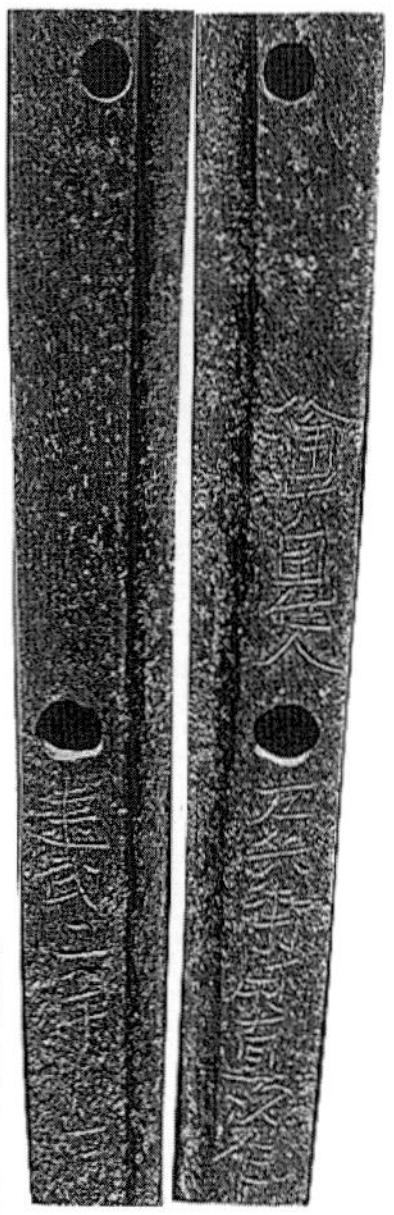

建武二年十月日

古 **直次【なおつぐ】** 備中国　南北朝期（康永）

青江。二代。左兵衛尉。暦応から延文ころまでの年紀作がある。作風は初代に似る。銘振りが初代と比べてやや小さく、棟寄りに切る。「備中國住人直次」「備中國住人左兵衛尉直次作」。

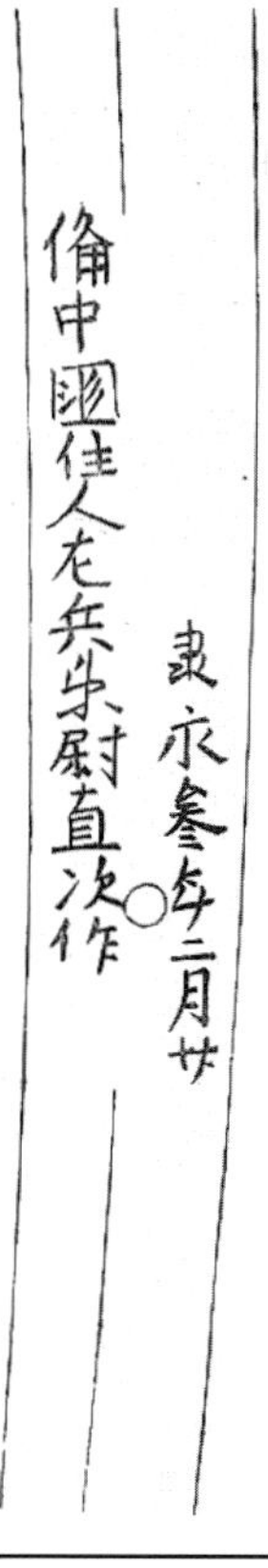

康永参年二月廿（『古刀銘尽大全』）

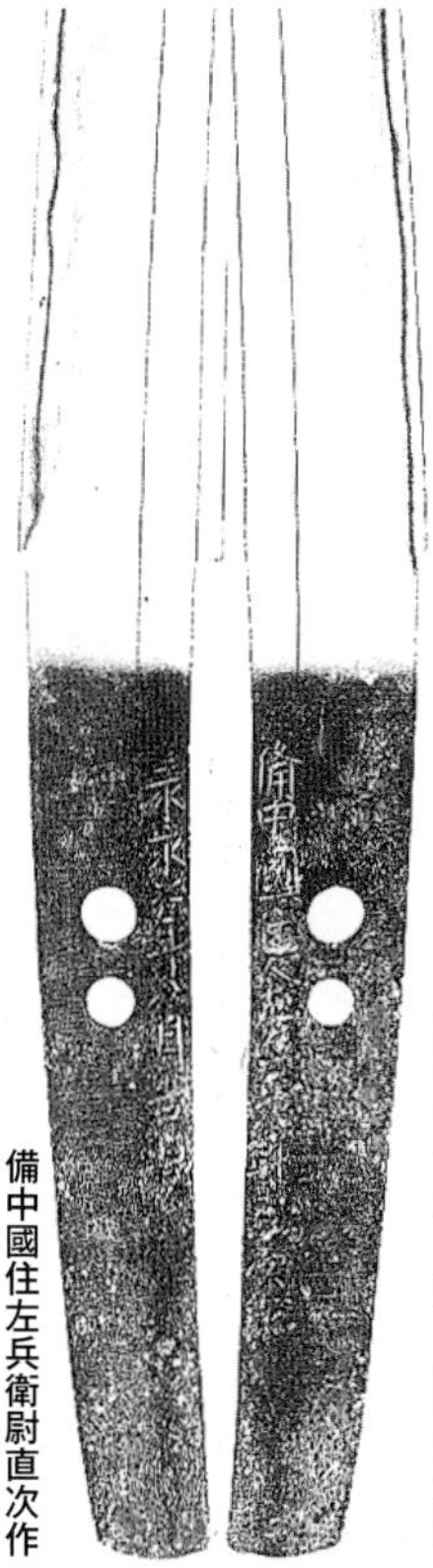

備中國住左兵衛尉直次作
康永四年八月吉日

貞和

な

なおつぐ

古 **直綱**【なおつな】**初代**　石見国　南北朝期（貞和）

久右衛門。盛綱の子。出羽住、のち河内にも住。五郎正宗門という。古銘鑑に年代を建武とするものによれば、年代的には正宗と結ばれる可能性が残されるが、現存する作刀からみては、正宗の作風に通じるものがなく、いまは正宗との師弟関係は肯定されない。刃文は互の目を主調に尖り刃、小湾れを交じえて沸づき、板目の地鉄に黒味がある。南北朝期初めから中ごろの延文・貞治にかけての工である。「直綱」「直綱作」。

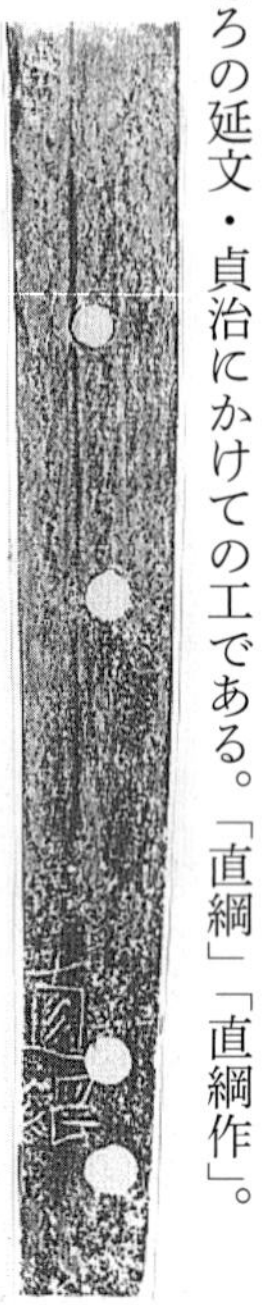

古 **直綱**【なおつな】**二代**　石見国　南北朝期（永和）

永和二年紀の短刀がある。板目鍛えに柾流れ、地沸つき、地斑・地景が入り、黒味がある肌合いが交じる。小湾れ調の直刃に小互の目、小乱交じり、よく沸えて砂流し、金筋入る。「直綱」「石州出羽直綱作」「出羽住直綱」。

古 **直綱**【なおつな】**三代**　石見国　室町初期（応永）

二代直綱の子。南北朝期末ころから応永にかけて作刀する。互の目乱、直刃調に互の目交じりの刃文がままあり、尖りごころの刃、箱がかった刃が交じる。「直綱」「石州出羽直綱」「出羽住直綱」。

古 **直綱**【なおつな】**四代**　石見国　室町末期（文明）

室町中ごろから末期の文明ころにかけての工であろう。直刃に互の目足入り、刃縁ほつれて、湯走り、飛焼かかり、二重刃、三重刃を呈し、匂口明るく沸よくつく。「直綱作」「出羽直綱作」。

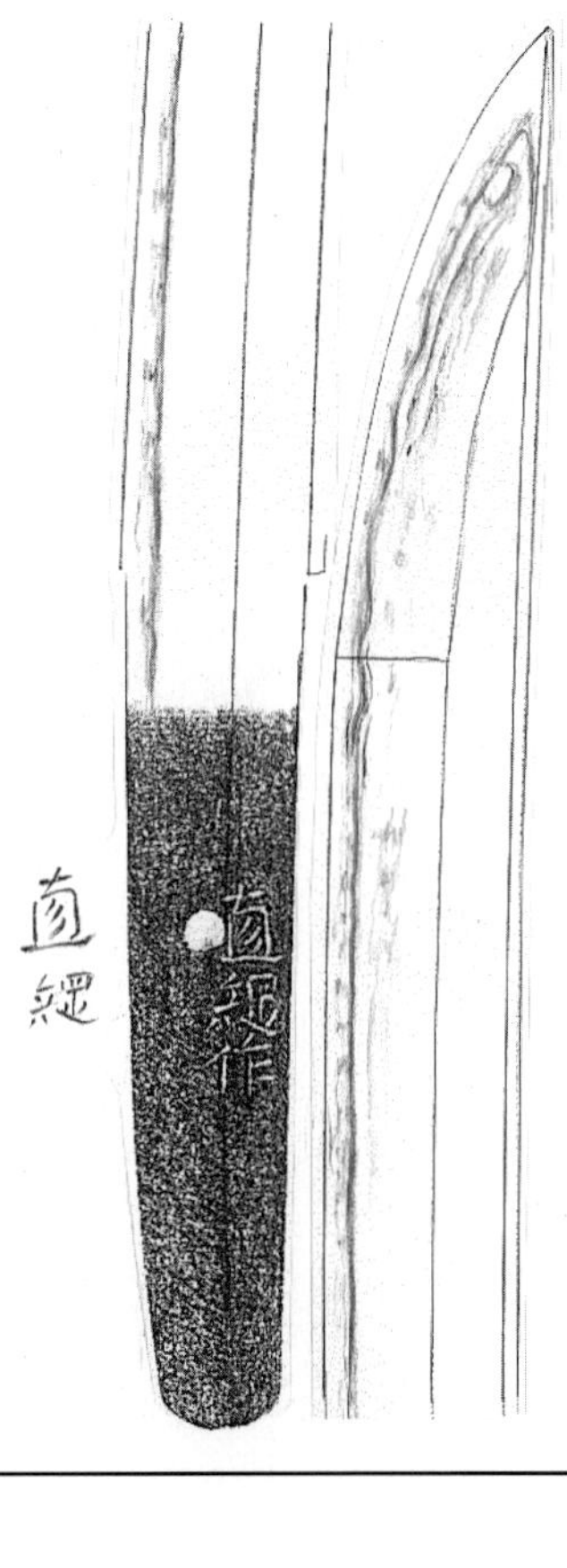

新々 **直寿**【なおとし】越中国　江戸末期（天保）

中条直寿。徠鏡子と号す。大慶直胤門。「於北越中条徠鏡子直寿」などと切銘する。直刃を焼く。

古 **直長**【なおなが】越中国　室町末期（明応）

桃川。石塚右衛門。明応・文亀の年紀作がある。初代直長には応永三年紀の作があり、三代には永正・大永の年紀作があるというが、作刀をみるのは二代に該当する本工が多く、明応七年から文亀三年紀の作例がある。「越州直長作」「越州住石塚直長作」「越州住右衛門尉直長作」。越州石塚は現・富山県高岡市石塚。

古 直秀【なおひで】 丹後国　室町末期（天正）

本国美濃関。室屋派。兼道門。岐阜住のち丹後国田辺、宮津にて造る。天正ころ。「藤原大道直秀」「丹州田辺住大道」。次代は寛永ころ、摂州大坂にて造り、三代延宝、四代享保と続く。「摂州住藤原大道直秀」。

新々 直秀【なおひで】 勝弥　武蔵国　江戸末期（安政）

荘司勝弥。次郎太郎直勝の嫡男。弥門直勝の兄。伊勢津藩主・藤堂和泉守に抱えられる。明治三十八年六月二日、七十三歳没。互の目乱、逆丁子乱。

新作 直秀【なおひで】 高知　昭和

刈谷直治。大正六年生まれ。池田靖光門。昭和四十六年、作刀承認。平成十六年、新作名刀展入選。「靖国一心子刈谷紫郎源直秀作之」。平成十七年に八十歳と切銘する。平成二十二年、八十六歳で健在。高知市住。

新作 直弘【なおひろ】 埼玉　大正

上野直弘。柳川氏同人。直心子正広門。入間郡住。直刃を焼く。大正三年紀作がある。

新作 直弘【なおひろ】 埼玉　昭和

柳川昌喜。明治四十三年生まれ。柳川（上野）直弘の子。荘司直胤、田子正弘の末という。昭和三年より鍛刀し、戦後は昭和三十年より復活する。「寿王武州高倉住人直弘造」。入間郡武蔵町住。

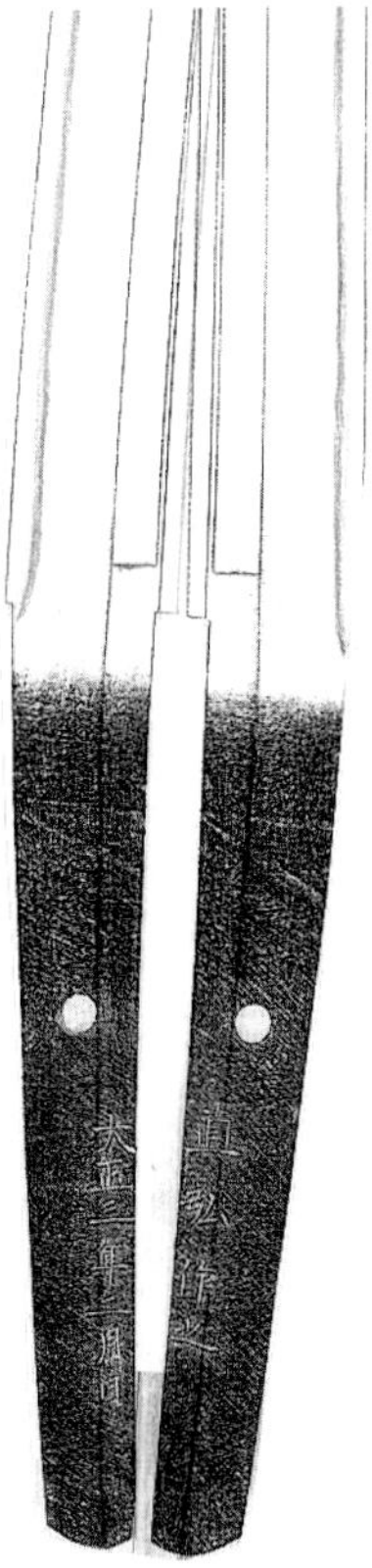

新 直房【なおふさ】 丹後国　桃山期（寛永）

本国濃州岐阜。丹後田辺住、のち細川家の移封に従い豊前小倉に移る。大道直秀一門で「但馬大掾大道直房」と切り、晩年は「藤原大道直房入道作」と銘す。寛永から寛文の間。◆二代直房は享保ころ。

新々 直正【なおまさ】 初代 磐城国　江戸末期（文久）

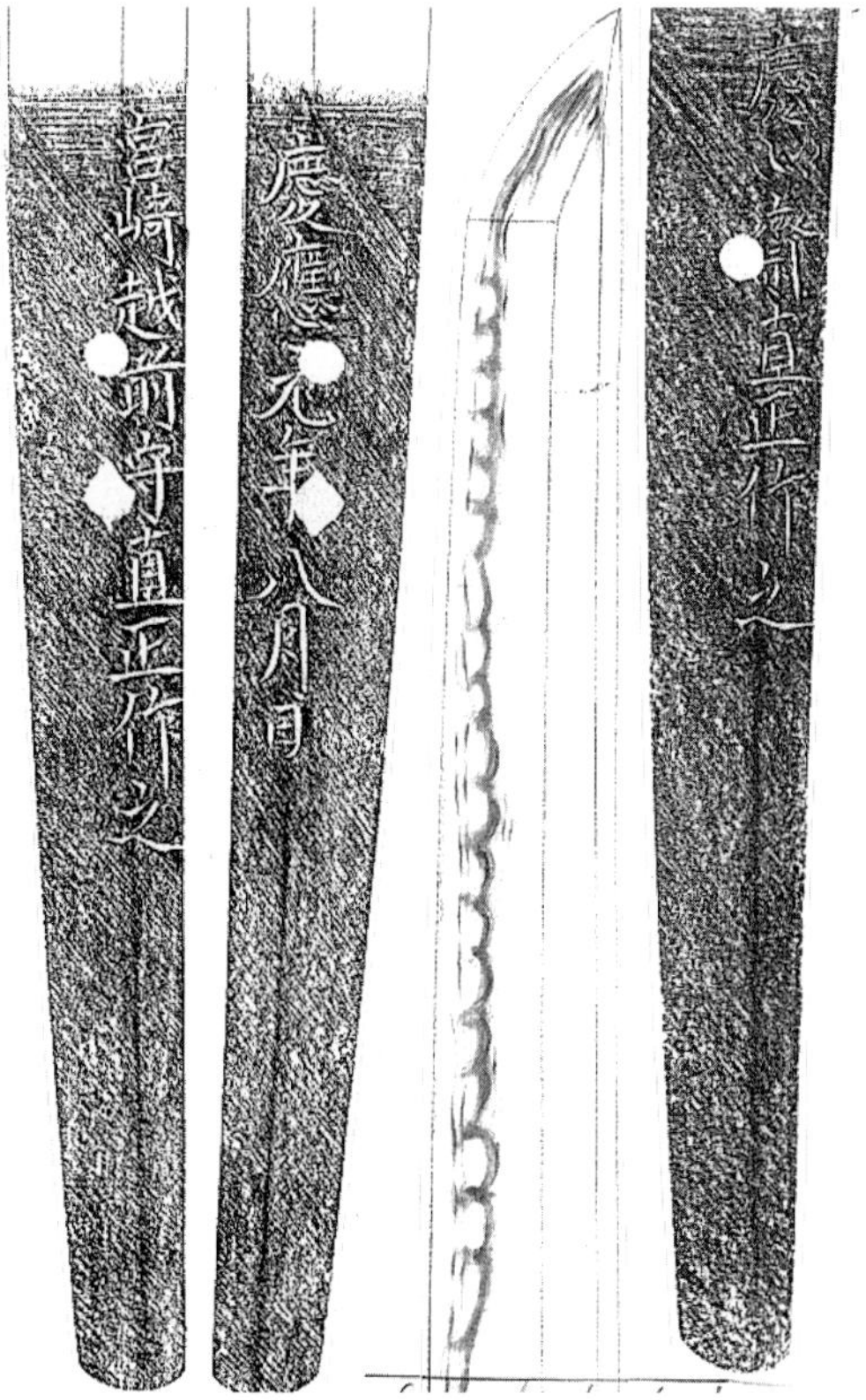

宮崎剣蔵。幼くして斎藤家の養子となる。慶心斎と号し、宮崎越前と称す。相馬中村鍛冶町住。大慶直胤の門。相馬藩士。元治二年正月、越前守を受領し、宮崎氏に復す。相馬刀工の殿《しんがり》なりといわれ、相馬での掉尾を飾る上工。陸中に旅行中、水難にあって水死したとも、乱心のはて小浜で投身したともいう。明治十二年十一月二十四日没。嘉永から明治六年ころまでの作がある。互の目乱、互の目に丁子交じりの備前伝の作と、よく沸づいて地景、金筋の働いた相州伝の作とがあり、直刃も焼く。

新々 直正【なおまさ】二代　磐城国　江戸末期（慶応）

宮崎喜代治。初代直正の子。明治三十五年十二月二十五日、五十九歳没。

新 直道【なおみち】　丹後守　二代直道　摂津国　江戸中期（延宝）

三品貞右衛門。初銘直次。初代丹後守兼道の初銘直道を継ぎ、二代目直道となる。のち播州へ移る。丁子乱のほか、簾刃、菊水刃を焼く。

新々 直道【なおみち】　難波介　六代　摂津国　江戸末期（寛政）

三品難波介。丹後守兼道六代の孫と称す。天明年間に因州寿格門となり直格と銘す。寛政二年八月紀に「三品丹後守嫡子直格」銘があり、寛政三年八月紀に直道銘の作がある。これによって直格から直道に改銘したのが寛政二年八月から同三年八月の間のこととなる。井伊家、のち尾張徳川家に抱えられ名古屋へ移住する。晩年は京山科に帰る。安政六年四月没。

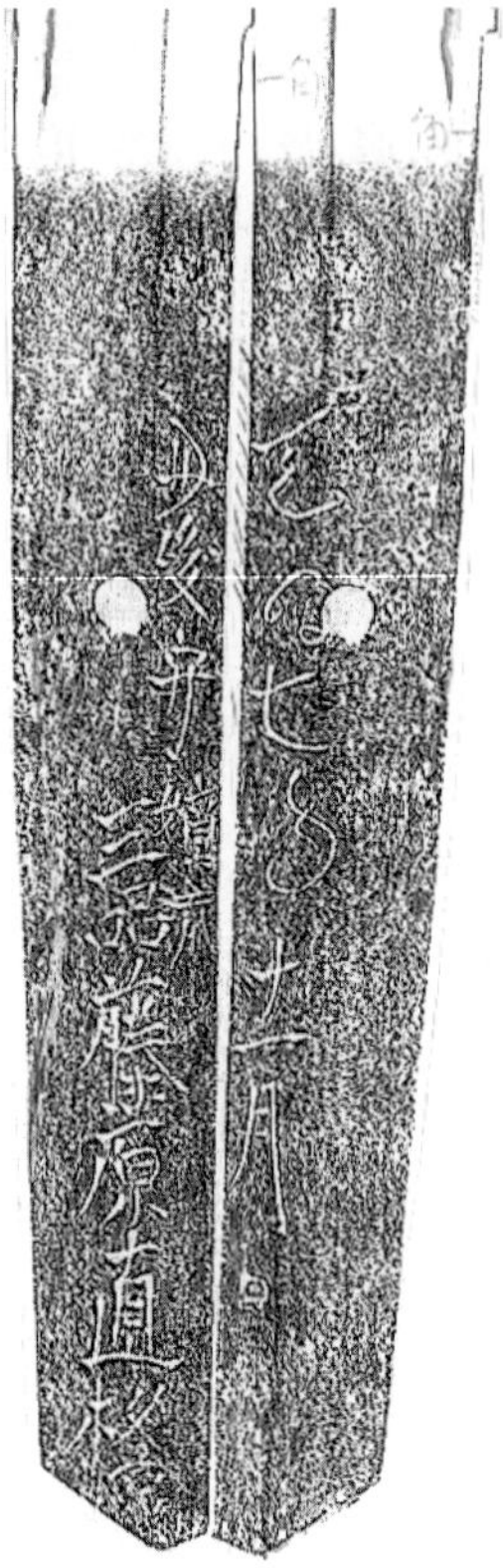

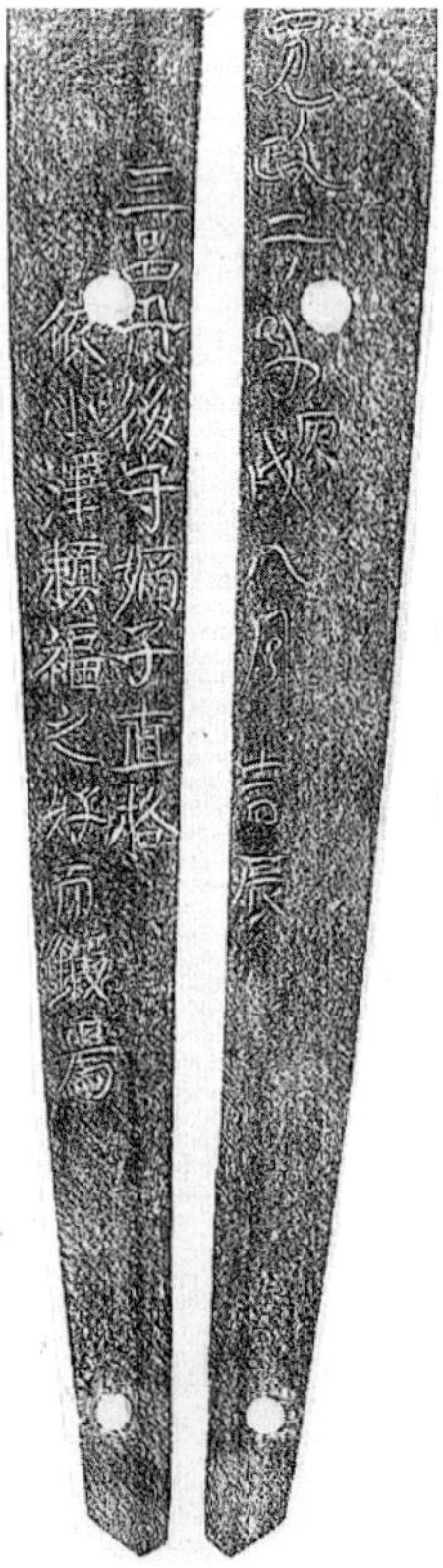

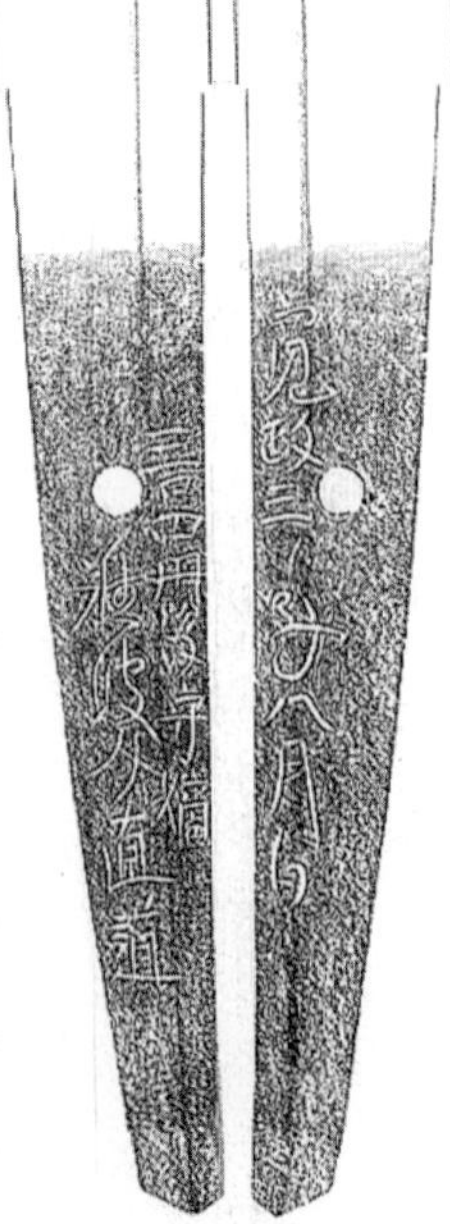

新々 直道【なおみち】　左兵衛介　七代　摂津国　江戸末期（文化）

丹後守六代は難波介であり、七代が左兵衛介直道であることは「丹後守七代三品左兵衛介源直道作」の作銘によって知られる。初銘直次。のち直通。刀工としての丹後守兼道家は七代で終わる。

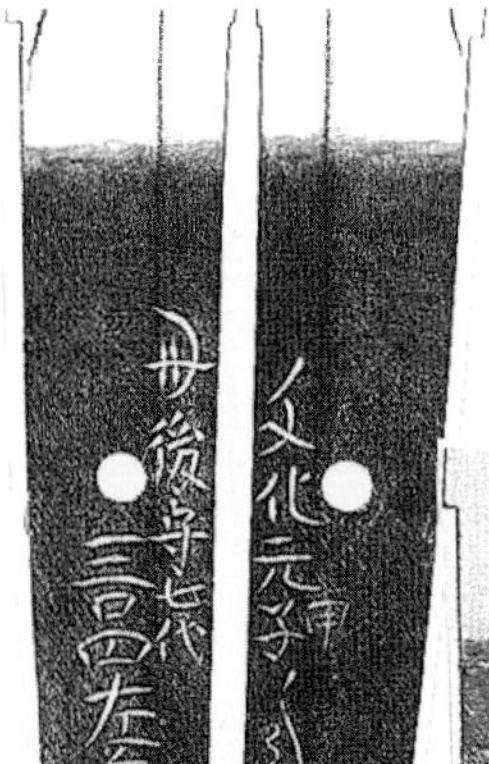

新々 **直光**【なおみつ】 陸前国 江戸末期（嘉永）

新井與平治、龍五郎。初銘玉秀。雙龍子と号す。嘉永二年ころ江戸に出て大慶直胤の門に入り、直光と改める。初代玉英が文久二年に没して後、玉英を襲名し二代目玉英を名乗る。⇩玉英〈二代〉の項参照。

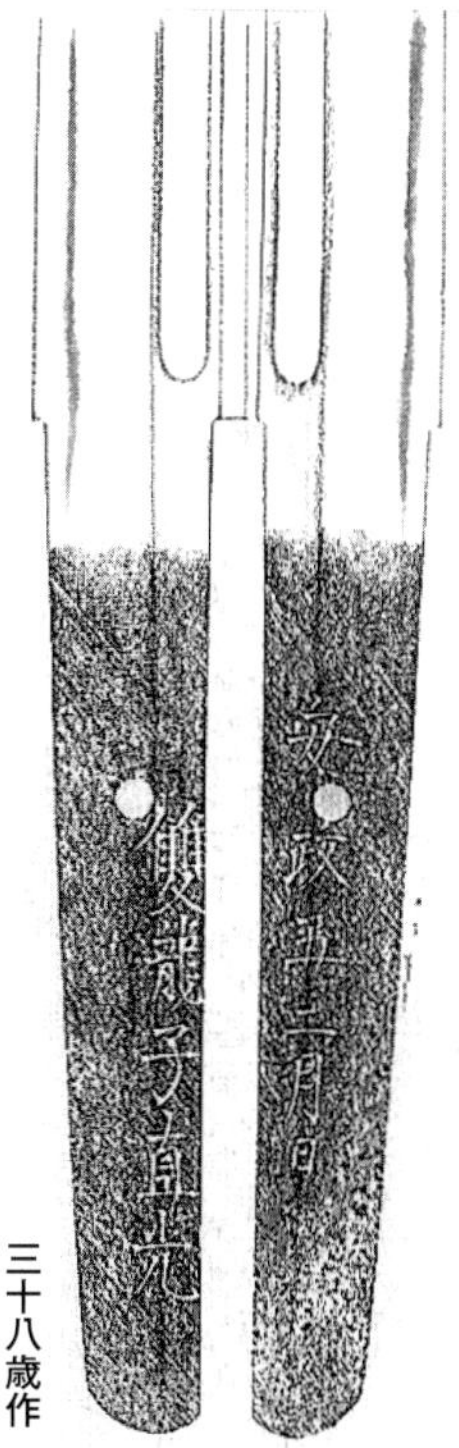

三十八歳作

新々 **直光**【なおみつ】 武蔵国 江戸末期（慶応）

細田平次郎。江戸湯島天神下住。次郎太郎直勝門。廃刀令後、著名刀工の偽作をして銘切師・鍛冶平として名を馳せる。虎徹をはじめ忠吉、直胤、水心子正秀など偽銘例が『かじ平真偽押形』に収められている。自身の銘作は短刀数例があるだけで稀少。明治三十年ころまで生存していたという。

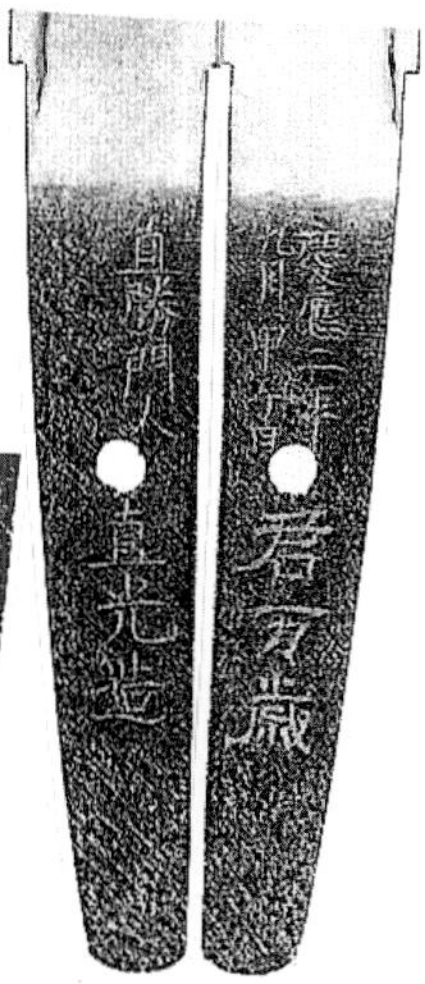

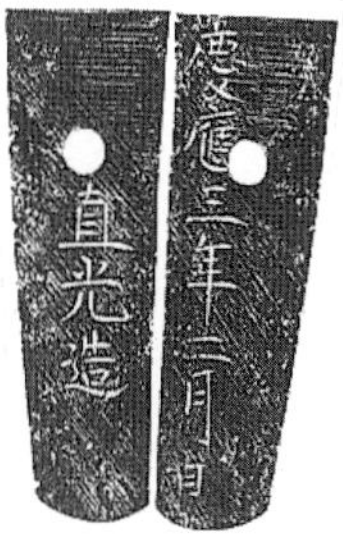

新々 **直宗**【なおむね】 武蔵国 江戸末期（天保）

松崎早太。大慶直胤の実子。江戸京橋、浜松住。山形藩の『庶士伝続編』（『刀剣美術』第五六一号 武田喜八郎氏）によると、文政四年に浜松藩水野氏臣松崎重左衛門の養子となり、文政六年、水野家歩士となる。同九年大坂にて不祥事を起こし藩から追放される。事後、父直胤につき鍛刀修業をし、天保三年から八年ころまでの作刀があり、同九年に刀工として藩へ帰参を許される。天保十五年二月十九日没。

新々 **直宗**【なおむね】 肥後国 江戸末期（文政）

沼田英記。別名有宗。肥後熊本藩士。水心子正秀門。『刀剣疑解』『剣工談』などの著書がある。文政から天保までの作刀がある。天保十三年没。

古 **直守**【なおもり】 豊後国 室町末期（応仁）

平高田。享徳から応仁にかけて年紀作があり、平高田では比較的年代が古い工である。二代は天文ころ。「豊後高田住平直守」「豊後国高田住平直守作」。

古 **直行**【なおゆき】 備後国 室町末期（明応）

五阿弥（其阿弥とも）。現・広島県尾道市土堂。初代明応ころ。二代天文。「備州尾道住五阿弥直行」。

新 **直行**【なおゆき】 豊後国 江戸中期（享保）

高田本行の子。のち有徹に改める。大和守を受領。肥前唐津にても造る。「豊後高田住鬼鏡直行」などと切る。

新々 **直吉**【なおよし】 尾張国 江戸末期（文政）

山口徹弥太。眠龍子、泉心子と号す。直義とも銘す。三品丹後守直道の子、寿実門。江戸根津住、常陸にても造る。松前藩に招かれ北海道で鍛刀し、日高国浦河にて七十四歳で没す。

古 **直能**【なおよし】 豊前国 室町初期（永享）

筑紫了戒。板目に柾流れ、白気ごころがあり、直刃また互の目乱を焼く。「了戒直能作」。直能は宝徳、文明、永正、天文、天正と続き、「了直能」「了戒直能」などと銘す。

新 **尚定**【なおさだ】 紀伊国 江戸中期（寛文）

直茂子。寛文四年紀の作がある。次代に同銘が寛保ころにいる。

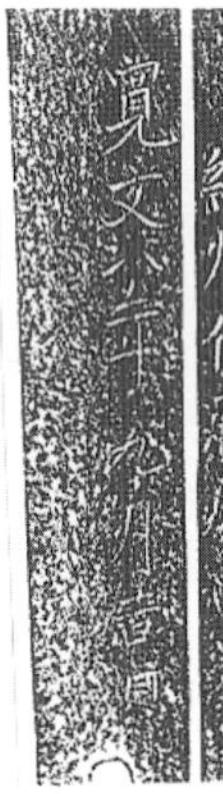

新 **尚茂**【なおしげ】 紀伊国 江戸中期（享保）

紀州和歌山住。直茂同人また門人ともいう。小互の目に小丁子交じり、叢沸つき砂流し烈しくかかる。

新々 **尚春**【なおはる】 伯耆国 江戸末期（慶応）

藤本甚太郎。初銘秀春、のち尚春に改める。一雲斎と号す。直胤門人の山本秀直に学ぶ。明治二十二年一月三十日、六十九歳没。

古 **尚光**【なおみつ・ひさみつ】 備前国 室町初期（応永）

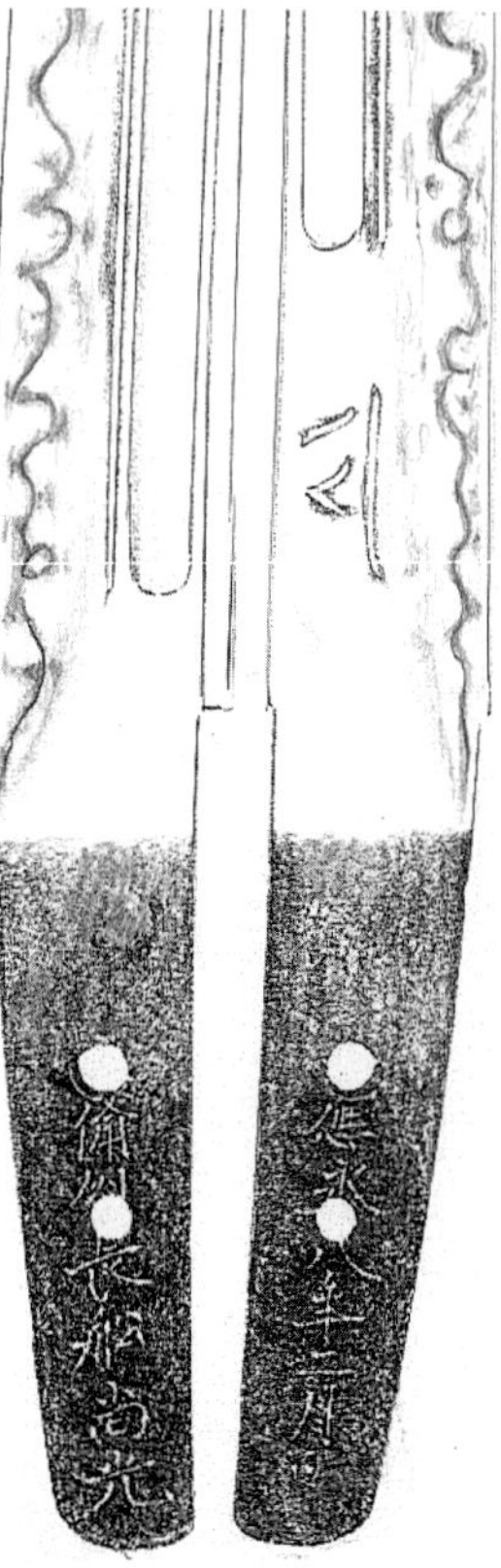

応永備前。腰開きの互の目乱が盛光・康光に似る。応永八年紀からみられ同末年まで作る。「備州長船尚光」。二代寛正、三代明応、四代天文と続く。

古 **尚宗**【なおむね・ひさむね】 備前国 鎌倉初期（嘉禄）

福岡一文字。直宗派の祖直宗同人という。太刀と剣の作例がある。太刀は傘の文様に「尚宗」二字を、佩裏に「一」を斜に切る。刃文は小乱に小丁子交じり、よく沸えて刃中に金筋が働く古調な出来。剣は豊臣棄丸の守刀(京都・妙心寺蔵)。倶利迦羅文腰刀の拵に付く。直刃を焼く。「尚宗」。

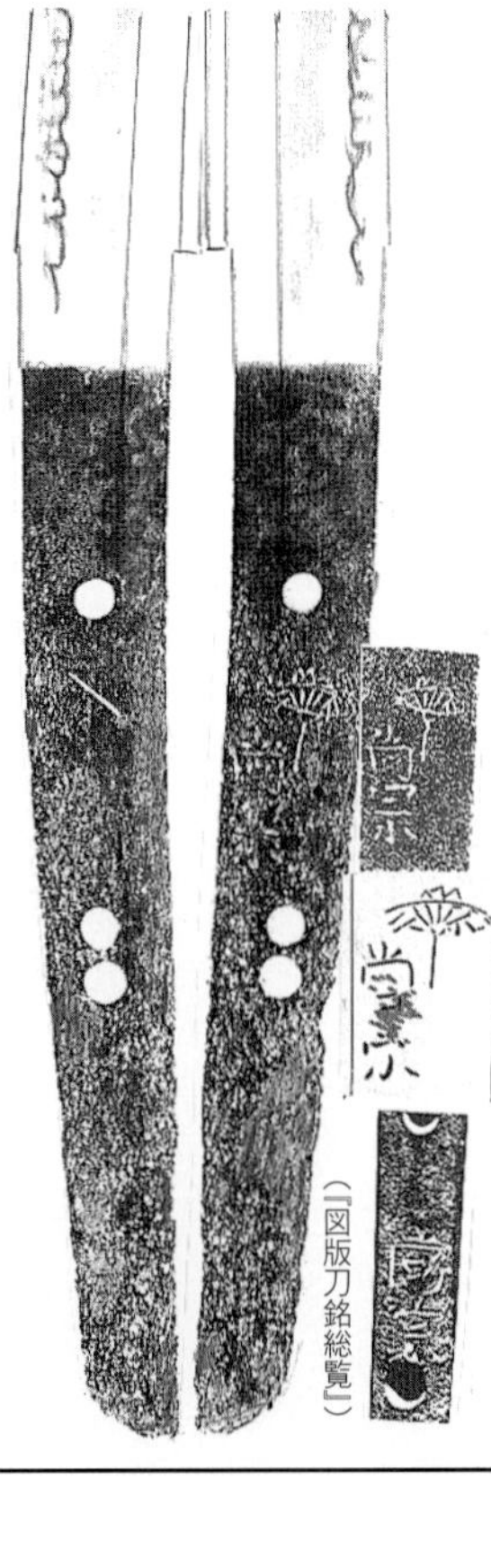

（『図版刀銘総覧』）

新々 **尚宗**【なおむね】 紀伊国 江戸末期（文政）

紀州直茂一門。中直刃に小足入り、荒沸つく。

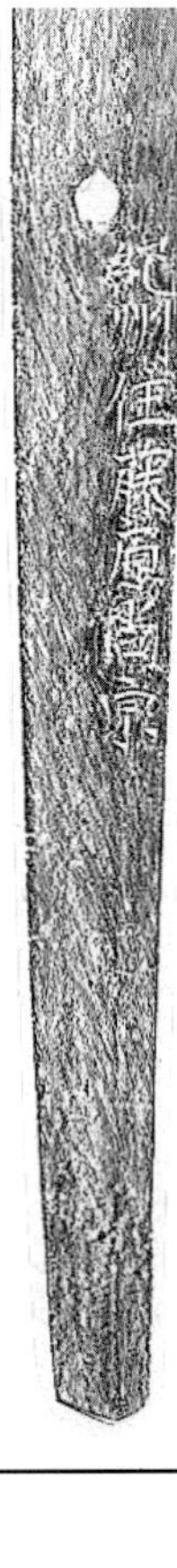

古 **永家**【ながいえ】 筑後国 南北朝期（至徳）

大石左。左安行の孫。大石住。至徳ころ。室町期に文安、文明、天文と同銘が続く。「大石住永家」「筑後国住永家作」。

古 **永国**【ながくに】 備前国 南北朝期（建武）

長船。建武ころ。末流に同銘を名乗る鍛冶がある。永正ころ。「備州長船永国」「永国」。

新 **永国**【ながくに】　河内守　肥後国　江戸中期（寛文）

生国越前。京また江戸住、のち肥後熊本に移る。寛文八年三十六歳の銘作からみて寛永十年生まれ。河内守を受領、寛文六年二月の金象嵌試銘の作に受領銘がなく、寛文八年二月紀に河内守の受領銘があるので、この間に受領している。法城寺吉次また国正門ともいうが、年代的には永国が先輩に当たり、法城寺永国との混同によるものであろう。国正門は法城寺永国のようである。『新刃銘尽』は大和守安定の弟子といっていて、紀州石堂の出である初代安定との何らかの関連を見逃しがたい。宮本武蔵の養子宮本伊織の帯刀の作者として知られ『新免武蔵之介帯之』と切銘した作刀がある。直刃、互の目に太い足を入れ、沸匂が深い。

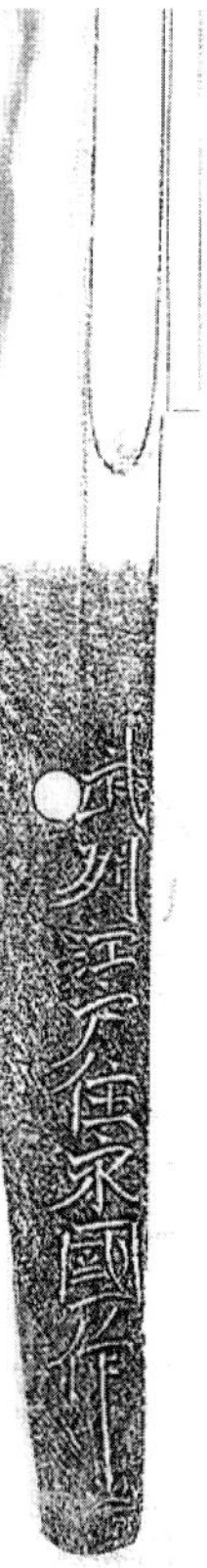

（裏）寛文六年二月試銘

三十六歳

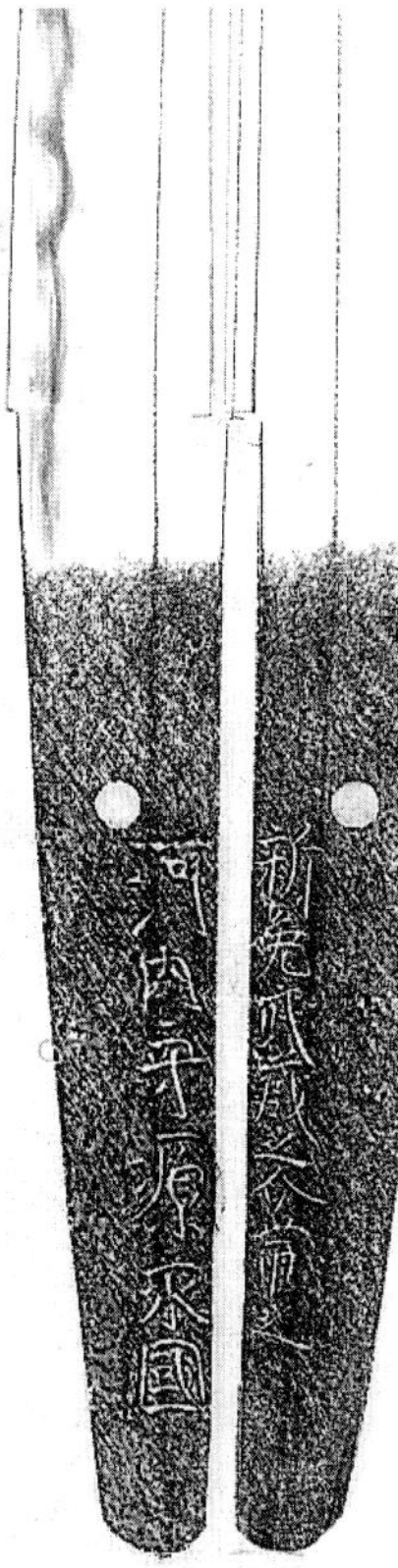

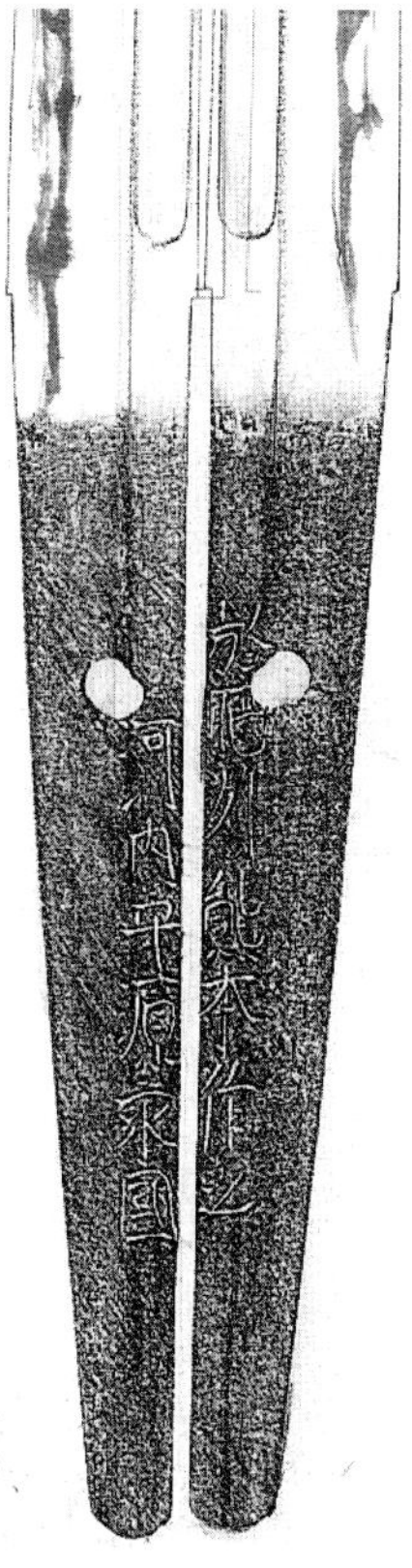

新 **永国**【ながくに】　法城寺　武蔵国　江戸中期（元禄）

梅山勘左衛門、法城寺国正門、江戸住のち羽州秋田へ移住する。「法城寺河内守橘永国」と切銘する。元禄ころ。

新々 **永国**【ながくに】　長門国　江戸末期（慶応）

中島小平。軍功亭と号す。萩のち山口住。周防永弘門。明治五年、四十歳没。

慶応三年作

新々 **永貞**【ながさだ】　美濃国　江戸末期（文久）

松井治一郎。文化六年、濃州不破郡表佐に生まれる。「濃州御勝山麓」と切り添えるものが多く、御勝山永貞と呼称される。江戸青山のほか伊

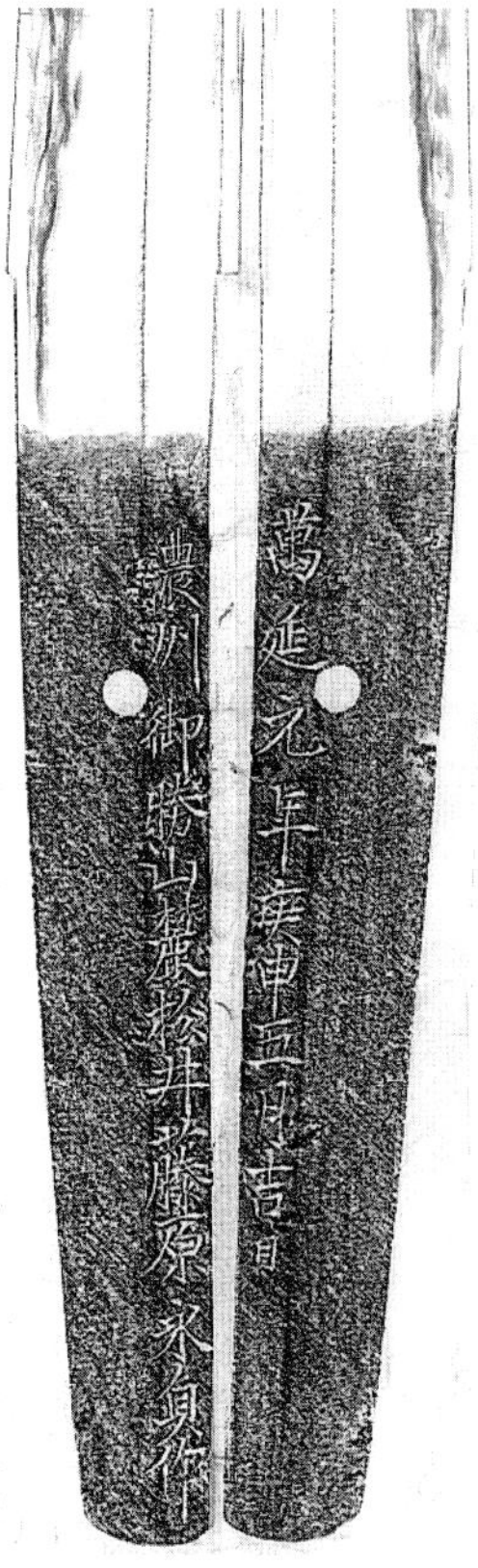

勢田丸、松江、京などで作刀する。明治二年六月二十二日、六十歳没。湾れ乱、互の目乱、大互の目が目立って交じり、砂流し金筋が盛んに働く相伝の出来が烈しい。

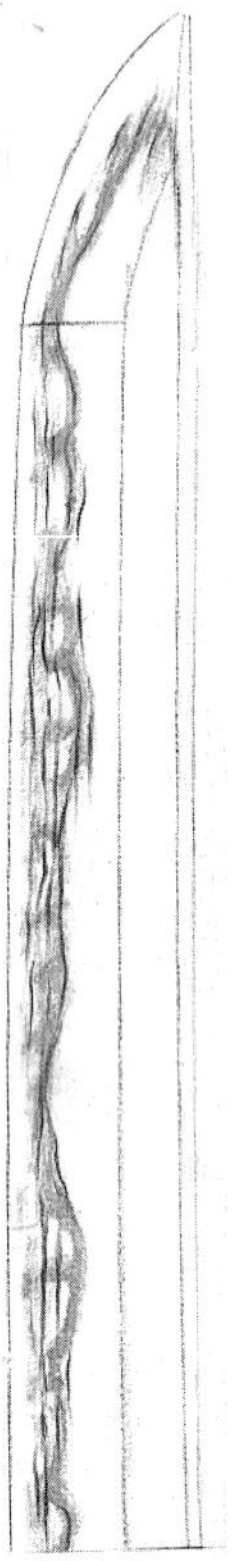

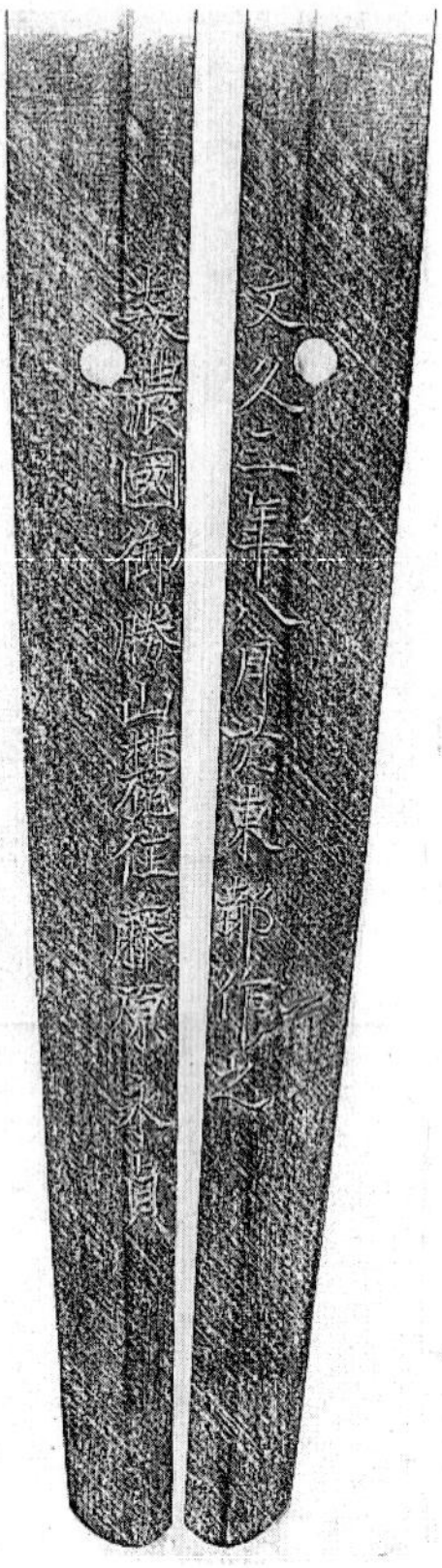

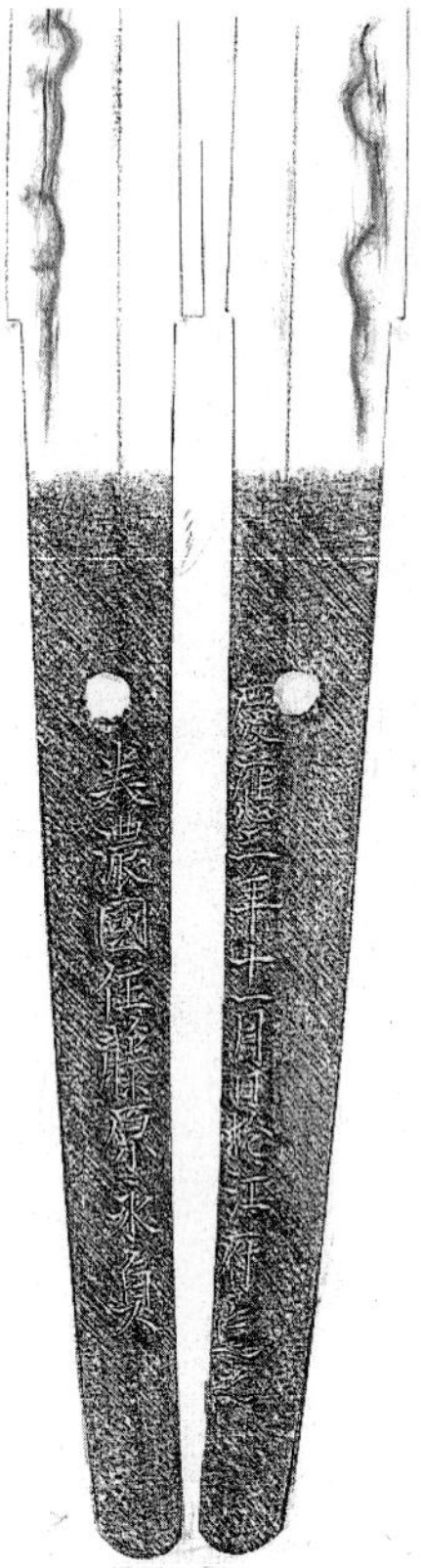

新々 **永茂**【ながしげ】　陸前国　江戸末期（寛政）

田代久右衛門。見龍子と号す。仙台住。近江守継平門。直刃、互の目乱、互の目に小湾れ交じり、玉を焼く。

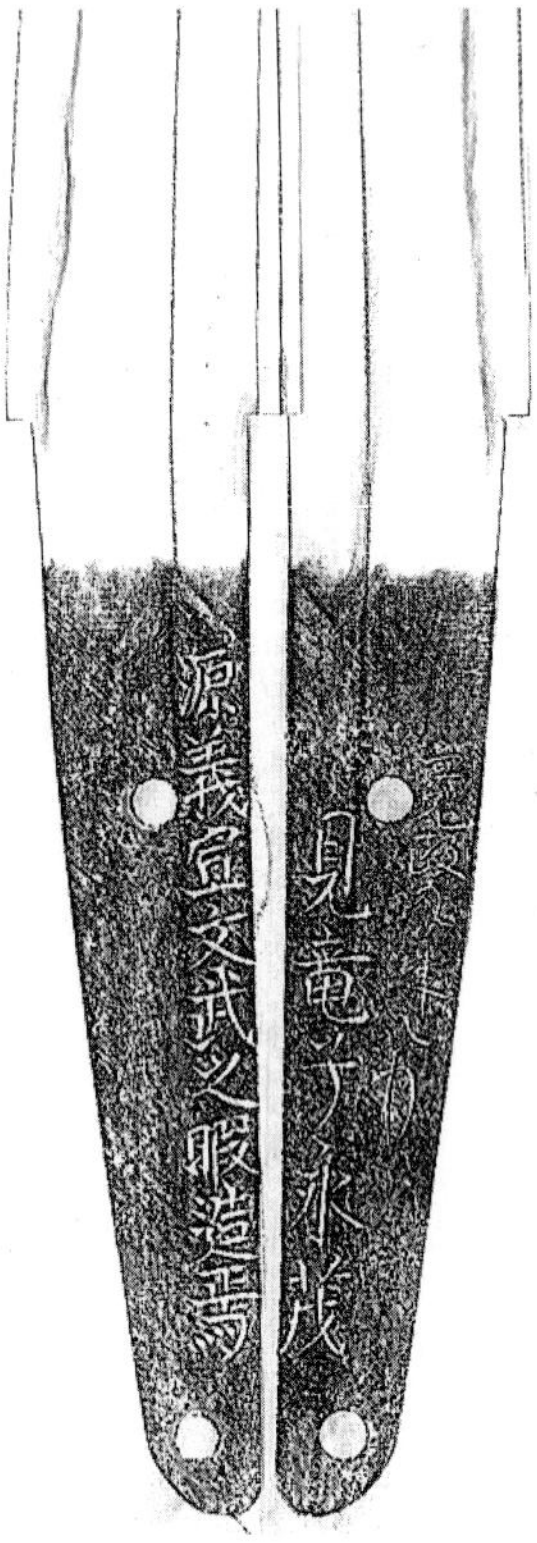

新 **永重**【ながしげ】**四代**　陸前国　江戸初期（承応）

田代卯太郎。源七清重の子。田代長俊四代目。初銘清俊。寛文四年五月摂津大掾を受領、のち摂津守に転任する。菊一文字を切る。永重に改銘。湾れに互の目足入り。

新 **永重**【ながしげ】**五代**　陸前国　江戸中期（宝暦）

田代久右衛門。初銘清俊。田代作左衛門清俊の子。本家の四代清俊に嗣子がなく養子となり五代目を継ぐ。仙台永俊門。宝暦年間に主命により摂津守永重の跡を継ぎ、のち永茂に改める。

新々 **永朝**【ながとも】　羽前国　江戸末期（天明）

羽前山形藩主秋元永朝の慰作。水心子正秀が相鎚をする。文化七年七月没。

古 **永則**【ながのり】　備前国　室町初期（永享）

吉井。永享年紀の作がある。銘鑑には南北朝期末の永徳ころに永則がいるというが、作刀は未見である。「永則」「備前国吉井永則」。

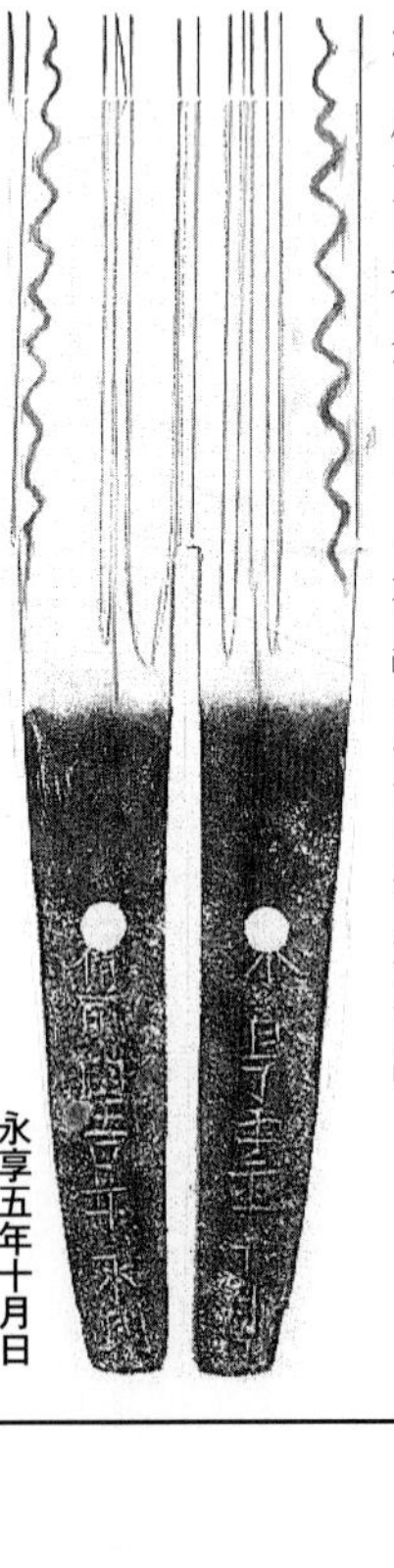

永享五年十月日

古 **永則**【ながのり】　出雲国　室町初期（応永）

出雲道永。吉則の子とも、清則の子ともいう。備前吉井より出雲に移る。入道して道永を名乗る。出雲道永の始祖は永則とも、また長則とも各説があり、永則とすれば応永永則の先代で永徳の永則になろう。二字銘に「永則」と打つ。

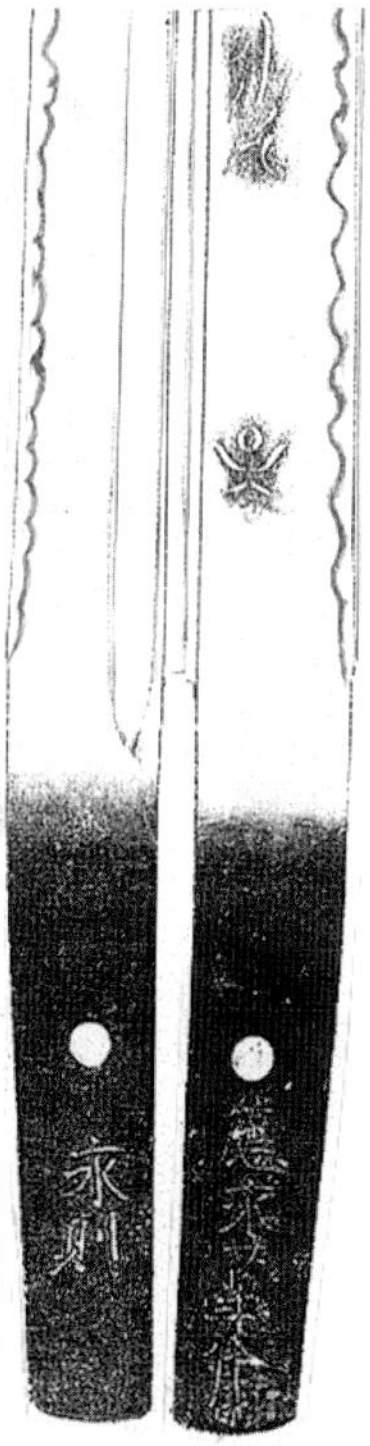
応永廿年八月日

古 永則【ながのり】 出雲国 室町初期（永享）

出雲道永。吉則子という。永享年紀の作がある。永則には太字の銘と細字の小銘とがあり、太字は二字に「永則」と切るものが多く、これが出雲永則といわれている。しかし「出雲」また「雲州」と切る作例がみられず、吉井と出雲の識別が判然としない。永則は備前吉井では室町中期の長禄ころまで、出雲では応永・永享のあと文明ころまで名跡が続いている。「永則」。

古 永則【ながのり】 備前国 室町中期（長禄）

吉井。長禄年紀の作がある。「備前國吉井永則」。

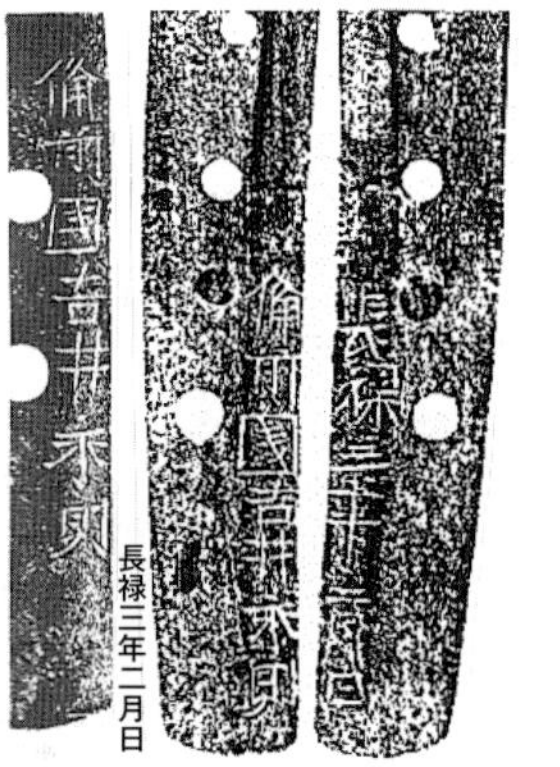
長禄三年二月日

新々 永弘【ながひろ】 周防国 江戸末期（慶応）

藤田徳次郎、のち兼吾。真龍子と号す。加賀介祐永門。長州萩住、元治元年に周防山口に移る。万延ころから明治初年までの作刀がある。明治十二年六月六日、五十六歳没。互の目に丁子、大互の目乱など備前伝の作が多い。濃密な倶利迦羅など自身彫があり、「彫同作」と切る。

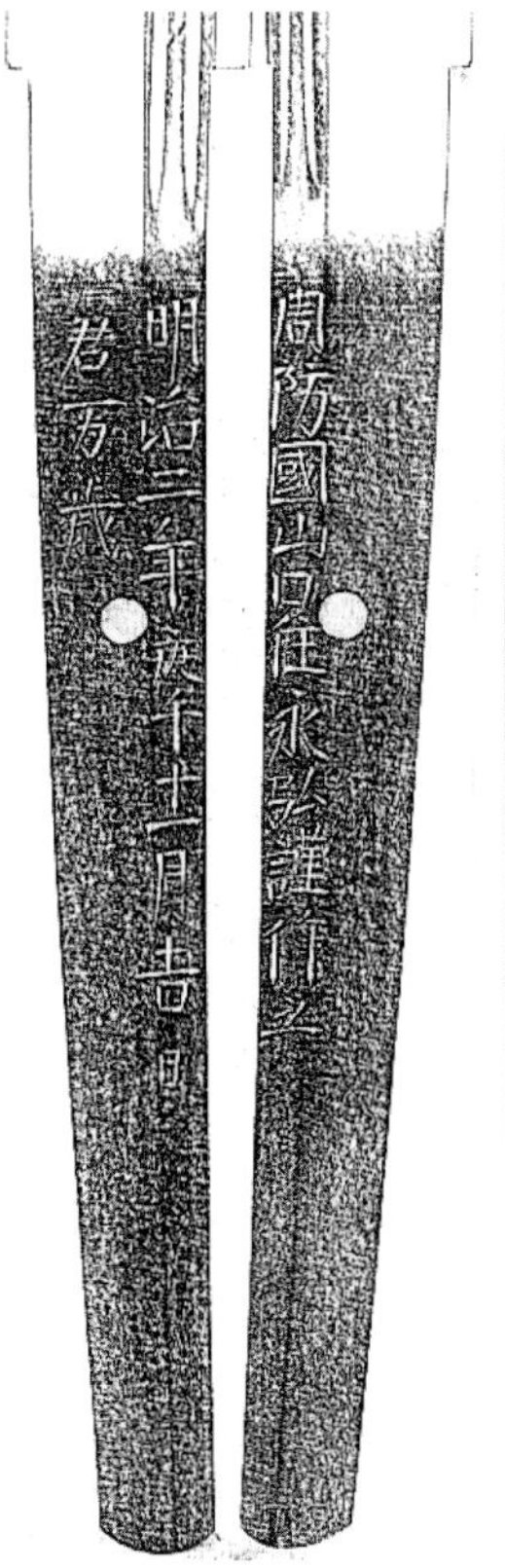

新 永道【ながみち】 摂津国 江戸中期（寛文）

土井六兵衛。初銘永路。武蔵守を受領。大坂住。江戸にても造る。互の目乱、矢筈風の乱が交じる。「摂州大坂住藤原永路」とも切る。

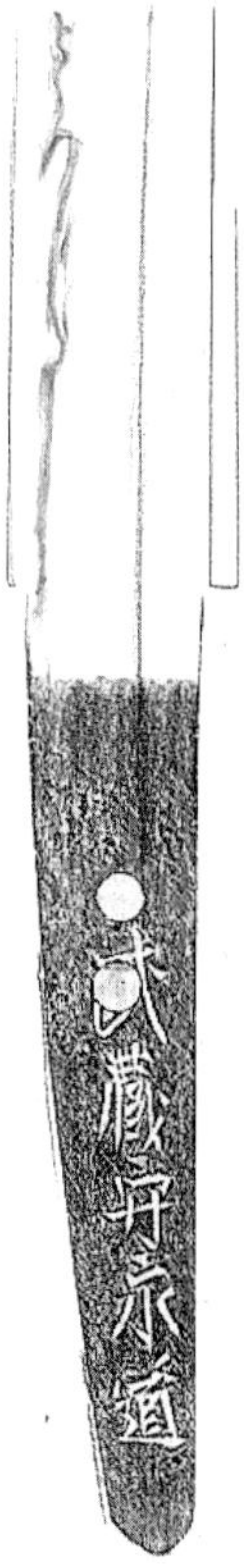

古 永光【ながみつ】 備前国 室町末期（永正）

五郎次郎。永正十年紀の刀には俗銘入りのものがあり、天文年紀のものまでの作刀がある。永光は銘鑑には南北朝期（貞治ころ）のものが古く、室町初期（応永・永享）の作があるが、現品をみるのは室町末期（永正ころ）以降のものばかりである。俗銘入りに次郎左衛門（大永）、三郎兵衛（享禄）、次郎兵衛（永禄）などが活動し、祐定・勝光に比肩する技を示して、互の目に丁子交じりの刃文を表出する。「備州長船永光作」「備前国住長船永光」。

古 永光【ながみつ】 備前国 室町末期（享禄）
三郎兵衛。享禄三年から五年紀の作がある。安芸郡山、周防でも作刀する。「備前國住長船三郎兵衛尉永光」。永光は応永以降、長禄、永正、天文、永禄に各年紀作がある。

新作 永光【ながみつ】 福岡 昭和
遠藤栄次。明治三十九年生まれ。大正十三年守次、則定に入門。昭和十四年独立、陸軍受命刀匠。日本刀展覧会にて銀牌、金牌受賞。戦後は作刀技術発表会、新作名刀展入選。

古 永盛【ながもり】 豊後国 室町末期（文明）
平高田。長守の子。初代。小互の目乱を焼く。「平長盛」。二代永正、三代天文、四代元亀と続く。

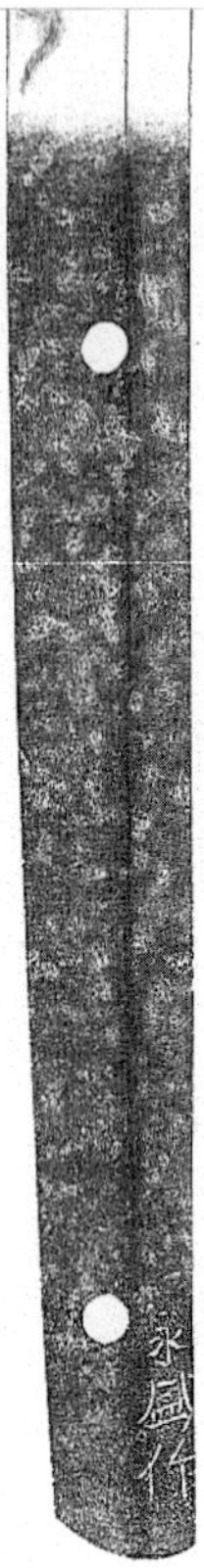

古 永行【ながゆき】 豊後国 室町末期（永禄）
高田。永禄から天正にかけての鍛冶で、同銘が新刀期に続き、寛永、延宝、元禄ころに造る。「藤原永行」「豊州高田住永行」「豊後住藤原永行作」。

古 永吉【ながよし】 備前国 室町初期（応永）
長船。応永ころ。同銘が永正ころにもある。「備州長船永吉」。

新々 永吉【ながよし】 上野国 江戸末期（慶応）
大沢栄吉。藤枝英義門。一流斎と号す。直刃、互の目乱を焼く。

古 長景【ながかげ】 備前国 室町初期（永享）
長船。長清門。永享年紀の作がある。「長景」「備州長船長景」、次代に大永ころの同銘工がある。

新々 長量【ながかず】 常陸国 江戸末期（嘉永）
久米丑之丞。久米長徳の子。水戸藩士。父長徳と同じく慰みに鍛刀する。互の目丁子乱。安政六年九月十九日、六十七歳没。

古 長勝【ながかつ】 美濃国 室町末期（文明）
赤坂草道島《そうどじま》住。赤坂千手院の分派。文明ころ。「長勝」「濃州住長勝作」。

新々 長勝【ながかつ】 伊予国 江戸末期（天明）
初銘長次。松山藩工。寛政四年二月、三十八歳没。

新々 長勝【ながかつ】 常陸国 江戸末期（文久）
原田長勝。初代徳勝門、徳勝の娘婿となる。師の晩年に代銘作に当たり、よき協力者として終始し、自身の作刀は少ない。嘉永三年八月紀に一門五人による合作刀がある。勝村正勝を主に徳正、細川守勝、原田源長勝、水勉子次勝ら初代徳勝門の結束ぶりが窺える。

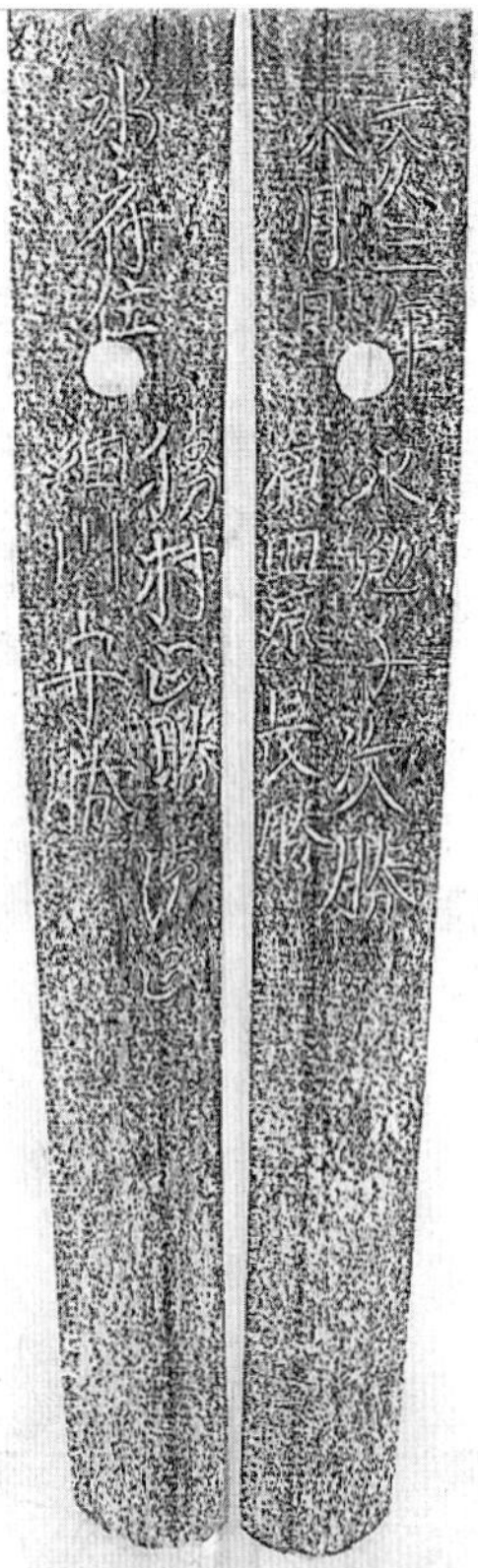

新 長国【ながくに】 会津 岩代国 桃山期（元和）

三好宗左衛門、藤四郎。初銘安広。本国芸州広島。幼くして父に先立たれたため肥後守輝広に養われ、鍛刀の術を学ぶ。文禄四年、加藤嘉明に仕え予州松山に移り長国と改銘する。朝鮮の出兵に参じ、関ヶ原、大坂の役に従軍し、寛永四年、加藤家の転封に従い奥州会津へ移る。寛永八年六月十八日、五十五歳没。直刃、互の目に小湾れ交じり、小沸がつき匂の深いものと、刃縁の締るものとがある。

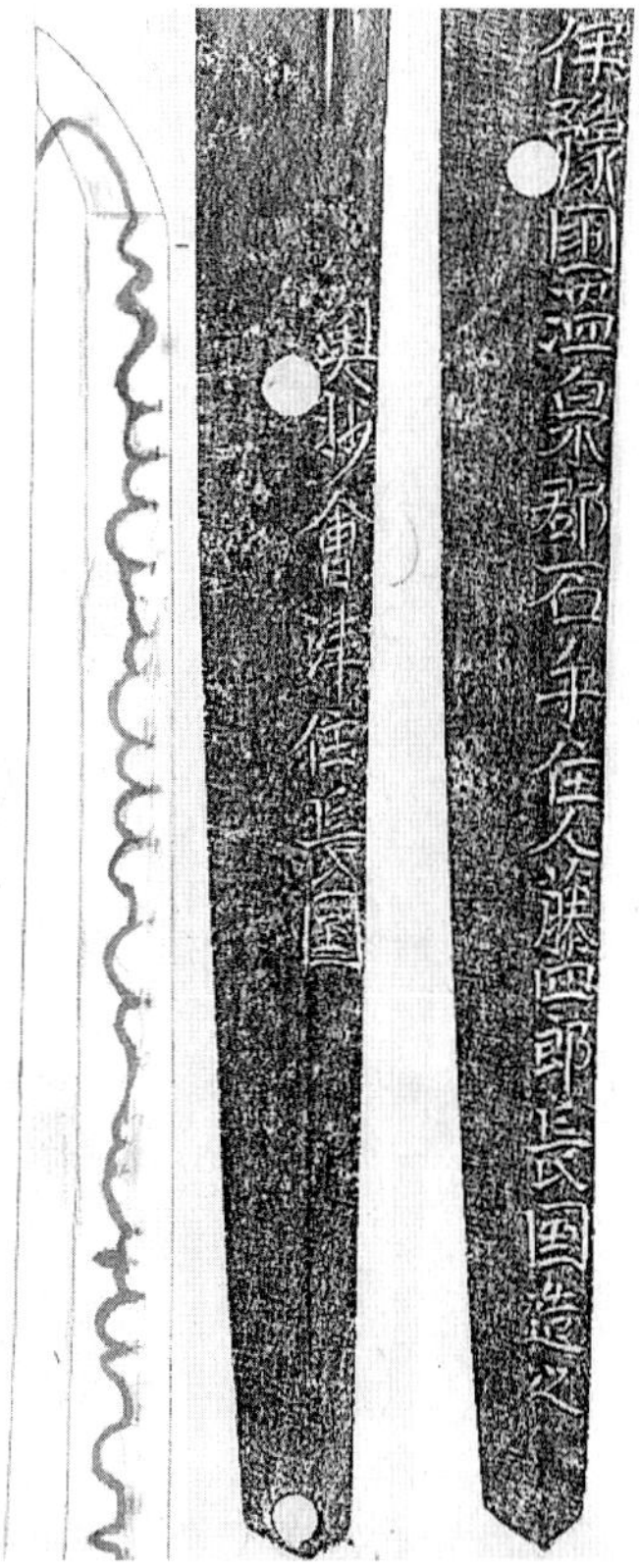

新 長国【ながくに】 豊前国 江戸中期（寛文）

本国豊後。直刃、互の目乱。「豊前中津住長国」などと切銘する。

古 長重【ながしげ】 備前国 南北朝期（建武）

光長の子で真長の孫。長義の弟との説があったが、長重に建武元年の作があり、長義には正平十五年を遡るものがないので、長重が長義の兄とみなせられる。ただし長義に建武の作があり（『校正古刀銘鑑』）、康永二年紀のものがみつかるとしたら、兄長義、弟長重は肯定されよう。互の目に片落ち風の刃交じり、直刃に小互の目交じり、地刃に沸よくつき、映りがなく、備前風を脱した作である。康永元年紀の太刀は直刃に小互の目足を入れ、真長の作に類して古雅な出来である。「備州長船住長重」「備州長船住長重作」。

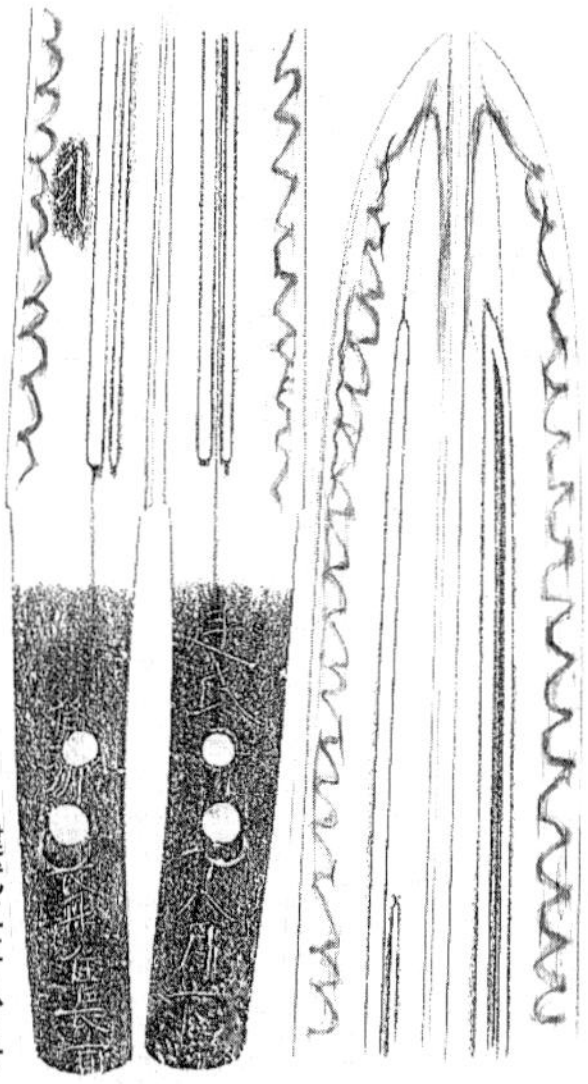

建武二年八月下

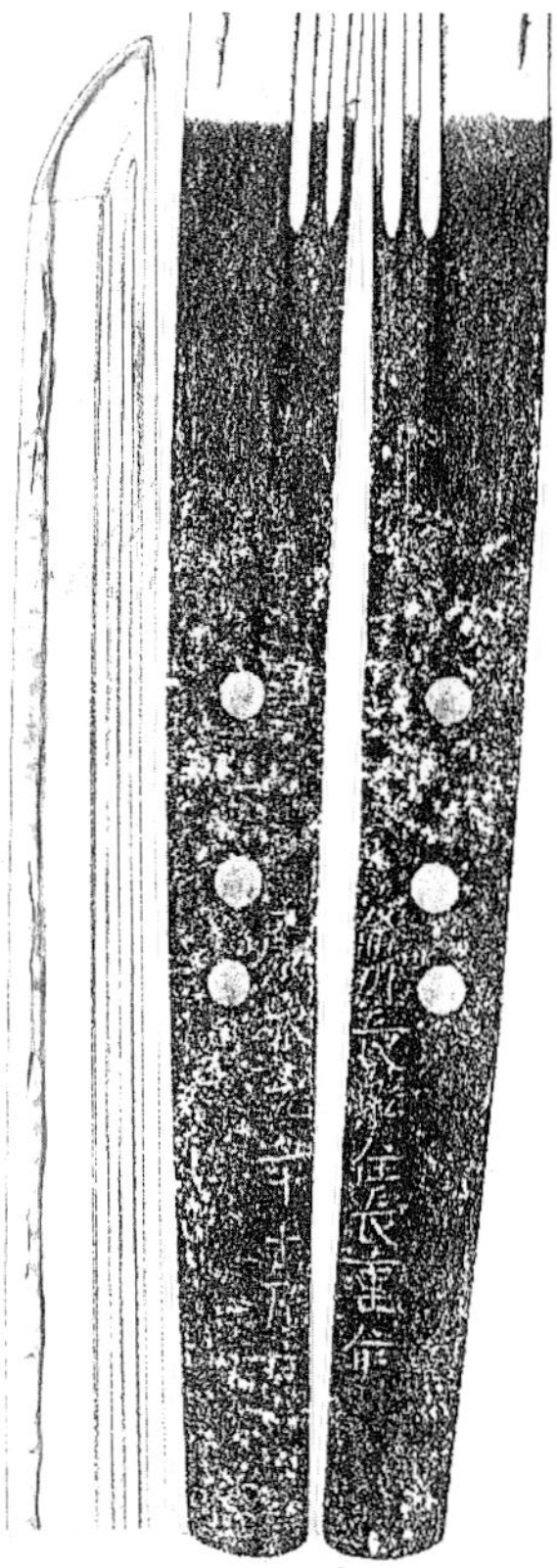

康永元年十月日

古 長助【ながすけ】 備前国 鎌倉初期（承元）

福岡一文字。延房門。後鳥羽院二十四番鍛冶二月番。承元ころ。「長助」。長助の名跡は文永、建武、文和、至徳にみられる。

新作 長孝【ながたか】 鳥取 昭和

林隆次。明治二十八年生まれ。森脇要門。日本刀展覧会銀牌。戦後は新作名刀展に入選。「伯耆国名和住長孝 是造七十三才」と切る。

新々 長高【ながたか】 武蔵国 江戸末期（嘉永）

高野平兵衛、兵右衛門。明林子と号す。八代目伊賀守金道門。府中市の大國魂神社に奉納した「伊吹丸」と号する大太刀（三尺八寸）には安政六年二月紀がある。児玉郡八幡山町住。新作刀工高野政光は長高の後裔。

古 長親【ながちか】 備前国 鎌倉末期（元亨）

長船。長光の甥という。元亨のころ。「長親」「備前国長船住長親」。

古 **長次**【ながつぐ】 備中国 鎌倉末期（正和）
青江。正和年紀の作がある。「備中国住長次」。次代以降に文和、応永年紀作をみる。

古 **長次**【ながつぐ】 石見国 室町末期（天正）
長浜住。天正年紀の作がある。「石州長浜住長次」「石州邑知郡住長次」。

新 **長次**【ながつぐ】 加賀国 江戸初期（承応）
長次は瑞龍寺奉納刀匠の一人でありながら系流が不明である。奉納刀の承応三年紀から寛文三年紀までの作がある。別に細鏨で「賀州住藤原長次」銘があり、次代に二代長次がいるであろう。互の目に丁子、また尖り互の目交じり。

新 **長次**【ながつぐ】 紀伊国 江戸中期（天和）
紀州一堂派。鎚の作を得意とする。

古 **長綱**【ながつな】 備前国 南北朝期（康暦）
長義門。湾れに大互の目交じり、地刃沸づく。「備州長船長綱」。同銘が応永ころに後続する。

新 **長綱**【ながつな】 聾《つんぼ》 摂津国 江戸中期（延宝）
北村市右衛門。初代粟田口忠綱門。一門中の上手。「聾」また「聾者」を銘し、〝聾長綱《つんぼながつな》〟と呼称して知られる。延宝四年紀がある「摂州住氏綱」は初銘であろう。⇩**氏綱の項参照。**

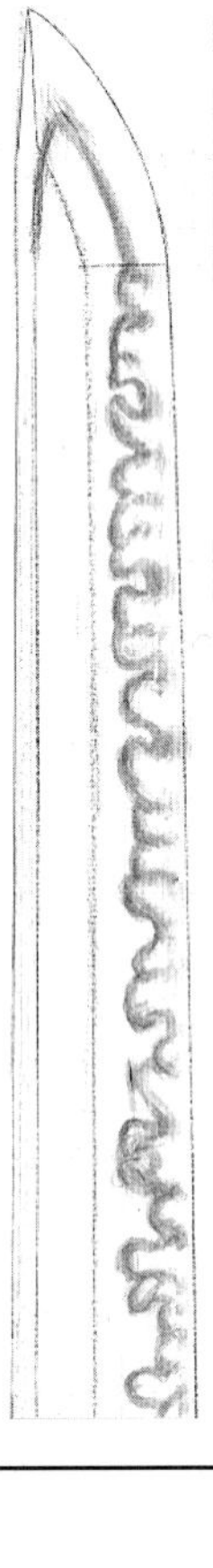

新 **長恒**【ながつね】 出羽国 江戸中期（正徳）
高橋市郎兵衛。出羽新庄住。正徳・享保ころ。二代長恒は天明ころ。

新々 **長寿**【ながとし】 武蔵国 江戸末期（慶応）
大原忠蔵。水心子正秀門。江戸麻布住。「於江府天童臣大原長寿作之」などと切る。

新作 **長寿**【ながとし】 徳島 昭和
小島為一。明治三十四年生まれ。清心子と号す。大正三年から父国友、兄玄武斎重房に学ぶ。大阪陸軍造兵廠受命刀匠。戦後は新作名刀展入選。昭和四十九年、徳島県無形文化財に指定される。小松島市江田町住。互の目乱足入り。

古 **長俊**【ながとし】 能登国 室町初期（応永）
本国美濃。能登に移る。明徳から応永ころ。「長俊」。

新 **長俊**【ながとし】 陸前国 桃山期（寛永）

田代久右衛門。本国濃州関。清宣門。のち仙台名取に移住する。

新 **長俊**【ながとし】 陸前国 江戸初期（万治）

三好十蔵。のち中条十左衛門。予州三好長国次男で、兄三好政長門となる。三善長道を後見し、長道が陸奥大掾を受領後、別家して本姓の中条氏に復す。延宝五年八月六日没。

新 **長信**【ながのぶ】 陸奥国 江戸中期（貞享）

奥州会津住。三善長道門。互の目乱に尖り互の目が目立ち、砂流しかかる。

新々 **長信**【ながのぶ】 出雲国 江戸末期（嘉永）

高橋理兵衛。雲州四代目高橋冬広の養子となり五代目冬広を継ぐ。元祖から冬広十七代孫と称し、初め冬広、のち長信に改める。長信斎と号し豐長信、また豐司と自称する。天保元年十五歳時に江戸に出て長運斎綱俊に入門し麻布に住。のち雲州松江藩工となり麹町平河町の松江藩邸内で鍛刀する。元治元年ころに松江に帰り、雑賀町本町に居住する。元治

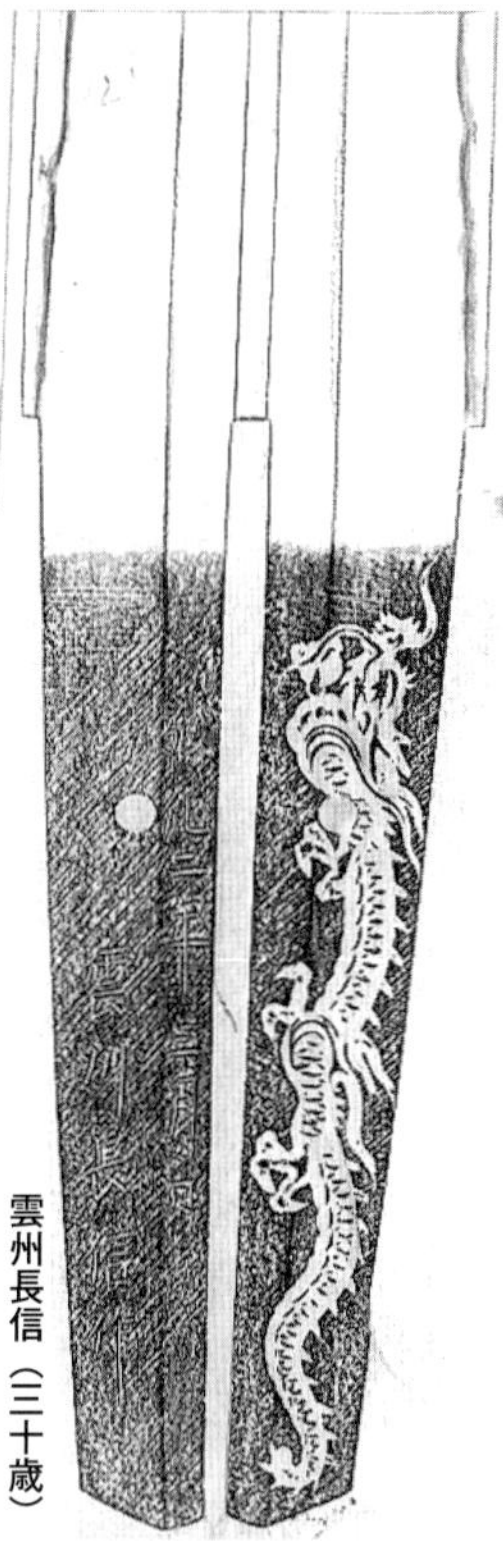

雲州長信（三十歳）

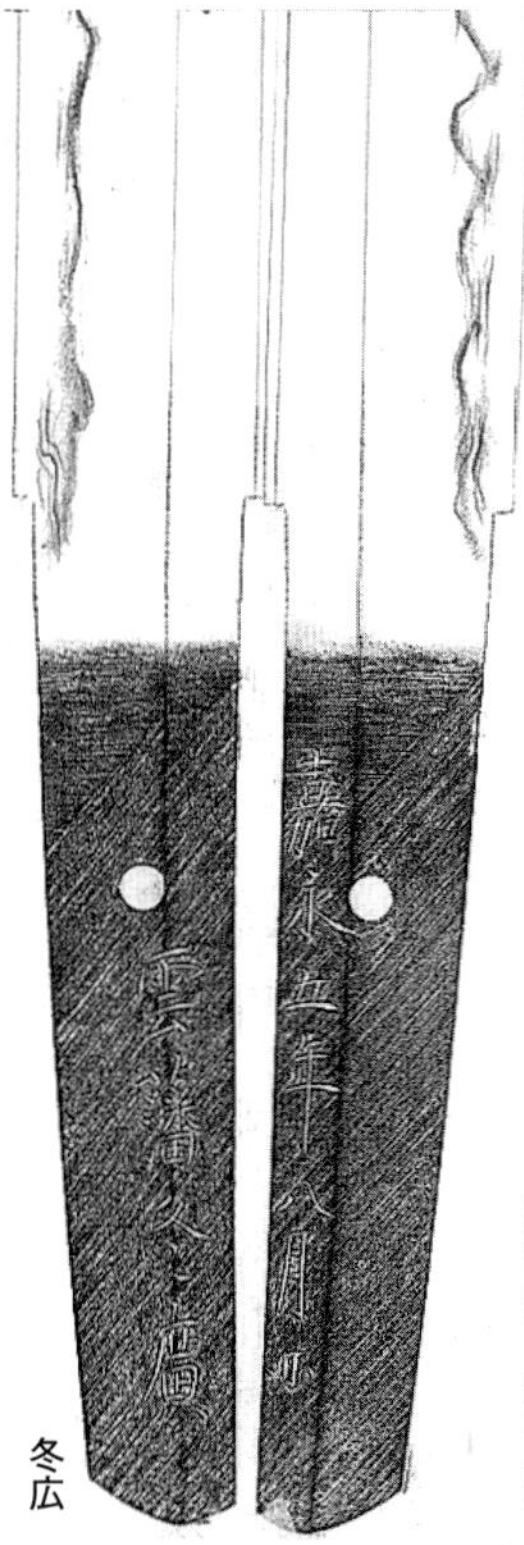

冬広

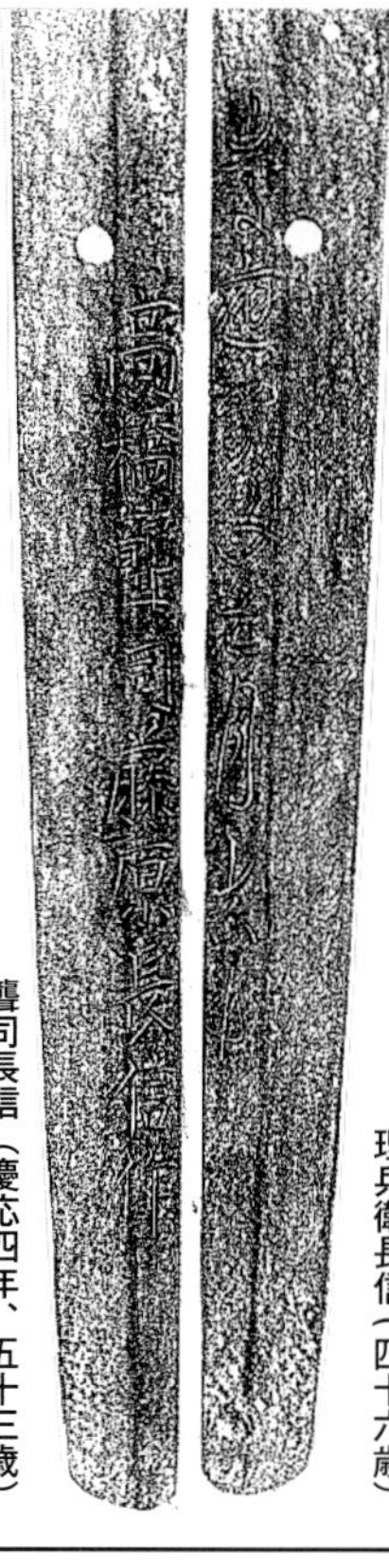

豐司長信（慶応四年、五十三歳）

理兵衛長信（四十六歳）

豐長信

冬広長信（三十九歳）

元年八月紀の作に「於江府米花街」と切銘があるので、帰郷はその年後半から慶応元年にかけてのこととなり、年五十歳を目途にしてのものであったろう。慶応元年からは「雲藩士」「雲陽士」を冠し「高橋長信作」と切銘するものが多い。明治十二年五月二十日、七十三歳没。丁子乱の足が長く揃ったものが多く、互の目乱、互の目丁子、直刃など。いずれも鍛えがよく詰んで無地風となる。茎の鑢目を逆筋違にかけ、左利き刀工であることを示している。

古 長則【ながのり】 備前国 鎌倉中期（建長）

福岡一文字。初代建長ころ。『往昔抄』が「初也」（初代なり）として二字銘の長則を掲げたものに相当しよう。現品は見あたらない。「長則」。

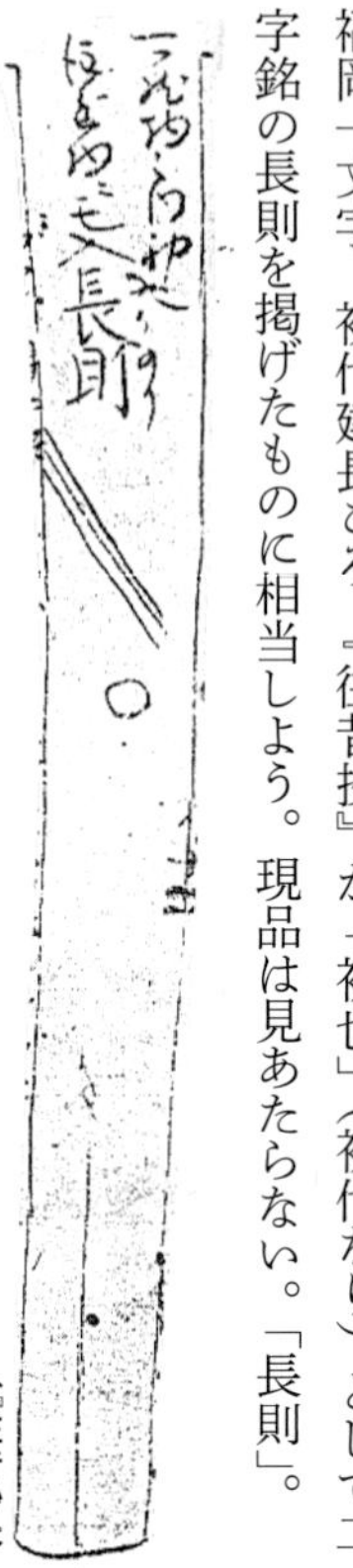

（『往昔抄』）

古 長則【ながのり】 備前国 鎌倉中期（永仁）

福岡一文字。左兵衛尉。初代長則の子。二代。年紀がある作は弘安二年から文保二年までおよそ三十八年間があり、長則作中の多くが左兵衛尉の作と知れる。直刃、また直刃に小丁子交じり、丁子足を入れる。長則は、はじめ長船住、左兵衛尉の代に福岡に移り、のち吉井住、また長船でも作刀する同銘工がおり、室町期になって雲州へ分派する長則がいるが、本流は吉井で栄え、天文ころまで名跡を伝える。

左兵衛尉には正応二年三月紀に「福岡住人左兵衛尉長則造」銘があり、永仁三年十月紀に「長船住長則」銘があることから、正応二年三月から永仁三年十月の間に長船から福岡へ移っている。以後正安、乾元、嘉元年紀は福岡在で、のち南北朝期初め（貞和ころ）に吉井へ移って作刀

（『往昔抄』）

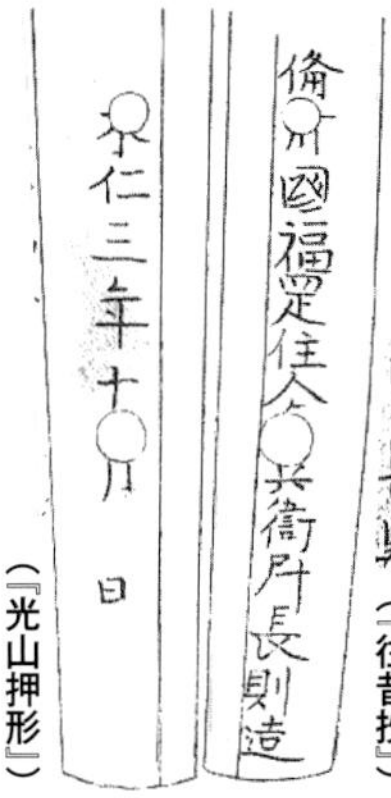

（『光山押形』）

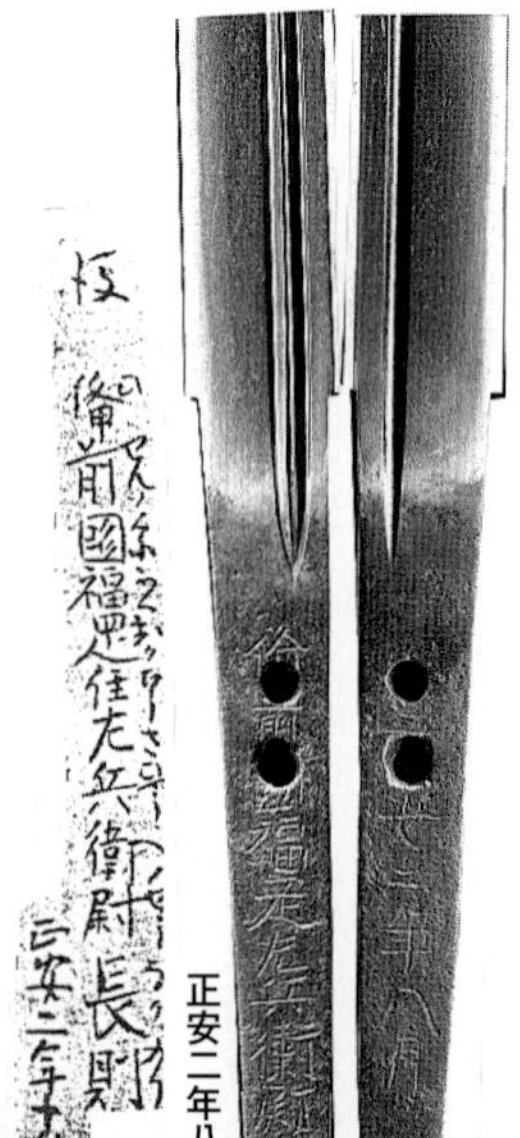

正安二年八月日

（『往昔抄』）

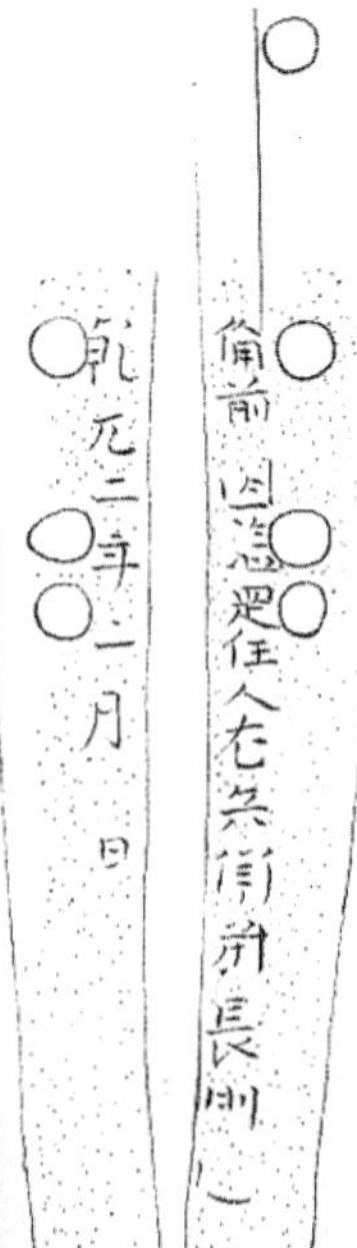

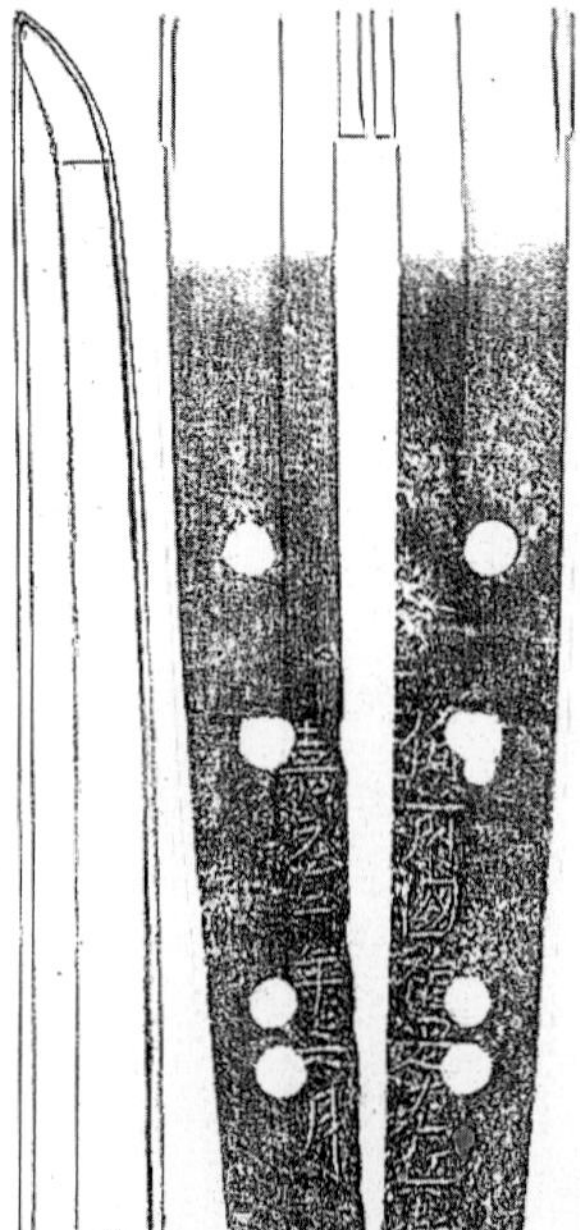

（『土屋押形』）

な

ながのり

するのが三代長則である。南北朝期中ころ（応安二年）に長船住長則が作刀する。「備前國長船住長則」「備前國福岡住人左兵衛尉長則造」。

古 長則【ながのり】 備前国　南北朝期（貞和）

吉井。長則三代。左兵衛尉。景則子という。大全の系図によれば長則は同じ吉井派でも景則、吉則とは別系で、福岡一文字―長船住―福岡住―吉井住の流れで、室町期になって出雲へ分派する。『往昔抄』のいう「後ノ後」は三代である場合が多い。直刃、また小互の目を揃えて焼く。「長則」「備前国吉井住長則」。

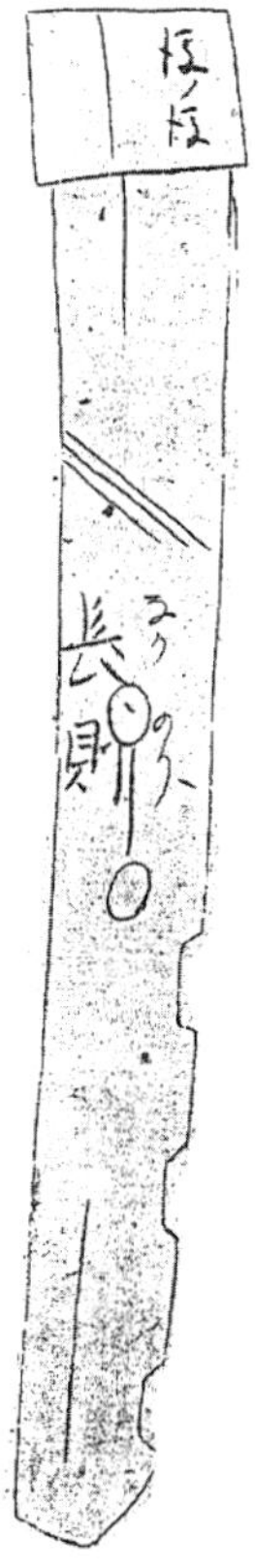

（『往昔抄』）

古 長広【ながひろ】 美濃国　室町中期（寛正）

赤坂。兼光の子。「長廣」。次代文明ころに兼吉子という同銘工がいる。

古 長広【ながひろ】 美濃国　室町末期（文亀）

赤坂。文明長廣の子。小山関という。「長廣」「濃州赤坂住長廣作」。別人の長廣が赤坂草道島《そうどじま》で大永ころに作刀する。「草道島長廣」と銘す。

新 長寛【ながひろ】 摂津国　江戸中期（元禄）

長広子。互の目に丁子交じりの刃を焼く。「紀伊国長寛」「近江守源長寛」と切銘する。

新 長道【ながみち】 三善　初代　岩代国　江戸中期（寛文）

三好藤四郎、のち三善姓に改める。初銘道長。寛永十年政長の子として会津に生まれる。父没後は淑父長俊の後見で業を成し、天性の資質により技を高める。万治元年八月十三日、津田助廣と同時に、助廣は越前守を、道長は二十六歳で陸奥大掾を受領（『町人受領記』）。長道が津田助廣門との説があるが、これは誤伝である。長道は受領前〝三好道長〟と

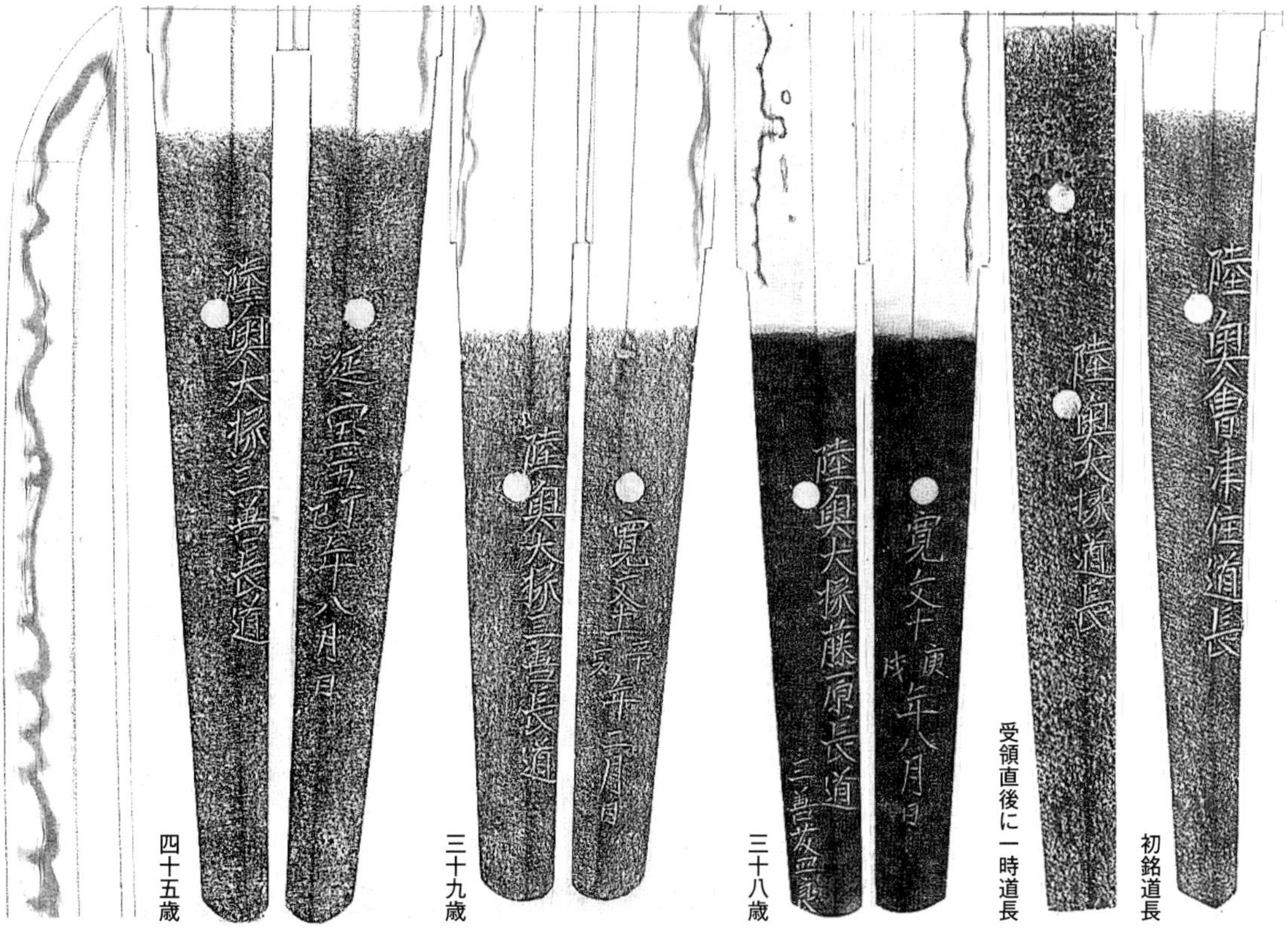

初銘道長　受領直後に一時道長　三十八歳　三十九歳　四十五歳

な
ながのり～ながみち

名乗っていたが、受領のさい朝廷側の都合で〝長道〟として上申し勅許されている。口宣案に〝三善長道〟と記され、以後はそのまま〝三善長道〟に改銘している。受領直後であろう「陸奥大掾道長」と切銘したものがあるのは例外である。のち江戸に上り、山野勘十郎久英から刃味についての秘訣を授かるという。貞享二年十一月十七日、五十三歳没。直刃、湾れ、互の目乱など逆がかった刃が交じる。匂口が冴えて虎徹に紛うほどのものがあり、〝会津虎徹〟の称がある。

四十七歳

新 長道【ながみち】 三善　二代　岩代国　江戸中期（天和）

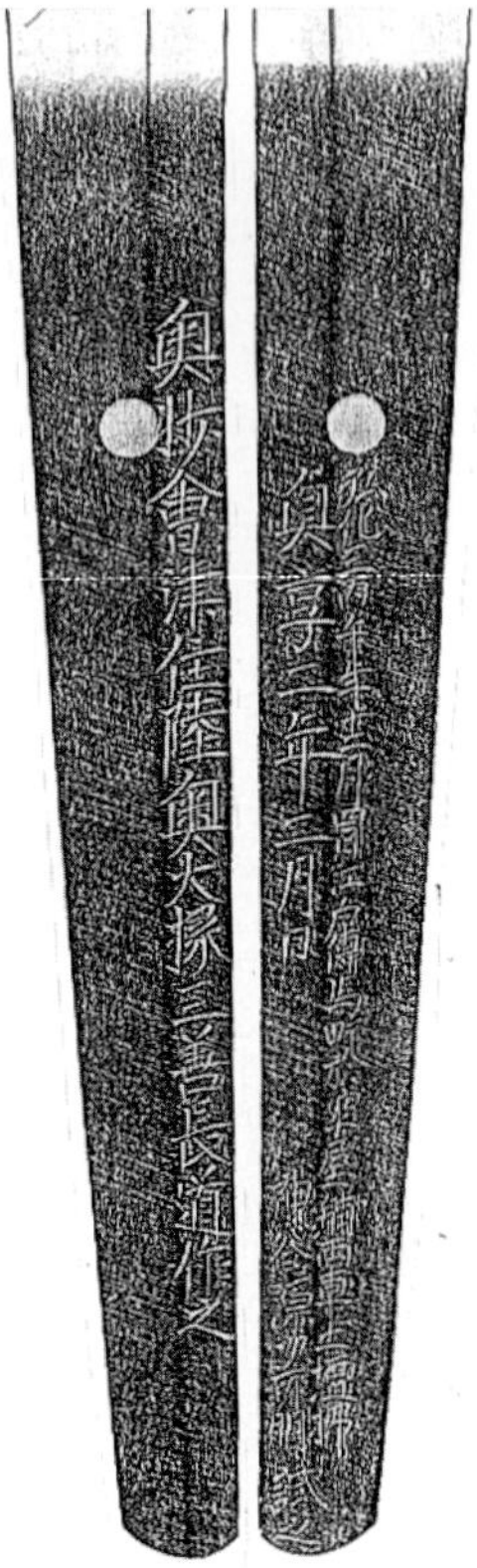

三善庄右衛門。初銘長宏。初代長道次男。長男権八郎が早世（延宝七年没）したため家督を継ぐ。嗣子がなく弟伝四郎を養子とする。貞享五年正月二十七日没。互の目乱、初代に劣らず沸匂が深く、互の目足をよく入れる。延宝五年ころから作刀をみるが、このころは初代生存の年代のため初代の代作代銘といえる。二代の銘は初代以上に一字一字を丁寧に切り、全体に整然とした書体をなす。

新 長道【ながみち】 三善　三代　岩代国　江戸中期（元禄）

三善伝四郎、藤四郎。元禄十年十一月二日自刃し絶家する。◆四代長道は初代長道の弟の二代三好政長が継ぐ。元禄十二年没。五代長道は岩之助、明和六年没。

新々 長道【ながみち】 三善　六代　岩代国　江戸末期（天明）

三善喜平次、藤四郎。常慶寺町住。四代目政長の長男で、六代長道の名跡を継ぐ。晩年に「陸奥大掾六代嫡伝三善長道」と切り、「寛政六年八月日行年七十二歳」と銘した作がある。享和元年三月一日、七十九歳没。

新々 長道【ながみち】 三善　七代　岩代国　江戸末期（文政）

三善権蔵、のち藤四郎を襲名する。六代長道には嫡子がなく養子。初銘道長。天保三年三月二十九日没。作刀は稀で、残されたものに出色の技の作がある。互の目乱。

新々 長道【ながみち】 三善　八代　岩代国　江戸末期（安政）

三善権八、藤四郎。鈴木源蔵の次男で七代長道の養子となり、長道八代目を継ぐ。初銘道長。南海太郎朝尊に学ぶという。文久ころに会津刀鍛冶棟梁となり、「陸奥会津刀鍛冶棟梁三善長道」と銘したものがある。作刀は比較的多く、上作の出来のものがあり、世人は名人と呼ぶと伝えている。慶応元年十一月二十七日、七十二歳没。直刃、互の目乱に小湾れ、尖り互の目交じり、小沸つき、砂流し金筋入る。◆九代芳太郎長道（明治二十一年没）、十代万吉長道（明治二十三年没）、十一代万吉長道（明治三十九年没）は刃物鍛冶として余生を送り、三善家は終幕する。

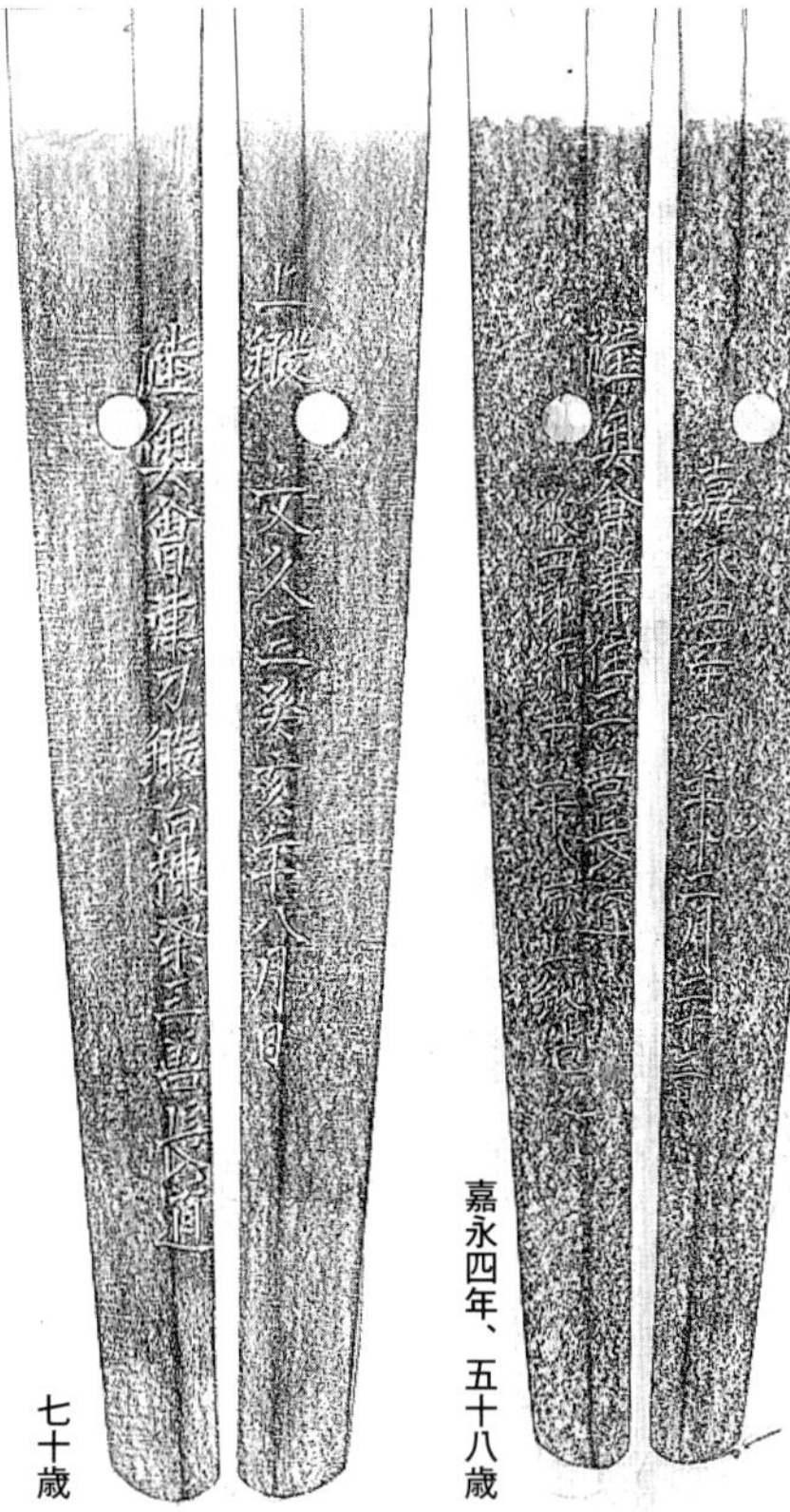

嘉永四年、五十八歳

七十歳

古 **長光**【ながみつ】 備前国 鎌倉中期（正応）

光忠の子。号日光。左近将監。長光は一代説、二代説、三代説があり、校正は応永の長光を加えて四代説を唱えるものの、建武の三代から以降は作刀が稀であり、鎌倉期中の初・二代長光が説の主軸となる。一代説は古伝書中でも古い手に属するものにみられ、『観智院本銘尽』（正和本）は、長光に「乱焼も直焼もあり」というだけであり、『喜阿弥本』『鍛冶銘集』（正安本）なども一代説であるが、いずれも二代については問題視しないかのように触れていない。『鍛冶銘字考』（享徳写本）は同じ一代説でも長光を「左近将監」といっている。初代長光左近将監説である。

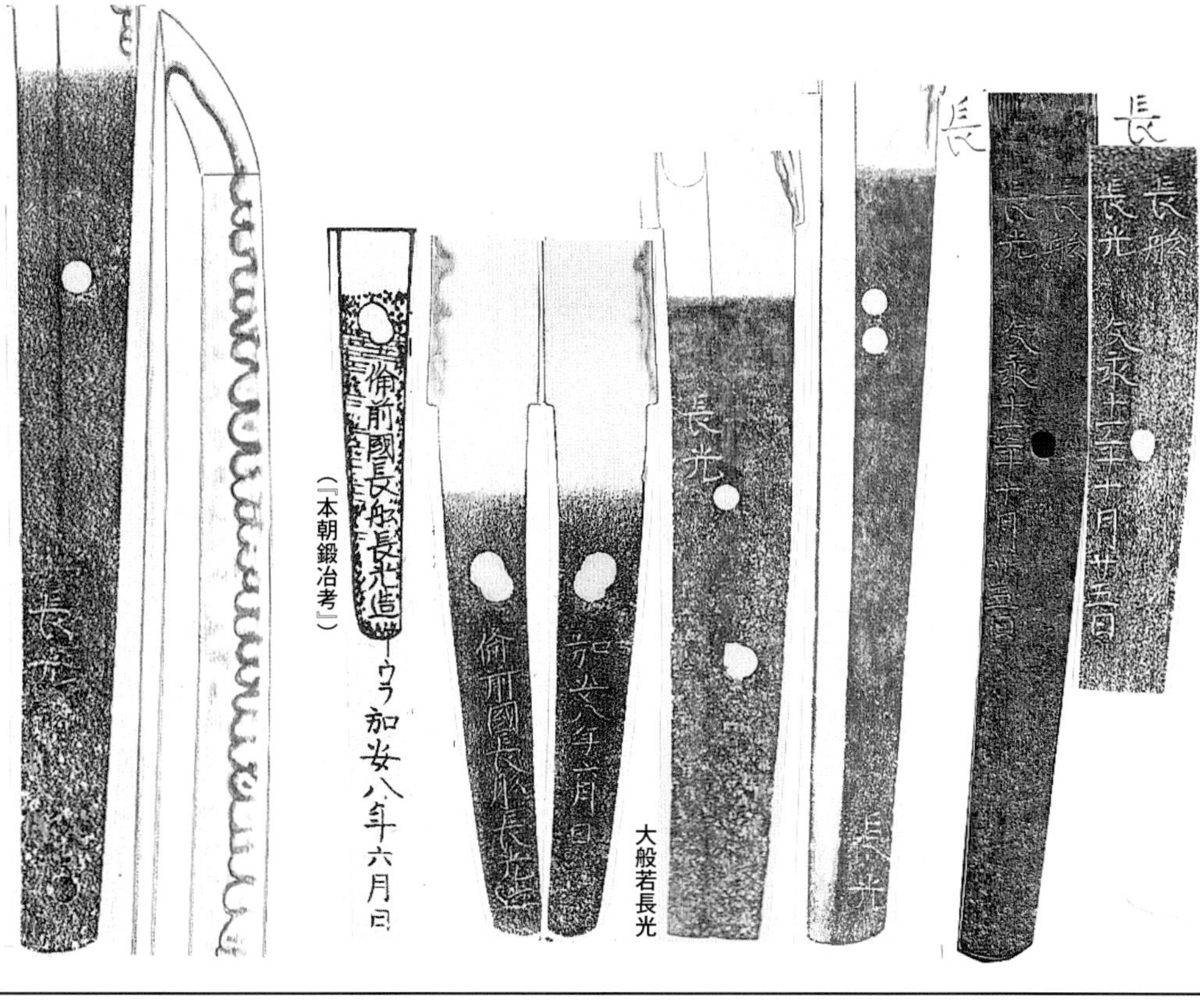

『本朝鍛冶考』

大般若長光

同書は長光の項で

長船住光忠ヵ嫡子号日光左近左将監

此銘ヲ越後左近将監打也

と記して、長光が日光と号し左近と称したことが知られるのであるが、これに似た記述が『喜阿弥本銘尽』にも「長光同住光忠子　日光左近将監ト号ス」とあって、両書はともに長光一代説である。二代長光の存在が注視されるようになったのは室町中期ごろになってからで、『能阿弥本』は長光に二代ありとして「初代は直刃に小足入り」「二代は地がねの色うきやかに焼刃乱」とあり、『往昔抄』は初代永仁で左近将監。元亀本は初代正応、後を二代とし、二代将監としている。大勢は二代説であり、その後『古今銘尽』が出版されるに及び、二代長光左近将監説は動かぬものとなった。しかし長光一代説がいまにあるのは左近将監が初代か二代かが判然としないからである。

長光の作刀で最古とされるのが「長船長光」「文永十一年十月廿五日」銘（高瀬長光）のもので、最終とみられる年紀が元応二年。文永十一年から元応二年まで四十六年があり、その前後を加算すると五十余年がある。一代の鍛冶として可能な年限ではあるが、少しく長期に及ぶ、この間に左近将監を銘するのは正応二年から嘉元二年まで十五年間である。ただし左近将監銘は応長元年（『土屋押形』）にもあるので、将監長光の次代の長光も任官していたこととなる。正安から嘉元にかけては真長、景光、また長元らが長光の代銘をしていたことは知られていて、このころが将監長光の晩年期に当たることと期を一にしている。

「長船光忠」「文永八年十一月」（『往昔抄』）は光忠の唯一の年紀であり、光忠の年代の下限を示すとみれば、長光の「文永十一年十月廿五日」紀

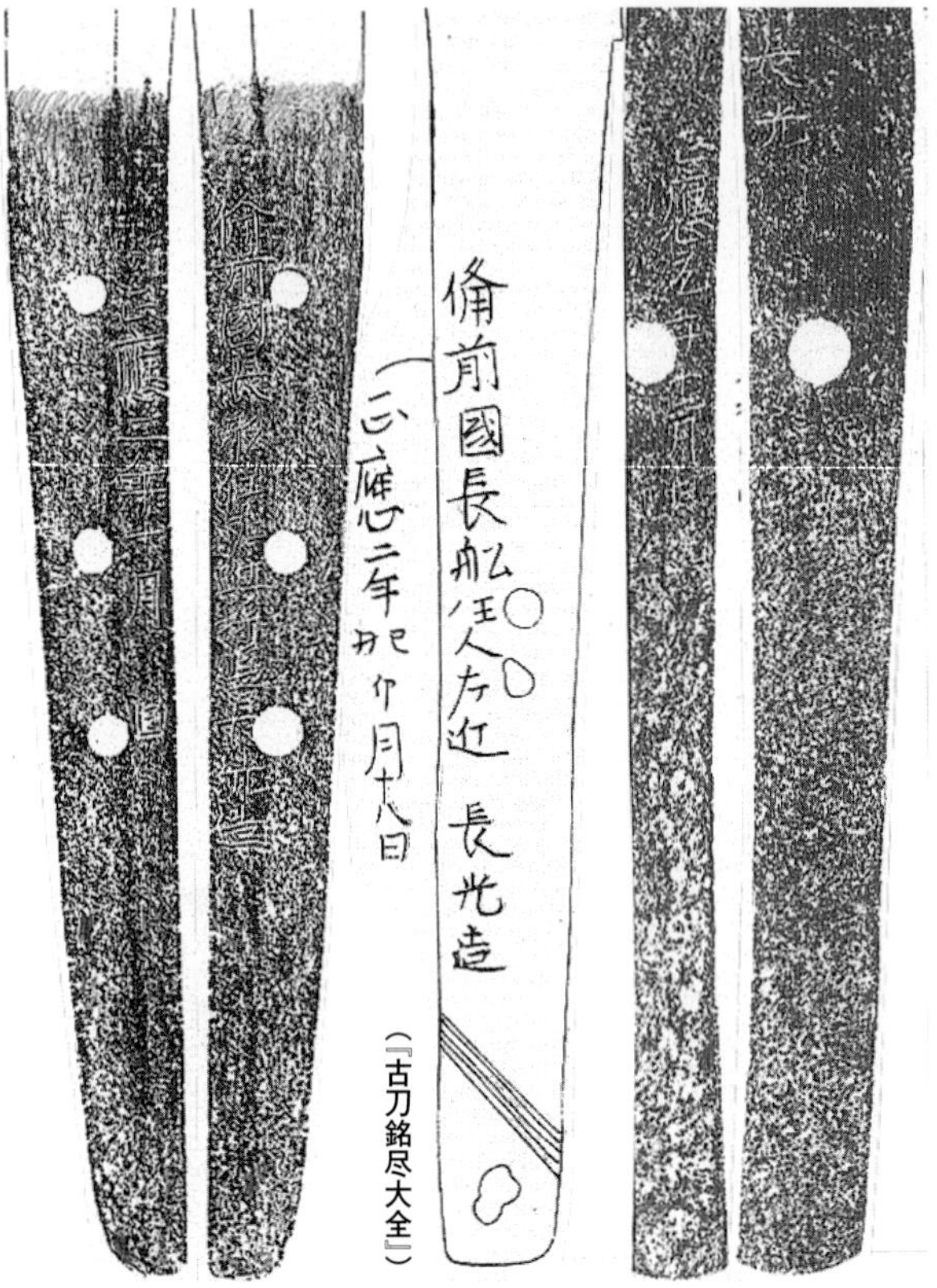

（『古刀銘尽大全』）

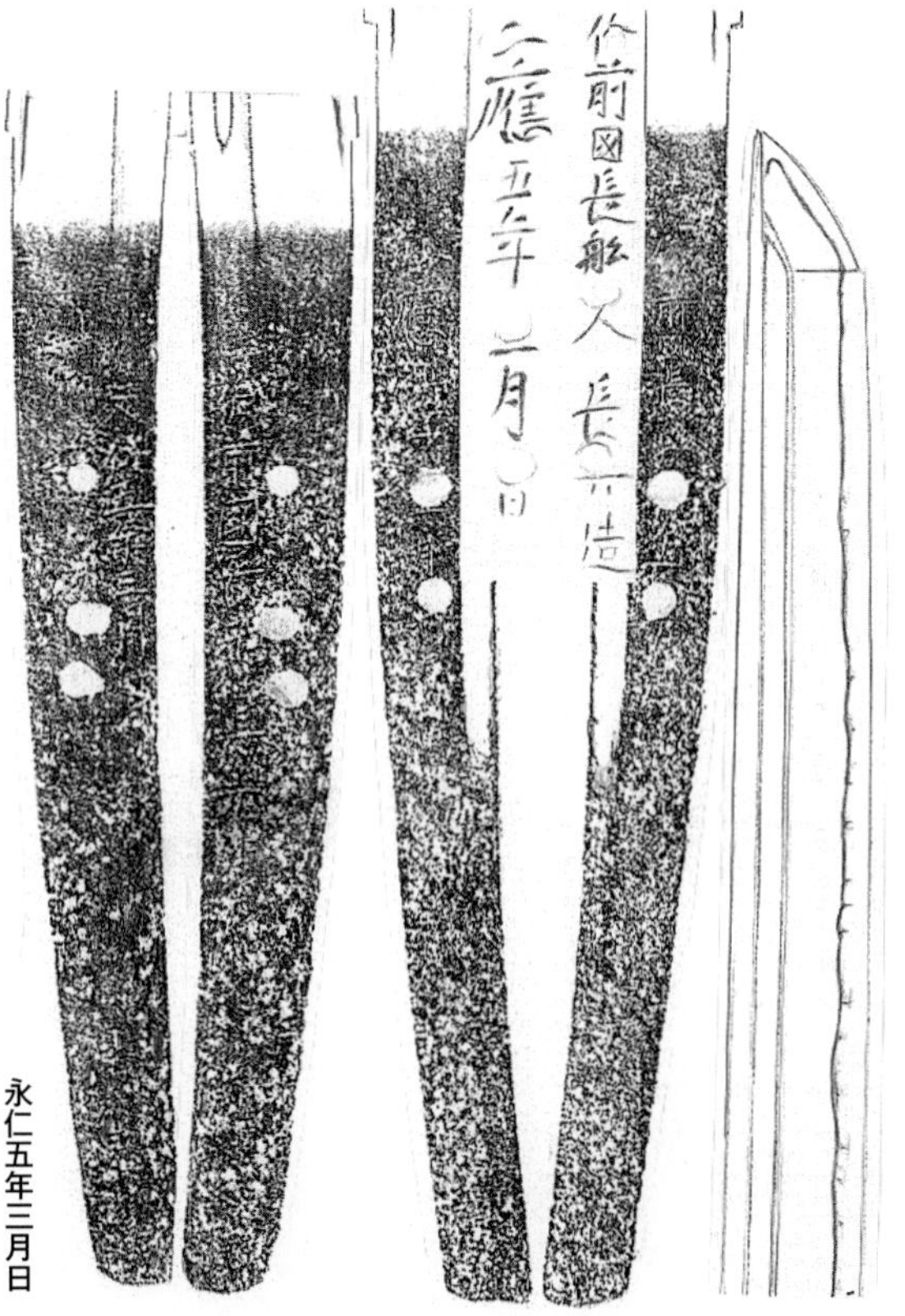
永仁五年三月日

な

ながみつ

のものは長光の年代の上限であり、初期作とみることができる。文永十一年十月は文永の役が起こり、十月廿一日は元軍が殲滅された日である。その四日後の廿五日は戦勝の意を込めてのものであったかもしれない。それはさておき、文永十一年紀の長光銘が、次の年紀作である「弘安八年六月日」の長光銘と鏨振りがかなり懸隔している。文永十一年紀は「長」の第一・二・四画の横線の向きが、のちの銘の手とは逆鏨に打たれている。この鏨振りは他の「長光」二字銘のものにも見られるが、弘安八年紀、また三年後の元応元年紀以降の長光銘にはみられない相違点の一つである。しかし、文永十一年紀と弘安八年紀から以降の作銘を別人とみるには鏨振りからだけでは確証に欠ける。逆鏨の切銘は一時期の年代に限る変化であることがあるからであり、ここでは文永十一年紀と弘安八年紀以降の長光を同人とみておきたい。

これまで述べてきた長光初・二代説の、二代説を要約すると「初代正応、二代左近将監」（元亀本）、また「初代永仁、初代左近将監」（『往昔抄』）であって、どちらも二代の年代が明らかでなく、左近将監が初代とも二代ともとれて曖昧である。二代将監長光説が流布したのは元亀本の流れを受けた『古今銘尽』あたりからで、同書は二代を正応から徳治の間といっている。初代が建治まで遡るというのは、年代のつりあげであろう。このようにみてくると、これまでの初代説、二代説はそのままには受けいれがたい。文永十一年紀の「長船長光」、弘安八年紀から以降正安年までの長光を初代で同人としてみると、二代長光は嘉元元年ころから以降、元応二年ころまでの鍛冶となる。左近将監は初代作であり、初代長光の後期の銘作であろう。ただし左近将監は二代も任官していて、応長元年紀（『土屋押形』）のものがある。

長光の初期作は身幅広く、猪首切先の太刀姿が豪壮なものが多く、大模様の華やかな丁子乱を焼き、光忠に似るが、同じ丁子乱でも焼幅に高低の差が少なく、互の目が目立って尖り刃が交じり鋭さがある。将監銘の作は総じて小づむ傾向があり、乱刃のときは帽子が乱込み、直刃を焼くと帽子が横手上へ少し張り、中ほどが湾れて小丸に返る形を長光帽子とも三作帽子（長光・真長・景光）ともいい、すこぶる締りのよい形が独特である。地には乱れ映りが鮮やかに表われる。順慶は初代長光の入道銘であるというのが古来の通説であるが、いまは否定される。考えられるのは長光一族で近親の別人による法名であろうか。⇩順慶の項参照。（系図874～875頁参照）

古 長光【ながみつ】 備前国　鎌倉末期（嘉元）

長船。将監長光の子。二代。初銘長宗という。左近将監。嘉永元年紀ころの長光銘から、門下による代銘とは違った銘振りのものがみられ、このころに代替わりがあったことを示唆している。長光の代銘とみられるの

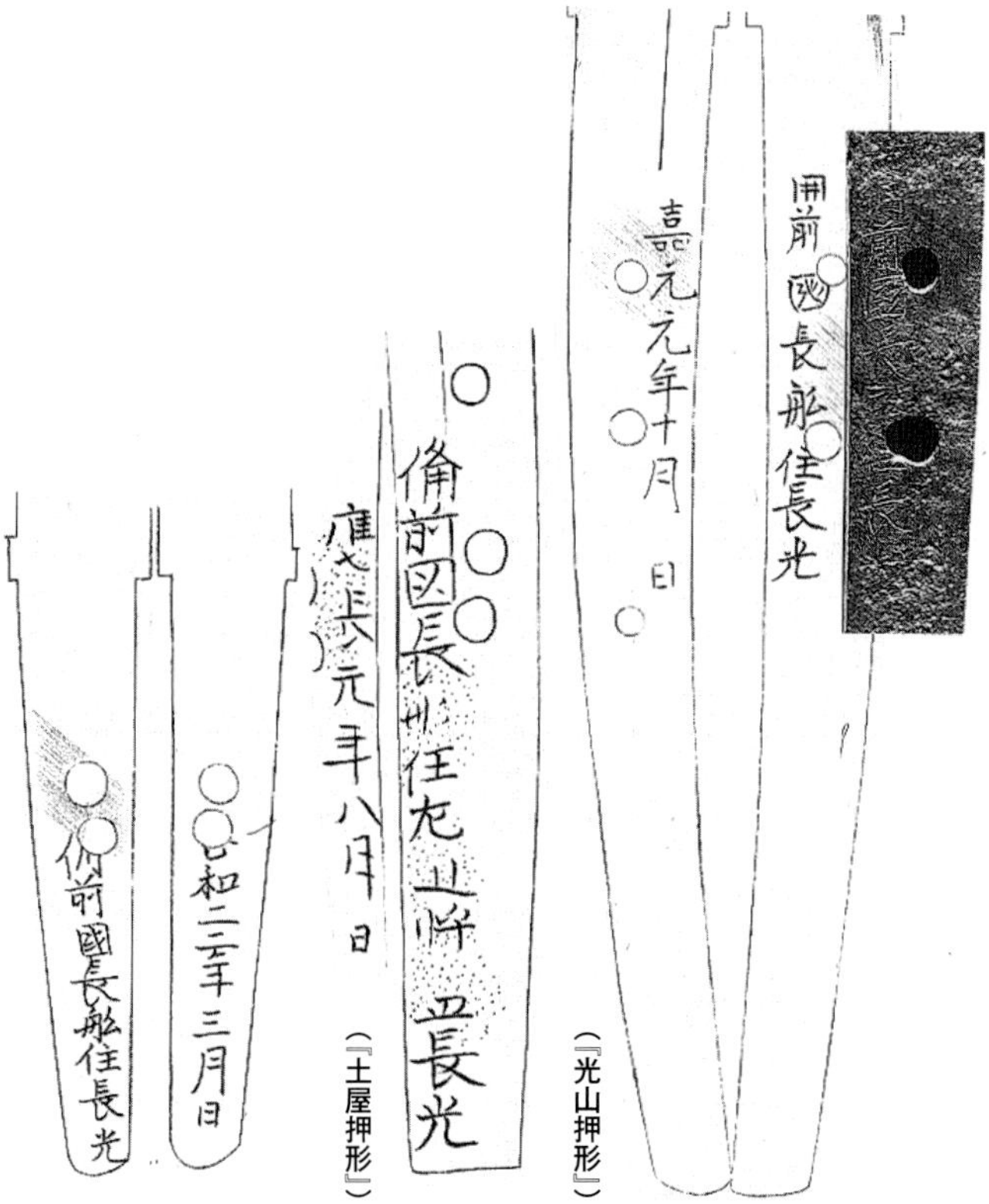

（『光山押形』）

（『土屋押形』）

は真長、景光、長元などにより多くは正安年中になされていることは、このころが将監長光の晩年期であることを示し、かつ嘉元元年ころの代替わり直前であったろうことを語るものである。校正は初代長光が「永仁五年七十六才ニテ死」と記す。正安年中に代銘がなされ、嘉元元年ころからのちに代替わりがあったとすれば、嘉元元年から前、数年のうちに初代の没年があったかもしれない。

『鍛冶銘字考』は長光の長男に長宗、次男に景光を系図に掲げている。この長光の長男長宗を『本阿弥家鍛冶系図』（正保三年写本）は将監と号し、「のち長光と打つ」としている。これによると、長宗を二代長光とみなすことができる。将監を号したことは応長元年紀に「左近将監長光」銘（『土屋押形』）があるのと一致する。二代長光は嘉元元年ころから元応二年ころまでの鍛冶であり、現存する作刀は稀少である。長光一門は初代長光の子景光が主流をなしていくのであるが、景光の初作が嘉元元年にはじまり、二代長光も同年ころからはじまることは、正安から嘉元元年にかけてのころが、長光一族にとって大きな変化があった時期であり、長光の代替わりのときでもあったとみられる。

古 長光【ながみつ】 山城国　南北朝期（元弘）

長谷部。新藤五国光門という。三郎。鎌倉末期から南北朝期初めにかけての鍛冶である。「長光」。

古 長光【ながみつ】 山城国　室町初期（応永）

平安城。応永年紀の作がある。「長光」「平安城長光」。

新作 長光【ながみつ】 高知　昭和

西森重光。昭和七年生まれ。刈谷直秀に師事。丁子に互の目交じり。「土佐住源靖長光」。高岡郡仁淀村住。

新 長旨【ながむね】初代 武蔵国　桃山期（寛永）

小笠原藤九郎。昌斎と号す。伊豆国市原領主阿部伊予守正勝の臣。致仕して江戸下谷池の端に住。轡また鞍鍛冶となり、のち刀鍛冶に転じる。作刀は少ない。身幅広く、元と先の幅にさほど差がなく中切先が延びた慶長新刀姿を呈し、中直刃に小互の目足入り、匂口締りごころ。刃縁ほつれて大和風があり、金筋の入るものがある。

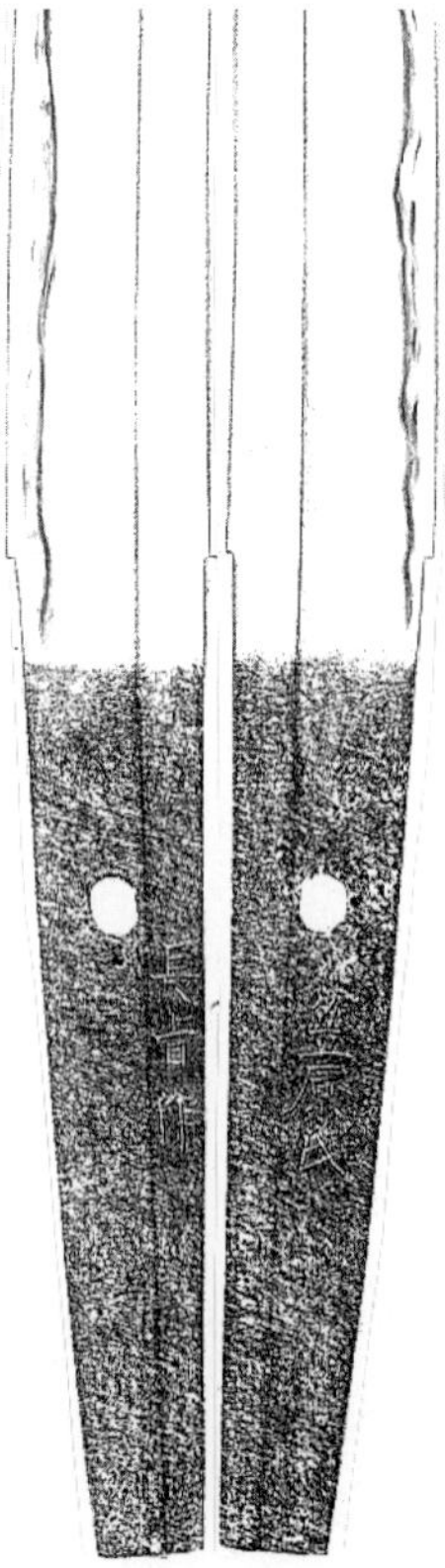

新 長旨【ながむね】二代 武蔵国　江戸中期（延宝）

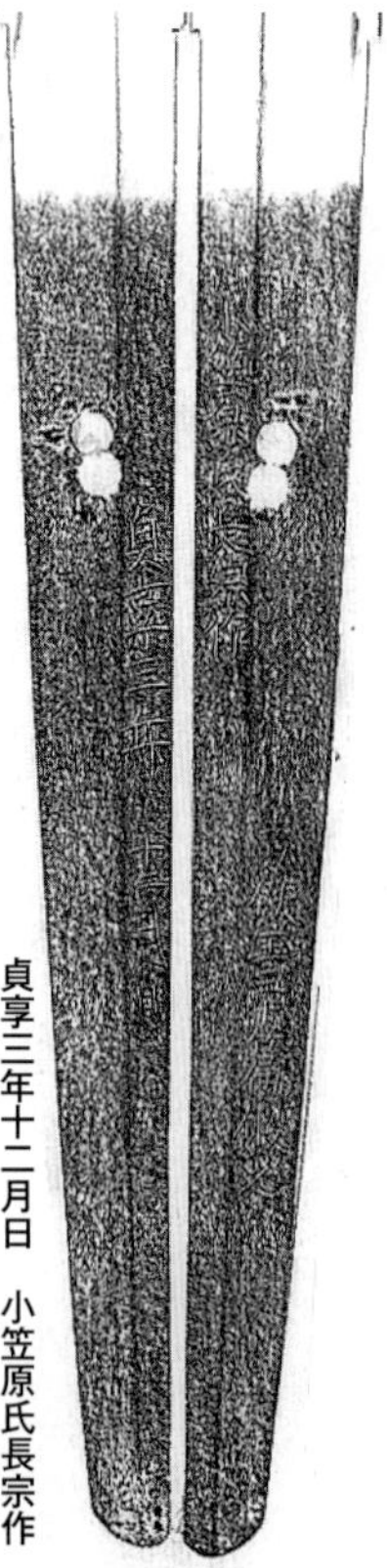

貞享三年十二月日　小笠原氏長宗作

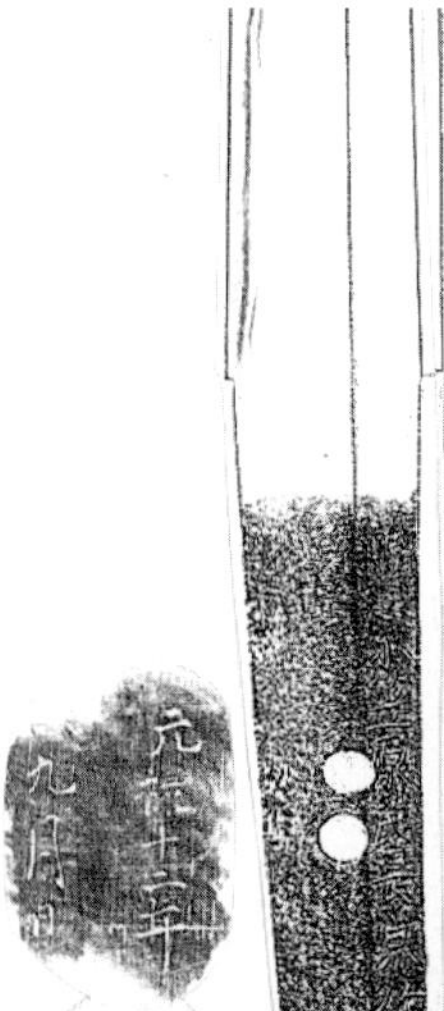

小笠原氏長宗作元禄七年八月日

鞍の作銘

小笠原左京。庄斎と号す。初代長旨子、初銘長宗のち長旨。卸鉄三十八折鍛、また鉄玉五十篇鍛えと切るものがあり、「小笠原氏長宗作」と銘す。鞍の作があり、花押を添えたものをみる。寛文ころから元禄ころまでの作がある。身幅が狭く優しい姿恰好のものが多く、直刃の大和伝の作がほとんど。小板目が詰んだ山城伝の作もある。

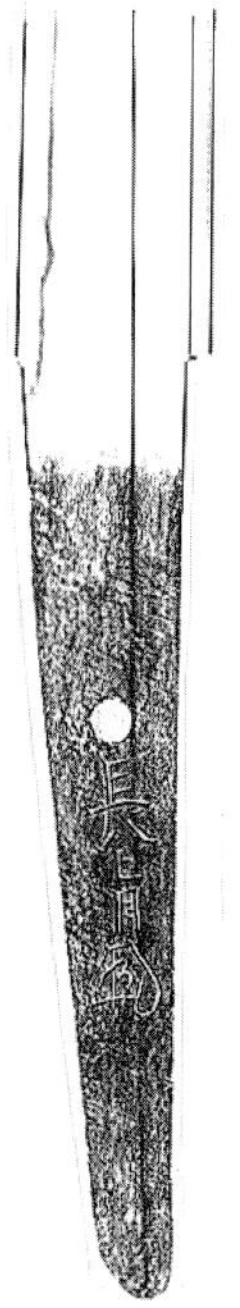

古 長宗【ながむね】 豊後国　室町末期（永正）
豊後高田。小互の目に尖り互の目交じる。「長宗」。

新 長宗【ながむね】 武蔵国　江戸中期（延宝）
小笠原庄斎。初代長旨の子、二代長旨を継ぐ。長宗は長旨の初銘。刀のほか鞍も造る。⇩**長宗〈二代〉の項参照。**

古 長元【ながもと】 備前国　鎌倉末期（正安）
長光門。長光の晩年、正安年中に師の代作に当たったといわれている。自作の年紀がある作に「正安元年十二月」があり、この年は長光の弟真長（正安二年十月）、長光の子の景光（嘉元元年八月）の初作とみられる年紀作より早い。このことは長元が長光門下とその一族の中で最も古参の先輩だったことを意味しよう。長光の代作代銘は真長、景光も行っているらしく、長元は代作の任にある期間が長いためであろう自作が稀だが、銘鑑によれば、のち正中のころまでの作刀例があるという。直刃調に小互の目足入り、小丁子乱など長光の晩年作に類す。「長元」「長船長元作」「備前国長船住長元」。

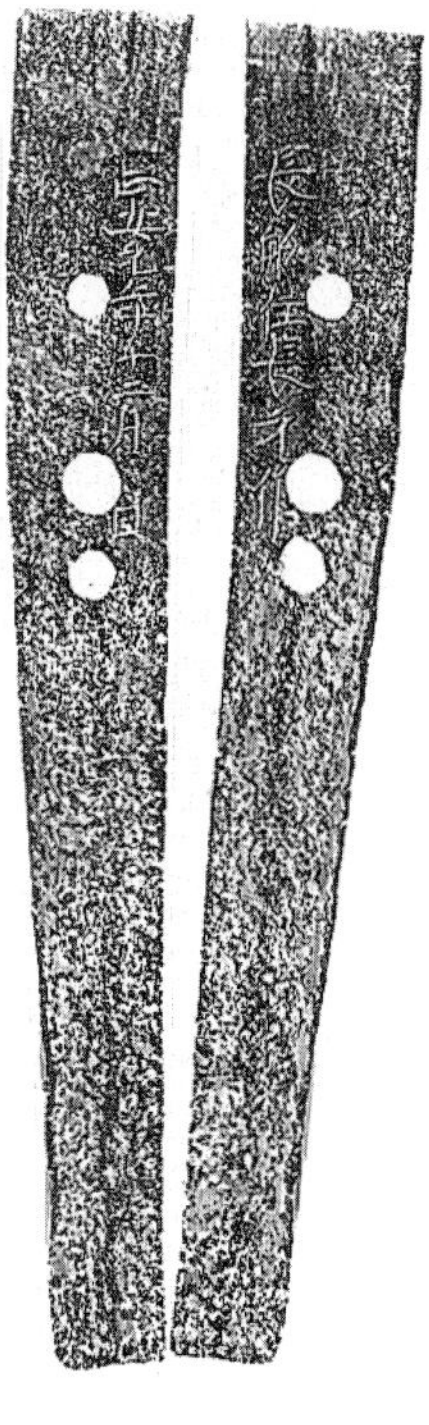

古 長元【ながもと】 肥前国　室町末期（文明）
散位派。諫早住。文明ころ。「肥州住長元」。

古 長守【ながもり】 備前国　南北朝期（貞治）
右近将監。長重の子で長義門という。長守は長重に次いで年代が古く、長義と同年代の人である。互の目がよく沸づいたもの、尖りごころの小互の目を揃えて匂勝ちのもの、また稀に直刃もある。総じては長義ほどの大出来の刃文はみられない。「長守」「備州長船住長守」「備前国長船住右近将監長守」。

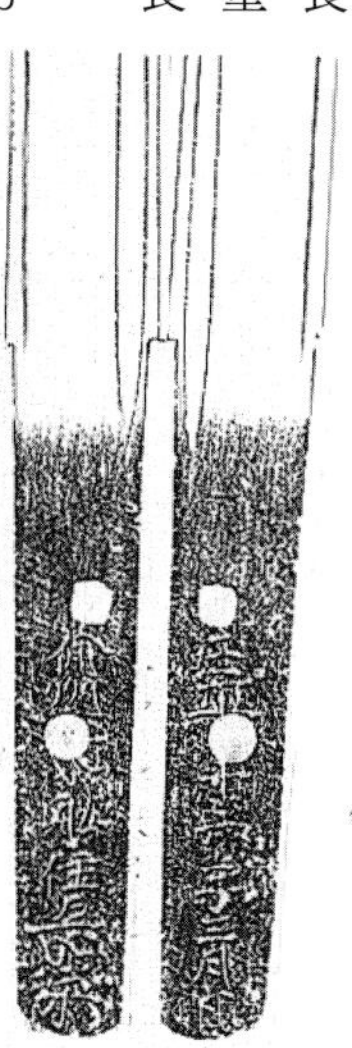

正平十六年二月日

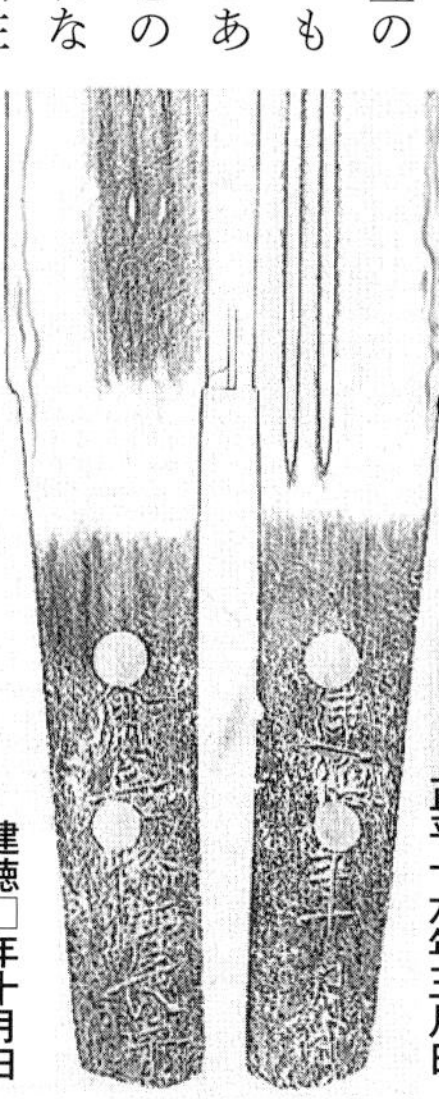

建徳□年十月日

古 長守【ながもり・おさもり】 豊後国　室町初期（正長）
平長盛の孫。正長ころ。大全はこの工を上手という。子弟一門が多く、門流が栄える。「長守」。同銘が宝徳、大永、天正と継続する。

古 長盛【ながもり】 美濃国　室町末期（文亀）
赤坂住。志摩関派。文亀から大永、天文へと同銘が続く。「長盛」。

古 **長盛**【ながもり・おさもり】　豊後国　室町初期（応永）

平高田。初代。重行子で友行門。平高田徳丸鍛冶の初祖で初銘元佑、中ごろ堅盛、のち長盛と改めるという。上総守を受領というが、初代作とみられる作刀は未見である。「豊州元佑　文亀二年二（以下切）」の脇指が現存するが、文亀のころは三代に相当する年代で、この脇指は初代の初銘元佑とは別人とみるべきか、あるいは豊州元佑は万寿寺の寺僧で初代悟庵禅寺から四代までである（『豊後刀』山田正任）というので、年代の遡った元佑に該当するのかもしれない。「長盛」「豊州平長盛」。

古 **長盛**【ながもり・おさもり】　豊後国　室町末期（永正）

二代長盛は嘉吉、また長禄といい、備考は嘉吉のころ細銘に打つとある。三代には永正三年、八年紀の作がある。銘大振りであるというが、掲出の永正八年紀の銘に限っては中ほどの大きさである。三代作は板目に柾が流れ、地沸つき白気があり棒映り立つ。刃文は直刃、湾れ乱、互の目に丁子交じりなどがあり、小沸よくつく。彫物の上手。長盛は平高田鍛冶中の上手。「平長盛」「豊州平長盛」。

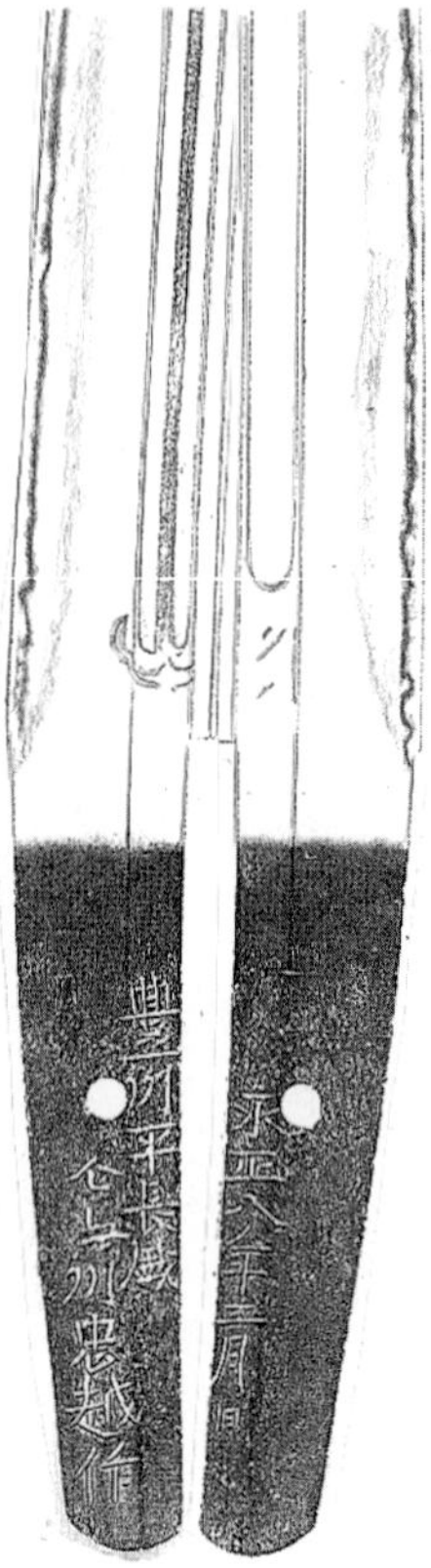

古 **長盛**【ながもり・おさもり】　豊後国　室町末期（大永）

平高田。大永三年紀の作がある。また天文ころとみられるもの、なお降って永禄三年紀のものがあるので、この間に四代、また五代を継ぐ工がいたとみられる。大永三年紀のころの長盛は作刀の数もあって上手。「長盛」「豊州平長盛」。

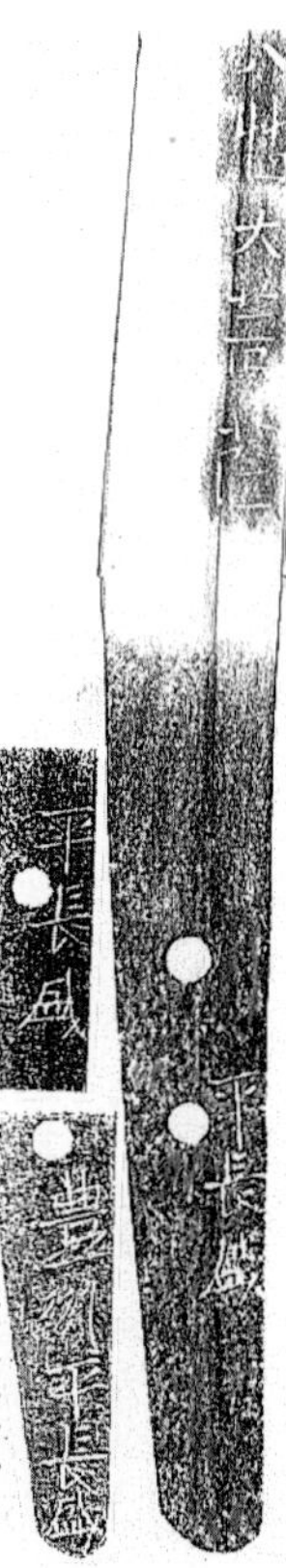

大永三年二月日

古 **長行**【ながゆき】　備後国　室町中期（長享）

五阿弥。長享ころ。「備州三原住長行」「備後国尾道住五阿弥長行作」。

古 **長行**【ながゆき】　備後国　室町末期（天文）

其阿弥。五阿弥。天文年中の年紀作がある。「備州尾道五阿弥長行」「備後國住尾道其阿弥長行作」。

新 **長行**【ながゆき】　豊後国　桃山期（慶長）

首藤平吉。首藤監物の子。行長同人。寛文九年十月、七十六歳没。直刃、直刃に小互の目交じる。

新 **長幸**【ながゆき】　多々良　摂津国　江戸中期（貞享）

多々良四郎兵衛。河内守康永門。本国紀州、のち大坂へ移る。大坂石堂を代表する上工。直刃と乱刃があり、乱刃は一文字風の大丁子、大房丁子の華美なものと、複式互の目の末備前風のものとがある。いずれも匂口が締りごころに小沸がつき、所々に尖り刃が交じる。刃中には足・葉が入り華やか。長幸の帽子は乱れ込んで先が尖りごころに返るのが見所で、江戸石堂、また他の大坂鍛冶の帽子が小丸尋常に返るのとは趣を異にしている。最上大業物に列している。

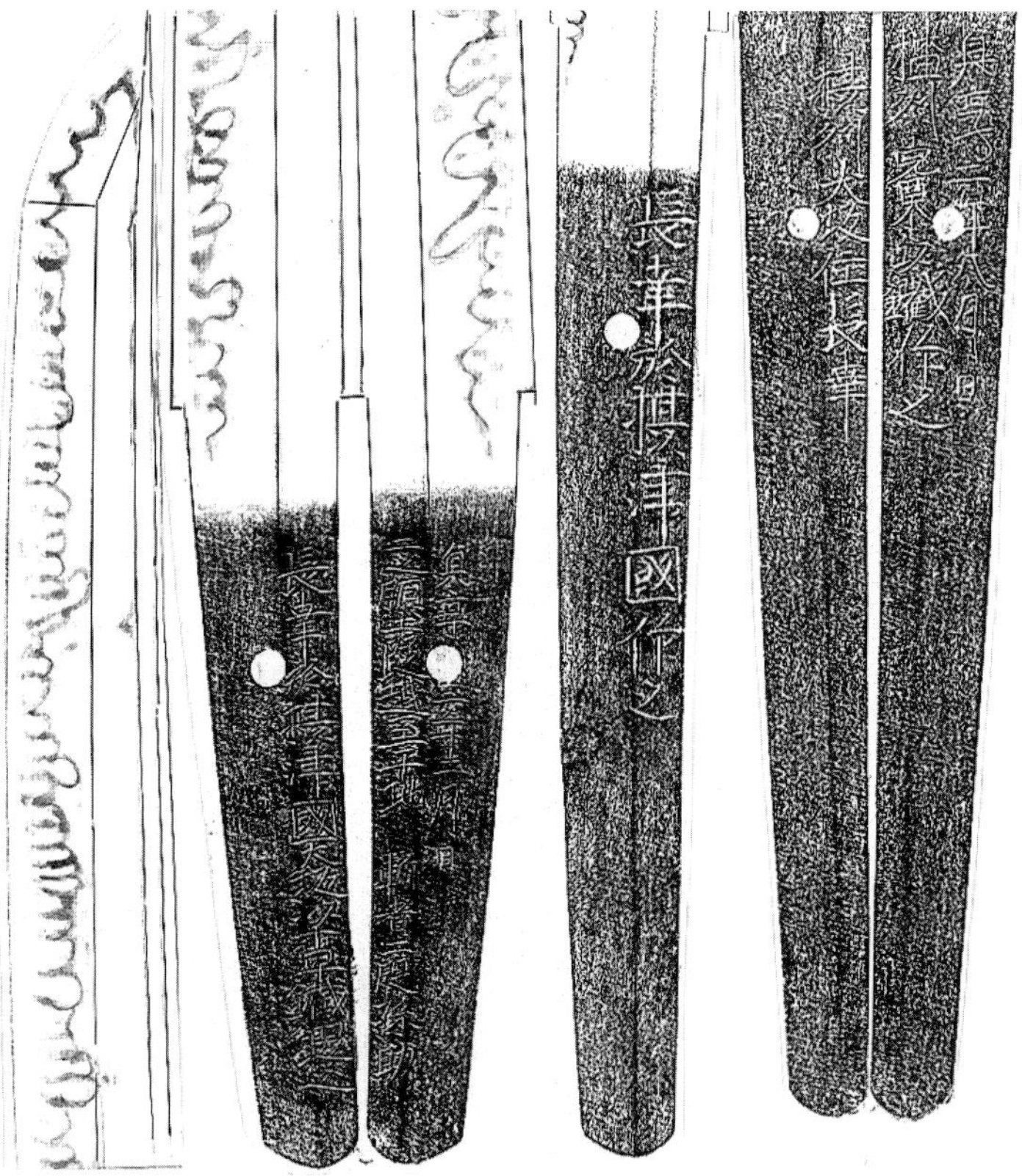

古 **長吉**【ながよし】 大和国 鎌倉末期（嘉暦）

龍門。山本長吉。龍門は大和吉野龍門庄。龍門山麓の龍門寺跡付近。嘉暦元年十月紀の銘作がある（『往昔抄』）。

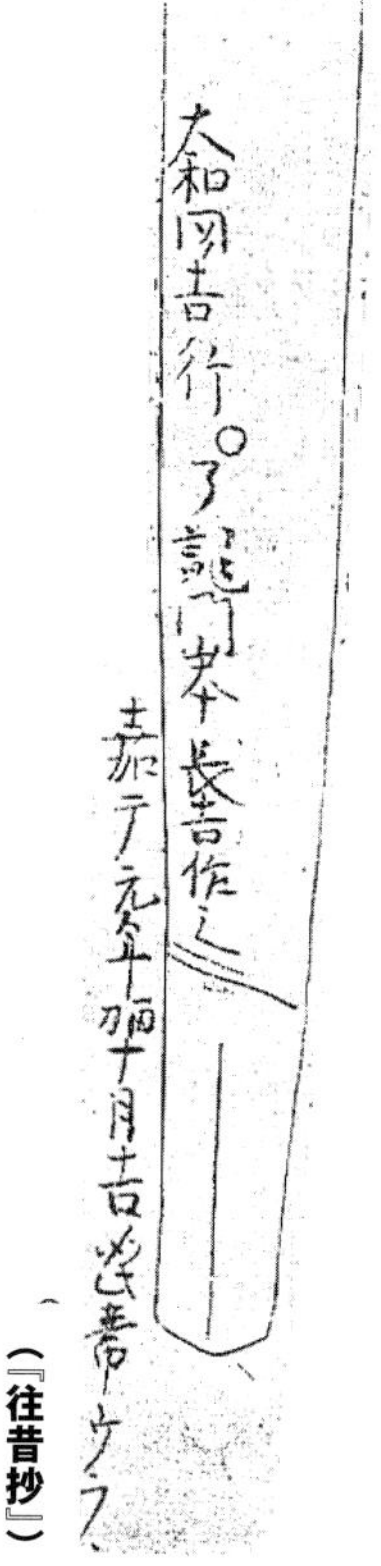

（『往昔抄』）

古 **長吉**【ながよし】 山城国 南北朝期（暦応）

平安城系図の多くは応永ころ（室町初期）の長光を平安城の祖とするが、『銘尽秘伝抄』はそれよりずっと年代が遡る天暦ころ（平安中期）の「平安城」（光長）を祖とし、その子「吉長」の両人を掲げている。秘伝抄は「山城内京系図」に三条宗近、来、粟田口などの系図を掲げる最初に「平安城」を置いているのは、それだけ重きをおいてのことであろう。この「平安城」（光長）の年代は上げすぎであろうが、これに次ぐ年代の古いのが『往昔抄』にある「京都住人菅原長吉」「暦応三年十二月」銘の太刀である。『古今銘尽』や『古刀銘尽大全』はそれを写した同一のものであるが、いずれとも現物は経眼しない。暦応の長吉から以降は応永二年、四年紀がある長吉の作刀が現存し、その名跡は文明・明応ころへ続き、なお文亀・永正ころに活躍する良工がいる。右の秘伝抄にはじまる平安城系図を縦に繋ぎ合わせてみると『校正古刀銘鑑』に近い次のものができる。

平安城（光長）（天暦）──吉長（元徳）┬長吉（暦応）──長吉（応永）──長吉（文明・明応）──長吉（文亀・永正）
　　　　　　　　　　　　　　　　　　└長光（応永）──光長（永享）──吉長

（関連系図あり、845～846頁参照）

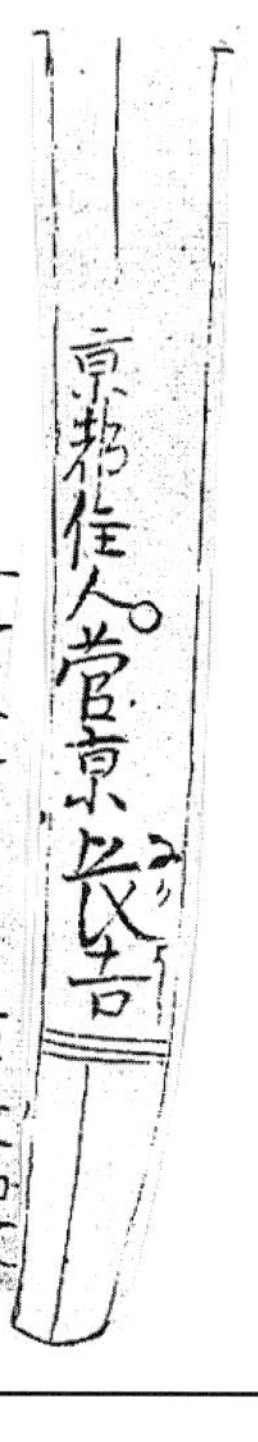

（『往昔抄』）

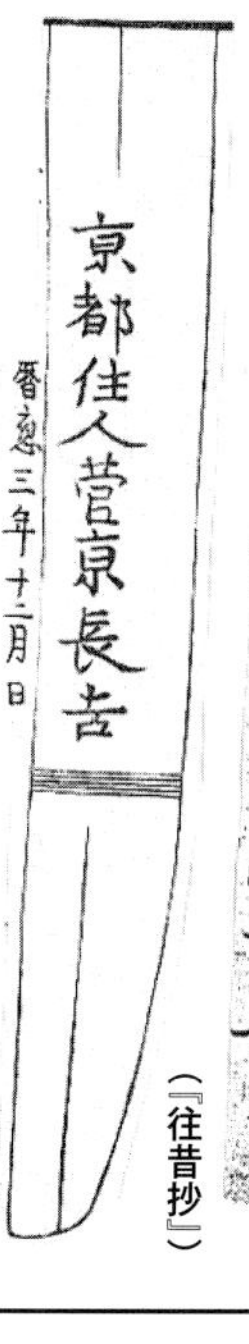

（『古刀銘尽大全』）

古 **長吉**【ながよし】　備前国　南北朝期（至徳）

長船長義の兄長重門、また子。直刃が湾れかかり、互の目足入り。至徳四年紀の作がある。「備州長船長吉」。

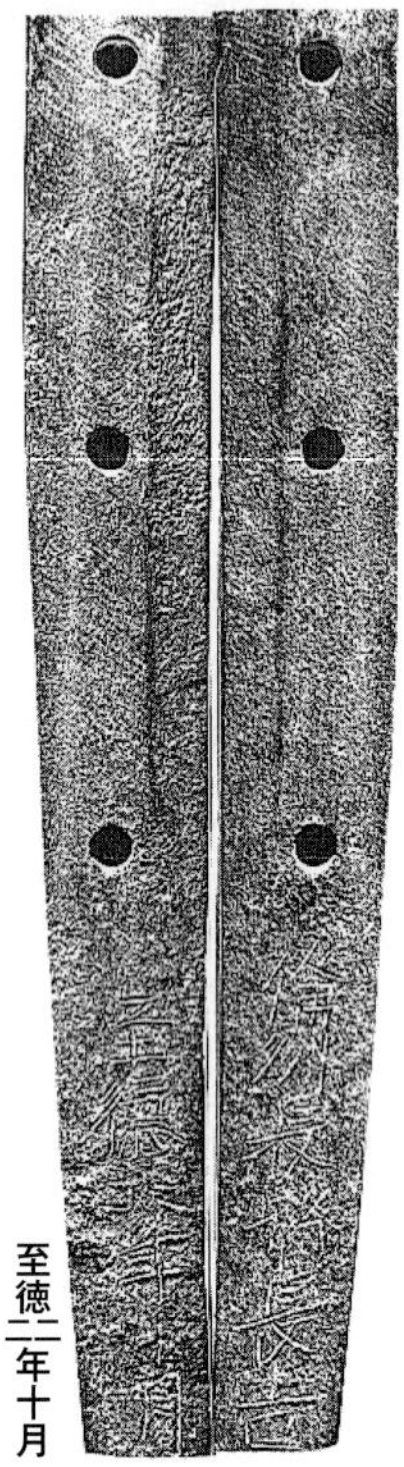

至徳二年十月

古 **長吉**【ながよし】　三条　山城国　室町末期（文明）

三条長吉は吉長子。のち三河へ移る。鎗の名手という。伊勢村正の師と伝える。「平安城三条長吉」「三条長吉作」「平安城長吉」。銘は「長」の切り始めの三点を斜め左下方へ向けて打ち、第五画横線の打ち鏨と抜き鏨に力感がある。「三州住」と切る長吉は同作であろう。作刀は比較的に短刀が多く、湾れかかった直刃に互の目、矢筈乱などを交じえた千五村正風の作があり、腰刃を焼く。

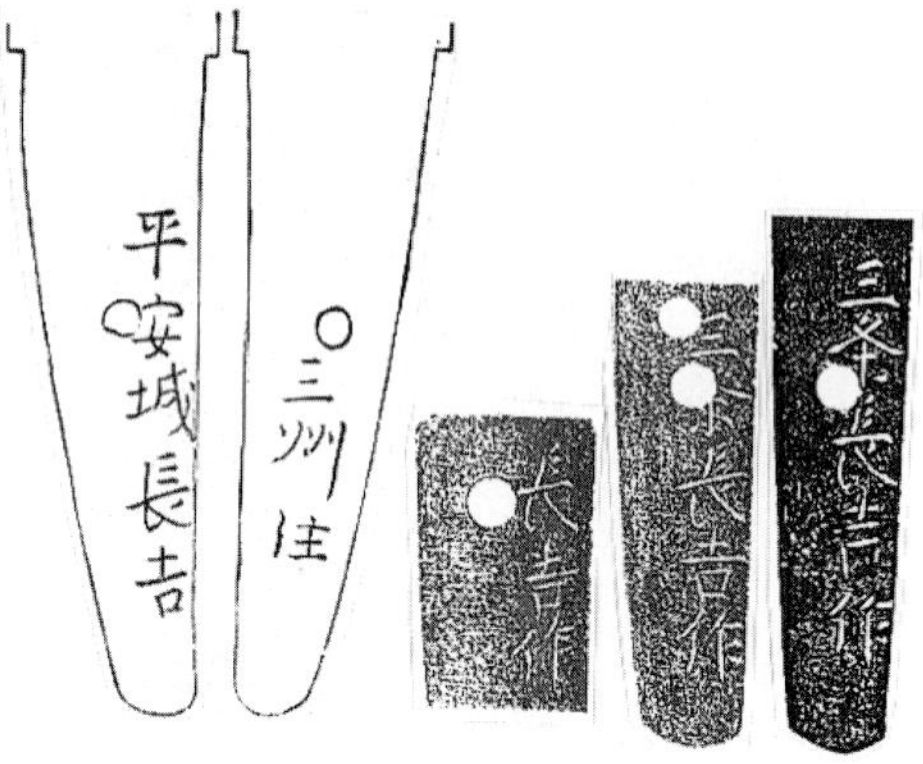

古 **長吉**【ながよし】　山城国　室町末期（明応）

最も聞こえ高い長吉は延徳・明応から永正年中にかけての工である。室町末期のころは長吉を名乗る複数の工が活動していて、「平安城長吉」と五字に切るもののほか「三条長吉」「三州長吉」「平安城長吉作」などがいる。なかでも光長（永享ころ）の孫の一人で「平安城長吉」と五字に切る工が突出して上手で、現存する作刀も多い。打刀は二尺二・三寸のものがあるが、短刀が比較的多く、鎗を好んで造る。板目の鍛えが細かく詰んだものと、肌立ちごころのものとがある。刃文は匂出来の直刃に小互の目交じり、小沸付きの互の目乱に箱がかった刃が交じり、飛焼かかるものなどがある。茎の形が〝たなご腹〟となり、小田原相州の影響を受けたもよう。刀身彫が上手。銘の書体に抑揚があり、打ち鏨と抜き鏨の打ち込みが強い。「安」字の第三画の右肩を角に切る。

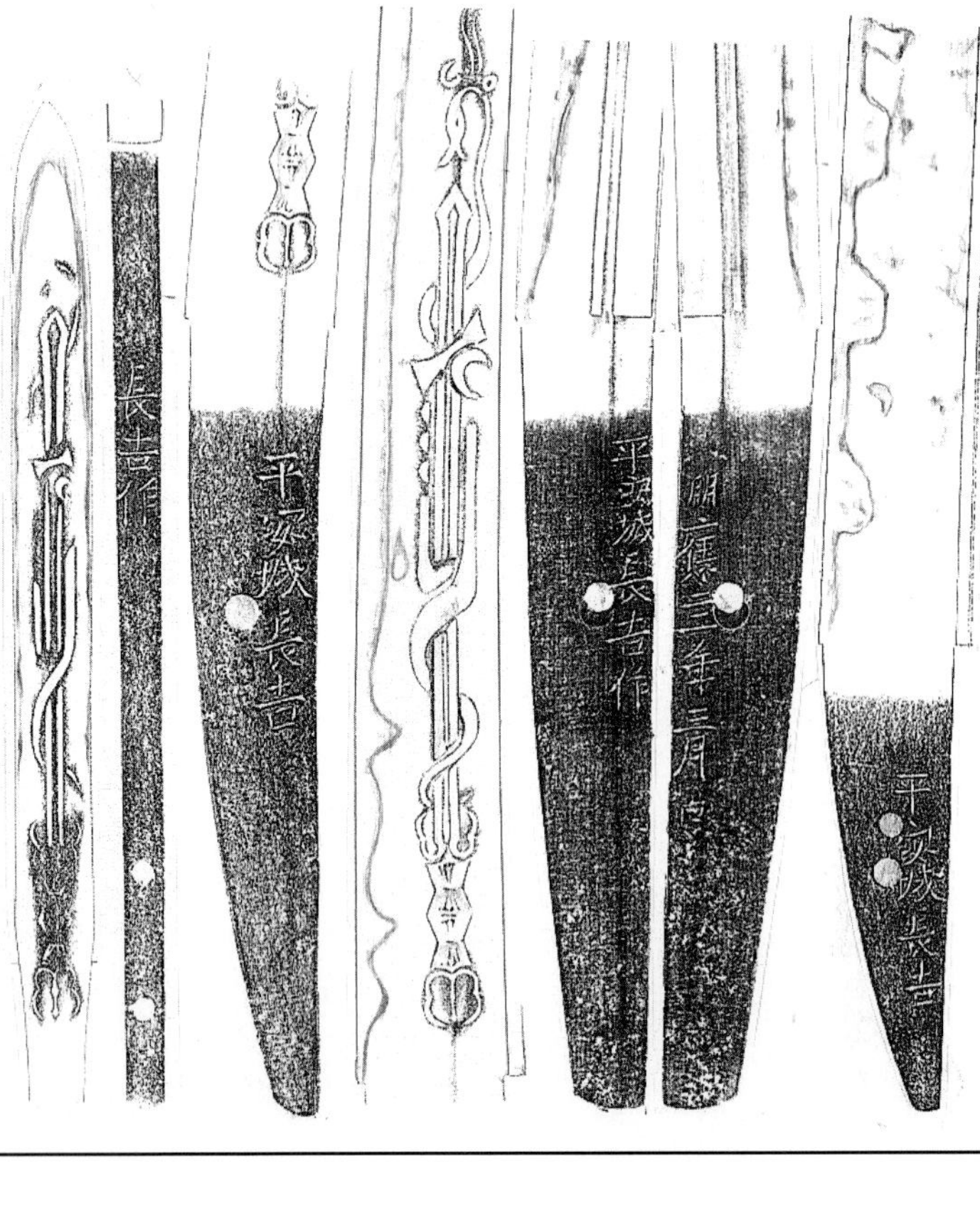

古 **長吉**【ながよし】　大和国　南北朝期（貞治）

千手院。大山祇神社に長さ四尺四寸九分の「貞治五年丙午　千手院長吉」

な

ながよし

と打った大太刀（国宝）がある。幅広で大切先の南北朝期の典型を見せる。

古 長吉【ながよし】初代　越後国　南北朝期（貞治）

桃川。甘呂俊長門という。俊長が大和系の鍛冶とすれば、大和風の作行きをみせる長吉が、南北朝期の大和鍛冶から学んだことは考えられることである。大和当麻派に俊長がいて、甘呂俊長と同銘であることからも関係が窺える。「長吉」「桃川住長吉」。

古 長吉【ながよし】二代　越後国　室町初期（応永）

桃川。二代応永ころの作であろう。身幅広く先反りをもち、重ねが薄い。板目が流れて肌立ち、綾杉風が交じる。刃文は中直刃にほつれ、足・葉が入り、沸づき砂流しかかる。「長吉」「桃川住長吉」。大振りの銘を切る。

古 長吉【ながよし】三代　越後国　室町末期（文明）

桃川。板目が流れて肌立ち、白気ごころがある。湾れ調の直刃に小互の目交じり、ほつれて砂流し、金筋入る。「長吉」「越州桃川長吉」「桃川住長吉」「桃川長吉作」。銘を小銘に切り、「長」字の第六画縦線を角張らせて打つ。

古 長吉【ながよし】　若狭国　室町末期（延徳）

左衛門尉。平安城光長の裔という。桃川長吉（三代）が小銘に切るのと相似し、同銘なことからも系類を同じくする工であろうか。「若州鳥羽鍛冶長吉作」「若狭国左衛門尉藤原長吉」。

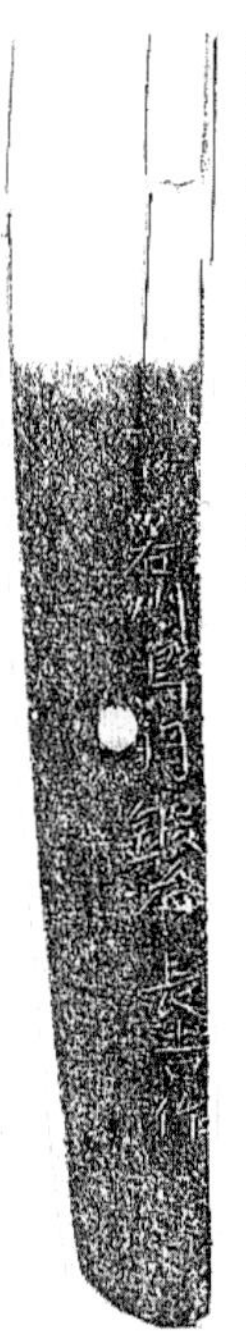

新 長吉【ながよし】　三河国　江戸中期（寛文）

伊豆三島大社ほか、全国一の宮に大太刀を奉納する。肥前島原城主・高力高長は出身地三河伊賀八幡へも長吉作を寄進している。「三州高力住長吉作」などと切銘する。寛文元、二年紀の作がある。

古 長義【ながよし】　秦　越後国　南北朝期（文和）

秦長義は長義門とも甘呂俊長門とも伝えている。長義門はおおいにありえるが、甘呂俊長門は俊長の年紀に延文五年があって、秦長義の文和五年（『光山押形』）があるのをみる限り、俊長の方が後輩であり、俊長門は肯定できない。秦長義は備前から越後に移住して作刀するも現存するものは稀少で、短刀は互の目調の乱れで匂深く沸よくつき金筋が入り、地には地景が入った相伝の作をみせる。文和五年紀のものは古い再刃であるが地景と金筋がよく働く。

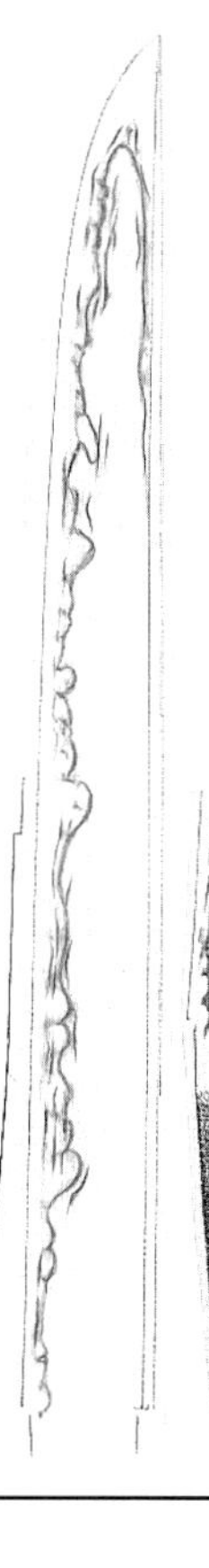

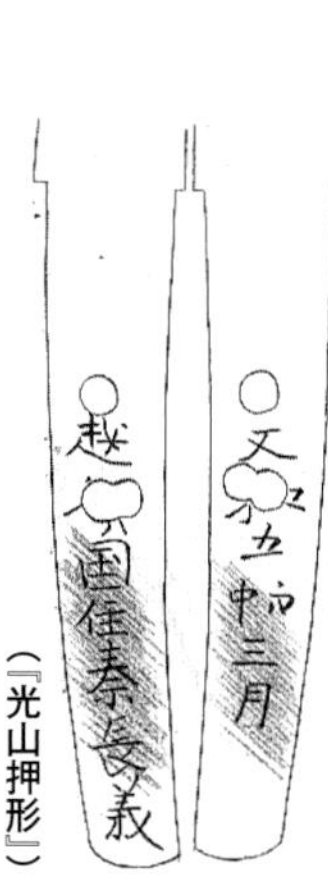

（『光山押形』）

古 長義【ながよし】　備前国　南北朝期（貞治）

藤左衛門。長義は南北朝期にあって兼光一派とは別系である。長義は長光の弟真長を祖父として、光長の子である。校正、大全などは長義を建武の人として正宗弟子と記し、長重、兼重を弟としており、これは長義を長重の兄とみる古くからある説であるが、長重には建武元年の作があり、長義には正平十五年（銘鑑では康永二年）を遡るものがないので、

な

ながよし

長重が兄、長義を弟とみるのが妥当である。『本阿弥家伝鍛冶系図』は光長の長男が長重、次男長義、三男長清、四男兼重としている。長義の正宗門説は校正がいう建武の年代まで遡れば年代的には可能であるが、正平十五年（延文五年）より古いものがみられず、銘鑑でも康永二年より遡れない。それに比べ長重には建武元年（甲戌を刻す）の作があるので、年代的にも、また同作には相伝の作風が濃厚なことからも、正宗の弟子は長重である可能性がある。

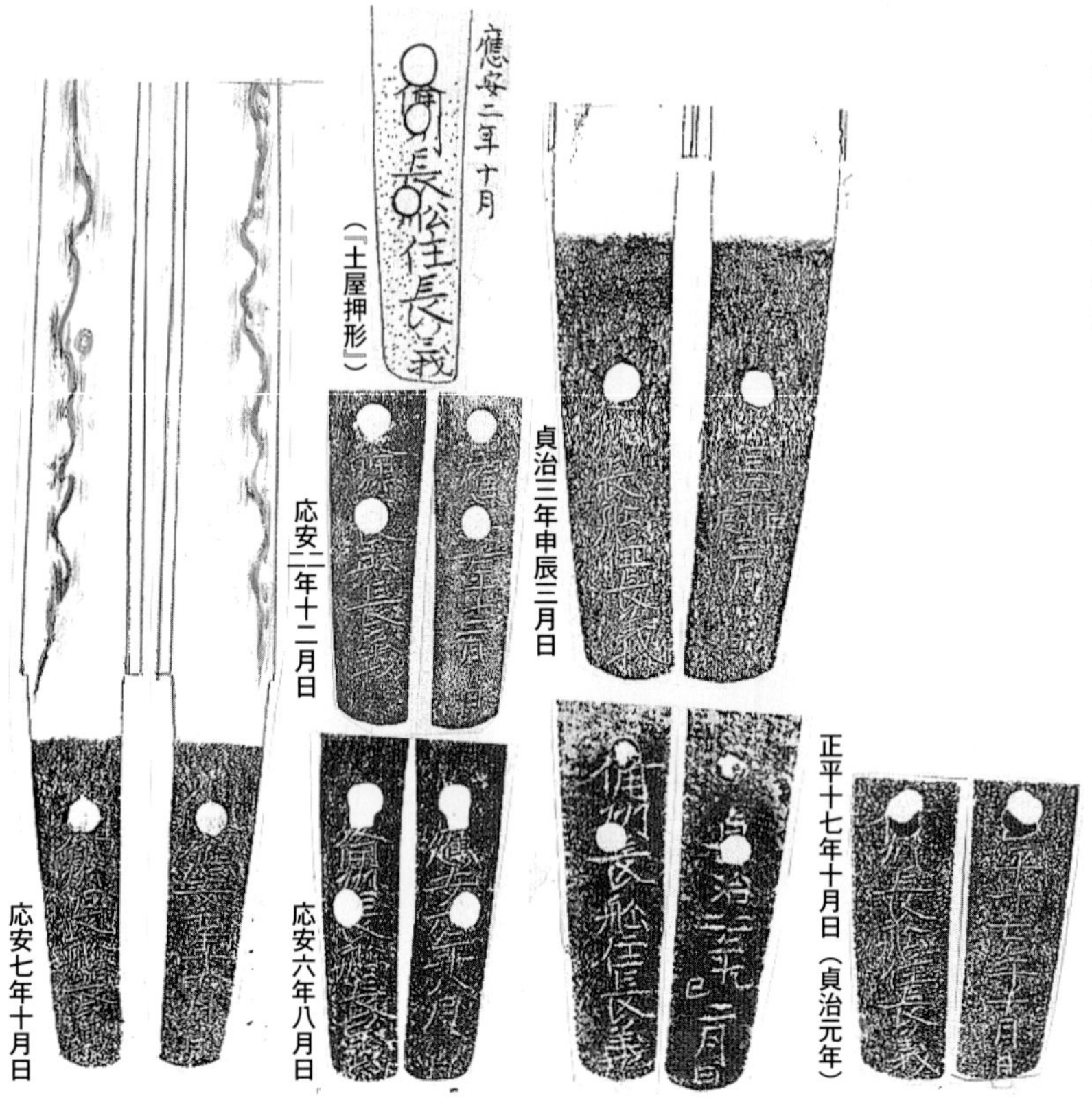

長義は長重から相伝の影響を受けてその作風を樹立したものと考えられる。長義の年紀作は康永二年から康暦二年まで三十七年がある。この間に長義は一人であるとの説が流布しているが、江戸時代の古伝書の多くは長義二代説なので、校正に例を採ってみてみると、初代は建武の人で、康永二年から応安三年があり、二代は永和二年から康暦元年までがあるとしている。長義の作に建武まで遡るものがないことは前述の通りであって、銘鑑によれば康永二年、現物によれば正平十五年が古い。長義の最終年紀とみられるのは「康暦二年十月日」であることを前提にしてみてみる。

貞治から応安にかけては長義の盛期のようで、応安七年になるとすでに晩年銘であることを示している。それが康暦元年になると応安年紀のものより少しく小銘となって整い、太刀は棟寄りに銘を切っていて、銘振りが応安年紀と少しく異なる。永和から康暦にかけては銘の切り手が代わっているとみられ、作刀の技量は劣ってみえる。それが二代作に代わったためか、門下による代作代銘のためかは一概には決しかねるところ。もし二代作としたら永和初めから康暦二年までは六年間しかなく、二代の作刀期は短期間であったこととなる。校正は二代長義は長清同人という。長義の年紀作は「康暦二年十月」を最終に、以降はみられず、至徳年間に至り長重（至徳四）、長吉（至徳四）、兼長（至徳四）、長守（嘉慶二）など一族一門がそれぞれに作刀している。

長義の作風は、太刀は幅広で大切先の豪壮な造りが多く、短刀は比較的小振りのものが多い。鍛えは板目の詰むものと、やや肌立つものがあり、地沸が強く地景を表わし、映りの立たないものもある。刃文は湾れに互の目を交じえて大模様で、高低の差が深く華やか、よく沸づくものが多く、匂勝ちのものもある。「備州長船長義」「備州長船住長義」「備前国長船住長義」。（系図878～879頁参照）

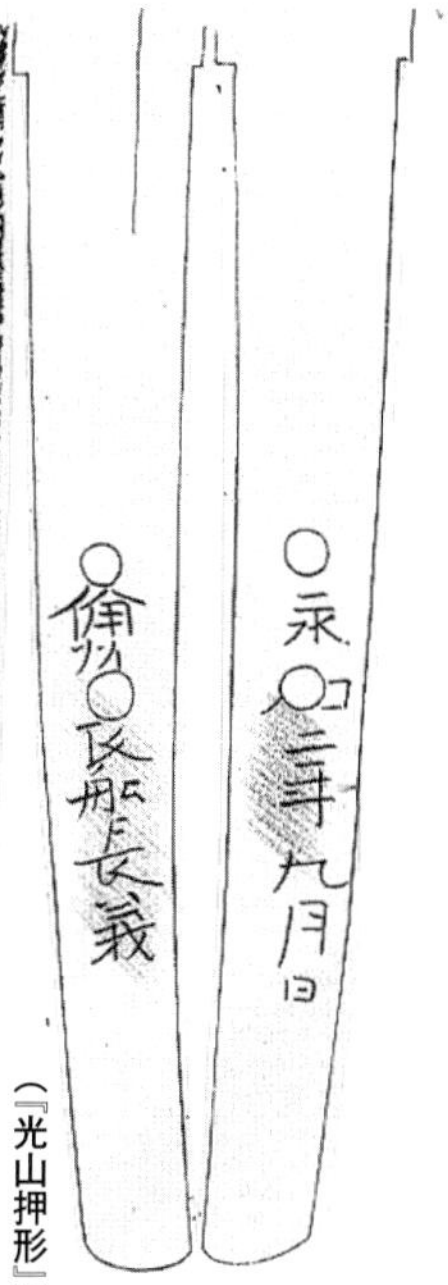

（『光山押形』）

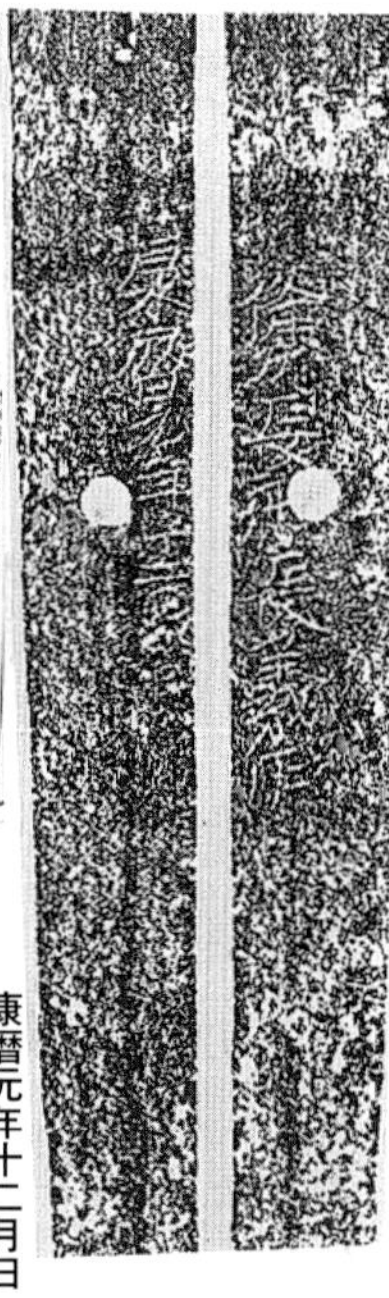

康暦元年十二月日

康暦二年十月日

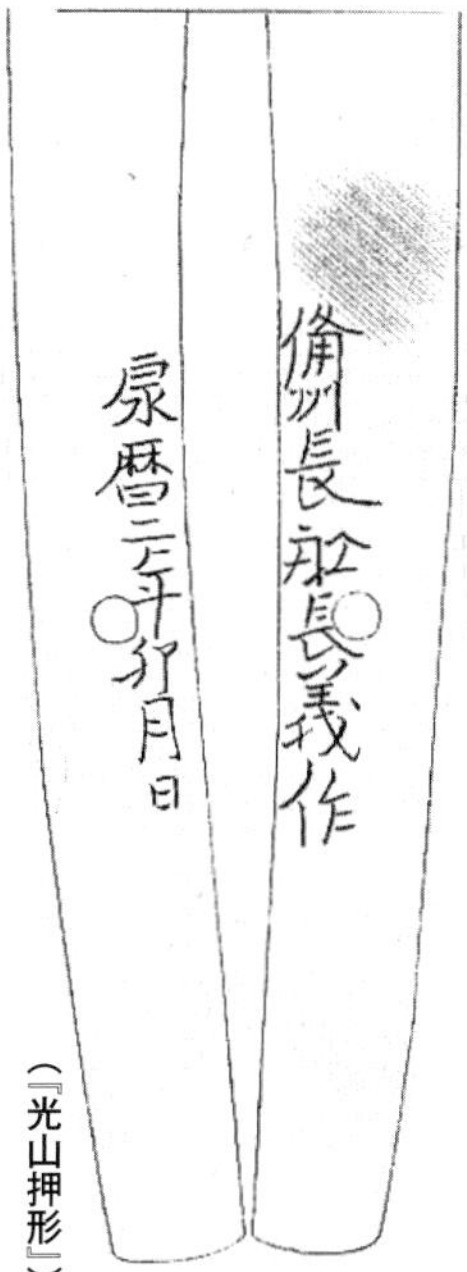

（『光山押形』）

古 **長善**【ながよし】 会津 岩代国 江戸中期（天和）

長義同人。初代三善長道の門。小互の目を揃えて焼く。

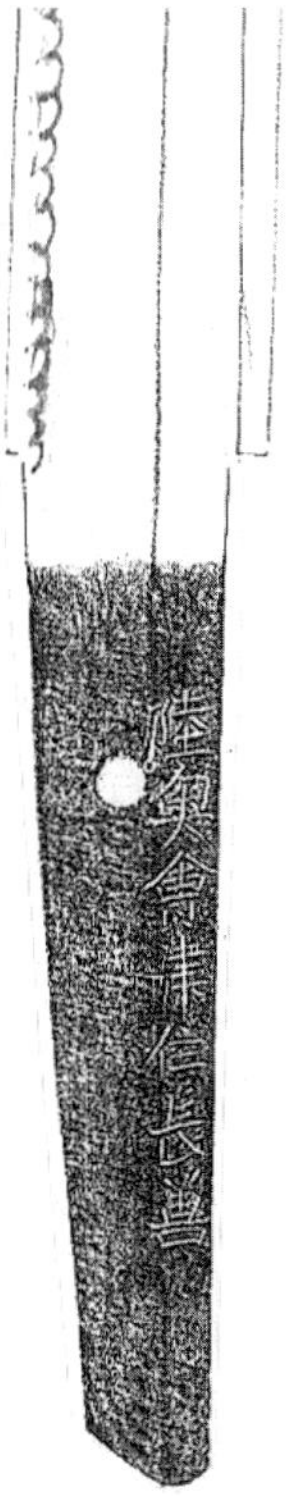

古 **成家**【なりいえ】 備前国 南北朝期（文和）

小反り。安部重吉子という、景秀の孫。文和から永徳にかけての年紀作がある。小反物中で秀光とともに、まま作刀をみる工であり、秀光が小づむ互の目が揃いがちなのに比べ、やや互の目が大きめの状となる。「備州長船成家」「備前国住成家」。応永ころに同銘後代がある。

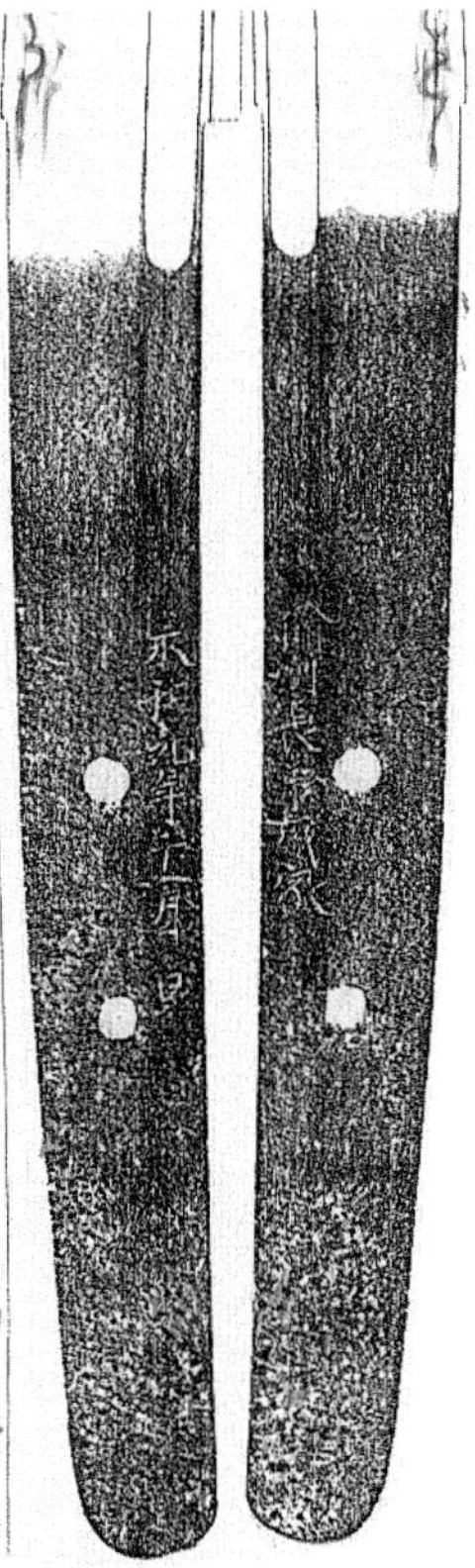

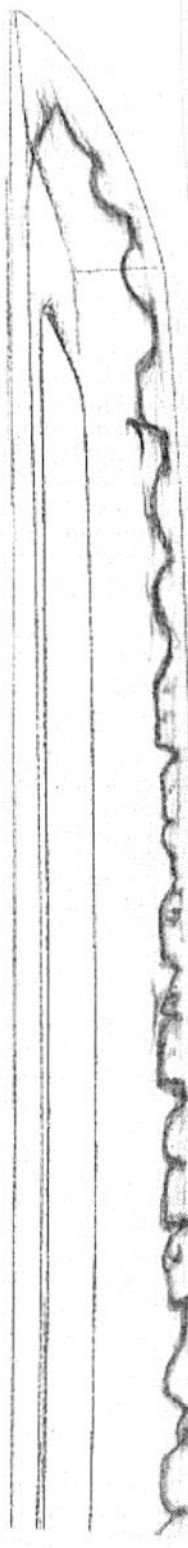

古 **成包**【なりかね】 備前国 鎌倉中期（仁治）

古備前。高綱の子。「成包」。成包の名跡は福岡一文字、吉岡一文字、また南北朝期の長船にみられる。「備前国成包作」。

古 **成重**【なりしげ】 上野国 室町末期（天正）

沼田住。天正ころ。「上州住成重作」「上野住成重」。

古 **成高**【なりたか】 備前国 鎌倉初期（元暦）

古備前。紀藤次。高包系の鍛冶で高重の子。小湾れに小乱、小丁子交じり荒めの沸よくつく。「成高」。同銘が古備前に他に一人いて天福ころに作刀する。南北朝期末には吉岡一文字と長船に同銘がいる。

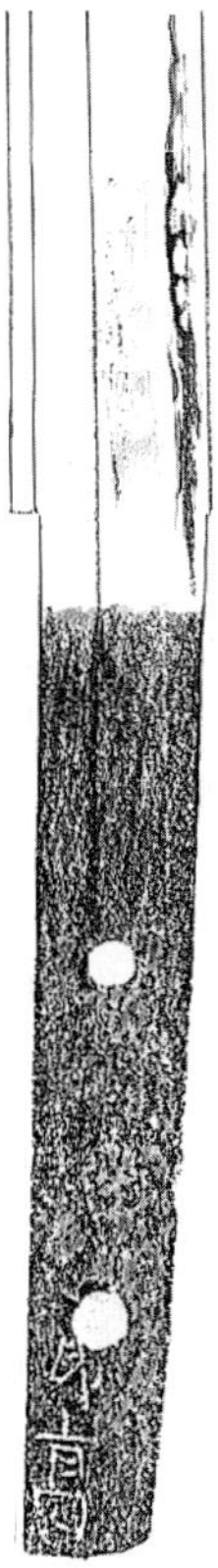

古 **成綱**【なりつな】 備前国 鎌倉中期（寛喜）

古備前。高綱子。寛喜ころ。「成綱」。

な

ながよし～なりつな

古 **成綱**【なりつな】 備前国 鎌倉末期（元亨）
長船。鎌倉末期から南北朝期初めにかけての鍛冶で、元弘、暦応の年紀作がある。「備前国住成綱」「備州長船住成綱」。

新々 **成就**【なりとも】 越中国 江戸末期（安政）
越中成就。江戸にても造る。直刃に互の目足入り。「越中国住成就於東都作之」などと切る。

古 **成則**【なりのり】 備前国 室町初期（応永）
吉井。南北朝期末から応永にかけての工であろう。細直刃の匂口が締り、小板目鍛えよく詰む。「成則」。

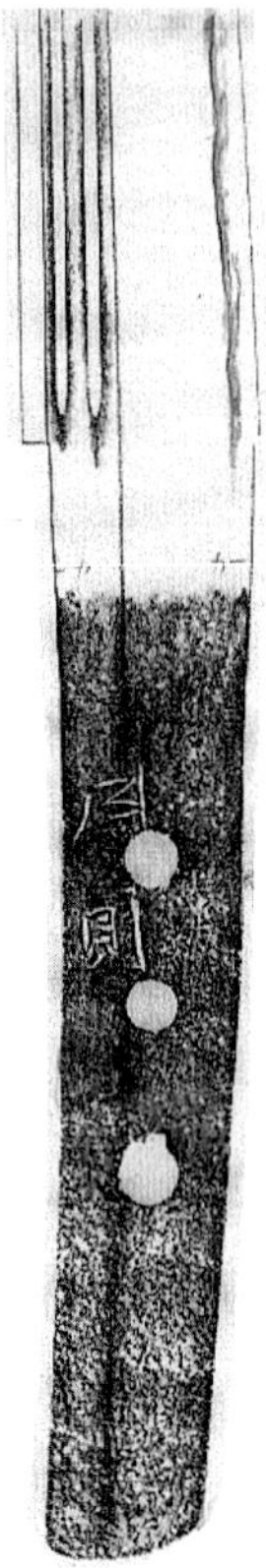

古 **成宗**【なりむね】 備前国 鎌倉初期（承元）
福岡一文字。則宗の子、助宗の弟。京六波羅にても造るという。直刃調に小乱、小丁子交じり、丁子はさほど目立たず古雅な風がある。「成宗」。同銘が建長ころ、福岡一文字にいる。

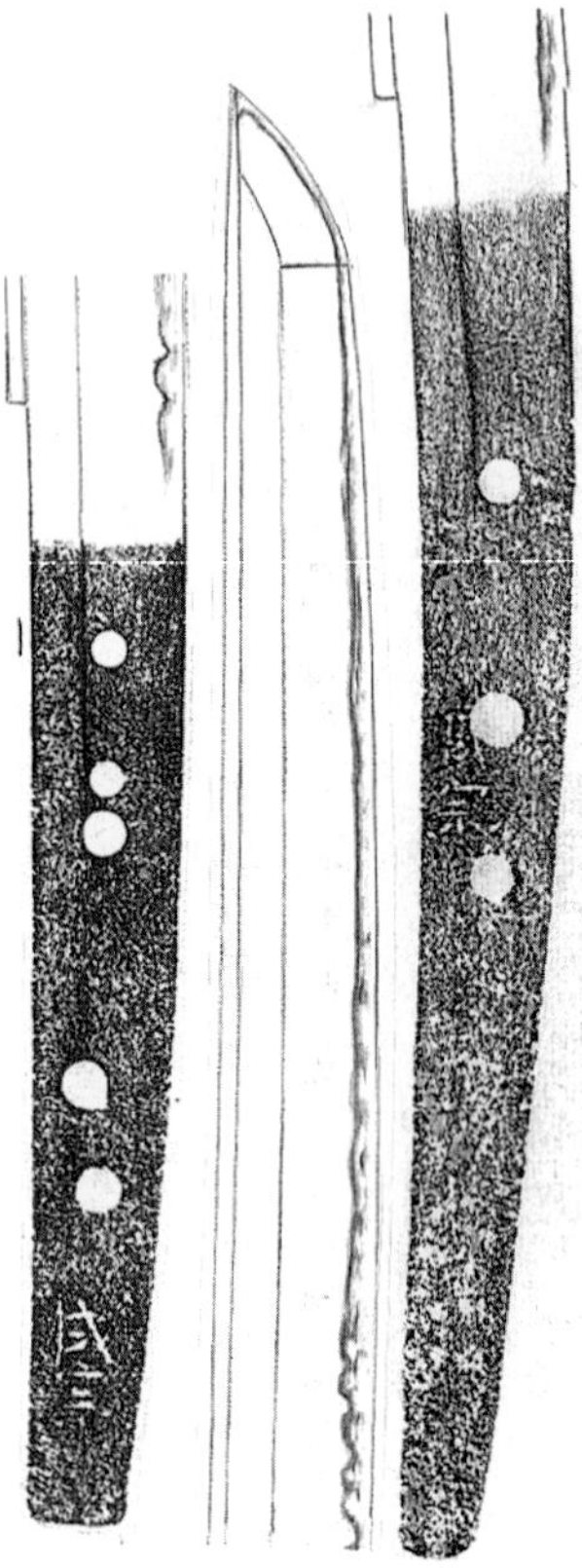

新 **成宗**【なりむね】 摂津国 江戸初期（慶安）
古作一文字に私淑した成宗の作。慶安三年紀の作がある。

新々 **斎昭**【なりあきら】 常陸国 江戸末期（天保）
徳川斉昭。水戸徳川第九代藩主。景山、烈公と号す。天保四年ころから直江助政、市毛徳鄰を相鍛冶に刀剣を鍛え、八雲鍛という独特の鍛肌を表わす。茎に「葵くずし紋」また「時計紋」とも呼ばれる紋どころを刻す。
⇩烈公の項参照。

新々 **斎典**【なりのり】 武蔵国 江戸末期（弘化）
川越藩主松平斎典の慰作。藤枝英義が相鍛冶を務める。嘉永二年、五十三歳没。

古 **業高**【なりたか】 備中国 鎌倉初期（貞応）
古青江。刑部丞。貞応ころ。「業高」。同銘が同じく鎌倉中期（弘長ころ）に知遠の子が、次いで妹尾住で弘安ころと嘉元ころにあり、南北朝期（延文ころ）に続く。

古 **業宗**【なりむね】 讃岐国 南北朝期（永和）
国利子。播磨にても造るという。「讃州住業宗」。初祖業宗は三郎太夫と号し平安末期の工で、のち鎌倉初期（建保ころ）、同中期（建治ころ）に同銘があるが、いずれも現存作をみない。

古 **業宗**【なりむね】 三河国 室町末期（文明）
中原。国綱の子。文明ころ。「業宗」。

古 **縄家【なわいえ】** 備前国 室町初期（永享）
応永備前。互の目がゆったりとし足・葉入り、映り立つ。銘鑑もれ。「備州長船縄家」。

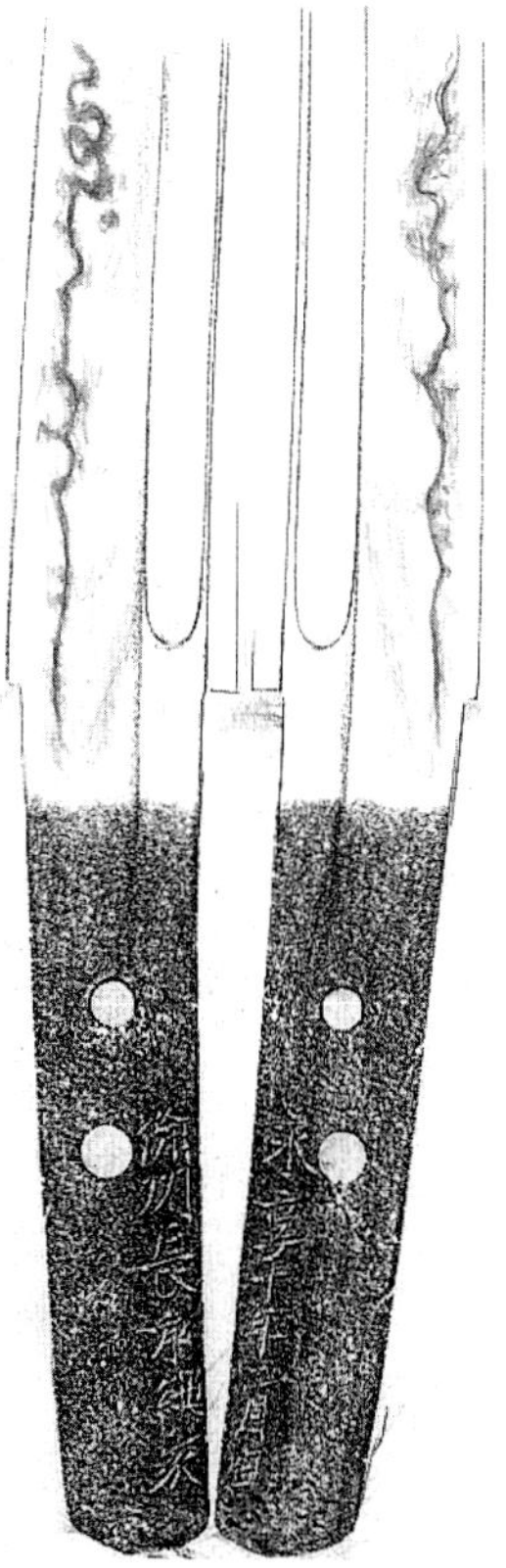

《に》

古 **二王【におう】** 周防国 鎌倉中期（文永）
仁王三郎。吉敷郡仁保庄住（現・山口市仁保下郷）。清綱を祖としてのち二王を冠す。文永ころ。「二王」。

古 **日王【にちおう】** 大和国 鎌倉中期（正元）
千手院。奈良東大寺に従属する。正元ころ。「日王」。作刀をみるのは重阿同人という室町初期（応永ころ）のもので直刃を焼く。

古 **日乗【にちじょう】** 伯耆国 鎌倉初期（元暦）
武保の子。一宮の弘成法師という。一宮宮内に住し、のち倉吉に移る。元暦前。「長江日乗」「伯耆国一宮日乗」。

古 **入西【にゅうさい】** 安芸国 鎌倉中期（永仁）
良西の子。筑前良西同人で西蓮の弟ともいう。筑前で作刀し、のち安芸国に移住するといい、「安藝國入西」と銘し「永仁五年閏十月日」の年紀作がある。細直刃を焼き古調な作で技が高い。「入西」「安藝國入西」。

（『光山押形』）

《の》

古 **延家**【のぶいえ】 備前国 鎌倉初期（建暦）

福岡一文字。延房門。小乱刃が古調で古一文字の風がある。「延家」。

古 **延清**【のぶきよ】 大和国 室町末期（明応）

末手掻。明応ころ。「延清」。

古 **延清**【のぶきよ】 大和国 室町末期（天文）

金房。末手掻延清の子、また門流で、天文ころから永禄にかけて鍛刀する。「南都住藤原延清」「和州住藤原延清」と銘し、のち「藤原延清」「藤原住延清」と切るものがあり、「藤原」は現・奈良市藤原町に当たる。

新々 **延重**【のぶしげ】 美作国 江戸末期（慶応）

絹田延重。美作郷原住。「作州津山臣延重」などと切る。互の目に丁子交じり。

古 **延次**【のぶつぐ】 備中国 鎌倉初期（建永）

古青江。守次の子といい、大銘に切るという。「延次」。

古 **延次**【のぶつぐ】 備中国 鎌倉中期（文永）

古青江。家次子という。佩裏に大銘を切る。「延次」。

古 **延次**【のぶつぐ】 備中国 南北朝期（元弘）

中青江。古青江延次の末流。万寿本庄住。「備中州万寿本庄住延次作」。

古 **延次**【のぶつぐ】 尾張国 室町末期（永正）

志賀関。兼延の子、また門人ともいう。美濃関から尾張国山田庄内の志賀に移り鍛刀したことから志賀関、また山田関とも呼ぶ。湾れ調の直刃に互の目足入り、小沸よくつき、砂流し、金筋入る。「延次」。

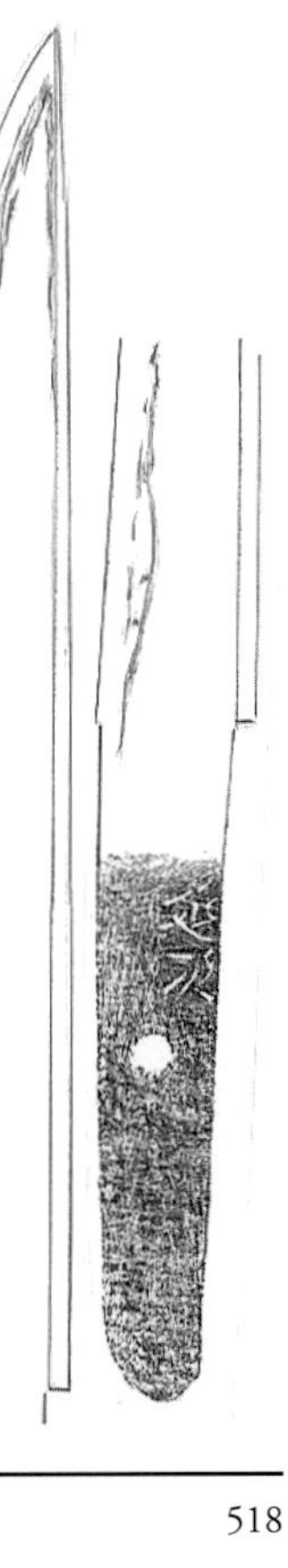

古 **延秀**【のぶひで】 備前国 南北朝期（暦応）

大宮。備前大宮派は山城大宮が出自という。延秀は古くは建暦、徳治があり、山城から備前に移っているようである。「延秀」。

新作 **延秀**【のぶひで】 鳥取 昭和

前田秀士。昭和三年生まれ。前田義輝門。昭和四十八年、作刀承認。小互の目乱。「伯耆国住前田延秀作」。日野郡江府町住。

古 **延房**【のぶふさ】 備前国 鎌倉初期（元暦）

古備前。太刀の元身幅広く、腰反り踏張りつき中切先。板目肌詰み、地沸つく。刃文は小湾れ調の直刃に小乱、沸よくつき、ほつれ、打のけ、湯走りかかる。「延房」二字銘を鎬地に寄せて切る。

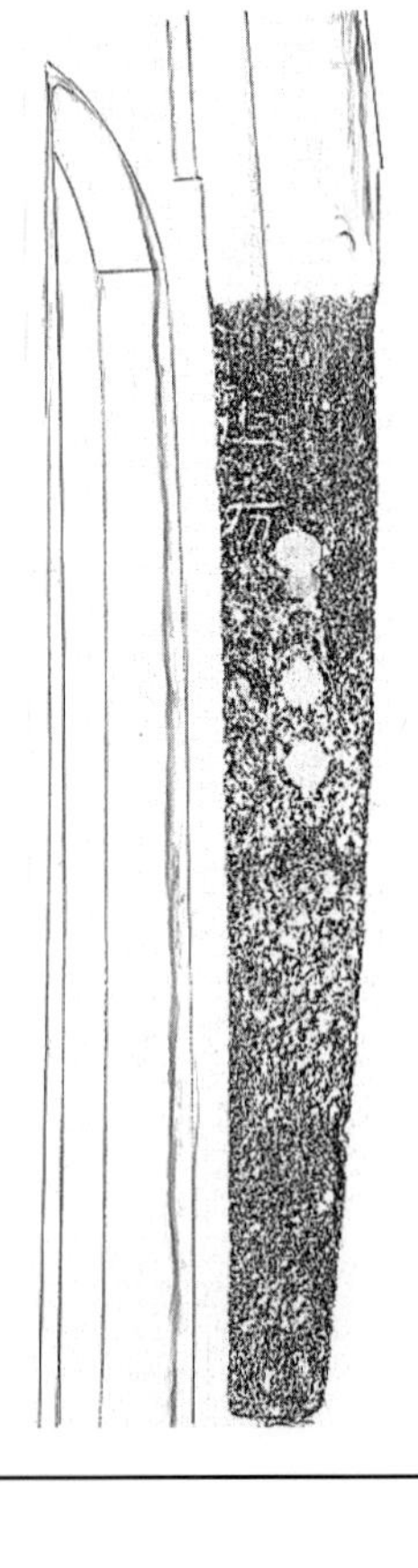

古 **延房**【のぶふさ】 備前国 鎌倉初期（建保）

福岡一文字。延真の子。延房・宗吉・宗長三兄弟の長男。長原権守。承元番鍛冶三月番を務める。日本国鍛冶の長者を授かる。小乱に小丁子交じり、焼刃に出入りがあって小丁子が目立ち、沸よくつき、金筋入る。建保年紀の作があり、多くは「延房作」と二字銘に切る。

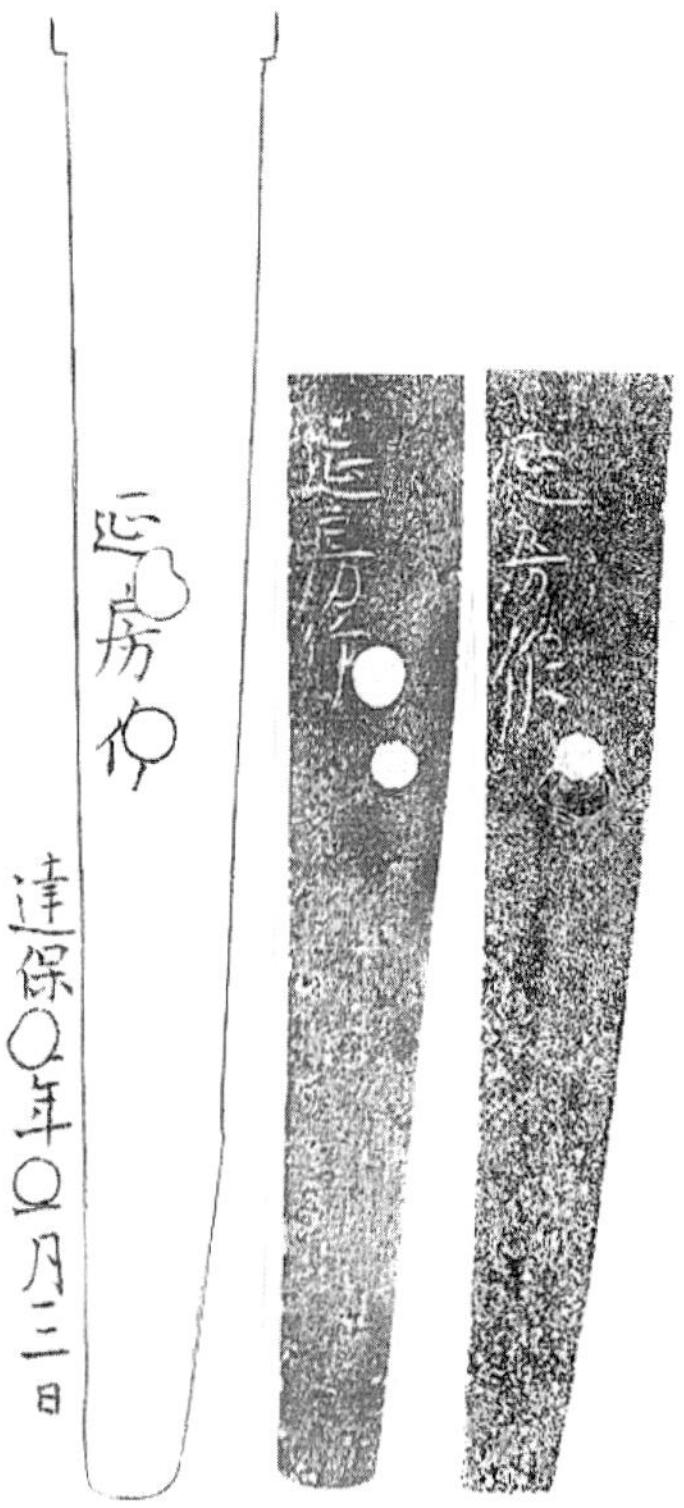

（『土屋押形』）

古 **延光**【のぶみつ】　美濃国　室町中期（文安）

蜂屋関。大銘に切る。文安ころ。「延光」。

古 **延吉**【のぶよし】　大和国　鎌倉末期（正応）

龍門。千手院流。吉野郡吉野村の龍門山麓にある龍門寺に隷属していた鍛冶で、龍門鍛冶と呼ばれる。延吉は一群の代表格の人。銘鑑にある吉行、長吉、延久などのうち、長吉には大山祇神社に「千手院長吉」と銘した大太刀が現存する。延吉は千手院派の流れを汲み、鎌倉末期の正応・永仁のころに作刀する。鍛えは板目に流れ柾交じり、地沸つく。刃文は直刃がほつれ、打のけかかる大和物本来の出来を示すものと、浅く湾れて小乱れ、小互の目、小丁子が交じり、乱映りが立つ備前風の作がある。

銘は「延吉」と二字に銘し、「延」字の右側を「正」に切り、楷書体で小振りに切る（左上図①）、草書体に大振りに切る（②）、行書体に小振りに切る（③）の三種がある。②の草書体の手を「瓜實（うりさ子）」銘（『元亀本刀剣目利書』）という。図③「延吉」の「吉」字の最終線を長くはねる銘作は、いま現存するものを見ないが、「吉の字の下ははねぬもあり」（『古刀銘尽大全』）とあって、はねのある、なしの両手があったことが知られる。

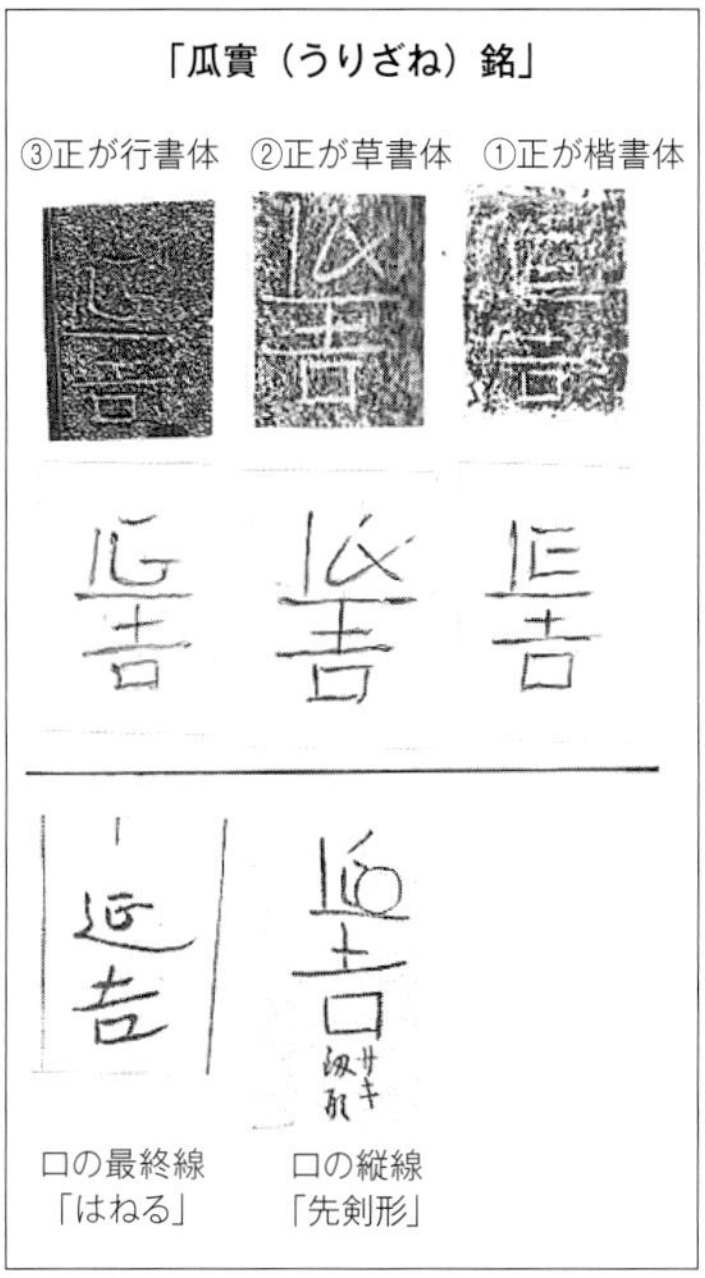

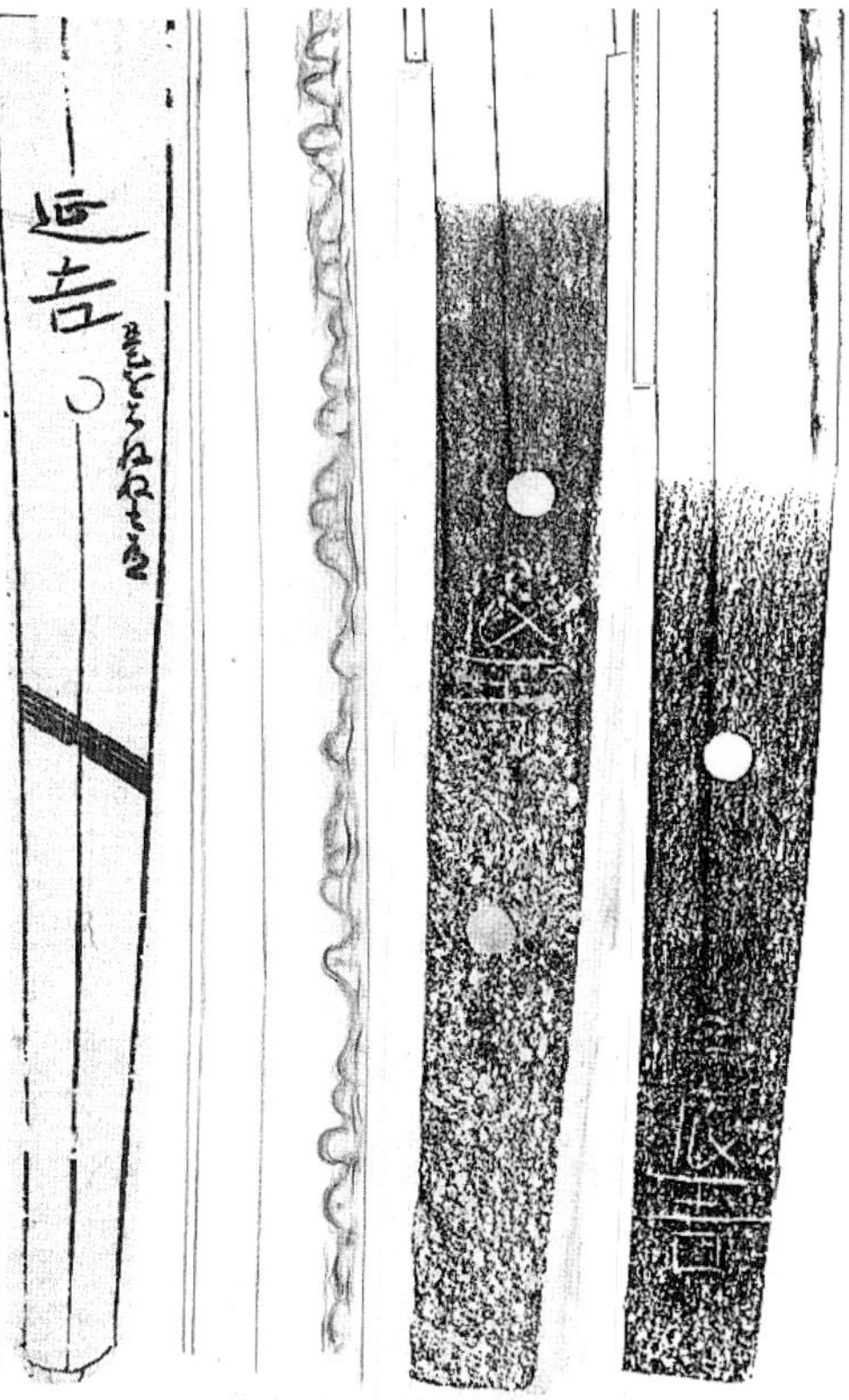

『うりざね　打ちとをす』銘の例（延字の正の書体③図）

（『古刀銘尽大全』）

新々 **宣勝**【のぶかつ】　肥後国　江戸末期（文久）

武永喜三右衛門。熊本藩工。美作の多田正利門、のちに江戸へ出て細川正義の門に入る。慶応二年紀に七十一歳と切った鎗の作銘がある。明治四年七十六歳没。幕末の延寿派中で最も作品が多く、鎗の製作品を多く見る。直刃に互の目、互の目に丁子を交じえる。

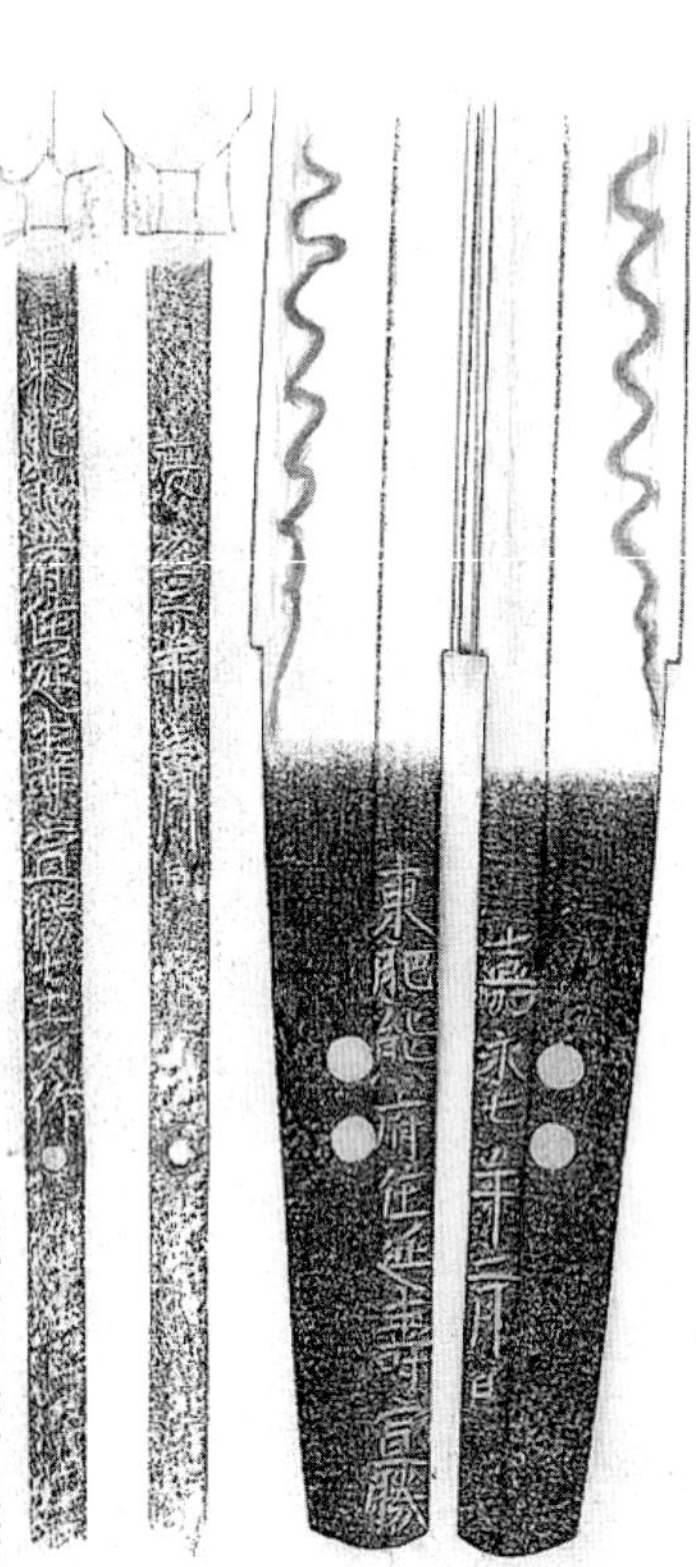

慶応二年、七十一歳作

新 **宣貞【のぶさだ】初代**　肥後国　桃山期（寛永）

延寿の末流。豊前小倉にても造る。大和守を受領。直刃、互の目乱など。鎗、薙刀の作をみる。

新 **宣貞【のぶさだ】二代**　肥後国　江戸中期（元禄）

大和守宣貞の二代目。「肥州隈本住藤原宣貞」などと切銘する。直刃、湾れなど。

新作 **宣繁【のぶしげ】**　熊本　昭和

肥後延寿太郎。延寿宣勝の孫。「肥後熊本住延寿宣繁」「東肥住延寿太郎宣繁」。

新作 **宣次【のぶつぐ】**　熊本　昭和

谷川博充。昭和二十三年生まれ。昭和四十年、父源盛吉に師事。同四十六年、作刀承認。同四十七年から新作名刀展出品、優秀賞、奨励賞、努力賞、薫山賞など受賞。熊本県八代市住。

新々 **宣利【のぶとし】**　肥後国　江戸末期（元治）

武永喜三郎。宣勝の子。初銘氏利。嘉永ころから明治初年までの作がある。明治二十三年没。

新々 **宣古【のぶふる】**　肥後国　江戸末期（慶応）

延寿末流。宣勝の一門。慶応年紀の作がある。

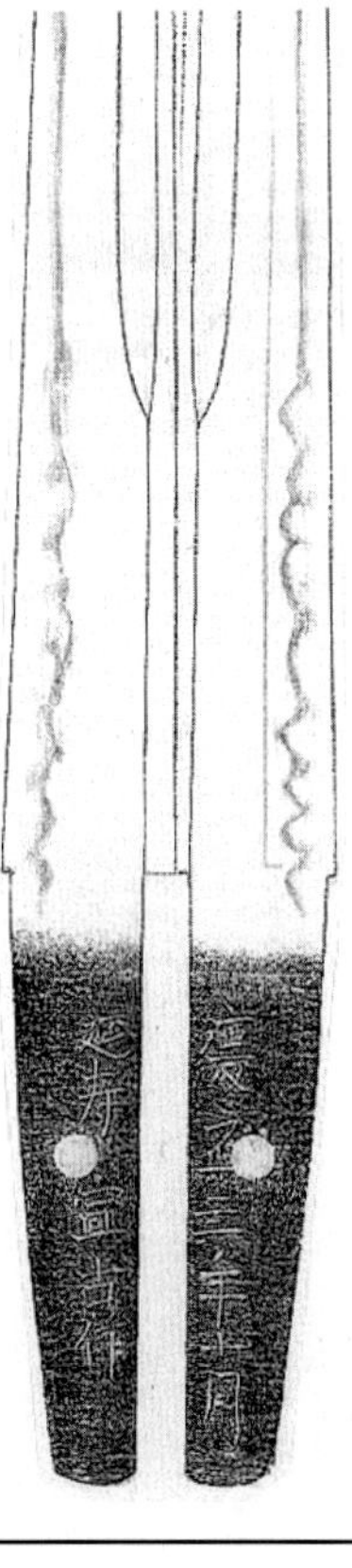

古 **宣行【のぶゆき】**　備後国　室町末期（天文）

五阿弥。尾道住。「備州住宣行」「備州尾道住其阿弥宣行作」。

新 **信舎【のぶいえ】**　信濃国　桃山期（慶長）

河村源太郎。本国美濃三阿弥。初銘兼舎、武田信玄に招かれて甲州に移り「信」の一字を賜り信舎と改める。天正末年から慶長十二年まで甲州で鍛刀し、のち信州諏訪に住。寛永元年まで諏訪打ちを残す。寛永元年紀の作に

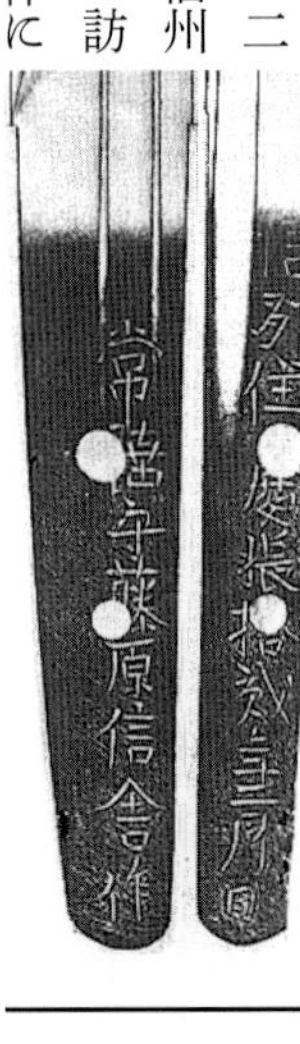

奥州住と銘したものがあるので、さらに諏訪から奥州へ移ったとみられる。常陸守を受領。「常陸守藤原信舎作」「信州住慶長拾弐年二月日」「奥州住藤原信舎　寛永元年奉寄進　諏訪大明神」。

新 信屋【のぶいえ】 尾張国　江戸初期（明暦）

初銘信家。二代信高門。和泉守を受領し信屋に改め、のち信広に改銘する。京にても打つ。明暦から寛文までの年紀作がある。互の目乱、直刃など。

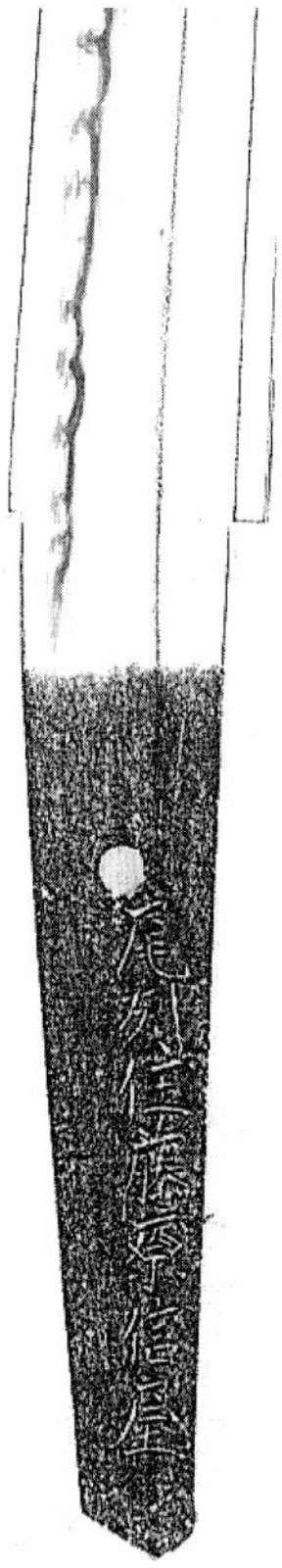

新々 信一【のぶかず】 丹波国　江戸末期（元治）

運寿信一。綾部藩工。運寿是一門。江戸麻布にても造る。直刃調に互の目足入り、互の目に丁子交じり。安政から明治初年までの作刀がある。

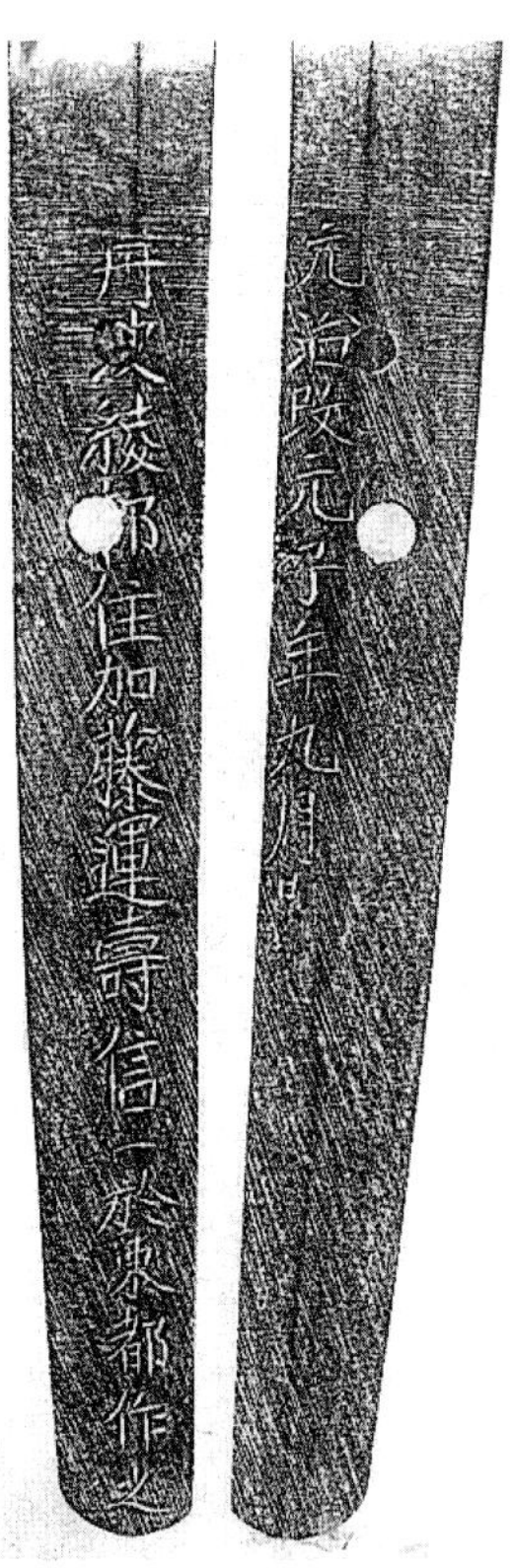

古 信包【のぶかね】 備前国　鎌倉中期（天福）

福岡一文字。信房子、信正弟。長原権四郎、左近将監。「信包」。同銘が古備前に信正の子で宝治ころ、また天福の信包より少し代が降って建長ころに福岡一文字の鍛冶が作刀する。

古 信国【のぶくに】初代 山城国　南北朝期（建武）

了久信の子。また孫とも、久信の弟国久の子ともいう。初銘信久、のち信国に改めるという。京信濃小路、また五条坊門堀川住。古伝書では、信久同人の信国を「祖父信国」といい、その子を「親信国」、またその子を「孫信国」となぞらえている。大方の評は「京信国は三代があり、初代上手、二代は少し劣れり、三代下手なり」とあるが、二代目は父より上手（『本朝鍛冶考中心押型』）というのもある。延文信国を二代とすれば鍛冶考の見方は適評である。

『校正古刀銘鑑』は初代信国に建武二年、延文三年の作があるとする。延文年紀の短刀は現存するが、建武二年紀の現物は経眼しない。初代信国、すなわち「祖父信国」の年代は建武まで遡らないのではないか、いわゆる建武信国の存在を否定する見方が古くからあるのは、建武まで遡る有銘作が見られないからである。建武信国の年代の下限は延文であろう。了戒に永仁・延慶の年紀作があり、その子の了戒信久に嘉元・徳治があることは、祖父了戒や父信国との年代差にさほどの隔たりがなく、初代信国を建武ころの人であるとする年代的な見方に無理がない。それにしても建武二年から延文三年までの二十三年の間、確かな年紀がある信国の有銘作が見られない。この空白域があることをなんと解すべきであろうか。正宗老後の弟子とも、また貞宗弟子説などにもとづけば、相州での修業期ではなかったかとの見方が成り立つ。『系図秘談抄』は信国が「鎌倉貞宗老後のとき、鍛冶稽古す　延文のころ」とあって、ある期間は稽古に励んだことと思われる。

延文・貞治のころの信国の作には地に地景、刃に湯走り、金筋が働き、重ね彫りを施した師貞宗風の作があって、作風の上から貞宗と呼ばれるものがある。元亀本は、京信国三人の他に源五郎という者ありという。親信国の弟という。それに左衛門尉、式部丞がいて六人、その他に室町初

期までに少なくとも二人の信国が存立している。（系図842〜843頁参照）

古 信国【のぶくに】二代　山城国　南北朝期（延文）

二代信国。「親信国」と称す。了戒久信の孫。初銘信久という。京五条坊門堀川住。来光重、また相州貞宗門。延文・康安から南北朝期最末期まで作刀する。この間三十余年があるうち、応安から永徳までの十三年間ほどに、年紀作が見られない。この空白期間は、二代に限らず信国すべてに年紀作が見られない時期である。二代は永徳二年から、三代は永徳三年、左衛門尉は至徳二年〈信光銘〉、式部丞は明徳二年から、というように、この空白期を過ぎた永徳からのち信国一族は活動を始め、あるいは活動を再開している。

作風は了戒風の作と、相州貞宗の影響を受けたと見られる相伝の作とがある。延文三年、貞治五年紀は小沸出来の直刃、また湾れ調の互の目を焼き、板目が肌立ちごころに地沸がついた作で了戒風。相州伝の作は、大模様の板目に地斑、地景が烈しく入り、互の目に小乱交じり、砂流し、金筋がかった出来である。銘は「信國」を二字に茎中央に切り、「信」を小さめに左に寄せ、「國」は横広がりに、右肩は少し丸味をもたせ、下狭まりに書す。

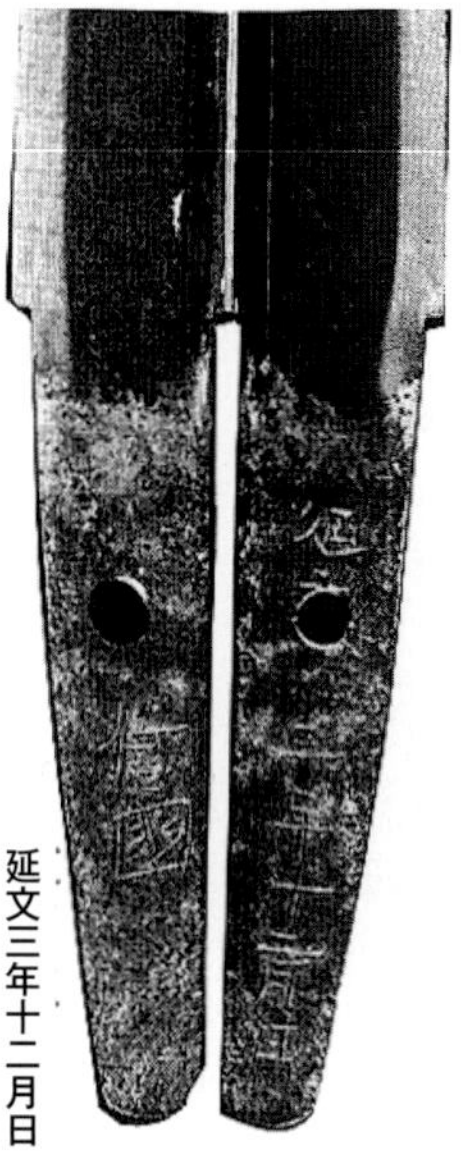

延文三年十二月日

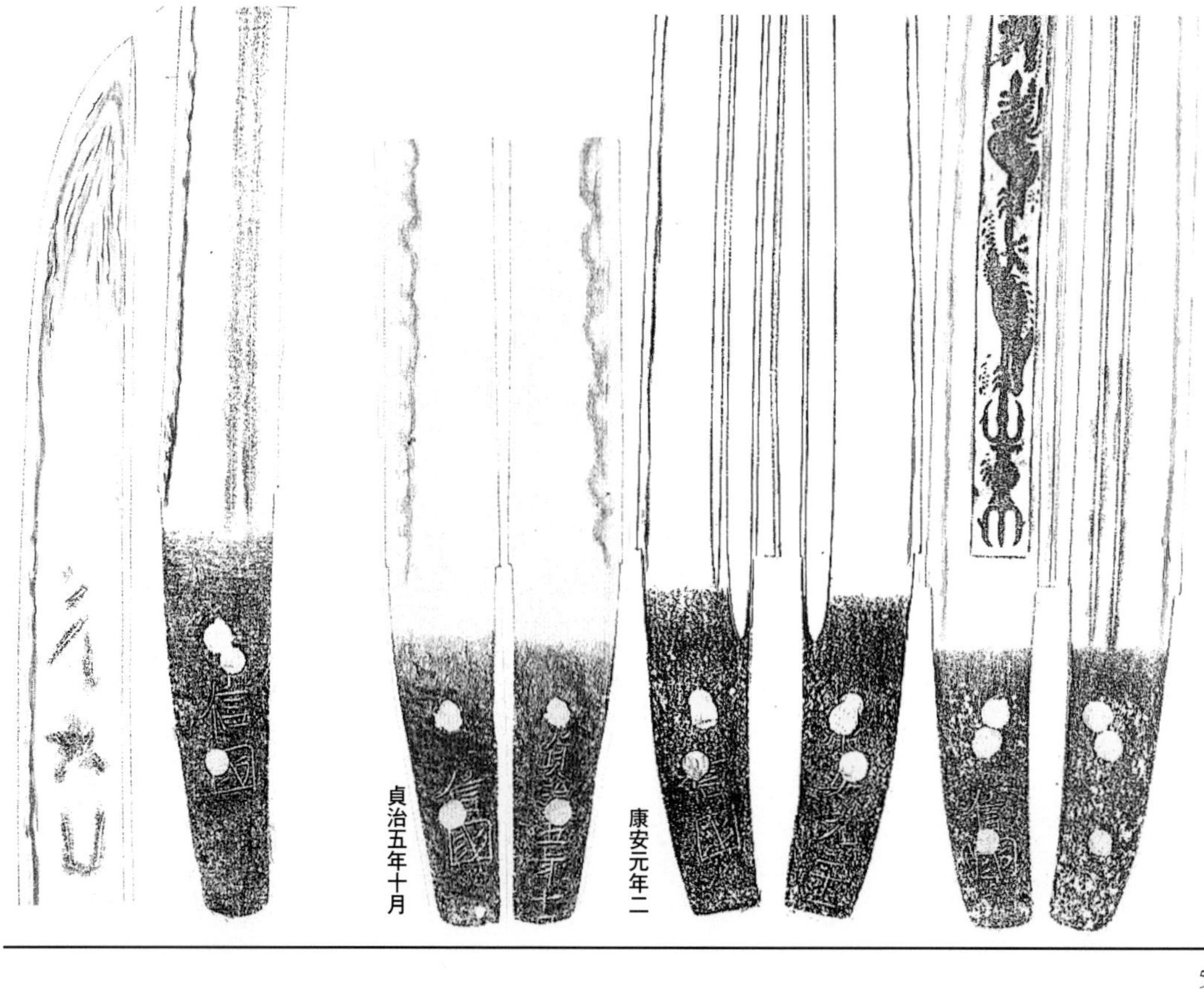

康安元年二

貞治五年十月

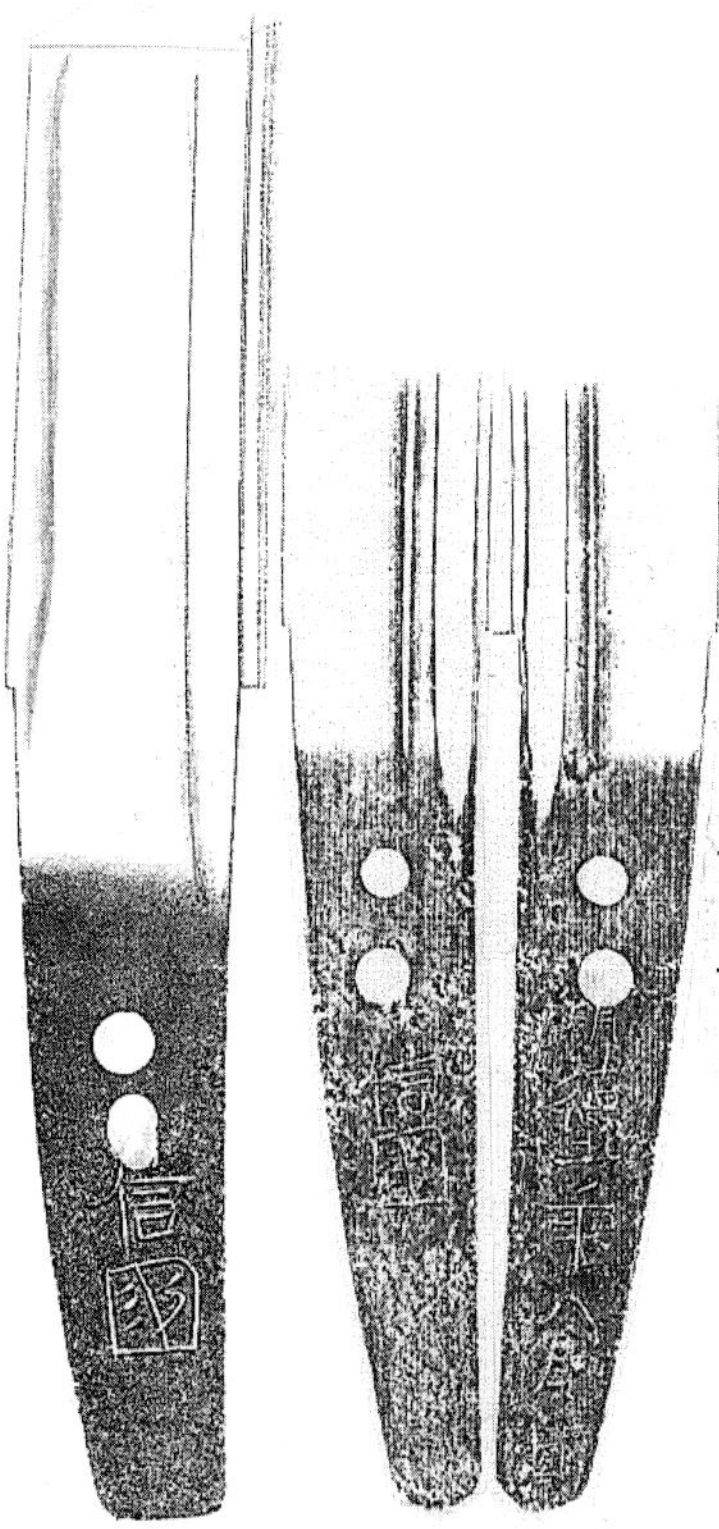

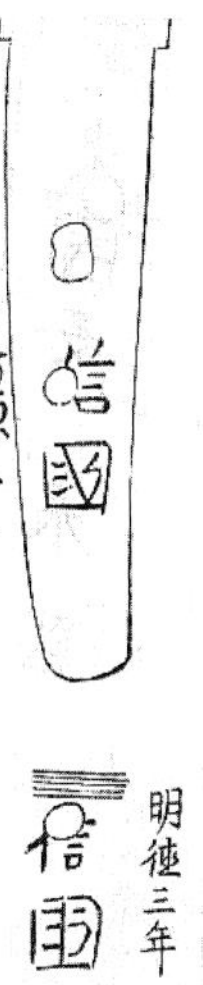

（『古刀銘尽大全』）

古

信国【のぶくに】三代　山城国　南北朝期（永徳）

孫左衛門。「孫信国」と称す。初銘定国、また信幸同人ともいう。定国同人の信国が長男、左衛門尉信国が二男、式部丞信国が三男。三代信国には永徳三年から応永三十年紀までの作がある。この間、明徳から応永年中は左衛門尉信国、式部丞信国などの信国各工が競うかのように鍛刀に励んだ時期で、信国派の全盛期に当たっている。板目に柾交じり、総体に肌立ちこころに地沸つき、棒移り立つものがある。刃文は小湾れに互の目足入り、互の目が二つ、また三つあて連れた刃が交じるのが見所。砂流し、金筋が入る。彫り物が上手。

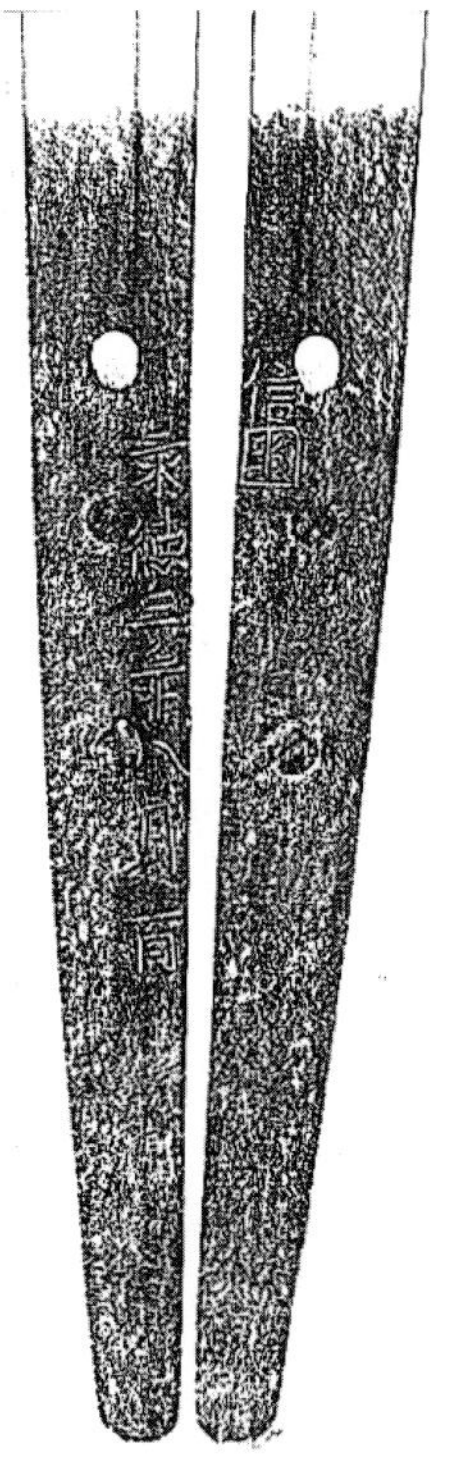

の
のぶくに

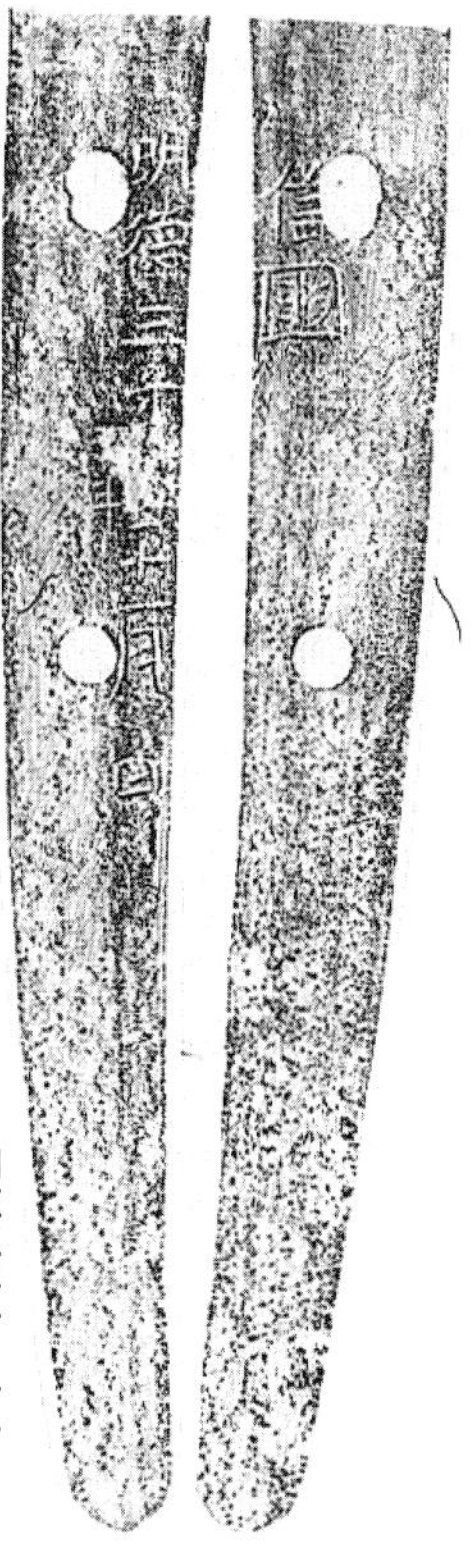

明徳三年壬申十一月日

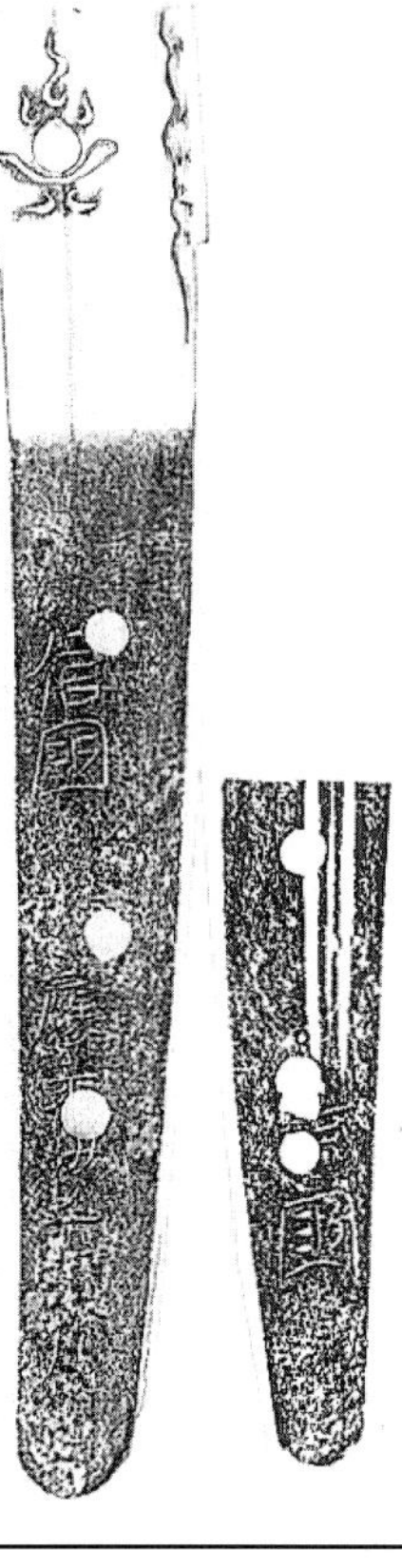

応永廿年八月日

古

信国【のぶくに】　山城国　南北朝期（明徳）

源五郎。親信国の弟。初代信国の次男了一で、のち信国と打つという。法名順城。元亀本は「信国は京に三人いるほか、源五郎という信国がいる」としていて、源五郎信国の名が知れていたらしい。源五郎の年代を文和まであげている古銘鑑があるが、親信国を延文とすれば、その弟了一信国は永徳ころの人となろう。大全は明徳ころとしていて、のち信国と打つといい、応永八年紀の作銘を掲げている。よって、およそは明徳ころから応永初年にかけての人と知れる。明徳元年紀の信国は、初・二代信国、左衛門尉、式部丞など、どの信国にも作銘が一致しない別人のものと見られ、源五郎になぞらえて参考に掲げる。

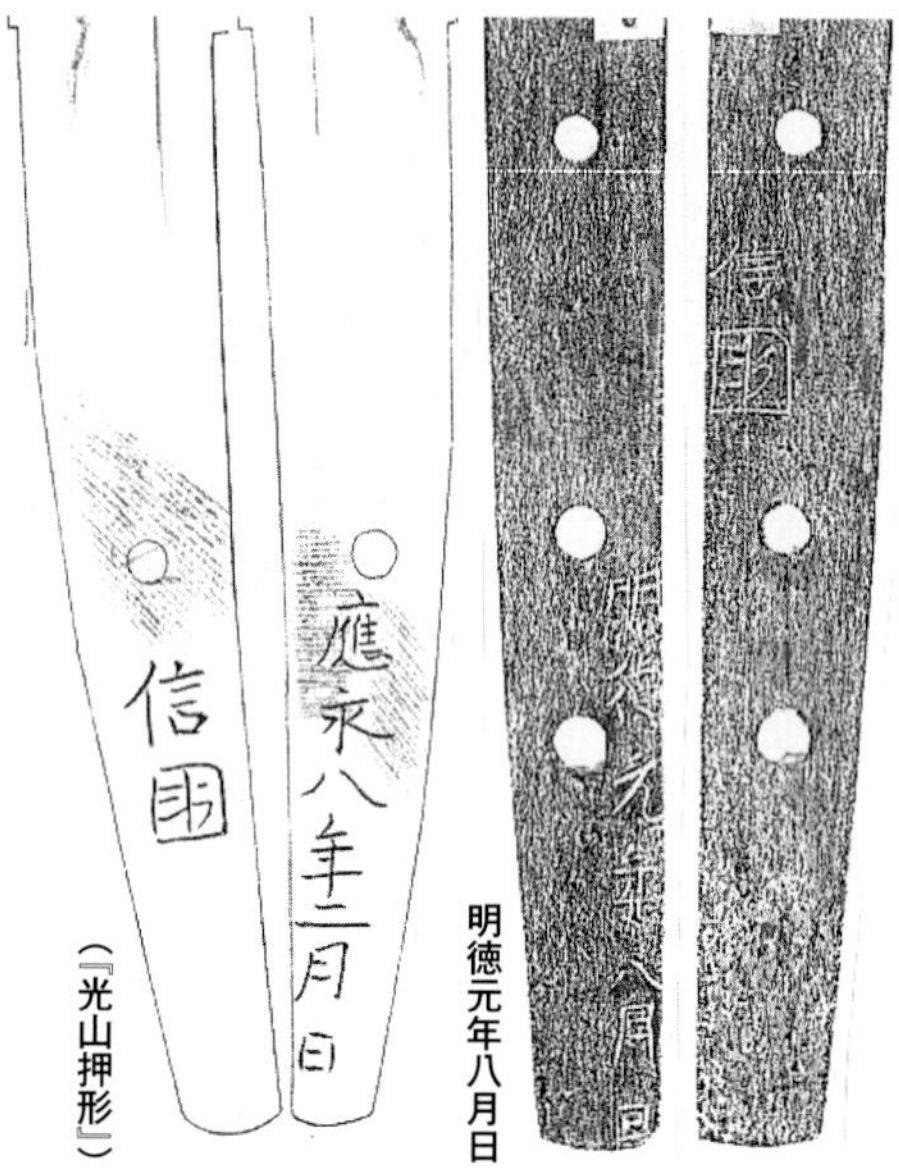

明徳元年八月日

（『光山押形』）

古 信国【のぶくに】 左衛門尉 山城国 室町初期（応永）

左衛門尉。源姓、「源左衛門尉信国」と銘す。初銘信光。親信国〈二代信国〉の子。年紀があるものでは至徳二年が古く、「源左衛門尉信光」と信光を名乗り、のち信国に改める。信国銘には応永五年から同三十四年までの作がある。熊野速玉大社の鳥頸剣にある「源信国　貞光〈左衛門尉〉信清　信貞〈式部丞〉　貞次　康応二年三月日」の銘によって、時の信国一族の様態の一端が知れる。「源信国」は恐らくは三代信国であろう代表者、それに次ぐのが左衛門尉信国であり、五人合作が好資料である。

銘は「国」字を下広がりに書し、内側を左字に切るのが特徴である。板目に杢、柾交じり、肌立ち、地沸つき、地景入る。刃文は湾れに互の目、丁子、尖り刃など交じり、沸づき、砂流し、金筋入る。重ね彫りは、相州彫りの技法を継承したものであろう。造込みが尋常になってきて、延文・貞治ころの信国とは一線を画するところがある。

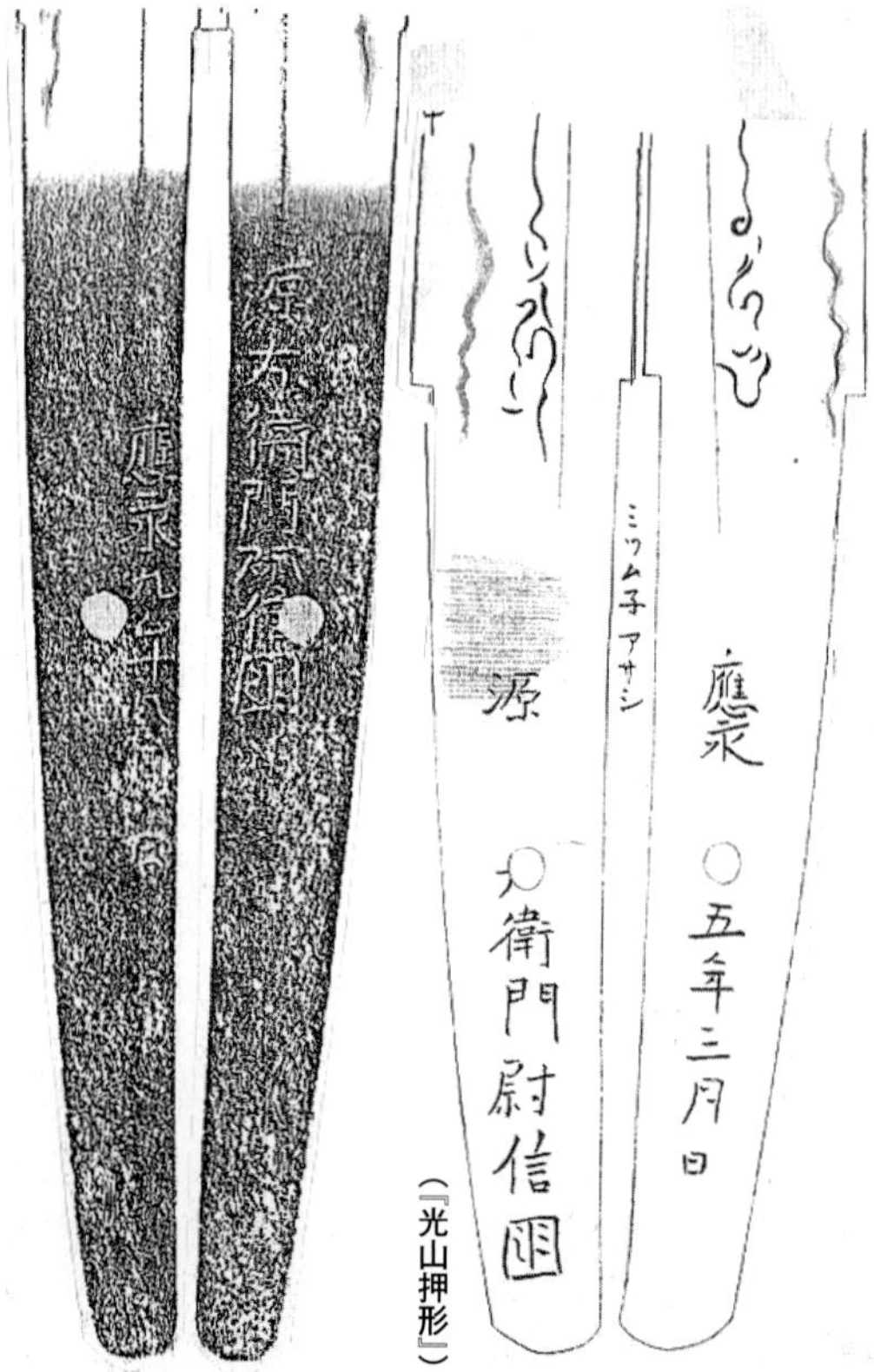

（『光山押形』）

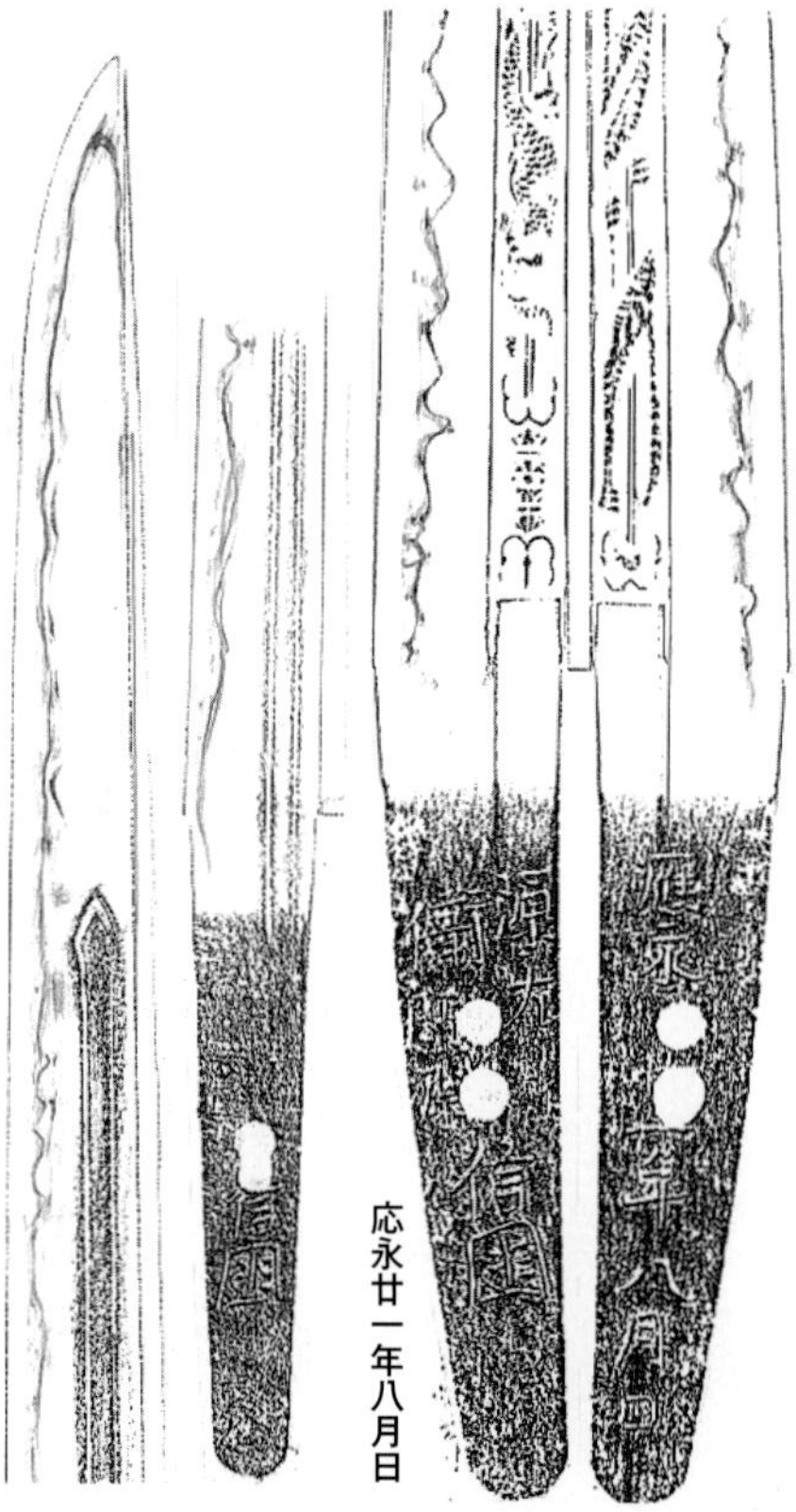

応永廿一年八月日

古 **信国【のぶくに】**　式部丞　山城国　室町初期（応永）

式部丞。二代信国子。初銘信貞。信国銘では明徳二年紀が古く、永享四年紀までの作がある。初銘信貞銘では熊野速玉大社の鳥頸剣に五人合作の一人に名を連ねるのが康永二年紀であって、式部丞としては、この年が最も古い。兄左衛門尉信国とほぼ同時代に併行して作刀に当たる。富士浅間神社に奉納した「一期一振り」の脇指〈重文〉は代表的な一振りである。平造が身幅広く寸延び、先反り。小板目がやや肌立ち、地沸つき、地斑入る。刃文は湾れに互の目、荒めの沸つき、湯走りかかり、砂流し、金筋働く。表に「富士浅間大菩薩」裏に「天照皇太神」の神号を樋中に浮彫り。式部丞の銘は「信」と「国」が接近し、「国」を縦長に切り、総体に整う。

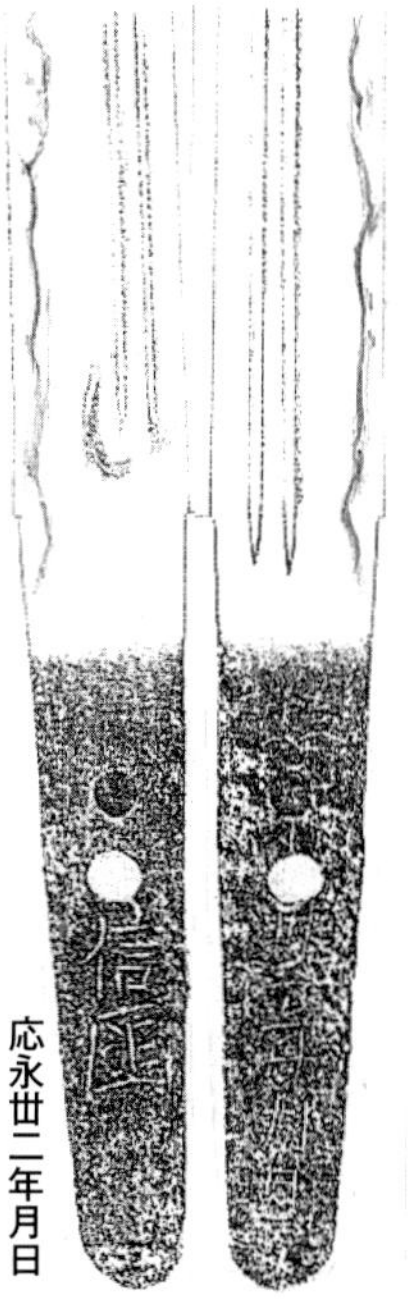
応永廿二年月日

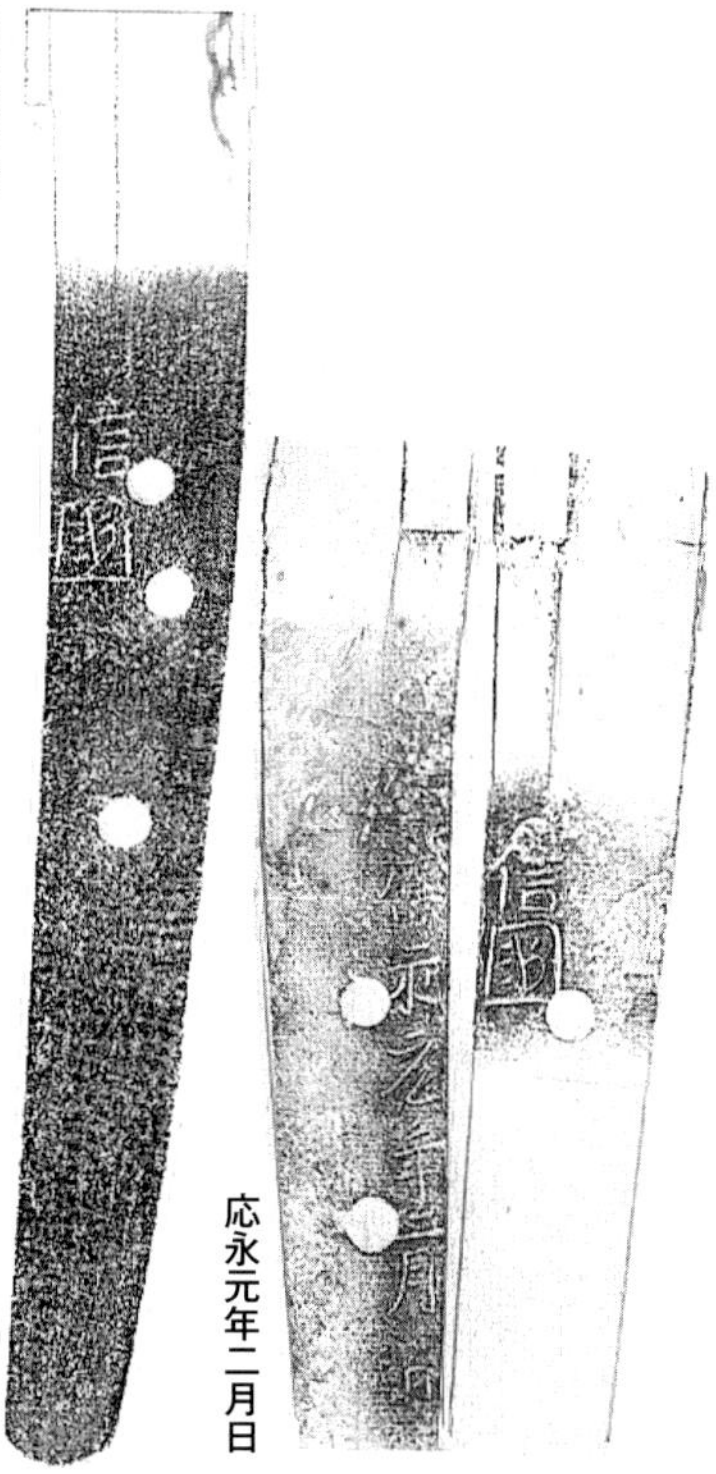
応永元年二月日

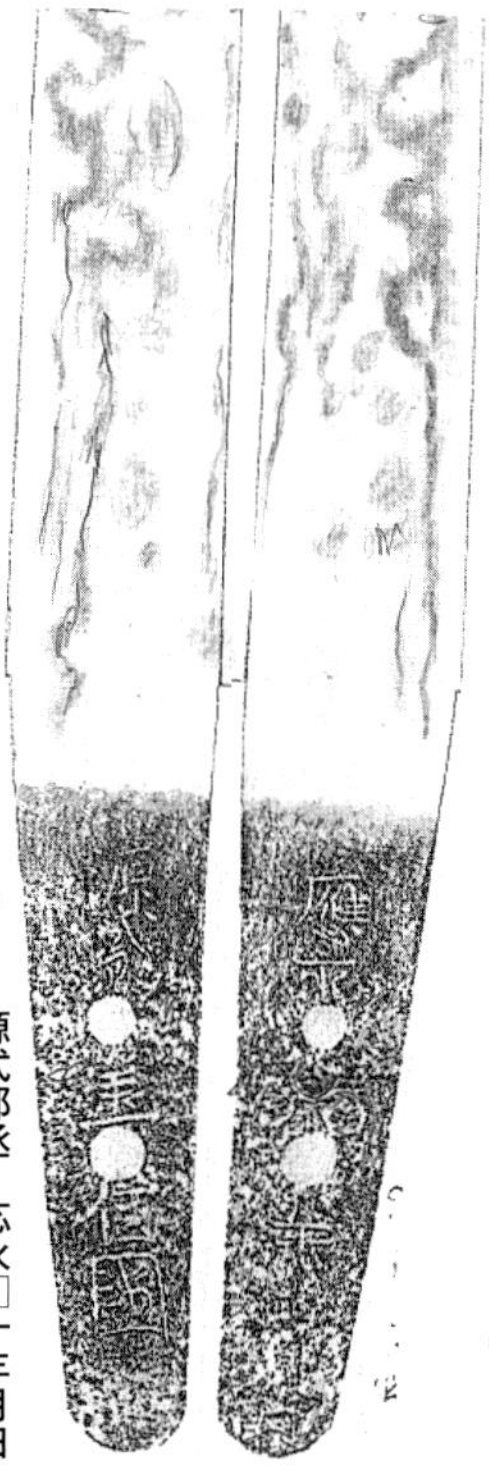
源式部丞　応永□十年月日

応永十二年十一月（『古刀銘尽大全』）

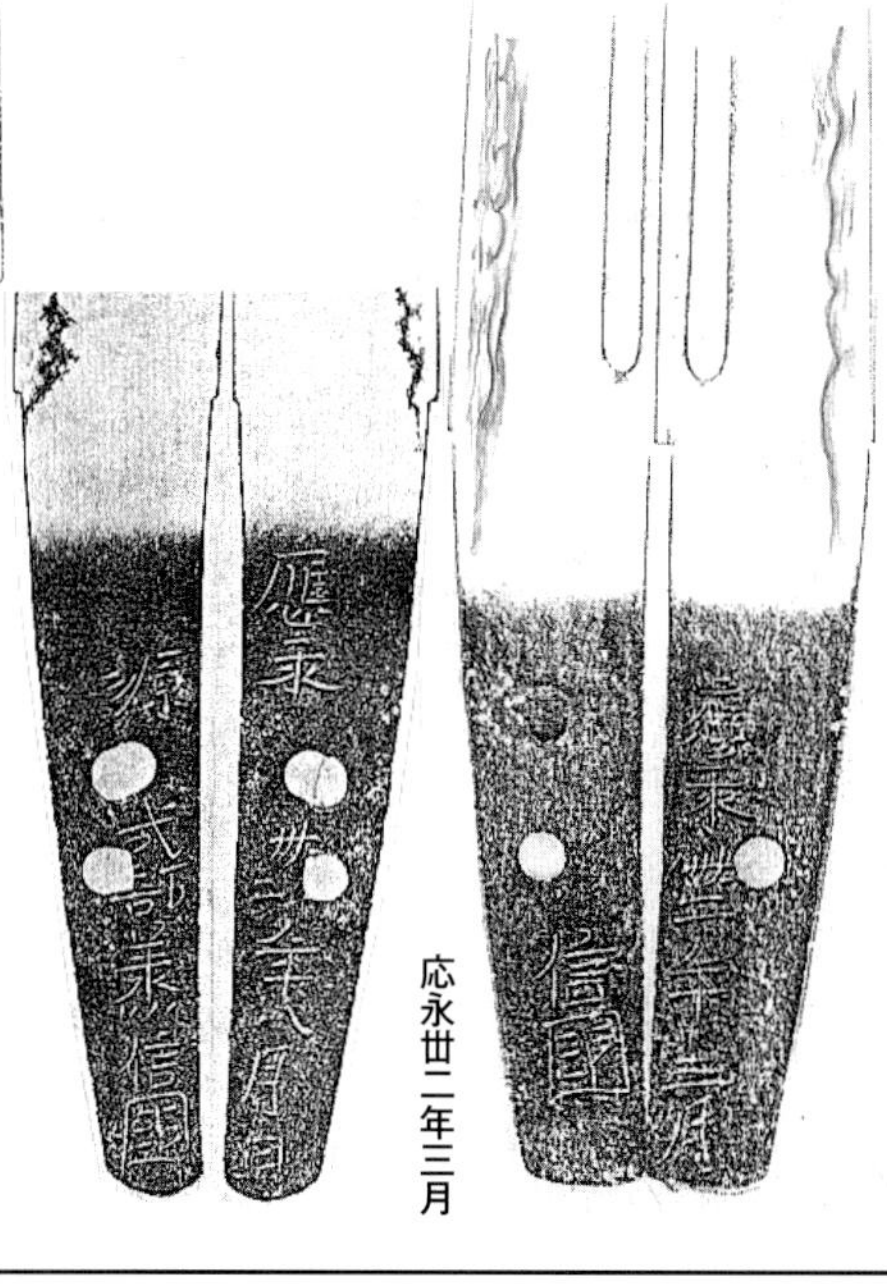
応永廿二年三月

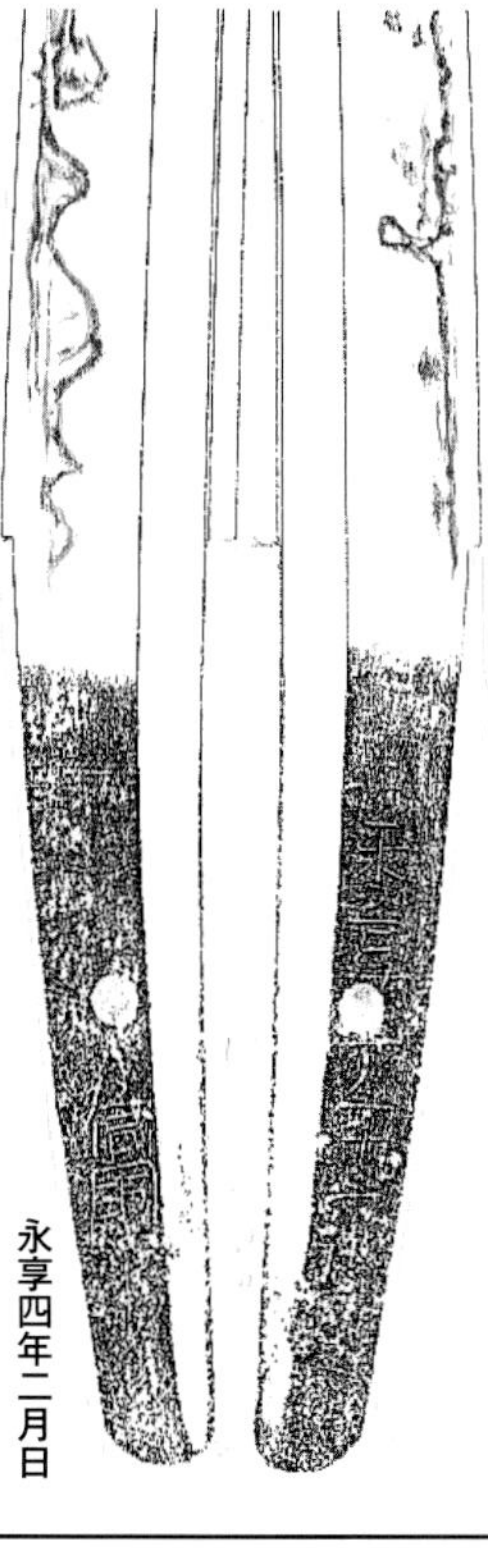
永享四年二月日

古 **信国**【のぶくに】　山城国　室町初期（永享）

「信国　祥雲入道」「生年六十七」と切った作がある。備考は応永の人という。室町前期のころに信国を名のる別人が京に数工はいたであろう。

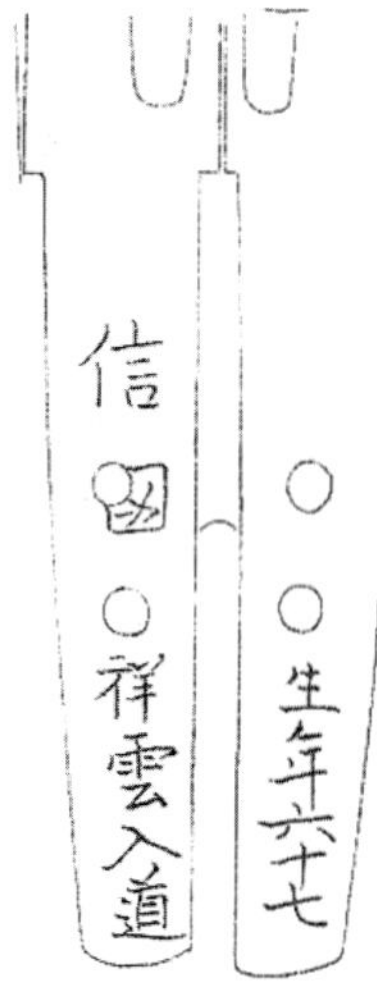

古 **信国**【のぶくに】　山城国　室町末期（文明）

信国は室町期に入って大友、宇佐氏の招きに応じて豊前、豊後へ移住した刀工群がいる。応仁の乱後に山城から地方への移動があったであろう。その一方で山城京にとどまった一群もいて、文明十五年紀で「平安城信国作」と銘した作がある。

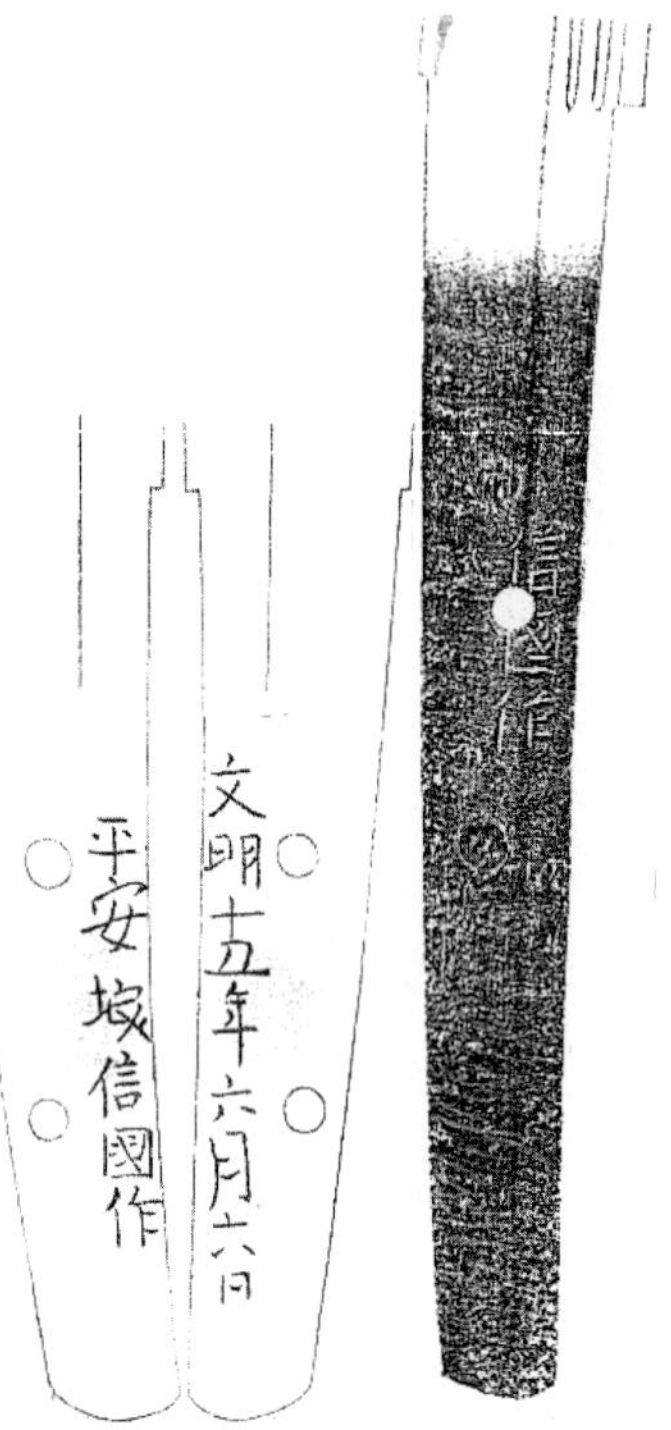

古 **信国**【のぶくに】　豊前国　室町初期（永享）

宇佐信国。貞光子。三代信国門。初銘定光、のち筑紫に移り信国と改める。備考によれば筑紫に移った信国は応永ころといい、その子孫が豊前、豊後に栄え、信国某、了戒某と名乗ったという。長禄二年紀の「豊州宇佐住信國」は応永初代に継ぐ二代に相当する。この工には永享三年紀の作がある。

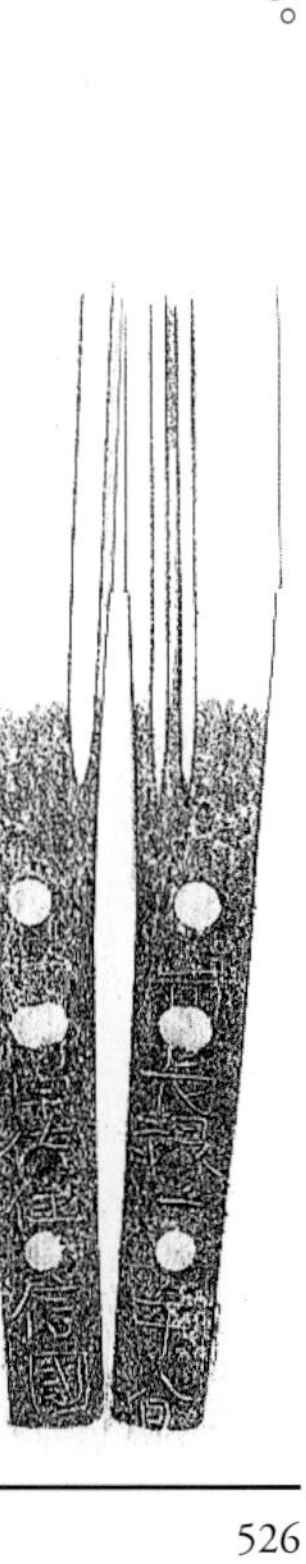

長禄二年八月
豊州宇佐住信國

新 **信国**【のぶくに】　新藤　初代　陸中国　江戸中期（貞享）

新藤平兵衛。筑前信国平四郎吉政の長男。天和元年、弟新藤国義の南部藩召抱えにより、共々盛岡に移る。祖信国十代目と称す。吉寛同人。「源信国」「奥州盛岡住源信国」と銘す。元禄十二年正月二十一日没。

古 **信定**【のぶさだ】　駿河国　室町末期（永正）

本国駿州島田。相州小田原での作は小田原移住後の短刀で、「相州小田原住義助　信定」「永正十八年辛巳八月」と銘がある。永正十八年（大永元年）は北条二代氏綱の代であり、二代義助は康国、康春、綱家など一族一門を伴って移住し小田原城下で作刀している。この短刀は何か特別に記念とするものだったであろう。信定についての詳伝は明らかでなく、「三州住信定作」三河（『刀工総覧』）がいる。

新 **信貞**【のぶさだ】　美濃国　桃山期（寛永）

岩捲市郎左衛門。岩捲は美濃寿命から分派し、大野郡岩捲に住し岩捲を銘に冠したところからの名で、のちこの派は清水に移住する。伊勢守を受領し「伊勢守岩捲藤原信貞」などと銘す。湾れに小互の目、小丁子交じり、飛焼かかる。

新 **信貞**【のぶさだ】　加賀国　江戸中期（寛文）

太郎右衛門。三代信友の次男、平右衛門信友の弟。子の信貞が本家五代信友の養子となり信友六代目を継ぐ。互の目に逆丁子、尖り互の目交じり。

新 **信貞**【のぶさだ】　下坂　越前国　江戸中期（延宝）

仲村氏。初代。越前下坂。陸奥守を受領する。

新 **信貞**【のぶさだ】 下坂 越前国 江戸中期（元禄）

越前国仲村住。二代。陸奥守を受領。元禄年号で千手院十一代と切ったものがある（『新刀一覧』）。また元禄三年紀で近江守継廣（二代）との合作がある。

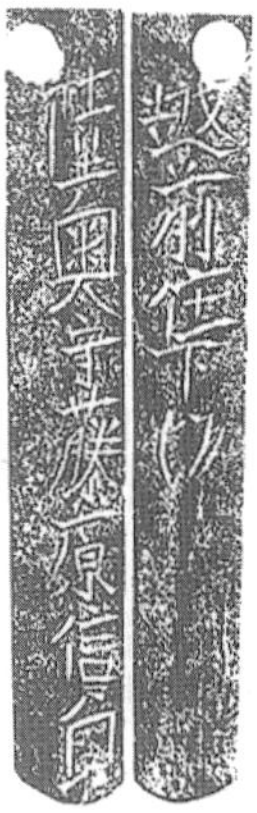

新々 **信重**【のぶしげ】 越中国 江戸末期（慶応）

加州九代吉九郎信友の次男。高岡住。慶応二年紀の作がある。

新々 **信重**【のぶしげ】 武蔵国 江戸末期（元治）

金井斧三郎。湯島天神下住。下総国古河にても造る。「江府住源信重造」「於総州古河城内江府住源信重造之」などと切銘する。

新作 **信重**【のぶしげ】 大阪 昭和

沖芝信重。十三歳時から父正次に学ぶ。陸軍受命刀匠。戦後は昭和四十年から新作名刀展に出品し連続入選。西成区住。

新々 **信孝**【のぶたか】 武蔵国 江戸末期（安政）

栗原謙司信秀同人。源清麿門。最も古参の弟子。慶応元年春上洛し、五月に筑前守を受領。同三年五月ころまで大坂に滞在し、この間一時「信孝」を名乗る。「慶応二年十一月日」紀の作に「栗原平信孝」銘と「筑前守信秀」銘があり、いずれも大坂打ち。⇩**信秀の項参照。**

新 **信高**【のぶたか】 伯耆守 初代 尾張国 桃山期（慶長）

河村左衛門。永禄五年美濃国上有知に生まれる。三阿弥兼国の末葉を称す。天正末年から慶長初年にかけ尾州清洲に移り、慶長十五・六年ころ名古屋へ転住する。天正二十年五月十一日、三十一歳時に伯耆守を受領する。天正九年受領説があるが、尾張三作の相模守政常が五十七歳、飛騨守氏房が二十六歳時の天正二十年での三作同時の受領説をとりたい。受領は清洲領主関白秀次の取りなしによると伝えている。寛永十年七十三歳のとき二代に家督を譲り隠居、入道銘を慶遊と号す。寛永十三年九月、七十六歳没。湾れ乱、互の目乱、直刃いずれも沸匂が深く匂口が明るい。大乱刃は沸が強く荒沸つく。

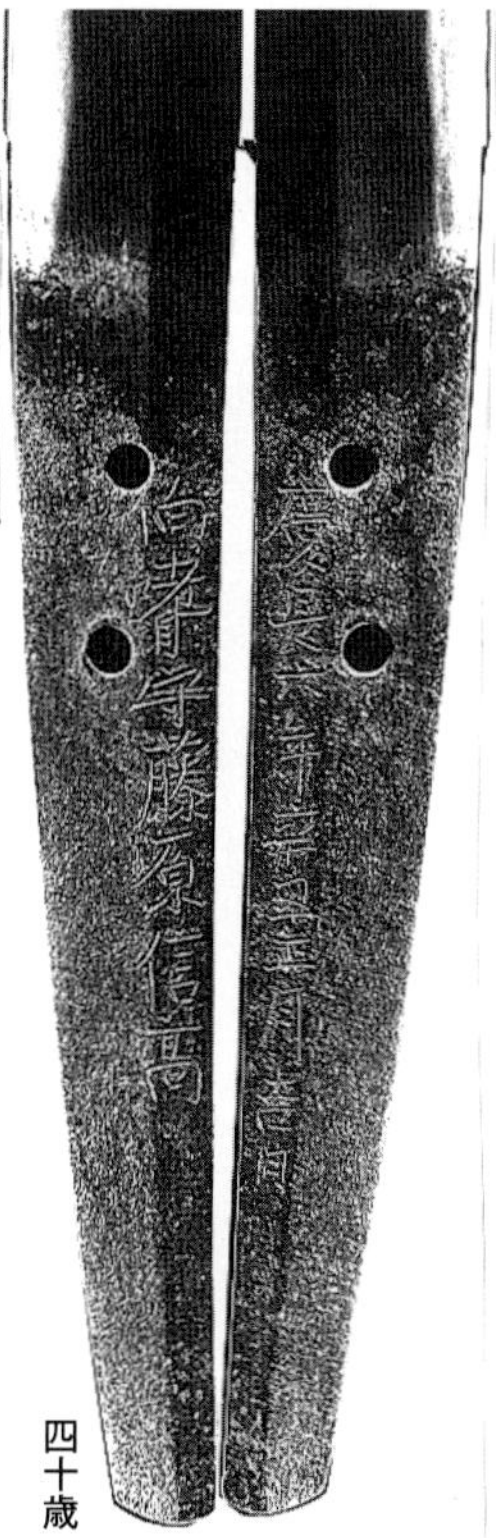

四十歳

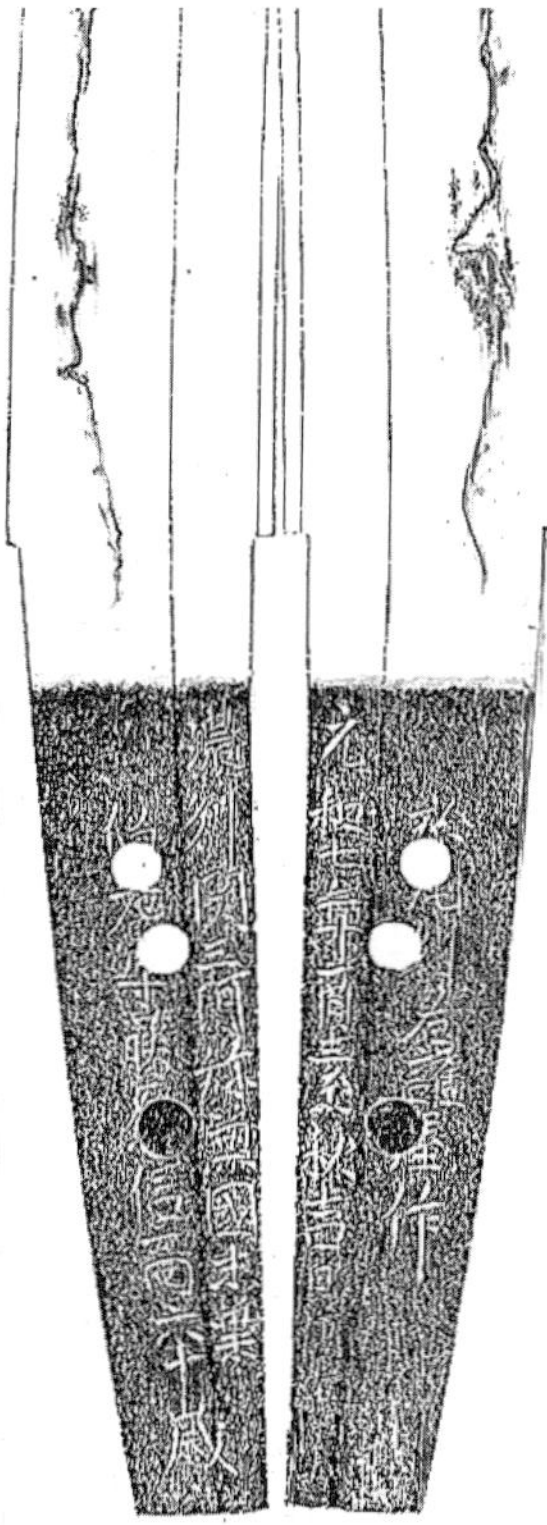

新 **信高**【のぶたか】 伯耆守 二代 尾張国 桃山期（寛永）

河村伯耆。初代信高の子。寛永十年、伯耆守を受領。寛文二年、六十歳で入道して閑遊と号し山月居士とも称し「前伯州山月閑遊入道信高」と銘す。初代が隠居し家督相続した寛永十年から元禄二年九月、八十七歳で没するまで五十七年の長期を算し、信高歴代中で最も多く作刀を残している。延宝九年に七十九歳と切り「前伯州藤原信高入道閑遊」と銘した作がある。六十歳で隠居した後も作刀を続けているほか、三代による代銘作とみられるものもあって、その盛期が寛文年間にあり、延宝の最晩年期に及んでいる。中直刃、湾れ乱、互の目乱など沸匂が深く丁子乱の華美な烈しい作がある。初代に優る上手。

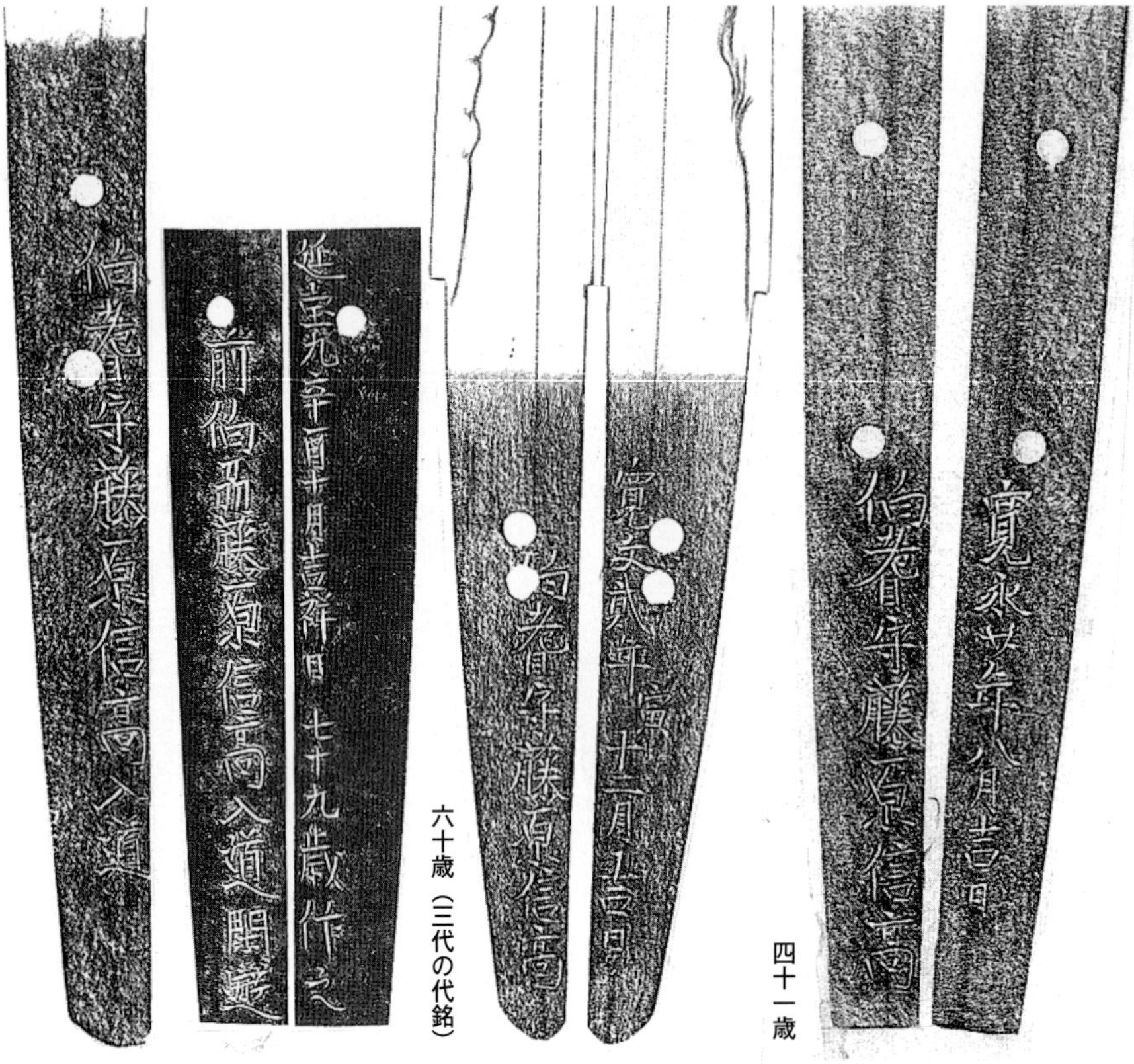

四十一歳

六十歳（三代の代銘）

新 **信高**【のぶたか】 伯耆守 三代 尾張国 江戸中期（寛文）

河村三之丞。二代信高の子。初銘信照。寛文五年三月伯耆守を受領。二代信高が寛文二年に隠居してから後の寛文年間、三代は二代との合作刀を作るほか、二代代銘作をするなど二代の晩年期を支えている。二代没後の元禄二年から後の二十年間ほどが自身作を集中して世に出す期間で、元禄八・九年の年紀作がある。宝永四年八月没、七十六歳は初代と同じ行年である。湾れ乱、互の目乱など沸匂が深く二代作に似る。二代と三代は銘字が近似するが、三代は「守」第三画斜線、「藤」第三画線を二代のそれより長めに打つ。

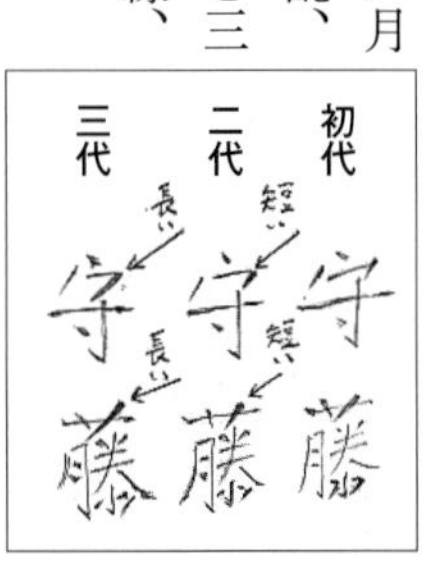

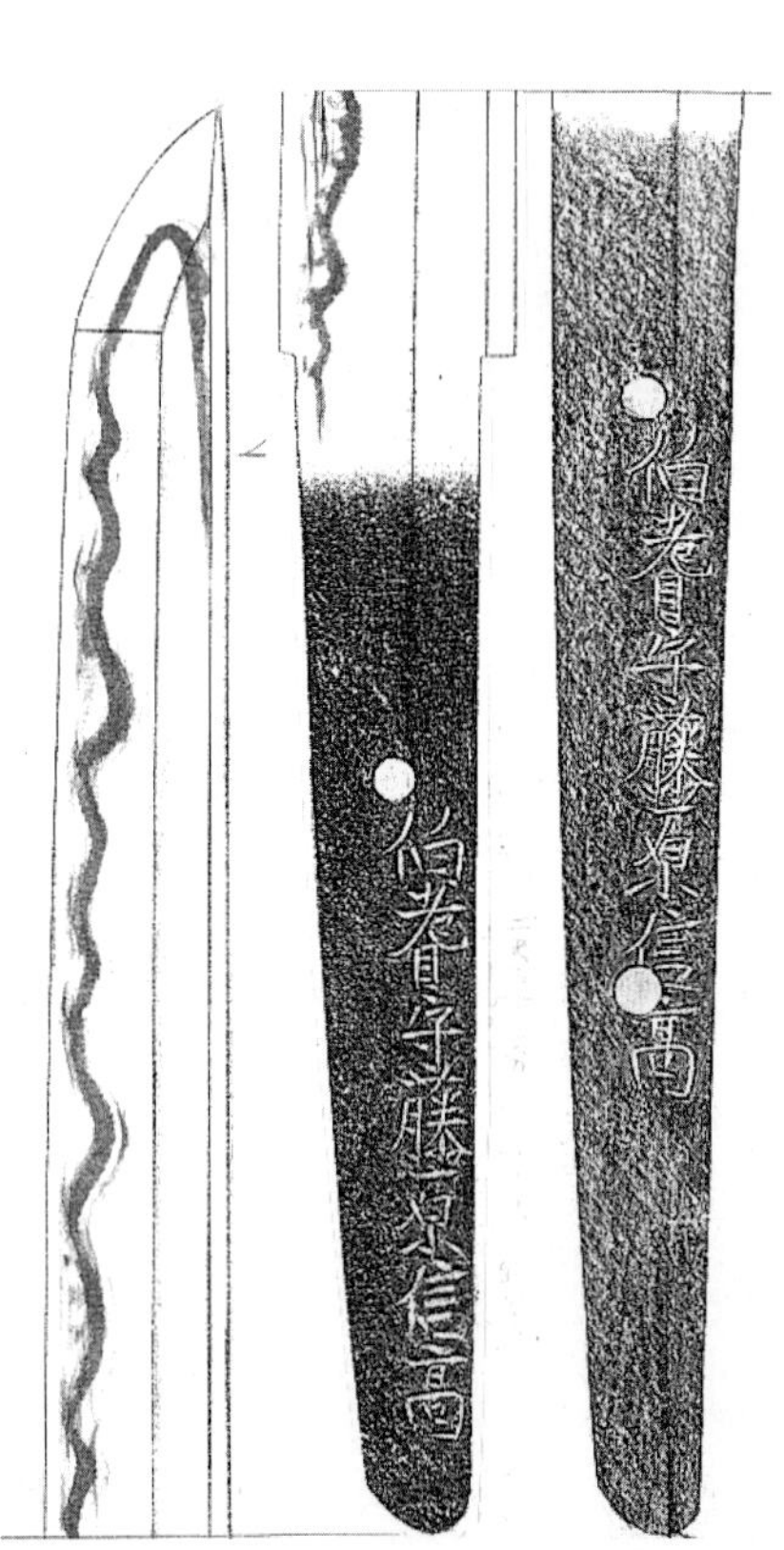

新 **信高**【のぶたか】 伯耆守 四代 尾張国 江戸中期（正徳）

三之助、のち三之丞。初銘信照。正徳元年に家督相続し信高に改める。宝永五年に熱田神宮奉納刀がある。享保十四年十一月、六十歳没。

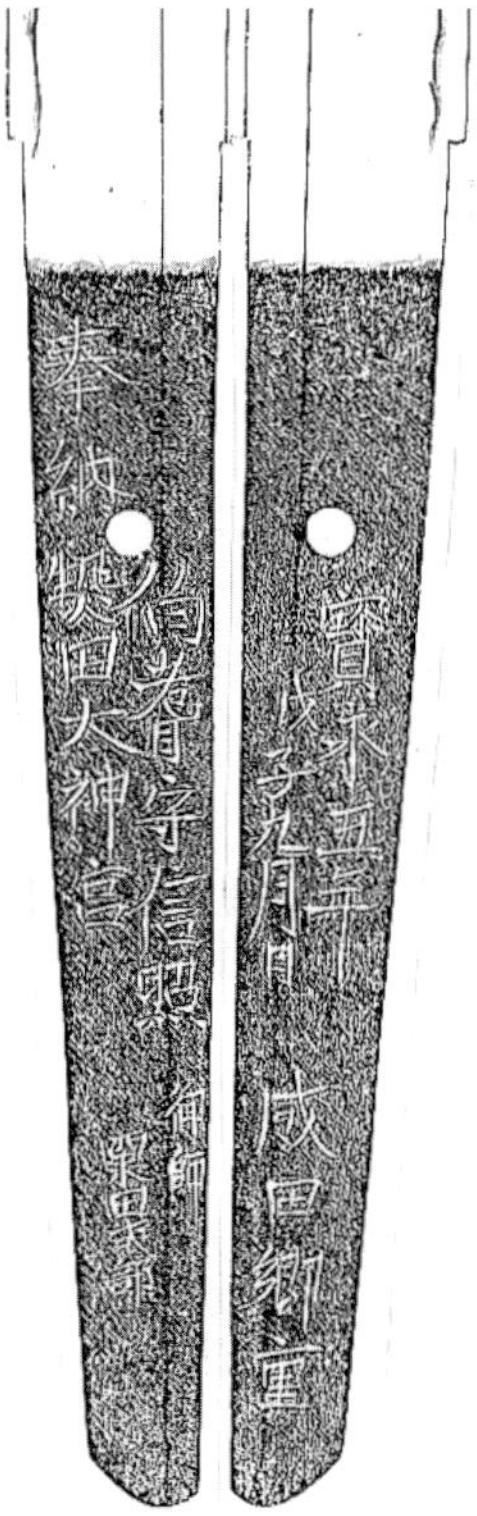

新 **信高【のぶたか】** 伯耆守　五代　尾張国　江戸中期（享保）

三之助。三之丞。初銘信照。享保十五年に家督相続し伯耆守信高に改銘する。天明三年没。長命で鍛刀期が長いが、作刀数は少ない。明和・安永年紀の作がある。小湾れに互の目交じり、匂口締る。直刃調に小互の目足入り。

四代伯耆守信高の長男三之助信照

新々 **信高【のぶたか】** 六代　尾張国　江戸末期（天明）

孫四郎。濃州関の氏舟子。五代の養子、三之助信照。天明三年、三之丞信高に改める。同年冬に没。明和二・三年紀の刀に、五代信高との合作がある。◆七代猪平は「橘井四郎信高」と打つ。寛政十年八月没。

新々 **信高【のぶたか】** 甚之進　八代　尾張国　江戸末期（文化）

清水甚六郎、のち甚之進信直。六代目信高門。七代信高が故ありて退散する（『古今鍛冶備考』）ため、甚之進が師家を興し八代信高を襲名する。寛政八年紀に「八代目」と切った伯耆守受領銘の刀があるが、この「伯耆守」は僭称にすぎない。降っては文化三年紀に「尾州住信高」と切った作がある。天保八年九月十日没。湾れ乱、互の目乱、濤瀾乱風の互の目乱など、匂口明るい。◆九代甚太郎信高は安政二年十二月二十四日没。

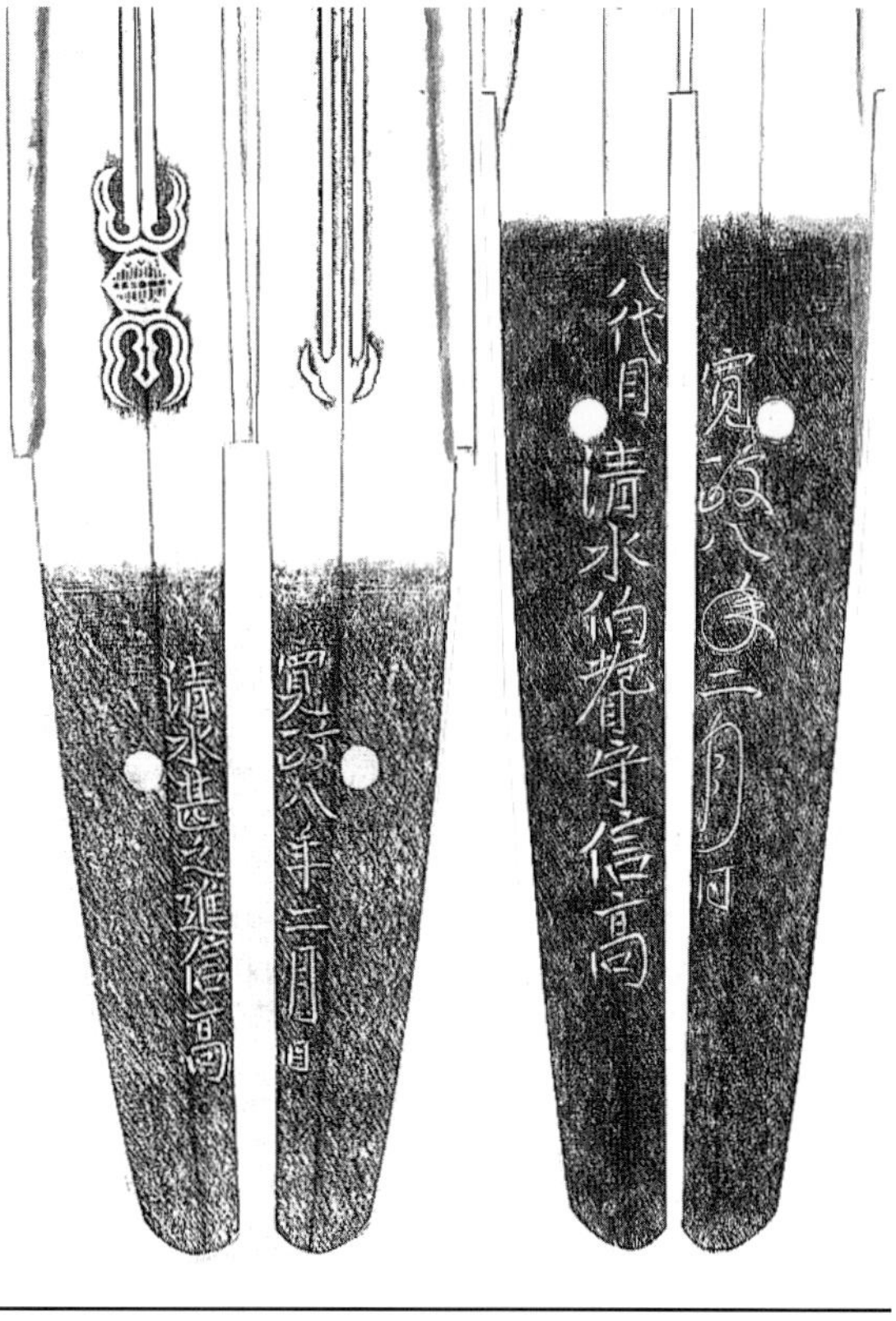

新々 **信高【のぶたか】** 甚之進　十代　尾張国　江戸末期（慶応）

国三郎。安政三年に相続。明治二年紀に「十代孫」と切った作がある。信高は五代以降、伯耆守の受領がないといわれながら、八代と十代に受領銘をみるのは正式の受領ではなく僭称によるものであろう。ただし「伯耆守十代孫」とは「藤原信高」は〝初代伯耆守から十代孫〟であって、伯耆守は藤原信高に冠称したにすぎない。すなわち十代は伯耆守信高ではなく、「伯耆守十代孫」の「藤原信高」の意なのである

の
のぶたか

新々 信高【のぶたか】 美作国　江戸末期（弘化）
黒田信高。作州津山家士。水心子正秀門。「作州津山住信高」と切る。

新々 信高【のぶたか】 土佐国　江戸末期（嘉永）
野口岩四郎。土佐勝広門。「土州藩信高」と切る。

新 信忠【のぶただ】 加賀国　江戸初期（承応）
茂左衛門信友の弟。「加州金沢住人藤原信忠」と切り、逆がかった丁子乱を焼く。

古 信近【のぶちか】 備中国　鎌倉初期（承久）
古青江。貞次門という。承久ころ。「信近」。同銘が永仁、元亨、応安と続く。

新々 信近【のぶちか】 尾張国　江戸末期（寛政）
前田定八。政之丞。尾張六代目信高門、のち大坂に移り尾崎助隆門となり、助包と改める。寛政十年没。「尾州住信近」「摂州住信近」。

新作 信次【のぶつぐ】 宮城　平成
高橋大喜。昭和十四年生まれ。法華三郎信房の子。父について大和伝を学ぶ。志田郡松山住。新作名刀展入選。直刃にほつれ、二重刃かかる大和伝の作。信房を襲名し「法華三郎信房」と銘す。

新々 信連【のぶつら】 摂津国　江戸末期（慶応）
岩井歓司。栗原信秀門。大坂住、「摂陽高城南辺住」「浪花金城辺住」「浪花大江岸於」などと住地を切銘する。安政から慶応にかけての作がある。

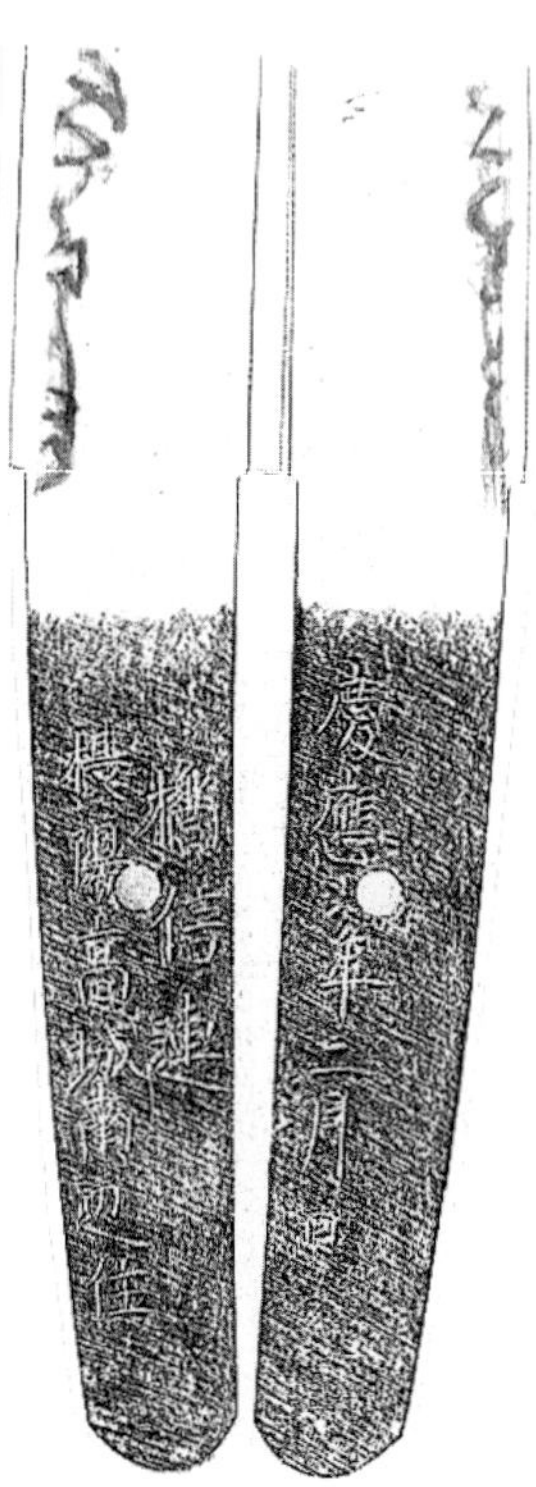

新 信照【のぶてる】 尾張国　江戸中～末期（寛文～天明）
伯耆守信照。尾張信高の初銘。三代河村三之丞（寛文）、四代河村三之助（正徳）、五代三之助（享保）、六代三之助（天明）は、初め信照、のち家督相続して信高を名乗る。⇩信高の項参照。

新作 信寿【のぶとし】 東京　明治
栗原信秀長男。越後にても造る。

新 信友【のぶとも】 三代　加賀国　桃山期（寛永）
茂左衛門。二代五郎右衛門の子。初代信友は山城信国の末裔と称し、天正十二年に越前から加賀に来住し、名跡が十代信友（明治）まで連綿とする。この系図とは別に六代信友が享保五年に藩庁に提出した鍛冶取調書では遠祖は藤島友重流としている。三代信友の年紀作は寛永十二・十八・二十年がある。

新 信友【のぶとも】 四代　加賀国　江戸中期（寛文）
平右衛門。三代信友の子。瑞龍寺奉納刀を造った承応三年ころから寛文年紀の作までみられる。互の目乱に尖り互の目、逆丁子が交じり華やか。

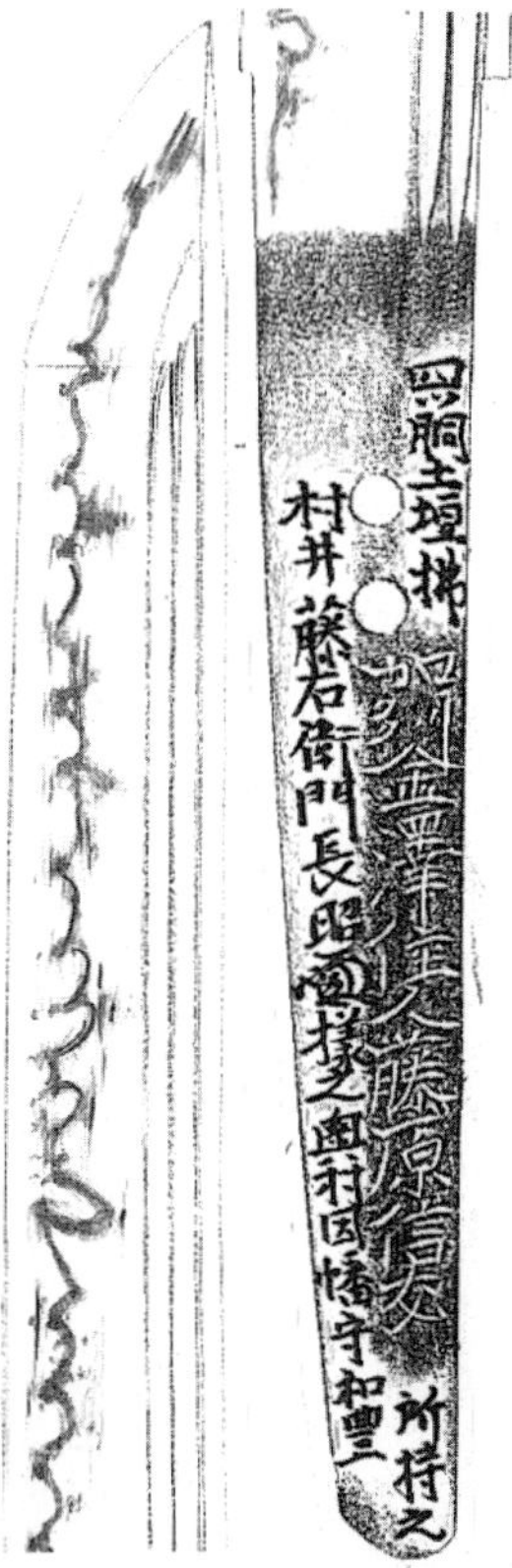

新 信友【のぶとも】 六代　加賀国　江戸中期（享保）
勘右衛門。太郎右衛門。信貞の子で五代信友の養子となり六代信友を継

ぐ。享保十一年九月十八日没。作刀稀少。◆五代伊兵衛（貞享ころ）、七代太兵衛（天明七年没）、八代太助（寛政ころに逐電）、九代吉九郎（慶応三年没）、十代杉本丈太郎（明治十三年没）。五代以降の作は稀少。九代と十代作がわずかにみられる。

古 **信長**【のぶなが】 初代　**大和国**　**南北朝期**（**応安**）

浅古当麻。友情の系流で、有俊門という。大和国十市郡浅古に住し、鍛刀したところから「浅古当麻」と呼ばれる。

古 **信長**【のぶなが】 二代　**越前国**　**室町初期**（**応永**）

浅古当麻。初代の子、また門という。大和からのち越前に移住し、門流が継続するほか、越後にても打つものがいる。小湾れかかった直刃に小互の目足入り、ほつれ、砂流し、湯走りかかる。板目に柾流れ肌立ち、地沸つく。

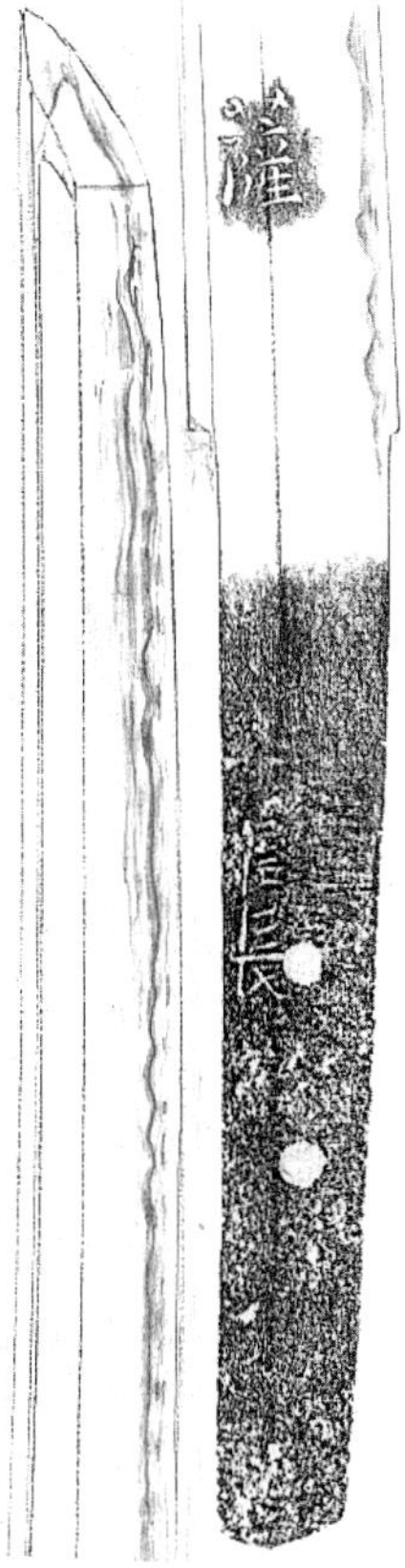

古 **信長**【のぶなが】 **加賀国**　**室町初期**（**正長**）

浅古当麻。応永以後、越前、越後のほか加賀にも信長が二・三代は作刀している。越前の信長と同流で大和の浅古に源流を持つようである。

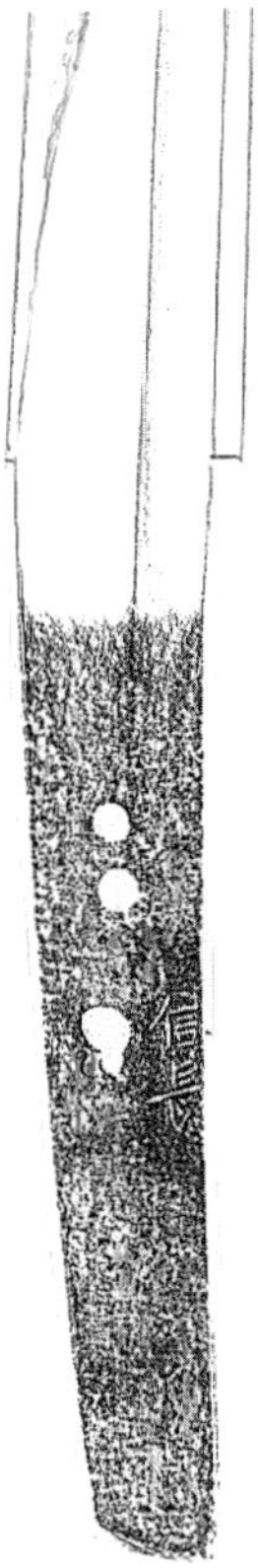

古 **信長**【のぶなが】 初代　**加賀国**　**室町初期**（**応永**）

藤島。加兵衛。山村安信の子。藤島行光の門。野々村住。

古 **信長**【のぶなが】 二代　**加賀国**　**室町中期**（**文安**）

藤島友重の子という。越前浅古当麻とは別系。

古 **信長**【のぶなが】 **越後国**　**室町初期**（**応永**）

山村。山城了戒信国の系流で、安信の子。越中にても打つ。越前の浅古当麻とは別系。

古 **信長**【のぶなが】 **備前国**　**南北朝期**（**貞治**）

長船。初代貞治ころ。二代応永ころ。「備州長船信長」「信長」。

新作 **信彦**【のぶひこ】 **東京**　**平成**

東久邇信彦の慰作。東久邇家現当主。昭和二十年生まれ。昭和天皇の孫、今上天皇は叔父に当たる。昭和四十二年、慶応義塾大学卒業後、三井銀行勤務。退職後、日本タイ協会役員、他各種団体役員として活躍中。廣木弘邦刀匠が相鍛冶。直刃に小乱交じり。

新々 **信秀**【のぶひで】 **土佐国**　**江戸末期**（**文化**）

土佐紫虹子寿秀門。一龍子と号す。八幡郡岩田村住。「土佐住一龍子源信秀」などと切る。

新々 **信秀**【のぶひで】 **武蔵国**　**江戸末期**（**安政**）

栗原健次。のち剣司、謙司。文化十二年、越後国西蒲原郡月潟村に生ま

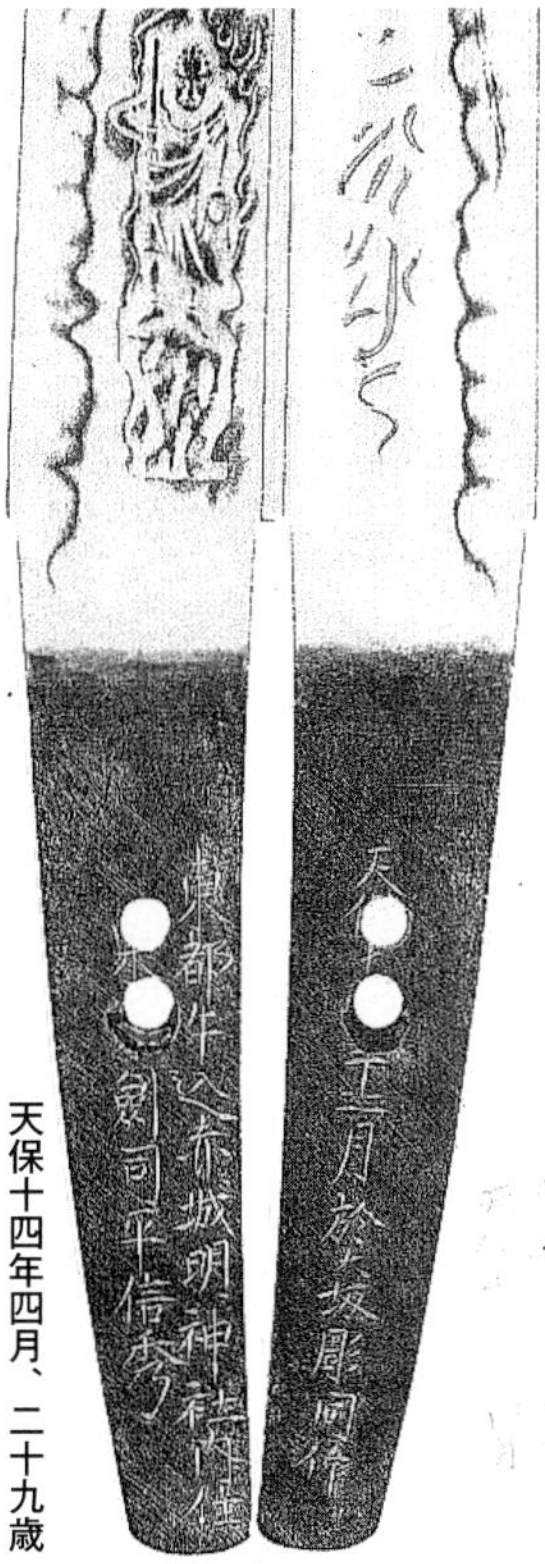

天保十四年四月、二十九歳

三十八歳

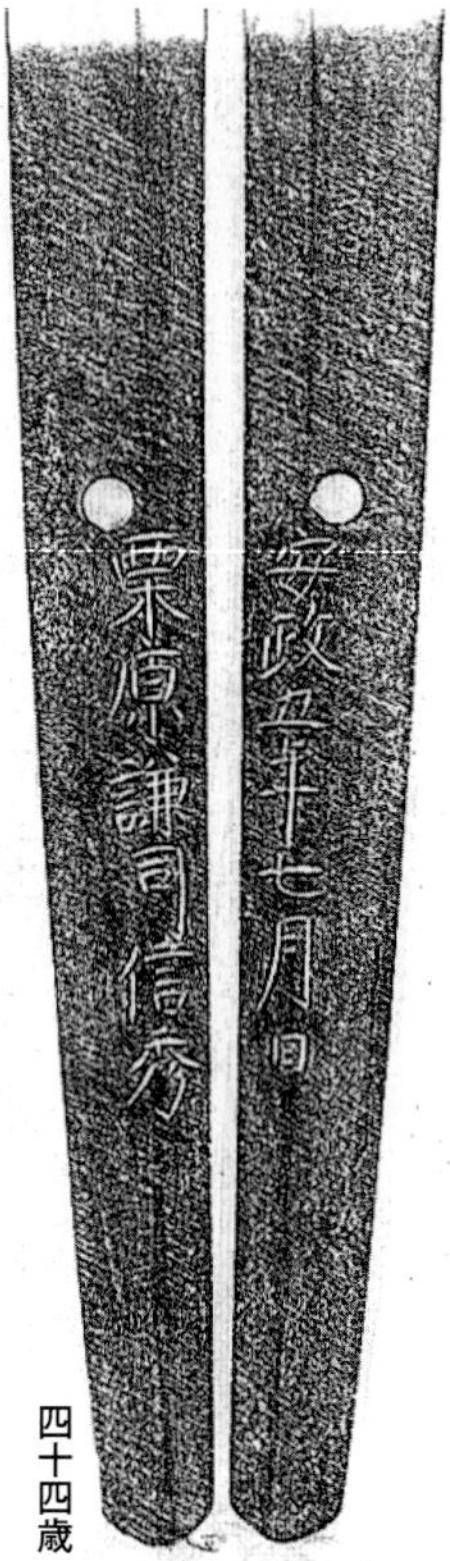
四十四歳

四十七歳

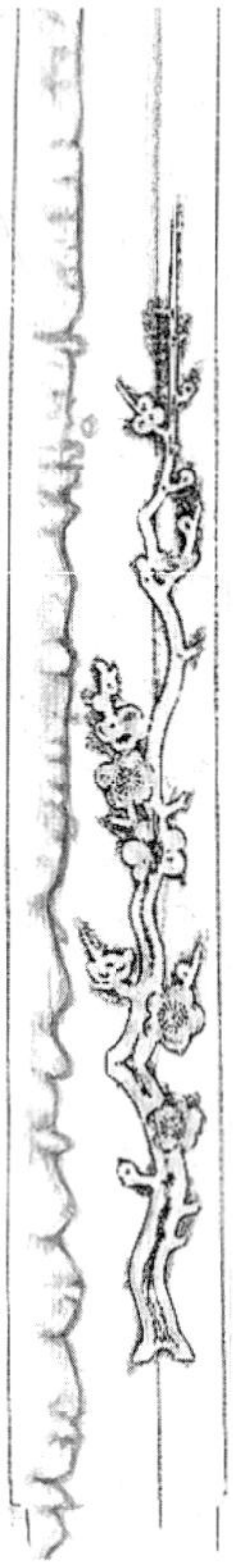

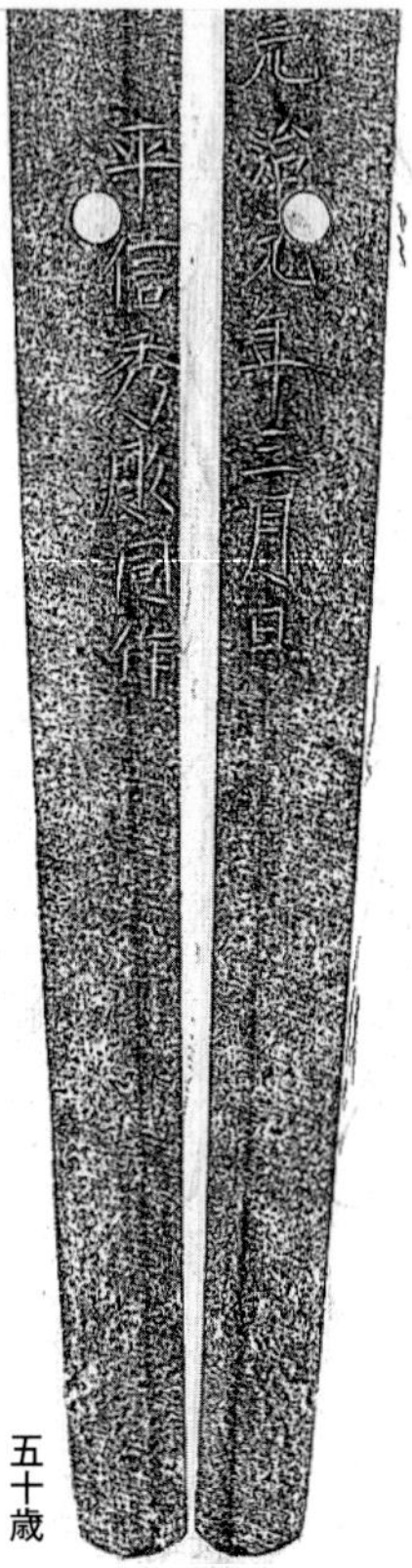
五十歳

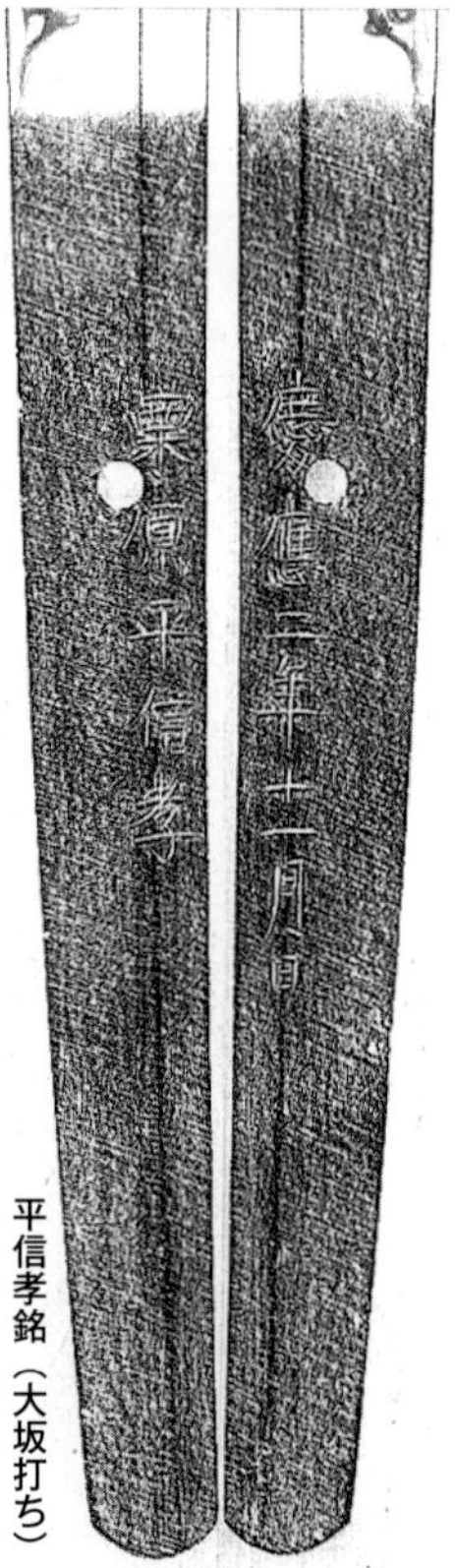
平信孝銘（大坂打ち）

五十二歳（大坂打ち）

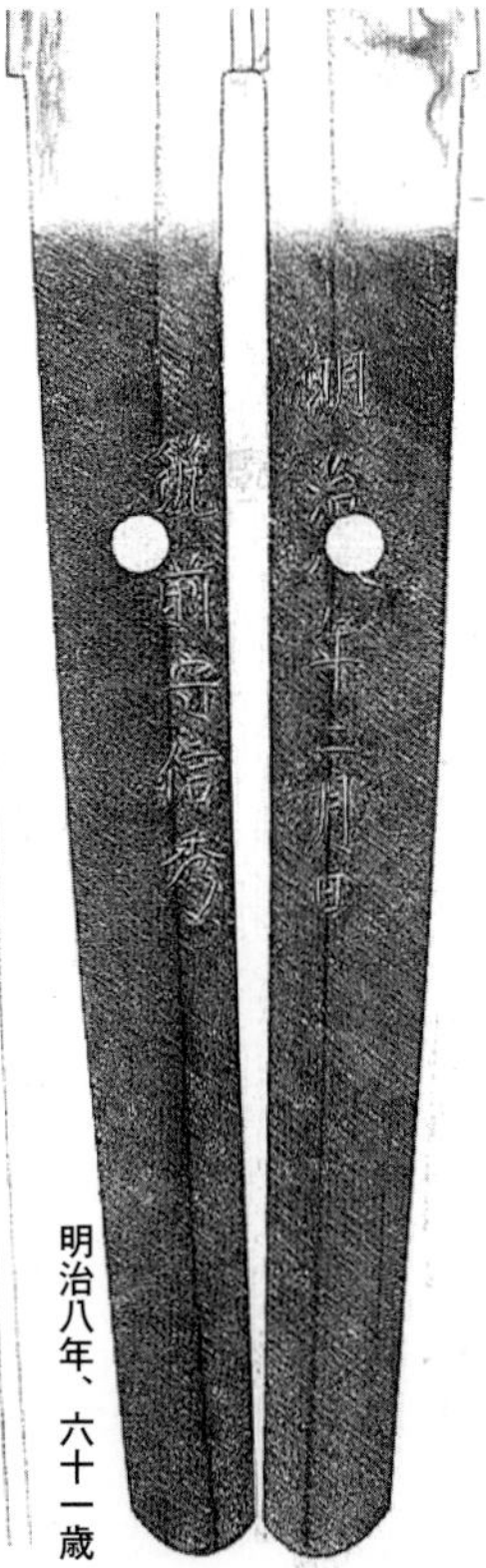
明治八年、六十一歳

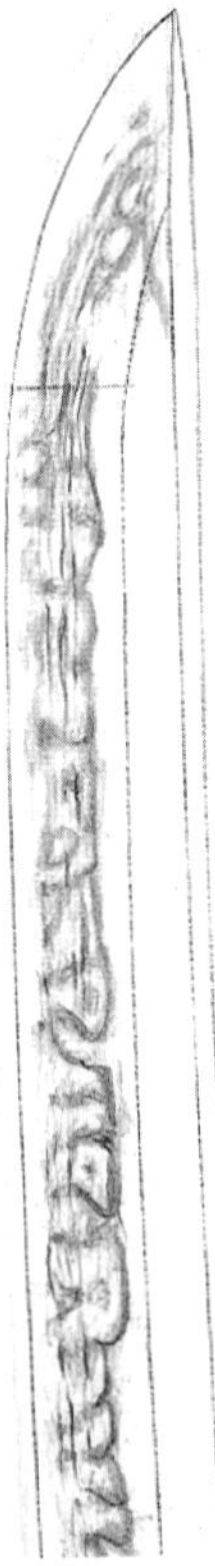

れる。三条の鎌鍛冶、小山小左衛門の内弟子となり、文政十二年、十五歳で京に上り鏡師の門に入る。業を成してのち刀鍛冶を志し、江戸に出て清麿の門に入ったのが嘉永三年とされてきているが、その年より七年前の天保十四年四月紀にすでに作刀がある。この銘作によれば「東都牛

込赤城明神社内住」であり「於大坂彫同作」とあって大坂打ちと知れるし、すでに天保十四年には作刀していることから、清麿入門はそれより以前のこととなる。

天保十四年までの天保年間の信秀の消息は詳らかでないが、清麿が信州から江戸へ移住したのが天保六年であり、武器講の開始が同十年であることからみて、天保十年を前後する数年間に信秀はすでに清麿の門にあったであろう。武器講当時の清麿の相鍛冶であったかもしれない。鈴木正雄の入門は弘化二年、斎藤清人が嘉永五年と後年のことであって、信秀は正雄、清人などより兄弟子に当たり、清麿の最も古い門人である。信秀が平造小脇指を造った天保十四年は、清麿が出奔先の長州から郷里の信州へ向かっていた年である。清麿が信州から江戸に戻ったのは弘化二年のことであるから、天保十四年から弘化二年までの間は信秀と清麿は会う機会がなかったはずである。もっとも清麿が信州への途次に大坂へ寄ることがあったとすれば、信秀との接点があり得るにしても、それを知る記録などの手がかりは見当たらない。

信秀が再び師清麿のもとに馳せ参じ再会したのは、弘化二年からほどなくしてのことであったろう。このころには正雄、正直、そして正俊らが清麿門下に加わっている。嘉永五年紀の刀は昭和四十七年ころにアメリカから里帰りしたもので、草の倶利迦羅を彫った注文作である。この作から以降、信秀の作刀は毎年連続して造られる。嘉永六年九月は「於浦賀信秀」であり、翌安政元年八月には「東叡山於御花畑」で、いまの台東区上野花園町辺にて作刀する。慶応元年春に上洛し、五月二日筑前守を受領し、大坂に滞在する。大坂での作は慶応元年十月から同三年五月まで続き、この間一時「信孝」を名乗る。その後江戸に戻り、廃刀令を経て、明治七年夏、越後三条に帰る。明治十二年秋、東京本郷元町の養子信親宅に移り、翌明治十三年一月二十五日、六十六歳にて没。

作刀技は清麿一門中で最も上手である。互の目乱が多く、匂が深く沸がよくつき金筋、砂流しがかかる。刀身彫は得意とするところで、倶利迦羅、這龍から天鈿女命、渡唐天神、桜花など鏡師の彫技を活かした繊細な彫法が独特である。

新作 信秀【のぶひで】 大阪　明治

高橋信秀。雲州高橋長信門、のち養子となる。明治二年に養父が亡くなり、大坂に出て月山貞一の門に入る。元治ころから昭和初年にかけて作刀する。

新作 信秀【のぶひで】 北海道　昭和

堀井正光。大正九年生まれ。堀井俊秀の子。瑞泉子と号す。昭和十三年、日本刀展に初出品し入選、同十四年特選、十五年推選、十六年陸軍大臣賞を受賞。戦後は昭和三十一年より新作名刀展に毎年出品、優秀賞一回、奨励賞四回、努力賞五回受賞。備前伝、相州伝を表現する。室蘭市茶津町住。

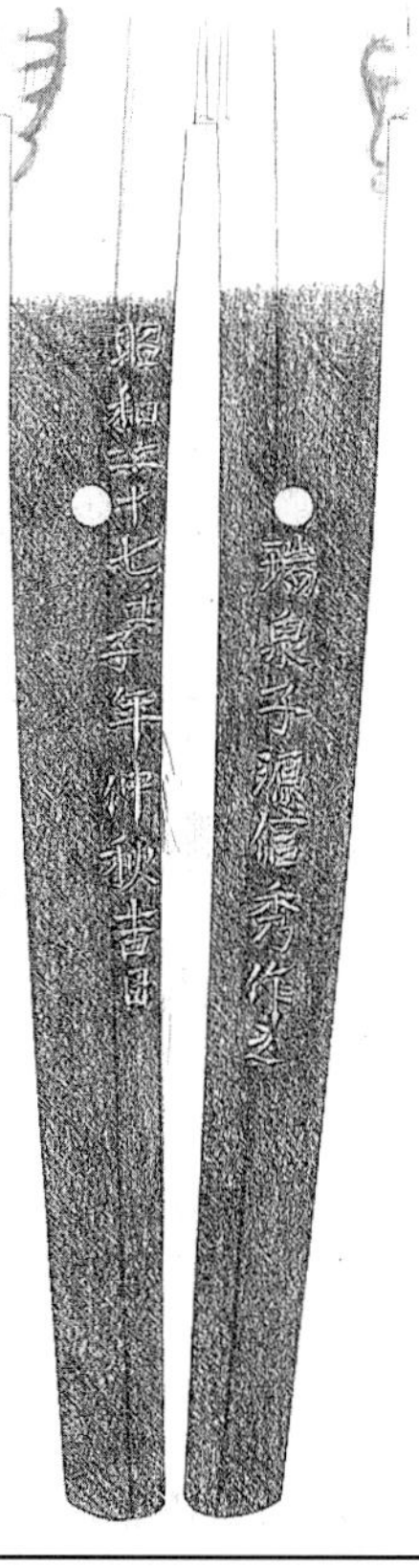

古 信弘【のぶひろ】 備前国　南北朝期（明徳）

小反り。明徳年紀の作がある。「備州長船信弘」。

古 信房【のぶふさ】 備前国　平安後期（延久）

古備前。初代。三平（包平・高平・助平）の親とも、高平・助平の兄ともいう。大全は、信房は「二代あり」といい、二字銘「信房」と三字銘「信房作」の押形を掲げ、二字銘のものが古備前、三字銘を古一文字としている。江戸時代の諸書も大勢は同じ見方であるが、現存する作は二字銘が稀少であり、三字銘が比較的多い。二字銘信房には地刃ともによく沸えた小乱主調の古雅な作があることで、古備前とみることに無理はない。三字銘信房の作は小乱に小丁子が交じり、沸が烈しくかかる古調なものが多いことから、古備前の作とみるむきがあるが、古備前と古一文字は年代が接近して親子二代ほどに作風が近似することは否めず、三字銘信房にも古備前風の作があってしかるべきであろう。

　現物は見当たらないが、『光山押形』に収載がある二口の二字銘信房は①直刃、②刃幅がことに広く大乱刃と但し書きがあって、②の手の作が古一文字であろうとみられる。この見かたが正しければ、二字銘信房の作中にも古一文字の作があるのではないかとみられる。初代「信房」二字銘を古備前、二代「信房作」三字銘を古一文字とみることは基本的には肯定されよう。「信房」。

①　②

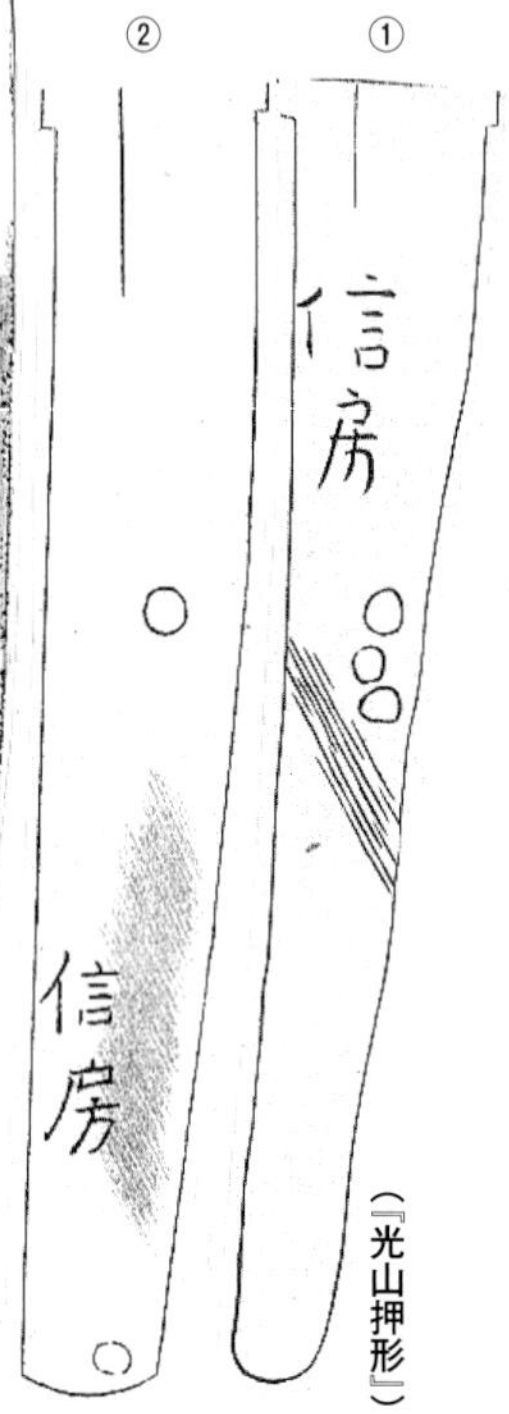

（『光山押形』）

（『鑑刀随録』）

古 **信房【のぶふさ】**　備前国　鎌倉初期（承元）

福岡一文字。二代。延真の子。後鳥羽院二十四人番鍛冶。長原権守に任じ、日本鍛冶惣匠の名を賜わり、粟田口久国と共に奉行役を奉仕する。「信房作」三字銘を信房二代、古一文字とみてきたが、作風は二字銘信房と変わらず、小乱を主調として地刃に沸つよくかかるものが多く、やや小丁子の目立つものがある。三字銘信房で高名な号「十万束信房」（御物）は同作中の大出来で丁子乱が賑わう作であり古一文字らしさをみせる。この手の銘は横線が斜め右下へと、右肩下りの鏨向きをみせるのが特徴であり、書体が大振りである。「信房作」。

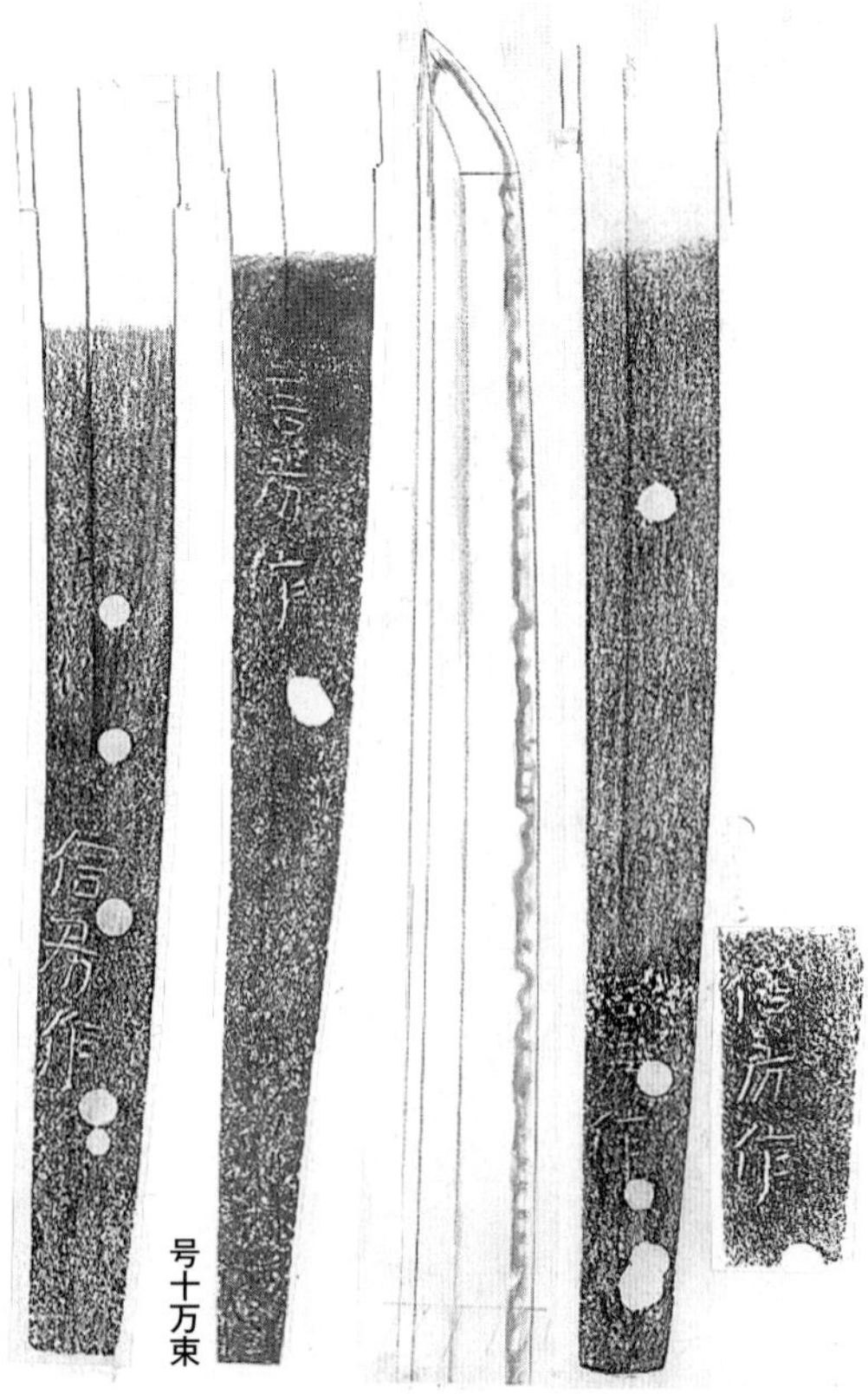

号十万束

新作 **信房【のぶふさ】**　宮城　昭和

高橋昇。明治四十二年生まれ。法華三郎八代目。初代は九代国包門で大

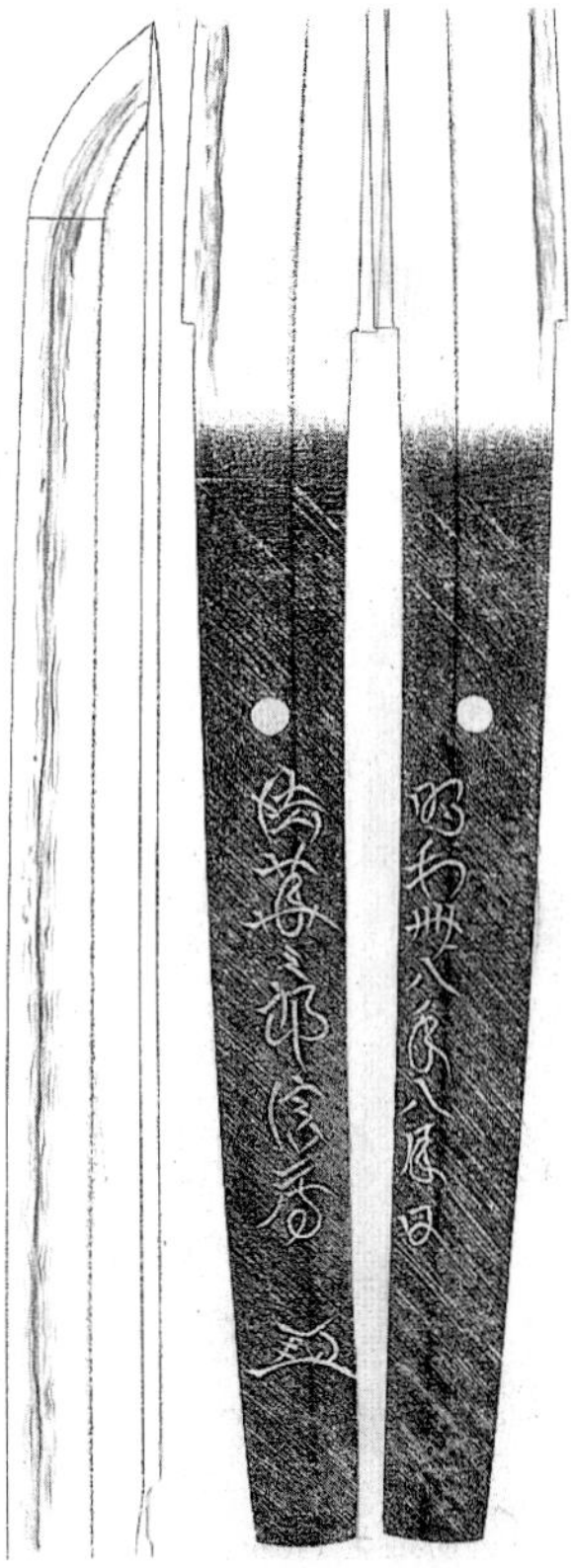

和伝を習得したが、五代以降は備前伝に終始して八代信房も父から備前伝を学ぶ。八代は初代国包に私淑し、大和保昌伝の再現に努める。昭和四十二年十一月、宮城県無形文化財に認定される。鎬が高く猪首切先、あるいは中切先の豪壮な体配に、直刃が小沸つき、ほつれ、喰違刃、二重刃かかった刃文に、柾目肌に地景入りの大和伝の作風を表わす。◆信房子の大喜信次は信房を襲名し「法華三郎信房」を銘す。

新作 信房【のぶふさ】 福岡　昭和

小山信房。大正六年生まれ。左信光の子。父に学ぶ。糸島郡前原町住。「筑州住左信房」などと切る。

古 信正【のぶまさ】 備前国　鎌倉初期（貞永）

福岡一文字。信房の子。権三郎また太郎。長原権守に任ず。隠岐国二十四番鍛冶。貞永のころ。直刃調の小乱に小丁子交じり、小沸よくつく。「信正」「信正作」。

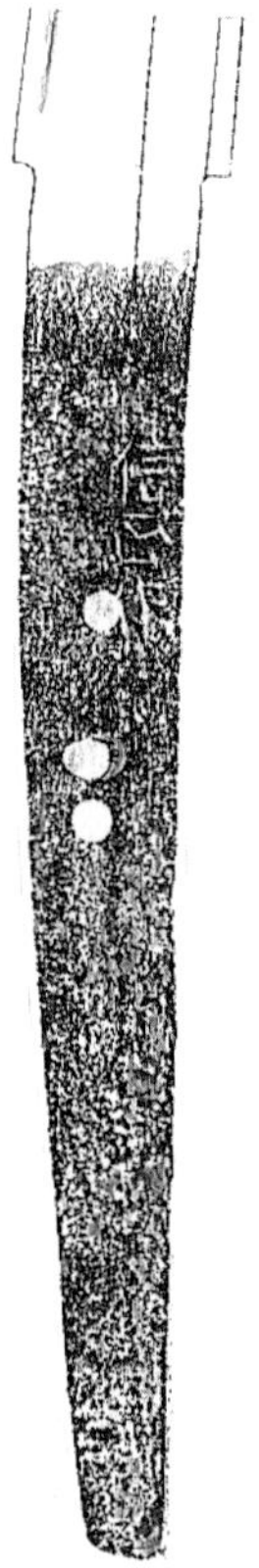

古 信正【のぶまさ】 備前国　鎌倉中期（建長）

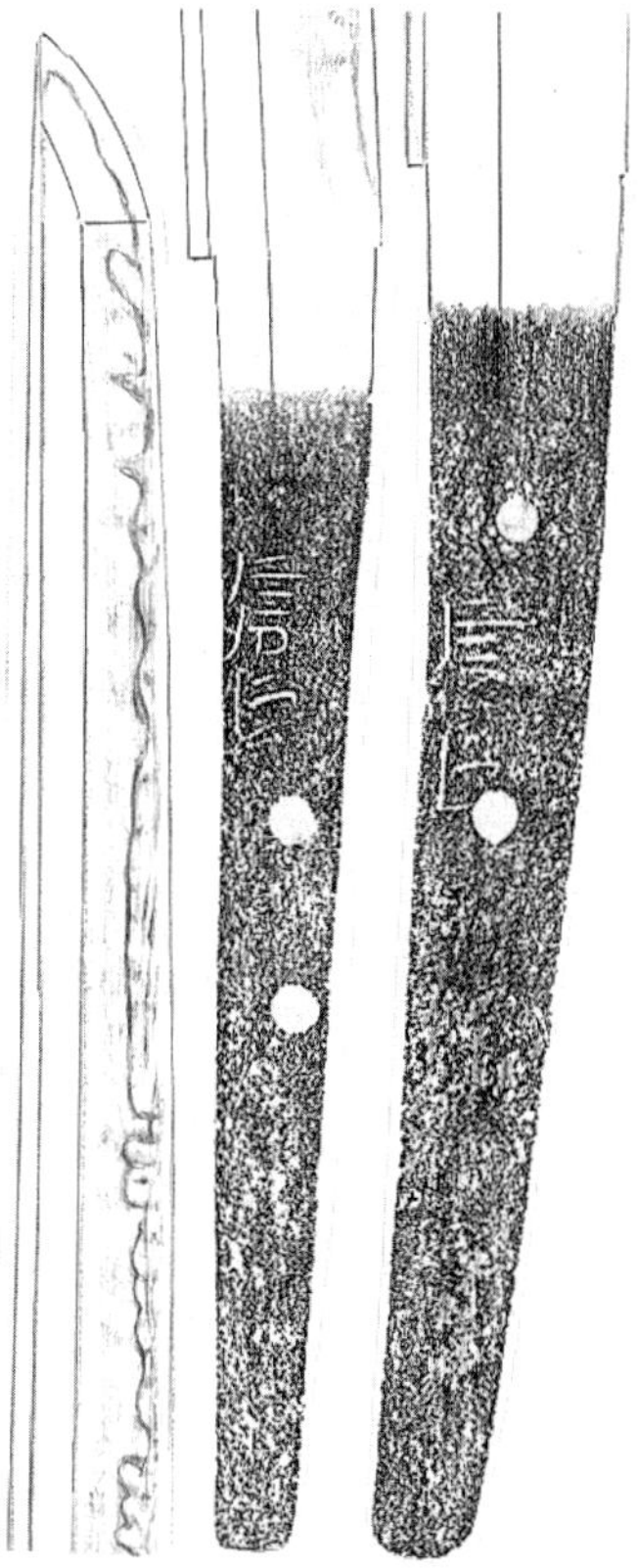

福岡一文字。建長ころ。小丁子に小互の目交じり、匂深く小沸よくつき、地映りよく立つ。「信正」。

古 信正【のぶまさ】 山城国　南北朝期（明徳）

了戒。信国門。明徳のころ。同銘が明応ころにもある。「信正」。

古 信正【のぶまさ】 越後国　室町初期（応永）

山村。越後信国子という。応永ころ。「信正」。

新 信正【のぶまさ】 摂津国　江戸中期（延宝）

摂津国。延宝・天和ころ。出羽大掾受領。直刃が湾れかかり、小互の目足しきりに入る。

新作 信正【のぶまさ】 宮城　平成

早坂政義。昭和三十三年生まれ。平成二十一年、新作名刀展入選。「早坂信正作」。加美郡住。

新 信昌【のぶまさ】 美濃国　江戸中期（宝暦）

茂八郎。尾張五代信高門。濃州岩村鍛冶。「濃州岩村住信昌」などと切る。

古 信光【のぶみつ】 豊前国　室町初期（応永）

筑紫了戒。了戒信久子。本国山城。筑紫了戒の祖という。筑紫のち豊前宇佐住。「了戒信光」。

古 信光【のぶみつ】 豊前国　室町初期（永享）

京信国の子という。豊前宇佐住。永享ころ。「信光」「了戒信光作」。

新作 信光【のぶみつ】 福岡　昭和

小山信光。明治六年生まれ。守次・則定門。石堂の末流で備前伝をよくし、互の目、丁子乱などに堪能で、短刀に左写しの作がある。「筑前国怡土城杣麓に於て信光作之」。

古 **信安【のぶやす】** 備前国　鎌倉中期（建長）

福岡一文字。信正門。建長ころ。「信安」「信安作」。同銘が鎌倉末期（正和ころ）、南北朝期（応安ころ）に長船鍛冶がある。

古 **信行【のぶゆき】** 山城国　室町初期（応永）

長谷部。二代国重の子。応永前期に活動する。

新 **信行【のぶゆき】** 豊後国　江戸中期（寛文）

新左衛門。のち宣行と改める。貞行との合作がある。直刃に小互の目足入り、湾れを焼く。

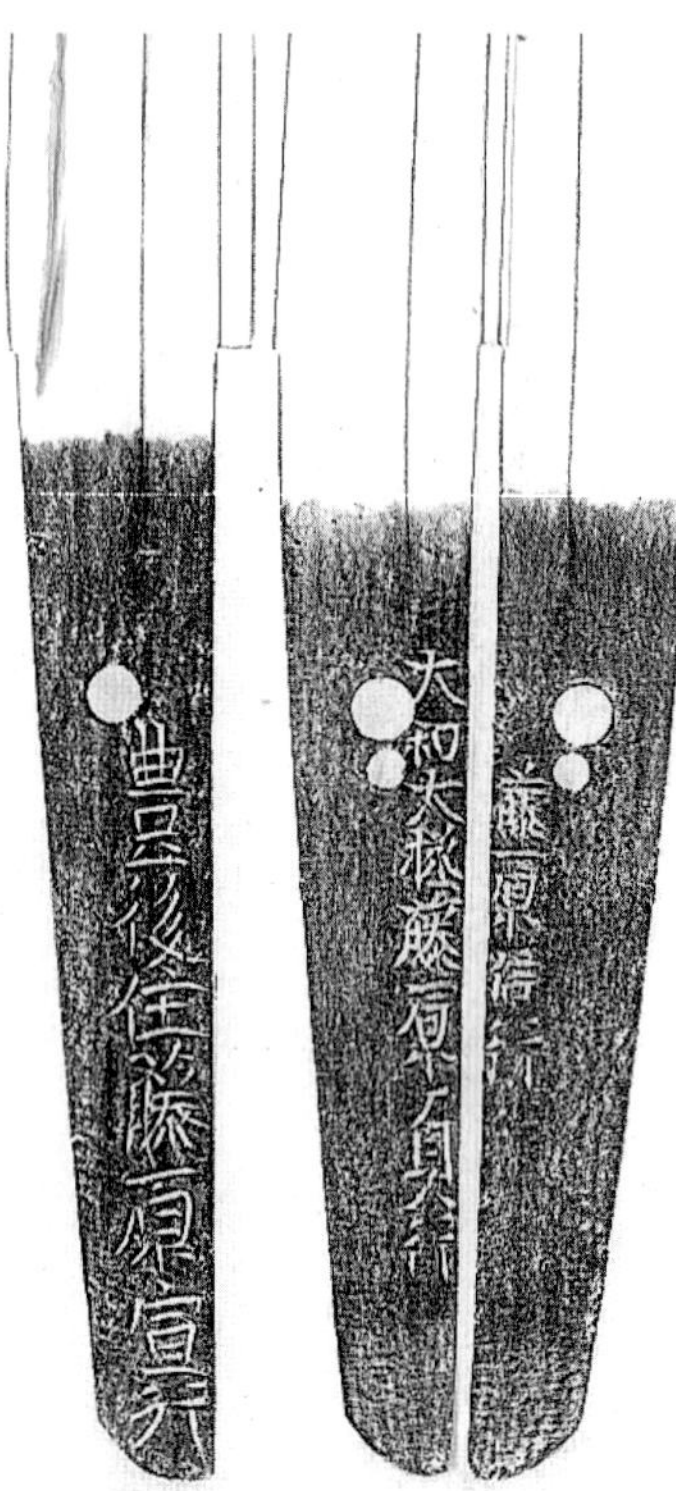

新 **信仍【のぶよし・のぶなお】** 石見守　初代　越前国　桃山期（寛永）

寛永十三年紀に播磨大掾重高、伯耆守汎隆との合作刀がある。重高、汎隆、信仍はいずれも越前関の系流。

新々 **信仍【のぶよし・のぶなお】** 石見守　越前国　江戸末期（安永）

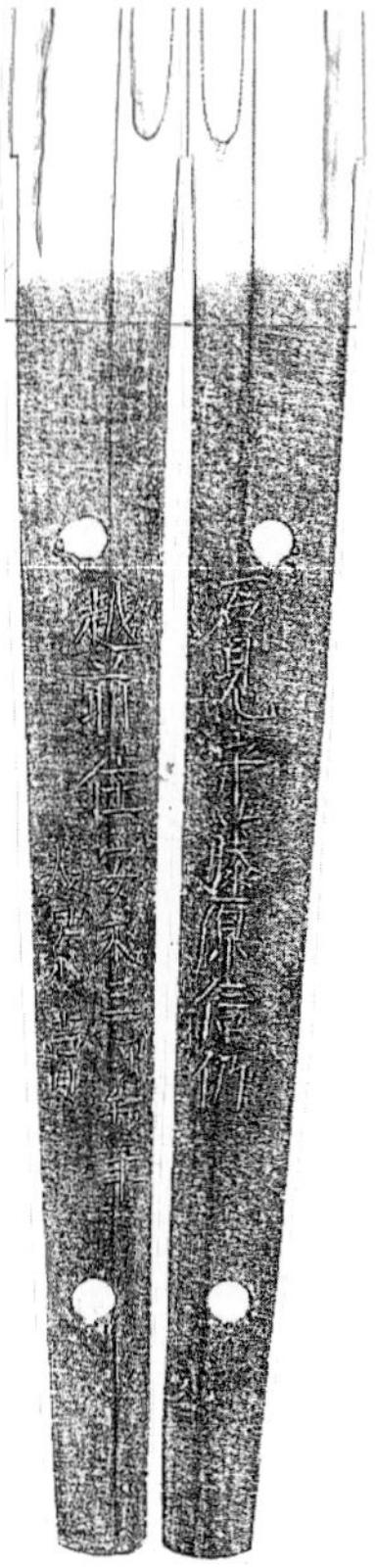

明和、安永の年紀作がある。寛永十三年紀がある初代信仍の後代。直刃に小互の目、小乱交じり、刃縁にほつれ、打のけかかる。

古 **信吉【のぶよし】** 備前国　南北朝期（応安）

小互の目が連れて小づむ状が小反物風である。「備州長船信吉」。応永七年紀の作に続く。

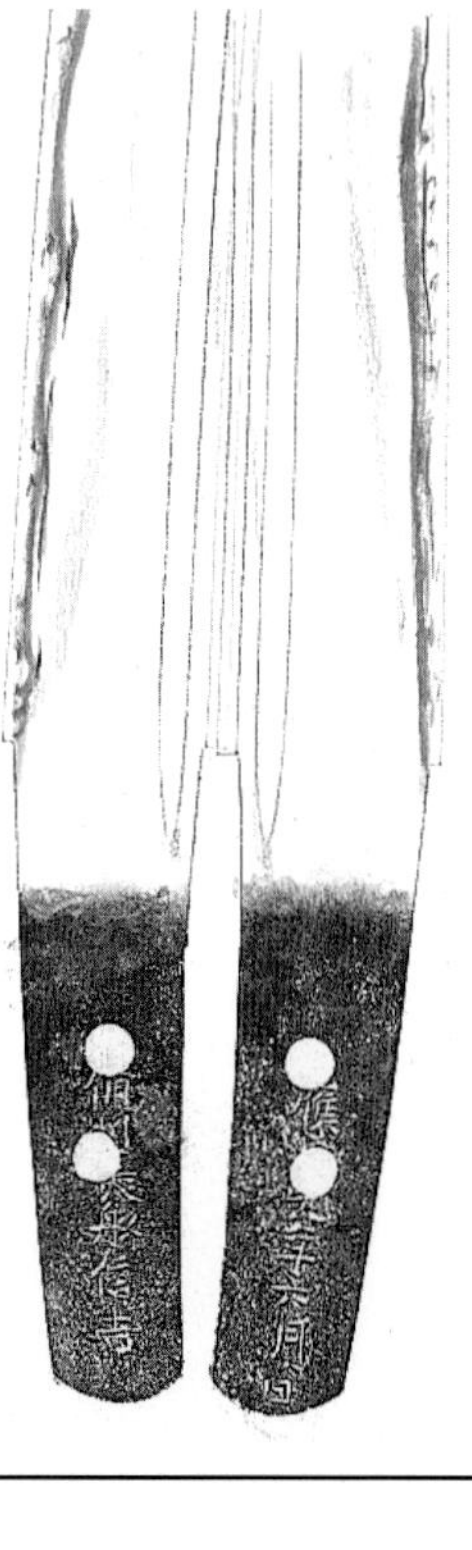

新 **信吉【のぶよし】** 信濃守　初代　山城国　江戸初期（明暦）

高井金三郎。三品派の出身。京都五鍛冶の一人に列せられる。信濃守を受領。のち明暦三年五月廿七日越前大掾を受領する（『町人受領記』）。初代。高井信吉派は二代信濃守（初代の長男）が京御池油小路に、豊後守国義（次男）が若州小浜に、越前守信吉（三男）が大坂内本町に、駿河内国義（初代の弟）は日州飫肥にと親子、兄弟が分散した状で居所を変え鍛刀活動をしたこともあり、頭領信吉の存在が比較的稀薄な面がある。勢力を誇った高井派中では初代の三男、越前守信吉が最も名声が高く、上手の工である。

　初代信吉には正保から延宝初めころまでおよそ三十年間という長い鍛刀期がある。晩年には二代信吉の代銘があったであろう。藤原姓を常用していたものを寛文四年紀に源姓を切る。明暦二年八月紀に信吉と信勝の合作があって、信勝が信吉の子、すなわち二代信吉を名乗る前銘であろうことが、切銘から察せられる。**（系図902頁参照）**

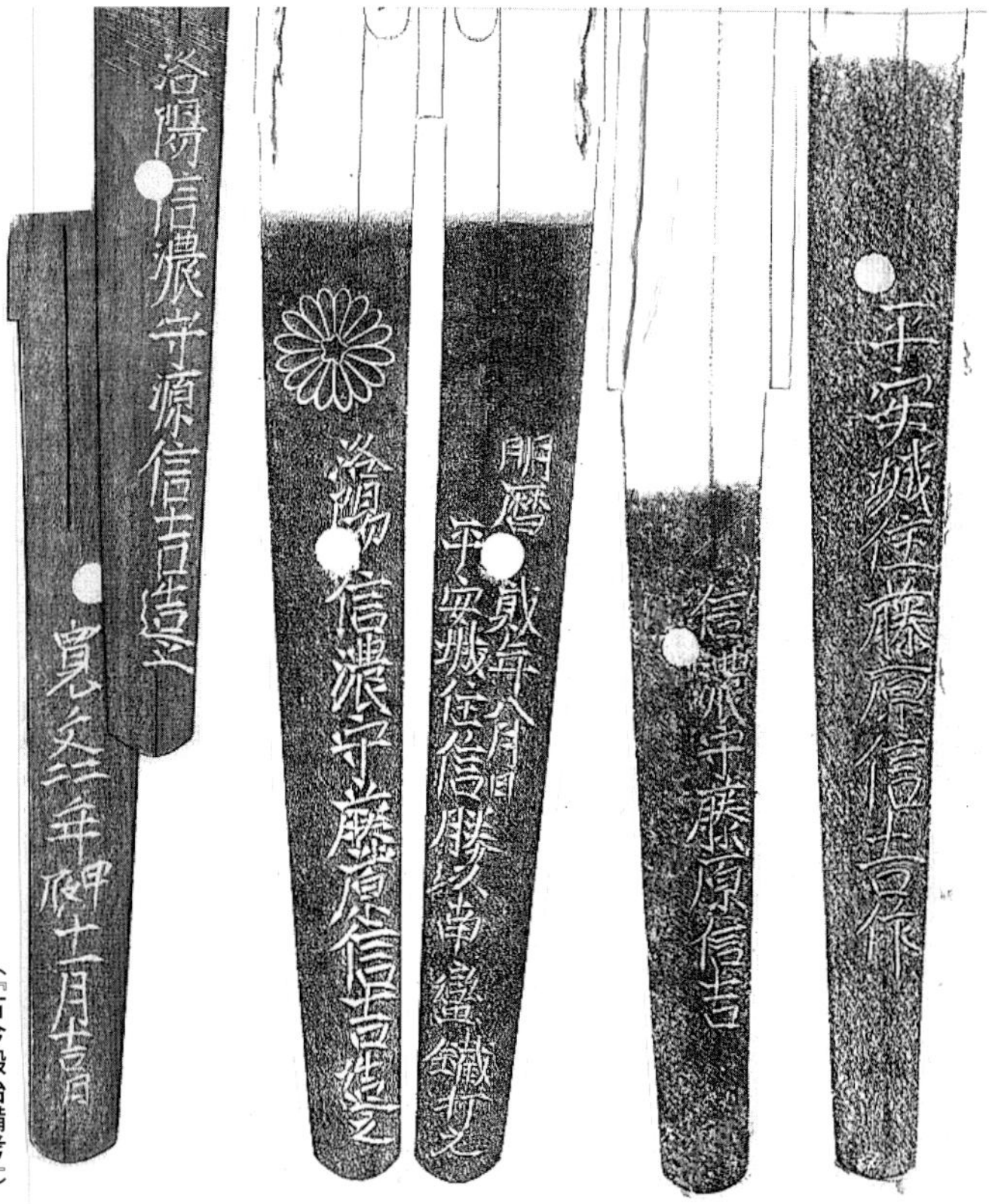

（『古今鍛冶備考』）

新 **信吉【のぶよし】** 信濃守　二代　山城国　江戸中期（寛文）

高井金三郎。初銘信勝。初代信吉の嫡子。京都油小路住。大坂にても造る。藤原のち源姓に改める。初代信吉の没年が不明なため、初代の晩年作に二代が代銘をしたであろう作刀の識別が明らかにしにくいが、寛文末から延宝初めにかけてがその期であろう。二代は初代在世中から自作を世に出している。藤原と源の両姓を用いるのは初・二代信吉ともにで、一族はそれぞれ藤原と源を使い分け、別家には平姓の国義がいるなど、姓を統一するといった一定の不分律はなかったようである。

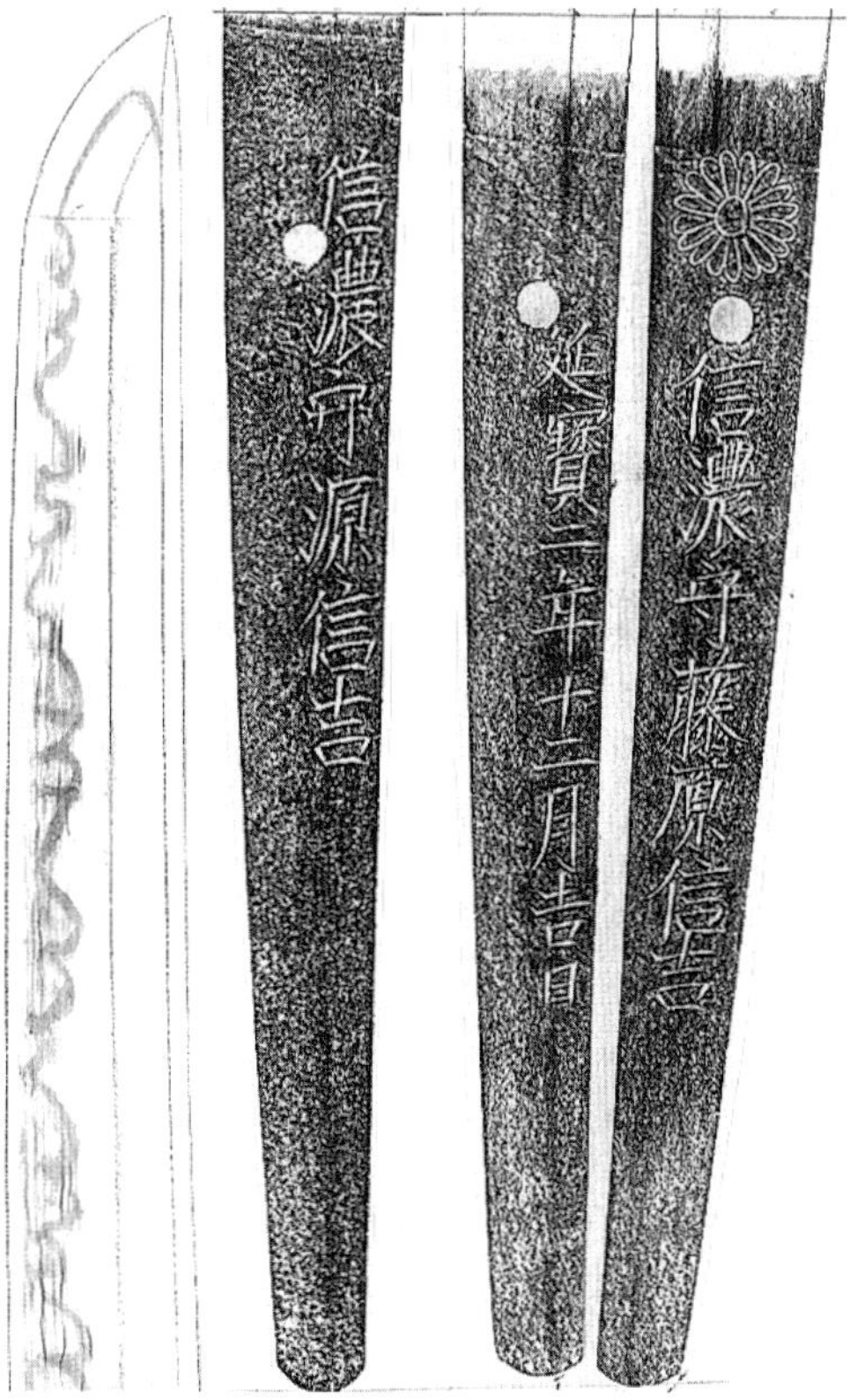

新 **信吉【のぶよし】** 越前守　摂津国　江戸中期（寛文）

初代信濃守信吉の三男。源姓。京から大坂に移り、大坂内本町住。来を冠し「越前守源来信吉」などと切銘する。入道して倫信と号す。明暦から元禄にかけて作刀する。直刃、湾れ、濤瀾乱風の互の目乱を焼き、匂口深く沸をよくつけて明るく出来優れる。菊紋を刻す。信吉派中の上手。

の

のぶよし

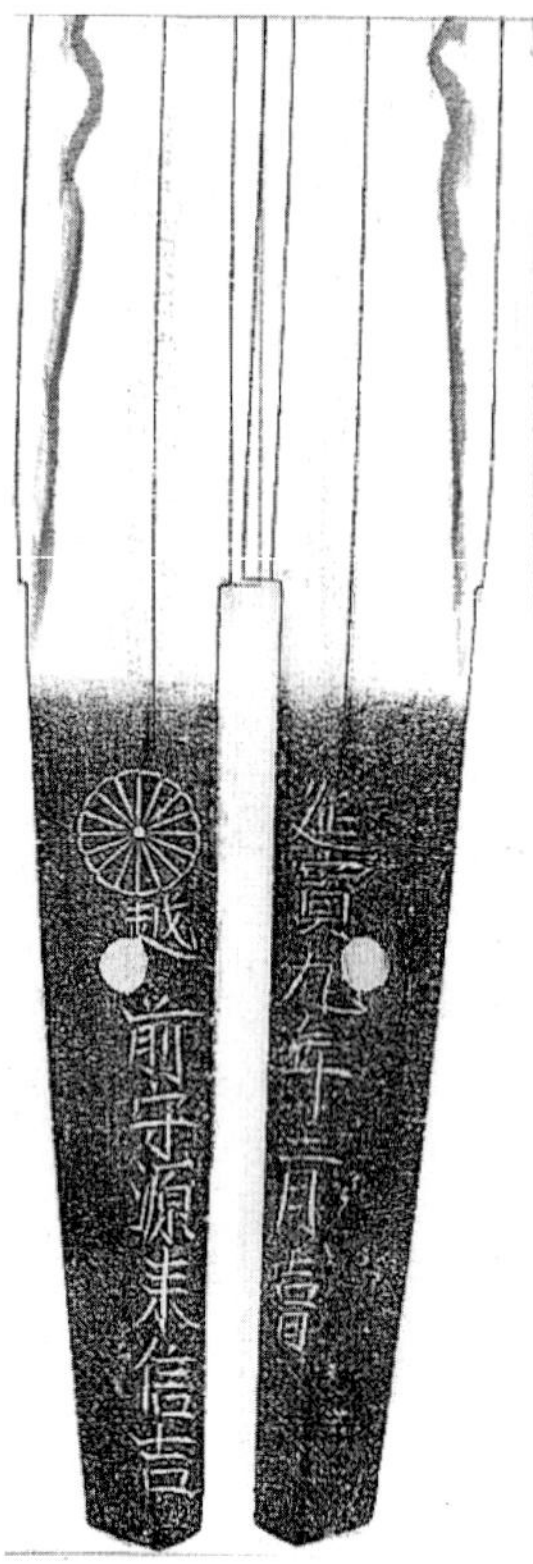

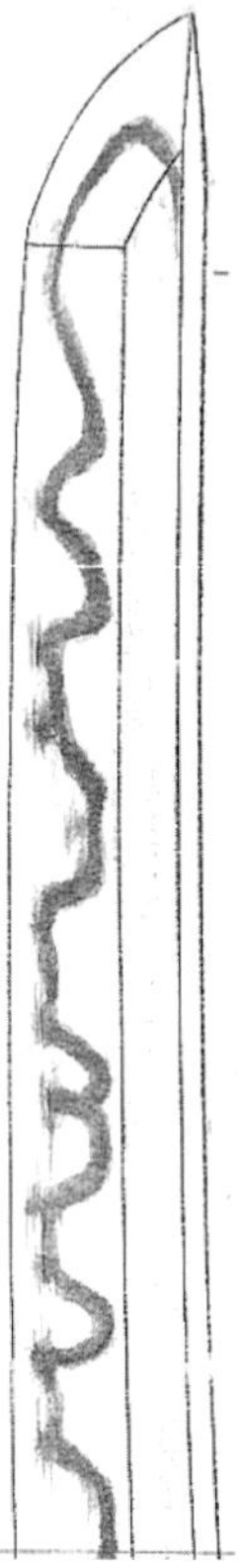

新 信吉【のぶよし】 阿波守　摂津国　江戸中期（延宝）

高井市之丞。初代信濃守信吉の弟。明暦三年五月十日阿波掾受領、のち阿波守に転任。京から大坂に移住する。「阿波守信吉」「高井阿波守藤原信吉」などと切銘する。

新 信吉【のぶよし】 相模守　摂津国　江戸中期（天和）

市之丞。高井阿波守信吉の子。摂州大坂住。「相模守信吉」などと切る。

新 信吉【のぶよし】 尾張国　江戸中期（寛文）

作十郎。七左衛門。尾張二代信高門。のち京三条へ移り、金高と改める。

新々 信吉【のぶよし】 陸奥国　江戸末期（寛政）

新藤平八。奥州盛岡住。新藤吉寛家の四代目を称す。寛政九年没。

古 信良【のぶよし】 備前国　南北朝期（貞治）

大宮。盛助の子。貞治ころ。「備州長船盛良」。

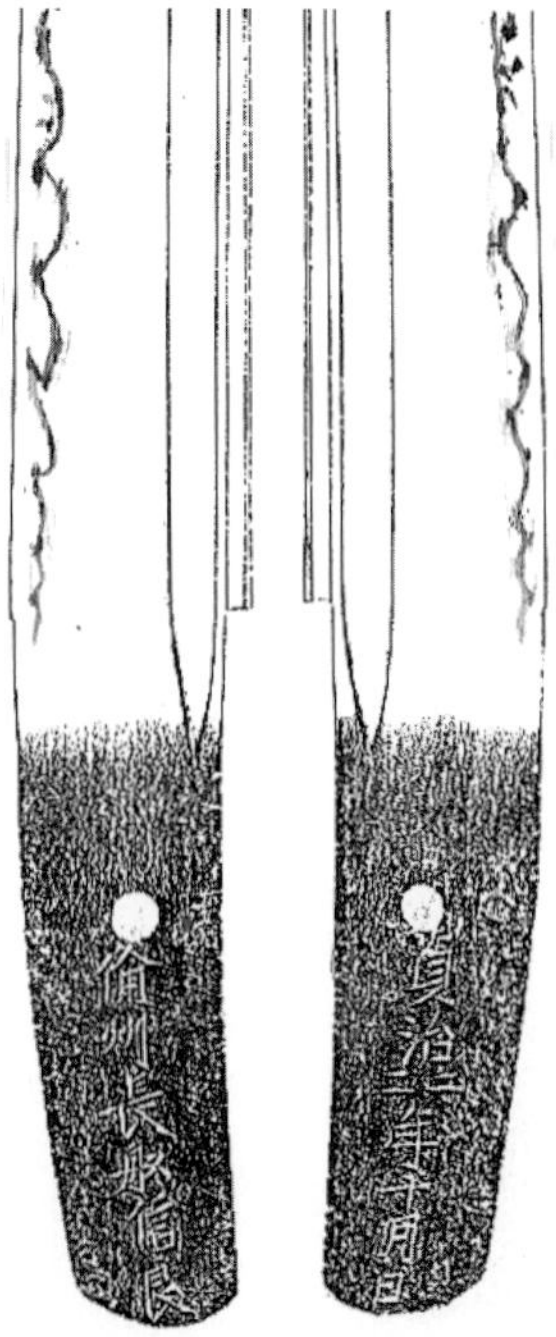

古 信賀【のぶよし】 肥後国　室町末期（永禄）

肥後同田貫派。正国（上野介同人）とは別人。「九州肥後国同田貫小山

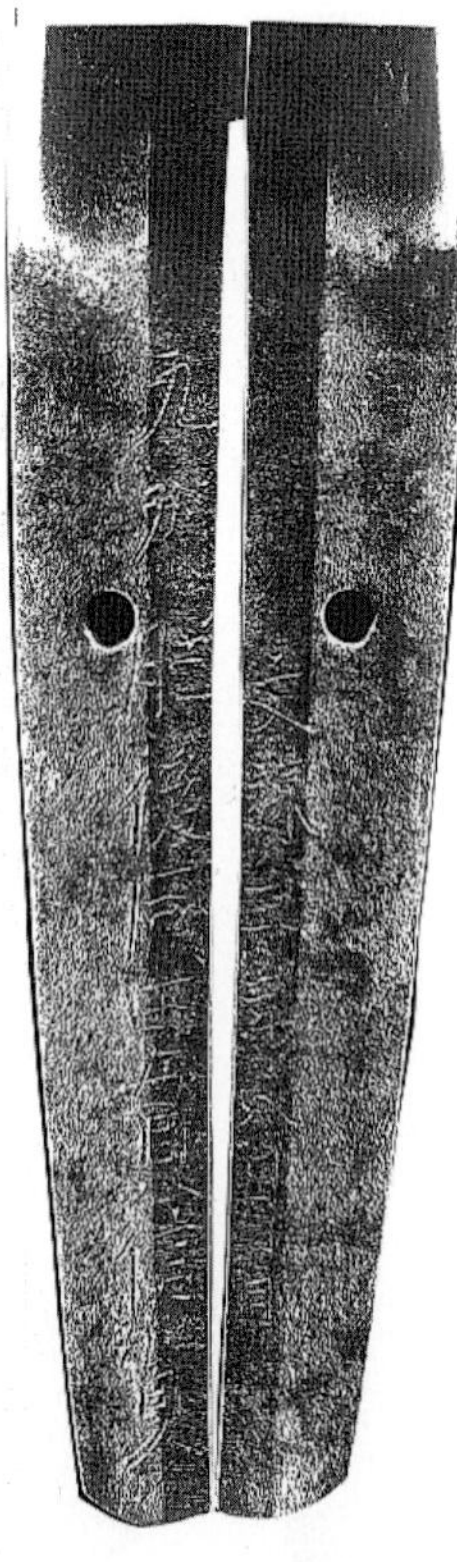

上野介信賀」（『日本刀通観』）銘があり、「肥後国求摩郡住信賀」と切ったものがある。

新々 信義【のぶよし】 加賀国 江戸末期（文久）

永井保之丞。永井与三兵衛の子。「加州住藤原信義」などと切る。

新々 信義【のぶよし】 出雲国

江戸末期（慶応）

高橋成造。高橋信長の子。「雲州住信義造之」「藤原信義作」などと切る。

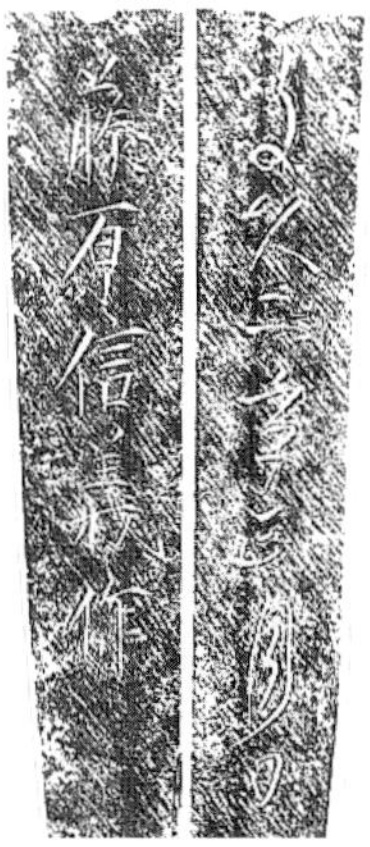

新 陳直【のぶなお】 丹後国 桃山期（元和）

本国美濃。丹後田辺住。のち豊前小倉へ移る。参河守を受領。大道陳直二代目。

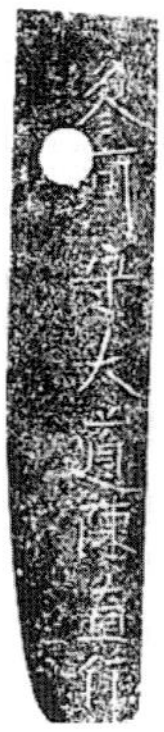

古 法助【のりすけ】 備前国 室町末期（文明）

長船。法光門。文明ころ。「備州長船法助」。

新作 法広【のりひろ】 長野 平成

宮入法広。宮入行平の弟栄三清平の子。昭和三十一年、長野県に生まれる。昭和五十三年、国学院大学を卒業後、隅谷正峯に師事。同五十八年独立。同年の新作名刀展に初出品し努力賞を受賞、平成二年から寒山賞、

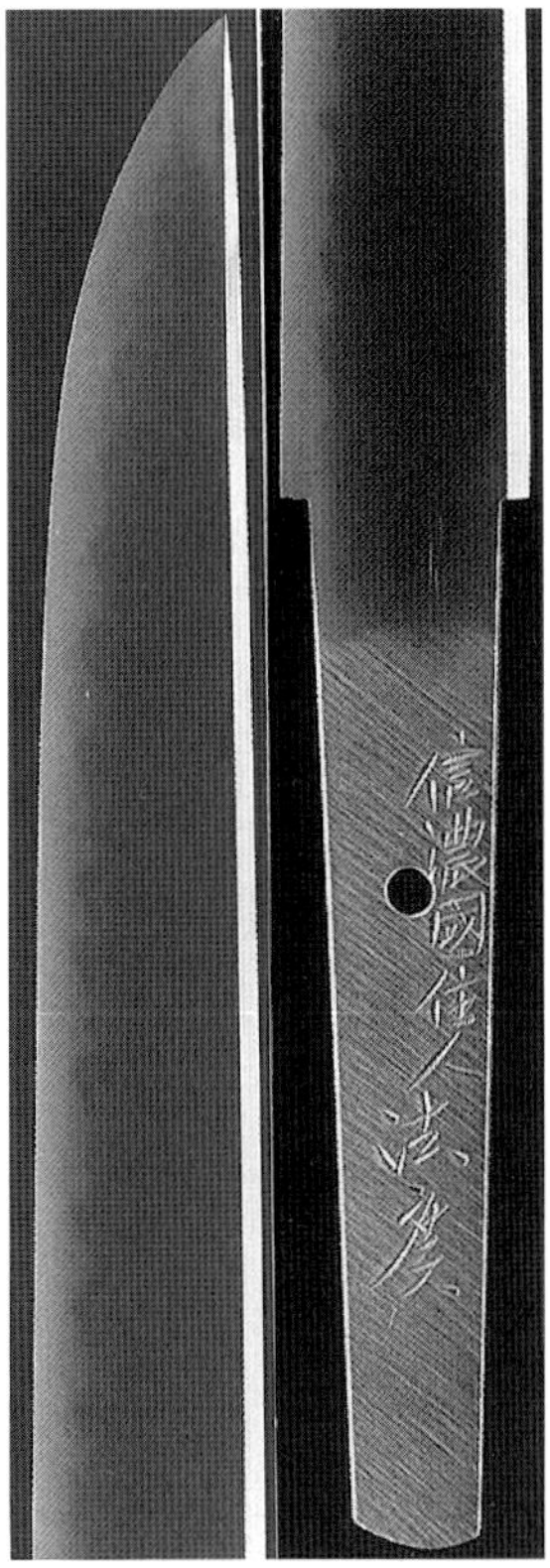

毎日新聞社賞、高松宮賞などを受賞し、同七年十二月に無鑑査となる。平成二十二年、新作名刀展に景光写しの短刀を無鑑査出品し、正宗賞を受賞。この受賞は平成八年に天田昭次が受賞してから十四年ぶりのこと。師伝の備前伝、相州伝などに果敢な挑戦を続けている。

新 法道【のりみち】 山城国 江戸中期（寛文）

来金道一門。大坂にても造る。「城州栗田口来法道」などと切る。初代。

◆二代法道は貞享ころ、「城州西岡住来法道」などと切る。

古 法光【のりみつ】 備前国 南北朝期（応安）

小反り。初代応安ころ。則光と区別して「ほうのりみつ」とも呼ばれる。二代は明徳から応永にかけて作刀するが、初・二代の作は少ない。「備州長船法光」。

古 法光【のりみつ】 備前国 室町初期（永享）

三代。永享から享徳にかけての間の作刀がある。腰の開いた互の目を焼く。「法」の字が行書風で独特に銘す。「法光」「備州長船法光」。

古 法光【のりみつ】 備前国 室町中期（長禄）

四代。左衛門尉。長禄から文明末年までの年紀作がある。応永備前風の腰の開いた互の目乱を焼く。「備州長船法光」「備前国住長船法光」。

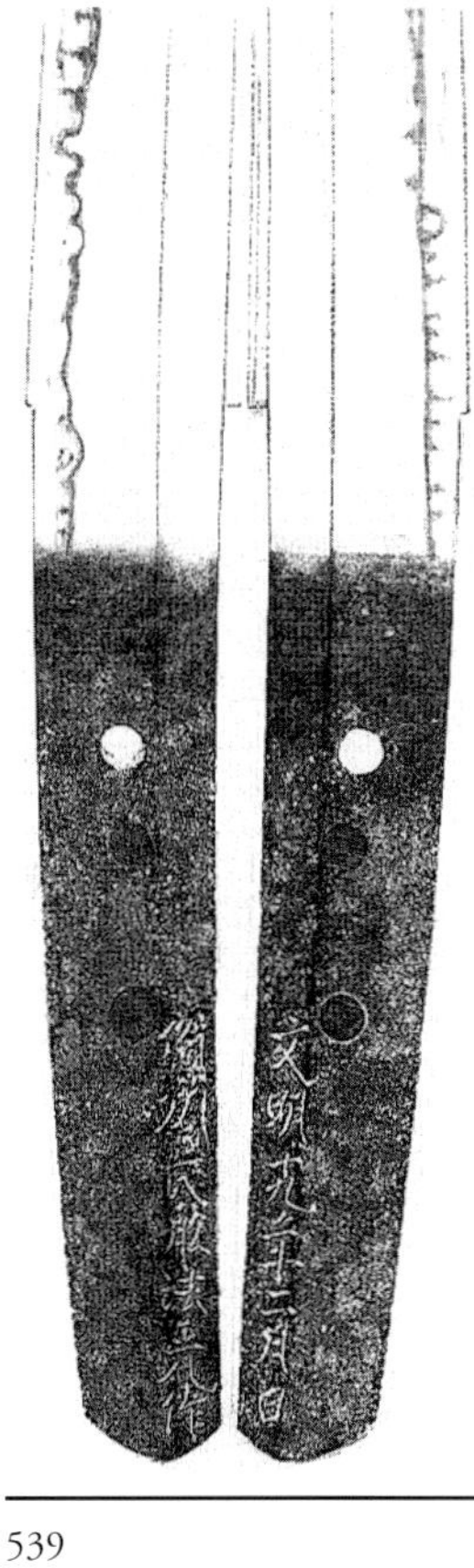

の

のぶよし～のりみつ

古 **法光【のりみつ】** 備前国 室町末期（文明）

五代。次郎左衛門尉。文明初年から明応に至る間の作刀がある。「備州長船法光」「長船次郎左衛門尉藤原法光」。

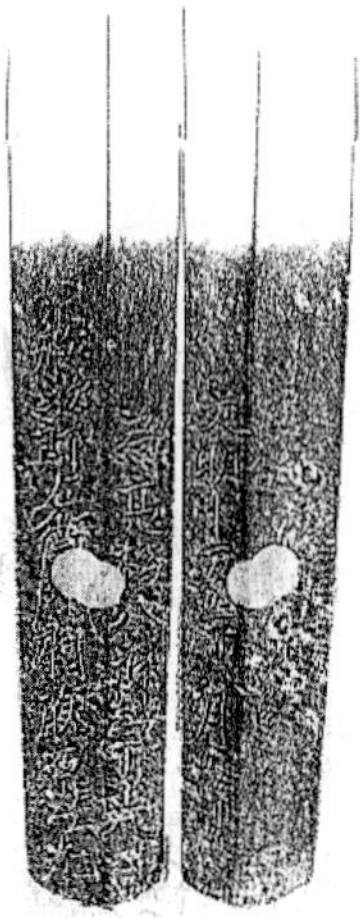

文明十五年八月吉日

古 **法光【のりみつ】** 備前国 室町末期（明応）

四郎左衛門尉。二郎左衛門勝光との合作がある。明応から享禄に至る間の作刀がある。互の目に丁子を交じえた華やかな作をみる。「備州長船法光」「備前国住長船四郎左衛門尉法光」。その他、法光には次郎右衛門尉（延徳）、左衛門尉（永正）、新左衛門尉（永正）などが作刀して優れた技を発揮する。

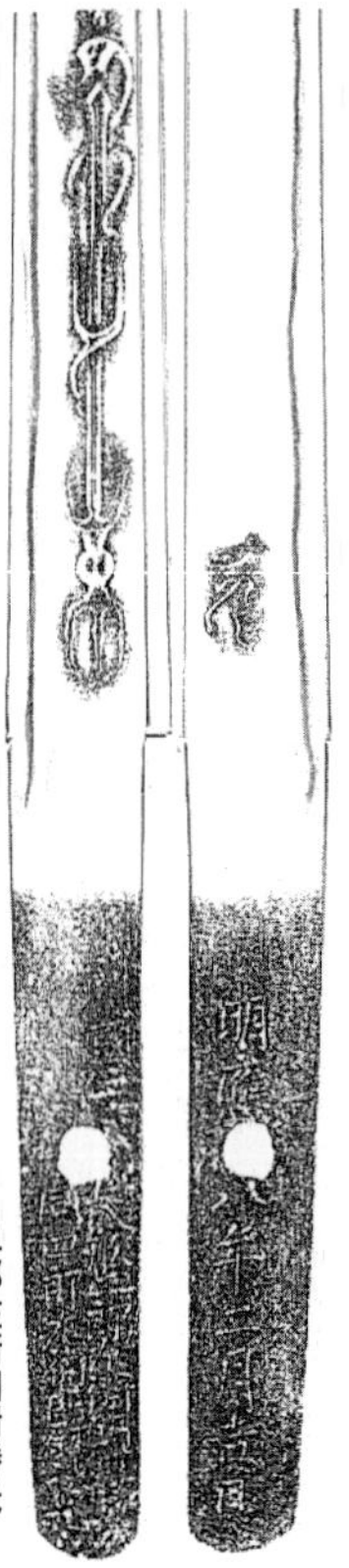

二郎左衛門尉勝光
同四郎左衛門尉法光

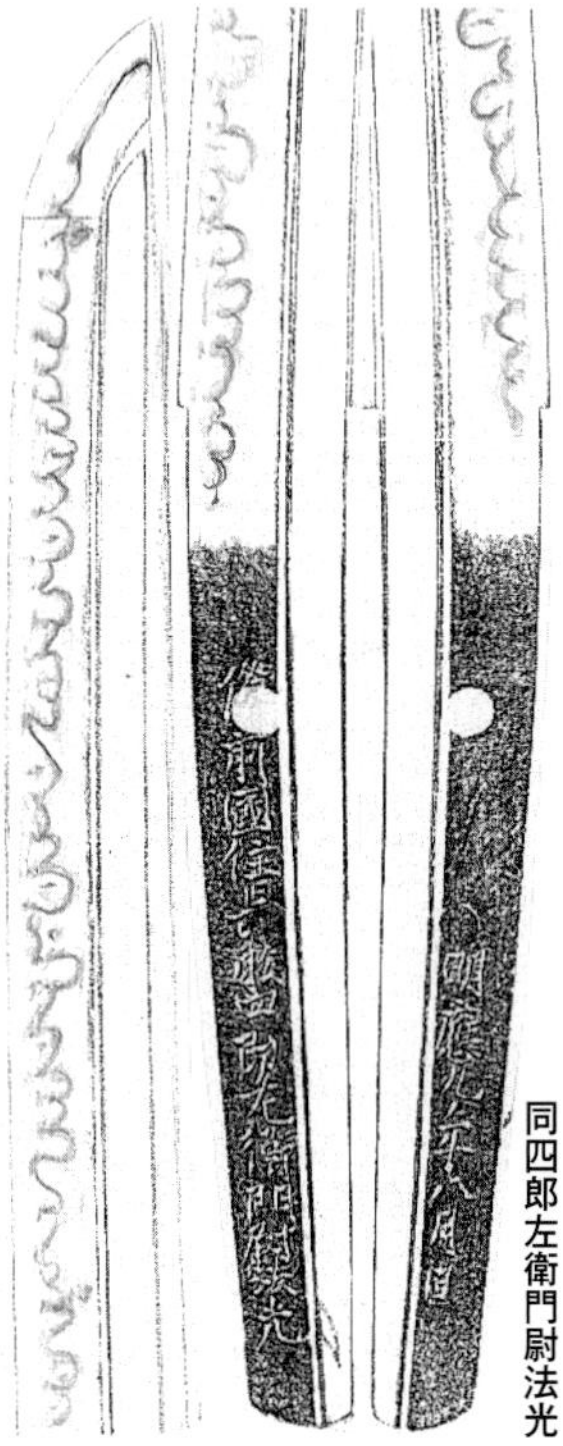

古 **法光【のりみつ】** 備前国 室町末期（文亀）

法光は六代永正、七代天文から九代永禄と連綿とするが、その代別はかならずしも明確ではなく、同年代に複数の工が法光を名乗り、それぞれに作刀を続けて一門が栄える。文亀・永正、天文ころの作例が多い。「備州長船法光」「備前国住長船法光」「備前国住長船八郎兵衛尉法光作」。

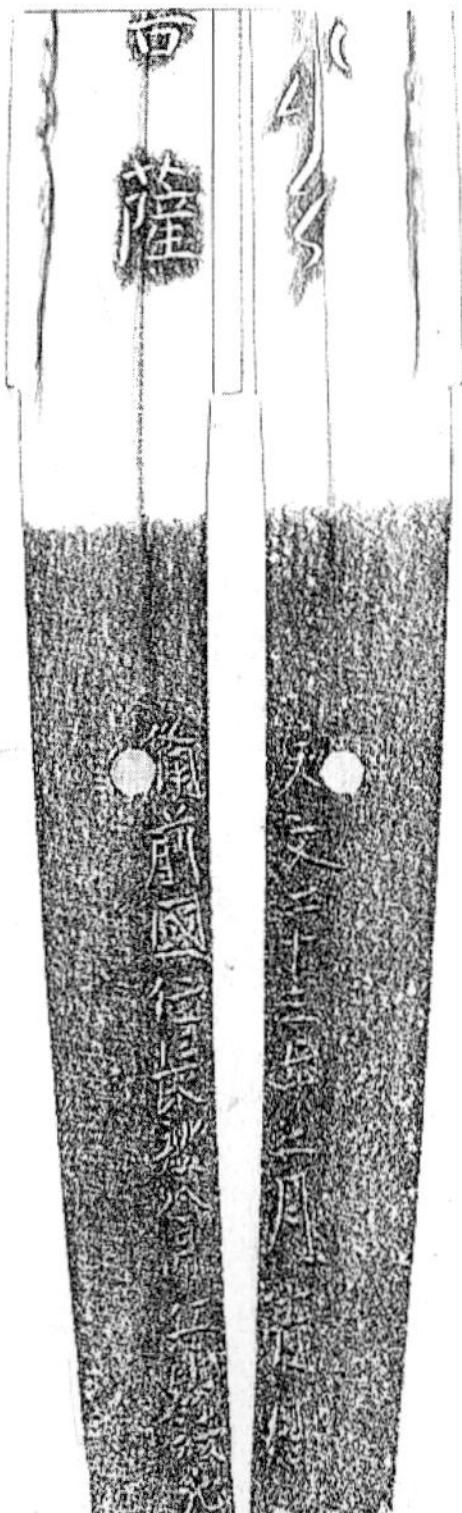

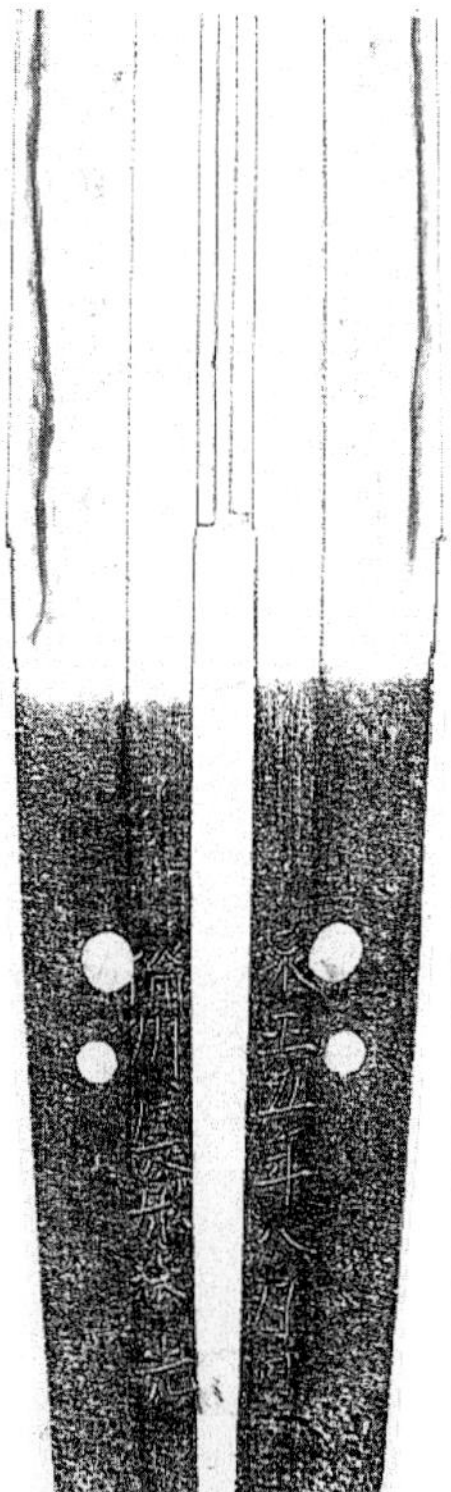

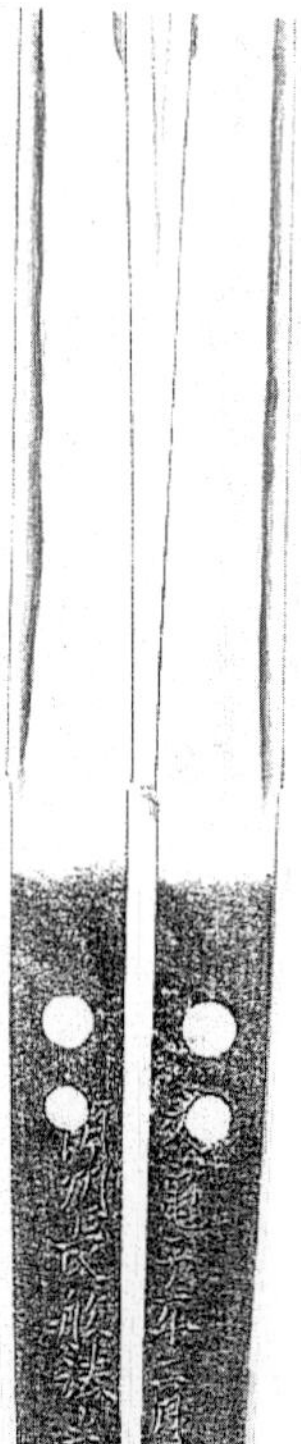

新作 **典真【のりざね】** 宮城 平成

宮城正年。昭和三十五年生まれ。宮城昭守門。昭和六十年、作刀承認。平成十八年、新作名刀展優秀賞。同二十二年、新作日本刀展入選。「宮城典真作」。白石市大畑住。

古 **則景【のりかげ】** 備前国 室町初期（応永）

長船。福岡一文字の末流という。応永年紀の作例がある。「備州長船則景」。同銘が享徳、永禄ころにある。

古 **則包**【のりかね】 備前国 鎌倉中期（暦仁）

福岡一文字。助房の子。幅広で猪首切先の姿恰好が鎌倉中期ごろの年代をみせ、丁子乱が華やかで焼の出入りが烈しく、丁子映りよく立つ。「則包」。同銘が南北朝期に続き、長船則包銘で貞治三年紀の作がある。

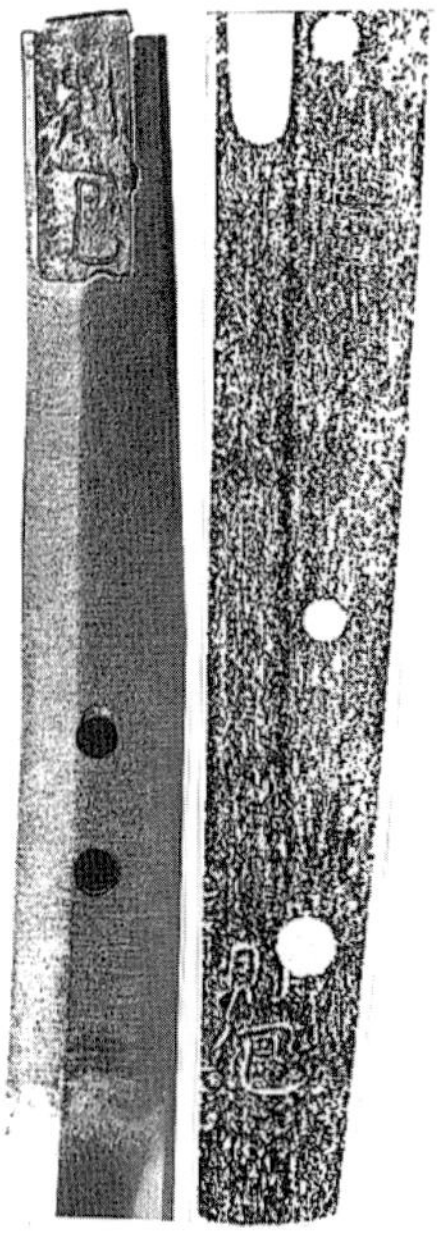

古 **則国**【のりくに】 山城国 鎌倉初期（承久）

粟田口。藤馬允。国友の子。隠岐国御番鍛冶。現存する有銘作は僅少で、太刀は稀、短刀を好む。代表的な作刀は因州池田家伝来の太刀（重文）で二尺四寸六分半。小板目がよく詰んで美しく、細直刃が締まって品格が高い。短刀は直刃が常で、少しく小互の目が交じるものもある。比較的に彫物が多く、護摩箸を彫ると、表裏とも同じ構図に揃え、棟に寄せて彫る。「則國」と二字に銘し、「藤馬允則國」の五字銘がある。「國」字に押形図①②③の三種がある。③の銘を二代目ともいうが（『本朝鍛治考中心押形』）確証はない。

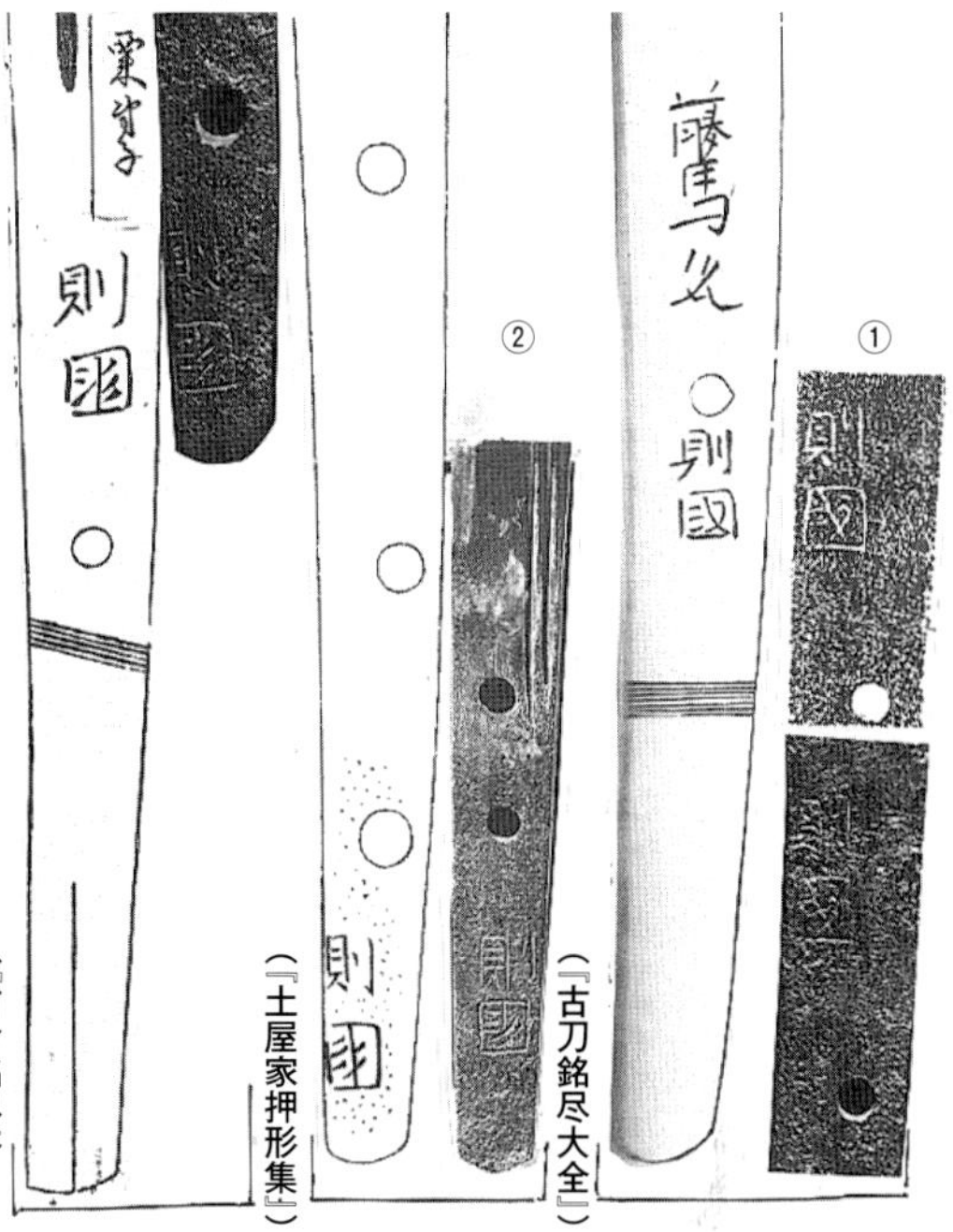

①（『古刀銘尽大全』） ②（『土屋家押形集』） ③（『古今銘尽』）

新 **則定**【のりさだ】 山城国 桃山期（寛永）

本国三河。矢作住、のち山城へ移住する。「於洛陽住藤原則定」「平安城住藤原則定作之」などと切る。初代。◆二代則定は初代の子、貞享ころ。

新作 **則定**【のりさだ】 福岡 昭和

守次清吉。農鍛冶の出身で、祖父に鍛法を学び、のち昭和八年、桜井正次門となる。門人に小山信光がいる。

古 **則実**【のりざね】 備中国 鎌倉初期（承元）

古青江。後鳥羽院御番鍛冶十二月番。承元ころ。「則実」。

古 **則実**【のりざね】 備中国 鎌倉中期（弘長）

片山一文字。逆丁子乱を焼く。弘長ころ。「則実」。

古 **則重**【のりしげ】 備前国 鎌倉初期（寛喜）

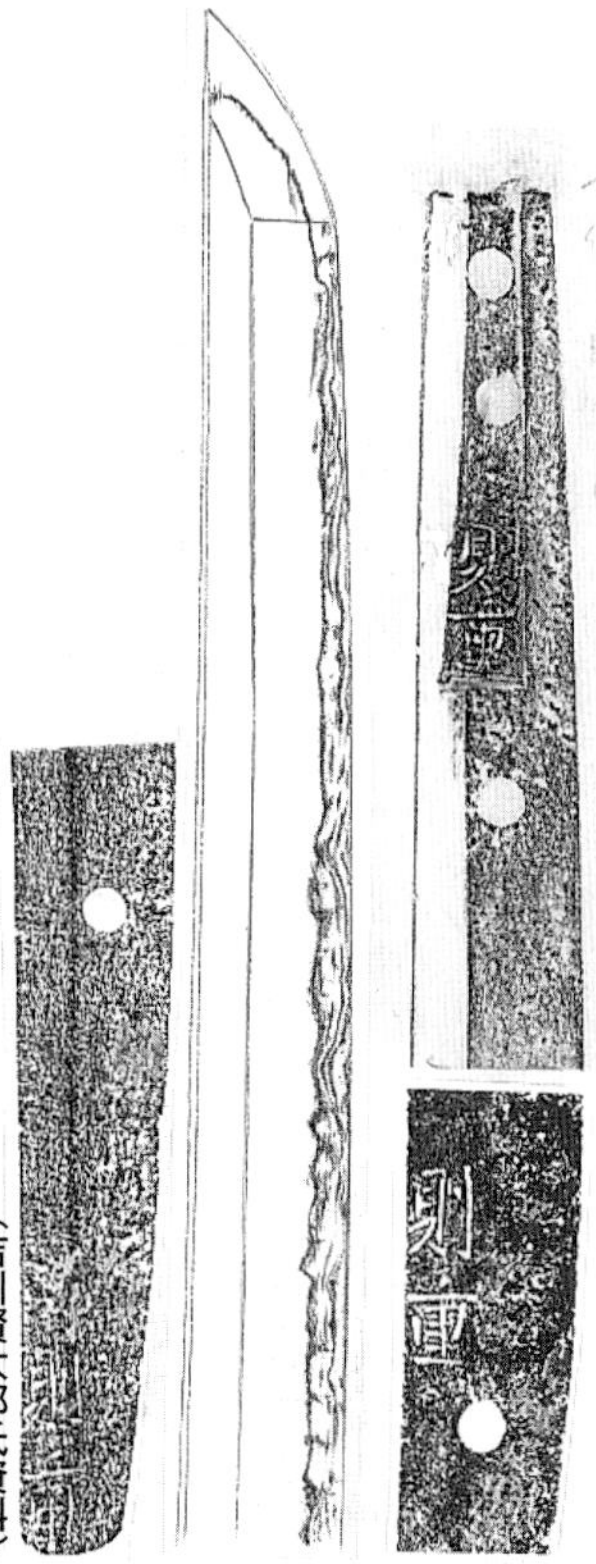

（吉川賢太郎氏資料）

古備前。寛喜のころ。板目やや肌立ち地沸つき、地斑入る。刃文は直刃調に小乱、小丁子交じり、小沸よくつき、匂口沈みごころに刃中金筋よく入る。「則重」。名跡は永徳から応永、永享以降、長船に連綿とする。

古 則重【のりしげ】 越中国 鎌倉末期（正和）

五郎二郎。相州正宗門とも初代新藤五国光門ともいう。はじめ相州鎌倉に住し、のち越中国婦《ね》負《い》郡《こおり》御服住。〝御（呉）服江〟の称がある。年紀がある作は延慶三年から嘉暦三年までで、この間十八年があるが、作品の量からみても嘉暦三年以降、かなりの年数を加えて作刀に当たったであろう。正中二年紀に「相模国住人則重」（『光山押形』）があり、嘉暦三年紀に「越中国婦負郡御服住佐伯則重」（『往昔抄』）があり、両銘ともに現作は残されておらず、正しいものと前提すれば正中二年から嘉暦三年の間に相模国から生国の越中御服へ帰ったこととなる。嘉暦三年から後の年紀作をみることはないが、御服（呉服）での作は継続する。嘉暦三年以降に則重二代目が作刀したかもしれない。

室町時代以降の古伝書は、ほとんどが則重を正宗門としていて、元亀本は「初め義弘が弟子とも云い、義弘二十四・五にて死去と云う、其の後正宗が弟子になる」という。大全は義弘の弟子になる前の応長・正和ころに行光の弟子となったとしている。永徳年の奥書きがある写本『喜阿弥本』は本間博士が見い出された。その内容の則重の項中に「鎌倉新藤五入道光真（心）の弟子なり」とあり、別項に「かの五郎と一所にありという」とある。「かの五郎」とは五郎入道正宗のことで、「一所にあり」を相弟子の間柄と解すると、則重は「新藤五国光の弟子で、正宗とは相弟子」との説が成り立ち、さらに作刀に徹

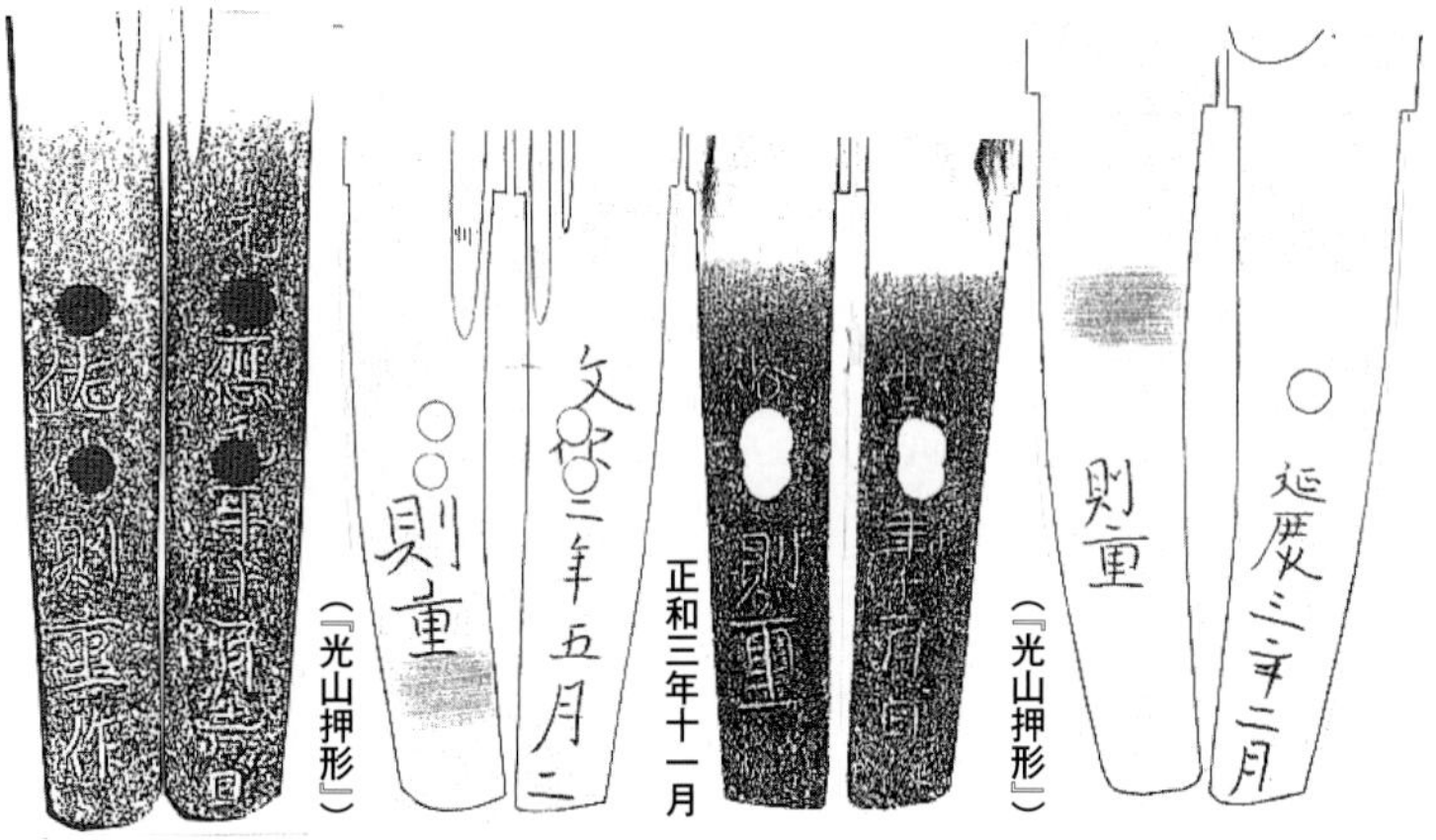

（『光山押形』）
正和三年十一月
（『光山押形』）

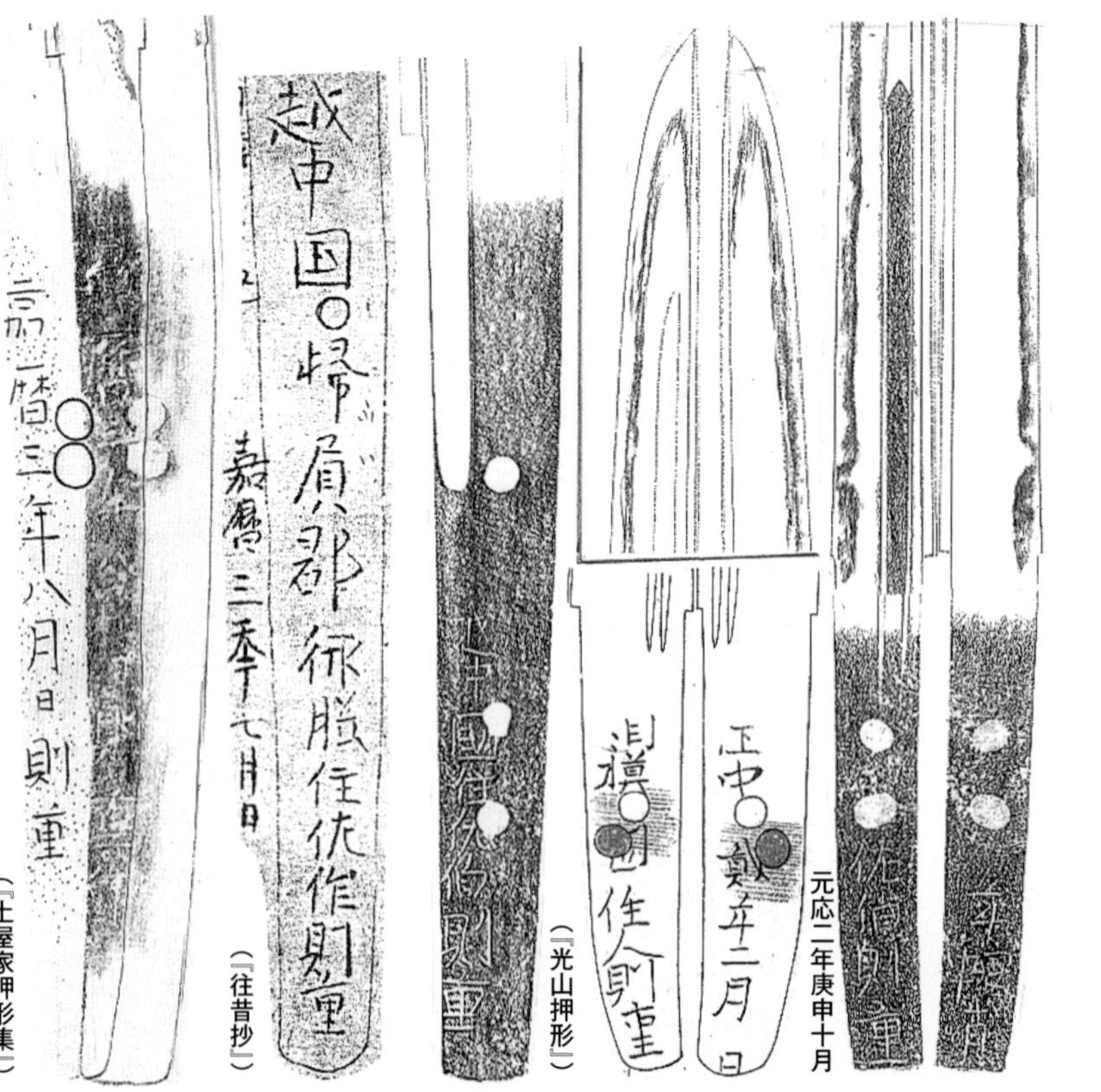

元応二年庚申十月
（『光山押形』）
（『往昔抄』）
（『土屋家押形集』）

して裏付けられるとする。また『打物目利書』（天正十九年、玄旨写）にも「則重は鎌倉五郎入道相弟子」とある。この則重・正宗相弟子説は鎌倉末期の元徳ころから一部の間に伝承してきたものであるが、室町末期ころからのちは相州伝が強調される時代に入り、則重の正宗門説が定着していったものと考えられる。

作風からみると、則重の鍛肌は独特で地景・金筋が烈しく、正宗の働き以上に著しい動きがみられ、相州伝を新藤五から受け継ぎ完成させた正宗の作風より、なお前駆をなすものといえよう。喜阿弥本の「正宗と一所にありという」とは微妙な書き込みで、正宗との親密さを示して余りある。前述のように相弟子説の出所の一つであるが、正宗門説も否定しがたい。別の角度から各工の作刀年限を表によって概観してみると（**865頁参照**）、正和のころは相州伝最盛期のはじめで、新藤五国光、行光、正宗が鍛刀しており、正宗の最初の年紀作が正和三年であることから、錚々たる則重の先人が鎌倉末期というほぼ同時期に活動している。正宗の正和三年は同工の比較的前期の時期に当たるが、なお作刀年は延慶ころを遡ることになろう。すると則重の最も古い延慶三年紀と並ぶ年代となり、則重は正宗と同時期の人となる。従って新藤五国光門説は可能であるが、それ以上に正宗門とみることに無理がなく思われる。年代的にみては新藤五国光門、のち正宗門のこともありえることとなる。

作刀は太刀数口が残り、短刀が多く、小振りで細身、内反り、フクラ

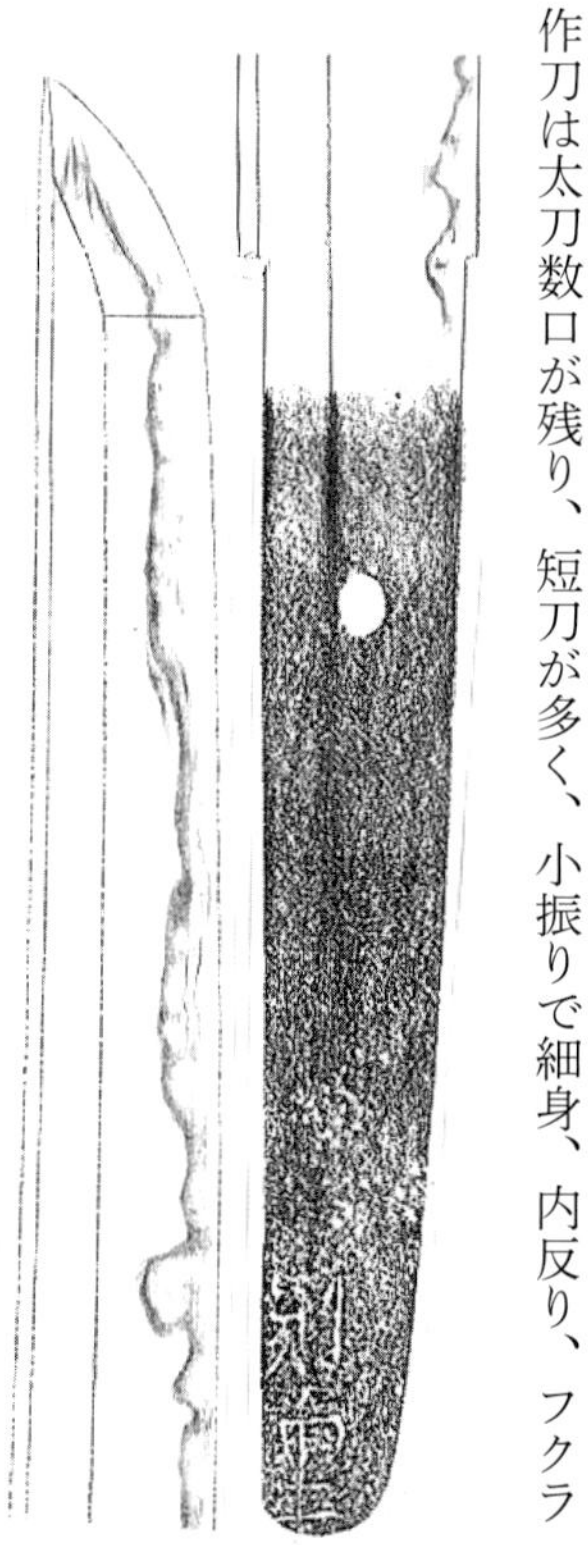

枯れて筒反りと呼ぶ鋭い恰好を呈す。稀に九寸余の内反りのものもある。鍛えが独特で、地沸が烈しく荒めの沸交じり。硬軟の鉄を混ぜ合わせて鍛えたためであろう異質の鉄が現れて、これを松皮肌と称している。刃文は小乱、小互の目に小湾れ交じり、沸匂いが深く、刃境が判然とせずに皆焼状をなすものもある。また尋常な直刃もある。彫物は少ない。「則重」「佐伯則重」「越中国住佐伯則重」「越中国婦負郡御服住佐伯則重」。

新 **則重【のりしげ】** **武蔵国　桃山期（寛永）**
惣兵衛。新儀《しぎ》（しんぎとも）、また鴫《しぎ》姓。巧匠《たくみ》守と称す。武州河越鍛冶は天文・弘治ころに相州小田原から平井某が来住して始まる。のち天正のころに平井氏が鴫物右衛門、鴫工匠《たくみ》など弟子十余人を連れて鍛冶町に移住する（『三芳野名勝図会』）。寛永十七年十二月紀がある三芳野神社への奉納太刀に「新儀惣兵衛允則重作」銘がある。

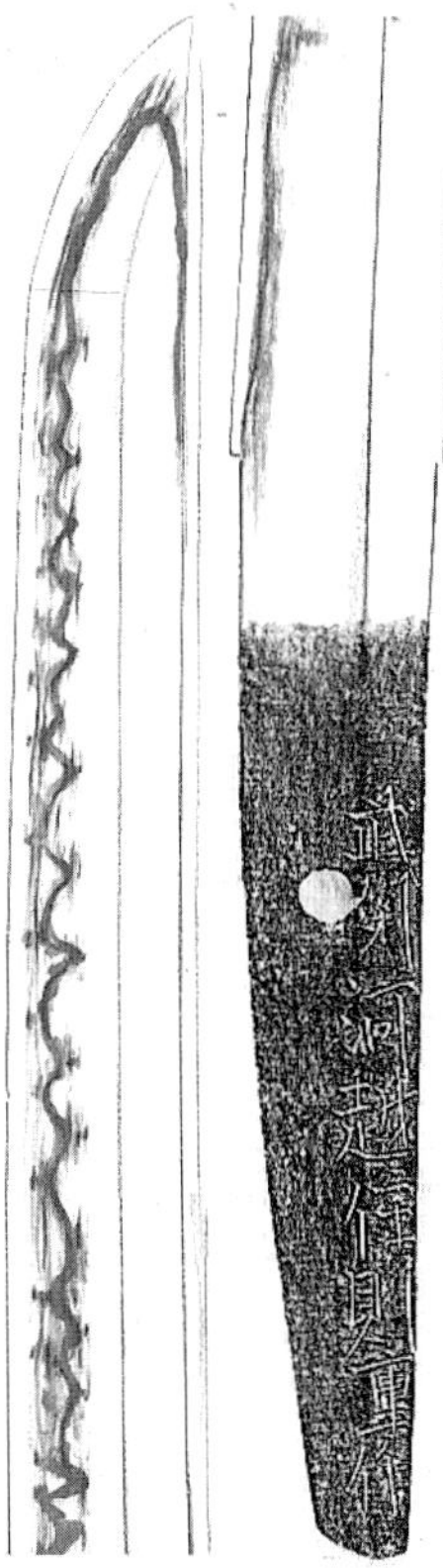

古 **則末【のりすえ】** **肥前国　南北朝期（貞治）**
初銘利成。伊佐早住。大村にても造る。初代。「肥前伊佐早住人散位則末」「肥前大村住則末」「諫早住則末」。二代明徳、三代永享、四代文明、五代明応と続き、末流が新刀期に及ぶ。

古 **則助【のりすけ】** **備前国　鎌倉中期（正応）**
福岡一文字。則助は鎌倉初期（承久ころ）から同銘があり、文永、正応と続き、吉岡一文字では助茂の子が建武ころに、小反りでは永和ころに、長船では永享ころに作刀する鍛冶がある。「則助」「備前国福岡住則助」。

古 **則高【のりたか】** 備中国　鎌倉初期（建仁）

妹尾刑部允、または刑部四郎ともいう。備中妹尾鍛冶の祖で、備前から移住したと伝える。古青江正恒の兄。備中青江の祖という安次は別系。則高には太刀一振りが現存し、小丁子に小乱交じり、小沸がつき古備前調の作。「則高」。（系図893頁参照）

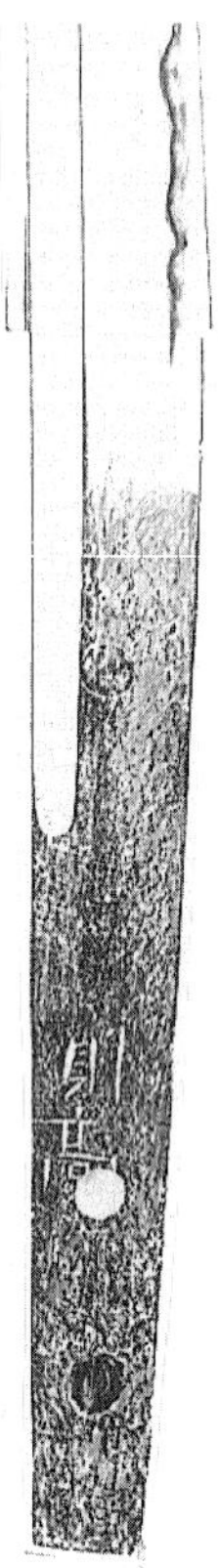

新 **則忠【のりただ】** 肥前国　江戸中期（寛文）

互の目乱、足・葉よく入り、砂流しかかり、飛焼がある。

新作 **則親【のりちか】** 高知　平成

佐竹勝則。昭和三十年生まれ。刈谷直秀に師事。平成元年作刀承認。丁子に互の目交じり。新作名刀展入選。「土佐住則親作」四万十市住。

古 **則次【のりつぐ】** 備前国　鎌倉末期（正和）

新田庄住。左兵衛尉。鎌倉末期（正和）から南北朝初期（暦応）にかけての作刀がある。福岡一文字で二十四番鍛冶。藤兵衛尉則次（承久ころ）の現存作はみないが、その系流を引く鍛冶であろう。「備前国住則次」「備前国新田庄住則次」「備前国住左兵衛尉則次」。

古 **則次【のりつぐ】** 備前国　南北朝期（文和）

新田庄住。左兵衛尉則次の子、または門であろう。貞和から文和にかけての年紀作がある。直刃調に小丁子、小乱が交じる。「備前国住則次」。

古 **則綱【のりつな】** 備前国　南北朝期（明徳）

吉井。真則門。長則の子。吉井二代。明徳から応永にかけて作刀する。「則綱」「備前国吉井則綱」。則綱の名跡は初代貞治からはじまる。明徳のあと三代寛正則綱が作刀する。

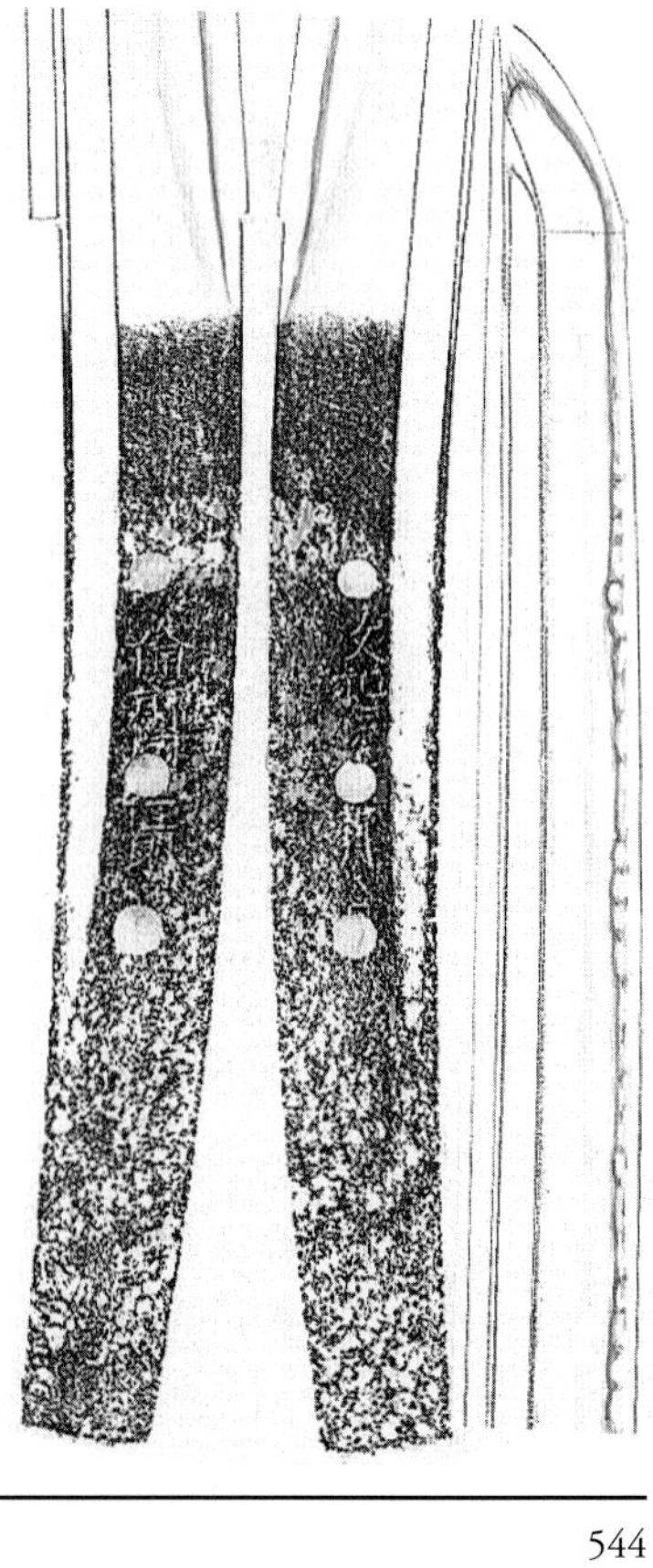

明徳□年八月日

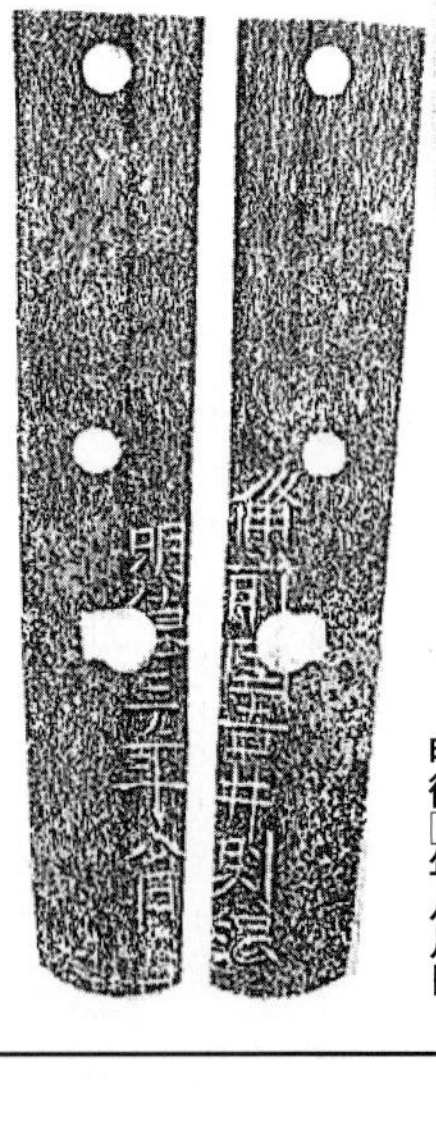

新 **則利【のりとし】** 常陸国　江戸中期（天和）

川谷甚右衛門。則房の子で、越中則重十六代の末葉と称す。呉服山富士太郎と号す。江戸で鍛刀していたが、のち水戸藩工となり水戸へ移る。相伝のほか、大和伝、備前伝の作がある。

新 則利【のりとし】 常陸国　江戸中期（享保）

川谷甚右衛門。則利二代目。常州水戸住。江戸でも造る。「武州城下富士則利」と切る。

新々 則利【のりとし】 常陸国　江戸末期（嘉永）

川谷助七郎。富士太郎則利から五代目。水戸藩工となる。明治元年七月十日、五十五歳没。直刃、互の目乱を焼き、伝統の相伝の風はみられない。

古 則長【のりなが】 初代（尻懸二代）　大和国　鎌倉末期（正応）

尻懸。太郎左衛門。則弘の子。太郎則弘は初め千手院住。のち山辺郡岸田村尻懸へ移る。古伝書は「尻懸の父」といっているが、則弘の確かな遺作はみない。事実上の祖は初代則長〈尻懸二代〉で正応ころ。元亀本は秘事なりとして「則長に三代あり、祖父と親は上手で孫は劣る」といい、二代は「大和則長」と打ち「大和國」の「国」字を加えず、三代は「大和國住則長」「大和住則長」と打つという。則長の名跡は鎌倉末期から室町後期まで継続することが残された作刀から知れる。鎌倉末期の古作は「大和則長」「大和則長作」と銘するのが多い。「大和尻懸住」「大和國尻懸住」と切るのは二代以降であろう。

初代則長銘に正応二年三月紀のものがあって、これにもとづけば初代の年代が正応となり、なお大全の系図に見るように建治まで遡るとみることも可能である。さすれば初代則長の父則弘の年代が建長ころとなれば、大和五派中で保昌派と並んで遅れて派生したといわれる尻懸派は、さほど遅れをとってはいなかったこととなる。尻懸初代である則弘は、鎌倉中期に千手院派から尻懸へ移住して一派をなしたのであろう。

則長の造込みは、大和物四派と同じく鎬筋が高く、鎬幅が広い。中切先が延びたのが一般で、短刀には冠落造、菖蒲造など実用性の高い造込みのものが多い。板目に柾が交じり、地沸つき、地景が入る。刃文は直刃調に連れた小互の目が目立って交じるのが特徴で、刃縁がほつれ、二重刃かかる。帽子は焼詰めて先掃掛る。茎先が尖り片山形。（系図835頁参照）

古 則長【のりなが】 二代（尻懸三代）　大和国　鎌倉末期（文保）

尻懸。左近允。二代則長の文保三年、四十八歳作の短刀がボストン美術館にあり（『山田浅右衛門押形』参照）、暦応三年、六十九歳の成年銘の

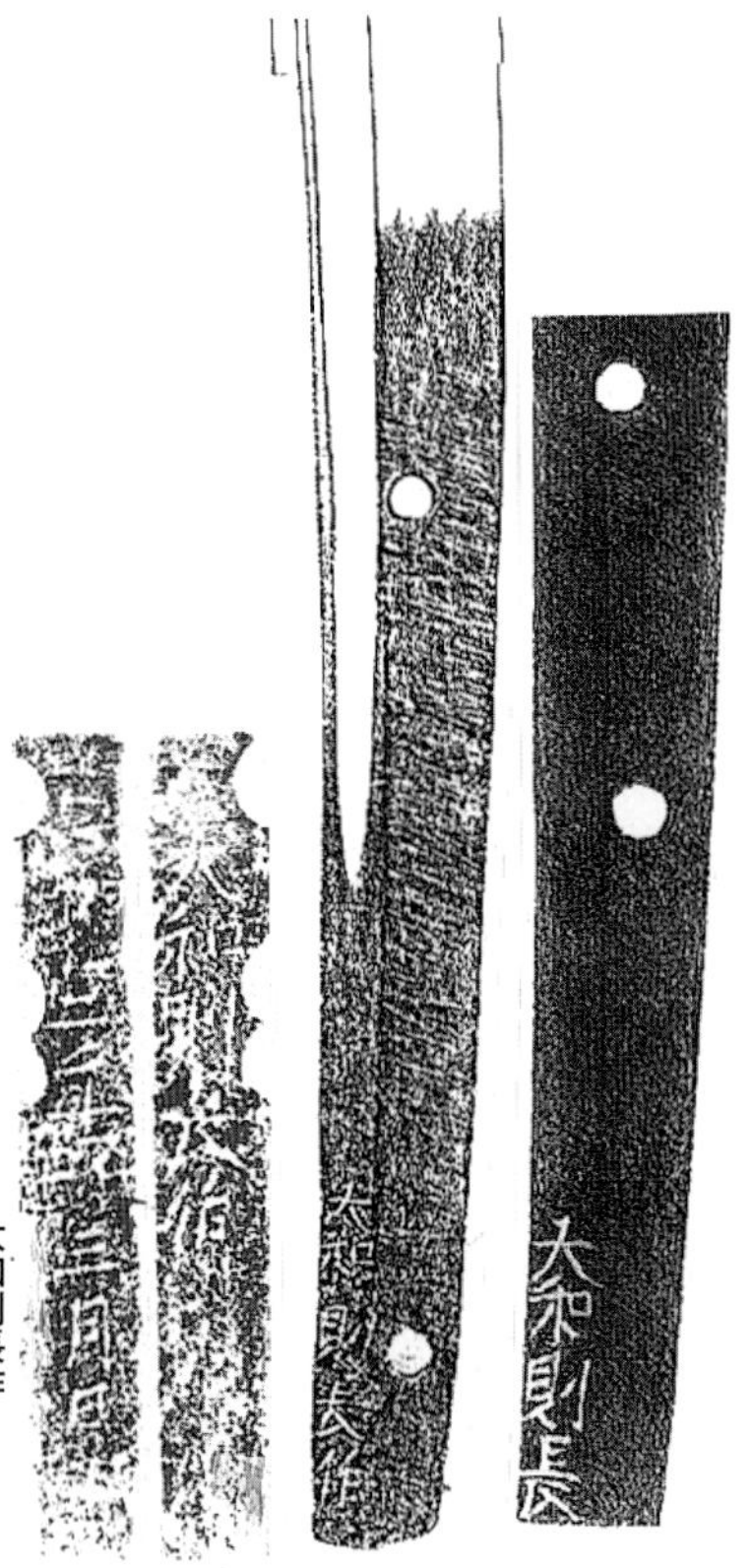

大和則長作
正応二年乙丑三月日
（『刀剣銘事典』）

大和尻懸則長四十八作
文保三巳未年三月十日
（『山田浅右衛門押形』）

大和左近允則長作（『光山押形』）

短刀があることから逆算すると、文永九年の生まれとなる。二代の作刀期は鎌倉末期（文保ころ）から南北朝初期（暦応ころ）にかけてであり、初代が作刀にあたっていた正応二年には二代は十八歳である。残された初代作は少なく、銘作の多くは二代作である。作風は初代同様。「大和尻懸則長」「大和尻懸住則長」「大和左近允則長」。

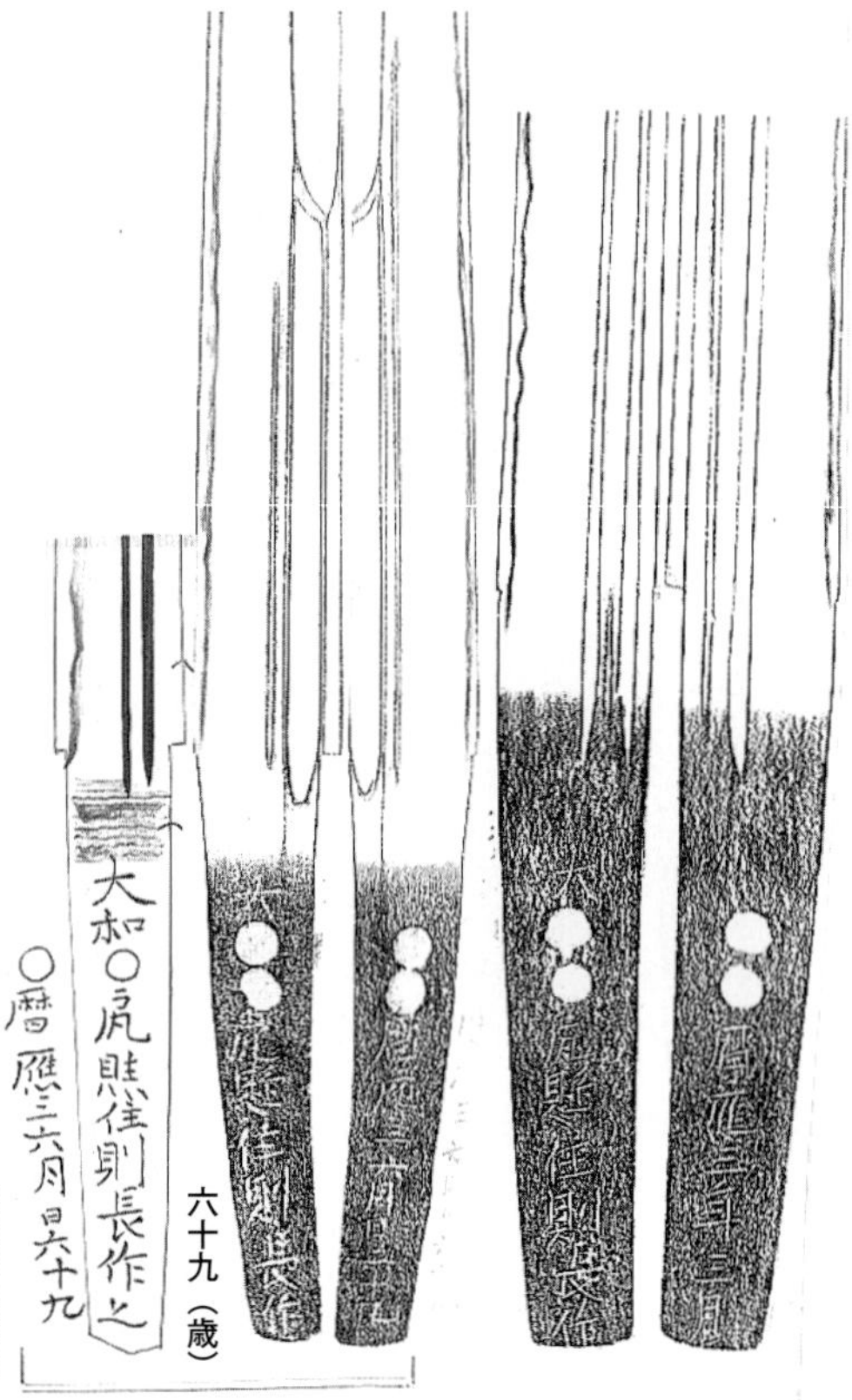

六十九（歳）
（『埋忠押形』）

古 **則長【のりなが】** 三代（尻懸四代）　大和国　南北朝期（貞治）

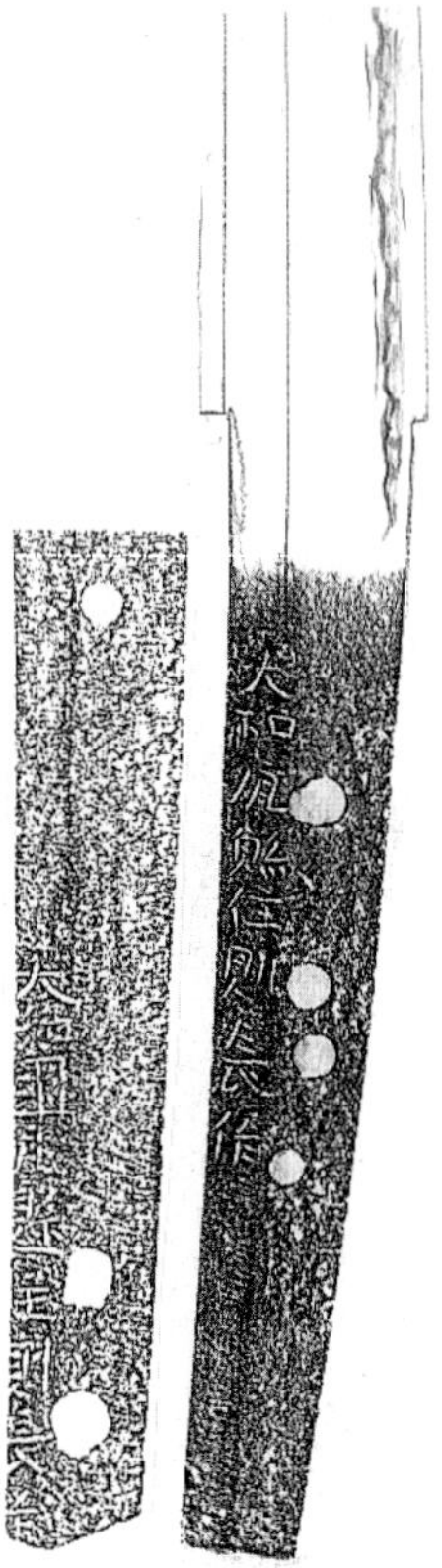
大和国尻懸住則長

尻懸。則長三代（尻懸四代）。初代太郎左衛門則長の孫。直刃に連れた小互の目が目立って交じる。刃縁にほつれ、喰違い刃、打ちのけかかる。「大和国則長」「大和尻懸住則長作」「大和国尻懸住則長作」。

古 **則長【のりなが】** 四代（尻懸五代）　大和国　室町初期（応永）

尻懸。則長四代（尻懸五代）。初代太郎左衛門則長の曾孫。直刃に連れた小互の目足入り。刃縁にほつれ、喰違い刃、打ちのけかかる。短刀の製作が増える。「大和住則長」「大和国則長作」。

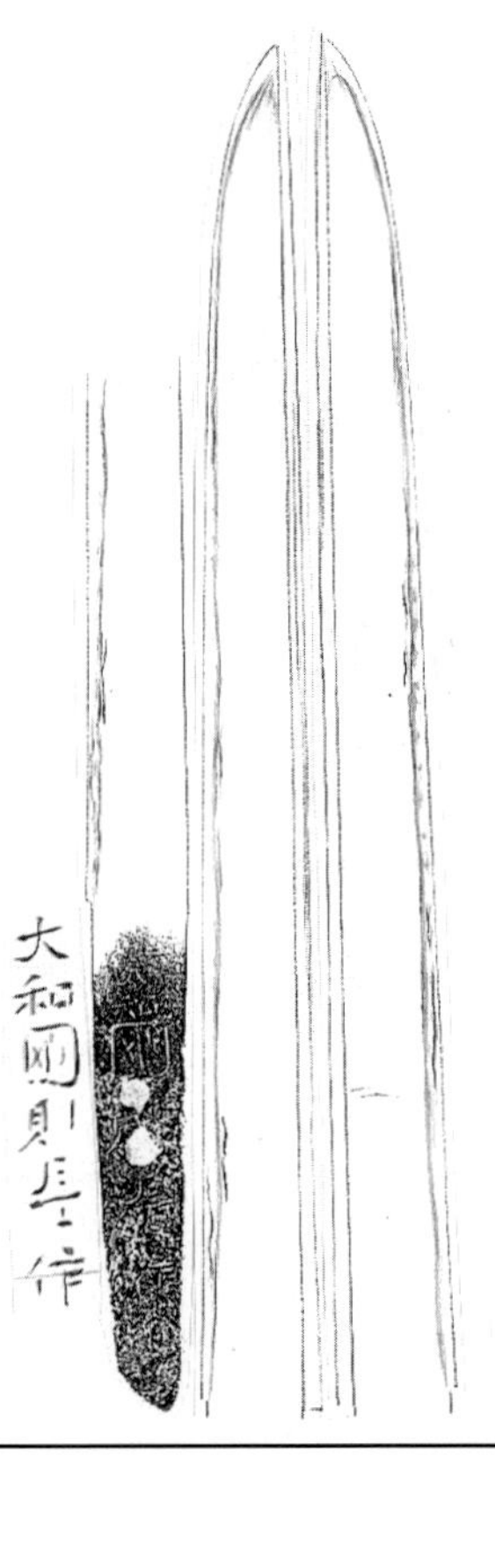

古 **則長【のりなが】** 五代　大和国　室町初期（永享）

尻懸。五代。重ねの厚い平造短刀が多い。直刃に小互の目足入り。刃縁にほつれ、喰違い刃、打ちのけかかる。「則長」「大和住則長」「大和国則長」。

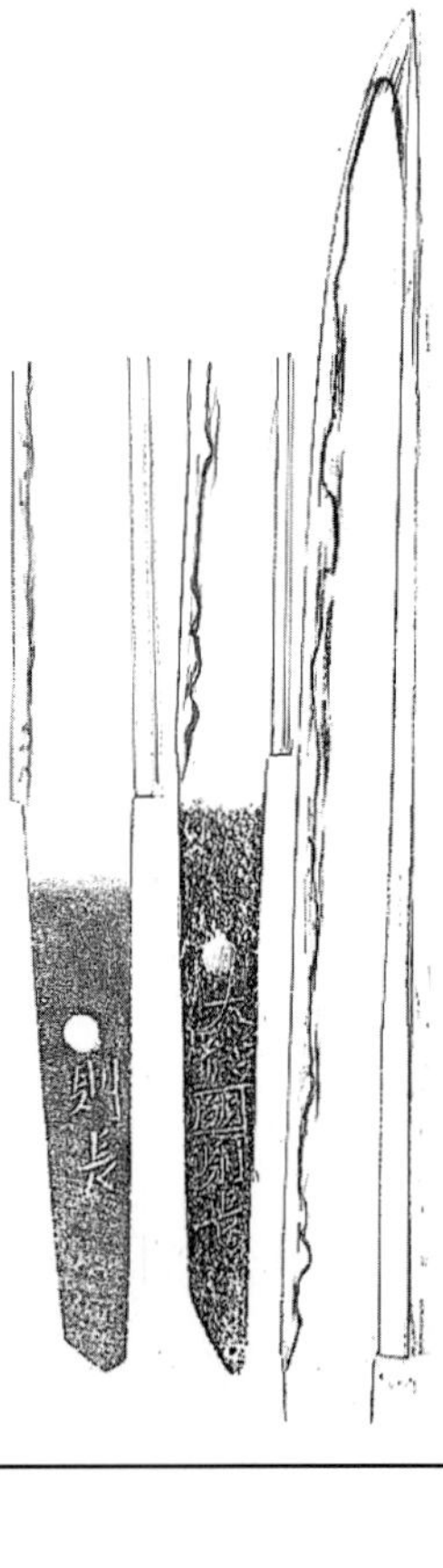

古 **則長【のりなが】** 六代　大和国　室町末期（永正）

尻懸。六代。直刃。小互の目交じり。単調な刃文は量産した数打ち物に見られる。室町後期には複数の則長がいて作刀に当たっている。「則長」「則長作」。

古 **則成**【のりなり】 備前国 鎌倉中期（建長）

福岡一文字。建長のころ。「則成」。同銘が鎌倉末期に吉岡一文字、のち室町期に長船の工が後続する。

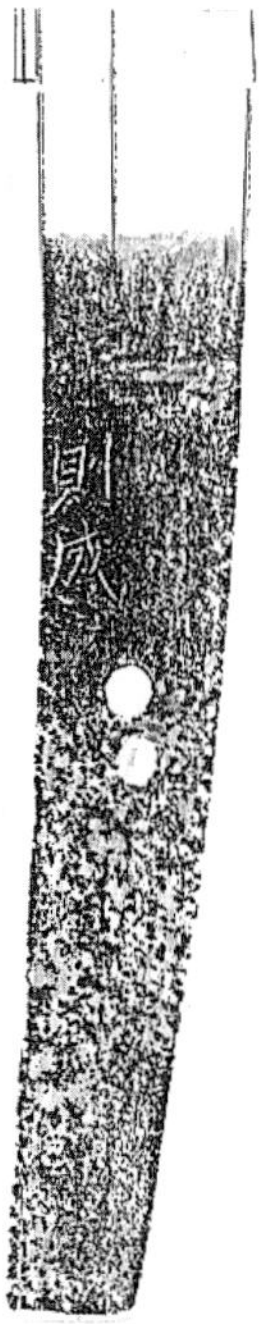

新作 **則成**【のりなり】 富山 昭和

吉田盛三。昭和五年生まれ。大西貞成、高橋次平に師事。のち宮入行平の研修を受ける。昭和四十七年作刀承認。新作名刀展入選。南砺市住。

新作 **則久**【のりひさ】 新潟 昭和

山上重則。昭和十五年生まれ。初銘則平。父山上昭久に師事。刈羽郡刈羽村住。新作名刀展には昭和四十四年から出品し入選する。

新々 **則平**【のりひら】 越中国 江戸末期（天保）

「越中住藤原則平」と切る。直刃、互の目乱。

新 **則広**【のりひろ】 摂津国 江戸中期（貞享）

丹波伝右衛門。本国紀州石堂派。大坂へ移住する。寛文十二年八月十九日、相模守を受領する。互の目に丁子交じり。

新 **則広**【のりひろ】 近江国 江戸中期（寛文）

江州高木住。近江大掾受領。広吉同人。小銘に切る。これとは別に「近江国藤原則廣」また「近江国高木住藤原則廣」（『刀工総覧』）と切る。

古 **則弘**【のりひろ】 大和国 鎌倉中期（建治）

尻懸派の祖。太郎。尻懸初代。初代則長〈尻懸二代〉の親。千手院派の鍛冶で、のち尻懸に移り一派をなす。元亀本に「尻懸の父」とされ、銘を「瓜さねカ」（弘字のムの書体をいうか）といい、室町期には作刀があったらしいが、現存する確かなものは見られない。同銘で南北朝期に「葛木山大和則弘」銘の作がある。

古 **則房**【のりふさ】 備前国 鎌倉初期（貞応） （系図835頁参照）

（『埋忠押形』）

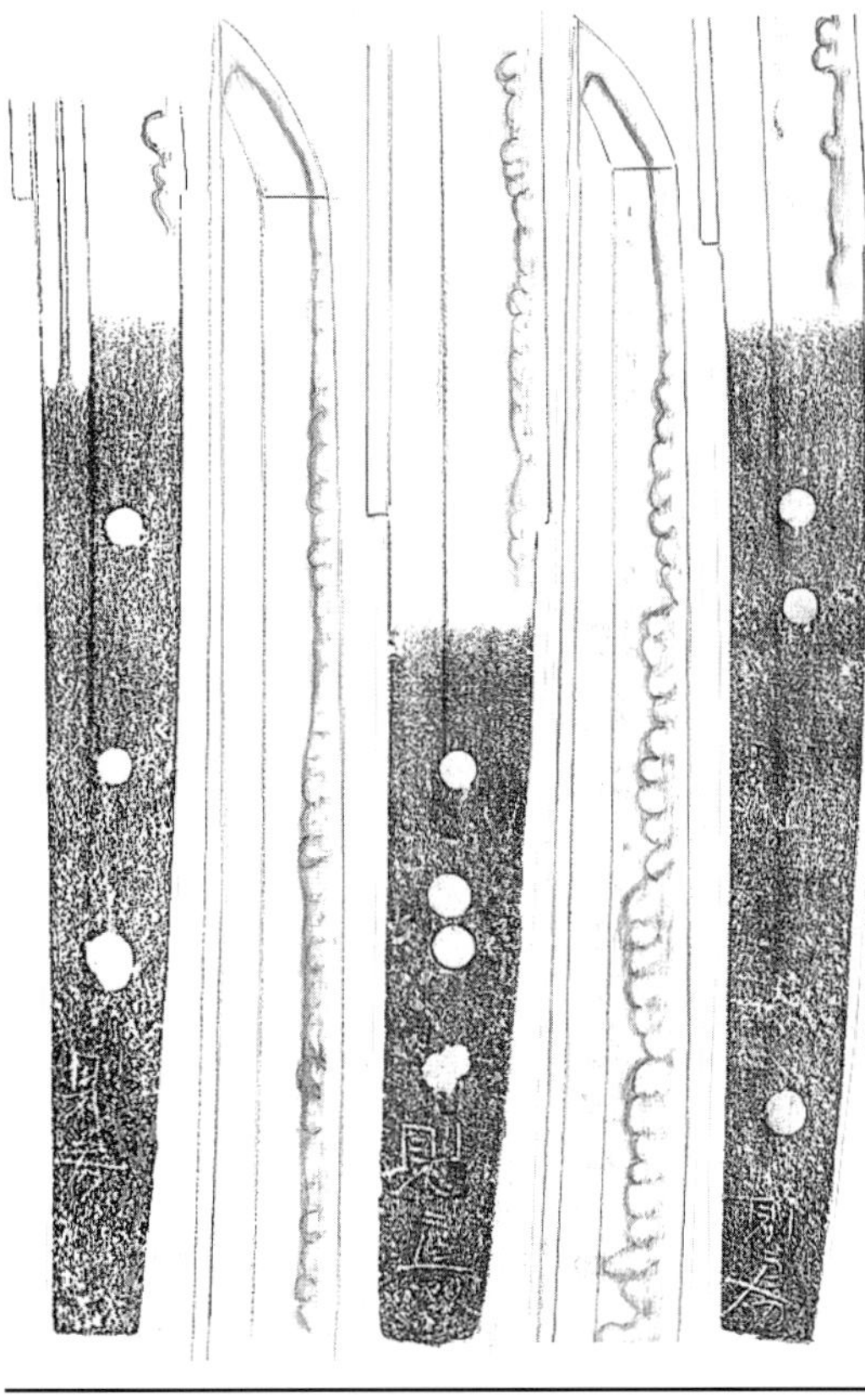

の

のりなり〜のりふさ

福岡一文字。片山右馬允。助房の子。高津住（現・岡山市北区吉宗）。のち備前福岡の南片山に移り、さらに備中片山に転じるという。則房には二代があり、備中片山へ転住したのは二代目であると伝え、片山一文字の称がある。校正は初代則房がのちに備中片山住といい、この片山の地が福岡の片山か、備中の片山かは判然としない。備中片山へ移住した則房が初・二代ともにであったか、二代だけであったかは知りえないのであるが、鎌倉中期のころに備中と備前に複数の則房が作刀していたことは窺える。

　元亀本は則房同銘が「備前の他所にあり」といい、『古今銘尽』は青江則房の項で「同銘が備前福岡にあり」といっている。二代則房の代には則房一門の主流は備中片山にあって、備前福岡に残った一族もあり、両地で作刀していたであろう。華やかな大丁子乱と、直刃調に小丁子の交じった刃文があり、逆ごころの刃が少しく交じる。「則房」二字に切り、横線が斜右下に肩下がりとなる銘の中に初代銘があるだろう。

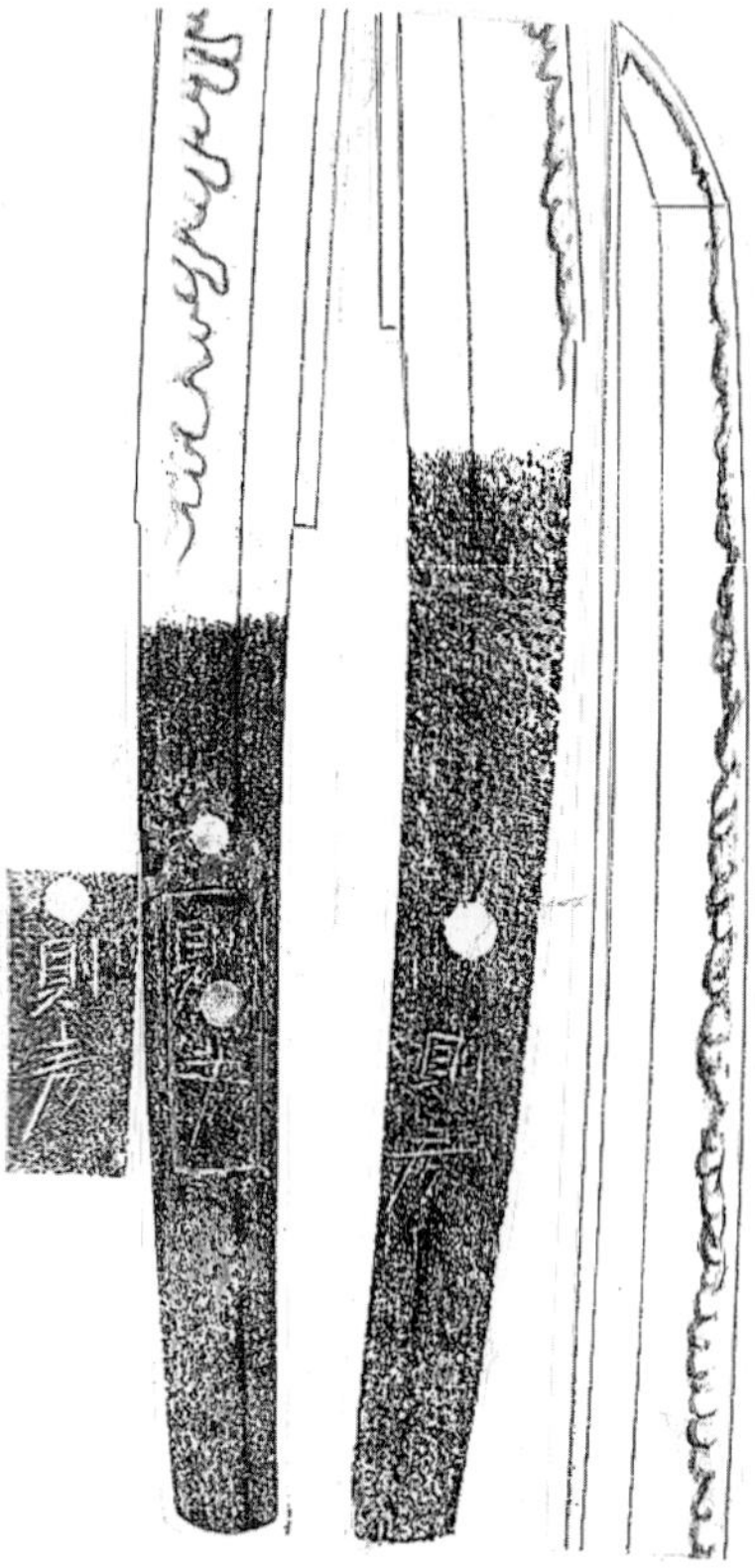

古 則房【のりふさ】 備中国　鎌倉中期（建長）

片山一文字。右馬允。為則の子、則高の孫。本国備前、備中片山住。片山一文字則房は、福岡一文字則房の後流であり、二代目に当たる。則房の祖父であり妹尾鍛冶の祖・則高をはじめ、その弟という正恒など備前から備中へ移住した鍛冶の一族があるなか、則房も備中片山へ移住した一人であったろう。身幅広く腰反り高く猪首切先。板目鍛えが冴えて地沸つき、地景入り、乱れ映り立つ。刃文は丁子に小丁子、逆ごころの刃交じり、匂深く小沸つき、細かい砂流し、金筋入る。「則房」銘の横線に右肩上がりの傾向がある。

古 則房【のりふさ】 美濃国　室町末期（弘治）

則房の子。上有知住。弘治ころ。「濃州上有知住則房」。

新 則房【のりふさ】 安芸国　桃山期（元和）

坂原惣左衛門。本国肥前佐賀、のち広島へ移住し中島町住。元和二年紀の作がある。寛文年紀の作は二代目に該当する。

新 則房【のりふさ】 武蔵国　江戸初期（明暦）

本国越中。則重十五代の孫という。遠州また摂津住。土佐にても造る。水戸義公に抱えられ、江戸小石川の藩邸にて鍛刀する。互の目乱、大互の目乱に飛焼かかり皆焼状になるものがあり、地景が入り則重の松皮肌

の

のりふさ

を偲ばせる相伝の作。

古 **則光**【のりみつ】 備前国 鎌倉末期（嘉元）

将監長光門。俊光子という。初代作に嘉元三年紀があり、元亨二年紀（『土屋押形』）がある。◆二代は延文から応安にかけて作刀し、備考は小銘に切るという。三代は家助の子で助右衛門といい、明徳・応永のころ作刀するというが、二・三代ともに現存する確かなものをみない。

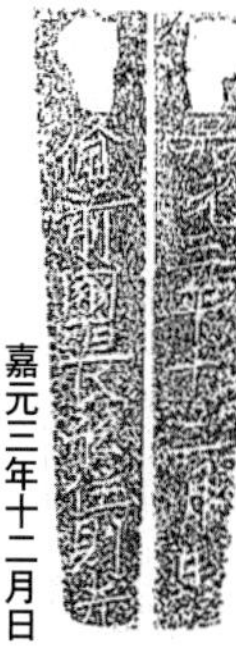

嘉元三年十二月日

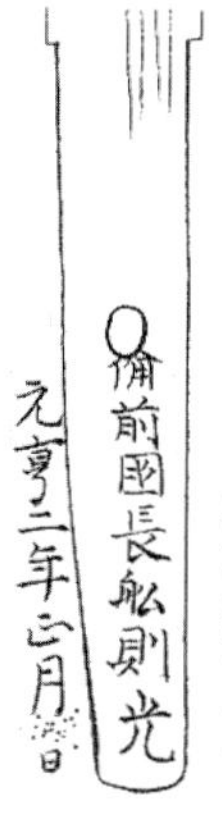

（『土屋押形』）

古 **則光**【のりみつ】 大和国 鎌倉末期（嘉元）

千手院。月光同人という。動木住（現・奈良市油留木町）。嘉元ころ。「則光」「大和国則光」。同銘が南北朝期（貞治ころ）に、また末流が室町末期（天文ころ）にもある。

古 **則光**【のりみつ】 備前国 室町初期（永享）

五郎左衛門。助右衛門則光の子。永享元年から康正三年までの年紀作がある。五郎左衛門尉の俗銘入りは永享八年、文安五年があって、年紀がある作刀期およそ二十二年間のうち、前半の永享から文安にかけてが活動の盛期であったろう。直刃に互の目足入り、互の目に丁子交じりを焼く。「備州長船則光」「備州長船五郎左衛門尉則光」。（系図890頁参照）

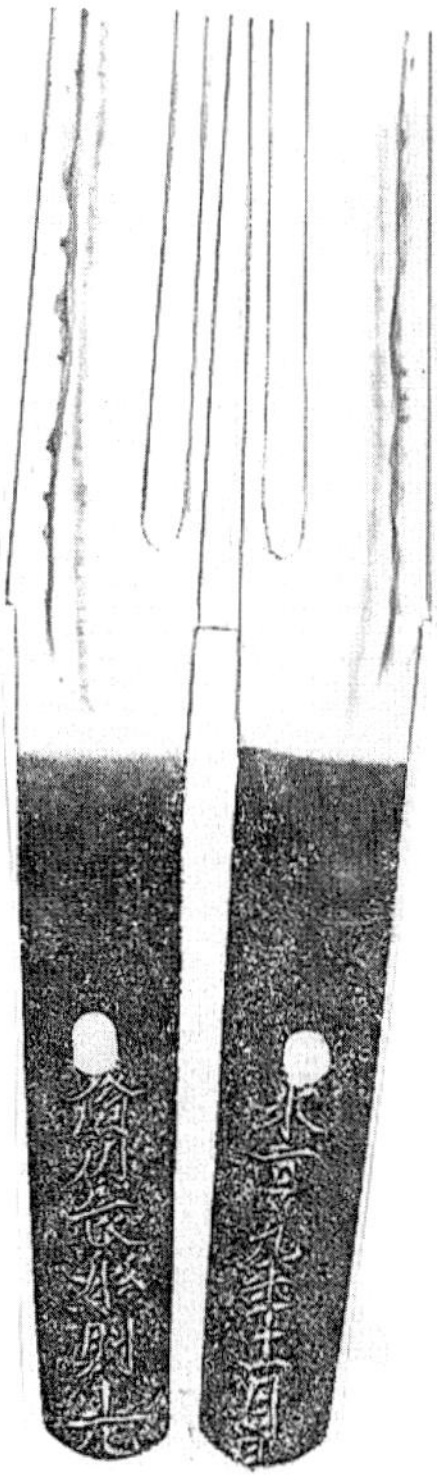

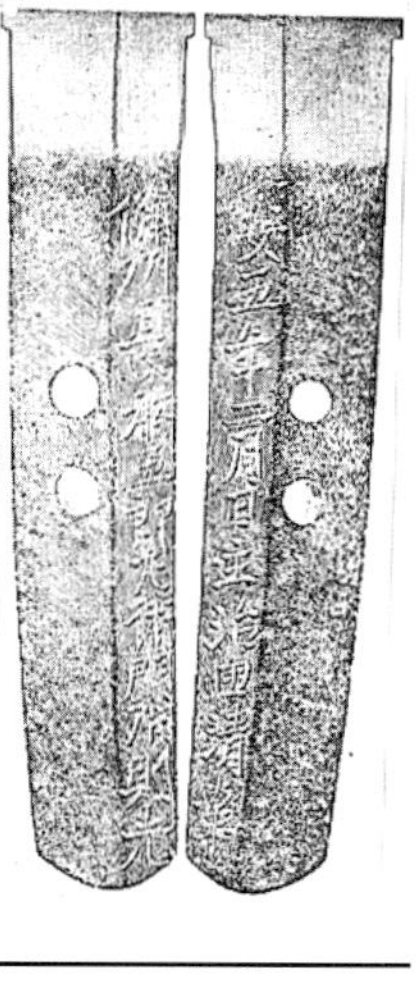

文安五年二月日

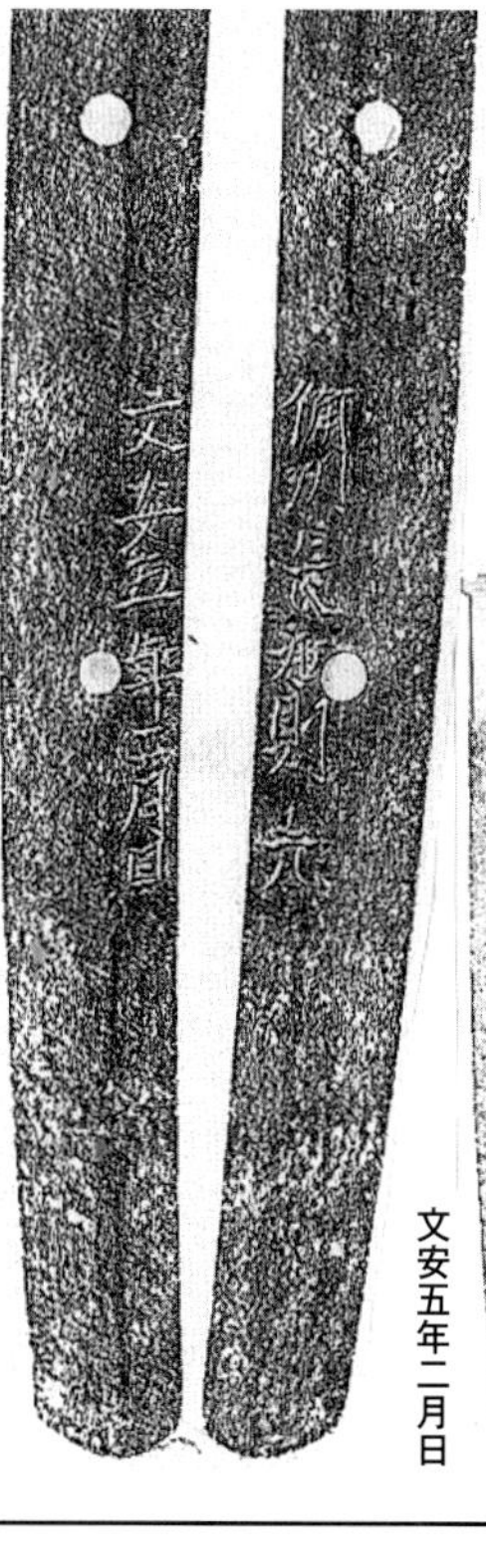

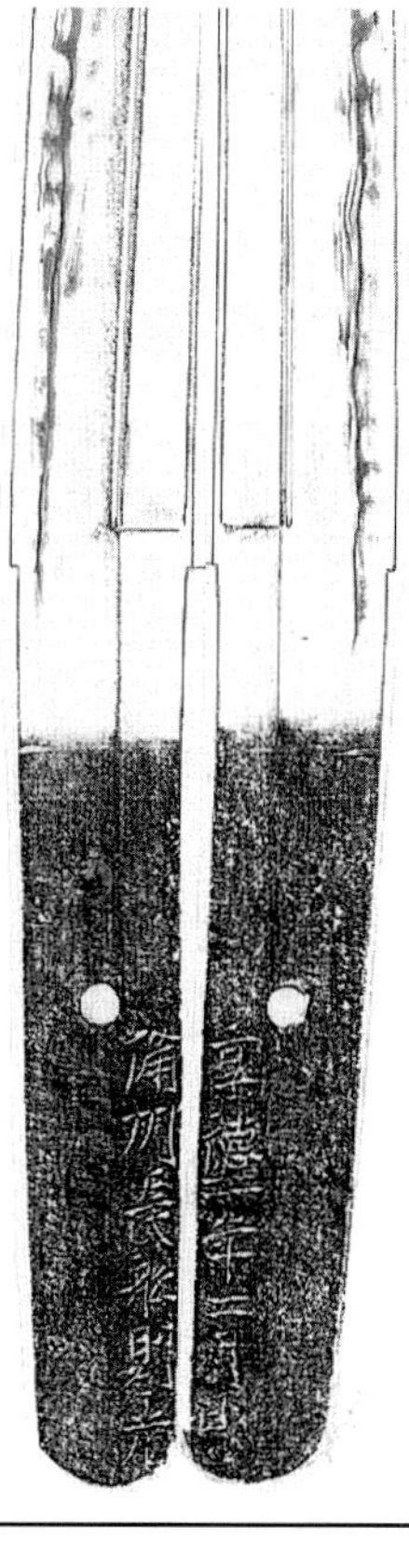

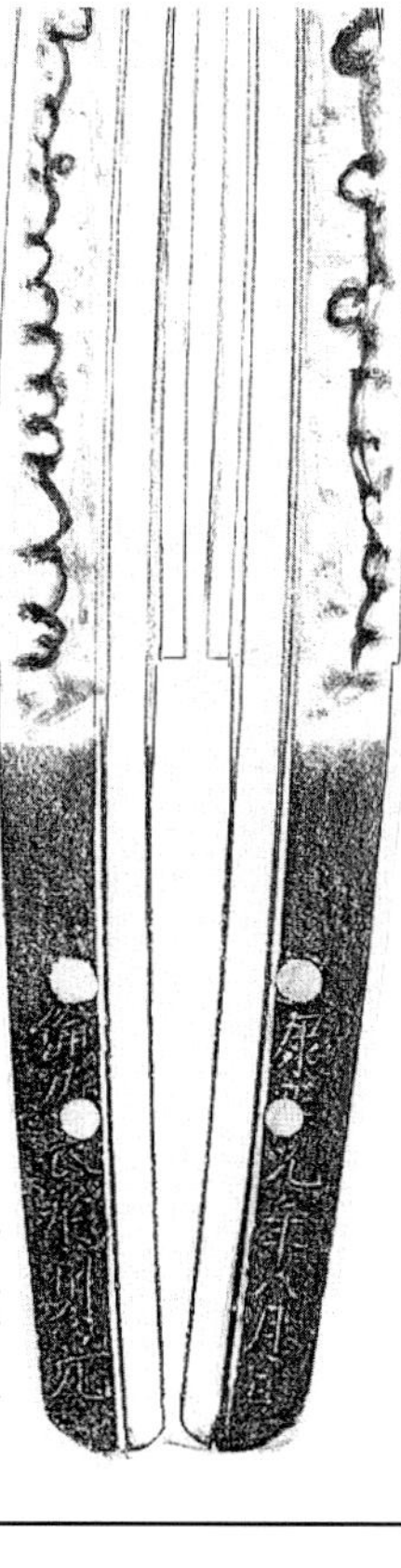

康正元年八月日

古 **則光**【のりみつ】 備前国 室町中期（寛正）

左衛門尉。五郎左衛門則光の子。長禄元年から文明十六年にかけての年紀作がある。この間二十七年を算し、寛正・文明年紀のものに出色の出

の

のりみつ

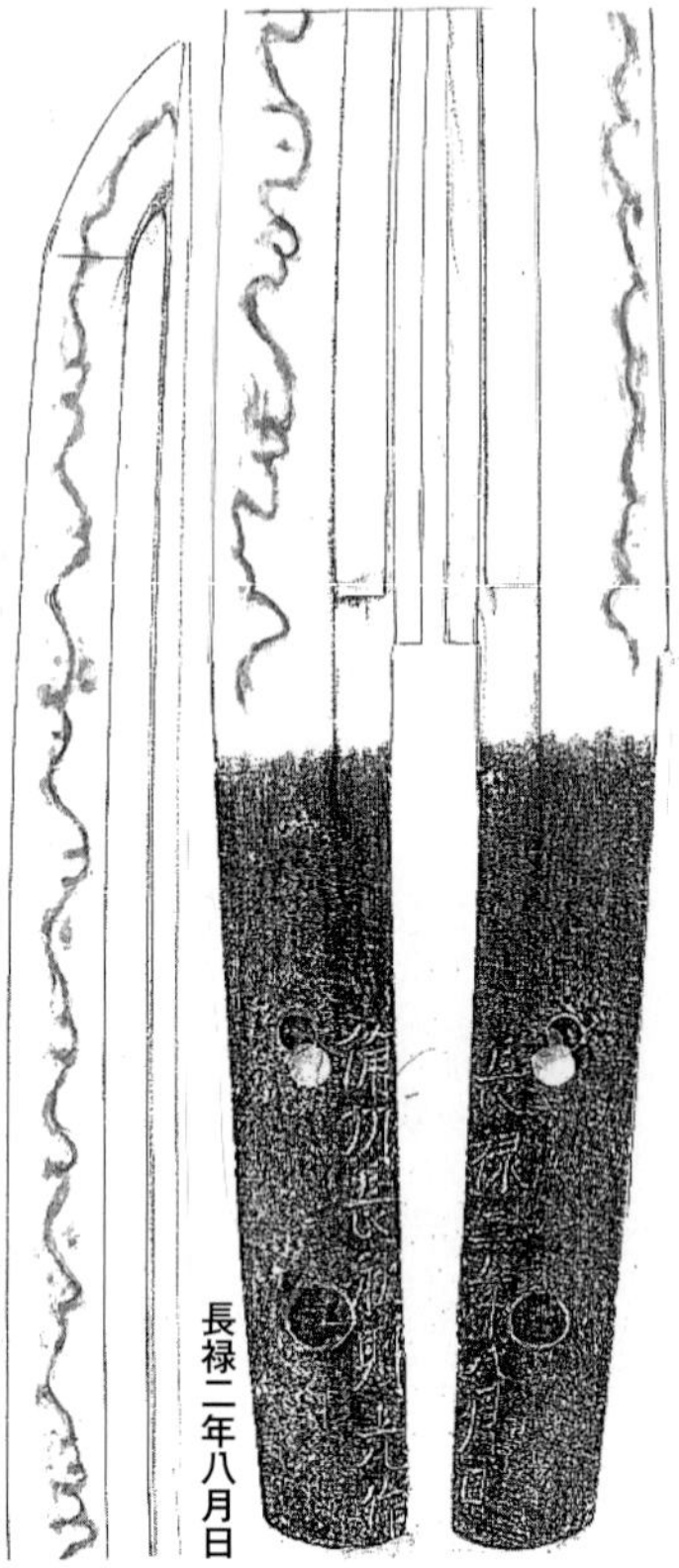

長禄二年八月日

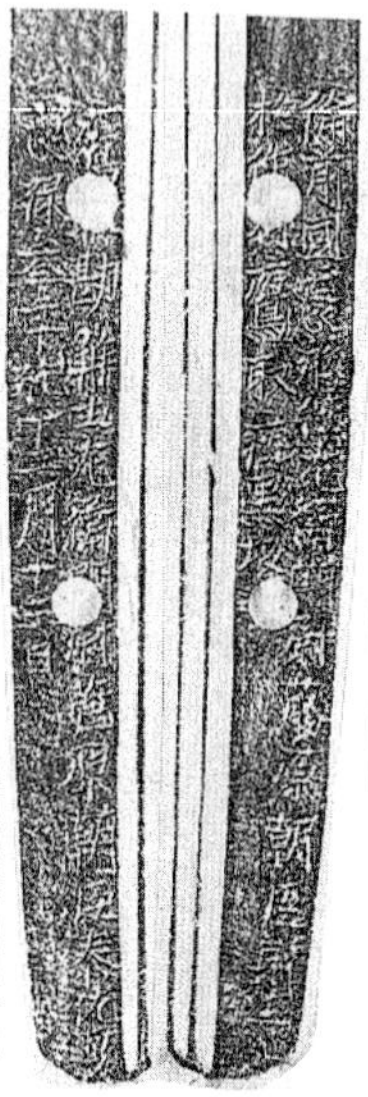

長禄参年己卯十二月

来のものが多く、古来〝寛正則光〟の名で讃えられて著名なのがこの工である。左衛門尉の俗名入りは長禄三年、寛正四年（生年五十九歳）、文明九年（生年七十二）、文明十一年があり、作刀期中にほとんど間断なく活動を継続し名作を含む多くの作刀を残す。五郎左衛門が康正三年（長禄元年）に作刀を終えると同時の長禄元年から、左衛門則光は作刀を始めて終始一貫、互の目に丁子を交じえ、刃中に変化をみせた作を表わす。なお、五郎左衛門則光と左衛門則光を同人とみる説があるが、前者は永享から文安であり、後者は長禄から以降文明にかけての人で、年代からだけでも別人に相違なく、詳細は前述の通りである。「備州長船則光」「備州長船左衛門尉藤原則光」「備前国長船住左衛門尉藤原朝臣則光於作州鷹取庄黒坂」。

古 則光【のりみつ】 備前国　室町中期（文明）

彦兵衛尉。左衛門則光の子。左衛門則光の晩年、文明三年から十年ころの間に左衛門の切銘とは別人のものがあって、偽銘ともみえず、それが

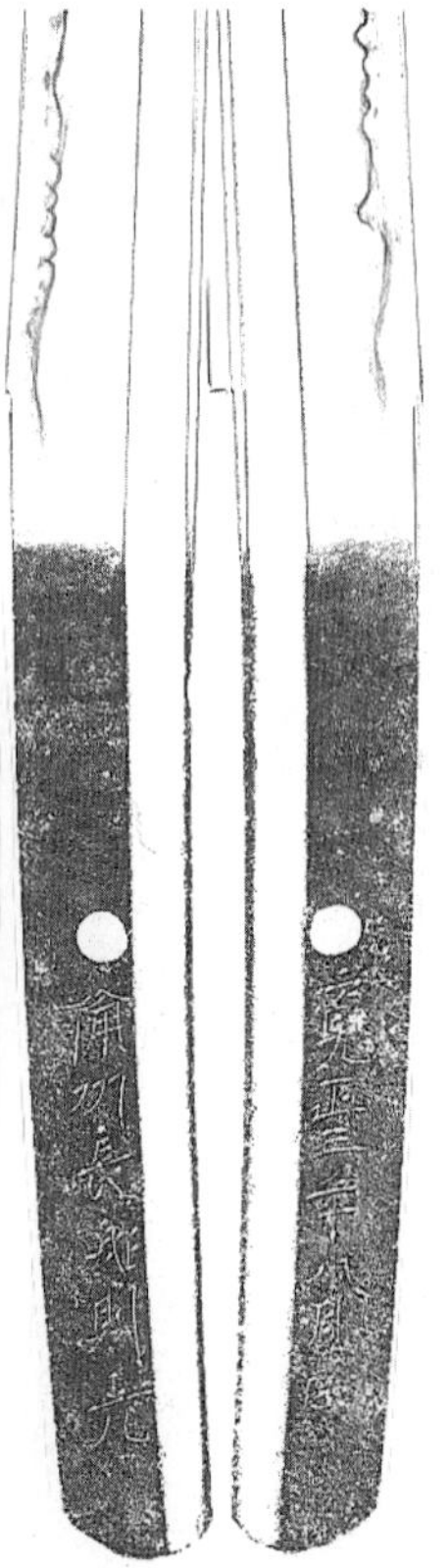

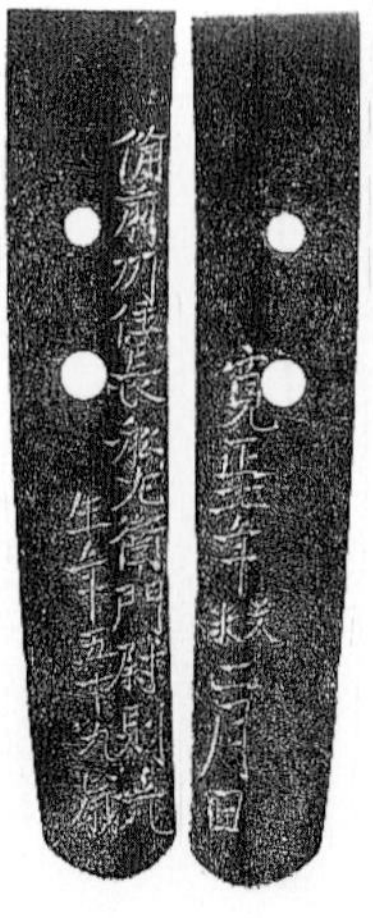

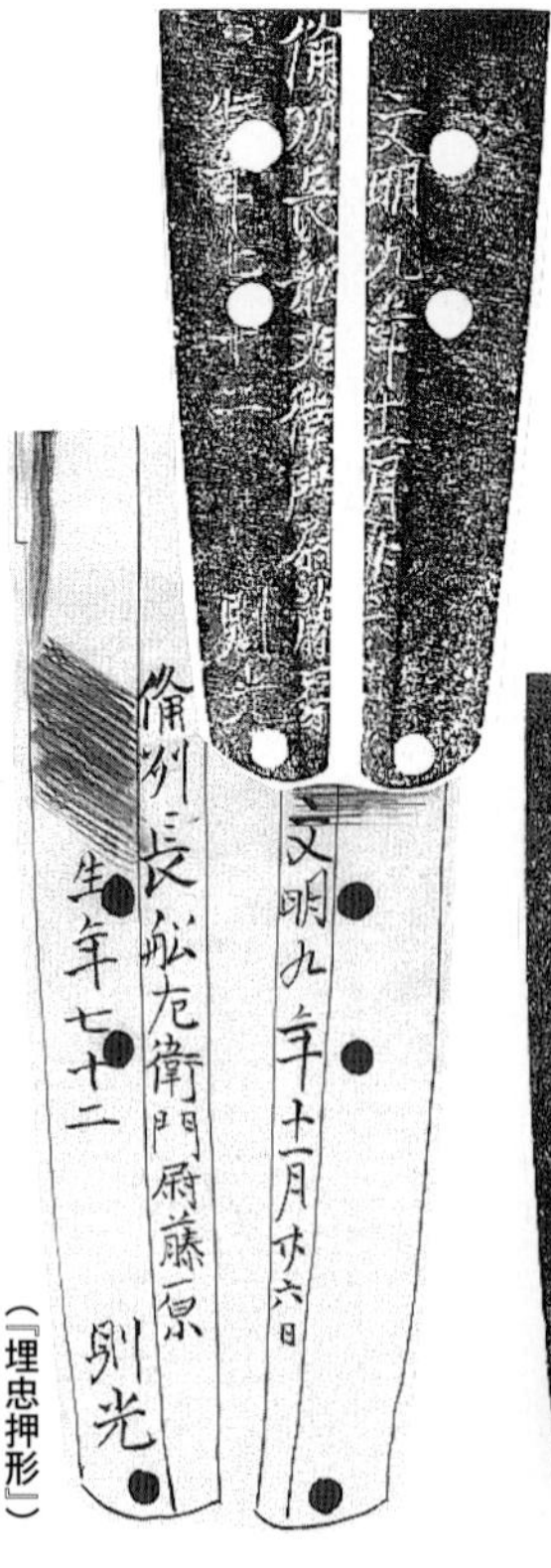

（『埋忠押形』）

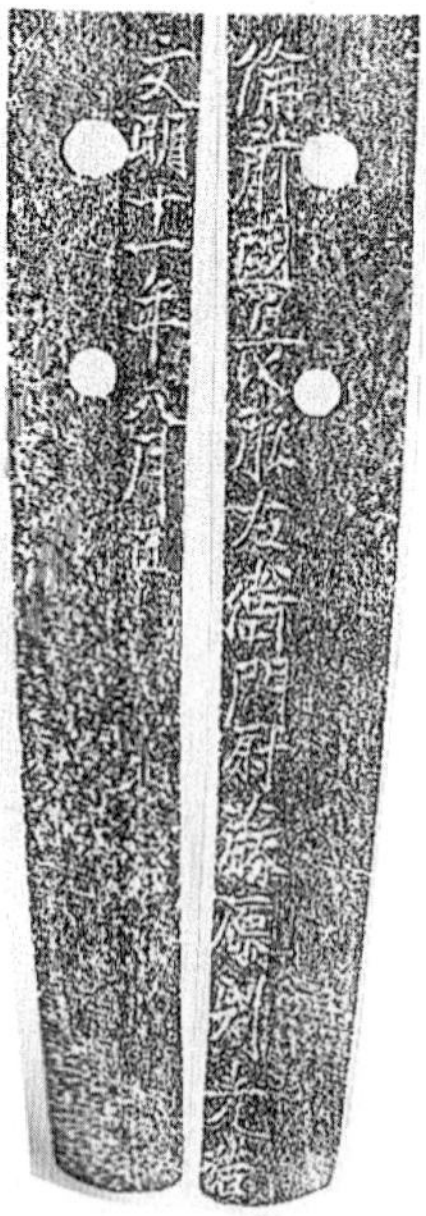

彦兵衛則光に該当するかとみられる。

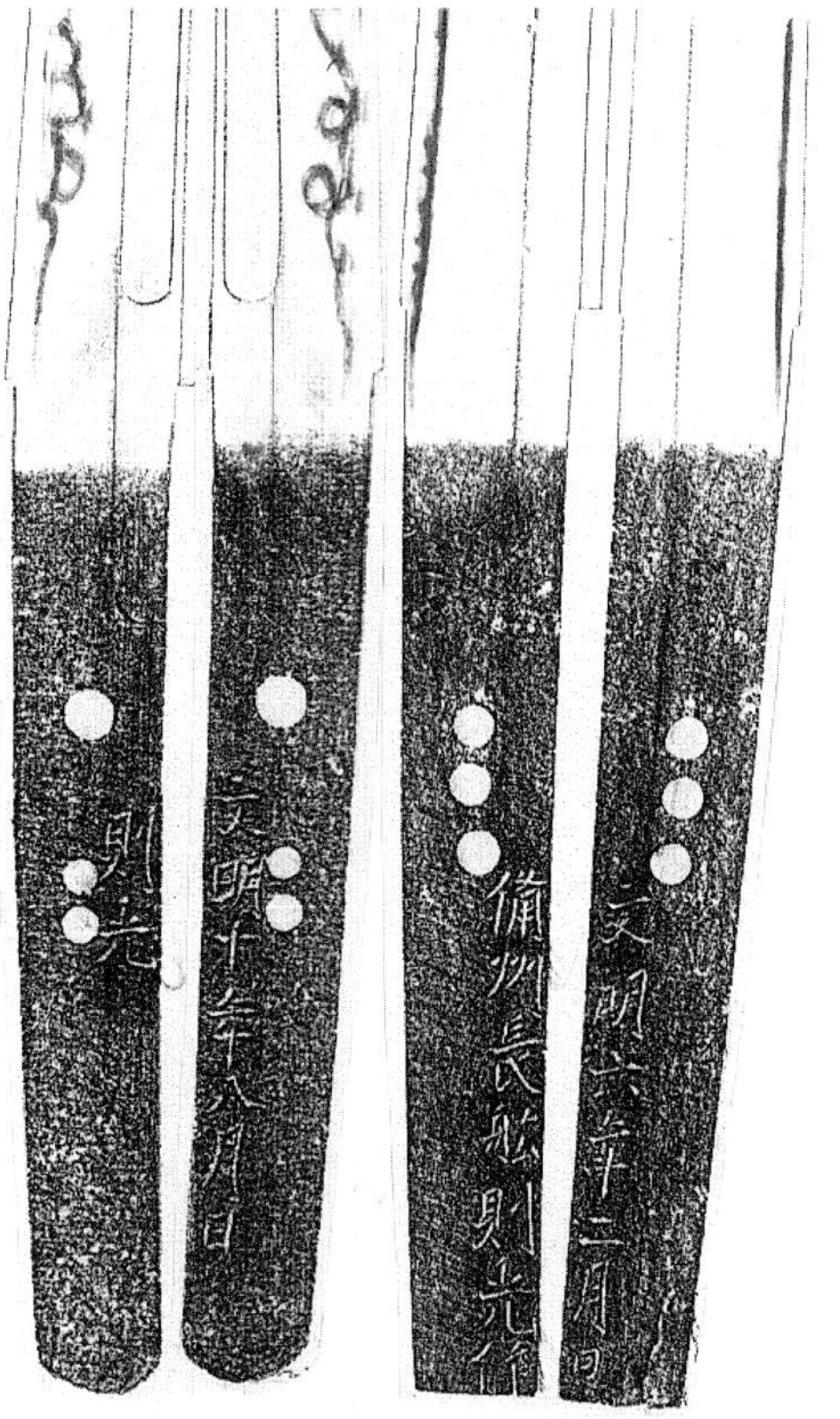

古 則光【のりみつ】 備前国 室町中期（文明）

二郎左衛門。文明十二年紀の作がある。邑久郡靭負郷住。左衛門則光の晩年にあたる文明末年からのち、幾多の同銘則光が作刀にあたり、天正ころまで続く。◆理兵衛尉則光（長享）、三郎兵衛尉則光（明応）、太郎左衛門尉則光（天文）、彦兵衛尉則光（天正）などがある。

古 則光【のりみつ】 加賀国 室町中期（永正）

永正年紀の作がある。「藤原則光」「加州住則光」。

新作 則光【のりみつ】 島根 昭和

小池昌訓。大正十年生まれ。初銘金昌。昭和二十九年、講和記念刀の製作から則光に改める。川島忠善、藤原善金に学ぶ。「雲州大東住小池金昌作」と切る。大原郡大東町住。

古 則満【のりみつ】 備前国 室町初期（応永）

吉井。真則門。応永のころ。「備前国吉井住則満」。

古 則宗【のりむね】 備前国 鎌倉初期（元暦）

福岡一文字。定則の子。備前大夫、刑部丞。後鳥羽院正月番鍛冶を務める。則宗の父定則を福岡鍛冶の元祖（『古今銘尽』）といい、その直系である則宗を古一文字の祖という。元亀本は則宗を「備前国吉岡住人」といい、能阿弥本は一文字の在所を「備前国河田庄吉岡」といって同意であり、福岡一文字の初期刀工の多くは吉岡住であって、福岡にも在住していたことを伝えている。福岡一文字は鎌倉中期に栄え、その大勢が吉岡に移住したのは鎌倉末期になってからのことである。元亀本に一文字の称は後鳥羽院から給されたものとあるが、助宗は打たずとしている。しかし一文字の「一」を切った「則宗」銘の太刀が現存する。⇩**一文字の項参照。**

太刀の身幅が狭く、腰反り踏張りが強く小切先。鍛えは小板目が詰んで地沸つき、地景が交じり映り立つ。刃文は直刃調の小乱に小丁子交じり、小沸よくつき、足・葉入り、砂流し金筋かかる。古一文字の祖というが、作風は古備前と変わらず古調であり、地刃が冴える。「則宗」。

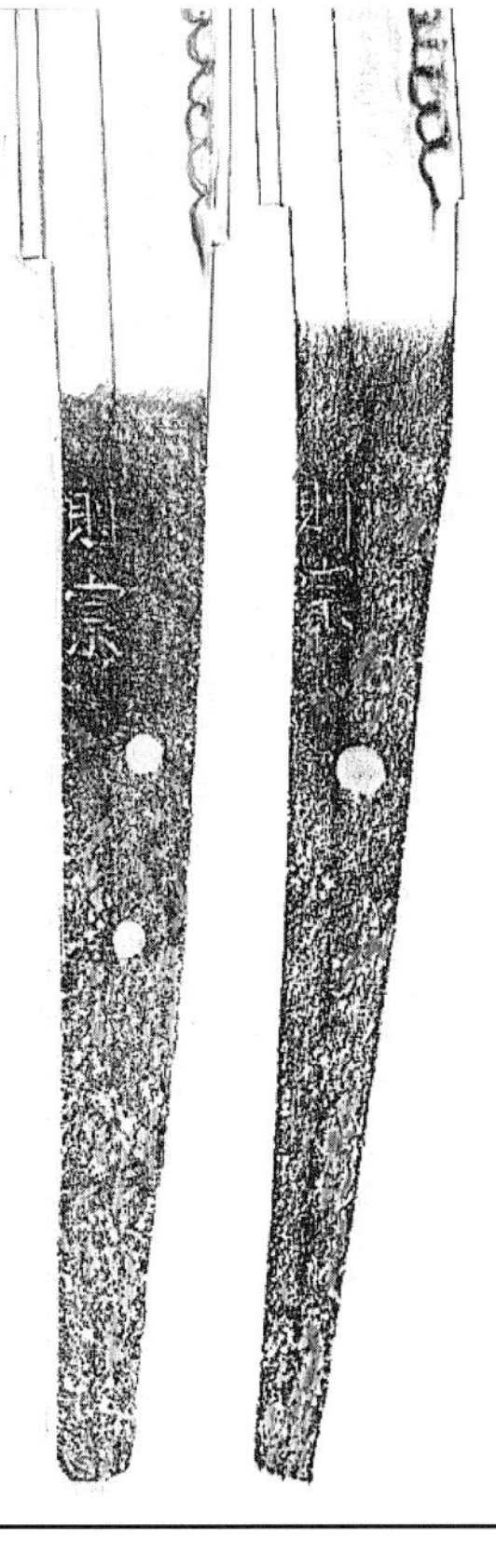

新 則行【のりゆき】 初代 豊後国 江戸中期（寛文）

の
のりみつ～のりゆき

安部三郎右衛門。藍沢正行門。直刃、湾れ、互の目乱など。◆二代長次郎則行（天和）、三代又次郎則行（元禄）、四代助太郎則平（元禄）、五代孫兵衛則行（享保）、六代林蔵則行（明和）、七代孫次郎則次（寛政）、八代梅太郎則平（天保）、九代次八則国（嘉永）と続く。

古 **則行**【のりゆき】 肥前国 室町初期（応永）

散位。諫早住。応永ころ。「則行」「肥前諫早住則行」。

古 **教景**【のりかげ】 越前国 室町末期（享禄）

朝倉教景の慰作という。朝倉氏は越前国守護、一乗谷城主。「越前国教景」「日下部教景造」。

古 **教永**【のりなが】 筑後国 室町末期（文明）

大石左。家永の子。三潴郡鳥飼村大石住。文明から明応にかけての年紀作がある。「文明八年二月十八」の年紀作は小板目に杢、柾交じり地沸つき、地斑・地景が入る。小互の目に逆がかった刃交じり、沸よくつき、ほつれ、湯走りかかる。「教永」「筑州住大石教永」。

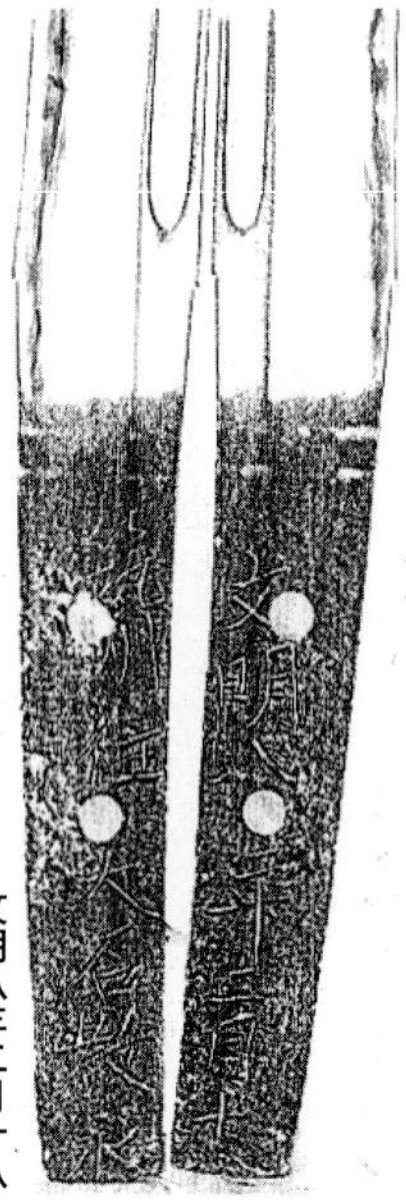
文明八年二月十八

古 **教光**【のりみつ】 筑後国 室町末期（文亀）

大石左。教永の子。文亀ころ。「筑後国教光」。

新々 **徳勝**【のりかつ】 勝村 初代 常陸国 江戸末期（文久）

勝村彦六。文化六年水戸生まれ。明利軒と号す。天保九年、関内徳宗に入門。初銘徳一。水戸藩士となる。安政四年七月、運寿是一から、同年十二月には細川正義から鍛法の術を学ぶ。一門を率い文久末年に江戸に上り、小石川礫川《れきせん》の水戸藩邸で鍛刀する。作刀期は嘉永ころから明治四年紀の作まで二十余年間がある。初期作は互の目乱、小丁子乱など徳宗風があり、中期以降は直刃に柾目鍛えの大和伝を表出する。直刃には砂流しなどの動きがあるが、比較的変化に乏しいのは、実戦を意識しての

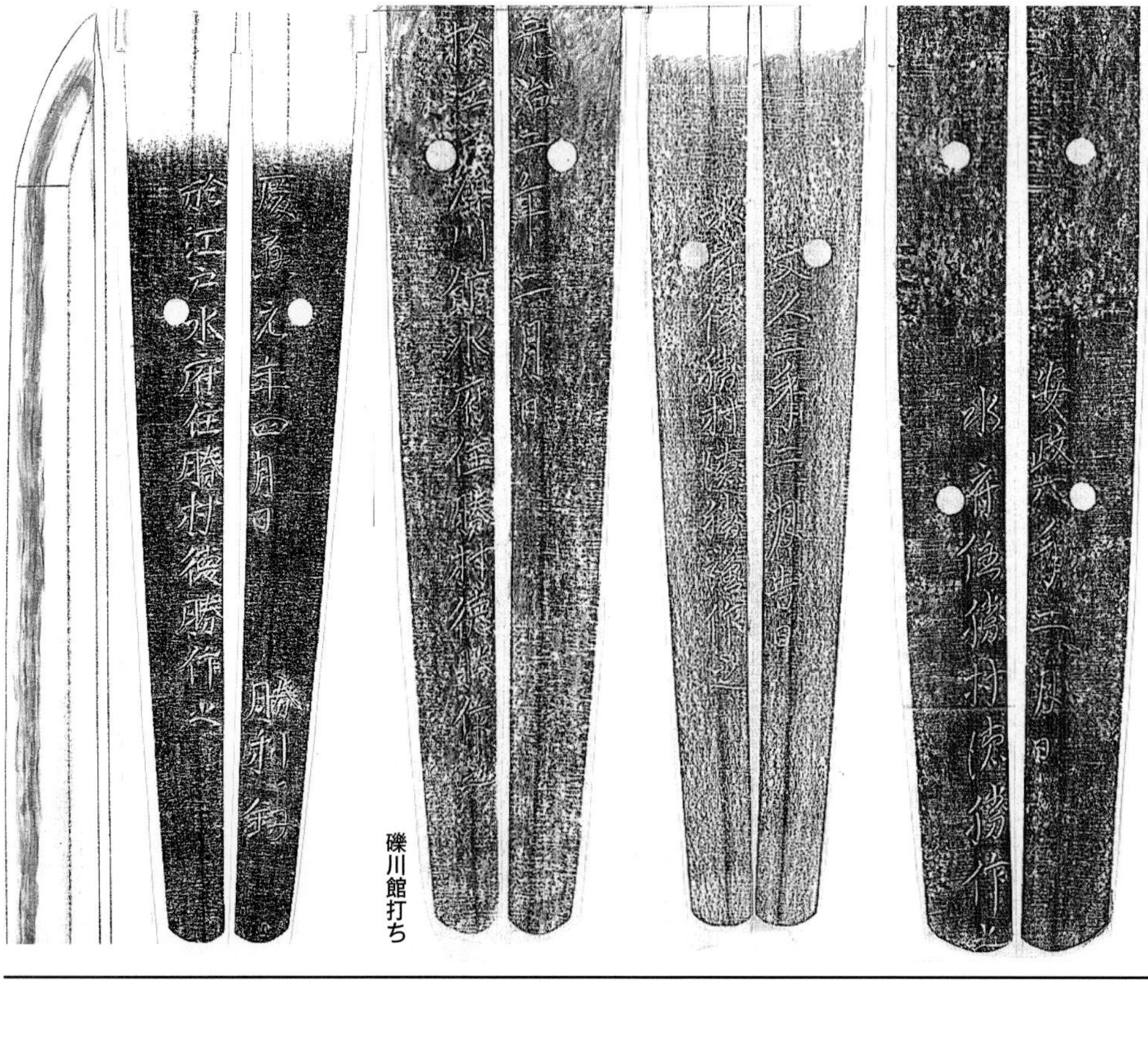
礫川館打ち

ものである。幕末の動乱を背景に実用に主眼をおいた質実の風が水戸刀全般に及ぼした造刀技を窺うことができる。元治、慶応ころには二代彦太郎、また正勝、長勝などによる代銘作がある。明治五年二月二十九日、六十四歳没。

新々 **徳勝**【のりかつ】　勝村　二代　常陸国　江戸末期（慶応）

勝村彦太郎。初代徳勝の子。嘉永元年生まれ。明治元年の二十一歳から同四年、二十四歳までの年紀作があるが、廃刀令に遭い作刀は少ない。昭和三年、八十一歳没。直刃に柾目鍛、砂流しかかる。

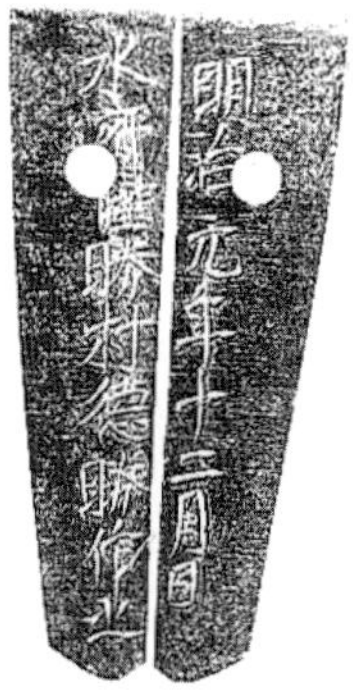

新々 **徳兼**【のりかね】　常陸国　江戸末期（安政）

関内朝之助、のち彦四郎。徳宗の子。固山宗次門。水戸藩の白旗山武器製作所で鍛刀する。明治三十六年、七十五歳没。

新々 **徳鄰**【のりちか】　市毛　初代　常陸国　江戸末期（文化）

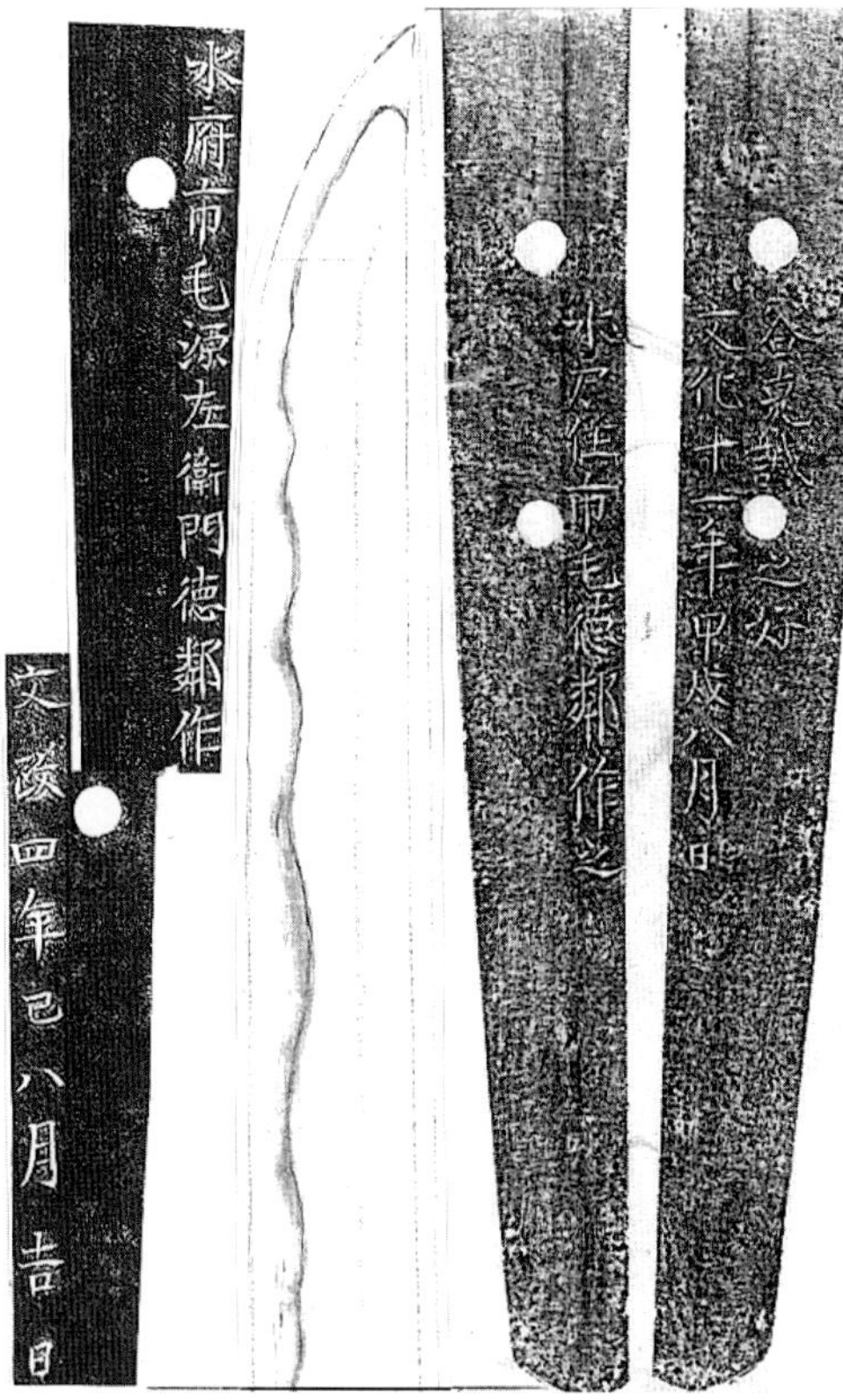

市毛源左衛門。安永六年、茨城郡開江村に市毛文左衛門の子として生まれる。寛政六年、十八歳で水戸藩士久米長徳に入門、のち尾崎助隆に学ぶ。文化六年、三十三歳のとき水戸藩工となり、天保元年、五十歳で近江介を受領。水戸藩の白旗山武器製作所で鍛刀し「於常陸水戸城西郭」と切銘する。文化・文政から天保にかけての作刀がある。門下から関山徳宗、海老沢徳広など数十人が輩出して一門栄える。直江助政と共に水戸新々刀を代表する上工。天保六年六月六日、五十九歳没。師助隆から継承の濤瀾乱は津田助広の風があって秀逸な出来。直刃、互の目乱など匂口深く沸よくつく。

新々 **徳鄰**【のりちか】　市毛二代　常陸国　江戸末期（安政）

市毛源之進。初銘徳芳。初代徳鄰には男子がなく、長女伊津の女婿となる。小泉貞衛門の三男。徳鄰の銘字の鄰を「隣」に切り、ときに初代と同字の「鄰」にも切る。安政から文久にかけての年紀作がある。初代徳鄰の風に似るが、作技ははるかに及ばない。明治十七年十一月二十日、病没。◆三代徳鄰は明治三十一年二月十三日、四十九歳没。作刀はみることがない。

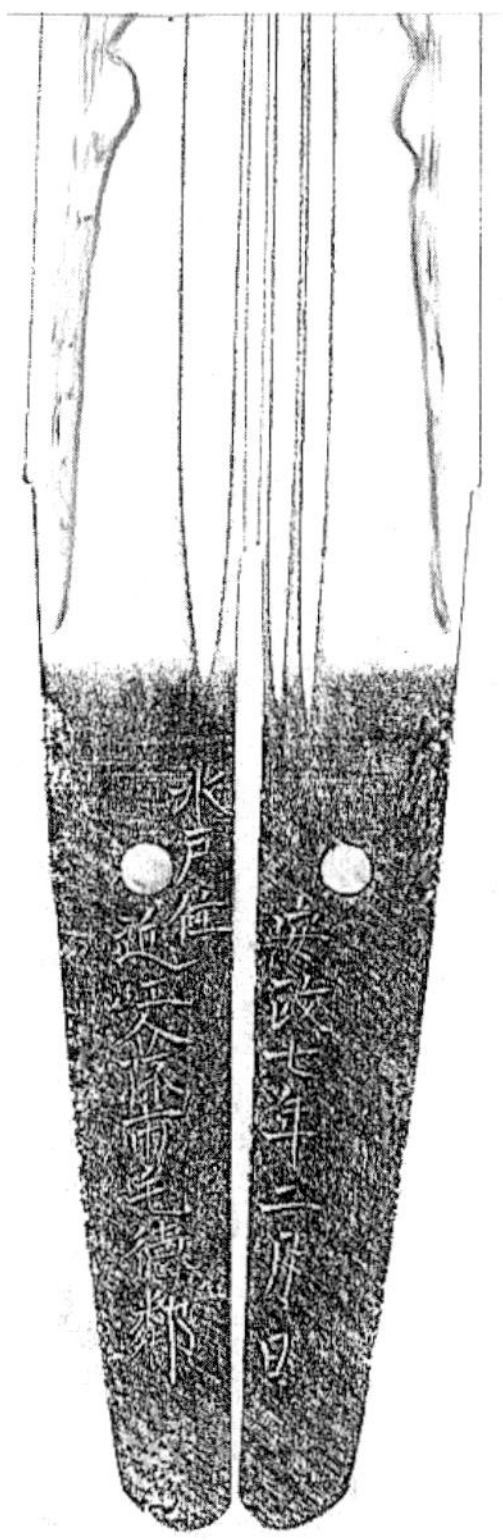

新々 **徳広**【のりひろ】　常陸国　江戸末期（天保）

海老沢源次郎。水戸藩士。初代市毛徳鄰の高弟。師に協力する期間が長かったのであろう、作刀数は少ない。濤瀾乱風の互の目、小互の目など師徳鄰の作に似る。

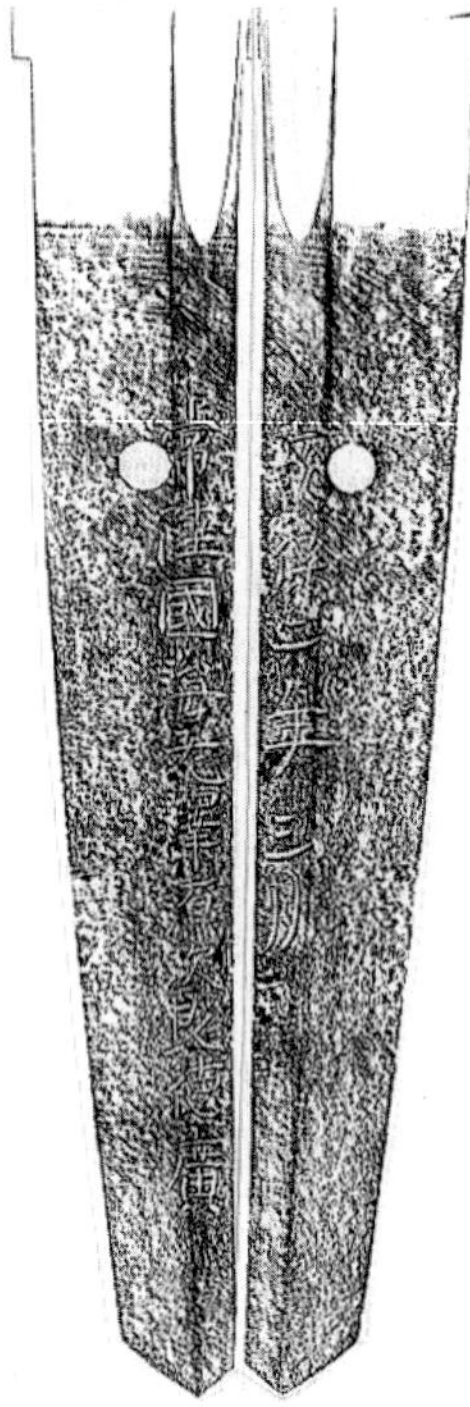

新々 徳正【のりまさ】 常陸国 江戸末期（慶応）

黒沢宗次郎。初代勝村徳勝門、勝村正勝子。「水府住稲延徳正」と切銘する。

新々 徳宗【のりむね】 常陸国 江戸末期（嘉永）

関内幸左衛門。治兵衛徳政の子。初代徳鄰の門。天保十二年、烈公に抱えられ水戸藩工となる。市毛徳鄰なきあと一門の盟主として、また水戸鍛刀界の重慎として活躍し、初代徳勝をはじめ多くの門弟を養成する。文政初年から文久ころまで、およそ四十年の作刀期がある。互の目乱、丁子乱、互の目に小丁子交じりなど。

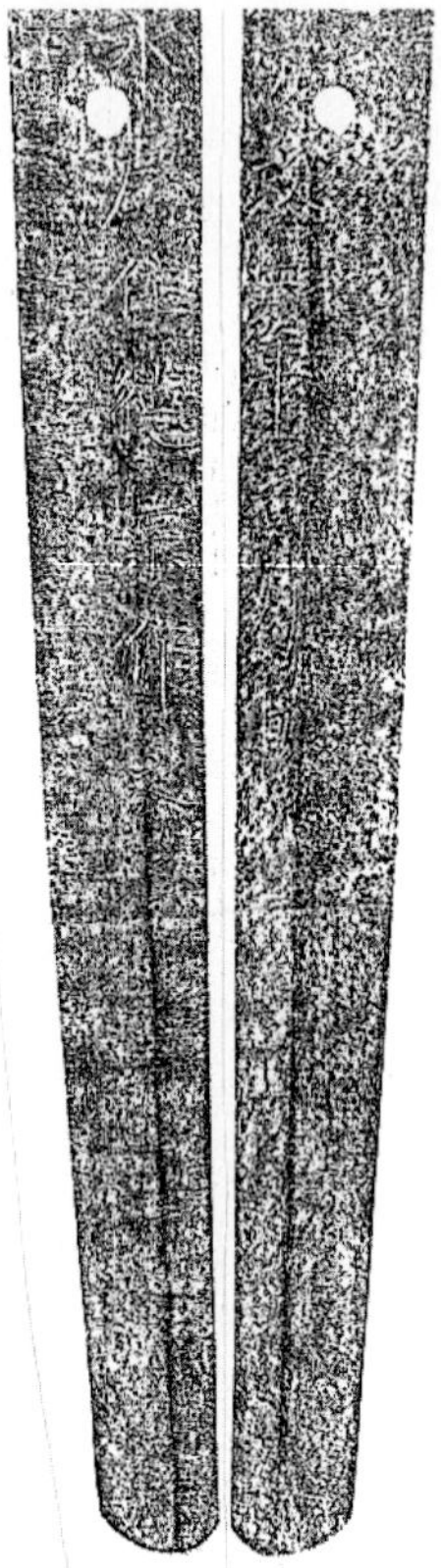

新作 徳吉【のりよし】 山形 昭和

中川仲之助。明治四十一年生まれ。藤田昭吉に師事。昭和十一年より鍛刀場を開設、戦後は昭和四十四年より作刀を再開する。陸軍受命刀匠。酒田市住。

古 徳能【のりよし】 豊前国 室町初期（永享）

筑紫了戒。直刃を焼き、山城了戒風。「了戒徳能作」。同銘が明応、天文ころにある。

古 憲重【のりしげ】 上野国 室町末期（天文）

沼田住、前橋にても造る。初代天文、弘治ころ。二代永禄ころ。「上州住憲重」。

古 憲頼【のりより】 常陸国 室町末期（天文）

上杉氏の鍛冶。憲重門。天文ころ。「常州住憲頼」。

の

《は》

新 **八郎左衛門**【はちろうざえもん】 下坂 近江国 桃山期（慶長）

下坂八郎左衛門は江州下坂の祖、嫡流の俗名とされ、越前康継系の祖ともいわれる。慶長五年紀がある「下坂八郎左衛門」銘の鎗は近江在住時の作で、慶長五年以降に八郎左衛門は九州筑後に下向、「九州筑州ニテ下坂八郎左衛門作」「慶長八年八月吉日」銘の薙刀があり、慶長八年には筑後に住していたことが知れる。さらに八郎左衛門は寛永四年五月、加藤家の移封に従い筑州松山から奥州会津に移る。会津初代為康は下坂八郎左衛門康綱に学ぶといい、八郎左衛門は康綱とも、初代康継の父広長ともされる。

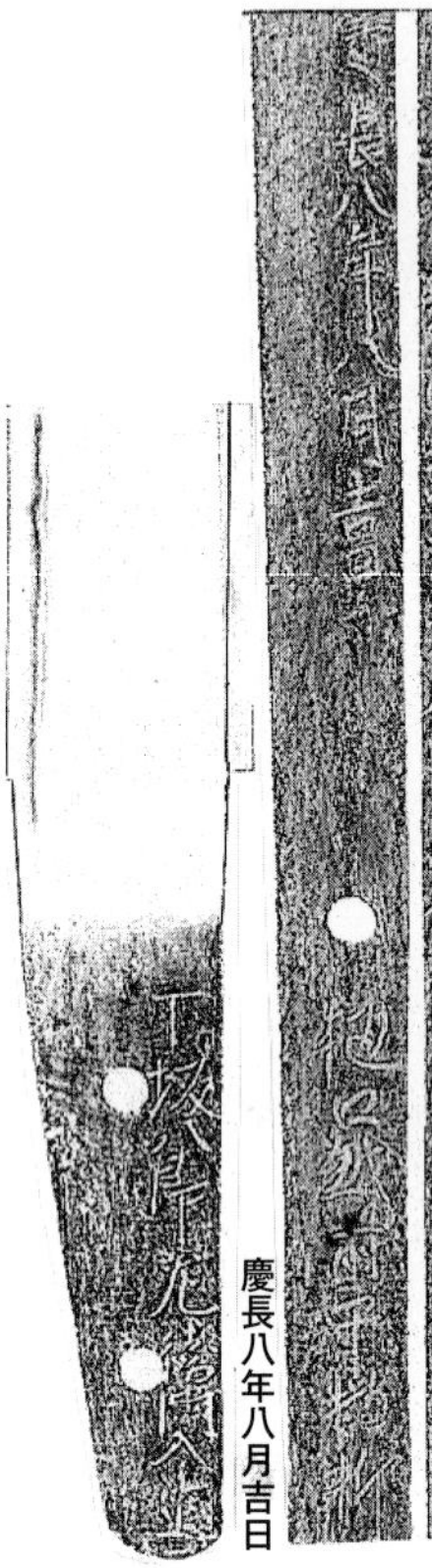

慶長八年八月吉日

新 **治国**【はるくに】 肥前国 江戸中期（寛文）

弾左衛門。初代播磨守忠国の子。初銘治国、のち二代忠国を襲名する。万治二年、上総大掾を受領し、のち播磨守を名乗る。⇩**播磨守忠国〈二代〉の項参照。**

新 **治国**【はるくに】 北窓 摂津国 江戸中期（天和）

惣兵衛。井上真改門。治国は真改の地鉄を鍛えていたという。師真改没前の作がある。師没後は日向へ移る。広直刃調に浅く湾れ、互の目交じり、沸よくつき、二重刃かかる。

新 **治国**【はるくに】 肥前国 江戸中期（正徳）

判兵衛、のち橘右衛門。三代播磨守忠国の弟。鍋島平左衛門の抱工。

古 **治継**【はるつぐ】 備前国 室町末期（天文）

長船。天文十一・十五年紀の作がある。「備州長船治継」「備州之住長船治継作」

八郎 下原善三郎
天文十五年十二月日

新々 **治久**【はるひさ】 長門国 江戸末期（文久）

一方子治久。長州二王派。長州萩住、のち元治以降は防州山口に移る。互の目乱、焼頭丸く足入り揃う。

古 **治光**【はるみつ】 備前国 室町末期（享禄）

次郎兵衛。次郎左衛門勝光の子、春光の父。永正初年から享禄年紀の作刀がある。直刃と互の目乱の盛んな出来があり、皆焼状のものもあって末備前中で出色の技をみせる。「備前國住長船治光」「備前國住長船次郎兵衛尉治光」。二代治光は次郎兵衛治光の子で十郎左衛門、天正ころに作刀する。

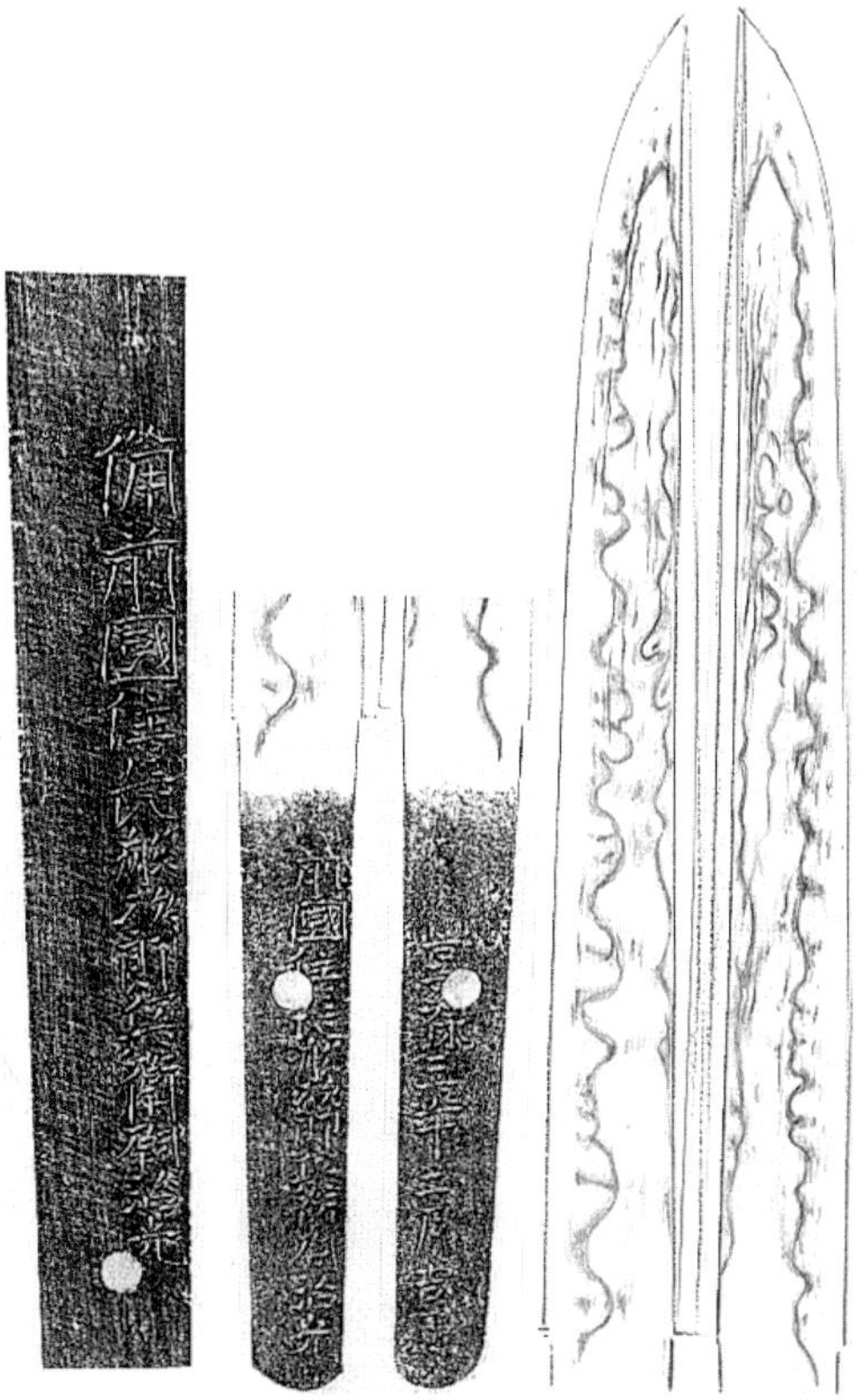

新作 **治光**【はるみつ】 和歌山 平成

大川治。昭和十一年生まれ。河内国平門。昭和五十九年作刀承認。平成二十二年、新作日本刀展入選。直刃、丁子乱。「紀伊国治光」。新宮市住。

古 **治守**【はるもり】 豊後国 室町末期（文亀）

平高田。初代文亀、二代永禄ころ。「平治守」「豊州高田平治守」。

古 **治盛**【はるもり】 豊後国 室町末期（永正）

平高田。長盛系。初代。永正十五、十六年紀の作がある。「平治盛」「豊州平治盛」「豊州高田治盛」。二代天文ころ。

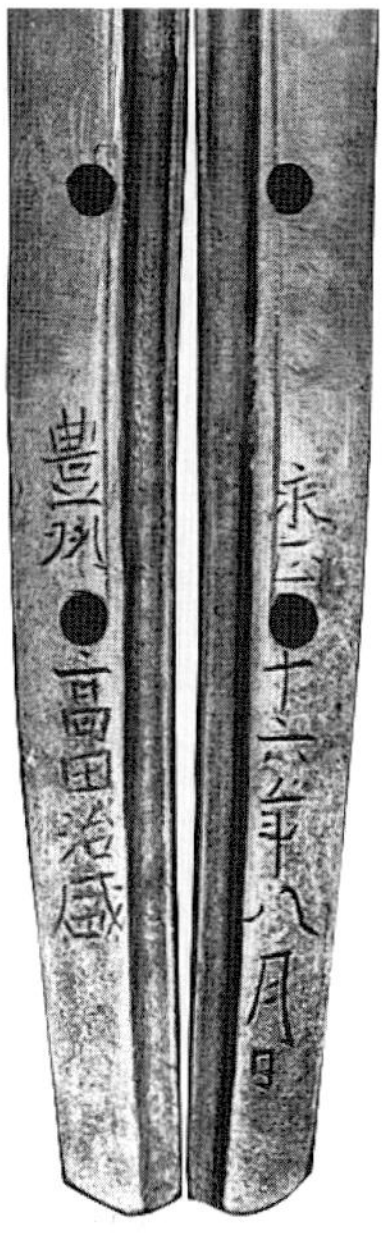

古 **治行**【はるゆき】 薩摩国 室町末期（天文）

波平。中直刃に互の目交じり、刃縁ほつれ、打のけかかり、小沸つき、匂口沈む。「波平治行作」。治行の名跡は応安、応永、文明、永正、天文、天正と連綿とする。

古 **春光**【はるみつ】 備前国 室町末期（永正）

十郎左衛門。初銘新二郎。初代。治郎兵衛治光の子という。治郎兵衛治光には永正年紀の作があって十郎左衛門とは同年代となるので、十郎左衛門は治郎兵衛の先代の子なのかもしれない。

古 **春光**【はるみつ】 備前国 室町末期（天文）

十郎左衛門。二代。初銘新十郎。天文から天正に至る間の作刀がある。十郎左衛門春光銘で永正三年紀の刀があり、これは天正を改ざんしたもので、十郎左衛門の作で永正まで遡る年紀作は未見である。「備前國住長船藤原春光」「長船藤原春光」「備前國住長船十郎左衛門尉春光作」。

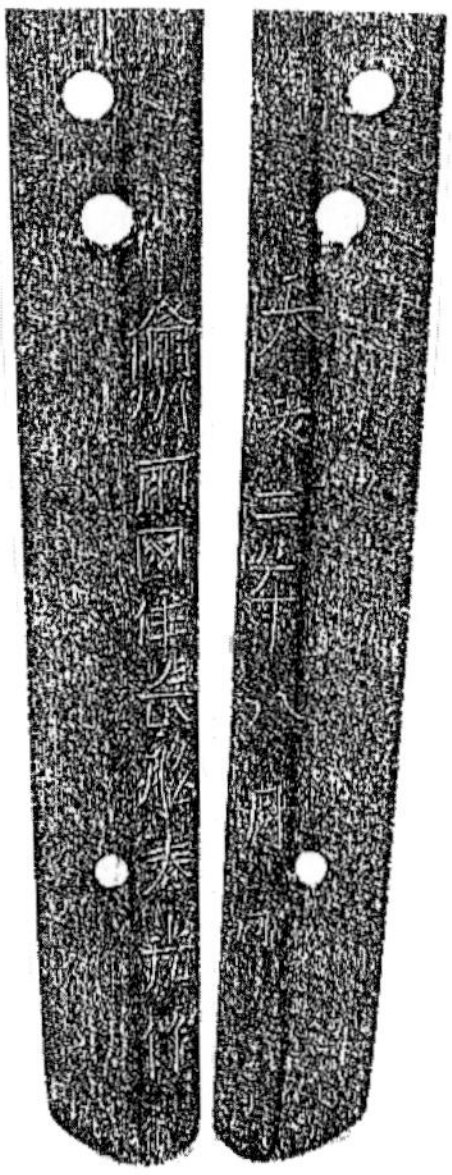

古 **春光**【はるみつ】 備前国 室町末期（天正）
左衛門七郎。十郎左衛門春光の子。天正・文禄の年紀作がある。慶長初年の年紀作があるのは二代であろう。直刃に小互の目足入り、両刃短刀には皆焼状のものがある。「備州之住長船春光作」「備州之住長船左衛門七郎藤原春光作」。春光で俗銘を切る工は左衛門尉（弘治）、五郎左衛門尉（永禄）、次郎左衛門尉（永禄）、孫十郎（元亀）、五右衛門尉（天正）、五左衛門尉（天正）など、慶長に至る間まで作刀する。

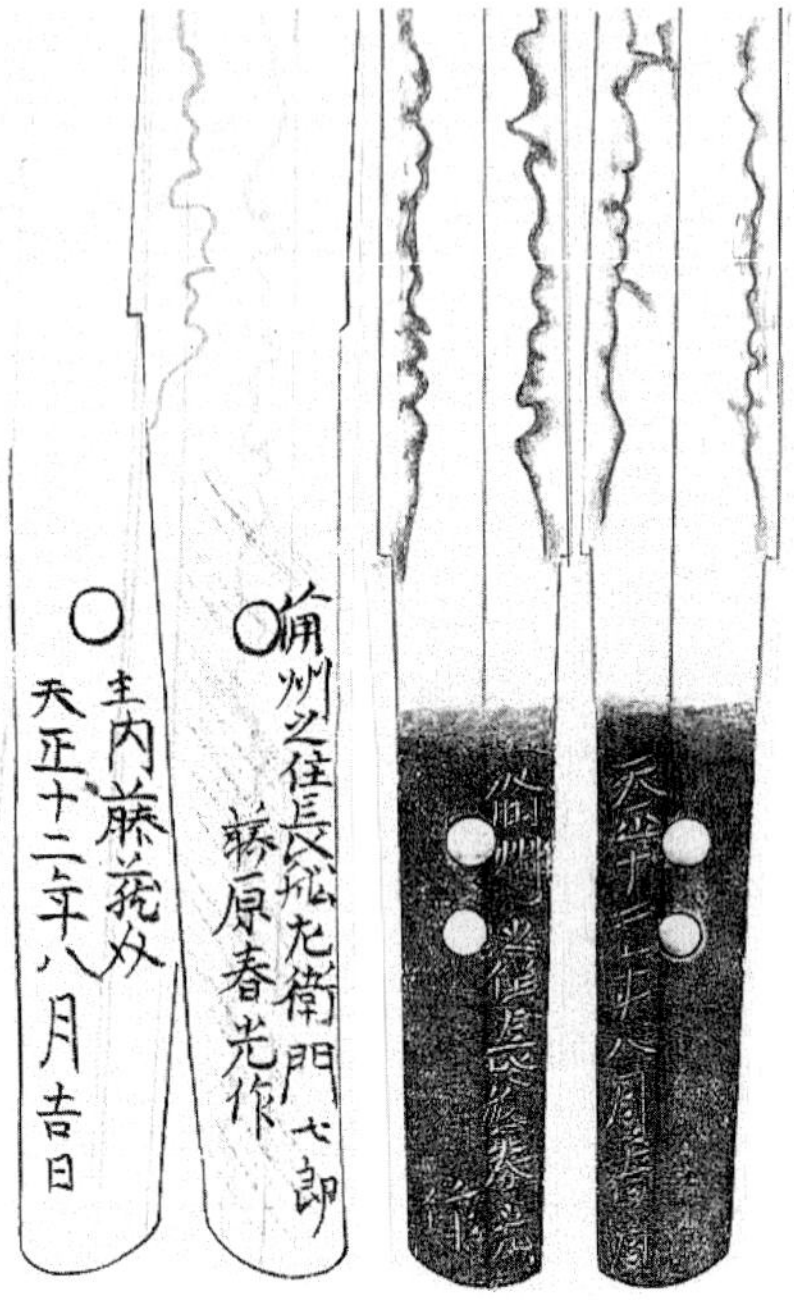

（『土屋押形』）

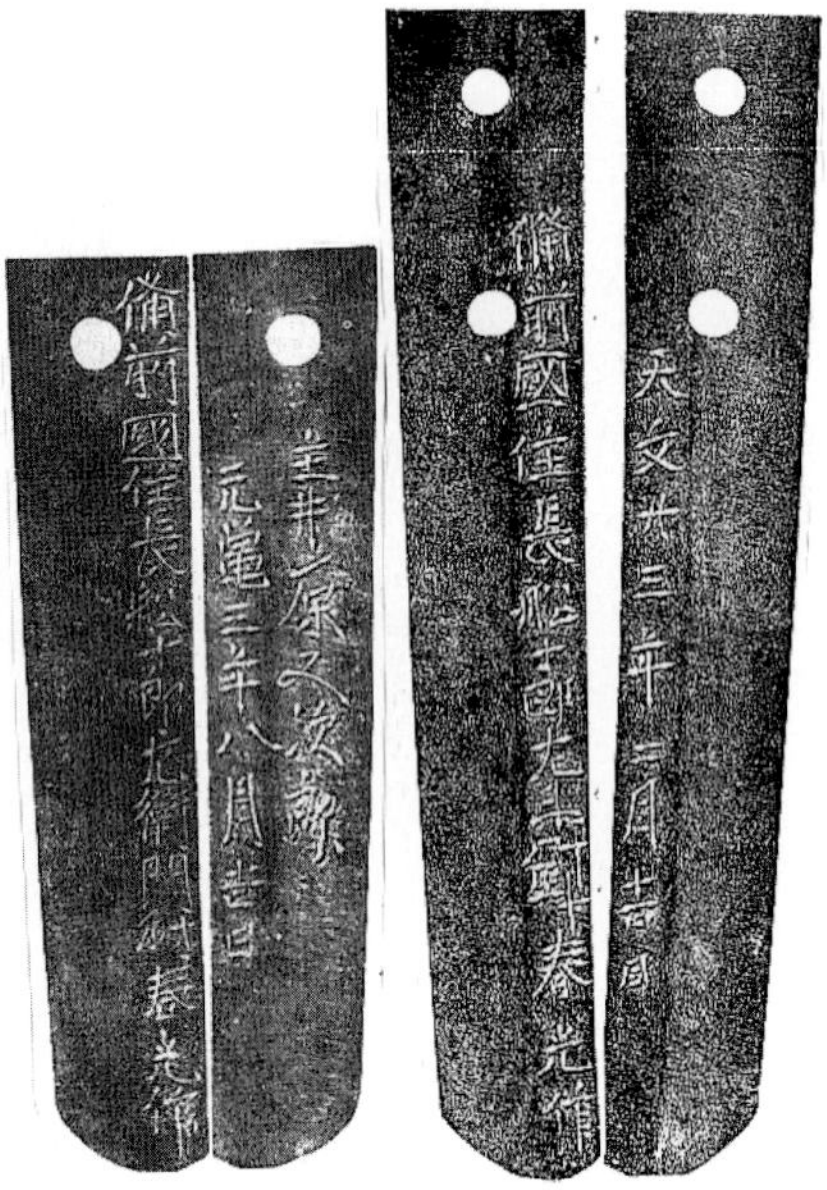

古 **春行**【はるゆき】 山城国 室町初期（応永）
了戒。応永ころ。「了戒春行作」。

古 **春行**【はるゆき】 薩摩国 室町末期（天文）
末波平。天文ころ。「波平春行」。

《ひ》

新々 日出一【ひでかず】 常陸国　江戸末期（元治）
祐光門。水戸住。「神刀藤原日出一作之」などと切る。

新々 日出光【ひでみつ】 常陸国　江戸末期（元治）
祐光門。水戸住。「水戸住日出光」などと切る。

新 鬚継【ひげつぐ】 讃岐国　江戸初期（承応）
讃岐高松住。阿州、また播州にても造る。髪次、また髪作とも切る。「讃州於高松鬚継作」「讃州住藤原鬚継」などと切る。承応二年紀の鎗があり、寛文ころまで作刀する。湾れに互の目、大互の目乱、中直刃が湾れかかる。

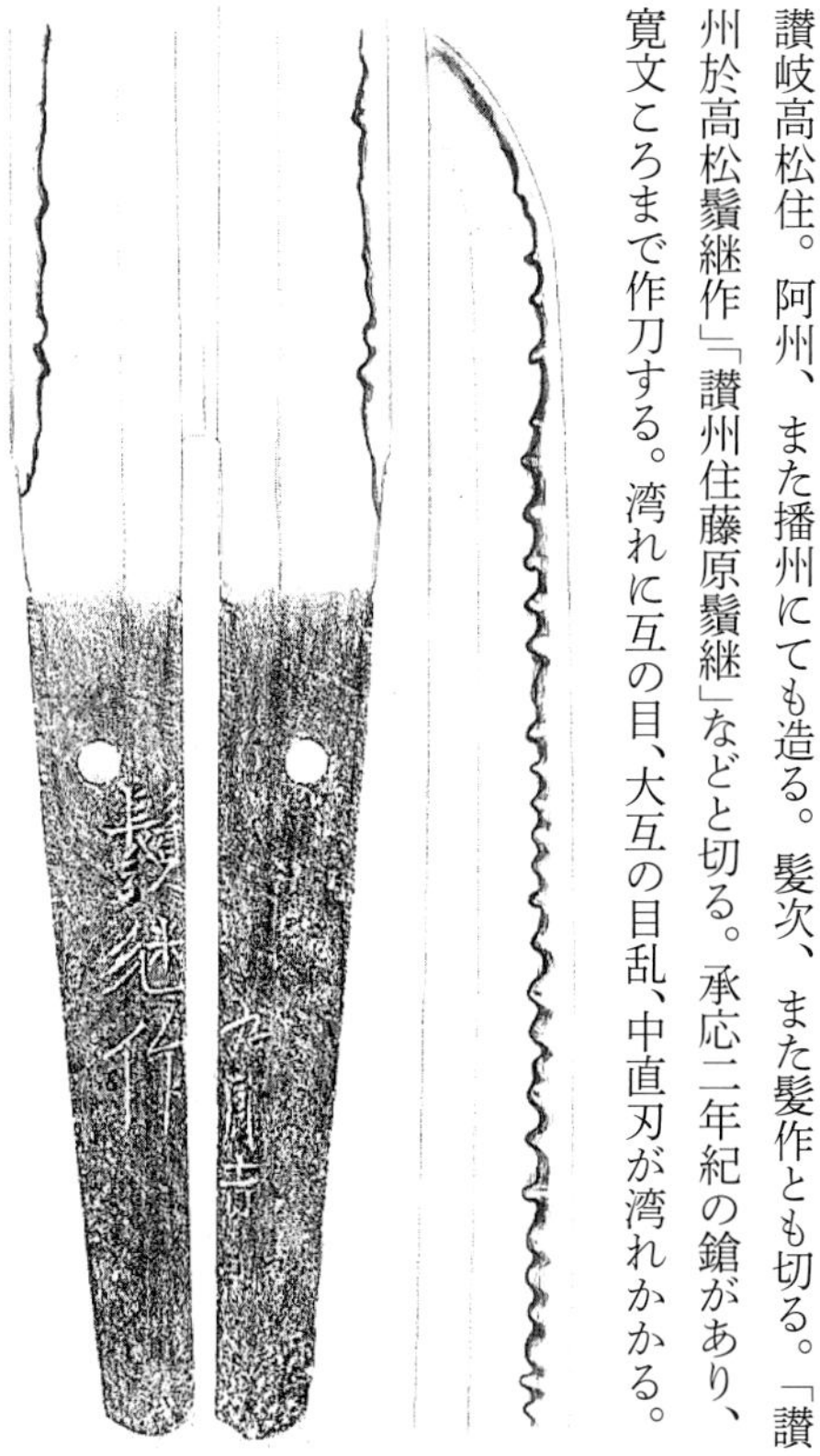

古 久家【ひさいえ】 越中国　室町初期（応永）
宇多。応永年紀の作がある。「宇多久家」。

新々 久一【ひさかず】 武蔵国　江戸末期（慶応）
立花平左衛門。天龍子と号す。本国越後片貝。伊勢山田住、のち江戸へ移る。尾崎助隆門。木曽、堺、近江などに駐鎚する。

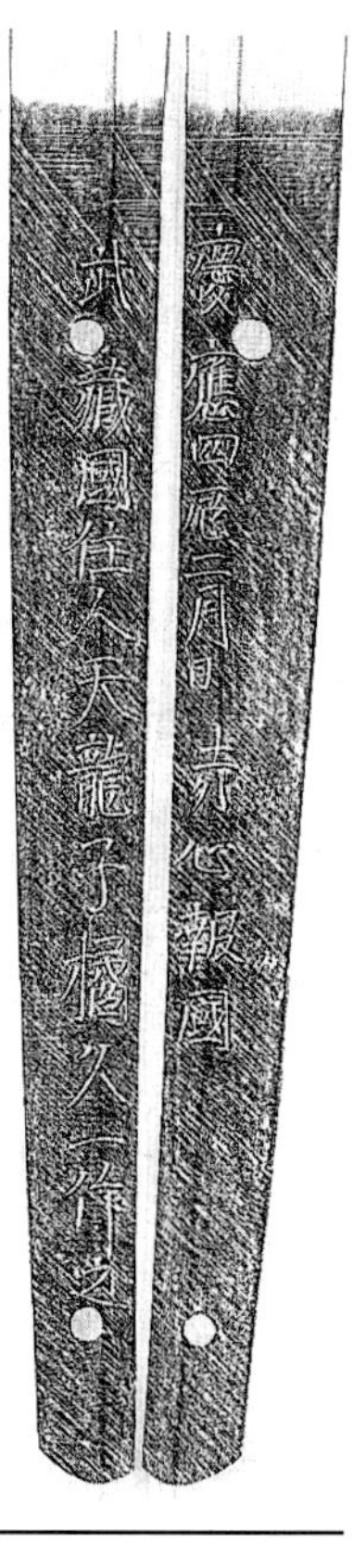

古 久勝【ひさかつ】 美濃国　室町初期（応永）
赤坂。相田加嶋住。尾張にても造る。応永ころ。「久勝」「濃州住久勝」。永正ころにも同銘工が作刀する。「濃州住人久勝作」。

新作 久勝【ひさかつ】 山口　昭和
竹島政雄。明治四十二年生まれ。水龍斎と号す。大正十五年、堀井俊秀に入門。昭和九年、山口県熊毛郡田布施町に鍛刀場を開設。同十年、日本刀展覧会で総裁名誉賞、翌十一年、総理大臣賞受賞。

古 久国【ひさくに】 山城国　鎌倉初期（承久）
粟田口。藤次郎、また藤二、林二とも。国友弟。大隈権守、後鳥羽院御番鍛冶。名工揃いの粟田口物中で、作技と格調の高さで筆頭と評価の高いのが久国である。太刀と短刀が少ないながら現存し、指定品では国宝に太刀一、重文に太刀一、短刀一、重美に太刀一、短刀一がある。

国宝の太刀は伊予西条・松平家に伝来し、家康秘蔵の一刀として知られたもので、二尺六寸五分、腰反り、踏張りつき、優美な太刀姿。鍛えは梨子地肌に地沸を一面に敷き、地斑映り立つ。直刃調に小乱、小互の目を交え、匂が冴え、沸が強く輝く。短刀は六寸六分余から九寸七分ほどのものまで、小振りと大振りの両手がある。平造、内反りの姿に造り、直刃調に小互の目が連れて交じり、小沸がよくつき、湯走り、二重刃かかる。鍛肌は小板目が無類に詰み、金梨子地を見るほどに美麗である。

銘は二字に「久國」と切るのと、五字に「藤次郎久國」と切るものがあり、比較的細鏨と太めの鏨振りがあり、大振りと小振りの両手がある。古説によっては二代があるとするが、いずれも同一人の切り銘による年代の変化と見るべきであろう。

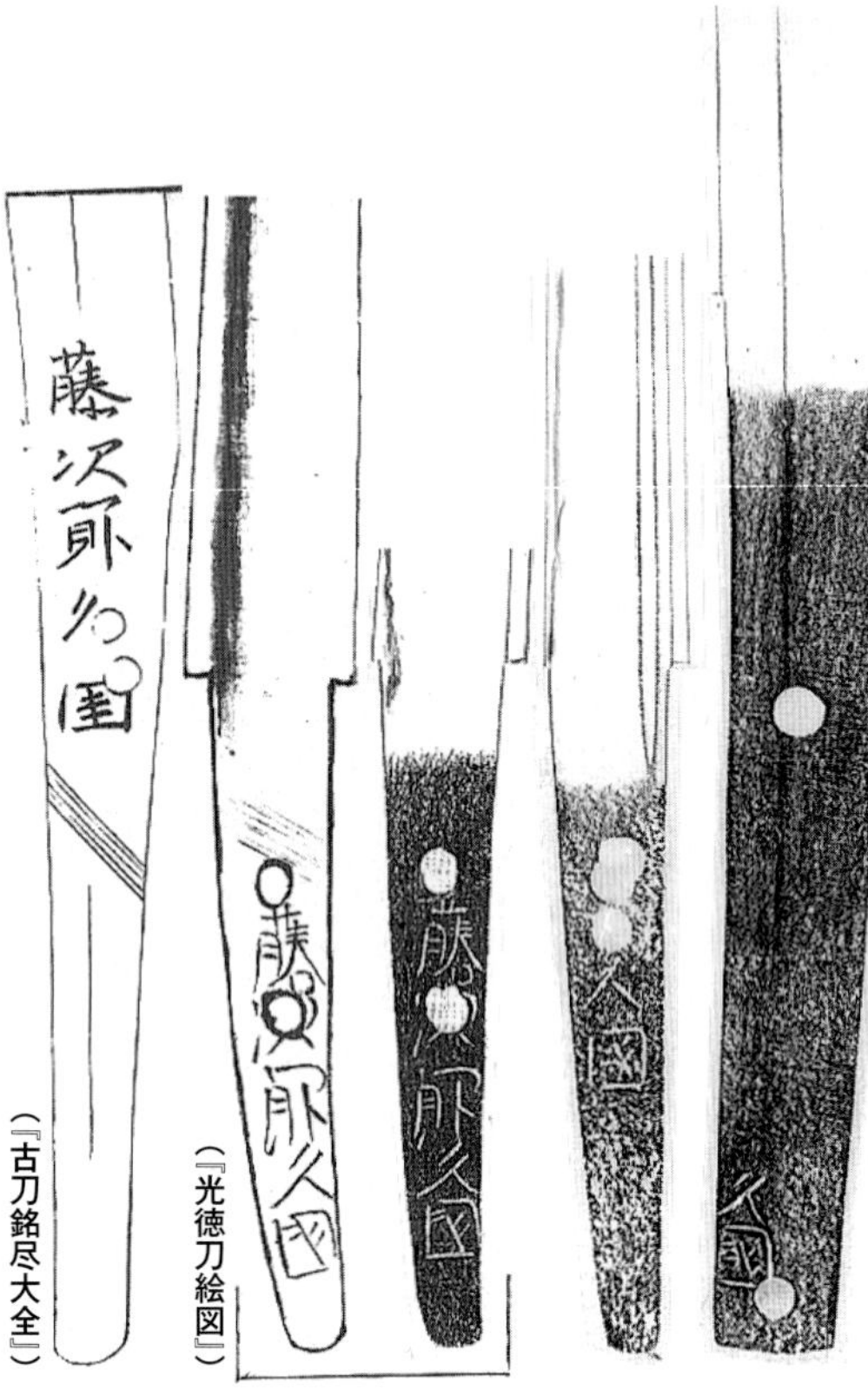

『光徳刀絵図』

『古刀銘尽大全』

新 久国【ひさくに】 土佐国 江戸中期（享保）

木村平蔵。平右衛門。高知住国益の養子。宝寿と号す。宝永年中に上京し二代金四郎久道に入門。上野大掾を受領。互の目に丁子、尖り互の目交じり。

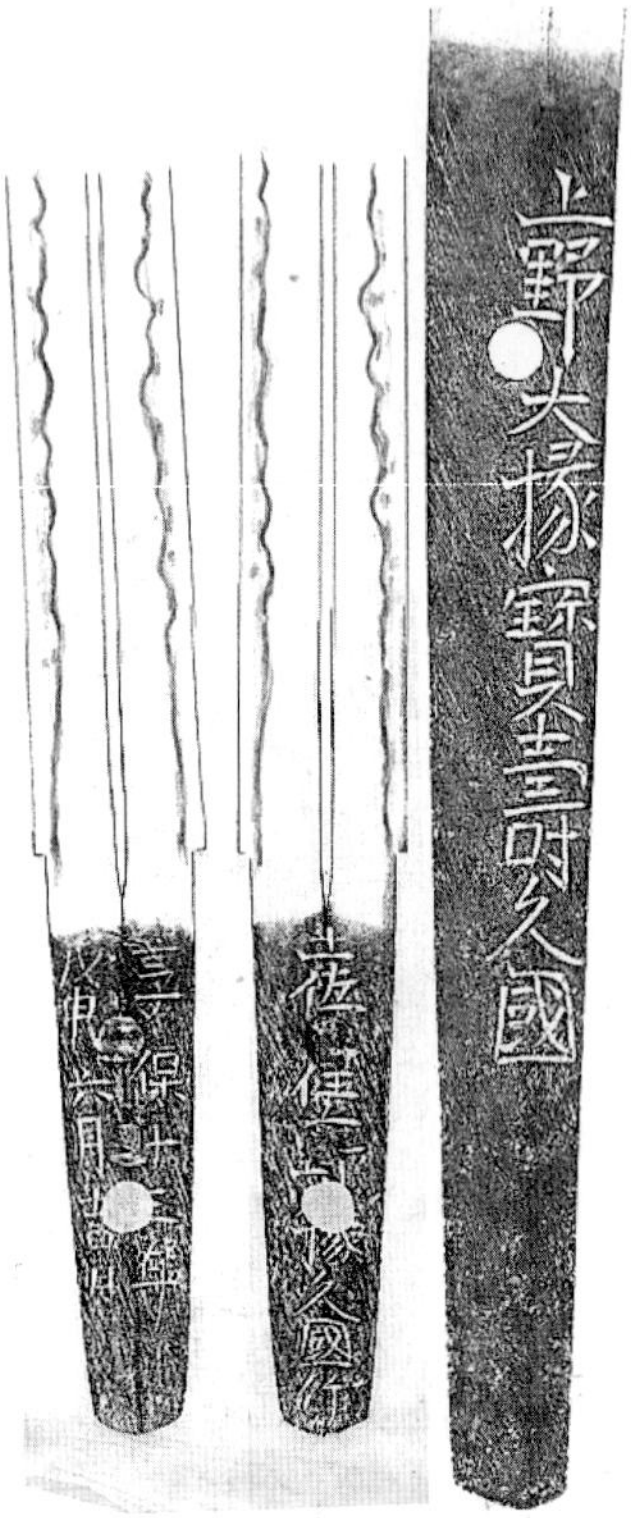

新々 久国【ひさくに】 信国吉次 八代 筑前国 江戸末期（文政）

又左衛門、又助。初銘正義、吉次、重包のち久国、また行国。七代吉清の養子となり八代信国吉次家を継ぐ。水心子正秀門。寛政十二年紀に「久留米住吉次」と切った江戸での作があり、文化五年紀に「信国源重包」と切った水心子正秀宅での作がある。天保七年十月黒田家の抱工となり、信国の号を正式に許される。信国吉次家を再興し、その掉尾を飾る上工。湾れかかった直刃、互の目乱、丁子乱など、彫物も巧み。吉次（文化三年）、重包（文化年紀）、久国（天保～安政）銘の作が比較的多く、定国（文政九年）、又助（嘉永四年）、又左（安政四年）、行国（文久元年七十三歳）など多種に銘を切り分ける。

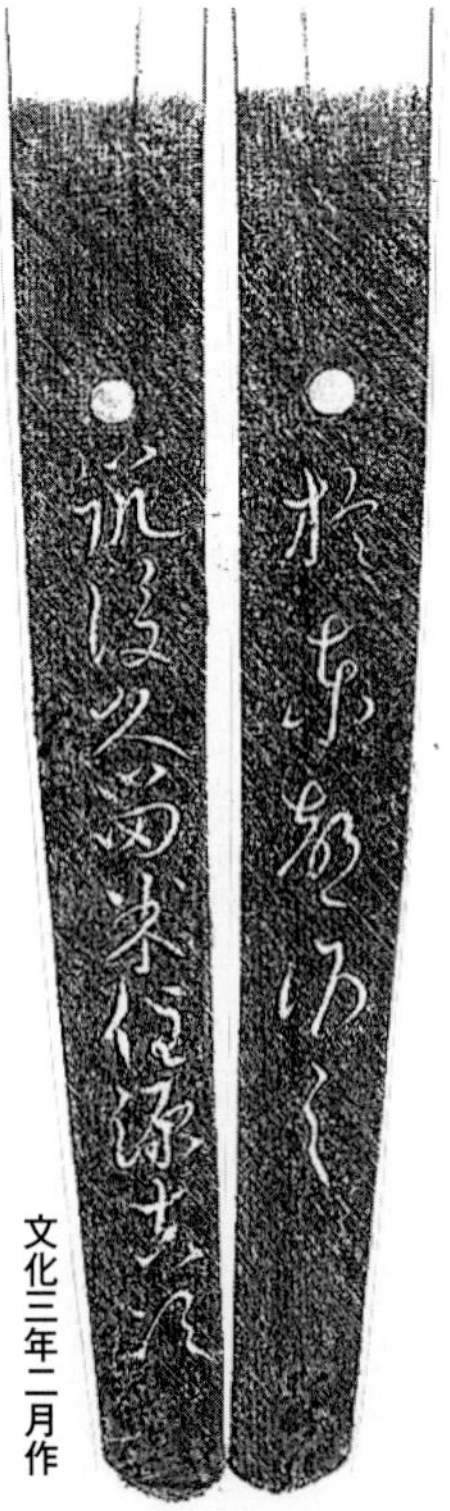

文化三年二月作

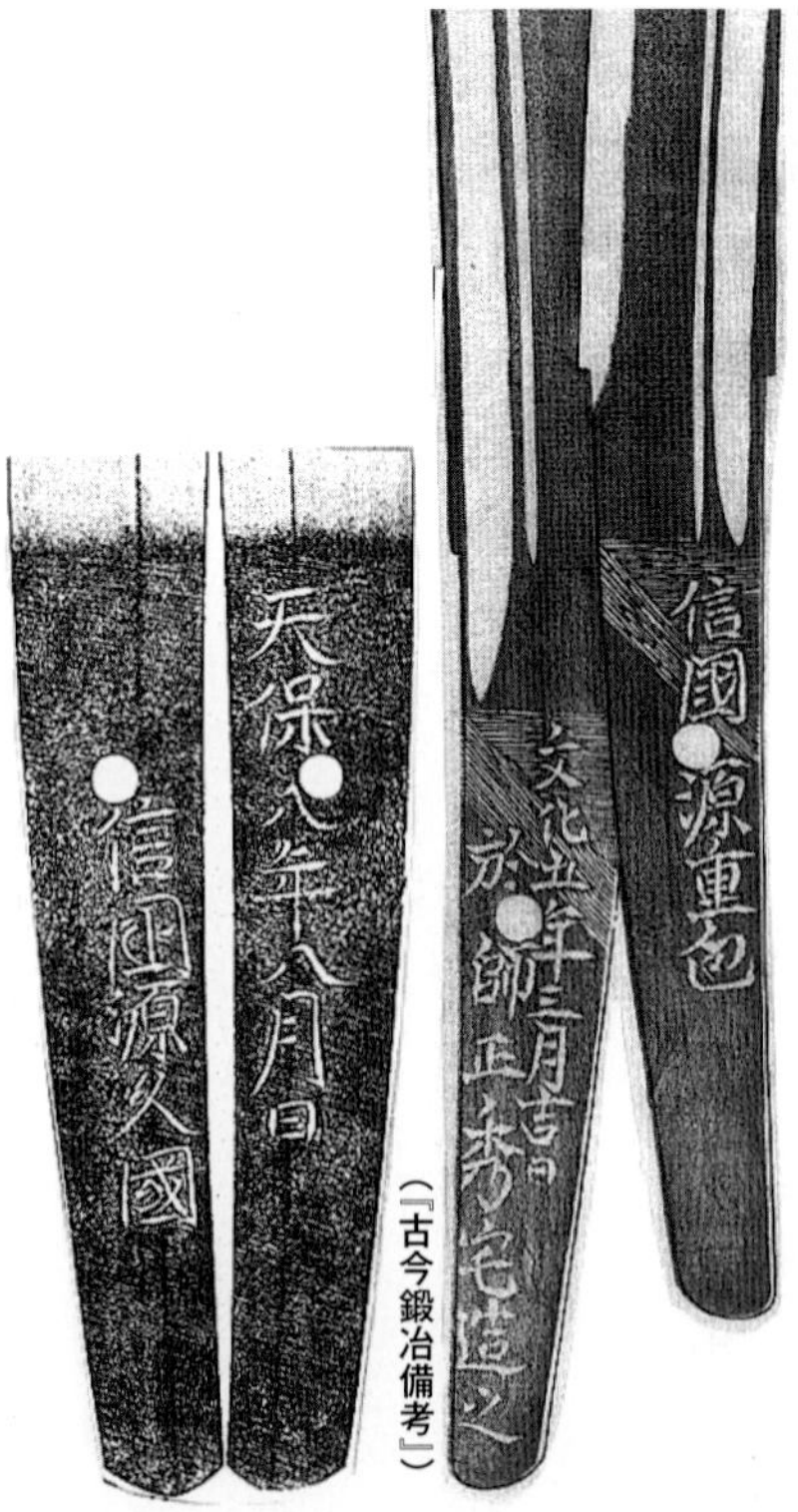

『古今鍛冶備考』

古 久次【ひさつぐ】　備中国　鎌倉中期（弘安）

古青江。久次は守次の系流であろう、弘安ころ。「久次」。同銘が文保、元徳、延文、永徳と後続する。

古 久次【ひさつぐ】　備後国　南北朝期（永徳）

備後三原。五阿弥であろうか。永徳二年紀がある。「備後国住久次作」。

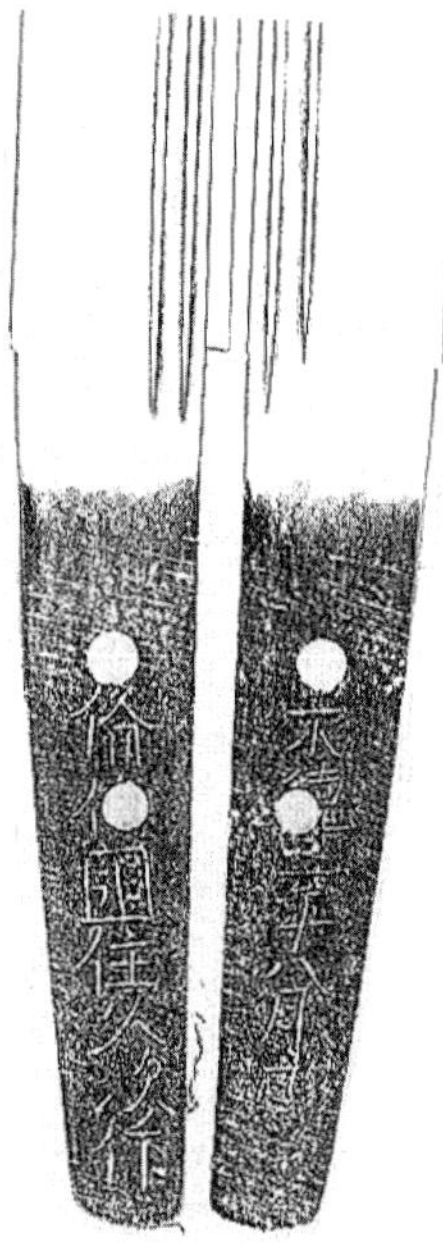

古 久利【ひさとし】　出羽国　室町末期（天文）

月山。谷地住。「久利」「月山久利」。

古 久信【ひさのぶ】　山城国　鎌倉末期（嘉元）

九郎左衛門。了戒子。二代了戒同人。来国俊門。子に初代信国がいる。久信・国久など了戒の子は初代の没後一両年の間、父のごとく「了戒」と打つことがあった（『引手引抄』）。初め「了戒」「了戒作」などと銘し、後「九郎左衛門尉久信作」「了久信」などと銘し、後年は再び「了戒」と打つ。このことは後年には二代了戒の地位が確定していたことを示したものかもしれない。「了戒」「了戒作」「山城国住人了戒久信」などのほか個銘を入れて銘す。⇩了戒〈二代〉の項参照。

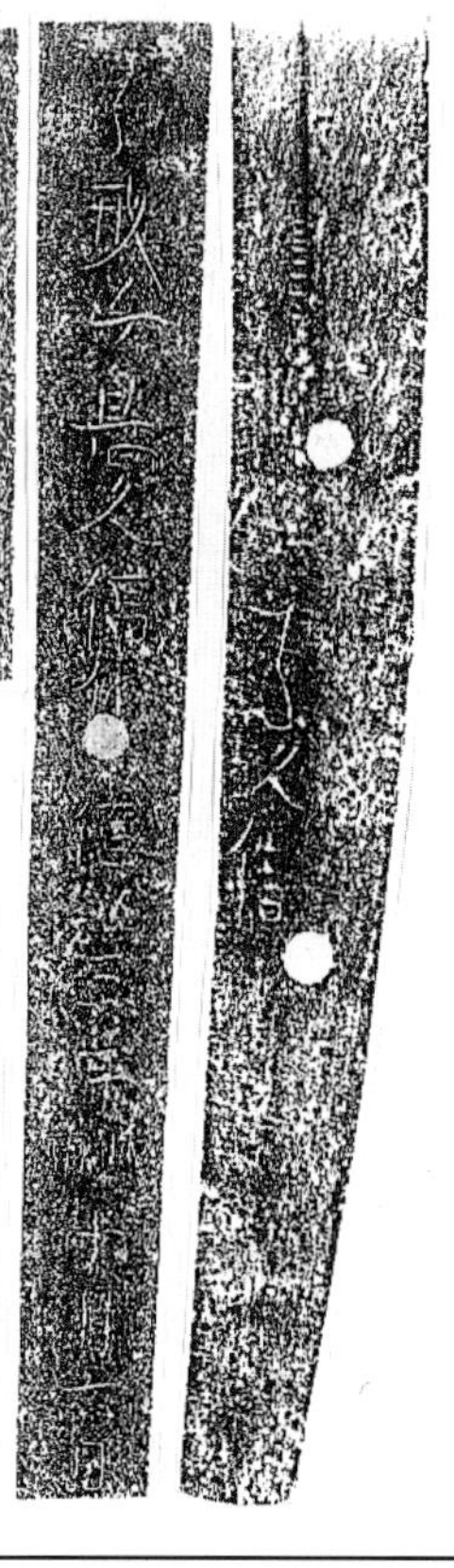

了戒子息久信作　徳治三年戊申十月六日

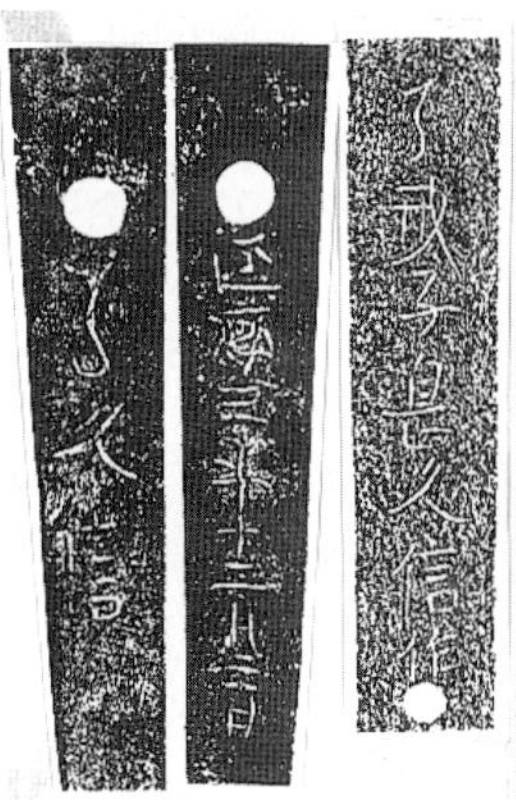

新々 久則【ひさのり】　加賀国　江戸末期（天保）

〝万歳〟を好み「加州万歳源久則造之」などと切銘する。一人鍛冶。刀身彫が得意。互の目乱、小湾れに小互の目交じり。

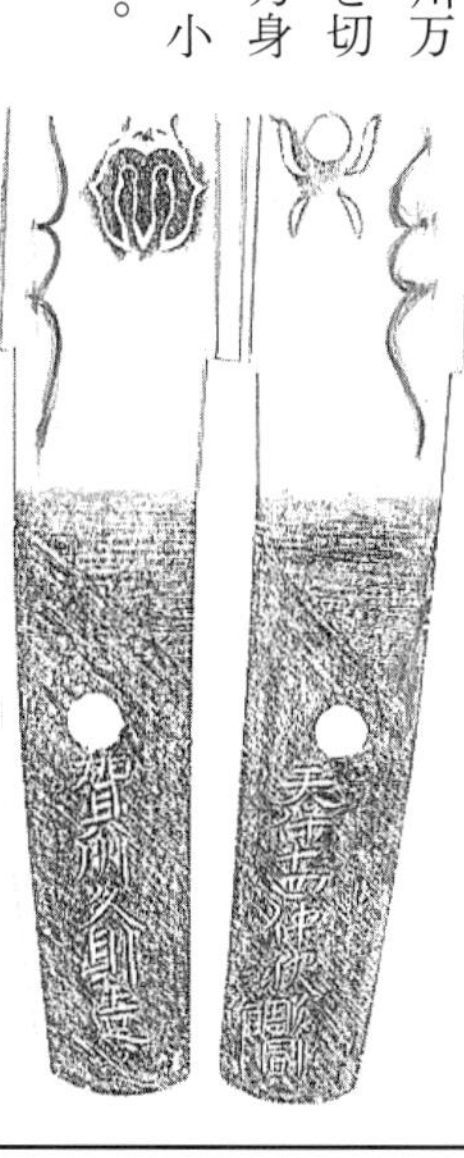

新 久道【ひさみち・きゅうどう】　近江守　初代　山城国　江戸中期（延宝）

近江国野州郡野村の出身。堀六郎兵衛。二代来金道門、のち三品姓となり、洛陽西洞院夷川に住。寛文元年十月十一日、近江大掾受領。翌二年十二月二十七日、近江守に転任（口宣案、『伊予刀工史料』）。十六葉の菊紋を切り、二代金四郎との合作のときは枝菊紋を切る。正徳元年、八十六歳没。互の目乱に小湾れ、沸出来で砂流しかかる。三品帽子を焼く。

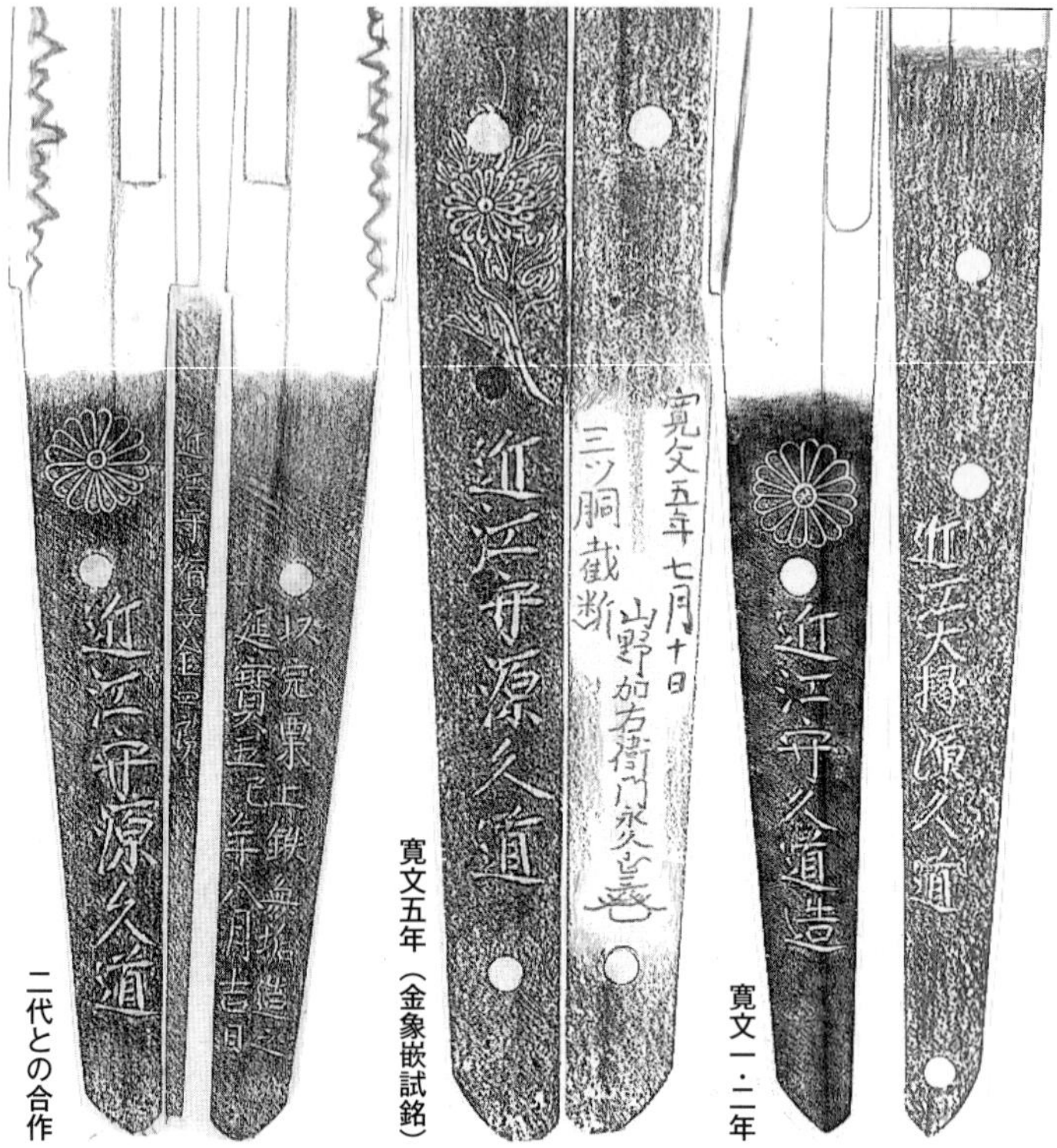

寛文一・二年

寛文五年（金象嵌試銘）

二代との合作

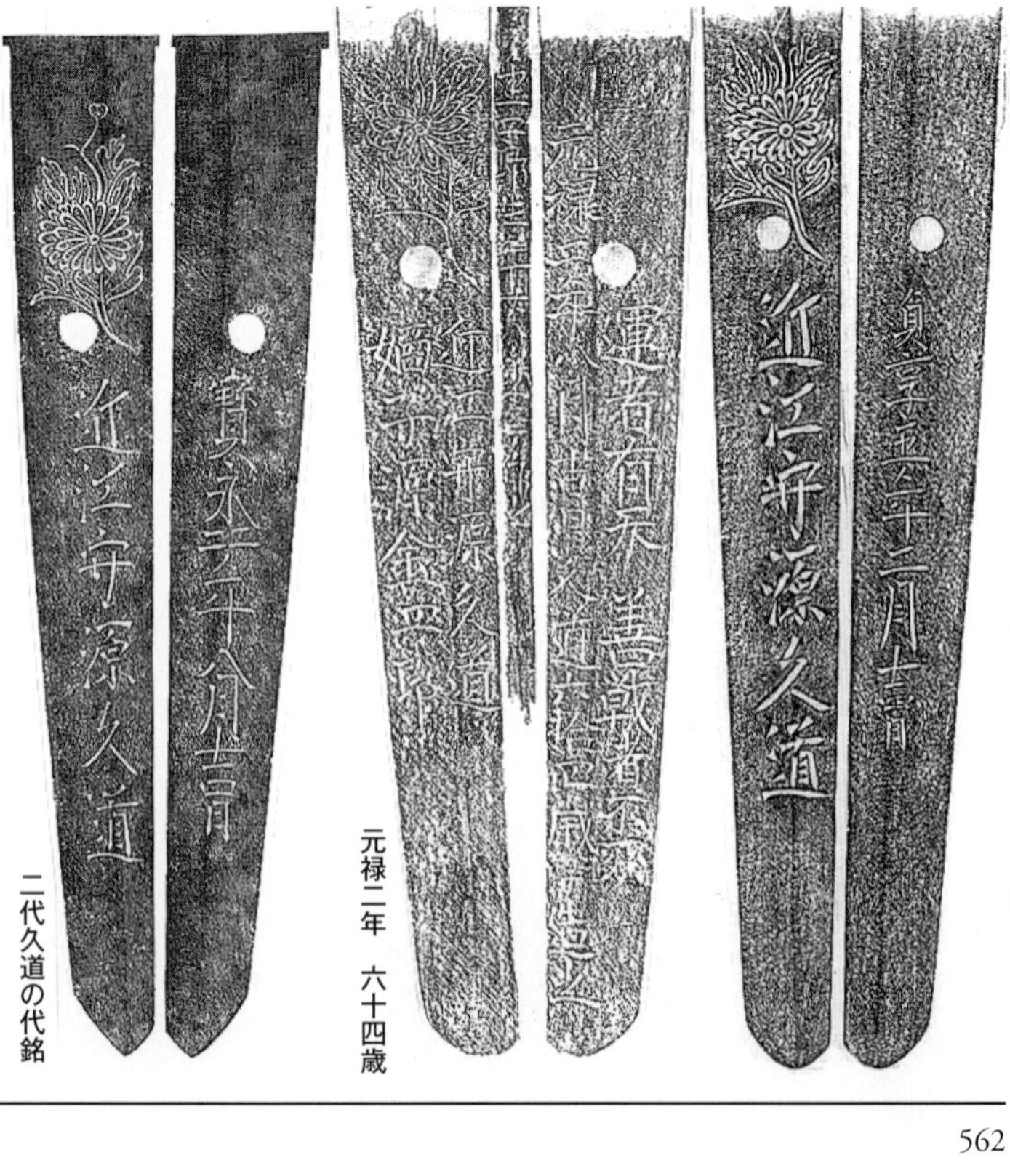

元禄二年　六十四歳

二代久道の代銘

新 **久道**【ひさみち・きゅうどう】　近江守　二代　山城国　江戸中期（正徳）

三品金四郎。初銘久次。三代来栄泉金道の次男で、久道家の養子となり、二代久道を継ぐ。正徳二年、五十歳で近江守受領（『古今鍛冶備考』）。初代久道との合作が多く、初代の代銘に当たる。延宝八年八月紀のものから、正徳六年の没年まで三十七年間がある。その大部分を初代の代作

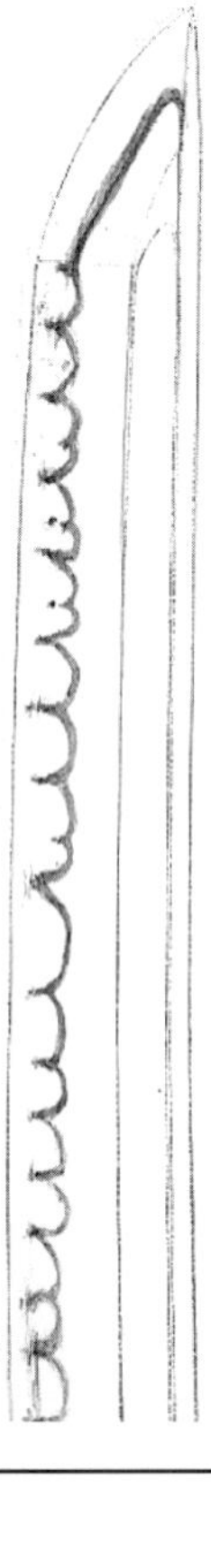

代銘に当たり、自作の期間は五年間ほどである。二代の作刀の技量は初代に優るほどのものがある。正徳六年六月九日没。

初代久道との合作

初代久道との合作

新　久道【ひさみち・きゅうどう】　近江守　三代　山城国　江戸中期（享保）

二代金四郎久道の次男。初銘久治。近江守受領は享保首年（『古今鍛冶備考』）とあり、享保二年が有力。元文四年、浜御殿で栄誉の鍛刀をし、名作六振りを観刀、若狭正宗、児手柏包永の模写の出来が上意にかない、一代限り五人扶持を賜る。寛延三年、再び出府の命が下り、浜御殿で鍛刀する。享保・元文ころの菊紋は外輪が丸味をもつが、のちは花弁の先端が尖った「ツブ菊」、また「風車菊」の形となり独特。六代来金道との合作がある。明和六年九月二十日、七十一歳没。

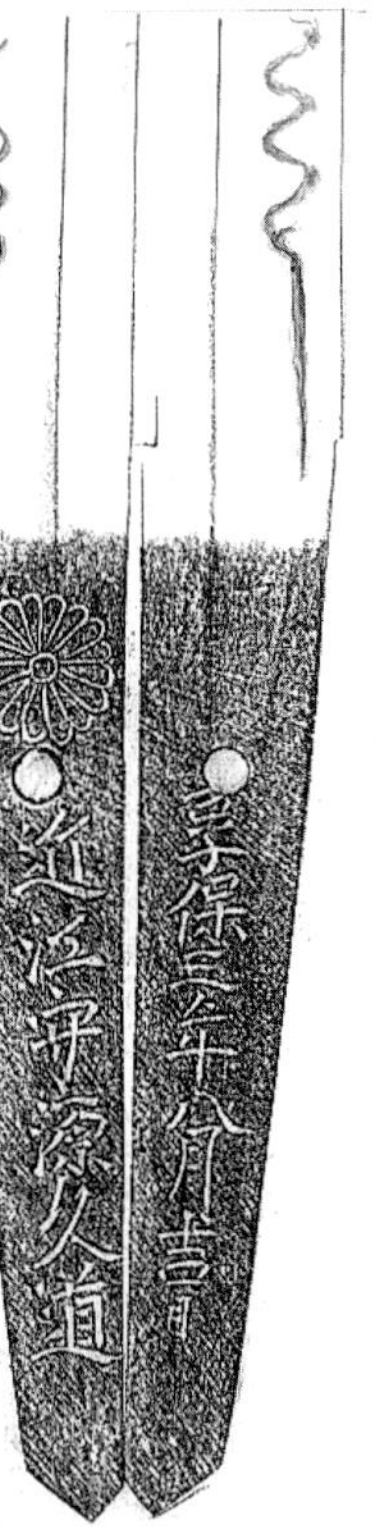

最初期銘

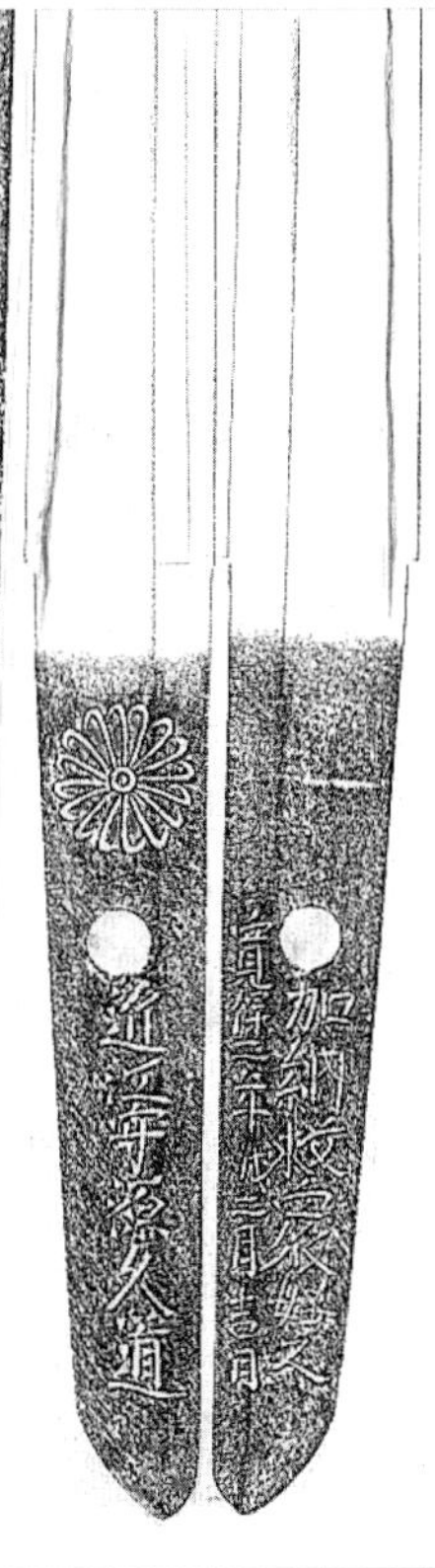

晩年銘

新々　久道【ひさみち・きゅうどう】　近江守　四代　山城国　江戸末期（明和）

三品次郎左衛門。三代久道に男子がなく、娘の子（三代の孫）を養子にして四代久道を継ぐ。明和四年二月二十七日、近江守受領（『三好国輝日記』）。江戸でも造り、のち寛政初めに伊予松山に移り、伊予温泉打ちがある。更に阿波に移り、海部で作刀する。寛政四・五年ころには再び伊予大洲に戻り、また吉田でも鍛刀する。吉田伊達家の抱工。

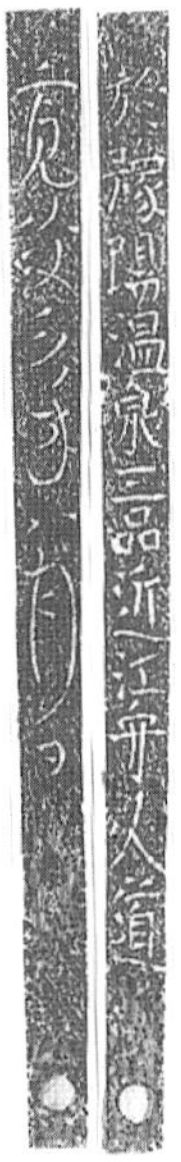

新々　久道【ひさみち・きゅうどう】　近江守　五代　山城国　江戸末期（寛政）

三品治良右兵衛。安永六年家督相続。文政十三年五月廿五日、予州吉田で没。五代久道は父祖の地京都での作刀はみず、寛政五年紀に「東都住近江守源久道」同十年紀に「於東都近江守久道」と切った江戸打ちの作がある。

新々 **久道**【ひさみち・きゅうどう】**六代**　山城国　江戸末期（天保）

三品次良兵衛。文政十三年家督相続。弘化三年正月二十六日没。受領がなく、作刀未見。

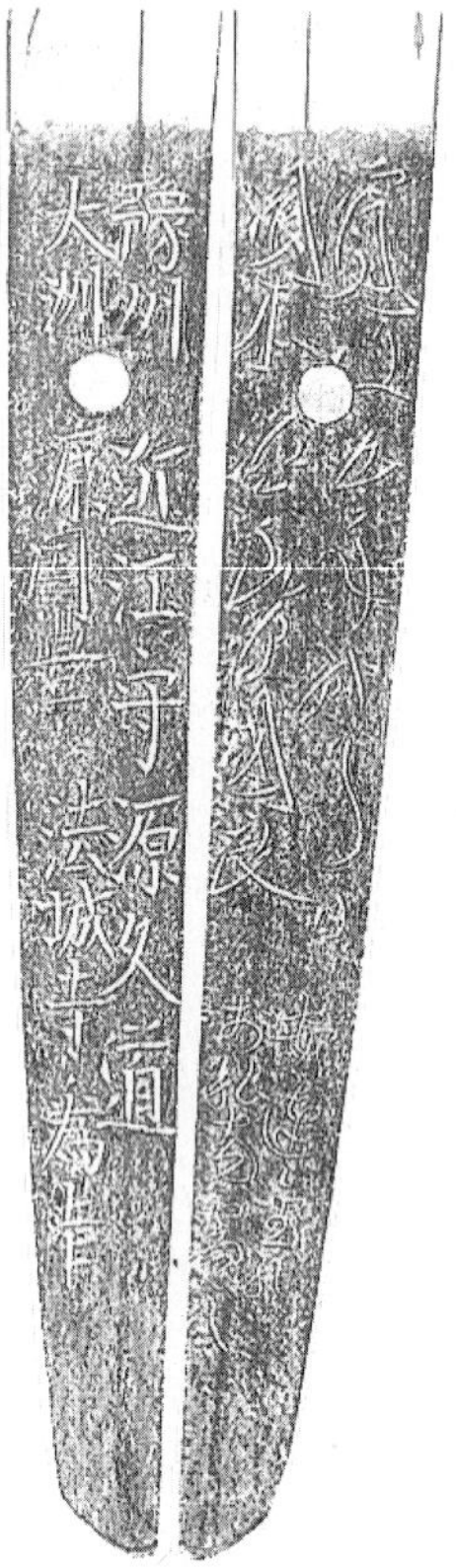

新々 **久道**【ひさみち・きゅうどう】**七代**　山城国　江戸末期（元治）

三品東一。弘化三年、家督相続。受領はない。明治三年十月十四日没。元治・慶応年紀の作があり、「三品近江三代孫源久道」と切ったものがある。久道は三代まで京で栄え、四代から伊予へ移り、吉田藩工として仕える。作刀は七代までみられ、初代から二百年を連綿とし、刀工家としては七代で終焉する。名跡は八代久雄（明治四十年、五十二歳没）、九代武雄（昭和十三年、大阪府へ転籍後、不明）と後続する。

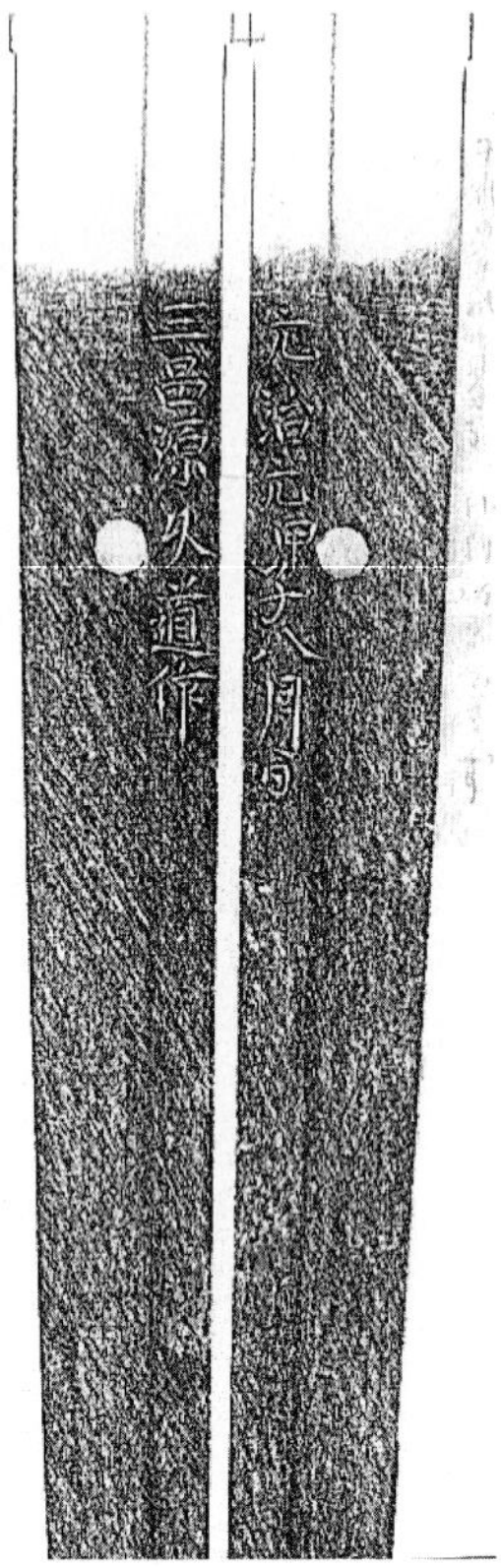

古 **久光**【ひさみつ】　山城国　南北朝期（永徳）

来。了戒信久の子。大身鎗は平三角造で、ケラ首が特に長い。直刃にほつれ、二重刃かかり、よく沸える。「来久光」。

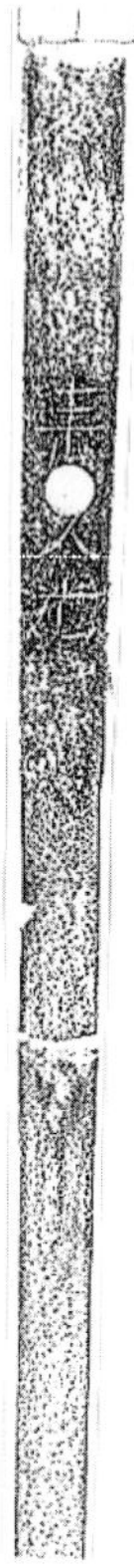

古 **久光**【ひさみつ】　備前国　室町初期（応永）

初代は応永で応永年中の作がある。二代は盛景の子といい、応永末年から永享にかけて年紀作がある。「備州長船久光」。

古 **久光**【ひさみつ】　備前国　室町中期（文安）

三代目に当たる久光は嘉吉から寛正にかけての年紀作がある。直刃、また互の目乱を焼き、互の目が小づみ小反り風がある。「備州長船久光」。四代文明、五代永正、六代天文、七代永禄と続く。

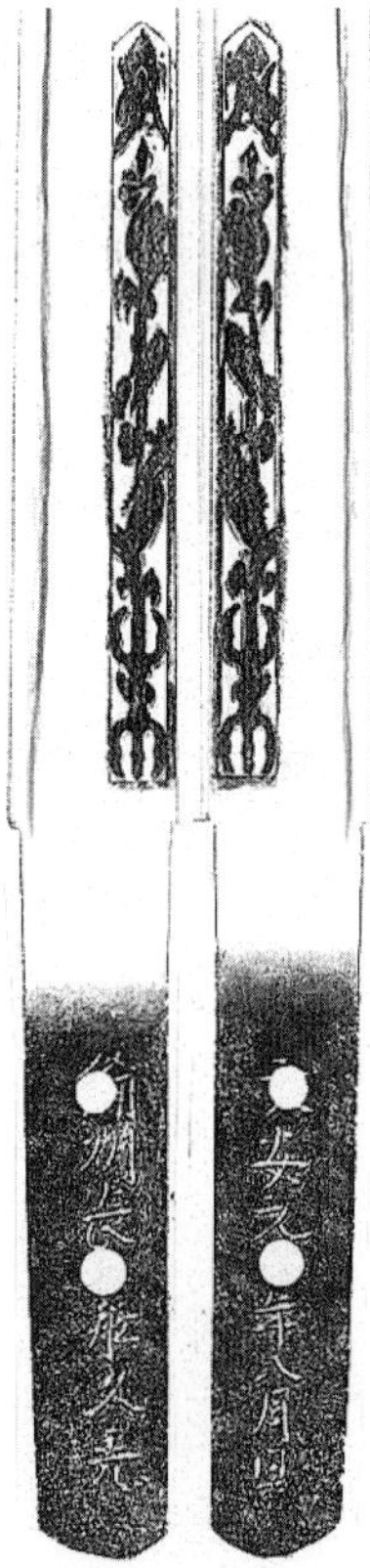

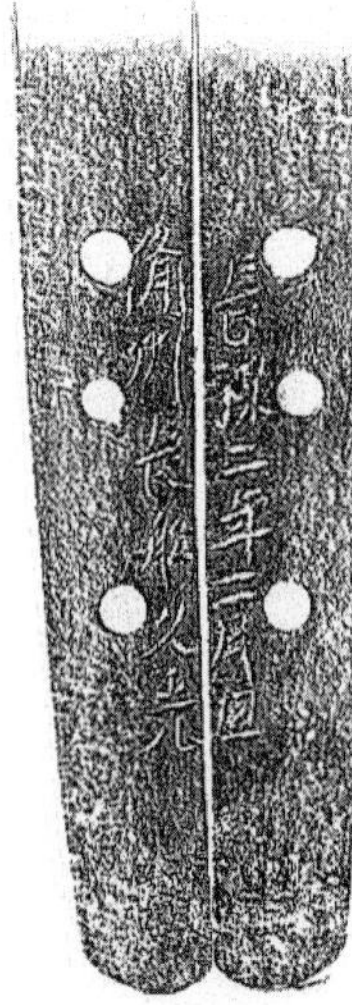

古 **久宗**【ひさむね】　備前国　鎌倉中期（寛元）

福岡一文字。成宗子。寛元ころ。「久宗」。同銘が同じ福岡一文字で南北朝期（正慶ころ）に、長船派では鎌倉末期（延慶ころ）にあり、降っては室町期の文明、明応にある。「久宗」「備前國長船住久宗」。

古 **久守**【ひさもり】　豊後国　室町末期（明応）

平高田。明応のころ。「平久守」「豊州高田住平久守作」

古 **久盛**【ひさもり】　豊後国　室町初期（正長）

平長守の子。盛家弟。正長のころ。「久盛作」「平久盛作」「豊州高田住久盛」同銘が永正、天文と後続する。

古 久安【ひさやす】 薩摩国　室町初期（応永）
波平。谷山住。応永ころ。「池平久安」。

古 久行【ひさゆき】 豊後国　室町末期（文亀）
高田。久盛子。文亀ころ。「豊州高田久行」「豊後住藤原久行」。

新々 久幸【ひさゆき】 武蔵国　江戸末期（天保）
川井亀太郎。常省子と号す。江戸小石川住。幕府の旗本。中山一貫斎義弘門、のち清水久義の門人。明治元年九月、八十三歳没。小板目肌が詰み無地風となり、直刃を好んで焼く。鎗の作が得意。◆二代久幸は初代の次男川井久敬。明治十八年、六十四歳没。

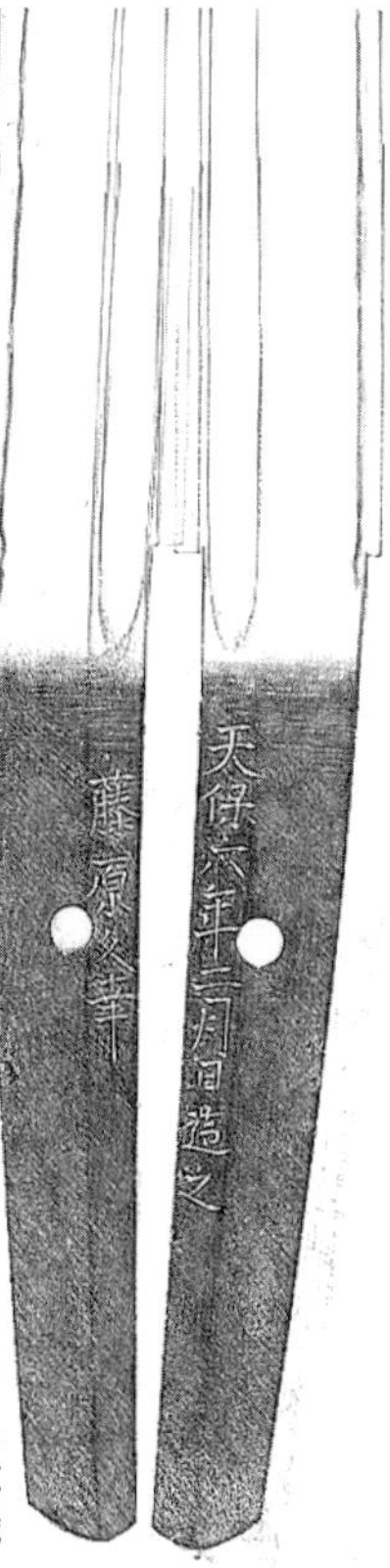
五十歳

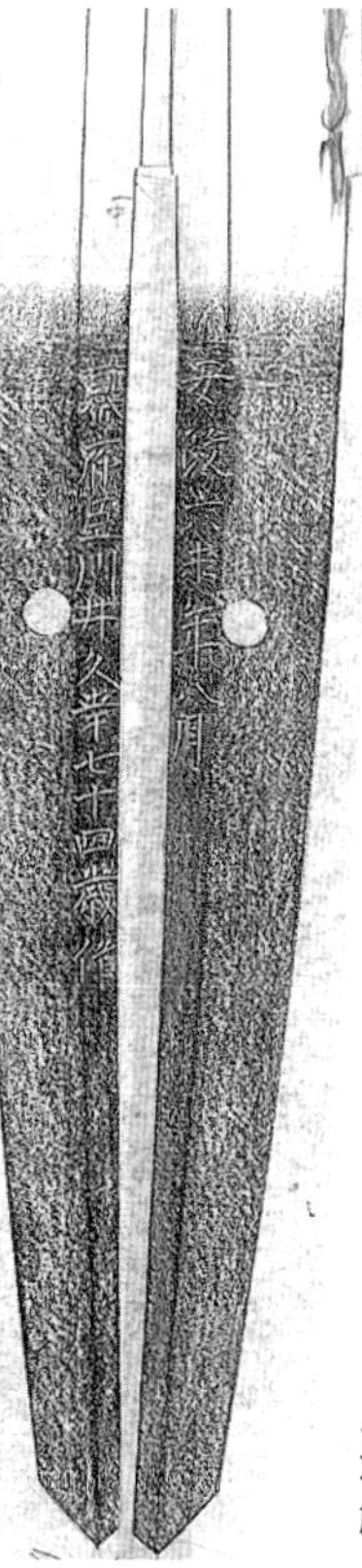
七十四歳

明治元年、八十三歳

新々 久義【ひさよし】 相模国　江戸末期（弘化）
清水宗五郎。本国相州小田原。細川正義門。江戸芝口住。左行秀の師として知られる。直刃に互の目足を入れ、砂流し金筋かかり相伝の作風をみせ、大乱もある。慶応四年九月十五日没。

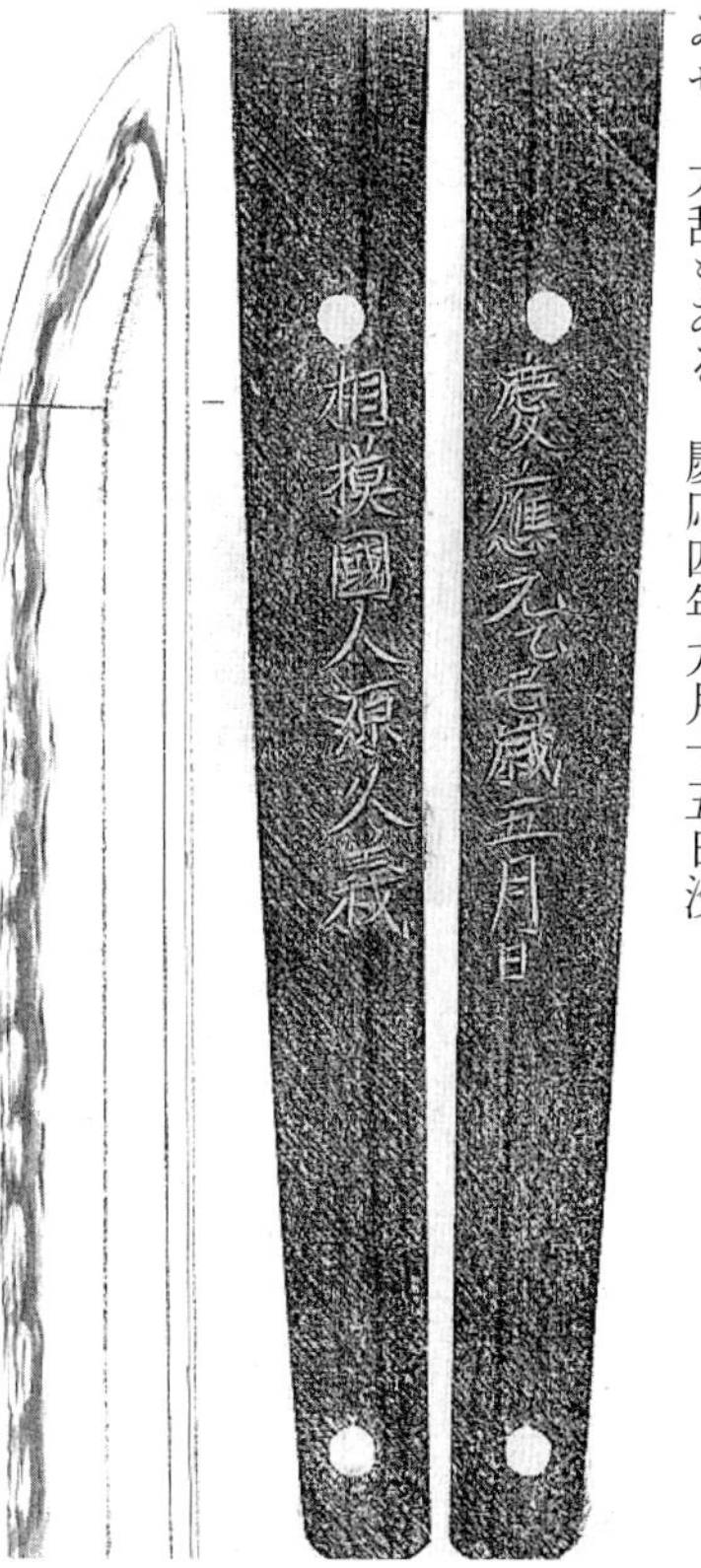

新 秀興【ひでおき】 薩摩国　江戸中期（元禄）
奥忠重同人。忠重の初銘。元禄二年に和泉掾を受領したとき秀興銘。のち忠重に改める。享保十年八月二十五日、六十七歳没。⇩**忠重の項参照**。

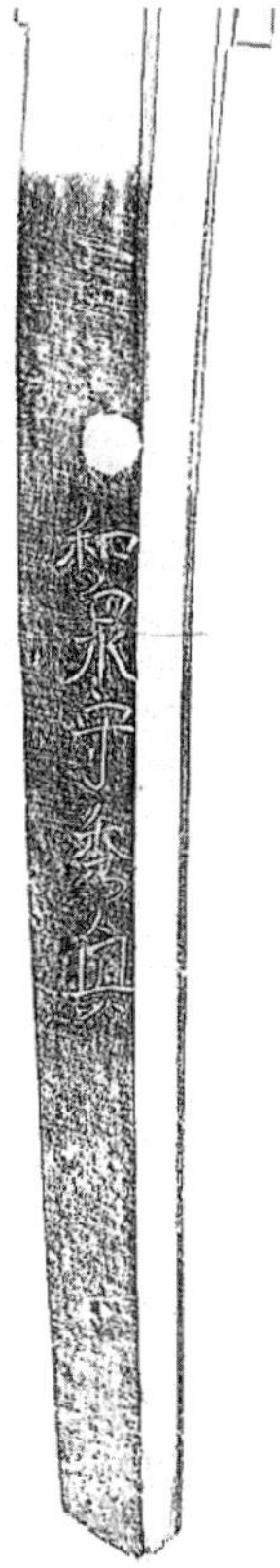

古 秀景【ひでかげ】 備前国　南北朝期（延文）
近景子。直刃に足入り、肩落互の目など近景の作に似る。「備州長船秀景」「備前国長船住秀景造」。

古 秀景【ひでかげ】 備前国　室町初期（応永）
応永・永享の年紀作がある。匂出来の互の目乱を焼く。「秀景」「備州長船秀景」。同銘が応仁に続く。

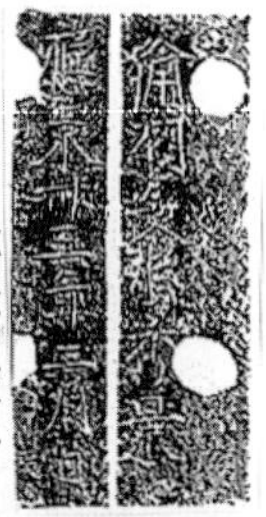
応永卅三年二月日
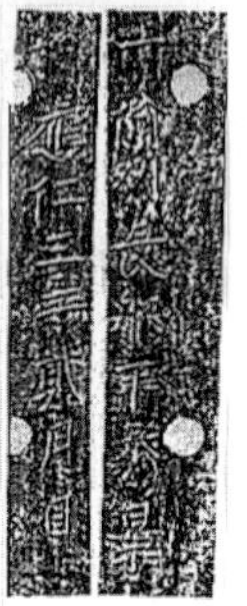
応仁三年弐月日

新々 **秀一【ひでかず】** 陸中国　江戸末期（文久）

宮川庄右衛門。天保二年、二十歳で江戸へ出て舞鶴友英に学び、のち初代長運斎綱俊の門に入る。安政五年、帰郷して南部藩工となる。慶応年中の作が多く、明治初年まで作刀する。明治二十年四月八日、七十六歳没。「奥州盛岡住人万歳秀一以餅鉄造之」などと切る。小丁子乱、大丁子乱。

新々 **秀国【ひでくに】** 岩代国　江戸末期（文政）

角大次。初代角元興の子。初代が没する五年前に早世したため、元興銘を継ぐことなく、秀国のみを名乗る。没年の文政二年八月、二十六歳秀国作がある。文政二年十月二十五日、二十六歳没。⇩元興〈初代・三代〉の項参照。

古 **秀貞【ひでさだ】** 備前国　南北朝初期（応安）

小反り。秀近子。応安ころ。「秀助」「備州長船秀貞」。次代は応永ころ長船で鍛刀する。

古 **秀助【ひですけ】** 備前国　南北朝期（明徳）

小反り。明徳二年紀があり、応永十七年紀ころまでの作がある。「備州長船秀助」。本工の先代に康永元年紀の作がある。

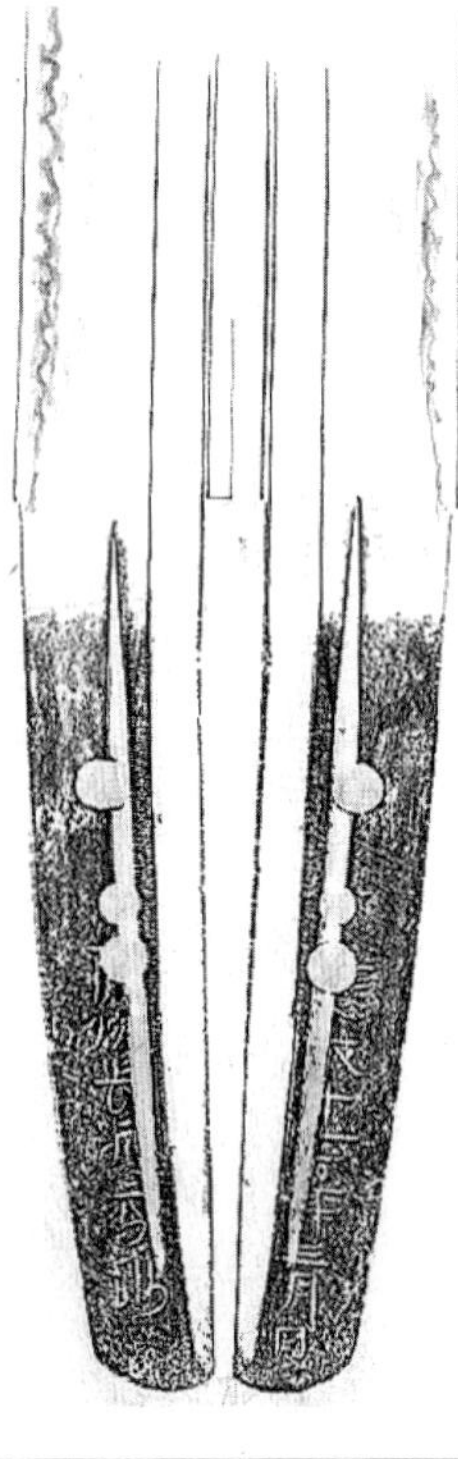

新々 **秀隆【ひでたか】** 土佐国　江戸末期（慶応）

左行秀門。直刃、互の目乱。「土佐住秀隆」と切る。

新々 **秀武【ひでたけ】** 羽前国　江戸末期（文政）

結城清七郎。水心子正秀門。羽州山形住。

新作 **秀忠【ひでただ】** 岐阜　昭和

高羽誠。昭和二年生まれ。池田国忠門、のち中田兼秀門。昭和四十年、第一回新作名刀展から出品し連続入選する。宮入昭平鍛錬所で研修。関市伏見新田で鍛刀する。

古 **秀近【ひでちか】** 備前国　鎌倉中期（仁治）

古備前。沸出来の小乱に小丁子交じり。「秀近」。同銘が南北朝期の長船に一人、小反り秀光の門また子に一人がいる。

新々 **秀近【ひでちか】** 土佐国　江戸末期（嘉永）

左行秀門。直刃を焼く。「秀近」「土佐住秀近」などと切る。

古 **秀次【ひでつぐ】** 山城国　南北朝期（貞和）

来国秀の子、また門人という。作刀は稀。

新々 **秀次【ひでつぐ】** 相模国　江戸末期（天保）

土屋秀宗門。足柄上郡曽我村中村住。秦野落合住綱家の一族。

ひ
ひでかず～ひでつぐ

新々 **秀任【ひでとう】** 安芸国　江戸末期（弘化）
松尾助之丞。弘化ころから文久ころまでの作がある。

新 **秀辰【ひでとき】初代** 摂津国　江戸初期（正保）
権兵衛。本国関得印派。政常門。のち大坂へ移住、江戸にても造る。「山城守藤原秀辰」。

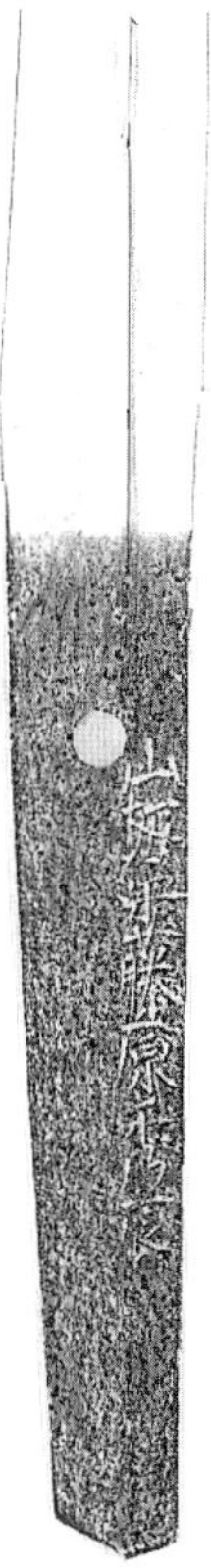

新 **秀辰【ひでとき】二代** 武蔵国　江戸中期（延宝）
善右衛門、のち権兵衛。清重子。大坂から江戸へ移る。二代目。「常陸守秀辰」。

新作 **秀寿【ひでとし】** 鳥取　昭和
金崎秀寿。昭和十九年生まれ。金崎助寿に師事。昭和四十六年作刀承認。互の目乱、棟を焼き皆焼状の作がある。「因州住人天龍子秀寿造之」。鳥取市住。

新々 **秀直【ひでなお】** 出羽国　江戸末期（文政）
山本嘉伝次。大慶直胤門。「羽州山形住秀直」「筑前大掾藤秀直」などと切る。越後新発田住。

新々 **秀直【ひでなお】** 越後国　江戸末期（慶応）
田辺秀直。天龍子正隆の末で秀直門。越後新発田住。「田辺魁三郎秀直」などと切る。

新々 **秀春【ひではる】** 伯耆国　江戸末期（慶応）
藤本和一郎。慶応三年紀の作がある。互の目乱を焼く。甚太郎尚春の養父。

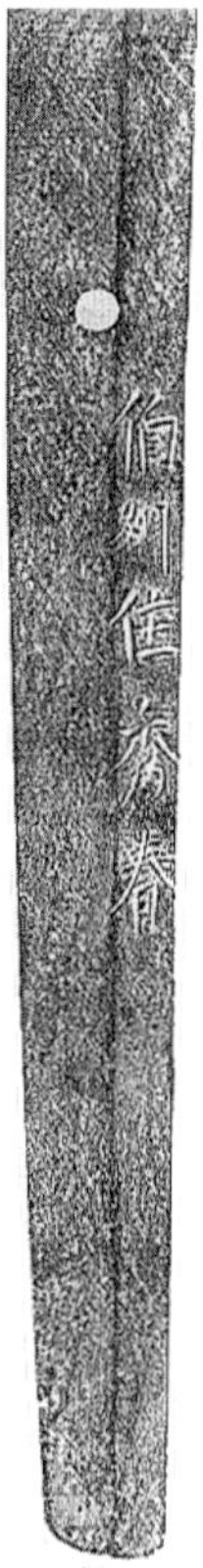

新作 **秀平【ひでひら】** 長野　平成
根津啓。昭和五十八年生まれ。平成十八年、宮入小左衛門行平門。同二十三年、作刀承認。同二十四年、新作日本刀展金賞第二席、及び新人賞。同二十五年、同展にて金賞第二席受賞。第七回お守り刀展覧会にて全日本刀匠会賞受賞。長野県埴科郡坂城町住。「信濃国秀平」。

新々 **秀弘【ひでひろ】** 土佐国　江戸末期（文久）
田内楠次郎。土州比島住。左行秀門。幅広で長寸、大切先の造りに、直刃に湾れ交じり、互の目足入り。

新作 **秀弘【ひでひろ】** 福岡　昭和
武藤秀吉。明治二十四年生まれ。肥前忠吉の系流で、二代武藤久広門。陸軍受命刀匠。大川市酒見住。

新々 **秀方【ひでまさ】** 土佐国　江戸末期（元治）
左行秀門。直刃に互の目交じり。「土州住秀方作」「秀方」と切る。

ひ
ひでとう～ひでまさ

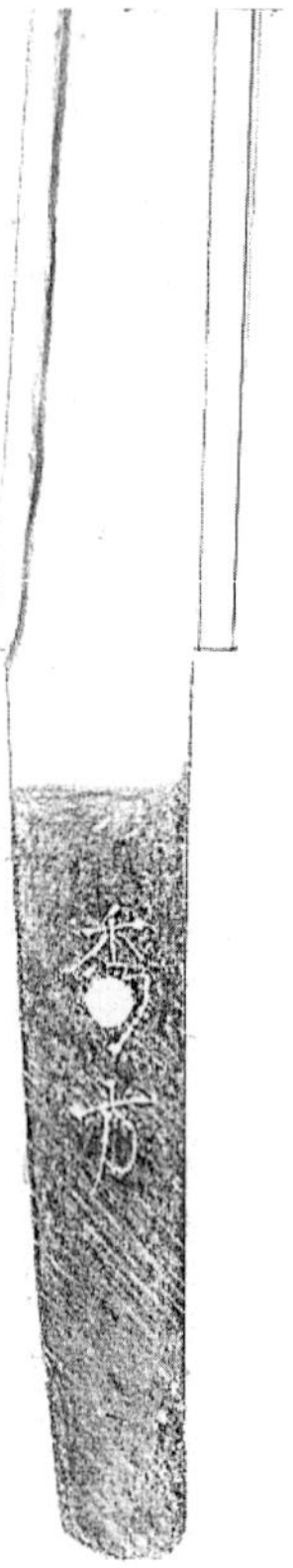

古 秀光【ひでみつ】 備前国　南北朝期（建武）

小反り。初代。嘉暦の年紀作があり、延元にかけての作刀がある。互の目乱を焼く。

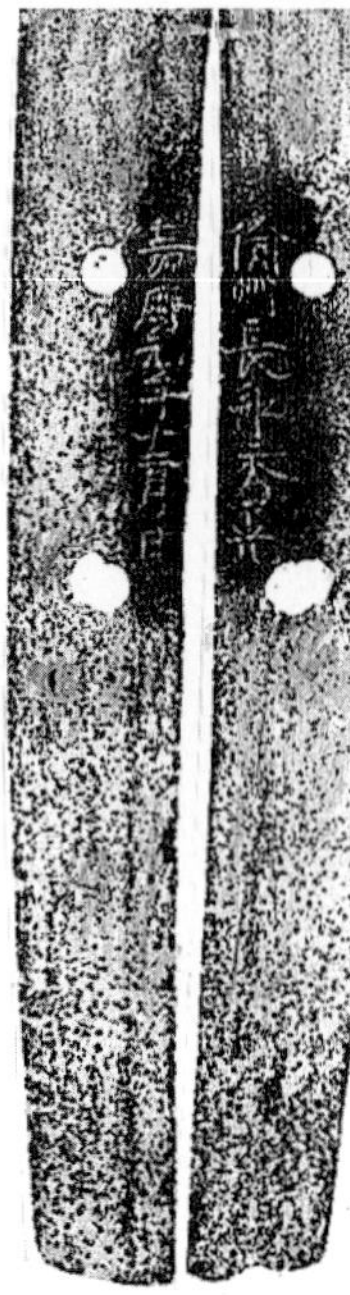

嘉暦元年十二月日（『鑑刀随録』）

古 秀光【ひでみつ】 備前国　南北朝期（応安）

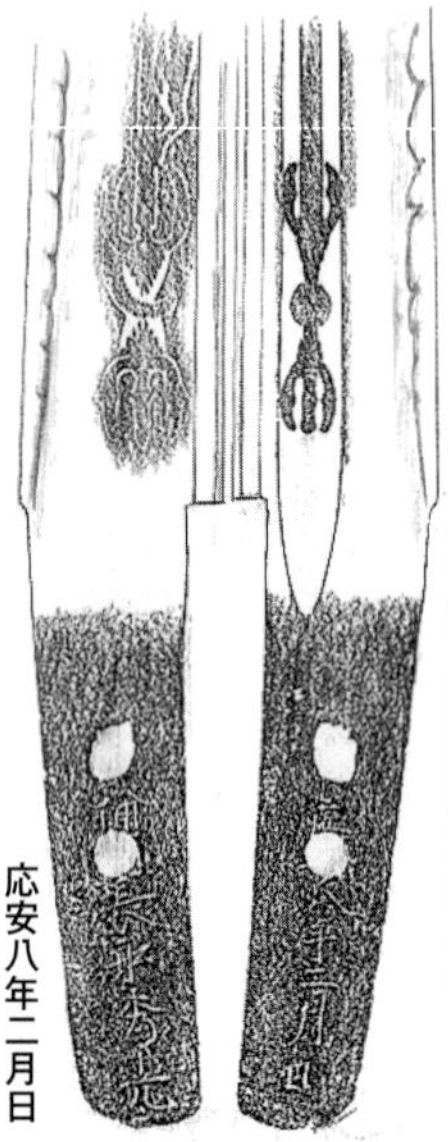

応安八年二月日

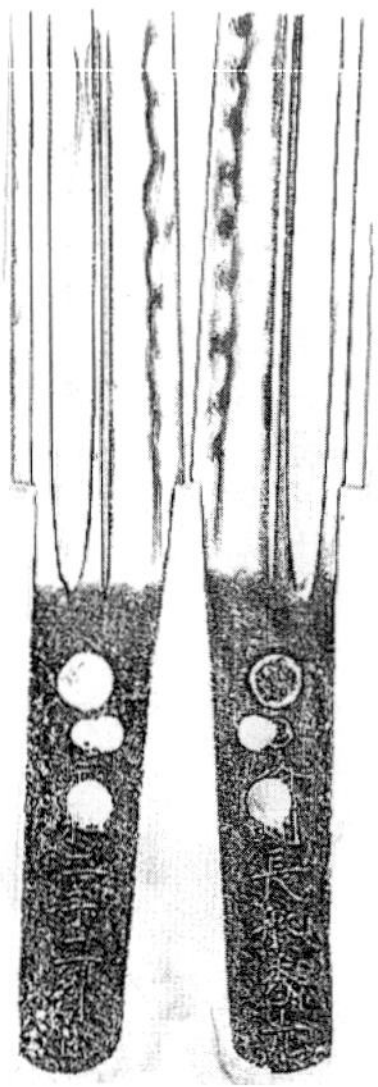

永和二年二月日

小反り。右衛門尉。二代。貞治年紀から永徳にかけての作刀がある。兼光門基光の子という。互の目を揃えて兼光、あるいは吉井物風があり、なお小模様となる。刃味の優れていることで知られ最上大業物に列する。「備州長船秀光」「備前國長船住秀光」。

古 秀光【ひでみつ】 備前国　南北朝期（至徳）

小反り。右衛門尉。三代。至徳から応永にかけて作刀する。「備州長船秀光」「備州長船右衛門尉秀光」。

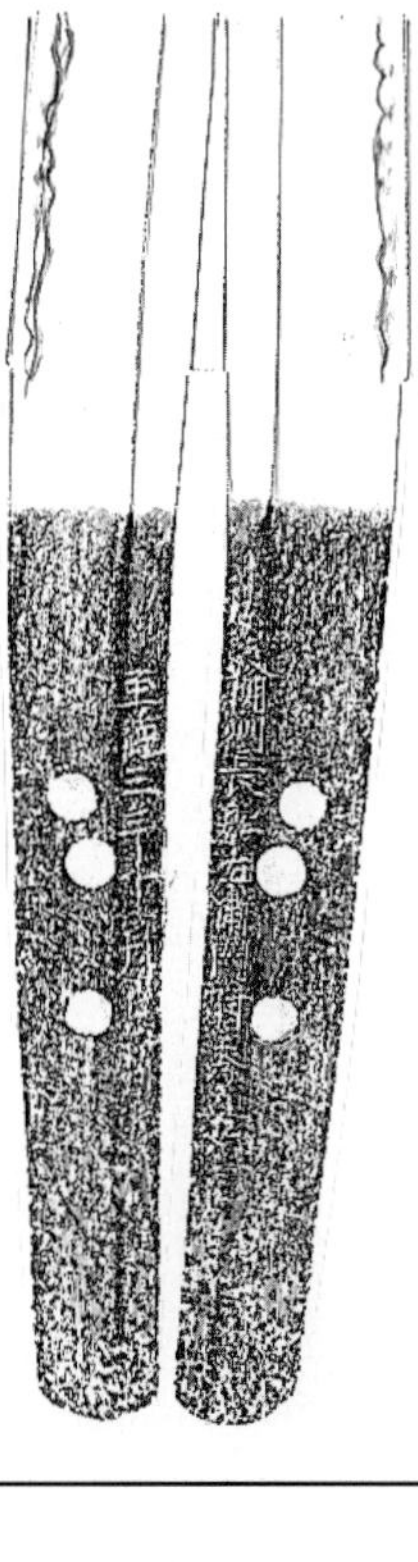

古 秀光【ひでみつ】 備前国　室町初期～末期（応永～文明）

小反り。応永・永享・文安年紀があり、のち文明以降、永禄年紀の作へ後続する。「備州長船秀光」「備州長船住秀光」。

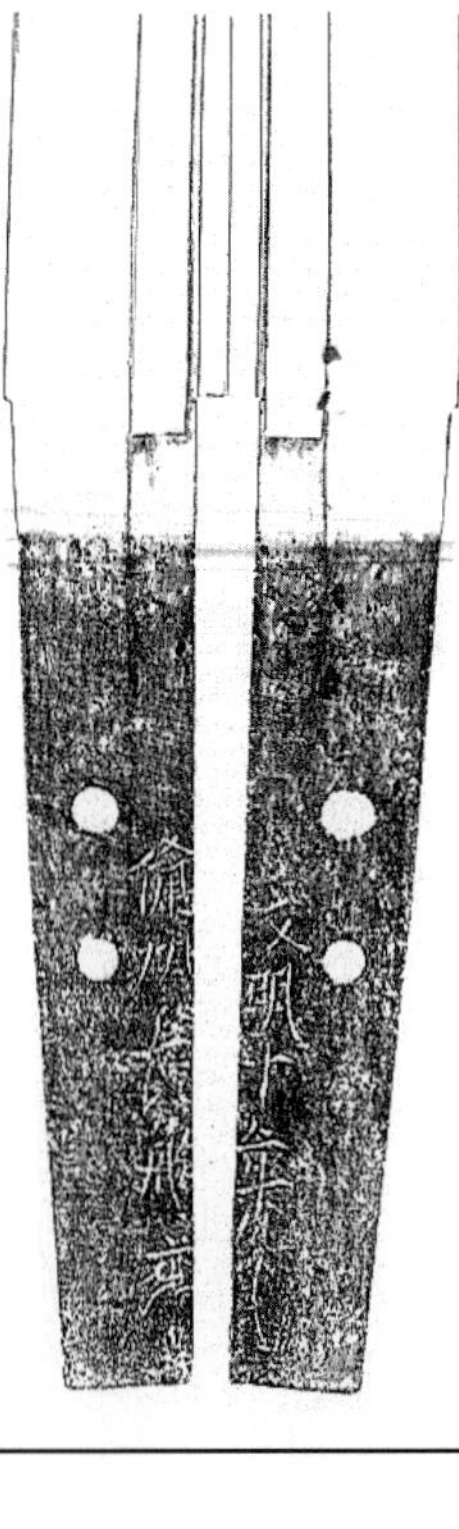

新々 秀光【ひでみつ】 土佐国　江戸末期（慶応）

左行秀門。「土州鬼龍山六代秀光」などと切る。

新作 秀光【ひでみつ】 岡山　昭和

藤本昭。昭和九年生まれ。父源太郎秀光に学び、小林貞善門。新見市住。

新作 秀宗【ひでむね】 新潟 昭和
山上若吉。初銘宗利、のち秀宗に改める。明治三十五年生まれ。笠間一貫斎繁継門。丁子乱を焼く。

新作 秀宗【ひでむね】 岐阜 昭和
松原龍平。昭和五年生まれ。十三代川島正秀、中田兼秀に師事する。関市関口町住。

古 秀行【ひでゆき】 備後国 室町末期（大永）
五阿弥。直刃に互の目逆足入り、小沸よくつき、ほつれ打のけかかり、白気映り立つ。「備州尾道住五阿弥秀行」「備州尾道五阿秀行」。

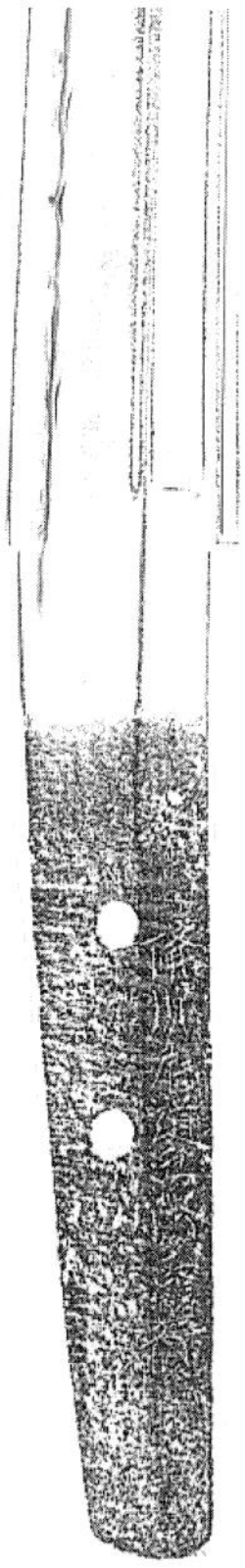

新々 秀世【ひでよ】 氷心子 武蔵国 江戸末期（天保）
田村耕平。水心子正秀門、のち娘婿となる。氷心子と号す。江戸麻布今里住。直刃、互の目乱、小乱など。

新々 英国【ひでくに】 武蔵国 江戸末期（明和）
水心子正秀の初銘。明和中ごろに英国を名乗り、安永三年以降に正秀と改める。「於出羽山形藤原英國作之、真十五枚甲伏鍛」などと切銘する⇩正秀の項参照。

新 英次【ひでつぐ・てるつぐ】 美濃国 江戸中期（宝永）
英俊とも銘す。大坂、甲斐にても造る。互の目足入り。「河内守藤原英次」と切る。

新作 英敏【ひでとし】 福岡 昭和
遠藤英敏。昭和十一年生まれ。父永光に学ぶ。作刀技術発表会、新作名刀展入選。久留米市住。弟義寿は永光次男、昭和十二年生まれ。作刀技術発表会、新作名刀展入選。

古 兵部【ひょうぶ】 肥後国 室町末期（天正）
同田貫。小山左馬介。国勝同人。直刃に小互の目足入り、ほつれ二重刃かかる。「九州肥後同田貫兵部」。⇩国勝の項参照。

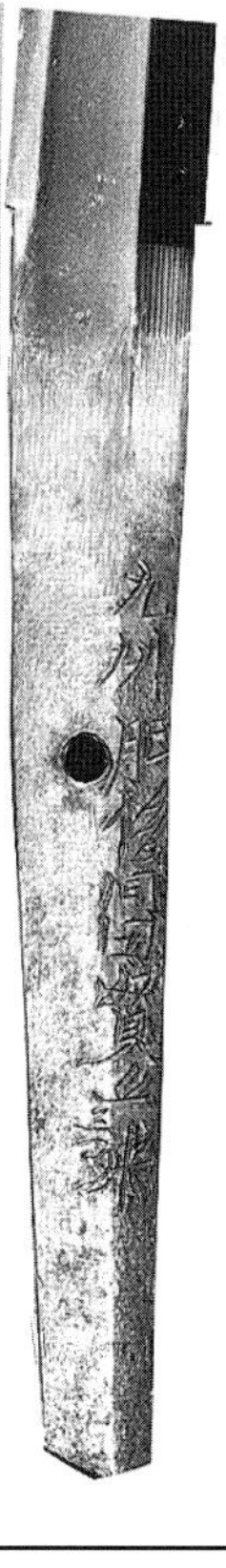

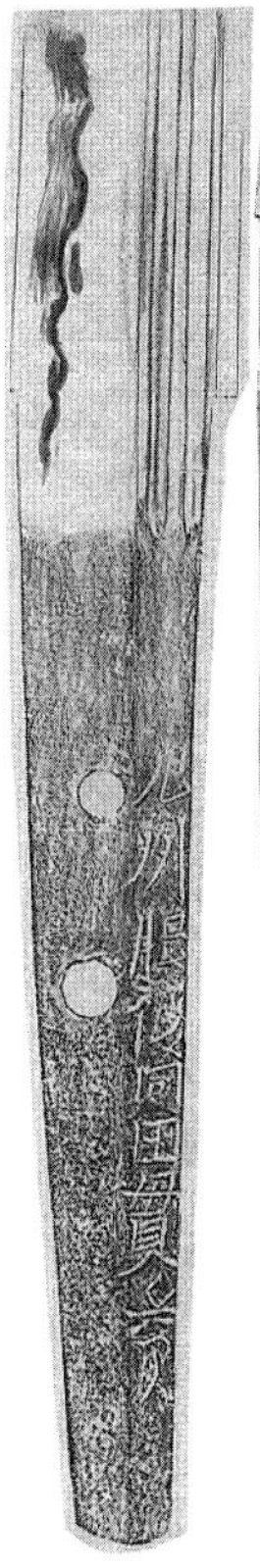

古 平国【ひらくに】 越中国 室町末期（明応）
宇多。友次の門流。国清門。「宇多平國」。平国は永享ころにいて、明応ころの平国から後は天文、天正に同銘がある。「宇多平國」。

古 広家【ひろいえ】 相模国 室町末期（天文）
綱広子とも、広次門ともいう。常州にても造る。「廣家作」「相州住廣家」。

新作 広清【ひろきよ】 岡山 昭和
安藤幸夫。昭和二十二年生まれ。小林康宏門。昭和五十五年、作刀承認。直刃を焼く。「随泉寺卅九世 美作国広清造之」。岡山市東区西大寺住。

新 広国【ひろくに】 初代 安芸国 桃山期（寛永）
平左衛門。二代輝広門、のち娘婿となる。師輝広の助力をし、広隆と共に代作に当たる。自身の作に寛永元年紀の平造小脇指がある。

新 広国【ひろくに】二代　安芸国　江戸中期（寛文）

長四郎、のち平左衛門。初代広国の子。五代輝広に子がなく、二代広国は五代輝広の養子となり、六代輝広を継ぐ。元禄十四年没。

新 広貞【ひろさだ】初代　肥前国　江戸初期（慶安）

相右衛門。初代忠吉門、初銘吉家。明暦二年、八十二歳没。

新 広貞【ひろさだ】二代　肥前国　江戸中期（寛文）

相右衛門。忠国門。兼広子で初代没後にその名跡を継ぐ。元禄十三年、七十七歳没。◆三代相右衛門広貞は元禄ころ。四代角兵衛広貞は享保ころ。

古 広実【ひろざね】　日向国　室町末期（天正）

国広の一族。飫肥住。国広の初銘といわれ国広同人説があるが、別人。「日州古屋住藤原国廣作」「天正十二年八月彼岸　同国穆佐住藤原廣實」銘の国広・広実合作の脇指がある。

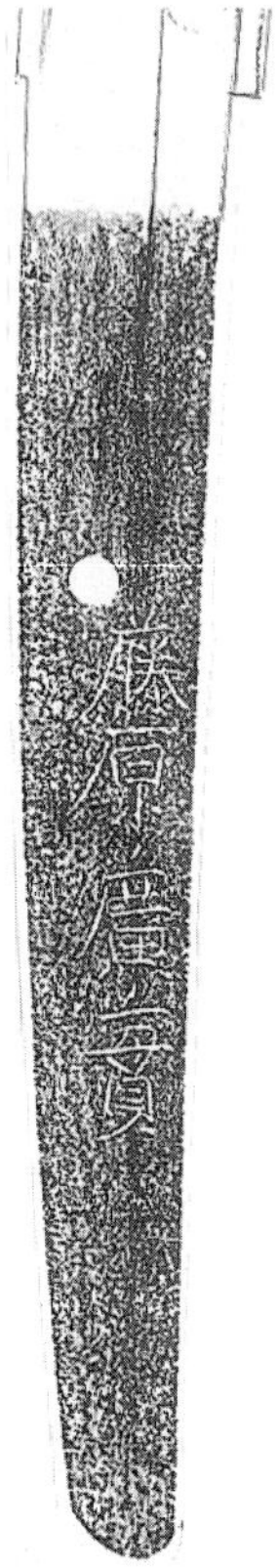

新 広実【ひろざね】　日向国　桃山期（慶長）

堀川国広門。「藤原廣實」の銘は、国広が幡枝八幡宮へ慶長四年に奉納した刀の大振りの作銘と近似する。広實は国広が京堀川へ定住した時代の高足とみることができ、国広の代作者の一人であろう。

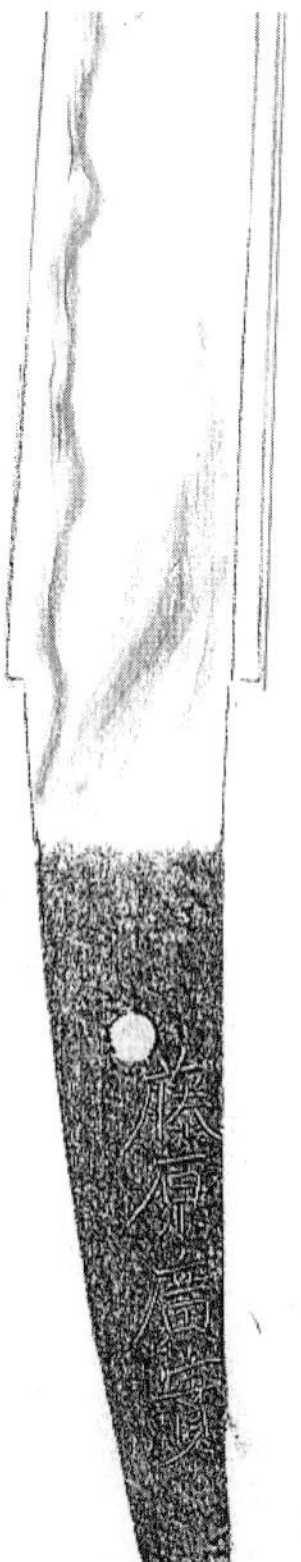

古 広重【ひろしげ】初代　武蔵国　室町末期（文禄）

山本新七郎。長門周重（初代照重）の子。下原照重家から分家する。武州恩方村住。『古今鍛冶備考』は相州広重と下原広重は同人で天正・文禄の間の人とみている。下原鍛冶の上手。下原鍛冶の薙刀といえば、ほとんどが広重の作となる。互の目に丁子交じり、沸締り気味に匂口沈む。板目に杢交じり地沸つく。「武州住廣重」「武州下原住廣重」「於勢州桑名下原廣重作之」。

武州八王子多西郡由井横山之住人
於勢州桑名下原広重作之
寛永十六年己卯四月吉日

新 広重【ひろしげ】二代 武蔵国 桃山期（慶長）

山本新兵衛。初代新七郎の子。嫡男藤右衛門が跡を継ぎ、二男金左衛門が安国家を、三男新右衛門が広重家を興し分家する。寛永元年十月一日、八十六歳没。湾れに互の目、互の目に丁子、尖り互の目交じりなど。

新 広重【ひろしげ】三代 初代相模守 武蔵国 桃山期（寛永）

山本藤右衛門。新兵衛広重の長男、広重宗家三代目。寛永十六年相模守を受領、相模守初代で以下代々相模守を名乗る。寛文二年九月七日没。湾れに互の目、尖り互の目交じり、匂口明るく沸よくつく。中直刃にほつれ、二重刃かかる。「相模守藤原廣重」「武州下原相模守藤原廣重」。

新 広重【ひろしげ】四代 二代相模守・藤五宗国 武蔵国 江戸中期（延宝）

山本藤五。三代藤右衛門広重の子。大村加卜の門。貞享二年、水戸光圀の佩刀を鍛え、宗国銘を賜わり、相模守宗国と改銘する。宗家広重四代目、相模守二代。広重四代以降代々が宗国を銘す。「相模守藤原廣重」「相模守藤原宗國」「藤五宗國」と切銘する。直刃がほつれ、二重刃かかる。湾れに互の目、尖り刃交じり、小沸つく。鍛えは板目に柾が流れる。

慶安二年八月紀

（『水戸の刀匠』）

ひ
ひろしげ

新 広重【ひろしげ】五代 三代相模守・二代宗国 武蔵国 江戸中期（享保）

山本半十郎。水戸義公の鎗を鍛え、宗国の名を賜る。父藤五宗国と共に大村加卜門、茎に「真十五枚甲伏造」を切り添えるのは、師大村加卜から伝授の鍛法を表したものである。「相模守藤原宗國」「下原相模守藤原宗國」。享保八年紀の作がある。享保十年十一月二十九日没。◆宗国家は六代権平（宝暦五年没）。七代藤吾（安永六年没）。八代善蔵（寛政十二年没）。九代藤吾（文政九年没）。十代庫太、十一代内蔵太、十二代浩酒介（明治二十四年没）と続く。六代以降の作刀はみられない。

（『古今鍛冶備考』）

新 広重【ひろしげ】 金左衛門 初代 武蔵国 桃山期（寛永）

山本金左衛門。新兵衛の次男、元和三年に分家する。下原派。金左衛門の孫が三代目・武蔵太郎安国で知られ、金左衛門系を安国家と称している。

新 広重【ひろしげ】 藤太 二代 武蔵国 江戸中期（延宝）

山本藤太。延宝八年、天和二年紀の作がある。「武州下原住山本藤太廣重」「山本藤太廣重入道」と切銘する。享保十五年八月没。直刃、尖り互の目交じり。

新 広重【ひろしげ】 新右衛門 初代 武蔵国 桃山期（寛永）

新兵衛広重の三男新右衛門が寛永十二年に分家し、新右衛門家を興す。新右衛門広重家初代。この系から因幡守広重と猪広重が出る。新兵衛広重の嫡流藤右衛門広重家は四代以降宗国を銘し、次男筋金左衛門広重家は三代以降武蔵太郎安国を銘す。代々が広重を銘すのは新右衛門広重家のみで、七代が明治まで後続する。

新 **広重【ひろしげ】** 兵左衛門　二代　武蔵国　江戸中期（寛文）

初代新右衛門の子、新右衛門広重家二代。寛文八年紀に山本兵左衛門尉広重の奉納刀がある。◆三代万右衛門(元禄ころ)、四代藤八(享保ころ)、五代庄五郎（宝暦ころ）以下七代（文久ころ）まで続く。

新 **広重【ひろしげ】** 因幡守　武蔵国　江戸中期（万治）

山本半右衛門。下原派。八王子元横山町住。肥前唐津小笠原家の抱工。京、遠江にても打つという。寛文二年五月、因幡大掾受領。のち因幡守に転任する。猪広重と称す。七十余歳の長命者という。寛文六年紀の奉納刀に「武州神田住因幡守猪廣重作」と切銘した作がある。湾れに互の目、尖り刃交じり。

新 **広重【ひろしげ】** 陸奥守　武蔵国　江戸中期（延宝）

山本半左衛門。下原派。因幡守広重の弟。陸奥守を受領。「猪」を姓のように切銘する。元禄八年、七十三歳と切った作がある。湾れに互の目、尖り互の目交じり、大互の目乱。

新 **広重【ひろしげ】** 肥前国　江戸初期（正保）

左馬允。初代忠吉門。互の目に丁子交じり。「肥前国住廣重」などと切る。

新 **広重【ひろしげ】** 摂津国　江戸中期（宝暦）

二代広高の子、小孤丸と号す。三代龍泉子広高との合作がある。「摂州住小孤丸廣重」などと切る。

古 **広助【ひろすけ】初代** 駿河国　室町末期（天文）

島田義助の子。義助・助宗と共に島田の三傑と称される上手。豪壮な造込みを得意とし、刃文は互の目、互の目に丁子交じり、中には兼房乱風の盛んな乱れがあり、沸よくつき、砂流しかかる。皆焼も焼く。備考は永正・弘治の間の人としており、これにもとづけば現存する天文十六年紀の刀は初代の晩年作となる。「廣助」「嶋田住廣助作」「駿州嶋田住廣助」。

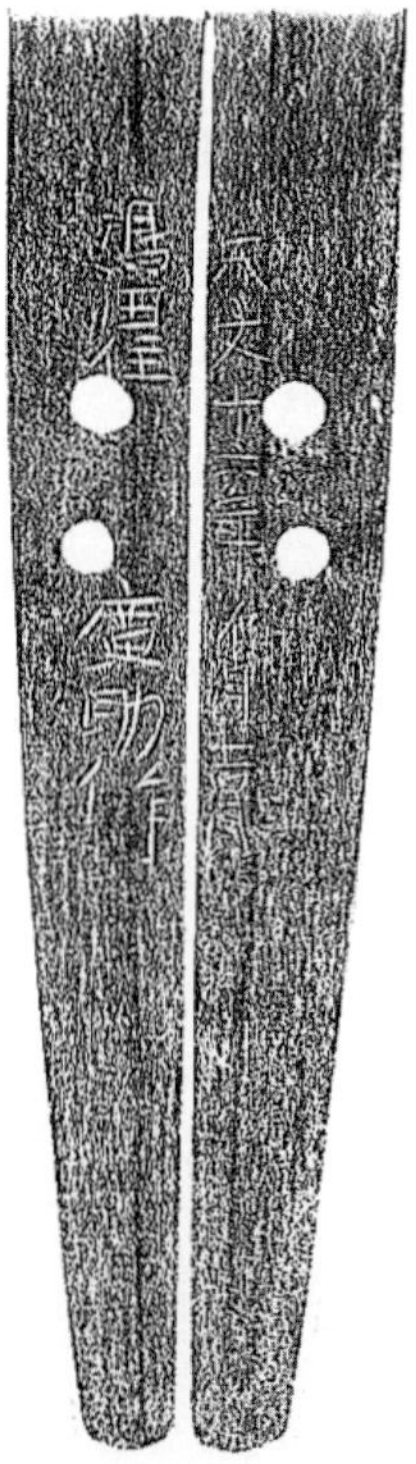

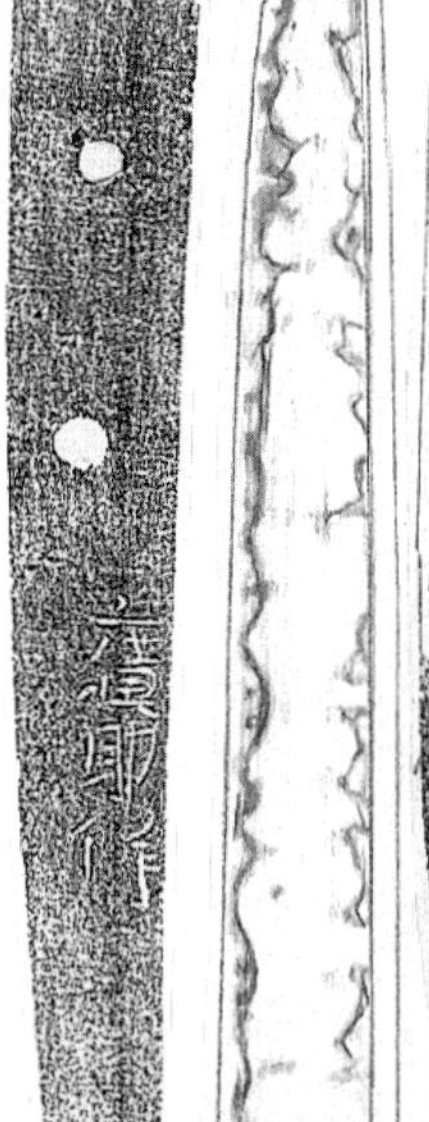

古 **広助【ひろすけ】二代** 駿河国　室町末期（天正）

村瀬金左衛門。永禄二年紀がある甲州打ちの刀は「平朝臣原美濃入道所持之」の所持銘がある。原美濃は鬼美濃とも呼ばれた豪勇の士で武田信虎に仕え、のち小田原北条に属す。永禄二年紀のころは二代広助の初期作であろう。「廣助」「駿州島田住廣助」「島田廣助於甲州作之（花押）」

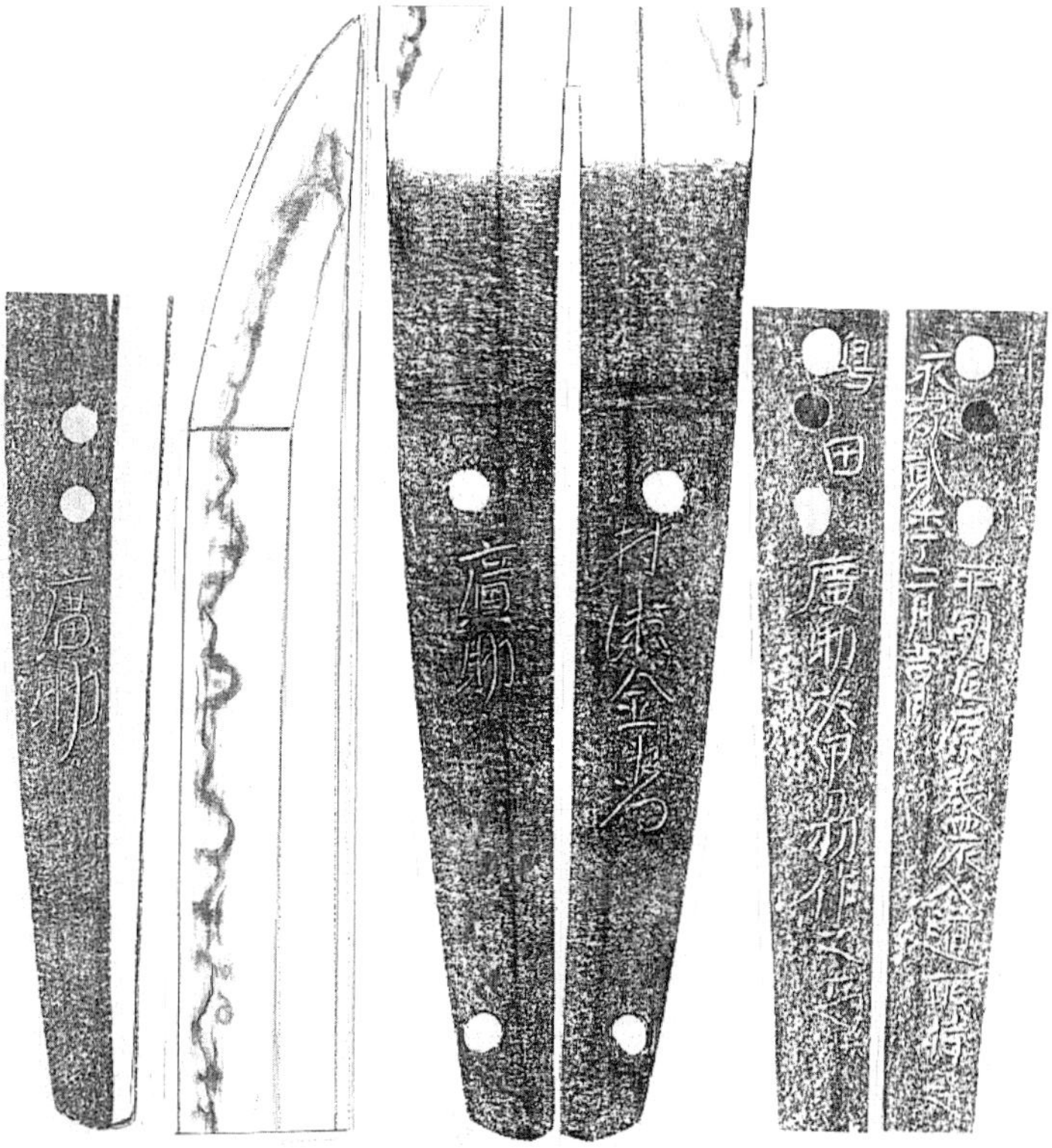

「村瀬金衛門廣助」。

新 **広助【ひろすけ】三代**　駿河国　桃山期（寛永）

与左衛門。広直刃、互の目乱。「嶋田住廣助」「駿州嶋田住廣助」。

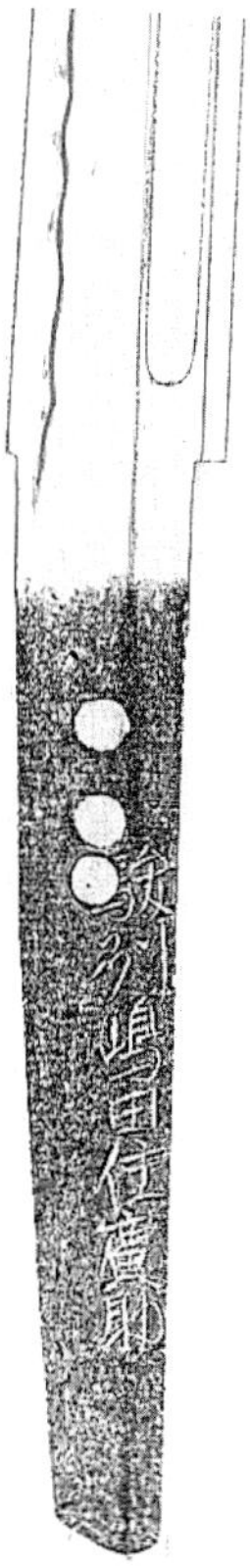

新 **広助【ひろすけ】四代**　駿河国　江戸中期（延宝）

仁左衛門。万治二年十二月駿河大掾受領、のち駿河守に転任する。「廣助」「駿河守嶋田住廣助」。◆五代宝永、六代元文と続く。

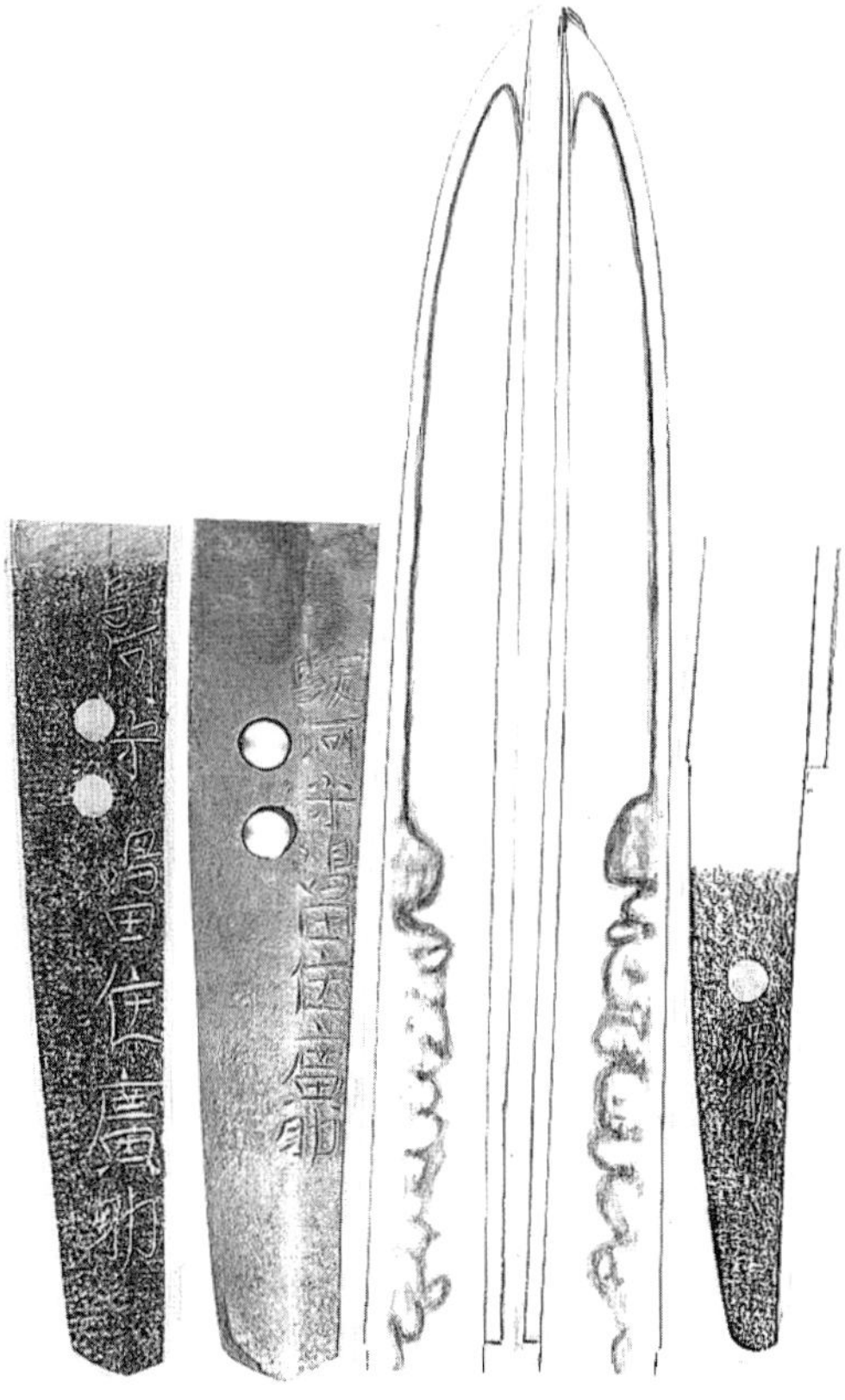

新 **広住【ひろずみ】**　肥前国　江戸中期（享保）

吉住の初銘。遠江守二代兼広の子。父兼広との合作があり、「越中掾藤原廣住作之」と切る。

父遠江守兼広との合作

新 **広高【ひろたか】初代**　摂津国　江戸中期（延宝）

本国美濃。河内大掾、のち河内守を受領する。「摂州住藤原廣高」などと切る。

新 **広高【ひろたか】二代**　摂津国　江戸中期（元禄）

大坂住。「河内大掾藤原廣高」などと切る。

新々 広高【ひろたか】三代 摂津国 江戸末期（安永）
二代広高の子。龍泉子、新泉子と号す。直刃を焼く。「稲津龍泉子廣高」「新泉子廣高」と切る。

新 広隆【ひろたか】初代 安芸国 桃山期（寛永）
長右衛門。芸州二代輝広の門。五代目広隆が文政年間に幕府に提出した由緒書（『知新集』）によれば寛永ころに御扶持方家宅を賜り別に一家をなすとある。広国と共に二代播磨守輝広の高弟。師の代作に当たり、また三代輝広の寛永年間の前半にも代作をしていたとみられる。作刀稀少。

新 広隆【ひろたか】二代 安芸国 江戸中期（正徳）
長右衛門。初名弥兵衛、のち弥助。宝永年中に師輝広家が絶えたため正徳六年に官命により七代輝広を継ぐ。三代広隆は孫の与七（弥助）が幼少にして相続する。成長の後、家職に堪えず廃業する。

新々 広隆【ひろたか】四代 安芸国 江戸末期（安永）
専蔵、善八。輝広十一代目藤四郎の弟。明和三年、官命により広隆の名跡を継ぐ。寛政八年、陸奥大掾受領。「芸州住陸奥大掾廣隆」と切銘する。享和ころまで存生するという。

新々 広隆【ひろたか】五代 安芸国 江戸末期（文化）
森本茂兵衛。四代広隆の養子となり文化二年家督相続する。文化三年、越前大掾受領。文化四年、同八年に藩主の御前で鍛刀する。天保九年に行年六十と切った剣がある。尾崎助隆門（『新刀銘集録』）。◆六代富之進広隆（安政）は森本留次郎、南海太郎朝尊、また駒井慶任の門。嘉永、安政年紀の作がある。

新 広任【ひろただ】 肥前国 江戸中期（元禄）
弥七兵衛。初代行広次男。享保十一年没。二代目は虎右衛門といい、寛保三年二月没。

新 広近【ひろちか】 大和守 摂津国 江戸中期（延宝）
伏見右衛門。初銘寛近。奥州宇多郡中村の出。相馬家の抱工。津田助広門。大和守受領。師助広が考案した香包鑢（化粧鑢）をかける。

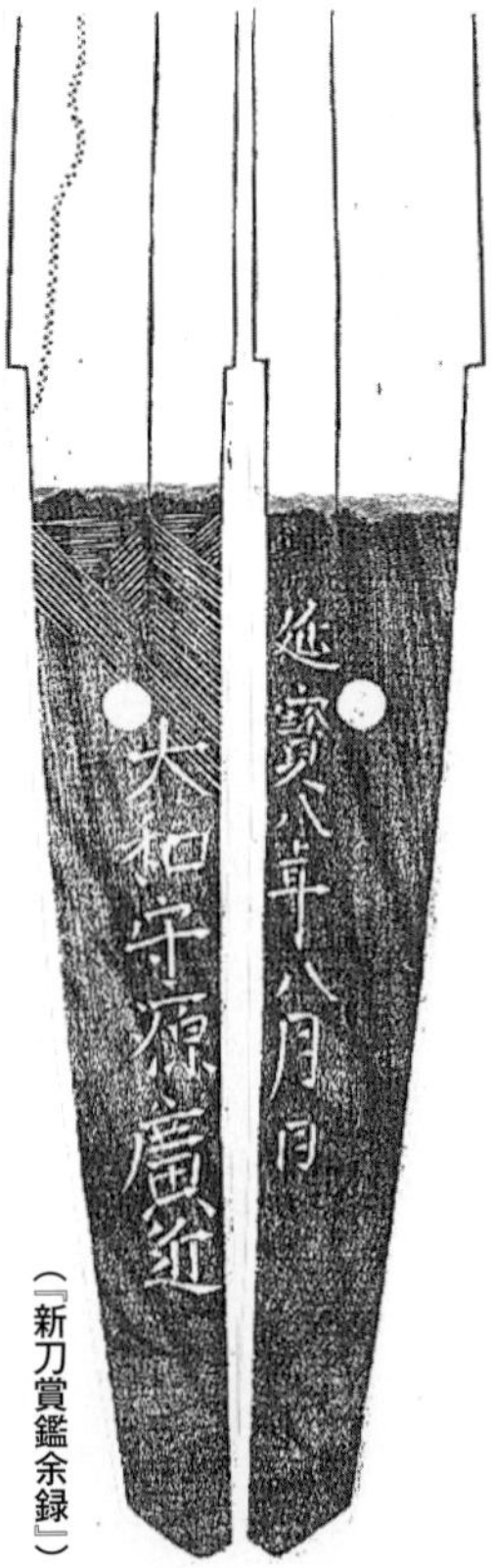
（『新刀賞鑑余録』）

古 広次【ひろつぐ】初代 相模国 南北朝期（永徳）
山内鍛冶。藤源次流。吉広子。教覚坊と打つ。吉広系は広次各代が続き、冬広に至り若狭国へ派生し、助広各代ののち隆広が出るなど栄える。

古 広次【ひろつぐ】二代 相模国 室町初期（応永）
九郎三郎。駿州島田にても造るという。

古 広次【ひろつぐ】三代 相模国 室町末期（文明）
市川長兵衛。湾れ調の直刃に互の目交じり、大互の目乱、皆焼も焼く。彫物が巧み。明応九年、永正十年紀の作がある。「廣次」「相州住廣次」。

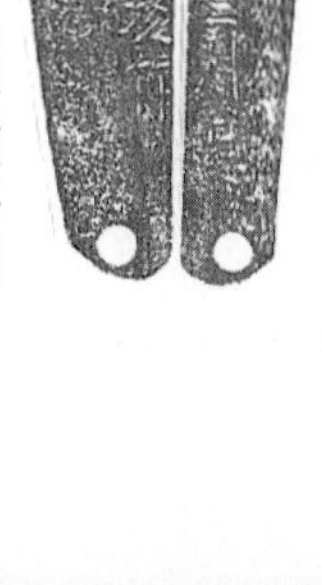
明応九年二月日

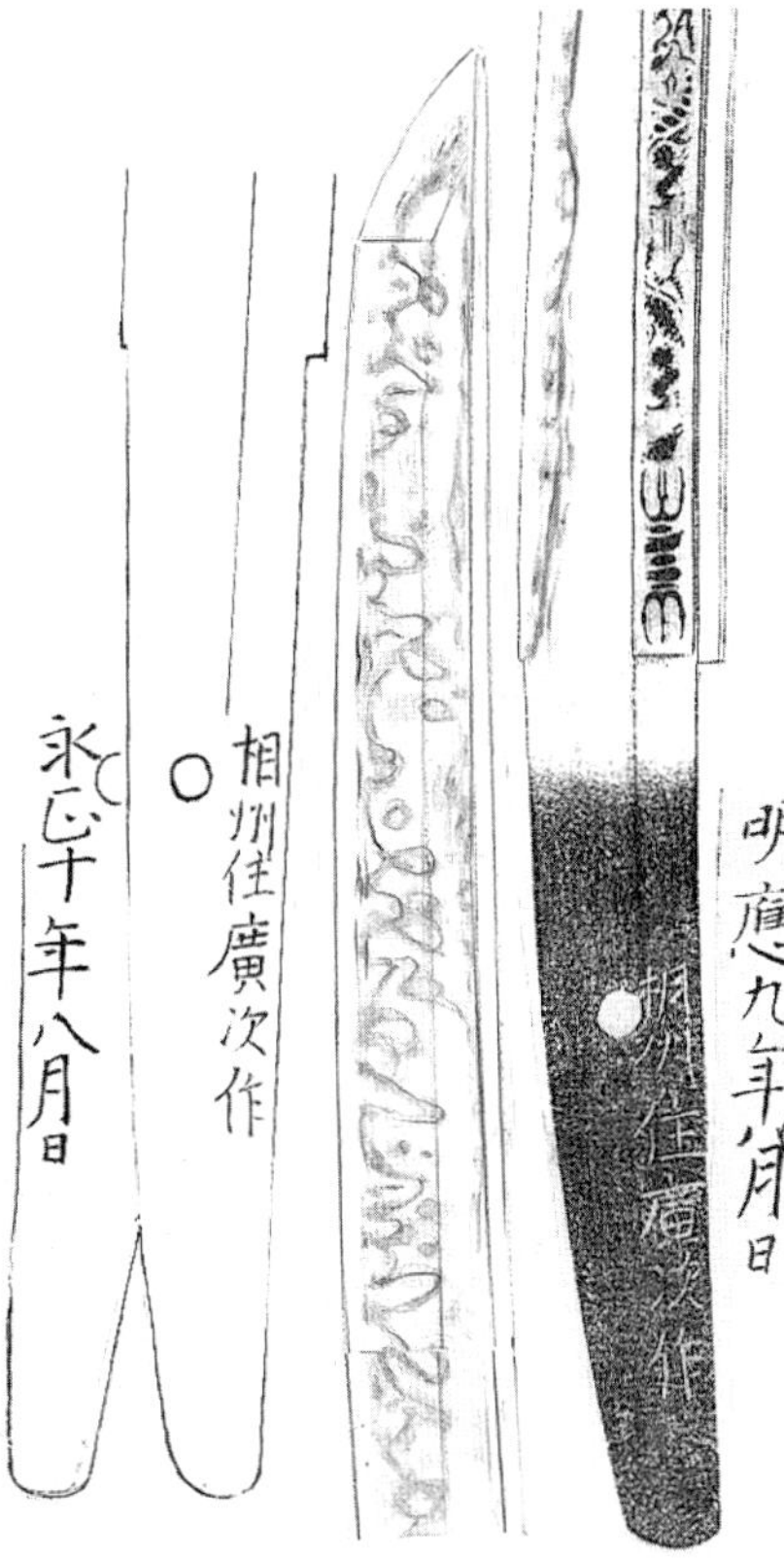

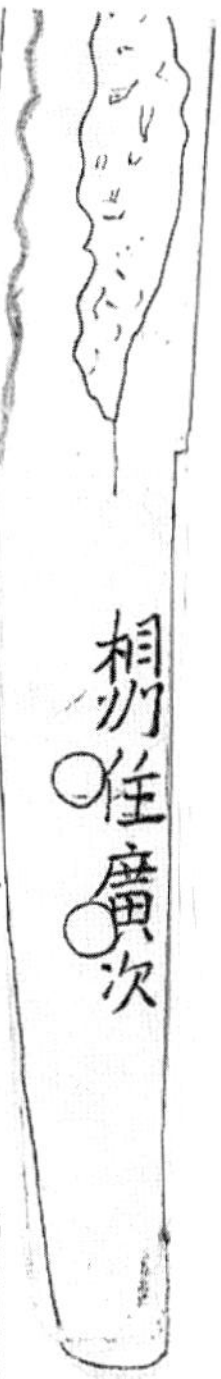

（『光山押形』）

古 **広次【ひろつぐ】四代**　相模国　室町末期（天文）

天文三年紀の作がある。駿河、伊勢にても造り、一門が甲斐、若狭、伯耆、常陸などに派生し広次を銘す工がいる。「廣次」「相州住廣次」。伊勢打ちに宗重との合作刀がある。「勢州住宗重廣次造」。

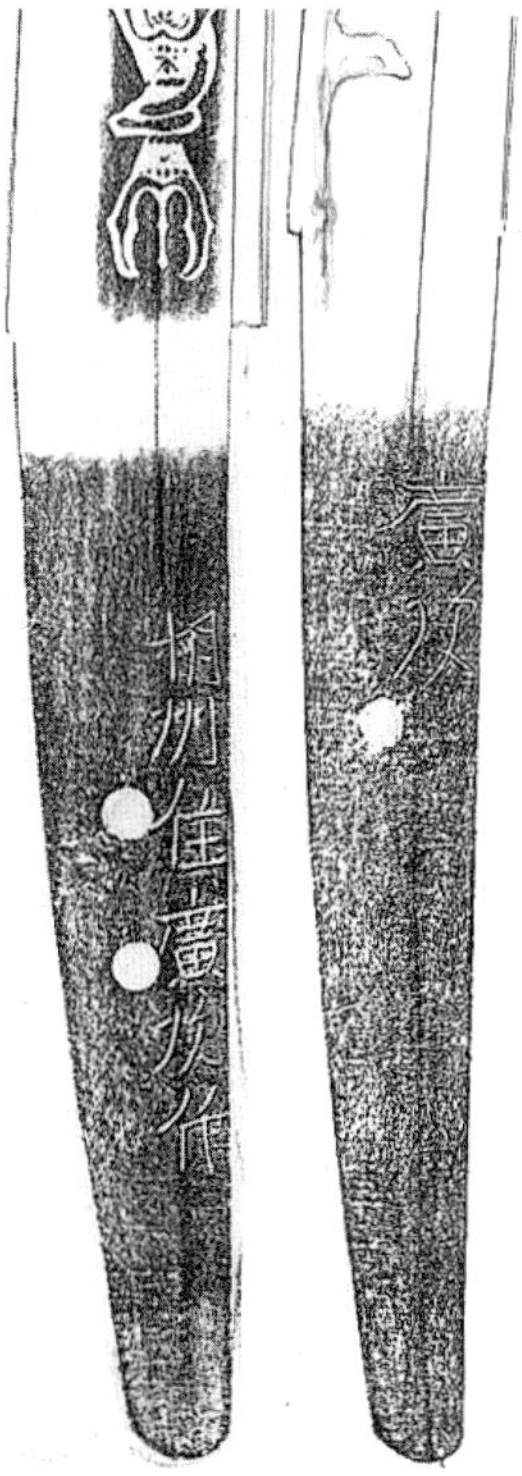

新 **広次【ひろつぐ】**　伯耆国　桃山期（慶長）

道祖尾家。伯耆国倉吉住。慶長六年の作があるといい、寛永四年は晩年銘。直刃にほつれ、小足入り。

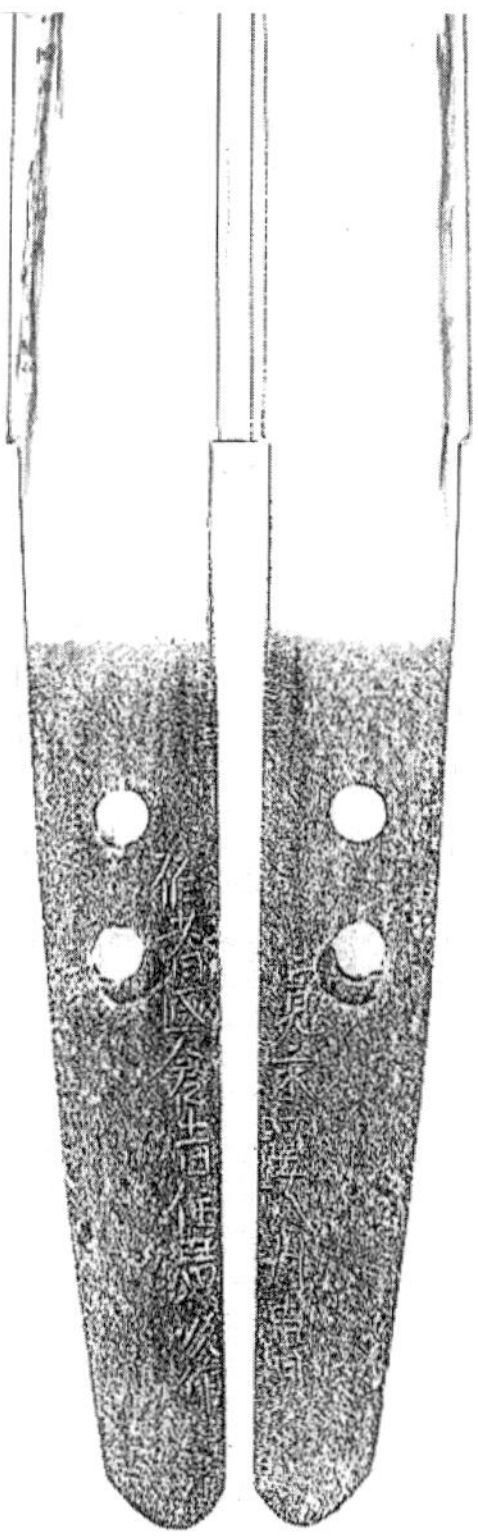

新 **広次【ひろつぐ】初代**　肥前国　江戸中期（寛文）

中山広右衛門、のち加一右衛門。初代正広門、慶安中に相州綱広門に入る。万治三年帰国し、肥前平戸にあっても「相州住」と切ることがある。元禄五年紀の作がある。元禄十三年没。

新 **広次【ひろつぐ】二代**　肥前国　江戸中期（元禄）

加一右衛門。浅井勝手下り鑓をかける。享保六年没。

新 **広綱【ひろつな】**　粟田口　摂津国　江戸中期（延宝）

初代粟田口忠綱門。紀州石堂派。浅井姓を切り、源を称す。「粟田口聾廣綱」と切銘したものがあり、廣綱は「聾《つんぼ》」であったろう。「聾廣綱」と「浅井広綱」は別人との見方がある。「聾広綱」は紀伊、安芸にても造る。

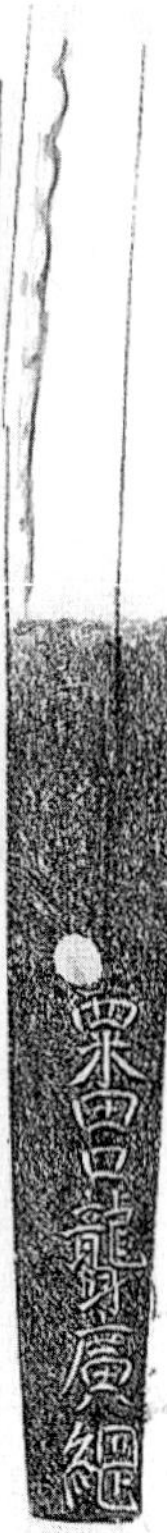

新 広辰【ひろとき】**初代**　美濃国　桃山期（寛永）
関上有知《こうずち》住。美濃得印派。七郎入道。尾張にても造る。常陸守を受領。「常陸守藤原廣辰」「尾州犬山住廣辰」と切る。

新 広辰【ひろとき】**二代**　美濃国　江戸中期（寛文）
岐阜住。肥後守を受領。「濃州肥後守藤原廣辰」などと切る。

古 広長【ひろなが】　近江国　室町末期（永禄）
本国美濃。赤坂千手院系の小山鍛冶、長広子。越前康継の父との説がある。下坂派の祖という。江州西坂本下坂住。「廣長」「廣長作」。

新 広長【ひろなが】　下坂　近江国　桃山期（慶長）
「和州千手院一派、濃州小山へ移住し、また江州西坂本へ転居す、下坂康継の父なり」（『古今鍛冶備考』）とあることから、広長は初代越前康継の父と伝えている。康継は江州坂田郡下坂の出身といい、大宮から下坂の姓に改めているが、すでに近江在住の天正ころから下坂を名乗っていたかもしれない。「下坂八郎左衛門入道」は江州志賀郡西坂本下坂住、下坂の祖と伝え、広長の名とも康綱同人ともいわれる。

新 広信【ひろのぶ】**初代**　山城国　桃山期（寛永）
伊藤権左衛門。大和守を受領。紀州にても造る。寛永から万治ころにかけて作刀する。「洛陽住藤原廣信於紀州」「伊藤権左衛門尉廣信」などと切る。

新 広信【ひろのぶ】**二代**　山城国　江戸中期（万治
権左衛門。二代。万治二年二月、河内大掾を受領し、のち河内守に転ず。銘に菊紋を冠して刻す。「河内守源廣信」などと切る。直刃、互の目に丁子など。◆三代弥左衛門広信は貞享ころ。

新 広則【ひろのり】　肥前国　桃山期（寛永）
六郎右衛門。播磨大掾忠国の初銘。初代忠広門。小城の刀匠で橋本播磨と号す。

初代忠国の初名

⇨播磨大掾忠国〈初代〉の項参照。

新々 広房【ひろふさ】**初代**　伊勢国　江戸末期（安政）
三品半兵衛。広道の嫡男。伊賀にても造る。桑名打ちと呼ぶ古作写しの偽作を造るという。末備前刀をねらいとしたものが多く、互の目乱、丁子乱などを焼く。嘉永ころから明治初年にかけて作刀する。義明斎、義面斎と号す。

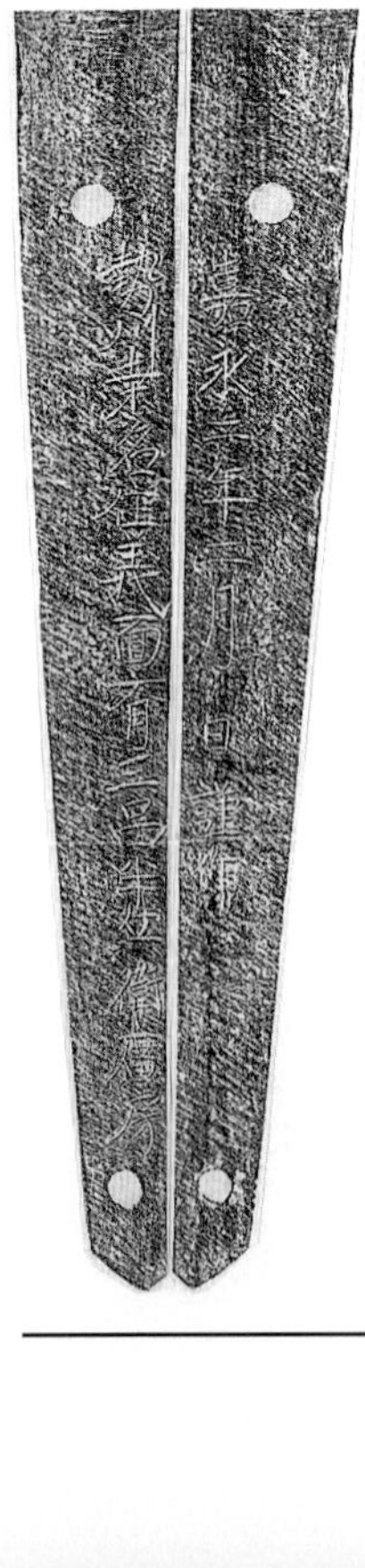

新々 広房【ひろふさ】二代　伊勢国　江戸末期（慶応）

二代広房作に「伊勢国義明斎三品廣房作七十二歳、二代目三品廣房作」と切銘した合作刀がある。二代に明治十三年紀の作がある。

古 広房【ひろふさ】　三河国　室町末期（天正）

小山関。本国美濃。三州吉田住。天正ころ。「廣房作」「三州吉田住廣房」

古 広正【ひろまさ】初代　相模国　南北朝期（延文）

初代広光門、また広光の弟弟子ともいう。古銘鑑には暦応三年から貞治二年までの年紀作があるが、現存刀をみない。（系図870頁参照）

古 広正【ひろまさ】二代　相模国　南北朝期（永和）

九郎。正広の子で広光の門という。永和から応永へかけて作刀する。奈良・淡山神社蔵の「相州住廣正」に「永和二年二月日」の年紀作がある。「相模国住廣正」。

（『神津伯押形』）

古 広正【ひろまさ】三代　相模国　室町初期（応永）

広光とも打つという。応永から文安にかけて作刀するというが、作刀は稀少。「廣正」「相州住廣正」。

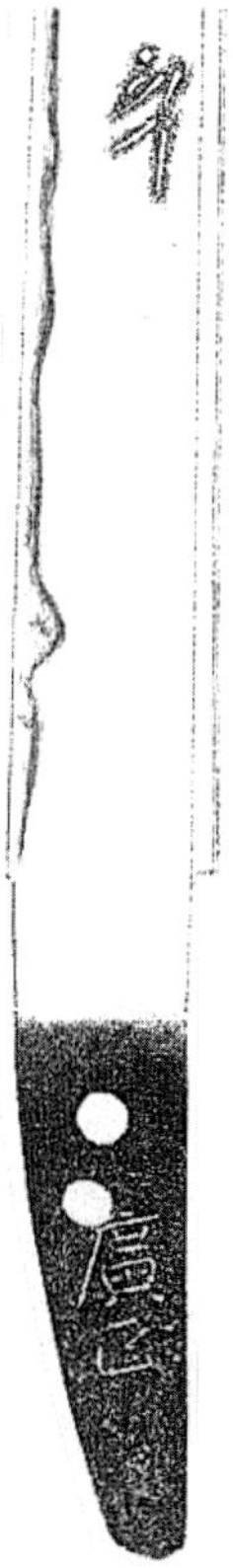

古 広正【ひろまさ】四代　相模国　室町中期（永享）

文安年紀の作が比較的多くみられ、文安ころから広正銘の作刀は増えていく。作刀は永享ころから始まっていたとみられ、長禄ころまで作刀するというが、宝徳元年八月（文安六年）の年紀作は別人の切銘であろう。「相州住廣正同二人」と銘した「同二人」とは「二人同じくして」であり、親子二人の合作の意と解される。この合作刀から二年後の宝徳元年以降に次代の切銘に替わっているので、このころに代替わりがあったのではないかとみなせる。皆焼刃、彫物を得手とする。「廣正」「相州住廣正」。

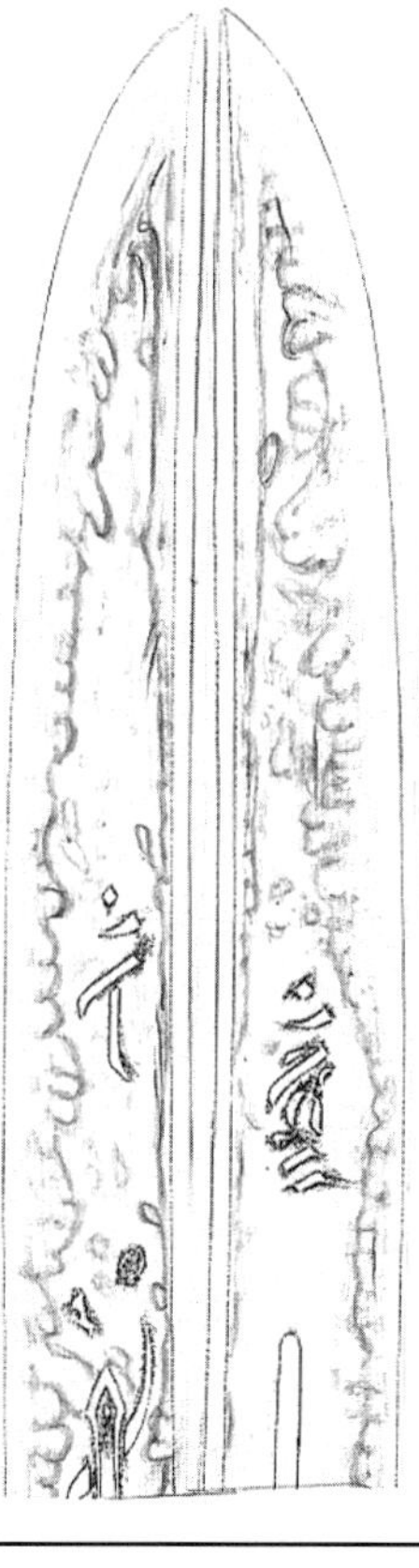
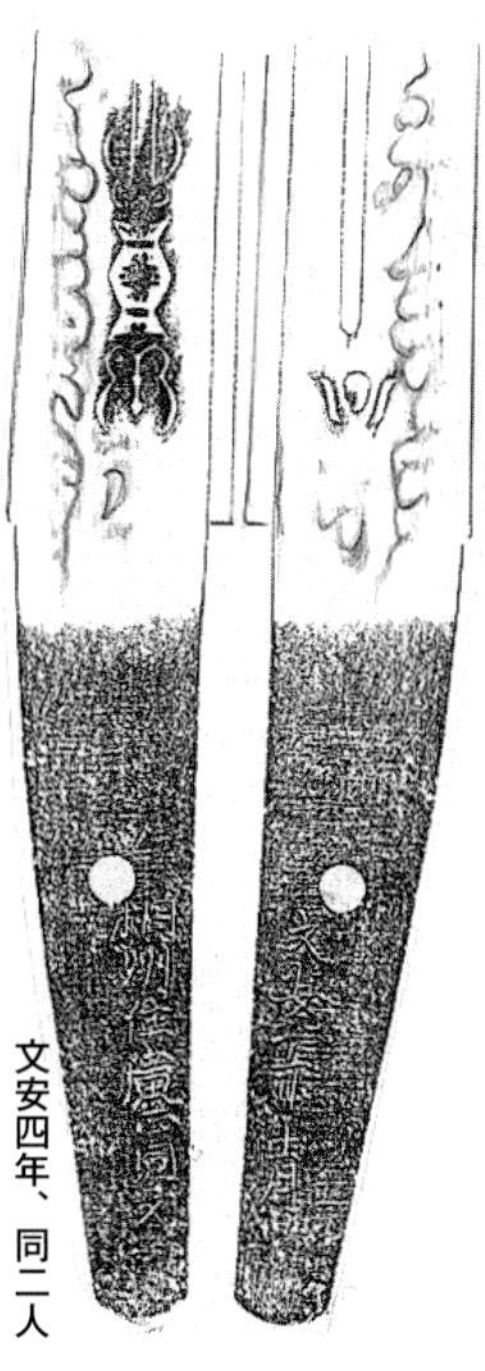
文安四年、同二人

文安六年

古 広正【ひろまさ】五代　相模国　室町中期（宝徳）

宝徳元年から明応ころまでが作刀期で、文明年紀の作が多い。このころが広正の盛期だったことになる。互の目に丁子、焼幅広く大互の目乱を交じえ、湯走り、飛焼が多く皆焼となる。彫物を好んで彫る。「廣正」「相州住廣正」。

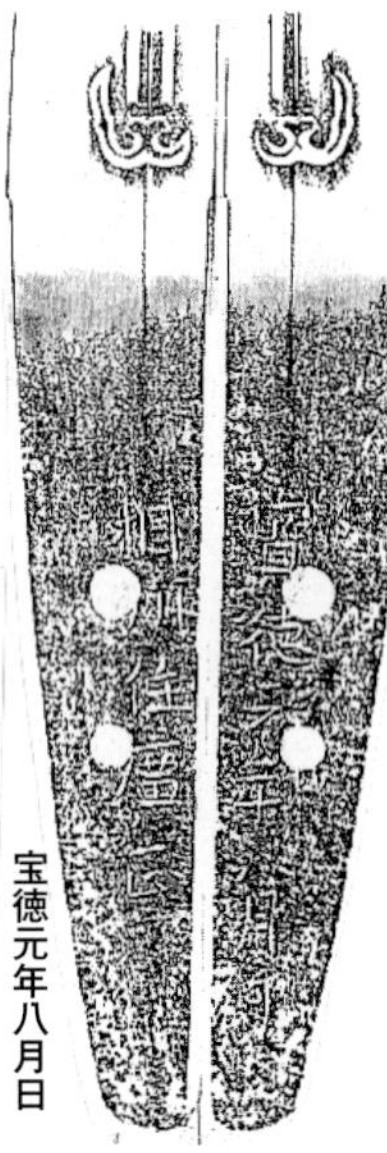

宝徳元年八月日

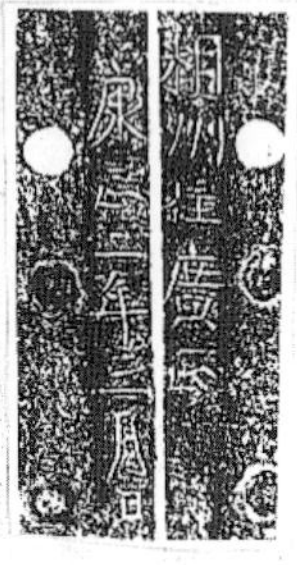

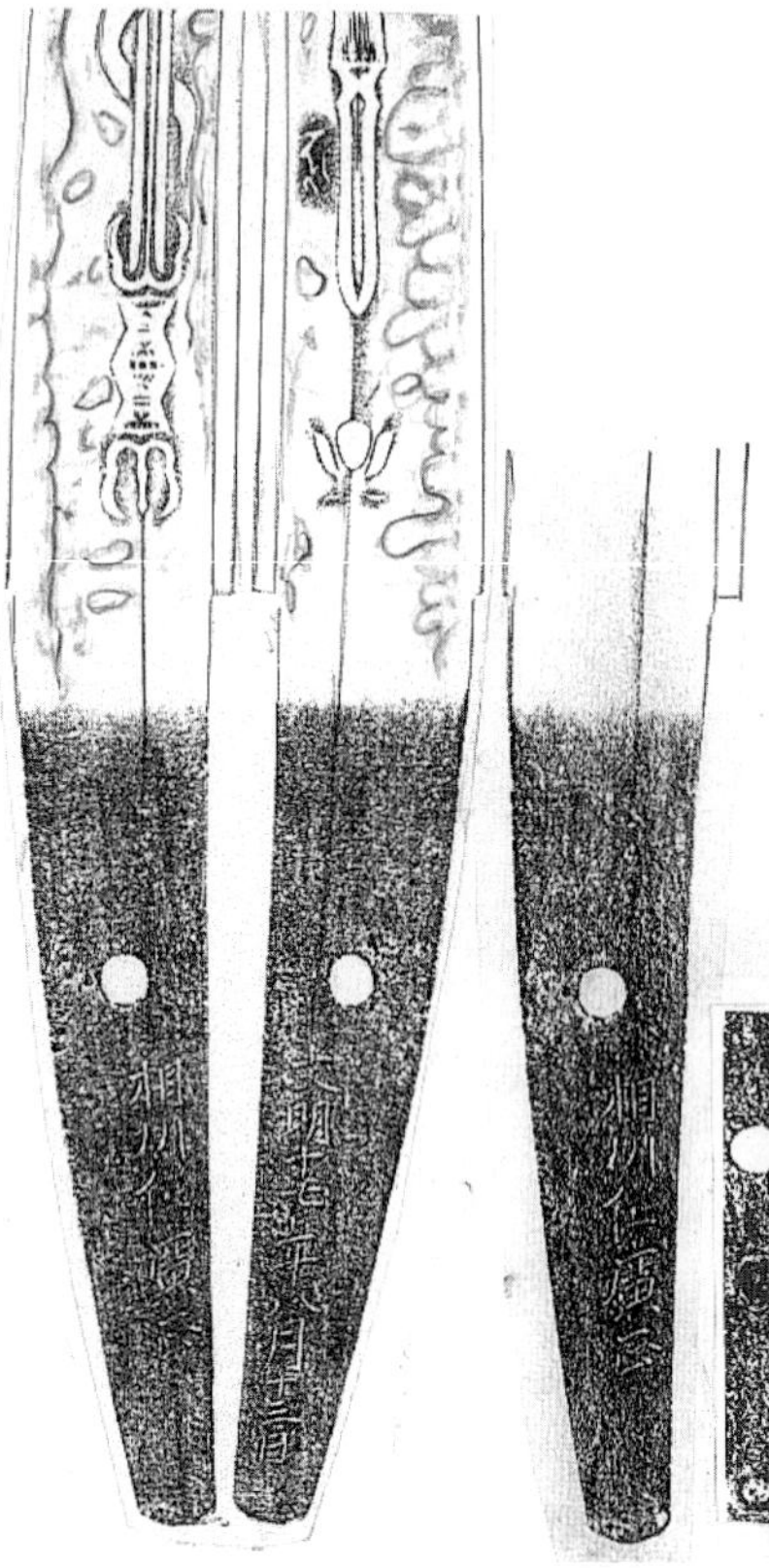

古 広正【ひろまさ】六代　相模国　室町末期（永正）

五代広正の子。天文のころに伊勢で造るという。「相州住廣正」「勢州住廣正」。

新 広正【ひろまさ】　筑後国　江戸中期（寛文）

筑後三池住。互の目乱、丁子乱。「筑州三池住廣正」などと切る。

新 広政【ひろまさ】　若狭守　摂津国　江戸中期（天和）

津田助広門。若狭大掾、のち若狭守を受領。一門中助直に次ぐ上手。互の目を焼く。延宝から元禄までの年紀作がある。延宝三年十一月十二日に若狭大掾受領（『御湯殿上日記』）の記があり、延宝四年八月紀に「若狭守源廣政」銘の作がある。

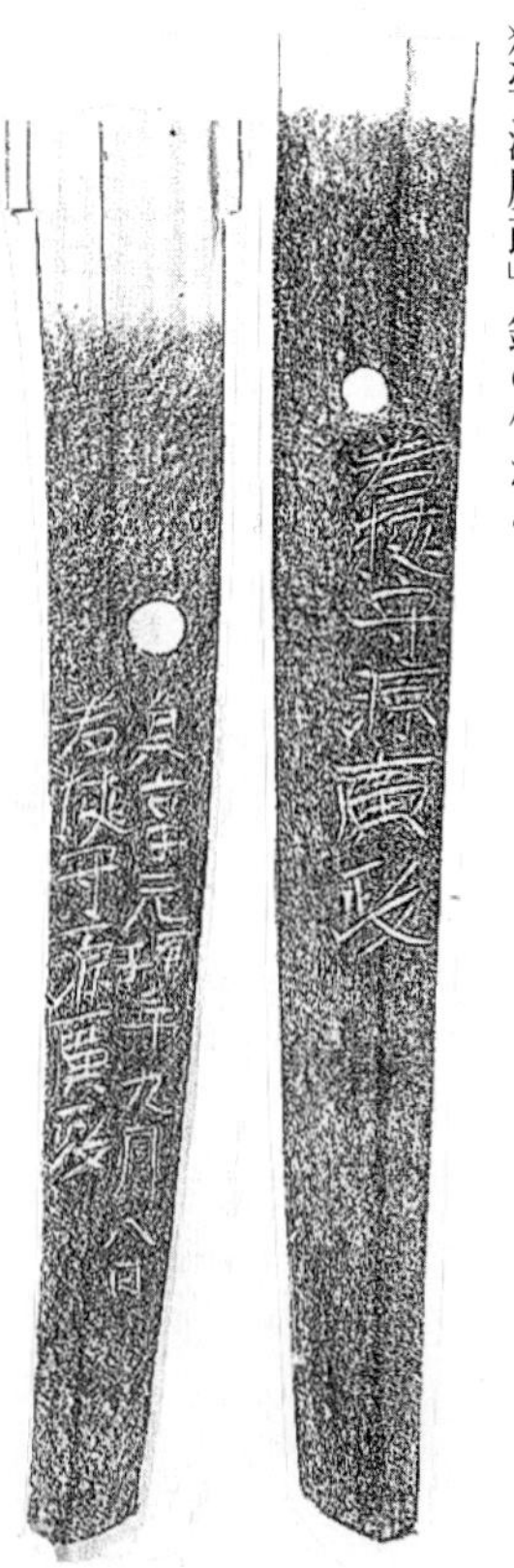

新々 広道【ひろみち】　伊勢国　江戸末期（万延）

三品藤右衛門。九代大道の弟。伊賀にても造る。長男に義明斎広房、次男に二代義専斎広道がいる。

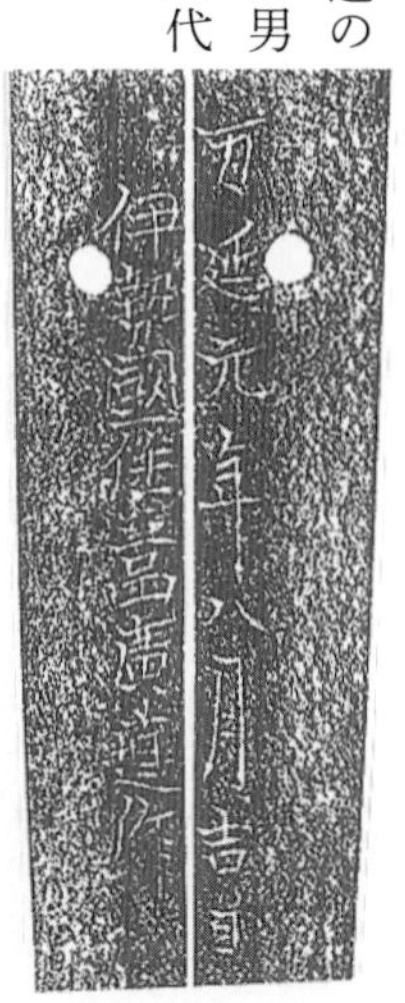

古 広光【ひろみつ】　備前国　鎌倉中期（天福）

古備前。直刃調に小乱、小丁子交じり。天福のころ。「廣光」。

古 広光【ひろみつ】初代　相模国　南北朝期（康永）

九郎次郎。正宗門、貞宗相弟子。また貞宗門説もある。康永三年から応安七年までの年紀があり、この三十三年間に二代があり、弟子と二代による代銘がなされているようである。『銘尽秘伝抄』は、銘が正真とみえて上の出来が違ってみえるものに弟子の代作があり、広光の嫡子（正宗）が広光死去後に広光と打ったものがある。「その場合は出来がよくなく、銘の手ぶり（銘振り）も変わる」といっている。広光は裏年紀を北朝年号に切るのであるが、「正平七年二月七日」（文和元年）と南朝年号を切ったものの銘は、のちの文和・延文の銘と比べていかにも違いがあり、別人の手になることは明らかである。推側をすれば、この銘が老弱の感が深いことから初代の晩年銘とみなせる。永年の間、変わり銘ながら偽銘ともとれず、疑問にされてある「文和二年八月」（正平八年）の広光銘があり、湯走り飛焼がしげく皆焼状となる出来である。これも別人の手になる広光銘であろうか。広光は文和初年ころ（正平七・八年ころ）から後、初・二代の代替わりがあったのかもしれない。

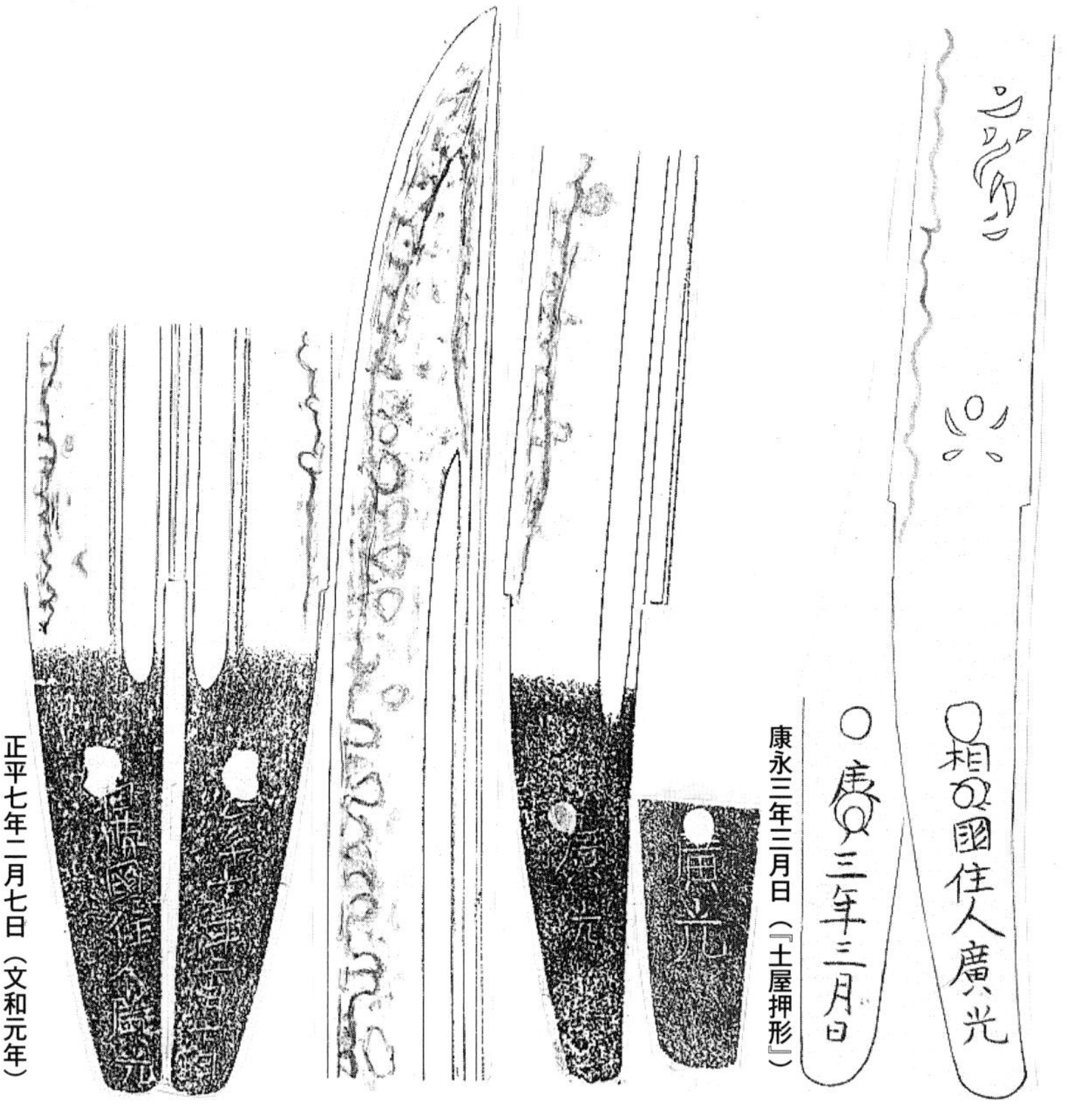

康永三年三月日（『土屋押形』）

正平七年二月七日（文和元年）

作刀は平造の小脇指がほとんどで、刀は古書の押形でみるほか、大磨上無銘の名物・大倶利迦羅広光以外はみない。「廣光」二字銘の作は、長銘のものより古調で出来がよく、前期作であろうか。鍛えは板目が肌立ち、地沸がつき、地景が入る。刃文は中直刃が稀にあるが、ほとんどは皆焼である。焼が深く、互の目に丁子を交じえ、飛焼も沸も烈しく、刃中に砂流しかかり、金筋入る。焼幅が物打辺にきて深くなるのが見所となる。銘は「相模国住人廣光」と長銘に切るのを常とするなか、「廣光」と二字に切るものが数点現存する。

古 広光【ひろみつ】二代　相模国　南北朝期（康暦）

九郎。広光の子。室町の諸本は広光を正宗門とするが、能阿弥本は貞宗の子、あるいは弟子としている。年代的にみては二代広光は貞宗の子、あるいは弟子に該当する。『校正古刀銘鑑』は二代説をとり、初代観応、二代康暦とする。初代の項で正平七年（文和元年）紀の銘が変わり銘で、老弱の感があることから、二代への代替わり期を文和初年ころからとみ

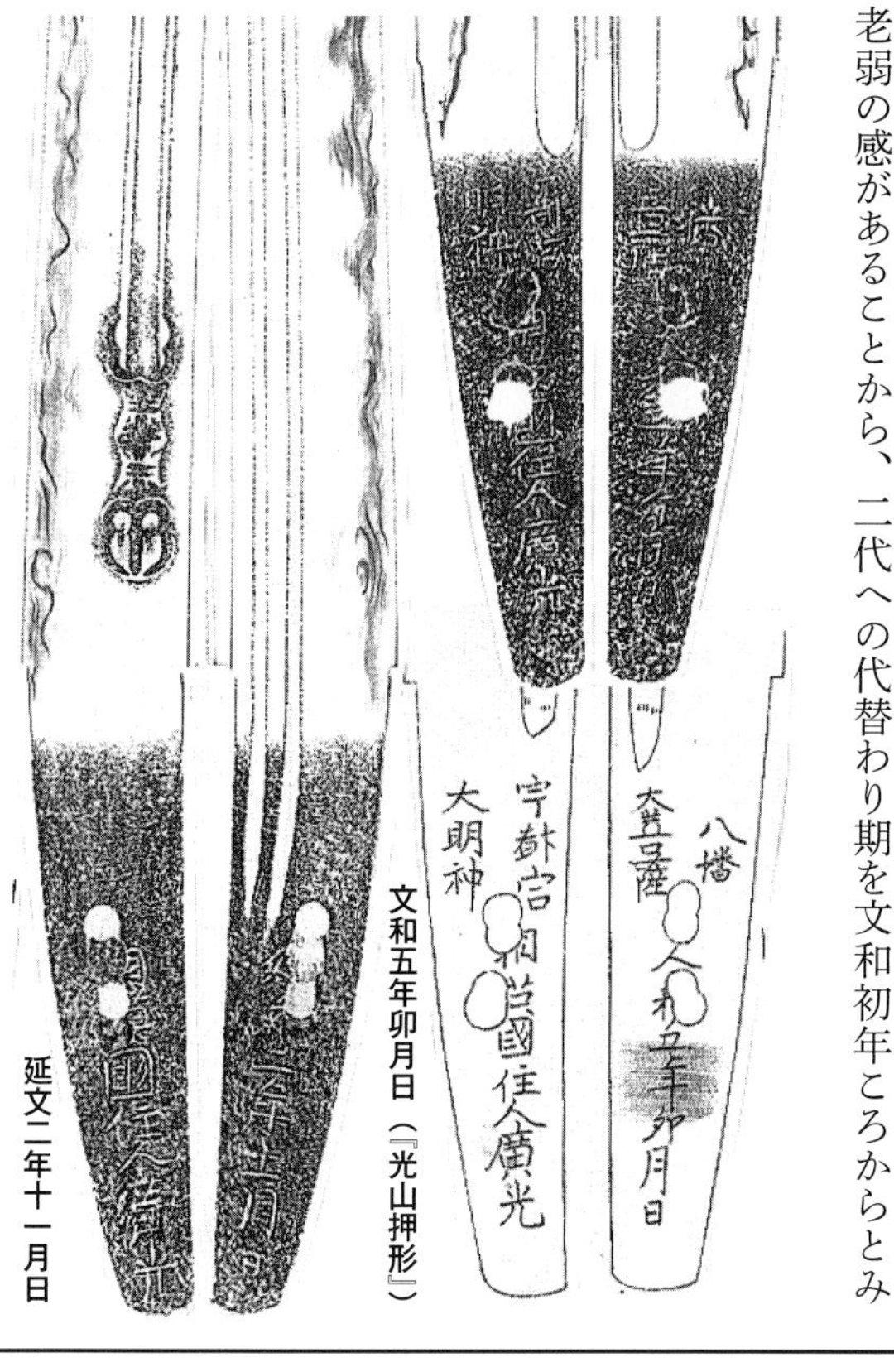

文和五年卯月日（『光山押形』）

延文二年十一月日

ひ
ひろみつ

ることにもとづくと、二代は南北朝期末までと作刀期が長く、初代よりも長期に及ぶこととなる。

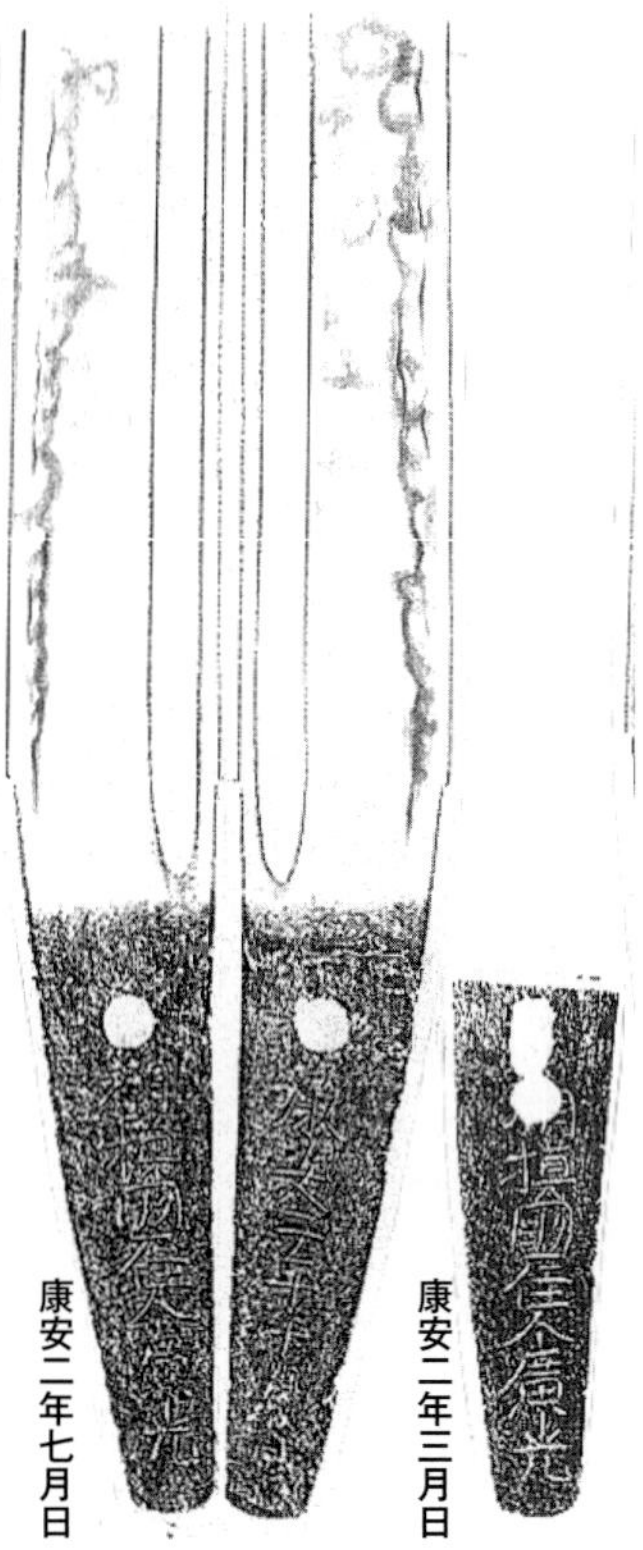

康安二年三月日

康安二年七月日

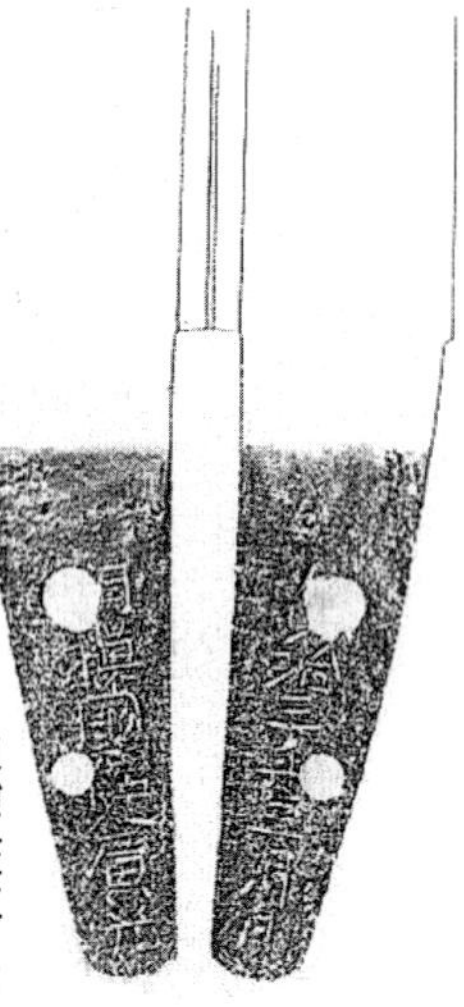

貞治三年三月日

古 **広光**【ひろみつ】三代　相模国　室町初期（正長）

九郎。「相州住廣光」と銘す。正長ころ。

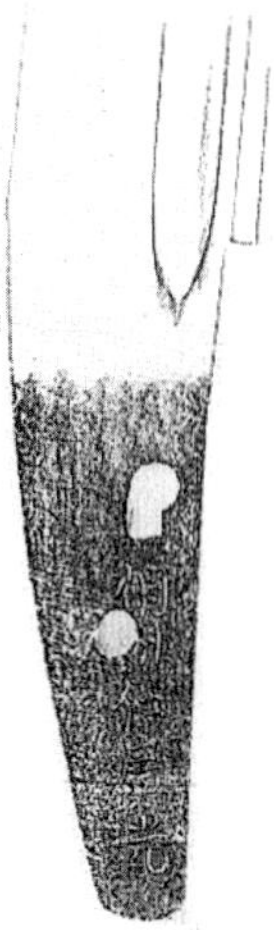

古 **広光**【ひろみつ】　相模国　室町中期（長禄）

広正の末の銘という広光が文明ころにいるという。広光の名跡を名乗る後代が複数工いて作刀している。（系図870頁参照）

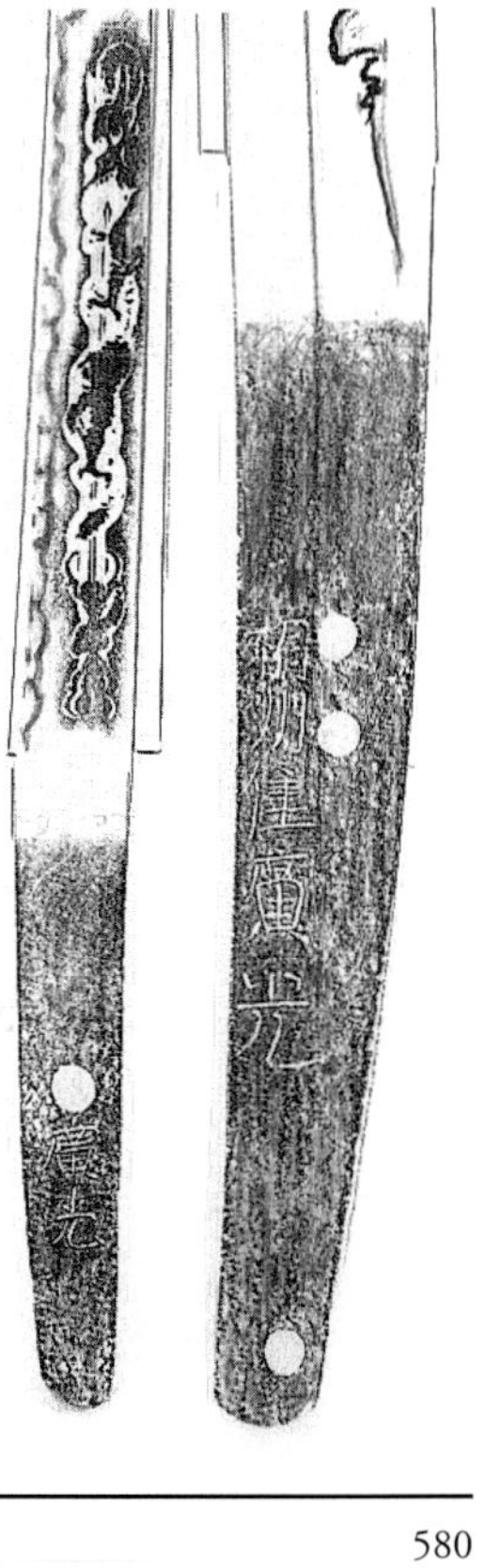

新 **広光**【ひろみつ】　武蔵国　江戸中期（元禄）

江戸石堂。丁子乱が小づむ。「源広光」「石堂藤原広光」などと切る。

新々 **広光**【ひろみつ】　山城国　江戸末期（慶応）

川井幸七。大和郡山藩士。十一代兼定門。京住。慶応年間に大隅守に任ず。直刃を焼く。「洛陽住大隅守平朝臣廣光鍛之」などと切る。

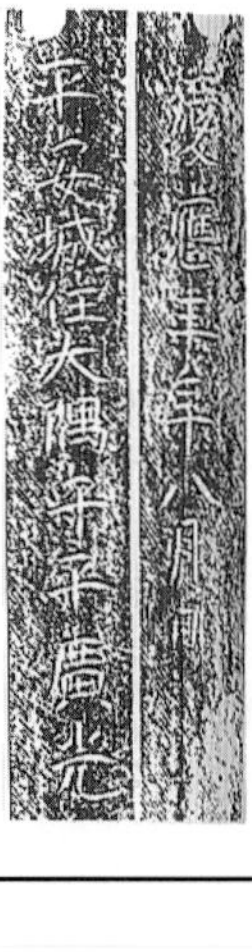

新作 **広光**【ひろみつ】　福岡　昭和

梶原六助。明治二十五年生まれ。父六郎広光に学ぶ。のち桜井正次門。鞍手郡若宮町住。父広光は元治元年生まれ。陸軍受命刀匠。

古 **広宗**【ひろむね】　上野国　室町末期（天文）

小湾れに互の目交じり、匂口沈む。天文ころ。「上州住廣宗作」。

新作 **広康**【ひろやす】　岡山　平成

安藤祐介。昭和五十四年生まれ。安藤広清門。平成十五年、作刀承認。同十六年、新作名刀展に初出品し入選。同十七・十八年、連続入選。同二十二年、新作日本刀展入選。直刃、小湾れに丁子、互の目交じり。津山市住。「広康作」「安藤広康作」。

古 **広賀**【ひろよし】　伯耆国　室町中期（文明）

長禄二年紀が広賀で最古のもののようで、次いで文明三年紀の作がある。「文明三年二月」は伯州と城州での両手の作で、これを同人とみれば、伯州広賀の京打ちがあることとなる。「於城州」ではなく「城州住」なので、一時京に帯在したのではなく、京に在住したと解せる。「伯州住廣賀作」「城州住廣賀作」。

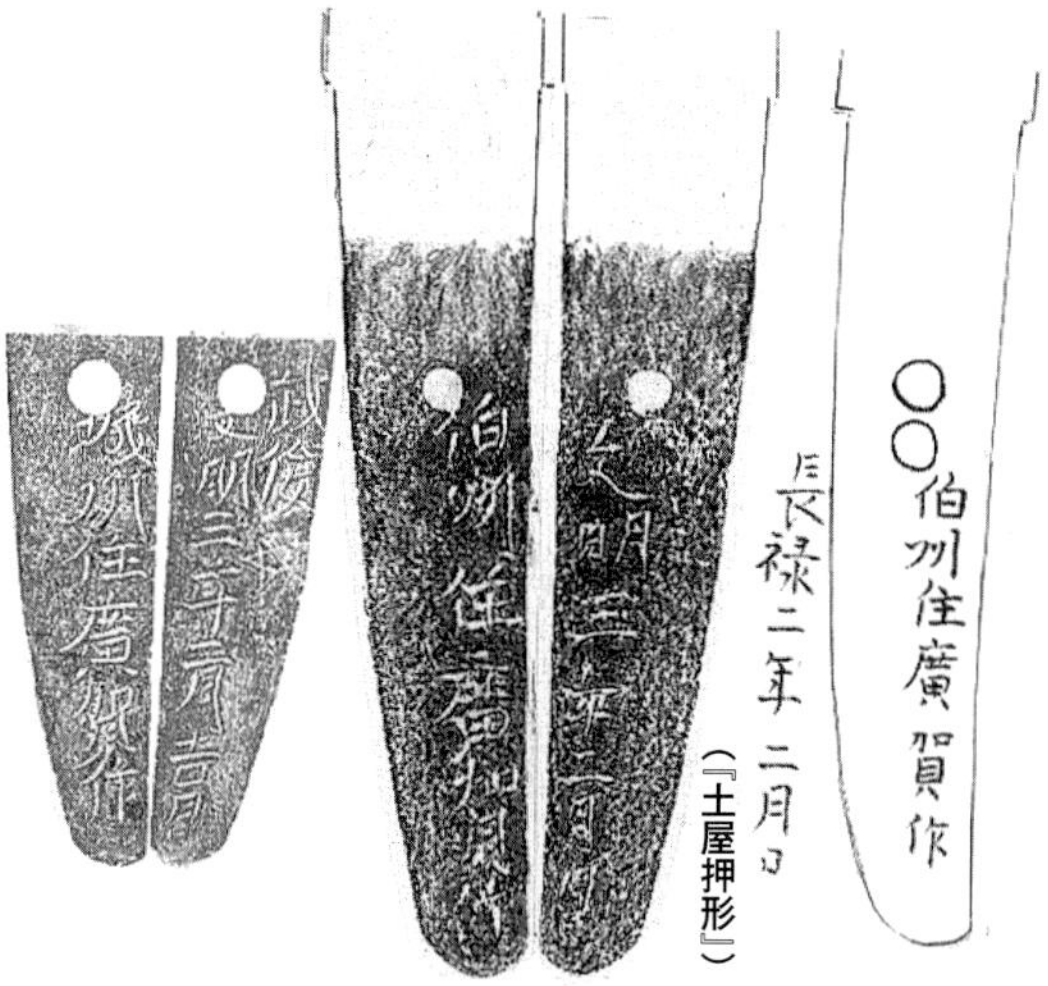

（『土屋押形』）

古 **広賀**【ひろよし】　伯耆国　室町末期（永正）

永正から天文にかけての工で、永正年紀の作がある。広賀は道祖尾家とのちに分かれた見田家との二姓がある。道祖尾家は文明ころにはじまり、倉吉鍛冶町に住し、見田家は天文の五郎左衛門にはじまり津原に住し、両家とも江戸時代中ごろまで名跡を伝えて栄える。「伯州住廣賀作」「伯耆国住廣賀作」。

古 **広賀**【ひろよし】　伯耆国　室町末期（天文）

見田五郎左衛門。伯州津原住。相州綱広門。広賀は伯州小鴨岩倉城主・小鴨左衛門佐の臣見田兵衛と号したが、主家の没落につれ倉吉に閑居し、刀匠を志す。道祖尾兵衛尉と称したが、そのころ相州綱広が倉吉に旅泊しており、綱広の門に入る。師と共に相州へ下り鎌倉で作刀し「相州住廣賀」と銘すという。刃文は小沸出来の直刃、互の目乱、帽子の返りを長く焼下げるものがあり、飛焼かかり、皆焼もある。末相州風の作に秀でた作があって、広賀歴代中の上手。「伯州津原住廣賀作」「伯耆國住見田五郎左衛門尉廣賀作」。

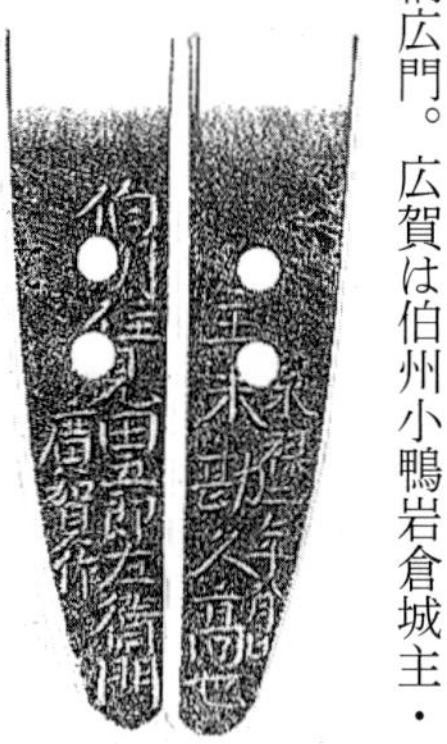

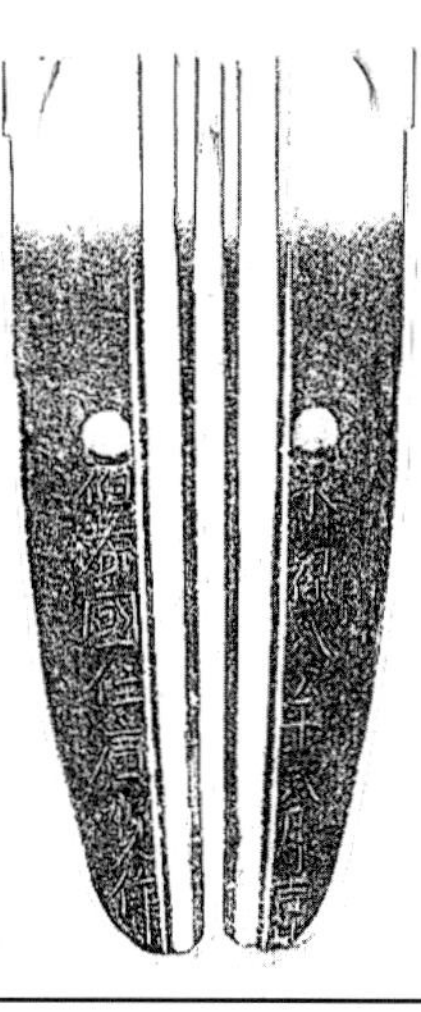

古 **広賀**【ひろよし】　伯耆国　室町末期（永禄）

助丞。五郎左衛門広賀の子。倉吉、また津原住。小板目鍛えに地沸つき、地斑入り、淡く映り立つ。刃文は互の目に逆互の目、箱がかった刃交じり、沸つき、砂流しかかる。「伯耆國津原住廣賀作」「伯耆國倉吉住道祖尾助丞廣賀作」。

古 **広賀**【ひろよし】　伯耆国　室町末期（永禄）

道祖尾勘介。倉吉鍛冶町住。永禄十年から文禄五年までの年紀作がある。「道祖尾勘助廣賀作」「伯耆國住道祖尾勘介廣賀作」。

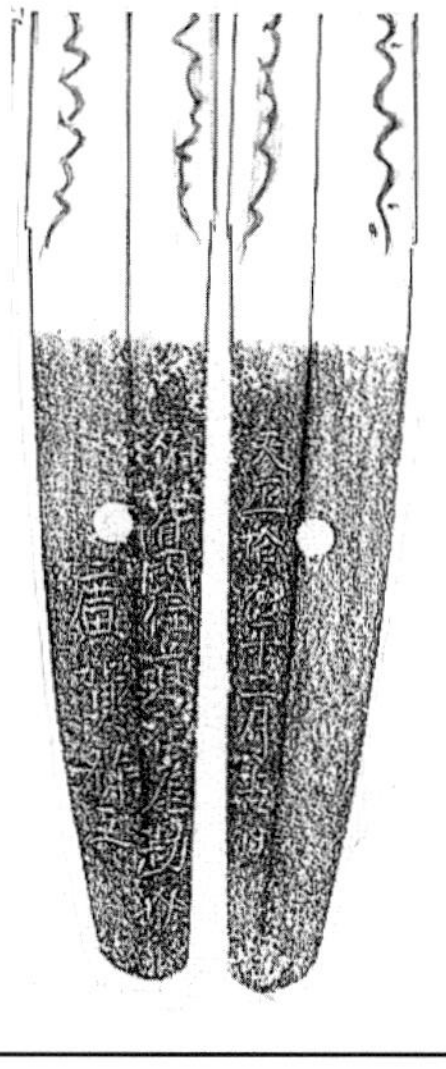

古 **広賀**【ひろよし】 伯耆国　室町末期（天正）

七郎左衛門。道祖尾。天正十五年の年紀作がある。「伯耆國倉吉住廣賀」「伯耆國住道祖尾七郎左衛門尉廣賀」。

古 **広賀**【ひろよし】 伯耆国　室町末期（天正）

見田藤十郎。五郎左衛門広賀の子。助丞広賀の弟。津原また倉吉住。相州綱廣に従い相州へ下ったのはこの工との説もある。父と同じく末相州風の作がある。「伯耆國倉吉住廣賀作」「伯州津原住廣賀作」。◆末古刀期の広賀には、四郎左衛門（永禄）、五郎兵衛尉（元亀）、九郎兵衛尉（天正）、九郎左衛門尉（天正）などがある。

新 **広賀**【ひろよし】 伯耆国　桃山期（元和）

見田三郎兵衛。永禄ころの五郎左衛門広賀の代に広賀家は、道祖尾家から見田家が分かれ二姓が新刀期に継承している。◆慶長ころから江戸中期ごろにかけて見田姓の広賀は三郎兵衛（元和）、助太郎（元和）、助右衛門（承応）などが、道祖尾姓は平十郎（慶長）、勘助（寛永）、藤十郎（承応）、助之丞（寛文）などがいる。丁子の目立った末備前風、また末相州風のものが多く、直刃に小足入りの地味な作もある。

新 **広賀**【ひろよし】 伯耆国　江戸中期（正徳）

道祖尾七郎左衛門広賀には承応三年の作がある（『日本刀銘鑑』）といい、実見したものに正徳四年紀の作がある。寛永八年紀がある七郎左衛門守広（⇩守広の項押形参照）は広賀の前銘とみられる。寛永八年の守広と承応三年の広賀は同人で初代。正徳四年の広賀は二代ないし三代目に該当しよう。

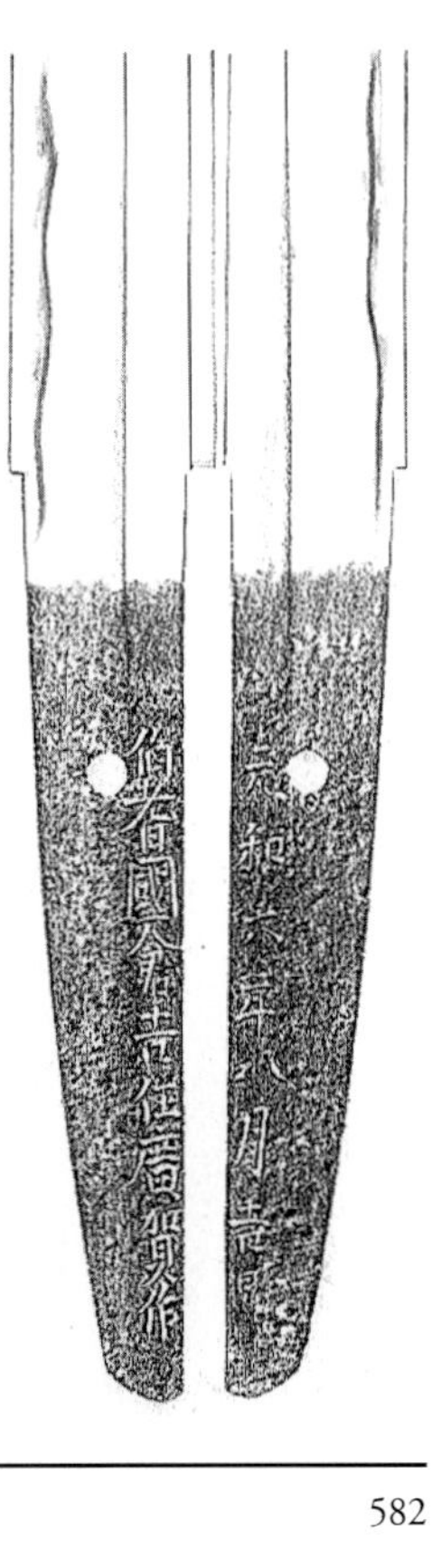

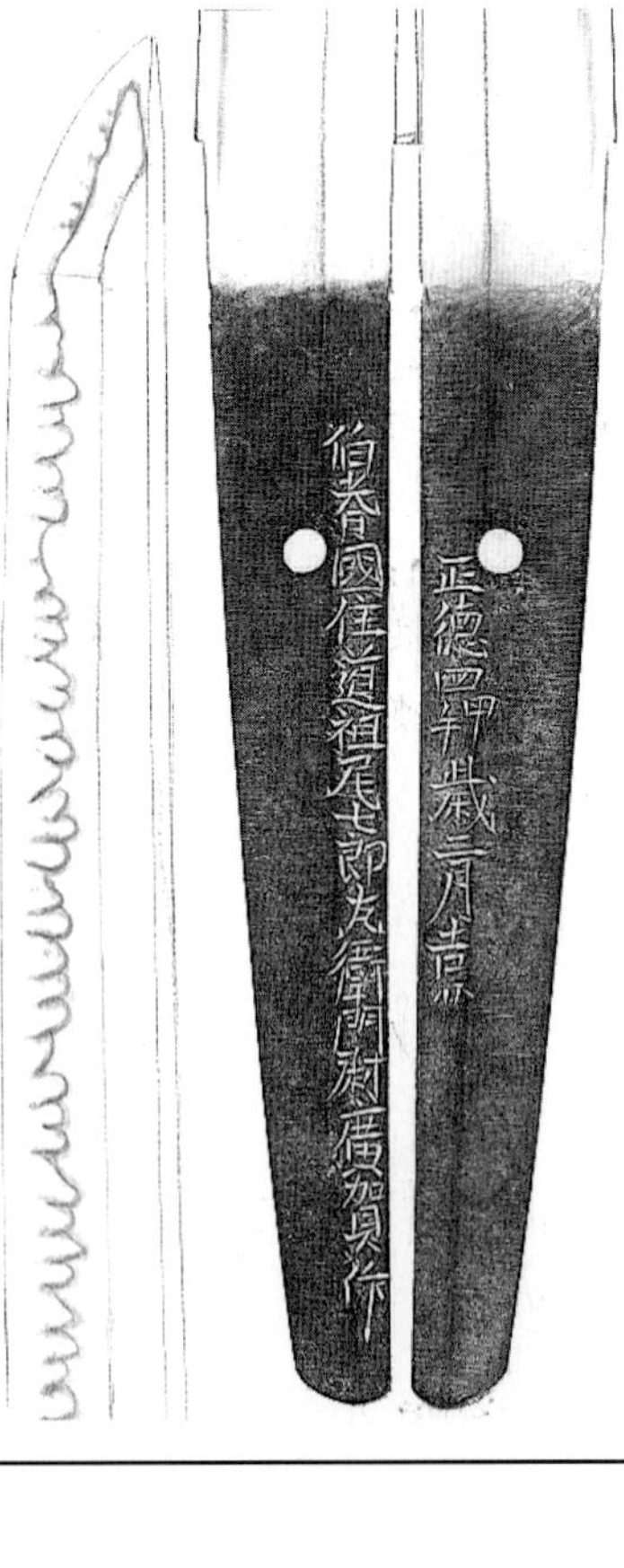

古 **広義**【ひろよし】 駿河国　室町末期（天文）

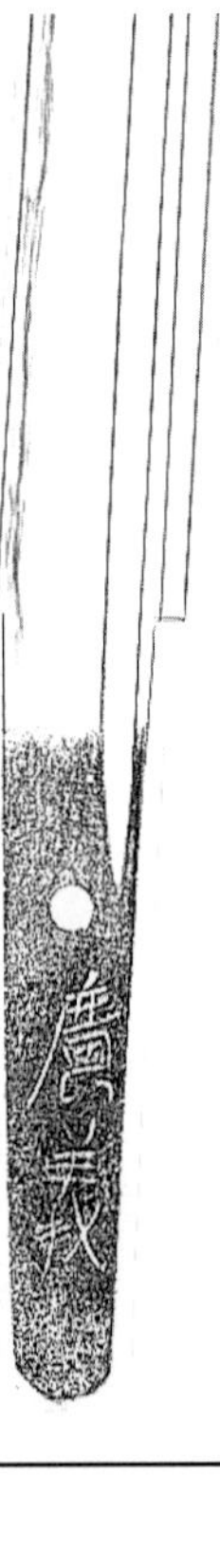

島田義助門。直刃にほつれ、打のけかかる。大振りの二字銘を切る。

新 **広義【ひろよし】** 摂津国 江戸中期（延宝）

二代助広門。三代河内守国助の実父という。◆二代は貞享ころ。「摂州住藤原廣義」と切る。

新 **弘包【ひろかね】初代** 摂津国 桃山期（元和）

文珠八左衛門。本国大和手貝町。手掻包永十代の孫と称す。慶長年中に信濃守を受領。伏見を経てのち大坂に移住する。

新 **弘包【ひろかね】二代** 摂津国 江戸中期（寛文）

文珠市之丞、のち市兵衛。「大和國手掻包永十一代孫」と銘す。大坂住、また江戸にても造る。濤瀾乱風の大互の目乱。

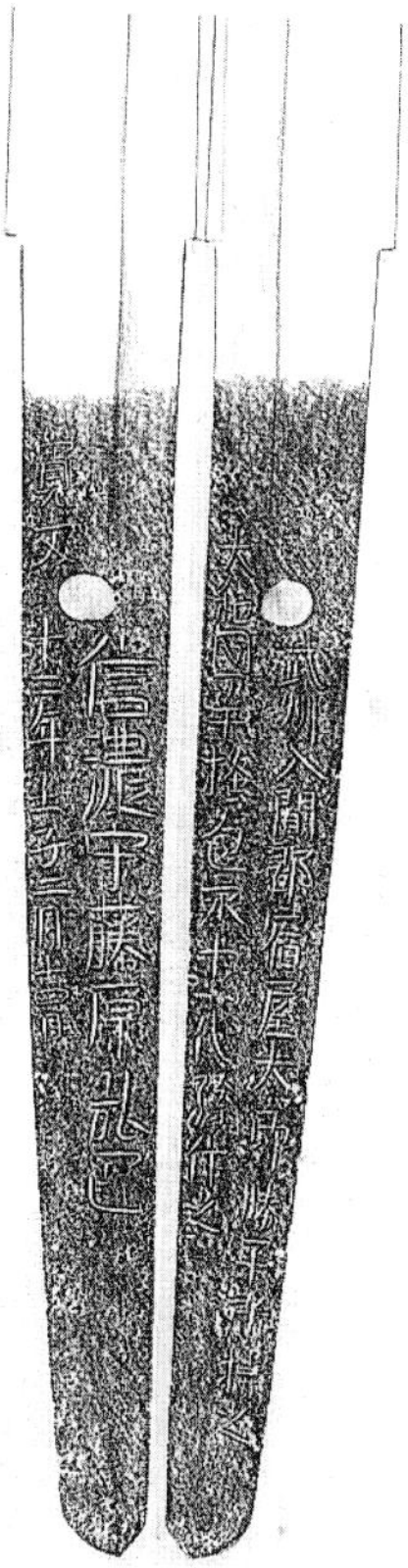

新作 **弘邦【ひろくに】** 神奈川 平成

広木順一。初銘呂周。昭和二十三年、福岡に生まれる。同三十九年、隅谷正峯門、のち同四十二年から父国広に師事。同四十八年独立する。伊勢神宮式年遷宮御神宝の製作を昭和六十年第六十一回、平成十七年第六十二回に奉仕。平成八年、鎌倉鶴岡八幡宮に奉納鍛錬を行う。新作名刀展は昭和四十三年に初出品し入選、平成八年まで寒山賞、日本美術刀剣保存協会長賞、文化庁長官賞、日本刀匠会理事長賞などを受賞。平成九年から無鑑査。同二十三年、第二回新作日本刀展で佳作受賞。厚木市住。広直刃調に片落互の目、丁子交じり。同二十五年五月二十二日、六十四歳没。

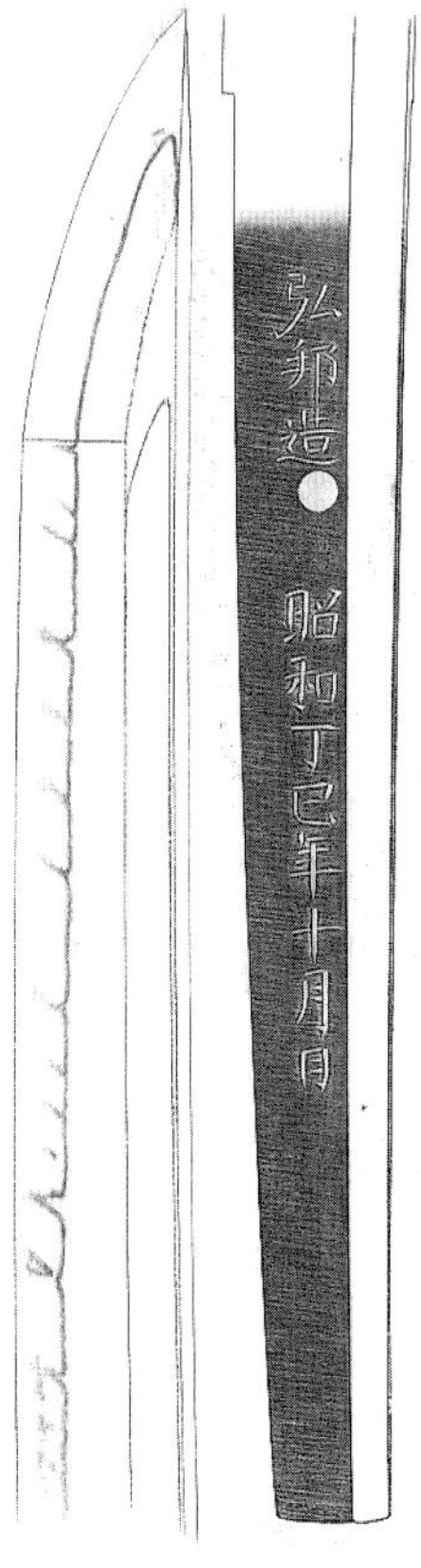

古 **弘貞【ひろさだ】** 筑前国 南北朝期（貞治）

左。貞治ころ。次代は明徳ころ。「筑州住弘貞」。

古 **弘重【ひろしげ】** 美濃国 室町末期（文明）

草道島住。文明年紀の作がある。「濃州住菅原弘重作」。

新々 **弘重【ひろしげ】** 遠江国 江戸末期（文政）

辻弘重。遠州浜松住。文政六年紀の作がある。直刃に互の目足入り。

新々 **弘近【ひろちか】** 武蔵国 江戸末期（安永）

穂積弘近。水府住、江戸にても造る。「常陽水府住穂積弘近」などと切る。

古 **弘次【ひろつぐ】** 備中国 鎌倉初期（元暦）

古青江。小乱刃が古雅。元暦ころ。「弘次」。

古 **弘次【ひろつぐ】** 石見国 室町初期（応永）

直綱子。明徳から応永にかけてのころの鍛冶。長浜住。「石州住弘次」。

新作 弘次【ひろつぐ】 岡山 平成

満足浩次。昭和四十四年生まれ。青木盛家門。平成十五年作刀承認。同二十三年、新作名刀展佳作受賞。直刃に互の目交じり、丁子乱。「弘次作」。備前市住。

古 弘恒【ひろつね】 備中国 鎌倉初期（貞応）

古青江。正恒門。貞応ころ。「弘恒」。同銘が元弘ころと貞治ころにある。

古 弘長【ひろなが】 美濃国 室町末期（文明）

草道島住。文明六年紀の作があり、弘重と同時代の工で先輩であろう。「濃州住弘長作」「濃州関住弘長作」。

古 弘長【ひろなが】 美濃国 室町末期（文明）

赤坂千手院系。草道島住。弘重の父という。「弘長」「濃州住弘長」。

新々 弘則【ひろのり】 伊豆国 江戸末期（天明）

伊豆国君沢住。天明年紀の作がある。「豆州君沢住弘則」などと切る。

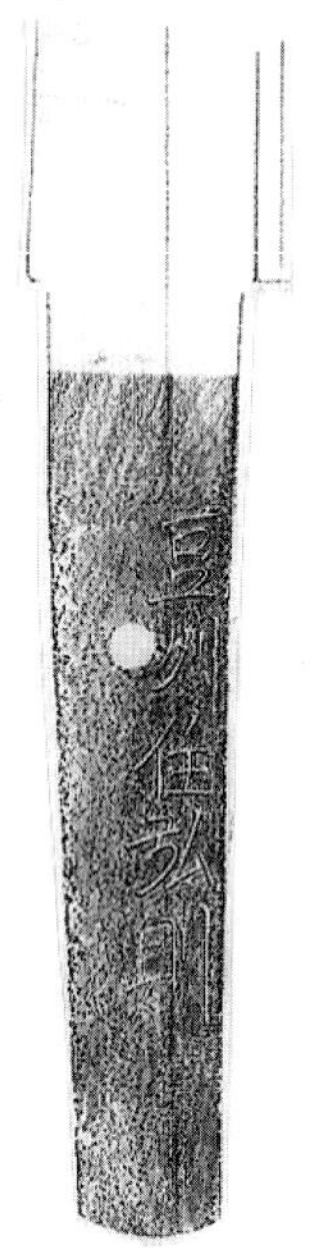

新作 弘光【ひろみつ】 島根 昭和

小藤喜久生《ことうきくお》。大正五年生まれ。父亀一弘光に学び、小林宗光に入門。昭和十五年から海軍専属鍛錬所に入所、将校用軍刀を製作。陸海軍大臣賞受賞。能義郡広瀬町住。

新作 弘宗【ひろむね】 岐阜 平成

高羽弘。昭和二十九年生まれ。父高羽誠に学ぶ。父が宮入行平から研修を受けた縁から宮入一門会員となる。昭和五十三年作刀承認。平成十八年、新作名刀展入選。同十九年、二十三年同展で努力賞受賞。平成二十二年、新作日本刀展入選。「高羽弘宗作之」。関市広見住。

古 弘村【ひろむら】 大和国 鎌倉末期（正応）

千手院重村の子。大和から山城に移り来国行の婿となり、のち肥後菊地に移って延寿派の祖となると伝える。作刀はみない。「弘村」。

新々 弘元【ひろもと】 岩代国 江戸末期（文政）

古山東蔵、のち幸之進。初銘国秀、のち宗次。文政四年十月十三日陸奥介を受領して弘元に改める。水心子正秀門。奥州二本松の藩工。江戸芝住。天保十四年五月二十七日、六十六歳没。直刃、互の目乱、小丁子に小互の目、小乱交じりなど。逆筋違鑢をかける。

古 弘安【ひろやす】 筑前国 南北朝期（正平）

左。行弘の子。正平年紀の作がある。のち芸州へ移る。「弘安作」「筑州住弘安作」。

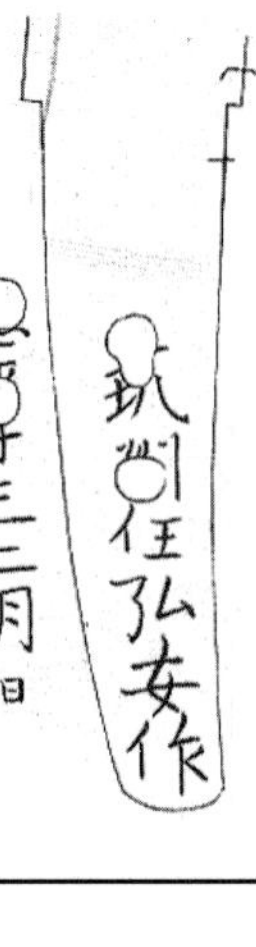

（『埋忠押形』）

古 弘行【ひろゆき】 備前国 鎌倉中期（文応）

福岡一文字。丁子乱を焼く。文応のころ。「弘行」。同銘が古備前（文暦

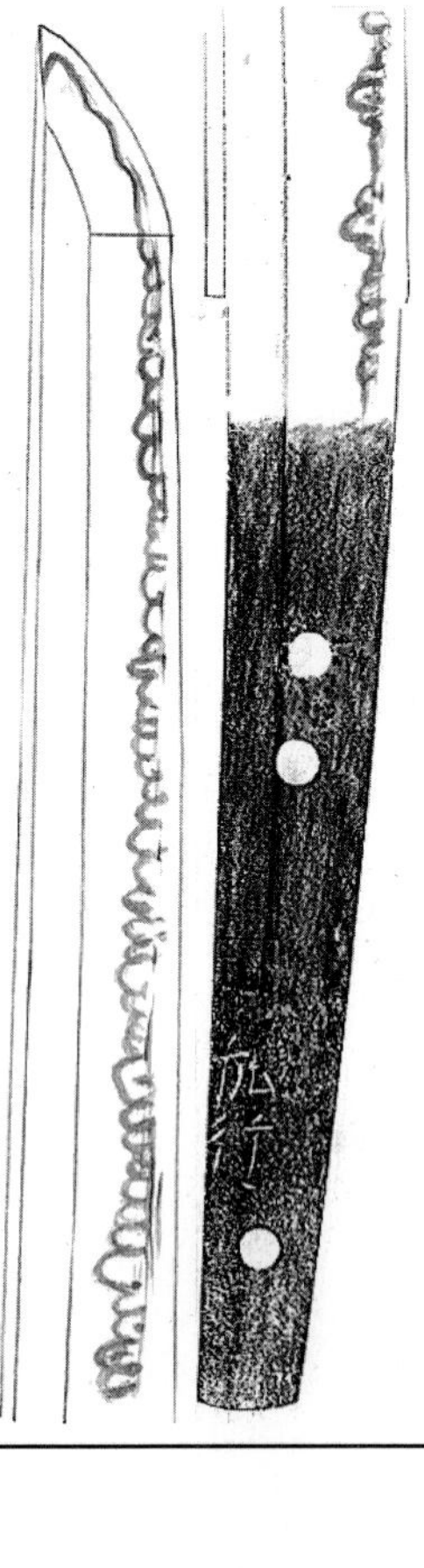

ころ）に、また文応弘行の後継とみられる長船弘行が鎌倉最末期（正和ころ）に作刀する。

古 **弘行**【ひろゆき】 筑前国 南北朝期（正平）

左。行弘の子。正平二十年紀の作がある。「弘行」。

新 **弘幸**【ひろゆき】 丹後守 山城国 桃山期（慶長）

清水姓。堀川国広門。弘幸のち広幸を銘し、丹後守を受領する。京堀川住。堀川物全般は茎の鑢を大筋違にかけるが、弘幸は切鑢、またはごく浅い勝手下がりにする。直刃を得意とし、浅い小湾れに小互の目交じり。

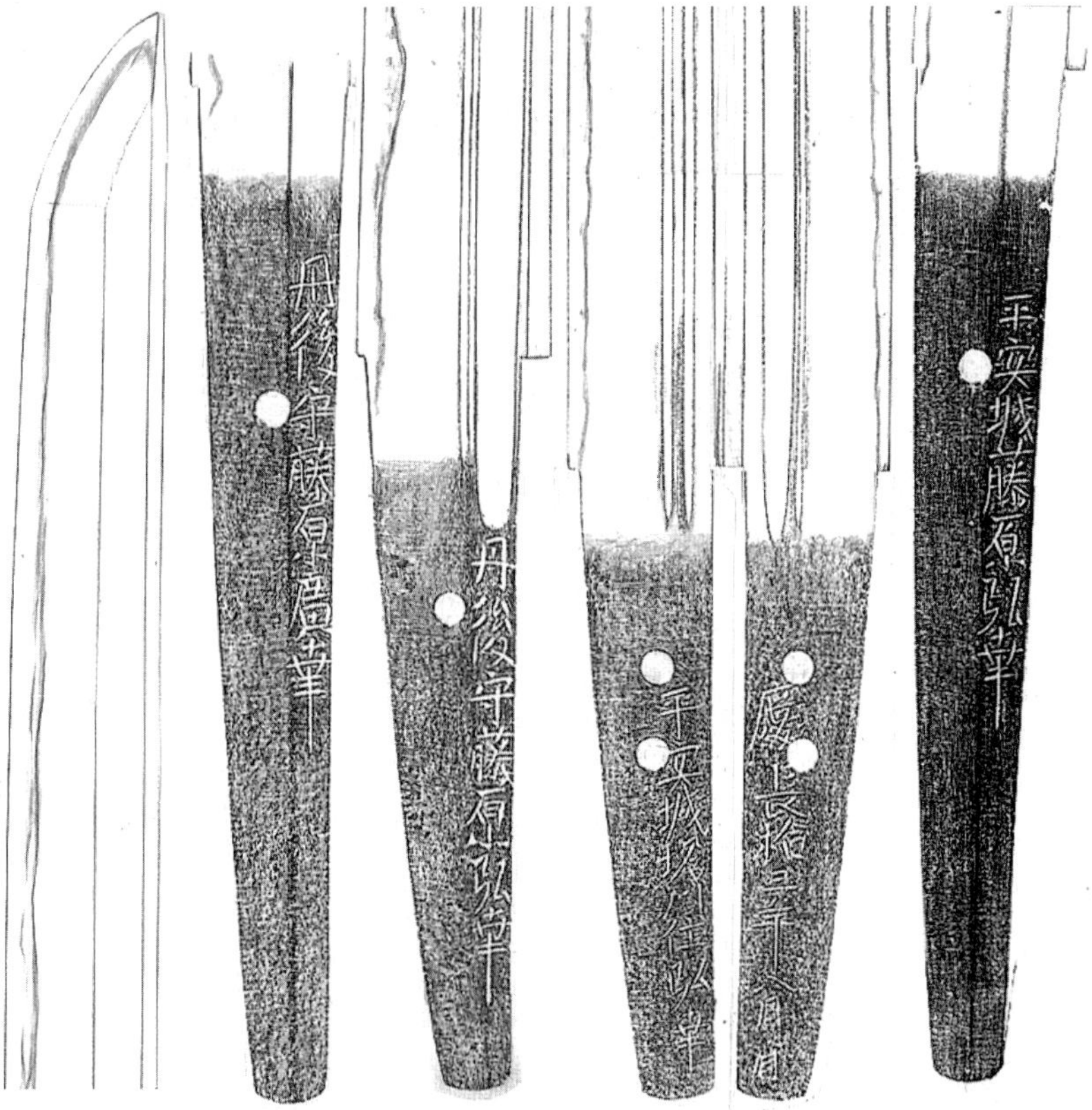

新 **汎隆**【ひろたか】 伯耆守 初代 越前国 桃山期（寛永）

越前関。汎隆には下坂を切銘したものをみないので、下坂康継と直接の関連はなかったとみられる。寛永十九・二十一年紀作がある。互の目に小湾れ、直刃など。

新 **汎隆**【ひろたか】 伯耆守 二代 越前国 江戸中期（寛文）

のち広高と改め、加州また越中に移るという。直刃、小湾れに互の目足入り。寛文年紀作があり、貞享ころまで作刀する。

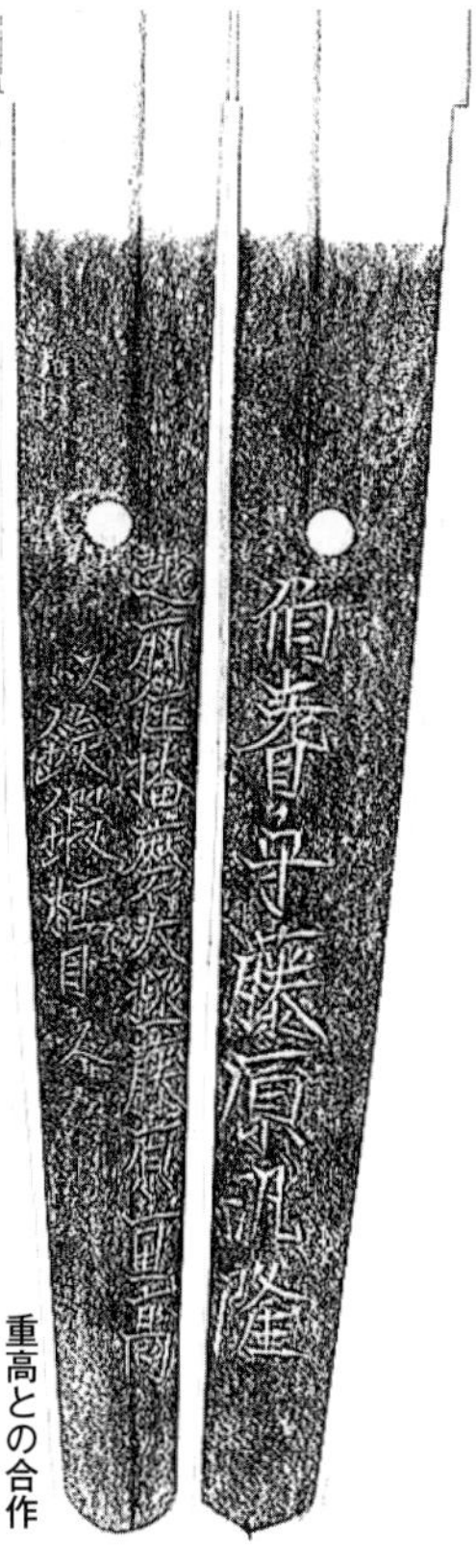

重高との合作

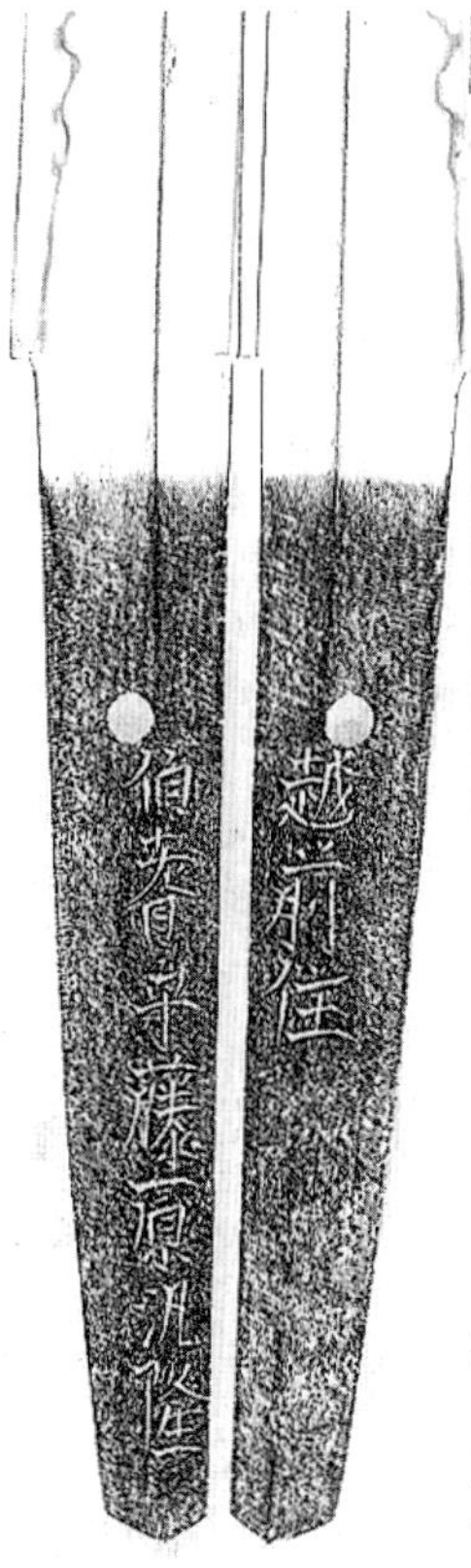

新々 **宏綱**【ひろつな】 筑後国 江戸末期（天保）

檍五郎。筑後久留米住。天保十二・十四年紀の作がある。

ひ

ひろゆき〜ひろつな

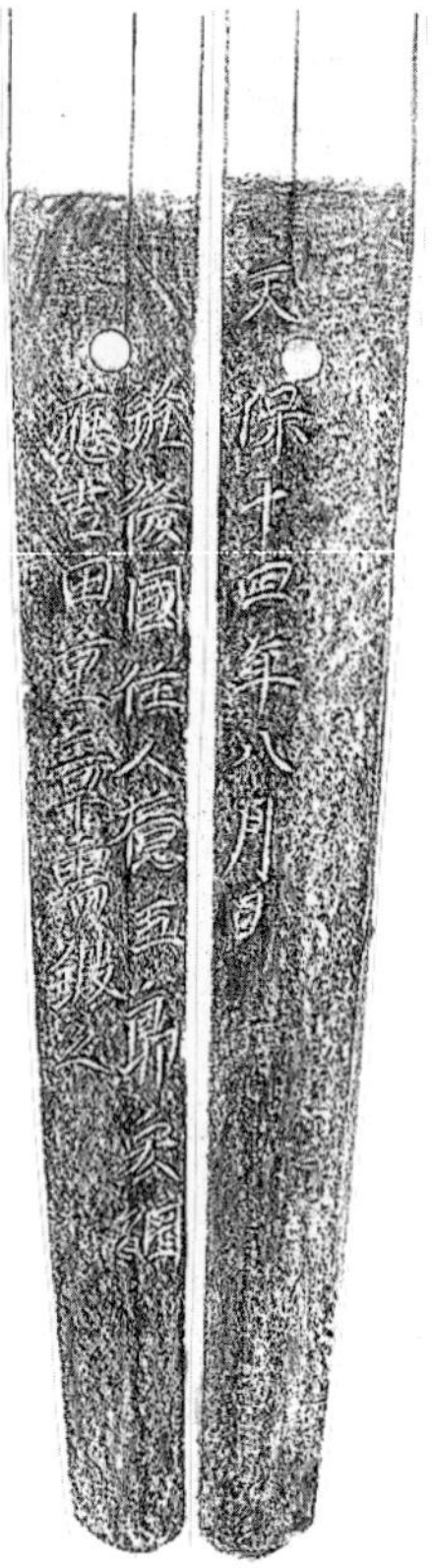

新作 **博樹【ひろき】** 岡山　平成

渋谷博樹。昭和四十六年生まれ。中川泰天門。平成十五年作刀承認。互の目に小丁子交じり。「吉備山　博樹」。浅口郡里庄町住。

新作 **博嗣【ひろつぐ】** 香川　昭和

馬場弘。大正十年生まれ。父繁太郎に学ぶ。初銘継弘、終戦前に博嗣に改銘する。昭和十九年末まで陸軍第一造兵廠へ納入。

古 **寛近【ひろちか】** 美濃国　室町末期（永正）

関住。永正九年紀の作がある。和泉守兼定との合作が数点あり、すべて寛近が表に銘している。藤原寛近銘は兼定（之定）が切銘していることもあって、寛近・兼定同人説があるが、寛近は兼定とは別人である。「寛近作」「藤原寛近作」。

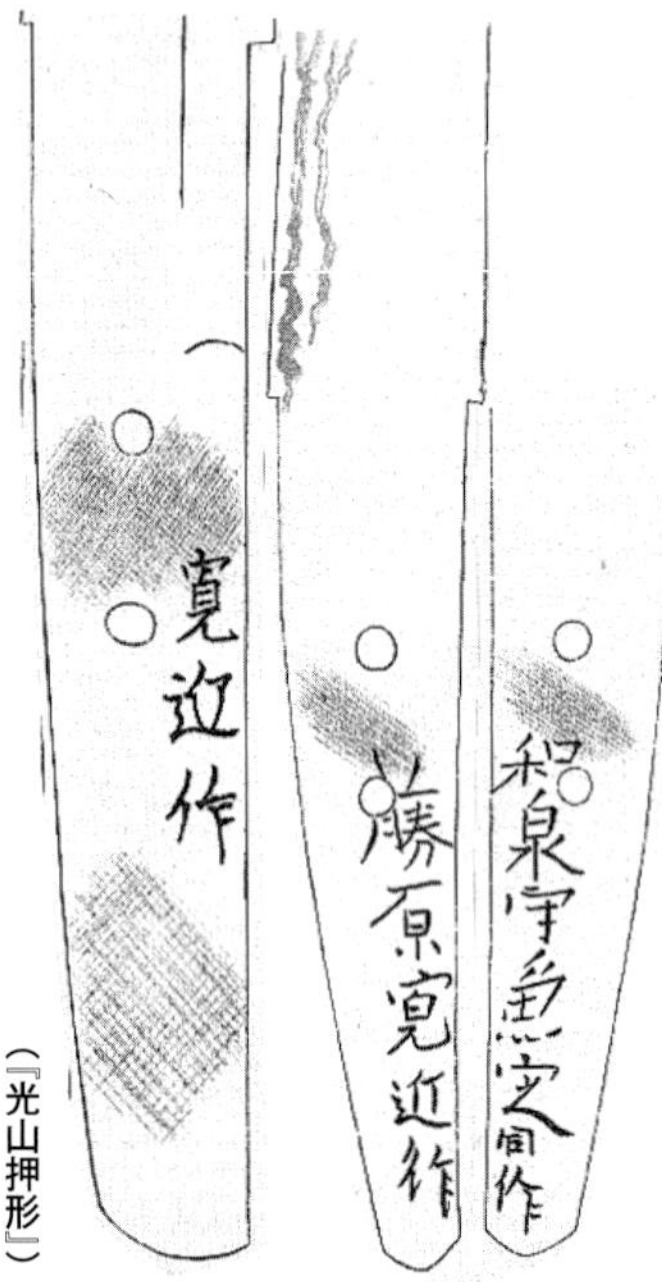

（『光山押形』）

新々 **寛重【ひろしげ】** 三河国　江戸末期（慶応）

阿武隈川貞助。一専斎と号す。三河の刈谷藩工。泰龍斎宗寛門。互の目乱、足を揃えて入れる。文久年紀から明治八年ころまでの作がある。下総古河城中での作があるのは、古河藩が刈谷藩と同族の土井氏の譜代であることによる。明治二十九年六月二十九日、五十八歳没。

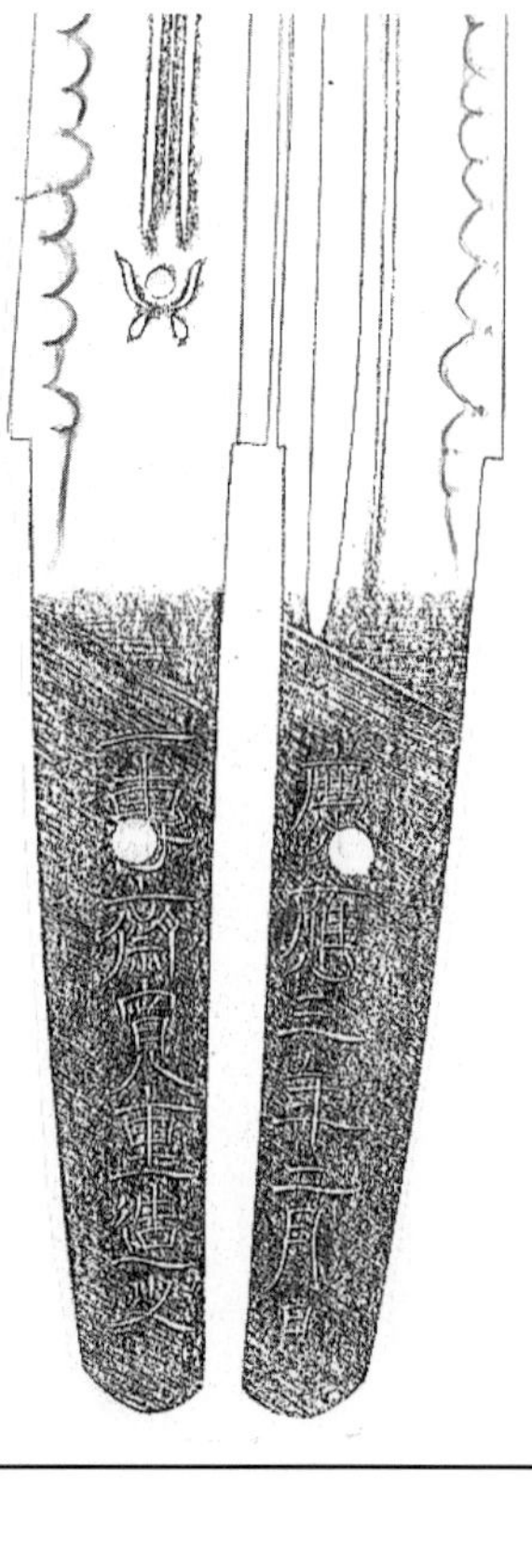

新々 **寛盛【ひろもり】** 薩摩国　江戸末期（天保）

斎藤平左衛門。知覧住。「平寛盛」「薩州平寛盛」と切る。直刃に互の目足入り。

古 **寛安【ひろやす】** 日向国　室町末期（永禄）

波平。月山系で日州庄内住。月山寛安同人という。薩摩にても造る。永禄ころ。「波平寛安」「薩摩國波平住寛安」「日州住寛安作」。

古 **厳秀【ひろひで・げんしゅう】** 豊後国　鎌倉初期（承元）

豊後定秀の一門。細直刃が少し湾れて小沸つき、匂口うるみ焼落しがある作風が定秀に近似し、茎の形状と筋違鑢の形も同様で、行平と同年代とみられる。「厳秀」。

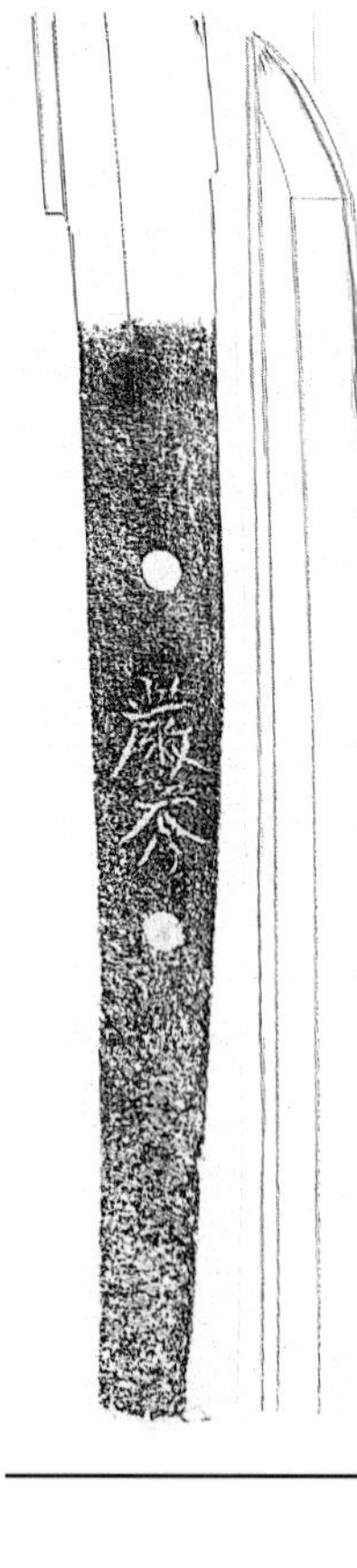

《ふ》

古 **颯誦**【ふうじゅ・ふうしょう】　陸奥国　平安中期（永延）

舞草派の鍛冶で安房孫、猛房子。平家の小烏《こがらす》太刀（御物）の作者と伝える。永延のころ。颯誦は平安末ころまで名跡が続いていたとみえ、仁安、寿永にも同銘がある。颯数《ふうじゅ》、浮周《ふじゅ》は同族で颯誦ともに俘囚《ふしゅ》の鍛冶で、蝦夷鍛冶であるともいう。颯誦は『往昔抄』に押形図があって、古くは残されていた作があったとみられるが、いま颯誦鍛冶の作例はみない。

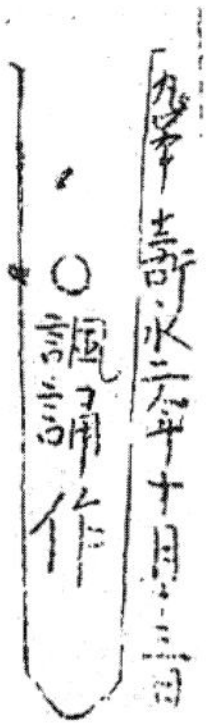

（『往昔抄』）

古 **房重**【ふさしげ】　備後国　室町中期（寛正）

辰房。尾道住。寛正二年紀があり、次代に永正年紀を切る同銘工がある。「備州住辰房房重」。

新々 **房信**【ふさのぶ】　遠江国　江戸末期（慶応）

伊勢大道系の鍛冶といわれる。掛川藩工。義明斎広房と同じ義明斎を号し、広房と近縁。江戸にても造る。「義明斎房信」「遠州掛川臣義明斎房信」などと切る。

新作 **房宙**【ふさひろ】　埼玉　平成

下島宙《ひろし》。昭和四十九年生まれ。平成五年、二十五代藤原兼房門。同十年作刀承認。同十二年、新作刀展覧会初入選。同十七・十八年に入選。平成十四年独立し、児玉郡神川町に鍛刀場を開設。互の目乱に丁子、馬の歯形の尖り刃交じり。

古 **房盛**【ふさもり】　筑前国　南北朝期（貞治）

金剛兵衛。盛高弟。貞治ころ。「房盛」。次代に同銘で盛清子が永享ころにいる。

古 **房盛**【ふさもり】　豊後国　室町末期（明応）

平高田。明応ころ。次代で天文ころに同銘がいて作刀する。「平房盛」「豊州高田平房盛」。

古 **房安**【ふさやす】　薩摩国　室町末期（天正）

左衛門。初銘延行。染川系の祖という。天正ころ。「薩州住藤原房安」「薩州住波平房安作」。

古 **総宗**【ふさむね】　**初代**　相模国　室町末期（文明）

初代作。文明二年紀の脇指がある。「相州住総宗作」。

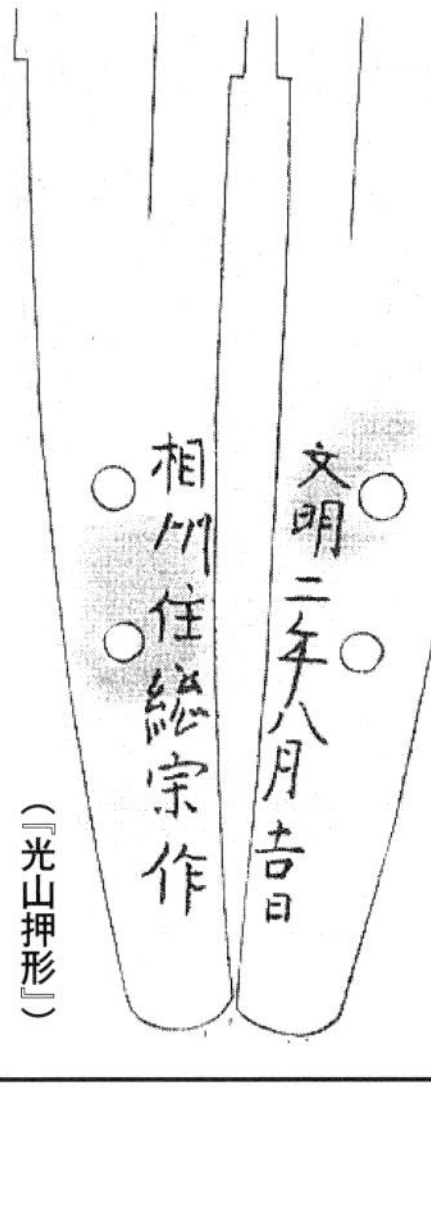

（『光山押形』）

古 **総宗**【ふさむね】　**二代**　相模国　室町末期（永正）

末相州中の上手。永正二年紀の作がある。匂出来の互の目乱、湾れ主調に矢筈乱交じり、飛焼かかり皆焼になるものもある。彫物の名手で真の倶利迦羅、独鈷などを彫る。茎は舟底形に造り、「総宗」「相州住総宗作」と銘す。

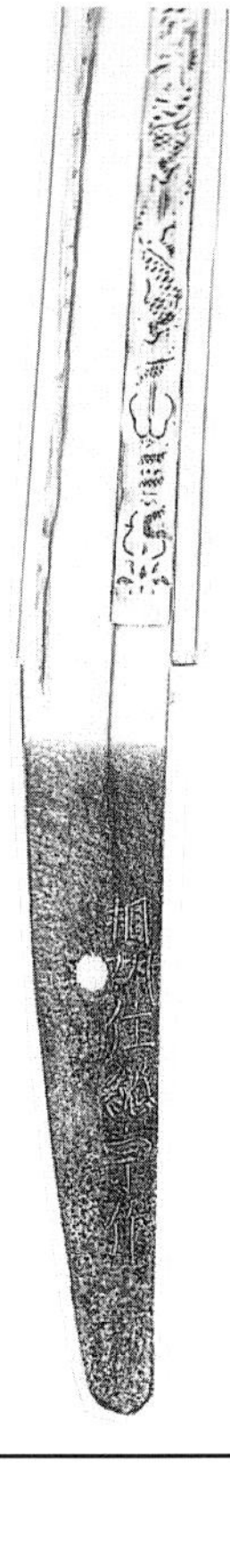

古 総宗【ふさむね】三代 相模国 室町末期（天正）

天正二年紀の作がある。「総宗」「相州住総宗」。

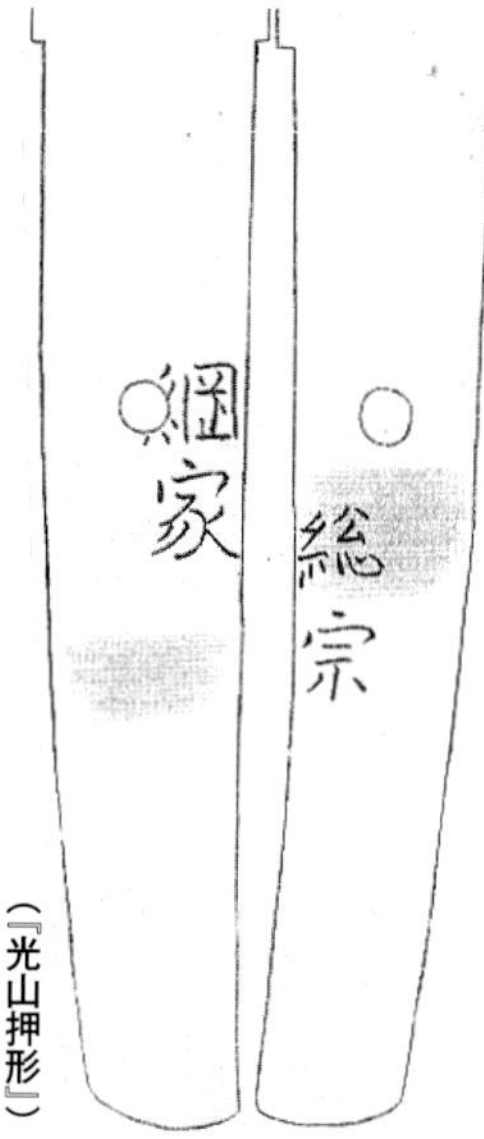

（『光山押形』）

古 藤正【ふじまさ】 伊勢国 室町末期（永正）

千子。村正の弟という。尾張にても造るという。「藤正」「桑名住藤正」。

古 冬国【ふゆくに】 肥後国 室町末期（永正）

末延寿。初代。湾れに互の目、沸出来でほつれ、湯走りが長くかかる。永正ころ。「菊池住冬國」。二代冬国は天文ころ。

古 冬広【ふゆひろ】 若狭国 室町中期（康正）

本国相模。相州広次の子、また次広の子という。若州小浜に移り、代々がこの地に継続している。大全によれば古刀に五代があるとし、さらに新刀に続いて江戸末期に至っている。室町期の冬広の刃文は末相州風の大乱のほか、直刃、大湾れがある。「冬廣」「若州住冬廣」。

古 冬広【ふゆひろ】 若狭国 室町中期（長享）

小浜住。明応三年紀の作がある。伯耆、備前にても造る。「冬廣作」「若州住冬廣」。

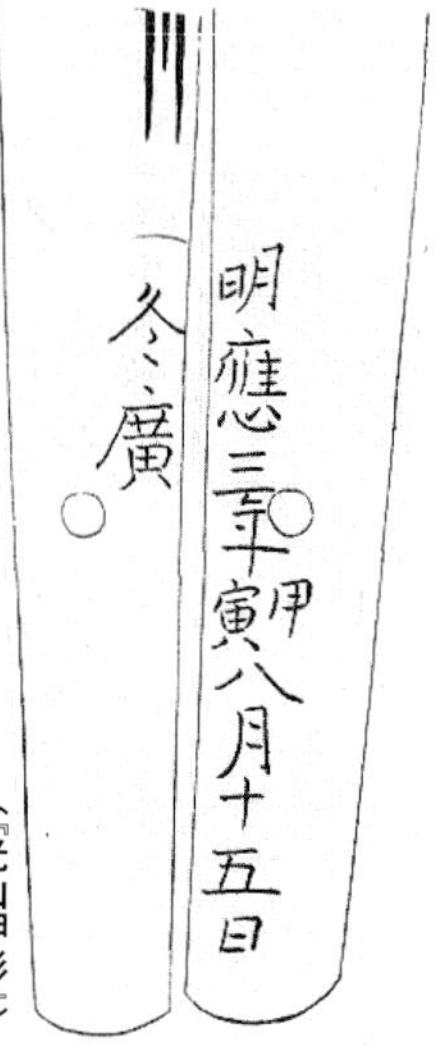

（『光山押形』）

古 冬広【ふゆひろ】 若狭国 室町末期（永正）

久右衛門。小浜住。永正から天文にかけてのころに冬広の作刀が多い。板目が流れ、地沸つき肌立つものがあり、直刃、互の目乱、湾れ乱のほか、飛焼がかかり皆焼状になるのもある。「冬廣作」「若州住冬廣」「久右衛門尉冬廣」。

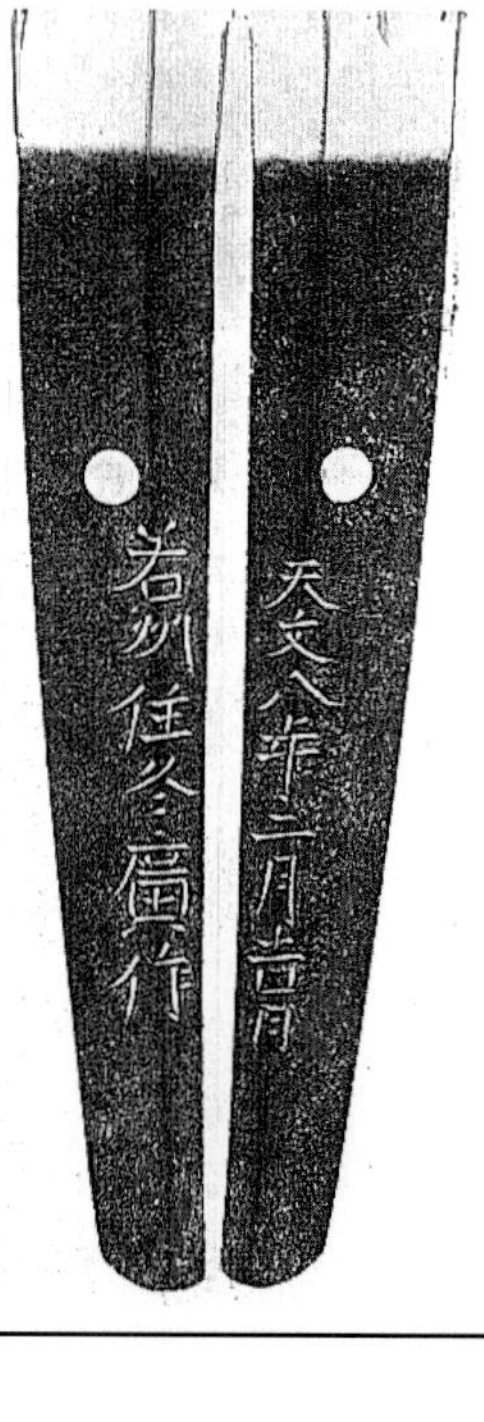

古 冬広【ふゆひろ】 若狭国 室町末期（永禄）

又次郎、藤左衛門。永禄七年八月、若狭守受領。備中松山城主三村元親の招きにより松山城下に移る。のち備後にても造る。永禄元亀の年紀作がある。「若州住冬廣作」「若州小浜住冬廣」「冬廣藤左衛門尉」「若狭守冬廣」。

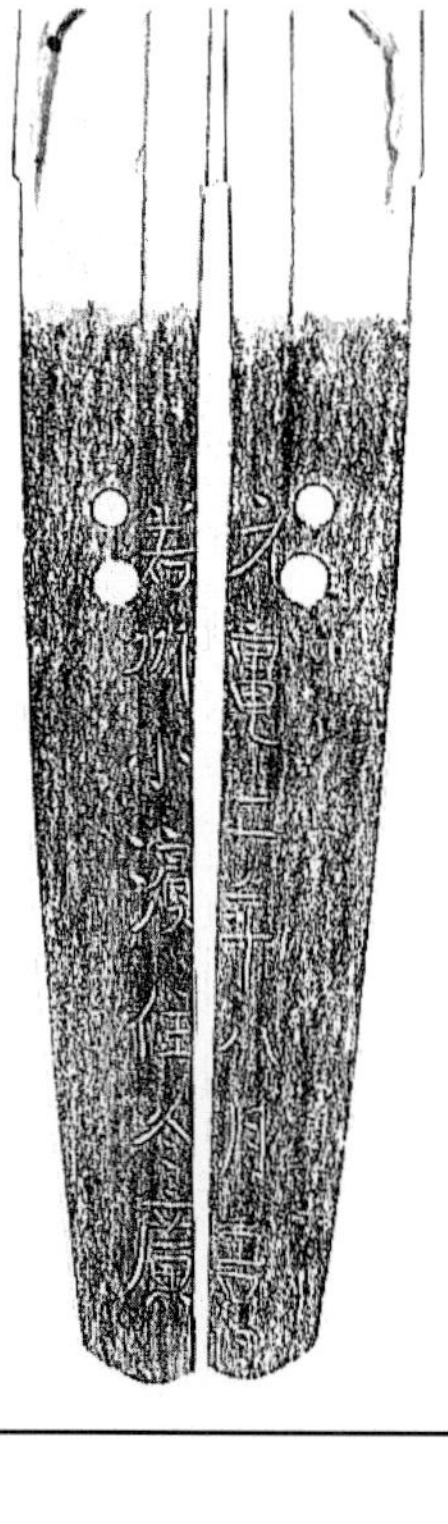

古 冬広【ふゆひろ】 若狭国 室町末期（天正）

五郎左衛門。永禄九年から十三年まで備中松山で、天正三年から十二年まで備後西条で鍛刀する。「冬廣作」「若州住冬廣作」「若州小浜住冬廣」。

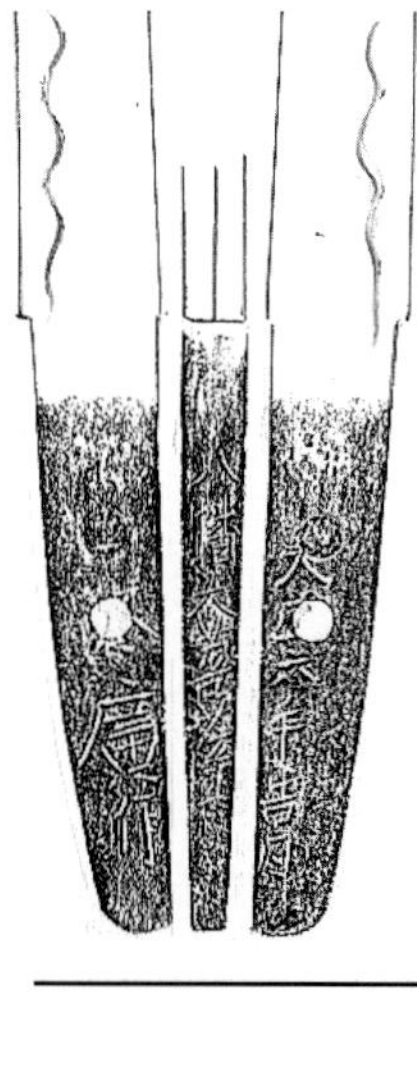

「備後国西条住若州冬廣作」。

新 **冬広**【ふゆひろ】**五代**　若狭国　桃山期（慶長）

高橋五郎左衛門。若州小浜住。四代冬広が備中松山へ移住後に若州冬広の名跡を継ぐ。慶長三年若狭守を受領したが、藩主の京極氏が若狭守のためこれをはばかって若狭大掾に改めたという。

新 **冬広**【ふゆひろ】**六代**　若狭国　江戸中期（寛文）

高橋孫三郎。若狭大掾を称す。

新 **冬広**【ふゆひろ】**七代**　若狭国　江戸中期（正徳）

高橋甚兵衛。若狭大掾を受領。貞享から享保の間。

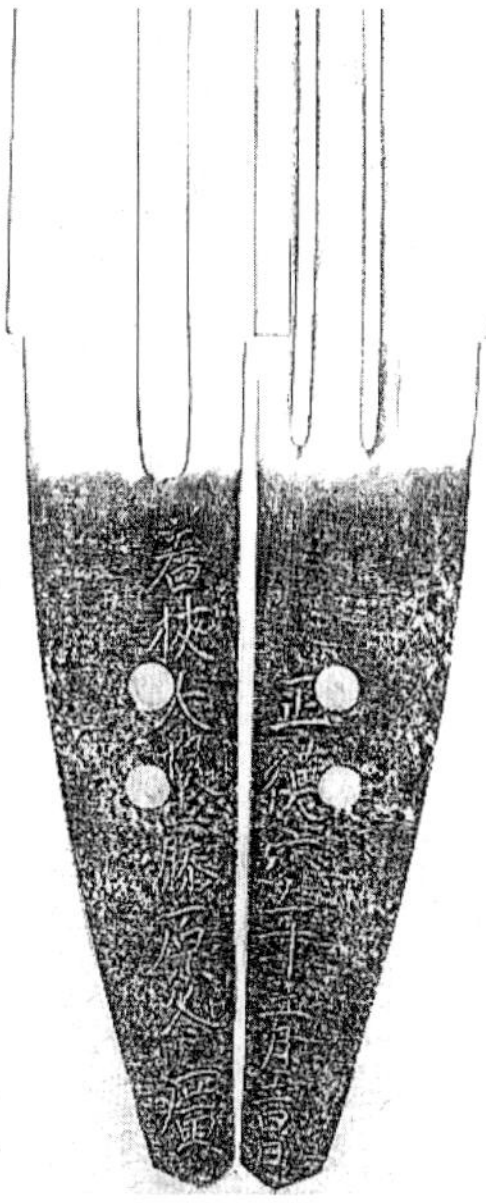

古 **冬広**【ふゆひろ】　相模国　室町末期（明応）

相州山内鍛冶。吉広系の末流広次子、また弟子という。若狭国住、のち本国の相州にても造る。「冬廣」「相州住冬廣」。

古 **冬広**【ふゆひろ】　伯耆国　室町末期（永正）

若州冬広の分流で伯耆倉吉にても造る。永正六・七年紀の作がある。次代は天正ころに作刀する。「伯州住冬廣作」。

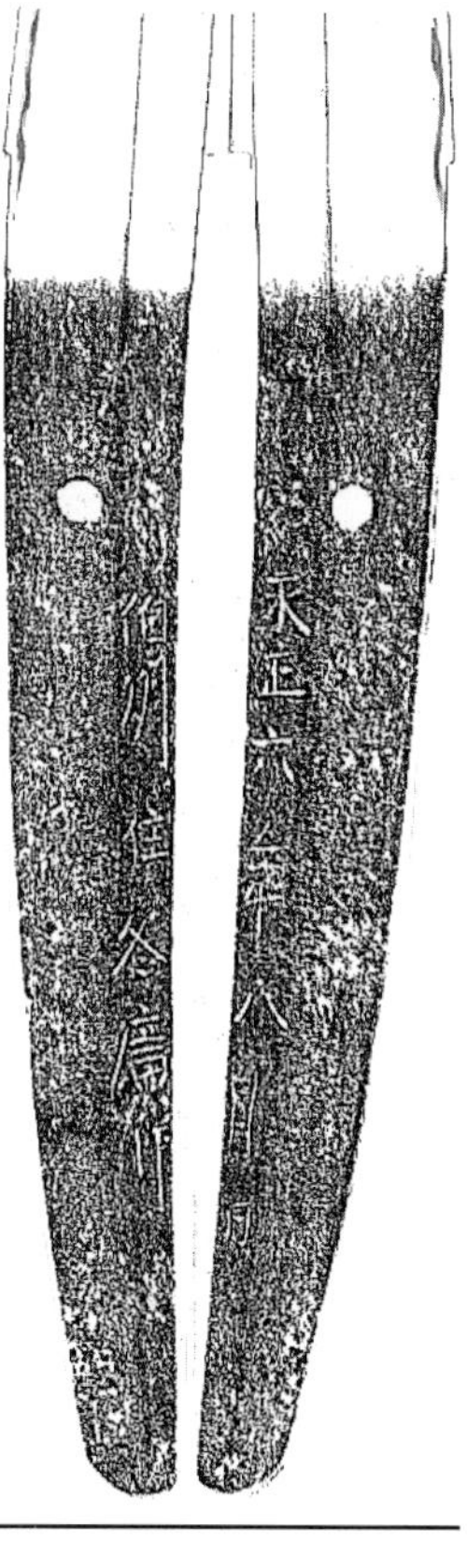

古 **冬広**【ふゆひろ】　備中国　室町末期（永禄）

備中松山住。松山城主三村元親の招きにより、この地で鍛刀する。「備中松山住冬廣」「備中國冬廣作」「備中國住三村修理進源朝臣元親打之冬廣作」。

古 **冬広**【ふゆひろ】　出雲国　室町末期（天正）

源兵衛。森山姓。雲州冬広。若州冬広の分かれか。「雲州住森山源兵衛尉冬廣作」。天正の同年代に森山与三郎冬広が雲州母里庄（現・島根県安来市伯太町母里）で鍛刀する。

新 **冬広**【ふゆひろ】　因幡国　江戸中期（寛文）

雲州冬広の系流であろう。「因州鳥取住冬廣造」などと切る。

新 **冬広**【ふゆひろ】　出雲国　江戸中期（寛文）

高橋喜兵衛。安芸初代冬広の子。のち吉道門となり吉広と銘し、また冬広に改める。松江雑賀にても造る。「雲州住冬廣」と切る。

新々 **冬広【ふゆひろ】** 相模国 江戸末期（寛政）

「相州住冬廣作」寛政二年紀の作がある。湾れ乱刃を焼く。銘鑑もれ。

《ほ》

新 **宝栄【ほうえい】** 石見国 桃山期（寛永）

寛永十九年紀の作がある。「石州住藤原宝栄」と切る。

新々 **宝山【ほうざん】** 上野国 江戸末期（文久）

上野伊勢崎住。「仲津川宝山造之」「上州いせざき宝山」などと切る。

新々 **宝寿【ほうじゅ】** 出羽国 江戸末期（文政）

加藤助四郎。国秀子。羽州米沢住。直刃、互の目乱を焼く。

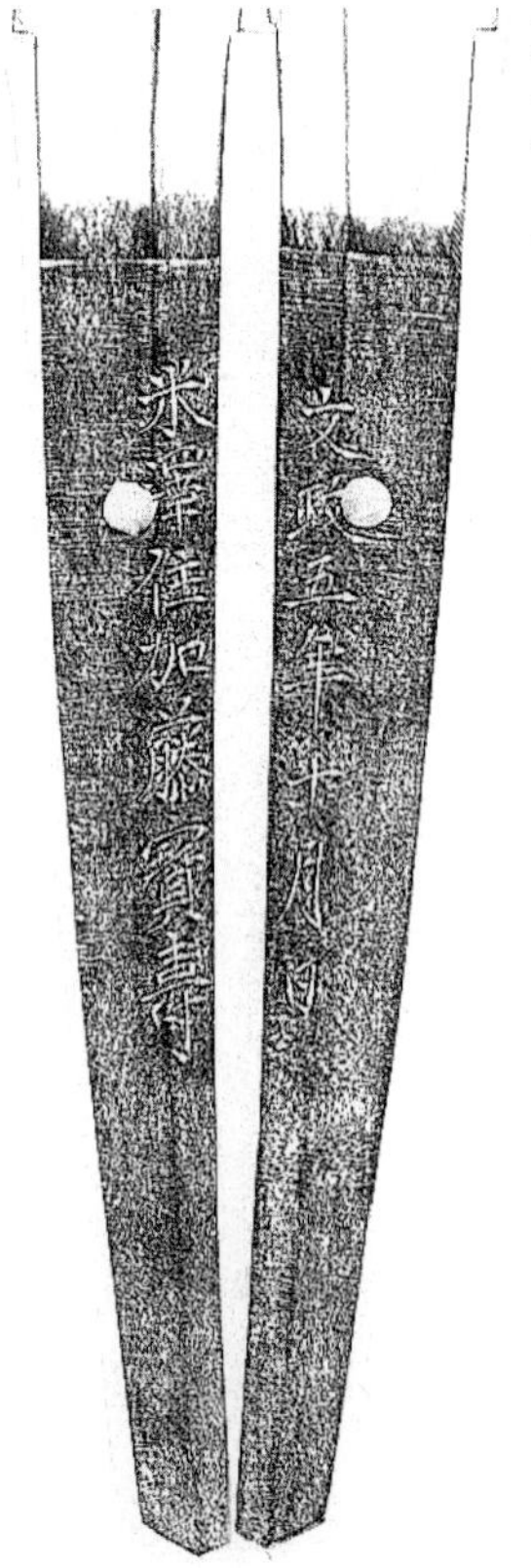

古 **宝寿【ほうじゅ】** 陸奥国 平安末期（嘉応）

舞草。平泉住。文寿の子。年代に諸説があるが、初代を平安末期の嘉応とする大全説が古く、「嘉応三（年）十月廿三日」紀の「寶壽」銘の押形を収めている。大全の次の系図によれば、

文壽（建保頃）——宝壽（貞応嘉元頃／文壽子）——宝壽（建長頃／孫）——行光（正応頃 後宝壽／後九州住）

貞応の宝寿（文寿の子）よりさらに古い年代に嘉応の宝寿が位置することとなり、次の系図が成り立つ。

（初代）宝寿（嘉応・祖父）——（二代）宝寿（貞応・子）——（三代）宝寿（建長・孫）

古押形に「平泉住寶壽」銘で鎌倉初期の貞応ころとする太刀があるが、これを含めても鎌倉初期を遡るとみられる現品をみない。徳治二年紀の宝寿短刀は昭和四十二年に実見したもので細直刃を焼く。鎌倉末期の徳治は大全の代別では二代、備考は四代に該当する。「寶壽」「平泉住寶壽」。

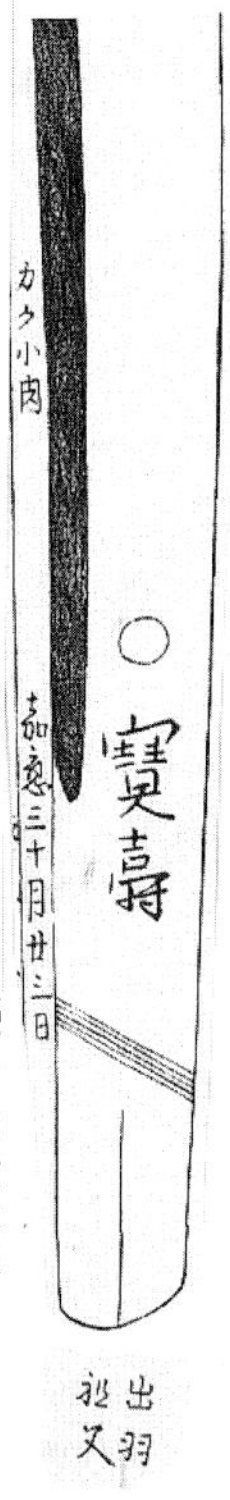

（『古刀銘尽大全』）

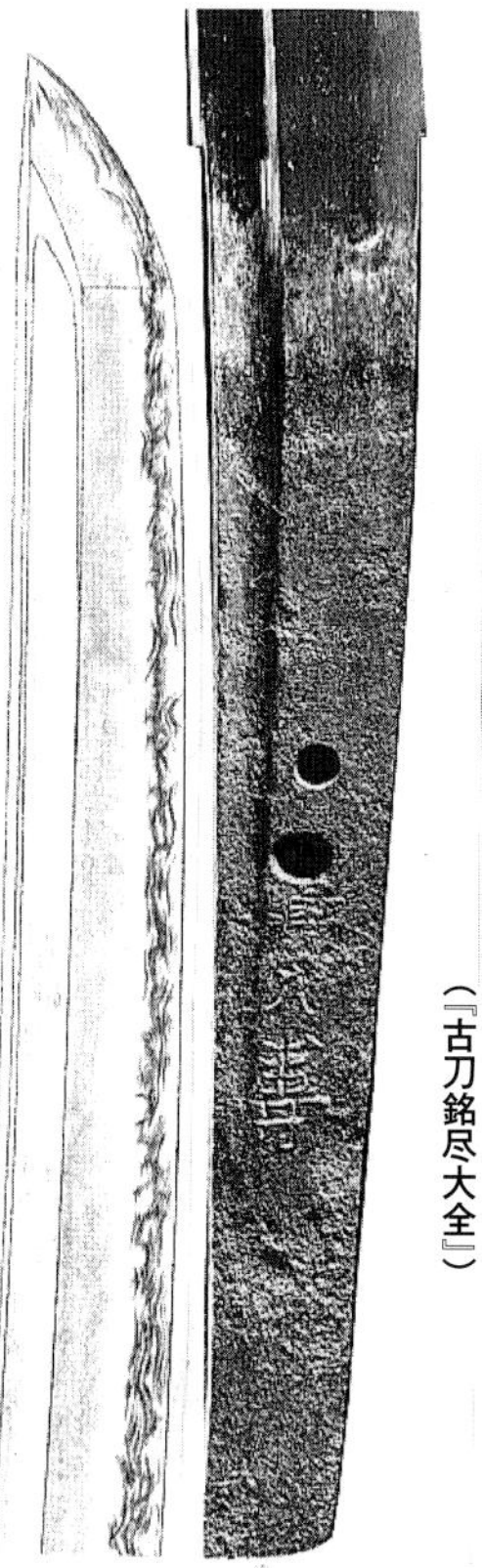

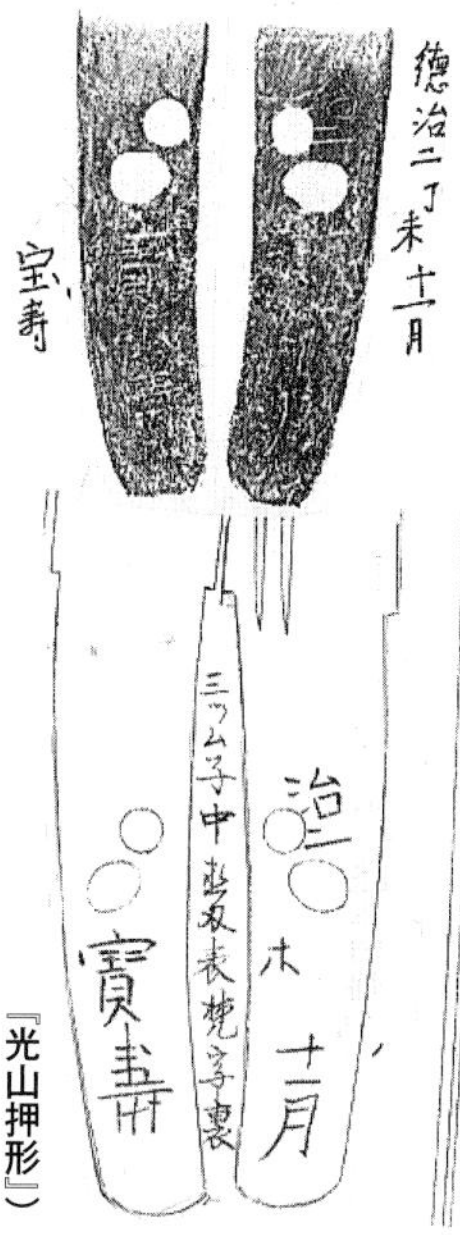

（『光山押形』）

古 宝寿【ほうじゅ】 陸奥国　南北朝期（暦応）

鎌倉末期ころから南北朝期にかけて活動する。奥州鍛冶は早くから畿内、中国、四国へと移動し、正応ころの宝寿（行光）は九州へ移住している。南北朝期では暦応、康永、延文、貞治、永和、永徳、至徳、嘉慶、明徳の年紀作がある。暦応三年紀の薙刀の作は、大板目肌が流れ、杢、綾杉肌交じり、地景と地斑入る。刃文は直刃調に浅く湾れて小互の目交じり、砂流し金筋が入り、匂口にうるみごころがある。「寶壽」「奥州寶壽」。大和に移住した工は「大和國住塔本寶壽」（延慶ころ）銘がある。

古 宝寿【ほうじゅ】 陸奥国　室町初期（応永）

応永初年から末年までの年紀作がある。一門が備前、備後にても造ると

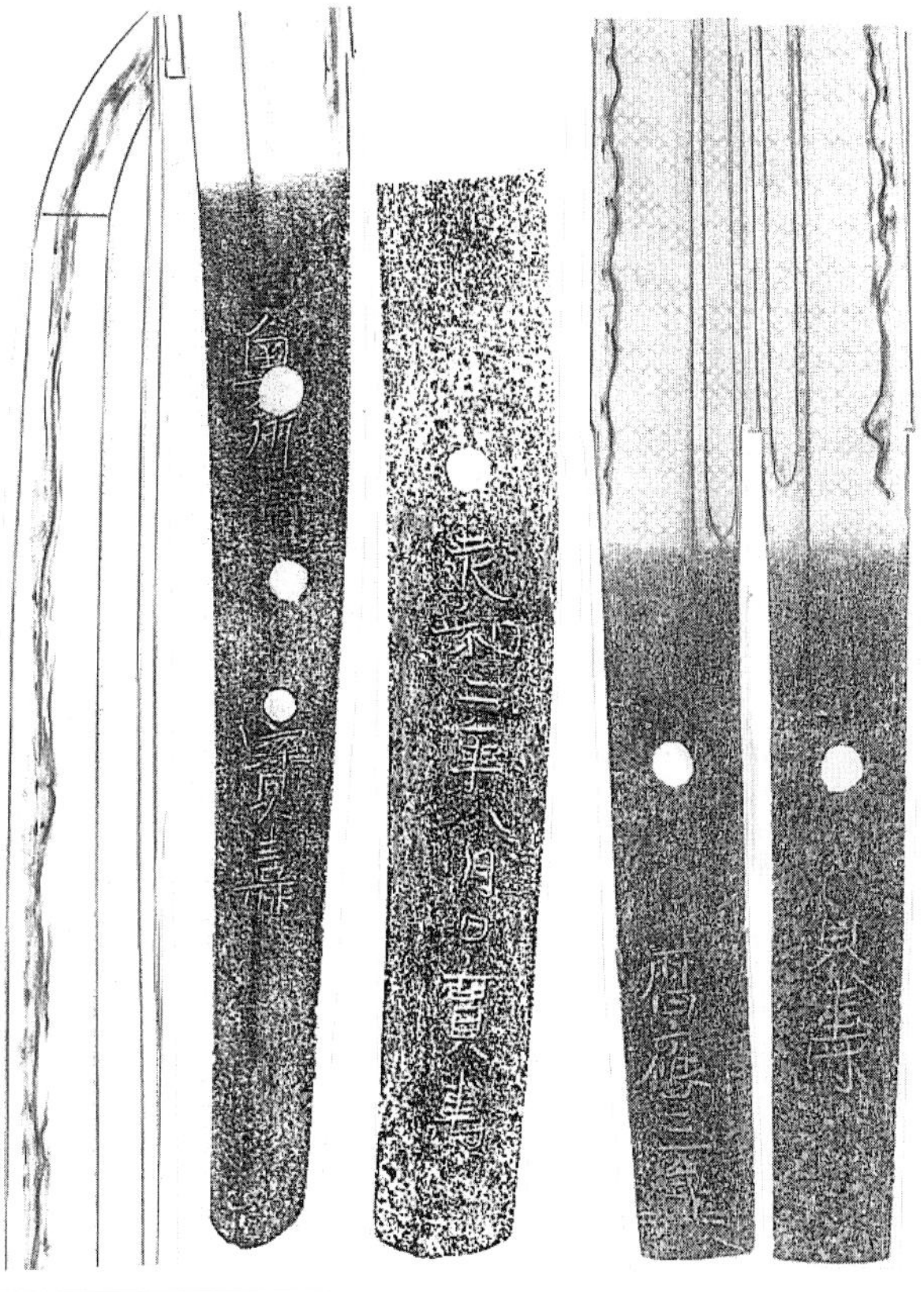

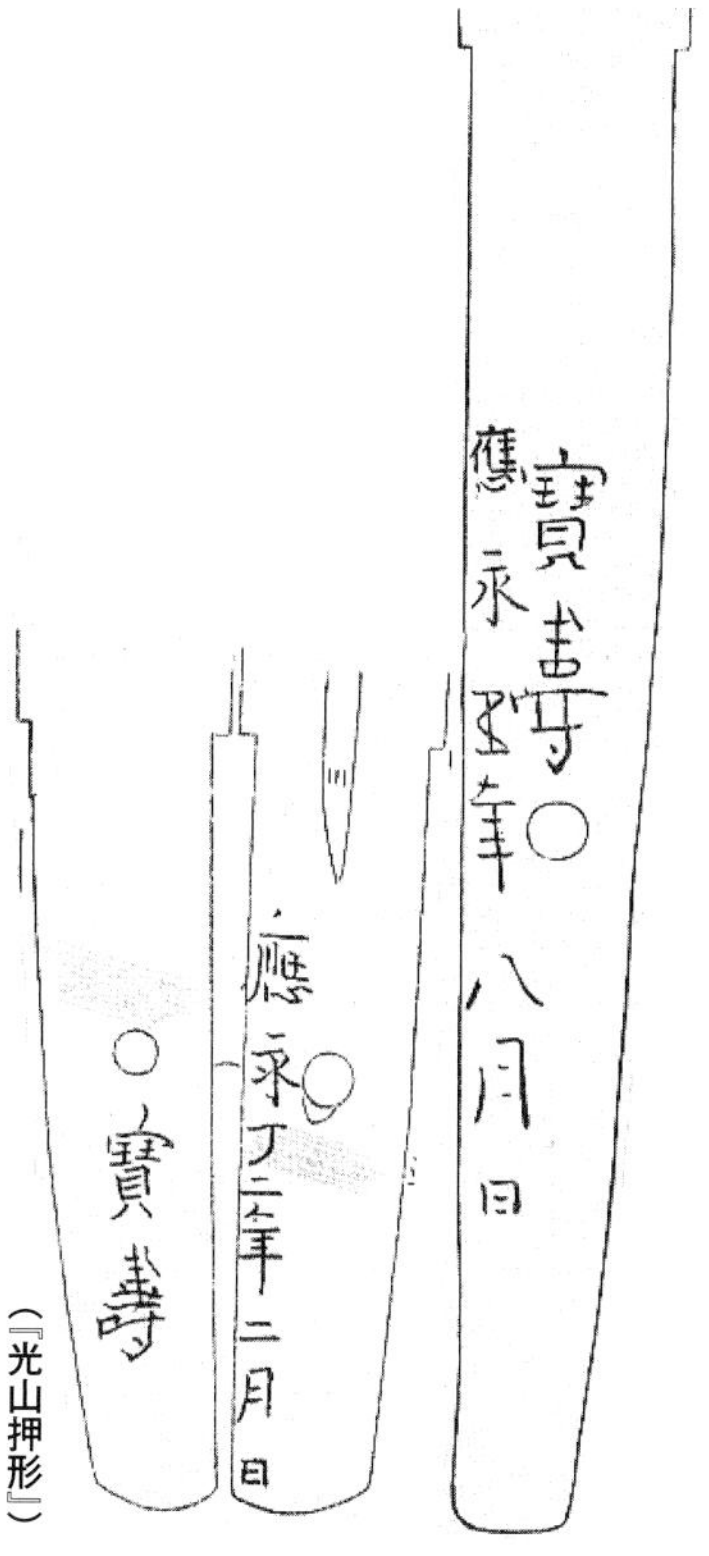

（『光山押形』）

いう。なお応永から以降、寛正、文明ころに同銘を切るものがわずかにみられる。

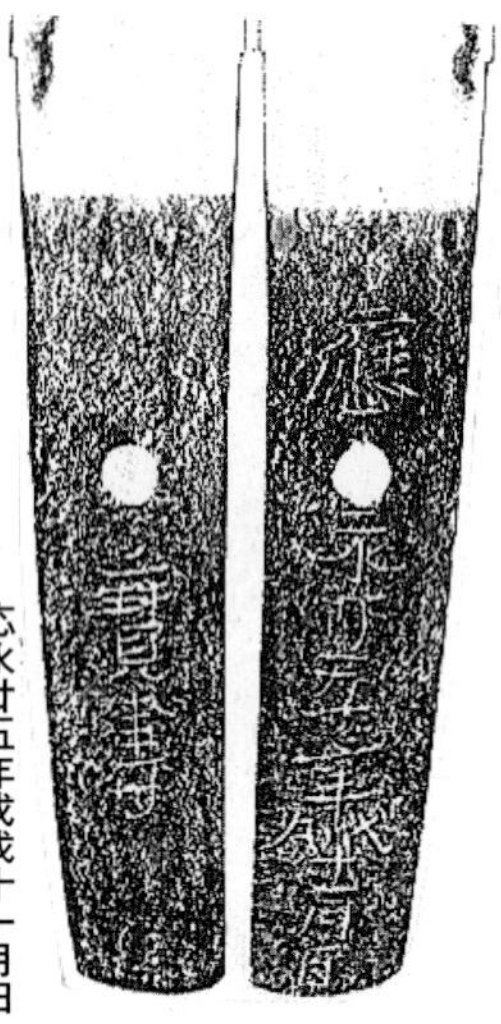

応永廿五年戊戌十一月日

古 保昌【ほうしょう】 大和国　鎌倉末期～室町前期

大和五派中の一。鎌倉末期から南北朝期にかけて作刀し、わずかに室町前期まで名跡を継続する。大和の談山神社の奉納刀には二千数百振りの室町期の保昌作（無銘が多い）がある（『名刀の見どころ極めどころ』）。現存する保昌の有銘作は短刀が多く、太刀は左衛門尉貞吉（嘉暦三年・重美）と、貞継（重文）の作刀がわずかに知られるのみ。比較的作品が多く残されているのが貞吉、貞清、貞興である。

保昌派の祖は国光で、貞光同人という。南北朝期を遡る年代の貞光の作は見ることなく、現存するのは室町期の後代作ばかりである。一派は、いずれも銘に「貞」の一字を通字として用い、うち貞宗と貞吉が聞こえ高い。鍛え肌が整然とした柾目を呈し、地沸を厚くつけ、地景を入れたところに個性の強さが見られる。ときとして鍛えにそって柾割れが生じたものがあるが、古作の保昌に限っては、これを景色としてとらえ、欠点とはみなさない伝えがある。刃文は直刃が浅く湾れて沸づき、打のけ、湯走り、喰違い刃など働き、帽子は焼詰めて、先に掃掛烈しくかかる。茎は尻を切り詰めた形に造り、鑢を桧垣にかけるものが多い。（系図834頁参照）

ほ

《ま》

古 舞草【まいくさ・もうくさ】 陸奥国 平安中期（天元）

陸奥磐井郡舞草（現・岩手県一関市舞川）に住す古鍛冶の総称。奈良時代の大宝ころという文寿をはじめ平安時代に安房、猛房、世安、行重、雄安、諷誦などの鍛冶が文献にみられ、舞草とのみ銘を切るものもあるという。蝦夷征伐があり、前九年、後三年の両役など戦火が続いたことを思えば、多くの刀工が繁栄し、多量の古作が存立したはずであるが、現存するのは古作の名跡を襲った鎌倉時代以降の作ばかりである。

古 舞草【まいくさ・もうくさ】 陸奥国 鎌倉中期（文永）

舞草の有銘の遺作は鎌倉後期のものが最も古く、『光山押形』に所載する二字大銘の太刀が現存する。

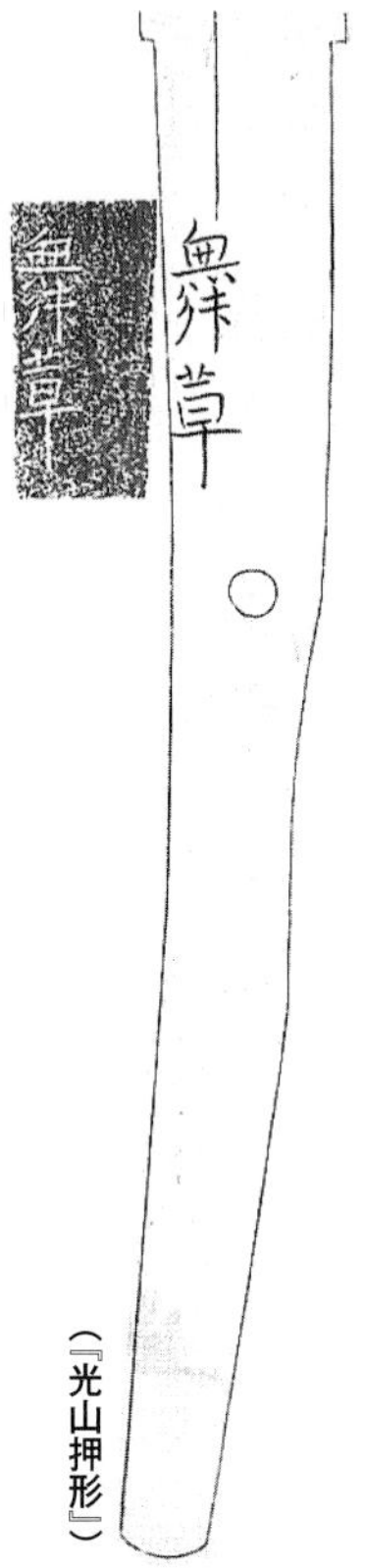

（『光山押形』）

新作 誠【まこと】 千葉 平成

上畠誠。昭和五十二年生まれ。新作名刀展入選。平成二十二年、新作日本刀展入選。「上畠誠作之」。千葉市住。

新 方清【まさきよ・かずきよ】初代 長門国 江戸中期（寛文）

玉井平左衛門、刑部左衛門。初代方清。二王清綱の末流という。法城寺正弘門。寛文四年、毛利家の抱工となり、周防より長州萩へ移住する。直刃、直刃に喰違刃交じる。

新 方清【まさきよ・かずきよ】二代 長門国 江戸中期（元禄）

玉井平左衛門、刑部左衛門。二王九郎と称す。貞享から元禄までの作刀がある。元禄十三年九月没。互の目が連れた法城寺風の作。

新 方清【まさきよ・かずきよ】三代 長門国 江戸中期（宝永）

三代方清。玉井平左衛門。元禄から享保までの作刀がある。互の目に尖り互の目交じり。享保十二年六月没。

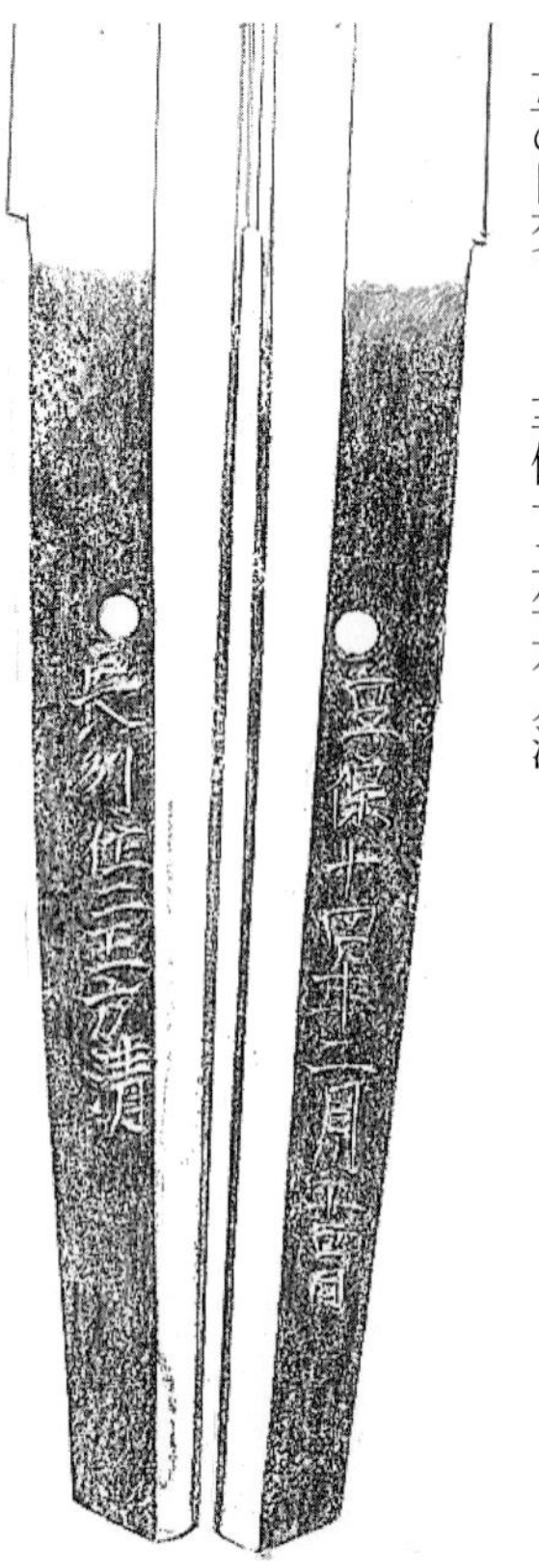

新々 正明【まさあき】 城慶子 武蔵国 江戸末期（安政）

竹村恒次郎。作州津山藩工。細川正義門。江戸深川森下町住。城慶子と号す。正明を正日月と切るものがある。嘉永ころから明治四年までの作例がある。明治元年十一月死、行年五十五歳（『刀工総覧』）とあるが、享年は明治四年以降である。丁子乱、また重花丁子乱の華やかな備前伝

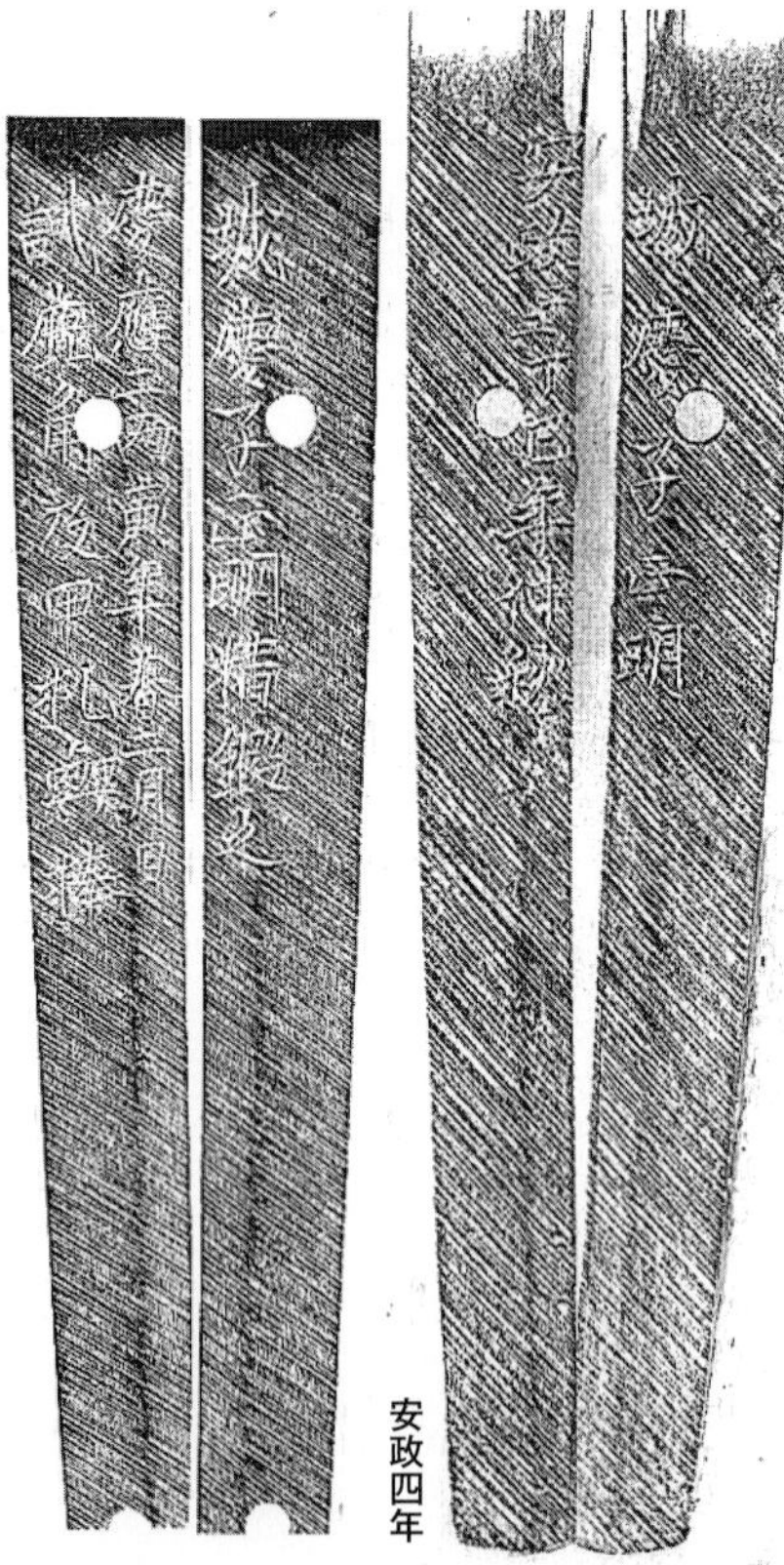

安政四年

の作が多い。細川正義の門下中で第一の上手。『新刀銘集録』は師の代打ちをして丁子乱の上手と記す。茎の筋違鑢が荒く立つ。

新作 **正明【まさあき】** 岐阜 昭和

吉田政夫。大正三年生まれ。天池鈴市門。加茂郡富加町住。

新作 **正明【まさあき】** 岐阜 平成

吉田研。昭和二十五年生まれ。二十三歳のとき父吉田正明、叔父大野兼正に師事する。平成元年から新作刀展覧会に出品し、連続入選する。

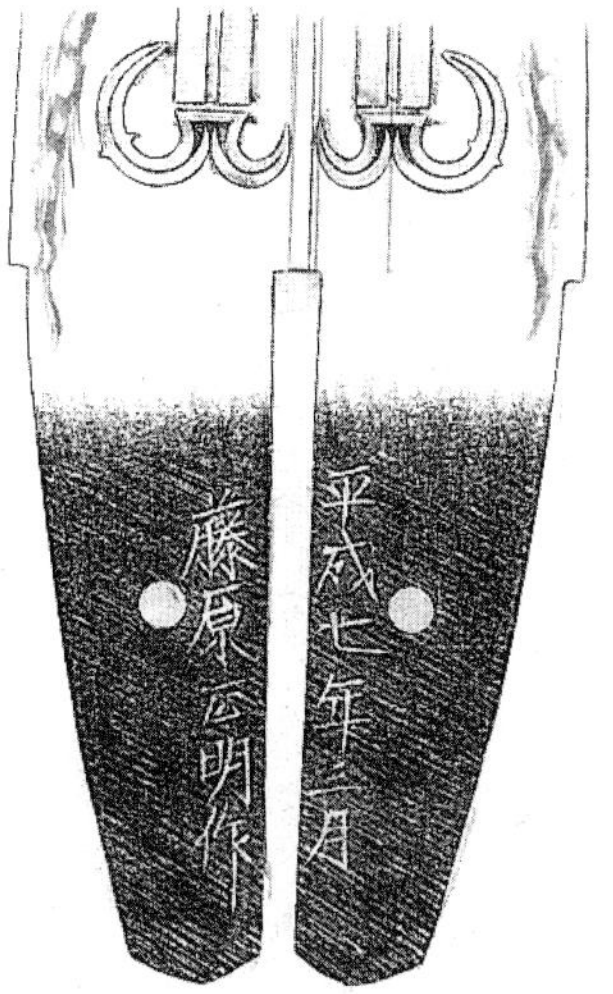

新作 **正明【まさあき】** 兵庫 昭和

菊水紋を切り「湊川神社正明」と切銘する。小互の目足長く入る。

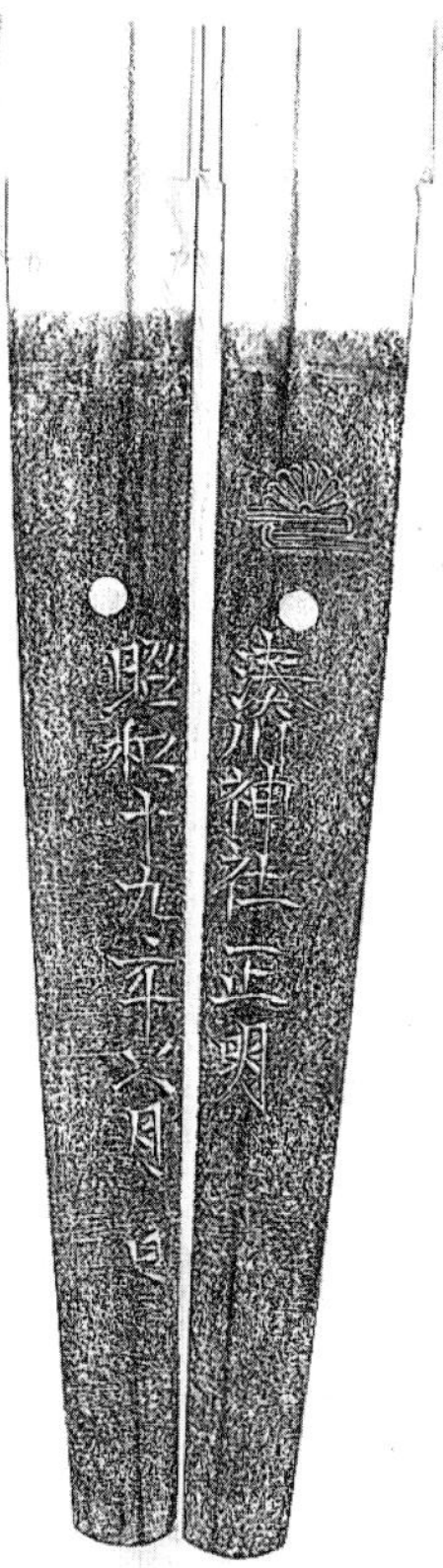

新 **正商【まさあき】** 薩摩国 江戸中期（正徳）

丸田惣左衛門正房の初銘。正冬ともいうが、この作銘は未見。三代目正房は歴代の中で作刀が多く、優れた技を発揮する。⇩**正房〈三代〉の項参照。**

古 **正家【まさいえ】** 備後国 鎌倉末期（嘉暦）

古三原。三原の祖。親正家という。正家の本国は備前で唐河為遠の門人と伝える。正家の年紀作は文和二年が古いが、嘉暦正家はそれよりなお年代が遡り、銘鑑では徳治ころの正家をあげている。古三原とは南北朝期以前の三原物のことで、有銘の正家は稀少であり、正広はままみかけて太刀が多い。ただし正家は江戸時代の押形図には比較的有銘作があるのをみると、現在残されている数が少ないこととなる。備後三原物の別系に国分寺助国があり、銘尽は「備後国葦田郡物之系図」を掲げる。備後国安郡東条住。

古 **正家【まさいえ】** 備後国 南北朝期（文和）

古三原。右衛門尉。貞和から延文ころにかけての鍛冶で、文和年紀の作がある。古三原の作風は太刀の鎬幅が広く、鎬筋が高い。鍛えはよく詰み地沸細かにつき少しく白気があるのと、板目がやや肌立ち流れるものとある。刃文は直刃に小乱、小足入り、浅く湾れかかるものがあり、沸よくつき刃中に砂流しかかる。「備州住正家作」「正家」「備後国住右衛門尉正家作」。

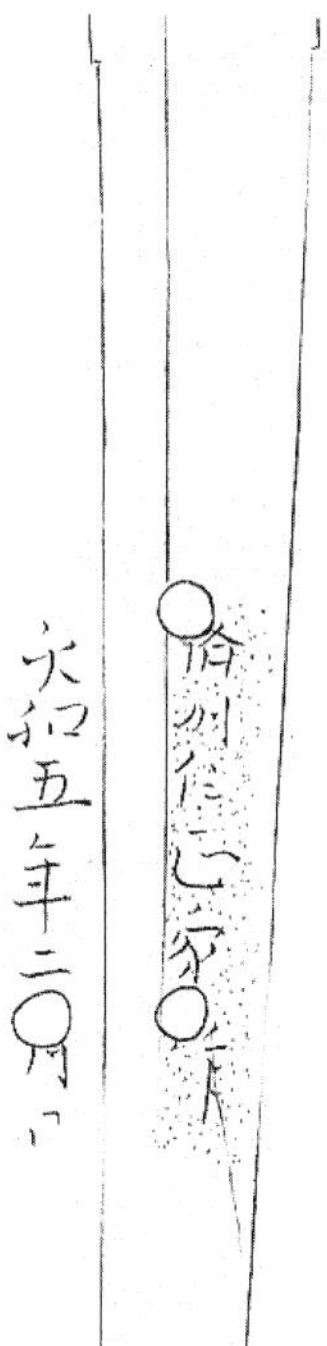

（『土屋押形』）

古 **正家【まさいえ】** 備後国 南北朝期（延文）

古三原。左衛門尉。正家（右衛門尉）の子。延文ころから応安にかけての鍛冶。中直刃調に小乱交じり、足・葉が入り匂深く小沸つきところどころに金筋入る。「正家」銘の「正」字を細鏨で草書体（行書体にも）に切る。「備州住正家作」「備後国住左衛門尉正家作」。

古 **正家**【まさいえ】 備後国 南北朝期（永和）

古三原。兵庫助。永和（北朝）、天授（南朝）の年紀作がある。「正家」の「正」字を楷書体に切る。「備州住正家作」「兵庫助藤原正家」。

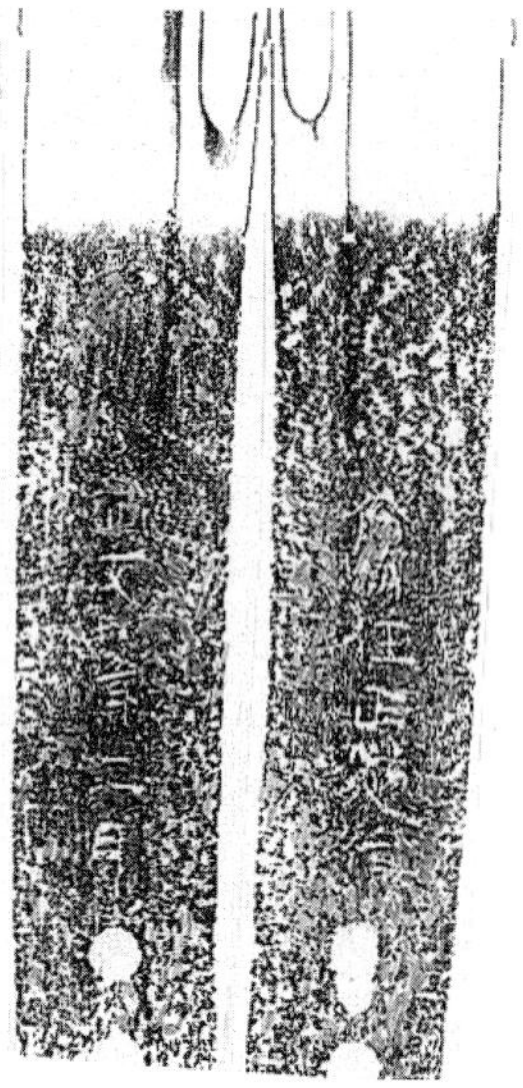

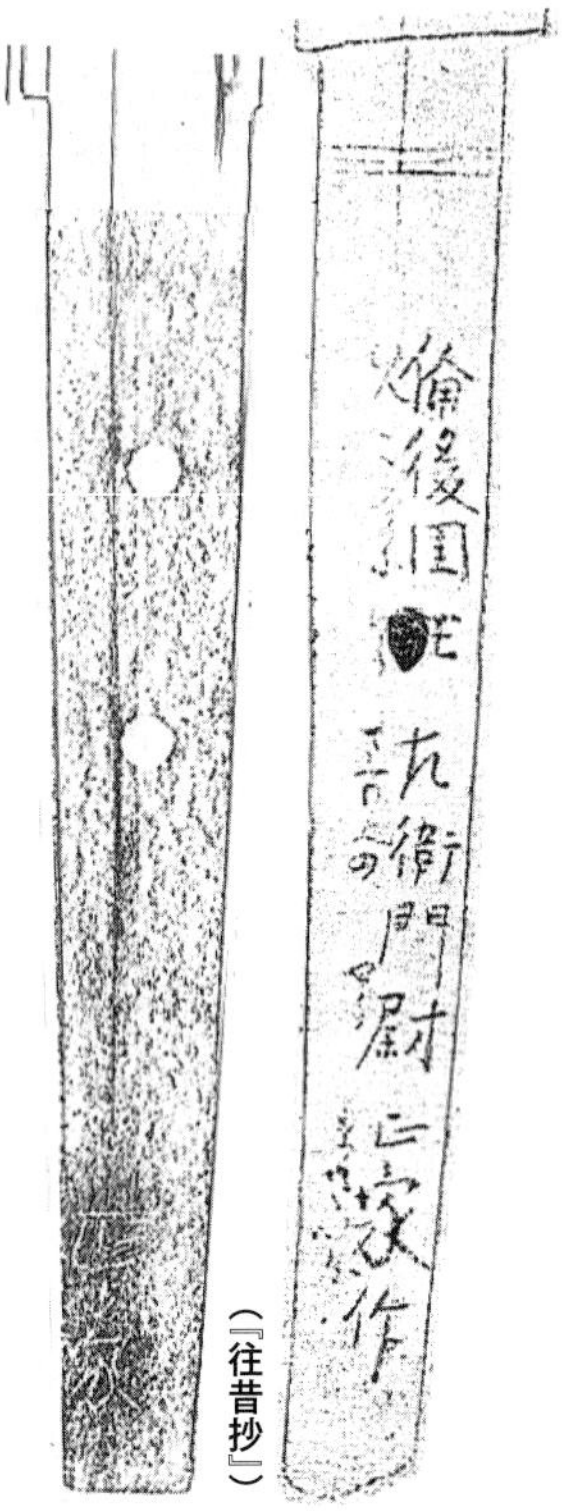

（『往昔抄』）

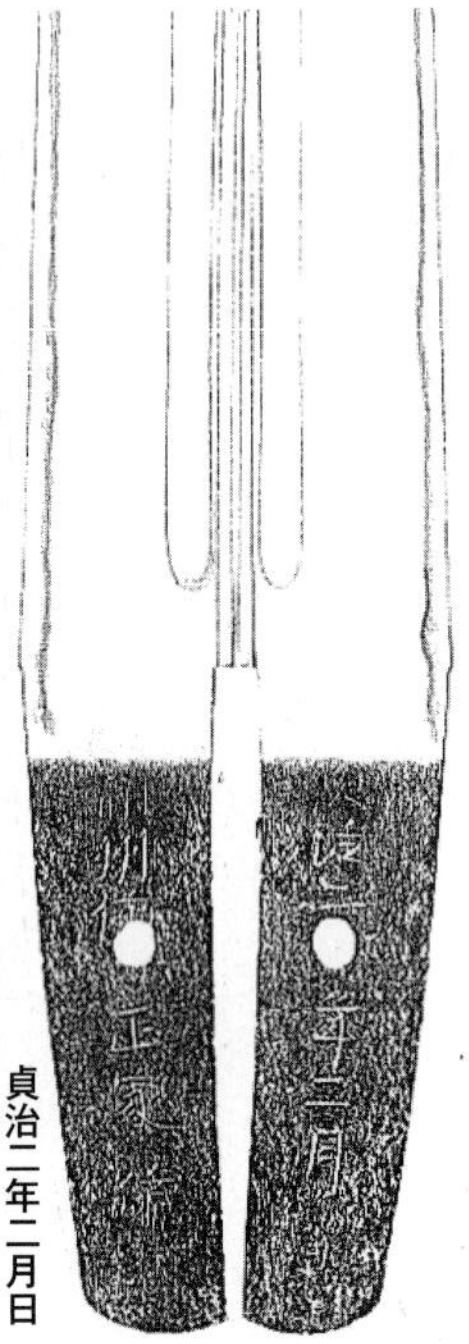

貞治二年二月日

備州住左衛門尉正家

古 **正家**【まさいえ】 備後国 室町初期（応永）

三原。左兵衛尉。応永から正長年紀の作がある。「備後国住正家」「備州住左兵衛尉正家作」。

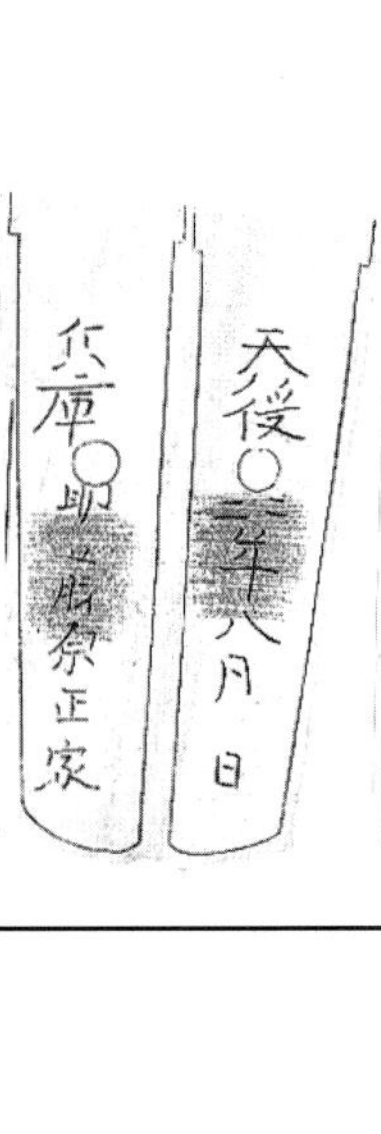

天授二年八月日＝文和二年

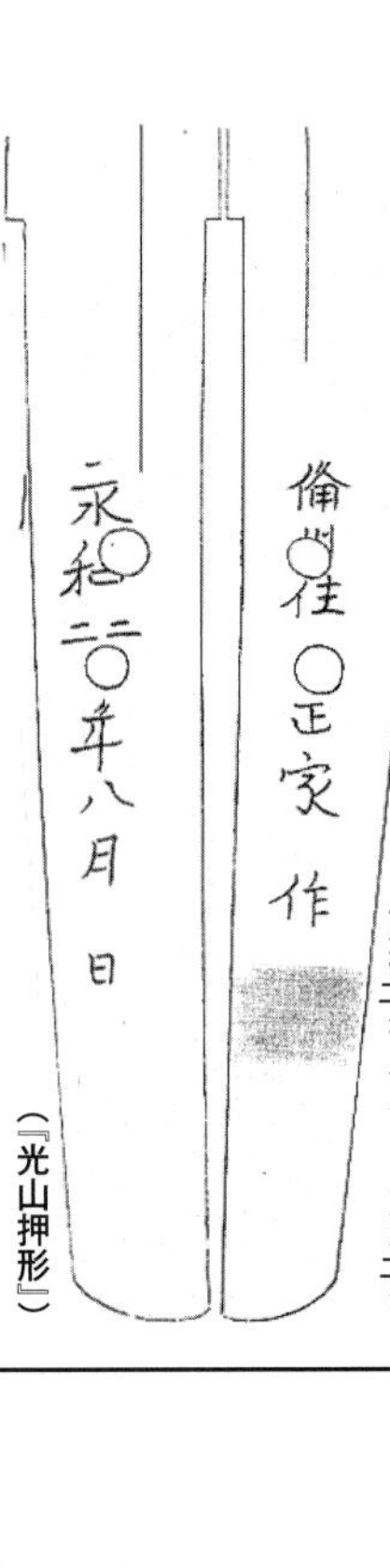

（『光山押形』）

新 **正家**【まさいえ】 播磨国 桃山期（慶長）

黒田助六。播州姫路住。天正の正家の男。大和大掾を受領、のち大和守に転ず。直刃に小互の目、小丁子交じる。

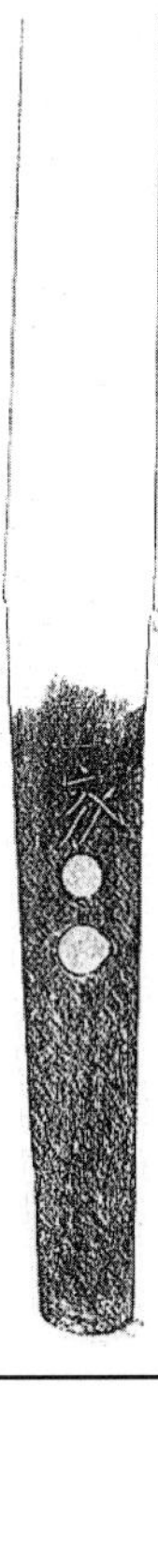

新々 **正家**【まさいえ】 下野国　江戸末期（享和）

金子平太郎。初代細川正義門。互の目に丁子、逆丁子交じり沸つき、砂流しかかる。

新 **正氏**【まさうじ】 長門国　江戸中期（享保）

六兵衛。石堂系。「長州萩住石道藤原正氏」などと切る。

新々 **正雄**【まさお】 武蔵国　江戸末期（文久）

鈴木次郎。生国美濃。弘化二年ころ清麿門に入り、嘉永六年ころ独立。江戸下谷御徒町住。安政五年ころから北海道函館で鍛刀し「以知岸内砂鉄造之」（安政五年）、「於箱館以砂鉄造之」（安政六年、万延元年）、「以蝦夷地砂鉄造之」（安政五年）などと添銘する。のち江戸に帰る。文久年紀の短刀に「武州住源正雄作」銘がある。嘉永六年から慶応二年紀までの作がある。匂が深く沸がよくついた互の目乱、金筋が働き師清麿風の作。銘を草書に「源正雄」と切るのが多く、「源正雄作」の四字銘、「武州住鈴木次郎源正雄」の長銘もある。信秀に次ぐ清麿古参の高弟。

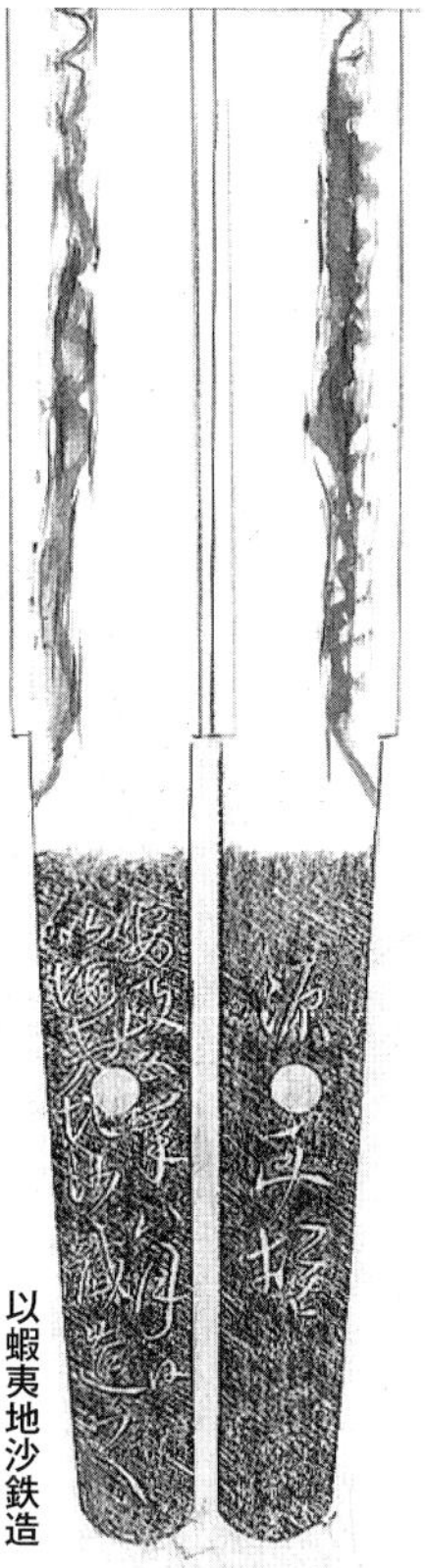

以蝦夷地沙鉄造

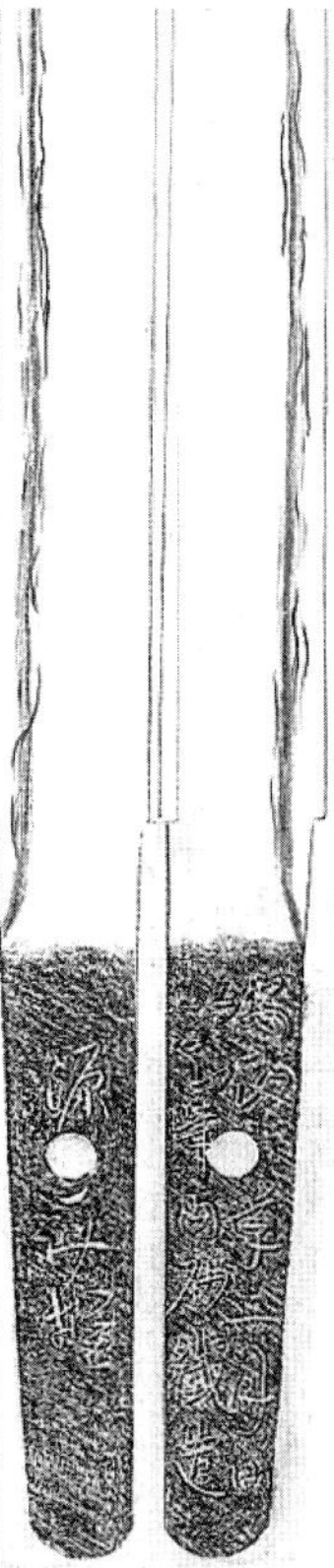

以知岸内砂鉄造

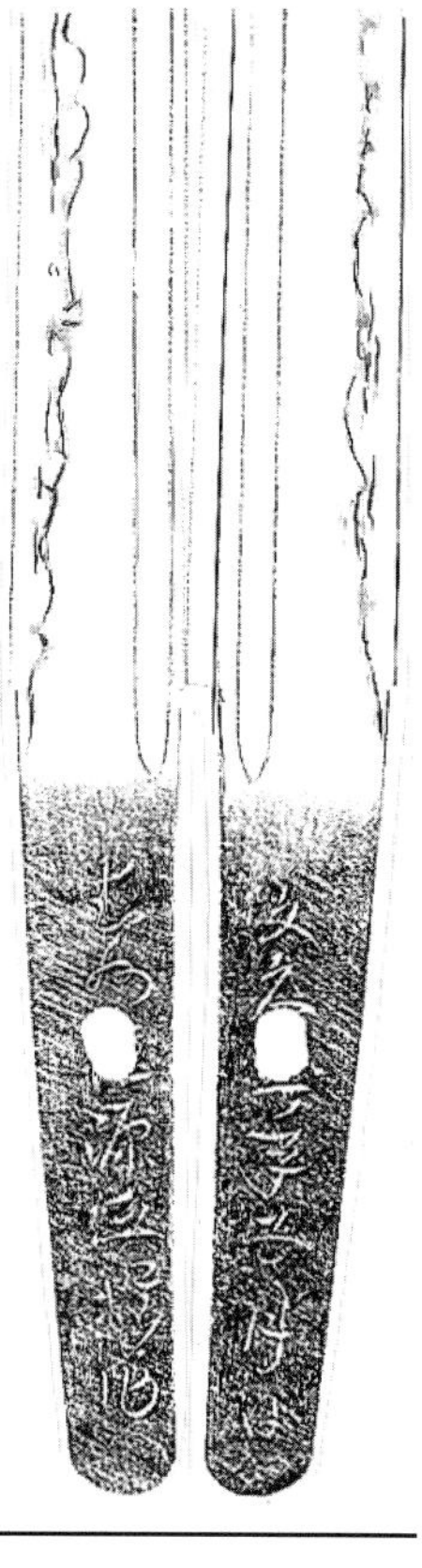

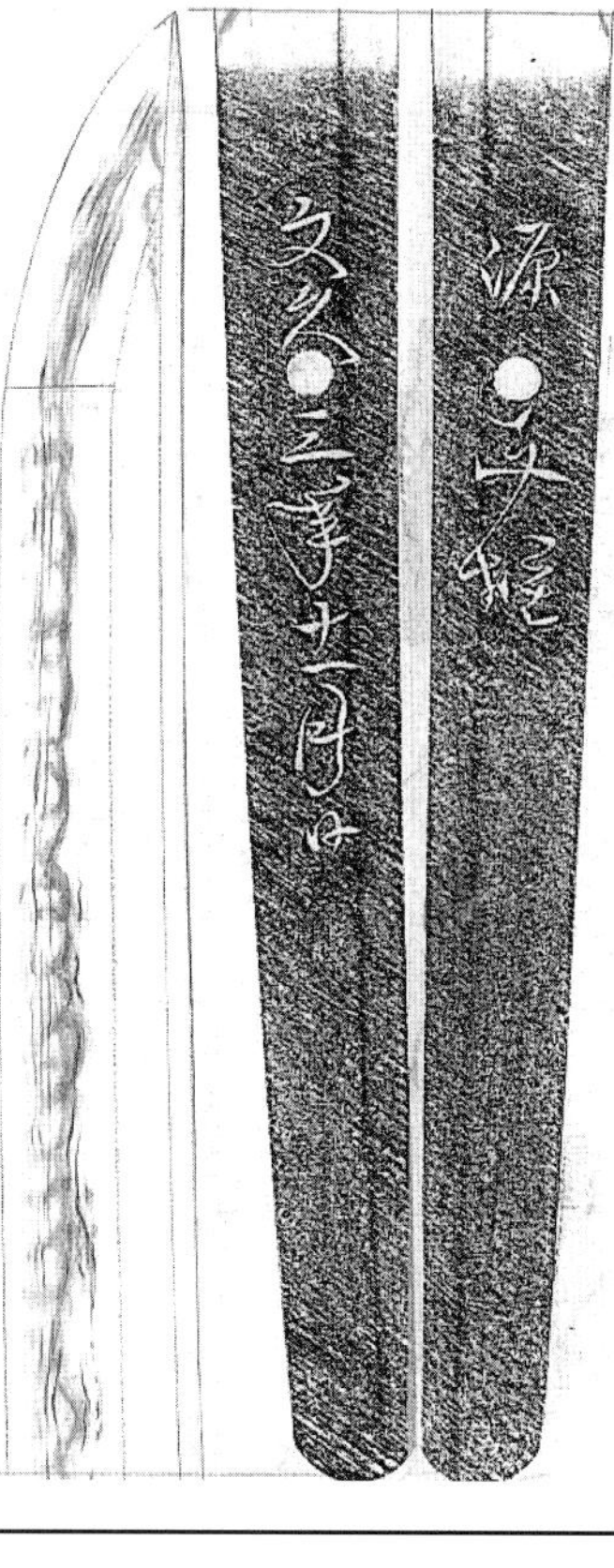

古 **正奥**【まさおく・まさおき】 備後国　室町末期（永正）

貝三原。永正・天文の年紀作がある。「永享二年」紀は「永正二年」が

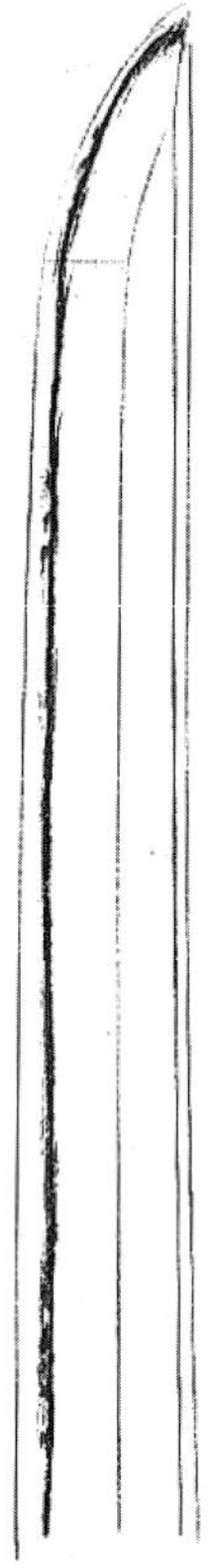

元の字で、「正」を「享」の字に改鏨したもの。「備後國三原住人藤原貝正奥作」。

古 正奥【まさおく・まさおき】 備後国　室町末期（永禄）

貝三原。木梨三原とも。木梨は尾道市木の庄木梨。直刃にほつれ、打のけかかる。「備州三原住貝正奥作」「備後国三原住人貝正奥作」。次代の天正正奥は三代目に当たり、貝太郎左衛門と称す。

新々 正臣【まさおみ】 肥後国　江戸末期（文久）

安井姓。橘を称す。「東肥騎子」「東肥士」を冠して切銘する。互の目乱、互の目に丁子交じり、棟を焼く。

新々 正景【まさかげ】 大隈国　江戸末期（文政）

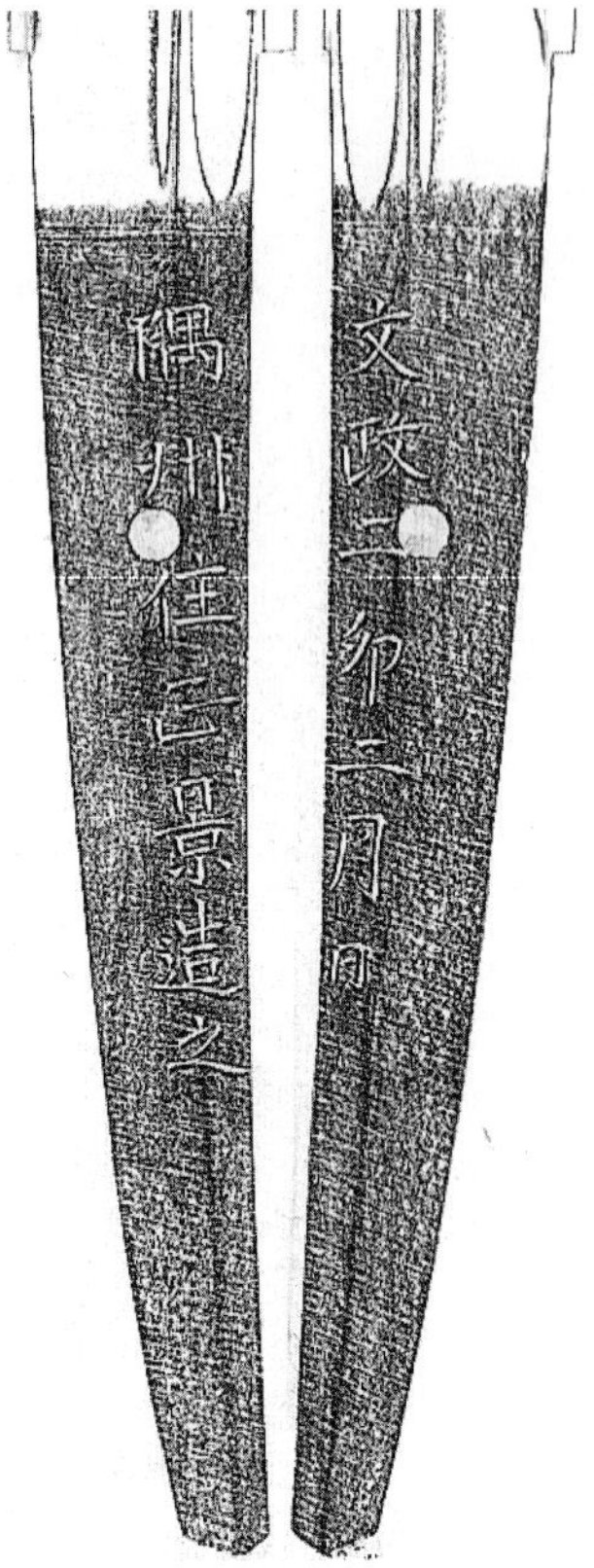

池鉄之丞、六郎、盛良。初銘正保。池系の二代目に該当する。池正光の長男。伯耆守正幸門。門人中の上手。文化二年十月、家督を相続。文久二年九月六日、六十三歳没。湾れに互の目、尖り互の目交じり、荒沸つく。

新々 正蔭【まさかげ】 越後国　江戸末期（安政）

五嶋鯉之介、鯉介。玉心斎と号す。生国越中富山。越後高田住。源正雄門、のち水心子正次にも学ぶ。高田榊原藩工。安政ころから明治初年までの作があり、互の目乱、丁子乱を焼く。明治四年七月二十七日、六十二歳没。

新々 正一【まさかず】 武蔵国　江戸末期（文久）

須郷八右衛門。震鱗子景勝門。鴻巣住。江戸根岸での作がある。一心子と号す。直刃、互の目乱など。「一心子正一作」などと切る。

新々 正甫【まさかず・まさすけ】 土佐国　江戸末期（天保）

横田源作、源三、のち源右衛門。南海太郎朝尊門。直刃に互の目入り。

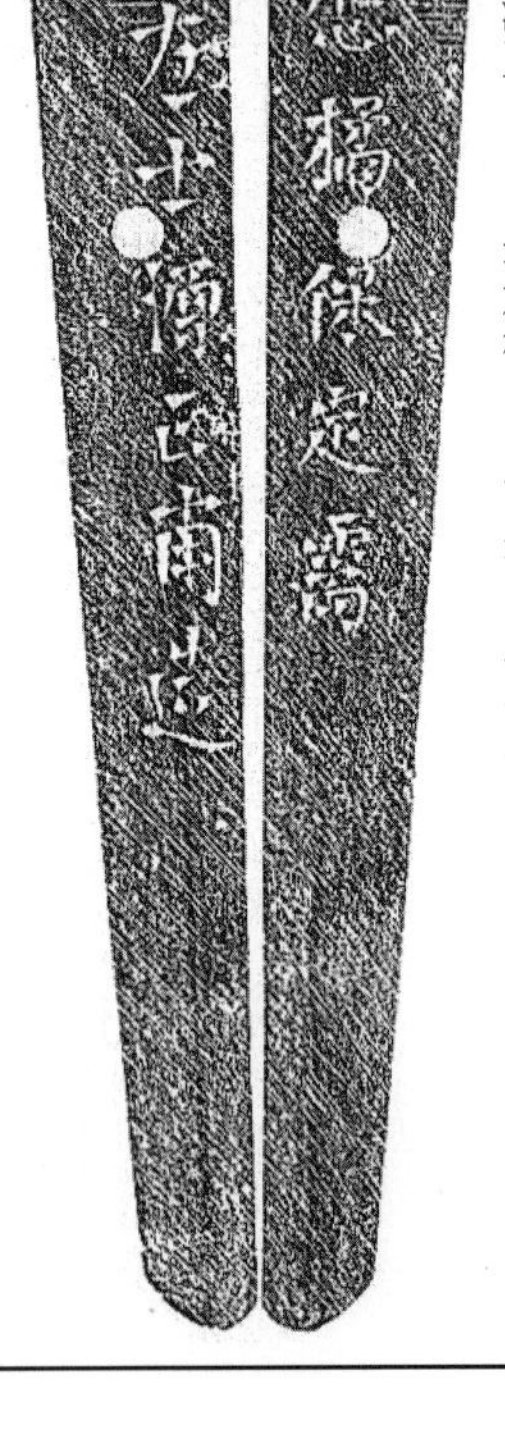

新 正勝【まさかつ】 肥後守　越前国　桃山期（寛永）

播州姫路、のち越前へ移る。下坂派。二代正則の子。肥後大掾から肥後守に転任する。寛永元年紀に二代大和大掾正則との合作があり、『新刀一覧』は、正勝は「正則が父なり」とある。湾れ調の直刃、互の目足入り。

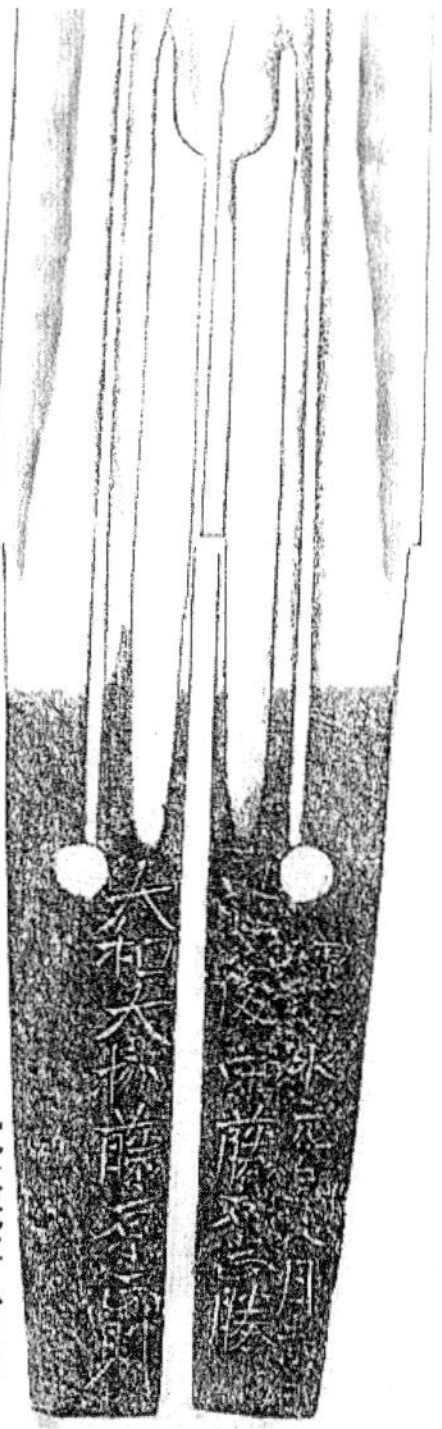

寛永元年八月日
二代正則との合作

新々 **正勝**【まさかつ】 勝村 初代 常陸国 江戸末期（慶応）

勝村彦三郎。天保八年生まれ。小圷一郎左衛門の子。十三歳で初代徳勝の門に入り、徳勝の女婿となる。父子ともに烈公のもとで鍛刀し、また師の陰の協力者として代銘作にも当たる。自身作は少ない。文久ころから江戸徒士《かち》町に住し作刀する。廃藩の後の明治五年、水戸袴塚に帰り鍛刀を続ける。勝村徳勝家は二代で事実上は終わり、三代目は家業を継がず、実質は正勝が二代にわたり鍛冶業を継承して昭和に至る。正勝は大正三年六月四日、七十八歳没。柾目鍛えに直刃の大和伝、湾れに互の目足入り。

徳勝との合作（正勝が切銘）

新作 **正勝**【まさかつ】 勝村 二代 常陸国 大正

勝村正彦。初代正勝の嫡男。初銘徳正。明治十四年水戸市袴塚に生まれる。同所に住。十三歳ころから父正勝に学び、のち栗原昭秀に師事する。常陸介を称す。陸軍受命刀匠。昭和二十二年没。直刃、小互の目。家伝の柾目鍛えは大和伝。

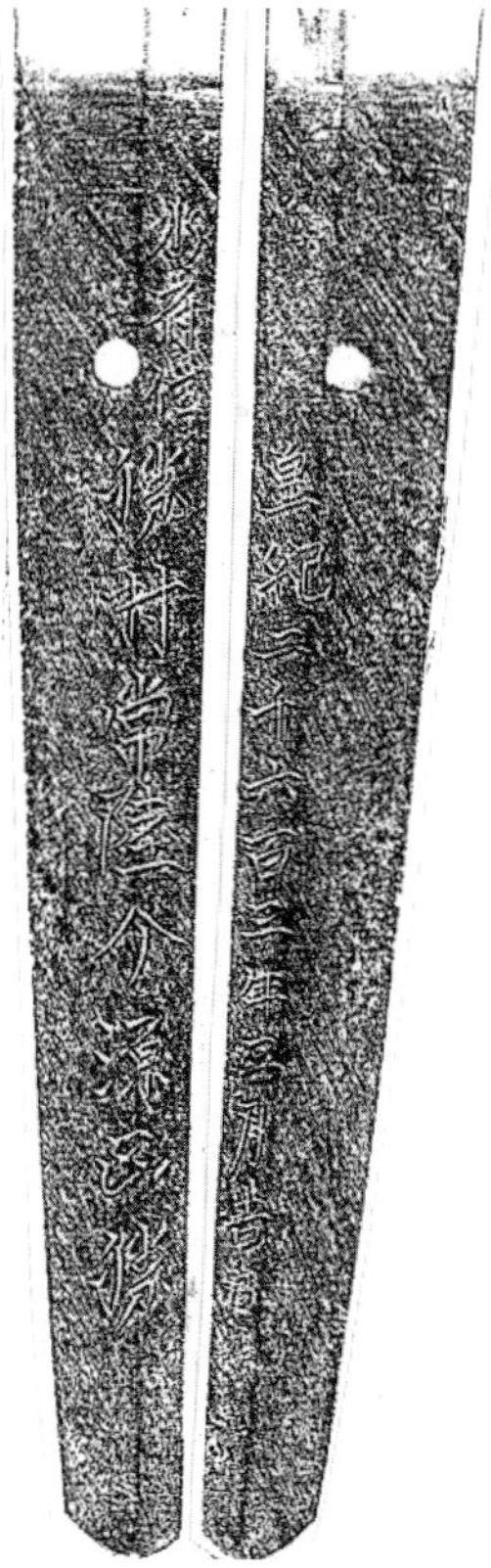

新々 **正勝**【まさかつ】 美作国 江戸末期（慶応）

安藤正勝。天真子と号す。「作陽住安藤正勝作」と切銘する。直刃、小互の目乱。

新 **正包**【まさかね】 筑前国 江戸中期（享保）

信国助左衛門。信国吉包の子で信国十五代目。初銘吉之、重包。享保六年、江戸御浜御殿で将軍吉宗の佩刀を鍛え、一葉葵紋を賜り、帰国して重包から正包に改銘する。⇩重包の項参照。

新作 **正兼**【まさかね】 茨城 昭和

高野金次郎。明治三十三年生まれ。初代勝村正勝門。「常陽笠間住源正兼作之」。

新作 **正城**【まさき】 岡山 平成

川島一城。昭和四十五年生まれ。中田正直門。平成五年作刀承認。福岡一文字を目標に作刀。丁子に大房丁子交じり。「備前国長船住正城作」。長船町住。

古 **正清**【まさきよ】 周防国 室町初期（応永）

二王。吉敷郡仁保庄住。応永ころ。「正清」同銘が享徳、天文と続く。

古 **正清**【まさきよ】 備後国 室町中期（康正）

貝三原の祖という。古三原正広より四世の孫ともいう。木梨住、のち尾道へ移る。木梨三原とも称す。同銘は文明、天文、天正と続く。「正清」「備後三原住正清」。

古 **正清**【まさきよ】 和泉国　室町中期（寛正）

加賀四郎。本国備後。和田住。初代。「正清」。二代文明、三代永正、四代天文と続き、各代とも直刃に小足・葉を入れた作が多い。「泉州住正清作」「泉州住正清」。

文明十六年二月吉日

永正ころ

新 **正清**【まさきよ】 和泉国　桃山期（寛永）

加賀四郎正清の末流。「和泉加賀四郎正清作」などと切る。寛文ころから江戸末期まで同銘が続く。後代は料理用の薄刃庖丁の名手といわれ、正光と切銘する。堺住。

新 **正清**【まさきよ】 長門国　江戸中期（元禄）

玉井平右衛門。初代方清の子、二代の弟。元禄から享保にかけての作がある。享保五年、六十五歳で生存。元文三年、八十三歳没という。

新 **正清**【まさきよ】 主水正　薩摩国　江戸中期（享保）

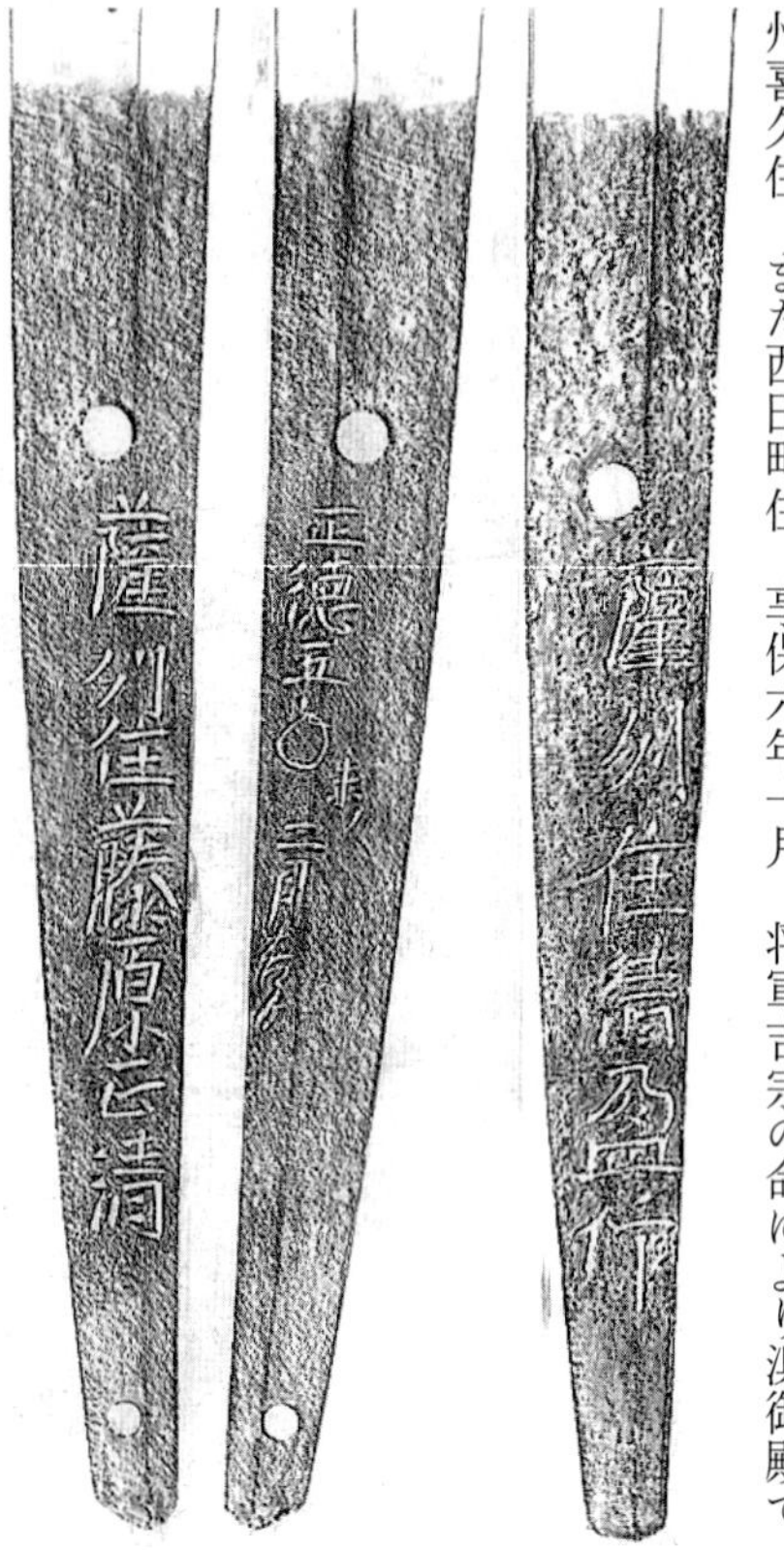

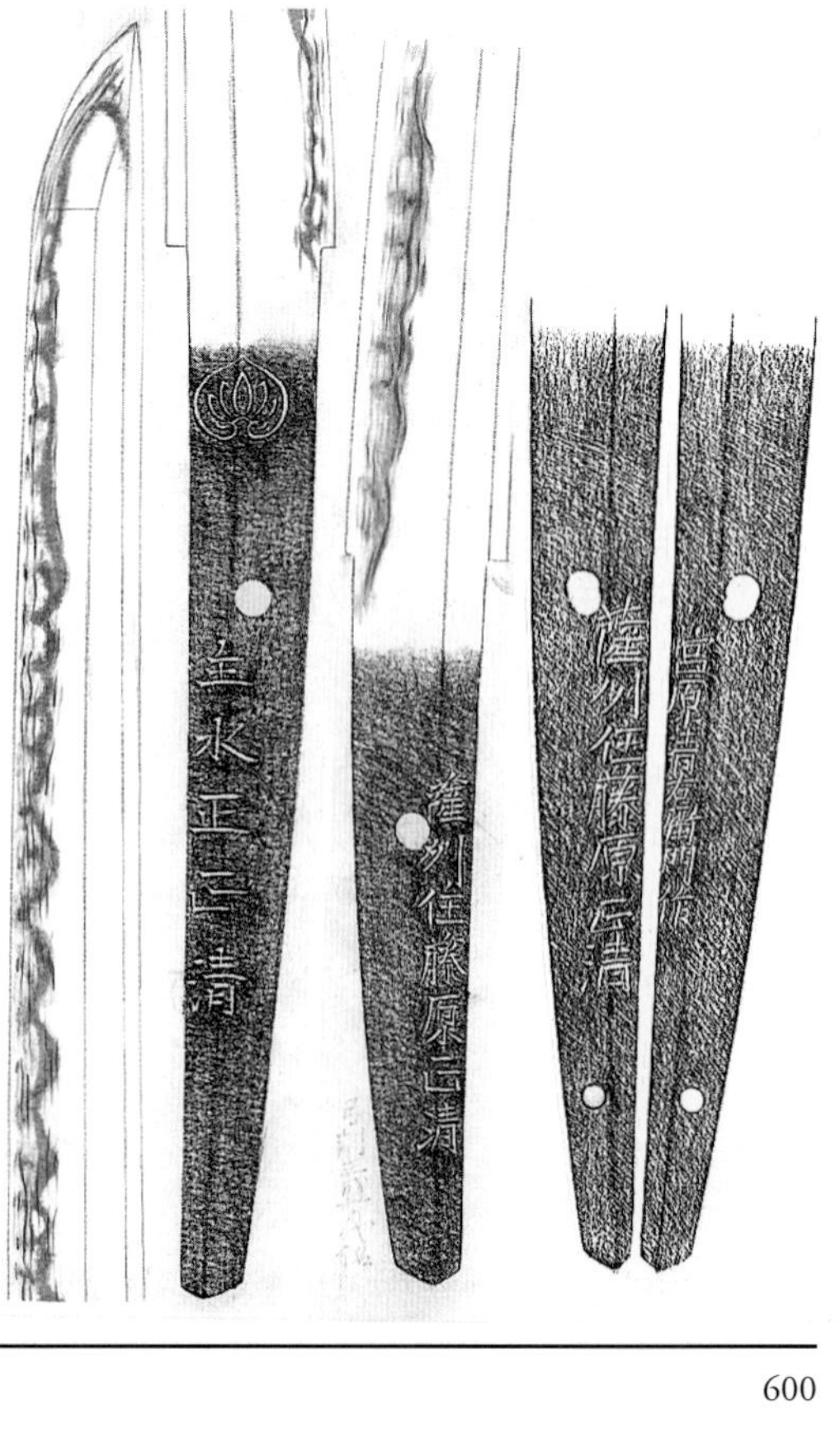

宮原覚太夫、清右衛門。初銘景吉、また清盈。丸田惣左衛門正房門。薩州喜久住、また西田町住。享保六年一月、将軍吉宗の命により浜御殿で鍛刀、その功により一葉葵紋を切ることを許される。将軍家の手続きにより、江戸からの帰路、京都に立ち寄り、主水正を宣任されたのは享保六年七月十三日のことで、同月二十五日には帰郷している。互の目乱、湾れに互の目交じり、大乱など尖りごころの刃を交じえ、匂深く沸が荒く、砂流し金筋が働き、俗に〝芋の蔓〟と呼ぶ太く長い金筋状のものが刃中と刃縁にからむ。正清の銘には三通りがあり、正近の代銘は大振り、正盛の代銘は小振り、自身銘は鑽が拙というが、自銘は抑揚をつけて力感がある。享保十五年六月六日、六十一歳没。

新作 **正清**【まさきよ】 徳島　昭和

小林清晴。明治四十四年生まれ。桜井正次門森田正道に師事。昭和十七年、徳島日本刀東神鍛錬所入所。大阪陸軍造兵廠受命刀匠。名西郡石井町住。

古 **正国**【まさくに】 薩摩国　平安中期（永延）

波平の元祖。本国大和。永延のころに薩摩国谷山郡波平に来住して一派をなすという。『観智院本銘尽』は正国の項で、「浪平と号するは所の名なり」とある。正国の嫡流が代々行安を名乗り、あるいは安行を名跡とするほか、「安」と「行」を通字とする工が多い。祖とする正国の実物は現存しないが、平安中期の年代からみて大和の古千手院派が出自ではないかと考えられている。古波平は南北朝期を遡る古作を指すのが一般で、最も古い年紀作に「行正　平治元年八月二日　国安」銘の太刀がある。古波平の作風は、太刀姿が細身で鎬筋が高く小切先。板目に柾が流れてよく詰み、地沸細かにつく。刃文は細直刃にほつれ、打のけ、二重刃かかり、小沸つき、匂口がうるみ、表裏に焼落しがある。「正国」。（系図898頁参照）

古 正国【まさくに】　薩摩国　鎌倉中期（永仁）

波平の祖正国の名は永延のころから後、平安末期の延久、また承暦などの年代に同銘がいたことを古銘鑑が記す。鎌倉期に入っては「南寮藤原正國」が永仁ころにいて『古刀銘尽大全』が押形図を掲げる。「南寮」は南都であろう。奈良に出向して作刀した正国がいたことを示すようである。このほか二字を草書体に切る正国が『土屋押形』に収載があるなど、いずれも現作はみられないが、平安中期の永延から後、鎌倉後期にかけて正国同銘が継続していたらしい。

古 正国【まさくに】　美濃国　室町中期（長禄）

赤坂住。長禄年紀の作がある。「濃州赤坂住正国」。

新々 正国【まさくに】　陀羅尼（洲崎）　加賀国　江戸末期（嘉永）

押水甚蔵。五代吉郎国平の門。陀羅尼派。嘉永年紀から明治初年までの作がある。

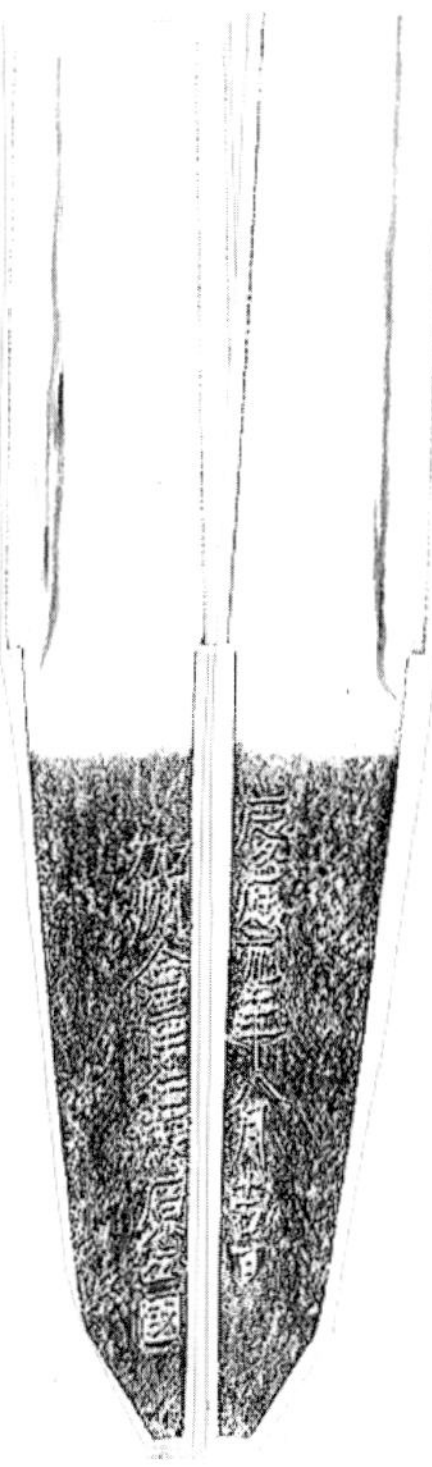

新々 正国【まさくに】　武蔵国　江戸末期（嘉永）

水野松次郎。生国尾張のち水戸住、また江戸下谷お玉ヶ池にて造る。細川正義門。嘉永から元治にかけて作刀する。

新作 正国【まさくに】　淡路　明治

井上正国。淡路洲本住。「阿州藩井上正国」などと切る。直刃、互の目乱、湾れ乱など。

新作 正国【まさくに】　大阪　昭和

沖芝博。実弟信重と共に父正次に師事。昭和十六年、日本刀展覧会に初出品、金牌受賞。戦後は新作名刀展入選。住吉区住。

古 正実【まさざね】初代　大和国　室町末期（天文）

金房。隼人佑。奈良金房辻住。金房隼人丞正真の弟という。直刃に小互の目交じり。足、葉入り、匂口締まる。小沸出来の互の目乱。「南都住金房隼人佑藤原正實」。

南都住金房隼人佑藤原正實

古 正実【まさざね】二代　大和国　室町末期（天正）

金房。隼人佐。二代。隼人佑正実の子。「和州金房隼人佐正實」。降っては慶長二年紀の作がある。濃密な彫物が得意。

新 正実【まささね】 大和国　桃山期（慶長）
佐藤正実。互の目乱、濃密な彫物を施し、慶長二年紀の作がある。「南都住金房隼人佐藤原正実」などと切る。

新 正実【まささね】 播磨国　桃山期（寛永）
黒田源右衛門。奈良から移住するという。「播州姫路住正実」などと切る。正真とも銘す。◆二代寛文。三代貞享。四代正徳と続く。

新々 正実【まささね】 陸中国　江戸末期（嘉永）
斎藤覚之助。細川正義門。奥州盛岡住、江戸にても造る。「於東都麻布邸盛岡住斎藤正実作」などと切る。

古 正真【まさざね】 備前国　鎌倉初期（建暦）
古備前。正恒の子。建暦のころ。

古 正真【まさざね】初代 大和国　室町末期（天文）
金房。隼人丞、隼人尉。手掻正真の子。藤原から西三条町金房辻へ移る。

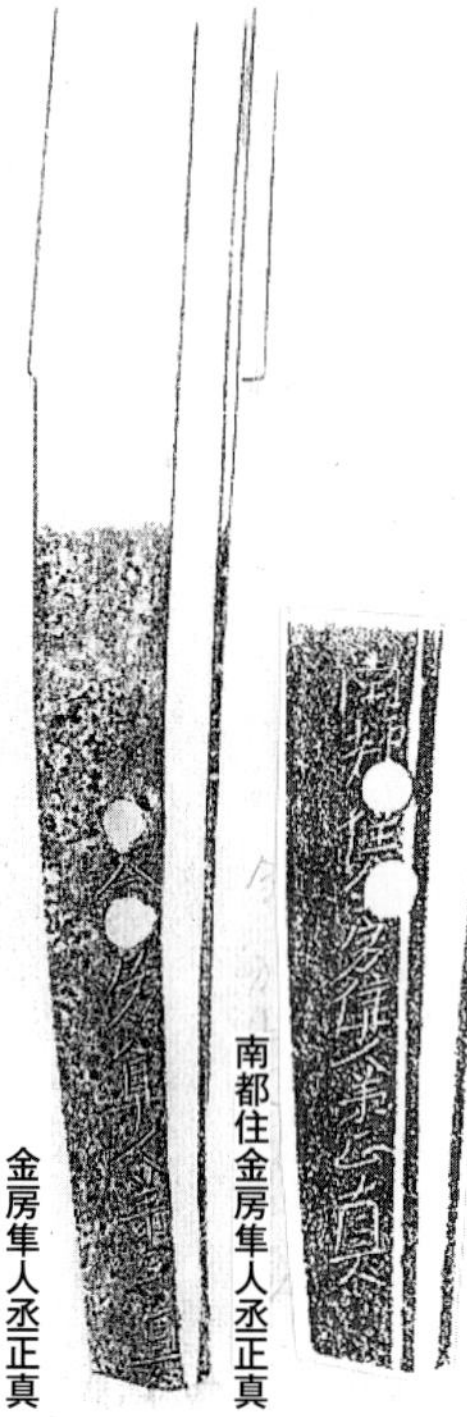

南都住金房隼人丞正真　金房隼人丞正真

金房派の代表工。幅広で反り浅く、切先が延びた造りがしっかりとする。直刃、互の目乱。「正真」「金房隼人丞正真」「南都金房隼人尉正真作」。

古 正真【まさざね】二代 大和国　室町末期（天正）
金房。新次郎。直刃に小足、葉入り、小沸つく。小互の目乱。「南都住金房新次郎正真」。

古 正真【まさざね】 三河国　室町末期（永正）
村正の子、また門といい、村正の弟ともいう。勢州桑名から、のち三河田原へ移り、三河文珠と称される。世に知られる「蜻蛉切《とんぼぎり》」と号される大身鎗の作者。これまで、この鎗の作者は大和金房正真とされてきているが、金房正真は銘を細鏨で小銘に切り、三河正真のように太鏨でやや大振りに切ることはない。作風は村正に似て、直刃を焼き、元の方に箱がかった腰刃を焼く。平安城長吉との合作があるのは、平安城長吉が三河、伊勢へ駐鎚のおり、合作したものであろう。正真とは同門の仲で、長吉が先輩だったようである。

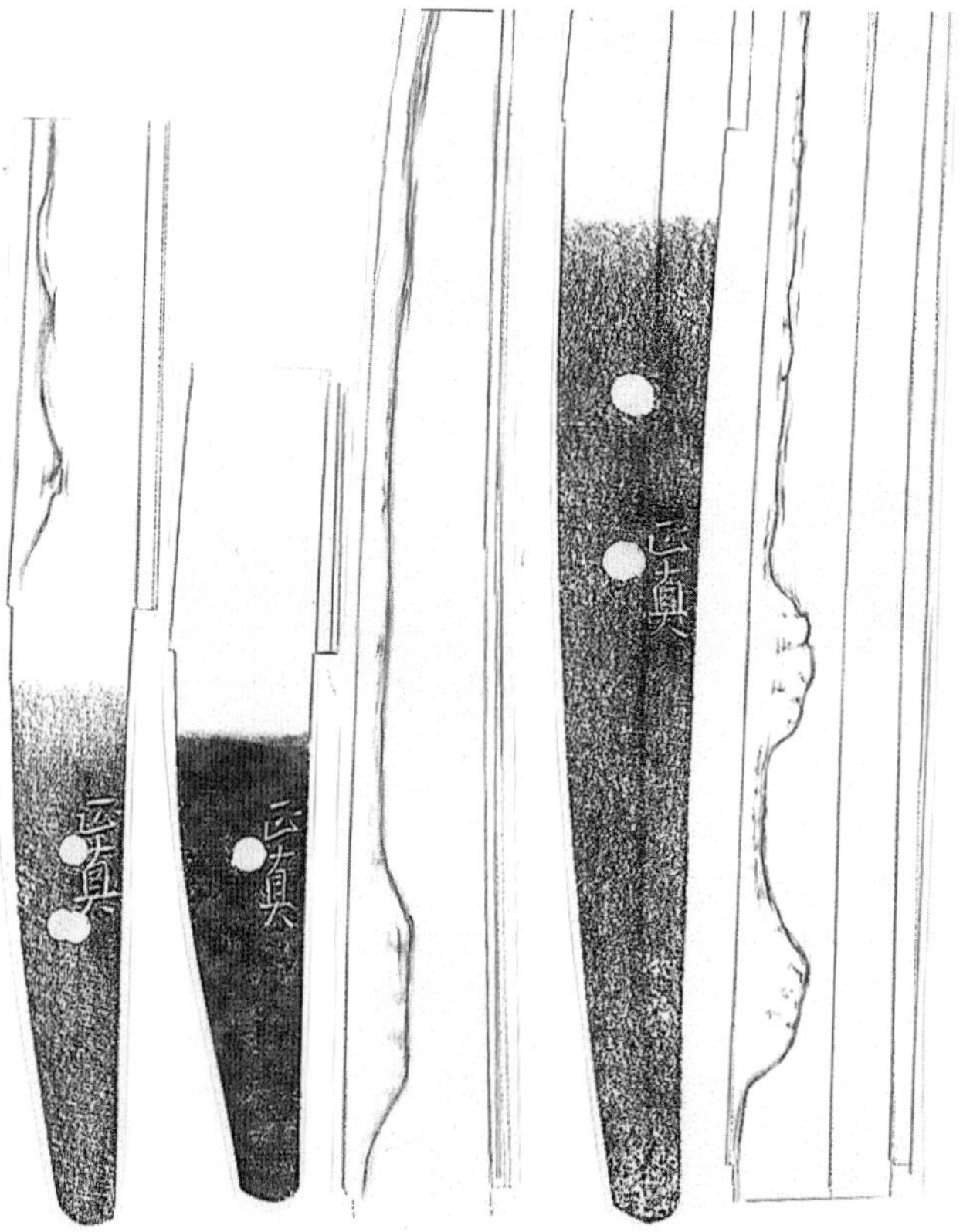

正真作「蜻蛉切」の大身鎗は、徳川四天王の一人、本田忠勝の愛鎗として知られ、あるとき、蜻蛉が飛んできて鎗の穂先に触れて真っ二つになったことからこの名がある。「正真」「藤原正真作」「勢州桑名住千子正真」。

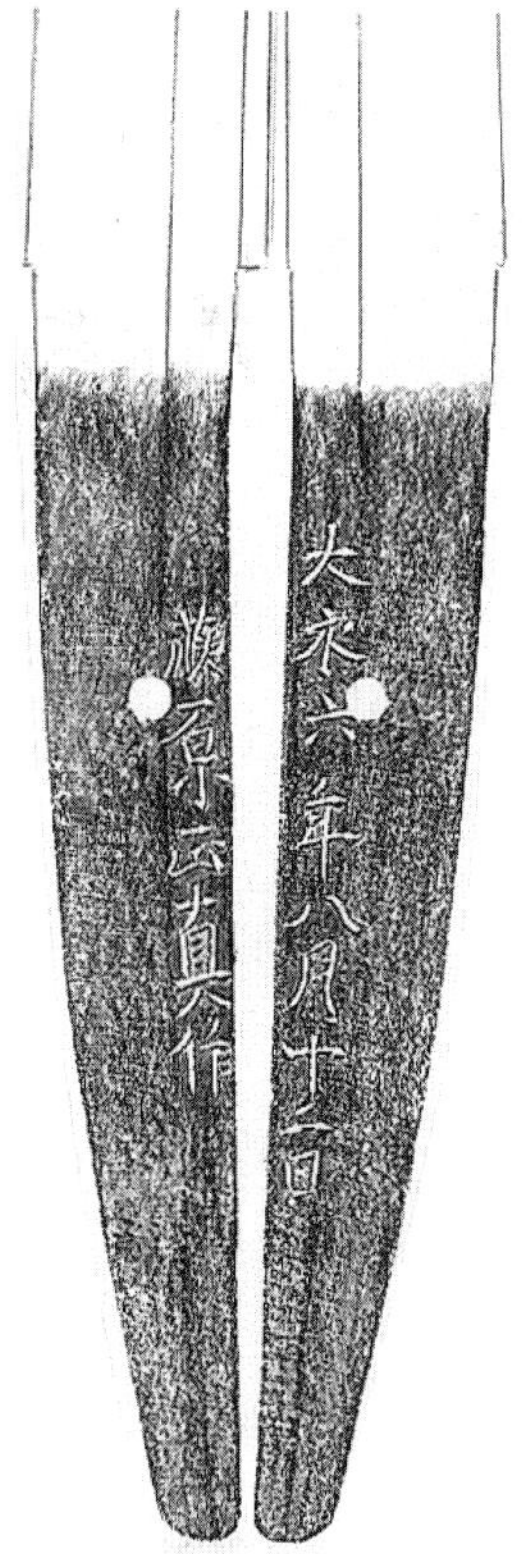

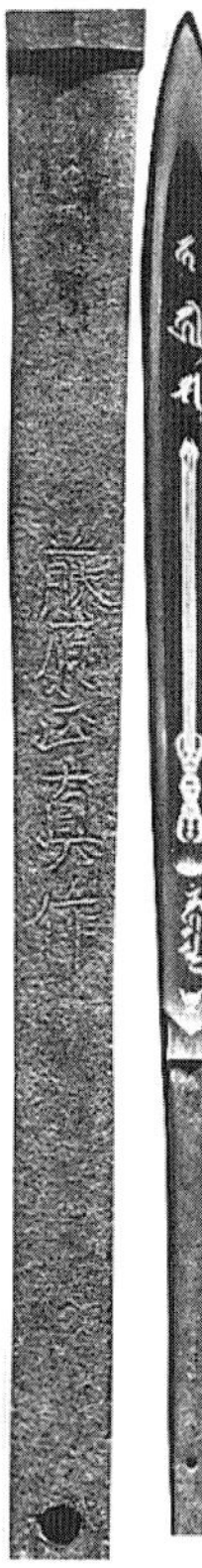

蜻蛉切

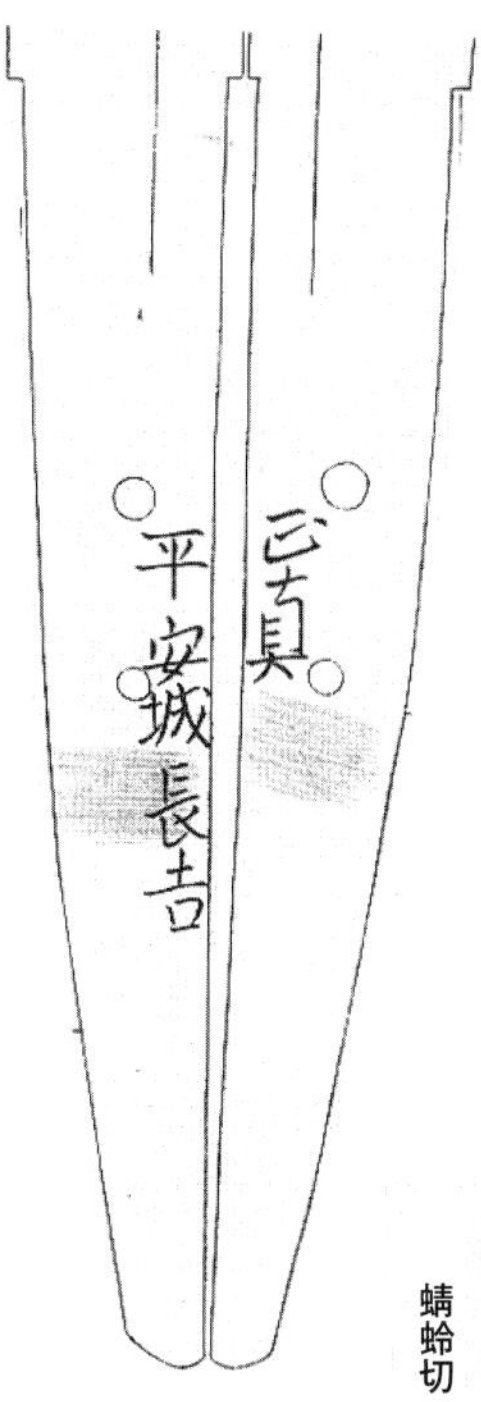

古 **正真**【まさざね】 備後国　室町初期（応永）

木梨三原。政広子。応永ころ。木梨三原正真はのち永享、文安、文明と続き、文亀ころに木梨から三原に移住するという。「備州住正真」。

古 **正真**【まさざね】 備後国　室町末期（文亀）

貝三原。木梨鍛冶の末流が三原へ移り、貝三原派を形成する。貝三原正真は天文の源兵衛尉正真から天正の正真へと継続する。「備後国三原住貝正真」「三原正真」。

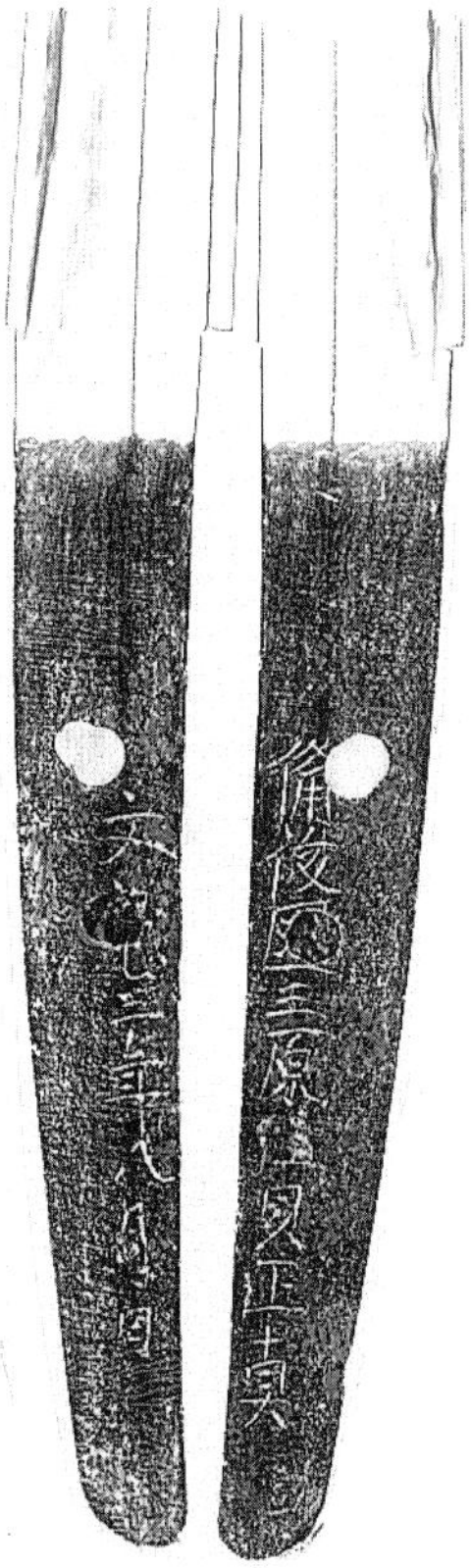

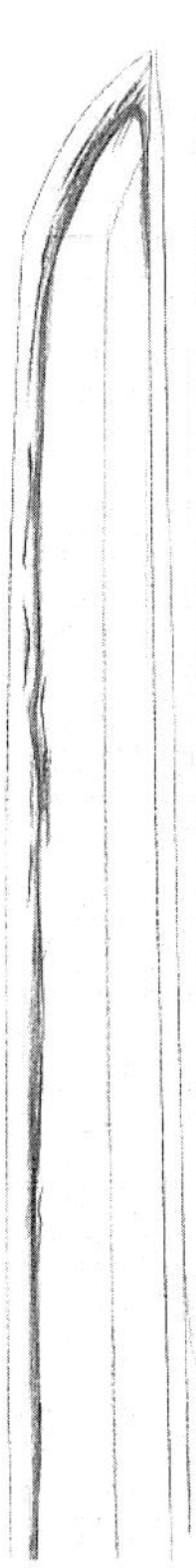

新々 **正真**【まさざね】 薩摩国　江戸末期（文化）

仁礼五郎。初銘良峰。伯耆守正幸門。加世田住。「薩州住平正真」などと切る。

新作 **正真**【まさざね】 薩摩国　明治

五郎正真子。正実とも。明治年紀の作がある。「薩州住正真」「薩州住平正実」と切る。昭和初年、八十九歳没。

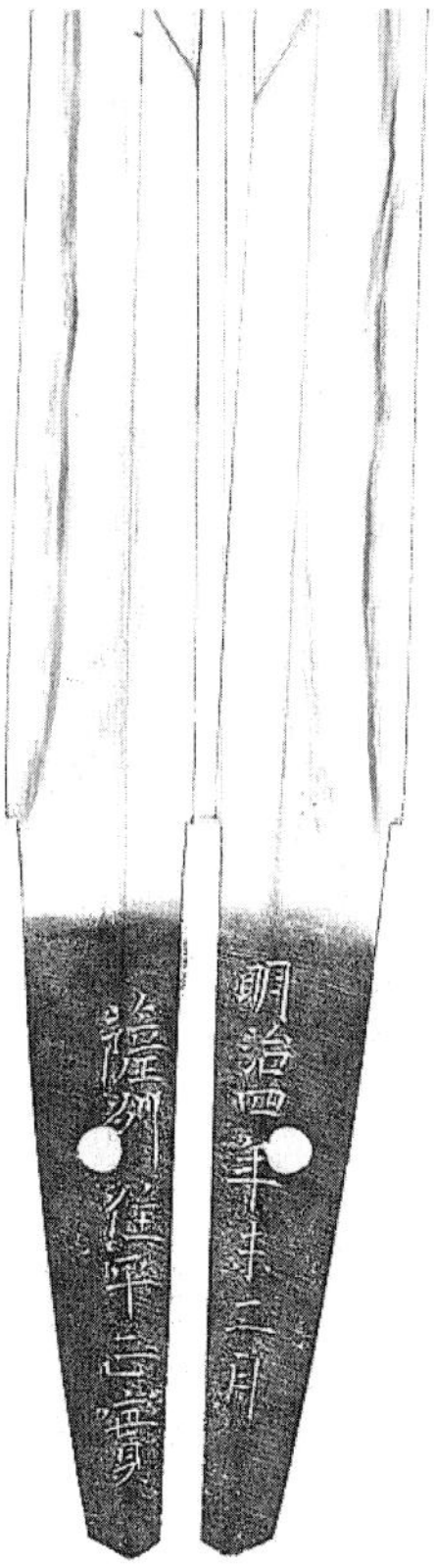

新 **正成**【まさしげ】 備前国　桃山期（寛永）

多門兵衛。岡山住。寛永から慶安ころにかけて作刀する。「備前国住東多門兵衛藤原正成作之」などと切る。

新々 **正成**【まさしげ】 薩摩国　江戸末期（慶応）

伯耆守正幸門。互の目乱、尖り互の目交じる。「薩州住藤原正成」などと切る。

古 **正重**【まさしげ】 大和国　室町末期（永正）

金房。左近尉。金房正真の一族。「大和國金房藤原正重」。

ま

まさざね～まさしげ

古 正重【まさしげ】初代　伊勢国　室町末期（永正）

千子。村正の子、また婿という。備考や『鍛冶銘早見出』などは初代正重を永享とするが、これは年代の上げすぎで、大全が掲げる大永が近く、初代村正が文亀であれば、その子である正重は永正・大永が妥当である。早見出など二代説であり、数種の銘作があることから少なくとも三代があってのち、新刀期に続く。正重は勢州からのち、河内へ移住したであろう「河内国茨田郡出口正重作」銘の刀がある。

　正重の銘は二字が多く、「正重作」の三字が少しくあり、長銘が稀にある。正重の銘字には三種があり、三様の筆致からみて、正重各代が意識的に字画を変えて切ったもののようである。この三種三様の字画にもとづき初代永正、二代天文、三代天正と区分して各代を追って見てみよう。うち三代には天正十二年と文禄二年の年紀作があるので、比較的区分がしやすい。初・二代に該当する年紀作は見当たらないことから、あくまでも私見の域を出るものではない。三代とみられる正重作は「本作河州茨田郡出口正重　大小　篠降雪」「文禄二年　野四郎笞衛」と銘があり、互の目に丁子乱交じり、帽子の返りが長く、そのまま棟を焼いた作である。初代正重は、はじめは「正」字を初代村正の字に近似して第三画と第四画の点をつなげて打つ。「重」字の第二画横線の下を「里」に象るので「里《さと》重」と呼ぶ。二代の「正」字の二点は左右に離れて打つのが初代の打ち様と異なる。「重」は「由《よし》重」に象る。三代は「正」字の二点を向き合うように打ち、「重」字は「申《しん》重」に象る。

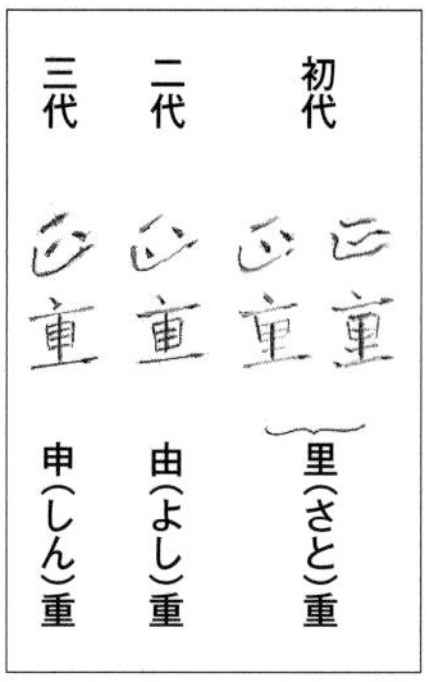

古 正重【まさしげ】二代　伊勢国　室町末期（天文）

初代正重の子。刀が少なく短刀が多い。鍛え板目に柾交じり、肌立ち、総じて白気立つ。刃文は湾れに互の目交じり、匂口締りごころに叢沸つき、砂流しかかる。表裏の刃文が揃うのは村正とその一門に共通した刃取りである。茎の形姿をたなご腹に造り、入山形の先端が尖る。「正重」二字銘に打つ。「重」字の第二画横線の下を「由」に象るので、「由《よし》重」と呼ぶ。

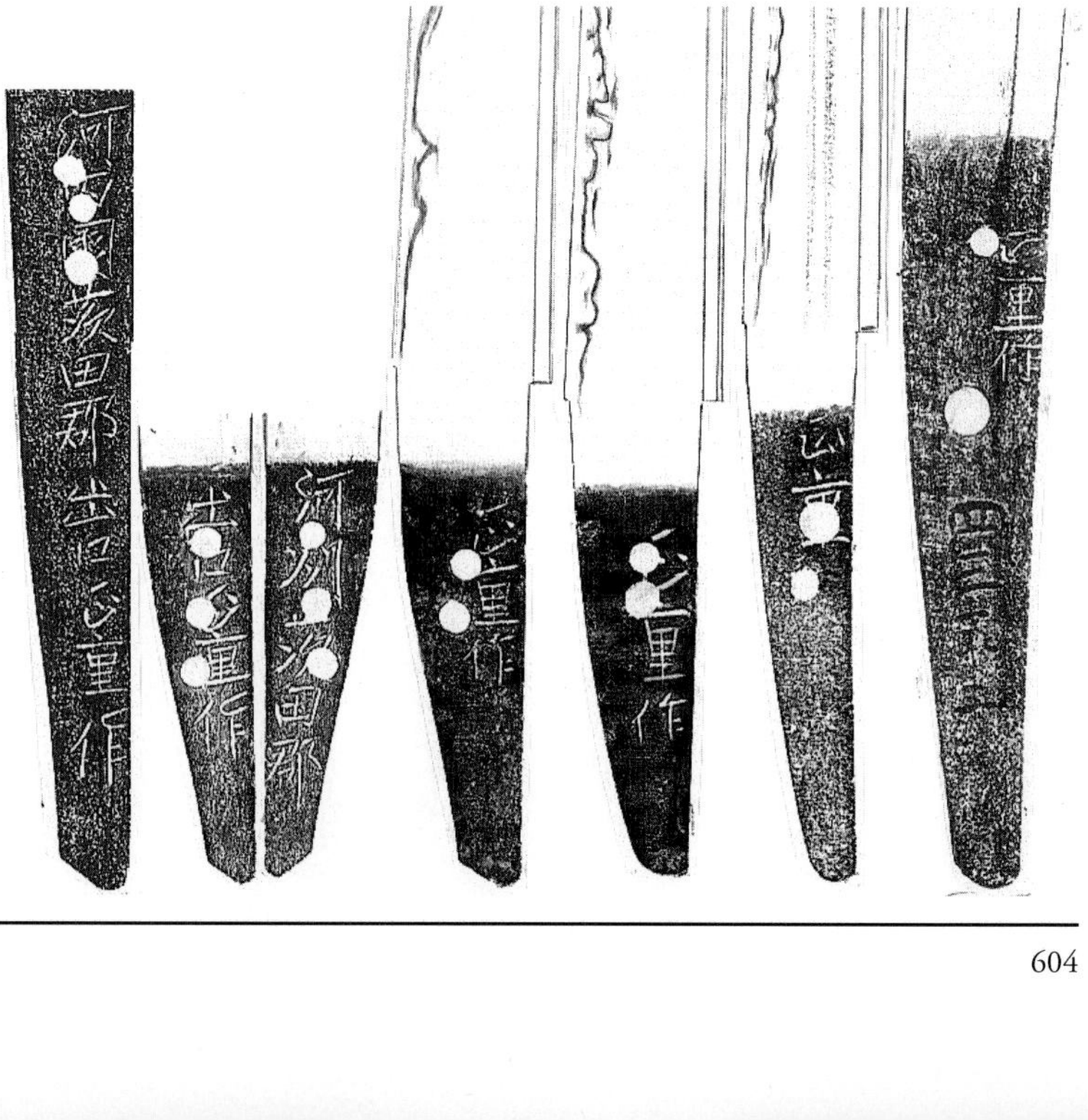

古 正重【まさしげ】三代　伊勢国　室町末期（天正）

千子。天正十二年、文禄二年紀の作があることで、およその作刀期が知れる。文禄二年紀の切銘は細鏨で老弱の風が強く年代の下限を示す。作風は初・二代と同様であり、文禄年紀の作には互の目に丁子が目立って交じる。「正重」「本作河州茨田郡出口正重」。正重は初代と三代に河内国茨田郡での作を指す作刀があるので、初代のころから、伊勢から河内へ移っていたであろう。ただし「勢州住千子正重」銘の作もあるので、伊勢で作刀した一族もいて、正重家は河内と伊勢の両家が慶長ころまで栄えてのち、新刀期は伊勢の正重家のみが命脈を保っている。『本朝鍛冶考』（寛政七年刊）は「寛政まで代々千子正重と号す」と伝えている。「正」字の横二線が極端に右上に向かって切られ、「重」字は「申」に象るので「申《しん》重」と呼ぶ。

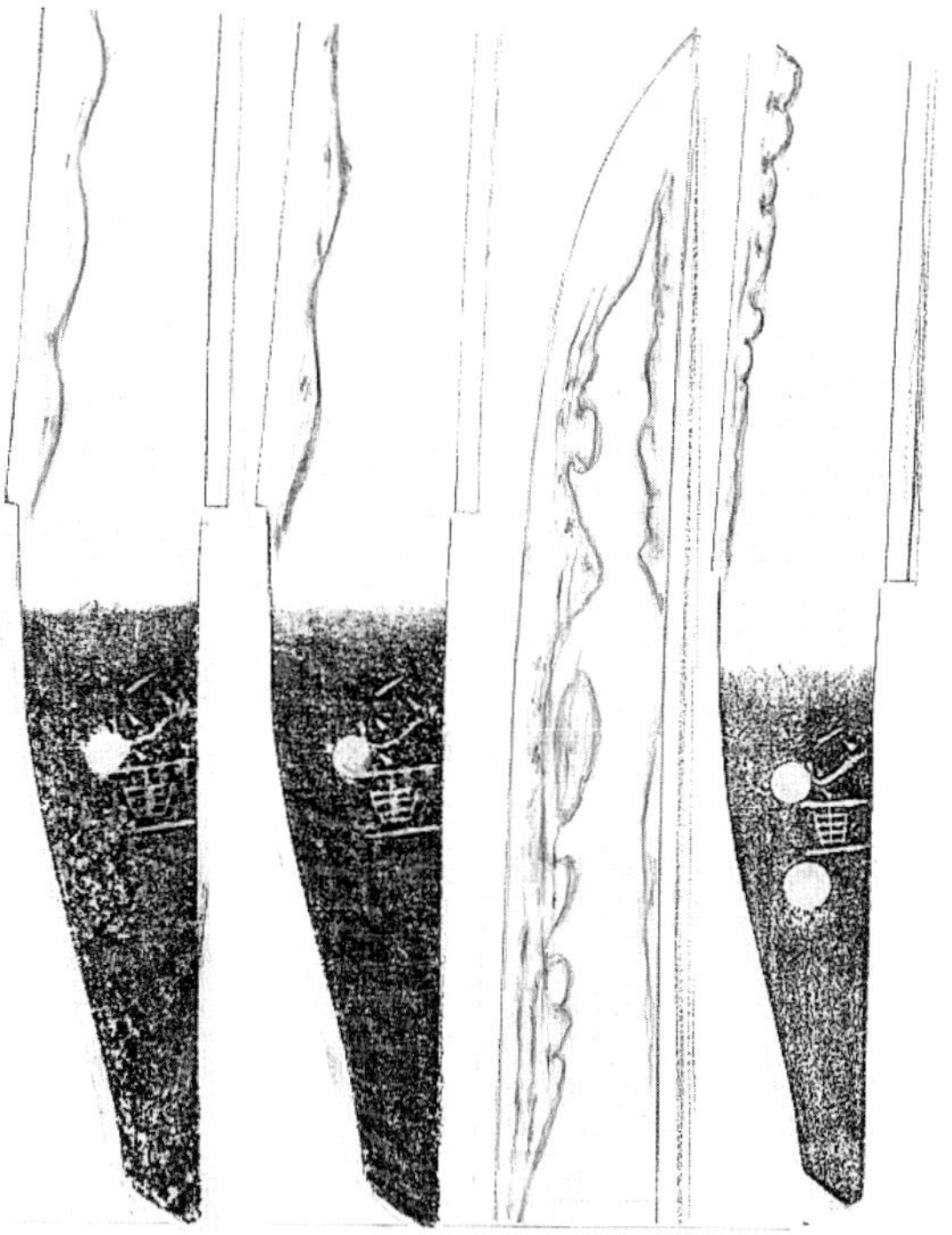

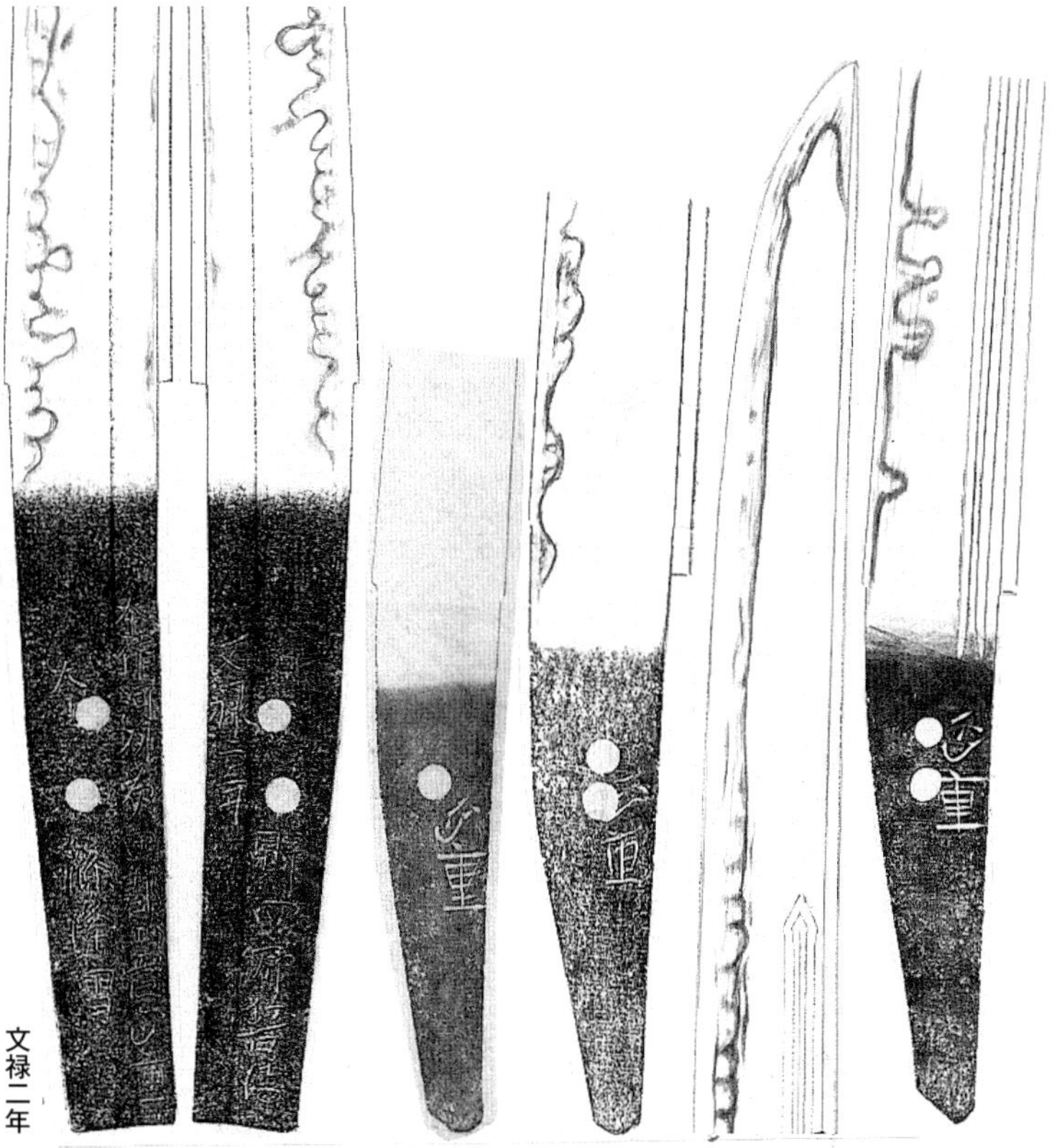

文禄二年

新 正重【まさしげ】伊勢国　桃山期（寛永）

勢州桑名住。古刀期から同銘が連綿とする。互の目乱に尖り刃交じり、飛焼かかり、皆焼状になるものがある。◆同銘が寛文、元禄、享保、明和、寛政と代を重ねて継続する。

江戸末期作

新 **正重**【まさしげ】 伊勢国 江戸中期（寛文）

新刀期の正重は伊勢桑名で寛永ころから寛文へと継ぎ、「勢州住千子正重」「勢州桑名住藤原正重」などと銘す。寛文ころは大振りの銘を打つ。以降は元禄・享保・寛保から寛政ころまで続く。

寛文ころ

新々 **正重**【まさしげ】 上野国 江戸末期（慶応）

室町末期に越後から上州権田に移住した正重の後裔、権田鍛冶の頭が正重で慶応年紀の作がある。「上野国住源正重作」と切銘する。湾れに互の目、尖り互の目交じり。

古 **正重**【まさしげ】**初代** 武蔵国 室町末期（天正）

源八郎。下原。長門周重（初代照重）の三男。元亀・天正のころに照重家から分家独立し、武州下長房村に住す。下原正重家は歴代中で初代作が多く、刀、脇指、短刀などの他に鎗を作る。うち鎗は量産したであろうが、使用されて消耗したことからほとんど残されていない。鍛えは板目に柾流れ、杢交じり、板目が渦巻状に流れて肌立ち綾杉状になるのが下原物の特徴。刃文は湾れ主調に互の目交じり、匂口締まり小沸つき、叢沸つくものがあり、焼落して水影の立つことがある。「武州住正重」「武州下原住正重作」などと銘す。（系図908～909頁参照）

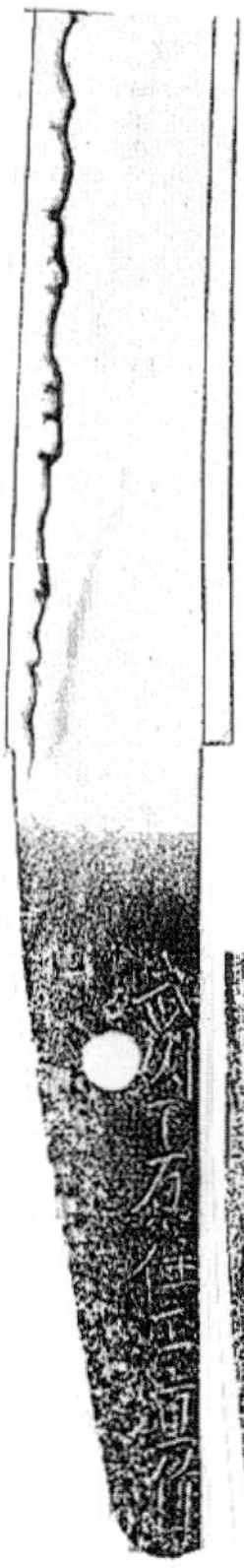

新 **正重**【まさしげ】**二代** 武蔵国 桃山期（慶長）

山本八郎左衛門。下原。初代源八郎正重が照重家から分家したのは、新七郎広重が天正四年に同じく分家するより以前のことである。『本阿弥家伝鍛冶系図』（正保三年写）は源八郎正重――新七郎広重が縦に結ばれていて、これは新七郎広重が正重に改名したとの説を肯定するもので、広重が一時期に正重を名乗ったとみることができる。二代正重は初代源八郎の跡を継ぎ、新七郎広重と併存して作刀に当たったとみられる。下長房村の鍛冶屋敷に二人の鍛冶が住していた（『新編武蔵風土記稿』）とあるのは、ほかならぬ二代正重と初代新七郎広重の二人ではなかったか。『古刀銘尽大全』などの下原系図に源八郎正重家と新七郎広重家が併列しているのは、一時期に広重が正重を名乗って後、両家が分立したことを示したものであろう。「武州下原住正重」「寛永九年申二月吉日正重打之」と年紀作があるのは、武蔵御嶽神社への奉納刀で、別に寛永七年紀の大太刀がある。

新 **正重**【まさしげ】**三代** 武蔵国 江戸中期（寛文）

下原。山本八郎左衛門。寛文ころから享保ころまで作刀する。「武州下原正重」。

新 **正重**【まさしげ】**四代** 武蔵国 江戸中期（享保）

下原。八郎左衛門。下長房村中郷住。享保五年に病身のため鍛冶を絶つ。「下原正重」「下原住正重」。

新 **正重**【まさしげ】 武蔵国 江戸中期（元禄）

江戸神田住。湾れに互の目刃を焼く。「武州神田藤原正重」などと切る。銘鑑もれ刀工。

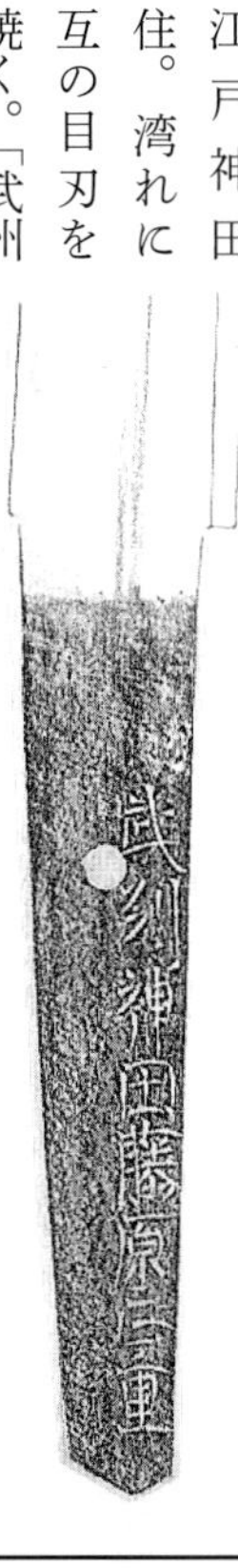

新々 **正繁**【まさしげ】 手柄山 磐城国 江戸末期（寛政）

三木朝七。二代丹霞氏繁（四代氏重）の子。本国播州姫路。前銘氏繁、のち氏を手柄山に改め名を正繁とする。実兄三代氏繁（五代氏重）が早世し四代（六代氏重）を継ぐ。『正繁墓誌』（『刀剣美術』誌第一二四号小山金波・松本勉氏）に「氏繁六世祖大和大掾氏重」とあり、正繁が初代氏重から六代目（四代氏繁）を自認していたことが知れる。享和三年四月、甲斐守を受領。のち入道して丹霞斎と号す。天明中、坂陽に住し、天明八年、松平楽翁公に抱えられて江戸に移り、駿岱（駿河台）また八丁堀に住す。文政初年には再び大坂で作刀して浪華打ちの作がある。晩年は江戸に戻り鍛刀する。（系図920頁参照）

晩年、楽翁公から「神妙」の二字を賜わり、これを切り銘するものに快心の作が多いという。作刀の盛期は寛政年間で、同元年紀から文政十三年紀の作まで四十一年間の鍛刀期がある。文政十三年七月五日、七十一歳没。濤瀾乱を専らとし、沸匂が深く明るく、正秀、助隆の作に類してなお烈しく、尖りごころの刃を交じえる。中直刃も匂口が冴える。

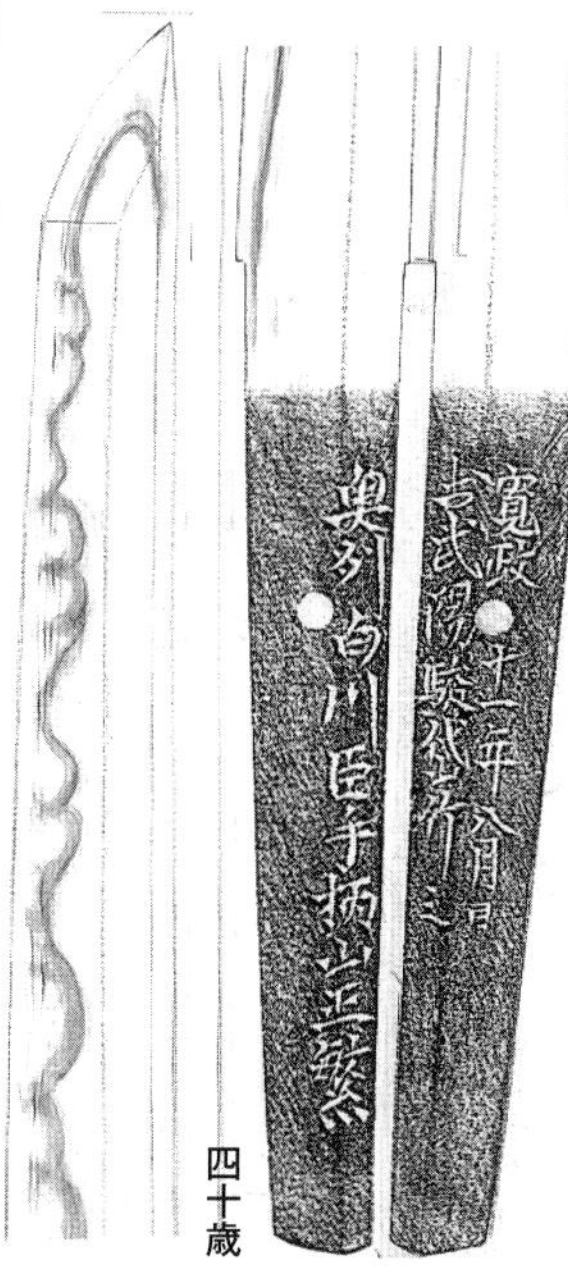
四十歳

享和二年中夏（五月）

四十四歳

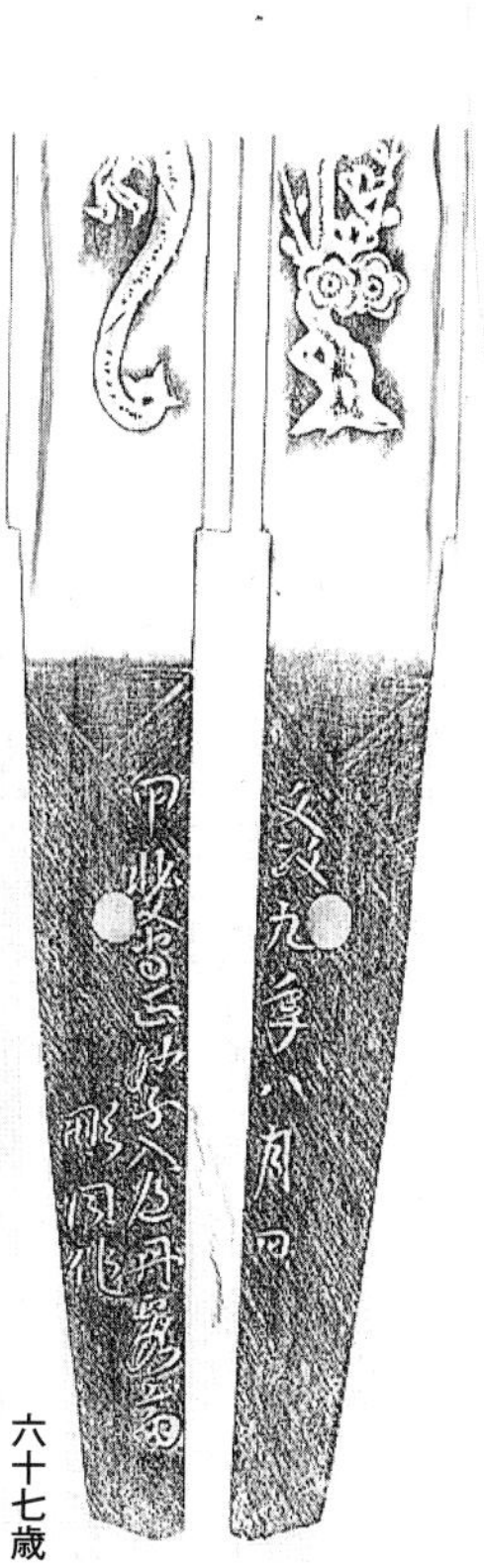
六十七歳

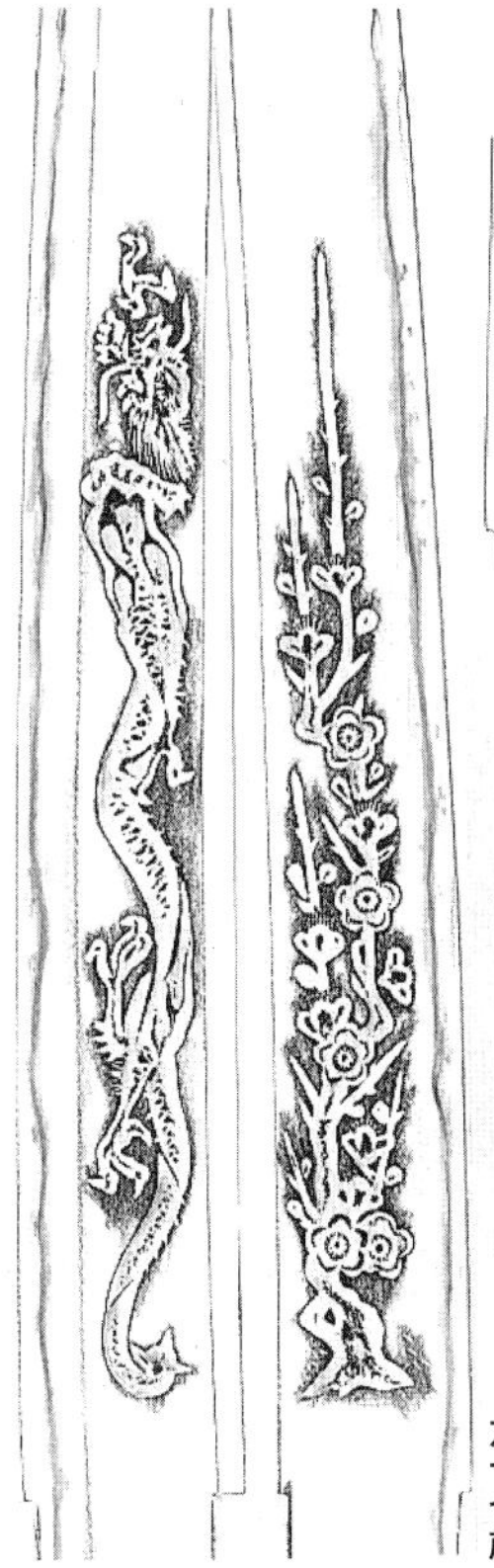

新作 **正澄**【まさずみ】　福島　昭和

塚本十次郎。塚本起正の弟、笠間一貫斎繁継門。「奥州岩代住塚本正澄作」。

新作 **正孝**【まさたか】　鳥取　昭和

森脇要。前銘森光。明治四十四年生まれ。日本刀鍛錬会に入所。梶山靖徳、池田靖光、小谷清憲に師事する。昭和十六年、村上正忠と共に神戸・湊川神社の御用刀匠となり、境内で菊水鍛刀会を設置し海軍将校用軍刀を製作する。昭和十二年から森光と銘し、同十六年から正孝に改める。戦後は第二回作刀技術発表会、第三回新作名刀展から十回入選。努力賞三回、奨励賞一回受賞。丁子乱、互の目乱、直刃。

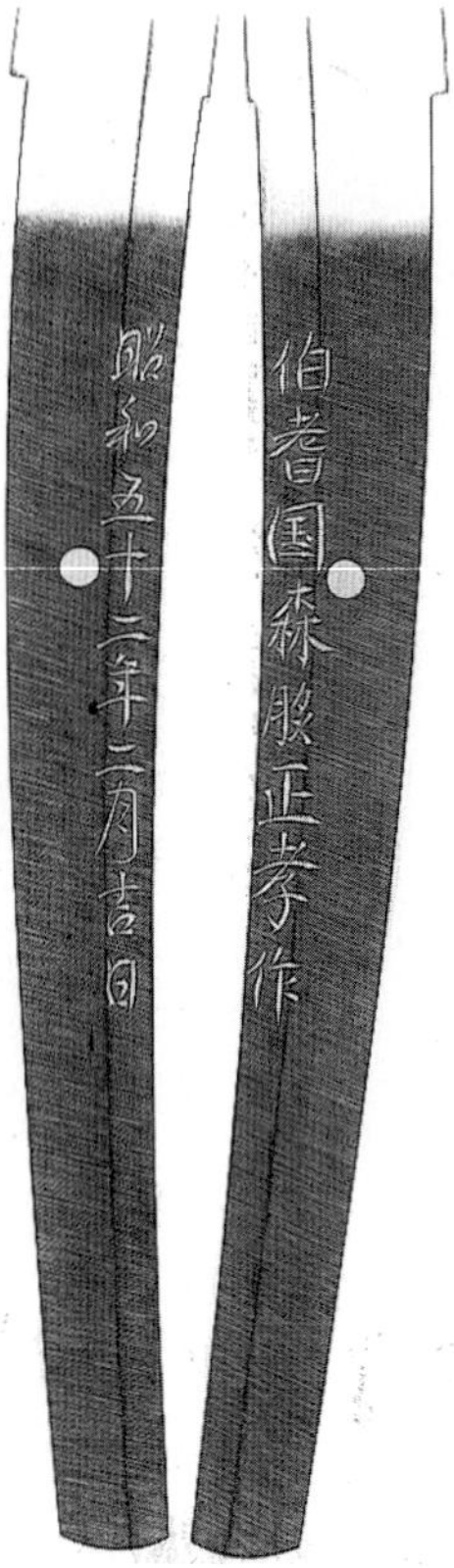

新々 **正隆**【まさたか】　摂津国　江戸末期（天保）

尾崎源吾。友三郎隆繁の子、尾崎助隆の孫。天龍子、雲龍子と号す。長門介を受領。大坂、のち天保年中に京に移住。嘉永ころは再び大坂に在り、京と大坂に両住する。有功卿の相鎚治を務める。文政六年八月の奉納刀に（表）酒井寿家、高村寿義、（裏）玉井寿輝との合作があり、この年に正隆は二十二歳に当たる。文久三年、六十二歳時の作がある。丁子乱、重花丁子など備前伝を焼き、直刃は匂口の締まったものもある。

二十二歳

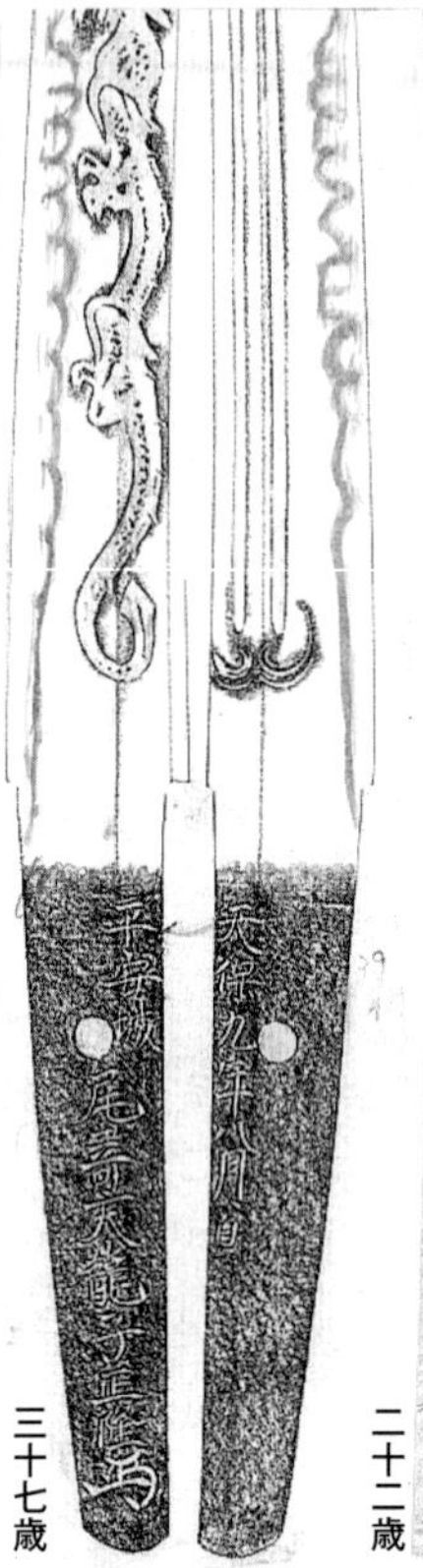
三十七歳

五十五歳

新作 **正尊**【まさたか】　千葉　昭和

森岡俊雄。大正七年生まれ。南海太郎朝尊の末裔。森岡正吉の甥。笠間繁継、高橋貞次門。船橋市住。

新々 **正武**【まさたけ】　羽前国　江戸末期（寛政）

結城喜代松。初銘正永。天然子と号す。水心子正秀門。羽州山形住。

新々 **正忠**【まさただ】　羽後国　江戸末期（文久）

秋本米吉、長左衛門。山田貞弘に学び、のち江戸に出て修業する。秋田藩士。八橋鍛冶の称がある。明治十年六月、四十九歳没。安政から慶応まで作刀し、直刃、互の目乱を焼く。

新作 **正忠**【まさただ】**初代**　茨城　昭和

岡島忠吉。明治三十二年生まれ。勝村正勝門。春吉子。陸軍受命刀匠。「常州住常陸太郎源正忠七十歳作」。西茨城郡住。

新作 **正忠**【まさただ】**二代**　茨城　昭和

岡島茂。初銘忠重。父常陸太郎正忠に学び、父没後に二代正忠を名乗る。「常州岩間住二代正忠」。西茨城郡岩間（現・笠間市）住。

新作 **正忠**【まさただ】　滋賀　平成

北川哲士。昭和五十四年生まれ。宮入法広門。平成二十年、作刀承認。同年、新作名刀展新人賞。平成二十一年から二十五年まで連続優秀賞受賞。互の目、丁子乱など。「於信濃北川正忠作之」「近江国正忠作之」と切銘する。長野のち滋賀に移る。東近江市五個荘住。

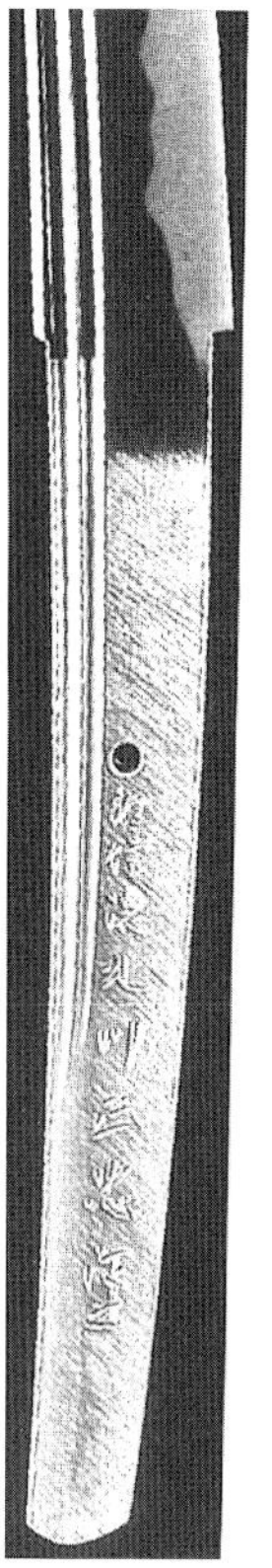

古 **正近**【まさちか】 備後国　南北朝期（応安）

古三原正広の弟。応安のころ。同銘後代が応永のころ木梨から三原へ移ったことから木梨三原と呼称する。「備州住正近」「備後国住正近」。文明ころに同銘正近が作刀する。

古 **正近**【まさちか】 備後国　室町末期（永正）

貝三原。永正・大永ころの鍛冶で、永正三年紀に「備州三原住人貝正近」と切銘したものがある。

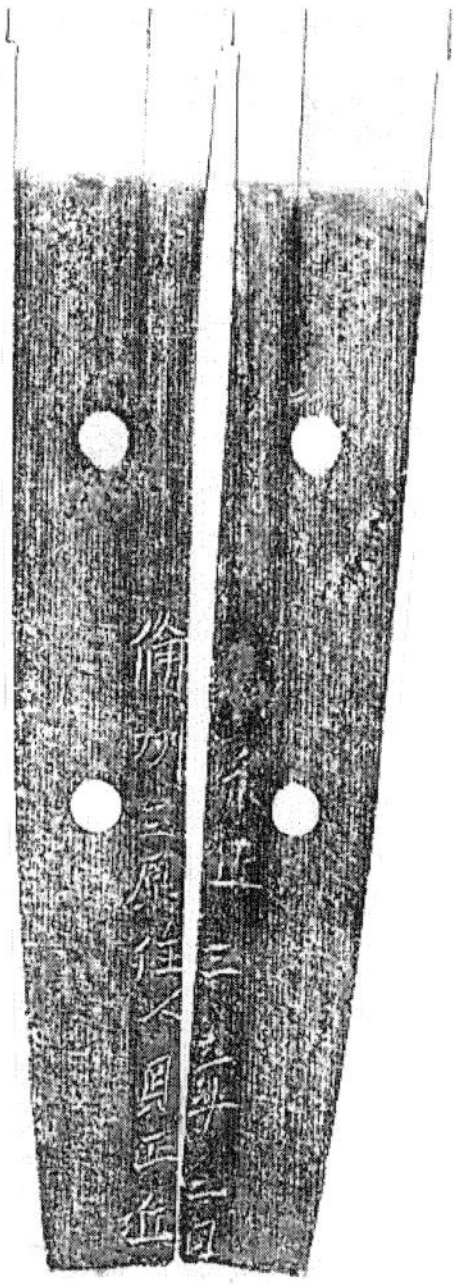

古 **正近**【まさちか】 備後国　室町末期（天文）

貝三原。黒田助六。直刃に小互の目足入り。「備州三原住正近作」「備後国三原住人貝正近」。次代に永禄・天正年紀の正近がいる。

新 **正近**【まさちか】 薩摩国　江戸中期（元文）

宮原清右衛門。主水正正清の子。初銘正次。父正清の代銘に当たる。正清の丸田正房流の相州伝を継ぐが、作刀が少なく、宮原家は正近かぎりで鍛冶を止める。寛保三年正月十二日没。

新々 **正近**【まさちか】 武蔵国　江戸末期（弘化）

酒井涛江介。本国奥州白河。細川正義門。酒井正親の子。八王子小比企村住、のち江戸小挽町住。高尾山薬王院に安政二年紀の奉納刀がある。明治初年、偽作をなし多摩川浅川河原にて斬首されたという。「涛江介正近作之」。

新々 **正周**【まさちか】 武蔵国　江戸末期（慶応）

長谷川右平。鈴木正雄門。江戸忍岡住。明治四十年には生存。北海道で没す。

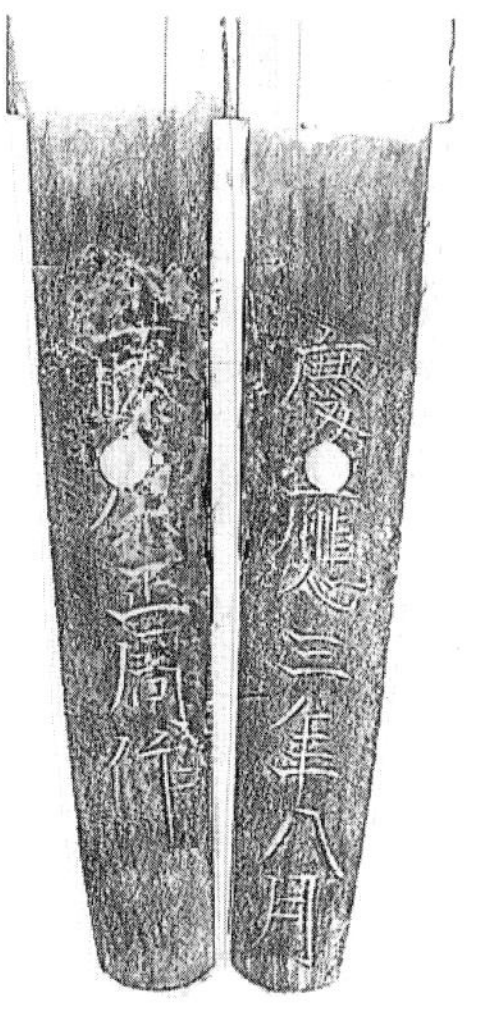

新々 **正親**【まさちか】 武蔵国　江戸末期（天保）

酒井並右衛門。本国奥州白河。細川正義門。武州八王子住。のち正近に改める。「武州八王子住正親」。

古 **正次**【まさつぐ】 備前国　鎌倉初期（安貞）

古備前。正恒系。銘尽は正恒の弟で寛弘、長和と年代をつり上げているが、これは正恒を永延とみての設定とみられ、現作によれば鎌倉初期から中期ころへかけての鍛冶であろう。

古 **正次**【まさつぐ】 備中国　鎌倉中期（寛元）

古青江。次忠子。寛元ころ。同銘が次代徳治ころにある。「正次」。

古 **正次【まさつぐ】** 備後国　室町末期（文亀）
三原。文亀年紀の作がある。「三原住正次」「備州三原住正次作」。

古 **正次【まさつぐ】** 大和国　室町末期（永禄）
金房。兵衛尉。正真・正実と並ぶ室町末期の金房派の良工。「南都金房兵衛尉正次」「南都住藤原朝臣金房兵衛尉正次」。

古 **正次【まさつぐ】** 日向国　室町末期（明応）
月山流。出羽月山鍛冶の流れで、中国、九州方面に移入した鍛冶の一人。初代明応、二代天文ころ。「日州住正次作」「日州月山正次作」。

古 **正次【まさつぐ】** 出羽国　室町末期（文亀）
月山。谷地住。文亀五年紀の作がある。末月山中の上手。「月山正次作」。

古 **正次【まさつぐ】** 美濃国　室町末期（享禄）
坂倉関。のち正利に改めるという。享禄ころ。「正次」。

古 **正次【まさつぐ】** 肥前国　室町末期（文禄）
織部、織部之允、のち内蔵丞。伊予掾宗次の父という。

新 **正次【まさつぐ】** 伊予掾　肥前国　桃山期（寛永）

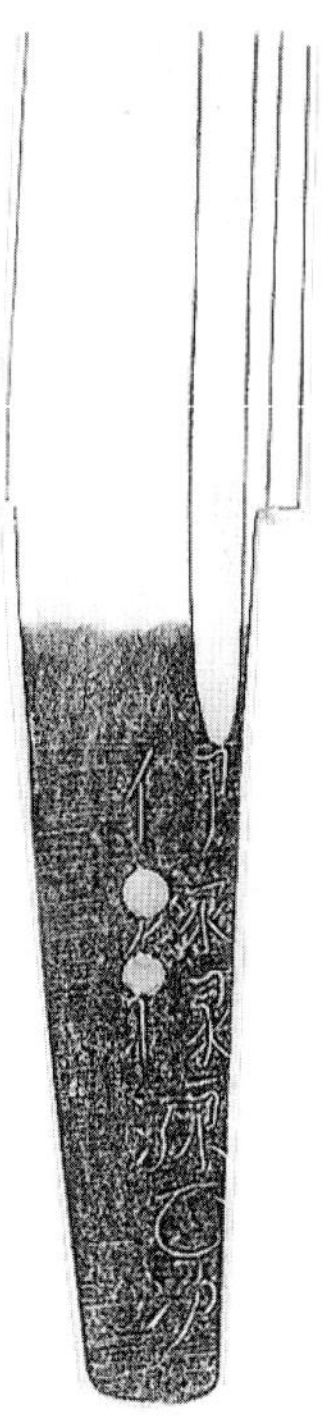

二代伊予掾宗次の初銘。武州にても造る。⇨**伊予掾宗次〈二代〉の項参照。**

新々 **正次【まさつぐ】** 羽後国　江戸末期（慶応）
秋元正忠の子。八幡鍛冶。直刃、湾れに互の目交じり。短刀の作が多い。

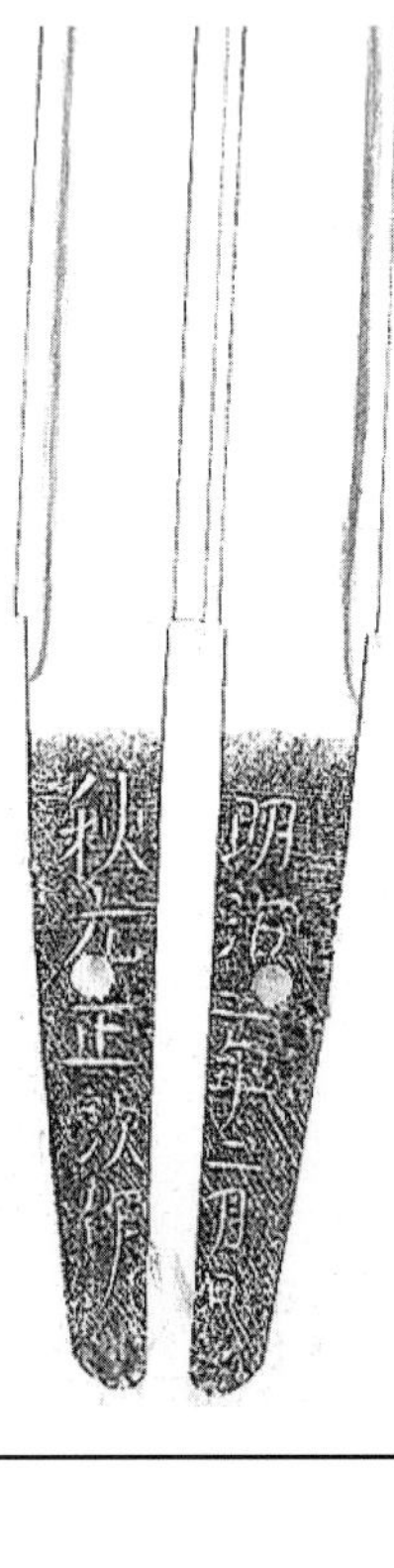

新々 **正次【まさつぐ】** 常陸国　江戸末期（慶応）
保坂武八郎。高木正行の甥。常州笠間住。直刃を得意とし、互の目乱も焼く。明治二十二年五月十六日、七十二歳没。

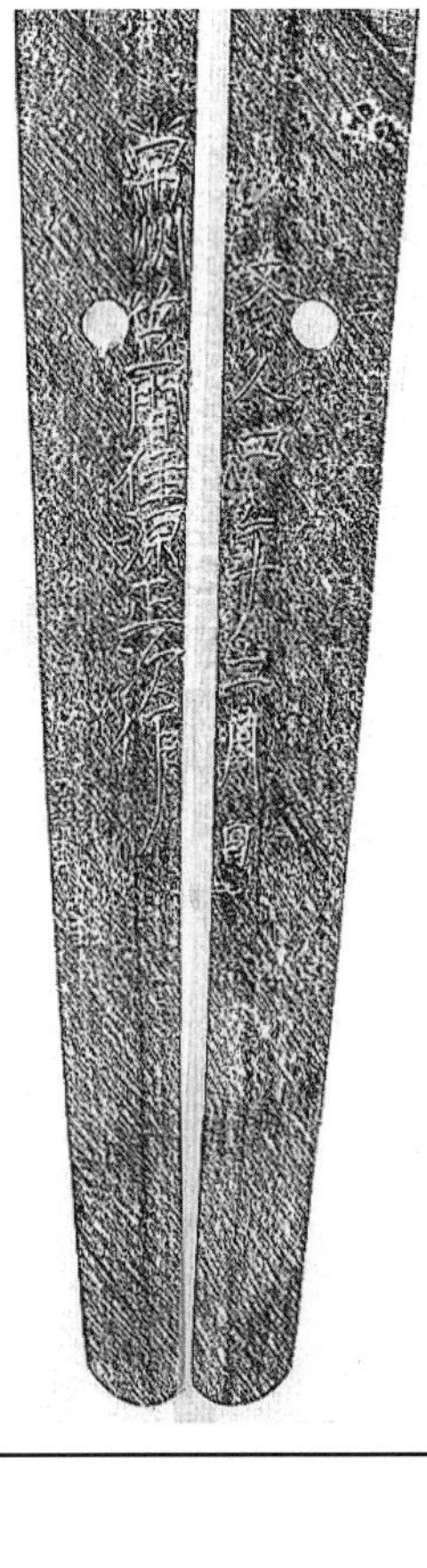

新々 **正次【まさつぐ】** 肥後国　江戸末期（文化）
東肥正次。薩州正良門。直刃、互の目乱。

新々 **正次【まさつぐ】** 水心子　三代　武蔵国　江戸末期（天保）
川部北司。大慶直胤門。二代水心子正秀の養子となり、三代目水心子を継ぐ。秋元家に抱えられ「館林臣川部水心子藤原正次」などと切銘する。江戸下谷御徒町住。万延元年三月十一日没。寛政三年から安政六年紀までの作刀があり、鍛刀歴六十八年を算し、二代が文政八年に没してからも四十五年間がある。この長期に及ぶ三代水心子の活動期があってのち、秀勝が四代目水心子正秀を継ぎ安政末年ころから作刀する。安政年間は四年に水心子一門の重鎮である大慶直胤が没し、翌五年には次郎太郎直勝が、同じく細川正義があい次ぎ没していて、一門の退潮は時代の衰勢と共に急なものがあった。正次は相州伝と備前伝を能くし、前者には砂流し、金筋の烈しく働いた覇気のある作がある。

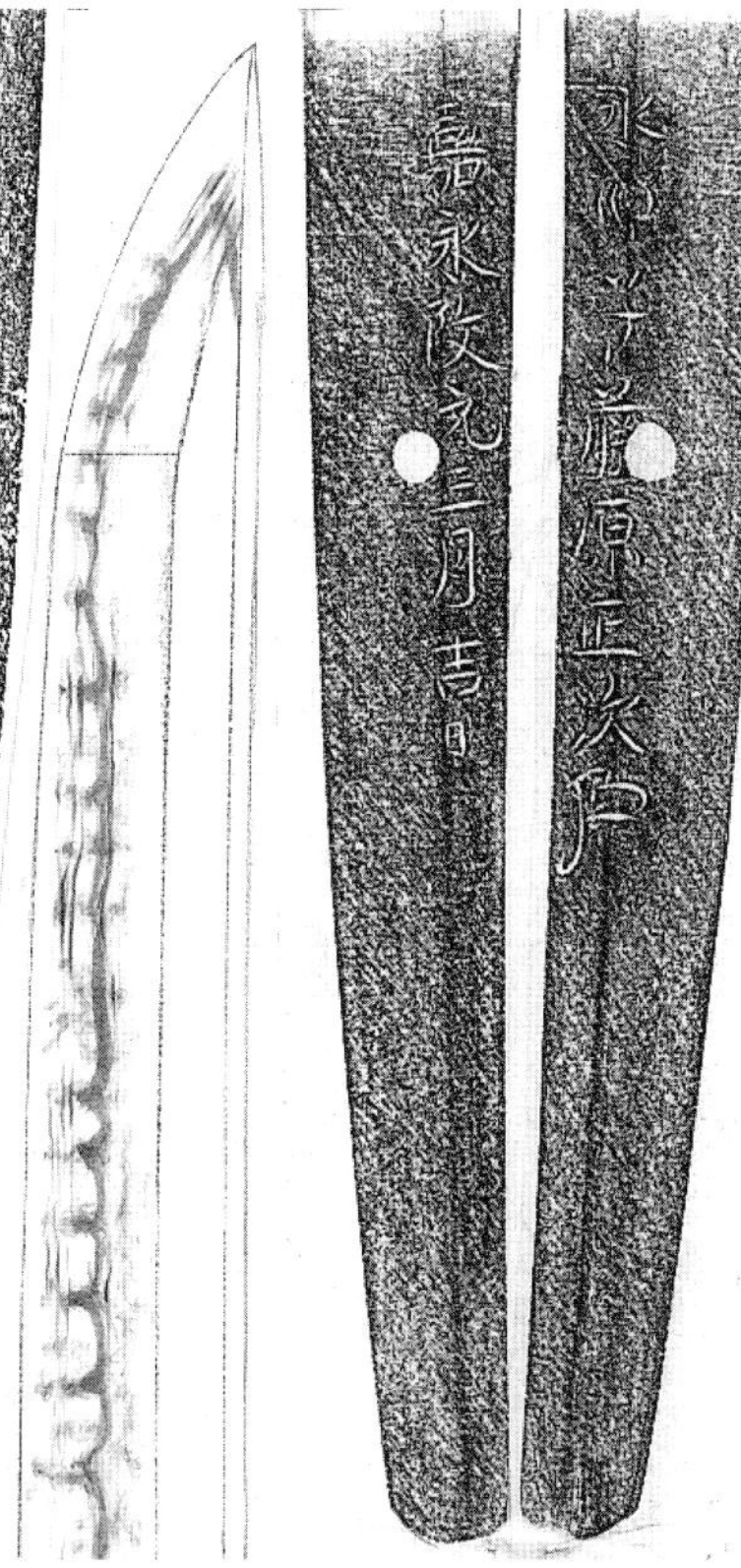

新作 正次【まさつぐ】 東京　大正

桜井正次。明治元年生まれ。金剛斎と号す。田中青竜斎正久の子。桜井家の養子となる。実父に鍛刀法を学び、長じては秦龍斎宗寛から指導を受ける。岡倉天心が主宰する東京美術学校の美術工芸課鍛金科に奉職、明治二十八年から同三十一年まで教鞭をとり、三十一年天心と共に退職する。有栖川宮威仁親王の兵庫県舞子の別邸内にある如神殿鍛錬所で鍛刀に従事し、殿下に鍛刀の仕様を奉授する。大正二年七月、殿下の御薨去後はその菩提を弔いつつ、身を禅門に投じ、多くを作刀することはなかった。その後は東京四谷、山城八幡などで造る。昭和二十五年十一月十六日、富士裾野金剛道場にて八十三歳没。正次の後は次男桜井正幸が鍛刀を続ける。正幸没後は児若年にて業を継がず、正幸門下の隅谷正峯が正統を伝える。

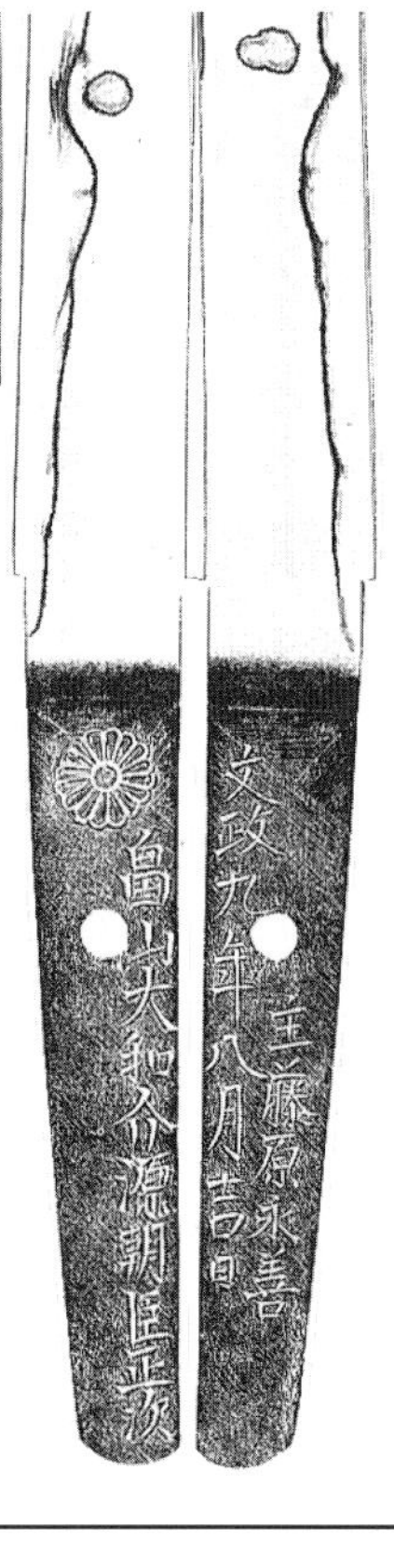

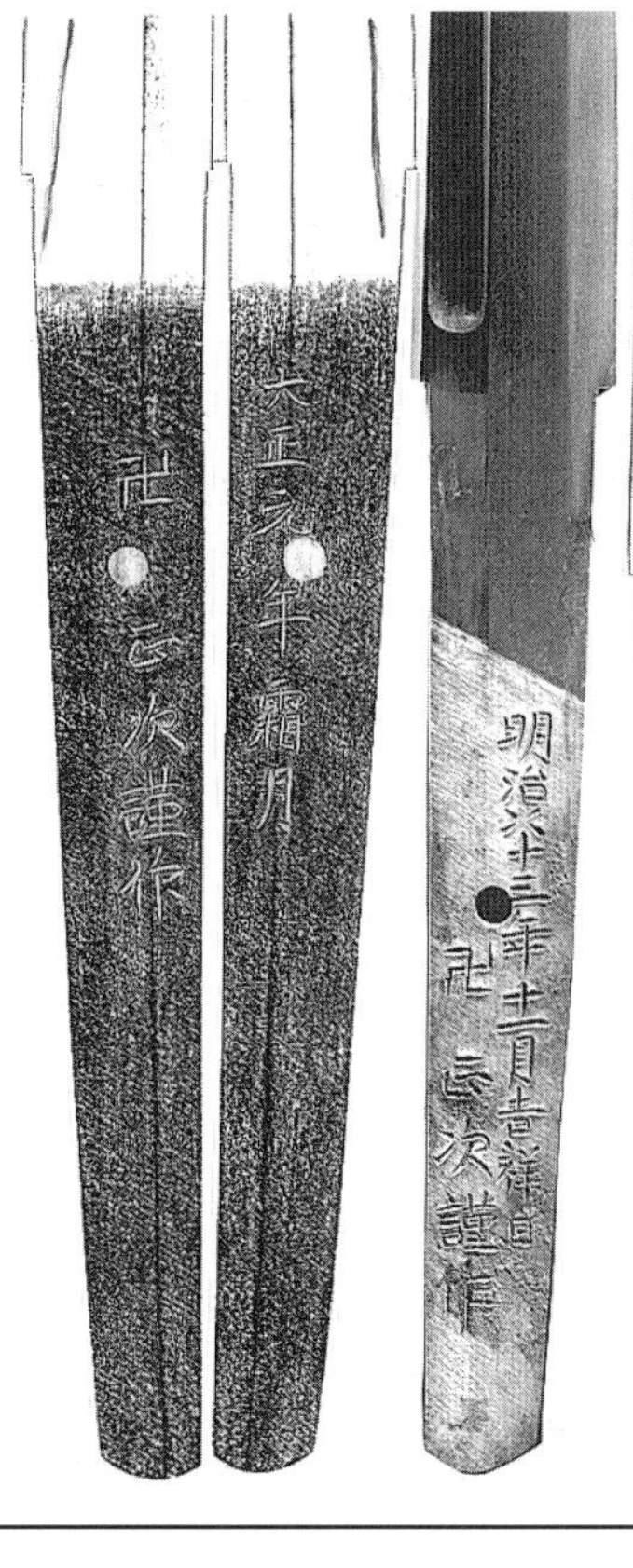

新作 正次【まさつぐ】 徳島　平成

藤沢敏雄。昭和二十七年生まれ。藤沢正光に師事。昭和五十四年、作刀承認。互の目乱。「源正次作之」。美馬郡美馬町住。

新作 正次【まさつぐ】 佐賀　昭和

田口喜一。明治三十七年生まれ。栗原昭秀門。陸軍受命刀匠。作刀技術発表会出品、奨励賞、努力賞受賞。「肥前国正次」。唐津市八幡町住。

新作 **正継【まさつぐ】** 広島　平成

川崎文隆。昭和十六年生まれ。川崎貞行に師事。昭和六十一年、作刀承認。湾れ調の直刃、丁子乱。「正継作」。御調郡御調町住。

古 **正綱【まさつな】** 石見国　室町中期（文安）

末綱子。長浜住。文安ころ。「石州住正綱」「石州長浜住正綱」。次代は明応ころ。

新 **正綱【まさつな】** 粟田口　摂津国　江戸中期（寛文）

初代粟田口忠綱子。初代忠行弟。寛文年紀の作をみる。

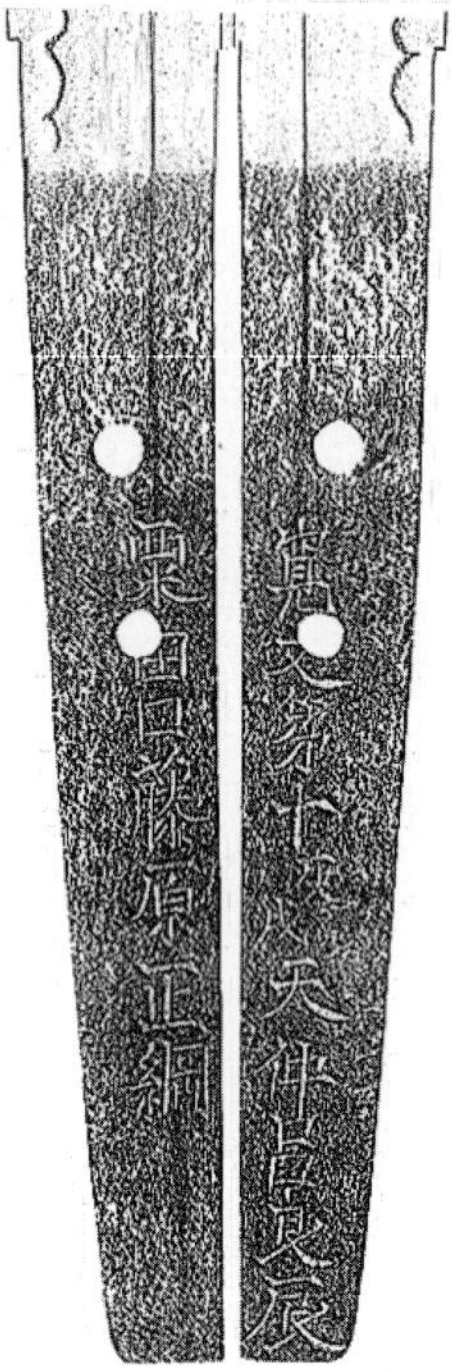

新 **正綱【まさつな】初代** 伯耆国　桃山期（元和）

弓削新三郎。伯耆倉吉住広賀の門。岩倉城下、弓削よりおこる。「伯耆国住新三郎正綱」。

新 **正綱【まさつな】二代** 伯耆国　江戸初期（慶安）

初銘正広。慶安三年紀の作がある。播磨大掾を受領する。

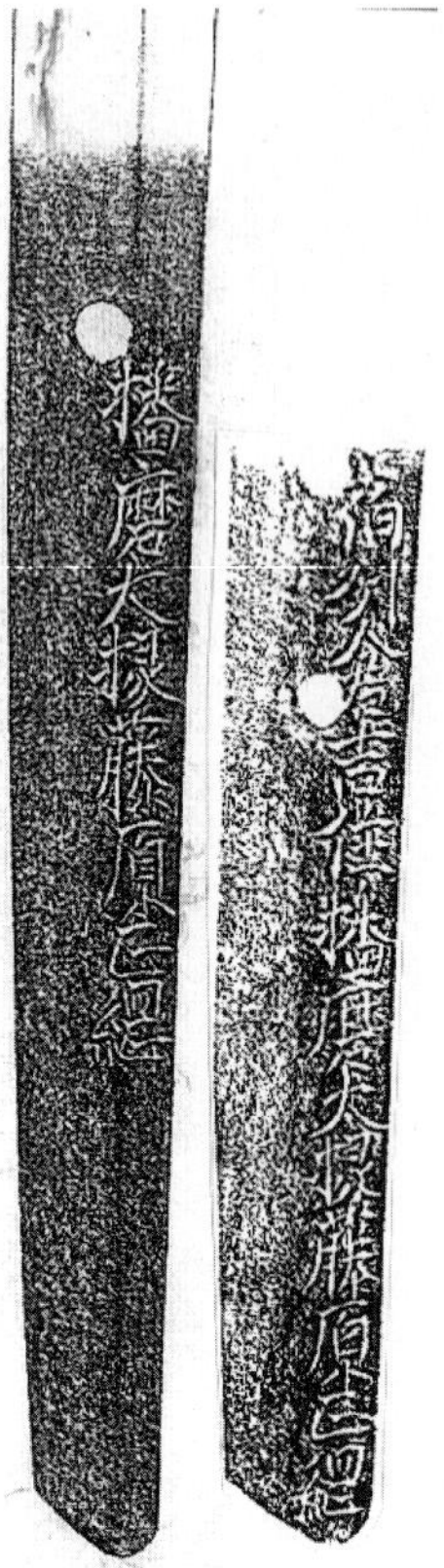

新 **正綱【まさつな】三代** 伯耆国　江戸中期（寛文）

伯州倉吉鍛冶町住。弓削姓。寛文・延宝ころ。米子でも造るという。丁子に互の目交じり。

古 **正恒【まさつね】** 備前国　平安中期（永延）

古備前。陸奥有正子といい、銘尽は後の正恒（三代目）が有正の子という。奥州太郎とも称したと伝えていて、古備前鍛冶と奥州鍛冶と交流があったことを窺わせるのであるが、正恒の作風からは奥州鍛冶の影響を受けた形跡はみられない。正恒は友成と並ぶ古備前の代表工であり、両雄はほぼ時代を同じくするが、正恒は友成よりわずかに遅れて作刀がはじまるようである。古銘鑑は初代正恒の年代を永延、二代を長和、三代を長元とするが、はたしてそこまで年代が遡るかどうかは疑問があり、平安末期の保元・平治ころから元暦前ころまでが作刀期と考えられる。

　正恒は現存刀の作風と銘振りからみて少なくとも三人以上の同銘工がいると認められる。古来正恒三人説、また五人説があり、七人説があって、定まることがない。銘尽の七人説は初代、二代（初代の子）、三代（有正の子）のほか、〝異正恒〟が二人いて計五人の備前正恒がある。その他二人は備中と豊後の正恒で計七種があるというもので、実質は備前正恒五人説であり、銘尽はそれぞれに押形銘を掲げている。正恒には年紀のある作をみず、いずれも二字銘ばかりですべての代の識別を明らかにし難い。作行きからみては焼幅の狭い小乱刃を主調にしたものが古調で、のちは比較的焼幅広く、直刃調で刃中に乱足が入る作が多くなる。前者の古調な作のものの銘は「恒」字の左側が「十字」を象り（『古今銘尽』の図①部分参照）、

①　②　③

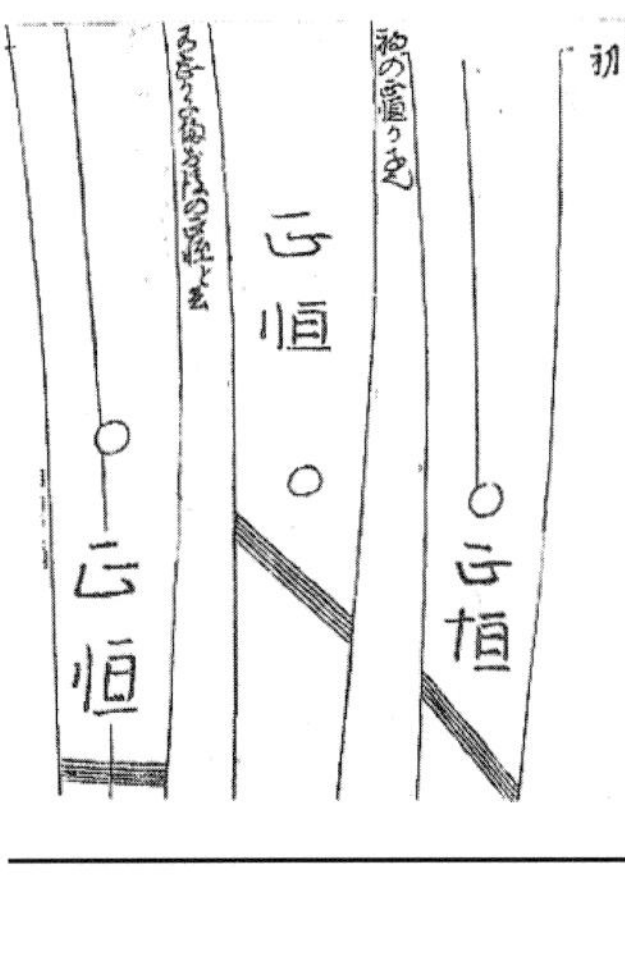

この図には「初」（初代）と書き込みがある。常にみる「正恒」銘は「初（初代）の正恒の子也」とあるものに相当し、二代②を示すもののようである。なお三代目③は「後の正恒と云」として二字銘を図示しており、帯裏（佩裏）に切銘し、浅い勝手下り鑢を切る。しかし、現物からの二代と三代の識別は明確ではない。

現存刀で最も古い銘とされるのが岡山美術館の太刀（重文）で、「恒」字の左側を①図のように「十字」に切り、「恒」の横線が流れるように抑揚がある。正恒の鍛えは小板目がよく詰み、細かな地沸つき、地斑映りよく立つ。刃文は小乱のほか、直刃調に小乱を交じえたものが多く、よく沸え、刃中に働きが目立ち、匂口が明るい。帽子は直刃調で丸く返る。「正恒」二字銘を切る。（系図871頁参照）

古 正恒【まさつね】 備中国 鎌倉初期（元暦）

古青江正恒は青江の祖則高の子とも弟とも伝え、隣国備前から移り備中妹尾庄に住して作刀したという。古青江には二流があり、先住の安次を祖とする一流は「次」字を加えて二字に銘するものと、則高を祖とする正恒系の鍛冶群とに大別される。備中国は大和、山城、備前と並ぶ刀工王国で鎌倉期から南北朝期にかけて繁栄し、多くの名人上手が輩出する。なかでも古青江正恒は古備前正恒と比肩してその名が高いのであるが、作風と銘振りに類似性が多く古備前と古青江の正恒には互いに混合しあったものがある。また古青江正恒にも相異する二様の銘振りがあって、

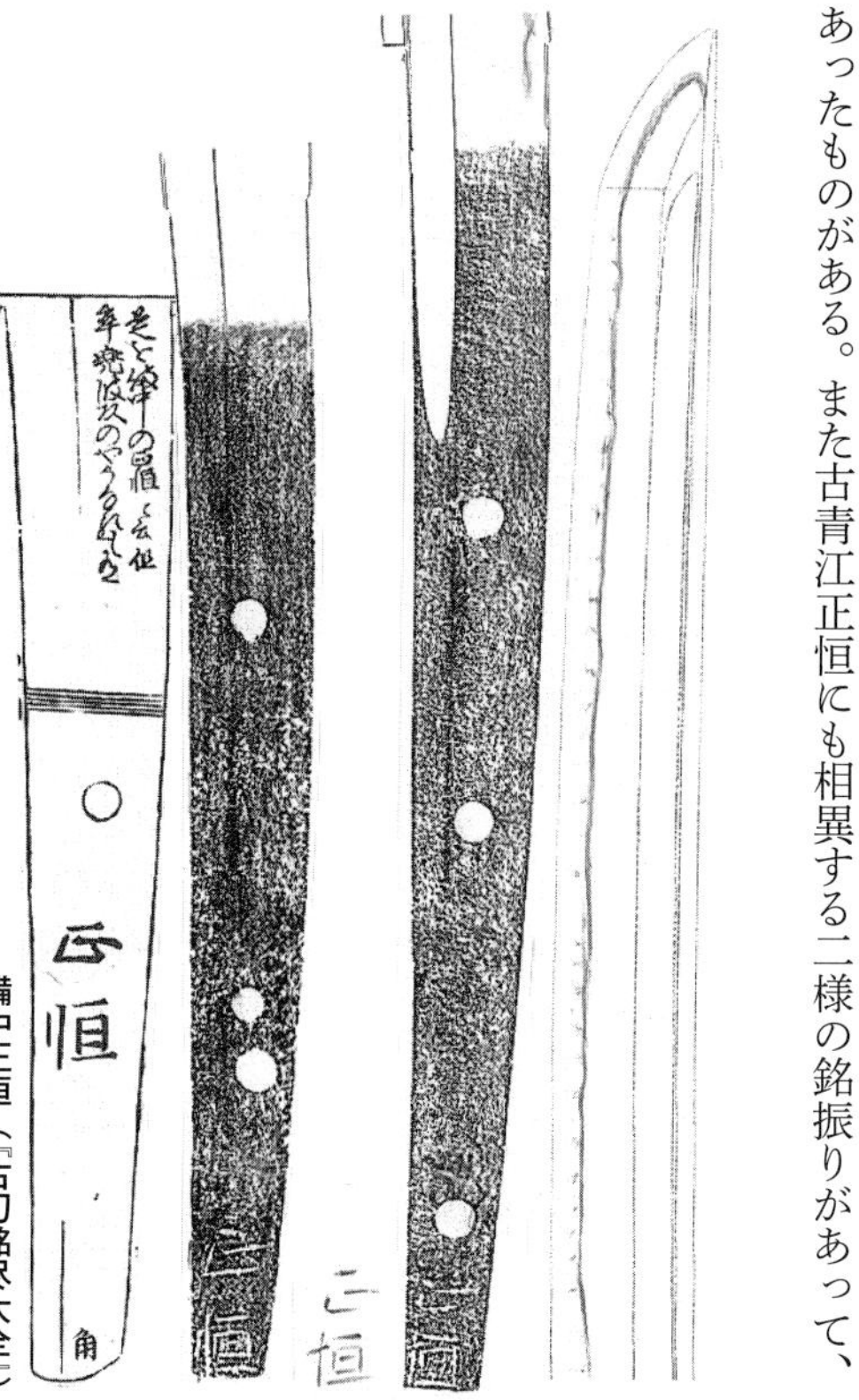

備中正恒（『古刀銘尽大全』）

ま
まさつね

同銘二代があるとの説もあるが、いずれの識別も明確ではない。

古備前正恒と比較して作風をみると、刃文は直刃と乱刃があり、直刃は逆足を入れ、乱刃は逆ごころが目立つが大乱はなく、よく沸づき、匂口は沈みごころ。鍛肌は古備前正恒より立ってちりちりとした縮緬肌をみせ、細かい地景がよく出て黒味のある地斑がしきりにあり、これを青江の澄肌と称し古青江全般に通じる。茎の鑢目は古備前正恒が勝手下りに対し古青江正恒は大筋違になる。「正恒」。銘鑑には古青江正恒を二代建保とするものがあり、なお応長、康安に各代があるとする。

新作 **正恒【まさつね】** 千葉　昭和

池上一人。大正五年生まれ。酒井繁政門。印旛郡八坂町住。「池上一貫斎正恒精鍛」。

新 **正照【まさてる】** 越前守　初代　武蔵国　江戸中期（天和）

本国但州弘原。江戸法城寺派、法城寺正弘の門。越前守を受領する。のち出羽秋田に移住する。天和・貞享ころ。直刃に足入り、沸匂が深い。

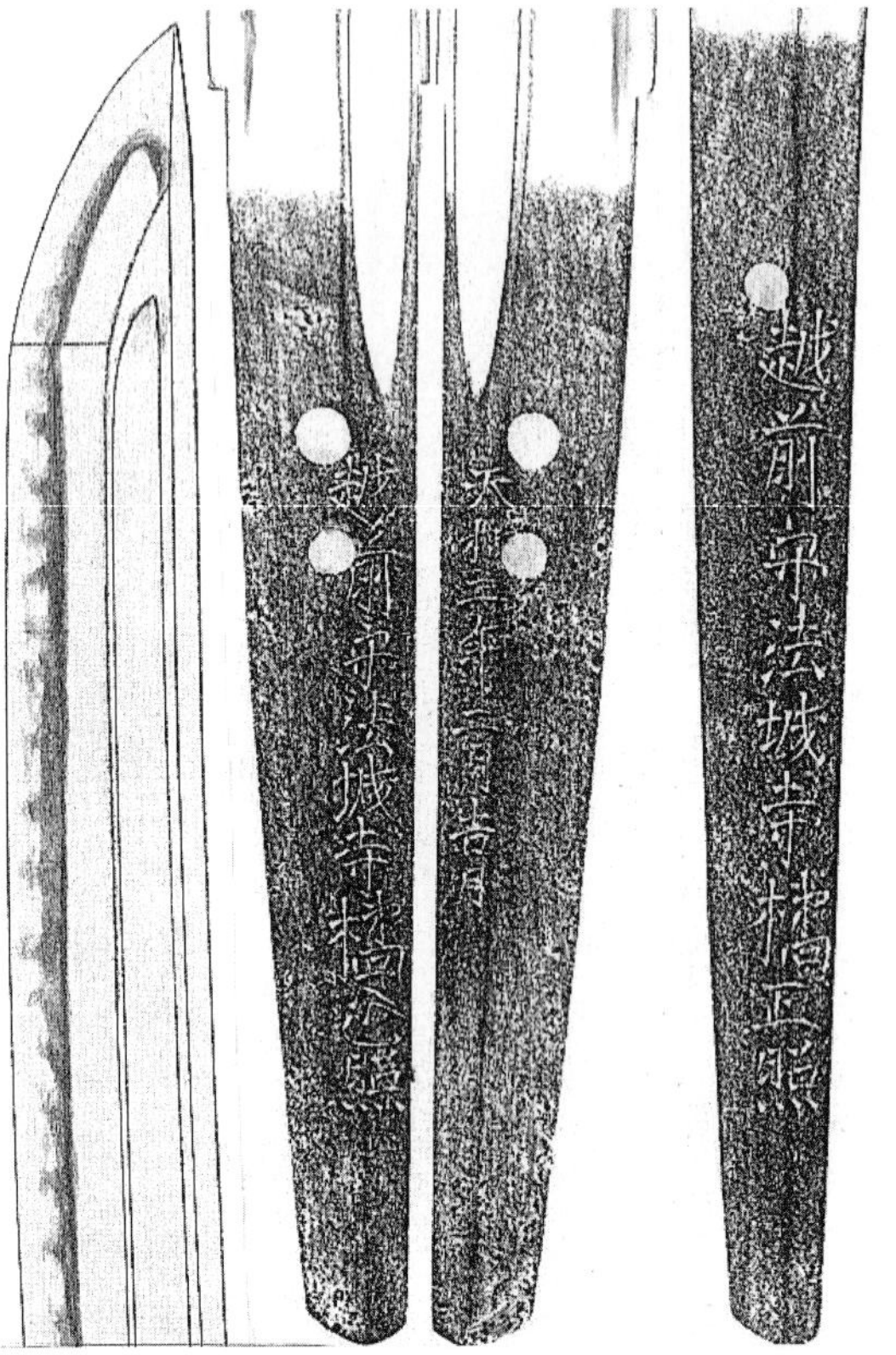

新 **正照【まさてる】** 越前守　二代　羽後国　江戸中期（元禄）

羽後秋田住。江戸法城寺派。越前守を受領のとき、上京して伊賀守金道門となり、茎に菊紋を刻す。作風は初代に似る。

新々 **正照【まさてる】** 上野国　江戸末期（慶応）

馬場儀之助。上野国吾妻住。細川正義門。諸国を遍歴し元治ころに帰国する。

新々 **正照【まさてる】** 甲斐国　江戸末期（慶応）

弥左衛門。細川正義門。石和住。のち鹿児島に移る。大互の目乱を焼く。

新々 **正照【まさてる】** 肥後国　江戸末期（寛政）

小山正照。延寿の末流。伯耆守正幸門。互の目乱に荒沸つく。「東肥藤原正照」などと切る。

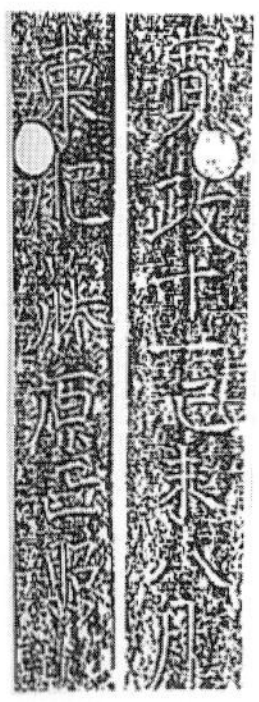

古 **正利【まさとし】** **初代**　美濃国　室町末期（永正）

坂倉関。加茂郡坂祝村酒倉住。正吉の子という。尖り互の目乱、三本杉刃交じり、小沸叢につき飛焼交じる。「正利」。

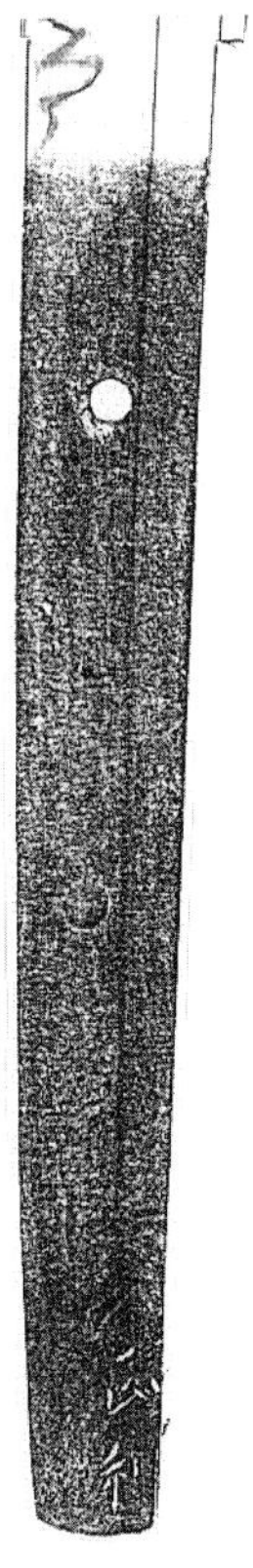

古 **正利**【まさとし】**二代**　美濃国　室町末期（天文）

坂倉関。初代正利の子。鷹の羽鑢をかけ、「正」字が村正に似ていることなどから村正門説がある。板目に柾流れ、白気ごころがあり、刃文は互の目乱、刃先が尖るものと、兼房風の丁子が交じるのとがある。「正利」「正利作」。

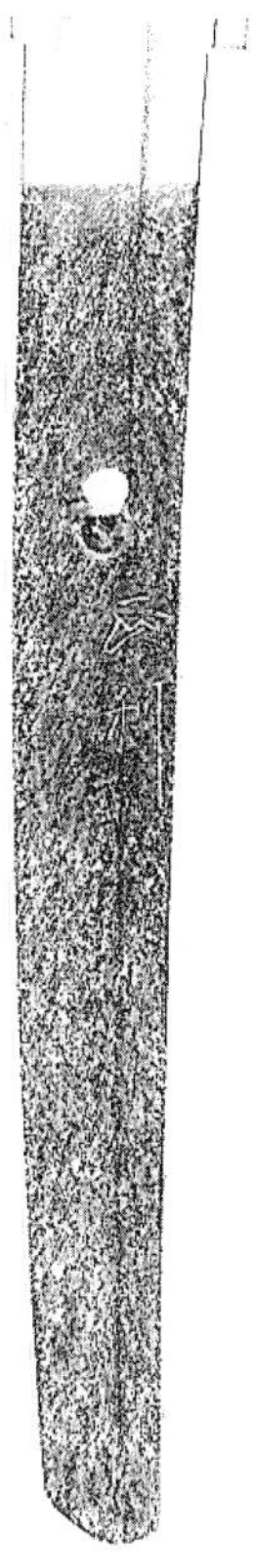

新 **正利**【まさとし】　備前国　江戸中期（万治）

九兵衛。備前岡山住。互の目乱、丁子乱など。「備州住九兵衛尉正利」などと切る。

新々 **正利**【まさとし】　美作国　江戸末期（安政）

多田四郎左衛門。多田金利の子。運寿斎と号す。天保七年、細川正義の門に入り、天保十一年末、津山に帰国、正利と改める。津山藩士。天保から文久ころまで作刀する。大坂、肥後熊本でも造る。元治元年九月、五十五歳没。幕末に盛行の豪刀が多く長寸、丁子乱を焼く。

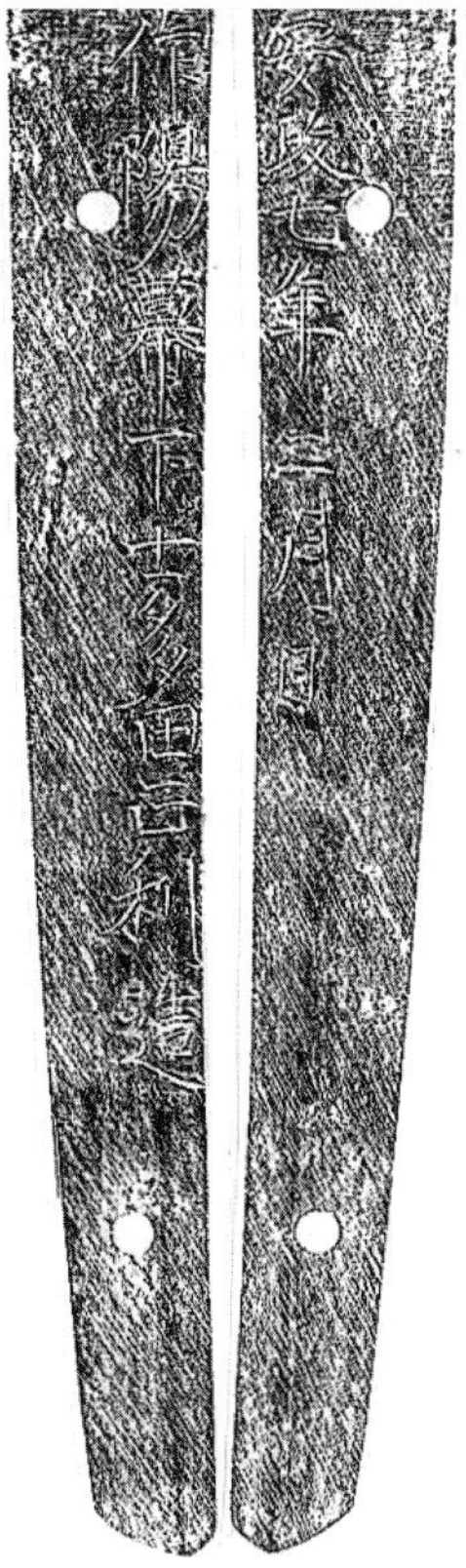

新作 **正寿**【まさとし】　埼玉　昭和

小沢岩造。大正九年生まれ。昭和十三年、大倉鍛錬所で宮口寿広に師事。同十四年、刀匠協会展で金牌を受賞。戦後は昭和三十四年から作刀再開、塚本起正、のち一時期、吉原国家に学ぶ。新作名刀展は第六回、同四十五年から出品し毎日新聞社賞、名誉会長賞、高松宮賞など受賞。山城伝の直刃、備前伝の丁子乱、相州伝の互の目乱など作域が広い。飯野、のち正丸峠住。平成五年、七十三歳没。

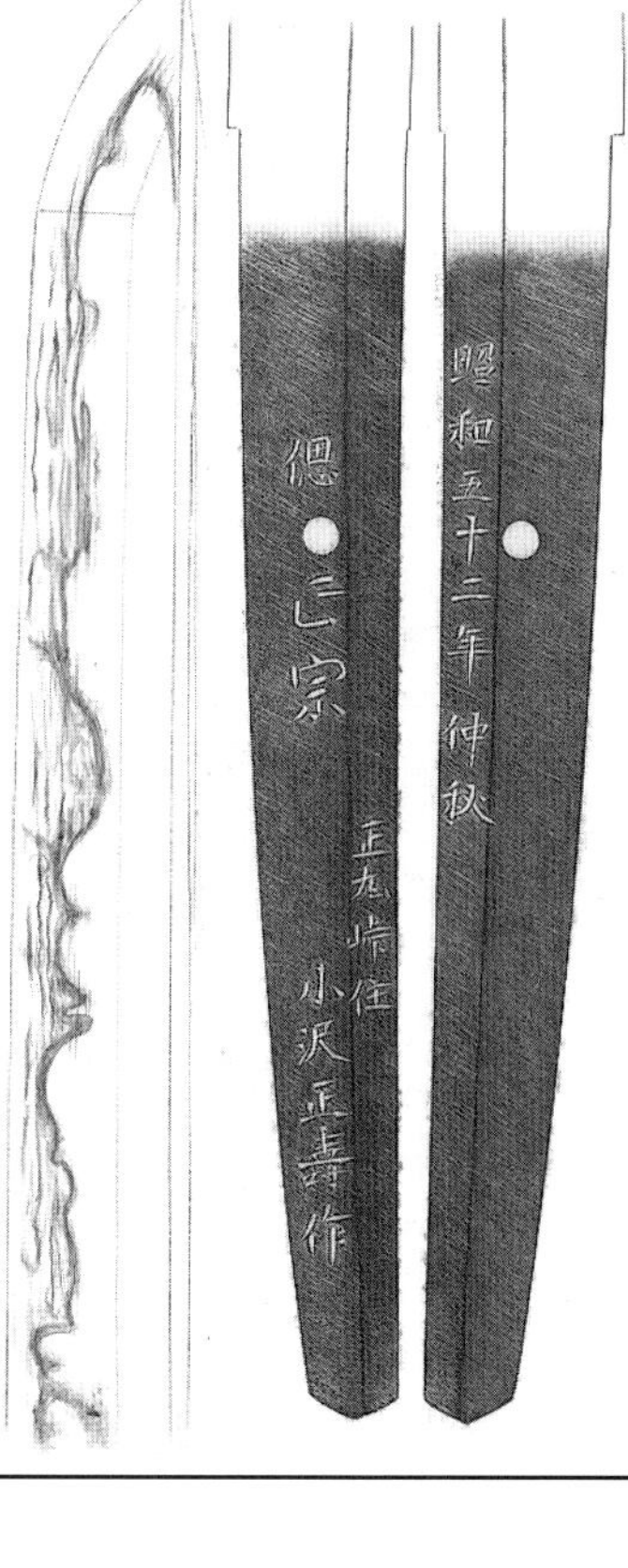

古 **正俊**【まさとし】　美濃国　室町末期（天文）

坂倉。正利の子。坂倉鍛冶は志麻鍛冶の一族が小山から坂倉に移ったものといい、坂倉関の名がある。正俊は正利とは別人。「正俊」。

新 **正俊**【まさとし】　越中守　初代　山城国　桃山期（慶長）

関兼道の四男。金道、来金道、吉道の三兄と共に父に伴われ文禄二年に上京し、西洞院夷川に住。慶長二年九月十二日、越中守を受領。慶長二年九月紀の作（『新刃銘尽後集』）からあり、慶長から寛永前半ころまでの年紀作がある。三品四兄弟中の上手。小湾れ調の直刃に互の目を交じえ、匂口が締まりごころに小沸のついた志津風の作、互の目丁子の関兼定流、三本杉風の孫六兼元流の作など作域が広く多彩。三品帽子が顕著。

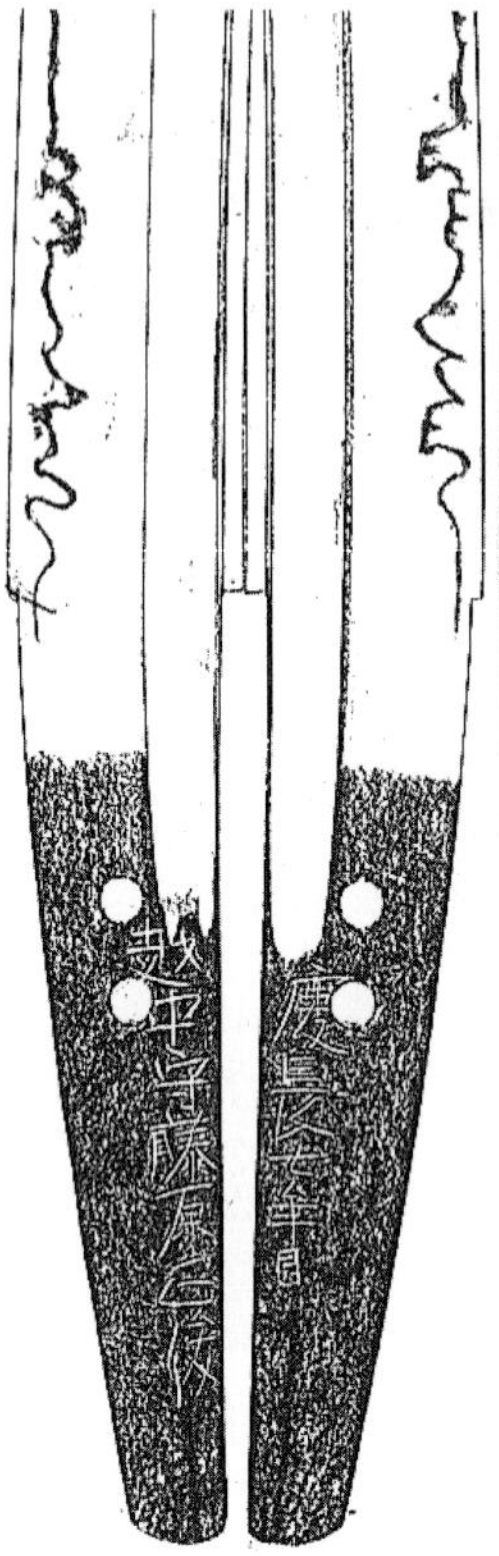

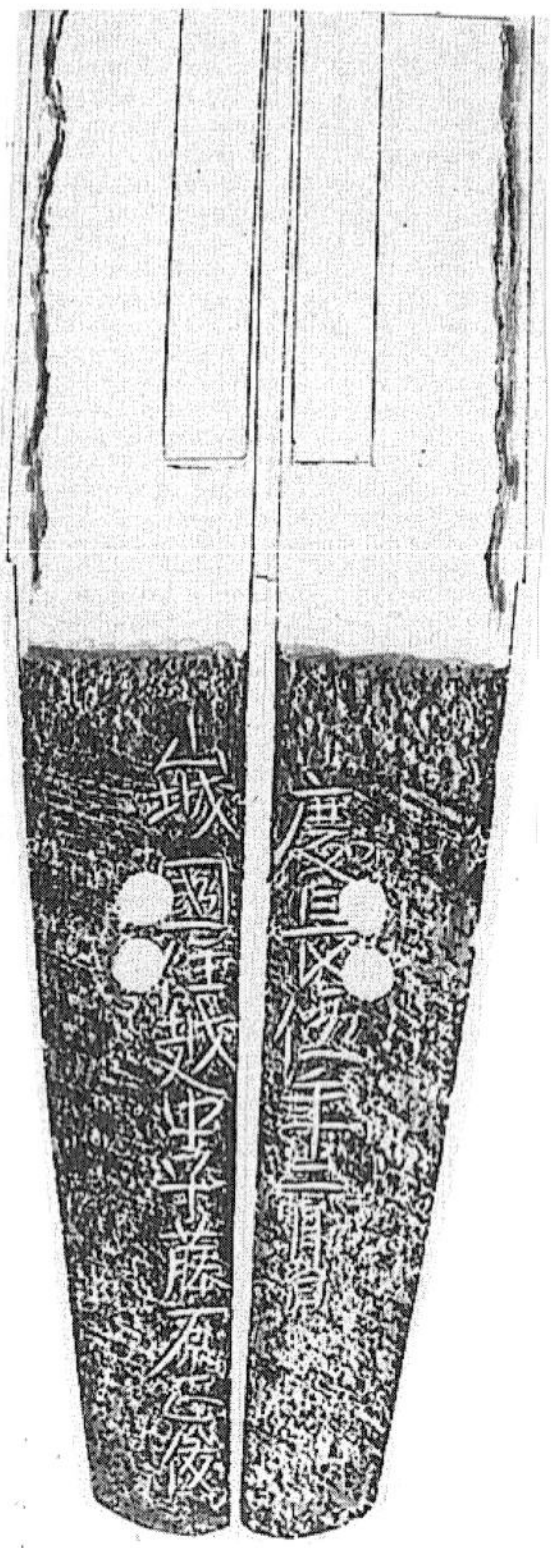

『新刃銘尽後集

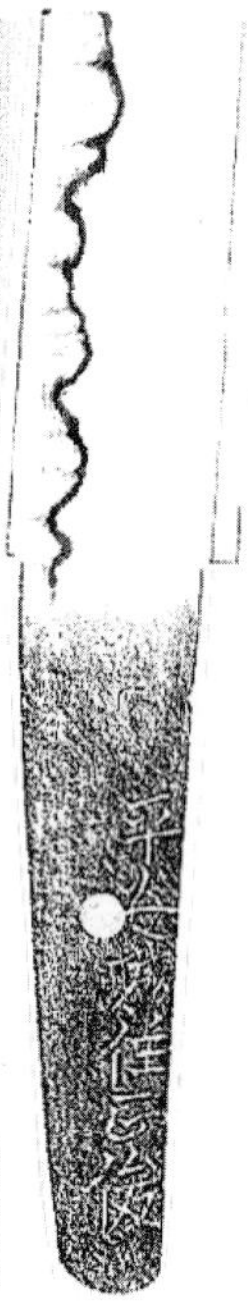

最初期銘

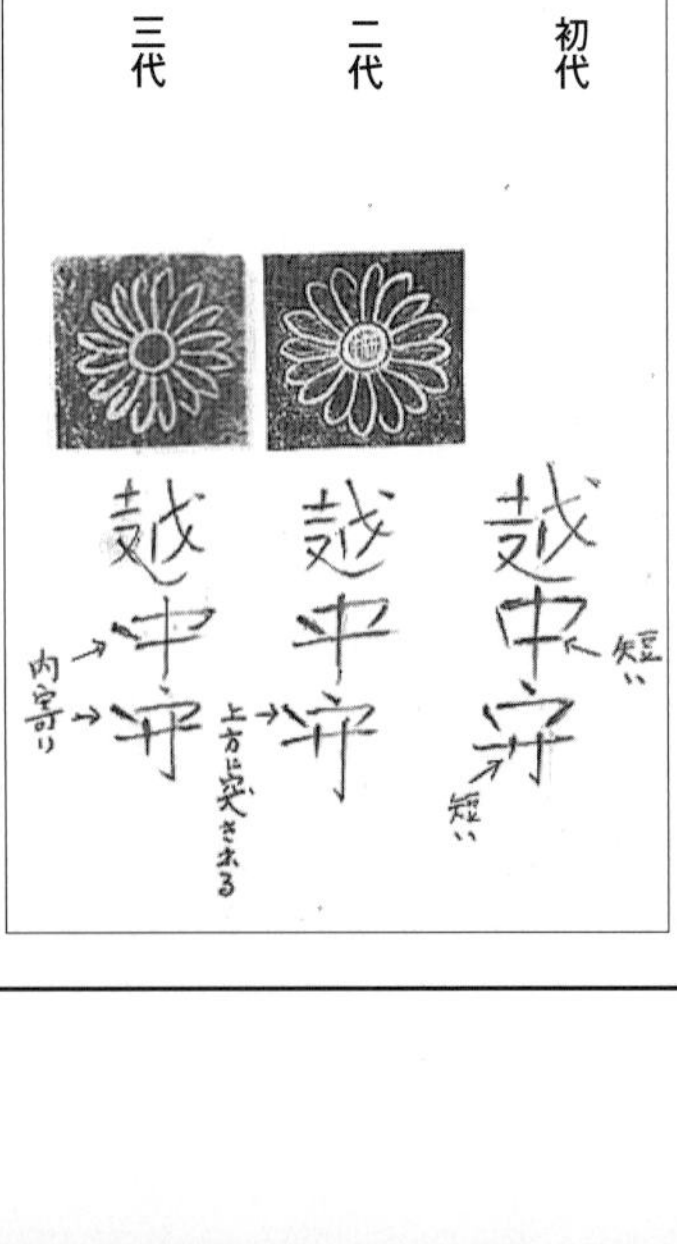

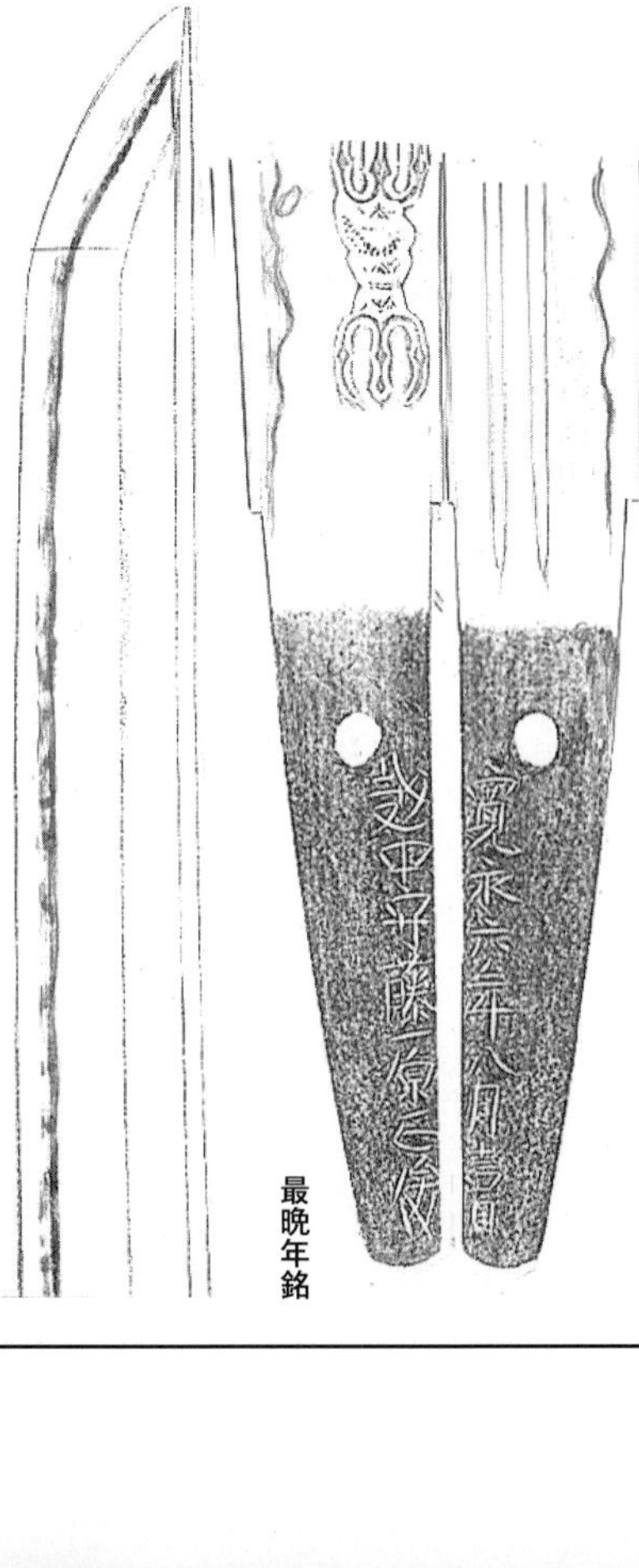

最晩年銘

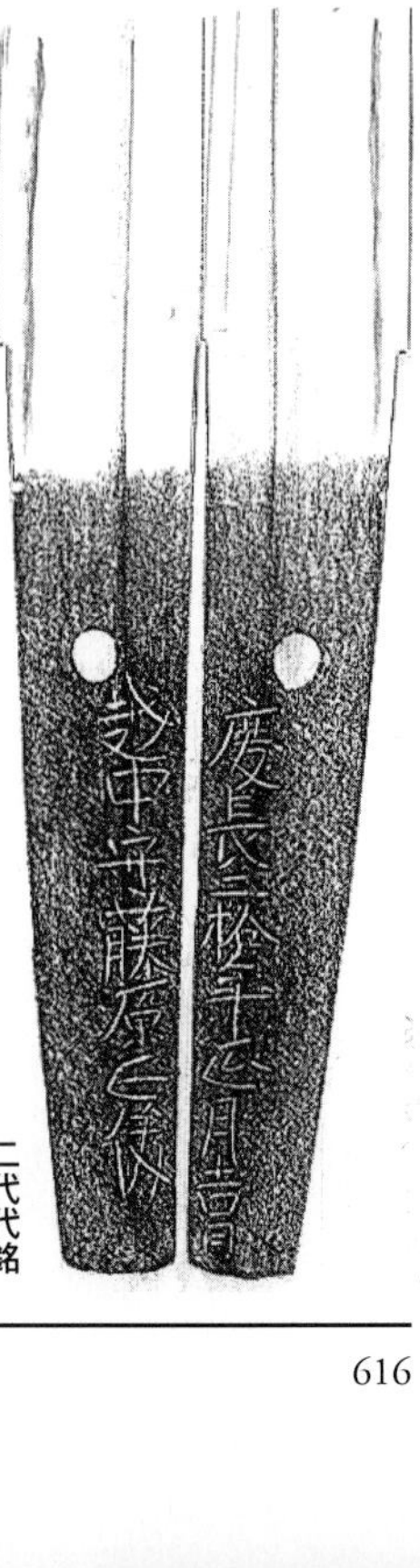

二代代銘

新 正俊【まさとし】　越中守　二代　山城国　江戸初期（正保）

寛永十九年九月二十三日、越中守受領（『諸職受領調』）。菊文を拝領して茎に刻す。正保・慶安の年紀作があるが、自身作が比較的少ない。二代は慶長七年紀の越中守正俊銘の作ころから鍛刀していたらしい。初代在世時のことで初代の代作をしていたこととなり、慶長二十年ころ以後は二代が代行している。正保三年十二月、慶安二年正月に祇園社（八坂神社）へ奉納した大作がある。

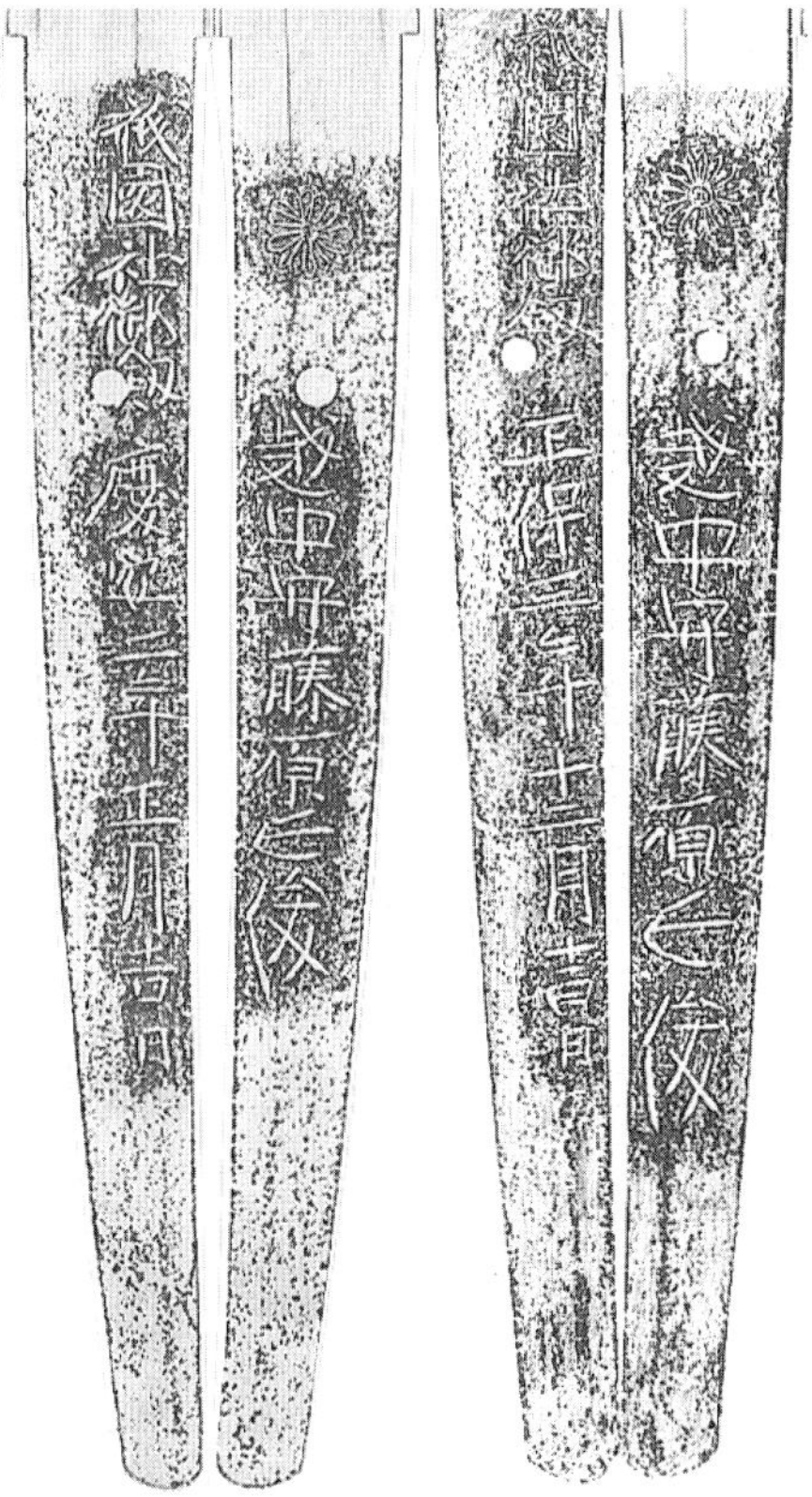

新 正俊【まさとし】　越中守　三代　山城国　江戸中期（寛文）

三品藤三郎。寛文・延宝年紀の作を少ないながらみる。作刀は長期に及び、天和、元禄の間（『古今鍛冶備考』）といい、寛文三年紀の作から元禄末年まで四十年間を算する。十六葉の菊文を刻す。二代のは菊の蕊《しべ》の中が格子になるが、三代のは無地になる。互の目に尖り互の目、小丁子交じり。

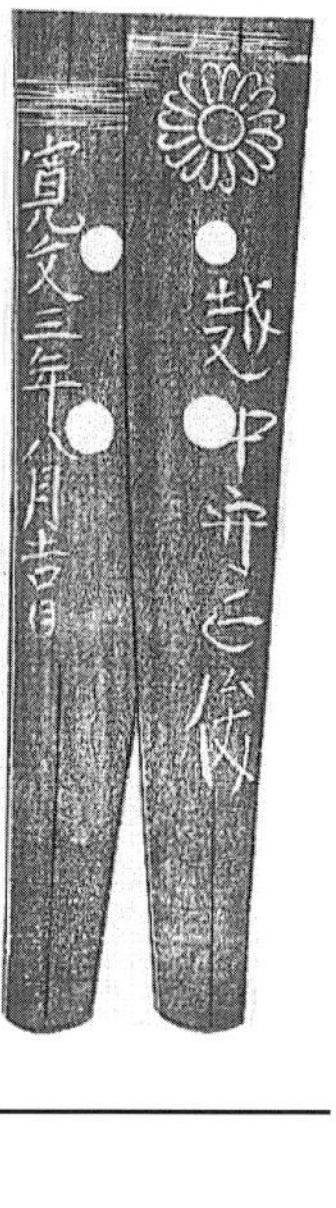

『古今鍛冶備考』

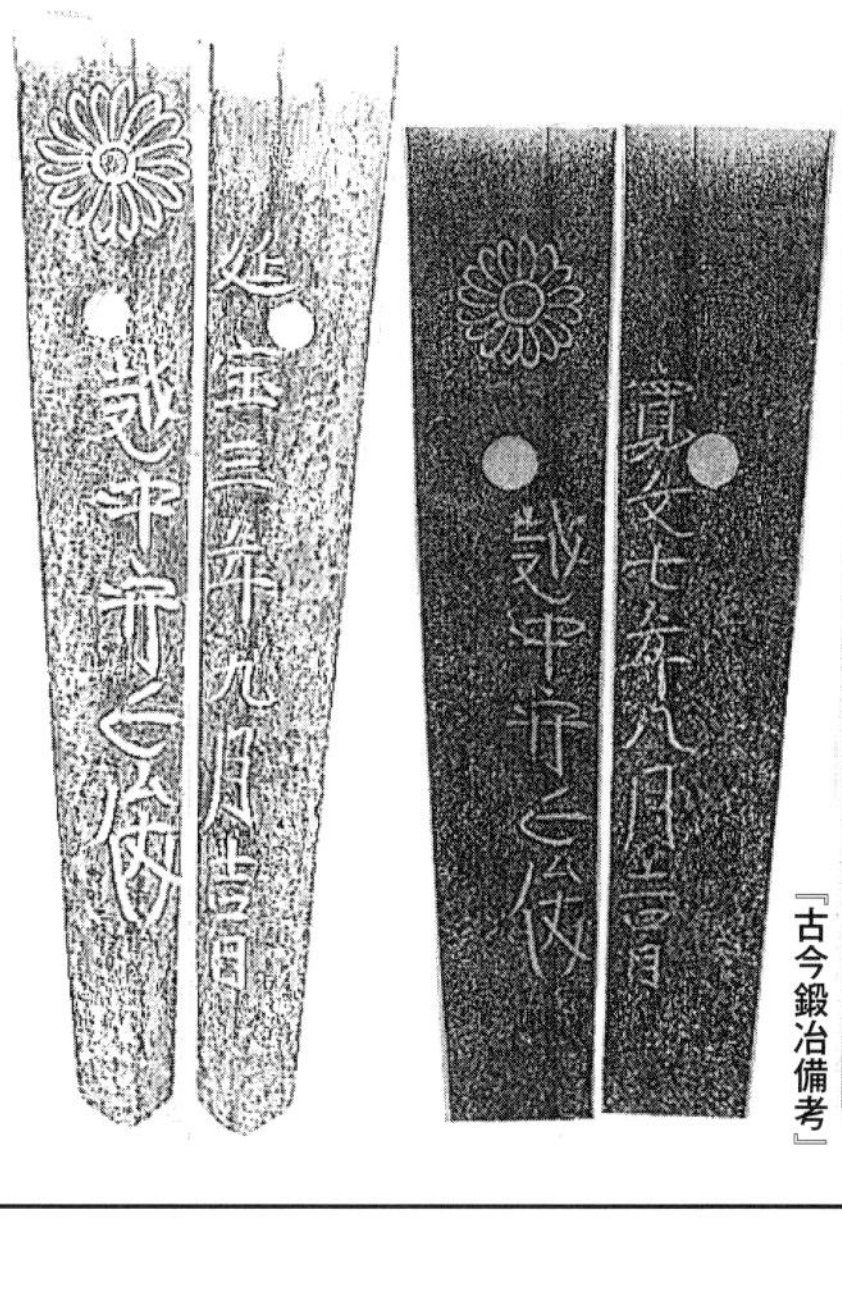

新 正俊【まさとし】　越中守　四代　山城国　江戸中期（正徳）

藤三郎。四代には元文三年二月紀に五十九歳と切ったものがあり（『京都の刀剣』）、備考は伊賀守金道と同居していたという。◆五代は尾崎助隆門に入り、文化八年没。四・五代ともに現存する作刀を見ない。三品一門中、各家の多くは幕末まで連綿としたが、越中守正俊家は四代の正徳・享保ころ以降、急速な衰退ぶりが窺える。

新 正俊【まさとし】　平安城　山城国　江戸初期（正保）

石堂（石道）右近。紀州石堂派。紀州から山城へ移り住み、武州でも造る。

正保元年八月紀の作がある。「平安城石堂右近正俊」「平安城武蔵住正俊」などと銘す。丁子乱に飛焼かかり、乱映りが立つ。三品派の越中守正俊とは別人。

新々 正俊【まさとし】 下総国　江戸末期（文久）

八木沢忠蔵。初銘秡国。下総関宿城主・久世広運の八男として文化十一年に生まれる。天井克匡の養子となり、岩井鬼晋麿と称す。江戸柳原住、また野州鹿沼、丹後宮津にも住。細川正義、大慶直胤に学び、さらに源清麿、鈴木正雄に学ぶという。勤皇の士であった正俊は、元治元年八月、東都にて暗殺される。享年五十一歳。互の目乱、小沸出来で砂流し金筋がかかる。安政から文久ころまでの作がある。

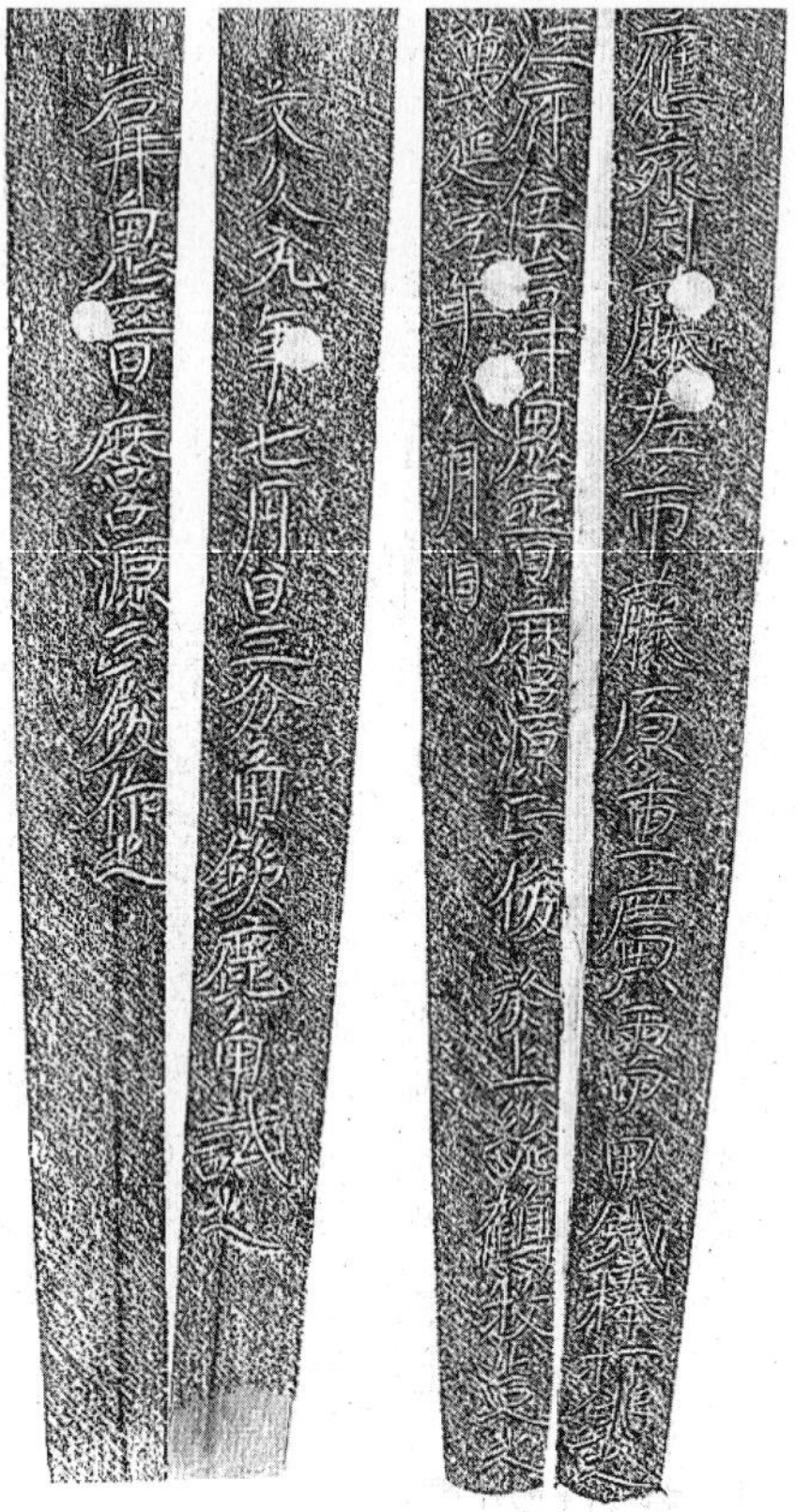

新々 正俊【まさとし】 相模国　江戸末期（慶応）

野州谷田貝でも造る。「相州住正俊造之」と切り、慶応二年紀の作がある。

新作 正俊【まさとし】 徳島　平成

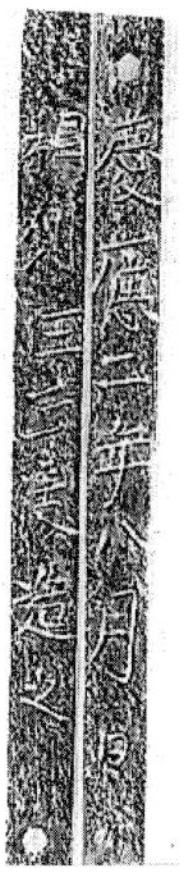

杉山俊雄。昭和二年生まれ。田中正友門。昭和五十四年、作刀承認。新作名刀展入選、努力賞。平成二十二年、同二十三年、新作日本刀展入選・功労賞受賞。同二十五年、同展功労賞受賞。この年八十五歳。清麿の地鉄を追求する。無形文化財保持者。「杉山正俊造之」。吉野川市住。

新 正富【まさとみ】 薩摩国　江戸中期（元文）

丸田惣右衛門。薩摩丸田派。伊予守氏房から四代目に該当する。湾れに互の目、中沸つき、砂流し金筋入る。

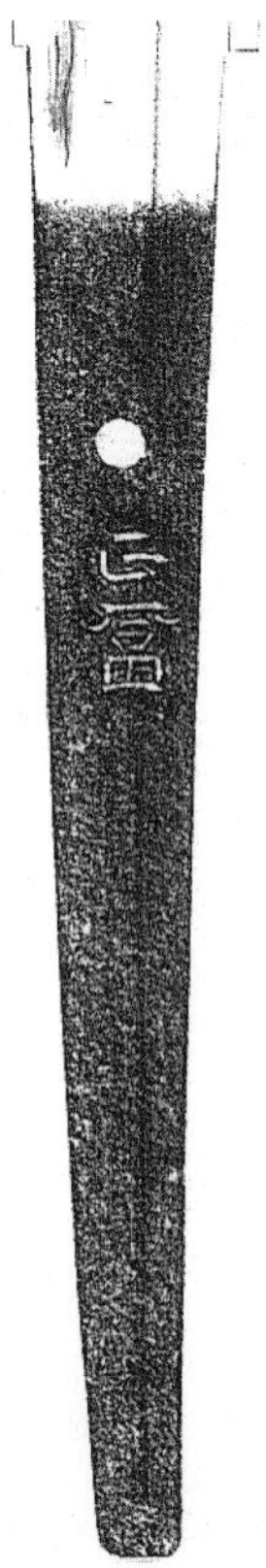

新 正全【まさとも・まさみつ】 尾張国　江戸中期（寛文）

石田善左衛門。本国濃州坂倉関。尾張名古屋住、京でも作刀する。寛文四年四月、豊後大掾を受領、豊後守に転任する。互の目に丁子、尖り刃交じり、直刃など。寛文から元禄ころまで鍛刀する。

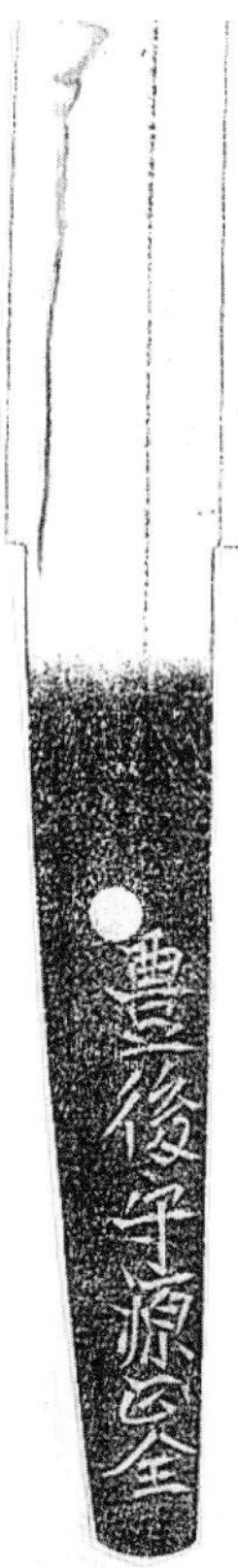

新々 正直【まさなお】 上総国　江戸末期（嘉永）

伊藤荘三。文化五年、上総国周淮《すえ》郡南子安（現・千葉県君津市）に生まれる。斎藤昌麿の紹介で源清麿の門に入る。鈴木正雄、鬼晋麿正俊などと同門で師が正行時代の門下の一人である。明治十三年九月四日、七十三歳没。年紀があるのは嘉永七年から元治二年までの十年あまりで作刀期が短く、残された作品数は少ない。互の目乱、匂口深く沸をよくつけ砂流しかかり金筋入る。棟を焼くものがある。

新作 **正直**【まさなお】　栃木県　昭和
野沢治平。明治十二年生まれ。細川正義門下の仙台藩士・近藤鬼之吉に学び、戦時は栗原昭秀門。宇都宮市大谷町住。昭和二十年没。

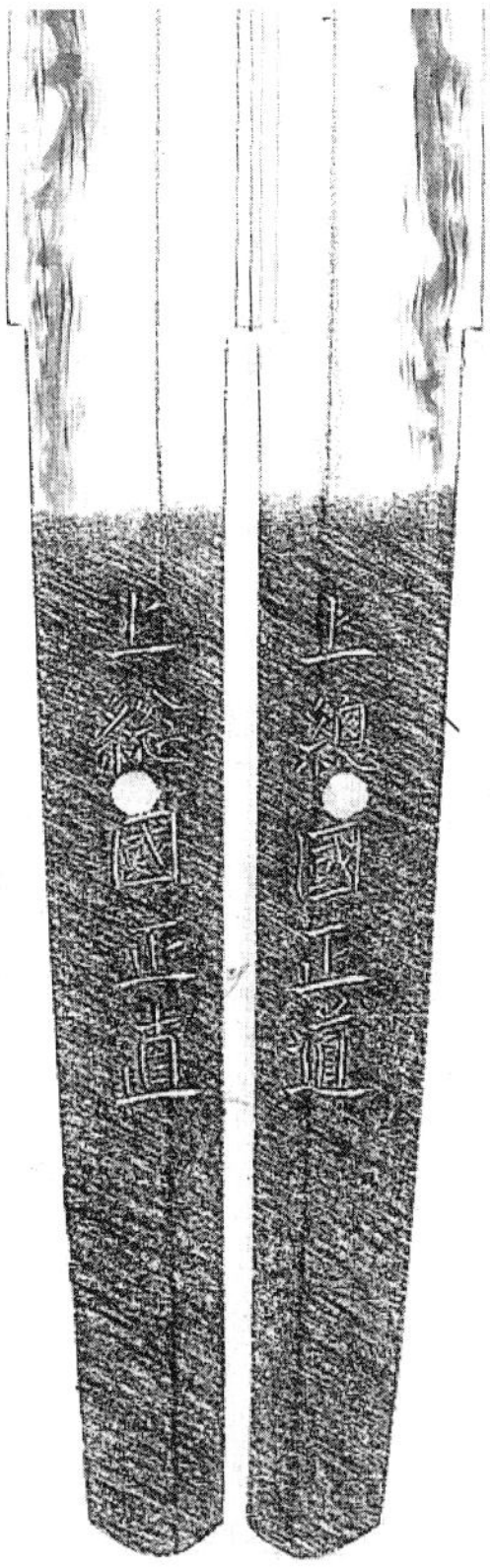

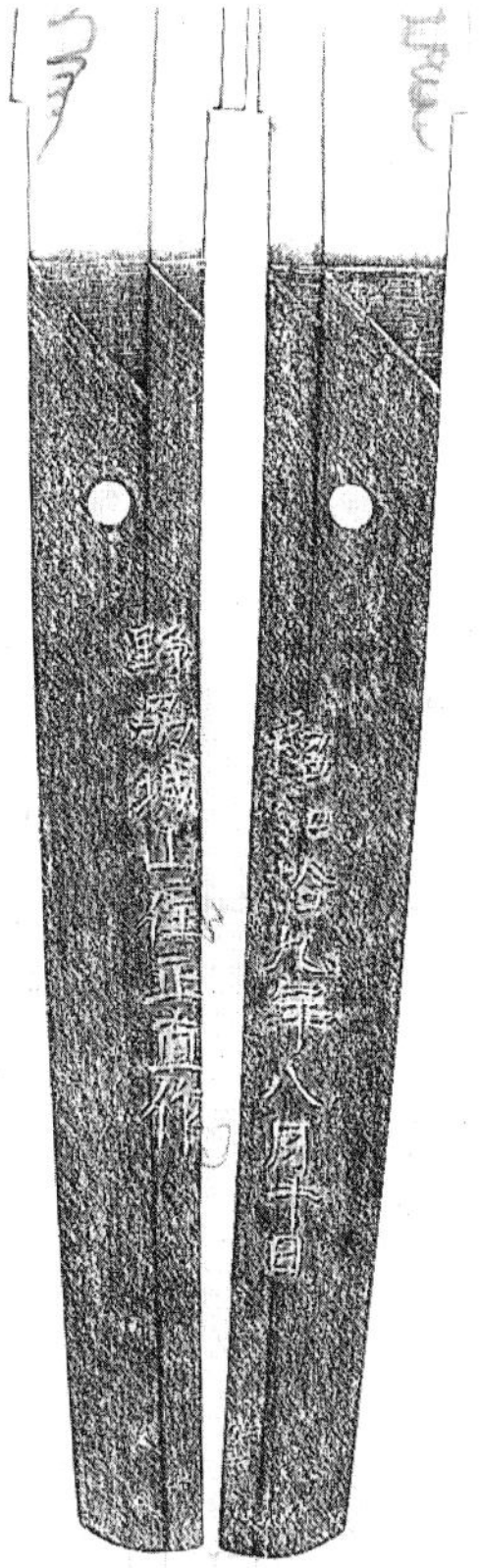

新作 **正直**【まさなお】　岐阜　昭和
中田勝郎。昭和十八年生まれ。兼秀の子。関市鋳物師屋町住。

新々 **正中**【まさなか】　陸中国　江戸末期（文久）
斎藤覚之助。初銘正実、文久初年に正中に改銘する。細川正義門。盛岡藩工。万延元年に江戸にての作がある。明治七年、盛岡市住吉神社前から東京に移る。明治二十四年ころ没。「盛岡住斎藤正実作」と「正中作」の作銘がある。

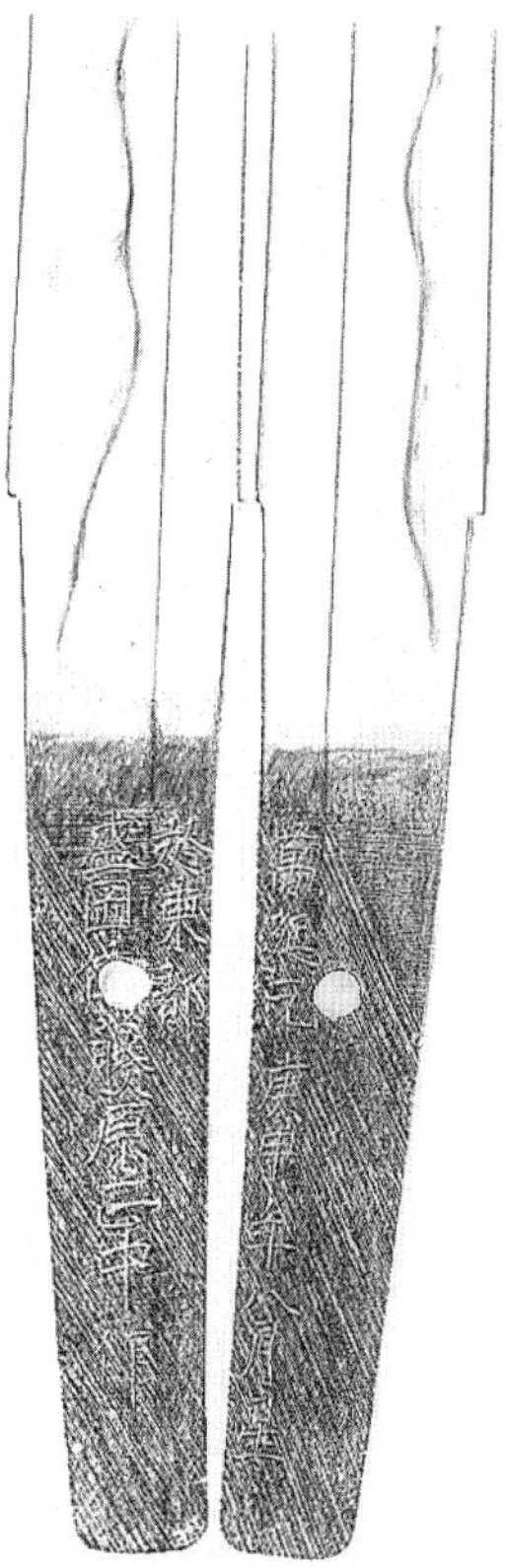

新 **正永**【まさなが】　武蔵守　二代正広　肥前国　江戸中期（万治）
二代河内守正広の初銘。武蔵大掾受領、のち武蔵守に転じ、さらに河内守を受領する。寛文五年四月十三日、河内守宣任と同時に正広を襲名する。元禄十二年八月六日、七十三歳没。⇩正広〈二代〉の項参照。

新 **正永**【まさなが】　備中大掾　三代　肥前国　江戸中期（天和）

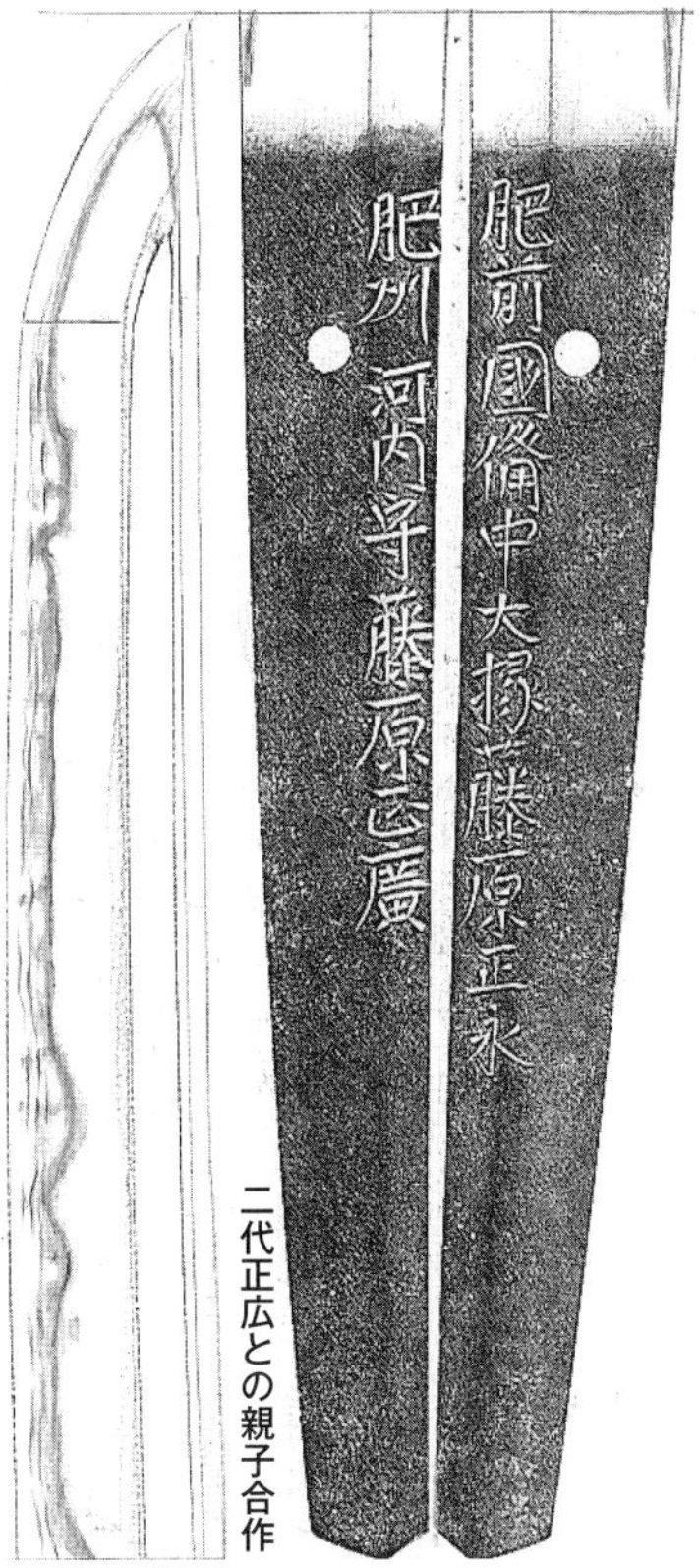

二代正広との親子合作

二代正広子。伝兵衛。初銘広永。のち正永。父が上洛して河内守を受領のとき、父と共に寛文五年四月十三日付で備中大掾を受領する。二代が元禄十二年に没したのち正広を襲名するはずであったが、その五年後の宝永元年十二月二十七日、六十歳で病没する。従って正広は襲名しないまま、終生正永をとおす。

古 **正長【まさなが】** 大和国　室町初期（永享）

手掻。長太郎。新屋のち八木住（現・奈良県橿原市八木町）。永享ころ。「正長」。同銘が二代文明、三代明応、四代永正と続く。

古 **正長【まさなが】** 備後国　室町末期（大永）

貝三原。大永ころ、のち天正ころに同銘がある。「備後国三原住正長」「備後国三原住貝正長」。

新々 **正長【まさなが】** 武蔵国　江戸末期（慶応）

細川徳太郎。初銘相模五郎正徳。細川主税助正義の子という。深川大工町住。慶応四年、明治四年紀の作がある。

古 **正信【まさのぶ】** 越後国　南北朝期（貞治）

山村初代。京二代信国を越後に召下し鍛法を学ぶという。別説では正信の父、初代安信が信国を呼び師事したともいう。正信はのち信国と銘す。「正信」。

古 **正信【まさのぶ】** 越後国　室町初期（応永）

山村二代。安信とも打つという。南北朝末期ころから室町初期にかけて作刀する。「正信」「正信作」。永享の正信は源五郎信国門。

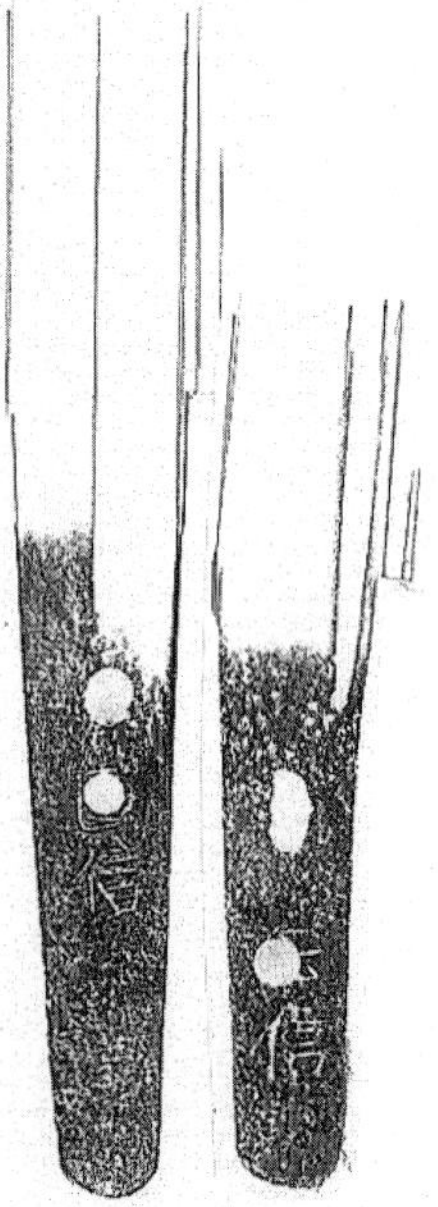

古 **正信【まさのぶ】** 備後国　南北朝期（永和）

五阿弥。初代。永和・明徳の年紀作がある。「備州住正信」。

古 **正信【まさのぶ】** 備後国　室町初期（永享）

五阿弥。二代。貞広門。政家子。尾道住。永享年紀の作がある。「正信」「備後国住正信作」。三代は貝三原、天正のころ。「備州三原住貝正信作」。

新 **正信【まさのぶ】** 越後国　江戸中期（延宝）

越後新発田住。広直刃がほつれ、二重刃かかる。「越後州新発田住源正信」と切る。銘鑑もれ刀工。

新 **正信【まさのぶ】** 甲斐国　江戸中期（天和）

安積岩右衛門。平井氏。府中住。享保九年、柳沢吉里に従い大和郡山に移る。土佐守を受領。「平井土佐守正信」などと切る。天和から元禄年紀の作がある。

新作 **正法【まさのり】** 島根　平成

曽根寛。昭和四十八年生まれ。宮入法広門。平成十五年、作刀承認。新作名刀展入選、努力賞。平成二十三年、同二十五年、新作名刀展優秀賞を受賞。丁子に重花丁子交じり。「備前国長船住正法」「出雲国住正法作」。長船町、のち奥出雲町住。

古 **正則**【まさのり】 備後国 室町末期（文明）

五阿弥。正吉子。文明ころ。「備後国住人正則」。次代は貝三原、天文ころ。「備後国三原住人藤原貝正則」。

新 **正則**【まさのり】 大和大掾 初代 越前国 桃山期（慶長）

山田姓。初銘正法。三条吉則末で丹後宮津の出。山城を経て越前福井に移住し兼法門に入る。慶長十三、元和二年などの年紀作がある。湾れ、互の目、丁子などがあり、匂口が沈み美濃関風が強い。

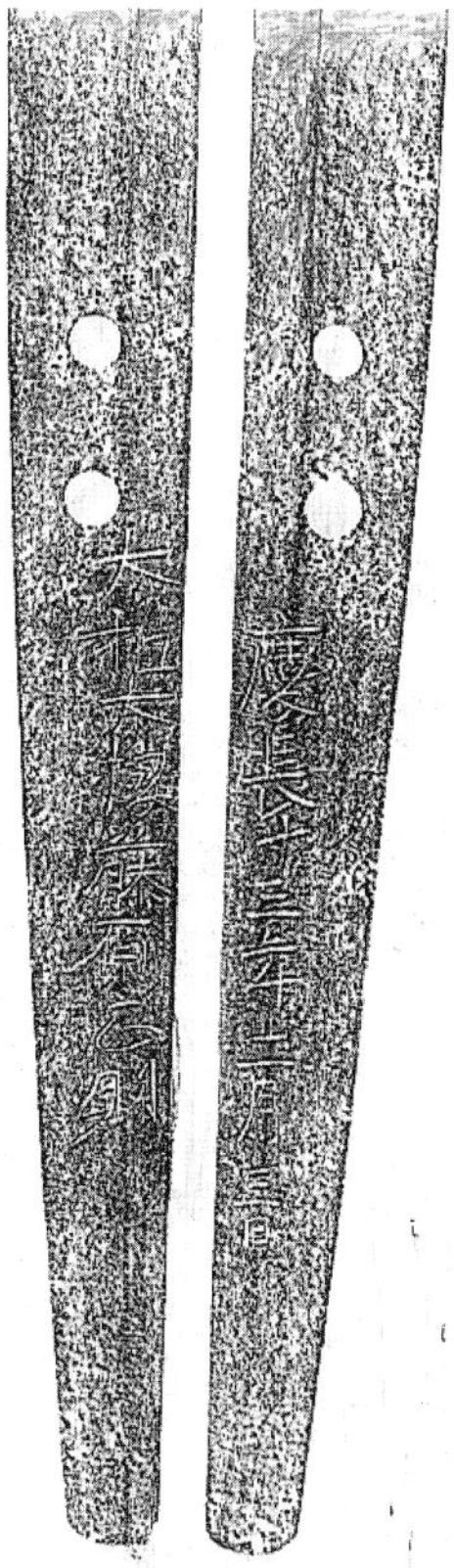

新 **正則**【まさのり】 大和大掾 二代 越前国 桃山期（寛永）

江戸にても造る。寛永元年、同十年、慶安四年などの年紀作がある。作風は初代に似る。

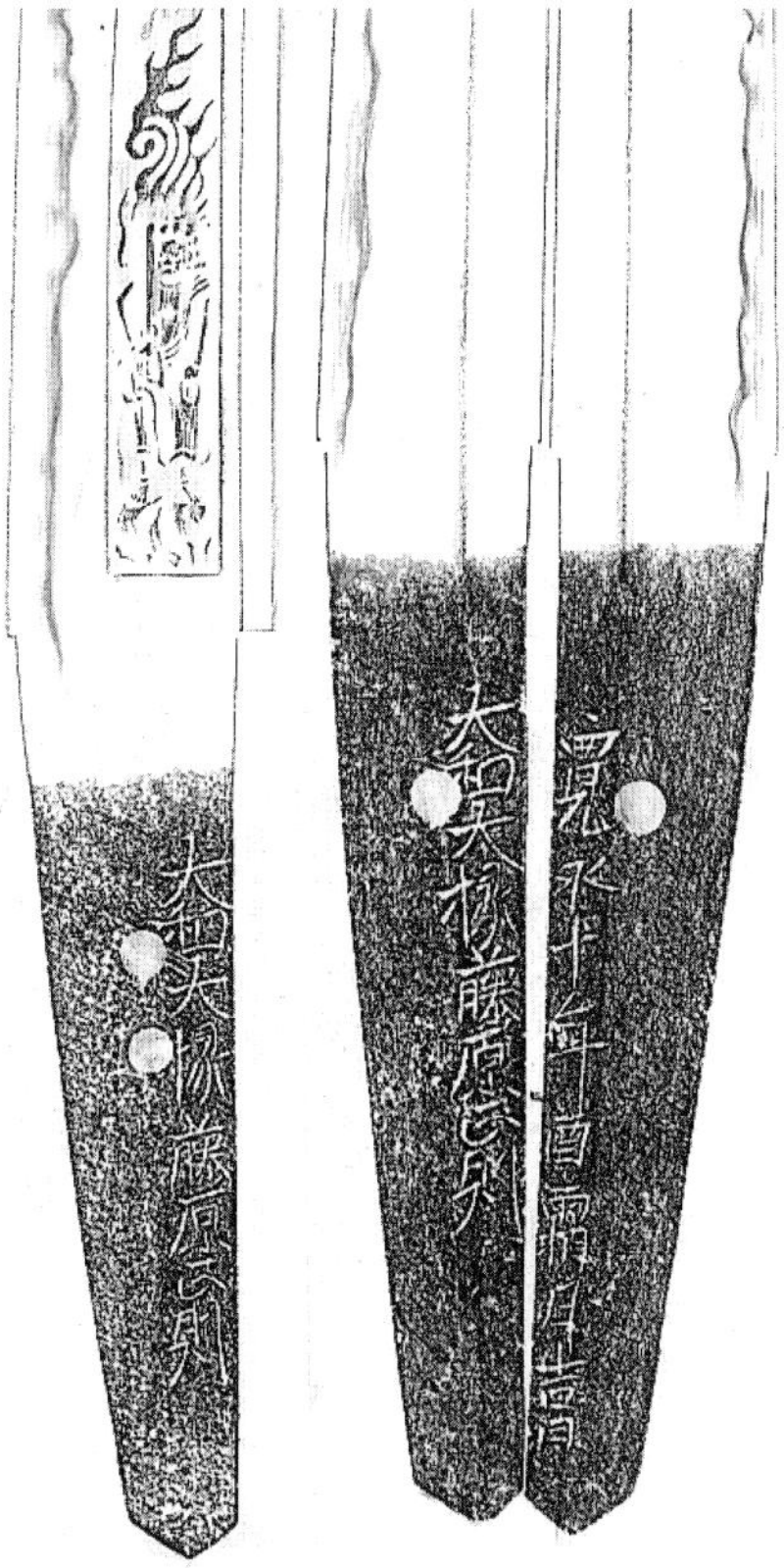

新 **正則**【まさのり】 大和大掾 越前国 江戸中期（延宝）

「数代連綿ス」（『新刀一覧』）とあるが、三代以降は明らかでない。互の目に丁子、矢筈風の乱交じり、棟焼がある。

新 **正則**【まさのり】 法城寺 武蔵国 江戸中期（延宝）

本国但馬。江戸法城寺派。直刃、湾れに太い互の目足が入り、沸・匂が深い。

新々 **正則**【まさのり】 武蔵国 江戸末期（慶応）

石塚浅二郎。城慶子正明子。深川住。明治元年紀の作がある。「城慶子正則造之」。丁子乱、互の目乱を焼く。

新々 **正則**【まさのり】 美作国 江戸末期（文久）

多田正利次男。城慶子と号す。「作陽士多田正則」などと切る。

新々 **正規**【まさのり】 下野国 江戸末期（慶応）

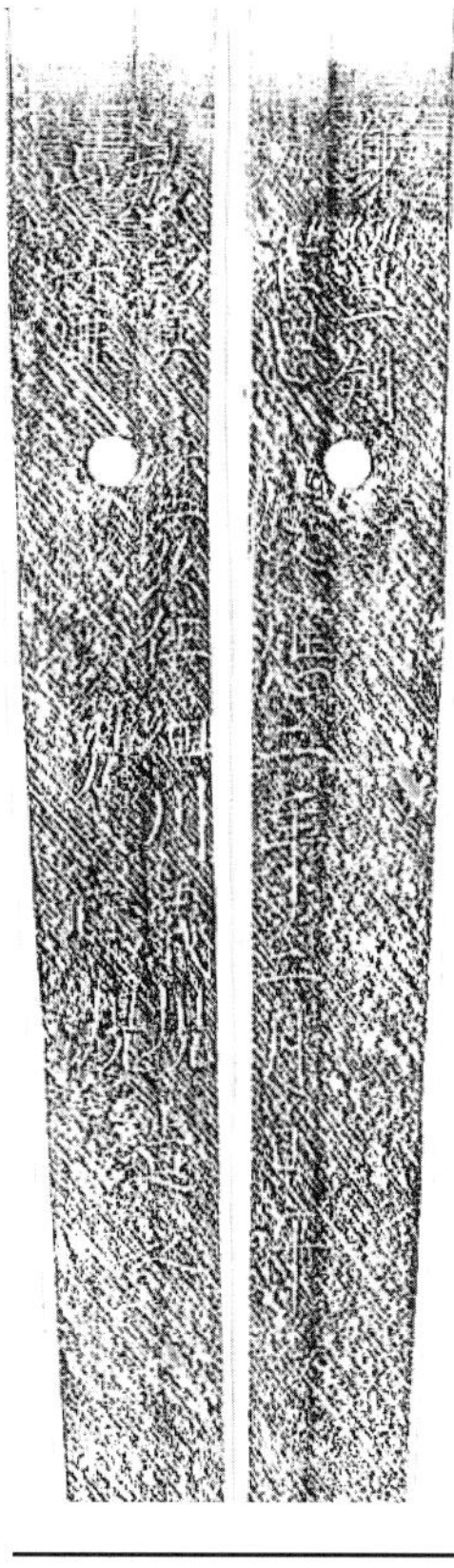

細川子之助。宇都宮藩工。中村源八郎の子。義規の養子となり、義規の跡を嗣ぐ。

新作 正範【まさのり】 大阪 昭和

水野貞三郎。明治三十五年生まれ。桜井正幸、森田正道門。昭和二十七年、鍛錬所開設。新作名刀展に出品し入選。堺市桜之町西住。

新作 正春【まさはる】 徳島 平成

横山登。昭和二十一年生まれ。大隅俊平、小林正清、河内国平に師事。昭和五十四年、作刀承認。逆丁子乱。「阿州御所住正春造」。阿波市住。

新 正久【まさひさ】 越前国 江戸中期（寛文）

越前下坂派。「五百八十歳」云々の添銘は二代康継にもあって、長寿延命を祝ってのもののようである。

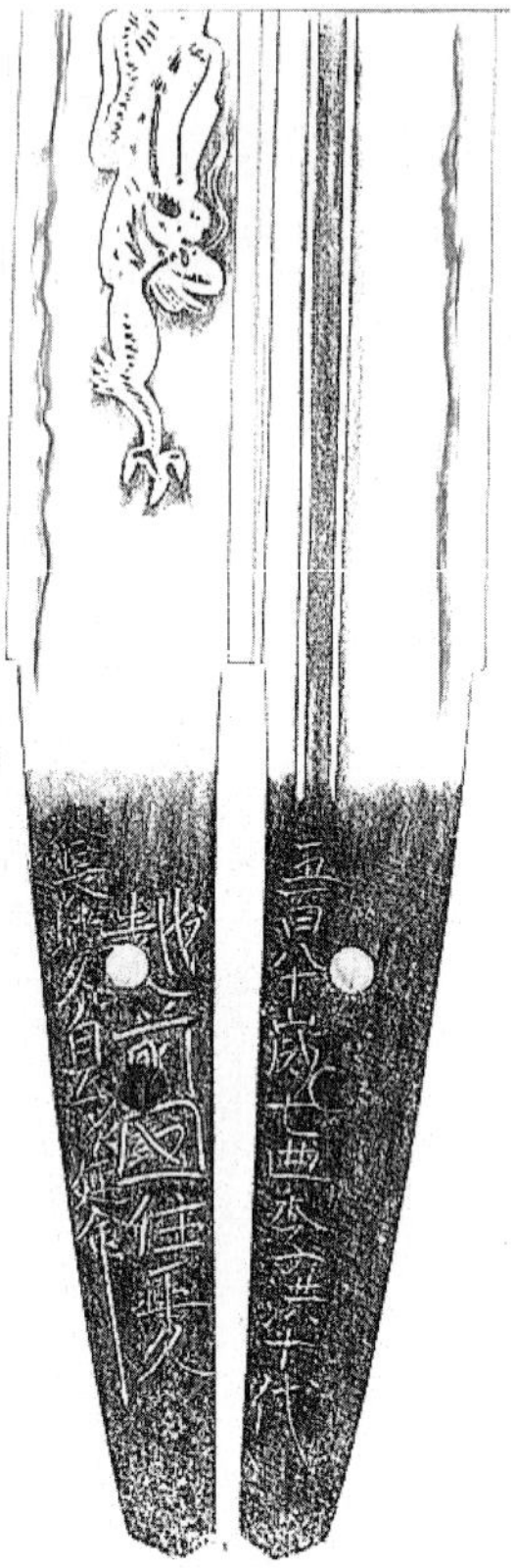

新々 正久【まさひさ】 肥前国 江戸末期（享和）

垣元伝之丞。土肥真了、のち松村昌直門。大和介を受領。文化七年より大和介と切る。「肥州平戸住正久」。

新作 正久【まさひさ】 大阪 昭和

池田亀夫。明治四十三年生まれ。森田正道門。陸軍受命刀匠。新作名刀展入選。堺市北庄町住。◆池田辰男は亀夫の子、昭和十三年生まれ。刀銘正行。「卍正行」と切る。

新々 正日出【まさひで】 武蔵国 江戸末期（文化）

水心子正秀の別銘。正秀は水心子と号し、水神子と切り、正秀を正日出、また正日天と切る。正日出は享和・文化ころの切銘。文政元年に子貞秀に正秀の名を譲り、天秀と改銘する。⇩正秀の項参照。

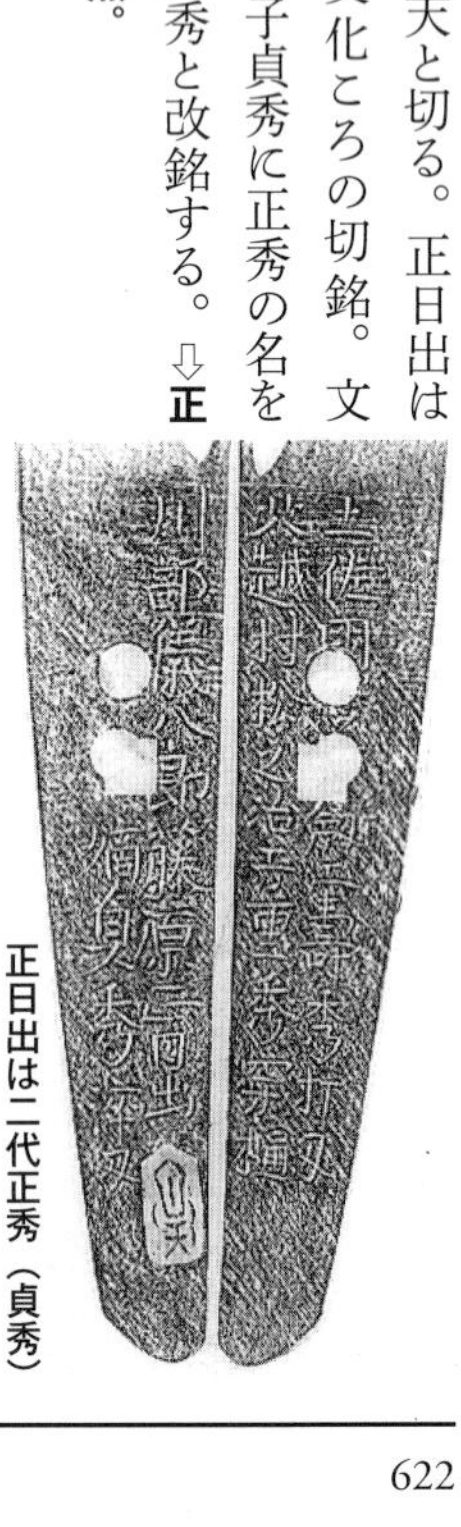

正日出は二代正秀（貞秀）

新々 正秀【まさひで】 水心子 初代 武蔵国 江戸末期（寛政）

川部儀八郎。羽州赤湯に寛延三年に生まれる。明和のころに宮川吉英に学び鈴木三郎宅英と銘す。赤湯に帰り、のち明和中ごろに山形へ移り英国に改める。安永三年秋元家に抱えられ、川部五郎正秀に改銘する。ほどなく江戸に転じ浜町に住す。江戸に定住した正秀は、相州山村綱広から相州伝の法を伝授されるのをはじめ、諸所の名工から鍛法や鍛鉄の技を学ぶこと真摯なものがある。それらを自作刀に実践すると共に、作刀理論を『刀剣実用論』『剣工秘伝志』などの著書に著し、晩年の復古論と実用論の提唱の基をなしている。また一方門下に集まる逸材が多く、

明和五・六年ころ

二十八歳

安永八・九年ころ

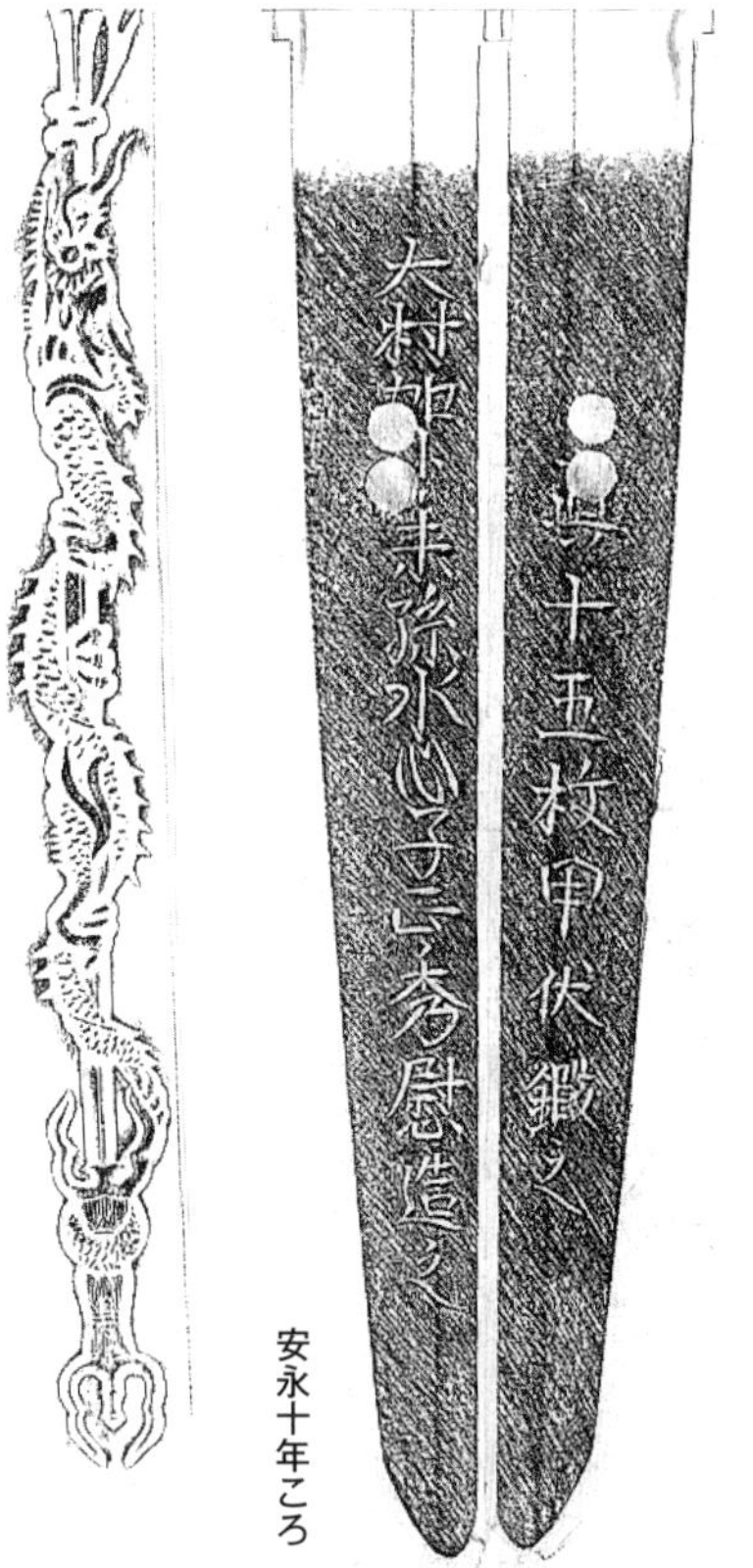

安永十年ころ

三十六歳

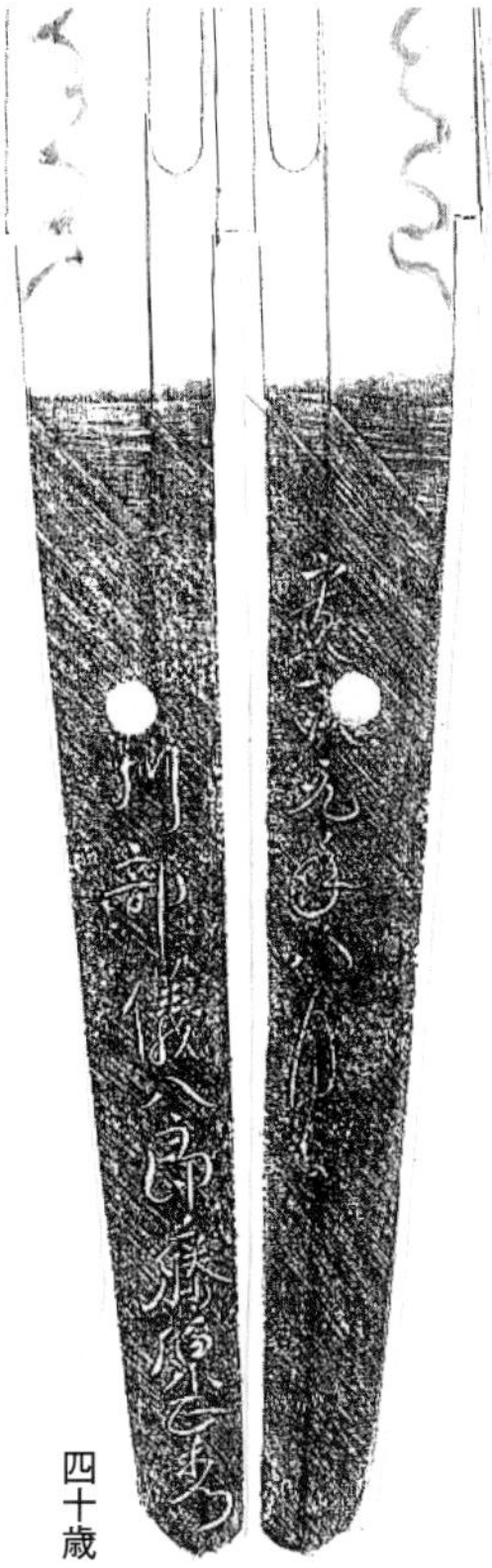

四十歳

大慶直胤、細川正義を双璧として多士済々。『水心子正秀門人帳』によると九十人の門人を擁しており、なお『新刀銘集録』などの記載者を加えると百十五人を算す。刀工史上に稀な教育者としての面がのぞく。正秀は文政元年、子貞秀に正秀の名を譲り、天秀に改名している。初期作は津田助広にかなった濤瀾乱など華麗な作が多く、文化、文政ころには

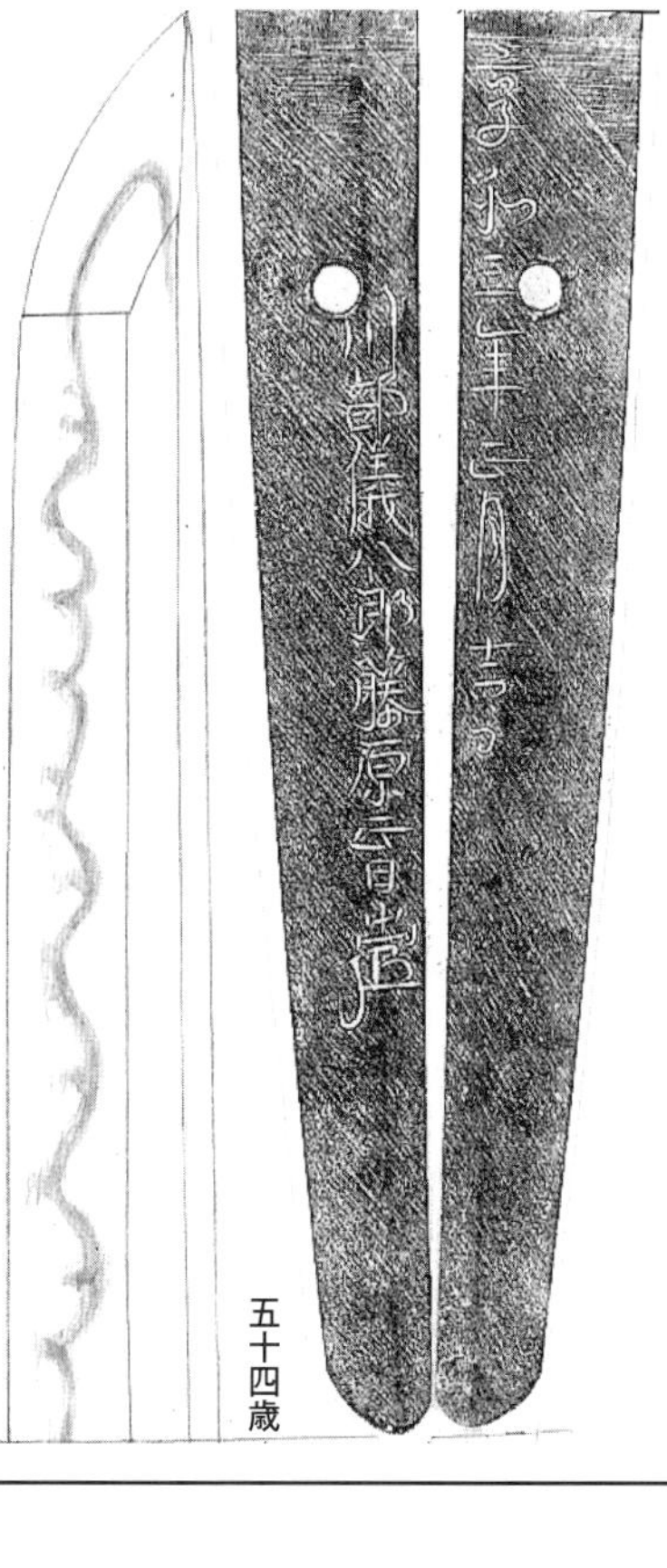

五十四歳

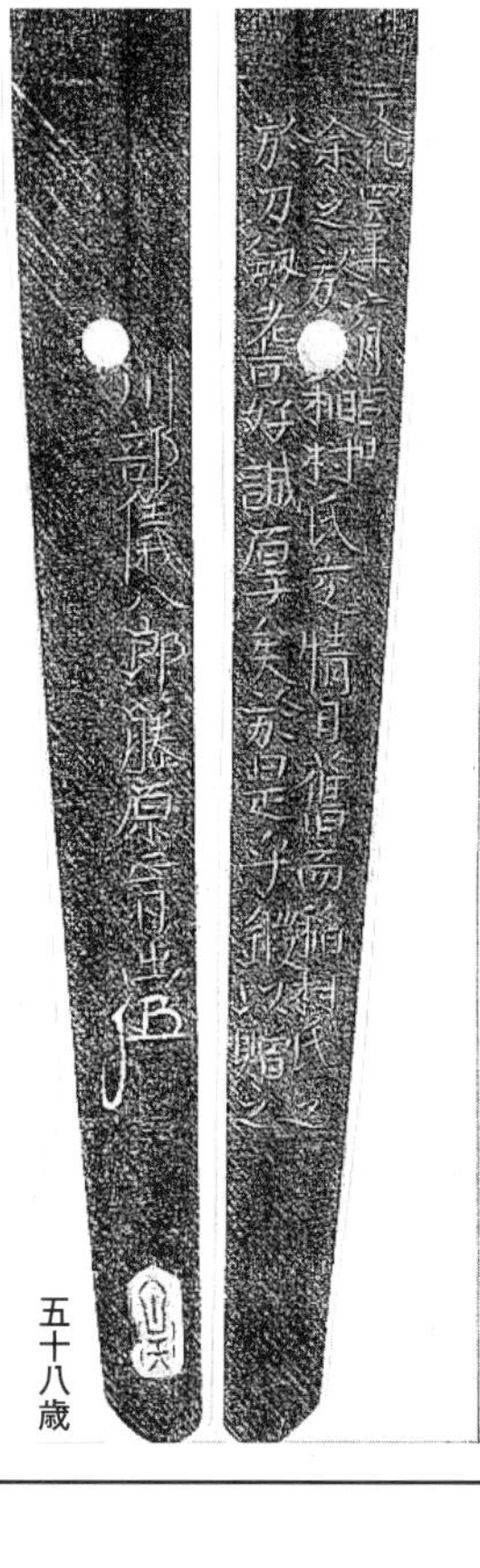

五十八歳

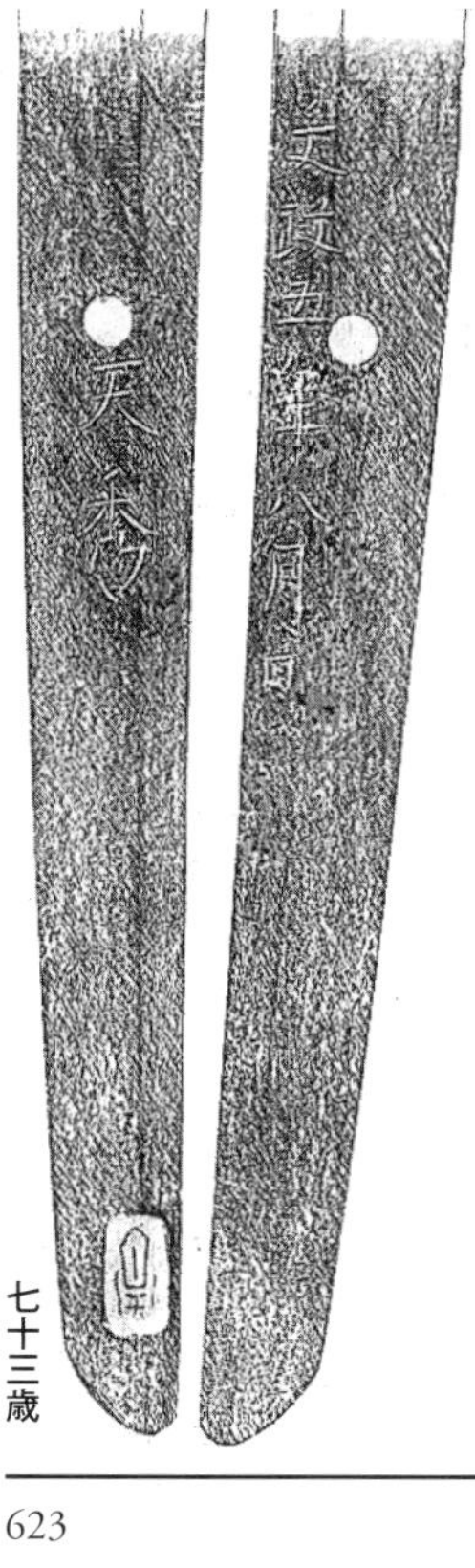

七十三歳

復古論を実践した古調な小互の目、小丁子乱を焼き、備前伝、相州伝、直刃の山城伝など多岐にわたる。総じては初期の作技が優る。刀身彫は自身彫もあるが多くは義胤彫である。水心子を「水神子」、正秀を「正日出」「正日天」とするなど銘を多様に切る。印銘は「日天」を図案化して刻す。文政八年九月二十七日、七十六歳没。（系図910頁参照）

新々 **正秀**【まさひで】 水寒子 二代 武蔵国 江戸末期（文化）

川部熊次郎。初代正秀の子。初銘正広、のち貞秀。文化十三年春ころから水寒子と号し、初代との親子合作刀に貞秀が鍛え、初代が淬刃した作が多くなる。文政元年、初代が入道して天秀と改めると同時に、貞秀は二代正秀を襲名する。同年、二代は隠居して白熊入道と号し、水寒子のほか水心子をも号し「水心子白熊入道正秀」と切銘するものがある。二代には自身作が少なく、初代との合作が多い。初代の助力に終始し、代作にも当たっているようである。寛政七年紀から文政七年紀の作まである。初代が没した年の一ヵ月を経ずして、文政九年十月二十四日、四十七歳で没した。作風は初代と一体なほど酷似する。山城伝の直刃、備前伝の丁子乱、相州伝の互の目乱など。

貞秀四十歳

白熊入道正秀四十二歳

新々 **正秀**【まさひで】 水心子 四代 武蔵国 江戸末期（元治）

三代水心子正次の養子勇吉郎、川部姓になり藤次郎、のち藤三郎。初銘秀勝。「秋元臣水心子四代川部儀八郎秀勝」「水心子正日出（花押）」などと切銘する。安政から慶応ころまでの作刀がある。明治二十六年、五十一歳没。互の目に丁子、匂口深く沸よくつき砂流し、金筋働き、飛焼かかる相伝作。◆三代目水心子正秀は実際には正秀を継がず、正次を名乗る。⇩正次の項参照。四代目に当たる秀勝が、事実上は三代正秀を襲名したこととなる。（系図910頁参照）

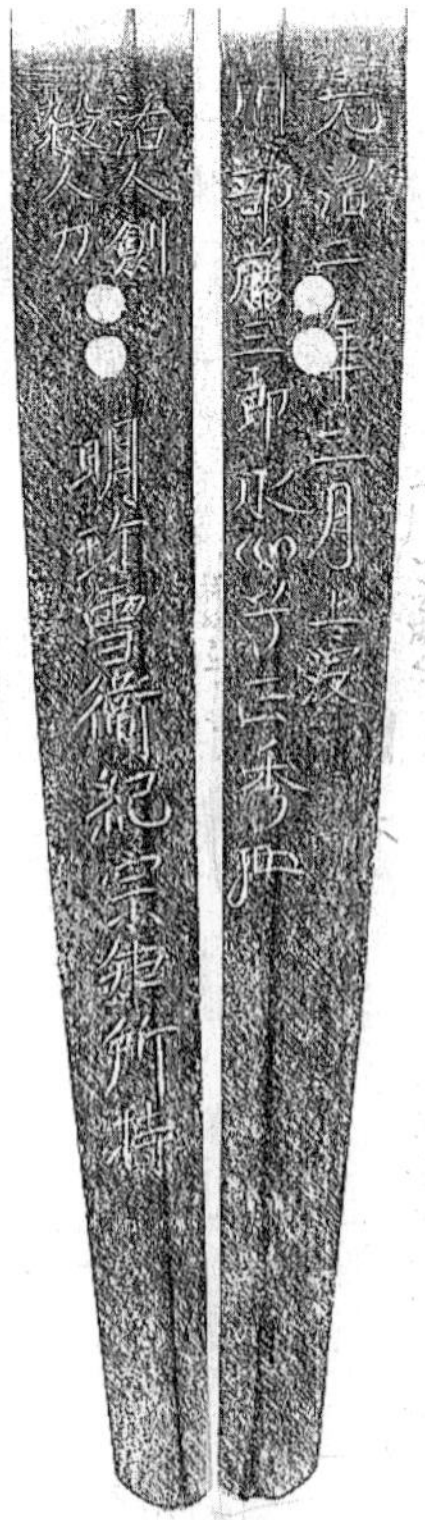

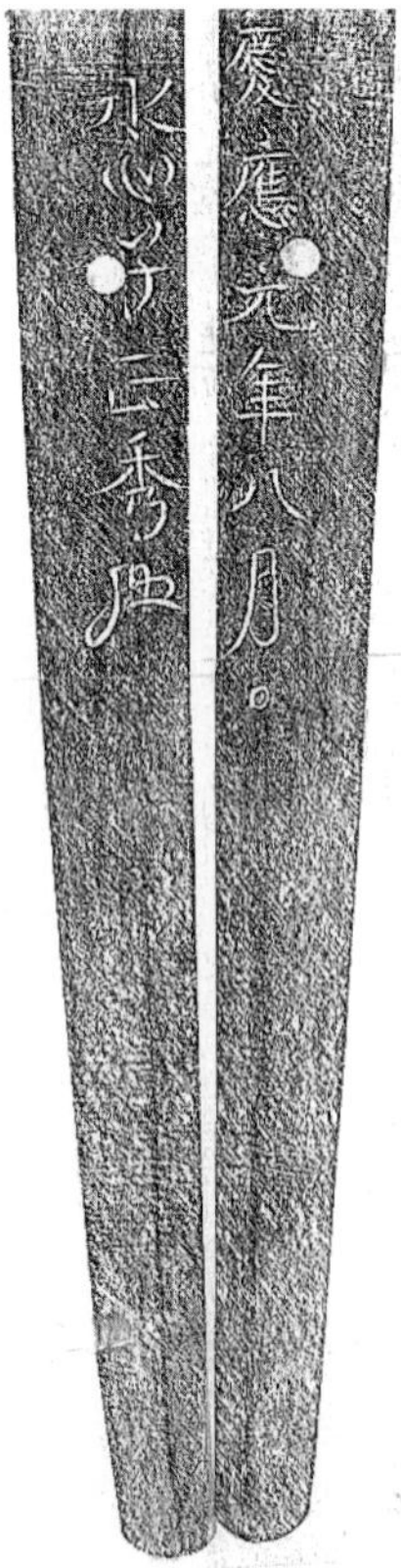

新々 **正秀**【まさひで】 備後国 江戸末期（天保）

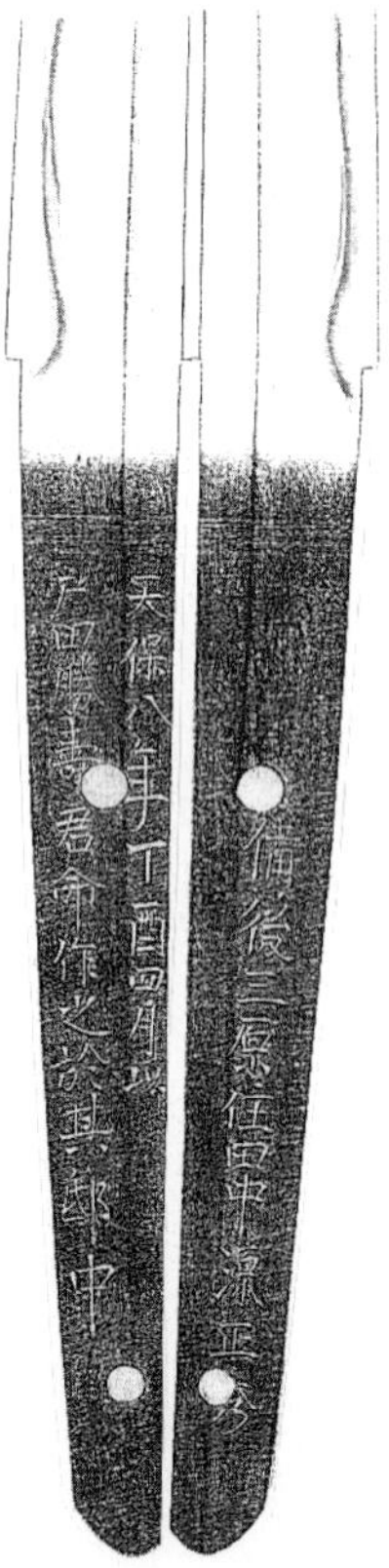

ま まさひで

田中常三郎。三原の末裔という。互の目乱を焼く。

新々 **正平【まさひら】** 下野国　江戸末期（嘉永）

細川民之助。天然子と号す。良助正義の次男。宇都宮藩工。明治元年、七十五歳没。

古 **正広【まさひろ】** 備後国　鎌倉末期（嘉暦）

古三原。貞治ころの正広の前代に古正広がいるようで、三原の祖正家の縁者であろう。「正広」。

古 **正広【まさひろ】** 備後国　南北朝期（貞治）

古三原。左衛門尉。嘉暦正広の子。直刃調に浅く湾れて小互の目交じり、刃縁しきりにほつれ、二重刃かかり沸つき、刃中に砂流し金筋かかる。貞治から嘉慶に至る年紀作がある。名物大三原（二尺六寸六分半）の作者。「正廣」「備州住正廣作」「正廣作」「備州住正廣作」「備州住左衛門尉正廣造」。

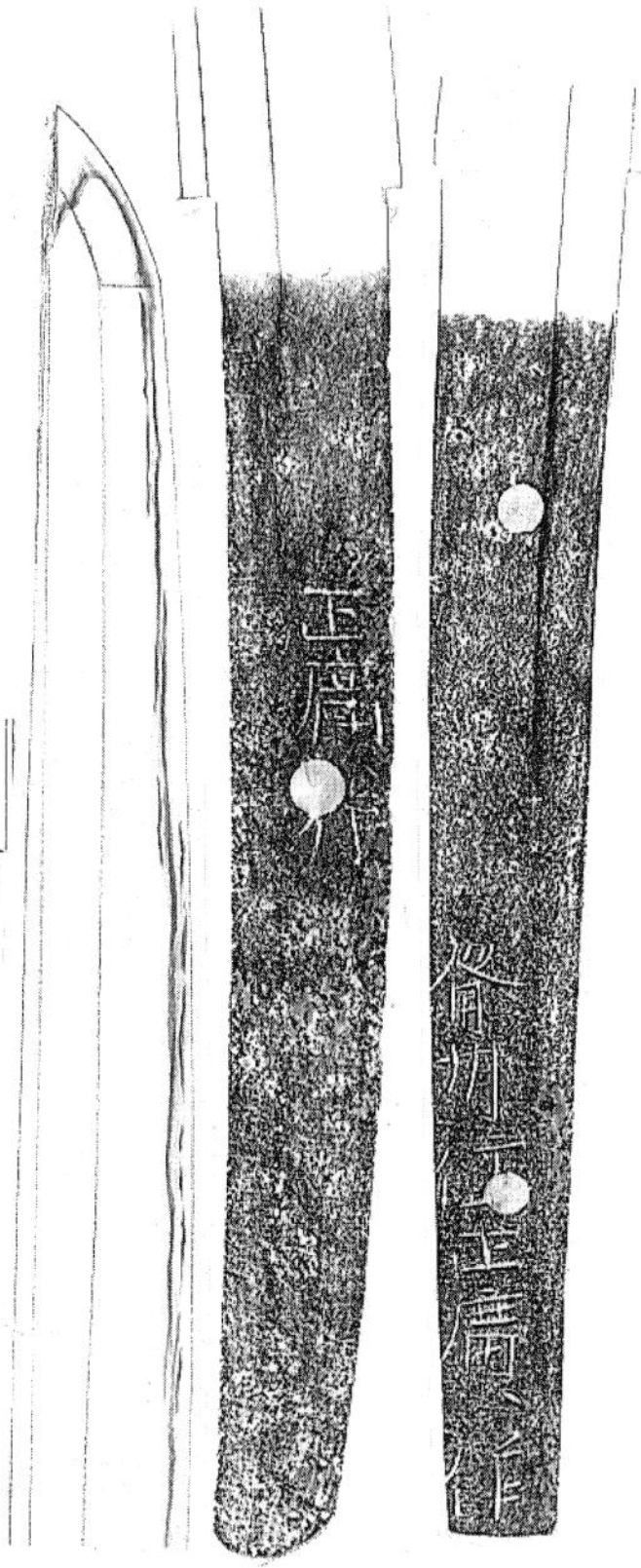

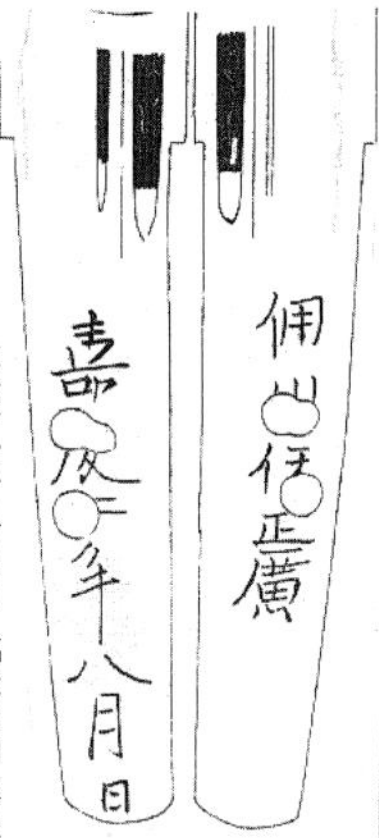

嘉慶二年八月日（『光山押形』）

古 **正広【まさひろ】** 備後国　室町初期（応永）

三原。応永初年から永享にかけての年紀作がある。「正廣作」「備州住正廣作」「備後国住正廣作」。正広の名跡は文明、永正、永禄に続き、三原に住した一類は「貝」を冠称して「貝三原」と呼称される。

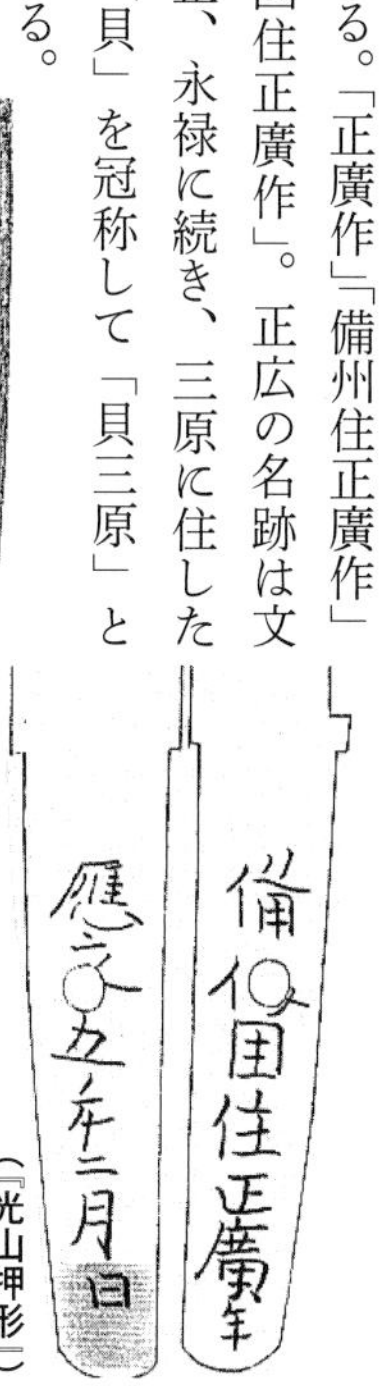

（『光山押形』）

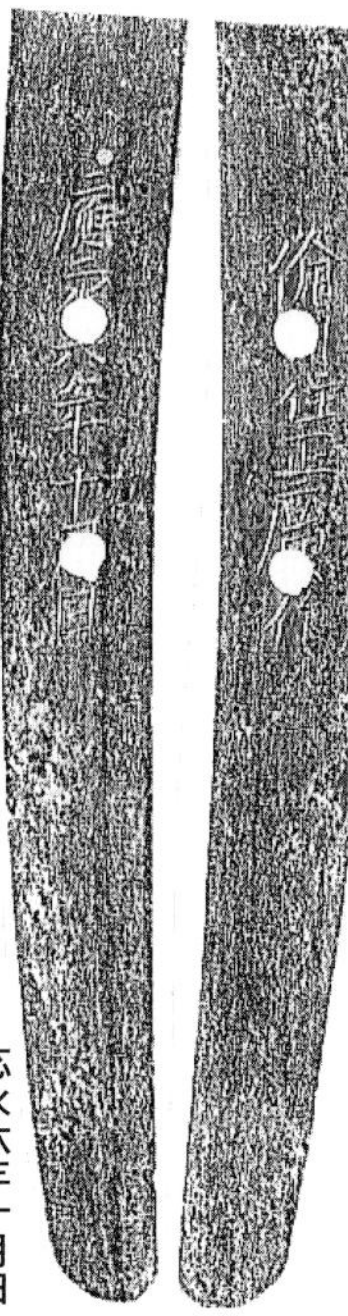

応永六年十月日

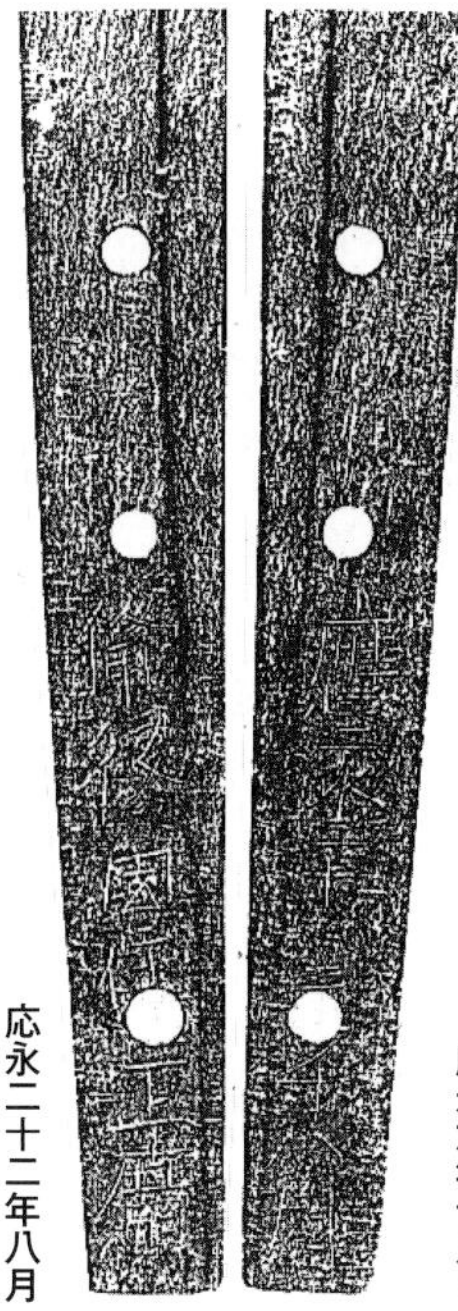

応永二十二年八月

古 **正広【まさひろ】初代** 相模国　南北朝期（貞治）

九郎二郎。初代広光門。作風は広光に似て互の目が小模様になり、尖りごころの刃が交じる。「貞治二（年）十一（月）」紀の作がある。「相州住正廣」。

古 **正広【まさひろ】二代** 相模国　南北朝期（明徳）

明徳二・三年紀があり、刀には大振りの銘を切る。応永初年まで作刀する。「正廣」「相州住正廣」。

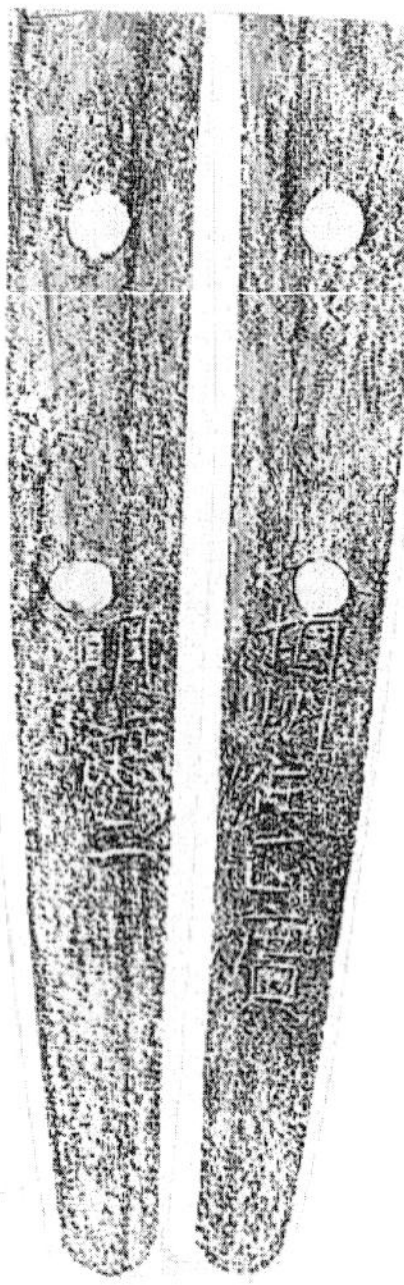

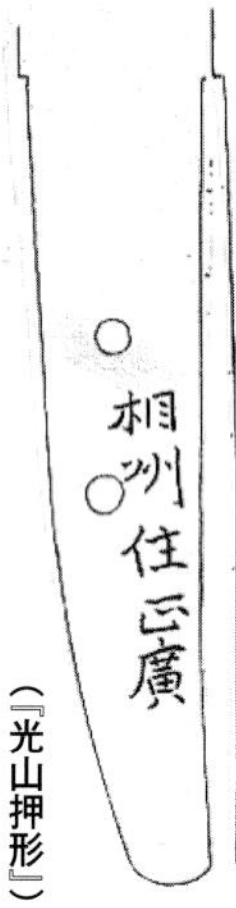

（『光山押形』）

古 正広【まさひろ】三代　相模国　室町初期（応永）

応永年二十二年紀の作があり、湾れに互の目交じり、湯走り、飛焼かかる、作刀は少ない。「相州住正廣」「相州住人正廣」。◆四代文安、五代永正、六代天文と後続する。

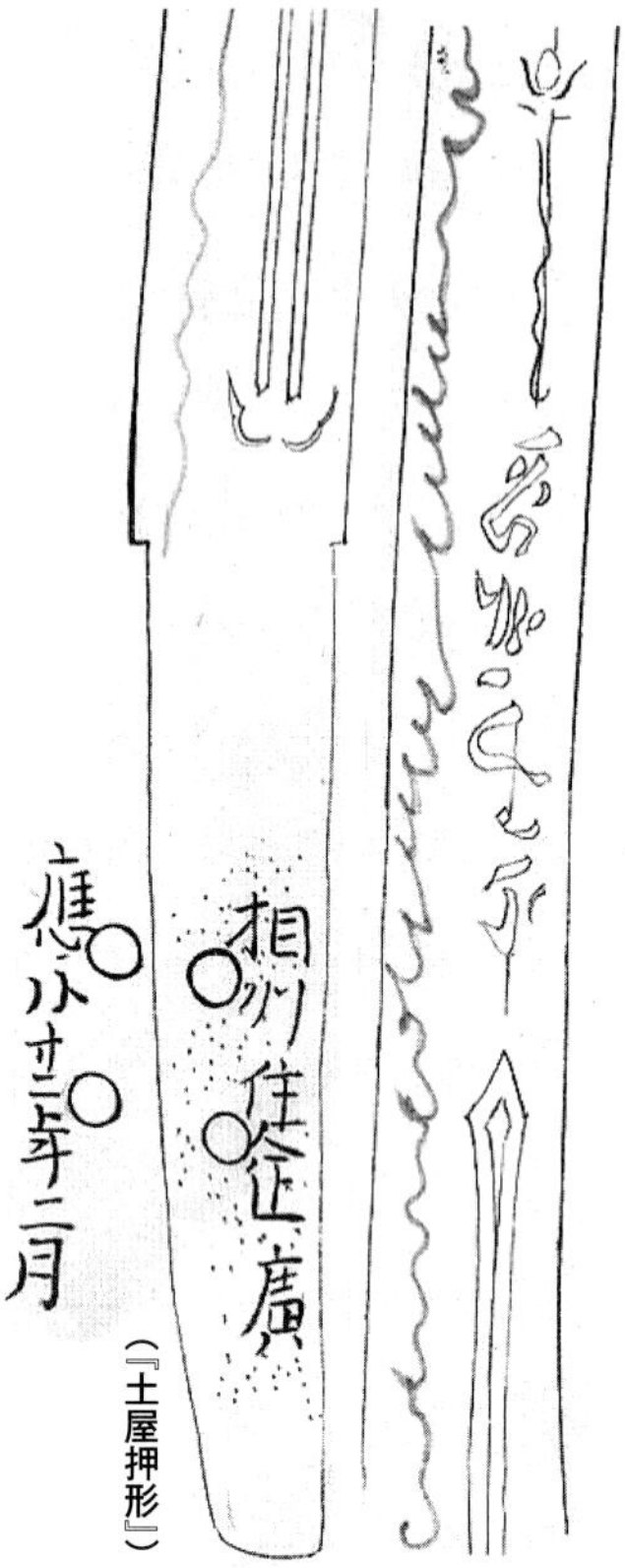

（『土屋押形』）

古 正広【まさひろ】美濃国　室町末期（文明）

坂倉関。文明ころ。「正広」。

新 正広【まさひろ】大和国　桃山期（寛永）

金房。奈良住。「金房兵衛尉藤原正広」などと切る。直刃、湾れに互の目。

新 正広【まさひろ】薩摩国　江戸初期（明暦）

染川太郎左衛門。伊豆守正房門。のち上京して和泉守金道門となり、河内守を受領して行広に改める。

新 正広【まさひろ】河内大掾　初代　肥前国　桃山期（寛永）

吉信の長男。佐伝次郎。のち弥七兵衛。初銘正永。寛永元年忠吉を襲名。翌二年十一月、藩主より名を賜り正広と改銘する。寛永五年から鍋島藩の御用鍛冶（お留鍛冶）を務める。寛永十八年七月二十五日、三十五歳で河内大掾を受領。受領銘を切った年紀がある作は寛永十八年八月から見られる。初代正広の受領を寛永五年とした説（『古今鍛冶備考』）があるが、正しくは前述のように寛永十八年七月のことである。寛文五年二月五日、五十九歳没。初代忠吉が没した寛永九年に嗣子二代忠広は十九歳、初代正広は二十六

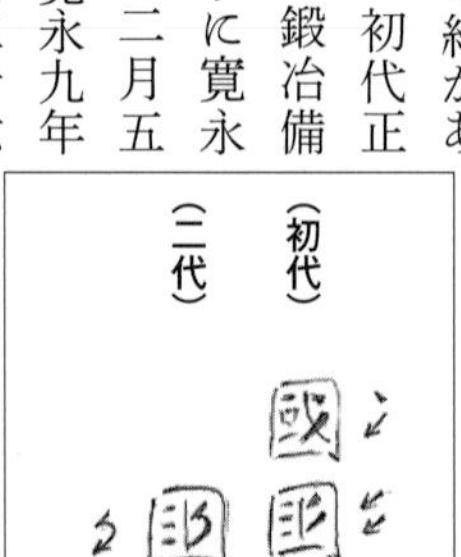

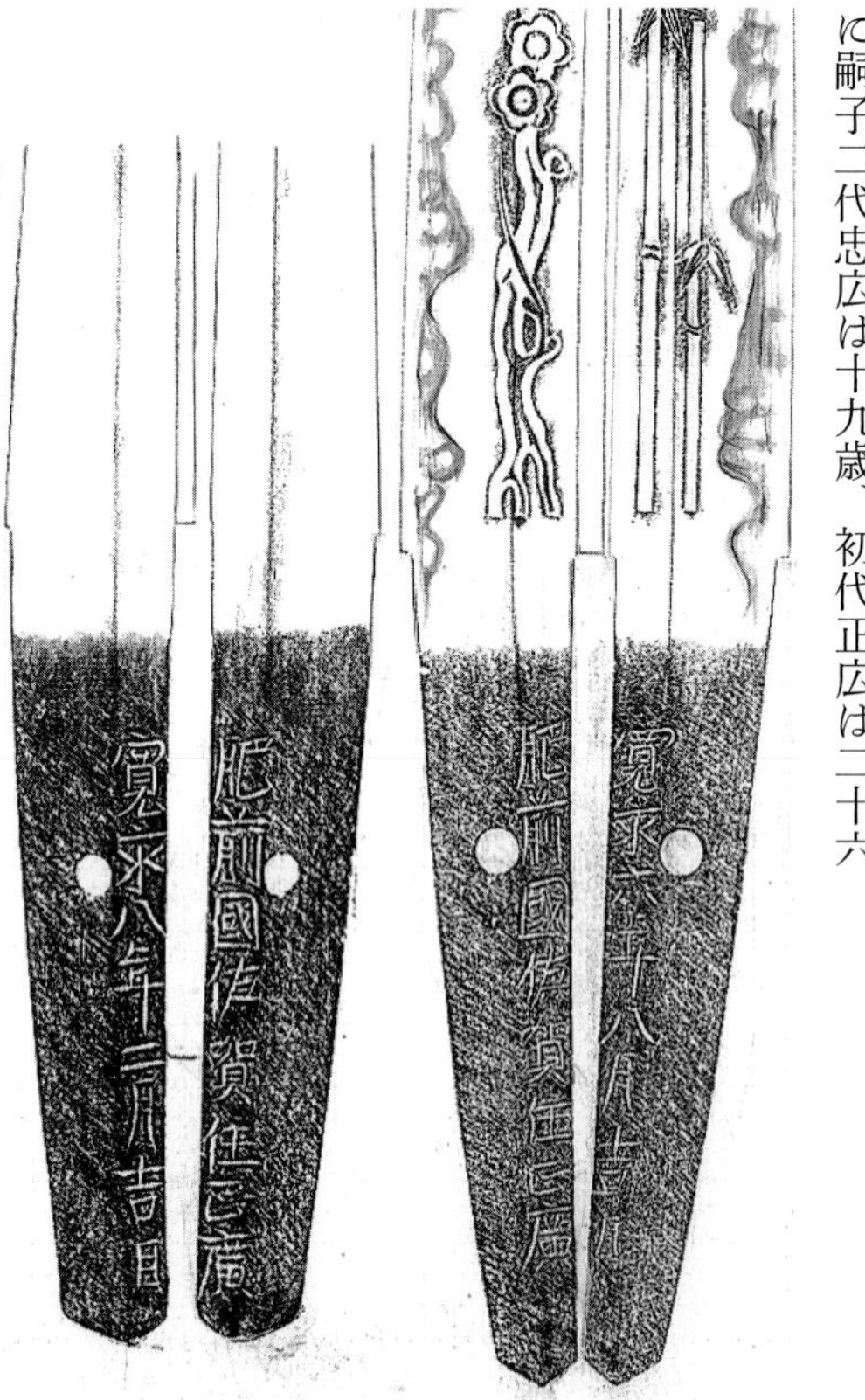

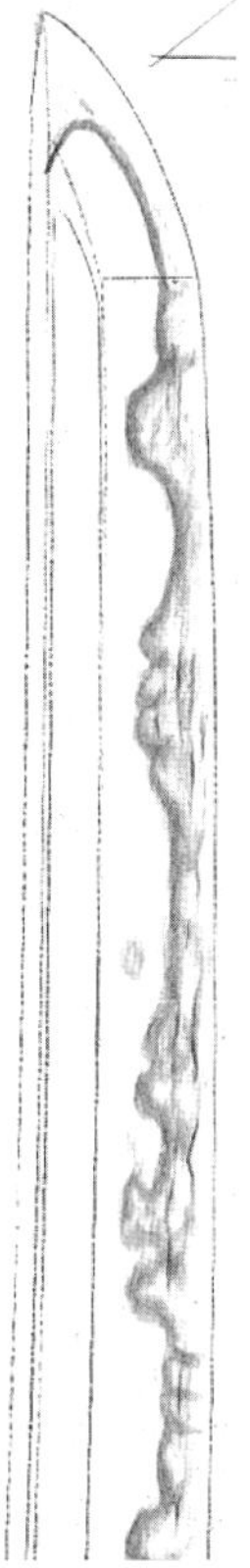

歳であり、正広は弱輩の忠広を支援して代作代銘を施している。作風は相州上作を範としたものが多く、乱刃を得意とし、互の目に丁子を交じえて盛んに乱れ、地刃が力強い。傍肥前中で屈指の高い技量を示す。

新 **正広【まさひろ】** 河内守　二代　肥前国　江戸中期（寛文）

初代正広子。弥七郎のち佐伝次。初銘正永。寛永二十年より正永を銘す。万治三年十月十九日、三十四歳のとき武蔵大掾を受領し、寛文元年九月二十八日武蔵守に転任、さらに寛文五年四月十三日付で河内守を受領する。初代正広が寛文五年二月五日に没したため、二代は同年四月十三日に河内守宣任と同時に正広銘を襲名する。元禄十二年八月六日、七十三歳没。刀はやや反りの深い造りをみる。乱刃は初代に迫る出来のものがあり、直刃の作は初代より多い。

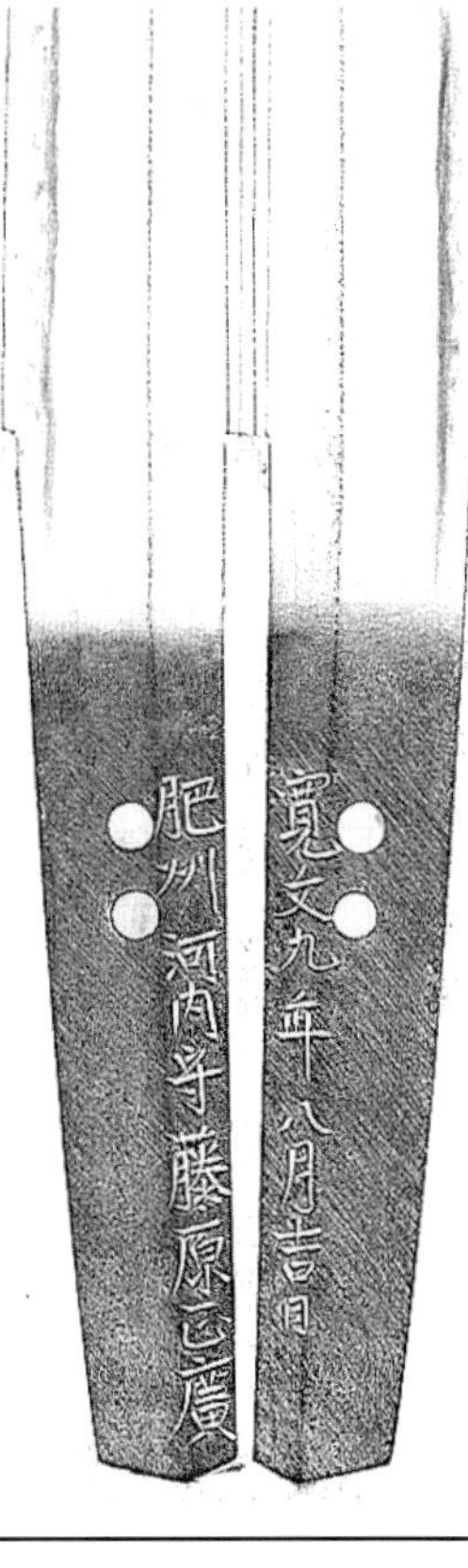

新 **正広【まさひろ】** 河内大掾　四代　肥前国　江戸中期（享保）

三代正永子。友之進。初銘武雅。一宣と号す。宝永五年四月二十七日、河内大掾受領。この年すでに正広を名乗っている。享保十八年五月二十五日、六十一歳没、また五十八歳没ともいう。現存する作刀は稀である。◆三代伝兵衛は終生正広を名乗らず、正永をとおす。⇩**備中大掾正永〈三代〉の項参照。**

新 **正広【まさひろ】** 河内守　五代　肥前国　江戸中期（宝暦）

四代正広子。左伝次郎。初銘正永。父の没後、正広を襲名する。寛延三

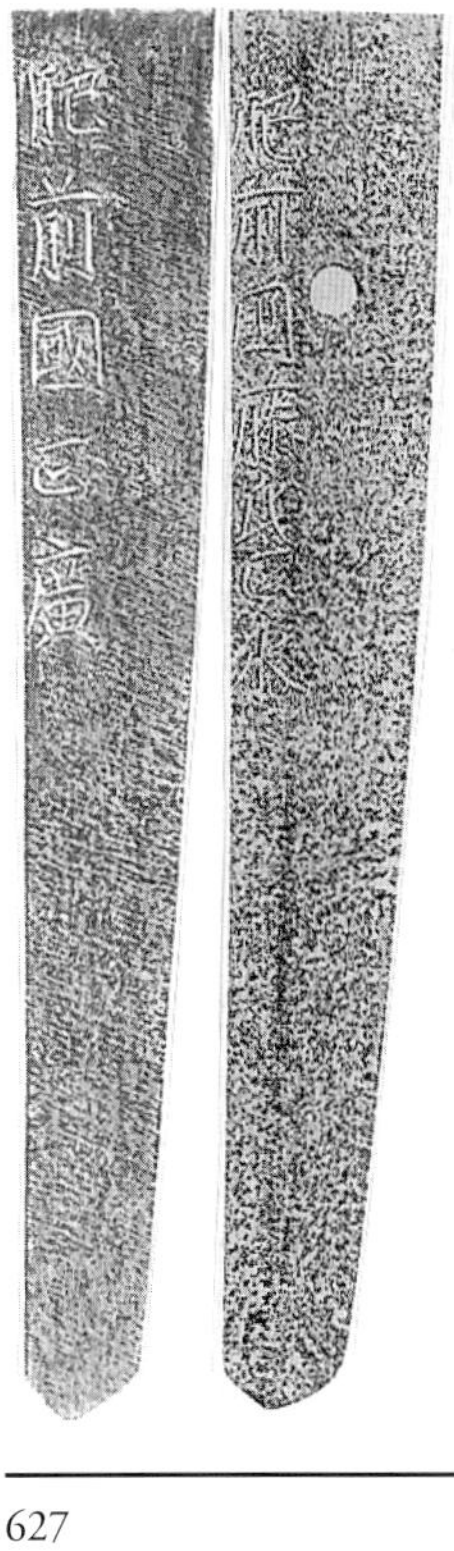

ま
まさひろ

年正月十日、河内守を受領する。明和五年五月二十五日、五十五歳没。焼幅の広い互の目乱の作がわずかにみられる。

新々 正広【まさひろ】六代 肥前国 江戸末期（寛政）

五代正広子。左伝次。のち大助。父が没した明和五年に六代はわずか十一歳だったので、六代忠吉の門に入り修業する。入門して四年後の明和九年、十五歳で独立し、その年の最初期作とみられる刀がある。文化十年十一月二十八日、五十八歳没。

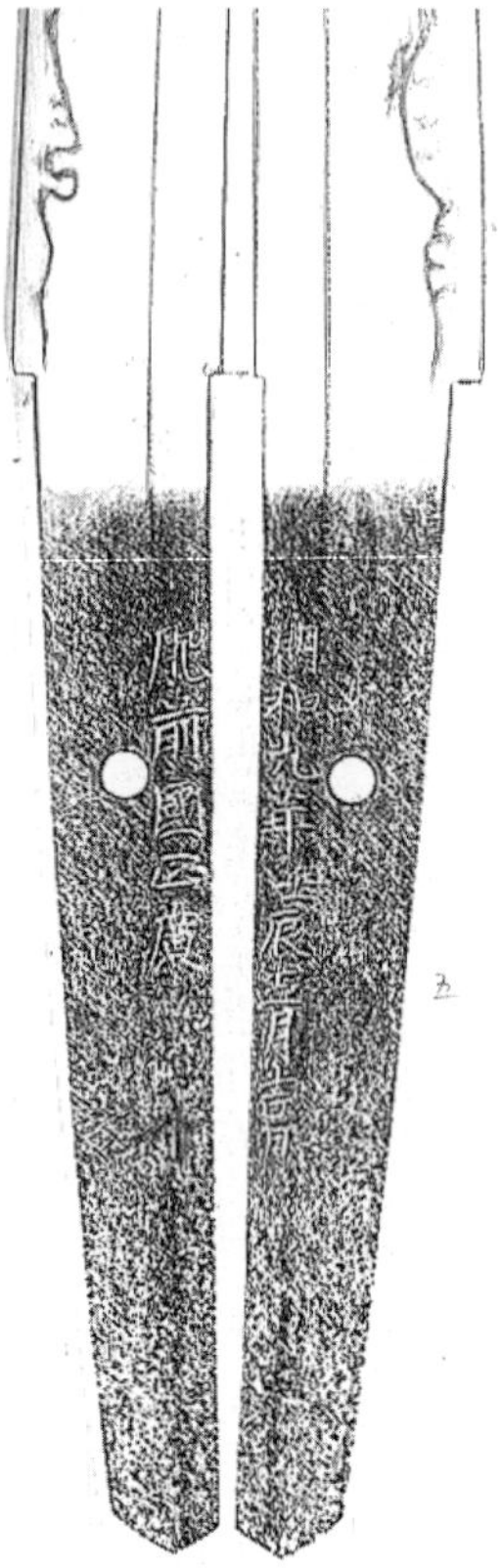

新々 正広【まさひろ】七代 肥前国 江戸末期（文化）

六代正広子。伝五郎。のち左伝次。父六代が没した五カ月ほど後の文化十一年四月十六日没。作刀をほとんどみない。

新々 正広【まさひろ】八代 肥前国 江戸末期（天保）

弘化三年六月五日、六十五歳没。「肥前國正広」と切る。

新々 正広【まさひろ】九代 肥前国 江戸末期（弘化）

左伝次、また伝作。八代正広の弟。兄早世により家督を継ぐ。嘉永六年二月四日没。◆十代左伝次正広は明治二年二月二十九日、五十五歳没。十一代惣一郎正広は明治三十五年二月十日没。

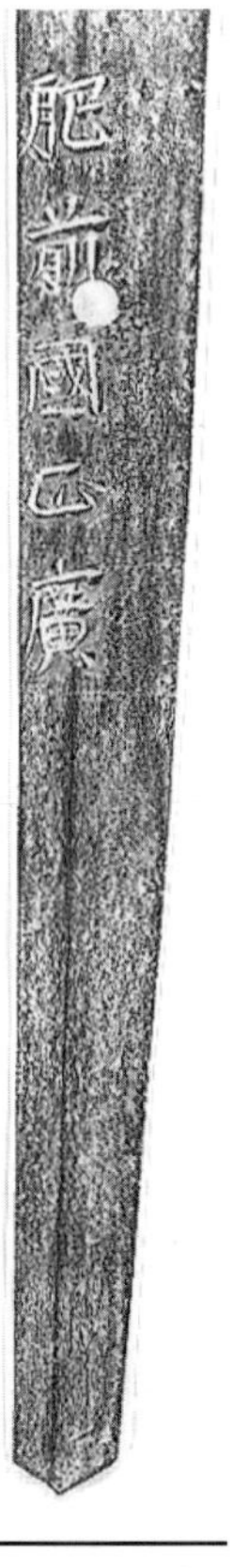

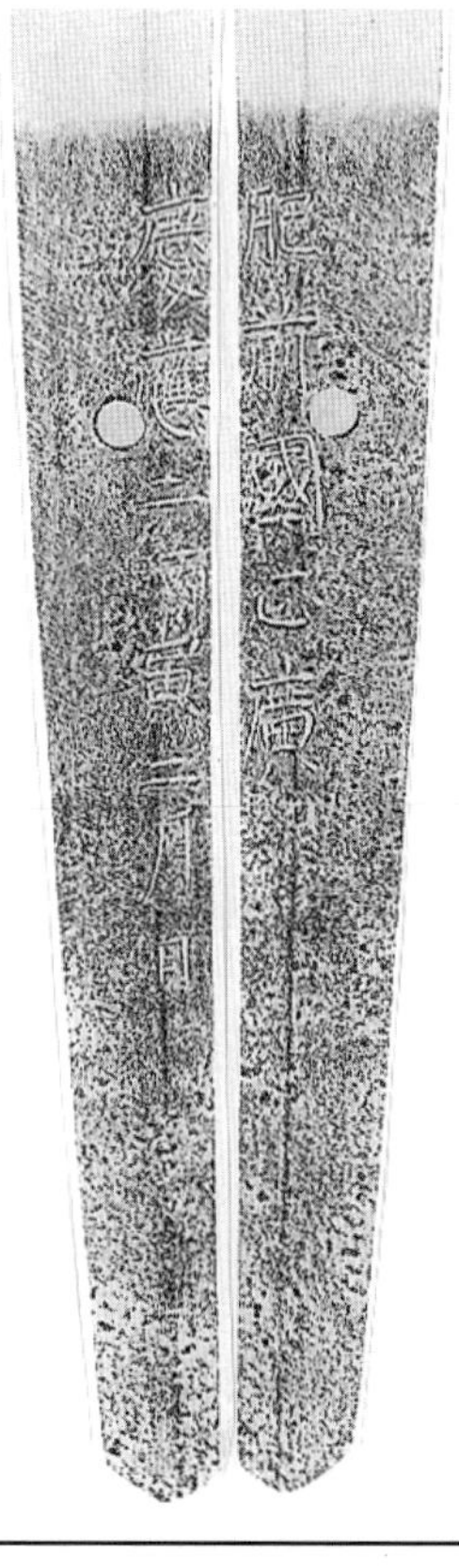

古 正弘【まさひろ】 石見国 室町中期（長禄）

貞綱門。長浜住。長禄ころ。「石州長浜住正弘」。同銘が長浜に文明、天文と続く。

新 正弘【まさひろ】 大隈掾 山城国 桃山期（慶長）

本国日向国飫肥。堀川国安の子とも国政の子ともいう。田中家系図によれば、国安、国政は国広を長兄として兄弟であり、とすれば、正弘は国広の甥となる。国広一門中の先輩で「国広の代作を務めて上手」（『冶工

「弘」字の偏が「弓」

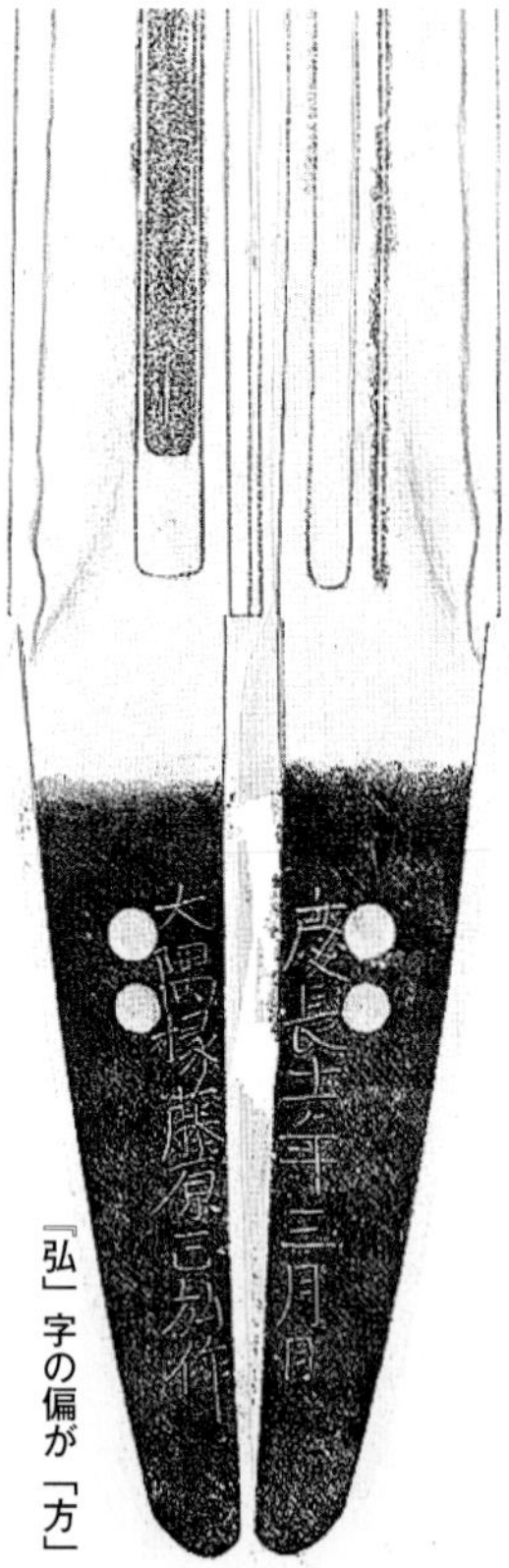

『弘』字の偏が「方」

銘集志説』）といい、師の代作者の一人。大隅掾を受領する。大隅守に任じたと伝えるが、大隅守銘の作刀は未見。慶長十一年紀がある受領銘の作が数口あって、このころが大隅掾の受領年であろう。慶長十九年に国広が没した後、郷里の日州飫肥に帰り鍛刀する。焼の低い直刃調に小湾れ、互の目を交じえた刃文が多く、大乱のものはみない。焼出しを焼き込むものは師ゆずりの手癖。堀川物に共通したザングリとした鍛肌のものもあるが、鍛肌があまり立つことなく詰むのが多い。

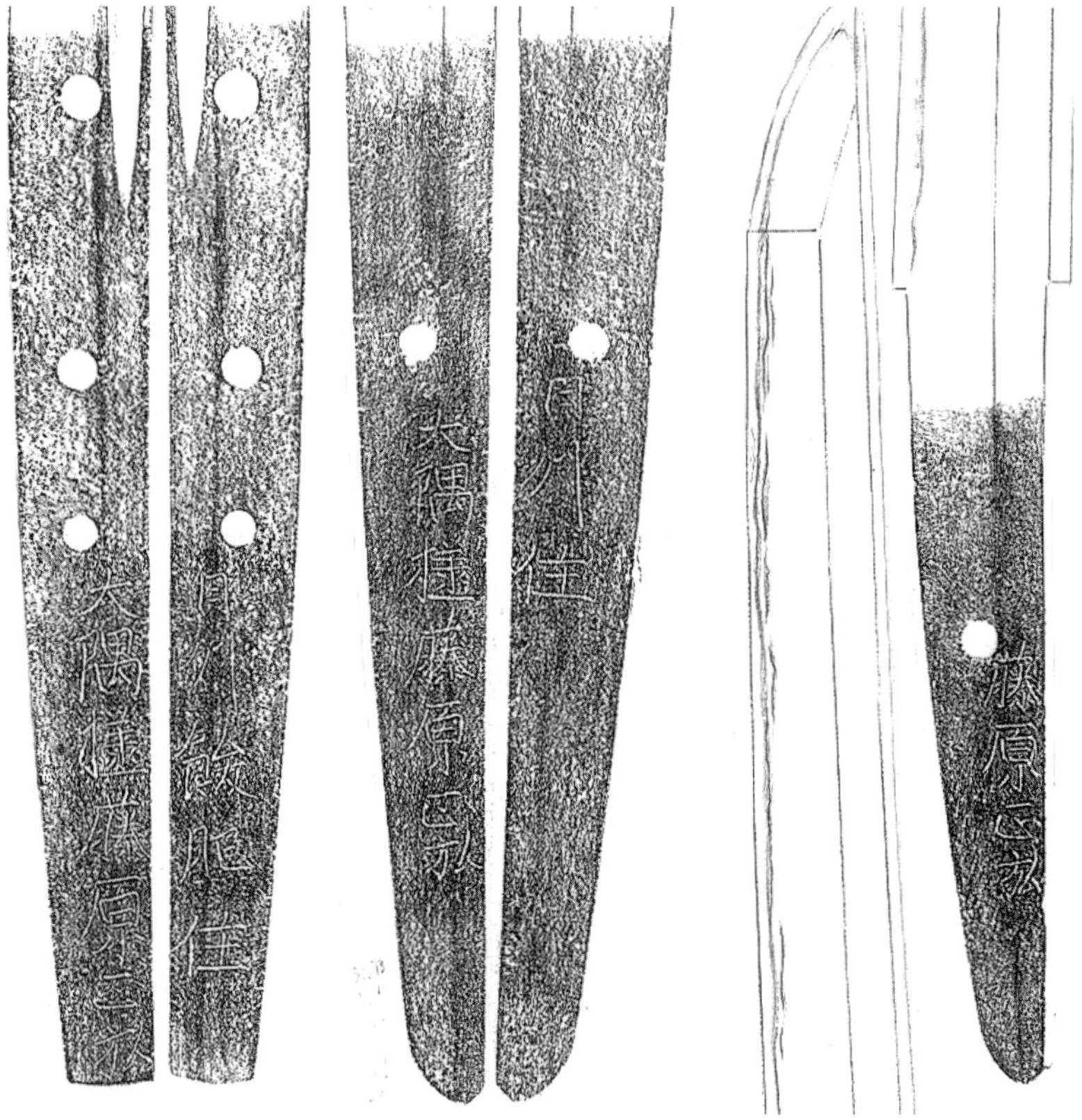

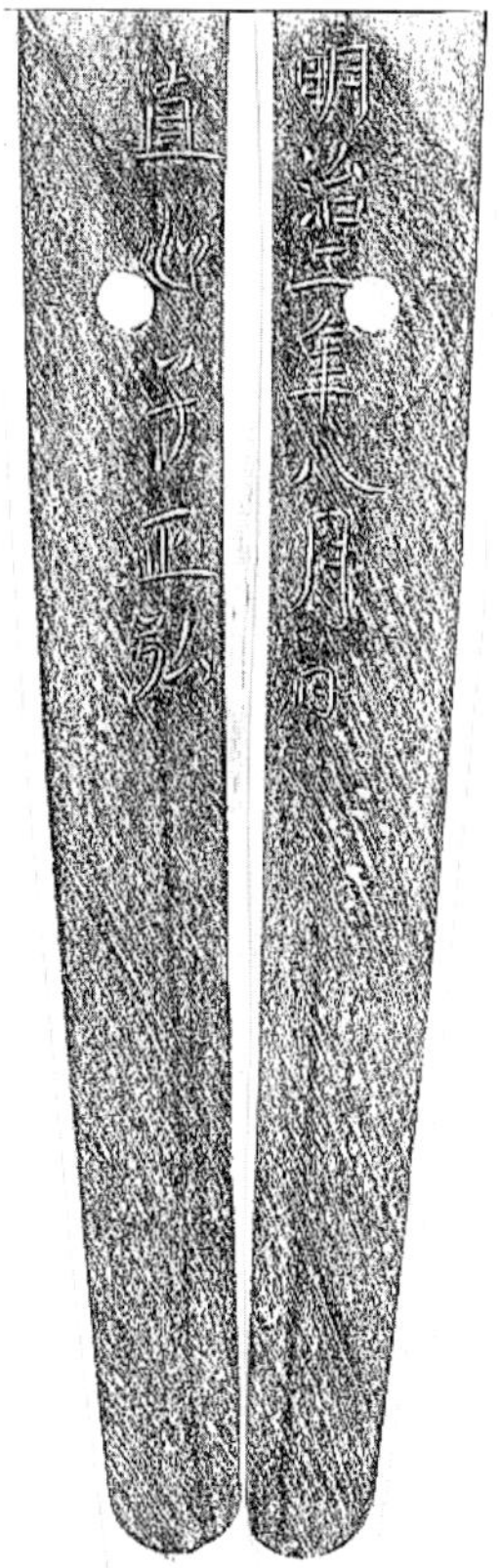

新々 正弘【まさひろ】 岩代国 江戸末期（文久）

田子正弘。直心子と号す。三代水心子正秀の門。二本松藩士。駿河守を受領する。丁子乱、互の目乱。

新 正弘【まさひろ】 近江守 初代 武蔵国 江戸初期（明暦）

滝川三郎太夫。但州法城寺の末流で、生国但州弘原。のち江戸に移住する。江戸法城寺派の頭領として、承応ころから寛文末年にかけて活躍する。承応四年紀に近江守

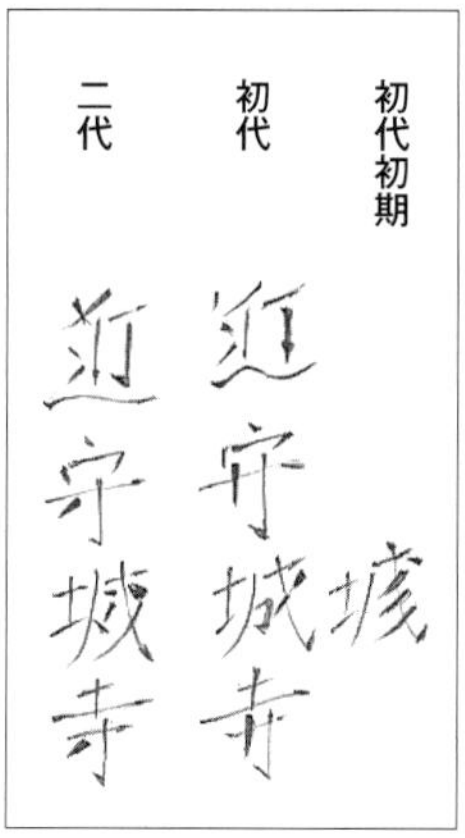

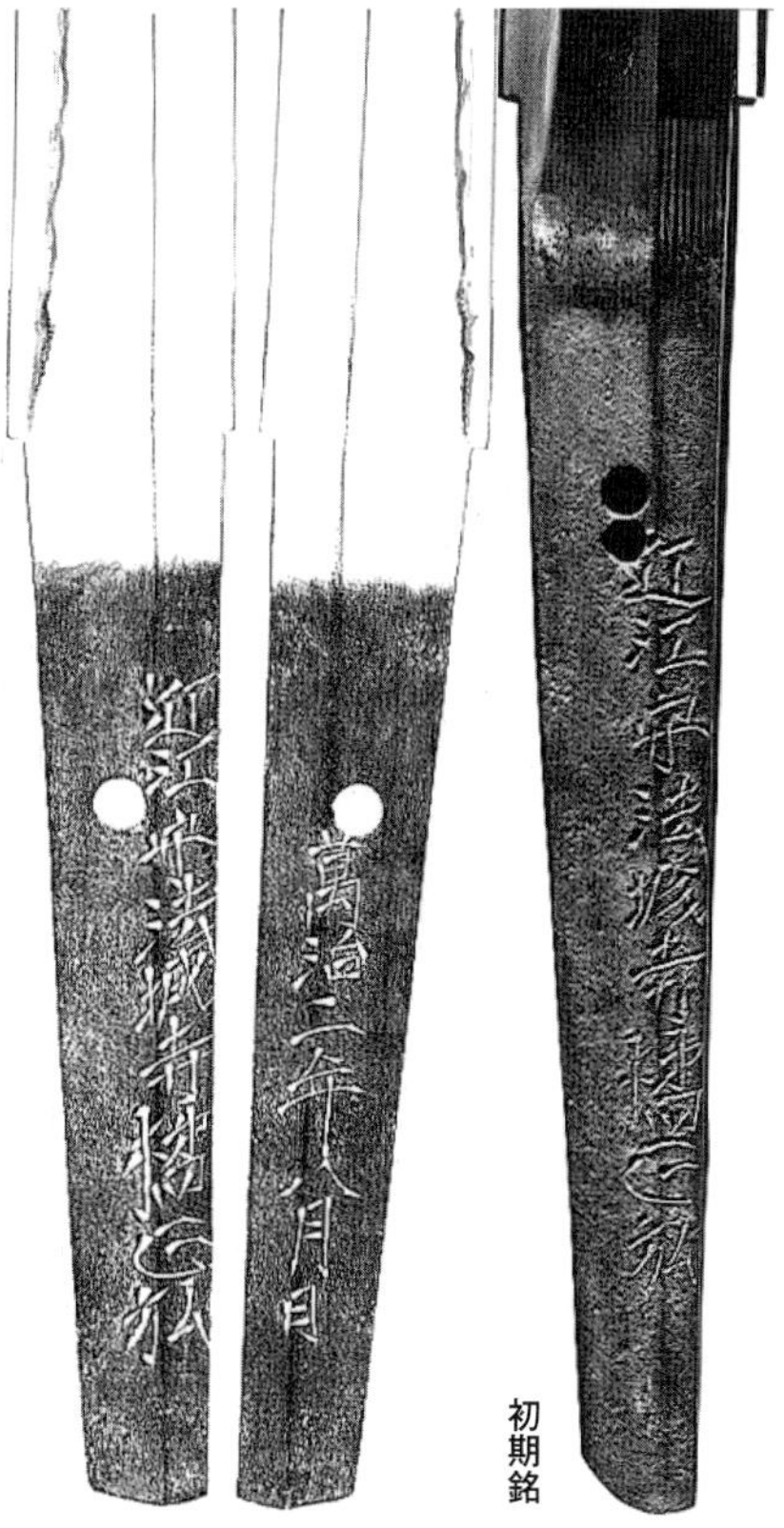

初期銘

銘があるので、受領は承応四年より以前のこととなる。また虎徹の最古の年紀がある江戸打ちの兜が明暦元年であることから、虎徹より法城寺の開祖の年代がやや古いことが知れる。直刃、互の目乱、湾れ乱など足入り、匂深く沸よくつき、虎徹に迫る出来のものは匂口が冴える。（系図907頁参照）

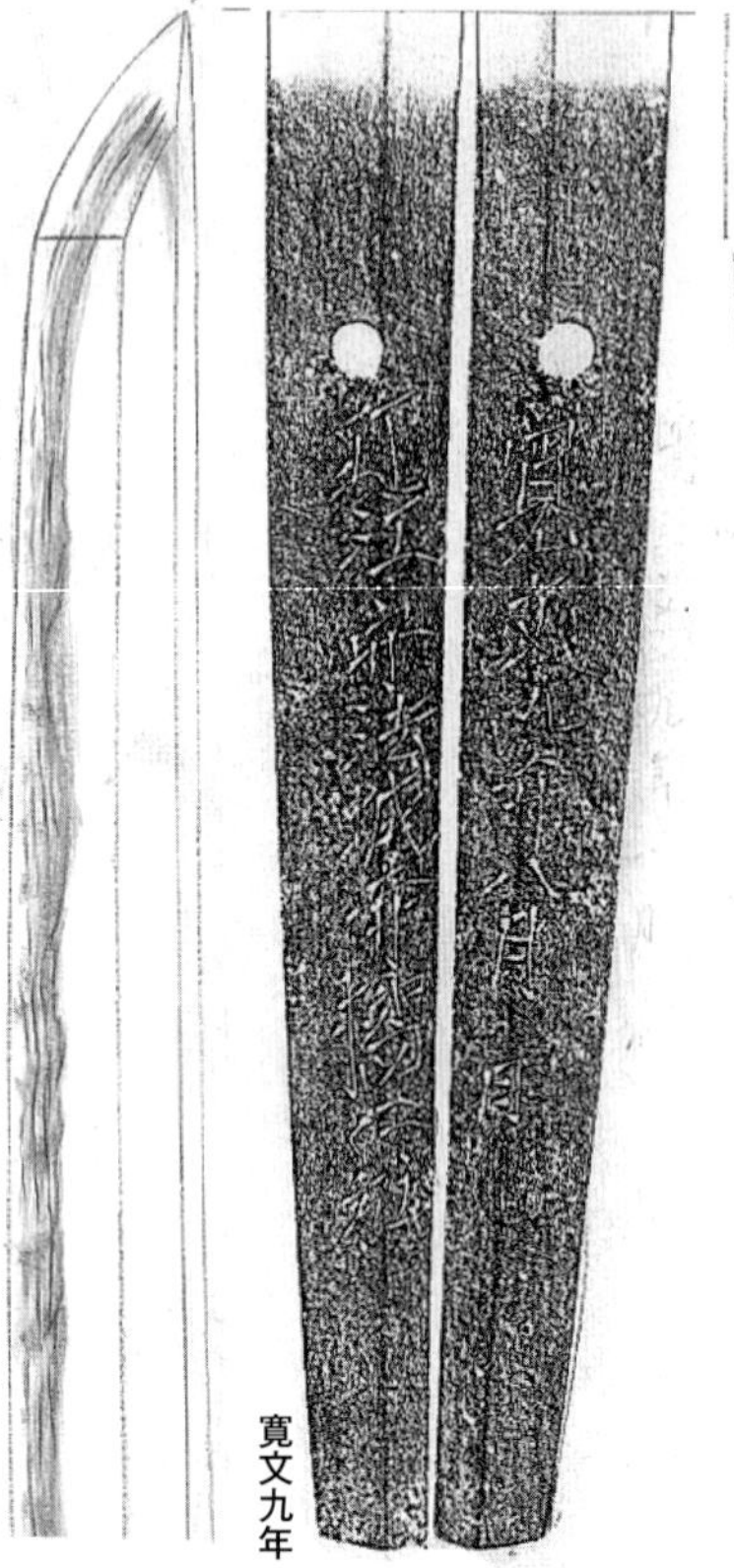

寛文九年

新 **正弘【まさひろ】** 近江守　二代　武蔵国　江戸中期（延宝）

滝川庄之助。「但州国光廿三代」また「法城寺廿三代」と切ったものがあり、南北朝期の但州法城寺から二十三代末裔を自称したものである。水戸義光に抱えられたとの説があるが、「端亭漫録」（『水戸の刀匠』）によれば、義光の命により矢の根鍛冶の石井利重が法城寺正弘の指導を受け法城寺伝を習得し、水戸家の御用を務めたという。この記録を正弘が水戸家の抱工となったと誤伝したものであろう。『古今鍛冶備考』は正弘が常州水戸にても造ると記すが、それを証する作刀をみることはない。二代正弘は延宝ころから正徳ころまでの鍛刀期があり、作刀数では初代よりやや多くみられる。作風は初代同様。

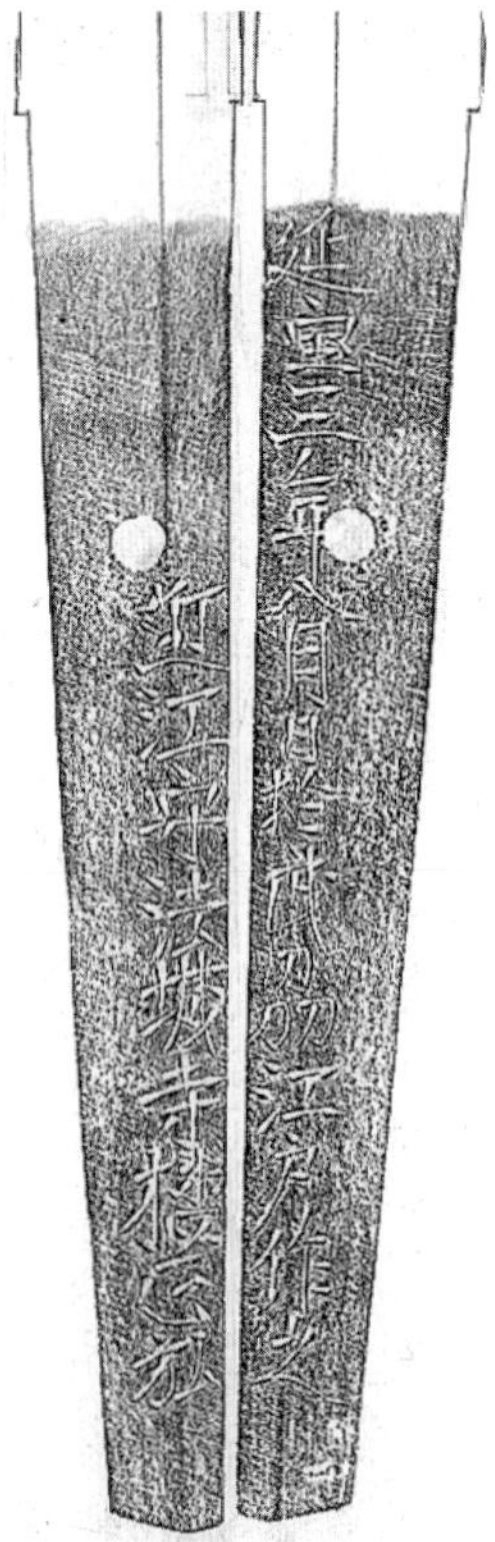

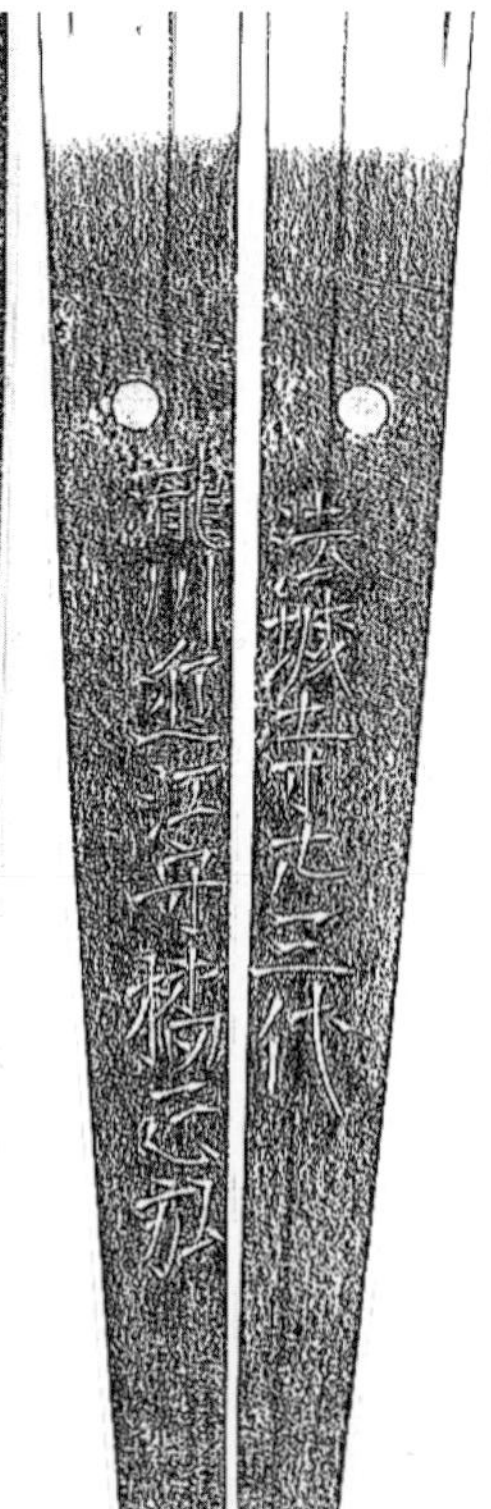

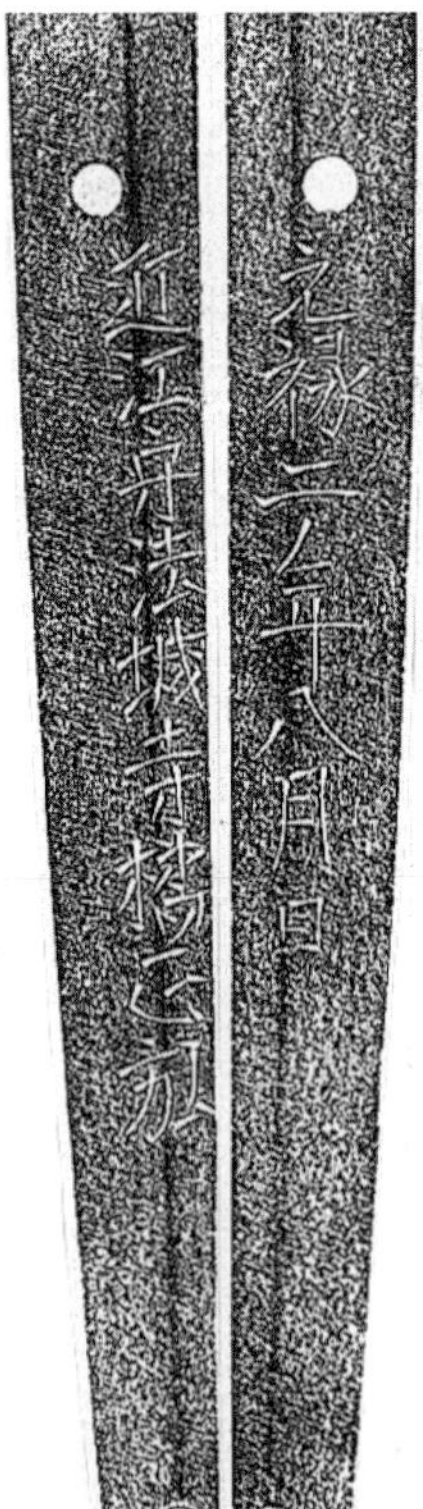

新作 **正弘【まさひろ】** 広島　昭和

藤田安吉。明治二十八年生まれ。田村米平正行、栗原彦三郎、小山信光に師事。昭和十二年から十五年まで北支、天津にて鍛造。双三郡吉舎住。

新 **正房【まさふさ】** 伊豆守　初代　薩摩国　桃山期（元和）

丸田兵右衛門。備後守氏房の次男。初銘氏房。京の研師竹屋源七郎から相州伝の技法を学び、正房と改銘する。伊豆守を受領する。関ヶ原の戦に従役し薩摩藩工として重きをなし、薩摩相州伝を普及させる。伝統を誇る波平派を凌駕して丸田正房派の隆盛の基をつくる。寛永初めから正保にかけてが活動期で、慶安二年十月四日没。直刃、湾れに互の目、大乱が交じり、荒沸の烈しい相州伝の作がある。（系図923頁参照）

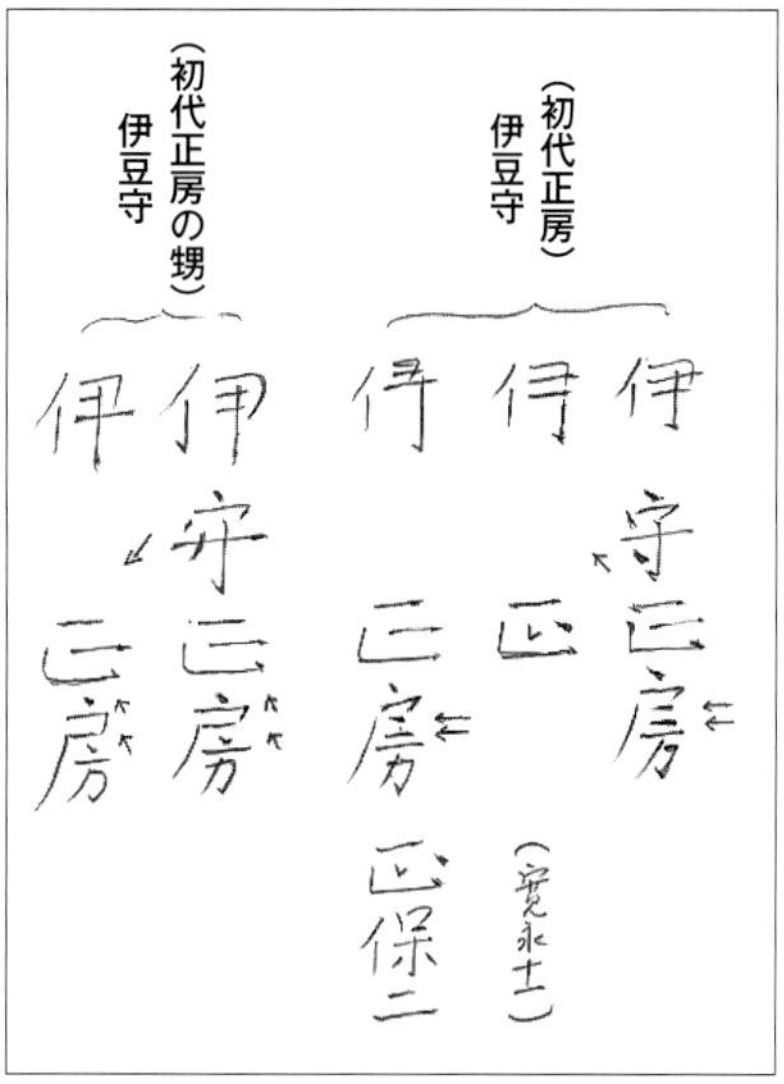

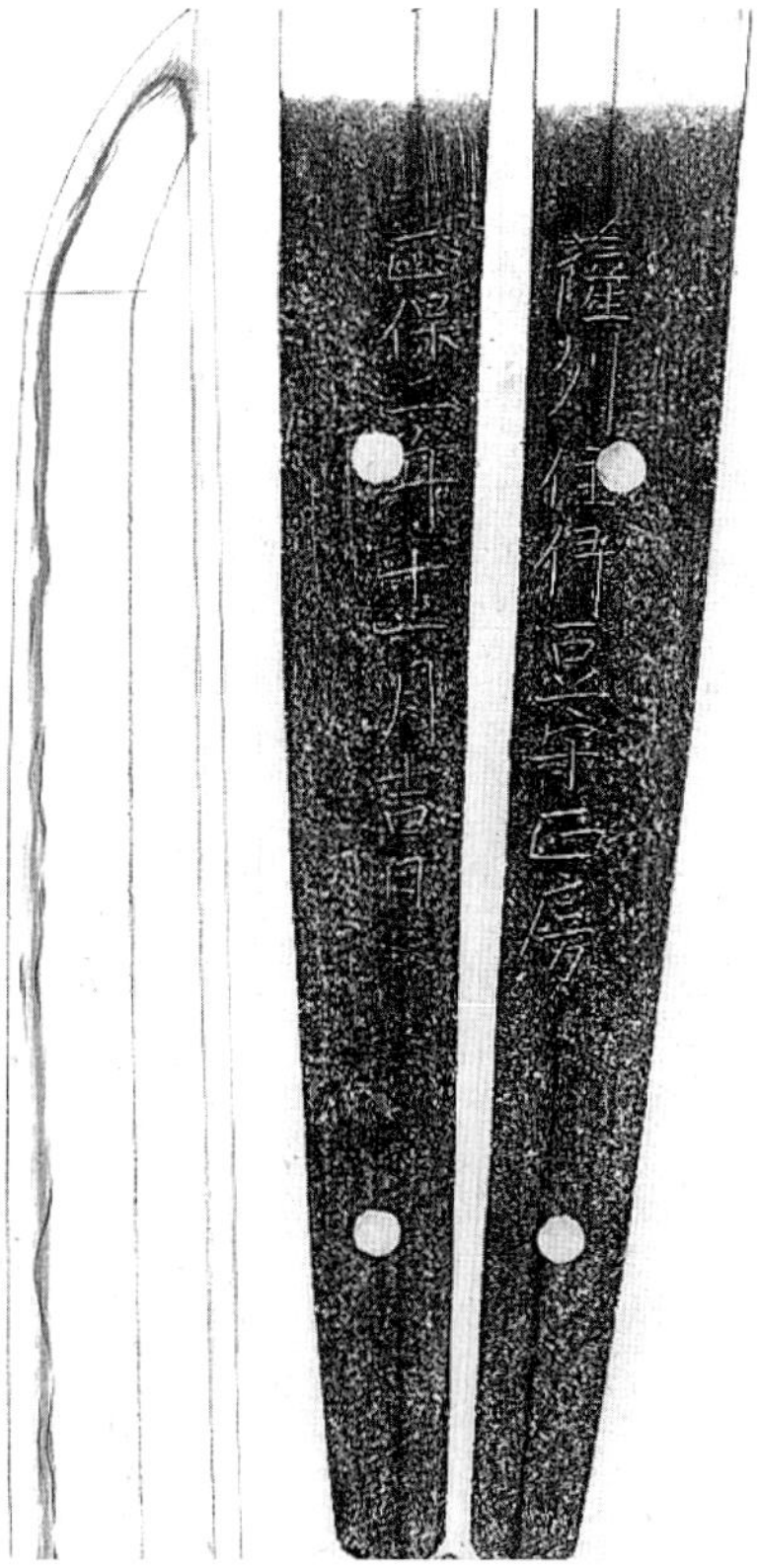

新 正房【まさふさ】 伊豆守　薩摩国　桃山期（寛永）

丸田久兵衛。伊予守氏房の子で初代氏房の門に入り正房に改め、伊豆守を許される。初代正房の甥に当たる。元和・寛永ころの人。「伊豆守正房」と五字に丸味のある書風で切る（初代項中の図参照）。初代正房は寛永四年から正保二年まで年紀作があり、文字の角が角張って一定の共通した書風で切銘するのと相違する。慶安三年八月二十八日没。小湾れに互の目足入り、匂深く沸よくつき、荒沸交じり、砂流ししきりに金筋かかる。

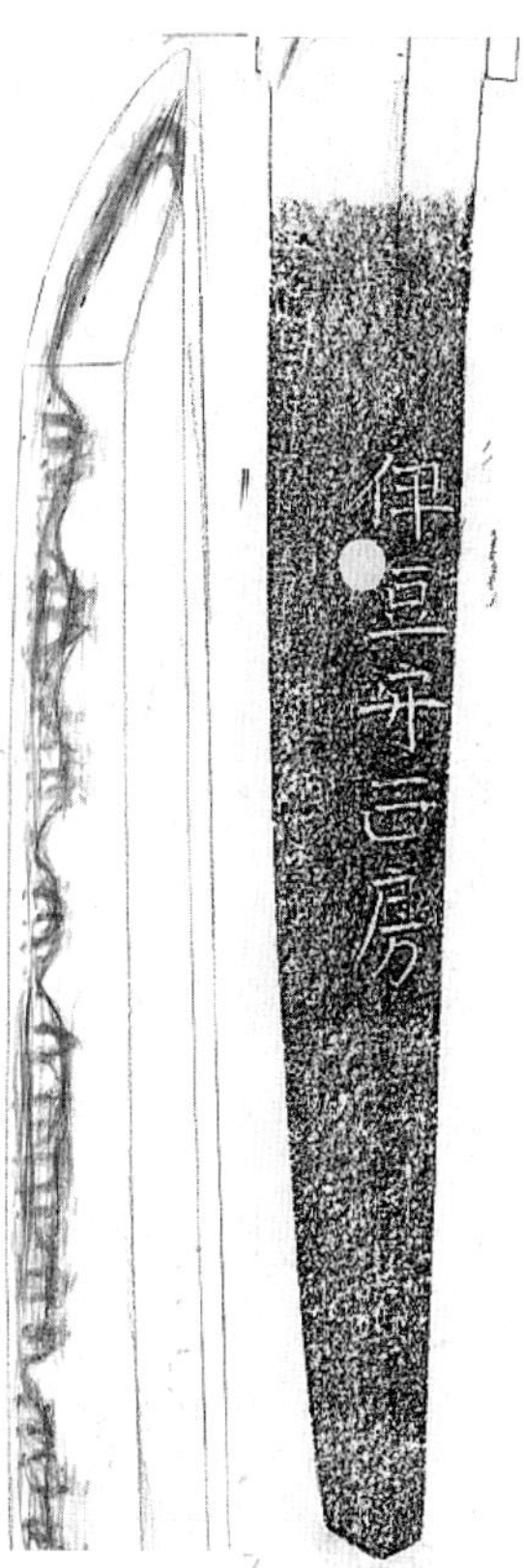

新 正房【まさふさ】二代　薩摩国　江戸初期（明暦）

丸田考兵衛。荒沸多く匂の深い正房の相州伝の作を『新刀弁疑』は「薩州鍛冶の冠たるべきものなり」と賞している。それほどに相州伝が盛行をみる一方、本家筋の氏房が墨守する美濃関伝は薩摩ではおもいのほかふるわずに、氏房と正房の同族間に相容れないものが昂じ、「正房が斬り殺されたので、断絶したという」（『薩摩の刀と鐔』）。しかし同書はその後の氏房家と正房家の交流をみると、両家が「血を見る様な、烈しい対立関係にあったとは思えない」とも述べている。二代正房は受領なしといい、正房家は二代で後続を絶つのであるが、のち氏房家から三代正房をたてて以降、本家氏房家は代々正房を名乗り、幕末までその名跡が続く。二代正房は寛文九年、七十三歳没。

新 正房【まさふさ】三代　薩摩国　江戸中期（享保）

丸田惣左衛門。俵右衛門氏房の子。初祖備後守氏房より四代目。初銘正冬、正商。初代正房の次男平左衛門正次に相州伝の鍛法を学び、氏房から正房に改め、三代目正房を継ぐ。二代正房は寛文九年に没しているので、正房継承はその年以降のこととなる。元文元年八月二十五日、七十三歳没。歴代正房のうち最も作刀が多く、享保年間に隆盛をみる。

一門から主水正正清をはじめ正良、元貞、国平、弓削正盛などが輩出する。大乱が匂口深く、荒沸が刃から地にこぼれ、太くて長い〝芋《いも》の蔓《つる》〟が金筋状に入る。⇩前頁・寛永の正房の図参照。

新 **正房**【まさふさ】**四代**　薩摩国　江戸末期（明和）

丸田彦兵衛。三代の嫡男俵右衛門正峰は早世。次男の彦兵衛が四代目正房に該当する。

新々 **正房**【まさふさ】**五代**　薩摩国　江戸末期（文化）

丸田惣右衛門。正峰の子。父早世のため叔父の四代彦兵衛正房に学ぶ。五代目正房に該当する。

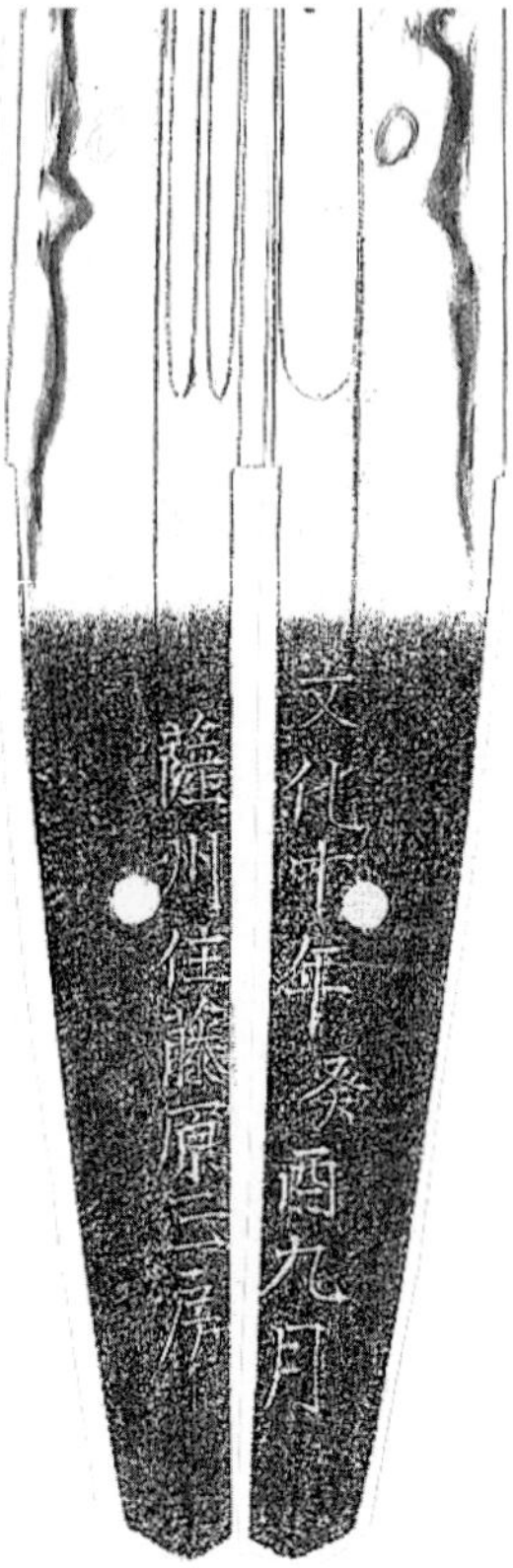

新々 **正房**【まさふさ】**六代**　薩摩国　江戸末期（天保）

丸田惣兵衛。茎の鑢目を逆筋違いにかける。この鑢目は初代のほか五代と七代にみられる。父惣右衛門早世のため、伯耆守正幸が引き取り、後見して、六代正房を継ぐ。

新々 **正房**【まさふさ】**七代**　薩摩国　江戸末期（嘉永）

丸田孫左衛門。六代惣兵衛の養子。伊豆守を受領する。「伊豆守藤原朝臣正房」などと切る。明治十二年十二月十二日没。七十余歳という。

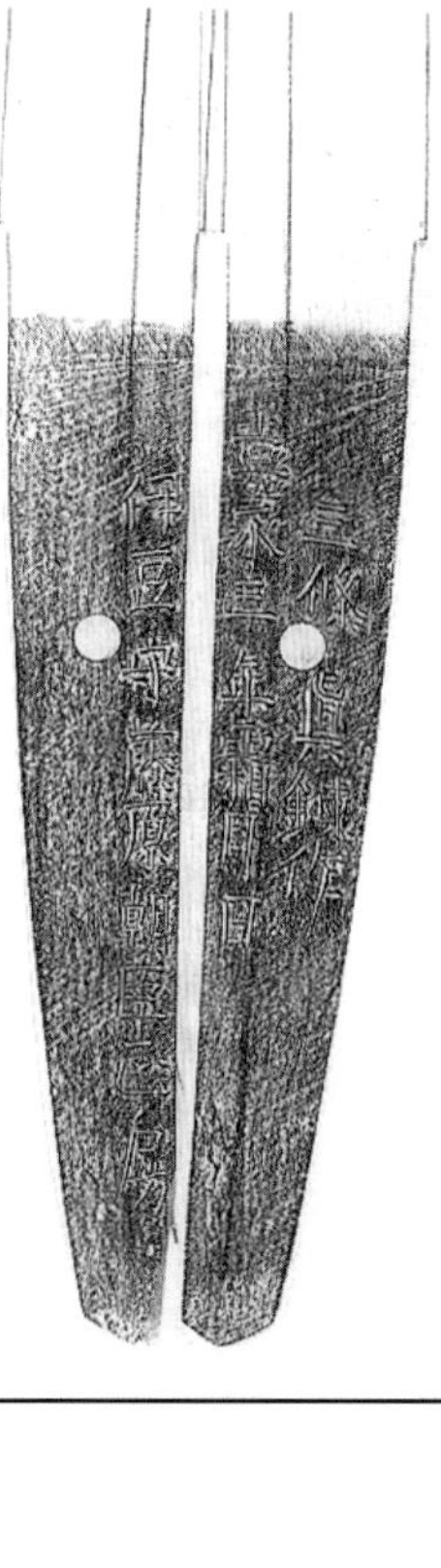

新 **正房**【まさふさ】　薩摩国　江戸中期（享保）

丸田彦太郎。三代惣左衛門弟。「薩州住正房」と切る。

新作 **正房**【まさふさ】　岐阜　昭和

荘田喜七。大正五年生まれ。羽山正貫、藤原兼房門。昭和十六年、座間日本刀学院に学ぶ。陸軍受命刀匠。関日本刀剣会社に勤務。昭和二十六年、志津日本刀鍛錬所開設。海津郡南濃町住。

新々 **正道**【まさみち】　上総国　江戸末期（安政）

清麿門の上総正直の子。正直との合作がある。江戸にても造る。

新作 **正道**【まさみち】　奈良　昭和

辰己要一郎。大正四年生まれ。水野正範門。「大和国箸尾住辰己正道作」。

新々 **正路**【まさみち】　大隅国　江戸末期（弘化）

池嘉太郎。鉄之丞。六郎、初銘寿福、盛荷。池正景の長男。池系三代目に該当する。明治三年二月十九日、六十五歳没。

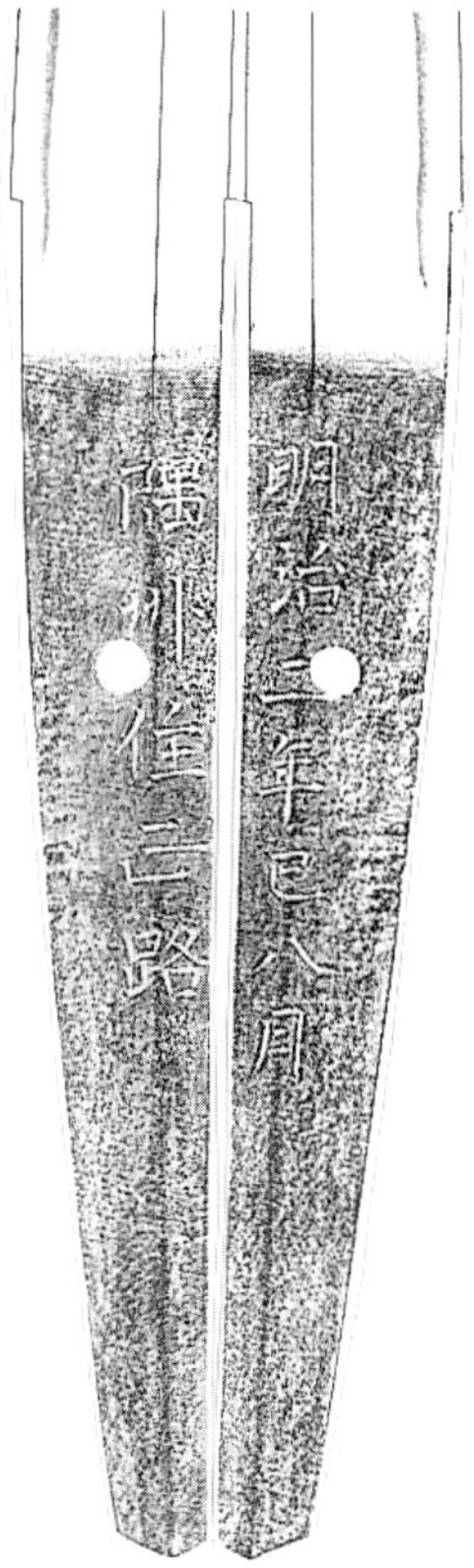

古 **正光**【まさみつ】 備後国 南北朝期（文和）

古三原。左兵衛允（尉）。左衛門尉正家の族。康永・文和の年紀作がある。「備後国住左兵衛允正光」「備後国住左兵衛尉正光作」。

備後國住 左兵衛允正光

古 **正光**【まさみつ】 山城国 南北朝期（永徳）

達磨。重光門。了阿弥。のち正宗に改む。綾小路住。「正光」。

（『往昔抄』）

古 **正光**【まさみつ】 山城国 室町初期（応永）

達磨。美濃加茂蜂屋に移り、蜂屋達磨と呼ばれる。蜂屋兼貞の師という。美濃、また三河にても造る。「正光」。

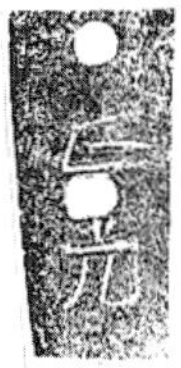

古 **正光**【まさみつ】 美濃国 室町中期（嘉吉）

蜂屋。応永正光の子。「正光」「濃州正光」。

新々 **正光**【まさみつ】 摂津国 江戸末期（文政）

畠山正光。和泉守正清子。初銘正次。二代安儔門、のち正秀門。大坂住。「南紀住畠山大和介源正次」「摂津住畠山大和介正次」と切る。

新々 **正光**【まさみつ】 美作国 江戸末期（慶応）

石川繁之亟、繁男。城慶子正明門。慶応四年に津山藩工となり、津山市南新座住。明治九年の廃刀令後は岡山県福渡へ移住する。屯田兵として北海道へ渡り業を廃す。美作刀工の掉尾を飾る上手。「於美作霞山城下造之」（慶応四年）、「於霞山麓造之」（明治二年）などと切った作がある。

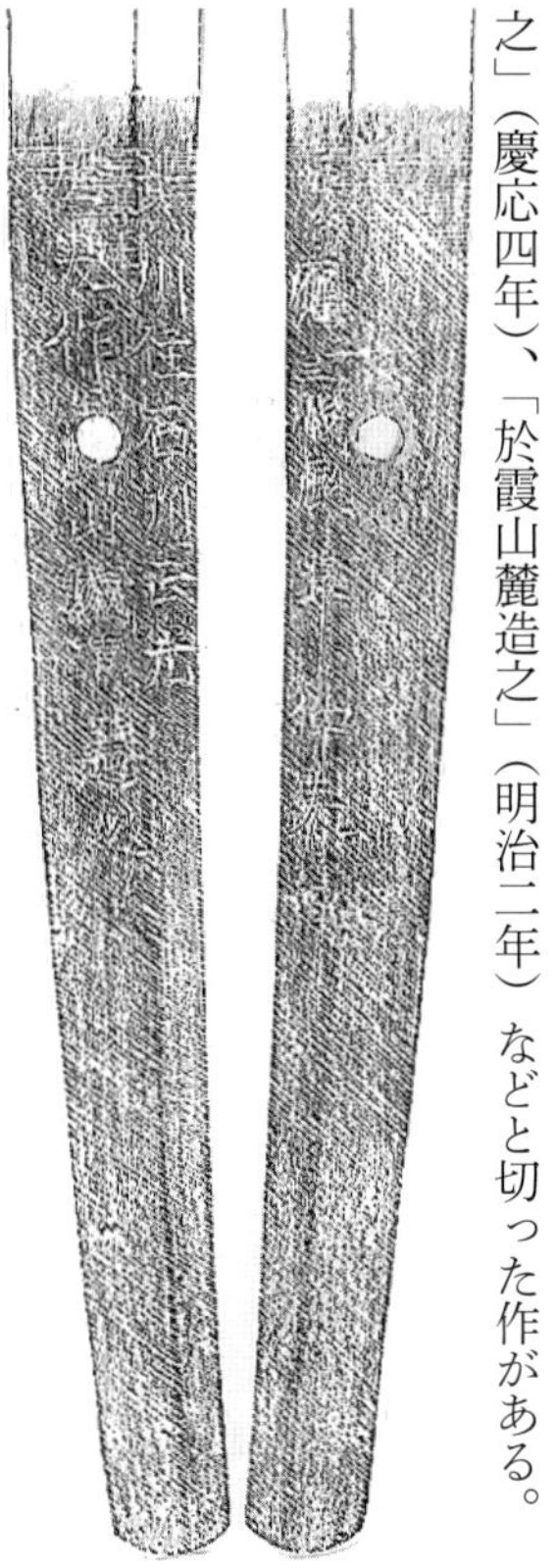

新々 **正光**【まさみつ】 大隅国 江戸末期（寛政）

池派の祖。彦助、六郎。初銘良盛、正保。盛香。加治木島津家の臣、伯耆守正幸門。文化二年八月、五十二歳没。

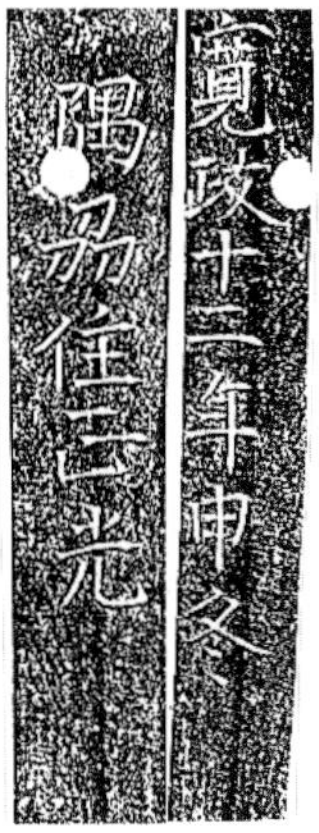

新々 **正光**【まさみつ】 安芸国 江戸末期（天保）

石橋正光。出雲大掾を受領。山県郡高野住。摂州元長門。天保ころから明治初めころまで作刀する。直刃、互の目乱。

ま まさみつ

新作 正光【まさみつ】　島根　昭和
藤田政美。大正十年生まれ。正忠門。神戸菊水鍛錬場に勤務。第七回新作刀展覧会に出品し金賞受賞。那賀郡弥栄住。

新作 正光【まさみつ】　福岡　昭和
宗正光。明治三十八年生まれ。昭和十七年、小宮四郎国光に入門。戦時中海軍刀製作に従事。戦後は昭和二十九年より新作名刀展に出品し入賞。宗勉の父。福岡市博多区住。互の目乱。作刀の目標としているのは先輩忠吉のほか、左文字、虎徹など。

新作 正光【まさみつ】　香川　平成
藤沢良吉。昭和二十三年生まれ。昭和四十三年、一刀斎正清門。同四十八年、作刀承認を受け独立。高松市住。「以讃州白鳥栄国寺古鉄正光作」「源正光作之」小湾れに互の目。板目肌立ち松皮肌風。

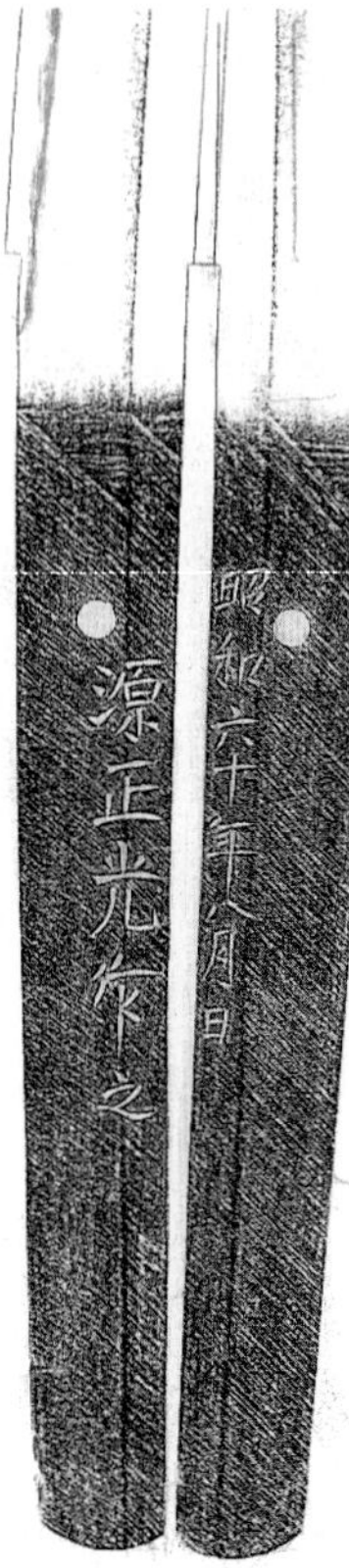

新作 正光【まさみつ】　香川　平成
藤沢慎。昭和五十五年生まれ。平成十一年、父正光に学び、同二十二年、作刀承認。二代目正光を継ぐ。「二代源正光作之」。湾れ乱。高松市住。

古 正宗【まさむね】　相模国　鎌倉末期（正和）
岡崎姓。五郎入道。行光子という。新藤五国光門。『古刀銘尽大全』は「弘安三年、十七歳で父行光と別れ、新藤五国光の弟子となる。文永元年生まれ、康永二年八十一歳没」とある。これらの出典は明らかでないが、残された作刀と資料類から鎌倉末期から南北朝初期にかけてが正宗の作刀期となろう。江戸長銘正宗は正和三年紀があるが明暦の大火後に行方

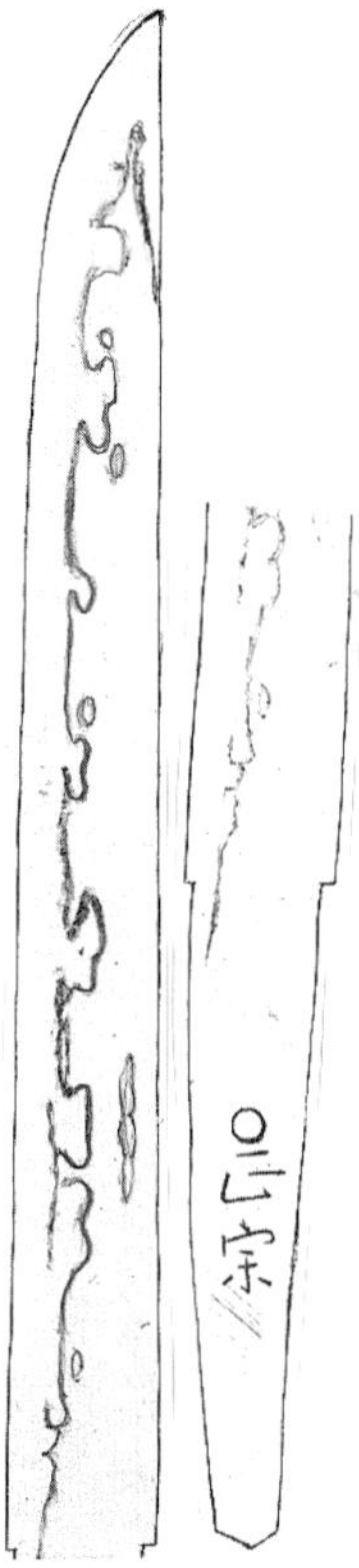

三好正宗

『往昔抄』

南無八幡正宗（『光山押形』）

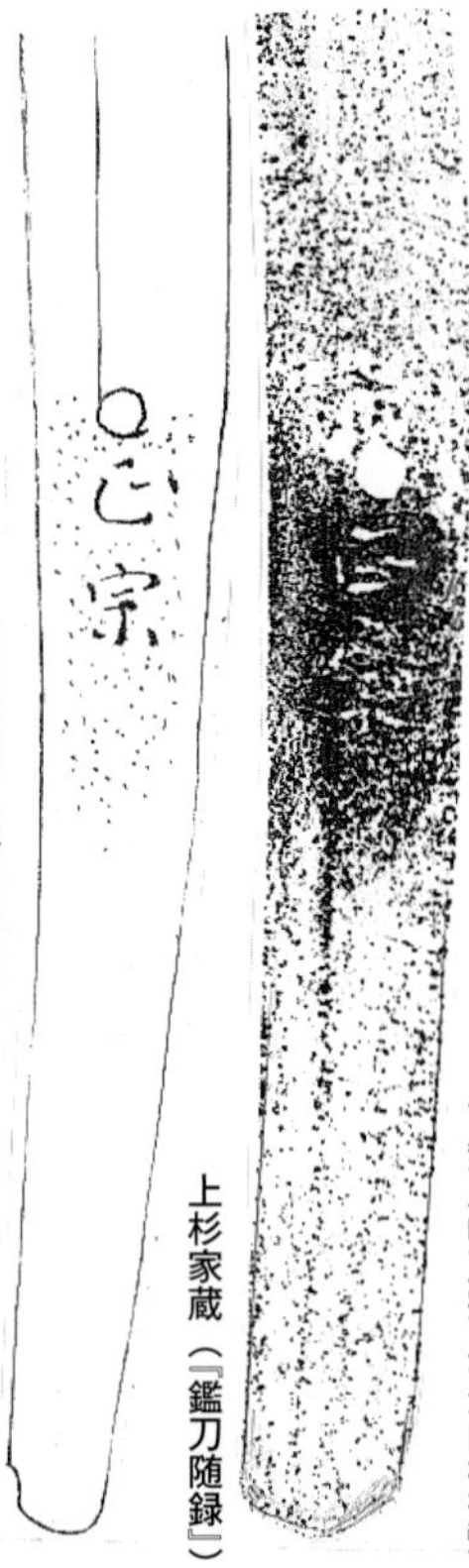
上杉家蔵（『鑑刀随録』）

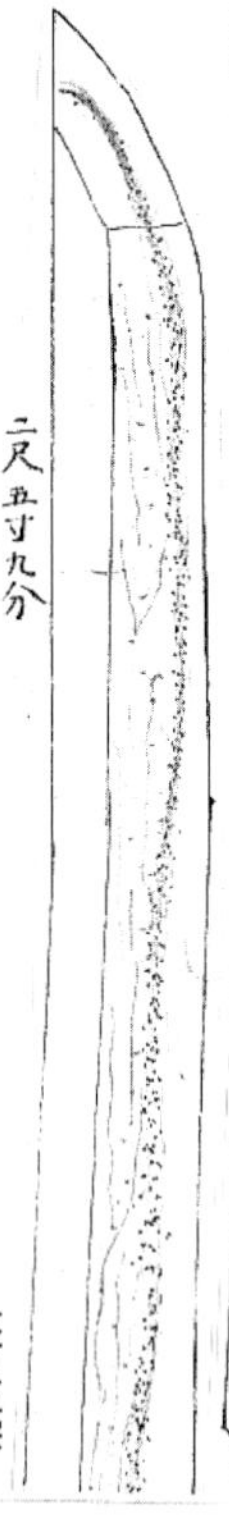

木下正宗（『土屋押形』）

知れずとなり、大坂長銘正宗はこれも焼身ながらいま徳川美術館に健在で残され、「嘉暦三年八月日」の年紀がある。師新藤五国光（初代）に永仁・乾元の年紀作があり、父とも兄弟子ともいう行光に嘉元から元亨までの年紀作があることによって、正宗の製作年代がほぼ推測される。新藤五・行光から江戸長銘の正和、大坂長銘の嘉暦年に年代的な繋がりがみえてくる。正和から嘉暦の年代は正宗の前半期であり、大全のいう康永二年没年期の南北朝初期は後半期となる。

作刀は相州伝中の第一等であるだけでなく、古今第一の名手として名高く、太刀は身幅尋常で中切先、また中切先がわずかに延びたものがある。現存する太刀で唯一の木下正宗は腰反り踏張りがつき、中切先尋常な恰好である。短刀は七・八寸台のものが多く、身幅ころ合いで浅く内反り、庖丁正宗は幅広でわずかに反りがつくが例外的な造りで、重ねがごく薄い。鍛えは小板目に中板目が交じり、地沸がよくつき、地景が大きく表われて地斑交じり、荒めの沸交じり、ときに沸崩れ、湯走りかかる。比較的に初期作とみられるものは小沸出来の直刃に金筋・地景がひらめき、新藤五国光さながらの出来をみせ、それが次第に湾れを主調とした乱刃交じりの刃文へと変化し耳形、矢筈乱ごころの刃、島刃などが目立つ。

古伝書では乱刃に「短冊刃」があり、短冊が風に吹かれてひらめく如き刃であり、「扇形の刃」は腰元近くに焼く玉刃であるとする。これらの刃に砂流し、掃掛が加わり、金筋・稲妻が走るなど万化の働きを表す。彫物は樋剣の彫を好み、無紋は稀であると伝えるが、比較的に彫物があるとみるのがよく、なかに大進坊の手になる彫物があるだろう。銘は「正

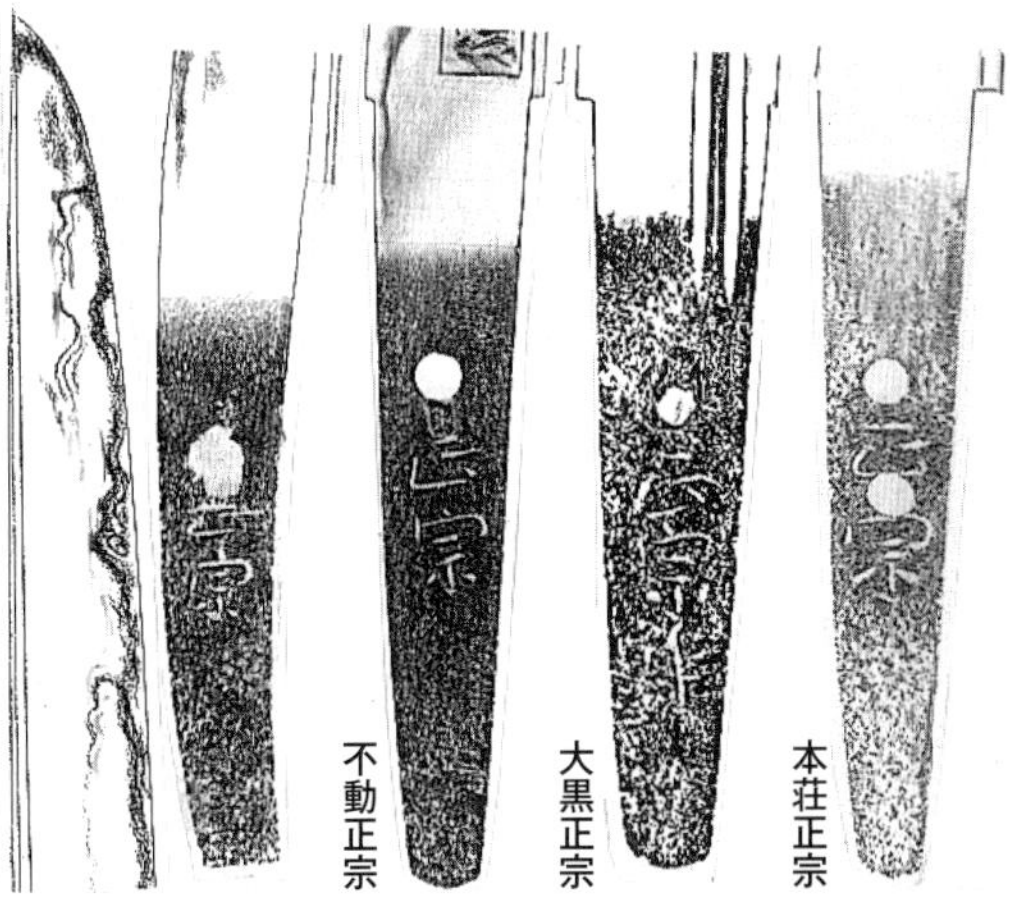

本荘正宗　大黒正宗　不動正宗　京極正宗

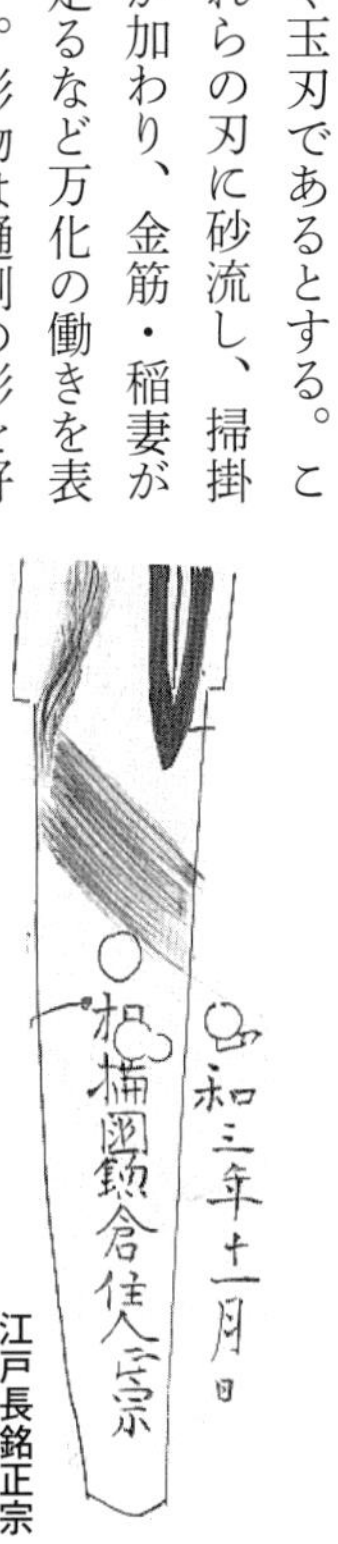

江戸長銘正宗（『埋忠押形』）

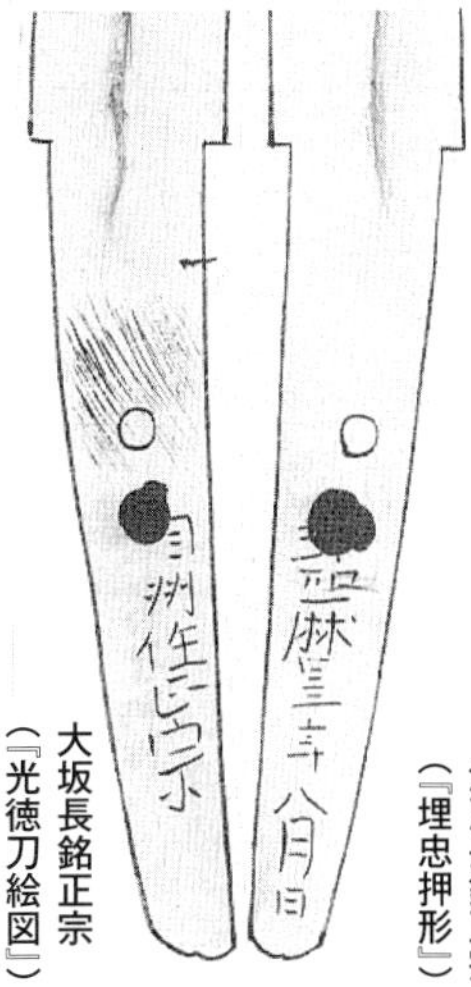

大坂長銘正宗（『光徳刀絵図』）

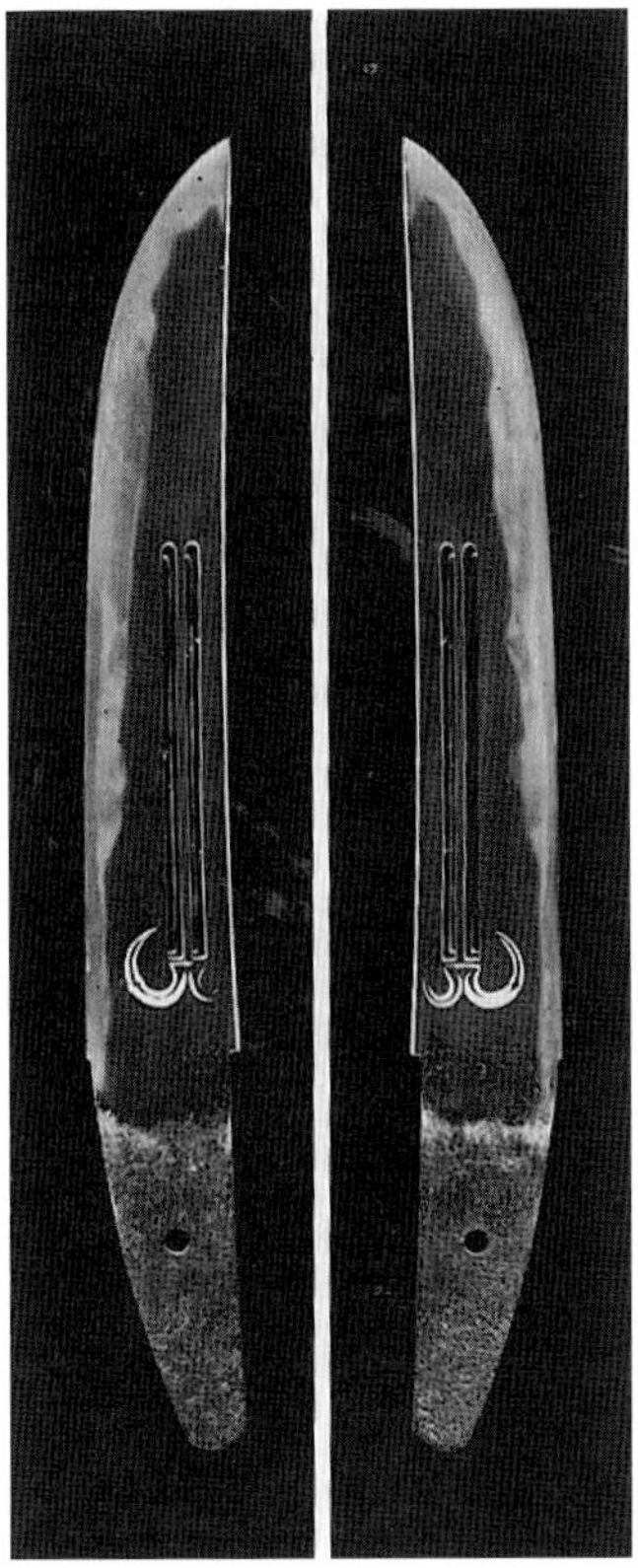

庖丁正宗

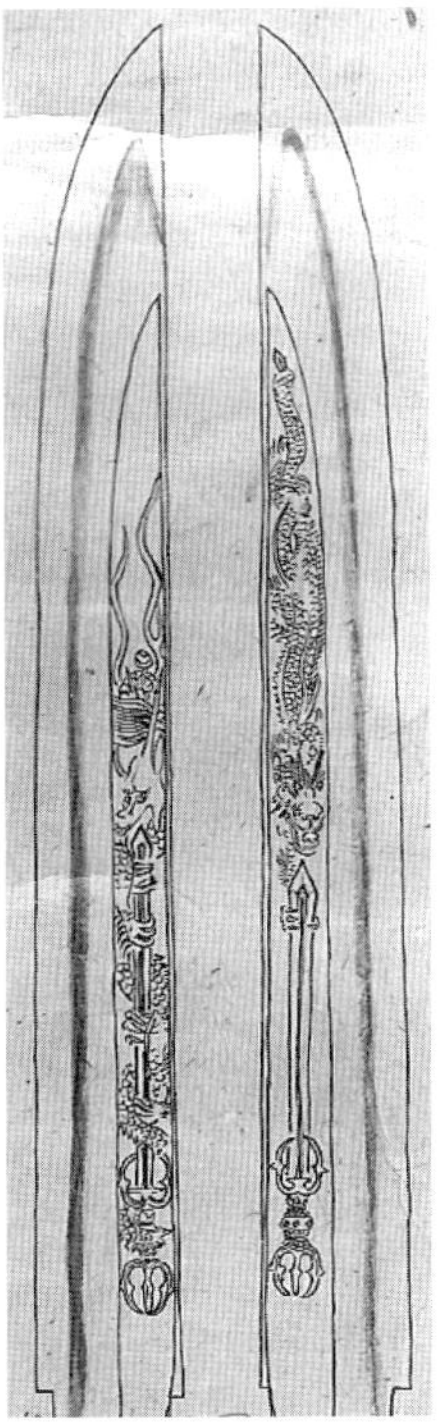

倶利迦羅龍正宗（『光徳刀絵図』）

ま

まさむね

宗」と二字に切るのが常で、名物大黒正宗のみは「正宗作」と三字に、大坂長銘正宗は「相州住正宗」と、江戸長銘正宗は「相模国鎌倉住人正宗」と長銘に切る。二字銘、三字銘はほとんど類して大差がないが、本荘正宗のみは「宗」字に逆鏨が交じるものの、二字銘で同作に変わりない。『往昔抄』が正宗二字銘を掲げ「五郎入道始めの銘なり」とする押形図は正宗の初期銘を示すもののようで、書き銘ながら南無八幡正宗、三好正宗の銘に類して、正宗初期銘説は興味深い。（年表・系図865頁～参照）

古 正宗【まさむね】 備後国　南北朝期（延文）

古三原。延文ころ。次代は永徳ころで初銘正貞という。「正宗」「備州住正宗作」。

古 正宗【まさむね】 備後国　室町末期（文明）

貝三原。板目に柾交じり肌立ちごころ、刃文は直刃、足・葉が入り砂流しかかる。「正宗」。

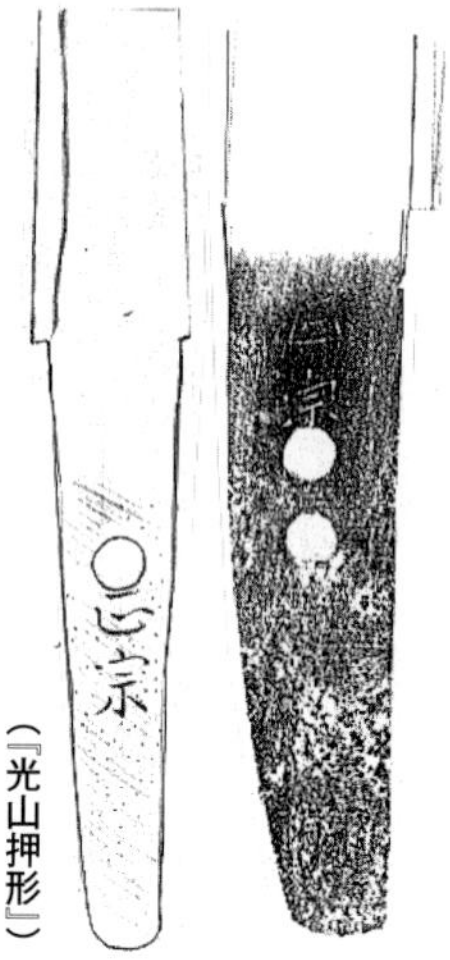

（『光山押形』）

古 正宗【まさむね】 備後国　室町末期（天文）

貝三原。直刃がほつれ、打のけかかる。「正宗」「備州三原住人正宗」「備前国三原住正宗」。同銘が永禄、天正に続く。

古 正宗【まさむね】 大和国　室町末期（天文）

金房。奈良藤原住、のち金房へ移る。天文ころ。「和州南都藤原住正宗」。

新 正宗【まさむね】 土佐守　武蔵国　桃山期（慶長）

武州下原派。「土佐守藤原正宗」と切り、慶長七・八年紀の作がある。武州御嶽神社に弘治二年紀の「正宗」太刀が、他に大永、永禄年紀の太刀があるのは、同銘であり先代の人の作である。但し室町期の正宗は下原鍛冶ではなさそうである。

新々 正宗【まさむね】 阿波国　江戸末期（安政）

安政四年紀に「阿州正宗作」と切銘した作がある。互の目乱。

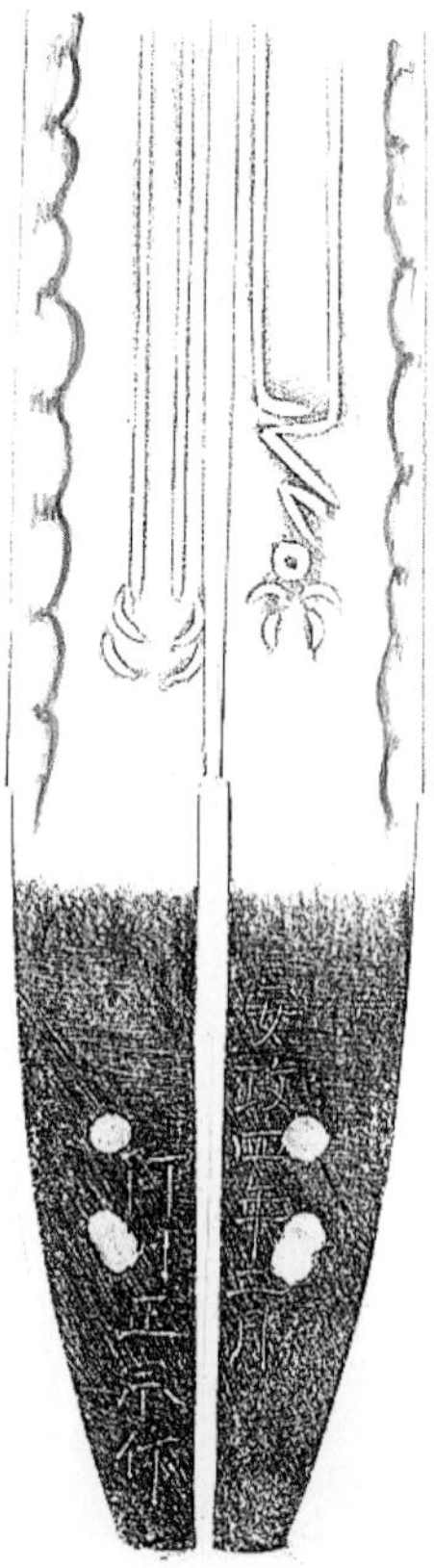

新々 正守【まさもり】 武蔵国　江戸末期（文久）

細川仙之助。主税佐《ちからのすけ》正義の嫡男。大慶直胤の門。嘉永元年独立する。作

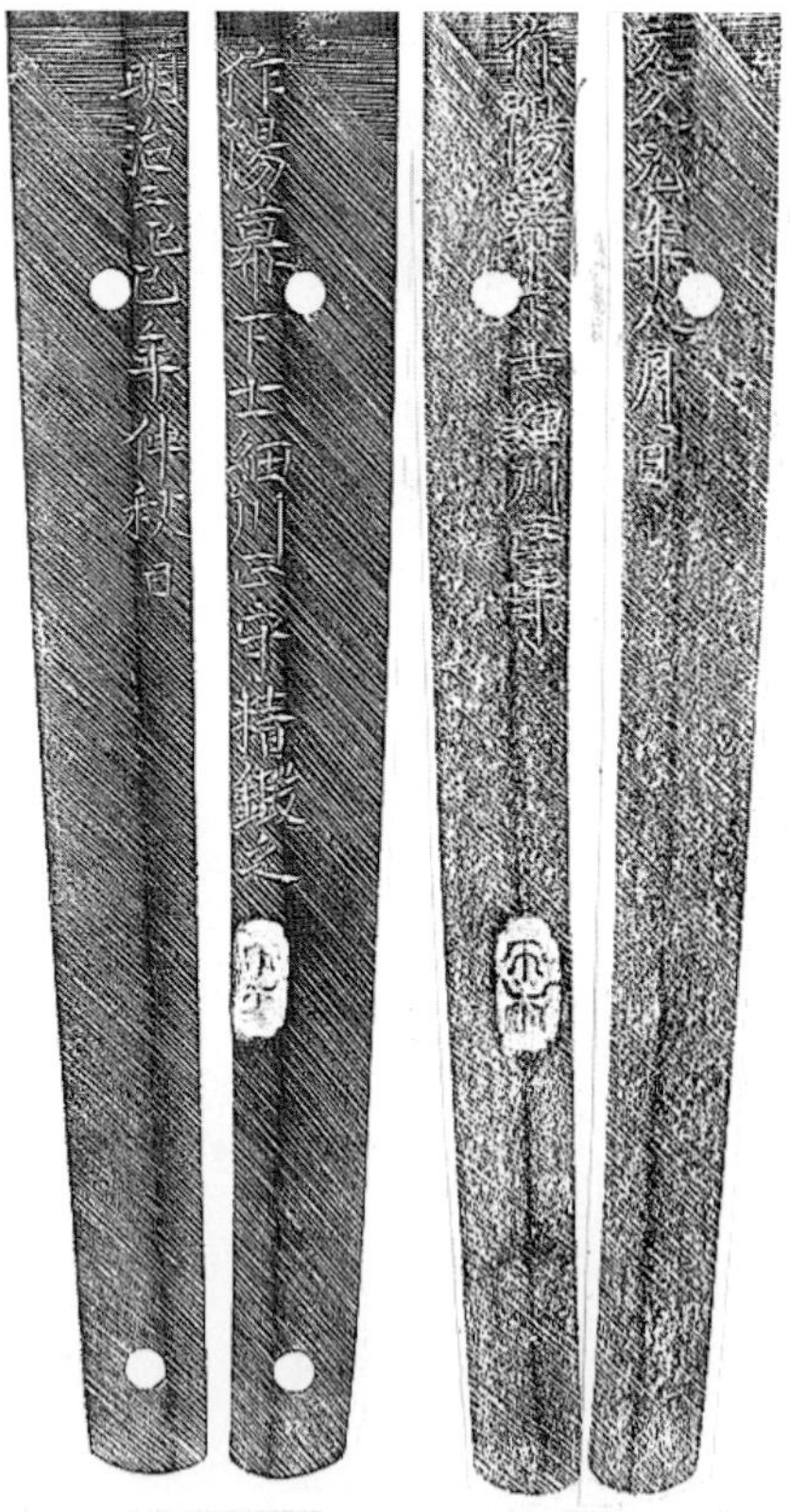

州津山藩工。安政五年、父没後に三代正義を襲名する。明治二十九年五月、七十五歳没。⇩**正義〈三代〉の項参照。**

新々 **正守【まさもり】** 阿波国 江戸末期（寛政）

石川分弥。初銘正直。初代小平正守の子。徳島住。尾崎助隆門。直刃に小足入り、子の正直が刀身彫を手がける。

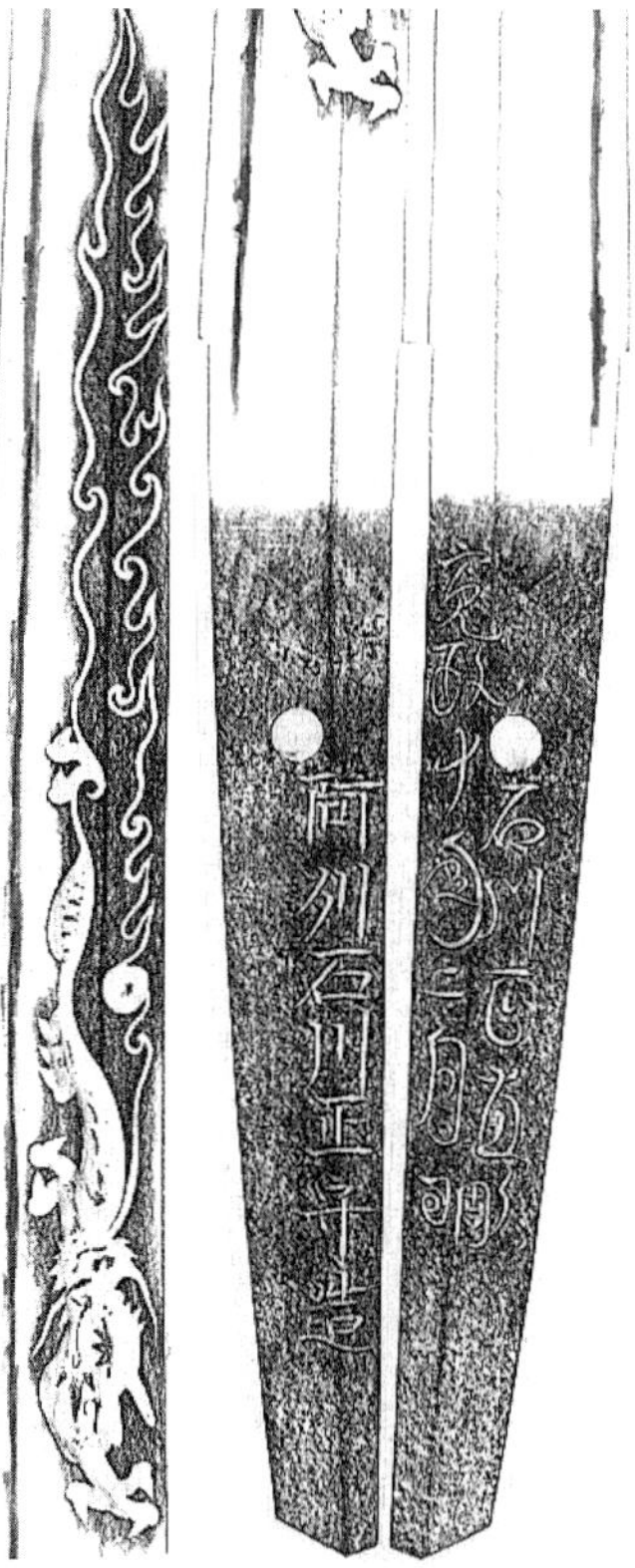

新作 **正守【まさもり】** 岡山 昭和

石道喜多治。明治三十二年生まれ。森脇正孝門。陸軍受命刀匠。戦後は作刀技術発表会に出品し入選。和気郡和気町住。

古 **正盛【まさもり】** 伊勢国 室町末期（文明）

雲林院《うじい》。この派の祖は手掻包長と伝え、大和から移住した鍛冶である。文明ころ。「雲林院正盛作」。

古 **正盛【まさもり】** 備後国 室町末期（永禄）

貝三原。天文から天正初年にかけての鍛冶。「備州三原住正盛」「備後国三原住人藤原正盛同正興同正宗作」

古 **正盛【まさもり】** 備後国 室町末期（天正）

貝三原。小湾れ調に互の目足入り、小沸つき匂口柔らかい。「三原貝正盛作」「備州三原住貝正盛作」。

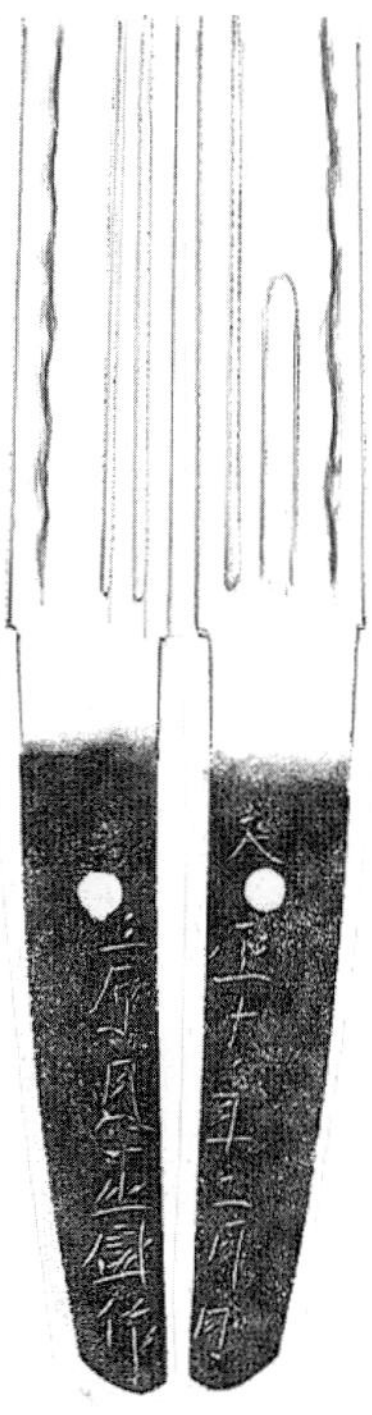

新 **正盛【まさもり】** 弓削 薩摩国 江戸中期（享保）

弓削藤作。初銘正道。初め丸田惣左衛門正房門、のち主水正正清《もんどのしょうまさきよ》の門に入る。師正清の代銘に当たる。宝暦九年七月二十五日没。鏃《やじり》、また轡《くつわ》造りの上手。直刃、湾れに互の目交じりの刃を焼く。小銘に切る。

新作 **正也【まさや】** 岐阜 平成

吉田政也。昭和五十四年生まれ。平成二十二年、新作日本刀展入選。「正也作」。加茂郡富加町住。

新々 **正保【まさやす】 初代** 大隅国 江戸末期（寛政）

他野六郎。薩州正幸門。本国日向のち大隅住。正保のち正光に改める。「隅州住正保」。⇩**正光の項参照。**◆二代正保（安政）は池野六郎。三代正保（元治）は池野鉄之丞。加治木住。

古 **正行【まさゆき】** 薩摩国 室町初期（応永）

波平。二代安行の門。応永十年紀がある。「波平正行」。

新 **正行【まさゆき】 初代** 豊後国 江戸初期（慶安）

応永の正行末流。藍沢姓、実行の子、のち光広と改める。互の目乱に小

丁子交じりが小づみ、叢沸がつき、足・葉入り、藤原高田の作風を示す。

◆二代正行は権兵衛（天和）、三代正行は市郎右衛門（宝暦）、四代正行は嘉平太（寛政）と続く。

新々 正行【まさゆき】 武蔵国　江戸末期（天保）

源清麿の初銘。山浦昌友の次男として信州小諸赤岩村に生まれる。河村寿隆門。初銘正行、環、のち秀寿と切り、また正行に改める。弘化三年秋より清麿に改銘する。清麿の銘は師窪田清音の「清」と親友斎藤昌麿の「麿」の一字ずつを採ったものといわれる。安政元年十一月十四日自刃、四十二歳。⇩清麿の項参照。

天保十年ころ

新々 正行【まさゆき】 常陸国　江戸末期（文久）

高木幸吉、源三郎。太龍子と号す。田上村の野鍛冶保坂源兵衛の子。片庭の鐙鍛冶高木安治の女婿となる。細川忠義門、師の初銘正行を継ぐ。笠間藩牧野家の藩工となる。明治二年、士族に列し、明治四年隠居。明治二十三年一月十五日、八十六歳没。直刃、志津をねらいとした互の目乱。

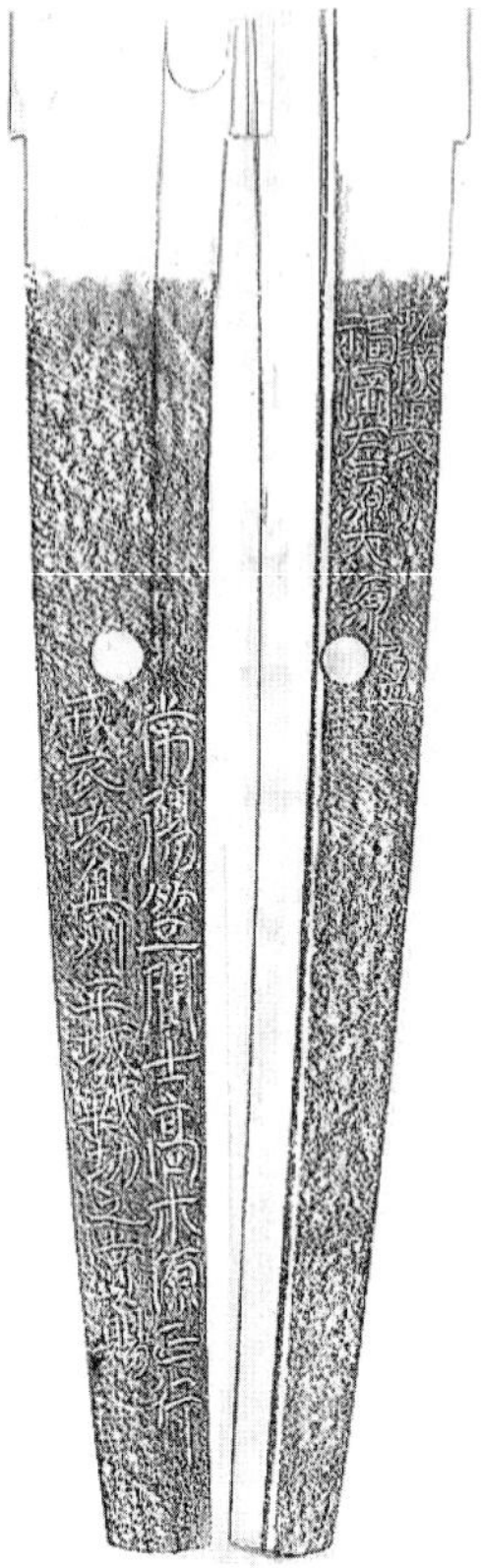

新作 正行【まさゆき】 大阪府　平成

池田辰男。昭和十三年生まれ。池田正久門。昭和四十五年作刀承認。備前伝、特に一文字を得意とする。「池田正行作之」。堺市住。

新 正幸【まさゆき】 陸奥国　江戸中期（寛文）

斎藤剣蔵。宮崎越前と号す。初銘国正。君万歳国正、安隠寺正幸などと銘す。大和守吉道門。中村住。「安隠寺正幸以南蛮鉄」「於奥州以阿蘭陀鉄造」「三品朝臣正幸」。幕末の宮崎慶心斎直正は正幸の末孫に当たる。

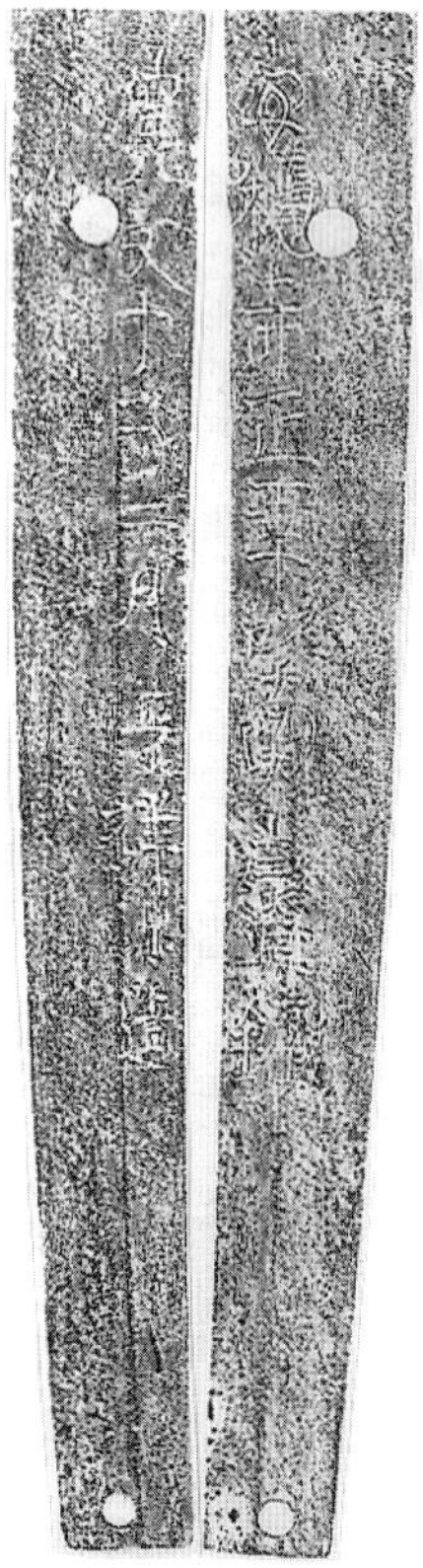

新々 正幸【まさゆき・まさよし】 伯耆守　薩摩国　江戸末期（寛政）

二代伊地知の子。次右衛門、仲蔵、平覚。初銘季陣、正平。父没後に正

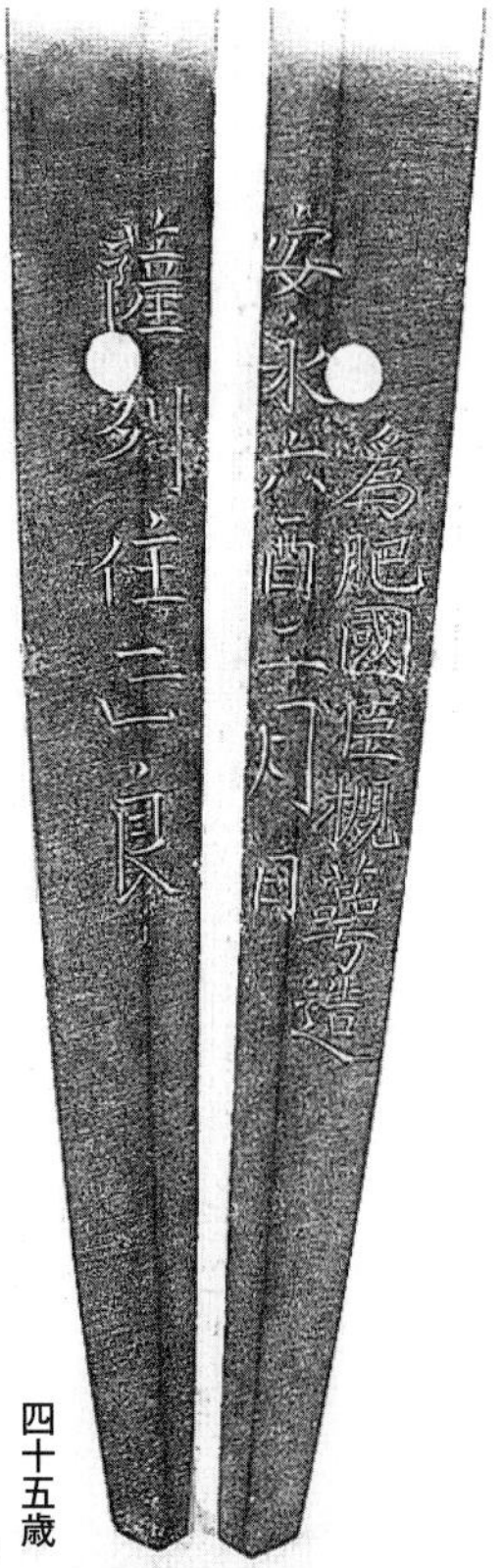

四十五歳

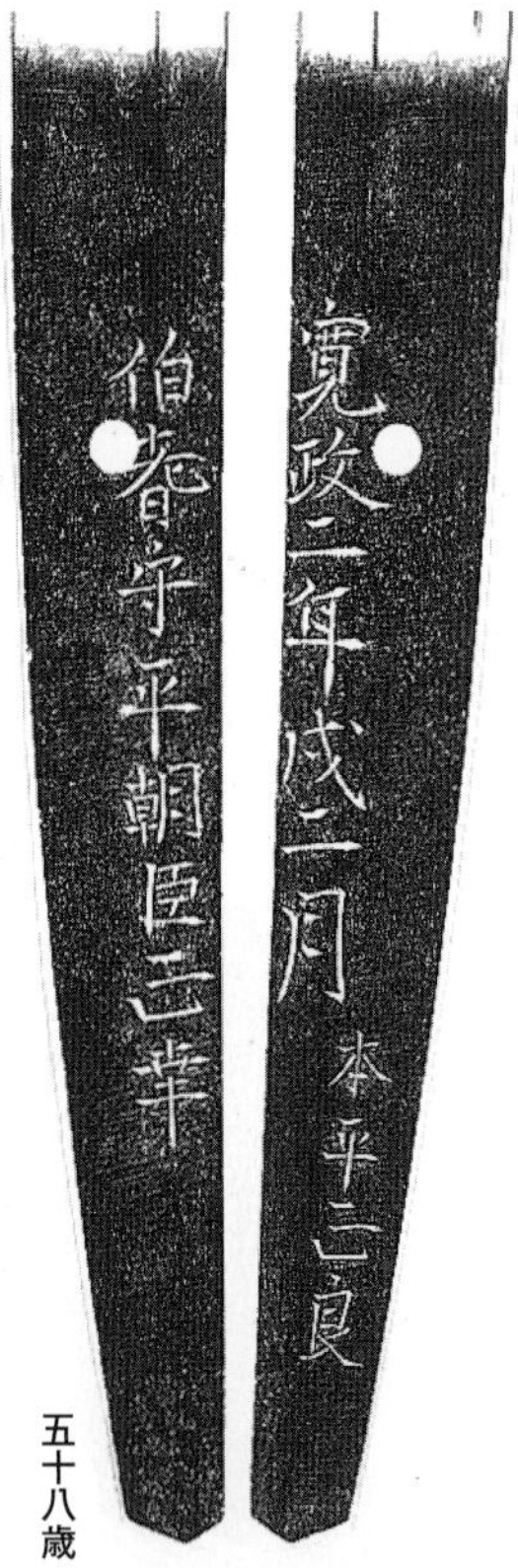

五十八歳

良を襲名して正良三代目となる。寛政元年十二月一日、伯耆守を受領して正幸と改める。『新刀弁疑』が正幸を「海内の上手」と賞すほどに、大和守元平と共に薩摩新々刀を代表する上工であり、『新刀銘集録』は四十名の門人を挙げており、水心子正秀と並んで教育面に注力した側面をのぞかせている。文政元年四月二十二日、八十六歳没。小湾れに互の目足入り、尖りごころの刃を交じえ、匂深く沸よくつき、荒沸が刃から地にこぼれ、砂流し金筋かかる。⇩正良〈三代〉の項参照。

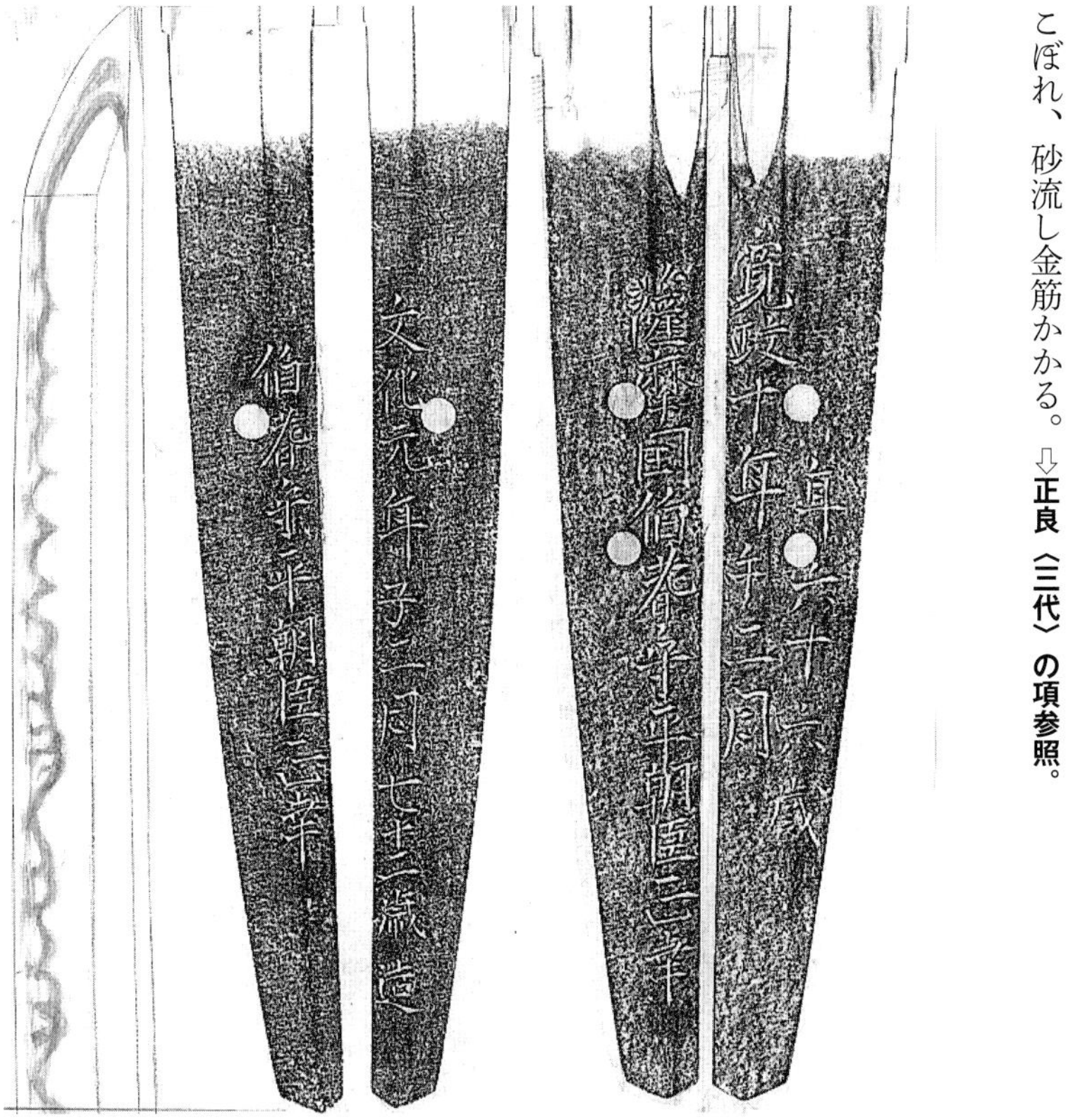

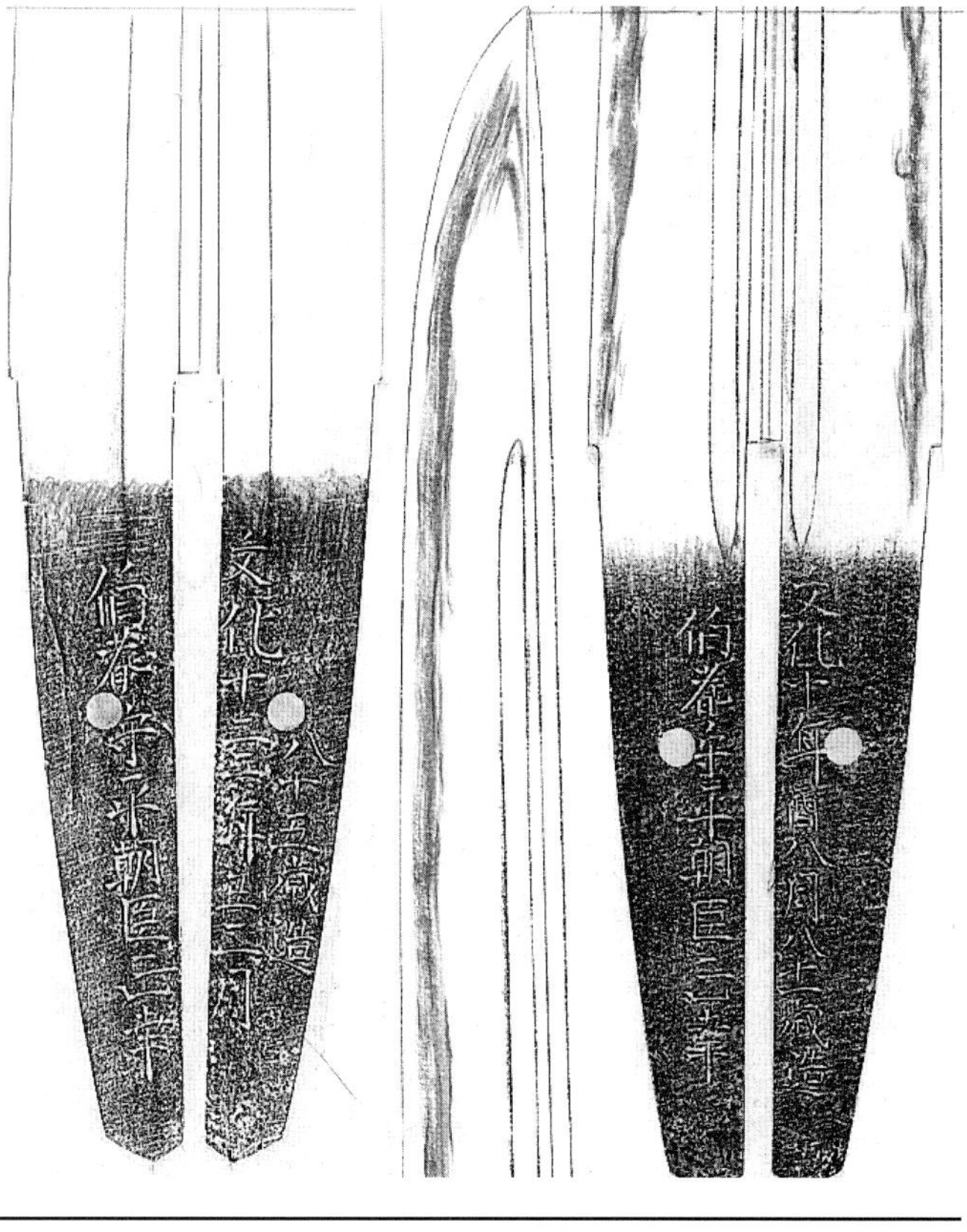

新作 正幸【まさゆき】 広島　平成

三上正幸。昭和三年生まれ。三上貞直門。平成元年、作刀承認。湾れに互の目足入り。「正幸作」。山県郡北広島町住。

新作 正幸【まさゆき】 京都　昭和

桜井正綱。桜井正次の次男。昭和十五年、京都の立命館大学に立命館日本刀研究所が設けられ、正幸は鍛刀技の伝習に努める。機械工学科の学生で日本刀研究部を創設したのが隅谷正峯で、正峯は立命館大学時代からの正幸門下。

古 正吉【まさよし】 美濃国　室町末期（天文）

坂倉関。初代は嘉吉ころ、二代は文明ころで赤坂でも造るというが、初・

二代とみられる作は未見であり、天文から永禄にかけての三代とみられる作をみる。三代のころは赤坂へ移っていたようである。「正吉」「濃州坂住正吉」「赤坂倉住正吉」。永禄ころに「酒蔵正吉作」と切銘するものがある。酒蔵は坂倉と同義で坂倉関の意であろう。

新 正吉【まさよし】 長門国　江戸中期（享保）

初銘正守。法城寺正照門。江戸住、のち長州萩へ移る。「長州住藤原石道正吉作」などと切る。互の目に丁子交じり。

新々 正吉【まさよし】 備前国　江戸末期（安永）

東庄右衛門。播州氏繁門。正成四代の孫。「備前国岡山住正吉於備州升日堀辺」などと切る。

新々 正吉【まさよし】 越後国　江戸末期（天保）

三家栄蔵。操心子と号す。越後湯沢、高田にても造る。

新作 正吉【まさよし】 東京　明治

森岡正吉。本国土佐。南海太郎朝尊の孫。宮本包則、月山貞一門。明治四十年の初めころ、大阪鎗屋町から東京麹町に移る。小石川氷川神社下に鍛刀場を開設。門下に宮口正寿、笠間繁継などがいる。宮内省御用刀匠として皇室用の刀、元帥刀を鍛え、各宮家へ出入りする。幅広の造込みのものはなく、ほとんどが小太刀風の姿の優しい作が多い。互の目、丁子乱の匂口が柔らかい。大正九年二月三日、四十六歳没。「藤原正吉謹作」「森岡正吉謹作」「正吉作」と切銘し、明治四十三年から大正七年までの作がある

新 正良【まさよし】 初代 薩摩国　江戸中期（享保）

上原十左衛門。波平安周、また丸田惣左衛門正房に学ぶ。入道して円蓮と号す。山門院出水住、のち鹿児島城下に移るという。宝暦十年十月十三日没、享年八十八。直刃調に焼低く焼出し、小湾れに互の目、沸盛んにつき烈しい。物打辺は焼幅広く皆焼状になったものがある。晩年作には二代の代銘作がある。

二代代銘

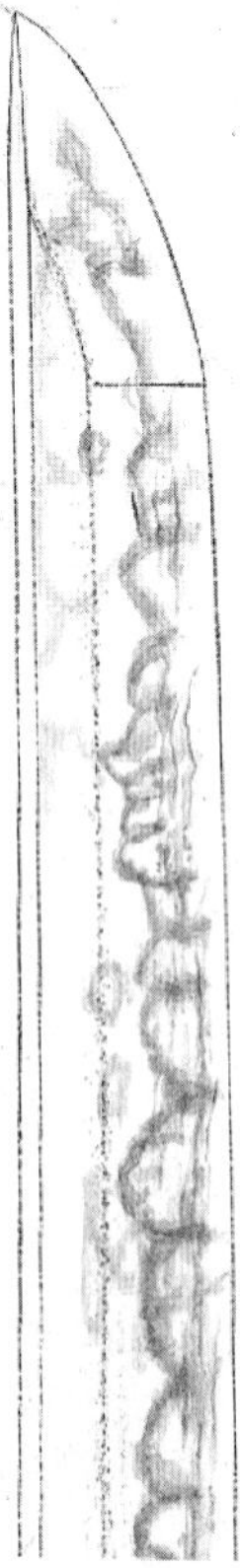

新 正良【まさよし】 二代 薩摩国　江戸中期（延享）

上原十左衛門。初代正良の子。伊地知源左衛門の養子となり伊地知八郎右衛門と改める。安永元年ころまで生存。延享五年、寛延三年の年紀作がある。鍛刀期が短く作刀数が少ない。直刃、互の目乱が初代と同調で、穏やかな風がある。

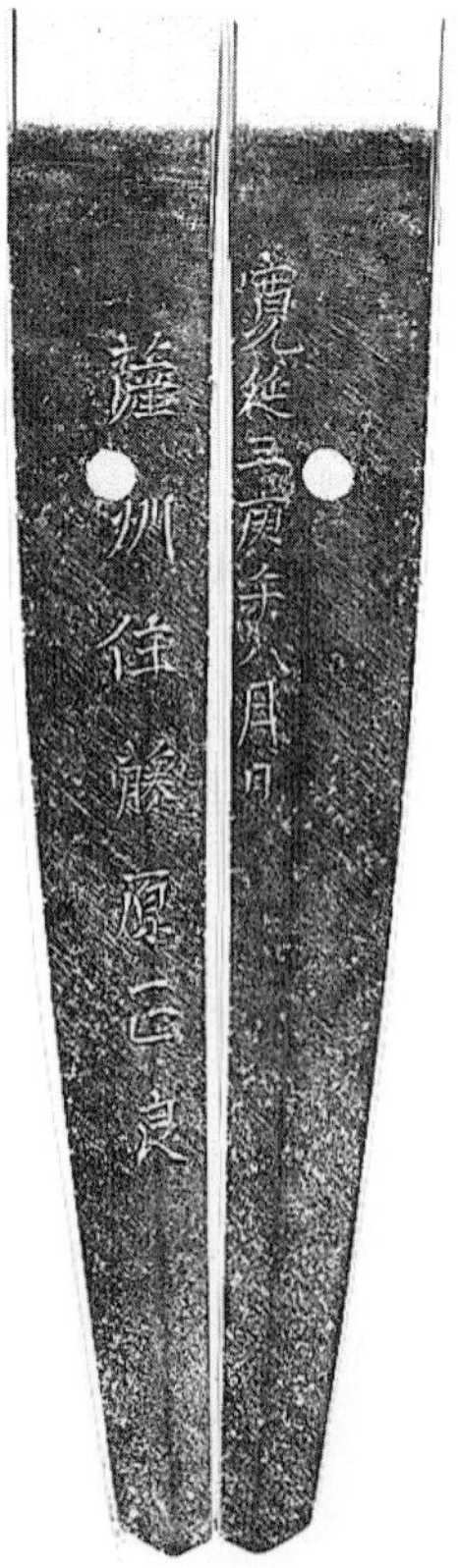

ま

まさよし

新々 正良【まさよし】三代 薩摩国 江戸末期（安永）

伊地知右衛門。二代正良の子。寛政元年十二月一日、伯耆守を受領し正幸と改める。正良銘は年紀があるものでは宝暦十四年（明和元）から天明八年まであり、正幸銘は寛政二年二月紀からのものを見受ける。文政元年、八十六歳没。正幸同人。⇩伯耆守正幸の項参照。

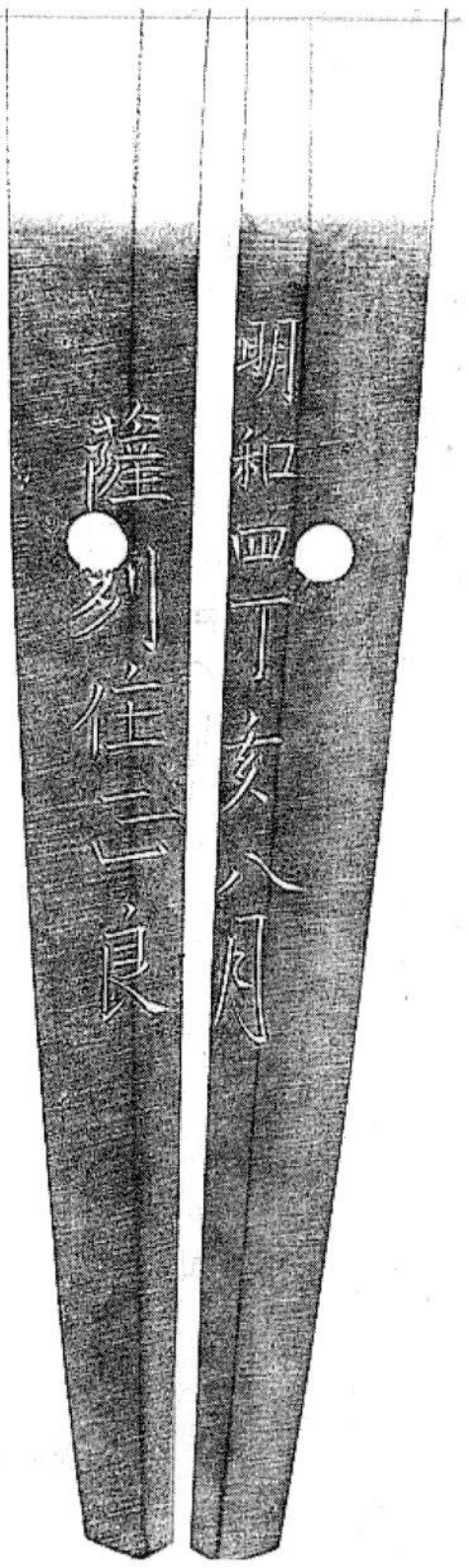

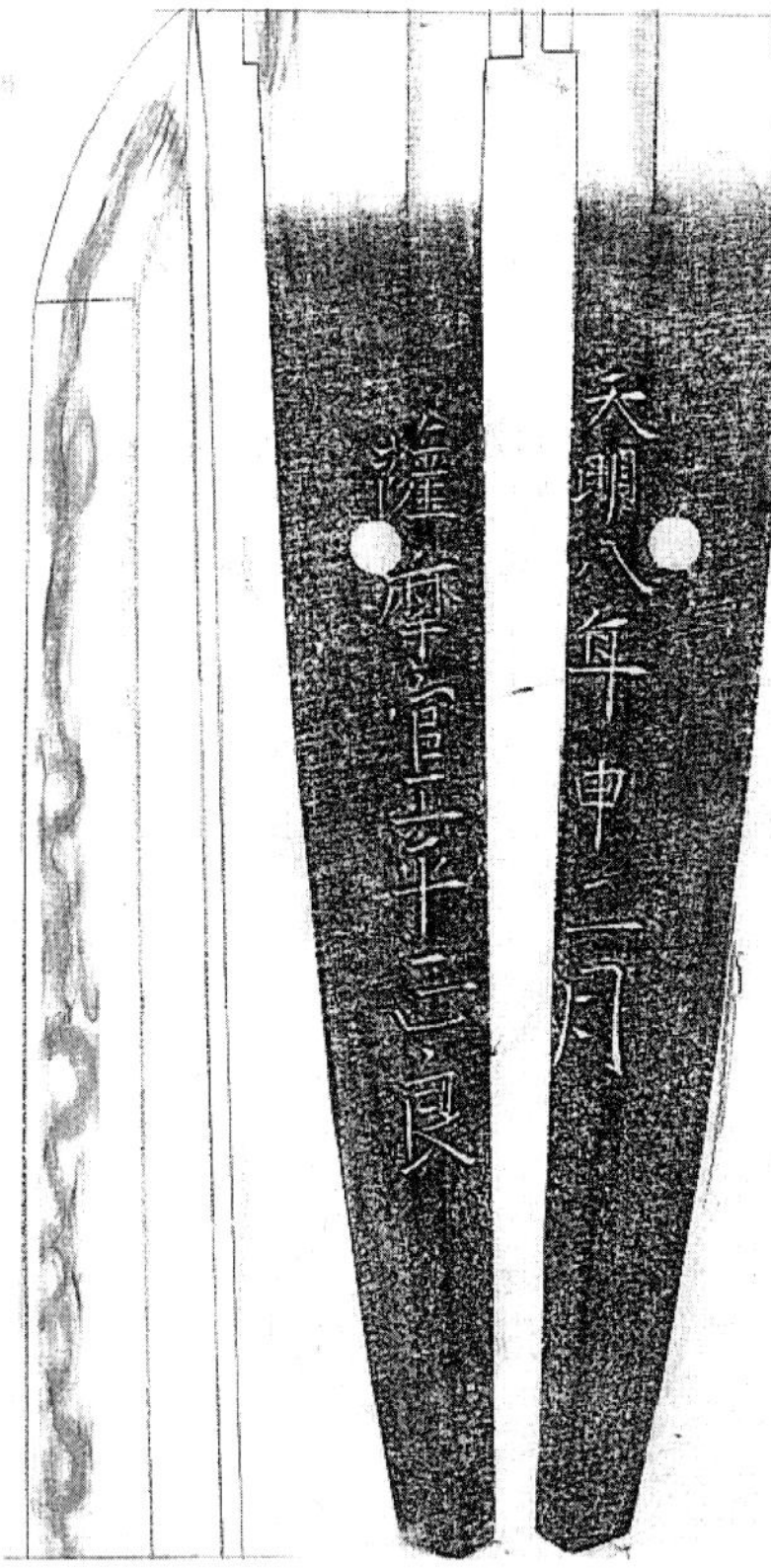

新々 正良【まさよし】四代 薩摩国 江戸末期（享和）

伊地知平蔵。伯耆守正幸長男。緒方家に養子に入り強平太と称す。父が寛政元年に受領して正幸に改めたとき、四代は正良を譲られて名乗り、のち正国と改名する。早世。

新々 正良【まさよし】五代 薩摩国 江戸末期（天保）

伊地知良厚。伯耆守正幸の末子。兄強平太が早世したのち緒方家を継ぎ、五代目正良を名乗る。文化ころから嘉永にかけて作刀がある。

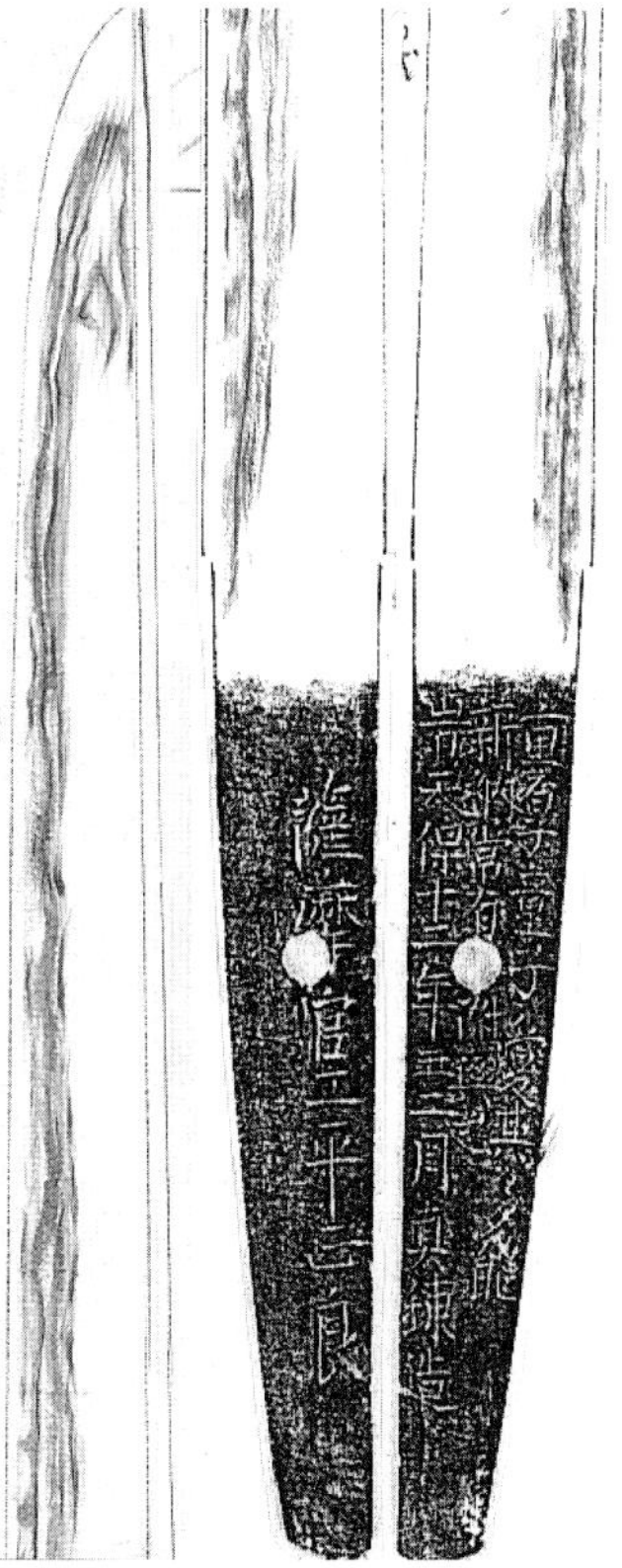

新々 正美【まさよし】 上野国 江戸末期（寛政）

堤長五郎。水心子正秀門。高崎住。「堤正美」と三字銘に切るものが多く、直刃、互の目乱、濤瀾乱など。

古 正賀【まさよし】 備後国 室町初期（応永）

五阿弥。応永ころに、ついで康正ころに同銘があり、のち文亀のころ貝三原へと継続する流れがみられる。「正賀」「備後国住正賀」。

古 正賀【まさよし】 備後国 室町末期（天文）

貝三原。天文年中から永禄にかけての年紀作がある。小湾れ調に小互の目足入り、匂口締りごころに小沸つき、ほつれ打のけかかる。「備州三原住正賀作」「備後国三原住人貝正賀作」。次代の正賀に元亀・天正作がある。

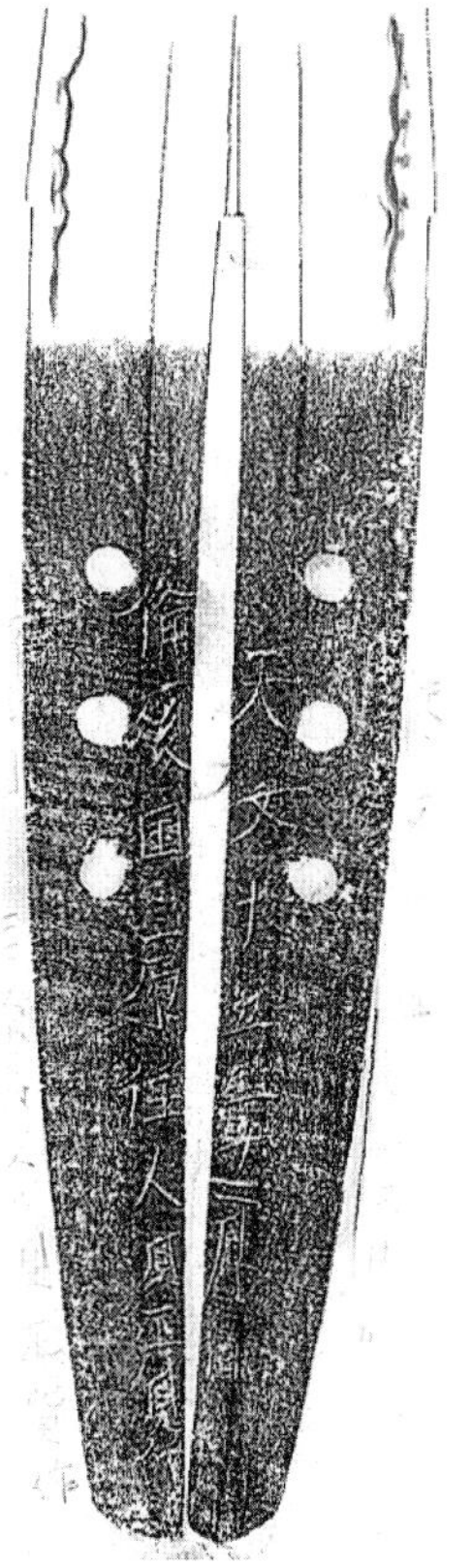

古 **正賀【まさよし】** 大和国　室町末期（天正）
金房。天正ころ。「南都住金房隼人佐藤原正賀」。

古 **正義【まさよし】** 備後国　室町末期（文亀）
貝三原。初代に文亀年紀の作がある。二代天文、三代天正。「備後国三原住正義」「備後国三原住人貝正義」。

新々 **正義【まさよし】初代** 下野国　江戸末期（寛政）
細川儀右衛門良助。落合彦右衛門義儀の子。野州鹿沼住。天明四年、水心子正秀に入門。『新刀銘集録』によると、細川氏は代々刀剣鍛冶と五月女（早乙女）蔵人勝重という甲冑鍛冶の家として継がれてきたが、家勢が衰えたため正秀に随従する、とある。寛政元年に帰国する。同九年宇都宮藩工となり、細川に改姓する。文化十一年七月二日、五十七歳没。湾れかかった直刃に小互の目足入り、互の目に丁子交じりの備前伝を焼く。作刀稀少。（系図911頁参照）

下野源正義

新々 **正義【まさよし】二代** 武蔵国　江戸末期（文政）
細川主税《ちからのすけ》佐政蔵、織之助。良助正義の嫡男として天明六年に下野国鹿沼に生まれる。江戸銀座、また神田住。作州津山藩工。初銘正方。萬年、また亀峰萬年と号す。文化二年、二十二歳で水心子正秀の門に入り、六年間学ぶ。業成って守秀と改銘する。文化十一年、父没後に正義を襲名し、多くは「作陽幕下士細川正義（刻印）」と切銘する。水心子正秀門下にあって、大慶直胤と並ぶ高足。優れた門弟を多く養成する。安政五年六月六日、七十三歳没。互の目に丁子交じり、重花丁子、逆丁子などの備前伝、大互の目乱で沸匂が深い相州伝など。

正方十九歳

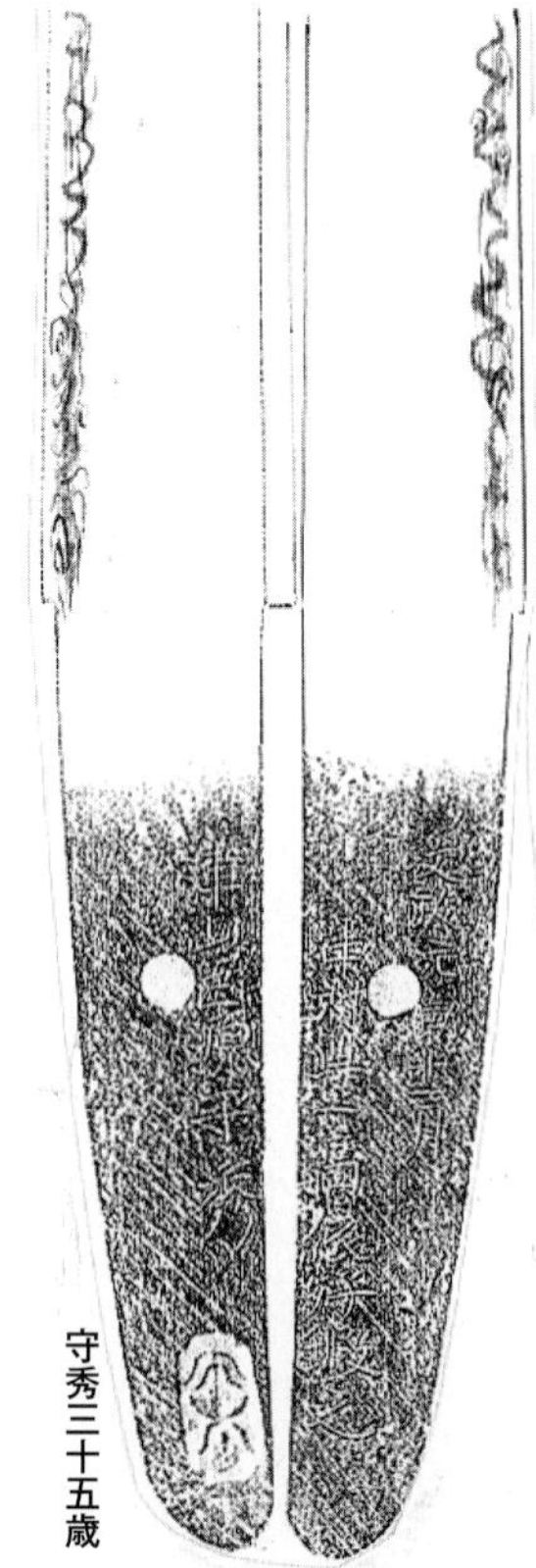
守秀三十五歳

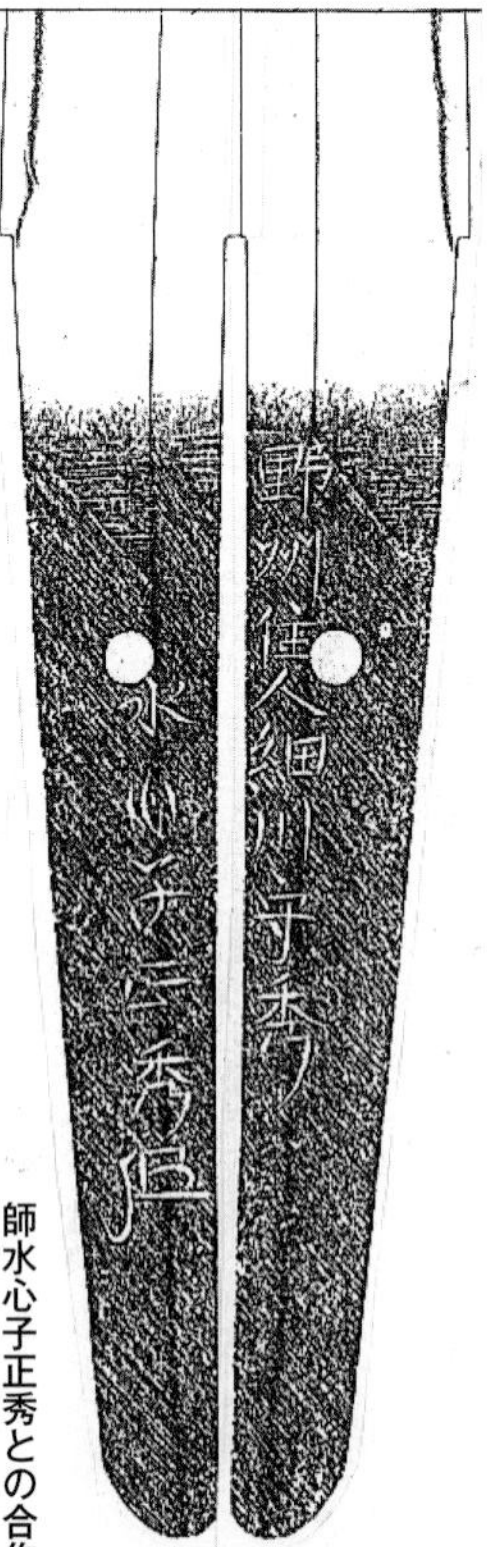
師水心子正秀との合作

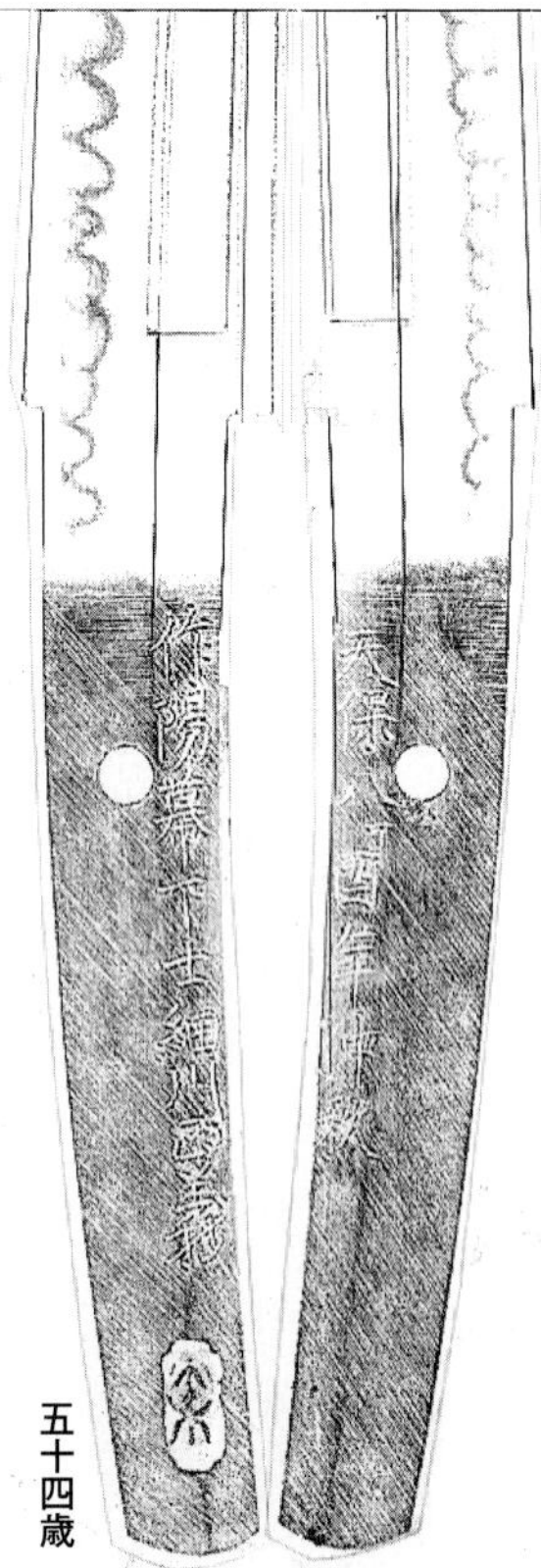
五十四歳

ま
まさよし

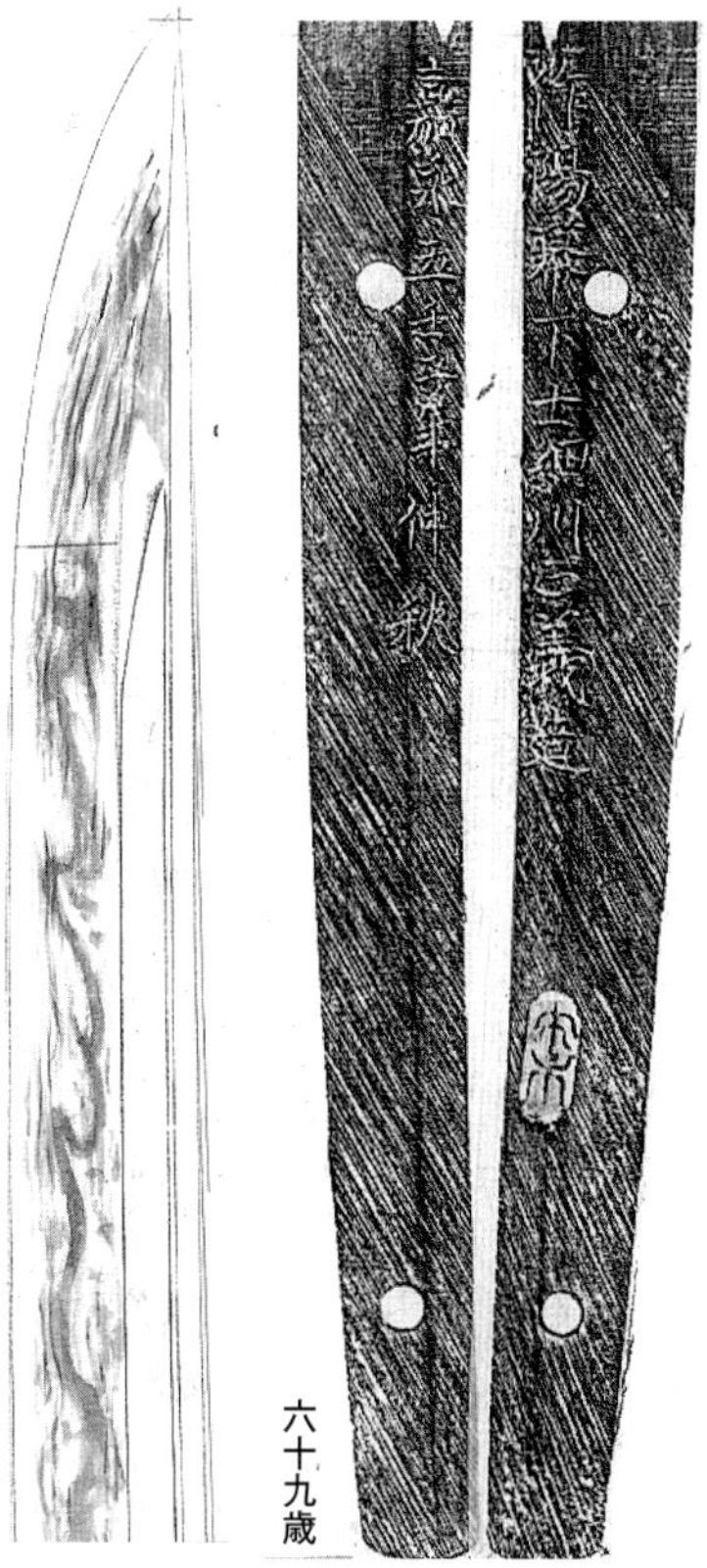

六十九歳

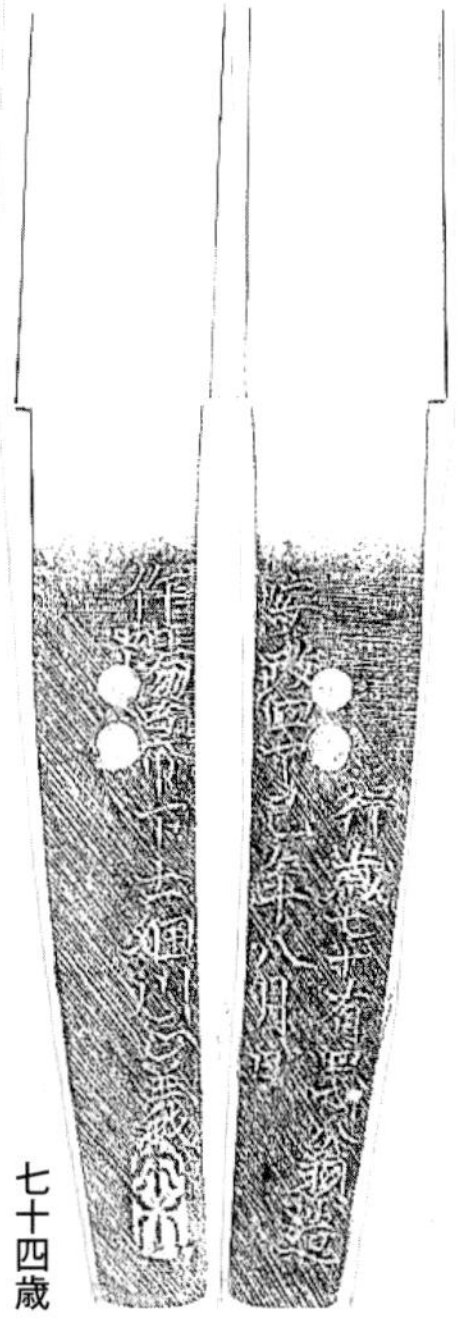

七十四歳

新々 **正義**【まさよし】**三代**　武蔵国　江戸末期（文久）

細川仙之助。二代正義の嫡男。初銘正守。父没後三代正義を襲名する。津山藩工。明治二十九年五月、七十五歳没。⇩正守の項参照。

新々 **正義**【まさよし】　武蔵国　江戸末期（元治）

細川長太郎。二代主税佐正義の四男。江戸深川大工町住。

新々 **正義**【まさよし】　薩摩国　江戸末期（寛政）

主馬首を受領。薩州正良門。「於薩州住正良宅」と切るのがある。

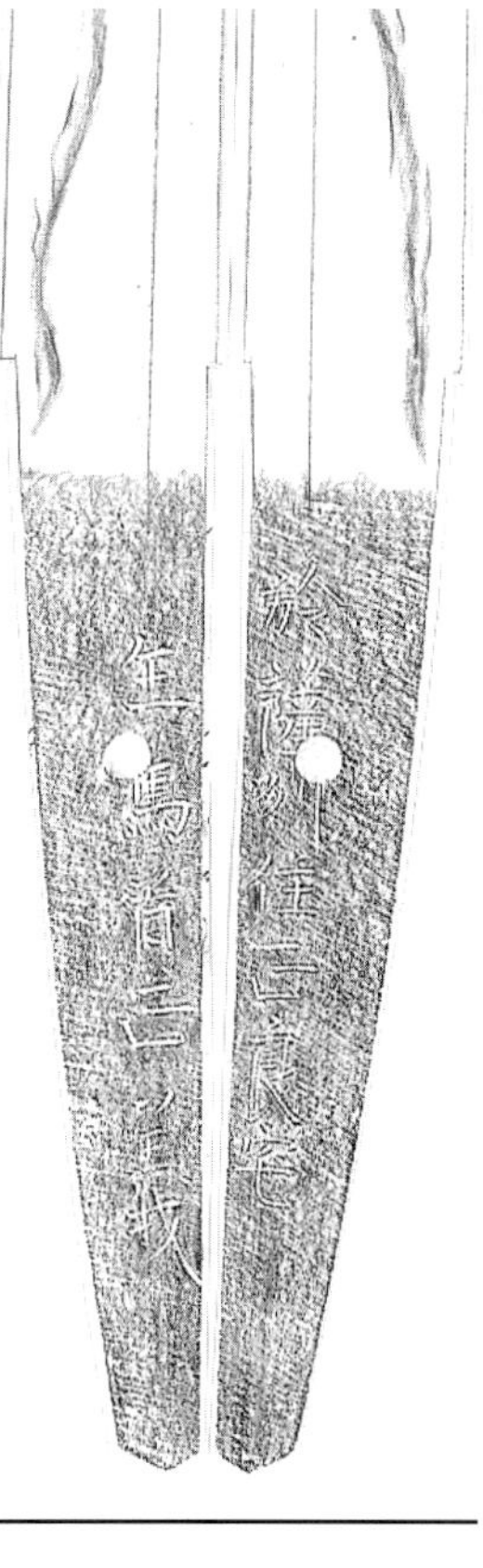

新々 **正義**【まさよし】　筑後国　江戸末期（慶応）

三家弓馬輔。「三家正義作之」と切る。湾れに小互の目、小丁子交じる。安政から慶応にかけての作がある。

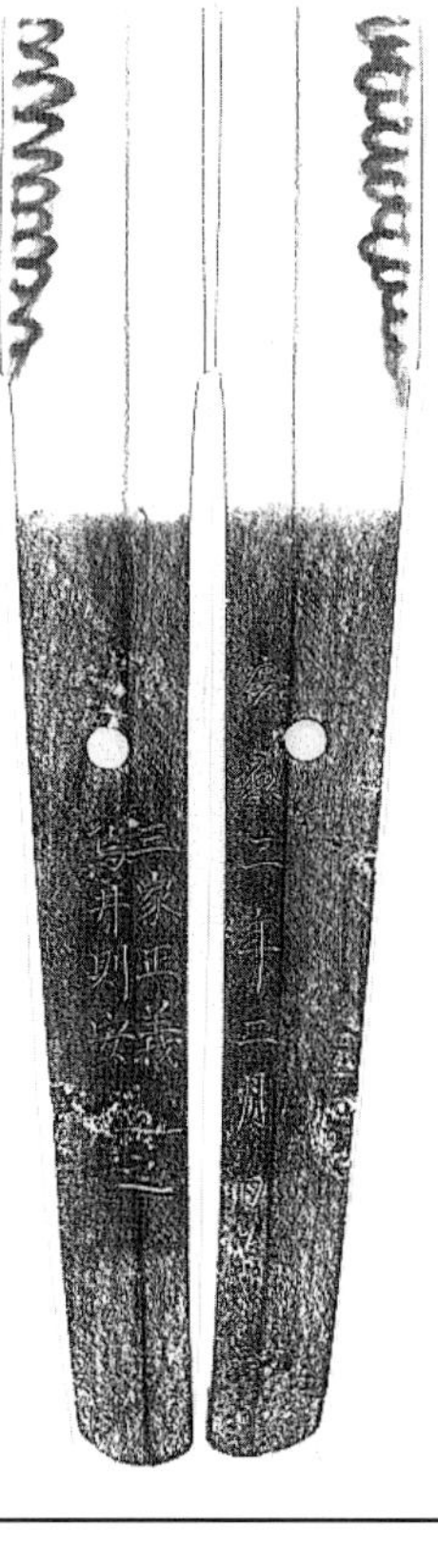

新作 **正義**【まさよし】　栃木　昭和

細川重雄。父正光に師事。初代良助正義から七代目に当たる。昭和十五年から同十七年の応召まで作刀。戦後は昭和三十年から作刀技術発表会に出品し入選。「埜州住細川正義」と切る。鹿沼住。

新 **正慶**【まさよし】　武蔵国　桃山期（寛永）

本国駿河安西。野田繁慶門。湾れ乱がほつれ、二重刃かかり、地に太い地景を入れ〝ひじき肌〟を呈した相伝の作は師風をよく表わす。作刀稀少。

古 昌国【まさくに】 肥後国 室町末期（文明）

石貫。石貫氏は肥後の名族で、延寿派の末流という。玉名郡石貫村住。文明ころ。「石貫昌国」「肥州玉名住石貫昌国」。

新作 昌親【まさちか】 福岡 平成

宗正敏。昭和三十三年生まれ。宗勉門。平成元年独立し、作刀承認。平成二年から新作名刀展に出品、優秀賞、協会会長賞、文化庁長官賞、高松宮賞など受賞。平成十八年、無鑑査認定。涛瀾乱。「筑州住宗昌親造之」。博多区山王住。

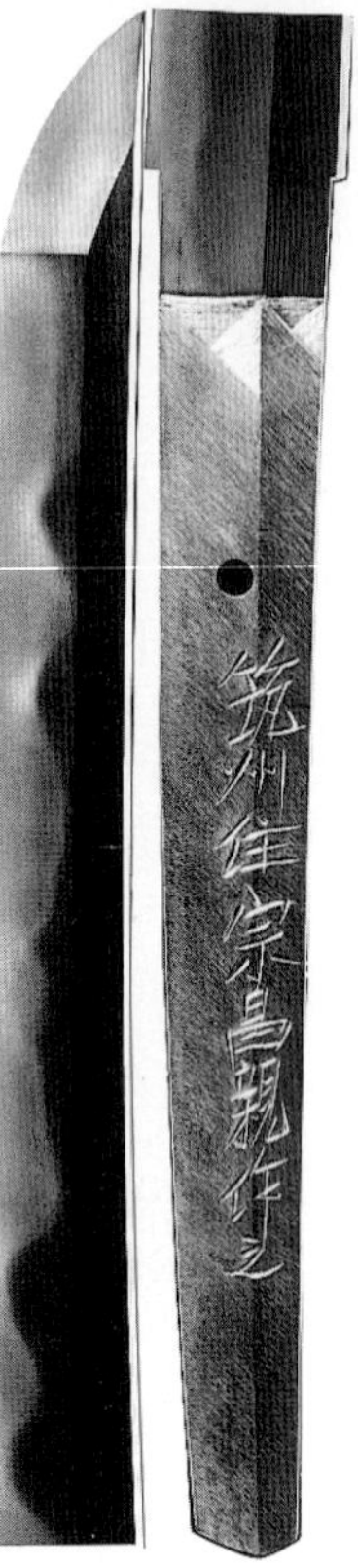

古 昌利【まさとし】 出羽国 室町末期（天文）

月山。谷地住（現・山形県東根市谷地）。天文ころ。「月山昌利」。

新々 昌直【まさなお】 肥後国 江戸末期（寛政）

松村永記。初銘透明。肥後熊本藩士。薩州正良門。のち江戸へ出て水心子正秀門に入り、また十一代相州綱広に学び鍛法の術を得る。『刀剣或問』の著作がある。天保五年十一月十二日、七十歳没。直刃、互の目乱、地に大板目肌を表し、越中則重を意識して写したと思われる肌合いのものがある。

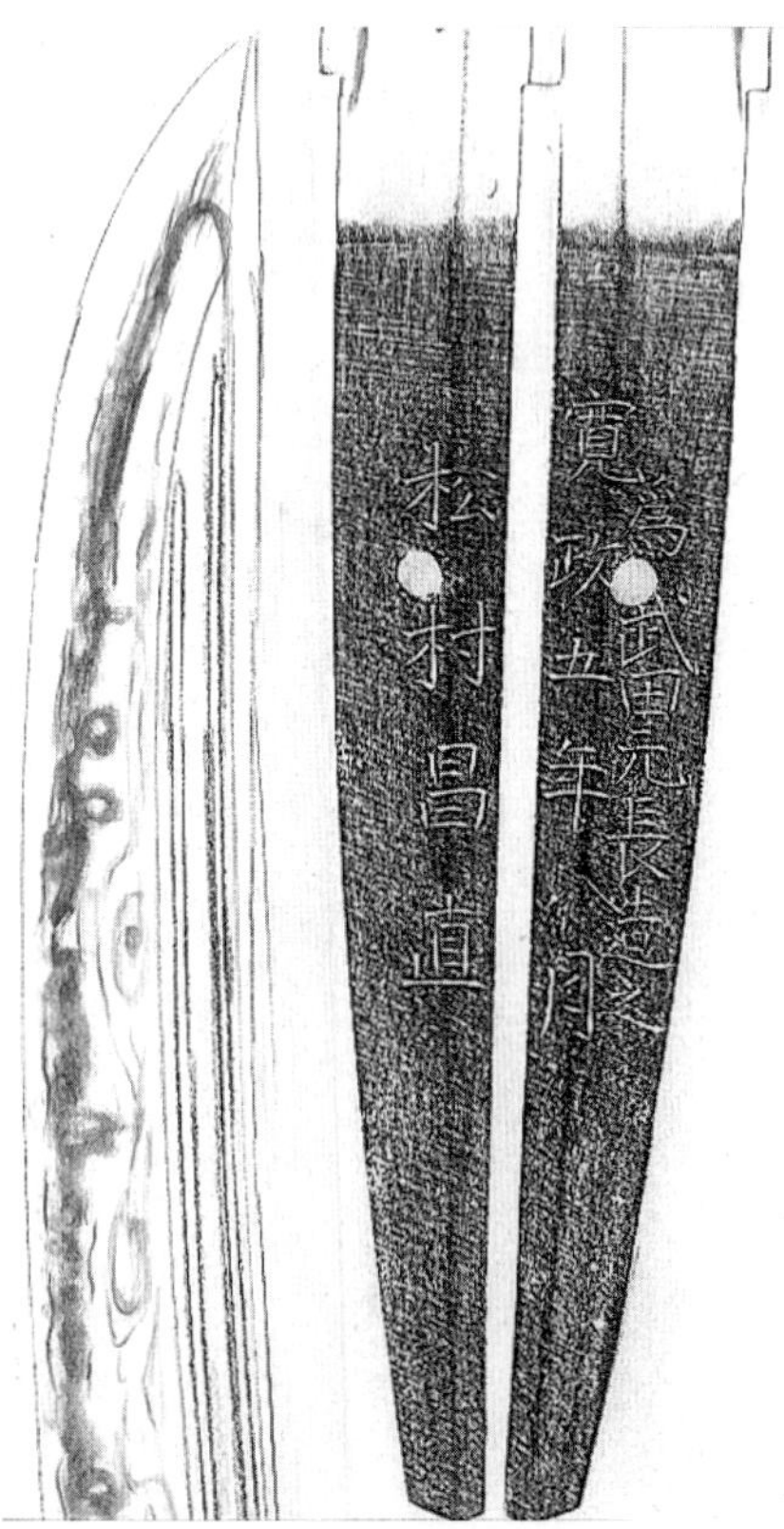

新々 昌広【まさひろ】 肥後国 江戸末期（文化）

松村昌直門。後藤姓。天心子と号す。直刃が湾れかかり、小互の目足入り、ほつれ、砂流しかかり、匂口沈む。

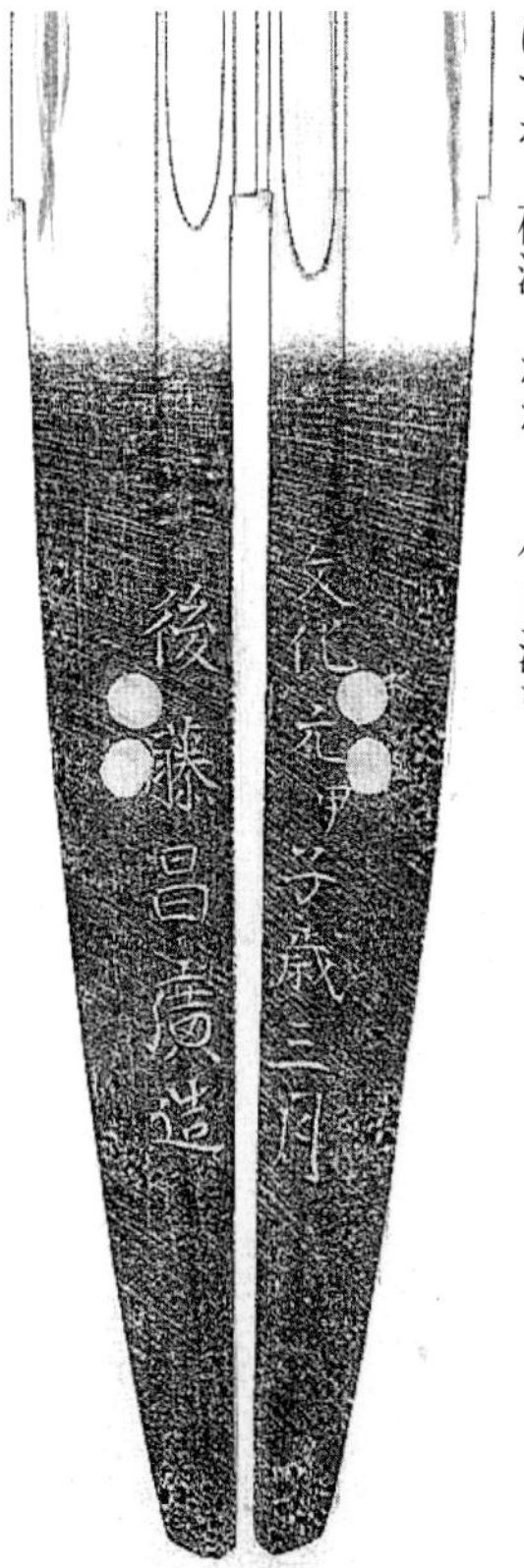

古 昌行【まさゆき】 薩摩国 室町初期（応永）

波平。小湾れに小互の目交じり、ほつれ、打のけ、湯走りかかり、刃縁に変化があり、小沸つく。応永ころ。「波平昌行」。

古 **政家**【まさいえ】 備後国 南北朝期（文和）
古三原。右衛門尉。正家弟。文和二年紀があり、三原物で最も古い。「備州住政家」。

古 **政家**【まさいえ】 備後国 南北朝期（貞治）
古三原。左京亮。正家子。貞治ころ。「備州住左京亮政家」「備州住政家作」。同銘が室町期に嘉吉、文明、文亀と続く。

古 **政清**【まさきよ】 備後国 南北朝期（応安）
古三原。政家弟。左衛門尉。応安ころ。「政清」「備後国住左衛門尉政清」。

新 **政国**【まさくに】 **初代** 山城国 桃山期（元和）
「平安城住政国」と切り、元和二年紀の作がある。

新 **政国**【まさくに】 **二代** 山城国 江戸中期（寛文）
平安城住、のち大坂に移る。湾れ乱、互の目乱など。

古 **政定**【まささだ】 大和国 室町末期（永禄）
金房。左衛門尉。藤原のち金房辻住。永禄ころ。「南都住人金房左衛門尉政定」「南都住藤原朝臣金房左衛門尉政定」。

古 **政貞**【まささだ】 大和国 室町末期（天正）
金房。兵衛尉。南都宝蔵院に従属する刀工の一人。鎗の作を得意とする。「金房兵衛尉政貞」。

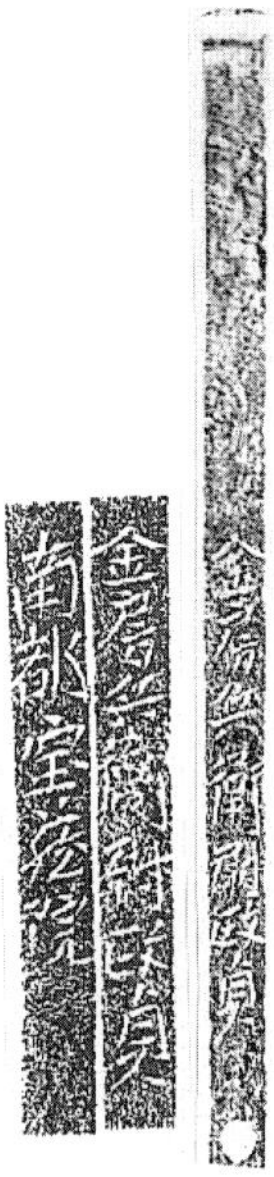

新作 **政重**【まさしげ】 長崎 昭和
松林政重。明治十九年、米八の長男として長崎に生まれる。独学で鍛刀技を習得し、日本刀展覧会で特選。昭和十九年、陸軍軍刀展覧会会長賞を受賞する。昭和二十八年九月二十日、六十七歳没。

新作 **政賢**【まさたか】 東京 昭和
高野賢一。明治二十四年生まれ。酒井一貫斎繁政門。研磨を平島七万三に学ぶ。第四回新作名刀展から出品し入選。青梅市住。

古 **政次**【まさつぐ】 **初代** 大和国 室町末期（天文）
金房。兵衛尉。大和手掻の末流。奈良藤原、また子守住。天文から永禄にかけての作がある。匂いの締った広直刃、互の目乱。帽子の返りが長く、棟を焼くものが多い。板目に柾流れ、肌立ち気味。彫物を得意とする。「南都子守住藤原政次」「南都住金房兵衛尉政次」。

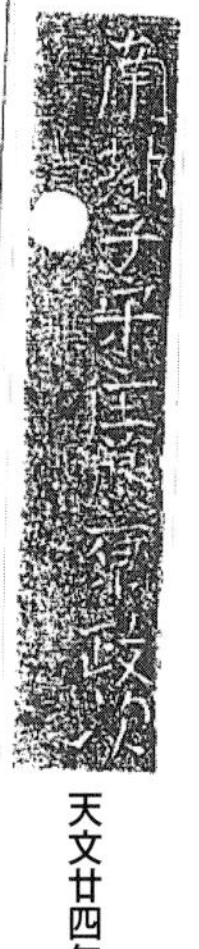
天文廿四年七月吉日

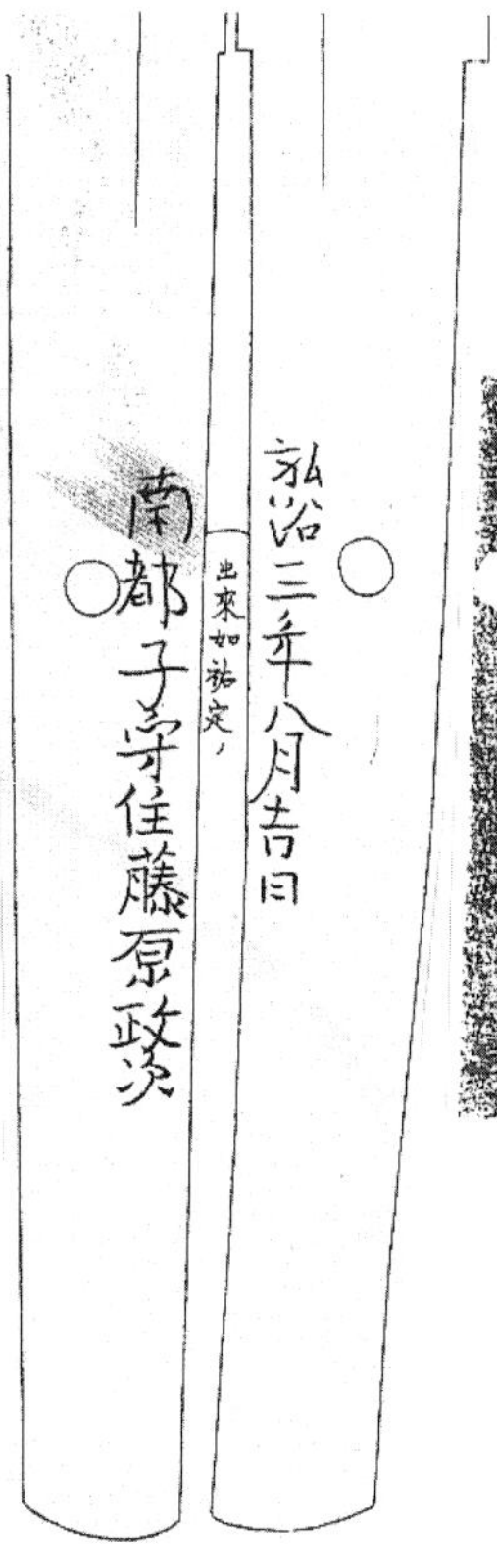
『光山押形』

古 **政次**【まさつぐ】 **二代** 大和国 室町末期（天正）
金房兵衛尉。正次同人。天正四年から十八年紀までの作がある。身幅広く重ね厚く、切先が延びた頑丈な造りの刀が多い。鍛えは板目に柾交じり、地沸つき、肌立ちごころ。刃文は広直刃、互の目乱、足・葉をよく入れて沸つき、砂流しかかる。「南都住金房兵衛尉政次」「南都住藤原朝

臣金房兵衛尉政次」。政字の「正」を略体に切る。初代は楷書体である。

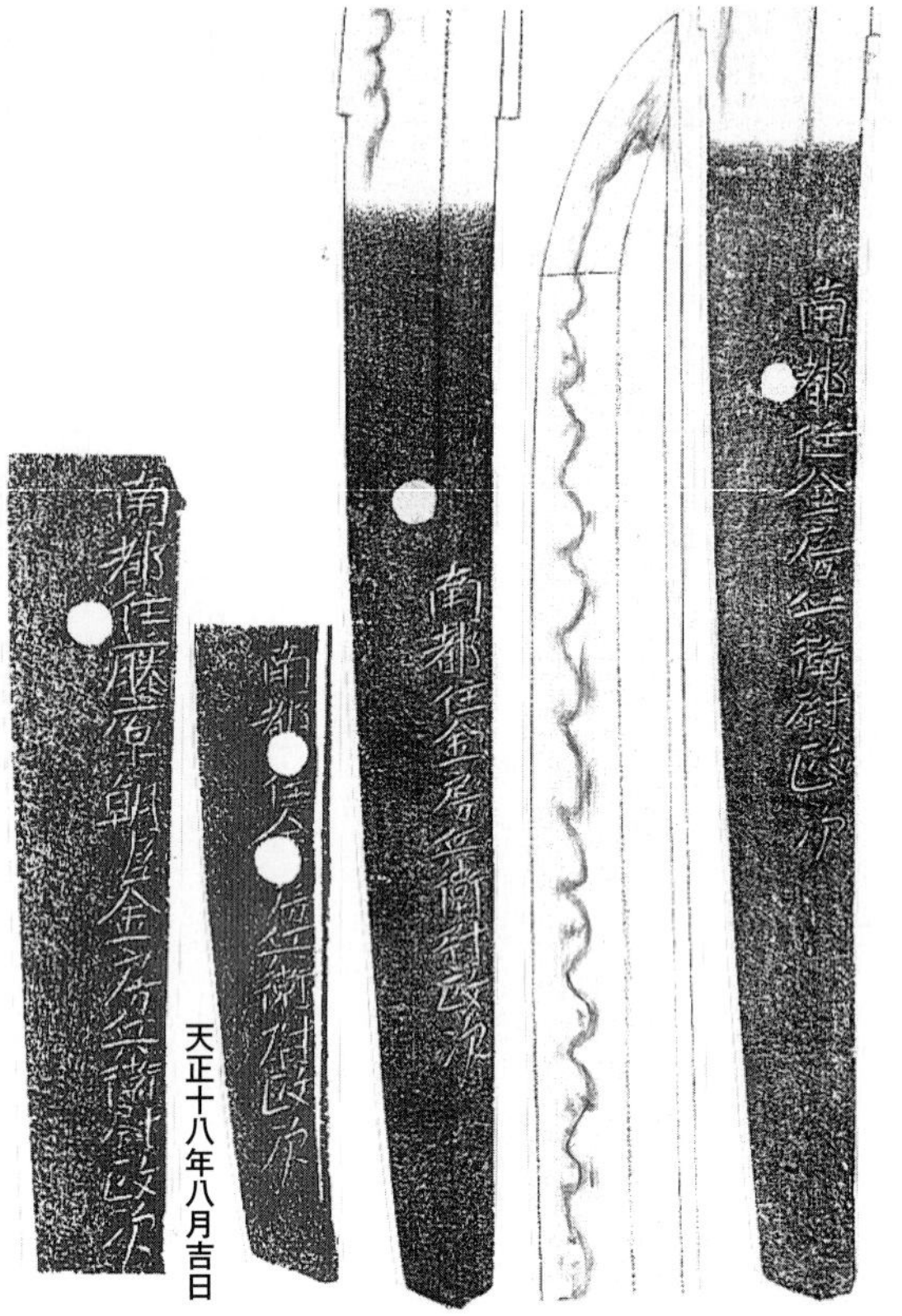

古 **政次**【まさつぐ】　大和国　室町末期（弘治）

金房。右衛門尉。初代兵衛尉政次の弟。奈良子守住。子守は子守明神の門前に位置し、近房辻と呼ばれる。「南都子守住藤原政次」「南都住人金房右衛門尉政次」。

新作 **政次**【まさつぐ】　豊前国　昭和

徳永義臣。豊前政行の子。小倉住。陸軍受命刀匠。昭和四十年十二月、六十九歳没。「小倉住紀政次」「豊前住紀政次之作」。

新 **政常**【まさつね】　相模守　初代　尾張国　桃山期（慶長）

納戸左助のち太郎助。助右衛門兼常の次男として天文四年、美濃国納戸に生まれる。永禄十年、尾張春日部小牧村に分家独立して移り兼常と銘す。のち清洲に移り福島正則に抱えられ政常と改める。天正二十年五月十一日、五十七歳時に関白秀次の斡旋で飛騨守氏房、伯耆守信高と共に相模守を受領する。慶長五年、関ヶ原役後、松平忠吉に抱えられ名古屋城下に移住。慶長十二年に隠居して嫡子太郎助政常に業を譲ったが、その二年後の慶長十四年に二代が急逝したため、再び現役に復帰、以降は「相模守政常入道」と銘して作刀する。慶長十五年以後、名古屋城下富田町に移る。元和五年二月二十八日、八十四歳没。刀、脇指は少なく短刀が多く、鎗、薙刀を得意とする。直刃が多く、湾れ、直刃に小乱、互の目交じり、匂口が沈みごころとなり、直刃は匂口が締り、ほつれたものなどがある。

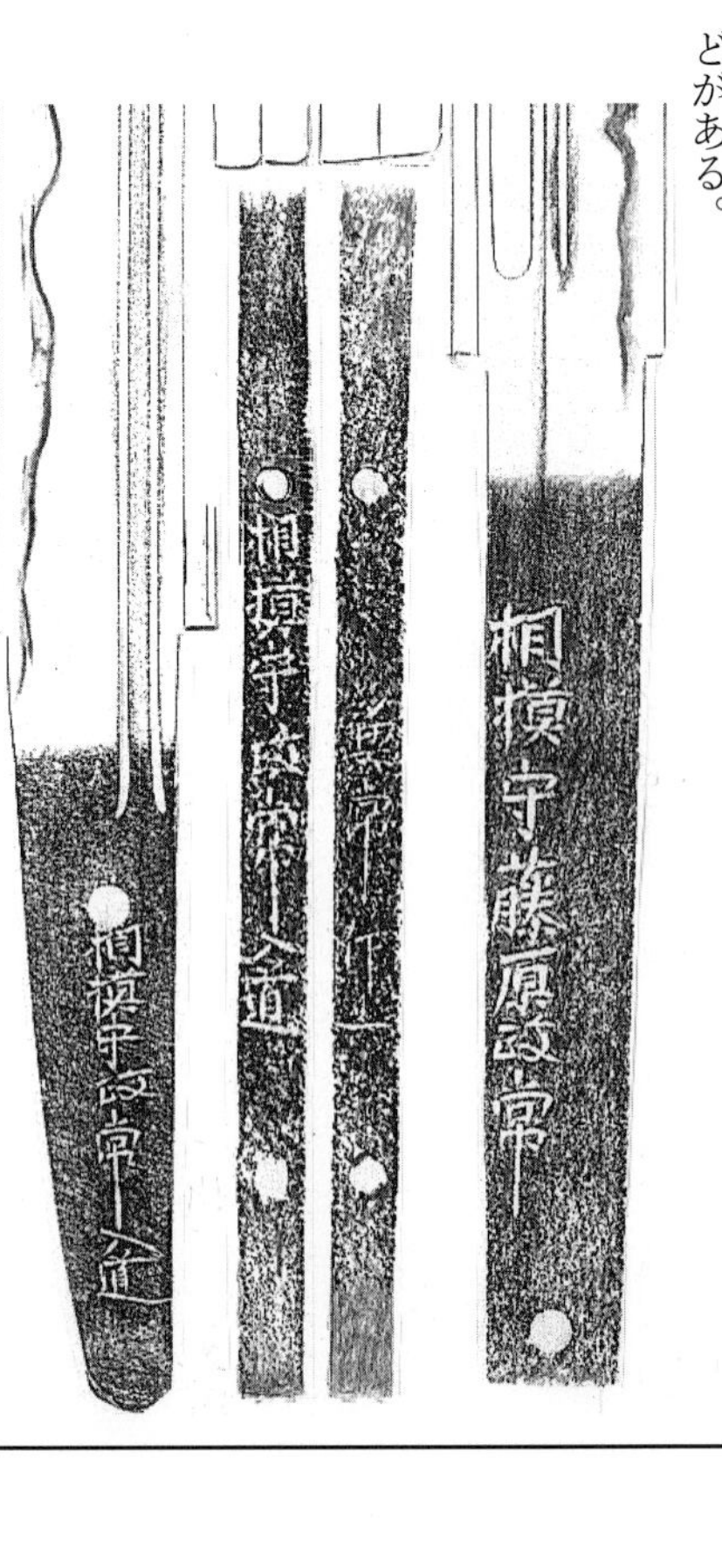

新 **政常**【まさつね】　相模守　二代　尾張国　桃山期（慶長）

納戸太郎助。初代政常の嫡子。慶長十二年、家督相続し、同年四月に尾張家から知行百石を給される。慶長十四年五月五日に早世する。初代が隠居した慶長十二年から後の二年間に鍛刀しているが、作刀はほとんどみない。

新 **政常**【まさつね】　美濃守　三代　尾張国　桃山期（寛永）

納戸太郎助。美濃国大道の子。二代政常が早世したので養子となり三代政常を継ぐ。元和五年、美濃守を受領する。元和六年九月、尾張家から知行百石を賜わる。寛文五年七月二十八日没。「三代目なれど世に二代目と唱う」（『古今鍛冶備考』）という。直刃、湾れに互の目交じりなど初代に似る。彫物歴代中の上手。小柄小刀が多い。

新 **政常**【まさつね】 美濃守 四代 尾張国 江戸中期（寛文）

納戸左助、左助尉。寛文五年家督相続。美濃守を受領。元禄二年二月十六日、六十歳没。直刃に小互の目、尖り互の目交じり、茎先が入山形に先尖る。

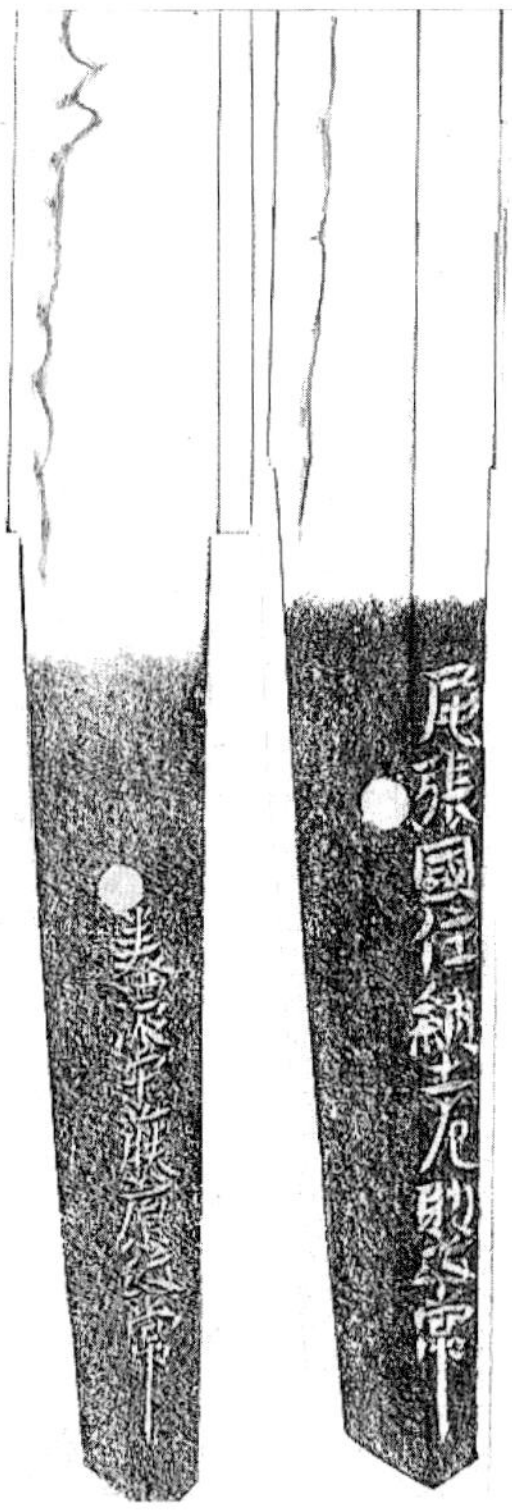

新 **政常**【まさつね】 美濃守 五代 尾張国 江戸中期（享保）

納戸秀之助、のち左助。元禄二年五月、家督相続。正徳より鍛刀をはじめ、寛保二年、六十歳没。◆六代庄助は安永五年没。七代元治は天明ころ。

新々 **政常**【まさつね】 美濃守 八代 尾張国 江戸末期（寛政）

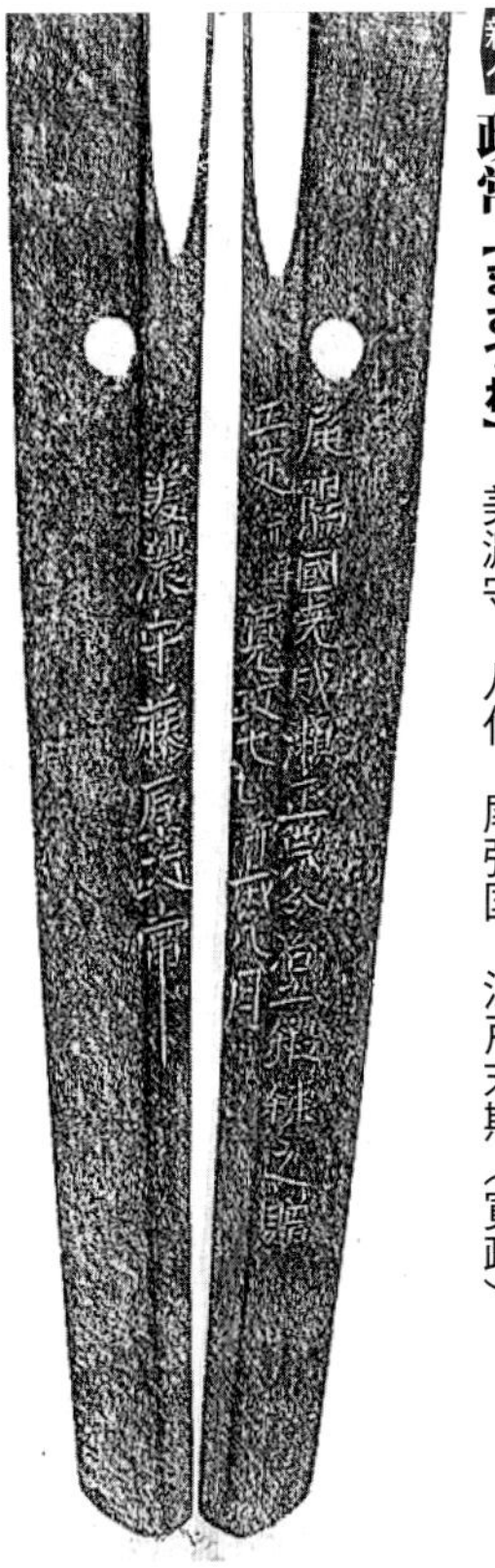

納戸左太郎。八代目政常。湾れに互の目、尖り刃を交じえ、砂流しかかる志津風の作。◆九代弘化ころ。十代太郎助、慶応ころと続く。

古 **政俊**【まさとし】 **初代** 相模国 室町末期（永正）

小田原相州、島田定広門。「相州住政俊」「相州小田原住政俊」。

古 **政俊**【まさとし】 **二代** 相模国 室町末期（天正）

初代政俊の子。正俊同人という。常州石岡でも造る。「相州住正俊」「相模国住政俊」。

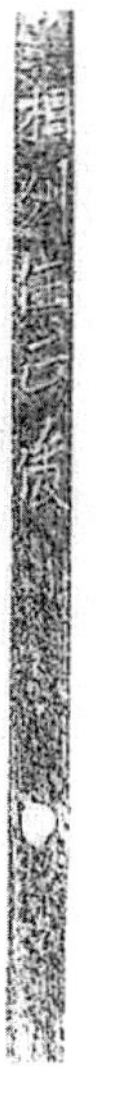

古 **政長**【まさなが】 大和国 室町末期（永正）

手掻。藤原住。金房の祖という。「大和国住藤原政長」。金房派は藤原からのち子守の金房辻へ移る。二代大永、三代天正ころ。

新 **政長**【まさなが】 三好 初代 岩代国 桃山期（寛永）

三好利右衛門、藤四郎。三好長国の子。初銘正長。生国予州松山、のち上京して埋忠明寿の門に入り彫刻の技を学ぶ。大坂の陣に従軍する。寛永四年、加藤家の移封に伴い、父長国と共に会津に移る。寛永二十年（十年とも）に正長を政長に改める。正保五年正月二十三日、五十歳没。直刃、互の目足入り、小沸つく。

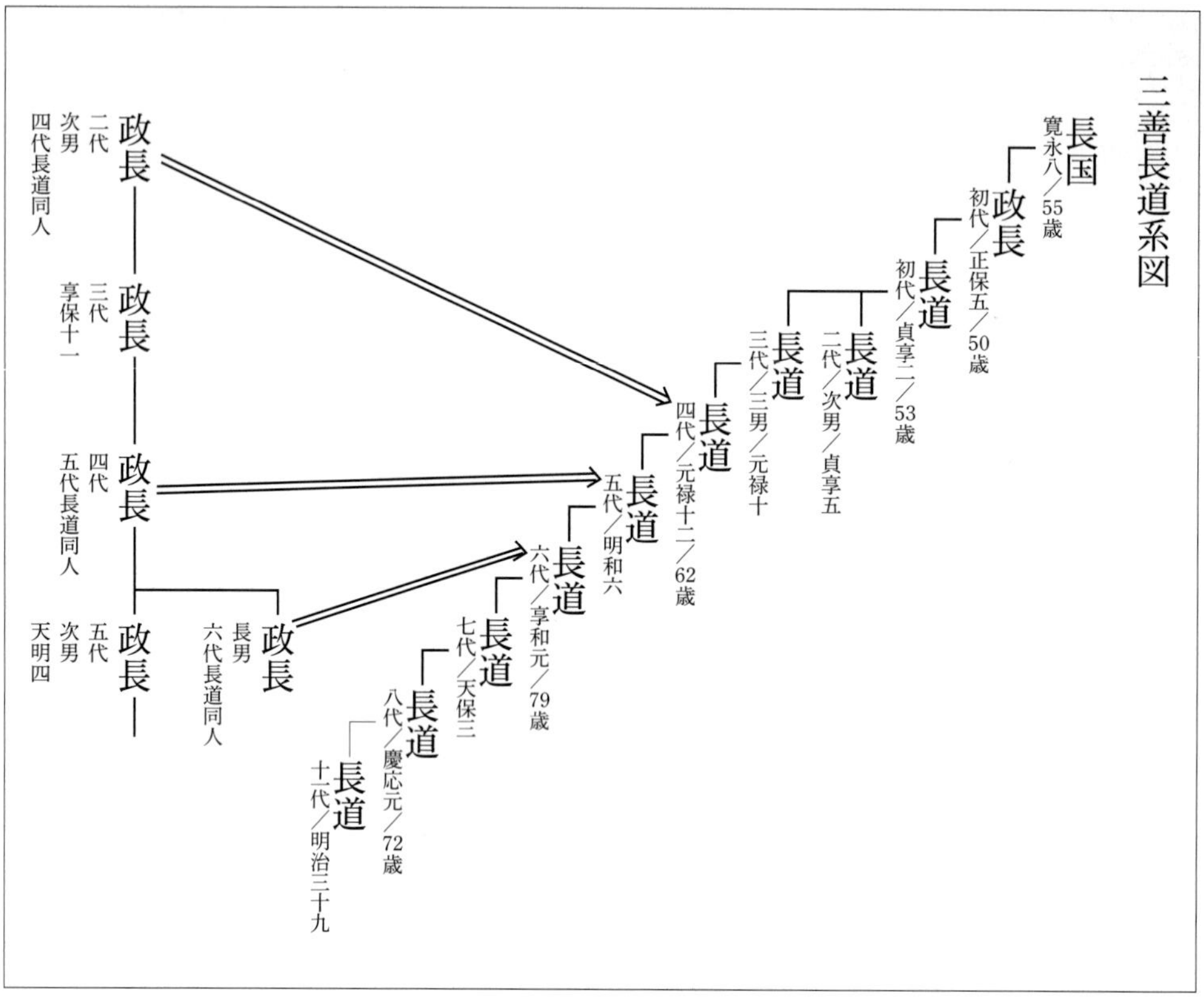

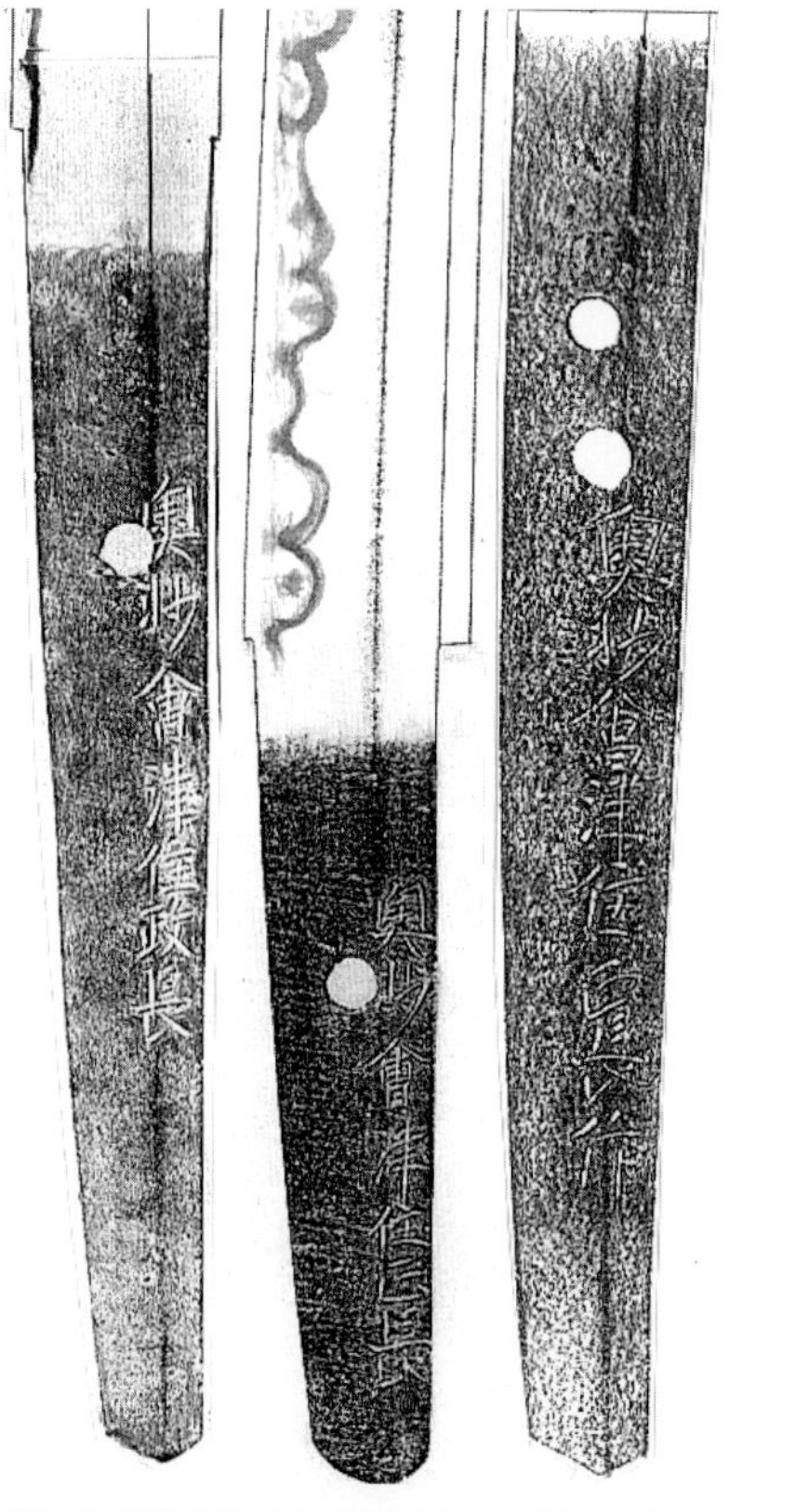

新 政長【まさなが】 三好　二代　岩代国　江戸中期（延宝）

三好利右衛門。初代政長の次男、初代長道の弟。長道と同居する。初銘長富正富。延宝ころに政長に改める。長兄長道の長男が早世(延宝七年)し、次男が二代長道を継いだが没し（貞享五年）、三男の三代長道が自刃して（元禄十年）絶家となったため、藩命により、この時期すでに老弱であったが長道四代目を継ぐ。元禄十二年七月七日、六十二歳没。彫物の巧者。四代長道同人。⇩**長道〈四代〉の項参照。**

新 政長【まさなが】 三善　三代　岩代国　江戸中期（正徳）

三善市左衛門、藤四郎。二代政長の子。歴代中の上手、彫物もある。享保十一年六月二十二日没。

新 政長【まさなが】 三善　四代　岩代国　江戸中期（延享）

三善岩之助、藤四郎。十七歳で父の跡を継ぎ、若狭守道辰について業を修める。宗家長道家五代目を継ぎ、政長から長道に改める。長男が長道六代、次男が政長五代を継ぐ。明和六年十一月二日没。作刀は稀。五代長道同人。⇩長道〈五代〉の項参照。

古 政則【まさのり】 播磨国　室町末期（長享）

赤松義雅子、満祐の甥。赤松一族を再興し播磨、美作、備前の三国を治めて旧に復す。応仁の乱には細川方に与する。長船鍛治左京進宗光を相鍛治にして鍛刀する。文明十二年から明応三年ころまでの作刀があり、打刀、短刀の作がある。互の目乱を焼くものが多く、宗光・勝光の作に類す。明応五年四月二十五日、四十二歳没。「赤松兵部少輔朝臣政則作」「従四位左京太夫源朝臣政則作」「源朝臣政則」。

古 政秀【まさひで】 大隅国　室町末期（天文）

隅州住。天文ころ。「隅州住政秀」。

新々 政秀【まさひで】 尾張国　江戸末期（慶応）

「尾張国政秀」と切る。慶応・明治年紀の作がある。

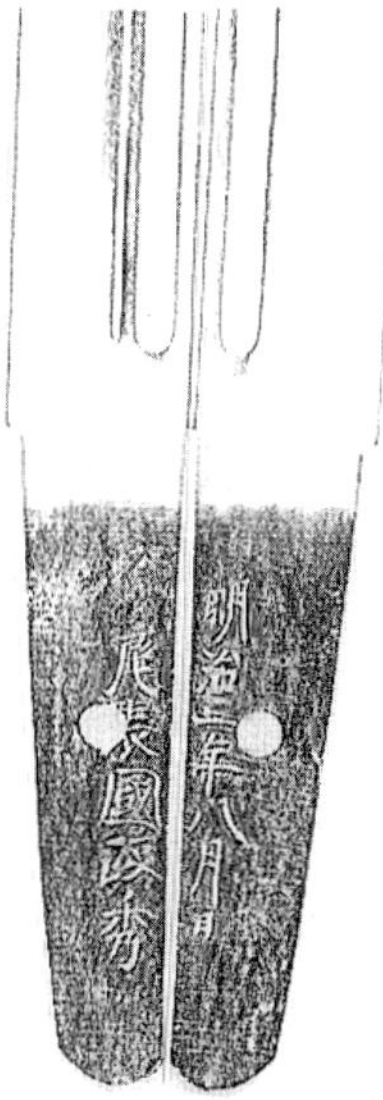

新 政平【まさひら】初代 豊前国　江戸中期（宝永）

高田荘太夫。藍沢友行（行勝）嫡男。本国豊後、のち豊前小倉に移住する。小倉藩工。藩主の仰せにより藤原から紀姓に、藍沢から高田氏に改める。宝永七年、朝鮮通信使への贈刀鍛冶に選ばれ大太刀、大長刀の製作に当たる。

新 政平【まさひら】二代 豊前国　江戸中期（享保）

高田彦太郎。庄太夫、のち伴右衛門。初代の嫡男。初代の早世により、

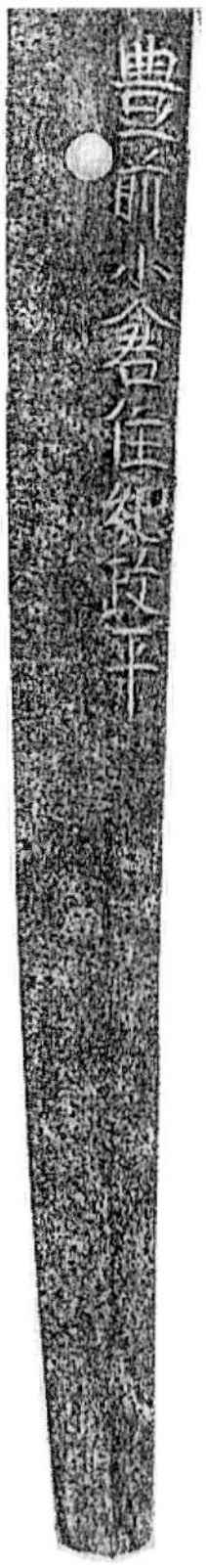

享保九年、十五歳で家督相続。享保十三年、河内守本行に学び、鍛造の技を修得する。小倉藩工。直刃を得意とする。

古 政広【まさひろ】 備後国　南北朝期（永徳）

古三原。左衛門尉。初代正家の子、また初代政家の子ともいう。「備州住左衛門尉政広作」。三原政広は室町期に続き応永、嘉吉、永正に作刀する。

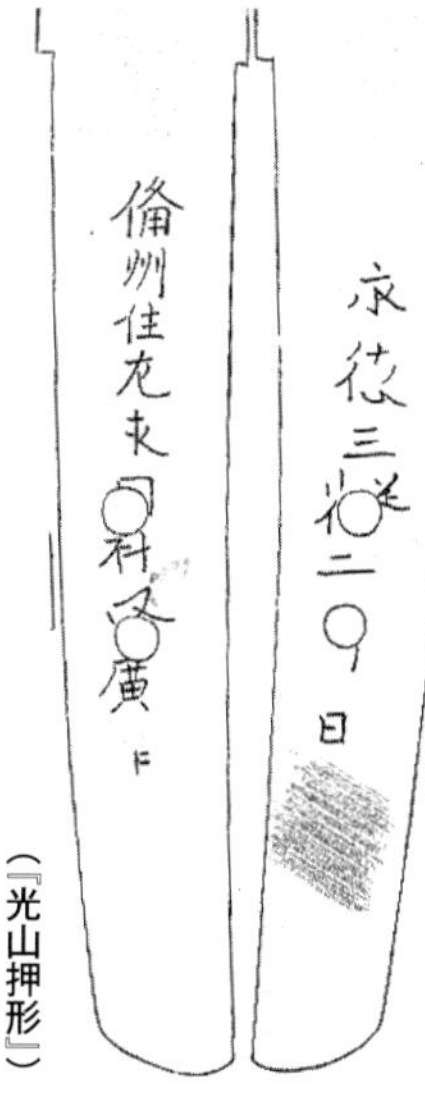

（『光山押形』）

新々 政広【まさひろ】 豊前国　江戸末期（慶応）

長谷川藤四郎。初銘吉広。本国阿波。備前長船で鍛刀技を学ぶ。慶応元年、小倉藩に抱えられ藩工となり、政広と改める。紀姓。豊前小倉、また中津住。元治元年から明治四年紀までの作がある。

古 政光【まさみつ】 備前国　南北朝期（延文）

兼光門、また子という。年紀のある作は延文二年から応永六年まで、この間四十二年を算する。康応・明徳のころに作風と銘作が変化しているので、このころからのち二代作となるであろうとの見方があるが、これまでの資料からは初・二代を明確に識別するには至らない。応安から以降は兼光の作刀はみられず、一門中の倫光、基光、政光などが自作を世に出している時期である。政光の作風は師兼光に似るが、総体に小づむ傾

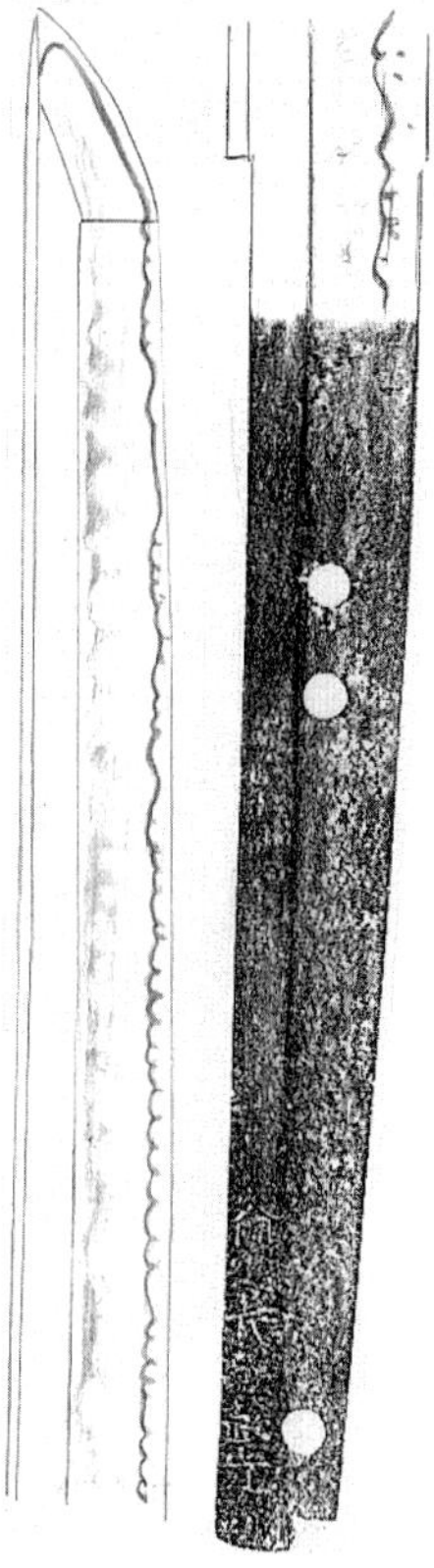

向があり、浅い湾れに小互の目交じり、小互の目が揃いがちに肩落互の目風のものなどがある。「政光」「備州長船政光」。

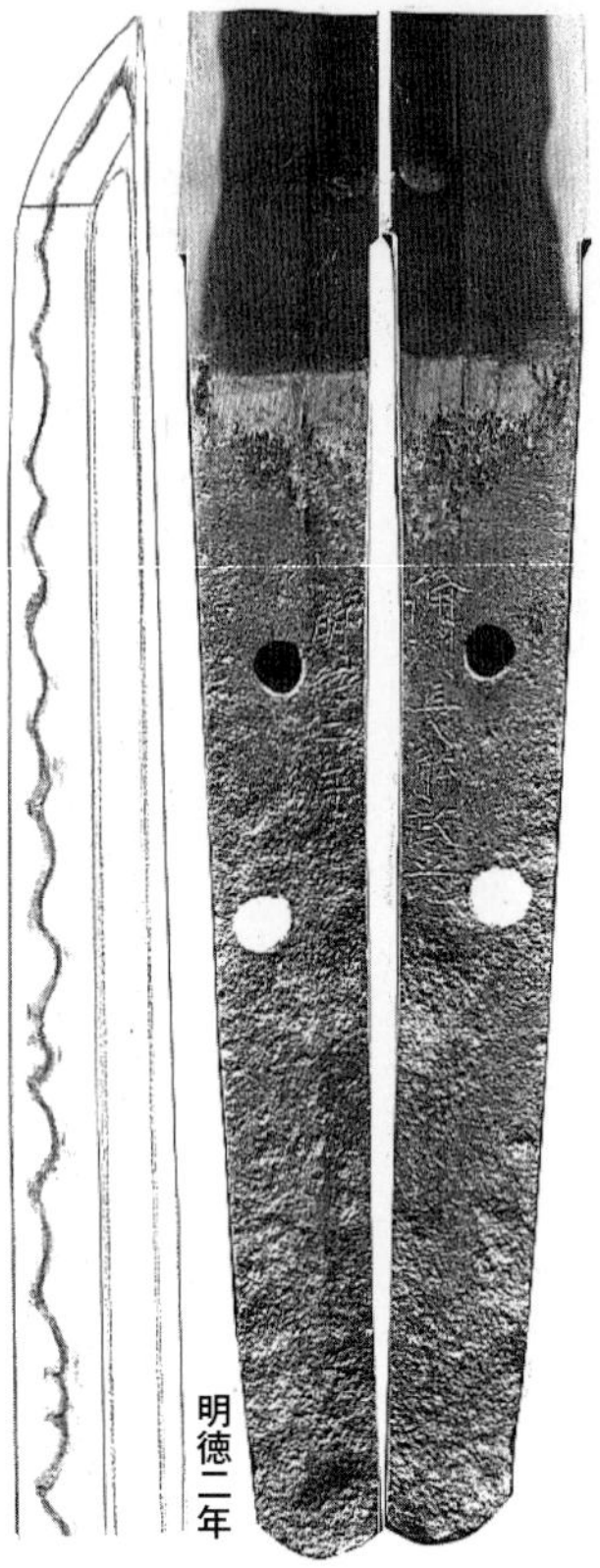
明徳二年

新作 政光【まさみつ】 埼玉　平成
高野光治。昭和七年生まれ。高野政賢門。新作名刀展入選六回、努力賞一回。「政光作」。本庄市住。幕末嘉永ころの明林子長高の後裔。

古 政宗【まさむね】 備後国　南北朝期（永徳）
古三原。正広門。永徳ころ。「政宗」。同銘が五阿弥に永享ころ、康正ころにあり、貝三原には永禄ころにある。永禄ころは「政宗孫右衛門」と銘す。

古 政盛【まさもり】 伊勢国　室町末期（文亀）
雲林院《うじい》。手掻の末流で大和藤原より安芸郡芸濃町雲林院に移住し鍛刀する。末手掻の作風で直刃にほつれ、打のけかかるもの、互の目乱も焼く。「雲林院政宗」「雲林院政宗作」。同銘が二代天文、三代天正と続く。

新 政行【まさゆき】 豊後国　江戸中期（寛文）
豊後高田。「豊後高田住藤原政行」と切る。

新作 政行【まさゆき】 豊前国　大正
徳永氏。紀政広門。小倉住。子政次の代銘作が多い。昭和二十九年没。

新作 政幸【まさゆき】 埼玉　昭和
新井政幸。明治四十一年生まれ。酒井繁政門。一貫斎を号す。岩槻区本町住。

新々 政吉【まさよし】 下総国　江戸末期（寛政）
黒田源兵衛。初銘政次。京のち江戸へ移る。大坂にても作る。下総佐倉藩工。手柄山正繁門。鷹諶二代目の名跡を継ぐ。⇩**鷹諶《たかのぶ》〈二代〉の項参照。**

新々 政吉【まさよし】 若狭守四代・政吉五代　上野国　江戸末期（文政）
蟻川政吉。幼名和歌吉。沢田土岐家、のち川越松平家抱工。文久三年没。「蟻川若狭守四代政吉」と切銘するのは「若狭守四代目の政吉」で、政吉では五代目に当たる。◆初代政吉は蟻川波右衛門、宝暦十一年没。二代政吉は明和四年若狭守を受領、初代若狭守に当たる。安永三年没。三代政吉は二代若狭守、文化十四年没。四代政吉は三代若狭守。

新作 真光【まさみつ】 岡山　平成
藤本真吾。昭和三十八年生まれ。藤本秀光門。昭和六十年、作刀承認。逆丁子乱。「備中国住眞光作」。新見市哲多町住。

新作 将成【まさしげ】 群馬　平成
工藤芳洋《よしひろ》。昭和五十一年生まれ。藤安将平門。平成十五年作刀承認。同十六年新作刀展覧会努力賞、新人賞、同十七年優秀賞。同十八年新作名刀展短刀の部努力賞。「将成作」「将成　彫同作」。桐生市住。直刃、小

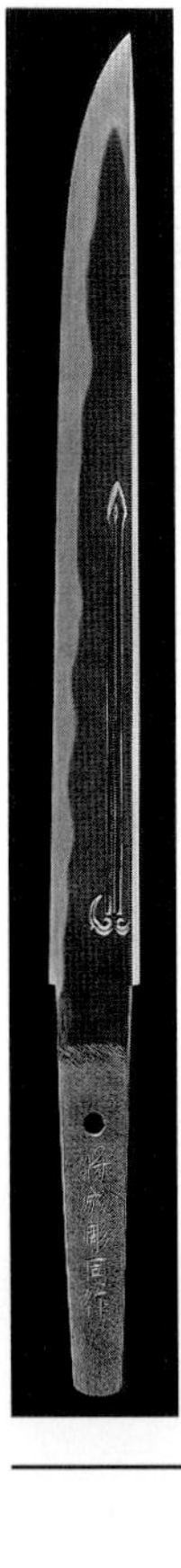

湾れに互の目。

古 **将長**【まさなが】 備前国 鎌倉末期（正中）

長船。嘉元・正中の年紀作がある。「備前国長船住将長作」「備州長船住将長作」。

新々 **将応**【まさのり】 **初代** 下野国 江戸末期（寛政）

稲垣庄治郎。源左衛門。鋸鍛冶を業としていたが、刀鍛冶を志し、水心子正秀の門に入る。鋸屋中屋の名跡を継ぎ「中屋庄治郎」と銘す。刀剣には「將應」「野州住源將應」などと切銘し、寛政二年紀の作がある。野州佐野住、江戸は神田住、のち昌平辺、また四ッ谷住。文政十二年三月三日没。

新々 **将応**【まさのり】 **二代** 下野国 江戸末期（慶応）

稲垣元左衛門。才次郎。陸奥守を受領。栗原彦三郎昭秀の師。明治十六年九月五日、八十九歳没。◆三代源二郎は大正十五年、八十五歳没。四代鉄造は昭和六年、五十九歳没。

新作 **将充**【まさのり】 岡山 昭和

駿河静男。大正十四年生まれ。小林清包門。昭和四十五年、新作名刀展入選。英田郡美作住。

新作 **将平**【まさひら】 福島 昭和

藤安正博。昭和二十一年生まれ。昭和四十一年、宮入行平門に入る。同五十年独立。第八回新作名刀展に初出品し努力賞。第九回から奨励賞、協会会長賞など受賞。相州伝、備前伝の表現に専心する。福島市立子山住。

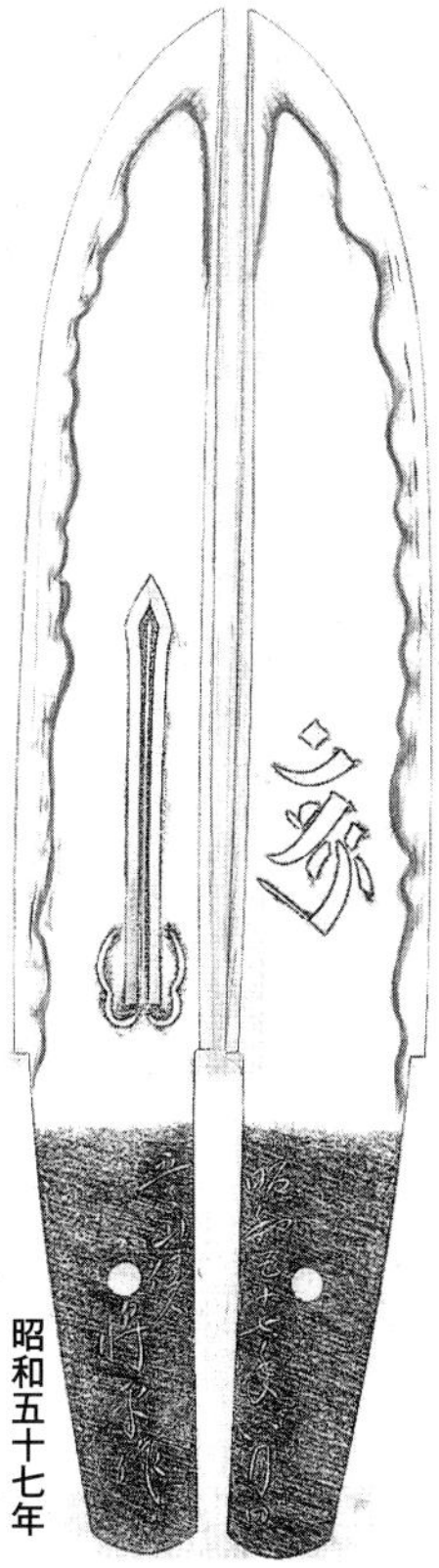

昭和五十七年

新作 **詮秀**【まさひで】 高知 昭和

中嶋高志。大正二年生まれ。中嶋氏秀門。昭和十年、依東糸日本刀鍛錬会入会。日本刀展覧会特選、内閣総理大臣賞受賞。安芸郡田野町住。

古 **増盛**【ますもり】 豊後国 室町末期（天文）

平高田。天文年紀の作がある。「平増盛」「豊州高田住平増盛」。

《み》

新作 三千長【みちなが】 福岡 平成
加来三千雄。昭和十八年生まれ。平成二十二年、二十三年、二十四年、新作名刀展連続入選。「豊前国住加来三千長作」。福岡県京都郡住。

古 通英【みちひで】 日向国 室町末期（永正）
薬師堂。通吉子、また門。永正・大永の年紀作がある。「日州薬師堂通英作」「日州薬師堂住通英作」。

古 通吉【みちよし】 日向国 室町末期（永正）
薬師堂。同派の祖という。東諸県郡の法華岳にある薬師堂の門前で鍛刀することから、薬師堂鍛冶と呼ばれる。銘に薬師堂を冠して切銘する。出羽月山鍛冶が日向に移住してきたのが始めといわれ、明応から永正にかけてのころという。永正、天正の年紀作がある。「薬師堂通吉作」「日州薬師堂通吉」。

古 道明【みちあき】 日向国 室町末期（永禄）
薬師堂。伊東家の鍛冶という。永禄ころ。「日州住道明」。

新作 道明【みちあき】 岡山 平成
玉木道明。昭和五十九年生まれ。平成二十二年、新作日本刀展銀賞第四席・新人賞受賞。「備前国住道明作」。赤磐市佐古住。

古 道清【みちきよ】 周防国 室町中期（康正）
二王。康正ころ。「二王道清」。次代の道清は文明ころに長州へ移り、山口城下で繁栄しており「長州住二王道清」と切銘する。

新々 道重【みちしげ】 岩代国 江戸末期（安永）
渡辺善三郎。道広の子。「奥州会津住道重」と切る。

新 道辰【みちとき】 若狭守 初代 岩代国 江戸中期（宝永）
中条太郎吉、平右衛門。初銘長広、のち道辰に改める。三善長道門。元禄四年に上京し三代伊賀守全道門となり、若狭守を受領。茎に十六葉の菊紋を切る。享保十五年十月七日没。互の目乱に小湾れ、互の目足入り、小沸つき、砂流しかかる。

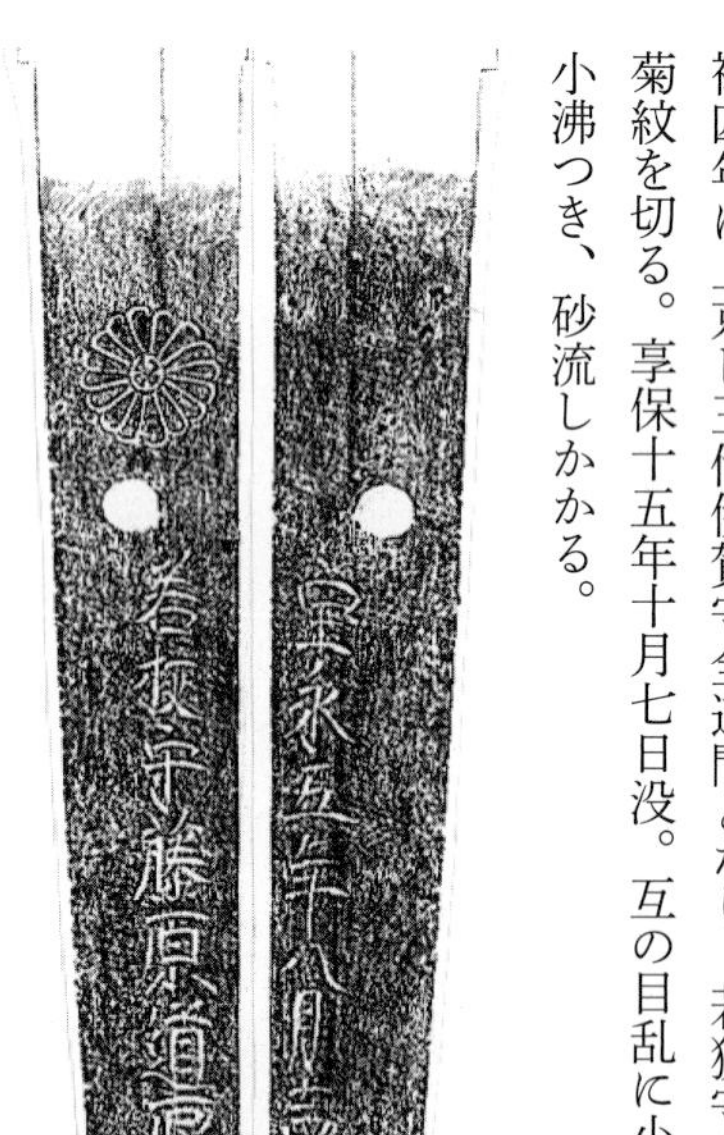

新 道辰【みちとき】 二代 岩代国 江戸中期（享保）
中条藤助。享保から寛保ころまで鍛えるといわれるが、作刀は稀である。明和八年九月二十日没。

新々 道辰【みちとき】 三代 岩代国 江戸末期（天明）
中条忠治。野伏町住。作刀稀で、二字銘に「道辰」と銘し、若狭守の受領銘を切ったものがあるという。文化十一年三月、八十六歳没。

新々 道辰【みちとき】 四代 岩代国 江戸末期（文化）
中条文吉、藤助。初銘道安、文化三年ころ道辰に改める。文政初年に角大八元興より薩州元平伝を受ける。天保九年没。互の目乱、互の目に大小があり交互に交ぜる。匂が深く叢沸がつく。◆五代安五郎道辰は初銘安辰、天保三年三十八歳で没し、作刀は未見。

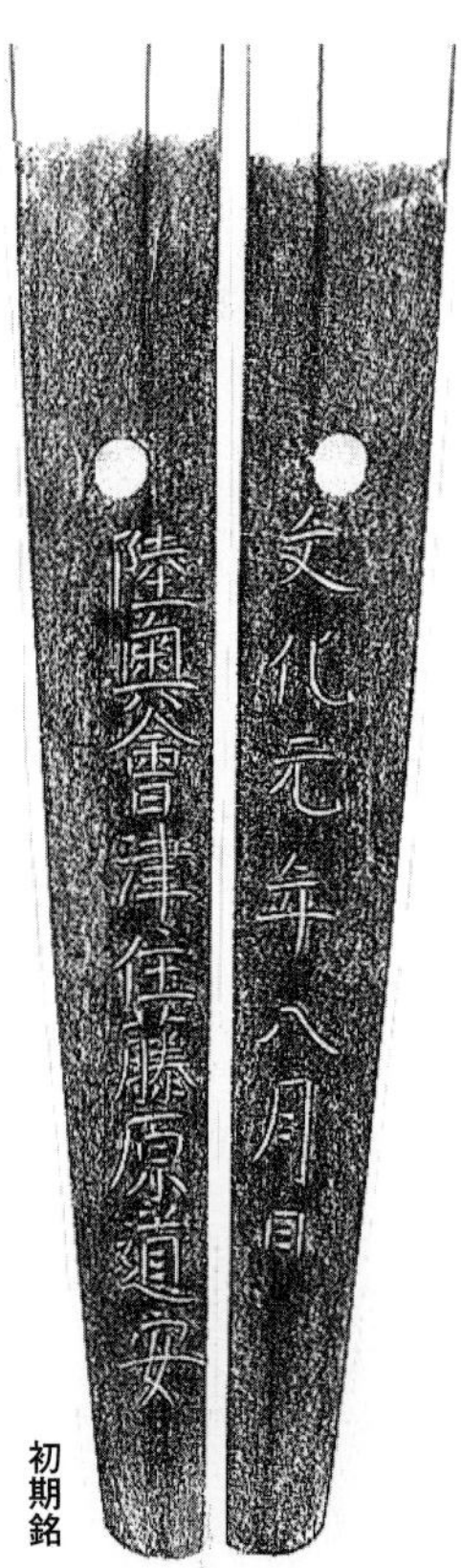

初期銘

新々 **道辰【みちとき】六代**　岩代国　江戸末期（文久）

中条藤之進。松軒元興に師事する。安政ころから明治初年にかけての作がある。互の目に丁子、逆足の入るものがある。刃中に縞模様の肌にからんだ砂流しかかり、俗に〝素麵《そうめん》刃〟と称す。明治十一年二月二十三日没。

新々 **道俊【みちとし】**　武蔵国　江戸末期（安政）

岩野竹蔵。道俊また道寿とも銘す。幡龍斎と号す。会津道賀門。本国越後。盛岡藩士。江戸下谷住。明治元年紀に「於行野村」、明治三年紀に「北越」にての作があり、明治になってからは郷里（新潟県東頸城郡）に帰って作刀する。嘉永から明治中ごろまでの作がある。直刃、互の目に矢筈乱交じりなど。

新々 **道則【みちのり】**　岩代国　江戸末期（嘉永）

三代角元興が試し打つ

渡部大作、善三郎。初銘道重。生国会津。道広の子。道辰門。長寿大慶と号す。江戸四谷にて作刀し、のち小樽に移住する。互の目乱、直刃に小互の目足入り。

新々 **道守【みちもり】**　会津　岩代国　江戸末期（慶応）

道盛同人。六代中条道辰門。慶応ころに集中して鍛刀する。

新々 **三秀【みつひで・さんしゅう】**　遠江国　江戸末期（享和）

中塚初蔵。一帯子と号す。水心子正秀門。初銘三秀。文化元年、国安に改める。江戸にても造る。寛政から文政ころまでの作がある。「遠江国横須賀住三秀」などと切る。

古 **光家【みついえ】**　備前国　南北朝期（明徳）

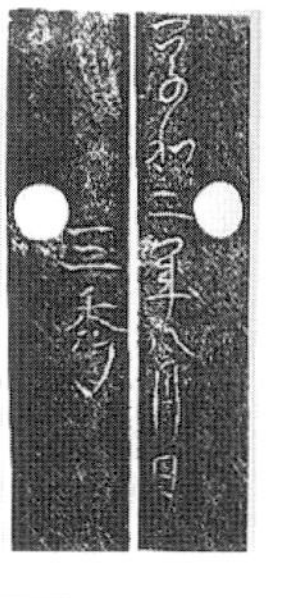

小反り。成家門。明徳年紀の作がある。「備州長船住光家」。光家は古備前に発する系流で、正中、明徳を経て室町期には永享、享徳、文明と継承する。

新作 **光起【みつおき】**　新潟　昭和

遠藤仁作。明治三十七年十一月生まれ。独学修業し、昭和十年、第一回新作日本刀大共進会で優等賞を受賞、翌十一年、第二回展で総裁大名誉賞、第三回以降は特選、最高名誉特選などを連続受賞する。主な奉納刀の製作は、昭和十四年、水無瀬神社、同十九年、護国神社御神剣及び社宝太刀、同二十六年、伊勢神宮御神宝など。戦後は日刀保協会の作刀技術発表会にて昭和二十九年優秀賞、三十年以降は特賞、努力賞、奨励賞などを受賞する。丁子乱、互の目乱などの備前伝。

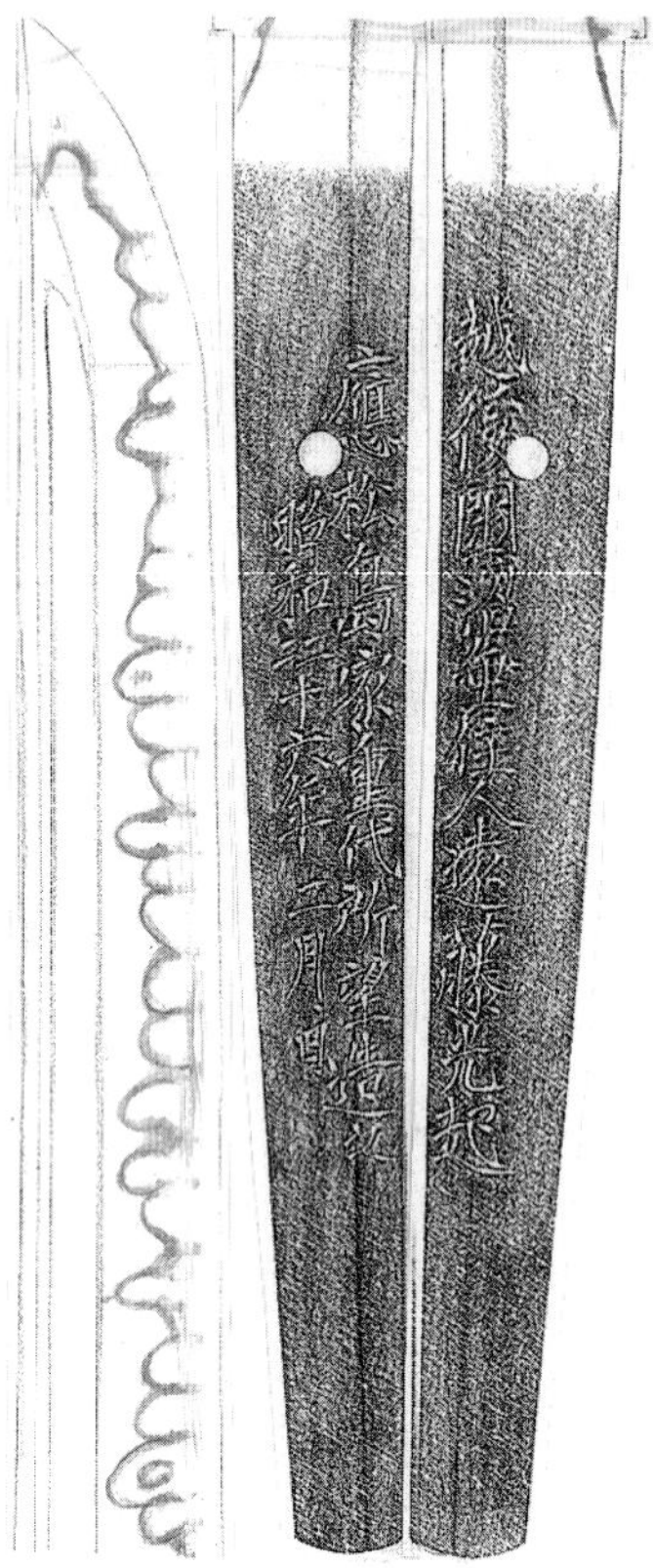

古 **光景**【みつかげ】 備前国 南北朝期（嘉慶）

小反り。秀光門。嘉慶、明徳の年紀作があり、同銘が応永ころにもある。「備州長船光景」。

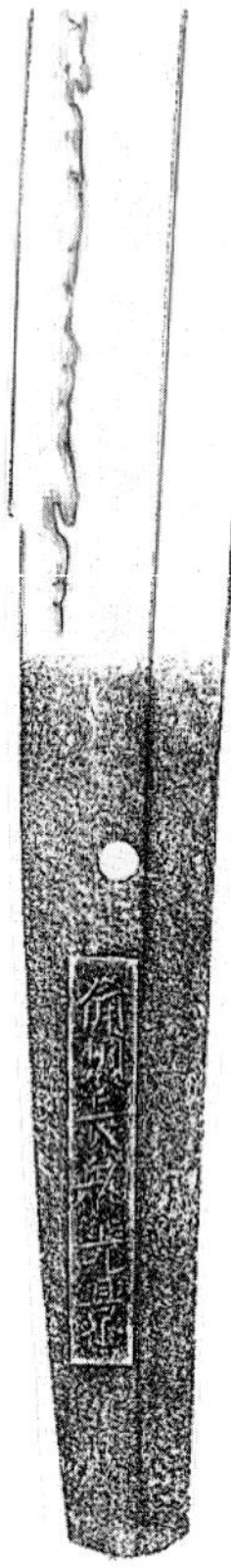

古 **光包**【みつかね】**初代** 近江国 鎌倉末期（嘉元）

戸津佐助、平四郎。本国備前。左近将監長光門。文保のころより来国俊門となるという。江州坂本の戸津に住むことから「戸津来」と称す。比叡山の根本中堂に籠って鍛刀したので「中堂来」とも呼ばれる。現存する作は短刀ばかりで、太刀をみない。古伝書に太刀はみないとしているので、もともと短刀のみを得手としていたのであろう。平造の重ねが厚い。鍛えは小板目が詰んで地沸つき、冴えて強い風がある。刃文は細直刃、また広直刃に小互の目足入りの来国光に似たものと、互の目の焼頭が揃い肩落ち風の刃が交じった景光風の作とがある。帽子は大丸にくるっと返り、返りの長いのが特徴で、元亀本は帽子の止めを「木の板を引き裂きたるごとくに焼きとめる」といっている。銘は茎中央に大振りの二字を細鏨に切り、「来」の字を冠さない。「光」は右肩上がりに、「包」は逆に右肩下がりに切り、一見しては整いのない風にみえるが、流暢な書風である。

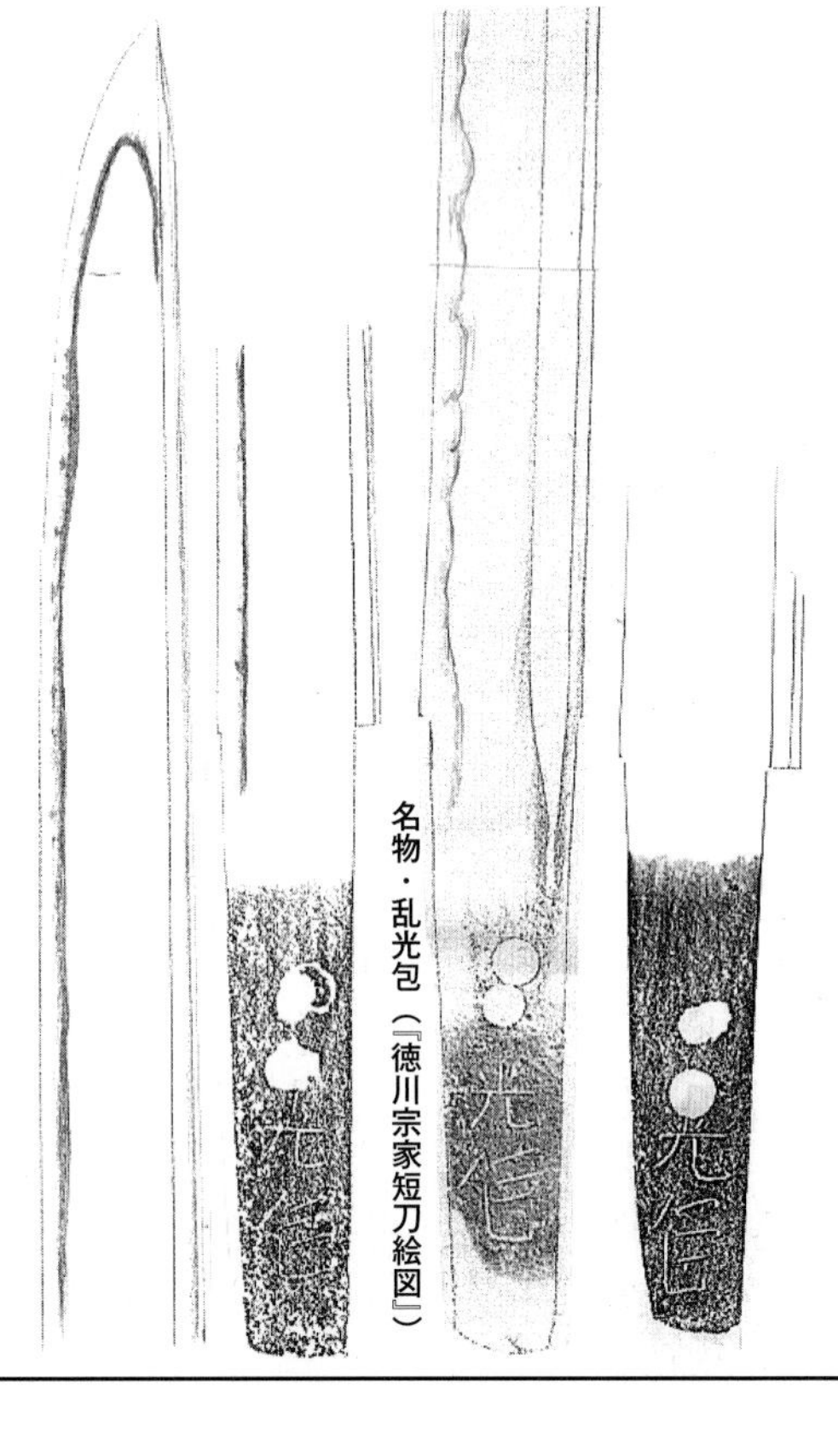

名物・乱光包（『徳川宗家短刀絵図』）

古 **光包**【みつかね】**二代** 近江国 鎌倉末期（正和）

「江州戸津住光包」を永徳ころとして『刀工総覧』が記載するほか、南北朝期の光包の後継を認める記録が乏しい。「延慶二年二月日」の年紀がある光包短刀（重文）の銘は、初代光包の年代のものであるが、初代の項に掲げた「光包」銘と切銘が少しく相違する。そのためかつてより異論があるものであるが、疑いのない銘である。一人の刀工の年代による変化とみるよりは、別人の切銘とみられる。正和三年紀の「光包」は小銘で棟寄りに切る銘が、また初代銘とは異なり、初代の後継者が複数いたであろうなかの、一人の切銘によるものとみたい。

（『光山押形』）

新作 **光兼**【みつかね】 岐阜　昭和

川瀬雅博。明治三十五年生まれ。藤原兼房、栗原昭秀門。昭和十七年、志津日本刀鍛錬所入所。同二十年、舞鶴海軍工廠附属鍛刀場工場長。作刀技術発表会で優秀賞受賞。海津郡南濃町志津住。

新 **光国**【みつくに】 陀羅尼（松戸）　初代　加賀国　桃山期（元和）

松戸忠助。初代家重の嫡男。寛永年中に没。◆二代善三郎光国（承応ころ）は初代光国の子。三代忠右衛門光国（元禄ころ）は、のち光平と改銘する。

古 **光定**【みつさだ】 常陸国　南北朝期（嘉慶）

来。了戒門流ともいう。初銘光信。東条庄高田住。嘉慶二・三年紀の作がある。「来光定」「南無鹿島大明神常州住人来橘光定　嘉慶三年辰八月日　金剛大勝王」。

古 **光重**【みつしげ】 備後国　室町末期（文明）

辰房。文明から明応にかけての年紀作がある。尾道住。「備州住辰房光重作」。辰房光重は南北朝期（応安ころ）が古く、室町期になって応永・永享・文明・明応と名跡が続く。

古 **光末**【みつすえ】 備前国　南北朝期（永和）

長船。光久子、義景門。永和年紀の作がある。次代は応永ころ。「備州長船光末」。

古 **光夫**【みつすけ】 大和国　鎌倉末期（正中）

千手院。光夫は鎌倉中期（天福ころ）に発し、正中から永和ころに及ぶ鍛冶がある。「光夫」。

古 **光忠**【みつただ】 備前国　鎌倉初期（承久）

古備前。光忠に二人がいて、一人は長船派随一の鍛冶で近忠の子である長船光忠、いま一人が古備前光忠で銘鑑に宝治のころとされるが、作刀からみては承久ころまで年代が遡るとみられる鍛冶である。著名な長船光忠の父が近忠であることは古剣書が記すところであり、長船光忠の先代である古備

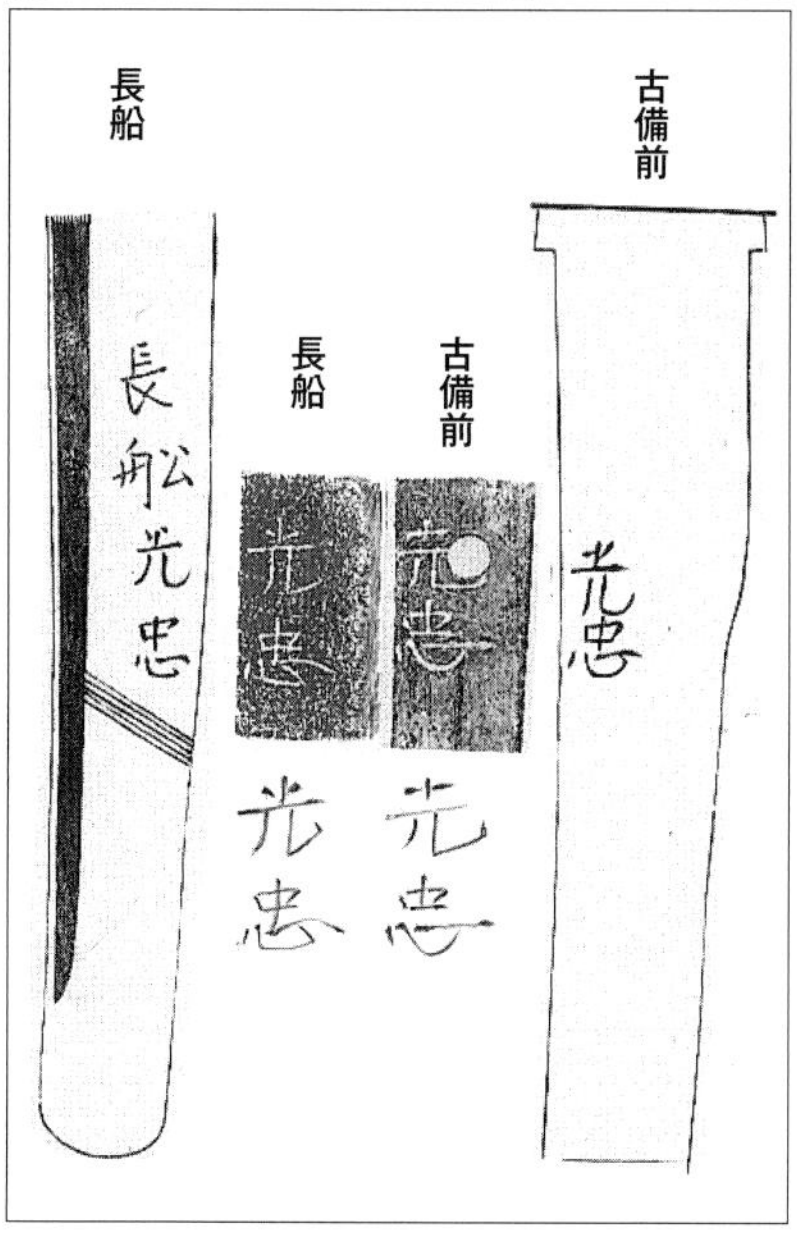

前光忠と近忠を重ね合わせると、両者を同人とみて、古備前光忠が近忠の後銘ではなかろうかと考えられてくる。古備前光忠と長船光忠の作風と銘はかなり相違して、前者はよく沸づいた小乱が古調であるが、後者は匂出来の大丁子が華やかなものが多い。銘振りは仔細にみるとかなりの差があり、古備前光忠は前作ほど小銘に切るようである。

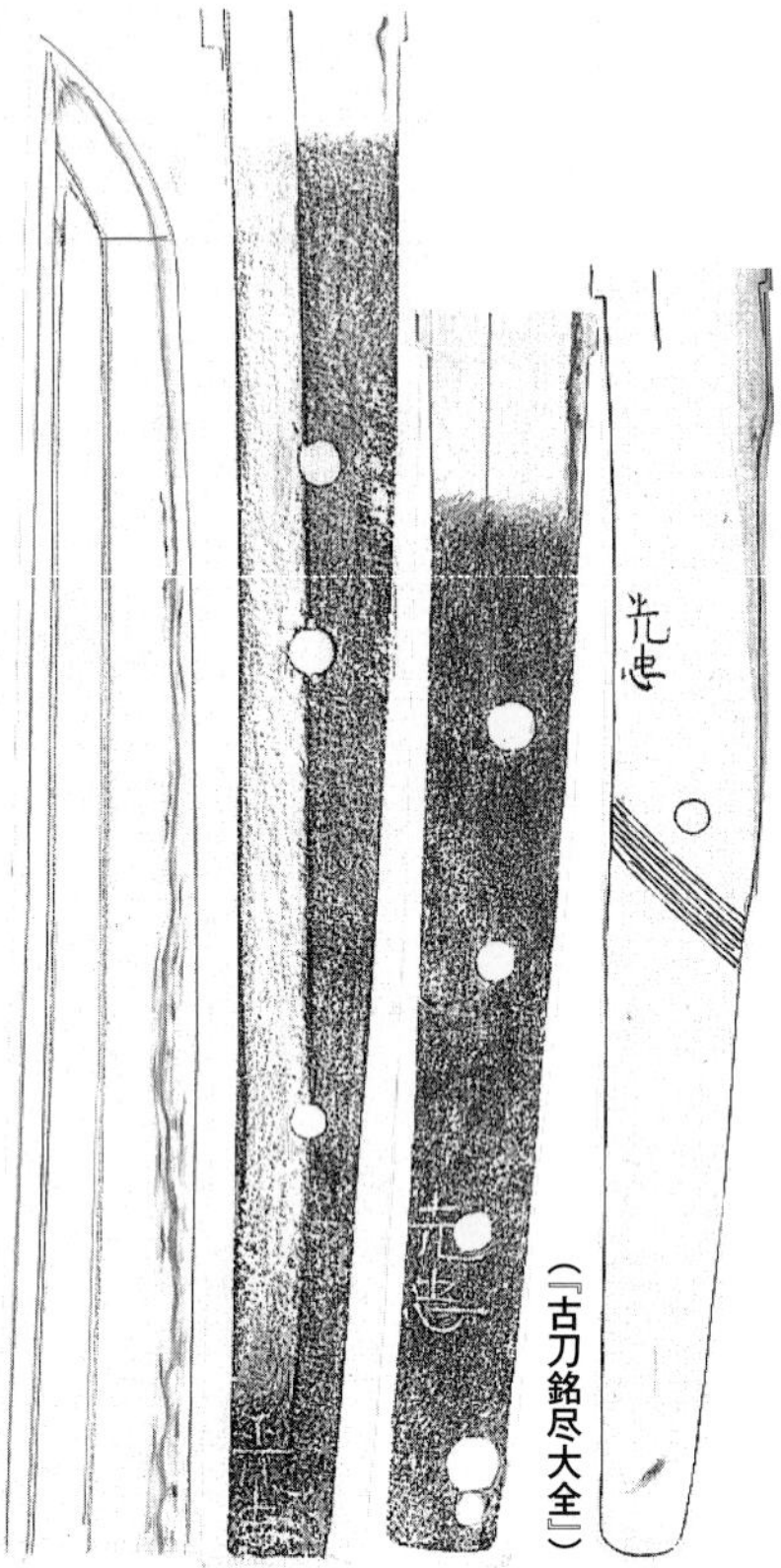

（『古刀銘尽大全』）

古 光忠【みつただ】 備前国 鎌倉中期（宝治）

長船派の祖、長船の元祖とも。近忠の子。長光の父。「長船光忠 文永八年十一月日」（『往昔抄』）の年紀は年代の下限であろう。暦仁から宝治ころまで年代が遡ろう。長光に文永十一年紀の初期作があるので、文永末年（文永八～十一年の間）ころが光忠と長光の代替わりの時期であったとみることができる。作刀は身幅尋常で中切先のものと、身幅広く猪首切先とがあり、前者は有銘作に、後者は無銘の古極めの作に多い。鍛えは小板目がよく詰み地沸が細かく潤いがあって、映りがよく立つ。刃文は丁子を主調に互の目が交じり、匂深く小沸よくつき、蛙子丁子、大房丁子が交じる。無銘古極めのものは特に大模様で華やかなものがある。福岡一文字の丁子、たとえて吉房、助真と比べては焼幅に高低が少なく、帽子先が尖りがちなのが特色である。この光忠の豪壮華麗な作をことのほか好んだのが織田信長で、光忠を二十五腰まで蒐集した（『常山紀談』）という。なかでも実休光忠は本能寺の変時に信長が実戦に用いたものだが、「光忠」二字在銘で、蛙子丁子、大房丁子が鎬筋を超えるほどの華やかさがみられる（『継平押形』本阿弥光徳・光温押形）。（系図874～876頁参照）

（『往昔抄』）

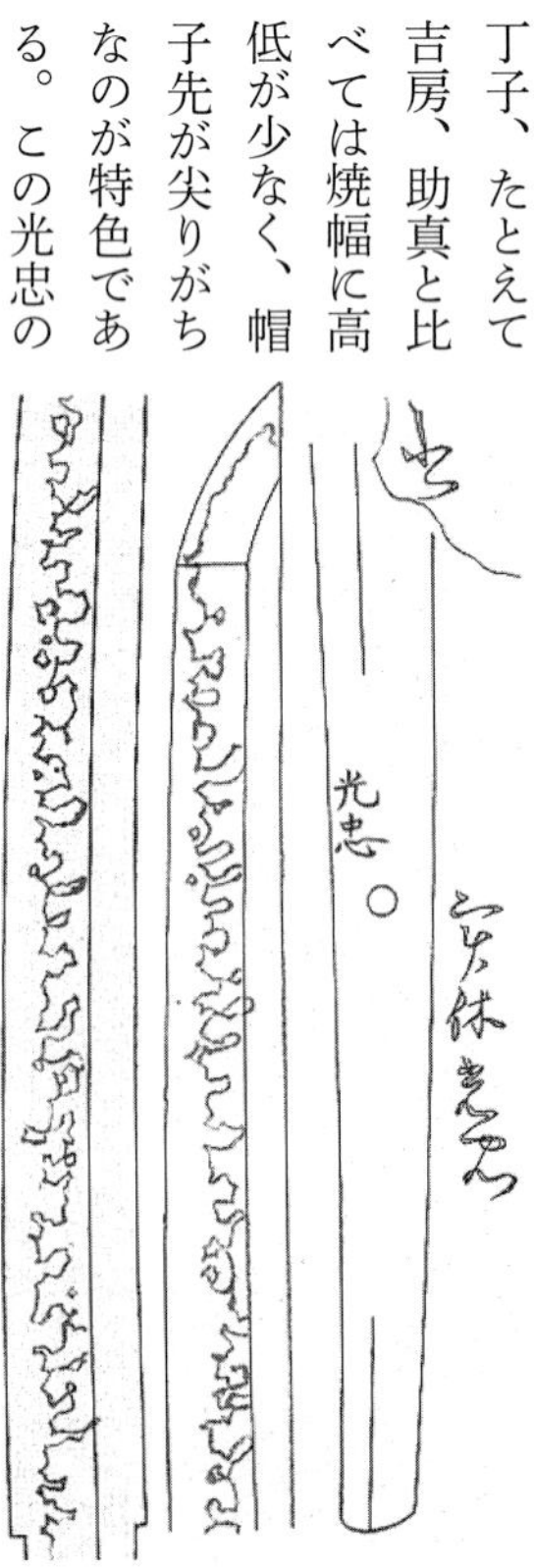

（『継平押形』）

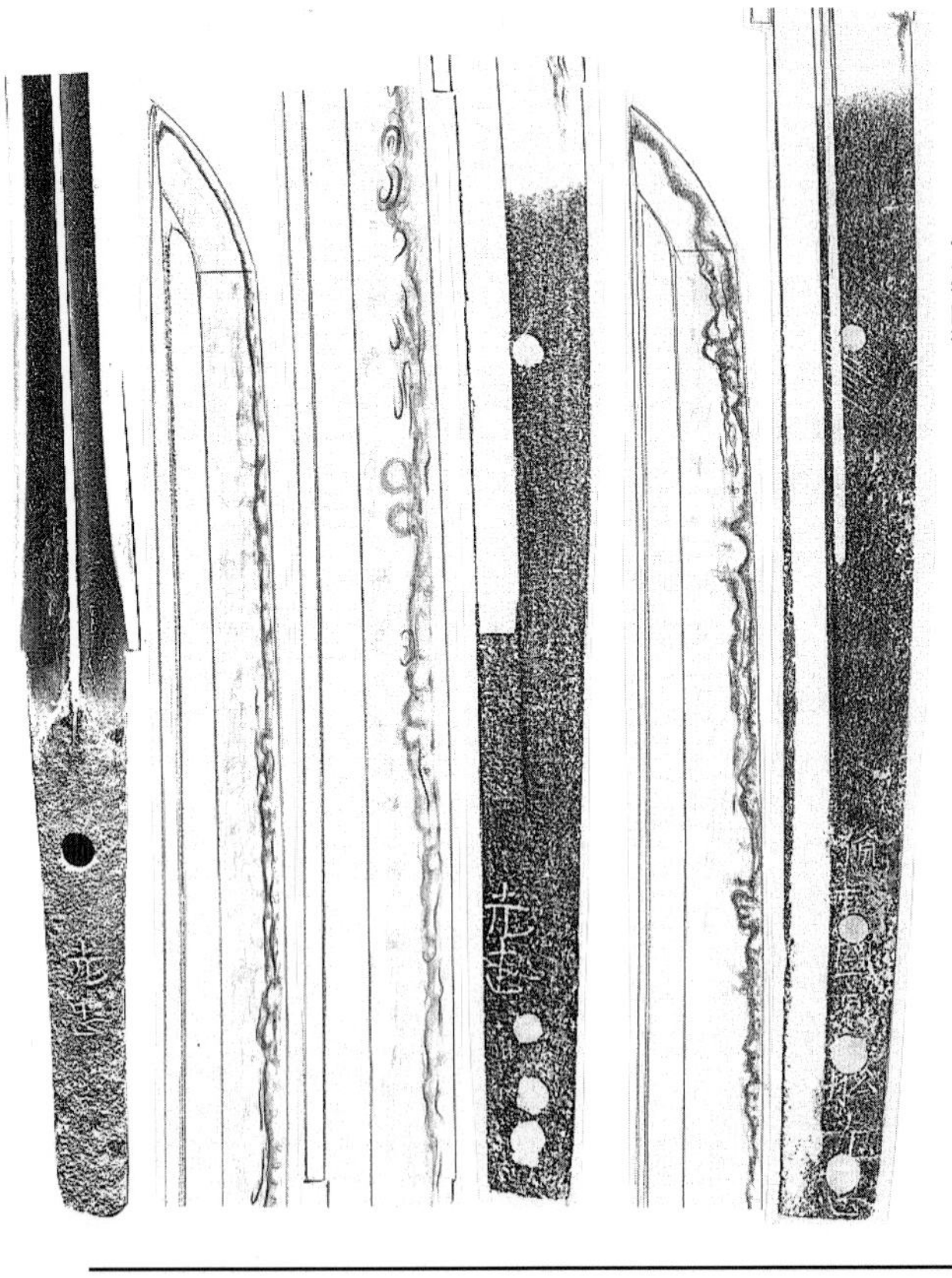

古 光近【みつちか】 備前国　鎌倉末期（正応）

長船。畠田系とみる説があるが、作風は丁子に互の目交じり、物打から上は直刃調となって長船流である。「光近」「備前国長船住光近」。

古 光恒【みつつね】 豊後国　南北朝期（永徳）

銘鑑には行平の族で天福ころ、また弘安ころの光恒がいるが作刀は未見である。その後代である南北朝後半の作銘とみられる平造寸延びの短刀は小互の目にほつれ、二重刃かかり、よく沸えて刃中働き金筋入る。「豊後國光恒」。

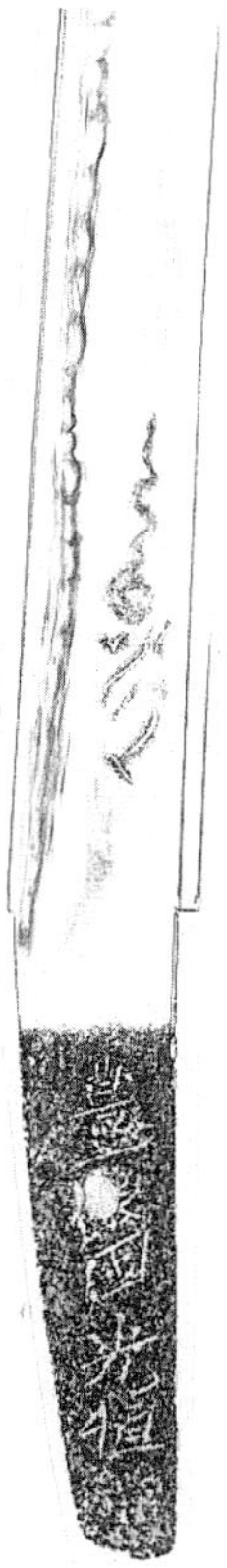

古 光俊【みつとし】 但馬国　室町初期（応永）

法城寺。国光門。応永ころ。「但州法城寺光俊」。

古 光長【みつなが】 平安城　山城国　鎌倉末期（元亨）

猪熊入道。錦小路京極住。秘伝抄が「平安城」（光長）の祖を天暦ころとするのは、年代の上げすぎであるが、三条・来・粟田口派より古い出自の工である。光長は来、また粟田口派の出といい、大和系の鍛冶とも伝えるが、作風からみては大和系とみるべきであろう。元亨・正中・嘉暦年紀の作があり、「平安城光長」銘で元亨二年二月紀がある短刀は表平造、裏が冠落造で大和伝の作風である。浅い湾れ調の直刃に小互の目交じり、よく沸えて刃縁ほつれ、刃中に砂流しかかる。表に護摩箸、裏に腰樋を彫る。

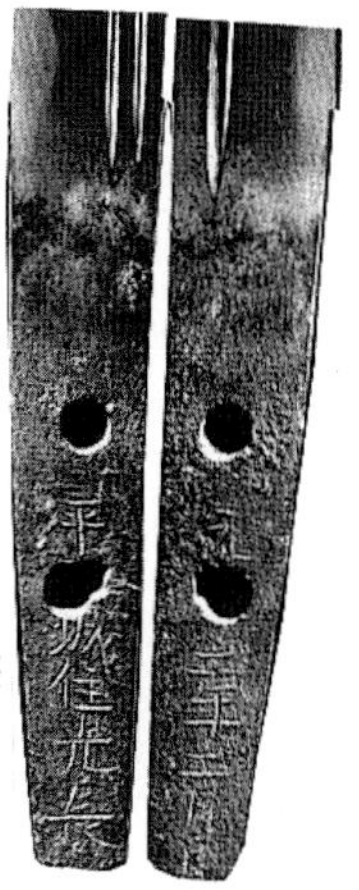

元亨二年二月日

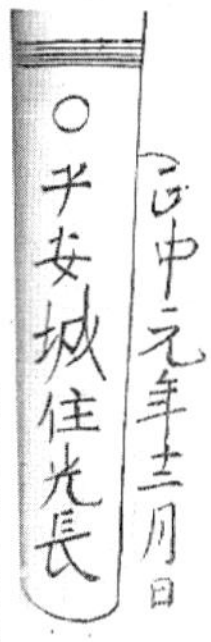

（『古刀銘尽大全』）

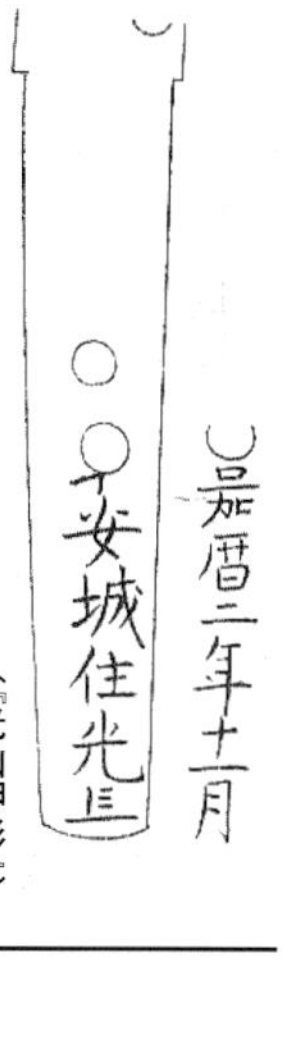

（『光山押形』）

古 光長【みつなが】 加賀国　南北朝期（建武）

建武元年には越前藤島から加州富借へ移った藤島鍛冶がいたことが知れる資料である（『光山押形』）。富借は富樫（現・金沢市富樫）。

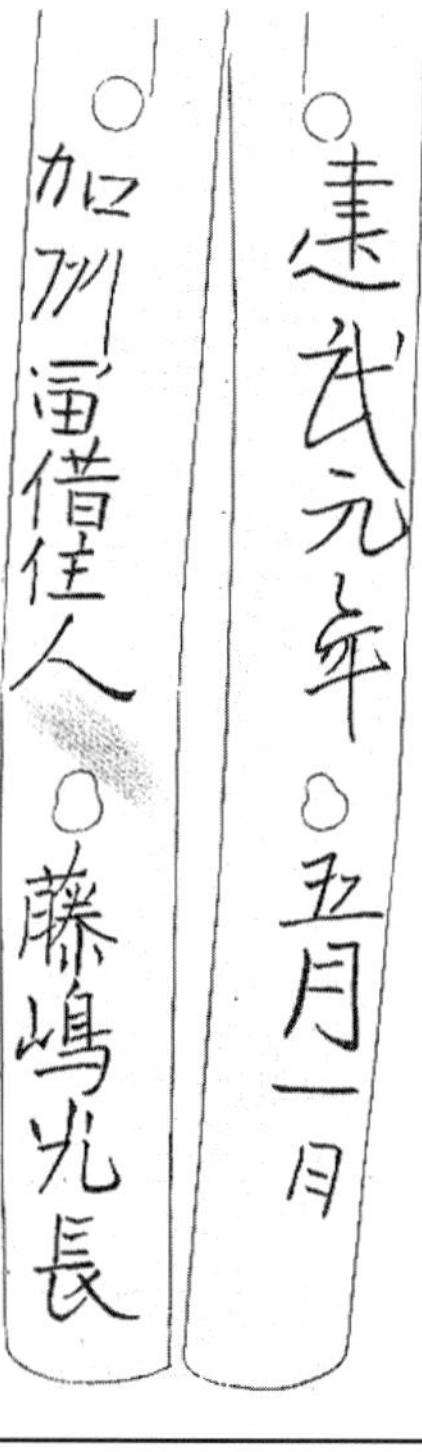

（『光山押形』）

古 光長【みつなが】 備前国　南北朝期（建武）

右近。光忠の孫、真長子。子に長重、長義兄弟がいる。作風は真長に似て古調さがあり、直刃に小互の目足入り、備前を脱した作は長重と同調である。「光長」「備州長船住光長」「備前国長船住光長」。

古 光長【みつなが】 平安城　山城国　室町初期（永享）

平安城。三郎。応永の長光子。平安城の初祖光長の名跡を継いだ後代で、永享ころの工という。

古 光長【みつなが】 美濃国　室町末期（天文）
赤坂千手院。関住。天文ころ。「光長作」「関住光長」。

古 光則【みつのり】 備前国　室町初期（応永）
吉井。光則の子、また門。「光則」「備前国吉井光則」。応永・永享年紀の作があり、永享年紀は光則の次代の作であろう。同銘は応永ころから以降に出雲にも分派して天文ころまで続く。「光則」「備前国吉井光則」。

新 光治【みつはる】 初代 加賀国　桃山期（寛永）
寛永から寛文にかけて作刀する。互の目乱に丁子交じり。伊賀守を受領。「加州炭宮伊賀守藤原光治」などと切る。◆二代（延宝）、伊賀守光治。三代（元禄）、肥後守光治。

古 光久【みつひさ】 備前国　南北朝期（貞治）
小反り。光広弟。貞治ころ。次代が永徳ころに作刀する。「備州長船光久」。

古 光久【みつひさ】 越前国　南北朝期（嘉慶）
千代鶴。敦賀鍛冶。嘉慶ころ。「越州敦賀住光久」。同銘が康正ころにある。

新 光平【みつひら】 出羽守　武蔵国　江戸初期（承応）

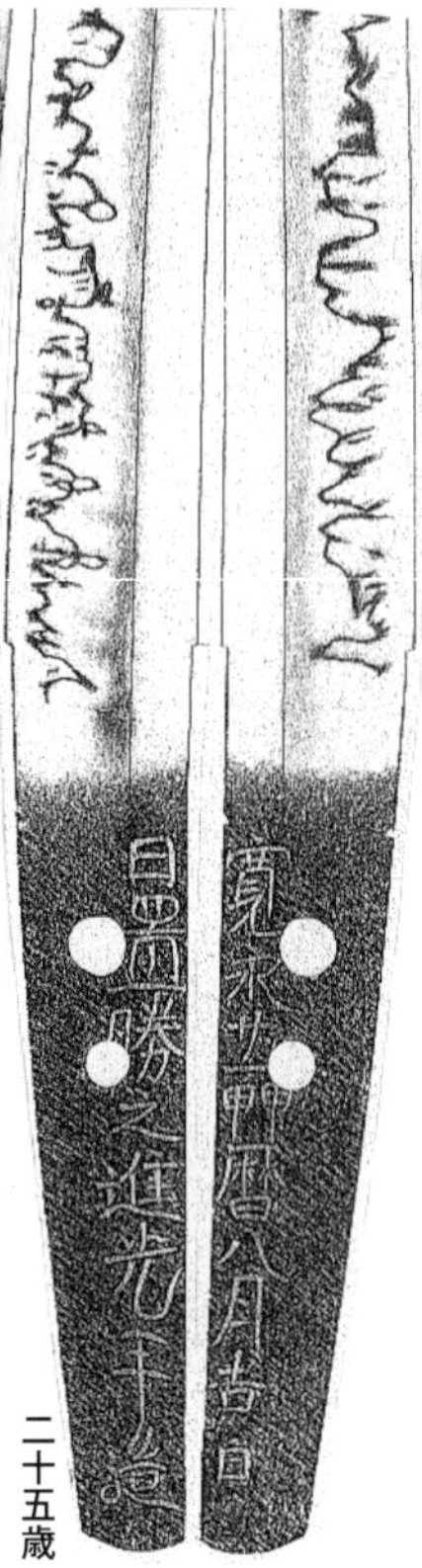

二十五歳

二十七歳

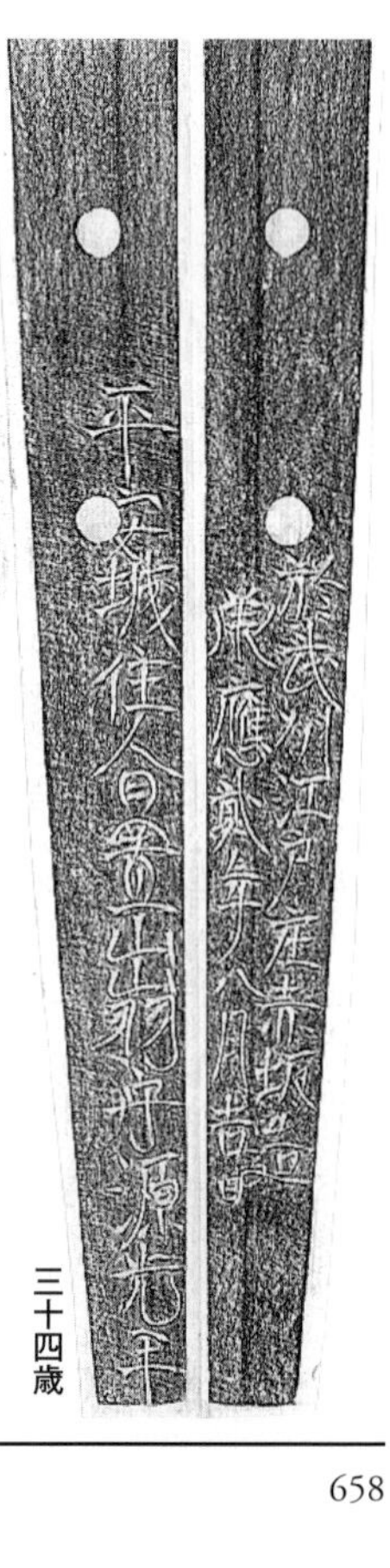

三十四歳

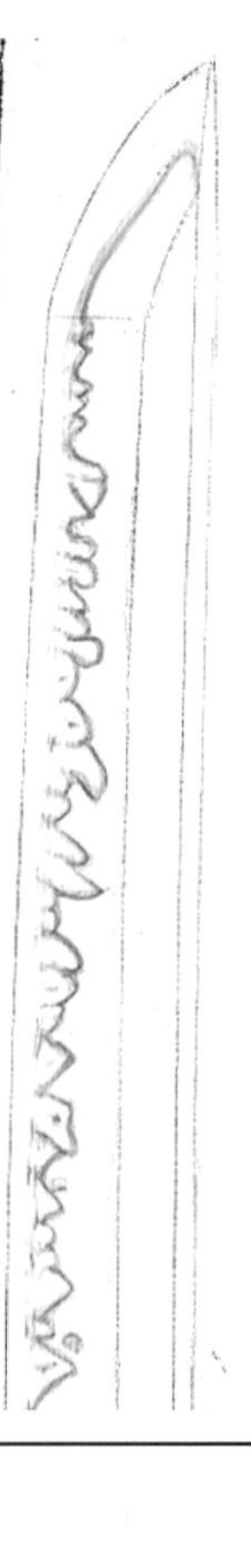

六十四歳

日置勝之進、七郎兵衛。山城守一法の長男、常光の兄。生国江州蒲生。京に移住し、のち江戸赤坂へ転住する。正保五年紀の作に「武州於江戸廿九歳造之」の添銘があることで、正保五年には江戸に在住しており、また元和六年生まれであることがわかる。出羽守の受領は承応二年八月以前のことである。入道して泰信と号し、法橋に叙され泰信法橋と切銘する。江戸石堂派の重鎮。丁子乱を得意とし、古作備前一文字に私淑して焼きが高く華美である。大丁子に尖り刃、小づむ刃が交じり、鎬地が柾がかるところが古作と異なる。

新 光広【みつひろ】 越前国　江戸中期（元禄）
下坂光広。伊勢大掾を受領。直刃を焼く。「伊勢大掾下坂光広」。

新作 光広【みつひろ】 佐賀　昭和

山口福太郎。明治三十一年生まれ。栗原彦三郎門。昭和十三年から十八年まで日本刀展出品、金牌二回、特選二回、推薦一回を受賞。陸軍受命刀匠。戦後は作刀技術発表会に出品し入選。東松浦郡厳木町住。

新作 光広【みつひろ】 静岡　昭和

磯部光司。一貫斎と号す。浜松市佐藤町住。「遠州堂ノ山住磯部一貫斎光広鍛」「磯部一貫斎光広作」「平成十八年吉祥日九十一才鍛之」。

古 光弘【みつひろ】 備前国　南北朝期（貞治）

小反り。初代貞治。小互の目が小づみ揃う。「備州長船光弘」。二代光弘に永和五年紀の作がある。

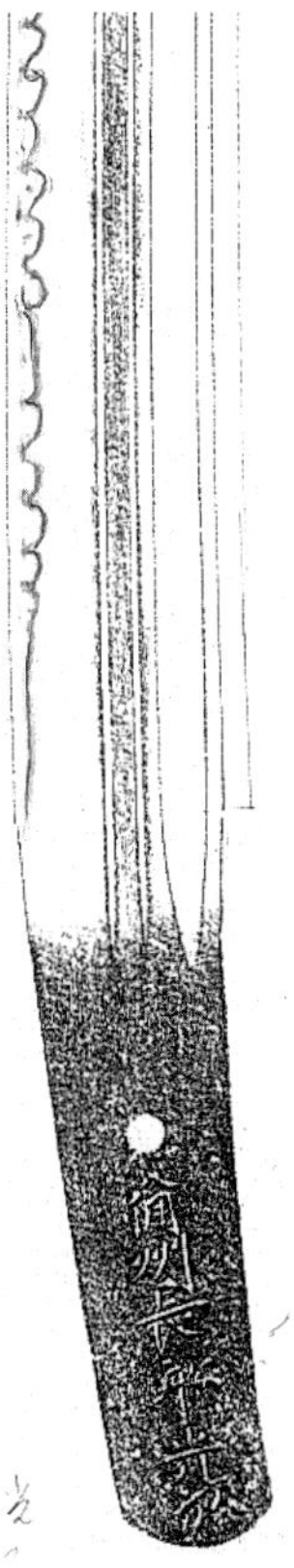

古 光正【みつまさ】 和泉国　室町初期（応永）

加賀四郎。本国加賀。篠田、また堺住。「光正」「泉州住光正作」。同銘が永享、文明にある。

新々 光昌【みつまさ】 信国吉政　五代　筑前国　江戸末期（明和）

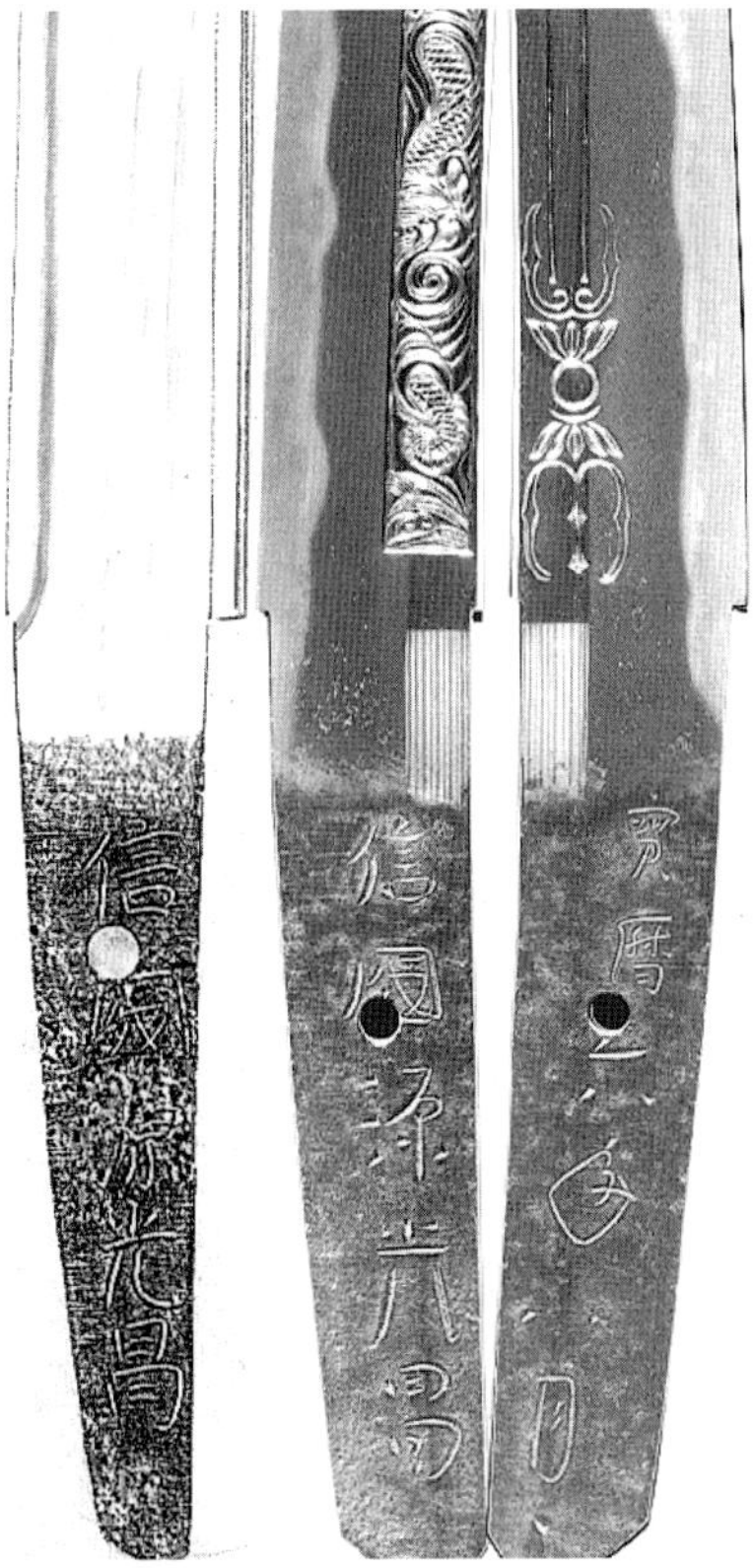

又左衛門、助左衛門。信国吉政四代重久の養子となり五代吉政を継ぐ。大和守を受領。安永二年隠居、天明年間に没。宝暦から天明ころまでの年紀作がある。直刃、互の目乱、刀身彫の上手。緻密な彫口をみせる。大振りな銘を切り、「国」字が異体。

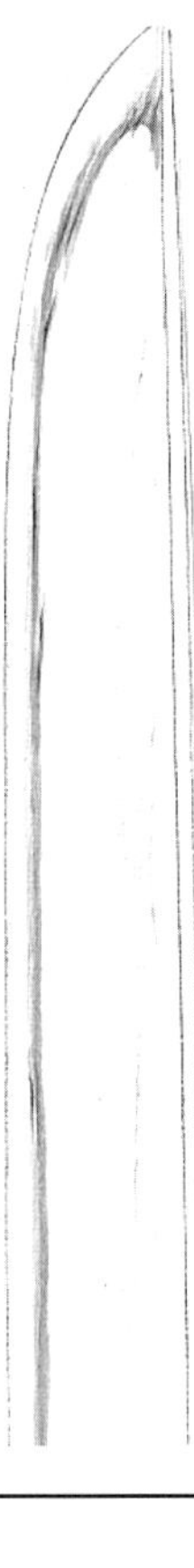

古 光守【みつもり】 備前国　鎌倉末期（正応）

畠田。守家門。正応ころ。大銘に切る。「光守」「備前国住人光守」。同銘が建武から応永、嘉吉にある。

古 光世【みつよ】 筑後国　平安末期（承安）

三宅典太、三気典太、三家田多などとあり、名乗りを本真、また光世といい正世の子。法名元真。豊後国行平の師という。筑後国三池住。加賀前田家に伝わる大典太光世《おおでんたみつよ》は『享保名物帳』には「大傳多」として収載されて世に名高く、室町以来「天下五剣」の一と称される名物である。もと足利将軍家の重宝で秀吉から家康に移り、二代将軍秀忠の代に前田家が拝領したと伝える。長さ二尺一寸七分。元身幅が広く反り高く、中切先が延びた形が力強い。板目が流れて大肌交じり、地沸つき白気映り立つ。刃文は直刃が浅く湾れ、ほつれ、二重刃ごころとなりよく沸づく。

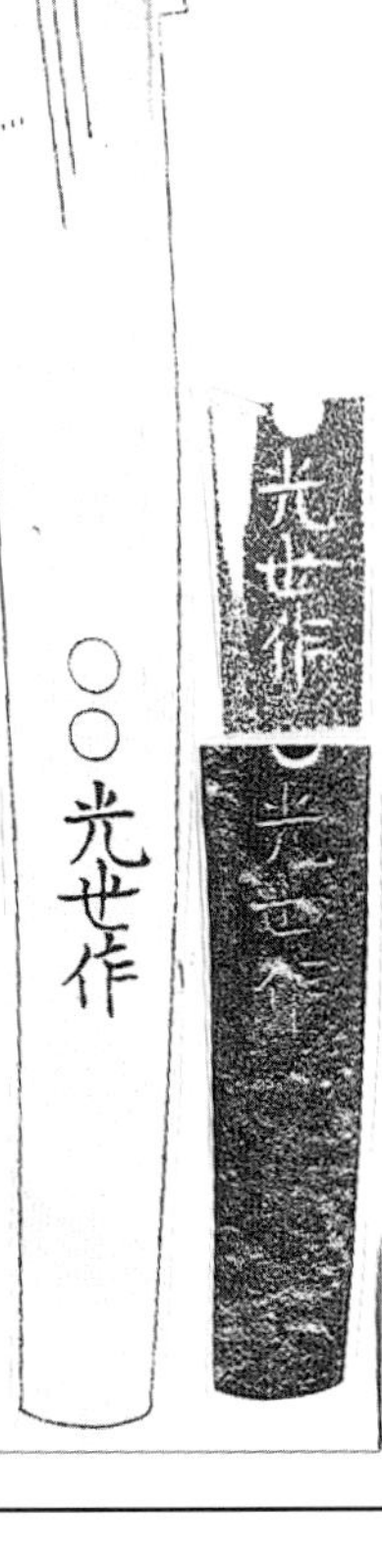

名物・大典太（『光山押形』）

表裏に幅が広く底の浅い棒樋を掻き流す。「光世作」と三字銘がある。

古 **光世**【みつよ】　筑後国　南北朝期（建武）

三池。建武前。光世の作で世に知られるのに「大典太」のほか、無銘で切付銘がある久能山東照宮の刀（重文）がある。「ソハヤノツルキ」と呼ばれ、徳川家康が重用した名宝の一で、家康が、自分の死後は三池の太刀の鋒《きっさき》を西の方に向けて安置するように、と遺言している。それは関西方の形勢不安に思慮をめぐらしてのことといわれている。佩表に「ソハヤノツルキ　妙純伝持」「ウツスナリ」と切銘がある。「光世」「光世作」「三池・伝多光世」。

古 **光世**【みつよ】　筑後国　南北朝期（応安）

三池。鍛えは小板目に小杢交じり、柾流れる。直刃に小互の目、小足入り、小沸つく。細鏨で切銘する複数の工がいる。「光世」「光世作」。室町期には応永、文明に同銘が続く。

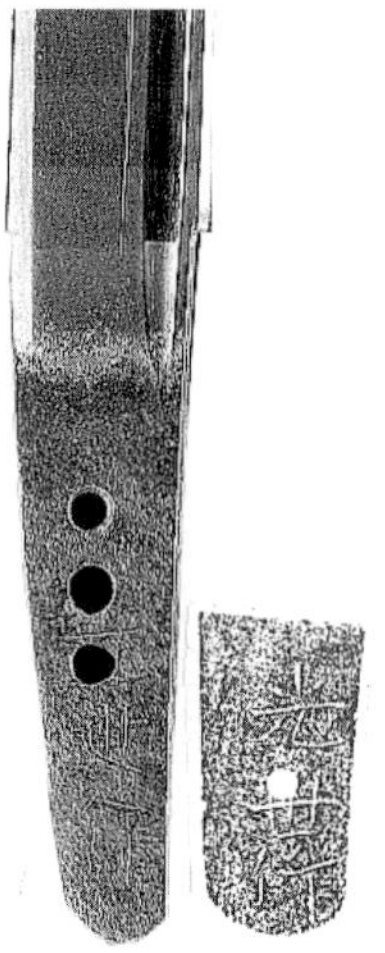

古 **光世**【みつよ】　安芸国　南北朝期（明徳）

三池。筑後三池光世のうち芸州へ移った工がいて、明徳から応永にかけて作刀する。「光世作」「安芸国光世作」「安芸之国住光世作」。

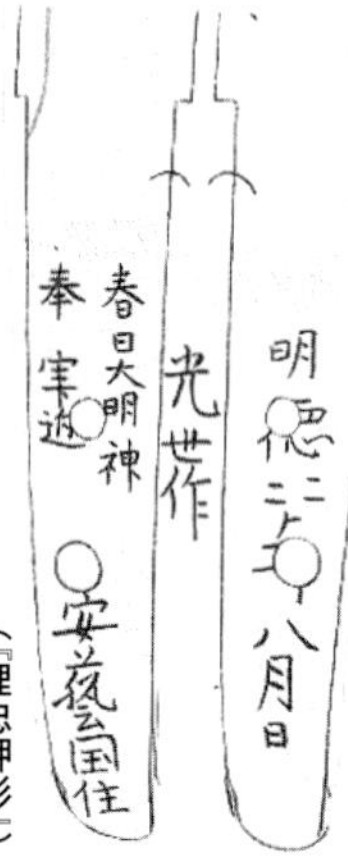

（『埋忠押形』）

古 **光世**【みつよ】　肥前国　室町初期（応永）

三池。筑後三池鍛冶は南北朝末期から室町初期にかけてのころに肥前、安芸などに分派する。肥前は大村住（現・長崎県大村市）。応永二年紀から永享九年紀までの年紀作がある。同銘は室町末期ころまで後続する。「肥州光世作」「肥前国大村住光世作」。

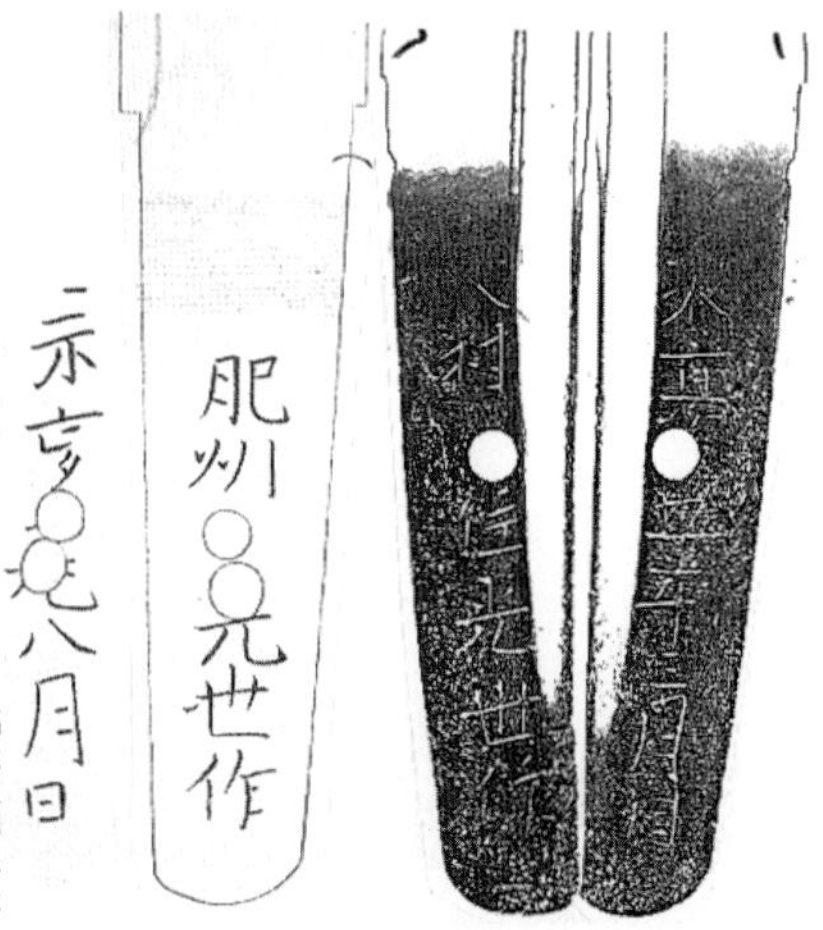

（『埋忠押形』）

古 **光世**【みつよ】　肥前国　室町中期（享徳）

三池。肥前三池の作は本国の三池と同様で板目鍛えに柾が流れ、大肌のものとよく詰んだものとがあり、白気立つものが多い。刃文は直刃が多く、互の目乱も焼く。「肥州住光世作」「肥前國大村住光世作」。

享徳三年二月日

新 **光代**【みつよ・みつとし】　秦　尾張国　江戸中期（寛文）

本国美濃関。尾州名古屋に移り、のち江戸にて石堂常光の門に入る。肥後守を受領する。柳生連也斎の指料〝鬼の包丁〟の作者として知られる。

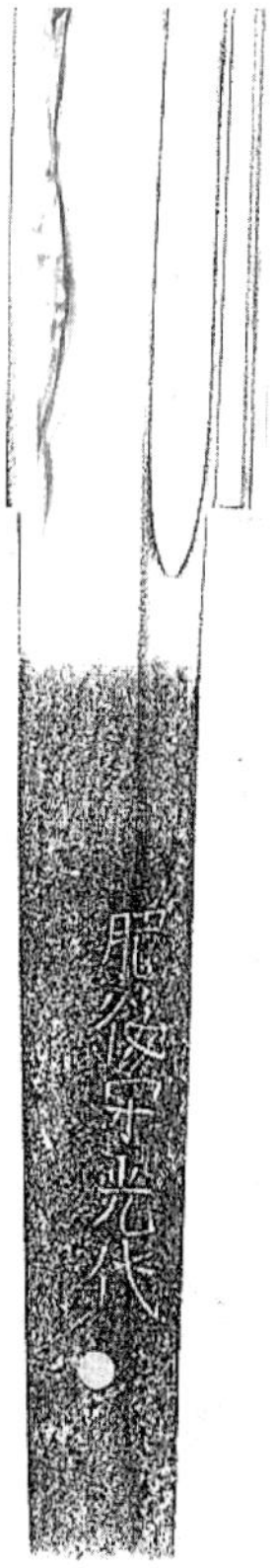

寛文初めから貞享にかけて作刀がある。直刃に小足入り、互の目に小湾れ交じり、足入り、小沸つく。◆二代光代は元禄ころ、伊勢の津、また江戸でも作刀する。

古 光吉【みつよし】 備前国 南北朝期（文和）
長船。文和年紀の作がある。「備州長船住光吉」。光吉は古備前（建保ころ）にあり、南北朝期から室町期を通じ、応永・応仁と継承する。

古 光良【みつよし】 備後国 室町末期（文明）
辰房。尾道住。文明ころ。「備州住光良」。

新々 盈永【みつなが】 讃岐国 江戸末期（寛政）
真部久左衛門。初め吉光（香南町）の嘉太郎に学び、のち尾崎助隆門。高松仏生山住。寛政九年、高松藩士となる。寛政ころから文政六年紀までの作がある。文政八年没。師風の涛瀾乱、湾れに互の目交じり。助隆の高足。

新 明寿【みょうじゅ】 埋忠 山城国 桃山期（慶長）
明欽重隆の次男として永禄元年に生まれる。通称を彦次郎。初銘重吉、また宗吉といい、入道して鶴峯明寿と号す。寛永八年五月十八日、七十四歳没。居所は三条のち西陣、上京区上立売通堀川西入ル芝薬師町。

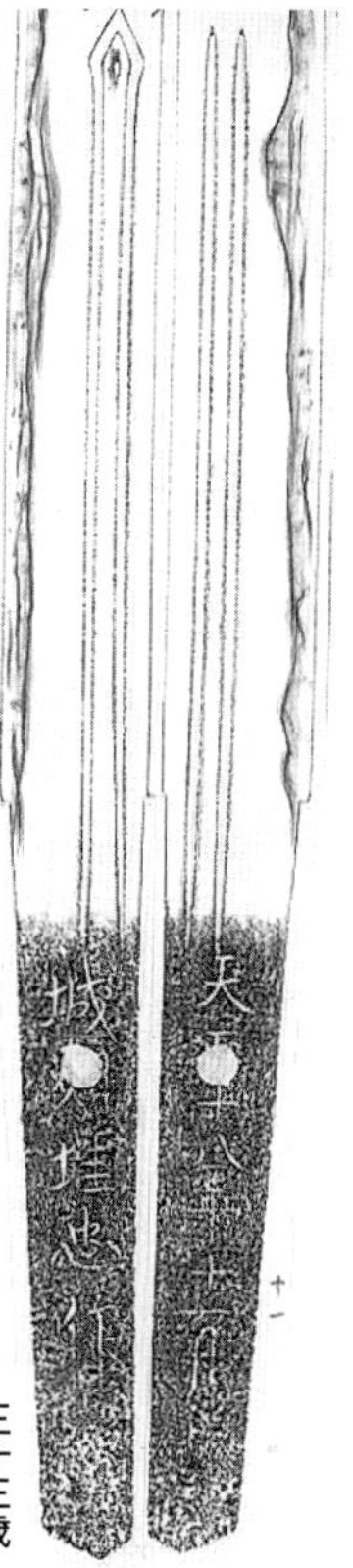

三十三歳

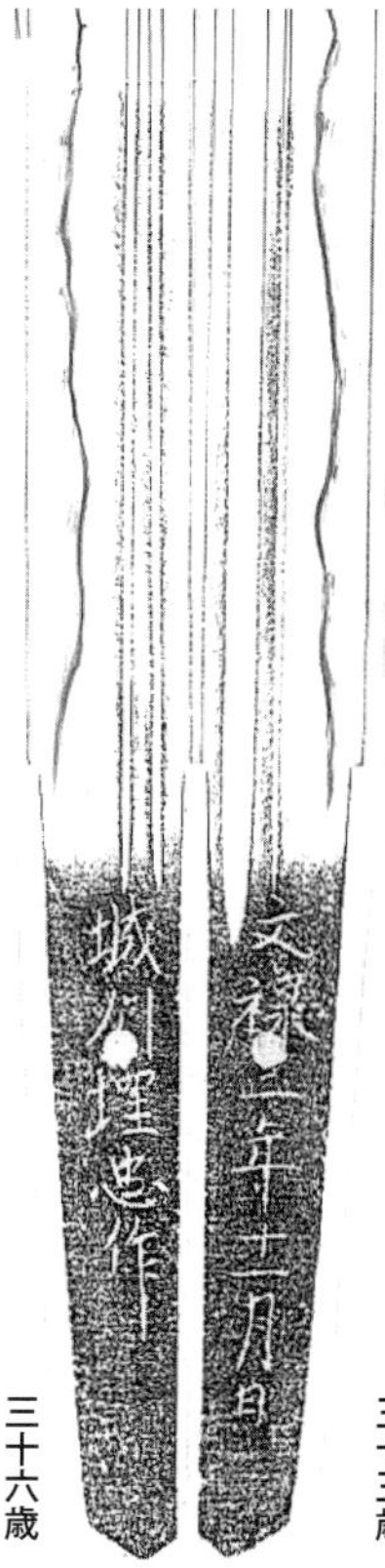

三十六歳

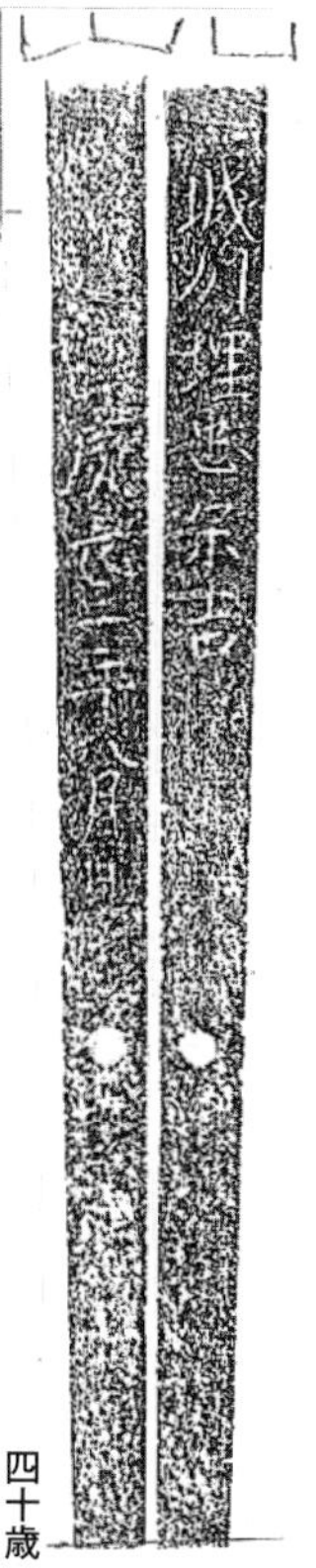

四十歳

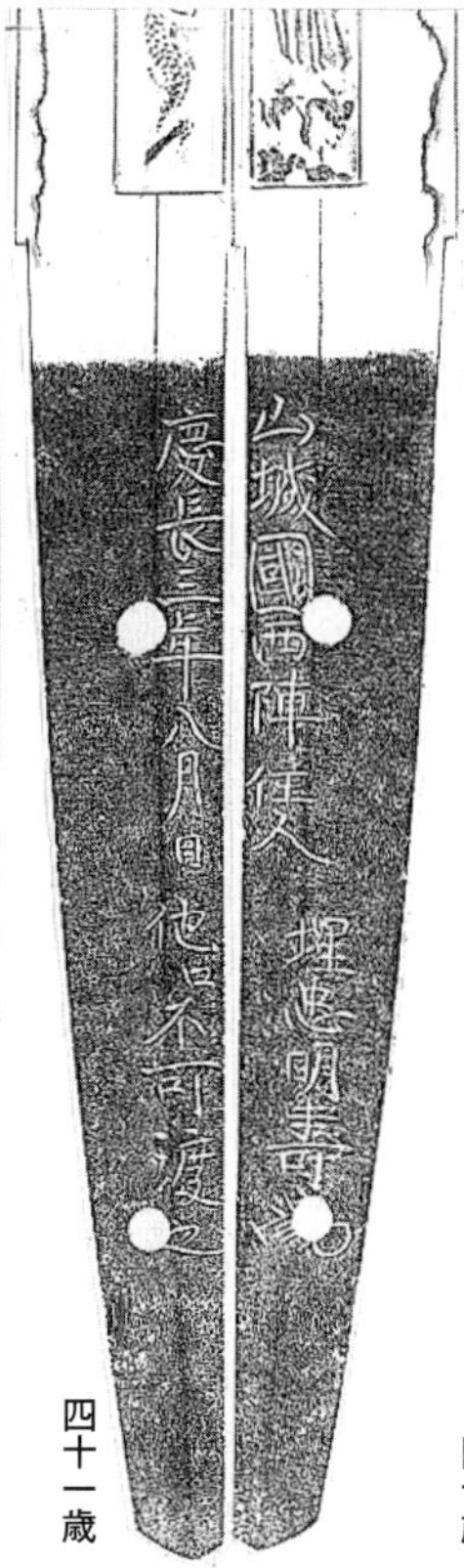

四十一歳

埋忠家は郷名〝梅多田〟から〝埋忠〟姓に、さらに「忠を埋める」は武家の忌言葉であるとして〝梅忠〟と改める。初め足利義昭、のち秀吉、秀次に仕える。埋忠家は元来金工家としての出自から、金具・拵の製作、古作の磨上げと象嵌の施入のほか、明寿は鍛刀と刀身彫に新風を表わし、後年は鐔の製作に携るなど、桃山文化を体現して〝埋忠家中興の祖〟といわれ、〝新刀の祖〟と賞される。

明寿の鍛刀の師は濃州清水住寿命宗吉と伝え、父明欽の〝明〟と、師名の一字〝寿〟をとって明寿と称したという。門下に肥前忠吉、芸州輝広がおり、刀身彫では肥前宗長・吉長がいる。明寿の作刀期は天正十六年、三十一歳から没年の寛永八年、七十四歳までの四十四年間がある。鐔の製作は、元和四・五年ころから寛永二・三年ころまでの七・八年間である。この時期は、本阿弥光悦が鷹峯の庵で茶碗作りに親しんでいたころと重なり、交流があった明寿と光悦は同い年、元和四年に六十一歳である。鷹峯の光悦の庵の右はす前の〝うめた道安〟と記した土地の絵図（『鷹峯光悦町古地図』）からみて、〝うめた〟（埋忠）姓の人が光悦村にいたことが知れる。

明寿の作刀は短刀が多く、鎬造の脇指一口、太刀一口、剣一口がある。〝彦次郎重代〟などの添銘から一族一門の子弟に贈り与えたものが多いほか、わずかに注文に応じて製作している。年紀がある作で多いのは慶長十三年で、七口が知られ、この年明寿五十一歳で鍛刀活動の盛期に当たる。現存する作刀数はおよそ三十口、上杉景勝が秀吉から贈られた鎗二十口（内十口は戦後に米国で不明）を加えると五十口ほどになる。

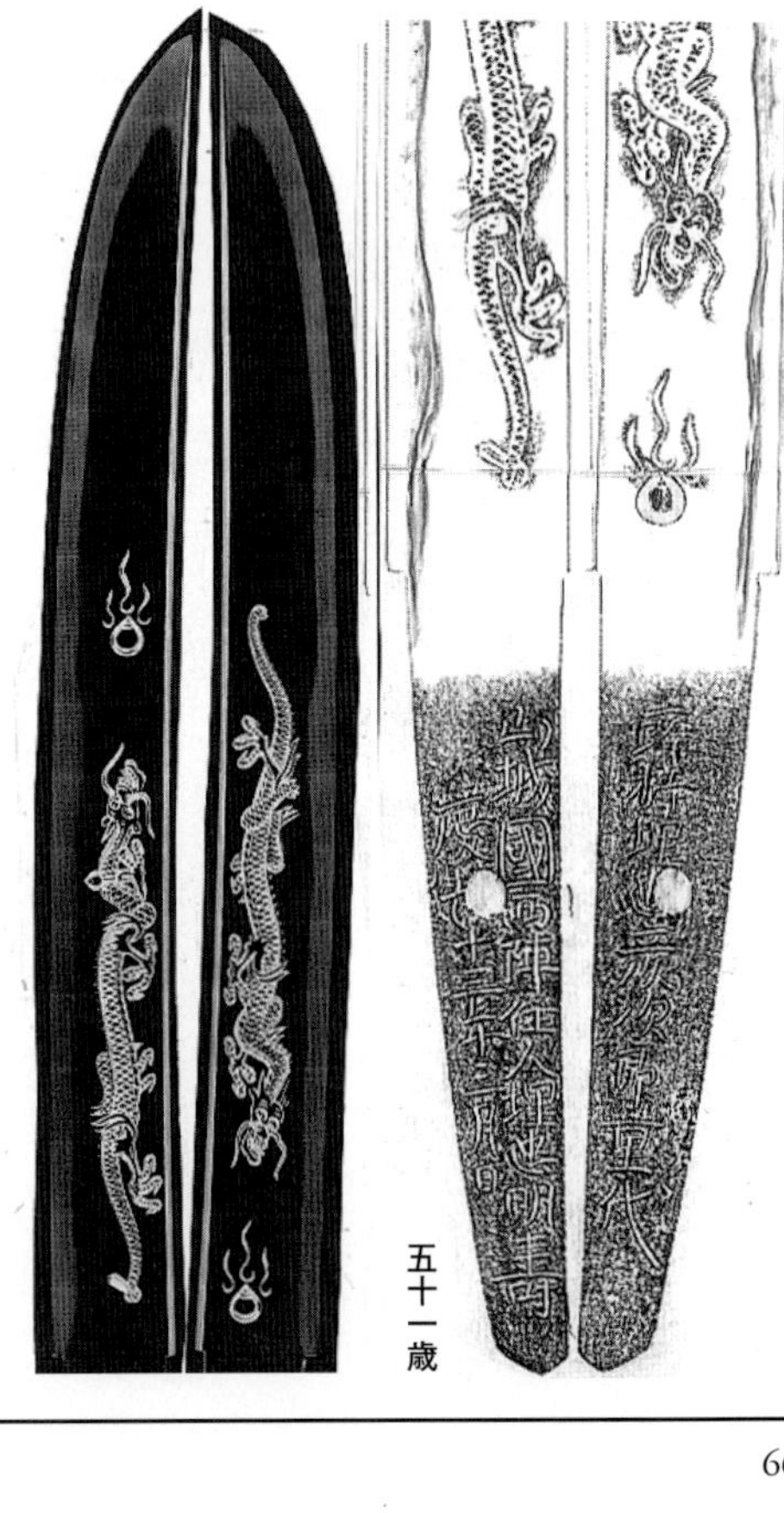
五十一歳

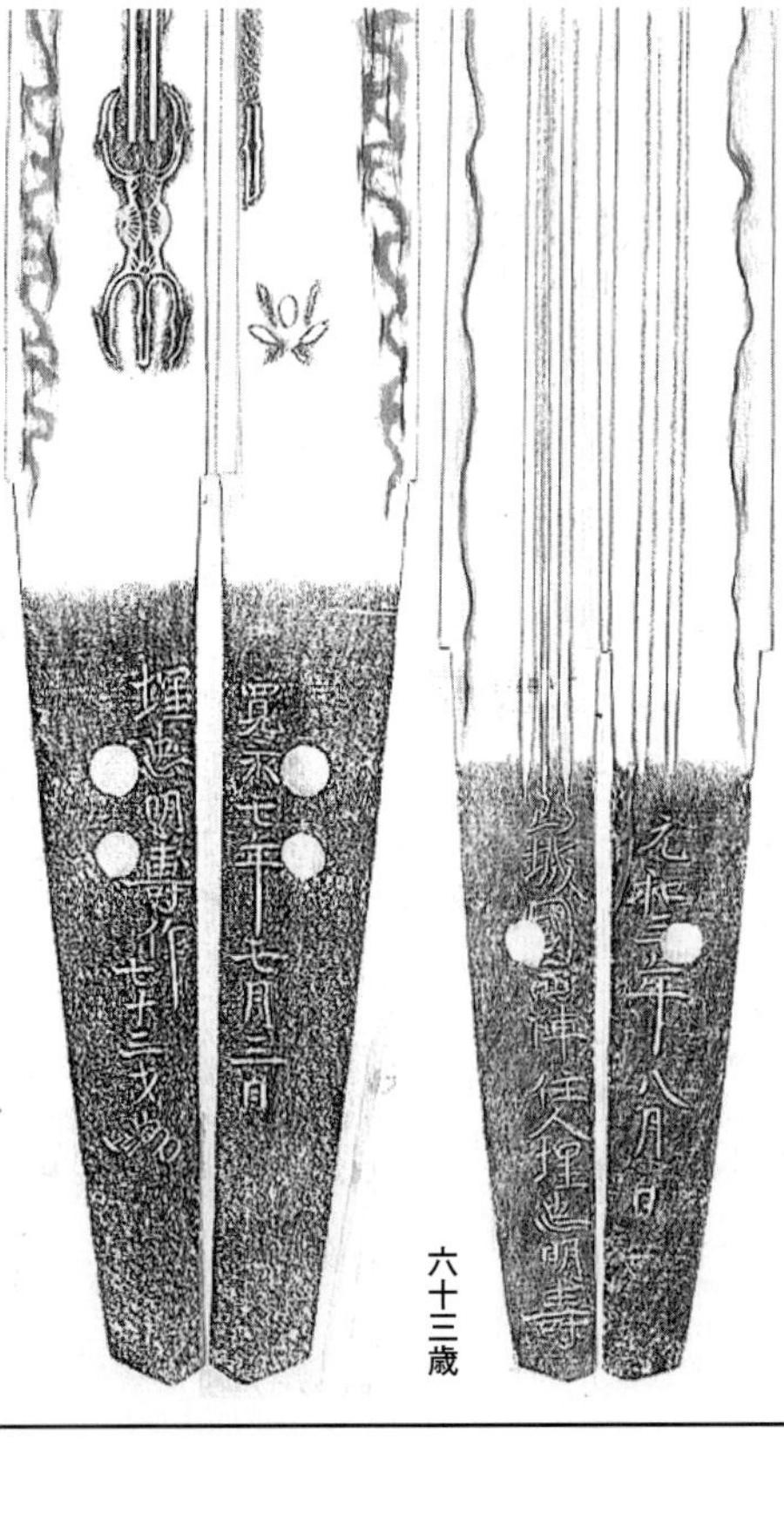
六十三歳

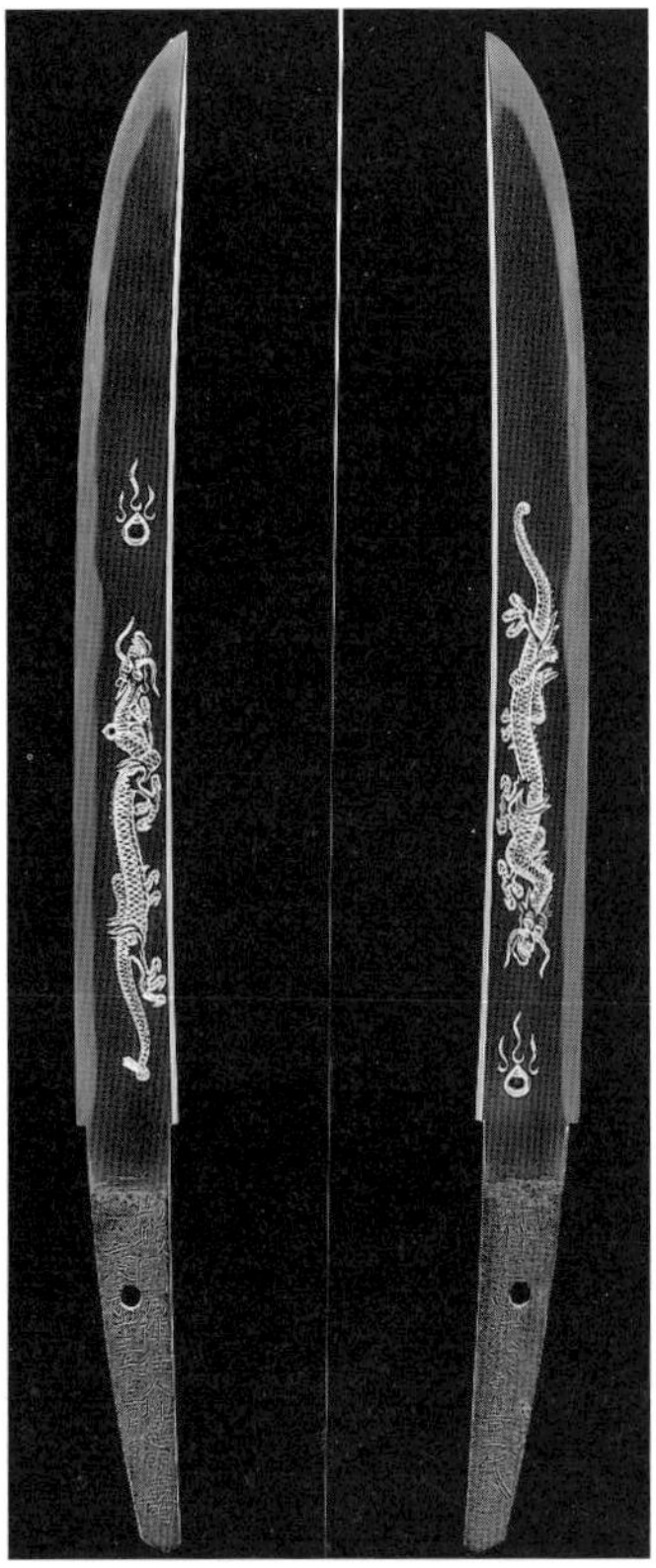
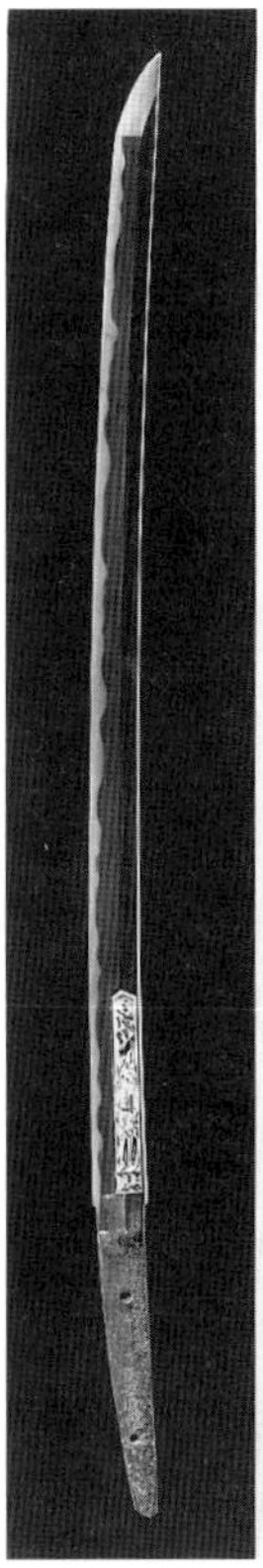

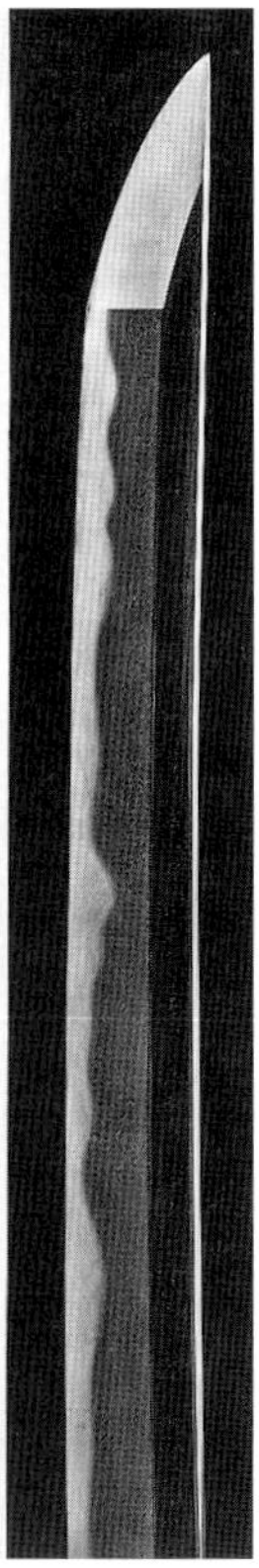

《む》

新々 旨国【むねくに】 岩代国 江戸末期（享和）

佐藤沢右衛門。水心子正秀門。「奥州伊達郡住旨国」などと切る。

新々 旨秀【むねひで】 岩代国 江戸末期（享和）

増子忠右衛門。水心子正秀門。「奥州二本松住旨秀」などと切る。

新々 宗明【むねあき】 陸中国 江戸末期（文久）

久保田文吉、充昌。久保田良蔵の子。固山宗次門。安政四年帰国し家業の鉄砲製作と共に刀を鍛える。一関藩工。陸中一関住。晩年は鉄砲の製作を専らとする。明治二十一年八月十二日、五十八歳没。直刃、湾れ、備前伝の丁子乱、互の目乱など。

新々 宗有【むねあり】 陸奥国 江戸末期（文久）

鈴木次郎。初名宗久。精壮斎と号す。本国陸奥国九戸郡。農鍛冶の出身で、江戸に出て固山宗次の門に入り、宗有に改める。南部八戸藩工。安政から明治四年ころまでの作刀があり、文久年紀の作が多い。江戸青山に住して鍛刀し、「於奥石川」また「於上野」などでの作があり、八戸藩士からの注文作をみる。晩年も帰郷することはなかった。互の目乱、丁子乱、直刃も焼き、師宗次風の丁子乱を得意とする。丁子と丁子の間に桜の花びら状の小丁子を交ぜた「桜丁子」と呼ぶ刃文が独特。

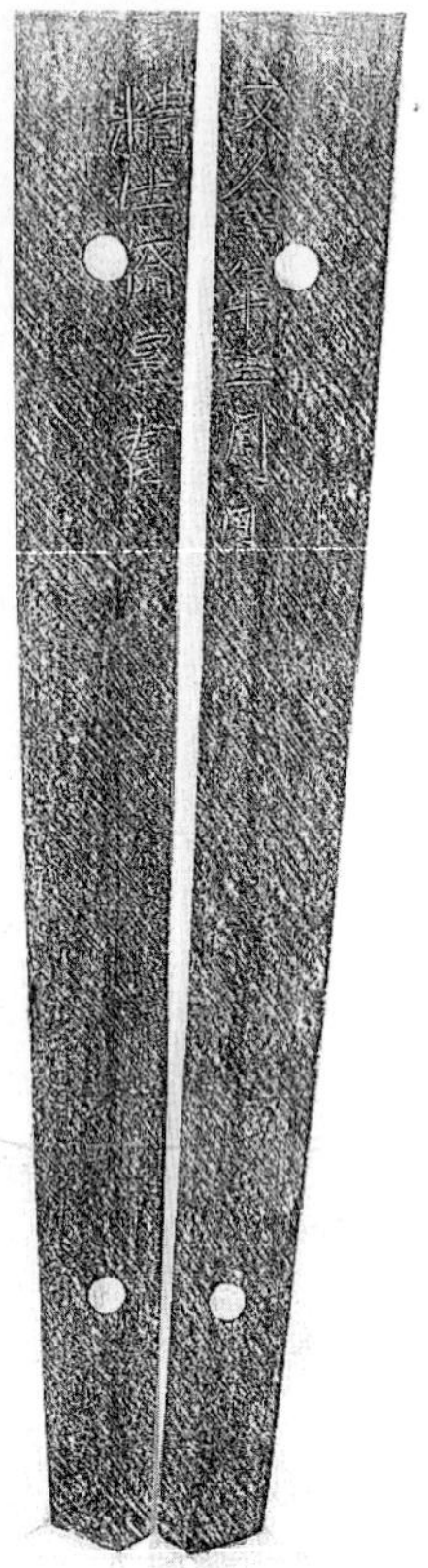

古 宗家【むねいえ】 備前国 鎌倉中期（貞永）
福岡一文字。宗吉子。丁子乱華やか。「宗家」。同銘が建長ころ、守家の父という鍛冶がおり、文保ころに畠田宗家がある。

古 宗氏【むねうじ】 備前国 鎌倉末期（正中）
岩戸一文字。和気郡佐伯町岩戸住。正中・嘉暦ころを主に活動したので正中一文字とも呼ばれる。「宗氏」。同銘が古くは福岡一文字にあり、降っては南北朝期（応安ころ）に長船派にある。「備州長船宗氏」。

新々 宗一【むねかず】 肥前国 江戸末期（文久）
肥前国松浦藩抱工。江戸本所にても造る。二代目は慶応ころ。

古 宗勝【むねかつ】 下野国 室町末期（天正）
徳次郎。天正ころ。「宗勝」。

古 宗清【むねきよ】 若狭国 室町中期（康正）
宗長門。康正ころ。次代は永禄ころ。「宗長」「若州住宗清」。

新々 宗清【むねきよ】 筑後国 江戸末期（天保）
青木彦六。宝寿斎と号す。清広の弟。備前介宗次門。久留米住。

新 宗国【むねくに】初代 武蔵国 江戸中期（享保）
山本藤五。初銘広重。武蔵太郎の兄。下原。大村加卜門。貞享二年、水戸光圀の佩刀を鍛え宗国の名を賜る。「相模守藤原広重」「相模守藤原宗国」などと切る。相模守広重〈四代〉同人。⇩**広重〈四代〉の項参照。**

新 宗国【むねくに】二代 武蔵国 江戸中期（宝暦）
山本半十郎。宗国のち国正。下原。元八王子住。「相模守藤原宗国」。相模守広重〈五代〉同人。⇩**広重〈五代〉の項参照。**

古 宗貞【むねさだ】 備中国 室町末期（文明）
鞆三原。笠岡住。鞆から笠岡に移るという。「備中国笠岡住宗貞作」。

古 宗貞【むねさだ】 備後国 室町中期（寛正）
鞆三原。貞次子。「備州鞆住宗貞作」。同銘が長享、永正、天正にある。

新 宗茂【むねしげ】 埋忠 山城国 江戸中期（正徳）
埋忠七左衛門。『埋忠家系図』によると京埋忠六代目。埋忠明寿より四代後の人となる。刀身彫を得意とする。作刀は稀。

正徳二年正月十五日

古 宗重【むねしげ】 肥前国 室町初期（応永）
平戸左。応永年紀の作がある。「平戸住宗重」。

古 宗重【むねしげ】 安芸国 室町中期（康正）
大山住（現・広島市安芸区上瀬野町）。康正年紀の作がある。「芸州大山住宗重作」。

古 **宗重【むねしげ】** 安芸国 室町末期（永正）
大山住。永正年紀の作がある。次代の宗重には永禄から文禄にかけての年紀作がある。「芸州大山住宗重」「安芸国大山住宗重作」。

古 **宗重【むねしげ】** 備後国 室町末期（大永）
鞆三原。大永のころ。直刃にほつれ、二重刃かかり、小足入り。「宗重」「三原住宗重」「備後国鞆住宗重作」。

古 **宗重【むねしげ】** 若狭国 室町末期（天文）
宗次子。小浜住。越前、また播磨にても造る。「宗重」「若州住宗重作」「若州住宗重播州於餝西郡為徳四郎作之」（餝西郡は現・兵庫県姫路市飾西）。

古 **宗重【むねしげ】** 伊勢国 室町末期（天文）
本国相模。勢州一志郡美杉村多気住。互の目に丁子交じり、小沸つく。相州広次との合作がある。「勢州住宗重広次造」。

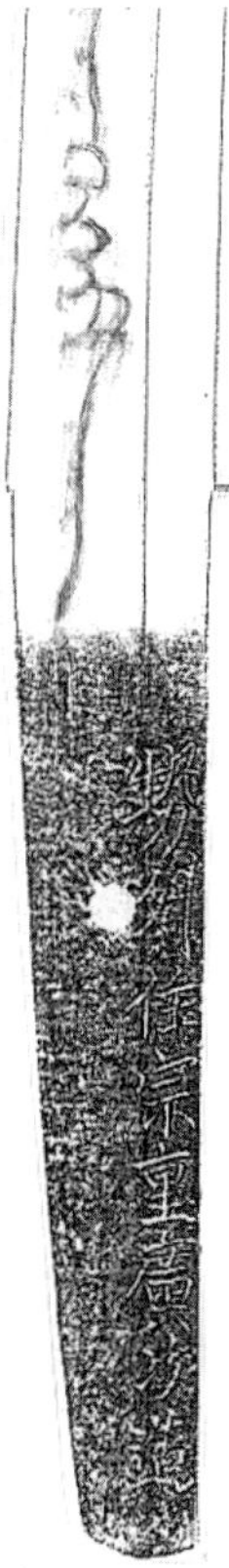

新 **宗重【むねしげ】** 播磨国 桃山期（慶長）
多田源次郎。のち鈴木氏に改める。池田輝政の抱工。慶長九年、十二年紀の作刀がある。元和三年八月八日没。

新 **宗重【むねしげ】** 播磨国 桃山期（慶長）
宗重は関金重の末葉（『新刀弁疑』）とも、関兼重の末葉（『新刀一覧』）ともいうのは、この工を指してのものか。慶長十二年紀の作があり、常陸守宗重の先輩。

新 **宗重【むねしげ】** 播磨国 江戸初期（正保）
鈴木与右衛門。初代宗栄の先代。慶安三年十月六日没。

（『図版刀銘総覧』）

新 **宗重【むねしげ】** 常陸守 初代 摂津国 江戸中期（寛文）
多田宇兵衛。本国播磨。大坂へ出て津田助広の門に入る。播州姫路、若狭小浜に住。大坂の居所は常磐町、また摂津西成九条嶋住。常陸大掾を受領。のち常陸守に転じる。湾れに互の目足入り、刃中に砂流しかかる。延宝六年三月二十七日没。多田氏系図では、宗栄二代目で与次兵衛宗重に当たり、右作宗栄の父。常陸守宗重初代となる。（系図914頁参照）

新 **宗重【むねしげ】** 常陸守 二代 摂津国 江戸中期（元禄）
多田三郎右衛門。常陸守を受領。鎗屋町住、のち東武へ移住する。嘉重と改め、また宗重とも宗茂とも切るという。貞享・元禄の人。直刃、互の目乱、大互の目交じる。

む
むねしげ

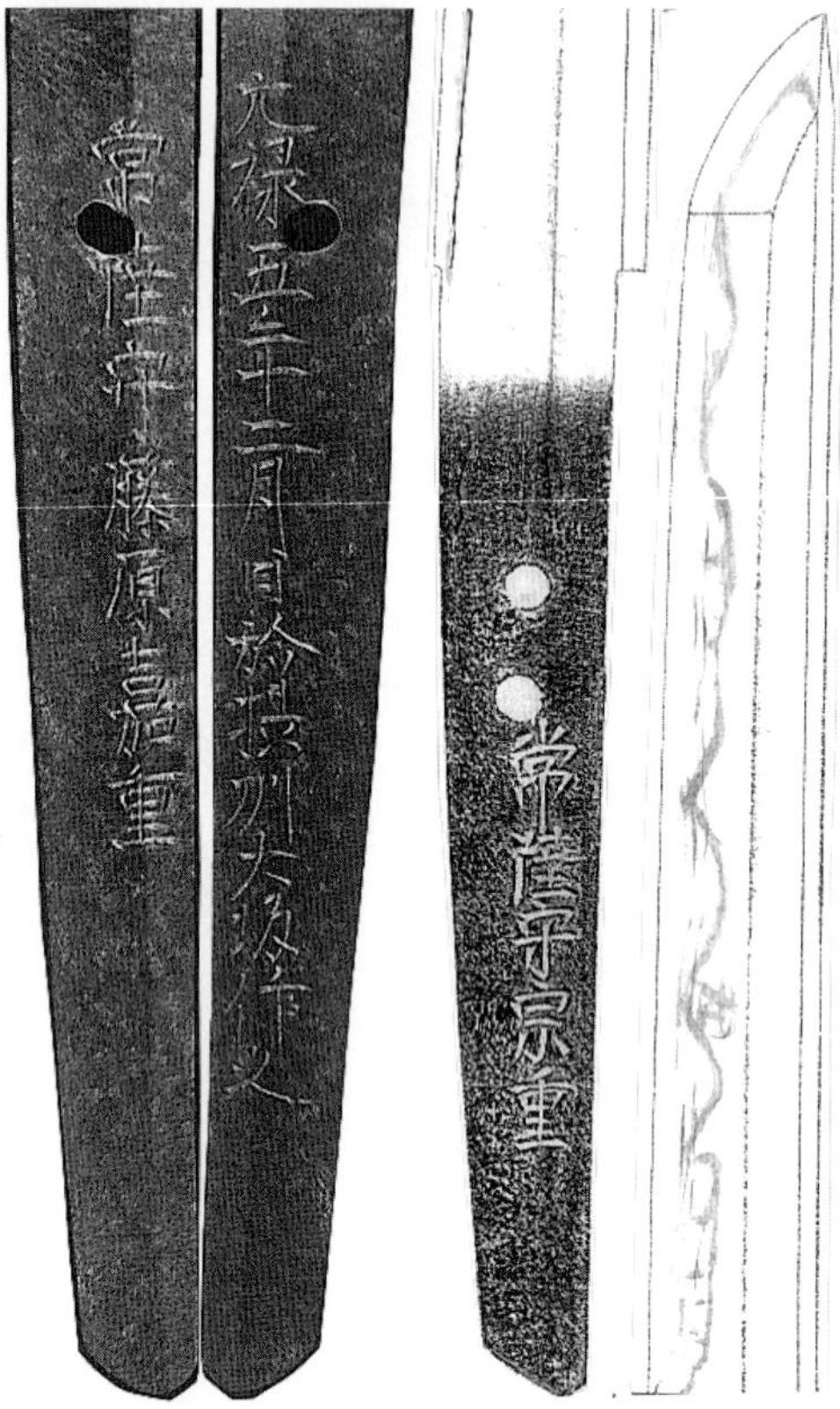

新々 **宗重【むねしげ】** 陸奥国　江戸末期（元治）

鈴木源吉、のち柏木姓に改める。音平安重の嫡男。精光斎と号す。陸奥国南部八戸藩工。精壮斎宗有門。慶応元年ころ業を成して八戸に帰郷し鍛刀する。師宗有の助力に尽くす。

古 **宗末【むねすえ】** 備中国　鎌倉末期（正和）

青江。助左衛門。万寿荘住（現・岡山県倉敷市の北方）。正和ころ。「宗末」。

古 **宗末【むねすえ】** 肥前国　室町末期（天正）

志保田郷住（現・佐賀県嬉野市）。天正ころ。「肥前志保田住宗末」。

古 **宗隆【むねたか】** 備前国　鎌倉初期（承元）

福岡一文字。後鳥羽院二十四人番鍛冶七月番。伯耆にても造る。「宗隆」。

古 **宗忠【むねただ】** 備前国　鎌倉中期（天福）

福岡一文字。宗吉の子、また門ともいう。太刀姿は細身で小切先。小板目に杢交じり、やや肌立ちごころに地沸つき、地景入る。小湾れに小乱、小丁子交じり、匂深く小沸よくつき、金筋しきりに入る。細鏨の二字銘を切る。

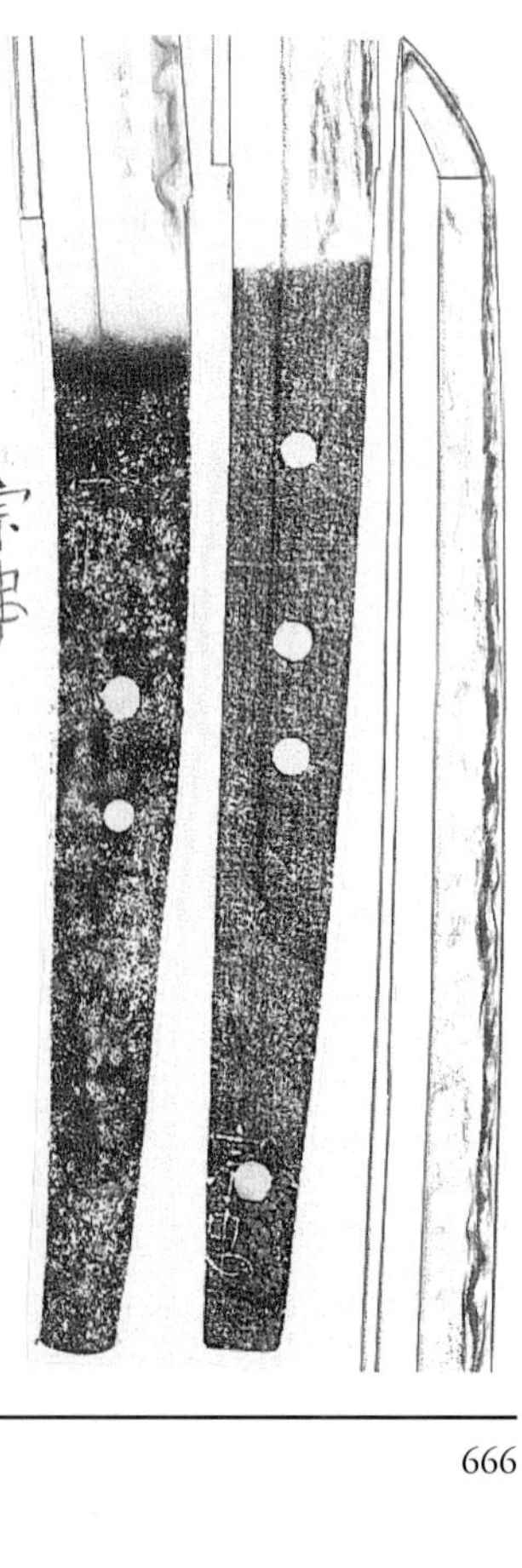

古 **宗近【むねちか】** 山城国　平安中期（永延）

山城鍛冶は京都を中心として栄えたところから京物と称される。京物の最古の刀工は平安中期の永延ころの人とされる宗近で、京三条に住して三条宗近また小鍛冶宗近と呼ばれる。宗近門の有国（在国同人）の子に兼長、国永が五条に住して（三条にも住と）作刀し、五条兼永、五条国永と呼ばれる。山城鍛冶は平安中期から末期にかけ三条物、五条物が鍛刀し、鎌倉初期から中期にかけて粟田口派、同中期から南北朝期にかけて来派、南北朝期から室町初期にかけては長谷部派、信国派、了戒派の各流が活動し栄えている。三条派の祖宗近は、謡曲「小鍛冶」に謡われるなど古来著名で、後鳥羽院の「蝶丸」「浮丸」、信西の「小狐」、弁慶の長刀などの作者と伝えている。

宗近には太刀と短刀の遺作がわずかに残されていて、御物「三日月宗近太刀」（名物・国宝）、「海老名小鍛冶」（名物）腰刀、「鷹の巣宗近」（名物）腰刀などが著名である。宗近の作調は、姿格好の優美さに加え、地刃に雅趣が深く、古作大和物より以上に洗練されたところに京らしさがあり、古雅である。太刀の場合、「三条」銘は、刀銘に佩裏目釘孔の上に打ち、「宗近」銘は太刀銘に佩表目釘孔の上側に位置して打っている。腰刀の場合も「三条」銘（鷹の巣）と「宗近」銘（海老名）がある。「三条宗近」の四字銘があることは古銘鑑類に記述はあるが、押型図（写）が見られるのは『本朝鍛冶考中心押形』で、四字の銘作が江戸時代にはあったのであろう、今は作例をみない。**（系図837頁参照）**

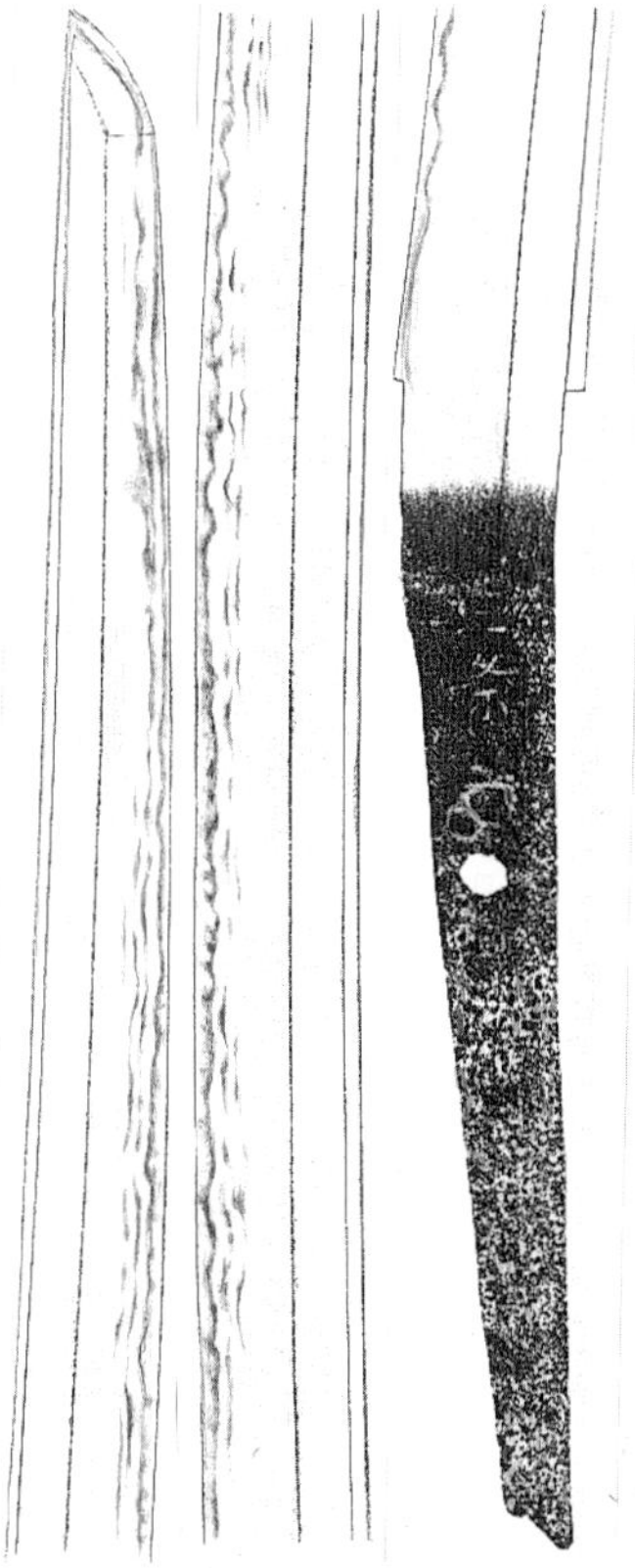

三条　名物・三日月宗近（『渡辺誠一郎寄贈刀剣図録』）

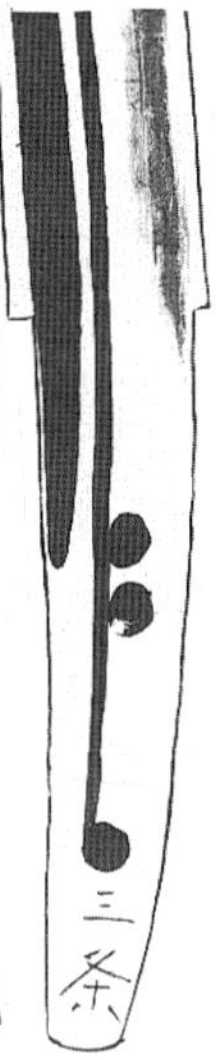

名物・鷹の巣宗近（『光徳刀絵図』）

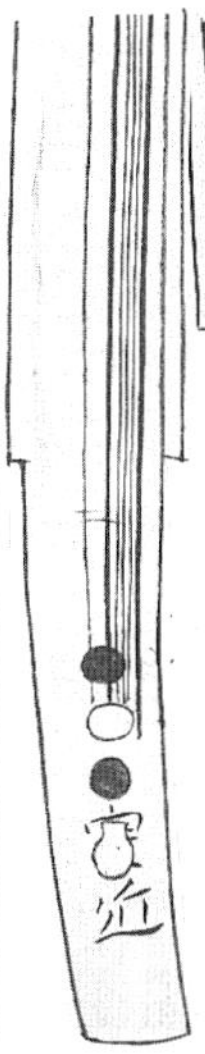

名物・小鍛冶宗近（『光徳刀絵図』）

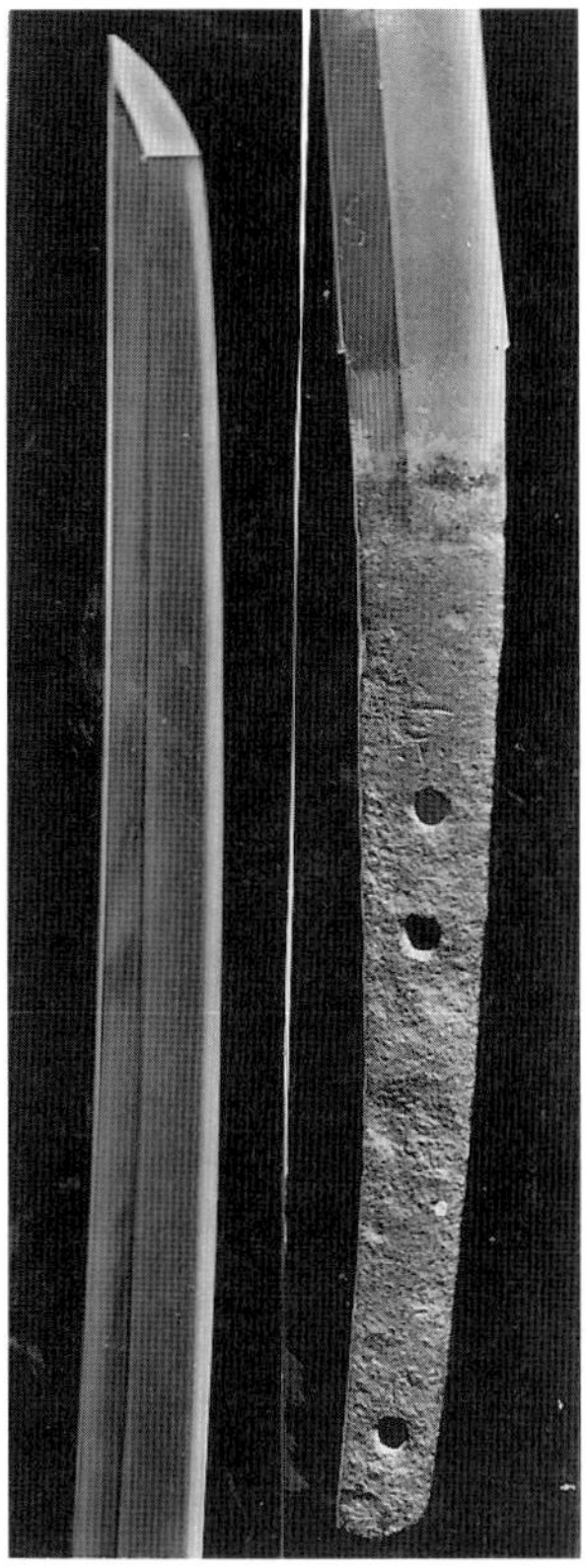

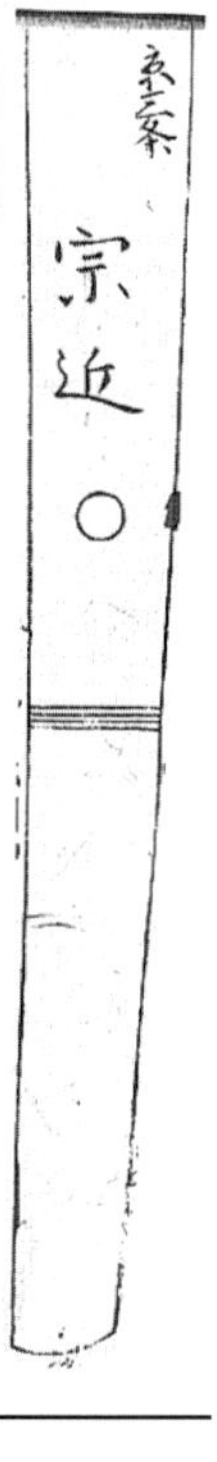

（『古今銘尽』）

三条宗近銘の四字、三字、二字の作例（『本朝鍛冶考中心押形』）

古 **宗近【むねちか】**　伊賀国　南北朝期（建武）

阿拝郡音羽住。「宗近」「阿拝郡住宗近」と銘す。後代が応永から永正ころへ続く。

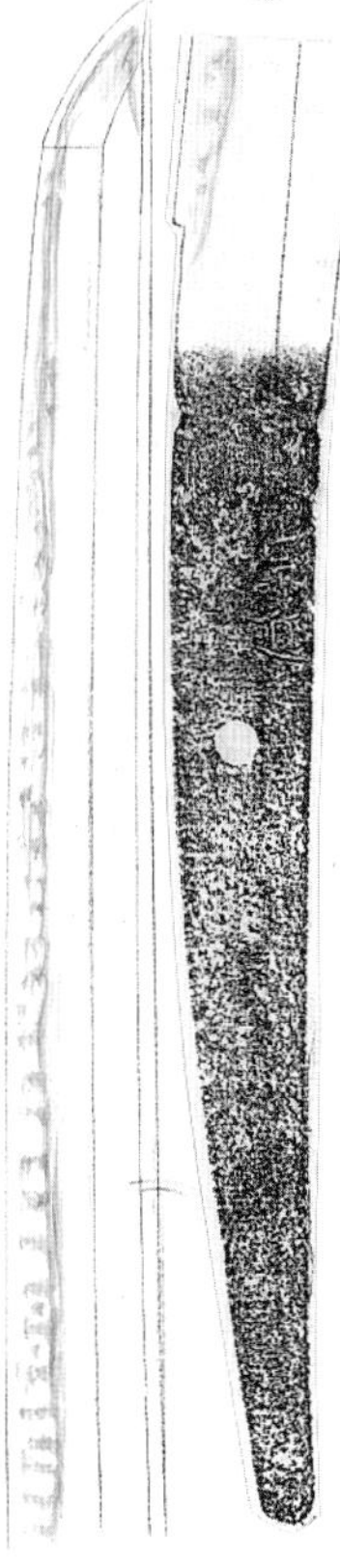

古 **宗次【むねつぐ】**　備中国　鎌倉中期（天福）

古青江。康次子。ほぼ同時代（寛元ころ）に行次子の古青江鍛冶がいる。「宗次」。

古 **宗次【むねつぐ】**　備中国　南北朝期（延文）

青江。延文ころ。「備中国宗次」。同銘が応永、天文、天正にある。

古 **宗次【むねつぐ】**　若狭国　室町初期（永享）

小浜住。宗吉子。永享ころ。「宗次」「若州住宗次」。同銘が寛正ころ若州伏原村住、また永正ころに小浜住の鍛冶がいる。

古 **宗次【むねつぐ】**　出羽国　室町末期（永正）

月山。永正ころ。次代の天正ころに同銘がある。「月山宗次」。

む

むねちか〜むねつぐ

新 宗次【むねつぐ】 越前国 江戸初期（明暦）

下坂長三郎、九郎右衛門。下坂宗房子。宗道とも銘す。京・大坂にても造る。明暦年紀の作がある。「越前住宗次」「上総大掾藤原宗次」と切る。直刃、互の目乱。

新 宗次【むねつぐ】 越前国 江戸中期（寛文）

下坂。上総大掾宗次門。二代目宗次。武蔵守を受領。越前福井住。直刃に互の目交じり。

新 宗次【むねつぐ】 摂津国 江戸中期（宝暦）

三品兼道門。「三品但馬守藤原宗次」などと切る。

新々 宗次【むねつぐ】 岩代国 江戸末期（文政）

陸奥介弘元の前銘。古山東蔵、のち幸之進。初銘国秀。享和五年、宗次に改める。水心子正秀門。天保十四年五月二十七日、六十六歳没。⇩弘元の項参照。

新々 宗次【むねつぐ】 初代 武蔵国 江戸末期（天保）

固山宗兵衛。享和三年、固山宗兵衛宗一の子として奥州白河に生まれる。一専斎、精良斎と号す。固山宗平の弟。加藤綱英門。その弟、長運斎綱俊に学ぶ。白河の松平家に抱えられ、文政六年の松平家の伊勢転封に従い、文政十二年ころ桑名に移住する。一年余ののち天保二年には江戸に出て麻布永坂で鍛刀する。のち四谷左門町に住す。天保五年ころ尾張に駐鎚する。天保八年、桑名藩工となる。弘化二年、備前介を受領。弘化三年に後藤一乗への贈刀を、嘉永三年には稲妻雷五郎のための大刀を、嘉永二年には伊達宇和島侯の大小刀の注文を受けるなど、著名人との交流が深い。また山田浅右衛門家との関係も密で、試し斬りの名手伊賀乗重の引立てもあって刀工宗次の存在を確たるものにしている。

宗次には、門人広次との合作があり明治四年十二月、六十九歳までの作刀をみる。翌五年、第一回博覧会に刀の出品に関する見積書を提出していることから、明治五年までの生存が確認できる。作刀は備前伝に終始しているが、稀に三本杉刃、中直刃があるのは注文者の趣向によるものだろう。初期の天保ころは匂出来の丁子乱が華美であり、弘化ころからは腰の開いた互の目に丁子交じりの刃を連続して揃えて焼く。晩年の慶応・明治のころは単調な互の目を繰り返して焼いたものが多い。初期作の特に冴えた刃文が優れるが、宗次の刀は斬れ味もよく、質実ともに兼備したものとして賞美される。**（系図913頁参照）**

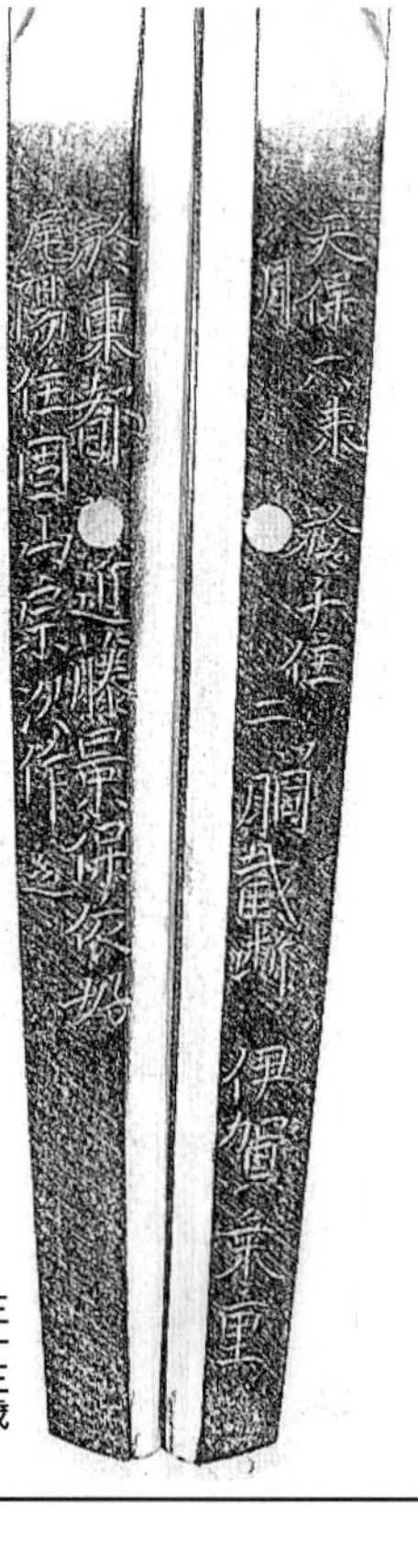

三十三歳

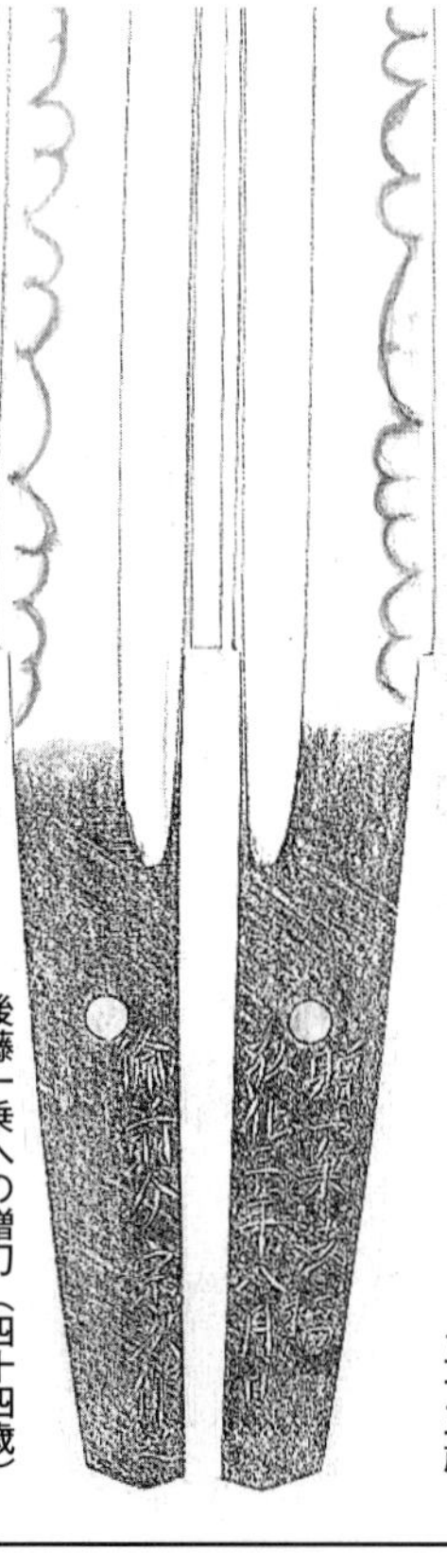

後藤一乗への贈刀（四十四歳）

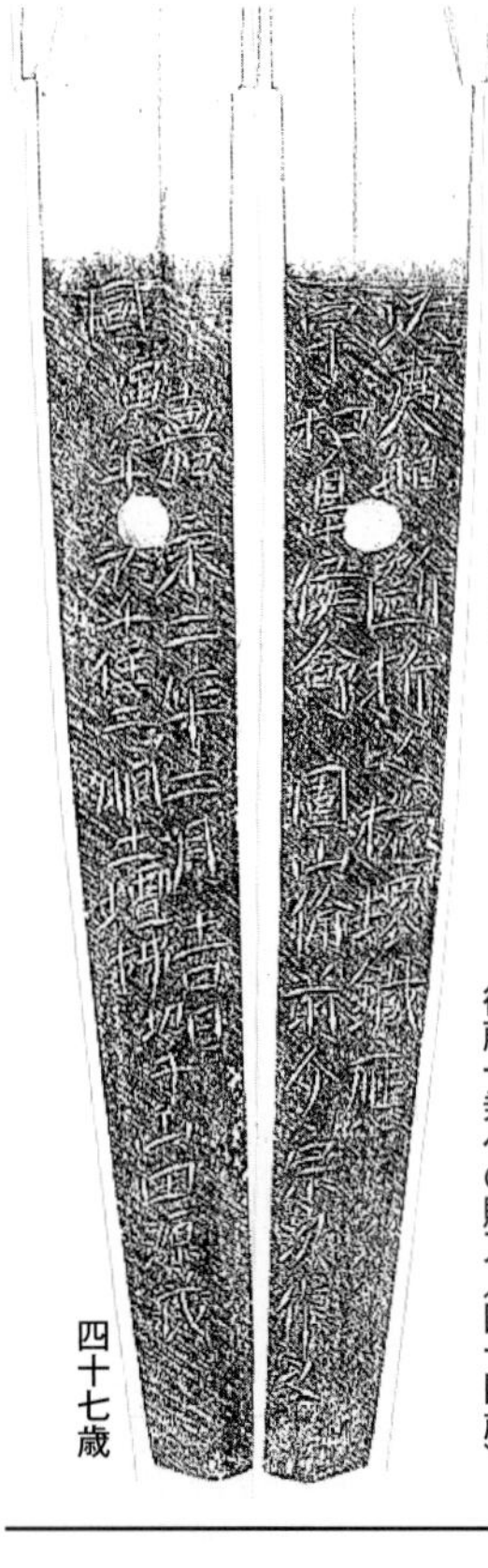

四十七歳

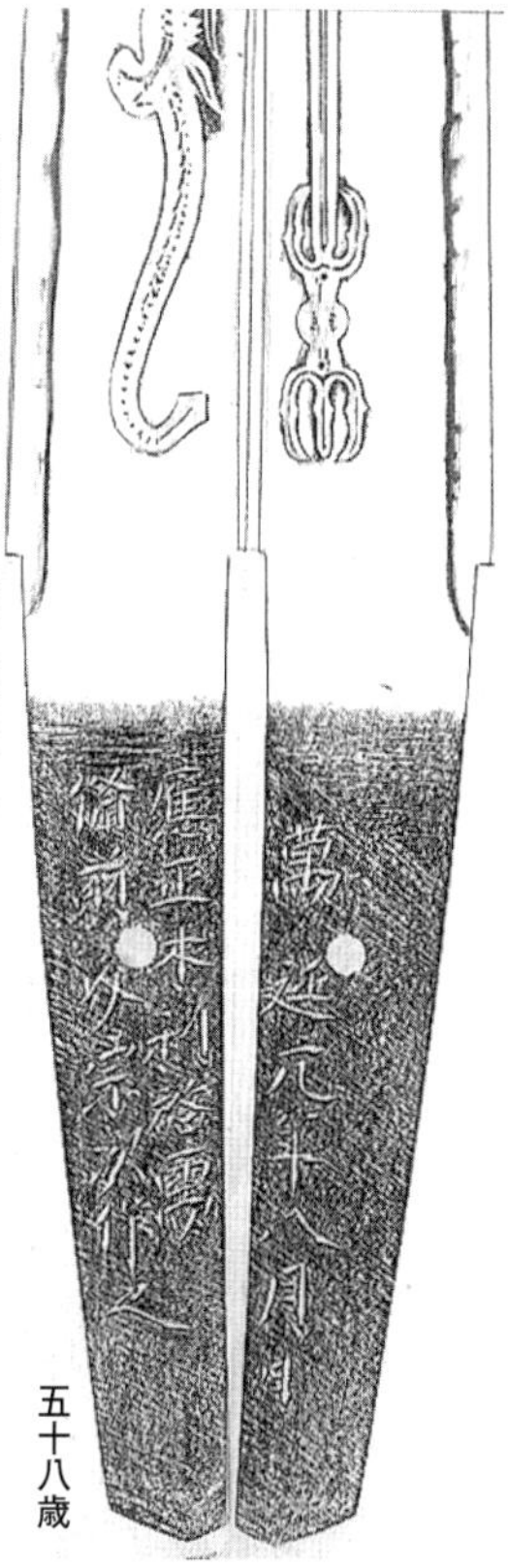

万延元年（安政七年）まで筋違鑢に化粧鑢をかけていたものを、この年以降は切鑢に変改する。

五十八歳

五十九歳

六十五歳

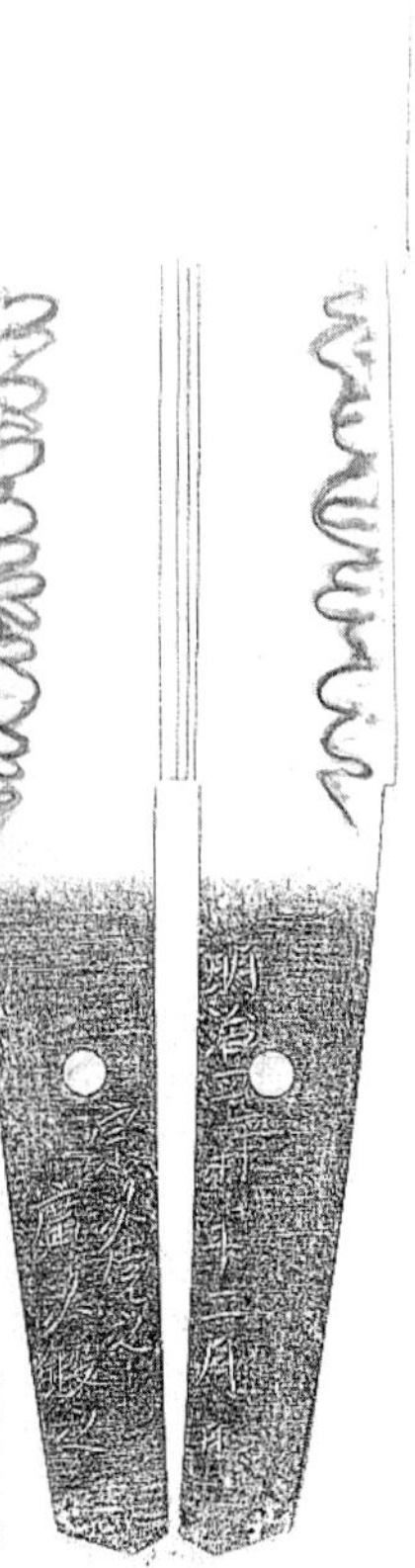

廣次と合作

新々 **宗次**【むねつぐ】**二代**　武蔵国　江戸末期（元治）

固山宗一郎。初代宗次の子。見龍子と号す。桑名藩工。桑名住、のち江戸箱崎町住。元治ころから明治三十三年までの作がある。互の目に丁子交じり、小づみ、足長く入る。

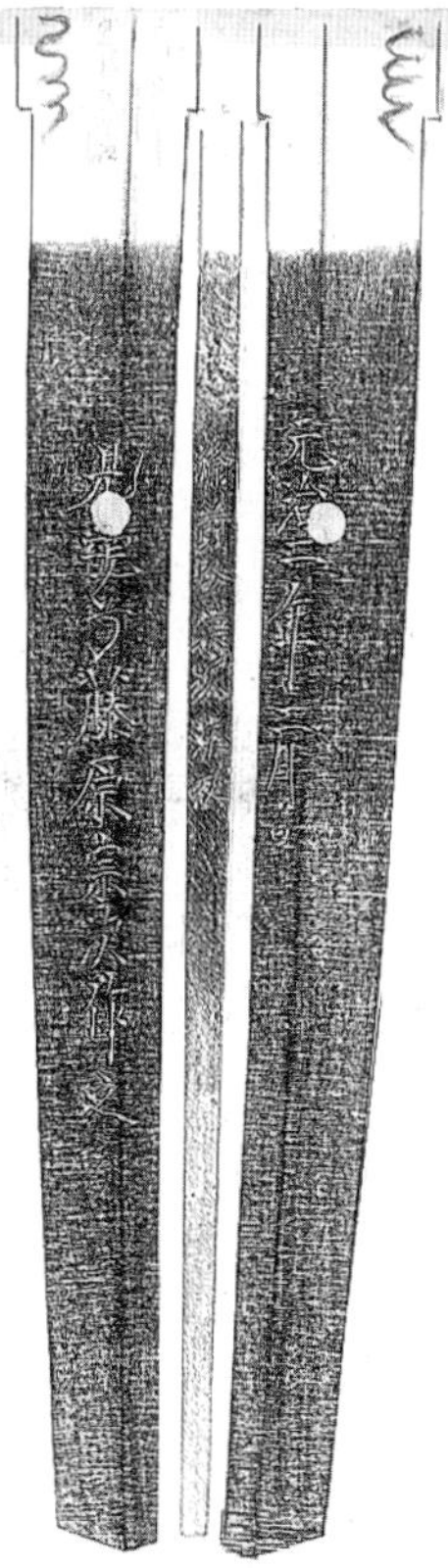

新々 **宗次**【むねつぐ】　信濃国　江戸末期（文久）

宮川氏。源姓。信州松代城下竹山町住。山浦真雄門。慶応年間、筑前守を受領し、宗次から宗継に改める。京にても造り「於洛陽三原辺松代臣宗継造之」と切った銘作がある。元治から明治初年までの作刀がある。

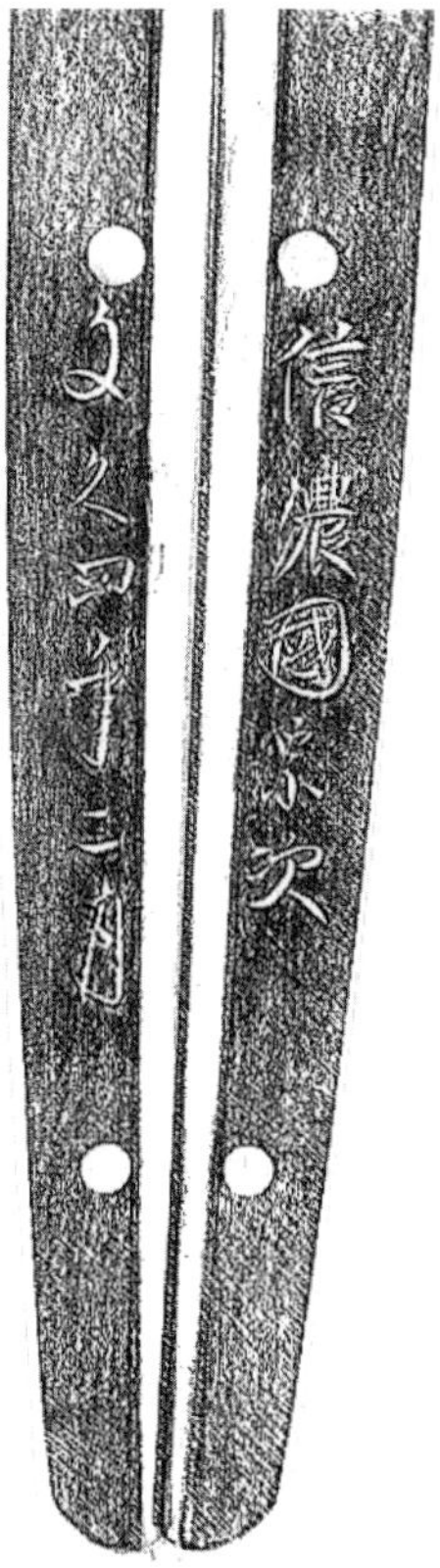

新 **宗次【むねつぐ】**　伊予掾　初代　肥前国　桃山期（慶長）

境三右衛門。堺内蔵丞正次の次男。佐賀郡長瀬住。のち佐賀城下に移る。慶長末年に伊予掾を受領し〝受領掾司代頭〟に、つまり肥前総鍛冶の受領取次に任じる。寛永九年ころに没。互の目に小湾れ交じり、焼幅に広狭があり、飛焼かかり棟を焼く。刃中に砂流し、金筋が入り、相州伝の風がある。

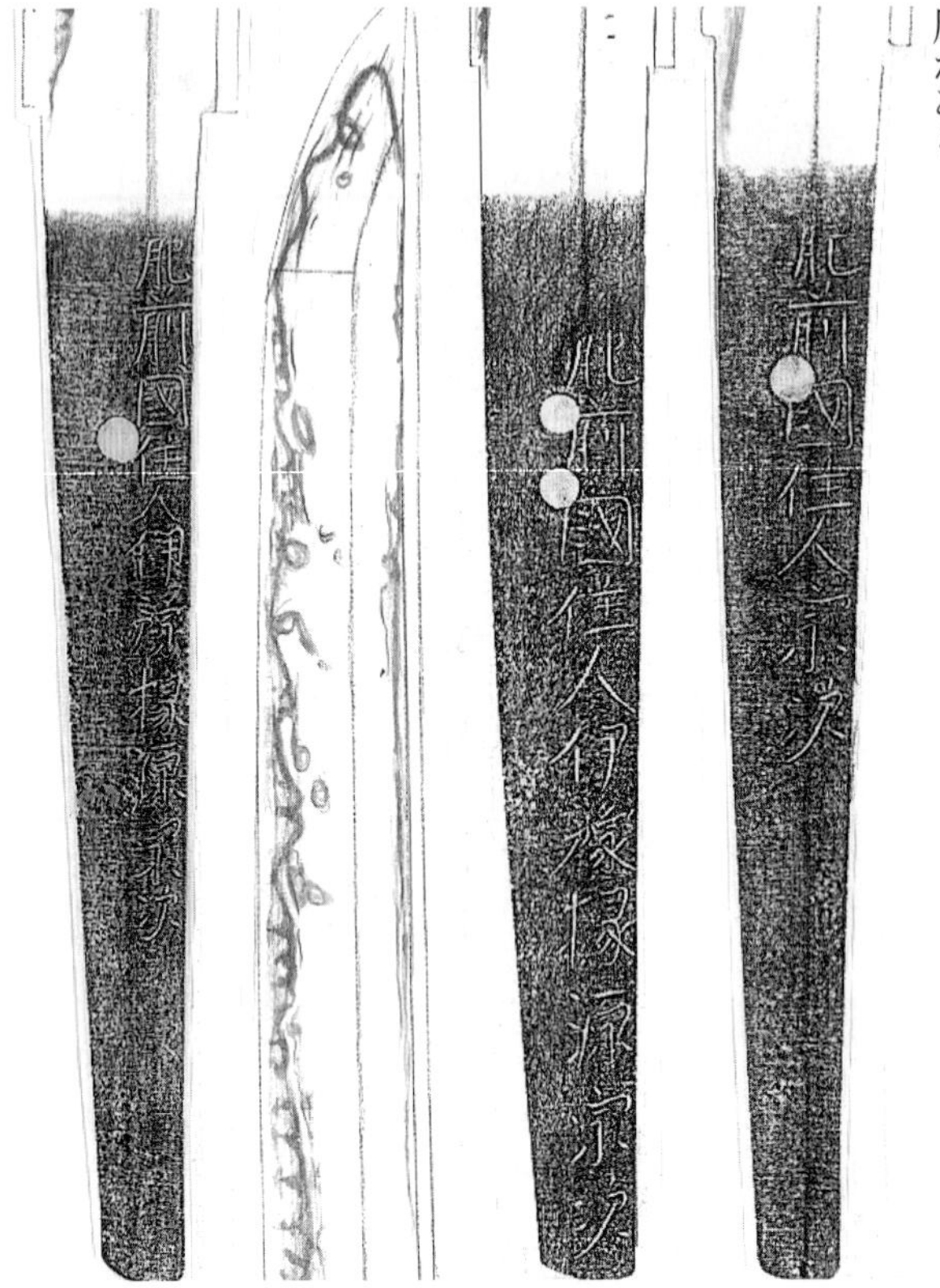

新 **宗次【むねつぐ】**　伊予掾　二代　肥前国　桃山期（寛永）

林十郎のち内蔵丞。初銘宗安。のち正次、さらに宗次を襲名する。伊予掾を受領。「伊予掾二代目源正次於武州」と切った作があって宗次を名乗る前作であり、武州打ちを示すものである。〝大日本鍛冶位掾頭〟と切った〝位掾頭〟は、初代の〝掾司代頭〟と同義であり、朝廷から賜った正式な綸旨であったろう。天和三年ころに没。作風は初代に似た互の目乱、また直刃を焼く。

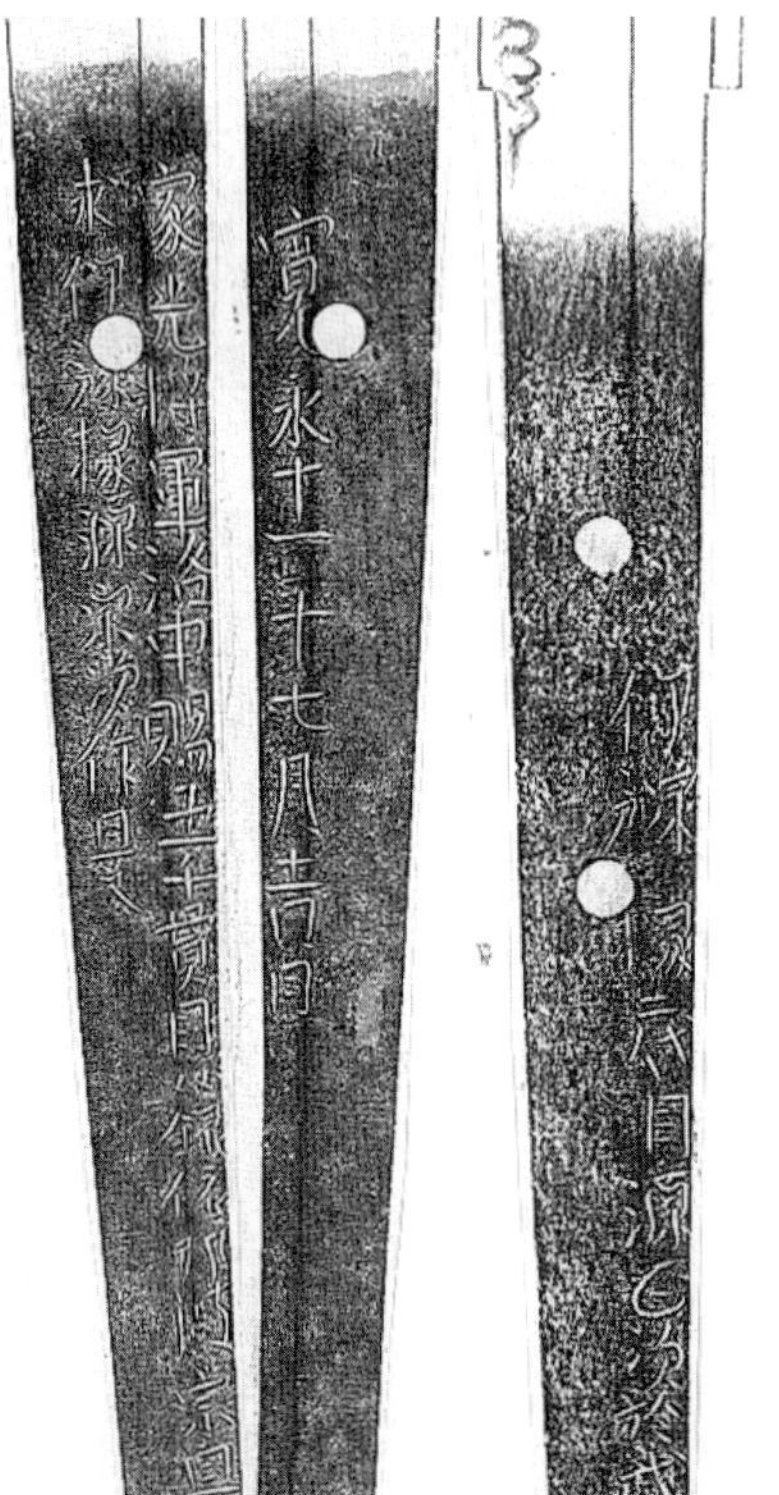

新 **宗次【むねつぐ】**　伊予掾　三代　肥前国　江戸中期（天和）

五郎太夫。のち左馬之允。左馬佑。初銘宗正。肥前諫早住。吉宗将軍の代に全国の刀工名簿を幕府に提出したさい、佐賀藩からは左馬允宗次（三代伊予掾）が登載され、「三代当子六十八歳」とある。それは享保五年四月のことで、この年に三代宗次は六十八歳と知れる。享保九年、隠居して家督を四代目宗光に譲る。⇨**宗光の項参照。**作技は初代に劣らぬものがあるが、作刀は少ない。天和年間に作った鉄冑割の刀から、斬れ味の

良かったことが察せられる。茎の鑢目が逆筋違いになる。◆四代宗光（享保）。五代宗清（延享）。六代宗光（寛政）、左太夫また太輔。天保十二年、八十二歳没。

新々 宗次【むねつぐ】七代　肥前国　江戸末期（文久）

左源太。「肥前國源宗次作」「肥前國宗次」と切る。明治二年二月二十七日、八十二歳没。

新々 宗次【むねつぐ】八代　肥前国　江戸末期（慶応）

半之助、のち繁之助。嘉永四年、十八歳のとき、佐賀城下に出て修業し、のち諫早に帰り鍛刀する。「肥前國源宗次造之」などと切る。明治四十三年三月二十日、七十七歳没。

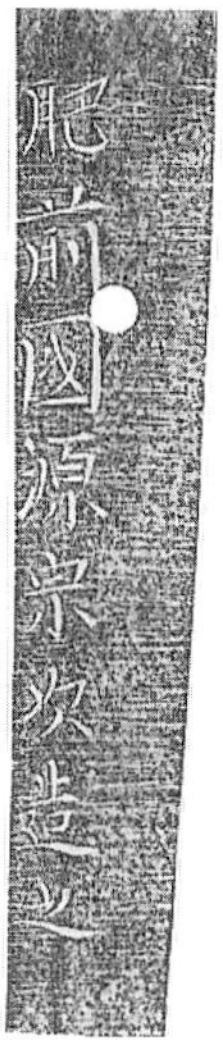

新作 宗次【むねつぐ】　岩手　昭和

堰代福哉。明治四十三年生まれ。淀川重利、今野昭宗に師事。陸軍受命刀匠。作刀技術発表会に昭和二十九年から出品し連続入選。宮古市黒田町住。「以陸中砂鉄宗次鍛之」。

新 宗綱【むねつな】　摂津国　江戸中期（享保）

三代目近江守忠綱の初銘。政之進宗綱。一竿子忠綱の子。彫物の上手。

⇩忠綱〈三代〉の項参照。

古 宗恒【むねつね】　備中国　鎌倉初期（建保）

古青江。正恒子。建保ころ。同銘が鎌倉末期（永仁ころ）にもある。「宗恒」。

古 宗恒【むねつね】　備前国　鎌倉初期（安貞）

古備前。長船六郎。安貞のころ。小湾れ調の直刃に小乱、小丁子交じり。「宗恒」。同銘が福岡一文字に建長ころ。畠田守家の子で正応ころ、同じく畠田派で長船住の正和ころの各工が作刀する。

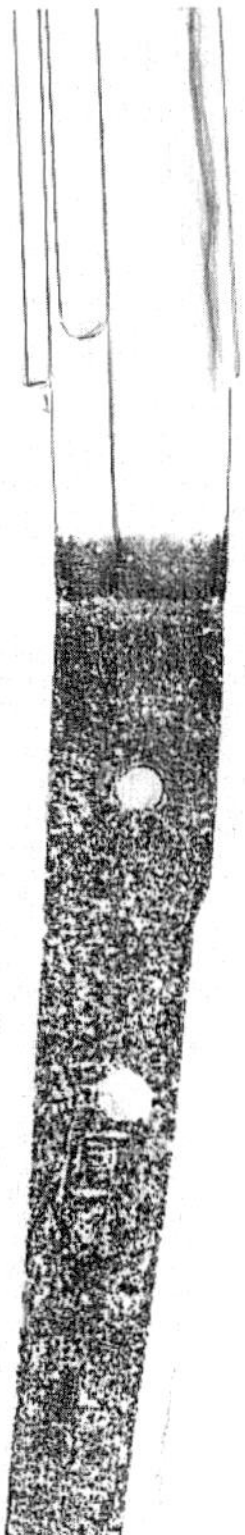

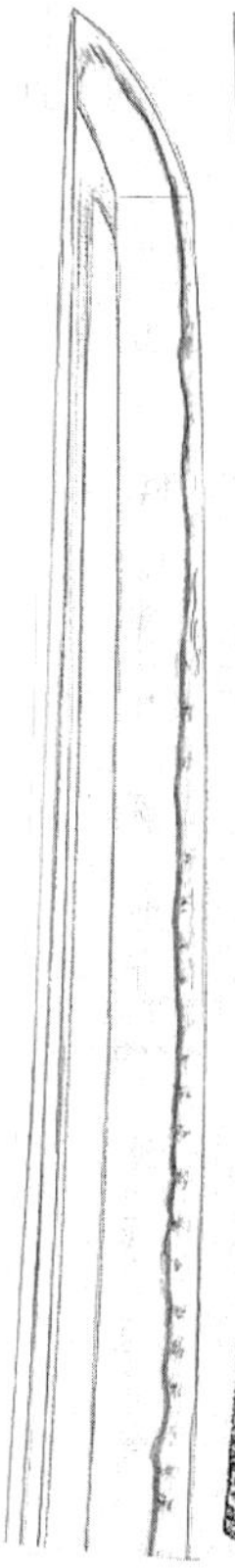

古 宗遠【むねとお】　備中国　鎌倉中期（文永）

古青江。常遠の子。唐河住（現・岡山市北区西辛川）。同族の為遠に「備前国唐河住人兵衛尉宮原為遠」（『古刀銘尽大全』）と銘したものがあり、唐河は備中境で備前国であると知られ、この地でも鍛刀していたこととなる。宗遠は承元ころ、古青江則高門が古く、建長、文永、文和から応永へ名跡が続く。

古 宗俊【むねとし】　薩摩国　室町末期（天文）

末波平。宗利同人。川内平佐住。天文ころ。「薩州住宗俊」。

新々 宗俊【むねとし】初代　磐城国　江戸末期（天保）

小山惣助、固山宗助。固山宗次の兄。田龍子と号す。奥州白河住。明治三年十月二十日、七十六歳没。文政から元治ころまでの作刀がある。元治元年紀に初代七十歳・二代宗守銘、二十九歳時の父子合作脇指がある。

新々 宗俊【むねとし】二代　磐城国　江戸末期（文久）

固山伊三郎。初銘宗守、のち宗俊。初代宗俊子。明治二十一年正月十七日、五十三歳没。嘉永から明治三年ころまでの作がある。

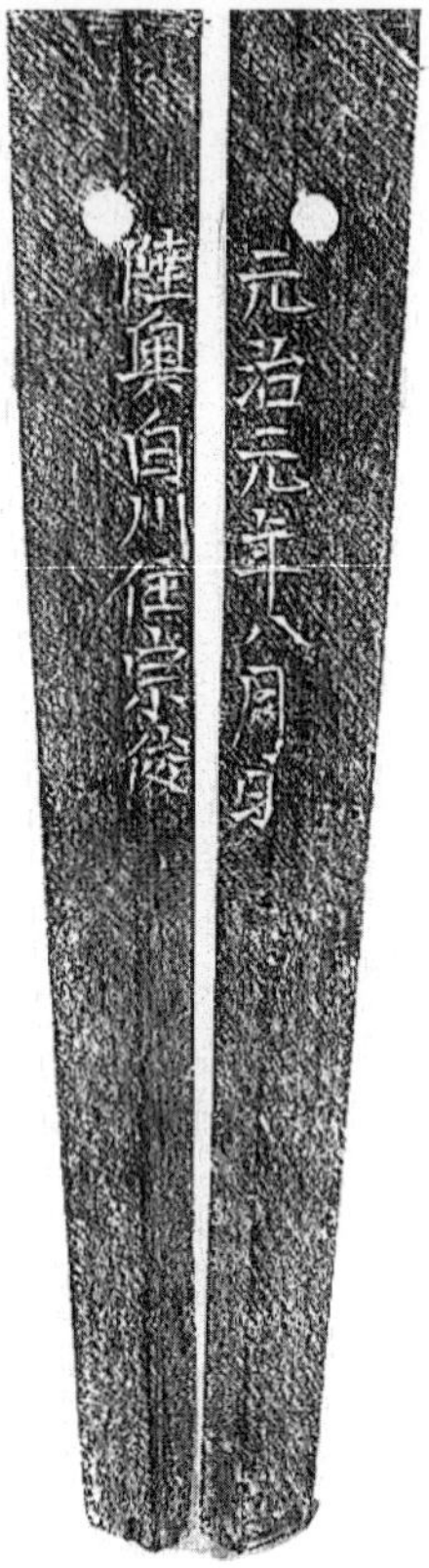

新々 宗寿【むねなが・むねとし】皆川　岩代国　江戸末期（文政）

皆川今右衛門。初銘重国。下坂兼宣門、のち角大八元興に、さらに奥元平に学ぶ、入道して如扇と号し、老銘を「寿」と銘す。天保十年、七十五歳と切った作がある。

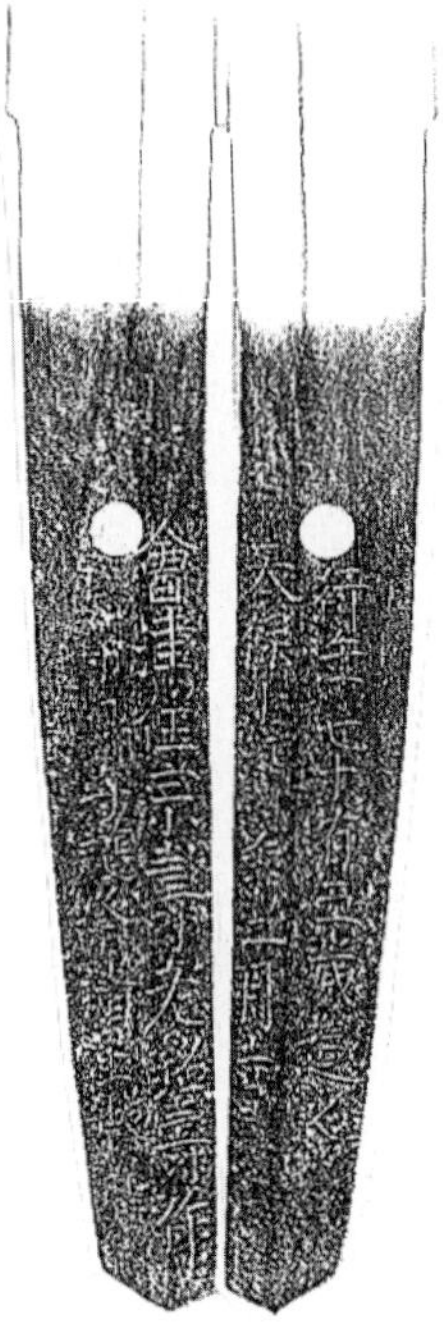

古 宗長【むねなが】初代　若狭国　室町初期（応永）

中島来国長の子。若州鳥羽住、のち小浜住。「宗長」「若州住菅原宗長」。

古 宗長【むねなが】二代　若狭国　室町初期（永享）

鳥羽鍛冶。若狭国には京鍛冶の流れを汲む京鳥羽鍛冶と称する宗長系と、相州から移ってきた冬広系との二流があり、宗長は鳥羽、また小浜に、冬広は小浜に住して鍛刀する。宗長は三代康正、四代明応、五代永正、六代天正と続き、六代宗長のとき播州坂本に移り、姫路城下で鍛刀する。「若州小浜住宗長」「若州住宗長播州於姫路」。

古 宗長【むねなが】　備後国　室町末期（文亀）

三原。小湾れ調の直刃に小互の目足入り、ほつれ、打のけかかる。「備州三原住宗長」。

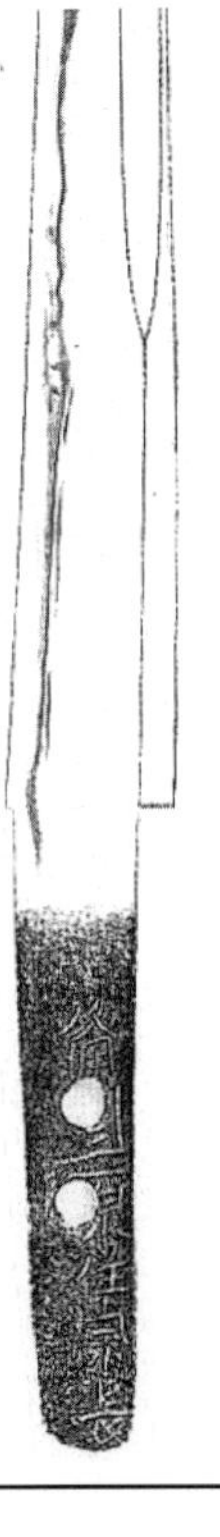

古 宗信【むねのぶ】　山城国　室町初期（応永）

長谷部。京五条住。二代国重の子。国信門。本国大和、のち京住。河内、摂津、相州、尾張などに駐鎚するという。湾れかかった直刃がほつれ、打のけかかり、小沸よくついたものと、湾れに大互の目乱、玉焼があり棟を焼き皆焼状となるものがある。

新 宗春【むねはる】　武蔵国　江戸初期（慶安）

石堂与三左衛門。江戸石堂。丁子乱が小づむ。慶安から寛文にかけて鍛刀する。

新 宗春【むねはる】　武蔵国　江戸中期（万治）

江戸石堂。石堂与三左衛門。丁子乱がやや小づむ。

新々 宗春【むねはる】　肥後国　江戸末期（天保）

同田貫。天保から明治三年紀までの作がある。「肥後同田貫宗春作」などと切る。

古 宗久【むねひさ】 豊後国　室町初期（応永）

応永二十八年紀の作がある。板目に柾流れ地沸つき、地斑・地景入る。中直刃がほつれ、打のけかかり、小沸つき、匂口沈む。「豊後國住人宗久作」。

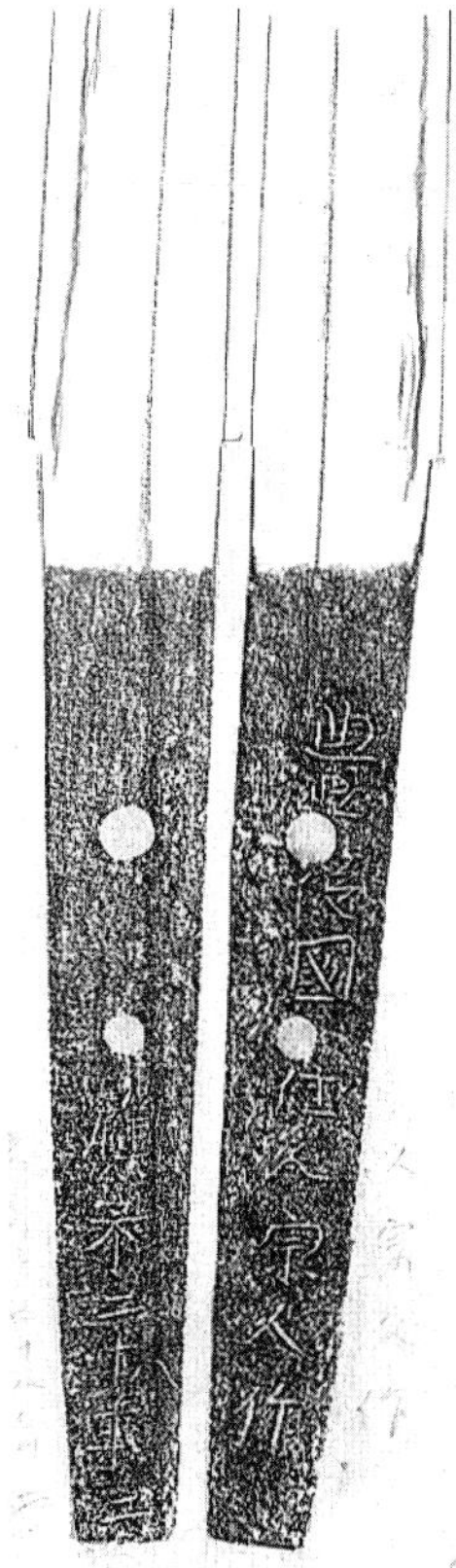

新々 宗平【むねひら】初代 磐城国　江戸末期（文政）

固山宗兵衛。生国奥州白河。天保七年、古河藩工となる。固山宗次の長兄、白龍子と号す。文政六年ころから文久ころまでの作刀がある。江戸にても造る。明治三年没。互の目丁子乱。

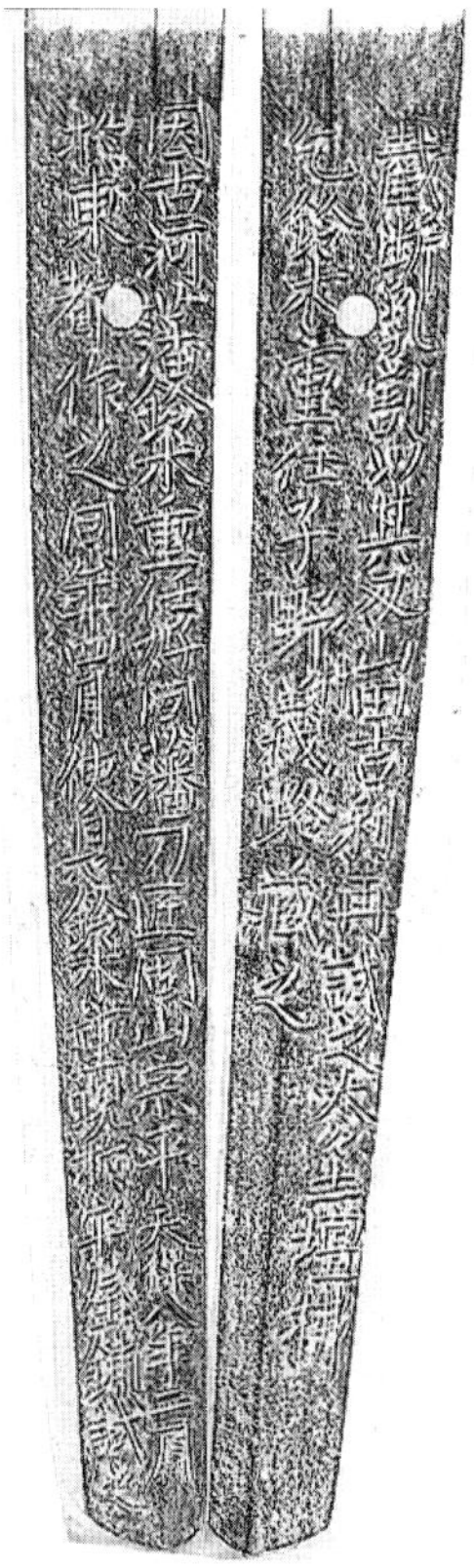

新々 宗平【むねひら】二代 岩代国　江戸末期（文久）

固山宗七。のち宗均、宗孝。初代宗平の次男。一進斎、一心斎と号す。上総一宮加納家の抱工。勢州桑名、また江戸にても造る。文久二年ころから明治初年まで作る。明治十五年二月二十日、六十五歳没。初代に似て互の目乱。

新 宗平【むねひら】 肥前国　江戸中期（寛文）

与兵衛。初代広貞の四男。初め上総大掾、のち寛文三年六月、佐渡掾を受領する。「肥前国上総大掾藤原宗平」「佐渡掾藤原宗平」などと切る。

◆二代宗平（正徳）は与右衛門。受領がなく「肥前国住藤原宗平」と切る。

古 宗広【むねひろ】 越前国　室町初期（応永）

千代鶴。宗弘同人という。応永ころ。同銘が永正ころにある。「宗広作」「越州宗広」。

新々 宗広【むねひろ】 肥後国　江戸末期（万延）

小山宗広。延寿太郎と称し、「上野介拾代嫡孫」と切銘する。水心子正秀門。明治四年、七十八歳没。互の目に丁子、尖り互の目、逆がかる刃が交じる。

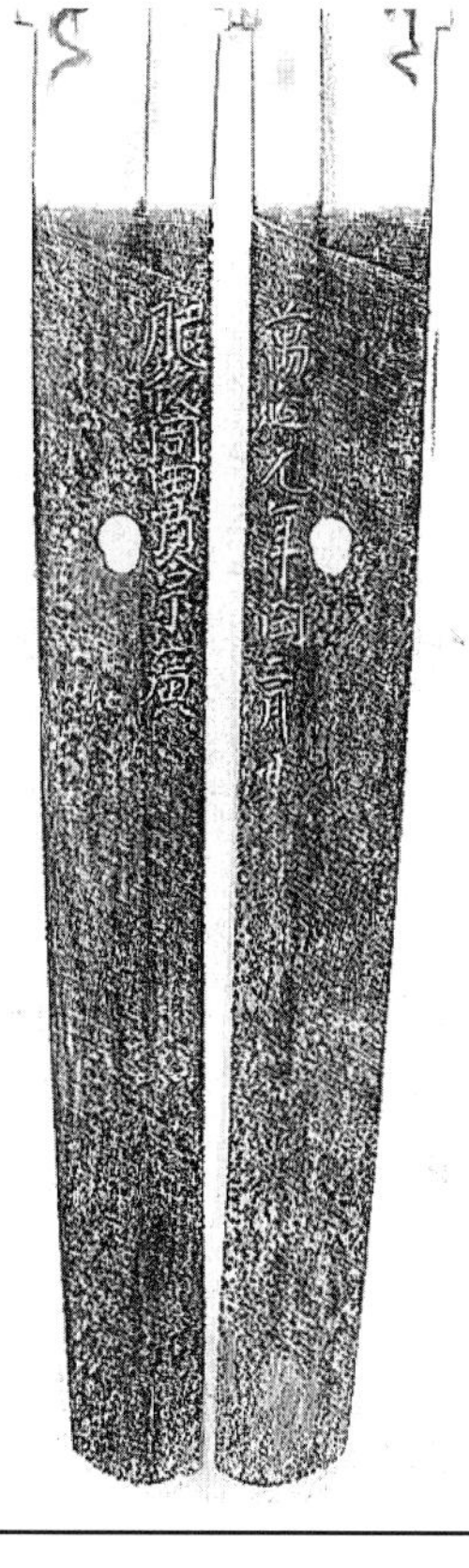

新々 宗広【むねひろ】 出羽国　江戸末期（文久）

歓右衛門旨広同人という。出羽国米沢住。

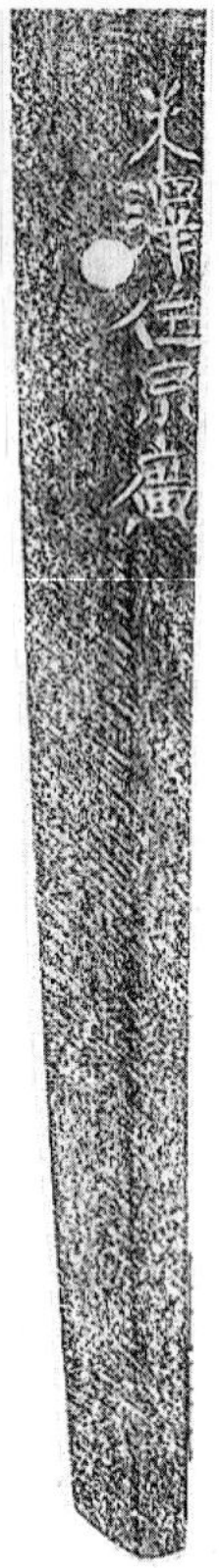

新作 **宗広**【むねひろ】 愛媛 昭和

鳥生《とりう》拡《ひろむ》。大正十四年生まれ。父宗広に師事。昭和十七年から小倉陸軍造兵廠へ作刀を納入。今治市住。「豫州波止浜住橘宗広作」。

新 **宗弘**【むねひろ】 越前守 武蔵国 江戸中期（寛文）

日置姓。江戸石堂派、光平の弟。本国近江蒲生。山城のち江戸でも造る。寛文七年紀に京東洞院住と切った作があることから、江戸へ移ったとしてもこの年より以降のこととなる。「洛陽五条住日置越前守源宗弘造」などと切る。

新々 **宗弘**【むねひろ】 肥前国 江戸末期（天保）

五平、のち寿兵衛。初銘広直。同田貫宗広に入門し、のち宗弘に改める。明治七年正月二十二日、七十歳没。「肥前嶋原住延寿兵衛宗弘作」などと切る。天保から慶応ころまでの作がある。

新作 **宗弘**【むねひろ】 新潟 昭和

池田洋。昭和七年生まれ。山上秀宗門。昭和三十五年、新作名刀展に出品し入選。長岡市住。

新作 **宗裕**【むねひろ】 兵庫 平成

明珍裕介。昭和四十九年生まれ。平成十年、久保善博入門。同十五年、作刀承認。平成十七年独立、同年新作名刀展に出品し入選。同十九年、努力賞受賞。平成二十二年新作日本刀展金賞第一席。同二十三年、同展で日本刀文化振興協会会長賞、同二十四年、同展で経済産業大臣賞、同二十五年、同展で金賞第一席受賞。「備後國明珍裕介」「姫路住明珍宗裕作」。姫路市住。丁子乱。

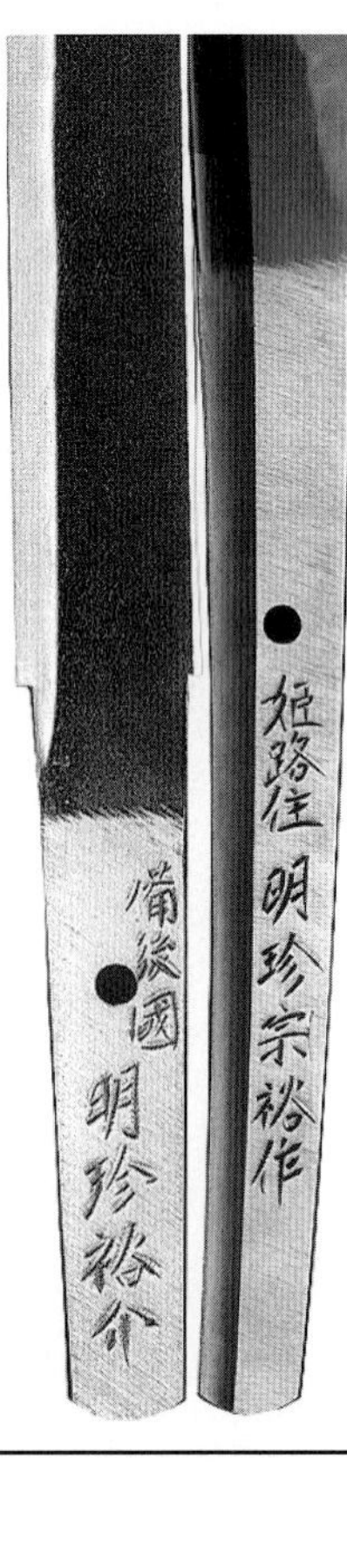

新々 **宗寛**【むねひろ・そうかん】 武蔵国 江戸末期（嘉永）

大野一。文政二年、奥州白河に大野平蔵の子として生まれる。泰龍斎と号す。江戸深川箱崎町住。天保元年、十二歳のとき、固山宗次の門に入る。師宗次の推挙によって天保七年、十八歳で古河藩工となる。弘化四年、二十九歳で独立する（『白河市史』）とあるが、すでに天保十一年、二十二歳での作品がある。独立する七年前に自身作が認められるのは宗寛が宗次の親族であったことを示すもので、十六歳差のある宗次と宗寛は叔父と甥の間柄であったとみられる。ちなみに固山・大野両家の菩提寺は同じ聯芳寺（白河方向寺）で宗次・宗寛の父母の墓碑が現存する（酒井一郎氏調べ）。なお宗寛の菩提寺は勝林寺（東京駒込）である。明治十六年一月二十三日、六十五歳没。

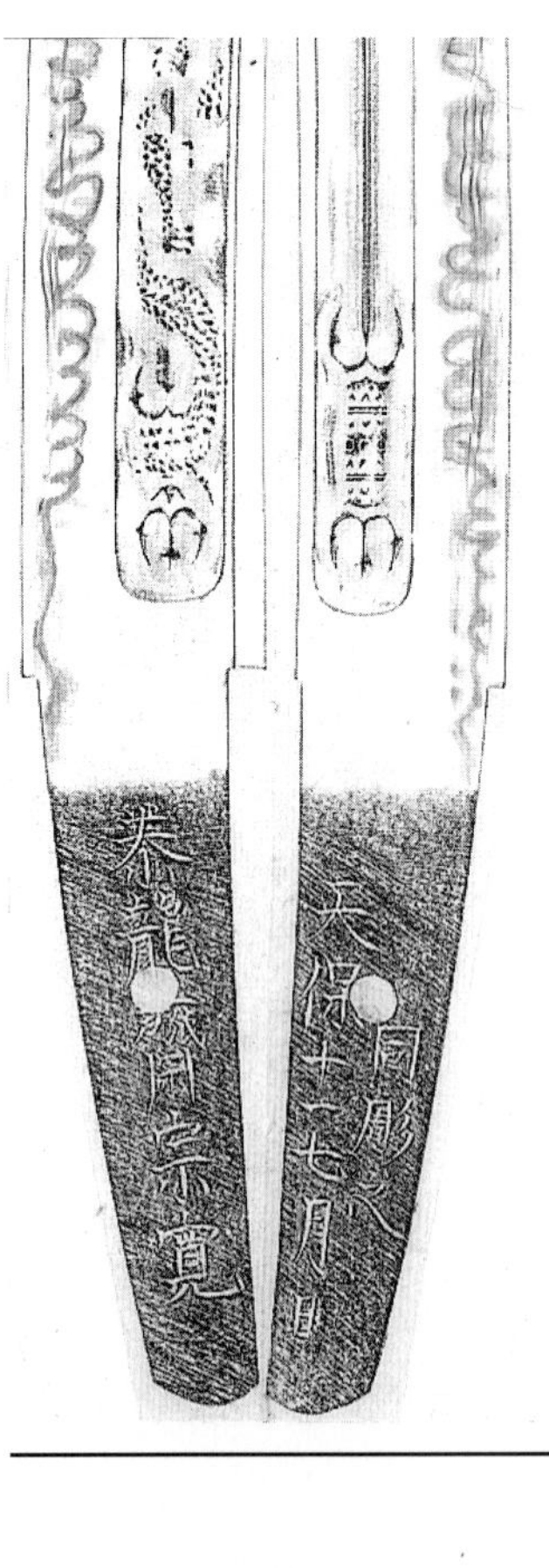

む

むねひろ～むねひろ（そうかん）

はじめ互の目丁子、焼に高低差があるものから、のち焼頭の揃った互の目に丁子足を長く入れる。彫物に秀で自身作のほか師宗次の刀に「彫宗寛」を添えたものがある。鍛えに黒味がある横目《よこめ》映《うつ》りを表出する。楷書銘が端正で安政四年から隷書体に改める。

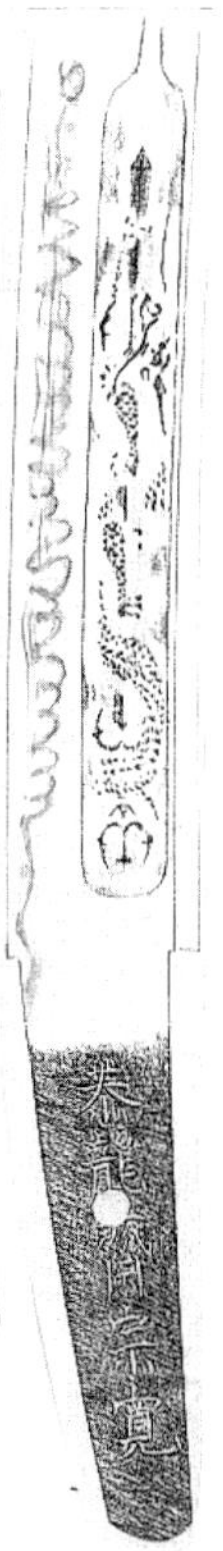

大進房の彫物（『本朝鍛冶考』）を写す。宗寛二十二歳

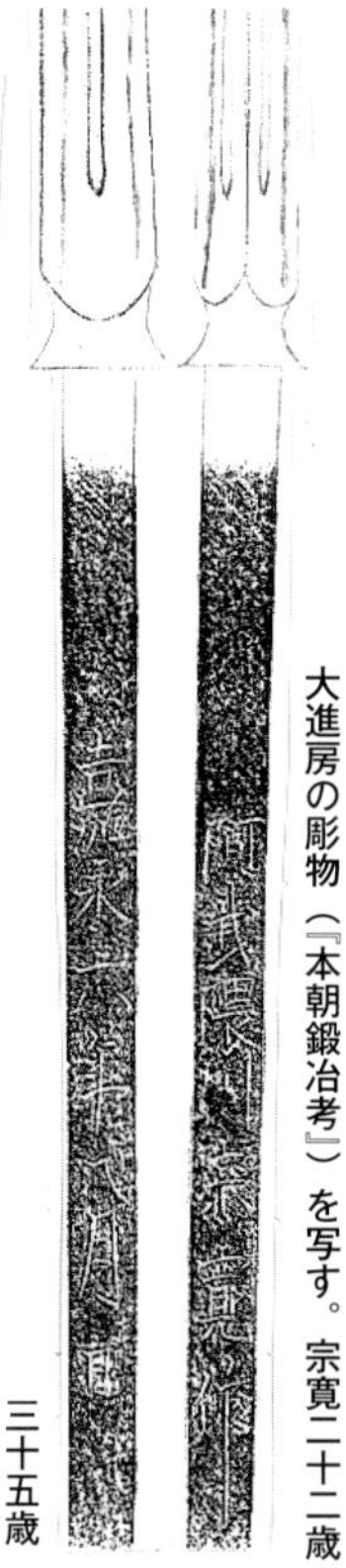

三十五歳

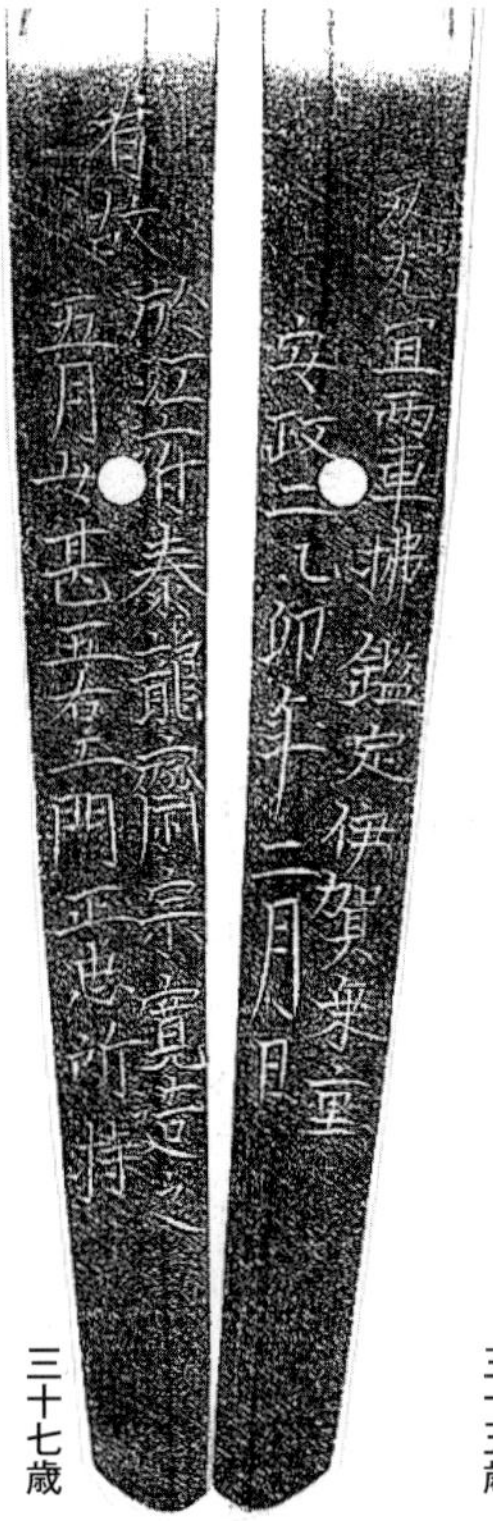

三十七歳

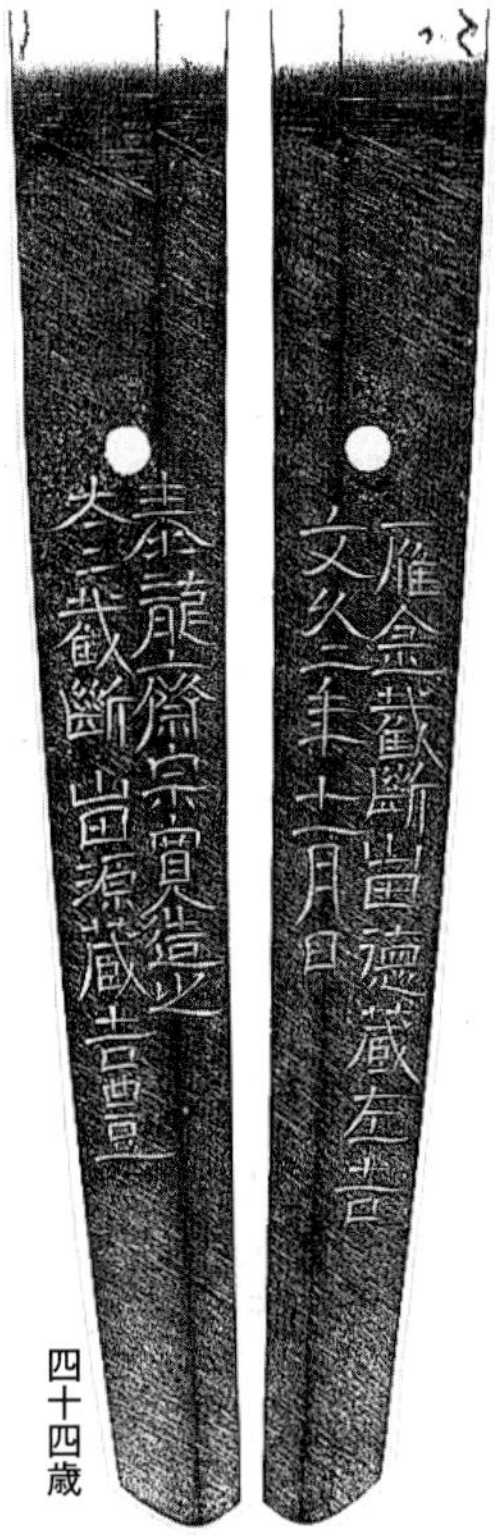

四十四歳

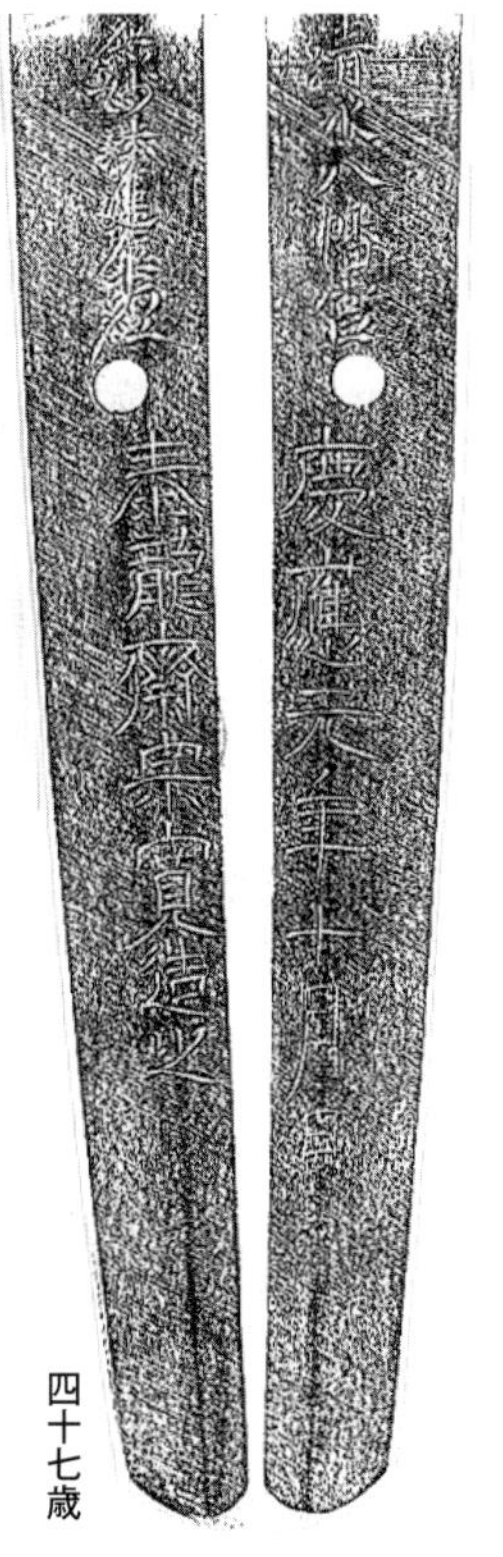

四十七歳

新 **宗房**【むねふさ】　越前国　桃山期（寛永）

菅谷久兵衛。下坂。「越前敦賀住下坂宗房」などと切る。

新々 **宗昌**【むねまさ】　羽前国　江戸末期（文政）

尾形治郎左衛門。赤間綱信門という。「出羽米沢下長井住尾形治郎左衛門宗昌作之」などと切る。

新 **宗道**【むねみち】　上総守　初代　越前国　江戸中期（寛文）

菅谷九郎右衛門。初銘宗次。越前下坂派。上総大掾を受領、のち上総守に転任。二代目は菅谷勝三郎、元文元年、江戸へ移る。「越前住下坂藤原宗道」と切る。

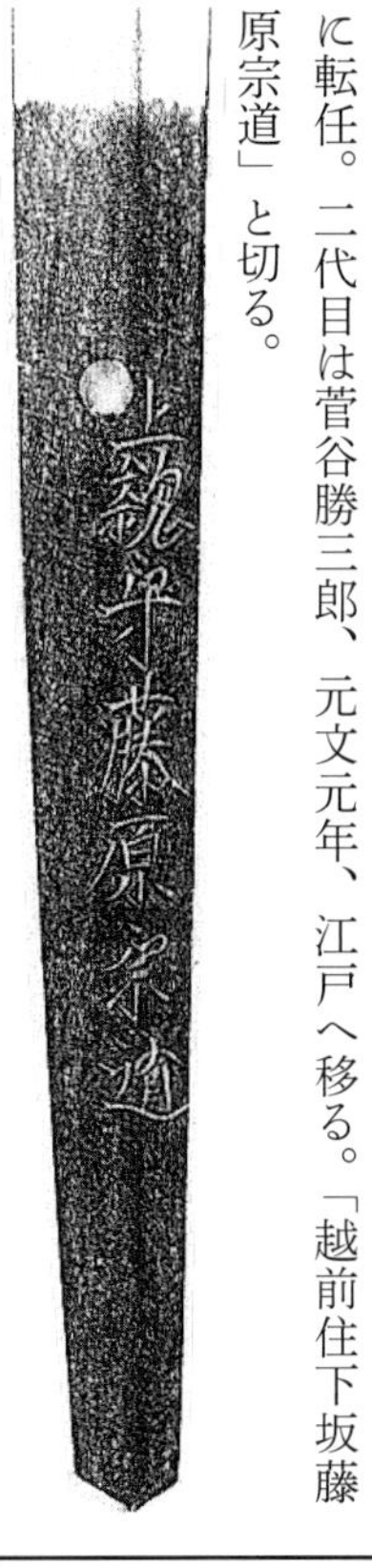

古 **宗光**【むねみつ】　備前国　鎌倉末期（正和）

源三。将監長光門、また弟という。初代を正和ころとし、二代貞治、三代応永、四代文安と銘鑑が記録するが、いずれも作刀は未見である。室町期に入ってからは永享から長禄にかけての年紀作があるという。

古 **宗光**【むねみつ】　越前国　南北朝期（暦応）

越前来。本国山城。来国秀子、また門といい、越前府中に移住する。左兵衛尉。暦応の年紀作がある。「越前国住左兵衛尉来宗光」。同銘が応永、永享、文明、天文と続き、永禄ころに若州小浜に移った鍛冶がいる。

古 宗光【むねみつ】 美作国 室町中期（長享）

六郎左衛門。塚谷住。岩田氏。若狭守を受領。備前長船宗光とは別人で、一門から出て作州に移住した宗光であろう。播州千草、伯州浄島にても造る。文明七年ころから永正初年までの作刀がある。「作州宗光」「美作国住人宗光作」「作州宗光明応四年伯州於津島作之」。

古 宗光【むねみつ】 備前国 室町末期（永正）

（『光山押形』）

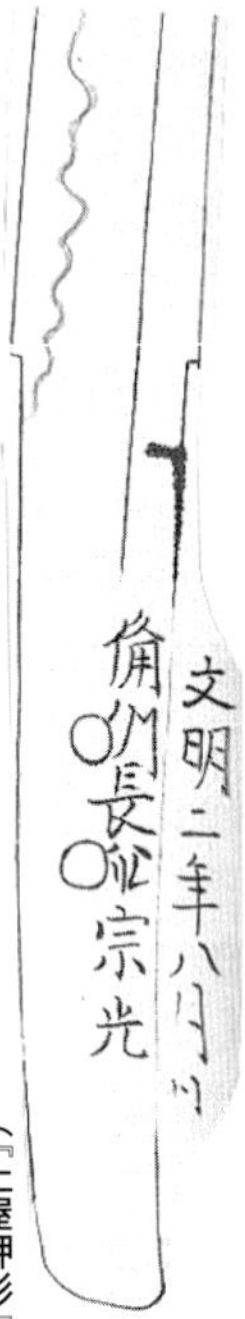

（『土屋押形』）

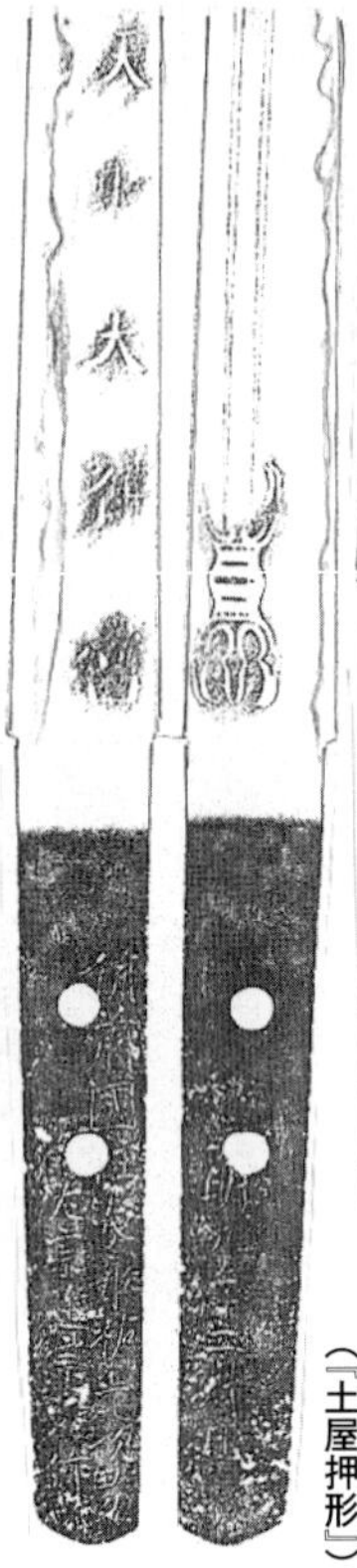
文明九年二月日備前國住長船祐光次男左京進宗光作

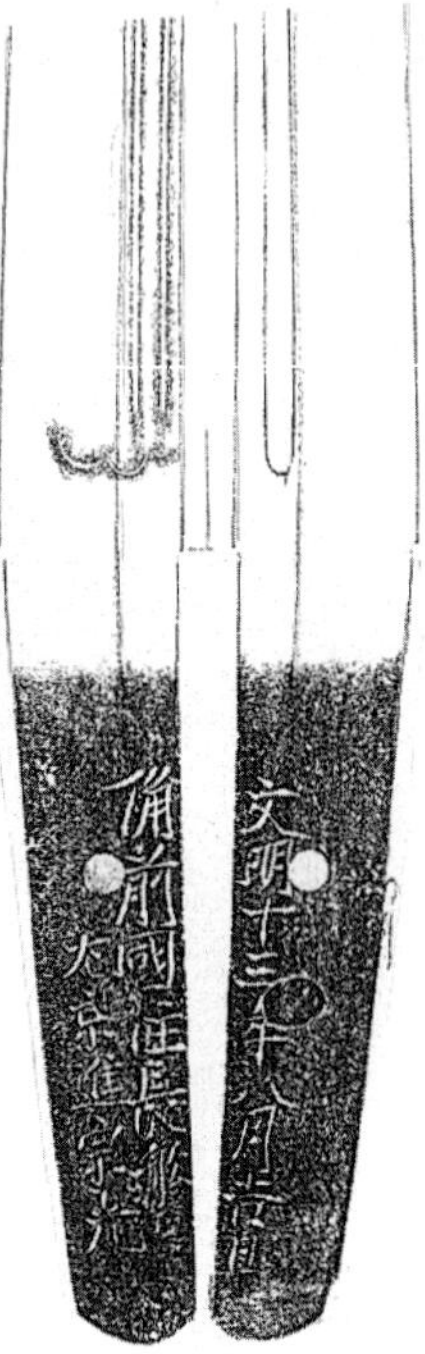

む
むねみつ

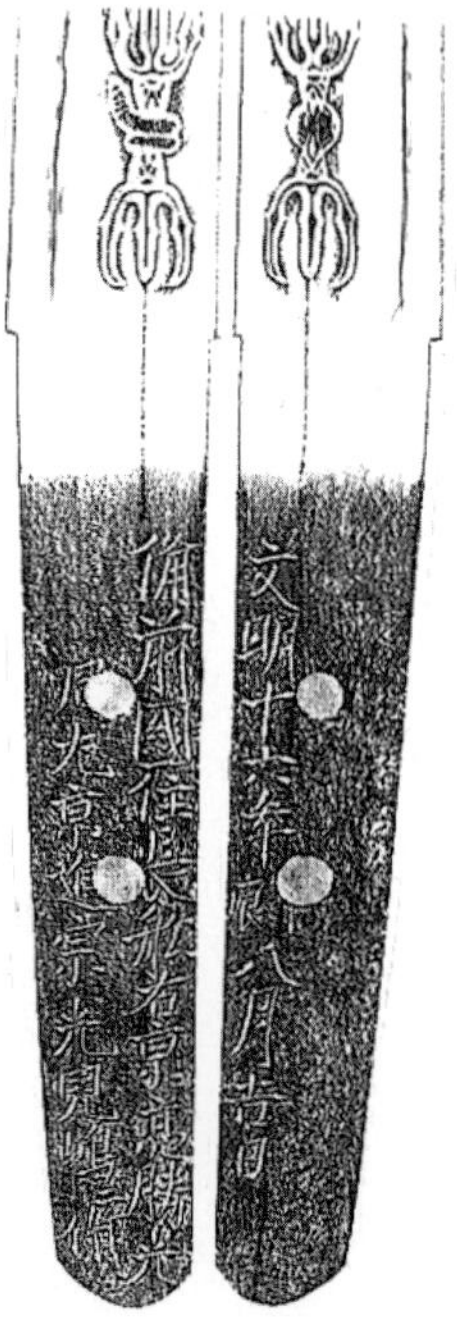

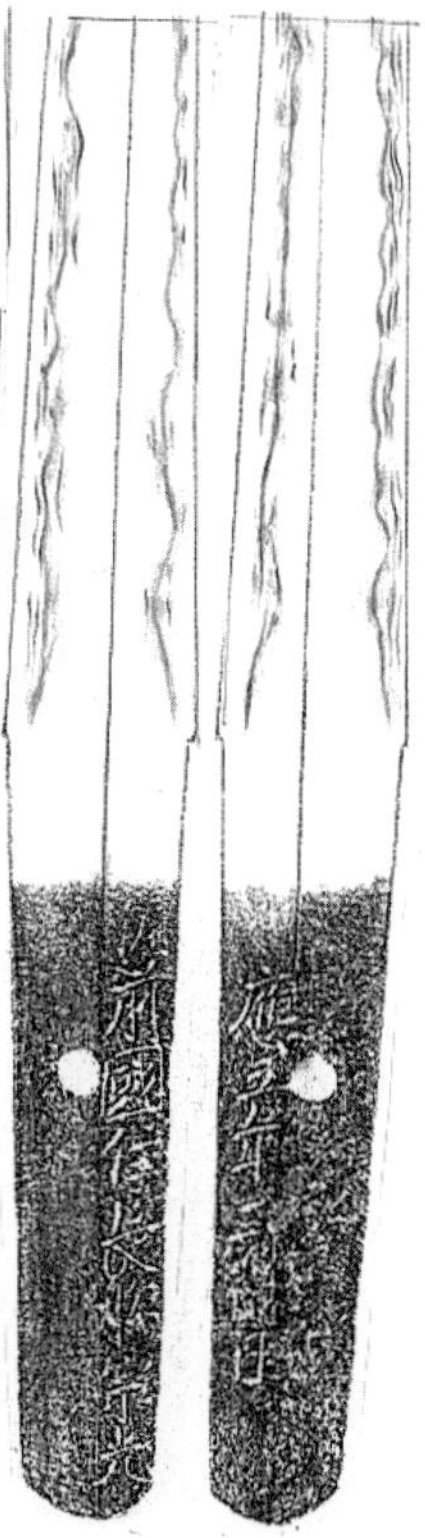
明応五年二月日

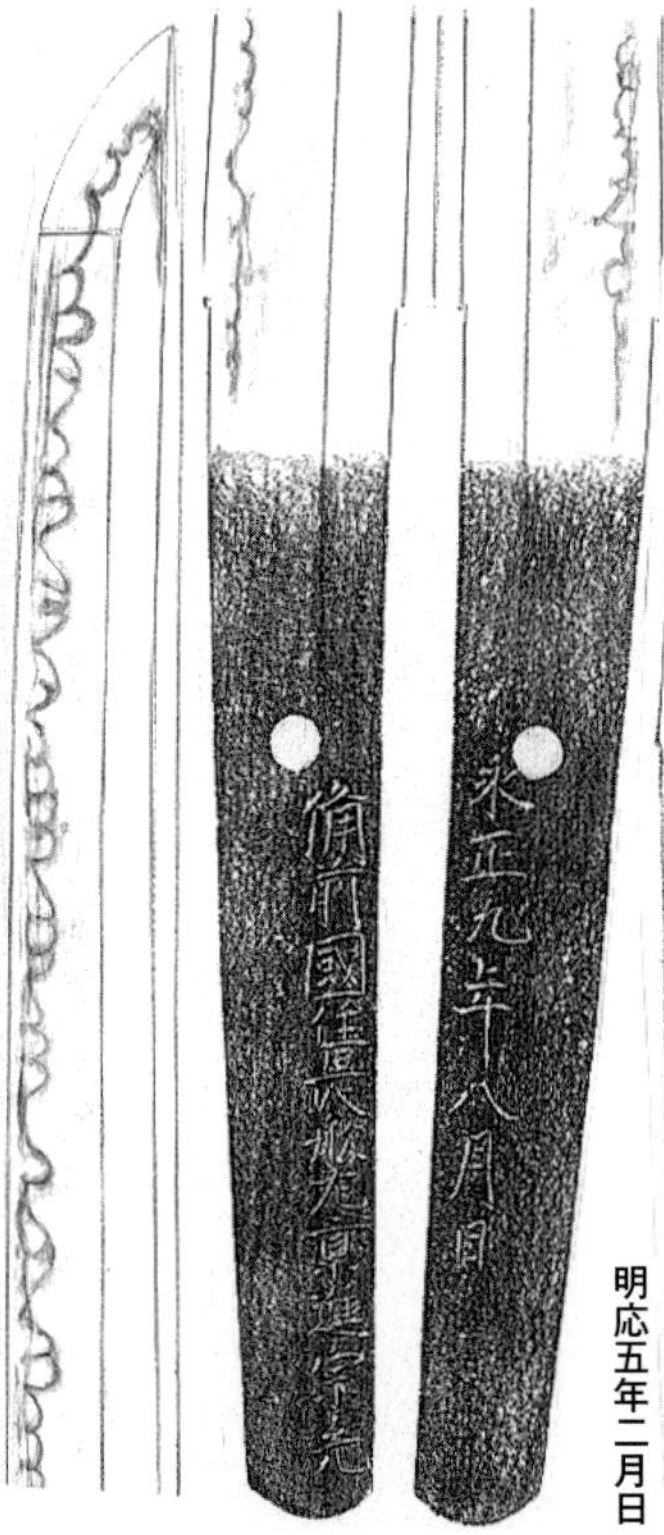

左京進。六郎左衛門祐光の次男で、二歳違いの兄に右京亮勝光がいる。父祐光との合作（文明九年）が一例あり、兄右京亮勝光との合作は多く、兄没後はその子次郎左衛門勝光と合作をする。作刀は文明元年から享禄三年まで六十一年間という長期に及び、文明三年に「丗五」という年齢を銘したものから算すると享禄三年に九十六歳という稀にみる長寿者である。赤松政則の相鍛冶を務めて転戦し、備中、播磨、平安城、近江（御陣打ち）などで作刀する。作刀は戦国の気風を反映して寸が詰まった片

手打ちの打刀を多く造り、短刀は重ねの厚い寸の詰まったもの、また両刃造の実戦にかなったものなどが多い。直刃と互の目乱があり、乱の刃中に足・葉が入り、小沸がよくつく。刀身彫を好み上手である。兄勝光の技と並ぶだけでなく、末備前刀中でその前期を飾る上工である。「備州長船宗光」「宗光」「備前國住長船勝光宗光於平安城作之」「備前國靭負郷住長船左京進宗光」。

古 宗光【むねみつ】 備前国　室町末期（天文）（系図891頁参照）

銘鑑上は六代目宗光が天文年間に左京進を名乗る。左京進宗光の子の代に当たるが、左京進宗光は長寿で一代というのが通説で、その子の宗光の存在は未確認である。左京進宗光に代替わりがあるとすれば明応末年から永正初年にかけてで、このころ、左京進の六十歳代にあたって銘作が変化していることから、一考の余地はあるが、現況では宗光一人とみられる。宗光には太兵衛尉宗光（永禄）、左近宗光（永禄）、左衛門七郎宗光（天正）などがいる。

新 宗光【むねみつ】 肥前国　江戸中期（享保）

伊予掾宗次四代目。藤馬丞。藤馬佑。三代目左馬丞宗次門人。原五郎兵衛の子。三代の養子となり、享保九年家督相続。

新作 宗光【むねみつ】 島根　昭和

守谷善太郎。明治三十五年生まれ。本阿弥宗景に師事。服部三島鍛錬所、鳥取島城鍛錬所にて鍛刀。終戦まで朝鮮京城にて鍛刀する。

古 宗安【むねやす】 備前国　鎌倉初期（承元）

古備前。友成の子、また弟という。「宗安」「備前国宗安作」。同銘が福岡一文字に建長ころ、吉岡一文字に嘉暦ころに作刀する。

古 宗吉【むねよし】 備前国　鎌倉初期（承元）

福岡一文字。延房の弟、吉平の親。新太郎、左近、刑部丞。承元二十四人番鍛冶七月番を務め、左近将監に任ず。猫丸、桜丸、小美女などの作者。うち鎌倉初期から中期へかけて宗吉同銘の工が三人はいるようである。掲出の太刀は上方が直刃に小足入り、下方が小乱に小丁子交じり、小沸出来で打のけ、湯走りかかり、刃中に砂流し、金筋、稲妻が走る、古調な作。これと同作と思われる押形が『往昔抄』に載っていて、これが番鍛冶の宗吉であることを示している。また同書は「宗吉作」と銘した三字銘の作に「初」（初代）と注したものを掲げて、番鍛冶宗吉が初代であることを記している。「宗吉」「宗吉作」。

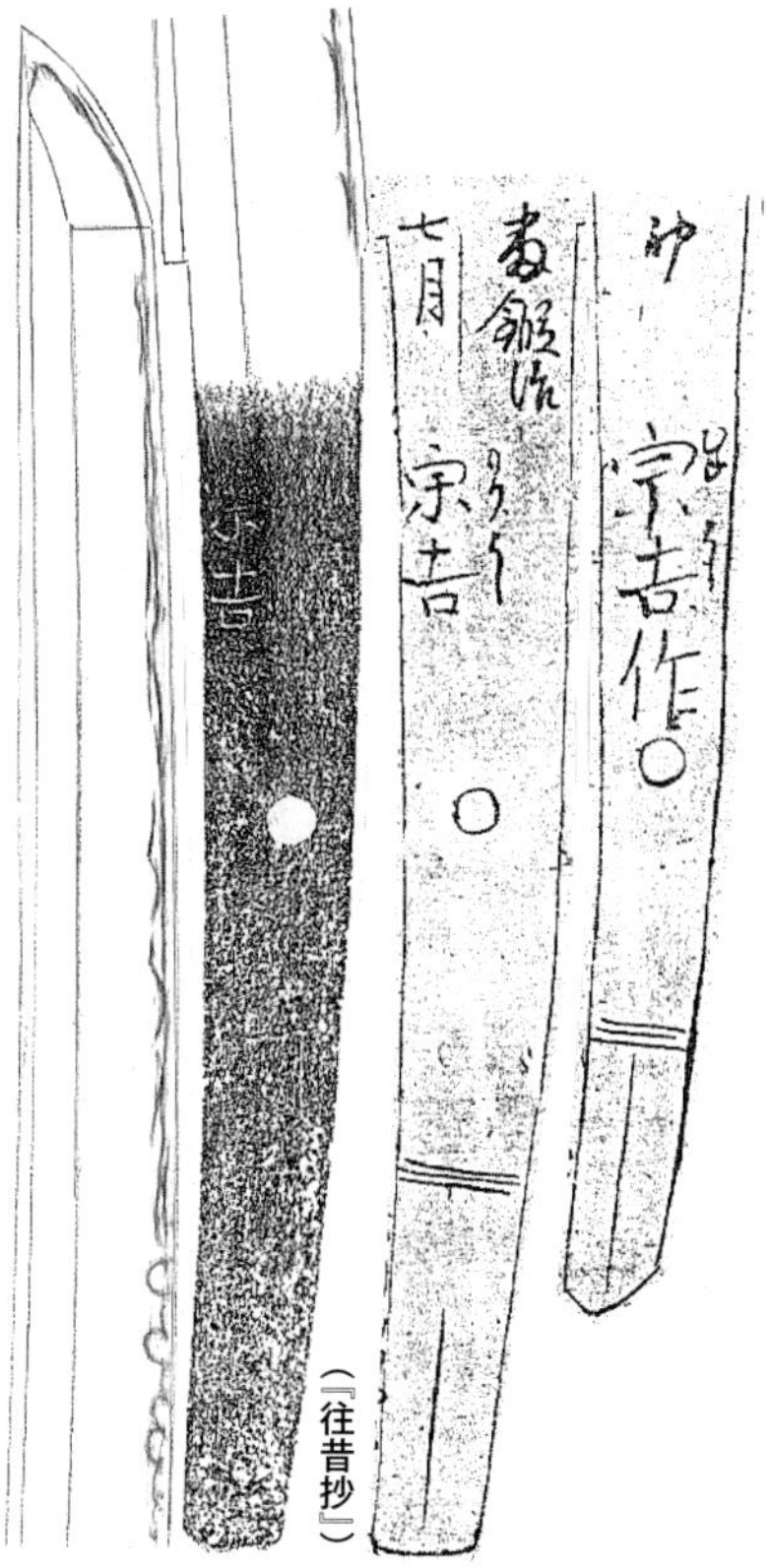

（『往昔抄』）

古 宗吉【むねよし】 備前国　鎌倉初期（承久）

福岡一文字。校正は初代宗吉の子の吉家を承久とし、銘尽は同じく宗吉弟子の依宗を承久とすることから、二代宗吉が存在すれば承久のころとみて無理がない。二字に小銘を切る宗吉が番鍛冶宗吉に次ぐ古作の宗吉であろう。板目肌よく詰み地沸つき、地景入り、地斑映り立つ。小乱に

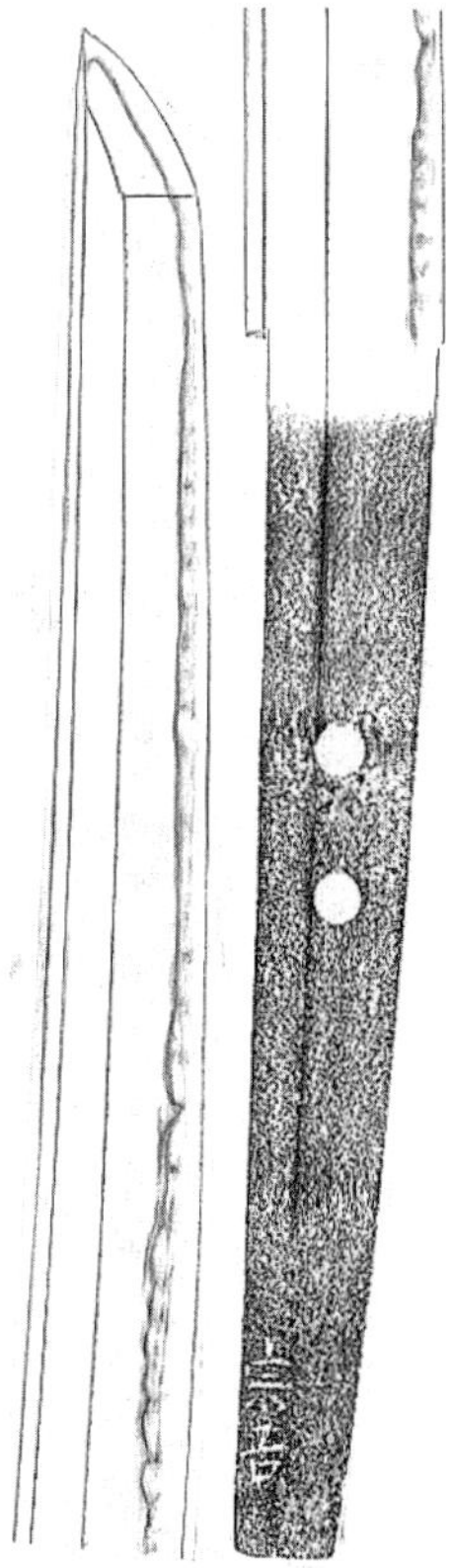

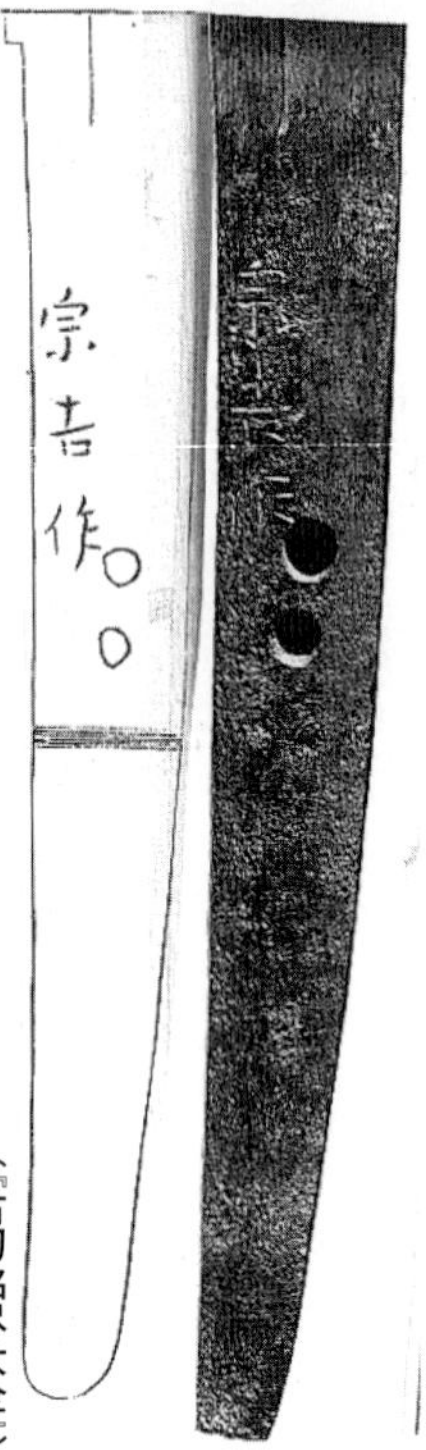

（『古刀銘尽大全』）

小丁子、小互の目交じり、焼きの出入りほとんど目立たず、小沸つく。「宗吉」「宗吉作」。

古 **宗吉【むねよし】** 備前国 鎌倉末期（正安）

福岡一文字。正安のころ。身幅尋常で反り深く、小切先。板目肌よく詰み、乱れ映り立つ。刃文は小乱に小丁子、中央辺の焼幅広く丁子が目立つ。匂出来で沸つき、金筋働く。「宗吉」を二字に、先代より大振りに銘す。なお宗吉の名跡は元亨ころに長船派、永徳ころに大宮の鍛冶が作刀し、室町期に後続する。

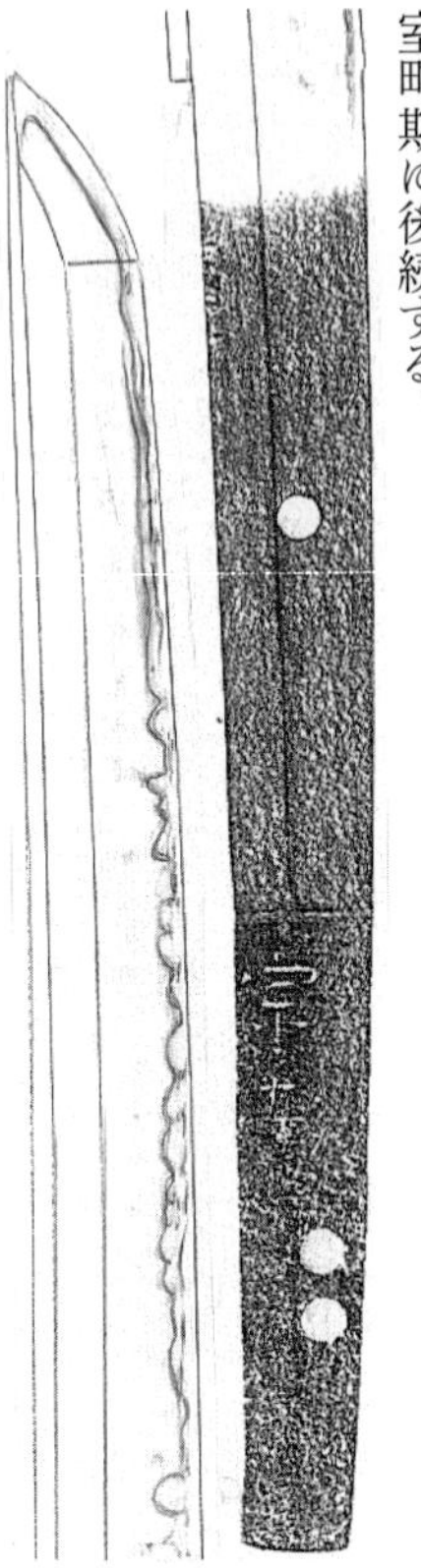

古 **宗吉【むねよし】** 美濃国 鎌倉末期（正安）

寿命。寿命の子。「濃州大野郡西郡住人寿命」銘で永仁五年紀の太刀の押形が『往昔抄』に載っていて、正安と伝える宗吉とは年代的にみて同世代である。「寿命宗吉」と個銘を入れて切銘することもある。西郡住。寿命はのち赤坂へ移住する一族があり、建武、貞治ころ、応永ころに赤坂で鍛刀する。

（『往昔抄』）

古 **宗吉【むねよし】** 越中国 室町初期（永享）

宇多系鍛冶で、柴原住。永享ころ。「柴原住宗吉」。次代が応仁ころにある。

古 **宗吉【むねよし】** 越前国 室町初期（永享）

加茂二郎。行真門。敦賀住。永享ころ。「越前住宗吉作」。同銘が文安、康正と続き、文明ころから後は若州小浜に移り鍛刀する。

古 **宗吉【むねよし】** 美濃国 室町末期（延徳）

室町期の宗吉は応永ころから正長、長享・延徳からのち天文、天正と後続する。作刀を比較的多くみるのは長享・延徳以降のもので、「寿命」とばかり銘することが多く、同時代に複数の工が作刀する。代の降ったものは直刃、また互の目乱の匂口が沈み、叢沸がついた単調な作が多い。

古 **宗吉【むねよし】** 出雲国 室町末期（天正）

二郎兵衛尉。石州にても造る。天正ころ。「雲州住宗吉作」。宗吉は道永派の鍛冶といい、永正、天文年紀の前代の鍛冶がある。

新 **宗吉【むねよし】** 越前国 桃山期（慶長）

越前敦賀住。下総守を受領し「越前国敦賀住下総守藤原朝臣宗吉」と切る。◆二代宗吉（正保）は越後守を受領する。

新 **宗吉【むねよし】** 埋忠 山城国 桃山期（慶長）

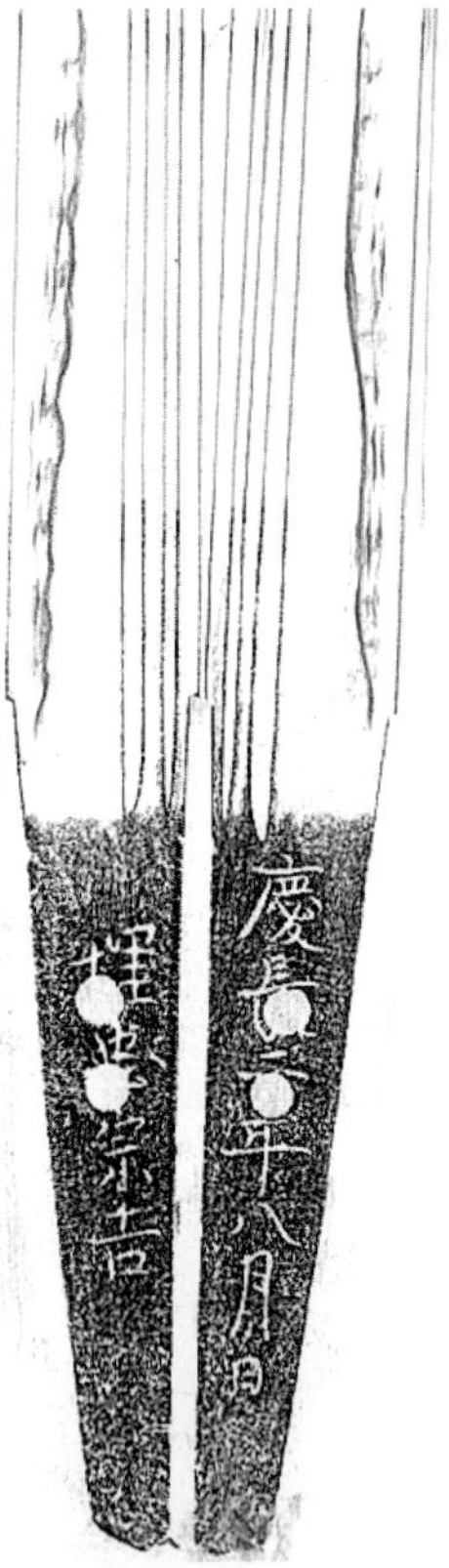

埋忠彦次郎。明欽重隆の次男。埋忠明寿の前銘。寛永八年五月十八日、七十四歳没。「慶長二年八月日」に「埋忠宗吉」の彫銘と、同年月に「城州埋忠宗吉」の鏨銘とがあり、翌慶長三年八月から「山城国西陣住人埋忠明寿（花押）」銘に代わる。⇩**埋忠明寿の項参照。**

新々 宗吉【むねよし】 羽前国　江戸末期（安政）

庄内明珍派を代表する宗吉は甲冑師から転じて、鉄鐔の製作を専らとし、刀剣も鍛える。明治六年六月没。

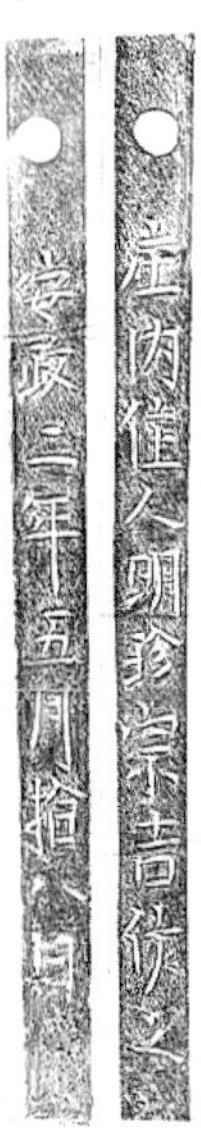

新々 宗吉【むねよし】 伊予国　江戸末期（慶応）

小田禎次。予州松山住。「伊予松山臣小田禎次宗吉作」などと切る。

新々 宗吉【むねよし】 肥後国　江戸末期（天保）

萩野次右衛門。肥後熊本藩士。有宗門。「菊池住延寿宗吉造之」などと切る。

新 宗栄【むねよし・そうえい】初代 播磨国　江戸初期（明暦）

鈴木五郎右衛門。初代宗栄。寛文四年十月十六日没。二代は宗重。⇩**常陸守宗重〈初代〉の項参照。**

新 宗栄【むねよし・そうえい】三代 播磨国　江戸中期（寛文）

鈴木五郎右衛門。岡山藩工。池田侯から左文字の刀を模すよう命じられ、出来栄えが最上の作と賞される。昔の左文字は今の右文字なりと「右」の一字を賜り、右作とも右五郎、また右の字ばかりを銘に打つ。姫路城下坂元住。延宝から天和にかけてのころ大坂に移って鍛刀し、のち姫路一郷（市之郷）に帰る。宗栄が「右」に改めたのが元禄七年、六十一歳時であったことは「鈴木宗栄六拾一歳ニ而改右ト作之」「元禄七申戌年二月初午ノ日錬貫廿度鍛之」（『刀剣美術』六七六号井本悠紀氏）の銘から知れる。よって備考の宝永五年、九十九歳没説は訂正される。宝永五年二月二十七日、七十五歳没。⇩**右《う》の項参照。**直刃に互の目交じり、湾れ調の直刃にほつれ、打のけかかる。大互の目乱。匂深めに荒めの沸つき、ところどころ沸崩れる。三ツ棟に造るのが多い。

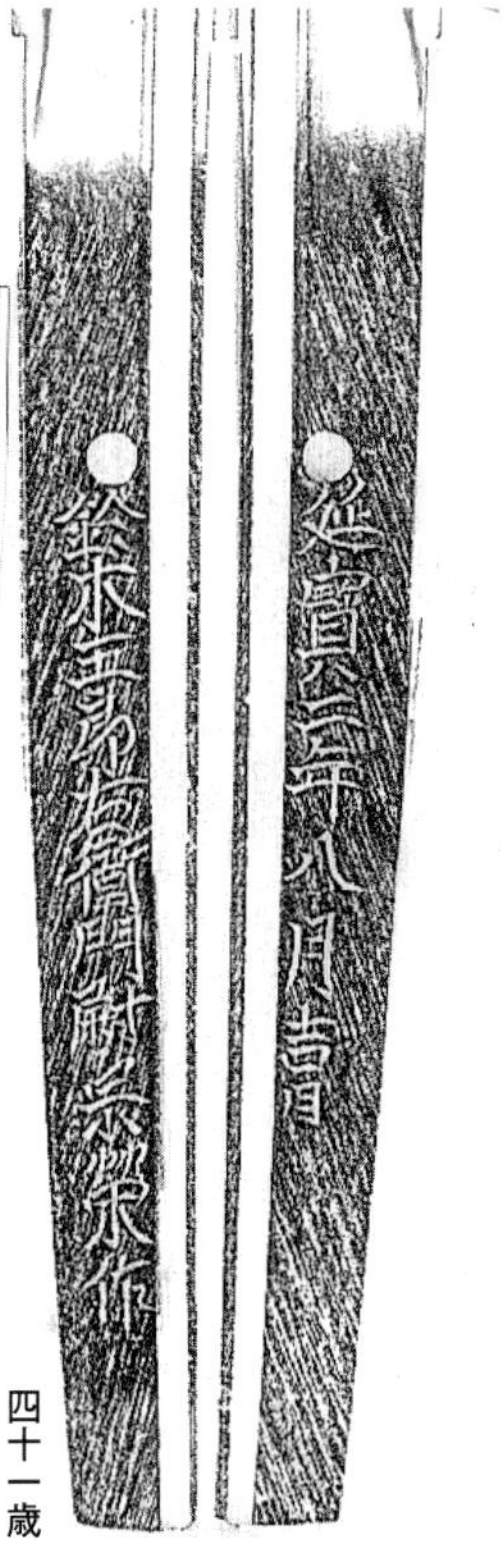

四十一歳

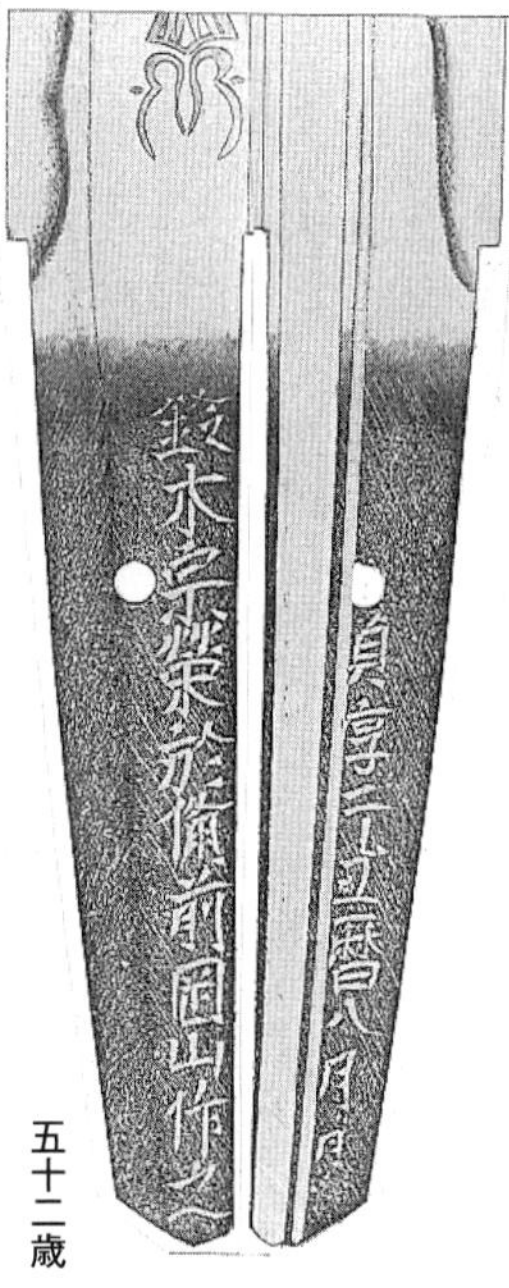

五十二歳

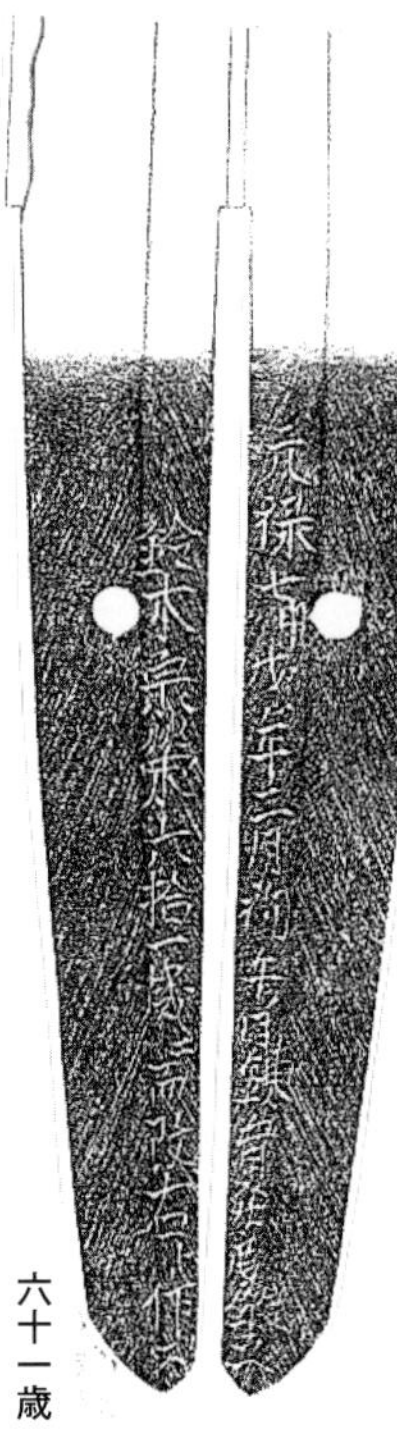

六十一歳

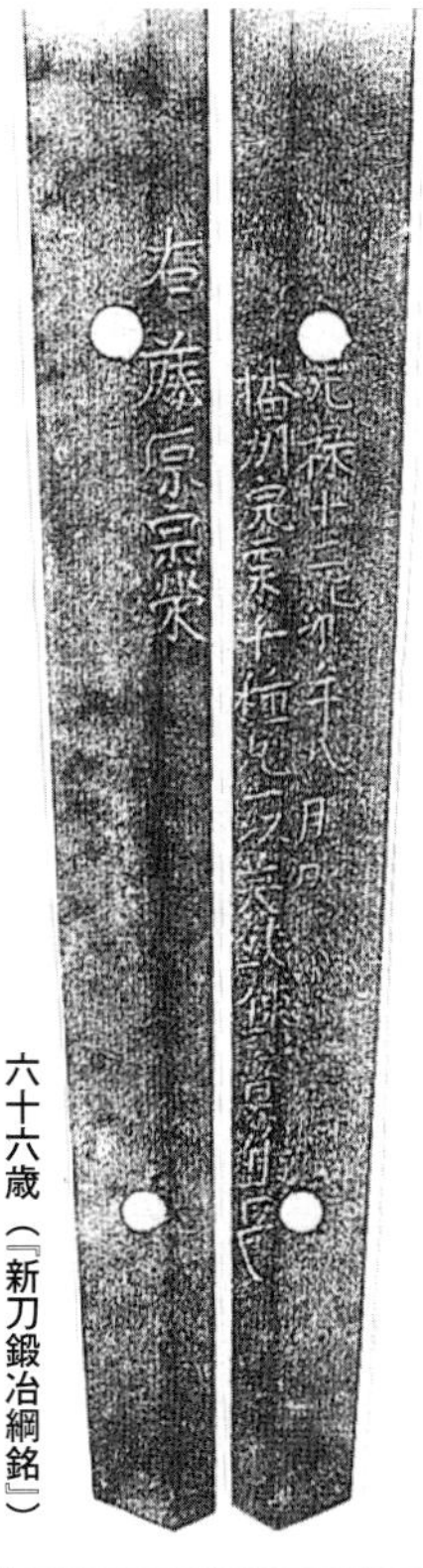

六十六歳（『新刀鍛冶綱銘』）

新 宗栄【むねよし・そうえい】**四代**　播磨国　江戸中期（延宝）
鈴木五郎右衛門。延宝八年九月紀に「四代目宗栄十三歳造」の作がある。この年に父三代は八十一歳である。晩年の子。

新 宗栄【むねよし・そうえい】**五代**　播磨国　江戸中期（享保）
鈴木与右衛門、のち五郎右衛門。明和五年九月八日没。◆六代又右衛門宗栄は五代の弟。明和八年没。七代宇右衛門宗重は五代の嫡子。大坂住。八代五郎右衛門宗栄は酒井家抱工。文政二年没。

新々 宗栄【むねよし・そうえい】**九代**　播磨国　江戸末期（文政）
初銘宗重、のち宗栄。右五郎。水心子正秀門。天保七年没。直刃が湾れかかり、互の目交じる。◆十代惣七宗吉には文政二年紀の槍がある。明治十四年没。

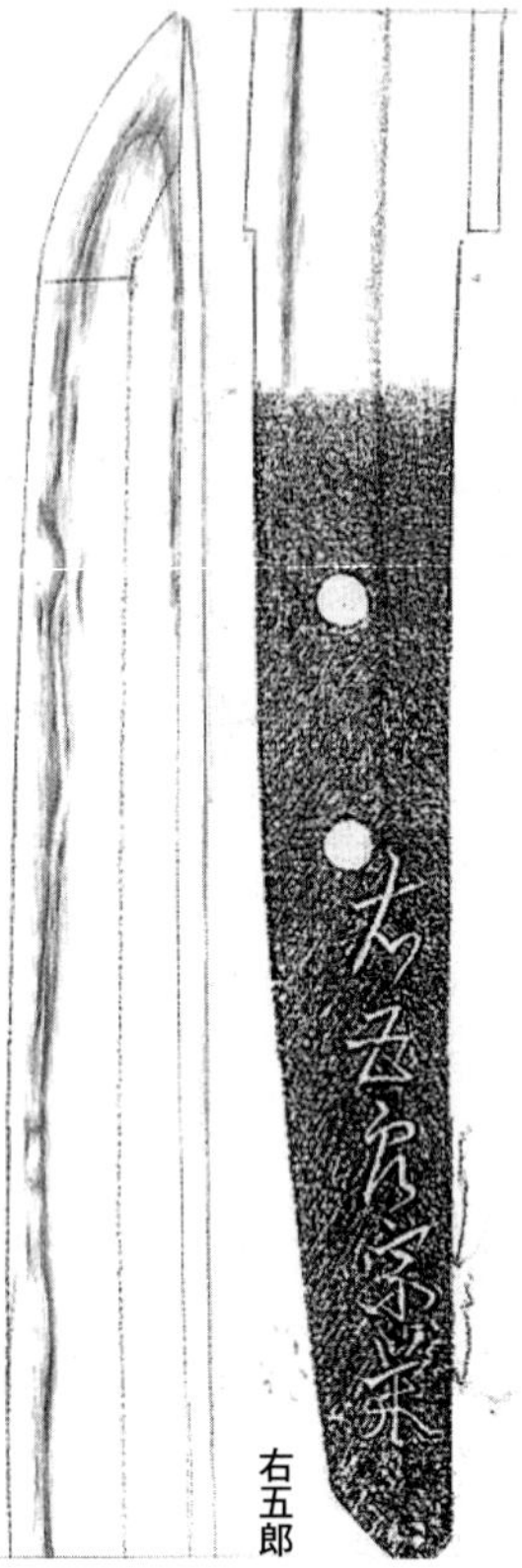
右五郎

古 宗能【むねよし】　豊前国　室町末期（文明）
了戒。文明ころ。同銘が永正、大永に続く。豊後にても造る。「了戒宗能」。

古 宗善【むねよし】　備前国　室町末期（天文）
長船。次郎左衛門尉宗光の門。天文九、廿三年紀の作がある。「備州長船住宗善」。

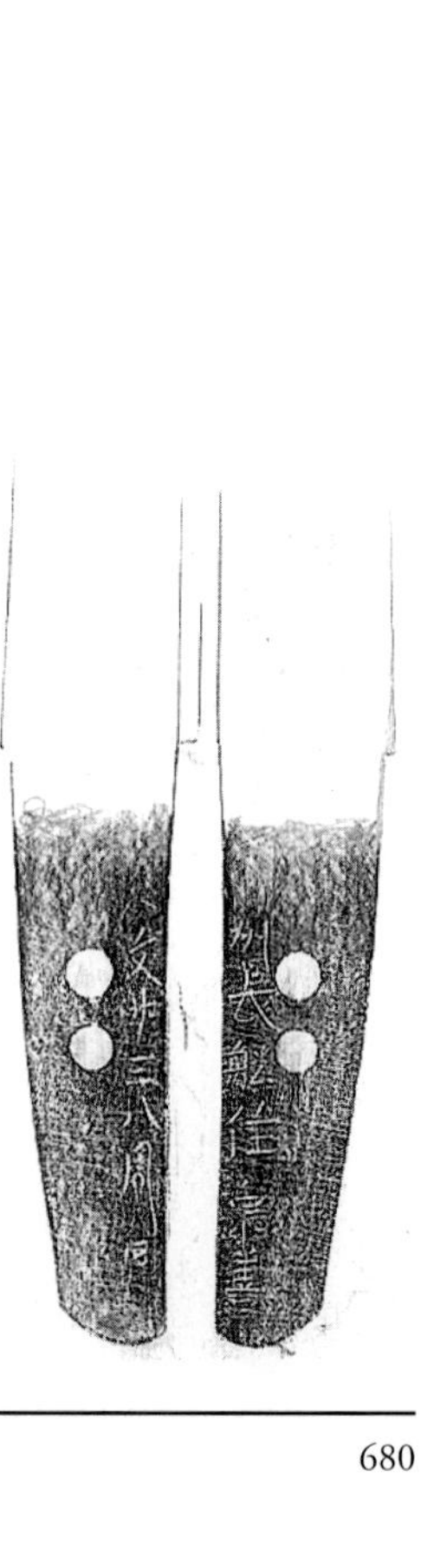

新 宗義【むねよし】　山城国　江戸中期（寛文）
埋忠数馬助。埋忠明寿孫、重義の子。湾れがかった直刃。彫刻が上手。「埋忠数馬助橘宗義作」などと切る。京のち大坂住。播州でも造るという。

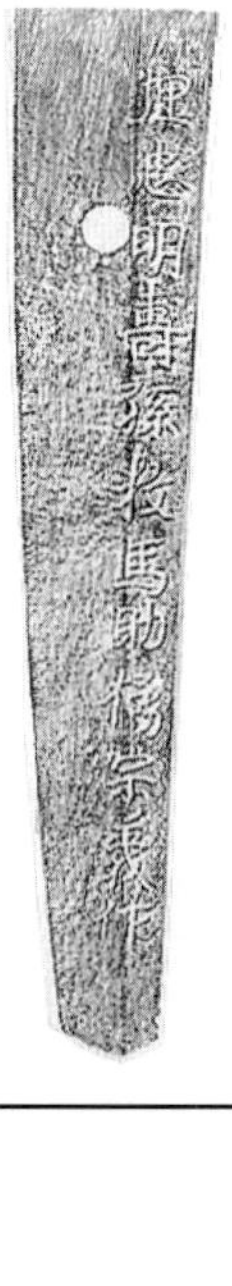

古 宗義【むねよし】　備前国　鎌倉初期（寛喜）
福岡一文字。鎌倉初期から中期にかけての工。丁子乱を焼く。「宗義造」。

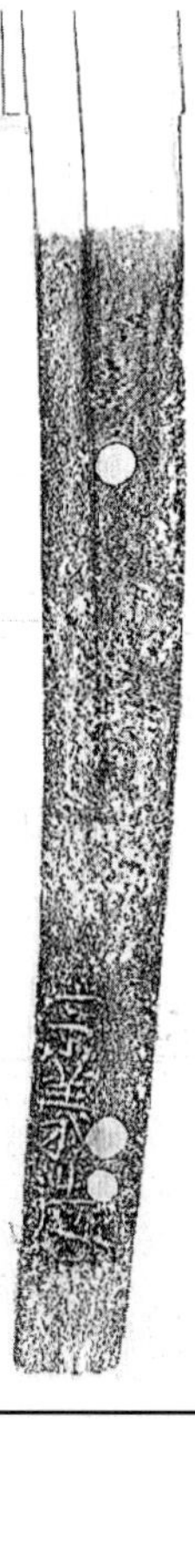

新々 宗義【むねよし】　丹波国　江戸末期（慶応）
延寿新太郎。初銘清武。石見国の増田清成門。石見から丹波に移り篠山住。湾れがかった直刃に小足入り。丁子乱。「笹山臣延寿宗義」などと切る。

古 宗依【むねより】　備前国　鎌倉初期（承元）
福岡一文字。直刃調に小乱、小沸よくつき、足・葉入り金筋働き古調な出来。「宗依」。

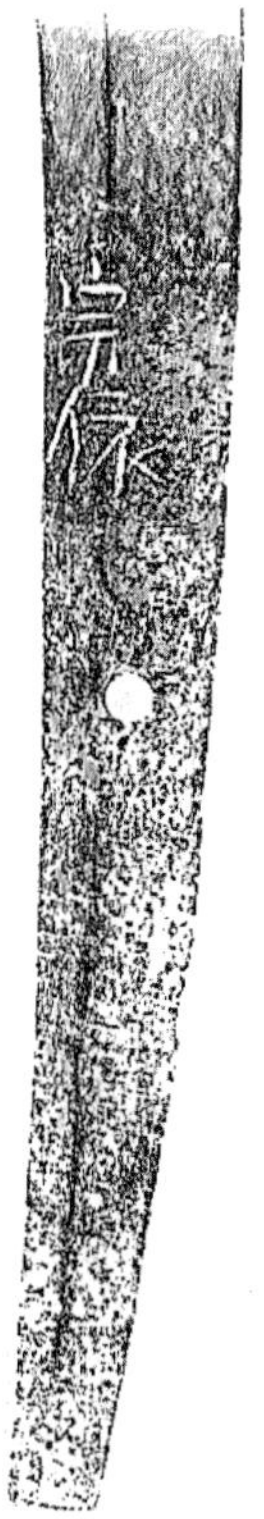

古 **統景**【むねかげ】 豊後国　室町末期（文禄）

平高田。仲摩与市兵衛尉。大友義統から統の一字を賜り統景と改めると伝える。平高田の最終を飾る上手。広直刃、また湾れ調の直刃に互の目、丁子交じり、刃中に足・葉が入り、匂口締る。「豊州高田住藤原統景」。

新 **統景**【むねかげ】 豊後国　江戸初期（正保）

藤原高田。肥前にても造り、近江大掾忠広との合作があるという。正保から寛文ころにかけて鍛刀する。

新 **統盛**【むねもり】 豊後国　桃山期（寛永）

直刃、互の目乱。「豊後高田住藤原統盛」などと切る。

古 **統行**【むねゆき】 **初代** 豊後国　室町末期（天正）

中摩美作。大友家より統の一字を賜り統行に改めるという。初代天正のころ。「豊州高田住藤原統行」。

新 **統行**【むねゆき】**二代** 豊後国　桃山期（慶長）

中摩新五郎。慶長・元和ころで統行二代目。◆三代目（正保ころ）は中摩新太郎。四代目（延宝ころ）は中摩弥左衛門。

新 **統行**【むねゆき】 豊後国　江戸初期（明暦）

次右衛門。豊後高田住。明暦元年紀の作がある。直刃、互の目乱を焼く。

古 **村重**【むらしげ】 伊勢国　室町末期（天文）

千子。村正の子という。天文ころ。「村重」「勢州千子村重」。

古 **村綱**【むらつな】 備中国　鎌倉中期（文永）

古青江。小乱に小丁子交じり、小沸よくつき古雅な作。刀銘で筋違鑢をかけ古青江調。「村綱」か。銘鑑漏れ。

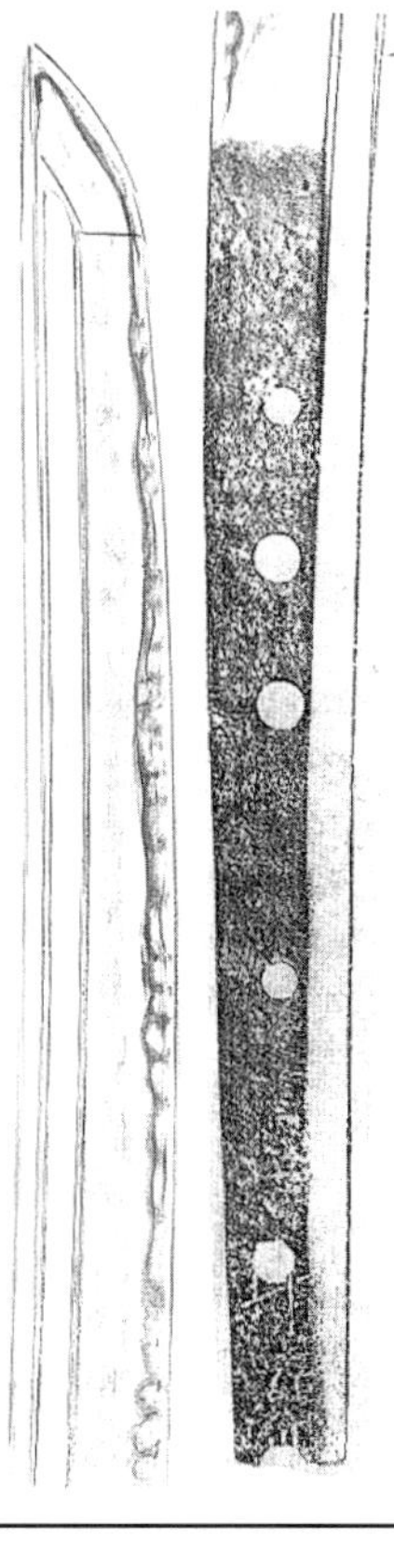

古 村正【むらまさ】初代　伊勢国　室町末期（文亀）

右衛門尉。千子と号す。法名妙台。濃州赤坂兼村の子、また関兼春門という。桑名に移り千子派の祖となる。江戸時代の銘鑑には貞治を初代に応永まで三代が続くとするが、該当する作刀はみられず、文亀元年紀があるものが、年紀を有する作刀として最も古く、これを村正初代とみる。打刀は二尺二・三寸の先反りがついた片手打ちがあり、平造短刀、小脇指を造る。鍛えは板目に柾交じり、地沸つく。刃文は湾れに互の目、尖り互の目交じり、箱がかった乱などを焼き、皆焼もある。刃文が表裏揃い、直刃のときは腰刃を焼くことが多い。尖り互の目が三つあて一団となった鋭い刃状が村正の一つの特徴となっている。茎の形状をたなご腹に造るのも独特である。「村正」「勢州桑名住村正作」「勢州桑名住右衛門尉藤原村正」。

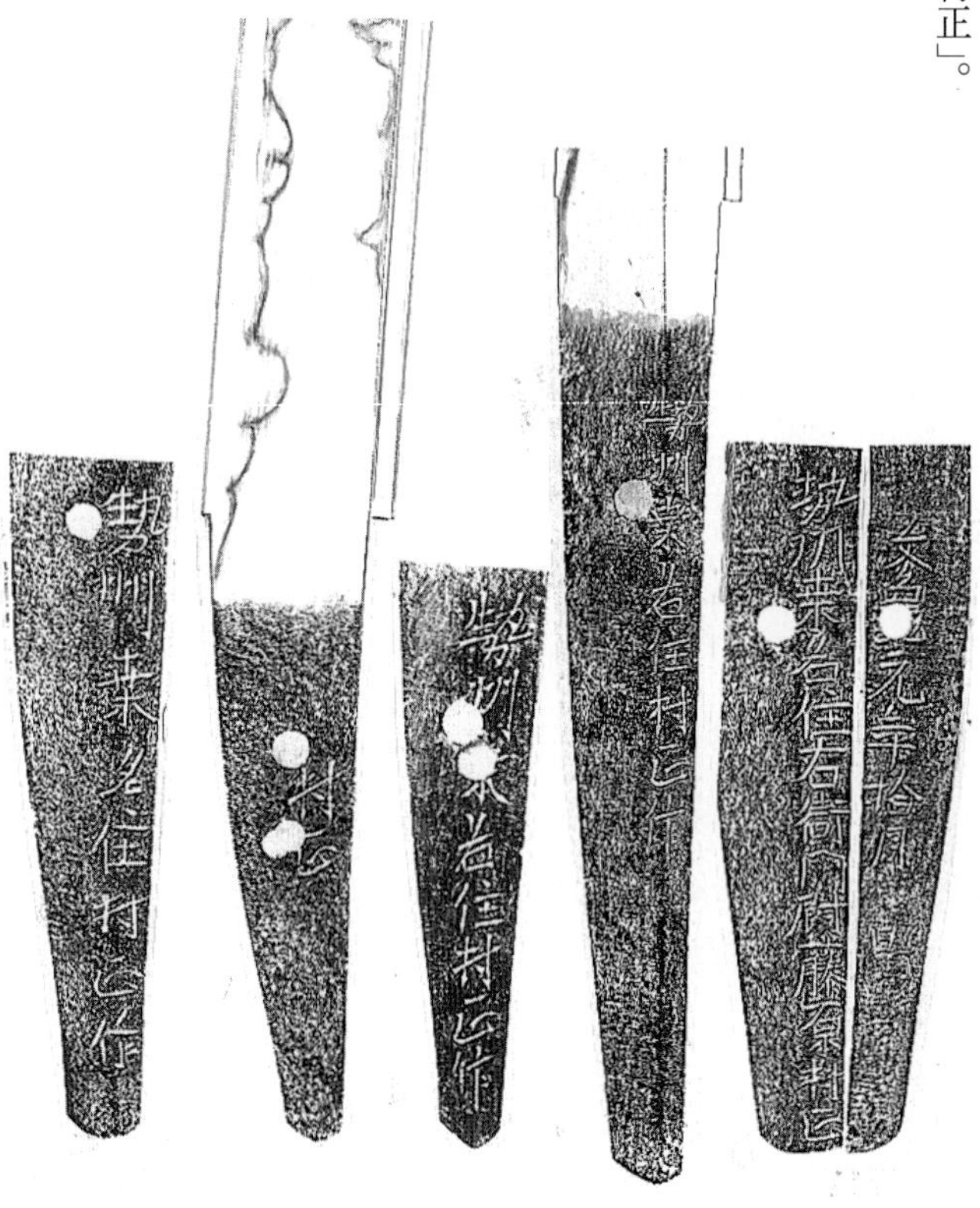

古 村正【むらまさ】二代　伊勢国　室町末期（大永）

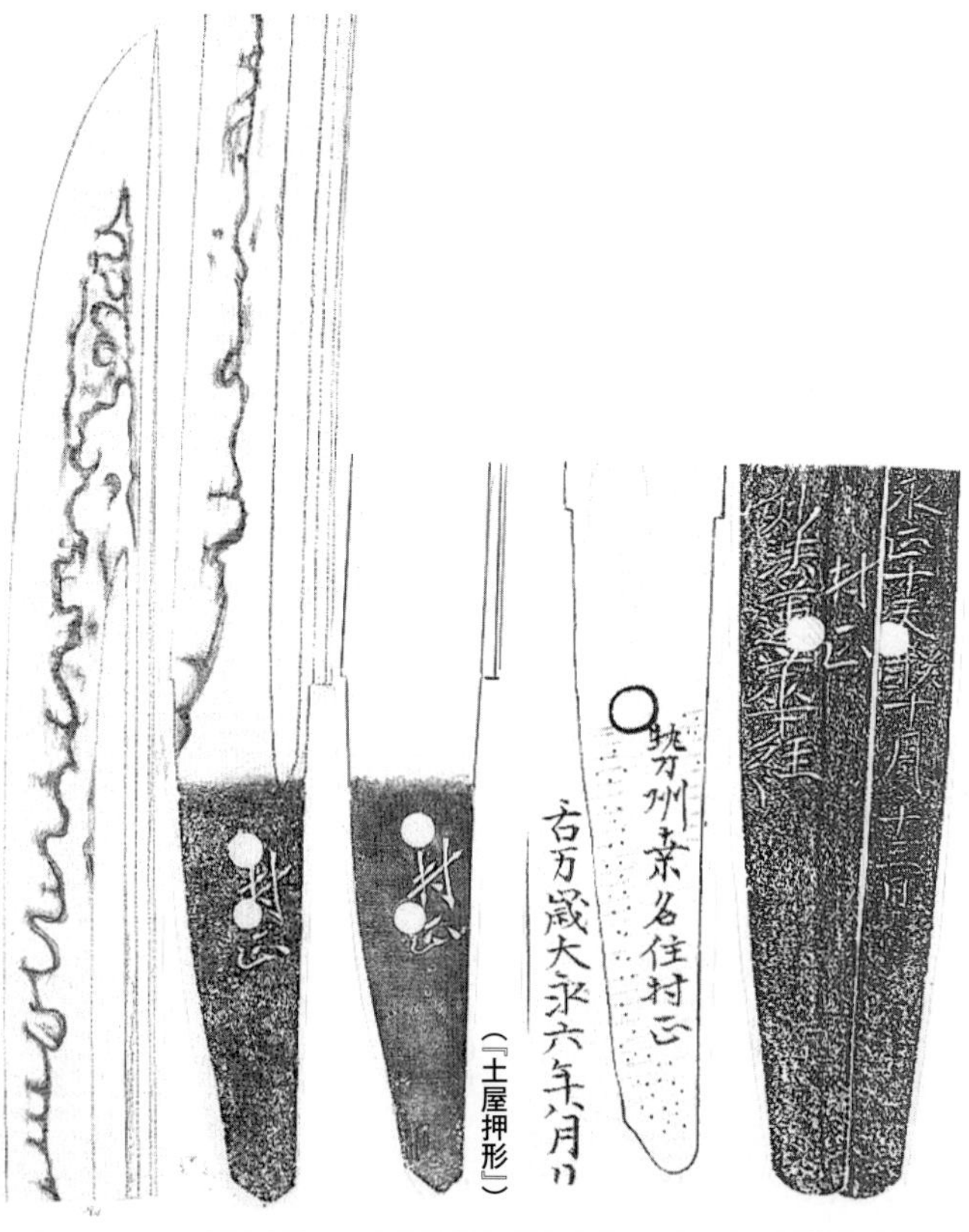

（『土屋押形』）

二代村正。永正から天文末年まで、およそ四十年間の作刀期がある。歴代村正中の名手で、作刀数も多い。作刀は初代と同様で、直刃、互の目乱、皆焼など多彩で、互の目の先が尖るなど鋭さが目立つ。茎のたなご腹の造形が初代よりなお強調され、入山形の先が尖る。鎗の上手で、直鎗、十文字鎗が残る。

村正を相州正宗の弟子とする説は、慶長はじめの竹屋本をはじめ鎌田魚妙の『本朝鍛冶考』などが唱えたことから一般に流布してきたが、いまはこれを信じる人はいない。鎌倉時代の正宗と室町末期の村正とは百七十年からの年代の開きがあるからである。また村正妖刀説がある話のもとは、徳川家にとって村正の刀がたまたま不吉の事例を重ねたことによる。家康の祖父清康が村正で斬られ、家康自身も小刀で手に負傷するなどがあって、村正が徳川家に祟るということになったのである。譜代の大名や旗本は徳川家にはばかって、村正の刀を所持、また差すことはなかったのであるが、家康の刀を伝承する徳川美術館には村正が数口残されていて、「廃棄しがたい優刀」としていまに保存されているのは皮肉であるが、得がたい伝承である。「勢州桑名住村正」「勢州桑名郡益田庄藤原朝臣村正作」「村正」。桑名は舛田のことで、益田庄といい、益田荘名を称している。

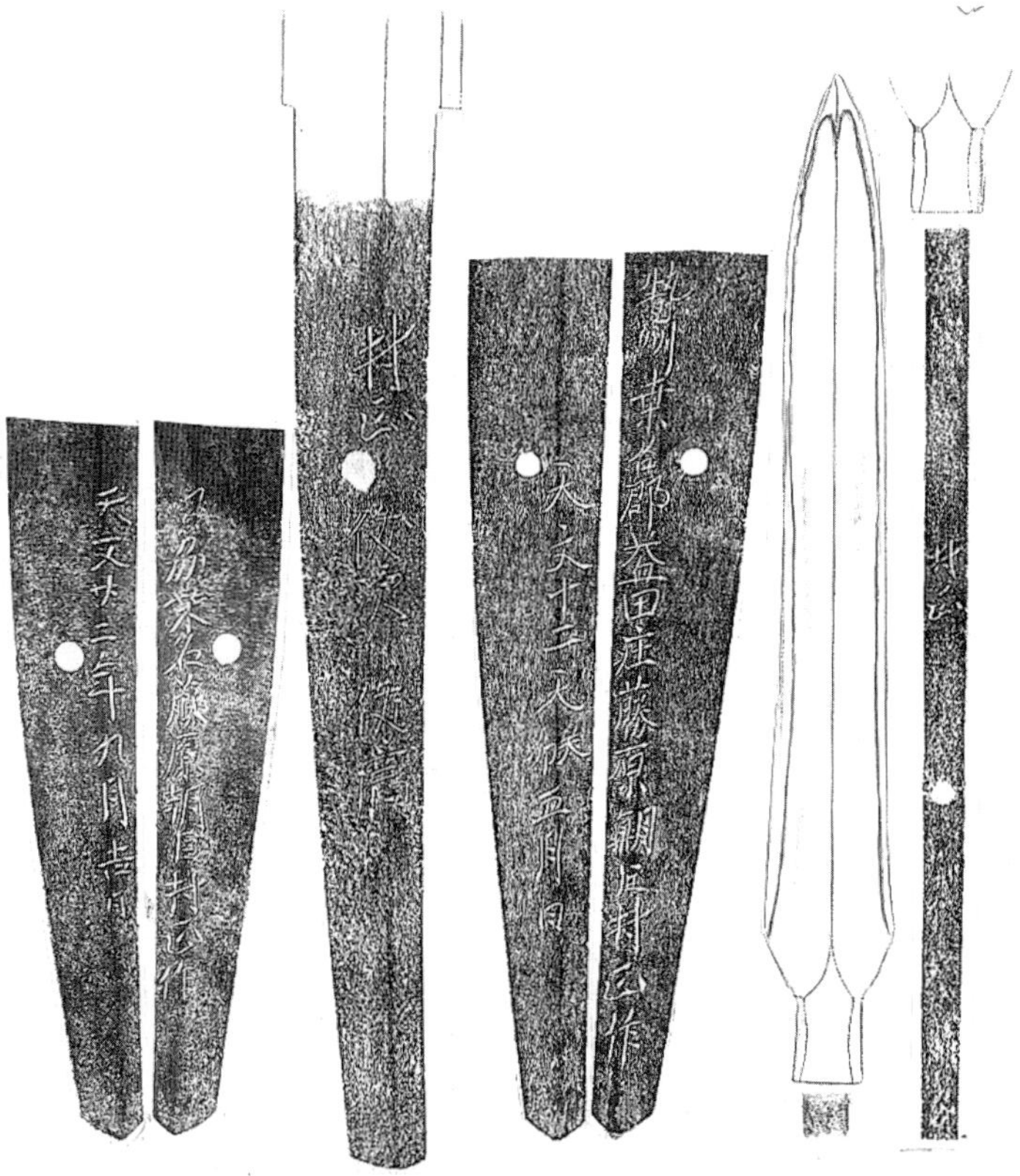

古 **村正【むらまさ】三代** 伊勢国　室町末期（天正）

湾れに互の目、箱乱などを焼くが、焼きの山と谷の差が目立たず、総じて二代作より隠やかな出来をみせる。「正」字の第二画の隅が角張る。

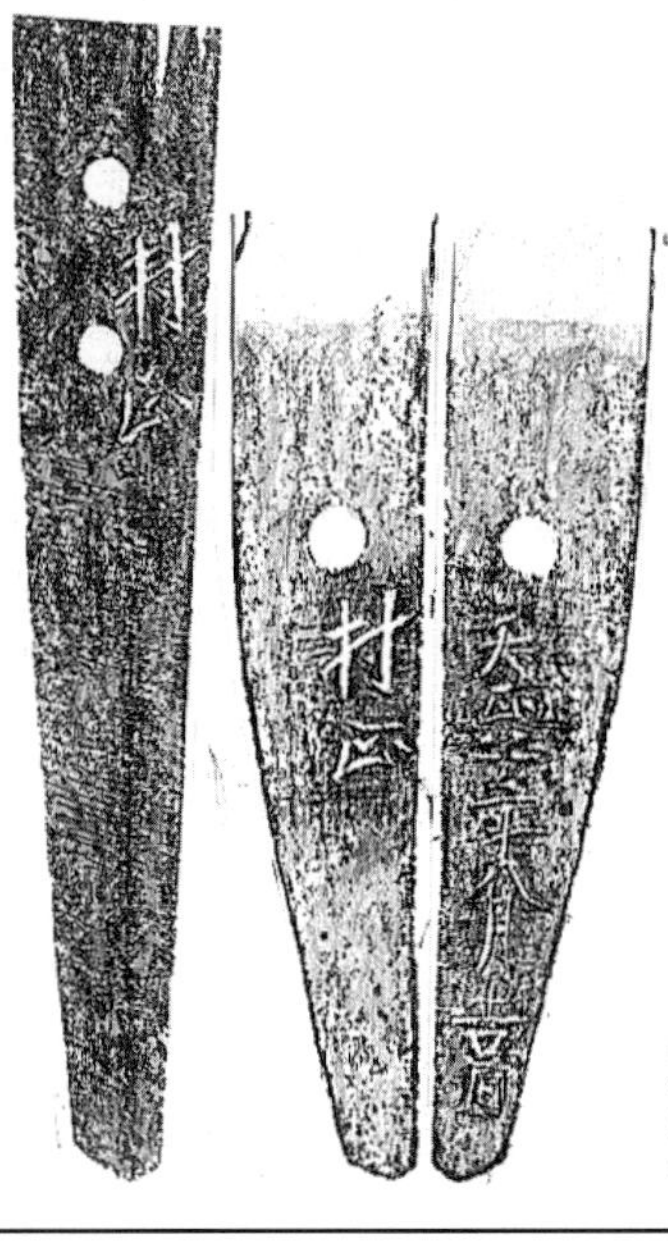

新 **村正【むらまさ】四代** 伊勢国　桃山期（慶長）

千子。桑名住。慶長五年八月の作がある。晩年は幕府の命により千五正重に改銘したという。「勢州桑名住村正」。

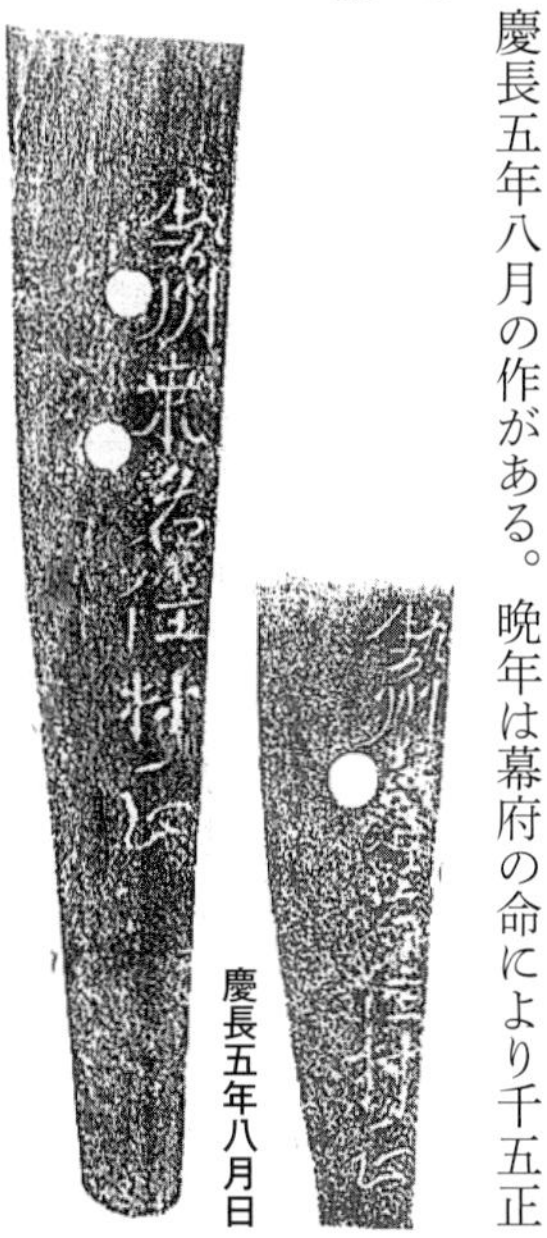

慶長五年八月日

新 **村正【むらまさ】六代** 伊勢国　江戸中期（寛文）

五代寛永の作刀は未見であり、六代には寛文元年紀の作がある。江戸初期には別家もあって他に数種の銘作がある。いずれも「村正」の二字銘を切る。

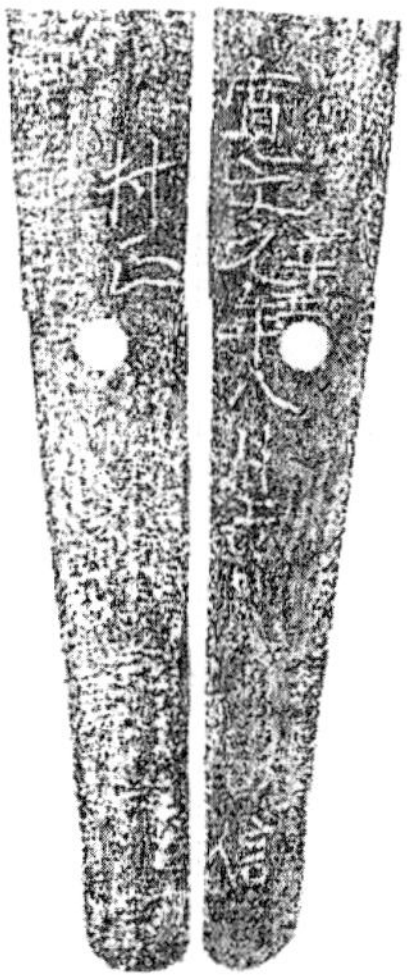

古 **村守**【むらもり】 備前国 鎌倉初期（建保）
古備前。正恒系。近村子とも、正真子ともいう。建保のころ。

古 **村吉**【むらよし】 近江国 室町末期（永正）
助長孫。蒲生住。鎗の上手という。「村吉」「江州蒲生住村吉」。

《も》

新々 **用和**【もちかず】 遠江国 江戸末期（寛政）
近藤亀之助、兵庫、縫殿助。天明元年家督を継ぎ遠江国気賀領主となる。水心子正秀門。石見守を受領した天明ころから寛政の間に鍛刀し用和を名乗る。寛政八年、駿府城代に任ず。寛政十一年十月二十九日、五十一歳没。

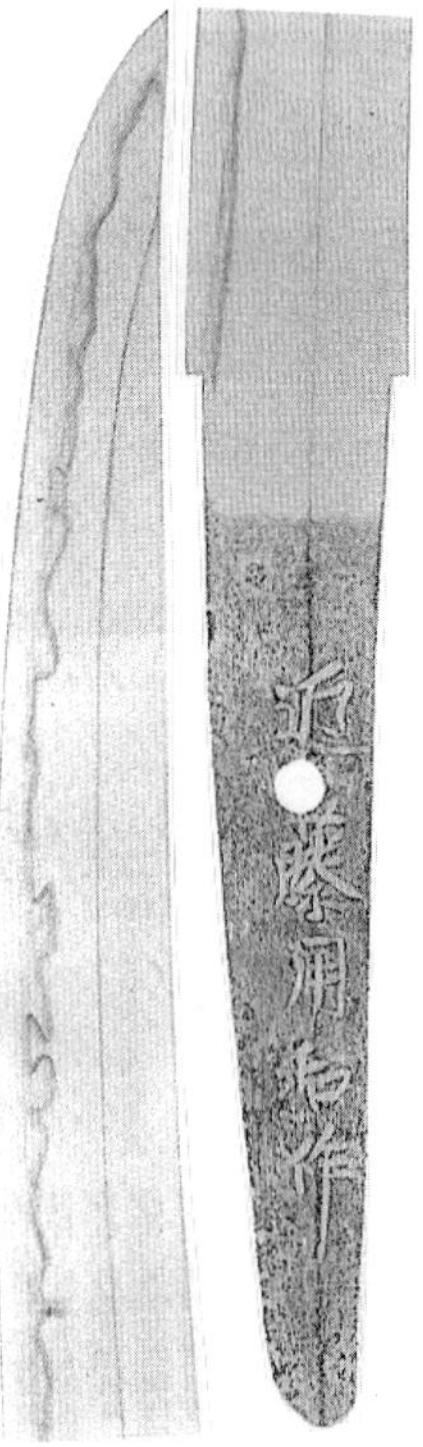

新々 **元明**【もとあき】 薩摩国 江戸末期（慶応）
奥元寛門。明治初年没。直刃、ほつれかかり、小沸つく。

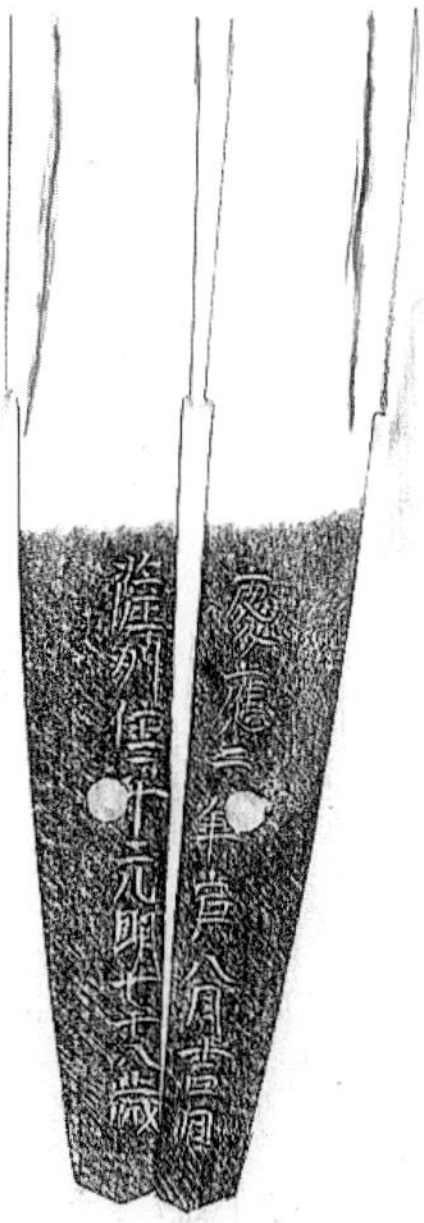

古 **元家**【もといえ】 備前国 南北朝期（至徳）
長船。元重子。同銘が正長、明応にある。「備州長船元家」。

新々 **元興**【もとおき】 **初代** 岩代国 江戸末期（寛政）
角大八。五郎左衛門の子。初銘道信。初め二代中条道辰に師事し、のち水心子正秀の門に入り、秀国と改める。寛政元年十二月、古川姓を角氏に改める。寛政四年、薩摩に行き奥元平につき相州伝を学び、元興と改め翌五年秋に帰国する。会津藩工となる。「角秀国」は草書に、「角元興」は楷書に銘す。会津鍛治の棟梁を示す「刀鍛冶棟梁角元興」を切銘する。文政七年三月二十八日、七十一歳没。⇩二代元興に該当する「秀国」は同項参照。

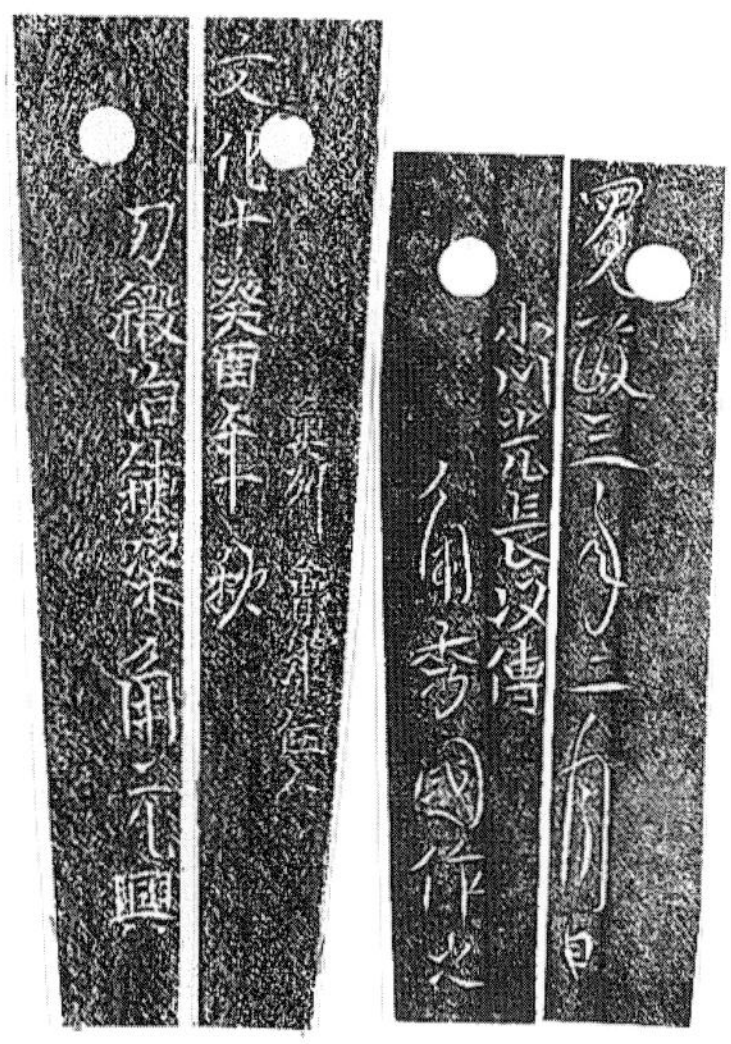

新々 **元興【もとおき】三代**　岩代国　江戸末期（安政）
角大助。初代元興の孫。父大次秀国が文政二年、二十六歳で早世、次いで祖父初代が没したおり、七歳の幼少であったため四代道辰に師事する。元興を襲名して角家を相続する。安政六年、出府して運寿是一に備前伝を学び、同年八月入道して松軒と号す。慶応元年秋に秀国に改める。慶応二年七月五日、大和守を受領。会津戦争後は居を東京に移し、明治

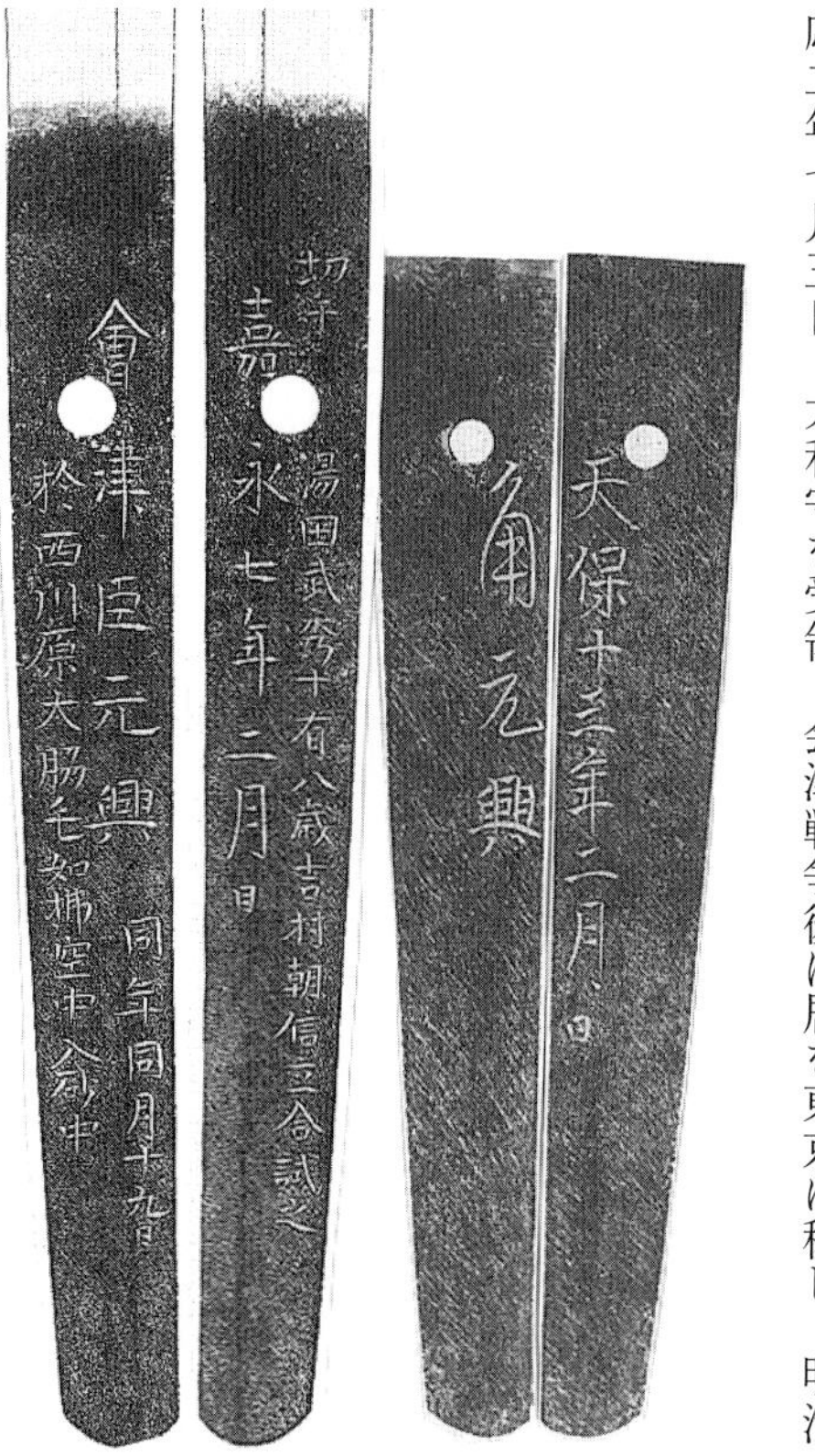

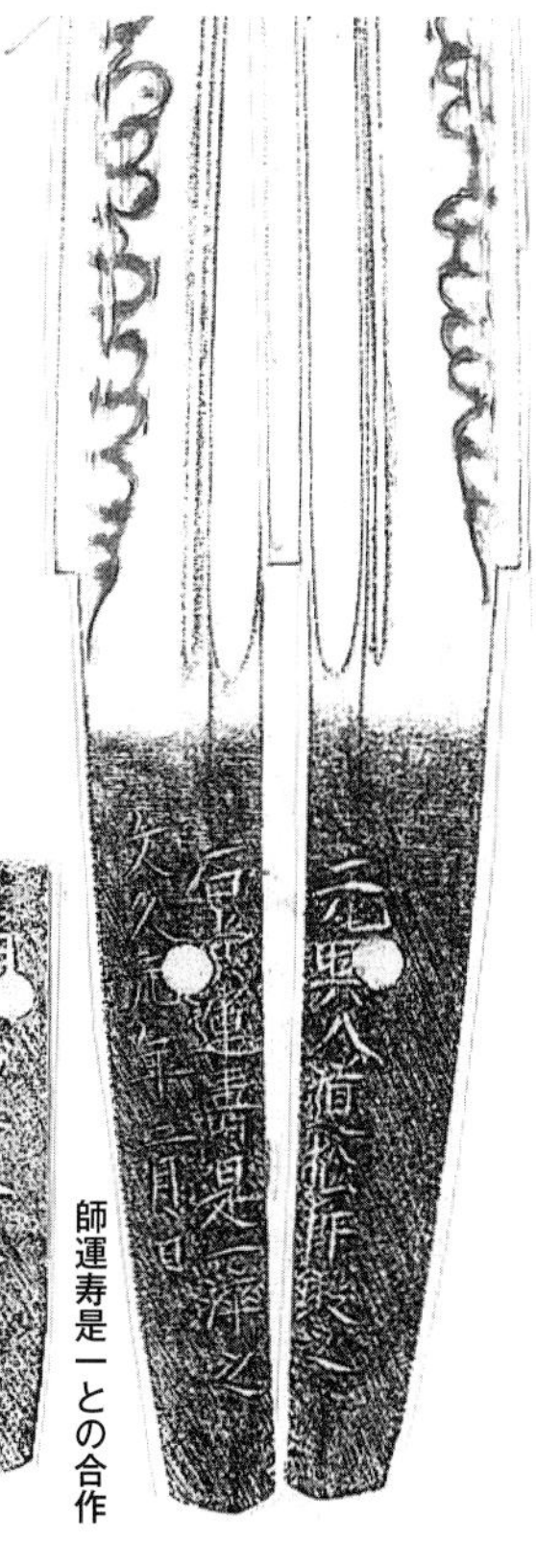

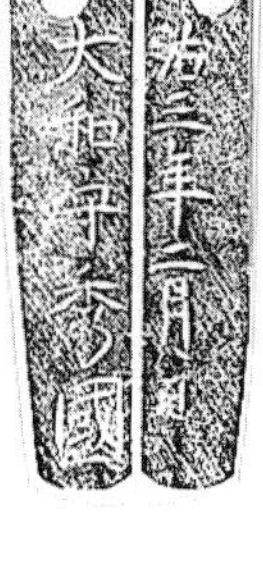

師運寿是一との合作

二十四年三月十二日、七十四歳没。直刃、湾れ、互の目乱、沸出来の丁子乱は刃中が働き師是一に似て上手。

古 **元包【もとかね】**　備前国　鎌倉中期（天福）
古備前。天福ころ。小乱刃を焼く。「元包」。室町期の応永、寛正ころにあるのは古跡を復活させたものであろうか。「備州長船元包」。

古 **元清【もときよ】**　大和国　鎌倉末期（元応）
千手院。名跡が建武ころに続く。「元清」。

古 **元清【もときよ】**　大和国　室町末期（元亀）
金房。南都金房辻住。元亀ころ。「和州南都住金房元清」。

古 **元清【もときよ】**　周防国　室町末期（文亀）
二王。清介の子。直刃に小足入り、匂口締る。「二王元清」「二王元清作」。

古 **元真【もとざね】**　備前国　鎌倉末期（文保）
長船。古元重の族。文保年紀の作がある。「元真」「備州長船元真」。

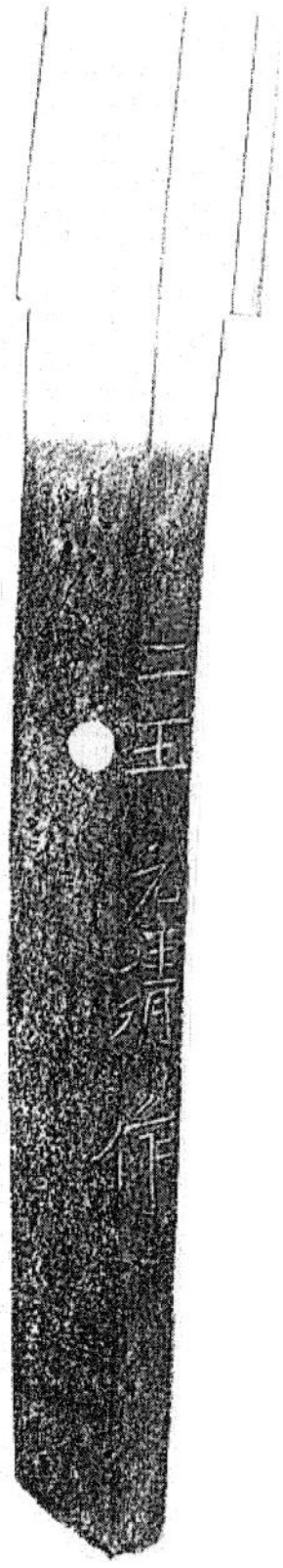

古 **元重【もとしげ】** 備前国 鎌倉中期（文暦）

古備前。文暦ころ。長船元重の先代であり、湯山元重（古元重）の師であろう。「元重」。

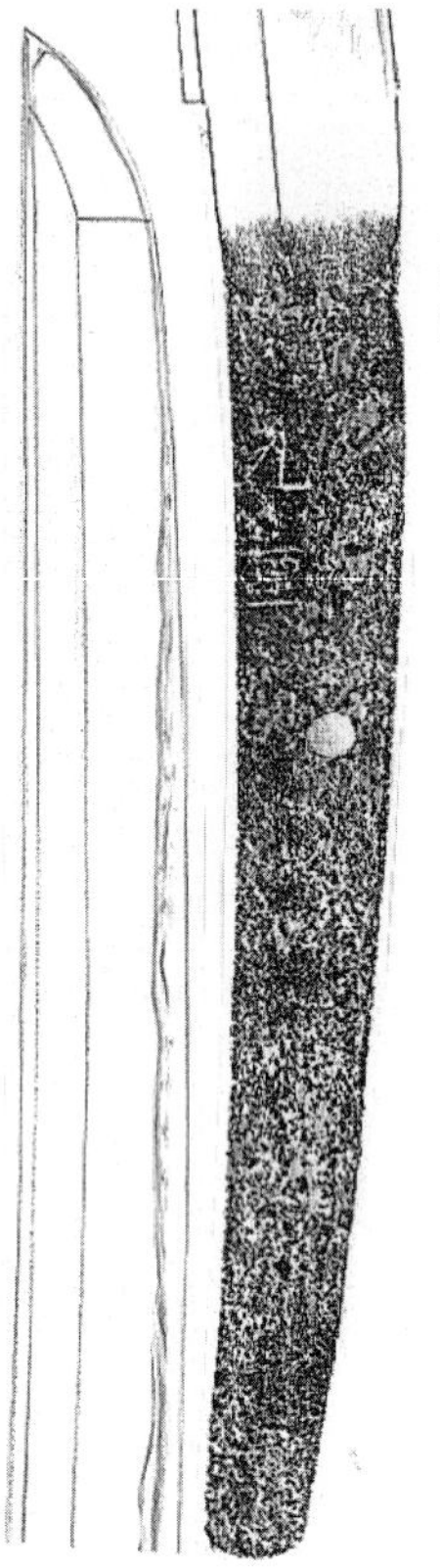

古 **元重【もとしげ】** 備前国 鎌倉末期（嘉元）

弥九郎。初銘光重。允重。古備前元重の門。古元重と呼称される。二字を太銘で大振りに切り、嘉元二年紀の作がある。『往昔抄』に、光重（古元重の初銘）の押形に注して「湯山元重なり、これは備前に住」とあるのが初見であり、湯山元重はもと備前に住していたとし、のちに伯州檜原へ移ったと考えられる。備考がいう「伯州檜原住元重」と銘する元重と湯山元重は同人であろう。湯山元重は「十二神」と打つことがあり、これは「アリマの薬師堂に籠って打つ時の銘」（『往昔抄』）とある。元亀本も「十二神」は元重の隠銘といっているが、この銘は押形図にみるのみで実作は経眼しない。湯山元重は貞宗門との説があるが、長船元重の門下説と混同したものであろう、湯山元重（古元重）は相州貞宗よりも年代が遡って古い。

小板目が詰み、地沸つき、地斑映り立ち、地色に黒ずむものがある。小湾れ調の直刃に小互の目足入り、逆ごころの刃が交じり、小沸つく。刀銘に切るものが多く、筋違鑢をかけて作風ともに青江風がある。「元重」。

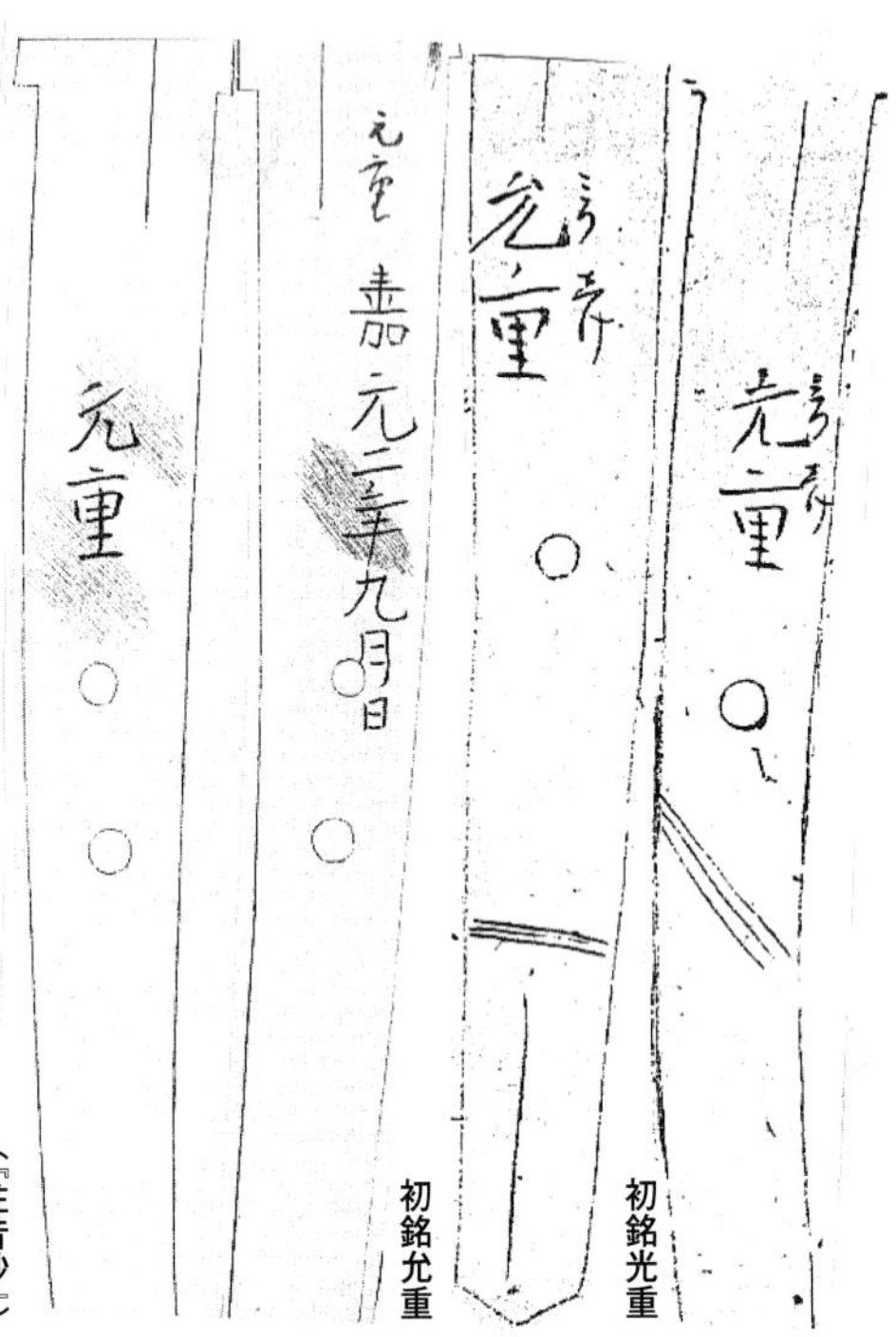

初銘光重

初銘允重

（『往昔抄』）

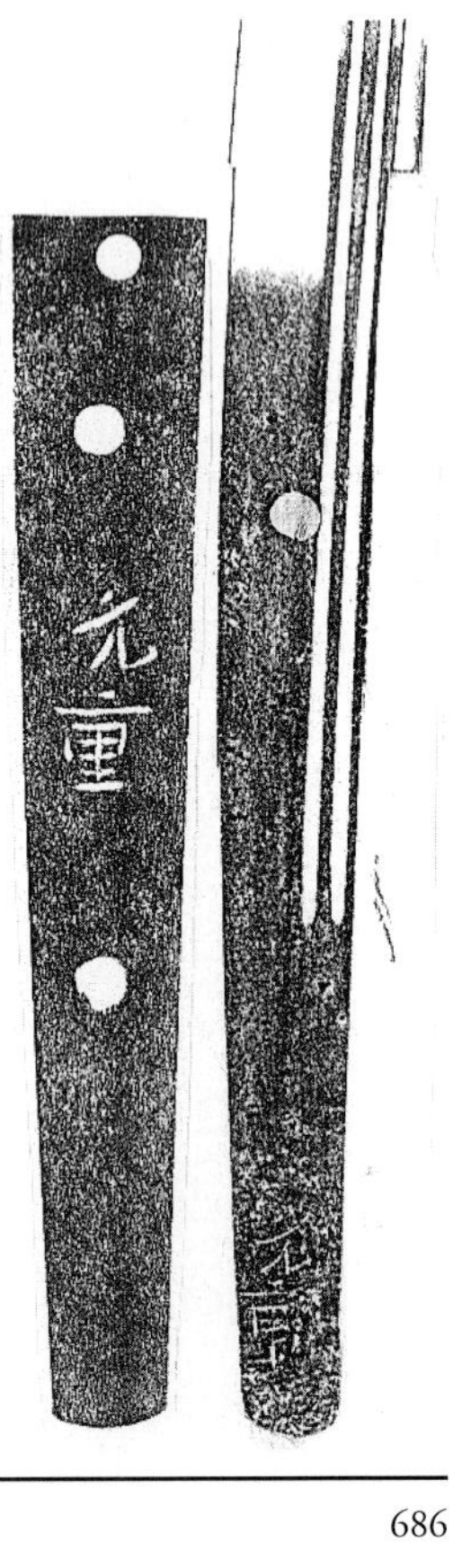

古 **元重【もとしげ】** 備前国 鎌倉末期（正和）

長船。大蔵允。守重の子、また弟とも、重真の兄ともいう。古備前元重の門であろう。江戸時代の剣書には元重を貞宗三哲の一人とし、貞宗門説が根強いのは、南北朝中期ころになってからの作風に備前らしからぬ相州伝を強調した作があることにもより、常にみる長船元重の貞宗門下説は一概には否定しがたい。元重の年紀作は正和二年から貞治三年までがあり、この間五十一年がある。一人の刀工の作刀期としては長期にすぎることもあって、この間に二人の元重がいるのではないか、という二人説が古くからある。そして二人の後の人を貞宗門とみるのである。一方で一人説は備考にみるように正中から貞治（この間三十八年）ころまでの作が多い工とする。元重の作刀が著名工の中で比較的多くあるのは、長命によることもあろうし、また一門の鍛冶による代作、また代銘がなされたことにもよろう。それでいて、かなり一律に統一された銘を切ることで、代替えの銘の変化を見分け難くしているのが元重の銘である。代替えのときは、どこか鏨の打つ向きや形を変えるのが通例であるが、元重の場合はそうした気配を残さず、たとえ長期に及ぶ作刀期中でも一人の鍛冶の銘とみなしやすくしているようである。

元重の作風は、はじめ片落互の目、また逆足の交じった互の目主調のものから、のち直刃調に互の目、逆足が入ったものになり、板目に地沸つき、映りの立った青江風のもの、また地景の入った相州風の作がある。

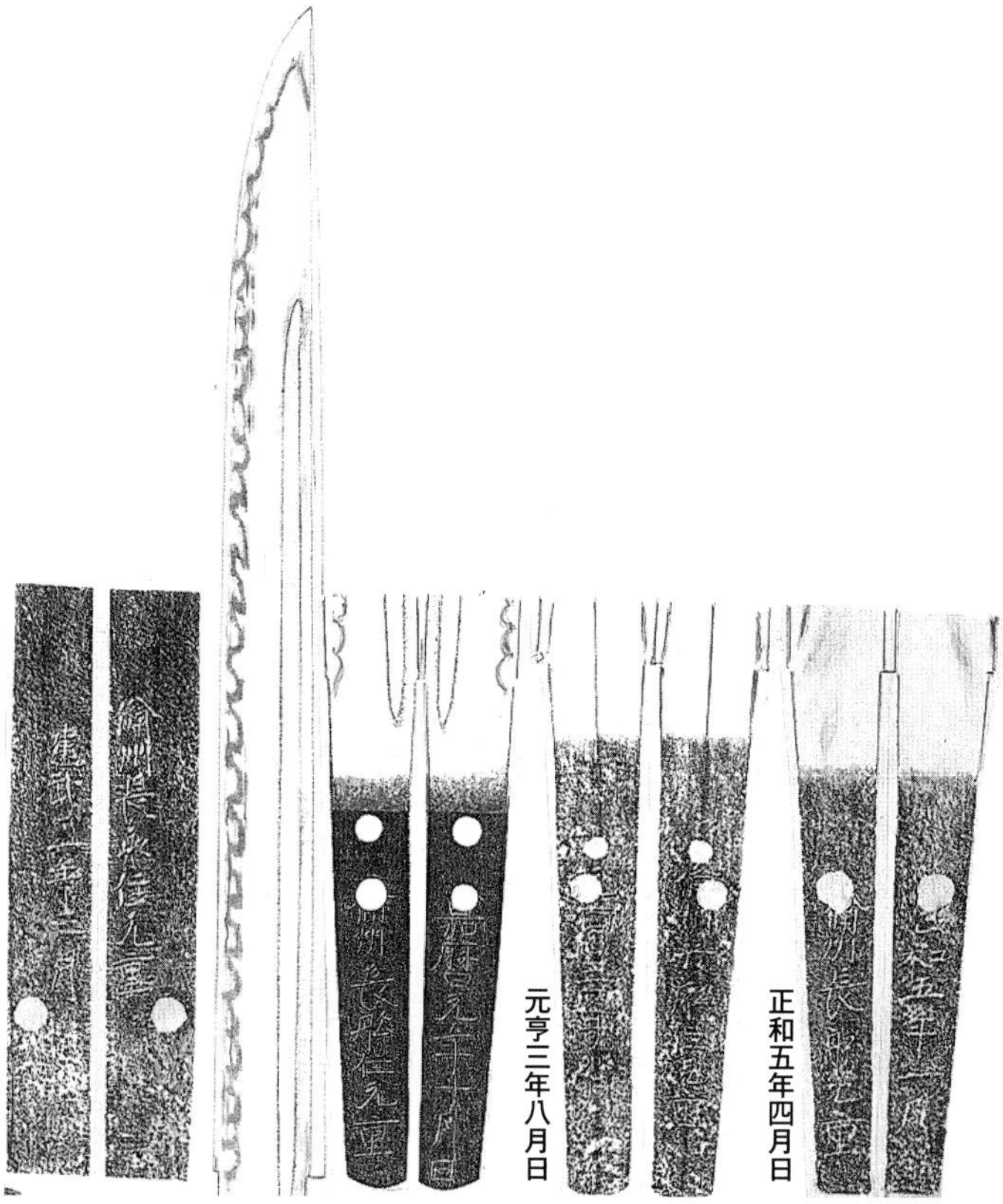
正和五年四月日
元亨三年八月日
建武五年三月日

相州風の作は延文ころからみられ、銘振りからは観応ころからより小銘に変わっていることから、代替があるとすれば観応・延文のころとみられる。正和から観応ころまでが初代で三十七年があり、観応から貞治ころまでが二代で十四年がある。『往昔抄』が掲げる延文元年六月の作には「後」と注して、古元重を初代、長船元重を二代とする見方であるが、これはとらない。古元重は湯山元重のことで、長船元重（初代）とは同門の先輩であろう。嘉元年紀の作があるように長船元重よりはやや年代が古い。長船元重は初代正和、二代観応とみたい。これらを総じて元重

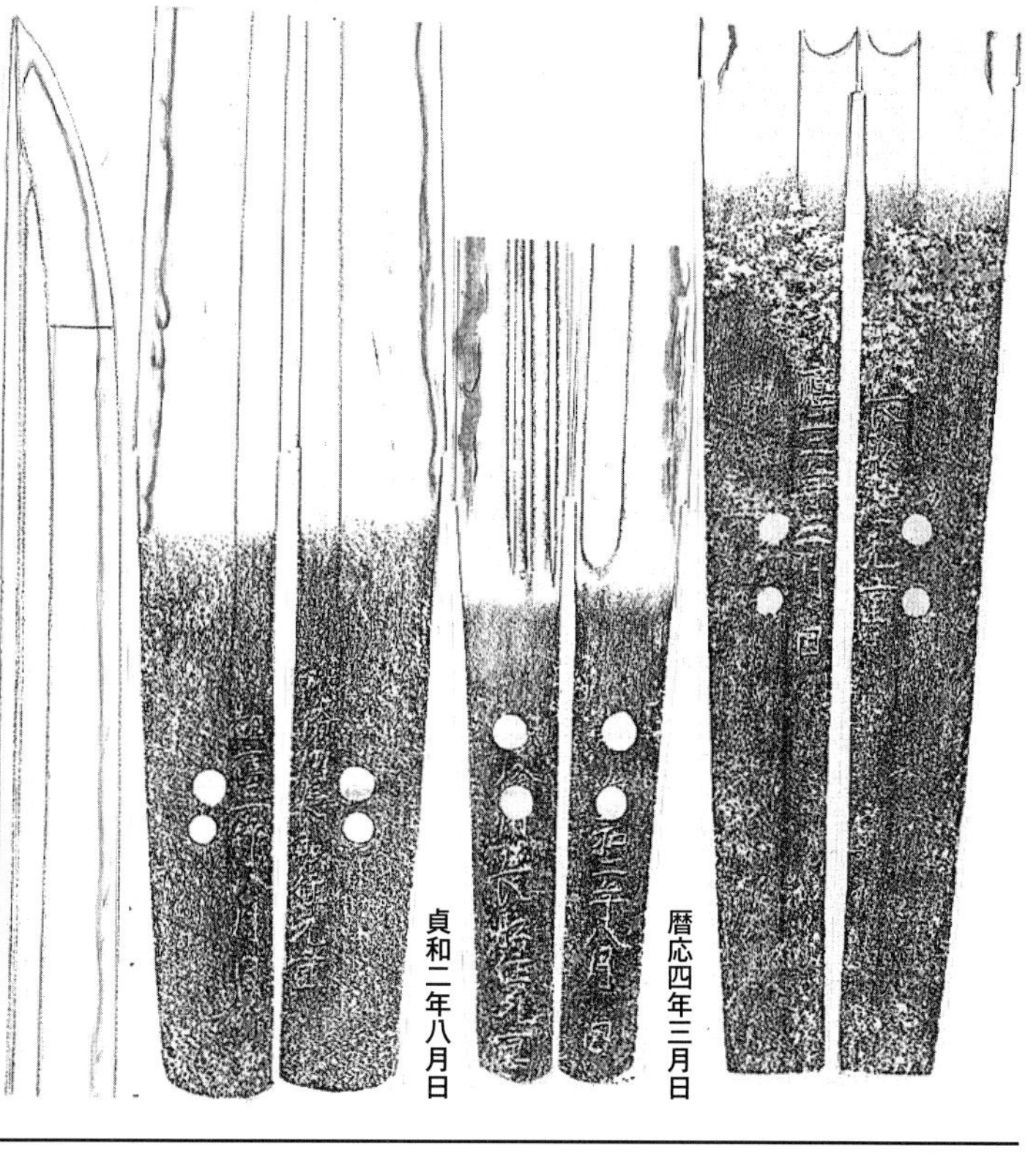
暦応四年三月日
貞和二年八月日
観応三年八月日

系図をまとめると次のようである。

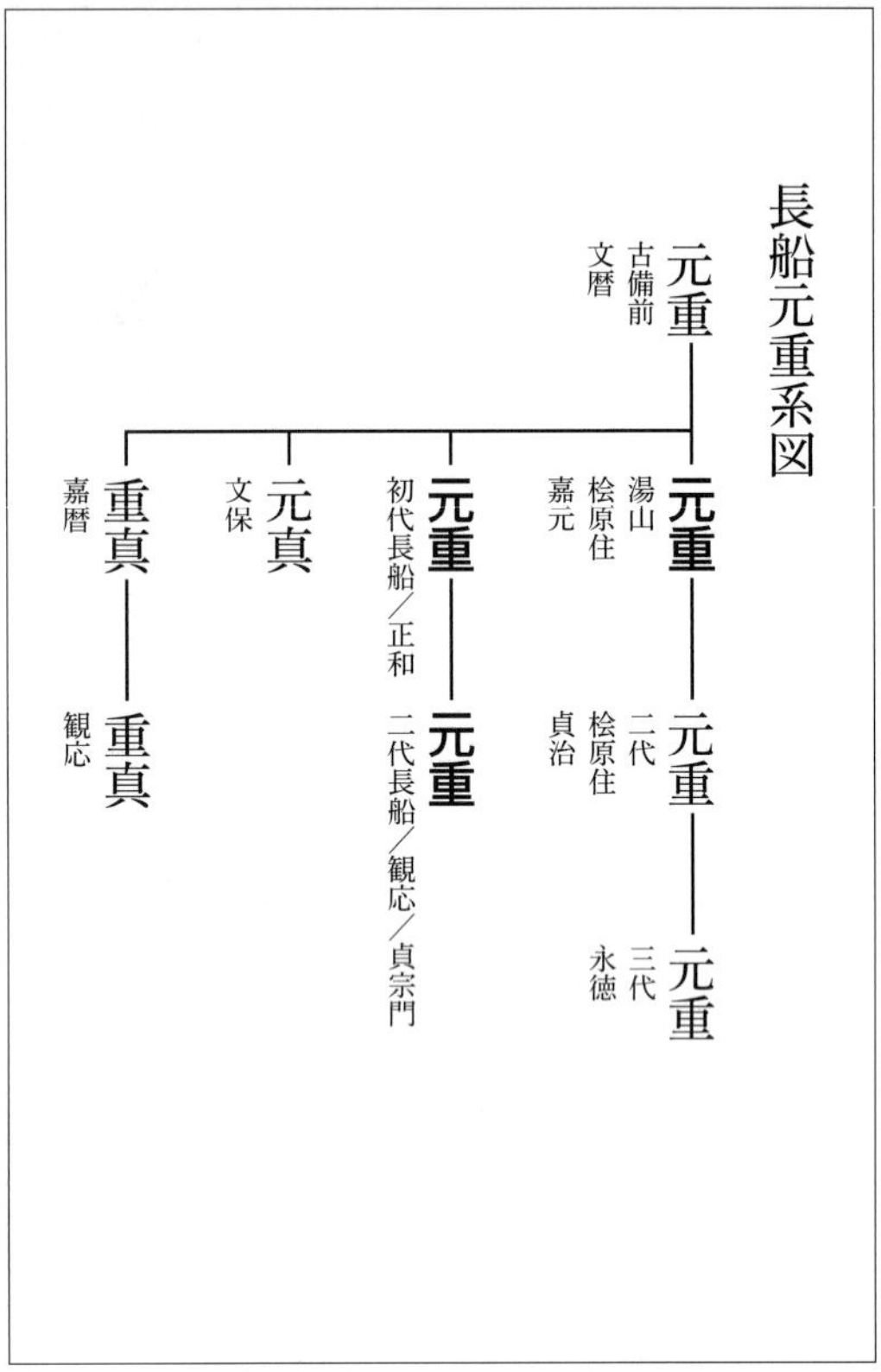

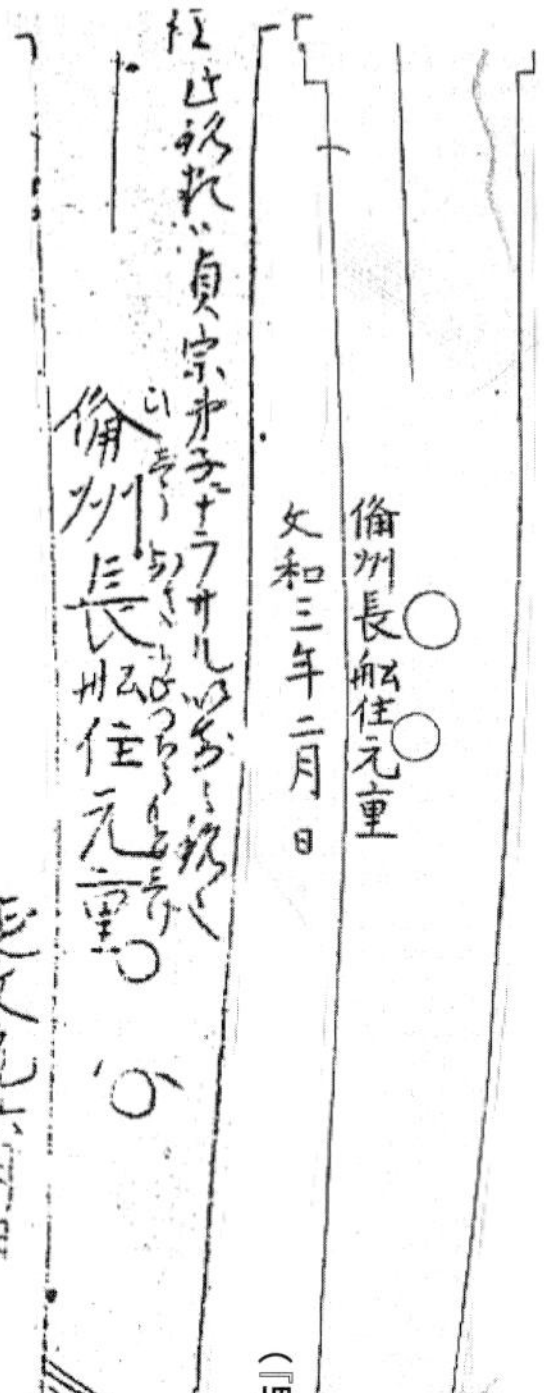

（『埋忠押形』）
（『往昔抄』）

古 **元重【もとしげ】** 伯耆国 南北朝期（貞治）

檜原元重。二代。いわゆる古元重である檜原元重の子であろう。貞治ころと伝え、名跡は永徳、応永ころに継承する。「元重」「伯州檜原住元重」。

新 **元重【もとしげ】** 埋忠 山城国 江戸初期（正保）

「城州住人」「埋忠元重作」と切った大平根《おおひらね》があり、雲龍の透彫りが濃密である。正保四年紀の作である。

城州住人埋忠元重作（松平頼平資料）

古 **元助【もとすけ】** 駿河国 室町末期（天文）

駿州島田。義助門。湾れに互の目、飛焼かかり皆焼状となり叢沸つく。「元助」「駿州住島田元助」。広助との合作がある。この広助は二代金衛門広助で、元助とは同門の後輩である。

新々 **元武【もとたけ】** 薩摩国 江戸末期（文化）

奥正左衛門。大和守元平の弟。安永ころから文化中ころまでの作刀がある。文化十三年十月二十四日没。互の目乱、尖り刃交じり、沸匂よくつく。

古 元近【もとちか】 相模国　室町末期（天文）

本国駿河。相州小田原住。甲斐駒橋にても造る。「相州住元近」「元近作」「甲州都留郡宮谷郷百倉大明神為御剣於駒橋元近作之」。

新々 元利【もととし】 出羽国　江戸末期（天明）

古山長蔵。出羽米沢住。水心子正秀門。湾れに互の目。

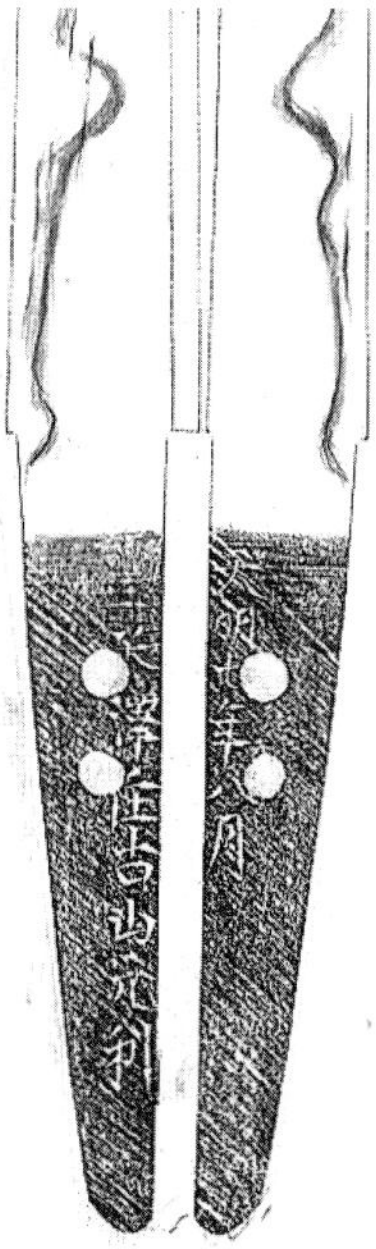

新 元直【もとなお】 薩摩国　江戸中期（延享）

奥次郎兵衛。元貞の長男。延享元年九月家督相続、安永六年五月十八日、六十二歳没。

新々 元長【もとなが】 初代 尾張国　江戸末期（文化）

青木喜兵衛。初銘信直。尾州信高門、のち尾崎助隆門に入り基寿、また薩州元平門となり元長に改める。本国摂津。京、尾張、薩摩にて造る。

新々 元長【もとなが】 二代 尾張国　江戸末期（天保）

青木照之進。初代元長の子。尾張、京のち泉州に移り、博多にても造る。

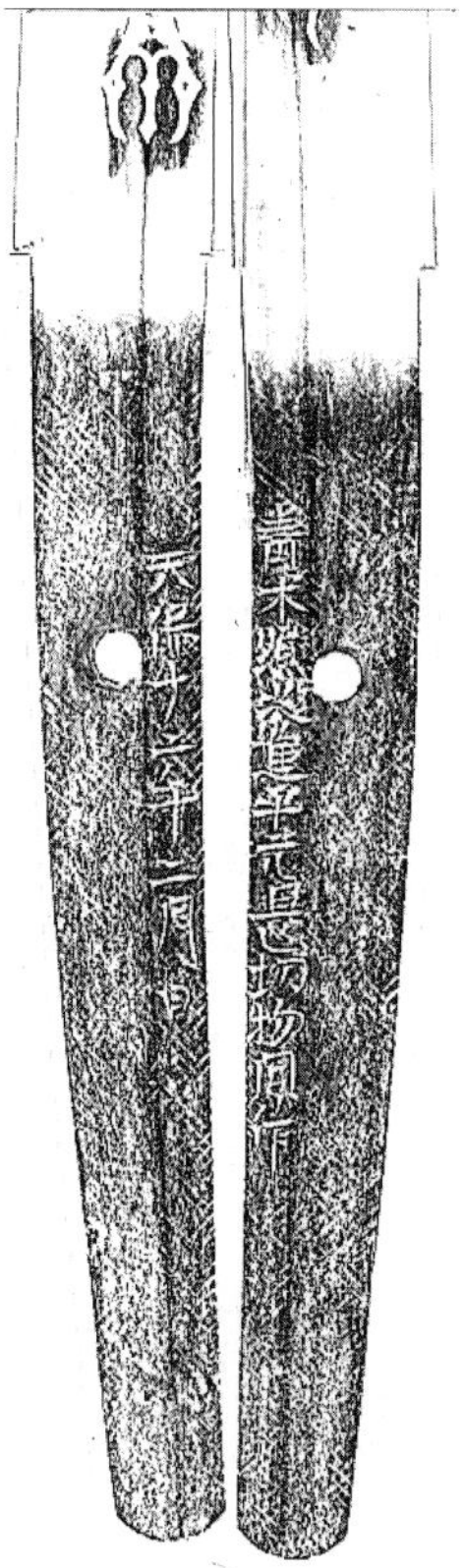

新作 元久【もとひさ】 愛知　昭和

橋本勇男。父藤原武則に学ぶ。昭和九年生まれ。第四回新作名刀展から出品し連続入選。「三河国住藤原元久」。

新々 元平【もとひら】 大和守　薩摩国　江戸末期（寛政）

奥孝左衛門。次郎兵衛。奥元直の長男。安永六年七月十一日、家督相続。天明五年、薩摩藩工となり、寛政元年十二月一日、大和守を受領する。『新刀弁疑』は元平を「海内の達人なるべし」と賞していて、すでに在世中から令名が高かったらしい。薩摩新々刀中で伯耆守正幸と双璧をなす上手の工。長命で鍛刀期が長く、優れた作刀を多く残している。文政九年七月十三日、八十三歳没。

互の目乱に小湾れ、大乱、尖り刃など交じり、沸に荒沸が交じり烈しい相州伝の作が多く、湾れ調の直刃がほつれ、喰違い刃、二重刃かかった大和伝の作がある。刃中に〝芋の蔓〟が金筋状に長くかかり、地に地景が出るなど働きが多い。刀は太刀銘（指裏）に銘を切り、脇指は指表に切る。弟元武、元安との合作があり、兄弟相和して仲がよかったと伝え、

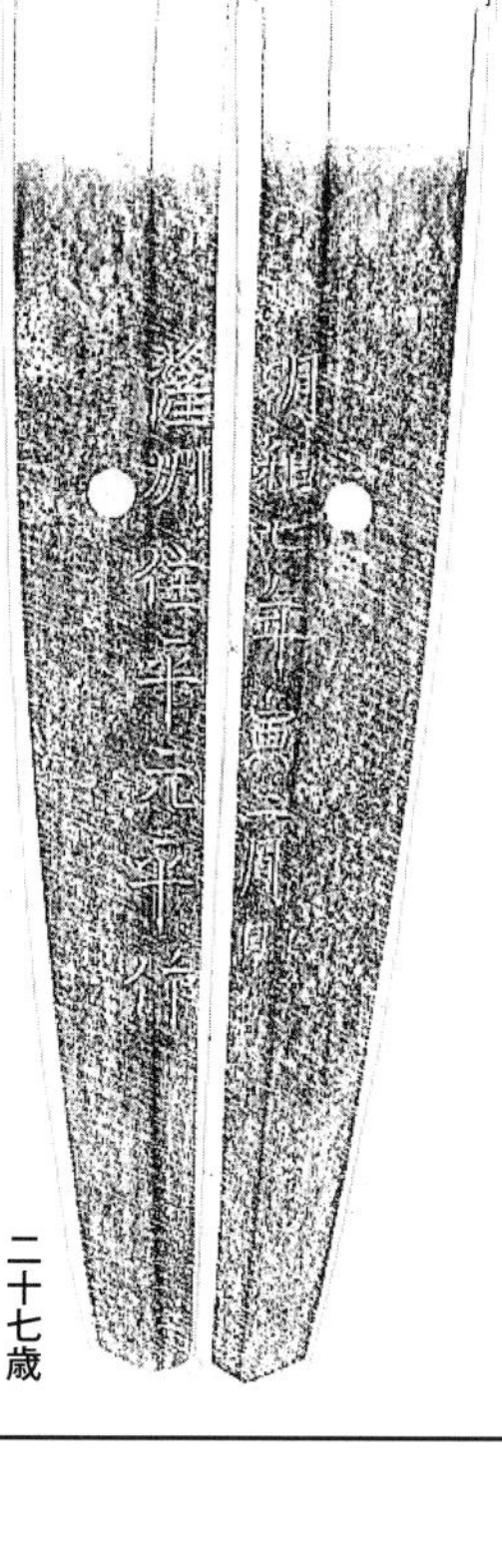

二十七歳

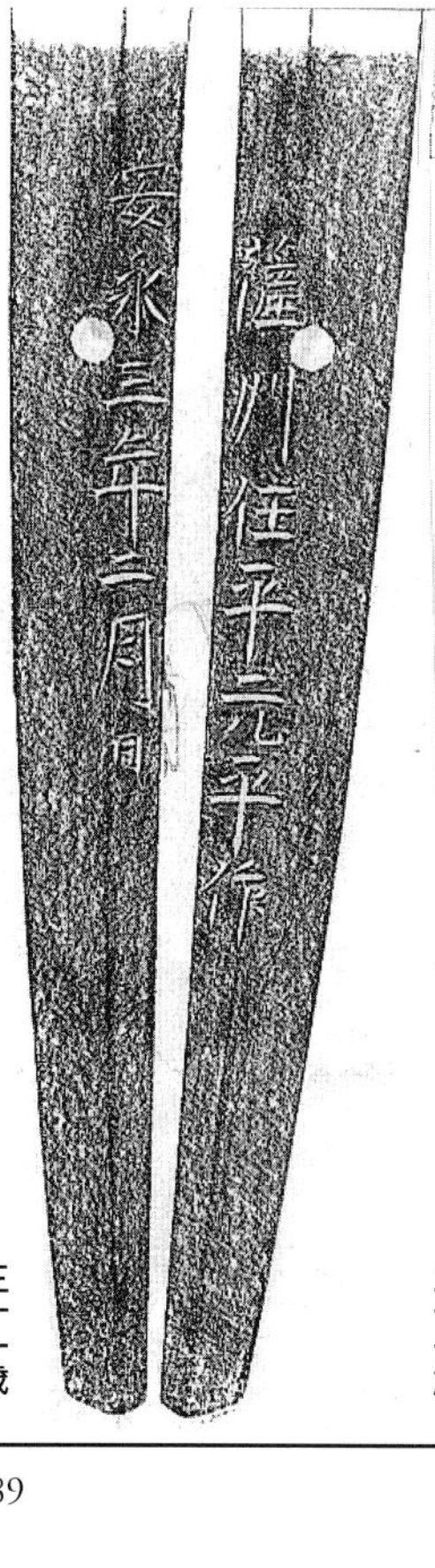

三十一歳

元平の晩年作には二弟の代作銘があったとみられる。

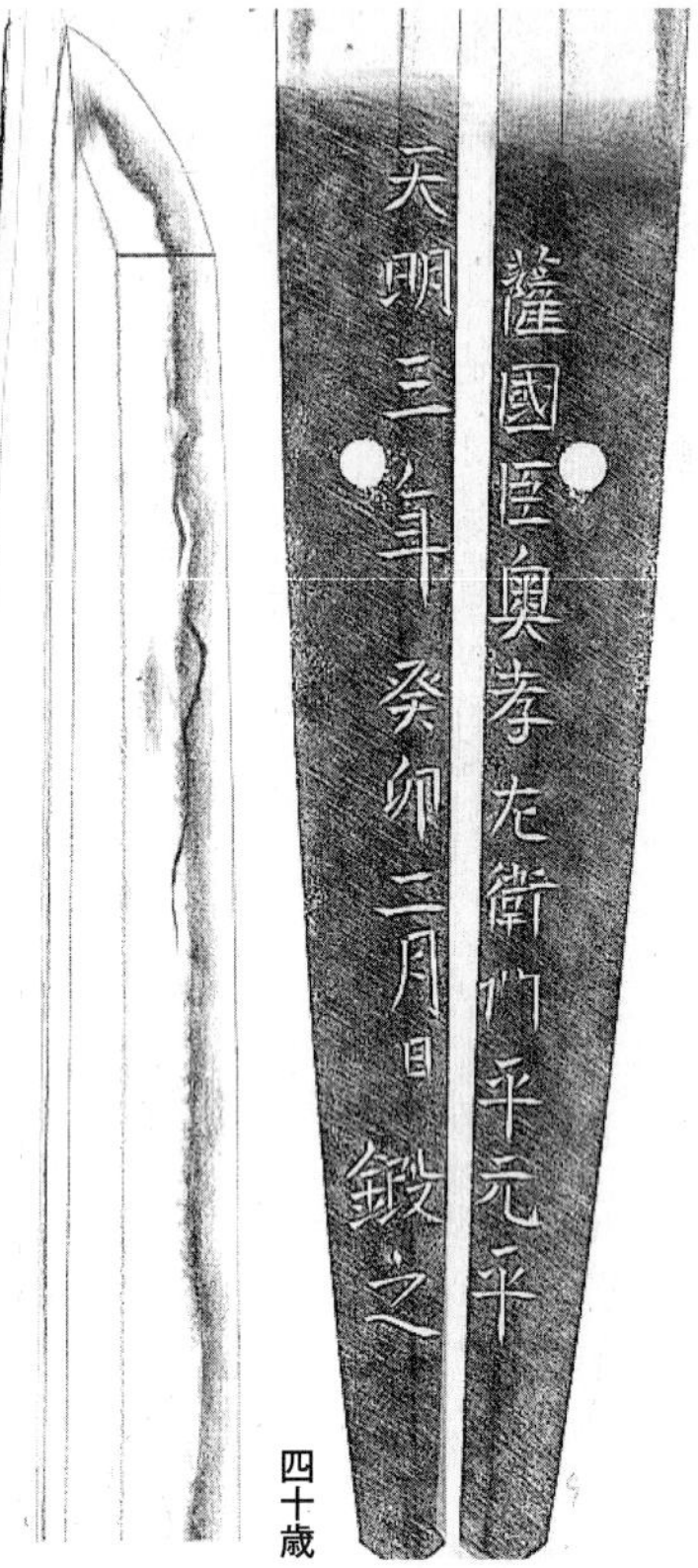

四十歳

四十七歳

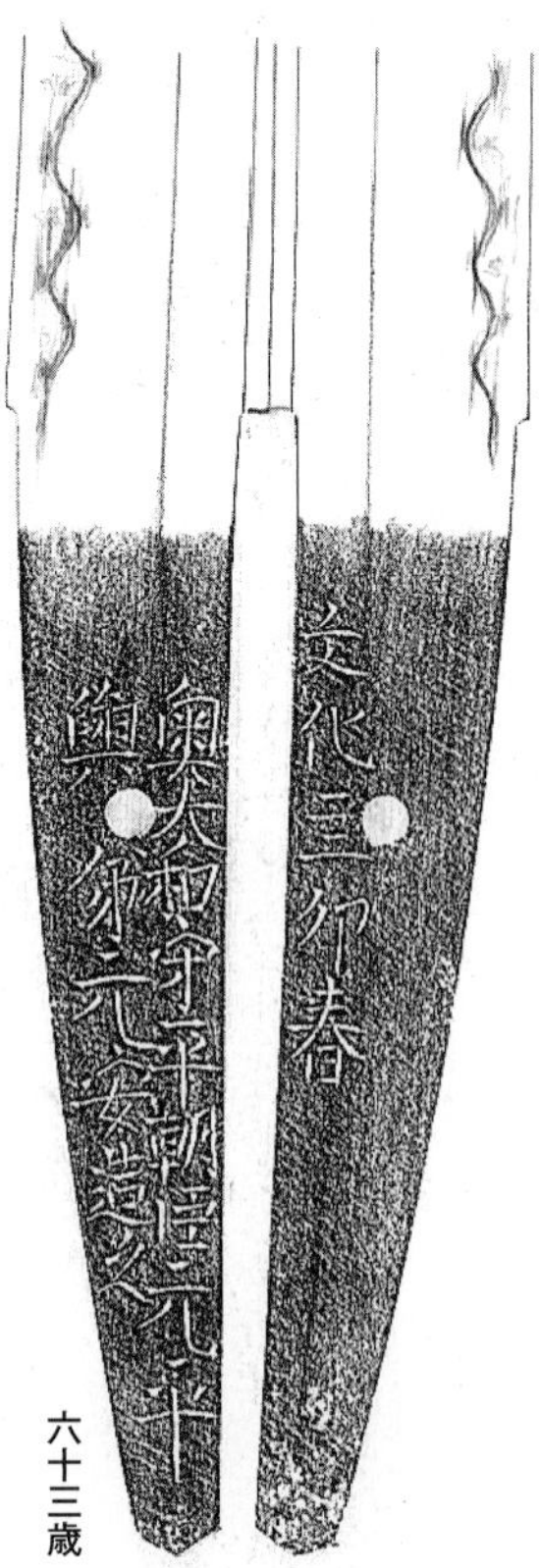

六十二歳

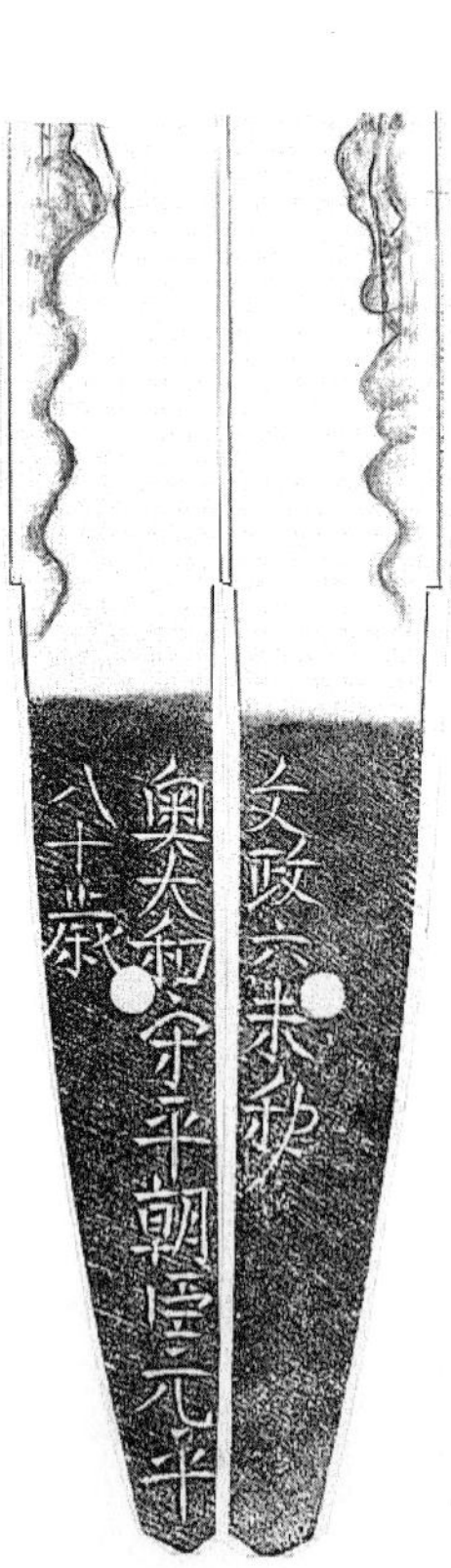

新々 **元平【もとひら】**　薩摩国　江戸末期（慶応）

奥次郎兵衛。奥元寛の長男。天保十三年十歳で家督相続。元平二代目を継ぐ。水上住。肥満していたので、〝豚鍛冶〟と呼ばれたという。明治に入り北海道へ移り、のち鹿児島に戻る。明治三十八年十一月二十一日、七十三歳没。元治ころから明治三十年代までの作がわずかにある。直刃、互の目乱。

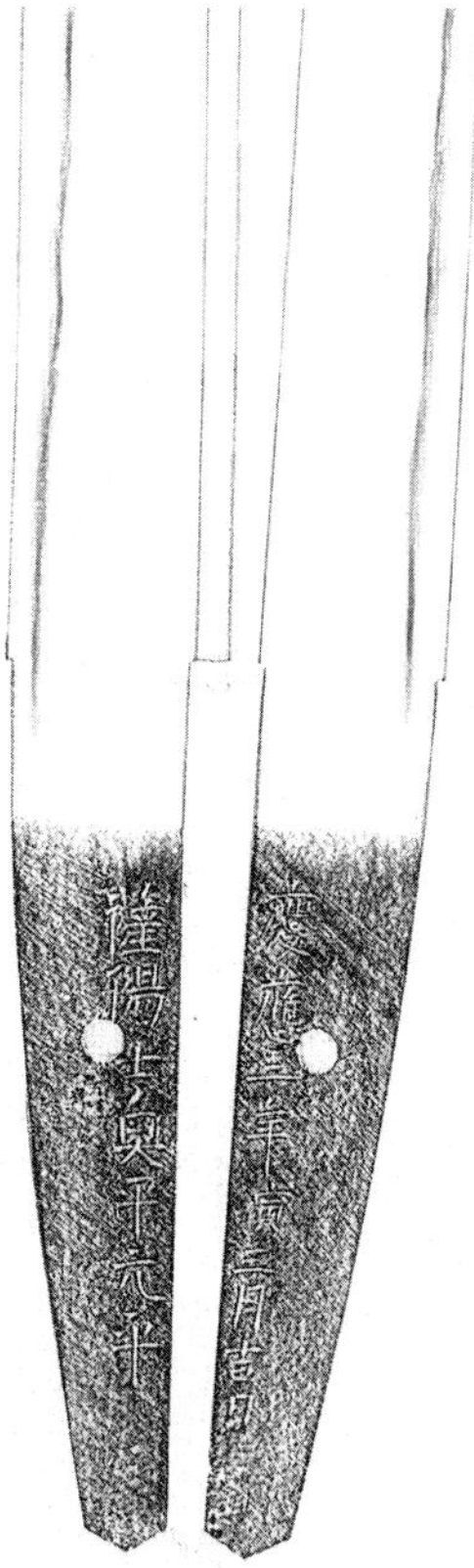

古 元広【もとひろ】 相模国 室町中期（康正）

末相州。板目に柾流れ、互の目乱に飛焼かかる。康正年紀があり、同銘が天正ころにある。

古 元広【もとひろ】 備前国 南北朝期（応安）

元重門。応安ころ。小互の目乱、沸づき砂流しかかる。「備州長船元広」。

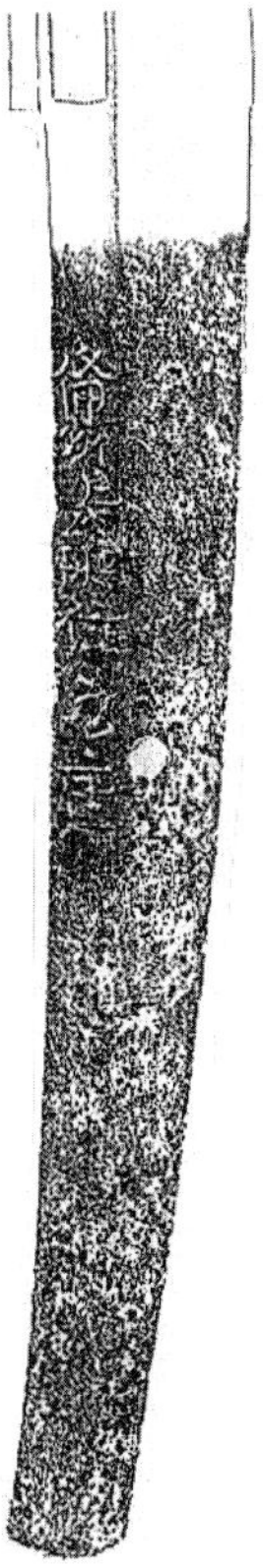

新々 元寛【もとひろ】 薩摩国 江戸末期（天保）

奥六郎。元平の長男。天保十三年末ころに没。互の目乱に尖り互の目交じり、沸よくつき匂深い。

新々 元光【もとみつ】 薩摩国 江戸末期（文政）

薩摩国奥派。二代元安の初銘という。文化十四年「初作之」と切銘した作があり、文政四年、同六年の年紀作がある。元安銘で安政三年紀に六十四歳と切ったものがあり、元安と元光が同人としたら、文化十四年の元光作は二十五歳時のものとなる。

新々 元安【もとやす】 初代 薩摩国 江戸末期（享和）

奥次右衛門。元直の三男で、大和守元平の弟。作風は元平に似る。天明から文政までの年紀作がある。

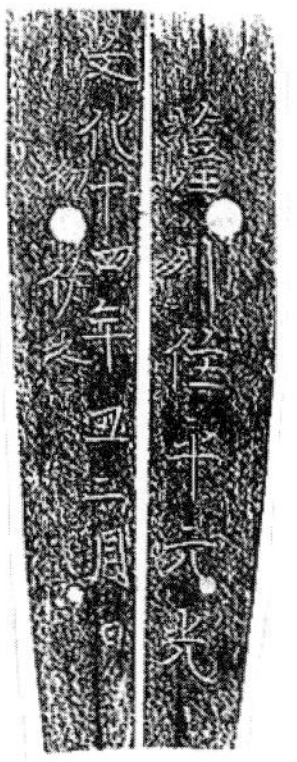

（『図版刀銘総覧』）

新々 元安【もとやす】 二代 薩摩国 江戸末期（文政）

次右衛門元安の子。初銘元光。文政六年紀に元光行年三十一歳の作があるので、寛政五年生まれ。のち元安を襲名。老後入道して寿安と号す。七十一歳の作がある。「薩陽士奥平元光」「奥寿安入道平元安七十一歳作」などと切る。

新 本信【もとのぶ】 武蔵国 江戸中期（正徳）

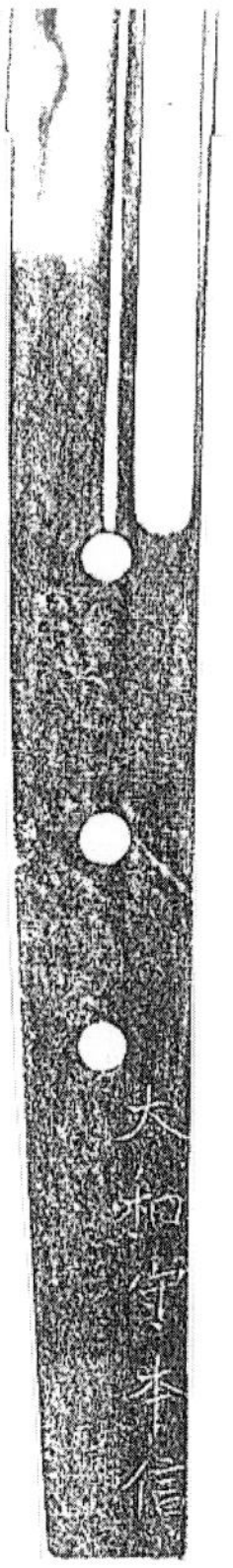

小林藤助。小林国輝門。大坂からのち江戸神田へ移住する。腰の開いた互の目乱。大和守を受領し「大和守本信」と銘す。

新 **本行**【もとゆき】 河内守 初代 肥前国 江戸中期（元禄）

遠祖・紀新太夫行平の末裔といい、先祖・統景は藍沢氏、本行の代は相沢氏に改め、高田姓を名乗る。初銘行春。また行平。豊後高田から延宝年中に唐津へ移り、のちに江戸麻布に住す。本阿弥家より「本」の一字を授かり本行と改める。相州綱広の門に入り、相州伝を学び唐津へ帰る。延宝五年六月十七日、河内大掾を受領、のち河内守に転ず。晩年は豊後太郎と称し、「本」字を〝こぼれ松葉〟また〝折れ松葉〟の形に切り、世に「松葉本行」と称される。享保十九年紀の刀に八十三歳作と切ったものがあり、長命。

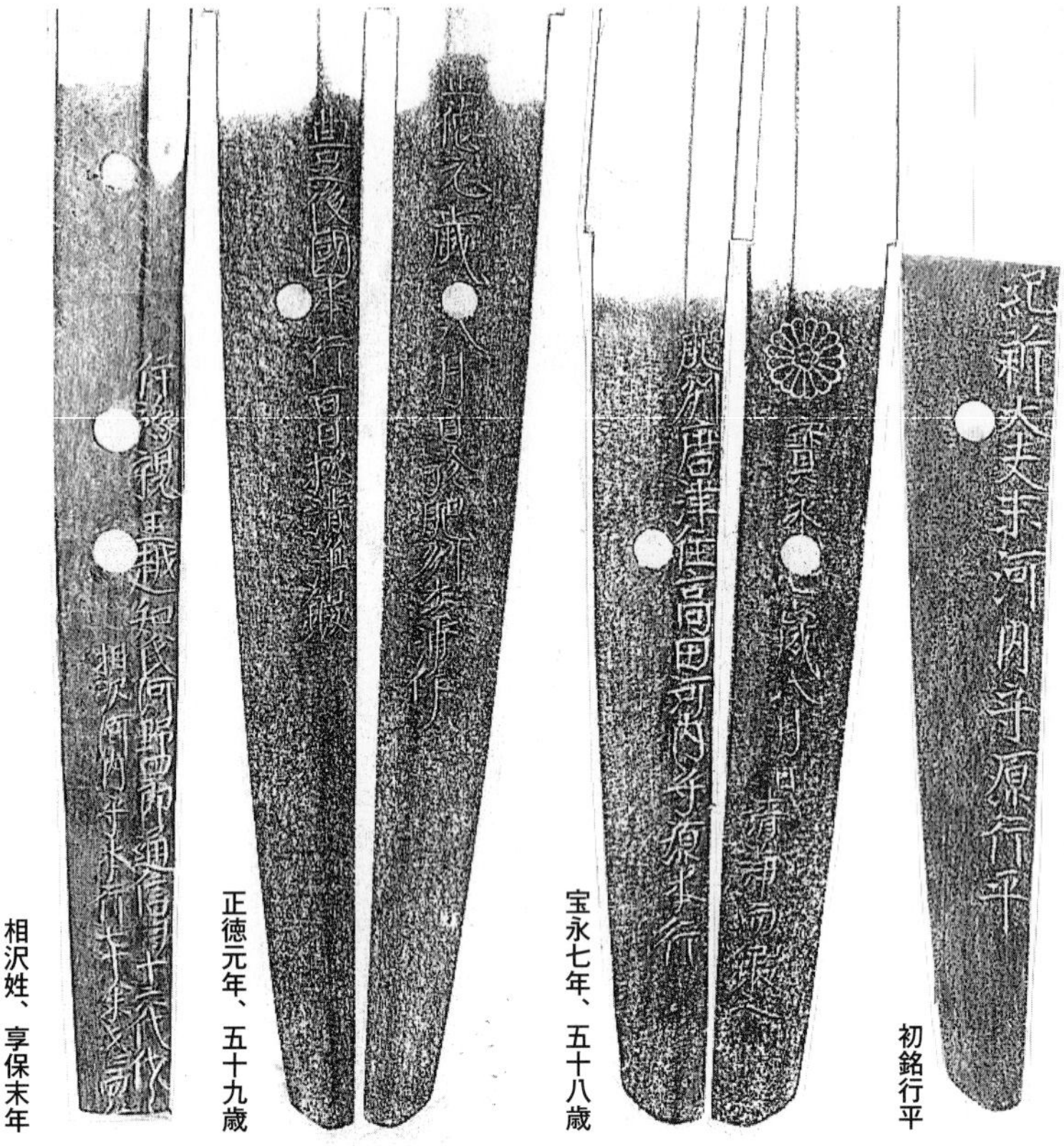

初銘行平　宝永七年、五十八歳　正徳元年、五十九歳　相沢姓、享保末年

新 **本行**【もとゆき】 河内守 二代 肥前国 江戸中期（寛保）

新五右衛門。初銘泰行。享保八年以後、本行を襲名し、河内守を受領する。

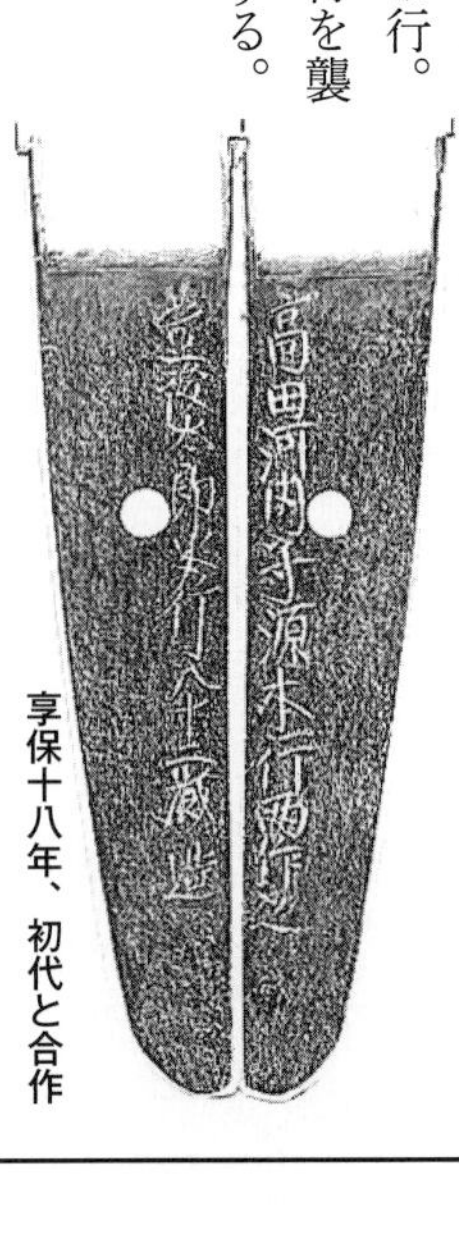

享保十八年、初代と合作

新々 **本行**【もとゆき】 河内守 三代 肥前国 江戸末期（明和）

高田新次。下総国古河に移る。明和八年、肥前守を受領。安永三年、四十四歳没。作刀は稀少。

新作 **基重**【もとしげ】 静岡 平成

小栗辰己。昭和二十八年生まれ。喜多貞弘門。彫刻は柳村仙寿門。昭和五十八年、作刀承認。同六十一年から新作名刀展出品。刀剣の部入選十五回、刀身彫の部入選九回、うち努力賞四回。直刃を焼く。「遠江国小栗基重彫同作」。鉄金具による刀装具（主に肥後拵用）の製作に当たる。

古 **基近**【もとちか】 備前国 鎌倉初期（承久）

古備前。鎌倉初期末から中期にかけて同銘が複数いることは銘の多様さで察せられる。小乱を主調にした作の図①を古備前とみて、華やかな丁

①古備前　②福岡一文字　③長船（至徳二年二月日）

子乱を焼く②が福岡一文字としても、福岡一文字になお別人がいるようである。長船住基近は鎌倉末期（嘉暦年）から③南北朝期（至徳年）にかけて同銘が作刀し、小銘を切る。

新作 基平【もとひら】 新潟 昭和

新保基治。昭和十六年生まれ。初銘義治、同五十一年、基平に改める。昭和三十七年、宮入行平に入門。作刀技術発表会入選。新作名刀展で毎日新聞社賞、優秀賞、努力賞などを受賞。平成二十五年、短刀の部で優秀賞受賞。「佐基平」。佐渡市梅津住。

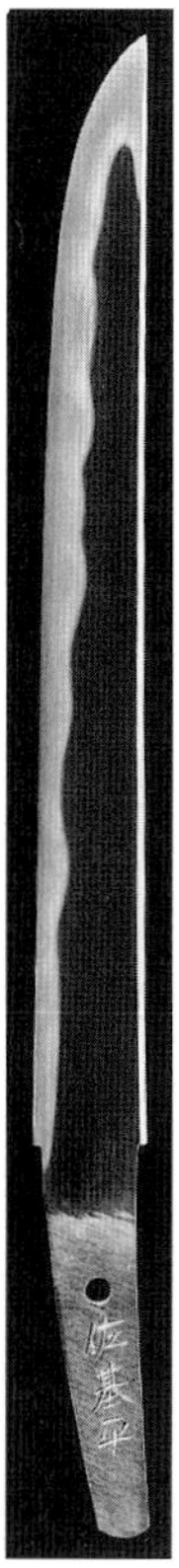

古 基正【もとまさ】 備前国 南北朝期（至徳）

初代貞治、二代は至徳から応永にかけて作刀し、互の目乱小沸よくつき、映り立つ。小銘に「備州長船基正」と銘す。

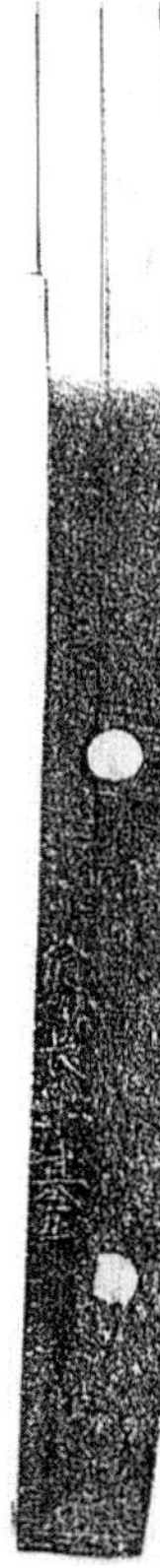

長船基正

古 基光【もとみつ】 備前国 南北朝期（文和）

左兵衛尉。兼光の子、また門。初代。康永二年から永和二年までの年紀作がある。太刀も短刀も身幅尋常なものと、幅広のものの両手の造りがある。刃文は匂出来で小沸つき、小湾れに互の目交じり、肩落ち風のややや角張った互の目などを焼く。「備州長船基光」「備前国長船住基光」「備前国長船住左兵衛尉基光」。

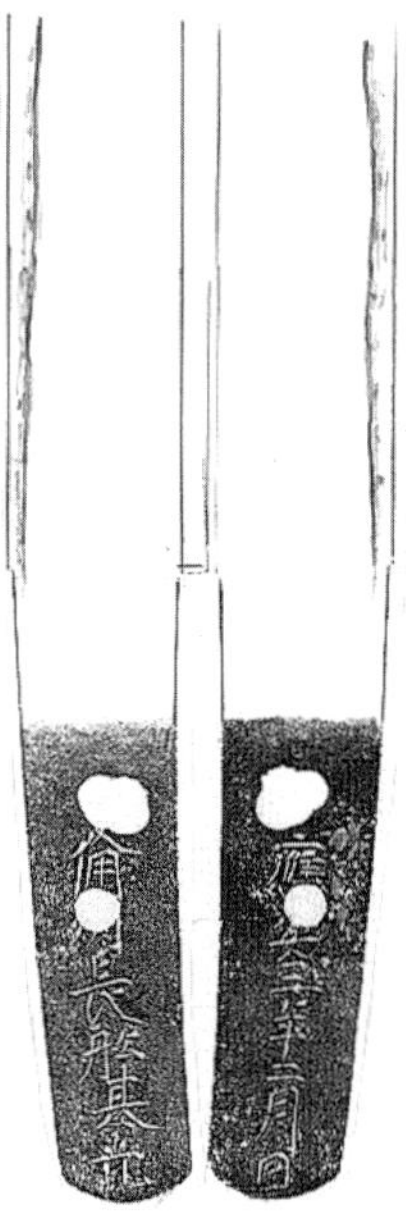

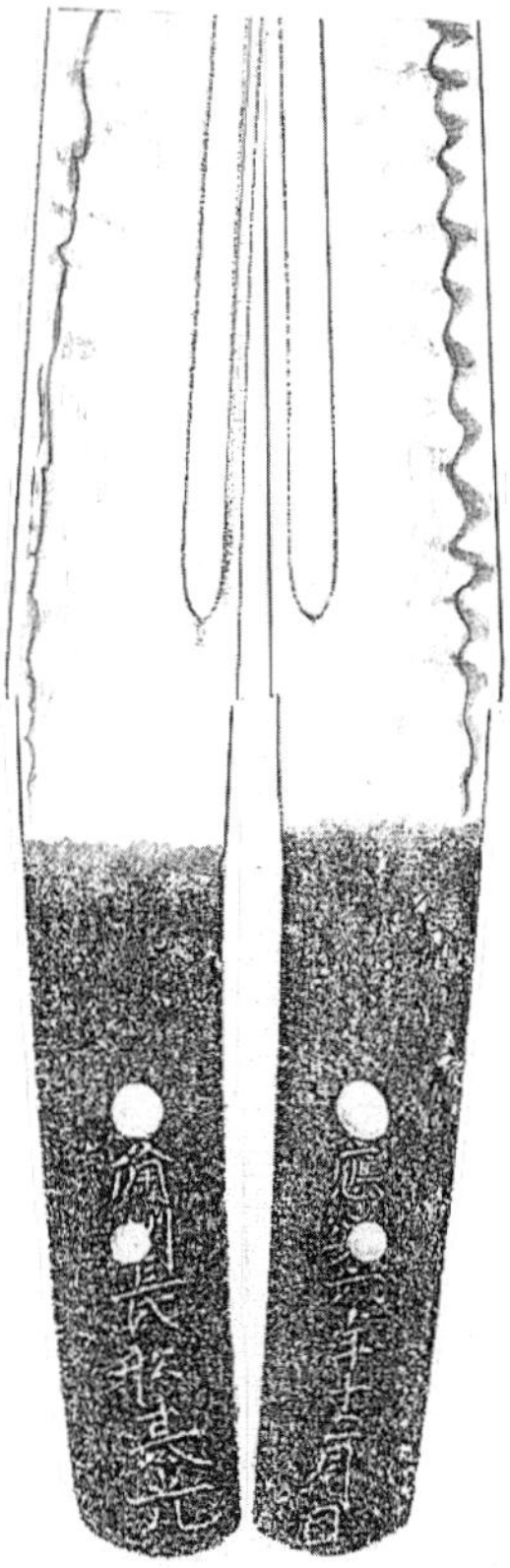

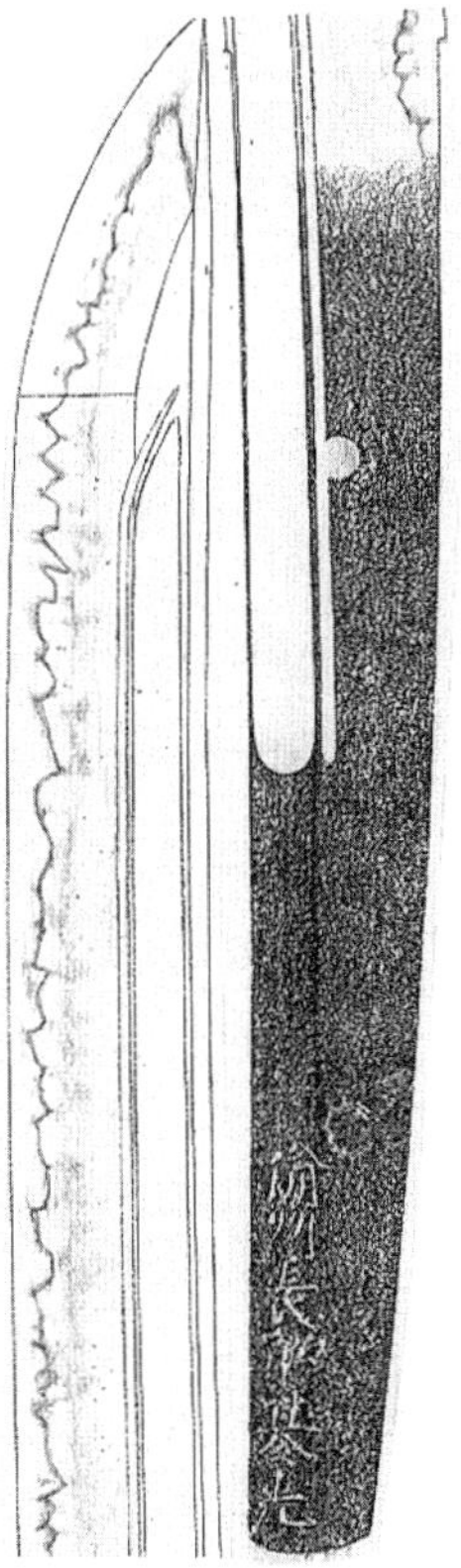

古 基光【もとみつ】 備前国 室町初期（応永）

基光の子。二代。銘鑑には応永三年紀の作がある。「備州長船基光」「備前国長船住基光」。同銘が永享、明応に継続する。

古 守家【もりいえ】初代 備前国 鎌倉中期（正元）

三郎兵衛尉。中務入道。福岡一文字守近孫、守家の子。畠田のち長船住。古伝書の諸系図は守家に二代があるとし、秘伝抄は三代があって、三代は遥か後の人で小銘に切るとも長銘に打つともいう。その三代に該当するのが「国長船守」「文保二年十六月」（『光山押形』）銘で、校正も「備前国長船住守家」「文保二年」の銘を掲げている。守家は三代に限らず、後代が連綿とし、「応安七年五月日」紀の太刀があるが、これは小反物のようで、守家との血縁が後続したかどうかは明らかではない。三代よりなお後の守家が作刀していたことが知れる。

初代守家は建長ころから正元ころにかけての人で、年紀があるのに「正元元年十二月廿九日守家造之」（『往昔抄』）銘があって古く、「正元二年」（校正）の年紀作があるという。初代は大銘に打ち、後作は小銘に切るといい、これによれば正元元年紀は大銘、文永九年紀は小銘であり、銘の字画も両者ともに変わっていることからみて、正元元年から文永九年の間が初・二代の境目となろう。太刀は腰反り踏張りがつき、中切先が延びごころ。鍛えは小板目で肌立ちごころに乱れ映り立つ。刃文は匂深く華やかな丁子乱に蛙子丁子が目立つ。古伝書には腰元に瓢簞刃を焼くといい、丁子が二つあて連れた風情をいっている。銘は「守家」と二字に大銘を切るほか、「守家造」「守家造之」「守家（花押）」「備前国長船住守近孫守家造（花押）」がある。（系図880頁参照）

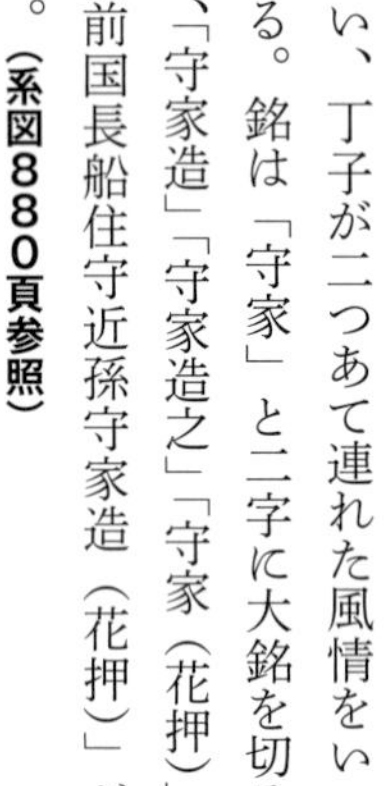

古 守家【もりいえ】二代　備前国　鎌倉中期（文永）

畠田守家の子。文永六年紀に福岡住とあり、同九年に長船住とあるので、この間に福岡から長船に移る。「備前國長船住守家造」とある文永九年紀からが二代作で（文永六年紀は未見）、弘安三年紀がある長銘守家までが、年紀をみるものの二代の作刀期となる。作風は初代に似て丁子乱に蛙子丁子交じりの華やかなものから、丁子に互の目主調となり、焼幅の高低差も少なく、初代ほどの大出来なものはなくなる。銘は小振りで「守家」「守家造」と切り、「備前國長船住守家造」などの長銘がある。「守」の第一画と最終画の点の打ち方を初代のそれと変えている。

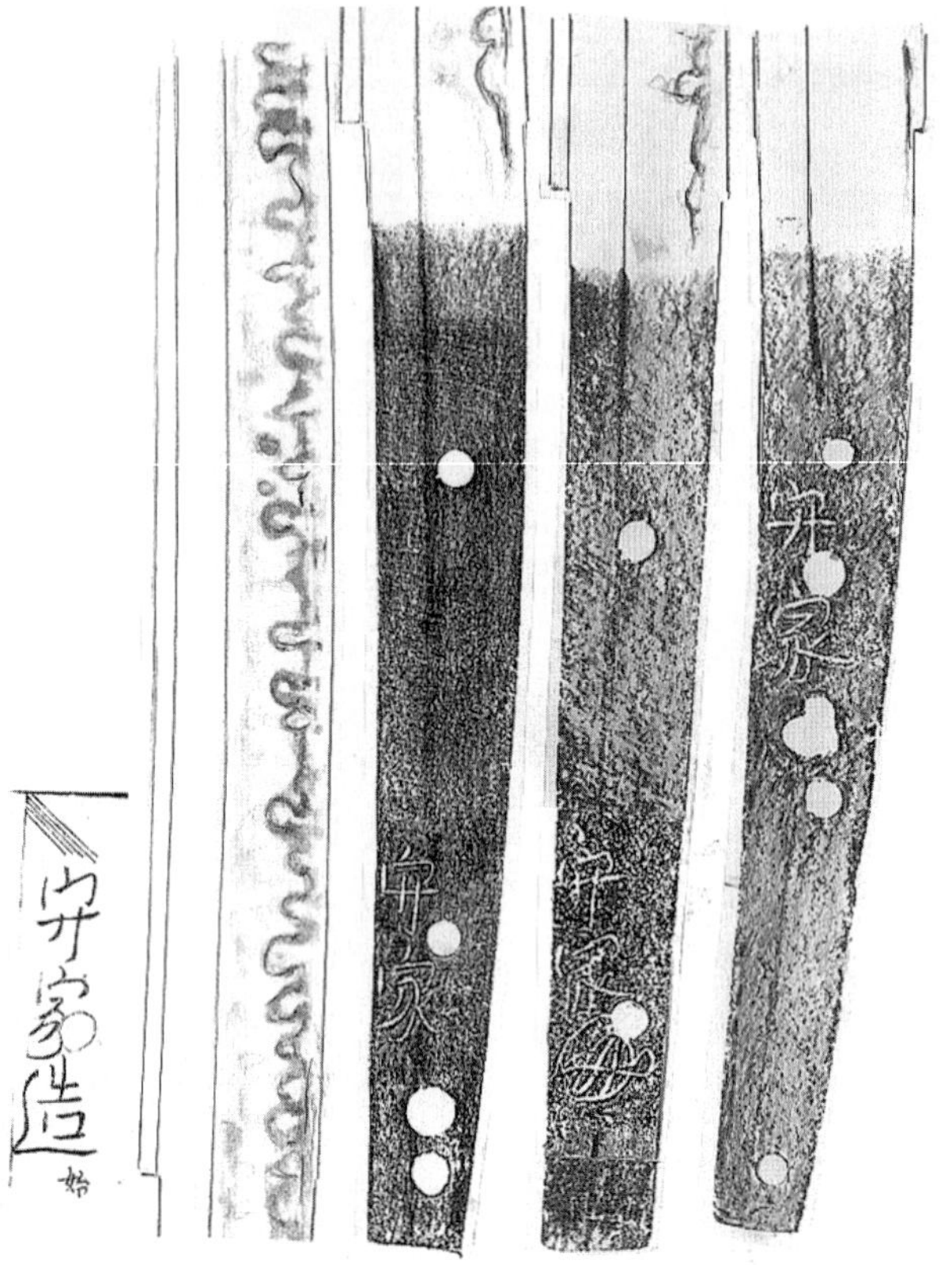
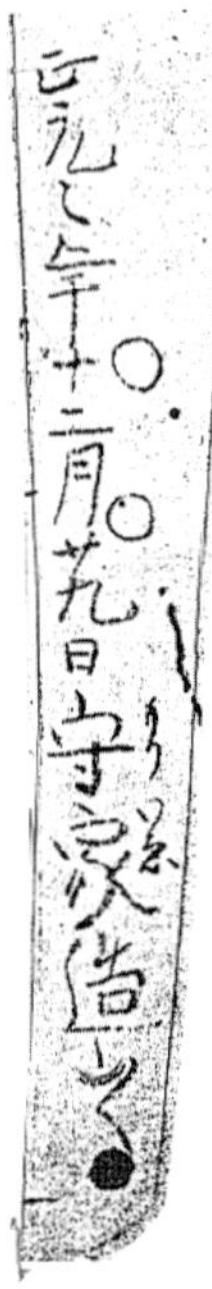
「始」は初代の意（『古刀銘尽大全』）

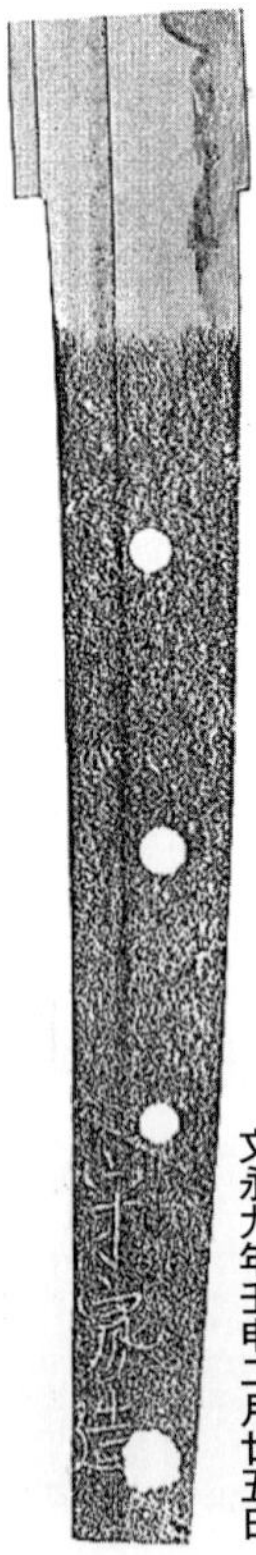
備前國長船住守家造
文永九年壬申二月廿五日

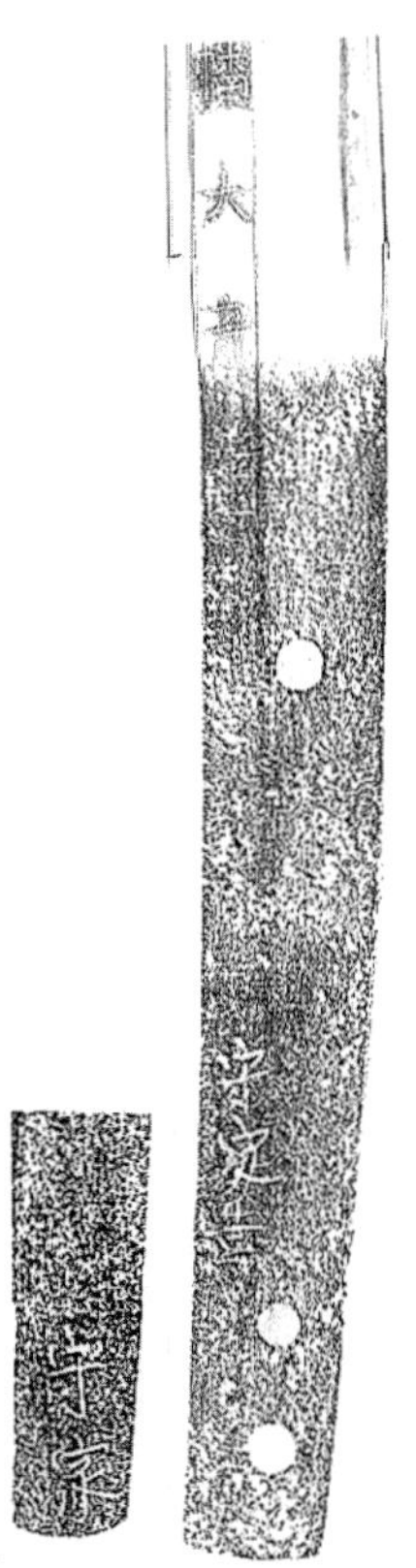

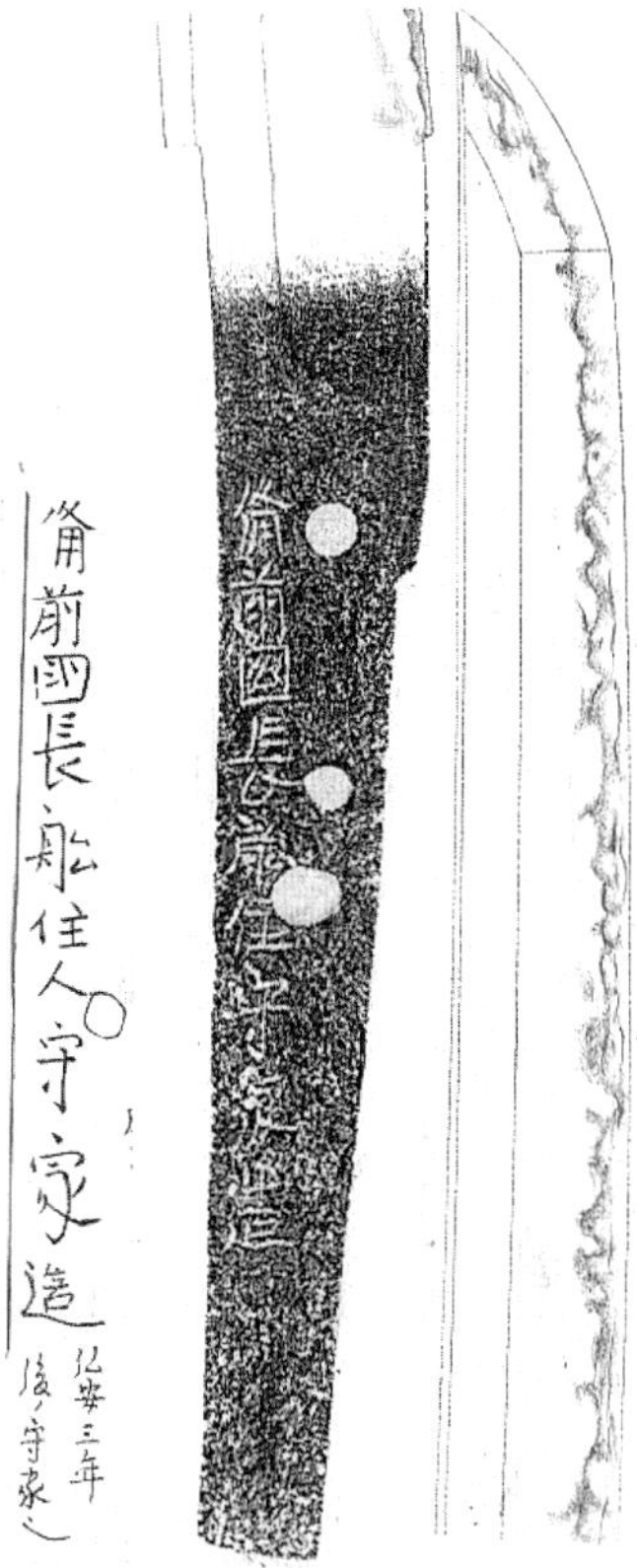

弘安三年（『古刀銘尽大全』）

古 **守家**【もりいえ】三代　備前国　鎌倉末期（文保）

守家二代作に弘安三年紀（光山、大全）の太刀があり、校正はその後の永仁から三代として、文保二年紀があるとする。『光山押形』に「国長船（守）」「文保二年六月」銘があり、守家の銘作としている。三代作は永仁から文保二年まで二十六年の間、この文保二年紀の銘作のほか、年紀作をみることなく、現存する作もみることがない。

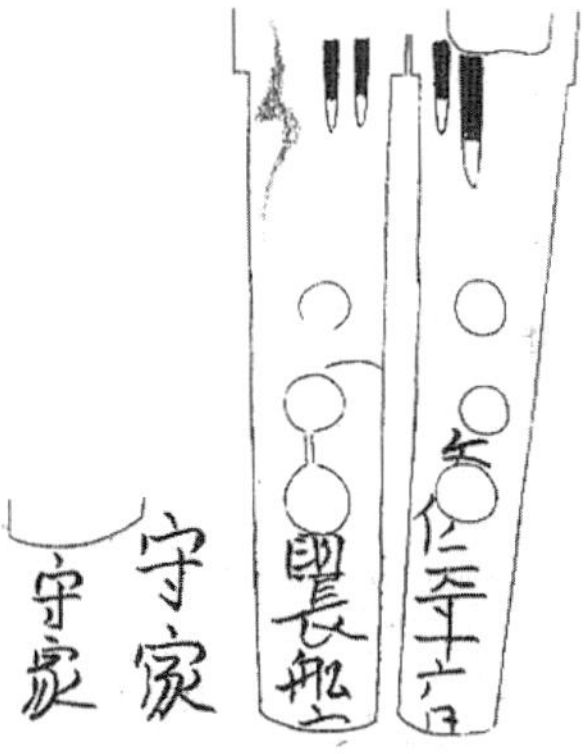

（『光山押形』）

古 **守家**【もりいえ】　備前国　南北朝期（応安）

守家後代で、延文・応安の年紀作がある。三代守家の作とされる文保二年紀のものから応安七年までは五十余年という期間があるので、三代から名跡を継いだ四代目とは考えられない。守家の銘作は応永から以降、天文ころまで続き、いずれも小銘を切り小反物のようで、いずれも小づんだ乱刃を焼いた地味な作調である。

古 **守勝**【もりかつ】　下野国　室町末期（天正）

得次郎。鍛え板目に柾流れ、杢交じる。小湾れに小互の目、小丁子交じり、小沸つく。「野州住守勝」「下野得次郎住守勝」「守勝作」。

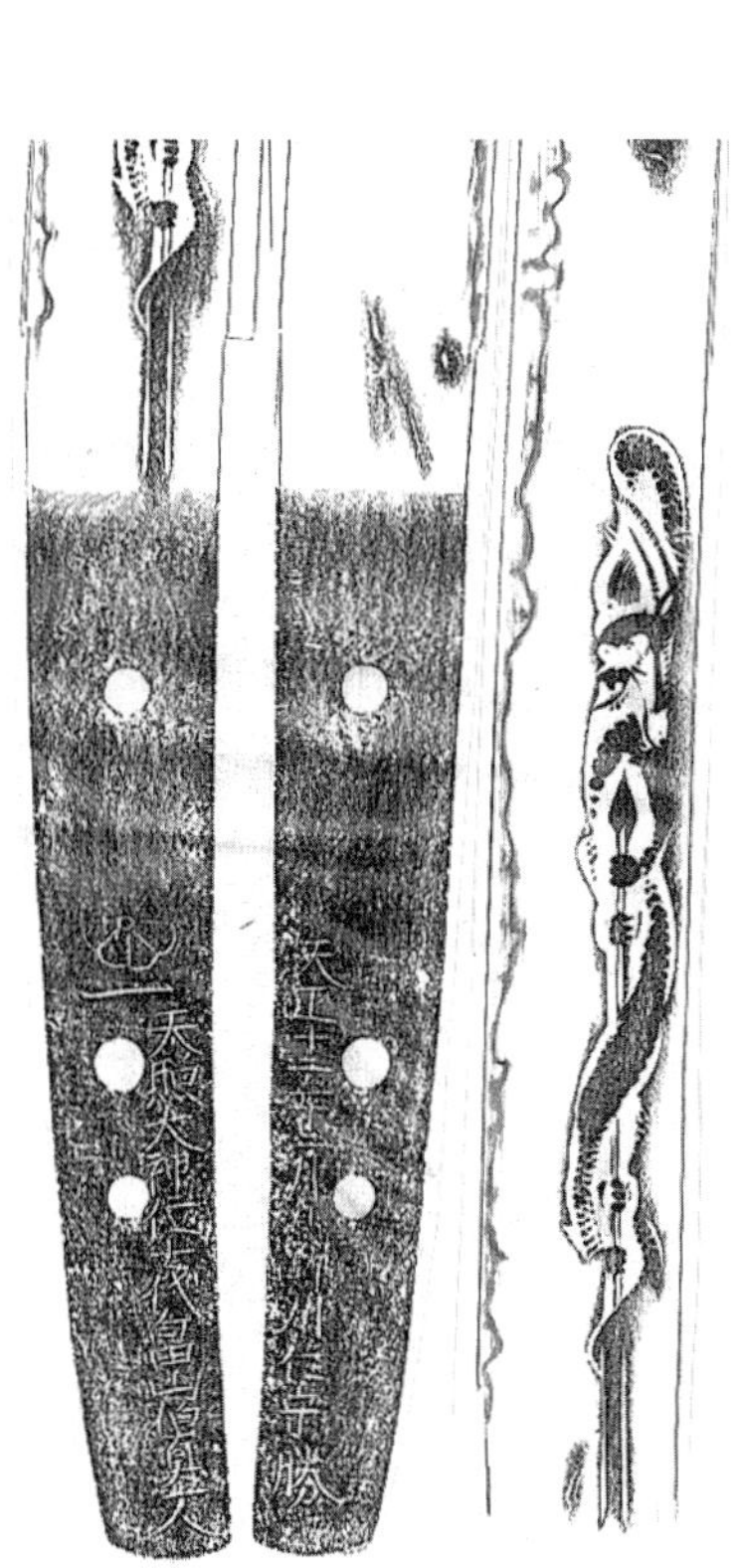

新々 **守勝**【もりかつ】　常陸国　江戸末期（文久）

細川守勝、芳尾守勝同人。常陸住。勝村徳勝一門。勝村正勝を主に徳勝門五人の合作がある。⇩長勝の項参照。

古 **守清【もりきよ】** 備前国 室町初期（応永）
畠田守清の系流で小反物か。応永ころ。「備州長船守清」。

古 **守国【もりくに】** 豊後国 室町末期（永正）
高田。永正ころ。のち天文ころにも同銘がある。「平守国」「豊後高田住守国」「豊府住守国」。

新 **守国【もりくに】** 摂津国 江戸中期（貞享）
本国大和。大坂にても造る。信濃守弘包門。「平安城藤原守国」「摂州住守国」と切る。

新作 **守国【もりくに】** 宮城 昭和
宮城寅之助。明治二十三年生まれ。「奥州白石住守国」「東奥於蔵王山麓作」などと切る。昭和四十年十月二十四日、七十六歳没。

新々 **守国【もりくに】** 豊後国 江戸末期（慶応）
日出富田鍛冶。永正・天文ころの平高田の末流という。慶応から明治初年までの作がある。「豊府住守国」などと切る。

古 **守貞【もりさだ】** 備中国 鎌倉初期（承久）
古青江。則高門。大隅権介。妹尾住。承久ころ。「守貞」。

古 **守貞【もりさだ】** 出雲国 室町末期（明応）
備前の安倍重吉の末流ともいう。明応ころ。「雲州住守貞」。同銘が永正、永禄と続く。

古 **守重【もりしげ】** 備前国 鎌倉末期（嘉元）
二代守家子。元重父という。初代。嘉元四年紀に太刀、正和五年紀に太刀と短刀が現存し、銘鑑には文保二年、元応二年の作がある。嘉元年紀の作は直刃に小互の目足入りで真長に、正和年紀の短刀は片落互の目を焼いて景光に似る。嘉元から正和へかけてのころは長船では真長が盛期を迎え、景光は前期のころで活動を開始しはじめたころである。「備州長船守重」「備前國長船住人守重」。

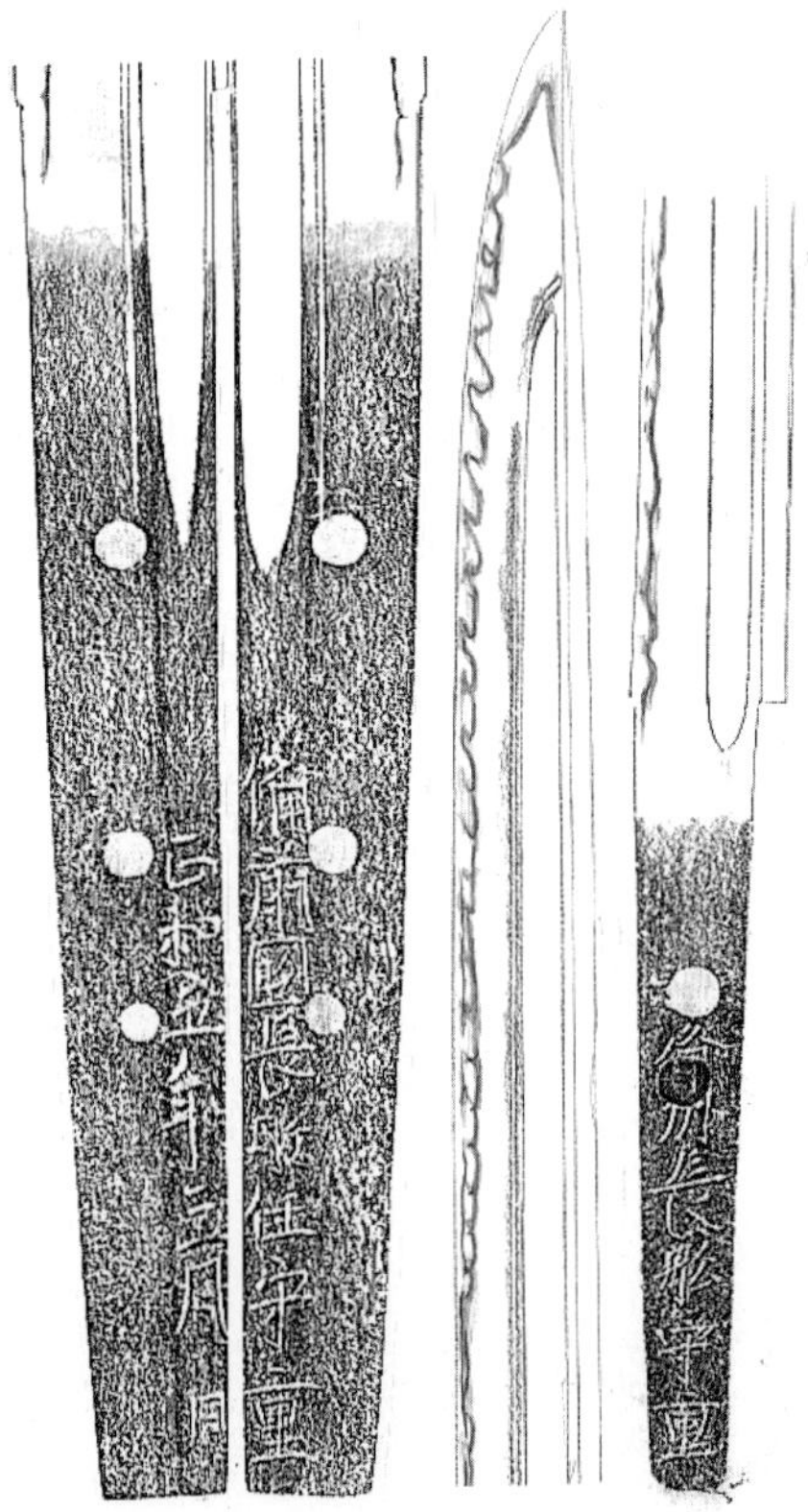

古 **守重【もりしげ】** 備前国 南北朝期（正慶）
二代。正慶から暦応にかけての年紀作がある。「備州長船住守重」。三代応安から以降、応永、嘉吉、応仁と名跡が続く。

古 **守重【もりしげ】** 越前国 南北朝期（正慶）
千代鶴。正慶ころ。同銘が康応、応永、永享、康正と続く。「越州住守重」。

古 **守重【もりしげ】** 豊後国 室町初期（永享）
高田。永享ころからのち、同銘が文明、永正、天文と続く。「豊州高田住守重作」。

古 **守重【もりしげ】** 上野国 室町末期（天文）
天文から天正にかけてのころの作がある。「上州住守重」。天正ころに守勝門の鍛冶がある。

新 **守重【もりしげ】** 尾張国 江戸初期（正保）

本国美濃。「尾州住守重」と切る。湾れに小互の目交じり、匂口沈む。

古 **守末**【もりすえ】　備前国　南北朝期（明徳）

小反り。明徳年紀の作があり、同銘が室町期に続く。「備州長船守末」。

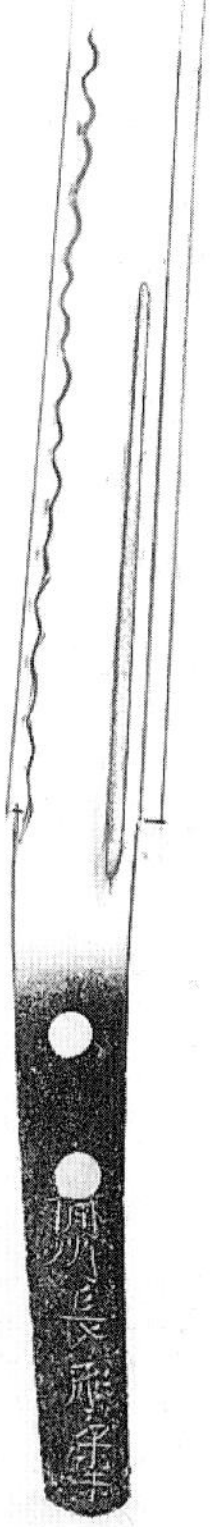

古 **守助**【もりすけ】　備前国　南北朝期（貞治）

畠田系。初代暦応。二代延文・貞治から応安ころまで作刀する。「備州長船守助」。同銘が三代永徳、四代応永、五代文安と続く。

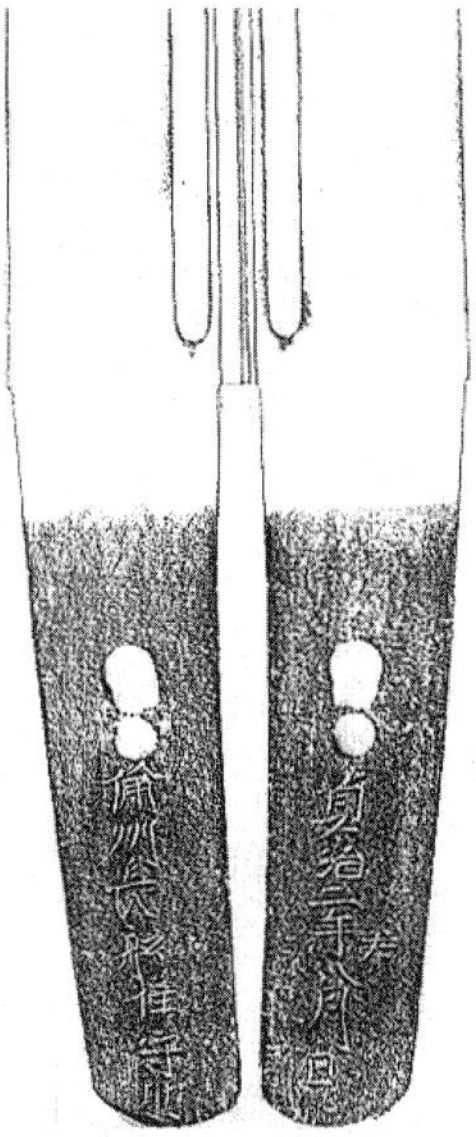

古 **守忠**【もりただ】　備前国　鎌倉末期（元徳）

長船。長光子という。鎌倉末期から南北朝初期にかけて作刀し、次代が延文ころにある。「備州長船住守忠」。

新 **守種**【もりたね】　加賀国　江戸初期（承応）

六蔵。天正ころの守種の末流。承応から寛文ころにかけ作刀する。「加州住藤原守種作」などと切る。

古 **守近**【もりちか】　備前国　鎌倉中期（建治）

畠田。守家弟。初代、建治ころ。「備州長船守近」「備前国長船住守近」。

古 **守次**【もりつぐ】　備中国　鎌倉初期（元暦）

二代応長、三代建武、四代応安から以降は室町期に続く。

古青江。祖安次の子。鎌倉初期から中期へかけての年代の鍛冶であろう。中直刃に小乱交じり、足・葉よく入り小沸つく。鍛え小板目が肌立ち、地沸つき地景が入り、澄肌が目立つ。太刀銘に鏨強く二字銘を切る。「守次」。

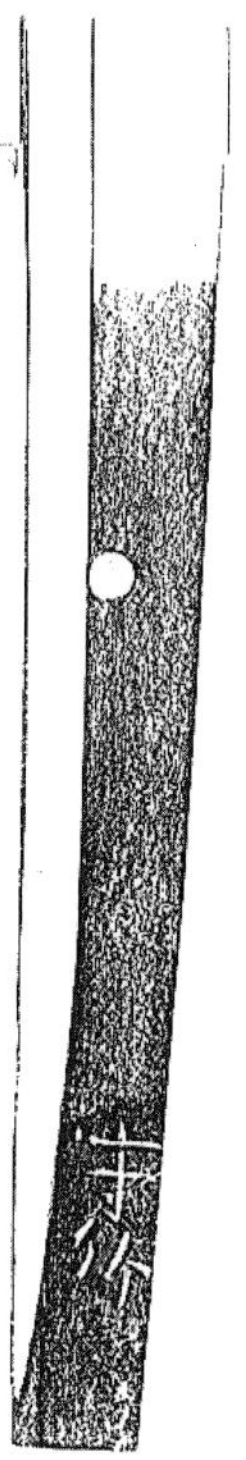

古 **守次**【もりつぐ】　備中国　鎌倉中期（文永）

古青江。鎌倉中期前から末期にかけての鍛冶であろう。銘は草書体に二字を大銘に切る。「守次」。

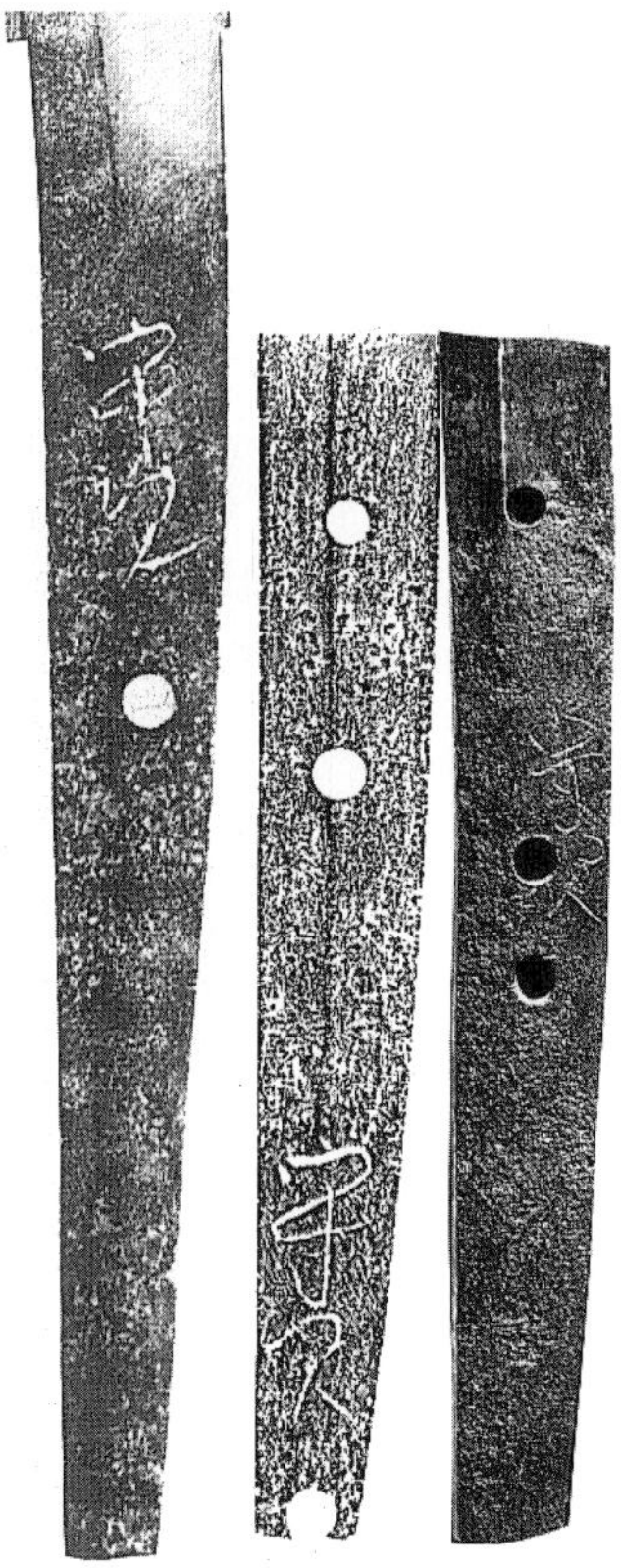

古 **守次**【もりつぐ】　備前国　鎌倉末期（元亨）

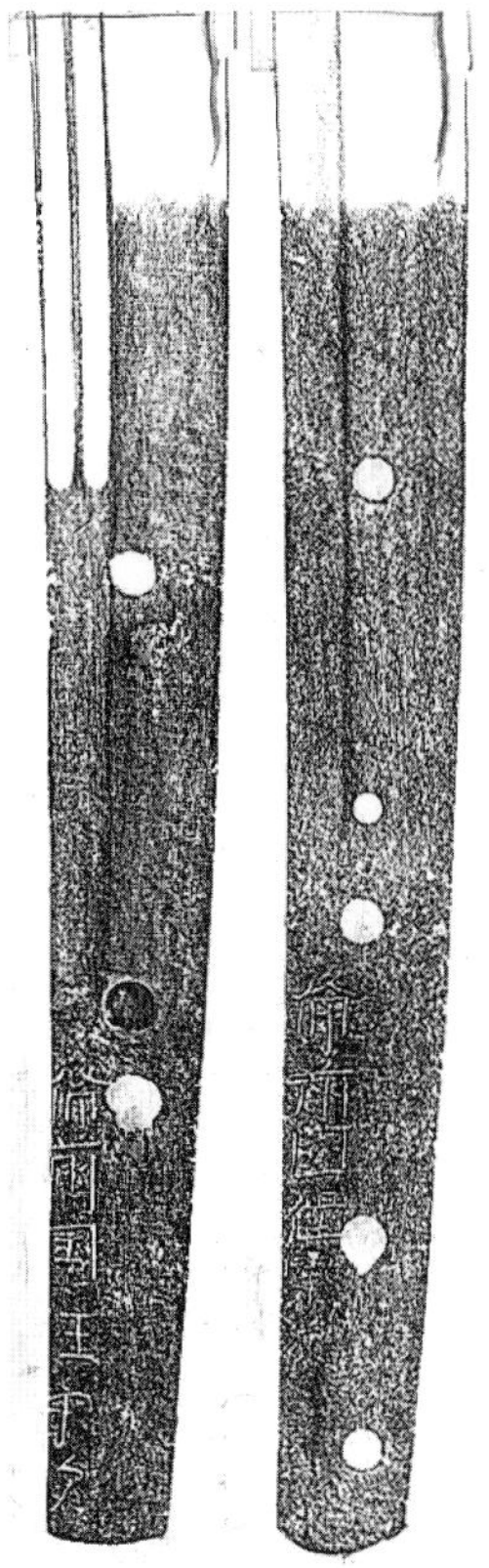

宇甘。初代雲次の正和・文保に近い年代と鑑じられ、銘鑑では元亨が古く、同銘が貞和、貞治と続く。初代雲生門であろう。「国」字の内を「玉」に切るのは雲次、雲重と同じくし、作風も似る。現存する太刀二例がある。「備前国住守次」。

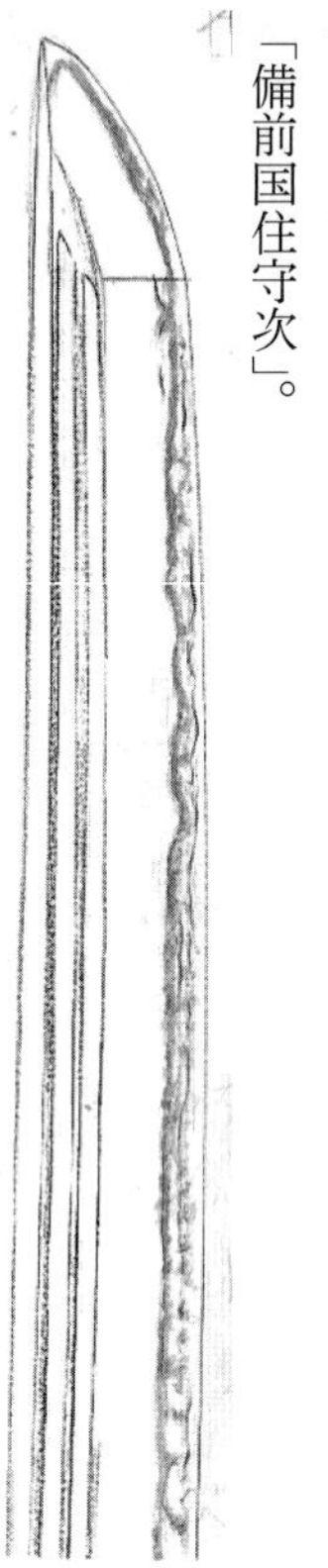

古 守次【もりつぐ】　備中国　南北朝期（貞和）

左衛門尉。貞和・文和の年紀作がある。青江を冠称して姓に用い切銘した最初であろう。直刃に小互の目、小丁子交じり、また逆丁子の華やかな作もある。「備中国青江守次」「備中州青江左衛門尉守次生年四十六」。

古 守次【もりつぐ】　備中国　南北朝期（延文）

延文年紀の作がある。平造寸延びの小脇指は身幅広く総体に反った、いわゆる延文・貞治ころに多い姿格好を示す。直刃と逆丁子を焼き、匂出来で匂口が締る。逆丁子乱は大模様で、この時代の備前物にはみられず、青江物に限る。黒味のある澄肌があって映り気がある。「備中国守次作」「備中国住守次作」。

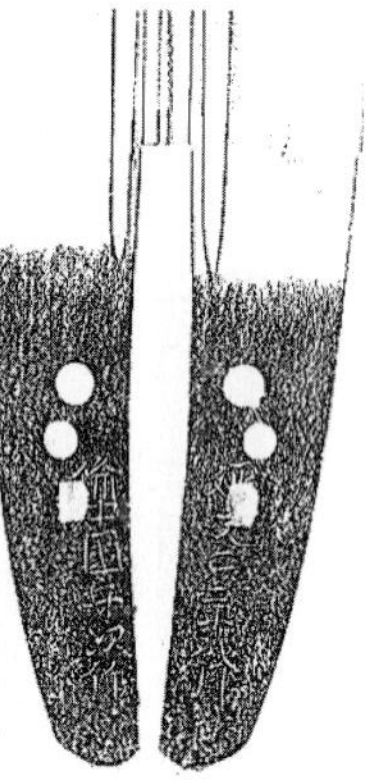

延文二年八月日

古 守次【もりつぐ】　肥前国　室町初期（応永）

平戸住。応永ころ。次代延徳ころに同銘がある。「平戸住守次」「肥前平戸住守次」。

新 守次【もりつぐ】　筑前国　江戸中期（延宝）

権三兵衛。半左兵衛。福岡石堂。父利平が寛永十五年、三十五歳で夭折したとき守次は幼若にて、従弟是次を兄として義兄弟の約を結ぶ。福岡一文字則宗十七代の末裔と称す。黒田藩工。是次の嫡子が早世したため嗣子がなく、その跡を継ぐ。元禄十四年五月六日、六十九歳没。初代守次は是次と共に福岡石堂を代表する上手で、備前伝の丁子乱を得意とする。丁子乱が逆ごころを帯びるのが見どころで、独特の袋丁子乱は〝烏《い》

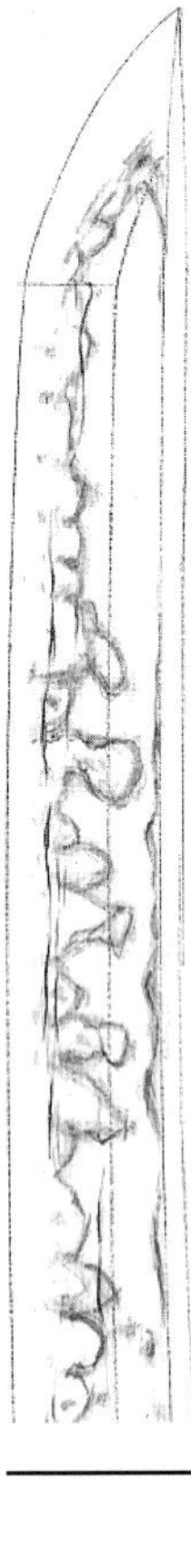

〝烏賊《いか》の頭〟の刃文

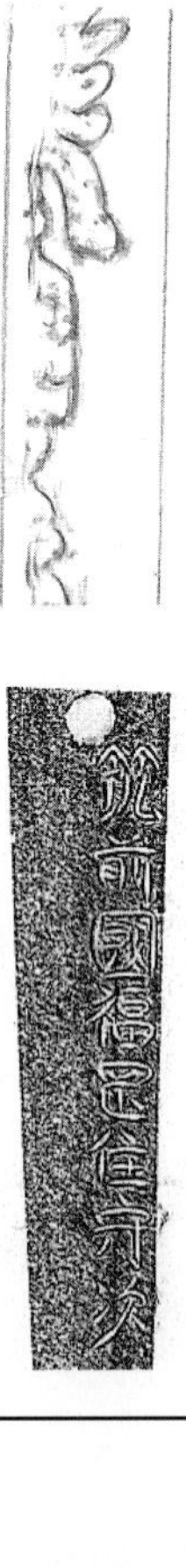

も

もりつぐ

賊《か》の頭〟と俗称され、福岡石堂に共通してみられる。鍛に柾気がある。◆二代守次は初代守次の嫡男守昌。⇩守昌の項参照。

古 **守恒**【もりつね】 備中国 鎌倉中期（建長）

古青江。建長ころ。「守恒」。

古 **守利**【もりとし】 備中国 鎌倉初期（元仁）

古青江。直刃調に小互の目、小丁子交じり、逆足入り、小沸つき、沸映り立つ。「守利」。同銘が南北朝期初め建武のころにあり、作刀する。

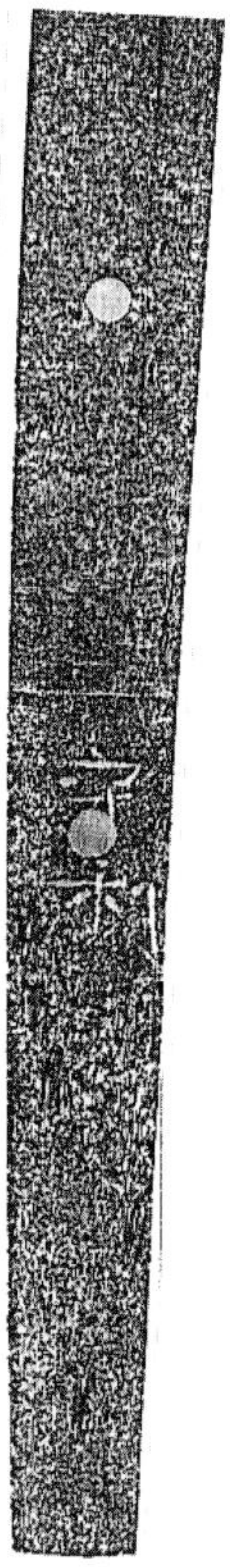

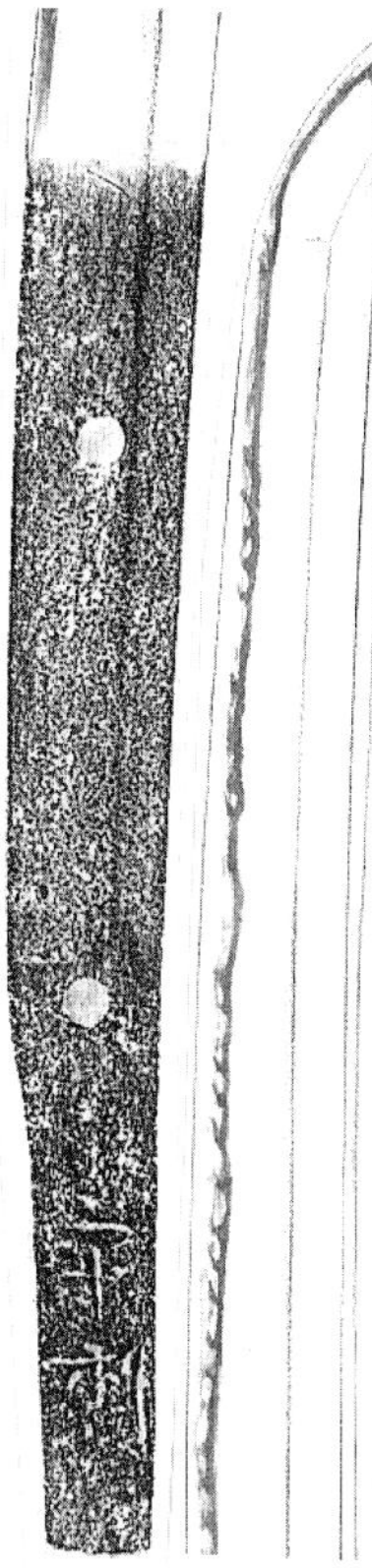

古 **守利**【もりとし】 石見国 南北朝期（貞治）

出羽住。貞治ころ。次代応永ころに直綱子の守利がいる。「石州出羽住守利」「守利」。

新々 **守利**【もりとし】 筑前国 江戸末期（嘉永）

清作惣兵衛。清作守次の嫡子。福岡石堂の末。安政三年十一月二日、四十二歳没。

新 **守俊**【もりとし】 肥前国 桃山期（寛永）

守秀、守安の一門。守秀門ともいう。「肥前国住人源守俊」などと切る。

古 **守友**【もりとも】 備前国 鎌倉中期（貞永）

福岡一文字。貞永ころ。「守友」「守友造」。同銘が室町初期の応永ころにある。

古 **守永**【もりなが】 備前国 南北朝期（応安）

長船。応安六年紀の作がある。「備州長船守永」。

古 **守長**【もりなが】 備前国 鎌倉末期（正中）

長船。畠田守家の門流。正中ころ。「守長」「備前国長船住守長作」。

古 **守長**【もりなが】 備前国 南北朝期（正平）

長船。守重子。正平から永和にかけての年紀作がある。「備州長船住守長」「備前国長船住守長」。

古 **守久**【もりひさ】 備前国 南北朝期（貞治）

小反り。貞治から至徳ころにかけての鍛冶。次代は応永年紀を切る。「備州長船守久」「備前国長船住守久」。

新 **守久**【もりひさ】 石堂秦 武蔵国 江戸初期（慶安）

秦八左衛門。江戸石堂。本国美濃。江戸へ移り慶安ころから作刀する。武州豊嶋郡江戸住。延宝四年に入道し東連に改め「武州住石堂秦東連」などと切銘する。慶安元年から承応三年までの年紀作がある。匂出来の丁子乱に互の目交じり、互の目の先が尖る。⇩東連の項参照。◆二代

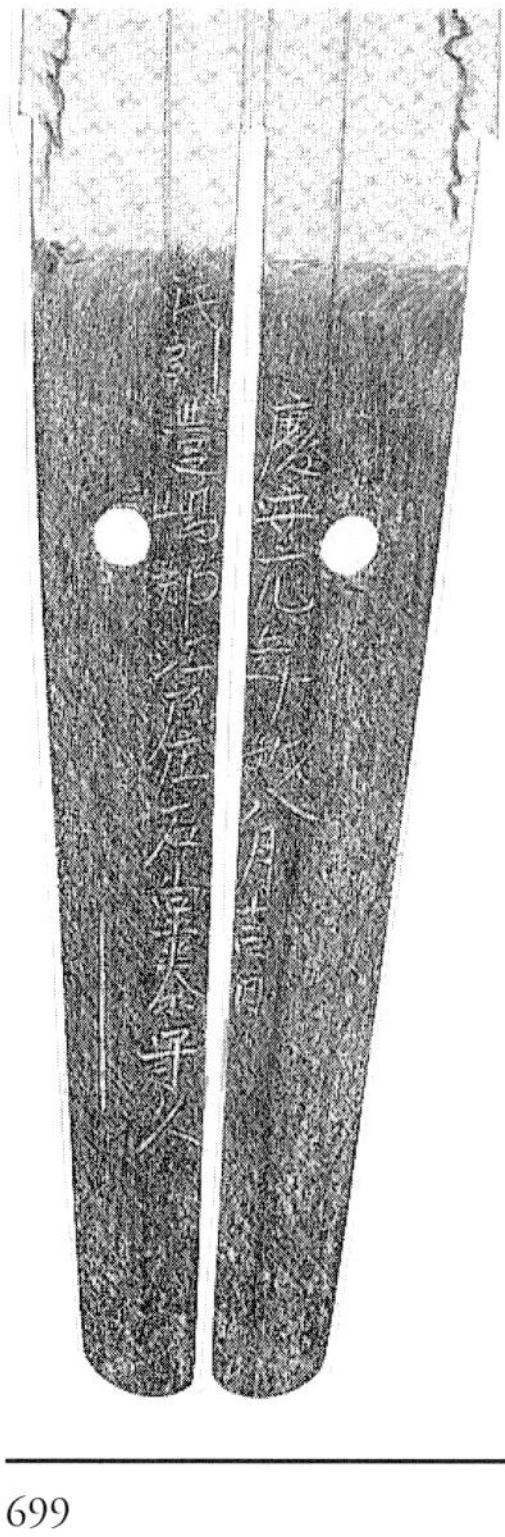

守久（元禄）、「武州住秦守久」と切る。

古 **守秀【もりひで】** 備前国　鎌倉中期（弘安）
福岡一文字。守利子。「守秀」。守秀は同銘が南北朝期（貞和ころ）に和気重助の子が、室町期（応永、明応ころ）に長船派がいる。

新 **守秀【もりひで】初代** 肥前国　桃山期（寛永）
市太、守安、盛秀同人。草原、平戸、神崎にて作刀する。「肥前平戸住源守秀」「肥前国神崎住源守秀」などと切る。

新 **守秀【もりひで】二代** 肥前国　江戸中期（寛文）
市太、盛秀、守安。「肥前国住市太郎源守秀」などと切る。

新々 **守秀【もりひで】** 美作国　江戸末期（文化）
美作のほか江戸でも造る。亀崎万年と号す。「津山臣源守秀（刻印）」などと切銘する。

新 **守広【もりひろ】** 伯耆国　桃山期（寛永）
道祖尾七郎左衛門。寛永八年紀がある守広は広賀の前銘であろう。承応三年紀がある（『日本刀銘鑑』）という七郎左衛門広賀は寛永八年紀の守広と同人で初代。⇩広賀の項参照。

古 **守弘【もりひろ】** 備前国　南北朝期（明徳）
小反り。初代明徳、二代応永、三代嘉吉と続く。「備州長船守弘」。

古 **守弘【もりひろ】** 越前国　南北朝期（文和）
加茂二郎。来国安の子。千代鶴初代。文和三年紀の作があるという。「守弘」。二代は至徳ころ。応永元年紀の「越州住千代鶴作」は二代作であろう。

（『古刀銘尽大全』）

古 **守弘【もりひろ】** 越前国　室町初期（応永）
千代鶴。越前府中住。応永三十年代から嘉吉年紀にかけてが三代作であろう。「守弘」「越前國府中住守弘作」。

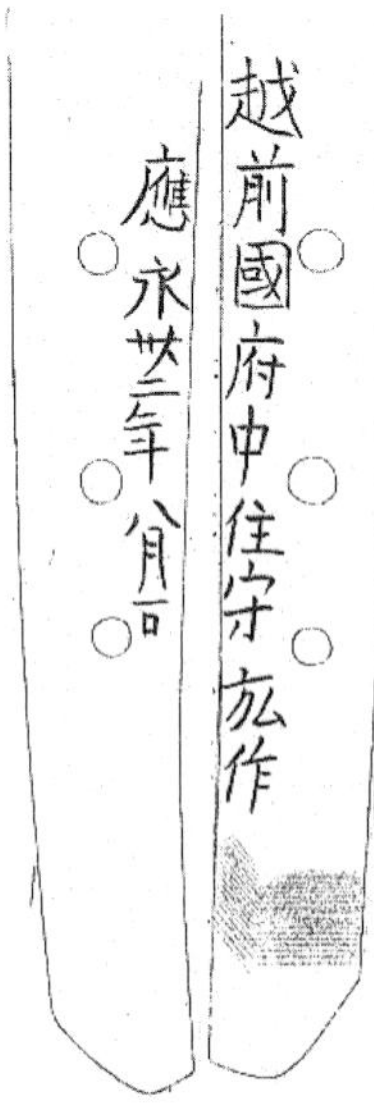

古 **守弘【もりひろ】** 越前国　室町中期（文安）
千代鶴。藤左衛門。四代。平造小脇指は板目に柾が流れて地沸つき、湾れに大互の目、湯走り飛焼かかる。嘉吉・文安の年紀作がある。「守弘」「藤左衛門尉守弘」。

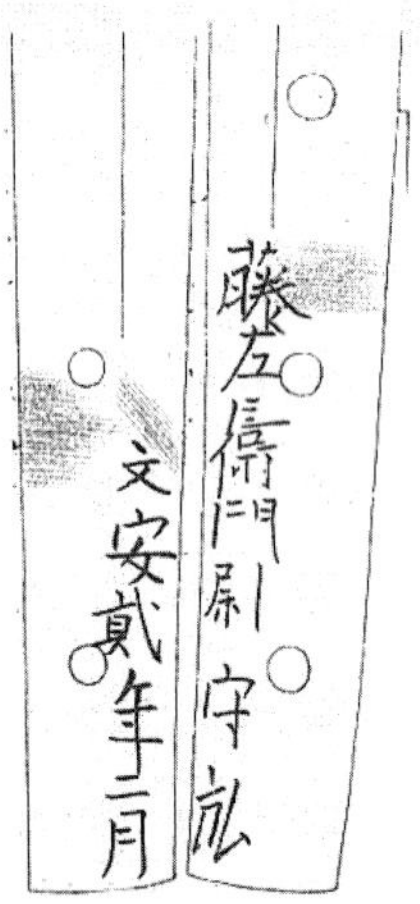

新々 守房【もりふさ】 下野国　江戸末期（文化）

黒羽城下に於て鍛えると切り、文化八年紀の作がある。

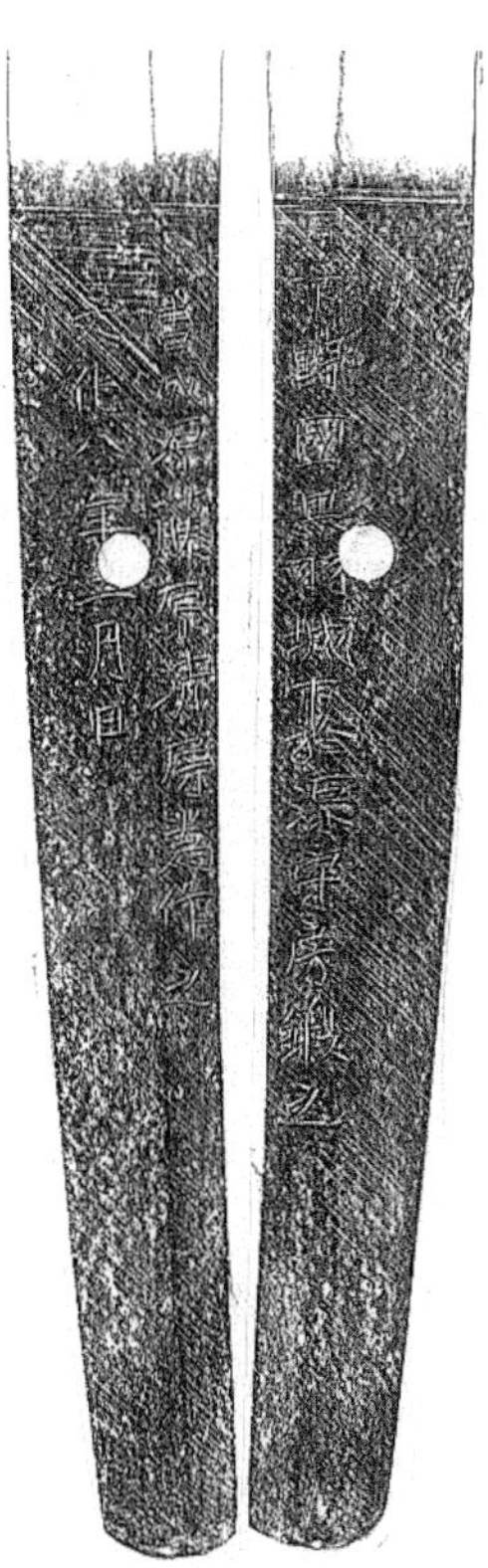

新 守正【もりまさ】 千手院　武蔵国　江戸中期（延宝）

美濃千手院の末流。本国甲斐。虎徹興正の門という。「武州於忍岡千手院源守正作之」の銘作があり、虎徹と同所の東叡山忍岡辺住。守正作に延宝元年十一月の金象嵌銘があるものがあり、盛国には寛文三年から十年までのものがあることから盛国と守正の年代は近接し、わずかに守正が降る。『新刀一覧』は盛国と守正の両銘の作（合作）があるという。盛国・守正同人説があって、両銘が酷似するところから一概には否定し難いが、年代的にみては守正は盛国の子であろう。盛国・守正は和泉守兼重、また虎徹と有縁の親しい間柄である。守正には甲斐八幡山での作刀がある。

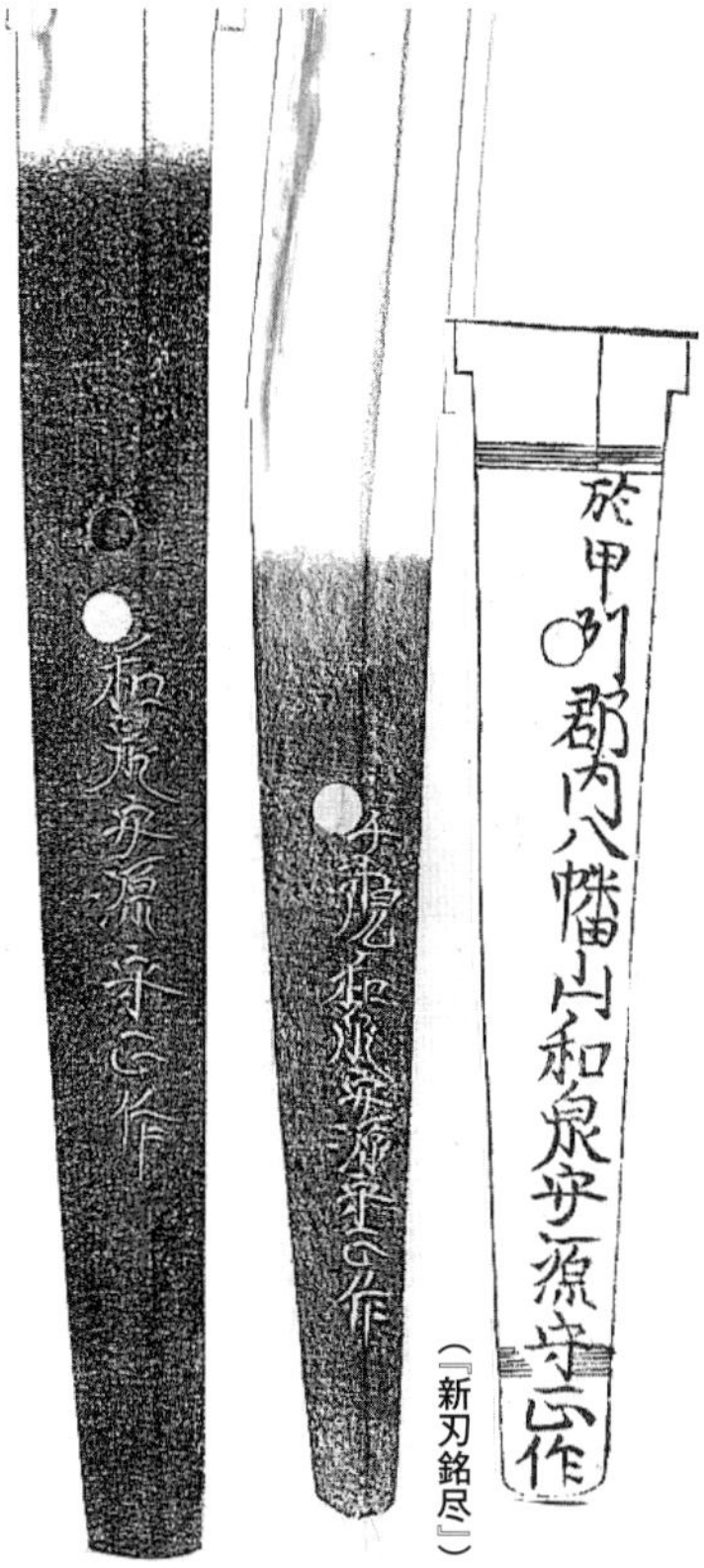

（『新刃銘尽』）

⇩盛国の項参照。

新 守正【もりまさ】 千手院　武蔵国　江戸中期（元禄）

二代守正。鉄正。「和泉守源守正」と銘す。

新 守昌【もりまさ】 筑前国　江戸中期（享保）

福岡石堂守次の嫡男。三兵衛、権三兵衛。守昌、のち二代目守次を継ぎ藤原守次と切る。享保十八年三月十日、七十二歳没。作刀は稀少。「筑前国福岡住守昌」「筑前住藤原守次」などと切銘する

古 守政【もりまさ】 備前国　南北朝期（貞治）

小反り。貞治四年紀の作がある。直刃に小互の目足入り。「備州長船守政」。

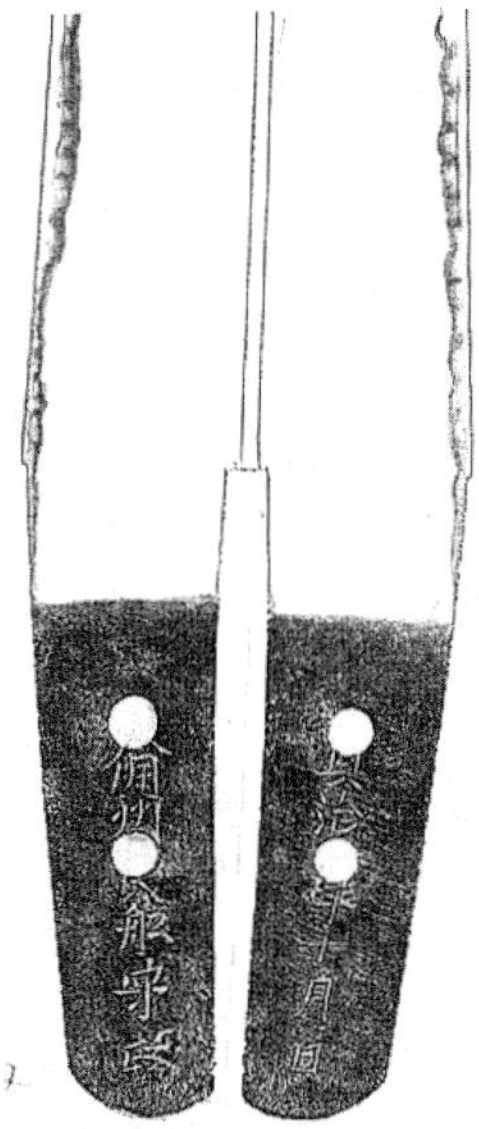

古 守政【もりまさ】 備前国　室町初期（応永）

小反り。銘鑑には建武があるというが、年紀作があるのは貞治、応永で、後代が室町末期ころにある。「備州長船守政」。

古 守光【もりみつ】 備前国　南北朝期（貞治）

小反り。安部重吉の子、また門ともいう。兼光風の互の目乱を焼き小づむ傾向がある。「守光」「備州長船守光」。同銘が応永、永享、寛正、明応と継続し、小銘を切る。

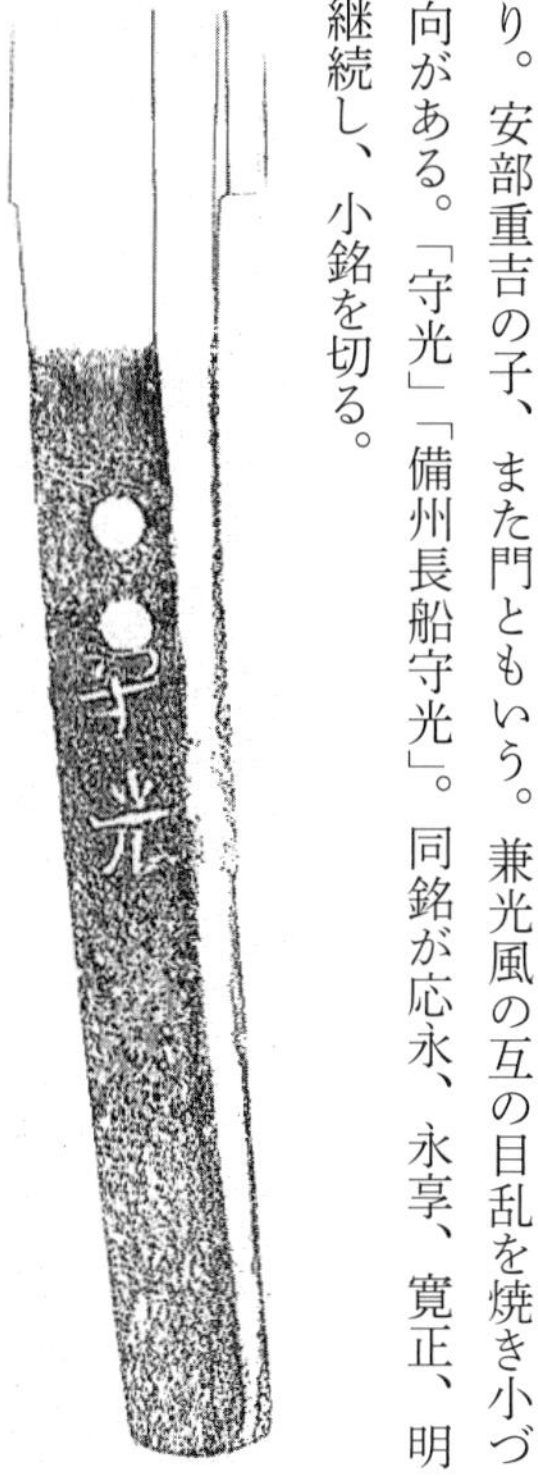

古 守元【もりもと】 備前国 南北朝期（貞治）
兼光門。貞治・応安ころの鍛冶。互の目が小模様で、片落互の目交じり。「備州長船守元」。同銘が永徳、応永、永享、寛正と続く。

古 守安【もりやす】 備前国 南北朝期（貞治）
光弘弟。初代貞治、二代応永ころ。「備州長船守安」。

新 守安【もりやす】 肥前国 桃山期（寛永）
市太、守秀、盛秀。平戸草原住。「肥前国住市太源守安」などと切る。
⇩守秀〈初代〉の項参照。

古 守行【もりゆき】 備前国 南北朝期（明徳）
小反り。南北朝末期から室町初期にかけての鍛冶で明徳、応永、永享の年紀作がある。

新 守行【もりゆき】**初代** 豊後国 江戸中期（寛文）
長左衛門。互の目乱、尖り互の目交じる。「豊州高田住藤原守行」などと切る。

新 守行【もりゆき】**二代** 豊後国 江戸中期（元禄）
助之允。「豊後高田住藤原守行」などと切る。

古 守能【もりよし】 豊前国 室町末期（永正）
筑紫了戒。永正ころ。「了戒守能」。

古 林祥【もりよし】 石見国 室町末期（天文）
長浜住（現・島根県浜田市長浜町）。天文ころ。「石州長浜住林祥」。

古 林喜【もりよし】 石見国 室町末期（天文）
長浜住。長浜天満宮の辺で鍛刀するという。「石州長浜住林喜」。

古 宴行【もりゆき】 備後国 室町末期（明応）
五阿弥。尾道住。明応ころ。「備州尾道住五阿弥宴行」。

新作 盛篤【もりあつ】 鹿児島 昭和
藤田篤。明治四十二年生まれ。金剛兵衛盛高門。東京陸軍行政本部主催軍刀展で優良賞受賞ほか、福岡、大阪、鹿児島などで作刀展出品。昭和四十九年没。薩摩郡宮之城町住。◆二代盛篤は昭和九年生。藤田新一。父篤に師事。「薩州住二代源盛篤（花押）三六才」などと切る。

古 盛家【もりいえ】 備前国 南北朝期（応安）
大宮。初代。貞治から至徳にかけて作刀する。備前大宮は現・岡山市東区浅川。「備州長船盛家」。

古 盛家【もりいえ】 備前国 室町初期（応永）
大宮。二代。応永三年紀から二十一年紀の作刀がある。「備州長船盛家」。同銘が三代嘉吉、四代文明、五代永正と後続する。

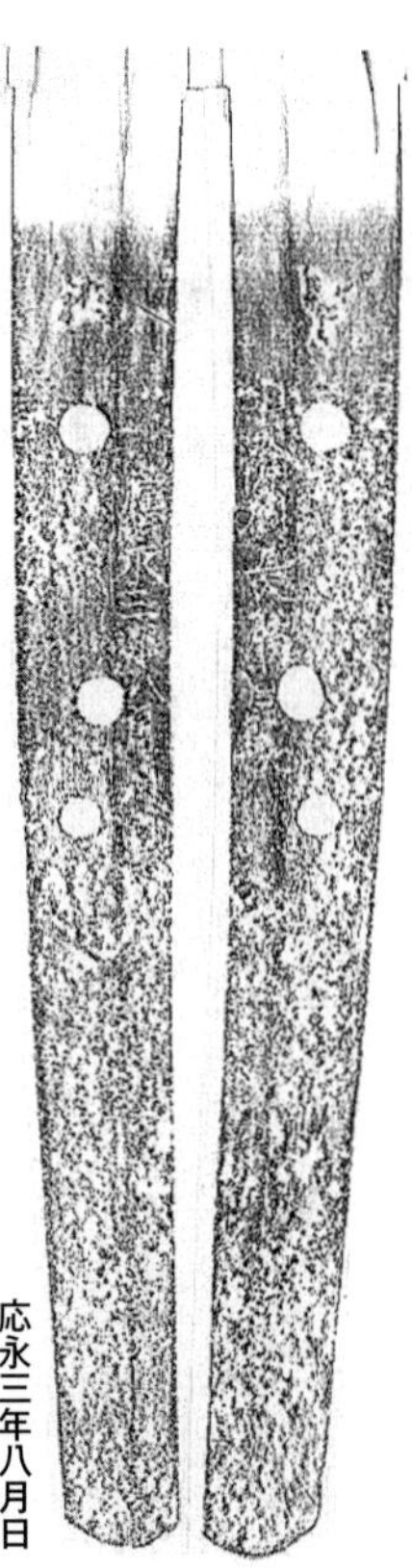
応永三年八月日

古 盛家【もりいえ】 豊後国 室町初期（正長）
平長守の子。大全の系図によれば五人兄弟の長兄。高田住（現・大分県豊後高田市高田）。「豊州高田住盛家」。同銘が嘉吉、文亀、永正と続き、なお新刀期に後続する。

古 盛家【もりいえ】 備後国 室町初期（永享）
法華一乗。葦田郡草戸住（現・広島県福山市草戸町）。応永から永享にかけての鍛冶。享禄ころに同銘がある。「一盛家」「一乗盛家」。

新 盛家【もりいえ】 豊後国 桃山期（寛永）
左馬丞。家貞の子。平高田。「豊後高田住藤原盛家」などと切る。◆二代は寛文ころ。「豊州高山住盛家作」などと切る。

新作 盛家【もりいえ】 岡山 平成
青木豊。昭和二十三年生まれ。初銘豊久。同五十年、作刀承認。同五十九年から盛家に改める。隅谷正峯門。昭和五十一年、新作刀展に出品し努力賞。入選。長船町住。大互の目に丁子交じり。

古 盛景【もりかげ】 備前国 南北朝期（貞治）

大宮。盛助の子。初代。大宮派の祖国盛は鎌倉中期（文応ころ）に山城国猪熊大宮に住し、いつのころか一家をあげて備前長船に移住したと伝える。この派中では盛景の名が最もよく知られ、初代作に延文から永和までの年紀作がある。「盛景」と二字大銘に切る太刀は、直刃に小乱、小互の目交じりでよく沸え、貞治年の作より古調で年代が鎌倉末期ころまで遡るとみられ、初代の先代に当たる盛景であろう。銘鑑にみる正安ころのものに該当しよう。大宮物は総じて板目鍛えがざんぐりとして肌立ち、地沸がよくつき、刃文は大模様の互の目乱を焼き、映り気はあまりみられない。地刃が沸づくのは南北朝期の備前物では長義に次ぐもので、長船の刀工であって長船らしからざる風がある。「盛景」「備州長船住盛景」「備前国住長船盛景」。

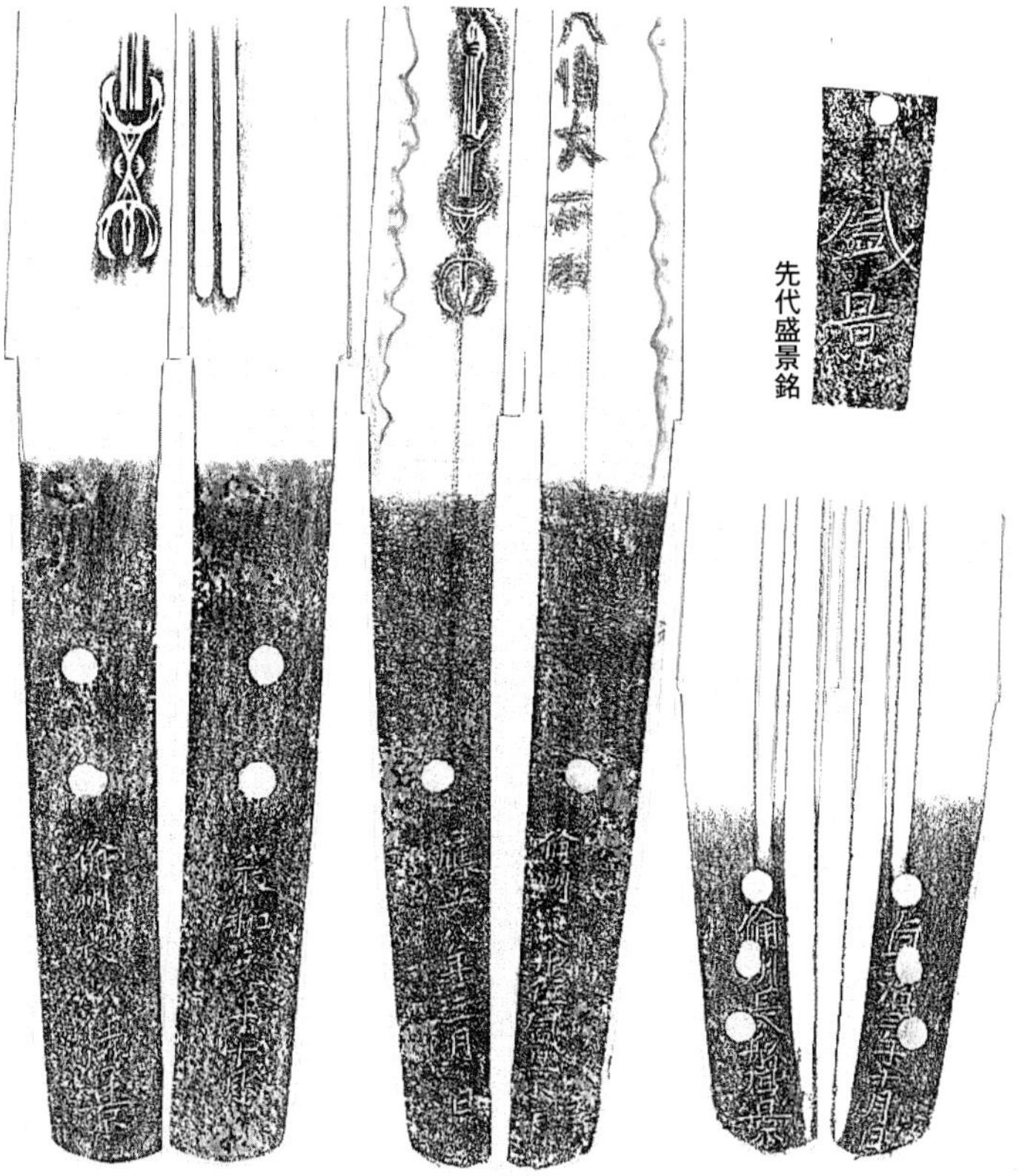

先代盛景銘

古 盛景【もりかげ】 備前国 南北朝期（至徳）（系図887頁参照）

大宮。二代。永徳から明徳にかけてのころの工であろう。「備州長船盛景」「備前国盛景」。三代は師光の子で応永。四代は永享に続く。

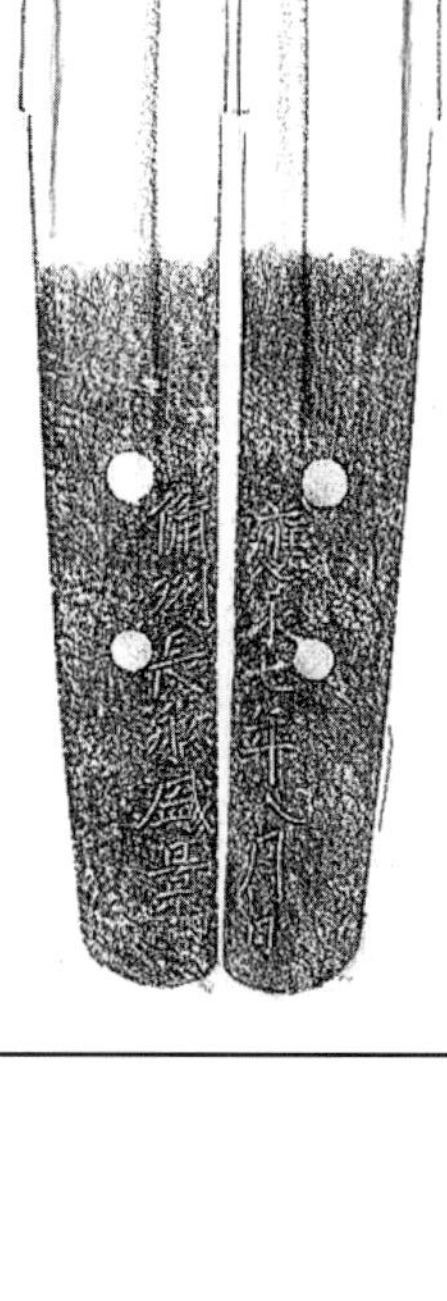

新々 盛一【もりかず】 周防国 江戸末期（慶応）

藤本盛一。潜龍子盛秀の子。父没後に盛秀を襲名する。軒龍子と号す。明治二年、十七歳彫同作の短刀がある。初代盛俊の門。明治三十四年、四十九歳没。

古 盛清【もりきよ】 筑前国 室町初期（応永）

金剛兵衛。校正は盛綱の子に南北朝期の貞治の工銘をあげているが、そこまで年代の遡るものは未見である。応永、明応ころの作例がある。「源盛清」。

古 盛国【もりくに】 筑前国 鎌倉中期（弘安）

金王。金剛兵衛派の祖と伝える。安芸入西の妹の子という。盛国の名跡は康暦から応永、永正、天文と続く。「盛国」「源盛国」。

新 盛国【もりくに】 千手院 武蔵国 江戸中期（寛文）

岡本姓。赤坂千手院の流れを汲むところから「和泉守千手院盛國作」などと切銘する。『新刃銘尽』などに和泉守兼重を千手院盛国の子としているが、盛国にみる年紀作は寛文年間のものばかりで寛永二年紀がある和泉守兼重より年代が降る。盛国より一時代前に親盛国がいたとすれば銘尽説が成り立つが、いまは盛国、また守正が兼重の後輩とみておきたい。寛文二年二月三十日、和泉大掾受領、のち和泉守に転任する。和泉守兼重と盛国、守正は銘作からみても近親の仲だったとみられる。⇩**守正の項参照。**

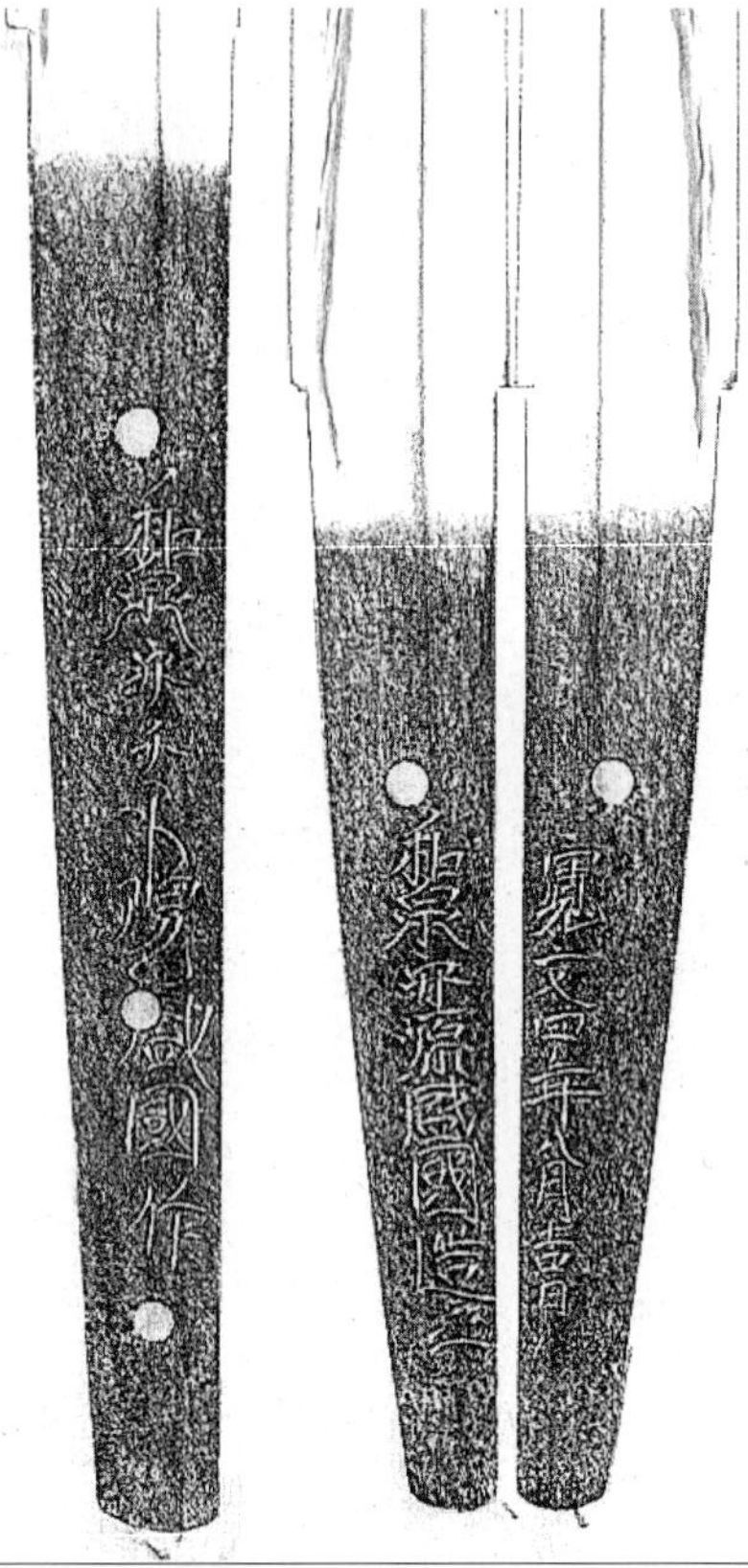

古 **盛重**【**もりしげ**】　備前国　鎌倉末期（元応）

大宮派の祖国盛の孫に当たるのが元応ころの盛重で、二字大銘に切るのを当てている。銘鑑には元応二年紀があるという。「盛重」。**（系図887頁参照）**

古 **盛重**【**もりしげ**】　備前国　南北朝期（応安）

大宮。初代。応安元年から嘉慶四年までの年紀作がある。「備前国長船住盛重」「備州長船盛重」。

古 **盛重**【**もりしげ**】　備前国　室町初期（応永）

大宮。二代。応永盛重は応安盛重を初代とすれば二代目に当たる。『古今銘尽』は盛光の子が初代盛重で応永・正長としている。常にみる作刀は応永から後のもので、二代作に応永年中の作がある。「備州長船盛重」。

古 **盛重**【**もりしげ**】　備前国　室町初～末期（永享～永正）

大宮。盛重は三代永享、四代嘉吉（新太郎）、五代享徳～文正、六代文明（五郎左衛門）、七代長享・延徳、八代永正（新三郎）と続く。「備州長船盛重」。

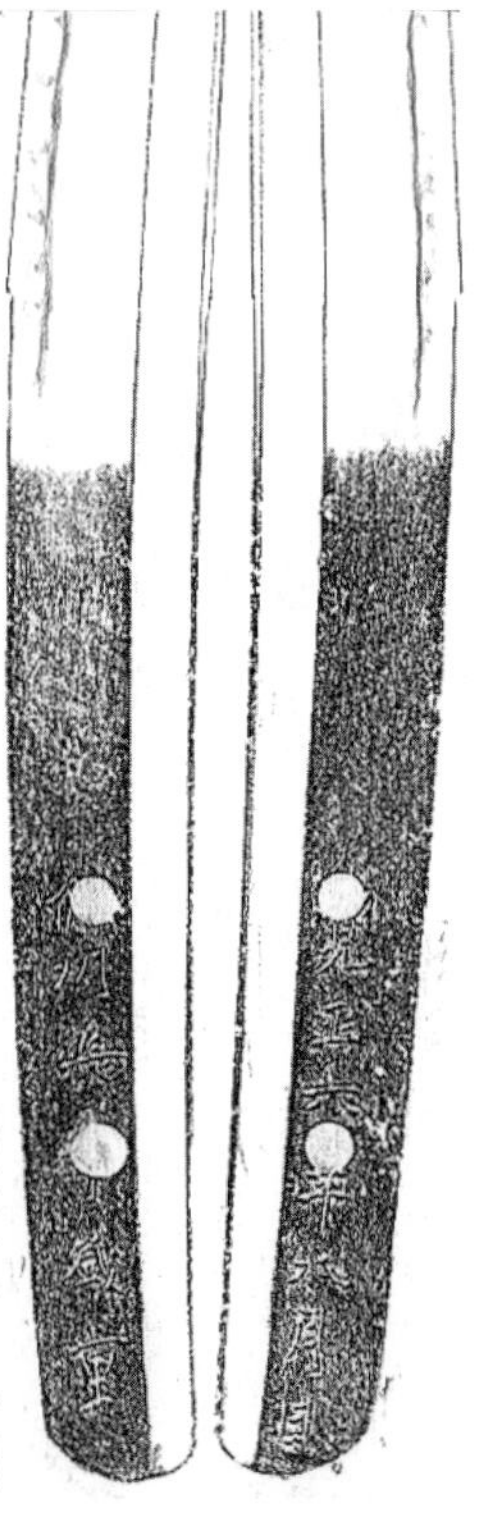

寛正六年八月日（五代）

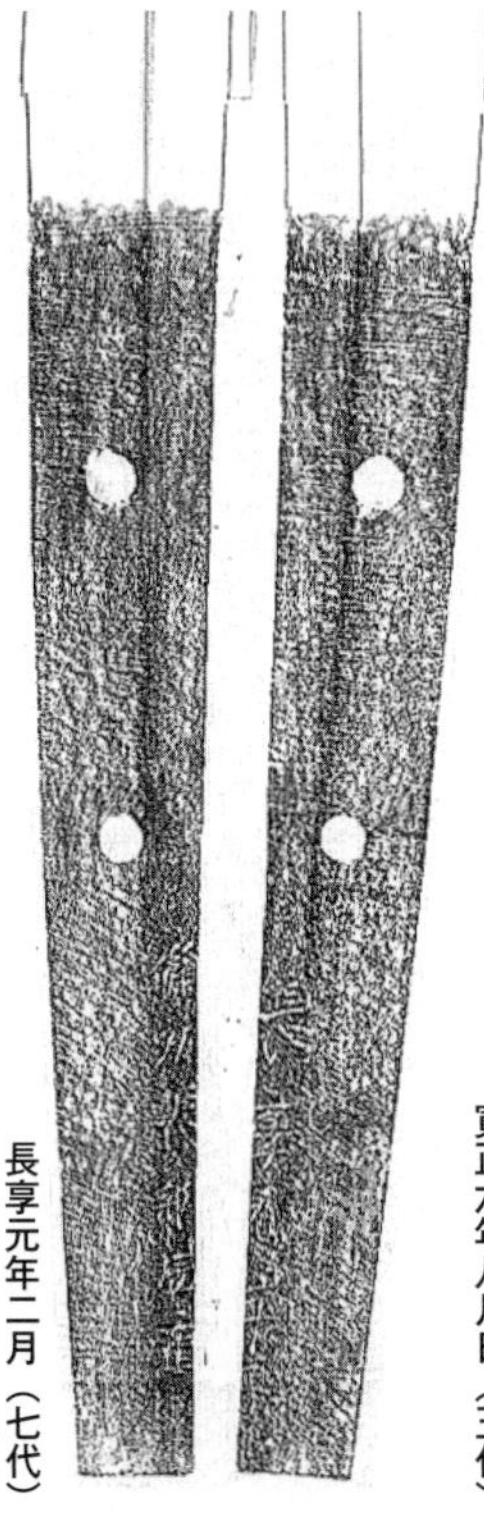

長享元年二月（七代）

古 **盛重**【**もりしげ**】　備前国　室町末期（享禄）

大宮。新九郎。享禄年紀の作がある。互の目乱を焼き優れた出来のものがある。「備州長船盛重」「備前國住長船新九郎藤原盛重作」。

古 **盛重**【**もりしげ**】　越前国　南北朝期（貞治）

金津権三の一門といい、銘の頭に「一」字を冠することから「金津一文字」の称がある。康安から応安にかけての年紀作があり、同銘が室町期の応永、文安と続く。「越州住盛重」「越前国敦賀住盛重」「一越州敦賀住盛重作」。

古 **盛重**【もりしげ】 相模国 室町末期（天文）

互の目に丁子、尖り刃交じり小づむ。「相州住盛重」。

古 **盛重**【もりしげ】 筑前国 室町末期（大永）

金剛兵衛。太宰府宝満山麓住。初代応永から二代文安、三代延徳、四代大永、五代永禄と継続する。「盛重」「盛重作」「源盛重」「金剛兵衛源盛重」。

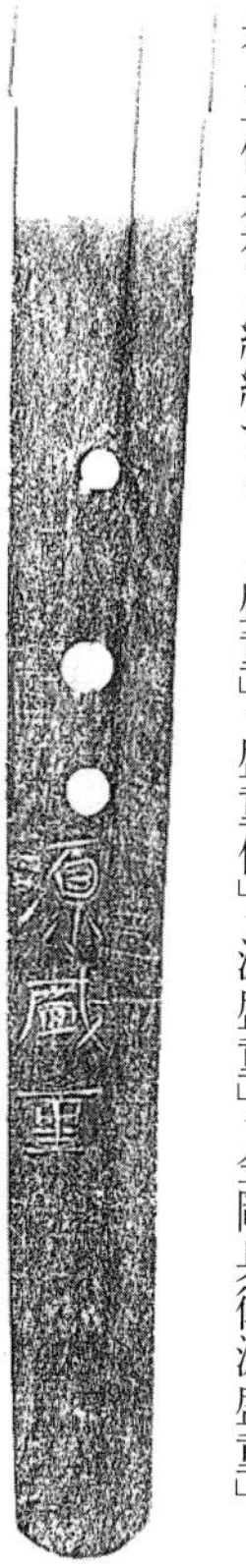

古 **盛重**【もりしげ】 豊後国 室町末期（永正）

平高田。鎮徳の子。直刃調に小互の目交じりの刃を焼く。「平盛重」。初代延徳、二代明応に次ぐのが永正ころ、なお天正ころに同銘が続く。

古 **盛助**【もりすけ】 備前国 鎌倉末期（正中）

大宮。助盛の子。校正は盛助を永仁とするが、鎌倉期まで遡る年代のものはみられず、南北朝期とみられる二字銘の作をみる（右押形図）。

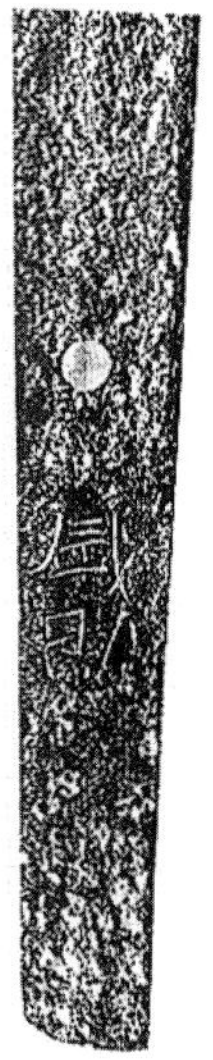

室町期になっては応永・永享の年紀作がある。

古 **盛高**【もりたか】 筑前国 鎌倉末期（嘉暦）

古銘鑑は永仁ころの盛国子盛高を金剛兵衛の祖とする。また嘉暦ころの盛高を初代とみる説もあり、この鍛冶は西蓮の婿で山伏といい、正宗門というが、作風からみて相関性がなく、正宗門説は肯定されない。盛高の有銘作で鎌倉末期まで遡る年代のものをみることはなく、永仁、あるいは嘉暦ころとする盛高の現存作は未見である。（系図899頁参照）

古 **盛高**【もりたか】 筑前国 南北朝期（正平）

金剛兵衛。盛高の有銘作で年紀がある最古は「正平二年二月一日」がある短刀である。正平の盛高は西蓮の甥という。板目鍛えが柾に流れて地沸つき、直刃にほつれ、打のけかかり、小沸よくつく。茎先が尖る卒塔婆頭になるのが金剛兵衛の常であるが、正平年紀の作は栗尻に造る（下図右）。「盛高」「源盛高」「金剛兵衛尉源盛高」。

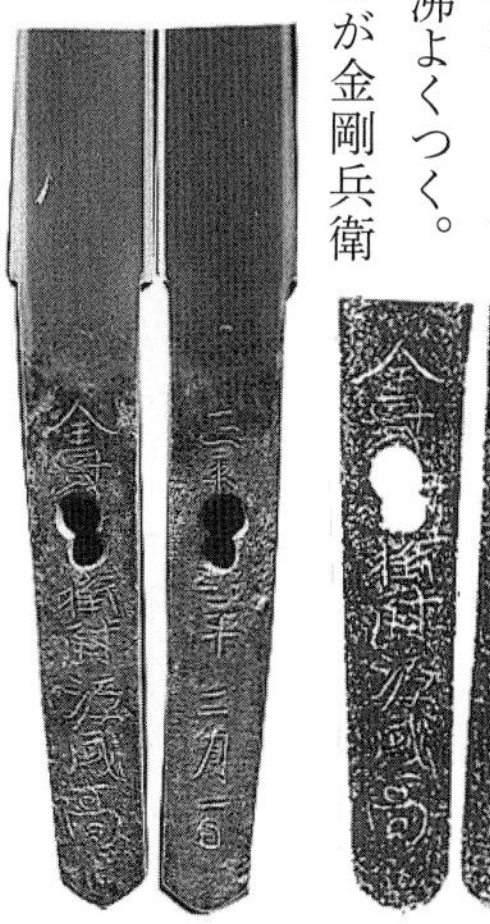

古 **盛高**【もりたか】 筑前国 室町初期（応永）

銘鑑は正平の次代に南北朝末期の永和ころの盛高を挙げているが、該当作をみることはない。作刀をままみるのは応永初めころからで、応永八年、十六年紀の作例がある。「源盛高」「金剛兵衛丞源盛高」「筑州大宰府住金剛兵衛源盛髙」。

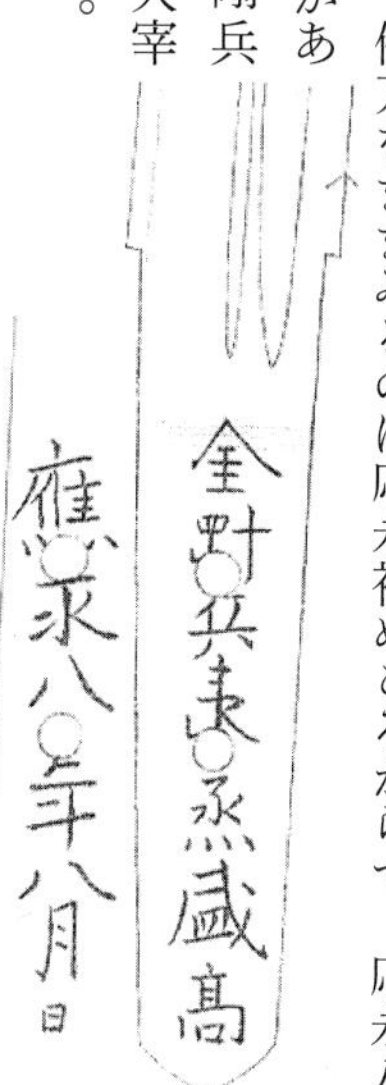

古 **盛高**【もりたか】 筑前国 室町末期（天文）

金剛兵衛。大宰府住。盛高は同銘が応永以降、永享、長禄、明応から永正、

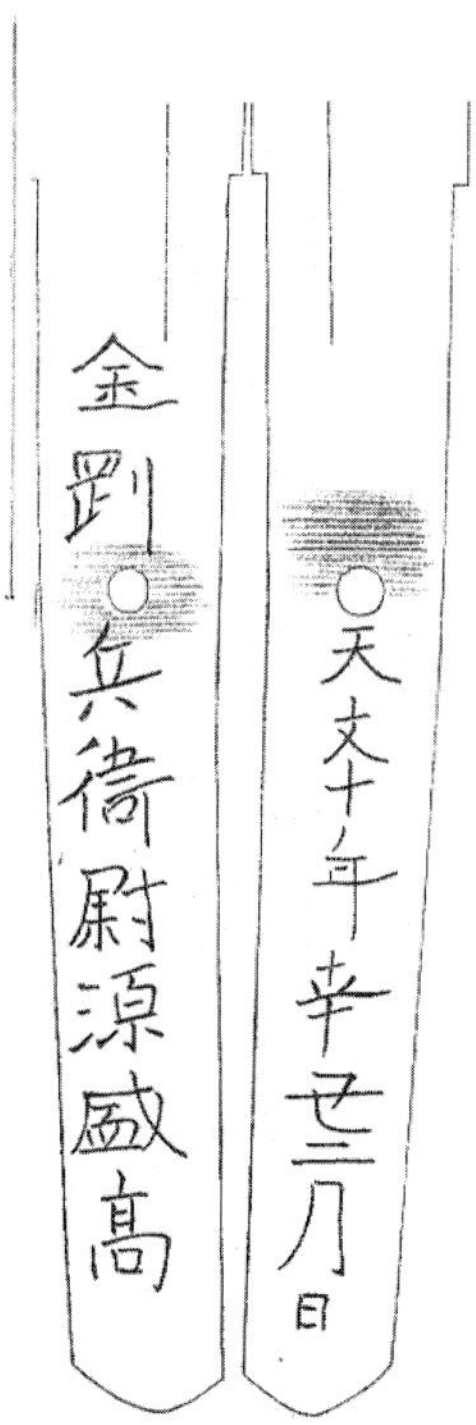

も

もりしげ〜もりたか

天文、天正、と十代が継続する。各代とも板目に柾が流れて白気ごころの肌合いをみせ、直刃を好み、互の目乱も焼き、匂口は沈みがちなものが多い。「盛高」「源盛高」「金剛兵衛盛高」「筑前国金剛兵衛源盛高」。

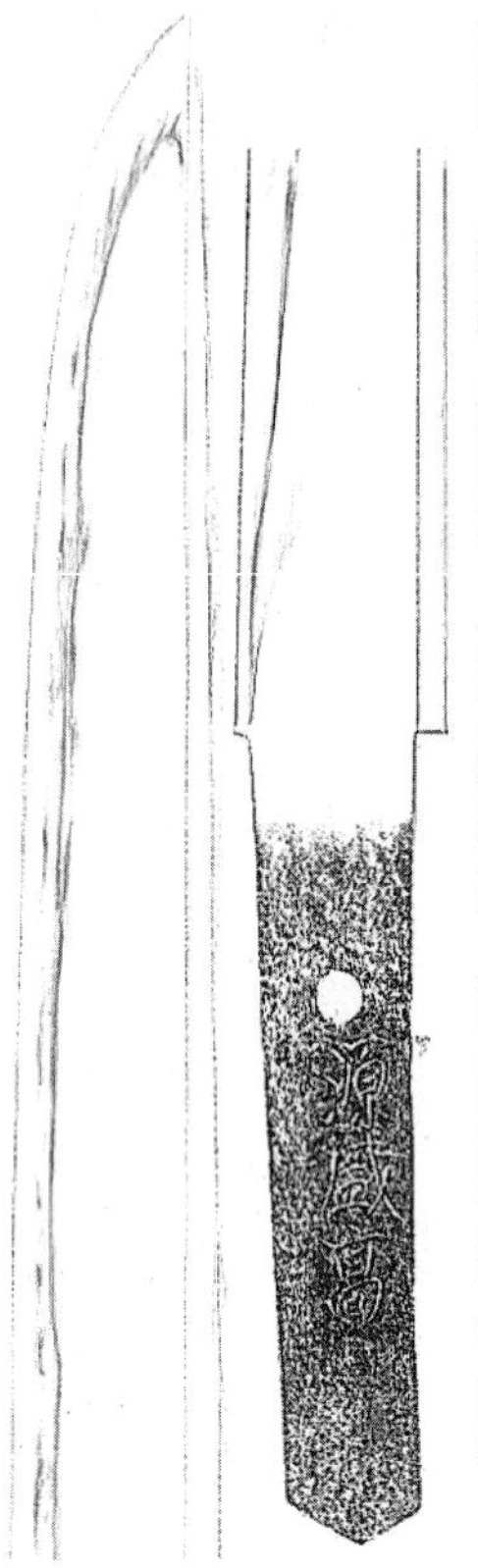

新作 盛高【もりたか】 熊本　昭和

盛高良夫。明治四十一年生まれ。筑前盛高一派は肥後延寿派の流れを汲むとも、金剛兵衛の末ともいう。昭和二年、金剛兵衛十二代靖博を継ぐ。同八年、延寿太郎宣繁に師事し、十文字鎗の鍛法を伝授される。八代市宮地町住。

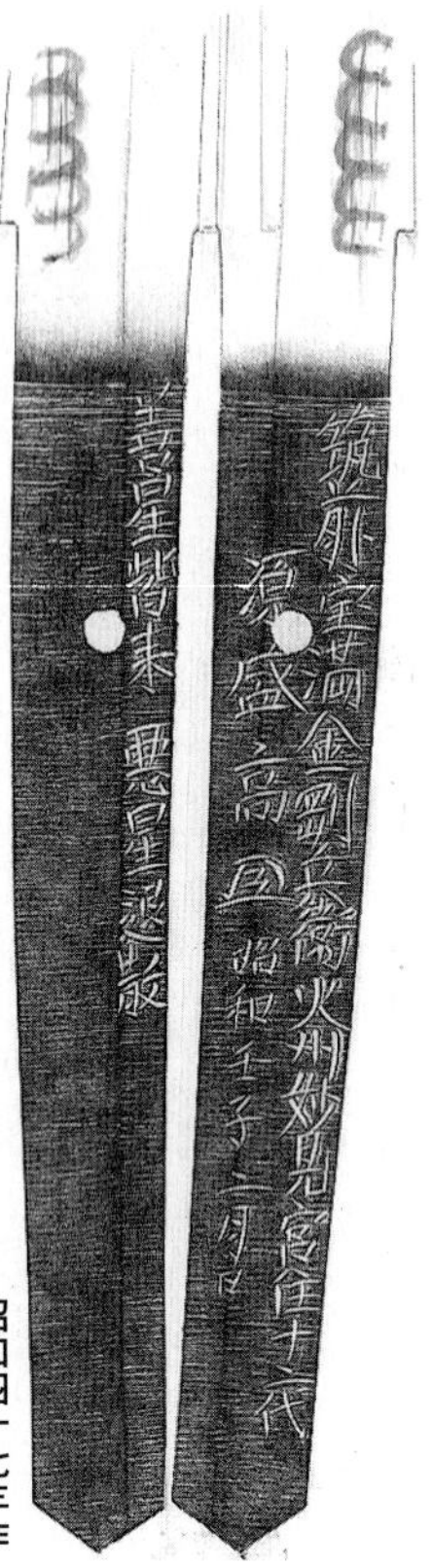

昭和四十七年作

古 盛忠【もりただ】 豊後国　室町末期（永正）

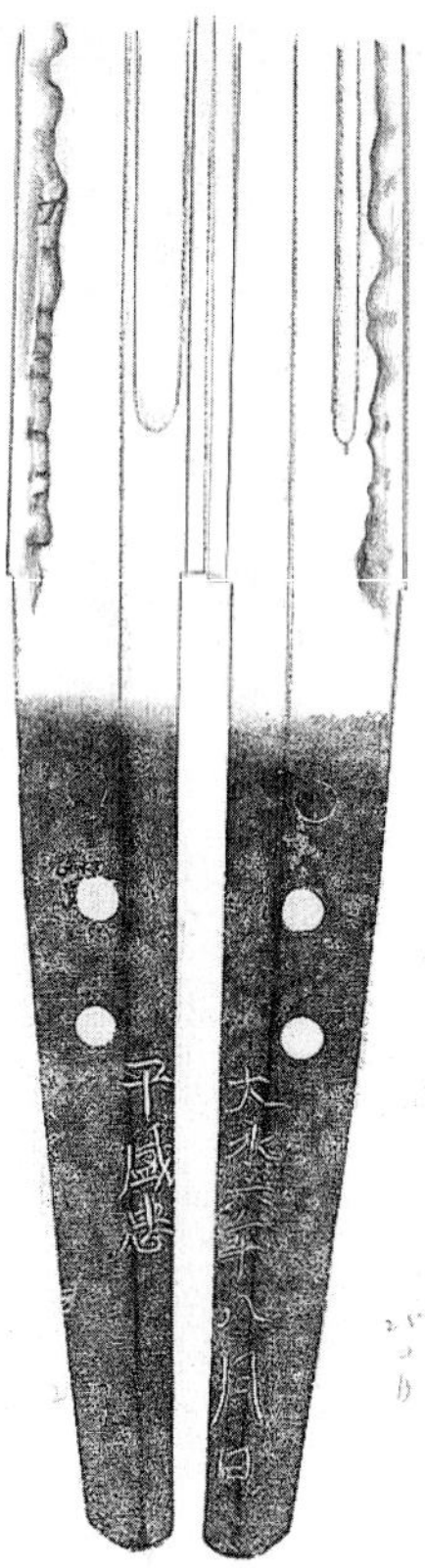

平高田。鎮信の子。永正から大永にかけての年紀作がある。「平盛忠」。応仁ころから同銘があり、永禄ころまで継続する。

新々 盛近【もりちか】 武蔵国　江戸末期（文久）

小林盛近。信濃住、のち江戸に移住。清心斎と号す。安政から慶応にかけての年紀作がある。小丁子に小互の目足を長く入れる。

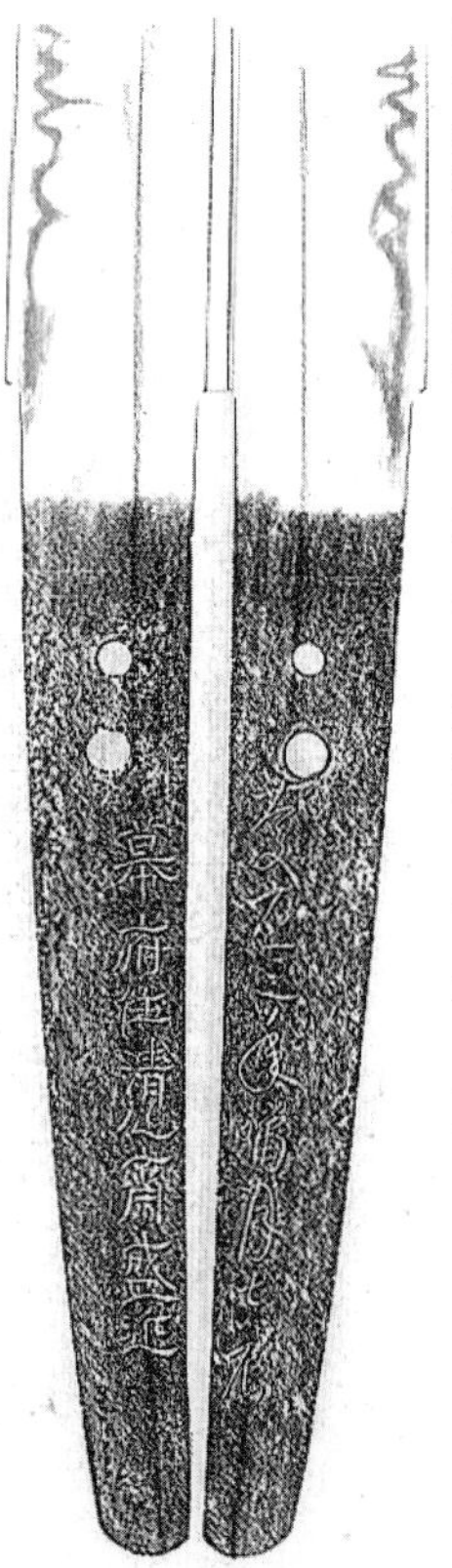

新々 盛近【もりちか】 周防国　江戸末期（慶応）

防州岩国住。盛俊門。雙龍軒と号す。文久ころから明治初年までの作刀がある。

古 盛次【もりつぐ】 備前国　南北朝期（延文）

大宮。盛利の子。延文のころ。「盛次」「備州長船盛次」。

古 盛次【もりつぐ】 備中国　南北朝期（応安）

中青江。応安ころ。次代応永ころに同銘を切る工がある。「備中国住盛次」。

古 盛次【もりつぐ】 筑前国　室町末期（文明）

金剛兵衛。同銘が応永から嘉吉、文明と続き、永禄ころの工は豊後にても造る。「盛次作」。

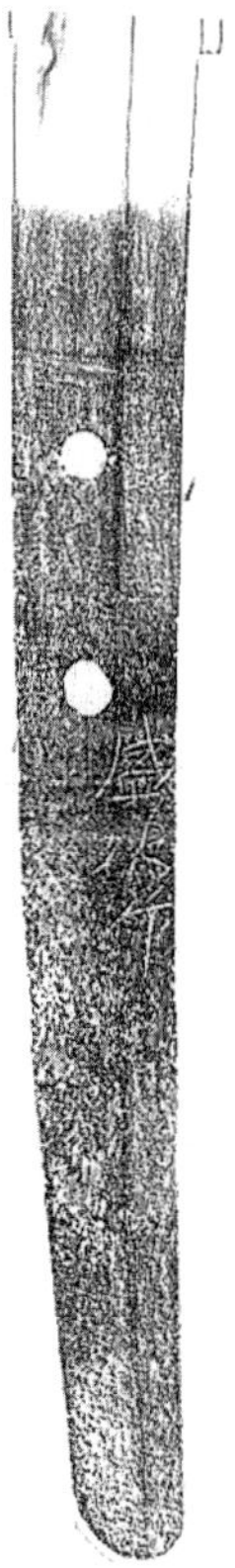

新 **盛次**【もりつぐ】 豊後国 江戸中期（貞享）

府内四つ目鍛治三代目という。湾れに互の目足入り、細かくほつれ、砂流しかかる。

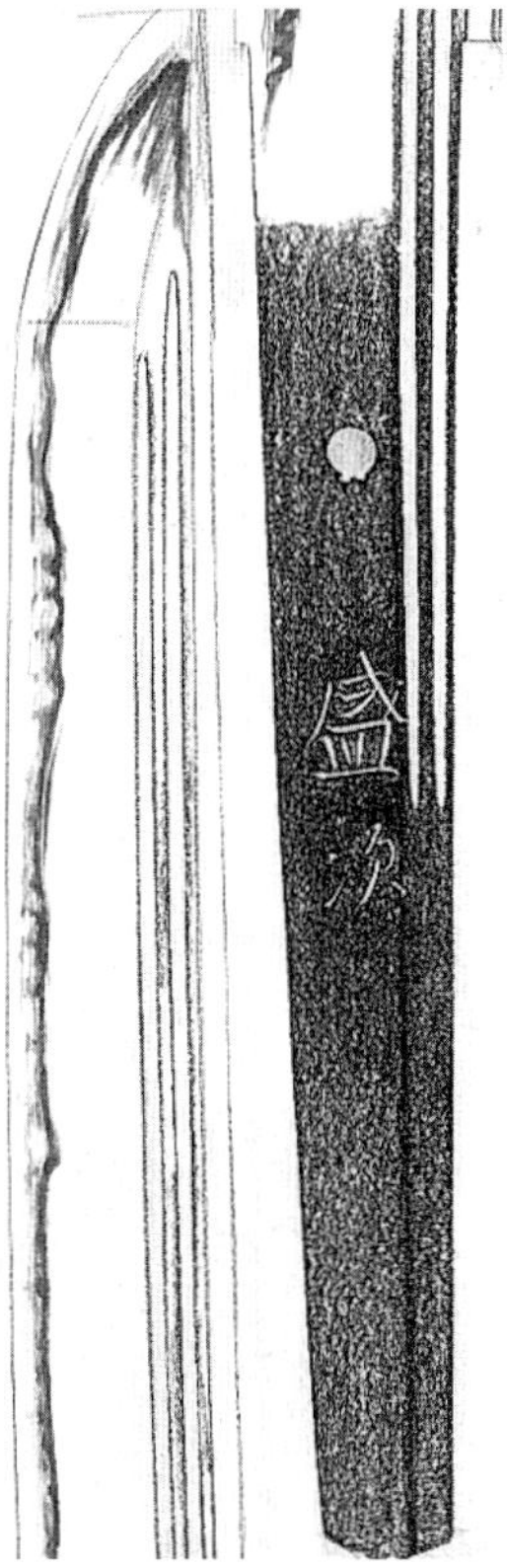

古 **盛継**【もりつぐ】 備前国 鎌倉末期（元応）

大宮。元応ころ。太刀と長刀直し刀とがある。直刃に小互の目、小丁子交じり、逆足の入るものがある。「盛継」二字大振りの銘を切る。

古 **盛恒**【もりつね】 備前国 南北朝期（延文）

大宮。盛利子。盛恒は古備前に名跡があり、その名を伝承したものかもしれない。なお応永に継承する。

古 **盛常**【もりつね】 豊後国 室町末期（享禄）

平高田。享禄年紀作があり、次代に永禄年紀作がある。「盛常作」「豊州住高田盛常作」。

古 **盛綱**【もりつな】 筑前国 室町末期（天文）

金剛兵衛。盛高の子。「源盛綱」。盛綱は南北朝期の正平から永徳、応永、永正と続く。「盛綱作」。

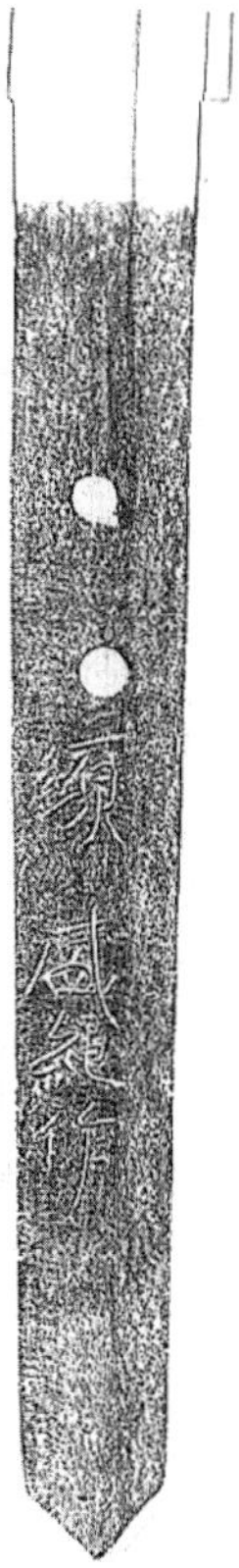

古 **盛利**【もりとし】 備前国 鎌倉末期（元徳）

大宮。盛助子。元徳のころ。「備前国長船住盛利」。

新々 **盛寿**【もりとし】 越後国 江戸末期（慶応）

栗原久次郎、小太郎。初銘盛俊。泉阿と号す。栗原信秀の弟。越後三条住。慶応から明治初年までの作がある。刀身彫を得意とし、文字彫が多い。

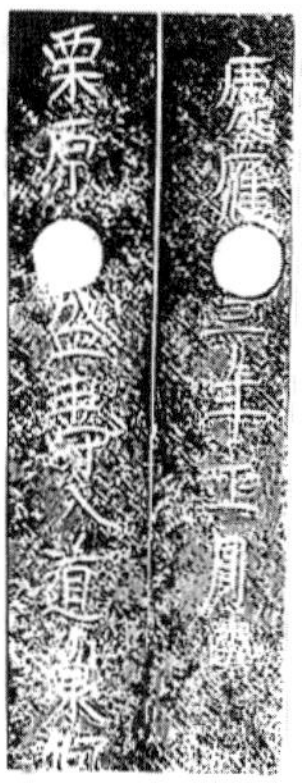

新々 **盛俊**【もりとし】 初代 周防国 江戸末期（嘉永）

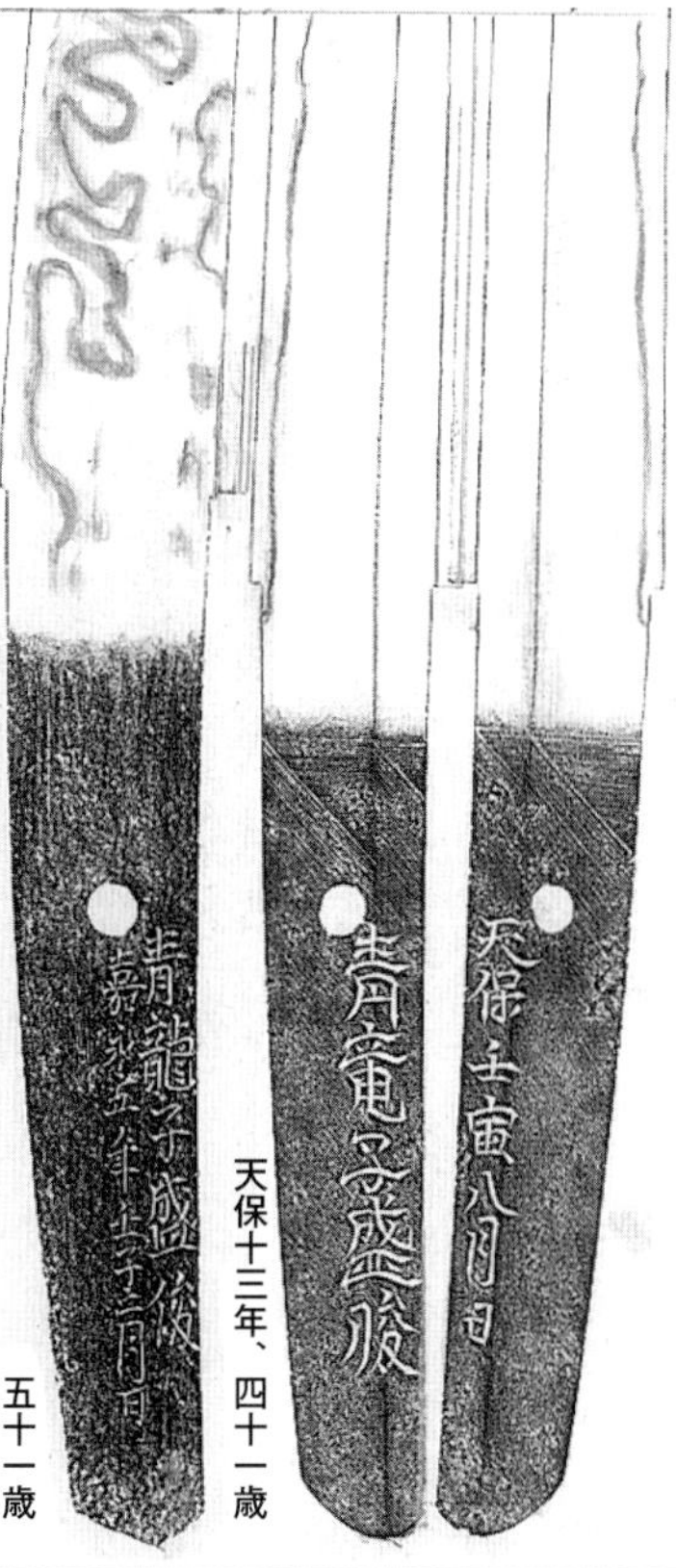

天保十三年、四十一歳

五十一歳

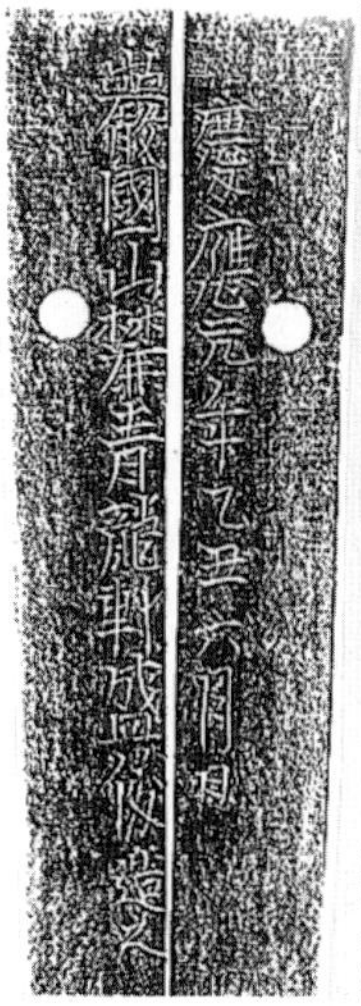

も

もりつぐ～もりとし

岩本清左衛門。初銘政蔵。鍛冶屋新介の子。山崎屋政五郎の養子となり、清左衛門と改める。天保五年から岩本姓になる。青龍子のち青龍軒と号す。天保八年十月、三十六歳のとき長運斎綱俊の門に入り翌九年中ごろ帰国。弘化四年五月、再び江戸に出て綱俊の奥義皆伝を得て、嘉永元年八月岩国に帰る。岩国藩工。安政、万延のころ九州、山陰を遊歴したのは、師綱俊の関西遊歴に習ったものであろう。技術研修に努めると共に、多数の門弟を養成する。慶応三年五月二十五日、六十六歳没。天保から慶応年間までの作がある。互の目乱、丁子乱、飛焼かかり皆焼になったものもある。

新々 **盛俊**【もりとし】二代　周防国　江戸末期（慶応）

岩本精一。初代盛俊門、のち慶応元年八月に養子となり、二代盛俊を継ぐ。「青龍軒盛俊」「盛俊」と切り、文久・慶応・明治年紀の作がある。作刀稀少。大正七年一月十八日、六十九歳没。

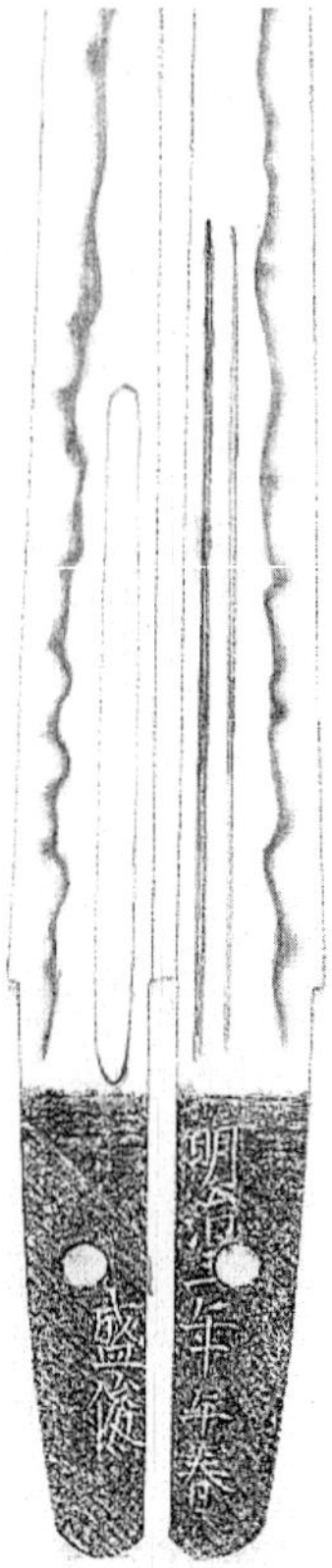

新作 **盛俊**【もりとし】三代　安芸国　明治

越水藤一。広島県友和村出身。二代盛俊門、初銘盛一。大正五年、二代盛俊の鍛冶廃業後、盛俊の名跡を継ぐ。昭和九年、帝国美術展覧会に出品入選、同十年、新作日本刀大共進会で最優秀賞。同年八月、日本刀展覧会で内閣総理大臣賞を受賞。松ヶ原から広島県廿日市、速谷神社境内に鍛刀場を移す。昭和十三年二月二十日、六十四歳没。◆四代盛俊。越水可。蒼龍子と号す。昭和三十五年、五十九歳没。五代盛俊。越水由清。「安芸州五代盛俊作之」と銘す。

新 **盛永**【もりなが】　美濃国　江戸中期（延宝）

大村加卜門。関住、江戸にても造る。相模守を受領する。

古 **盛則**【もりのり】　備前国　南北朝期（貞治）

大宮。貞治ころ。「備州長船住盛則」。

古 **盛則**【もりのり】　備前国　室町初期（応永）

吉井。吉則子、景則門。応永年紀の作がある。「盛則」「備前国吉井盛則」。

古 **盛則**【もりのり】　備前国　室町初期（永享）

吉井。応永盛則の子。永享二・三年紀の作がある。「盛則」「備前國吉井盛則」。

古 **盛久**【もりひさ】　筑前国　室町末期（大永）

金剛兵衛。大永ころ。「金剛兵衛尉盛久」。同銘の「日向守盛久」が天正ころに鍛刀する。

古 **盛久**【もりひさ】　豊後国　室町末期（大永）

平高田。直刃を焼き帽子の返り長い。大永ころ。「盛久」「豊州高田住盛久作」。

新々 **盛尚**【もりひさ】 豊後国 江戸末期（弘化）

府内四つ目鍛治九代目。権兵衛。神狐丸と号す。慶応二年六月二十八日没。湾れに互の目足入り、飛焼かかる。

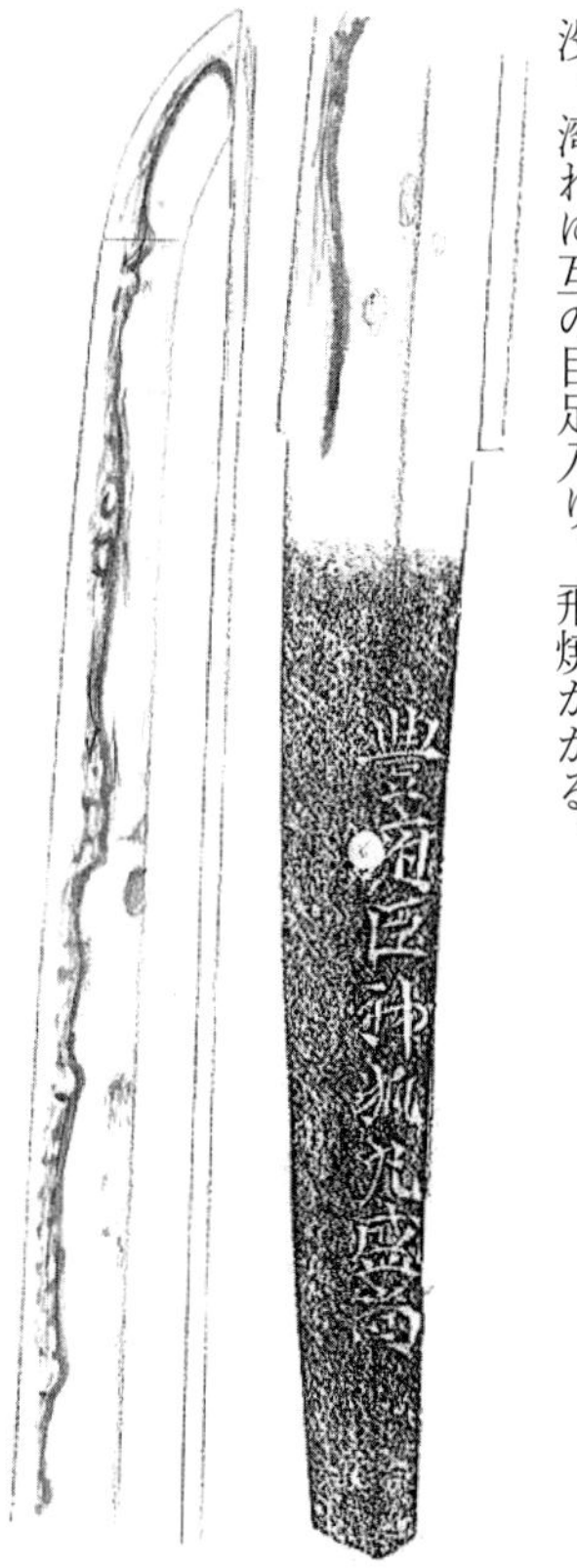

古 **盛秀**【もりひで】 備前国 南北朝期（康応）

長船。康応、明徳の年紀作がある。「備州長船盛秀。」

古 **盛秀**【もりひで】 筑前国 室町初期（応永）

金剛兵衛。応永ころ。「筑前住源盛秀」。

新々 **盛秀**【もりひで】 長門国 江戸末期（嘉永）

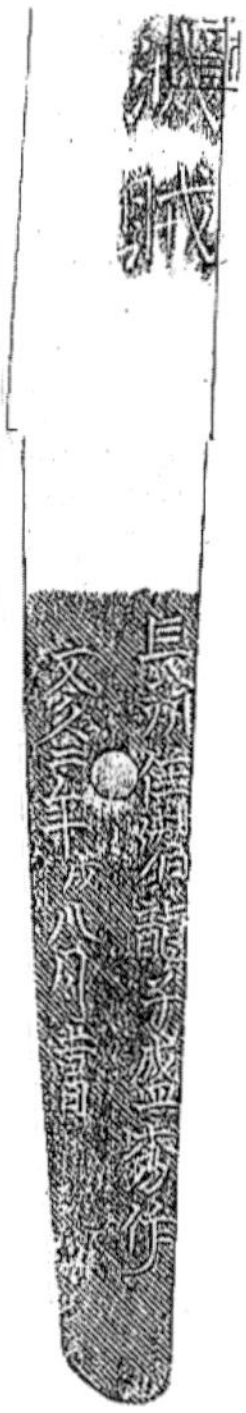

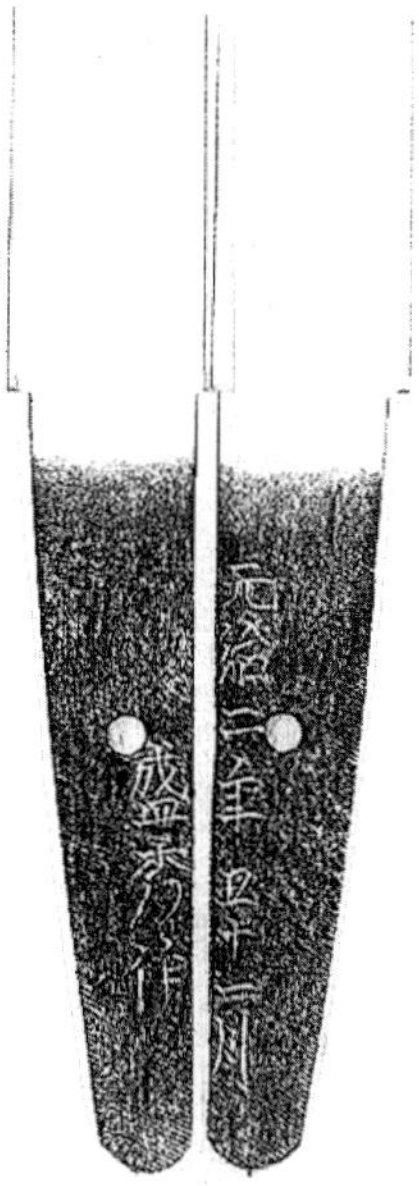

藤本左内。生国周防。潜龍子、登龍子と号す。青龍軒盛俊の高足。業を成してのち長州萩に住。岩国藩工。明治十五年一月十八日、五十八歳没。直刃が多く、湾れに互の目、大互の目乱など。

古 **盛広**【もりひろ】 肥前国 南北朝期（建武）

左。七郎三郎。建武年紀の作がある。「平戸住盛広」。同銘が明徳ころにある。

新々 **盛正**【もりまさ】 備後国 江戸末期（慶応）

三原住。互の目乱を焼く。「尾田盛正作」。

古 **盛匡**【もりまさ】 豊後国 室町末期（文亀）

金剛兵衛。本国筑前。豊州高田住。筑前にても造る。板目に柾交じり、地沸つき、白気映り立つ。中直刃が小沸出来。「源盛匡」「源盛匡作」。

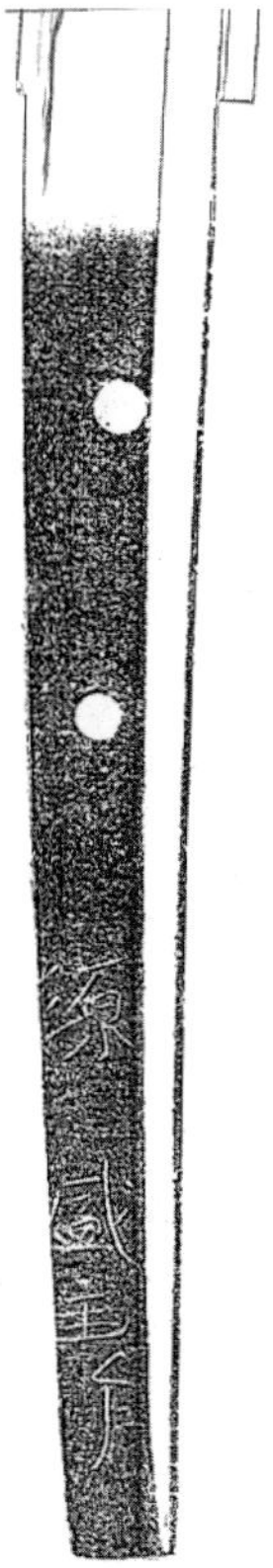

古 **盛道**【もりみち】 美濃国 室町末期（天正）

室屋関。岐阜住。互の目に尖り互の目交じりの刃を焼く。駿河守盛道の父であろう。「盛道」「盛道作」。

新 **盛道**【もりみち】 駿河守 初代 美濃国 桃山期（慶長）

室屋関。濃州岐阜住。陸奥守大道と双璧をなす上手の工。初代。駿河守を受領。互の目に丁子交じり、匂口締る。

新 **盛道**【もりみち】 駿河守 二代 尾張国 江戸中期（寛文）

濃州岐阜のち尾張に移住。駿河守二代目。京にても作り、伊豆守金道との合作がある。◆三代目盛道は元禄ころ。尾張住。

伊豆守金道との合作

新 **盛道**【もりみち】 武蔵守 初代 美濃国 桃山期（寛永）

室屋関。駿河守盛道の子、また門人ともいう。武蔵守初代。大互の目乱を焼く。岐阜住。

新 **盛道**【もりみち】 武蔵守 二代 摂津国 江戸中期（承応）

武蔵守二代目。岐阜から尾張へ移り、のち摂津へ転住するという。承応・明暦の年紀作がある。◆三代目盛道は貞享ころ。

新 **盛道**【もりみち】 加賀守 初代 美濃国 桃山期（寛永）

岐阜住。加賀守初代。互の目乱に尖り刃交じり。

新 **盛道**【もりみち】 加賀守 二代 尾張国 江戸中期（貞享）

岐阜住。のち尾張へ移る。加賀守二代。互の目に丁子、飛焼かかる。

古 **盛光**【もりみつ】 備前国 南北朝期（応安）

長船。初代。倫光の子。応安から明徳にかけての工というが作刀をみない。

校正は応安二年を初代とし、大永二年を五代とする系図を掲げていて、なお八代天正に至る後代があるとする。現存する年紀はほとんどが応永年間の二代作で、永享年紀がわずかにあり、稀に後代作を散見する。（系図886頁参照）

古 **盛光**【もりみつ】 備前国 室町初期（応永）

長船。二代。修理亮。初代盛光の子とも、師光子ともいう。備考は長井氏康光の兄とあり、現存作に盛光・實光・康光の三人合作の切銘があることから、盛光が康光の先輩であることが知れる。二代盛光の年紀作は

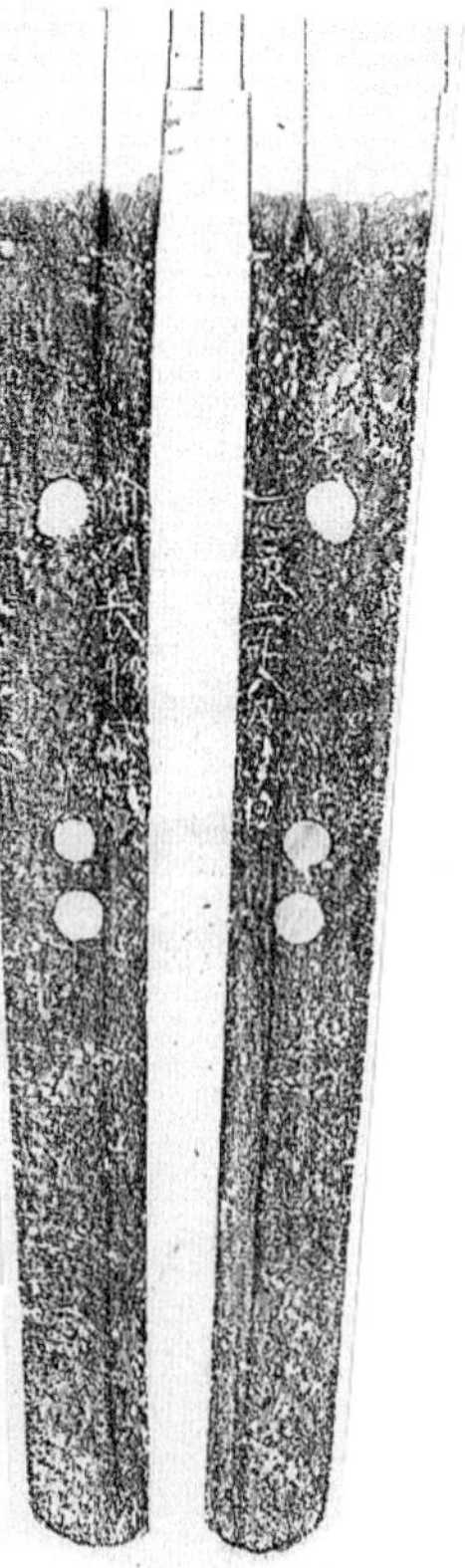

応永二年八月日

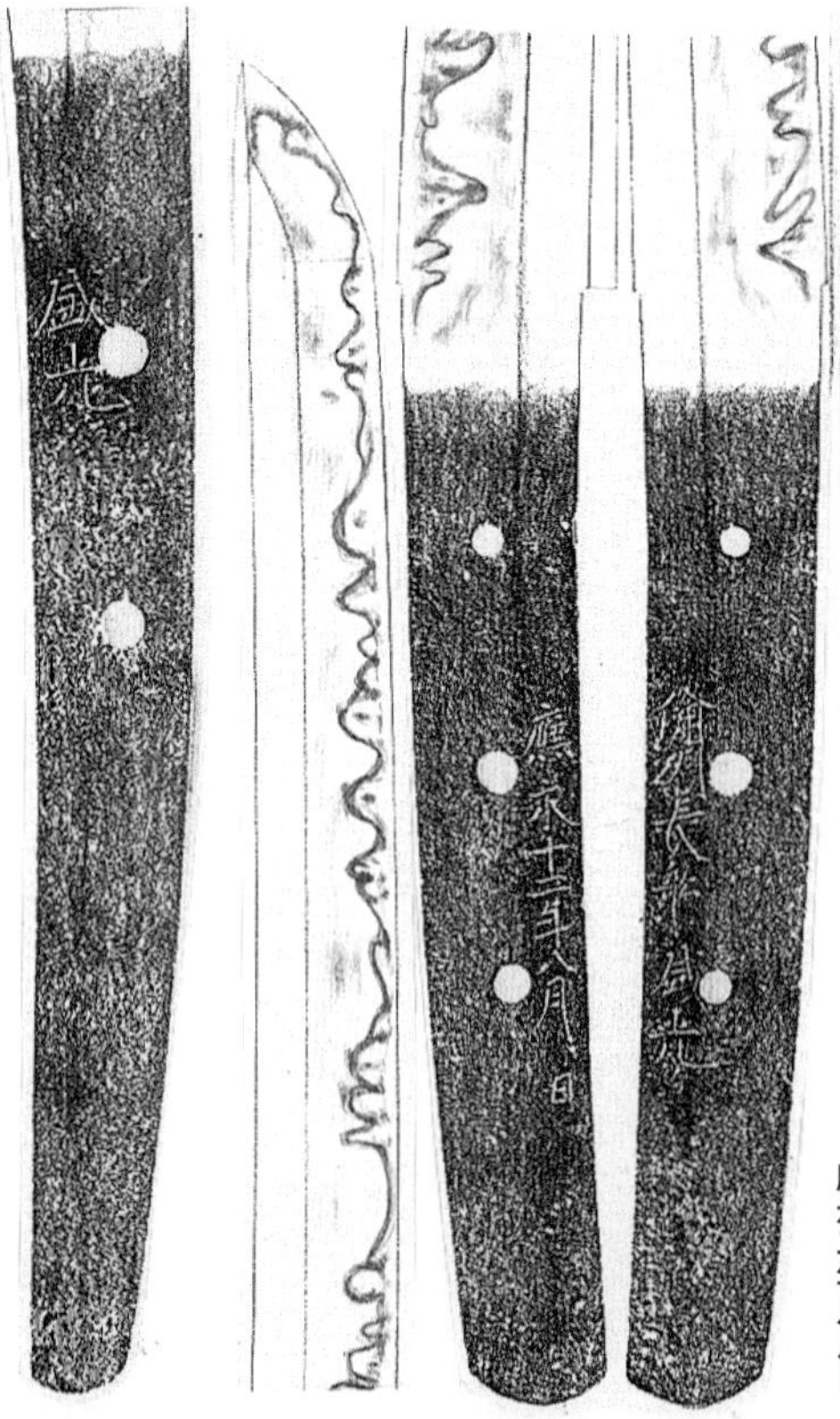

応永二年が古く、応永三十三年までのものをみる。応永備前を代表するのが盛光と康光であり、加えるに師光・家助・経家の五工に指を折ることができる。なかでも修理亮盛光と左京亮康光が上手で、どちらも二代目である。応永備前は前時代と相違して太刀姿が尋常で中切先に造り、鍛えが板目に杢を交じえ、映りはあまり目立たない。刃文は互の目に丁子を交じえ、中互の目が目立って華やか。末備前が復式の互の目なのに比べ、応永備前は比較的に単調な互の目を形どる。帽子は乱込んで先がわずかに尖って返るのが特徴。

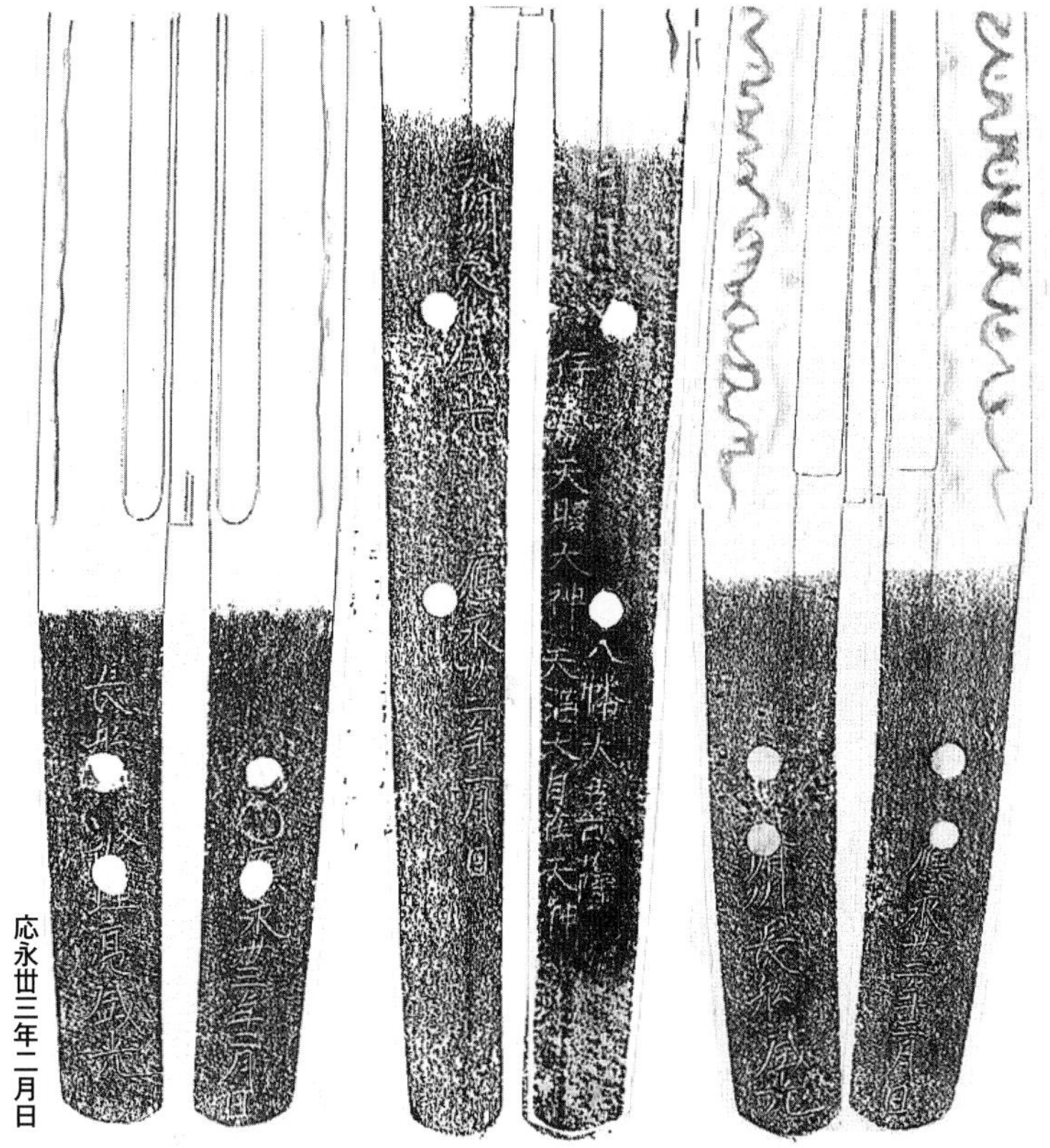

応永廿三年二月日

古 盛光【もりみつ】 備前国　室町初期（正長）

長船。三代。二代盛光の子。正長・永享に文安の年紀作が現存し、銘鑑には寛正七年紀の作があるという。正長二年紀は小互の目に小丁子が交じり小づんだ出来で、帽子先は尖って盛光の個性をよく示している。「備州長船盛光」。盛光の名跡は四代寛正、五代文明、六代永正、七代天文、八代天正と継続するというが、ほとんど作刀をみない。

新作 盛光【もりみつ】 福岡　昭和

堤金蔵。明治三十一年生まれ。末次繁光門。「筑後黒木住盛光之作」。

新作 盛光【もりみつ】 熊本　昭和

寺田義光。明治四十三年生まれ。金剛兵衛盛高靖博門。水俣住。「肥州住源盛光」。

新 盛宗【もりむね】初代 陸奥国　桃山期（寛永）

永正の森宗末裔で助三郎と称す。初代。相州綱広が津軽打ちのときの門人。陸奥大掾受領、のち陸奥守に転じる。波岡住。宝永二年、七十歳没。

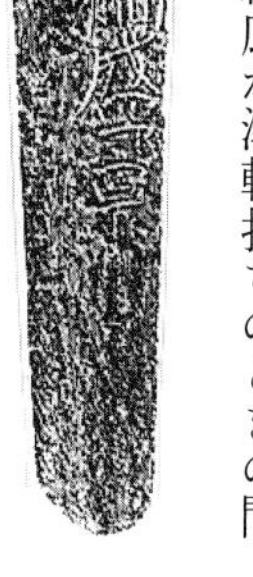

新 盛宗【もりむね】二代 陸奥国　江戸中期（寛文）

長次郎、のち佐兵衛。二代目。近江守久道門。弘前住。元禄四年没。

◆盛宗家は津軽刀工の主流をなして、三代以降、代々が盛宗の名跡を継ぎ幕末に至る。三代は元禄ころで「奥州津軽住橘盛宗」と切り、文化・文政ころから慶応にかけてわずかに作刀がみられる。

古 盛元【もりもと】 備前国　室町中期（文安）

長船。文安ころ。「備州長船盛元」。

古 盛安【もりやす】 筑前国　室町中期（嘉吉）

金剛兵衛。嘉吉ころ。「盛安」。次代天文ころに「源盛安」を銘す。

古 盛行【もりゆき】 備後国　室町末期（永正）

五阿弥。のち其阿弥は同訓。尾道住。「備州尾道五阿弥盛行」「備州住盛行」。同銘が明徳、康正、文明と続き、永正ころからのち其阿弥が天文、天正と継続する。

古 **盛行【もりゆき】** 肥前国　室町初期（応永）
平戸左。盛吉子。応永ころ。同銘が新刀期（慶長ころ）にある。「盛行」「肥前平戸住盛行」。

古 **盛吉【もりよし】** 筑前国　室町末期（天文）
金剛兵衛。天文ころ。「盛吉」「源盛吉」。

古 **盛吉【もりよし】** 肥前国　室町中期（文安）
平戸左。左衛門四郎。盛広子。同銘が天文、天正に続く。「平戸住盛吉」「肥前平戸住盛吉」。

新作 **盛吉【もりよし】** 熊本　昭和
谷川松吉。大正九年生まれ。昭和九年、金剛兵衛盛高靖博、のち延寿宣繁門に入る。昭和十五年から盛吉、同十六年から宣次を名乗り戦後まで用いる。昭和二十七年、講話記念刀を製作。同二十九年、第一回作刀技術発表会から出品し連続入賞、同五十八年まで努力賞三回、奨励賞三回、特賞、文化庁長官賞、薫山賞、優秀賞など受賞。丁子乱、互の目丁子乱に金筋、砂流しを交じえた相伝の覇気ある作を表出する。熊本県八代住。

昭和四十七年

古 **森弘【もりひろ】** 越前国　室町中期（寛正～文明）
初代森弘は応永ころで千代鶴守弘の子。同銘が寛正、文明、文亀と継承する。寛正から文明ころへかけての作刀が散見される。

古 **森宗【もりむね】** 陸奥国　室町末期（永正）
舞草末流。盛岡、また津軽波岡住。法名慶林。相州伝にて打つものがある。「森宗」「奥州津軽波岡住森宗」。次代天文ころに盛岡住の森宗がいる。

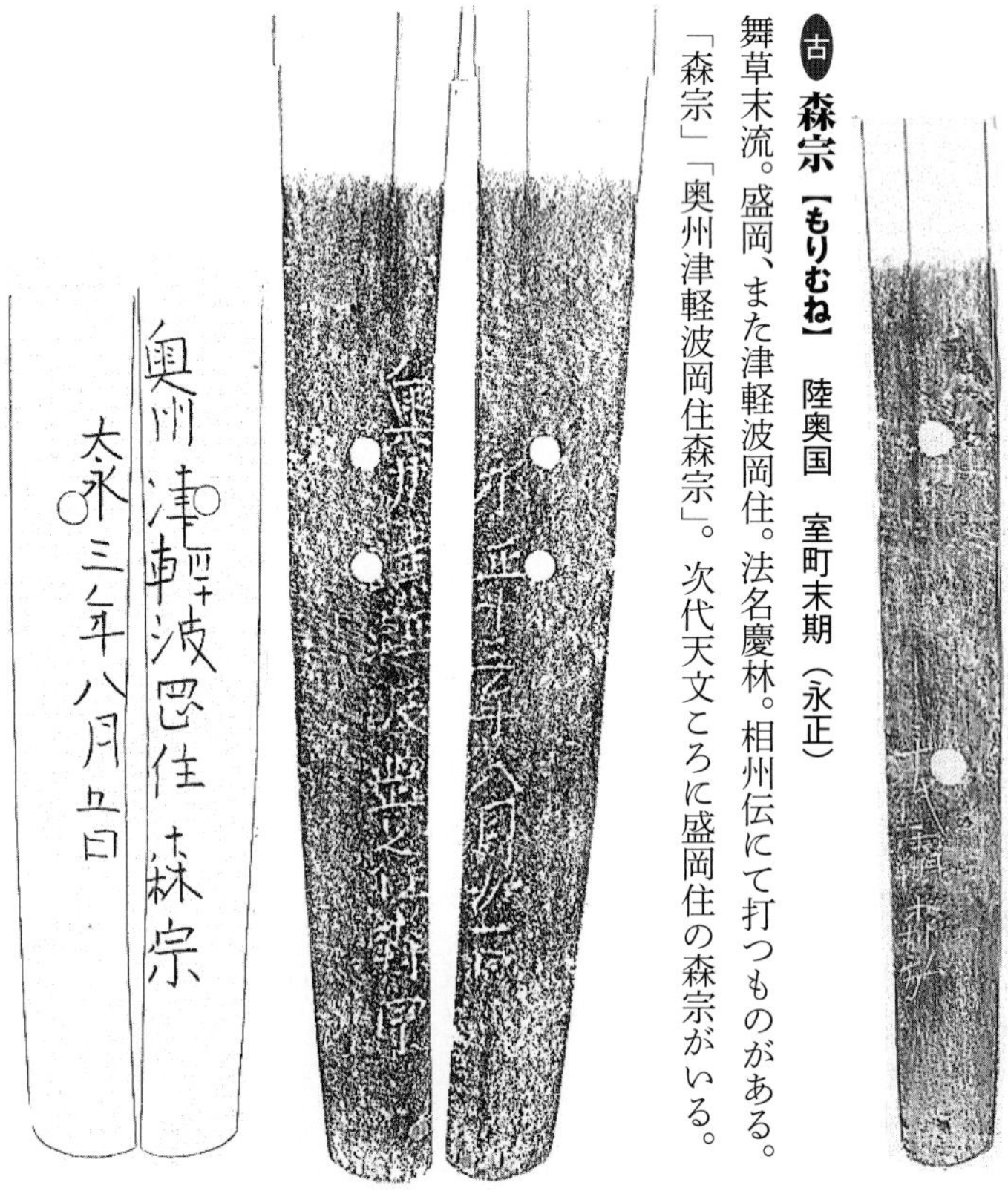

古 **師景【もろかげ】** 備前国　南北朝期（康暦）
大宮。盛景の子。師光弟。初代。南北朝末期から応永にかけて作刀する。「師景」「備州長船師景」。

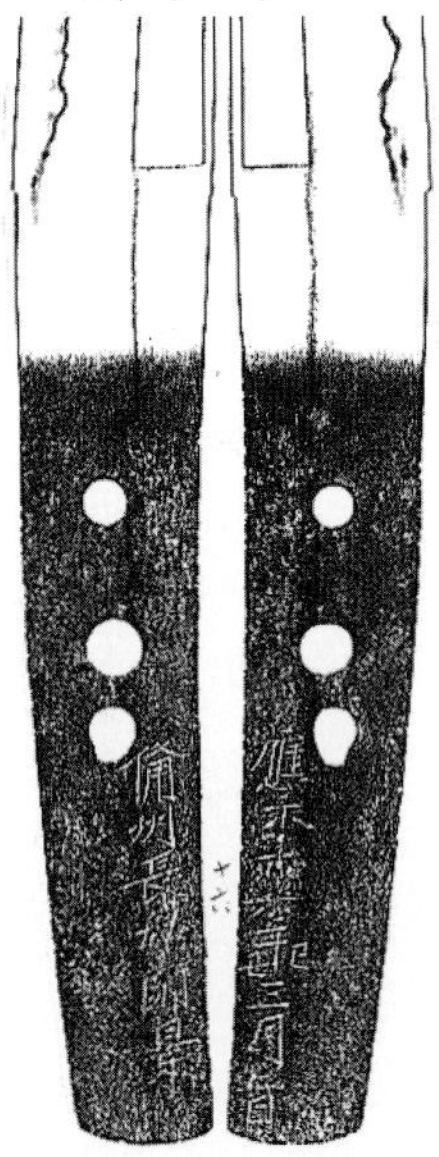

古 **師景**【もろかげ】 備前国 室町初期（永享）

大宮。師景子。二代。応永年紀から嘉吉二年紀の作まである。「備州長船住師景」「備前国長船住師景」。同銘が三代文安、四代永正と続く。

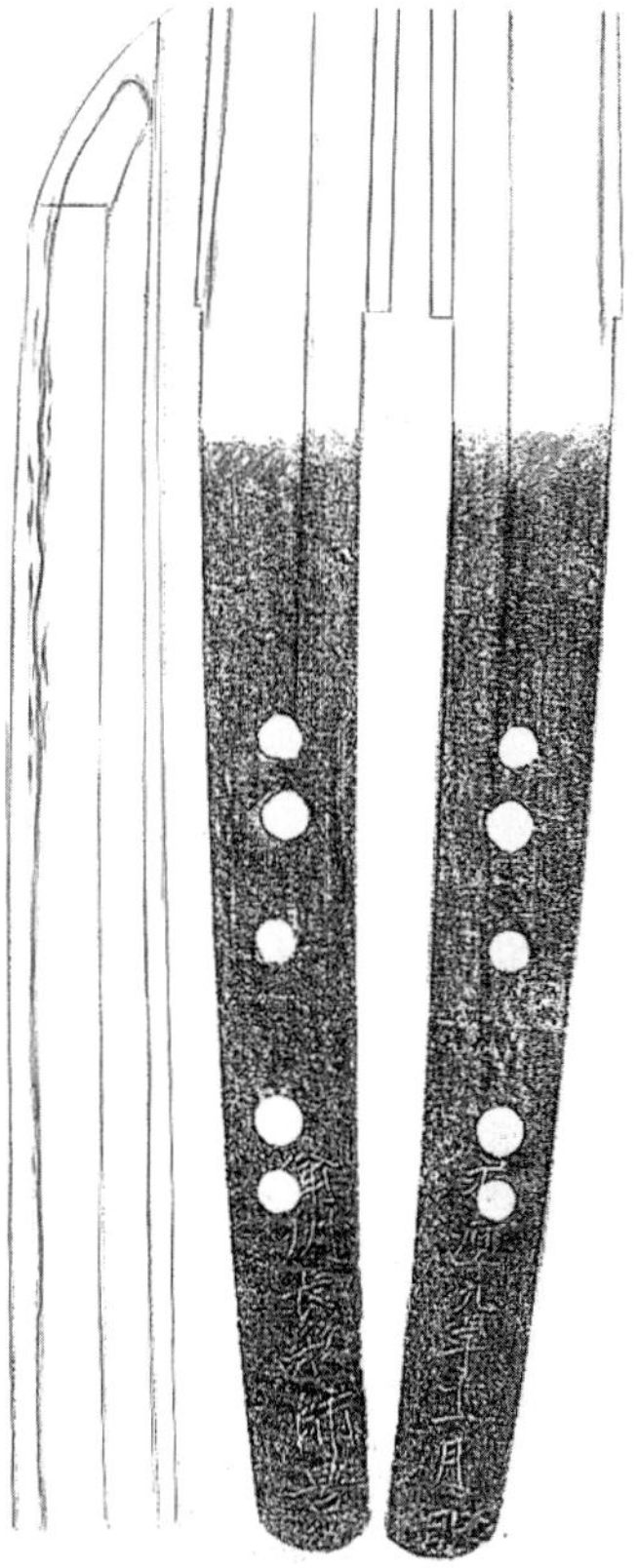

新作 **師敬**【もろたか】 東京 昭和

林師敬《もろたか》。明治四十三年生まれ。酒井一貫斎繁政門。昭和三十六年より鍛刀と刀身彫を修得。第五回の新作名刀展から出品し入選。渋谷区松濤住。

古 **師次**【もろつぐ】 備中国 南北朝期（延文）

中青江。延文ころ。「備中国住師次」。師次は古青江正恒系で鎌倉初期から名跡が続くが、作刀は未見である。

古 **師久**【もろひさ】 阿波国 室町初期（応永）

海部。藤の一門で波平系といい、海部派の祖という。宮居住。「阿州住師久作」「阿波宮居住師久作」。

古 **師光**【もろみつ】 備前国 南北朝期（永和）

倫光子、盛光の父という。初代。永和二年紀が古く、応永中ころまでの年紀作がある。倫光風の小湾れ主調のもの、互の目に小丁子を交じえたものがあり、小反物のように小づむ傾向はみられない。「師光」「備州長船師光」。

古 **師光**【もろみつ】 備前国 室町初期（応永）

初代師光の子。二代。応永・永享年紀の作がある。応永年代は初・二代それぞれの作があって後半が二代の作域らしいが、初・二代の境めは明確でない。「備州長船師光」。同銘が三代宝徳、四代明応と後続する。

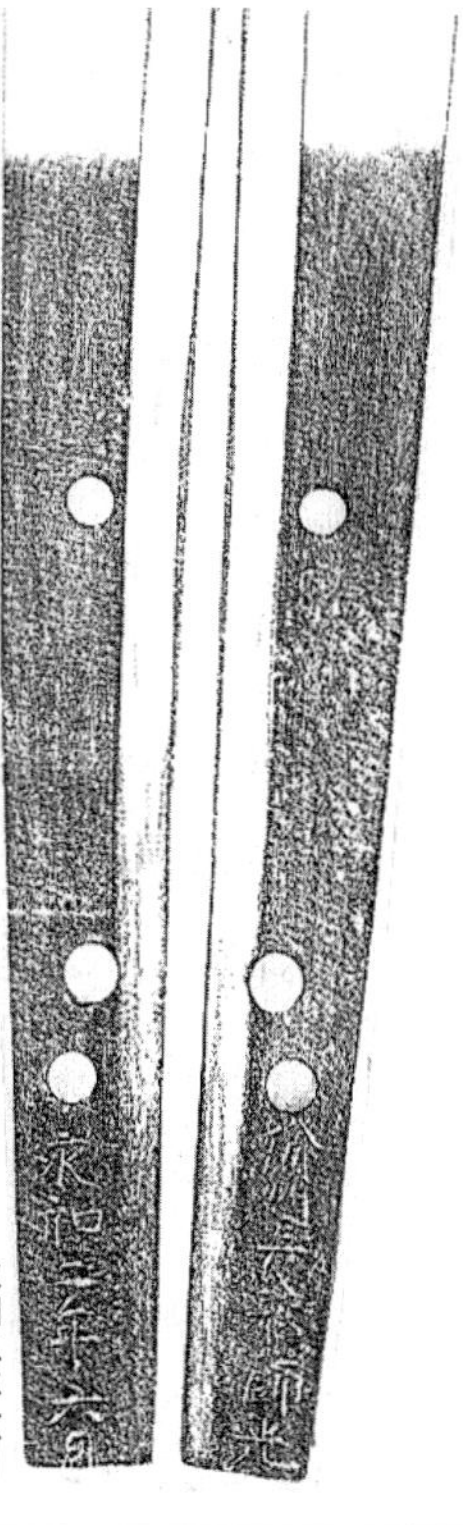

永和二年六月

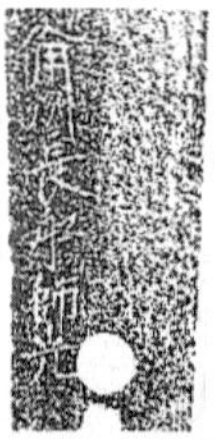

永徳元年八月日

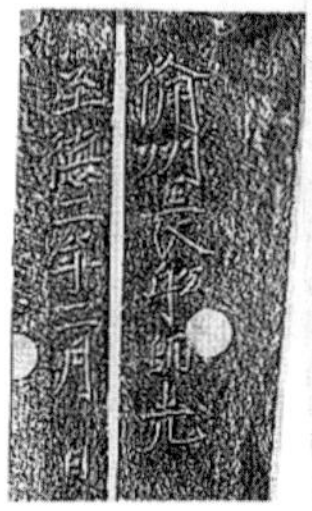

至徳二年二月日

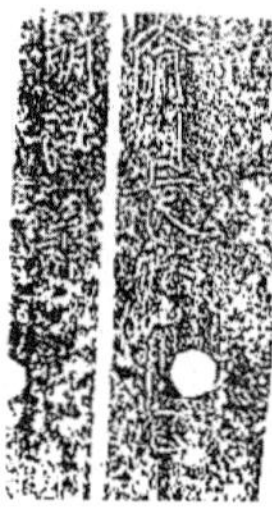

明徳二年□月

古 **師宗**【もろむね】 美濃国 南北朝期（延文）

直江志津。本国大和。延文ころ。「濃州師宗」「美濃国住人師宗」。

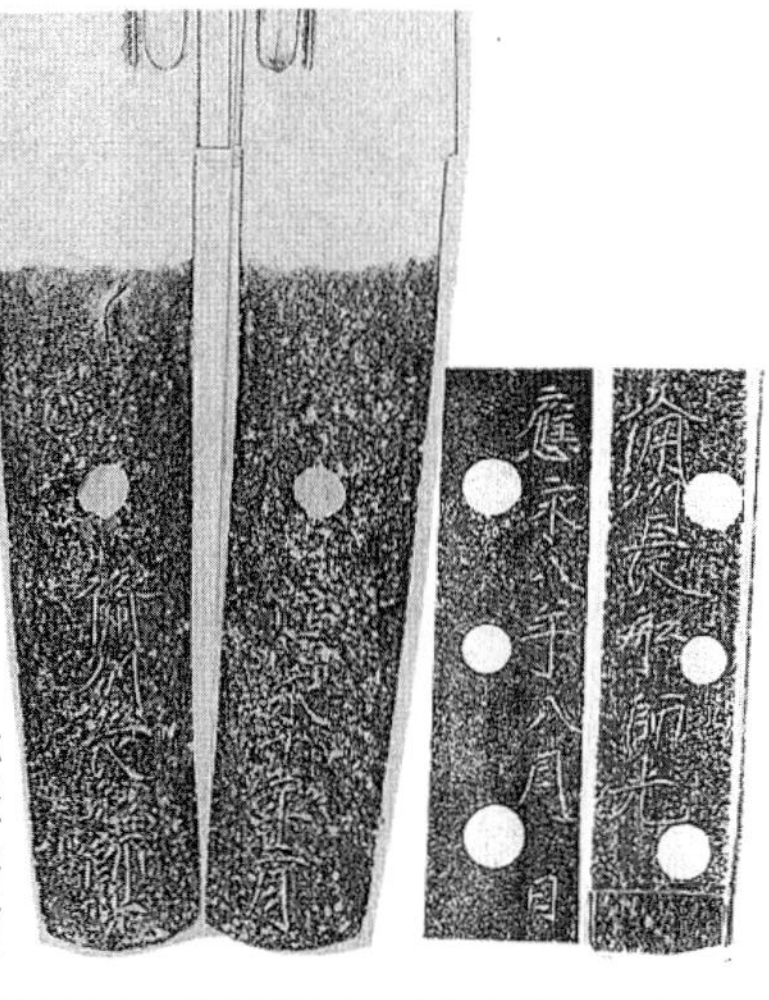

応永十年二月

《や》

古 **薬王寺**【やくおうじ】 三河国 室町初期（永享）
薬王寺派は応永ころの国盛からはじまるといわれ、薬王寺の派銘のみを切るのが永享ころと永正ころにある。三州矢作《やはぎ》住。のち久原にも住。「薬王寺」「三州矢作住薬王寺」。

新作 **保**【やす】 佐賀 昭和
元村保広。佐賀市川副町住。昭和十一年、第二回日本刀展覧会銀賞、第三回金賞、第四・第五・第六回推選。同十七年特選。以降会長賞、総裁賞を受賞。戦後は昭和四十年から四十五年まで新作名刀展入選。

古 **安明**【やすあき】 薩摩国 南北朝期（永和）
波平。安光の子。永和二年紀の作がある。「安明」「波平安明」。

古 **安明**【やすあき】 薩摩国 室町末期（延徳）
波平。谷山住。鎌倉末期から続く安明は、室町期に入って応永、文安、延徳と活動し、なお永正、天文、天正と後続する。「波平安明」の短刀は延徳ころ、直刃を焼いて古調さがある。

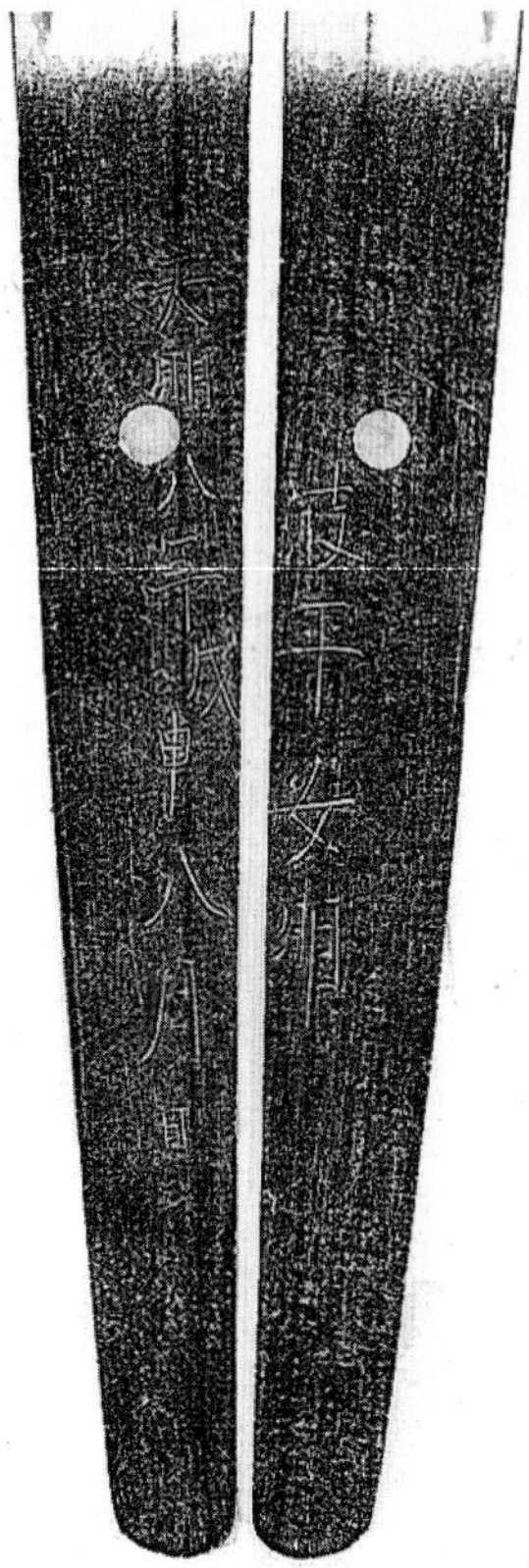

新々 **安明**【やすあき】 波平 薩摩国 江戸末期（天明）
橋口伊兵衛、兵右衛門。安元の長男。初銘平覚、また平角。波平系六十代目を称す。直刃に互の目足入る。

新 **安在**【やすあり】 一平 薩摩国 江戸中期（宝暦）
玉置一平、市兵衛、平六といい、中村清房の次男。幼名勘次郎。十六歳で一平安代の養子となる。初銘義清、安治。安永六年正月二十七日、七十歳没。

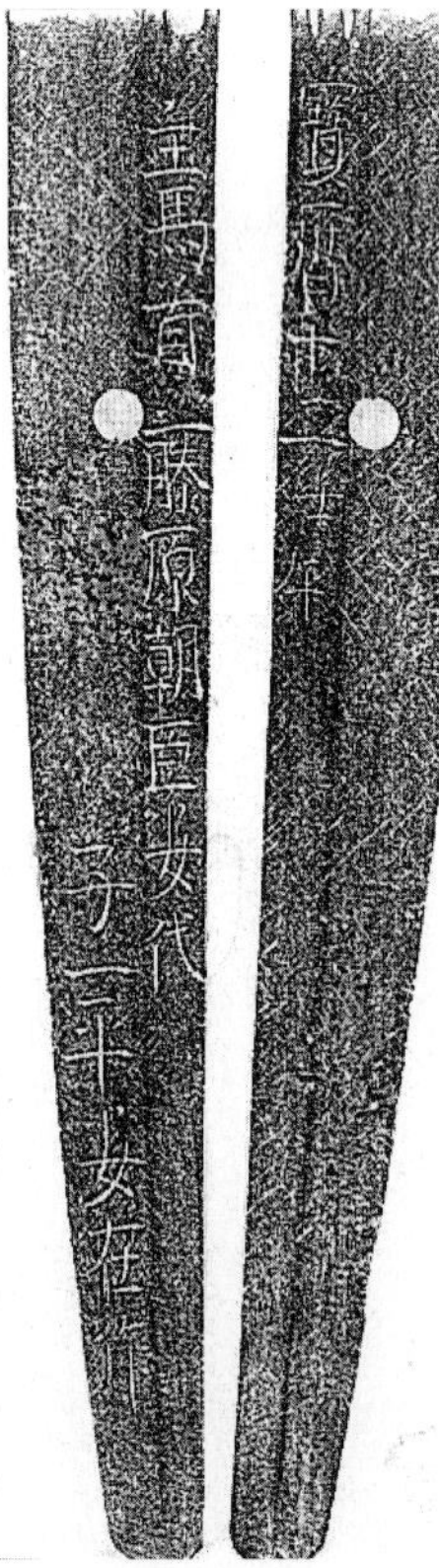

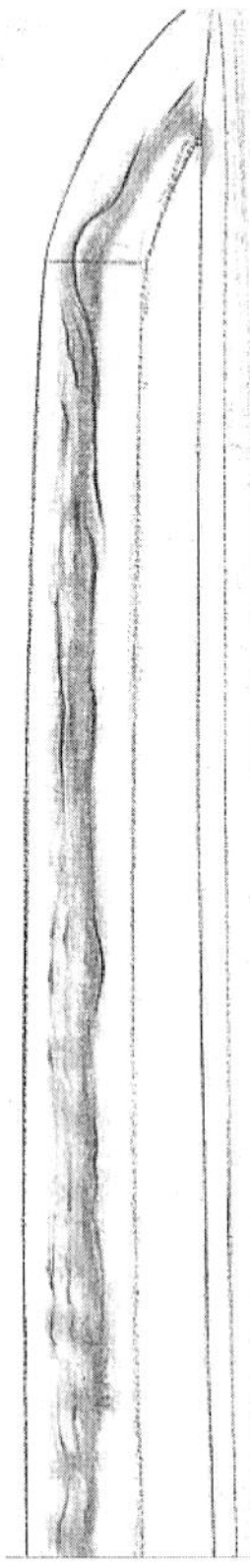

古 **安家**【やすいえ】 伯耆国 平安末期（平治）
守綱門。安綱の門流か。小乱刃を焼いて古調。「安家」。銘鑑には平治を遡り、安綱と同年代という永延ころの同銘工がある。

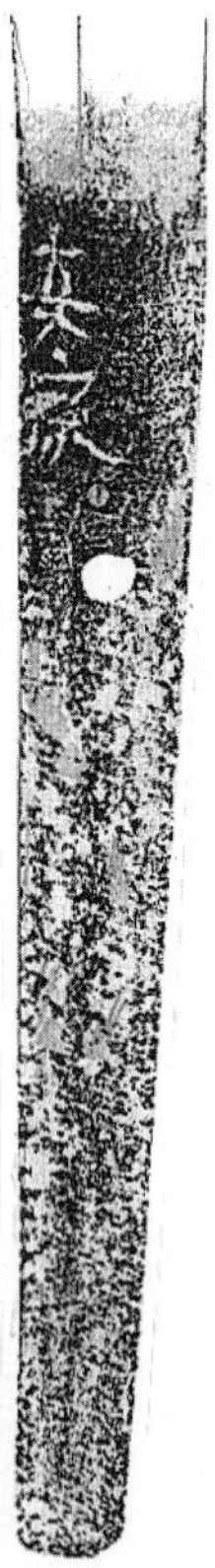

（『鍛刀随録』）

古 **安家**【やすいえ】 薩摩国 南北朝期（貞和）
波平。安家の子。貞和ころ。谷山住。「波平安家」。同銘が永和、応永、文亀と続く。

古 **安一**【やすかず】 薩摩国 室町末期（文明）

谷山波平。安一の名跡は南北朝末期の永徳ころから応永、永享、享徳、文明、天文と続き、年紀作は室町末期からみられる。「波平安一」「薩州住安一」。

古 **安清**【やすきよ】 備前国 鎌倉中期（貞永）

古備前。直刃調の小乱、小丁子で地刃ともによく沸える。「安清」。後代に同銘が長船に建武ころ、なお下って長禄ころに作刀する。

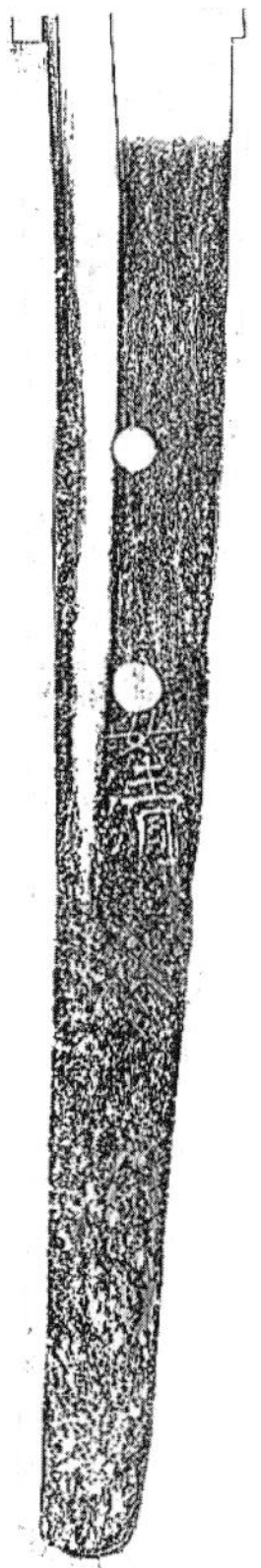

古 **安玉**【やすきよ】 薩摩国 室町末期（永禄）

末波平。文明ころに同銘があり、次いで永禄年紀の作がある。「波平安玉」。

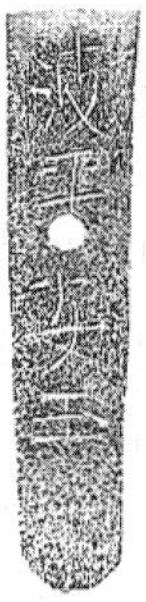

新 **安国**【やすくに】 武蔵太郎 三代 安国初代 武蔵国 江戸中期（元禄）

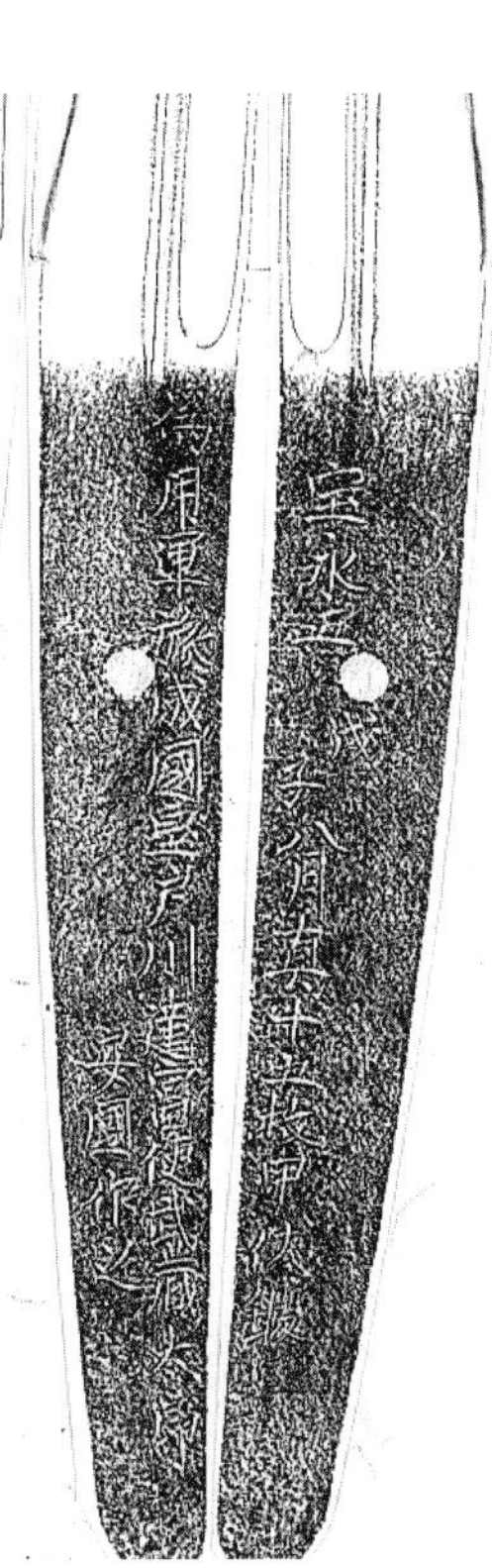

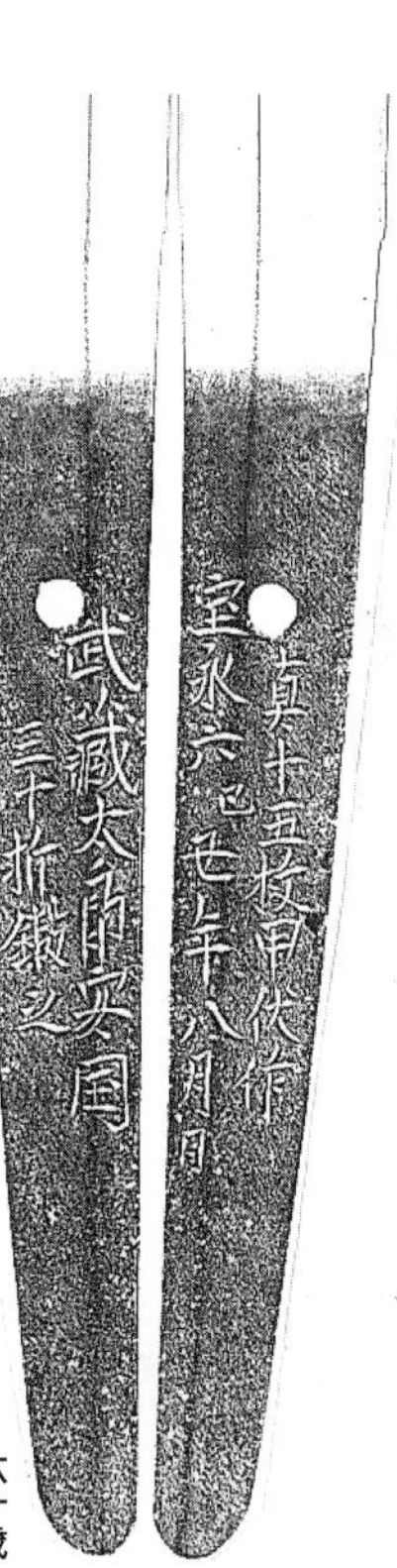

六十歳

元和三年に照重から分家した金左衛門広重の三代目、安国初代。二代藤太広重の子。初銘広重。水戸にて大村加卜の門に入る。貞享二年水戸光圀の命により佩刀を鍛え、光圀から「安国」の銘を授かり武蔵太郎安国と改める。享保四年、御浜御殿で鍛刀し、将軍吉宗の上覧の栄に浴す。江戸麻布での作刀がある。享保十五年八月十五日、八十一歳没。広直刃に小足・葉入り、互の目に小湾れ交じりなど、下原鍛冶中で著名。

新 **安国**【やすくに】 武蔵太郎 四代 安国二代 武蔵国 江戸中期（享保）

山本幸蔵。初銘安英、康英。金左衛門家四代、安国二代目に当たる。父と同じく武蔵太郎安国と切銘する。元禄十二年、十四歳時の作からあり、寛保二年五月に没するまで四十三年の長期があり、比較的に多く作刀がある。中直刃、互の目乱、小湾れに互の目交じり。武蔵太郎安国は、中里介山の『大菩薩峠』の主人公、机《つくえ》龍之助の愛刀で知られて人気が高い。

◆五代藤太（宝暦ころ）から八代明治まで続く。六代以降の作刀はみない。

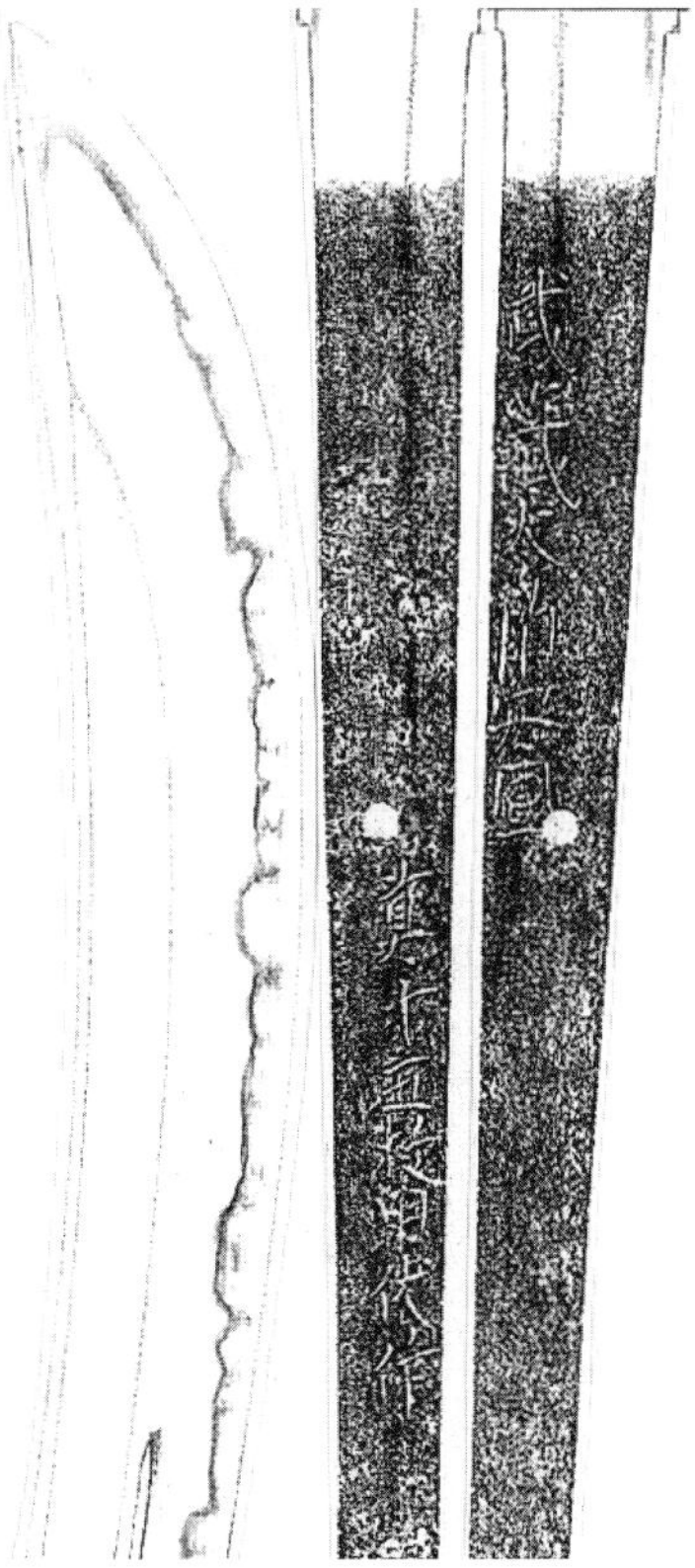

新 **安国**【やすくに】 波平 薩摩国 江戸中期（宝永）

橋口四郎兵衛。のち三郎兵衛。初代大和守安行の三男。波平本家五十八代。宝永五年十月七日、大和守を受領。享保五年正月二十五日没。直刃、小互の目足入り、よく沸えてほつれ、二重刃かかる。匂口沈む。

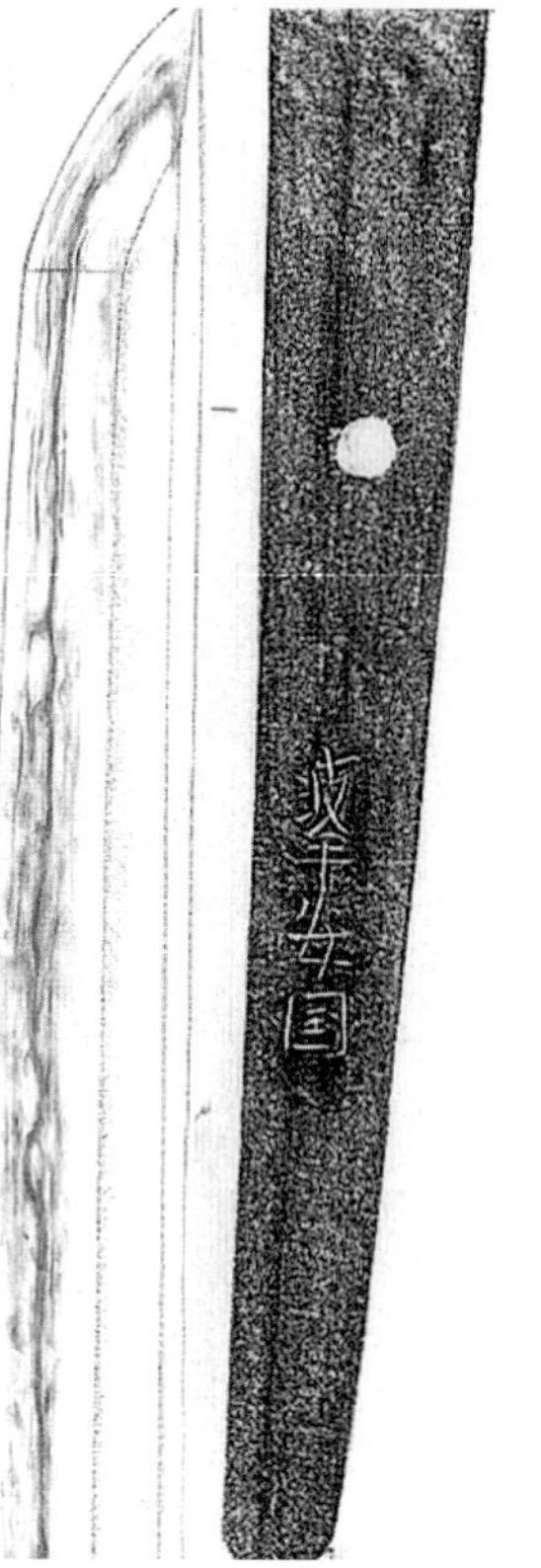

新々 **安国**【やすくに】 万歳 陸前国 江戸末期（文政）

佐々木大吉。陸前国江刺郡片岡村岩谷堂住。仙台安倫門。文政五年津軽藩抱工となり、津軽へ移る。「万歳」「君万歳」と切り、万歳安国の呼称がある。「奥州仙台片岡住君万歳安国」「南部八戸於葛巻」などと切る。嘉永元年没。

新々 **安国**【やすくに】 筑前国 江戸末期（文政）

左安国。大左より二十五代目という。「筑州住左安国」「左安国造之」と切る。

古 **安定**【やすさだ】 伊予国 室町末期（天文）

天文から永禄にかけての年紀作がある。「予州住安定作」「予州住人安定作」「予州の住人安定作」。

新 **安定**【やすさだ】 大和守 初代 武蔵国 江戸初期（慶安）

姓冨田また飛田。宗兵衛という。紀伊国牟婁郡富田村の出身。江戸へ出て神田白銀町に住。大和大掾を受領、慶安元年ころ大和守に転任する。従来、『古今鍛冶備考』をはじめとして出身を越前国とする説が大勢であったが、『新刀弁疑』のみは「石堂一家なり」といい、安定を紀州の人とみている。この説に同意の、小笠原信夫氏は安定が紀州石堂の出身であるとして、「紀州和哥山住安廣造」「大和大掾安定作」の合作脇指をあげている（『刀剣美術』第一九三号）。安定の師については初代越前康継が有力視されてきているが、年代的にみて成立し得ない。しかし安定には三代江戸康継との合作があることなどからみて、越前下坂鍛冶と何らかの交流があったことは否めない。安定の師は合作の表銘を切る安広とみられるし、別に和泉守兼重とみる説もある。安定は「一代鍛冶なり」（『新刀一覧』）がいまにそのまま伝えられてきているが、現存する作刀からみて、少なくとも二代がある。初代作で年紀があるのは慶安元年（金象嵌試銘）から万治年間までの十年間ほどであるが、慶安元年以前の紀州打ちの作を含めたとしても作刀期はあまり長くないであろう。湾れに互の目、やや角味のある刃が交じり、焼きに高低があって、足太く入る。虎徹の数珠刃の風があり、沸匂が深く砂流しかかる。

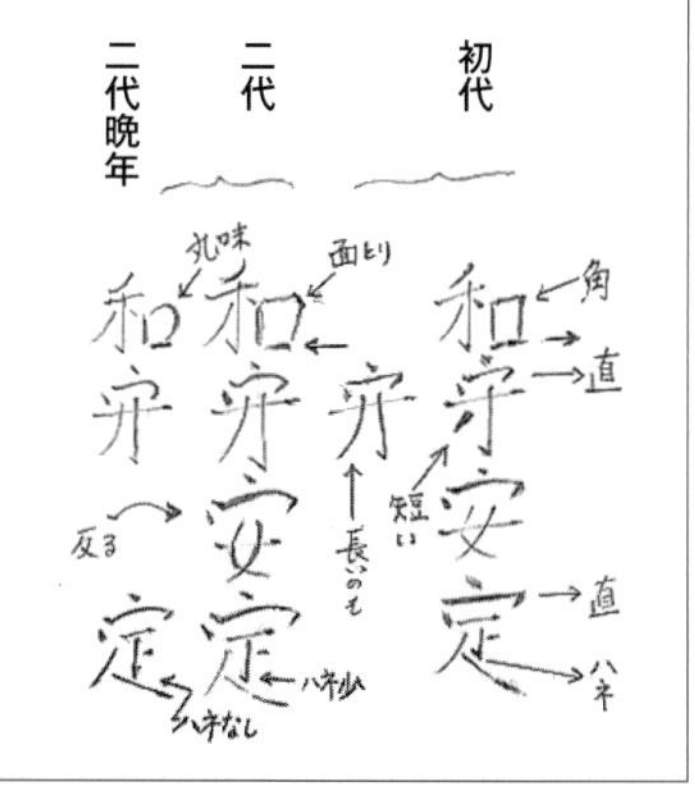

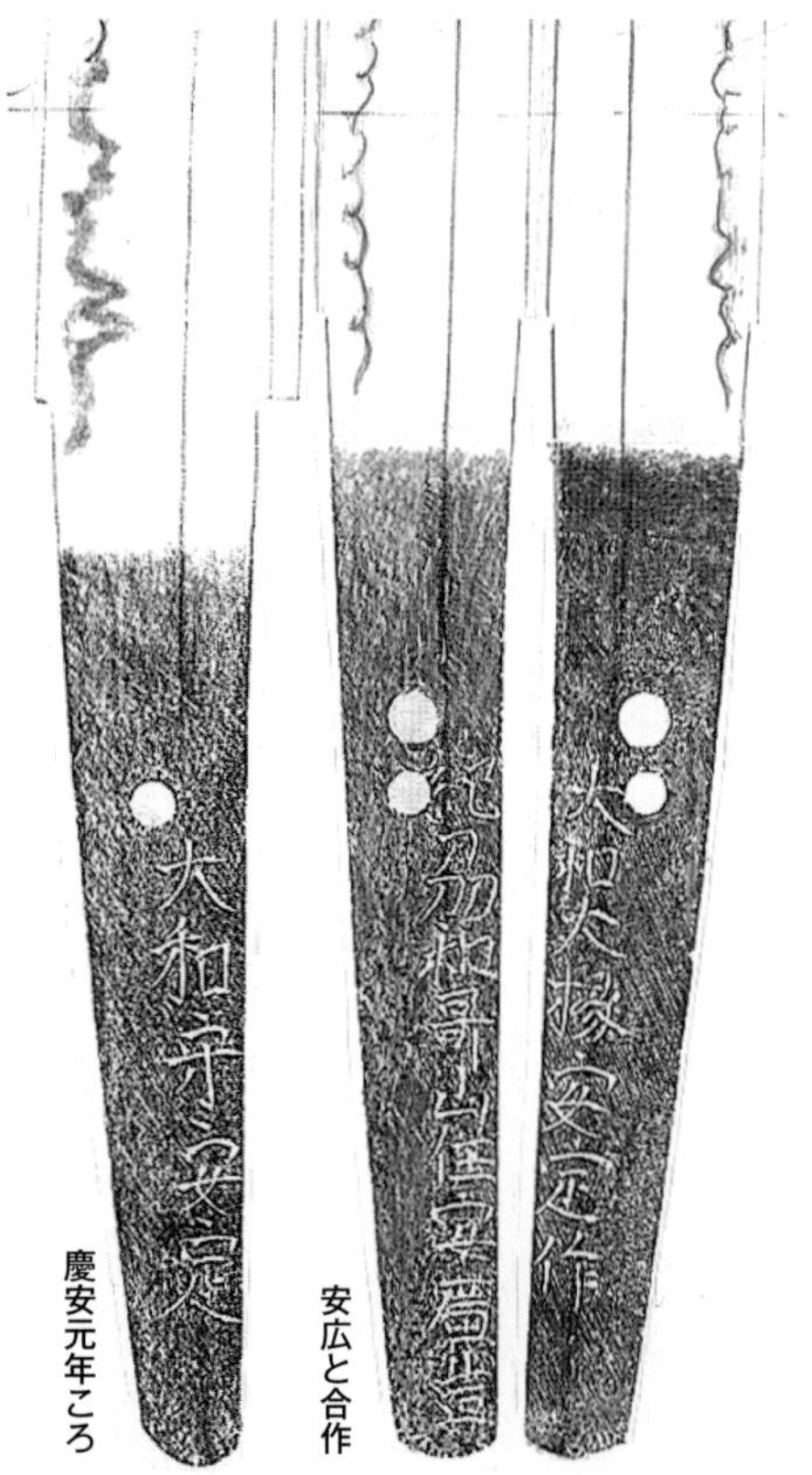

安広と合作

慶安二元年ころ

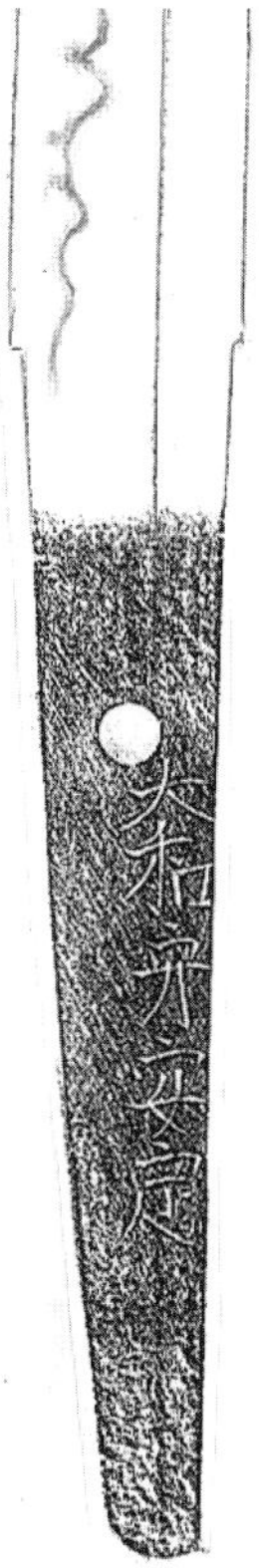

明暦三年

慶安二年

新 **安定【やすさだ】**　大和守　二代　武蔵国　江戸中期（万治）

宗太夫。初銘安次、安継。武蔵国豊嶋郡住。寛文七年の作に五十歳、寛文十年に五十三歳の行年銘があり、逆算すると元和四年生まれである。『名刀図鑑』（藤代商店　昭和十四年）が、初代安定の無銘作に「大和守安定」（表）、「二代目大和守安定銘之」（裏）と二代が追銘した脇指を掲げながら、いまに二代説を採用するものがほとんどなく、あっても初・二代を混同するなど二代安定について不分明な部分が多い。二代安定で年紀があるのは、万治年間から寛文十一年（金象嵌試銘）まで十二年間ほどである。初代安定が紀州から江戸へ移ったのは正保二年のことといわれ、この年に二代安定は二十八歳である。「定」字の第五画縦線にハネのあるのが初代、ハネのないのが二代といわれてきているが、初代銘には終始ハネがあり、二代は初めは少し小さくハネて、あと寛文二年ころからハネがなくなる。残された二代安定の作数は初代作よりやや多い。初・二代を通じて万治年間が作刀の盛期で、寛文に入っても優れた技を発揮している。安定は斬れ味に秀で、山野加右衛門永久・久英の試し斬り金象嵌入りのものがままあって、当時から〝物切れ〟として好まれ、安定刀を指料《さしりょう》とする人が多かったと伝えている。

（『刀剣美術』一〇六号「大和守安定の一考察」）

四十二歳

四十五歳

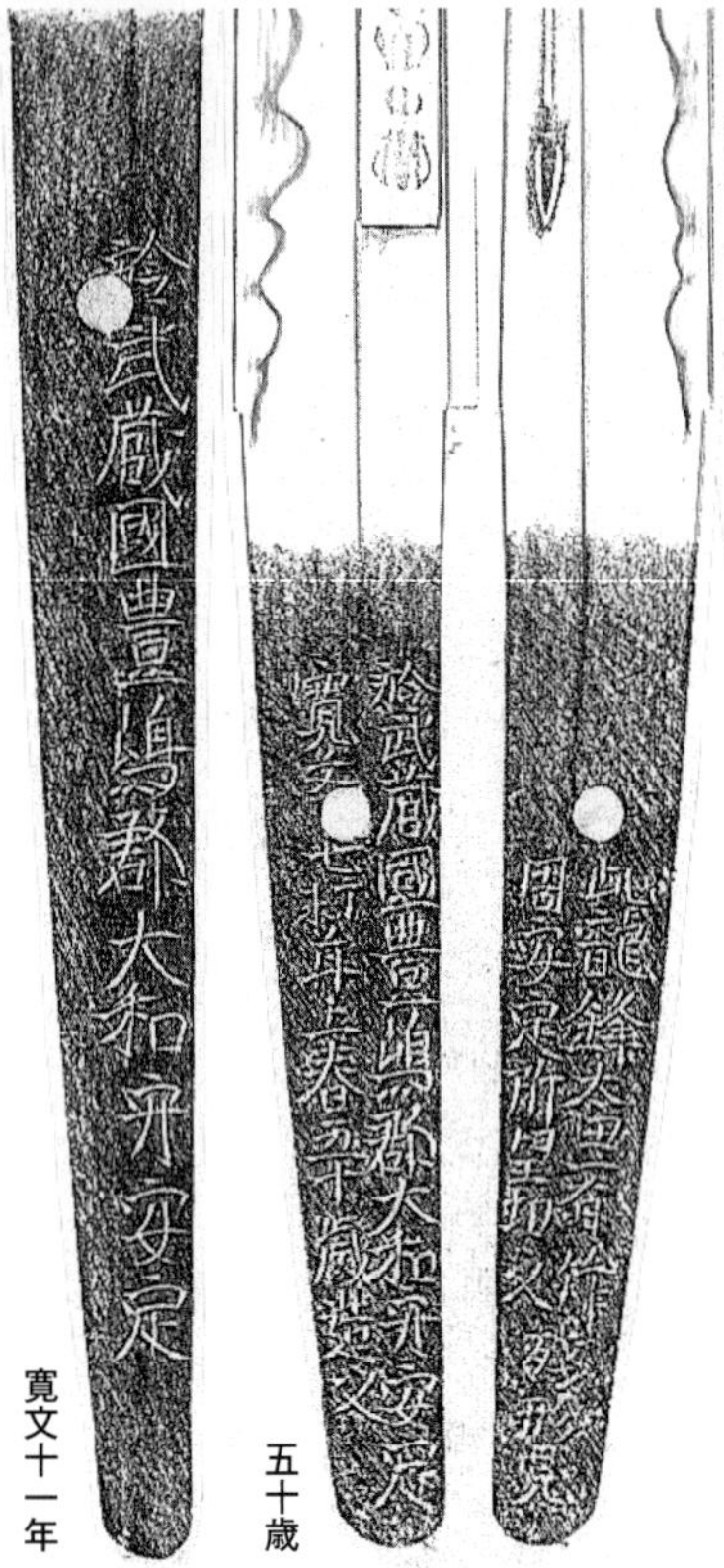
五十歳
寛文十一年

新 安定【やすさだ】 大和守　武蔵国　江戸中期（貞享）

これまでに知られる安定の年紀があるものは慶安から寛文末年までで、延宝以降元禄に至るまでの作は未見である。初・二代とは別種の草書体に切る別人がいる。銘作からみて天和・貞享ころの人である。正式な相続がなく安定を自称したとしても、「大和守安定」を銘するからには、安定本家と何らかの有縁の人であろう。

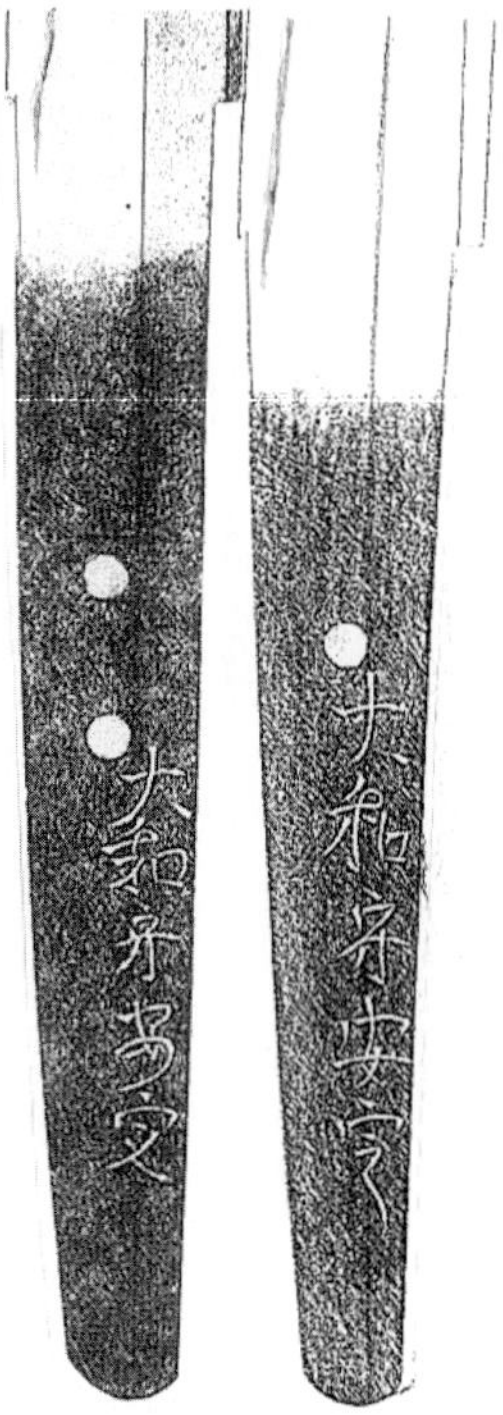

古 安貞【やすさだ】 筑前国　南北朝期（応安）

左。安吉の子という。応安のころ。「安貞」「安貞作」「筑州住安貞」。

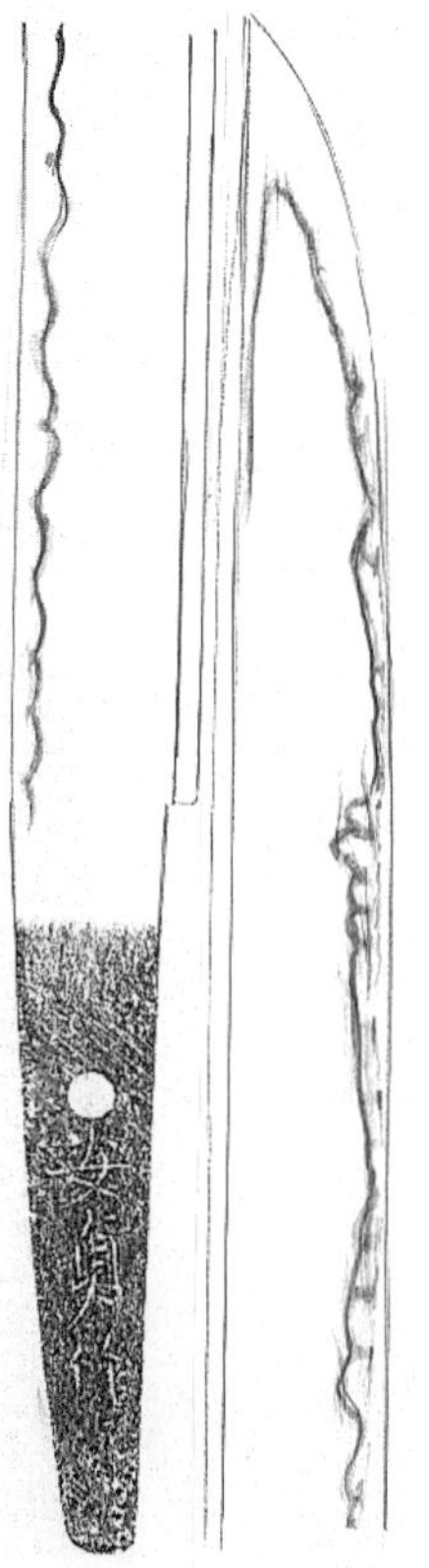

新 安貞【やすさだ】 武蔵国　江戸中期（享保）

井出浅右衛門。下原外記利長の子。武蔵太郎安国門。享保四年、安国が御浜御殿で栄誉の鍛刀をしたとき、師安国は七十歳の高齢にあり、武蔵太郎安貞が相鍛冶を務めている。江戸麻布住。

新 安貞【やすさだ】 一平　薩摩国　江戸中期（延宝）

中村百左衛門。越右衛門、一平。初銘真貞。清貞の三男。主馬首安代の父。波平五十七代安行の門に入り、安貞と改める。宝永七年八月一日、山城掾を受領する。正徳元年十二月、玉置姓に改める。享保二年九月十三日、六十七歳没。

古 安重【やすしげ】 薩摩国　南北朝期（貞和）

谷山波平。近安子。貞和ころ。同銘が応安から応永、長禄、享禄と続く。「波平安重」。

新 安重【やすしげ】 紀伊国　江戸初期（明暦）

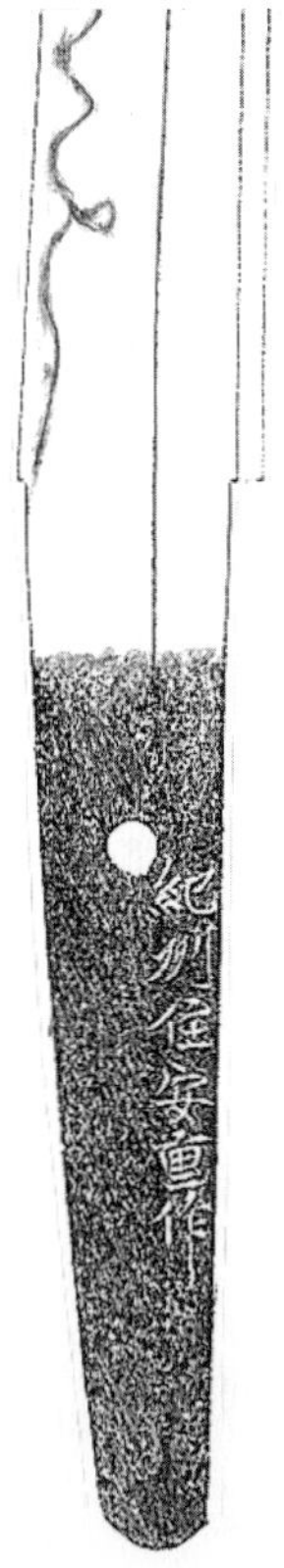

紀州和歌山住。正保年間に師安広に従い、兄弟子大和守安定と共に江戸へ移るという。「紀州住安重作」銘はみるが江戸打ちの作は未見である。年紀がある作に明暦三年があり、寛文二年から同六年ころまでの作がある。

新々 安重【やすしげ】 陸奥国　江戸末期（天保）

鈴木音平、乙平。葛巻鈴木重直より十六代目という。文政年間、葛巻村より久慈町長内村に移る。仙台の万歳安国門。子に精光斎宗重がいる。

古 安末【やすすえ】 薩摩国　鎌倉末期（元亨）

波平。元亨ころ。同銘が南北朝末期の嘉慶ころにある。「波平安末」。

新 安周【やすちか】 波平　薩摩国　江戸中期（享保）

橋口四郎左衛門。嫡家波平五十九代を名乗る。五十八代安休の子。宝暦十二年七月二十九日、七十九歳没。直刃、浅い湾れに互の目交じり。

古 安次【やすつぐ】 備中国　平安末期（承安）

青江の祖という。安次は銘鑑では平安末期の承安から鎌倉中期の嘉禎まで同銘が続くが、いずれも現存する作刀をみない。古青江は安次の子守次からみられ、孫に当たる貞次、恒次、康次などの作がある。青江の作刀は鎌倉末期以前の年紀作をほとんどみることがないため、年代の詳細を個々には識別しがたい。そのためもあって、古青江は平安末期から鎌倉初期まで、中青江は鎌倉中期から末期まで、末青江は南北朝期のものを一括して呼称している（末青江はただ青江とのみいうことがある）。

古青江は沸づき、中青江から以降は匂本位で、直刃と乱刃があり、直刃は逆ごころの小乱足を交じえる。南北朝期には逆丁子乱があって華やか。青江の地肌は縮緬肌といい、小杢肌が立った独特の肌合いをみせ、さらに澄肌とも鯰肌とも呼ぶ地斑がみられる。各時代とも茎の鑢目を大筋違に切るのが特徴。

古 安次【やすつぐ】 薩摩国　鎌倉末期（文保）

波平。行安門。谷山郡波平住。文保ころ。「波平安次」。同銘が南北朝期の暦応・延文にみられ、室町期を通じて連綿とする。

古 安次【やすつぐ】 薩摩国　室町末期（天文）

室町前期は比較的作刀は少ないが、応仁以降は戦乱の拡大により需要が増し、作刀を多くみるようになる。歴代の安次中では天文ころの作刀をままみる。

新 安次【やすつぐ】 陸前国　江戸中期（寛文）

余目藤八郎。初代倫助の子、安倫の弟。大和守安定門。名取住。初代河内守国次の養子となり二代国次を継ぐ。⇨**陸前国国次〈二代〉の項参照**。

新 安次【やすつぐ】 武蔵国　江戸中期（寛文）

富田宗太夫。初銘安継、安次。初代大和守安定の子。初代の没後に安定を襲名したという。「大和守安次」「大和守安定」と切る。⇨**安定〈二代〉の項参照**。「大和守安次」銘に寛文二年金象嵌銘があり（『新刀弁疑』）、「大和守安継」銘に寛文四年紀がある（『新刃銘尽』）。年代的にみても安次は二代安定の初銘とみられる。

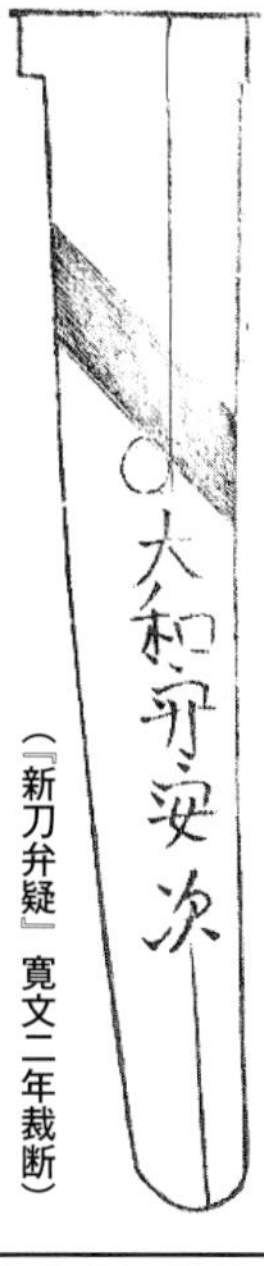

（『新刀弁疑』寛文二年裁断）

新 安継【やすつぐ】 武蔵国　江戸中期（寛文）

富田宗太夫。初銘安次。初代大和守安定の子。⇨**安定〈二代〉の項参照**。

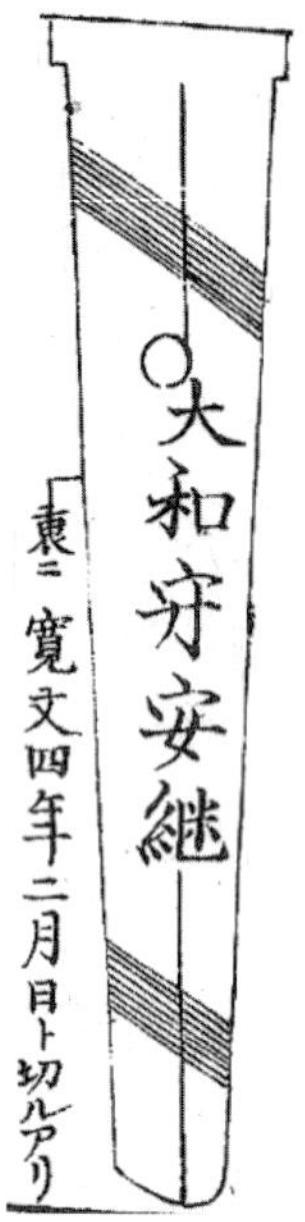

（『新刀弁疑』）

古 安綱【やすつな】 備前国　鎌倉初期（元仁）

古備前。元仁ころ。古備前安綱は鎌倉中期の文暦、正元ころにもいて作刀するという。「安綱」。

古 安綱【やすつな】 薩摩国　鎌倉末期（文保）

波平。初代行安の子。文保ころ。名跡を継ぐ工が南北朝期に作刀する。「波平安綱」。

古 安綱【やすつな】 伯耆国　平安中期（永延）

横瀬三郎大夫、大原三郎大夫、また五郎大夫という。大原住。古銘鑑による年代は大同、弘任、また永延とされるが、安綱は平安中期を遡ることはないであろう。日本刀様式が完成した最初期の刀工の一人で、日本刀工の祖ともいわれる。名作を残し、有銘作も古作中では比較的に多く残していて、鬼丸、名物童子切は代表作である。

太刀は腰反り高く踏張りがあり、小切先に造り優美な恰好である。地は板目が肌立ち、地沸が強くつき、地斑が入る。刃文は小乱に小互の目、小湾など交じり、匂深く沸よくつき、砂流し金筋かかり、区《まち》ぎわを焼落す。一見しては古備前物の風があるがやや趣を異にして古調である。「安綱」二字銘を切る。「安」字より「綱」の字を大きく、かつ「綱」を右側に張り出して切るのが通例である。

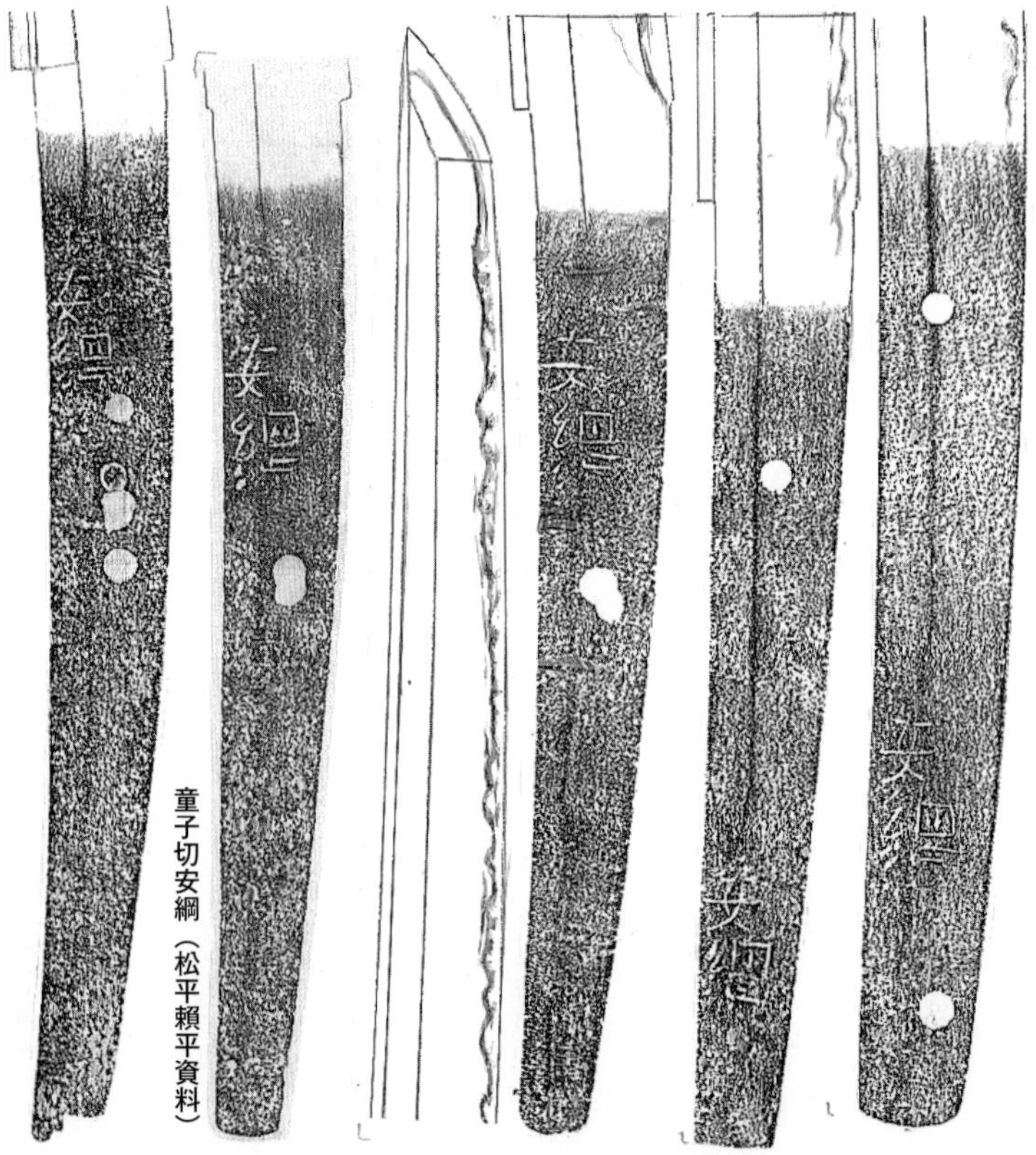
童子切安綱（松平頼平資料）

新 安常【やすつね】 薩摩国　江戸中期（宝暦）

橋口四郎兵衛。初銘安和。安国の子で波平五十九代を名乗る。直刃、小湾れに互の目足入り。「波平安常」と切る。

新 安輝【やすてる】 丹後国　桃山期（寛永）

室屋関大道の末。本国美濃峯山住。のち丹後田辺に移る。三河にても造る。

新 安利【やすとし】 武蔵国　江戸中期（寛文）

初銘安俊。初代大和守安定門。「武蔵守安利」と受領銘を切る。

新々 安利【やすとし】 薩摩国　江戸末期（文化）

奥藤次郎。元平門。大隅にも住。「隅州住安利」「波平安利」。

新々 安利【やすとし】 薩摩国　江戸末期（天保）

橋口勘四郎、のち助之丞。行安の長男。波平本家六十二代。明治十七年三月十日、八十歳没。

古 安俊【やすとし】 薩摩国　南北朝期（貞和）

波平。家安の子。貞和二年、貞治三年紀の作がある。「波平安俊」。同銘が至徳、応永、康正から以降天正ころまで連綿とする。

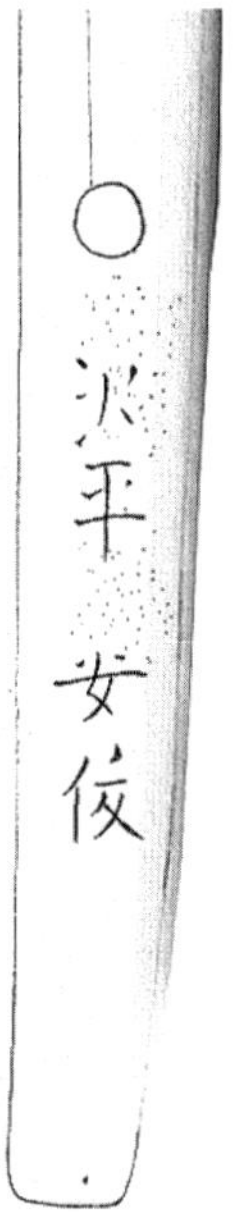

（『古刀銘尽大全』）

新 安知【やすとも】 武蔵国　江戸中期（享保）

山本兵蔵。下原。四代目山本外記利長の次男。◆五代目は山本満次郎安知。宝暦ころ。

新 安倫【やすとも】 余目　二代　陸前国　江戸初期（承応）

余目《あまるめ》五左衛門。初代倫助の嫡男。初銘倫祐、のち倫助とも。承応三年、江戸に出て大和守安定門に入り、安倫と改める。翌明暦元年没。早世。安倫銘の作はみられず、そのため名目上は初代安倫でも、事実上は子の余目三代目の安倫が安倫初代となる。（系図９０４頁参照）

初銘倫祐

新 安倫【やすとも】 余目　三代　安倫初代　陸前国　江戸中期（寛文）

余目五左衛門。余目二代目倫祐の子。承応三年、江戸に出て父と共に大和守安定門に入る。父は早世のため安倫銘の作がみられず、この工を「世に初代と唱う」（『古今鍛冶備考』）として余目三代目を事実上の初代安倫とみなしてきている。伊達綱宗慰作の相鍛冶を務める。寛文初年から宝永までの作刀があり、宝永六年紀の作に七十五歳の添銘がある。享保

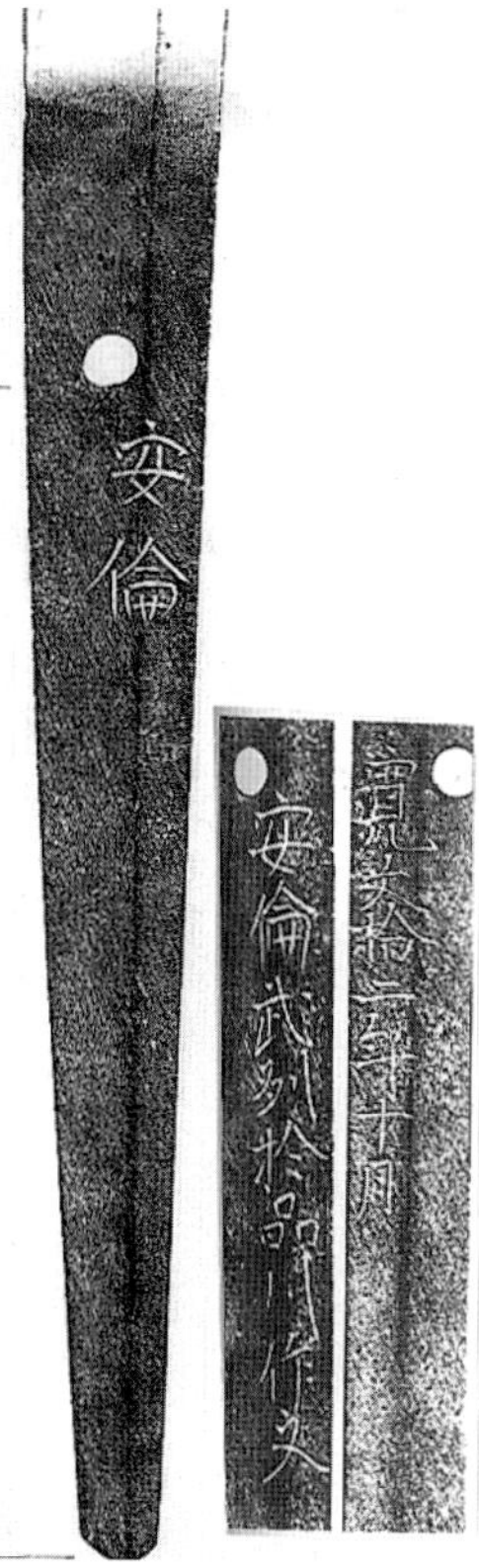

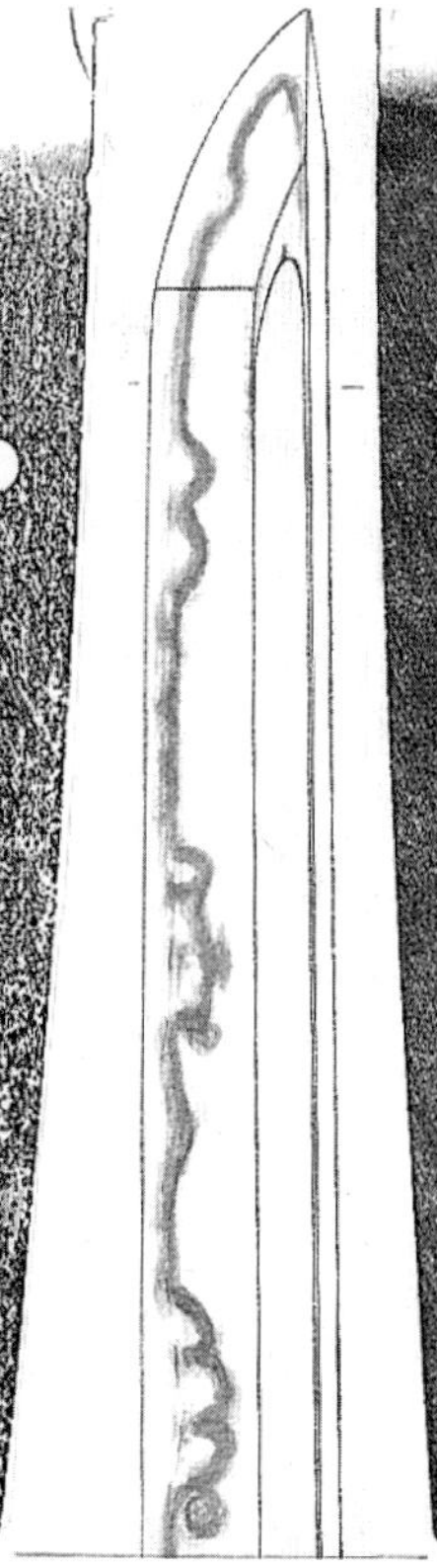

十一年没といい、これによれば享年九十二歳。湾れに互の目足入り、互の目に尖り互の目交じりなど。

新 安倫【やすとも】 余目　四代　安倫二代　陸前国　江戸中期（貞享）

余目《あまるめ》忠兵衛。初銘定広、安広。田代永重の子で初代安倫の養子となり、余目四代目、安倫二代を継ぐ。貞享から元禄にかけて作刀がある。◆五代仲右衛門（享保）。六代清右衛門（寛保）。七代久吉（宝暦）。八代仲兵衛（寛政）は江戸継平門、小銘に切る。九代五左衛門（文化）は作刀せず、十代善吉（嘉永）と継続する。四代から後は作刀少なく、七代、九代に比較的作刀をみる。

古 安永【やすなが】 備前国　室町初期（応永）

長船。応永ころ。安永は古備前福岡一文字から長船に継ぐ名跡で、応永から以降は寛正ころにも同銘工がある。「備州長船安永」。

古 安延【やすのぶ】 薩摩国　室町初期（応永）

波平。了戒信光の門。応永ころ。「波平安延」。安延の名跡は文安、弘治に続く。

古 安信【やすのぶ】 越後国　室町初期（応永）

山村。正信の子。京信国門で、のち信国と改めるという。応永ころ。「安信」「山村安信」。

古 安信【やすのぶ】 越後国　室町中～末期（享徳～永正）

山村。板目に杢と柾交じり肌立つ。湾れに互の目交じり、互の目に尖りごころの刃交じるなど砂流しかかり、叢沸つく。越中とも、加州野々市村住ともいう。享徳ころから永正にかけ複数工が作刀する。「安信」「山村安信」。

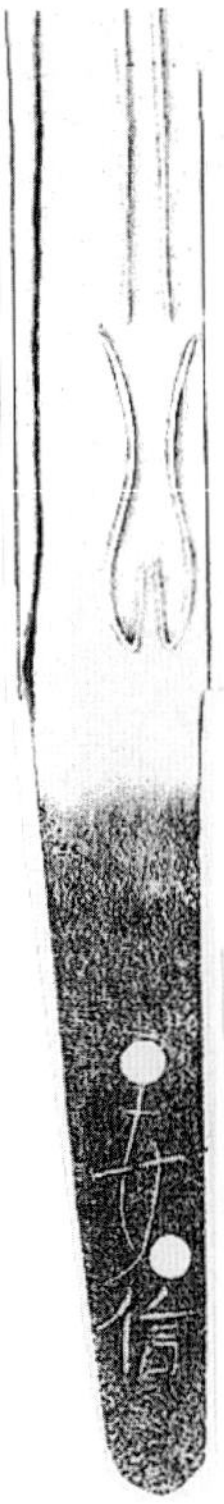

古 安信【やすのぶ】 薩摩国　室町末期（天正）

波平。谷山住。幅広で重ね厚の体配に細直刃を焼く。天正ころ。「波平安信作」。安信は鎌倉末期の元応ころから名跡が続き、室町期は文明、天正ころに活動する。

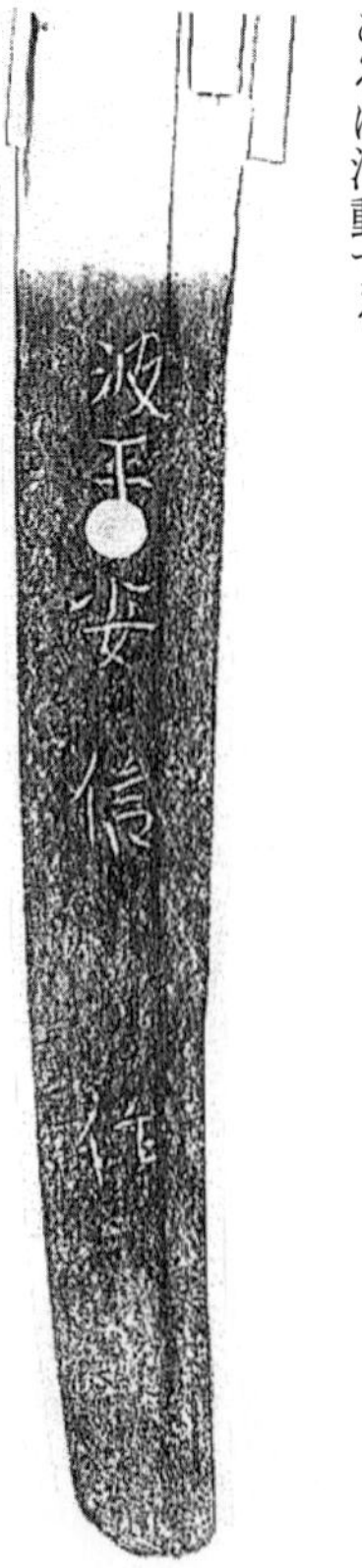

古 安則【やすのり】 備前国　鎌倉初期（正治）

福岡一文字。則宗の子。助宗の兄。刑部左衛門。後鳥羽院二十四番鍛冶。直刃に小乱交じり、小丁子の交じるものがあるが、丁子乱はさほど目立たない。「安則」。同銘が宝治、文永、嘉元と続き、南北朝期になっては長船に移り、建武以降応永に継続する。

古 安則【やすのり】 薩摩国　室町初期（応永）

波平。銘鑑では鎌倉中期の永仁から名跡が続き、室町期は応永、明応、永正と連綿とする。「波平安則」。

新々 安則【やすのり】 薩摩国　江戸末期（文政）

玉置一之進、小一郎。初銘実則。波平、安村の子。天保二年四月二十二日、大覚寺門跡より近江大掾を授けられる。安政四年四月十四日、八十二歳没。

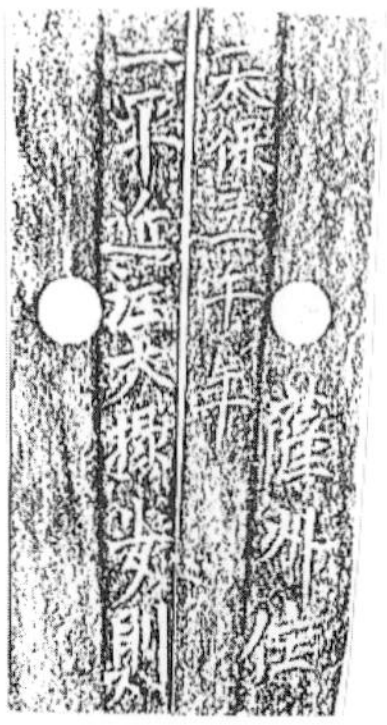

古 安久【やすひさ】 越中国　室町初期（応永）
宇多。南北朝末期から室町初期にかけて、降っては室町末期の文明ころに同銘がある。「安久」「宇多安久」。

古 安久【やすひさ】 薩摩国　室町初期（応永）
波平。応永二十二年紀の作がある。「波平安久」。安久は南北朝初期の康永、中期応安からあり、応永以降文安、文明、永正、永禄と続く。

古 安秀【やすひで】 薩摩国　室町末期（大永）
波平。中直刃にほつれ、打のけかかり、小沸つき、匂口沈む末波平風の出来。「波平安秀作」。安秀の名跡は南北朝期から続き、室町期に入り享徳、明応、大永と連綿とする。

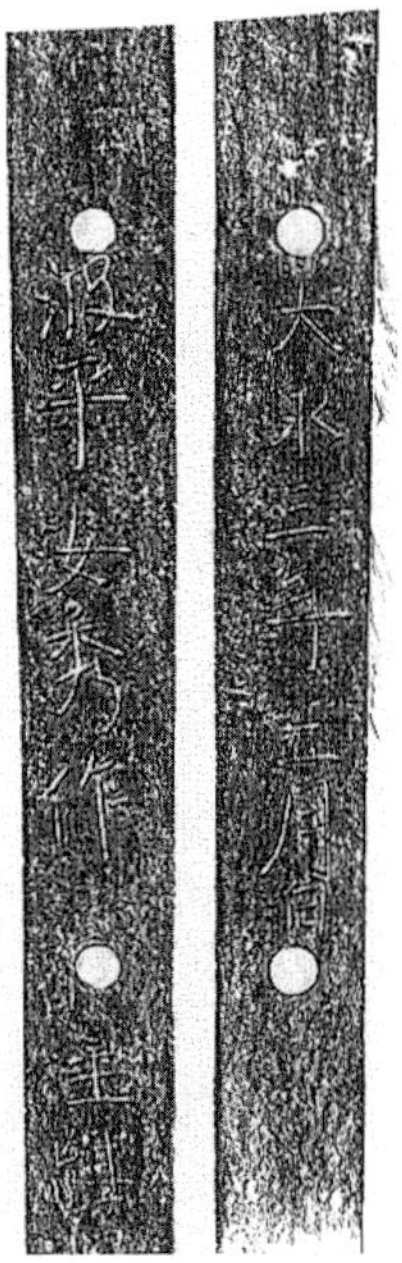

新作 安秀【やすひで】 北海道　昭和
渡部工。大正四年生まれ。堀井俊秀門。作刀技術発表会、新作名刀展に出品、優秀賞一回、努力賞三回など受賞。「室蘭住保秀作」。

新々 安英【やすひで】 陸前国　江戸末期（文化）
武広與右衛門。初名公長。一関田村藩士。水心子正秀門。師の著『刀剣実用論』を編集する。同書は水心子の造刀論の書翰また口述したものを文化八年五月にとりまとめたものであり、同年八月に水心子から安英に贈られた刀が現存する。この刀は同書編集の安英の〝誠厚〟に対して水心子が返礼の意を表したものであろう。「門生武廣與右衛門藤原安英」と切銘があり、安英の俗名を武右衛門とするものがあるが、正しくは與右衛門であることがわかる。天保十四年二月二十五日没。

水心子から與右衛門安英に贈られた刀

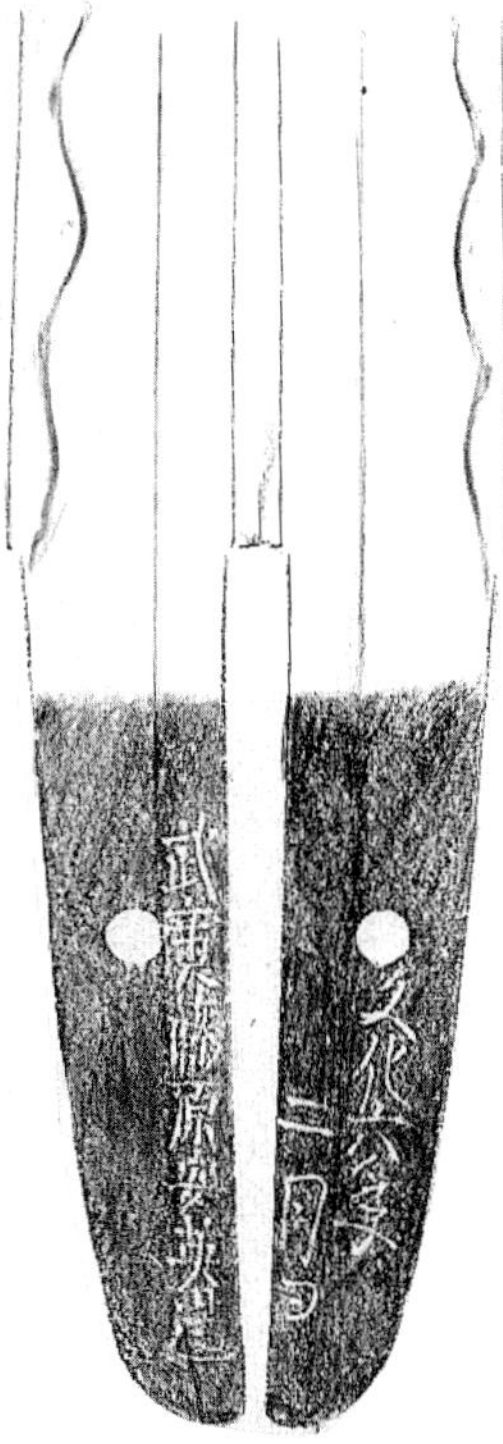

新 安広【やすひろ】 紀伊国　桃山期（元和）
富田源蔵、三郎兵衛。元和ころに京から紀州和歌山に移住。紀州石堂の祖。寛永十三年、紀州藩の抱工となるが、正保元年、藩から解雇される。翌二年、門人の安定、安重を伴い江戸に移り、この地

（『図版刀銘総覧』）

で鍛刀する。「紀州和歌山住安廣造」（表）、「大和大掾安定」（裏）と銘した安定との合作がある。丁子乱が小づみ、湾れに互の目交じり、紀州石堂の華やかな乱に比べて地味な作。

新 安広【やすひろ】 薩摩国　江戸中期（寛延）
橋口清左衛門。初銘安当。波平五十八代安正の子で安元の弟。明和四年九月十七日没。「波平安広」。

古 安弘【やすひろ】 備中国　鎌倉初期（建保）
古青江。建保ころ。「安弘」。同銘が文永、徳治にあり、文保の工は万寿荘住。南北朝期には建武ころ、室町期は長禄ころにある。「安弘」「備中国安弘」。

古 安弘【やすひろ】 筑前国　南北朝期（貞和）
左。安吉門。湾れに互の目交じり、小沸つく。初代貞和、二代明徳ころ。「安弘」。

古 安弘【やすひろ】 越前国　室町末期（永正）
千代鶴。越中にても造る。永正ころ。「越州住安弘」。

古 安房【やすふさ】 陸奥国　平安末期（康平）
舞草。舞草鍛冶の始祖と伝える。平安朝末期の康平ころという。大治ころにも森房父という同銘工がいるが、いずれも遺作に接することがない。

古 安正【やすまさ】 薩摩国　室町末期（明応）
波平。中直刃がほつれ、打のけかかり、白気映り立つ。銘鑑もれ。明応ころか。「波平安正」。

新 安正【やすまさ】 薩摩国　江戸中期（元禄）
橋口兵右衛門。初銘安吉。波平五十七代安行の次男。「波平安正」と切る。

古 安光【やすみつ】 備中国　鎌倉末期（正中）
備中妹尾鍛冶の一人で正中元年紀を切る。銘鑑もれ刀工。「備州妹尾住安光作」。

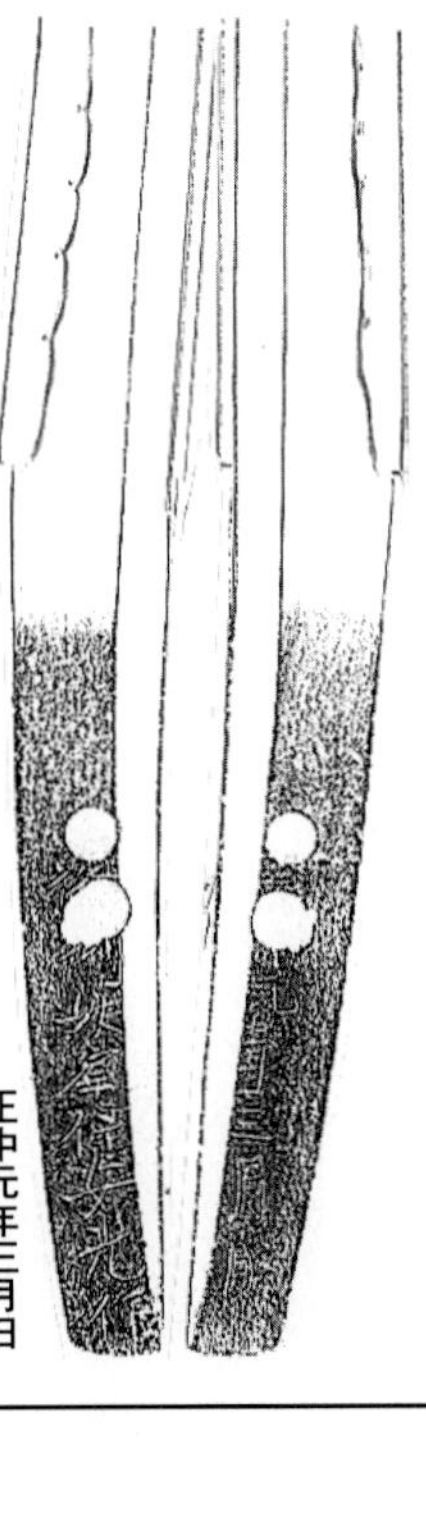
正中元年三月日

古 安光【やすみつ】 備前国　南北朝期（明徳）
小反り。光弘門。明徳ころから応永にかけての鍛冶で、永享、文安、永禄と同銘が続く。「備州長船安光」。

古 安光【やすみつ】 薩摩国　南北朝期（元弘）
波平。初代行安の子。初代。元弘ころ。「薩州波平草安光」「薩州谷山郡波平安光」。二代貞和、三代応安、四代応永から以降、八代天正ころまで名跡が続く。

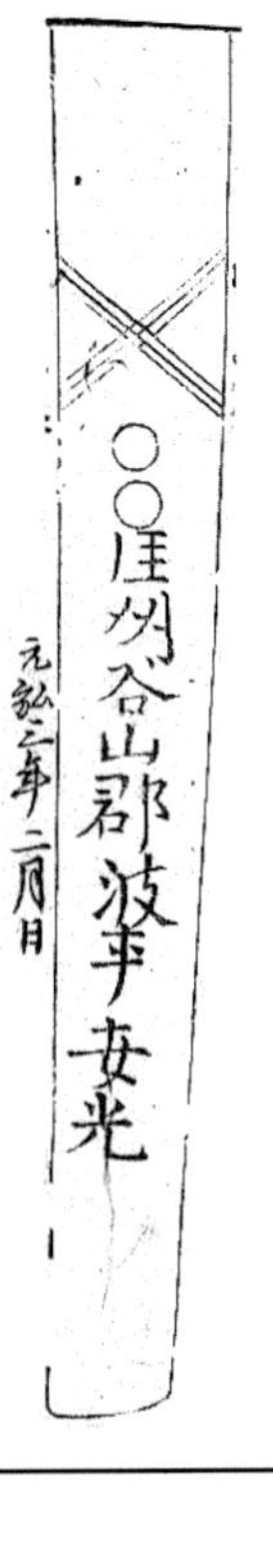

古 安光【やすみつ】 薩摩国　室町初期（応永）
波平。安光の名跡は四代応永以降、永享、文安、文明、永正、天文、天正と続く。「安光」「波平安光作」。

古 **安満**【やすみつ】　薩摩国　室町末期（永正）
波平。安満は鎌倉末期（徳治ころ）、南北朝期（応安ころ）に古作同銘があるという。「波平安満」「薩州住安満」。

古 **安宗**【やすむね】　備前国　南北朝期（明徳）
吉井。明徳ころ。「備前国吉井住安宗」。

古 **安宗**【やすむね】　薩摩国　室町末期（永禄）
波平。谷山住。永禄ころ。「波平安宗」。

新 **安宗**【やすむね】　陸奥国　江戸中期（寛文）
津軽住。大和守安定門。「奥州波岡住安宗」と切る。

古 **安村**【やすむら】　大和国　鎌倉初期（貞応）
千手院。重村子。安村の名跡は文暦、建長、弘安、嘉元に継続するという。「安村」。

新々 **安村**【やすむら】　薩摩国　江戸末期（天明）
玉置平八。平蔵、一平。一平安在の子、安代の孫。文化十年五月二十七日、七十六歳没。直刃、小湾れに互の目足入り。「主馬首安代嫡孫一平安村作」「波平安村」などと切る。

古 **安守**【やすもり】　備前国　室町初期（正長）
長船。家助子。初代正長、二代応仁、三代永正に続く。「備州長船安守」「備州長船清二郎安守作」。

古 **安行**【やすゆき】　備中国　鎌倉中期（康元）
古青江。康元ころ。同銘が南北朝期（建武ころ）にある。「安行」「備中国住人安行」。

古 **安行**【やすゆき】　薩摩国　鎌倉末期（正和）
古波平。古くは「浪平」とも。初代。行安の子。校正が正和二年、嘉暦四年の年紀作を掲げたものの押形（『古今銘尽』）によると、正和二年と嘉暦四年の銘の筆致が相違し、嘉暦四年の方には「後」と書き込みがあり、後の代（二代を指すであろう）であることを認めている。現存する嘉暦三年紀の銘振りも嘉暦四年のものと同一である。これによって、正和二年と嘉暦三・四年の安行を別人とみれば、前者を初代、後者を二代とみることができる。何分にも押形銘からの見方ではあるが、正和二の「平」字の縦線の終筆にハネがないこと、「行」字の第四画を斜めの点で打つなど、嘉暦四のものにはみられない筆致を作者は描いている。この筆致は他の古書が掲げる同作の銘振りとも一致している。初代安行は鎌倉末期が作刀期で、年紀があるものでは正和二年から嘉暦ころまで、二代安行は嘉暦から貞治（三年紀の作がある）ころまでが作刀期であろう。「波平安行」「薩摩国住人波平安行」。

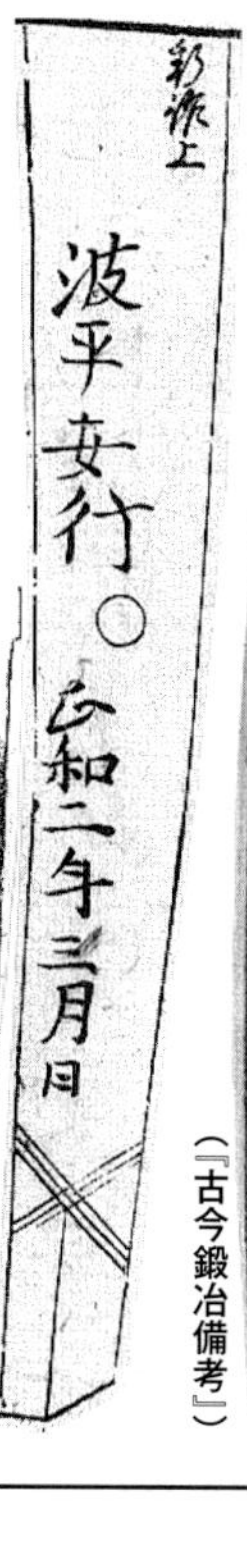

（『古今鍛冶備考』）

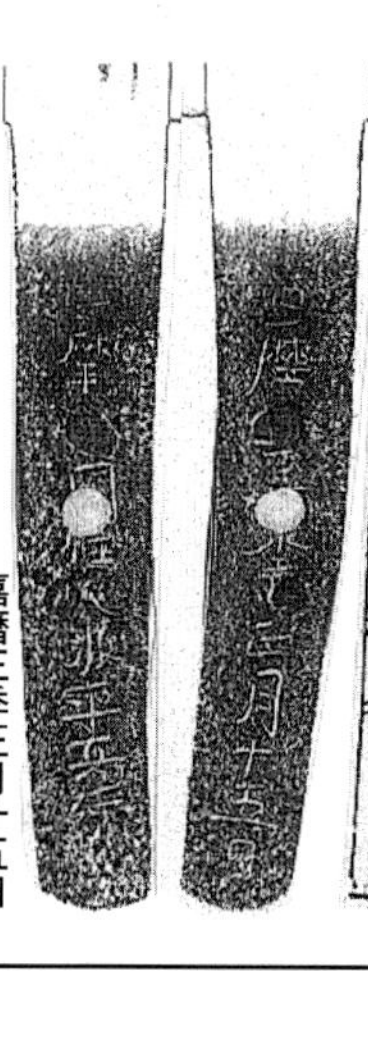

嘉暦三季正月十五日

（『古今銘尽』）

古 **安行**【やすゆき】　薩摩国　南北朝期（貞和）
初代安行の子。二代。鎌倉最末期から南北朝中期ころが作刀期で、暦応・正平・貞治の年紀作がある。南北朝時代になると太刀は長寸で豪壮な体配のものが全国的に流行するなかで、大和物の作風を受け継いだ古波平の一流は、比較的尋常な姿恰好を好み、直刃を伝統的な刃文として墨守する風がある。「波平安行」「薩州住人波平安行」。

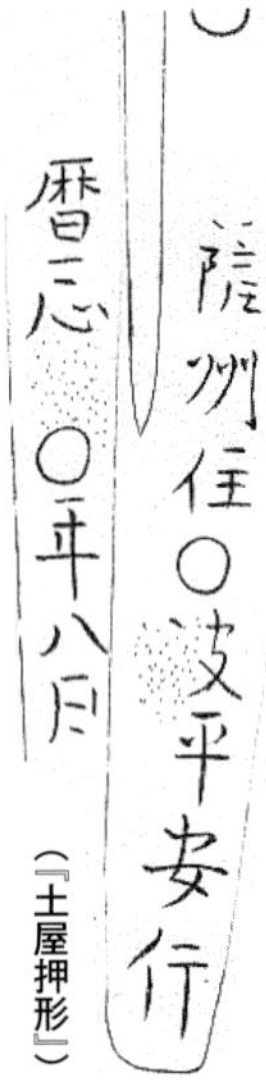

（『土屋押形』）

古 安行【やすゆき】　近江国　室町初期（応永）

甘呂。俊長子、友安門ともいう。同銘が永正ころにある。「江州住安行」。

古 安行【やすゆき】　薩摩国　室町初期（応永）

波平。三代。南北朝期を遡る年代のものを古波平と称するのに対し、室町期のものを波平と汎称し、なかでも室町末期のものを末波平と呼びならわしている。室町期のものは総じて板目が流れて肌立ち、白気映りが立つ。刃文は直刃を焼き匂口が沈んでうるみごころがあるのが一般で、古風を継承するが地刃が弱い。後半になると末備前物にならった互の目乱を焼くものがある。南北朝末期ころから応永年中の作があり、年紀作は応永十年、二十年がある。「波平安行」。安行は四代正長、五代延徳、六代永正、七代天文からのち新刀期へ連綿とする。

新 安行【やすゆき】　波平　薩摩国　江戸中期（寛文）

橋口三郎兵衛。薩州波平本家初代・正国から通算して波平五十七代。藩命により伊豆守正房に入門。寛文五年十二月十四日、大和大掾を受領、のち大和守に転ず。元禄八年七月二十三日、七十六歳没。直刃、直刃に互の目交じり。

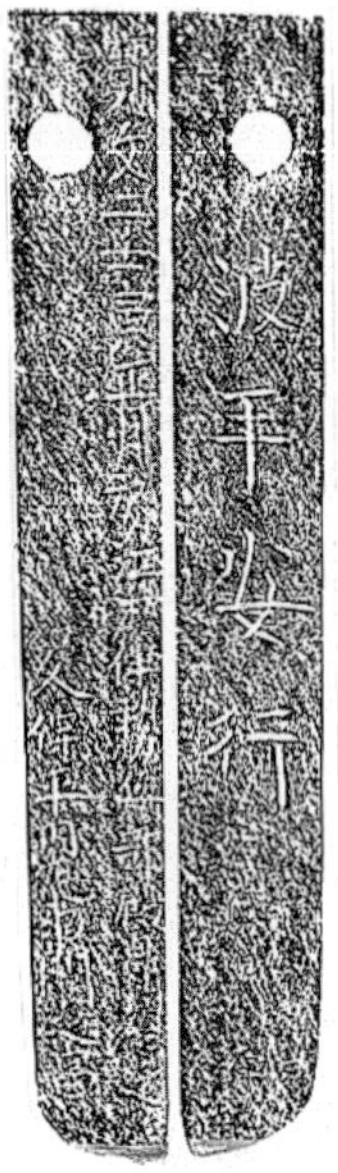

新々 安行【やすゆき】　波平　薩摩国　江戸末期（享和）

橋口勘之丞。安常の次男。波平本家六十代。初銘安州のち安氏。享和二年安行に改銘する。文化五年五月十日、六十六歳没。

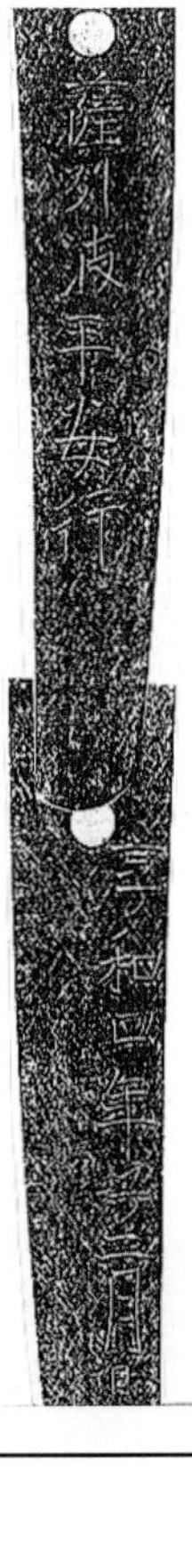

新々 安行【やすゆき】　波平　薩摩国　江戸末期（慶応）

橋口四郎兵衛。安利の長男。波平本家六十四代。初銘行治。慶応三年、三十三歳と切った作がある。明治二十年七月十九日、五十三歳没。

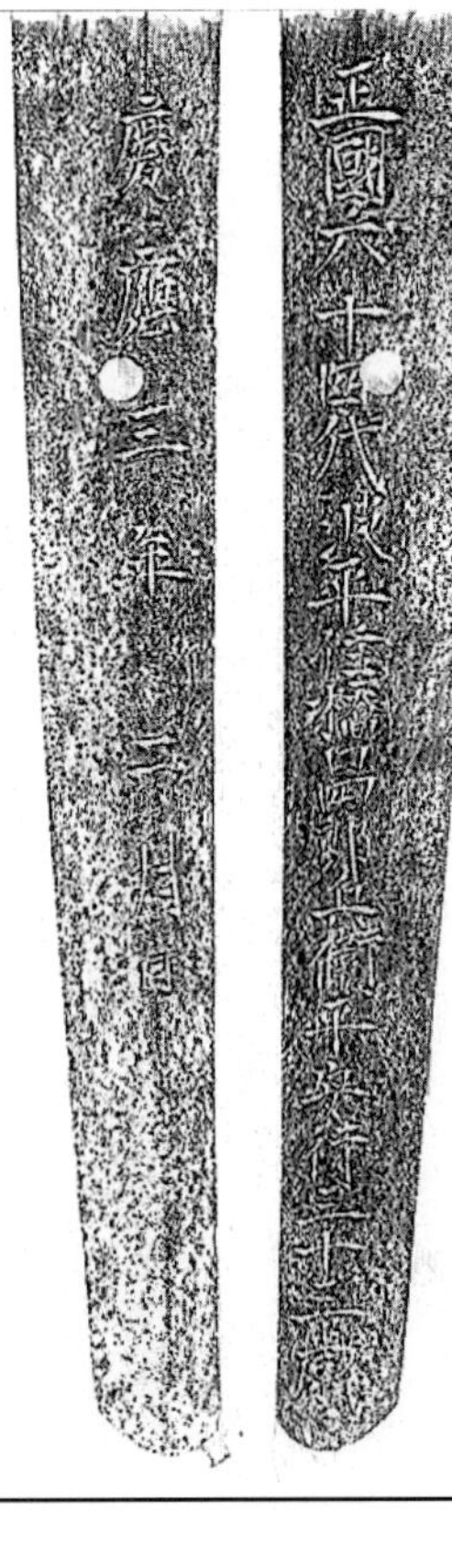

新 安代【やすよ】　一平　薩摩国　江戸中期（享保）

玉置吉五、平九郎、小市郎、小市左衛門。初銘真方。一平安方の子。波平安周門。また安国にも学ぶ。正徳六年三月家督相続。享保五年十月、正清と共に選抜されて江戸へ出府。翌六年一月に浜御殿で将軍吉宗の佩刀を鍛え、功により〝一葉葵〟を切ることを許され、同時に幕府の斡旋にて享保六年七月十三日、従五位下、主馬首に任ぜられる。宣任は帰路京にてのことで安代四十二歳である。享保十三年十一月二十八日、四十九歳没。直刃に小互の目、小乱交じりのものが多く、大乱もわずかにあって、いずれも匂深くよく沸えて、荒沸がつくものもある。正清と比べて総じては小出来で、正清の乱主調に対して安代は直刃主調の刃状を呈す。茎は桧垣鑢に刻す。現存する作刀は比較的少ない。

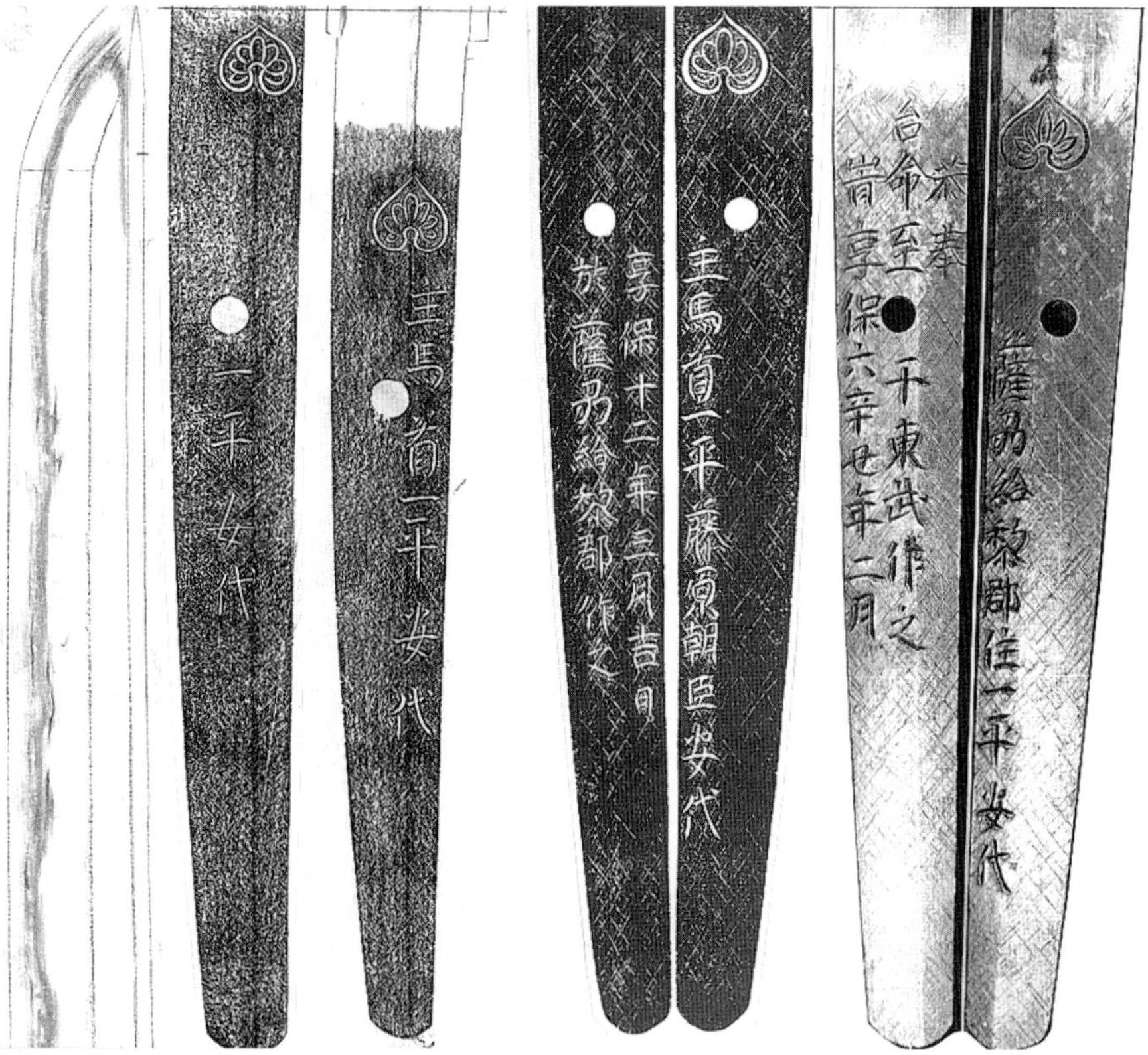

古 **安吉**【やすよし】 安芸国 南北朝期（文和）

左。喜太郎。芸州小春住。生国筑前。左文字の門人で初銘を定行という。小春に移り安吉と改め、左とばかりも切るという。「左」「安吉」。

古 **安吉**【やすよし】**初代** 筑前国 南北朝期（建武）

左衛門三郎。大左の子。筑前隠岐浜住。のち長州住、芸州小春でも造るという。校正は長州安吉が筑前左安吉同人といい、大全は本国筑前で左の子安吉が長州に下るといっていて、いずれも筑前安吉と長州安吉を同人とみている。一方で両者を別人とみる説は、正平年代の終わりころに筑前と長門の両地でそれぞれ別に作刀していた安吉がいるとみてのものである。同人なれば同じ時期に重複する年紀作が両地にあるのは不審であるとするのであるが、両地を往復して作刀できないほどの遠距離ではな

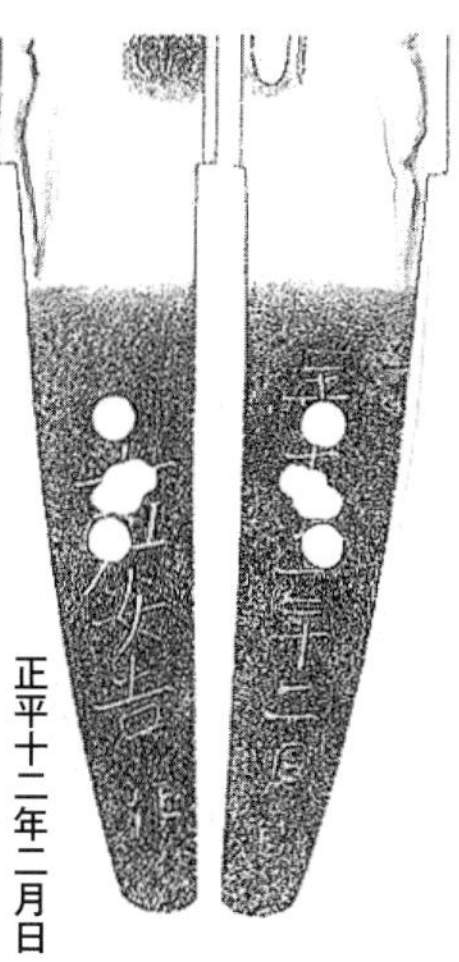

正平十二年二月日

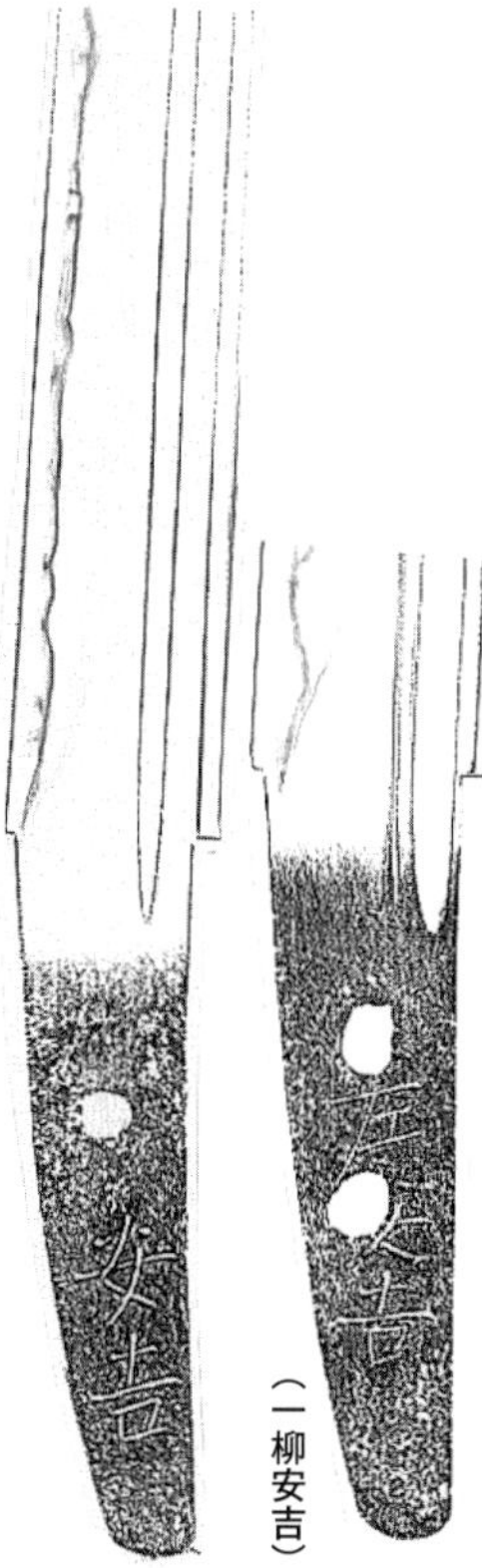

（一柳安吉）

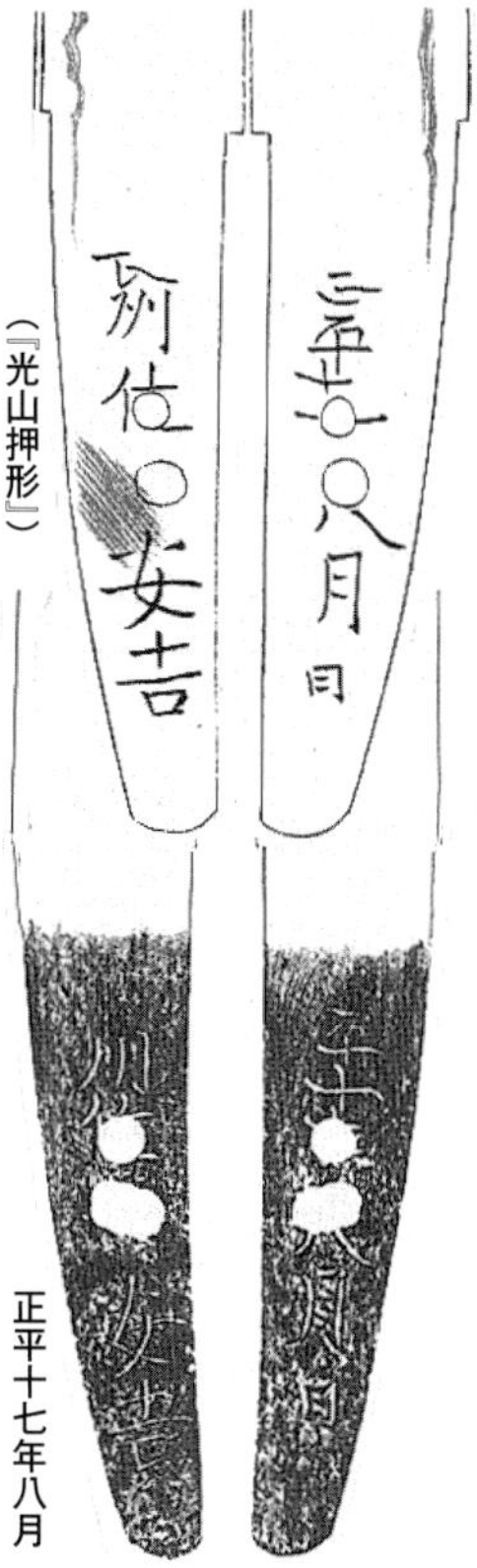

正平十七年八月

（『光山押形』）

や

やすよし

（日置安吉）

く、長州での作は「長州住」とあるので、正平十七年のころには筑前から長州へ移住していたとも考えられる。筑前での作は「左」を冠称して「左安吉」と銘するが「筑州住」とは切銘しない。年紀がある安吉作の正平十一年から貞治六年までの間、正平十二年の「左安吉」と、正平十七年の「長州住安吉」の銘とは別人のものとはとらえにくく、同人の銘とみることができるし、両者の作風も酷似して別人の手になるとは考えにくい。もっとも大全は長州にての作は少し劣るなりといっている。

筑州安吉と長州安吉は同人であり、長州安吉は二代道元が永和、三代応永、四代目が文明ころまで継続する。筑州安吉は左を通称して二代永和、三代応永と名跡を継承する。安吉は現存する太刀をみず、平造の短刀か小脇指の大振りの作が多い。板目に杢交じり、棒映り立つもの、板目が流れて白気があるものとがある。刃文は小湾れに小互の目足入り、細かい砂流し、金筋入り、匂勝ちで小沸つき、帽子先が鋭く尖って返る。大振りの銘を流暢に切る。「安吉」「左安吉」「安吉作」「長州住安吉」。⇩左《さ》の項参照。

古 安吉【やすよし】 長州 二代 長門国 南北朝期（永和）（系図897頁参照）

長州二代安吉。初代安吉の子。永和五年、永徳二年紀の作がある。道元安吉と称す。「安吉」「長州住安吉作」「長州道元安吉作」

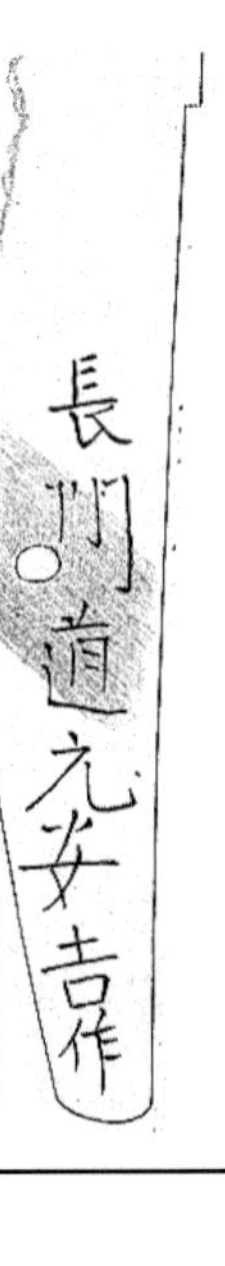

（『光山押形』）

古 安吉【やすよし】 長州 三代 長門国 室町末期（応永）

長州三代安吉。応永元年紀の作がある。長州府中（現・山口県下関市豊浦町）住。「長州住安吉」「長州安吉作」「長州府中住安吉」。

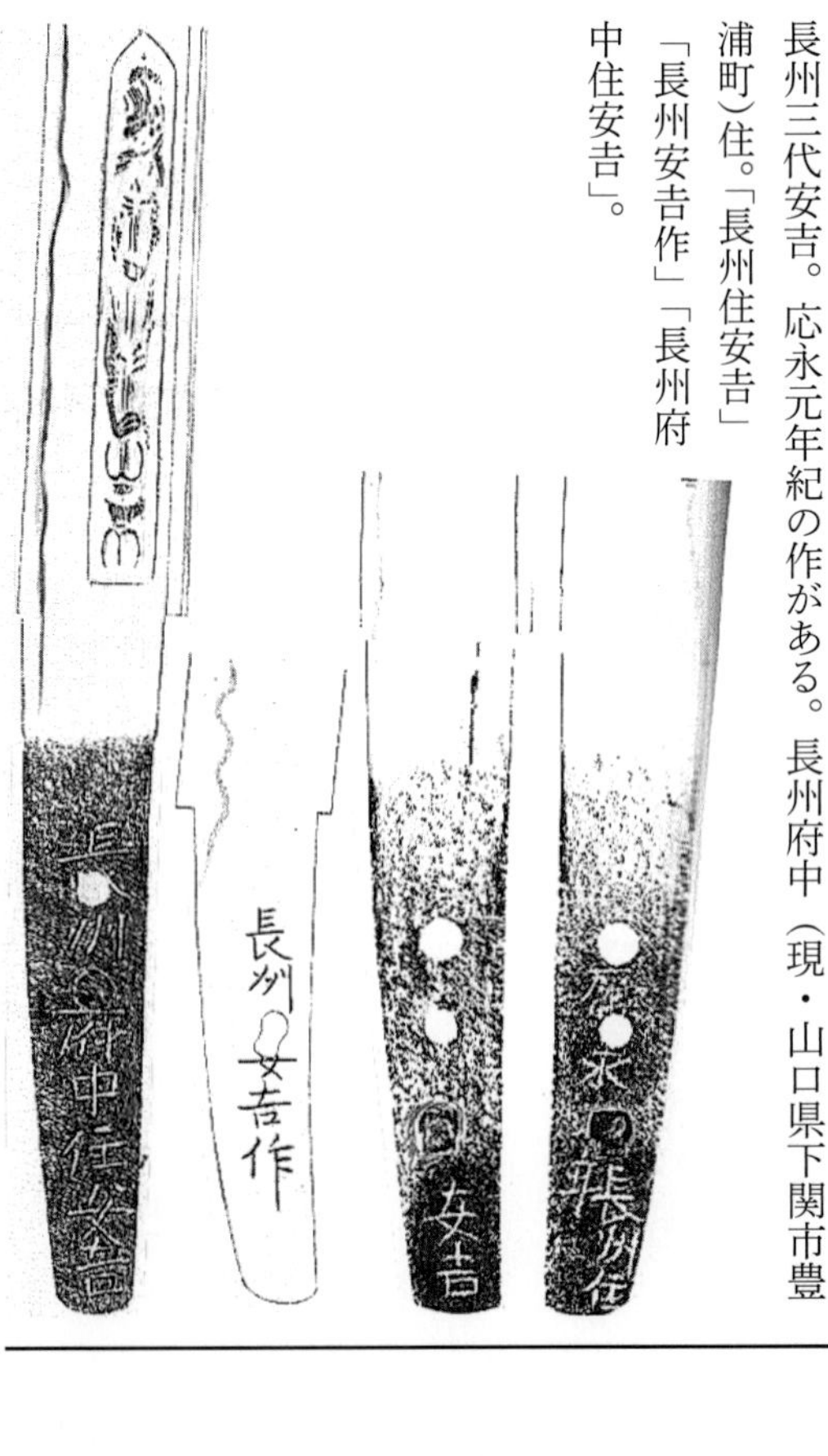

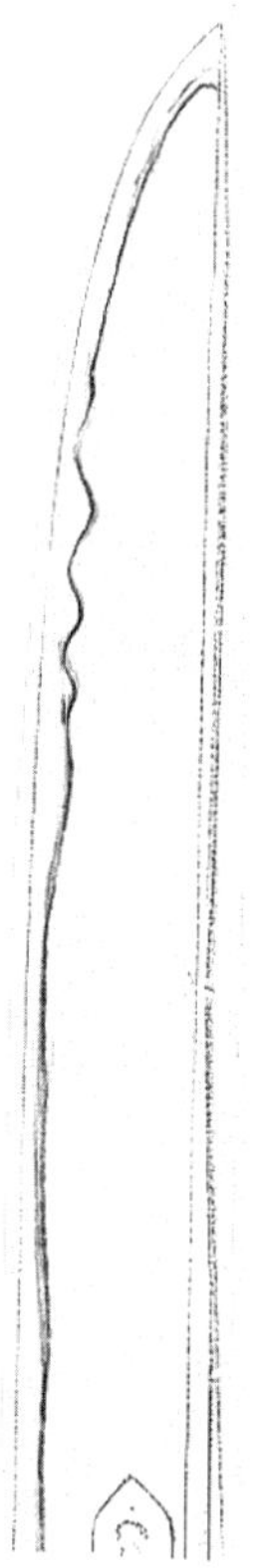

古 安吉【やすよし】 筑前左　二代　筑前国　南北朝期（永和）

初代安吉は後年に長州へ移り、安吉の主流はその地で栄えるが、筑前には左の名流を伝える安吉の一流が鍛刀して「左安吉」の名跡を継承する。永和四年紀の作があり、小振りの短刀に小銘を切る安吉があって、この工は「左」と「安」との字間をあけて切銘するのが特徴である。この小銘の安吉には「筑州住」「左　安吉」と銘して「筑州住」（『古今銘尽』）とあるのが注目できる。小振りの短刀が古調な作で、南北朝中期ごろを降らない年代と鑑せられ、筑前左の初代の後継者、それは二代に該当する筑前左安吉とみられよう。この小銘を切る手の銘は初代安吉の大振りの銘には類さず、また大左の晩年銘とみる説があるが、年代的にも大左とのつながりには無理があろう。「安吉」「左　安吉」「筑州住左　安吉」。

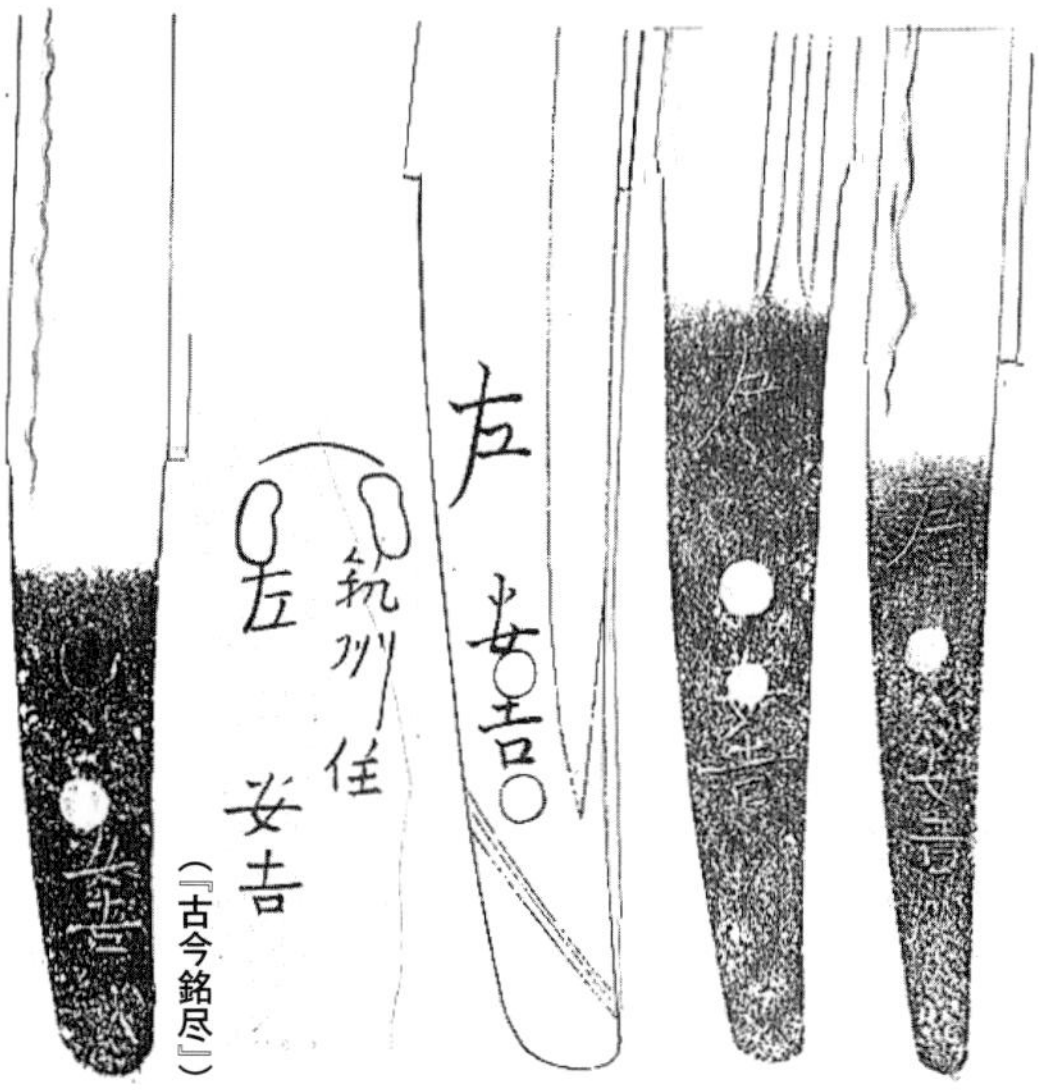

（『古今銘尽』）

古 安吉【やすよし】 筑前左　三代　筑前国　室町初期（応永）

長州府中には長州三代安吉が、筑前には筑前三代安吉が同じ応永年間に鍛刀する。応永十七年紀の作があるが、現存する作刀は少ない。「筑州住左」「左」。

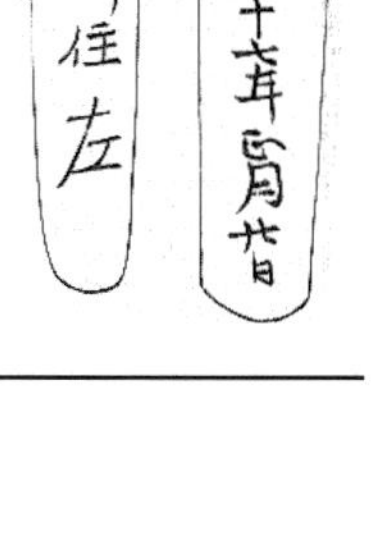

古 安吉【やすよし】 豊後国　室町初期（応永）

紀新太夫。応永ころ。同銘が明応ころに続く。「豊後國紀新太夫安吉」。

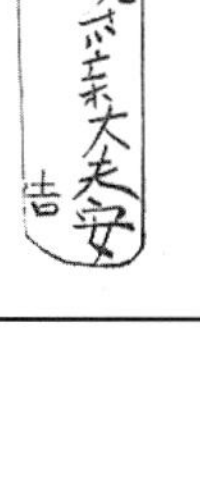

（『古今銘尽大全』）

古 安吉【やすよし】 豊前国　室町中期（長禄）

宇佐信国。文明三年紀の作がある。長禄二年八月紀は「豊州宇佐住信国」（⇩**信国の項参照**）と同年紀で、同じ宇佐信国であるが別人であろう。細直刃が少し湾れ、小沸つく。「信國安吉作」。

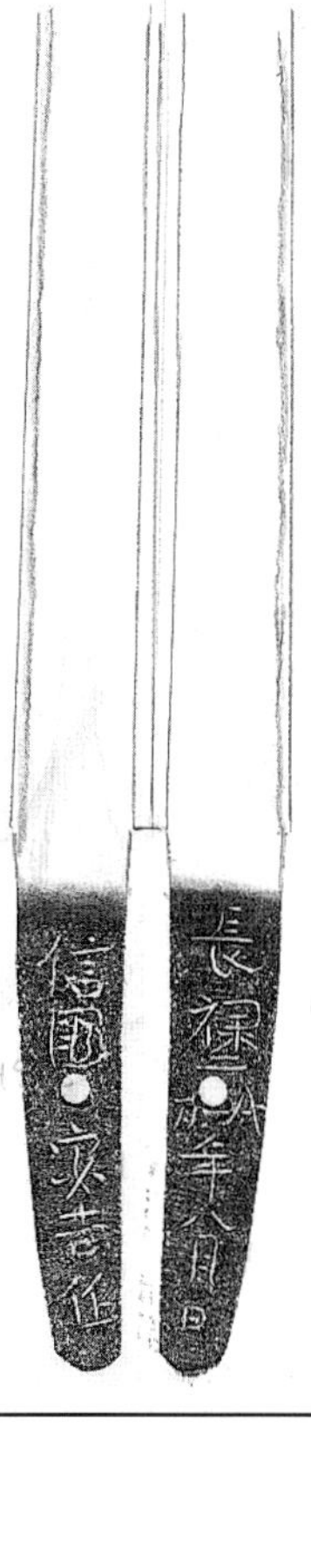

古 安吉【やすよし】 薩摩国　室町末期（明応）

波平。明応・永正年紀の安吉は応永の安吉から四代目に当たる。以降は天文・弘治の年紀作があり、「平」姓を切る工がいる。「波平安吉」「薩州住平安吉」「平安吉」。

新々 安吉【やすよし】 遠江国　江戸末期（文政）

中塚松次郎。国安の子。「遠州横須賀臣安吉」などと切る。

新 保則【やすのり】 武蔵国　江戸末期（安永）

谷田金五衛門。武州神田、また霞関辺住。「於武州荒川流水谷田金五衛

門保則彫同作」などと切り、安永年紀の作がある。

新々 **保則**【やすのり】 相模国 江戸末期（弘化）
樋口綱介。清水久義門。小田原住。「保則」などと切る。

新作 **保則**【やすのり】 佐賀 昭和
元村保広。佐賀市長瀬町住。昭和四十四年、第五回新作名刀展出品、入選。同四十五年にも出品、入選する。元村兼元に師事。肥前忠吉に私淑する。

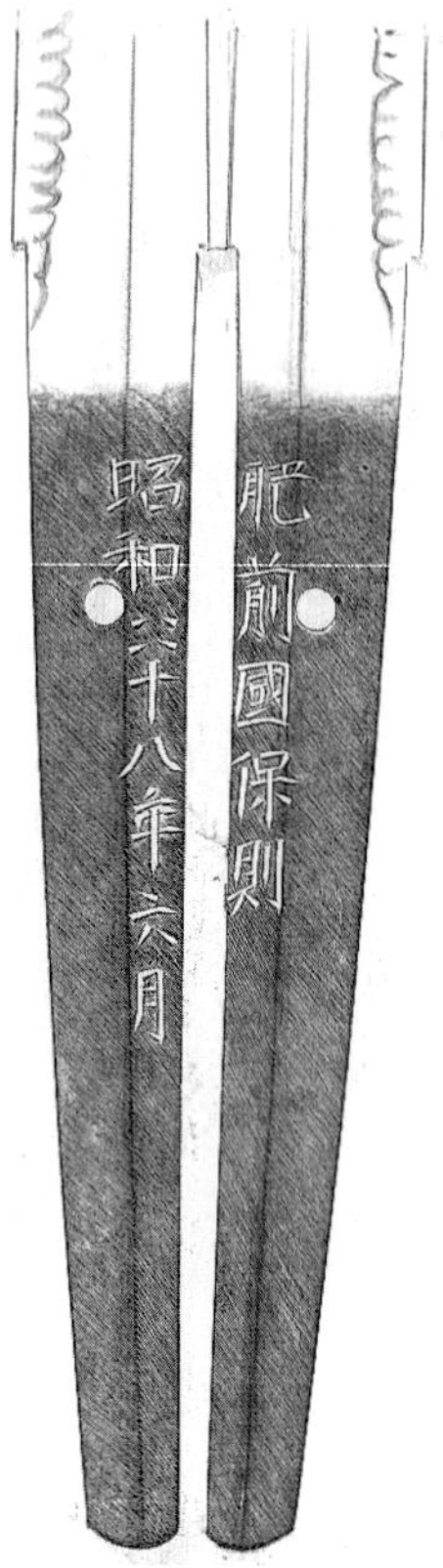

新々 **保広**【やすひろ】 出羽国 江戸末期（天保）
羽州米沢住。「羽州米沢住保廣作」。互の目乱、焼頭が丸く揃う。

古 **保弘**【やすひろ】 備前国 鎌倉末期（正安）
長船。左兵衛尉、左近将監。正安から延慶にかけての年紀作がある。「保弘造」「備前国長船住左兵衛尉保弘」「備前国長船住左近将監保弘造」。次代とみられるものに建武年紀がある。

古 **保弘**【やすひろ】 大和国 鎌倉末期（元徳）
大和千手院。鎌倉末期ころと鑑せられる冠落造の短刀がある。細直刃、匂口が締まり心に沸つく。

古 **泰貞**【やすさだ】 備後国 室町初期（応永）
備後三原。板目に柾流れて肌立ち、白気映り立つ。互の目乱、小沸つき、刃先匂で尖る。「備州之住泰貞」。銘鑑もれ。

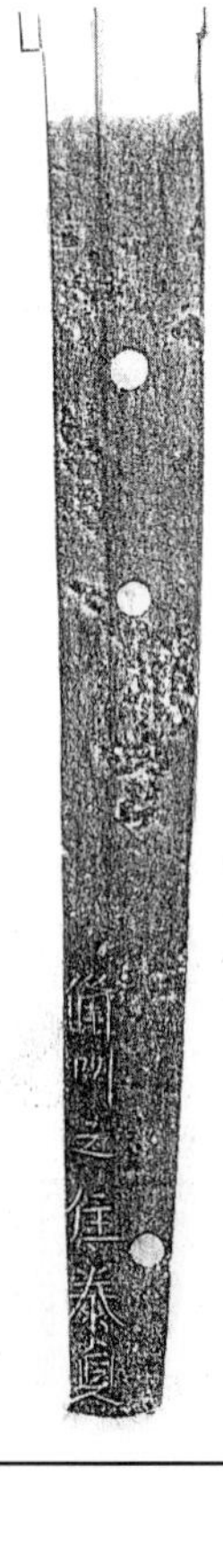

新々 **泰近**【やすちか】 相模国 江戸末期（文久）
相州戸塚柏尾住。英近子。平塚土屋の鉄砲鍛冶の家に生まれる。吟龍子と号す。小田原にても造る。直刃に互の目交じり。「相州住藤原泰近」「相州住吟龍子藤原泰近造」。

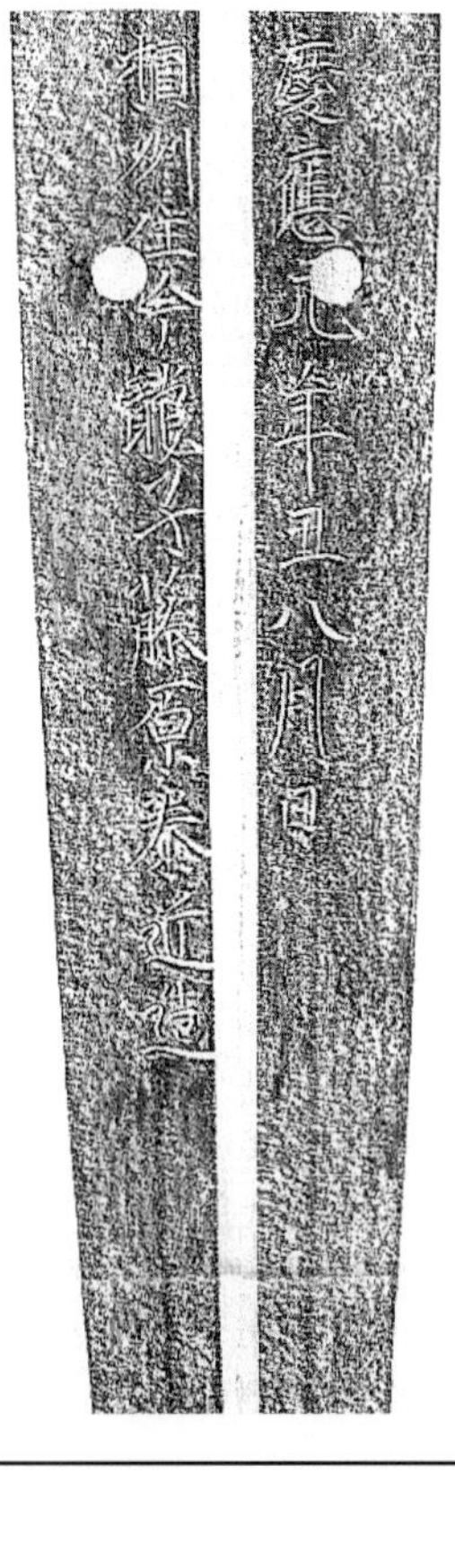

古 **泰長**【やすなが】 阿波国 室町末期（大永）
海部。直刃が湾れかかり、小互の目足入り、小沸よくつき匂口明るい。「泰長」「泰長作」「阿州住泰長」。

新 **泰平**【やすひら】 陀羅尼（松戸） 加賀国 江戸中期（享保）
松戸七郎。初銘勝家。叔父勝家家を再興させた善八郎勝家の二代目。享保十五年ころに泰平に改銘する。加州刀の復興に力を尽くす。宝暦十二年四月四日、七十二歳没。互の目に小湾れ、三本杉、直刃など。◆二代泰平は初代泰平の子松戸七郎。文化五年、六十五歳没。

古 **泰春**【やすはる】 相模国 室町末期（大永）
小田原相州初代康春の初銘。本国駿州島田。義助門。永正十八年に島田義助と共に小田原に移り、北条家の刀匠となる。永正十八年（大永元年）の翌大永二年紀で泰春銘の刀がある。のち康春に改銘する。氏康から「康」の字を賜り康春に改めたのは、氏康が家督を相続した天文十年以降のこととなる。天文十四年八月紀で「相州住康春作」の短刀があるというが、これは二代作であろう。初代康春銘の確かな作刀をみない。⇩**康春の項参照。**

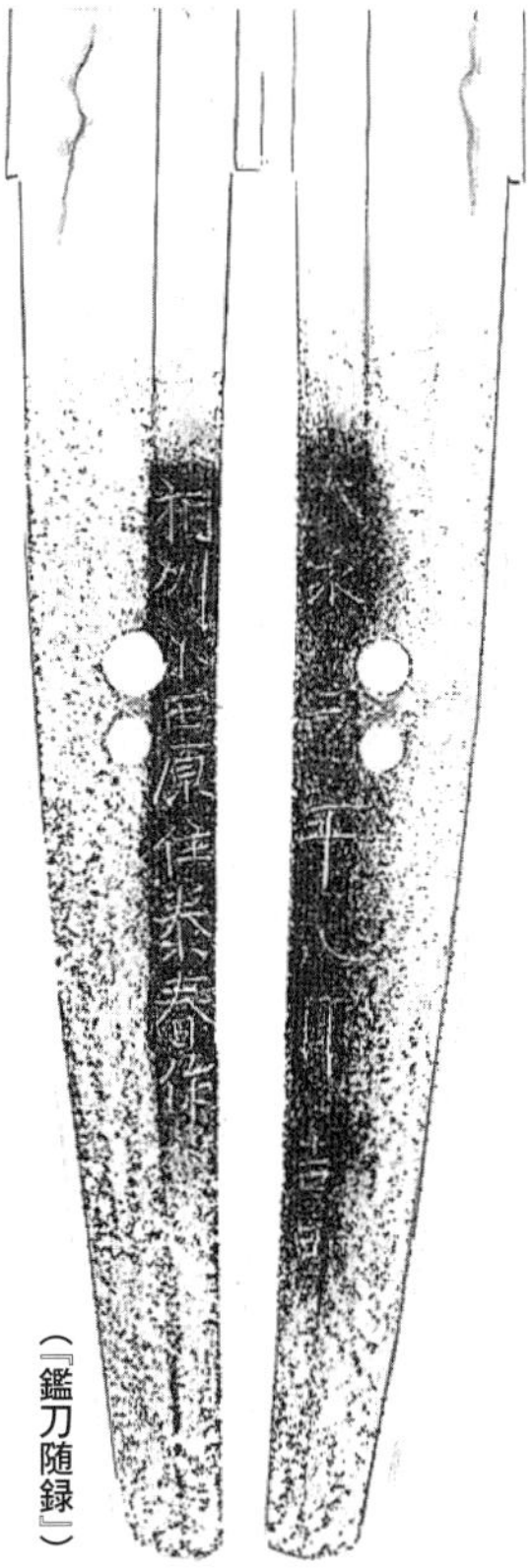

（『鑑刀随録』）

新 **泰幸**【やすゆき】 能登守 初代 尾張国 桃山期（寛永）
本国美濃。尾張名古屋住。直刃、また互の目足入り、小丁子交じる。

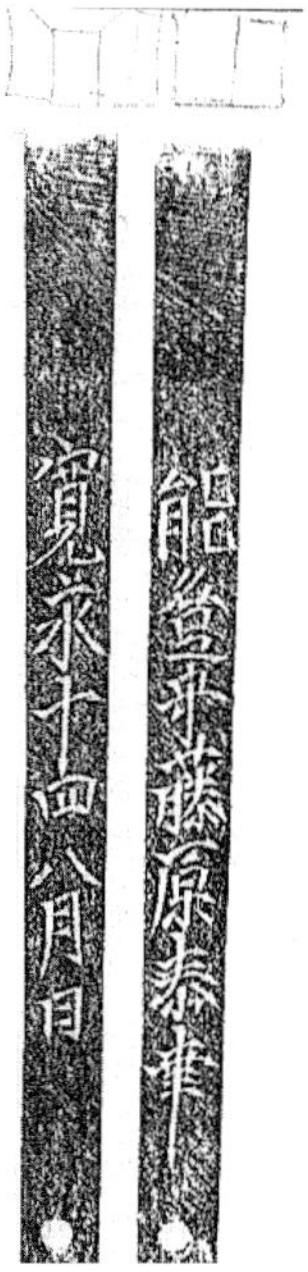

新 **泰幸**【やすゆき】 相模守 二代 尾張国 江戸中期（寛文）
能登守泰幸の子。名古屋住。相模守を受銘する。湾れに小互の目足入り。互の目乱。

古 **泰吉**【やすよし】 阿波国 室町末期（文明）
海部。初代。氏吉の子。文明ころ。「泰吉作」。泰吉の名跡は房吉の子という南北朝期の観応ころの工から永徳、次いで室町期の応永、文安と継承するが、現存刀は文明ころの泰吉からのようである。

古 **泰吉**【やすよし】 阿波国 室町末期（永正）
海部。二代。永正・大永の年紀作がある。「阿州泰吉」「阿州住泰吉作」。

号松浦川

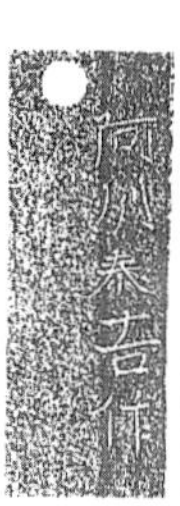

大永五年二月日

古 **泰吉**【やすよし】 阿波国 室町末期（享禄）

海部。三代。享禄・天文の年紀作がある。「阿州泰吉」「阿州泰吉作」。四代弘治、五代天正と後続する。

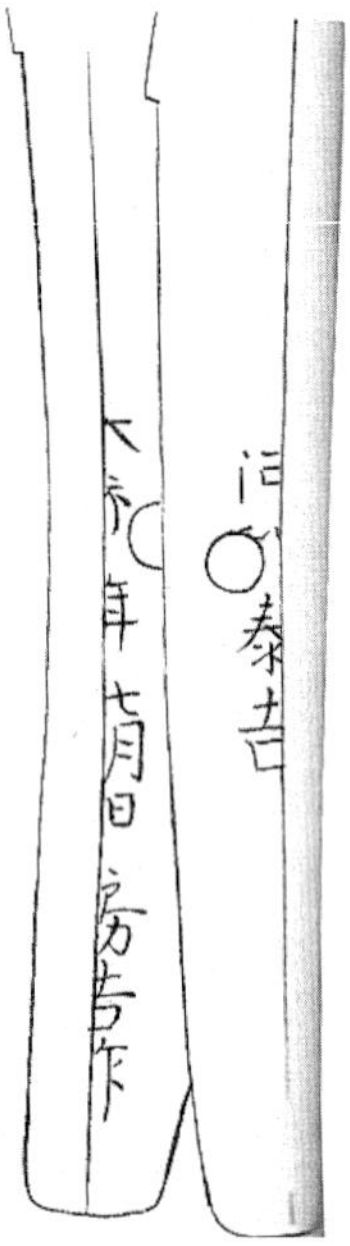

大永年七月日

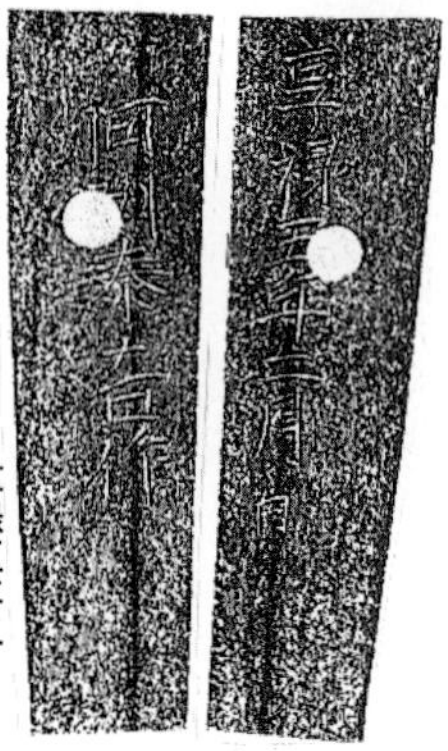

享禄五年二月日

古 **康家**【やすいえ】 備前国 室町初期（応永）

右衛門康光の門。康家四代目。康家初代は文保ころ、二代観応、三代永和。四代に応永三十年紀の作があり、なお五代寛正ころへ続く。小湾れに互の目の刃文が師康光の作に類し、帽子先の尖るのも似る。「康家」「備州長船康家」。

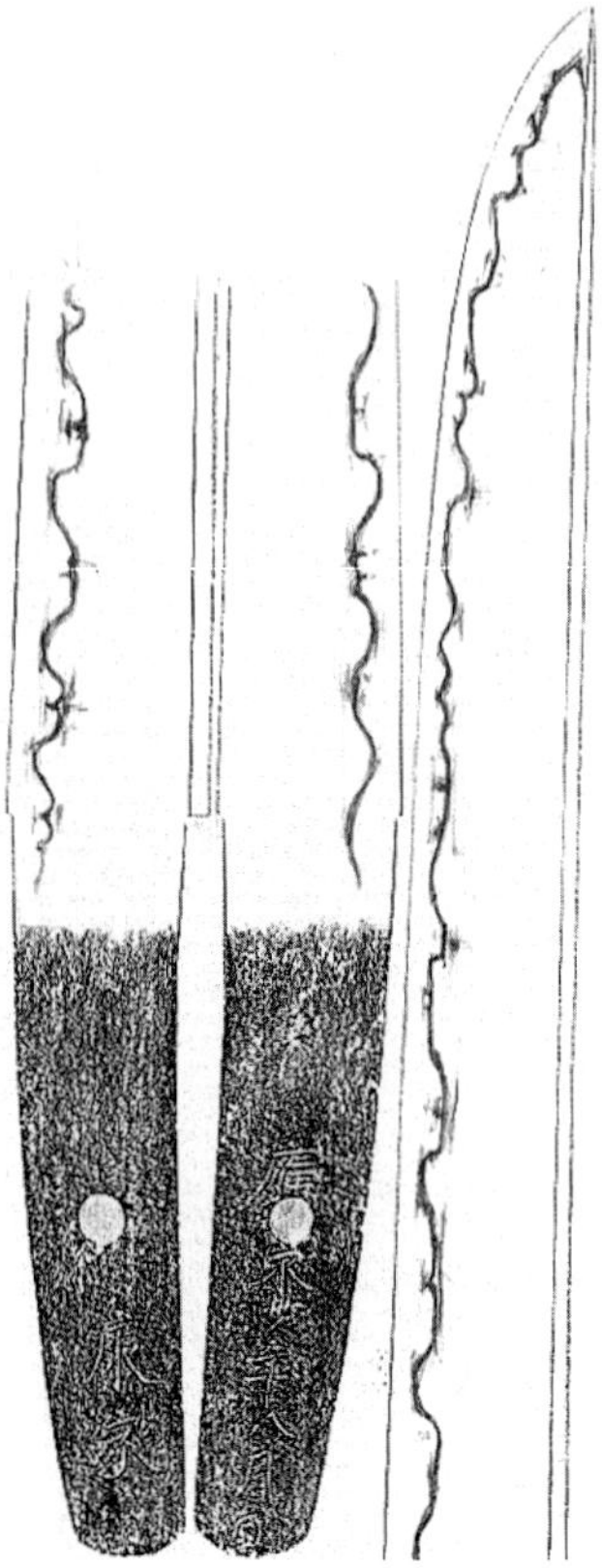

新 **康氏**【やすうじ】 越前国 江戸初期（万治）

越前下坂派。「越前国下坂康氏」とも切る。湾れに互の目、沸つき砂流しかかる。

古 **康国**【やすくに】 相模国 室町末期（天文）

小田原相州。島田義助門。綱家弟。北条氏康の抱工。氏康が天文七年に鎌倉鶴岡八幡宮に奉納した大太刀の作者の一人。この大太刀は綱家、綱広もそれぞれが作っている。湾れに互の目交じりの刃を焼き、彫物を好んで上手であるが、作刀は少ない。「康國作」「相州住康國」。康国は同銘二代、元亀ころというが作刀は未見。

天文七年の銘

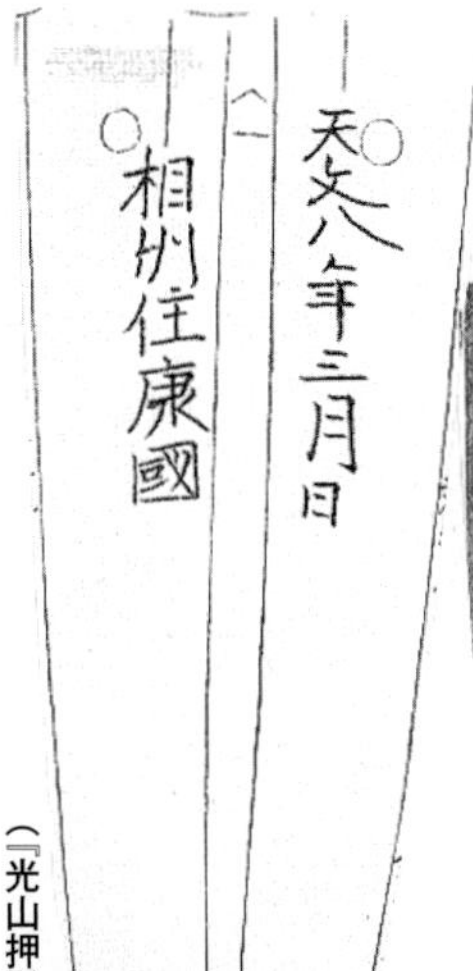

（『光山押形』）

古 **康重**【やすしげ】 大和国 鎌倉末期（徳治）

千手院。重業の子、定重の養子になるという。「千手院康重」銘の太刀（重美）が一振り現存し、長さ二尺三寸、反り六分、腰反りつき、鎬幅広く鎬筋が高い。中直刃に小互の目小足入り、刃縁がほつれ、二重刃、三重刃かかる。鍛えは柾目が整然と通って地沸つく。柾目の肌合いから、保昌の作風の影響を受けていることが歴然とする。

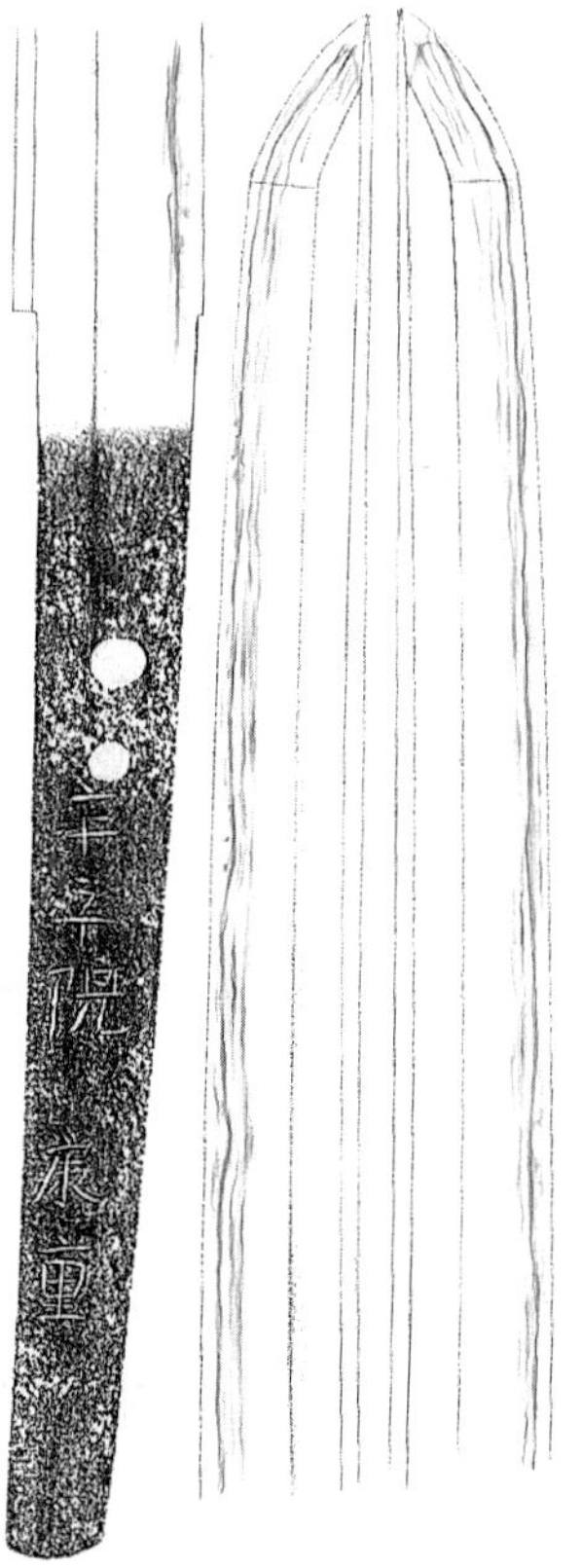

古 康重【やすしげ】初代　武蔵国　室町末期（天文）

山本内匠。初代周重の子。初銘周重。天文年間に北条氏康から

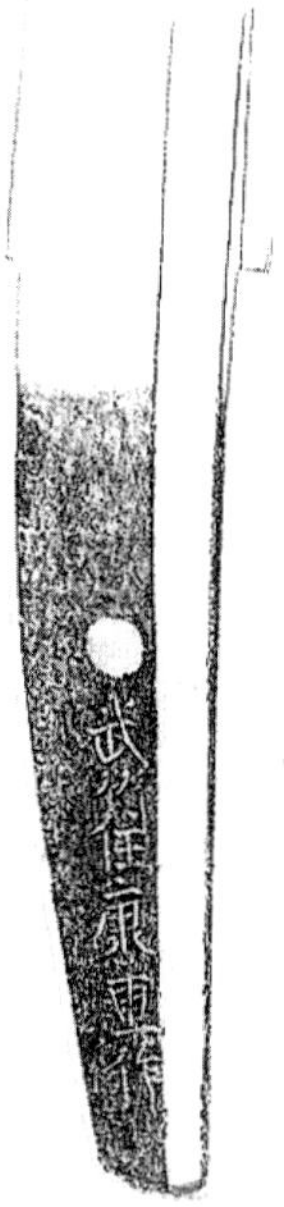

「康」の一字を賜り康重に改銘する。八王子市下恩方町下原住。初代康重から明治まで十二代が連綿とし、下原鍛冶の宗家として康重家は栄える。初代康重は伊勢村正派に学び、匂口の沈んだ湾れ調の刃文、たなご腹型の茎姿など、村正から受け継いだ風を下原刀の個性として後代まで墨守して表現している。（系図９０８頁参照）

古 康重【やすしげ】二代　武蔵国　室町末期（天正）

山本藤右衛門。山本一族の宗家康重二代目。天正三、九、十六年紀の作がある。万治元年、九十五歳の長寿で没すという。

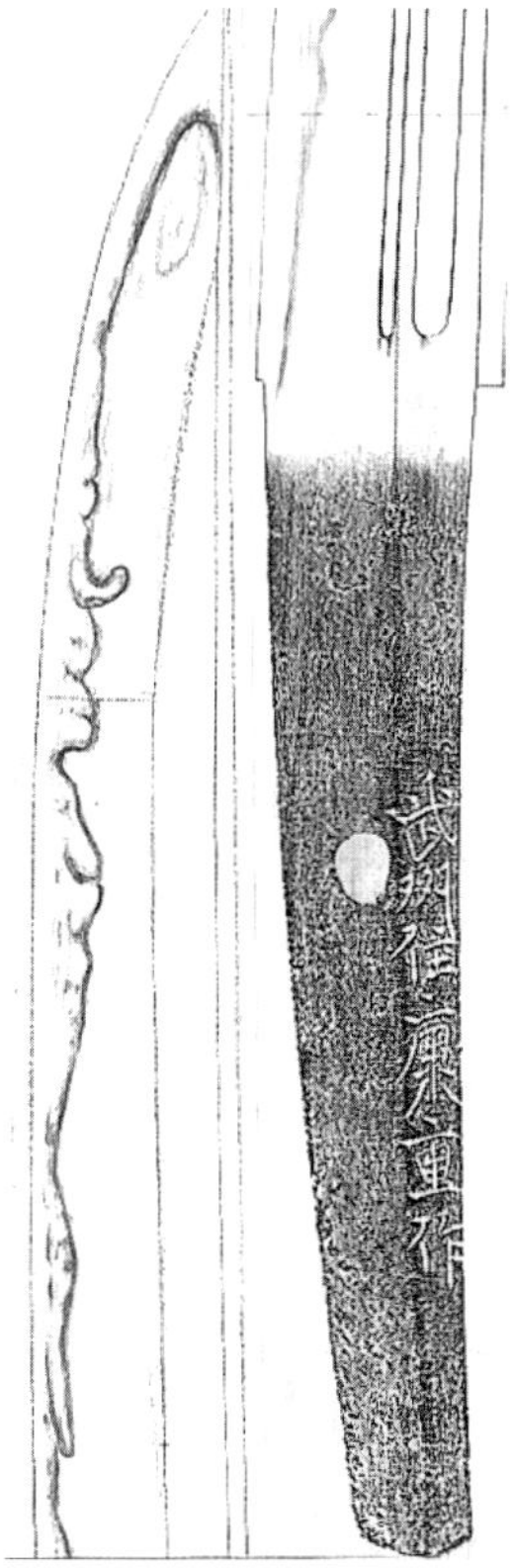

新 康重【やすしげ】三代　武蔵国　桃山期（慶長）

山本源二郎。三代康重は新刀期に入っての初代。五代康重が御嶽神社への奉納刀に「武州多麻郡下原山本藤右衛門康重三代目作之」と切銘したものから遡って三代康重が初代に該当する。徳川家の御用を務める。寛永十九年十月紀に大善寺奉納刀がある。中直刃にほつれ、二重刃かかる。細鏨に「武州下原住康重」と切る。

新 康重【やすしげ】四代　武蔵国　桃山期（寛永）

山本内記、四代から以降内記を名乗る。寛永十六年五月二日没。三代に先立って没し、作刀は少ない。

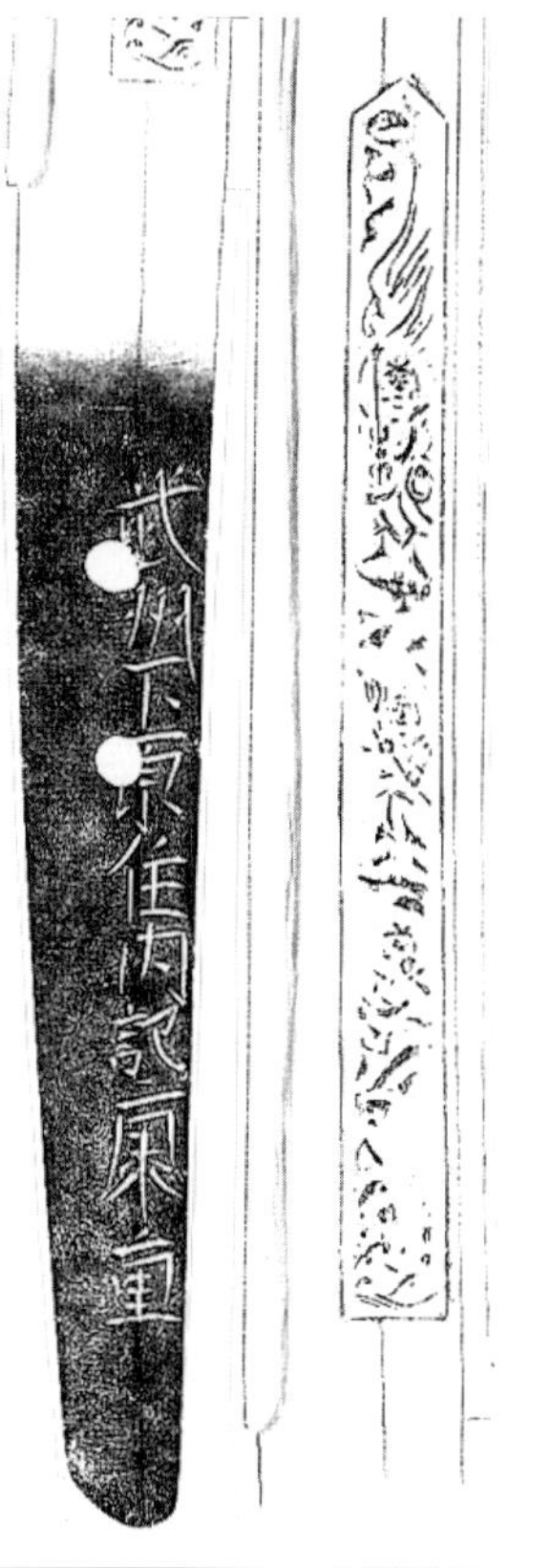

新 康重【やすしげ】五代　武蔵国　江戸中期（寛文）

山本藤右衛門、内記。年紀があるものでは正保元年が古く、延宝元年まで二十九年間があり、作刀が多く、年紀作も相当数残されている。「以研鉄《おろしがね》作之」のほか南蛮鉄、鏗研《こうおろし》など素材に関する添銘がある。延宝四年九月十八日没。中直刃、小湾れに互の目乱、尖り互の目交じる。◆六代は延宝四年一月没。七代は元禄十四年没。八代は明和五年没。九代半三郎は安永五年没。十代定吉は天保七年没。十一代伸太郎は明治三十年没。十二代茂助は明治三十六年没（世代書は十五代を算す）。

下原の「下」を「吉」に改変

新 康重【やすしげ】　与五郎　武蔵国　桃山期（慶長）

与五郎康重は康重家文書、系図類に記載がないが、作刀がまま現存し、天正末年から慶長にかけて活動した人とみられる。藤右衛門康重家と分立した与五郎家の存在が窺える。藤右衛門康重とはほぼ同時代で別人。初代周重弟、与五郎の子、二代目与五郎康重との説（『日本刀銘鑑』）がある。

古 康重【やすしげ】　相模国　室町末期（永禄）

康春門。永禄三年、天正二年紀の作がある。下原二代藤右衛門康重と同人という。「相州住康重」。

新作 康隆【やすたか】　山梨　平成

吉田康隆。昭和五十三年生まれ。平成十年、松原秀宗入門、同十五年、吉原国家門。同十五年、作刀承認。同十七年から新作刀展覧会に出品し入選。同十八年努力賞受賞。同二十二年、新作日本刀展入選・技術奨励賞受賞。「甲州曙住康隆作」「甲斐国康隆」。南巨摩郡住。丁子に互の目華やか。

古 康次【やすつぐ】　備中国　鎌倉初期（建暦）

古青江。守次子。小乱に小丁子交じり、小沸よくつき、二重刃かかる。大振りに「康次」と二字に切る。康次の名跡は天福のころに恒次の子が、次いで建長、建治、正安と鎌倉末期ころまで継承する。

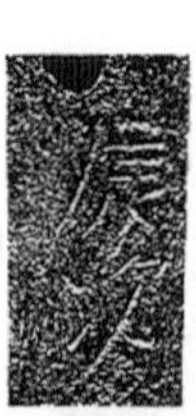

古 康継【やすつぐ】　美濃国　室町末期（天文）

赤坂千手院。康道の子。のち近江に移るという。「千手院康継」。

新 康継【やすつぐ】　肥後大掾　初代　武蔵国　桃山期（慶長）

下坂市之丞、市左衛門。近江国坂田郡下坂村の出身。慶長初年に越前福井へ移住する。大和千手院の末流広長の子。祖父大宮兼当のとき刀鍛冶となり、美濃の伝法が伝えられたという。大宮姓を改め下坂と称す。肥後大掾を受領する。慶長五年関ヶ原ののち、結城秀康の抱工となり「肥後大掾藤原下坂」と銘す。慶長十七・八年ころ、徳川家康に召し出されて鍛刀し、その意に叶い、家康から「康」の一字を賜り、康継と改め、茎に「駿府葵の御紋」〈葵紋〉を切ることを許される。江戸と越前の間を往復し、隔年出府を原則としていたが、江戸在勤が多かった。元和七年九月九日、六十八歳没。直刃調の浅い湾れに丁子足の入ったもの、湾れに、互の目、尖り心の刃を交じえた両手の作がある。鍛えは小板目が詰んで杢

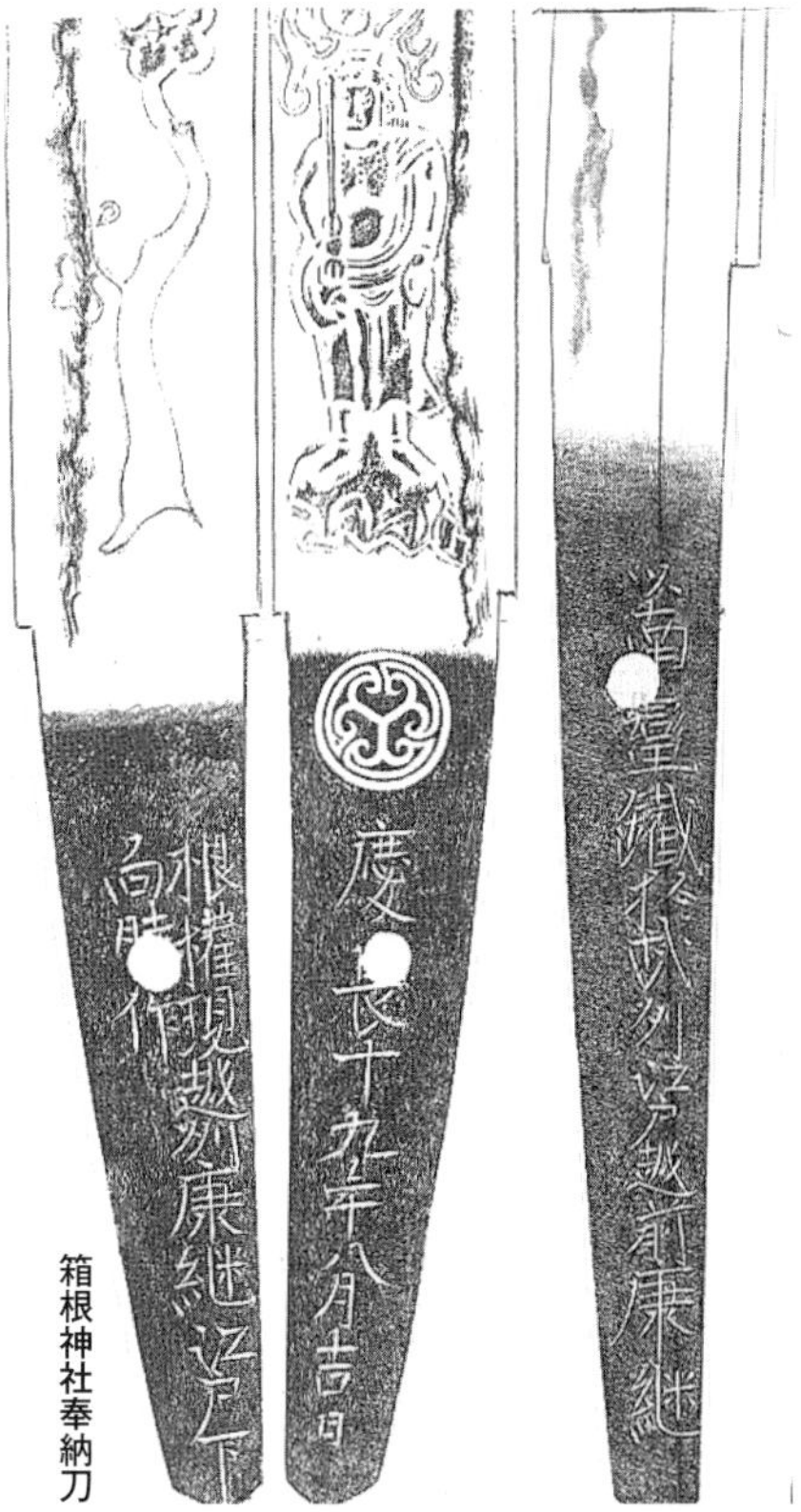

箱根神社奉納刀

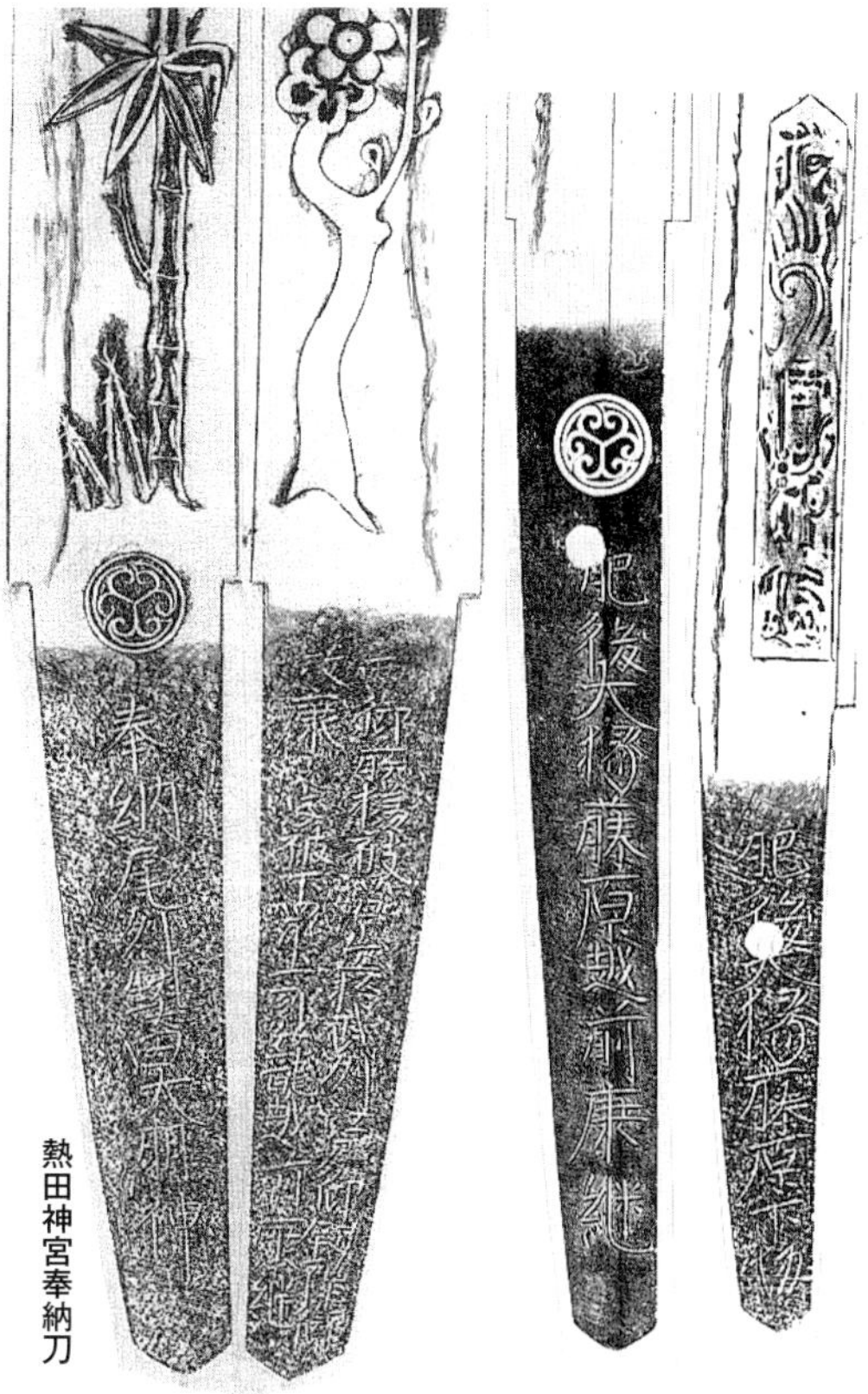

熱田神宮奉納刀

が交じるもの、柾が交じって肌立つものがある。いずれも小さく黒ずんだ地鉄に南蛮鉄が表れたものがある。刀身彫りは見事な記内彫りが見られる。美濃伝、相州伝に長じ、古作の模写が得意。（系図905頁参照）

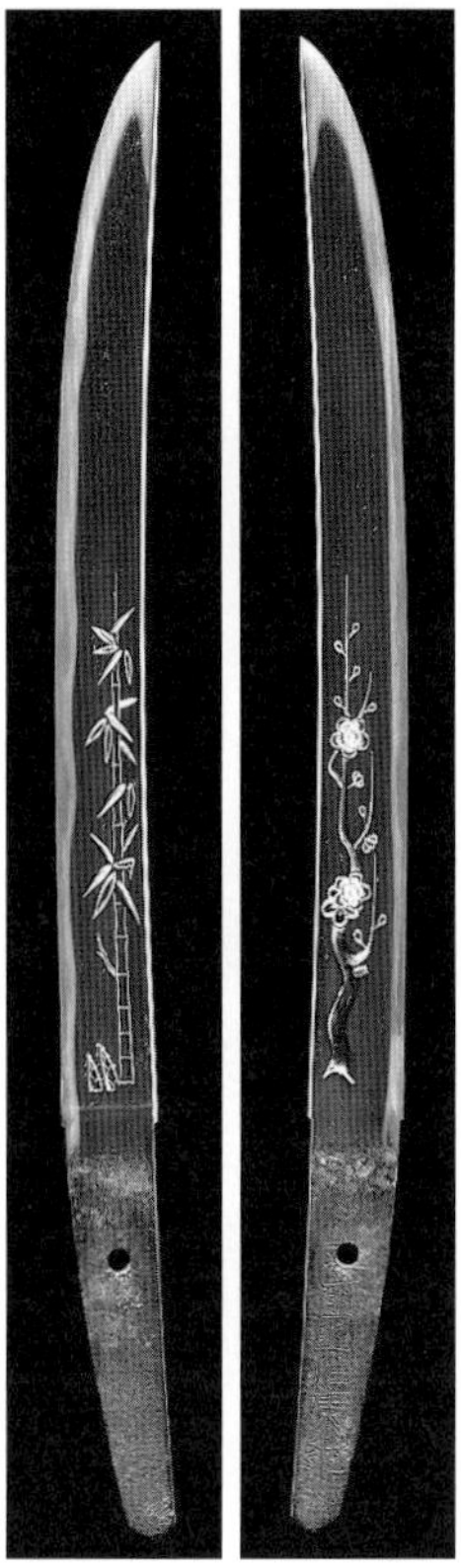

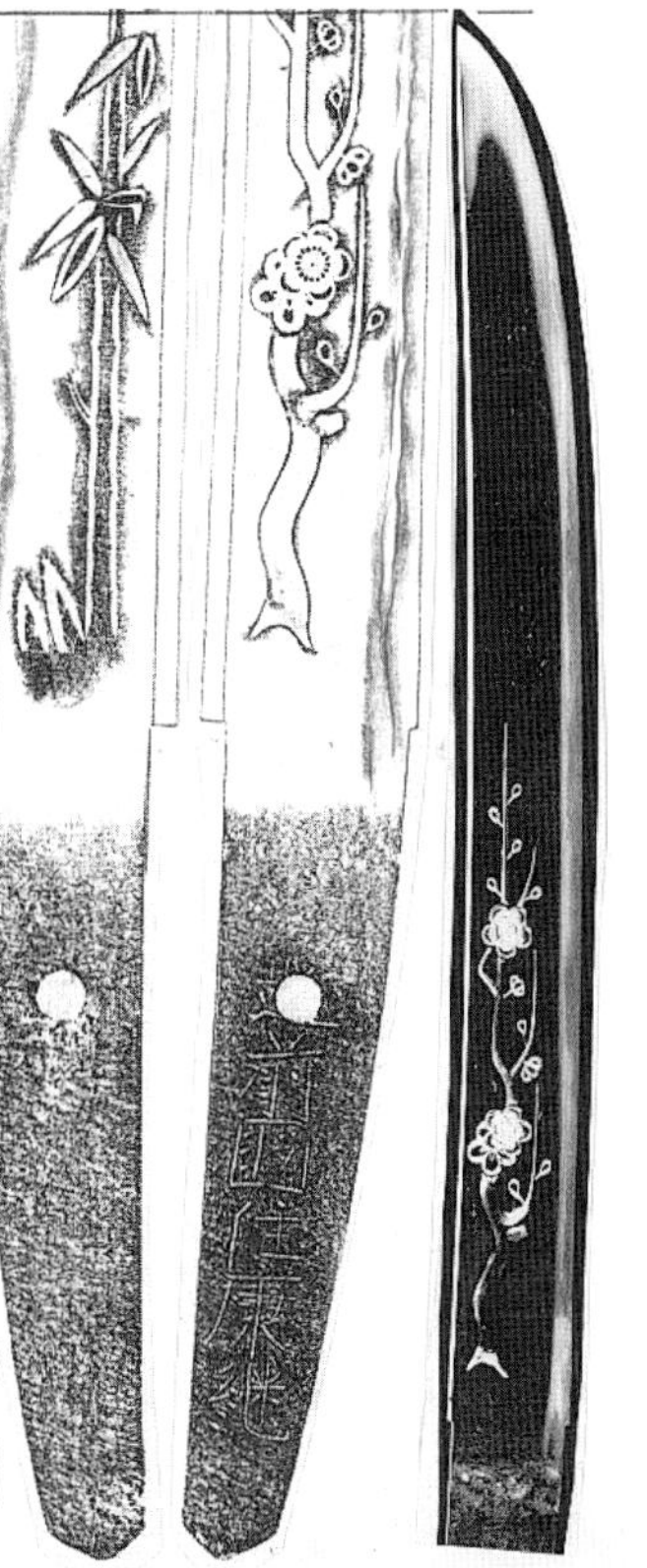

梅竹貞宗写し

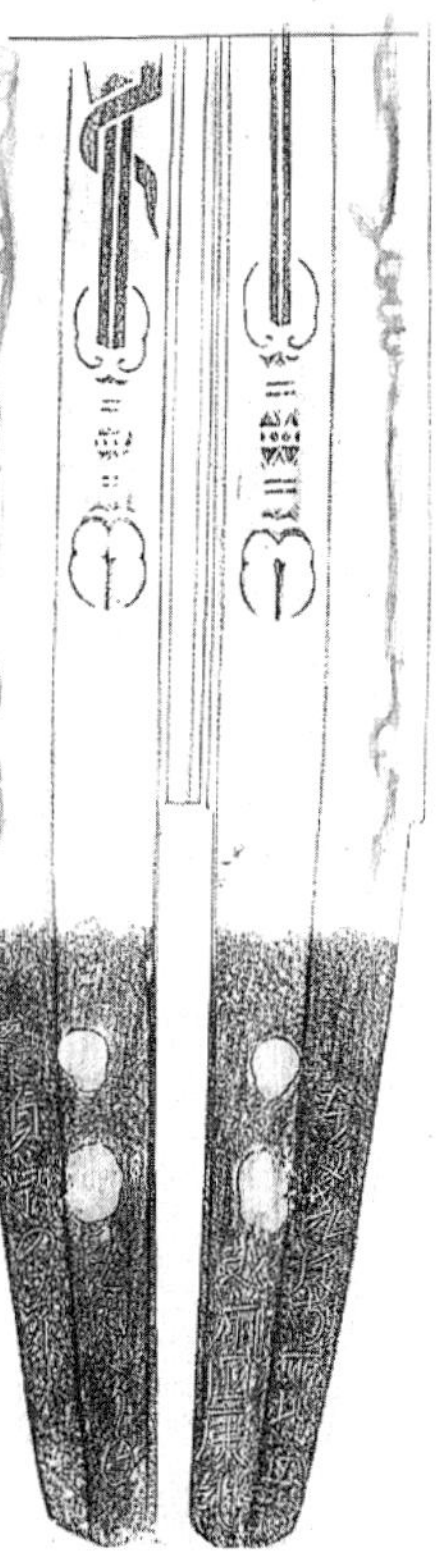

獅子貞宗写し

新 康継【やすつぐ】二代　武蔵国　桃山期（寛永）

市之丞。初代康継の嫡子。晩年に剃髪して康悦入道と称す。将軍秀忠から神田紺屋町に屋敷を賜り、また越前家から父康継に賜った四十石に加増二百石という優遇を受ける。隔年出府して鍛刀していたが、元和九年から江戸定住となる。元和七年から正保二年までの作がある。正保三年二月十五日没。初代晩年の協力者として代作に当たっていたであろう。作技は初代に伯仲するものがあり、やや綺麗さが伴う。

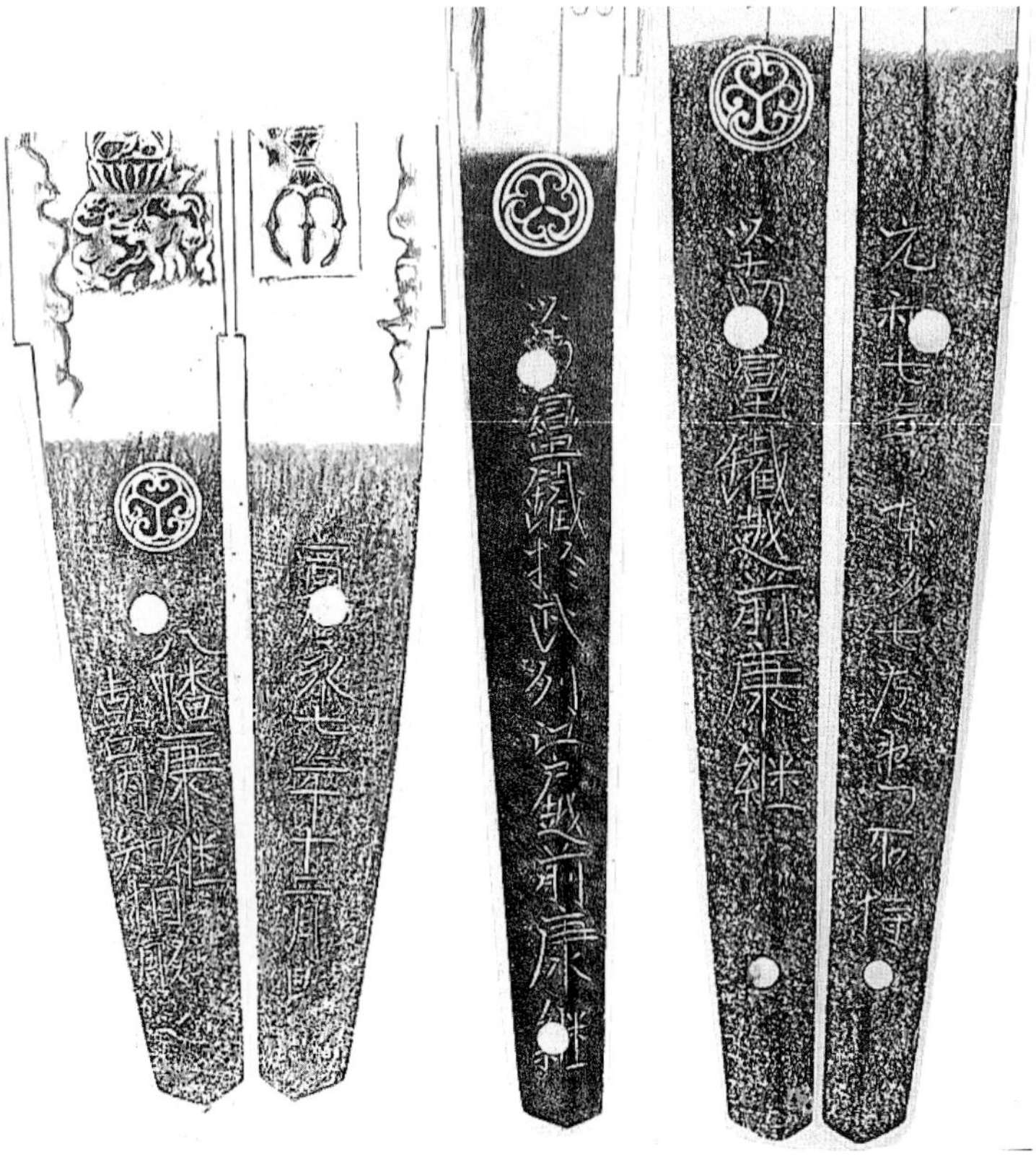

新 康継【やすつぐ】江戸三代　武蔵国　江戸中期（寛文）

二代康継の嫡子。右馬助のち市之丞。父康悦が正保三年に没したとき十七歳であったため、初代康継の三男四郎右衛門康時との間に相続争いが起こり、右馬助が三代目を相続し、叔父康時は越前家を継ぎ、江戸と越前に両下坂家が分立し、それぞれ定住して勤務することになった。右馬助は叔父康意（初代康継次男）の後見により、江戸三代康継を継ぎ、幕府御用を務める。明暦三年紀で二代康継の作刀に三代が入銘したものがあり、年紀があるものでは古く、延宝四年紀のあるものまでおよそ二十年間がある。作風は

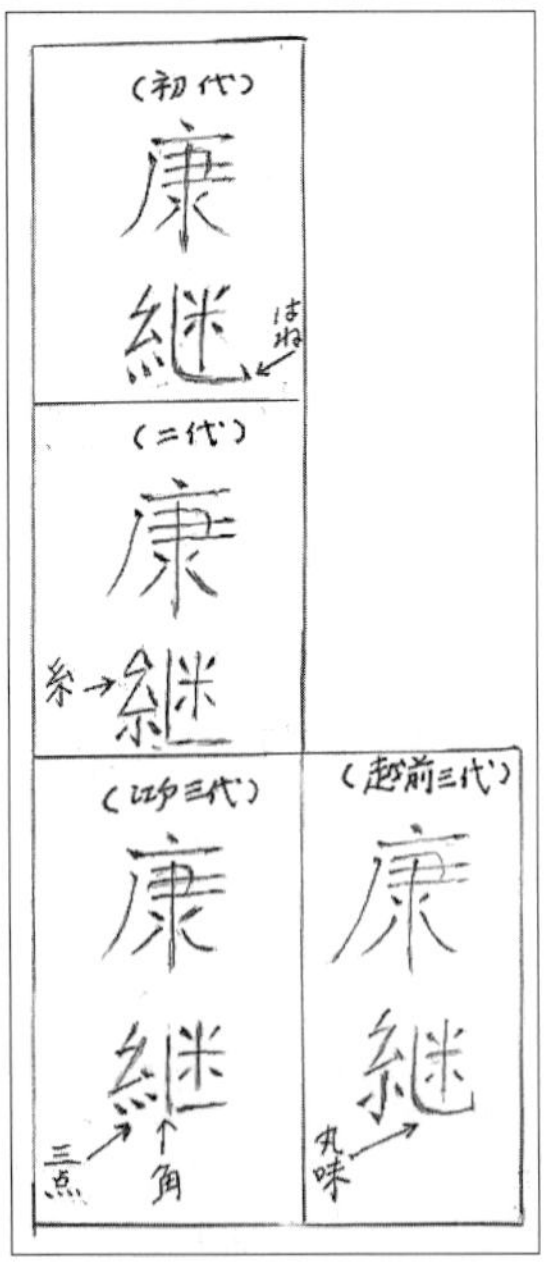

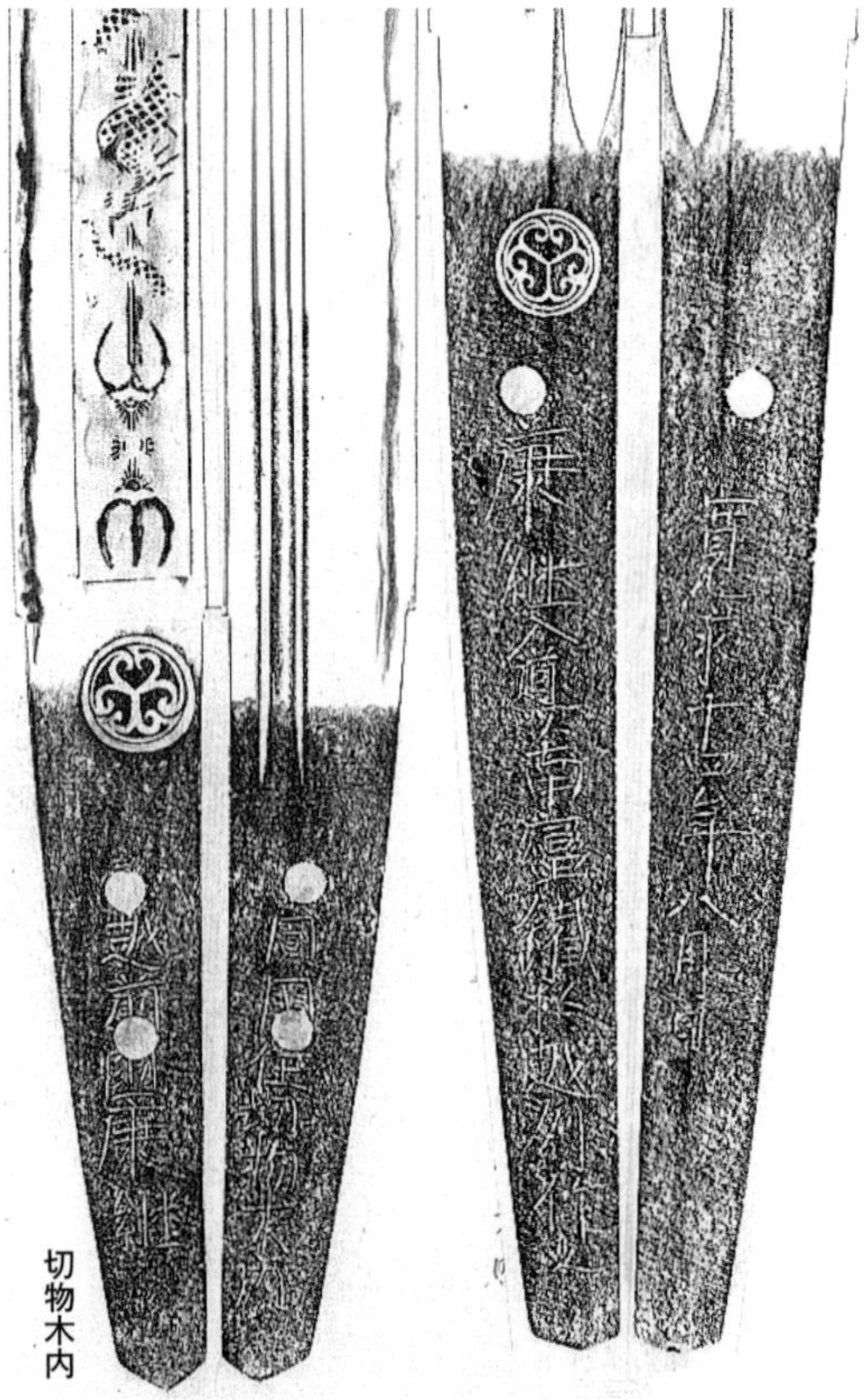

切物木内

二代に似て、やや華やかさが加わる。

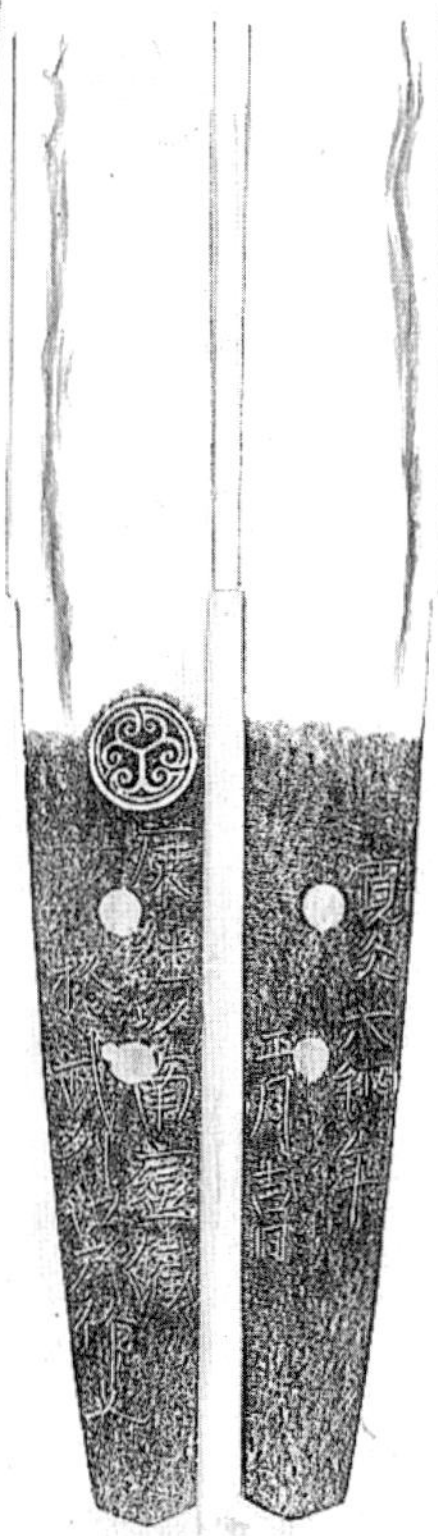

江戸三代の切銘

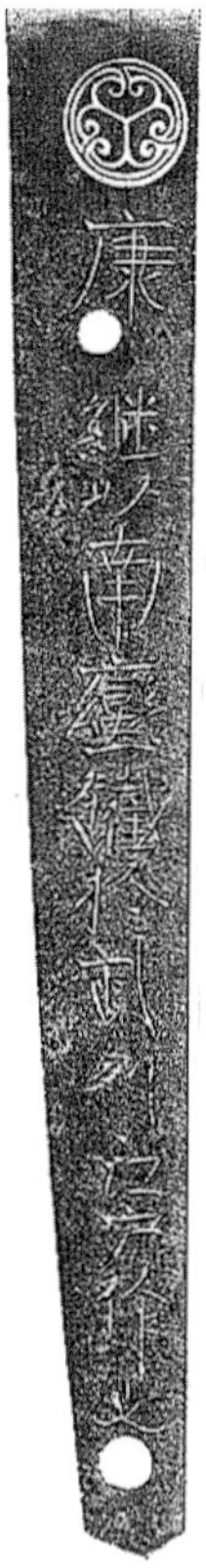

新 **康継【やすつぐ】** 越前三代　越前国　江戸中期（寛文）

下坂四郎右衛門、のち市左衛門。初銘康時。初代康継の三男、二代康継の弟。二代没後に、二代の子右馬助が年少のため相続争いが起こり二家に分立する。右馬助は江戸三代を、康時は越前家を興して越前三代となり、福井祝町に住す。年紀があるものでは万治三年が古く、没年の天和

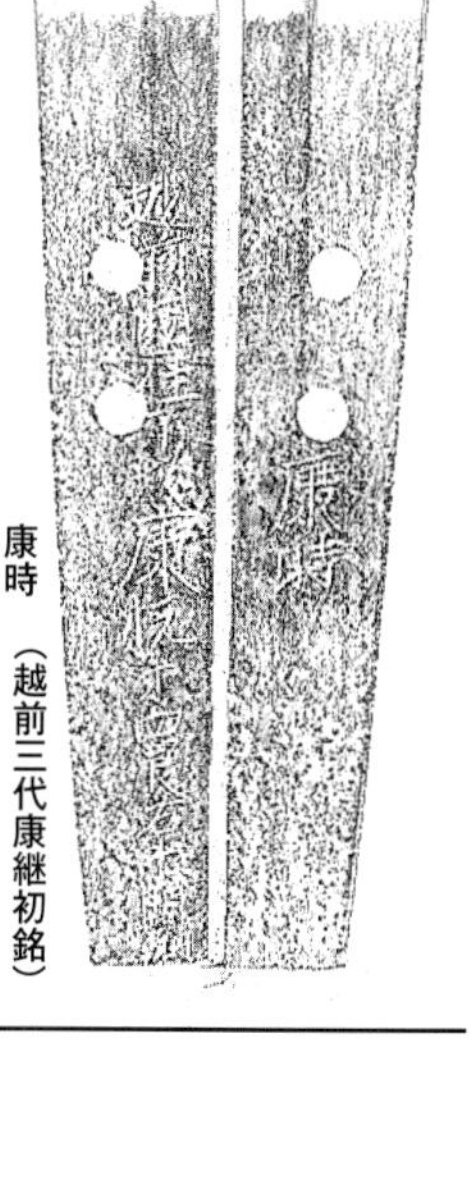

康時（越前三代康継初銘）
越前國下坂康悦　弟四良右衛門尉康時

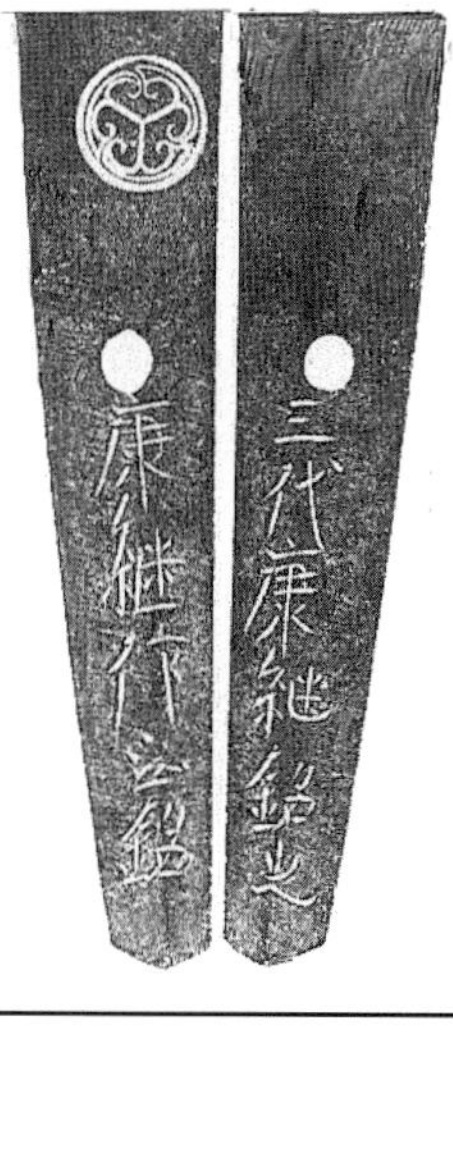

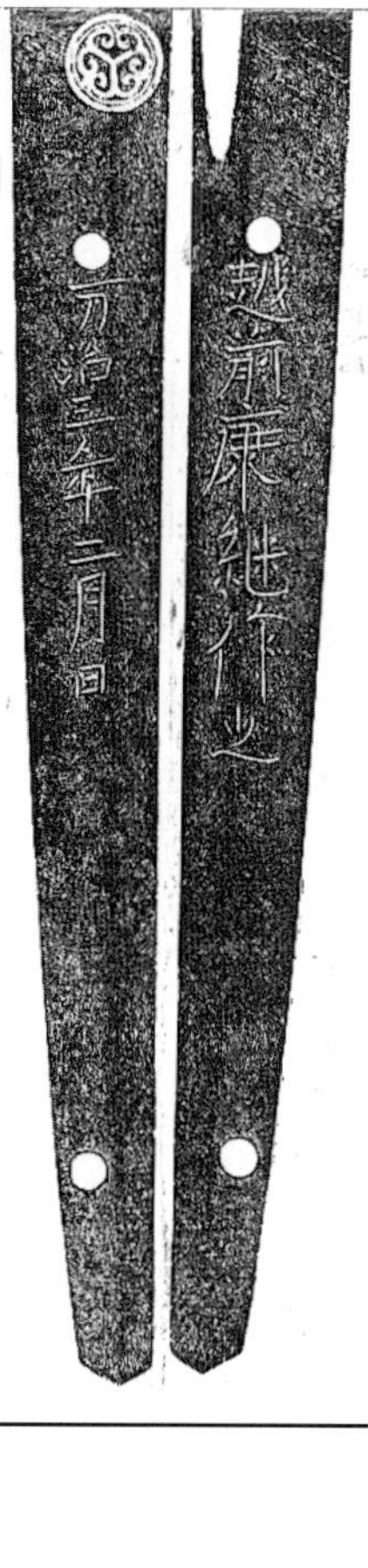

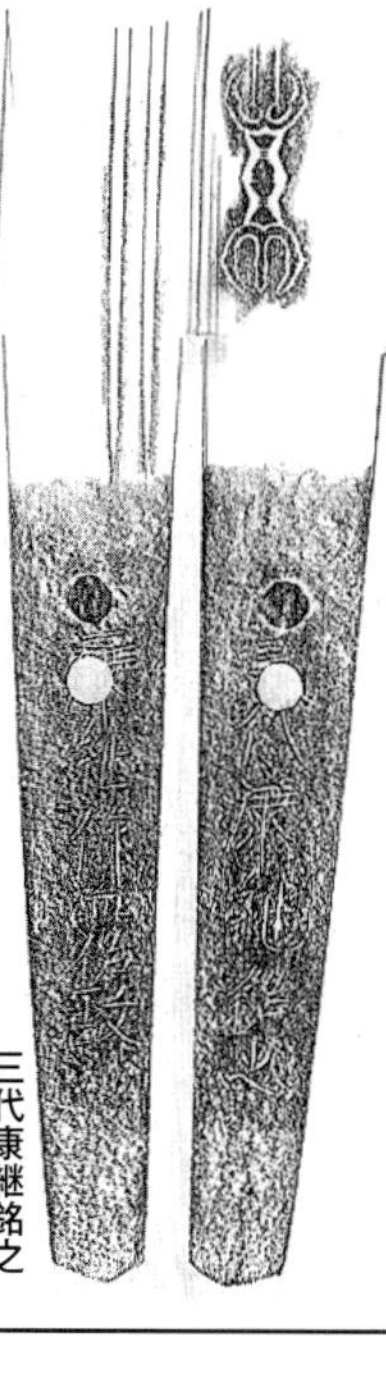

三代康継銘之
康継作無名故

や
やすつぐ

三年まで二十四年間の作刀期がある。天和三年正月一日没。広直刃調に浅く湾れて小足入り、小湾れに互の目交じりなど。初、二代の覇気に満ちた作風に対し、ややおとなしい気がある。作技は江戸三代とほぼ並列する。

新 康継【やすつぐ】　越前四代　越前国　江戸中期（寛文）

下坂文書に、「康悦弟康意、其弟四郎右衛門」とあって、二代康悦康継の次弟に康意の存在することが分明である。作刀は正保三年十二月紀「康継弟下坂」（『刀剣美術』誌第三五四号）銘があり、これが康意の作で、三代康継が家督相続をした同じ年の末にすでに作刀を開始している。鎮徳寺過去帳に記載のある延宝二年七月二十八日没の下坂八左衛門は、康意が該当すると考えられる。これにもとづけば康意康継は正保三年から延宝二年まで二十八年間の鍛刀期を持ち、うち寛文六年ころまでが康意、また「康継於越前作之」と銘し、寛文六年ころから以降、八年間ほどは四代康継を継承して「越前康継作之」を銘している。

慶安から寛文初年にかけての間、総州世喜宿、上州館林、同じく鶉古城で作刀している。世喜宿打ちなどの作者が初代の次男康意であることは『康継大鑑』が指摘していることで、銘作から見て康意の他複数の作者がいるようである。

銘画が越前三代に酷似し、銘字が三代に似て細鏨、やや大振りなものが康意の晩年銘で「越前康継作之」「以南蛮鉄」と切銘する。越前三代作で年紀があるのに「万治三年二月日」があり、降っては「寛文六年八月吉日」がある。寛文六年ころからのち、康意は四代康継を継ぎ八年間ほど作刀して延宝二年七月に没したのは、三代康継が没するより九年前のことである。三代作に延宝三年紀の作がある（『日本刀銘鑑』）といい、さすれば後継の四代が三代に先立って没したのち、三代は再び作刀したこととなる。但し三代による自身銘の作は見られず代銘作のようである。

越前三代　越前四代

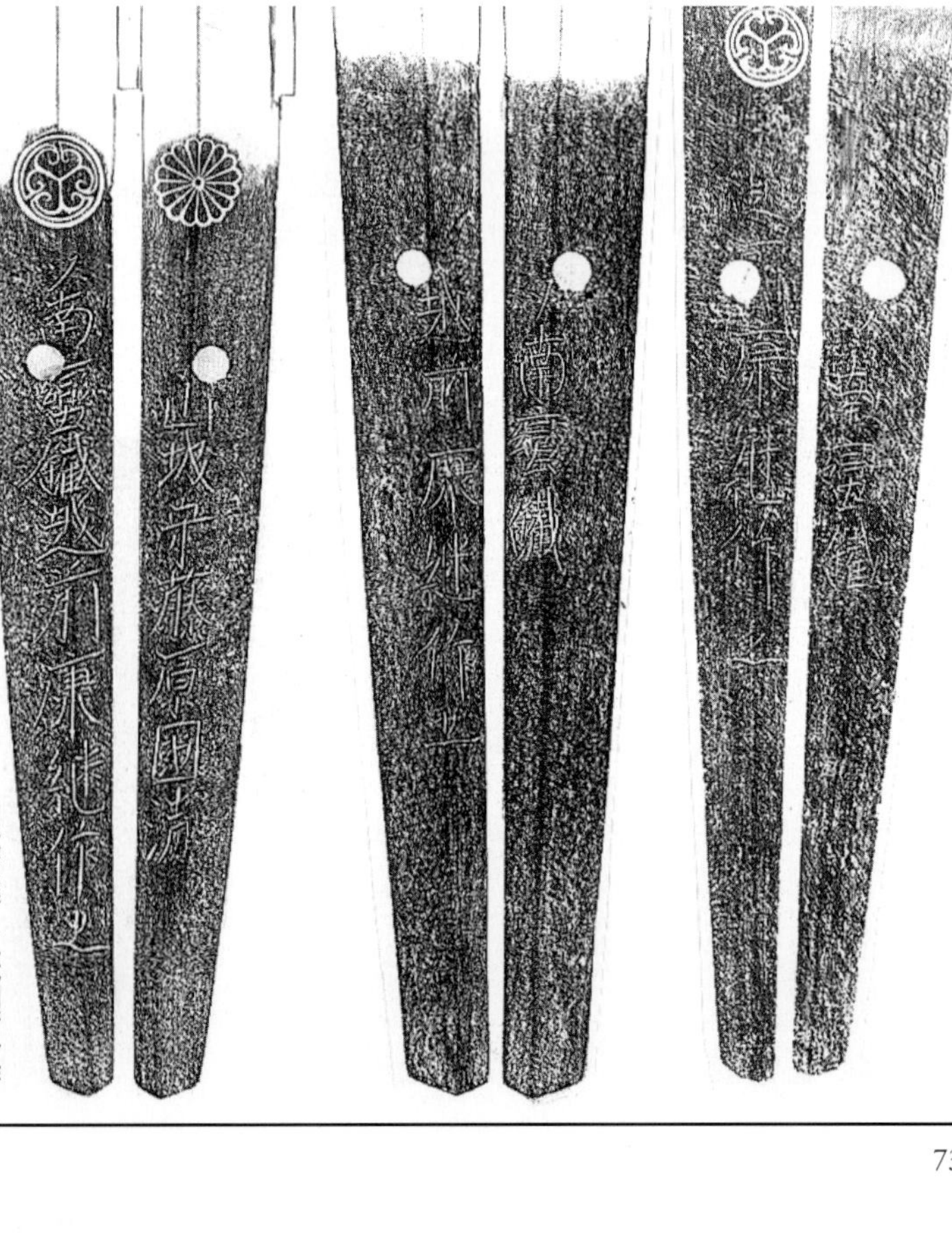

四代康継・三代国清合作

越前四代康継と三代山城守国清の合作で、湾れに互の目を交じえた刃文は康継の刃取りであり、国清の銘も康継が切っている。三代国清は寛文十一年に山城守を受領して国宗を銘し、延宝初年に国清に改めている。四代康継は延宝二年七月に没しているので、この合作刀は延宝一・二年の作とみられてくる。力感のこもった銘字は老年の四代自身のものではなく、代銘ではなかろうか。五代康意康継の存在が考えられてくる。康継・国清の合作は三刀が現存していて、両者が親密な間柄であったことを示している。

下坂系図などに記載する四代康継は、実は五代康継のことで、康意康継（親康意）の子であろう。三代の養子となって五代目を継いでいる。

⇩康意《やすよし》〈越前四代〉の項参照。

新 康継【やすつぐ】 越前五代 越前国 江戸中期（元禄）

下坂吉之助、市左衛門。越前三代康継の養子となり五代康継を相続する。天和三年春家督を継ぐ。享保九年五月五日没。鎮徳寺過去帳にある純翁康意居士が該当しよう。養父三代康継が天和三年に没した同じ年の八月に「康継於越前作之」の作があり、享保九年に没するまで四十一年間の長期がある。晩年の正徳四年に剃髪して康意といい、実父康意の入道銘を名乗り、「康継於越前入道康意作之」と銘す。宝永四年八月日の年紀があり「康継於越前作之五代目」の銘作（『刀剣美術』誌 第二九一号）によって、これまで下坂系図などによると天和三年から享保九年までの四代康継作とされているのは、五代作であると訂正される。五代は天和三年春に家督相続をする以前に三代の代銘作に当たっていたとみられる。また上州鶉古城打ち康継の銘画に近似性があって、世喜宿打ち、上州打ち康継の参画者の一人であったと推される。

「継」字の縦カギが短く廻し鏨に丸味がある。「米」の第二・五画点は右上から左下へ、第一・六画点は右下から左上へと打ち、歴代康継の銘字の鏨向きと区分けして独特である。この「米」の銘画は鶉古城打ちの銘と共通する。⇩康意《やすよし》〈越前五代〉の項参照。

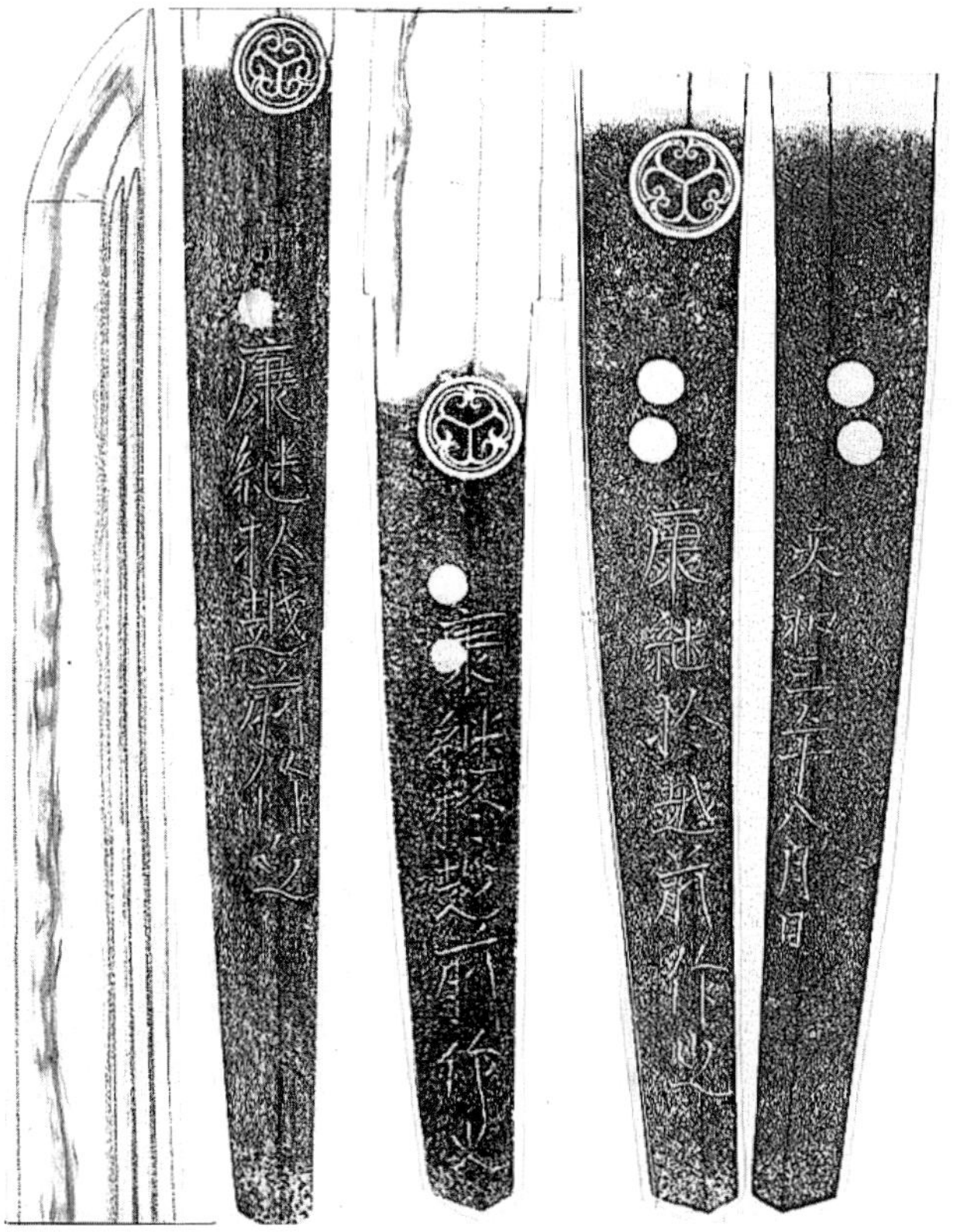

新 康継【やすつぐ】 越前六代 越前国 江戸中期（享保）

下坂武右衛門、市左衛門。初銘康弘。五代康意康継の養子となり越前六代目を継ぐ。享保九年六月相続。寛延元年十月十八日没。寛保三年九月紀に「康継於越前五代目嫡子武右衛門尉作之」（左図）があり、武右衛門康継が六代目であることを明らかにしている。下坂系図は三代と四代の間に一人が欠落し、その一人が四代康意康継であり、従来の四代は五代に、そして五代から以降が一代ずつ代下がりとなって十代まで継承する。

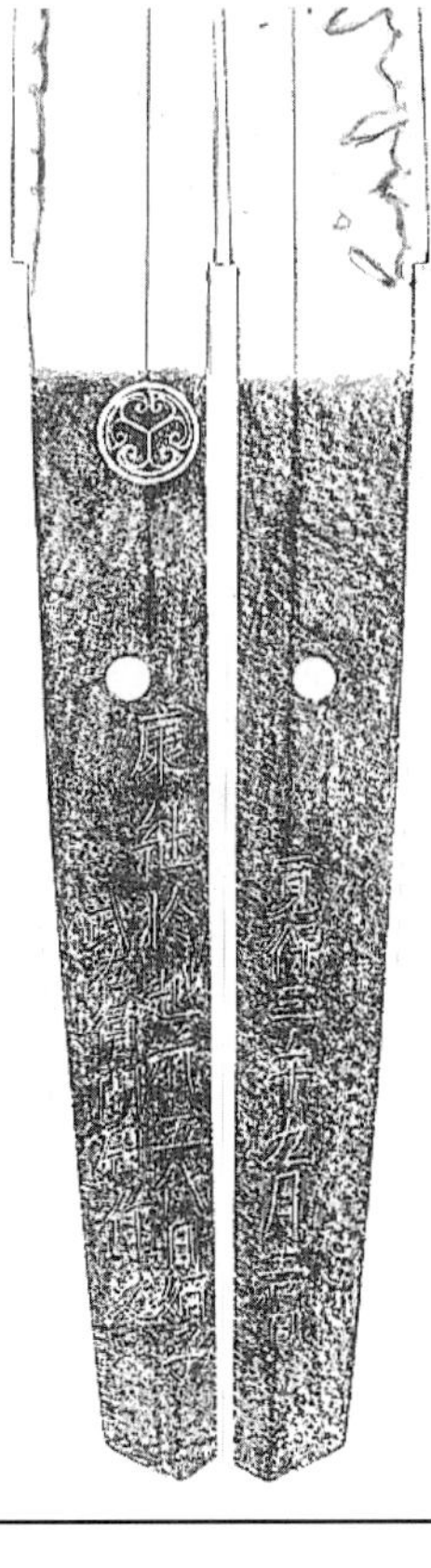

新 **康継【やすつぐ】** 越前七代 越前国 江戸中期（宝暦）

武右衛門、四郎右衛門、のち市左衛門。六代武右衛門康継の長子。初銘康弘。寛延元年十月十四日、家督相続。安永四年十一月隠居。

新々 **康継【やすつぐ】** 越前八代 越前国 江戸末期（天明）

四郎右衛門、市左衛門。七代四郎右衛門康弘の弟。安永四年十一月、家督相続。初銘康義。寛政十二年十一月隠居。

新々 **康継【やすつぐ】** 越前九代 越前国 江戸末期（文化）

市之丞、市左衛門。八代市左衛門康継の養子。寛政十二年十一月五日相続。天保三年隠居。

新々 **康継【やすつぐ】** 越前十代 越前国 江戸末期（嘉永）

市之丞。九代市左衛門の子。初銘元継、康直。天保三年正月二十五日相続。明治十二年三月二十二日没。

新 **康継【やすつぐ】** 江戸四代 武蔵国 江戸中期（天和）

下坂市之丞。延宝から貞享・元禄ころまでの鍛刀期を持つ。「継」字が二代の字画に似て小異がある。延宝三年二月紀に江戸三代康継の遺作を四代市之丞が追懸け入銘した刀（『康継大鑑』）がある。同類の切銘は延宝四年八月紀にもあって、これをもってすれば、延宝三・四年のころは江戸三代康継は亡く、江戸四代の世代にあったことが知れる。

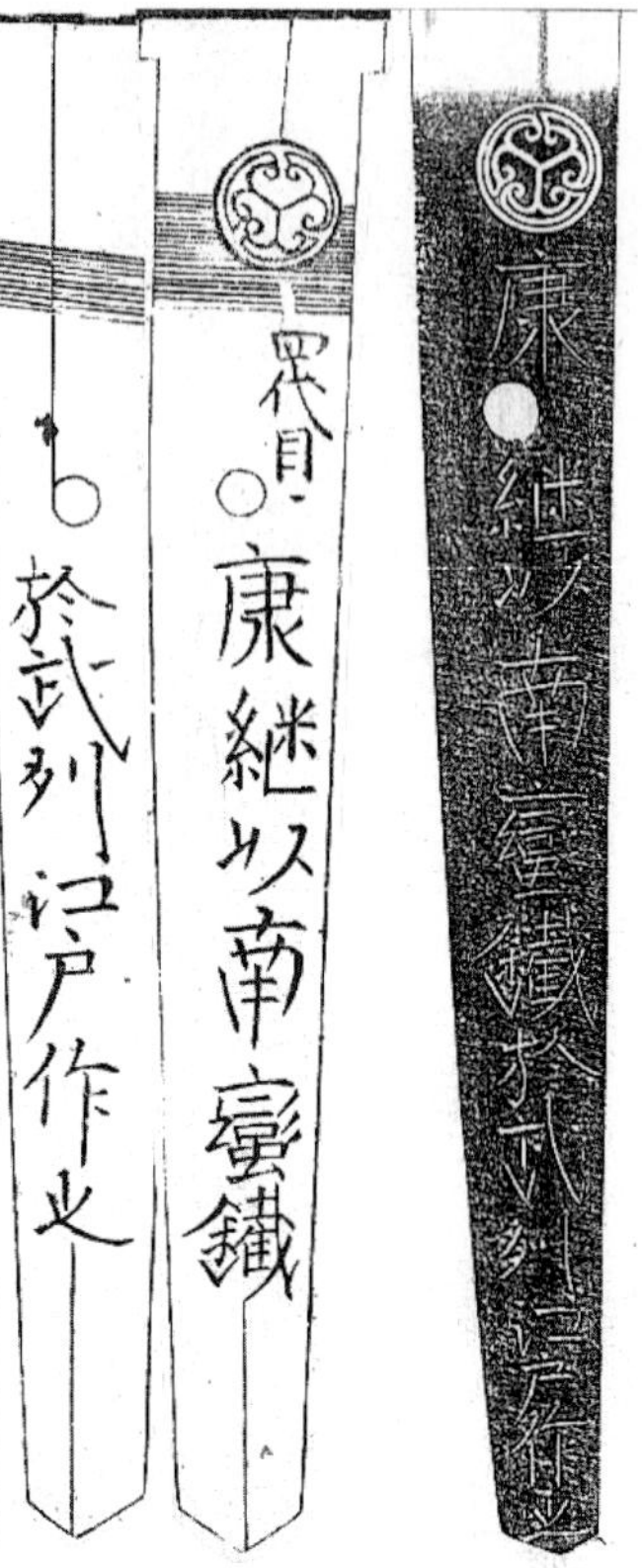

（『新刃銘尽後集』）

新 **康継【やすつぐ】** 江戸五代 武蔵国 江戸中期（正徳）

下坂市之丞。享保十九年没、五十二歳。江戸四代康継の銘は「四代目康継銘之」と切ったもの（『日本刀工辞典』）があり、また下図①の書体を用いることは「四代目康継以南蛮鉄」と切った銘を書き写したもの（『新刃銘尽後集』図）があって判然とする。江戸四代とされる銘作中に下図②を用いたものが稀にあって江戸四代の項にの銘が年代の変化によるものとしても、なお小差がある。江戸五代と推される銘は江戸四代に比して、総じてより伸びやかな書体でやや鏨が太め。「南」字は第四画の角をとる。四代は「鐵」字が左側にはみ出す癖がある。広直刃調にわずかに湾れて小足入り、匂口冴えて金筋入る。江戸康継は五代以降、作刀が少ない。

① 於　② 扵

新 **康継【やすつぐ】** 江戸六代 武蔵国 江戸中期（元文）

下坂市之丞。逸八。初銘元継。享保十九年冬、家督を相続して市之丞康継に改める。以降、延享三年秋、七代康継が相続するまで十三年間が活動期である。互の目乱を焼く。

新 **康継【やすつぐ】** 江戸七代 武蔵国 江戸中期（宝暦）

下坂市之丞。逸八。初銘元継。延享三年秋に家督相続して康継に改める。明和五年春没。

（『古今鍛冶備考』）

新々 **康継**【やすつぐ】　江戸八代　武蔵国　江戸末期（寛政）

下坂市之丞。逸八。初銘元継。明和五年冬に家督相続して市之丞康継に改める。文化八年紀の作があり、明和五年から算して四十三年間があって、長年の鍛刀期を持つ。鉄透鐔に草書銘を切ったものがある。

（『古今鍛冶備考』）

新々 **康継**【やすつぐ】　江戸九代　武蔵国　江戸末期（文化）

市之丞。初銘元継。文化二年紀に「康継八世嫡元継作之」と切った作があり（『古今鍛冶備考』）、文化八年紀に八代康継との合作がある。いずれも元継銘で、九代の康継銘の作は未見。

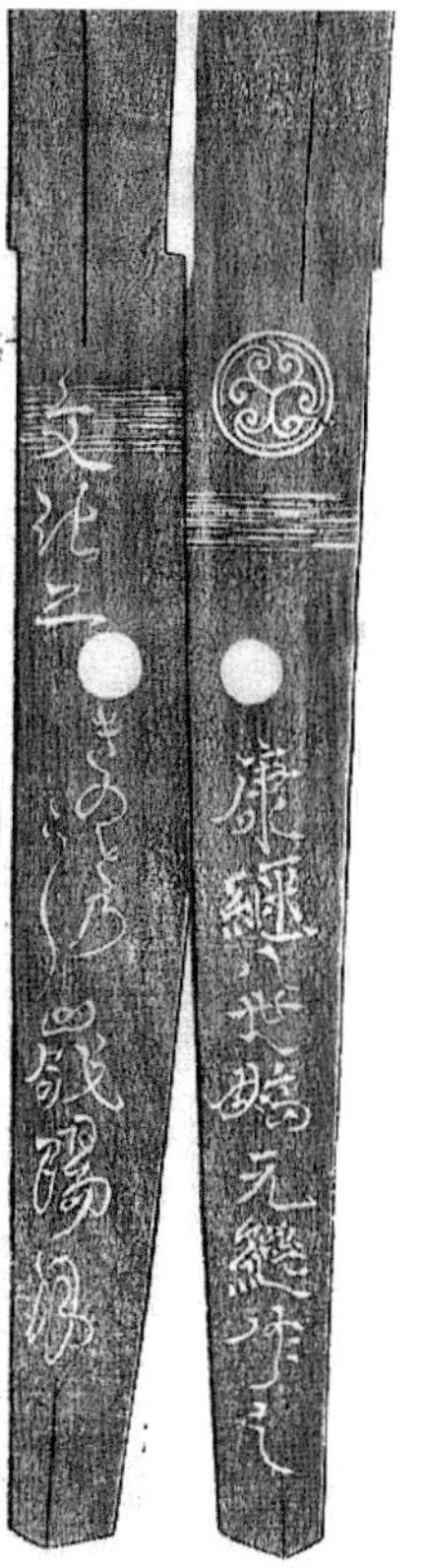

（『古今鍛冶備考』）

新々 **康継**【やすつぐ】　江戸十代　武蔵国　江戸末期（天保）

市之丞。天保から嘉永ころまでが鍛刀期である。天保十四年（癸卯年）紀の作は天保十四年四月十七日、将軍家慶が日光社参のおり、献納したものである。中直刃の匂口が締る。

日光東照宮奉納刀

新々 **康継**【やすつぐ】　江戸十一代　武蔵国　江戸末期（文久）

安政から慶応にかけて活動し、幕末の世情を反映して需要に応じ、比較的に多く作刀している。江戸汐留住。康継の掉尾を飾る刀工。互の目に丁子交じり、匂口堅い。

新々 **康継**【やすつぐ】

江戸十二代　武蔵国　江戸末期（慶応）

下坂市之丞。初銘康直。江戸本郷森川宿住。

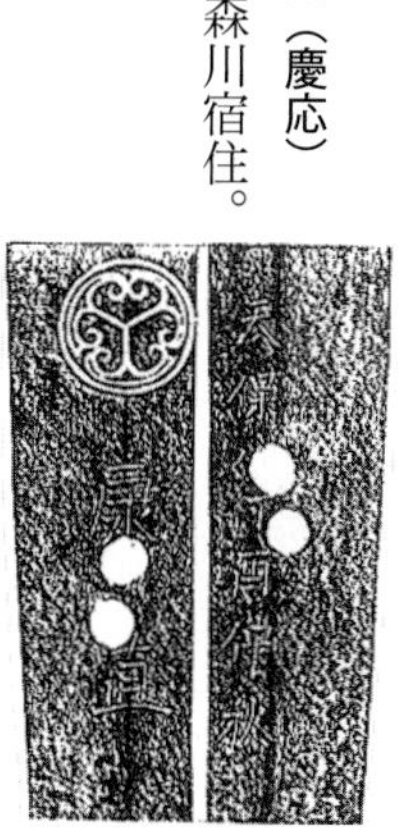

新 **康継【やすつぐ】** 世喜宿打ち　下総国　江戸初期（明暦）

「於総州世喜宿作之」と切った康継の作刀は数点が現存する。湾れの刃文がほとんどで、年代は寛文初年を降ることがない。「康継弟以南蕃鉄」は「二代康継の弟」すなわち「初代康継の次男、二代康悦の弟康意」である。この銘は兄二代康継の銘になぞらえて切銘した自作の銘であり、「康」字が世喜宿打ちの「康」字と近似する。康継を銘し葵紋を刻す世喜宿作は下坂家の親族のもの以外ではなく、年代的にも二代康継の弟である康意康継と見られる。世喜宿作銘には二種があって「継」の糸偏の字画を変えて切銘している。康意康継の他に別の銘作者がいるであろう。

⇩**康意《やすよし》（越前四代）の項参照。**

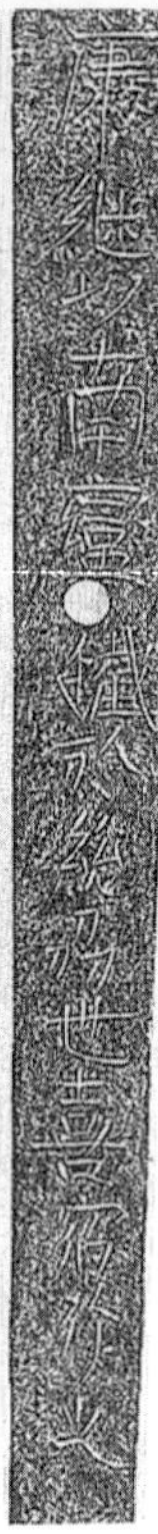

総州世喜宿打ち

総州世喜宿打ち

二代康悦康継の弟、康意

新 **康継【やすつぐ】** 鶉古城打ち　上野国　江戸中期（寛文）

「上州於鶉古城作之」と切銘した康継作は刀一、脇差一がある。別に上州館林打ちが一例あって、いずれも初代康継の次男康意康継の作とみられ、世喜宿打ち康継と同人であることは『康継大鑑』が「二代康継が正保二年に没した後、江戸三代康継の後見をし、三代が一本立ちしてから、下総（関宿）、上野（鶉古城）で鍛刀した」としている。年代については慶安・承応から寛文初年にかけてとみている。鶉古城は上野国邑楽郡多々良村辺にあったという。康意康継は館林松平六万石和泉守乗寿の招きにより来住し、一時期この地で鍛刀したものである。湾れに互の目足入り、匂口沈む。

⇩**康意《やすよし》〈越前四代〉の項参照。**

上州鶉古城打ち

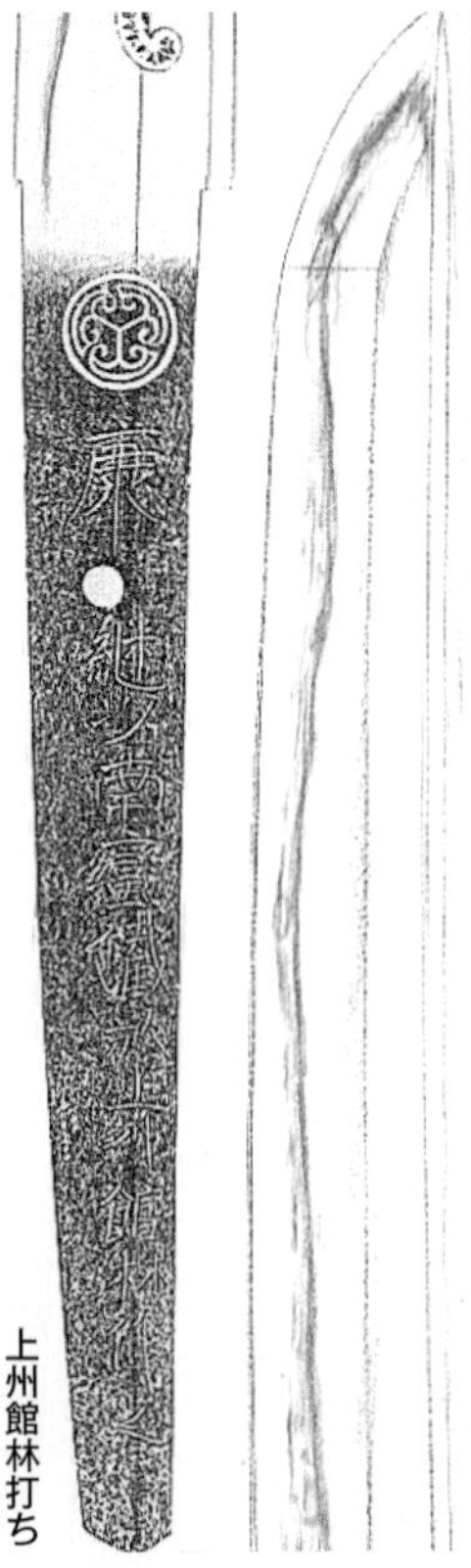

上州館林打ち

新 **康継【やすつぐ】** 大和守　美濃国　江戸初期（明暦）

美濃関住。下坂康継が大宮姓を称していたころの同族であろうか。明暦三年は越前康継が三代初期の年代に当たる。明暦三年十月十八日、大和大掾受領、のち大和守に転任する。互の目に湾れ交じりの刃を焼く。

新 **康綱【やすつな】** 下坂　近江国　桃山期（元和）

下坂八郎左衛門。会津下坂初代為康の師。江州西坂本住。慶長五年以降、江州から九州筑後へ下向し、松山城主加藤嘉明に仕える。寛永四年五月、加藤家の移封に従い、松山から会津へ移る。康綱銘の作は未見。⇩八郎左衛門の項参照。

新 **康綱**【やすつな】 阿波守　摂津国　江戸中期（延宝）

江州平住。初代康広門。近江石堂派。のち大坂へ移る。「當一橘康綱」とも切る。阿波守を受領。二代康広との合作刀がある。当一を号していて富田一族の一員であろう。康広と近親の間柄である。丁子に互の目足入り、小づんだ刃を焼く。

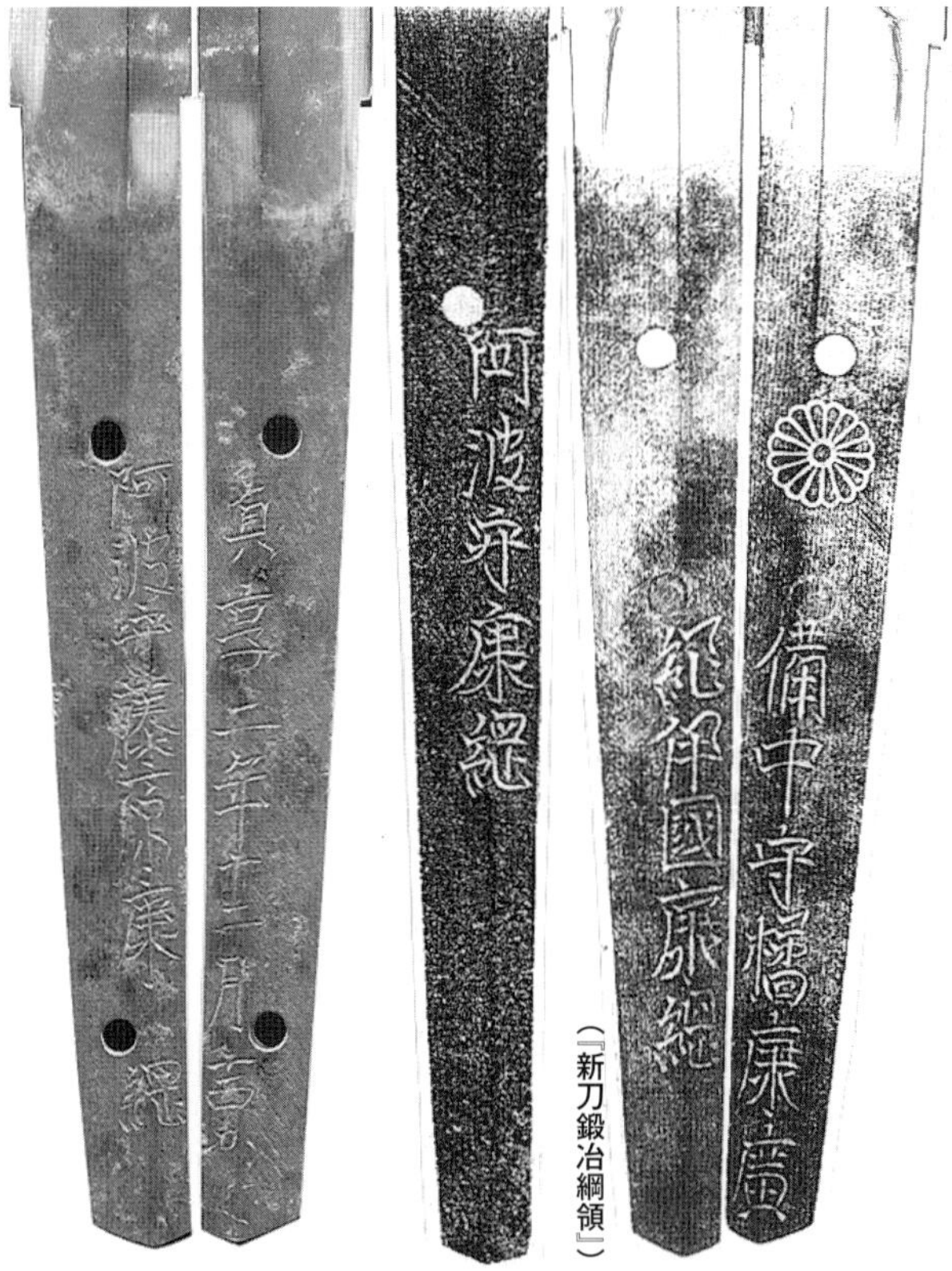

（『新刀鍛冶綱領』）

古 **康永**【やすなが】 備前国　室町初期（応永）

右衛門康光の子、左京亮康光の弟。互の目に丁子を交じえた刃文が常にみる康光のものより小模様である。「備州長船康永」。

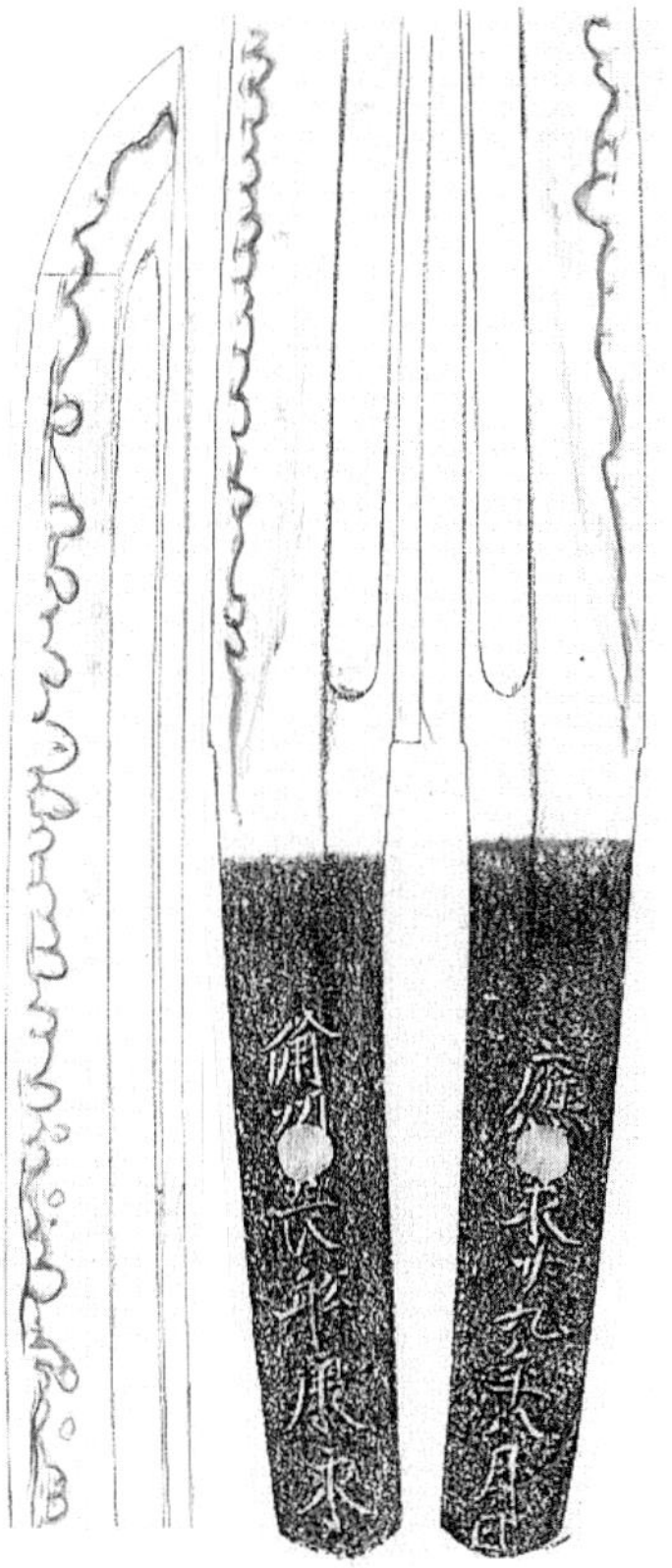

新 **康永**【やすなが】 河内守　摂津国　江戸中期（寛文）

八左衛門。本国紀州。石堂康広の門。紀州から大坂に移り大坂石堂派の有力な一員となる。羽州庄内にても造る。河内大掾を受領、のち河内守に転任する。門下から多々良長幸が出る。焼幅が広く足を長く入れた匂出来の丁子乱を焼く。

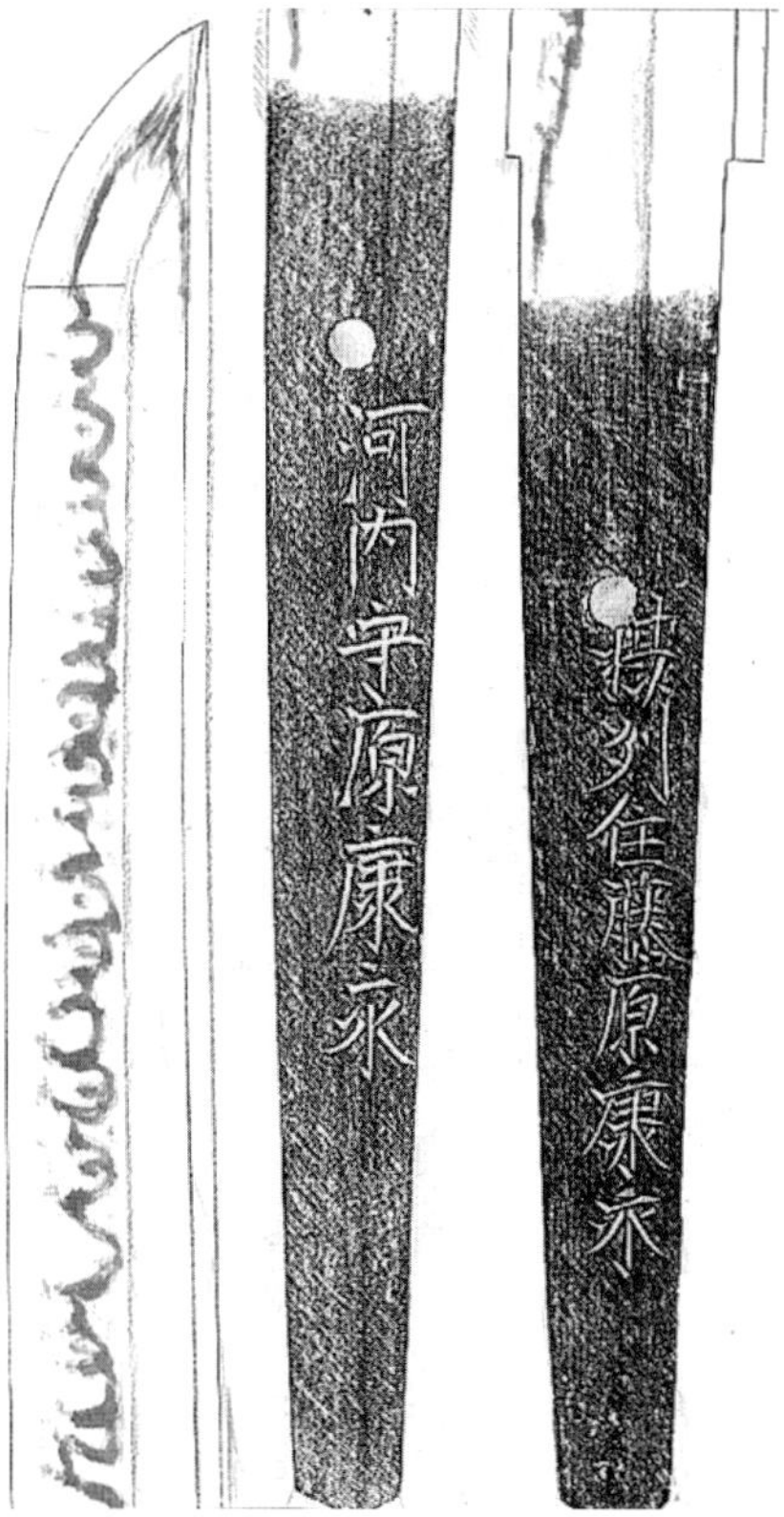

や
やすつな〜やすなが

新 **康信【やすのぶ】** 紀伊国 江戸中期（寛文）

冨田孫兵衛。初代康広門。紀州石堂安信同人。紀州から大坂、また京へ移る。

古 **康春【やすはる】初代** 相模国 室町末期（大永）

初銘泰春。本国駿州島田。義助門。小田原住。永正十八年に島田義助と共に小田原に移り、北条氏康より「康」の一字を賜り泰春を康春に改める。大永二年紀がある「相州小田原住泰春作」の刀があり、以降天文中ころにかけて作刀があるとするが、泰春・康春いずれの作刀も大永二年紀の泰春刀以外はみない。天文十四年、及び同二十三年の年紀作は二代であろう。北条氏康が家督を相続したのが天文十年であり、この年以降に泰春が康春に改銘したとすれば、天文十年以前には康春銘の作刀はありえないはずである。初代康春の作刀は大永二年紀の泰春銘の作刀以降みることがない。⇩泰春の項参照。

古 **康春【やすはる】二代** 相模国 室町末期（天文）

初代康春（泰春）の子、または門。小田原住。小田原相州を代表する上工で、小田原刀工の棟梁の地位にあったものとみられる。作刀は比較的多く、また優れた作刀をみる。年紀があるものでは、天文十四年紀の短刀があるといい、天文二十三年紀の不動国行写しの太刀があり、永禄十一年紀の作まで続く。作刀は、刀、脇指は幅広で短寸のものが多く、

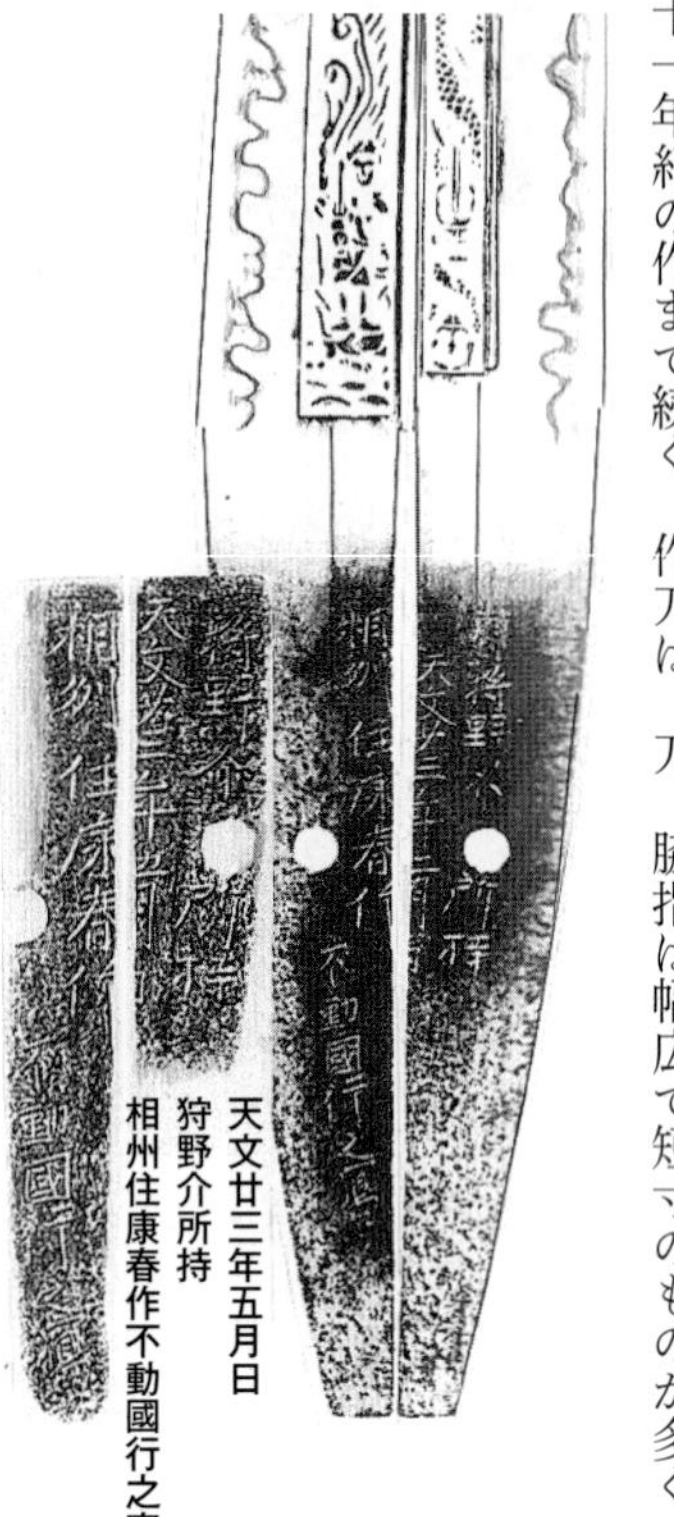

天文廿三年五月日
狩野介所持
相州住康春作不動國行之寫

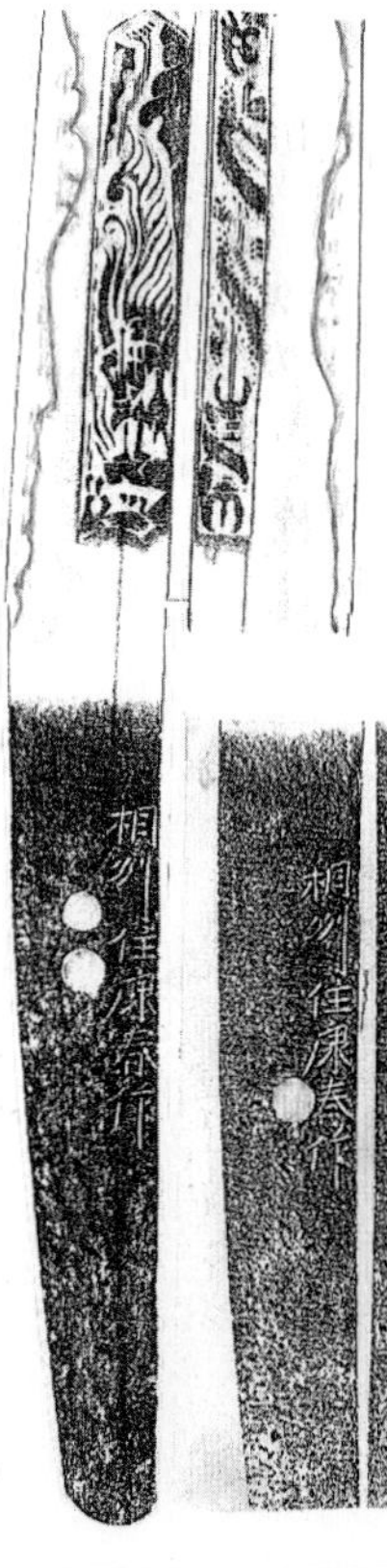

先反り。短刀は内反り。鍛えは板目に柾流れ、肌立ちごころがあり、地沸つく。刃文は湾れに互の目、丁子足入り、飛焼かかり、箱がかった乱、矢筈乱などが交じり、小沸よくつく。彫物が巧みで真の倶梨迦羅、不動明王などの彫物がある。「康春」「相州住康春作」。

新作 **康久【やすひさ】** 福井 昭和

山田久雄。大正三年生まれ。戦時中に海軍で作刀。昭和三十五年ころから隅谷正峯に学ぶ。同四十一年から新作名刀展に出品し入選。「越前国丹厳洞辺住康久作」。

古 **康広【やすひろ】初代** 相模国 室町末期（永禄）

小田原相州。康国子。「相州住康廣」。二代天正ころで定広の婿という。小田原住。駿州島田康広同人ともいう。「康廣」「康廣作」。

新 **康広【やすひろ】** 備中守 初代 紀伊国 桃山期（寛永）

冨田源蔵。江州蒲生郡住、のち紀州和歌山へ移る。紀州石堂の初代。当一と号す。寛永三年紀に「紀伊国當一康廣」銘の作があり、降っては承応三年紀に「紀伊国源康廣」銘がある。明暦三年三月六日、備中守大掾を受領し、同年十月十八日備中守に転じる。『町人受領記』に「鍛冶源康廣」

とあって、受領時まで源姓であったものが、受領してからは橘姓に改め「備中守橘朝臣」「紀伊国康廣」と切る。二代備中守康広（五郎左衛門）の父。紀州石堂派は正保初年までの十年余の間に栄え、のち康広の一流は大坂へ移り大坂石堂派を、平安城正俊・正忠兄弟は京へ移り京石堂派を形成

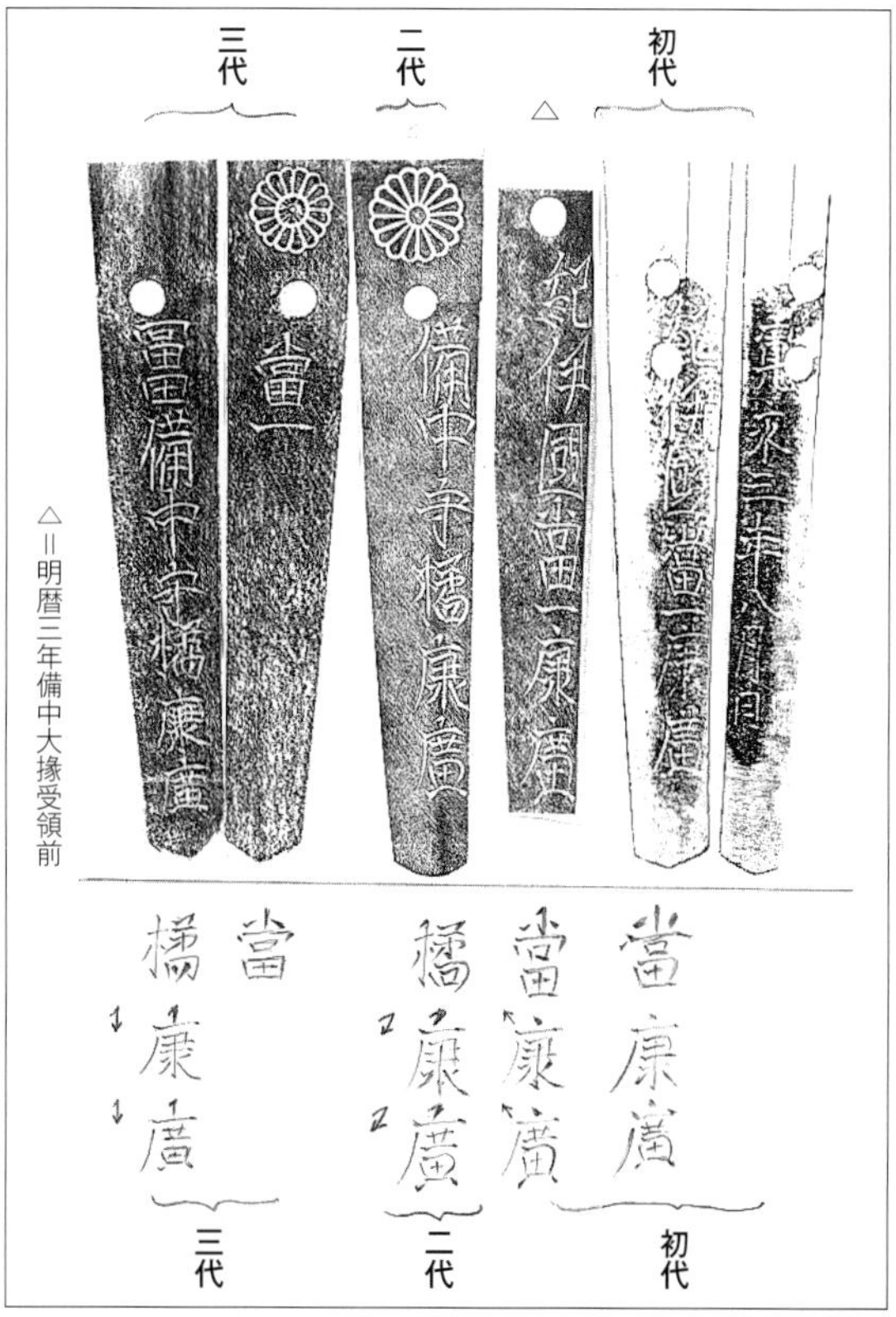

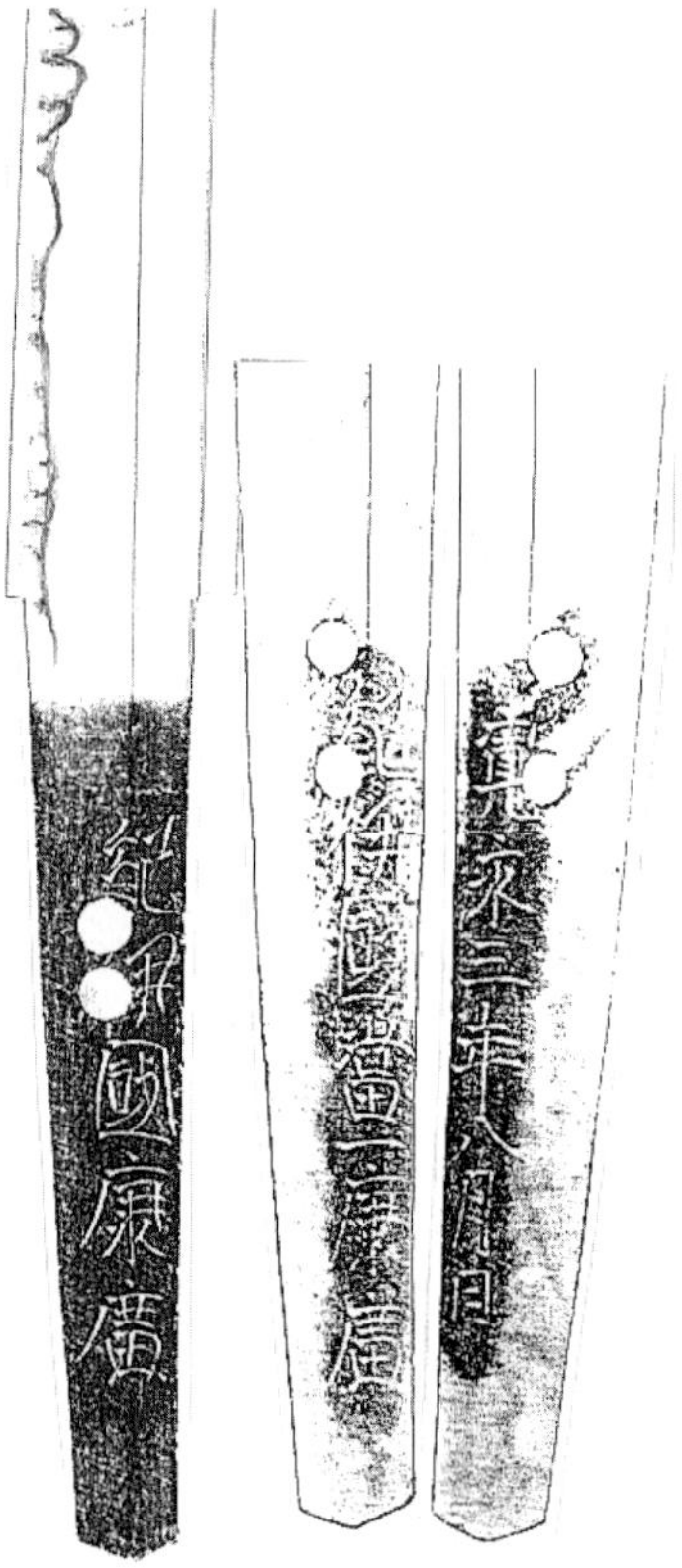

する。安広、安定は江戸へ移って活動する。また同じ江州出自の光平・常光の一流が江戸へ移り江戸石堂の主流をなして繁栄する。（系図903頁参照）

新 **康広【やすひろ】** 備中守　二代　摂津国　江戸中期（寛文）

富田五郎左衛門。本国紀州。紀州石堂派の中核をなし、のち紀州から大坂へ移り、大坂石堂派の盟主となる。大坂上久宝寺町住。二代康広はのち為康に改銘する。『新刀弁疑』は為康が若年のころに「備中守康廣」と切ったと記し、『本朝新刀一覧』は、為康は二代目備中守康広が後の銘なりとして、両者ともに康広と為康を同人とし、康広改め為康を銘したとしている。この説はほとんど採用されずにきているが、現存する作刀に

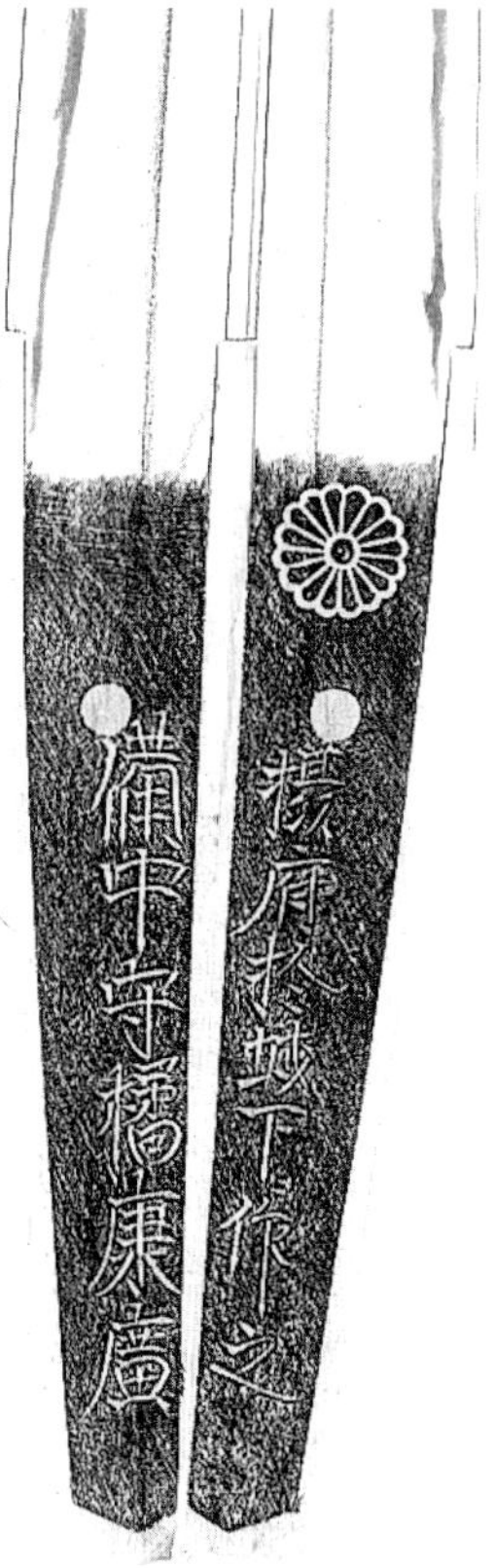

よって首肯される。「陸奥守橘為康」（表）、「初号康廣」（裏）は為康の初銘が康広であることを表意し、また「陸奥守橘為康」（表）、「富田五郎左衛門尉康廣」（裏）は合作ではなく、為康の前銘が康広であることを示して為康と康広が同人といっている。

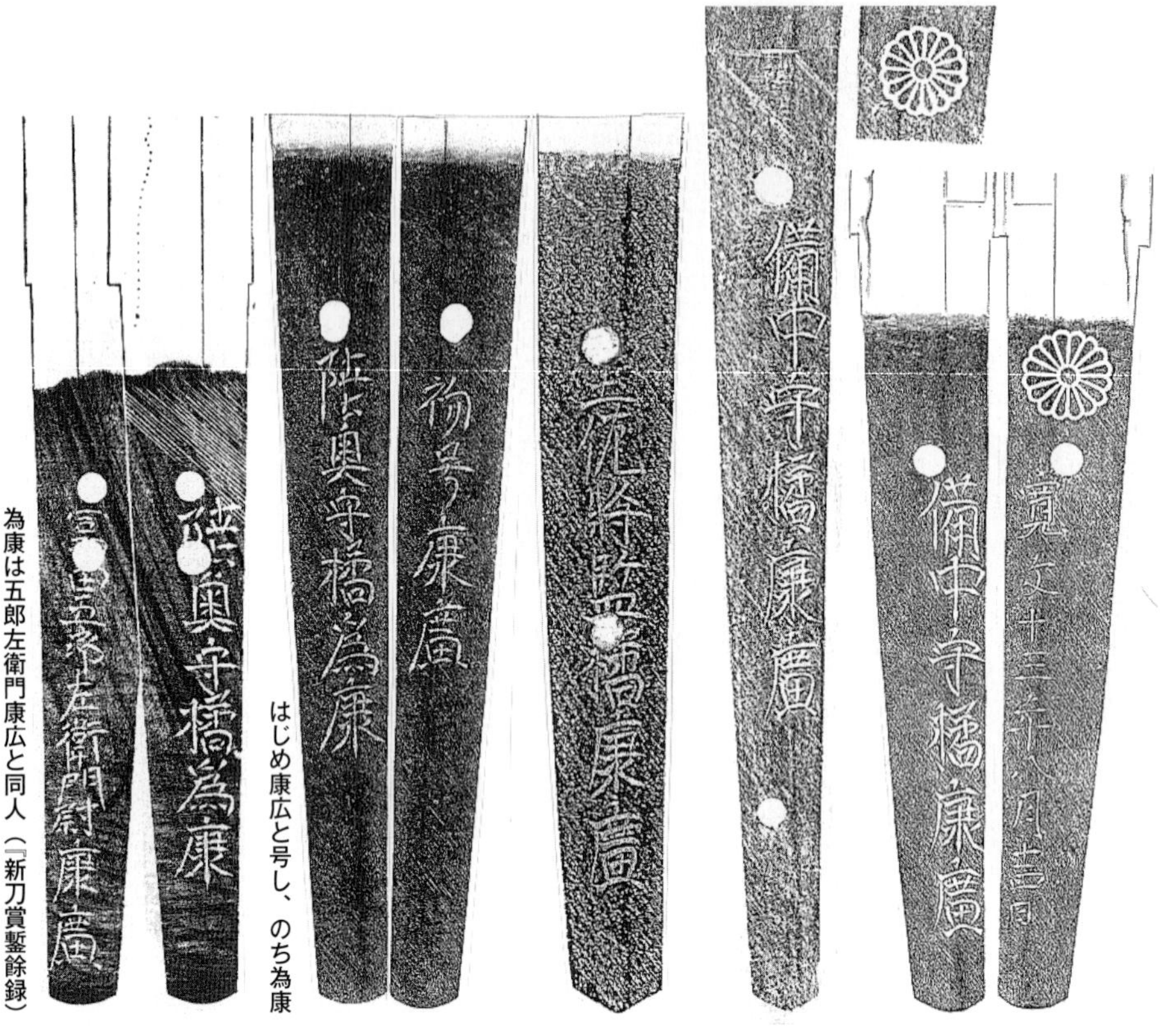

はじめ康広と号し、のち為康

為康は五郎左衛門康広と同人（『新刀賞鑑餘録』）

寛文五年三月十三日に為康（二代備中守康広同人）は陸奥大掾を受領し、陸奥守に転じている。康広は「土佐将監橘康廣」「土佐将監為康」また「陸奥守橘為康」を切銘しており、為康銘には延宝三年から五年までの作をみる。初代康広の作は寛永三年以降は明暦三年の備中大掾受領の前後数年間に限られ、二代康広の作は明暦ころから延宝五年ころまで二十余年間がある。現存する康広銘の作刀の多くは二代作であり、作技も秀でて出色である。備前一文字助長を遠祖として古式の丁子乱を再現し、石堂丁子といわれる一流の刃文を開花させたといわれる。丁子乱、大互の目乱など焼幅広く華やか。光平・常光の丁子よりは総じて小模様である。

新 **康広【やすひろ】** 備中守　三代　摂津国　江戸中期（延宝）

冨田惣右衛門。「大坂三代目備中守康廣……為康の子惣右衛門と称す」（『新刀弁疑』）とある三代康広は為康（二代康広同人）の子。三代康広と三代為康は兄弟で康広が兄、為康が弟とみられる。三代康広は、二代

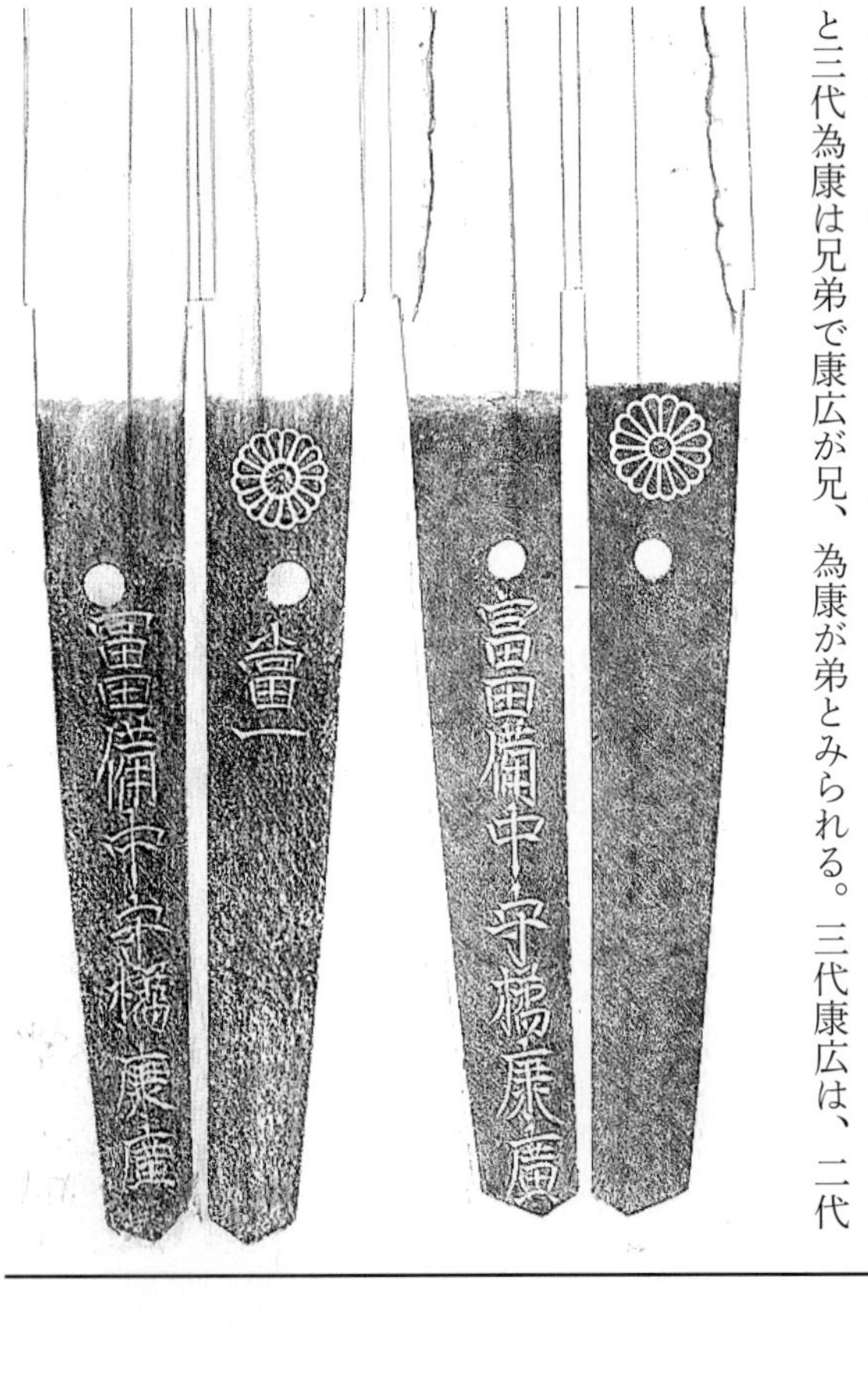

康広が寛文五年に陸奥大掾を受領してのち陸奥守為康を名乗るのを契機に三代目備中守康広を襲名したのであろう。三代の作刀期は寛文の後半から延宝年間のごく短期間だったとみられる。「富田備中守橘康廣」と切り、菊紋を刻した一連の銘作が三代康広に擬せられる。

新 康広【やすひろ】 備中守 四代 摂津国 江戸中期（天和）

江戸時代の書中では『本朝新刀一覧』と『新刀弁疑』が四代目康広の存在を認めて「備中守橘康廣」と切ると記している。天和二年九月紀がある康広銘は「康」の字画が異風である。年代的にみて四代康広に該当する。

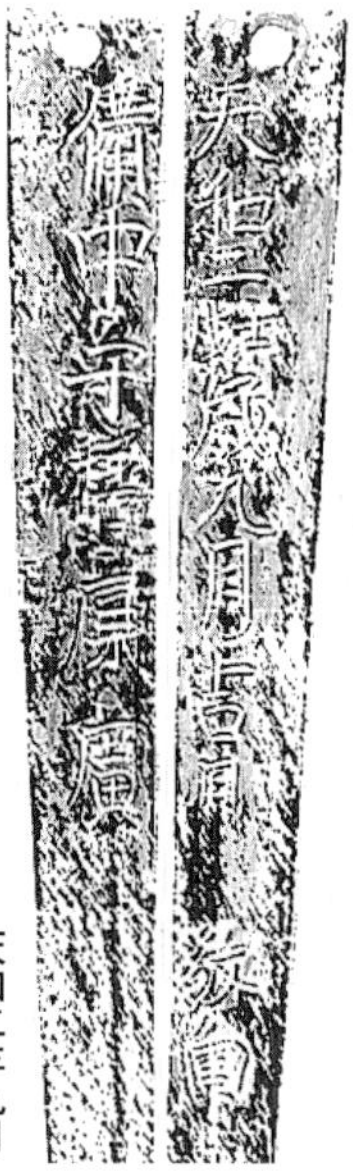

天和二年九月

新作 康宏【やすひろ】 東京 昭和

小林林。大正三年生まれ。秋元昭友門。昭和三十三年ころから作刀。第六回新作名刀展から出品、入選する。港区高輪住。

古 康道【やすみち】 美濃国 室町末期（明応）

赤坂千手院。道印の子。初代。明応ころ。「濃州住康道」「千手院康道作」。

古 康道【やすみち】 美濃国 室町末期（永正）

赤坂千手院。二代。永正から大永ころ。「濃州千手院康道」「濃州赤坂住千手院康道」。

新 康道【やすみち】 美濃国 江戸中期（寛文）

赤坂千手院康道の末流。康綱門。美濃関住。尾張にても造る。大和守を受領し「大和守源康道」と切る。

新 康道【やすみち】 甲斐国 江戸中期（元文）

甲府市鍛冶町の旧名権現堂住。直刃を焼く。

古 康光【やすみつ】 備前国 室町初期（応永）

右衛門尉。長井氏。初代。一説に小反り三代重吉の子。初代重吉は長船景秀（光忠の族）の子といわれ、康光は長船光忠の系流で、小反りの出自である。銘鑑によると康光には延文ころの古康光のあと、初代応永から六代永正まで同銘が継続する。初代康光の年紀がある作は応永二年が古く、応永廿一年紀に「備州長船住右衛門尉康光」（『古刀銘尽大全』）の俗銘入りの作があり、応永廿六年八月紀に銘作がある。応永二年から

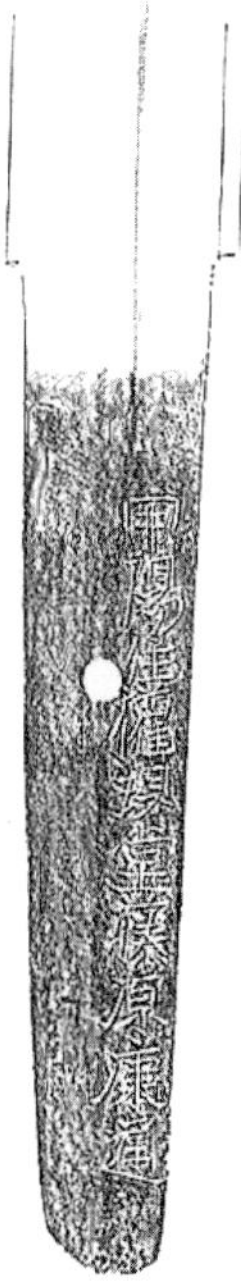

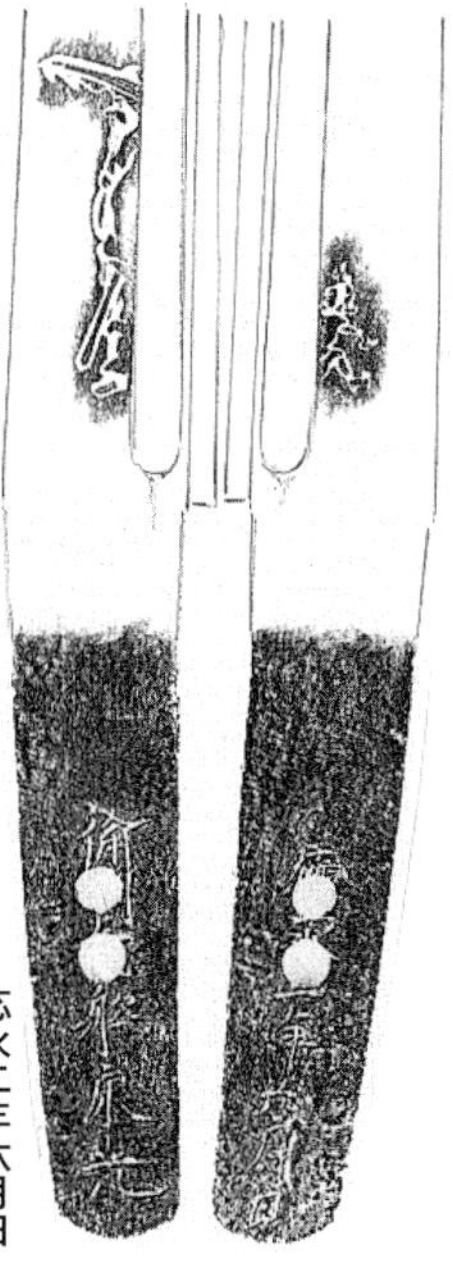

応永二年六月日

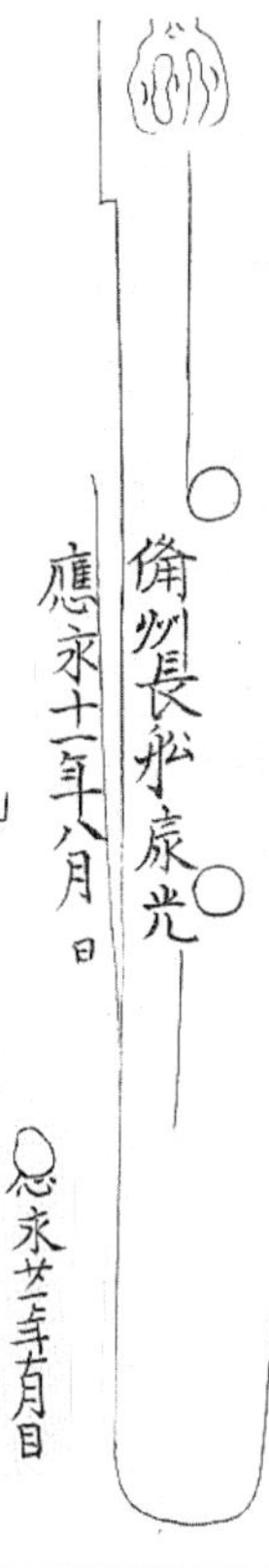

（『古刀銘尽大全』）

や
やすひろ〜やすみつ

同廿六年まで二十五年の作刀期がある。

応永二十七年からは二代康光の「長船左京亮康光」銘の作があって、この年から二代作が始まり、以降は二代作の年代となるのであるが、二代の活動中も初代は作刀を続けているふしがある。応永三十年には康光に二種の小異がある銘振りのものがあって、初・二代がそれぞれ同年に作刀をしているようである。応永三十年に初代作があるとしても、応永二年から応永三十年までおよそ三十年間という年数は一人の刀工の作刀期としてさほど長くはないであろう。

直刃と乱刃があり、直刃は匂口がよく締って明るく、乱刃は腰の開いた互の目がゆったりとし焼頭がけむり込んで尖りごころがあり、棒映りが立つ。二字銘に「康光」と切るものは年紀のあるのが少なく、「備州長船康光」と六字銘が多い。

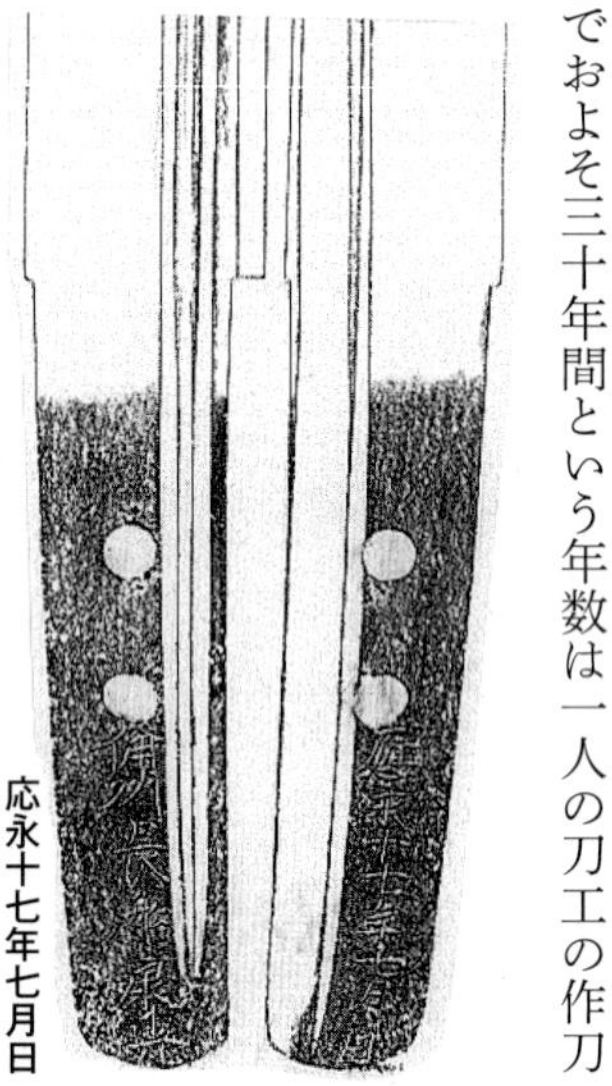
応永十七年七月日

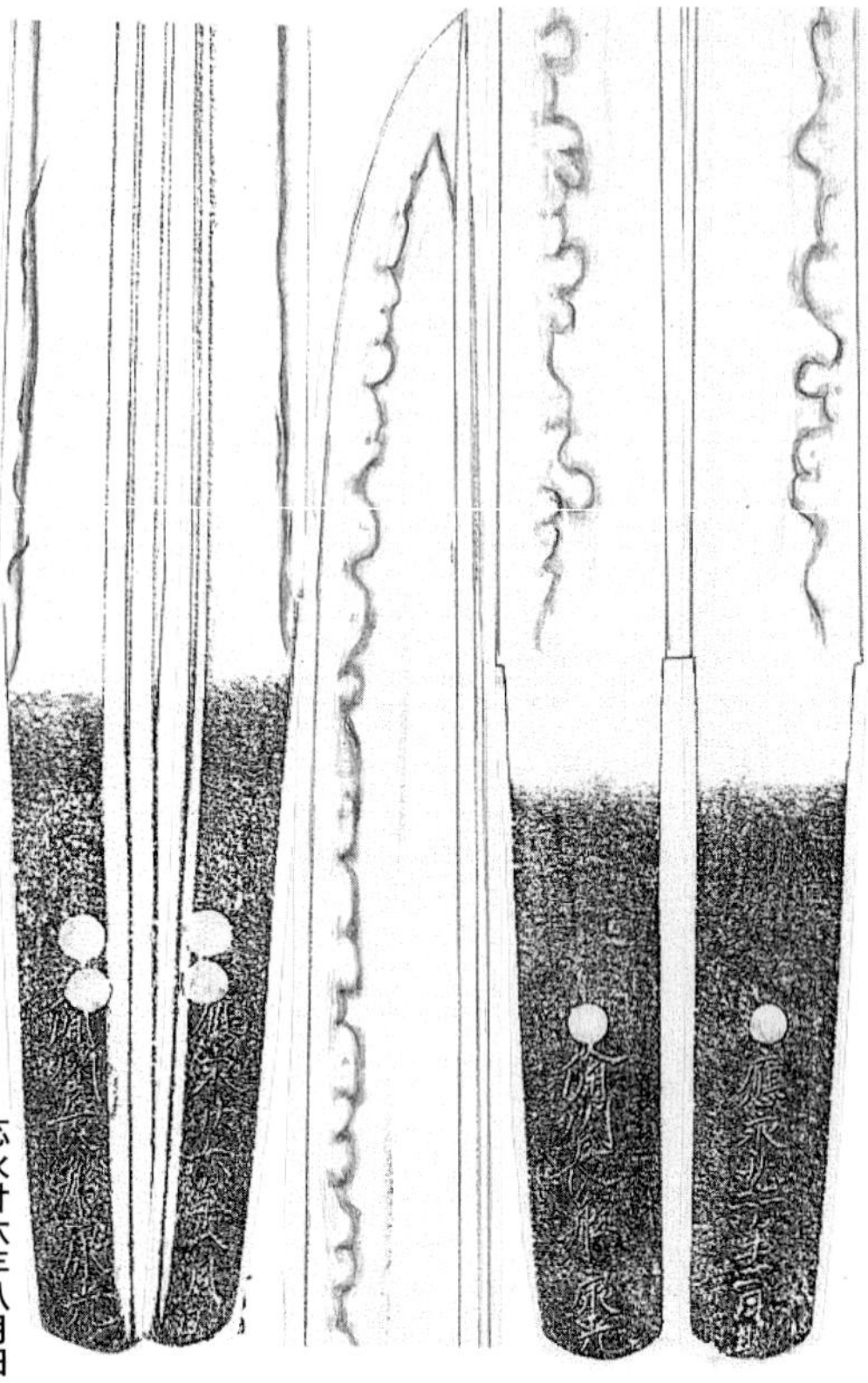
応永廿六年八月日

古 康光【やすみつ】 備前国　室町初期（応永）

（系図884～885頁参照）

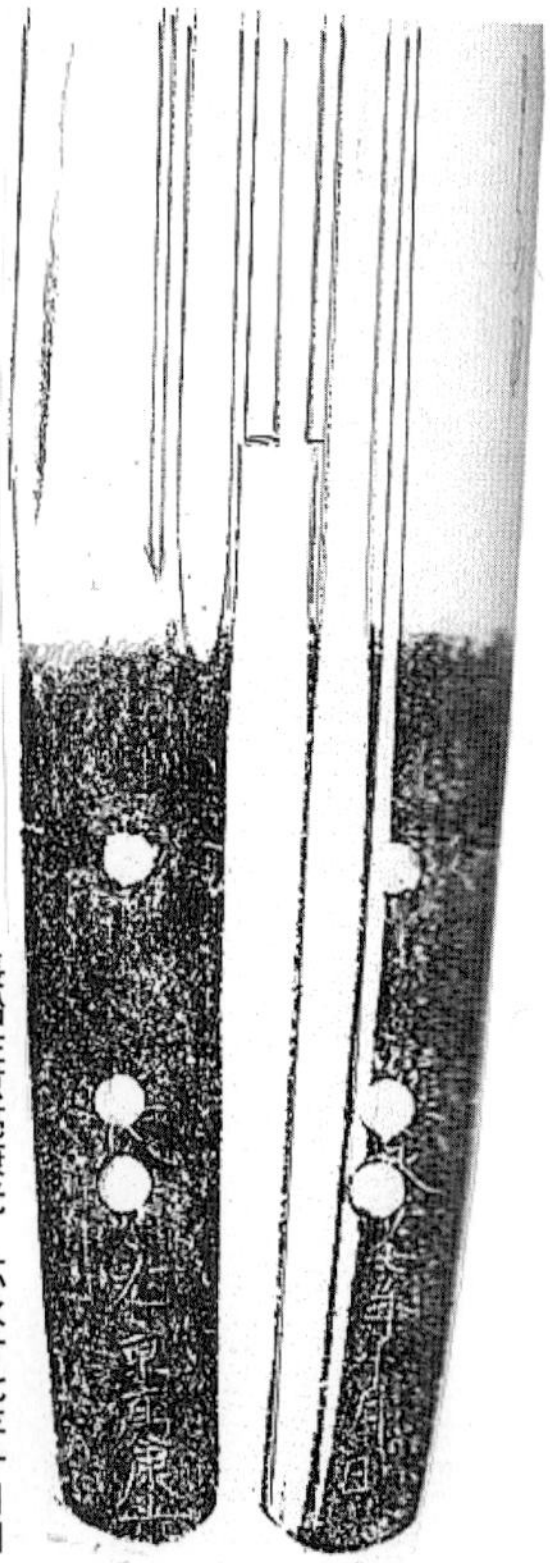
長船左京亮康光　応永廿七年十月日

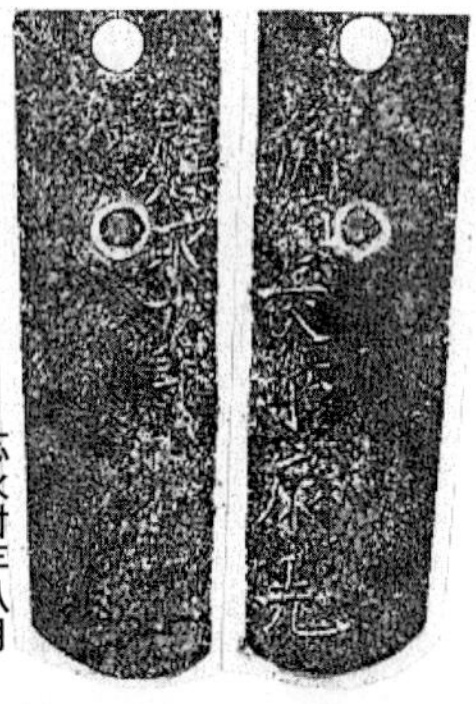
応永廿年八月

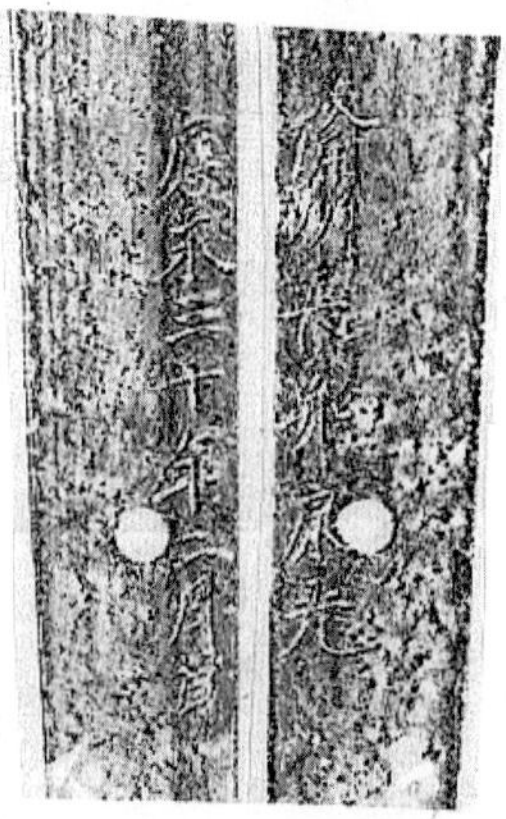
応永三十年二月日（初代銘か）

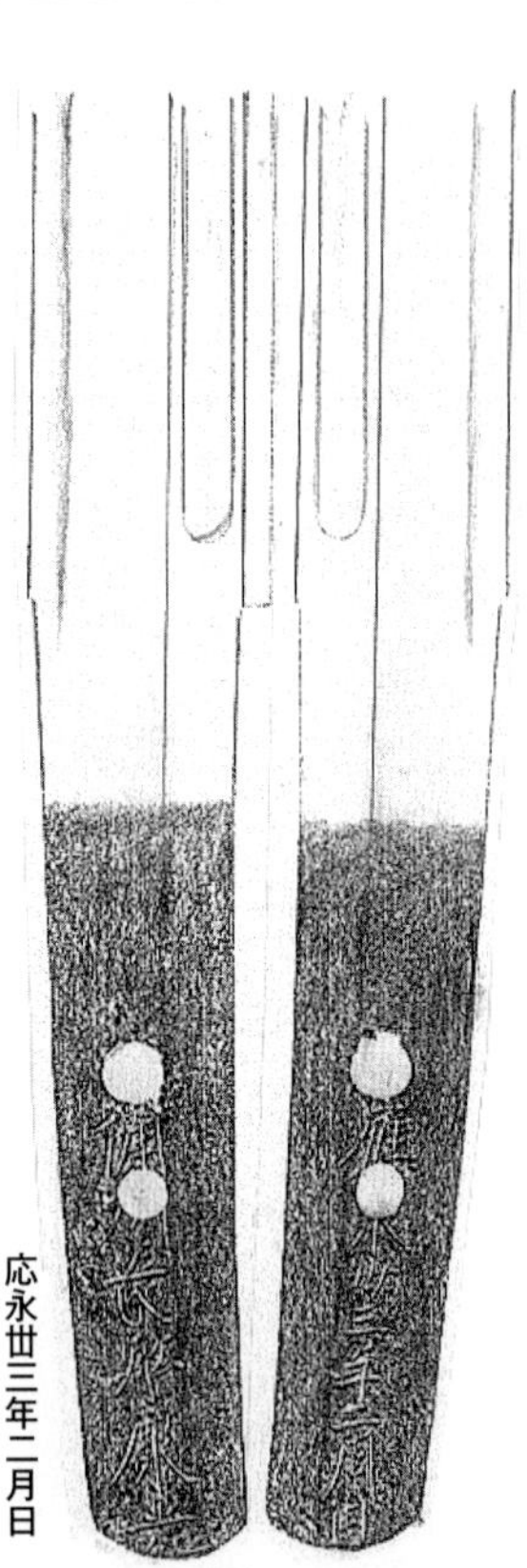
応永廿三年二月日

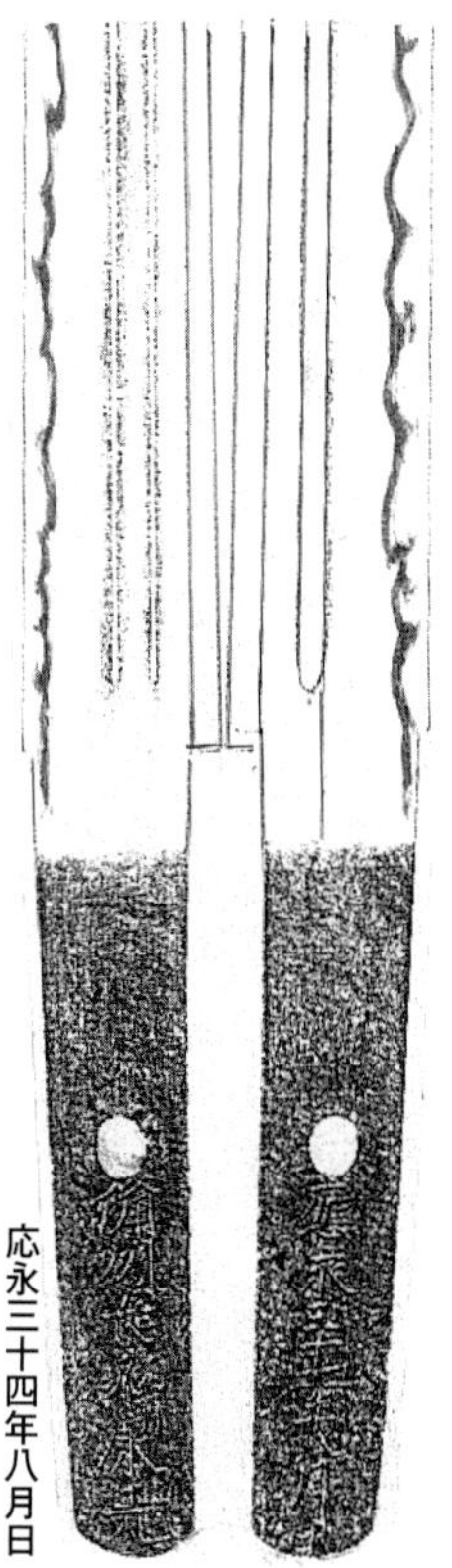

応永三十四年八月日

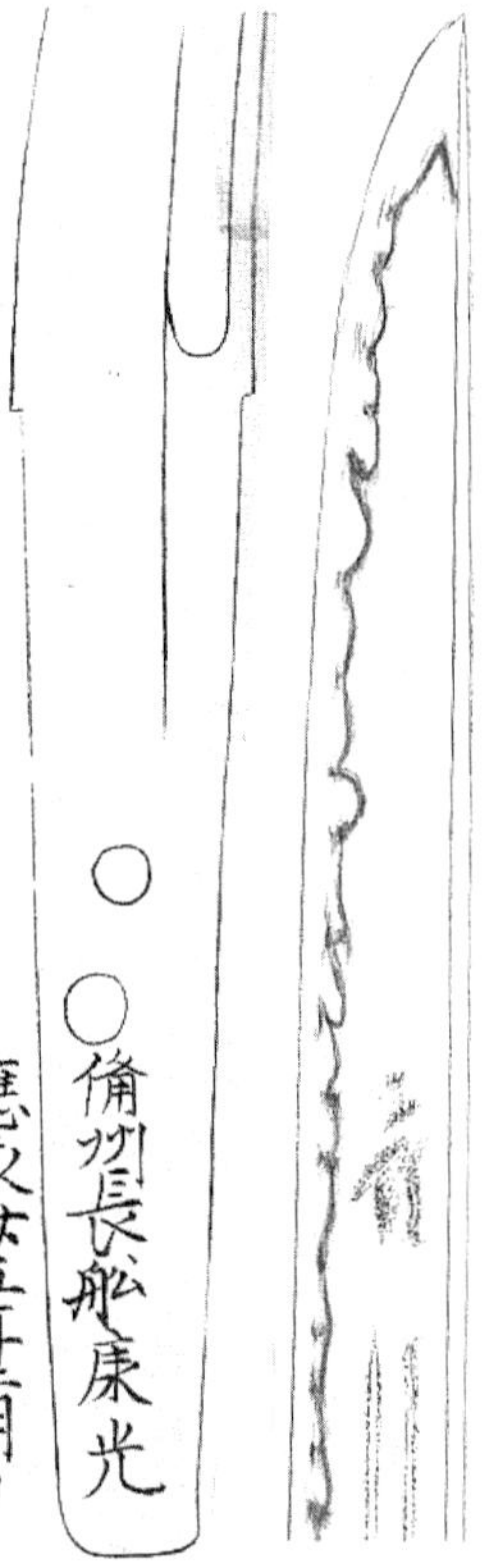

（『土屋押形』）

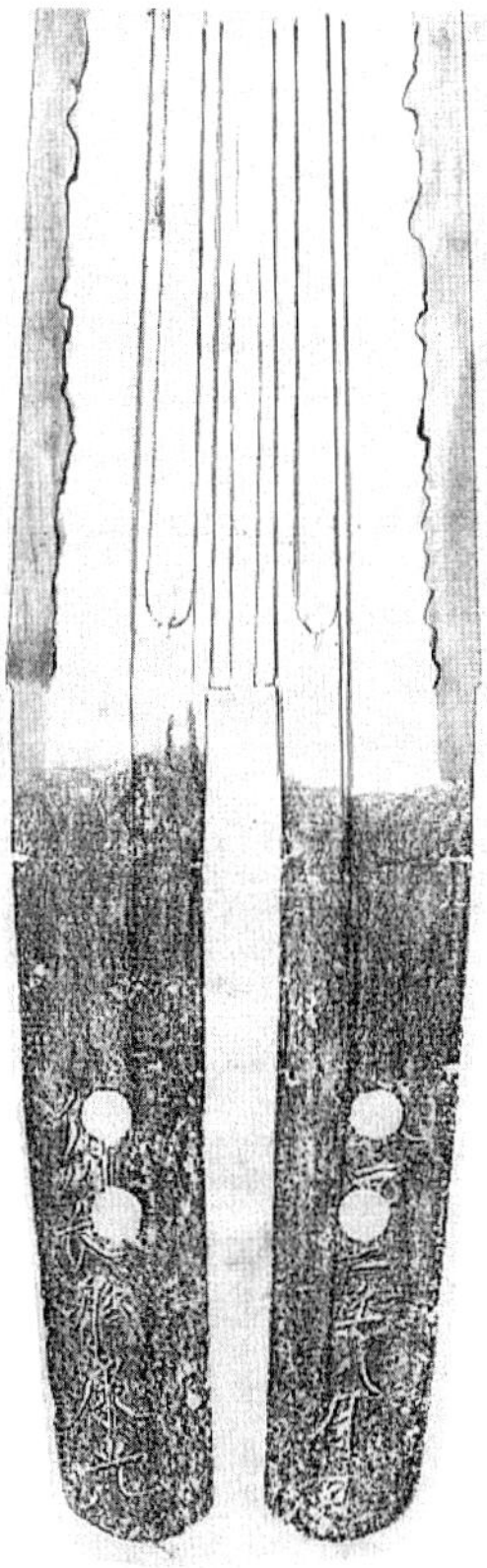

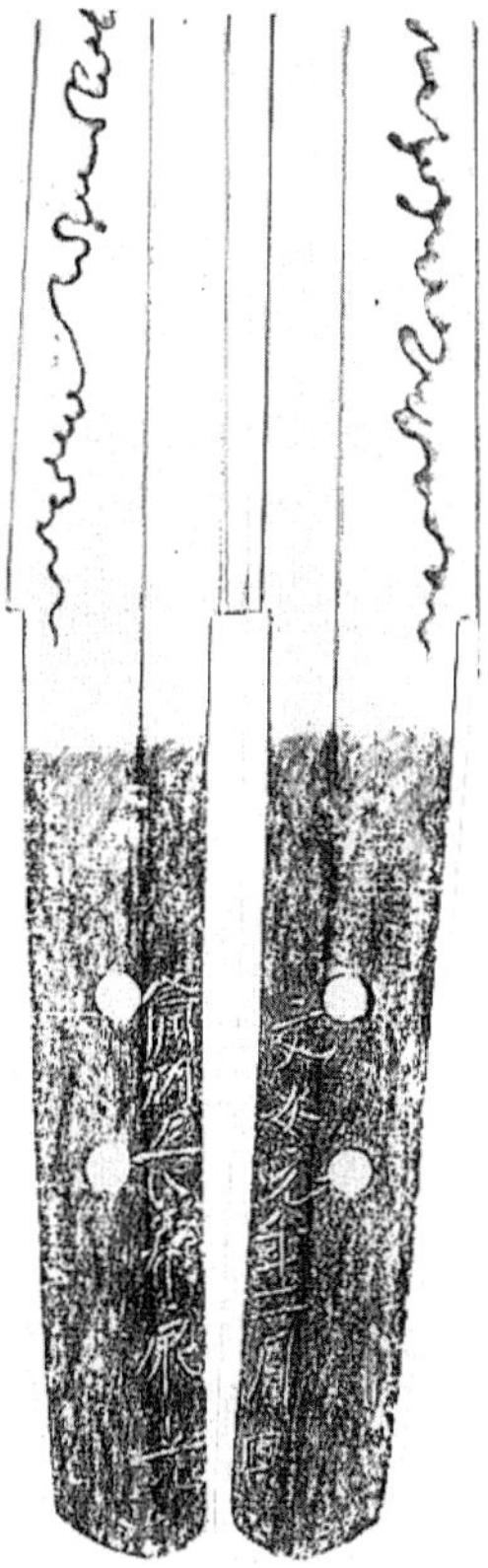

文安元年二月日晩年銘（『神津伯押形』）

左京亮。二代。初代康光の子。修理亮盛光の弟という。左京亮康光は修理亮盛光とともに応永備前を代表する上手。備考は左京亮康光を応永・永享ころとし、校正は応永三十三年から永享十年までの年紀作があるとするなど、二代康光の作刀の開始年と初・二代の区切りの年がはっきりとしないままにきている。二代作で「長船左京亮康光」を銘し「応永廿七年十月日」を切ったものが古く、初代康光の項でこの年応永二十七年から二代作がはじまるとみたことは前述のとおりである。この年より二年後の応永二十九年には修理亮盛光・左京亮康光が合作し熊野大社に奉納した太刀があり、応永三十年代に入り、二代は盛んな鍛刀活動を続ける。応永三十五年（正長元年）から三代作が始まり、それ以降は三代と併行して二代の作刀が継続し、文安二年八月「備州長船左京亮康光」（『日本刀の近代的研究』）銘の最終とみられるものまでがある。二代作は応永二十七年から文安二年まで二十六年間の作刀期がある。「康光」「備州長船康光」「備州長船左京亮康光」。

古 **康光**【やすみつ】　備前国　室町初期（永享）

三代。備考は右ェ門尉といい、「応永の末より文安のころまでの作がある」という。また「銘細めなり」ともいっている。他書の多くは三代の年代を文安からのち明応ころと時代を下げてみるだけでなく、作刀の存在そのものを不明瞭なものとしているなかで、備考の「応永の末より文安」の年代は現存する作刀の年代とほぼ合致する。三代康光の作は正長元年八月のものから文安三年八月のものまで、およそ十九年があり、この間父であろう二代康光と併行して作刀する。

　左京亮康光の名声の陰にあってほとんどその名が知られずにいたが、残された作刀からその技が優れ、作刀数からみても活潑な活動を続けていたことが窺われる。二代康光の最終とみられる作が文安二年八月であり、翌文安三年八月に三代も終えているらしく、三代は二代ともにほぼ同じ時期に活動を止め、康光の名跡は四代に引き継がれている。作風は二代

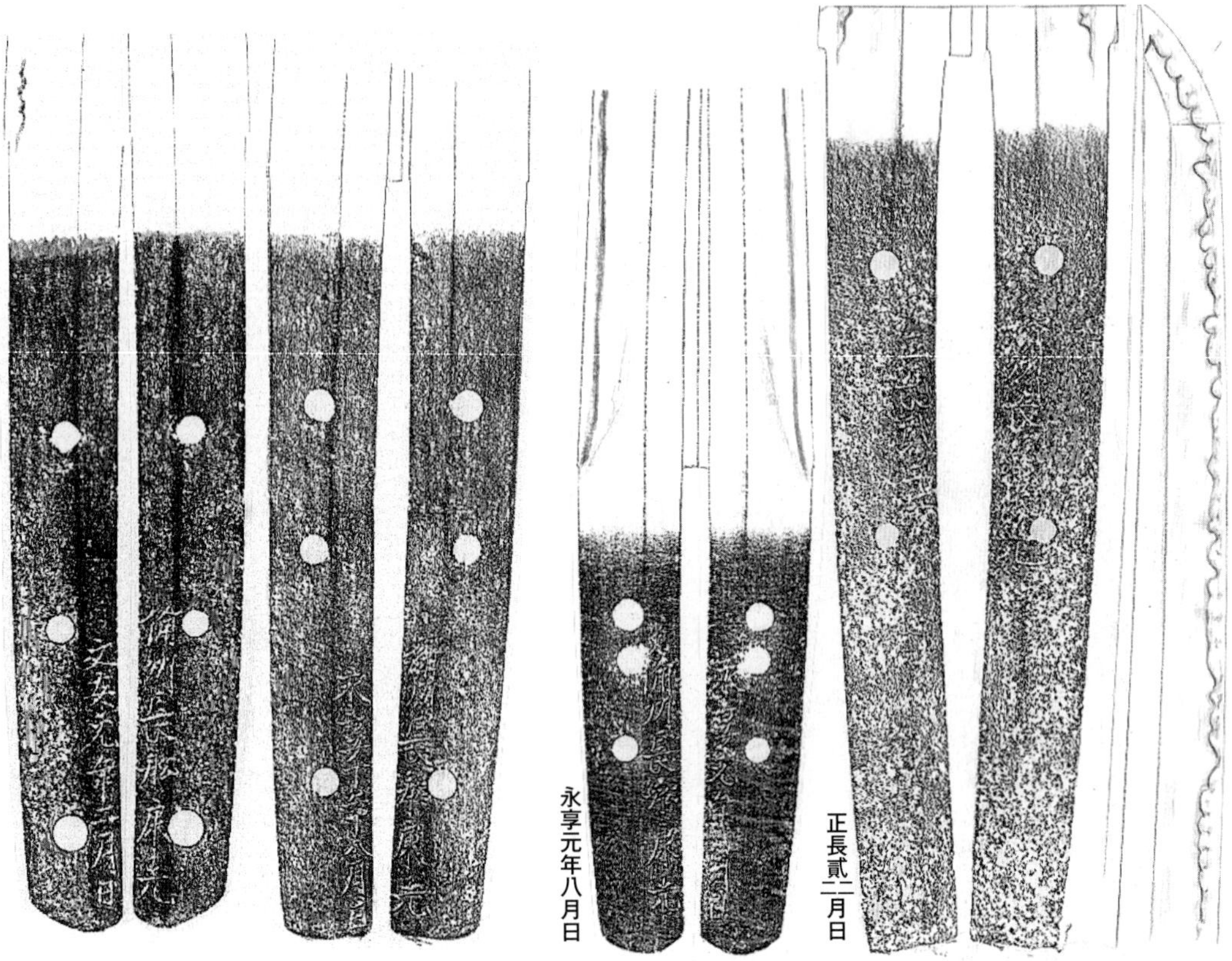

正長貳二月日

永享元年八月日

に似て直刃と乱刃を焼き、互の目は連れて小模様になる。「康光」「備州長船康光」。康光の名跡は四代康正、五代明応、六代永正と続くが、四代以降の作刀はほとんどみない。

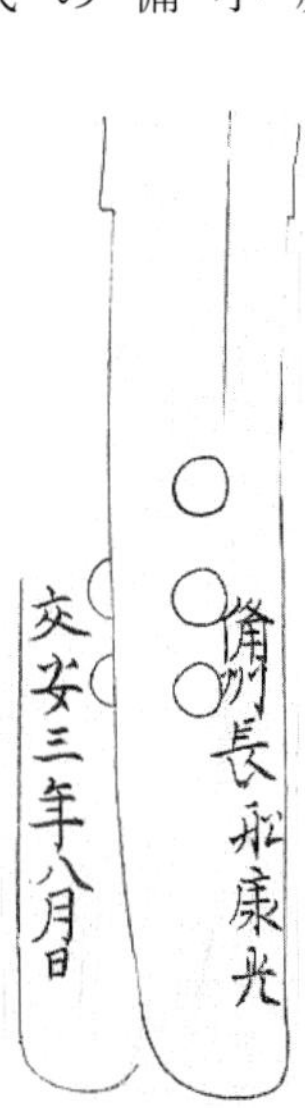

（『土屋押形』）

古 **康光【やすみつ】**　相模国　室町末期（永禄）

小田原相州。康国門。備考は享禄としているが、康国（天文）の門とすれば永禄・元亀の人となろう。「相州住康光」。

新 **康光【やすみつ】初代**　紀伊国　江戸中期（延宝）

上村姓。紀州石堂派。初代康広弟とも門人ともいう。丁子に互の目が交じり小づむ。「紀伊国藤原康光」と大銘に切る。

新 **康光【やすみつ】二代**　紀伊国　江戸中期（元禄）

紀州石堂派。「紀伊國藤原康光」と切るものがある。作風は初代に同様。

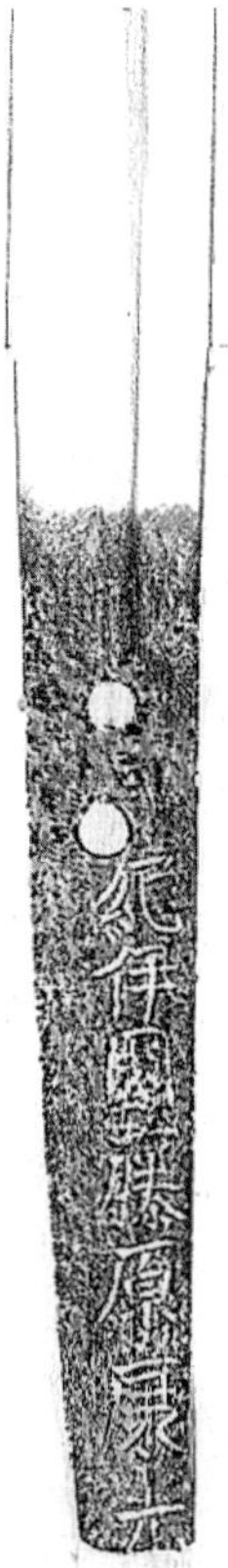

古 **康善【やすよし】**　常陸国　室町末期（長享

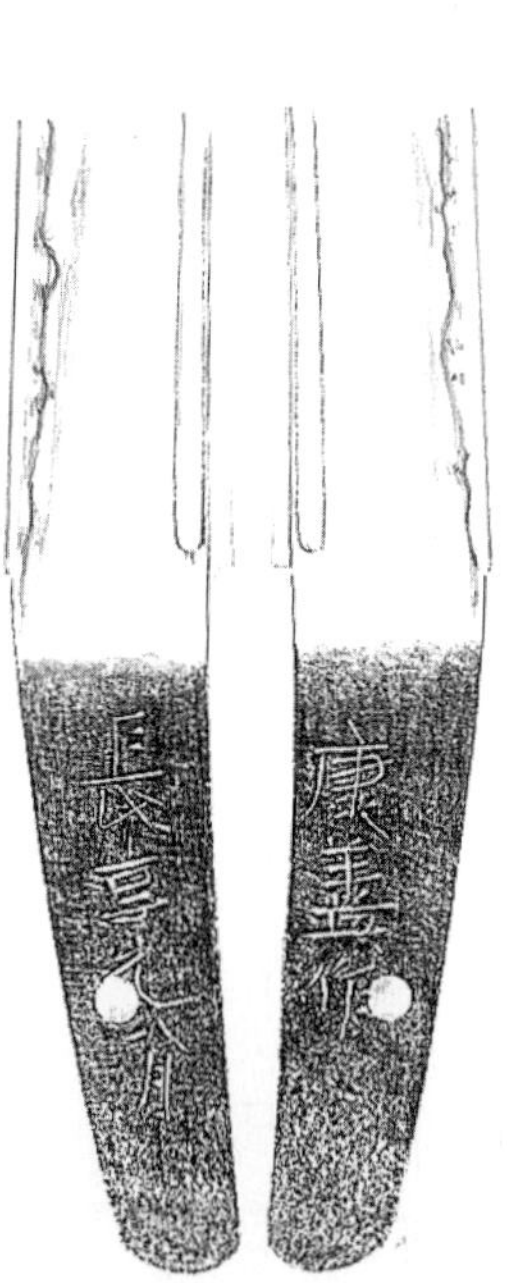

東条庄高田住（現・茨城県稲敷市）。相州広次門に「相州住康善」銘の工人がいるほか、広次に常州打ちがあるなどから康善は広次と有縁か。小互の目に尖り互の目交じり、棒映り白気状に立つ。「康善作」。

新 康意【やすよし・やすおき】 越前四代 越前国 江戸初期（明暦）

康意康継は初代康継の次男、二代康悦康継の弟。正保三年十二月紀に「康継弟下坂」銘の作があり、「康継弟以南蛮鉄（以下切）」がある。当初は康継を名乗れず「康継（二代康悦）弟」「下坂」を称していて、のち「康継於越前作之」を銘す。慶安から寛文初年にかけての間、総州世喜宿、上州館林、同じく鴻古城で作刀する。四代康継を継承したのは、三代越前康継の年紀を見る最終の寛文六年八月以後のことで、長く見ても八年間が四代在世の年限である。鎮徳寺過去帳に見る延宝二年七月二十八日没の下坂八左衛門が、康意康継の没年に該当すると考えられる。この年は三代康継が没する九年前のことである。

世喜宿打ち康継の銘字に二種があり、その一が「継」字の糸編を図アのように打つ手である。この書体は歴代康継の誰にもなく独特である。押形図①は二代康悦康継弟すなわち康意の切銘である。二代康継の書風に倣っていて「康」字が②③④に通じ、「継」の糸偏の字画が二代を示し、これを除いては図イの鏨向きなど②③④に共通する。互いに小差はあるが近似のものである。康意康継は四代康継同人であり、世喜宿などでの作家であろう。⇩越前康継〈四代〉の項参照。（906頁年代表参照）

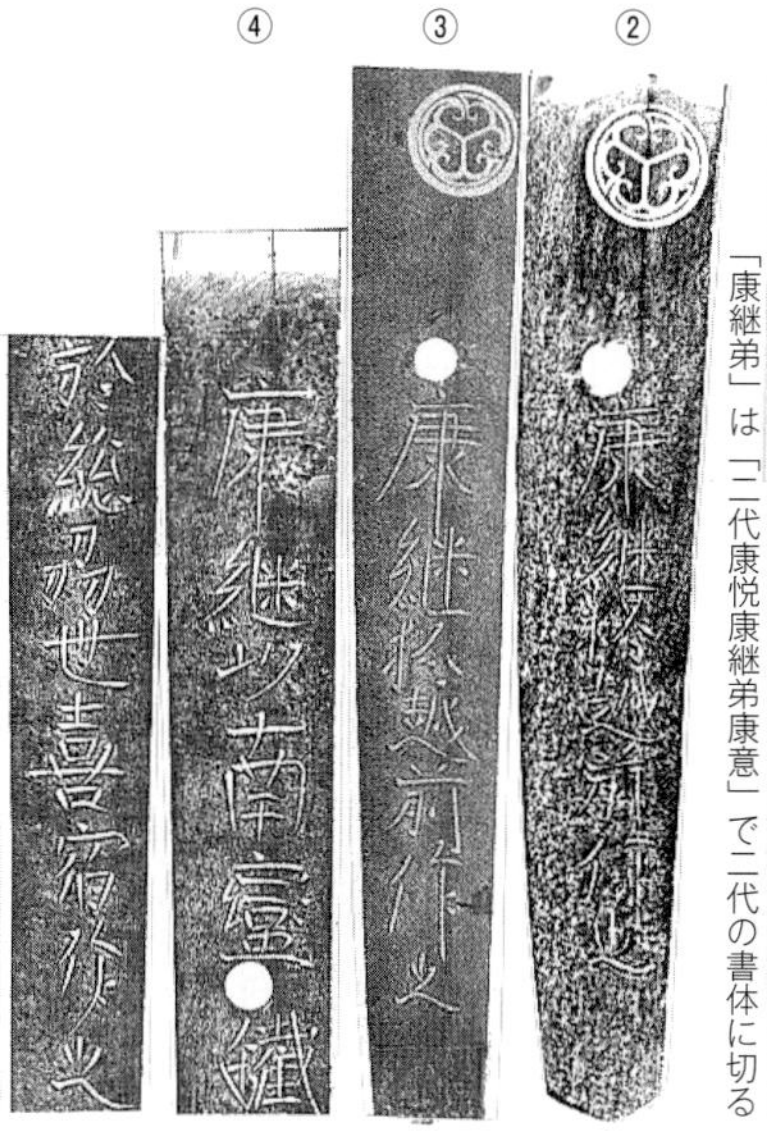

「康継弟」は「二代康悦康継弟康意」で二代の書体に切る

新 康意【やすよし・やすおき】 越前五代 越前国 江戸中期（元禄）

吉之助、市左衛門。四代康意康継が三代康継に先立って没したため、四代の子康意が三代康継の没した天和三年の同じ年の春に五代康継を相続する。下坂系図に三代養子、正徳四年八月剃髪して康意とあり、享保九年五月五日没。四代の子康意は五代越前康継同人である。天和三年八月紀の「康継於越前作之」作から享保九年に没するまで四十一年間を算し、うち康意を銘したのは入道した晩年の正徳四年から十年間ほどである。康意康継は三代康継の代作に当たり、また実父の四代康継の助力をするなど長期に及び活動を続けている。純翁康意居士の諡名は越前五代までのうち初代康継と二人だけが居士号で、康意の生前の評価が高かったことを示している。⇩越前康継〈五代〉の項参照。

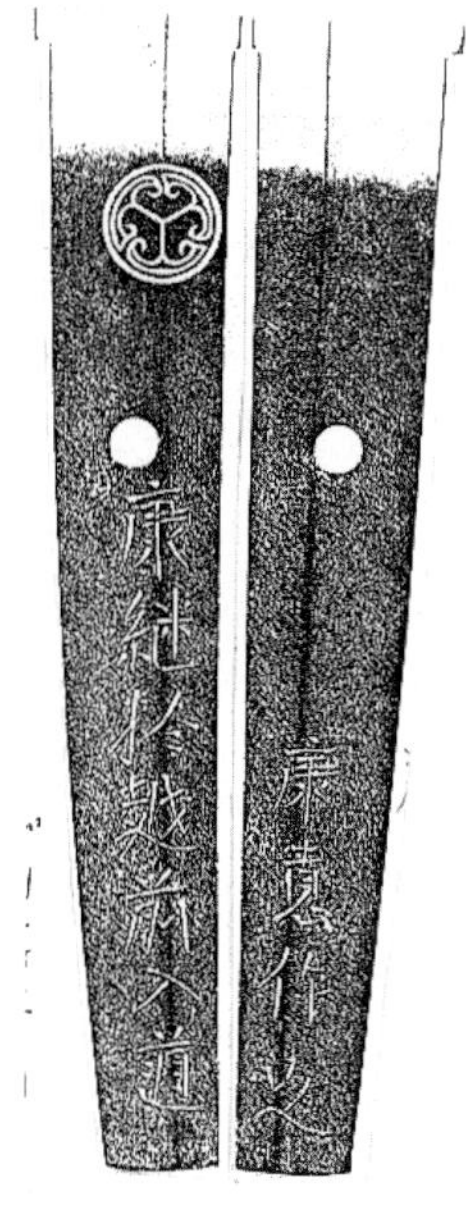

新作 靖要【やすあき】 神奈川 昭和

増田要。大正四年、栃木県で生まれる。日本刀鍛錬会刀匠として阿部清繁に学ぶ。昭和十九年、靖要を授名。戦後は昭和四十五年作刀を再開し、作刀技術発表会で努力賞二回、新作名刀展で優秀賞一回、努力賞六回を受賞、入選九回。平成七年六月五日没。

新作 靖興【やすおき】 東京 昭和
島崎直興。大正五年、高知県に生まれる。梶山靖徳門。昭和十年、日本刀鍛錬会入会。同十五年、靖興を授名して作刀を開始。同十九年、第二回陸軍軍刀展覧会会長賞。戦後は昭和三十一年に作刀再開し、第二回作刀技術発表会で優秀賞、新作名刀展で入選八回、努力賞二回受賞。府中市住。昭和六十一年三月五日没。

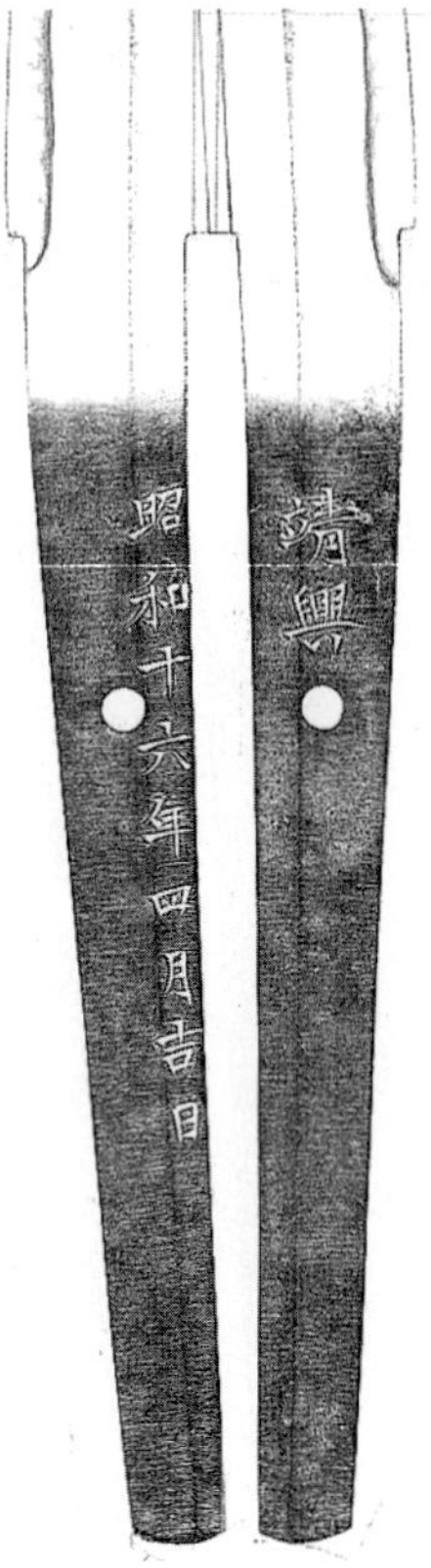

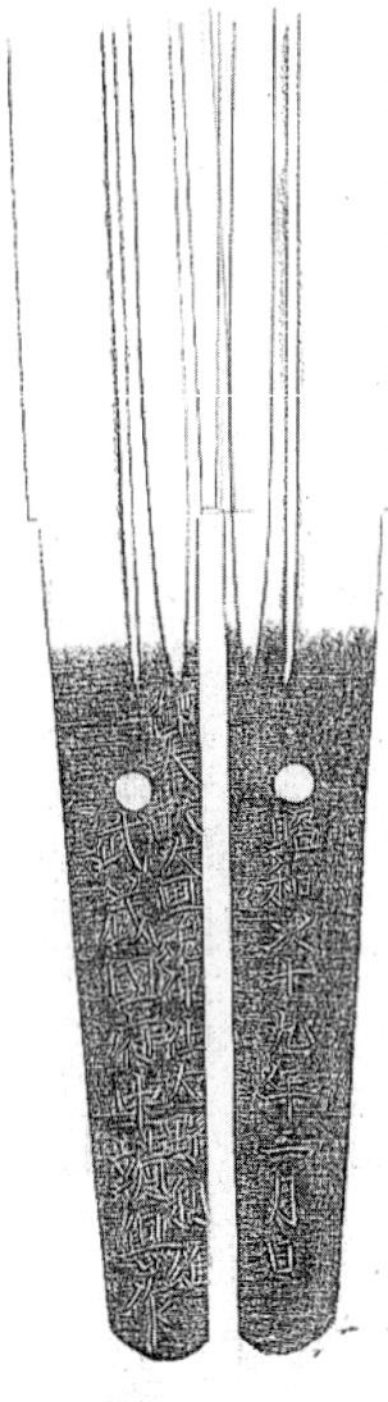

新作 靖繁【やすしげ】 東京 昭和
阿部繁雄。明治四十四年、山形県生まれ。昭和八年、日本刀鍛錬会に入会し、池田靖光に学ぶ。同十四年、靖繁を授名。同十九年、第二回陸軍軍刀展覧会総裁賞を受賞。平成九年一月二十七日没。

新作 靖武【やすたけ】 埼玉 昭和
八鍬武。明治四十二年、山形県最上郡鮭川村に生まれる。昭和十年七月、上京して日本刀鍛錬会に入会し池田靖光に学ぶ。同十九年、杉山元陸軍大臣より靖武を授名する。同二十九年、美術刀剣製作の認可を受け、靖国刀匠の中で最も早く鍛刀を再開する。作刀技術発表会優秀賞三回、努力賞一回。新作名刀展で正宗賞を受賞、名誉会長賞二回、寒山賞一回、優秀賞六回、努力賞四回。昭和五十六年四月、無鑑査に認定される。埼玉県さいたま市与野住。丁子乱、互の目乱の備前伝、また相州伝に通じる。昭和五十八年九月十五日没。

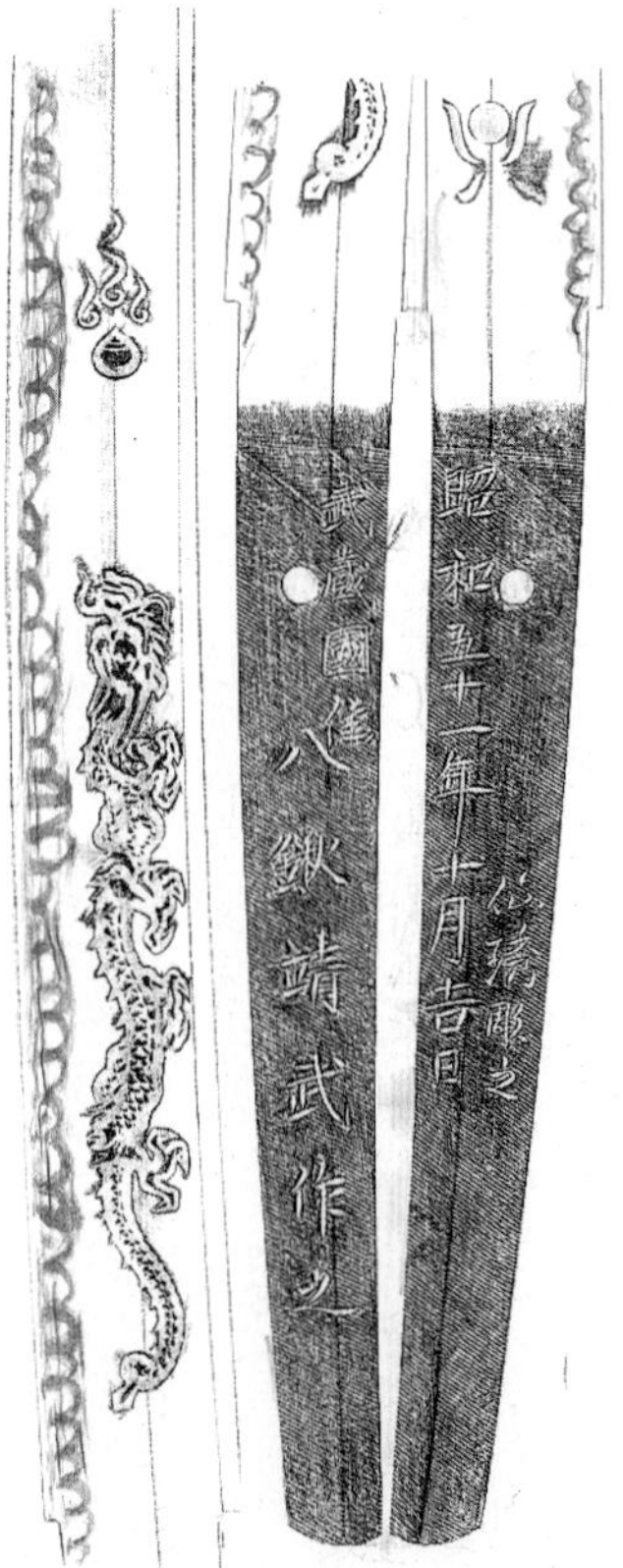

新作 靖献【やすたて】 愛媛 昭和
郷田利行。大正十五年生まれ。島田博正門。のち昭和四十五年、酒井繁政に学ぶ。松山市住。

新作 靖利【やすとし】 東京 昭和
梶山利通。梶山靖徳の子。大正四年、広島に生まれる。昭和八年、日本刀鍛錬会に入会、靖徳の先手に任ず。同十四年、靖利を授名。同十六年帰郷。昭和十七年三月二十四日没。

新作 靖延【やすのぶ】 山形 昭和
村上円策。明治四十年、山形に生まれる。昭和八年、日本刀鍛錬会入会、池田靖光に学ぶ。同十四年、板垣征四郎陸軍大臣より靖延を授名。同十九年、第二回陸軍刀展覧会長賞を受賞。戦後は山形で刃物・農具の製作に従事する。

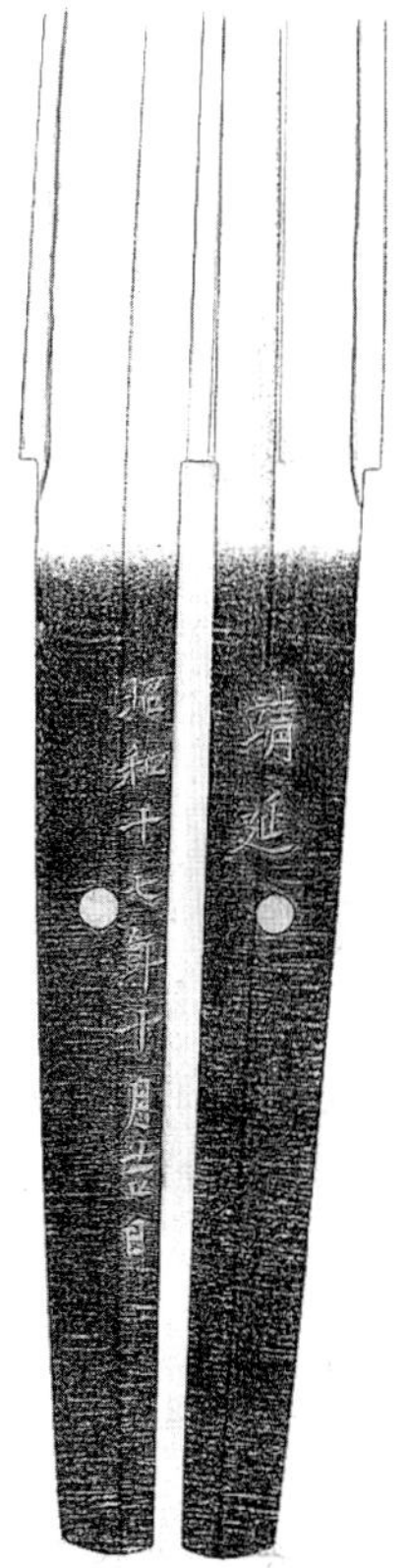

新作 靖徳【やすのり】 東京　昭和

梶山徳太郎。明治十四年、広島に生まれる。梶山氏正の二代目。横山祐義門。昭和八年、日本刀鍛錬会開設に参加して入会、荒木貞夫陸軍大臣より靖徳銘を授かる。同九年一月、靖国タタラ新玉鋼にて昭和天皇の陸軍用軍刀を造る。同十二年、伊勢神宮へ奉納する。同十八年、厳島神社へ奉納。初銘「芸州住氏正」。昭和九年九月から「武徳」と銘し、同十八年十一月から「正宗」「大東亜守正宗」と切銘する。昭和三十二年一月八日没。

靖国刀は、昭和八年から二十年までの間、東京・九段の靖国神社境内で作られた日本刀である。製作総数八千百振といわれ、日本刀鍛錬会に所属する靖国刀匠により製されている。同鍛錬会は宮口靖広（笠間繁継系）、梶山靖徳（横山祐義系）、池田靖光（池田一秀系）の三派から構成される。直刃基調の作が多く、互の目、丁子交じり、三本杉刃もあり、靖徳には丁子乱がある。銘に「靖」の一字を冠して切る。

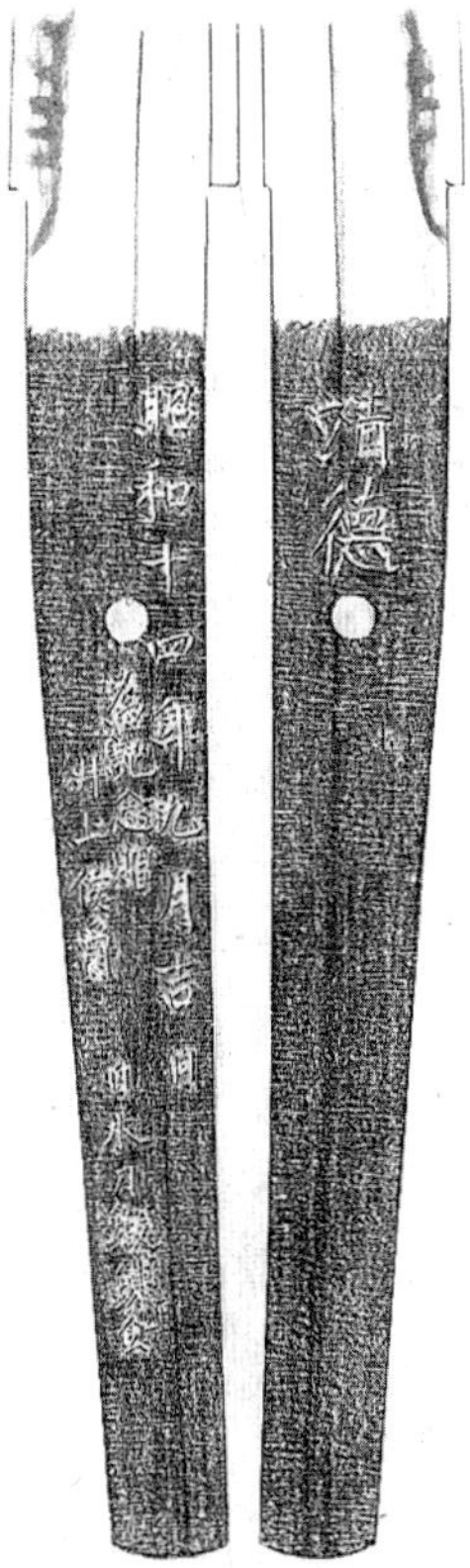

新作 靖憲【やすのり】 広島　昭和

小谷憲三。明治四十二年、広島に生まれる。昭和八年、日本刀鍛錬会に入会し、叔父梶山靖徳に学ぶ。同十年、林銑十郎陸軍大臣より靖憲を授名。同十九年、第二回陸軍軍刀展覧会会長賞。戦後は昭和四十五年、美術刀剣の製作承認を受け、新作名刀展入選五回。直刃が多く、互の目乱に丁子交じりも焼く。平成十五年三月一日、九十四歳没。

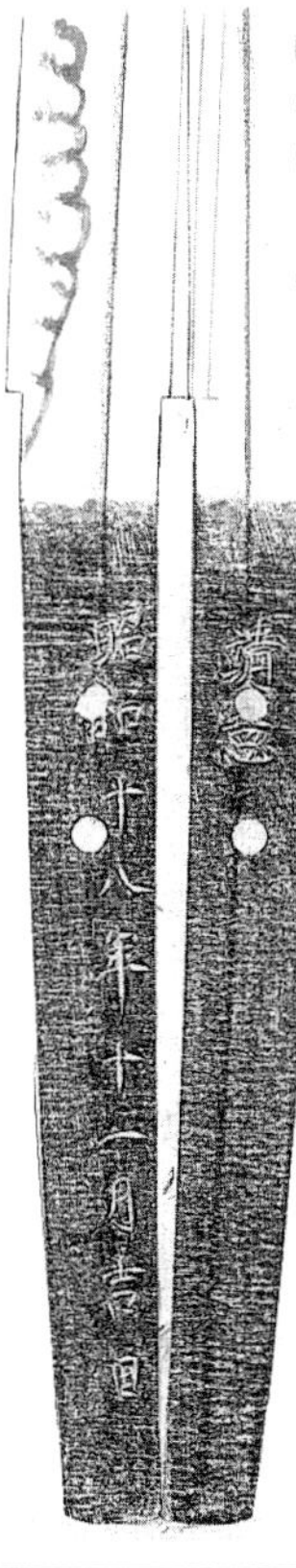

新作 靖光【やすみつ】 東京　昭和

池田修治。明治十二年、山形に竹治の子として生まれる。池田一秀門下の一光に学ぶ。昭和八年、日本刀鍛錬会開設に際し、主任刀匠(宮口靖広、梶山靖徳、池田靖光）の一人として参加する。昭和十六年一月没。

新作 靖宗【やすむね】 東京　昭和

大崎繁春。大正四年、山形に生まれる。昭和十二年日本刀鍛錬会入会、梶山靖徳、島崎靖興に学ぶ。同十八年、応召入隊して退会。日本刀鍛錬会では靖徳刀十五口、靖興刀二〇九口の代作に当たる。戦後は昭和四十六年作刀を再開、靖宗を銘す。東京墨田区住。平成四年、墨田区登録無形文化財に認定される。新作刀展覧会で努力賞一回、新作名刀展で

努力賞三回、入選十七回。平成九年七月十二日、八十二歳没。

新作 **靖吉【やすよし】**　千葉　昭和

安食春吉。大正元年、山形生まれ。東金市東金住。昭和八年、日本刀鍛錬会に入会し、梶山靖徳、小谷靖憲に学ぶ。同十五年、靖吉を授名。同三十年、作刀承認を受ける。宮口靖広の鍛錬所で作刀し「房州住人安食靖吉東京都於之作」と銘す。作刀技術発表会で優秀賞を一回受賞。平成六年一月十一日没。

古 **大和千手院【やまとせんじゅいん】**　大和国　平安末期～室町期

大和物に共通する作風は、太刀の造りとして鎬筋が高く、鎬幅が広い。これは、上古の時代の切刃造の遺風を継いだものとみられている。短刀に冠落造をままみるのは、正倉院の鋒両刃造と結ばれるもので、大和物が正倉院刀に源流をもつといわれる所以である。鍛えは板目に流れ柾か、柾目が多く、地沸をつけ、地景の入るものもある。刃文は直刃がほとんどで、小乱交じり、ほつれ、湯走り、二重刃かかり、刃沸が強く、金筋かかる。沸の強さでは五カ伝中で相州物に次ぐ。

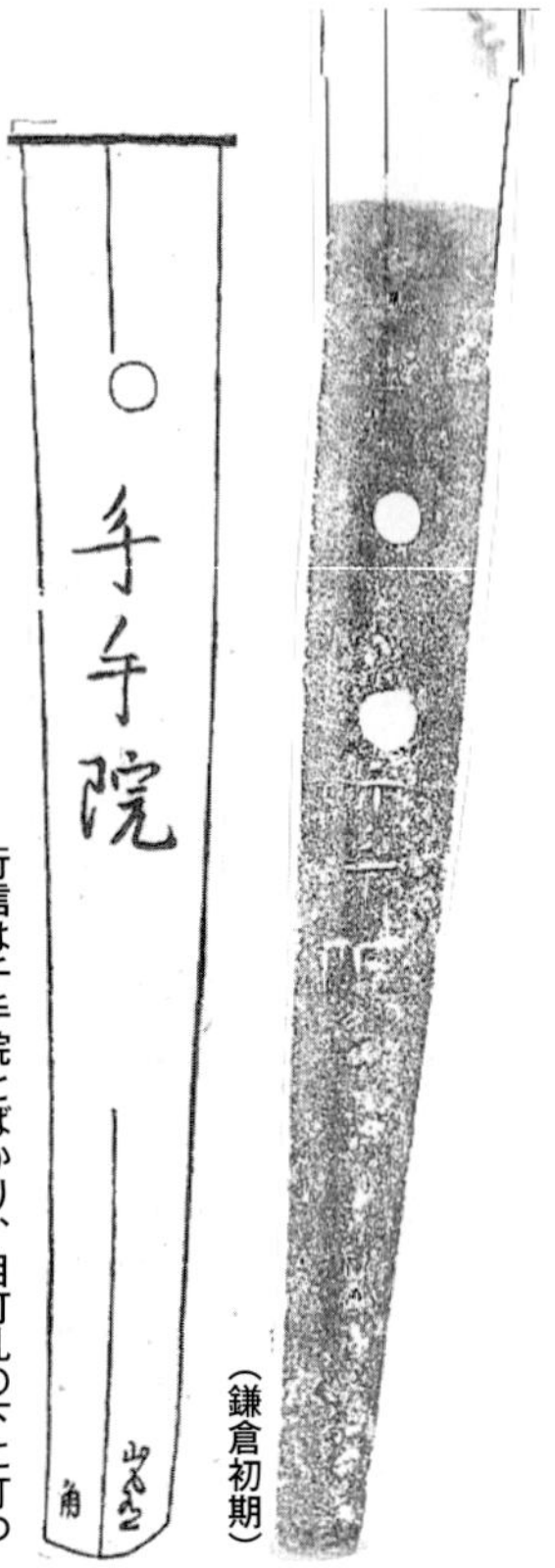

（鎌倉初期）

行信は千手院とばかり、目釘孔の下に打つ（『古今銘尽』）

大和国には平安末期から千手院派が、鎌倉期に入って当麻、手掻、保昌、尻懸の各派が興隆し、名工を輩出している。千手院派は大和五派中で最も古く、奈良の千手院谷にある東大寺別院に属した一派という。古銘尽によれば、平安末期の重弘と行信（長承ころ）を祖として、重弘系に力王（南北朝期の作は後代）、金王（元暦ころ）が、行信系に俊正（仁平ころ）、有行（同）など数十の工銘を掲げているが、いずれも確かな有銘作をみることがない。しかし、重弘と行信の作銘とみられる押型図が『古今銘尽』に収められていることから（⇩重弘の項参照）、江戸初期のころには有銘作が残されていたらしい。

千手院とばかり切り、あるいは千手院を冠して個銘を切ることは古銘鑑に掲げられていて、それは現存する遺作から確かめられる。鎌倉初期と鑑ぜられる「千手院」の太刀（東京国立博物館蔵）が現存し、鎌倉末期とみられる「千手院康重」の太刀がある。千手院の流れを汲むといわれる龍門延吉が鎌倉末期（正応ころ）に作刀している。（系図831頁参照）

《ゆ》

古 祐慶【ゆうけい】 大進坊 相模国 鎌倉末期（永仁）

大進坊祐慶。新藤五国光門、また国光の子で国泰の法名ともいう。行光の兄弟子。出雲国歯黒（羽黒）の山伏、日光二荒山の法師ともいう。彫物の名手と伝え、行光・正宗の作刀の彫物中にその作があり、後の相州物の彫物に影響するところがあって、貞宗・信国などの彫物にその作風が流れるといわれる。大全は出家してのち鍛冶になり、刀を打つこと稀なりといい、古押形にみる他は作刀をみない。長寿の聞こえ高く、百三十一歳なりとは信じ難いが、高齢の伝えがあったに違いない。掲出した「大進坊」の両鎬造鎗は、南北朝期ころと鑑じられる後代作で、大進坊の名跡を継いだ工の作であろう。「大進法師祐慶（花押）」の作は埋忠押形ほか諸本が掲げて衆知のものだったらしいが、いま現品の行方は不明である。

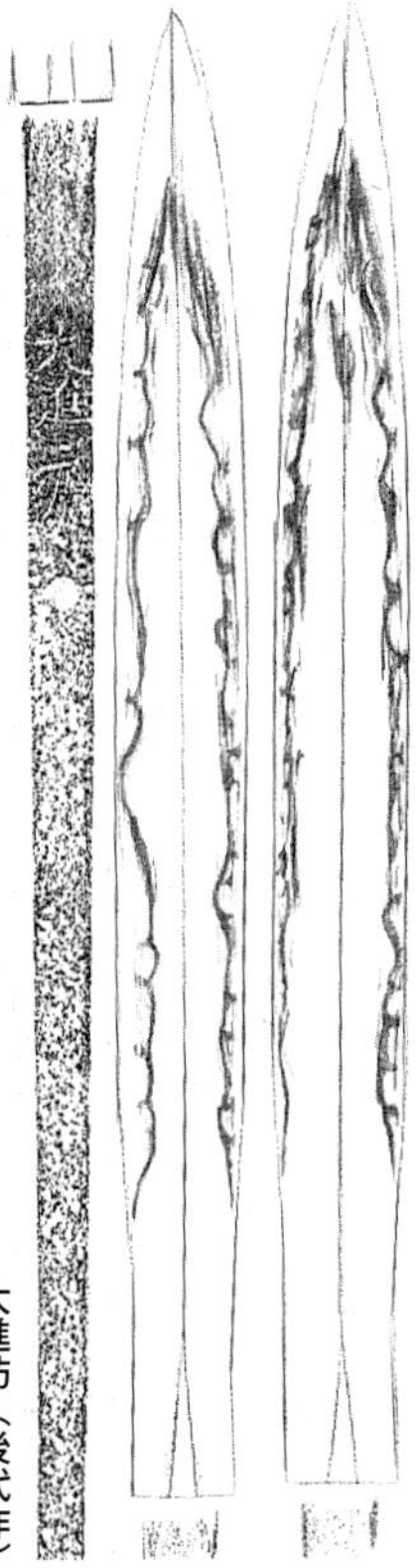

大進坊（後代作）

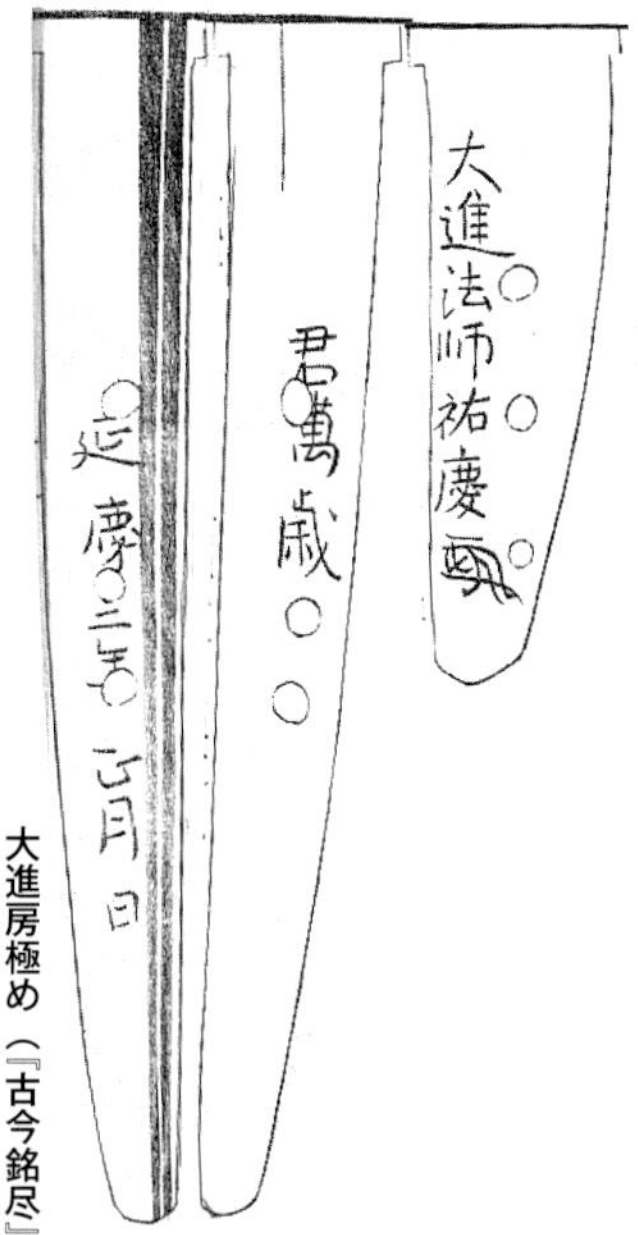

大進房極め（『古今銘尽』）

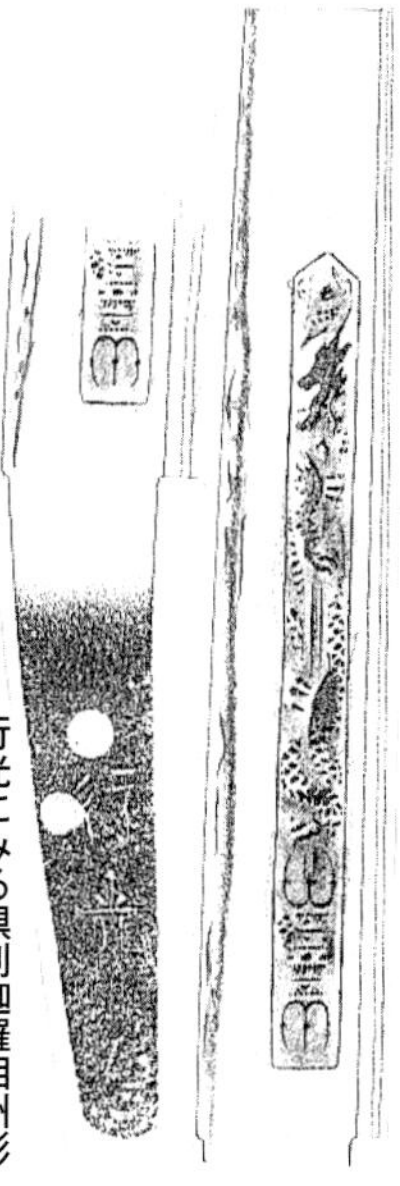

行光にみる倶利迦羅相州彫

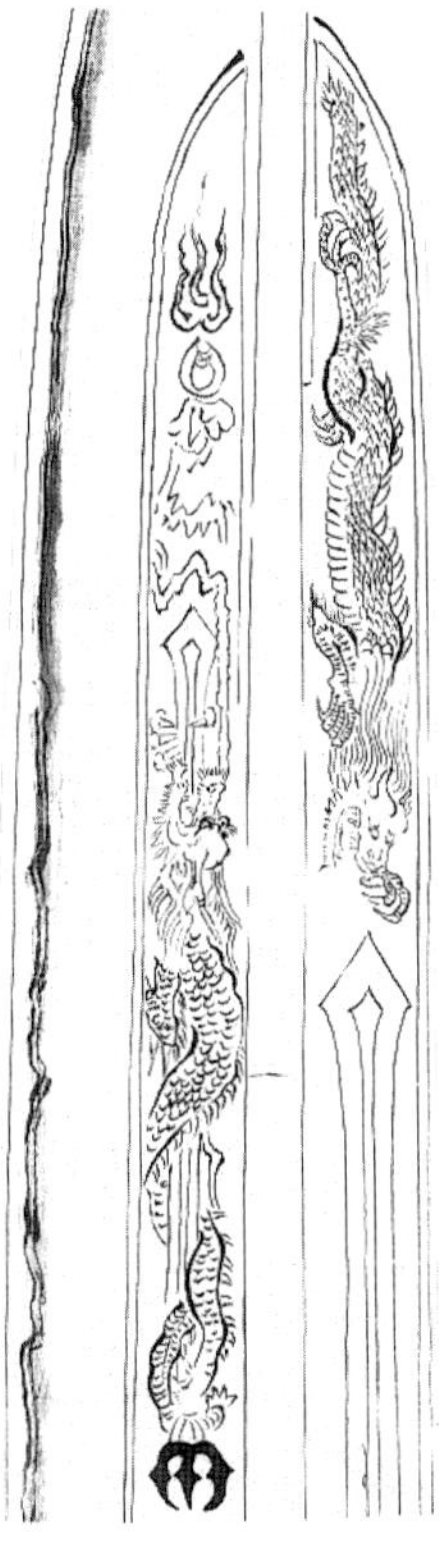

元徳三年紀（行光太刀の刀身彫）

名物のぼり龍（正宗の刀身彫）

古 行観【ゆきあき】 長門国 南北朝期（正平）

長門左。左安吉門。行重の子。岩倉住（現・山口市阿知須）。板目に杢交じり肌立ち、白気映り立つ。刃文は直刃に小互の目、小乱交じり、刃縁に打のけ、掃掛かかり、刃中に砂流し、金筋しきりに働く。「行観」「長州岩倉住行観」。

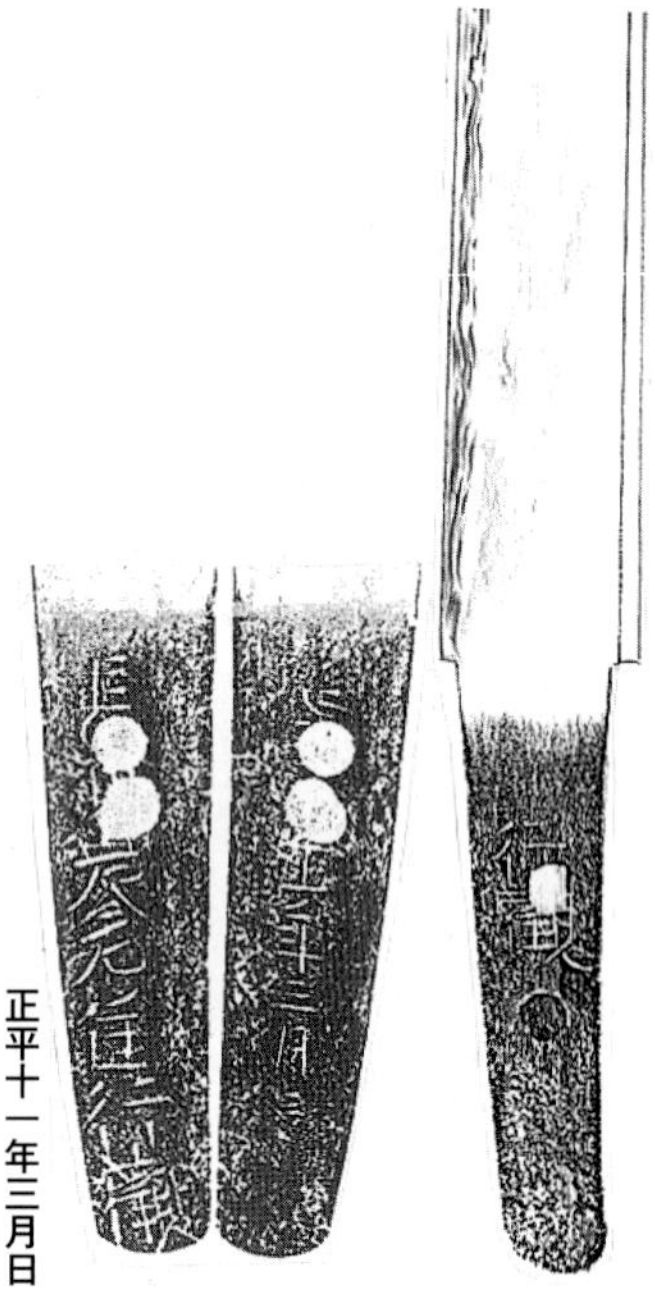

正平十一年三月日

古 **行景**【ゆきかげ】　因幡国　室町中期（長禄）
因幡小鍛冶。景長孫で、清長の子。太郎左衛門尉。八東郡山田村住（現・鳥取県八頭《やず》郡八頭町山田）。「因州住行景」「因州住太郎左衛門尉行景」。行景の名跡は粟田口の末裔に遡って、暦応ころといい、貞治に続き、永享ころは景長門という。

古 **行包**【ゆきかね】　備前国　室町末期（天正）
中川七郎衛門。源兵衛祐定の一族。七郎衛門祐定同人。⇩**七郎右衛門祐定の項参照。**

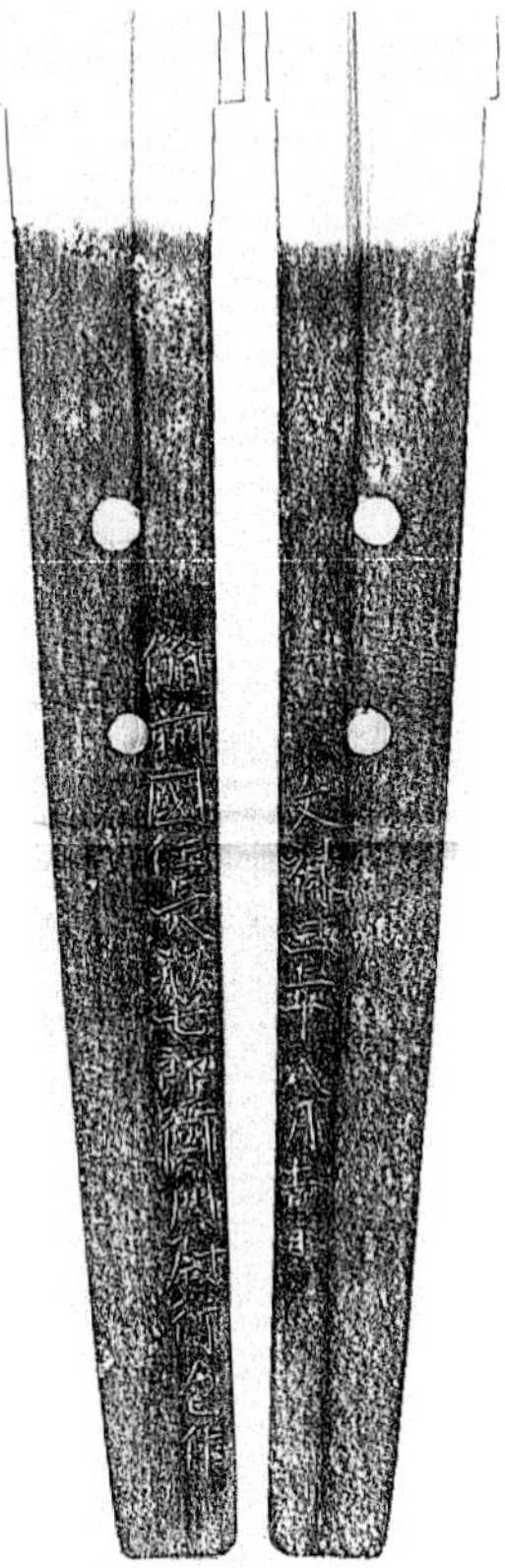

古 **行清**【ゆききよ】　備前国　南北朝期（貞治）
長船。応安の年紀作があり、次代応永に続く。「備州長船行清」。

新 **行清**【ゆききよ】　肥前国　江戸中期（宝永）
弥五郎。二代目行広の次男。「一文字」「一文字弥五郎」を銘に添えたものがある。◆二代目は同銘に弥五郎と号す。元文ころ。三代は明和、四代は寛政、五代は天保、六代慶応と続く。

四代行清

古 **行国**【ゆきくに】　備前国　鎌倉初期（承元）
福岡一文字。後鳥羽院御番鍛冶。河内の石川住。承元ころ。「行国」。

古 **行貞**【ゆきさだ】　備前国　南北朝期（永和）
長船。兼光門。永和年紀の作がある。「備州長船行貞」。

古 **行真**【ゆきざね】　備前国　鎌倉中期（文応）
古備前の系流。文応二年紀があるという。「行真」「備州住行真」。

古 **行真**【ゆきざね】　備前国　鎌倉中期（弘安）
古備前の系流。日笠庄住（現・岡山県和気郡和気町日笠）。「行真」「備前国日笠庄住行真」。同銘で福岡一文字が応長ころにいる。

古 **行真**【ゆきざね】　備中国　鎌倉末期（文保）
青江。真信子。万寿荘青江郷住。「行真」。同銘が古青江に宝治、文応、建治とあり、中青江に建武、貞治とある。「行真」「備中国行真」。

古 **行重**【ゆきしげ】　越後国　室町末期（天文）
本国加賀。藤島行光（越後・泉五郎）の子、また門。天文ころに越後へ移る。行光との合作がある。「藤島行重」「越後国行重」「越後国住人行光行重是打」。

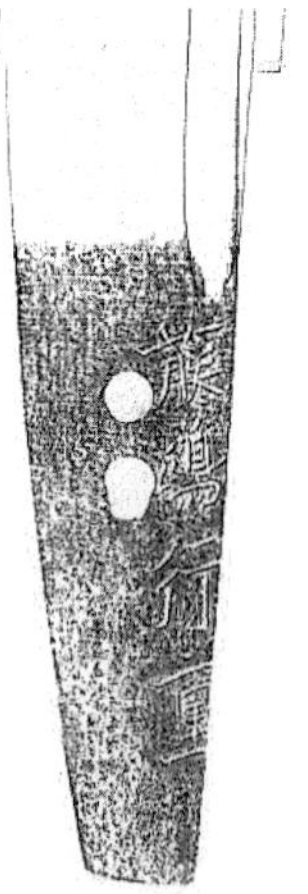

古 **行末**【ゆきすえ】　備中国　室町初期（永享）
片山一文字の末流という。永享ころ。「備中国行末」。

古 **行助**【ゆきすけ】 長門国 室町末期（文明）
長門左。文明ころ。先代行助は行観の子で明徳ころ。「行助」「長州住行助」。

古 **行助**【ゆきすけ】 豊後国 室町末期（天文）
高田。行助は南北朝末期の永徳ころから応永、嘉吉と続き、室町末期の天文、天正がある。「高田住行助」「豊後高田住行助」「豊後国住高田行助」。

新々 **行周**【ゆきちか】 波平 薩摩国 江戸末期（文化）
嫡家波平六十一代。四郎衛門。初銘行高。文政三年六月十三日、六十七歳没。

古 **行観**【ゆきちか・ぎょうかん】 長門国 南北朝期（正平）
左安吉門。岩倉住（現・山口市阿知須）。「行観」「長州岩倉住行観」。室町中期の嘉吉ころに顕国門という行観がある。

古 **行次**【ゆきつぐ】 備中国 鎌倉初期（建保）
古青江。守次門。貞次子。建保ころ。「行次」。

古 **行次**【ゆきつぐ】 備中国 鎌倉中期（建長）
古青江。俊次門。建長ころ。「行次」。同銘が古青江に建治、嘉元があり、中青江に嘉暦ころがある。

古 **行次**【ゆきつぐ】 薩摩国 南北朝期（正平）
波平。初代安行の子。正平ころ。「波平行次作」。

新 **行次**【ゆきつぐ】 豊後国 江戸中期（享保）
次兵衛。実行の子。宝暦十三年六月十八日没。

新 **行長**【ゆきなが】 豊後国 桃山期（慶長）
首藤平吉。監物の子。寛文九年十月十六日、七十六歳没。直刃、湾れに互の目足入り。「豊州高田住藤原行長」。

新 **行長**【ゆきなが】 豊後国 江戸初期（正保）
初代孫四郎は甲斐本行長と切り、豊後大野に住す。二代又右衛門は初代の子で承応元年九月十一日没。三代目佐吉は寛文元年七月四日没（『図説豊後刀』）。正保三年紀の作は二代行長の年代に相当し、尖り刃交じりの互の目乱を焼く。「藤原行長」と四字銘に切るものがある。

古 **行信**【ゆきのぶ】 大和国 平安末期（長承）
大和千手院派の祖。古銘尽には行信と重弘を共に千手院一流の祖とするものがあるが、行信を先代として重弘を後とするもののようである。『長享銘尽』は、行信の「肌は柾目」であり、「子孫は千殊院（千手院）とばかり打つ」と記している。行信同銘が南北朝期まで続くが、有銘の確かな作刀をみない。古書の銘作図は千手院とばかり三字に切るもの、行信二字に切る後代作などを掲げている。

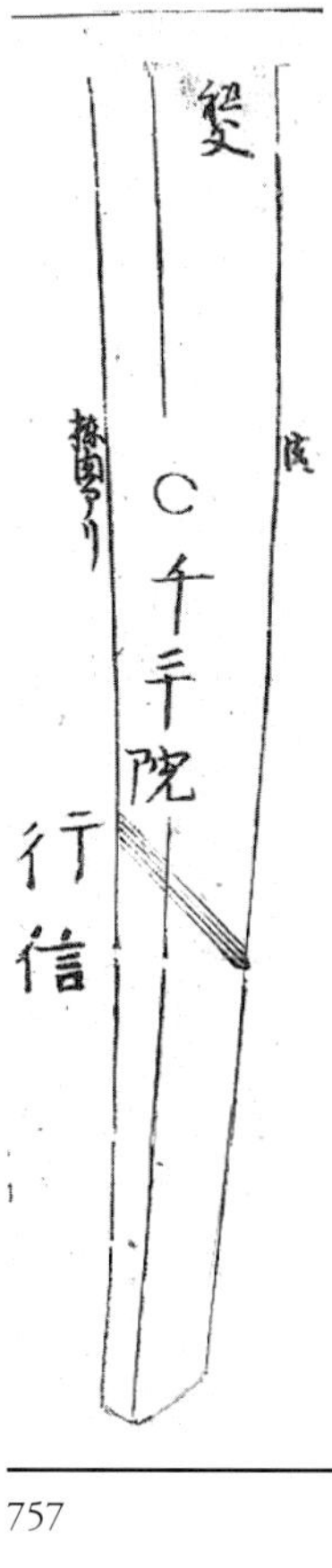

新 行春【ゆきはる】 肥前国　江戸中期（天和）
松葉本行の初銘。行平とも銘す。豊後行平の末裔と称す。⇩**本行〈初代〉の項参照。**

古 行久【ゆきひさ】 石見国　室町末期（永正）
長浜住。初代行久（文明ころ）の子。永正ころ。「石州住行久」。

古 行秀【ゆきひで】 大和国　鎌倉初期（建暦）
古千手院。建暦年紀がある剣の作例がある。先が張らずに細まり、鎬の高い造り、直刃を焼く。「行秀」。大和行秀の名跡は保元前から知られていたらしく、渡辺綱の鬼切丸は行秀作と伝える。鎌倉初期（建暦ころ）より以前に古行秀が存在していたことが考えられる。

古 行秀【ゆきひで】 備前国　鎌倉中期（天福）
古備前。友成系で助近の子。鎌倉初期末から中期にかかる貞永・天福ころの末古備前の工で、少しく小銘に切る。小湾れに丁子を交じえ、飛焼が連なって二重刃状になり、小沸をよくつけ、刃中に逆足を入れ、地斑映りを立てる。行秀には、小銘を切る工のほか、やや太鏨で大銘を切る末古備前工がいるようである。大銘の作は小乱に小丁子を交じえ逆足をさかんに入れて青江風が強い。小銘の作風とは逆足を入れるところを除けば、かなり相違する。また銘の書風も異なるところがあり、「行」「秀」の第一画の点の向きを小銘と大銘では互いが変えて打っている。大銘行秀は文永ころか。「行秀」。

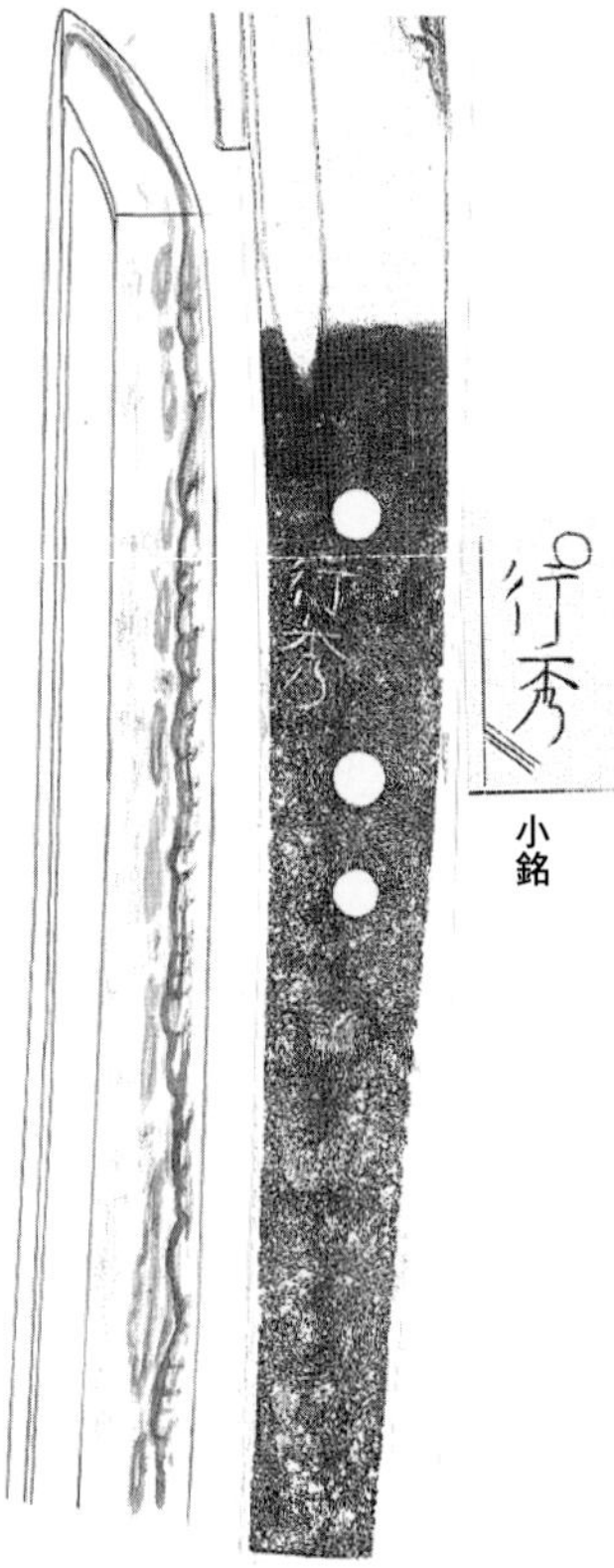

小銘

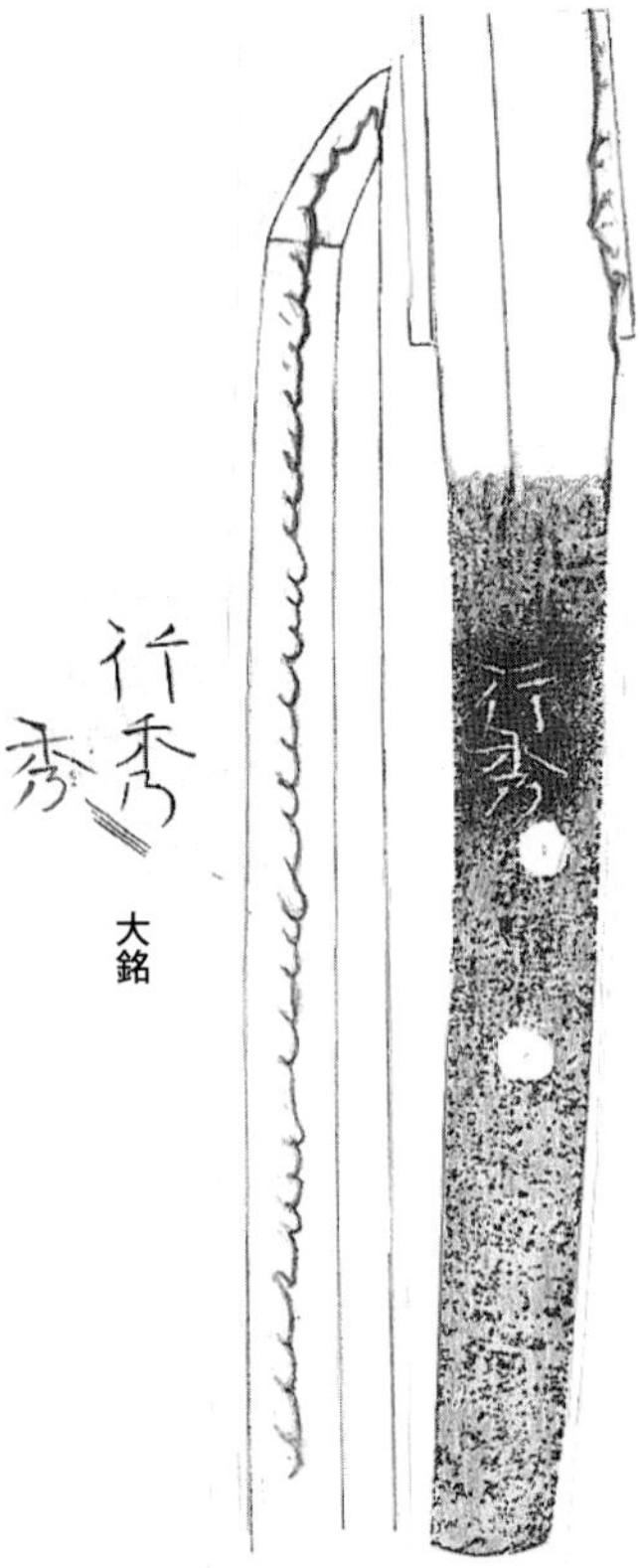

大銘

古 行秀【ゆきひで】 備前国　鎌倉末期（正安）
進士行秀。和気郡日笠住。古備前の流れを受けた後代で、友成五代孫という。永仁・正安の年紀作がある。「備前国日笠庄行秀」「備前国日笠御荘住人行秀造」。

古 行秀【ゆきひで】 山城国　室町末期（応永）
来。先代（永和ころ）の子。応永ころ。「来行秀」。

新々 行秀【ゆきひで】 下野国　江戸末期（天保）
荒川貞吉の子。下野国鹿沼住。細川正義門。小丁子に小互の目交じり、

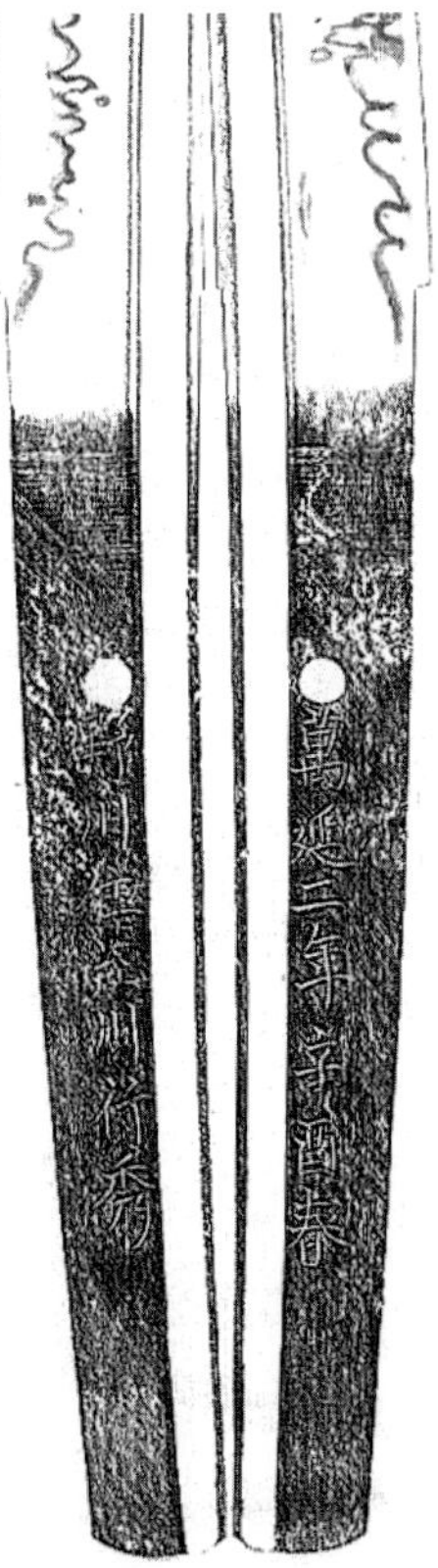

砂流しかかる。

新々 行秀【ゆきひで】 武蔵国 江戸末期（天保）

岩井喜三郎。水翁子と号す。大慶直胤、細川正義門。直刃、互の目乱を焼く。

新々 行秀【ゆきひで】 左 土佐国 江戸末期（嘉永）

豊永久兵衛、のち久左衛門。文化十年、筑前国上座郡朝倉星丸に金剛兵衛末流・伊藤又兵衛盛重の子として生まれる。筑前左文字末葉と称す。天保初年、江戸に出て清水久義に学ぶ。弘化三年、土佐入野に、翌四年高知に移り、土佐藩工関田勝広宅にて鍛刀する。安政三年五月、鍛冶・鉄砲両職として土佐藩工となる。万延元年、江戸砂村の藩邸で鍛刀し、深川富岡八幡宮の辺に住す。慶応三年、土佐に帰り、明治元年東虎と改名する。明治三年、五十八歳で作刀を終え、明治二十年三月五日、七十五歳没。

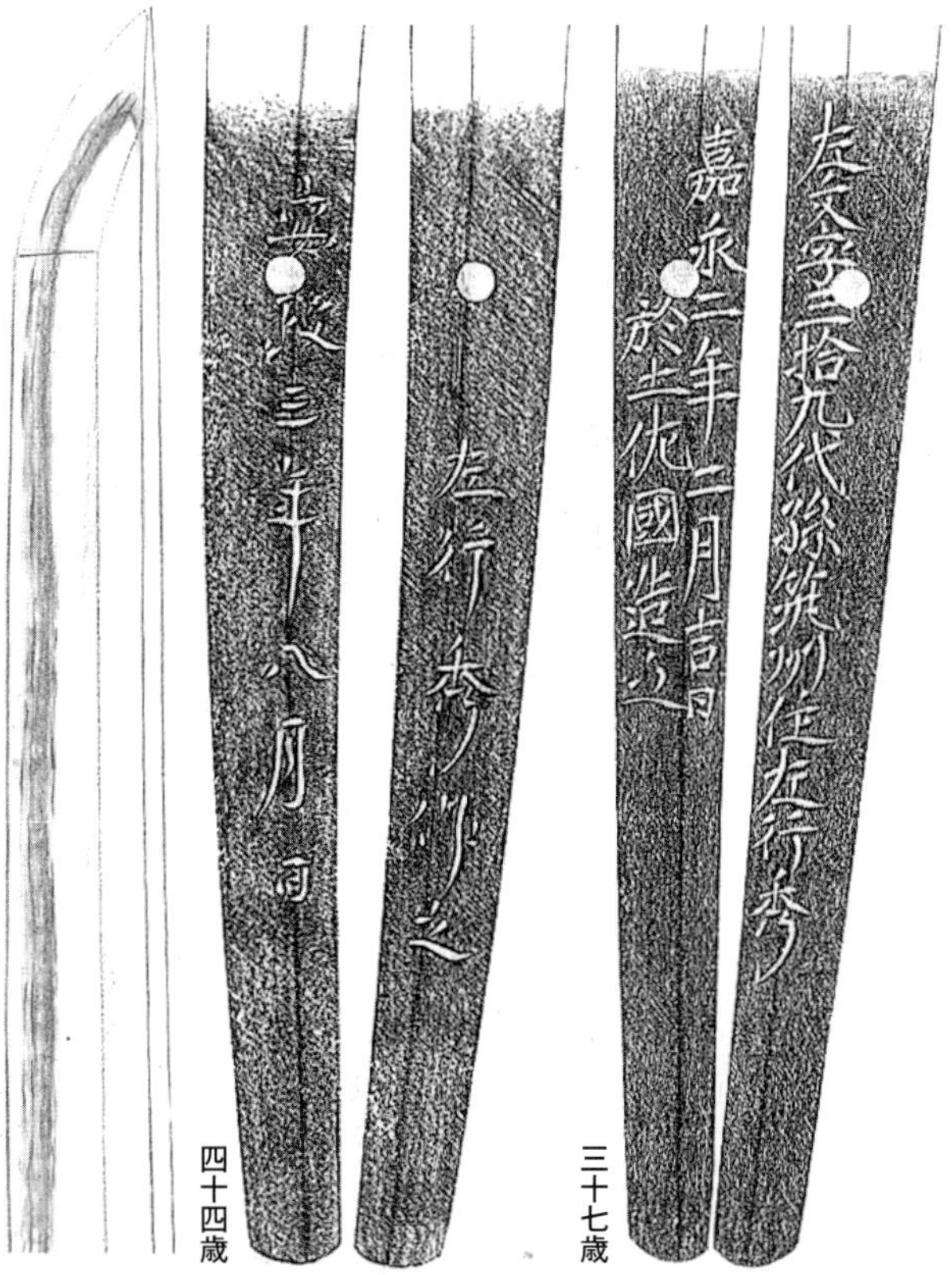

三十七歳

四十四歳

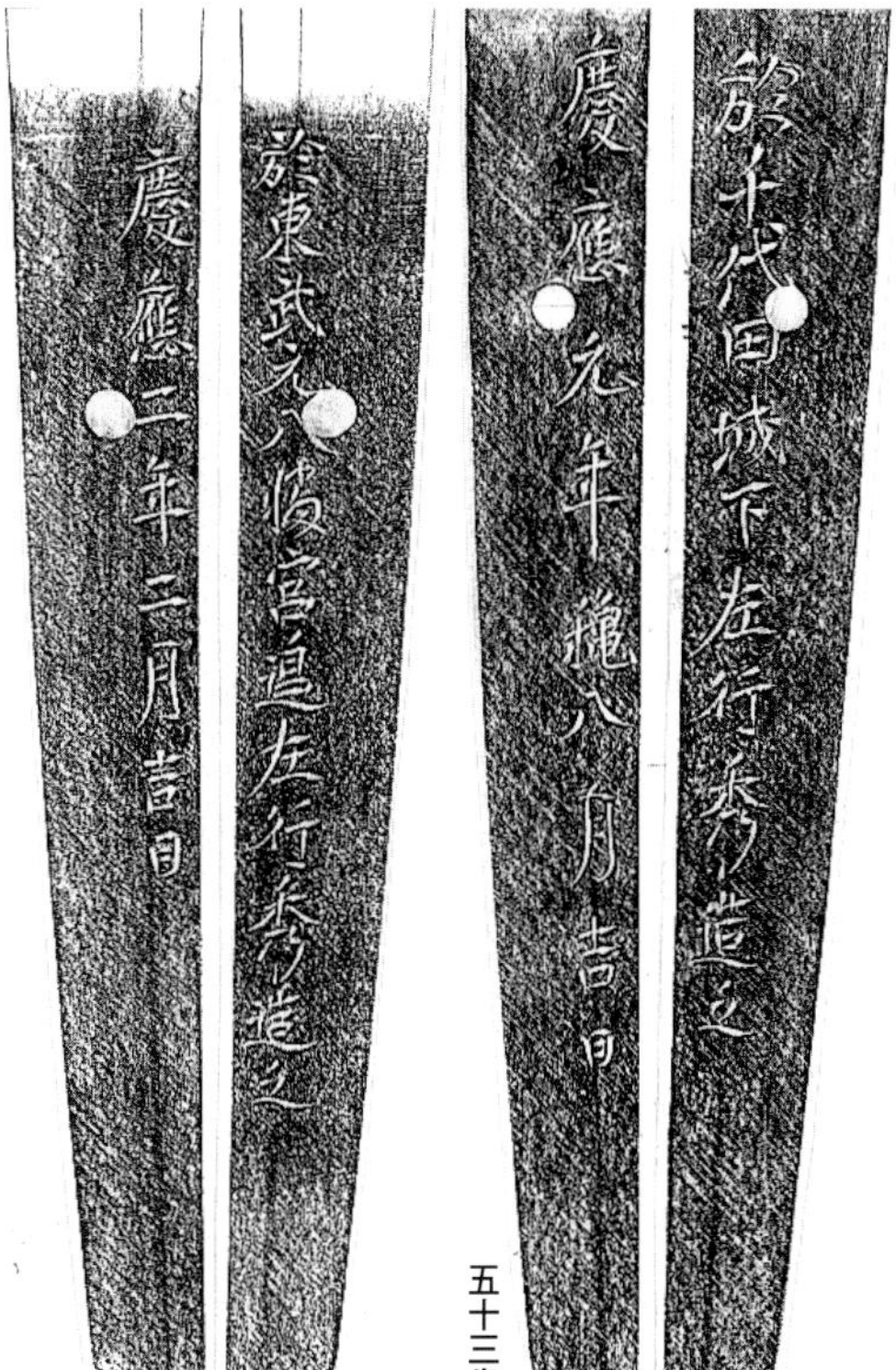

五十三歳

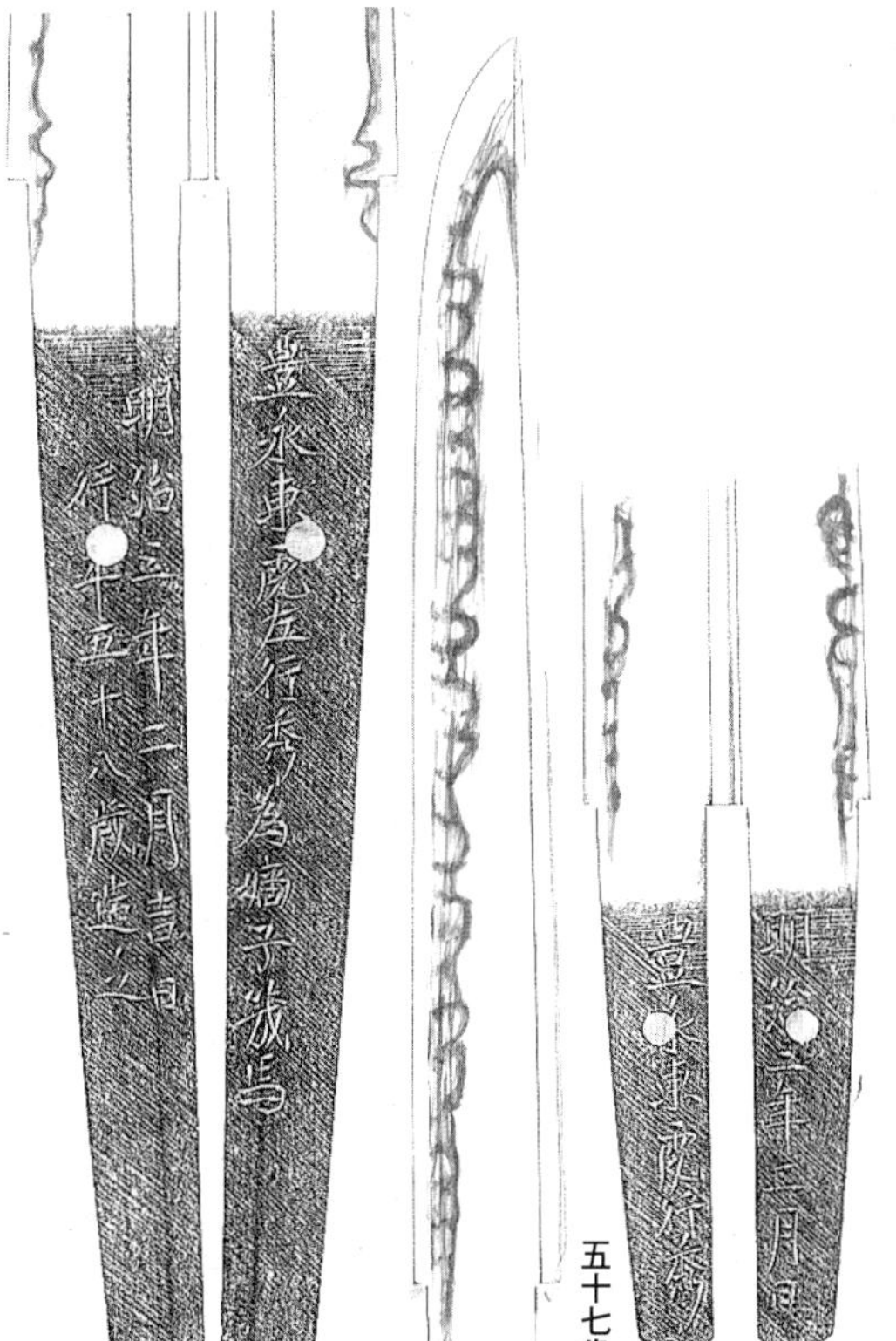

五十七歳

幅広で長寸、切先が延びた豪刀が多い。天保・弘化ころからの初期作は備前伝の丁子乱を焼き、嘉永ころから直刃、湾れ調の直刃に互の目交じり、沸匂が深く、砂流し、金筋がしきりにかかる。また互の目乱の烈しい働きがある相伝の作もある。行秀には偽物が多く、とくに一九八〇年代のバブルピーク時に現代刀から作られた巧妙なものがある。

古 行仁【ゆきひと】 薩摩国 鎌倉初期（建久）

波平。法師。行忍とも延吉とも打つという。建久ころ。「行仁」。

古 行平【ゆきひら】 豊後国 鎌倉初期（元久）

紀新太夫。僧定秀門人。平安末期から鎌倉初期の工で、元久二年紀の太刀があり、日本刀中で有銘の最古作の一である。師定秀の作に類して地鉄が軟らかく、色調が明るい。直刃また小乱を焼き古雅ながら匂口がうるみ、焼落しがある。焼刃は「あざやかならず」とは『観智院本』の評である。鎺《はばき》下に桜花文を彫るものがあり、刀身彫は小振りの倶利迦羅を彫り、不動立像、松喰鶴など絵模様の刀身彫の嚆矢をなす。

銘は「行平」と二字にも長銘にも切り、太刀は佩裏に切銘する。銘は「拙書のためおおく偽物があり、にせものは銘をよく打つなり」（『観智院本銘尽』）といっている。行平には逸話が多く、その一つは後鳥羽院番鍛冶に参向すべきところ、殺人のかどによって上野国刀祢（利根）庄へ遠流されて参じられなかったという。上野では有風、また方士と銘を打つという、備前で作刀したときは宗安と切ったというが、いずれの銘の作も未見であり、諸書の説は伝説の域を出ない。「行平」「豊後国行平」「豊後国行平作」。

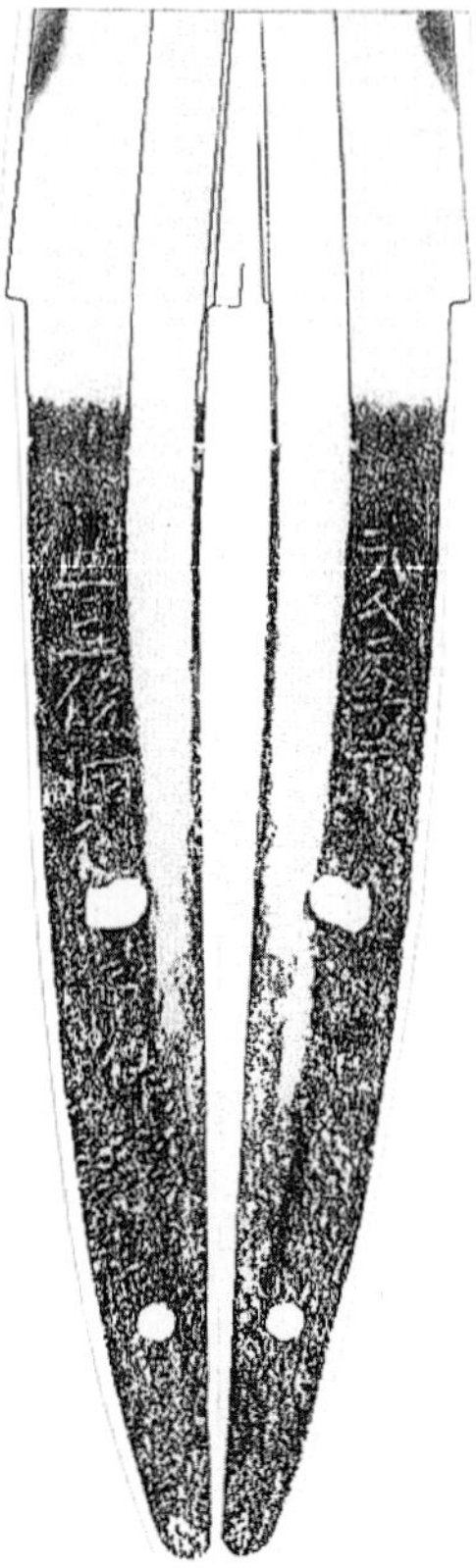

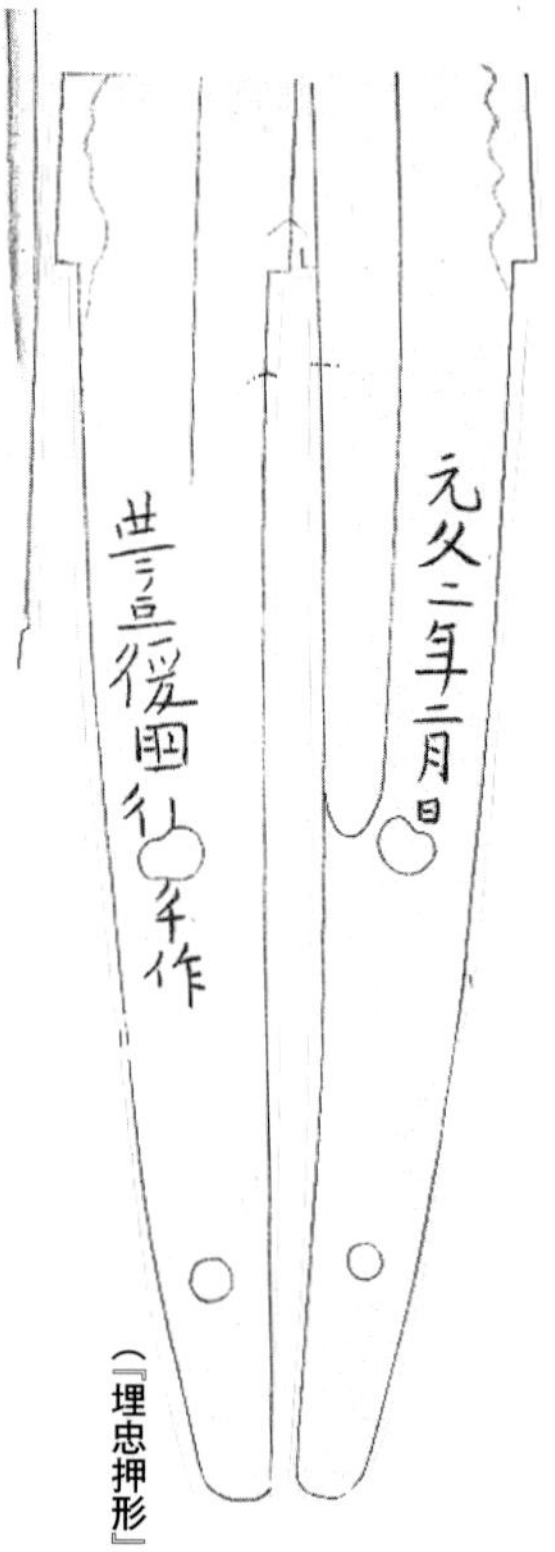

（『埋忠押形』）

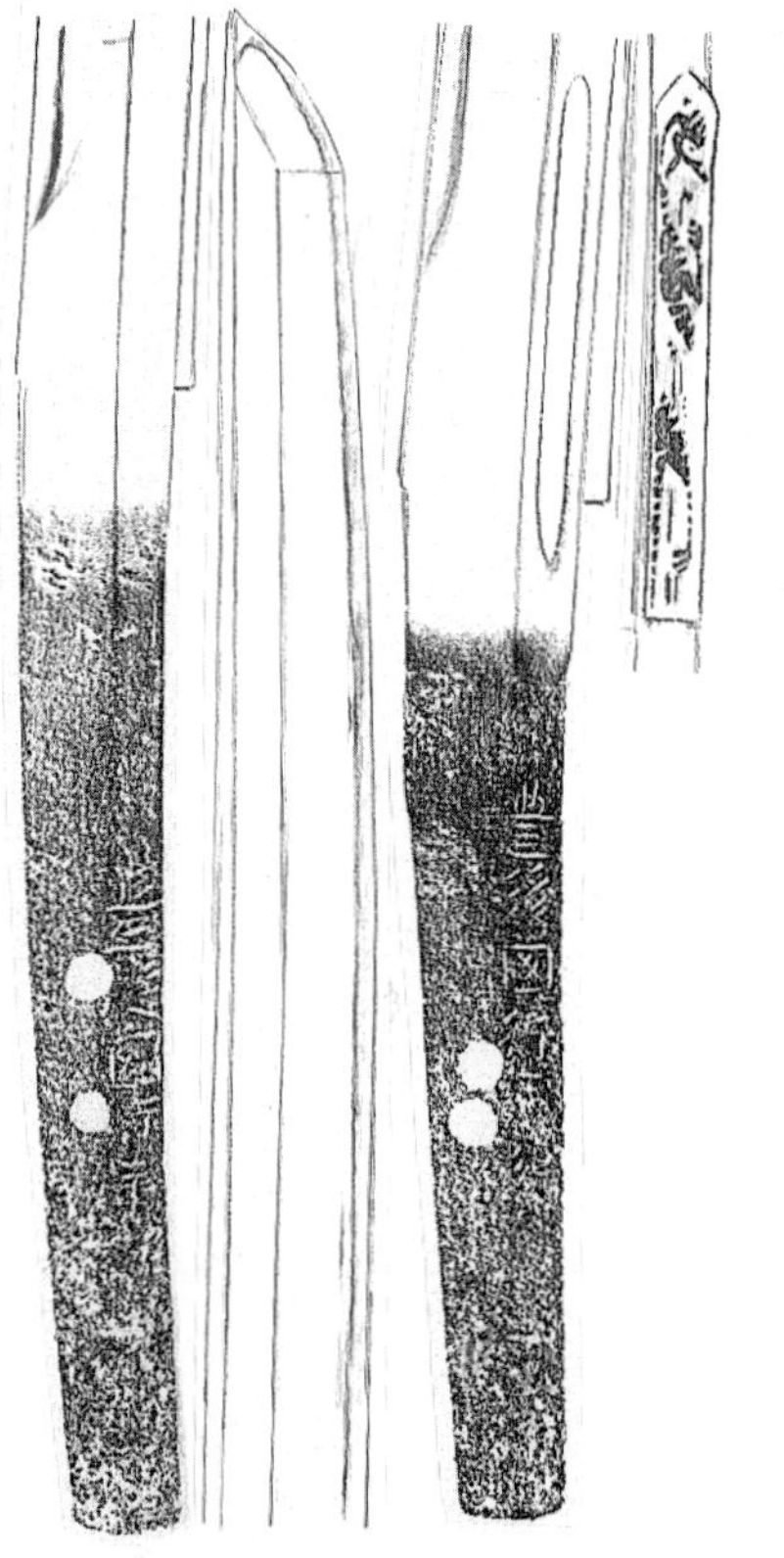

古 行平【ゆきひら】 豊後国 室町末期（文明）

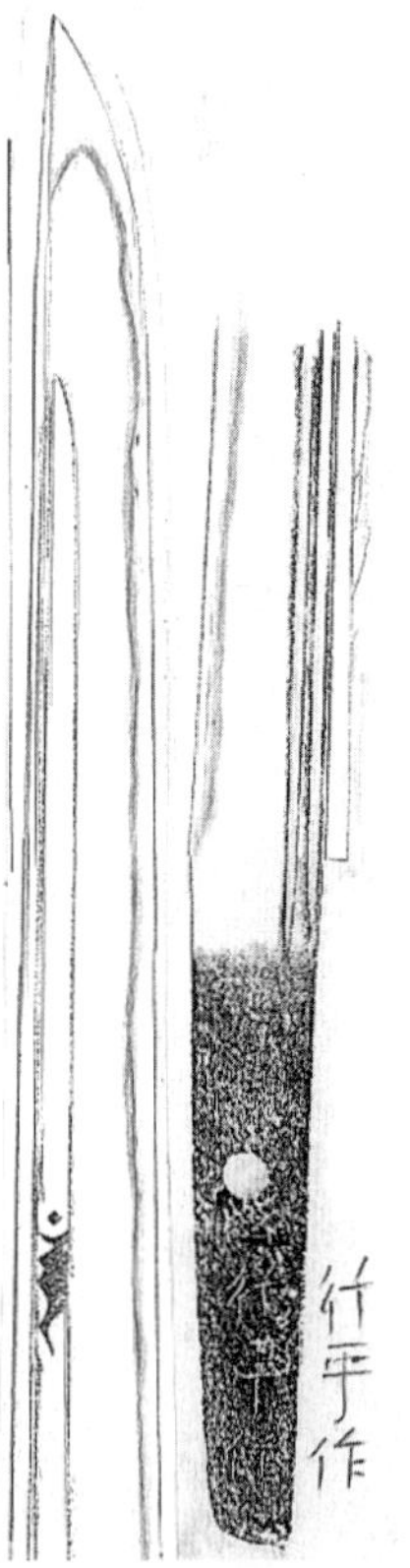

豊後行平の名跡を名乗る室町期の行平がいて、長禄ころ、また文明二・三年紀がある作を残す。「行平作」「豊後国行平作」「豊後紀新太夫行平」。

新　行平【ゆきひら】　肥前国　江戸中期（貞享）

松葉本行の初銘。行春とも銘す。豊後国・紀新太夫行平の末裔と称す。「高田河内守源行平作之」などと切る。⇩本行〈初代〉の項参照。

新作　行平【ゆきひら】　長野　昭和

宮入堅一。前銘昭平。大正二年三月十七日、埴科郡坂城町に生まれる。昭和十二年一月、二十四歳で上京、栗原彦三郎主宰の日本刀鍛錬伝習所に入所し鍛刀技を修める。同十三年、第三回新作刀展覧会に初入選、以後連続入賞。その間総裁名誉賞、海軍大臣賞、最高名誉賞、文部大臣賞を受賞する。同二十五年、伊勢神宮式年遷宮御神宝太刀の製作に奉仕する。同三十年、第一回新作刀技術発表会に出品し特賞を受賞。以後第四回まで連続特賞、第五回以後は無鑑査となる。昭和三十八年五月、最年少の四十九歳で重要無形文化財保持者（人間国宝）に認定される。同四十八年八月、昭平を行平に改銘する。同年に第六十回伊勢神宮式年遷宮、同五十二年に第六一回伊勢神宮式年遷宮にさいし御神宝太刀を謹作する。同五十二年、勲四等に叙せられ、旭日小綬章を受章する。昭和

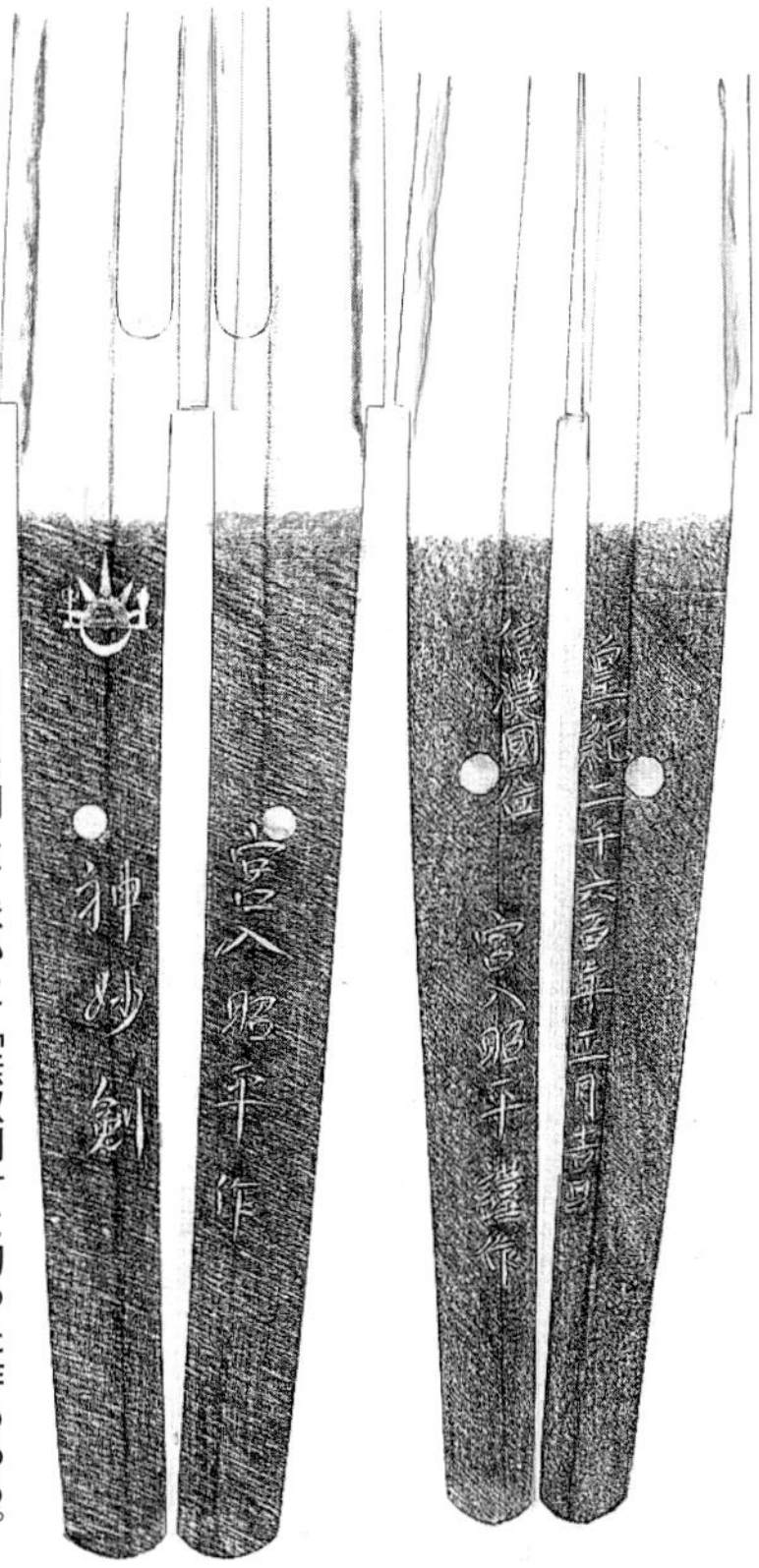

日月を刻し、ほかに「無双剣」と切った作もある。
昭和三十五年ころの作

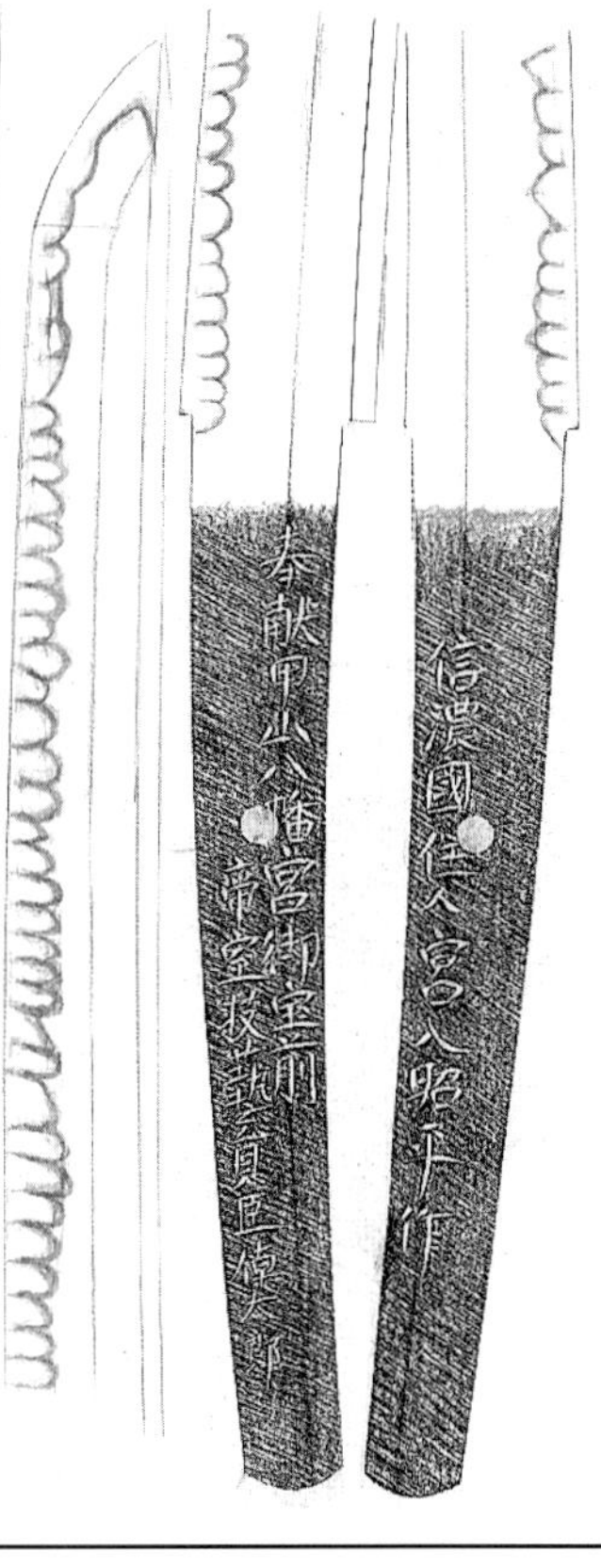

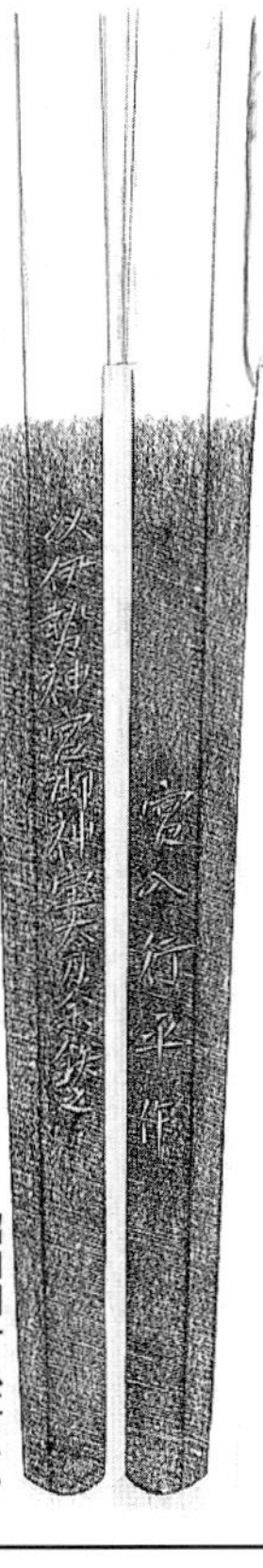

昭和四十八年ころ

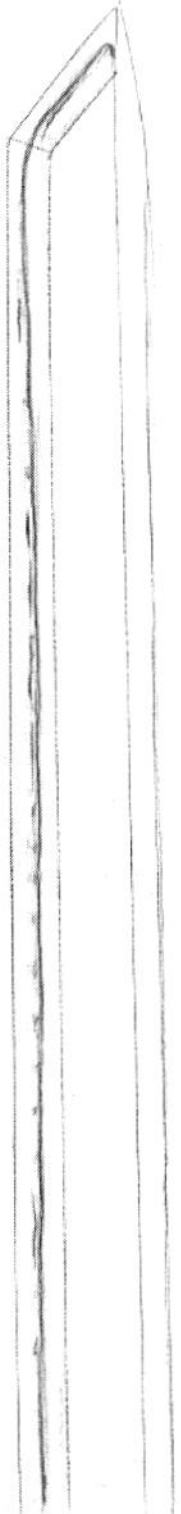

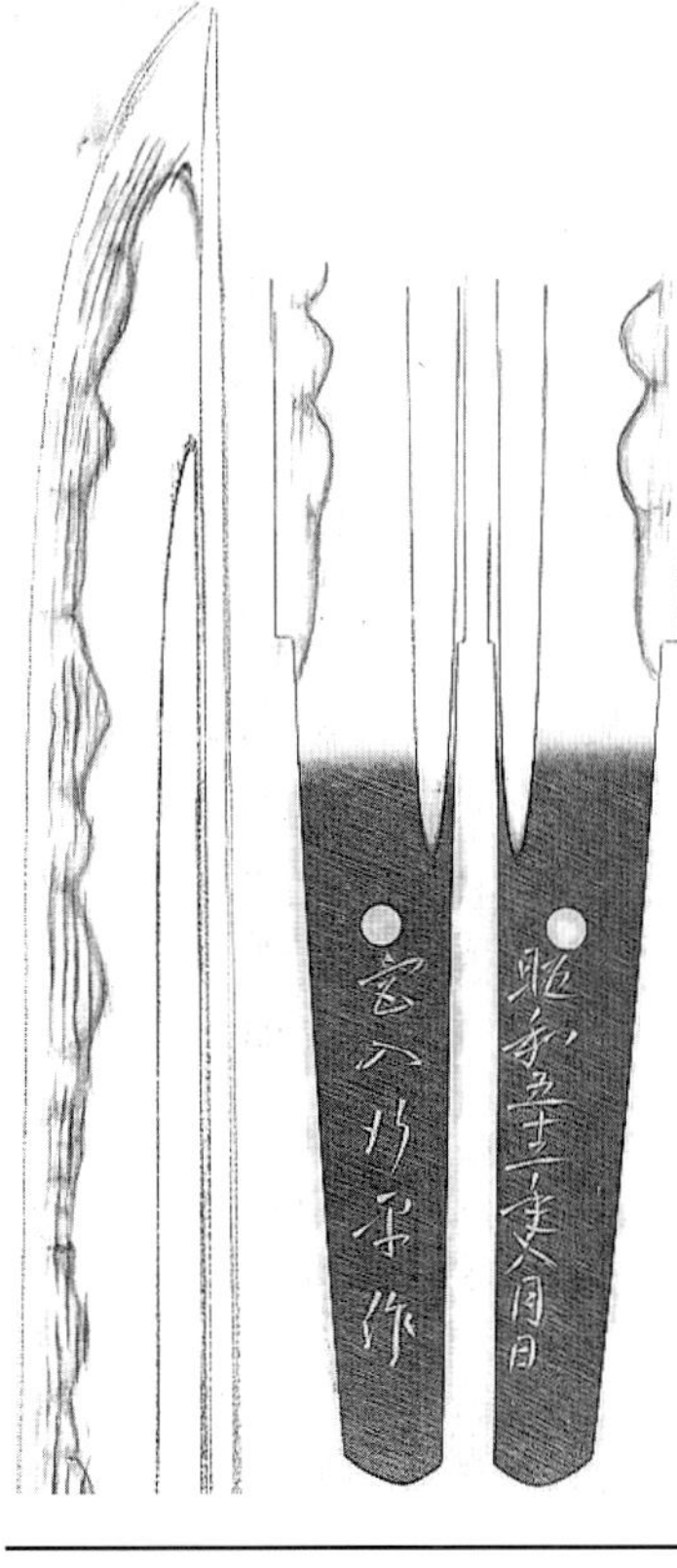

ゆ
ゆきひら

五十二年十一月二十四日、六十四歳没。

山城伝、備前伝、相州伝などに通じ、特に郷里の先人源清麿風の相州伝に優れた作を残す。直刃、丁子乱、互の目乱など。

新作 行平【ゆきひら】 長野　平成

宮入恵。小左衛門。昭和三十二年、長野県に宮入行平の子として生まれる。実父行平に師事するが、同五十二年父没後、藤安将平に学ぶ。同五十七年、作刀承認。同五十八年から新作名刀展出品、努力賞、寒山賞、毎日新聞社賞、高松宮賞などを受賞。平成二十二年、第一回新作日本刀展に審査員、主催者出品。同二十三年、第二回展に招待出品。同展運営委員長。日本刀文化振興協会専務理事。「宮入小左衛門行平の世界展」を平成九年東急本店、同十二年同店、同十五年高島屋本店で開催。また「鋼の色」展を同十八年高島屋本店、「炎に祈る」展を平成二十年ながの東急で開催するなど、意欲的な活動を続ける。埴科郡坂城町住。直刃。

平成十五年作

新 行広【ゆきひろ】 出羽大掾　初代

肥前国　江戸初期（承応）

橋本吉信の次男、河内大掾正広の弟、九郎兵衛。正保五年の春、出羽大掾受領。寛文三年出羽守に転任する。慶安三年長崎にてオランダ鍛冶久次。同流の薬師寺種永につきオランダ鍛えを学

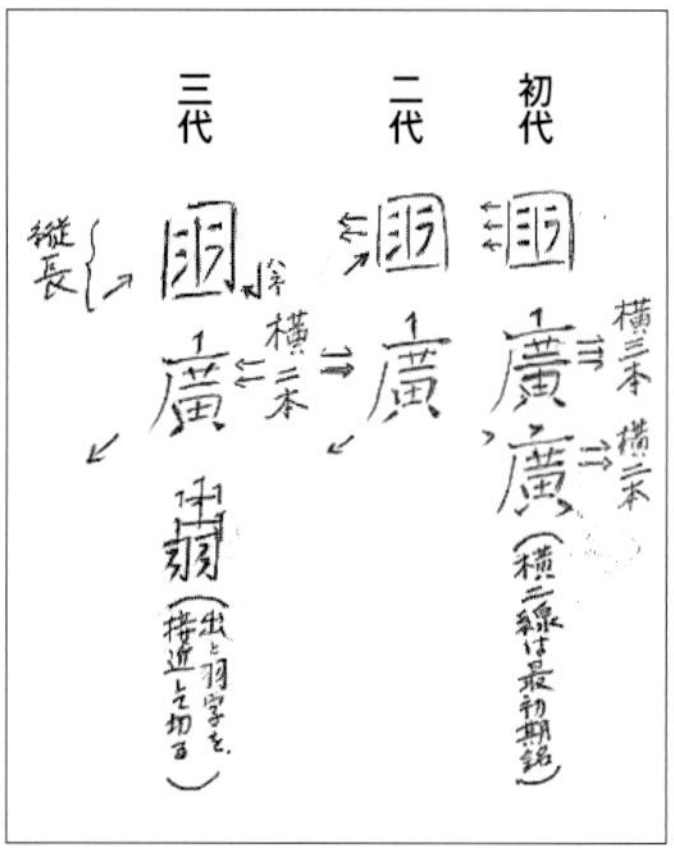

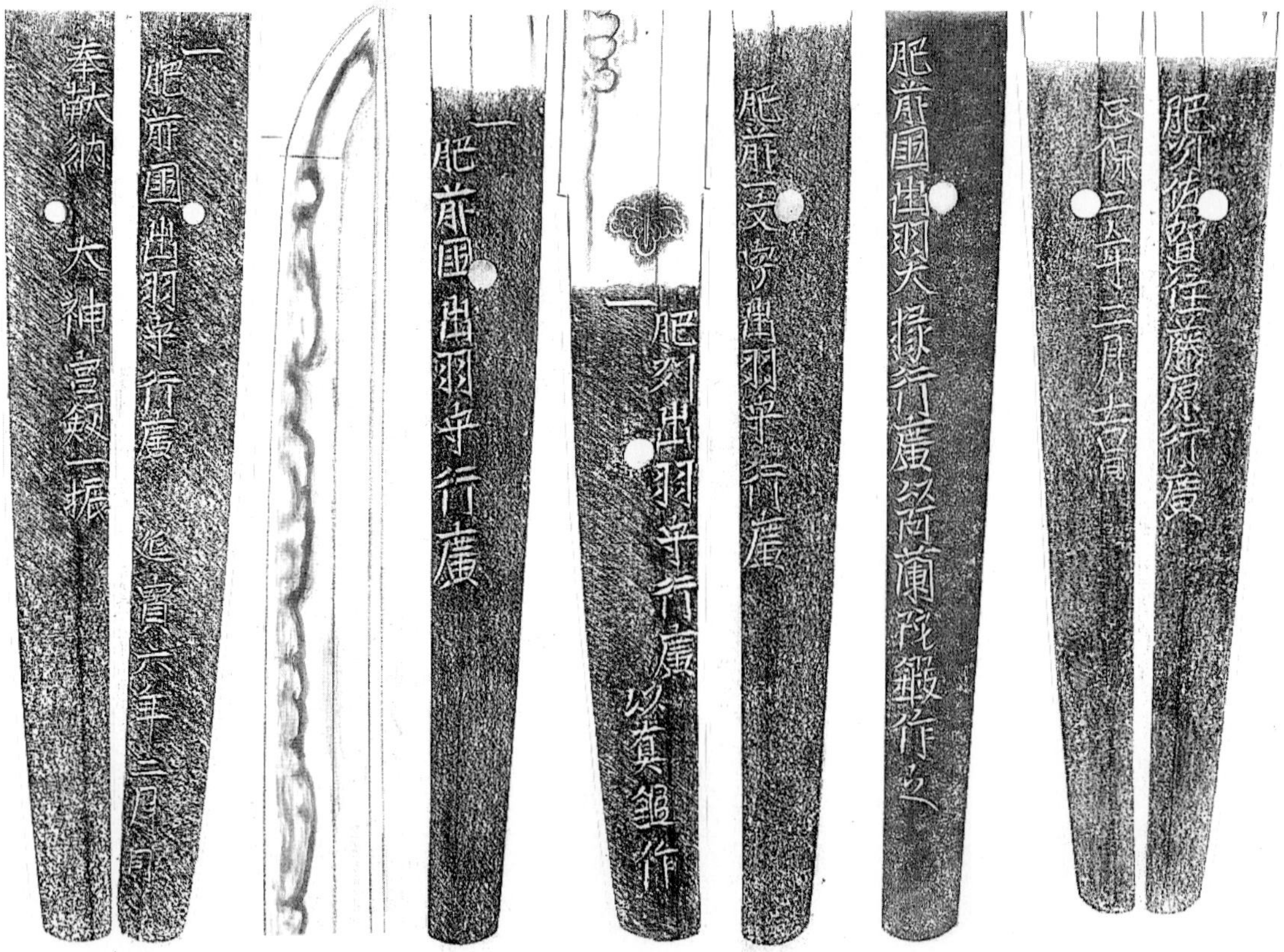

び、茎銘に「以阿蘭陀鍛作」と切る。銘に冠して「一」字を切るのは古作備前の「一文字」伝を表意したもの。芸州広島にても駐鎚するという。初代行広には寛永十六年、二十三歳で初作がある（『古今鍛冶備考』）といい、天和三年の没年まで四十四年間の鍛刀期を持つ。うち出羽大掾銘時代は十五年間がある。天和三年五月二十七日、六十六歳没。直刃と乱刃の両手があり、乱刃は互の目に丁子、湾れが交じり、大乱刃の華やかな作がある。

新 **行広【ゆきひろ】** 出羽守　二代　肥前国　江戸中期（元禄）

初代行広子。藤馬丞、初銘行永。貞享元年出羽守を受領。『古今鍛冶備考』によれば元禄十四年、六十九歳没とあるが、元禄十六年紀の二代作があるので備考説は誤伝である。享保五年の全国刀工調べに佐賀藩から出された報告書では、二代行広は享保五年に「七十一歳」とあって、享保五年には生存していたことが知れる。二代はかなりの高齢で享保年中に没したらしいが、正確な没・享年は不詳。作風は初代に似て互の目乱を主調にして焼き、直刃もある。作銘は、最初期は初代同様に茎棟に寄せて切るが、多くは平地の中央に大振り長銘を切り、「一」字を冠する。

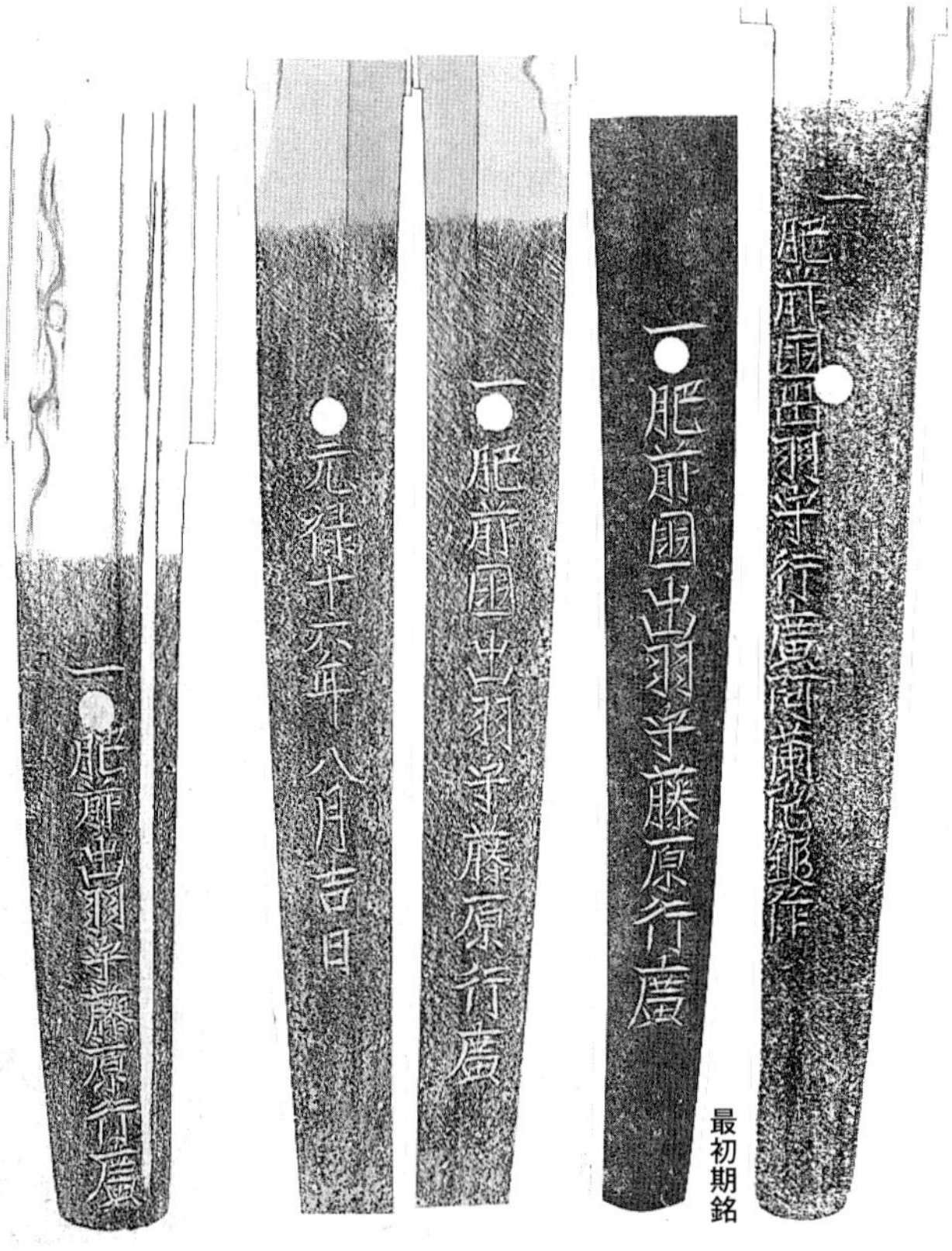

最初期銘

新 **行広【ゆきひろ】** 出羽守　三代　肥前国　江戸中期（享保）

二代行広子。治部允また治郎亟、初銘行継。元禄十五年、行広を襲名し、出羽守の受領銘を切るが、これは父の「譲り官」（『古今鍛冶備考』）であり、後の作には受領銘を切らないという。三代作に正徳五年紀があり、この年に二代は六十六歳で健在であったので、三代は父が受領した出羽守をそのまま切銘していたこととなる。寛延三年七月、六十三歳没。

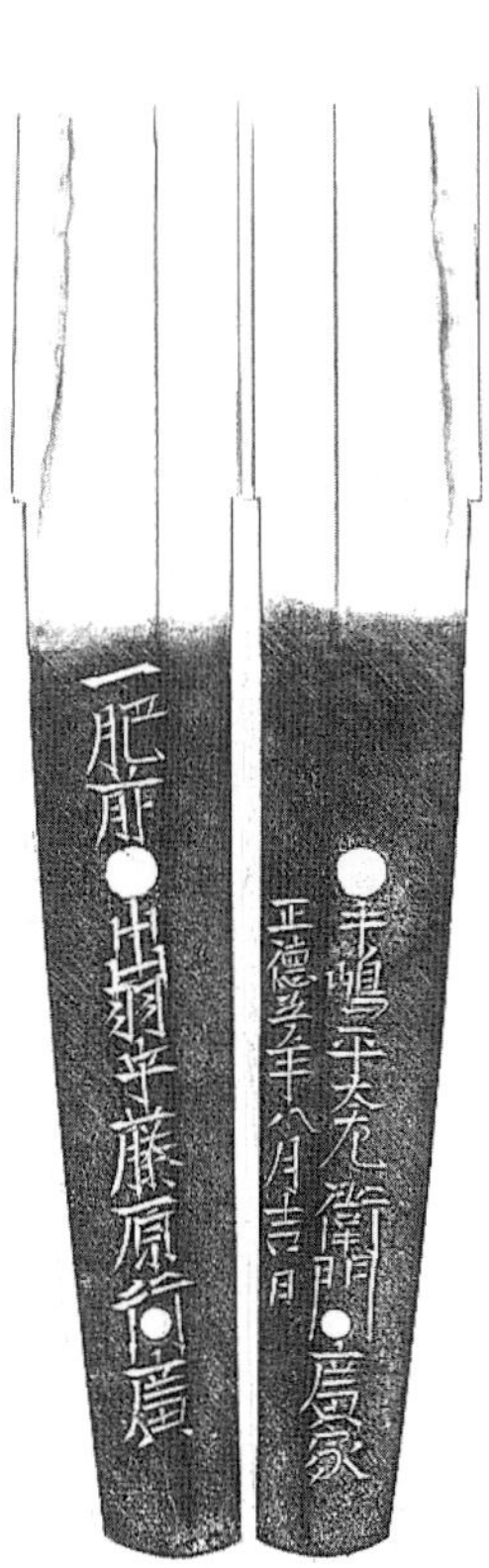

新 **行広【ゆきひろ】** **四代**　肥前国　江戸中期（宝暦）

源蔵、初銘行永。父没後行広に改め受領銘を切るが、譲り官禁制により止む。明和五年十二月四日、五十六歳没。◆五代行広は藤馬允と号し、六代忠吉門。享和二年五十二歳没。六代行広は清助、安政元年十一月三日、六十九歳没。七代行広は忠一郎のち清助、明治二十五年五月二十九日、七十五歳没。八代は刀工を継がず。大正十三年、七十四歳没。

新 **行広【ゆきひろ】** **初代**　薩摩国　江戸初期（承応）

染川太郎左衛門。染川才兵衛の子で染川家三代目。初銘正広。伊豆守正房門。河内守を受領し行広に改める。「河内守藤原行広」などと切る。

新 **行広**【ゆきひろ】**二代**　薩摩国　江戸中期（享保）

喜右衛門。染川行広の子。染川家四代目。直刃、互の目に尖り互の目交じり、荒沸がつく。

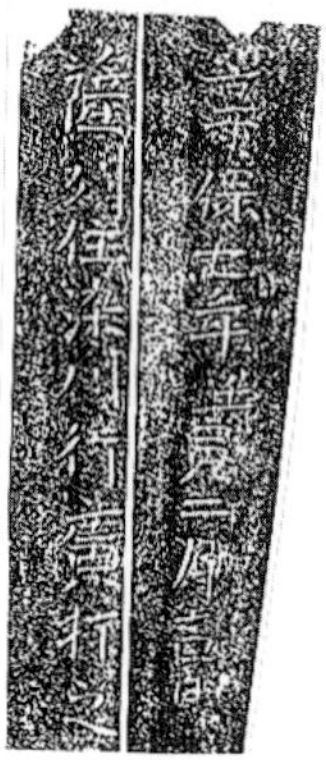

新 **行広**【ゆきひろ】**初代**　豊後国　江戸中期（寛文）

忠左衛門。鑑行の子。「豊後高田住藤原行廣」などと切る。

新 **行広**【ゆきひろ】**二代**　豊後国　江戸中期（元禄）

平兵衛。市右衛門実行の子。元禄十四年没。「藤原行廣」「豊後高田住行廣」などと切る。

古 **行弘**【ゆきひろ】　筑前国　南北朝期（観応）

左。左文字の門。観応元年紀の作があり、この年紀は安吉の最も古い正平十二年（延文二年）紀があるものより、また、左の門下の作中でも一番古い。このことは行弘が左文字門下にあって、最古参であったことを窺わせる。作風は左文字に近く、喜阿弥本は一代の名人と賞するほどで作技が高い。鍛えは小板目がよく詰み、地沸つき地景入る。刃文は小湾れに互の目交じり、逆互の目が目立って入り、小沸よくつき、砂流しかかり金筋入る。「筑州住行弘」。

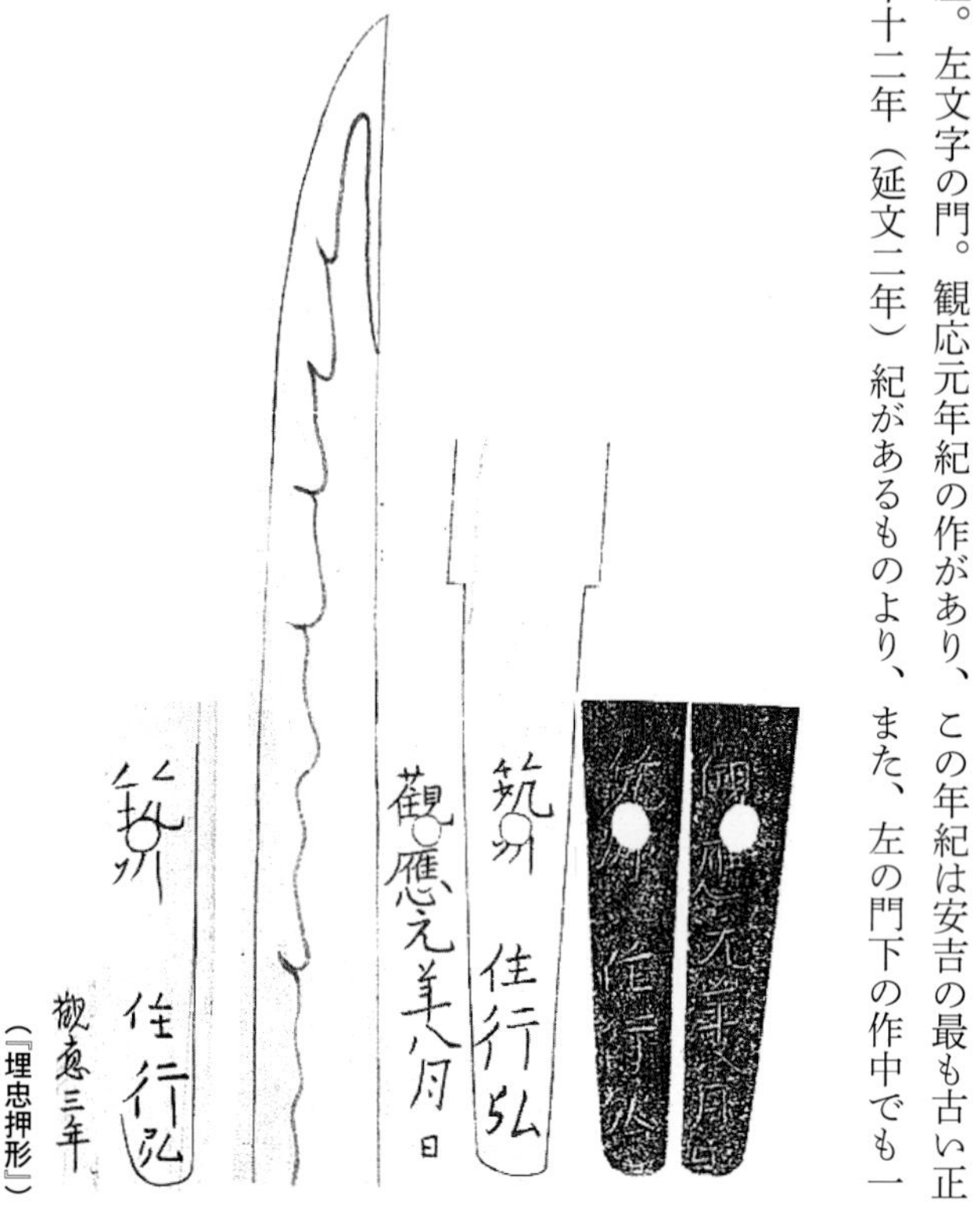

（『埋忠押形』）

古 **行弘**【ゆきひろ】　筑前国　南北朝期（永徳）

二代行弘。弘行の子とも吉貞の子ともいい、定行門という。永徳のころ。「行弘」「筑州住行弘」。

新 **行房**【ゆきふさ】　豊後国　江戸中期（延宝）

左治兵衛、作兵衛。正行の三男。「豊後住藤原行房」などと切る。

古 **行正**【ゆきまさ】　薩摩国　平安後期（平治）

平治元年紀は現存する日本刀の最古のもので、古波平とされる。また古波平の出自は大和千手院とみられて、古千手院にも数工の行正銘が銘鑑にあり、この内の一人ではないかとの見方がある。この行正太刀はもと薩摩島津家の蔵品で、のち東郷元帥に贈られ、同元帥から小笠原子爵に贈られたとの伝承があって、もともと島津家重代の来歴が古波平との見方を有力にする一資料となっている。しかし波平の祖正国の実作はみられず、作刀の上から波平であるか大和であるかの確証を得るには至っていない。

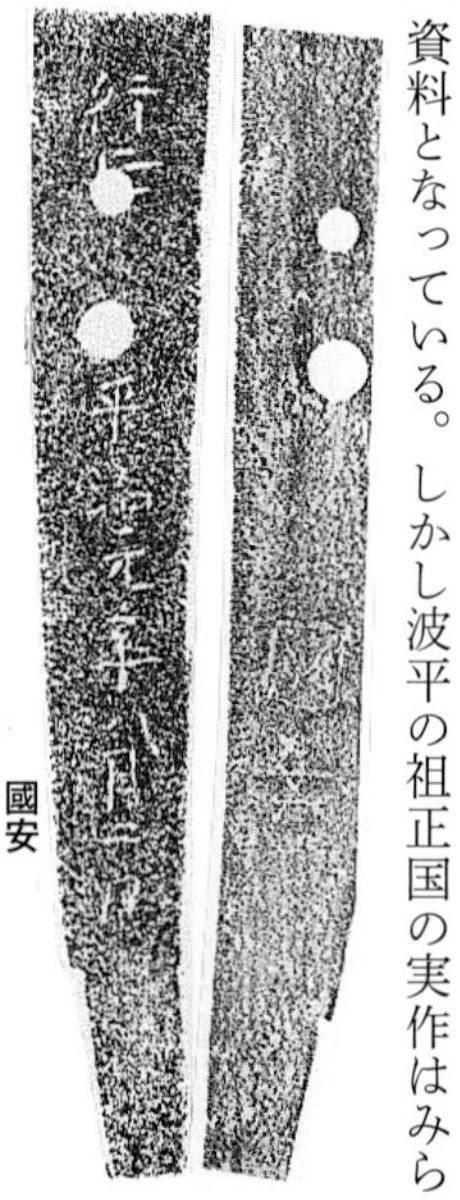
國安
行正　平治元年八月二日
（『薩摩の刀と鐔』）

古 **行正**【ゆきまさ】　大和国　鎌倉初期（元暦）

古千手院。行信子、また門という。平治元年紀がある行正とは年代的に接近して子、または門人に当たる。

古 **行政**【ゆきまさ】　豊後国　南北朝期（建徳）

ゆ
ゆきひろ～ゆきまさ

行忠の子。初代。行平の流系である友行とは別系。大野住。「豊後国住行政」「豊州住行政」。同銘が二代応永、三代宝徳、四代文明と続く。

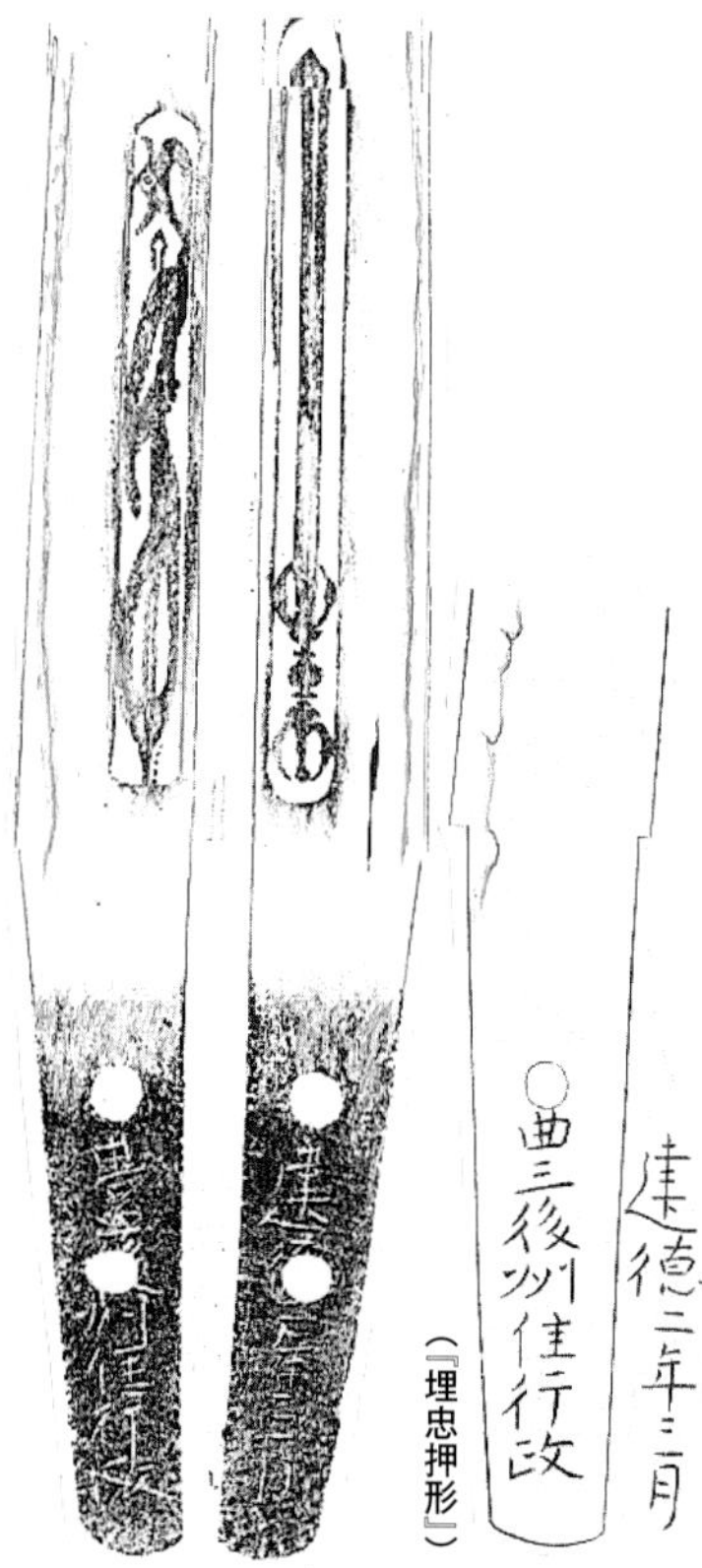

（『埋忠押形』）

古 行光【ゆきみつ】 備前国　鎌倉初期（嘉禄）

古備前。包平の子。沸出来の小乱を焼く。「行光」。同銘の鎌倉中期ごろの宝治、正元ころに古備前工がいるほか、長船に景光門（貞和ころ）、また兼光門（応安ころ）がいて、名跡は室町期に後続する。掲出の行光は末古備前工であろうか。小乱に小丁子を焼いて古調な作である。

古 行光【ゆきみつ】 相模国　鎌倉末期（嘉元）

藤三郎。新藤五国光の子、また門人ともいう。正宗の養父とも、兄弟子に当たるともいう。年紀があるのは嘉元二年から建武元年まで三十年間があり、この間に一人の行光がいるとするのが古伝書のほとんどであるが、『校正古刀銘鑑』のみは二代説を掲げ正宗の父（嘉元二・元亨二）を初代とし、正宗の子藤三郎（元徳三・建武元）を二代としている。行光は二字銘が多く、長銘も切るが、嘉元から建武まで「行光」銘に大きな変化がなく、複数の切銘者の形跡はみられず、また嘉元から建武まで三十年間は一人の刀工の作刀期として長すぎることはない。よって行光一人説は首肯できる。

行光の作域は広く、直刃も乱刃も、大乱刃もある。短刀がほとんどで太刀はみない。いずれも身幅尋常で中切先、短刀は小振りのものが大部分で無反りまたは内反りに造る。直刃が多いのは新藤五国光の作風を継いでのもので、地に地景、刃に金筋を交じえる。乱刃も直刃に小乱交じりの総じては穏やかな刃文が持ち前で、正宗・貞宗ほどの華美な風はみられない。湾れ乱、大乱、ときに皆焼状の刃もあるが少なく、皆焼は飛焼より湯走りが目立って皆焼状を呈している。彫物は「剱樋切物が必ず

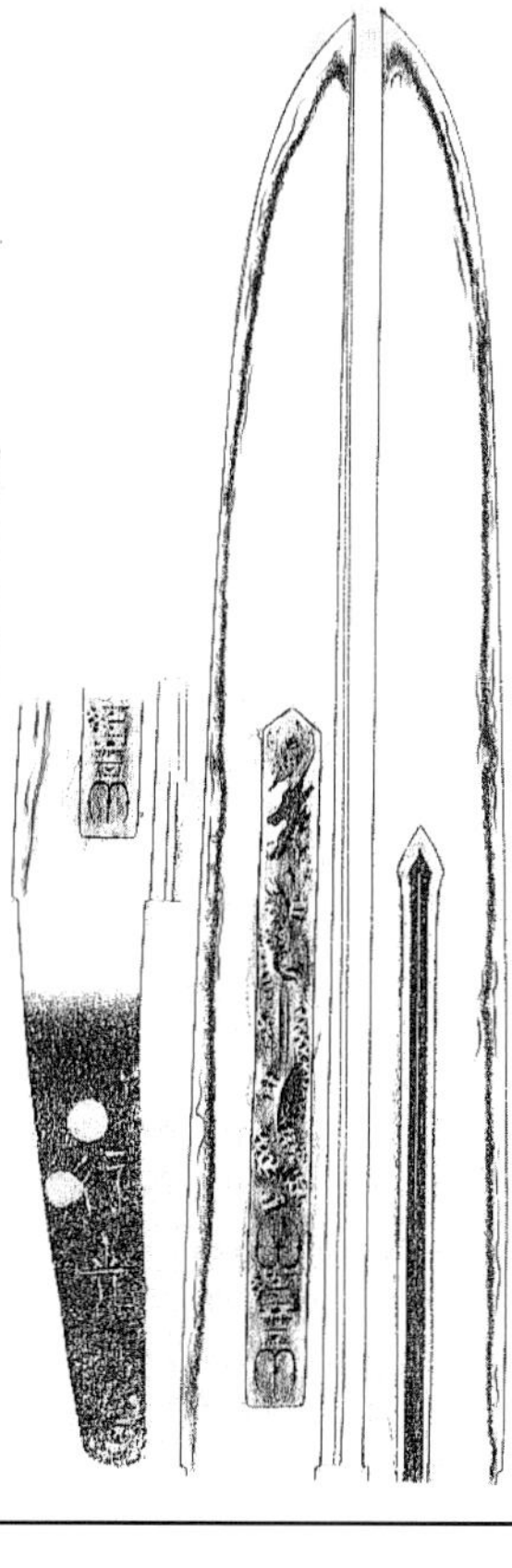

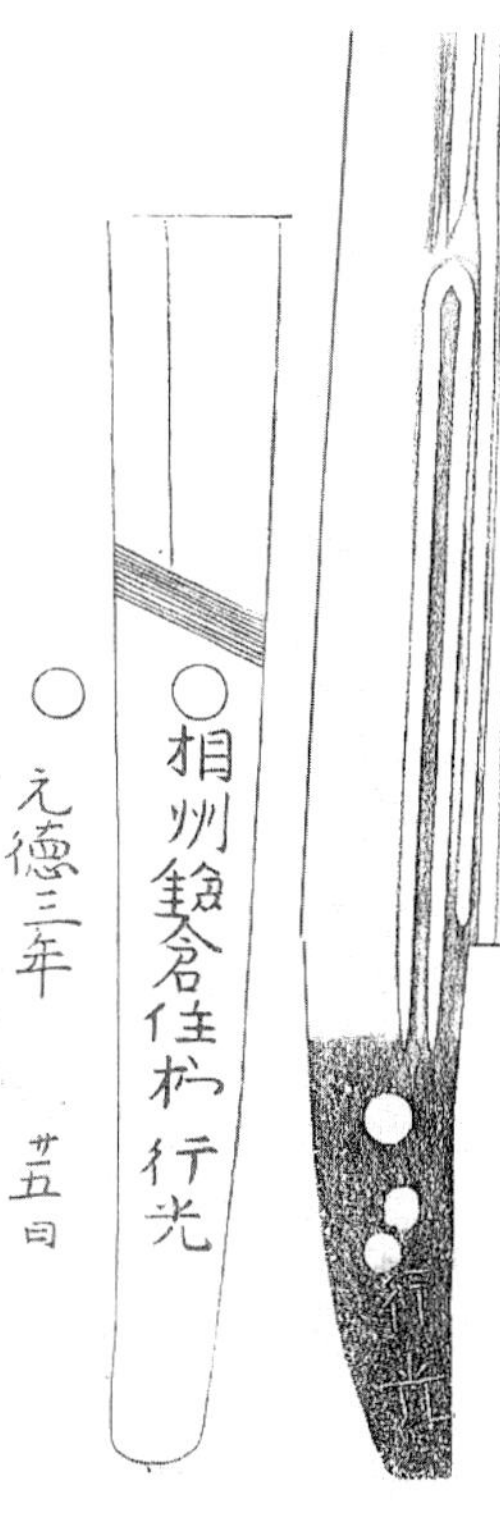

（『古刀銘尽大全』）

有り、大進坊作なり」（『元亀本』）とあり、樋内に真の倶利迦羅彫の濃厚なものもある。大進坊は行光の兄弟子で日光山法師、彫物の名手と伝えている。（系図865～866、870頁参照）

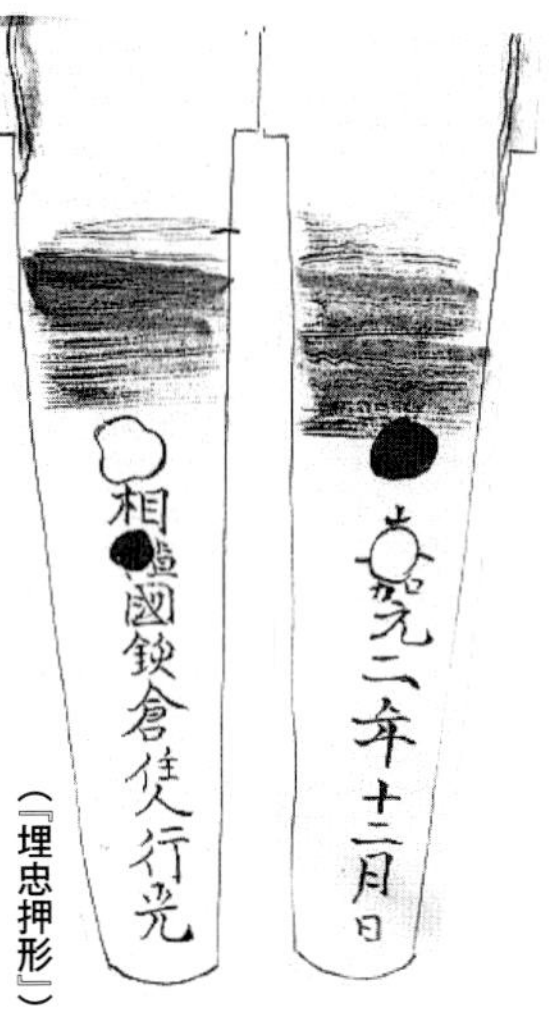

（『埋忠押形』）

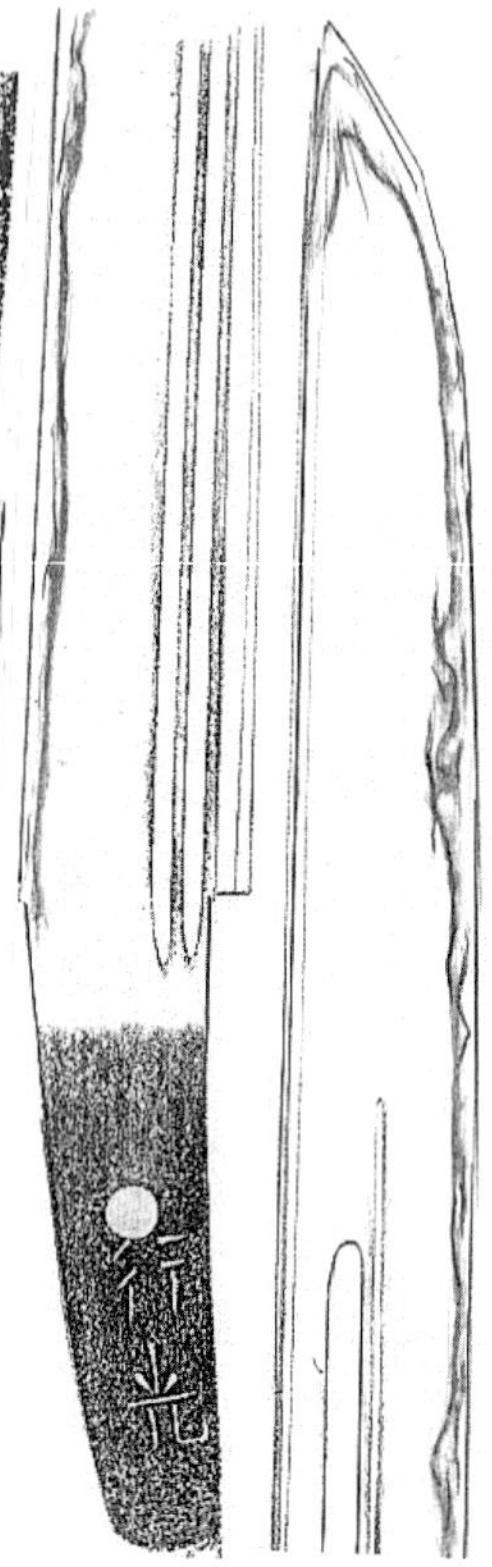

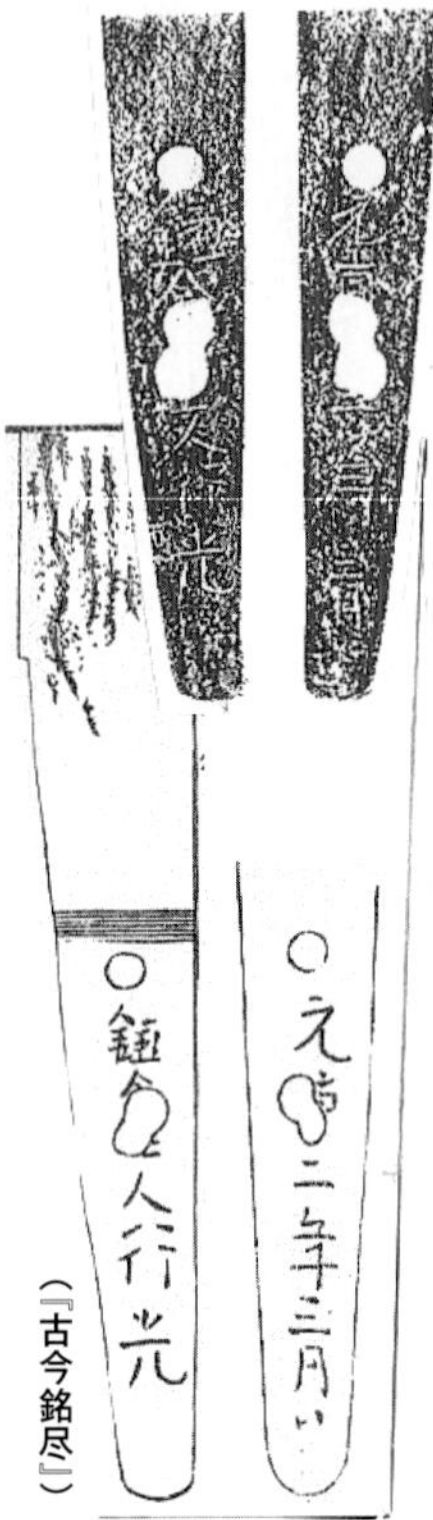

（『古今銘尽』）

古 行光【ゆきみつ】 加賀国 南北朝期（永和）

初代友重の子。真景門。永和ころ。「行光」。

古 行光【ゆきみつ】**初代** 加賀国 室町中期（康正）

藤島。板目が肌立ち、地沸つく。直刃、また湾れに互の目足入り、刃縁掃掛、打のけかかる。「行光」「藤原行光」。

古 行光【ゆきみつ】**二代** 加賀国 室町中期（文明）

泉五郎。文明年紀の作がある。越後柏崎にても造る。「行光」「藤原行光」「加州住藤原行光」「藤島行光」「加州藤原行光泉五郎」。

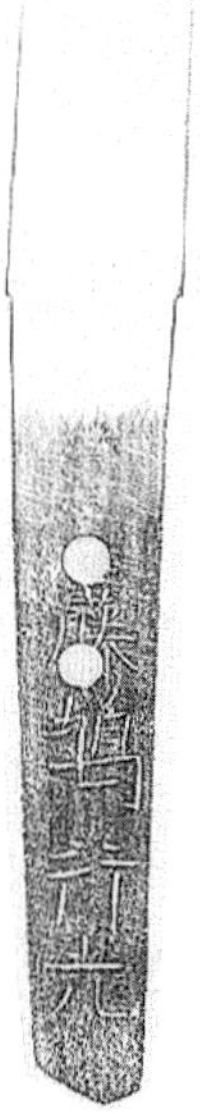

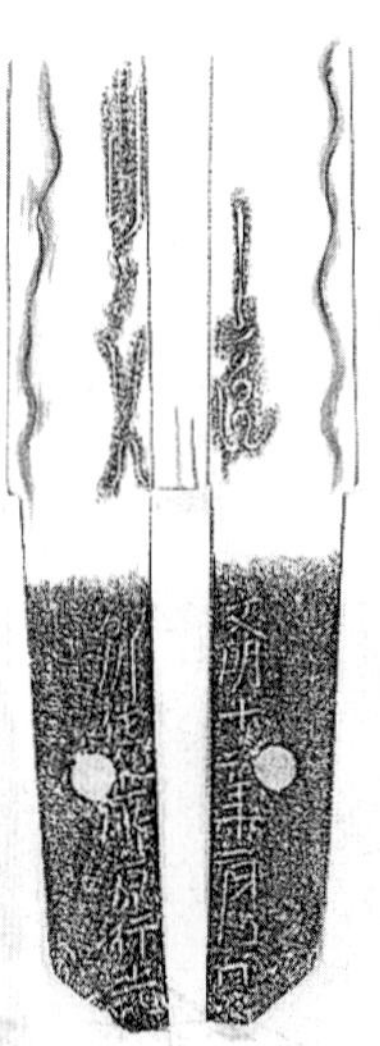

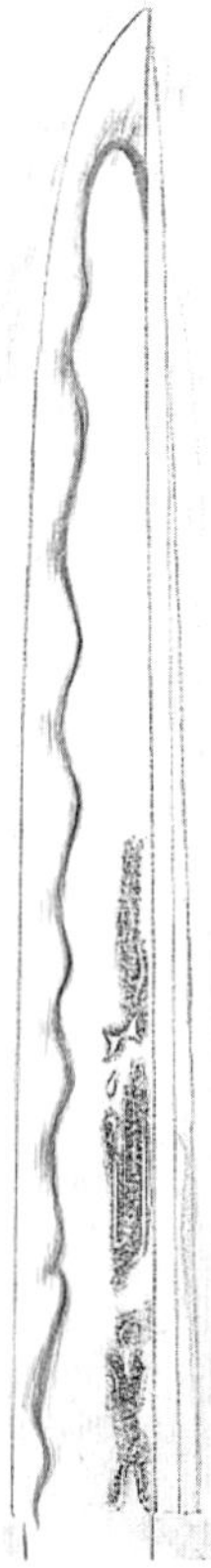

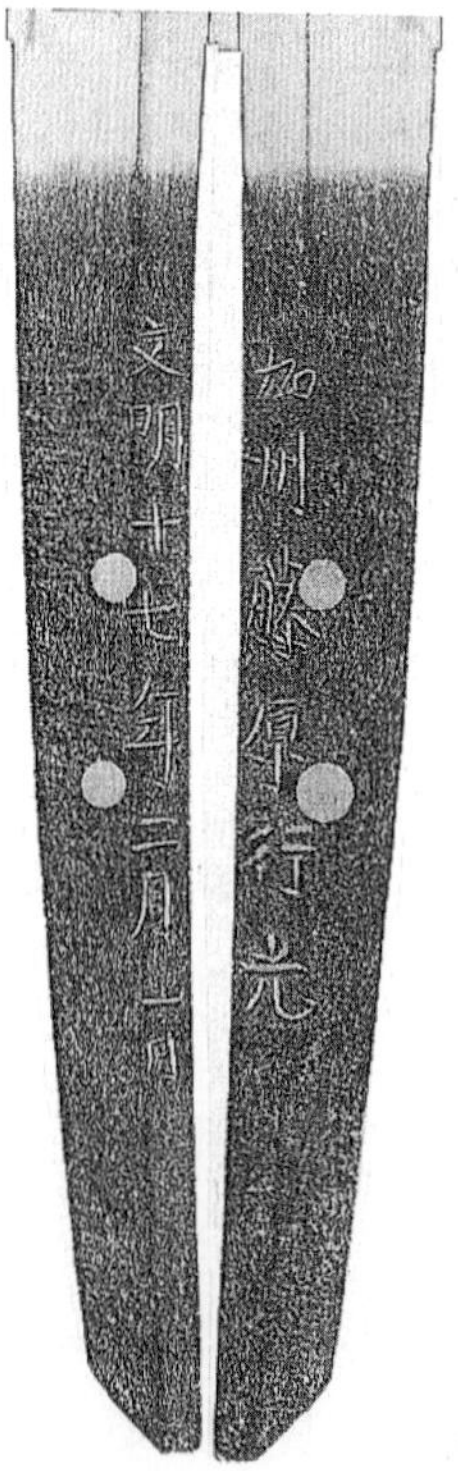

古 行光【ゆきみつ】**三代** 加賀国 室町末期（大永）

藤島。永正、大永年紀の作がある。泉住（現・石川県金沢市泉）。「行光」「藤島行光」「藤原行光」。

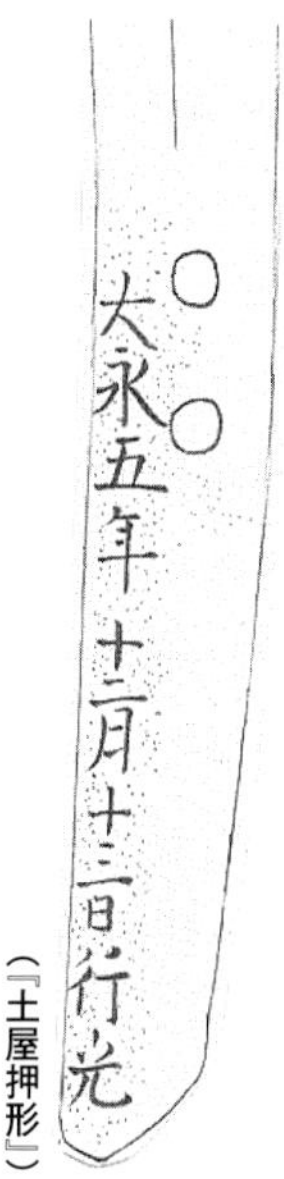

（『土屋押形』）

古 **行光**【ゆきみつ】 越後国 室町末期（天文）
藤島。泉五郎。加州泉五郎行光の子であろう。越後住。板目に柾交じり、地沸つき肌立つ。直刃に小互の目足入り、打のけ、ほつれかかる。「越後國住行光作」「越後國住人行光作泉五郎」「越後國住人行光五郎」。

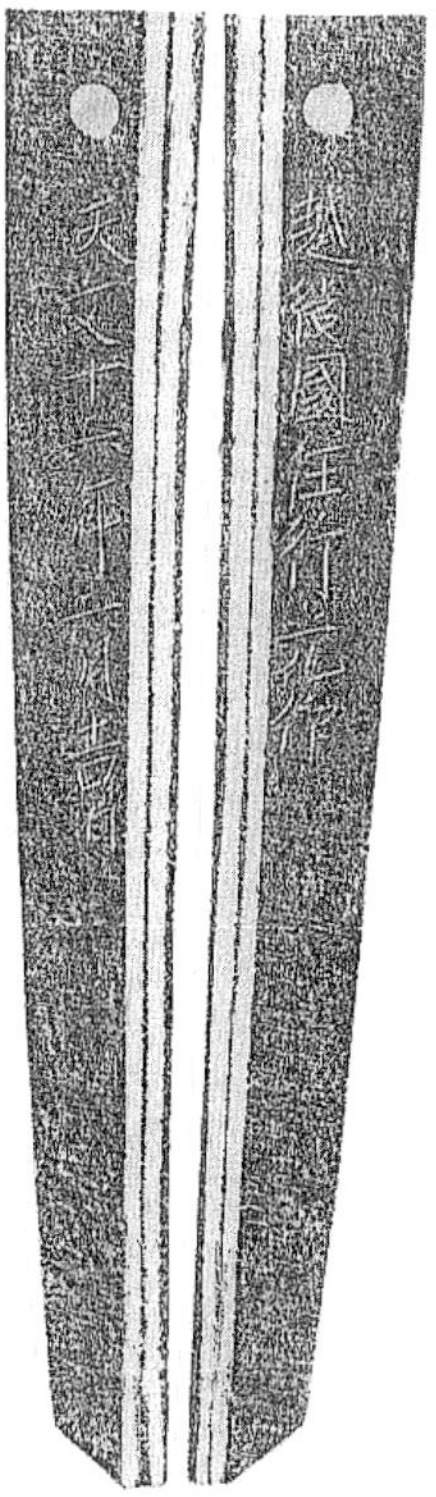

新 **行光**【ゆきみつ】 豊後国 江戸中期（万治）
中摩勘左衛門。肥後熊本にても造る。直刃、互の目乱。

新 **行光**【ゆきみつ】 近江大掾 越中国 江戸中期（寛文）
半左衛門。小四郎重清の次男で、播磨大掾清光の兄。越中富山住。近江大掾を受領する。江戸へ出て石堂是一の門に入る。直刃、互の目乱に丁子、矢筈乱交じり華やか。

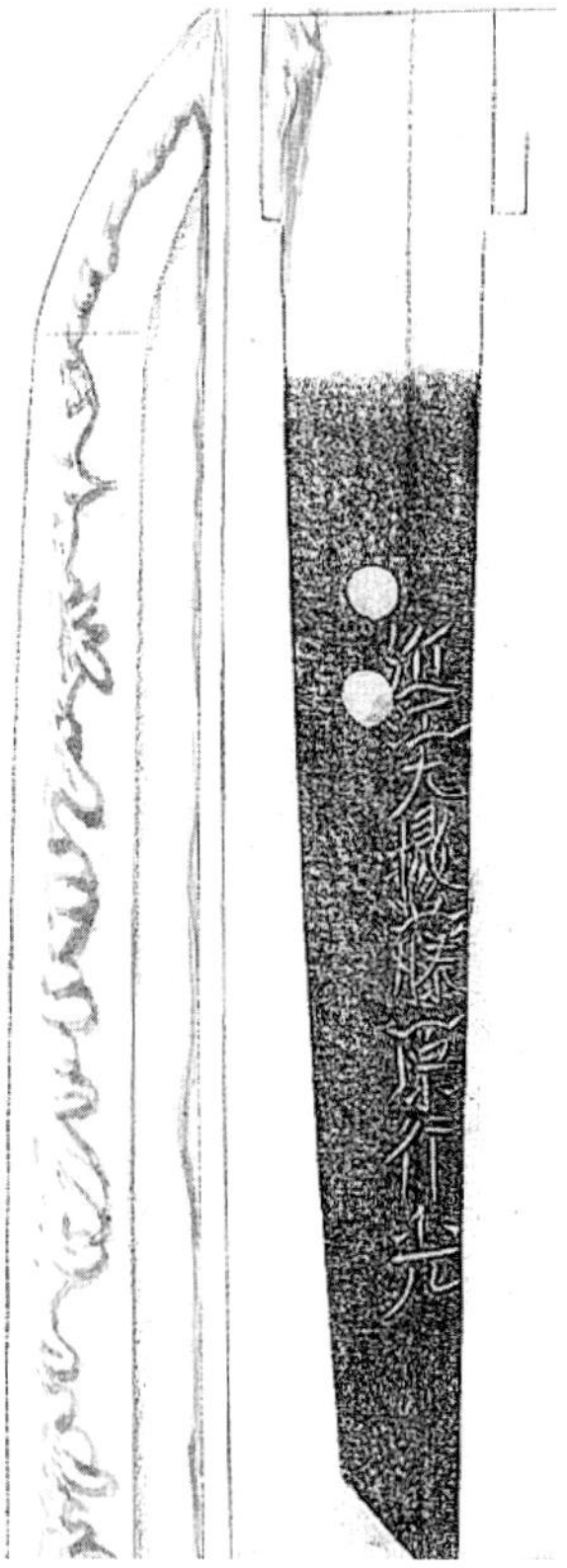

新 **行光**【ゆきみつ】 豊後国 江戸中期（貞享）
中摩伝十郎。勘左衛門行光の子。二代目に該当する。のち熊本へ移住する。互の目乱、互の目に小湾れ交じりなど。

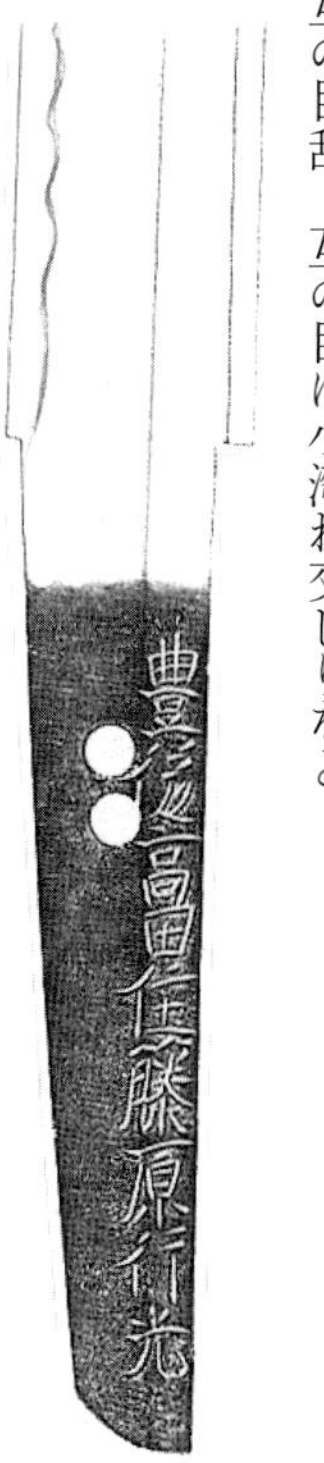

新作 **行光**【ゆきみつ】 東京 平成
高野宏行。昭和二十七年生まれ。大野義光門。平成四年、作刀承認。新作名刀展入選。「行光以阿蘭陀鉄作」。足立区住。

古 **行満**【ゆきみつ】 美濃国 室町初期（応永）
三阿弥。四郎五郎。初代兼則（応安）門。法名徳祐、また満阿とも。南北朝末期から応永にかけて作刀する。「行満」。

新 **行満**【ゆきみつ】 肥前国 江戸中期（元禄）
忠太夫。忠右衛門行光の次男。二代行広門。享保十八年三月没。「肥州住藤原行満」「肥前国行満」。

新々 **行宗**【ゆきむね】 薩摩国 江戸末期（文化）
橋口助次郎。のち四郎左衛門。初銘行光。波平本家六十二代。天保九年二月二十七日没。「波平行宗」と切る。

新作 行宗【ゆきむね】 福岡 昭和

守次恒三郎。明治四十三年生まれ。桜井正次、正幸門。高橋貞次にも学ぶ。守次是利を先祖とし丁子乱の備前伝を表出する。

古 行安【ゆきやす】 薩摩国 平安末期（寛弘）

初祖正国の子。行安は波平嫡流の名で代々が継承して江戸時代まで連綿とする。行安は大和の古千手院に同銘があって、大和古千手院の行安が薩摩に下るものがあったとの説がある。行安の年代は古銘鑑によって諸説があるが、父である正国が永延であることにもとづけば、銘尽がいう寛弘ころとなろう。波平で現存する最古の有銘作は猿投《さなげ》神社蔵の行安太刀で平安末期の作。二字有銘で長さ二尺四寸四分。板目に柾交じり、地沸一面につき、軟らかな肌合いに、白気映り立つ。刃文は細直刃に小互の目交じり、小沸つき匂口うるみごころに、腰元で表裏とも焼落す。猿投神社の太刀に次いで年代が古いと鑑ぜられるのが「笹貫《ささぬき》」と号する「波平行安」太刀（京都国立博物館蔵）で、鎌倉前期を降らない古作である。細直刃にほつれ、打のけかかり、匂口はさまでうるみごころがなく、比較的明るい。大きく焼落すところは伝統的なものであり、保存の良さでは抜群である。「行安」「波平行安」。（系図898頁参照）

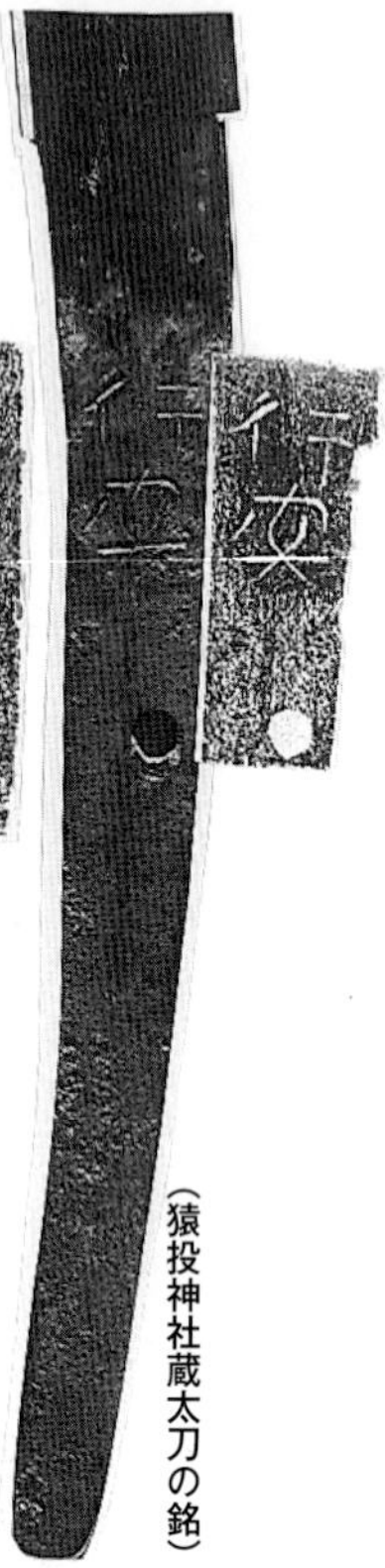
（猿投神社蔵太刀の銘）

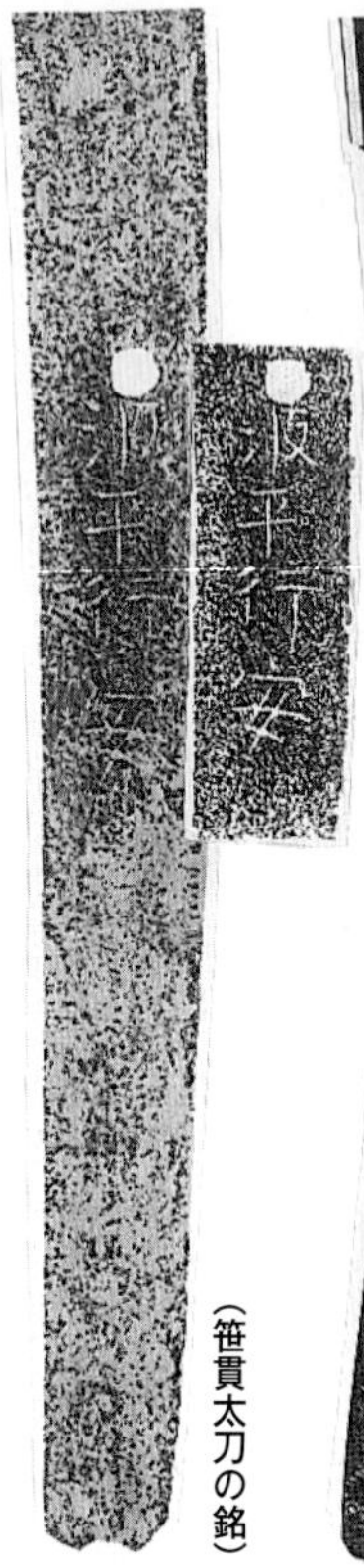
（笹貫太刀の銘）

古 行安【ゆきやす】 薩摩国 鎌倉中期（安貞）

古銘鑑の多くは行安は二人いるとする。『校正古刀銘鑑』は二代目に当たる行安を正和・嘉暦とみているが、すると初代寛弘とは三百年ほどの開きが出て、初・二代の年代差がありすぎることとなる。初・二代の間に何代かの行安がいるかもしれず、あるいは初代の年代の上げすぎによるともとれるが、作刀の上からみては、初代は平安末期、二代は鎌倉前期を降らない年代と鑑じられる。銘鑑で三代目に該当する安行作がある。珍しく南朝年号を切った「波平行安」「延元二年十一月日」銘である。「波平行安」「薩州住人波平行安」。

延元二年十一月日

古 行安【ゆきやす】 備中国 室町初期（永享）

青江。片山一文字の末裔という。永享ころ。「行安」。中青江の行安は貞和、延文ころにあり「備中万寿荘住行安」と銘す。

新々 行安【ゆきやす】 薩摩国 江戸末期（天保）

橋口勘助。初銘安好。波平本家六十一代。六十代安行の長男。文化五年八月家督。嘉永三年十一月、七十六歳没。

新々 行安【ゆきやす】 波平 薩摩国 江戸末期（安政）

橋口勘之丞。波平本家六十三代。初銘安邑。安政五年十月二十二日、大和大掾を受領。慶応元年五月二日大和守に転任する。明治十五年四月二十五日、七十三歳没。直刃、互の目乱、逆丁子を交じえ、帽子返り長く棟を焼くものがある。波平の作中、六十四代安行と並び、六十三代行安の作刀が多い。

安政六年未八月日

古 **行吉**【ゆきよし】 備後国　南北朝期（康永）
国分寺。助国門。安久荘住。康永ころ。「備後国住行吉作」「備後国住安久荘行吉作」。同銘が一乗三原派に貞治ころにあり、以降は応永、永享（草戸住）、文明（尾道住）、永正（三原住）と続く。

古 **行義**【ゆきよし】 備後国　南北朝期（明徳）
国分寺。助国の族。三谷住（現・広島県福山市神辺町三谷）。明徳ころ。「備州三谷住行義」。

新作 **行慶**【ゆきよし】 群馬　昭和
田口経雄。明治四十三年生まれ。別府幸太郎清行、今井継義門。双龍子と号す。陸軍受命刀匠。昭和二十九年から新作名刀展に出品し入選。

新々 **幸重**【ゆきしげ】 山城国　江戸末期（安政）
高橋吉兵衛。基之進。生国周防。行重とも銘す。「京住周防高橋基之進幸重鍛」などと切る。

古 **幸景**【ゆきかげ】 備前国　南北朝期（嘉慶）
兵衛尉。嘉慶から応永にかけて作刀する。因州にても造る。「備州長船幸景」「幸景」。同銘が応永（康光門）・長禄（新兵衛尉）・明応と続く。

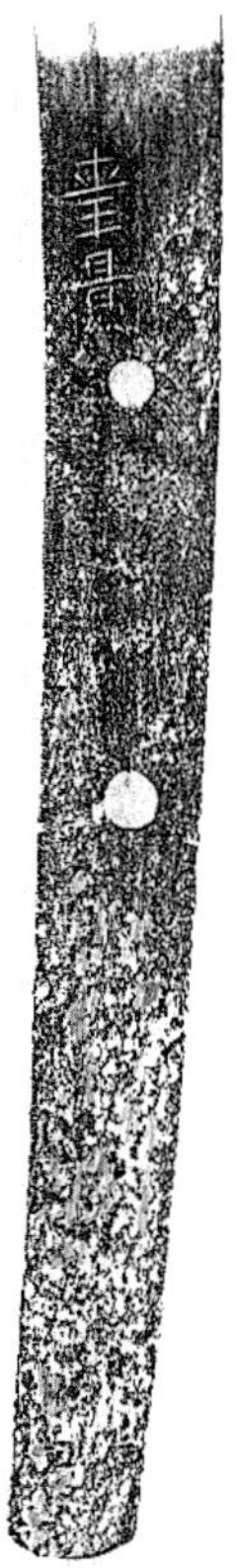

古 **幸国**【ゆきくに】 長門門　室町中期（文安）
顕国門。文安ころ。「長州住顕国」。次代文明ころに同銘工がある。

古 **幸貞**【ゆきさだ】 豊前国　室町初期（永享）
深見庄住。永享ころ。「豊前国深見庄住幸貞」。次代に宝徳年紀の作がある。

古 **幸継**【ゆきつぐ】 備前国　鎌倉末期（元徳）
元徳二年紀に「備前国長船住幸継」銘の作があり同作か。

古 **幸久**【ゆきひさ】 備中国　室町末期（永正）
左衛門尉。石河（石川）姓。備中幸山（高山）の城主。関兼常に師事して作刀するという。鷹の羽鑢をかける。「備中國住幸久作」「備中國住人石河左衛門尉幸久作」。

新作 **幸弘**【ゆきひろ】 香川　昭和
武田楠太。大正元年生まれ。富永竜宇門。陸軍受命刀匠。「龍宇子源幸弘之作」。高松住。

新 **幸昌**【ゆきまさ】 **初代** 加賀国　桃山期（寛永）
木下五郎右衛門。幸昌系は初祖の藤右衛門兼延が天文ころに濃州関千手院から加州に移住し、文政の藤右衛門幸昌（六代）まで連綿とする。初代幸昌は木下二代目五郎助兼裏の子。万治三年没。◆二代加兵衛幸昌（延宝六年没）、三代藤右衛門幸昌（享保ころ）、四代藤右衛門幸昌（宝暦ころ）、五代八太夫幸昌（天明ころ）、六代藤右衛門幸昌（文政ころ）で鍛冶を廃業する。各代とも作刀は少ない。

古 **幸光**【ゆきみつ】 備前国 南北朝期（応安）

小反り。応安から嘉慶にかけて作刀する。同銘は応永に継ぐが、現存作をみるのは室町初期から以降で、嘉吉・長禄の年紀作があるという。「備州長船幸光」。

古 **幸光**【ゆきみつ】 備前国 室町末期（明応）

弥左衛門。明応年紀の作がある。幸光は名跡が永正、天文、永禄から元亀・天正と継続し、各代に複数の同銘工がいて活動するが、代別は明確でなく、銘鑑には九代が元亀・天正にあるとする。「備州長船幸光」「備前国住長船幸光」「備前国長幸弥左衛門尉幸光」。

古 **幸光**【ゆきみつ】 備前国 室町末期（永正）

幸光は永正ころ以降にさかんな作刀ぶりをみせ、俗銘入りの銘作がある。三郎左衛門（天正）、孫三郎（永禄）、弥三衛門（元亀）、継三郎（永禄）、宗左衛門（天正）、左兵衛（天正）、与三左衛門（天正）、弥左衛門（天正）。作風は直刃に小互の目足入り、互の目乱を焼き、両刃短刀には皆焼状のものもあり、刀身彫を好む。「備前国住長船幸光」。

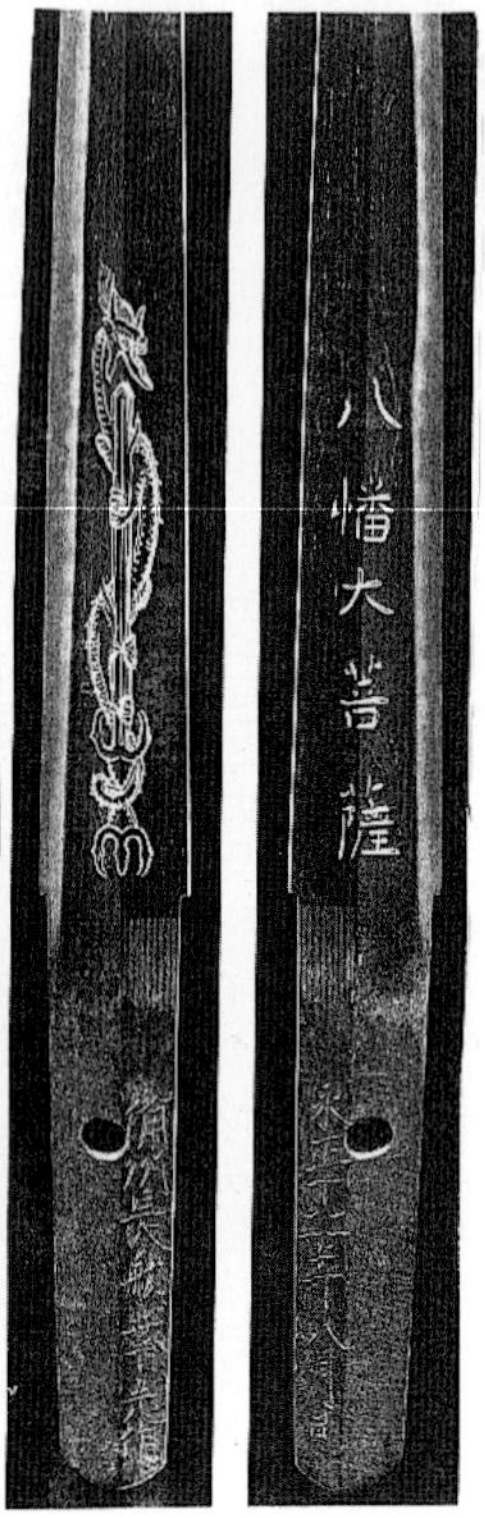

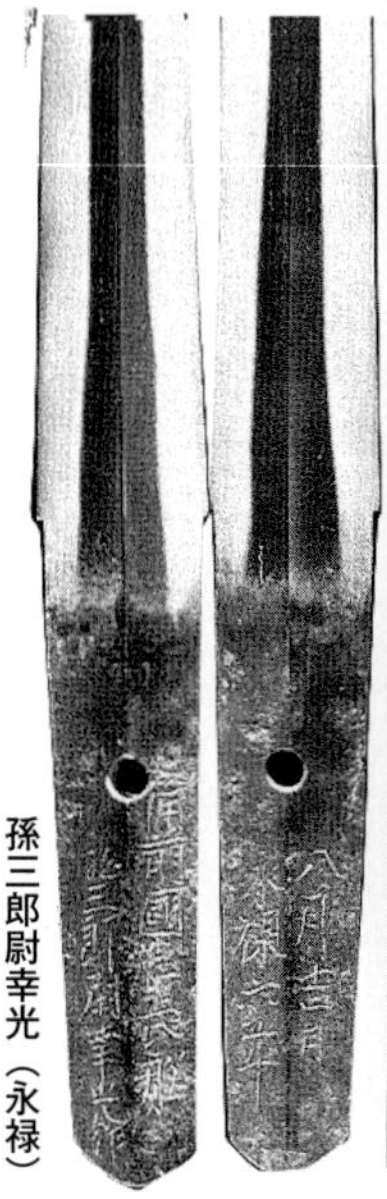

孫三郎尉幸光（永禄）

弥三衛門尉幸光（元亀）

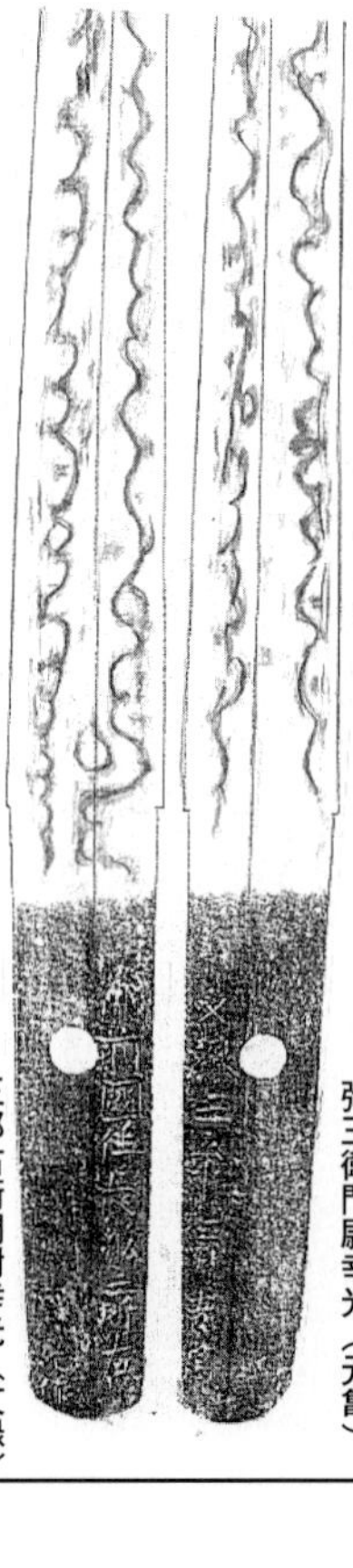

三郎右衛門尉幸光（文禄）

新 **幸光**【ゆきみつ】 備前国 江戸中期（元禄）

古作長船幸光の名跡を継ぐ刀工。銘鑑もれ。

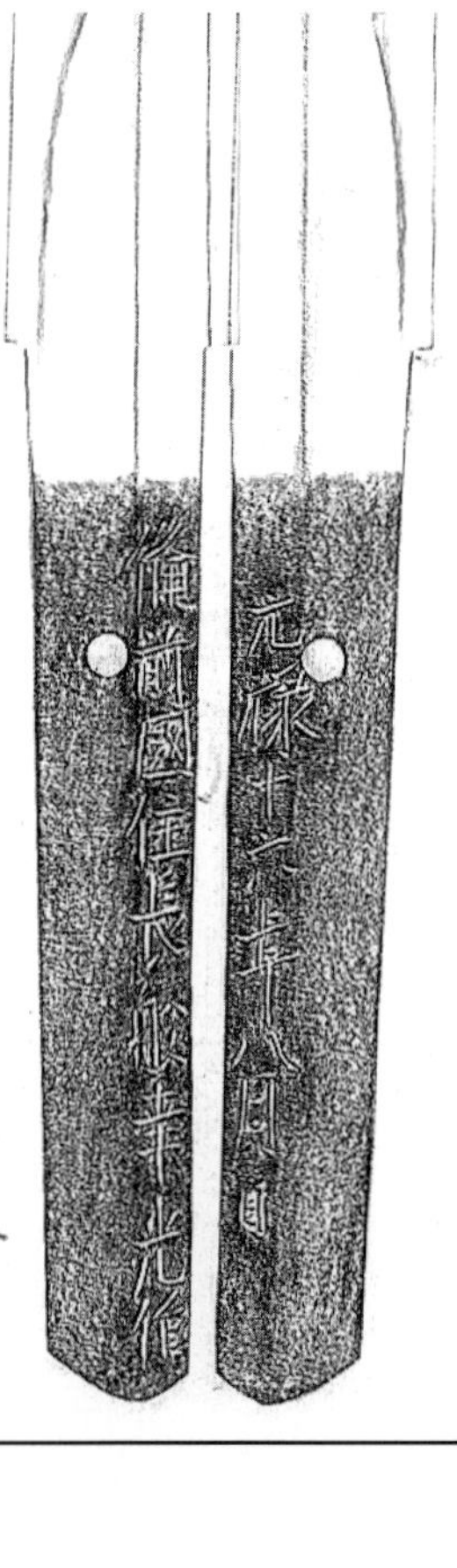

新作 **幸光**【ゆきみつ】 福岡 昭和

河村定巳。大正十三年生まれ。河村卯一、小宮四郎国光に師事。昭和十八年、佐世保海軍の軍刀製作に当たる。戦後は昭和四十三年から新作名刀展に出品、入選。

《よ》

新々 吉明【よしあき】 摂津国 江戸末期（文久）

草野哲三郎。本国因州。大坂住。月山貞吉門。安政から明治初年の作がある。「草野吉明造」などと切る。

古 吉家【よしいえ】 三条 山城国 平安中期（寛弘）

三条。宗近子。また宗近の隠し銘ともいう。能阿弥本は「三条」と切るという。後鳥羽院佩用の鵜丸の作者。吉家には京三条と備前福岡一文字（鎌倉初期）に同銘があり、書体が相似通うところから、吉家銘の多くを福岡一文字とし、あるいは三条吉家は存在しないとみなす説（備考など）が一部に流布してきた。現存する三条とみなされる吉家の、優美な体配に小乱、小丁子、小互の目を交じえて焼き、地刃よく沸えた作風に比べ、一文字吉家はしっかりとした体配に、匂出来の丁子乱を焼き、華やかな丁子乱を映し出している。

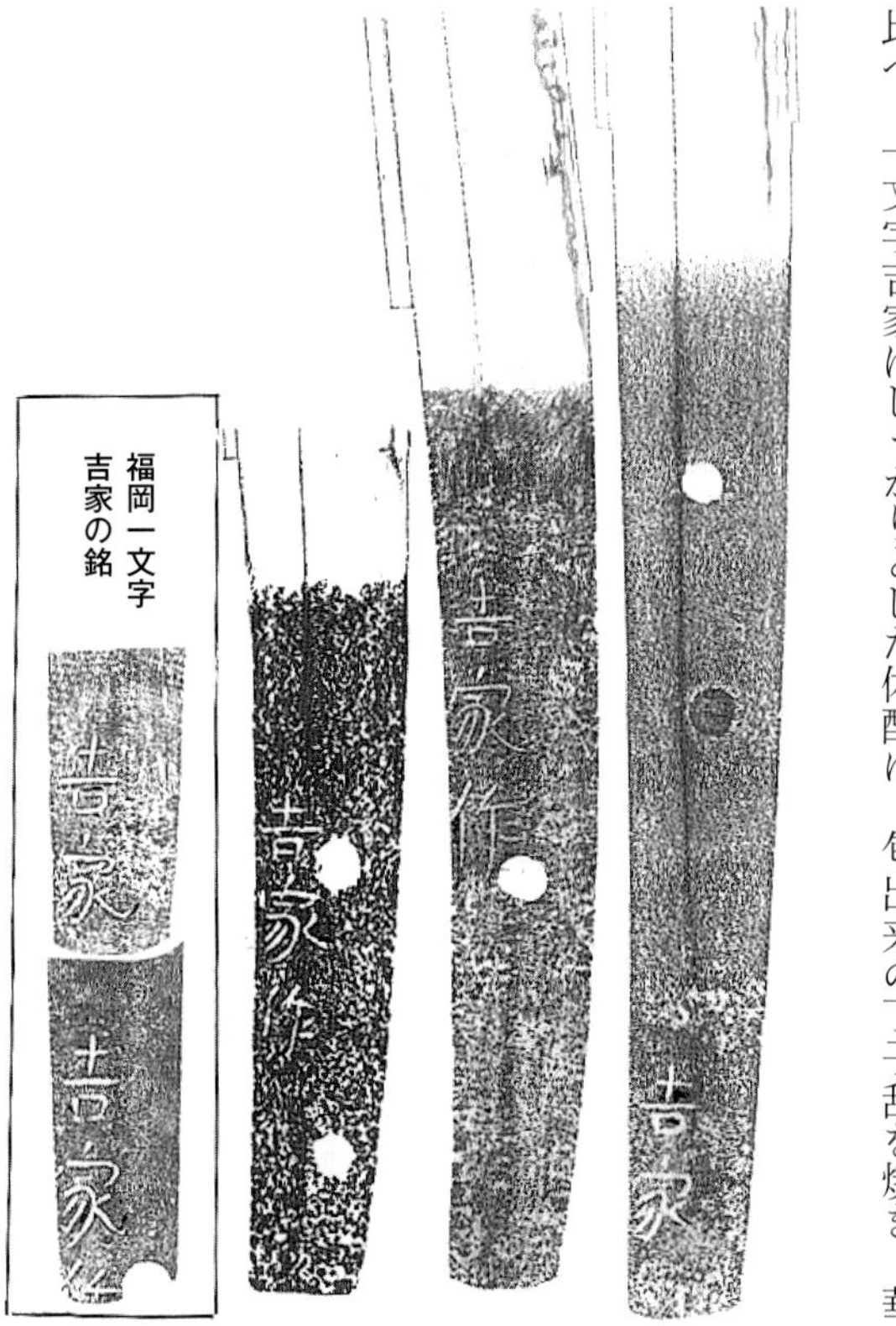

福岡一文字吉家の銘

銘振りは、三条は「吉」字が小さく、「家」字をやや大きく、二字に「吉家」と、また三字に「吉家作」と打つ。一文字は書体がやや右肩下がりで「吉」の「口」の第二画の右角、「家」の第三画の右角を少し丸みをつけて打つ（次項図参照）。現存する三条吉家の作刀からみては、伝書にいう平安中期（寛弘）まで遡るとは鑑じられないのであるが、いま経眼するものが見当たらないにしても、三条宗近に直接結ばれる年代の遡った吉家が存在しなかったとは、言いきれないのである。

古 吉家【よしいえ】 一文字 備前国 鎌倉初期（承久）

福岡一文字。弥太郎。左衛門尉。宗吉の子。吉平の父。吉家銘の作には、直刃調の小乱に小丁子が交じり、地刃ともに沸づき砂流し、金筋のかかったものと、匂出来の丁子乱が華やかなものとがある。前者の小出来で沸づいた京風の作を三条吉家とし、後者の丁子乱の作を一文字吉家の作とみるのであるが、前者の沸づいた作のなかに一文字吉家の作が紛れているらしく、両者の作風からの識別は容易ではない。「吉家」「吉家作」。三条と一文字の「吉家」の書風はいたって近似するが、図示すると左のようである。

三条　一文字

三条
①「吉」が小さく「家」がやや大字。
②横線の肩が角ばる。
③「吉」の「口」がつぶれて小。
一文字
①太鑿で力強く彫り深い。
②右肩下がりで横線の肩に丸み。
③「家」にハネ鑿。

よ
よしあき〜よしいえ

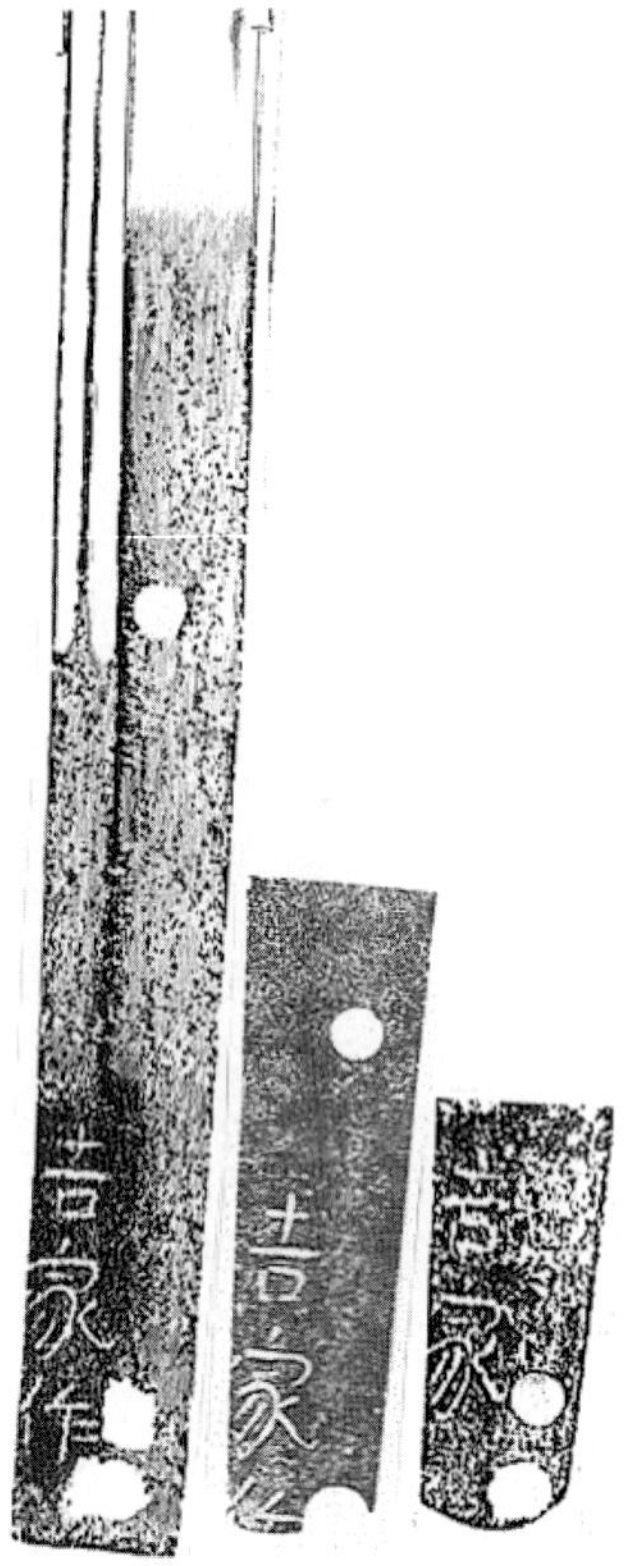

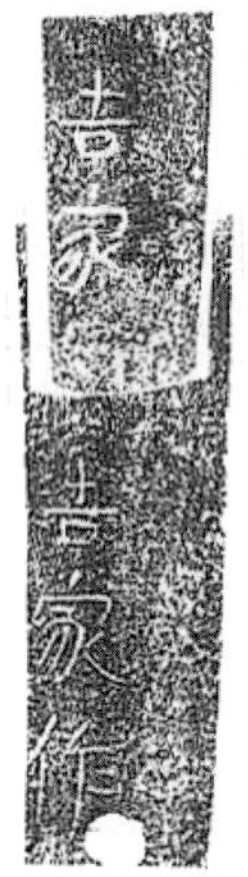

山城三条吉家の銘

古 **吉家**【よしいえ】 備前国 鎌倉末期（元徳）

岩戸一文字。左兵衛尉。和気郡岩戸庄住。岩戸は天神山麓の古邑で「一」を名乗るところから、岩戸一文字（正中一文字とも）と呼ぶ。祖は吉氏と伝えるが、吉氏銘の作刀は経眼せず、吉家の作刀がわずかに残る。匂出来の中直刃に小乱交じり、逆ごころの互の目が交じる。板目が肌立ち、地沸つき、地斑映り立つ。「一備州岩戸庄地頭源吉家作」「備前国岩戸庄地頭左兵衛尉源吉家」。

古 **吉家**【よしいえ】 備前国 南北朝期（永和）

大宮。「備州長船吉家」。応永ころにも同銘が継続する。

古 **吉家**【よしいえ】 備中国 南北朝期（応安）

備中片山。備前岩戸一文字吉氏門。「備中国住吉家」。応永ころにも同銘が継続する。

新 **吉家**【よしいえ】 肥前国 江戸初期（正保）

相右衛門、初代忠吉門。広貞の初銘。寛永七年紀の作がある。明暦二年、八十二歳没。

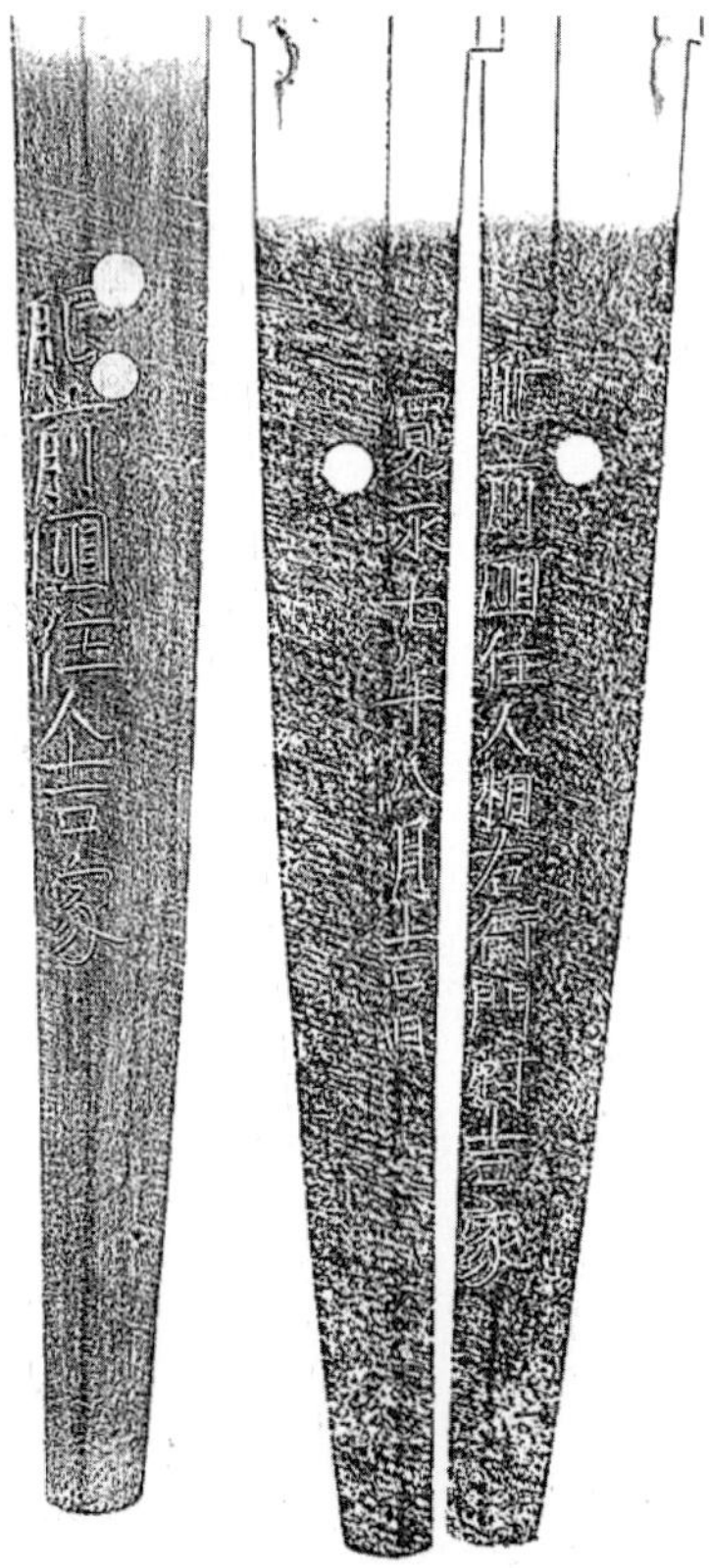

新 **吉家**【よしいえ】 陀羅尼（洲崎） 加賀国 江戸中期（延宝）

洲崎吉右衛門。初代家忠の子。初銘吉重、明暦ころに吉家に改銘する。年紀があるのに寛文四年、延宝六年などがある。互の目乱に矢筈、箱がかった刃など交じり、丁子に互の目交じりなど。

古 **吉氏**【よしうじ】 備前国 南北朝期（元弘）

岩戸一文字（正中一文字）。左兵衛尉。岩戸一文字の祖。吉岡一文字助吉の門。岩戸庄（現・山口県玖珂郡和木町）に住したので岩戸一文字とも、主として正中ころに作刀していたので正中一文字とも呼ばれる。「岩戸庄の地頭」を称す。左兵衛尉を名乗り地頭職にある吉家は吉氏の父とみられて、作刀に元徳二年紀がある。この年の翌元弘元年に吉氏の作（『古刀銘尽大全』図）があることは、元徳二年から元弘元年の間に吉家から吉氏へ地頭職の襲名があったのではないか、ひいては両者の間に世代交替がなされたであろうことを暗示している。名門吉氏の名跡は、銘鑑には古備前（元暦ころ）にあって、吉井川を巡り、天神山を背にした天然の要害の地に長く伝えられてきていたのであろう。「吉氏」「一備州岩戸庄地頭源吉氏」「岩戸住人左兵衛尉源吉家」。

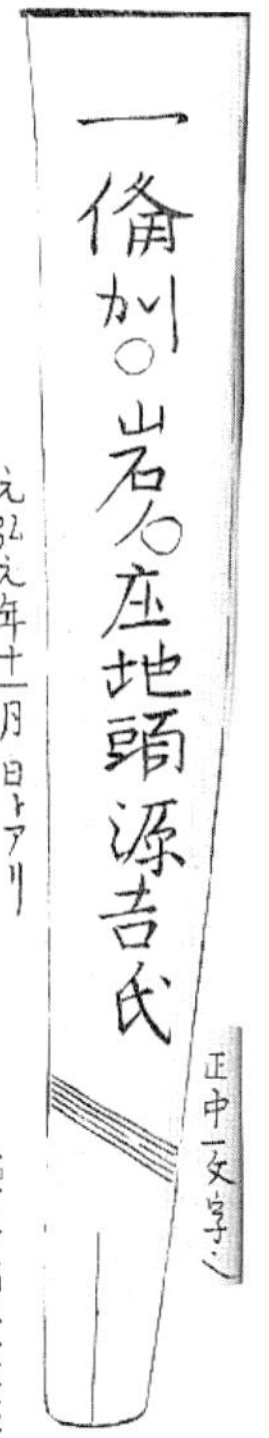

（『古今銘尽大全』）

新 **吉門【よしかど】** 越前守 武蔵国 江戸初期（正保）

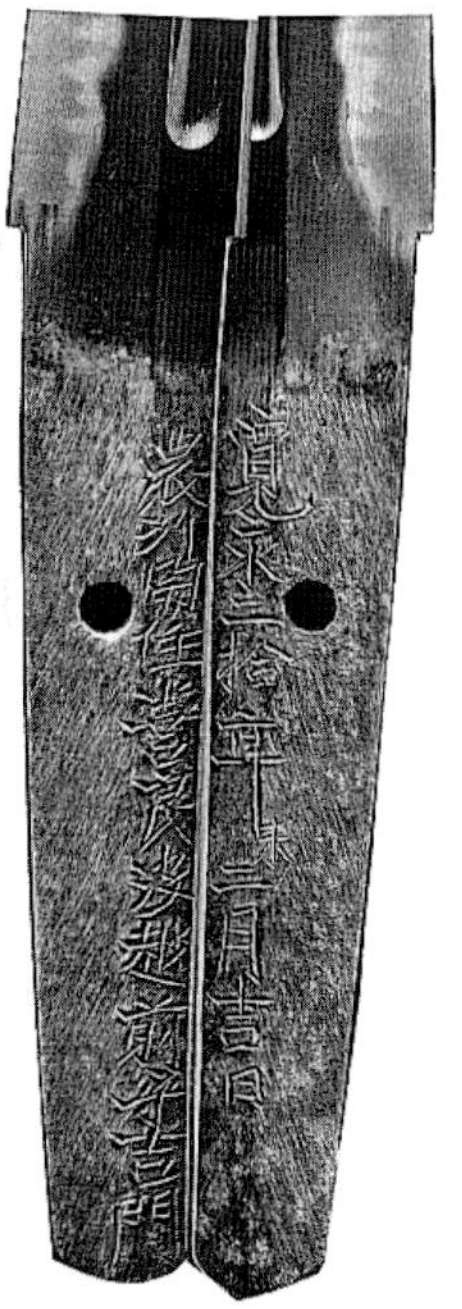

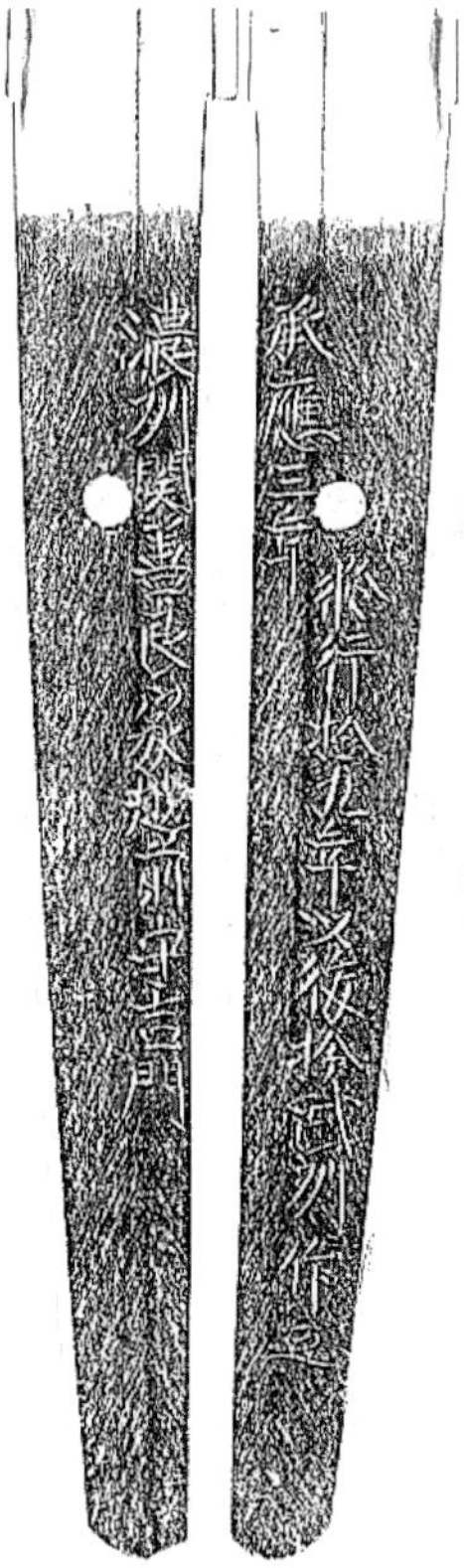

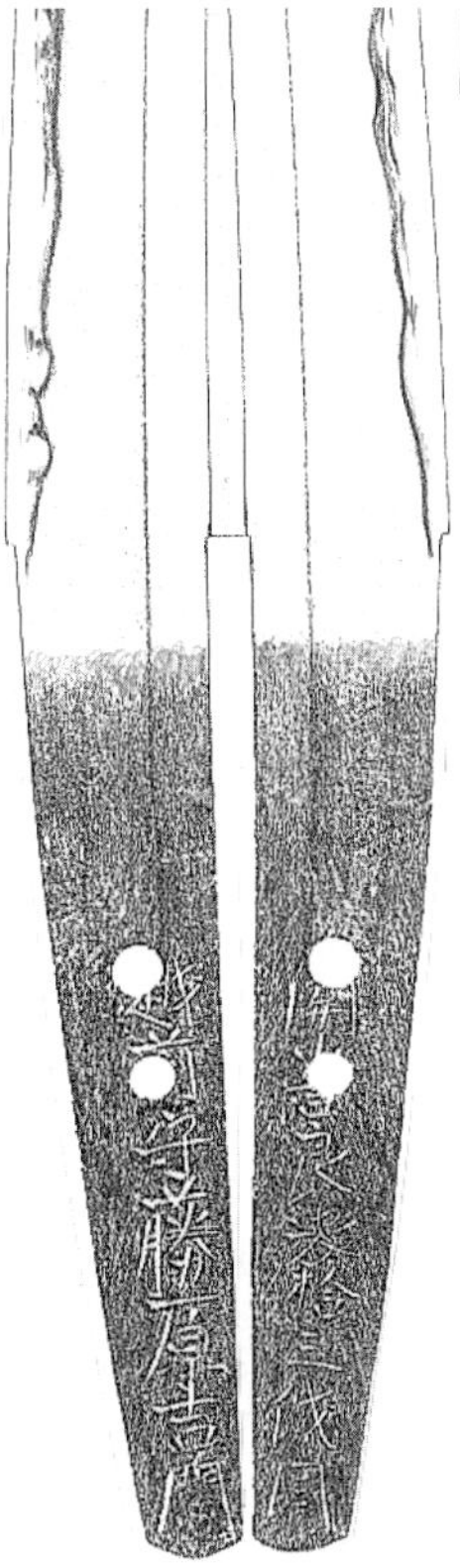

河村市郎左衛門。本国濃州関。善定兼吉の末流で「坂尾善定家十三代」「関善良家拾三代目」などと切る。寛永二十年紀の関での作に越前守の受領銘があり、のち江戸へ移住する。寛文十二年二月二十七日、水戸家の抱工となり、水戸台町に住す。貞享四年四月二十九日没。互の目に湾れを交じえ、砂流しかかったもの、一文字風の丁子乱刃を焼く。

新 **吉門【よしかど】** 武蔵守 常陸国 江戸中期（寛文）

川村長兵衛。越前守吉門の弟。「坂東太郎鏷正入道卜伝」とも切り、卜伝同人。大村加卜の門人。濃州関善定派の人で、関善定兼吉十四代の曽孫と称す。寛文四年二月十五日、武蔵大掾を受領、のち武蔵守に転任する。兄越前守吉門と共に江戸へ出て鍛刀し、寛文十二年十二月に水戸家に抱えられる。貞享五年七月二十八日没。末関風の互の目乱、また丁子乱、大乱など。

古 **吉包【よしかね】** 備前国 鎌倉初期（承久）

古備前。永包子。左近将監。元暦ころといい、校正は承久ころという。吉包の銘に二種があり、やや小振りの銘が古く、少し大振りの銘は年代が降ると伝えている。小銘の作は沸出来で小乱主調に古雅な風があり、鎌倉初頭までは遡る年代とみられるのであるが、同じ小銘でも「包」字の終画が角張る①と、丸味を帯びて曲がる②とがある。これは一人の刀工による年代

①

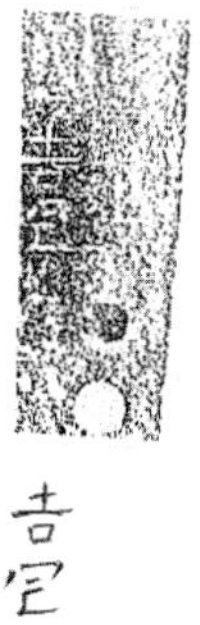

②

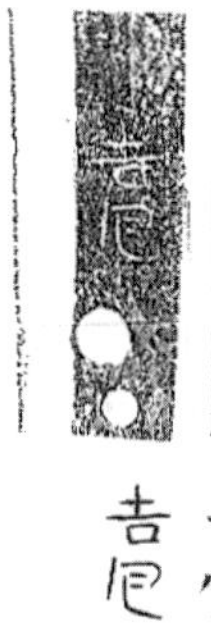

の変化によることもあるが、別人である可能性が残され、②の小銘は安貞ころとみて次項に重複して掲げている。

古 **吉包**【よしかね】 備前国　鎌倉初期（安貞）

古備前。吉包子で是助門。校正は二代正元とする。これは鎌倉中期の福岡一文字の年代に相当する。二代の年代は初代に接近した安貞ころまで遡るとみれば、安貞から晩年の正元ころまでの鍛冶とみなせる。前項の小銘吉包②の生ぶ茎の銘を掲げる。この工は中銘の大きさにも銘を切る。

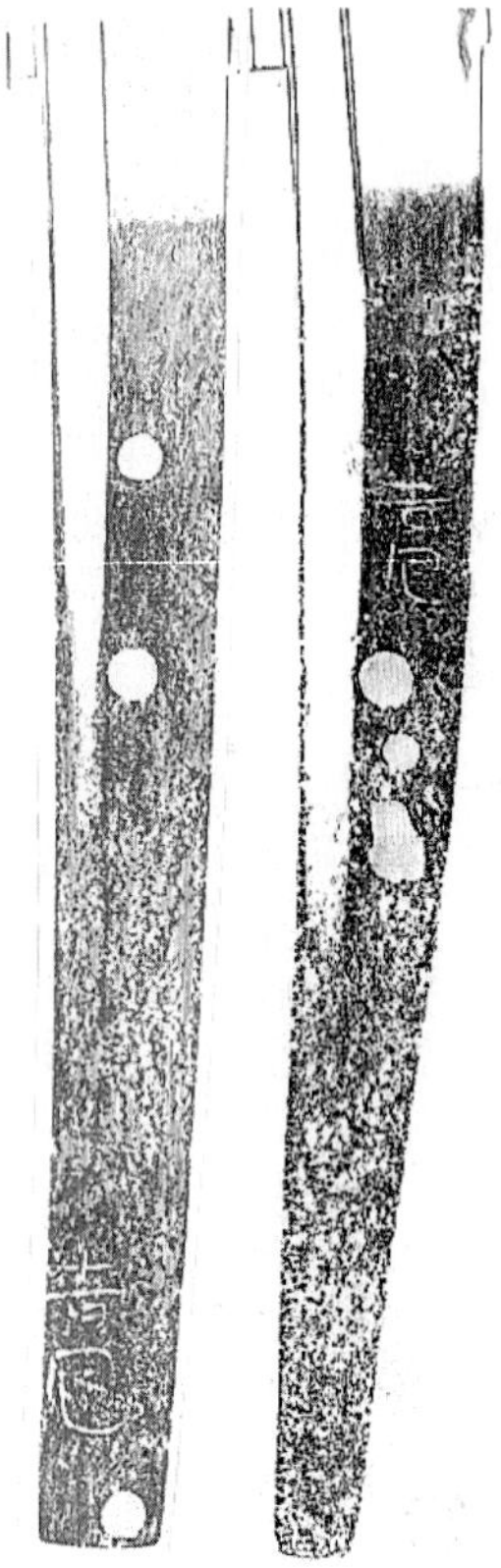

古 **吉包**【よしかね】 備前国　鎌倉中期（寛元）

福岡一文字。助包門。助房の弟という。左近将監。少し大振りの銘を切るのがこの工に当たるようである。寛元から建長へかけてのころの年代であろう。太刀は幅広で中切先、猪首切先に造るものもあり、小丁子乱を焼き地刃が沸える。

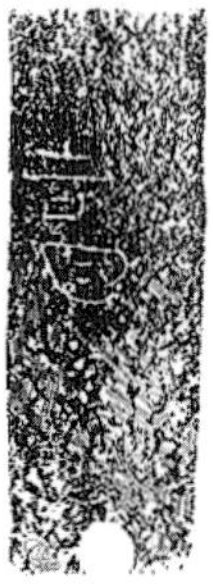

古 **吉包**【よしかね】 近江国　南北朝期（暦応）

粟津来。光包子。粟津（現・滋賀県大津市粟津町）に住し鍛刀したので粟津来と呼ばれ、子の吉包（二代永和ころ）は戸津（現・大津市坂本）に移ったので戸津来といわれる。「吉包」。

古 **吉包**【よしかね】 豊前国　室町末期（享禄）

筑紫信国。豊後にても造る。初代延徳ころ。二代は大永・享禄の年紀作がある。宇佐住。板目に柾交じり、白気ごころがあり、刃文は湾れに互の目交じりで沸出来。「信国吉包作」「平信国吉包作」。

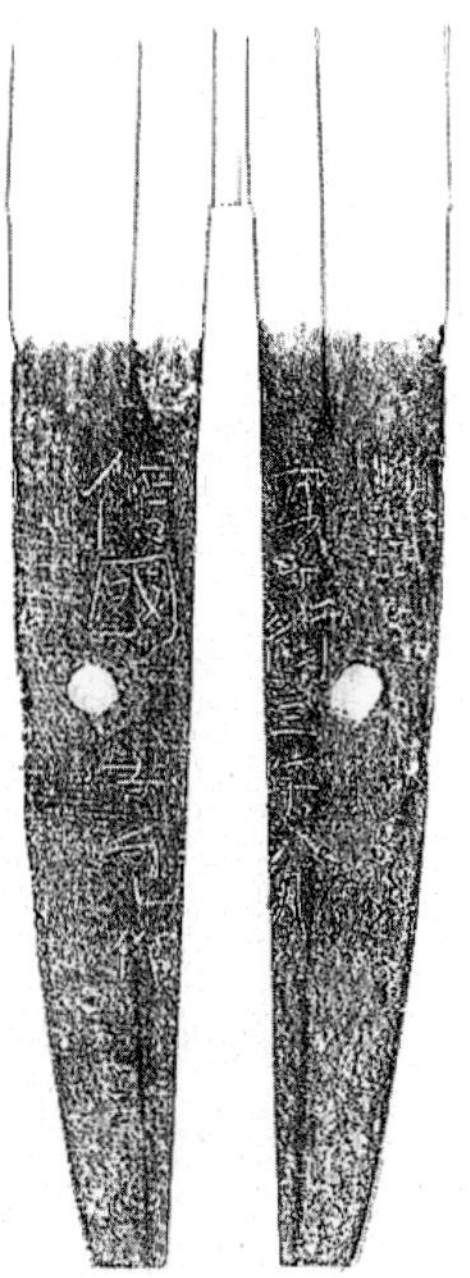

古 **吉包**【よしかね】 豊前国　室町末期（天文）

筑紫信国。三代。宇佐住。小銘に切る。「吉包作」「信国吉包作」。

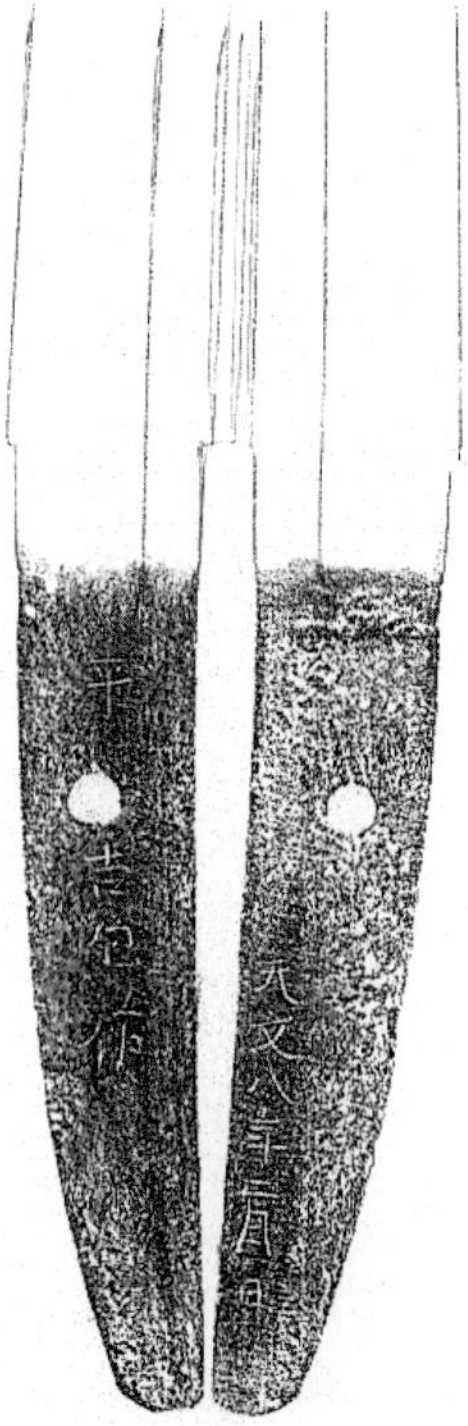

新々 **吉包**【よしかね】 肥前国　江戸末期（慶応）

野方作太夫。忠吉門。明治十五年三月十九日、五十六歳没。

新 **吉包**【よしかね】 信国吉次二代　筑前国　江戸中期（寛文）

助左衛門。信国吉貞の次男吉次の子、重包の父。正系吉次の「国」字を下図①のようにも、また②のようにも字画する。互の目に丁子、小湾れ交じり、逆がかった丁子乱など、沸つき砂流しかかる。元禄六年八月

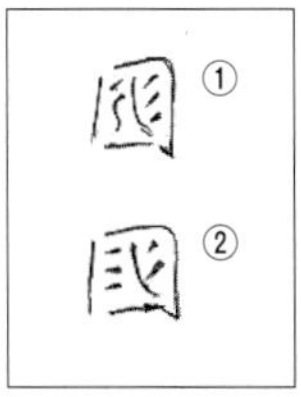

よ

よしかね

二十二日没。

古 **吉清**【よしきよ】 備前国 南北朝期（貞治）
長船。景秀の孫。貞治ころ。「備州長船吉清」。

新 **吉清**【よしきよ】 肥前国 江戸中期（寛文）
千左衛門。吉定同人。初代忠吉門。「肥州吉清」などと切る。

古 **吉国**【よしくに】 備前国 南北朝期（建武）
吉岡一文字。吉国の名跡は古備前から福岡一文字、次いで吉岡一文字、長船に継ぎ、応永ころまで同銘工がある。「吉国」「一備州吉岡住吉国」「備州長船吉国」。

古 **吉国**【よしくに】 越中国 室町末期（文明）
宇多。文明吉国の次代に吉江郷住（砺波郡吉江）を銘す天文ころの鍛冶がいる。宇多の住地が砺波郡三日市とみれば、吉江鍛冶は宇多の別流であったろう。「吉国」「宇多吉国」「越中吉江郷住平吉国」。

新 **吉国**【よしくに】 鬼塚 初代 筑後国 桃山期（元和）
藩主立花宗茂のとき、奥州棚倉より筑後柳川へ移住したとの説があるが、吉国の出自には不明な部分が多い。慶安三年二月紀があり七十七歳と切った作刀からみて天正二年生まれである。最も古い年紀作が寛永十七年で六十七歳になる。年紀がある寛永十七年から慶安三年までは十年間があって、この間初代は老年期にあり、二代による代作がなされていたとみられる。筑州柳川住。直刃、互の目乱。直刃は肥前刀に紛れるものがあり、表裏に揃った喰違刃が交じる。鍛えが詰み白気る。

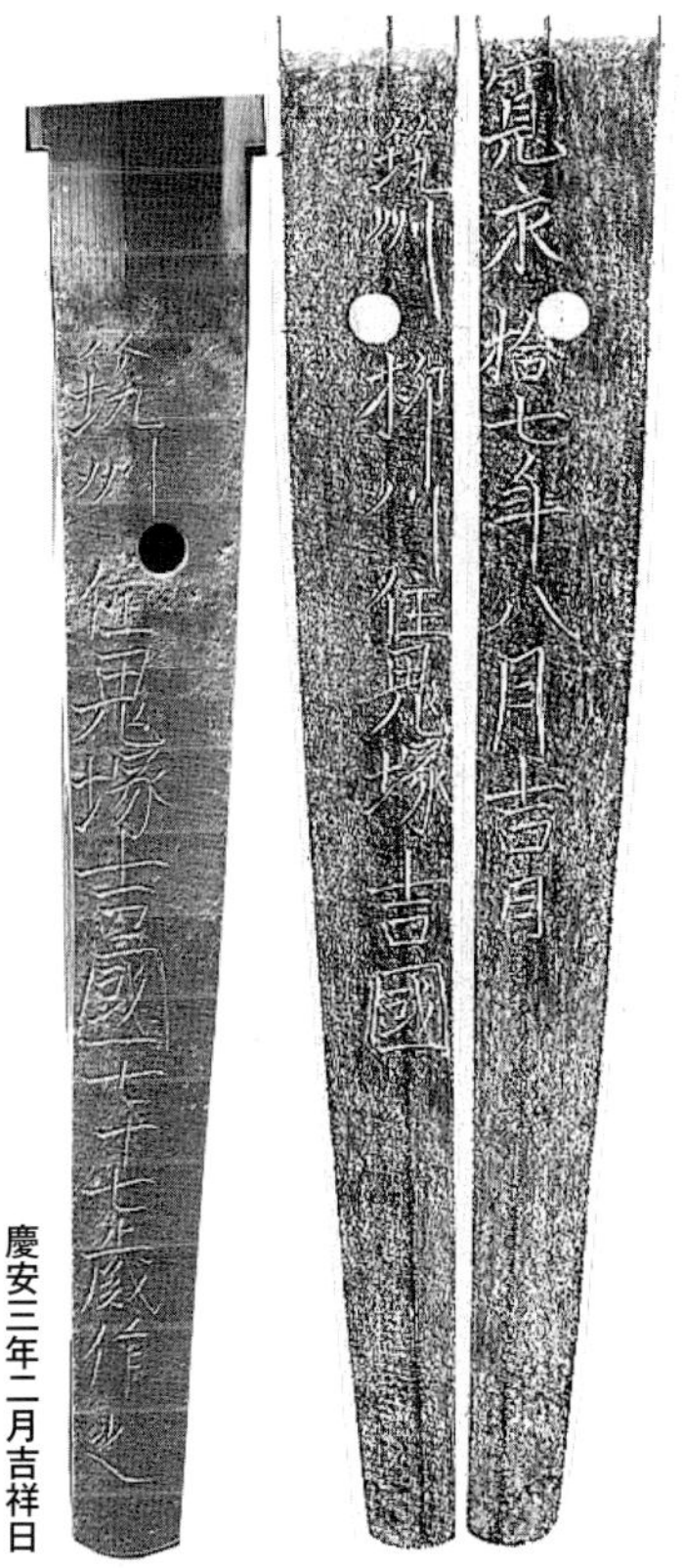

慶安三年二月吉祥日

新 **吉国**【よしくに】 鬼塚 二代 筑後国 江戸初期（明暦）
筑州柳川住。初銘茂国。慶安元年紀の作に茂国銘があり、のち吉国を銘す。慶安三年、七十七歳と切った初代作が造られたのち、二代は吉国を継承したであろう。直刃が多く、互の目乱、大乱れの盛んな出来もある。

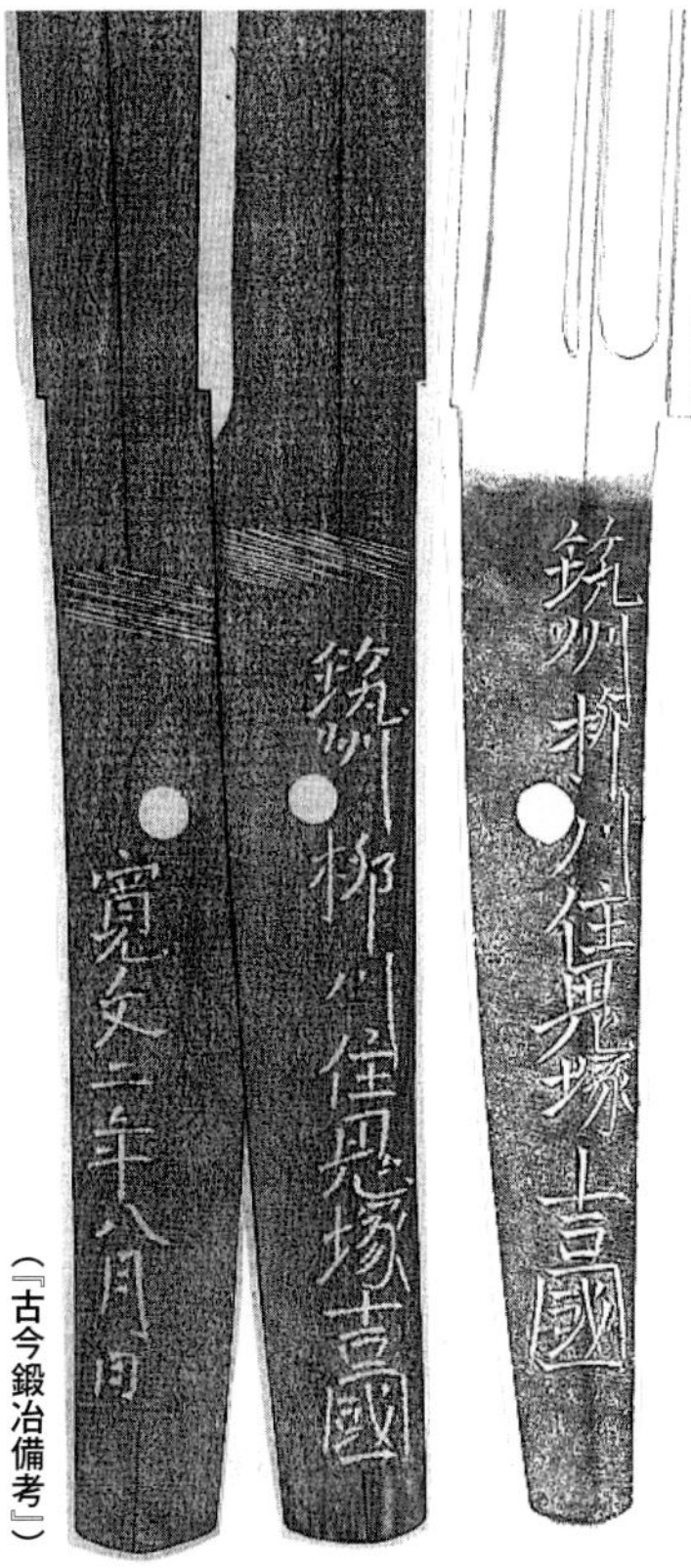

（『古今鍛冶備考』）

新 **吉国**【よしくに】 鬼塚 三代 筑後国 江戸中期（寛文）
筑前久留米住。銘字が下方に向かうにつれて大振りとなり、「鬼塚」が少し大きく、「吉國」を大銘に切る。二代吉国とは寛文二年から同三年を境に書体が変わり、この時期に代替わりがあったことを示す。「柳川住」から「久留米住」に転じる。

（『古今鍛冶備考』）

新 **吉国**【よしくに】 肥後国 江戸初期（承応）

同田貫。上野介を受領。「九州肥後同田貫吉国」「上野介吉国」。

新 **吉国**【よしくに】 肥前国 江戸中期（寛文）

伊兵衛。六郎左衛門国広の長男。万治三年十月、上野大掾受領。寛文六年没、享年四十四。「肥前住吉國」などと切る。

新 **吉国**【よしくに】 土佐国 江戸中期（寛文）

横山弥兵衛、のち森下孫兵衛。播磨守吉成の子、陸奥守吉行の兄。本国奥州中村。大坂へ移住し、初代大和守吉道門。伏見両替町に、また住吉住。のち土州高知に転住する。万治二年六月二十五日、上野大掾受領、のち上野守に転任。互の目に丁子、簾刃がかった刃の交じるものがある。

（系図921頁参照）

新 **吉国**【よしくに】 薩摩国 江戸中期（宝永）

根本金兵衛、金右衛門。江戸法城寺派。長州二王方清子。肥後守吉次の養子となり、吉次二代目を継ぐ。「薩州鹿児島作之法城寺橘吉國」。⇩**吉次〈二代〉の項参照。**

古 **吉定**【よしさだ】 豊前国 室町中期（寛正）

筑紫信国。寛正ころ。次代永正ころに信国吉助子が同銘を名乗る。「信国吉定」。

古 **吉定**【よしさだ】 山城国 室町末期（明応）

鞍馬関。吉次子。山城の三条吉則系の鍛冶が濃州関で学び、山城愛宕郡の鞍馬に帰り、同寺門前で鍛刀したことから鞍馬関と呼ばれる。互の目乱、湾れに互の目交じりの作風は関伝より三条吉則風がある。「鞍馬住吉定。」

古 **吉貞**【よしさだ】 筑前国 南北朝期（正平）

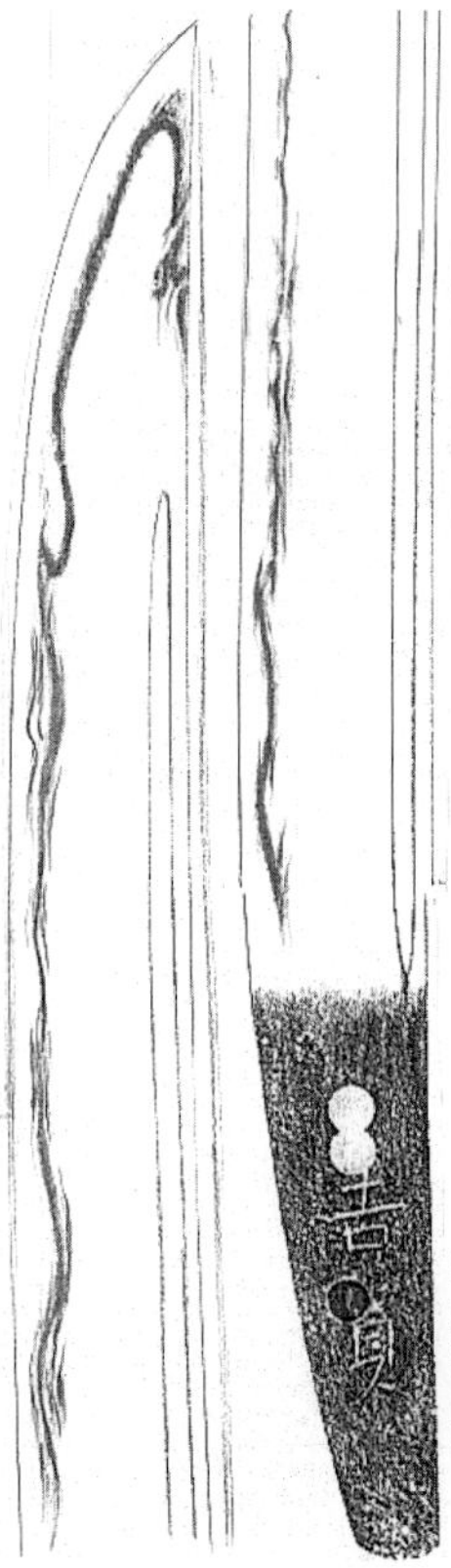

正平十三年九月日
主長政吉貞作

よ よしくに～よしさだ

左。大左の子、また門という。正平十三年から末年までの年紀作がある。有銘の平造寸延び短刀は板目が流れて地沸つき、地景入る。刃文は浅い湾れに互の目交じり、小沸つき、砂流しかかり金筋入る。吉貞には無銘の極めものがままあって、互の目と丁子が目立って賑わい、砂流しが烈しくかかるものがあるが、有銘作の隠やかな出来と相異する。「吉貞」「吉貞作」「筑州住吉貞」。

古 **吉貞【よしさだ】** 備後国　室町初期（応永）
五阿弥。尾道住（現・広島県尾道市東土堂町）。「備州住吉貞」。文明ころ貝三原吉貞が作刀する。

新 **吉貞【よしさだ】** 信国　初代　筑前国　桃山期（元和）
信国常吉、助左衛門。初銘吉定。元祖京信国より十二代目を称し、新刀期筑前信国の祖。慶長七年二月、黒田長政の抱え鍛冶となり、豊前から筑前博多に来住する。寛永九年八月紀に「九州筑前住信国源吉貞」と切り、同年紀に「筑前住源信国」銘がある。吉貞の三子が三家に分流してそれぞれ栄えて後続する。嫡男吉政は備前にて別伝を受けたため嫡流とせず、次男吉次が嫡家を継ぐ。三男吉助家は四代が継続し、一門から奥州盛岡へ移住するものが出るなど、三家ともども活動を続ける。信国派は鎗の作が多く、袋鑓は吉政の発案で吉貞が造り始めたと伝える。吉貞の作は互の目乱、湾れかかった直刃を焼き、よく沸づく。銘は「國」字の内左側を逆体に切る。この左字は正系吉次家が継ぐ。寛永十七年九月一日没。（系図922頁参照）

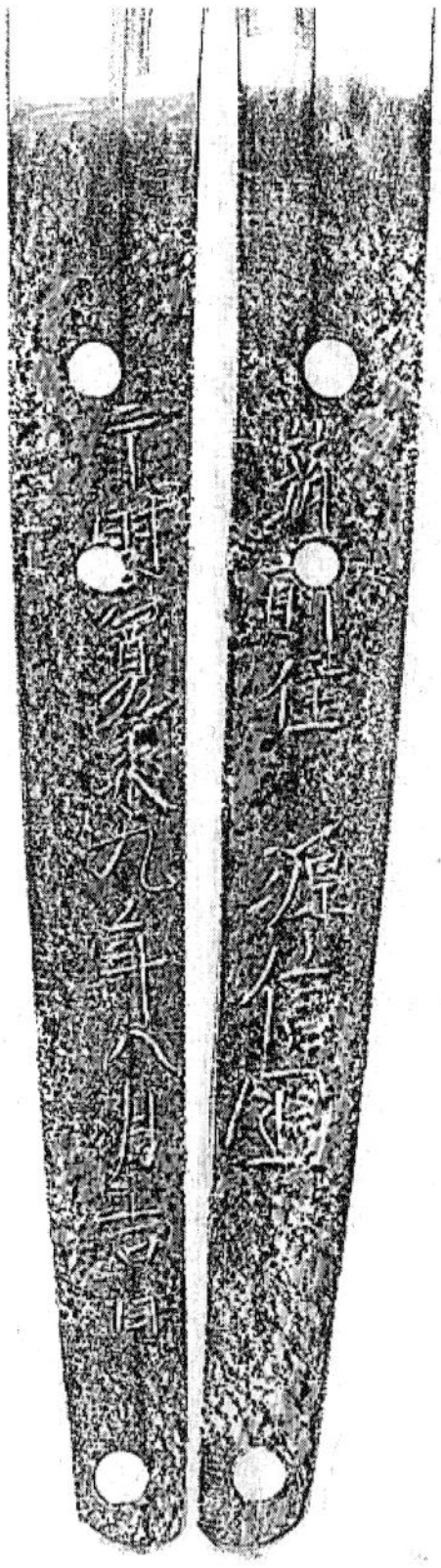

新 **吉貞【よしさだ】** 信国吉助　二代　筑前国　江戸中期（寛文）
信国作左衛門、作左右衛門。初代信国吉貞の子吉助の三男。初代吉助の名跡を継ぎ二代目吉貞を銘す。大宰府天満宮、桜井神社などへの奉納刀をはじめ優れた作刀を残す。◆信国吉助〈初代〉⇩吉助の項参照。

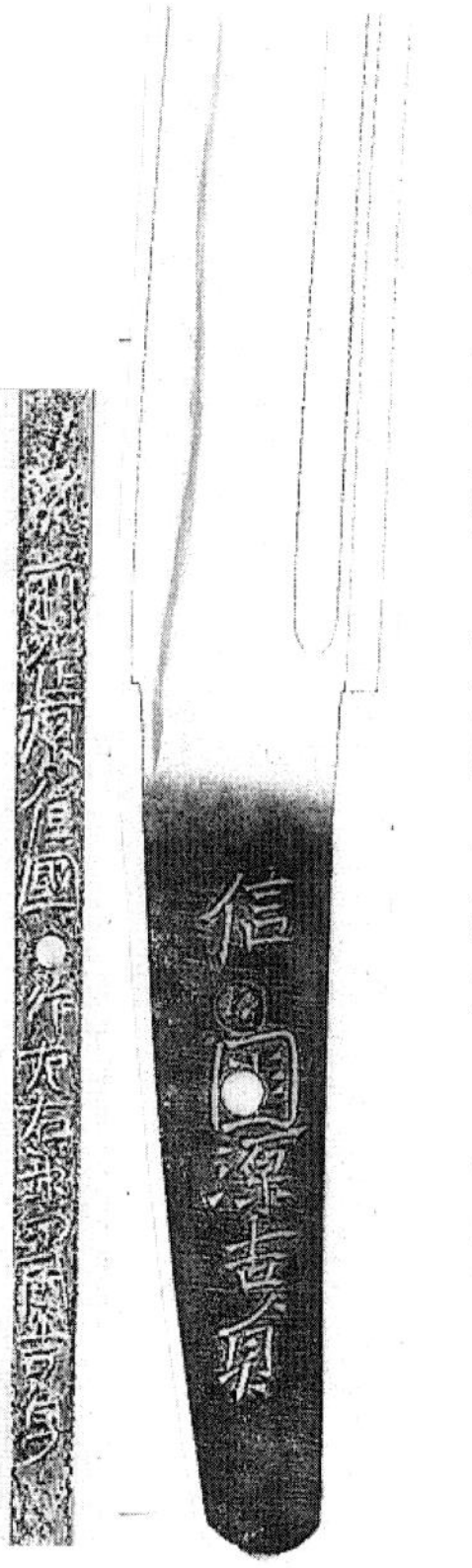

新 **吉貞【よしさだ】** 初代　肥前国　江戸初期（正保）
橋本兵部左衛門。初銘吉勝。初代忠吉が吉貞の生家で育てられたことから、吉貞と忠吉は義兄弟という。元和・寛永から正保にかけて活動する。

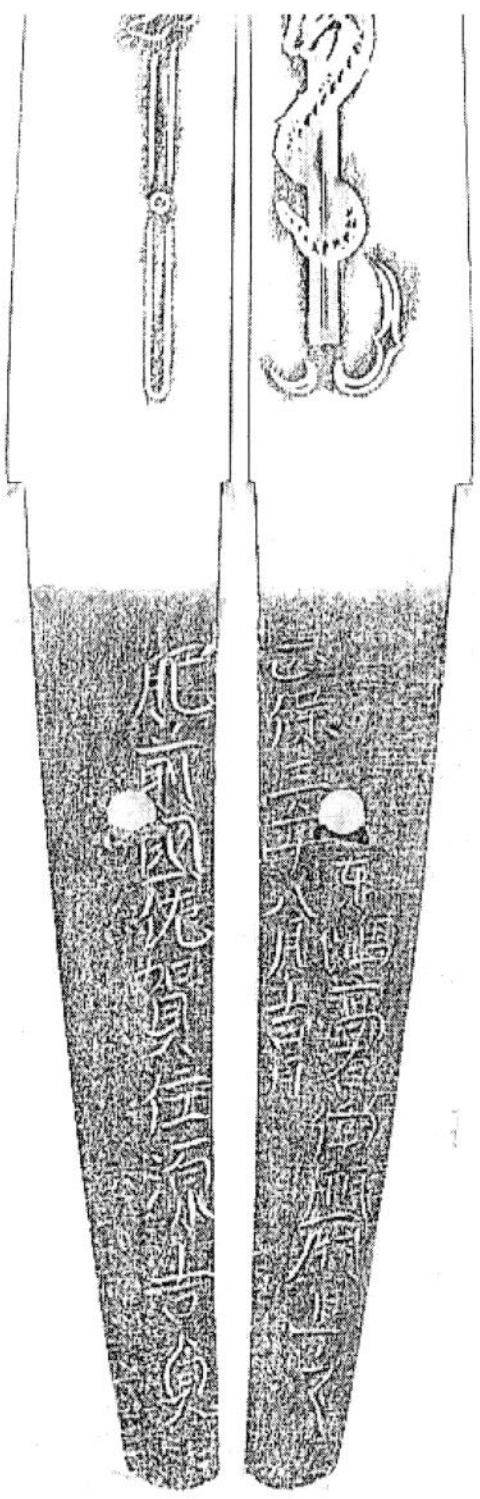

新 **吉貞【よしさだ】** 二代　肥前国　江戸初期（慶安）
権右衛門。内蔵介。大村住。佐賀でも造る。「肥前国住吉貞作」などと切る。

新 **吉貞【よしさだ】** 三代　肥前国　江戸中期（寛文）
内蔵介、また内蔵助。直刃、互の目乱。「肥前佐賀住藤原吉貞」。

古 **吉真【よしざね】** 備前国　鎌倉中期（宝治）
福岡一文字。貞真子。宝治ころ。「吉真」。

古 **吉真**【よしざね】 越前国　室町末期（永正）
敦賀住。永正ころ。「越前国敦賀住吉真作」。

古 **吉重**【よししげ】 山城国　室町初期（応永）
鞍馬関。応永ころ。「吉重」。

古 **吉重**【よししげ】 紀伊国　室町末期（天文）
天狗、天狗吉重といい、鎗造りが上手。初代天文、二代天正。「吉重」「紀州熊野山住吉重」。

新 **吉重**【よししげ】 摂津国　江戸中期（寛文）
相模守国維の初銘。大坂二代丹波守吉道門。大坂から、のち伊予へ移住。「摂州大坂住吉重」。

新 **吉重**【よししげ】 陸中国　江戸中期（延宝）
次郎兵衛、次郎左衛門。信国吉助の次男。筑前から江戸へ移り神田辺に住。天和元年南部家に抱えられ奥州盛岡へ移住する。吉重の後の銘が国義で、「新藤源国義」銘に元禄二年紀がある。元禄十一年十一月、五十余歳没。新藤国義は二代義国から明治まで八代が後続する。⇩**国義の項参照。**

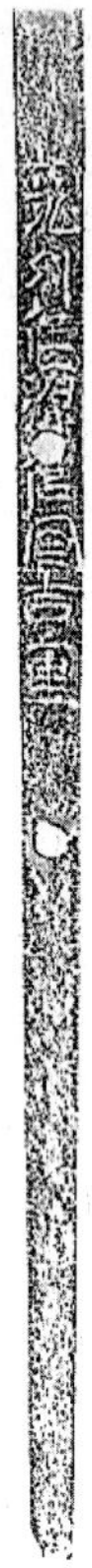

新 **吉重**【よししげ】 播磨国　江戸中期（寛文）
高橋喜左衛門。本国濃州関善足。越前勝山、大野にても造る。義重同人。◆二代喜右衛門吉重は元禄ころ。のち国重と改め、播磨で作刀する。

古 **吉助**【よしすけ】 豊前国　室町末期（延徳）
筑紫信国。宇佐住。長亭から明応にかけての年紀作があり、次代文亀に同銘工がいる。「信国吉助」「豊前宇佐住信国吉助作」。

新 **吉助**【よしすけ】 肥前国　桃山期（寛永）
肥前忠吉一門。互の目に逆互の目交じり。「肥前国住吉助」。

新 **吉助**【よしすけ】 信国吉助　初代　筑前国　江戸初期（慶安）
初代信国吉貞の三男。六大夫、孫四郎。吉助には三子があり、三男吉貞が家を継ぎ、次男吉重が南部家に抱えられ奥州盛岡へ移り、また長男吉寛も盛岡へ移住する。信国吉助家は四代が継続し、奥州に分派した吉重が新藤国義と改銘して子孫が幕末まで後続する。吉助の作刀は稀少。延宝三年九月十四日没。「筑前国住信国吉助」◆信国吉助〈二代〉⇩**吉貞の項参照。**信国吉助〈三代〉⇩**重貞の項参照。**

新 **吉武**【よしたけ】 出雲大掾　初代　山城国　江戸中期（延宝）
川手市太夫。三条吉則末流国武の子。「妙」と称す。出雲大掾を受領、天和二年ころ出雲守に転任する。晩年は法哲入道と号す。京からのちに江戸へ移住する。師出羽大掾国路の晩年、慶安から万治ころに代作に当

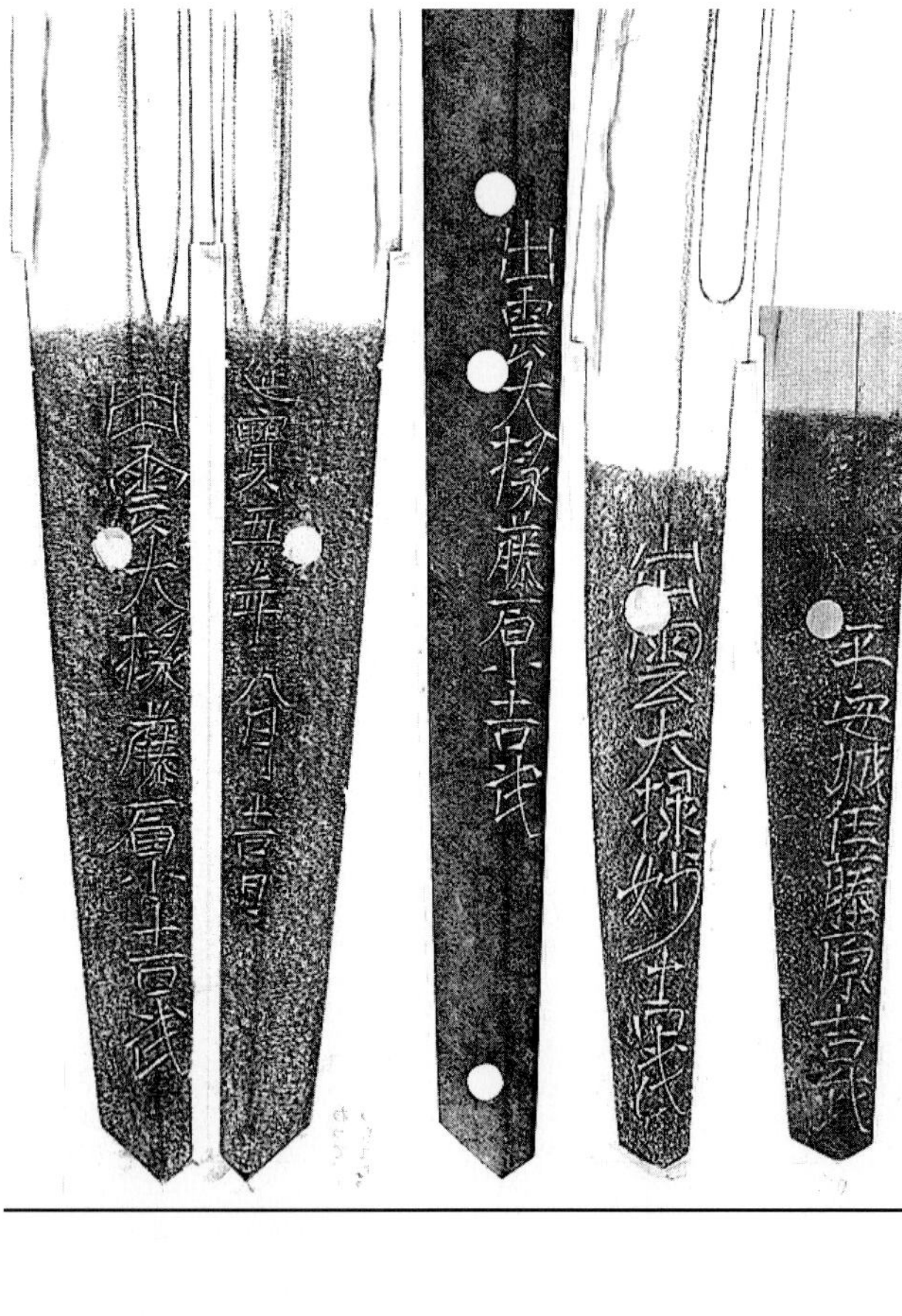

たり、寛文二年ころ以降、自身作が始まる。寛文五・六年紀の作に「出雲大掾」銘がある。元禄七年五月没。

新 吉武【よしたけ】 出雲守　二代　武蔵国　江戸中期（宝永）

川手吉左衛門。越前三代目国次の三男。初代吉武の養子となり二代吉武を継ぐ。江戸芝土器町住。元禄・宝永ころの人。晩年の正徳元年紀に法哲入道を号した作がある。

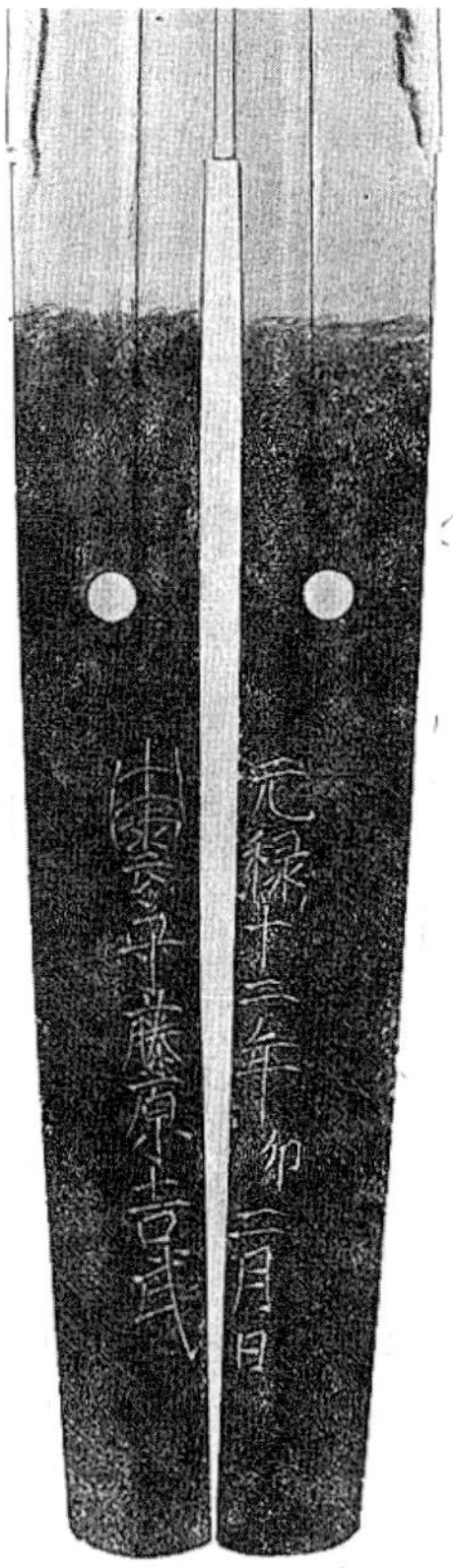

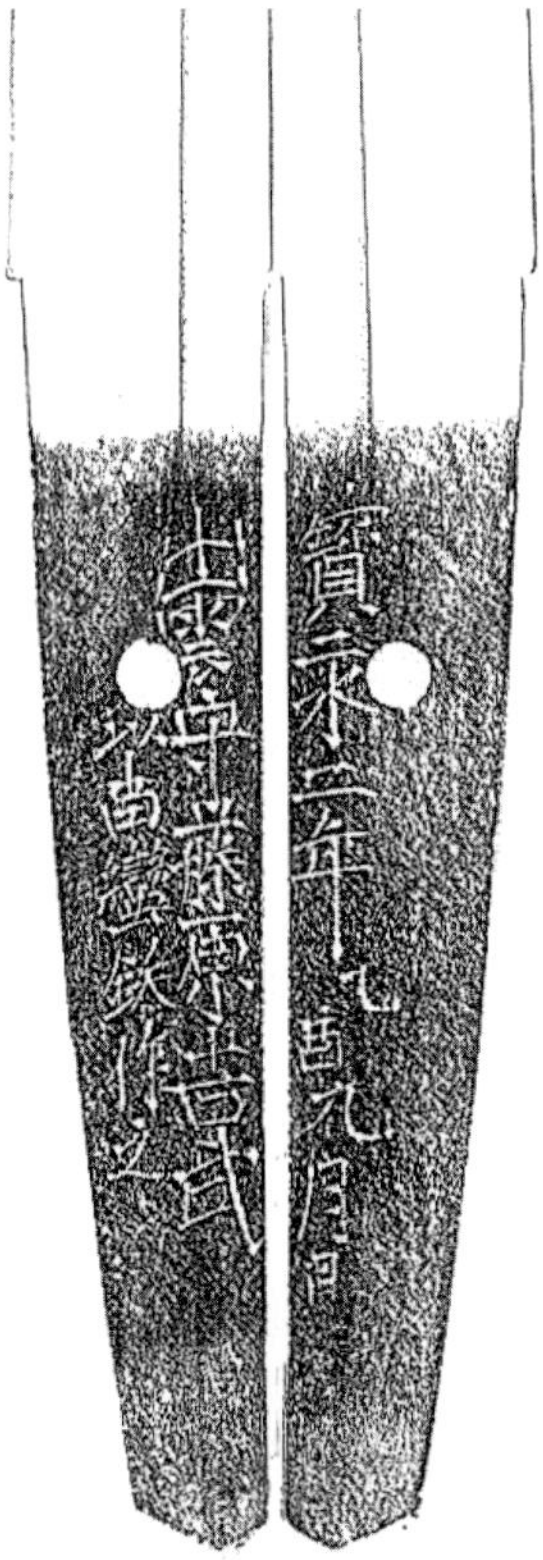

新 吉武【よしたけ】 出雲守　三代　武蔵国　江戸中期（享保）

正徳二年ころから享保年間にかけて作刀がある。互の目に小湾れを交じえ足入る。

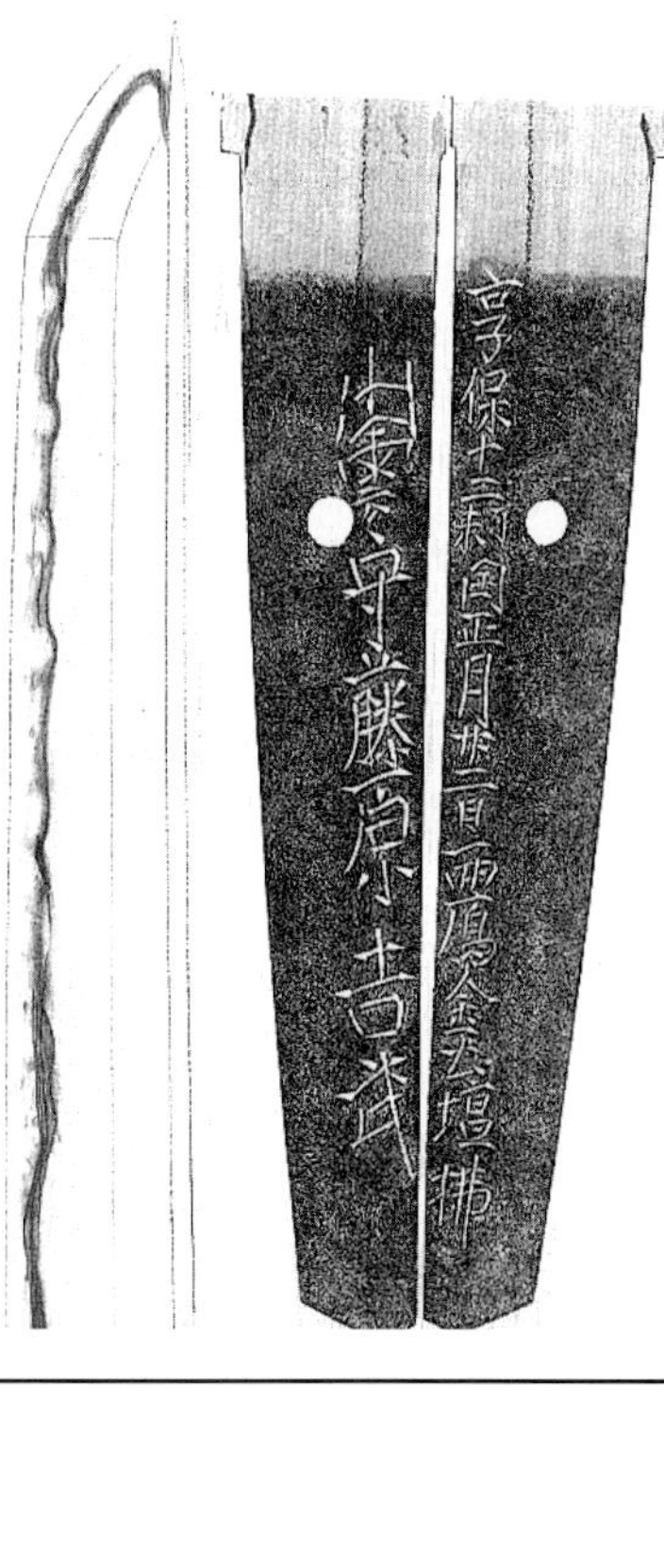

新作 吉忠【よしただ】 佐賀　昭和

木下孝一。初銘景義、のち忠吉。昭和十一年、日本刀展に初出品、以後毎回出品し受賞。陸軍受命刀匠。戦後は新作名刀展に出品、受賞。昭和二十八年、伊勢神宮式年遷宮のさい御神宝謹作に奉仕。多久市東多久町住。昭和三十二年二月十四日、六十六歳没。

古 吉次【よしつぐ】 備中国　鎌倉末期（正応）

古青江。藤七郎。左衛門尉吉次の父。吉次の名跡は古青江久次の子助右衛門（貞永ころ）から建長ころの吉次、次いで藤七郎吉次へと継続する。「吉次」。

古 吉次【よしつぐ】 備中国　鎌倉末期（元応）

中青江。右衛門尉、左衛門尉。藤七郎吉次の子。吉次の年紀作は延慶二年から貞治三年まで五十五年があり、この間二人以上の鍛冶がいるとみられる。延慶年紀、また元応二年紀の吉次銘に「右衛門尉吉次」があり、嘉暦元年紀に「左衛門尉吉次」銘の作がある。このことはこの吉次が嘉暦元年には右衛門尉から左衛門尉に転任していたことを示す。すると嘉暦三年十一月の「備中国住右衛門尉平吉次作」の吉次は左衛門尉吉次とは別人で次代の鍛冶とみられる。なおまた延文・貞治のころに同銘別人がいて、吉次には複数の工が作刀していたこととなる。「備中国右衛門尉吉次」「備中国住左衛門尉吉次」「備州万寿庄住右衛門尉吉次作」。

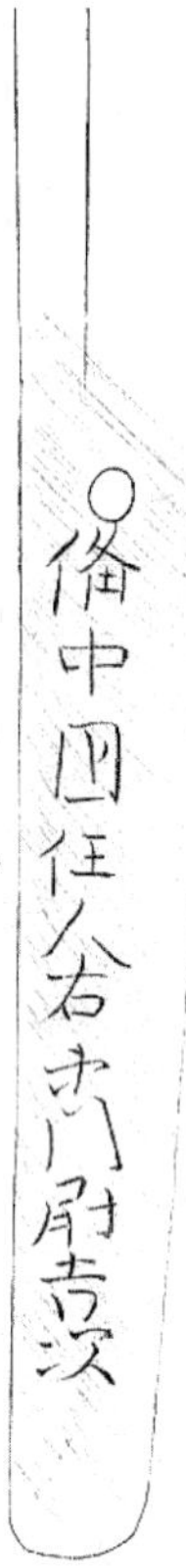

元応二年二月（右衛門尉）

嘉暦元年十月（左衛門尉）

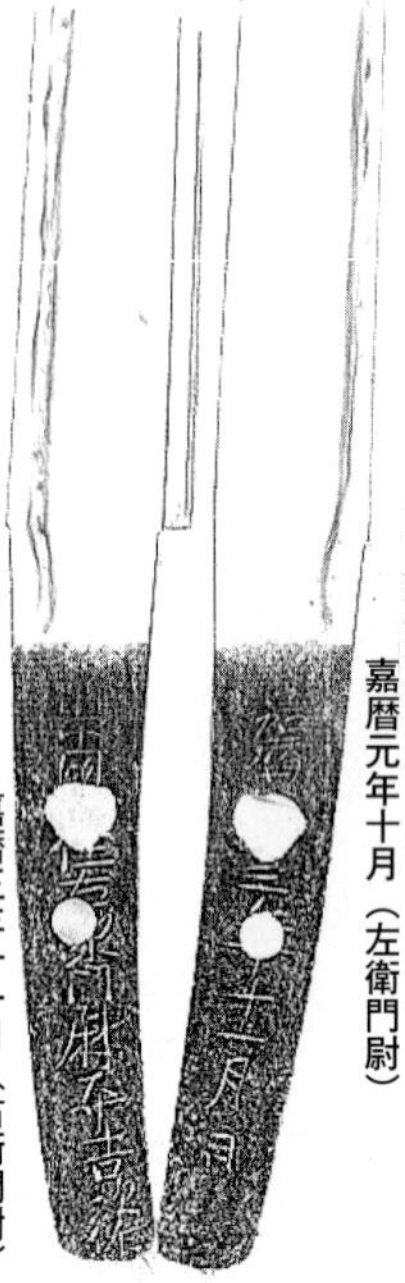
嘉暦三年十一月（右衛門尉）

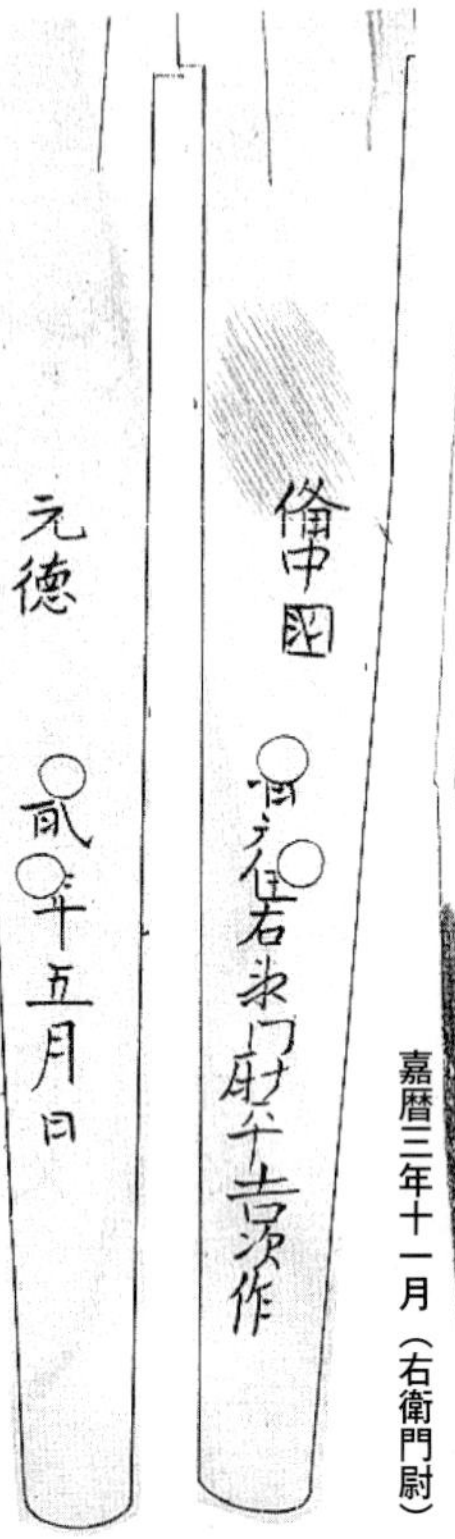
（『光山押形』）

古 吉次【よしつぐ】 備中国　南北朝期（延文）

中青江。貞和から貞治にかけて作刀する。時代相をみせて身幅が広く切先が延びた姿恰好に、逆丁子乱、また直刃に小足の入った作がある。「備中国住吉次」「備中国青江住吉次」。青江吉次は、応永ころに同銘が作刀する。

古 吉次【よしつぐ】 備中国　南北朝期（永和）

青江。武州鷲宮神社の大太刀に「備中国住人吉次」銘があり、「永和二年卯月十九日　義政」と刀身に奉納銘がある。奉納の永和二年は製作年に当たろう。「備中国住人吉次」。

古 吉次【よしつぐ】 備後国　南北朝期（明徳）

法華一乗。草戸住。明徳ころ。次代が永享ころに同地で鍛刀する。「一吉次」「一備州住吉次」。

古 吉次【よしつぐ】 山城国　室町初期（永享）

三条。鞍馬関。本国美濃関。城州鞍馬住。二代信国門で、山城からのち美濃関へ帰るとも、また美濃関に駐鎚して美濃伝を学び、応仁の乱後に山城に帰ったとも伝える。吉次には代があって、山城に帰ったのは明応の吉次という。「吉次」「平安城吉次」「鞍馬住吉次」。

古 **吉次【よしつぐ】** 近江国　室町末期（明応）
粟津来。吉包の末流という。明応ころ。「江州野州郡玉造庄吉次作」。

古 **吉次【よしつぐ】** 美濃国　室町末期（明応）
鞍馬関。山城三条派の工で、先祖は「平安城吉次」と銘す応安ころの工である。明応ころになり山城から美濃関に移り、愛宕郡の鞍馬寺門前で鍛刀して鞍馬関と呼ばれる。作風は三条吉則に似て、互の目乱、湾れに互の目交じりの刃を焼き、彫物を得意としている。「吉次作」「藤原吉次作」「於鞍馬藤原吉次作」。

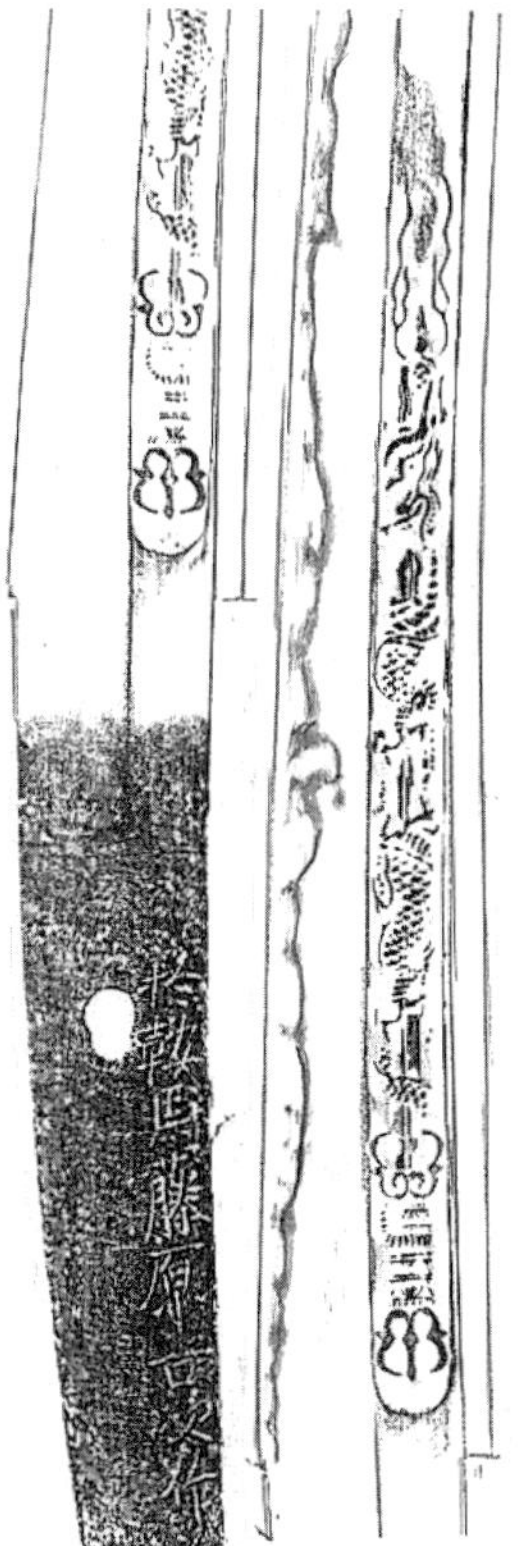

古 **吉次【よしつぐ】** 薩摩国　室町末期（天文）
波平。天文ころ。「薩州住吉次」。

新 **吉次【よしつぐ】** 肥前国　桃山期（寛永）
初代忠吉子。橋本左兵衛。豊後中津に移住という。寛永ころ。

新 **吉次【よしつぐ】** 肥後守　初代　武蔵国　江戸中期（延宝）
根本吉兵衛。本国常陸から江戸へ移る。法城寺国正門。寛文ころに肥後守を受領する。元禄五年島津家に抱えられ、薩州鹿児島へ移住、のち晩年に再び江戸へ帰る。互の目に足が入り、匂が深く沸が厚くつき芋蔓風の沸筋を表したものがある。

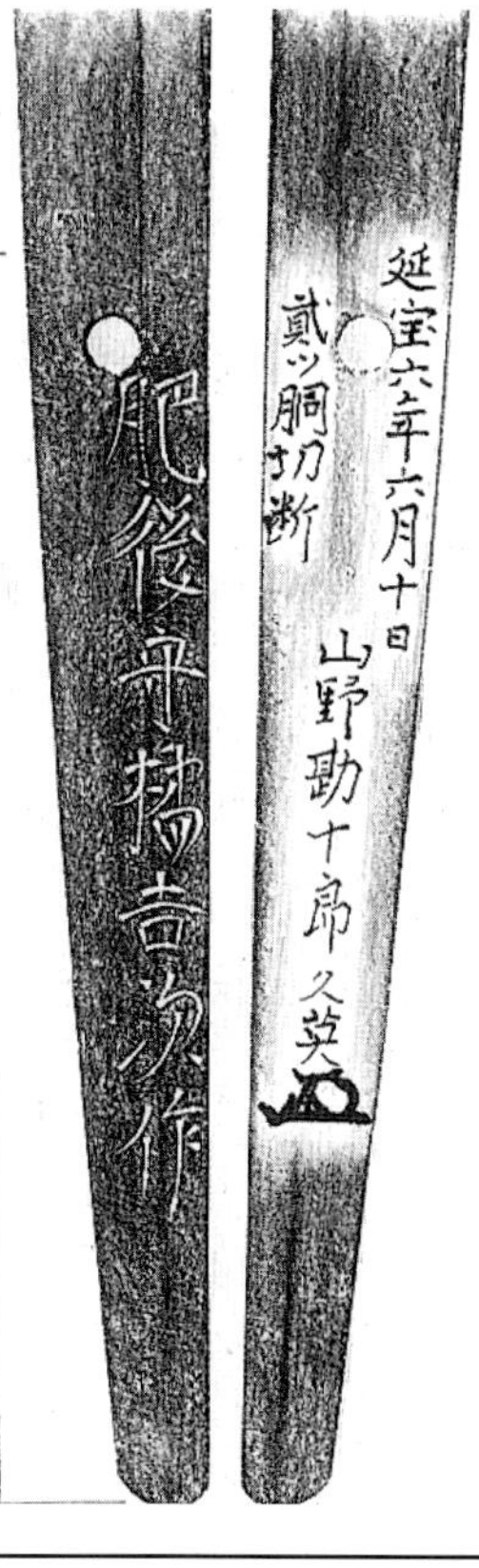

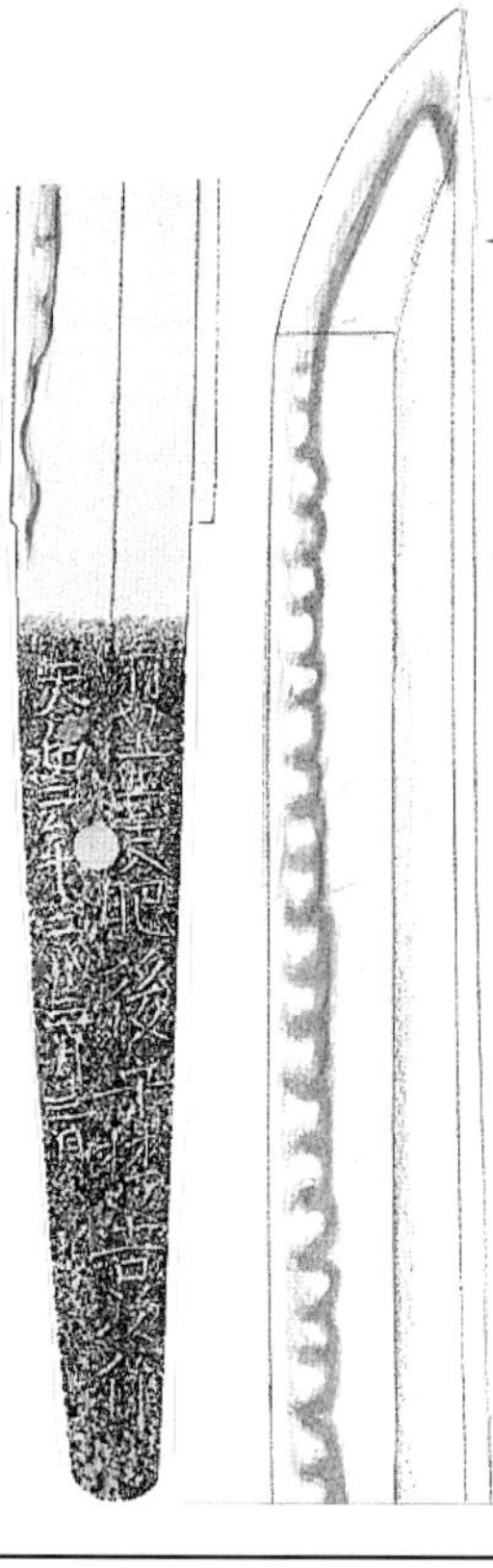

新 **吉次【よしつぐ】** 肥後守　二代　薩摩国　江戸中期（享保）
根本金兵衛、金右衛門。初銘吉国。長州二王方清の子。初代肥後守吉次の養子となる。「法城寺吉次」「肥後守橘吉次」。⇩**吉国〈薩摩国〉の項参照。**

新 **吉次【よしつぐ】** 信国吉次初代　筑前国　江戸初期（正保）
信国吉貞の次男。勘助、七郎三郎。初代信国より十三代の後孫という。兄吉政が父の意に沿わず備前伝を修めたため廃嫡され、信国家の正系を

よ
よしつぐ

継ぐ。寛文三年七月二十六日没。互の目に丁子交じり、逆がかった小丁子が交じり、棟を焼くものがある。信国の「国」字の内は正系を示す左字に打ち、下図のようになる。

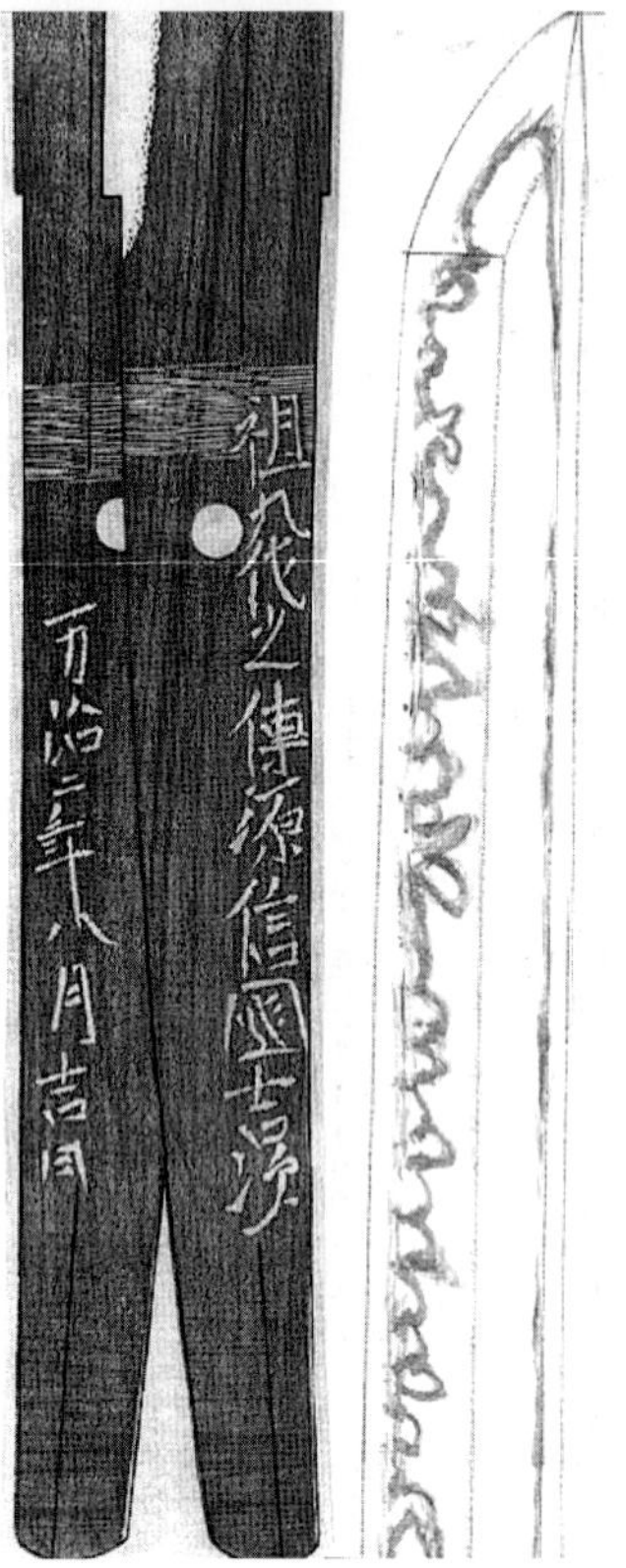

（『古今鍛冶備考』）

新々 **吉次**【よしつぐ】 陸中国 江戸末期（寛政）

佐々木儀兵衛。盛岡住。七代丹波守吉道門。寛政から文化年間にかけて作刀する。

新作 **吉次**【よしつぐ】 熊本 昭和

山田純次。昭和六年生まれ。源盛吉門。昭和四十三年から新作名刀展に出品し入選。八代住。

古 **吉綱**【よしつな】 備前国 鎌倉中期（正元）

古備前。国継門。正元ころ。「吉綱」。同銘が長船に正和、貞和があり、応永、嘉吉と続き、明応ころ吉井派に派生した鍛冶がある。「備州長船吉綱」「備前国吉井住吉綱」。

古 **吉綱**【よしつな】 備後国 鎌倉末期（元徳）

馬乗《まじょう》住（現・広島県福山市加茂町）。元徳年紀の作がある。「吉綱」「備州馬乗住吉綱」。

新 **吉英**【よしてる】 武蔵国 江戸中期（宝暦）

宮川源蔵。生国武州河越（川越）。鴨町住。また八王子住。武蔵太郎安国門。武蔵丸と号す。吉英門に水心子正秀が明和八年、二十二歳で入門している。

新 **吉時**【よしとき】 坂尾 初代 武蔵国 江戸中期（延宝）

本国濃州関。善定派。坂尾新五郎。江戸新石町住。寛文ころから天保三年紀の作まである。互の目に丁子交じり。

新 **吉時**【よしとき】 坂尾 二代 武蔵国 江戸中期（元禄）

二代目。善定派。「関善定上野介源酒尾吉時」とも切る。

古 **吉友**【よしとも】 備前国 鎌倉中期（弘安）

福岡一文字。吉元子。弘安ころ。「吉友」。

新々 **吉永**【よしなが】 伊勢国 江戸末期（慶応）

広山茂左衛門。初銘景宗。野鍛冶茂助の子。藤堂藩工。月山貞吉門。津住、また伊賀住。明治十八年三月二十一日、五十三歳没。「伊勢国住吉永」などと切る。

新作 **吉永**【よしなが】 鳥取 昭和

小林義良。大正九年生まれ。金崎義一助寿門。昭和四十四年、新作名刀展から出品し入選。「於伯耆国久米城下小林吉永鍛之」。

古 **吉長**【よしなが】 山城国 鎌倉末期（元徳）

平安城。光長子。錦小路、また京極住。「吉長」「吉長作」「平安城住吉長」。同銘が永徳に続き、室町期は応永、延徳のころにある。

古 **吉長**【よしなが】 山城国 室町末期（永正）

鞍馬関。平安城吉長の末流で鞍馬住。永正ころ。「吉長」「鞍馬住吉長」。

古 **吉長**【よしなが】 美濃国 室町末期（天文）

小山関。天文ころ。「吉長」。

古 **吉長**【よしなが】 播磨国　室町末期（天文）

長田左衛門尉。明石住。長船の長田吉長の末裔という。天文から永禄に至る年紀作がある。「播州明石住長田兵衛左衛門尉吉長作」「播州大明石住人左衛門尉藤原吉長作之」。

天文二十二年二月日

古 **吉長**【よしなが】 備前国　鎌倉中期（天福）

福岡一文字。吉宗子。天福ころ。「吉長」。同銘が福岡一文字に正応ころ、長船に文保ころにある。

新 **吉長**【よしなが】**初代** 肥前国　桃山期（寛永）

五左衛門。宗長の子。初銘吉永。初代忠吉門の切物師、父宗長と並ぶ彫物の名手。少ないながら刀も造る。寛永十五年没。

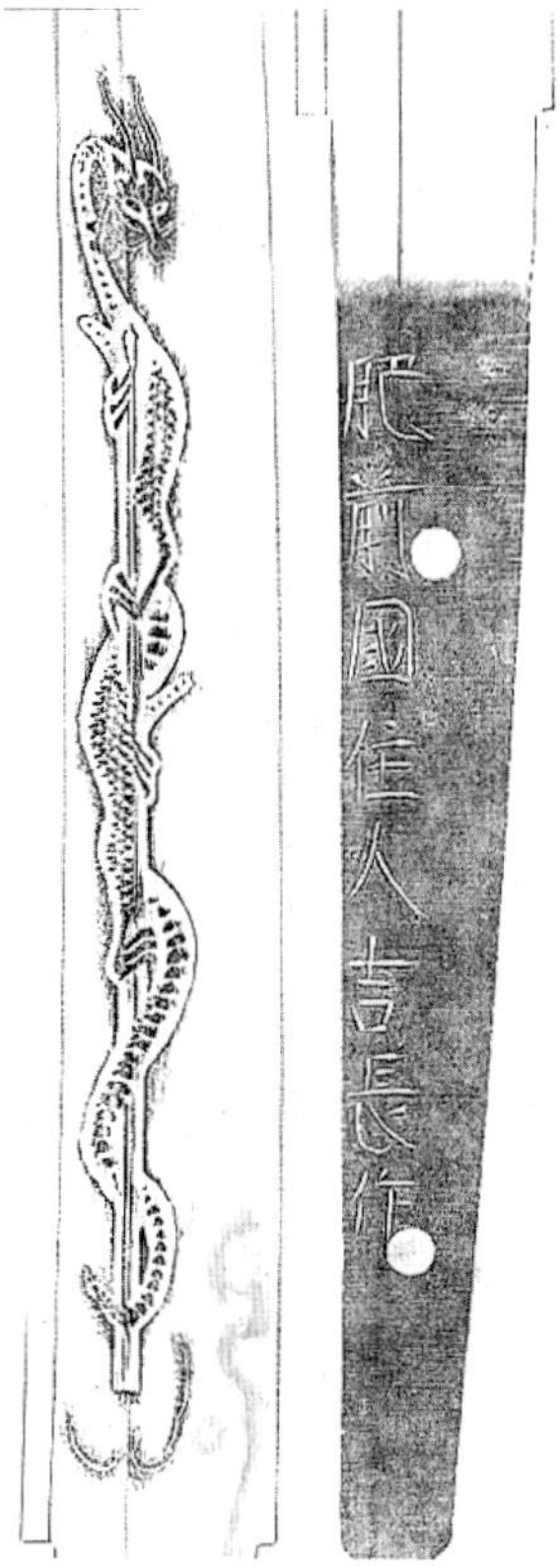

新 **吉長**【よしなが】**二代** 肥前国　江戸中期（寛文）

初代吉長の子。武左衛門。刀身彫の上手。寛文から元禄ころに活動。

新 **吉成**【よしなり】 摂津国　江戸初期（承応）

本国奥州宇多中村。大坂に出て初代大和守吉道門に入る。上野守吉国の父。播磨守を受領、吉成入道と称す。湾れに互の目、丁子足入り。

古 **吉作**【よしなり】 薩摩国　室町末期（永正）

末波平。永正ころ。「波平吉作」。

新 **吉作**【よしなり】 土佐国　江戸中期（宝永）

森下三太夫。上野守吉国の子。互の目に小丁子足長く入る。総じて小づむ。二字銘が多い。途中で刀剣鍛造を止めるという。

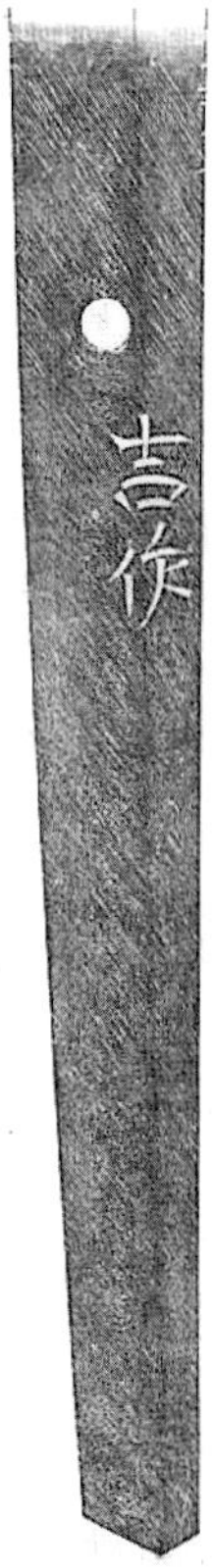

古 **吉信**【よしのぶ】 備前国　鎌倉末期（永仁）

福岡一文字。永仁ころ。「吉信」。同銘が岩戸一文字に建武ころ、長船に貞治、応永ころにある。「備州長船吉信」。

新 **吉信**【よしのぶ】 肥前国　桃山期（寛永）

佐伝次郎。のち弥七兵衛。慶長四年、十二歳のとき初代忠吉の娘婿となり、元和二年に家督相続する。忠吉宗家を継ぐ身にあったが、慶長十九年、養父初代忠吉に「嫡嗣出世セシヲ以テ分家シ」（十代正広の『来歴書』）、すなわち近江大掾の出生により吉信は分家する。初代忠吉の晩年、武蔵大掾忠広銘の作は代作がみられ、吉信は代作者の一人とみられる。正広、行広の父。橋本家正広系図によれば、「寛永十年四月廿八日行年四十六」であるが、吉信の刀に寛永十三年八月紀の作があることからみれば、吉信の没年は寛永十三年八月以降とみねばならない。

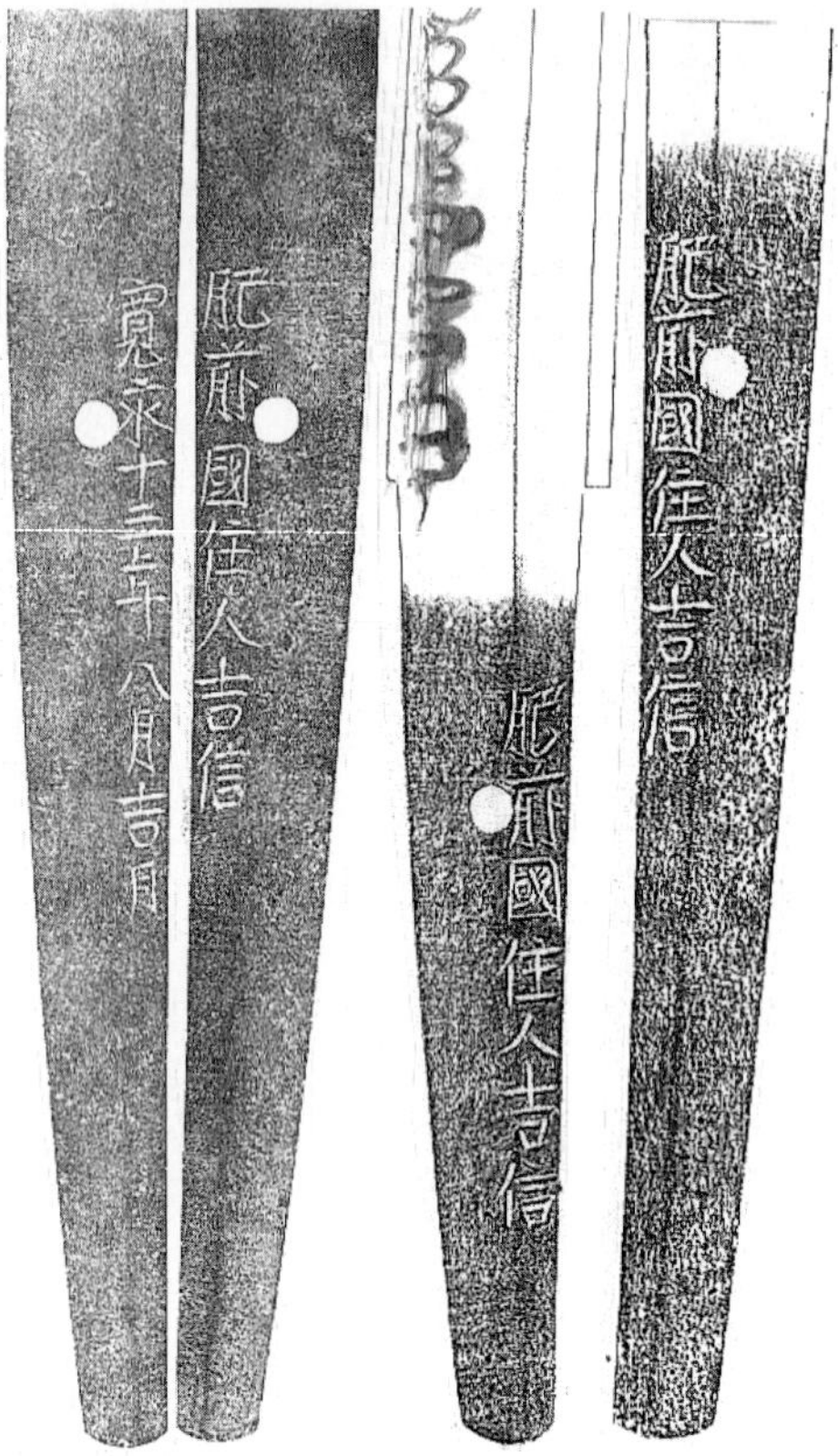

新 **吉信**【よしのぶ】　埋忠　初代　山城国　桃山期（寛永）

埋忠明寿の次男（『刀剣正纂』）、また明真子ともいう。初代。寛永十年代の作があるが、作刀は稀。刀身彫が上手。大和大掾、のち大和守受領。「山城国住埋忠吉信」。

新 **吉信**【よしのぶ】　埋忠　二代　山城国　江戸中期（宝永）

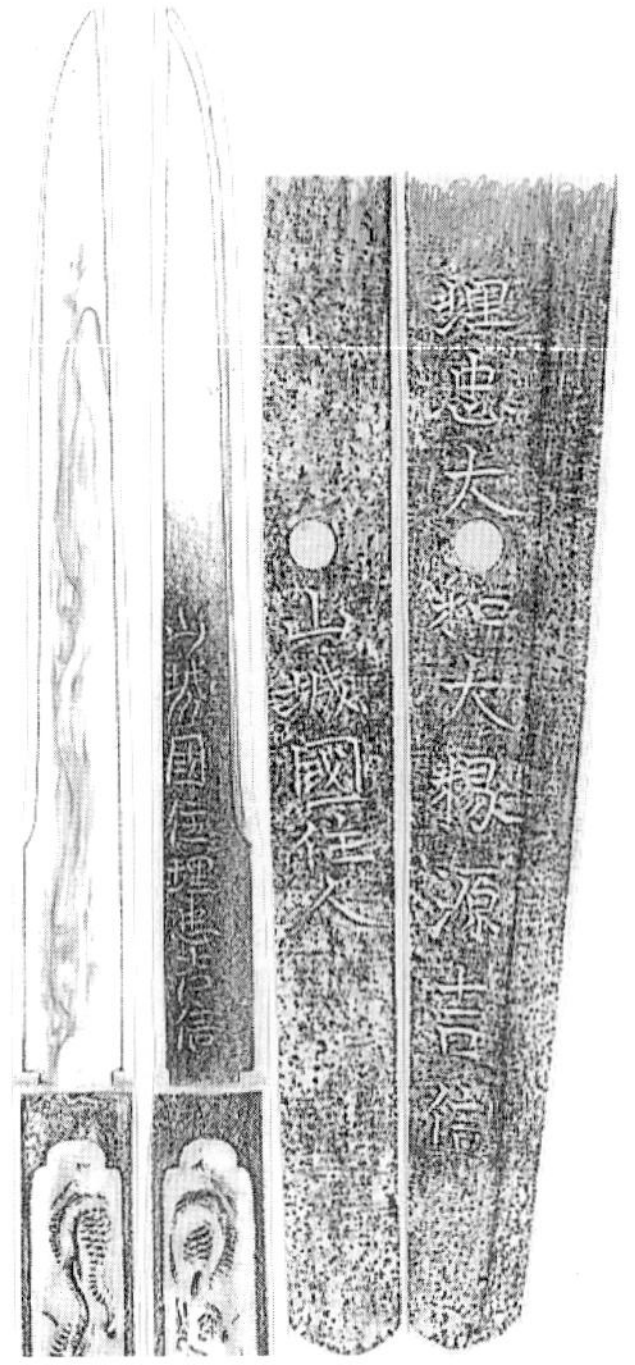

江戸中ごろ作

吉信子。二代。大和大掾受領、のち大和守に転ず。宝永年紀の作があり、このころに複数の吉信がいたようである。「埋忠大和大掾源吉信」。正保四年六月に大和大掾を受領した埋忠長兵衛がいて、後代が受領銘を名乗る（『諸職受領調』）。

新 **吉信**【よしのぶ】　上野国　江戸中期（天和）

三品小兵衛、のち七兵衛。初銘吉重、のち吉広に改める。初代大和守吉道門。酒井忠幸が大坂城代のとき抱えられ前橋に移る。湾れに互の目、互の目に丁子交じりなど師吉道の風がある。

古 **吉則**【よしのり】　備前国　南北朝期（貞治）

吉井。雲次門という。初代。大全は貞治ころで、吉則同銘が三代あるとする。銘鑑も同じくで二代応永、三代永享のあと、四代宝徳のころ出雲へ移住するという。現存する初代作は未見である。

古 **吉則**【よしのり】　備前国　室町初期（応永）

吉井。景則子という。二代。応永二年紀からの作がある。直刃、また互の目乱が連れた吉井物特有の刃を焼く。「吉則」「備前国吉井吉則」。

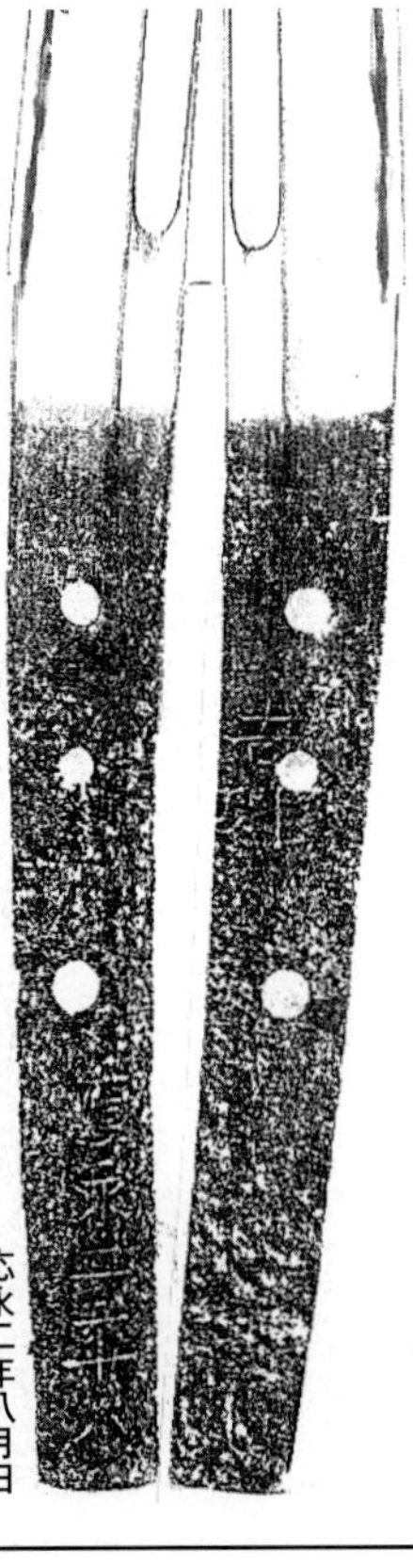
応永二年八月日

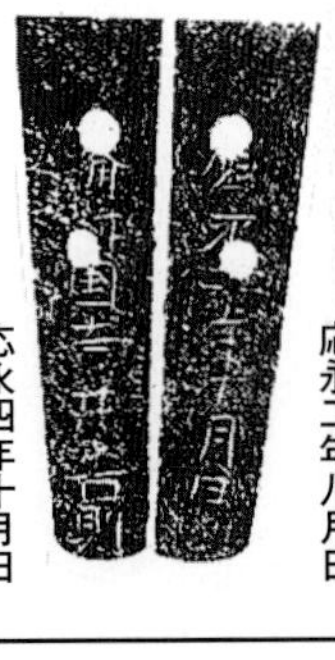
応永四年十月日

古 吉則【よしのり】 備前国 室町初期（永享）

吉井。三代。吉則の子。初銘清則で後に出雲へ移住して吉則に改めるという。吉則が出雲へ移住したのは三代のときとも、四代宝徳のころともいうが、移住は室町初期のころからで、吉井各族が出雲へ移っている。吉井一族は吉井と出雲の両地で繁栄を続けている。「吉則」「備前国吉井吉則」「吉則作」。

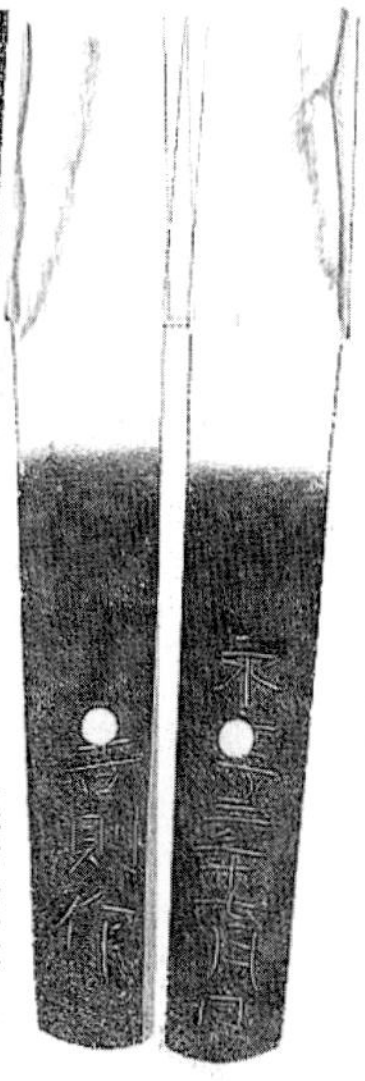

永享三年七月日

古 吉則【よしのり】 三条 山城国 室町末期（文明）

三条吉則。布施姓、富施とも。文明初年から永正四年紀までの作がある。平安城（三条）長吉の父。和泉、越前で駐鎚する。鍛えは板目に杢、柾交じり、地沸つき肌立ち気味。刃文は直刃に小互の目、小丁子交じり、矢筈乱の交じるものがある。「平安城三条住吉則作」「三条吉則和泉国作」「三条吉則於越前作」「三条布施藤原吉則作」。

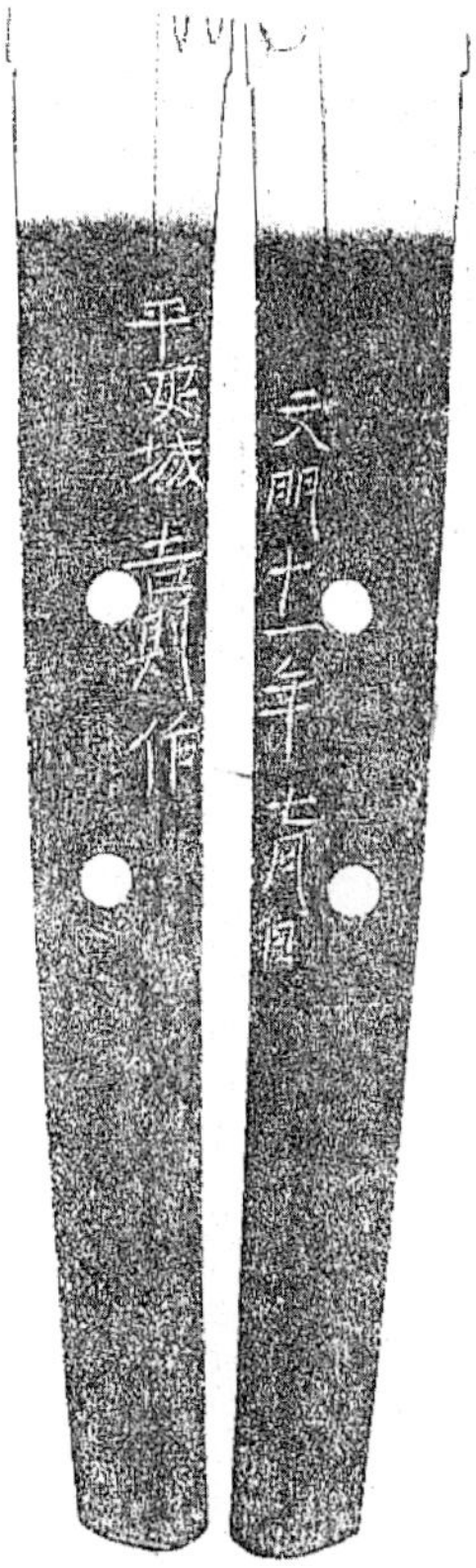

新 吉則【よしのり】 薩摩国 江戸中期（享保）

法城寺吉次門。小湾れに互の目交じり。「薩州住吉則」。

古 吉久【よしひさ】 陸奥国 室町末期（永正）

月山。谷地住。永正年紀の作がある。「月山吉久」。

古 吉久【よしひさ】 桃川 越後国 室町末期（天文）

桃川長吉一門。南北朝期に「越中国吉久」と銘す先人がいて、その名跡を継ぐ後代。直刃に小互の目足入り、刃縁はほつれ、湯走りかかる。「桃川住吉久」。

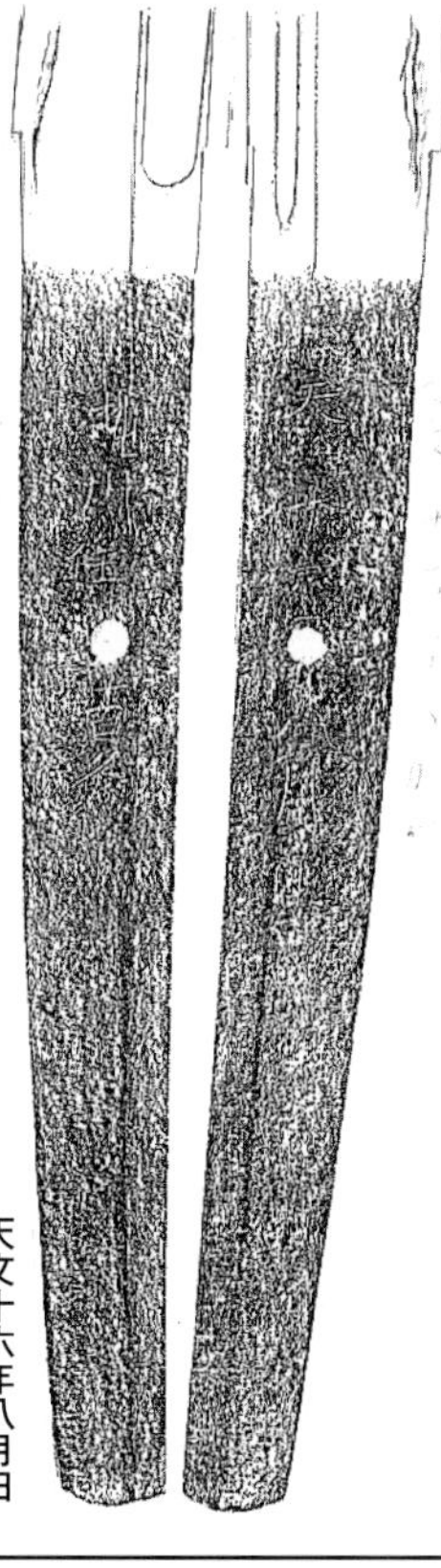

天文十六年八月日

古 吉久【よしひさ】 越中国 室町末期（天文）

天文年紀で「桃川住吉久」銘の作がある。南北朝期（応安）の古越中の名跡を復活した鍛冶の一人。

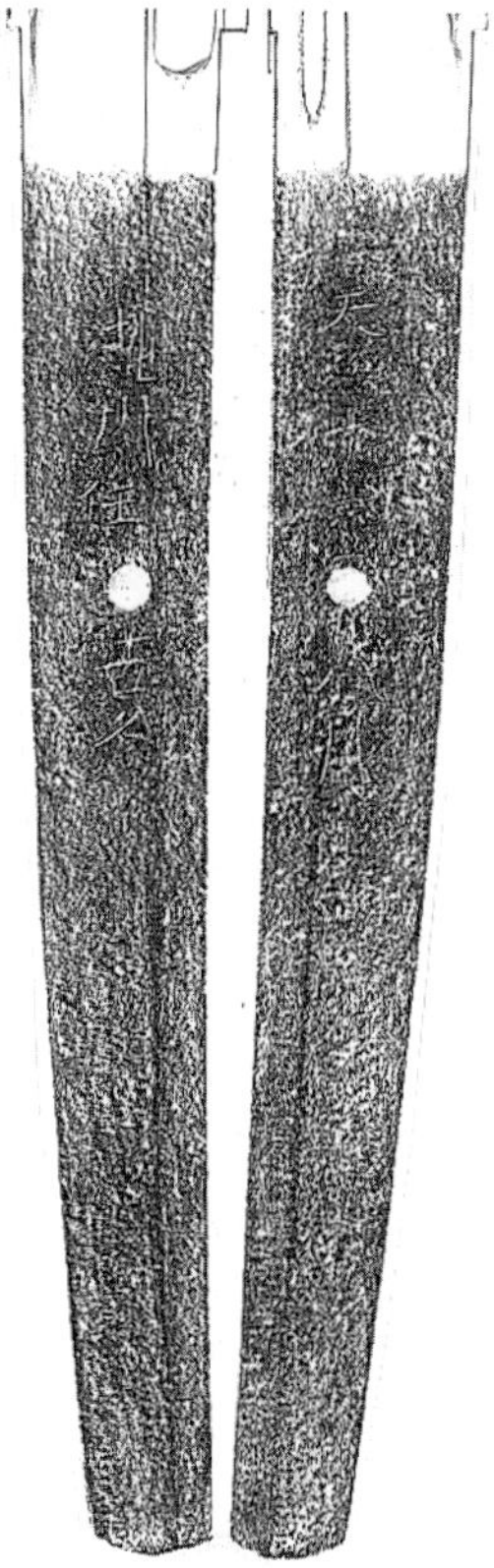

古 吉久【よしひさ】 備中国 室町末期（天文）

石川左衛門尉。備中高山（幸山）城主・石河（石川）左衛門尉幸久と同

族であろう。幸久には永正七年紀の作がある。「備中国松山住石河左衛門吉久作」「備中国高山住石川左衛門尉吉久」。

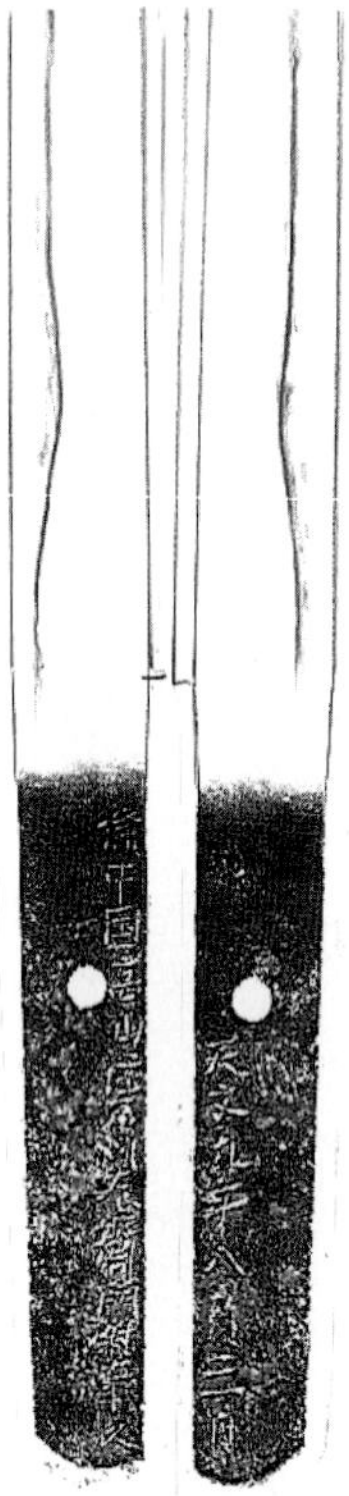

古 **吉久【よしひさ】** 紀伊国 室町末期（享禄）

鞍馬関。本国山城、のち紀州熊野に移る。「天狗吉久」「熊野山住天狗吉久」。天狗吉久銘の作は永正ころからみられるが、年紀作があるのは享禄ころである。

新作 **吉秀【よしひで】** 静岡 昭和

中村三郎。大正六年生まれ。磯部一貫斎光広門。昭和四十四年独立、鐔も造る。浜松住。

古 **吉平【よしひら】** 備前国 鎌倉中期（寛元）

福岡一文字。紀四郎、また弥三郎。吉家の子で宗吉の孫。鎌倉中期は福岡一文字派の盛期であり、その代表工の一人である吉平は「備前一文字七人ノ内」の鍛冶として作刀時から高名。匂出来の丁子乱が華やかで焼刃の幅に高低があり、重花丁子を交じえるものがあるほか、小丁子に小互の目を交じえた比較的穏やかな刃文の二様がある。区際に腰刃を焼くものがある。「吉平」と二字に小銘を切る。やや太鏨と細鏨があり、書体が変わるので、あるいは別人か二代の吉平がいるのかもしれない。

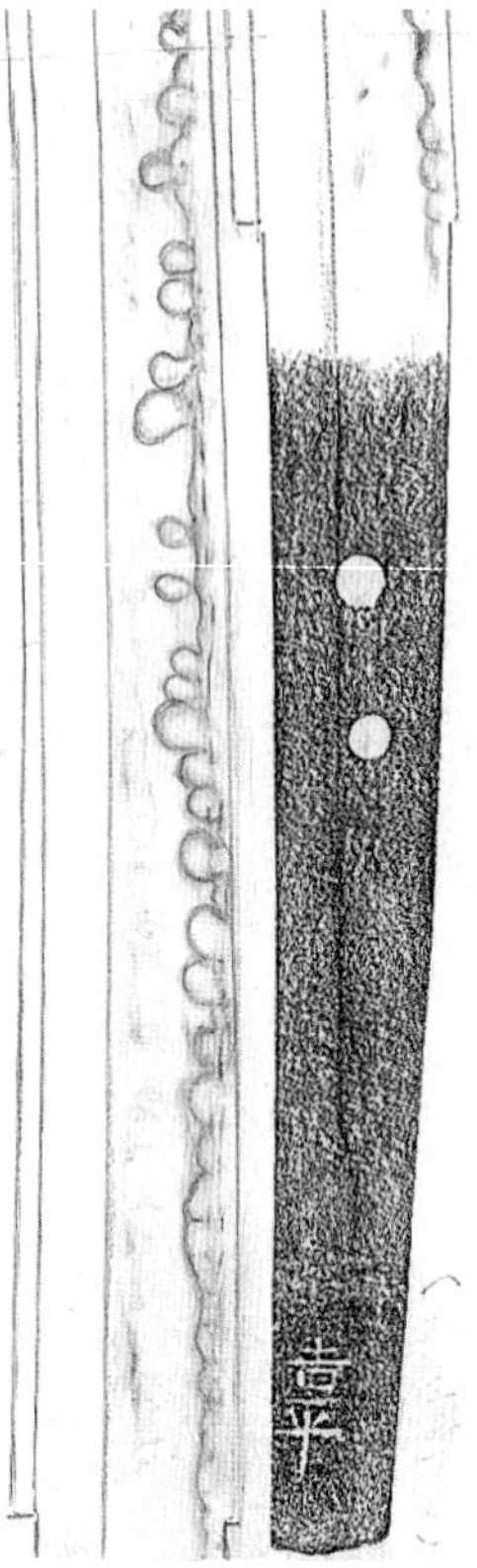

（大丁子乱の刃）

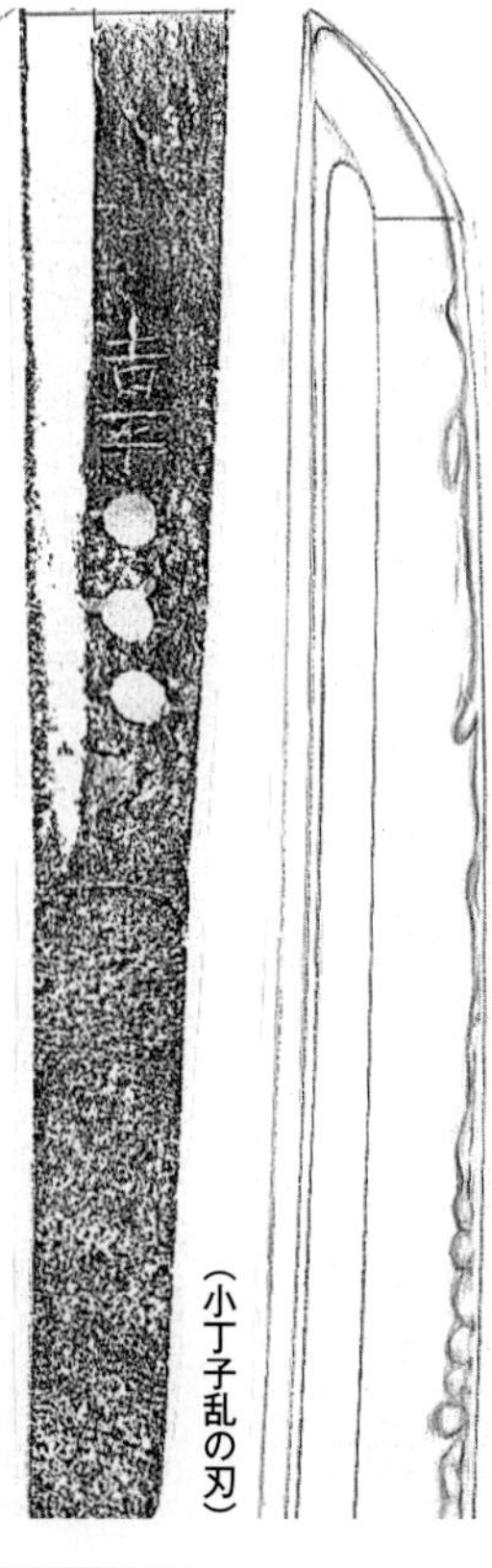

（小丁子乱の刃）

古 **吉広【よしひろ】** 相模国 鎌倉末期（文保）

大井川九郎次郎。相州藤源次の末で、秋広・広光の親という。鎌倉山の内鍛冶といわれる。「吉廣」「相模国住吉廣」。

古 **吉広【よしひろ】** 相模国 南北朝期（康安）

大井川九郎次郎。広光門、また弟という。康安年紀の作がある。「相州住吉廣」。吉広は鎌倉住、室町期の応永、宝徳にあり、明応になり藤沢へ移る。後代には若州、伯耆へ分派するものがある。

古 **吉広【よしひろ】** 和泉国 室町末期（長享）

本国相模、のち和泉、大和で造り、また若狭へ移る。「藤原吉廣」「和泉国吉廣」「藤原吉廣和州於高田」。

古 **吉広【よしひろ】** 和泉国 室町末期（明応）

加賀四郎。明応ころ。「泉州住吉廣」。

新 **吉広【よしひろ】** 伊勢大掾 初代 肥前国 桃山期（寛永）

吉左衛門。初代忠吉門。忠吉は寛永九年に没しているので、初代吉広は寛永中ごろから正保が活躍期に当たる。二代吉広と紛れて年代が下げられ寛文ころとみられていることが多い。〝ひねり銘〟も二代銘を指す（「伊」の字「尹」の丸ひねり、下図参照）。

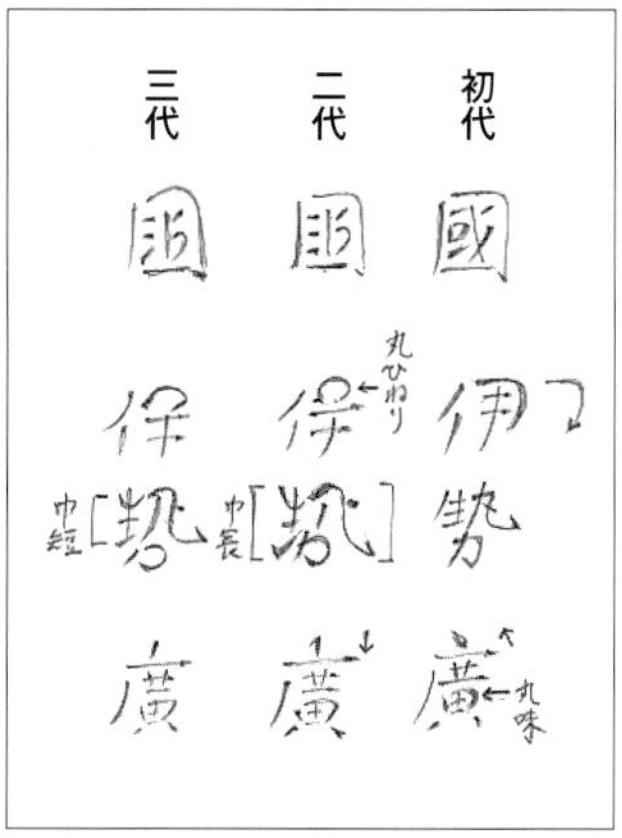

新 吉広【よしひろ】 伊勢大掾　二代　肥前国　江戸中期（寛文）

吉左衛門。初銘吉定。万治三年十月十七日、伊勢大掾受領。寛文十三年二月紀に親子三人の合作刀がある。二代吉広が学んだのは二代近江大掾忠広であろう。「藤原忠廣」との合作刀があって、それを示すもののようである。

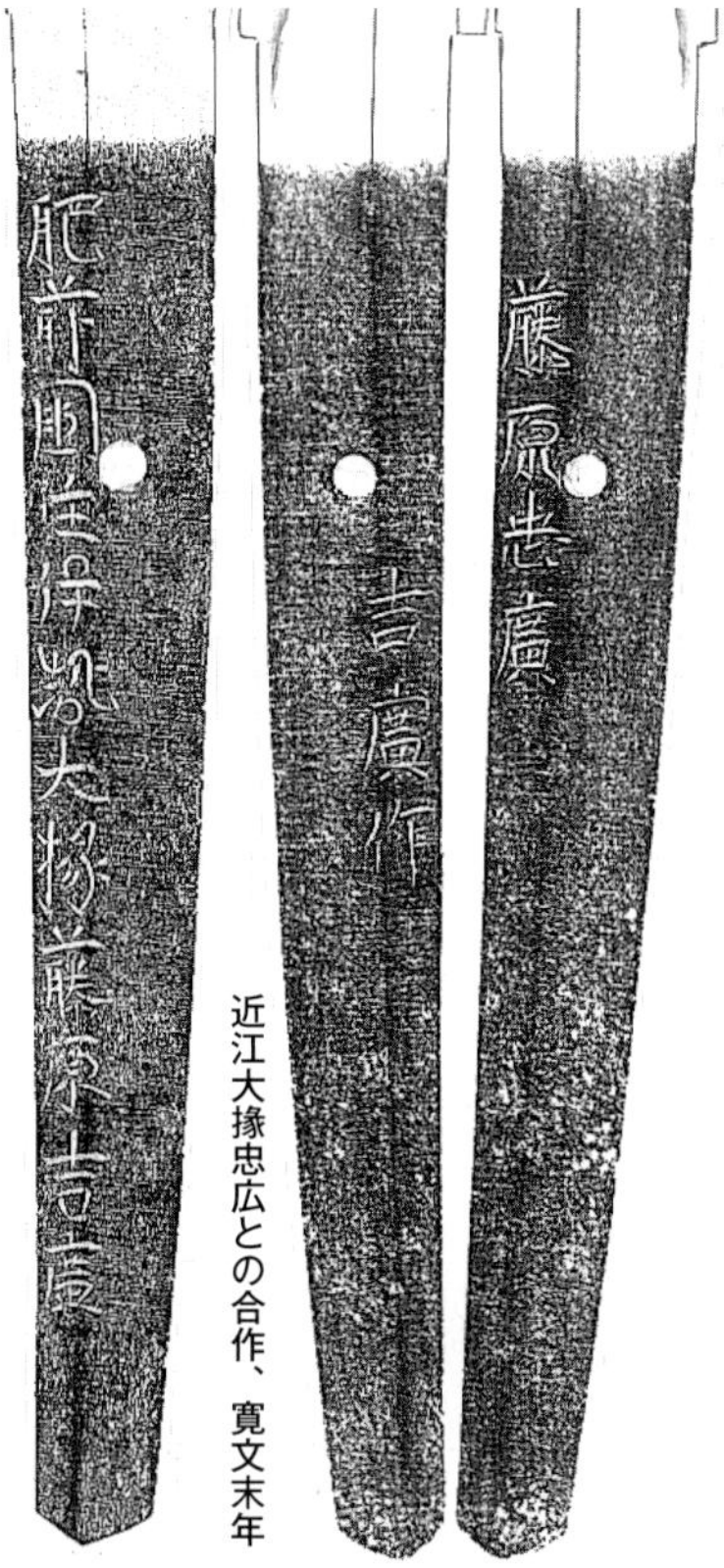
近江大掾忠広との合作、寛文末年

新 吉広【よしひろ】 伊勢大掾　三代　肥前国　江戸中期（元禄）

二代吉広の次男。吉左衛門、初銘広永。吉定とも銘すという。嫡兄氏広は越前大掾を受領。寛文十三年紀に父吉広、兄氏広と広永の親子三人合作刀がある。伊勢大掾を受領する。

新 吉広【よしひろ】 伊勢国　江戸中期（延宝）

伊勢山田住。近江守を受領。「近江守源吉広」。互の目に丁子交じり。

◆二代吉広は享保ころ。

新々 吉広【よしひろ】 陸奥国　江戸末期（天保）

奥州八戸住。奥観寿また寛寿と号す。文政三年九月、江戸へ出て鍛造の技を学ぶ。八戸藩工。天保十四年八月十五日没。

新作 吉広【よしひろ】 福岡　平成

瀬戸吉広。昭和二十年生まれ。同四十六年、隅谷正峯に入門。同五十二年、新作刀展に初出品し奨励賞を受賞、同年に独立。昭和五十六年、隅谷正峯に再入門、同六十年に福岡県前原市波多江で独立する。昭和五十七年、寒山賞、平成元年、日刀保協会会長賞、翌二年文化庁長官賞、以降平成八年まで連続特賞を八回受賞し、同年新作刀展無鑑査に認定される。伊勢神宮式年遷宮御神宝太刀の製作を平成元年、同直刃の製作を同十七年に謹作奉仕する。同二十二年第一回新作日本刀展に審査員・主催者出品。互の目乱、丁子乱。前原市住。

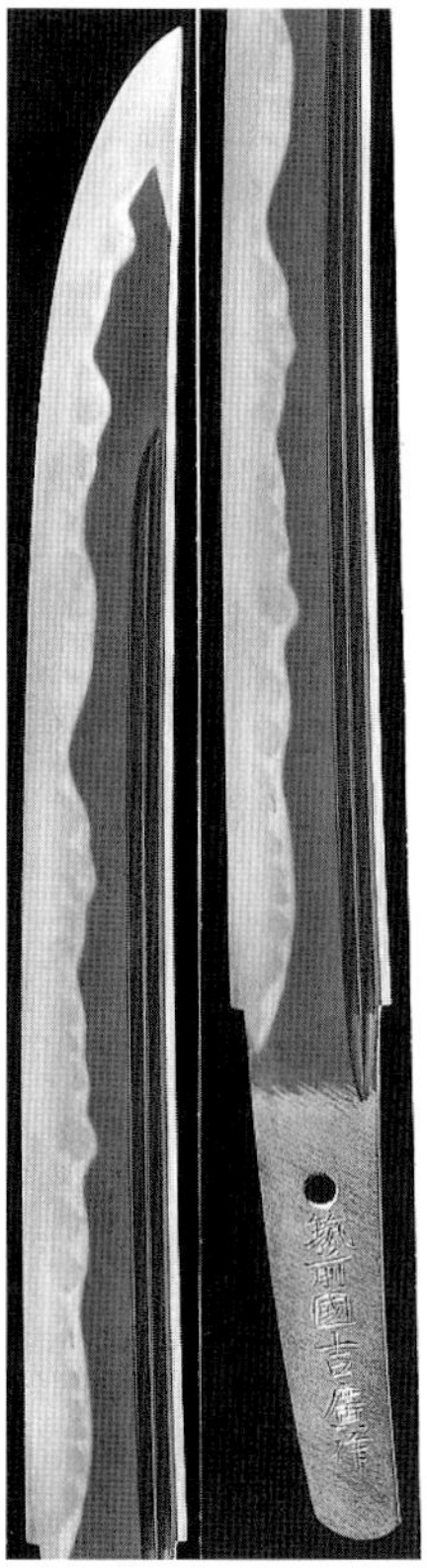

古 吉弘【よしひろ】 大和国　南北朝期（文和）

千手院。吉広同人という。「文和三年五月七日」と切った吉弘銘の剣は、

よ
よしひろ

刃縁と刃中に働きと変化が多く、康永二年紀の吉広短刀の激しい出来と通じるものがある。「法城平《ひら》住人吉弘」とも切り、「平」は奈良の意。文和三年紀の剣は吉弘が奈良西大寺の僧都《そうず》延海の護持剣「金剛利剣」を造った内の一剣である。

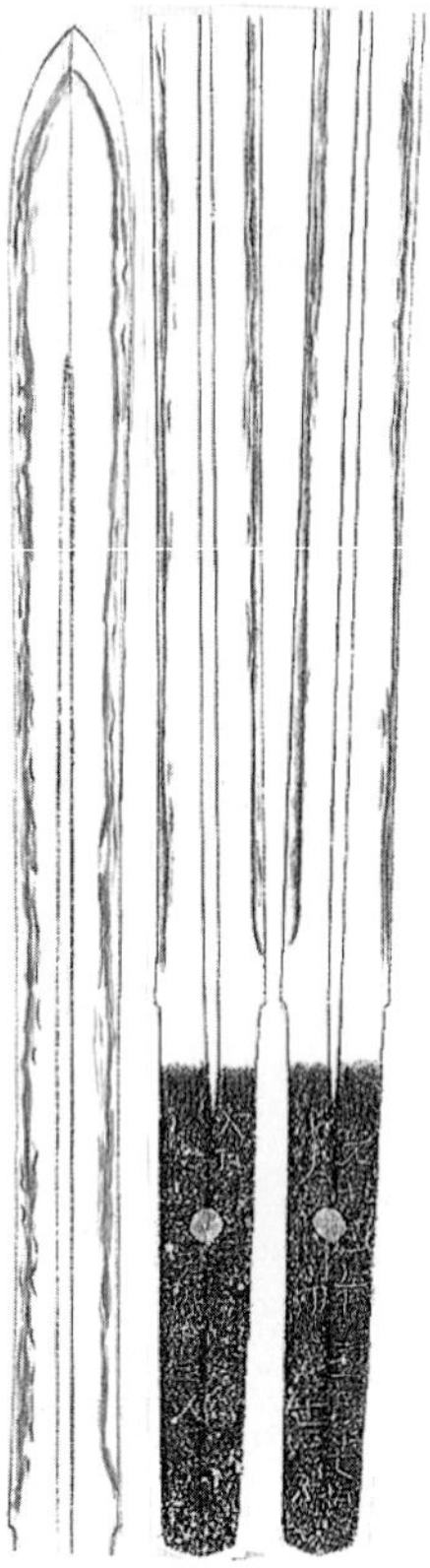

文和三年五月七日
金剛利剣　吉広
大和　　主延海
□□□□□　住人

古 **吉弘【よしひろ】**　備前国　南北朝期（延文）

小反り。吉光門。後代は文亀ころにある。「備州長船吉弘」。

古 **吉弘【よしひろ】**　筑前国　南北朝期（正平）

左。大左の門。正平年紀の作がある。「吉弘」「吉弘作」「筑州住吉弘作」。

新 **吉寛【よしひろ】**　筑前国　江戸中期（寛文）

信国平兵衛。信国吉助の長男。始祖信国十代を称す。筑前から筑後に移り、天和年中に江戸へ、さらに盛岡へ移住する。

古 **吉房【よしふさ】**　備前国　鎌倉初期（承元）

福岡一文字。初代。後鳥羽院二十四番鍛冶十月番を務める。延房子。直宗門。福岡一文字吉房は、元亀本は「備前に両三人有り」といい、校正も三代説であり、銘尽類は三代のほか大銘の吉房を加えて四人を挙げる。『往昔抄』は三種の銘を「初」「後」「後ノ後」と初代から三代までを押形図で識別するなど、諸説があるが、大方は三代ないし四代説である。著名工中で吉房の作刀が比較的多く残されているのは、鎌倉初期末から中期ごろにかけて集中して、少なくも四人以上の同銘工が存在し作刀していると思われる。

現存する吉房の作刀に五種の銘があるうち、初代である承元吉房の作銘が確認されない。作刀の上から最古とみられるのが二代の安貞吉房で、現存する数もこの工のものが多く、華やいだ丁子乱を焼く工である。初代作は『往昔抄』が示す「初吉房」を一つの手がかりとしてみる限り、小銘吉房の作中の古調な出来の中に混入している可能性があるように思われる。

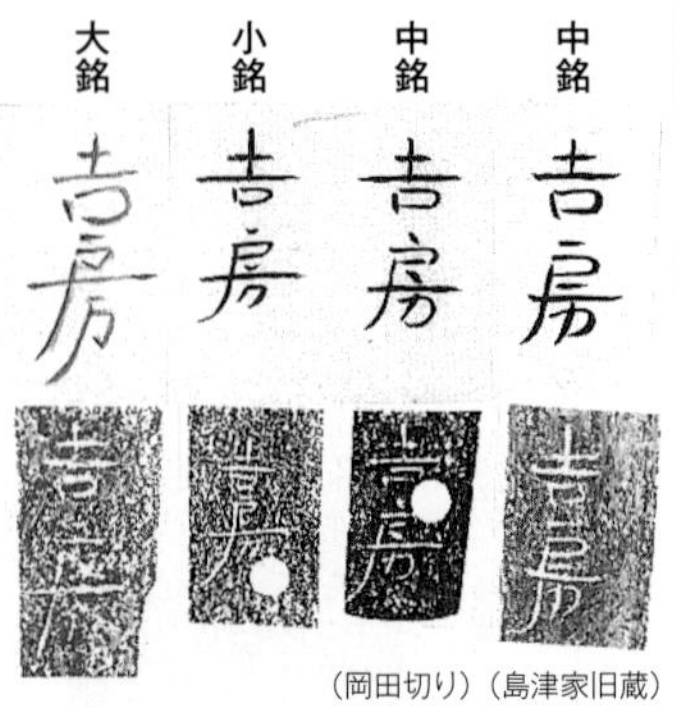

（岡田切り）（島津家旧蔵）

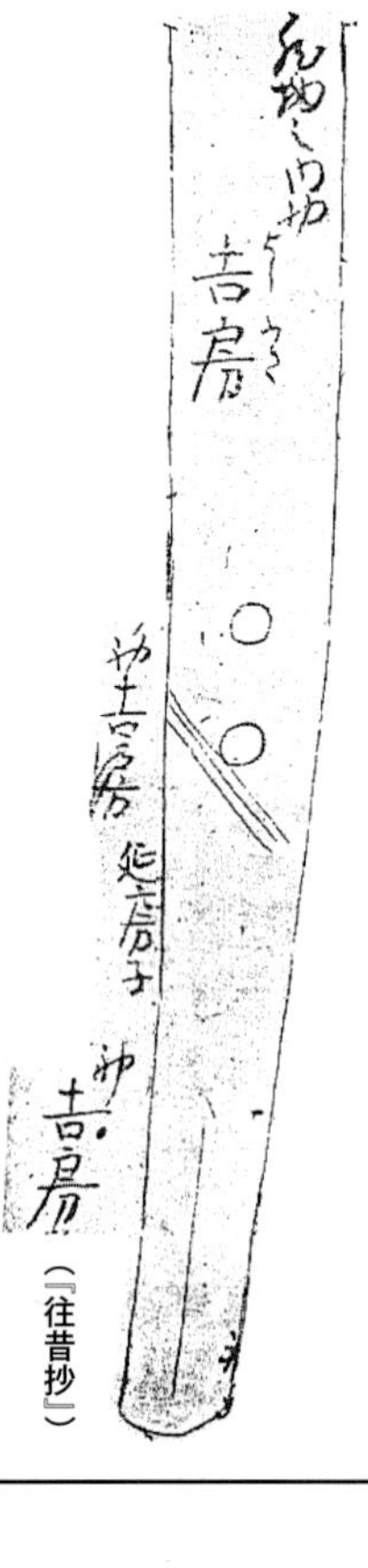

（『往昔抄』）

古 **吉房【よしふさ】**　備前国　鎌倉初期（安貞）

福岡一文字。二代。初代吉房子。また宗吉子ともいう。延房の孫。藤次良、右衛門尉。備前一文字七工の一と称される。承久から建長までの鍛冶（『古今銘尽』）といい、この間およそ二十年間を算す。現存する吉房作中でこの工の作と思われるものの数が最も多く、作風からみて島津家旧蔵の「吉房」の年代が古く、中振りの銘を切る。三代とみられる「小銘」の吉房銘、その次代とみられる「大銘」吉房銘と比べて、ほどよい中間の銘である。太刀の身幅が広く腰反り踏張りつき、猪首切先。小板目肌が詰み、地沸細かにつき、乱映りが鮮明に立つ。刃文は匂出来の丁子乱が焼幅広く、焼の出入りが大きく変化して華美である。「吉房」二字を目釘孔の上に切る。

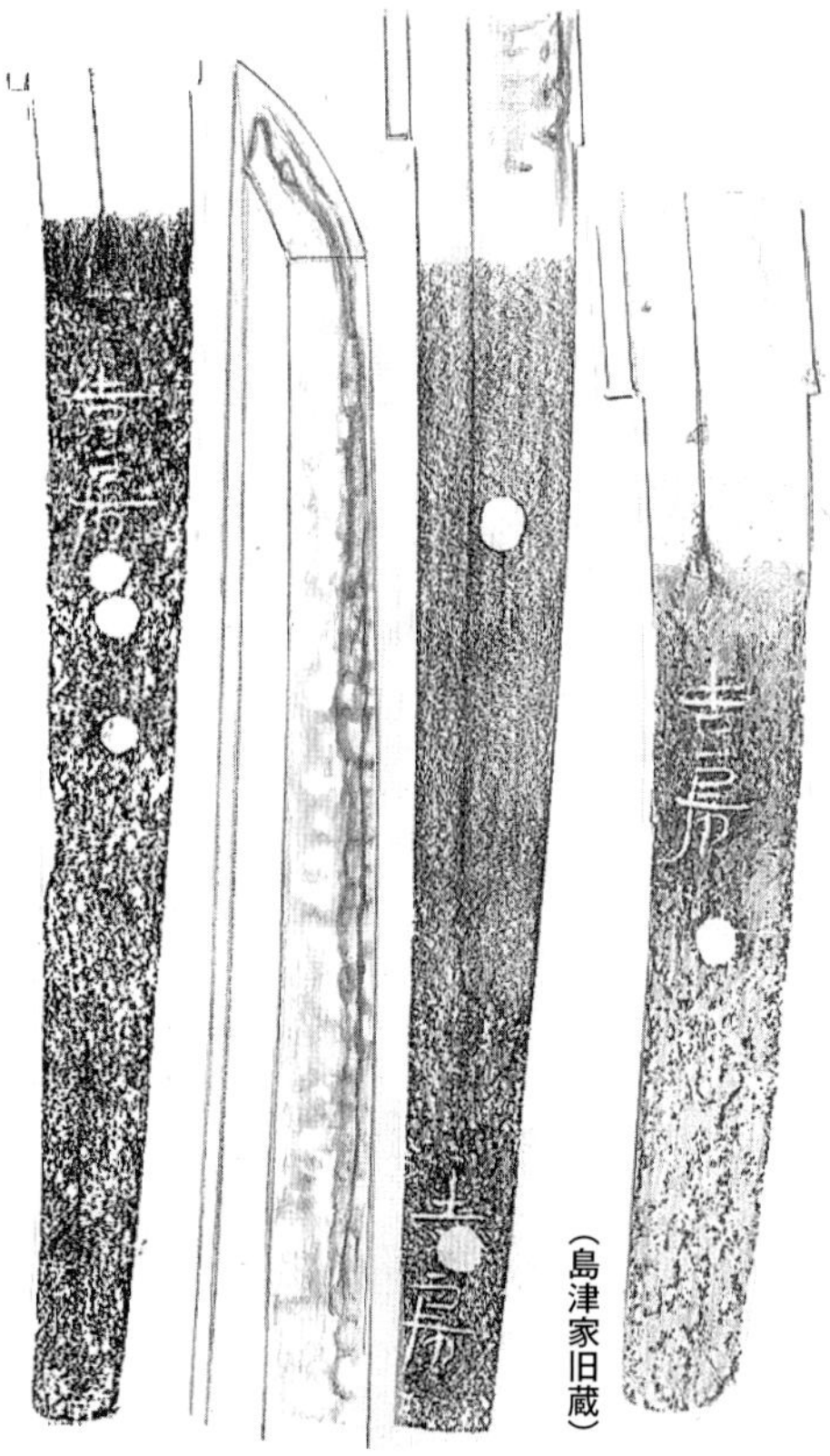

（島津家旧蔵）

古 **吉房【よしふさ】**　備前国　鎌倉中期（貞永）

福岡一文字。久五郎。鎌倉中期が福岡一文字の最盛期で、華麗な丁子乱、大房丁子を焼く鍛冶の代表が吉房、則房（片山一文字）、助真（鎌倉一文字）の三工である。なかでも吉房の代表作とされるのが名物・岡田切の太刀で信長の愛刀として名高く、豪壮華美なさまが窺える。鎌倉中期には前項の安貞吉房を含め数工の吉房が作刀しており、岡田切吉房もその一人である。元亀本は吉房の項中で「房」の字の変わった銘の吉房がいることを記している。岡田切の手の吉房は「房」字の第一画、第五画の点の向きが斜め左上から右下方へと打たれているのは、同時代の他の吉房銘とは異なる字画があって、前項の安貞吉房とは別人の吉房が岡田切吉房の銘の手と考えられる。

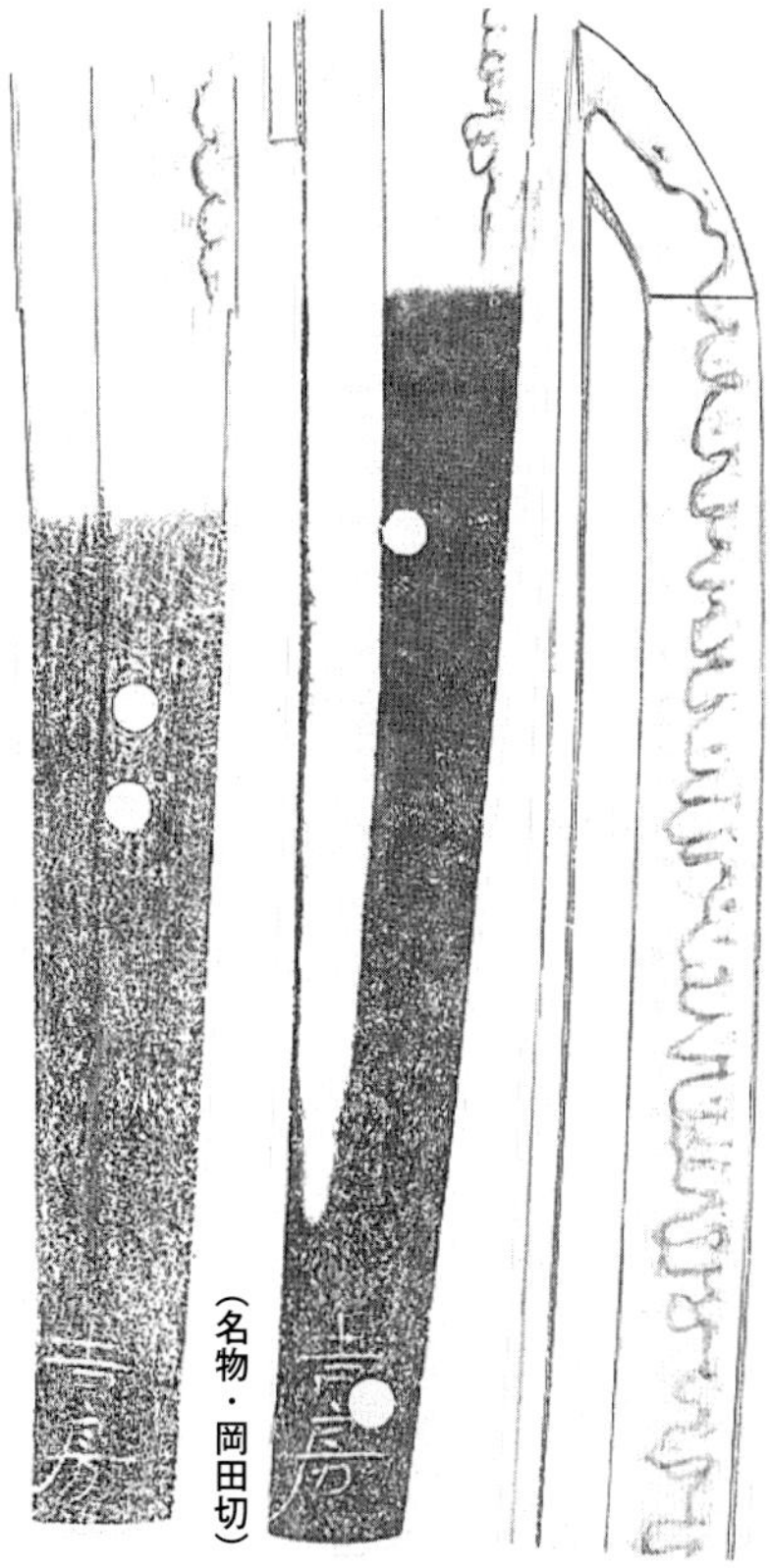

（名物・岡田切）

古 **吉房【よしふさ】**　備前国　鎌倉中期（文永）

福岡一文字。左近三郎。三代に相当。藤次良吉房の孫という。丁子乱の華やかなものと、物打辺から上部が直刃調で小互の目入りに淋しい刃文となるものがある。吉房の作中で最も小銘に切る。「吉房」。

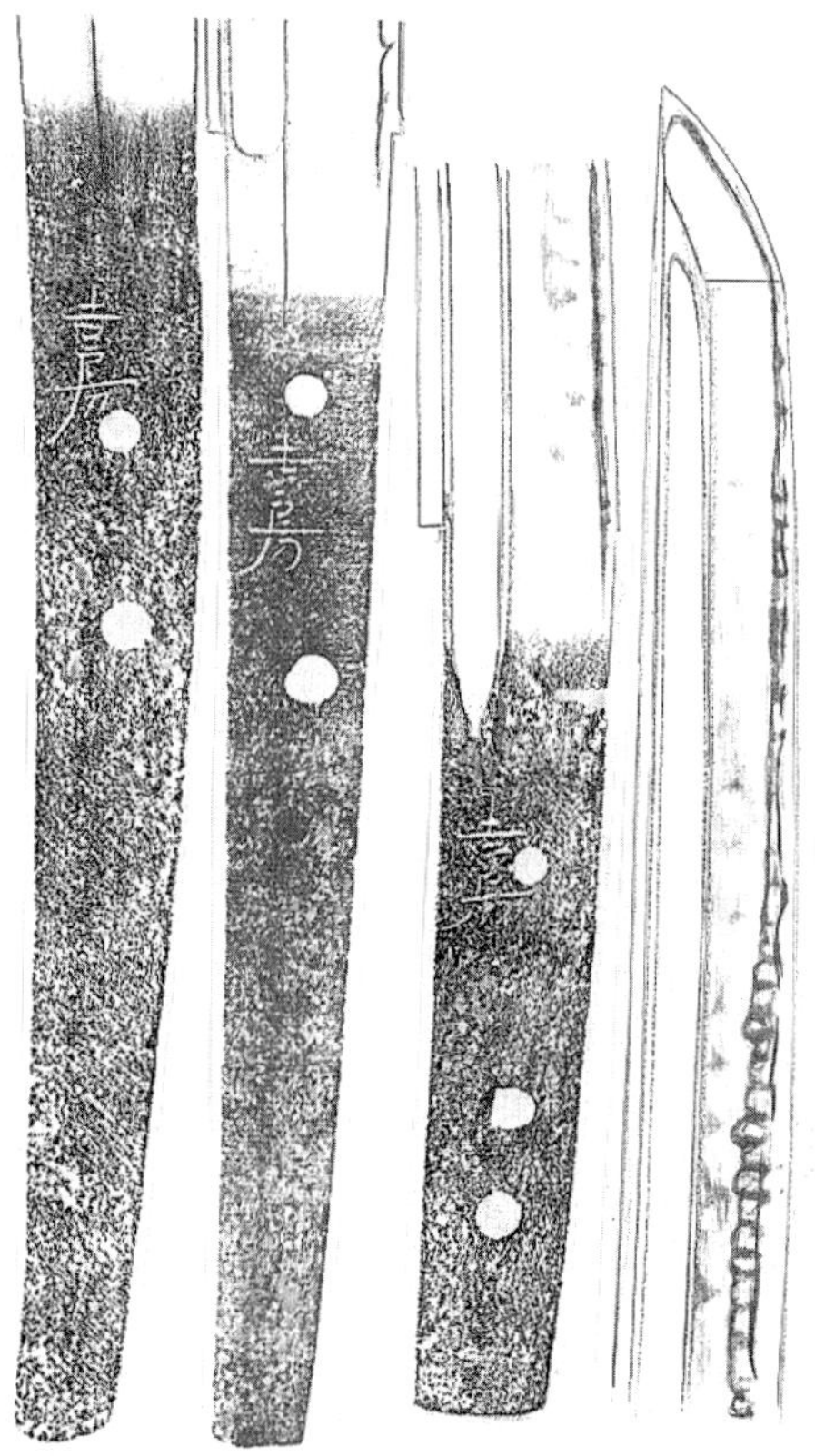

古 **吉房【よしふさ】**　備前国　鎌倉中期（弘安）

福岡一文字。中銘、小銘を切る吉房に次いで大銘の吉房があって、『往昔抄』は「後ノ後」の代として二字大銘の吉房を掲げている。元亀本は「字の姿おおいに相違する」といい、銘尽は直刃、あるいは小乱を焼く大銘の吉房がいるとして、それは延房の養子であるという。年代的には吉房四代目に相当する。「吉房」。

（『光山押形』）

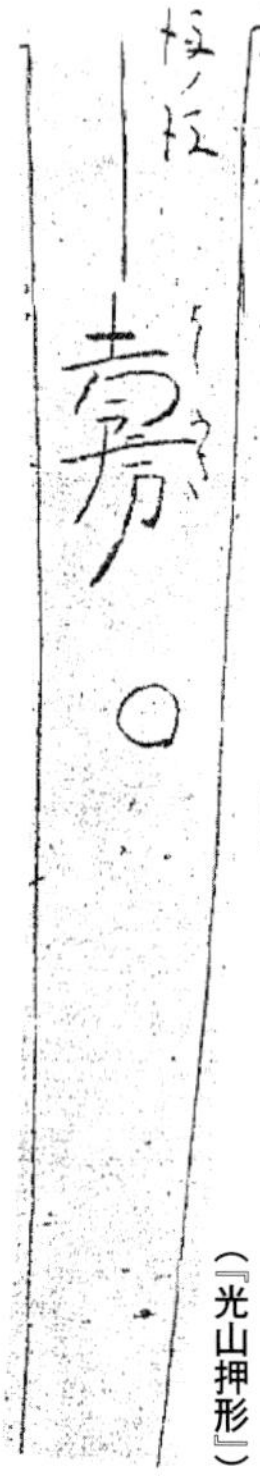

（『往昔抄』）

新 **吉房**【よしふさ】**初代**　肥前国　桃山期（寛永）

茂右衛門、浅右衛門。初代忠吉門。初銘忠房。寛永五年紀の作がある。「肥前国忠房」「肥前国佐賀住源吉房」。

新 **吉房**【よしふさ】**二代**　肥前国　江戸中期（寛文）

吉左衛門、七郎左衛門。島原藩主・高山左近に抱えられ島原に移住。「肥前国源吉房」。

新 **吉房**【よしふさ】　越前国　江戸中期（延宝）

初銘義房。越前福井住。丹波守を受領。「越前住丹波守藤原吉房」。

新作 **吉房**【よしふさ】　栃木　昭和

佐藤留吉。明治四十年生まれ。初銘吉久。栗原彦三郎より吉房を受銘。宮入昭平に師事する。「下野住佐藤吉房」。宇都宮市住。

古 **吉正**【よしまさ】　山城国　鎌倉末期（文保）

粟田口。藤左衛門。吉光門。因幡小鍛冶の祖という。因州小鍛冶は景長（応永ころ）から始まるので、吉正とは年代に開きがあり、吉正に次代がいて、その工がのち因州に移ったのかもしれない。「吉正」。

古 **吉正**【よしまさ】　備後国　室町末期（大永）

辰房。尾道住。大永ころ。「備後尾道住吉正」。

新 **吉正**【よしまさ】　武蔵国　江戸中期（寛文）

田中源左衛門。本国濃州関。善定家。武州住、のち土佐にても造る。吉近同人。上野大掾受領、のち上野介に転ず。直刃に互の目、尖り互の目交じり。

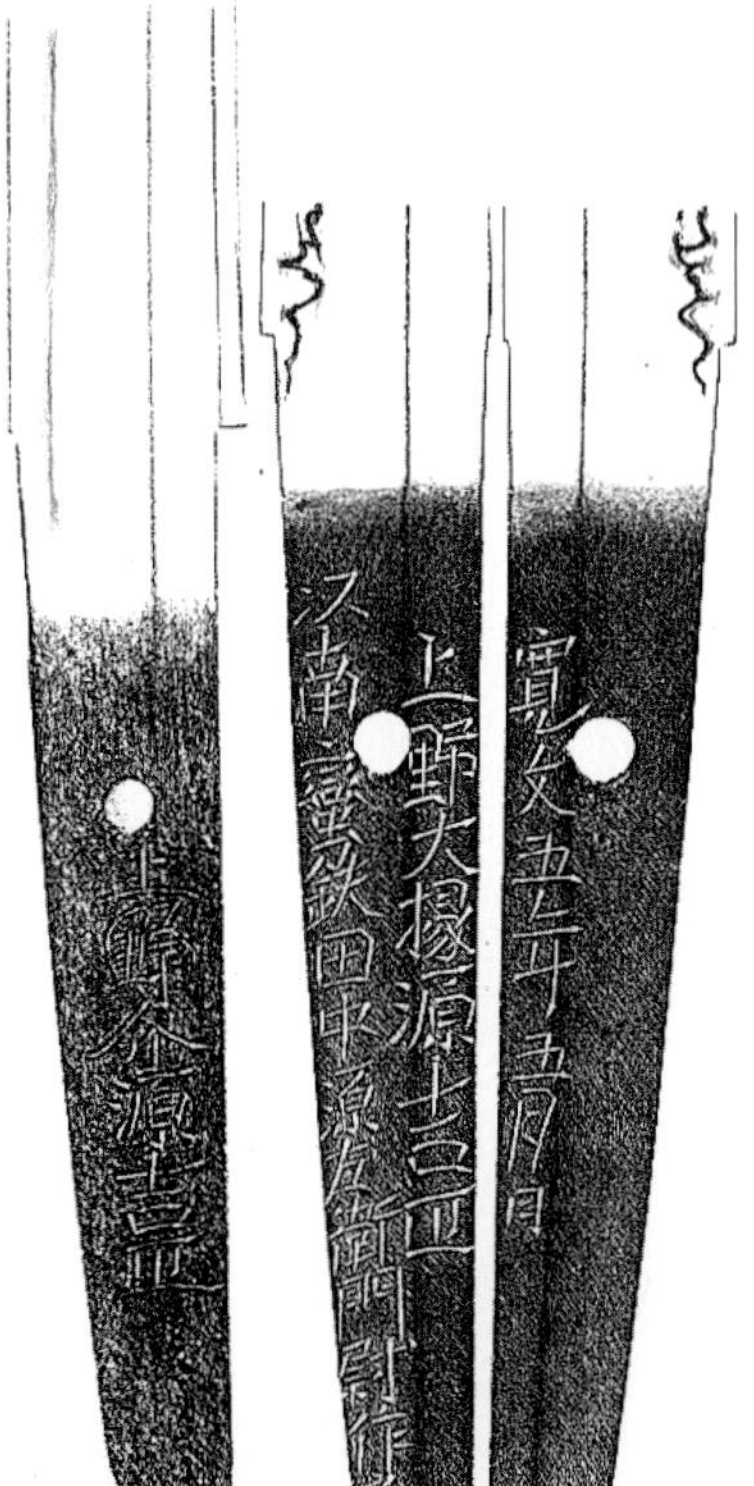

新々 **吉正**【よしまさ】　三河国　江戸末期（文化）

磯谷重兵衛。初銘清吉。岡崎藩士。七代丹波守吉道門。「三州岡崎士吉正」。

新 **吉政**【よしまさ】**初代**　筑前国　桃山期（寛永）

信国助左衛門、平四郎。晩年は善雅。信国吉貞の嫡男であったが廃嫡され、次男吉次が信国正系を継ぐ。承応二年十二月四日没。「信国」の「国」字の内を下図のように切る。互の目、互の目に丁子交じり、また丁子主調のものもあり、足・葉が

しきりに入り、小沸よくつく。直刃も焼く。

新 吉政【よしまさ】二代　筑前国　江戸中期（寛文）

信国平四郎。寛文ころから天和・貞享までの作刀があり、歴代中で最も作刀が多く、作域が広い。直刃、湾れ、互の目に丁子交じり、三本杉風の尖り互の目などを焼き、沸がつく。「国」字の内を「玉」に切る。貞享五年八月、六十七歳没。

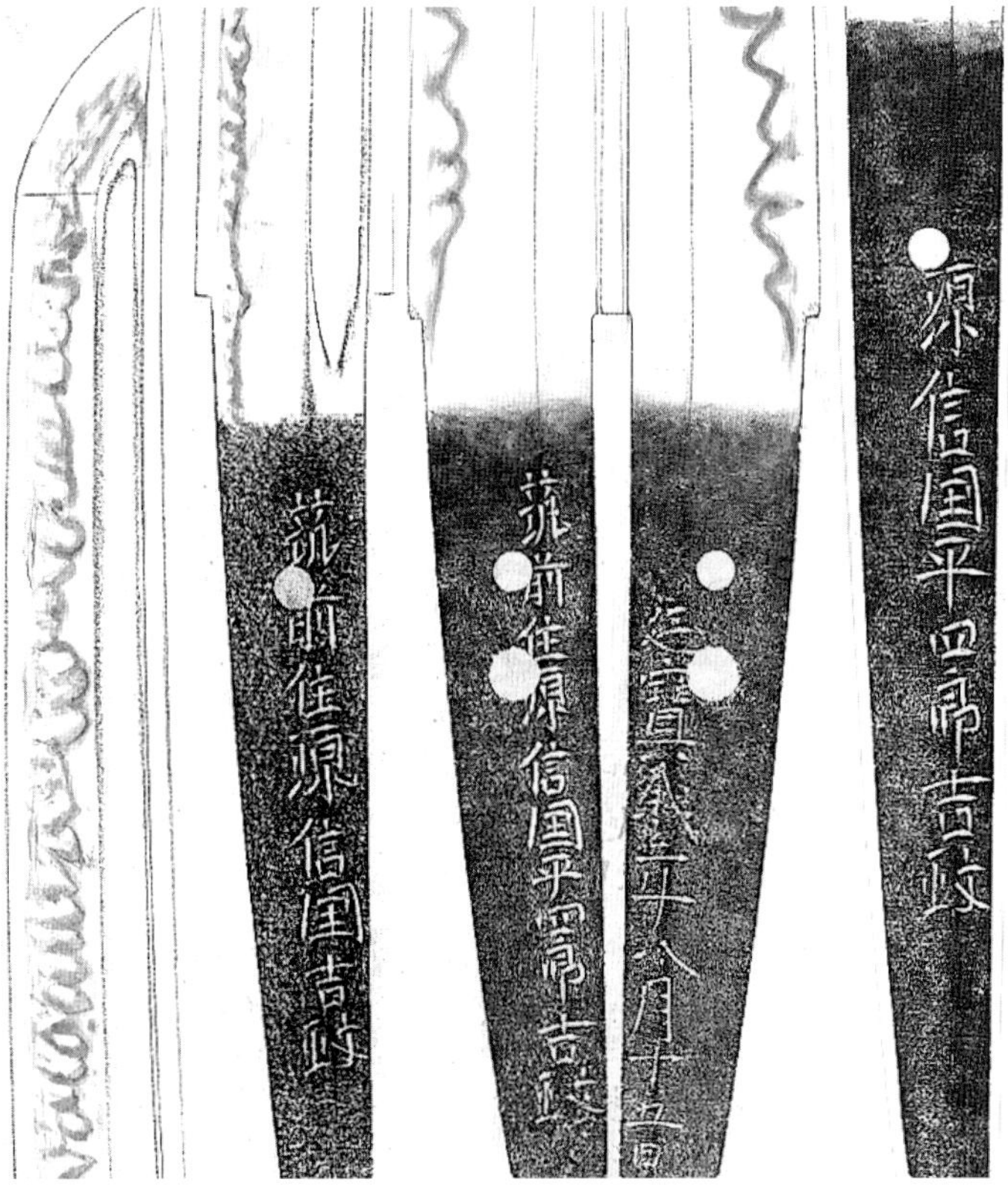

新 吉政【よしまさ】三代　筑前国　江戸中期（元禄）

平助、平四郎、のち重宗に改める。享保三年、五十七歳没。貞享二年紀に「平助吉政二十四才作」の刀がある。「国」字の下、最終画横線を欠落した字画に（図①）、また図②のようにも切る。

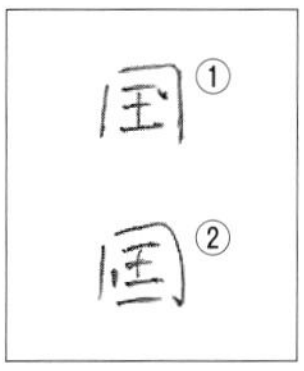

新 吉道【よしみち】京丹波守　初代　山城国　桃山期（慶長）

兼道三男。濃州関から文禄二年、父に伴われ三品四兄弟が揃って上京。文禄四年丹波守を受領。元和五年正月二日没。慶長年中の二十余年間は「伏見丹波」銘の作で、平造脇指が多く、元和年間の晩年に「帆掛丹波」（丹字が舟の帆の形）銘の簾刃風の作を創案する。京丹波守家は大坂に派生して刀工集団を形成する。慶長年中の作は、直刃、直刃が湾れかかり、匂口沈んで古雅な風がある。後年の作は焼幅を広げて互の目主調に小湾れを交じえ、砂流しがかかった簾刃風の作となる。

初代晩年の〝帆掛丹波〟銘（慶長末～元和初年）（次頁図①②）と、二代初期の〝帆掛丹波〟銘（寛永初年）（同図③④）は類して紛れやすい。初代銘の大半は〝伏見丹波〟銘（慶長年中）で帆掛丹波銘はごく少ない。あれば晩年に当たる②の最晩年銘は老弱の感が濃厚で細鏨がよたつきながらも、しっかりした鏨跡をみせる。それに比べ二代初期銘③④は太め

初・二代の帆掛丹波銘

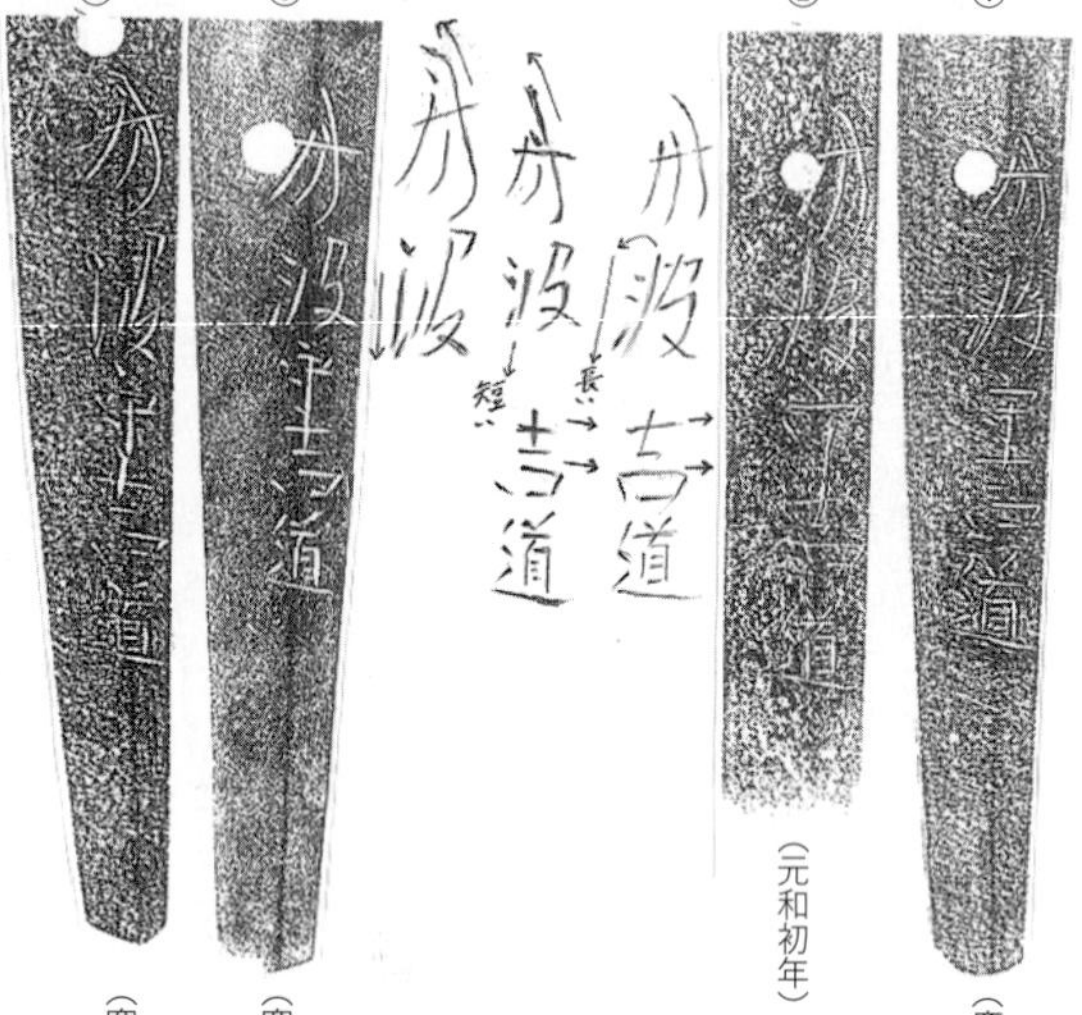

①（慶長末～元和初年）
②（元和初年）
初代晩年作
初代
二代
③（寛永初年）
④ 二代初期銘（寛永初年）

の鏨に力感がこもり筆勢がある。二代は右肩下がりの筆癖があり「吉」字の第一・三・五画の横線が顕著である。〃丹〃字の第二画の帆掛の頭を左上方に長く突き上げるのが二代、さほど強調しないのが初代。初代晩年は、老いても鏨を手放さず自身銘を切っており、気丈の風が窺える。

初代吉道の前銘・伏見丹波と帆掛丹波銘

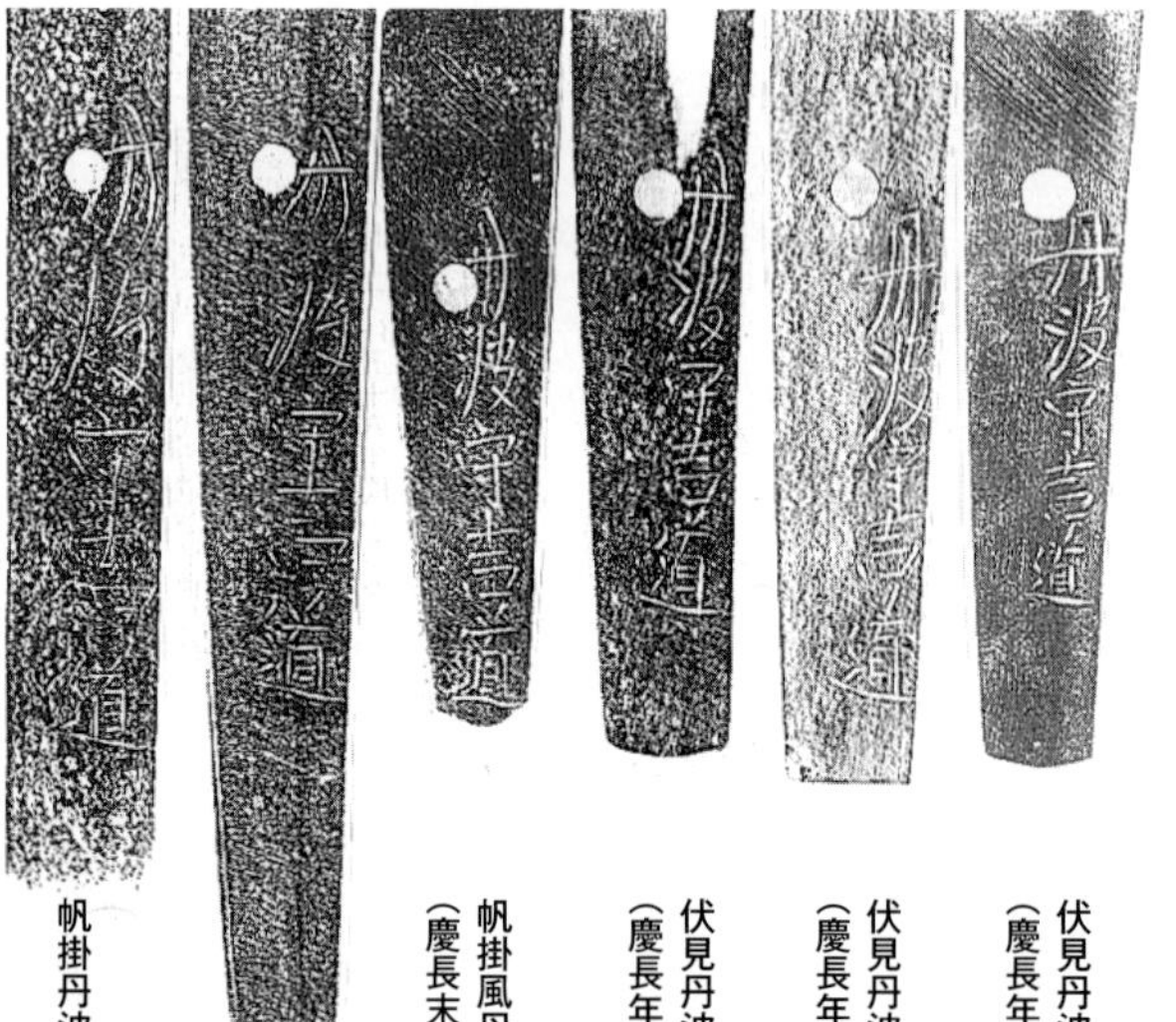

伏見丹波（角丹波）（慶長年中）
伏見丹波（角丹波）（慶長年中）
伏見丹波（丸丹波）（慶長年中）
帆掛風丹波（慶長末年）
帆掛丹波（慶長末年～元和初年）
帆掛丹波（元和初年）

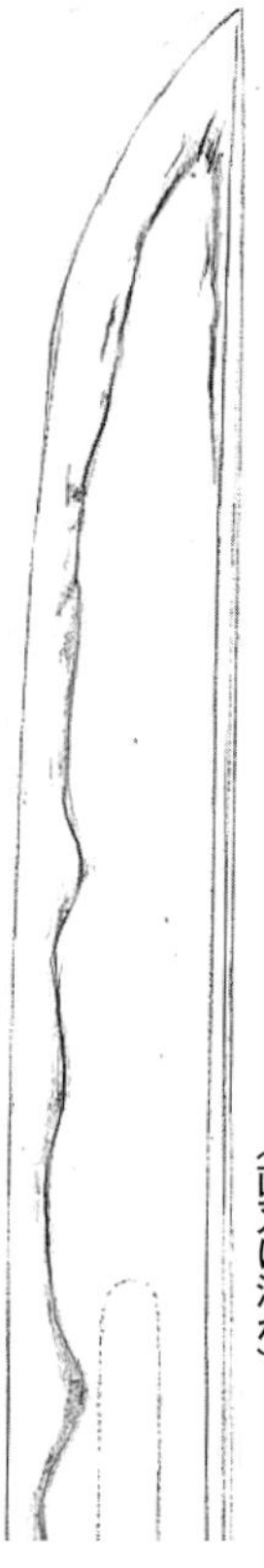

初代初期作（伏見丹波）（直刃に湾れ）

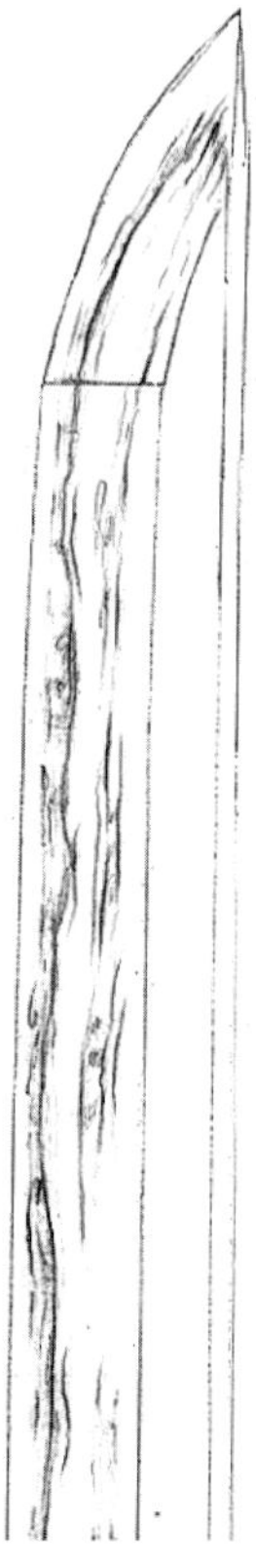

初代晩年作（帆掛丹波）（簾刃かかる）

新 **吉道【よしみち】** 京丹波守　二代　山城国　桃山期（寛永）

三品藤七郎。寛永十六年、丹波守を受領。同時に十六葉の菊紋を勅許（『古今鍛冶備考』）というが、寛永二十年六月紀の脇指から菊紋を刻すのをみる。年紀がある「元和六年二月」の作から「万治三年二月」の作まで四十一年間の作刀期があり、長命。お家芸となった簾刃は初代が晩年に創案し、二代が寛永初年に完形、吉道家を興隆させた二代吉道は名手の誉れが高い。丹波守吉道の代表作のほとんどは二代吉道の手になるものである。万治三年から寛文二年ころの間に没。乱刃がほつれ、喰違刃が交じり、湯走り、砂流しがかかった烈しい出来が、簾刃を形成して華美。二代は初代に優る名工。

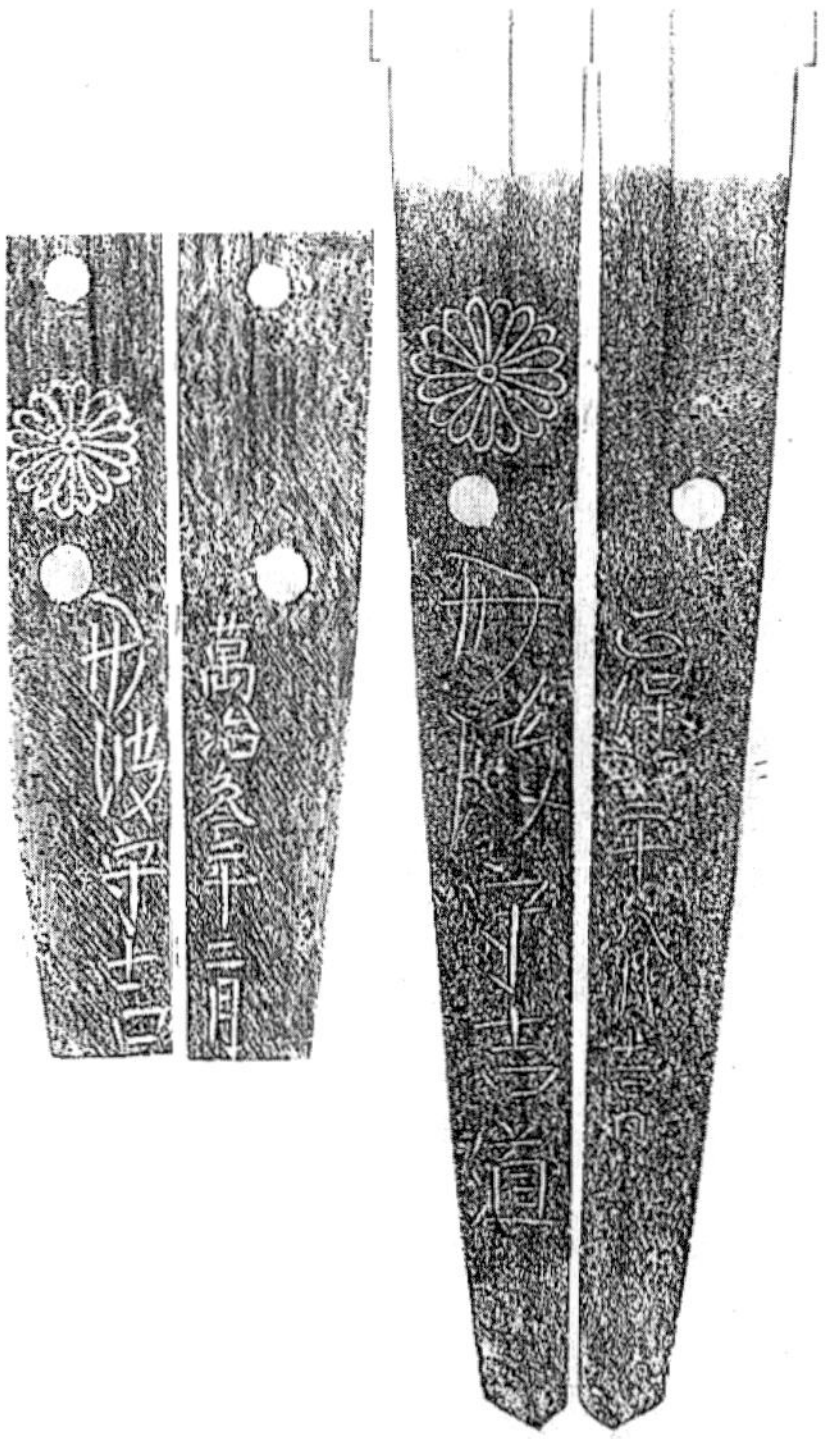

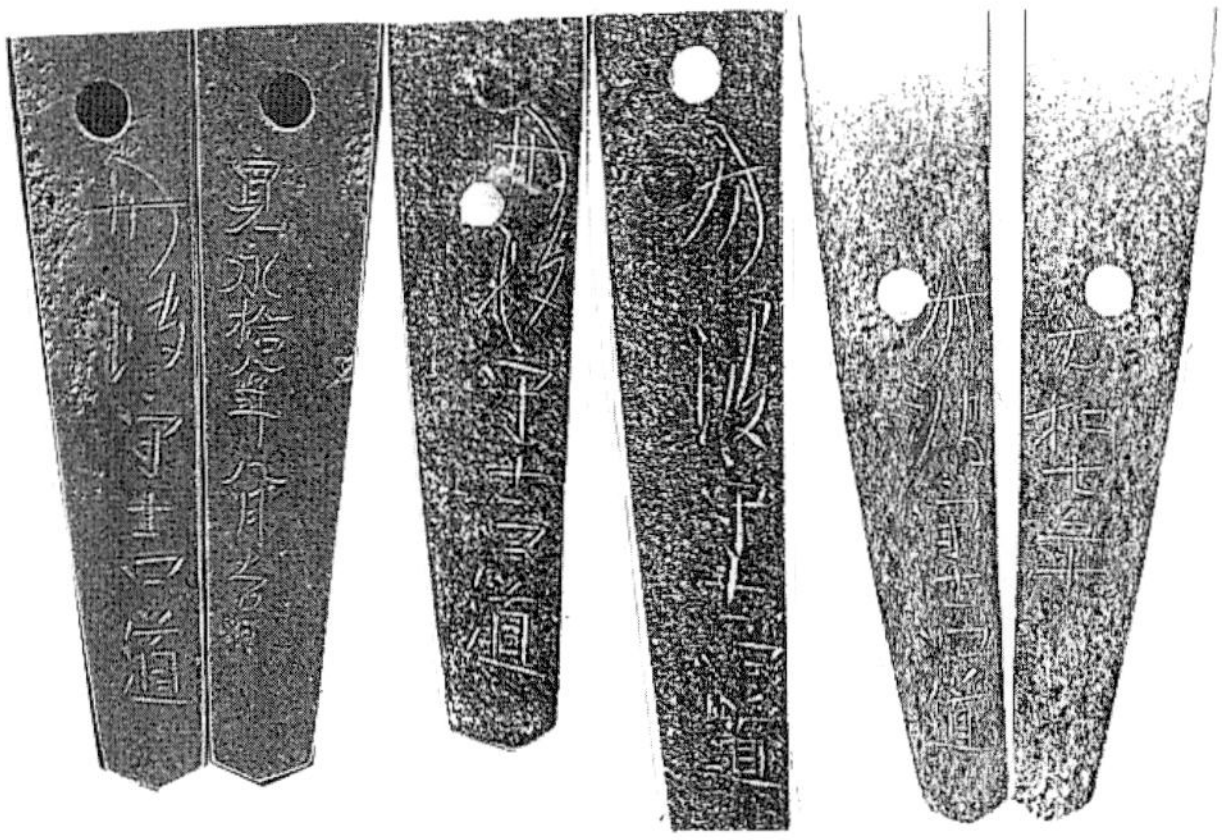

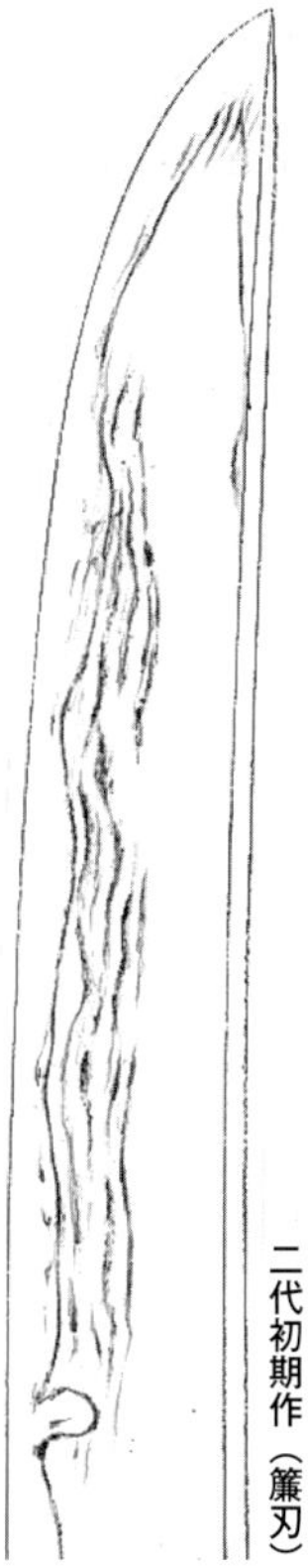

二代初期作（簾刃）

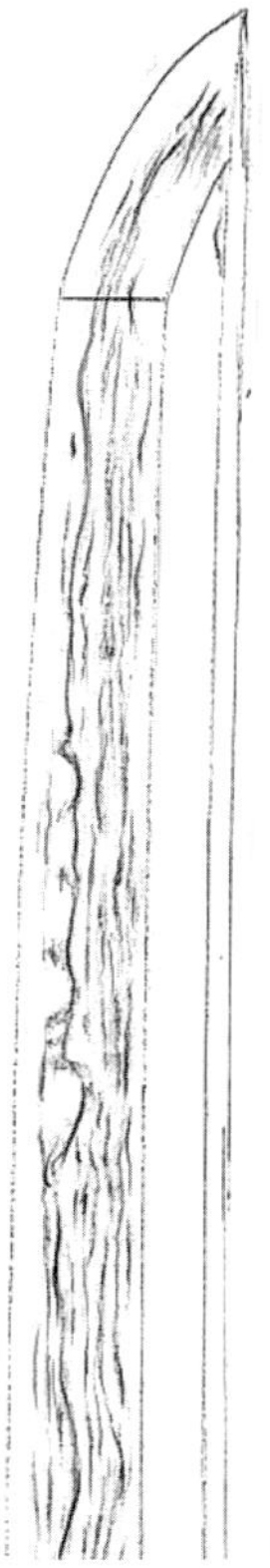

二代後期作（簾刃烈しい）

新 **吉道【よしみち】** 京丹波守　三代　山城国　江戸中期（寛文）

三品徳左衛門。寛文二年十月二十六日、丹波守を受領。寛文九年十月二十五日没。受領年から没年まで七年しかなく、作刀数が少ない。寛文二年紀の刀に菊紋を刻し、「三代」を冠した作がある。互の目に大互の目交じり、しきりに砂流しがかかる。簾刃は吉道代々の特技。

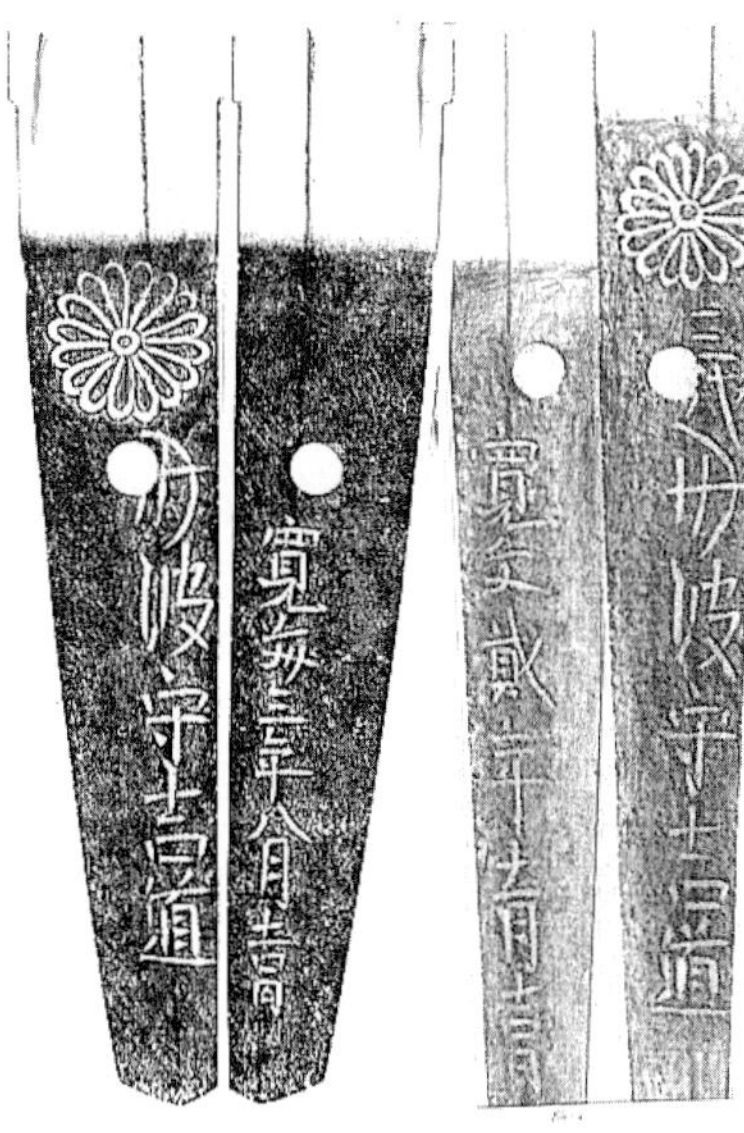

新 **吉道【よしみち】** 京丹波守　四代　山城国　江戸中期（延宝）

三品吉之丞。入道して宗鉄、また練光宗鉄と号す。寛文十三年（延宝元年）丹波守を受領（『古今鍛冶備考』）とある。その前年、「四代作」と「京丹波守」の受領銘を切った「寛文十二年八月」紀の刀がある（『刀剣美術』第四九四号押形図、京四代目丹波守吉道の貴重な年紀、森義隆氏）。この年紀と備考説にもとづけば、延宝元年は「九月二十一日」改元なので、寛文十二年八月から寛文十三年九月二十一日までの間に四代は丹波守を受領していたことになる。四代には元禄十五年紀に五十五歳と切った作があることから、享保十三年九月二十八日没の行年は八十一歳。寛文十二年から享保十三年までは五十六年を算し、作刀期が長い。

諸羽神社奉納刀

（『新刀弁疑』）

新 **吉道【よしみち】** 京丹波守　五代　山城国　江戸中期（享保）

三品藤七郎。正徳元年丹波守を受領。父の入道宗鉄銘との合作がある。五十余年の作刀期があり、四代に継ぐ長命者。

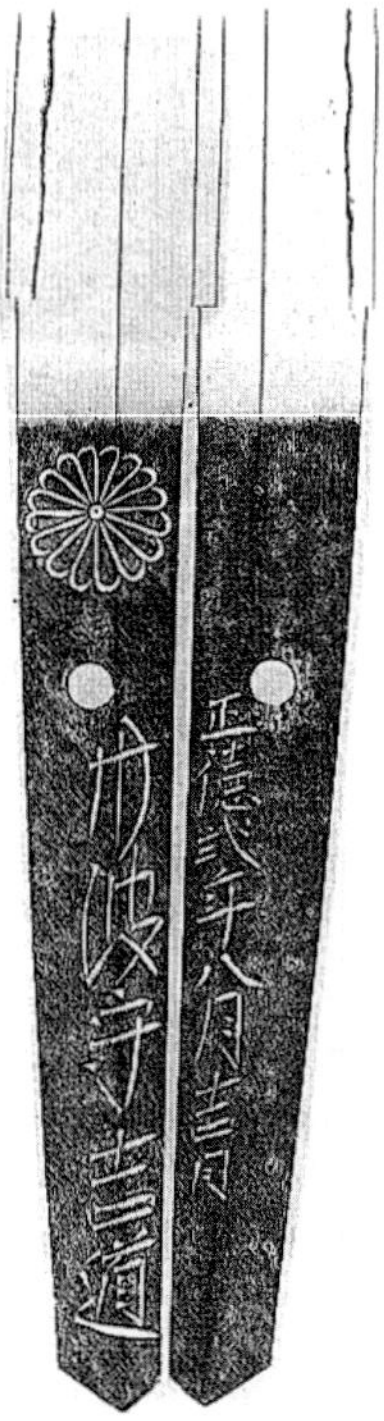

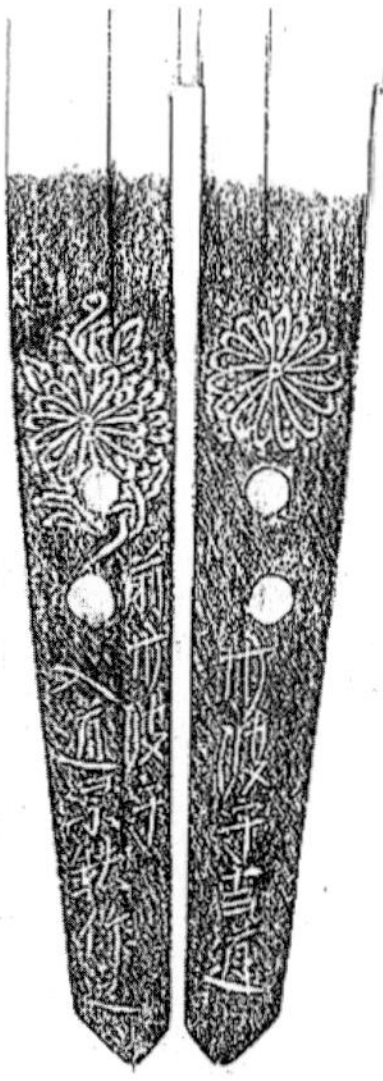

四代宗鉄との合作刀（表裏とも五代切銘）

新 **吉道【よしみち】** 京丹波守　六代　山城国　江戸中期（宝暦）

三品藤吉、また藤吉郎。宝暦二年丹波守を受領。後桜町天皇の御剣を奉納する。宝暦二年紀の初作から天明八年十一月十六日の没年まで三十六年間の作刀期があるが、作刀数は少ない。

新々 **吉道【よしみち】** 京丹波守　七代　山城国　江戸末期（寛政）

三品藤三、また藤蔵。浜部寿格の門に入り、吉格と銘す。天明八年に江戸へ移住。寛政五年、日州延岡城主・内藤家の抱工となり、延陵士と号す。享和二年、丹波守受領。享和三年、三十六歳没（享和二年没説もある）。菊水刃は師の寿格丁子に簾刃を加味したもので七代の考案。名門吉道家の掉尾を飾る上工。なお八代藤三郎吉道、九代亀三郎清道は実質、京吉道家を相続することはなかった。

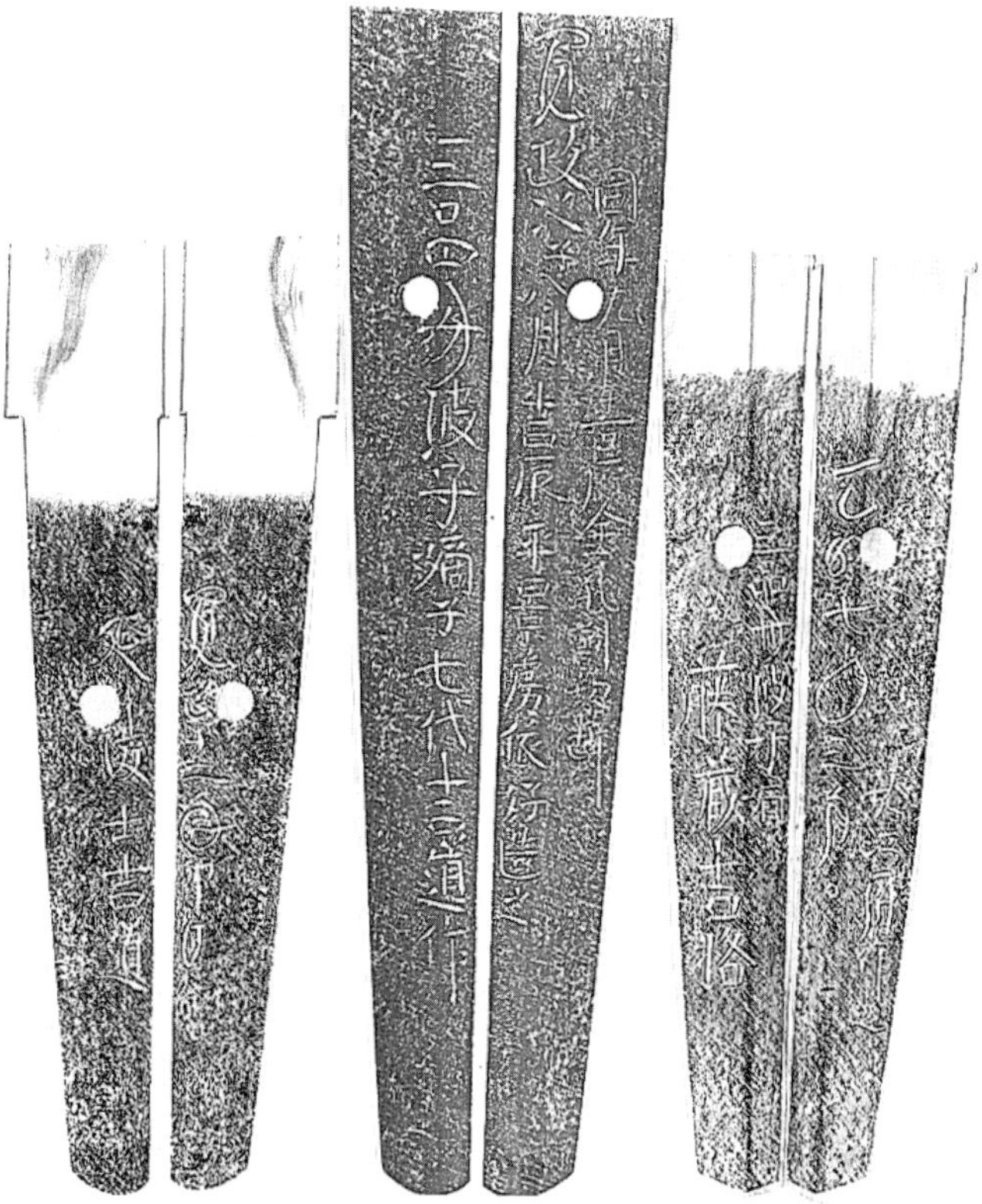

新 **吉道【よしみち】** 大坂丹波守　初代　摂津国　江戸初期（正保）

三品金右衛門。初代京丹波守吉道の三男。京から大坂へ移り一家を成す。正保年中、丹波守を受領（『古今鍛冶備考』）というが、寛永十四年紀の作があり、この年より以前に受領する。寛文七年に七十歳といい、寛永十四年には四十歳に当たる。大坂丹波は各代とも菊紋を切らない。簾刃を焼く。

新 **吉道【よしみち】** 大坂丹波守　二代　摂津国　江戸中期（寛文）

三品五郎兵衛。初代大坂丹波の嫡男。大坂錦町一丁目住。初代を祖父丹波というのに対し、二代を中丹波また親丹波という。寛文三年丹波守を受領。寛文後半年から延宝にかけて活躍。弟初代大和守吉道との合作を

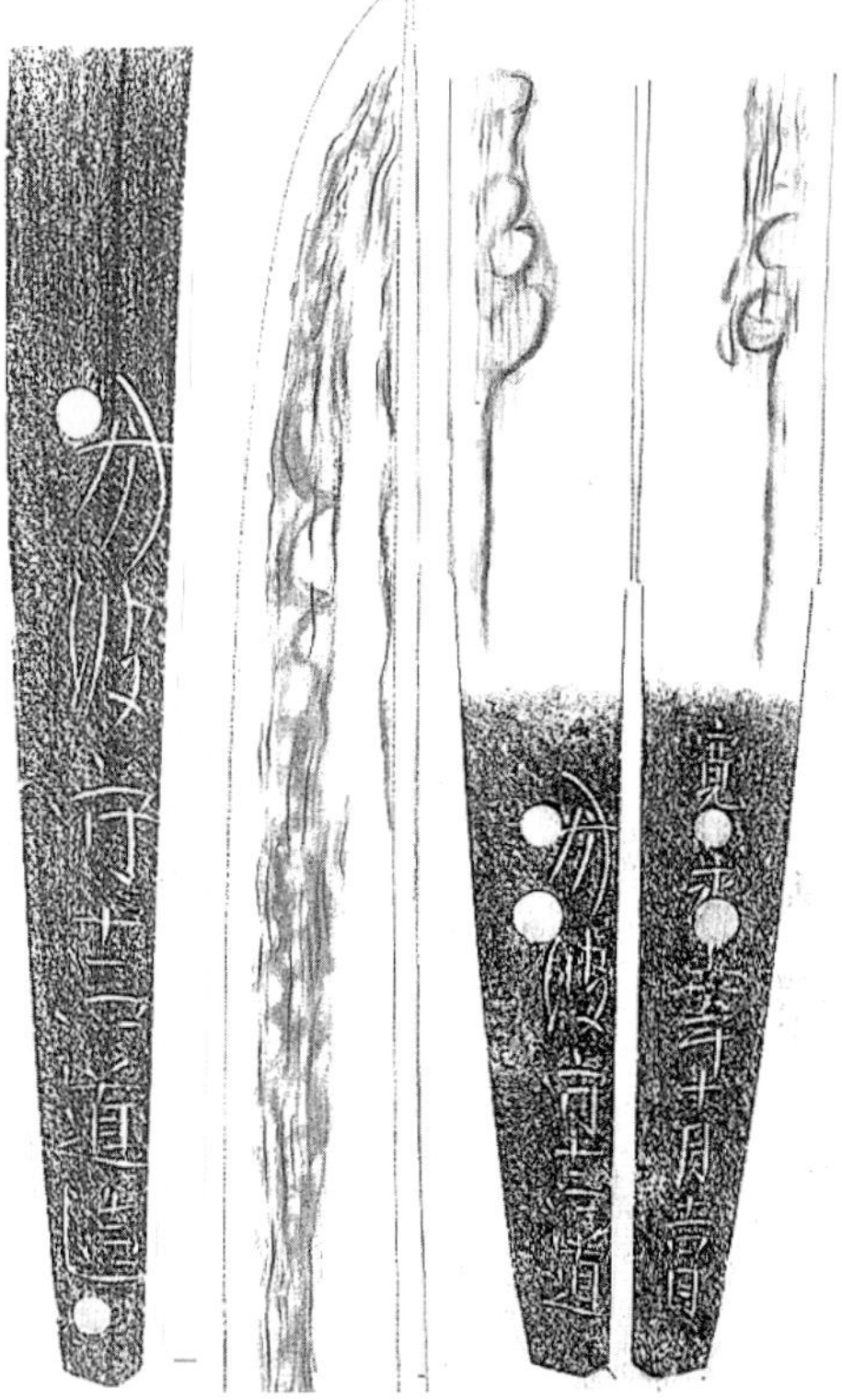

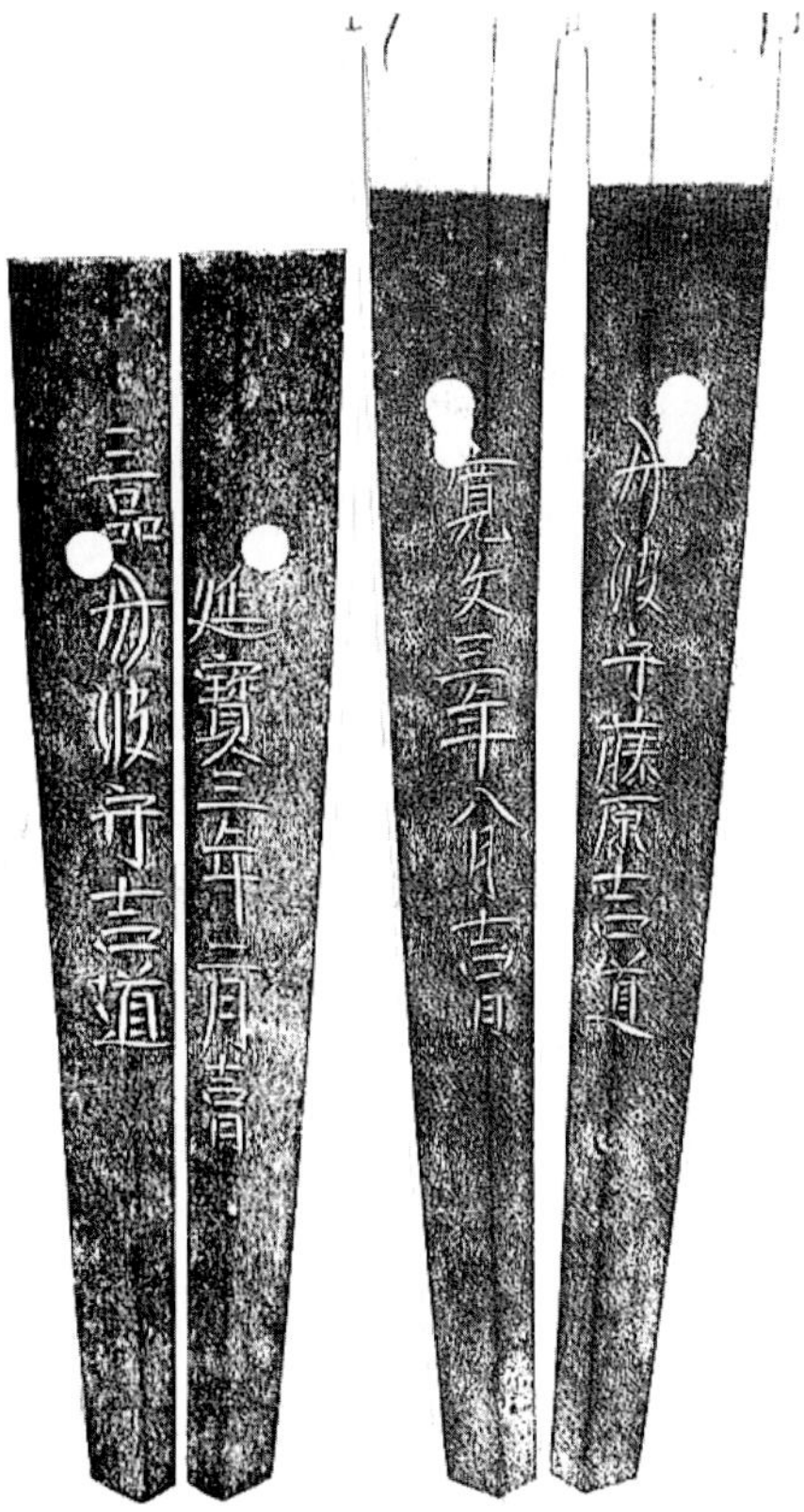

打つ。

新 吉道【よしみち】 大坂丹波守　三代　摂津国　江戸中期（元禄）

簾刃中に菊花形の互の目を交じえた菊水刃を焼き、刃文の技巧化がみられる。「守」字の最終画の点を上から下向きに打ち、京丹波とは逆鏨である。

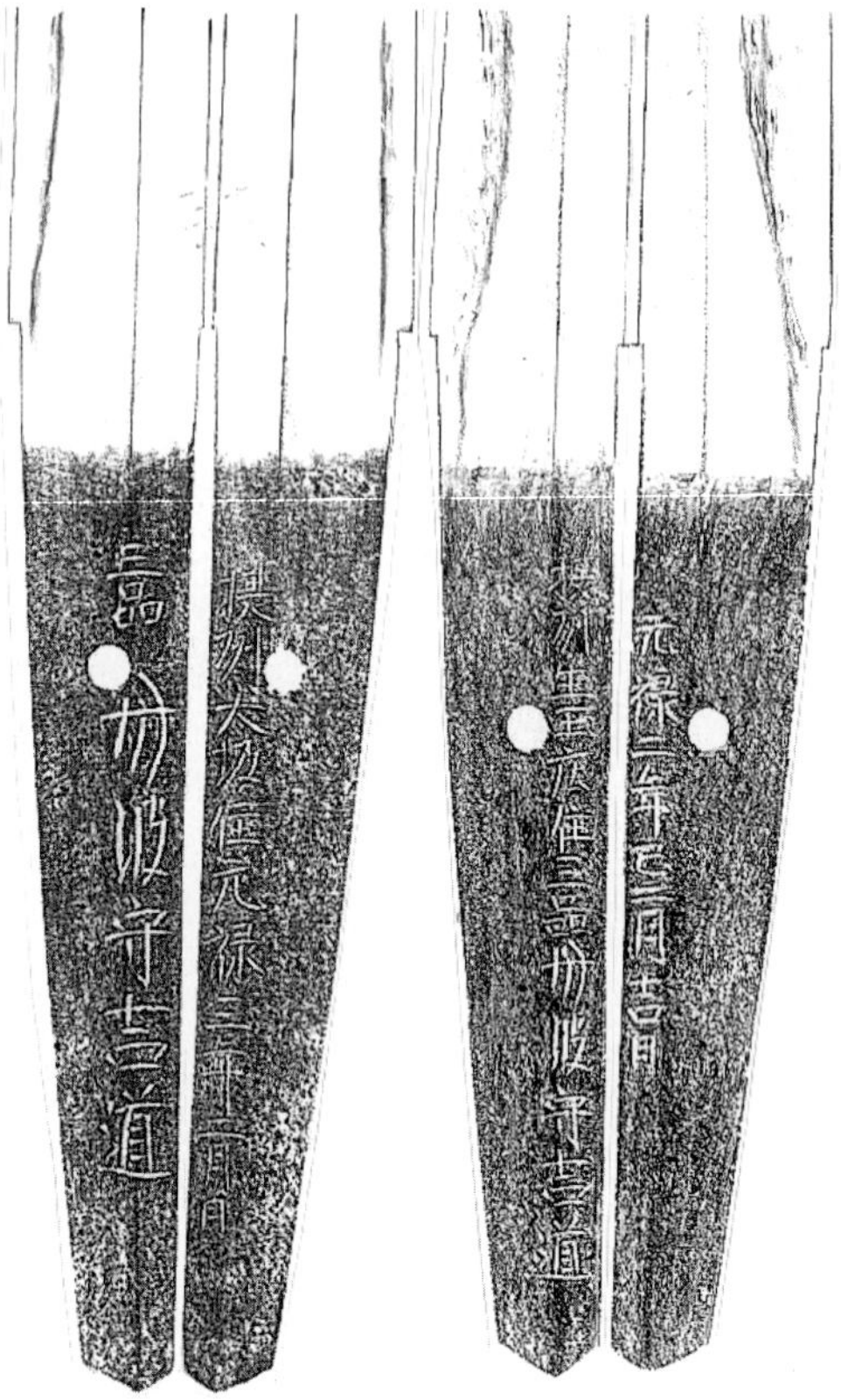

新 吉道【よしみち】 大和守　初代　摂津国　江戸中期（寛永）

三品宇右衛門。初代大坂丹波守吉道の次男。丁子乱刃を好み、拳形丁子、簾、菊水、富士山形の刃を焼く。承応元年紀から延宝三年紀のものまであり、承応元年は実兄二代大阪丹波守吉道との合作。延宝三年紀に七十八歳造がある。

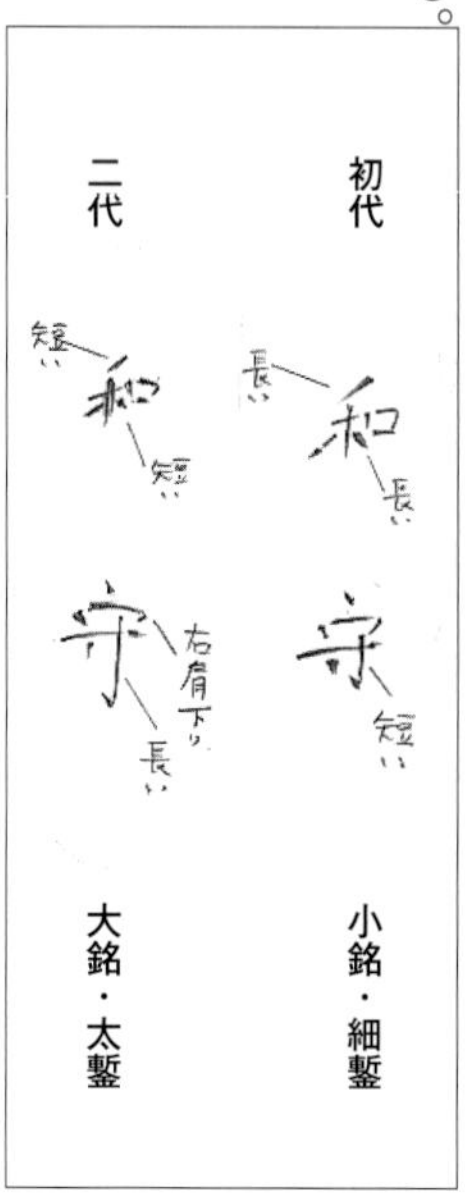

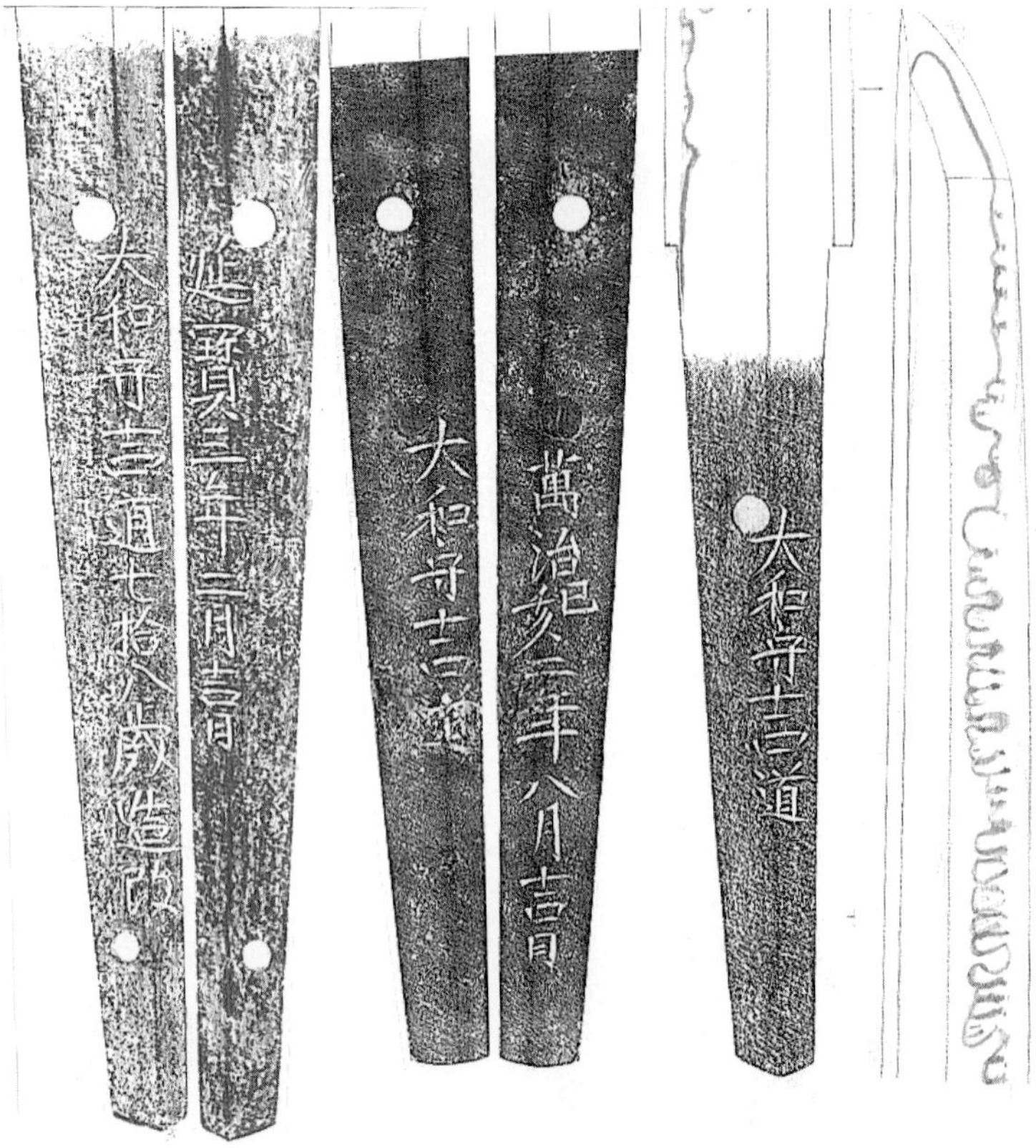

新 吉道【よしみち】 大和守　二代　摂津国　江戸中期（延宝）

三品四郎兵衛、また伝右衛門。大坂錦町住。のちに本多家に仕えて播州姫路に住し、姫路大和の称がある。延宝三、四年には武州江戸で造る。二代の銘は初代に比べ大銘で太鏨に切る。初代の晩年は代作に当たっていたらしい。作風は初代の丁子乱、簾刃などを継承する。

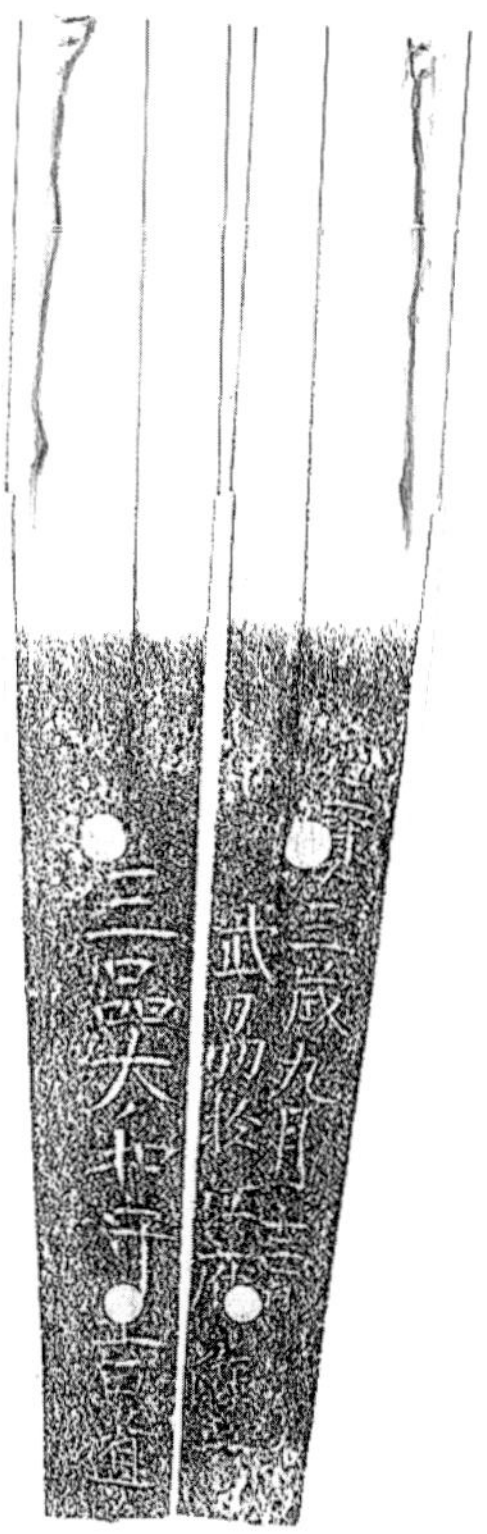

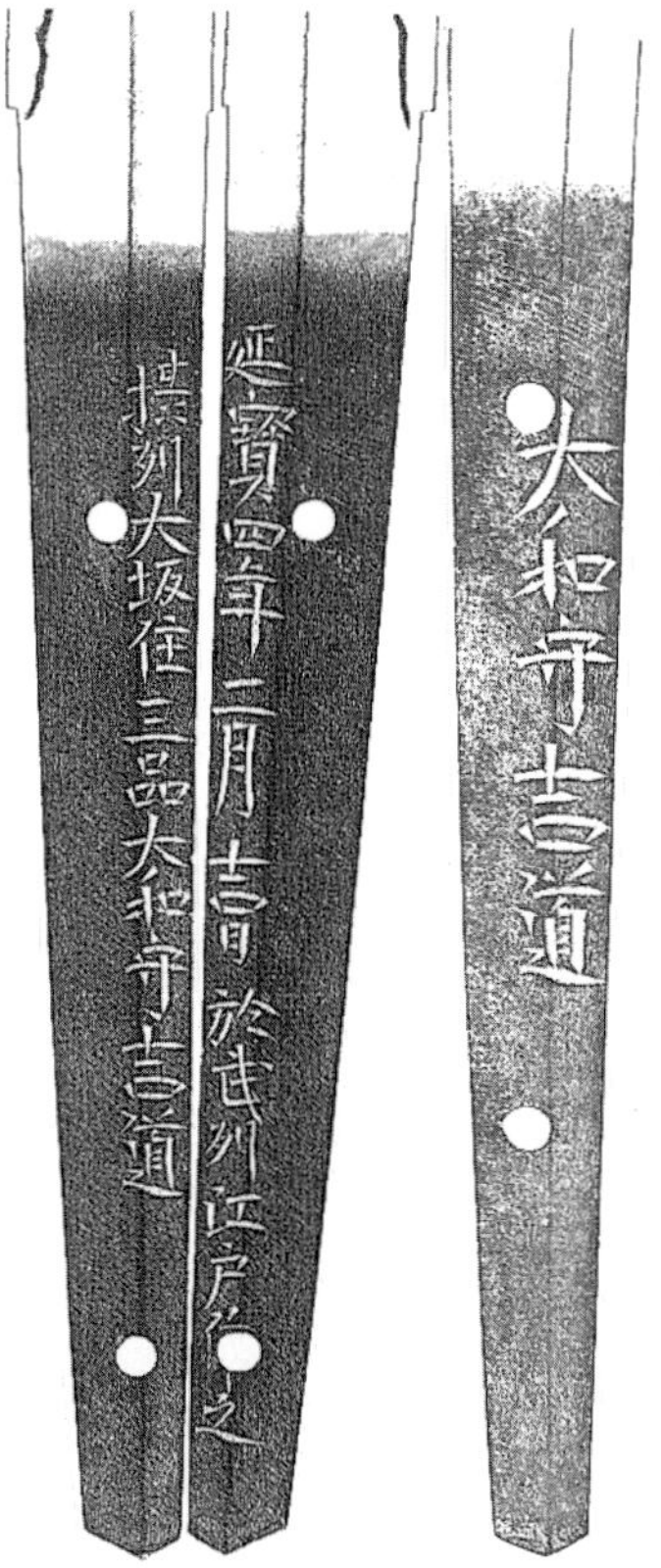

新 吉道【よしみち】 大和守　三代　摂津国　江戸中期（貞享）

三品宇右衛門。初銘幸道。初代銘に似て鏨細く深く切る。丁子、簾刃、菊水刃などを焼く。吉道各代とも後代になるにつれ刃文を美形化し、富士山形に刃文を象ったりする。

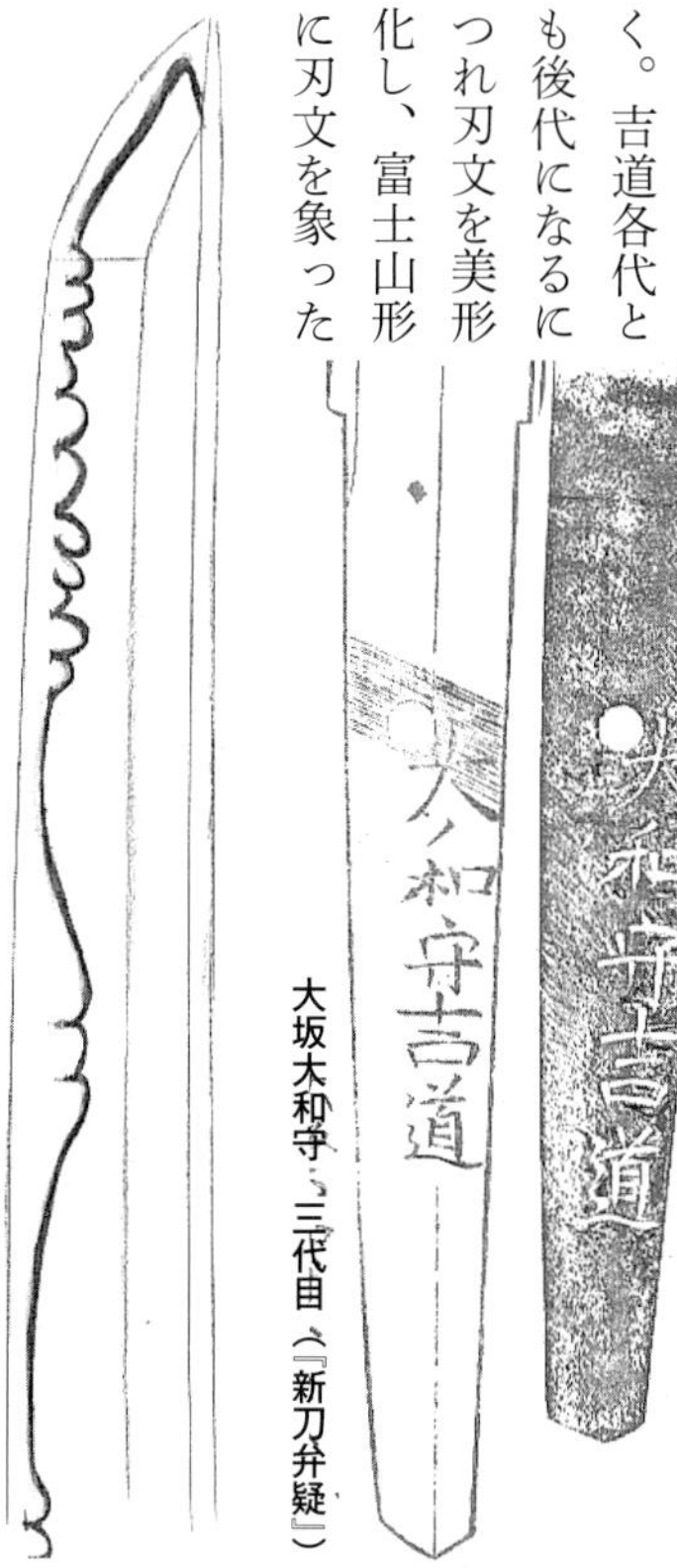

大坂大和守・三代目（『新刀弁疑』）

新 吉道【よしみち】 越前国　桃山期（寛永）

本国越後。越前福井住。渡辺治郎兵衛。「越前住吉道」。

新 吉道【よしみち】 越前国　江戸中期（延宝）

治郎兵衛吉道の後。湾れに互の目交じり。「越前福居住吉道」「北越住人吉道」と切る。

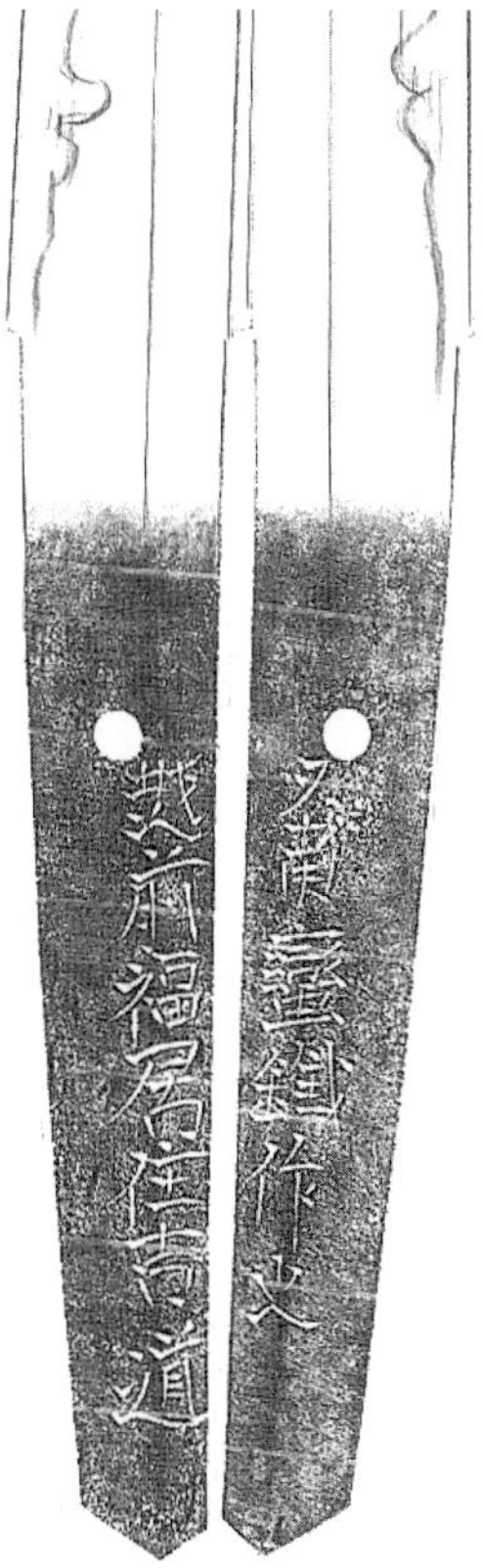

古 吉光【よしみつ】 山城国　鎌倉中期（正元）

粟田口。藤四郎。則国子。国吉子とも、弟ともいう。享保名物帳には名物三作を掲げ、正宗、江の上位に吉光を置き、名物一六八口中で、三七口（内焼け身・追加十九）を収載している。吉光は短刀の名手で、新藤五国光と並んで双璧と讃えられる。剣が稀にあり、太刀は名物・一期一振の一振りを残すのみ。古押形には別の太刀をみることから、一生に一振りだけ太刀を作ったというよりは、一世一代の傑出作との命名であろう。一期一振は室町将軍家重代の名宝であり、義昭から信長が賜り、秀吉からのち徳川将軍家に伝来し、文久三年、徳川茂徳から禁裏へ献上され、御物となっている。一期一振は元和元年の大坂落城のさい焼け身となり、康継が再刃する。『光徳刀絵図』の毛利本（文禄三）、大友本（文禄四）に生ぶ茎の図があり（次頁図①）、寿斎本（元和元）は磨上げて額銘になった図が掲げてある（同②）。二尺八寸三分だった長寸のものを自身の体形に合わせて短く詰めたのは、秀吉ではなかったかとみられている。

① ②

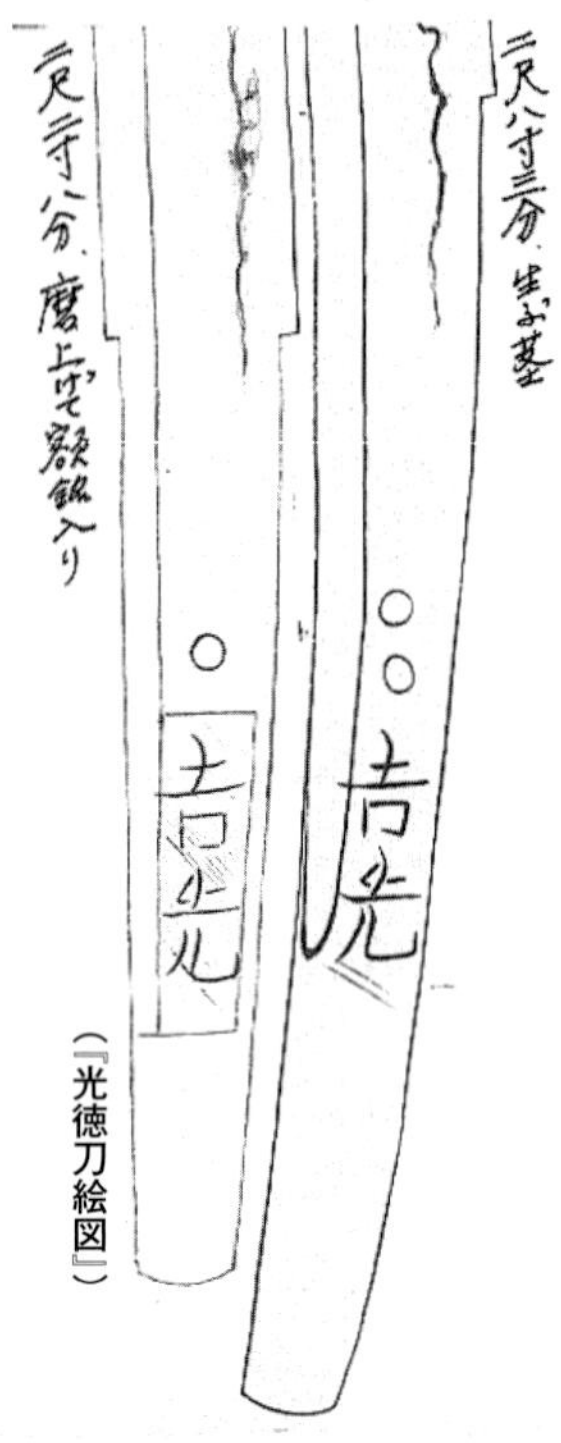

（『光徳刀絵図』）

短刀は寸法と身幅が尋常で内反りのもの、身幅がやや広く大振りで寸詰まるのと、寸延びるものとがある。例外的に重ねの厚いものがある。地鉄は小板目のよく詰んだものと、肌立ちごころのものとがある。いずれも地沸が微塵につきうるみがあって、来物に比べては強靭さがみられる。刃文は直刃が多く、焼出しに小互の目を連れて焼くのが特徴とされるが、物打ち辺にも、また中程にも小互の目を交じえたものがある。いずれも匂いが深く、小沸よくつき、帽子に沸が特によくつき、筋状に喰い下がる景色となる。簡素な刀身彫を好み、棒樋に添樋、梵字に素剣などを彫る。

銘は二字に「吉光」と流暢に切り、「吉」字の「口」の大きさと形から①大口　②小口　③犬口の三種に分かつ（『本朝鍛冶考中心押形』）。また「光」字の第二画を独特な字形で描き、それが三ヶ月形なところから、これを同書は「三カ月点」といっている。

粟田口吉光

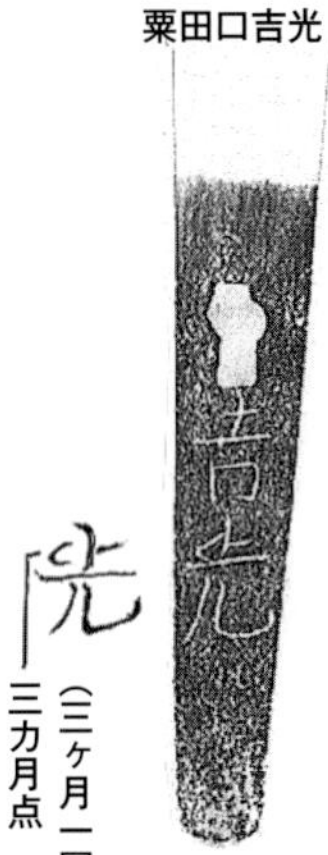

稲葉藤四郎

（三ヶ月一冠）三カ月点

新藤五国光

（左字北冠）

新藤五国光が「左字北冠」と呼ぶ字形とちょうど逆向きの形の、「三ヶ月一冠」の形状である（図参照）。

① （大口）　② （小口）　③ （犬口）

「口」の大きさと形状から大口・小口・犬口の三種に分かつ

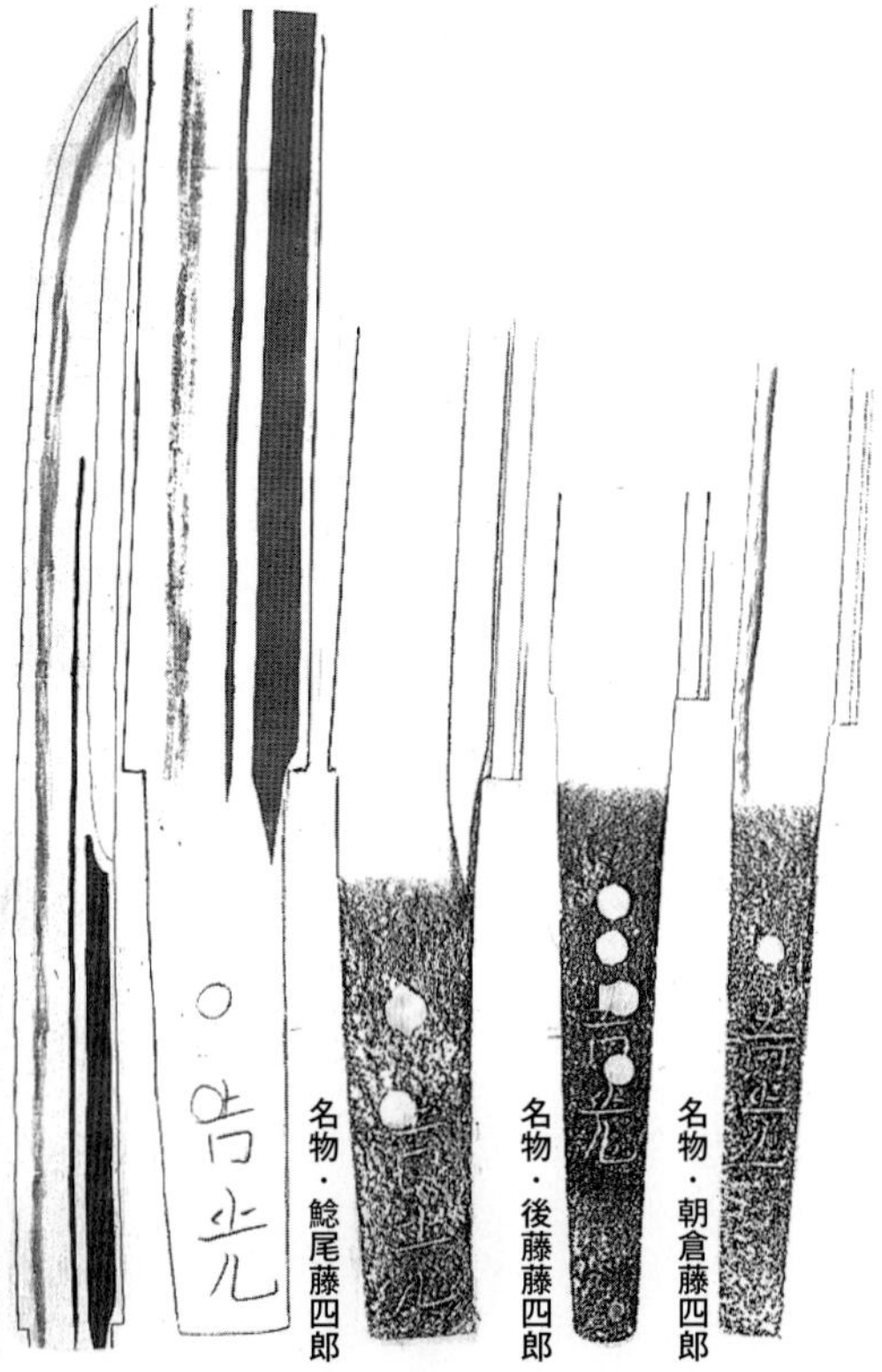

名物・朝倉藤四郎

名物・後藤藤四郎

名物・鯰尾藤四郎

名物・鯰尾藤四郎（『光徳刀絵図』〈大友本〉）

熱田神宮蔵

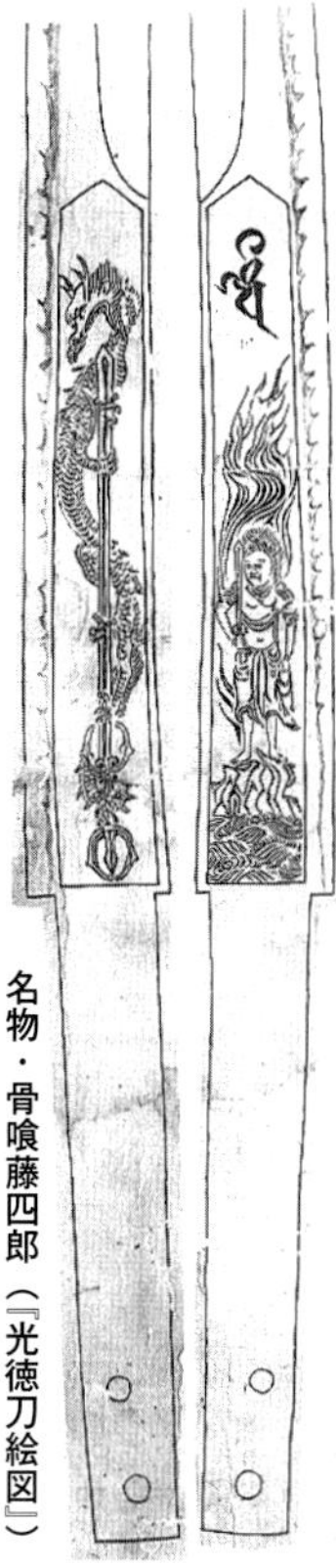

名物・骨喰藤四郎（『光徳刀絵図』）

古 **吉光【よしみつ】** 大和国 鎌倉末期（徳治）

千手院。正安二年八月紀の太刀があり、年代的にみて徳治の吉光と同人であろう。

古 **吉光【よしみつ】** 大和国 南北朝期（暦応）

千手院。奈良住。龍門鍛冶。吉光の名跡は室町期まで続き、応永、文明ころに作刀する工がいる。「吉光」「大和住吉光」と銘す。

古 **吉光【よしみつ】** 土佐国 鎌倉末期（徳治）

玉木安左右衛門。藤原氏。大和千手院流とも粟田口正光門ともいう。吉光家（現高橋姓）に伝わる系図によると、初代吉光は玉木安左右衛門、山城国三原郡粟田口に住したが故ありて流罪となり、土佐国高岡郡立目村に来たり、太守より土地を賜り居所となし、粟田口流土佐吉光と称すという。四代大永ころまで土佐立目村住、五代慶長ころから高知掛川町、のち永野村、倉川などに移る。正安、徳治、正中の年紀作があり、現存する正中二年八月紀の作は大和風があり、粟田口の源流をなすもののようである。「吉光」「土佐住人藤原吉光」。

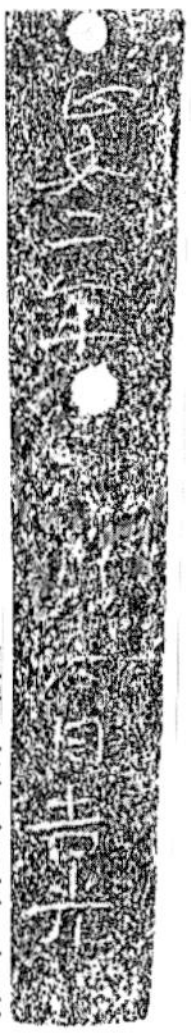

正安二年八月六日吉光

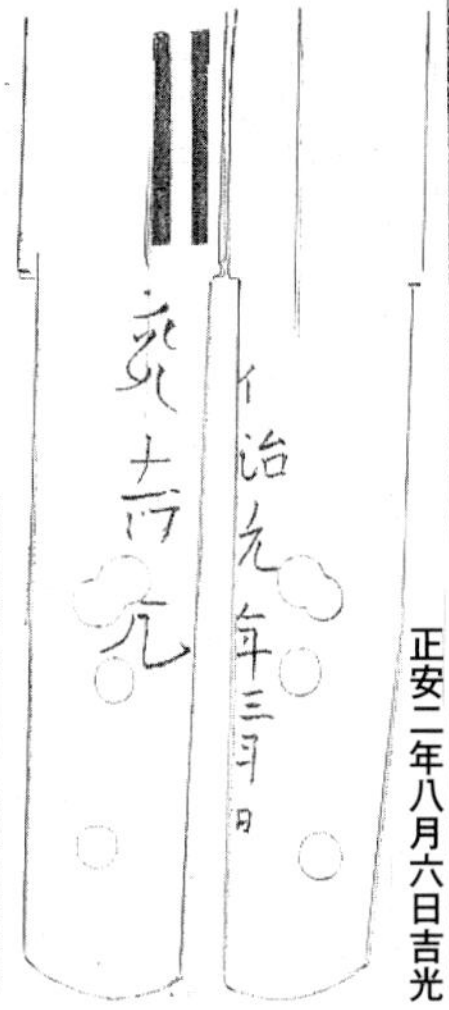

徳治元年三月日（『光山押形』）

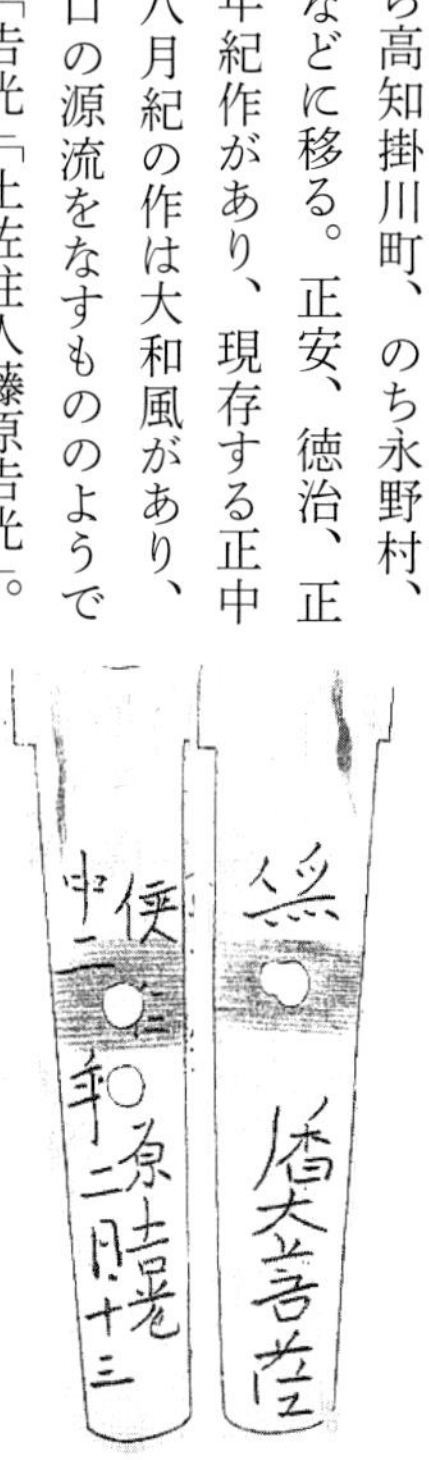

住人藤原吉光
正中二年二月十三（『光山押形』）

古 **吉光【よしみつ】** 土佐国 南北朝期（観応）

孫左右衛門。二代。高岡郡立目村住。「吉光」。古作吉光は板目に柾交じり、大肌立ち、地沸つき白気ごころがある。刃文は直刃、また小乱に互の目交じり、ほつれ、掃掛かる。

古 **吉光【よしみつ】** 土佐国 室町初期（応永）

安左右衛門。三代。立目村住。康応元年紀の作があるという。南北朝末期から応永年間に作刀する。「吉光」。

古 **吉光【よしみつ】** 土佐国 室町中～末期（康正～天文）

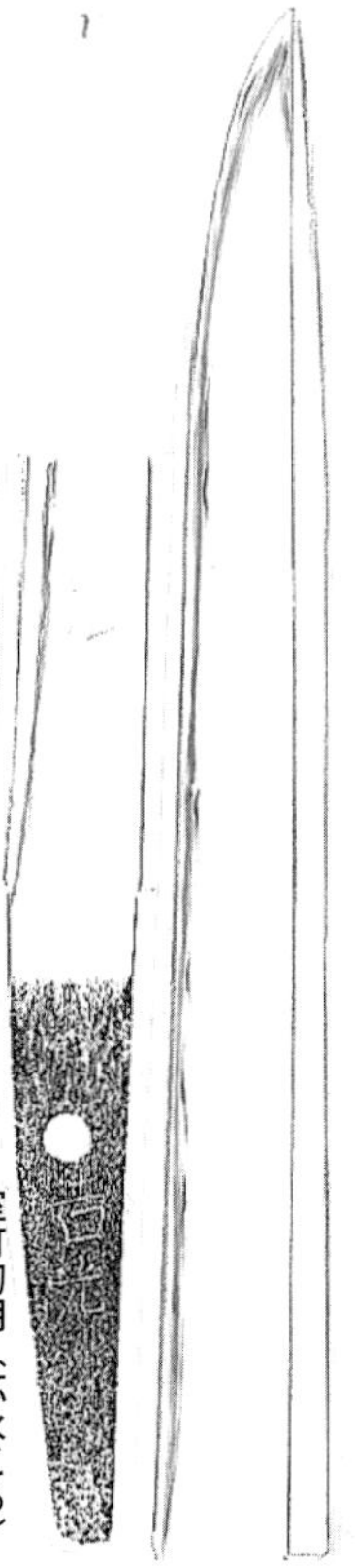

室町初期（応永ころ）

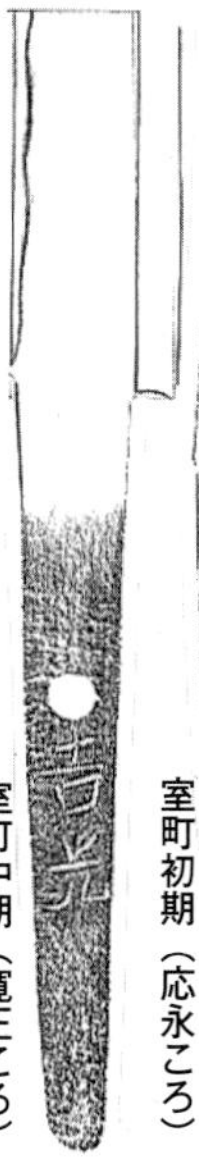

室町中期（寛正ころ）

室町末期（永正ころ）

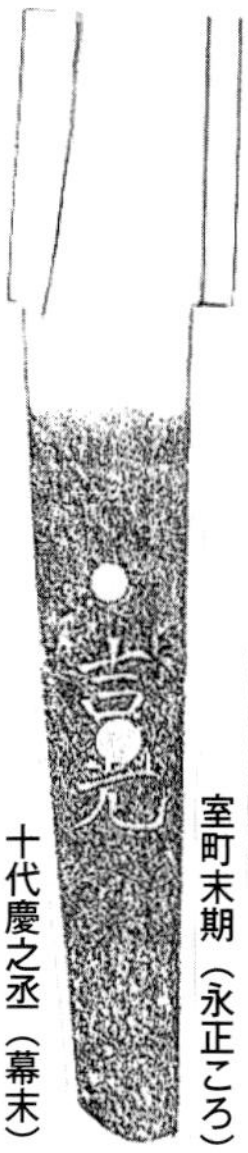

十代慶之丞（幕末）

四代孫左右衛門、五代仁兵衛と続き、新刀期に入る。吉光家系図は十代幕末（慶之丞・敬吉）まで作刀し、十代は左行秀門という。吉光は各代とも室町期中に多く作られ、短刀を好んで打っている。各代中には複数の工が同銘を切り、年紀作が稀少なため、正確な年代は設定しにくい。平造の短刀は身幅が狭く重ね厚で内反り、板目鍛えに柾が流れて肌立ち、白気ごころがある。刃文は小沸出来の直刃に小互の目の交じるものがある。「吉光」二字銘が多い。

新 吉光【よしみつ】 土佐国　桃山期（慶長）
藤本仁兵衛。土佐吉光後流。五代という。「吉光」二字に切る。

新 吉光【よしみつ】 土佐国　江戸初期（承応）
藤本田兵衛。土佐吉光六代という。「吉光」。◆七代吉光は元禄ころ。次いで忠之丞吉光、宝暦ころ。

古 吉光【よしみつ】 備前国　鎌倉末期（応長）
福岡一文字。相州山内にても造る。応長ころ。「吉光」。

古 吉光【よしみつ】 備前国　南北朝期（応安）
吉井。応安二年紀の作がある。「備前國吉井吉光」。

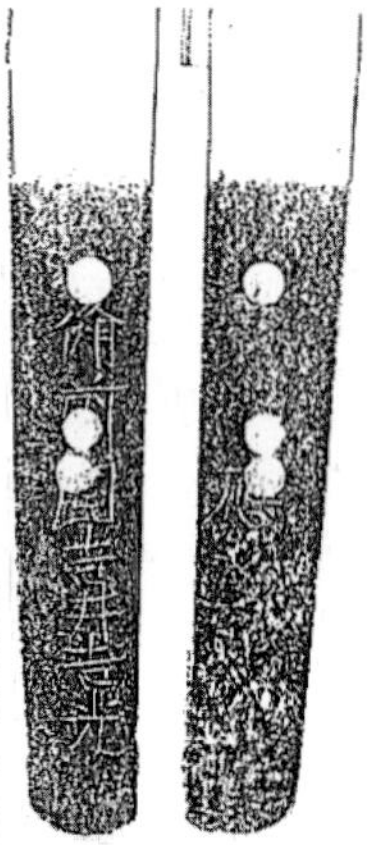
応安二年八月日

古 吉光【よしみつ】 備前国　南北朝期（永和）
小反り。藤太郎。義光子。初代永和、二代永享、三代文明、四代永正、五代天文と同銘が続く。「備州長船吉光」。

新 吉光【よしみつ】 摂津国　江戸中期（寛文）
三品。金右衛門。初代大坂丹波守吉道門。湾れ乱、湾れに互の目交じり。「摂州住吉光」。

新作 吉光【よしみつ】 佐賀　昭和
福田光雄。明治四十五年生まれ。伊万里市松浦町住。昭和七年、小山信光に師事。同十年、新作共進会に出品し入選。十七年佐世保海軍刀匠受命。戦後は昭和二十七年講和記念刀を製作。新作名刀展は同三十年から出品、入選。肥前忠吉に私淑し、山城伝、備前伝を表現する。

昭和五十六年

新作 吉光【よしみつ】 長野　昭和
田中庄吉。昭和十一年天田貞吉門、のち宮入昭平門。陸軍受命刀匠。信州坂城伊那谷住。互の目乱。

古 吉宗【よしむね】 備前国　鎌倉中期（正元）
福岡一文字。左衛門尉。吉宗の子、吉家の弟。小湾れ調の直刃に小丁子乱。「吉宗」。同銘が承久ころに正元吉宗の父、また弘安ころにもいて、福岡一文字に少なくとも三人はいるようである。

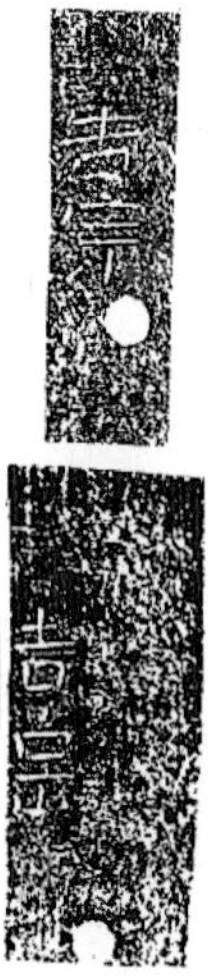

古 吉宗【よしむね】 備前国　鎌倉末期（元応）
吉岡一文字。左衛門尉。元応のころ。「吉宗」「備前国吉岡住左衛門尉吉宗」。同銘が南北朝期に小反派に、また室町期にも長船で作刀する。

新々 吉宗【よしむね】 肥前国　江戸末期（慶応）

野方兵蔵。吉包の弟。明治三十九年七月二十九日、七十歳没。

古 吉用【よしもち】 備前国　鎌倉中期（文暦）

福岡一文字。助吉門。文暦のころ。「吉用」。

古 吉用【よしもち】 備前国　鎌倉中期（正応）

福岡一文字。湾れかかった直刃、また小丁子乱を焼く。棟寄りに二字小銘を切る。「吉用」。

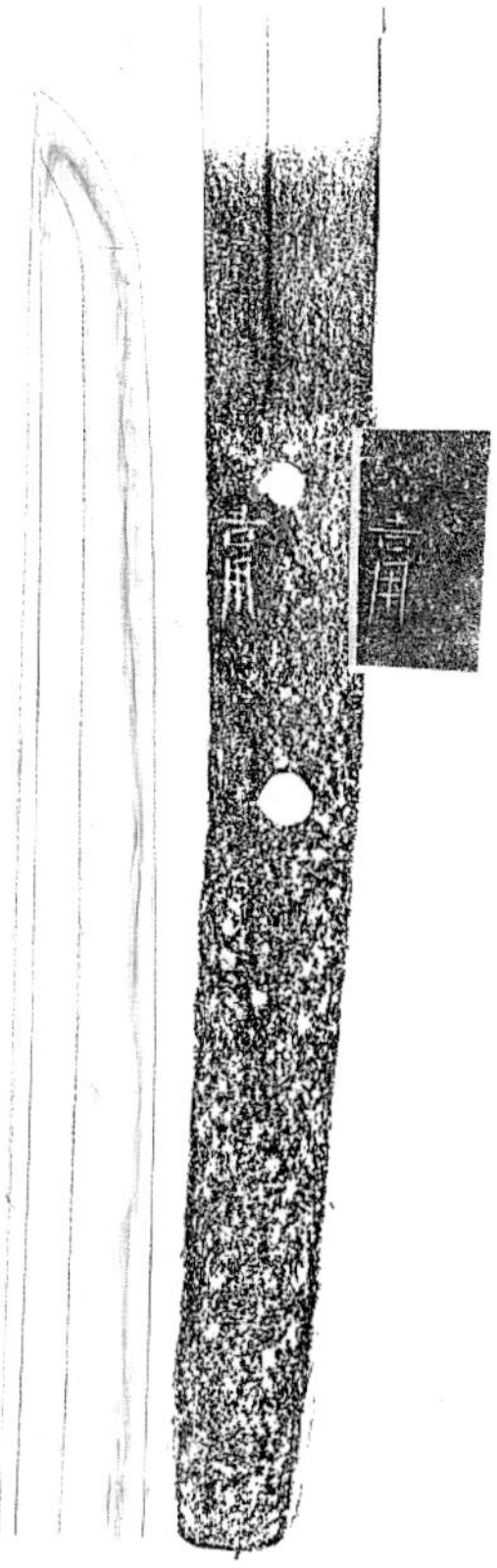

古 吉元【よしもと】 備前国　鎌倉中期（文暦）

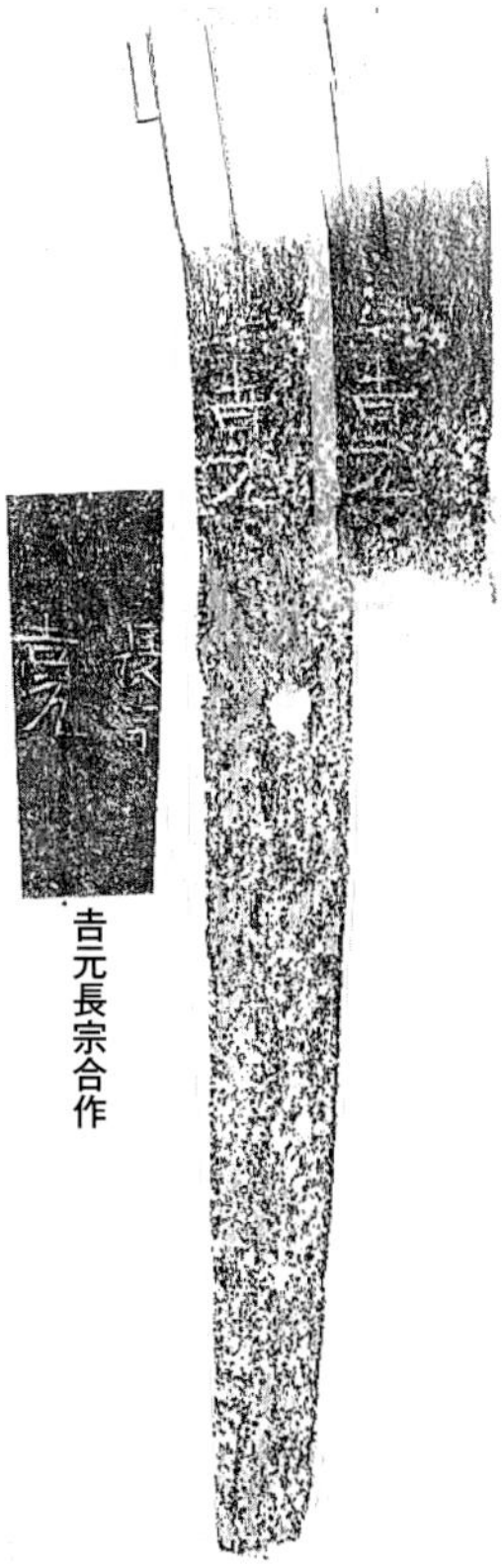

吉元長宗合作

福岡一文字。吉房の子、助吉門という。小丁子に小乱交じり、丁子乱の華やかなものもあり、父吉房の作に似る。長宗との合作がある。「吉元」「吉元長宗」。

古 吉元【よしもと】 備前国　鎌倉中期（文永）

長船。長光門という。湾れ調の直刃に小丁子が目立って交じり、沸よくつき、砂流し金筋が入る。「吉元」「長船吉元」。

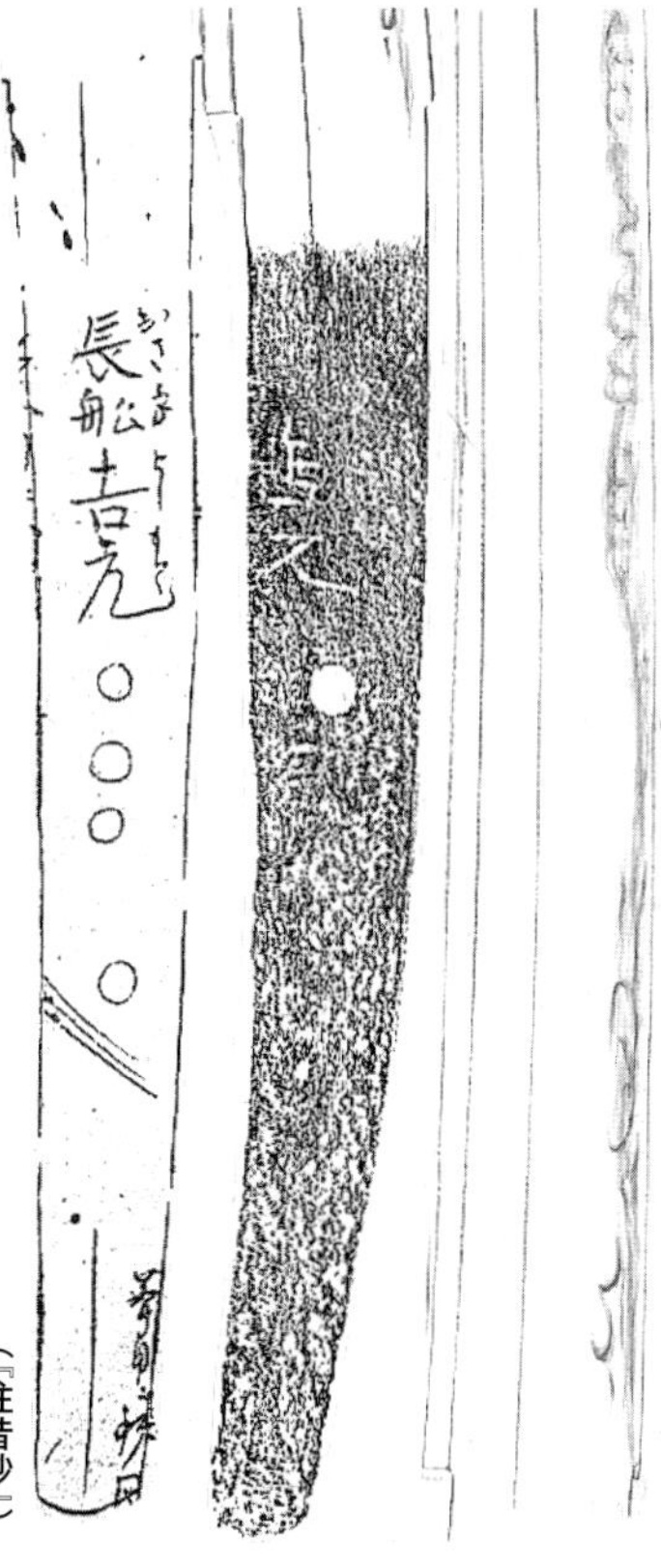

『往昔抄』

古 吉守【よしもり】 備前国　鎌倉中期（正元）

福岡一文字。吉平子。同銘が古備前にあり、南北朝期は暦応ころに岩戸一文字、応安、応永ころには長船にある。

古 吉盛【よしもり】 筑前国　室町中期（享徳）

金剛兵衛。古くは南北朝期（貞和ころ）の盛高弟という吉盛から発し、永徳、永享から後代に続くが、作刀は享徳ころから以降で、享禄、天文年紀のものをみる。

古 吉安【よしやす】 薩摩国　室町末期（長享）

波平。文明・長享の年紀作があり、吉安五代という。南北朝期の応安前から明徳、応永と続き文明・長享の吉安に至る。刃文が皆焼を構成するのは、一般波平物の作風からは変わり出来。なお大永・永禄の吉安へ続く。

「波平吉安作」。

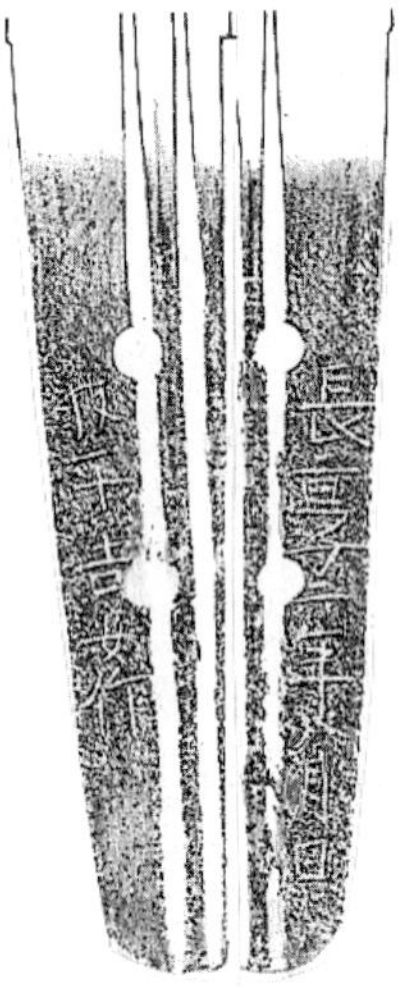

古 吉行【よしゆき】 薩摩国 南北朝期（明徳）

波平。安行門。明徳ころ。室町期（長享ころ）に谷山波平の吉行が作刀する。「波平吉行」。

古 吉行【よしゆき】 備前国 室町末期（文明）

長船。文明ころ。忠光との合作がある。「備州長船忠光」。

新 吉行【よしゆき】 土佐国 江戸中期（延宝）

森下平助。山岡家の養子となり山岡姓に改める。播磨守吉成の二男、上野守吉国の弟。本国奥州中村。父兄と共に大坂に出て初代大和守吉道門となり、のち土佐高知へ転住する。陸奥守を受領する。大坂にて没すという。互の目に丁子足を長く入れる。

新々 吉幸【よしゆき】 伯耆国 江戸末期（嘉永）

清水藤四郎。初銘吉行。曙峰軒と号す。平右衛門吉広の子で、清水正吉の養子となる。出雲藩工。明治十九年九月二十一日、七十五歳没。直刃、互の目に丁子交じり、尖り互の目など。

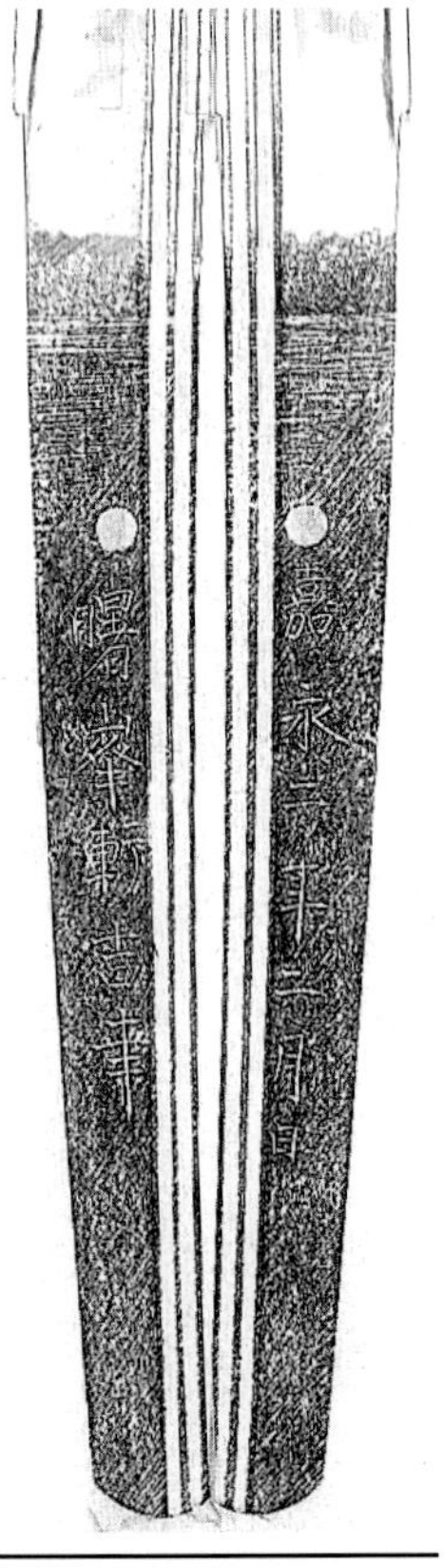

古 吉広【よしひろ】 大和国 南北朝期（康永）

千手院。吉弘（文和）同人とすれば、吉広（康永）が前銘で、後に吉弘と銘を改めたものか。大和江の称がある。康永二年紀の短刀は、焼幅の広い湾れに互の目足入り、沸よくつき、砂流し金筋入り、刃縁ほつれ、打のけかかり、飛焼き盛んで皆焼状となる。

『光徳刀絵図』（毛利本）

康永二癸未源吉広

新々 良一【よしかず】 薩摩国 江戸末期（享和）

十河平五。正良門。出水住。二代正良の鹿児島移住のとき、それに従う。鉄砲も造る。

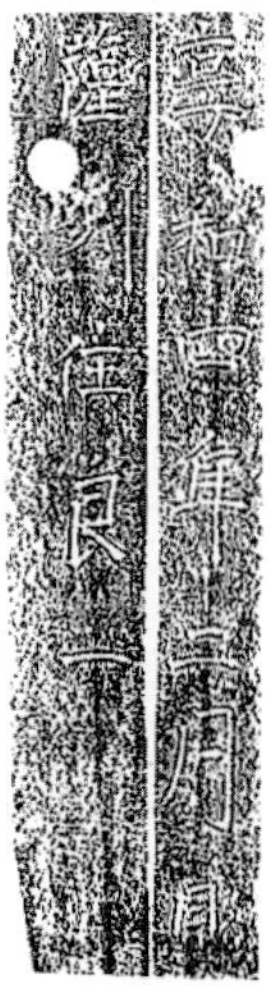

古 良貞【よしさだ】 備前国 室町初期（応永）

長船。応永ころ。「備州長船良貞」。

古 **良貞**【よしさだ】 薩摩国　室町末期（弘治）
谷山波平。弘治ころ。「波平良貞」。

古 **良助**【よしすけ】 肥後国　室町末期（大永）
石貫。玉名郡石貫住。作州にても造る。大永ころ。「石貫良助」。

新 **良忠**【よしただ・りょうちゅう】 井上　摂津国　江戸中期（貞享）
井上真改の嫡子、団右衛門。また門平、門兵衛とも。父真改没後に日州飫肥に帰る。のち三代和泉守国貞を継ぐ。三代国貞銘とみられるものに元禄九年八月紀の作ほか数例がある。宝永三年九月、五十七歳没。井上奇峯は別人。小湾れ互の目、沸よくつき、刃縁に荒めの沸つく。

三十歳

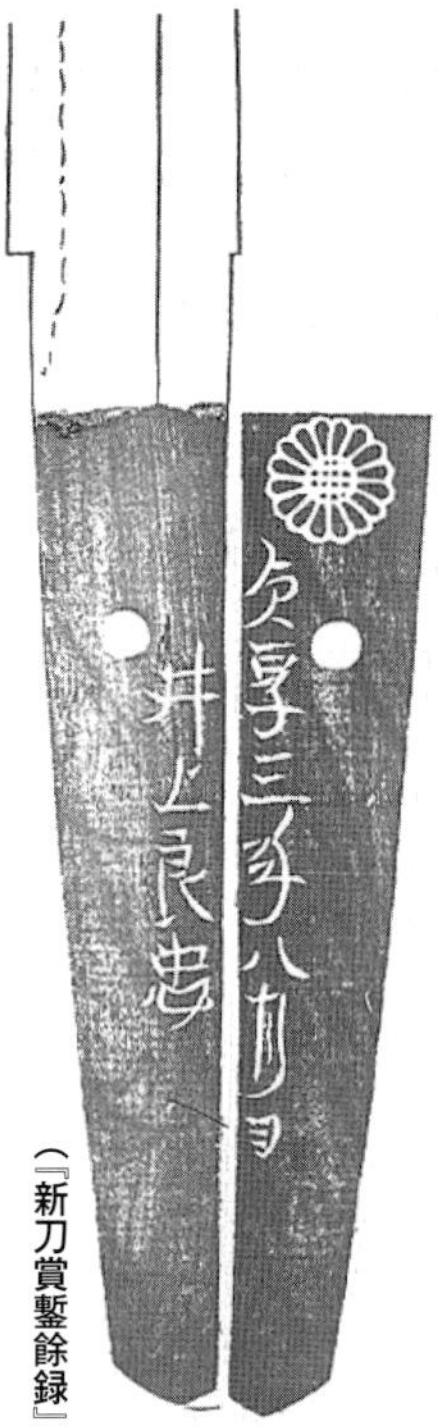

（『新刀賞鑑餘録』）

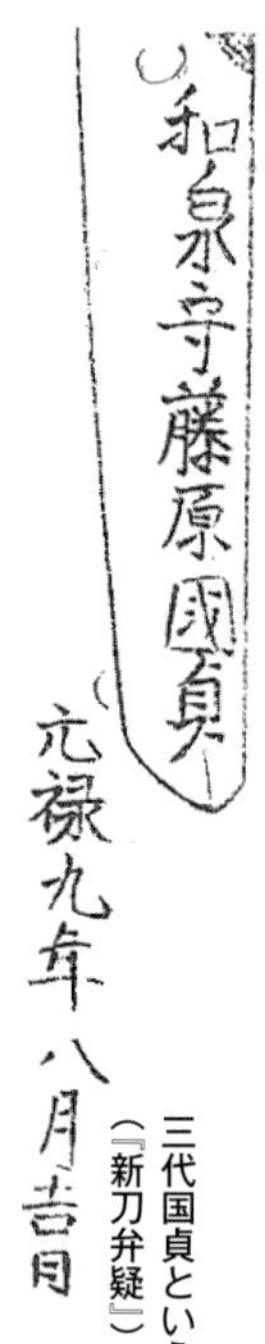

三代国貞という
（『新刀弁疑』）

新作 **良近**【よしちか】 東京　大正
森久助。芝三島町住。大正十五年紀作があり、昭和七年紀作に中山博道試斬刀がある。独自に考案した素延べ刀は斬れ味が優れた点が賞されている。

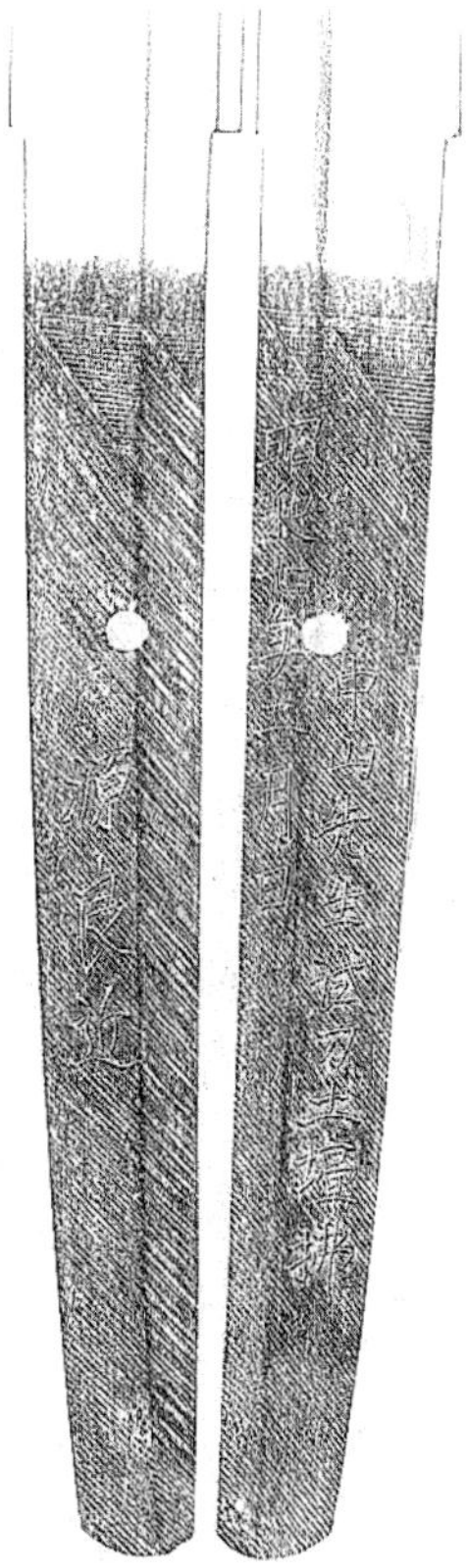

新々 **良辰**【よしとき】 薩摩国　江戸末期（寛政）
新穂金左衛門。伯耆守正幸門。湾れに互の目足入り、大互の目乱、沸つき砂流し、金筋入る。

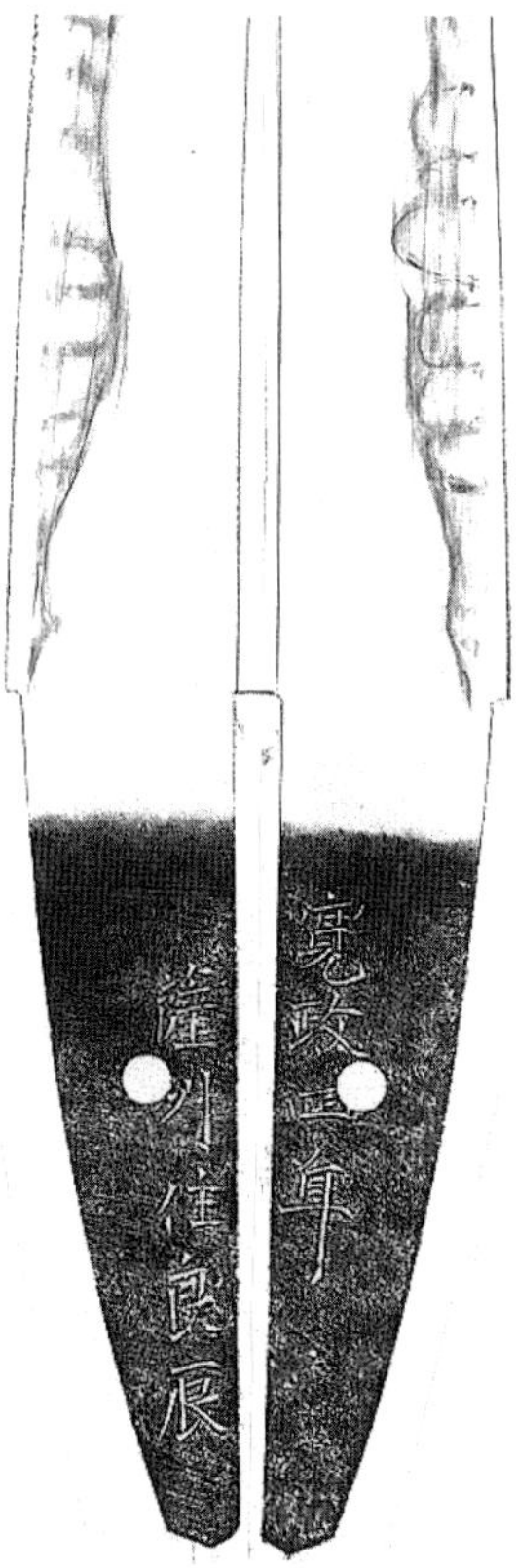

古 **良永**【よしなが】 筑後国　室町中期（長禄）
大石左。家永の弟。康正・長禄の年紀作がある。「筑州住良永」「筑後国住大石藤原良永」。

新々 **良則**【よしのり】 大隅国　江戸末期（文化）
平瀬平兵衛。平右衛門。良宗同人。種子島住。「隅州住平良則」「隅州種子島住良宗」などと切る。

新々 **良道**【よしみち】 薩摩国　江戸末期（嘉永）
中島十次。伯耆守正幸門。鹿児島住。湾れに互の目交じり、大乱刃など。

「薩州住藤原良道」。

新作 良光【よしみつ】 大阪 昭和

中谷良男。大正十二年生まれ。竹下祐光門。東成区住。「摂津国住人中谷良行作」。

新々 良行【よしゆき】 大隅国 江戸末期（文化）

正幸門。湾れに互の目交じり。正幸宅にての作がある。

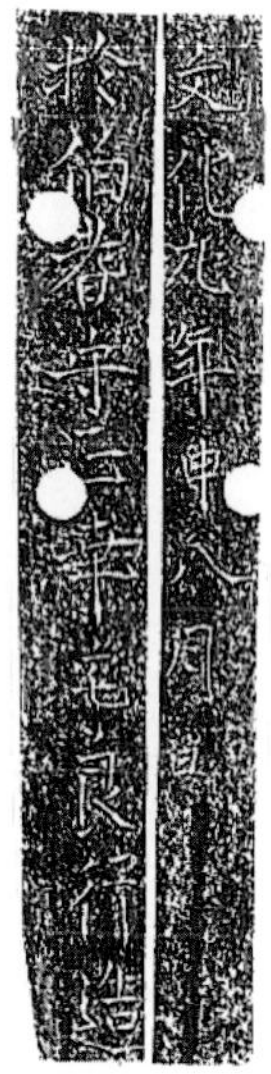

新々 克一【よしかつ・かついち】 震鱗子 上野国 江戸末期（文化）

小嶋力右衛門。義一。震鱗子と号す。群馬郡中尾村吹屋に享保十九年に生まれる。手柄山正繁門。高崎藩工。文化二年、脱藩して高崎を離れ、武州、野州を遍歴すること十余年、武蔵国大里郡の地で文化十五年二月二十八日、八十四歳にて没す。直刃、湾れに互の目交じり、濤瀾乱など匂深く沸よくつき、地刃が冴える。（系図920頁参照）

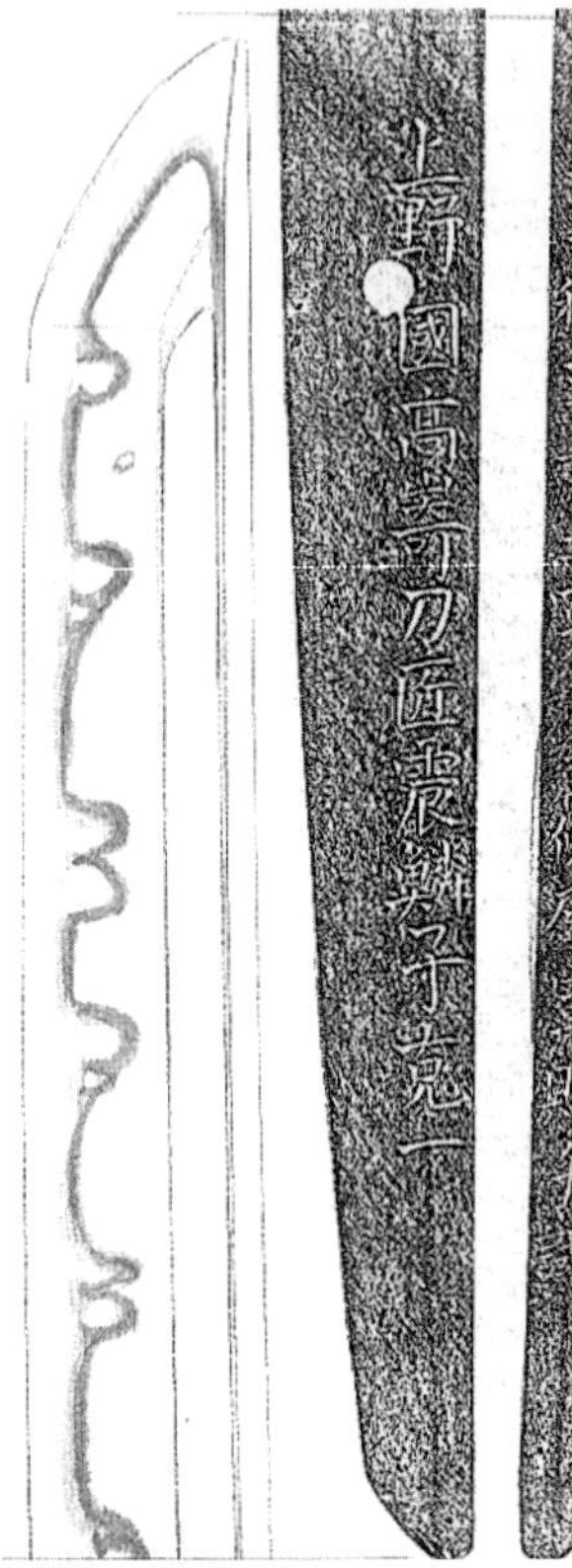

新々 克邦【よしくに・かつくに】 震鱗子 上野国 江戸末期（文政）

小島郁三郎。震鱗子克一門。英一と共に最古参の弟子で、師の協力者の一人であったろう。自身作は稀である。

新々 美直【よしなお】 信国吉政 六代 筑前国 江戸末期（享和）

義猶同人。寛政・享和の年紀作がある。「筑州官工信国源美直」「源信国美直造之」などと切る。

新 美平【よしひら】 山城国 江戸中期（天和）

埋忠伝三郎。埋忠重義の子。明真の門とも吉信の門ともいう。はじめ洛の塔の壇に住し、のち祇園下河原菊水の井の辺に、また建仁寺門前三年坂に住す。天和初年に越前大掾を称したため破門され埋忠姓を廃し、名を美平から大江慶隆に改め、晩年は宗雪と切銘する。孝満と切るのも同人というが、作刀をみない。正徳ころまで造るという。中直刃に逆互の目交じり、直刃に砂流し、掃掛、二重刃かかったものもある。鑢が勝手上がりとなり、左利きであることを示している。

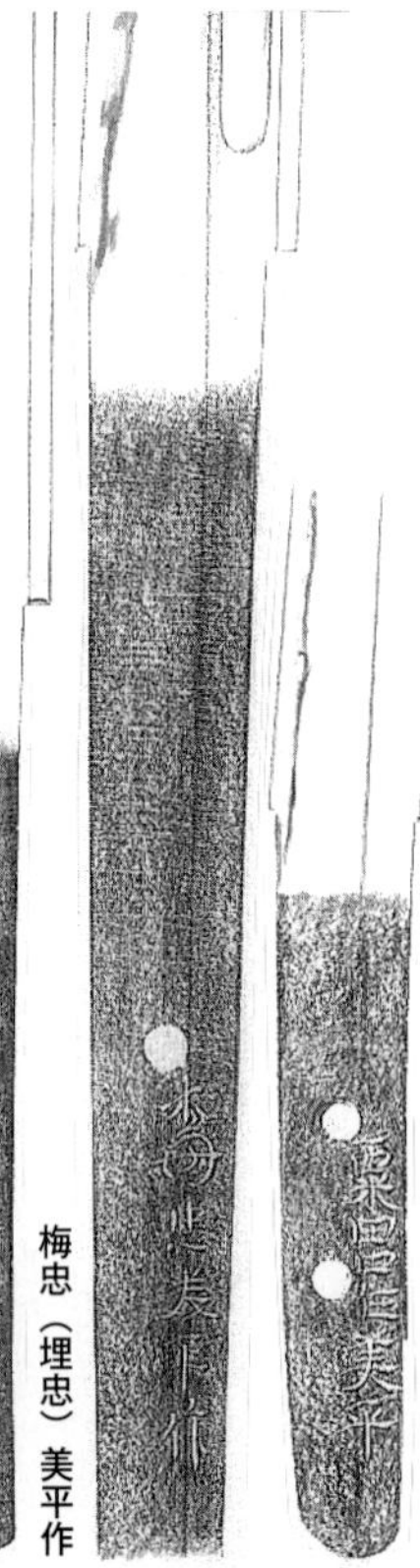

梅忠（埋忠）美平作

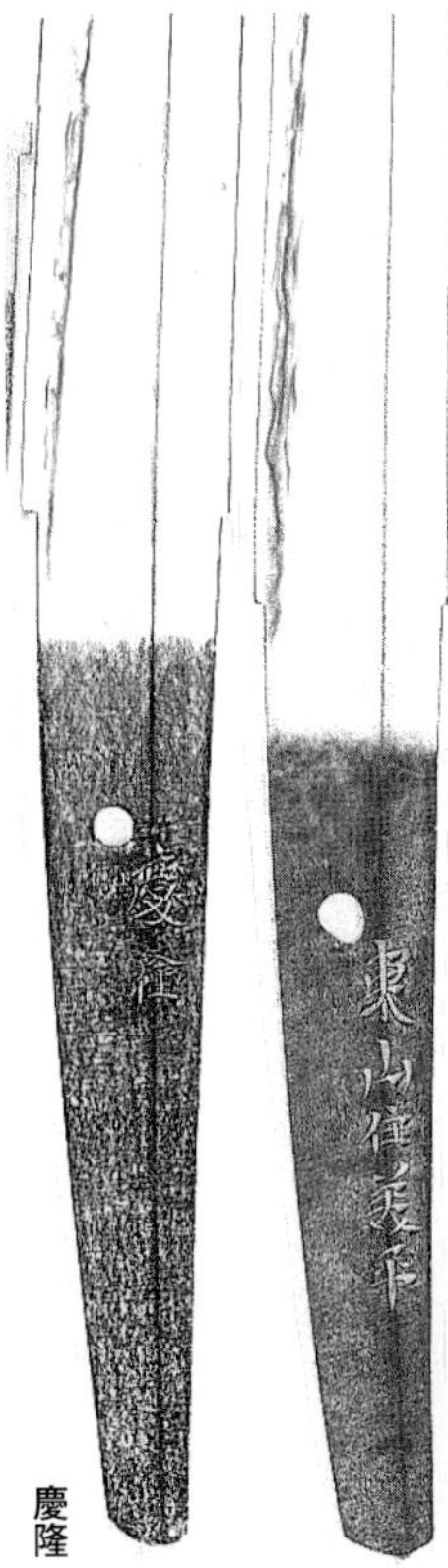

慶隆

古 **祥貞【よしさだ】** 石見国 室町末期（大永）

長浜鍛冶。祥末門。大永年紀の作がある。「石州長濱住祥貞作」。

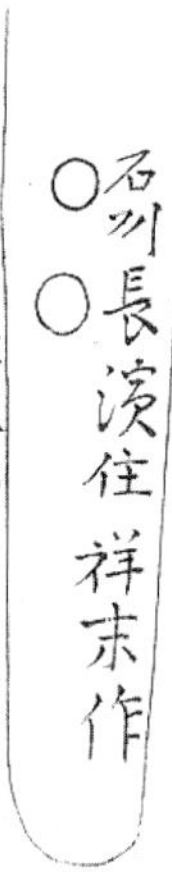

古 **祥末【よしすえ】初代** 石見国 室町初期（永享）

石州には直綱の後流と伝える長浜居住の刀工群がいて、祥末をはじめ祥貞、林祥などが室町中期以降、天正ころまで活動している。経眼する祥末は永享ころの作が古く、貞行の孫という。「石州長浜住祥末」。

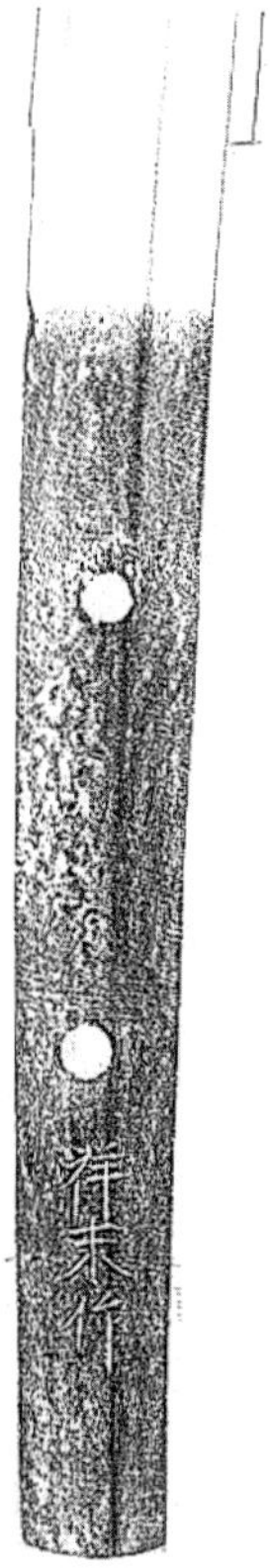

古 **祥末【よしすえ】三代** 石見国 室町末期（永正）

二代祥末は貞末の子という。作刀を比較的多くみるのは三代祥末で、永正から天文にかけての作がある。長浜鍛冶の居住する長浜は現・島根県浜田市長浜町。「長浜住人祥末作」「石州長浜住人祥末作」。四代祥末は天正ころ。

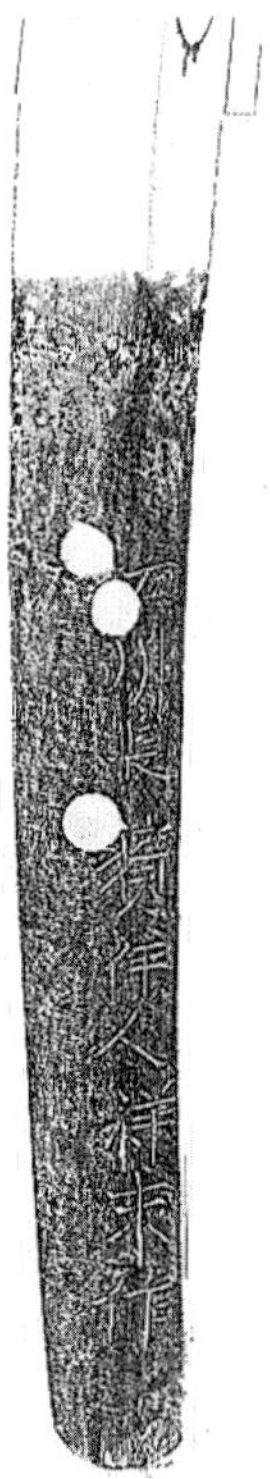

古 **能真【よしざね】** 山城国 南北朝期（明徳）

了戒。能定の子。のち豊前・豊後の両所に住。豊前宇佐は豊後（大友氏）境にあって、両所は近接した地にある。明徳から応永にかけて作刀する。筑紫了戒は山城国了久信の末能定が豊前に移ってのち栄え、能定・能真・宗能・量能など多くの良工が輩出する。

古 **能真【よしざね】** 豊前国 室町初期（永享）

了戒。文安のころに山城から豊前宇佐に移るという。

古 **能真【よしざね】** 豊後国 室町中期（文正）

筑紫了戒。宇佐住。文正から明応にかけて作刀する。作刀をみるのはこの代からで、豊前、豊後の両所にて活動する。「了戒能真」「豊前国住了戒能真作」と銘す。作風は山城了戒の風をみせて直刃調のものが多い。小沸がよくついた穏やかな出来をみるが、肌が流れて柾交じり、白気る傾向が強い。

（『光山押形』）

古 **能定【よしさだ】** 山城国 南北朝期（暦応）

了戒。久信門。初代暦応、二代応安で、のち豊後に移り、筑紫了戒の祖となるという。三代応永、四代は山城から豊前宇佐へ移る。「了戒能定」。

古 **能次【よしつぐ】** 豊前国 室町中期（文明）

筑紫了戒。本国山城。初代永享に次ぎ二代文明という。

古 **能次【よしつぐ】** 豊前国 室町末期（明応）

筑紫了戒。明応二年、同五年などの年紀作があり、能次三代目に当たる。

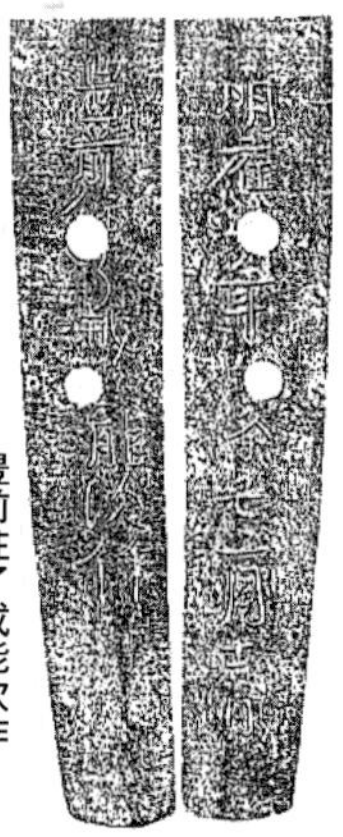

豊前住了戒能次作
明応二年癸丑二月吉日

古 **能直**【よしなお】　豊前国　室町末期（明応）
筑紫信国。宇佐住。筑紫了戒とは同族といわれる。「信国能直」。

古 **能光**【よしみつ】　備前国　室町中期（康正）
長船。初代康正、二代延徳、三代永正と続く。「備州長船能光」。

古 **能守**【よしもり】　安芸国　室町初期（応永）
吉木住。応永年紀の作がある。「芸州吉木住能守作」。

古 **能盛**【よしもり】　筑前国　室町初期（応永）
金剛能盛は金剛兵衛能盛のことで、了戒派に多い「能」字を用いるのは了戒との交流が深かったことを示している。金剛能盛には「応永廿三　八月日」の年紀がある。

新作 **善昭**【よしあき】　山口　平成
杉田昭二。昭和二十五年生まれ。同五十年、川島忠善に入門。同五十七年、新作名刀展に初出品し入選。同年に独立する。同五十八年から以降、優秀賞、努力賞、協会会長賞、薫山賞、寒山賞など受賞。平成二十二年、新作日本刀展入選。同二十三年同展佳作を受賞。「周防国杉田善昭作之」「杉田善昭作」。逆丁子乱。防府市住。平成二十四年、六十三歳没。

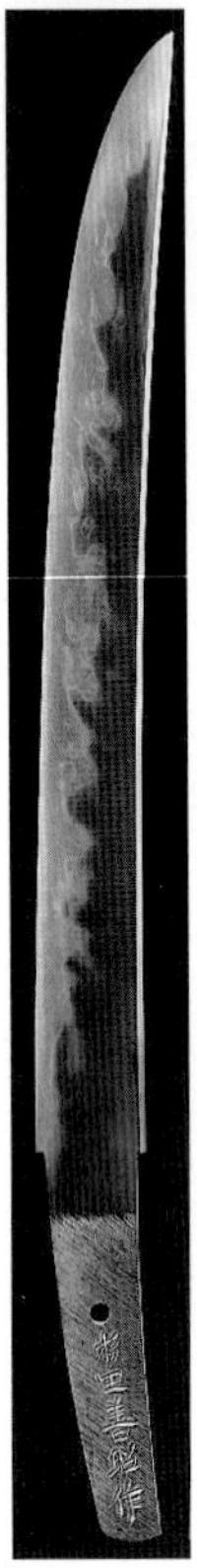

新作 **善金**【よしかね】　島根　昭和
藤原金次郎。明治二十八年生まれ。初代川島忠善門。昭和十四年、日本刀展覧会入選、同十六年、総裁名誉賞。「雲州善金作」。

新作 **善清**【よしきよ】　島根　昭和
弥重才吉。明治二十七年生まれ。初代川島忠善門。昭和十五年日本刀展覧会銀牌賞、同十六年金牌賞、のち特選、推選など。

新作 **善貞**【よしさだ】　高知　昭和
山村繁松。明治三十三年生まれ。山本善盛門、昭和十八年から川島忠善門。陸軍受命刀匠。同十八年、日本刀匠協会展金牌、同年陸軍刀展会長賞。戦後は作刀技術発表会に入選、努力賞など。「於鏡河畔瑞雲子善貞鍛之」。

古 **善長**【よしなが】　伊予国　室町末期（永正）
直刃が湾れかかり互の目足入り、ほつれ、湯走り烈しくかかる。「予州住善長作」。

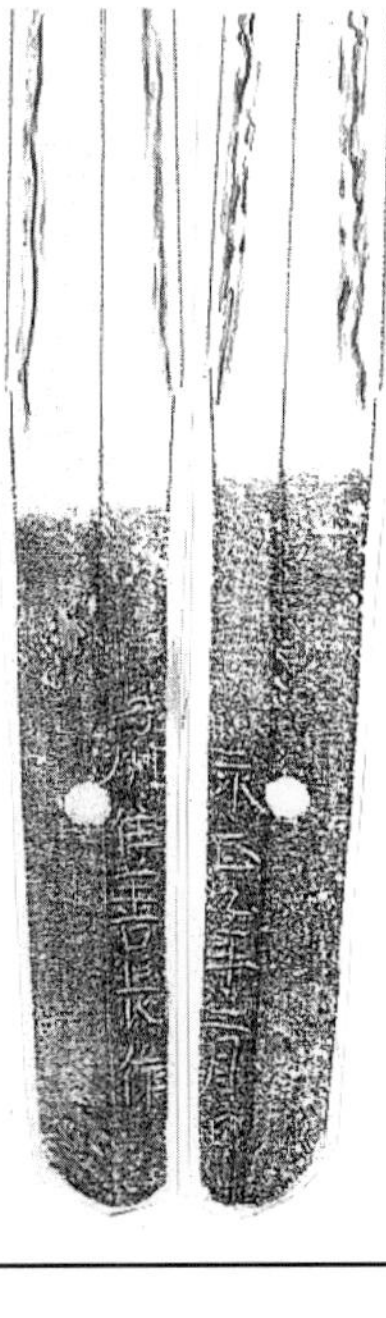

新作 **善平**【よしひら】　宮崎　昭和
大崎太平。明治三十五年生まれ。大利一義、横山泰尚に学び、昭和十七年川島忠善門。陸軍受命刀匠。第八回新作名刀展入選。戦後は作刀技術発表会入選。

新作 **善博**【よしひろ】　広島　平成
久保善博。昭和四十年生まれ。吉原義人門。平成六年、作刀承認。新作名刀展に出品し十四年連続入賞。特別賞五回、優秀賞六回、努力賞三回。同十八年、文化庁長官賞を受賞。同二十二年三月、広島県庄原市無形文

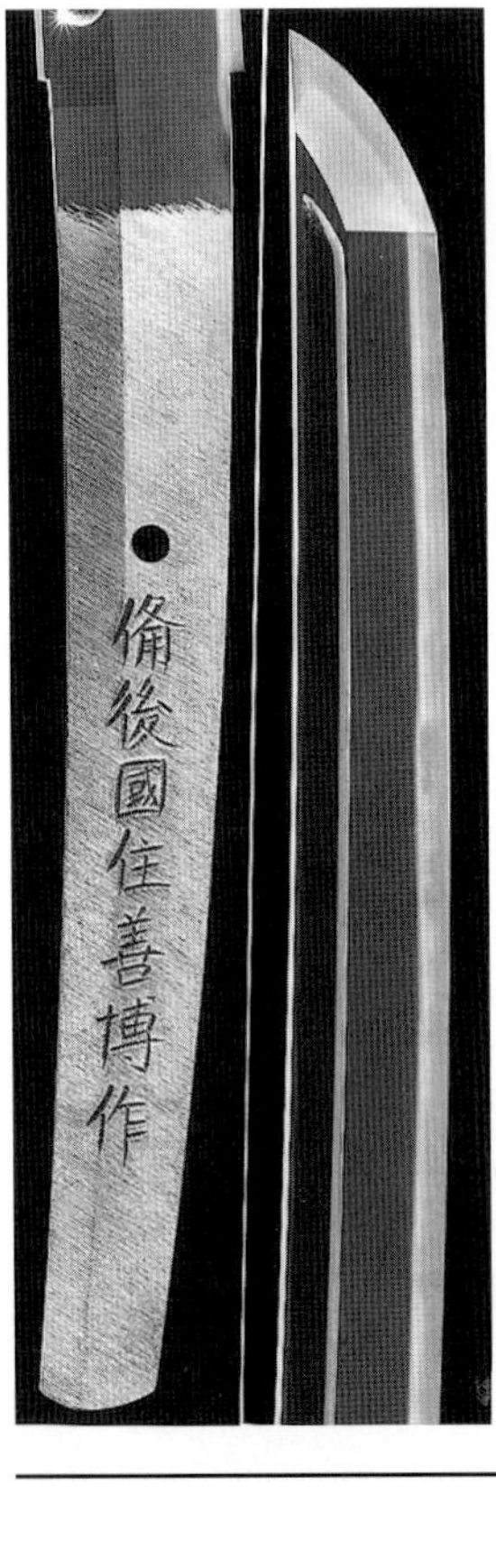

化財指定。同年、新作日本刀展に金賞第二席。平成二十三年、同展に銀賞第四席。同二十四年、同二十五年、同展で日本刀文化振興協会会長賞受賞。直刃、互の目、丁子乱を焼く。庄原市住。

新作 善盛【よしもり】 宮崎 昭和
山本盛重。西諸県郡飯野町住。「於霧島山麓善盛作之」。川島忠善門。

古 賀実【よしざね】 紀伊国 室町初期（永享）
入鹿。永享ころ。「賀実」。

古 賀助【よしすけ】 肥後国 室町末期（大永）
石貫。玉名住。大永ころ。「石貫賀助」。

古 賀信【よしのぶ】 肥後国 室町末期（元亀）
同田貫。菊地住。筑前にても造るという。「同田貫賀信」。

古 賀正【よしまさ】 和泉国 室町末期（文明）
加賀四郎。光正子。堺住。越中、越後にても造る。

古 賀光【よしみつ】 備前国 室町初期（応永）
兼光の末流で、盛光の弟という。初代。明徳・応永のころ。小銘に切るという。「備州長船賀光」。

古 賀光【よしみつ】 備前国 室町中期（長禄）
右衛門尉。初代賀光の子。二代。享徳・寛正の年紀作がある。「備州長船賀光」「備前国住長船右衛門尉藤原賀光」。

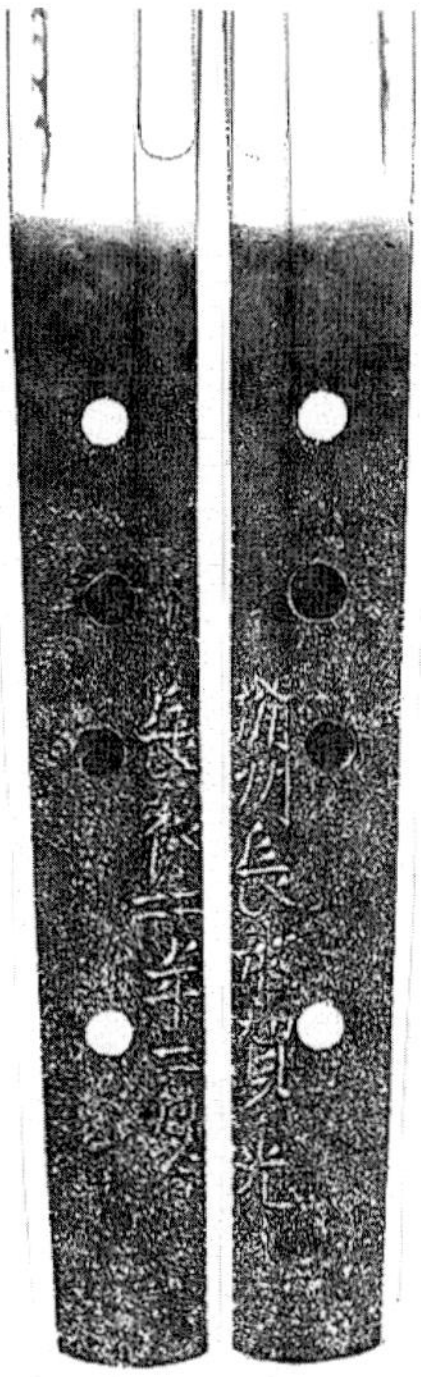

古 賀光【よしみつ】 備前国 室町中期（寛正）
彦右衛門尉。右衛門賀光の子。三代。金河住（現・岡山市北区御津金川）。寛正四年ころから文明十八年紀までの作刀がある。「備州長船賀光」「備州長船彦右衛門尉賀光金河居住之時作」「備前国長船彦右衛門尉藤原賀光作」。

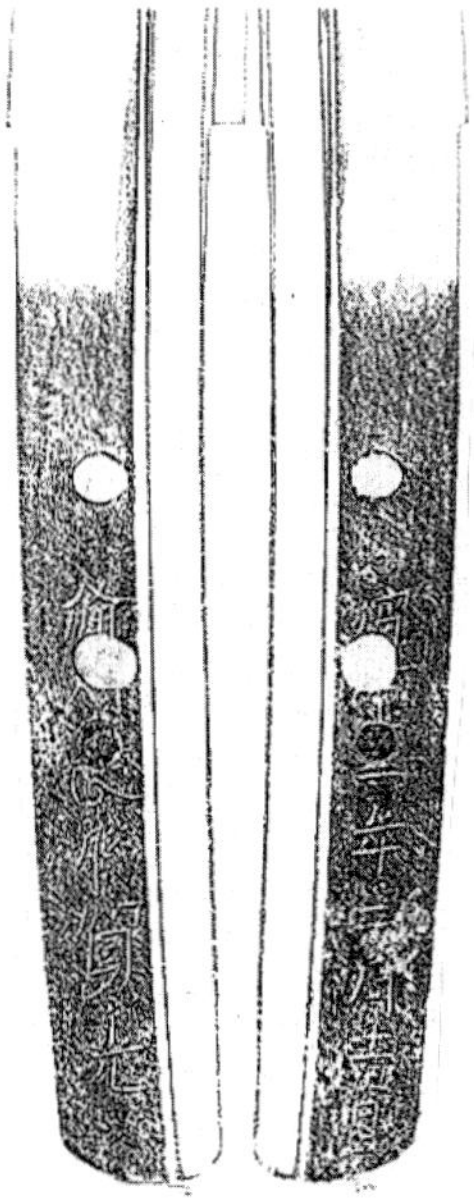

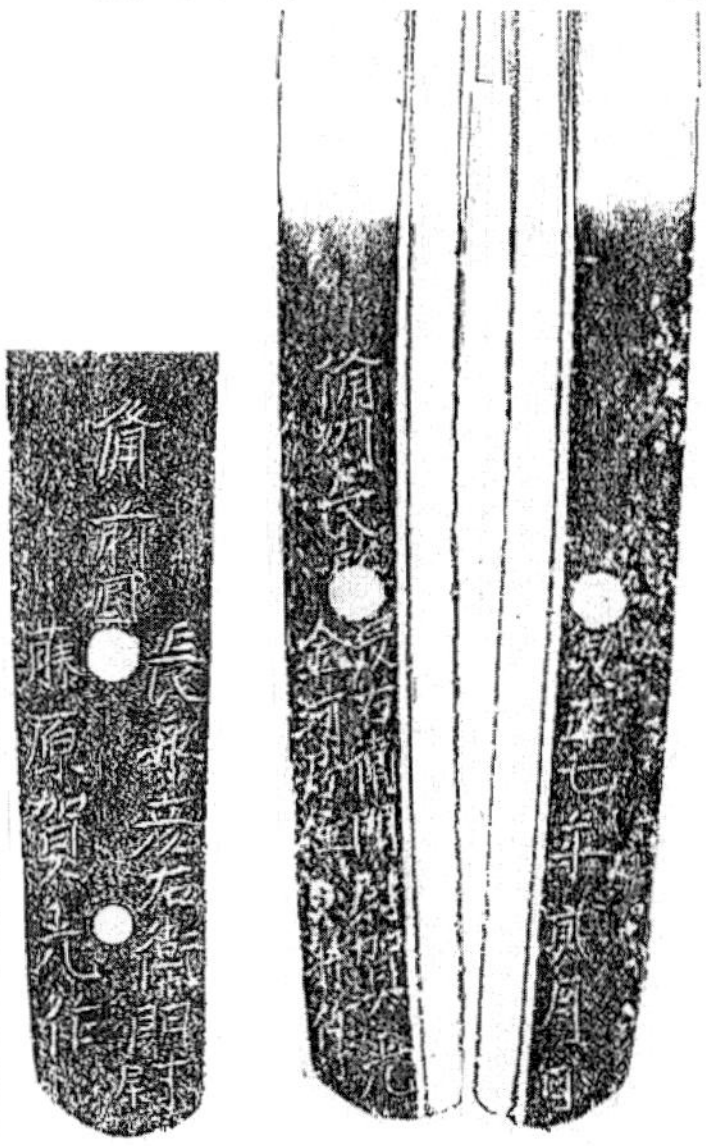

文明十四壬刀年二月十七日

新作 喜昭【よしあき】 東京 昭和
塚本小太郎。山村正信の末裔と称す。昭和十四年、笠間繁継に入門、同十五年より塚本起正に学び、起正宅にて鍛刀。晩年は南多摩郡稲城町にて鍛刀する。昭和四十三年九月十八日、四十二歳没。

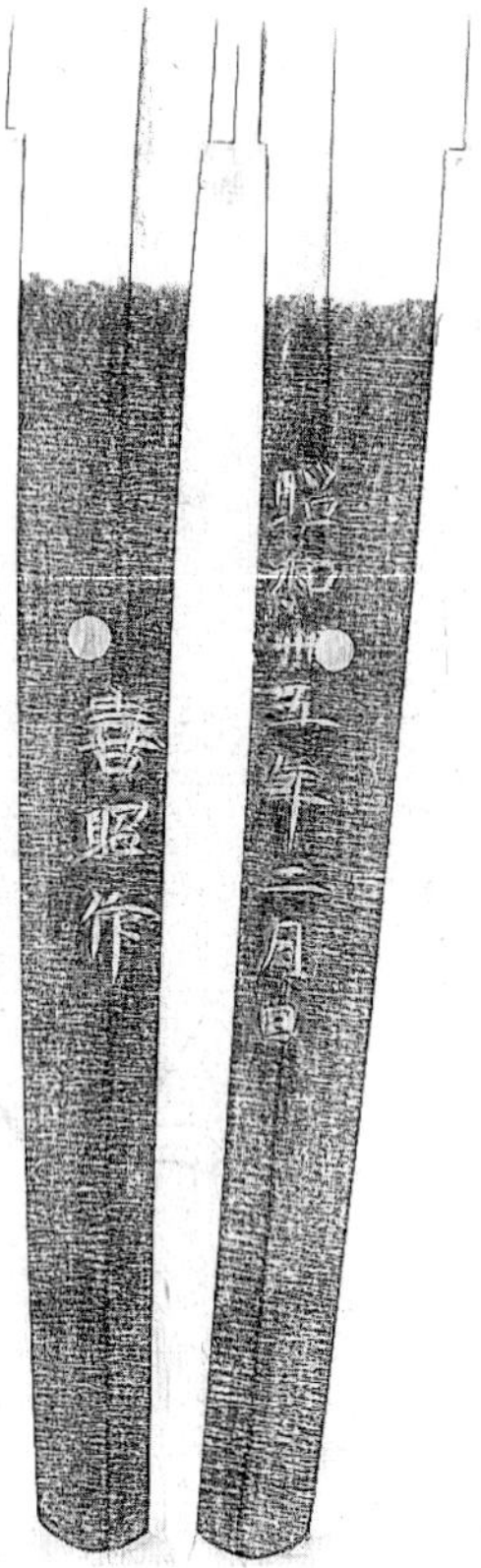

新作 **義昭**【よしあき】　静岡　昭和

安達義昭。昭和二十一年、静岡県裾野市に生まれる。隅谷正峯門。同四十七年、作刀承認。同五十年独立。新作名刀展努力賞二回、奨励賞一回、名誉会長賞一回、優秀賞など受賞。備前伝の一文字、また青江を狙いとする。

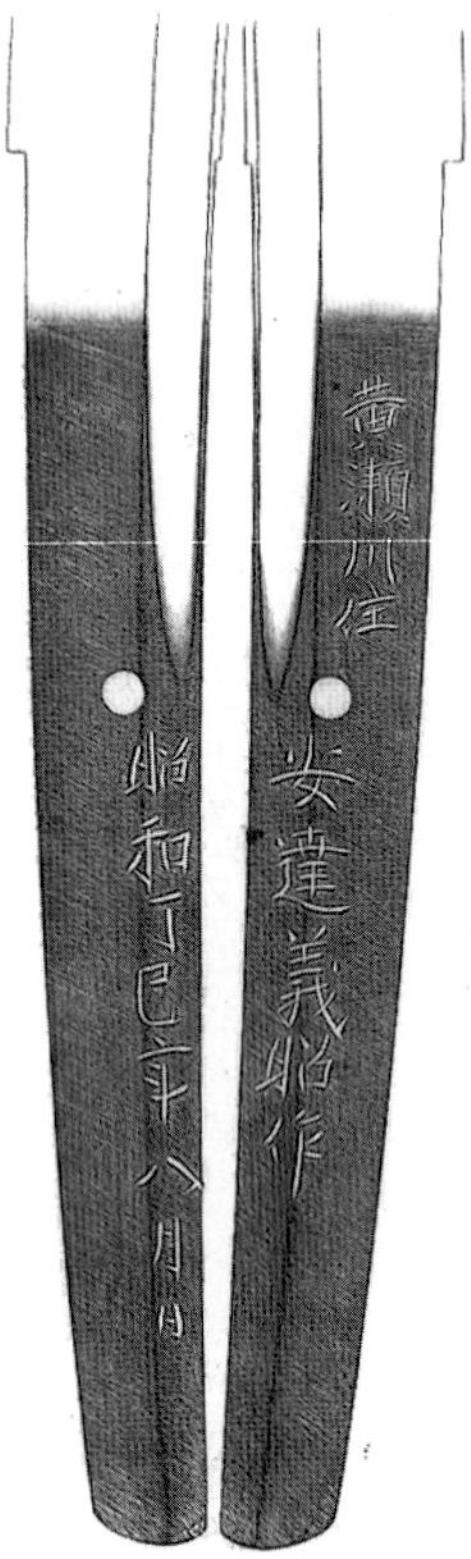

新々 **義明**【よしあき】　武蔵国　江戸末期（慶応）

戸崎金四郎。細川一門で上州高崎でも造る。「江府住金四郎義明」などと切る。直刃、互の目に丁子交じりなど。

新 **義植**【よしうえ・よしたね】　河内守　初代　越前国　桃山期（寛永）

越前下坂派。河内大掾のち河内守受領。直刃、小互の目に尖り刃交じり、末関風。

新 **義植**【よしうえ・よしたね】　河内大掾　二代　越前国　江戸中期（天和）

河内大掾を受領する。直刃が湾れかかり、小互の目足入り。

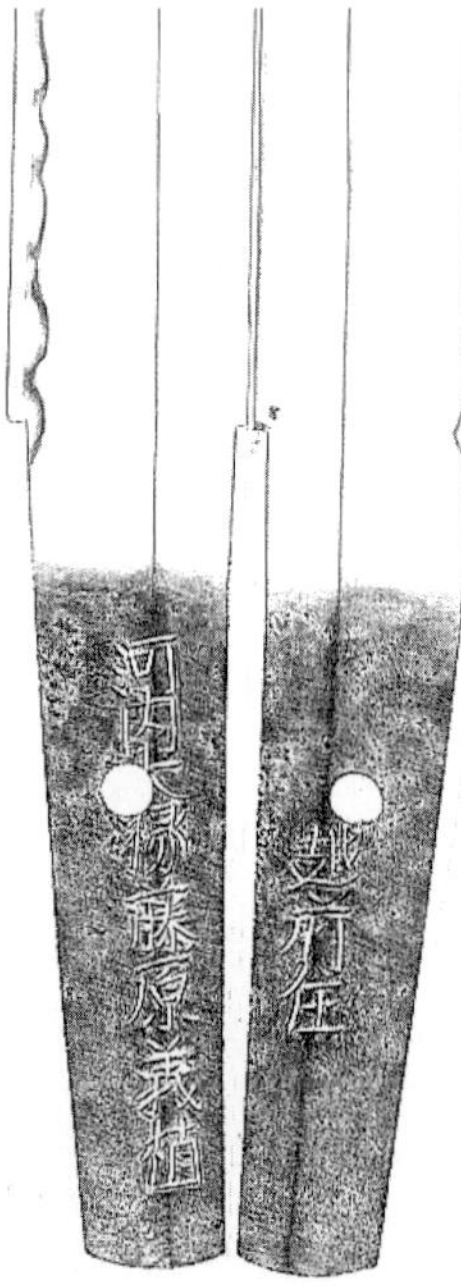

古 **義景**【よしかげ】　備前国　南北朝期（建武）

初代。近景門という。兼光、長義、大宮派と共に相伝備前といわれる。一般にみる長船物より沸づく互の目が変化し、小づむ傾向がある。「備州長船住義景」「備前国長船住義景」。

古 **義景**【よしかげ】　備前国　南北朝期（貞治）

二代。兼光門という。小湾れに互の目交じりの刃を焼く。「備州長船義景」「備前国長船住義景」。同銘が応永、天文に続く。

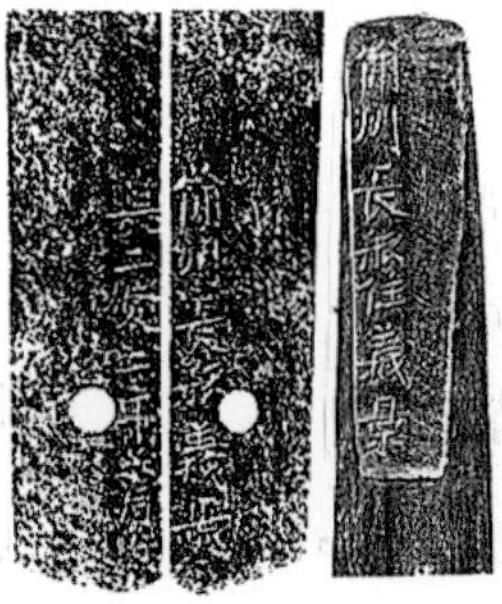

嘉慶二年六月日

新々 **義一**【よしかず】　信国吉政　八代　筑前国　江戸末期（安政）

又左衛門、義秀同人。嘉永から文久にかけての年紀作がある。義一と義直の合作刀の銘文から義直が子であることが知れる。信国吉政家は「国」字の中を「玉」に切るのを宗家の定めとしていたが、先代義昌から下図のように逆字に切るようになるなど、正系と傍系の銘字の規矩が不定となる。

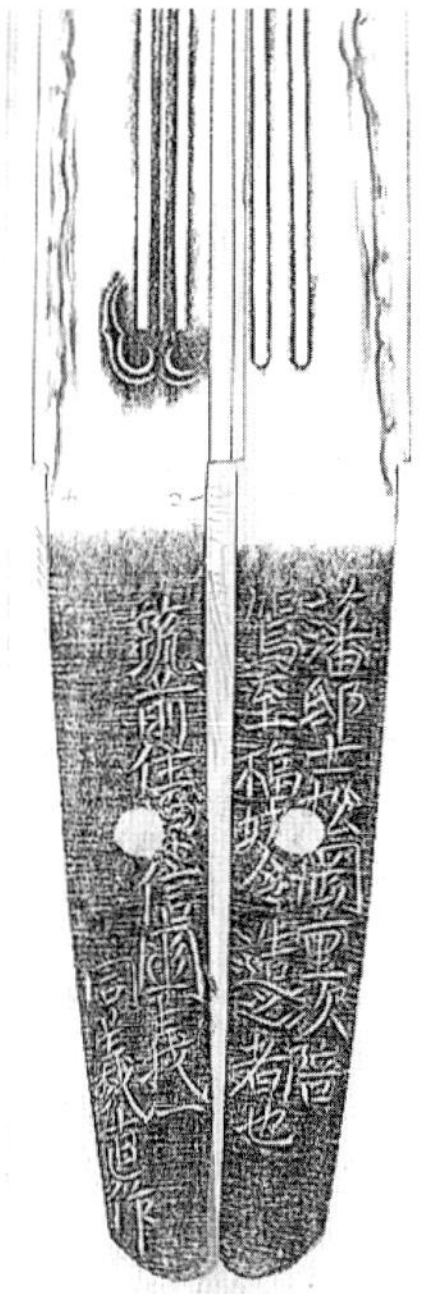

新作 義一【よしかず】 東京　平成

吉原義一。昭和四十二年生まれ。父義人に指導を受け、平成二年に作刀製作の承認を受ける。第二十六回新作名刀展に初出品し努力賞・新人賞を併せて受賞、以降毎年出品し連続入賞。同六年からは、高松宮賞三回、文化庁長官賞三回を含む特賞を十年連続受賞する。同十五年、三十六歳で無鑑査に認定される。葛飾区住。

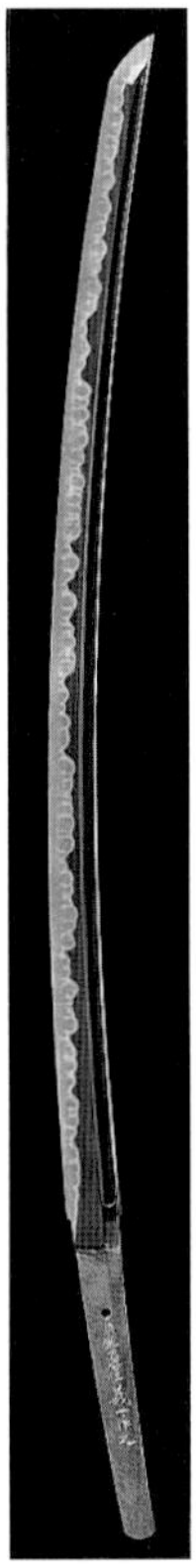

新々 義勝【よしかつ】 常陸国　江戸末期（慶応）

長嶋義勝。一貫斎義弘の子。勝村徳勝門、のち養子となる。水戸住。初代徳勝の代作者の一人。自身作は少ない。

古 義兼【よしかね】 備前国　南北朝期（明徳）

長船。義景子。明徳ころから応永、永享に同銘が続く。「備州長船義兼」。

新々 義兼【よしかね】 上野国　江戸末期（慶応）

脇坂義兼。雲龍子と号す。近江の人で諸国遊歴の途、上州新田笠懸に駐鎚する。講談で知られる国定忠治の帯刀・小松五郎義兼がこの工といわれる。

古 義清【よしきよ】 備前国　南北朝期（貞治）

義光門。貞和から応安ころにかけての作刀がある。「備州長船義清」。

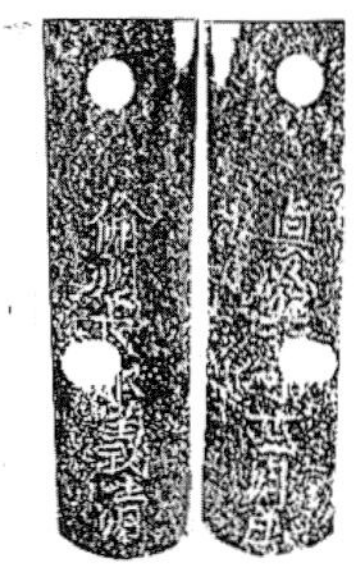

古 義国【よしくに】 駿河国　室町末期（永禄）

島田。義助門。義綱弟。永禄ころ。「駿州島田住義国」。

新 義国【よしくに】 豊後守　山城国　桃山期（寛永）

京三条堀川住。豊後守を受領して「豊後守義国作」とも銘す。橘姓を名乗る。金道弟という。湾れに互の目交じり、砂流しかかる。帽子が中たるみで先が尖った三品帽子を形どる。

新 義国【よしくに】 新藤　二代　陸中国　江戸中期（元禄）

初代新藤国義の嫡男。治郎兵衛。元禄十二年正月、家督相続する。初代国義の晩年に代作をする。享保十五年六月二十三日、六十六歳没。「新藤源義国」「奥州南部住新藤源義国」。

新 義国【よしくに】 新藤　三代　陸中国　江戸中期（元文）

二代新藤義国の養子。次郎兵衛、二郎、喜左衛門。初銘義正。元文・寛保の作刀がある。上手の工。明和九年八月三日没。◆四代清内義征（宝暦）。五代宇八郎義広（安永）。六代治郎兵衛直吉義国（文化）は鎗の上手。七代小次郎義広（文久）。八代小八郎義国（慶応）。四代から七代まで作刀は少ない。

新々 義国【よしくに】 新藤　六代　陸中国　江戸末期（文化）

初代新藤国義より六代目。次郎兵衛直吉。宇八郎義広の子。天保五年正月十一日没。

新々 **義国**【よしくに】 新藤 八代 陸中国 江戸末期（慶応）
宮弥左衛門。七代小次郎義広の養子となり、新藤小八郎に改める。のち忠之助。一心斎と号す。江戸に出て石堂是一門となる。慶応四年家督を相続。大正二年一月二十八日、七十八歳没。「新藤一心斎義国」などと切る。

新々 **義国**【よしくに】 羽前国 江戸末期（慶応）
加藤義国。米沢住。加藤綱俊門。「羽前住加藤義国作」。

新作 **義国**【よしくに】 宮崎 昭和
成合袈裟義。日州住正久門。昭和十五年広島展入選。新作名刀展入選。「日州住義国」。

古 **義真**【よしざね】 越中国 南北朝期（延元）
松倉住。義弘子という。のち越前に移る。「義真」「越州住橘義真」。越前義真は建武、至徳ころにいて、越中義真との往還が密だったようである。

新々 **義真**【よしざね】 安房国 江戸末期（慶応）
中山五郎、龍助。宝剣子、鏡剣士と号す。細川正義門。上州にても造る。「安房国宝剣子源義真」。

古 **義重**【よししげ】 駿河国 室町末期（天文）
島田。相州小田原にても造る。初代天文、二代天正。「駿州島田住義重」。

新々 **義重**【よししげ】 長谷部 上野国 江戸末期（弘化）
長谷部松之助。文政八年、武州川越の在に生まれる。天保十年ころに江戸に出て細川正義門に入り、兄弟子の城慶子正明に師事する。川越藩工。のち川越藩から高崎藩に移った輝充に従い高崎に移り高崎藩工となる。伊予大洲にても造る。安政六年八月二十三日、三十五歳没。丁子乱の備前伝を得意とし、湾れに互の目を交じえた相伝の作もあり華やか。

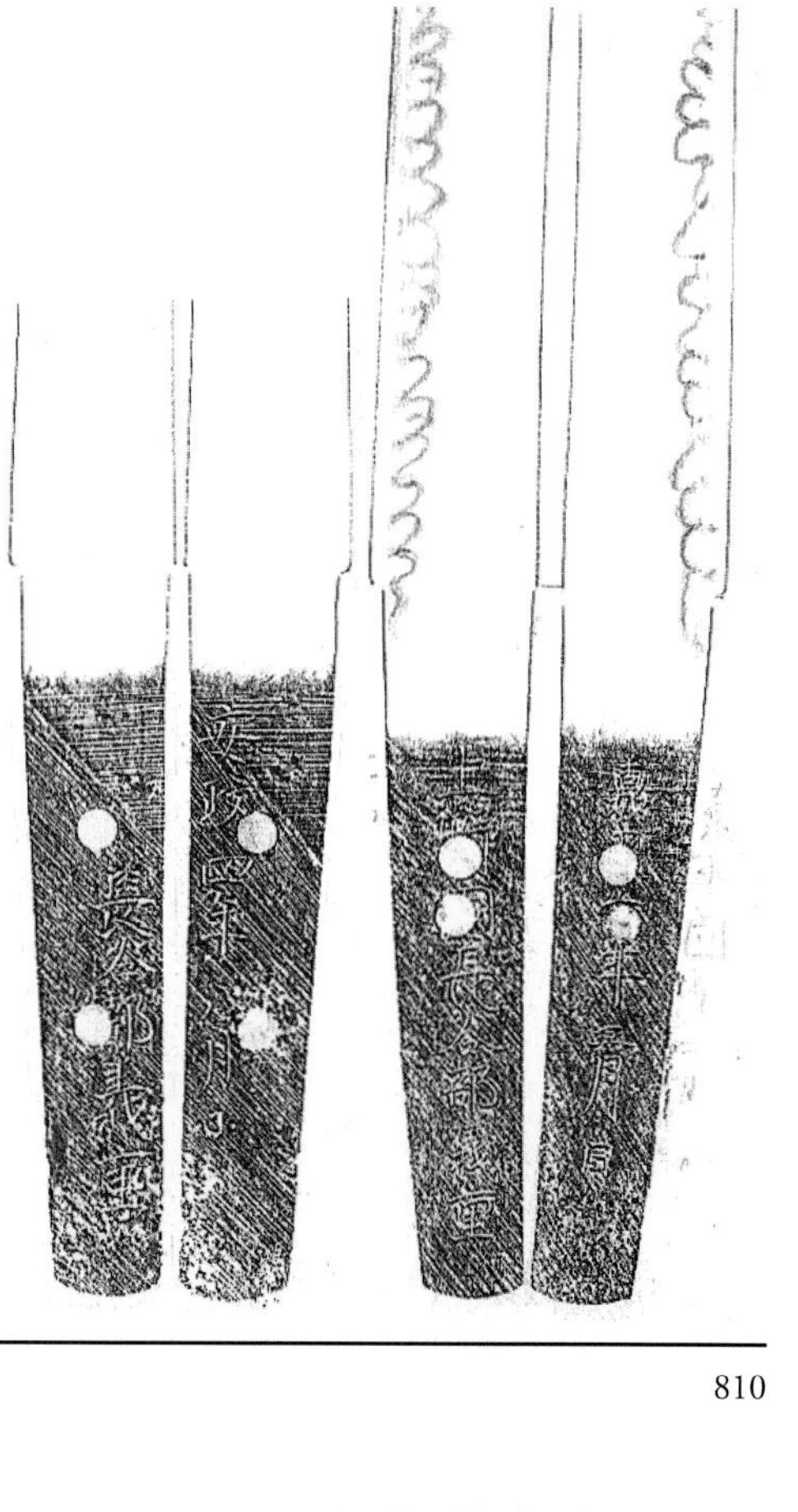

新々 **義重**【よししげ】 美濃国 江戸末期（文久）
御勝山住。御勝山永貞との合作がある。「濃州住永貞同義重作」。

古 **義助**【よしすけ】**初代** 駿河国 室町中期（康正）
島田鍛冶の祖。今川義忠（康正元―文明五）から義の一字を授かり義助と名乗る。今川義忠の年代からみても初代義助は康正を遡らないのであるが、江戸時代の書は相州正宗の門で元応ころとし、初銘を富士また富次と打つという。また応永慶金を初代とするものは片岡新三郎が本名という。正宗門説の出所は江戸時代の正宗偏重の風潮にのって架空系図が作られたことによるもので、実際の初代義助は康正、二代明応、三代大永・享禄、四代天正ころであり、五代から新刀期に入る。備考などの記述によれば、今川義忠・氏親・氏輝・義元・氏真の五代の間、義助七代が島田で恩地を賜り、この地で栄えるとある。銘鑑には康正二年紀の作があるというが、年紀のないものも含め初代作の現品はみることがない。（系図861頁参照）

古 **義助**【よしすけ】**二代** 駿河国 室町末期（明応）

駿州島田、のち相州小田原住。北条早雲が永正十六年に没してのち、二代氏綱の代に二代義助は康国、康春、綱家、義綱など一族一門を従えて小田原城下へ移住する。永正十八年紀に「相州小田原住義助□信定」の信定との合作による小田原打ちがある。明応から大永初年ころまでの鍛冶で、年紀があるものでは永正二年が古い。永正八年紀に「駿州安部於目鼓沢義助」と切銘したものがある。刀に比べ短刀、小脇指が多い。鎗を得意とするのは島田物全般であり、なかでも義助に作が多い。鍛えは板目に柾交じり、肌の詰むものと肌立つものがあり、地沸つき、白気ごころのものがある。刃文は直刃、湾れ調に小互の目が連れごころに交じり、箱がかった村正風のもの、皆焼の末相州風などがある。「義助」「義助作」「駿州嶋田住義助」。

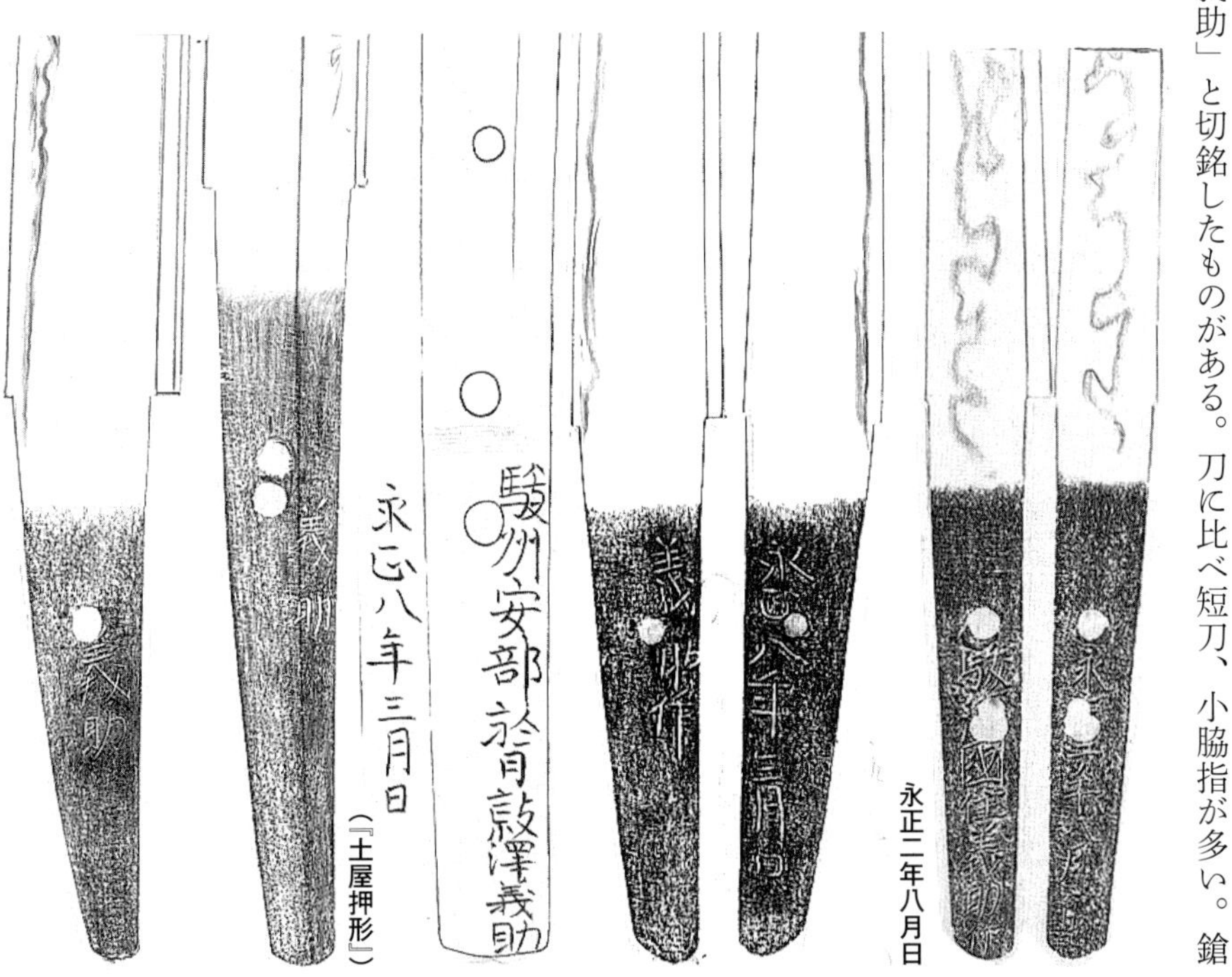

永正二年八月日

（『土屋押形』）

古 義助【よしすけ】三代　駿河国　室町末期（大永）

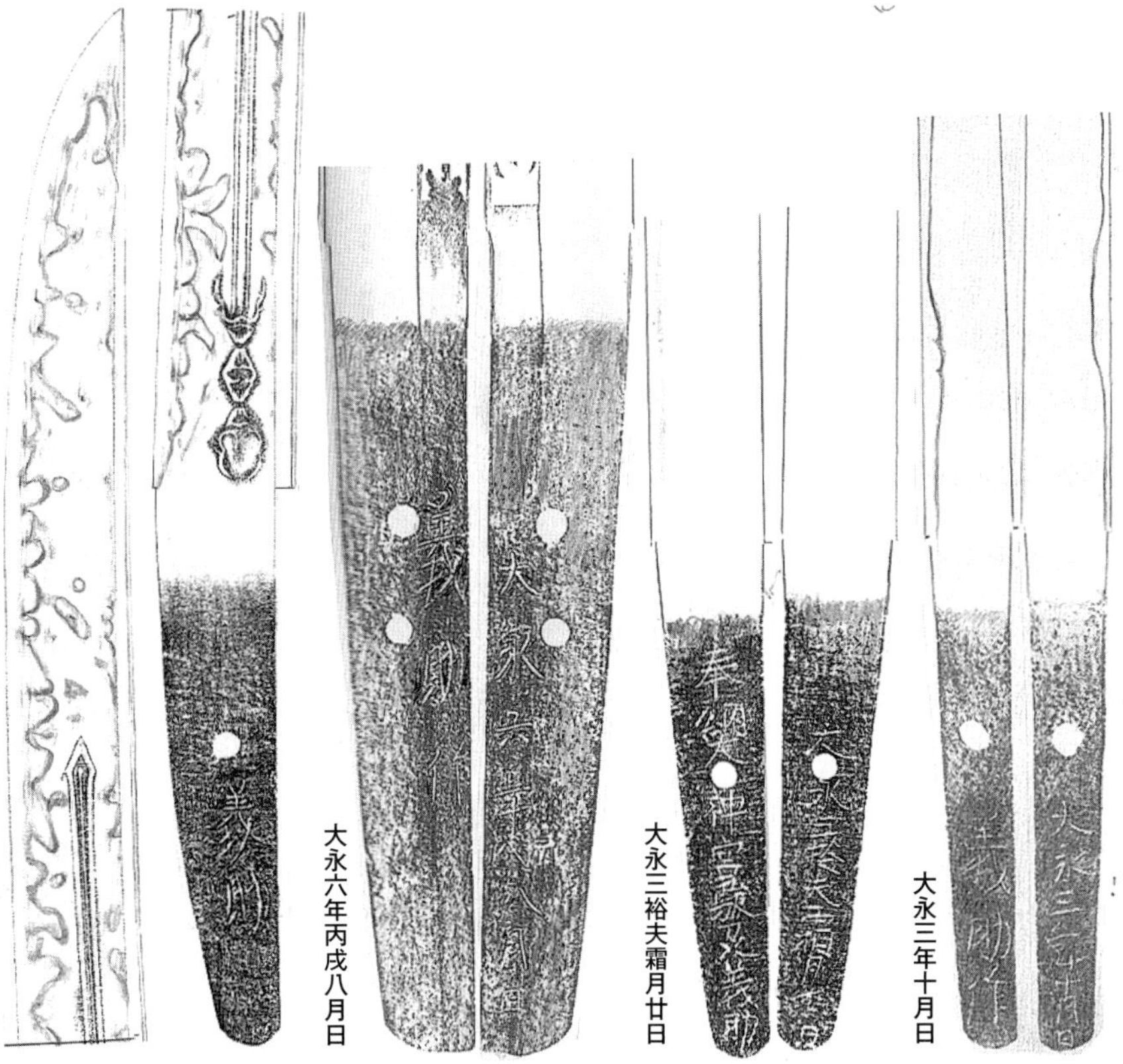

大永三年十月日

大永三裕夫霜月廿日

大永六年丙戌八月日

島田七郎左衛門、五条清兵衛。法名慶金。義助歴代中の上手で島田鍛冶を代表する。刀は身幅広く中切先延びるものがあり、短刀は短めで小振り内反りと、身幅広く寸延びの平造小脇指とがある。鍛えは板目がよく詰むもの、柾が交じって肌立つものがある。刃文は直刃、互の目に丁子交じり、皆焼があり、叢沸のつくものが多い。相州伝のほか備前伝、美濃伝に通じる。「義助」「義助作」「駿州島田住義助」。

綱家との合作

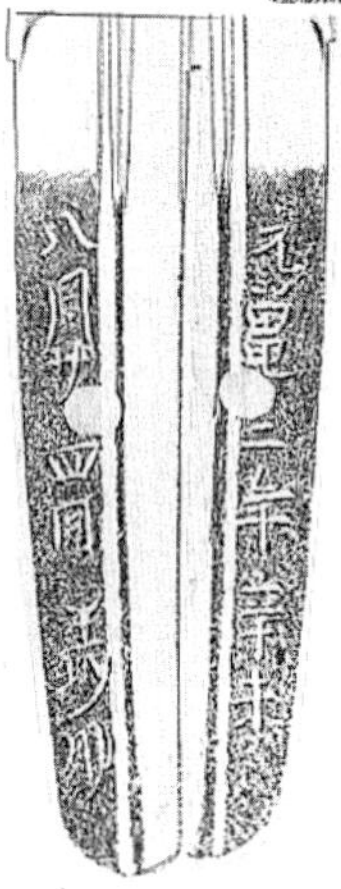

古 **義助【よしすけ】四代** 駿河国 室町末期（天正）

今川義元の没後、永禄の中ごろから武田家の勢力が駿河に及び、北条より武田家との縁が深まる。四代義助は甲州で作刀し天正元年紀に「甲州城内義助作之」銘の脇指がある。備考によれば天文・天正の間に備前から家俊、家次父子が来て、義助の一統に備前伝の鍛法を伝えたという。

古 **義助【よしすけ】** 相模国 室町末期（大永）

二代義助が駿州島田から相州小田原城下へ移住したのちの銘に類するが、「義」の字の各字画を多少とも変えて切るなどからみて二代とは別人、二代義助の一族の手になるものであろう。二代はのち駿州に戻っているが、この工は相州に残って作刀したであろう小田原相州の一人であり、好資料である。二代が信定と合作して「相州小田原住義助」と銘した永正十八年紀の作とは別人であろう。年代的には三代義助と同年代である。

天文二年八月日

新 **義助【よしすけ】五代** 駿河国 桃山期（慶長）

五条清兵衛。義助五代（島田系図八代）。慶長九年の大洪水により大井川の中洲から元島田に移り、のち島田宿に住。元和二年八月没。「駿州島田住義助」「島田住源義助」などと切る。作刀稀少。

新 **義助【よしすけ】六代** 駿河国 桃山期（寛永）

清兵衛。義助六代（系図九代）。寛永二年紀の脇指がある。湾れに互の目足入り、沸よくつき、砂流しかかる。作刀は少ない。承応三年六月没。

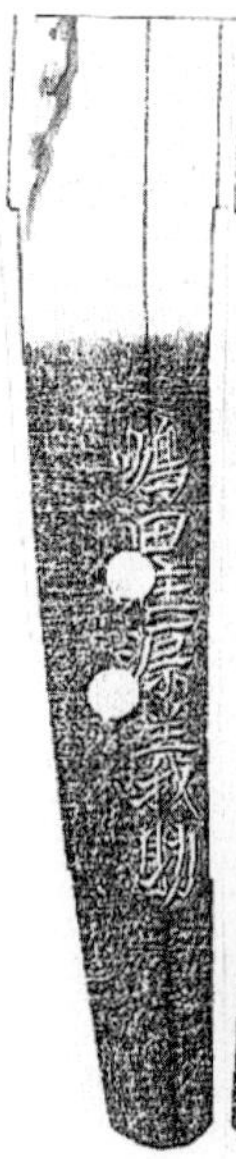

新 **義助【よしすけ】七代** 駿河国 江戸中期（万治）

よ
よしすけ

七左衛門。義助七代（島田系図十代）。「万治四年二月日」に「駿州嶋田住源義（以下切）」の刀がある。後代義助中では比較的作刀が多い。寛文四年没。

新 **義助**【よしすけ】**八代**　駿河国　江戸中期（元禄）

七郎右衛門。八代（島田系図十一代）。江戸また備後にても造る。「於江府丸山」と銘した江戸作がある。正徳二年没。

新 **義助**【よしすけ】**九代**　駿河国　江戸中期（正徳）

五条清兵衛。義助九代（島田系図十二代）。江戸の丸山にても造る。九代が十代（初銘義重）と合作し「於江戸義助ノ父子ニテ作之」と銘した刀がある。九代は父八代が正徳二年に没した六年後の享保三年十一月に没している。九代の作刀期は短く、当然に作刀数が少ない。掲出の十代義重との親子合作は享保三年以前に江戸で作刀した記念すべき一刀であり、九代義助銘を知る手がかりの唯一の刀である。

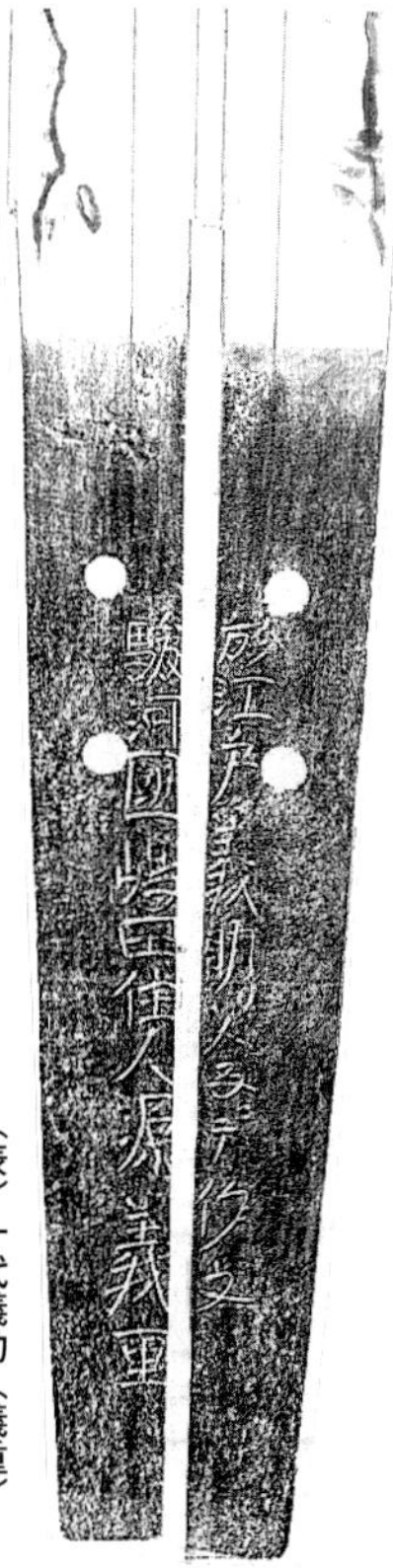

（表）十代義助（義重）
（裏）九代義助の親子合作

新 **義助**【よしすけ】**十代**　駿河国　江戸中期（延享）

十代清兵衛。初銘義重。江戸にての作で九代義助との父子合作がある。島田系図は十三代として掲げるが、備考は九代の子清兵衛より業を止むとある。九代義助は享保三年に没しているので、その後義助の名跡を継いでいたかどうか確かではない。前出の「駿河国嶋田住人源義重」銘が十代として知られる唯一の作刀である。

新々 **義助**【よしすけ】**十二代**　駿河国　江戸末期（天明）

島田義助の末裔で、この代になり再び鎚を執る。江戸にても造る。「於江府丸山源義助造」「源義助造」。

新々 **義純**【よしずみ】　薩摩国　江戸末期（慶応）

谷山城四郎。初銘純慶、竜純。明治十六年十一月一日、八十四歳没。「義純」「谷山義純入道純慶」などと切る。

新作 **義隆**【よしたか】　逸見　岡山　明治

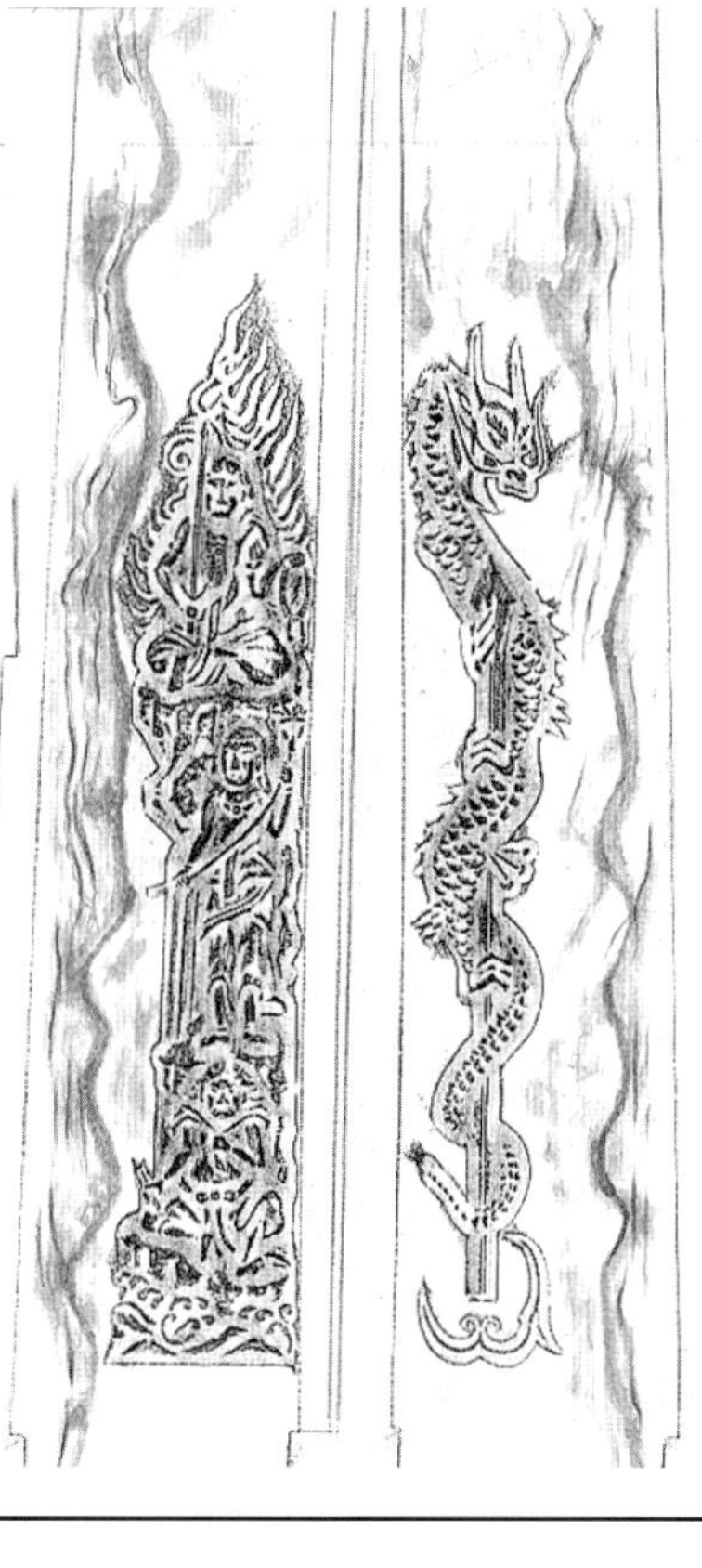

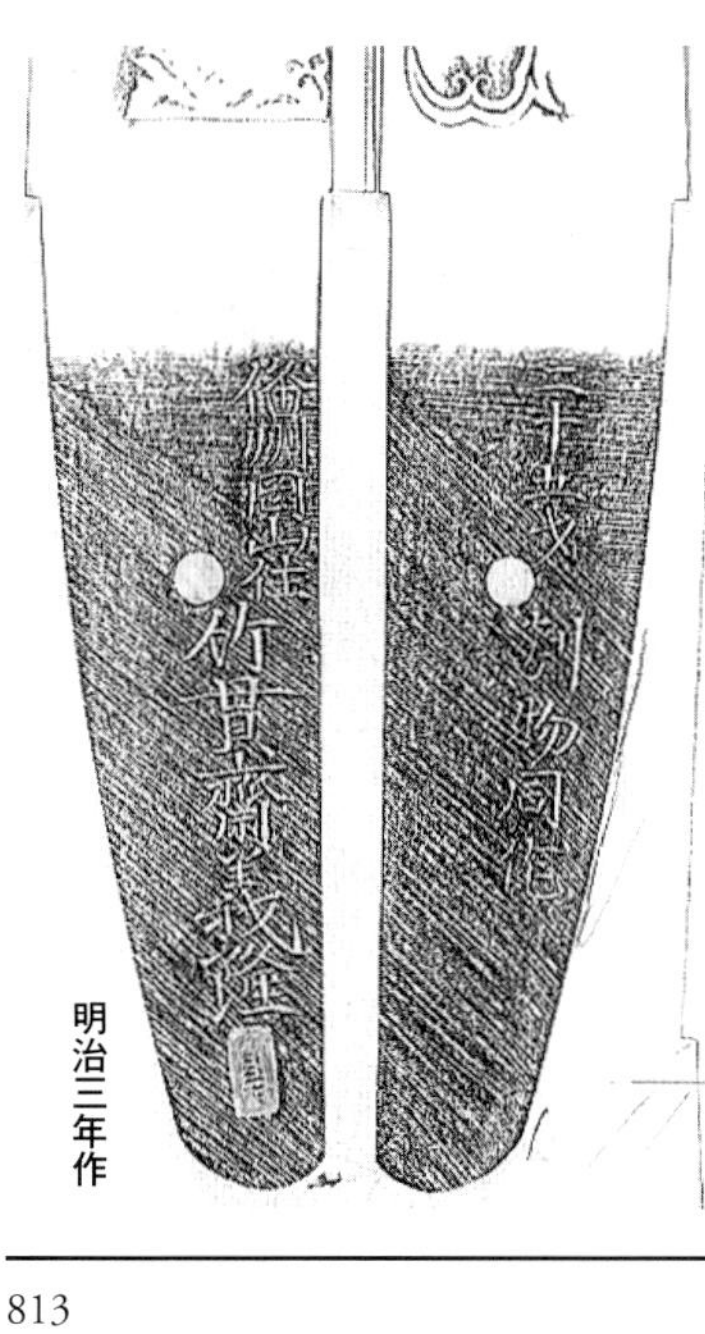

明治三年作

逸見大吉。竹閑斎また竹寛斎、彫銘を東洋、小虎、呑象と号す。逸見籐五郎次男。晩年は岡山市大工町住。天龍子正隆の門。明治四年、二十六歳の作に倉敷市・羽黒神社奉納の大作（三尺三寸五分）がある。廃刀令後は鍛刀を断念し、書画や篆刻、あるいは竹細工に専念し、生花、茶道のほか遊芸にも通じる。大正九年十二月二十四日、七十五歳没。直刃、湾れに互の目、大互の目乱、丁子交じりなど、匂い深く沸よくつき砂流し、金筋入りの相伝の作に秀で、「刳物同作」「切物同作」などと彫銘を切る。

二十六歳作

新 **義忠**【よしただ】　大和国　江戸中期（元禄）

文珠。左利きで左鑢（勝手上がり）、左文字に打つ。「和州添上郡手掻住文珠義忠」「義忠」と切る。

新々 **義胤**【よしたね】　武蔵国　江戸末期（文政）

本荘亀之助。本国羽後国本荘。水心子正秀、のち直胤門。はじめ鍛刀に従事、のち刀身彫に専念し、正秀、直胤、直勝の作に彫物をよくする。緻密で入念な優れた彫技をみる。文化末年から天保にかけて作品がある。

◆二代亀次郎義胤には鉄鐔の秀でた作品がある。

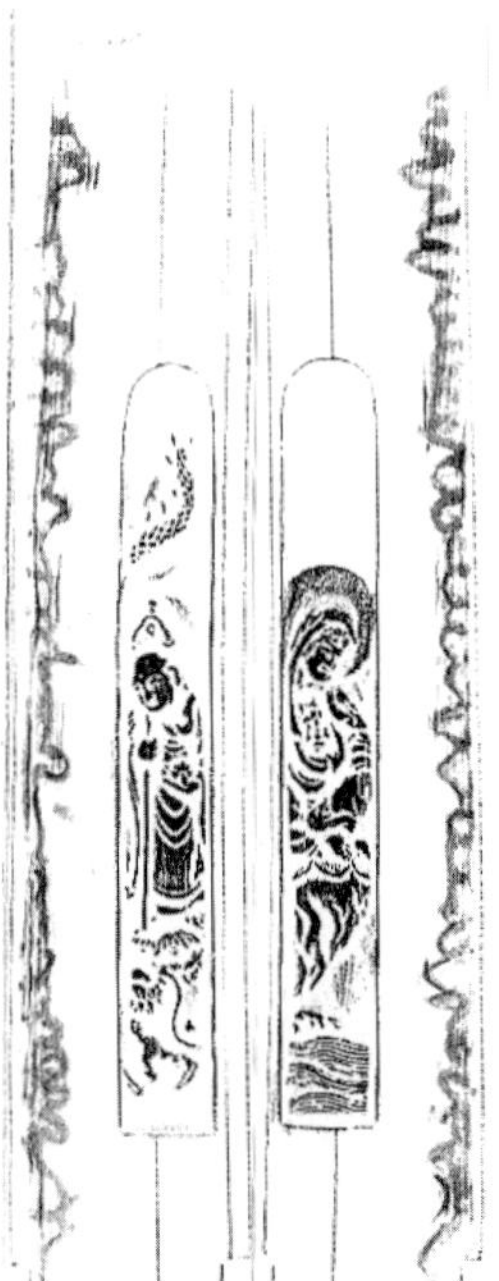

新々 **義次**【よしつぐ】　武蔵国　江戸末期（慶応）

固山源次郎。初代固山宗次の次男。雲龍斎と号す。水戸徳宗門。越前鯖江藩士。水戸、また桑名にても造る。明治に至り東京下谷区中根岸住。鍛冶を廃業する。

新々 **義継**【よしつぐ】　信濃国　江戸末期（安政）

山浦兵左衛門。小互の目に逆互の目交じり。小づむ。

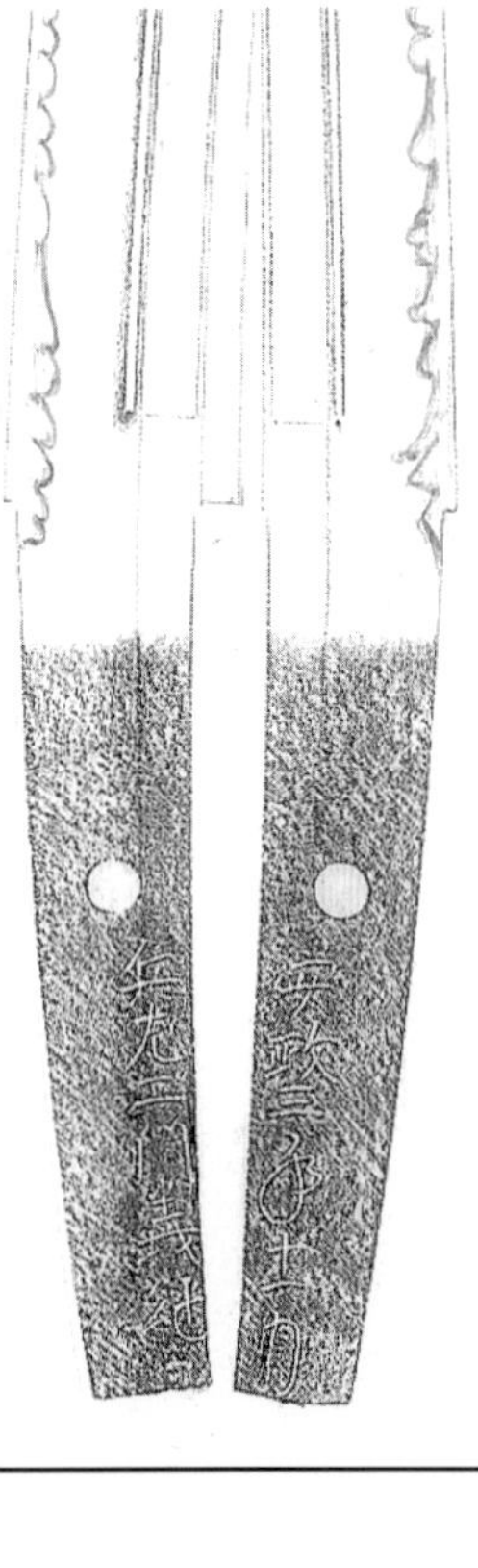

よ

よしただ〜よしつぐ

古 義綱【よしつな】初代　駿河国　室町末期（天文）

駿州島田。二代義助の子、また三代義助の弟。備考は慶金義助（三代、大永）の弟とする。義助との合作で表に義綱、裏義助と銘したものがあるのは、義綱の甥に当たる四代義助と合作したものである。義綱は相州小田原にて綱広門となり、小田原鍛冶の指導に当たる。上手の工と評価が高い。甲州府中、遠州にても造る。天文七年に甲州打ち、同二十四年に遠州打ちがある。「義綱」「義綱作」「相州住義綱」「甲府住義綱」「遠江国義綱」。

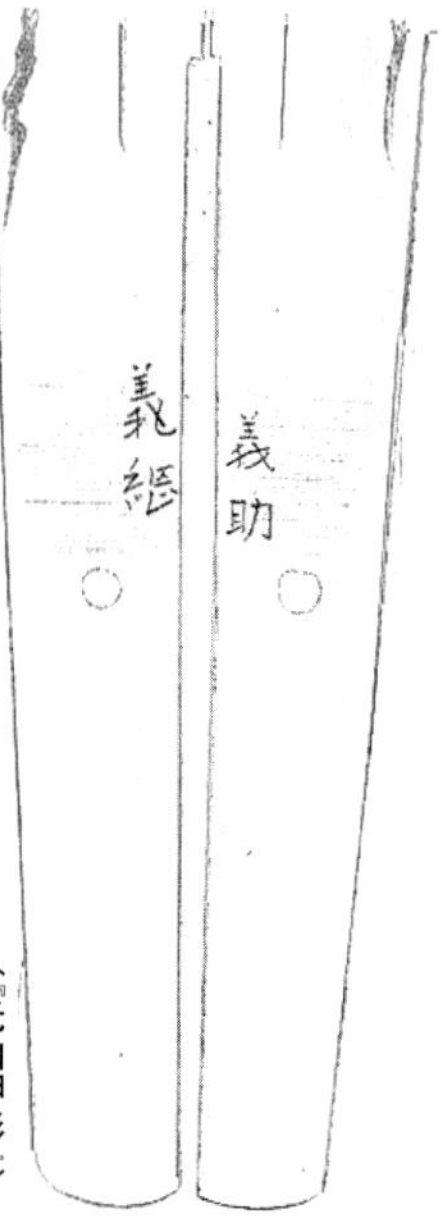

『光山押形』

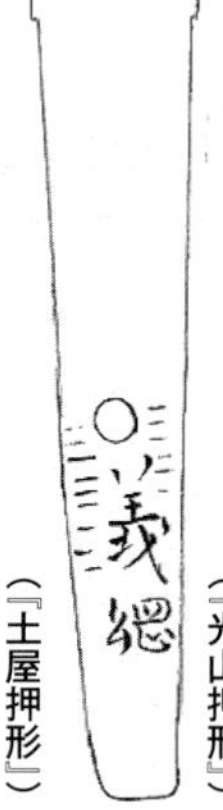

『土屋押形』

古 義綱【よしつな】二代

駿河国　室町末期（天正）

初代義綱子、また綱家子ともいう。陸奥にても造る。「義綱」「駿州住義綱」「島田住義綱」。

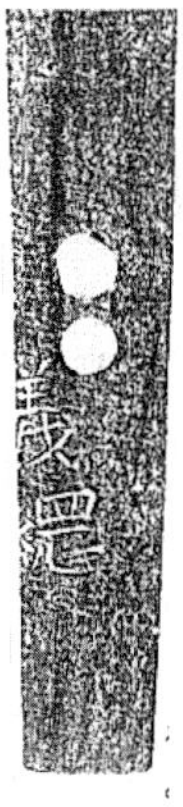
『光山押形』

新作 義輝【よしてる】　鳥取　昭和

前田喜太郎。明治三十五年生まれ。華悠斎と号す。昭和十九年、日本刀鍛錬道場を開設、海軍美保航空隊専属刀匠として終戦まで納刀する。伯州重永、川島忠善に学ぶ。

新 義辰【よしとき】　筑前国　桃山期（寛永）

下坂彦太夫。本国越前福井。江戸にても造り、のち筑前博多に移る。慶安二年七月八日没。元和、寛永の年紀作。

新々 義富【よしとみ】　羽後国　江戸末期（文化）

佐竹一族。大館代官・山城守義富の慰作。山田貞弘が相鍛冶を務める。直刃を焼く。「佐竹源義富」。

新々 義虎【よしとら】　山城国　江戸末期（安政）

雲龍子吉光三十五代孫と称す。安政ころから明治初年までの作がある。「鴨神水義虎造之」。

新々 義直【よしなお】　信国吉政　九代　筑前国　江戸末期（嘉永）

又左衛門、平太郎。義直には安政から慶応にかけての年紀作がある。「筑前官工源信国義直作」などと切る。

新々 義猶【よしなお】　筑前国　江戸末期（安永）

筑前信国派。信国光昌子。福岡住。湾れ調の直刃に小互の目足入り。彫物を得意とする。

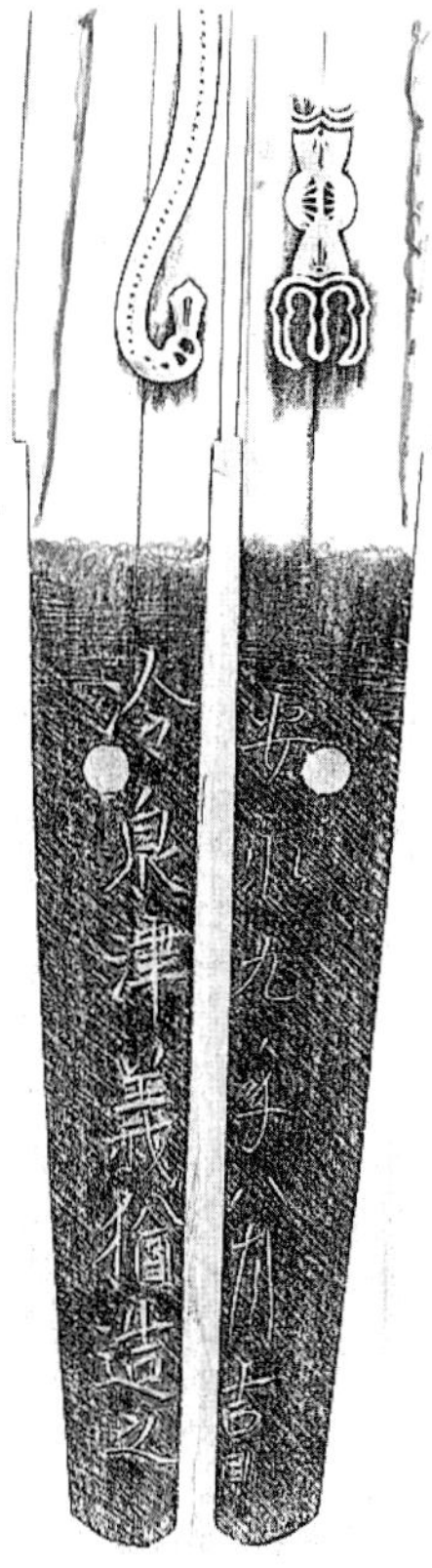

新々 義信【よしのぶ】　信濃国　江戸末期（文久）

山浦兵左衛門。山浦真雄門。文久四年紀に「江府住藤原義信造之」と銘

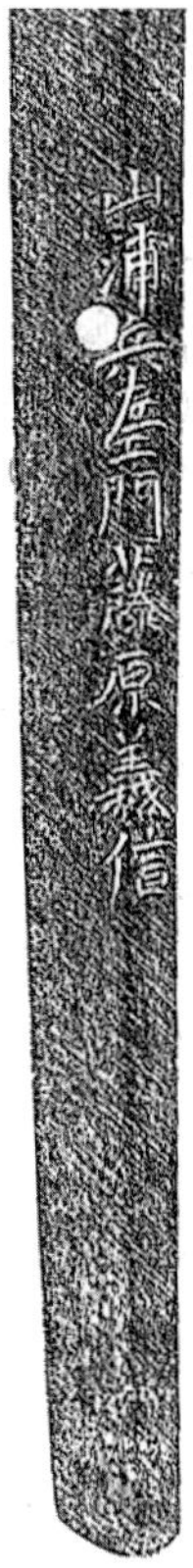

よ

よしつな～よしのぶ

した刀があり、早くから江戸に移り住んでいたことが知れる。直刃に小足入り、互の目乱に大互の目交じる。

古 義則【よしのり】 備前国　南北朝期（暦応）

福岡一文字の系流という。河田住。河田庄は現・岡山県赤磐市河田原。

古 義則【よしのり】 備前国　南北朝期（貞治）

河田義則二代。貞治ころ。河田住から長船に移ったようである。「義則作」「備州河田住義則」「備州長船義則」。

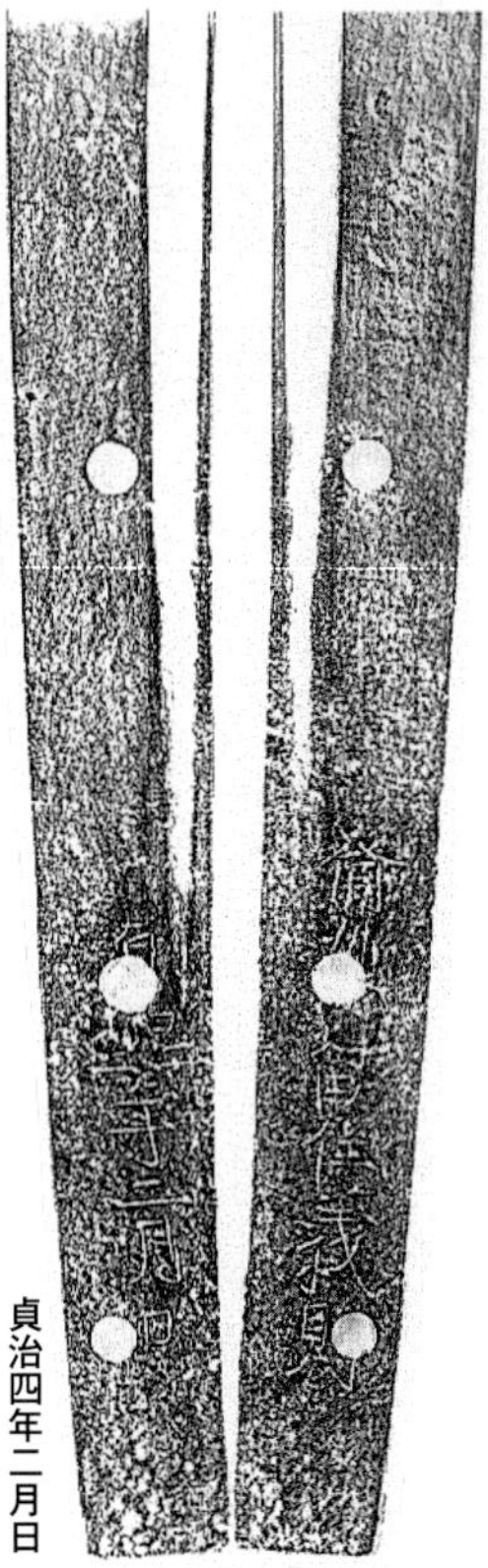

貞治四年二月日

新々 義則【よしのり】 下総国　江戸末期（慶応）

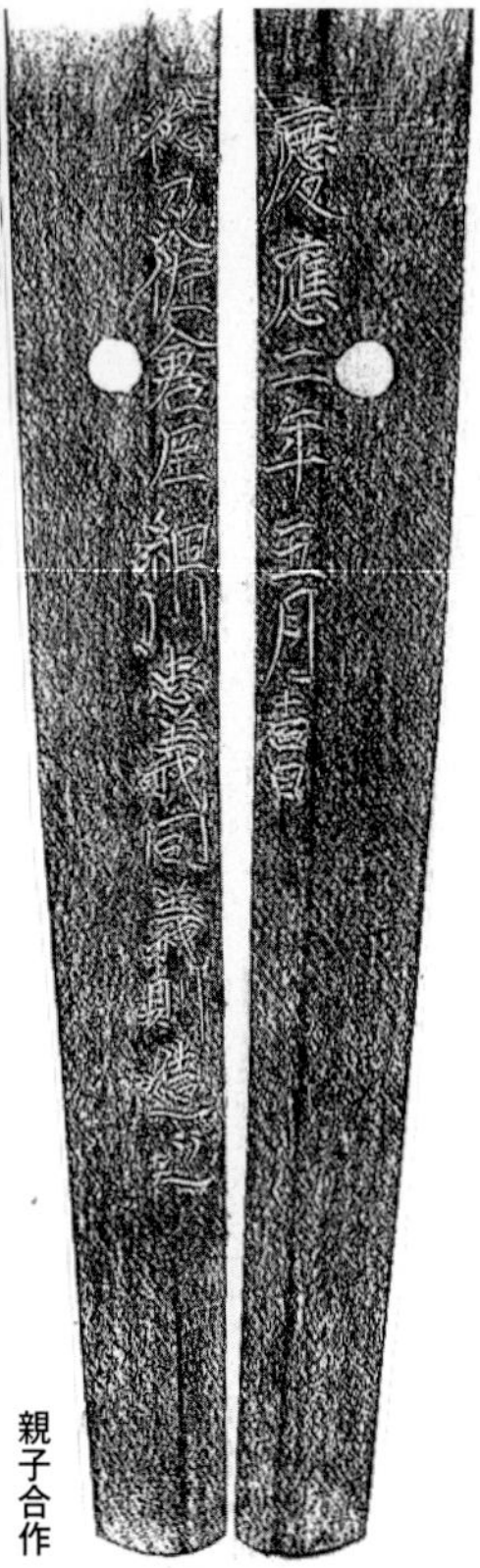

親子合作

細川兼太郎。近藤忠義の次男。佐倉藩工。父忠義に優る技をもちながら廃刀令にかかり、活動を止める。わずかに明治年間に上州金山々麓にての作がある。大正八年十二月二十三日、七十二歳没。

新々 義規【よしのり】 下野国　江戸末期（文久）

細川剛之助。天然子正平の嫡男。二代正義門。宇都宮藩工。鹿沼住。明治十一年十二月三十日、七十四歳没。

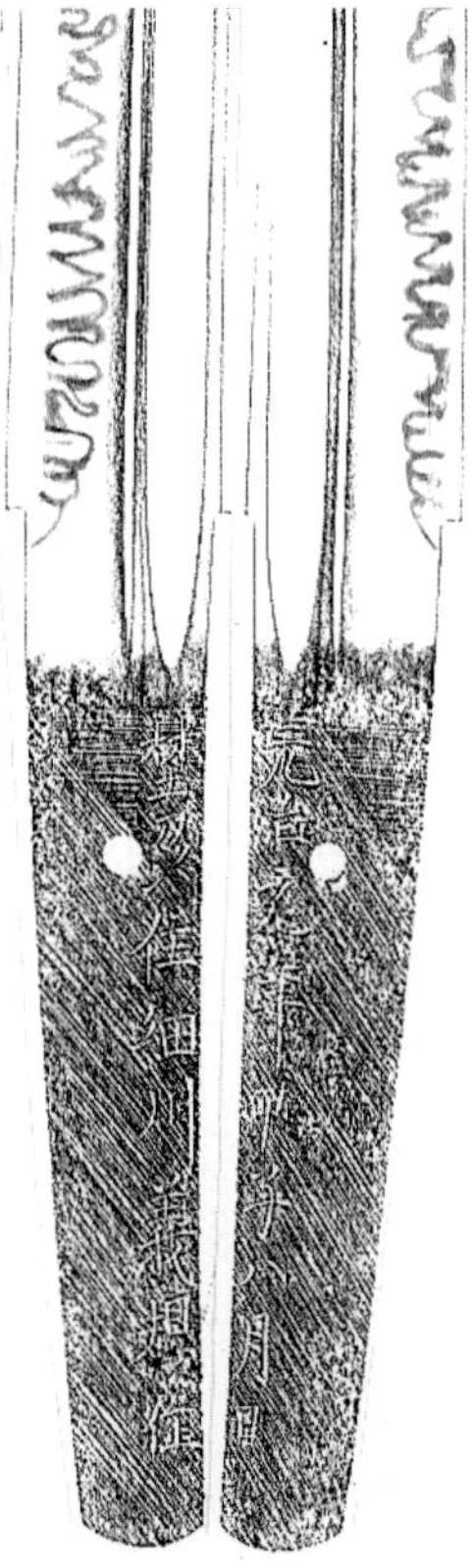

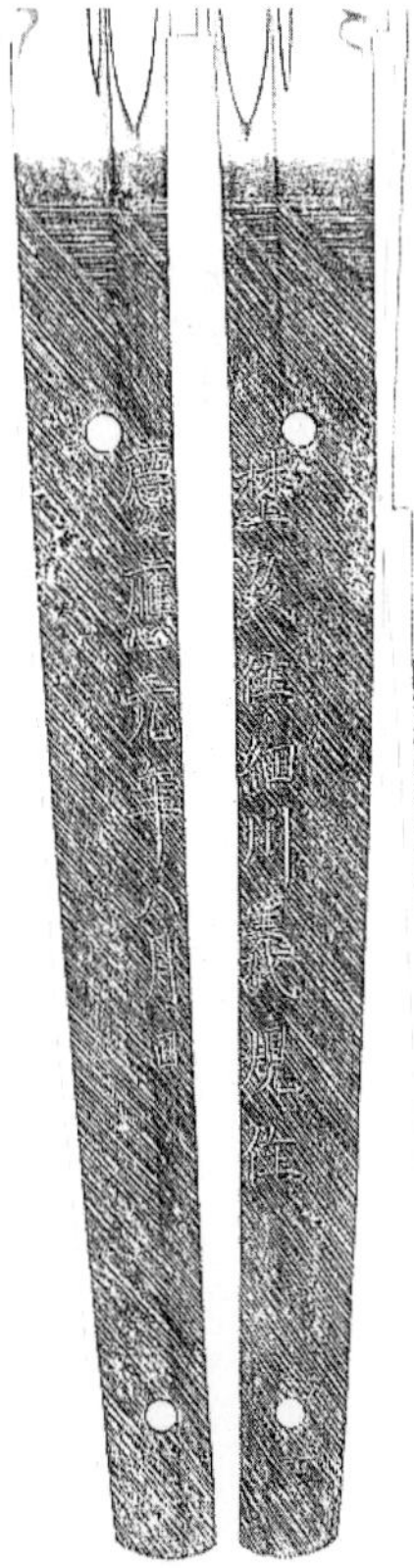

古 義憲【よしのり】 備前国　平安末期（保元）

古備前。八幡太郎義家の太刀作者という。古剣書の押形に大銘を切るものがあるが、正真とみられる遺作は現存をみない。

新々 義春【よしはる】 筑前国　江戸末期（慶応）

筑前信国派。「筑前住義春作」と銘した鎗がある。慶応ころ。

新々 **義久**【よしひさ】 陸中国 江戸末期（寛政）
七之助。久次四代目。新藤国義門。「盛岡住義久」。

新作 **義久**【よしひさ】 岡山 平成
藤本和久。昭和三十七年生まれ。吉原義人門。同五十九年作刀承認。丁子乱。「備中国住義久作」。阿哲郡哲多町住。

新々 **義秀**【よしひで】 上野国 江戸末期（文久）
立花義秀。隼人国秀の子。園龍子を襲名、「立花園龍子藤原義秀作」と切銘する。清水久義門。小湾れに互の目、互の目に丁子交じりなど。

新作 **義秀**【よしひで】 愛媛 昭和
真鍋熊太郎。大正五年生まれ。高橋義宗門。昭和十一年から日本刀匠協会展に出品し銀牌、金牌、特選受賞。同二十九年から作刀技術発表会入選。「予州西条住源義秀」「石鎚山麓源義秀造」。

新々 **義英**【よしひで】 出羽国 江戸末期（天保）
羽州米沢住。龍泉子と号す。長運斎綱俊門。丁子乱、互の目足長く入る。

新作 **義人**【よしひと】 東京 平成
吉原義人。昭和十八年、世田谷に生まれる。祖父国家に師事する。同四十三年、新作名刀展に初出品し努力賞を受賞。四十七年に文化庁長官賞、翌四十八年に高松宮賞、翌年以降も連続して受賞し、五十七年に無鑑査に認定される。平成十六年、東京都指定無形文化財に認定される。国内のみならず海外での活動もめざましく、アメリカ・ダラスで鍛刀、メトロポリタン美術館、ボストン美術館に作品を納入、イタリア・フィレンツェの国立バルジェロ美術館では作刀の常設展示をするなど、現代日本刀の海外普及に尽力する。丁子乱の備前伝を最も得意とする。

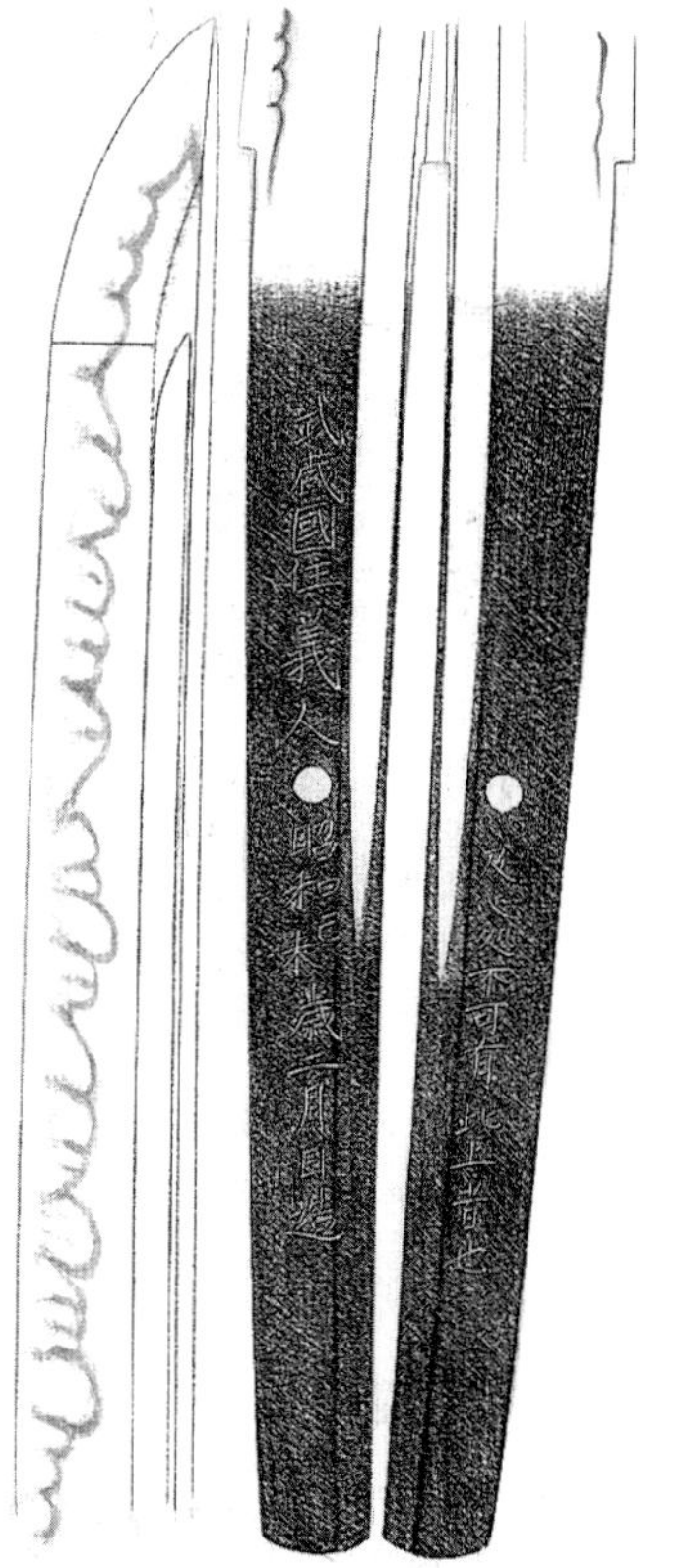

新々 **義平**【よしひら】 淡路国 江戸末期（天保）
備前横山祐平門。骨切義平の称がある。「淡州住成丘義平」。

古 **義広**【よしひろ】 大和国 南北朝期（貞和）
千手院。貞和・観応の年紀作がある。「千手院義広」「大和国添上郡千手院義広」。

古 **義広**【よしひろ】 相模国 室町末期（天文）
島田。義助門。小田原住。天文ころ。「相州住義広」。

古 **義広**【よしひろ】 駿河国 室町末期（天文）
島田義助門。駿河のち小田原へ移る。天文十一年から同十六年紀がある。「嶋田義廣作」。

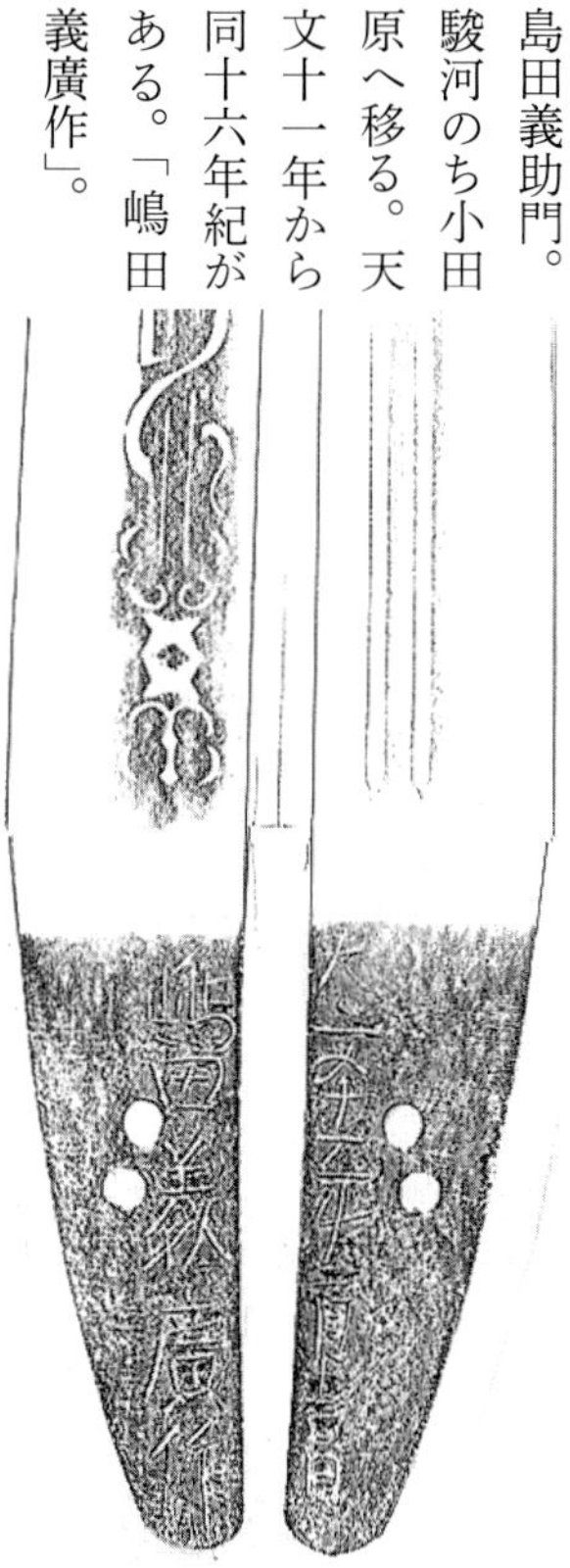

新々 **義広**【よしひろ】 肥前国 江戸末期（慶応）
橋本源之助。秋水子と号す。佐賀市白山の竜造寺八幡宮の辺に住す。

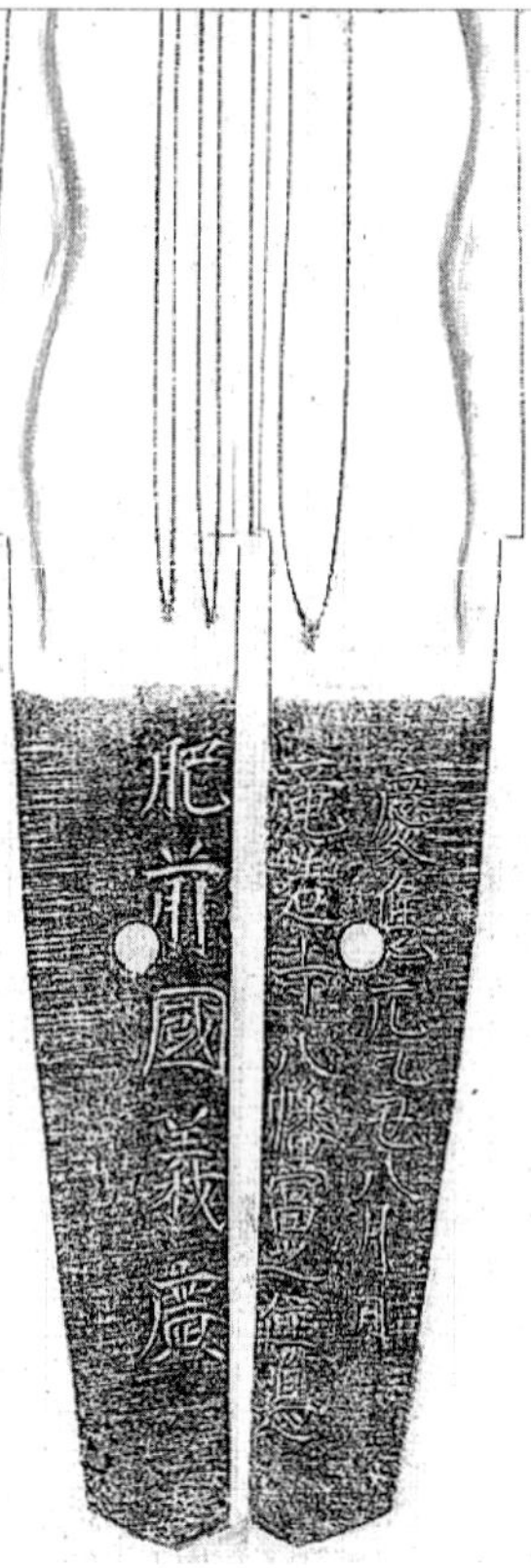

新々 **義広【よしひろ】**　新藤　五代　陸中国　江戸末期（安永）

新藤宇八郎。正義の子。新藤国義五代目。近江守継平門。安永八年六月六日没。「新藤源義広」「奥州盛岡住新藤源義弘」。

新々 **義広【よしひろ】**　新藤　七代　陸中国　江戸末期（文久）

初代新藤国義より七代目。小次郎義広。六代目次郎兵衛養子。盛岡住。慶応三年四月、六十六歳没。「新藤小次郎義広」。

古 **義弘【よしひろ】**　越中国　南北朝期（建武）

江《え》右馬允。江は義弘と打ち、吉広、善広ともいう。『往昔抄』は江を「ゑ」とふり仮名している（いま一般には「ごう」といっている）。越中国松倉住。鎌倉にて打ち、のち越中へ帰り作刀する。鎌倉での作を鎌倉江といい、越中での作を松倉江と称す。古伝書はほとんどが正宗の弟子とするうち、銘尽（天正十二）は「正宗の弟子とも、相弟子ともいう」として相弟子説を掲げている。義弘は則重の子とも、また親ともいい、二つの説があって、則重の親とする方は義弘を則重の師ともみている。往昔抄によると「越中親の義廣」と、「越中松倉住　子の義弘」の二つの押形図を掲げて、義広と義弘の親子二人がいると解釈できる。

上の略系図のように義広は則重の親であり、また義弘は則重の子となる。よって前出の二つの説は等しく一諸のものとなる。元亀本は義弘二十四・五歳で死去したとも、大全は正中二年に二十七歳で死と記している。「一代の上手」「すぐれたる名人なり」（銘尽）などと評されながら早世だったことを伝えている。有銘作で現存する確かなものがなく、古押形に掲げられて、江戸時代には作品が残されていたらしいが、いま見るのは大磨上げ無銘作で極められたものばかりである。

江 親　義広 ── 子　則重 ── 子　義弘
　　　　　　　　　└ 子　為継

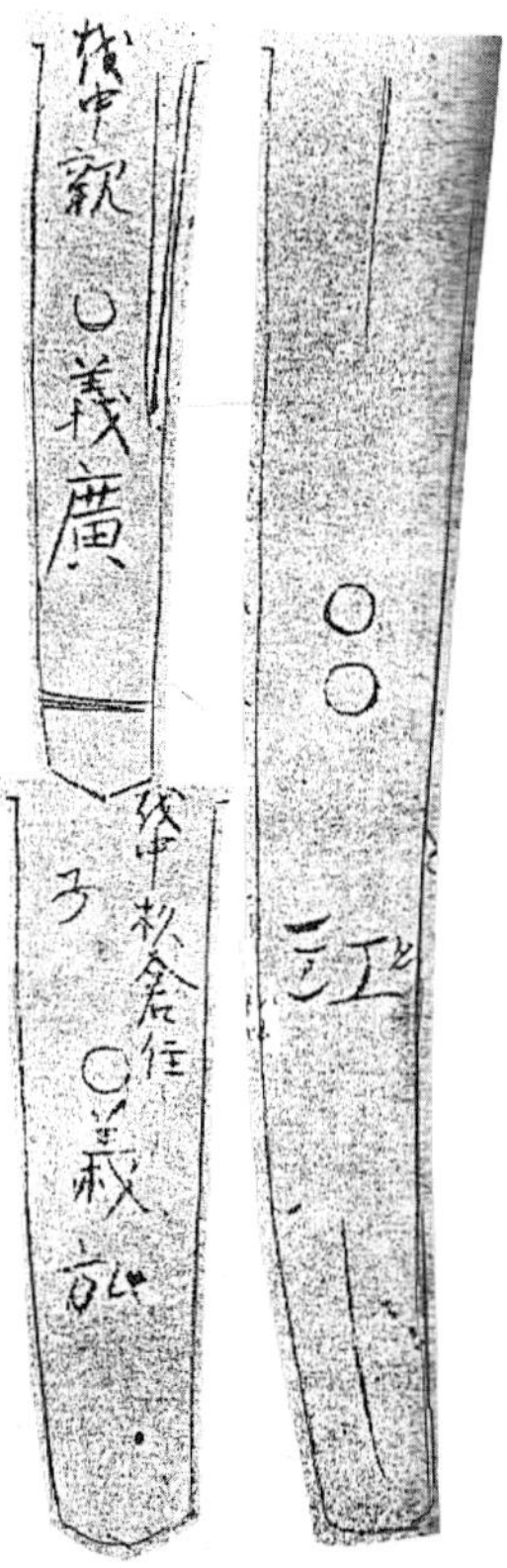

（『往昔抄』）

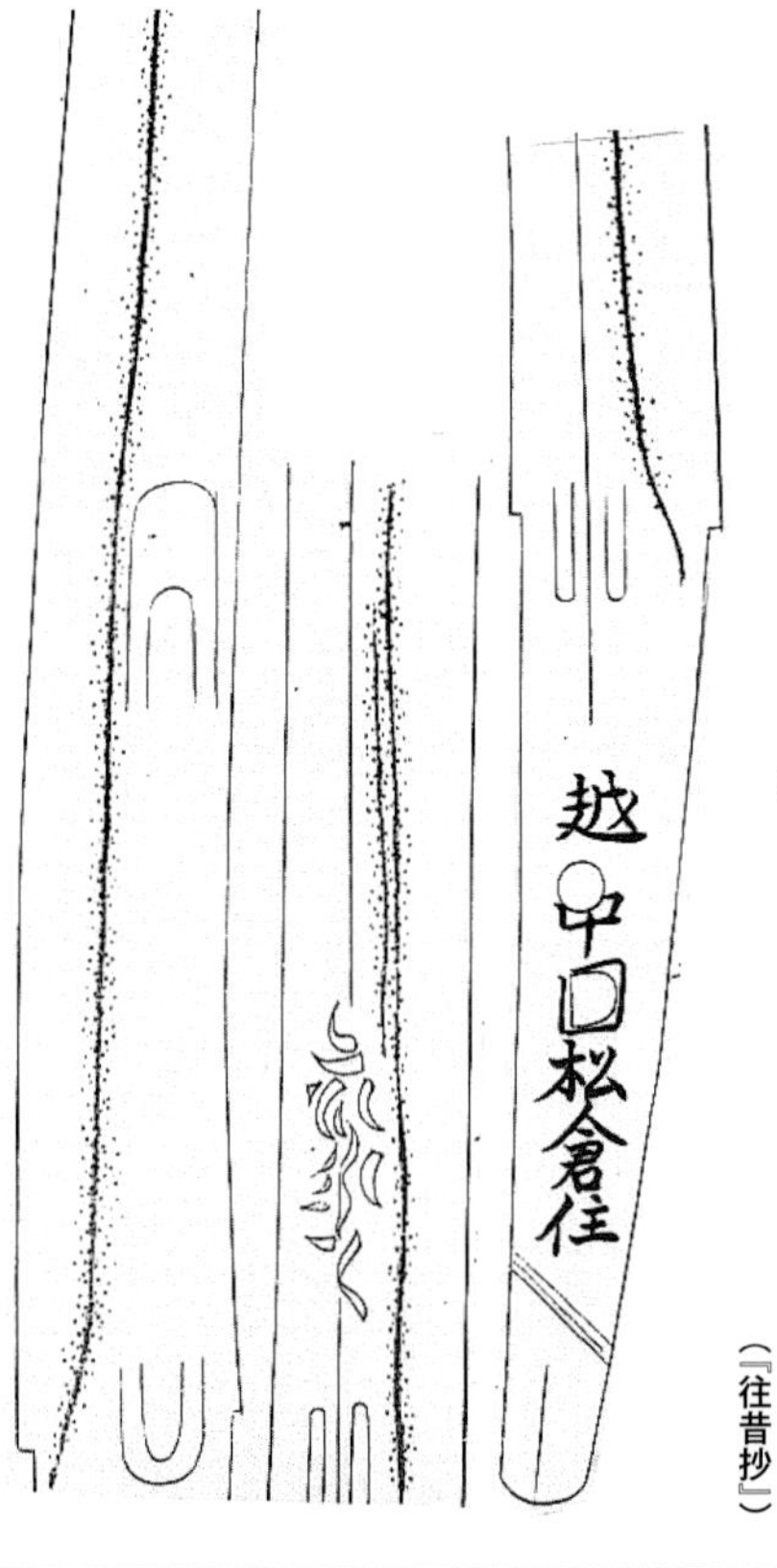

松倉江（『本阿弥光心押形集』）

よ
よしひろ

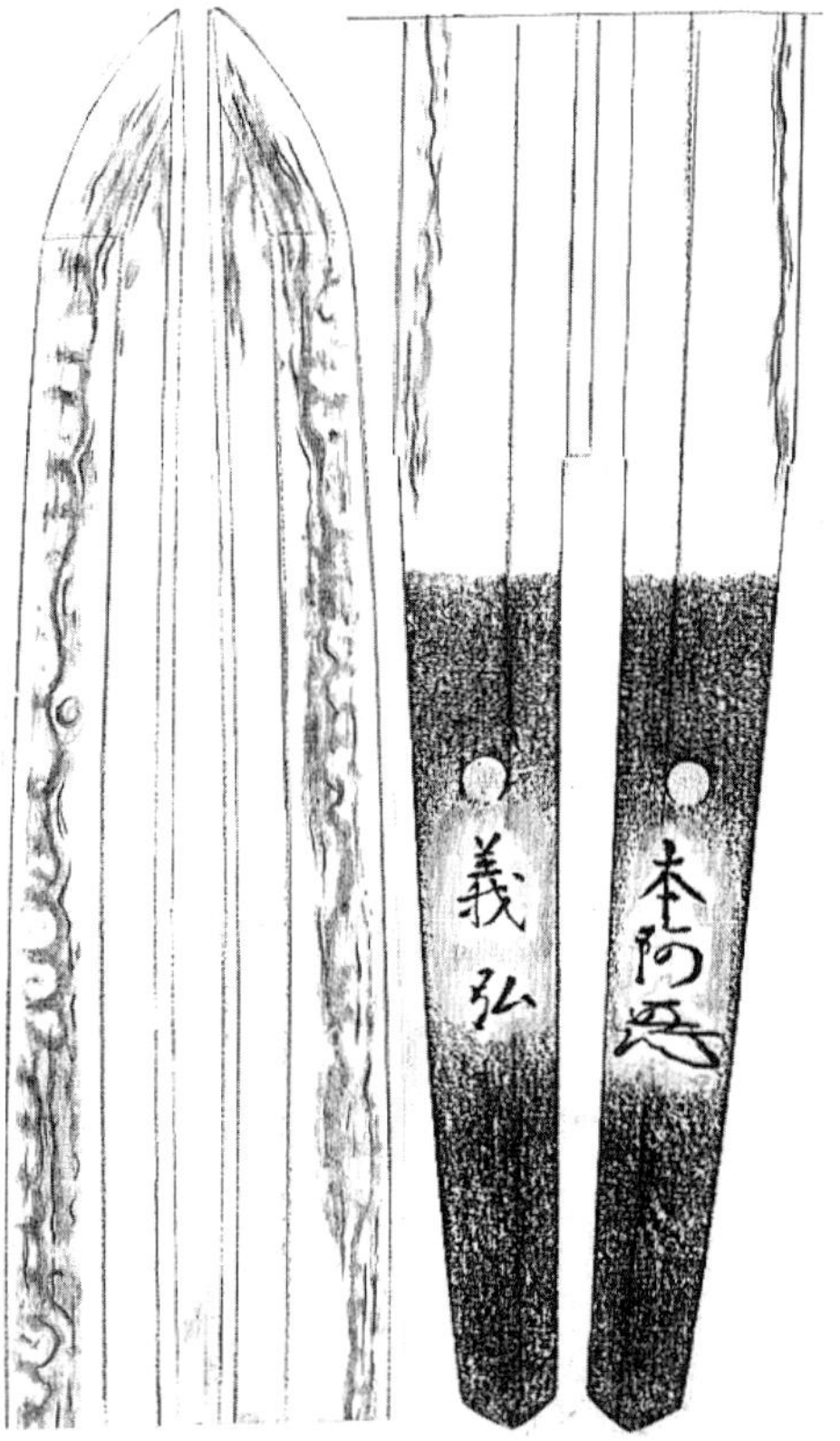

大久保江（光常象嵌）

義弘の刀は身幅尋常で切先も尋常なものが前期作で、身幅広く切先が延びたものが後期作である。鍛えは小板目が詰むもの、柾目が交じるものがあって、地沸よくつき、地景入る。刃文は小湾れを主調に乱交じり、匂深く小沸つき、ほつれ、打のけ、砂流しかかる。直刃主調のものもあって、いずれも焼が深く、ことに物打辺から上部にかけて焼幅が広くなり、帽子先が掃掛また火焔になり一枚帽子になるものが多い。地刃ともに明るく冴え、正宗ほどに荒沸が目立たず、正宗以上に評価の高いものがある。棒樋を彫るもの以外彫物は少ない。

前期作とみられる村雲江、松井江などにみる大和伝の作調の顕著なものからみて、義弘の出身地が大和国ではなかろうかと考えられる。大和千手院派の一人で、同時代に同銘の工がいることも何か関連があるのかもしれない。いま現存する有銘作はないが、古伝書などは「大略は銘を打たず、但し長銘に打ちたるも、また二字銘もあり」として「越中国住人義弘」（佩裏銘）の太刀を掲げる（銘尽）など、有銘作の例を示している。真偽のほどは不明であるが、当時は有銘作が残されていたことが窺える。

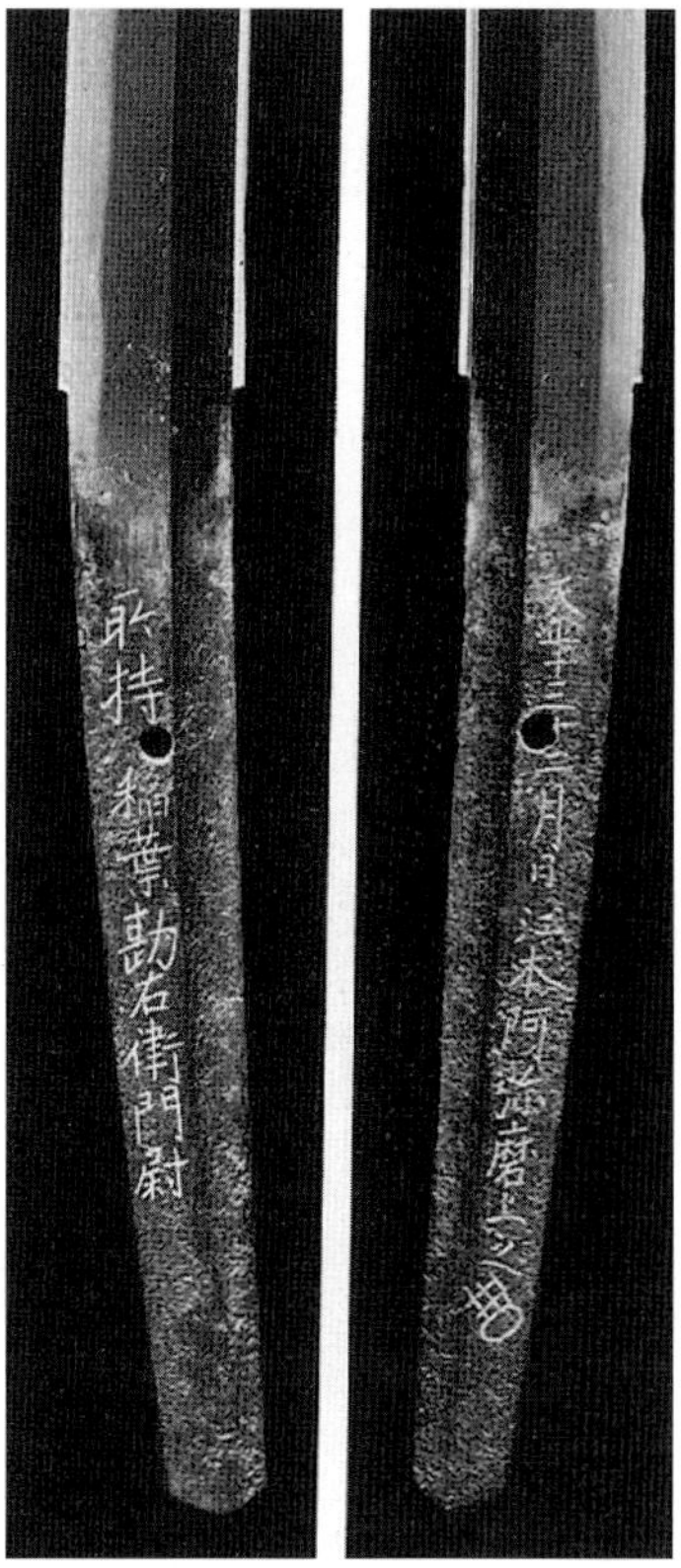

古 義弘【よしひろ】　大和国　南北朝期（文和）

初銘善広（正和ころ）、貞和ころから義弘と打つ。文和二年紀に「大和国添上郡千手院義弘」と切った短刀がある。互の目に小乱が交じり、砂

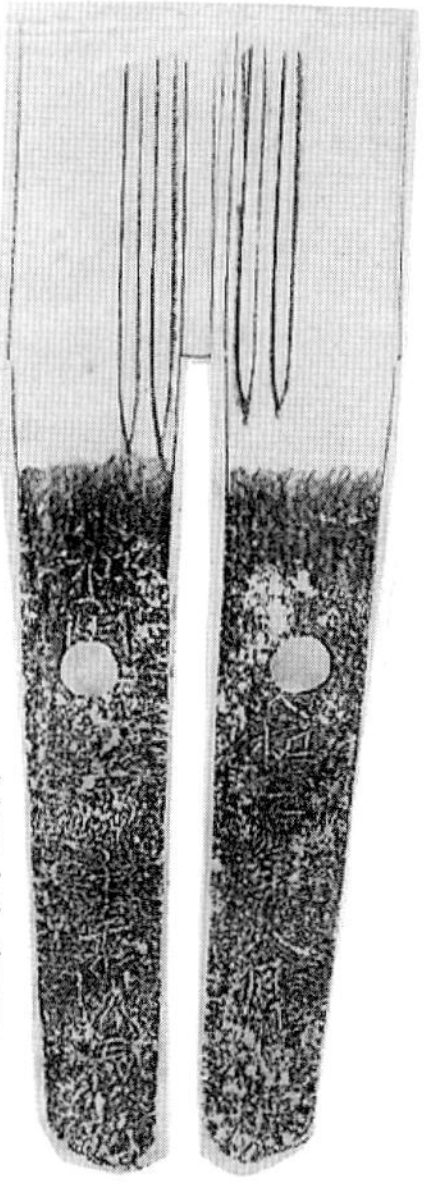

文和二年八月日
大和国添上郡千手院義弘

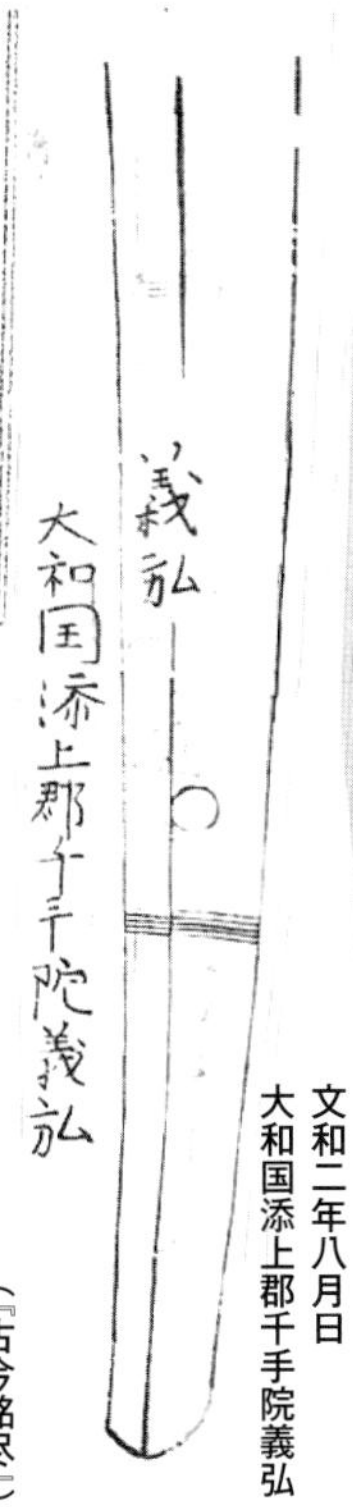

（『古今銘尽』）

流し、金筋が走った沸の激しさから、常に見る千手院の作風らしからず、相伝風が窺える作。文和三年五月紀がある千手院吉弘剣があり、吉弘同人というが、義弘の銘とは小異があるので吉弘、吉広とは別人であろう。義弘は江義弘と同銘で、何らかの関連があったとすれば、江義弘が千手院鍛冶の出身であったとする説と、関わりを持つのかもしれない。

新々 **義弘**【よしひろ】 上野国 江戸末期（文政）

鈴木善吉。寛政九年、駿州小夜の中山に生まれる。中山蔵人と称し、一貫斎と号す。伊豆韮山の江川太郎左衛門の反射炉築造を手伝う。水戸則利に則重伝の鍛法を学び、常陸、江戸にて鍛刀する。天保年中に松平大和守に抱えられ前橋に移り、この地に永住する。江義弘に私淑して義弘と銘す。慶応元年七月十二日、六十四歳没。地刃に相伝の風が強く、板目状の地肌が肌立つ。彫物を得意とする。

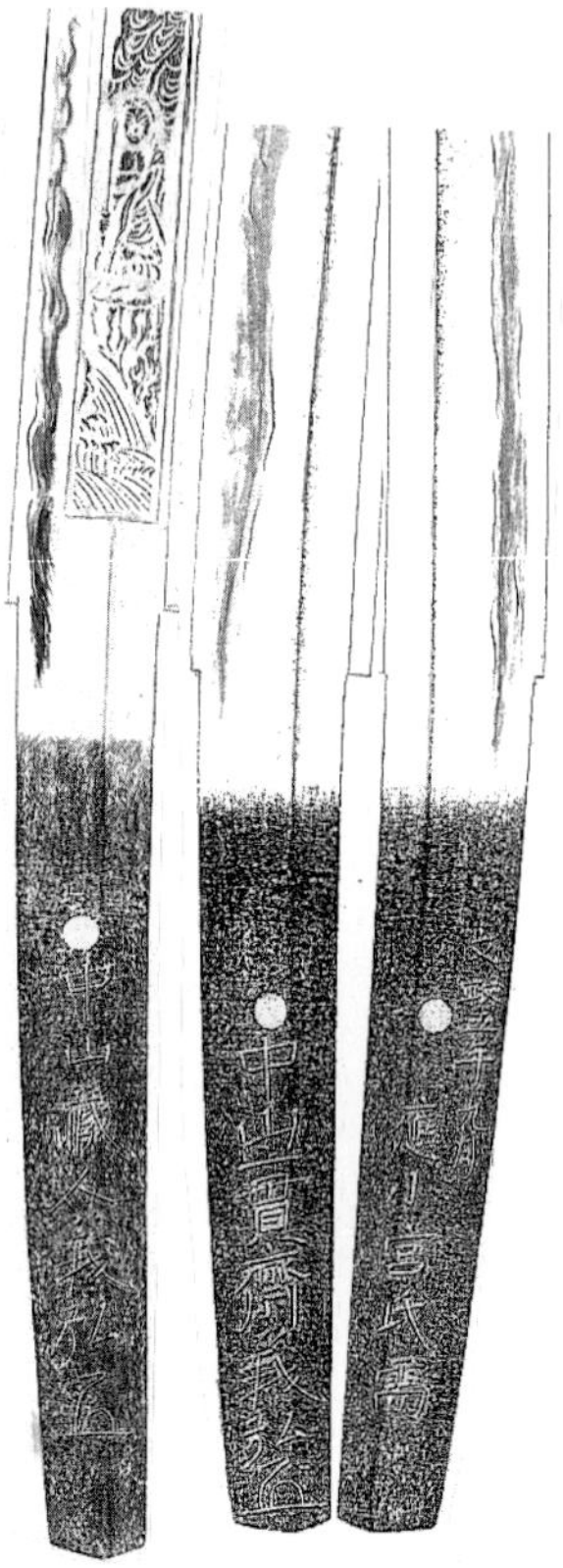

新作 **義弘**【よしひろ】 青森 昭和

二唐保。津軽藩工家四代義信の次男。幼時より父義信に学び、昭和十六年、栗原昭秀に入門、のち堀井俊秀、宮入昭平に学ぶ。陸軍受命刀匠。弘前市住。

新作 **義弘**【よしひろ】 新潟 平成

新保義弘。昭和五十二年生まれ。宮入法広門。平成十八年、作刀承認。新作名刀展入選。「義弘」。佐渡市住。

市住。

新作 **義文**【よしふみ】 群馬 平成

尾林勉。昭和十九年生まれ。新作名刀展入選。「上芝住義文作之」。高崎市住。

新 **義正**【よしまさ】 陸中国 江戸中期（元文）

三代新藤義国の初銘。治郎兵衛、二郎、喜左衛門。明和九年没。⇩**新藤義国〈三代〉の項参照**。

新々 **義昌**【よしまさ】 信国吉政 七代 筑前国 江戸末期（天保）

又左衛門。初銘美昌。文政から慶応にかけての年紀作がある。彫物に秀でる。子義一との親子合作がある。「筑前国義昌」「筑前国藩工源信国又左衛門尉義昌」。

新 **義征**【よしまさ】 新藤 四代 陸中国 江戸中期（宝暦）

新藤国義四代目。清内。三代新藤国義子。天明元年没。「盛岡住義征」。

新 **義道**【よしみち】 山城国 江戸中期（延享）

富田甚右衛門。本国日向。二代近江守久道門。安芸広島にても造る。

古 **義光**【よしみつ】 備前国 鎌倉末期（元亨）

初代。真長の子。景光門という。鎌倉末期の元亨ころから南北朝初めの貞和ころまでの鍛冶である。銘鑑には元亨二年紀がある。『鍛冶銘字考』は、「建武年中の作者」としていて、このころが盛期だったろう。景光風の片落互の目、直刃に小足入りがある。「備州長船住義光」「備前国長船住義光」。

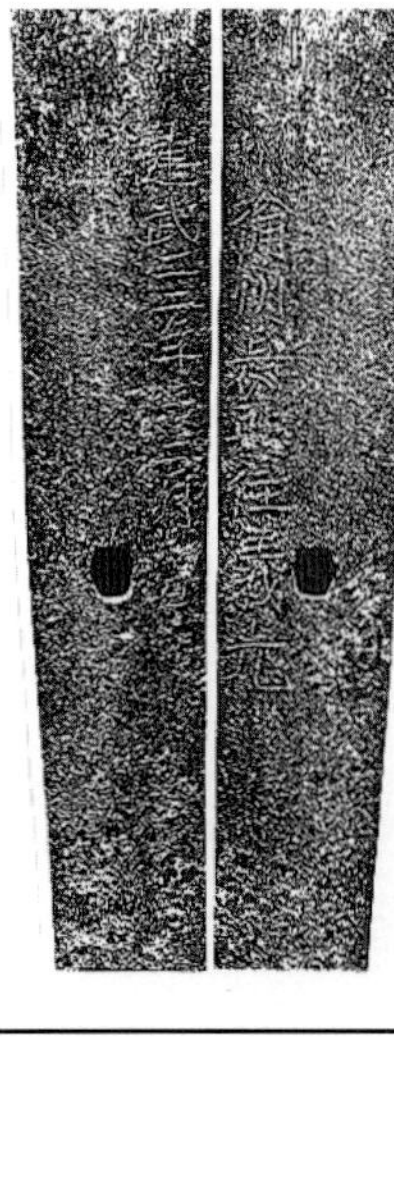

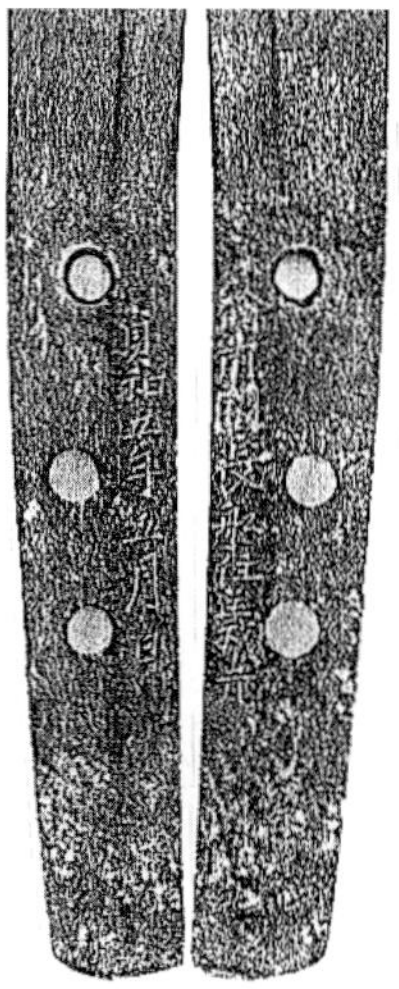

古 **義光**【よしみつ】　備前国　南北朝期（延文）

左兵衛太夫。二代。景光の子、兼光の弟。延文から永和にかけての鍛冶である。作風は兼光に似て湾れに互の目交じりを焼く。「備州長船住義光」「備前國長船住義光」「備前國長船左兵衛太夫藤原義光」。

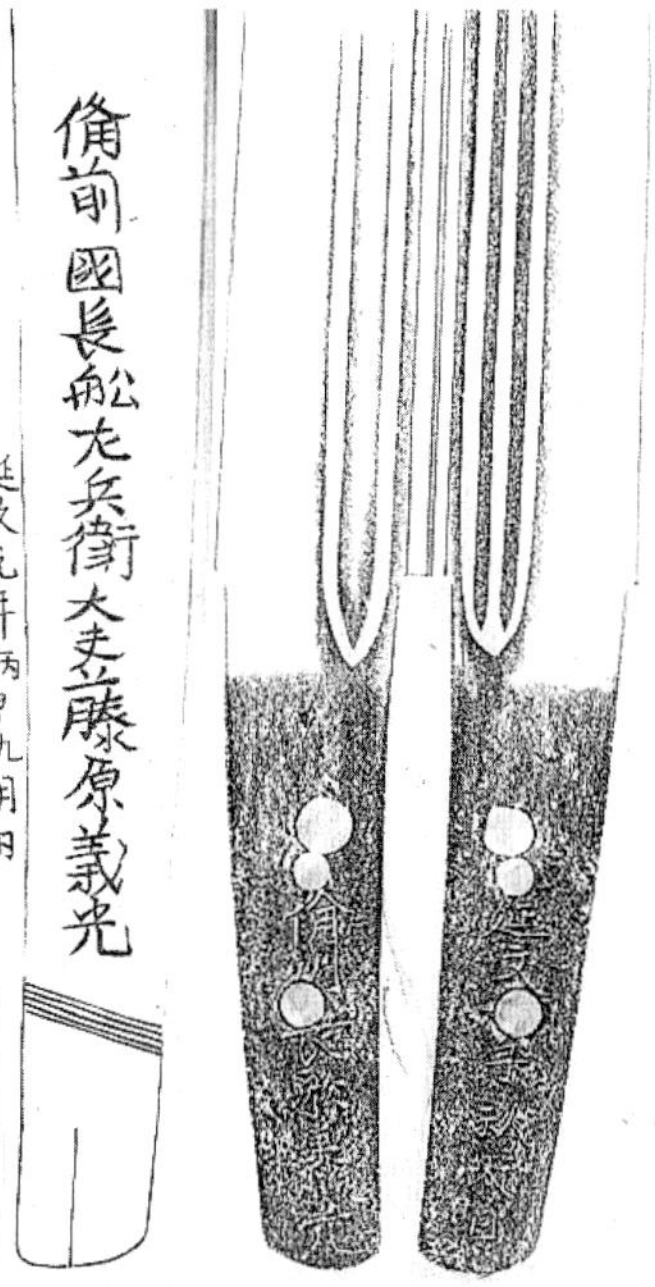

（『古今銘尽大全』）

新作 **義光**【よしみつ】　東京　平成

吉川三男。昭和二十三年、新潟県西蒲原郡黒崎町大野に生まれる。昭和四十四年、吉原義人・荘二の門に入る。同五十年、第十一回新作名刀展に初出品し奨励賞を受賞。翌五十一年、新潟県羽黒町に鍛錬所を設けて独立。昭和五十二年十月、吉川に改姓し東京に移住。同年、第十二回新作名刀展から六十二年、第二十二回展まで連続入賞し、この間奨励賞、高松宮賞、文化庁長官賞を受賞し、六十二年から無鑑査となる。平成二十二年、新作日本刀展で日本刀文化振興会会長賞を受賞。昭和五十九年（六十一回）、平成十八年（第六十二回）、伊勢神宮式年遷宮の御神刀を謹作奉仕する。鎌倉一文字の備前伝の追求を目標とし、重花丁子が華麗な〝山鳥毛〟太刀、長義、兼光の南北朝期の太刀などに挑戦の目を向ける。葛飾区住。

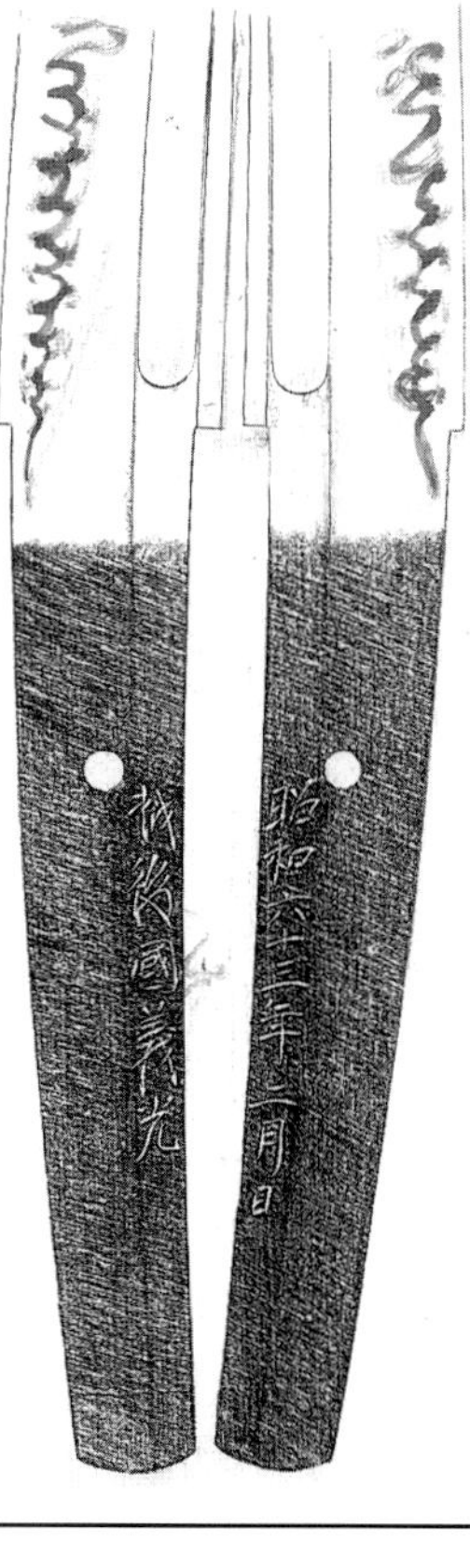

新々 **義宗**【よしむね】　陸奥国　江戸末期（文久）

福嶋義宗。陸奥国白川住。島田義助の義の一字をもらい五条義宗と銘す。明治二十九年正月十九日、五十九歳没。文久・元治年紀の作がある。

新作 **義宗**【よしむね】　大阪　昭和

高橋義宗。金市貞次の兄。明治三十年生まれ。大正元年、十五歳で横山祐定の門に入り、同七年に逸見義隆門、また延寿国俊に師事する。その後、大阪で刀剣商に転じるも、再び昭和八年ころから作刀を再開し、十五年には愛媛に帰り作刀する。昭和二十一年没。備前伝、山城伝、相州伝の作刀がある。

新 **義胄**【よしむね】　土佐国　桃山期（元和）

堀内次郎右衛門。生国備中青江。初銘貞次。入道して宗敬と号す。土州石立村住、のち神田村能茶山に移る。大互の目乱に砂流しかかる。「不動義胄作」「不動義胄入道作」。◆二代義胄（承応）は堀内弥右衛門。吉次、盛次、智継などと切る。

古 **義安**【よしやす】 薩摩国 室町初期（応永）
波平。銘鑑では鎌倉前期から名跡を伝えて室町期に及び応永、文明、天文と後続する。「波平義安」。

新 **義行**【よしゆき】 豊後国 江戸中期（寛文）

寛文三年七月、山城大掾を受領。のち国平と改銘する。「豊後住山城大掾藤原義行」などと切る。

古 **賢正**【よしまさ】 備後国 室町末期（大永）
木梨三原。木梨住（現・広島県尾道市木ノ庄町木梨）。大永ころ。「賢正」。

古 **膳清**【よしきよ】 安芸国 室町末期（文明）
二王。本国周防。芸州山県住。文明年紀の作がある。「膳清」「二王膳清」「二王よしきよ」。

古 **膳清**【よしきよ】 安芸国 室町末期（大永）
二王。芸州山県住。小湾れ調の直刃に互の目を表裏揃えて入れる、小沸出来。「二王膳清作」「芸州山県二王膳清作」「芸州山県住朝臣二王膳清」。

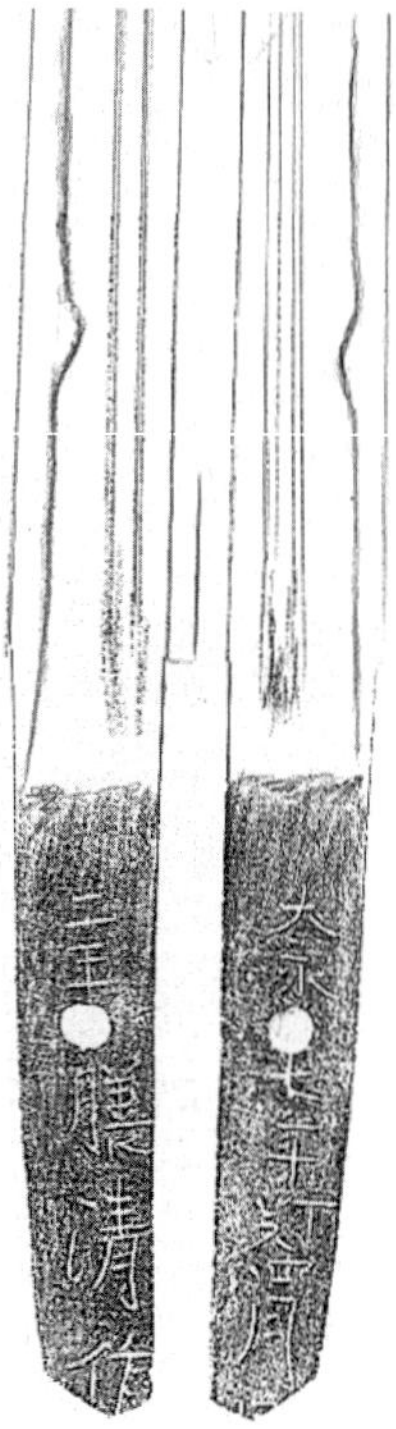

新々 **慶任**【よしとう】 山城国 江戸末期（天保）
駒井安芸。南海太郎朝尊の門。東寺の寺官。法橋《ほっきょう》から法眼《ほうげん》に叙任し「駒井法眼慶任」などと切銘する。丁子に互の目交じり、足長く入り小づむ。

新々 **蓊武**【よしたけ】 加賀国 江戸末期（安政）
田向蓊武。系統不明の一人鍛冶。嘉永・安政の年紀作がある。直刃が湾れかかり小互の目、箱がかる刃交じる。

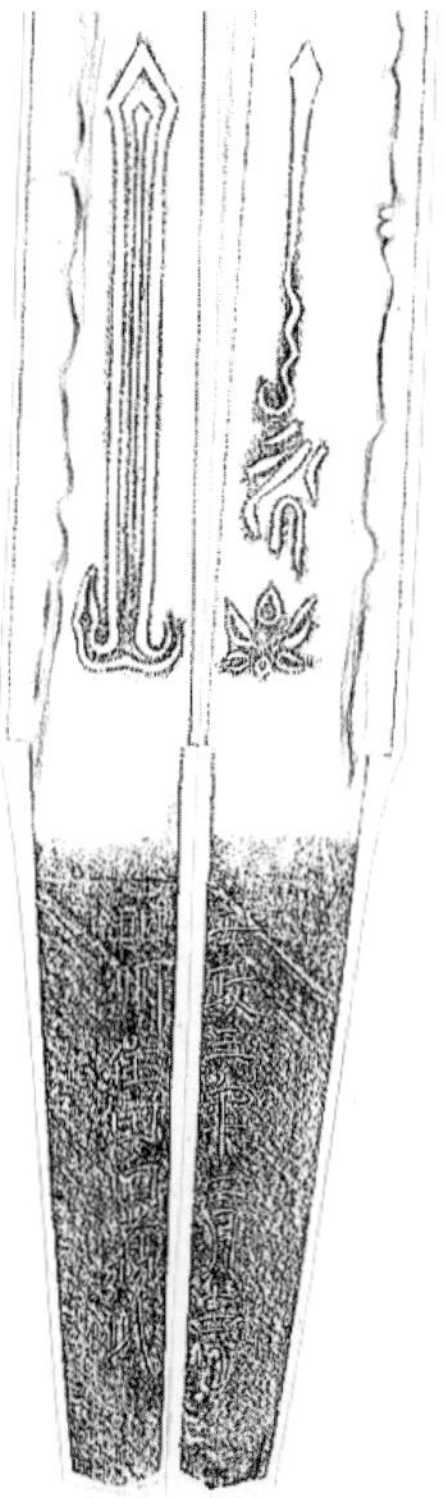

新 **自珍**【よりよし】 美濃国 桃山期（慶長）
濃州関住。駿河にても造る。小刑部と号す。「濃州住藤原藤野小刑部自珍」。

古 **依真**【よりざね】 備中国 鎌倉中期（文暦）
古青江。文暦ころ。「依真」。同銘が応安ころにある。

古 **頼国**【よりくに】 越中国 南北朝期（康応）
宇多。康応ころ。室町期に入って応永、文明ころに同銘がある。「宇多頼国」。

新々 **頼貞**【よりさだ】 常陸国 江戸中期（正徳）
水戸家の支藩・守山藩主松平頼貞の慰作。義山また鉄刃と号し、荘公と称す。大学頭。石堂是一、対馬守常光を相鍛冶に作刀する。同藩松平家の腰物台帳『武庫刀纂』に頼貞の作十三口が収載されていて、貞享三年から享保年間までの年紀作がある。収載刀の第一号は荘公御作とあり、土屋安親と伝える切物がある。正徳年間に江戸の吹上邸にて二口作った内の一で、宝暦年中に頼寛（頼貞の子）から賜った水戸郷士某が金象嵌を入れたとの記録がある。「源頼貞」「彫慎安親（花押）」の金象嵌銘があり、梅樹と竹林の刀身彫が表裏全身を覆う。湾れ調の直刃に小互の目足入り、金筋が入る。頼貞は延享元年、八十一歳没。

守山松平家・松平頼平旧蔵

古 **頼次**【よりつぐ】　備中国　鎌倉末期（文保）

青江。文保二年紀の作例がある。中直刃に逆互の目交じり、元の方と物打辺に逆互の目が目立ち、匂口締る。「頼次」「備中国青江住頼次」。古青江頼次は為次の孫、為則の子で弘長のころ。永仁のころにも同銘が作刀するという。

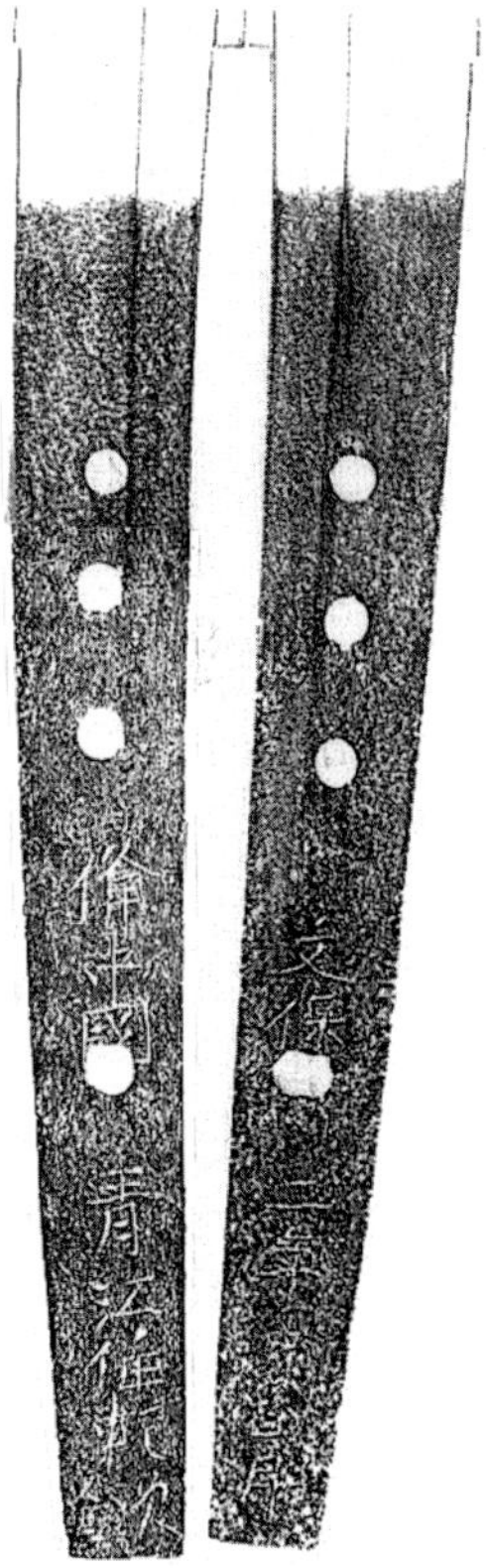

古 **頼正**【よりまさ】　備前国　鎌倉中期（建長）

福岡一文字。次依子。建長ころ。同銘が正応ころ、暦応ころにある。「頼正」。

古 **頼光**【よりみつ】　下野国　室町末期（永禄）

得次郎。下野国得次郎村住（現・栃木県宇都宮市徳次郎町）。永禄ころ。「野州得次郎住頼光」。

新々 **頼之**【よりゆき】　因幡国　江戸末期（文化）

三村吉蔵。一貫斎、一貫軒と号す。因州藩工元一の門。文化年紀の作がある。

《り》

古 力王【りきおう】 大和国 鎌倉初期（承元）

千手院。金王国吉の子、また重利子とも孫ともいう。『古刀銘尽大全』は金王の子で、力直、国永、東大寺乙太郎をいずれも同人とするが、『観智院本銘尽』は、国永は力王の弟国介同人とする。

（『古今銘尽大全』）

古 力王【りきおう】 大和国 鎌倉中期（正嘉）

千手院。力王の現存する有銘作は鎌倉後期と鑑ぜられる冠落造の短刀が古く、直刃を焼き、「力王」と二字に銘す。

冠落造（『埋忠銘鑑』）

古 力王【りきおう】 大和国 南北朝期（応安）

千手院。南北朝期の大太刀（鶏足寺蔵）は二尺九寸九分、反り一寸。板目に柾流れ、地沸つく。小互の目が連れ、刃縁ほつれて砂流しかかる。「力王」と二字に銘す。

古 力王【りきおう】 大和国 室町初期（応永）

千手院。名跡を継ぐ後代に「力王」「大和国力王」と切銘するものがいる。

古 了戒【りょうかい】 初代 山城国 鎌倉末期（正応）

来次郎、五郎。初銘国末。大全によると十六歳で出家して法号を了戒と

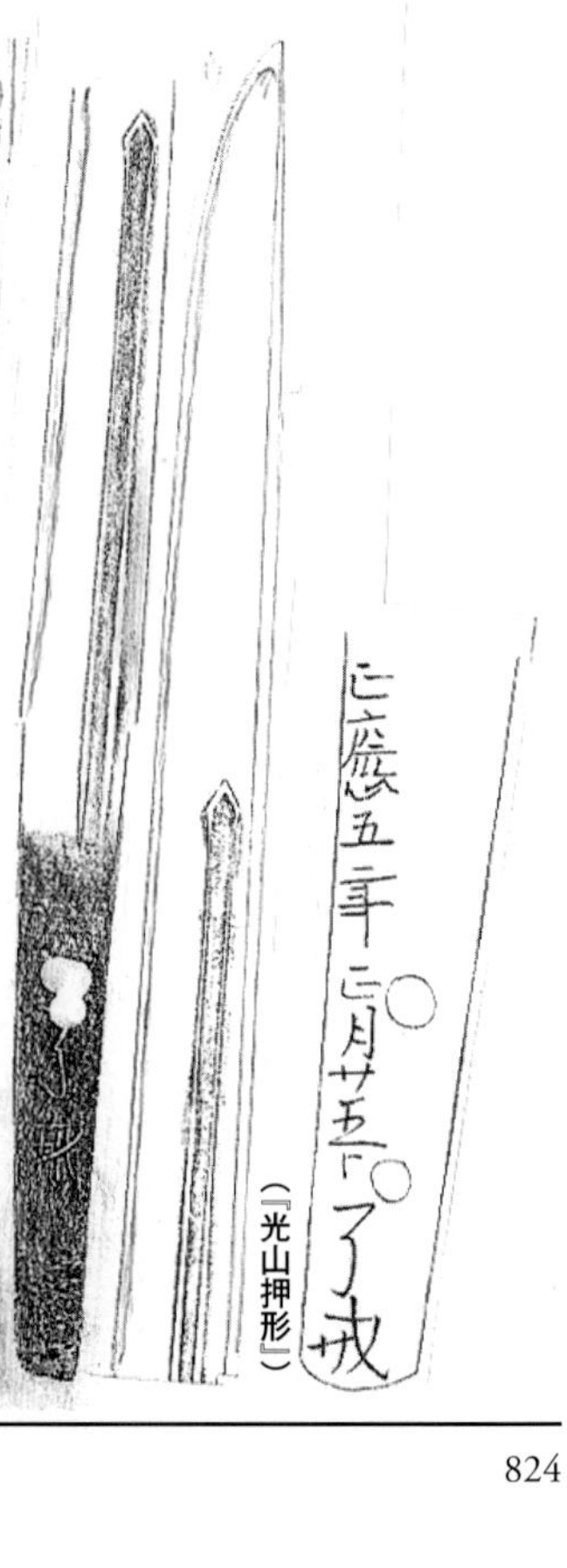

（『光山押形』）

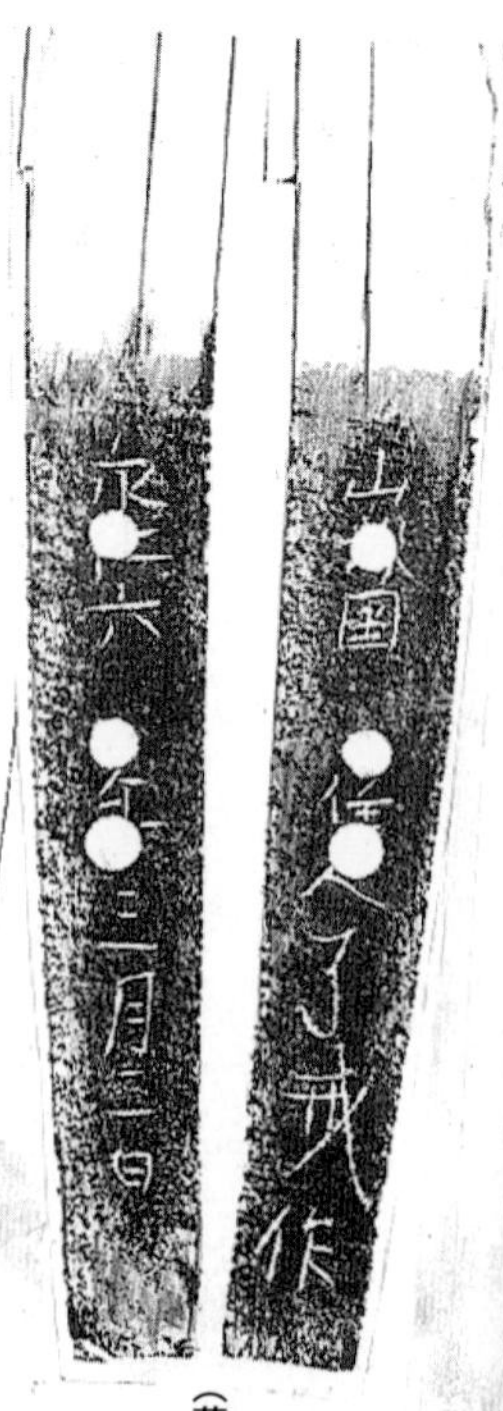

（茎先切り）

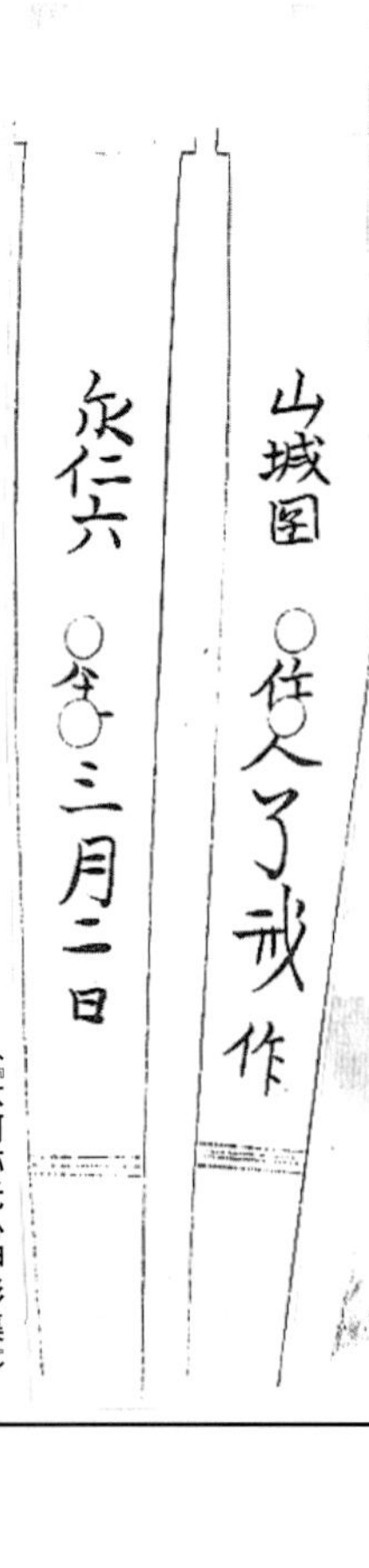

（『本阿弥光心押形集』）

国吉──国行
国行┬国俊
　　├国末
　　└女子
国俊・女子──国光・国次
（国末は了戒）

（『観智院本銘尽』）

いう。十七歳で綾小路定利の弟子となるという。国行の子で、来国俊の弟とある。年齢はともかくとして、親子関係についての説は『観智院本銘尽』が記したものと同意で、同書の来系図は国末〈了戒同人〉を国俊の弟に位置付けている。年紀作は正応三年から元徳二年までがあり、この間四十年がある。了戒には二代があるであろう。年代が正応を遡ることは、二字国俊の初期作とほぼ同時代である。作風からは、来派中にあって古雅な風があり、うるみごころの刃の主調をもつことなどから、綾小路定利との師弟関係も考えられる。太刀、短刀ともにあり、太刀は細身で優美であり、短刀は幅広のものもあり、冠落造もある。板目に柾交じり、よく詰んで白気心がある。健全であるにもかかわらず白気が疲れ状に見えるのは、この工の特有の気配である。中直刃に小丁子、小互の目交じり、足入り、小沸よくつき、匂口が締まってやや沈み心のもの、またうるみごころのものがある。（系図842～843頁参照）

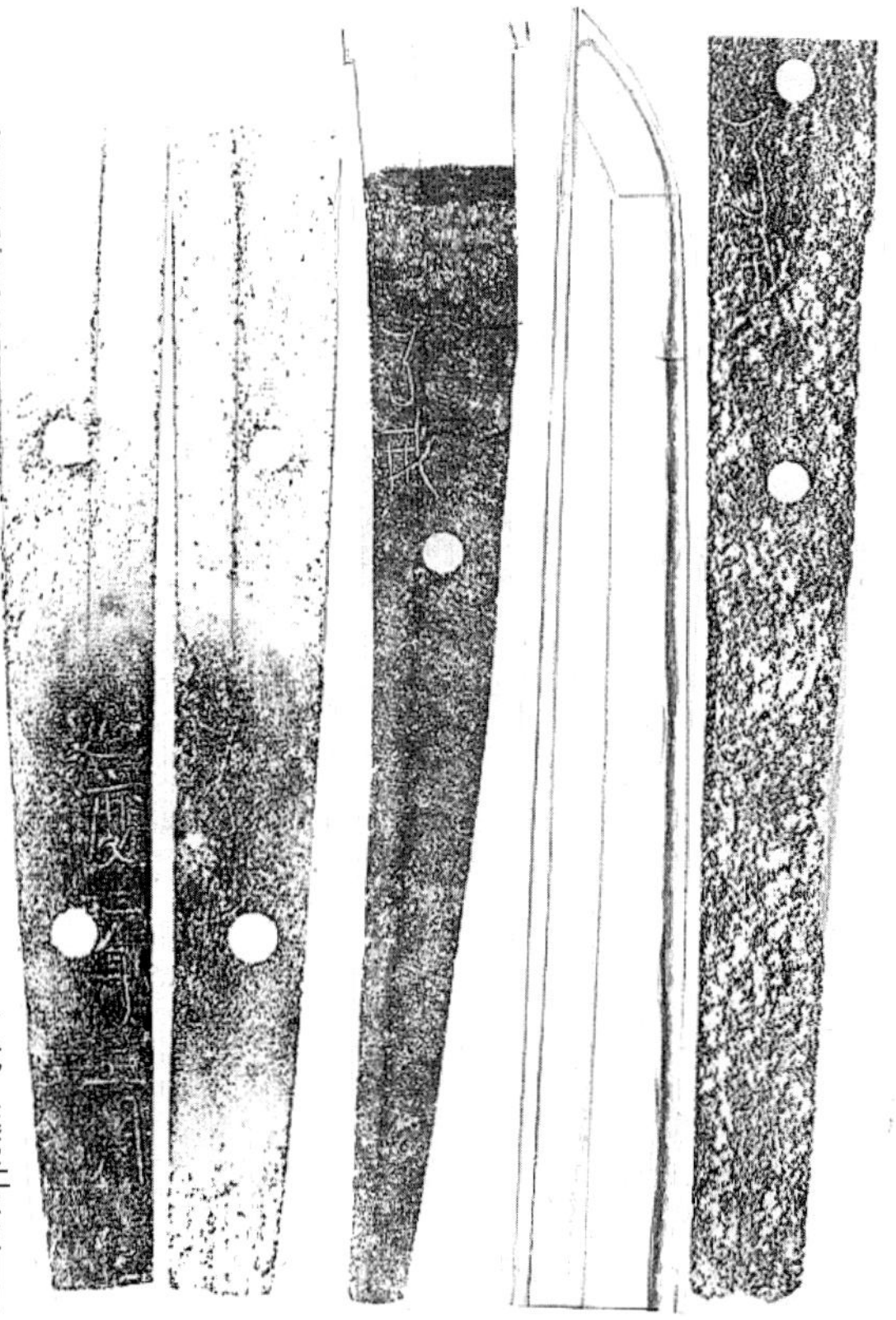

了戒　延慶二年三月日

古 了戒【りょうかい】二代　山城国　鎌倉末期（嘉元）

九郎左衛門。久信。初代了戒の子。はじめ「了戒」また「了戒作」とのみ銘す時期があり、のち「了久信」「九郎左衛門尉久信作」などと個銘を切っている。現存する了久信の作に「一海」の切付け銘に「九郎左衛門尉久信作　嘉元二年卯月日」銘を切った太刀（重要刀剣）があり、翌三年の作に熱田神宮蔵の「了戒　嘉元三年三月日」「山城国住人九郎左（以下切れ）」（重文）と切ったものがある。「九郎左」から以下は「衛門尉久信作」とあったとみられる。

　また貴重な遺作に徳川美術館蔵の「了戒子息久信作　徳治三年戊申十月六日」銘の長刀があって、久信が了戒の子息であり、久信の作であることが明白である。これらの作例によって嘉元・徳治のころに久信は「了戒」「了戒作」と銘していたものを、「久信作」「九郎左衛門尉久信」な

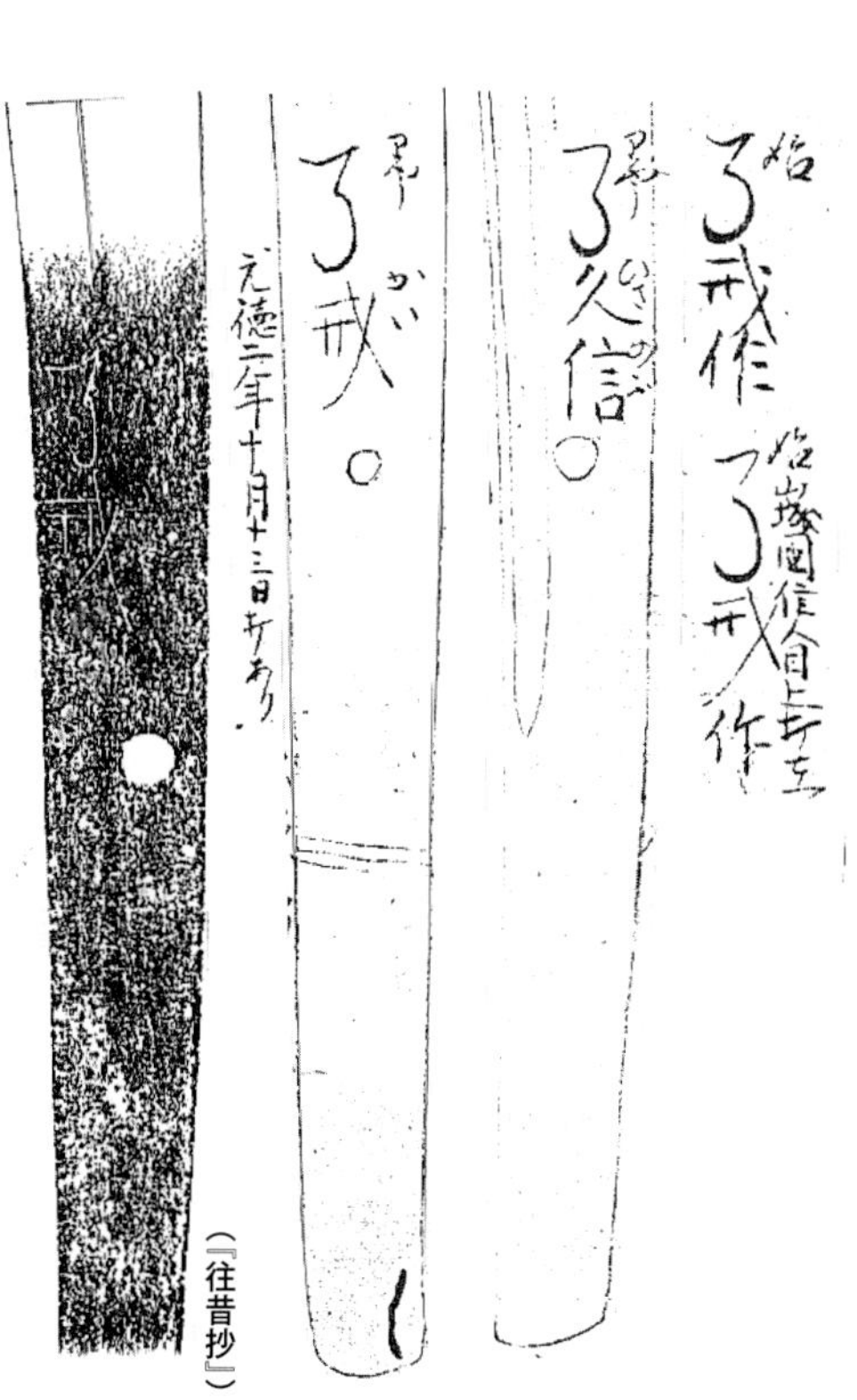

（『往昔抄』）

り
りょうかい

どと個銘を切るようになったとの説が証される。なお『往昔抄』に元徳二年紀の「了戒」二字銘が載っていて、久信は後年には、再び「了戒」を名乗ったことが知れる。了戒の名跡は室町時代まで続き、のち筑紫に移って筑紫了戒、豊前では豊前了戒として栄える。⇩**久信の項参照。**

古 良西【りょうさい】 筑前国 鎌倉中期（弘安）

筑前鍛冶の祖。入西の兄、また父という。銘尽に「良西は太刀を打たず」とあるように太刀は古押形類にもみない。冠落造の短刀一口が現存し長さ七寸三分、小振りで先わずかに反る。板目に柾気が目立って交じり、よく錬れて、白気ごころがある。刃文は直刃が浅く湾れて小互の目足入り、匂勝ちで小沸つき、ほつれ、打のけかかり、匂口沈みごころに焼落しがある。「良西」。**（系図895～896頁参照）**

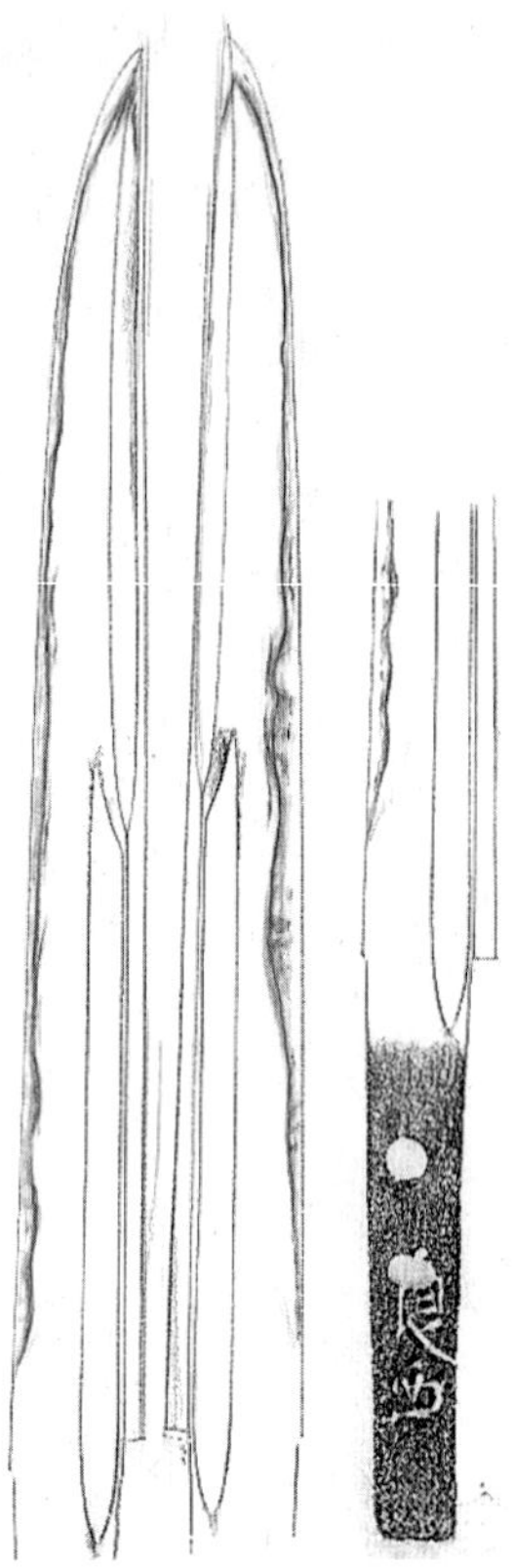

古 旅泊【りょはく】 日向国 室町末期（元亀）

田中氏。堀川国広の父。旅泊庵の号で、国広が相続して「旅泊庵主国廣」と銘した「国長」との合作短刀がある。田中家系図に国広の父を実昌とし、注に「旅泊和尚」とあり、校正には旅泊を「日州国廣父」とするなど、旅泊が国広の父であることはほぼ一致して変わりない。ところが国広の父旅泊が実昌であるとの説は認め難い（『国廣大鑑』）。国広の父は実昌をふくめ、実忠、国昌の三説があるうち、実忠の銘作が国広の古屋打ちの銘に酷似していることから、実忠が父との説が有力である。従って実忠と旅泊は同人であり、旅泊は実忠の法名であるとみられよう。⇩**実忠の項参照。**「旅泊」「旅泊七十歳作」「旅泊七十二」「旅泊七十五」。

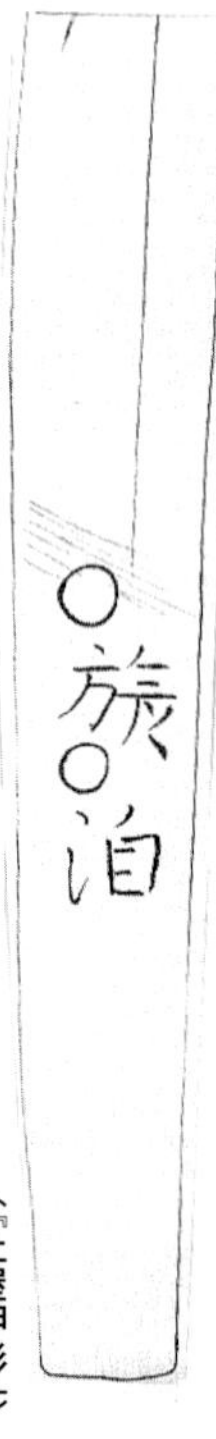

（『土屋押形』）

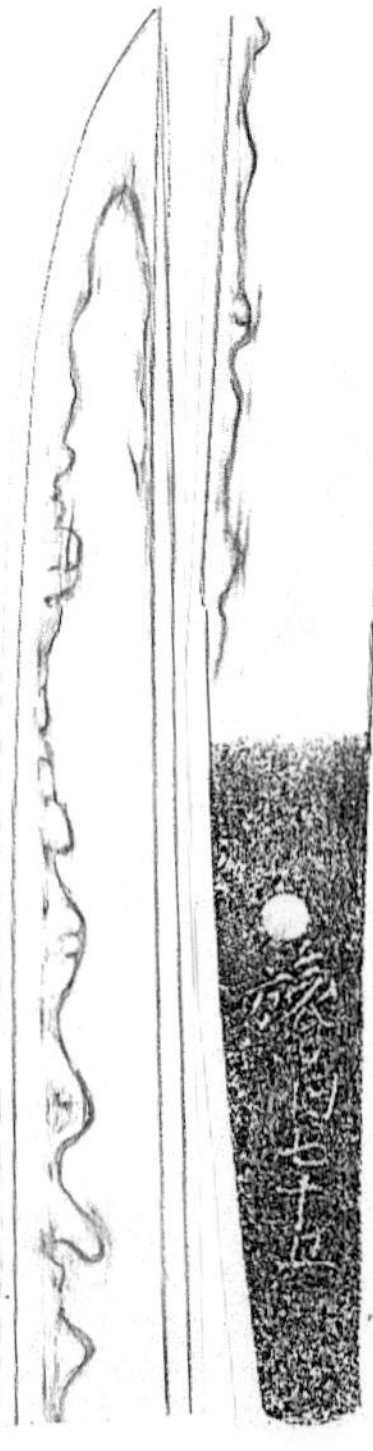

旅泊七十五

《れ》

新々 烈公【れっこう】 常陸国 江戸末期（天保）

徳川斉昭。幼名敬三郎、字を子信。景山、潜龍閣と号す。烈公の名で知られる。水戸藩第七代藩主武公の第三子として寛政十二年、江戸小石川藩邸に生まれる。文政十二年、九代藩主となり従三位左近衛中将に任ず。天保四年ころから慰に刀剣を鍛え、直江助政、市毛徳鄰を相鎚冶に、またのちには直江助共、勝村正勝も参勤する。鍛法は自ら考案して「八雲鍛」という鍛肌を表現する。大板目肌に地景がからみ独特の地肌に覇気が強い。湾れ調の直刃に互の目足入り、棟を焼き玉焼、飛焼を加え皆焼状になったものもある。区のすぐ下中央に「葵くずし」紋を刻す。時計に似ていて「時計紋」とも呼び、「星月夜」とも称す。万延元年八月、水戸城にて六十一歳没。

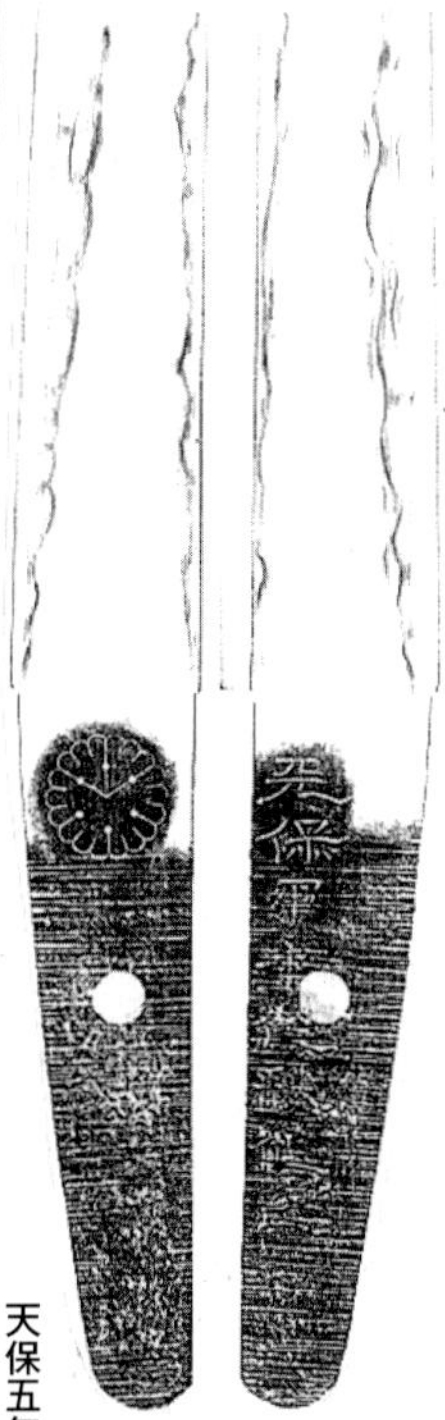

天保五年

大板目肌が現れた八雲鍛

《わ》

新々 鷲塚【わしづか】 周防国 江戸末期（元治）

大村太郎。青龍軒盛俊門。高杉晋作の奇兵隊々士。直刃を焼く。「防州隆松住鷲塚造之」「奇兵隊大村太郎鷲塚作」。

付録

主要刀工系図　作刀年代表

＊掲載順は五畿内（京・奈良・大阪）から七道（北海道・北陸道・東山道・東海道・山陽道・南海道・西海道）を原則として列記。
＊一部の系図については、代ごとの刻字の特長が比較できるよう、著者自筆分を掲載。
＊各流派の特に代表的な刀工について、本書内の掲載頁を欄外に示した。

〈古刀編〉

古

千手院系図

- 行信
  - 重弘
    - 金王
      - 力王（金王子）
      - 瀧
      - 国分
        - 兼林（国分子）

重利

行延

『元亀本刀剣目利書』

千手院派（行信系）系図

- 千手院行信（仁平）
  - 行正（元暦）
- 行吉（元暦）
  - 吉行（建保）
    - 千手院（宝治）
    - 定重（文永）
    - 信真
      - 真宗（永仁）
      - 家宗

有行

『校正古刀銘鑑』

千手院派（重弘系）系図

- 重弘（濃州泉水同人／仁安）
  - 金王（金王国吉／文治五年）
  - 力王（承元）
- 重永（承安）
- 重村（承安）

『校正古刀銘鑑』

大和千手院【せんじゅいん】 754頁参照

手播系図

- 包永（正応）
  - 包永（元亨）
    - 包永（貞和）
    - 包利（貞治）
  - 包清（嘉暦）
    - 包吉（応安）
      - 包光（応永）
        - 包行（嘉吉）
        - 包国（永享）
  - 包次（元徳）
    - 包次（貞治）
      - 包次（応永）

『校正古刀銘鑑』

- 包永（ハシメ包利／平三郎）
  - 包永（平次郎）
    - 包清（勝左衛門）
    - 包次（文珠四郎元祖）
      - 包貞
  - 包利（貞治・貞和）
    - 包貞
      - 包持（応永）
  - 包行
    - 包俊

『古刀銘尽』

包永【かねなが】 112頁参照

古

当麻系図

- 当麻
  - 国行（祖父）
    - 友清（新兵衛尉）
      - 友縄
      - 友長（弥兵衛尉）
        - 末利
          - 利光
      - 友行
      - 有法師
  - 俊行

（『元亀本刀剣目利書』）

当麻【たえま】 401頁参照

保昌系図

- 国光（貞光同人／弘安）
  - 貞宗（文保）
    - 貞真（暦応）
  - 貞吉（文保）
    - 貞行（貞和）
    - 貞光
    - 貞村
  - 貞清（元亨）
    - 貞興（貞治）

『校正古刀銘鑑』

- 国光
  - 貞吉（国光子）
    - 貞宗（貞吉子）
      - 貞清（貞宗子）
        - 貞光（貞宗子）
      - 女子
        - 貞興（貞宗子）

『古今銘尽』

貞宗【さだむね】 315 頁／保昌【ほうしょう】 592 頁参照

古

尻懸系図

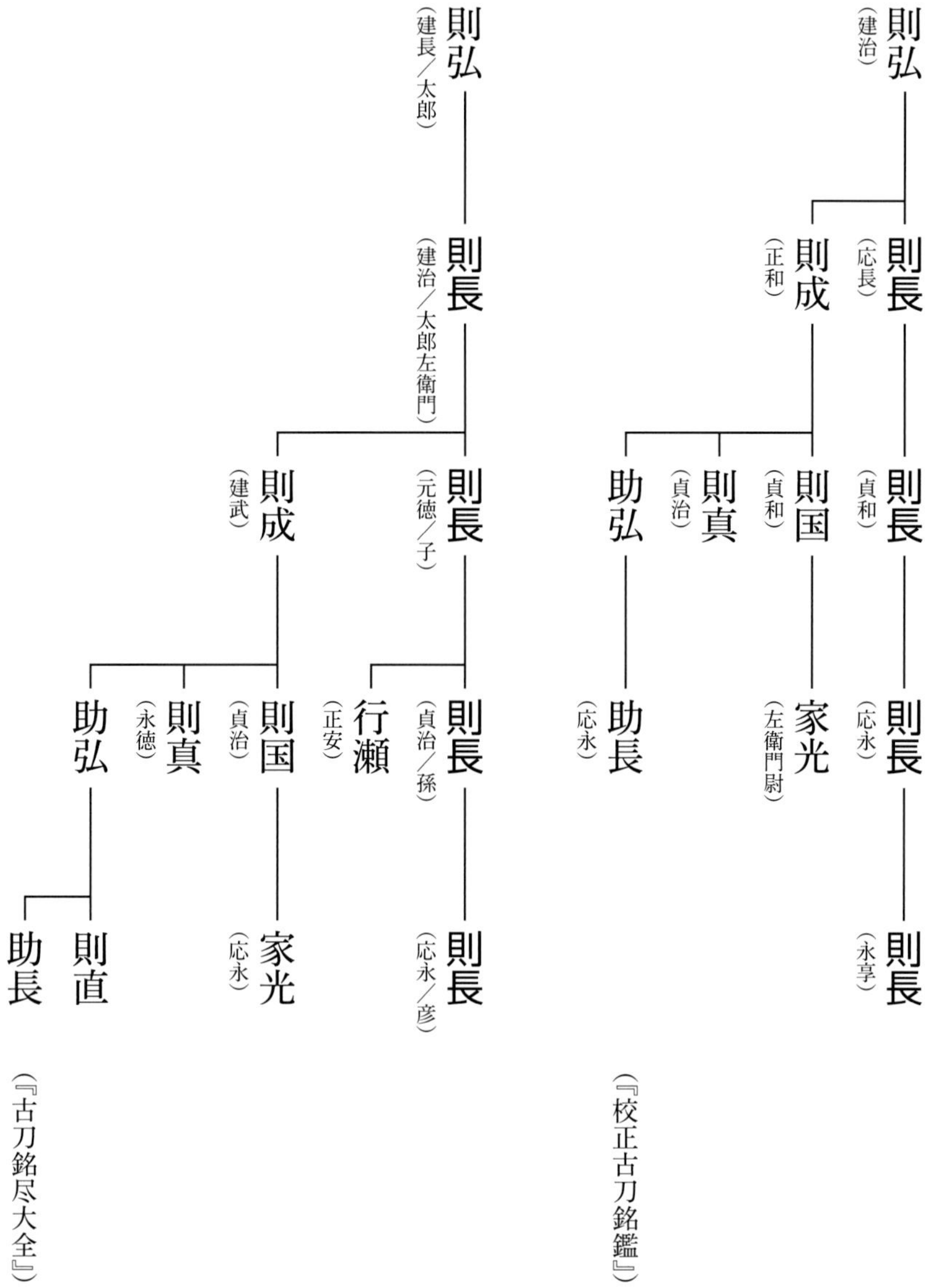

尻懸則弘【のりひろ】　547頁／尻懸則長【のりなが】　545頁参照

古

手掻包真系図

- 国次（建武）
  - 包長（貞和）
    - 包長（永和）
    - 包真（康安）
      - 包真（応永）
        - 包真（永享）
          - 包真（永正）
        - 家長
      - 助氏（応永）
      - 助長（応永）

（『校正古刀銘鑑』）

包真【かねざね】 108 頁参照

古

三条宗近系図

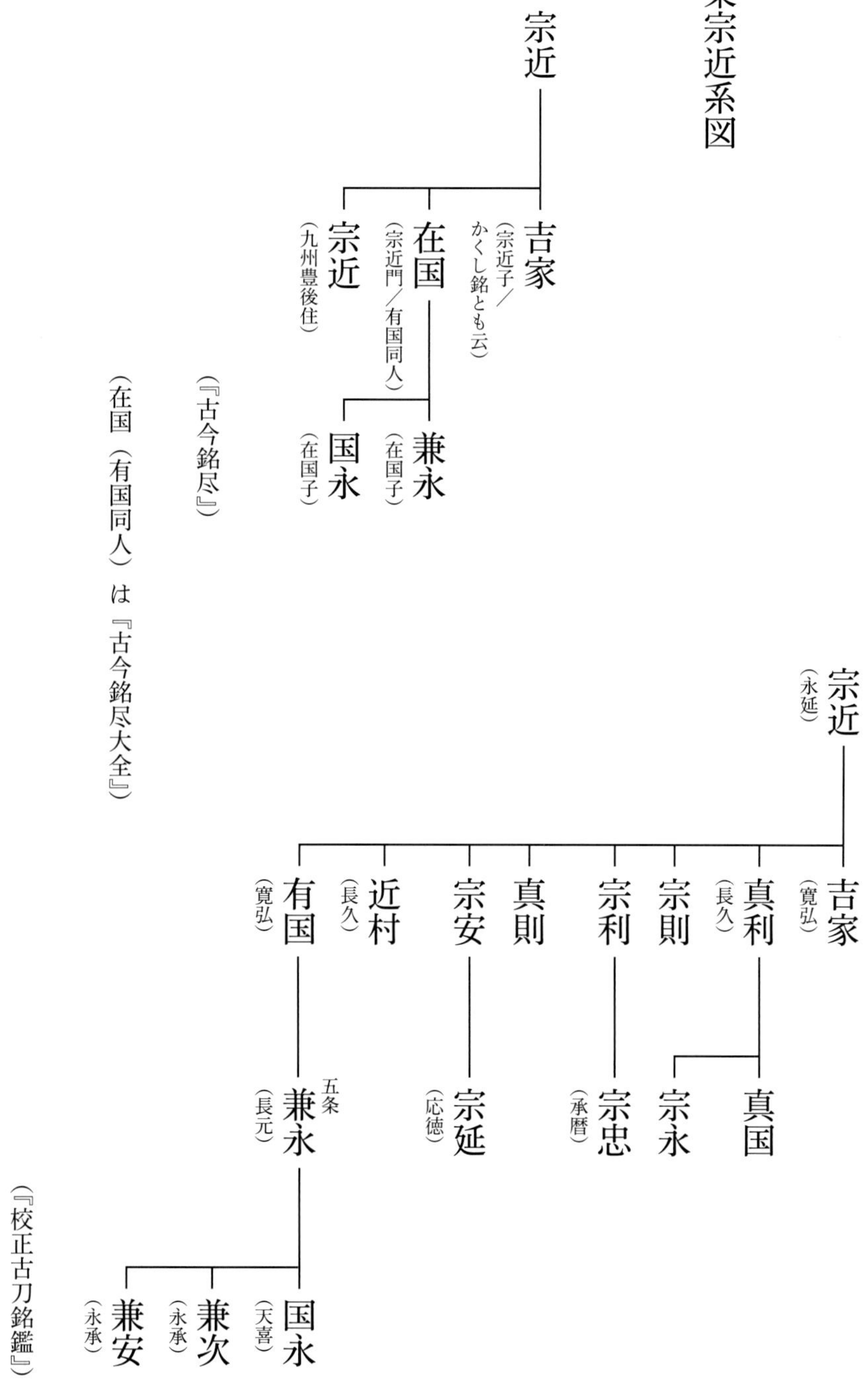

宗近【むねちか】 666頁参照

粟田口物系図

本国大和粟田口住
国頼子藤原姓林氏

- 国家
  - 国友（建久／藤林）
    - 則国（承久／藤右馬允）
      - 国吉（宝治／粟田口～弘長二年／左兵衛尉藤原）
      - 国光（建長／粟田口左兵衛尉）
      - 国延
      - 吉光（正元）
        - 吉正（弘安）
        - 吉国
      - 正光
    - 国実（建保）
    - 国資
    - 友末（貞応）
  - 久国（建久／藤次郎）
  - 国安（正治）
  - 国清（建仁）
  - 有国（建仁）
  - 国綱（建仁）

（『校正古刀銘鑑』）

粟田口国家【くにいえ】 209頁／粟田口国友【くにとも】 246頁参照

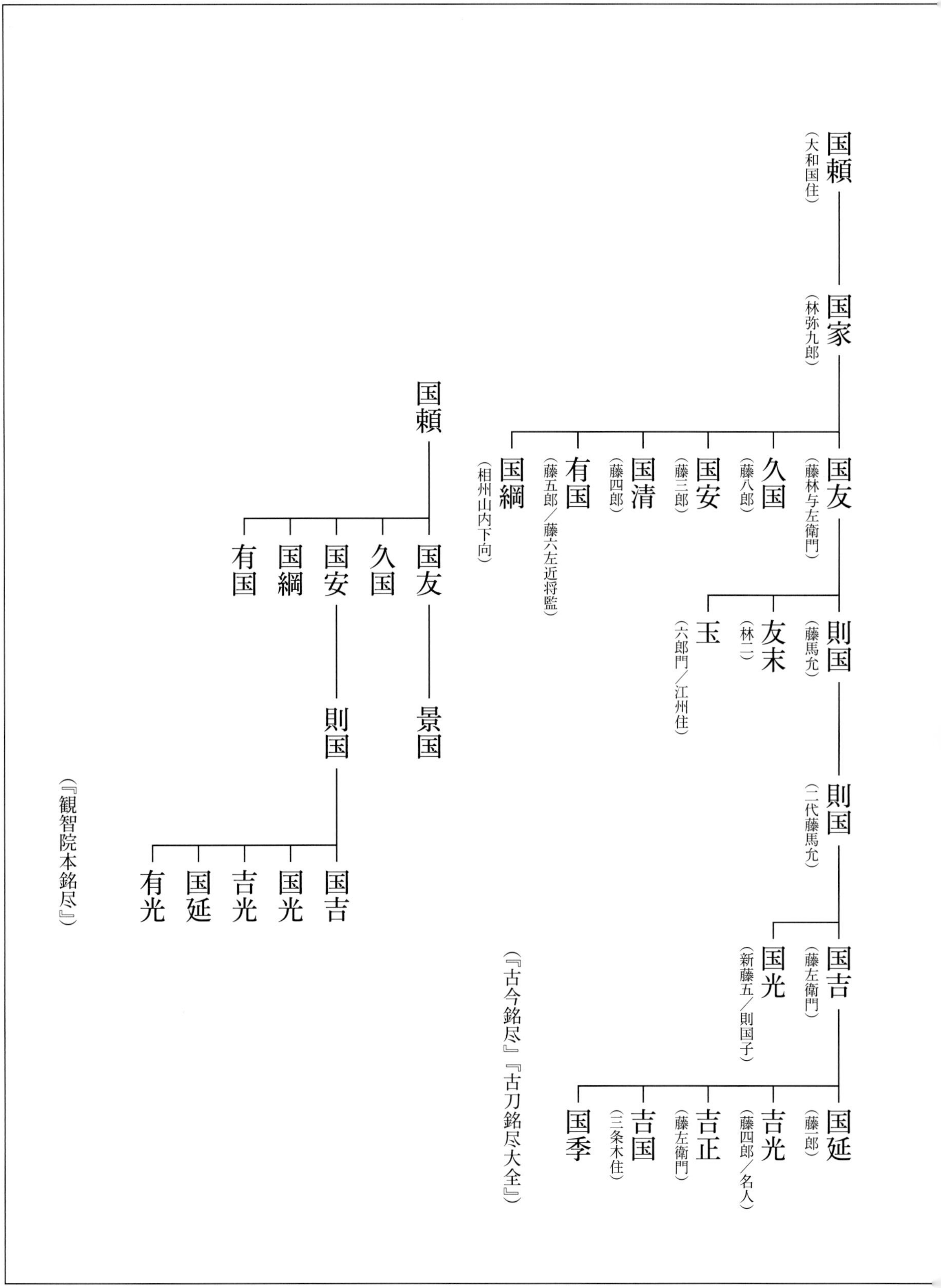
国頼（大和国住）
国家（林弥九郎）
国友（藤林与左衛門）
久国（藤八郎）
国安（藤三郎）
国清（藤四郎）
有国（藤五郎／藤六左近将監）
国綱（相州山内下向）
則国（藤馬允）
友末（林二）
玉（六郎門／江州住）
則国（二代藤馬允）
国吉（藤左衛門）
国光（新藤五／則国子）
国延（藤一郎）
吉光（藤四郎／名人）
吉正（藤左衛門）
吉国（三条木住）
国季
『古今銘尽』『古刀銘尽大全』
国頼
国友
久国
国安
国綱
有国
景国
則国
国吉
国光
吉光
国延
有光
『観智院本銘尽』

粟田口国友【くにとも】 246頁参照

山城来系図

- 国吉（仁治）
  - 来太郎国行（正元）
    - 来国俊（正応五／来孫太郎）　二字同人
      - 来国光（嘉元）
        - 来国光
      - 来国真（正和）
      - 来倫国（正和）
      - 来国宗
      - 来国末（元応）
      - 来国次（聟／正応）
        - 来国秀（元応）
        - 来国次（正慶）
      - 来国泰（文保）
      - 来国安（元徳）
      - 来国長（元徳）
        - 来国長（正平）

（『校正古刀銘鑑』）

来国行【くにゆき】 281頁／国俊【くにとし】 243頁参照

古

山城来系図

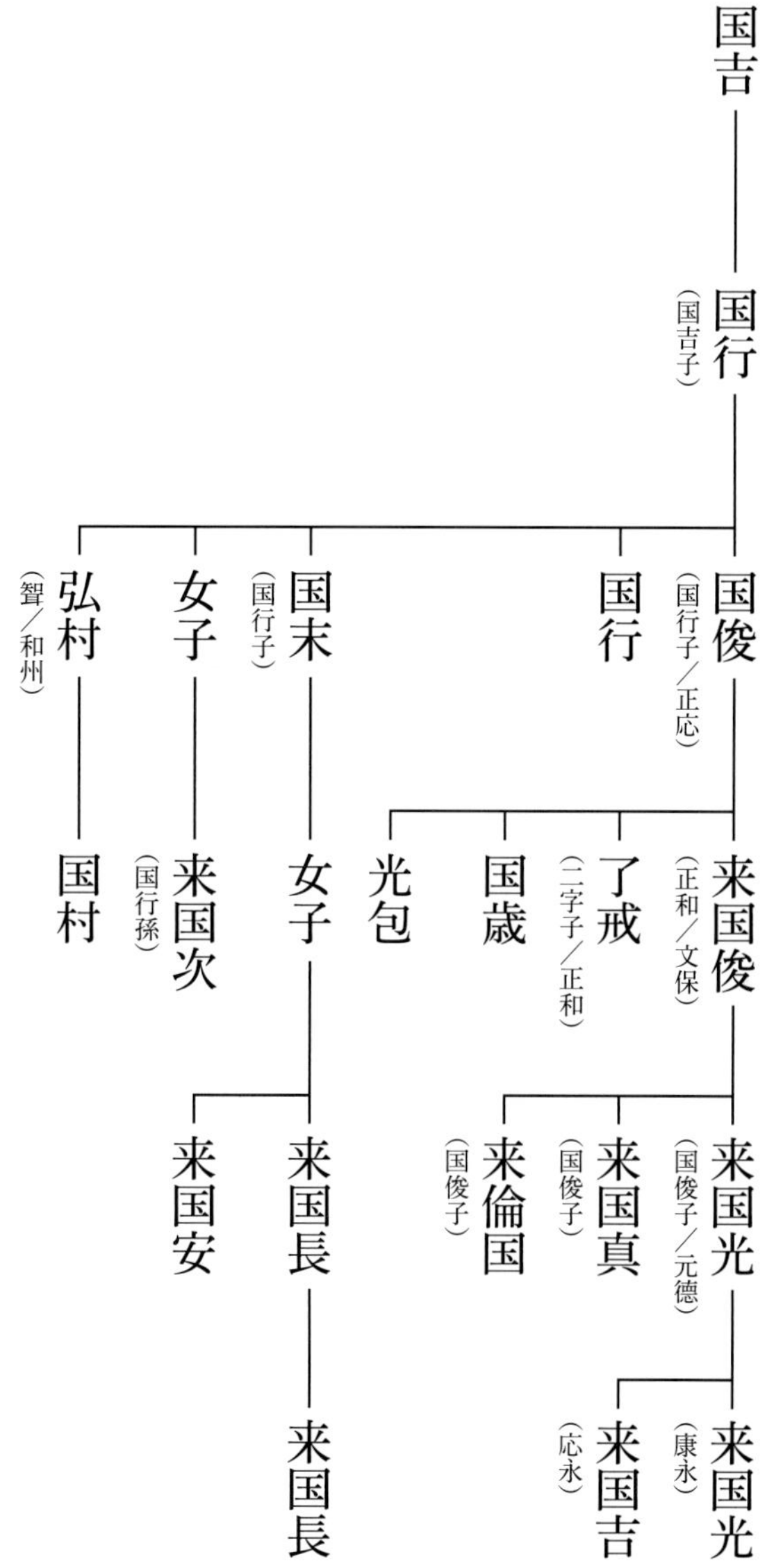

（『古今銘尽』）

国行【くにゆき】 281頁／国俊【くにとし】 243頁参照

山城了戒系図

- 了戒（来国俊子／正応五）
  - 久信（正和四）
    - 信国（信久同人／建武二）
      - 信国（定国同人／応永元）
      - 信貞（応永十二）
      - 信国（信光同人／源左衛門）
      - 信国（信貞同人／式部丞）
        - 信国（長禄三）
    - 定国（貞治）
    - 信光（至徳二／源左衛門）

（『校正古刀銘鑑』）

了戒【りょうかい】 824頁／信国【のぶくに】 521頁参照

古

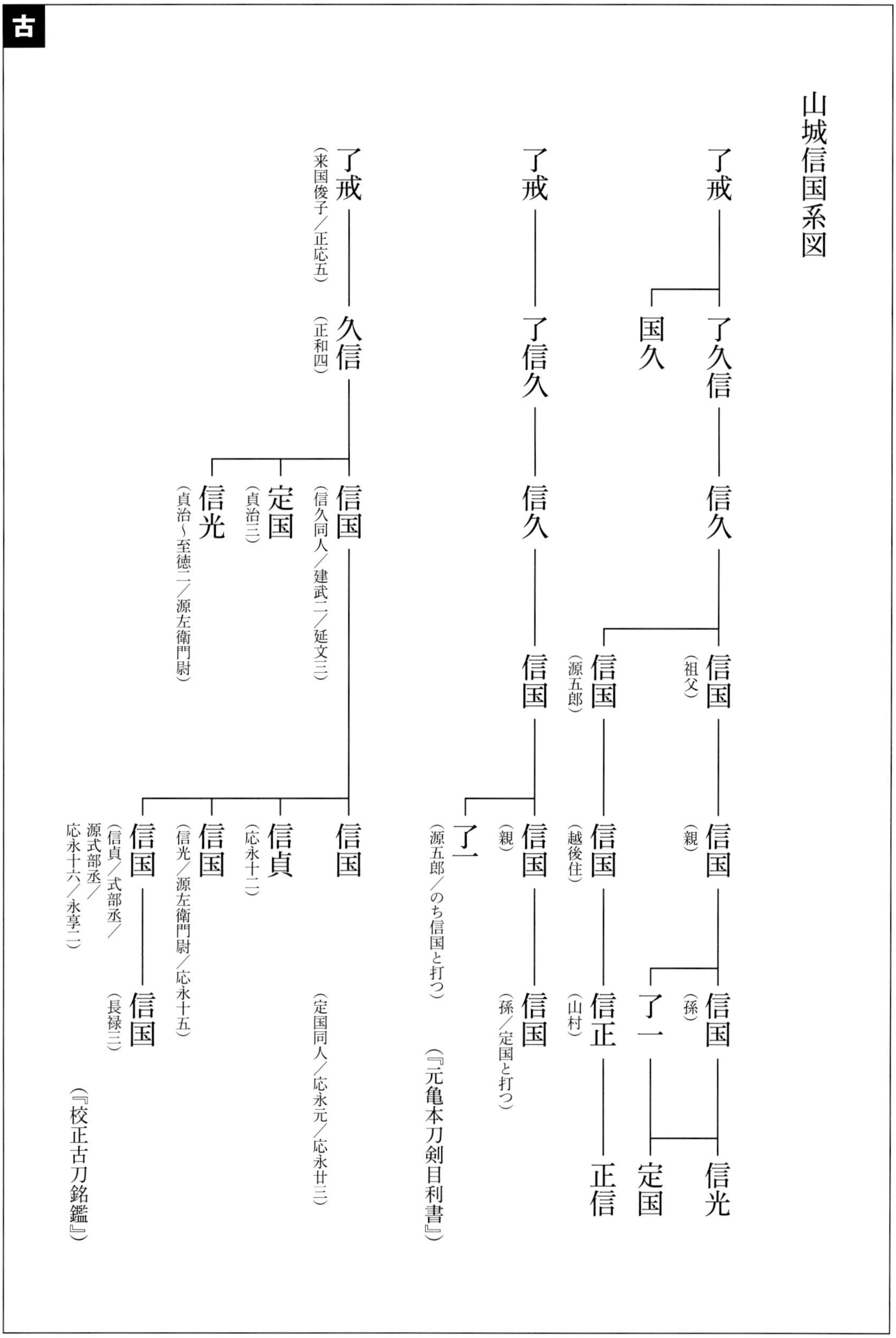
山城信国系図
了戒
了久信
国久
信久
信国（祖父）
信国（源五郎）
信国（親）
信国（越後住）
信国（孫）
了一
信正（山村）
信光
定国
正信
了戒
了信久
信久
信国
信国（親）
了一（源五郎／のち信国と打つ）
信国（孫／定国と打つ）
（『元亀本刀剣目利書』）
了戒（来国俊子／正応五）
久信（正和四）
信国（信久同人／建武二／延文三）
定国（貞治三）
信光（貞治～至徳二／源左衛門尉）
信国（定国同人／応永元／応永廿三）
信貞（応永十二）
信国（信光／源左衛門尉／応永十五）
信国（信貞／式部丞／源式部丞／応永十六／永享二）
信国（長禄三）
（『校正古刀銘鑑』）

信国【のぶくに】 521頁参照

長谷部系図

- 長谷部国重（正宗弟子／建武二）
  - 国重（文和二）
    - 国重（後天王寺住／六郎左衛門／応永廿四）
    - 信行
    - 宗信
  - 国信（文和三）
  - 国平（延文二）

（『校正古刀銘鑑』）

長谷部国重【くにしげ】 222頁参照

古

新・平安城系図

- 平安城（光長）（天暦）
  - 吉長（元徳）
    - 長吉（暦応）
      - 長吉（応永）
        - 長吉（文明・明応）
          - 長吉（文亀・永正）
      - 長光（応永）
        - 光長（永享）
          - 吉長

平安城長吉【ながよし】 511頁参照

平安城系図

長光 — 光長（猪熊入道） — 吉長（綿小路住／光長子） — 長吉（吉長子／後三河住／京都住人菅原長吉） — 吉則

・長吉（平安城長吉ト打）（明応、文亀、永正ころ同銘アリ／文明、長享、延徳年号アリ）

・吉則（平安城住吉則ト打／長吉同時代）

『古刀銘尽大全』

光長（正中元年） — 吉長（元徳） — 長吉（暦応） — 国長（延文）

　長吉 — 友長

『校正古刀銘鑑』

長光（剥太郎／応永ころ） — 光長（三郎／永享ころ） — 女子 — 長吉（平安城住長吉ト打／明応～永正） — 吉永（長吉養子／有左衛門） — 吉則（長吉同時代／平安城住吉則）

　光長 — 定家（光長子／永享ころ） — 長吉（光長孫／五字ニ打／文明～延徳）

『古今銘尽』

平安城長吉【ながよし】 511頁参照

古

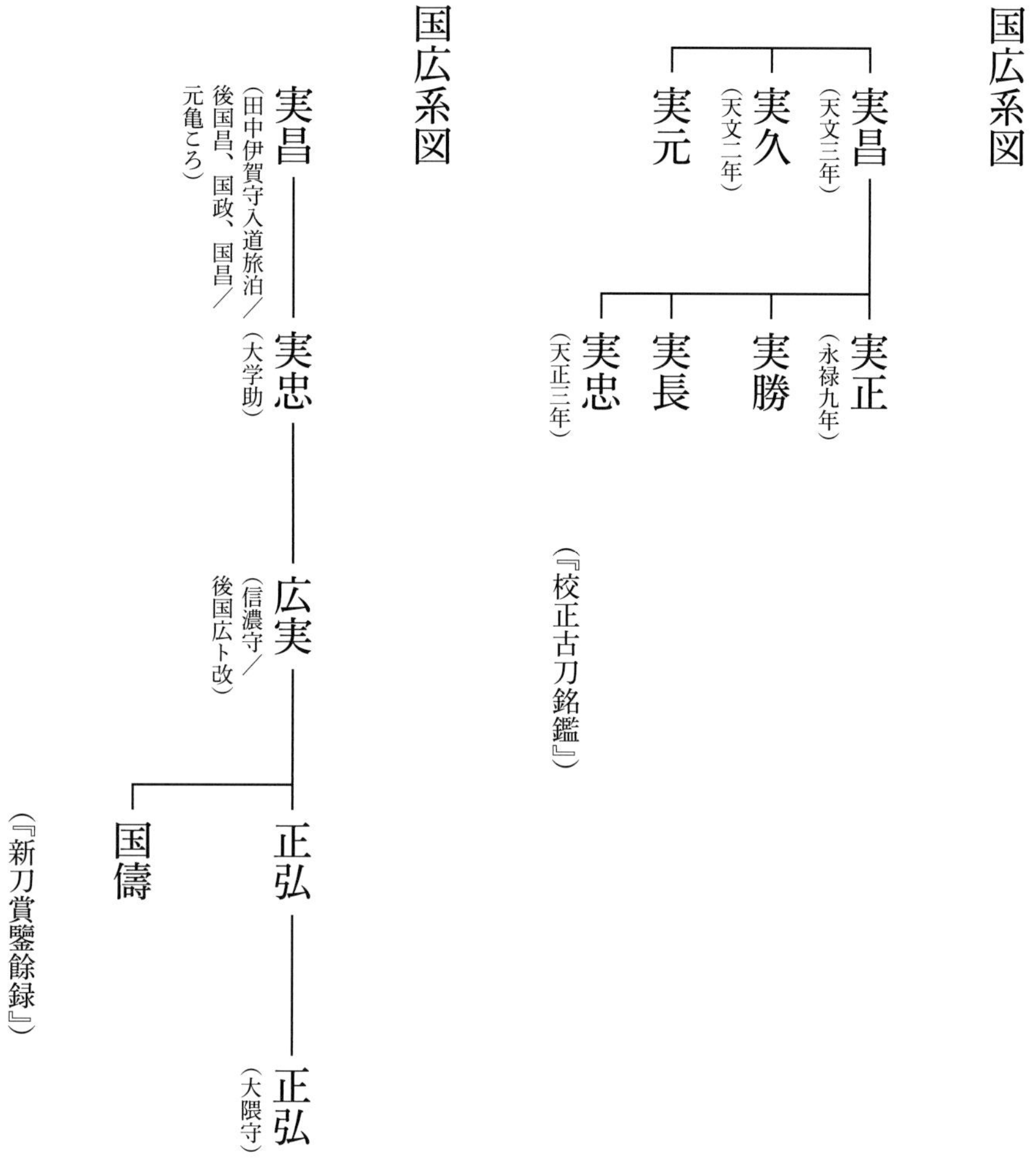

実忠【さねただ】 323頁／実昌【さねまさ】 324頁／国広【くにひろ】 256頁参照

越中貞宗系図

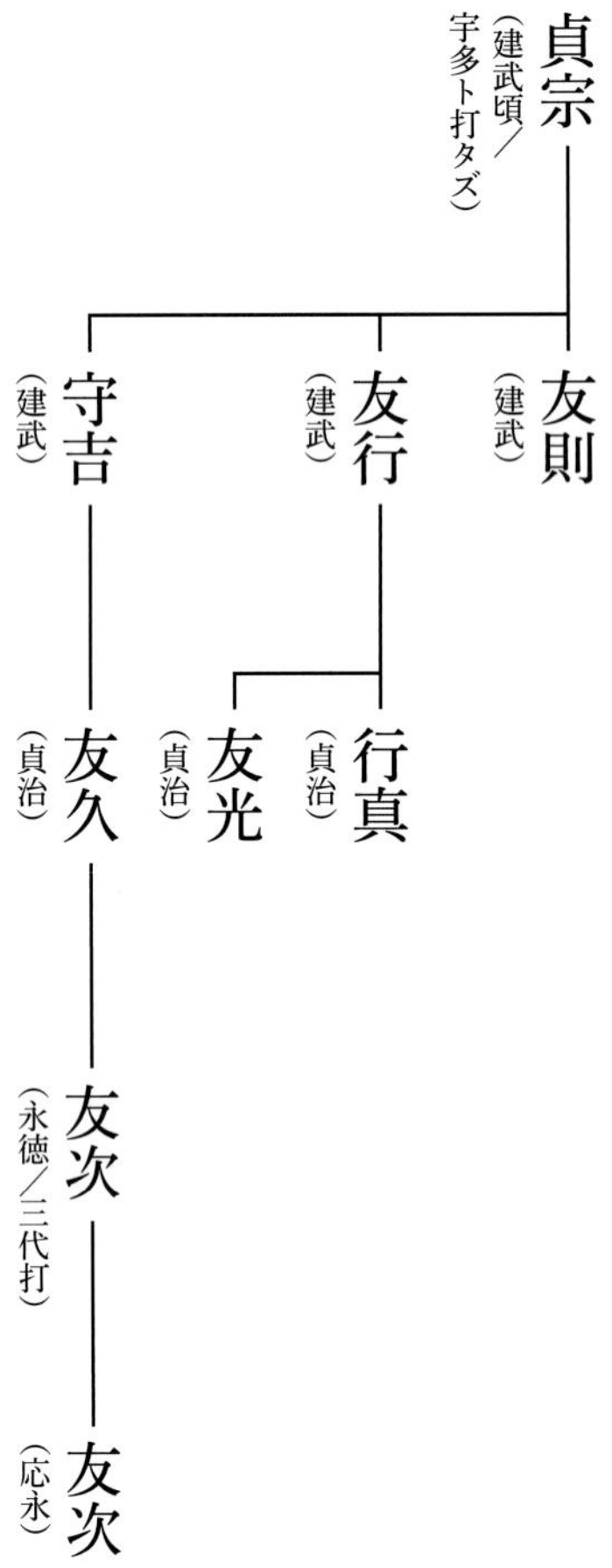

（『古刀銘尽大全』）

越中貞宗【さだむね】 318頁参照

古

藤島友重系図

- 友重（建武）
  - 友重（貞治）
    - 友重（応永二年／応永十年）
      - 行光（永享／康正三年）
        - 行光（文明十六年／永正三年）
          - 行光（天正六年／享禄二年）
        - 近則
        - 清光（明応二年／永正十六年）
          - 清光（大永六年）
  - 景光（康暦二年）

（『校正古刀銘鑑』）

藤島友重【ともしげ】 476 頁参照

越中宇多系図

- 国光（文保頃／古入道）
  - 国房（古入道子／康安頃／後国安ト打／則重弟子とも）
    - 国房（応永／国房子）
      - 国房（孫）
    - 国次（応永／子）
    - 国弘（応永／子）
    - 国久（応永／子）
      - 国久
    - 国貞（応永／弟子）
    - 国安（応永／弟子）
    - 国守（応永／弟子）
    - 国重（応永／弟子）
    - 国秀（応永／弟子／越前府中住）
    - 国正（応永／弟子）
  - 国宗（応安頃／右衛門尉）
    - 国宗（応永頃）
      - 国宗（正長頃）
  - 国友（正長頃）
    - 友久（応仁）
    - 友次（応仁）

（『古今銘尽大全』）

宇多国光【くにみつ】 271頁／宇多国房【くにふさ】 258頁参照

古

越中宇多系図

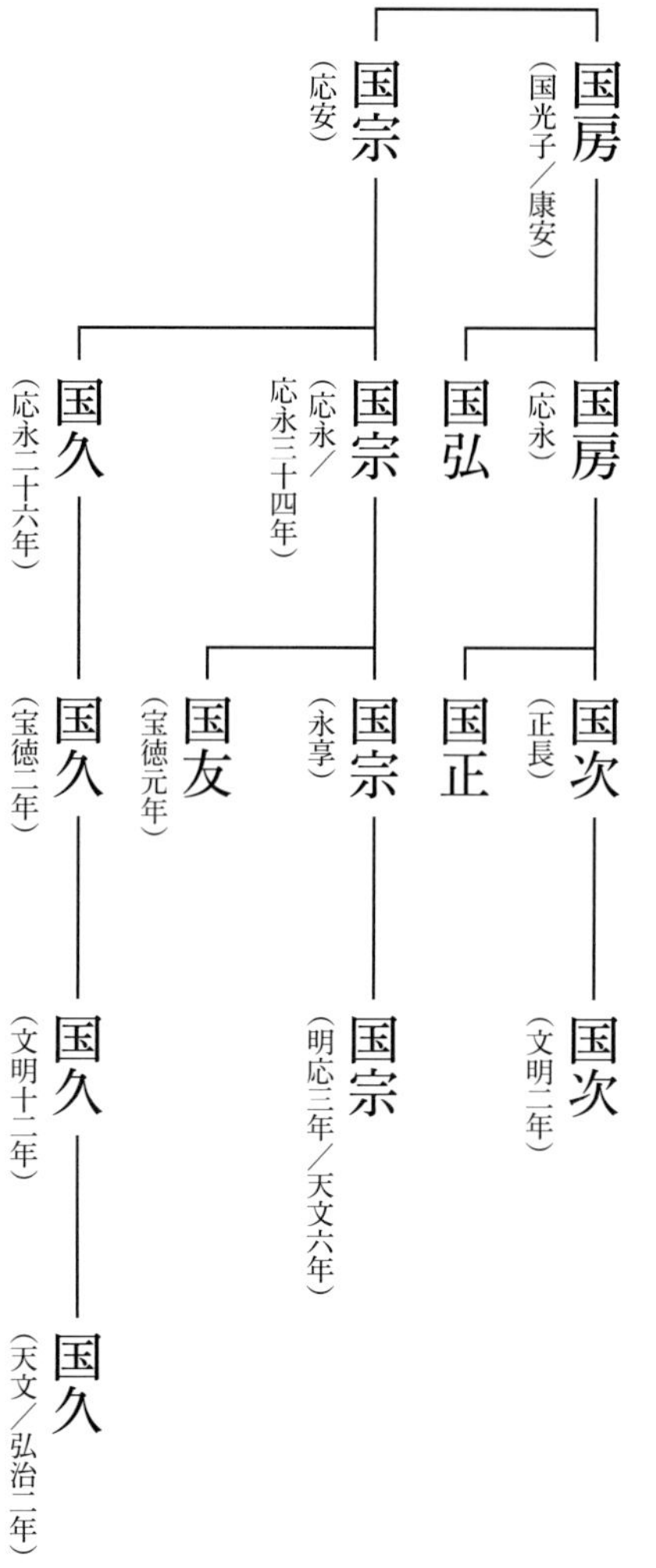

（『校正古刀銘鑑』）

付録

主要刀工系図
作刀年代表

宇多国房【くにふさ】 258 頁参照

古

志津兼氏系図

- 兼氏（本国大和包氏同人／正宗弟子／志津三郎）
  - 兼次（貞和）
  - 兼友（貞和／包友同人）
- 兼俊（建武／直江住）
  - 兼氏（志津住／康永二年／貞治元年）
  - 兼久（貞治）
    - 兼久（応永）
      - 兼久（長享）
        - 兼久（天文三／関住）
          - 兼久（天正二／関住）
  - 兼利（貞和／直江住）

（『校正古刀銘鑑』）

兼氏【かねうじ】 123頁参照

古

直江志津系図

- 兼氏（元応）
  - 兼友（兼氏弟子／応長／直江住／久六）
    - 兼友（建武）
    - 兼正（建武）
    - 兼継（貞治／二代あり）
    - 兼有
  - 兼次（弟子／信州住）

（『古刀銘尽大全』抜）

- 兼光
  - 兼友（右衛門尉）
    - 仙阿
      - 兼次

（『元亀刀剣目利書』）

兼友【かねとも】 150頁参照

古

兼吉系図

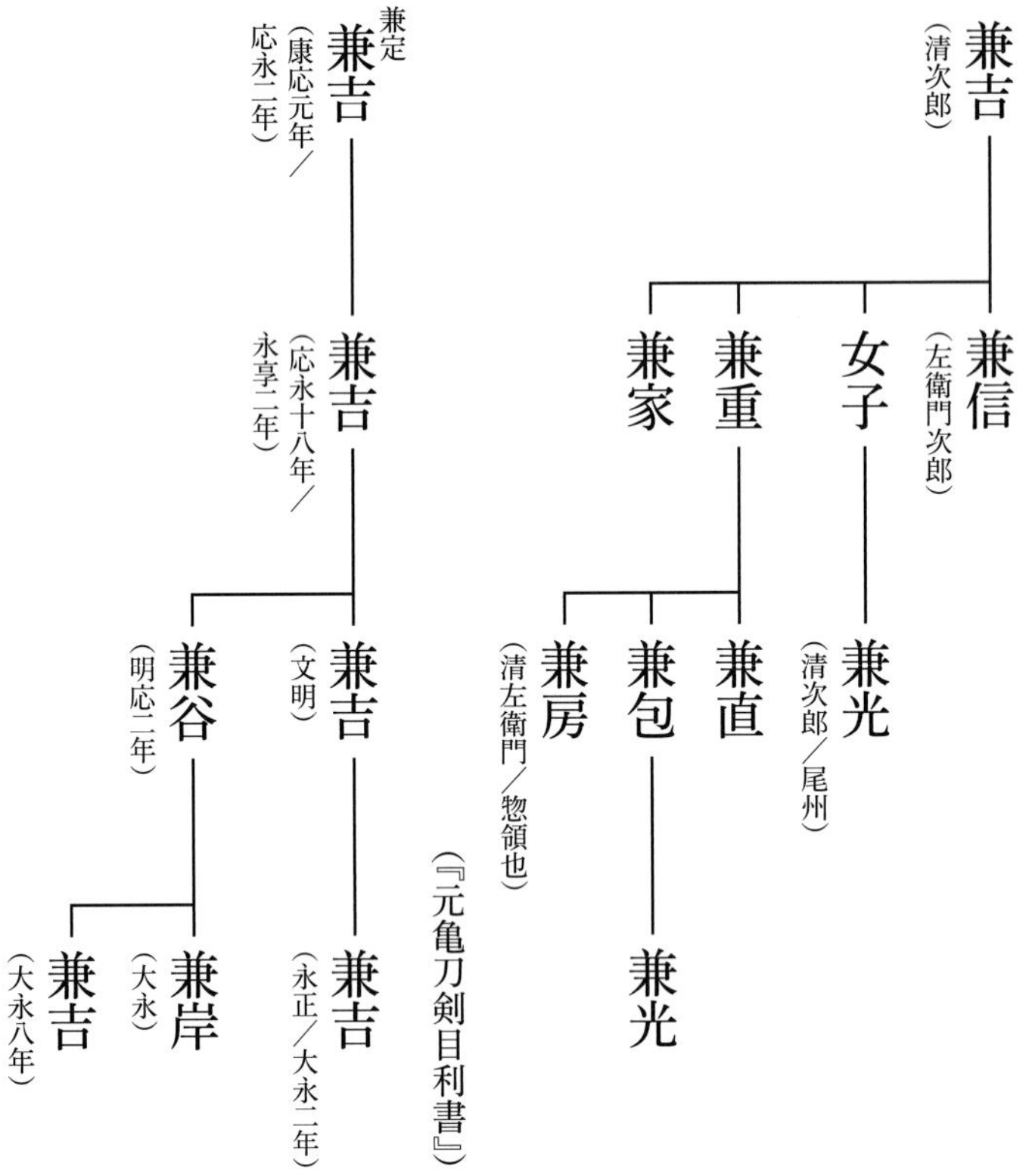

兼吉【かねよし】 180頁参照

古

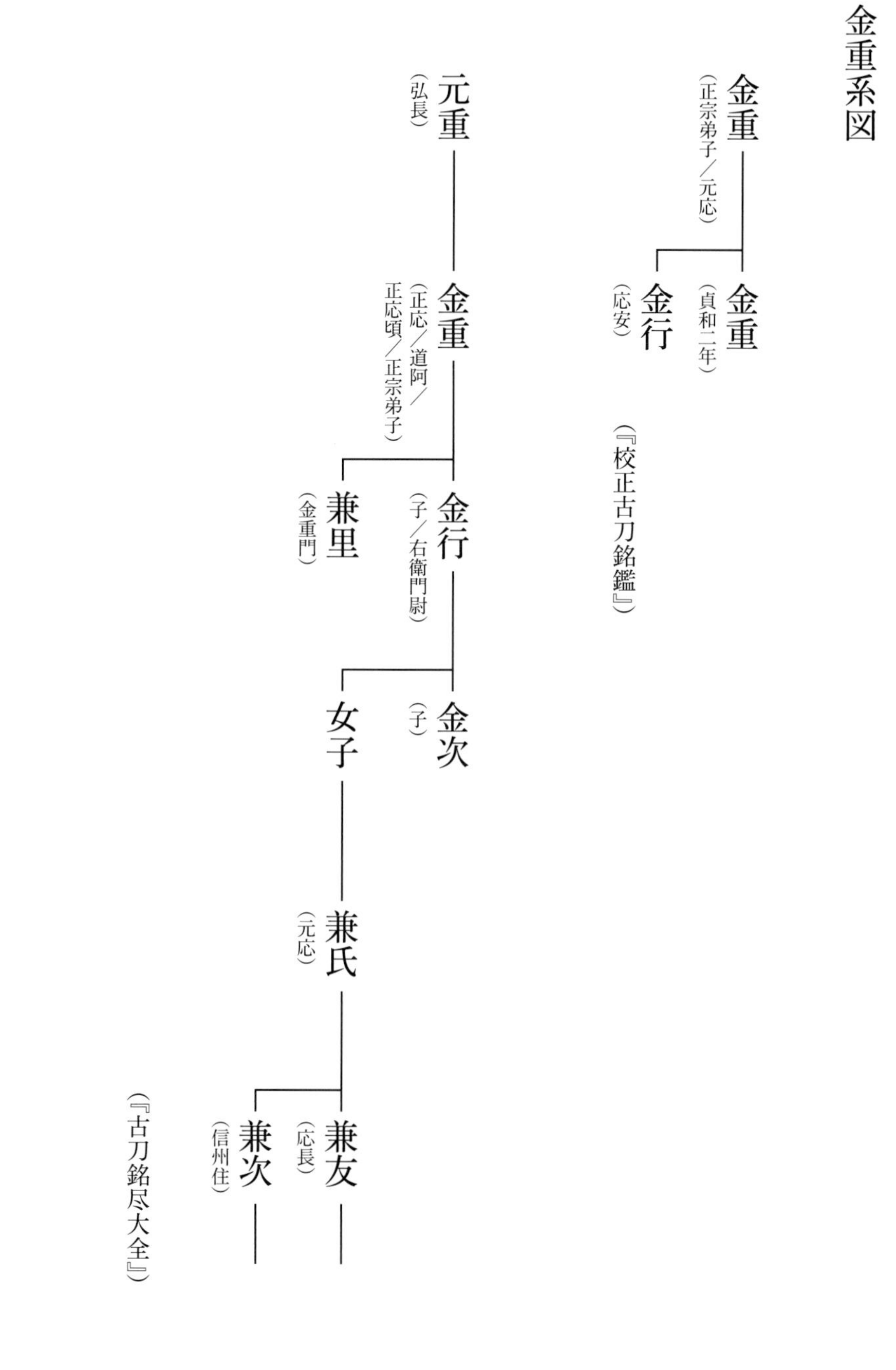

金重【かねしげ】 119頁参照

関兼房系図

- 兼房（文明十六年／関住）
  - 兼房（永正／大永七年／関石見守）
    - 兼房（関住／永禄四年／天正二年）
  - 氏房（若狭守／文亀元年）
    - 氏房（左衛門尉／永禄十三年／岐阜住／元亀二年／左近衛権少将／天正三年）
    - 氏貞（濃州住／永禄八年／出雲守／天正十七年）

（『校正古刀銘鑑』）

兼房【かねふさ】 164頁参照

古

関兼常系図

兼常（応永二年）――兼常（嘉吉）――兼常（文明）――兼常（大永）――兼常（天正七年）

（『校正古刀銘鑑』）

兼常【かねつね】 147頁参照

蜂屋系図

- 正光（正長）
  - 兼貞（文明／正光弟子）
    - 兼貞（文亀）
      - 兼貞（大永）
    - 延光（文安／同銘数代）
  - 兼正（文明）

関鍛冶系図

- 兼定（信濃守）
  - 兼定（和泉守／甲州のち関／上手）
    - 兼定（関住）
    - 兼貞
    - 兼貞（のち氏貞）
  - 兼常（永正）
  - 兼元（孫六／のち赤坂住／同銘五代／和泉守と兄弟の約）

（『古今銘尽』）

兼定【かねさだ】 137 頁参照

古

関兼定系図

兼定（関住／文明三年）
―― 兼定（関住／明応二年／永正元年／和泉守藤原／永正九年／大永六年）
―― 兼定（関住／天文八年／弘治二年）

『校正古刀銘鑑』

初代 兼定（兼信子／嘉吉／信濃守／菊ヲ打）

- 二代 兼定（兼常子／文亀／和泉守／之定／上手）
  ―― 三代 兼定（孫／大永／和泉守／疋定）
  ―― 四代 兼定（彦／弘治／五十歳／下手）
- 兼常（同弟子／文亀）
  - 兼代（子／大永）
    - 兼辰（孫／弘治）
    - 兼房（弘治／四代同銘）
    - 兼舛（二代同銘）
  - 兼岸（同弟子）
  - 兼法（同弟子／大永／ウルマノヨコ町）
    ―― 兼法（弘治）
    ―― 兼法（天正／越前下坂住）
- 兼房（同弟子）

『古刀銘尽大全』

兼定【かねさだ】 132頁参照

古

関兼元系図

兼宗（応永）
兼宗（嘉吉／関住／長禄二年）
兼基（文安）
兼元（文安二年）
兼元（文明／赤坂住／明応二年／永正十三年）
兼元（関住／天文二十年）
兼元（天正）

『校正古刀銘鑑』

兼宗（応永）
兼基（兼宗子／孫六）
兼元（正長／始兼茂／赤坂住）
兼元（康正／子）
兼元（文亀／孫）
兼元（天文／他数代／彦）

『古刀銘尽大全』

赤坂鍛冶孫六系図

兼元
兼元（二代目）
兼元（孫／同銘二代）
兼基（祖父とも／弟子とも）
兼氏（孫六弟子／後清水住）

『古今銘尽』

兼元【かねもと】 176 頁参照

古

島田義助系図

- 義助（康正／慶金）
  - 義助（明応／新三郎）
    - 定広
      - 広助（弘治）
        - 国助（天正）
    - 義助（享禄／孫）
      - 輝吉（弘治／輝吉広助）
        - 輝助
          - 助光
  - 助宗（文安）
    - 助宗（明応／久左衛門）
      - 助宗（永禄／子）
        - 助宗（弘治／孫）
          - 虎明
        - 元助（弟）
          - 助信（子）
            - 助守（孫）

（『古刀銘尽大全』）

注：助宗は各時代ずつ繰り上げる

- 初代 義助（康正）
  - 二代 義助（明応三／永正九）
    - 三代 義助（享禄／天文）
      - 四代 義助（大永三／天正三）
    - 義綱（天文）
    - 定広（駿州富士郡）
      - 康広（永禄）
    - 広次（駿州島田／天文十四）
    - 輝吉（駿州島田／天文九）

（『校正古刀銘鑑』）

義助【よしすけ】 810頁参照

島田助宗系図

- 二代 助宗（明応／久左衛門）
  - 三代 助宗（永禄／久左衛門）
    - 四代 助宗（弘治／孫）
      - 虎明（富士郡下方住）
    - 元助（同弟）
      - 助信（子）
        - 助守（孫）

『古刀銘尽大全』

- 二代 助宗（長享・永正／義助弟／天文中とも）
  - 三代 助宗（時代上ニ同／久左衛門）
    - 四代 助宗（永禄／子）
      - 虎明（文禄／子）
        - 家次（広長／子）

『本朝鍛冶考』

島田助宗【すけむね】 373 頁参照

古 粟田口国光・新藤五国光作刀年代表

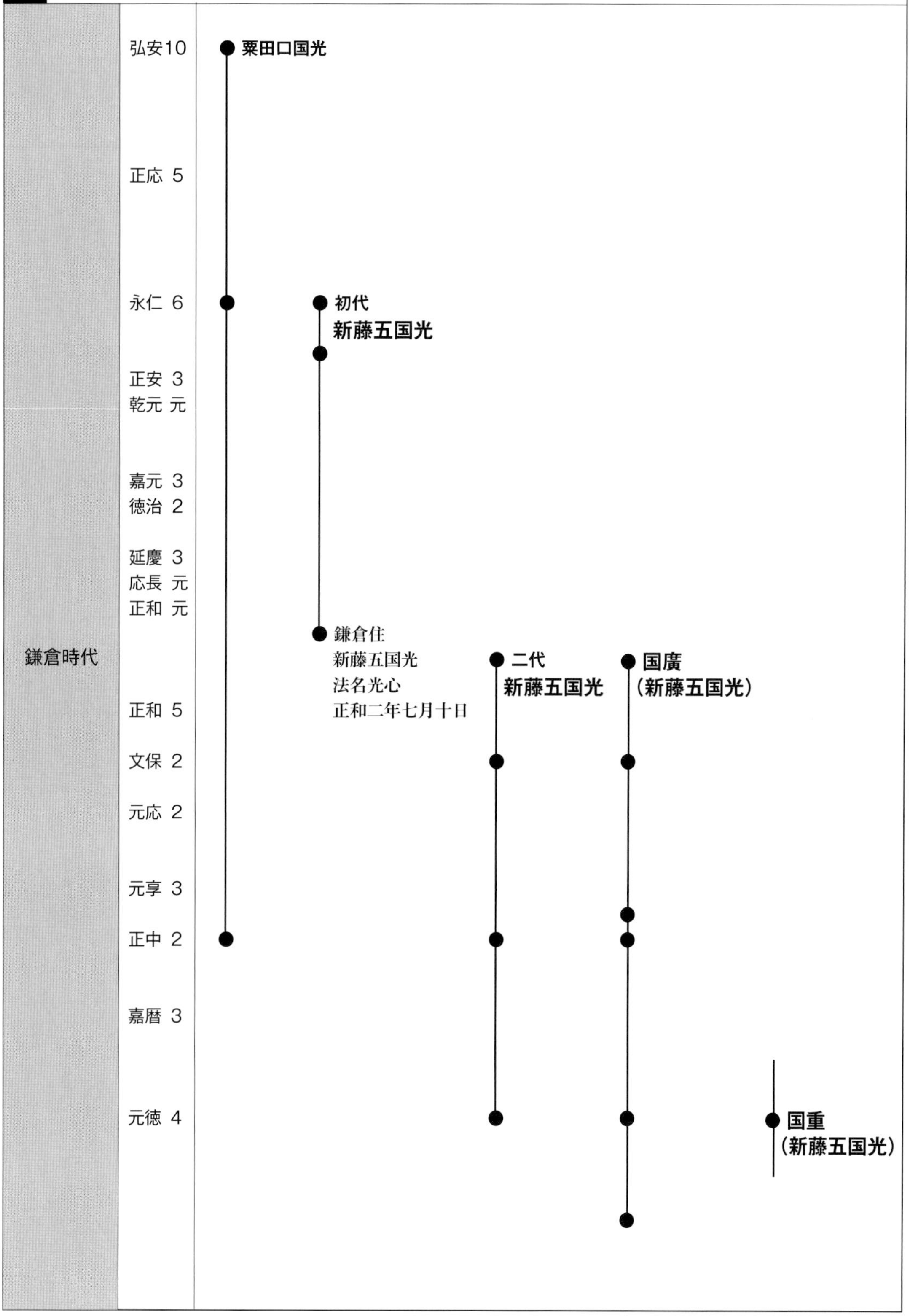

新藤五国光【くにみつ】 268頁参照

粟田口・新藤五系図

- 国宗
- 国綱 ── 国光（親／粟田口） ── 国光（初代／新藤五） ── 国光（二代／新藤五）
  - 国重（新藤五太郎）
  - 国広（進藤五次郎）
  - 国泰（進藤五／三男）
- 国房（本国備前新藤五郎）
- 国綱（粟田口同人　元久　藤六左近） ── 国光 ── 国光（弘安　相模国鎌倉住人　新藤五　永仁三年）
  - 国光（国泰同人　新藤五長谷部　文保二年）
  - 国広（相模国鎌倉住人長谷部　元徳三年）
  - 国重（相模国鎌倉住人長谷部　嘉暦二年）

（『校正古刀銘鑑』）

新藤五国光【くにみつ】　268頁参照

古 相伝上位　作刀年代表

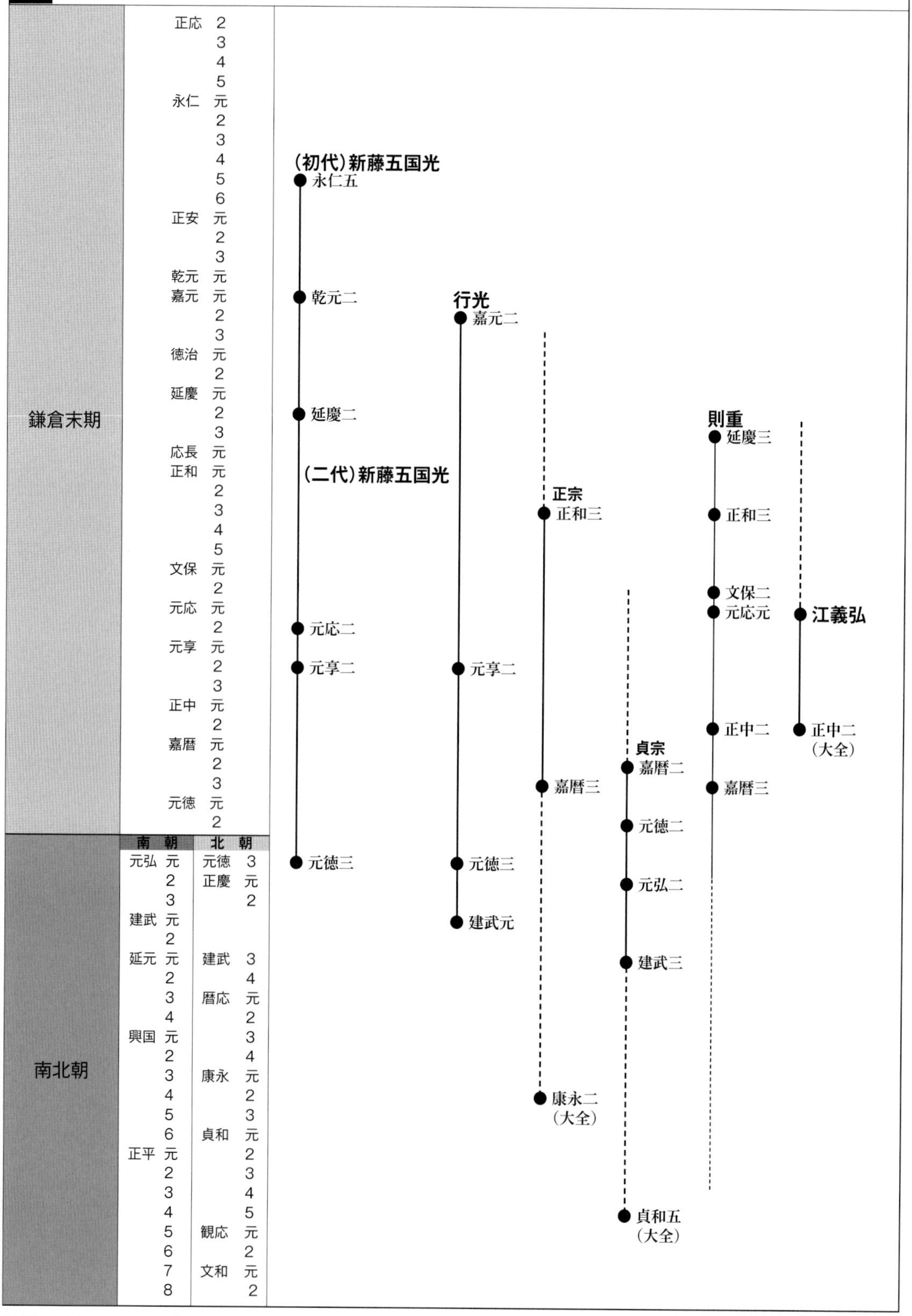

新藤五国光【くにみつ】 268頁／行光【ゆきみつ】 765頁
正宗【まさむね】 634頁／則重【のりしげ】 542頁参照

鎌倉鍛冶系図

- 国宗
  - 国光
    - 進藤太郎
    - 進藤文四郎
    - 大進房
    - 行光（藤三郎入道）
    - 国光（弟子）
- 国安（備前四郎）

（『観智院本銘尽』）

- 国光（進藤五／国綱在鎌倉の時の子／弟子）
  - 国重（進藤五太郎のち国光）
  - 国広（進藤五次郎のち国光）
  - 国泰（進藤五／三男）
  - 大進房（行光兄／刀打たず／切物上手）
  - 行光

- 正宗
  - 貞宗（江州高木／弟子／正宗養子）
    - 秋広（弟子／広光子）
      - 秋広（子）
  - 広光（正宗弟子）

（『銘尽秘伝抄』）

新藤五国光【くにみつ】 268頁／行光【ゆきみつ】 765頁／正宗【まさむね】 634頁参照

古

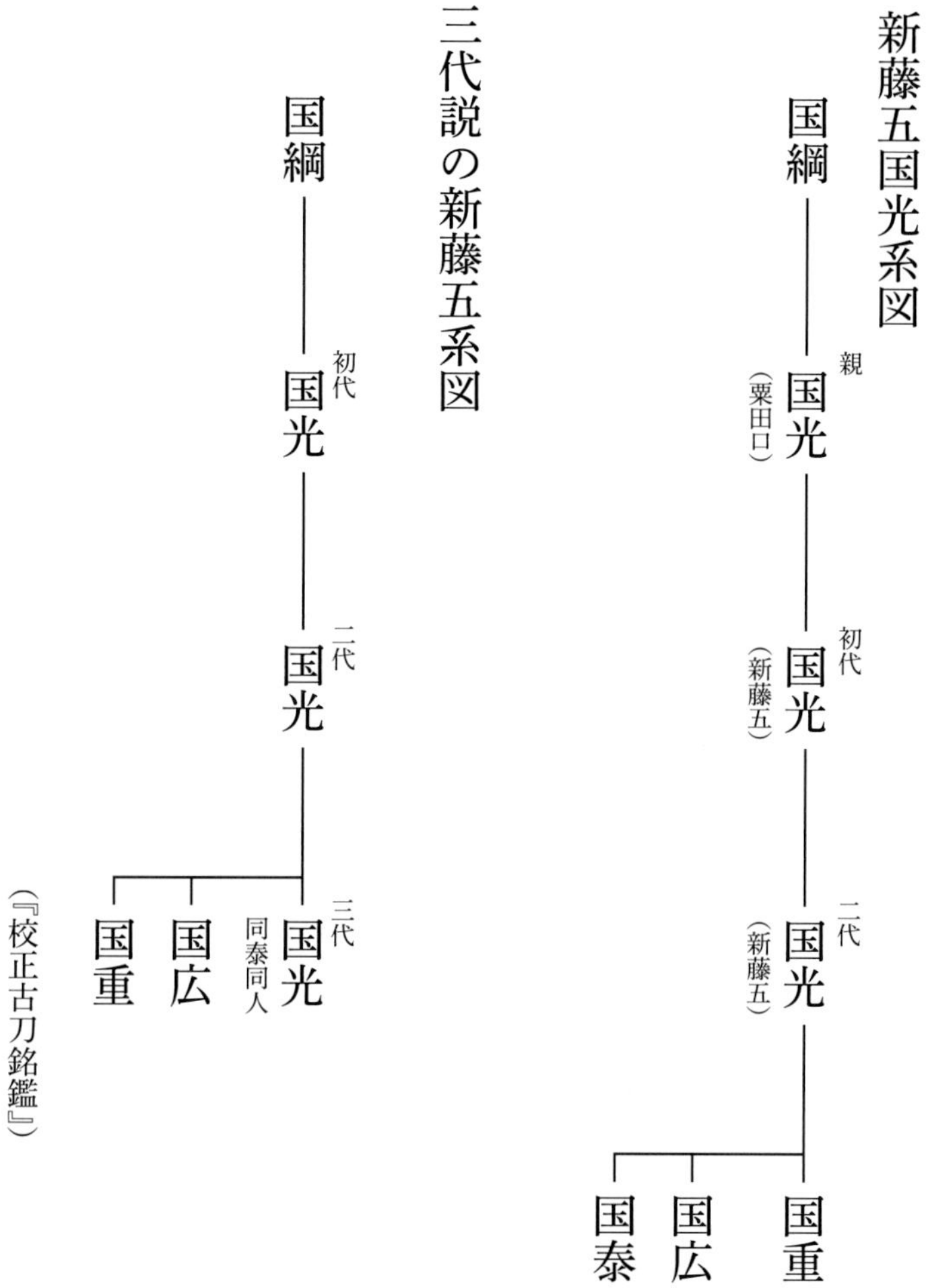

新藤五国光【くにみつ】 268頁参照

古

新藤五系図

- 国宗（新藤五師／貞永／本国備前）
- 国綱（粟田口同人／元久／山内住／藤六左近）
  - 国光
    - 国光（弘安／永仁三／新藤五長谷部／法名光心）
      - 国光（国泰同人／新藤五長谷部／正和二年十一月）
      - 国広（長谷部／元徳二）
      - 国重（長谷部／嘉暦二）

相伝系図

国宗 ― 国光（国宗弟子） ― 国重（国光子） ― 国次（来国吉弟子） ― 行光（国光国重門） ― 正宗（行光子） ― 貞宗（正宗子） ― 秋広（貞宗弟子）

（『古今銘尽』）

新藤五国光【くにみつ】 268 頁／正宗【まさむね】 634 頁／貞宗【さだむね】 317 頁参照

古

相模国鎌倉物系図

- 国宗（備前三郎）
  - 国光（国宗弟子／新藤五）
    - 国重（国光子／新藤五太郎）
      - 国広（国光子／新藤五郎）
        - 国泰（国光子／大進房）
          - 行光（藤三郎／正宗父）
            - 正宗（行光子／五郎入道）
              - 貞宗（正宗養子／彦四郎）
                - 秋広（九郎三郎／広光子／貞宗弟子）
                  - 秋広
                    - 広光
                - 元重
                - 重真
                - 国光
              - 広光（正宗弟子）
              - 義広（越中松倉住／名人也）
              - 金重（正宗弟子／濃州関住人）
              - 国重（正宗弟子）
              - 兼光（景光子）
              - 長義（正宗弟子）
              - 則重（五郎次郎）
              - 左（左衛門三郎）
              - 兼氏（志津三郎）
              - 盛高（金剛兵衛尉）

（『古今銘尽』）

正宗【まさむね】 634頁／貞宗【さだむね】 317頁参照

古

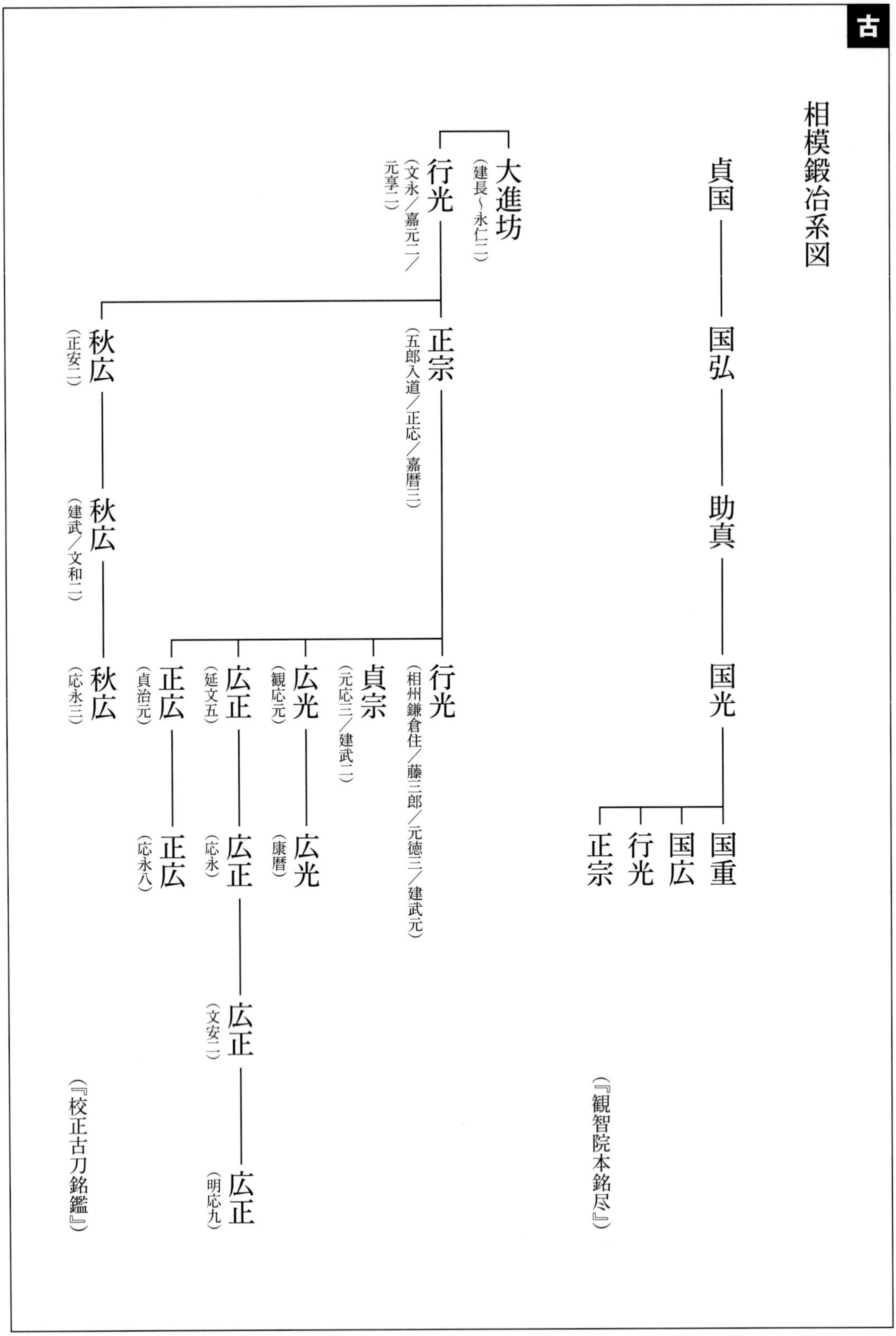

行光【ゆきみつ】 765 頁／正宗【まさむね】 634 頁／広正【ひろまさ】 577 頁／広光【ひろみつ】 580 頁参照

古

古備前正恒系図

- 正恒（奥州有正子／長徳）
  - 正恒（長元）
    - 常保（治暦）
      - 恒光（承徳）
  - 恒次（長久）
    - 真恒（承暦）
      - 真則（永久）
        - 真定（久安）
          - 定則（治承）
        - 真忠（仁平）
          - 真綱（元暦）
    - 近恒（応徳）
      - 恒則
      - 恒元

（『校正古刀銘鑑』）

古備前国物之系図

- 正恒（永延～寛弘／五郎左衛門）
  - 正恒（正恒子／長和・寛仁ころ）
    - 正真（正恒子／寛仁・治安）
      - 村守（長暦）
        - 常保
        - 真則
          - 久則（治暦）
    - 近包（正恒子／治安）
      - 近村（近包子／長慶）
      - 真恒（近包子／長暦～永承）
  - 正次（寛弘／長和）

（『古今銘尽』）

正恒【まさつね】 612頁参照

秋広系図

秋広―秋広┬広光―女子―正広―広正―隆広―助広
　　　　　└吉広

（『古今銘尽』）

秋広【あきひろ】 54頁参照／広光【ひろみつ】 参照

古

古備前友成系図

- 実成（天暦）
  - 友成（永延）
    - 宗安（實弘）
    - 助友
      - 助秀（長暦）
        - 助近（治暦）
  - 介成
    - 友安（寛弘）

『校正古刀銘鑑』

- 実成（天延～正暦／永延二年）
  - 友成
    - 介成（長和）
      - 介光（長元）
        - 友成（長暦）
    - 友安（長和）
      - 友則（長和）
    - 助友（寛仁）
      - 助秀（長元）
        - 助近（天嘉）
          - 行秀（天嘉）

『古今銘尽』

友成【ともなり】 479 頁参照

長船光忠系図

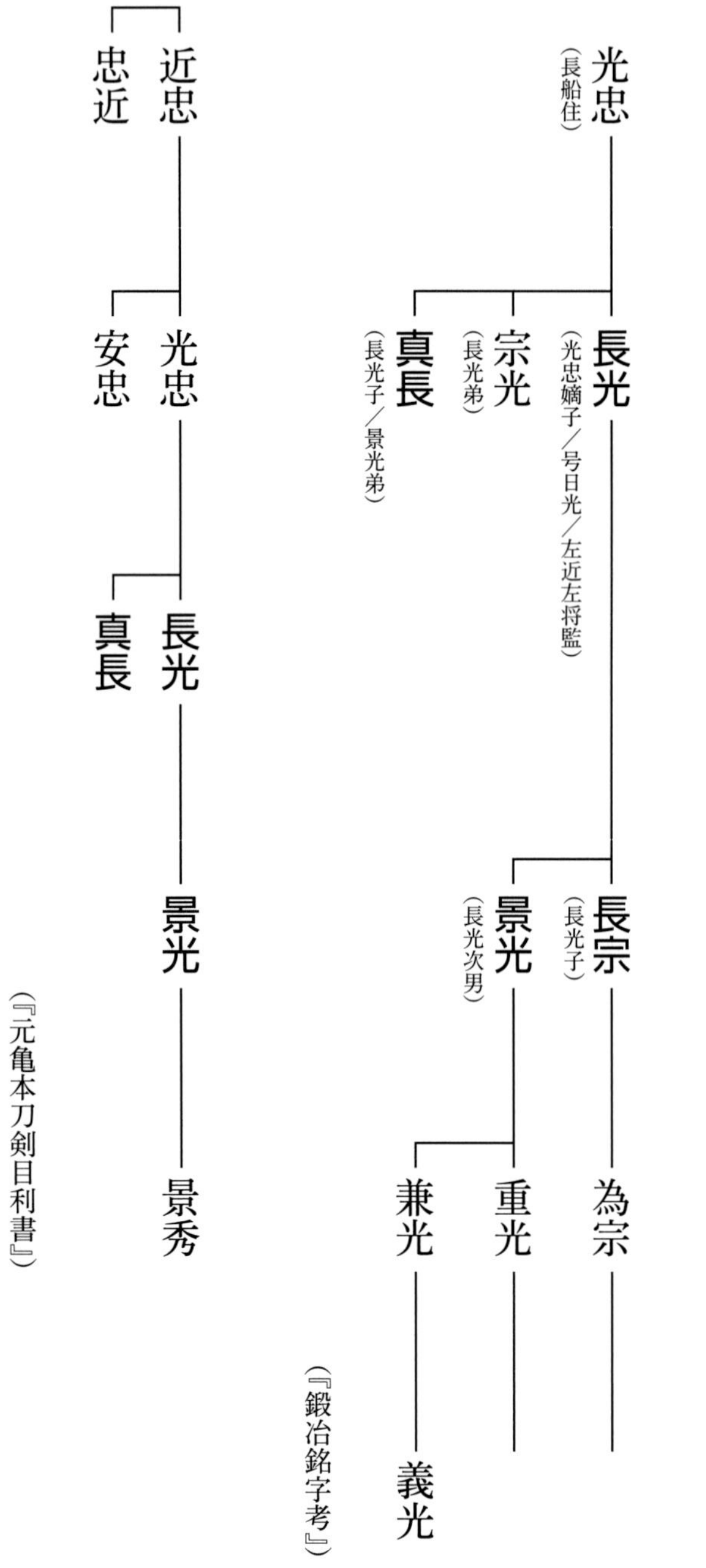

光忠【みつただ】 656頁／長光【ながみつ】 505頁／為宗【ためむね】 429頁参照

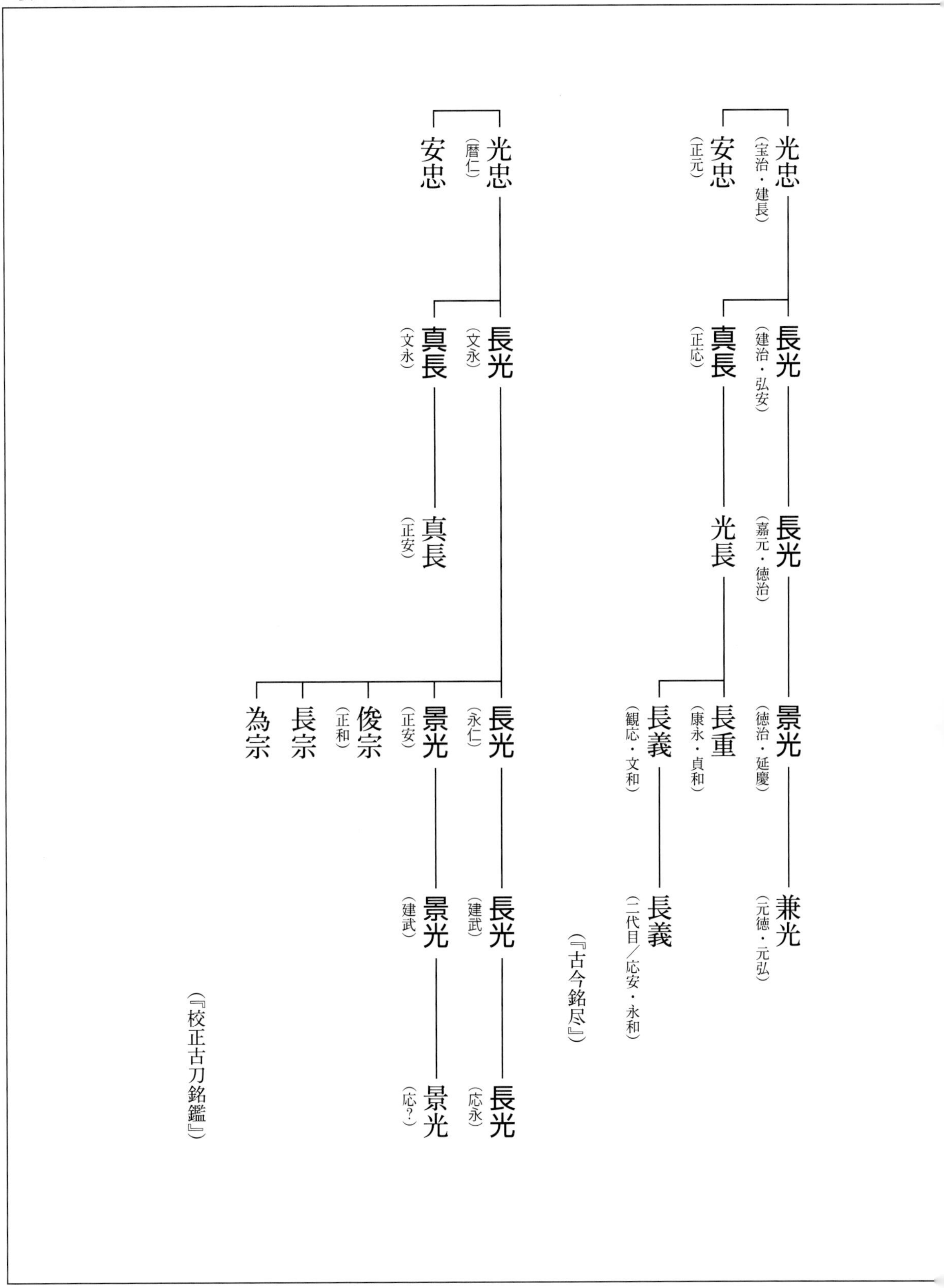

光忠【みつただ】 656頁／長光【ながみつ】 505頁／為宗【ためむね】 429頁参照

備前国長船系図

- 近忠（建暦／長船元祖）
  - 光忠（近忠子）
    - 長光（順慶／光忠子）
      - 長宗（長光子将監／後長光ト打）
      - 景光（二男）
      - 為宗（三男）
    - 真長（二男）
  - 安忠（二男）
  - 光守（三男）

（『本阿弥家伝鍛冶系図』抜）

光忠【みつただ】 656頁参照

古　備前長船兼光　年代表

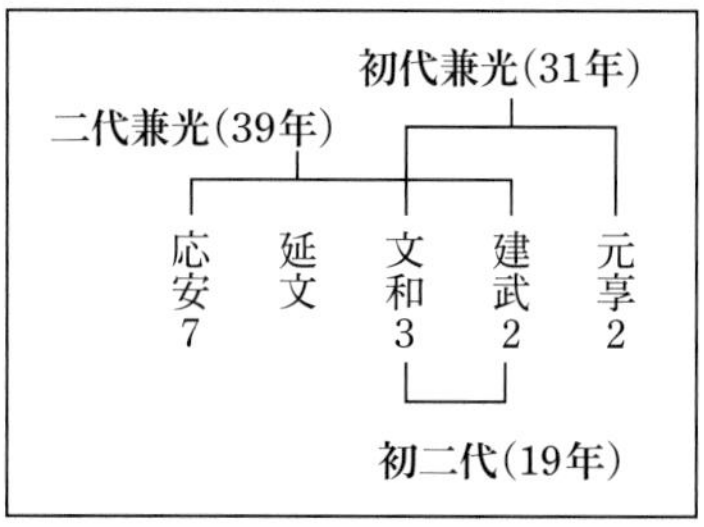

初代：長船住兼光（初代）「備州長船住兼光」「備前国長船住兼光」

二代：長船兼光（二代）「備州長船兼光」「備前国長船兼光」

初二代、同時作刀期：建武2年〜文和3年

時代	年号（南朝）	北朝	初代	二代
鎌倉時代	文保元			
	2			
	元応1			
	2			
	元亨元			
	2		元亨二年六月　備州長船住兼光	
	3			
	正中元			
	2			
	嘉暦元		嘉暦元年七月 備州長船住兼光	
	2			
	3			
	元徳元		元徳元年十一月 備州長船住兼光	
	2			
	南朝	北朝		
	元弘元		正慶元年十一月 備州長船住兼光	
	2	正慶元	元弘三年八月 備前国住長船兼光	
	3	2		
吉野朝時代（南北朝時代）	建武元			
	2		建武二年七月 備前国長船住兼光	建武二年十月 備前国長船兼光
	延元元	建武3		建武三年二月 備州長船兼光
	2	4	建武四年十一月 備州長船住兼光（花押）	建武三年丙子十二月 備前国長船兼光
	3	暦応元		
	4	2		
	興国元	3	暦応三年正月 備州長船住兼光	
	2	4		暦応四年三月 備前国長船兼光
	3	康永元	康永元年十一月 備州長船住兼光	
	4	2		
	5	3		康永三年二月 備前国長船兼光
	6	貞和元		
	天平元	2		
	2	3		
	3	4	貞和四年二月 備州長船住兼光	
	4	5		貞和五年 備前国長船兼光
	5	観応元		
	6	2	観応二年三月 備州長船住兼光	
	7	文和元		
	8	2		
	9	3	文和三年五月 備州長船住兼光	文和三年六月 備州長船兼光
	10	4		
	11	延文元		延文元年二月 備前国長船兼光
	12	2		
	13	3		
	14	4		
	15	5	延文五年、八十三没（『古刀銘尽大全』）	
	16	6		延文六年三月 備州長船兼光
	17	康安元		
	18	貞治元		
	19	2		
	20	3		
	21	4		
	22	5		貞治五年八月 備州長船兼光
	23	6		
	24	応安元		
		2		
		3		
		4		
		5		
		6		
		7		応安七年
		永和元		
		2		

兼光【かねみつ】 171頁参照

長義系図

- 長義（正宗弟子／建武／康永二年／応安三年）
  - 長義（長清同人／永和二年／康暦元年）
  - 長綱
  - 長守（延文五年／建徳二年）
  - 長助
  - 重綱（貞治二年／応永四年）
- 長重（建武元年／貞治五年）
  - 長吉（至徳四年）
    - 安信（応永二十年）
  - 兼長（貞治二年）
- 兼重（建武元年）

（『校正古刀銘鑑』）

長義【ながよし】 513頁参照

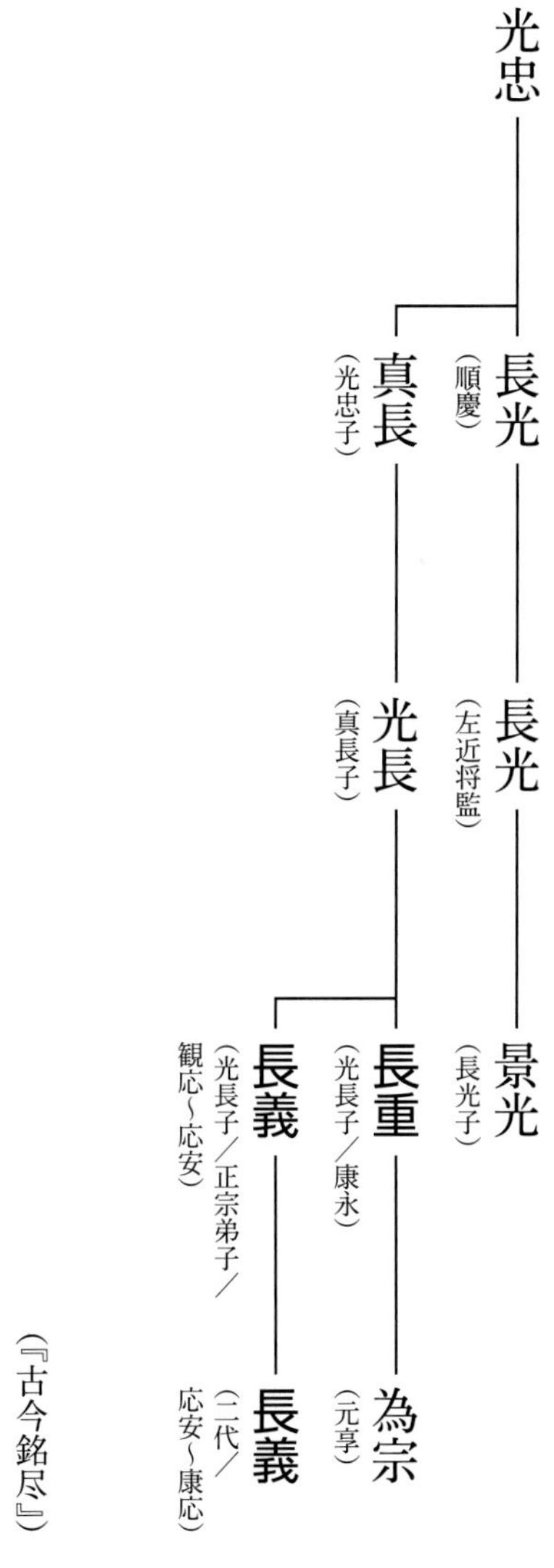

長義【ながよし】 513頁参照

畠田系図

- 守近
  - 宗家（守家父）
    - 守家（天福）
      - 守家（初守家子／建長）
        - 家助（守家子／建治）
      - 家安（守家弟／仁治）
        - 真守（文永）
          - 宗恒（建治）
            - 守俊（正応）
            - 経家
            - 守近
    - 家信（守家子／仁治）

『古今銘尽』

- 守近（建久）
  - 守家（貞永）
    - 守家（正元二／弘安十）
      - 守家（永仁／文保二）
      - 守重（永仁）
        - 守重（正中）
          - 守重（応安）
            - 守重（応永）
        - 守長（正中三）
          - 守長（正平）
    - 家助（文永）
      - 真守（正応）
        - 守恒（正中）
        - 宗恒

『校正古刀銘鑑』

守家【もりいえ】 693頁参照

古

雲生系図

- 雲生（雲上子／乾元二）
  - 雲生（文保）
    - 雲生（貞治／文和五年）
    - 雲重（応安五年／宇井住）
      - 雲重（応永）
  - 雲次（文保二年／建武二年）
    - 雲次（応安□年）
      - 雲次（永徳三年）

（『校正古刀銘鑑』）

- 雲生（正応ころ）
  - 雲同（延慶ころ）
    - 雲重（建武ころ）
  - 女子
    - 雲次（文保ころ）
      - 雲次（寛応ころ／永徳）

（『古今銘尽』）

雲生【うんしょう】 82頁／雲次【うんじ】 81頁参照

備前三郎国宗系図

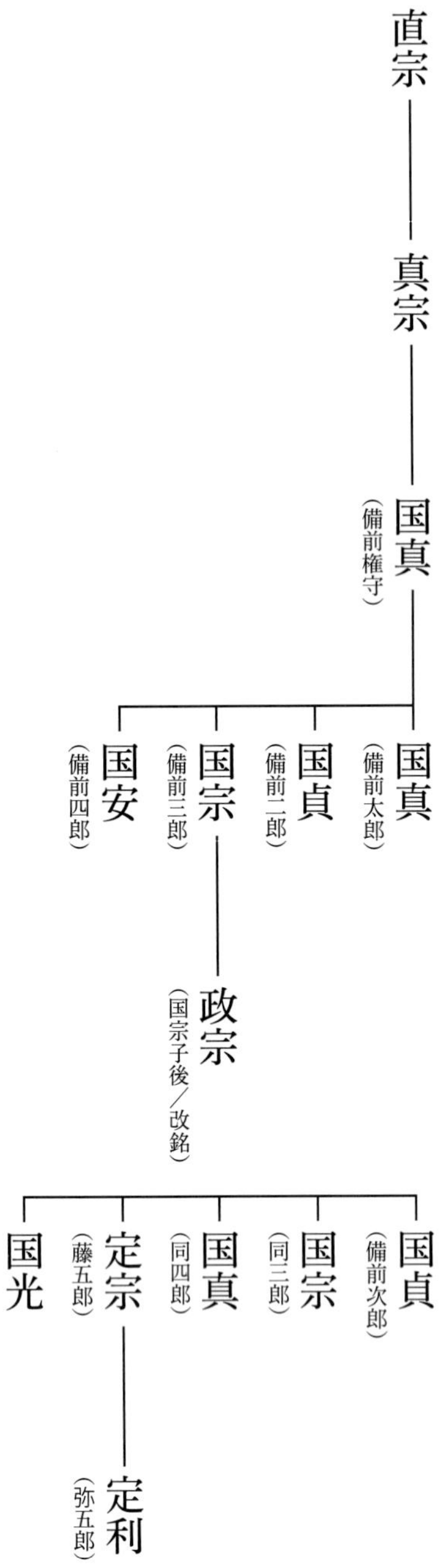

（『元亀本刀剣目利書』）

（『鍛冶銘字考』）

国宗【くにむね】 273頁参照

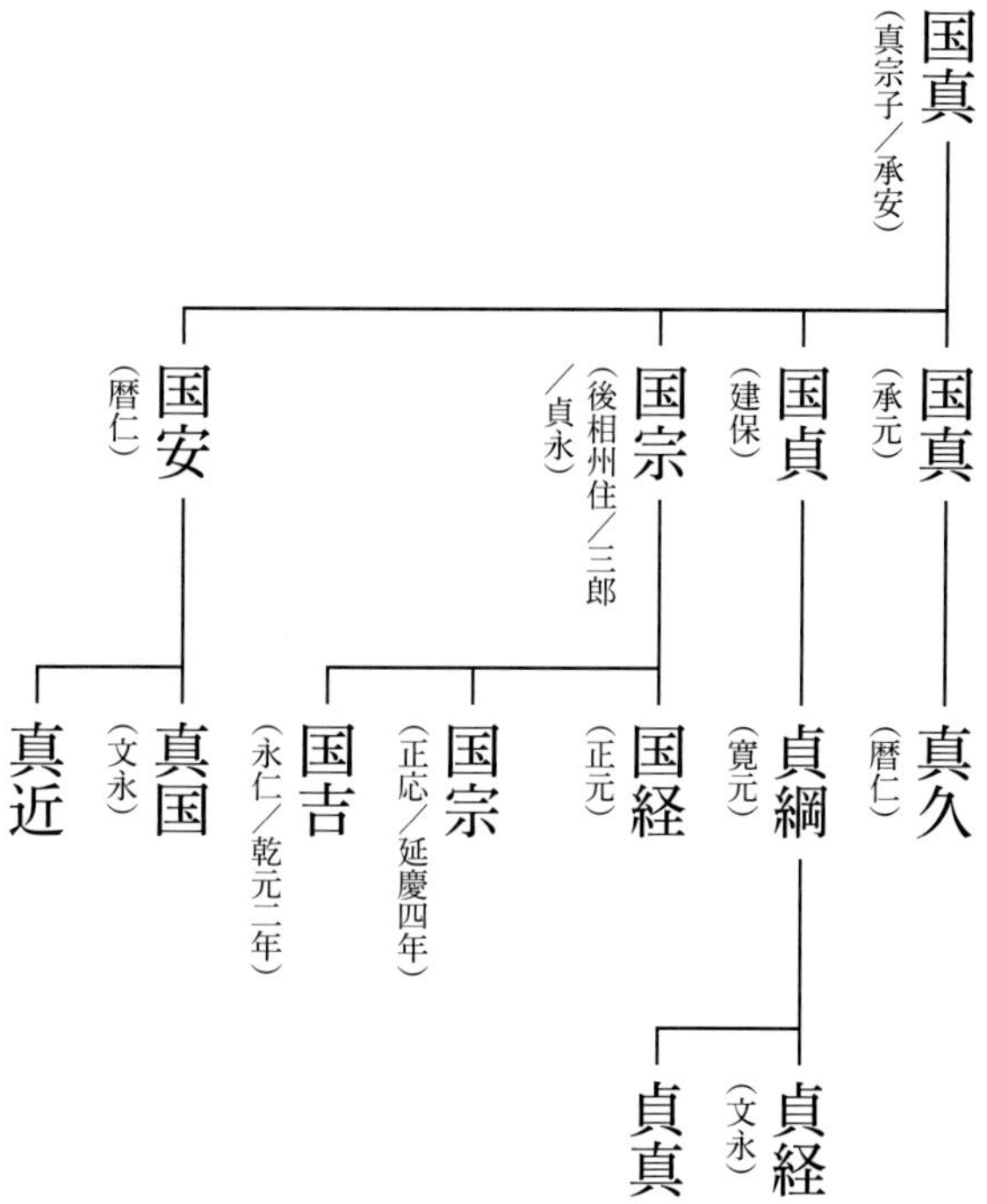

（『校正古刀銘鑑』）

国宗【くにむね】 273頁参照

初・二・三代 康光 年代表 古

時代	年号	年	作刀	代
室町時代（初・前期）	応永	元		初代（右衛門尉）
		2	備州長船康光	
		3		
		4	応永四年二月　備州長船康光（二荒山神社）	
		5		
		6		
		7		
		8		
		9		
		10		
		11	応永十一年八月　備州長船康光（土屋）	
		12		
		13		
		14		
		15		
		16		
		17	応永十七年七月　備州長船康光	
		18		
		19		
		20		
		21	応永廿一年十月　備州長船住右衛門尉康光（大全）	
		22		
		23		
		24	応永廿四年二月　備州長船康光	
		25		
		26	応永廿六年八月　備州長船康光	
		27	応永廿七年十月　長船左京亮康光（草薙）	二代（左京亮）
		28		
		29	応永廿九年十月　修理量盛光、左京亮康光（熊野願文）	
		30	応永卅年四月　備州長船康光	
		31		
		32	応永卅二年　左京亮康光・則光・祐光（熊野願文）	
		33	応永卅三年二月　備州長船康光	
		34	応永卅四年八月　備州長船康光（二代）	
		35	応永卅五年二月　備州長船康光（二代）	
	正長	元	正長元年八月　備州長船康光（三代）	三代
		2	正長貳年四月　備州長船康光（三代）	
室町時代（初・後期）	永享	元	永享元年八月　備州長船康光	
		2	永享貳年八月日　備州長船康光（二代）	
		3		
		4		
		5	永享五年八月　備州長船康光（土屋）	
		6		
		7		
		8	永享八年二月　備州長船康光	
		9		
		10		
		11	永享十年八月　備州長船康光	
		12		
	嘉吉	元	嘉吉元年十月　備州長船康光	
		2		
		3	嘉吉三年八月　備州長船康光	
	文安	元	文安元年二月　備州長船康光（二代）、備州長船康光（三代）	
		2	文安二年八月　備州長船左京亮康光（近代的研究）	
		3	文安三年八月　備州長船康光（土屋）（三代）	
		4		
		5		

康光【やすみつ】 747頁参照

古

長船康光系図

- 景秀（光忠弟／康元）
  - 景秀（正応／徳治三年）
    - 重吉（嘉元）
      - 重吉（元弘）
        - 重吉（貞治三年／明徳二年）
          - 初代 康光（応永二年／応永二十一年／右衛門尉）
            - 二代 康光（二代／左京亮／応永三十三年／永享十年）
              - 三代 康光（三代／文安四年／明応三年）
                - 康光（永正十年）
            - 康貞（応永）
            - 康永（応永二十六年／永享三年）
        - 重家（延文五年／康安元年）
        - 成家（永和元年）

『校正古刀銘鑑』

康光【やすみつ】 747頁参照

長船盛光系図

- 師光（永和二年／明徳二年）── 師光（応永七年）── 師光（永享十二年／宝徳二年）
- 盛光（応安二年／明徳四年）── 盛光（応永三年／応永三十二年）── 盛光（正長元年／寛正七年）── 盛光（文明二年／永正六年）── 盛光（大永二年）
- 盛久

『校正古刀銘鑑』

盛光【もりみつ】 710頁参照

古

大宮盛重系図

- 国盛（文応）
  - 助盛（正応）
  - 盛助（永仁）
    - 盛重（元応二年）―盛重（応安元年／嘉慶四年）―盛重（応永二十五年／永享十二年）―盛重（嘉吉三年／文明十二年）―盛重（長享二年）―盛重（新三郎／永正七年）
    - 盛利（元徳）
      - 盛恒（延文）
      - 盛次
      - 盛景（延文二年／嘉慶二年）―盛景（明徳二年／応永五年）―盛景（永享七年）

『校正古刀銘鑑』

- 兼光
  - 友光（兼光子／のち兼光）
    - 師光（永徳）
      - 盛光（応永）
        - 盛重（盛光子／応永／正長）
        - 盛久（応永／正長）
      - 盛景（盛光弟）
    - 師景（師光弟）
  - 政光（貞治／応安）
  - 基光（貞治／応安）
    - 秀光（基光子）
  - 基政
  - 景光

『古今銘尽』

盛景【もりかげ】 703頁／盛重【もりしげ】 704頁参照

吉井系図

- 為則（正和三年）
  - 景則（建武／貞和五年）
    - 景則（永徳二年）
      - 景則（応永／正長二年）
    - 氏則（明徳元年）
      - 光則（応永二十六年）
    - 吉則（応永二年）
    - 清則（応永四年）
      - 清則（永享八年）
      - 永則（永享三年）
      - 兼則（長禄二年）
    - 盛則（応永十五年）
      - 盛則（永享三年）
      - 盛次

- 真則（貞和二年）
  - 則綱（明徳二年）
  - 則満（応永年）

（『校正古刀銘鑑』）

吉井景則【かげのり】 90頁／為則【ためのり】 429頁参照

- 景則（正応／景秀子／五左衛門）
  - 景則（藤八／文保頃）
    - 景高（孫七郎／貞和頃）
      - 氏則（明徳頃）
  - 景長（文保頃）
  - 則直（建武頃）

- 長則（左兵衛尉）
  - 則綱（応永）

『校正古刀銘鑑』

- 吉則（貞治頃／同銘三代有）
  - 清則（子／のち出雲住／応永頃）
    - 直綱（応永頃）
    - 清則（永享頃）
    - 助則（永享頃）
  - 盛則（応永頃／信国に似タリ）
    - 景則（氏則子盛則聟／正長頃／廿二歳時出雲住）
  - 永則（永享頃）
    - 正則（寛正頃／吉井昌則同人／寿吉と打）
    - 則綱

『古刀銘尽大全』

吉井景則【かげのり】 90頁参照

長船則光系図

則光（守助子／応永卅三年／（左衛門尉／五郎左衛門尉／永享八年／康正二年）
―則光（彦兵衛尉／長禄三年／文明四年）
―則光（天正二年／文禄元年）文明十年）
―則光

『校正古刀銘鑑』

守助（文和ころ）
―則光（助右衛門／応永ころ）
　├則光（五郎左衛門／正長ころ）
　│―忠光（孫智／応仁ころ）
　└則秀（正長ころ）

『古刀銘尽大全』

則光【のりみつ】 549頁参照

古

長船勝光・宗光系図（‥‥は推定による）

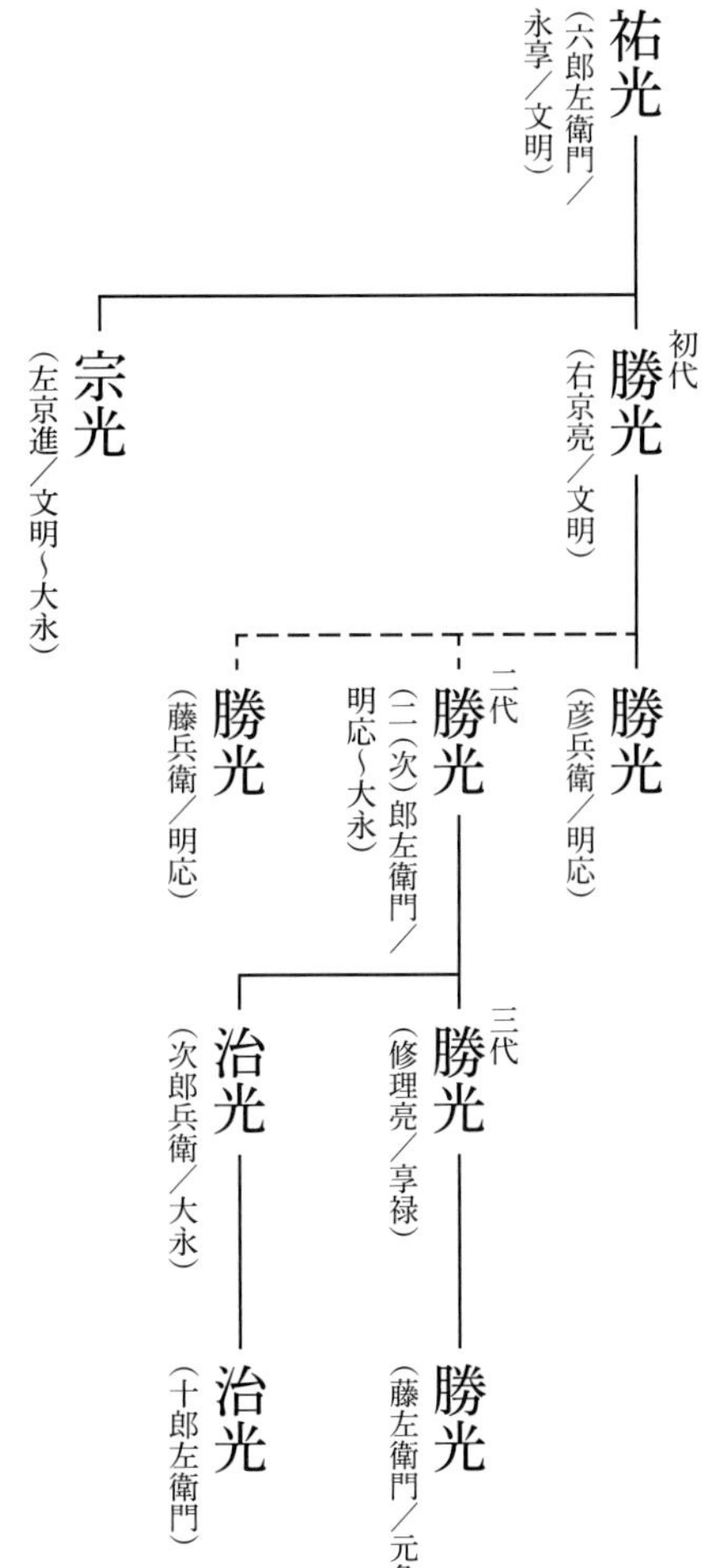

勝光【かつみつ】 100頁／宗光【むねみつ】 676頁参照

長船清光系図

- 清光（貞治／応永）
  - 初代 清光（嘉吉／文安）
    - 二代 清光（勝兵衛／文明）
      - 三代 清光（初代五郎左衛門／文亀／大永）
        - 四代 清光（二代五郎左衛門／天文～永禄）
          - 五代 清光（三代五郎左衛門／天正）
        - 清光（孫右衛門／永禄／元亀）
        - 清光（与三左衛門／弘治／永禄）

清光【きよみつ】 196頁参照

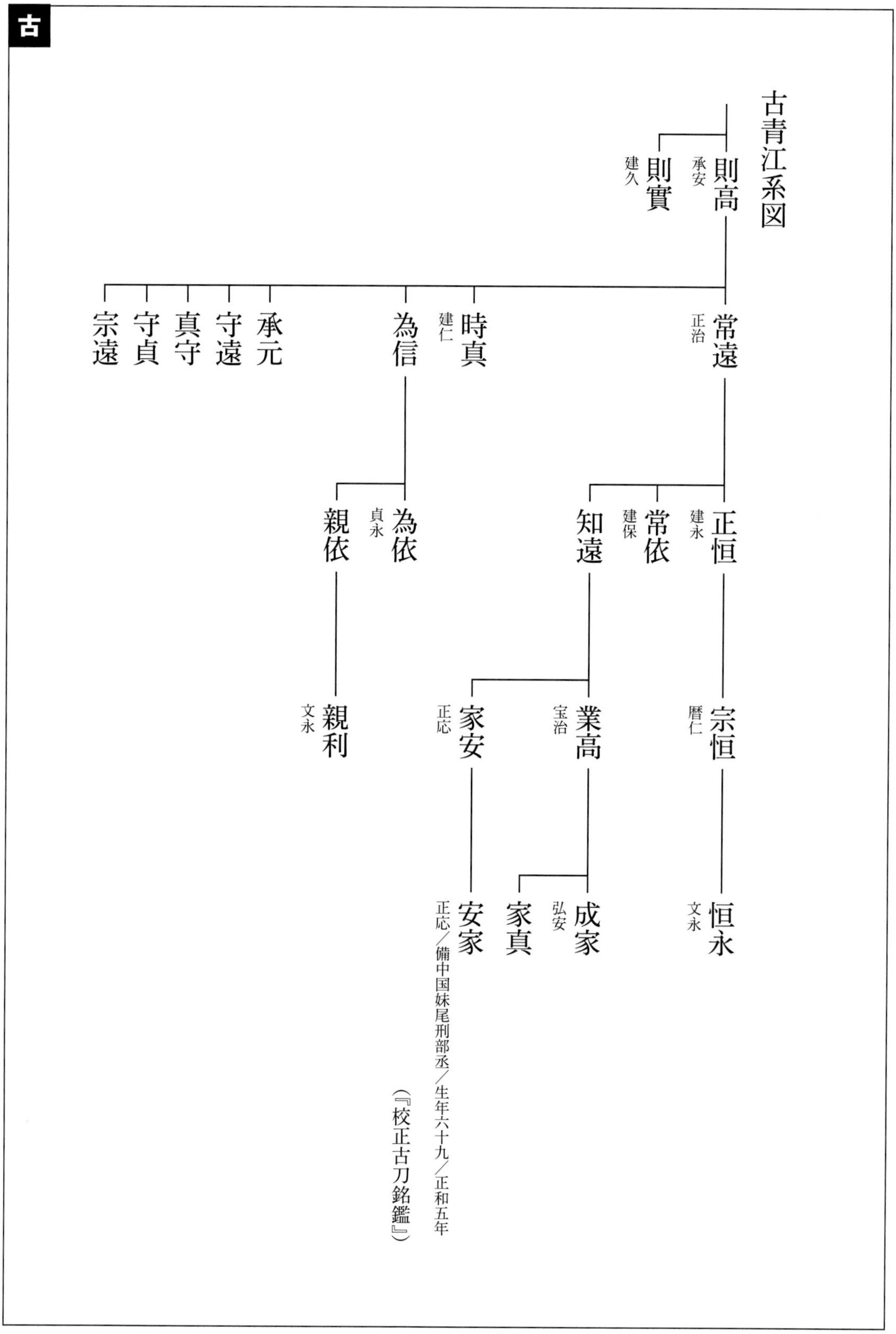

則高【のりたか】 544頁参照

古

延寿国村系図

- 国村（延寿／弘村子／来国行婿／建治二年）
  - 国泰（延慶二年／建武二年）
    - 国泰（正平五年）
  - 国資（嘉暦二年）
    - 国資（天授六年）
  - 国吉（元徳二年）
    - 国村（延元元年）
    - 国吉（正平九年）
    - 国時（興国三年）
    - 国清（正中七年）
    - 国綱（正平十年／二十二年）
      - 国綱（永徳二年）
    - 国房（正平二十三年）
      - 国房（応永五年／十五年）
    - 国信（建徳二年）
  - 国時（文保二年／建武二年）

（『校正古刀銘鑑』）

- 国村（延寿太郎／菊池住／来国行孫）
  - 国吉（同次郎）
    - 国時（同三郎）
      - 国末
      - 国綱
        - 国房
        - 国綱（弟子）
        - 国賀（弟子）
  - 国泰
    - 国資
    - 国貞（弟子）
  - 国信
  - 国家
    - 国重

（『元亀本刀剣目利書』）

国村【くにむら】 277頁参照

古

左《さ》系図

- 良西
  - 西蓮（建保、承久／良西子）
    - 西蓮（二代目／貞応・弘長の間）
      - 實阿（康元、弘安、正応の間／西蓮子）
        - 女子
          - 實阿（嘉暦／二代同銘有）
    - 入西（西蓮弟）
      - 左（實阿孫／正宗弟子／正安、暦応の間）
        - 安吉（左子／左衛門三郎／元徳、暦応の間）
          - 吉貞（安吉子／観応、応安）
            - 吉次（吉貞子／永和～明徳）
        - 吉弘（左弟子／正平）
          - 国弘（吉弘子／延文）

（『古刀銘尽』）

左【さ】 294頁／西蓮【さいれん】 296頁／良西【りょうさい】 826頁参照

左《さ》系図

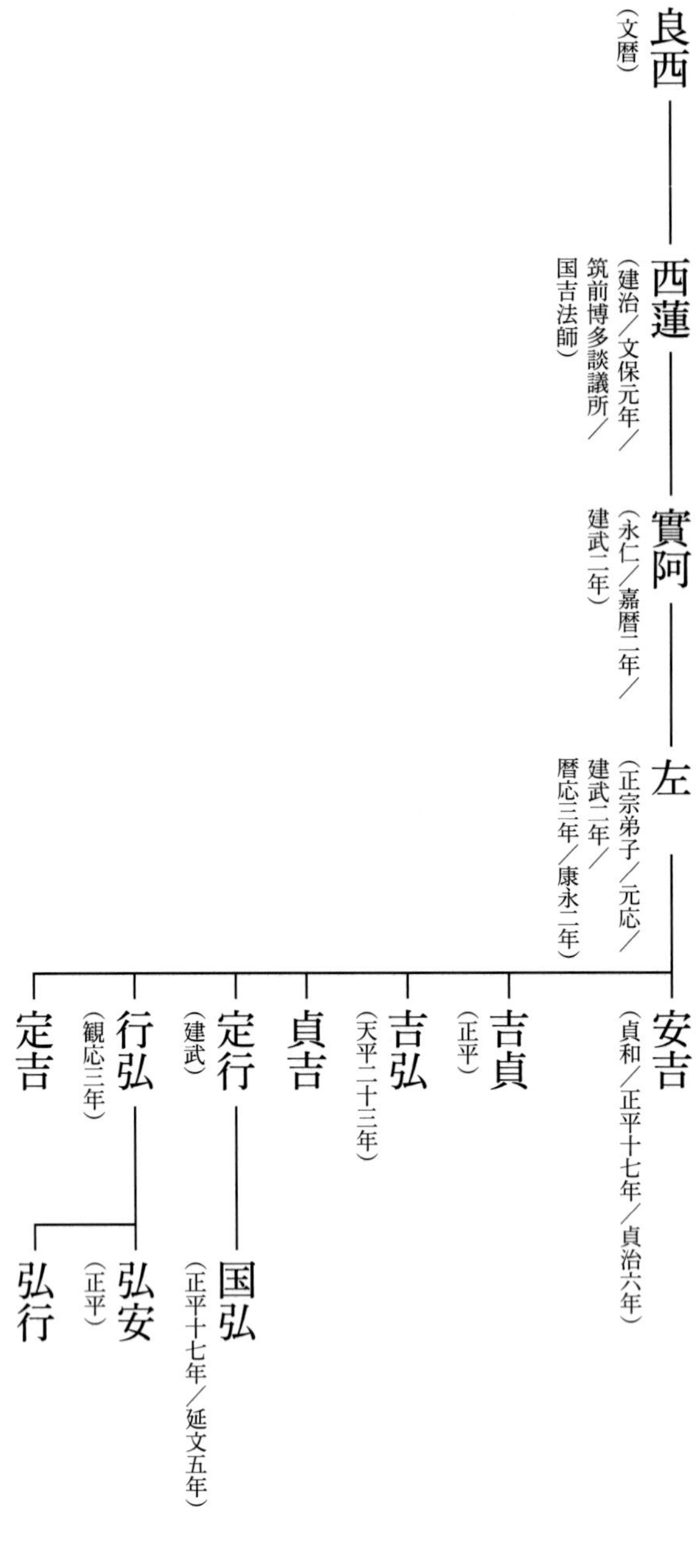

（『校正古刀銘鑑』）

左【さ】 294頁／西蓮【さいれん】 296頁／良西【りょうさい】 826頁参照

古

筑前（左）安吉・長州安吉系図

（同人）

- 初代 左安吉（建武／正平十二年）
  - 二代 左安吉（小銘／筑州住／永和四年）
    - 三代 左安吉（応永十七年）
- 初代 長州安吉（正平十七年／貞治五・七年）
  - 二代 安吉（道元／永和五年／永徳二年）
    - 三代 安吉（府中住／応永元年）
      - 安吉（文明）

左安吉【やすよし】 727頁参照

薩摩国谷山郡波平鍛冶系図

- 正国
  - 行安
    - 行安
    - 安行
      - 安行

（『元亀本刀剣目利書』）

薩摩波平系図

- 行安（波平）
  - 行安（正和二年／嘉暦二年）
  - 安行（正和二年／嘉暦四年）
    - 安行（貞和）
      - 安行（永徳／応永十年）
        - 安行（正長）
          - 安行（文明～明応）
      - 吉行（明徳二年）
      - 吉宗（応永二年）
      - 正行（応永十年）
    - 行次（正平二十四年）
  - 家安（正和三年）
    - 安俊（貞和二年）
  - 安綱（文保）
    - 安家（貞和）
  - 安光（元弘三年／正慶元年／貞和二年）
    - 安明（永和二年）
      - 安永（永享十年）

（『校正古刀銘鑑』）

正国【まさくに】600頁／行安【ゆきやす】768頁参照

古

金剛兵衛盛高系図

- 盛高（永仁）
  - 盛高（嘉暦）
    - 盛高（延文）
      - 吉盛（嘉慶）
  - 高綱（後筑前博多／建武）
  - 盛綱
    - 盛清（貞治）
      - 盛秀（応永）
      - 房盛
    - 盛昌
      - 盛次（応永）

（『校正古刀銘鑑』）

盛高【もりたか】 705頁参照

新

〈新刀編〉

山城守国清系図

初代 国清（彦八郎助宗子／吉左ェ門／孫之助／寛文五年没）

- 国清（市左ェ門／早世／明暦元没）
  - 島田山城 吉左ェ門（越前家士／孫之助／享保元没）
  - 二代 国清（吉左ェ門／新兵衛／多病／別家す／元禄十没）→（国清家）
- 三代 国清（新兵衛／初代妹の子／初銘国宗／菊一／元禄十三／七十八没）
  - 四代 国清（九八郎／新右ェ門／三男嫡男／初銘国宗／宝暦二、七十三没）
    - 五代 国清（彦八／助右ェ門／安永八、六十四没）→（国宗家）

国清【くにきよ】 215 頁参照

新

丹後守兼道系図

- 京初代 丹波守吉道（慶長／元和五没）
  - 京二代 吉道（寛永）
    - 京三代 吉道（寛文）
      - 京四代 吉道（延宝／入道宗鉄）
  - 初代 初代兼道（寛永／直道）
    - 二代 二代兼道（寛文／直道／江戸住）
      - 三代 三代兼道（元禄）
        - ⋯ 六代 直道（寛政／難波介）
          - 七代 直道（文化／左兵衛介）
  - 大坂初代 吉道（寛永／祖父丹波）
    - 大坂二代 吉道（寛文／中丹波）
      - 大坂三代 吉道（元禄）

- 初代 大和守吉道（寛文）
  - 二代 吉道（延宝／姫路大和）

兼道【かねみち】 170頁参照

信濃守信吉系図

- 初代 信濃守信吉（高井／明暦／藤原・源／京）
  - 二代 信濃守信吉（寛文／藤原・源／京）
  - 豊後守国義（次男／延宝／藤原／若洲小浜）
  - 越前守信吉（三男／延宝／源／大坂）
- 阿波守信吉（高井／明暦／藤原・源／大坂）
- 豊後守源国義（高井／信吉弟／寛文／源／若洲小浜）
- 駿河守平国義（和田／寛文／平／日州飫肥）
  - 弾正忠源国義（和田／宝永／源／日州飫肥）

信濃信吉【のぶよし】 536頁参照

新

備中守康広系図

初代 康広（備中守／当一／寛永）
　└ 二代 康広（備中守／寛文／五郎左衛門）
　　└ 三代 康広（備中守／当一／延宝／惣右衛門）
　　　└ 四代 康広（備中守／天和）

初代 為康（土佐将監／慶安）
　└ 二代 為康（陸奥守／土佐将監康広／土佐将監為康／陸奥守為康／六郎左衛門）
　　└ 三代 為康（陸奥守／延宝）

（同人）二代康広 ＝ 二代為康

康広【やすひろ】 744頁参照

新

余目安倫系図

- 初代 倫助（のち倫祐／清右衛門／遊慶／慶長）
  - 二代 安倫（初倫祐／倫助／五左衛門／早世／明暦元没）
    - 三代 安倫（安倫初代／五左衛門／寛文）
      - 四代 安倫（安倫二代／定広／安広／仲兵衛／貞享）
        - 五代 安倫（安倫三代／仲右衛門／享保）
  - 安次（のち国次／藤八郎／万治）

注：二代目倫祐には安倫銘の作がみられず、三代目が事実上の初代安倫となる。

安倫【やすとも】 721頁参照

康継系図（越前十代・江戸十二代）

【新】

〈江戸〉

初代 肥後大掾 康継　元和七壬没

二代 康継 正保三没
次男 康悦
三男 康時

二代 康継
三代 康継（館林）（鶉古城）（世善権）

江戸三代 有馬助 康継　寛文
江戸四代 康継　天和
江戸五代 康継　享保十九 52才没
江戸六代 元継　元文
江戸七代 元継　明和二没
江戸八代 元継 寛政
江戸九代 元継 寛政
江戸十代 康継 天保
江戸十一代 康継 文久
江戸十二代 康継 康吉

〈越前〉

三代 康継 元禄
越前三代 康時 天和三没
越前四代 康悦
越前五代 康憲 享保九没
越前六代 康弘 寛延五没
越前七代 康弘 宝暦
越前八代 康義 明和
越前九代 康直 文化
越前十代 康継 明治十二没

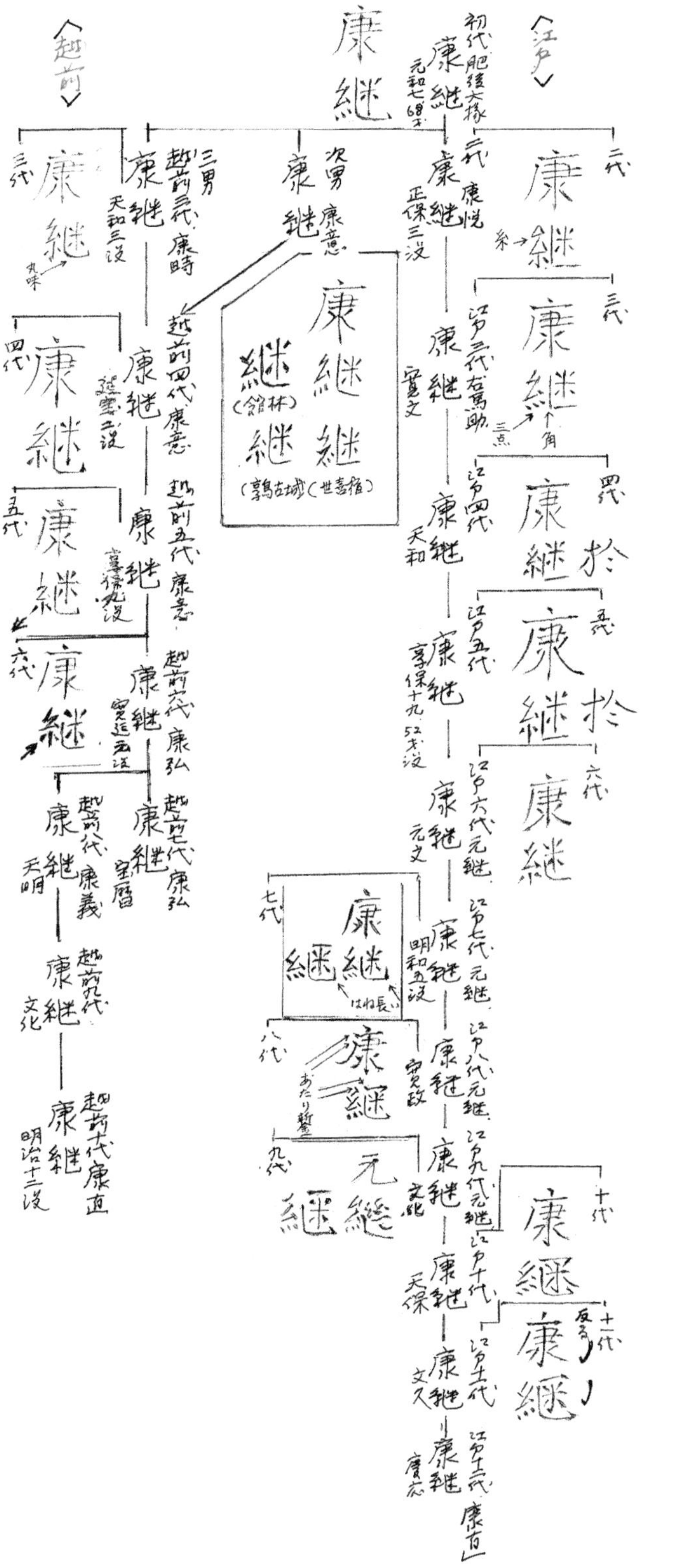

江戸五代の銘は推定。江戸八、九代は『古今鍛冶備考』より写図する。越前四代は推定。

康継【やすつぐ】734頁〜参照

康意 四代康継年代一覧

新

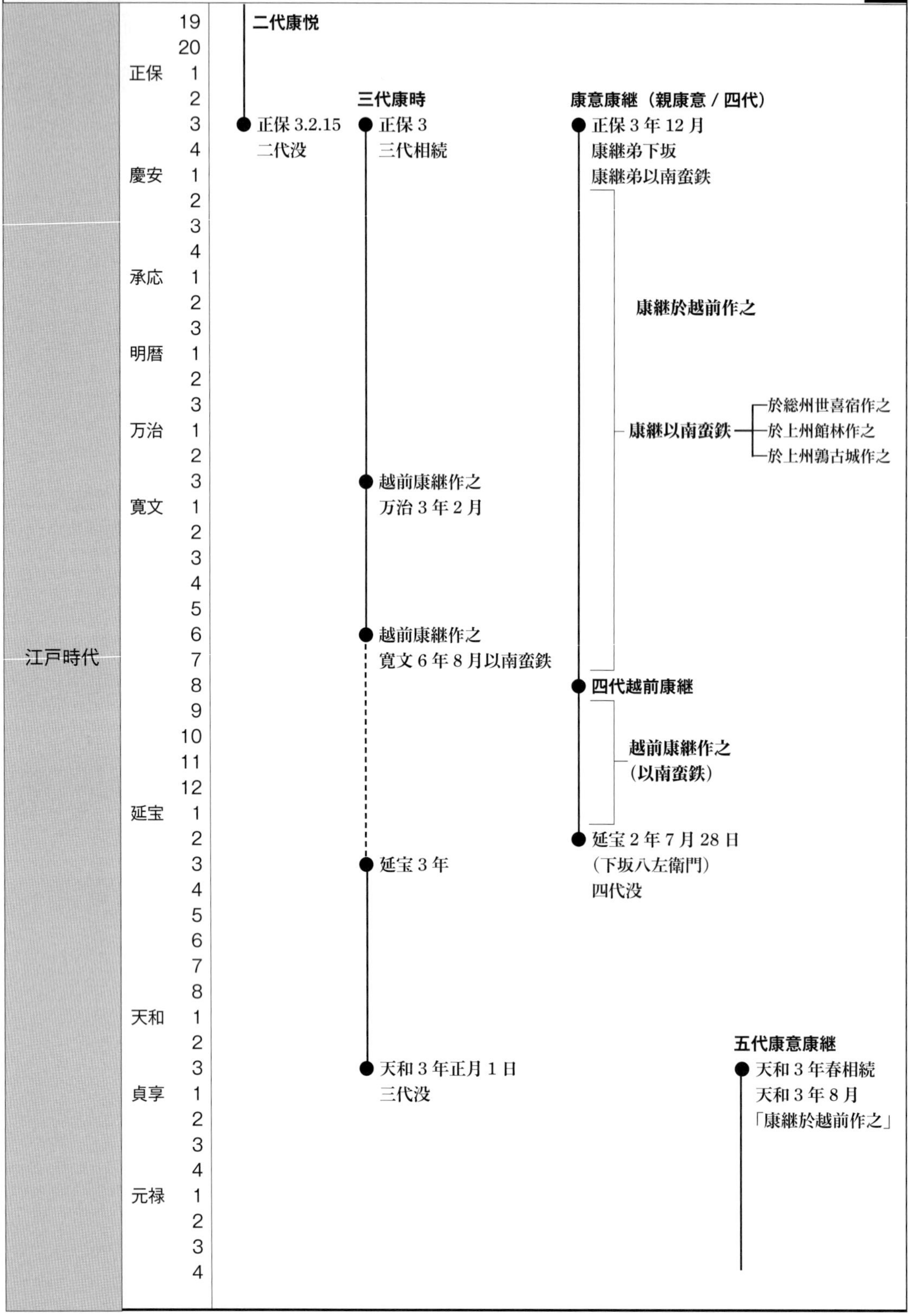

康意【やすよし・やすあき】 751 頁参照

新

江戸法城寺系図

- 初代 近江守正弘（明暦）
  - 二代 近江守正弘（寛文）
  - 初代 越前守正照（天和）── 二代 越前守正照（元禄／秋田住）
  - 正則（延宝）
  - 但州国光（延宝）
  - 肥後守正次（天和）── 武州国吉（貞享）

- 初代 但馬守貞国（万治）
  - 二代 但馬守貞国（寛文）
  - 初代 但馬守国正（延宝）
    - 二代 但馬守国正（元禄）── 三代 但馬守国正（享保）
    - 初代 肥後守吉次（延宝）── 二代 肥後守吉次（享保）── 伯耆守国照（宝永）

正弘【まさひろ】 629頁参照

新

本阿弥家鍛冶系図（正保三年写本）

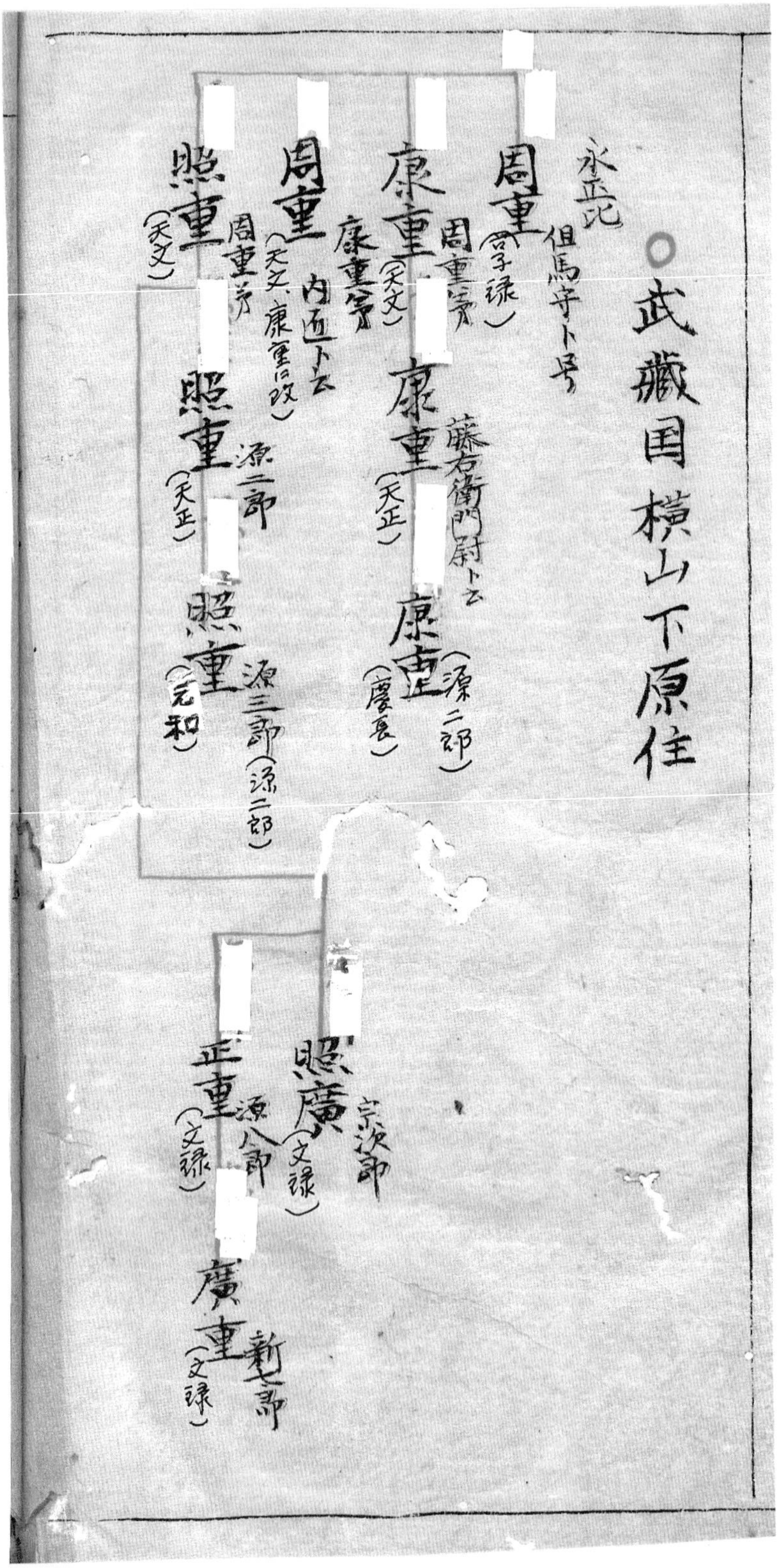

（ ）は筆者の注

下原康重【やすしげ】 733頁／正重【まさしげ】 606頁参照

新

下原系図

- 周重（但馬守ト号／享禄）
- 康重（周重弟／天文）
  - 康重（藤右衛門尉ト云／天正）
    - 康重（源二郎／慶長）
- 周重（内匠ト云／天文／康重に改）
- 照重（周重弟／天文）
  - 照重（源二郎／天正）
    - 照重（源三郎／源二郎／元和）
  - 照広（宗次郎／文禄）
  - 正重（源八郎／文禄）
  - 広重（新七郎／文禄）

（『古刀銘尽大全』）

下原照重【てるしげ】 459頁／正重【まさしげ】 606頁参照

新

水心子正秀系図

- 初代 正秀（天秀／文政八・七十六歳没）
  - 二代 正秀（水寒子／貞秀／文政八・四十七歳没）
    - 三代 正次（水心子／万延元没）
      - 四代 正秀（秀勝／明治三十六・五十二歳没）
  - 直胤（大慶／安政四・七十九歳没）
    - 初代 直勝（次郎太郎／安政五・五十四歳没）
      - 直秀（勝弥／明治三十八・七十三歳没）
      - 二代 直勝（二代／弥門／明治十七・五十歳没）
    - 重胤（沢／奥州）
    - 胤吉（堀井／近江）
    - 胤光（心慶／常州）
  - 国包（仙台／奥州）
  - 国秀（加藤／羽州）
  - 一秀（池田／羽州）
  - 弘元（古山／二本松）
  - 初代 正義（良助／文化十二・五十七歳没）
    - 二代 正義（主税佐／安政五・七十三歳没）
      - 正守（明治二九・七十五歳没）
      - 忠義（正行）
      - 正明（城慶子）
  - 秀国（角会津）
  - 秀寿（苅谷／高知）
  - 三秀（中塚／遠州）
  - 昌直（松村／肥後）
  - 綱広（山村／相州）

正秀【まさひで】 622頁／直胤【なおたね】 487頁参照

新

細川正義系図

- 義儀（落合彦右衛門）
  - 正義（良助／宇都宮藩工／文化十一・五十七歳）
    - 正義（長男／主税助／津山藩工／安政五・七十三歳）
      - 正守（長男／仙之助／明治二十九・七十五歳）
      - 忠義（次男／近蔵／正行／佐倉藩工）
        - 忠正（長男／延岡藩工）
        - 義則（次男／佐倉藩工）
      - 正徳（三男／徳太郎）
      - 正義（四男／長太郎）
      - 正明（城慶子／作州）
      - 正利（多田／作州）
      - 久義（清水／相州）
        - 左行秀（土州）
      - 正俊（鬼普麿／武州）
      - 義重（長谷部／上州）
      - 英義（藤枝／川越）
      - 宣勝（竹永／熊本）
      - 行秀（岩井／武州）
    - 正平（次男／天然子／民之助／宇都宮藩工／明治元・七十五歳）
      - 義規（長男／剛之助／宇都宮藩工／明治二十一・七十五歳）
        - 正規（子之助／宇都宮藩工）
    - 正家（金子平太／喜■川藩工）

正義【まさよし】 642頁参照

新

長運斎綱俊系図

- 水心子正秀（文政八／七十六歳没）
  - 加藤国秀（助四郎／享和）
    - 加藤綱英（助太郎／文化）
      - 初代 固山宗次（備前介／天保）
        - 二代 固山宗次（見龍子／元治）
        - 泰龍斎宗寛（明治十六没）
    - …… 加藤綱秀（米沢住／文化三没）
    - 初代 長運斎綱俊（八郎／文久三／六十六歳没）
      - 西尾五三郎（長男／仙台住／慶応三年没）
      - 二代 長運斎綱俊（次男／是俊／明治二十八・六十二歳没）
      - 運寿斎一秀（三男／政太郎）
      - 防州盛俊（青竜軒／慶応三・六十六歳没）
      - 雲州長信（明治十二・六十四歳没）

- 初代石堂 武蔵大掾是一
  - …… 六代 石堂是一（重次郎／天保）
    - 運寿斎一秀（三男／政太郎）
    - 七代石堂 運寿是一（助三郎／明治二十四・七十二歳没）
      - 八代是一 石堂綱秀（光一／明治二十四・四十九歳没）

注：七代石堂運寿是一は運寿斎一秀同人

綱俊【つなとし】 444 頁参照

新

固山宗次系図

- 固山宗兵衛（宗一／天保三没）
  - 初代 宗平（白龍子／宗兵衛／明治三没）
    - 二代 宗平（一進斎／宗均／明治十五・六十五歳没）
  - 初代 宗俊（田龍子／明治三・七十六歳没）
    - 二代 宗俊（宗守／明治二十一・五十三歳没）
  - 初代 宗次（備前介／宗兵衛／明治五年生存）
    - 二代 宗次（見龍子／宗一郎／元治）
    - 義次（次男／雲龍斎／源次郎／慶応）
    - 宗寛（泰龍斎／明治十六／六十五歳没）
- 綱英（加藤助太郎／文化）
  - 初代 宗次
- 綱俊（長運斎／文久二・六十六歳没）
  - 綱俊（是俊／明治二十六・六十一歳没）

固山宗次【むねつぐ】 668頁参照

新

多田氏系図

宗重（多田源次郎／元和三没）──宗重（鈴木与右衛門／慶安三没）──初代 宗栄（五郎右衛門／寛文四没）──二代 宗重（与次兵衛／延宝六没）──三代 宗栄（右五郎／宝永五／九十九歳）──四代 宗栄（五郎右衛門／延宝頃）──国廣（五郎右衛門）

国廣──五代 宗栄（与右衛門／明和五没）

国廣──六代 宗栄（弟／又右衛門／明和八没）──七代 宗重（宇右衛門／五代子）──八代 宗栄（五郎右衛門／文政二没）──宗重（右五郎宗栄／天保七没）──十代 宗吉（惣七／明治十四没）

（『古今鍛冶備考』抜・滋恩寺過去帳妙録）

宗重【むねしげ】 665頁参照

横山藤四郎祐定系図

- 藤四郎祐定（源兵衛四男／天正）
  - 七兵衛祐定（子／延宝二／九十八歳）
    - 上野大掾祐定（平兵衛／享保六／八十九歳）
      - 大和大掾祐定（七之進祐信／正徳）
        - 忠之進祐定（延享二／六十七歳）
          - 七兵衛祐定（寿光／明和八／五十四歳）
            - 寿守（七兵衛）
              - 七兵衛祐定（寛政）
                - 祐盛（祐平子／文化）
                  - 祐包（俊吉／嘉永）
          - 寿吉（宅之進／明和六／三十三歳）
    - 祐忠（七太夫／宝永）
  - 横山五郎（二男）
  - 源左衛門祐定（三男／寛永）
    - 源之進祐定（享保七／七十二歳）
      - 源八郎祐定（寛保三／三十二歳）
        - 安次郎祐定（七兵衛門人）
        - 寿次（源八郎／安永）

藤四郎祐定【すけさだ】 383頁参照

惣左衛門祐定（四男／宗左衛門／正保）―河内守祐定（仁左衛門／宝永六）

長次（源之進／寛政）―寿次（安之進／文化）―祐春（茂平／嘉永）

七郎右衛門祐定（二代河内守／享保）

忠之進祐定

七郎右衛門祐定（宝暦十）―伊勢守祐平（覚治／文政十二／七十五歳）―祐盛（鹿之助）

加賀守祐永（覚之助／嘉永四／五十七歳）―祐久（久五郎／明治二）

源五郎祐定（明和八）―源五郎祐直（嘉永元／八十歳）―源五郎祐直（明治十／七十八歳）

祐恒（嘉永）

（『新刀弁疑』『新刀銘集録』『秘伝大目録』抜書）

藤四郎祐定【すけさだ】 383頁参照

兼若系図

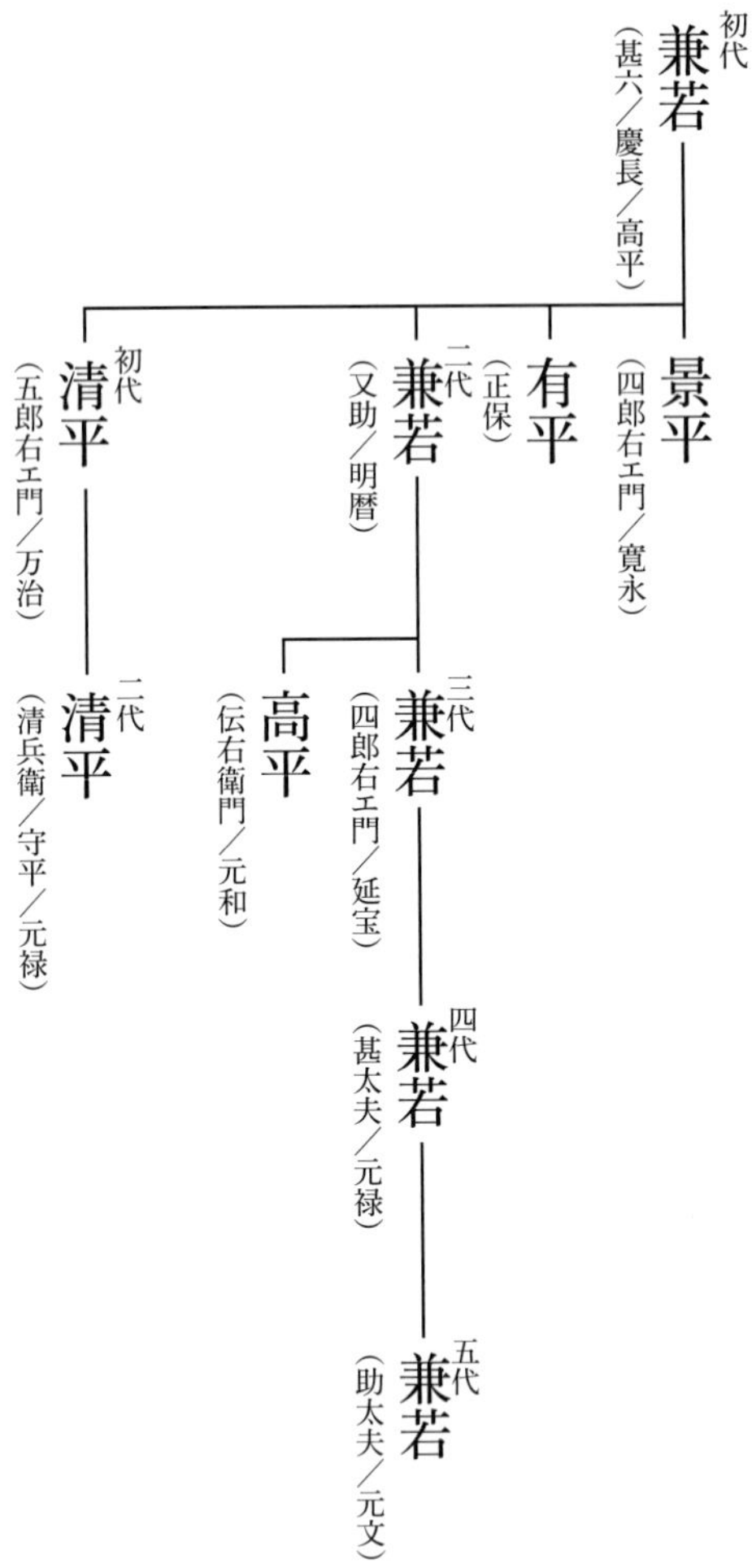

兼若【かねわか】 183頁参照

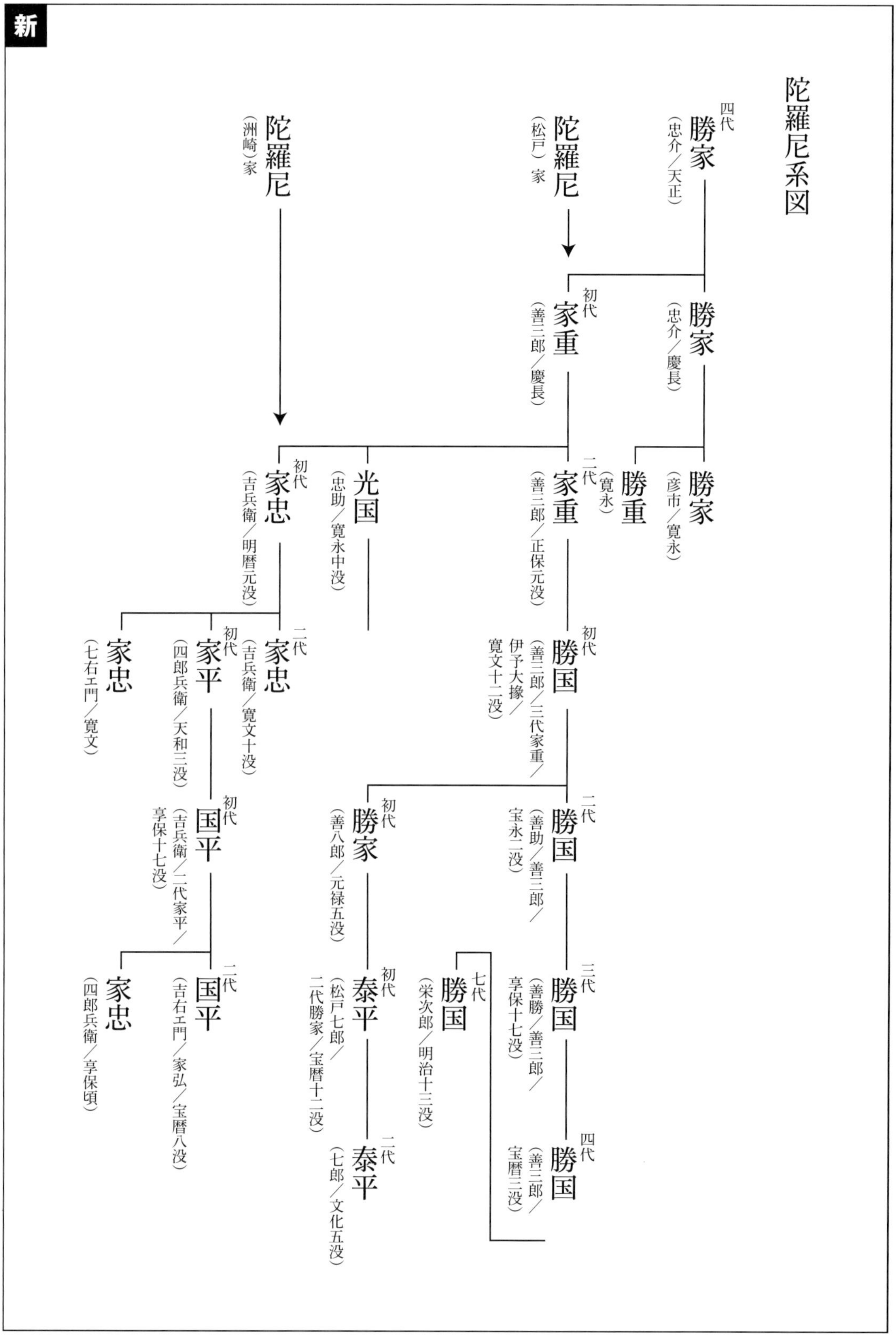
新
陀羅尼系図
四代 勝家（忠介／天正）
陀羅尼（松戸）家
陀羅尼（洲崎）家
勝家（忠介／慶長）
初代 家重（善三郎／慶長）
勝家（彦市／寛永）
勝重（寛永）
二代 家重（善三郎／正保元没）
光国（忠助／寛永中没）
初代 家忠（吉兵衛／明暦元没）
初代 勝国（善三郎／三代家重／伊予大掾／寛文十二没）
二代 家忠（吉兵衛／寛文十没）
初代 家平（四郎兵衛／天和三没）
家忠（七右エ門／寛文）
二代 勝国（善助／善三郎／宝永二没）
初代 勝家（善八郎／元禄五没）
初代 国平（吉兵衛／二代家平／享保十七没）
三代 勝国（善勝／善三郎／享保十七没）
七代 勝国（栄次郎／明治十三没）
初代 泰平（松戸七郎／二代勝家／宝暦十二没）
二代 国平（吉右エ門／家弘／宝暦八没）
家忠（四郎兵衛／享保頃）
四代 勝国（善三郎／宝暦三没）
二代 泰平（七郎／文化五没）

勝家【かついえ】／勝国【かつくに】 97頁参照

新

手柄山系図

- 初代 氏重（大和守／元禄四没）
  - 二代 氏重（大和大掾／享保三没）
    - 初代 氏繁（三代氏重／宝暦五没）
      - 二代 氏繁（四代氏重／丹霞／天明三没）
        - 三代 氏繁（五代氏重／寛政二没）
          - 五代 氏繁（七代氏重／文政十三没）
        - 四代 正繁（六代／文政十三没）
          - 震鱗子克一（上州）
          - 繁武（若州）
          - 繁利（武州）
          - 繁宗（奥州）
          - 清繁（石州）
        - 繁廣（弟／繁直／京住）
          - 繁栄（享和）

氏重【うじしげ】 75頁／正繁【まさしげ】 606頁／克一【よしかつ・かついち】 804頁参照

新

土佐吉国系図

- 吉成（播磨守／承応）
  - 吉国（上野守／寛文）
    - 吉作（宝永）
    - 国益（吉国養子／元禄）
      - 久国（養子／享保）
        - 護国（延享）
          - 国道（享和）
  - 吉行（陸奥守／延宝）

吉国【よしくに】 776 頁参照

新

筑前信国系図

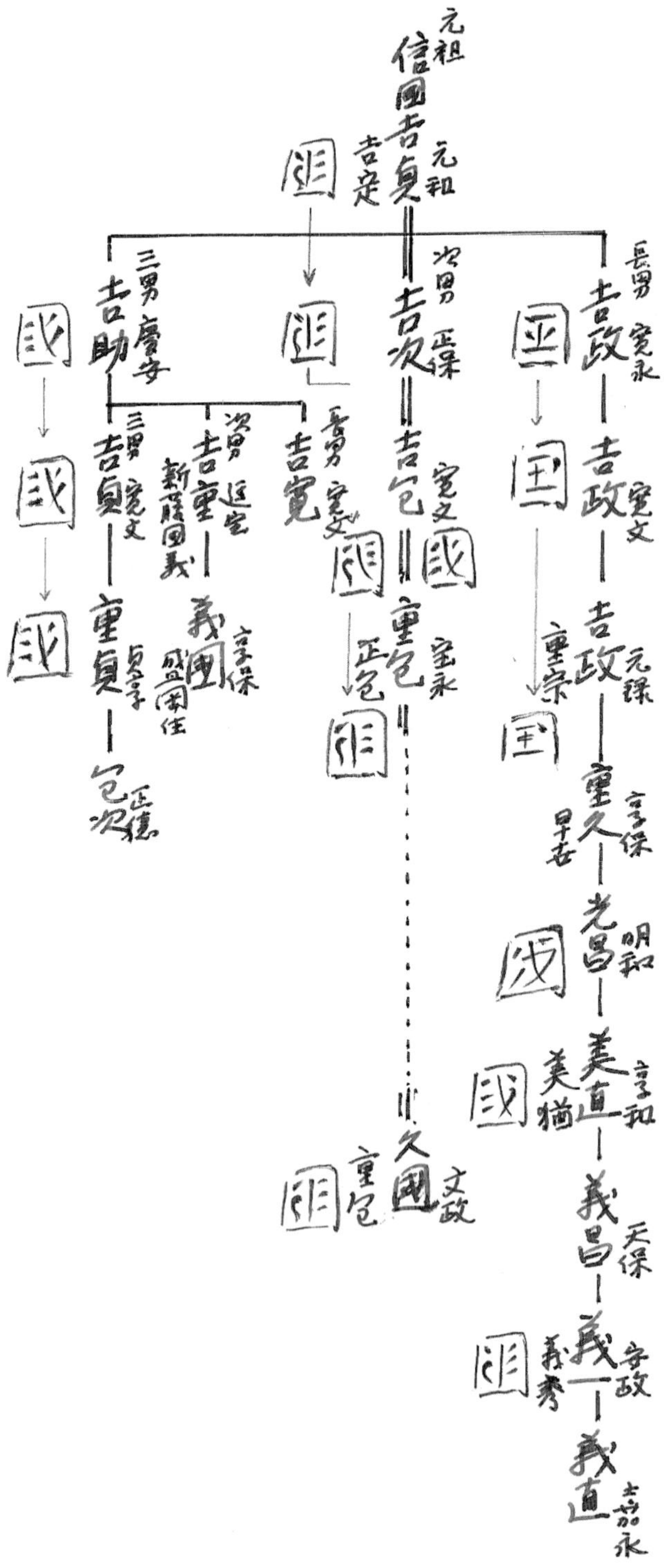

『新刀銘集録』に『筑前新刀の研究』（久野繁樹）を加味し、銘図を添付

信国吉貞【よしさだ】 777 頁参照

新

丸田氏系図

- 初代 氏房（備後守／天正）
  - 氏房（②／惣右衛門／慶長）― 氏房（③／俵右衛門／元和）― 三代 正房（④／三代／惣左衛門／享保）
    - 正峰（俵右衛門／宝暦）― 五代 正房（惣右衛門／文化）― 六代 正房（惣兵衛／天保）― 七代 正房（伊豆守／嘉永）
    - 四代 正房（彦兵衛）
    - 正清
    - 正貞
    - 正良
    - 正盛
  - 初代 正房（伊豆守／初氏房／慶長）
    - 二代 正房（考兵衛）
    - 正次（平左衛門）
  - 氏房（伊予守／元和）― 正房（伊豆守／寛永／久兵衛）― 正次（休四郎／休兵衛／元禄）― 正富（惣右衛門／元文）― 正方（三五郎／初正盈／延享）― 正芳（長四郎）
  - 氏房（門／田中三右衛門／寛永）

（『新刀銘集録』抜・改訂）

薩摩氏房【うじふさ】／正房【まさふさ】 630 頁参照

刀身、刃文、鍛肌の種別図解

刀身各部の名称

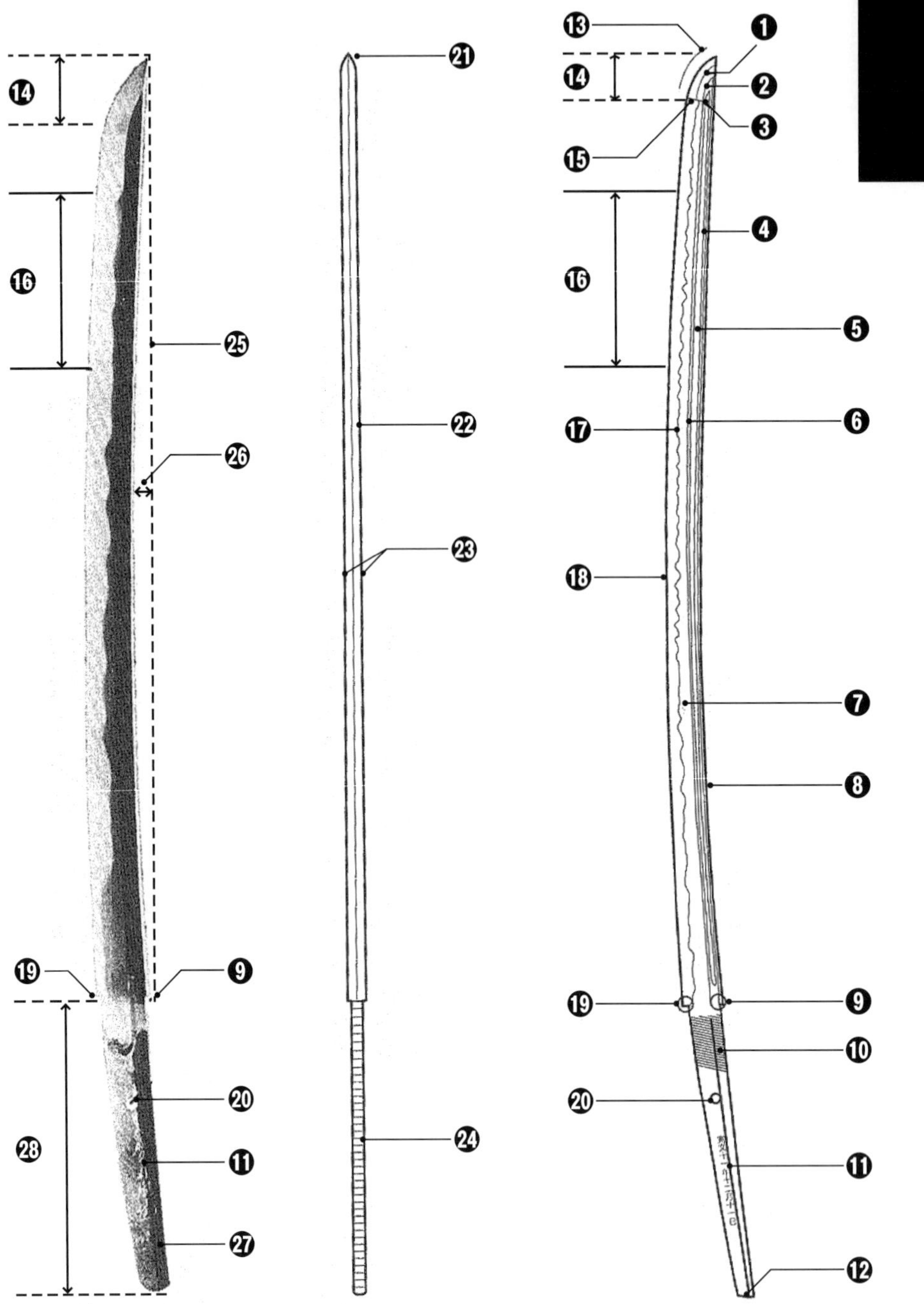

❶ 帽子《ぼうし》
❷ 小《こ》鎬《しのぎ》
❸ 三《み》つ頭《がしら》
❹ 樋《ひ》
❺ 鎬《しのぎ》地《じ》
❻ 鎬筋《しのぎすじ》

❼ 平地《ひらじ》
❽ 棟《むね》
❾ 棟区《むねまち》
❿ 鑢《やすり》目《め》
⓫ 銘《めい》
⓬ 茎尻《なかごじり》

⓭ ふくら
⓮ 切先《きっさき》(鋒)
⓯ 横手《よこて》
⓰ 物打《ものうち》
⓱ 刃文《はもん》
⓲ 刃先《はさき》

⓳ 刃区《はまち》
⓴ 目釘孔《めくぎあな》
㉑ 棟先《むねさき》
㉒ 棟《むね》
㉓ 重《かさね》
㉔ 茎《なかご》(中心)棟《むね》

㉕ 刀身《とうしん》
㉖ 反《そり》
㉗ 鑢《やすり》
㉘ 茎《なかご》(中心)

刃文の変化と働き

刃文と刃文に付属する動き

直刃《すぐは》、湾《のた》れ、丁子《ちょうじ》、互《ぐ》の目《め》、小足《こあし》、逆足《さかあし》、二重刃《にじゅうば》、飛焼《とびやき》

刃文と刃文に付属する変化

掃掛《はきかけ》、砂流《すなが》し、打《うち》のけ、ほつれ、葉《よう》

刃文に付属する働き

金筋《きんすじ》、稲妻《いなづま》

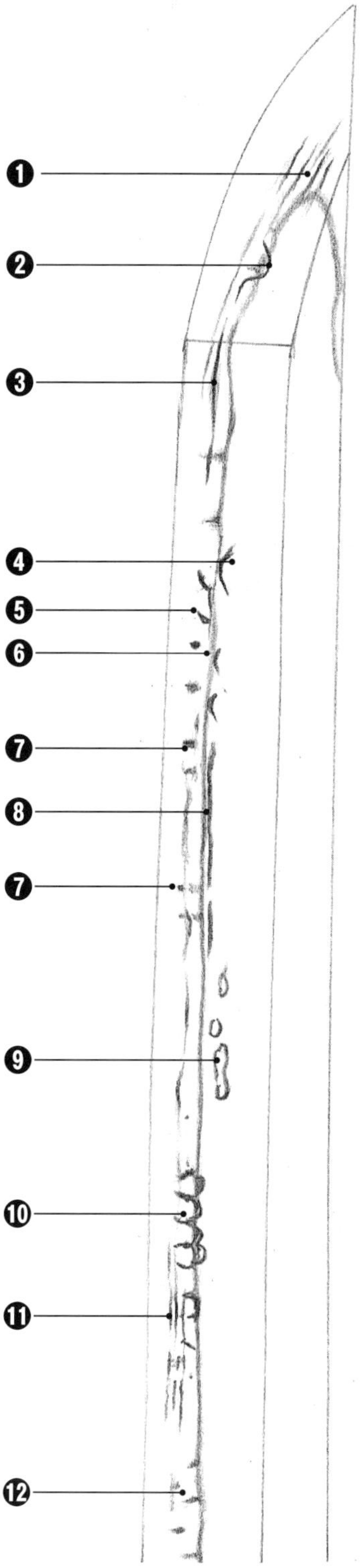

❶ 掃掛《はきかけ》
❷ 稲妻《いなづま》
❸ 金筋《きんすじ》
❹ 打《うち》のけ
❺ 逆足《さかあし》
❻ ほつれ
❼ 葉《よう》
❽ 二重刃《にじゅうば》
❾ 飛焼《とびやき》
❿ 丁子足《ちょうじあし》
⓫ 砂流《すなが》し
⓬ 小足《こあし》

鍛肌《きたえはだ》の種別

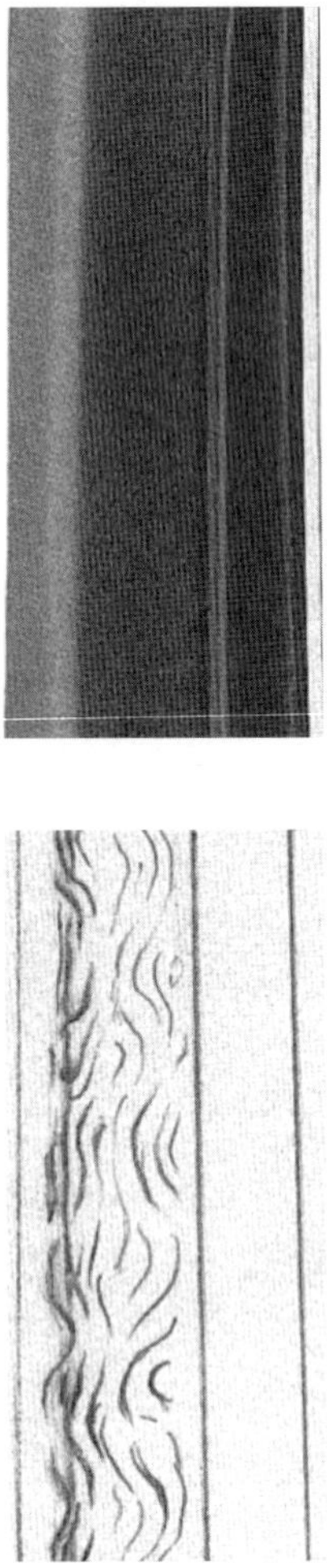

綾《あや》杉《すぎ》肌《はだ》

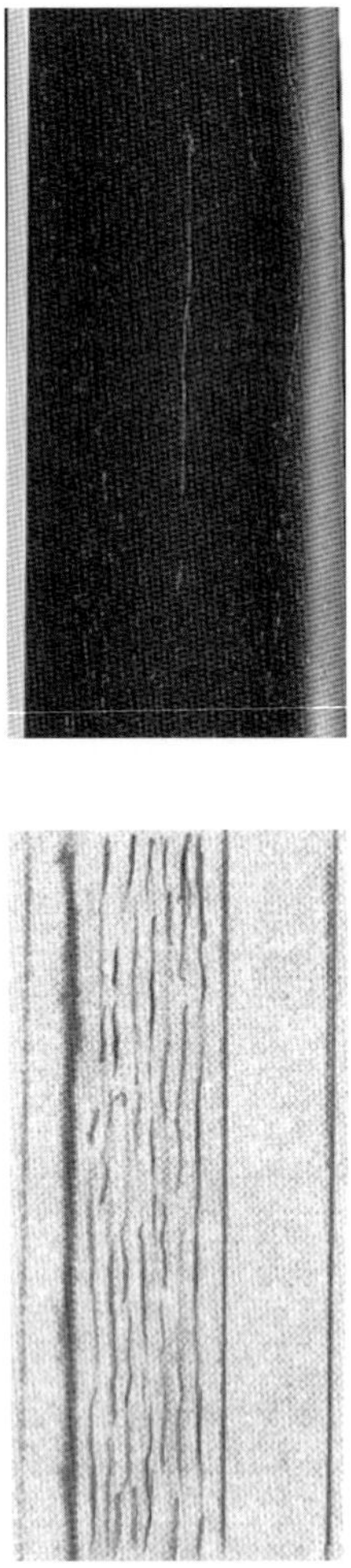

柾《まさ》目《め》肌《はだ》

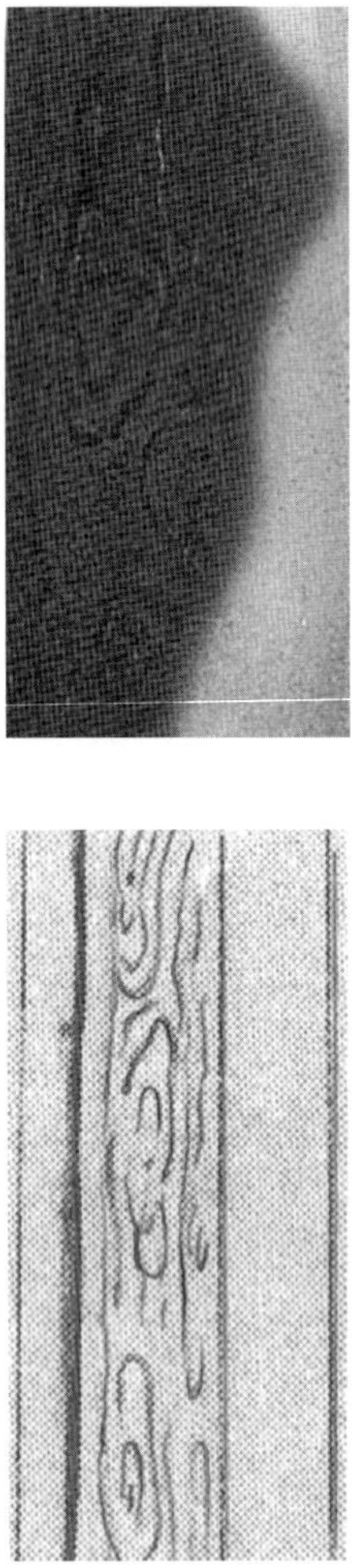

板《いた》目《め》肌《はだ》

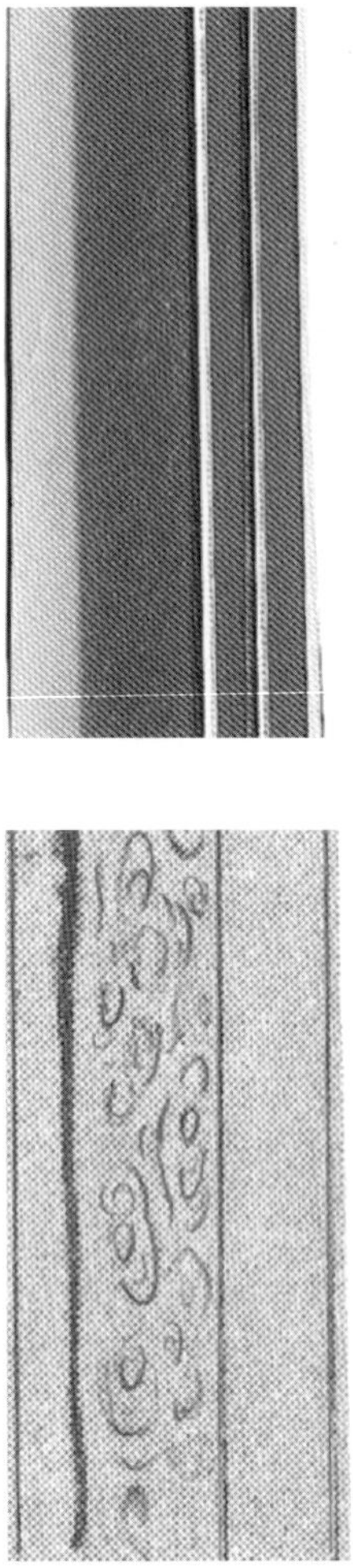

杢《もく》目《め》肌《はだ》

刃文の種別

直《すぐ》刃《は》

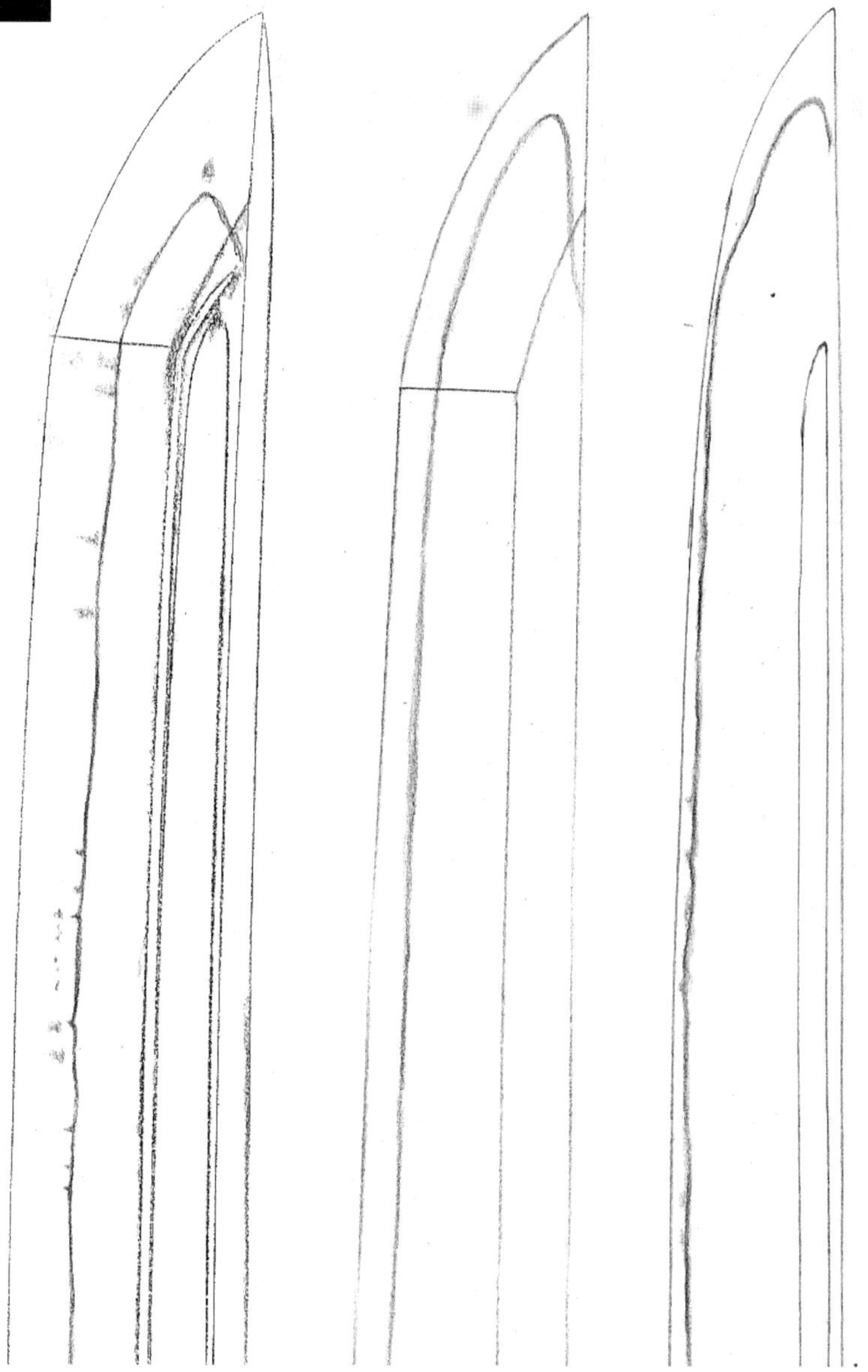

広《ひろ》直《すぐ》刃《は》

中《ちゅう》直《すぐ》刃《は》

細《ほそ》直《すぐ》刃《は》

刃文の種別

湾《のたれ》刃《ば》

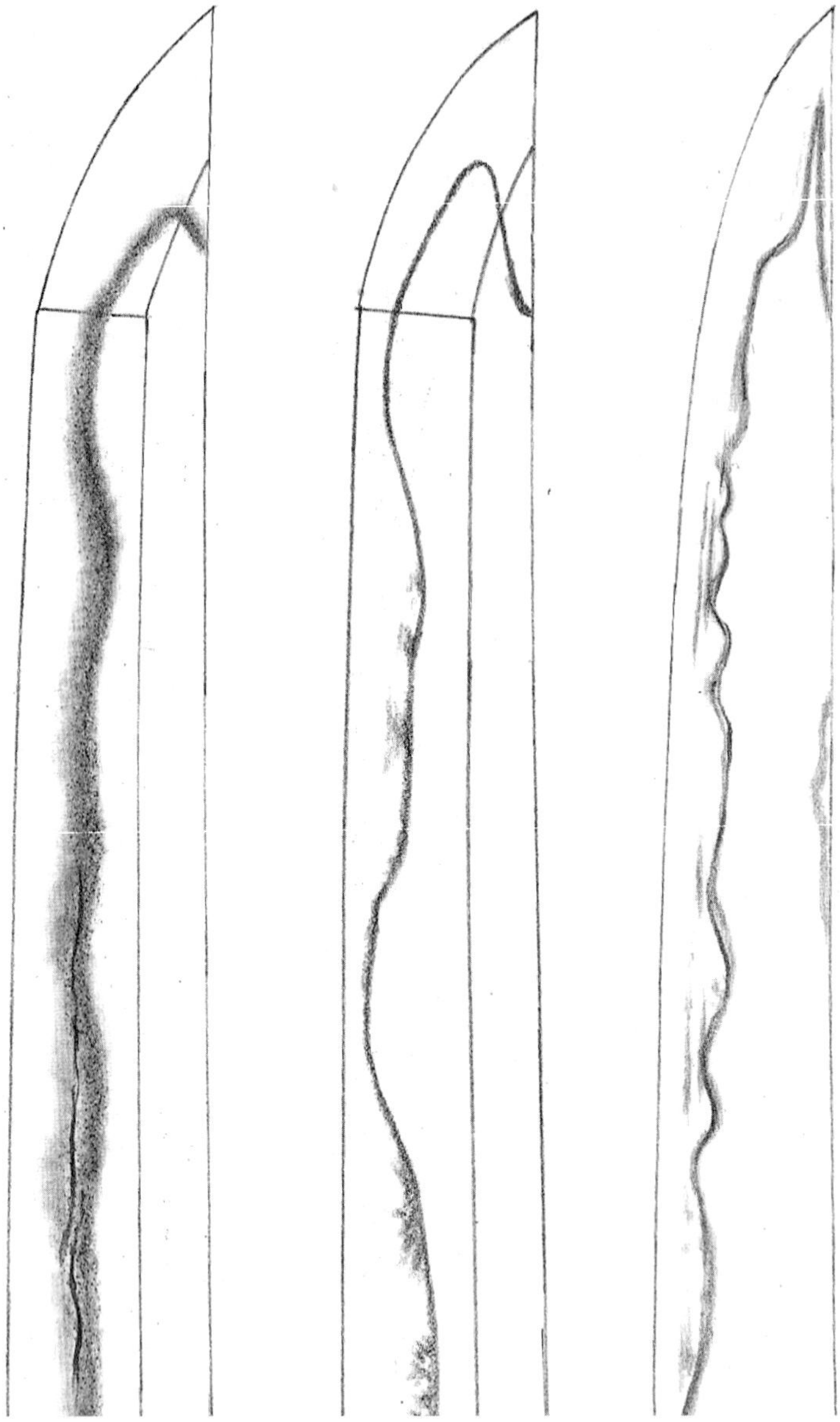

小湾《このたれ》

大湾《おおのたれ》

匂口《においくち》が深い湾《のた》れ

刃文の種別

小乱《こみだれ》

小乱《こみだれ》
（作例：綾小路定利）

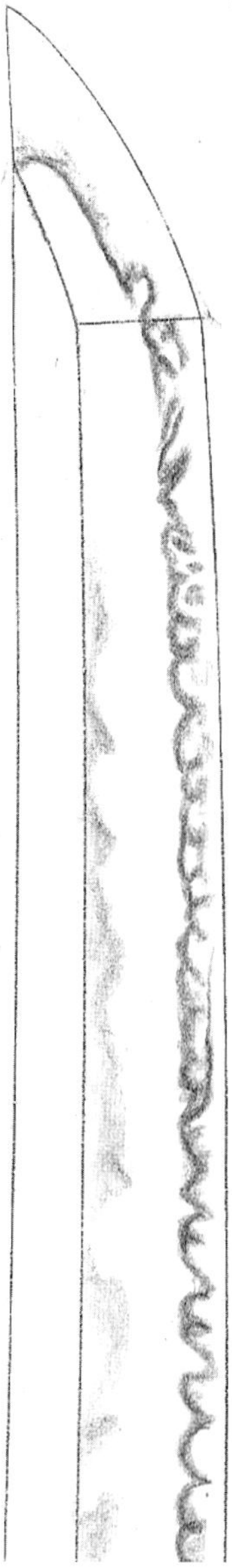

小乱《こみだれ》
（作例：伯耆安綱）

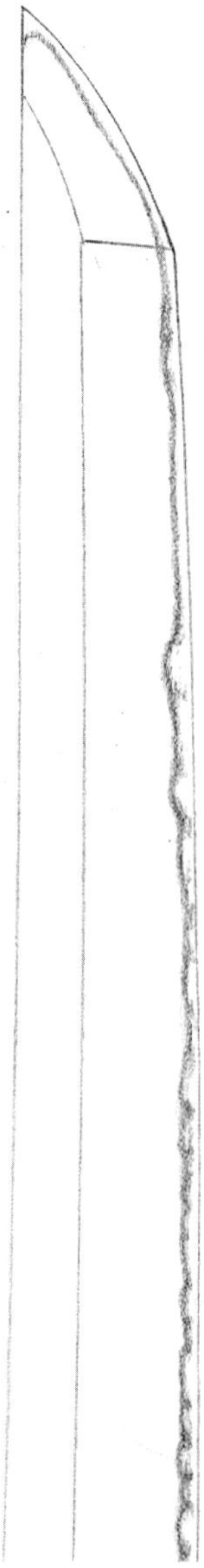

小乱《こみだれ》
（作例：古備前友成）

刃文の種別

互《ぐ》の目乱《めみだれ》

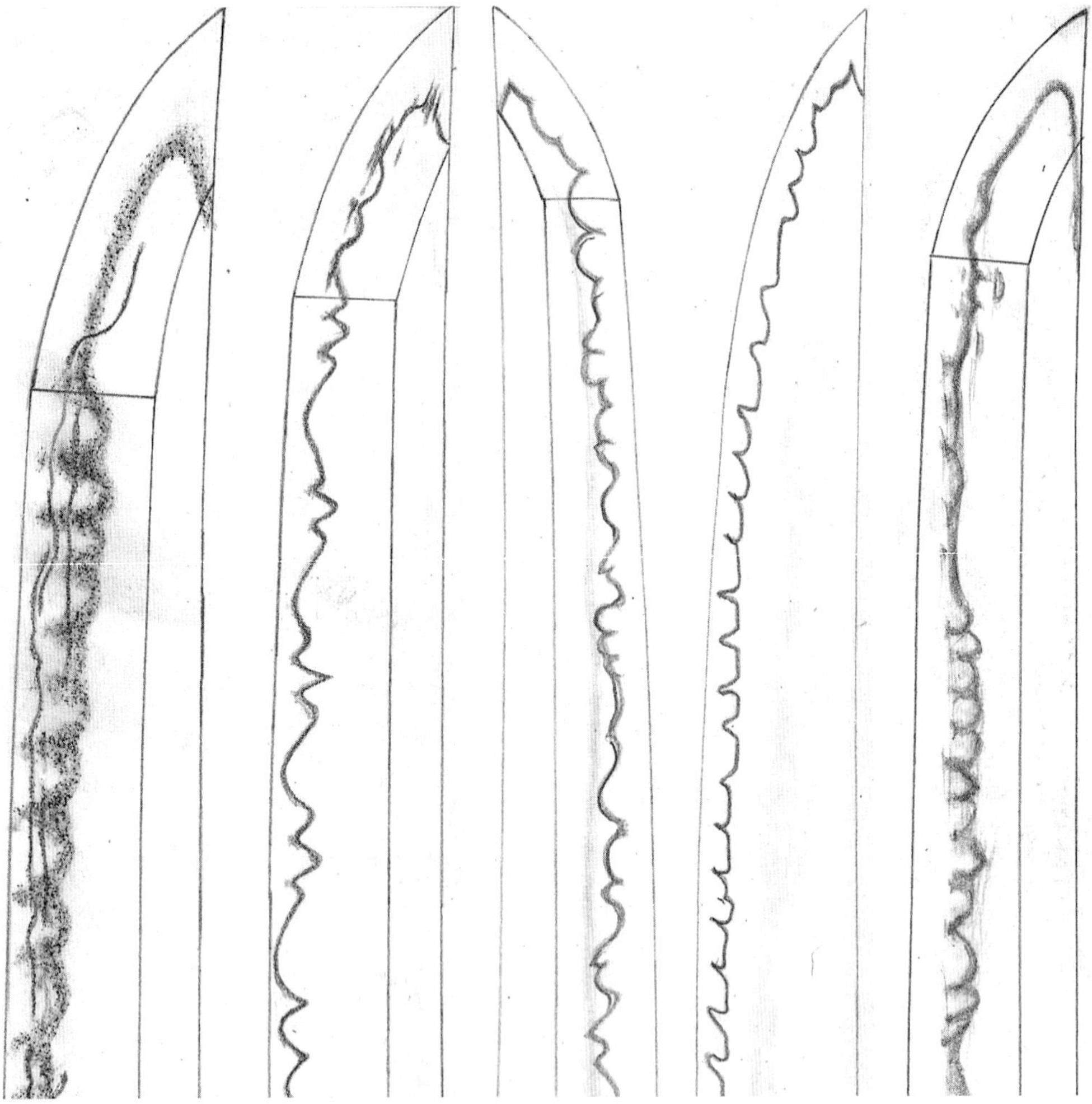

互《ぐ》の目《め》

逆互《さかぐ》の目《め》
（作例：長船兼光）

腰の開いた
互《ぐ》の目《め》
（作例：長船康光）

尖《とが》り互《ぐ》の目《め》
（三本杉刃）
（作例：関兼元）

互《ぐ》の目《め》
（作例：薩摩元平）

刃文の種別

互《ぐ》の目《め》丁子《ちょうじ》

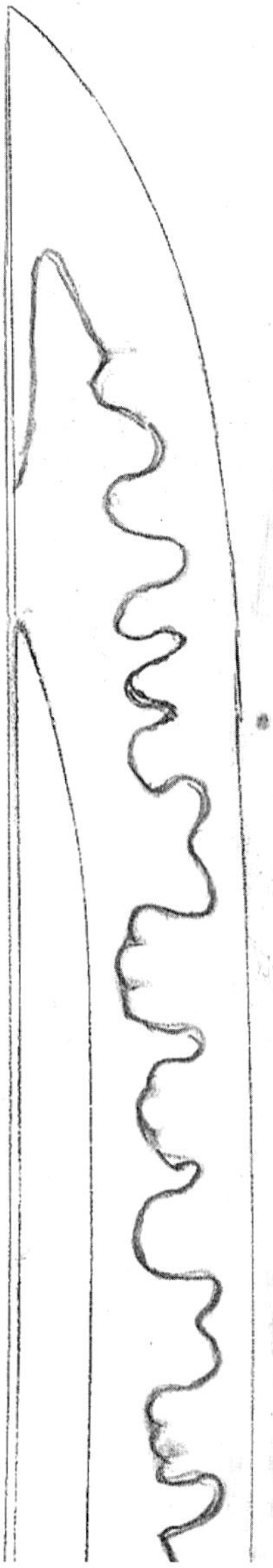

兼房《けんぼう》乱《みだれ》

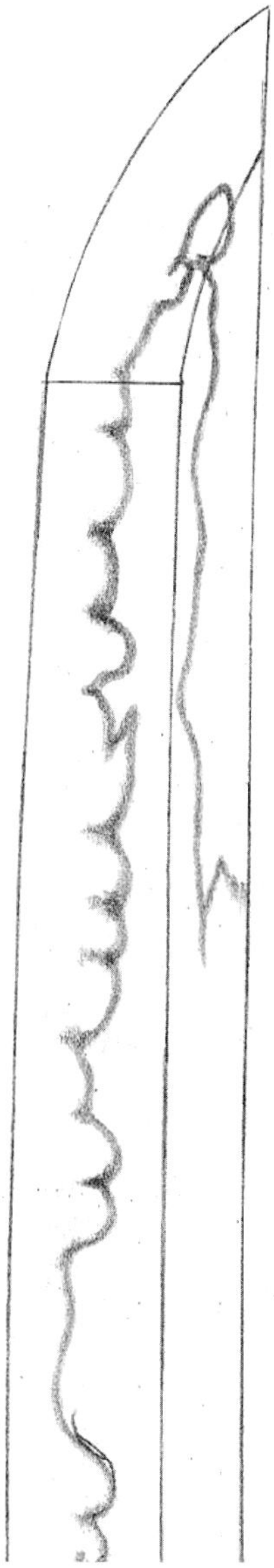

互《ぐ》の目《め》丁子《ちょうじ》
（作例：関兼定）

刃文の種別

丁子《ちょうじ》乱《みだれ》・1

小《こ》丁子《ちょうじ》
（作例：古一文字延房）

大房《おおふさ》丁子《ちょうじ》
（作例：福岡一文字吉房）

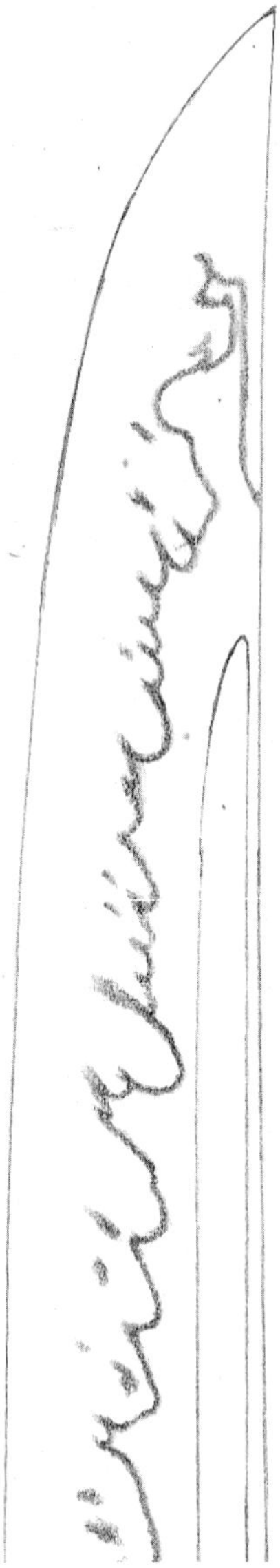

逆《さか》丁子《ちょうじ》
（作例：青江次直）

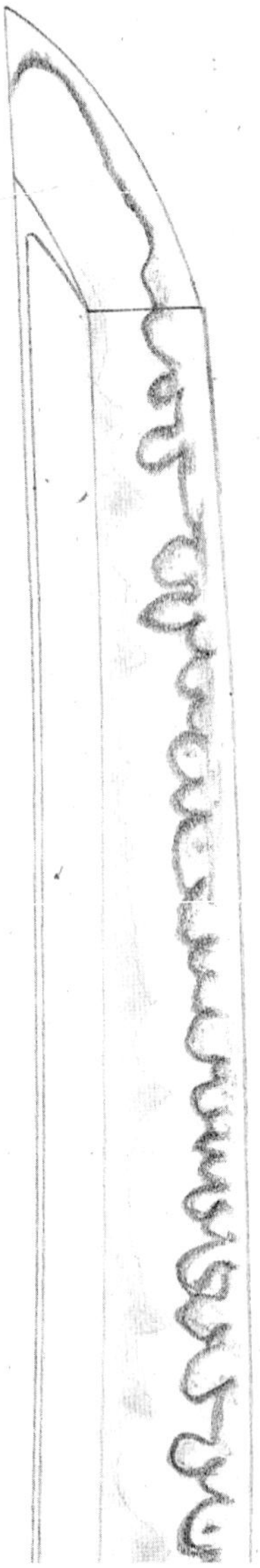

蛙子《かわずこ》丁子《ちょうじ》
（作例：畠田守家）

刃文の種別

丁子乱《ちょうじみだれ》・2

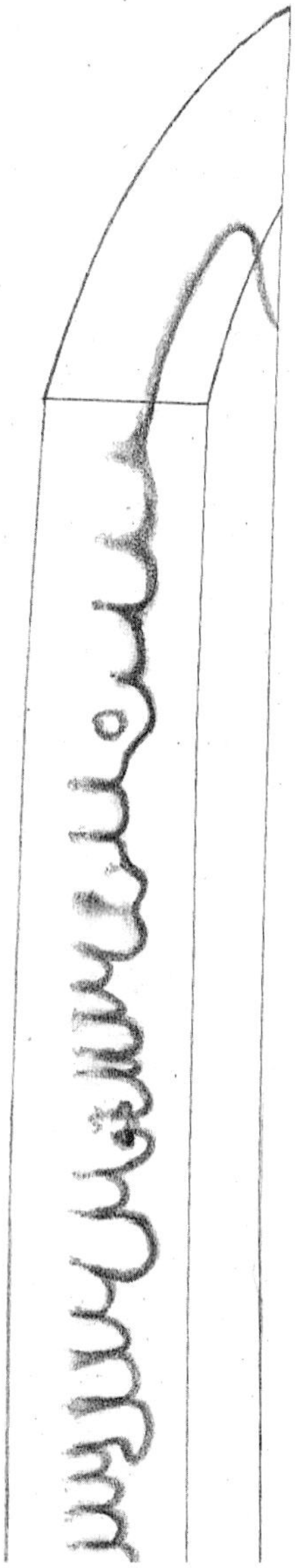

足長丁子《あしながちょうじ》
（作例：粟田口忠綱）

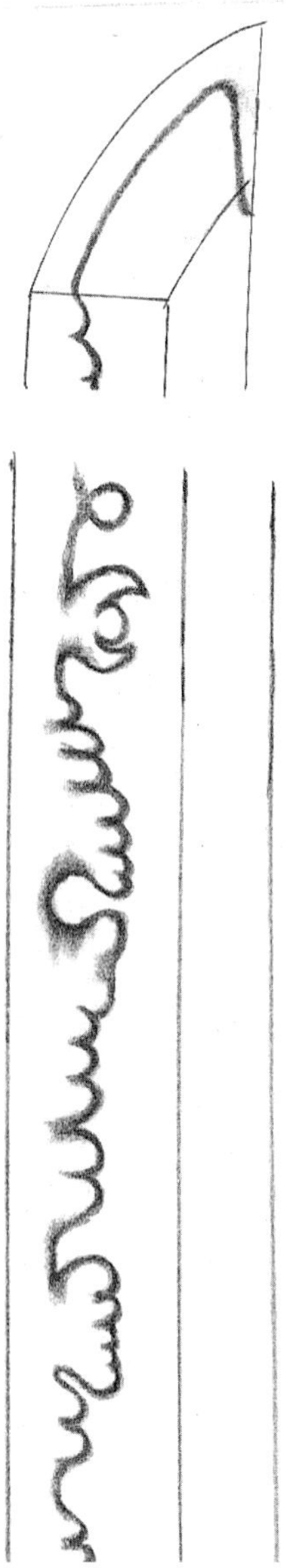

拳形丁子《こぶしかたちょうじ》
（作例：河内守国助）

刃文の種別

皆焼刃《ひたつらば》

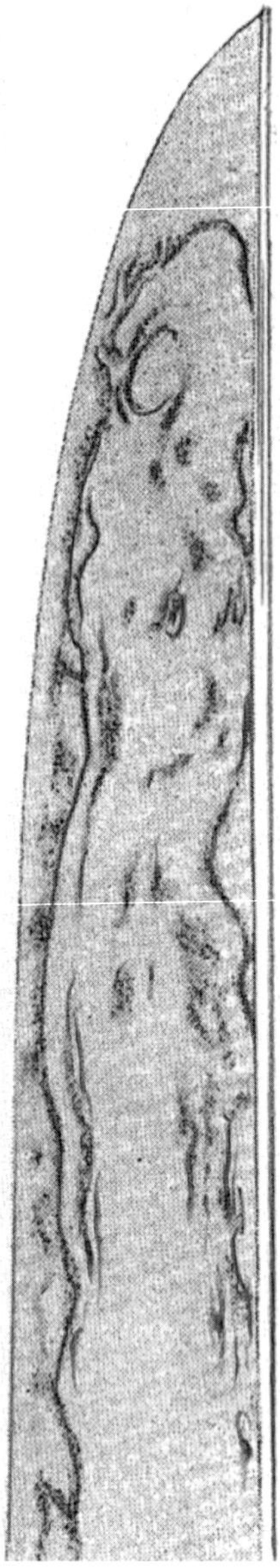

皆焼刃《ひたつらば》
（作例：長谷部国重）

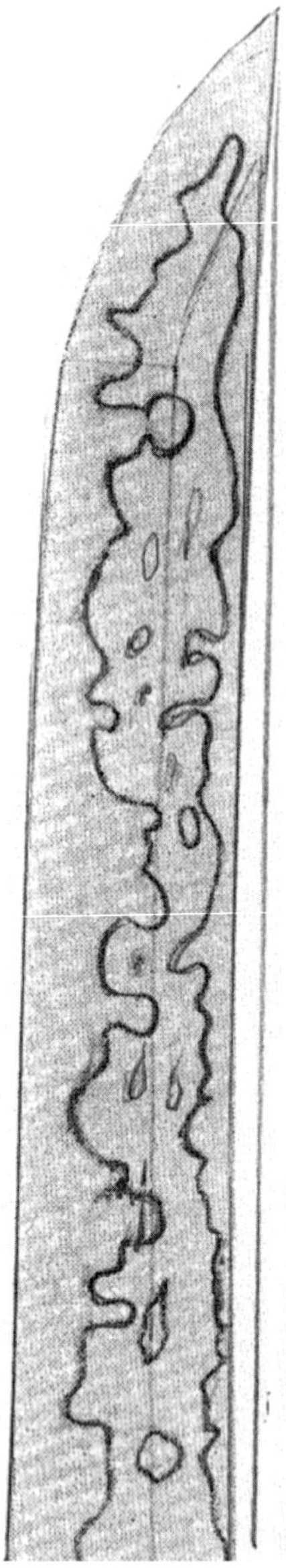

皆焼刃《ひたつらば》
（作例：相州綱広）

刃文の種別

数珠刃《じゅずば》(互《ぐ》の目《め》乱《みだれ》)、濤瀾乱《とうらんみだれ》

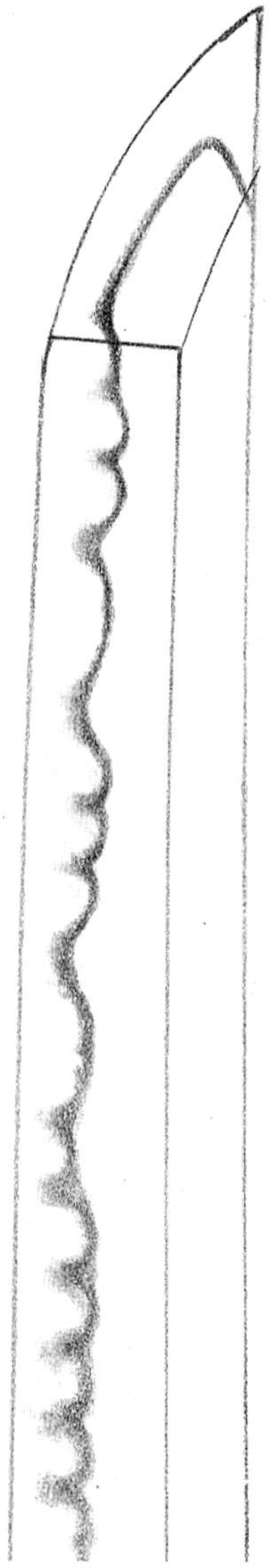

数珠刃《じゅずば》
(作例：虎徹興里)

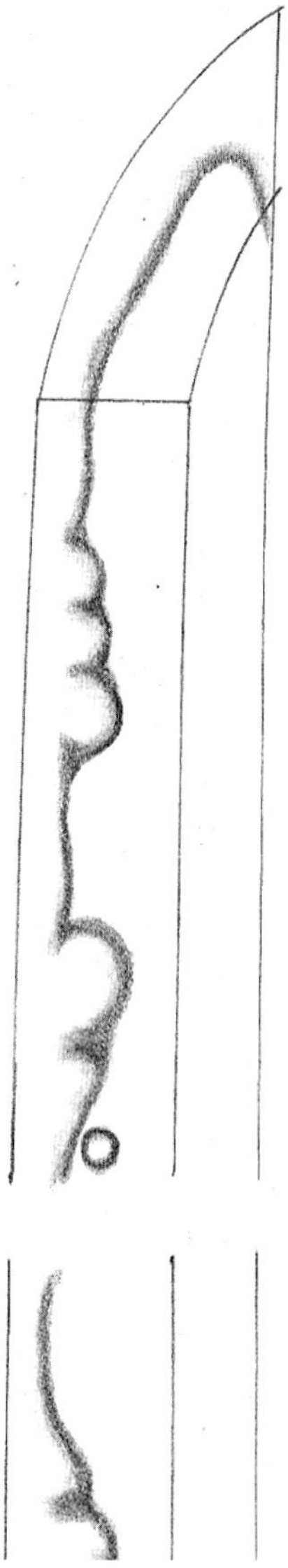

濤瀾乱《とうらんみだれ》
(作例：津田助広)

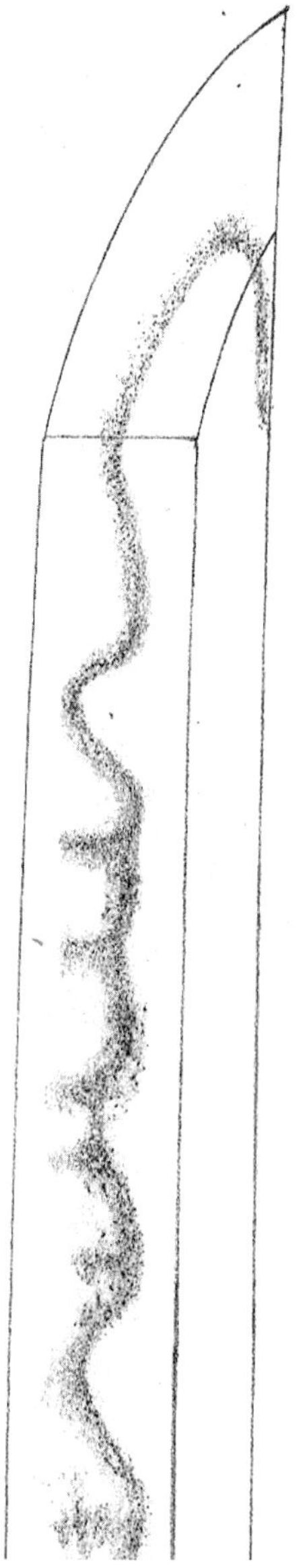

濤瀾乱《とうらんみだれ》
(作例：水心子正秀)

五畿七道と国別一覧

1 畿内（五カ国）

- 山城（京都）
- 大和（奈良）
- 摂津・河内・和泉（大阪）

2 北陸道（七カ国）

- 越後・佐渡（新潟）
- 越中（富山）
- 加賀・能登（石川）
- 越前・若狭（福井）

3 東山道（十三カ国）

- 出羽
  - 羽後（秋田）
  - 羽前（山形）
- 陸奥
  - 陸奥（青森）
  - 陸中（岩手）
  - 陸前（宮城）
  - 磐城・岩代（福島）
- 下野（栃木）
- 上野（群馬）
- 信濃（長野）
- 飛騨・美濃（岐阜）
- 近江（滋賀）

4 東海道（十五カ国）

- 常陸（茨城）
- 上総・下総・安房（千葉）
- 武蔵・相模（東京）（埼玉）（神奈川）
- 伊豆・駿河・遠江（静岡）
- 三河・尾張（愛知）
- 伊勢・伊賀・志摩（三重）
- 甲斐（山梨）

5 山陽道（八カ国）

- 播磨（兵庫）
- 備前・美作・備中（岡山）
- 備後・安芸（広島）
- 周防・長門（山口）

6 山陰道（八カ国）

- 丹波・但馬・丹後（京都）（兵庫）
- 因幡・伯耆（鳥取）
- 出雲・石見（島根）
- 隠岐（佐渡）

7 南海道（六カ国）

- 紀伊（三重）（和歌山）
- 淡路（兵庫）
- 讃岐（香川）
- 伊予（愛媛）
- 土佐（高知）
- 阿波（徳島）

8 西海道（九カ国）

- 筑前・筑後（福岡）
- 豊前（福岡）
- 豊後（大分）
- 肥前（佐賀）（長崎）
- 肥後（熊本）
- 日向（宮崎）
- 大隅・薩摩（鹿児島）

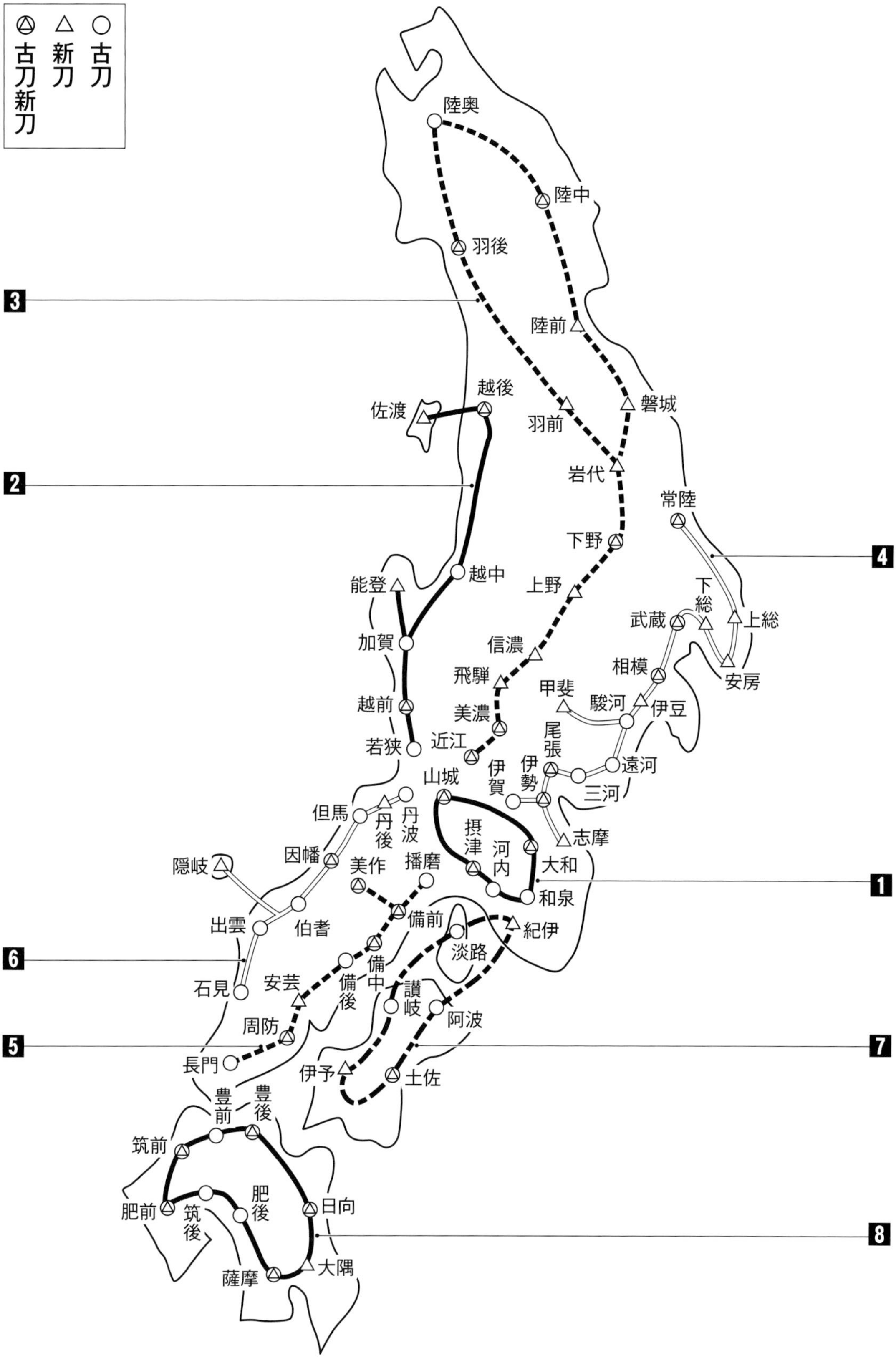

○ 古刀
△ 新刀
◎ 古刀新刀
陸奥
陸中
羽後
3
陸前
越後
佐渡
羽前
磐城
2
岩代
常陸
下野
4
越中
能登
上野
下総
武蔵
上総
加賀
信濃
相模
安房
飛騨
甲斐
駿河
伊豆
越前
美濃
近江
若狭
尾張
遠河
山城
伊賀
伊勢
三河
但馬
丹後
丹波
摂津
河内
志摩
大和
因幡
美作
播磨
隠岐
1
和泉
備前
紀伊
出雲
伯耆
淡路
6
備中
讃岐
石見
安芸
備後
阿波
周防
5
7
長門
伊予
土佐
豊前
豊後
筑前
肥後
日向
肥前
筑後
8
薩摩
大隅

銘画数索引

＊本書に収めた刀工銘の一字目の漢字画数順に配列しています。
＊一字目が同じ銘が複数並ぶ場合は、その中で五十音順に配列しています。読みも同一の場合は、二字目の画数の少ない順に配列しています

カナ

アサ丸〔あさまる〕 54

一画

一

一乗〔いちじょう〕 70
一城〔いちじょう〕 70
一文〔いちぶん〕 70
一文字〔いちもんじ〕 70
一秀〔いっしゅう〕 72
一秀〔いっしゅう(かずひで)〕 71～72
一平〔いっぺい〕 72
一法〔いっぽう(かずひで)〕 72～73
一峯〔いっぽう〕 73
一清〔かずきよ〕 95
一定〔かずさだ〕 95
一次〔かずつぐ〕 95
一寿〔かずとし〕 95
一虎〔かずとら〕 95
一直〔かずなお〕 95
一則〔かずのり〕 95
一口〔かずひろ〕 96
一広〔かずひろ〕 96
一安〔かずやす〕 96
一吉〔かずよし〕 96

二画

二

二王〔におう〕 517

七

七左〔しちざ〕 347

入

入西〔にゅうさい〕 517

八

八郎左衛門〔はちろうざえもん〕 556

力

力王〔りきおう〕 824

了

了戒〔りょうかい〕 824～825

三画

大

大道〔おおみち(だいどう)〕 400～401
大明京〔だいみんきょう〕 401
大和千手院〔やまとせんじゅいん〕 754

上

上野介〔こうずけのすけ〕 288
上代刀〔じょうだいとう〕 350

小

小平〔こだいら〕 289
小天狗〔こてんぐ〕 289

三

三秀〔さんしゅう(みつひで)〕 653
三千長〔みちなが〕 652

下

下坂〔しもさか〕 348～349

千

千手院〔せんじゅいん〕 396～397
千代鶴〔ちよづる〕 436

久

久家〔ひさいえ〕 559
久一〔ひさかず〕 559
久勝〔ひさかつ〕 559
久国〔ひさくに〕 559～560
久次〔ひさつぐ〕 561
久利〔ひさとし〕 561
久信〔ひさのぶ〕 561
久則〔ひさのり〕 561
久道〔ひさみち(きゅうどう)〕 561～564
久光〔ひさみつ〕 564
久宗〔ひさむね〕 564
久守〔ひさもり〕 564
久盛〔ひさもり〕 564
久安〔ひさやす〕 565
久行〔ひさゆき〕 565
久幸〔ひさゆき〕 565
久義〔ひさよし〕 565

四画

天

天国〔あまくに〕 61
天寿〔あまとし(てんじゅ)〕 465
天秀〔あまひで〕 62
天狗〔てんぐ〕 465

氏

氏雲〔うじくも〕 74
氏貞〔うじさだ〕 74～75
氏重〔うじしげ〕 75
氏繁〔うじしげ〕 75
氏綱〔うじつな〕 76
氏命〔うじなが〕 76
氏信〔うじのぶ〕 76

氏宣〔うじのり〕76
氏則〔うじのり〕76
氏詮〔うじのり〕76
氏春〔うじはる〕77
氏久〔うじひさ〕77
氏広〔うじひろ〕77
氏房〔うじふさ〕77～79
氏守〔うじもり〕79
氏吉〔うじよし〕79～80
氏依〔うじより〕80

円
円真〔えんしん〕82

方
方清〔かずきよ（まさきよ）〕594

月
月山〔がっさん〕98～99

介
介成〔すけなり〕356
介秀〔すけひで〕357
介光〔すけみつ〕357

友
友清〔ともきよ〕476
友定〔ともさだ〕476
友重〔ともしげ〕476～478
友次〔ともつぐ〕478
友綱〔ともつな〕479
友常〔ともつね〕479
友長〔ともなが〕479
友成〔ともなり〕479～480
友則〔とものり〕480
友久〔ともひさ〕480
友英〔ともひで〕480～481
友弘〔ともひろ〕481
友光〔ともみつ〕481
友村〔ともむら〕481
友盛〔とももり〕481
友安〔ともやす〕481
友行〔ともゆき〕481～483
友吉〔ともよし〕483

日
日王〔にちおう〕517
日乗〔にちじょう〕517
日出一〔ひでかず〕559
日出光〔ひでみつ〕559

元
元明〔もとあき〕684
元家〔もといえ〕684
元興〔もとおき〕684～685
元包〔もとかね〕685
元清〔もときよ〕685
元真〔もとざね〕685
元重〔もとしげ〕686～688
元助〔もとすけ〕688
元武〔もとたけ〕688
元近〔もとちか〕689
元利〔もととし〕689
元直〔もとなお〕689
元長〔もとなが〕689
元久〔もとひさ〕689
元平〔もとひら〕689～690
元広〔もとひろ〕691
元寛〔もとひろ〕691
元光〔もとみつ〕691
元安〔もとやす〕691

五画

右
右〔あきら（う）〕74

包
包明〔かねあき〕104
包家〔かねいえ〕104
包氏〔かねうじ〕104～105
包清〔かねきよ〕105
包国〔かねくに〕106
包蔵〔かねくら〕106
包定〔かねさだ〕106
包貞〔かねさだ〕107～108
包真〔かねさだ〕108～109
包重〔かねしげ〕109～110
包助〔かねすけ〕110
包高〔かねたか〕110
包近〔かねちか〕110
包次〔かねつぐ〕110～111
包綱〔かねつな〕111
包利〔かねとし〕111～112
包俊〔かねとし〕112
包友〔かねとも〕112
包知〔かねとも〕112
包永〔かねなが〕112～113
包長〔かねなが〕113～114
包宣〔かねのぶ〕114
包則〔かねのり〕114
包典〔かねのり〕114
包久〔かねひさ〕115
包平〔かねひら〕115
包広〔かねひろ〕115
包房〔かねふさ〕116
包政〔かねまさ〕116
包道〔かねみち〕116
包光〔かねみつ〕116
包持〔かねもち〕116
包元〔かねもと〕116
包守〔かねもり〕116
包安〔かねやす〕116
包保〔かねやす〕117
包行〔かねゆき〕117
包吉〔かねよし〕118

加

加卜〔かぼく〕184

左

左馬介〔さまのすけ〕331
左任〔すけとう〕357

末

末貞〔すえさだ〕355
末次〔すえつぐ〕355
末則〔すえのり〕355～356
末秀〔すえひで〕356
末光〔すえみつ〕356
末守〔すえもり〕356
末行〔すえゆき〕356
末祥〔すえよし〕356

玉

玉英〔たまてる（たまひで）〕426

外

外藤〔とふじ〕475

永

永家〔ながいえ〕494
永国〔ながくに〕494～495
永貞〔ながさだ〕495
永茂〔ながしげ〕496
永重〔ながしげ〕496
永朝〔ながとも〕496
永則〔ながのり〕496～497
永弘〔ながひろ〕497
永道〔ながみち〕497
永光〔ながみつ〕497～498
永盛〔ながもり〕498
永行〔ながゆき〕498
永吉〔ながよし〕498

平

平国〔ひらくに〕569

広

広家〔ひろいえ〕569
広清〔ひろきよ〕569
広国〔ひろくに〕569～570
広貞〔ひろさだ〕570
広実〔ひろざね〕570
広重〔ひろしげ〕570～572
広助〔ひろすけ〕572～573
広住〔ひろずみ〕573
広高〔ひろたか〕573～574
広隆〔ひろたか〕574
広任〔ひろただ〕574
広近〔ひろちか〕574
広次〔ひろつぐ〕574～575
広綱〔ひろつな〕575
広辰〔ひろとき〕576
広長〔ひろなが〕576
広信〔ひろのぶ〕576
広則〔ひろのり〕576
広房〔ひろふさ〕576～577
広正〔ひろまさ〕577～578
広政〔ひろまさ〕578
広道〔ひろみち〕578
広光〔ひろみつ〕578～580
広宗〔ひろむね〕580
広康〔ひろやす〕580
広賀〔ひろよし〕580～582
広義〔ひろよし〕582～583

弘

弘包〔ひろかね〕583
弘邦〔ひろくに〕583
弘貞〔ひろさだ〕583
弘重〔ひろしげ〕583
弘近〔ひろちか〕583
弘次〔ひろつぐ〕583～584
弘恒〔ひろつね〕584
弘長〔ひろなが〕584
弘則〔ひろのり〕584
弘光〔ひろみつ〕584
弘宗〔ひろむね〕584
弘村〔ひろむら〕584
弘元〔ひろもと〕584
弘安〔ひろやす〕584
弘行〔ひろゆき〕584～585
弘幸〔ひろゆき〕585

冬

冬国〔ふゆくに〕588
冬広〔ふゆひろ〕588～590

正

正峯〔せいほう〕395
正明〔まさあき〕594～595
正商〔まさあき〕595
正家〔まさいえ〕595～597
正氏〔まさうじ〕597
正雄〔まさお〕597
正奥〔まさおく（まさおき）〕597～598
正臣〔まさおみ〕598
正景〔まさかげ〕598
正蔭〔まさかげ〕598
正一〔まさかず〕598
正甫〔まさかず（まさすけ）〕598
正勝〔まさかつ〕598～599
正包〔まさかね〕599
正兼〔まさかね〕599
正城〔まさき〕599
正清〔まさきよ〕599～600
正国〔まさくに〕600～601
正実〔まさざね〕601～602
正真〔まさざね〕602～603
正成〔まさしげ〕603
正重〔まさしげ〕603～606
正澄〔まさずみ〕607
正孝〔まさたか〕607
正隆〔まさたか〕608

付録

正尊〔まさたか〕608
正武〔まさたけ〕608
正忠〔まさただ〕608
正近〔まさちか〕609
正周〔まさちか〕609
正親〔まさちか〕609
正次〔まさつぐ〕609〜611
正継〔まさつぐ〕612
正綱〔まさつな〕612
正恒〔まさつね〕612〜614
正照〔まさてる〕614
正利〔まさとし〕614〜615
正寿〔まさとし〕615
正俊〔まさとし〕615〜618
正富〔まさとみ〕618
正全〔まさとも（まさみつ）〕618
正直〔まさなお〕618〜619
正中〔まさなか〕619
正永〔まさなが〕619
正長〔まさなが〕620
正信〔まさのぶ〕620
正法〔まさのり〕620
正則〔まさのり〕621
正規〔まさのり〕621
正範〔まさのり〕622
正春〔まさはる〕622
正久〔まさひさ〕622
正秀〔まさひで〕622〜624
正日出〔まさひで〕622
正平〔まさひら〕625
正広〔まさひろ〕625〜628
正弘〔まさひろ〕628〜630
正房〔まさふさ〕630〜632
正道〔まさみち〕632
正路〔まさみち〕632
正光〔まさみつ〕633〜634
正宗〔まさむね〕634〜636
正守〔まさもり〕636〜637
正盛〔まさもり〕637
正也〔まさや〕637
正保〔まさやす〕637
正行〔まさゆき〕637〜638
正幸〔まさゆき〕638〜639
正幸〔まさゆき（まさよし）〕638
正吉〔まさよし〕639〜640
正良〔まさよし〕640〜641
正美〔まさよし〕641
正賀〔まさよし〕641〜642
正義〔まさよし〕642〜643
正慶〔まさよし〕643
用
用和〔もちかず〕684
本
本信〔もとのぶ〕691
本行〔もとゆき〕692

六画

有
有国〔ありくに〕62
有功〔ありこと〕63
有綱〔ありつな〕63
有俊〔ありとし〕63
有成〔ありなり〕64
有平〔ありひら〕64
有法師〔ありほうし〕64
有光〔ありみつ〕64
在
在光〔ありみつ〕65
在吉〔ありよし〕65
宇
宇寿〔うじゅ〕74
宇平〔うへい〕74
西
西蓮〔さいれん〕295
当
当麻〔たえま〕401〜402
次
次家〔つぐいえ〕437
次植〔つぐうえ〕437
次勝〔つぐかつ〕437
次包〔つぐかね〕437
次貞〔つぐさだ〕437
次重〔つぐしげ〕437
次忠〔つぐただ〕437
次直〔つぐなお〕438
次延〔つぐのぶ〕438
次久〔つぐひさ〕438
次平〔つぐひら〕438
次広〔つぐひろ〕438〜439
次弘〔つぐひろ〕439
次正〔つぐまさ〕439
次泰〔つぐやす〕439
次吉〔つぐよし〕439〜440
伝
伝助〔でんすけ〕465
同
同田貫〔どうたぬき〕466
共
共重〔ともしげ〕483
成
成家〔なりいえ〕515
成包〔なりかね〕515
成重〔なりしげ〕515
成高〔なりたか〕515
成綱〔なりつな〕515〜516
成就〔なりとも〕516
成則〔なりのり〕516

成宗〔なりむね〕516

汎

汎隆〔ひろたか〕585

光

光家〔みついえ〕653
光起〔みつおき〕653
光景〔みつかげ〕654
光包〔みつかね〕654
光兼〔みつかね〕655
光国〔みつくに〕655
光定〔みつさだ〕655
光重〔みつしげ〕655
光末〔みつすえ〕655
光夫〔みつすけ〕655
光忠〔みつただ〕655〜656
光近〔みつちか〕657
光恒〔みつつね〕657
光俊〔みつとし〕657
光長〔みつなが〕657〜658
光則〔みつのり〕658
光治〔みつはる〕658
光久〔みつひさ〕658
光平〔みつひら〕658
光広〔みつひろ〕658〜659
光弘〔みつひろ〕659
光正〔みつまさ〕659
光昌〔みつまさ〕659
光守〔みつもり〕659
光世〔みつよ〕659〜660
光代〔みつよ(みつとし)〕660
光吉〔みつよし〕661
光良〔みつよし〕661

旨

旨国〔むねくに〕663
旨秀〔むねひで〕663

守

守家〔もりいえ〕693〜695
守勝〔もりかつ〕695
守清〔もりきよ〕696
守国〔もりくに〕696
守貞〔もりさだ〕696
守重〔もりしげ〕696
守末〔もりすえ〕697
守助〔もりすけ〕697
守忠〔もりただ〕697
守種〔もりたね〕697
守近〔もりちか〕697
守次〔もりつぐ〕697〜698
守恒〔もりつね〕699
守利〔もりとし〕699
守俊〔もりとし〕699
守友〔もりとも〕699
守永〔もりなが〕699
守長〔もりなが〕699
守久〔もりひさ〕699
守秀〔もりひで〕700
守広〔もりひろ〕700
守弘〔もりひろ〕700
守房〔もりふさ〕701
守正〔もりまさ〕701
守昌〔もりまさ〕701
守政〔もりまさ〕701
守光〔もりみつ〕701
守元〔もりもと〕702
守安〔もりやす〕702
守行〔もりゆき〕702
守能〔もりよし〕702

安

安明〔やすあき〕714
安在〔やすあり〕714
安家〔やすいえ〕714
安一〔やすかず〕715
安玉〔やすきよ〕715
安清〔やすきよ〕715
安国〔やすくに〕715〜716
安定〔やすさだ〕716〜718
安貞〔やすさだ〕718
安重〔やすしげ〕718〜719
安末〔やすすえ〕719
安周〔やすちか〕719
安次〔やすつぐ〕719
安継〔やすつぐ〕719
安綱〔やすつな〕720
安常〔やすつね〕720
安輝〔やすてる〕720
安利〔やすとし〕721
安俊〔やすとし〕721
安知〔やすとも〕721
安倫〔やすとも〕721〜722
安永〔やすなが〕722
安延〔やすのぶ〕722
安信〔やすのぶ〕722
安則〔やすのり〕722
安久〔やすひさ〕723
安秀〔やすひで〕723
安英〔やすひで〕723
安広〔やすひろ〕723〜724
安弘〔やすひろ〕724
安房〔やすふさ〕724
安正〔やすまさ〕724
安光〔やすみつ〕724
安満〔やすみつ〕725
安宗〔やすむね〕725
安村〔やすむら〕725
安守〔やすもり〕725
安行〔やすゆき〕725〜726
安代〔やすよ〕726
安吉〔やすよし〕727〜729

付録

行
行観〔ぎょうかん(ゆきちか)〕757
行観〔ゆきあき〕755
行景〔ゆきかげ〕756
行包〔ゆきかね〕756
行清〔ゆききよ〕756
行国〔ゆきくに〕756
行貞〔ゆきさだ〕756
行真〔ゆきざね〕756
行重〔ゆきしげ〕756
行末〔ゆきすえ〕756
行助〔ゆきすけ〕757
行周〔ゆきちか〕757
行次〔ゆきつぐ〕757
行長〔ゆきなが〕757
行信〔ゆきのぶ〕757
行春〔ゆきはる〕758
行久〔ゆきひさ〕758
行秀〔ゆきひで〕758〜759
行仁〔ゆきひと〕760
行平〔ゆきひら〕760〜762
行広〔ゆきひろ〕762〜764
行弘〔ゆきひろ〕764
行房〔ゆきふさ〕764
行正〔ゆきまさ〕764
行政〔ゆきまさ〕764
行光〔ゆきみつ〕765〜767
行満〔ゆきみつ〕767
行宗〔ゆきむね〕767〜768
行安〔ゆきやす〕768
行吉〔ゆきよし〕769
行義〔ゆきよし〕769
行慶〔ゆきよし〕769

吉
吉明〔よしあき〕771
吉家〔よしいえ〕771〜772
吉氏〔よしうじ〕772
吉門〔よしかど〕773
吉包〔よしかね〕773〜774
吉清〔よしきよ〕775
吉国〔よしくに〕775〜776
吉定〔よしさだ〕776
吉貞〔よしさだ〕776〜777
吉真〔よしざね〕778
吉重〔よししげ〕778
吉助〔よしすけ〕778
吉武〔よしたけ〕778〜779
吉忠〔よしただ〕779
吉次〔よしつぐ〕779〜782
吉綱〔よしつな〕782
吉英〔よしてる〕782
吉時〔よしとき〕782
吉友〔よしとも〕782
吉永〔よしなが〕782
吉長〔よしなが〕782〜783
吉成〔よしなり〕783
吉作〔よしなり〕783
吉信〔よしのぶ〕783〜784
吉則〔よしのり〕784〜785
吉久〔よしひさ〕785〜786
吉秀〔よしひで〕786
吉平〔よしひら〕786
吉広〔よしひろ〕786〜787
吉弘〔よしひろ〕787〜788
吉寛〔よしひろ〕788
吉房〔よしふさ〕788〜790
吉正〔よしまさ〕790
吉政〔よしまさ〕790〜791
吉道〔よしみち〕791〜797
吉光〔よしみつ〕797〜800
吉宗〔よしむね〕800〜801
吉用〔よしもち〕801
吉元〔よしもと〕801
吉守〔よしもり〕801
吉盛〔よしもり〕801
吉安〔よしやす〕801
吉行〔よしゆき〕802
吉幸〔よしゆき〕802

自
自珍〔よりよし〕822

七画

沖
沖光〔おきみつ〕83

克
克一〔よしかつ(かついち)〕804
克邦〔よしくに(かつくに)〕804

邦
邦彦〔くにひこ〕209

伸
伸咲〔しんさく〕351

助
助家〔すけいえ〕357
助氏〔すけうじ〕357
助包〔すけかね〕357〜359
助国〔すけくに〕359
助貞〔すけさだ〕359
助真〔すけざね〕359
助茂〔すけしげ〕360
助重〔すけしげ〕360
助高〔すけたか〕360
助隆〔すけたか〕360〜361
助武〔すけたけ〕361
助忠〔すけただ〕361
助近〔すけちか〕361
助隣〔すけちか〕362

付録

助次〔すけつぐ〕362～363
助綱〔すけつな〕363
助利〔すけとし〕363
助寿〔すけとし〕363
助俊〔すけとし〕363
助友〔すけとも〕363
助共〔すけとも〕363
助直〔すけなお〕363～366
助永〔すけなが〕366
助長〔すけなが〕366
助成〔すけなり〕366
助延〔すけのぶ〕366
助信〔すけのぶ〕366～367
助則〔すけのり〕367
助久〔すけひさ〕367～368
助秀〔すけひで〕368
助平〔すけひら〕368
助広〔すけひろ〕368～370
助弘〔すけひろ〕372
助房〔すけふさ〕372
助政〔すけまさ〕372
助光〔すけみつ〕372～373
助宗〔すけむね〕373～376
助村〔すけむら〕376
助守〔すけもり〕376
助盛〔すけもり〕376
助行〔すけゆき〕376
助吉〔すけよし〕376～377
助良〔すけよし〕377
助義〔すけよし〕377
助依〔すけより〕378

佐

佐寿〔すけとし〕357
佐光〔すけみつ〕357
佐之〔すけゆき〕357

近

近景〔ちかかげ〕431
近包〔ちかかね〕432
近真〔ちかざね〕432
近忠〔ちかただ〕433
近恒〔ちかつね〕433
近信〔ちかのぶ〕433
近則〔ちかのり〕433
近房〔ちかふさ〕434
近村〔ちかむら〕434
近依〔ちかより〕434

寿

寿命〔としなが（じゅみょう）〕467～468
寿実〔としざね〕467
寿茂〔とししげ〕467
寿隆〔としたか〕467
寿受〔としつぐ〕467
寿綱〔としつな〕467
寿長〔としなが〕468～469
寿格〔としのり〕469
寿治〔としはる〕469
寿久〔としひさ〕469
寿秀〔としひで〕469
寿昌〔としまさ〕469
寿光〔としみつ〕470
寿幸〔としゆき〕470

利

利重〔としげ〕470
利隆〔としたか〕470
利恒〔としつね〕470
利常〔としつね〕471
利長〔としなが〕471
利久〔としひさ〕471
利光〔としみつ〕471
利宗〔としむね〕472
利守〔としもり〕472
利安〔としやす〕472
利行〔としゆき〕472

秀

秀興〔ひでおき〕565
秀景〔ひでかげ〕565
秀一〔ひでかず〕566
秀国〔ひでくに〕566
秀貞〔ひでさだ〕566
秀助〔ひですけ〕566
秀隆〔ひでたか〕566
秀武〔ひでたけ〕566
秀忠〔ひでただ〕566
秀近〔ひでちか〕566
秀次〔ひでつぐ〕566
秀任〔ひでとう〕567
秀辰〔ひでとき〕567
秀寿〔ひでとし〕567
秀直〔ひでなお〕567
秀春〔ひではる〕567
秀平〔ひでひら〕567
秀弘〔ひでひろ〕567
秀方〔ひでまさ〕567
秀光〔ひでみつ〕568
秀宗〔ひでむね〕569
秀行〔ひでゆき〕569
秀世〔ひでよ〕569

兵

兵部〔ひょうぶ〕569

宏

宏綱〔ひろつな〕585

村

村重〔むらしげ〕681
村綱〔むらつな〕681
村正〔むらまさ〕682～683
村守〔むらもり〕684
村吉〔むらよし〕684

付録

良
良国〔しげくに〕332
良一〔よしかず〕802
良貞〔よしさだ〕802〜803
良助〔よしすけ〕803
良忠〔よしただ(りょうちゅう)〕803
良近〔よしちか〕803
良辰〔よしとき〕803
良永〔よしなが〕803
良則〔よしのり〕803
良道〔よしみち〕803
良光〔よしみつ〕804
良行〔よしゆき〕804
良西〔りょうさい〕826

八画

果
果〔あきら(か)〕88
明
明弘〔あきひろ〕54
明光〔あきみつ〕54
明寿〔みょうじゅ〕661
和
和平〔かずひら〕96
和宗〔かずむね〕96

金
金蔵〔かねくら〕118
金定〔かねさだ〕118
金重〔かねしげ〕119
金高〔かねたか〕120
金辰〔かねとき〕120
金利〔かねとし〕120
金則〔かねのり〕120
金英〔かねひで〕120
金衡〔かねひら〕120
金光〔かねみつ〕120
金行〔かねゆき〕120〜121
金重〔きんじゅう(かねしげ)〕202〜203
金道〔きんみち(かねみち)〕203〜208
岩
岩捲〔がんまく〕184
奇
奇峯〔きほう〕186
国
国天〔くにあま(こくてん)〕209
国有〔くにあり〕209
国家〔くにいえ〕209
国一〔くにいち〕210
国一〔くにかず〕210
国悦〔くにえつ〕210
国多〔くにかず〕210
国勝〔くにかつ〕210
国包〔くにかね〕210〜214
国清〔くにきよ〕214〜218
国定〔くにさだ〕218
国貞〔くにさだ〕218〜221
国実〔くにざね〕221
国真〔くにざね〕221〜222
国重〔くにしげ〕222〜228
国代〔くにしろ〕228
国城〔くにしろ〕228
国末〔くにすえ〕228
国佐〔くにすけ〕232
国助〔くにすけ〕228〜231
国資〔くにすけ〕231〜232
国住〔くにずみ〕232
国隆〔くにたか〕232
国武〔くにたけ〕233
国次〔くにつぐ〕233〜237
国継〔くにつぐ〕237
国綱〔くにつな〕237〜239
国常〔くにつね〕239
国照〔くにてる〕239
国輝〔くにてる〕239〜241
国時〔くにとき〕241〜243
国寿〔くにとし〕243
国俊〔くにとし〕243〜246
国富〔くにとみ〕246
国友〔くにとも〕246
国儔〔くにとも〕246
国虎〔くにとら〕247〜248
国永〔くになが〕248〜249
国長〔くになが〕249〜250
国成〔くになり〕250
国延〔くにのぶ〕251
国信〔くにのぶ〕251
国典〔くにのり〕251
国則〔くにのり〕252
国徳〔くにのり〕252
国治〔くにはる〕252
国久〔くにひさ〕252
国寿〔くにひさ〕252
国秀〔くにひで〕253
国平〔くにひら〕253〜255
国広〔くにひろ〕255〜258
国弘〔くにひろ〕258
国博〔くにひろ〕258
国房〔くにふさ〕258〜261
国正〔くにまさ〕261〜263
国昌〔くにまさ〕263
国政〔くにまさ〕263
国益〔くにます〕264
国路〔くにみち〕264
国光〔くにみつ〕265〜273

国宗〔くにむね〕 273〜277
国村〔くにむら〕 277〜278
国元〔くにもと〕 278
国守〔くにもり〕 278
国盛〔くにもり〕 278〜279
国安〔くにやす〕 279〜280
国保〔くにやす〕 280
国康〔くにやす〕 281
国泰〔くにやす〕 280
国靖〔くにやす〕 281
国行〔くにゆき〕 281〜283
国幸〔くにゆき〕 283
国吉〔くによし〕 284〜285
国義〔くによし〕 285〜286
国慶〔くによし〕 286

昊

昊〔こう〕 288

定

定興〔さだおき〕 296
定勝〔さだかつ〕 296
定国〔さだくに〕 296
定重〔さだしげ〕 296〜297
定利〔さだとし〕 297〜298
定俊〔さだとし〕 298
定業〔さだなり〕 298
定久〔さだひさ〕 298
定秀〔さだひで〕 298
定広〔さだひろ〕 298〜299
定道〔さだみち〕 299
定光〔さだみつ〕 299
定盛〔さだもり〕 299
定行〔さだゆき〕 299
定吉〔さだよし〕 299〜300
定能〔さだよし〕 300
定慶〔さだよし〕 300

実

実家〔さねいえ〕 323
実重〔さねしげ〕 323
実忠〔さねただ〕 323
実次〔さねつぐ〕 323
実綱〔さねつな〕 323
実経〔さねつね〕 324
実弘〔さねひろ〕 324
実昌〔さねまさ〕 324
実光〔さねみつ〕 324
実行〔さねゆき〕 324〜325
実可〔さねよし〕 325
実阿〔じつあ〕 347

茂

茂範〔しげのり〕 332
茂行〔しげゆき〕 332

季

季次〔すえつぐ〕 356

宗

宗明〔むねあき〕 663
宗有〔むねあり〕 663
宗家〔むねいえ〕 664
宗氏〔むねうじ〕 664
宗一〔むねかず〕 664
宗勝〔むねかつ〕 664
宗清〔むねきよ〕 664
宗国〔むねくに〕 664
宗貞〔むねさだ〕 664
宗茂〔むねしげ〕 664
宗重〔むねしげ〕 664〜666
宗末〔むねすえ〕 666
宗隆〔むねたか〕 666
宗忠〔むねただ〕 666
宗近〔むねちか〕 666〜667
宗次〔むねつぐ〕 667〜671
宗綱〔むねつな〕 671
宗恒〔むねつね〕 671
宗遠〔むねとお〕 671
宗俊〔むねとし〕 671〜672
宗寿〔むねなが(むねとし)〕 672
宗長〔むねなが〕 672
宗信〔むねのぶ〕 672
宗春〔むねはる〕 672
宗久〔むねひさ〕 673
宗平〔むねひら〕 673
宗広〔むねひろ〕 673〜674
宗弘〔むねひろ〕 674
宗裕〔むねひろ〕 674
宗寛〔むねひろ(そうかん)〕 674
宗房〔むねふさ〕 675
宗昌〔むねまさ〕 675
宗道〔むねみち〕 675
宗光〔むねみつ〕 675〜677
宗安〔むねやす〕 677
宗吉〔むねよし〕 677〜679
宗栄〔むねよし(そうえい)〕 679〜680
宗能〔むねよし〕 680
宗善〔むねよし〕 680
宗義〔むねよし〕 680
宗依〔むねより〕 680

武

武国〔たけくに〕 406
武永〔たけなが〕 406
武則〔たけのり〕 406

忠

忠家〔ただいえ〕 406
忠清〔ただきよ〕 406
忠国〔ただくに〕 406〜409
忠貞〔たださだ〕 409
忠重〔ただしげ〕 410
忠助〔ただすけ〕 410

忠孝〔ただたか〕410
忠次〔ただつぐ〕410
忠綱〔ただつな〕410〜413
忠因〔ただなお〕413
忠久〔ただひさ〕413
忠秀〔ただひで〕413
忠広〔ただひろ〕414〜415
忠房〔ただふさ〕415
忠正〔ただまさ〕415
忠道〔ただみち〕415
忠光〔ただみつ〕415〜417
忠宗〔ただむね〕418
忠安〔ただやす〕418
忠行〔ただゆき〕418〜419
忠吉〔ただよし〕419〜423
忠善〔ただよし〕424
忠義〔ただよし〕424

周

周重〔ちかしげ(かねしげ)〕434
周広〔ちかひろ〕434
周麿〔ちかまろ〕434

英

英興〔てるおき〕455
英一〔てるかつ〕455
英周〔てるかね〕455
英国〔てるくに〕455
英貞〔てるさだ〕456
英胤〔てるたね〕456
英二〔てるつぐ〕456
英辰〔てるとき〕456
英利〔てるとし〕456
英広〔てるひろ〕456
英光〔てるみつ〕456
英守〔てるもり〕457
英吉〔てるよし(ひでよし)〕457
英義〔てるよし〕457
英次〔てるつぐ(ひでつぐ)〕569

典

典太〔てんた〕465
典真〔のりざね〕540

東

東連〔とうれん〕466

具

具衡〔ともひら〕483

虎

虎明〔とらあき〕485

直

直景〔なおかげ〕486
直勝〔なおかつ〕486〜487
直清〔なおきよ〕487
直邦〔なおくに〕487
直貞〔なおさだ〕487
直茂〔なおしげ〕487
直胤〔なおたね〕487
直次〔なおつぐ〕489
直綱〔なおつな〕490
直寿〔なおとし〕490
直長〔なおなが〕490
直秀〔なおひで〕491
直弘〔なおひろ〕491
直房〔なおふさ〕491
直正〔なおまさ〕491〜492
直道〔なおみち〕492
直光〔なおみつ〕493
直宗〔なおむね〕493
直守〔なおもり〕493
直行〔なおゆき〕493
直吉〔なおよし〕493
直能〔なおよし〕494

尚

尚定〔なおさだ〕494
尚茂〔なおしげ〕494
尚春〔なおはる〕494
尚光〔なおみつ(ひさみつ)〕494
尚宗〔なおむね(ひさむね)〕494

長

長景〔ながかげ〕498
長量〔ながかず〕498
長勝〔ながかつ〕498
長国〔ながくに〕499
長重〔ながしげ〕499
長助〔ながすけ〕499
長孝〔ながたか〕499
長高〔ながたか〕499
長親〔ながちか〕499
長次〔ながつぐ〕500
長綱〔ながつな〕500
長恒〔ながつね〕500
長寿〔ながとし〕500
長俊〔ながとし〕500〜501
長円〔ながのぶ(ちょうえん)〕436
長信〔ながのぶ〕501
長則〔ながのり〕502〜503
長広〔ながひろ〕503
長寛〔ながひろ〕503
長道〔ながみち〕503〜504
長光〔ながみつ〕505〜508
長旨〔ながむね〕508
長宗〔ながむね〕509
長元〔ながもと〕509
長守〔ながもり〕509
長守〔ながもり(おさもり)〕509
長盛〔ながもり〕510
長盛〔ながもり(おさもり)〕510
長行〔ながゆき〕510
長幸〔ながゆき〕510
長吉〔ながよし〕511〜513

付録

長義〔ながよし〕 513
長善〔ながよし〕 515
延
延家〔のぶいえ〕 518
延清〔のぶきよ〕 518
延重〔のぶしげ〕 518
延次〔のぶつぐ〕 518
延秀〔のぶひで〕 518
延房〔のぶふさ〕 518
延光〔のぶみつ〕 519
延吉〔のぶよし〕 519
法
法助〔のりすけ〕 539
法広〔のりひろ〕 539
法道〔のりみち〕 539
法光〔のりみつ〕 539～540
治
治国〔はるくに〕 556
治継〔はるつぐ〕 556
治久〔はるひさ〕 556
治光〔はるみつ〕 557
治守〔はるもり〕 557
治盛〔はるもり〕 557
治行〔はるゆき〕 557
英
英国〔ひでくに〕 569
英次〔ひでつぐ（てるつぐ）〕 569
英敏〔ひでとし〕 569
英吉〔ひでよし（てるよし）〕 457
房
房重〔ふさしげ〕 587
房信〔ふさのぶ〕 587
房宙〔ふさひろ〕 587
房盛〔ふさもり〕 587
房安〔ふさやす〕 587
宝
宝栄〔ほうえい〕 590
宝山〔ほうざん〕 590
宝寿〔ほうじゅ〕 590～591
昌
昌国〔まさくに〕 644
昌親〔まさちか〕 644
昌利〔まさとし〕 644
昌直〔まさなお〕 644
昌広〔まさひろ〕 644
昌行〔まさゆき〕 644
林
林祥〔もりよし〕 702
林喜〔もりよし〕 702
幸
幸景〔ゆきかげ〕 769
幸国〔ゆきくに〕 769
幸貞〔ゆきさだ〕 769
幸重〔ゆきしげ〕 769
幸継〔ゆきつぐ〕 769
幸久〔ゆきひさ〕 769
幸弘〔ゆきひろ〕 769
幸昌〔ゆきまさ〕 769
幸光〔ゆきみつ〕 770
依
依真〔よりざね〕 822

九画

昭
昭国〔あきくに〕 56
昭次〔あきつぐ〕 56
昭友〔あきとも〕 57
昭久〔あきひさ〕 57
昭秀〔あきひで〕 57～58
昭平〔あきひら〕 58
昭房〔あきふさ〕 58
昭麿〔あきまろ〕 58
昭光〔あきみつ〕 58
昭宗〔あきむね〕 59
昭守〔あきもり〕 59
昭吉〔あきよし〕 59
昭嘉〔あきよし〕 59
秋
秋広〔あきひろ〕 54～56
秋弘〔あきひろ〕 56
秋房〔あきふさ〕 56
秋義〔あきよし〕 56
紀
紀充〔きじゅう〕 185
圀
圀次〔くにつぐ〕 287
圀秀〔くにひで〕 287
圀良〔くによし〕 287
軍
軍勝〔ぐんしょう〕 287
是
是一〔これかず〕 289～291
是重〔これしげ〕 291
是介／是助〔これすけ〕 291
是次〔これつぐ〕 291
是平〔これひら〕 292
是光〔これみつ〕 292
貞
貞昭〔さだあき〕 300
貞家〔さだいえ〕 300
貞興〔さだおき〕 300
貞興〔さだとも（さだおき）〕 311
貞一〔さだかず〕 300～301
貞和〔さだかず〕 302
貞勝〔さだかつ〕 302
貞清〔さだきよ〕 303
貞国〔さだくに〕 303～305

貞真〔さださね〕305〜306
貞茂〔さだしげ〕306
貞重〔さだしげ〕306
貞末〔さだすえ〕306
貞助〔さだすけ〕306
貞慎〔さだちか〕306
貞次〔さだつぐ〕307〜309
貞継〔さだつぐ〕309
貞綱〔さだつな〕309〜310
貞利〔さだとし〕310
貞寿〔さだとし〕310
貞俊〔さだとし〕310〜311
貞豊〔さだとよ〕311
貞直〔さだなお〕311
貞永〔さだなが〕311
貞成〔さだなり〕311
貞伸〔さだのぶ〕312
貞信〔さだのぶ〕312
貞法〔さだのり〕312
貞則〔さだのり〕312〜313
貞徳〔さだのり〕313
貞晴〔さだはる〕313
貞英〔さだひで〕313
貞秀〔さだひで〕314
貞人〔さだひと〕314
貞広〔さだひろ〕314
貞弘〔さだひろ〕314
貞正〔さだまさ〕315
貞充〔さだみち〕315
貞光〔さだみつ〕315
貞宗〔さだむね〕315〜319
貞村〔さだむら〕319
貞盛〔さだもり〕319
貞安〔さだやす〕319
貞之〔さだゆき〕319
貞行〔さだゆき〕319〜320
貞幸〔さだゆき〕320
貞吉〔さだよし〕320〜322
貞好〔さだよし〕322
貞良〔さだよし〕322
貞能〔さだよし〕322
貞善〔さだよし〕323
貞義〔さだよし〕323
貞六〔さだろく〕323
貞心〔ていしん〕455

重

重鑑〔しげあき〕332
重家〔しげいえ〕332
重一〔しげかず〕332
重勝〔しげかつ〕332
重包〔しげかね〕332
重清〔しげきよ〕333
重国〔しげくに〕333〜335
重貞〔しげさだ〕335
重真〔しげざね〕335〜336
重末〔しげすえ〕336
重助〔しげすけ〕336
重純〔しげずみ〕336
重高〔しげたか〕336〜337
重武〔しげたけ〕337
重忠〔しげただ〕337
重胤〔しげたね〕337
重次〔しげつぐ〕337〜338
重継〔しげつぐ〕338
重綱〔しげつな〕338
重恒〔しげつね〕338
重常〔しげつね〕338
重利〔しげとし〕338
重俊〔しげとし〕338
重長〔しげなが〕338
重業〔しげなり〕339
重信〔しげのぶ〕339
重則〔しげのり〕339
重久〔しげひさ〕339
重秀〔しげひで〕339〜340
重弘〔しげひろ〕340
重房〔しげふさ〕340
重道〔しげみち〕340
重光〔しげみつ〕340〜341
重宗〔しげむね〕341
重村〔しげむら〕341
重安〔しげやす〕341
重康〔しげやす〕341
重行〔しげゆき〕341〜342
重吉〔しげよし〕342
重能〔しげよし〕342
重義〔しげよし〕343

神

神息〔しんそく〕352

祐

祐包〔すけかね〕378
祐国〔すけくに〕378
祐定〔すけさだ〕379〜389
祐重〔すけしげ〕389
祐高〔すけたか〕389
祐忠〔すけただ〕389
祐恒〔すけつね〕389
祐経〔すけつね〕390
祐利〔すけとし〕390
祐寿〔すけとし〕390
祐虎〔すけとら〕390
祐直〔すけなお〕390
祐永〔すけなが〕390〜391
祐成〔すけなり〕391
祐信〔すけのぶ〕391
祐春〔すけはる〕392
祐久〔すけひさ〕392
祐平〔すけひら〕392

祐広〔すけひろ〕392〜393
祐弘〔すけひろ〕393
祐道〔すけみち〕393
祐光〔すけみつ〕393〜394
祐宗〔すけむね〕394
祐盛〔すけもり〕394
祐行〔すけゆき〕394
祐義〔すけよし〕394
祐慶〔ゆうけい〕755

荘
荘二〔そうじ〕398

胤
胤明〔たねあき〕424
胤成〔たねしげ〕425
胤匡〔たねただ〕425
胤次〔たねつぐ〕425
胤長〔たねなが〕425
胤光〔たねみつ〕425
胤吉〔たねよし〕425

為
為家〔ためいえ〕427
為勝〔ためかつ〕427
為清〔ためきよ〕427
為国〔ためくに〕428
為次〔ためつぐ〕428
為継〔ためつぐ〕428
為恒〔ためつね〕428
為遠〔ためとお〕428
為利〔ためとし〕429
為直〔ためなお〕429
為長〔ためなが〕429
為則〔ためのり〕429
為広〔ためひろ〕429
為宗〔ためむね〕429〜430
為康〔ためやす〕430
為吉〔ためよし〕431

恒
恒清〔つねきよ〕451
恒次〔つねつぐ〕450〜451
恒遠〔つねとお〕451
恒寿〔つねとし〕451
恒則〔つねのり〕451
恒治〔つねはる〕451
恒平〔つねひら〕451
恒弘〔つねひろ〕452
恒光〔つねみつ〕452
恒元〔つねもと〕452
恒守〔つねもり〕452
恒康〔つねやす〕452
恒能〔つねよし〕452
恒厳〔つねよし〕452

俊
俊味〔としお〕472
俊一〔としかず〕472
俊和〔としかず〕472
俊胤〔としたね〕472
俊次〔としつぐ〕472〜473
俊長〔としなが〕473
俊秀〔としひで〕473
俊平〔としひら〕474
俊広〔としひろ〕474
俊弘〔としひろ〕474
俊光〔としみつ〕474
俊宗〔としむね〕475
俊安〔としやす〕475
俊行〔としゆき〕475
俊吉〔としよし〕475

信
信舎〔のぶいえ〕520
信屋〔のぶいえ〕521
信一〔のぶかず〕521
信包〔のぶかね〕521
信国〔のぶくに〕521〜526
信定〔のぶさだ〕526
信貞〔のぶさだ〕526〜527
信重〔のぶしげ〕527
信孝〔のぶたか〕527
信高〔のぶたか〕527〜530
信忠〔のぶただ〕530
信近〔のぶちか〕530
信次〔のぶつぐ〕530
信連〔のぶつら〕530
信照〔のぶてる〕530
信寿〔のぶとし〕530
信友〔のぶとも〕530
信仍〔のぶなお(のぶよし)〕536
信長〔のぶなが〕531
信彦〔のぶひこ〕531
信秀〔のぶひで〕531〜533
信弘〔のぶひろ〕533
信房〔のぶふさ〕533〜535
信正〔のぶまさ〕535
信昌〔のぶまさ〕535
信光〔のぶみつ〕535
信安〔のぶやす〕536
信行〔のぶゆき〕536
信吉〔のぶよし〕536〜538
信良〔のぶよし〕538
信賀〔のぶよし〕538
信義〔のぶよし〕539

宣
宣勝〔のぶかつ〕519
宣貞〔のぶさだ〕520
宣繁〔のぶしげ〕520
宣次〔のぶつぐ〕520
宣利〔のぶとし〕520
宣古〔のぶふる〕520
宣行〔のぶゆき〕520

則
則景〔のりかげ〕540
則包〔のりかね〕541
則国〔のりくに〕541
則定〔のりさだ〕541
則実〔のりざね〕541
則重〔のりしげ〕541〜543
則末〔のりすえ〕543
則助〔のりすけ〕543
則高〔のりたか〕544
則忠〔のりただ〕544
則親〔のりちか〕544
則次〔のりつぐ〕544
則綱〔のりつな〕544
則利〔のりとし〕544〜545
則長〔のりなが〕545〜546
則成〔のりなり〕547
則久〔のりひさ〕547
則平〔のりひら〕547
則広〔のりひろ〕547
則弘〔のりひろ〕547
則房〔のりふさ〕547〜548
則光〔のりみつ〕549〜551
則満〔のりみつ〕551
則宗〔のりむね〕551
則行〔のりゆき〕551〜552

春
春光〔はるみつ〕557〜558
春行〔はるゆき〕558

保
保昌〔ほうしょう〕592
保〔やす〕714
保則〔やすのり〕729〜730
保広〔やすひろ〕730
保弘〔やすひろ〕730

政
政家〔まさいえ〕645
政清〔まさきよ〕645
政国〔まさくに〕645
政定〔まささだ〕645
政貞〔まささだ〕645
政重〔まさしげ〕645
政賢〔まさたか〕645
政次〔まさつぐ〕645〜646
政常〔まさつね〕646〜647
政俊〔まさとし〕647
政長〔まさなが〕647〜648
政則〔まさのり〕649
政秀〔まさひで〕649
政平〔まさひら〕649
政広〔まさひろ〕649
政光〔まさみつ〕649〜650
政宗〔まさむね〕650
政盛〔まさもり〕650
政行〔まさゆき〕650
政幸〔まさゆき〕650
政吉〔まさよし〕650

盈
盈永〔みつなが〕661

美
美直〔よしなお〕804
美平〔よしひら〕804

十画

家
家包〔いえかね〕65
家定〔いえさだ〕65
家貞〔いえさだ〕65〜66
家真〔いえざね〕66
家重〔いえしげ〕66
家助〔いえすけ〕66
家忠〔いえただ〕66〜67
家次〔いえつぐ〕67
家利〔いえとし〕67
家永〔いえなが〕68
家久〔いえひさ〕68
家秀〔いえひで〕68
家平〔いえひら〕68
家広〔いえひろ〕68
家正〔いえまさ〕69
家政〔いえまさ〕69
家光〔いえみつ〕69
家守〔いえもり〕69
家盛〔いえもり〕69
家安〔いえやす〕69
家吉〔いえよし〕70
家能〔いえよし〕70
家善〔いえよし〕70

起
起正〔おきまさ〕83

兼
兼見〔かねあき〕121
兼明〔かねあき〕121〜122
兼秋〔かねあき〕122
兼在〔かねあり〕122
兼舎〔かねいえ〕122
兼家〔かねいえ〕123
兼宿〔かねいえ〕123
兼岩〔かねいわ〕123
兼氏〔かねうじ〕123〜126
兼興〔かねおき〕126
兼音〔かねおと〕126
兼景〔かねかげ〕126〜127
兼勝〔かねかつ〕127
兼門〔かねかど〕127〜128

兼岸〔かねきし〕128
兼清〔かねきよ〕128
兼国〔かねくに〕128〜129
兼圀〔かねくに〕129
兼先〔かねさき〕129〜132
兼定〔かねさだ〕132〜137
兼貞〔かねさだ〕137〜138
兼里〔かねさと〕138
兼真〔かねざね〕139
兼包〔かねしげ〕139
兼茂〔かねしげ（かねなり）〕139
兼重〔かねしげ〕139〜142
兼代〔かねしろ〕142
兼城〔かねしろ〕142
兼末〔かねすえ〕142
兼介〔かねすけ〕142
兼助〔かねすけ〕142
兼住〔かねすみ〕142
兼上〔かねたか〕142
兼位〔かねたか〕143
兼高〔かねたか〕143
兼洞〔かねたに（かねあき）〕143
兼植〔かねたね〕143
兼植〔かねたね（かねうえ）〕143〜144
兼種〔かねたね〕144
兼近〔かねちか〕144
兼周〔かねちか〕144

兼次〔かねつぐ〕144〜146
兼継〔かねつぐ〕146
兼嗣〔かねつぐ〕146
兼辻〔かねつじ〕146〜147
兼綱〔かねつな〕147
兼常〔かねつね〕147〜149
兼鶴〔かねつる〕149
兼辰〔かねとき〕149〜150
兼時〔かねとき〕150
兼利〔かねとし〕150
兼俊〔かねとし〕150
兼歳〔かねとし〕150
兼富〔かねとみ〕150
兼福〔かねとみ〕150
兼友〔かねとも〕150〜152
兼付〔かねとも〕152
兼伴〔かねとも〕152
兼知〔かねとも〕152
兼豊〔かねとよ〕153
兼虎〔かねとら〕153
兼直〔かねなお〕153
兼中〔かねなか〕153
兼仲〔かねなか〕153
兼永〔かねなが〕153〜154
兼長〔かねなが〕155〜156
兼成〔かねなり〕156
兼得〔かねなり（かねとく）〕156

兼延〔かねのぶ〕156
兼宣〔かねのぶ〕156
兼信〔かねのぶ〕157
兼法〔かねのり〕157〜159
兼則〔かねのり〕159〜161
兼治〔かねはる〕161
兼春〔かねはる〕161
兼久〔かねひさ〕161〜162
兼秀〔かねひで〕162
兼英〔かねひで〕162〜163
兼栄〔かねひで〕163
兼平〔かねひら〕163
兼衡〔かねひら〕163
兼広〔かねひろ〕163〜164
兼弘〔かねひろ〕164
兼房〔かねふさ〕164〜167
兼藤〔かねふじ〕167
兼船〔かねふね〕167
兼巻〔かねまき〕167〜168
兼方〔かねまさ〕168
兼正〔かねまさ〕168
兼升〔かねます〕168
兼舛〔かねます〕168
兼益〔かねます〕169
兼町〔かねまち〕169
兼松〔かねまつ〕169
兼道〔かねみち〕169〜171

兼光〔かねみつ〕171〜174
兼満〔かねみつ〕175
兼峯〔かねみね〕175
兼宗〔かねむね〕175
兼村〔かねむら〕175
兼用〔かねもち〕175
兼元〔かねもと〕176〜179
兼本〔かねもと〕179
兼基〔かねもと〕179
兼守〔かねもり〕179
兼森〔かねもり〕179
兼盛〔かねもり〕179
兼安〔かねやす〕180
兼行〔かねゆき〕180
兼令〔かねよし〕180
兼吉〔かねよし〕180〜181
兼良〔かねよし〕181
兼善〔かねよし〕182
兼義〔かねよし〕182
兼自〔かねより〕182
兼若〔かねわか〕182〜184
兼涌〔かねわく〕184

高

高英〔こうえい〕288
高包〔たかかね〕402
高真〔たかざね〕402
高植〔たかたね〕402

高綱〔たかつな〕 402〜403
高平〔たかひら(こうへい)〕 403
高平〔たかひら〕 403
高広〔たかひろ〕 403
高光〔たかみつ〕 403〜404

真
真雄〔さねお〕 325
真景〔さねかげ〕 326
真国〔さねくに〕 326〜327
真貞〔さねさだ〕 327
真恒〔さねつね〕 327
真利〔さねとし(さねのり)〕 327〜328
真長〔さねなが〕 328
真則〔さねのり〕 329
真平〔さねひら〕 329
真房〔さねふさ〕 329
真光〔さねみつ〕 330
真元〔さねもと〕 330
真守〔さねもり〕 330
真安〔さねやす〕 331
真行〔さねゆき〕 331
真改〔しんかい〕 352〜353
真了〔しんりょう〕 354
真光〔まさみつ〕 650

純
純慶〔じゅんけい〕 349
純貞〔すみさだ〕 395
純成〔すみなり〕 395
純平〔すみひら〕 395

竜
竜義〔たつよし〕 424

勉
勉〔つとむ〕 443

時
時光〔ときみつ〕 466
時行〔ときゆき〕 466
時吉〔ときよし〕 466

倫
倫清〔ともきよ〕 483
倫国〔ともくに〕 483
倫助〔ともすけ〕 483
倫光〔ともみつ〕 483
倫賀〔ともよし〕 484

将
将成〔まさしげ〕 650
将長〔まさなが〕 651
将充〔まさのり〕 651
将応〔まさのり〕 651
将平〔まさひら〕 651

通
通英〔みちひで〕 652
通吉〔みちよし〕 652

宴
宴行〔もりゆき〕 702

師
師景〔もろかげ〕 712〜713
師敬〔もろたか〕 713
師次〔もろつぐ〕 713
師久〔もろひさ〕 713
師光〔もろみつ〕 713
師宗〔もろむね〕 713

泰
泰貞〔やすさだ〕 730
泰近〔やすちか〕 730
泰長〔やすなが〕 730
泰春〔やすはる〕 731
泰平〔やすひら〕 731
泰幸〔やすゆき〕 731
泰吉〔やすよし〕 731〜732

祥
祥貞〔よしさだ〕 805
祥末〔よしすえ〕 805

能
能定〔よしさだ〕 805
能真〔よしざね〕 805
能次〔よしつぐ〕 805
能直〔よしなお〕 806
能光〔よしみつ〕 806
能守〔よしもり〕 806
能盛〔よしもり〕 806

旅
旅泊〔りょはく〕 826

烈
烈公〔れっこう〕 827

十一画

紹
紹芳〔あきよし(つくが)〕 59

菊
菊平〔きくひら〕 185

清
清興〔きよおき〕 186
清景〔きよかげ〕 186
清方〔きよかた〕 186
清兼〔きよかね〕 186
清国〔きよくに〕 187
清定〔きよさだ〕 187
清貞〔きよさだ〕 187
清真〔きよざね〕 187
清重〔きよしげ〕 187〜188
清繁〔きよしげ〕 188
清左〔きよすけ〕 188
清高〔きよたか〕 188
清堯〔きよたか〕 188
清忠〔きよただ〕 189
清種〔きよたね〕 189

清周〔きよちか〕189
清綱〔きよつな〕189～190
清俊〔きよとし〕190
清朋〔きよとも〕190
清直〔きよなお〕190
清永〔きよなが〕190
清長〔きよなが〕190
清宣〔きよのぶ〕190～191
清則〔きよのり〕191～192
清久〔きよひさ〕192
清秀〔きよひで〕192
清平〔きよひら〕192～193
清広〔きよひろ〕193
清房〔きよふさ〕193
清丸〔きよまる〕194
清麿〔きよまろ〕194
清光〔きよみつ〕196～201
清盈〔きよみつ〕201
清宗〔きよむね〕201
清安〔きよやす〕201
清行〔きよゆき〕201
清吉〔きよよし〕202
清人〔きよんど〕202

啓

啓介〔けいすけ〕288

惟

惟平〔これひら〕292
惟義〔これよし〕292

隆

隆国〔たかくに〕404
隆重〔たかしげ〕404
隆豊〔たかとよ〕404
隆平〔たかひら〕404
隆広〔たかひろ〕404

崇

崇光〔たかみつ〕404

経

経家〔つねいえ〕453～454
経光〔つねみつ〕454

常

常重〔つねしげ〕452
常遠〔つねとお〕452
常光〔つねみつ〕453
常保〔つねやす〕453

斎

斎昭〔なりあきら〕516
斎典〔なりのり〕516

陳

陳直〔のぶなお〕539

教

教景〔のりかげ〕552
教永〔のりなが〕552
教光〔のりみつ〕552

基

基重〔もとしげ〕692
基近〔もとちか〕692
基平〔もとひら〕693
基正〔もとまさ〕693
基光〔もとみつ〕693

盛

盛篤〔もりあつ〕702
盛家〔もりいえ〕702
盛景〔もりかげ〕703
盛一〔もりかず〕703
盛清〔もりきよ〕703
盛国〔もりくに〕703
盛重〔もりしげ〕704～705
盛助〔もりすけ〕705
盛高〔もりたか〕705～706
盛忠〔もりただ〕706
盛近〔もりちか〕706
盛次〔もりつぐ〕706～707
盛継〔もりつぐ〕707
盛綱〔もりつな〕707
盛恒〔もりつね〕707
盛常〔もりつね〕707
盛利〔もりとし〕707
盛寿〔もりとし〕707
盛俊〔もりとし〕707～708
盛永〔もりなが〕708
盛則〔もりのり〕708
盛久〔もりひさ〕708
盛尚〔もりひさ〕709
盛秀〔もりひで〕709
盛広〔もりひろ〕709
盛正〔もりまさ〕709
盛匡〔もりまさ〕709
盛道〔もりみち〕709～710
盛光〔もりみつ〕710～711
盛宗〔もりむね〕711
盛元〔もりもと〕711
盛安〔もりやす〕711
盛行〔もりゆき〕711～712
盛吉〔もりよし〕712

康

康家〔やすいえ〕732
康氏〔やすうじ〕732
康意〔やすよし（やすおき）〕751
康国〔やすくに〕732
康重〔やすしげ〕732～734
康隆〔やすたか〕734
康次〔やすつぐ〕734
康継〔やすつぐ〕734～742
康綱〔やすつな〕742～743
康永〔やすなが〕743
康信〔やすのぶ〕744
康春〔やすはる〕744

康久〔やすひさ〕744
康広〔やすひろ〕744〜747
康宏〔やすひろ〕747
康道〔やすみち〕747
康光〔やすみつ〕747〜750
康善〔やすよし〕750

十二画

晶
晶平〔あきひら〕59

雲
雲次〔うんじ〕80
雲重〔うんじゅう〕81
雲生〔うんしょう〕81〜82
雲上〔うんじょう〕82

景
景一〔かげかず〕88
景国〔かげくに〕88
景貞〔かげさだ〕88
景真〔かげざね〕88
景重〔かげしげ〕88
景介〔かげすけ〕88
景助〔かげすけ〕88
景次〔かげつぐ〕89
景利〔かげとし〕89
景友〔かげとも〕89
景長〔かげなが〕89
景則〔かげのり〕90
景秀〔かげひで〕90〜91
景平〔かげひら〕91
景政〔かげまさ〕91
景光〔かげみつ〕91〜94
景盛〔かげもり〕94
景安〔かげやす〕94
景依〔かげより〕94〜95

量
量慰〔かずやす〕96
量能〔かずよし〕96

堅
堅守〔かたもり(よしもり)〕96

勝
勝家〔かついえ〕96〜97
勝国〔かつくに〕97〜98
勝定〔かつさだ〕98
勝貞〔かつさだ〕98
勝重〔かつしげ〕99
勝胤〔かつたね〕99
勝永〔かつなが〕100
勝広〔かつひろ〕100
勝光〔かつみつ〕100〜103
勝盛〔かつもり〕103
勝吉〔かつよし〕103〜104

順
順慶〔じゅんけい〕349
順公〔じゅんこう〕350

貴
貴勝〔たかかつ〕404
貴命〔たかなが〕405
貴道〔たかみち〕405
貴光〔たかみつ〕405

朝
朝国〔ともくに〕484
朝郷〔ともさと〕484
朝助〔ともすけ〕484
朝尊〔ともたか(ちょうそん)〕484
朝次〔ともつぐ〕484
朝長〔ともなが〕484
朝也〔ともなり〕484
朝広〔ともひろ〕485
朝弘〔ともひろ〕484
朝良〔ともよし〕485

博
博樹〔ひろき〕586
博嗣〔ひろつぐ〕586

道
道印〔どういん〕466
道明〔みちあき〕652
道清〔みちきよ〕652
道重〔みちしげ〕652
道辰〔みちとき〕652〜653
道俊〔みちとし〕653
道則〔みちのり〕653
道守〔みちもり〕653

統
統景〔むねかげ〕681
統盛〔むねもり〕681
統行〔むねゆき〕681

森
森弘〔もりひろ〕712
森宗〔もりむね〕712

喜
喜昭〔よしあき〕807

善
善昭〔よしあき〕806
善金〔よしかね〕806
善清〔よしきよ〕806
善貞〔よしさだ〕806
善長〔よしなが〕806
善平〔よしひら〕806
善博〔よしひろ〕806
善盛〔よしもり〕807

賀
賀実〔よしざね〕807
賀助〔よしすけ〕807
賀信〔よしのぶ〕807

付録

賀正〔よしまさ〕807
賀光〔よしみつ〕807

十三画

幹
幹恵〔かんけい〕184
稠
稠助〔しげすけ(さわすけ)〕343
新
新三郎〔しんざぶろう〕354
慎
慎平〔しんぺい〕354
資
資国〔すけくに〕394
資縄〔すけつな〕394
資永〔すけなが〕394
資正〔すけまさ〕394
継
継定〔つぐさだ〕440
継貞〔つぐさだ〕440
継利〔つぐとし〕440
継信〔つぐのぶ〕440
継秀〔つぐひで〕440
継平〔つぐひら〕440〜442
継広〔つぐひろ〕442
継正〔つぐまさ〕442
継政〔つぐまさ〕442
継康〔つぐやす〕442
継吉〔つぐよし〕443
継義〔つぐよし〕443
鉄
鉄正〔てつまさ〕455
照
照門〔てるかど〕458
照包〔てるかね〕458
照重〔てるしげ〕459〜460
照広〔てるひろ〕461
照康〔てるやす〕461
遠
遠近〔とおちか〕466
遠政〔とおまさ〕466
豊
豊政〔とよまさ〕485
豊行〔とよゆき〕485
業
業高〔なりたか〕516
業宗〔なりむね〕516
寛
寛重〔ひろしげ〕586
寛近〔ひろちか〕586
寛盛〔ひろもり〕586
寛安〔ひろやす〕586
誠
誠利〔あきとし〕59
誠〔まこと〕594
詮
詮秀〔まさひで〕651
靖
靖要〔やすあき〕751
靖興〔やすおき〕752
靖繁〔やすしげ〕752
靖武〔やすたけ〕752
靖献〔やすたて〕752
靖利〔やすとし〕752
靖延〔やすのぶ〕752
靖憲〔やすのり〕753
靖徳〔やすのり〕753
靖光〔やすみつ〕753
靖宗〔やすむね〕753
靖吉〔やすよし〕754
義
義明〔よしあき〕808
義昭〔よしあき〕808
義植〔よしうえ(よしたね)〕808
義景〔よしかげ〕808
義一〔よしかず〕808〜809
義勝〔よしかつ〕809
義兼〔よしかね〕809
義清〔よしきよ〕809
義国〔よしくに〕809〜810
義真〔よしざね〕810
義重〔よししげ〕810
義助〔よしすけ〕810〜813
義純〔よしずみ〕813
義隆〔よしたか〕813
義忠〔よしただ〕814
義胤〔よしたね〕814
義次〔よしつぐ〕814
義継〔よしつぐ〕814
義綱〔よしつな〕815
義輝〔よしてる〕815
義辰〔よしとき〕815
義富〔よしとみ〕815
義虎〔よしとら〕815
義直〔よしなお〕815
義猶〔よしなお〕815
義信〔よしのぶ〕815
義則〔よしのり〕816
義規〔よしのり〕816
義憲〔よしのり〕816
義春〔よしはる〕816
義久〔よしひさ〕817
義英〔よしひで〕817
義秀〔よしひで〕817
義人〔よしひと〕817

義平〔よしひら〕817
義広〔よしひろ〕817〜818
義弘〔よしひろ〕818〜820
義文〔よしふみ〕820
義正〔よしまさ〕820
義昌〔よしまさ〕820
義征〔よしまさ〕820
義道〔よしみち〕820
義光〔よしみつ〕820〜821
義宗〔よしむね〕821
義胥〔よしむね〕821
義安〔よしやす〕822
義行〔よしゆき〕822

十四画

彰
彰光〔あきみつ〕60

種
種重〔たねしげ〕426
種広〔たねひろ〕426
種盛〔たねもり〕426

綱
綱家〔つないえ〕443
綱重〔つなしげ〕444
綱俊〔つなとし〕444〜445
綱信〔つなのぶ〕445
綱晴〔つなはる〕446
綱英〔つなひで〕446
綱秀〔つなひで〕446
綱平〔つなひら〕446
綱広〔つなひろ〕446〜449
綱宗〔つなむね〕449〜450
綱善〔つなよし〕450

徳
徳勝〔のりかつ〕552〜553
徳兼〔のりかね〕553
徳鄰〔のりちか〕553
徳広〔のりひろ〕553
徳正〔のりまさ〕554
徳宗〔のりむね〕554
徳吉〔のりよし〕554
徳能〔のりよし〕554

総
総宗〔ふさむね〕587〜588

増
増盛〔ますもり〕651

十五画

震
震〔しん〕355

輝
輝邦〔てるくに〕461
輝助〔てるすけ〕461
輝信〔てるのぶ〕461
輝日天〔てるひで〕461
輝平〔てるひら〕461
輝広〔てるひろ〕462〜464
輝政〔てるまさ〕464
輝行〔てるゆき〕464
輝吉〔てるよし〕465

縄
縄家〔なわいえ〕517

舞
舞草〔まいくさ(もうくさ)〕594

翥
翥武〔よしたけ〕822

慶
慶任〔よしとう〕822

十六画

興
興里〔おきさと〕83
興直〔おきなお〕86
興久〔おきひさ〕86
興正〔おきまさ〕85

繁
繁定〔しげさだ(はんてい)〕343
繁武〔しげたけ〕343
繁継〔しげつぐ〕343
繁利〔しげとし〕344
繁寿〔しげとし〕344
繁栄〔しげなが(しげひで)〕344
繁久〔しげひさ〕344
繁平〔しげひら〕345
繁広〔しげひろ〕345
繁昌〔しげまさ(はんじょう)〕345
繁政〔しげまさ〕345
繁宗〔しげむね〕345
繁慶〔しげよし(はんけい)〕345

親
親次〔ちかつぐ〕434〜435
親信〔ちかのぶ〕435
親秀〔ちかひで〕435
親正〔ちかまさ〕435
親安〔ちかやす〕435
親依〔ちかより〕435

憲
憲重〔のりしげ〕554
憲頼〔のりより〕554

諷
諷誦〔ふうじゅ(ふうしょう)〕587

薬
薬王寺〔やくおうじ〕714

膳
膳清〔よしきよ〕822

賢

賢正〔よしまさ〕 822

頼

頼国〔よりくに〕 822
頼貞〔よりさだ〕 822
頼次〔よりつぐ〕 823
頼正〔よりまさ〕 823
頼光〔よりみつ〕 823
頼之〔よりゆき〕 823

十七画

厳

厳秀〔ひろひで（げんしゅう）〕 586

十八画

顕

顕国〔あきくに〕 60
顕光〔あきみつ〕 60
顕吉〔あきよし〕 60

鎮

鎮定〔しげさだ〕 346
鎮高〔しげたか〕 346
鎮忠〔しげただ〕 346
鎮教〔しげのり〕 346
鎮久〔しげひさ〕 346
鎮秀〔しげひで〕 347
鎮政〔しげまさ〕 347
鎮弘〔しげひろ〕 347
鎮盛〔しげもり〕 347
鎮行〔しげゆき〕 347

藤

藤正〔ふじまさ〕 588

二十二画

鬚

鬚継〔ひげつぐ〕 559

二十三画

鑑

鑑盛〔あきもり〕 61
鑑行〔あきゆき〕 61

鷲

鷲塚〔わしづか〕 827

二十四画

鷹

鷹成〔たかしげ（たかなり）〕 405
鷹俊〔たかとし〕 405
鷹諶〔たかのぶ〕 405

参考文献一覧

書名	刊行年	編著者
観智院本銘尽	正和五年(応永三十年写)	
元亀元年目利書	元亀元年(正和三年―応安二年写)	名越禅門
往昔抄	天文十六年写	永井利安・利匡
鑁氏正長銘尽	天文十四年	本阿(弥)
長享銘尽	長享二年、天文廿二年写	
新刃銘尽	享保六年	神田白龍子
新刃銘尽後集	享保二十年	池田隆徳 他
古今鍛冶備考	文政十三年	山田浅右衛門吉睦
校正古今鍛冶銘早見出	安政三年	尾関永富
本阿弥光心押形集	弘治二年(文政十二年写)	本阿弥光心
本朝鍛冶考中心押形(上)	寛政頃	鎌田魚妙
本朝鍛冶考	寛政七年	鎌田魚妙
新刀弁疑	安政十年	鎌田魚妙
新刀銘集録	嘉永三年	南海太郎朝尊
校正古刀銘鑑	文政十三年	菅原長根
新刀賞鑒餘録	天明三年	箕浦吉隆
本朝新刀一覧	弘化二年	今村幸政
古今銘尽	万治四年(慶長十六、竹屋系伝書)	
古今銘尽大全	貞享四年(古今銘尽第二版)	
古今銘尽大全	寛政四年	仰木伊織
能阿弥本銘尽	文明十五年	能阿弥右方
土屋家押形集(上下)	嘉永五年	土屋温直
土屋押形	嘉永五年(大正六年写)	土屋温直
埋忠押形集	寛永十七年	埋忠寿斎
継平押形	享保二年(昭和三年写)	近江守継平
光山押形	宝永六年(大正七年写)	本阿弥光山
新刊秘伝抄	天正十九年	竹屋理安

書名	刊行年	編著者
秘伝大目録(抜書)	(元亀・天正本写)	
解紛記	慶長十一年(元禄二年写)	
紛寄論	慶長十一年写	黒庵
本阿弥家伝鍛冶系図	正保三年(宝永五年写)	
長谷川忠右衛門家伝書(上下)	元和八年	長谷川忠右衛門藤原直次
今村押形	昭和二年	今村長賀
名刀の見どころ極めどころ	昭和五十四年	本間順治
日本古刀史	昭和三十三年	本間順治
光徳刀絵図(大友本)	文禄四年写	本阿弥光徳
〃 (石田本)	天正十六年写	本阿弥光徳
光徳刀絵図集成	昭和四十五年	本間順治編
図説　刀銘総覧	昭和五十九年	飯田一雄
美濃刀工銘鑑	平成二十年	杉浦良幸
御物東博銘刀押形	昭和三十三年	佐藤貫一・沼田鎌次
室町期美濃刀工の研究	平成十八年	鈴木卓夫・杉浦良幸
刀剣銘字典	昭和三年	川口陟他
名物刀剣—宝物の日本刀	平成二十三年	佐野美術館
日本刀銘鑑	昭和五十年	石井昌国・校閲本間順治
刀工総覧	平成十六年(大正七年〜)	川口陟・校訂飯田一雄
刀工大鑑	昭和五十二年	得能一男
日本刀鑑定必携	平成五年	福永酔剣
新刀鍛冶綱領	昭和六年	神津伯
神津伯押形	昭和五十五年	神津伯
虎徹大鑒	昭和三十年	佐藤寒山
長曾弥虎徹新考	昭和四十八年	小笠原信夫
康継大鑑	昭和三十五年	佐藤寒山
寒山刀剣講座	昭和五十五年	刀和会

書名	刊行年	編著者
清麿大鑑	昭和四十九年	中島宇一
現代刀名作図鑑	昭和五十二年	佐藤寒山監修
現代刀工銘鑑	昭和四十六年	大野正
靖国刀—伝統と美の極致	平成十五年	トム岸田
日本刀21世紀への挑戦	平成九年	土子民夫
江州刀工の研究		岡田孝夫
郷土刀の研究	平成十七年	田尾壱良
新刀押象集	大正六年	内田疎天
刀剣銘尽	天文十二年写	
下原刀		八王子郷土資料館
武州下原刀展		福生市郷土資料館
仙台藩刀匠銘譜		日刀保宮城県支部
上州刀工総覧		日刀保高崎支部
水戸の刀匠	昭和三十五年	関山豊正
大坂新刀年譜	昭和四十二年	中富敬堂・好郎
大坂新刀を讃える		昭和三十四年　中富敬堂
二荒山神社・日光東照宮宝刀記		辻本直男
美作の刀工たち		津山市教育委員会
刀工藤枝英義とその時代		川越市立博物館
川越藩刀鍛冶藤枝太郎とその一門	平成二十一年	中里昭義
日本刀の匠たち		佐野美術館
現代に伝わる日本刀の心と技	平成十六年	全日本刀匠会近畿・中国・四国支部
刀剣春秋	（昭和三十七年〜）	刀剣春秋新聞社
刀剣美術	（昭和二十四年〜）	日本美術刀剣保存協会
刀剣と歴史	（明治四十三年〜）	日本刀剣保存会
愛刀	（昭和五十二年〜）	刀剣春秋新聞社
刀連	（昭和四十九年〜）	刀連

書名	刊行年	編著者
井上真改大鑑	昭和五十三年	中島新一郎・飯田一雄
津田助廣大鑑	昭和五十五年	飯田一雄
加州新刀大鑑	昭和四十八年	日刀保石川県支部
図説豊後刀	昭和四十五年	山田正任
図説薩摩の刀と鐔	昭和四十五年	福永酔剣
肥前の刀と鐔	昭和四十九年	福永酔剣・寺田頼助
薩摩刀名作集		日刀保鹿児島県支部
紀州の刀と鐔		刀剣研究連合会
京都の刀剣	昭和五十一年	福永酔剣
肥後守輝廣とその一門		刀剣研究連合会
秋田の刀工と金工		日刀保秋田県支部
鑑刀随録	昭和十二年	小泉久雄
草薙廼舎押形		岸本貫之助
相州伝名作集	昭和五十年	本間順治
備前刀—長船鍛冶の巨匠長光展		佐野美術館
日本刀大鑑	昭和四十二年	佐藤寒山 他
日本刀の近代的研究	昭和七年	小泉久雄
刀華会講話	昭和四十八年	本間順治
新刀古刀大鑑	昭和五年	川口渉

飯田一雄（いいだ・かずお）

一九三四年東京生まれ。一九六二年、刀剣春秋新聞社を設立。「刀剣春秋」新聞、「愛刀」誌を創刊し（一九七六）、日本刀・刀装具・甲冑武具などの書籍を刊行すると共に、日本刀・甲冑武具類の鑑定、評価、評論にたずさわる。

公職に、刀甲会（刀剣刀装具甲冑武具研究会）会長〔一九六七～〕、合同刀剣研究会会長〔一九七八～〕、英国刀剣会（ロンドン）名誉会員〔一九七六～〕、財団法人日本美術刀剣保存協会　評議員〔一九七六～〕、東京支部長〔一九九九～二〇〇八〕、社団法人日本甲冑武具研究保存会副会長〔二〇〇四～〕、顧問〔二〇〇八～〕、全国刀剣商業協同組合理事長（一九九一～二〇〇八）を歴任。

著書に『百剣百話』、『わが郷土刀』、『鐔小道具鑑定入門』、『日本刀・鐔小道具価格事典』、『鍔・刀装具１００選』、『越前守助廣大鑑』、『甲冑面もののふの仮装』、『刀剣百科年表』、『図版刀銘総覧』、『刀工総覧』、『金工事典』、『新日本刀の鑑賞入門』、『井上真改大鑑』〈薫山賞受賞〉（共著）、『織田信長・豊臣秀吉の刀剣と甲冑』などがある。

装幀　谷口雅雄

日本刀工　刀銘大鑑

平成二十八年三月七日　初版発行

著者　飯田一雄
発行者　納屋嘉人
発行所　株式会社 淡交社
本社　〒六〇三―八五八八　京都市北区堀川通鞍馬口上ル
営業　〇七五（四三二）五一五一
編集　〇七五（四三二）五一六一
支社　〒一六二―〇〇六一　東京都新宿区市谷柳町三九―一
営業　〇三（五二六九）七九四一
編集　〇三（五二六九）一六九一
http://www.tankosha.co.jp

印刷・製本　株式会社渋谷文泉閣

ISBN978-4-473-04075-6